Hans-Jürgen Ahrens
Der Beweis im Zivilprozess

Der Beweis im Zivilprozess

von

Prof. Dr. Hans-Jürgen Ahrens
em. Universitätsprofessor
in Osnabrück
Richter am OLG Celle a.D.

2015

ottoschmidt

Zitierempfehlung:
Ahrens, Der Beweis im Zivilprozess, 2015, Kap. … Rz. …

Bibliografische Information der Deutschen Nationalbibliothek

Die Deutsche Nationalbibliothek verzeichnet diese Publikation in der Deutschen Nationalbibliografie; detaillierte bibliografische Daten sind im Internet über http://dnb.d-nb.de abrufbar.

Verlag Dr. Otto Schmidt KG
Gustav-Heinemann-Ufer 58, 50968 Köln
Tel. 02 21/9 37 38-01, Fax 02 21/9 37 38-943
info@otto-schmidt.de
www.otto-schmidt.de

ISBN 978-3-504-47140-8

©2015 by Verlag Dr. Otto Schmidt KG, Köln

Das Werk einschließlich aller seiner Teile ist urheberrechtlich geschützt. Jede Verwertung, die nicht ausdrücklich vom Urheberrechtsgesetz zugelassen ist, bedarf der vorherigen Zustimmung des Verlages. Das gilt insbesondere für Vervielfältigungen, Bearbeitungen, Übersetzungen, Mikroverfilmungen und die Einspeicherung und Verarbeitung in elektronischen Systemen.

Das verwendete Papier ist aus chlorfrei gebleichten Rohstoffen hergestellt, holz- und säurefrei, alterungsbeständig und umweltfreundlich.

Einbandgestaltung: Jan P. Lichtenford, Mettmann
Satz: WMTP, Birkenau
Druck und Verarbeitung: Kösel, Krugzell
Printed in Germany

Vorwort

Im anglo-amerikanischen Rechtskreis wird das Beweisrecht in isolierten Darstellungen unter dem Titel On Evidence erläutert, die – eine weitere Besonderheit – den Beweis für den Zivilprozess und für den Strafprozess zusammenfassen. Eine gleichartige Werkkategorie kennt das Schrifttum zum deutschen Recht nicht. Die Orientierung der Kommentarliteratur an der Paragraphenabfolge zerreißt inhaltliche Zusammenhänge. Das vorliegende Werk will den Informationsbedarf zum Beweisrecht des Zivilprozesses in systematischer Ordnung umfassend abdecken. Dabei wird berücksichtigt, dass die Verfahrensgesetze der öffentlich-rechtlichen Gerichtsbarkeiten zur Lückenfüllung auf die ZPO verweisen und sich deren Gerichte daher auch mit der ZPO zu befassen haben. Zum Strafprozessrecht bestehen Querbezüge über die Beweiserhebungs- und Beweisverwertungsverbote, die Zeugnisverweigerungsrechte, die Regelungsgründe des Beweisantragsrechts nach § 244 StPO und die Informationsbeschaffung durch Akteneinsicht.

Die Gliederung des Werkes unterscheidet zwischen dem allgemeinen Beweisrecht und den einzelnen Beweismitteln des Strengbeweises. Sie folgt dabei aber nicht der Einteilung des Gesetzgebers, sondern leitenden Systemkriterien. Die nationale Rechtsprechung ist umfassend ausgewertet worden. Bewusst werden Rechtsprechungsentwicklungen durch Mehrfachzitate nachgewiesen. Soweit Rechtsfragen in der Judikatur seit Entstehung der Bundesrepublik Deutschland nicht behandelt worden sind, ist vereinzelt auch ältere Rechtsprechung, insbesondere des Reichsgerichts, berücksichtigt worden. Rechtsvergleichende Hinweise beschränken sich auf vereinzelte fachliche Anregungen.

Zu erschließen ist der Inhalt des Buches, das sich auch als Nachschlagewerk versteht, durch ein umfangreiches Inhaltsverzeichnis und ein detailliertes Sachregister. Diese Instrumente sind für den täglichen Gebrauch des richterlichen oder anwaltlichen Praktikers bestimmt. Rechtsprechung und Schrifttum werden kritisch begleitet, um sowohl der Praxis als auch der Wissenschaft Anregungen für die Fortentwicklung des Zivilprozessrechts zu geben.

Der Begriff Beweisrecht wird hier umfassend verstanden. Einbezogen wird das System der Informationsbeschaffung zur Gewährleistung eines substantiierten Sachvortrags. Die mit der Neufassung der §§ 142, 144 ZPO im Jahre 2001 begonnene Reform halte ich für nicht abgeschlossen. Pflichten der Parteien zur Mitwirkung an der Informationsbeschaffung und zur prozessualen Aufklärung des Tatsachenstoffes sind bereits weitaus stärker im deutschen Zivilprozessrecht verankert, als generell zur Kenntnis genommen wird. Das Unionsrecht hat für Verfahren über die Verletzung von Rechten des Geistigen Eigentums Vorgaben gemacht, die über die halbherzige Reform von 2001 und die richterrechtlichen Konzessionen durch Entwicklung sekundärer Darlegungslasten hinausgehen. Die bevorstehende Schaffung des Einheitlichen Patentgerichts der Union mit vier deutschen Lokalkammern und der Zentralkammerabteilung in München, die die Stellung eines nationalen Gerichts haben, setzt diese Entwicklung über seine Verfahrensordnung fort. Auch im normalen Zivilprozess über andere materiell-rechtliche Gegenstände wird der unreflektierte Ausforschungseinwand künftig noch weiter als bisher schon auf seinen berechtigten Kern zurückgeschnitten werden müssen. Er besteht darin, den Umfang von Geheimnisschutz im Verfahren zu definieren und missbräuchliche Verfahrensstrategien der kostenträchtigen Behinderung des Prozessgegners zu vereiteln.

Die Regelungen über elektronische Dokumente haben schon jetzt eine Gewichtsverschiebung hin zum Augenscheinsbeweis bewirkt. Sie geht zu Lasten des vom Gesetzgeber der CPO liebevoll ziselierten und zum Teil verzopften Urkundenbeweisrechts.

Vorwort

Mit der flächendeckenden Einführung der elektronischen Aktenführung und dem damit verbundenen Umlernen deutscher Juristen werden die elektronischen Dokumente über den Kreis von Spezialisten hinaus Aufmerksamkeit erlangen.

Stärkere Aufmerksamkeit verdient auch die verfassungsrechtliche Unterfütterung des Beweisrechts. Urteilsbegründungen, die sich darauf beziehen, sind teilweise von einem konturenlosen Nebeneinander von Prinzipien geprägt. Dazu hat das Bundesverfassungsgericht mit seiner Judikatur beigetragen. Die beliebig erscheinende Heranziehung von Rechtsbegriffen aus der Rechtsprechung des Europäischen Gerichtshofs für Menschenrechte und neuerdings aus der Grundrechtscharta der EU hat die Verwirrung begünstigt.

Die grenzüberschreitende Beweiserhebung ist den Spezialisten des Internationalen Privatrechts und des Internationalen Zivilprozessrechts vertraut. Wer damit als Rechtsanwalt oder Richter nur gelegentlich zu tun hat, muss sich auf eine zeitraubende Suche nach den einschlägigen Rechtsnormen und der Spezialliteratur begeben. Dem will die Erläuterung der Rechtsgrundlagen in diesem Werk abhelfen.

Das vorliegende Werk greift in den Detailformulierungen zum Teil auf meine frühere Kommentierung im Großkommentar Wieczorek/Schütze zurück. Dem Verlag de Gruyter danke ich für sein Einverständnis mit dieser Textverwertung. Die systematische Darstellung des vorliegenden Werkes erlaubt eine stärkere Betonung von Gemeinsamkeiten der einzelnen Beweismittel und ihrer Verklammerung mit dem allgemeinen Beweisrecht. Sie fördert zugleich das Verständnis zentraler Wertungen des Beweisrechts.

In der Frühphase der Textentstehung des Großkommentars, die zum Teil bereits in den 90er Jahren des 20. Jahrhunderts begonnen hat, konnte ich Entwürfe von Mitarbeitern heranziehen. Das jetzige Werk gibt mir Gelegenheit, dafür auch öffentlich zu danken. Herr Prof. Dr. Volker Jänich, Universität Jena und Richter am OLG Jena, war für das selbständige Beweisverfahren zuständig. Herr Dr. Hans Oehlers, heute Vorsitzender Richter am OLG Oldenburg, hat am Sachverständigenbeweisrecht mitgewirkt. Herr Dr. Stefan Richter, Rechtsanwalt in Düsseldorf, hat Vorarbeiten für die Darstellung der Parteivernehmung geschrieben. Meine Tochter Dipl.-Biol. Susanne Ahrens, Richterin am LG Göttingen, hat während ihrer Tätigkeit für Rechtsanwalt beim BGH Hans-Eike Keller den Text für die Kommentierung der Zeugnisverweigerungsrechte entworfen. Hinweise zum ausländischen Recht hat mir zum Teil Frau Prof. Dr. Mary-Rose McGuire, Universität Mannheim, gegeben. Prof. Dr. Pawel Grzegorczyk, Universität Poznan/Polen, Mitglied der Kommission zur Reform des polnischen Zivilprozessrechts, hat die Hinweise auf das geltende polnische Beweissicherungsverfahren verfasst.

Meine Sekretärin, Frau Iris Elfes, hat mit großer Sorgfalt das Manuskript betreut. In den verschiedenen Phasen der Manuskripterstellung haben mich Herr Referendar Christian Hillen und Herr Referendar Nils Gerloff beim Lesen der Korrekturen unterstützt.

Stand der Bearbeitung ist der 1. Juli 2014. Die suboptimale Versorgung der juristischen Bibliotheken hat das Zitieren des Schrifttums erschwert, doch hoffe ich, dass nennenswerte Lücken vermieden werden konnten.

Osnabrück/Göttingen, im September 2014   Hans-Jürgen Ahrens

Inhaltsübersicht

	Seite
Vorwort	V
Inhaltsverzeichnis	XVII
Literaturverzeichnis	LXXIX
Abkürzungsverzeichnis	LXXXI

Teil 1:
Allgemeines Beweisrecht

Kapitel 1: Beweisrechtliche Normen im Überblick, verfassungsrechtliche und unionsrechtliche Grundlagen ... 1

§ 1 Normenbestand des Beweisrechts, Geltungsbereich ... 2
§ 2 Verfassungsrechtliche und unionsrechtliche Grundlagen ... 6
§ 3 Sicherung der Effektivität des Unionsrechts ... 24

Kapitel 2: Gegenstand des Beweises ... 26

§ 4 Feststellungsziel des Beweisverfahrens ... 26
§ 5 Beweisbedürftigkeit ... 30

Kapitel 3: Arten und Formen des Beweises ... 33

§ 6 Begriffliche Gegensatzpaare ... 33
§ 7 Strengbeweis ... 36
§ 8 Freibeweis ... 37

Kapitel 4: Unmittelbarkeit der Beweisaufnahme, Rechtshilfe ... 42

§ 9 Formelle und materielle Unmittelbarkeit ... 43
§ 10 Beweisaufnahme des Prozessgerichts und anderer Richter ... 49
§ 11 Beauftragter Richter ... 57
§ 12 Rechtshilferichter ... 61
§ 13 Sicherung der formellen Unmittelbarkeit, Rechtsmittelkontrolle ... 65

Kapitel 5: Öffentlichkeit, Parteiöffentlichkeit ... 69

§ 14 Anwesenheitsrecht der Parteien und ihrer Berater ... 69
§ 15 Rechtsfolgen der Anwesenheitsvereitelung ... 79

Kapitel 6: Beweiserhebungs- und Beweisverwertungsverbote ... 81

§ 16 Rechtswidrige Beweisbeschaffung ... 81
§ 17 Verbot der Beweiserhebung und Beweisverwertung ... 88
§ 18 Grenzen der Verwendung sonstiger Informationen ... 105

Seite

Kapitel 7: Stoffsammlung im Zivilprozess, Beweisermittlung, Ausforschung 111
§ 19 Mitwirkungspflichten bei der Beweisaufnahme 112
§ 20 Grenzen der Parteimitwirkung 128
§ 21 Geheimverfahren 133
§ 22 Pflichten Dritter zur Mitwirkung bei der Sachverhaltsaufklärung 138
§ 23 Jedermann-Informationsrechte 143

Kapitel 8: Direkter und indirekter Zwang in der Beweisaufnahme, Beweisvereitelung 146
§ 24 Erzwingung des Erscheinens von Zeugen 147
§ 25 Erzwingung des Erscheinens von Sachverständigen und der Begutachtung 163
§ 26 Zwang gegen Prozessparteien 165
§ 27 Rechtsmittel gegen Beschlüsse nach § 380 Abs. 1 und 2 ZPO 167
§ 28 Erzwingung der Aussage- oder Eidesleistung gem. § 390 ZPO 171
§ 29 Ordnungssanktionen bei Aussage-, Untersuchungs- oder Eidesverweigerung 173
§ 30 Beweisvereitelung 176

Kapitel 9: Beweislast I: Grundlagen 186
§ 31 Notwendigkeit und Wirkung objektiver Beweislastregeln 189
§ 32 Grundregel der Beweislastverteilung 195
§ 33 Ermittlung der Beweislastverteilung 197
§ 34 Sachgründe der Beweislastverteilung 206

Kapitel 10: Beweislast II: Einzelthemen 217
§ 35 Beweislastumkehr für Verkehrspflichtverletzungen 217
§ 36 Beweislastverteilung nach § 280 Abs. 1 S. 2 BGB 219
§ 37 Beweisrechtliche Nutzung prozedualisierter Qualitätskontrollen und ihrer Dokumentation 222
§ 38 Aufklärungs- und Beratungsfehler: Hypothetische Reaktion auf pflichtgemäßes Verhalten 223
§ 39 Beweislastverteilung in ausgewählten Rechtsgebieten 226

Kapitel 11: Darlegungslast 251
§ 40 Sammlung des Tatsachenstoffes durch Behaupten und Bestreiten 251
§ 41 Verteilung der Darlegungslast 258

Kapitel 12: Das Beweisverfahren: Überblick, Antragsbindung 262
§ 42 Stationen gegliederter Sachverhaltsaufklärung 262
§ 43 Beweisantrag 265
§ 44 Zurückweisung des Beweisantrags 267

Seite

Kapitel 13: Die Beweisanordnung; Anfechtung von Zwischenentscheidungen 272

§ 45 Beweisbeschluss, § 358 ZPO 273
§ 46 Vorgezogene Beweisanordnungen, § 358a ZPO 279
§ 47 Inhalt des formellen Beweisbeschlusses, § 359 ZPO 285
§ 48 Änderung formeller Beweisbeschlüsse, § 360 ZPO 290
§ 49 Unanfechtbarkeit von Beweisbeschlüssen als Zwischenentscheidungen 299

Kapitel 14: Durchführung der Beweisaufnahme (generelle Regelungen) .. 303

§ 50 Beweisaufnahmehindernisse 304
§ 51 Beweisaufnahme ohne Parteimitwirkung, § 367 ZPO 316
§ 52 Getrennte Beweisaufnahmetermine, § 368 ZPO 323
§ 53 Beweisaufnahme durch beauftragten oder ersuchten Richter .. 324
§ 54 Verhandlung zum Ergebnis der Beweisaufnahme, § 285 ZPO .. 332

Kapitel 15: Beweiswürdigung und Beweismaß 339

§ 55 Grundsatz freier Verhandlungs- und Beweiswürdigung, § 286 Abs. 1 ZPO 339
§ 56 Subjektivität richterlicher Überzeugungsbildung 348
§ 57 Kasuistik zur Beweiswürdigung 353

Kapitel 16: Der Anscheinsbeweis 357

§ 58 Anscheinsbeweis als standardisierte Beweiswürdigung 357
§ 59 Kasuistik zum Anscheinsbeweis 368

Kapitel 17: Feststellungserleichterungen 380

§ 60 Beweismaßherabsetzung, Sachvortragserleichterung 381
§ 61 Schadensschätzung 388
§ 62 Erleichterungen für das Beweisverfahren 401
§ 63 Erstreckung des § 287 ZPO auf andere Streitigkeiten 403
§ 64 Glaubhaftmachung, § 294 ZPO 405

Kapitel 18: Verwertung der Beweisergebnisse anderer Verfahren 407

§ 65 Sachverständigengutachten, § 411a ZPO 407
§ 66 Fragwürdiger Ersatz des Personalbeweises durch Urkundenbeweis 413

Kapitel 19: Kosten der Beweisaufnahme 416

§ 67 Gerichtskosten 416
§ 68 Parteikosten 417
§ 69 Zeugenentschädigung 419
§ 70 Sachverständigenentschädigung 421

Teil 2:
Abgrenzung der Beweismittel des Strengbeweises

	Seite
Kapitel 20: Abgrenzung der Beweismittel	435
§ 71 Sachbeweis mittels Augenscheinsobjekten und Urkunden	436
§ 72 Personalbeweis durch Zeugen und Parteien	439
§ 73 Charakteristika des Sachverständigenbeweises, Abgrenzungen	454
Kapitel 21: Ungeregelte Beweismittel	461
§ 74 Amtliche Auskunft, Behördengutachten	461
§ 75 Funktion eines Dolmetschers	468
§ 76 Beweisermittlung als Hybridform des selbständigen Beweisverfahrens	468

Teil 3:
Der Augenscheinsbeweis

Kapitel 22: Augenscheinseinnahme: Grundlagen, Beweiserhebung	471
§ 77 Augenscheinsobjekte, Begriff der Augenscheinseinnahme, Abgrenzung des Beweismittels	472
§ 78 Insbesondere: Abgrenzung zum Urkundenbeweis	480
§ 79 Beweisantrag	484
§ 80 Delegation der Beweisaufnahme, Zuziehung von Hilfspersonen	492
Kapitel 23: Beweis mittels elektronischer Dokumente	499
§ 81 Grundlagen: Rechtsentwicklung, technische Rahmenbedingungen	502
§ 82 Echtheitsbeweis	511
§ 83 Umwandlung öffentlicher elektronischer Dokumente in Papierdokumente, § 416a ZPO	517
§ 84 Sonstige elektronische Beweise	519
Kapitel 24: Augenscheinseinnahme des Abstammungsbeweises	522
§ 85 Besonderheiten des Abstammungsbeweises	522
§ 86 Untersuchungsart, wissenschaftliche Methoden	529
§ 87 Voraussetzungen der Duldungspflicht	535
§ 88 Verweigerung der Untersuchung	547

Teil 4:
Der Urkundenbeweis

Kapitel 25: Arten und Errichtung der Urkunden	559
§ 89 Urkundenarten, Beweisvorteile	560
§ 90 Öffentliche Urkunden	566
§ 91 Privaturkunden, § 416 ZPO	589

		Seite
Kapitel 26: Beweiswirkungen: Formelle und materielle Beweiskraft, Widerlegung		596
§ 92	Öffentliche Urkunden, §§ 415, 417, 418 ZPO	596
§ 93	Privaturkunden, § 416 ZPO	609
Kapitel 27: Urkundenqualität		618
§ 94	Mangelhafte Urkunden, § 419 ZPO	619
§ 95	Echtheitsfeststellung von Privaturkunden kraft Parteivortrags, § 439 ZPO	625
§ 96	Richterliche Feststellung der Echtheit von Privaturkunden, § 440 ZPO	628
§ 97	Echtheitsprüfung durch Schriftvergleichung	631
§ 98	Umgang mit verdächtigen Urkunden, § 443 ZPO	639
§ 99	Echtheit inländischer öffentlicher Urkunden, § 437 ZPO	640
§ 100	Echtheit ausländischer öffentlicher Urkunden, § 438 ZPO	643
Kapitel 28: Erhebung des Urkundenbeweises I: Grundlagen, Urkundenbesitz des Beweisführers		646
§ 101	Regelungssystematik der Beweiserhebung, Mitwirkung an der Beweisaufnahme	646
§ 102	Antritt und Führung des Beweises mit Urkunden des Beweisführers	654
Kapitel 29: Erhebung des Urkundenbeweises II: Urkundenbesitz des Beweisgegners		661
§ 103	Editionsverfahren für Urkunden im Besitz des Beweisgegners	662
§ 104	Vorlagepflicht des Beweisgegners nach materiellem Recht	668
§ 105	Vorlagepflicht des Beweisgegners bei prozessualer Bezugnahme, § 423 ZPO	679
§ 106	Ablauf des Editionsverfahrens gegen den Beweisgegner	682
Kapitel 30: Erhebung des Urkundenbeweises III: Urkundenbesitz Dritter, Durchführung der Vorlageverfahren		694
§ 107	Urkundenvorlage durch private Dritte	695
§ 108	Urkundenvorlage durch Behörden oder Beamte, § 432 ZPO	702
§ 109	Ablauf der Vorlageverfahren	709

Teil 5:
Zeugenbeweis

Kapitel 31: Grundlagen des Zeugenbeweises		717
§ 110	Persönliche Fähigkeit zur Aussage	718
§ 111	Zeugnispflicht	720
§ 112	Vernehmungssubstitution durch Verwertung des Inhalts anderer Verfahrensakten	730
§ 113	Beweiserhebungs- und Beweisverwertungsverbote beim Zeugenbeweis	733
§ 114	Würdigung der Zeugenaussage	734

	Seite

Kapitel 32: Voraussetzungen der Zeugenbeweiserhebung 740
§ 115 Beweisantritt, § 373 ZPO 740
§ 116 Substantiierung und Ausforschungsbeweis 746
§ 117 Ablehnung und Anordnung des Zeugenbeweises 749

Kapitel 33: Vorbereitung der Zeugenbeweisaufnahme 751
§ 118 Auslagenvorschuss, § 379 ZPO 751
§ 119 Zeugenladung, § 377 ZPO 759
§ 120 Aussageerleichternde Unterlagen, § 378 ZPO 766

Kapitel 34: Recht zur generellen Zeugnisverweigerung 771
§ 121 Regelungsüberblick 771
§ 122 Zeugnisverweigerungsrechte von Angehörigen 773
§ 123 Zeugnisverweigerungsrechte von Berufsgeheimnisträgern 779
§ 124 Belehrungspflichten, Vernehmungsverbote, Erweiterung der Weigerungsrechte, zulässige Schlussfolgerungen 794

Kapitel 35: Gegenständlich beschränkte Aussageverweigerung 798
§ 125 Zeugnisverweigerung aus sachlichen Gründen, § 384 ZPO 798
§ 126 Schutz von Kunst- und Gewerbegeheimnissen 811

Kapitel 36: Aussagepflichten Weigerungsberechtigter, Amtsverschwiegenheit 816
§ 127 Beschränkung der Weigerungsrechte, Befreiung durch den Schweigebegünstigten 817
§ 128 Amtsverschwiegenheit, § 376 ZPO 834

Kapitel 37: Klärung und Wirkung der Weigerungsberechtigung 851
§ 129 Erklärung der Zeugnisverweigerung, § 386 ZPO 851
§ 130 Zwischenstreit über Zeugnisverweigerung, § 387 ZPO 853
§ 131 Zeugnisverweigerung vor beauftragtem oder ersuchtem Richter, § 389 ZPO 859

Kapitel 38: Schriftliche Zeugenaussage 862
§ 132 Abweichungen von der mündlichen Vernehmung 862
§ 133 Voraussetzungen in der Person des Zeugen 863
§ 134 Verfahren der schriftlichen Beweiserhebung 866

Kapitel 39: Durchführung der Zeugenvernehmung 870
§ 135 Beweisaufnahme durch beauftragten oder ersuchten Richter, § 375 ZPO 871
§ 136 Vernehmung von Mitgliedern der Staatsorgane, § 382 ZPO 879
§ 137 Zeugenbeeidigung, § 391 ZPO 880
§ 138 Ablauf der Zeugenvernehmung 885
§ 139 Befragung der Zeugen, § 397 ZPO 889
§ 140 Wiederholte und nachträgliche Vernehmung, § 398 ZPO 892

		Seite
§ 141	Verzicht auf Zeugen, § 399 ZPO	897
§ 142	Befugnisse des beauftragten oder ersuchten Richters, § 400 ZPO	900

Teil 6:
Parteiaussage

Kapitel 40: Parteianhörung und Parteivernehmung 901

§ 143	Parteiaussage als Beweismittel	902
§ 144	Parteivortrag und Parteiaussage	905
§ 145	Entwicklung des Beweisrechts der Parteiaussage	906

Kapitel 41: Beweiserhebung durch Parteivernehmung 916

§ 146	Vernehmungsfähige Personen, Mehrparteienprozess	916
§ 147	Subsidiarität, Anfangswahrscheinlichkeit und weitere Begrenzungen	917
§ 148	Ablauf der Parteivernehmung, Würdigung der Aussage, Rechtsmittelkontrolle	921

Teil 7:
Sachverständigenbeweis

Kapitel 42: Rechtsgrundlagen des Sachverständigenbeweises 925

§ 149	Generelle Schrifttumsangaben	925
§ 150	Die gesetzliche Verweisung auf den Zeugenbeweis	930

Kapitel 43: Die Rechtsstellung des Sachverständigen 934

§ 151	Das Verhältnis von Richter und Sachverständigen	934
§ 152	Pflichten und Rechte des Sachverständigen	936
§ 153	Der Status des Sachverständigen	940
§ 154	Die Haftung des Sachverständigen	943

Kapitel 44: Notwendige Hinzuziehung von Sachverständigen 957

§ 155	Beschaffung fremden Sachverstands	957
§ 156	Entbehrlichkeit eines Sachverständigen wegen eigener richterlicher Sachkunde	963
§ 157	Verwertung anderer Gutachten	966
§ 158	Erfahrungssätze	969
§ 159	Ungeeignetheit, Unergiebigkeit und Unzulässigkeit des Beweises	973

Kapitel 45: Bestellung des Sachverständigen 977

§ 160	Beweisantritt	977
§ 161	Auswahl des Sachverständigen	981

	Seite
Kapitel 46: Ablehnung des Sachverständigen	992
§ 162 Anwendungsbereich des § 406 ZPO	992
§ 163 Ablehnungsgründe	995
§ 164 Verfahren der Ablehnung	1005
Kapitel 47: Vorbereitung der Begutachtung, Pflichten des Sachverständigen	1016
§ 165 Richterliche Anleitung des Sachverständigen, § 404a ZPO	1017
§ 166 Sachverhaltsaufklärung des Sachverständigen, § 404a Abs. 4 ZPO	1022
§ 167 Pflichten des Sachverständigen bei Übernahme und Durchführung der Begutachtung, §§ 407a und 409 ZPO	1032
Kapitel 48: Erstattung des Sachverständigengutachtens	1044
§ 168 Beeidigung des Sachverständigen	1044
§ 169 Schriftliche Begutachtung, § 411 ZPO	1046
§ 170 Befragung des Sachverständigen	1049
Kapitel 49: Richterliche Bewertung des Gutachtens, Neubegutachtung	1059
§ 171 Würdigung des Gutachtens	1059
§ 172 Einholung eines weiteren Gutachtens, § 412 ZPO	1069
Kapitel 50: Der sachverständige Zeuge	1072
§ 173 Abgrenzung Sachverständiger/sachverständiger Zeuge	1072
§ 174 Prozessuale Behandlung des sachverständigen Zeugen	1074

Teil 8:
Abnahme von Eiden

Kapitel 51: Eidesleistung	1077
§ 175 Eid, Eidesgleiche Bekräftigung, Versicherung an Eides Statt	1077
§ 176 Abnahme des Eides	1079

Teil 9:
Selbständiges Beweisverfahren

Kapitel 52: Vorgezogene Beweisaufnahme, Abgrenzung zum einstweiligen Verfügungsverfahren	1083
§ 177 Funktionen des Verfahrens: Beweiskonservierung, Abschätzung der Prozessaussichten	1084
§ 178 Verfahrensverselbständigung	1090

		Seite
Kapitel 53:	**Rechtsvergleichung, grenzüberschreitende Beweiserhebung**	1098
§ 179	Ausländische vorgezogene Beweis(erhebungs)verfahren	1098
§ 180	Grenzüberschreitende Beweiserhebung	1103
§ 181	Internationale Zuständigkeit für selbständige Beweiserhebungen, Verwertbarkeit der Ergebnisse	1109
Kapitel 54:	**Zulässigkeit vorgezogener Beweiserhebungen**	1113
§ 182	Antrag und Gegenantrag	1114
§ 183	Zulässigkeit der Sicherung gem. § 485 Abs. 1 ZPO	1116
§ 184	Die Zulässigkeit isolierter Sachverständigenbegutachtung	1122
Kapitel 55:	**Durchführung der Beweiserhebung**	1135
§ 185	Zuständigkeit	1136
§ 186	Beweisantrag, § 487 ZPO	1141
§ 187	Beweisaufnahmeverfahren	1145
§ 188	Beweiserhebung gegen Unbekannt, § 494 ZPO	1159
Kapitel 56:	**Verhältnis der selbständigen Beweisaufnahme zum Hauptprozess**	1162
§ 189	Benutzung der Beweisergebnisse im Prozess, § 493 ZPO	1162
§ 190	Beweiserhebungswirkung	1164
Kapitel 57:	**Kosten der isolierten Beweisaufnahme**	1170
§ 191	Kostenerstattungsbedürfnis, Grundsätze der Verfahrenszuordnung	1171
§ 192	Erzwingung des Hauptverfahrens	1174
§ 193	Isolierte Kostenentscheidung im Beweisverfahren	1184
§ 194	Kostenermittlung und Kostenfestsetzung	1190
§ 195	Materiell-rechtliche Kostenerstattung	1196

Teil 10:
Auslandsbeweisaufnahme

Kapitel 58:	**Grenzüberschreitende Beweiserhebungen: Rechtsgrundlagen, Rechtsvergleichung, Behörden, Methoden**	1199
§ 196	Territoriale Grenzen inländischer Beweisaufnahme, Rechts- und Verwaltungsgrundlagen, Behörden	1202
§ 197	Beweisaufnahme bei Auslandsbelegenheit des Beweismittels	1210
§ 198	Gewährung und Inanspruchnahme von Rechtshilfe	1212
§ 199	Mitwirkung der Parteien	1216
§ 200	Folgen fehlerhafter Beweisaufnahme des ausländischen Richters	1217
§ 201	Grenzüberschreitende Beweisermittlungen und Informationsbeschaffung bei Verletzung von Rechten des Geistigen Eigentums	1218

		Seite
Kapitel 59: Abwicklung der Beweiserhebung		1221
§ 202	Besonderheiten der Beweismittel	1221
§ 203	Konsularische Beweisaufnahme	1233
§ 204	Unmittelbare grenzüberschreitende Beweiserhebung des Prozessgerichts	1235
§ 205	Beweismittelbeschaffung der Prozessparteien zur Beweiserhebung vor dem Prozessgericht	1237
Kapitel 60: Rechtshilfe für das Ausland, rechtliche Kooperation		1241
§ 206	Rechtshilfe für Gerichte aus EU-Staaten	1241
§ 207	Rechtshilfe für Drittstaaten nach dem HBÜ	1242

Stichwortverzeichnis 1251

Inhaltsverzeichnis

	Seite
Vorwort	V
Inhaltsübersicht	VII
Literaturverzeichnis	LXXIX
Abkürzungsverzeichnis	LXXXI

Teil 1:
Allgemeines Beweisrecht

Kapitel 1: Beweisrechtliche Normen im Überblick, verfassungsrechtliche und unionsrechtliche Grundlagen	1
§ 1 Normenbestand des Beweisrechts, Geltungsbereich	2
I. ZPO	2
II. Geltungserstreckung	2
III. Lückenfüllung mittels StPO; EGStGB	2
IV. Verfahrensrecht für materiell-rechtliche Sondergebiete	2
1. Übereinkommen zum Einheitlichen Patentgericht (EPGÜ)	2
2. Verfahrensordnung zum Einheitlichen Patentgerichtsübereinkommen	3
3. Einzelne Regelungsinhalte der EPGÜVerfO	3
V. Softlaw des Unidroit	4
1. Gemeinsame Rechtsüberzeugungen der EU-Staaten	4
2. Regeln für die Beweiserhebung	4
3. Rechtsfolgen der Nichtbeachtung	5
4. Beweisrechtliche Privilegien und Immunitäten	5
5. Beweislast, Beweisstandards	6
§ 2 Verfassungsrechtliche und unionsrechtliche Grundlagen	6
I. Betroffene Grundrechte im Überblick	6
1. Grundgesetz	6
2. Europäische Menschenrechtskonvention (EMRK)	7
3. Grundrechtscharta	9
4. Übereinkommen zum Einheitlichen Patentgericht (EPGÜ)	10
II. Verfahrensrecht und GG	10
1. Vernachlässigter Blick auf den Zivilprozess, Verfassungsbeschwerde	11
2. Organisation der Justiz, Prinzipien der Gerichtsverfassung, Gerichtsmanagement	11
a) Gesetzlicher Richter	11
b) Prinzip der Öffentlichkeit	12
c) Zeitliche Dimension des Rechtsschutzes	12
aa) Eilrechtsschutz	12
bb) Verfahrensverzögerungen	13
d) Technische Organisation	14
e) Richterliches Verhalten	14

	Seite
3. Zugang zur Justiz	14
a) Übersicht	14
b) Prozesskostenhilfe	14
c) Verfahrenskosten	15
d) Fristen	15
e) Rechtsmittelzulassung	16
f) Sachvortragsbeschränkung in der Berufungsinstanz	16
4. Außerachtlassung oder Vereitelung von Prozessvortrag	17
a) Kenntnisnahme des Akteninhalts	17
b) Überhöhte Substantiierungsanforderungen	17
c) Verletzung von Hinweispflichten (§ 139)	17
III. Recht auf Beweis, rechtliche Grundlagen	19
IV. Konkrete verfassungsrechtliche Wirkungen des Rechts auf Beweis	19
1. Beurteilung der Beweiserheblichkeit	19
2. Übergehen von Beweisanträgen, Beweiswürdigung	20
3. Stellungnahmemöglichkeiten	21
4. Parteiaussage über Vier-Augen-Gespräch	21
5. Verteilung von Darlegungslast und Beweislast	22
a) Mangelnde Aussagekraft der Verfassung	22
b) Effektiver Rechtsschutz	22
c) Waffengleichheit, faires Verfahren	23
6. Unmittelbarkeit der Beweiserhebung	24
7. Beschränkung der Beweiserhebung	24
§ 3 Sicherung der Effektivität des Unionsrechts	24
Kapitel 2: Gegenstand des Beweises	26
§ 4 Feststellungsziel des Beweisverfahrens	26
I. Wahrheitsfindung	26
II. Gegenstand des Beweises	26
1. Tatsachen	26
a) Tatsachentypen	26
b) Tatsachenwahrnehmung, Tatsachenurteile	27
c) Abwesenheit von Tatsachen	27
d) Juristische Tatsachen	27
e) Hilfstatsachen (Indizien)	28
f) Rechtsfortbildungstatsachen	28
2. Rechtssätze	29
3. Erfahrungssätze, Verkehrssitten, Handelsbräuche	29
§ 5 Beweisbedürftigkeit	30
I. Streitiger Tatsachenstoff	30
II. Offenkundige Tatsachen, § 291	31
Kapitel 3: Arten und Formen des Beweises	33
§ 6 Begriffliche Gegensatzpaare	33
I. Arten der Gegensatzpaare	33
II. Hauptbeweis, Gegenbeweis, Gegenteilsbeweis	33
1. Hauptbeweis	33

	Seite
2. Gegenbeweis	33
3. Beweis des Gegenteils	34
III. Vollbeweis und Glaubhaftmachung	34
IV. Unmittelbarer Beweis und Indizienbeweis	35
§ 7 Strengbeweis	36
I. Beweismittel des Strengbeweises	36
II. Sonstige Beweismittel	37
§ 8 Freibeweis	37
I. Abgrenzung zum Strengbeweis, Verbindlichkeit des Strengbeweises	37
II. Voraussetzungen des Freibeweises	38
III. Amtliche Auskünfte, Akten und Urkunden	39
IV. Ausländisches Recht	39
V. Erfahrungssätze	39
VI. Prozesskostenhilfe	40
VII. Prozess- und Rechtsmittelvoraussetzungen	40
VIII. Sachverständige	40
IX. Verfahren ohne mündliche Verhandlung	40
X. Grenzen des Ermessens	41
Kapitel 4: Unmittelbarkeit der Beweisaufnahme, Rechtshilfe	42
§ 9 Formelle und materielle Unmittelbarkeit	43
I. Eigene richterliche Wahrnehmung des Prozessgerichts	43
II. Geltungsbereich des § 355	44
1. ZPO	44
2. FamFG	44
a) Strengbeweisrecht	44
b) Rechtshilfe	45
III. Unterscheidung formeller und materieller Beweisunmittelbarkeit	45
IV. Materielle Unmittelbarkeit	45
1. Konsequenz des Beibringungsgrundsatzes, Flexibilität der Beweiserhebung	45
2. „Protokollbeweis", Übergang zum sachnäheren Beweismittel	46
a) Vorteile der Protokollverwertung	46
b) Qualifizierung des „Protokollbeweises"	46
c) Zulässiger Antrag auf Erhebung des unmittelbaren Beweises	47
3. Ermittlung von Amts wegen	48
V. Formelle Unmittelbarkeit	48
1. Historische Entwicklung	48
2. Normzusammenhänge	49
§ 10 Beweisaufnahme des Prozessgerichts und anderer Richter	49
I. Das Prozessgericht	49
1. Grundregel	49
2. Richterwechsel in der Kammer	50
a) Aktenkundiger Eindruck	50

			Seite
		b) Rechtfertigung der Durchbrechung des Unmittelbarkeitsgrundsatzes	50
		3. Rückübertragung auf kollegiale Spruchkörper	51
		4. Videokonferenzvernehmung, Tele-Augenschein	51
		5. Selbständige Ermittlungsarbeit Sachverständiger	52
	II.	Übertragung der Beweisaufnahme, § 355 Abs. 1 S. 2	53
		1. Durchbrechung der formellen Unmittelbarkeit	53
		2. Numerus clausus der Delegationstatbestände	53
	III.	Verwertung der Beweiserhebung anderer Gerichte	54
		1. Verfahrensfremde Beweiserhebungen	54
		2. Verwertung nach Verweisung im selben Verfahren	54
		3. Beweisergebnisse erster Instanz im Berufungsverfahren	55
		4. Verwertung der Ergebnisse des selbständigen Beweisverfahrens	56
		5. Beweisaufnahme im Ausland gem. § 363	57
§ 11	**Beauftragter Richter**		57
	I.	Begriff des beauftragten Richters	57
		1. Delegation, nicht Substitution	57
		2. Überbesetztes Kollegialgericht	57
	II.	Beauftragungsgegenstand	58
		1. Begrenzte Zahl von Aufträgen	58
		2. Abgrenzung: Güteverhandlung, Terminsvorbereitung	58
	III.	Befugnisse des beauftragten Richters	59
		1. Maßgeblichkeit der Einzelbeauftragung	59
		2. Terminsbestimmung	59
		3. Auslagenvorschuss	60
		4. Sitzungsordnung	60
	IV.	Beauftragung durch den Vorsitzenden des Prozessgerichts	60
§ 12	**Rechtshilferichter**		61
	I.	Durchbrechung der formellen Unmittelbarkeit	61
	II.	Begriff des ersuchten Richters	62
	III.	Ersuchen durch den Vorsitzenden des kollegialen Prozessgerichts oder den Einzelrichter	62
		1. Fälle zulässiger Übertragung	62
		2. Entscheidung des Prozessgerichts	62
		3. Auswechslung des Rechtshilfegerichts	62
		4. Notwendiger Beweisbeschluss	63
	IV.	Befugnisse des ersuchten Richters	63
§ 13	**Sicherung der formellen Unmittelbarkeit, Rechtsmittelkontrolle**		65
	I.	Verfahrensfehler	65
	II.	Heilung gem. § 295 Abs. 1	65
	III.	Berufung, Revision	66
		1. Meinungsstand	66
		2. Stellungnahme	67

	Seite

Kapitel 5: Öffentlichkeit, Parteiöffentlichkeit 69

§ 14 Anwesenheitsrecht der Parteien und ihrer Berater 69
   I. Anwesenheitsrecht der Parteien 70
      1. Gesetzliche Herkunft 70
      2. Abgrenzung zum Öffentlichkeitsgrundsatz 70
      3. Bestandteil der Gewährung rechtlichen Gehörs 70
      4. Benachrichtigungserleichterung 71
   II. Anwendungsbereich des § 357 71
      1. ZPO 71
      2. Freiwillige Gerichtsbarkeit: Beteiligtenöffentlichkeit 72
      3. Schiedsrichterliches Verfahren 72
   III. Berechtigte Personen 72
      1. Naturalparteien 72
      2. Prozessbevollmächtigte 72
      3. Sachkundige Parteiberater 72
      4. Nebenintervenienten 73
   IV. Inhalt des Anwesenheitsrechts 73
      1. Art der Beweisaufnahme 73
      2. Recht zur physischen Anwesenheit 73
      3. Behinderung der physischen Anwesenheit durch Gegenpartei oder Dritte 73
      4. Parteiöffentlichkeit und Sachverständigenbeweis 75
      5. Geheimhaltungspflichten der Parteien 75
   V. Ausnahmen vom Teilnahmerecht der Parteien 76
      1. Geheimverfahren 76
      2. Verhandlungsstörung 76
      3. Untersagung eigenen Parteivortrags 77
      4. Förderung der Aussagewahrheit 77
      5. Schriftliche Zeugenaussage 78
      6. Auslandsbeweisaufnahme 78
   VI. Mitteilung des Termins der Beweisaufnahme 78
      1. Allgemeine Regeln 78
      2. Erleichterung durch § 357 Abs. 2 79

§ 15 Rechtsfolgen der Anwesenheitsvereitelung 79
   I. Verwertungsverbot 79
   II. Potentielle Kausalität als Voraussetzung des Wiederholungsgebots 79
   III. Heilung von Verstößen gem. § 295 80
   IV. Rechtsmittel 80

Kapitel 6: Beweiserhebungs- und Beweisverwertungsverbote 81

§ 16 Rechtswidrige Beweisbeschaffung 81
   I. Gründe der Rechtswidrigkeit 82
      1. Überblick 82
      2. Heimlichkeit der Beweismittelentstehung 83
      3. Insbesondere: Recht am gesprochenen oder geschriebenen Wort 84
      4. Sonstige Gründe rechtswidriger Beweismittelbeschaffung 85

	Seite
II. Folgen für die Verwertbarkeit	86
1. Fehlen einer gesetzlichen Regelung	86
2. Differenzierungen im Strafprozessrecht	86
3. Eigenständigkeit des zivilprozessualen Beweisrechts	87
4. Verfassungsrechtliche Ableitung	87

§ 17 Verbot der Beweiserhebung und Beweisverwertung ... 88

    I. Beweiserhebung als Rechtswidrigkeitshandlung ... 88
   II. Beweisverwertungsverbot wegen vorprozessualer Rechtswidrigkeit ... 89
      1. Stand der Diskussion ... 89
      2. Spezifizierung der Argumente ... 90
        a) Wertungsunterschiede zwischen Straf- und Zivilprozess ... 90
        b) Maßgeblicher Rechtswidrigkeitszeitpunkt, Rechtswidrigkeitszusammenhang ... 90
        c) Unredlichkeit ... 91
        d) Prozessuale Sanktionsverstärkung ... 91
        e) Fragwürdiger Beweiswert ... 92
        f) Schutzzweck der verletzten Norm ... 92
  III. Kein Sachvortragsverwertungsverbot ... 92
  IV. Anerkennung der Beweisbedürfnisse, Relativierung des Rechtswidrigkeitsurteils durch Güterabwägung ... 93
      1. Das Güterabwägungsproblem ... 93
      2. Subsidiäre Beweisverwertung bei notwehrähnlicher Lage ... 94
   V. Einzelne Augenscheinsobjekte ... 95
      1. Ton(band)aufnahmen, Zeugenvernehmung von Mithörern ... 95
      2. Einzelne Personen- und Sachfotos, Film- und Videoaufnahmen ... 98
        a) Personenfotos ... 98
        b) Sachaufnahmen ... 100
        c) Film- und Videoaufnahmen ... 101
  VI. Ergänzende Zeugenvernehmung und Personalbeweissubstitute ... 104
      1. Persönlichkeitsrechtsverletzung ... 104
      2. Verstoß gegen das Fernmeldegeheimnis ... 104

§ 18 Grenzen der Verwendung sonstiger Informationen ... 105

    I. Persönlichkeitsbezogene Schriftstücke und Dateien ... 105
      1. Tagebücher, Briefe ... 105
      2. Beweismittelerlangung durch Spyware ... 106
      3. Stasiunterlagen ... 106
      4. Polygraphische Gutachten ... 106
   II. Informationsverwendungsbeschränkungen ... 106
      1. Vermeidung von Grundrechtskonflikten ... 106
      2. Akteneinsichtsrechte ... 107
  III. Dokumente aus beruflichen Vertrauensbeziehungen ... 109

Kapitel 7: Stoffsammlung im Zivilprozess, Beweisermittlung, Ausforschung ... 111

§ 19 Mitwirkungspflichten bei der Beweisaufnahme ... 112

    I. Duldungs- und Mitwirkungspflichten bei der Beweiserhebung: Rechtsgrundlagen ... 113

	Seite
1. Notwendigkeit von Mitwirkungsregelungen	113
2. Gesetzeslage bis zur ZPO-Reform 2001	113
3. Der Weg zur Reform des Jahres 2001: Entwicklung der rechtspolitischen Diskussion	114
a) Der rechtliche Mangel	114
b) Vorschläge der Kommission für Zivilprozessrecht	114
c) Der 61. Deutsche Juristentag 1996	116
4. Die ZPO-Reform 2001	117
II. Mitwirkungspflichten der Parteien: Wandel des konzeptionellen Verständnisses	118
1. Kontroverse Grundkonzeptionen zur Stoffsammlung	118
2. Weigerung des Beweisführers/der beweisbelasteten Partei	120
3. Mitwirkungspflichten des Beweisgegners	121
a) Folgen unberechtigter Mitwirkungsverweigerung	121
b) Grundlage und Reichweite der Mitwirkungspflichten	121
aa) Pflichtencharakter, fortbestehende Ungewissheit	121
bb) Prozessuale Nutzung materiell-rechtlicher Pflichten	122
cc) Unmittelbar geltende prozessuale Pflichten	123
dd) Prozessrechtsverhältnis als Grundlage von Befundsicherungspflichten	123
ee) Dogmatische Erklärung der Beweisvereitelungsregeln	125
ff) Unmittelbar erzwingbare Mitwirkungspflichten	125
gg) Einsatz ausländischer Verfahren	126
c) Grenzen der Mitwirkung	127
III. Die Mitwirkung Dritter	127
§ 20 Grenzen der Parteimitwirkung	**128**
I. Differenzierung zwischen Prozessparteien und Dritten	128
II. Zumutbarkeit, Verhältnismäßigkeit, Erforderlichkeit als unbenannte Grenzen zugunsten des Beweisgegners	129
III. Körperliche Untersuchungen	130
IV. Persönlichkeitsschutz	131
V. Substanzeingriff in Sachen	132
§ 21 Geheimverfahren	**133**
I. Schutz technischer und geschäftlicher Geheimnisse der Prozessparteien	133
II. Verfahrensrechtliche Schutzgewährung	134
§ 22 Pflichten Dritter zur Mitwirkung bei der Sachverhaltsaufklärung	**138**
I. Zeugnispflicht, Pflicht zur Vorlage von Unterlagen	138
1. Öffentlich-rechtliche Pflicht	138
2. Territoriale Reichweite: ausländische Zeugen, Zeugen im Ausland	139
3. Pflichtenumfang	140
II. Rechte und Schutz des Zeugen	140
1. Aussageverweigerung	140
2. Zeugenbeistand	142
3. Schutz des Persönlichkeitsrechts	142
III. Haftung des Zeugen	143
IV. Begutachtungspflicht von Sachverständigen	143

	Seite
§ 23 Jedermann-Informationsrechte	143
I. Unionsrecht	143
II. Informationsfreiheitsgesetze	144
III. Presserechtliche Auskunftsansprüche	145
Kapitel 8: Direkter und indirekter Zwang in der Beweisaufnahme, Beweisvereitelung	146
§ 24 Erzwingung des Erscheinens von Zeugen	147
I. Erscheinen als Vernehmungsvoraussetzung	147
II. Anwendungsbereich des § 380	148
III. Funktion der Ordnungsmittel	148
IV. Besonderheiten ausländischer und minderjähriger Zeugen	150
1. Ausländische Staatsangehörige	150
2. Minderjährige Zeugen	150
a) Sanktionen gegen den Minderjährigen	150
b) Sanktionen gegen den Personensorgeberechtigten	151
V. Ordnungsgemäße Ladung, Belehrung	152
VI. Nichterscheinen zum Vernehmungstermin	153
VII. Fehlen einer genügenden Entschuldigung	154
VIII. Unzulässigkeit der Anordnungen	154
IX. Rechtsfolgen des Nichterscheinens	155
1. Festsetzung von Ordnungsgeld	155
2. Festsetzung von Ersatzordnungshaft	156
3. Auferlegung der Kosten	156
X. Verfahren der Anordnung	156
1. Anordnungspflicht, Zeitpunkt der Anordnungen, Adressat	156
2. Form der Entscheidung, Zuständigkeit, rechtliches Gehör	157
3. Verkündung, Zustellung	158
XI. Maßnahmen bei wiederholtem Ausbleiben	158
1. Erneute Terminierung und Ladung	158
2. Erneute Festsetzung des Ordnungsmittels	158
3. Zwangsweise Vorführung	160
4. Auferlegung der weiteren Kosten	160
XII. Vollstreckung der Sanktionen bei Nichterscheinen	160
1. Auferlegung der Kosten	160
2. Ordnungsmittel	161
3. Zwangsweise Vorführung	161
XIII. Anhang: Einführungsgesetz zum Strafgesetzbuch	162
§ 25 Erzwingung des Erscheinens von Sachverständigen und der Begutachtung	163
I. Anwendungsbereich	163
II. Voraussetzungen	163
1. Nichterscheinen, Gutachtenverweigerung	163
2. Eidesverweigerung	163
3. Aktenherausgabe	164

	Seite
III. Auferlegung der Kosten/Festsetzung des Ordnungsgeldes	164
IV. Rechtsmittel	164

§ 26 Zwang gegen Prozessparteien ... 165
- I. Liberale Grundkonzeption der ZPO ... 165
- II. Zwangsweise Abstammungsuntersuchung ... 165
- III. Erzwingung des Erscheinens der Prozessparteien, § 141 ... 165
- IV. Ermessensausübung gegenüber nichterschienener Partei ... 165

§ 27 Rechtsmittel gegen Beschlüsse nach § 380 Abs. 1 und 2 ZPO ... 167
- I. Sofortige Beschwerde, Erinnerung ... 167
  1. Zulässiger Rechtsbehelf ... 167
  2. Beschwerdeberechtigung ... 167
  3. Abgrenzung zum Aufhebungsantrag ... 167
  4. Einlegungsfrist ... 168
  5. Form ... 168
  6. Rechtsbehelf gegen Beschwerdeentscheidung ... 168
- II. Änderung der Beschlüsse von Amts wegen ... 169
- III. Rechte der Parteien bei Aufhebung/Unterbleiben der Kostenentscheidung ... 169
- IV. Kosten der sofortigen Beschwerde ... 169

§ 28 Erzwingung der Aussage- oder Eidesleistung gem. § 390 ZPO ... 171
- I. Durchsetzung der Zeugnispflicht ... 171
- II. Kumulierende Ursachen der Nichtaussage ... 171
  1. Abgrenzungsbedarf (§ 380/§ 390) ... 171
  2. Anfängliche begründungslose Aussageverweigerung ... 171
  3. Anfängliches Nichterscheinen ... 171
  4. Wiederholte Aussageverweigerung mit unzureichender Begründungsangabe ... 172
  5. Freiwilliges Entfernen des Zeugen, zwangsweise Entfernung ... 172
  6. Nichterscheinen der Testperson zur Untersuchung ... 172
- III. Unberechtigte oder verworfene Weigerungsgründe ... 172
  1. Nichtangabe von Gründen ... 172
  2. Mangelhafte Begründung, erfolgloses Zwischenverfahren ... 172

§ 29 Ordnungssanktionen bei Aussage-, Untersuchungs- oder Eidesverweigerung ... 173
- I. Ordnungsgeld ... 173
- II. Ordnungshaft ... 173
  1. Haftzweck ... 173
  2. Antragserfordernis ... 174
  3. Anordnungsbeschluss, Haftbefehl ... 174
  4. Vollzug der Haftanordnung, Haftrecht ... 174
  5. Haftdauer, Haftende ... 175
- III. Erzwingung medizinischer Untersuchungen ... 175
- IV. Erzwingung der Vorlage von Dokumenten und der Duldung von Besichtigungen ... 176
- V. Kostenbeschluss, Haftung des Zeugen ... 176
- VI. Rechtsmittel ... 176

	Seite
§ 30 Beweisvereitelung	176
I. Lückenhaftigkeit der gesetzlichen Regelung	177
II. Der unmittelbare Regelungsbereich des § 444	177
1. Systematische Stellung der Norm	177
2. Tatbestandsvoraussetzungen	177
a) Objektive Tathandlung	177
b) Subjektives Erfordernis	178
III. Ausfüllung der Regelungslücke	178
1. Grundsatz	178
2. Anwendungsfälle	181
IV. Rechtsfolgen	183
1. Vorsätzliche Beweisvereitelung	183
2. Fahrlässige Beweisvereitelung	184
Kapitel 9: Beweislast I: Grundlagen	186
§ 31 Notwendigkeit und Wirkung objektiver Beweislastregeln	189
I. Notwendigkeit objektiver Beweislastregeln	189
1. Unaufklärbarkeit einer streitigen Tatsache (Beweislosigkeit)	189
2. Entscheidungszwang trotz Beweislosigkeit	189
II. Beweislastregeln als Entscheidungsnormen	190
1. Selbständiger Charakter der Beweislastnormen	190
2. Dogmatische Deutungen	190
3. Zuordnung zum materiellen Recht oder zum Prozessrecht, IPR	191
4. Zuweisung des Nachteils der Unaufklärbarkeit	191
III. Generell-abstrakte Beweislastregeln	192
1. Normcharakter	192
2. Mehrdeutigkeit der Einordnung als „Beweiserleichterung"	193
IV. Abgrenzung zur subjektiven Beweislast (Beweisführungslast)	193
1. Aktivitätsdruck auf die Parteien	193
2. Gleichgerichtetheit von objektiver und subjektiver Beweislast	194
3. Weitere prozessuale Folgen	194
4. Abstrakte und konkrete Beweisführungslast	194
V. Parteiverhaltensunabhängige Beweislastwirkung	195
§ 32 Grundregel der Beweislastverteilung	195
§ 33 Ermittlung der Beweislastverteilung	197
I. Gesetzliche Beweislastregeln	197
1. Ausdrückliche Formulierungen	197
2. Gleichgerichtete Vermutungen	197
II. Ermittlung durch Auslegung	198
1. Wertende Zergliederung des Tatbestandes	198
a) Grundregel als Ausgangspunkt	198
b) Rechtsvernichtende und rechtshemmende Tatbestandsmerkmale	199
c) Rechtshindernde Tatbestandsmerkmale	200
2. Sprachliche Fassung der Rechtsnorm: Regel-Ausnahme-Schema	201
a) Wortlaut, Satzkonstruktion	201
b) Unzuverlässigkeit von Negativformulierungen	201

	Seite
3. Das Versagen alleiniger Wortlautinterpretation, Interpretationsmethoden	202
4. Wertende Ermittlung von Regeltatbestand und Ausnahme	202
a) Wertungsschichten der Anspruchsnormen	202
b) Wertungsschichtenwechsel innerhalb desselben Tatbestandsmerkmals	204
5. Gesetzesauslegung und Rechtsfortbildung	205

§ 34 **Sachgründe der Beweislastverteilung** 206
    I. Bedeutung der Kriterien 206
   II. Prozessrechtliche Kriterien 206
      1. Angriff contra Status-quo-Schutz 206
      2. Wahrscheinlichkeit 207
      3. Zugang zum Tatsachenstoff, Beweisnähe, Beweisnot 208
      4. Gefahrenbereichslehre 209
      5. Negativbeweis 210
      6. Parteistellung 211
  III. Materiell-rechtliche Kriterien 212
      1. Förderung materiell-rechtlicher Zielsetzungen 212
      2. Verkehrsschutz, Erleichterung des Rechtsverkehrs 212
      3. Gefahrerhöhung 213
      4. Grobe Berufspflichtverletzungen: Prävention, Kompensation des Beweisrisikos, Billigkeit 213
      5. Verantwortung für einen räumlich-gegenständlichen Bereich .. 214
   IV. Ökonomische Kriterien 214
    V. Umkehr der Beweislast durch Rechtsfortbildung 214
  VI. Beweislastverträge 215

Kapitel 10: Beweislast II: Einzelthemen 217

§ 35 **Beweislastumkehr für Verkehrspflichtverletzungen** 217

§ 36 **Beweislastverteilung nach § 280 Abs. 1 S. 2 BGB** 219
    I. Aufhebung des Gleichlaufs von Darlegungs- und Beweislast? 219
   II. Erfolgsbezogene und verhaltensbezogene Pflichtverletzungen ... 220

§ 37 **Beweisrechtliche Nutzung prozedualisierter Qualitätskontrollen und ihrer Dokumentation** 222

§ 38 **Aufklärungs- und Beratungsfehler: Hypothetische Reaktion auf pflichtgemäßes Verhalten** 223
    I. Beweis der Reaktion des Aufklärungsadressaten 224
   II. Antworten der Rechtsprechung 224
      1. Naheliegende Entscheidung 224
      2. Offene Entscheidungssituation mit Handlungsalternativen 225
      3. Kapitalmarkt- und Kapitalanlagenrecht 225

§ 39 **Beweislastverteilung in ausgewählten Rechtsgebieten** 226
    I. Weitere Einzelfälle aus dem BGB 226
      1. Allgemeines 226
      2. Wirksamer Vertragsschluss, Auslegung 226
         a) Geschäftsfähigkeit 226

		Seite
	b) Nichtigkeit und Anfechtbarkeit von Rechtsgeschäften	227
	c) Abschluss und Inhalt von Rechtsgeschäften	227
	d) Vertrags- und Testamentsauslegung	228
	e) Verjährung	228
	f) Allgemeines Schuldrecht	228
	3. Kaufvertragliche Schuldverhältnisse	229
	a) Kauf	229
	b) Miete, Pacht	229
	c) Werkvertrag	230
	d) Darlehen	231
	e) Auftrag, GoA..............................	232
	f) Anerkenntnis	232
	g) Bereicherungsrecht	232
	4. Haftungsrecht	232
	a) Rechtliche und wirtschaftliche Berater	232
	b) Arzthaftung, Heimbetreuung; Apothekerhaftung, Tierarzthaftung	233
	c) Produkthaftung	236
	d) Umwelthaftung	236
	e) Sonstige Fälle des allgemeinen Deliktsrechts	236
	f) Rückgriffsansprüche.........................	238
	5. Familienrecht	239
	6. Erbrecht	239
II.	AGG	239
III.	Verletzung geistigen und gewerblichen Eigentums	240
IV.	Wettbewerbsrecht	240
	1. Lauterkeitsrecht	240
	2. Kartellrecht................................	241
V.	Handelsrecht, Gesellschaftsrecht	241
	1. HGB, Transportrecht	241
	2. Personengesellschaften	242
	3. GmbH	242
	4. GenG....................................	242
VI.	Insolvenzrecht	243
VII.	Kapitalmarktrecht, Kapitalanlagerecht	244
	1. Allgemeines	244
	2. Aufklärungsfehler	244
	a) Problemstellung	244
	b) Differenzierung nach Fallgruppen	245
	c) Aufklärungspflichten von Wertpapierdienstleistern	245
	d) Informationspflichten der Emittenten gegenüber Ersterwerbern (Prospekthaftung)...........................	247
	e) Informationspflichten der Emittenten gegenüber Sekundärmarktteilnehmern	248
VIII.	Telekommunikation, Internet	249
IX.	Zivilprozess	250

Kapitel 11: Darlegungslast 251

§ 40 Sammlung des Tatsachenstoffes durch Behaupten und Bestreiten 251

    I. Notwendigkeit und Wirkung von Parteibehauptungen 251

	Seite
II. Objektive und subjektive Komponente der Darlegungslast	252
III. Substantiierungslast (konkrete Darlegungslast)	253
1. Begriff und Rechtsgrundlage	253
2. Mögliche Normzwecke	253
3. Grad der Substantiierung	254
IV. Sekundäre Darlegungslast/substantiiertes Bestreiten	256

§ 41 Verteilung der Darlegungslast ... 258
  I. Grundregel ... 258
  II. Eigenständige Aufgaben und Wirkungen der Darlegungslast ... 258
  III. Spaltung von Beweislast und Darlegungslast ... 259
      1. Schwierigkeiten der Prozessstoffbeschaffung als Abweichungsgrund . 259
      2. Scheinbar abweichende Verteilung ... 259
  IV. Sekundäre Darlegungslast ... 260
  V. Dokumentationspflichten ... 261

Kapitel 12: Das Beweisverfahren: Überblick, Antragsbindung ... 262
§ 42 Stationen gegliederter Sachverhaltsaufklärung ... 262
  I. Ziel effektiver Tatsachenfeststellung ... 262
  II. Klägerstation ... 262
  III. Beklagtenstation ... 263
  IV. Beweisstation ... 263
      1. Identifizierung streitiger Tatsachen ... 263
      2. Beweisantritt ... 263
      3. Beweisanordnung/Beweisbeschluss ... 264
      4. Beweisaufnahme ... 264
      5. Mündliche Verhandlung über das Beweisergebnis ... 264
      6. Beweiswürdigung ... 265

§ 43 Beweisantrag ... 265
  I. Beweiserhebungsinitiative ... 265
  II. Zeitpunkt der Antragstellung ... 265
  III. Inhalt des Antrages ... 266
  IV. Rücknahme und Verzicht ... 267

§ 44 Zurückweisung des Beweisantrags ... 267
  I. Zurückweisung als Ausnahme ... 267
  II. Zurückweisungsgründe ... 268
      1. Verspätetes Vorbringen ... 268
      2. Fehlende Beweisbedürftigkeit ... 268
      3. Bereits erfolgter Beweis ... 268
      4. Unerheblichkeit der Tatsache, widersprüchlicher Vortrag ... 268
      5. Ungeeignetheit des Beweismittels ... 269
      6. Tatsächliche Hindernisse ... 270
      7. Wahrunterstellung ... 270
      8. Erleichterte Ablehnung bei gerichtlichem Ermessen ... 270
      9. Sonstige Gründe ... 271

Kapitel 13: Die Beweisanordnung; Anfechtung von Zwischenentscheidungen ... 272

§ 45 Beweisbeschluss, § 358 ZPO ... 273
I. Formlose und formelle Beweiserhebungen ... 273
   1. Selektion der Beweistatsachen, Begriff der Beweisaufnahme ... 273
   2. Prozessleitende Anordnungen ... 274
      a) Beweisanordnung ... 274
      b) Prozessleitungsmaßnahme ... 274
      c) Fehlende Anfechtbarkeit ... 274
   3. Zweckmäßigkeit des förmlichen Beschlusses ... 274
II. Herkunft des förmlichen Beweisbeschlusses ... 275
III. Klarstellungsfunktion des förmlichen Beweisbeschlusses ... 275
IV. Bindungswirkung des Beschlusses ... 275
V. Notwendigkeit des förmlichen Beschlusses ... 276
   1. Begriff des besonderen Verfahrens ... 276
   2. Beschlusssachverhalte ... 276
   3. Entbehrlichkeit eines förmlichen Beschlusses ... 277
   4. Rechtsfolgen von Verstößen, Heilung ... 277
VI. Verkündung, Zustellung ... 278
VII. Freiwillige Gerichtsbarkeit ... 279

§ 46 Vorgezogene Beweisanordnungen, § 358a ZPO ... 279
I. Beweisrechtliche Vorbereitung des Haupttermins ... 279
   1. Beschleunigungsziel ... 279
   2. Konflikt mit Ziel der Güteverhandlung ... 279
   3. Verhältnis zur Vorbereitung nach § 273 Abs. 2 ... 280
II. Erlass des Beweisbeschlusses ... 281
   1. Inhalt ... 281
   2. Zeitpunkt der Anordnung ... 281
   3. Zuständiges Prozessgericht ... 282
   4. Ermessen ... 282
   5. Bekanntgabe ... 283
III. Vorterminliche Ausführung des Beweisbeschlusses ... 283
   1. Allgemeines ... 283
   2. Einzelerläuterungen zu den Nrn. 1–5 des § 358a ... 283
      a) Beweisaufnahme vor dem beauftragten oder ersuchten Richter ... 283
      b) Einholung amtlicher Auskünfte ... 284
      c) Schriftliche Zeugenaussage ... 284
      d) Begutachtung durch Sachverständige ... 284
      e) Augenscheinseinnahme ... 285
IV. Rechtsfolgen von Verstößen, Heilung ... 285

§ 47 Inhalt des formellen Beweisbeschlusses, § 359 ZPO ... 285
I. Informationsfunktion des Beweisbeschlusses ... 286
II. Reihenfolge der Beweiserhebung ... 286
III. Bezeichnung des Beweisthemas ... 286
   1. Klärung der Beweiserheblichkeit ... 286
   2. Notwendige Detailliertheit ... 287
   3. Besonderheiten einzelner Beweismittel ... 288

	Seite
IV. Bezeichnung des Beweismittels	289
V. Bezeichnung der beweisführenden Partei	289
VI. Weitere inhaltliche Anforderungen	289
VII. Anforderungen an die formlose Beweisanordnung	290
VIII. Verstoß gegen die Inhaltsanforderungen	290

§ 48 Änderung formeller Beweisbeschlüsse, § 360 ZPO ... 290
    I. Regelungsgehalt und Normzweck ... 290
    II. Rechtspolitisch verfehltes Zustimmungserfordernis ... 291
    III. Verhältnis zu § 358a ... 291
    IV. Änderungssituationen ... 292
        1. § 360 S. 2 als isolierte Teilregelung ... 292
        2. Nichtdurchführung ... 293
        3. Aufhebung ... 293
    V. Zustimmung der Parteien ... 294
    VI. Zustimmungsfreie Änderungen ... 295
        1. Berichtigung oder Ergänzung der Beweistatsachen ... 295
        2. Vernehmung anderer Zeugen oder Sachverständiger ... 295
        3. Sonstige Fälle ... 296
    VII. Ermessen, Verfahren der Änderung ... 297
    VIII. Befugnisse des Richterkommissars ... 297
    IX. Anhörung und Benachrichtigung der Parteien ... 298
    X. Rechtsbehelfe ... 298

§ 49 Unanfechtbarkeit von Beweisbeschlüssen als Zwischenentscheidungen ... 299
    I. Ausschluss der sofortigen Beschwerde ... 299
        1. Generelle Unanfechtbarkeit ... 299
        2. § 355 Abs. 2 als pars pro toto prozessleitender Beweisanordnungen ... 299
        3. Anerkannte Durchbrechungen ... 299
        4. Unkorrigierbare Grundrechtsverletzung der Beweiserhebung ... 300
    II. Urteilsanfechtung wegen fehlerhafter Beweisanordnungen ... 301

Kapitel 14: Durchführung der Beweisaufnahme (generelle Regelungen) ... 303

§ 50 Beweisaufnahmehindernisse ... 304
    I. Beweismittelausschluss wegen Verfahrensverzögerung, § 356 ... 304
    II. Anwendungsreichweite des § 356, konkurrierende Normen ... 305
        1. Sondernormen, Einschränkungen ... 305
        2. Parallele Fristsetzungsbestimmungen, weitere Präklusionsnormen ... 305
            a) § 273 ... 305
            b) § 230 ... 305
            c) § 379 S. 2/§ 402 ... 306
            d) § 296 ... 306
    III. Beweisrelevanz ... 306
    IV. Beweiserhebungshindernis ... 306
        1. Art der Hindernisse ... 306
        2. Kein gleichwertiger anderer Beweis ... 307
        3. Behebbarkeit des Hindernisses ... 307

	Seite
V. Hindernis mit bekannter Zeitdauer	308
VI. Verhältnis zu § 296 und § 530	308
1. Tatbestandliche Unterschiede	308
2. Verschulden des Beweisführers als Fristsetzungsausschluss	309
a) Mögliche Anknüpfung des Verschuldensurteils	309
b) Folgen schuldhafter Hindernisherbeiführung	309
3. Einzelheiten/Kasuistik	311
a) Zeugenbeweis	311
b) Zahlung des Auslagenvorschusses	312
c) Fehlende Mitwirkungsbereitschaft Dritter	312
d) Fehlendes Schiedsgutachten	313
VII. Fristenbemessung	313
VIII. Fristsetzungsverfahren	314
IX. Folgen ergebnislosen Fristablaufs	314
X. Rechtsmittelkontrolle	315
§ 51 Beweisaufnahme ohne Parteimitwirkung, § 367 ZPO	**316**
I. Amtsbetrieb der Beweisaufnahme	316
II. Anwendungsbereich des § 367	316
III. Durchführung der Beweisaufnahme trotz Ausbleibens	317
1. Möglichkeit der Durchführung	317
2. Folgen des Ausbleibens	318
a) Verlust des Fragerechts	318
b) Präklusion, Beweisfälligkeit	318
c) Beweisvereitelung	318
d) Nachholung	319
3. Versäumnisurteil und Beweisaufnahme	319
4. Beweisaufnahme nach Aktenlage	319
IV. Nachholung und Vervollständigung der Beweisaufnahme	319
1. Nachholung als Ausnahme	319
2. Voraussetzungen einer Nachholung oder Vervollständigung	319
a) Gestaffelte Prüfung	319
b) Verzögerung	320
c) Unverschuldetes Ausbleiben	320
d) Wesentliche Unvollständigkeit der Beweisaufnahme	320
3. Antragsgebundenes Verfahren	321
V. Unbeschränkte Wiederholung des Beweisaufnahmetermins	322
1. Unzureichende Terminsbenachrichtigung	322
2. Substituierende Einwilligung der gegnerischen Partei	322
VI. Rechtsbehelfe	322
§ 52 Getrennte Beweisaufnahmetermine, § 368 ZPO	**323**
I. Amtsbetrieb	323
II. Bestimmung von Fortsetzungsterminen	323
III. Terminsbekanntgabe	323
§ 53 Beweisaufnahme durch beauftragten oder ersuchten Richter	**324**
I. Verfahren vor dem beauftragten Richter, § 361	324
1. Anwaltszwang	324

	Seite
2. Öffentlichkeit	324
3. Protokoll	325
4. Sitzungspolizei	325
5. Rechtsbehelfe	325
II. Rechtshilfevernehmungen durch ersuchten Richter, § 362	325
1. Besonderheiten des Verfahrens vor dem ersuchten Richter	325
2. Verhandlungsprotokoll	326
3. Rechtsbehelfe	327
III. Weiterübertragung der Beweisaufnahme durch ersuchten Richter	327
1. Zweck, rechtspolitische Bedeutung	327
2. Voraussetzungen einer Weiterübertragung	327
3. Verfahren	329
4. Rechtsbehelfe	329
IV. Zwischenstreit, § 366	330
1. Folgen begrenzter Entscheidungsbefugnis des Richterkommissars	330
2. Entscheidungsbefugnisse bei vorgreiflichem Zwischenstreit	330
3. Verfahren	331
4. Rechtsbehelfe	332

§ 54 Verhandlung zum Ergebnis der Beweisaufnahme, § 285 ZPO ... 332
- I. Gebot der Beweisverhandlung, Terminierung ... 332
- II. Normzwecke ... 333
  - 1. Sicherung der Unmittelbarkeit und der Mündlichkeit ... 333
  - 2. Zeitliche Einheit von Beweisaufnahme und Beweisverhandlung ... 333
- III. Trennung in Ausnahmefällen ... 333
- IV. Inhalt der Beweisverhandlung ... 334
- V. Verzicht der Parteien, Säumnis ... 335
- VI. Verstoß gegen § 285 ... 336
- VII. Terminierung der Beweisverhandlung ... 336
- VIII. Verhandlung nach Beweisaufnahmen vor dem beauftragten oder ersuchten Richter ... 336
  - 1. Terminsbestimmung ... 336
  - 2. Inhalt der Verhandlung ... 337
- IX. Relevanz des Beweisergebnisses für Versäumnisurteil oder Urteil nach Lage der Akten ... 337
  - 1. Versäumnisurteil ... 337
  - 2. Entscheidung nach Lage der Akten ... 338

Kapitel 15: Beweiswürdigung und Beweismaß ... 339

§ 55 Grundsatz freier Verhandlungs- und Beweiswürdigung, § 286 Abs. 1 ZPO ... 339
- I. Freie Beweiswürdigung als grundlegende Verfahrensregel ... 340
- II. Gegenstand der Verhandlungswürdigung ... 340
  - 1. Tatsachenvortrag als Voraussetzung der Würdigung ... 340
  - 2. Beweisergebnisse ... 341
    - a) Erhobene Beweise ... 341
    - b) Nichterhebung von Beweisen ... 341
  - 3. Inhalt der Verhandlung ... 342

	Seite
4. Tatsachenfeststellung ohne Parteibehauptung	343
5. Erfahrungssätze, Indizienbeweis	343
III. Kenntniserlangung	343
1. Fehlerfreie Kenntniserlangung	343
2. Amtliche und private Tatsachenkenntnis	344
3. Eigene richterliche Sachkunde	345
a) Verwertbarkeit	345
b) Offenbarung der Herkunft des Sachwissens	345
4. Erkenntnisse aus anderen Verfahren	346
IV. Begründungspflicht (§ 286 Abs. 1 S. 2)	346
V. Gesetzliche Beweisregeln (§ 286 Abs. 2)	347
§ 56 Subjektivität richterlicher Überzeugungsbildung	**348**
I. Persönliche Überzeugung	348
II. Beweiswürdigung und Beweismaß	349
1. Zusammenhänge von Beweiswürdigung und Beweismaß	349
2. Grad der richterlichen Überzeugung	350
III. Grenzen der Überzeugungsbildung	350
IV. Nachprüfung durch Berufungs- und Revisionsgericht	351
V. Beweisverwertungsverbote	353
VI. Beweisverträge	353
§ 57 Kasuistik zur Beweiswürdigung	**353**
I. Wiederkehrende Beweislagen	353
II. Verdacht vorgetäuschter oder unredlich abgewickelter Versicherungsfälle	354
1. Fingierte Verkehrsunfälle	354
2. Verlustmeldungen an Sachversicherer	354
III. Sonstige Sachverhalte	355
1. Arzthaftung	355
2. Testamentarische Verfügungen	356
Kapitel 16: Der Anscheinsbeweis	**357**
§ 58 Anscheinsbeweis als standardisierte Beweiswürdigung	**357**
I. Charakteristik des Anscheinsbeweises	358
1. Standardisierte Schlussfolgerung im Rahmen freier Beweiswürdigung	358
2. Das Verhältnis zum Indizienbeweis	359
3. Teil der Beweiswürdigung, keine gewohnheitsrechtliche Regel	359
4. Abgrenzung zur Beweislastumkehr und zur Beweisführungslast	360
5. Keine Absenkung des Beweismaßes	361
6. Prozessrechtliche Natur	362
II. Überprüfung in der Revisionsinstanz	363
III. Anwendung des Anscheinsbeweises	363
1. Typischer Geschehensablauf	363
2. Basis und Verlässlichkeit der Erfahrungssätze	365
3. Differenzierung der Erfahrungssätze	365
4. Einsatzbereiche	367
5. Urteilsbegründung	367
IV. Erschüttern des Anscheins	367

	Seite
§ 59 Kasuistik zum Anscheinsbeweis	368
I. Arbeitsrecht	368
II. Architektenhaftung	369
III. Arzthaftung	369
IV. Anwaltshaftung, Notarhaftung, Steuerberaterhaftung	369
V. Eisenbahnverkehr	370
VI. Gütertransport, Verbleib und Inhalt von Frachtsendungen	370
VII. Insolvenz	370
VIII. Internetnutzung	370
IX. Mietrecht, Eigenbedarfskündigung	371
X. Missbrauch von EC-Karten und Kreditkarten, Online-Banking	371
XI. Mangel- und Fehlerhaftigkeit von Sach- und Werkleistungen, Gebäudeschäden	372
XII. Produkthaftung	372
XIII. Schiffahrt	373
XIV. Straßenverkehr	373
XV. Sportunfälle	376
XVI. Telefonrechnung	376
XVII. Verkehrssicherungspflichten	376
XVIII. Unternehmereigenschaft und § 14 BGB	377
XIX. Willensentschlüsse und innere Tatsachen	377
XX. Zugang von Post, Fax und E-Mail, Versand	378
Kapitel 17: Feststellungserleichterungen	380
§ 60 Beweismaßherabsetzung, Sachvortragserleichterung	381
I. Abweichung des § 287 von § 286 ZPO	381
1. Beweismaßherabsetzung	381
2. Freie Überzeugung als Entscheidungsmaßstab	382
II. Regelungsprobleme	383
1. Entwertung des materiellen Rechts mit prozessualen Mitteln	383
2. Tatsachenfeststellung statt Billigkeitsentscheidung	383
III. Erleichterung des Sachvortrags des Schadensersatzklägers	383
1. Notwendige Anknüpfungstatsachen	383
2. Verminderte Darlegungsanforderungen	384
3. Unveränderte Verteilung der Darlegungs- und Beweislast	385
4. Hinreichend bestimmter Antrag	385
IV. Kontrolle durch Rechtsmittelinstanzen	385
1. Entscheidungsgründe	385
2. Berufungskontrolle	386
3. Revisionskontrolle	386
V. Anwendung im Versäumnisverfahren	387
VI. Zulässigkeit von Teilurteilen	387
VII. Internationales Privat- und Verfahrensrecht	388

	Seite
§ 61 Schadensschätzung	388
I. Anwendungsbereich des § 287 Abs. 1	388
II. Beweismaßherabsetzung für Elemente der Schadensentstehung	389
1. Reichweite des Haftungsgrundes	389
2. Problemlösungen	390
a) Erstes „Betroffensein" des Geschädigten als Zäsur	390
b) Tatbestände des Deliktsrechts	390
aa) Rechtsgutverletzungen bei § 823 Abs. 1 BGB, § 823 Abs. 2 BGB	390
bb) Tatbestände ohne Schutz konkreter Rechtsgüter	391
c) Weitere Haftungstatbestände	392
d) Kritik des Schrifttums, Antwort des BGH	392
e) Stellungnahme	393
aa) Respektierung des materiellen Rechts	393
bb) Zuordnung von Rechtsgutverletzungen	394
cc) Primäre Vermögensschäden	394
3. Mehrere mögliche Verursachungsbeiträge	395
III. Feststellung der Schadenshöhe	395
1. Allgemeines	395
2. Gegenstände der Schätzung	396
a) Sachgüter allgemein	396
b) Kraftfahrzeuge	397
c) Entgangener Gewinn	398
d) Erwerbsschaden	399
e) „Gesundheitsschäden"	399
f) Immaterielle Schäden	400
g) Sonstige Einbußen	400
h) Schadensminderung	401
§ 62 Erleichterungen für das Beweisverfahren	401
I. Weitere Verfahrenserleichterungen	401
II. Eingeschränkte Beweisaufnahme	401
III. Sachverständigenbeweis	402
IV. Parteivernehmung	403
§ 63 Erstreckung des § 287 ZPO auf andere Streitigkeiten	403
I. Beschränkter Inhalt der Verweisung des § 287 Abs. 2	403
II. Kasuistik	404
§ 64 Glaubhaftmachung, § 294 ZPO	405
I. Wahrscheinlichkeitsfeststellung	405
II. Zeitliche Beschränkung	405
III. Mittel der Glaubhaftmachung	405
IV. Eidesstattliche Versicherung	405
Kapitel 18: Verwertung der Beweisergebnisse anderer Verfahren	407
§ 65 Sachverständigengutachten, § 411a ZPO	407
I. § 411a als Kodifizierung von Richterrecht	407
II. Verwertung fremder Gerichtsgutachten nach Richterrecht	408
1. Beweissubstitution	408

		Seite
	2. Qualifizierung als Urkundenbeweis	409
	a) Schwächen der herrschenden Meinung	409
	b) Verständnis als Parteivortrag	409
	3. Fortgeltung des Richterrechts	410
III.	Die gesetzliche Regelung	410
	1. Normzweck, Rechtsnatur der Beweiserhebung	410
	2. Gleichwertiges anderes Verfahrens, Identität des Lebenssachverhalts	410
	3. Antragsrechte der Parteien und richterliches Ermessen	411
	4. Verwertungsentscheidung	412
	5. Persönlichkeitsschutz von Altparteien	412
	6. Rechte des Sachverständigen	412

§ 66 Fragwürdiger Ersatz des Personalbeweises durch Urkundenbeweis 413
    I. Beweisbindung des Zivilrichters an Strafurteile 413
        1. Gesetzesvorschläge 413
        2. Regelungsziel 413
        3. Berechtigte Kritik 414
    II. Protokollbeweis als Ersatz einer Zeugenaussage 415

Kapitel 19: Kosten der Beweisaufnahme 416

§ 67 Gerichtskosten 416
    I. Kostenarten 416
    II. Niederschlagung des Auslagenerstattungsanspruchs 417

§ 68 Parteikosten 417
    I. Aufwendungen zur Rechtsdurchsetzung 417
    II. Anwaltliche Beweisgebühr 418

§ 69 Zeugenentschädigung 419
    I. Gesetzesentwicklung, Aufbau des JVEG 419
    II. Entschädigungsgrundsatz 419
        1. Vergütungslose öffentlich-rechtliche Pflichterfüllung 419
        2. Geladener Zeuge, schriftliche Aussage 419
        3. Nicht geladener Zeuge 420
        4. Sachverständiger Zeuge 420
    III. Entschädigungsumfang 420
        1. Auslagen, Aufwand 420
        2. Zeitverlust, Verdienstausfall 421
    IV. Abrechnungsverfahren 421

§ 70 Sachverständigenentschädigung 421
    I. Grundlagen der Vergütung 422
        1. JVEG, öffentlich-rechtliches Leistungsverhältnis 422
        2. Vergütungsbestandteile 422
        3. Vergütungsfestsetzung 424
    II. Vergütungswürdigkeit, Verlust des Anspruches 425
        1. Verwirkung 425
        2. Einzelfälle: Nichtleistung, Unverwertbarkeit, Übermaßleistung 425
            a) Nichterstattung des Gutachtens, unbefugte Übertragung 425
            b) Unverwertbarkeit infolge Ablehnung 426

	Seite
c) Unverwertbarkeit infolge inhaltlicher Mängel	428
d) Überziehen des Auslagenvorschusses	429
e) Überschreiten des Gutachtenauftrages (§ 407a Abs. 3 S. 1)	430
3. Verfahren	430
III. Anhang: Kostenerstattung für Privatgutachten	431

Teil 2:
Abgrenzung der Beweismittel des Strengbeweises

Kapitel 20: Abgrenzung der Beweismittel 435

§ 71 Sachbeweis mittels Augenscheinsobjekten und Urkunden 436
    I. Abgrenzungsbedarf 436
   II. Begriff des Sachbeweises 436
 III. Sinneswahrnehmung von Augenscheinsobjekten 436
       1. Wahrnehmungsbeweis 436
       2. Gesteigerte Zuverlässigkeit 437
       3. Augenscheinseinnahme und Zeugen- oder Sachverständigenaussage . 437
  IV. Urkundenbeweis 438
   V. Abgrenzung von Urkunden und Augenscheinsobjekten 438

§ 72 Personalbeweis durch Zeugen und Parteien 439
    I. Wiedergabe von Tatsachenwahrnehmungen 439
   II. Abgrenzungsnotwendigkeit, formelle Parteistellung als Abgrenzungsmaßstab 439
 III. Zuordnung zu Zeugenbeweis und Parteivernehmung 440
       1. Bedeutung der Beweismittelzuordnung 440
       2. Abgrenzungsmaßstab des § 455 440
           a) Natürliche und juristische Personen 440
           b) Natürliche Personen als prozessunfähige Parteien 441
           c) Gesetzliche Vertreter natürlicher Personen 441
       3. Fallgruppen 442
           a) Juristische Personen; nichtrechtsfähiger Verein 442
           b) Personengesellschaften 443
               aa) Handelsgesellschaften 443
               bb) GbR 444
           c) Gütergemeinschaft, andere Güterstände 444
           d) Erbengemeinschaft 444
           e) Prozessstandschaft 445
           f) Parteien kraft Amtes 445
           g) Streitgenossen 445
           h) Streitverkündeter, Streithelfer 446
           i) Rechtsnachfolge 447
  IV. Änderung der Zeugen- oder Parteiqualität 447
       1. Wechsel der Partei oder des gesetzlichen Vertreters im Laufe des Verfahrens 447
       2. Zeugenfähigkeit bei verbleibender Kostenbeteiligung 448
       3. Änderungen durch prozesstaktische Maßnahmen 449
           a) Zulässige Prozesstaktik 449

	Seite
b) Abtretung	449
c) Vertreterauswechselung	450
d) Drittwiderklage, Klageerweiterung	451
4. Umgang mit der Änderung	451
a) Bevorstehende Beweisaufnahme	451
b) Verwertung der Beweisaufnahme	452
V. Fehlerhafte Vernehmung als Partei oder Zeuge	452
1. Wiederholung der Beweisaufnahme	452
2. Aussageverweigerung	453
3. Würdigung der Parteivernehmung als Zeugenaussage	453
4. Benennung als Zeuge statt als Partei	453
§ 73 Charakteristika des Sachverständigenbeweises, Abgrenzungen	**454**
I. Differenzierung der Beweismittel im Strengbeweisrecht	454
II. Abgrenzung des Sachverständigenbeweises zum Zeugenbeweis	454
1. Vermittlung von Erfahrungswissen	454
2. Tatsachenbeurteilung	455
3. Zeitlicher Bezug der Wahrnehmung	455
4. Individualität der Wahrnehmung	456
5. Gegenstand der richterlichen Würdigung	456
6. Art der Ladung	456
III. Insbesondere: Sachverständiger Zeuge	456
1. Tatsachenwahrnehmung kraft Sachkunde	456
2. Wahrnehmung als Beweisperson	457
3. Kriterium der Sachkunde	458
4. Fortdauer der Beweismittelstellung	458
5. Doppelstellung als Zeuge und Sachverständiger	458
IV. Abgrenzung zum Augenscheinsbeweis	458
V. Abgrenzung zum Urkundenbeweis	459
VI. Gutachtenbesonderheiten	459
1. Rechtsgutachten	459
2. Demoskopische Gutachten	459
Kapitel 21: Ungeregelte Beweismittel	**461**
§ 74 Amtliche Auskunft, Behördengutachten	**461**
I. Normenmangel	461
1. Besonderheit der behördlichen Auskunft und des behördlichen Gutachtens	461
2. Rechtliche Ansätze	461
II. Substitution des Zeugenbeweises	463
1. Anwendung des § 377 Abs. 3	463
2. Dienstliche Äußerungen	463
3. Einholung der Auskunft	463
III. Analoge Anwendung des Sachverständigenbeweisrechts	463
1. Stellung im System des Strengbeweises	463
2. Analogie	464
a) Sicherung des Rechtschutzes	464
b) Vernehmung des Sachbearbeiters	464
c) Befangenheitsablehnung	465

		Seite
IV.	Subsidiarität behördlicher Sachverständigentätigkeit...............	465
V.	Behördenbegriff...	467
VI.	Auskunft privater Unternehmen.................................	467
VII.	Behördenentschädigung...	468

§ 75 Funktion eines Dolmetschers... 468

§ 76 Beweisermittlung als Hybridform des selbständigen Beweisverfahrens . 468

Teil 3:
Der Augenscheinsbeweis

Kapitel 22: Augenscheinseinnahme: Grundlagen, Beweiserhebung 471

§ 77 Augenscheinsobjekte, Begriff der Augenscheinseinnahme, Abgrenzung des Beweismittels... 472
- I. Begriff der Augenscheinseinnahme 472
  1. Beweis durch Sinneswahrnehmungen 472
  2. Augenscheinsobjekte, Augenscheinstatsachen 473
     a) Sinneswahrnehmung 473
        aa) Wahrnehmungsgegenstände......................... 473
        bb) Ort der Besichtigung................................ 474
        cc) Negative Abgrenzungen 475
     b) Augenscheinstatsache 475
  3. Wahrnehmung mittels technischer Hilfsmittel.................. 475
  4. Abgrenzung zur informatorischen Besichtigung 476
  5. Augenscheinssurrogate (Lichtbilder) 476
- II. Abgrenzung zu anderen Beweismitteln 477
  1. Sachverständige als Augenscheinsmittler (Augenscheinsgehilfen) ... 477
  2. Zeugenbeweis und Augenschein................................ 478
     a) Zeugen als Augenscheinsmittler.......................... 478
     b) Vernehmungssurrogate 478
  3. Videosimultankonferenzen und vergleichbare Kommunikationstechniken 478

§ 78 Insbesondere: Abgrenzung zum Urkundenbeweis................... 480
- I. Gesetzesreformen 2001 480
- II. Augenscheinssurrogate 480
- III. Elektronische und technische Aufzeichnungen (§ 371 Abs. 1 S. 2) 480
  1. Entwicklung der Diskussion 480
     a) Rechtspolitische Alternativen 480
     b) Kommissionsvorschläge 481
     c) Rechtswissenschaftliche Diskussion 482
  2. Lex lata: Augenscheinsbeweis 484

§ 79 Beweisantrag... 484
- I. Beweisbedürftigkeit 484
- II. Anordnung nach § 144 von Amts wegen und auf Parteiantrag hin 485
  1. Anordnungen nach gerichtlichem Ermessen 485

	Seite
2. Augenscheinsobjekte außerhalb einer Zugriffs- oder Zugangsmöglichkeit des Beweisführers	486
III. Beweisantrag einer Partei	488
1. Ordnungsgemäßer Beweisantritt	488
2. Ablehnung des Antrags	489
3. Öffentlichkeit der Beweisaufnahme	489
4. Wiederholung der Augenscheinseinnahme	490
5. Identität des Augenscheinsobjektes	490
6. Protokollierung	490
IV. Augenscheinseinnahme im Ausland	491

§ 80 Delegation der Beweisaufnahme, Zuziehung von Hilfspersonen ... 492
    I. Durchbrechung des Unmittelbarkeitsgrundsatzes ... 492
    II. Beauftragter oder ersuchter Richter ... 492
        1. Delegation ohne besondere Gründe ... 492
        2. Protokollierung ... 493
    III. Übertragung der Augenscheinseinnahme auf Augenscheinsmittler (Augenscheinsgehilfen) ... 493
        1. Augenscheinsvermittlung als Ausnahme ... 493
        2. Anschluss- und Befundtatsachen als Gegenstand der Ermittlung des Sachverständigen ... 494
        3. Anerkannte Gründe der Übertragung ... 495
            a) Begrenzung ... 495
            b) Tatsächliche und rechtliche Feststellungshindernisse, Befundtatsachen ... 495
            c) Körperliche Untersuchungen ... 496
        4. Übertragungs- und Zuziehungsermessen ... 496
        5. Der Augenscheinsmittler als Zeuge und Sachverständiger ... 496
            a) Einheitslösung ... 496
            b) Einzelnormanalyse ... 497
                aa) Anordnung der Beweiserhebung ... 497
                bb) Ablehnung des Augenscheinsmittlers ... 497
                cc) Vereidigung ... 497
                dd) Pflicht zur Übernahme ... 497
                ee) Vergütung ... 498

Kapitel 23: Beweis mittels elektronischer Dokumente ... 499

§ 81 Grundlagen: Rechtsentwicklung, technische Rahmenbedingungen ... 502
    I. Gesetzesgeschichte des § 371a, ergänzende Normen ... 502
        1. Zusammenwirken von Beweisrecht und Technikrecht ... 502
        2. Beweisvorgaben des Unionsrechts ... 502
        3. Förderung des elektronischen Geschäftsverkehrs ... 503
        4. Technische Sicherheitsvermutung ... 503
    II. Begriffsbildungen des SigG ... 504
        1. Digitale Signatur, elektronische Signatur ... 504
        2. Fortgeschrittene, qualifizierte und akkreditierte Signaturen ... 504
        3. Zertifizierungsdiensteanbieter ... 505
        4. Prüf- und Bestätigungsstellen ... 506

	Seite
III. Verweisungen auf den Urkundenbeweis	506
1. Entbehrliche Analogiebildung, formelle Beweisregeln	506
2. Private elektronische Dokumente	506
a) Verweisung auf § 416	506
b) Gesonderte Echtheitsprüfung	507
c) Elektronisches Originaldokument	508
3. Öffentliche elektronische Dokumente	509
4. Abgrenzung: Materielle Beweiskraft	510
§ 82 Echtheitsbeweis	**511**
I. Echtheitsbeweis für private elektronische Dokumente	511
1. Normqualifizierung, Beweisgegenstand	511
2. Geltung für signierte Erklärungen	512
3. Das Verschlüsselungsverfahren	512
4. Voraussetzungen des Anscheinsbeweises	513
a) Positive Anforderungsbestimmung	513
b) Unterscheidung qualifizierter und akkreditierter Signaturen	514
c) Ausschließliche Signatur	514
d) Identifizierung des Signaturschlüsselinhabers	514
e) Signaturerzeugung	514
f) Unverfälschtheit der Daten	515
g) Sicherheit der Signaturerstellungseinheit	515
h) Gültigkeit des Zertifikats	515
5. Erschütterung des Echtheitsanscheins	516
6. Hilfsweise: Beweiswürdigung nach § 286	517
7. Ausländische elektronische Signaturen	517
II. Echtheit öffentlicher elektronischer Dokumente	517
§ 83 Umwandlung öffentlicher elektronischer Dokumente in Papierdokumente, § 416a ZPO	**517**
I. Entstehung des § 416a	517
II. Transformation elektronischer Dokumente	518
1. Grundsätzlich kein Urkundenbeweis	518
2. Sonderregelung für öffentliche elektronische Dokumente	518
III. Anforderungen an das elektronische Dokument	518
1. Elektronisches Originaldokument	518
2. Öffentliches Dokument	518
3. Signaturerfordernis	519
§ 84 Sonstige elektronische Beweise	**519**
I. Elektronischer Identitätsnachweis mittels maschinenlesbaren Personalausweises	519
II. Elektronische Post im DE-Mail-Dienst	520
III. Elektronisches Anwaltspostfach	521
IV. Ausländische elektronische Signaturen	521
Kapitel 24: Augenscheinseinnahme des Abstammungsbeweises	**522**
§ 85 Besonderheiten des Abstammungsbeweises	**522**
I. Duldungspflicht und unmittelbarer Zwang als Mittel der Stoffsammlung	524

		Seite
	1. Gesetzesgeschichte	524
	2. Qualifizierung des Beweismittels	525
II.	Betroffene Interessen	525
III.	Sachlicher und personeller Anwendungsbereich	528

§ 86 Untersuchungsart, wissenschaftliche Methoden ... 529
- I. Allgemeines ... 529
  - 1. Beweisthemen ... 529
  - 2. Beweismethoden ... 530
- II. Untersuchung herkömmlicher (phänotypbestimmter) Blutgruppensysteme ... 531
  - 1. Ausschluss durch Merkmalsvergleich ... 531
  - 2. Beweiswürdigung ... 531
- III. DNA-Analyse ... 532
- IV. Biostatistische (serostatistische) Begutachtung ... 534

§ 87 Voraussetzungen der Duldungspflicht ... 535
- I. Erforderlichkeit ... 535
  - 1. Entscheidungserheblichkeit und Beweisbedürftigkeit ... 535
  - 2. Ausreichende Substantiierung/Ausforschungsbeweis ... 535
  - 3. Vorrangige Ausschöpfung anderer Beweismittel ... 537
  - 4. Entgegenstehende Rechtskraft eines Anfechtungsurteils ... 537
- II. Aufklärbarkeit ... 538
- III. Unzumutbarkeit ... 539
  - 1. Allgemeines ... 539
  - 2. Art der Untersuchung und Zumutbarkeit ... 540
  - 3. Folgen der Untersuchung und Zumutbarkeit ... 540
  - 4. Gesundheitsnachteil und Zumutbarkeit ... 543
- IV. Umfang der Duldungspflicht ... 544
  - 1. Personenkreis ... 544
  - 2. Duldungs-, nicht Mitwirkungspflicht ... 545
- V. Zeitpunkt der Untersuchungsanordnung, Rechtshilfedurchführung ... 546

§ 88 Verweigerung der Untersuchung ... 547
- I. Allgemeines ... 547
- II. Weigerung ohne Angabe von Gründen ... 547
- III. Weigerung unter Angabe von Gründen ... 548
  - 1. Verfahren ... 548
  - 2. Rechtsmittel ... 549
  - 3. Relevante Weigerungsgründe ... 550
- IV. Nichterscheinen zum Untersuchungstermin ... 551
- V. Wiederholte Weigerung ... 553
  - 1. Unmittelbarer Zwang ... 553
  - 2. Schlussfolgerungen im Rahmen der Beweiswürdigung (§ 371 Abs. 3) ... 554
- VI. Ausländische Testperson, Auslandsbeweisaufnahme ... 555
  - 1. Personal- und Gebietshoheit ... 555
  - 2. Rechtshilfe ... 556

Teil 4:
Der Urkundenbeweis

	Seite
Kapitel 25: Arten und Errichtung der Urkunden	559
§ 89 Urkundenarten, Beweisvorteile	560
I. Urkundenbegriffe	560
1. Urkundendefinition	560
2. Öffentliche und private Urkunden	560
3. Elektronische Dokumente, elektronische Signatur	561
4. Bezeugende und bewirkende Urkunden	562
5. Urschrift, Ausfertigung, Abschrift	562
II. Urkunden und Augenscheinsobjekte	562
III. Herausgehobener Beweiswert von Urkunden	563
IV. Formelle und materielle Beweiskraft	564
V. Beurkundungsverfahren	564
VI. Ablauf des Urkundenbeweisverfahrens	565
VII. Ausländische Urkunden	565
§ 90 Öffentliche Urkunden	566
I. Inhalt und Geltungsbereich des § 415	566
1. Legaldefinition	566
2. Zeugnis über Dritterklärungen	567
3. Ausklammerung von Behördenerklärungen und sonstigen Erklärungen	567
II. Die öffentliche Urkunde	567
1. Urkundendefinition	567
2. Inhalt der Urkunde, Urkundenbeispiele	568
III. Voraussetzungen der öffentlichen Urkunde einer Behörde	569
1. Behörde	569
a) Begriff der Behörde	569
b) Beispiele für öffentliche Behörden	571
c) Sonderproblem: Deutsche Post AG	572
2. Errichtung innerhalb der Grenzen der Amtsbefugnisse	573
3. Formvorschriften	573
4. Ausländische öffentliche Urkunden, Legalisation	574
IV. Öffentliche Urkunden anderer Urkundspersonen	574
1. Begriff der Urkundsperson	574
2. Errichtung der Urkunde innerhalb des Geschäftskreises	575
3. Formvorschriften	576
V. Selbst verfasste Behördenerklärungen, § 417	577
1. Normzweck, Abgrenzung zu § 415	577
2. Behördliche Erklärung	577
VI. Zeugnisurkunden, § 418	579
1. Urkundeninhalt, Abgrenzung zu §§ 415, 417	579
2. Zeugnisurkunden und deren Beweiskraft	580
a) Gerichtliches Verhandlungsprotokoll, Urteilstatbestand, Hinweisdokumentation	580
aa) Verhandlungsprotokoll	580
bb) Urteilstatbestand	582

Seite

  b) Eingangsstempel, Faxeingangsvermerk 583
  c) Empfangsbekenntnis.................................. 583
  d) Zustellungsurkunden 584
  e) Postzustellungsurkunde als öffentliche Urkunde 586
  f) Elektronische Zustellung 587
  g) Sonstige Beispiele................................... 588

§ 91 Privaturkunden, § 416 ZPO 589
 I. Begriff der Privaturkunde.................................. 589
 II. Voraussetzungen der Privaturkunde 589
  1. Tatbestands- und Zeugnisurkunden 589
  2. Unterschrift... 591
   a) Inhalt und Form der Unterschrift 591
   b) Blankounterschrift, Blankettmissbrauch 593
  3. Notariell beglaubigtes Handzeichen 593
  4. Standort der Unterschrift.............................. 594
  5. Ergänzungen, Zeitpunkt der Unterschriftsleistung 594
  6. Beispiele für Privaturkunden 594
  7. Zugang von Privaturkunden............................ 595

Kapitel 26: Beweiswirkungen: Formelle und materielle Beweiskraft, Widerlegung 596

§ 92 Öffentliche Urkunden, §§ 415, 417, 418 ZPO 596
 I. Beweiskraft öffentlicher Urkunden gem. § 415 596
  1. Gesetzliche Beweisregel 596
  2. Formelle (äußere) Beweiskraft 597
   a) Beweiswirkung des § 415......................... 597
   b) Sonderregelungen............................... 599
  3. Materielle (innere) Beweiskraft......................... 599
  4. „Gegenbeweis" (Beweis unrichtiger Beurkundung) 600
   a) Anwendungsbereich des § 415 Abs. 2 600
   b) Anforderungen an den „Gegenbeweis" 600
 II. Formelle Beweiskraft gem. § 417 602
  1. Beweisgegenstände................................... 602
  2. „Gegenbeweis" 602
 III. Formelle Beweiskraft gem. § 418 603
  1. Allgemeines 603
  2. „Gegenbeweis" nach § 418 Abs. 2....................... 604
   a) Beweis des Gegenteils............................ 604
   b) Empfangsbekenntnis............................. 605
   c) Eingangsstempel 606
   d) Faxserververmerk............................... 607
   e) Zustellervermerk 607
  3. Beweiskraftbeschränkung bei fehlender eigener Wahrnehmung 608

§ 93 Privaturkunden, § 416 ZPO 609
 I. Formelle Beweiskraft 609
  1. Gesetzliche Beweisregel 609
   a) Grundsatz..................................... 609
   b) Inverkehrgabe 610

		Seite
	c) Zugang, Willensmängel	611
	d) Vorrang der Echtheitsprüfung	611
	e) Inhaltliche Richtigkeit	612
	2. Ergänzende richterrechtliche Vermutungen	612
II.	Materielle Beweiskraft	612
	1. Bedeutung des Beweisthemas	612
	2. Quittungen	613
	3. Vertragsurkunden, Protokollerklärungen	614
	4. Sonstige Schriftstücke	614
III.	„Gegenbeweis"	615

Kapitel 27: Urkundenqualität 618

§ 94 Mangelhafte Urkunden, § 419 ZPO 619
    I. Nichtgeltung der gesetzlichen Beweisregeln 619
    II. Urkundenmängel 621
        1. Formmängel, Inhaltsmängel 621
        2. Äußere Mängel 621
            a) Äußerliche Erkennbarkeit 621
            b) Radierungen, Durchstreichungen 622
            c) Einschaltungen 622
            d) Sonstige Mängel 624

§ 95 Echtheitsfeststellung von Privaturkunden kraft Parteivortrags, § 439 ZPO 625
    I. Beweisbedarf, Zusammenspiel mit § 138 625
        1. Keine Echtheitsvermutung 625
        2. Beweisführer, Beweisgegner 626
    II. Erklärung des Beweisgegners über die Echtheit 626
        1. Inhalt der Erklärung 626
            a) Unterschriebene Privaturkunde 626
            b) Urkunden ohne Unterschrift 626
        2. Zeitpunkt der Erklärung 627
    III. Anerkennung der Echtheit, Fiktion der Anerkennung 627

§ 96 Richterliche Feststellung der Echtheit von Privaturkunden, § 440 ZPO . 628
    I. Gegenstand des Beweises nach § 440 Abs. 1 628
    II. Verhältnis des § 440 Abs. 2 zu § 416 628
    III. Echtheitsbeweis nach § 440 Abs. 1 629
    IV. Echtheitsvermutung des § 440 Abs. 2 629
    V. Beweis des Gegenteils 631

§ 97 Echtheitsprüfung durch Schriftvergleichung 631
    I. Ziel, Gegenstand und Tauglichkeit des Beweises durch Schriftvergleichung 632
        1. Spezieller Echtheitsbeweis 632
        2. Schriftvergleichungsmethodik 632
        3. Erfordernis eines individuellen Schriftbildes 633
    II. Systematische Einordnung des Vergleichsbeweises 633
    III. Echtheit und Qualität der Vergleichsschrift 634

	Seite
IV. Vergleichstextbeschaffung	635
1. Urkundenrechtliche Vorlagepflicht, Anordnung von Amts wegen	635
2. Herstellungsverweigerung	635
3. Besitz der Vergleichsschrift	635
a) Besitz einer Prozesspartei	635
aa) Beweisführer	635
bb) Beweisgegner	636
b) Besitz Dritter	637
V. Durchführung des Schriftvergleichs	637
VI. Würdigung der Schriftvergleichung, § 442	638
1. Freie Beweiswürdigung	638
2. Eigene richterliche Sachkunde	638
3. Anforderungen an den Sachverständigenbeweis	639

§ 98 Umgang mit verdächtigen Urkunden, § 443 ZPO ... 639
- I. Staatliche Verwahrung ... 639
- II. Dauer der gerichtlichen Verwahrung ... 640
- III. Rechtsmittel ... 640

§ 99 Echtheit inländischer öffentlicher Urkunden, § 437 ZPO ... 640
- I. Systematik des Echtheitsbeweises ... 640
- II. Inlandsurkunden ... 641
- III. Echtheitsvermutung ... 641
  - 1. Gesetzliche Vermutung ... 641
  - 2. Echtheitszweifel ... 642
  - 3. Gegenbeweis ... 642
- IV. Entscheidung über die Echtheit ... 642

§ 100 Echtheit ausländischer öffentlicher Urkunden, § 438 ZPO ... 643
- I. Begriff der ausländischen Urkunde ... 643
- II. Einzelfallbezogene Echtheitsfeststellung ... 644
- III. Echtheitsfeststellung kraft Legalisation und Apostille ... 644
  - 1. Rechtsgrundlagen ... 644
  - 2. Befreiung von der Legalisation ... 645

Kapitel 28: Erhebung des Urkundenbeweises I: Grundlagen, Urkundenbesitz des Beweisführers ... 646

§ 101 Regelungssystematik der Beweiserhebung, Mitwirkung an der Beweisaufnahme ... 646
- I. Das Beweisverfahren von Partei wegen im Überblick ... 647
  - 1. Besitz der Urkunde zur Bestimmung des Editionspflichtigen ... 647
  - 2. Das urkundenbeweisrechtliche Editionsverfahren von Partei wegen ... 647
  - 3. Beweiserhebung von Amts wegen ... 648
- II. Prozessuale Pflichten zur Mitwirkung an der Beweisaufnahme ... 648
  - 1. Abkehr von rein privatrechtlicher Editionspflicht ... 648
    - a) Sicht des historischen Gesetzgebers ... 648
    - b) Neukonzeption ... 649
    - c) Legitimationsgrund der Neukonzeption ... 650

	Seite
2. Qualifizierung als Pflicht statt als Last	651
3. Fortwirkende Bedeutung der materiell-rechtlichen Vorlegungsgründe	651
III. Konkurrenz der Beweiserhebungen von Partei und von Amts wegen	651

§ 102 Antritt und Führung des Beweises mit Urkunden des Beweisführers ... 654
- I. Beweisantritt durch Vorlegung der Urkunde ... 654
- II. Angabe des Beweisthemas ... 655
- III. Vorlegung statt Anerbieten der Vorlegung ... 655
- IV. Vorlegung im Original ... 656
- V. Wert vorgelegter Kopien ... 656
- VI. Vorlage oder Beiziehung von Akten und Urkundensammlungen ... 658
- VII. Verbot der Beweiserhebung und Beweisverwertung ... 659
- VIII. Beweisaufnahme durch Einsichtnahme ... 659

Kapitel 29: Erhebung des Urkundenbeweises II: Urkundenbesitz des Beweisgegners ... 661

§ 103 Editionsverfahren für Urkunden im Besitz des Beweisgegners ... 662
- I. Systematik des Beweises mit Urkunden im Besitz des Gegners ... 662
  - 1. Ziel des Editionsverfahrens, notwendiger Beweisantrag ... 662
  - 2. Materiell-rechtlicher oder prozessualer Grund der Vorlagepflicht ... 662
  - 3. Anwendungsbereich des § 421 ... 663
- II. Begriff des Gegners ... 663
- III. Prozessrechtlicher Urkundenbesitz ... 664
- IV. Beweisantritt, § 421 ... 665
  - 1. Prozessantrag ... 665
  - 2. Antragsberechtigte ... 666
- V. Innerprozessuale und selbständige Erzwingung der Urkundenvorlage ... 667
  - 1. Indirekte Vorlageerzwingung im Prozess ... 667
    - a) Beweisnachteil als Sanktion ... 667
    - b) Sperrwirkung des innerprozessualen Editionsverfahrens ... 667
  - 2. Selbständige Herausgabeklage ... 668

§ 104 Vorlagepflicht des Beweisgegners nach materiellem Recht ... 668
- I. Prozessuale Indienstnahme des materiellen Rechts ... 668
  - 1. Abgrenzung von § 422 und § 423 ... 668
  - 2. Erfordernis materiell-rechtlicher Ansprüche ... 669
  - 3. Entsprechende Anwendung der §§ 422 f. ... 669
  - 4. Akteneinsichtsrechte ... 669
- II. Generelle Anforderungen an materiell-rechtliche Ansprüche ... 670
  - 1. Grundlage der Herausgabe- oder Vorlegungsansprüche ... 670
  - 2. Durchsetzbarkeit des Anspruchs ... 672
- III. Rechtliches Interesse; überwiegendes Geheimhaltungsinteresse ... 673
  - 1. Informationsinteresse und Beweisinteresse ... 673
  - 2. Geheimhaltungsberechtigung, Zeugnisverweigerung ... 673
  - 3. Ausforschungsverbot ... 675
- IV. Ort und Zeit der Vorlegung ... 676

		Seite
V.	Vorlegung nach § 809 BGB	676
VI.	Vorlegung nach § 810 BGB	676
	1. Allgemeines	676
	2. Drei Tatbestandsvarianten	677
	a) Errichtung im Interesse des Vorlegungsersuchers	677
	b) Beurkundung eines zwischen Anspruchsteller und einem anderen bestehenden Rechtsverhältnisses	678
	c) Wiedergabe von Verhandlungen über ein Rechtsgeschäft	678
VII.	Rechtsfolgen der Nichtvorlage	679

§ 105 Vorlagepflicht des Beweisgegners bei prozessualer Bezugnahme, § 423 ZPO ... 679
   I. Selbständiger Vorlegungsgrund, Normzweck ... 680
   II. Prozessuale Bezugnahme zur Beweisführung ... 681
   III. Vorlegungsverpflichtete, Verfahren, Rechtsfolge ... 682
   IV. Verhältnis zu § 142 ZPO ... 682

§ 106 Ablauf des Editionsverfahrens gegen den Beweisgegner ... 682
   I. Antrag auf Vorlage durch Gegner, § 424 ... 682
   II. Zwingende Erfordernisse des § 424 ... 683
   III. Einzelne Antragsvoraussetzungen ... 683
      1. Urkundenindividualisierung (Nr. 1) ... 683
      2. Beweisthema (Nr. 2) ... 684
      3. Urkundeninhalt (Nr. 3) ... 684
      4. Urkundenbesitz des Beweisgegners (Nr. 4) ... 685
      5. Glaubhaftmachung des Vorlegungsgrundes (Nr. 5) ... 685
   IV. Anordnung der Vorlegung durch den Gegner, § 425 ... 685
      1. Zulässigkeit und Begründetheit des Beweisantrags ... 685
      2. Gerichtliche Entscheidung ... 686
      3. Analoge Anwendung bei Anordnung nach § 142 ... 687
      4. Auslandsbelegenheit der Urkunde ... 687
   V. Vernehmung des Gegners über Verbleib der Urkunde, § 426 ... 687
      1. Gesetzesgeschichte ... 687
      2. Normzweck ... 688
      3. Vorlegungsvernehmung ... 688
         a) Verfahren ... 688
         b) Nachforschungspflicht ... 689
         c) Beeidigung ... 689
         d) Streitgenossen und gesetzliche Vertreter als Beweisgegner ... 689
         e) Beweismittelbeschränkung ... 690
      4. Rechtsfolgen ... 690
   VI. Folgen der Nichtvorlegung durch den Gegner, § 427 ... 690
      1. Normzweck, innerprozessuale Sanktion ... 690
      2. Freie Beweiswürdigung ... 691
         a) Vorlegung einer Abschrift ... 691
         b) Nichtvorlegung einer Abschrift ... 692
      3. Gegenbeweis ... 692
      4. Allgemeine Bedeutung des § 427 ... 692

	Seite
Kapitel 30: Erhebung des Urkundenbeweises III: Urkundenbesitz Dritter, Durchführung der Vorlageverfahren	694
§ 107 Urkundenvorlage durch private Dritte	695
I. Außerprozessuale Urkundenbeschaffung	695
II. Beweisantritt durch Fristsetzungsantrag, § 430	695
1. Antragserfordernis	695
2. Modifikation des § 424	695
3. Gerichtliche Entscheidung	696
III. Vorlageanordnung von Amts wegen, § 142	696
IV. Vorlegungspflichten Dritter, § 429	697
V. Durchsetzung mittels eines selbständigen Prozesses	697
1. Ordentliches Erkenntnisverfahren statt Editionsverfahren	697
a) Zweites (Neben-)Verfahren	697
b) Rechtspolitische Kritik	697
2. Verfahrensgang	698
3. Zwangsvollstreckung	698
VI. Alternative Vorgehensweisen	699
1. Zeugenbeweisantritt	699
2. Antrag auf Anordnung nach § 142	699
VII. Vorlegungsfrist, § 431	700
1. Voraussetzungen der Fristbestimmung	700
2. Inhalt der Fristbestimmung	700
3. Rechtsbehelfe	701
VIII. Fortsetzung des Verfahrens nach § 431 Abs. 2	701
IX. Sonstige Möglichkeiten der Verfahrensfortsetzung	702
1. Vor Fristablauf	702
2. Nach Fristablauf	702
§ 108 Urkundenvorlage durch Behörden oder Beamte, § 432 ZPO	702
I. Urkundenbeschaffung im Wege der Amtshilfe	702
II. Voraussetzungen des Beweisantritts nach § 432 Abs. 1	703
1. Urkundenqualität	703
2. Urkundenbesitz einer Behörde oder eines Beamten	703
III. Beweisantrag	704
1. Antragserfordernis	704
2. Selbstbeschaffung der Urkunde durch den Beweisführer	704
3. Vorlage- und Verwertungsverbot	705
IV. Beweisbeschluss des Prozessgerichts	706
V. Vorlagepflicht der Behörden	706
VI. Beweisantritt nach § 432 Abs. 3	708
§ 109 Ablauf der Vorlageverfahren	709
I. Vorlegung vor beauftragtem oder ersuchtem Richter, § 434	709
1. Durchbrechung des Unmittelbarkeitsgrundsatzes	709
2. Vorlegungshindernisse, Besorgnis der Urkundenbeeinträchtigung	709
3. Anordnung der Vorlegung	709
4. Beweisaufnahme im Inland	710

	Seite
II. Beweisaufnahme über Auslandsurkunde	710
III. Vorlegung öffentlicher Urkunden in Urschrift oder beglaubigter Abschrift, § 435	711
1. Vorlegungserleichterung	711
a) Beglaubigte Abschrift statt Urschrift	711
b) Urschrift und Abschrift	712
aa) Begriffliche Abgrenzungen	712
bb) Abschriftsbeglaubigung	712
2. Sachlicher Anwendungsbereich	713
3. Anordnung zur Vorlage der Urschrift, Glaubhaftmachung von Hinderungsgründen	713
IV. Verzicht nach Vorlegung, § 436	713
1. Verzicht vor erfolgter Urkundenvorlegung	713
a) Einseitige Verzichtserklärung	713
b) Folgen des Verzichts	714
2. Verzicht nach erfolgter Urkundenvorlegung	714

Teil 5:
Zeugenbeweis

Kapitel 31: Grundlagen des Zeugenbeweises	717
§ 110 Persönliche Fähigkeit zur Aussage	718
§ 111 Zeugnispflicht	720
I. Erscheinens- und Aussagepflicht	720
II. Entschuldigungslast des Zeugen, § 381	720
1. Initiative des Zeugen	720
2. Zeitmomente der Entschuldigung	720
III. Rechtzeitige genügende Entschuldigung	720
1. Genügende Entschuldigung	720
2. Rechtzeitigkeit der Entschuldigung	721
IV. Entschuldigung der Verspätung	721
V. Entschuldigung nach erfolgten Anordnungen	722
1. Bezugspunkt der Entschuldigung	722
2. Nachträgliche Entschuldigung des Ausbleibens	722
3. Nachträgliche Glaubhaftmachung der Verspätungsentschuldigung	722
4. Rechtsfolgen	722
5. Geringes Verschulden des Zeugen	722
VI. Einzelne Entschuldigungsgründe	723
1. Ladungsmängel	723
a) Unterbliebene oder verspätete Ladung	723
b) Verspätete Kenntnisnahme	723
c) Ersatzzustellung	723
d) Mangelnde Ordnungsmäßigkeit	724
e) Persönliches Erscheinen einer Partei	724
2. Pflichtenkollisionen	724
3. Verkehrsstörungen	725

Seite

      4. Gesundheitliche Gründe 725
      5. Unzumutbare Wartezeit 726
      6. Fehlbeurteilung der Erscheinens- und Anwesenheitspflicht,
         sonstige Säumnisse 726
   VII. Verfahren der Entschuldigung 726
      1. Zuständigkeit 726
      2. Anbringen der Entschuldigungsgründe 727
         a) Überzeugungsgrad 727
         b) Darlegungslast und Amtsermittlung 727
            aa) Vortragslast des Zeugen 727
            bb) Nachweis der Tatsachen 728
         c) Form 729
      3. Entschuldigungsvorbringen und Persönlichkeitsrechte des Zeugen . 729
  VIII. Rechtsmittel 730
   IX. Kosten 730

§ 112 Vernehmungssubstitution durch Verwertung des Inhalts anderer Verfahrensakten 730
    I. Protokollbeweis als Ersatz der Zeugenvernehmung 730
   II. Beweiswert von Vernehmungsniederschriften 732

§ 113 Beweiserhebungs- und Beweisverwertungsverbote beim Zeugenbeweis 733
    I. Verbot der Zeugenvernehmung 733
   II. Unterbliebene Belehrung im vorangegangenen Strafverfahren 733
  III. Richter, Urkundsbeamte, Prozessbevollmächtigte als Zeugen 734

§ 114 Würdigung der Zeugenaussage 734
    I. Mögliche Fehlerquellen 735
   II. Wahrnehmungsfehler 735
  III. Glaubhaftigkeit der Aussage 736
  IV. Glaubwürdigkeitsbeurteilung 737
      1. Prüfungskriterien 737
      2. Verbot richterrechtlicher Beweisregeln 737
      3. Glaubwürdigkeitsuntersuchung 738

Kapitel 32: Voraussetzungen der Zeugenbeweiserhebung 740

§ 115 Beweisantritt, § 373 ZPO 740
    I. Antragsbindung des Zeugenbeweises 740
   II. Antragsinhalt 741
  III. Benennung des Beweisthemas............................ 741
      1. Tatsachen als Beweisgegenstand 741
         a) Wahrnehmungen 741
         b) Rechtsfragen als Tatsachenbenennung 742
         c) Bewertungen 742
         d) Wahrnehmung von Indiztatsachen 742
         e) Äußere und innere Tatsachen 742
      2. Reichweite der Beweisaufnahme 743
  IV. Benennung der Zeugnisperson 744

Seite

§ 116 Substantiierung und Ausforschungsbeweis 746
    I. Funktion der Konkretisierung 746
    II. Pauschale Beweisthemenangabe 747
    III. Herkunft der Parteiinformation, Spekulation über Zeugenwissen 747
    IV. Quelle des Zeugenwissens, Indizienbeweis über Absichten Dritter ... 748
    V. Hinweispflicht des Gerichts 748

§ 117 Ablehnung und Anordnung des Zeugenbeweises 749
    I. Ablehnung der Beweiserhebung 749
    II. Anordnung der Zeugenvernehmung 750

Kapitel 33: Vorbereitung der Zeugenbeweisaufnahme 751

§ 118 Auslagenvorschuss, § 379 ZPO 751
    I. Normzweck und Anwendungsbereich 752
        1. Sicherung der Fiskalinteressen 752
        2. Anwendungsbereich 752
    II. Anordnung der Vorschusszahlung 753
        1. Ermessen 753
        2. Zahlungspflicht des Beweisführers 754
        3. Befreiung von der Vorschusspflicht 755
        4. Bemessung des Vorschusses 756
        5. Fristsetzung 756
        6. Rechtsmittel 757
    III. Unterbleiben der Ladung 757

§ 119 Zeugenladung, § 377 ZPO 759
    I. Gesetzesentwicklung 759
    II. Bedeutung der Zeugenladung 759
    III. Verfahren, Form 760
        1. Gerichtliche Ladung 760
        2. Gebührenvorschuss 760
        3. Formlose Mitteilung, Zustellung 760
        4. Vorbereitungszeit 760
    IV. Prozessunfähige (minderjährige) Zeugen, § 170 Abs. 1 761
    V. Ausländische Zeugen im Inland 762
    VI. Zeugen im Ausland 762
        1. Rechtshilfevernehmung, Vernehmung im Inland 762
        2. Form der Auslandsladung 763
    VII. Inhalt der Zeugenladung 764
        1. Folgen fehlender Ordnungsmäßigkeit 764
        2. Bezeichnung der Parteien 764
        3. Angabe des Vernehmungsgegenstandes 764
        4. Anordnung des Erscheinens und Ordnungsmittelandrohung 766

§ 120 Aussageerleichternde Unterlagen, § 378 ZPO 766
    I. Vorbereitungspflicht des Zeugen 766
    II. Konkrete Vorbereitungsanordnungen 766

	Seite
1. Eigeninitiative des Zeugen	766
2. Inhalt und Gegenstand der Vorbereitungspflicht	767
a) Nachforschungen	767
b) Begrenzung durch Vernehmungsgegenstand	767
c) Aussageerleichternde Unterlagen	767
d) Einschränkungen der Vorbereitungspflicht	768
aa) Entgegenstehende Rechte Dritter	768
bb) Unzumutbarkeit der Vorbereitung	768
3. Inhalt der Vorbereitungspflicht; Verhältnis zur Vorlegungspflicht	768
4. Richterliche Anordnung	769
III. Erzwingung der Vorbereitung	770

Kapitel 34: Recht zur generellen Zeugnisverweigerung — 771

§ 121 Regelungsüberblick — 771
  I. Systematik der §§ 383–385 — 772
  II. Gesetzesgeschichte des § 383 — 773

§ 122 Zeugnisverweigerungsrechte von Angehörigen — 773
  I. Normzweck der § 383 Abs. 1 Nr. 1–3 — 773
  II. Reichweite des Weigerungsrechts — 774
  III. Verlöbnis, Lebenspartnerschaftseingehungsversprechen — 774
    1. Gesetzliche Kategorien — 774
    2. Lebensgemeinschaften als gleichgestellte Beziehungen — 775
  IV. Ehe — 777
  V. Lebenspartnerschaft — 777
  VI. Verwandtschaft und Schwägerschaft — 778
    1. Blutsverwandtschaft — 778
    2. Nichteheliches Kind — 778
    3. Gesetzliche Verwandtschaft — 779

§ 123 Zeugnisverweigerungsrechte von Berufsgeheimnisträgern — 779
  I. Schutz der Vertrauensbeziehung — 779
  II. Geistliche — 779
    1. Normzweck — 779
    2. Begriff „Geistlicher" — 780
    3. In Ausübung der Seelsorge anvertraute Tatsachen — 780
  III. In Presse und Rundfunk tätige Personen — 781
    1. Funktionsschutz als Normzweck — 781
    2. Umfang des Schutzes — 782
  IV. Durch Amt, Stand oder Gewerbe zur Verschwiegenheit Verpflichtete — 784
    1. Normzweck; Aufbau der Vorschrift — 784
    2. Kreis der berechtigten Personen — 784
    3. Geheimhaltung kraft Verkehrssitte — 785
       a) Vertrauensstellung in gewerblichen Unternehmen und Verbänden — 785
       b) Mediation — 786
       c) Sozialbereich — 786
    4. Bestimmung der Verschwiegenheitspflicht — 787

	Seite
5. Kasuistik zur beruflichen Verschwiegenheitspflicht	788
a) Heilberufe	788
b) Rechtspflegeberufe	789
c) Gewerbliche Wirtschaft	790
d) Bankgeheimnis	791
6. Rechtfertigende Durchbrechungen der Schweigepflicht	793
7. Abgeordnete	794

§ 124 Belehrungspflichten, Vernehmungsverbote, Erweiterung der Weigerungsrechte, zulässige Schlussfolgerungen 794
    I. Belehrungspflicht, § 383 Abs. 2 794
    II. Vernehmungsverbot 795
        1. Inhalt 795
        2. Verwertbarkeit bei Verstoß 795
    III. Gesetzeserweiternde Anerkennung von Weigerungsrechten 796
    IV. Beweiswürdigung 797

Kapitel 35: Gegenständlich beschränkte Aussageverweigerung 798

§ 125 Zeugnisverweigerung aus sachlichen Gründen, § 384 ZPO 798
    I. Grundlagen 798
        1. Eingeschränkter Umfang des Weigerungsrechts 798
        2. Verfahren 801
            a) Befragung des Zeugen 801
            b) Belehrungspflicht, unrichtige Belehrung 801
            c) Berufung auf § 384 802
            d) Glaubhaftmachung 802
            e) Entscheidung über die Berechtigung 803
        3. Beweiswürdigung 803
    II. Schutz des Zeugen und seiner nächsten Angehörigen 804
        1. Allgemeines 804
        2. Schutz des Vermögens 804
        3. Schutz des Persönlichkeitsrechts 806
            a) Normzweck 806
            b) Gefahr der Verfolgung wegen einer Straftat oder Ordnungswidrigkeit 806
            c) Gefahr der Offenbarung unehrenhafter Tatsachen . . 808

§ 126 Schutz von Kunst- und Gewerbegeheimnissen 811
    I. Wirtschaftlicher Schutz 811
    II. Geheimnisbegriff 811
    III. Gewerbebegriff 812
    IV. Kunstbegriff 812
    V. Geheimhaltungsinteresse 813
    VI. Verfahrensrechtlicher Geheimnisschutz 814
    VII. Geheimnisse Dritter 814
    VIII. Kasuistik 814

	Seite
Kapitel 36: Aussagepflichten Weigerungsberechtigter, Amtsverschwiegenheit	816
§ 127 Beschränkung der Weigerungsrechte, Befreiung durch den Schweigebegünstigten	817
I. Systematischer Zusammenhang mit Weigerungsrechten	817
1. Verhältnis zu §§ 383 und 384	817
2. Weitere Beschränkungen	817
II. Abfassung eines Rechtsgeschäfts	818
III. Personenstandsangelegenheiten	819
IV. Familiäre Vermögensangelegenheiten	820
1. Normzweck	820
2. Familieninterne Streitigkeit	821
3. Familienverhältnis	821
4. Vermögensangelegenheiten	822
5. Einzelfälle	823
V. Handlungen eines Rechtsvorgängers oder Vertreters	823
1. Normzweck	823
2. Rechtsvorgänger, Vertreter	824
a) Rechtsvorgänger	824
b) Vertreter	824
3. Rechtsverhältnis; diesbezügliche Handlungen	824
4. Verfahren	825
VI. Schweigepflichtentbindung	826
1. Normzweck	826
2. Abgrenzung zur Aussagegenehmigung nach § 376	826
3. Irrelevanz bei Geistlichen	827
4. Rechtsnatur der Befreiung	827
5. Befreiungserklärung zu Lebzeiten des Geschützten	827
a) Befreiungsbefugnis	827
b) Verfahrensfragen	829
VII. Entbindung nach dem Tode des Geschützten	831
1. Persönlichkeitsrechtliche Verankerung	831
2. Höchstpersönliche Angelegenheiten	832
3. Dispositionsbefugnis Dritter	833
§ 128 Amtsverschwiegenheit, § 376 ZPO	834
I. Schutz der Amtsverschwiegenheit	834
II. § 376 Abs. 1 und 2 als grundrechtsbeschränkende Blankettnormen	835
1. Rechtliches Gehör und öffentliche Geheimhaltungsinteressen	835
2. Blankettnorm und Verweisungstechnik	836
a) Besondere Vorschriften	836
b) Beamtenrechtliche bzw. maßgebende Vorschriften	836
c) Blankettnorm	837
III. Personen des öffentlichen Dienstes als Zeugen	837
1. Zeugnispflicht contra Verschwiegenheitspflicht	837
2. Beamte	837
3. Richter	838
a) Begriff des Richters	838

	Seite
b) Allgemeine Dienstverschwiegenheit	838
c) Verschwiegenheit über Beratung und Abstimmung	839
4. Andere Personen des öffentlichen Dienstes	839
a) Umfassender Personenkreis der öffentlichen Hand	839
b) Angestellte Arbeitnehmer	840
aa) Notwendige gesetzliche Grundlage	840
bb) Fehldeutung der Novelle 1950	840
cc) Bedeutung des Verpflichtungsgesetzes	841
dd) Fehlender Genehmigungsvorbehalt	841
ee) Zeugnisverweigerungsrecht keine Auffangregelung	841
ff) Ergebnis: Unbeschränkte Aussagepflicht	842
c) Kirchenbedienstete	842
d) Mitglieder von Selbstverwaltungsgremien	842
e) Soldaten und Zivildienstleistende	843
f) Sonstige für den öffentlichen Dienst besonders Verpflichtete	843
g) Notare	843
h) Schiedsmänner	843
i) Bedienstete der EU	844
j) Ehemalige Bedienstete der DDR	844
IV. Regierungsmitglieder, Abgeordnete und Fraktionsangestellte	844
V. Einholung der Aussagegenehmigung	845
VI. Zeugnisverweigerungsrecht des Bundespräsidenten	847
VII. Gesetzesanhang	847
1. Gesetz zur Regelung des Statusrechts der Beamtinnen und Beamten in den Ländern (BeamtStG)	847
2. Bundesbeamtengesetz	848
3. Verordnung Nr. 31 (EWG) 11 (EAG) über das Statut der Beamten und über die Beschäftigungsbedingungen für die sonstigen Bediensteten der Europäischen Wirtschaftsgemeinschaft und der Europäischen Atomgemeinschaft	849
4. Gesetz über die förmliche Verpflichtung nichtbeamteter Personen (Verpflichtungsgesetz)	849
5. Tarifvertrag für den öffentlichen Dienst der Länder (TV-L) vom 12. Oktober 2006 in der Fassung des Änderungstarifvertrages Nr. 2 vom 1. März 2009	850

Kapitel 37: Klärung und Wirkung der Weigerungsberechtigung 851

§ 129 Erklärung der Zeugnisverweigerung, § 386 ZPO 851
    I. Ausübung des Zeugnisverweigerungsrechts 851
   II. Glaubhaftmachung der Grundlagen eines Weigerungsrechts 852
       1. Spezifizierung und Nachprüfung der Gründe 852
       2. Nachweis der Tatsachen 852
       3. Verfahren 853
  III. Befreiung des Zeugen von der Pflicht zum Erscheinen 853

§ 130 Zwischenstreit über Zeugnisverweigerung, § 387 ZPO 853
    I. Zwischenstreit 853
       1. Anwendungsbereich 853
       2. Zuständigkeit 854
       3. Streitparteien 855

		Seite
	4. Aufnahme des Zwischenstreits	856
II.	Fortdauer der Beweisbedürftigkeit	856
III.	Anhörung der Parteien	856
IV.	Beweiserhebung	857
V.	Zwischenentscheidung	857
	1. Entscheidungsform	857
	2. Entscheidungsgegenstand	857
	3. Reichweite der Entscheidung	858
	4. Nachfolgende Vernehmung	858
VI.	Kostenentscheidung	858
VII.	Rechtsmittel	858
	1. Sofortige Beschwerde	858
	2. Rechtsbeschwerde	859
VIII.	Zwischenstreit über schriftliche Zeugnisverweigerung, § 388	859

§ 131 Zeugnisverweigerung vor beauftragtem oder ersuchtem Richter, § 389 ZPO 859
  I. Weigerung vor einem beauftragten oder ersuchten Richter 859
  II. Verfahren 860
    1. Kommissarischer Richter 860
    2. Prozessgericht 860
  III. Rechtshilfe für ausländisches Gericht 861

Kapitel 38: Schriftliche Zeugenaussage 862

§ 132 Abweichungen von der mündlichen Vernehmung 862
  I. Unmittelbarkeit der Beweisaufnahme 862
  II. Kein Zwang zur schriftlichen Beantwortung 863
  III. Beweiswert 863

§ 133 Voraussetzungen in der Person des Zeugen 863
  I. Antwortfähigkeit des Zeugen 863
  II. Glaubwürdigkeitsbeurteilung 865

§ 134 Verfahren der schriftlichen Beweiserhebung 866
  I. Beweisanordnung des Prozessgerichts 866
  II. Mitteilung des Beweisthemas 866
  III. Hinweis- und Belehrungspflicht 867
  IV. Ausbleibende fristgerechte Beantwortung 867
  V. Nachfolgende Verhandlung 868
  VI. Ergänzung bzw. Erläuterung 868
  VII. Rechtsfolgen bei Verfahrensverstoß 869

Kapitel 39: Durchführung der Zeugenvernehmung 870

§ 135 Beweisaufnahme durch beauftragten oder ersuchten Richter, § 375 ZPO 871
  I. Normentwicklung, Geltungsbereich 871
  II. Normzwecke 872

	Seite
1. Sicherung des notwendigen persönlichen Eindrucks	872
2. Ungestörte Amtsausübung des Bundespräsidenten	872
III. Voraussetzungen des § 375 Abs. 1 und 1a	873
1. Regelungsgrundsätze	873
2. Sachgemäße Würdigung ohne unmittelbaren Eindruck	873
3. Sachdienlichkeit der Vernehmung am Ort des Geschehens	873
4. Auswärtige Vernehmung von Ministern und Abgeordneten	874
5. Verhinderung des Erscheinens	874
a) Hinderungsgründe; Hausrecht des Zeugen	874
b) Ausschluss bei Video-Vernehmung	875
6. Unzumutbarkeit wegen großer Entfernung	875
7. Verhandlungsvereinfachung	876
IV. Vernehmung des Bundespräsidenten	876
V. Verfahren	877
1. Übertragung	877
2. Verfahrensfehler	877
3. Ablehnung des Rechtshilfeersuchens	878
§ 136 Vernehmung von Mitgliedern der Staatsorgane, § 382 ZPO	879
I. Schutz der Staatsorgane	879
II. Betroffene Regierungsmitglieder	879
III. Gesetzgebungsorgane	879
IV. Abweichende Genehmigung	880
§ 137 Zeugenbeeidigung, § 391 ZPO	880
I. Eideszweck	880
II. Verzicht der Parteien	881
III. Entscheidung über die Beeidigung	881
1. Ermessen des Gerichts	881
2. Gegenstand der Beeidigung	882
3. Zuständigkeit	882
IV. Begründung, Rechtsmittelkontrolle	883
V. Eideszwang, Eidesverweigerung	883
VI. Nacheid; Eidesnorm, § 392	884
1. Zeitpunkt der Beeidigung, Belehrung	884
2. Eidesformel	884
3. Ergänzende Verhaltensweisen	884
VII. Uneidliche Vernehmung, § 393	885
1. Eidesunfähigkeit	885
2. Eidesmündigkeit	885
3. Mangelnde Verstandesreife	885
§ 138 Ablauf der Zeugenvernehmung	885
I. Einzelvernehmung, § 394	885
1. Vernehmungstechnik	885
2. Gegenüberstellung	886
3. Rechtsmittel	886
II. Vernehmung zur Person, § 395	886
1. Ermahnung des Zeugen	886

	Seite
2. Vernehmung zu den persönlichen Verhältnissen	886
3. Inhalt eidesstattlicher Versicherungen	887
III. Vernehmung zur Sache, § 396	888
1. Vernehmungsgrundsatz, zusammenhängender Zeugenbericht	888
2. Protokollierung	889

§ 139 Befragung der Zeugen, § 397 ZPO ... 889
    I. Ziel der Befragung ... 889
    II. Modalitäten der Befragung ... 890
        1. Frageberechtigte Personen ... 890
        2. Beanstandung der Fragestellung ... 890
    III. Fragerecht der Parteien, § 397 ... 890
        1. Anwendungsbereich ... 890
        2. Voraussetzungen der Zeugenbefragung ... 891
        3. Fragerecht bei schriftlicher Zeugenaussage ... 891
    IV. Folgen der Nichtbefragung ... 892
    V. Beanstandung von Fragen ... 892

§ 140 Wiederholte und nachträgliche Vernehmung, § 398 ZPO ... 892
    I. Klärung des Aussageinhalts ... 893
    II. Begriff der wiederholten Vernehmung ... 893
    III. Anordnung der erneuten Vernehmung als Ermessensentscheidung ... 894
        1. Grundsatz ... 894
        2. Einschränkungen ... 895
            a) Wiederholung in derselben Instanz ... 895
            b) Wiederholung in der Berufungsinstanz ... 895
        3. Verfahren ... 896
    IV. Nachträgliche Vernehmung ... 896
    V. Beeidigung der erneuten Aussage ... 896

§ 141 Verzicht auf Zeugen, § 399 ZPO ... 897
    I. Bedeutung des Verzichts, Nutzen ... 897
    II. Verzichtserklärung ... 897
        1. Prozesserklärung des Antragstellers ... 897
        2. Form der Erklärung ... 897
    III. Auslegung der Erklärung ... 898
        1. Konkludenter Verzicht ... 898
        2. Fehlerhafte Auslegung als Verzicht ... 898
    IV. Verzichtswirkung, erneuter Beweisantrag ... 899
    V. Verhältnis zum Beweisgegner ... 899
    VI. Fehlender Vortrag des Inhalts kommissarischer Beweisaufnahme ... 899

§ 142 Befugnisse des beauftragten oder ersuchten Richters, § 400 ZPO ... 900
    I. Regelungsausschnitt der Befugnisse nach § 400 ... 900
    II. Befugnisse des Richterkommissars bei der Zeugenvernehmung ... 900
    III. Rechtsbehelfe ... 900

Teil 6:
Parteiaussage

Kapitel 40: Parteianhörung und Parteivernehmung ... 901

§ 143 Parteiaussage als Beweismittel ... 902
    I. Beschränkte Zulässigkeit der Parteivernehmung ... 902
        1. Bedeutung der Prozessrolle ... 902
        2. Vernehmung des Gegners ... 902
        3. Vernehmung von Amts wegen ... 903
        4. Einverständliche Vernehmung ... 903
    II. Vollwertiges Beweismittel, Geständniswirkung ... 903
    III. Abgrenzung zur informatorischen Parteianhörung ... 903
    IV. Abgrenzung zur Zeugenvernehmung ... 904

§ 144 Parteivortrag und Parteiaussage ... 905
    I. Beweisbedürftigkeit des Parteivortrags ... 905
    II. Wahrheitsskepsis gegenüber der Parteiaussage ... 905
    III. Die Einstellung der ZPO zur Parteivernehmung ... 906

§ 145 Entwicklung des Beweisrechts der Parteiaussage ... 906
    I. Vom Parteieid zur Parteivernehmung ... 906
    II. Rechtspolitische Kritik der geltenden Rechtslage ... 907
    III. Rechtliches Gehör, prozessuale Waffengleichheit, faires Verfahren ... 907
        1. Vier-Augen-Gespräche und vergleichbare Sachverhalte der Beweisnot ... 907
        2. Rechtsprechung des EGMR zu Art. 6 Abs. 1 EMRK ... 909
        3. Verfassungsrechtliche Grundlagen ... 909
        4. Gleichstellung von Zeugen und Partei im Verfahren nach EPGÜ ... 910
    IV. Beweisrelevante Parteianhörung, Abschwächung des § 448 ... 911
        1. Anhörung nach § 141 ... 911
        2. Vernehmung der beweispflichtigen Partei als Mittel des Strengbeweises ... 912
        3. Austauschbarkeit von Anhörung und Vernehmung ... 913
        4. Weiterreichende Vorschläge des Schrifttums ... 913
            a) Rechtspolitik ... 913
            b) Neuinterpretation des geltenden Rechts ... 914
            c) Stellungnahme ... 914
    V. Andere Beweisnotlagen ... 915

Kapitel 41: Beweiserhebung durch Parteivernehmung ... 916

§ 146 Vernehmungsfähige Personen, Mehrparteienprozess ... 916
    I. Bestimmung der Parteistellung ... 916
    II. Vernehmung unter Verkennung der Prozessrolle ... 916
    III. Mehrparteienprozess ... 917

§ 147 Subsidiarität, Anfangswahrscheinlichkeit und weitere Begrenzungen ... 917
    I. Besondere Einsatzzwecke, besondere Verfahrensarten ... 917
    II. Subsidiarität ... 918
    III. Ausschluss des Gegenbeweises nach § 445 Abs. 2 ... 919

	Seite
IV. Anfangswahrscheinlichkeit	920
V. Ermessensausübung bei Vernehmung nach § 448	920

§ 148 Ablauf der Parteivernehmung, Würdigung der Aussage, Rechtsmittelkontrolle ... 921
- I. Beweisbeschluss ... 921
- II. Durchführung der Vernehmung ... 921
- III. Beeidigung ... 921
- IV. Würdigung des Parteiverhaltens und der Aussage ... 922
- V. Erneute Vernehmung in der Berufungsinstanz ... 923
- VI. Rechtsmittelkontrolle ... 923

Teil 7:
Sachverständigenbeweis

Kapitel 42: Rechtsgrundlagen des Sachverständigenbeweises ... 925

§ 149 Generelle Schrifttumsangaben ... 925
- I. Allgemeine Literatur zur Begutachtung ... 925
  1. Aufsätze ... 925
  2. Handbücher, Verzeichnisse ... 926
  3. Monographien ... 926
  4. Rechtsvergleichung ... 926
- II. Besondere Verfahren/Gutachten ... 927

§ 150 Die gesetzliche Verweisung auf den Zeugenbeweis ... 930
- I. Entwicklung des Sachverständigenbeweisrechts ... 930
- II. Entsprechende Anwendung der Zeugenbeweisvorschriften ... 930
  1. Rechtstechnik der Verweisung ... 930
  2. Anwendbare Vorschriften ... 930
     - a) § 375 – Vernehmung durch kommissarischen Richter ... 930
     - b) § 376 – Vernehmung bei Amtsverschwiegenheit ... 930
     - c) § 377 Abs. 1 und Abs. 2 – Ladung ... 931
     - d) § 379 – Auslagenvorschuss ... 931
     - e) § 381 – Nachträgliche Entschuldigung des Ausbleibens im Termin ... 932
     - f) § 382 – Vernehmung am Amtssitz ... 932
     - g) §§ 383–385 – Gutachtenverweigerungsrecht ... 932
     - h) §§ 386–389 – Verfahren bei Gutachtenverweigerung ... 932
     - i) §§ 391 – Beeidigung des Sachverständigen ... 932
     - j) § 395 – Ermahnung, Belehrung, Vernehmung zur Person ... 932
     - k) § 396 – Ablauf der Vernehmung zur Sache ... 932
     - l) § 397 – Fragerecht der Parteien ... 932
     - m) § 398 – Wiederholte Vernehmung ... 932
     - n) § 400 – Befugnisse des beauftragten oder ersuchten Richters ... 932
  3. Nicht anwendbare Vorschriften ... 932
     - a) § 373 – Beweisantritt ... 932
     - b) § 377 Abs. 3 – Schriftliche Begutachtung ... 933
     - c) § 378 – Aussagevorbereitung ... 933
     - d) § 380 – Ausbleiben des Sachverständigen ... 933

Seite

    e) § 385 – Ausnahmen vom Gutachtenverweigerungsrecht 933
    f) § 390 – Zwangsmittel bei Gutachtenverweigerung 933
    g) § 392 S. 2 – Eidesformel 933
    h) § 393 – Fehlende Eidesmündigkeit 933
    i) § 394 Abs. 1 – Einzelvernehmung 933
    j) § 399 – Verzicht auf Sachverständigen 933
    k) § 401 – Entschädigung des Sachverständigen 933

Kapitel 43: Die Rechtsstellung des Sachverständigen 934

§ 151 Das Verhältnis von Richter und Sachverständigen 934
  I. Keine Substitution des Richters durch den Sachverständigen 935
  II. Strukturveränderungen de lege ferenda 935

§ 152 Pflichten und Rechte des Sachverständigen 936
  I. Pflicht zur Erstattung des Gutachtens, § 407 936
    1. Zur Gutachtenerstattung Verpflichtete 936
      a) Öffentliche Bestellung oder Ermächtigung zur Gutachtenerstattung 936
      b) Öffentliche Ausübung zum Erwerb 936
      c) Öffentliche Bestellung/Ermächtigung 936
      d) Verpflichtung durch Bereiterklärung 937
    2. Verfahren 937
  II. Gutachtenverweigerung 937
    1. Gutachtenverweigerungsrecht, § 408 937
      a) Ablehnung des Auftrages 937
      b) Offenbarung von Tatsachenkenntnissen 937
    2. Verweigerungsverfahren 938
    3. Gerichtlicher Dispens 938
    4. Unberechtigte Gutachtenverweigerung 939
    5. Beamtenrechtliche Schranken 939
    6. Frühere Mitwirkung als Richter 939
  III. Zwangsbefugnisse des Sachverständigen 939
  IV. Vergütung des Sachverständigen 940

§ 153 Der Status des Sachverständigen 940
  I. Der öffentlich bestellte und vereidigte Sachverständige 940
  II. Berufsbezeichnung „Sachverständiger" 941
  III. Tätigkeitsschutz 942

§ 154 Die Haftung des Sachverständigen 943
  I. Haftung des gerichtlich bestellten Sachverständigen 944
    1. Haftungsgründe 944
      a) Amtshaftung 944
      b) Vertragshaftung 945
      c) Deliktischer Rechtsgüterschutz nach § 823 Abs. 1 BGB 945
      d) Schutz primärer Vermögensinteressen 946
        aa) Gerichtliche Vereidigung 946
        bb) Haftung des nichtvereidigten Sachverständigen für primäre Vermögensschäden 947
        cc) Verzögerte Begutachtung 948

	Seite
2. § 839a BGB, Immunität des Sachverständigen	948
a) Das rechtspolitische Problem	948
b) Beschränkung auf Vorsatz und grobe Fahrlässigkeit	949
c) Kritik pro Haftungsverschärfung	949
d) Ausgestaltung des § 839a BGB	950
3. Verjährung, Streitverkündung	952
4. Unterlassung und Widerruf von Gutachtenäußerungen	952
5. Unrichtige Gutachten als Basis eines Vergleichs	954
II. Haftung des Privatgutachters	954
1. Schaden des Auftraggebers	954
2. Haftung gegenüber Dritten	954
3. Schiedsgerichtsgutachter; Schiedsgutachter	955

Kapitel 44: Notwendige Hinzuziehung von Sachverständigen 957

§ 155 Beschaffung fremden Sachverstands 957
    I. Kein Verzicht auf Sachkunde 958
    II. Abwägungsfaktor Kostenbelastung 958
    III. Schadenschätzung 959
    IV. Medizinische Sachverhalte 960
        1. Allgemeines 960
        2. Arzthaftung 960
        3. Personenbezogene Gutachten 961
    V. Glaubhaftigkeitsbeurteilung, Lügendetektor 962

§ 156 Entbehrlichkeit eines Sachverständigen wegen eigener richterlicher Sachkunde 963
    I. Funktion des Richters als Sachkundiger 963
    II. Eigene Sachkunde des Gerichts 963
        1. Grad der Sachkunde 963
        2. Quellen der Sachkunde 963
            a) Kollegialgericht 963
            b) Studium der Fachliteratur 964
            c) Gleichgelagerte Fälle 964
        3. Dokumentation, Offenbarung in mündliche Verhandlung 965
            a) Rechtliches Gehör 965
            b) Offenlegung in den Entscheidungsgründen 965
            c) Hinweis auf beabsichtigte Verwertung 965

§ 157 Verwertung anderer Gutachten 966
    I. Privatgutachten 966
        1. Parteivortrag 966
        2. Verhältnis zum Sachverständigenbeweis 967
    II. Gutachten aus anderen Verfahren 969

§ 158 Erfahrungssätze 969
    I. Funktion von Erfahrungssätzen, Anwendungskontrolle 969
    II. Erfahrungssätze zur Verkehrsauffassung 970
    III. Verkehrssitten, Handelsbräuche 972

Inhaltsverzeichnis

	Seite
§ 159 Ungeeignetheit, Unergiebigkeit und Unzulässigkeit des Beweises	973
I. Ungeeignetheit	973
1. Generelle Ungeeignetheit	973
2. Einzelfallbezogene Ungeeignetheit	973
II. Unzulässigkeit	974
III. Vereitelung des Sachverständigenbeweises	975
1. Notwendige Mitwirkungshandlungen	975
2. Mitwirkung der beweisbelasteten Partei	975
3. Mitwirkung des Beweisgegners	976
4. Materiell-rechtlich gebotene Mitwirkung	976

Kapitel 45: Bestellung des Sachverständigen ... 977

§ 160 Beweisantritt ... 977
  I. Bedeutung des Beweisantrages ... 977
  II. Inhalt des Antrags ... 978
    1. Benennung des Sachverständigen ... 978
    2. Konkretisierung des Beweisthemas ... 979
  III. Antragsrücknahme ... 980
  IV. Auslagenvorschuss ... 980

§ 161 Auswahl des Sachverständigen ... 981
  I. Gutachtendilemma ... 981
  II. Auswahl des Sachverständigen aufgrund Ermessensentscheidung ... 981
  III. Sachkunde ... 982
    1. Fachgebiet/generelle Eignung ... 982
      a) Fachgebietszuordnung ... 982
      b) Ungewisse wissenschaftliche Methodik ... 983
    2. Qualifikation/individuelle Eignung ... 984
    3. „Auswahlgutachter" ... 986
  IV. Delegation, Substitution ... 986
    1. Delegation des Bestimmungsrechts ... 986
    2. Heranziehung von Mitarbeitern ... 987
    3. Folgen unzulässiger Vertretung/Substitution ... 987
  V. Öffentlich bestellte Sachverständige ... 988
    1. Vorrangige Beauftragung ... 988
    2. Rechtsstellung ... 988
  VI. Einigung der Parteien ... 989
  VII. Ausländische Sachverständige ... 989
  VIII. Beschränkte Kontrolle fehlerhafter Sachverständigenauswahl ... 990
  IX. Übertragung des Auswahlrechtes auf beauftragte oder ersuchte Richter, § 405 ZPO ... 990
  X. Befugnisse des beauftragten oder ersuchten Richters ... 990

Kapitel 46: Ablehnung des Sachverständigen ... 992

§ 162 Anwendungsbereich des § 406 ZPO ... 992
  I. Behördengutachten/amtliche Auskünfte ... 992

Inhaltsverzeichnis

	Seite
II. Hilfspersonen des Sachverständigen, sachverständige Zeugen	993
III. Selbständiges Beweisverfahren, vereinfachtes Verfahren, Schiedsgutachtenverfahren	994
1. Selbständiges Beweisverfahren	994
2. Vereinfachtes Verfahren gem. § 495a	994
3. Schiedsgutachter	994
IV. Verzicht, Verwirkung infolge Provokation	995

§ 163 Ablehnungsgründe ... 995
    I. Gesetzliche Ausschließungsgründe ... 995
    II. Besorgnis der Befangenheit ... 997
        1. Prüfungsgrundsatz ... 997
        2. Persönliche Beziehungen ... 998
        3. Geschäftliche Beziehungen u.ä. ... 999
        4. Prozessverhalten des Sachverständigen ... 1002

§ 164 Verfahren der Ablehnung ... 1005
    I. Antragserfordernis ... 1005
    II. Zuständiges Gericht ... 1006
    III. Fristenbindung ... 1007
    IV. Weiterer Gang des Verfahrens ... 1010
        1. Anhörung des Sachverständigen ... 1010
        2. Rechtliches Gehör für die Parteien ... 1010
        3. Entscheidungsform ... 1011
    V. Rechtsbehelfe, Rechtsmittel ... 1012
        1. Sofortige Beschwerde ... 1012
            a) Statthaftigkeit ... 1012
            b) Verhältnis zur Entscheidung in der Sache ... 1012
            c) Neue Ablehnungsgründe ... 1013
            d) Frist ... 1013
        2. Erinnerung gegen Entscheidung des beauftragten oder ersuchten Richters ... 1013
        3. Revisionsrechtliche Überprüfung ... 1013
    VI. Kosten, Gebühren ... 1014

Kapitel 47: Vorbereitung der Begutachtung, Pflichten des Sachverständigen ... 1016

§ 165 Richterliche Anleitung des Sachverständigen, § 404a ZPO ... 1017
    I. Entstehungsgeschichte und Normzweck des § 404a ... 1017
    II. Rechtsverhältnis Gericht/Sachverständiger ... 1018
    III. Kompetenzverteilung bei der Sachverhaltsaufklärung ... 1018
        1. Terminologie: Anschluss-, Befund- und Zusatztatsachen ... 1018
        2. Allgemeine Leitungspflicht, Einweisung des Sachverständigen ... 1019
            a) Weisungen, Belehrungen, Hinweise ... 1019
            b) Vorgaben des Parteivortrags ... 1020
            c) Erörterungstermin ... 1021
        3. Trennung von Rechts- und Tatsachenfragen ... 1022

		Seite

§ 166 Sachverhaltsaufklärung des Sachverständigen, § 404a Abs. 4 ZPO 1022
    I. Ermittlung von Befundtatsachen 1022
    II. Ermittlung von Zusatztatsachen 1024
    III. Verschaffung der generellen Sachkunde 1026
    IV. Überschreitung des Auftrags 1027
    V. Mitwirkungshandlungen der Parteien oder Dritter 1027
    VI. Anwesenheitsrecht der Parteien 1027
        1. Grundsatz 1027
            a) Richterrechtliche Rechtslage 1027
            b) Gesetzliche Rechtsgrundlage 1029
            c) Terminsnachricht 1030
        2. Grenzen des Anwesenheitsrechts 1030
            a) Allgemein verwendbare Tatsachen 1030
            b) Tatsächliche Unmöglichkeit der Teilnahme 1030
            c) Rechtliche Unmöglichkeit der Teilnahme 1030
            d) Behinderung der Begutachtung 1031
            e) Ergebnisverfälschung 1031
            f) Geheimhaltungsinteressen 1031
        3. Folge unterbliebener Terminsnachricht 1032
    VII. Unterrichtung der Parteien 1032

§ 167 Pflichten des Sachverständigen bei Übernahme und Durchführung der Begutachtung, §§ 407a und 409 ZPO 1032
    I. Entstehung und Normzweck des Pflichtenkatalogs 1032
    II. Überprüfung der eigenen Kompetenz 1033
    III. Pflicht zur persönlichen Begutachtung 1034
        1. Hinzuziehung von Hilfskräften 1034
            a) Delegationsverbot 1034
            b) Abgrenzungskriterien 1034
                aa) Eigenständige Zuarbeit 1034
                bb) Begriff der Hilfskraft 1035
                cc) Kernbereich eigener Begutachtungstätigkeit 1035
                dd) Floskelhafte „Verantwortungsübernahme" 1036
            c) Irrelevante Kriterien 1037
                aa) „Übliche" Gutachterpraxis 1037
                bb) Kammerordnungen 1037
        2. Nomination von Mitarbeitern 1038
    IV. Rückfrage- und Hinweispflichten 1039
        1. Klärung des Auftragsinhalts 1039
        2. Kostenhinweise 1039
    V. Herausgabe von Unterlagen etc. 1040
        1. Normzweck 1040
        2. Herausgabeobjekte 1040
            a) Untersuchungsergebnisse 1040
            b) Beigezogene Unterlagen 1040
                aa) Beiziehung und Überlassung 1040
                bb) Eigentum einer Partei als Widerspruchsgrund 1041
                cc) Eigentum Dritter 1041
                dd) Entgegenstehende Persönlichkeitsrechte, Datenschutz 1041

	Seite
3. Gegenrechte	1041
4. Herausgabeverlangen, Herausgabeanordnung	1042
VI. Belehrung durch das Gericht	1043
VII. Erscheinen zur mündlichen Verhandlung	1043

Kapitel 48: Erstattung des Sachverständigengutachtens ... 1044

§ 168 Beeidigung des Sachverständigen ... 1044
    I. Begrenzter Normzweck des § 410 ... 1044
    II. Voraussetzungen der Beeidigung ... 1044
    III. Gegenstand der Beeidigung ... 1045
    IV. Verfahren der Eidesabnahme ... 1046

§ 169 Schriftliche Begutachtung, § 411 ZPO ... 1046
    I. Das Beweismittel „Gutachten" ... 1047
    II. Schriftliche Gutachtenerstattung ... 1047
        1. Ermessen/Anordnung ... 1047
        2. Formelle Anforderungen ... 1048
    III. Fristsetzung gegenüber dem Sachverständigen, verzögerte Erstattung des Gutachtens ... 1048

§ 170 Befragung des Sachverständigen ... 1049
    I. Mündliche Erläuterung ... 1049
        1. Anordnung von Amts wegen ... 1049
        2. Befragung auf Parteiantrag ... 1051
        3. Durchführung der mündlichen Erläuterung ... 1054
    II. Fristen der Parteien ... 1055
        1. Fristenbindung, Zurückweisung von Beweiseinreden ... 1055
            a) Richterliche Fristen, allgemeine Prozessförderungspflicht ... 1055
            b) Berufungsinstanz ... 1055
            c) Fortbestehendes Antragsrecht ... 1056
        2. Vorbereitende schriftsätzliche Ankündigung ... 1057
            a) Richterliche Fristsetzung ... 1057
            b) Fehlende Fristsetzung ... 1057
        3. Fristbemessung ... 1057

Kapitel 49: Richterliche Bewertung des Gutachtens, Neubegutachtung .. 1059

§ 171 Würdigung des Gutachtens ... 1059
    I. Freiheit und Grenzen der Würdigung ... 1059
        1. Überzeugungsgrad, Erkenntnissicherheit ... 1059
            a) Freiheit der Beweiswürdigung ... 1059
            b) Grenzen der Überzeugungsbildung ... 1060
        2. Einzelfälle ... 1061
    II. Überprüfung des Gutachtens ... 1062
        1. Nachvollziehbarkeit, Vollständigkeit, Widerspruchsfreiheit ... 1062
            a) Eigenverantwortliche Nachprüfung ... 1062
            b) Vollständigkeit des Gutachtens ... 1063
            c) Widerspruchsfreiheit ... 1063

		Seite
2. Zutreffende Anschlusstatsachen; juristische Wertungen		1066
a) Anschlusstatsachen		1066
b) Juristische Fehlvorstellungen		1067
3. Sachkunde, Unvoreingenommenheit des Sachverständigen		1067
a) Sachkunde		1067
b) Unvoreingenommenheit		1067
4. Abweichung des Richters vom Sachverständigengutachten		1068

§ 172 Einholung eines weiteren Gutachtens, § 412 ZPO 1069
    I. Ermessensentscheidung 1069
    II. Umstrittene Sachkunde und fehlerhafte Grundlagen 1069
    III. Ermessensschrumpfung 1070
    IV. Verfahren der Neubegutachtung 1071

Kapitel 50: Der sachverständige Zeuge 1072

§ 173 Abgrenzung Sachverständiger/sachverständiger Zeuge 1072
    I. Wahrnehmung von Tatsachen als Beweisthema 1072
    II. Ursachen des Abgrenzungsbedarfs 1073
    III. Kriterien der Abgrenzung 1073

§ 174 Prozessuale Behandlung des sachverständigen Zeugen 1074
    I. Anwendung des Zeugenbeweisrechts 1074
        1. Beweisantrag, Ablehnung, Vernehmung, Vereidigung 1074
        2. Entschädigung 1076
    II. Gemischte Aussagen 1076

Teil 8:
Abnahme von Eiden

Kapitel 51: Eidesleistung 1077

§ 175 Eid, Eidesgleiche Bekräftigung, Versicherung an Eides Statt 1077
    I. Funktion des Eides 1077
    II. Religiöse Beteuerung, eidesgleiche Beteuerung 1077
    III. Versicherung an Eides Statt 1078
    IV. Eidespflichtige Personen 1078
        1. Zeuge 1078
        2. Prozesspartei 1078
        3. Sachverständige, Dolmetscher 1079
        4. Sonstige 1079
    V. Höchstpersönlichkeit 1079

§ 176 Abnahme des Eides 1079
    I. Anordnung, Belehrung, Protokoll 1079
    II. Zeitpunkt der Beeidigung, Berufung auf allgemeine Beeidigung 1080
    III. Eingangsformel, Eidesnorm, Eidesformel und Erheben der Hand ... 1080
        1. Teile der Beeidigung, Vorsprechen 1080
        2. Fremdsprachiger Eid 1080

	Seite
3. Erheben der Schwurhand	1080
4. Hör- und sprachbehinderte Personen	1081
IV. Eidesleistung mehrerer Personen	1081
V. Beeidigung außerhalb des Prozessgerichts	1081

Teil 9:
Selbständiges Beweisverfahren

Kapitel 52: Vorgezogene Beweisaufnahme, Abgrenzung zum einstweiligen Verfügungsverfahren ... 1083

§ 177 Funktionen des Verfahrens: Beweiskonservierung, Abschätzung der Prozessaussichten ... 1084
- I. Sicherung des Beweises durch vorgezogene Beweiserhebung und Rechtsstreitvermeidung ... 1084
  - 1. Gesetzesgeschichte ... 1084
  - 2. Prozessverhütung durch endgültige Streiterledigung ... 1085
  - 3. Zulässige Beweismittel ... 1085
- II. Tatsachenfeststellung ohne Streitentscheidung ... 1086
- III. Qualifizierung als streitiges Verfahren ... 1086
- IV. Erleichterung der Prozessdarlegung durch vorprozessuale Parteiinformation ... 1087
- V. Verfassungsrechtliche Rechtfertigung isolierter Beweiserhebung ... 1087
- VI. Analoge Anwendung der §§ 485 ff., ähnliche Verfahren ... 1088
- VII. Abgrenzung zu § 410 Nr. 2 FamFG, Schiedsgutachtenverfahren ... 1088
- VIII. Einfluss des Unionsrechts und völkerrechtlicher Verträge ... 1090

§ 178 Verfahrensverselbständigung ... 1090
- I. Streitverkündung und Nebenintervention ... 1090
  - 1. Analoge Anwendung der §§ 66 ff. ZPO ... 1090
  - 2. Verjährungshemmung, Alternativverfahren ... 1092
  - 3. Kostenerstattung ... 1093
- II. Kosten, Prozesskostenhilfe ... 1093
- III. Verjährung ... 1094
  - 1. Eintritt der Hemmungswirkung ... 1094
  - 2. Wegfall der Hemmungswirkung ... 1096
- IV. Sonstiges ... 1097

Kapitel 53: Rechtsvergleichung, grenzüberschreitende Beweiserhebung ... 1098

§ 179 Ausländische vorgezogene Beweis(erhebungs)verfahren ... 1098
- I. Abtretung, Abtrennung vom Hauptverfahren ... 1098
- II. Romanische Rechtsordnungen ... 1098
- III. Österreich, Schweiz ... 1099
- IV. Polen ... 1101
- V. England, USA ... 1102

	Seite
§ 180 Grenzüberschreitende Beweiserhebung	1103
I. Beweisbeschaffung im Ausland	1103
II. Rechtshilfecharakter	1103
1. Achtung ausländischer Souveränität	1103
2. Insbesondere: Sachverständigenbeweis	1104
III. Vollzug der Beweiserhebung nach HBÜ, EuBVO und EuGVO	1106
1. Abgrenzungsbedarf	1106
2. Entscheidungen i.S.d. Art. 32 EuGVO 2001/Art. 2 lit. a EuGVO 2012	1107
§ 181 Internationale Zuständigkeit für selbständige Beweiserhebungen, Verwertbarkeit der Ergebnisse	1109
I. Anwendbares Recht	1109
II. Ausländische Beweisverfahren für den künftigen oder bereits anhängigen Inlandsprozess	1110
III. Inländische Beweisverfahren mit Auslandsbezug	1110
1. Nicht ausgeübte deutsche Hauptsachezuständigkeit	1110
2. Nur ausländische Hauptsachezuständigkeit	1111
Kapitel 54: Zulässigkeit vorgezogener Beweiserhebungen	1113
§ 182 Antrag und Gegenantrag	1114
I. Antragsgebundenheit der Verfahren	1114
II. Gegenanträge	1114
§ 183 Zulässigkeit der Sicherung gem. § 485 Abs. 1 ZPO	1116
I. „während oder außerhalb eines Streitverfahrens"	1116
1. Vorrang des Hauptprozesses	1116
2. Parallelität von Beweisverfahren und Hauptprozess	1116
3. Unzulässige Wiederholung der Beweiserhebung	1116
4. Offensichtliche Nutzlosigkeit	1117
II. Zustimmung des Gegners	1118
III. Besorgnis des Verlustes/der erschwerten Benutzung des Beweismittels	1119
1. Veränderung von Augenscheins- oder Begutachtungsobjekten	1119
2. Zeugenbeweis	1120
3. Rechtsschutzinteresse, Missbrauch	1121
4. Bevorstehender Ablauf der Verjährungsfrist	1122
IV. Umfang der Beweisaufnahme	1122
§ 184 Die Zulässigkeit isolierter Sachverständigenbegutachtung	1122
I. Fehlende Anhängigkeit des Hauptverfahrens	1122
II. Gegenstand der Feststellung; zulässiges Beweismittel	1123
1. Beweismittelbeschränkung, schriftliche Sachverständigenbegutachtung	1123
2. Zulässige Themen der Begutachtung	1124
a) Feststellungsbeschränkung	1124
b) Zustands- und Wertbegutachtung	1124
c) Mangel- oder Schadensursache	1126
d) Schadensbeseitigungsaufwand	1128

	Seite
III. Rechtliches Feststellungsinteresse	1129
1. Regelbeispiel: Rechtsstreitvermeidung	1129
2. Streitentschlossenheit des Antragsgegners	1130
3. Sonstige rechtliche Interessen	1131
4. Einzelfälle	1131
a) Zu bejahendes Interesse	1131
b) Zu verneinendes Interesse	1132
IV. Erneute Begutachtung	1133
V. Entscheidung	1133
VI. Übergang der Zuständigkeit auf Prozessgericht	1134

Kapitel 55: Durchführung der Beweiserhebung 1135

§ 185 Zuständigkeit 1136
    I. Regelungsgegenstand des § 486 1136
    II. Zuständigkeit bei Anhängigkeit der Hauptsache, § 486 Abs. 1 1136
        1. Zuständigkeit des Prozessgerichts 1136
            a) Sicherung der Beweisunmittelbarkeit 1136
            b) Zuständigkeitsfestlegungen 1136
            c) Nachträgliche Zuständigkeitsänderung 1137
            d) Verweisung 1137
        2. Unmaßgeblichkeit des Streitgegenstandsbegriffs 1137
    III. Zuständigkeit mangels Anhängigkeit der Hauptsache, § 486 Abs. 2 1138
    IV. Konkurrierende nichtstaatliche Verfahren 1139
        1. Schiedsgerichtsvereinbarung 1139
        2. Schiedsgutachtenvereinbarung 1139
    V. Notzuständigkeit des Amtsgerichts, § 486 Abs. 3 1140
    VI. Mehrfachzuständigkeiten 1140

§ 186 Beweisantrag, § 487 ZPO 1141
    I. Regelungsgegenstand des § 487 1141
    II. Form des Antrags, anwaltliche Vertretung 1141
    III. Bezeichnung des Antragsgegners 1141
    IV. Bezeichnung der Beweistatsachen 1142
    V. Bezeichnung der Beweismittel 1143
    VI. Pflicht zur Glaubhaftmachung 1144

§ 187 Beweisaufnahmeverfahren 1145
    I. Allgemeine Verfahrensregeln 1145
        1. Fakultative mündliche Verhandlung, Antragsrücknahme 1145
        2. Rechtliches Gehör 1145
        3. Einwendungen des Antragsgegners 1146
        4. Ruhen, Unterbrechung, Aussetzung 1146
        5. Weitere Verfahrensfragen 1147
    II. Ladung des Antragsgegners, § 491 1147
        1. Allgemeines 1147
        2. § 491 Abs. 1 1148
        3. § 491 Abs. 2 1148

	Seite
III. Entscheidung über den Beweisantrag	1149
1. Entscheidungsmöglichkeiten	1149
2. Beschlussinhalt	1149
3. Entscheidungsbekanntgabe	1150
IV. Die Anfechtung des Beschlusses	1150
1. Stattgebender Beschluss	1150
2. Ablehnender Beschluss	1151
V. Aufnahme der Beweise, § 492	1152
1. Allgemeines	1152
2. Wirkung der rechtstechnischen Verweisung des § 492	1153
a) Verweisungsumfang	1153
b) Beweisverfahren im Allgemeinen	1153
aa) Anwendbare Vorschriften	1153
bb) Mangelnde Anwendbarkeit	1154
cc) Rechtsbehelfe	1154
c) Augenscheinsbeweis	1154
d) Zeugenbeweis	1154
aa) Anwendbare Vorschriften	1154
bb) Vernehmung durch Richterkommissar	1154
cc) Schriftliche Zeugenaussagen	1155
dd) Mangelnde Anwendbarkeit	1155
e) Sachverständigenbeweis	1155
aa) Ablehnung des Sachverständigen	1155
bb) Anwendbare Vorschriften	1156
cc) Anhörung des Sachverständigen	1157
VI. Aufbewahrung des Protokolls	1158
VII. Vergleichsabschluss	1158
VIII. Verfahrensende	1158
§ 188 Beweiserhebung gegen Unbekannt, § 494 ZPO	1159
I. Ausnahme vom kontradiktorischen Verfahren	1159
II. Zulassungsvoraussetzungen	1159
1. Glaubhaftmachung fehlender Kenntnis	1159
2. Veränderungen im laufenden Verfahren	1160
3. Analoge Anwendung	1160
III. Vertreterbestellung	1160
IV. Wirkungen	1161
Kapitel 56: Verhältnis der selbständigen Beweisaufnahme zum Hauptprozess	1162
§ 189 Benutzung der Beweisergebnisse im Prozess, § 493 ZPO	1162
I. Beweisbenutzungspflicht, § 493	1162
II. Unmittelbare Beweisverwertung	1163
III. Mittelbare Verwertung	1163
§ 190 Beweiserhebungswirkung	1164
I. Tatbestandliche Voraussetzungen	1164
1. Parteiidentität	1164
a) Grundsatz	1164

	Seite
b) Sonderlagen	1164
2. „auf Tatsachen berufen"	1165
3. Relevante Beweiserhebungen, ausländische Beweisverfahren	1165
II. Einzelprobleme der Gleichstellungswirkung	1166
1. Fiktive Beweisunmittelbarkeit	1166
2. Gesetzeskonforme Beweisaufnahme	1166
3. Überwindung von Beweisaufnahmefehlern	1167
III. Verwertungssperre bei Nichtladung des Gegners	1167
1. Unterbliebene Ladung zur richterlichen Beweisaufnahme	1167
2. Erneute Beweisaufnahme, fortbestehende Verwertungsmöglichkeiten	1168
3. Verhältnis zu § 494	1168
IV. Kosten bei Verwertung im nachfolgenden Prozess	1169

Kapitel 57: Kosten der isolierten Beweisaufnahme ... 1170

§ 191 Kostenerstattungsbedürfnis, Grundsätze der Verfahrenszuordnung ... 1171

I. Dilemma der Akzessorietät der Kostengrundentscheidung	1171
II. Rechtstechnik des § 494a	1171
1. Prozessuale Kostenerstattung als Regelungsziel	1171
2. Zweistufiges Verfahren	1172
3. Regelungslücken	1172
4. Zielsetzungen des Lückenschlusses	1173
III. Unsichere Zuordnung des Beweisverfahrens zu einem Hauptsacheverfahren	1173

§ 192 Erzwingung des Hauptverfahrens ... 1174

I. Anordnung der Klageerhebung	1174
1. Erfordernis fehlender Anhängigkeit	1174
a) Bereits bestehende Anhängigkeit	1174
b) „Streitgegenstand"	1174
2. Beendigung des Beweisverfahrens	1175
3. Nicht statthafte Anordnung	1175
a) Klage des Antragsgegners, Aufrechnung	1175
b) Erfüllung	1175
c) Nachträglicher Anspruchsverzicht	1176
d) Feststellungsklage	1177
e) Vermeidung von Teilkostenentscheidungen	1177
II. Verfahren der Fristsetzungsanordnung	1177
1. Antragsberechtigte	1177
a) Antragsgegner	1177
b) Streithelfer	1177
2. Anwaltszwang	1179
3. Vorheriger Abschluss der Beweisaufnahme	1179
4. Entscheidung	1180
a) Fristbestimmung	1180
b) Streitgegenstandsfixierung	1180
c) Entscheidungsform, Rechtsbehelfe	1180
d) Belehrung	1180

Inhaltsverzeichnis

	Seite
III. Der Kostenbeschluss nach Fristversäumung	1181
1. Notwendiger zweiter Antrag, Nachholung der Klage	1181
2. Versäumung der Klagefrist	1182
a) Streitgegenstandsentsprechung, Identität der Parteien	1182
b) Anspruchserfüllung, Anspruchsverzicht, erfolglose Beweisaufnahme	1182
c) Teilklage	1182
d) Widerklage, Aufrechnung des Antragstellers, Zurückbehaltungsrecht	1183
e) Klage auf Kostenersatz	1183
3. Beschlussentscheidung	1184
§ 193 Isolierte Kostenentscheidung im Beweisverfahren	1184
I. Sonderfälle außerhalb des § 494a	1184
II. Antragsrücknahme vor Ende der Beweisaufnahme	1185
1. Kein nachfolgendes Hauptsacheverfahren	1185
a) Beweisergebnis zu Ungunsten des Antragstellers	1185
b) Erfüllung und gleichgestellte Ereignisse	1186
2. Anhängiges Hauptsacheverfahren	1187
III. Zurückweisung des Antrags als unzulässig	1187
IV. Erledigung des Beweisinteresses nach Beendigung der Beweisaufnahme	1188
V. Rücknahme der Hauptsacheklage	1188
VI. Sonstige Verfahrenserledigungen	1188
§ 194 Kostenermittlung und Kostenfestsetzung	1190
I. Streitwert	1190
II. Kosten (Gebühren, Auslagen)	1192
1. Gerichtskosten	1192
2. Anwaltsgebühren	1192
3. Parteiauslagen (Privatgutachterkosten)	1193
III. Festsetzung im Hauptverfahren, Kostenquotierung, Notwendigkeit der Kosten	1193
IV. Kosten des Verfahrens nach § 494a	1196
§ 195 Materiell-rechtliche Kostenerstattung	1196

Teil 10:
Auslandsbeweisaufnahme

Kapitel 58: Grenzüberschreitende Beweiserhebungen: Rechtsgrundlagen, Rechtsvergleichung, Behörden, Methoden	**1199**
§ 196 Territoriale Grenzen inländischer Beweisaufnahme, Rechts- und Verwaltungsgrundlagen, Behörden	1202
I. Beachtung des Völkerrechts, Eingriff in ausländische Souveränität	1202
1. Räumliche Zulässigkeit von Gerichtshandlungen	1202
2. Staatliche Souveränität und Staatsbürgerschutz	1203
3. Richterliche Unabhängigkeit und auswärtige Beziehungen	1203
4. Justizielle Kooperation statt Rechtshilfegewährung	1204

	Seite
II. HBÜ und andere völkerrechtliche Verträge	1205
III. VO (EG) Nr. 1206/2001 (EuBVO)	1205
IV. § 363 ZPO	1206
V. ZRHO	1207
VI. Lex fori, ausländisches Beweisrecht	1207
VII. Recht auf Auslandsbeweisaufnahme	1209
VIII. Bundesamt für Justiz, Auslandsvertretungen	1210

§ 197 Beweisaufnahme bei Auslandsbelegenheit des Beweismittels ... 1210
    I. Ort und Gegenstand der Beweisaufnahme ... 1210
    II. Beweismittelbeschaffung für das Inland ... 1211
    III. Methoden der Beweisaufnahme im Ausland ... 1211
        1. Konsularvernehmung ... 1211
        2. Ausländische Rechtshilfe ... 1212
        3. Unmittelbare Beweisaufnahme des inländischen Prozessgerichts ... 1212
        4. Delegation auf Privatpersonen ... 1212

§ 198 Gewährung und Inanspruchnahme von Rechtshilfe ... 1212
    I. Begriff der Rechtshilfe ... 1212
    II. Rechtshilfebeweisaufnahme und Unmittelbarkeitsgrundsatz ... 1214
    III. Das Rechtshilfeersuchen ... 1215

§ 199 Mitwirkung der Parteien ... 1216
    I. Vorrang der Beweisaufnahme von Amts wegen ... 1216
    II. Aussagebeibringung auf Parteiveranlassung ... 1217
    III. Entbehrliche Wertungshilfen ... 1217

§ 200 Folgen fehlerhafter Beweisaufnahme des ausländischen Richters ... 1217
    I. Fehlerhafte Beweisaufnahme ... 1217
    II. Fehlerwirkung ... 1218

§ 201 Grenzüberschreitende Beweisermittlungen und Informationsbeschaffung bei Verletzung von Rechten des Geistigen Eigentums ... 1218
    I. Stand der EuGH-Rechtsprechung ... 1218
    II. Bewertung der Rechtsprechung ... 1219
    III. Internationale Beweishilfe und materielles Recht ... 1220

Kapitel 59: Abwicklung der Beweiserhebung ... 1221

§ 202 Besonderheiten der Beweismittel ... 1221
    I. Allgemeine Beweisregelungen ... 1221
        1. Anwesenheitsrecht der Parteien, Fragerecht ... 1221
        2. Anwesenheit des Prozessrichters ... 1223
        3. Formen der Beweisaufnahme ... 1223
        4. Zwangsmaßnahmen ... 1224
    II. Zeugenvernehmung ... 1225
        1. Zeugnispflicht, Zeugnisfähigkeit ... 1225
        2. Vernehmung vor dem Prozessgericht, Zwangsmittel ... 1225
        3. Aussageverweigerung ... 1227

		Seite
	4. Erreichbarkeit des Zeugen	1228
	5. Videovernehmung	1228
	6. Urkundliche Substitute	1229
	7. Schriftliche Zeugenbefragung	1229
	8. Verfahrensfehler des Rechtshilferichters	1229
	9. Beweisanordnung und Rechtsmittel	1230
III.	Parteivernehmung und Parteianhörung	1230
IV.	Behördliche Auskunft	1230
V.	Augenscheinsbeweis, Vorlage von Augenscheinsobjekten und Urkunden	1230
VI.	Sachverständigenbeweis	1231
	1. Sachverständige mit Auslandsaufenthalt	1231
	2. Gutachtenerstattungspflicht	1231
	3. Genehmigungsbedürftigkeit von Befunderhebungen	1231
	4. Vernehmung des Sachverständigen	1232

§ 203 Konsularische Beweisaufnahme 1233
    I. Beweisaufnahme durch Beamte 1233
   II. Befugnisse der Konsuln 1233
       1. Rechtsgrundlagen 1233
       2. Beschränkung der Zeugenvernehmung 1233
       3. Ausländische Konsuln in Deutschland 1234
  III. Umfang der Beweisaufnahme 1235
  IV. Rangordnung der Beweisaufnahmearten, Zweckmäßigkeit 1235

§ 204 Unmittelbare grenzüberschreitende Beweiserhebung des Prozessgerichts 1235
    I. Beweisrechtlicher Vorzug 1235
   II. HBÜ 1236
 III. Unionsrecht 1236

§ 205 Beweismittelbeschaffung der Prozessparteien zur Beweiserhebung vor dem Prozessgericht 1237
    I. Zulässigkeit und Grenzen des Beweismitteltransfers 1237
   II. Dokumententransfer 1238
 III. Parteianhörung, Parteiaussage 1238
 IV. Zeugenbeweis 1239
  V. Folgen verweigerter Mitwirkung 1239
 VI. Beweismittelverwertung bei Völkerrechtsverstoß 1240

Kapitel 60: Rechtshilfe für das Ausland, rechtliche Kooperation 1241

§ 206 Rechtshilfe für Gerichte aus EU-Staaten 1241
    I. Rechtsgrundlagen, Zuständigkeit, Sprache 1241
   II. Aussageverweigerung, Beweisermittlungen 1241
 III. Besondere Formen der Beweisaufnahme 1242
 IV. Kosten 1242

	Seite
§ 207 Rechtshilfe für Drittstaaten nach dem HBÜ	1242
I. Grundsätzliche Pflicht zur Rechtshilfegewährung	1242
II. Verfahren	1243
III. Pre-Trial Discovery	1246
IV. Beweiserhebung durch Beauftragte	1247
V. Konkurrenz von HBÜ und lex fori des Prozessgerichts	1248
VI. Mitwirkung der Parteien	1250
Stichwortverzeichnis	1251

Literaturverzeichnis

Ahrens	Der Wettbewerbsprozess, 7. Aufl. 2013
AK-ZPO/Bearbeiter	Kommentar zur Zivilprozessordnung, Reihe Alternativkommentare, 1987
Baumbach/Lauterbach/Albers/Hartmann	Kommentar zur ZPO, 71. Aufl. 2013
Britz	Urkundenbeweisrecht und Elektroniktechnologie, 1996
Bruns	Zivilprozessrecht, 2. Aufl. 1979
Döhring	Die Erforschung des Sachverhalts im Prozess, 1964
Geimer	Internationales Zivilprozessrecht, 6. Aufl. 2009
Hartmann	Kostengesetze, 43. Aufl. 2013
Hess	Europäisches Zivilprozessrecht, 2010
Keidel	FamFG, 18. Aufl. 2013
KK/Bearbeiter	Karlsruher Kommentar zur StPO, 6. Aufl. 2008
KMR	Kleinknecht/Müller, Kommentar zur Strafprozeßordnung, 1980 f.
Leipold	Beweislastregeln und gesetzliche Vermutung, 1966
Linke/Hau	Internationales Zivilprozessrecht, 5. Aufl. 2011
Lüke	Zivilprozessrecht, 10. Aufl. 2011
von Mangoldt/Klein/Stark	Grundgesetz, Band 1, 6. Aufl. 2010
MünchKommBGB/Bearbeiter	Bürgerliches Gesetzbuch, 6. Aufl. 2012 ff.
MünchKommHGB/Bearbeiter	Handelsgesetzbuch, 3. Aufl. 2010 ff.
MünchKommInsO/Bearbeiter	Insolvenzordnung, 2. Aufl. 2008, 3. Aufl. 2013
MünchKommZPO/Bearbeiter	Zivilprozessordnung, 4. Aufl. 2013
Musielak/Bearbeiter	Kommentar zur ZPO, 10. Aufl. 2013
Musielak/Stadler	Grundfragen des Beweisrechts, 1984
Nagel/Gottwald	Internationales Zivilprozessrecht, 7. Aufl. 2013
Prütting	Gegenwartsprobleme der Beweislast, 1983
Rauscher	Europäisches Zivilprozess- und Kollisionsrecht, EG-BewVO, Bearbeitung 2010
Rosenberg	Die Beweislast auf der Grundlage des BGB und der ZPO, 5. Aufl. 1965
Rosenberg/Schwab/Gottwald	Zivilprozessrecht, 17. Aufl. 2010
Schack	Internationales Zivilverfahrensrecht, 5. Aufl. 2010
Schilken	Zivilprozessrecht, 6. Aufl. 2010
Schlosser	EU-Zivilprozessrecht, 3. Aufl. 2009
Schönke/Kuchinke	Zivilprozessrecht, 9. Aufl. 1969
Schuschke/Walker	Vollstreckung und vorläufiger Rechtsschutz, 3. Aufl. 2002, 4. Aufl. 2008

Literaturverzeichnis

Siegel	Die Vorlegung von Urkunden, 1904
Stein/Jonas/Bearbeiter	Kommentar zur Zivilprozessordnung, 22. Aufl. 2002 ff.
Stürner	Aufklärungspflicht der Parteien des Zivilprozesses, 1976
Weise	Praxis des selbständigen Beweisverfahrens, 1994
Wieczorek/Schütze/Bearbeiter	Kommentar zur ZPO, 3. Aufl. 1999 ff.
Zöller/Bearbeiter	Kommentar zur ZPO, 30. Aufl. 2014

Abkürzungsverzeichnis

AB	Anscheinsbeweis
AbgG	Abgeordnetengesetz
ABl.	Amtsblatt
AcP	Archiv für die civilistische Praxis (Zeitschrift)
ADHGB	Allgemeines Deutsches Handelsgesetzbuch
ADR	alternative Streitbeilegung (alternative dispute resolution)
AEUV	Vertrag über die Arbeitsweise der Europäischen Union
AfP	Zeitschrift für Medien- und Kommunikationsrecht
AG	Aktiengesellschaft, Amtsgericht, Arbeitsgemeinschaft
AGS	Anwaltsgebühren Spezial (Zeitschrift)
AIPPI	Internationale Vereinigung für gewerblichen Rechtsschutz (Association Internationale pour la Protection de la Propriété Industrielle)
AKB	Allgemeine Bedingungen für die Kraftfahrtversicherung
AK-ZPO	Alternativkommentar zur ZPO, 1987
AnwBl.	Anwaltsblatt (Zeitschrift)
AnwGH	Anwaltsgerichtshof
AOK	Allgemeine Ortskrankenkasse
AöR	Archiv für öffentliches Recht (Zeitschrift)
AP	Arbeitsrechtliche Praxis (Nachschlagewerk des BAG)
AR-Blattei	Arbeitsrecht-Blattei
ArbRspr.	Die Rechtsprechung in Arbeitssachen (Zeitschrift)
ARS	Arbeitsrechts-Sammlung. Entscheidungen des Reichsarbeitsgerichts und der Landesarbeitsgerichte
ATO	Allgemeine Tarifordnung für Arbeitnehmer im öffentlichen Dienst
AU-Bescheinigung	Arbeitsunfähigkeitsbescheinigung
AuRAG	Auslands-Rechtsauskunftsgesetz
AusfG	Ausführungsgesetz
AusfVO	Ausführungsverordnung
AZR	Ausländerzentralregister
bad.	badisch
BAGE	Entscheidungen des Bundesarbeitsgerichts
BAT	Bundes-Angestelltentarif
BauR	baurecht (Zeitschrift)
BayGVBl.	Bayerisches Gesetz- und Verordnungsblatt
BayJMBl.	Bayerisches Justizministerialblatt
BayObLG	Bayerisches Oberstes Landesgericht
BayObLGZ	Entscheidungen des Bayerischen Obersten Landesgerichts in Zivilsachen
BB	Betriebs-Berater (Zeitschrift)
BBankG	Gesetz über die Deutsche Bundesbank
BDP	Bundesverband Deutscher Psychologinnen und Psychologen
BEG	Bundesentschädigungsgesetz
BerlVerfGH	Verfassungsgerichtshof des Landes Berlin
BernZPO	ZPO des Kantons Bern
BfA	Bundesversicherungsanstalt für Angestellte
BFHE	Entscheidungen des Bundesfinanzhofes

BfJG	Gesetz über die Errichtung des Bundesamtes für Justiz
BG	Schweizerisches Bundesgericht
BGA	Bundesgesundheitsamt
BGB-E I	Erster Entwurf des Bürgerlichen Gesetzbuches von 1888
BGE	Schweizerische Bundesgerichtsentscheide
BGHR	BGH-Rechtsprechungsreport
BGHSt.	Entscheidungen des Bundesgerichtshofs in Strafsachen
BGHZ	Entscheidungen des Bundesgerichtshofs in Zivilsachen
BMinG	Bundesministergesetz
BRRG	Beamtenrechtsrahmengesetz
BStBl.	Bundessteuerblatt
BV	Verfassung des Freistaates Bayern
BVerfGE	Entscheidungen des Bundesverfassungsgerichts
BVerwGE	Entscheidungen des Bundesverwaltungsgerichts
BWL	Beweislast
BWVBl.	siehe unten VBlBW
Cass.	Cassation (franz. Kassationsgerichtshof)
Cass.	Cassazione (ital. Kassationsgerichtshof)
CEN	Europäisches Komitee für Normung (Comité Européen de Normalisation)
Cenelec	Europäisches Komitee für elektronische Normung (Comité Européen de Normalisation Électrotechnique)
c.i.c.	culpa in contrahendo
CIEC	Internationale Kommission für das Zivilstandswesen (Commission Internationale de l'Etat Civil)
CISG	United Nations Convention on Contracts for the International Sale of Goods
CMR	Internationales Übereinkommen über Beförderungsverträge im Straßengüterverkehr (Convention relative au contrat de transport international de marchandises par route)
cpc	ital. Codice de procedura civile
CPI	span. Comisión de Propiedad Intelectual
CPO	Civilprozeßordnung vom 30. Januar 1877
CPR	engl. Civil Procedure Rules
CR	Computer und Recht (Zeitschrift)
DAJV	Deutsch-Amerikanische Juristen-Vereinigung
DAR	Deutsches Autorecht (Zeitschrift)
DAVorm.	Der Amtsvormund (Zeitschrift)
DB	Der Betrieb (Zeitschrift)
DGVZ	Deutsche Gerichtsvollzieher Zeitung
DIN	Deutsches Institut für Normung
DIS	Deutsche Institution für Schiedsgerichtsbarkeit
DJT	Deutscher Juristentag
DJZ	Deutsche Juristenzeitung
DNA	Desoxyribonukleinsäure
DNA-IFG	DNA-Identitätsfeststellungsgesetz
DNotZ	Deutsche Notar-Zeitschrift
DONot.	Dienstordnung für Notarinnen und Notare
DÖV	Die Öffentliche Verwaltung (Zeitschrift)
DR	Deutsches Recht (Zeitschrift)
DRiZ	Deutsche Richterzeitung (Zeitschrift)

DS	Der Sachverständige (Zeitschrift)
DStR	Das deutsche Steuerrecht (Zeitschrift)
DStRE	DStR-Entscheidungsdienst (Zeitschrift)
DtZ	Deutsch-Deutsche Rechts-Zeitschrift
DuD	Datenschutz und Datensicherheit (Zeitschrift)
DVBl.	Deutsches Verwaltungsblatt (Zeitschrift)
EAG	Europäische Atomgemeinschaft
EBAO	Einforderungs- und Beitreibungsanordnung
ECHR	European Court of Human Rights
EGV	Vertrag zur Gründung der Europäischen Gemeinschaft
EKG	Einheitliches Gesetz über den internationalen Kauf beweglicher Sachen
ENeuOG	Gesetz zur Neuordnung des Eisenbahnwesens
EPGÜ	Übereinkommen über ein Einheitliches Patentgericht
EPGÜVerfO	Verfahrensordnung zum EPGÜ
EPÜ	Europäisches Patentübereinkommen
ErbR	Zeitschrift für die gesamte erbrechtliche Praxis
ETSI	Europäisches Institut für Telekommunikationsnormen (European Telecommunications Standards Institute)
EuBagatellVO	Verordnung des Europäischen Parlaments und des Rates zur Einführung eines europäischen Verfahrens für geringfügige Forderungen
EuBVO/EG-Bew-VO/ EG-BewVO	Verordnung über die Zusammenarbeit zwischen den Gerichten der Mitgliedstaaten auf dem Gebiet der Beweisaufnahme in Zivil- und Handelssachen
EuEheVO	Verordnung des Rates über die Zuständigkeit und die Anerkennung und Vollstreckung von Entscheidungen in Ehesachen und in Verfahren betreffend die elterliche Verantwortung und zur Aufhebung der Verordnung (EG) Nr. 1347/2000
EuGH Slg.	Amtliche Sammlung der Entscheidungen des EuGH
EuGVO	Verordnung des Rates über die gerichtliche Zuständigkeit und die Anerkennung und Vollstreckung von Entscheidungen in Zivil- und Handelssachen
EuGVÜ	Übereinkommen über die gerichtliche Zuständigkeit und die Vollstreckung gerichtlicher Entscheidungen in Zivil- und Handelssachen
EuMVVO	Verordnung des Europäischen Parlaments und des Rates zur Einführung eines Europäischen Mahnverfahrens
EuR	Europarecht (Zeitschrift)
EuVTV	Verordnung des Europäischen Parlaments und des Rates zur Einführung eines europäischen Vollstreckungstitels für unbestrittene Forderungen
EuZW	Europäische Zeitschrift für Wirtschaftsrecht
EVO	Eisenbahn-Verkehrsordnung
EWiR	Entscheidungen zum Wirtschaftsrecht (Zeitschrift)
EWS	Europäisches Wirtschafts- und Steuerrecht (Zeitschrift)
FamRZ	Zeitschrift für das gesamte Familienrecht
FGPrax	Praxis der freiwilligen Gerichtsbarkeit (Zeitschrift)

FormVorschrAnpG/ FormVAnpG	Gesetz zur Anpassung der Formvorschriften des Privatrechts und anderer Vorschriften an den modernen Rechtsgeschäftsverkehr
FRCP	amerik. Federal Rules of Civil Procedure
GA/GoldtArch	Goltdammer's Archiv für Strafrecht (Zeitschrift)
GdS	Gedenkschrift, Gedächtnisschrift
GemSortV	Verordnung über den gemeinschaftlichen Sortenschutz
GenDG	Gendiagnostikgesetz
Ger.W	belg. Gerechtelijk Wetboek
GesR	Gesellschaftsrecht (Zeitschrift)
GewArch.	Gewerbearchiv (Zeitschrift)
GmbHR	Rundschau für GmbH (Zeitschrift)
GMBl.	Gemeinsames Ministerialblatt
GmS OGB	Gemeinsamer Senat der obersten Gerichtshöfe des Bundes
GPR	Zeitschrift für das Privatrecht der EU
GrCh	Charta der Grundrechte der Europäischen Union
Gruchot	Gruchot's Beiträge zur Erläuterung des Deutschen Rechts
GRUR	Gewerblicher Rechtsschutz und Urheberrecht (Zeitschrift)
GRUR Int.	Gewerblicher Rechtsschutz und Urheberrecht, Internationaler Teil (Zeitschrift)
GRUR-RR	Gewerblicher Rechtsschutz und Urheberrecht, Rechtsprechungs-Report (Zeitschrift)
GS	Großer Senat
GSSt.	Großer Senat für Strafsachen
GSZ	Großer Senat für Zivilsachen
GVGA	Geschäftsanweisung für Gerichtsvollzieher
HbgREVV	Verordnung über den elektronischen Rechtsverkehr in Hamburg
HBÜ	Haager Übereinkommen über die Beweisaufnahme im Ausland in Zivil- und Handelssachen
HBÜAusfG	HBÜ-Ausführungsgesetz
HFR	Höchstrichterliche Finanzrechtsprechung
hGH	humanes Wachstumshormon (human growth hormone)
HLA	Humanes Leukozytenantigen (human leukocyte antigen)
HRR	Höchstrichterliche Rechtsprechung
HWS	Halswirbelsäule
HZPÜ	Haager Übereinkommen über den Zivilprozess
HZÜ	Haager Zustellungsübereinkommen
IBR	Immobilien- und Baurecht (Zeitschrift)
IDR	Jane's International Defense Review (Zeitschrift)
InstGE	Entscheidungen der Instanzgerichte zum Recht des geistigen Eigentums
InvG	Investmentgesetz
IPrax	Praxis des Internationalen Privat- und Verfahrensrechts (Zeitschrift)
IuKDG	Informations- und Kommunikationsdienstegesetz
JBeitrO	Justizbeitreibungsordnung
JBl.	Juristische Blätter (österr. Zeitschrift)
JbJZivRW	Jahrbuch Junger Zivilrechtswissenschaftler

JKomG	Justizkommunikationsgesetz
JMBl. NRW	Justizministerialblatt für das Land Nordrhein-Westfalen
JR	Juristische Rundschau (Zeitschrift)
Jura	Juristische Ausbildung (Zeitschrift)
JurBüro	Das Juristische Büro (Zeitschrift)
JuS	Juristische Schulung (Zeitschrift)
Justiz	Die Justiz (Zeitschrift)
JVEG	Justizvergütungs- und -entschädigungsgesetz
JW	Juristische Wochenschrift (Zeitschrift)
JZ	Juristen Zeitung
K&R	Kommunikation und Recht (Zeitschrift)
KAGG	Gesetz über Kapitalanlagegesellschaften
KapMuG	Kapitalanleger-Musterverfahrensgesetz
KassG Zürich	Kassationsgericht des Kantons Zürich
KG	Kammergericht Berlin
KGJ	Jahrbuch für Entscheidungen des Kammergerichts
KGR/KGRep	Kammergerichts-Rechtsprechungsreport
KKStPO	Karlsruher Kommentar zur Strafprozessordnung, 7. Aufl. 2013
KostRspr.	Kostenrechtsprechung (Entscheidungssammlung)
KritV	Kritische Vierteljahresschrift für Gesetzgebung und Rechtswissenschaft
KV	Kostenverzeichnis
KV GvKostG	Kostenverzeichnis zum Gerichtsvollzieherkostengesetz
KVO	Kraftverkehrsordnung
KWG	Kreditwesengesetz
LAGE	Entscheidungen des Landesarbeitsgerichts
LEC	span. Ley de Enjuiciamiento Civil
LeipZ	Leipziger Zeitschrift für Deutsches Recht
LFBG	Lebensmittel- und Futtermittelgesetzbuch
LFGB	Lebensmittel-, Bedarfsgegenstände- und Futtermittelgesetzbuch
LGZ	Landesgericht für Zivilsachen
LM	Das Nachschlagewerk des Bundesgerichtshofs in Zivilsachen, (ursprüngliche Herausgeber: Lindenmaier und Möhring)
LS	Leitsatz
LZ	Leipziger Zeitschrift für Deutsches Recht
MarkenR	Markenrecht (Zeitschrift)
MdE	Minderung der Erwerbsfähigkeit
MDR	Monatsschrift für Deutsches Recht
MedR	Medizinrecht (Zeitschrift)
MedSach.	Der medizinische Sachverständige (Zeitschrift)
MietSlg.	Mietrechtliche Entscheidungen (Entscheidungssammlung)
MinBlFin.	Ministerialblatt des Bundesministeriums für Finanzen
MiStra	Anordnung über Mitteilungen in Strafsachen
MiZi.	Anordnung über Mitteilungen in Zivilsachen
MMR	Multimedia und Recht (Zeitschrift)
MPU	Richtlinie für die amtliche Anerkennung von medizinisch-psychologischen Untersuchungsstellen

MTB	Manteltarifvertrag für Arbeiter des Bundes
MTL	Manteltarifvertrag für Arbeiter der Länder
NBG	Niedersächsisches Beamtengesetz
NCPC	franz. Nouveau code de procedure civile
NdsPsychKG	Niedersächsisches Gesetz über Hilfen und Schutzmaßnahmen für psychisch Kranke
NdsRpfl.	Niedersächsische Rechtspflege (Zeitschrift)
NdsSOG	Niedersächsisches Gesetz über die öffentliche Sicherheit und Ordnung
NJ	Neue Justiz (Zeitschrift)
NJOZ	Neue Juristische Online Zeitschrift
NJW	Neue Juristische Wochenschrift
NJW-CoR	Computerreport der NJW
NJWE-FER	NJW-Entscheidungsdienst Familien- und Erbrecht
NJWE-MietR	NJW-Entscheidungsdienst Miet- und Wohnungsrecht
NJWE-VHR	NJW-Entscheidungsdienst Versicherungs-/Haftungsrecht
NJWE-WettbR	NJW-Entscheidungsdienst Wettbewerbsrecht
NJW-RR	Neue Juristische Wochenschrift – Rechtsprechungs-Report Zivilrecht
NotS	Notarsenat
NotZ	Notariatszeitschrift
NStZ	Neue Zeitschrift für Strafrecht
NStZ-RR	Neue Zeitschrift für Strafrecht – Rechtsprechungs-Report
NV	nicht veröffentlicht
NVersZ	Neue Zeitschrift für Versicherung und Recht
NVwZ	Neue Zeitschrift für Verwaltungsrecht
NVwZ-RR	Neue Zeitschrift für Verwaltungsrecht – Rechtsprechungs-Report
NVZ	Neue Zeitschrift für Verkehrsrecht
NZA	Neue Zeitschrift für Arbeitsrecht
NZA-RR	Neue Zeitschrift für Arbeitsrecht – Rechtsprechungs-Report
NZFam.	Neue Zeitschrift für Familienrecht
NZM	Neue Zeitschrift für Miet- und Wohnungsrecht
NZS	Neue Zeitschrift für Sozialrecht
NZV	Neue Zeitschrift für Verkehrsrecht
ÖBl.	Österreichische Blätter für gewerblichen Rechtsschutz und Urheberrecht (Zeitschrift)
OGH	Oberster Gerichtshof
OG Zürich	Obergericht Zürich
ÖJZ	Österreichische Juristenzeitung
OLG-NL	OLG-Rechtsprechungsreport Neue Länder
OLGRep/OLGR	OLG-Rechtsprechungsreport
OLGVertrÄndG	OLG-Vertretungsänderungsgesetz
OLGZ	Entscheidungen der Oberlandesgerichte in Zivilsachen
öOGH	Österreichischer Oberster Gerichtshof
OR	Obligationenrecht
öZPO	Österreichische Zivilprozessordnung

PHI	Produkthaftpflicht international (Zeitschrift)
PrAusfG	Preußisches Ausführungsgesetz
PrFGG	Preußisches Gesetz über die freiwillige Gerichtsbarkeit
r+s	recht und schaden (Zeitschrift)
RabelsZ	Rabels Zeitschrift für ausländisches und internationales Privatrecht
RAG	Reichsarbeitsgericht
RdA	Recht der Arbeit (Zeitschrift)
RdL	Recht der Landwirtschaft (Zeitschrift)
Recht	Das Recht (Zeitschrift)
RGBl.	Reichsgesetzblatt
RGebStV	Rundfunkgebührenstaatsvertrag
RGSt	Entscheidungen des Reichsgerichts in Strafsachen
RGZ	Entscheidungen des Reichsgerichts in Zivilsachen
RhPfVerfGH	Verfassungsgerichtshof des Landes Rheinland-Pfalz
RhSchOG	Rheinschifffahrtsobergericht
RichterdienstGH	Richterdienstgerichtshof
RiStBV	Richtlinie für das Strafverfahren und das Bußgeldverfahren
RIW	Recht der Internationalen Wirtschaft (Zeitschrift)
RPfleger	Der Deutsche Rechtspfleger (Zeitschrift)
RpflgVG	Rechtspflege-Vereinfachungsgesetz
RzW	Rechtsprechung zum Wiedergutmachungsrecht (Zeitschrift)
SächsArch.	Sächsisches Archiv für bürgerliches Recht (Zeitschrift)
SAE	Sammlung Arbeitsrechtlicher Entscheidungen (Zeitschrift)
SchlHA	Schleswig-Holsteinische Anzeigen
SchlHOLG	Schleswig-Holsteinisches Oberlandesgericht
SchwBG/Schw.BG	Schweizerisches Bundesgericht
SchwJZ/SJZ	Schweizerische Juristen-Zeitung
S.Ct.	Supreme Court
SeuffArch	Seufferts Archiv für die Entscheidungen der obersten Gerichte in den deutschen Staaten
SGb.	Die Sozialgerichtsbarkeit (Zeitschrift)
SigÄndG	Gesetz über Rahmenbedingungen für elektronische Signaturen und zur Änderung weiterer Vorschriften
SigV	Signaturverordnung
SortSchG	Sortenschutzgesetz
SozR	Soziales Recht (Zeitschrift)
SpuRt.	Zeitschrift für Sport und Recht
StBerG	Steuerberatungsgesetz
Strafvert/StV/StrV	Strafverteidiger (Zeitschrift)
StrEG	Gesetz über die Entschädigung von Strafverfolgungsmaßnahmen
StrS/StS	Strafsenat
SVT	Sozialversicherungsträger
TA-Luft	Technische Anleitung zur Reinhaltung der Luft
TAO	Tarifordnung für Angestellte im öffentlichen Dienst
TEHG	Treibhausgas-Emissionshandelsgesetz
TranspR	Transportrecht (Zeitschrift)

TRIPS	Übereinkommen über handelsbezogene Aspekte der Rechte am geistigen Eigentum (Agreement on Trade-related Aspects of Intellectual Property Rights)
TV-L	Tarifvertrag für den öffentlichen Dienst der Länder
TVöD	Tarifvertrag für den öffentlichen Dienst
UDSV	Teledienstunternehmen-Datenschutzverordnung
UIG	Umweltinformationsgesetz
UKlaG	Unterlassungsklagengesetz
URP	Umwelt- und Planungsrecht (Zeitschrift)
VBlBW/BWVBl.	Verwaltungsblätter für Baden-Württemberg
Verh.	Verhandlung
VerkMitt.	Verkehrsrechtliche Mitteilungen (Zeitschrift)
VermAnlG	Vermögensanlagengesetz
VersR	Versicherungsrecht (Zeitschrift)
VerwArch.	Verwaltungsarchiv (Zeitschrift)
VIG	Verbraucherinformationsgesetz
VMBl.	Ministerialblatt des Bundesministers für Verteidigung
VOB	Verdingungsordnung für Bauleistungen
VRS	Verkehrsrechts-Sammlung (Zeitschrift)
VVG	Versicherungsvertragsgesetz
VwZG	Verwaltungszustellungsgesetz
Warn	Die Rechtsprechung des Reichsgerichts auf dem Gebiete des Zivilrechts, herausgegeben von Warneyer
wistra	Zeitschrift für Wirtschaft, Steuer, Strafrecht
WiVerw.	Wirtschaft und Verwaltung (Beilage zur Zeitschrift Gewerbearchiv)
WM	Wertpapiermitteilungen, Zeitschrift für Wirtschafts- und Bankrecht
WPO	Wirtschaftsprüferordnung
WRP	Wettbewerb in Recht und Praxis (Zeitschrift)
WTO	Welthandelsorganisation (World Trade Organization)
WuM	Wohnungswirtschaft und Mietrecht (Zeitschrift)
WuW	Wirtschaft und Wettbewerb (Zeitschrift)
WuW/E DE-R	Wirtschaft und Wettbewerb Entscheidungen Deutschland Rechtsprechung
WuW/E EU-R	Wirtschaft und Wettbewerb, Entscheidungen der Europäische Union, Rechtsprechung
WuW/E KRInt.	Wirtschaft und Wettbewerb, Entscheidungen Europäische Union, Verwaltung (Internationales Kartellrecht)
ZEuP	Zeitschrift für Europäisches Privatrecht
ZfBR	Zeitschrift für deutsches und internationales Bau- und Vergaberecht
ZfRV	Zeitschrift für Europarecht, Internationales Privatrecht und Rechtsvergleichung
ZfS	Zeitschrift für Schadensrecht
ZGB	(Schweizerisches) Zivilgesetzbuch
ZGR	Zeitschrift für Unternehmens- und Gesellschaftsrecht
ZHR	Zeitschrift für das gesamte Handelsrecht und Wirtschaftsrecht

ZInsO	Zeitschrift für das gesamte Insolvenzrecht
ZIP	Zeitschrift für Wirtschaftsrecht
ZMR	Zeitschrift für Miet- und Raumrecht
ZPGB	polnisches Zivilprozessgesetzbuch
ZPO BL	ZPO Basel-Land
ZPO-RG	Zivilprozessreformgesetz
ZR/Bl.f.Zürch.Rspr.	Blätter für Zürcherische Rechtsprechung
ZRHO	Rechtshilfeordnung für Zivilsachen
ZS	Zivilsenat
ZSEG	Gesetz über die Entschädigung von Zeugen und Sachverständigen
ZSHG	Zeugenschutz-Harmonisierungsgesetz
ZStW	Zeitschrift für die gesamte Strafrechtswissenschaft
ZSW	Zeitschrift für das gesamte Sachverständigenwesen
ZUM	Zeitschrift für Urheber- und Medienrecht
ZUM-RD	Zeitschrift für Urheber- und Medienrecht, Rechtsprechungsdienst
ZVglRWiss.	Zeitschrift für vergleichende Rechtswissenschaft
Zwangsvollstreckungs-ÄndG	Gesetz zur Reform der Sachaufklärung in der Zwangsvollstreckung
ZZP	Zeitschrift für Zivilprozess
ZZP Int.	Zeitschrift für Zivilprozess International

Teil 1:
Allgemeines Beweisrecht

Kapitel 1:
Beweisrechtliche Normen im Überblick, verfassungsrechtliche und unionsrechtliche Grundlagen

	Rz.
§ 1 Normenbestand des Beweisrechts, Geltungsbereich	
I. ZPO	1
II. Geltungserstreckung	2
III. Lückenfüllung mittels StPO; EGStGB	3
IV. Verfahrensrecht für materiell-rechtliche Sondergebiete	
1. Übereinkommen zum Einheitlichen Patentgericht (EPGÜ)	4
2. Verfahrensordnung zum Einheitlichen Patentgerichtsübereinkommen	9
3. Einzelne Regelungsinhalte der EPGÜVerfO	13
V. Softlaw des Unidroit	
1. Gemeinsame Rechtsüberzeugungen der EU-Staaten	21
2. Regeln für die Beweiserhebung	22
3. Rechtsfolgen der Nichtbeachtung	28
4. Beweisrechtliche Privilegien und Immunitäten	30
5. Beweislast, Beweisstandards	31
§ 2 Verfassungsrechtliche und unionsrechtliche Grundlagen	
I. Betroffene Grundrechte im Überblick	
1. Grundgesetz	34
2. Europäische Menschenrechtskonvention (EMRK)	39
3. Grundrechtscharta	43
4. Übereinkommen zum Einheitlichen Patentgericht (EPGÜ)	49
II. Verfahrensrecht und GG	
1. Vernachlässigter Blick auf den Zivilprozess, Verfassungsbeschwerde	50
2. Organisation der Justiz, Prinzipien der Gerichtsverfassung, Gerichtsmanagement	
a) Gesetzlicher Richter	53
b) Prinzip der Öffentlichkeit	57
c) Zeitliche Dimension des Rechtsschutzes	

	Rz.
aa) Eilrechtsschutz	58
bb) Verfahrensverzögerungen	60
d) Technische Organisation	64
e) Richterliches Verhalten	65
3. Zugang zur Justiz	
a) Übersicht	67
b) Prozesskostenhilfe	68
c) Verfahrenskosten	70
d) Fristen	72
e) Rechtsmittelzulassung	74
f) Sachvortragsbeschränkung in der Berufungsinstanz	76
4. Außerachtlassung oder Vereitelung von Prozessvortrag	
a) Kenntnisnahme des Akteninhalts	77
b) Überhöhte Substantiierungsanforderungen	79
c) Verletzung von Hinweispflichten (§ 139)	80
III. Recht auf Beweis, rechtliche Grundlagen	84
IV. Konkrete verfassungsrechtliche Wirkungen des Rechts auf Beweis	
1. Beurteilung der Beweiserheblichkeit	87
2. Übergehen von Beweisanträgen, Beweiswürdigung	88
3. Stellungnahmemöglichkeiten	94
4. Parteiaussage über Vier-Augen-Gespräch	97
5. Verteilung von Darlegungslast und Beweislast	
a) Mangelnde Aussagekraft der Verfassung	98
b) Effektiver Rechtsschutz	99
c) Waffengleichheit, faires Verfahren	100
6. Unmittelbarkeit der Beweiserhebung	103
7. Beschränkung der Beweiserhebung	104
§ 3 Sicherung der Effektivität des Unionsrechts	105

§ 1 Normenbestand des Beweisrechts, Geltungsbereich

I. ZPO

1 Die Vorschrift des § 284 S. 1 regelt die Beweisaufnahme für den Strengbeweis, enthält aber lediglich eine **Verweisung** auf die §§ 355–484. § 284 beschränkte sich bis zum Erlass des 1. JuMoG vom 24.8.2004 (BGBl. I 2004, 2198) auf den heutigen Satz 1. Zum **Beweisrecht** zählen darüber hinaus die §§ 284–287, die §§ 291–294, die §§ 485–494 (selbständiges Beweisverfahren), die §§ 142–144 (Beweiserhebung von Amts wegen) sowie verschiedene **weitere Vorschriften** (etwa § 165 [Beweiskraft des Protokolls], § 313 [Beweiskraft des Urteilstatbestandes], §§ 174 Abs. 4, 175 S. 2, 182, 183 Abs. 2, 184 Abs. 2 S. 4, 195 Abs. 2 [Zustellungsnachweise], § 142 Abs. 3 [Richtigkeit von Urkundenübersetzungen]).

II. Geltungserstreckung

2 Die Regeln der ZPO über die Beweisaufnahme **gelten** ergänzend kraft Verweisung **in** mehreren **Verfahrensordnungen anderer Rechtswege** (vgl. § 58 ArbGG, § 98 VwGO, § 82 FGO, § 118 SGG). Das FamFG hat die Regelung des § 15 FGG differenziert abgelöst.

III. Lückenfüllung mittels StPO; EGStGB

3 Der ZPO mangelt es an Regelungen, unter welchen Voraussetzungen ein **Beweisantrag zurückgewiesen** werden kann. Zur Lückenfüllung orientiert sich die Rechtsprechung an der Regelung des § 244 StPO. Die StPO kann aber auch in Bezug auf andere Normen heranzuziehen sein. Die Vollziehung von Ordnungsmitteln nach §§ 380 Abs. 1 S. 2, 390 Abs. 1 S. 2 erfolgt gem. Art. 6–9 EGStGB.

IV. Verfahrensrecht für materiell-rechtliche Sondergebiete

1. Übereinkommen zum Einheitlichen Patentgericht (EPGÜ)

4 Mit dem Beweisrecht in Verletzungsprozessen zum **Einheitlichen Patent** befassen sich das EPGÜ und die zugehörige Verfahrensordnung (EPGÜVerfO). Das EPGÜ ist ein **völkerrechtlicher Vertrag**, der zur Errichtung des Einheitlichen Patentgerichts der EU geschlossen worden ist.[1] Er ergänzt die VO (EU) Nr. 1257/2012 über die Schaffung eines einheitlichen Patentschutzes,[2] die auf der Grundlage des Art. 20 EUV i.V.m. Art. 327 ff. AEUV (Möglichkeit verstärkter Zusammenarbeit einzelner EU-Staaten) erlassen worden ist.

5 Mit der **Beweislast** befasst sich das EPGÜ in Art. 54. Dort heißt es: „Die Beweislast für Tatsachen trägt unbeschadet des Artikels 24 Absätze 2 und 3 die Partei, die sich auf diese Tatsachen beruft." **Art. 54** EPGÜ ist **unvollständig**, weil er nicht nach materiell-rechtlichen Tatbeständen bzw. nach anspruchsbegründenden, anspruchshemmenden und anspruchsvernichtenden Tatsachen unterscheidet. **Ebenso fehlt** es an einer Aussage über die **Verteilung der Darlegungslast**, die in Verfahren mit Geltung des Beibringungsgrundsatzes den Vortrag des Prozessstoffs durch die Parteien steuert.

---

[1] Die erforderliche Zahl an Ratifizierungen in 13 Staaten der EU steht noch aus.
[2] ABl. EU Nr. L 361 v. 31.12.2012, S. 1.

Ergänzt wird Art. 54 EPGÜ durch die Anordnung der **Beweislastumkehr** in Art. 55 Abs. 1 EPGÜ für die spezielle Situation des **Verfahrenspatents**, indem dort ausgesagt wird, dass bei Schutz eines Verfahrens zur Herstellung eines neuen Erzeugnisses bis zum Beweis des Gegenteils, jedes identische ohne Zustimmung des Patentinhabers hergestellte Erzeugnis als nach dem patentierten Verfahren hergestellt gilt. 6

Art. 55 Abs. 2 EPGÜ steht zwar ebenfalls unter der Überschrift der Beweislastumkehr, jedoch handelt es sich um eine Anordnung der **Beweismaßreduzierung**, wenn die Anwendung der Vermutung des Abs. 1 mit einer Beweiserleichterung verknüpft wird. Für die Feststellung der Anwendung des patentierten Verfahrens soll eine *erhebliche Wahrscheinlichkeit* ausreichen, wenn es dem Patentinhaber bei Aufwendung angemessener Bemühungen nicht gelungen ist, das tatsächlich für solch ein identisches Erzeugnis angewandte Verfahren festzustellen. 7

Art. 55 Abs. 3 EPGÜ enthält schließlich noch eine Aussage zur Wahrung berechtigter **Produktions- und Geschäftsgeheimnisse** bei der Führung des Beweises des Gegenteils nach Abs. 1. Damit wird ebenfalls nur das Beweismaß reduziert. 8

2. Verfahrensordnung zum Einheitlichen Patentgerichtsübereinkommen

Die EPGÜVerfO regelt das Beweisrecht in Teil 2 mit den **Regeln 170 – 202**. Daneben ist für die Sammlung des Tatsachenstoffes Regel 141 zu beachten, die den informatorischen **Zugang zu Dokumenten** regelt. Außerhalb des engeren Beweisrechts steht auch Regel 9 Abs. 2 mit der Möglichkeit zum **Ausschluss** eines Beweisantritts wegen **Verspätung**. Für die Beweisanordnung und Beweiserhebung durch einen **Einzelrichter** ist Regel 1 Abs. 2 zu beachten. 9

Gegliedert sind die Beweisregeln im engeren Sinne in **fünf Kapitel**, denen mit den Regeln 170–172 **allgemeines Beweisrecht** ohne Zuordnung zu einem gesondert benannten Kapitel vorgeschaltet ist. 10

Kapitel 1 fasst die Normen über die Beweiserhebung mittels **Zeugen** und **Sachverständigen der Parteien** zusammen. Kapitel 2 befasst sich mit dem **gerichtlich bestellten** Sachverständigen. Kapitel 3 regelt die Pflicht zur **Vorlage von Beweismitteln** und zur Erteilung von Auskünften. Kapitel 4 betrifft die **Beweissicherung** (saisie) und die Beweisermittlung in **fremden Räumlichkeiten**. Kapitel 5 fasst **sonstige** Beweiserhebungsregeln zusammen und schließt die **Rechtshilfe** ein. 11

Nicht wiederholt wird der Grundsatz **freier Beweiswürdigung** gem. Art. 76 Abs. 3 EPGÜ. 12

3. Einzelne Regelungsinhalte der EPGÜVerfO

Beweiserhebungen sind nur über **bestrittene Tatsachen** erforderlich, Regel 171 Abs. 2. 13

Die **Mittel der Beweiserhebung** werden in Regel 170 in Übereinstimmung mit Art. 53 EPGÜ beschrieben. Unterschiedliche Beweisregeln werden daran zumeist nicht geknüpft. Insbesondere gibt es, anders als in der ZPO, keine rechtlich relevante Unterscheidung zwischen **Augenscheinsobjekten und Urkunden**. Zwischen **Parteiaussage und Zeugenbeweis** werden ebenfalls **keine Unterschiede** gemacht, was von der ZPO markant abweicht. Großzügig gestatten die Beweisregeln den Beweis mittels **schriftlicher** Zeugen- oder Parteiaussagen; die richterliche Vernehmung eines Zeugen bedarf einer besonderen Rechtfertigung und eines begründeten Antrags, Regel 176. Die Beibringung der schriftlichen Aussagen ist Angelegenheit der Parteien. 14

15 Detaillierter geregelt sind die **richterliche** Beweiserhebung durch **mündliche Zeugenbefragung** und die Beweiserhebung durch **Sachverständige**. Die Art der Zeugenvernehmung beschreibt Regel 178. Von den Zeugenpflichten und den Sanktionen bei Pflichtverletzungen handelt Regel 179. Die Erstattung von **Auslagen** des Zeugen regelt Regel 180.

16 Die Einholung von **Sachverständigengutachten** zu Beweiszwecken ist nach Regel 181 den **Parteien** überlassen. Deren Sachverständige können richterlich angehört werden. Regel 185 sieht die Beweiserhebung mittels **gerichtlich bestellter Sachverständiger** vor. Angeordnet werden kann die Durchführung von Versuchen (Regel 201). Wenig spezifiziert ist die Anleitung des Sachverständigen durch das Gericht. Art. 57 EPGÜ enthält allerdings einige Hinweise zur Stellung des Gerichtssachverständigen, zu seiner Auswahl (aufgegriffen von Regel 185) und zum Recht der Parteien auf Gelegenheit zur Stellungnahme zum Gutachten (aufgegriffen in Regel 187 und Regel 186 Abs. 6).

17 Beweiserhebungen erfolgen nicht von Amts wegen, sondern setzen einen **Parteiantrag** voraus, Regel 171 Abs. 1.

18 Die **Beweisanordnung** ist grundsätzlich **nicht formalisiert**. Anders als nominell nach §§ 358, 358a ZPO setzt die Beweiserhebung also keinen Beweisbeschluss voraus. Jedoch enthält Regel 177 ähnlich wie § 359 ZPO nähere Anforderungen an die Anordnung der Erhebung eines mündlichen Zeugenbeweises.

19 Der **Sicherung von Beweisen** widmen sich Regeln 192–195 und Regel 199. Sie begründen wie Art. 7 Durchsetzungs-RL auch ein **Beweisermittlungsrecht**.

20 Von einem grundlegend anderen Verständnis als das nationale deutsche Zivilprozessrecht getragen ist die Vorstellung des EPGÜ und der Verfahrensordnung über positive **Mitwirkungspflichten der Parteien** an der Beweiserhebung. Zentrale Normen dafür sind Art. 58–60 EPGÜ und Regeln 172 und 190. Der Wandel der Auffassung in Deutschland weg von einer noch nicht völlig überwundenen Ausforschungsphobie, wird nur durch die Zivilprozessrechtsreform von 2001, sowie im Recht des Geistigen Eigentums durch die in der Durchsetzungs-RL unionsrechtlich vorgesehene Möglichkeit der **Beweisermittlung** gefördert.

V. Softlaw des Unidroit

1. Gemeinsame Rechtsüberzeugungen der EU-Staaten

21 Unidroit und das American Law Institute haben in einem Kooperationsprojekt **Principles of Transnational Civil Procedure**[1] entwickelt. Darin kommen rechtsvergleichend entwickelte allgemeine Rechtsüberzeugungen zum Ausdruck. Sie könnten Ausgangspunkt gemeinsamer Prozessrechtsregelungen der Europäischen Union werden, die zur Vermeidung von Friktionen bei der Anwendung materiellen Unionsrechts und bei der Vollstreckung von Entscheidungen im grenzüberschreitenden Rechtsverkehr noch zu entwickeln sind.[2]

2. Regeln für die Beweiserhebung

22 Die Principles of Transnational Civil Procedure befasst sich in Nr. 16 und 17 mit dem Beweisrecht. „**Access to Information and Evidence**" lautet die Überschrift zu

---
[1] Abruf unter www.unidroit.org/english/principles/civilprocedure/main.htm.
[2] Dazu *Althammer* ZZP 126 (2013), 3, 29 ff.

Nr. 16 der Principles. Abs. 1 bestimmt, dass das Gericht und **jede Partei Zugang zu** relevantem und nicht privilegiertem **Beweismaterial** haben soll. Das schließt den Beweis aus der Besichtigung von Sachen und Räumen ein. Die Erläuterung schließt fishing expeditions aus. Eine begrenzte discovery soll unter Überwachung durch das Gericht stattfinden. Parteiaussagen sollen unbegrenzt zulässig sein; das Interesse der Partei am Ausgang des Rechtsstreits soll erst bei der Beweiswürdigung beachtet werden.

Abs. 2 bestimmt, dass das Gericht auf rechtzeitigen Antrag einer Partei die **Vorlage** rechtserheblicher, nicht privilegierter und vernünftig identifizierter **Beweise** anordnen kann, die sich im Besitz oder unter der Kontrolle der anderen Prozesspartei befinden oder auch – insoweit eingeschränkt durch die Angemessenheit – eines Dritten. Gegen die Vorlageanordnung kann nicht eingewandt werden, dass der Beweis der aufdeckungspflichtigen Prozesspartei nachteilig ist. Die Erläuterung sieht eine Entschädigungspflicht der antragstellenden Partei vor. 23

Abs. 3 sieht vor, dass der **Anwalt** einer Prozesspartei einen möglichen **Zeugen** außerhalb des Verfahrens **befragen** darf, sofern dies freiwillig geschieht. 24

Abs. 4 befasst sich mit der **Vernehmung** von Parteien, Zeugen und Sachverständigen. Die Parteien sollen das Recht zur direkten ergänzenden Befragung der Beweisperson haben. 25

Abs. 5 gewährt jeder Person, die einen Beweis erbringt, das Recht, zum Schutz vor unangemessener Veröffentlichung **vertraulicher Informationen** eine gerichtliche Schutzanordnung zu verlangen. 26

Abs. 6 statuiert den **Grundsatz freier Beweiswürdigung** und wendet sich nach der Erläuterung gegen gesetzliche Beweisregeln für bestimmte Beweismittel. 27

3. Rechtsfolgen der Nichtbeachtung

Mit den Rechtsfolgen der Nichtbeachtung, einer Pflicht zur Mitwirkung u.a. an der Beweisaufnahme, befasst sich Nr. 17 der Principles in vier Absätzen. 28

Nach Abs. 1 darf das Gericht den Parteien, ihren Anwälten oder dritten Personen Sanktionen auferlegen, wenn sie **prozessrechtliche Verpflichtungen nicht beachten** oder eine Mitwirkung verweigern. Nach Abs. 2 müssen die Sanktionen angemessen sein. Abs. 3 zählt mögliche Sanktionen beispielhaft auf. Direkter Zwang zur Durchführung der Beweisaufnahme ist darin nicht enthalten. Welche Sanktionen in Betracht kommen, soll sich nach der lex fori richten. 29

4. Beweisrechtliche Privilegien und Immunitäten

Nr. 18 befasst sich mit dem rechtlichen **Schutz von Parteien und Dritten** in Bezug auf die Vorlage von Beweismaterial oder anderen Informationen. Abs. 2 verpflichtet das Gericht zu berücksichtigen, ob die Weigerung zur Mitwirkung an einer Vorlage von Beweisen auf der Beachtung solcher Schutzvorschriften beruht, wenn es bei der Beweiswürdigung von einer Beweisvereitelung ausgeht oder andere indirekte Sanktionen auferlegt. Dasselbe gilt nach Abs. 3 bei der Festlegung direkter Sanktionen. Die Erläuterungen nehmen Bezug auf den Schutz vor **Selbstbelastung**, den Schutz der **Vertraulichkeit beruflicher Kommunikation**, den **Persönlichkeitsrechtsschutz** und den Schutz ehelicher oder familiärer Beziehungen. 30

5. Beweislast, Beweisstandards

31 Nr. 21 der Principles behandelt in Abs. 1 die **Beweislastverteilung**. Danach hat jede Partei diejenigen Tatsachen zu beweisen, die Grundlage des Parteivorbringens sind. Die Erläuterungen weisen darauf hin, dass ein Zusammenhang mit der Darlegungslast (burden of pleading) besteht und sich die Verteilung oftmals nach dem materiellen Recht richtet.

32 Abs. 2 betrifft die **richterliche Überzeugungsbildung**. Der Richter hat vom Erfolg des Beweises auszugehen, wenn er vernünftigerweise von der Wahrheit überzeugt ist.

33 Abs. 3 greift die **ungerechtfertigte Verweigerung der Vorlage** von Beweismaterial im Besitz oder unter Kontrolle einer Prozesspartei auf und erlaubt negative Schlussfolgerungen zu Lasten der sich weigernden Partei. Nach den Erläuterungen dazu soll die eigentlich beweisbelastete Partei entlastet werden. Der sich weigernden Partei können direkte Sanktionen gem. Nr. 17 Abs. 3 auferlegt werden oder die Beweislast kann umgekehrt werden.

§ 2 Verfassungsrechtliche und unionsrechtliche Grundlagen

I. Betroffene Grundrechte im Überblick

1. Grundgesetz

34 Der Anspruch auf **rechtliches Gehör** ist in **Art. 103 Abs. 1 GG** verankert. Seine Verletzung kann mit der **Verfassungsbeschwerde** zum BVerfG gerügt werden. Einige Bundesländer wiederholen diesen für das Verfahrensrecht fundamentalen, jedoch gleichwohl nicht selten verletzten Grundsatz in ihren Landesverfassungen und ermöglichen die Erhebung einer Landesverfassungsbeschwerde. Die **Frist** für die Einlegung und Begründung der Bundesverfassungsbeschwerde beträgt nur einen Monat. Davon kann das Fristenregime der Länder abweichen, z.B. in Bayern mit einer Frist von zwei Monaten. Der Rechtsbehelf des § 321a ZPO muss zuvor erfolglos in Anspruch genommen worden sein.

35 In der verfassungsgerichtlichen Rechtsprechung spielen der **Anspruch auf Gewährung effektiven Rechtsschutzes**, der **Grundsatz der Waffengleichheit** sowie das Recht auf ein **faires Verfahren** neben Art. 103 Abs. 1 GG ebenfalls eine Rolle. Für bürgerlich-rechtliche Streitigkeiten ergibt sich das Grundrecht[1] auf **effektiven Rechtsschutz** und auf ein faires Verfahren nicht aus Art. 19 Abs. 4 GG, sondern aus Art. 2 Abs. 1 GG i.V.m. dem Rechtsstaatsprinzip (Art. 20 Abs. 3 GG).[2] Der Grundsatz der Waffengleichheit im Prozess wird aus dem allgemeinen Gleichheitssatz (Art. 3 Abs. 1 GG) im Zusammenspiel mit dem Rechtsstaatsprinzip (Art. 20 Abs. 3 GG) abgeleitet.[3] Während die Rechtsschutzgarantie den *Zugang zum Verfahren* sichert, zielt Art. 103 Abs. 1 GG auf einen angemessenen *Ablauf des Verfahrens*.[4] In der **Fachgerichtsbarkeit** werden die verschiedenen Verfassungsverbürgungen z.T. (vorsorglich?) **kumulie-**

---

1 Vgl. *Isensee/Kirchhof* Handbuch des Staatsrechts Bd. VI, § 154 Rz. 1; v. Mangoldt/Klein/Starck/ *Huber*[6] Art. 19 Abs. 4 Rz. 367 i.V.m. 459.
2 BVerfGE 93, 99, 107; BVerfG NJW 2005, 1931, 1932; BVerfG NJW 2007, 3118, 3119; BVerfG (Kammer) NJW 2013, 3432 Rz. 17; BVerfG (Kammer) NJW 2013, 3630 Rz. 30.
3 BVerfGE 52, 131, 156 f. = NJW 1979, 1925; BVerfGE 81, 347, 357 f. = NJW 1991, 413; BVerfGE (Plenum) 107, 395, 406 = NJW 2003, 1924, 1926 (3 b bb); BVerfG (Kammer) NJW 2010, 288 Rz. 3; BVerfG (Kammer) NJW 2013, 3432 Rz. 17; BGH NJW 2013, 1310 Rz. 6; *Reinhardt* NJW 1994, 93, 97; Dreier/*Heun*[2] Art. 3 GG Rz. 64; Sachs/*Degenhart* GG[6] Art. 103 Rz. 49.
4 BVerfGE 107, 395, 409 = NJW 2003, 1924, 1926 (II 1).

rend und **ohne wechselseitige Abgrenzung** angewandt.[1] Vollends aus dem Ruder gerät die Argumentation, wenn der Grundsatz der Waffengleichheit in Arzthaftungsprozessen zur Grundlage einer Verpflichtung des Behandlers gemacht wird, die ärztliche Dokumentation vorzulegen.[2] Ebenso wahllos sind Waffengleichheit, rechtliches Gehör, fairer Prozess und effektiver Rechtsschutz zur Überwindung der Beweisnot bei Vier-Augen-Gesprächen kumulativ und inhaltlich unabgegrenzt zitiert worden.[3]

Der Anspruch auf rechtliches Gehör ist gelegentlich in Zusammenhang mit dem Gebot der **Achtung der Menschenwürde** gebracht worden, aus dem abgeleitet wurde, dass ein Beteiligter in der Lage sein müsse, als Verfahrenssubjekt aktiv auf den Verfahrensablauf Einfluss zu nehmen.[4] 36

Materielle Grundrechte können besondere richterliche Anstrengungen zur Aufklärung des Sachverhalts gebieten.[5] Sie können auch die Anerkennung einer Beteiligtenstellung und einer darauf beruhenden Beschwerdeberechtigung beeinflussen.[6] Der Anspruch auf **faire Verfahrensführung** ist auch unmittelbar aus einzelnen Grundrechten abgeleitet worden, wenn deren Garantiefunktion durch eine Verfahrensgestaltung beeinträchtigt wird.[7] Wirkung auf die Beweisaufnahme erlangen materielle Grundrechte, insbesondere Art. 2 Abs. 1 GG, wenn darauf **Beweiserhebungs- oder Beweisverwertungsverbote** gestützt werden (näher dazu Kap. 6 Rz. 15). 37

Das sich aus Art. 3 Abs. 1 GG ergebende **Willkürverbot** schützt vor einer Rechtsanwendung oder der Praktizierung eines Verfahrens, die unter keinem denkbaren rechtlichen Aspekt vertretbar sind und sich daher der Schluss aufdrängt, dass die Entscheidung auf sachfremden Erwägungen beruht.[8] Für diese Feststellung sind **subjektive Schuldvorwürfe irrelevant**. Der Kontrollmaßstab des Willkürverbots wird z.T. auch innerhalb anderer Grundrechtsverbürgungen angewandt, so etwa beim Verstoß gegen das Prinzip des gesetzlichen Richters (Art. 101 Abs. 1 S. 2 GG; dazu unten Rz. 53 f.) oder bei Verletzung des Anspruchs auf effektiven Rechtsschutz durch unzumutbare Erschwerung des Zugangs zu einer Rechtsmittelinstanz.[9] 38

2. Europäische Menschenrechtskonvention (EMRK)

Schrifttum:

Dörr/Grote/Marauhn (Hrsg.), EMRK/GG – Konkordanzkommentar, 2. Aufl. 2013; *Frowein/Peukert*, Europäische Menschenrechtskonvention, 3. Aufl. 2009; *Kerschner*, Art. 6 MRK und Zivilrecht, JBl. 1999, 689; *Matscher*, Mängel der Sachverhaltsfeststellung, insbesondere der Beweiswürdigung und Verletzung von Verfahrensgarantien im Lichte der EMRK, Festschrift

---

1 So etwa von BGH GRUR 2013, 1276 Rz. 16 – MetroLinien = WRP 2013, 1608.
2 So BGH (VI. ZS) NJW 2014, 71 Rz. 11 = VersR 2013, 1045, was allerdings aus anderen Gründen im Ergebnis richtig ist.
3 BGH (VI. ZS) NJW 2013, 2601 Rz. 10; BAG NJW 2014, 1327 Rz. 19. Vgl. auch die wolkige Umschreibung des fairen Verfahrens und deren Auflösung durch „rechtsstaatlich zwingende Folgerungen" oder „rechtsstaatlich Unverzichtbares" in VerfGH Rheinland-Pfalz NJW 2014, 1434, 1435.
4 BGH NJW 2009, 3306 Rz. 26 und 29; BGH NJW 2010, 153 Rz. 28 (dort zur Anwendung der verfahrensrechtlichen ordre public-Klausel).
5 BVerfG (Kammer) FamRZ 2009, 1897 (zu Art. 6 Abs. 2 GG).
6 Vgl. BGH WRP 2013, 628 Rz. 11 und 14 – Heiligtümer des Todes (Auskunfterteilung nach § 101 Abs. 9 S. 1 UrhG und Art. 10 Abs. 1 GG).
7 BVerfG (Kammer) NJW 2012, 2500 Rz. 14 (Art. 14 Abs. 1 GG, Vertagung eines Zwangsversteigerungsverfahrens).
8 BVerfG (Kammer) NJW 2014, 291 Rz. 15 (dort: Auslegung eines Klagabweisungsantrags als Anerkenntnis nach § 307).
9 BVerfG NJW 2013, 3506 Rz. 34.

H. F. Gaul, S. 435; *Peukert*, Verfahrensgarantien und Zivilprozeß (Art. 6 EMRK), RabelsZ 63 (1999), 600.

39 Das nationale Verfahrensrecht unterliegt einer **Kontrolle durch** den **EGMR** auf der Grundlage vor allem des **Art. 6 Abs. 1 EMRK**. Die Norm gewährleistet für Streitigkeiten in Bezug auf zivilrechtliche Ansprüche und Verpflichtungen ein **faires** gerichtliches **Verfahren**, das **öffentlich** und innerhalb **angemessener Frist** verhandelt werden muss. Die weite Auslegung dieses Rechts gewährleistet den Zugang zu gerichtlichem Rechtsschutz, das rechtliche Gehör und die Waffengleichheit/Chancengleichheit unter dem Aspekt des Gebots eines fairen Verfahrens.[1] Andere Menschenrechtsverbürgungen können ebenfalls verletzt sein, etwa wenn Urteile des EGMR in einem Konventionsstaat nicht wirksam umgesetzt werden, weil es dafür an einem innerstaatlichen verfahrensrechtlichen Mechanismus fehlt.[2]

40 Wiederholt hat der EGMR eine **überlange Dauer** deutscher Gerichtsverfahren (dazu unten Rz. 60) beanstandet.[3] Für Strafverfahren hat der Gerichtshof das Recht zu schweigen, also den **nemo tenetur-Grundsatz**, als Kern eines fairen Verfahrens angesehen; die Inanspruchnahme dieses Rechts darf beweisrechtlich keinen Prozessnachteil begründen.[4] Die Sicherung der **Öffentlichkeit** von Verhandlungen war Gegenstand zahlreicher Entscheidungen,[5] die als Orientierungspunkt deutscher Rechtsprechung dienten.

41 Aus dem Recht auf ein faires Verfahren werden für den Zivilprozess **keine** Regelungen über die **Zulässigkeit von Beweisen** und die **Beweiswürdigung** abgeleitet. Zwar sieht der EGMR darin den Grundsatz der Waffengleichheit verankert, der bei der Entscheidung über widerstreitende Privatinteressen verlange, dass jeder Partei angemessene Gelegenheit gegeben werde, ihren Fall einschließlich ihrer Beweismittel unter Voraussetzungen geltend zu machen, die sie gegenüber der Gegenpartei nicht wesentlich benachteiligen. Daraus können sich Konsequenzen für die Zulässigkeit der **Parteivernehmung** oder Parteianhörung ergeben.[6] Es folgt daraus aber kein allgemeines Recht auf **Umkehr der Beweislast**.[7]

42 Die Entscheidungen des EGMR haben feststellende, **nicht** aber **kassatorische Wirkung**.[8] Es besteht **keine** Verpflichtung zur Anordnung der **Wiederaufnahme** des Ausgangsverfahrens.[9] Bei Anwendung des einfachen Rechts sind die EMRK und die

---

[1] Zu den Vorgaben der EMRK für den Zivilprozess s. *Hess* Europäisches Zivilprozessrecht (2010) § 4 Rz. 12 ff.; w.N. bei *Heinze* JZ 2011, 709, 713 Fn. 65.
[2] EGMR, Urt. v. 30.6.2009 – 32772/02 – Rz. 83 ff., Verein gegen Tierfabriken, NJW 2010, 3699 (dort zu Art. 10 EMRK).
[3] EGMR, Urt. v. 8.6.2006 – 75529/01 – Rz. 103 ff., Sürmeli/Deutschland, NJW 2006, 2389; EGMR, Urt. v. 2.9.2010 – 46344/06 – Rz. 64 ff., Rumpf/Deutschland, NJW 2010, 3355.
[4] EGMR, Urt. v. 18.3.2010 – 13201/05 – Rz. 31 ff., Krumpholz/Österreich, NJW 2011, 201. Dazu auch *Frowein/Peukert* Europäische Menschenrechtskonvention³ Art. 6 Rz. 130 ff.
[5] EGMR, Urt. v. 8.12.1983 – 8273/78 – Rz. 25, EGMRE 2, 321, Axen/Deutschland; EGMR, Urt. v. 22.2.1984 – 8209/78 – Rz. 26, Sutter/Schweiz, EGMRE 2, 345, 349; EGMR, Urt. v. 14.11.2000 – 35115/97 – Rz. 27, Riepan/Österreich; EGMR, Urt. v. 11.1.2007 – 20027/02 – Rz. 75, Herbst/Deutschland, NVwZ 2008, 289; EGMR, Urt. v. 7.6.2007 – 66941/01 – Rz. 20, Zagorodnokov/Russland; EGMR, Urt. v. 4.12.2007 – 64056/00 – Rz. 25, Volkov/Russland; EGMR, Urt. v. 4.12.2008 – 28617/03 – Rz. 79, Belashev/Russland.
[6] Vgl. dazu EGMR, Urt. v. 27.10.1993 – 371992/382/460, Dombo Beheer/Niederlande, NJW 1995, 1413; EGMR, Urt. v. 26.10.2004 – 351/02, Hämäläinen/Finnland.
[7] EGMR, Urt. v. 5.3.2009 – 77144/01 u. 35493/05, Colak u. Tsakiridis/Deutschland, NJW 2010, 1865 Rz. 40 f. (betr. Arzthaftung).
[8] BVerfGE 111, 307, 320 = NJW 2004, 3407, 3410; BVerfG (Kammer) NJW 2013, 3714 Rz. 43.
[9] BVerfG (Kammer) NJW 2013, 3714 Rz. 41 und 43.

Rechtsprechung des EGMR im Rahmen **konventionsfreundlicher Auslegung** zu beachten.[1]

3. Grundrechtscharta

Schrifttum:

Grabenwarter, Europäischer Grundrechtsschutz, 2014; *Heinze*, Zivilprozessrecht unter europäischem Einfluss, JZ 2011, 709; *P. M. Huber*, Auslegung und Anwendung der Charta der Grundrechte, NJW 2011, 2385; *Jarass*, Charta der Grundrechte, 2. Aufl. 2013; *Kingreen*, Die Grundrechte des Grundgesetzes im europäischen Grundrechtsföderalismus, JZ 2013, 801, 808; *Meyer*, Charta der Grundrechte der Europäischen Union, 4. Aufl. 2014; *Munding*, Das Grundrecht auf effektiven Rechtsschutz im Rechtssystem der Europäischen Union, 2010; *Peers/Hervey/Kenner/Ward*, The EU Charter of Fundamental Rights, 2014; *Rabe*, Grundrechtsbindung der Mitgliedstaaten, NJW 2013, 1407; *Rengeling/Szczekalla*, Grundrechte in der EU, Charta der Grundrechte und Allgemeine Rechtsgrundsätze, 2004; *Tettinger/Stern*, Kölner Gemeinschaftskommentar zur Europäischen Grundrechte-Charta, 2006.

Rechtsprechungsdatenbank: http://infoportal.fra.europa.eu/InfoPortal　　43

Die Grundrechtscharta (GrCh) nimmt am **Anwendungsvorrang des** primären und 44 sekundären **Unionsrechts** teil. Der Anwendungsvorrang stößt allerdings dann auf Grenzen des nationalen deutschen Rechts, wenn das vom GG geforderte Mindestniveau an Grundrechtsschutz generell verfehlt wird.[2] Die Grundrechte der GrCh binden die Mitgliedstaaten im gesamten **Anwendungsbereich des Unionsrechts**. Sobald eine nationale Vorschrift die Durchführung des Unionsrechts betrifft, ist der EuGH gem. Art. 267 AEUV für die Auslegung zuständig; er hat alle Hinweise zu geben, die es dem vorlegenden nationalen Gericht ermöglichen, die Wahrung der Grundrechte zu sichern.[3] Die Charta selbst begründet aber keine neue Zuständigkeit des EuGH.[4] Wird das Handeln eines Mitgliedstaates nicht vollständig durch das Unionsrecht bestimmt, steht es den nationalen Behörden und Gerichten frei, **nationale Schutzstandards** für die Grundrechte anzuwenden, sofern durch sie weder das vom EuGH konkretisierte Schutzniveau, noch der Vorrang, die Einheit und die Wirksamkeit des Unionsrechts beeinträchtigt werden.[5] Soll eine Rüge der Verletzung des Art. 47 GrCh erhoben werden, muss die Betroffenheit des Unionsrechts herausgearbeitet werden, indem eine Verletzung des (gegebenenfalls in das nationale Recht transformierten) materiellen Unionsrechts dargelegt wird.[6]

Gem. Artt. 51 Abs. 1, 52 Abs. 3 GrCh werden die Grundrechte der Charta grundsätz- 45 lich **deckungsgleich mit** jenen der **EMRK** interpretiert. Die durch die EMRK anerkannten Grundrechte sind, wie Art. 6 Abs. 3 EUV bestätigt, als allgemeine Grundsätze Teil des Unionsrechts, auch wenn die EMRK kein Rechtsinstrument ist, das formell in die Unionsrechtsordnung übernommen ist.[7] Das Recht der **Union** kann al-

---

1 BVerfG NJW 2004, 3407, 3410 f.; BVerfG (Kammer) NJW 2013, 3714 Rz. 26.
2 Dazu *P. M. Huber* NJW 2011, 2385.
3 EuGH, Rs. C-617/10 – Aklagare/Akerberg Fransson – Rz. 19 u. 21, NJW 2013, 1415, Bespr. *Rabe* NJW 2013, 1407; österr. OGH ÖJZ 2013, 880, 881.
4 EuGH NJW 2013, 1415 Rz. 22.
5 EuGH NJW 2013, 1415 Rz. 29.
6 Österr. OGH ÖJZ 2013, 880, 882.
7 EuGH, Rs. C-617/10 – Aklagare/Akerberg Fransson, NJW 2013, 1415 Rz. 44. Noch aus der Zeit vor Inkrafttreten der GrCh zur EMRK: EuGH, Rs. C-260/89, Slg. 1991, I-2925 Rz. 43 = NJW 1992, 2621 (Ls.) – ERT; EuGH, Rs. C-368/95, Slg. 1997, I-3689 = GRUR Int. 1997, 829 Rz. 24; EuGH, Rs. 107/97, Slg. 2000, I-3367 Rz. 65 = EuZW 2006, 566 – Rombi und Arkopharma; EuGH, Rs. C-540/03, Slg. 2006, I-5809 = NVwZ 2006, 1033 Rz. 105.

lerdings einen **weitergehenden Schutz** gewähren.[1] Art. 47 Abs. 2 GrCh entspricht Art. 6 Abs. 1 EMRK.[2]

46 Mittelbar kann sich die Anwendung nationalen Rechts auf das Unionsrecht auswirken, wenn im Zivilprozess der Anspruch auf **rechtliches Gehör** verletzt wird.[3] **Art. 47 GrCh** spricht nicht ausdrücklich vom rechtlichen Gehör, sondern begründet in Art. 47 Abs. 2 GrCh u.a. ein Recht der Parteien auf ein **faires Verfahren**. Dies **umschließt** aber den Anspruch auf **rechtliches Gehör**.[4] Er umfasst als Einzelkomponenten den Anspruch auf Information über den vorgetragenen Prozessstoff, auf Gelegenheit zur Stellungnahme, insbesondere für vorgelegte Beweismittel,[5] und auf Berücksichtigung der Stellungnahmen durch das Gericht.

47 Zu den strafrechtlichen Schutzstandards gehört nach Art. 47 S. 2 GrCh und Art. 6 Abs. 1 EMRK der **nemo tenetur-Grundsatz** (Selbstbelastungsschutz).[6] Dessen Übertragung auf Zivilverfahren liegt nicht fern.[7] Daraus könnten sich Begrenzungen der Mitwirkungspflichten bei der Beweisaufnahme bzw. die verfassungsrechtliche Unterfütterung derartiger Grenzen ergeben.

48 Teil des primären Unionsrechts ist auch der **Effektivitätsgrundsatz**. Soweit nationales Recht anwendbar ist, darf es die Ausübung der Rechte des Unionsrechts nicht übermäßig erschweren oder gar praktisch unmöglich machen.[8] Dieser Grundsatz kann Bedeutung erlangen, soweit tatsächliche Voraussetzungen nationalen Rechts zu beweisen sind (zum Recht auf Beweis unten Rz. 84 und 87 ff.). Er betrifft aber schon den **Zugang zum Gericht**. Der Grundsatz **effektiven Rechtsschutzes** ist ein allgemeiner Grundsatz des Unionsrechts.[9] Einer Partei ist **Prozesskostenhilfe** zu gewähren, wenn anderenfalls nicht gewährleistet ist, dass sie einen wirksamen Rechtsbehelf einlegen kann; dies gilt sowohl für natürliche als auch für juristische Personen.[10]

4. Übereinkommen zum Einheitlichen Patentgericht (EPGÜ)

49 Das **EPGÜ** normiert in Art. 42 Abs. 2 den Grundsatz eines **fairen Verfahrens**. In Art. 76 Abs. 2 EPGÜ und in Art. 56 Abs. 2 EPGÜ, dort allerdings bezogen auf den Erlass von Beweisanordnungen, wird zusätzlich das **rechtliche Gehör** angesprochen.

II. Verfahrensrecht und GG

Schrifttum:
Althammer/Schäuble, Effektiver Rechtsschutz bei überlanger Verfahrensdauer – Das neue Gesetz aus zivilrechtlicher Perspektive, NJW 2012, 1; *Baumert*, Zurückverweisung wegen Verfahrensmangel in der Berufungsinstanz und Anspruch auf Justizgewährung, MDR 2011, 893; *Britz*, Verfassungsrechtliche Effektuierung des Vorabentscheidungsverfahrens, NJW

---

1 EuGH, Rs. C-279/09 – DEB, ZIP 2011, 143 Rz. 35 = NJW 2011, 2496 (LS).
2 EuGH ZIP 2011, 143 Rz. 32.
3 EuGH, Rs. C-276/01, Slg. 2003, I-3735 = EuZW 2003, 666 Rz. 71 – Steffensen. Krit. dazu *P. M. Huber* NJW 2011, 2385, 2386.
4 *Hess* Europäisches Zivilprozessrecht § 4 Rz. 13; *Jarass* GrCh² Art. 47 Rz. 30 f.
5 EuGH Rs. C-276/01, Slg. 2003, I-3735 Rz. 77– Steffensen.
6 Zur EMRK s. *Frowein/Peukert* Europäische Menschenrechtskonvention, 3. Aufl. 2009, Art. 6 Rz. 130 ff.
7 *Bruns* ZEuP 2010, 809, 818 (dort zum Vollstreckungsrecht in der EU).
8 EuGH, Rs. C-312/93, Slg. 1995, I-4599 Rz. 12 = EuZW 1996, 636 – Peterbroeck; EuGH, Rs. C-432/05, Slg. 2007, I-2271 Rz. 38 f., 43 = NJW 2007, 3555 – Unibet; EuGH, Rs. C-279/09 – DEB, ZIP 2011, 143 Rz. 28 m.w.N.
9 EuGH ZIP 2011, 143 Rz. 29.
10 EuGH ZIP 2011, 143 Rz. 36.

2012, 1313; *Bross*, Das mündliche Sachverständigengutachten im Nichtigkeitsberufungsverfahren vor dem Bundesgerichtshof – verfassungskonform oder verfassungswidrig?, GRUR 2012, 249; *Bruns*, Der Zivilprozess zwischen Rechtsschutzgewährleistung und Effizienz, ZZP 124 (2011), 29; *Habscheid* (Hrsg.), Effektiver Rechtsschutz und verfassungsmäßige Ordnung, Generalberichte zum VII. Internationalen Kongreß für Prozeßrecht Würzburg 1983, 1983; *Lenz*, Die verfassungsrechtliche Perspektive der Präklusionsvorschriften, NJW 2013, 2551; *Lerche*, Dunklere und hellere Seiten des Anspruchs auf rechtliches Gehör, Festschrift Heldrich (2005), S. 1282; *Maurer*, Der Justizgewährungsanspruch, Festschrift Bethge (2009), S. 535; *Pickenpack*, Rechtsschutz bei Verletzung von Verfahrensgrundrechten und bei Untätigkeit der Gerichte, 2012; *Vollkommer*, Unrichtige tatbestandliche Feststellung des Beschwerdegerichts als Gehörsverletzung, MDR 2010, 1161; *Zuck*, Wann verletzt ein Verstoß gegen ZPO-Vorschriften zugleich den Grundsatz rechtlichen Gehörs?, NJW 2005, 3753; *Zuck*, Verfassungsrechtliche Rahmenbedingungen des zivilprozessualen Beweisverfahrens, NJW 2010, 3350 (Grundlagen), NJW 2010, 3494 (Zeugenbeweis), NJW 2010, 3622 (Sachverständigenbeweis), NJW 2010, 3764 (Parteivernehmung); *Zuck*, Die Gewährleistung effektiven Rechtsschutzes im Zivilprozess, NJW 2013, 1132.

1. Vernachlässigter Blick auf den Zivilprozess, Verfassungsbeschwerde

Das Verfahrensrecht und dessen richterliche Handhabung haben den Anforderungen des Grundgesetzes zu entsprechen. Darauf ist das **Strafprozessrecht** durch frühzeitige Klärungen des BVerfG eingestellt, weil es um das Verhältnis der Staatsmacht zum Beschuldigten geht. Die Aussage gilt jedoch auch für den Zivilprozess, obwohl sich dort gleichgeordnete Prozessparteien gegenüber stehen. **50**

Für unterschiedliche Abschnitte des Verfahrens sind aus den Grundrechtsverbürgungen verfassungsrechtliche Standards entwickelt worden. Deren Einhaltung ist im Wege der **Verfassungsbeschwerde** zum BVerfG verfassungsgerichtlich kontrollierbar, gegebenenfalls auch mittels Verfassungsbeschwerde zu einem Landesverfassungsgericht. Die verfassungsrechtlichen Standards wirken sich auf die **Ermittlung des Tatsachenstoffs** auch dann aus, wenn es nicht unmittelbar um das **Recht auf Beweis** (dazu nachfolgend Rz. 84 und 87 ff.) geht. **51**

Die Anforderungen an die **Zulässigkeit** der **Verfassungsbeschwerde** hat das BVerfG in einer Weise **erschwert**, die ohne Spezialkenntnisse nicht zu bewältigen sind und deren Vereinbarkeit mit Art. 6 Abs. 1 EMRK zweifelhaft ist. Das **Subsidiaritätserfordernis** der Erschöpfung des Rechtsweges erstreckt sich auf die Anhörungsrüge wegen Verletzung rechtlichen Gehörs (§ 321a ZPO). Sie soll selbst dann erhoben werden müssen, wenn der Beschwerdeführer eine Verletzung rechtlichen Gehörs gar nicht zu rügen beabsichtigt, ein Gehörsverstoß den Umständen nach „aber naheliegt"[1] und damit im Anhörungsrügeverfahren ein Erfolg eintreten könnte, der den weiteren Verfassungsverstoß nebenbei erledigen würde. **52**

2. Organisation der Justiz, Prinzipien der Gerichtsverfassung, Gerichtsmanagement

a) Gesetzlicher Richter

Entscheidungen zum gesetzlichen Richter nach Art. 101 Abs. 1 S. 2 GG, zur Öffentlichkeit des Verfahrens, zur Bereitstellung von Eilrechtsschutz oder zur Reichweite von Fürsorgepflichten des Gerichts betreffen den äußeren Rahmen der Zivilverfahren. **53**

Nach Art. 101 Abs. 1 S. 2 GG muss **im Voraus** so genau wie möglich feststehen, **welches Gericht** und welcher Spruchkörper mit welchen Mitgliedern zur Entscheidung über eine Rechtssache berufen ist. Hinzunehmen sind im Zivilprozess unvermeid- **54**

---

1 BVerfG (Senat) NJW 2013, 3506 Rz. 23 und 28 mit Bespr. *Allgayer* NJW 2013, 3484.

bare Ungewissheiten, etwa in Fällen des Ausscheidens, der Krankheit, der Verhinderung oder des Urlaubs von Richtern.¹ Gewährleistet wird nur, dass jene Richter das Urteil fällen, die an der dem **Urteil zugrunde liegenden Verhandlung** teilgenommen haben.² Bei einer Entscheidung nach **Aktenlage** – so auch nach § 522 Abs. 2 – müssen nur die an der Entscheidung mitwirkenden Richter bestimmt sein.³ Unschädlich ist ein Richterwechsel zwischen der Hinweisverfügung und dem Zurückweisungsbeschluss.

55 Die Verletzung der grundrechtsgleichen Garantie des gesetzlichen Richters, die der Funktionsfähigkeit der Rechtspflege dient, kann mit der Verfassungsbeschwerde gerügt werden. Sie kann nicht nur von natürlichen Personen geltend gemacht werden, sondern auch von inländischen und ausländischen juristischen Personen des privaten und des öffentlichen Rechts einschließlich ausländischer Staaten.⁴ Dies gilt auch für die Nichtunterworfenheit unter die deutsche Gerichtsbarkeit infolge Staatenimmunität.⁵ Kontrollmaßstab ist das **Willkürverbot**.⁶

56 Der Anspruch auf den gesetzlichen Richter umfasst die **Vorlage** an den **EuGH** für eine Vorabentscheidung über die Auslegung von primärem oder sekundärem Unionsrecht, wenn die Voraussetzungen nach Art. 267 AEUV gegeben sind.

b) Prinzip der Öffentlichkeit

57 Mit der Wahrheitsfindung im Zusammenhang steht der Grundsatz der **Öffentlichkeit** mündlicher Verhandlungen. Dieser Bestandteil des Rechtsstaatsprinzips soll zur Verfahrensgerechtigkeit beitragen.⁷ Entgegenstehen können zwingende Gründe u.a. der Rechtspflege.⁸ Sie können die Art der Beweisaufnahme beeinflussen.

c) Zeitliche Dimension des Rechtsschutzes

aa) Eilrechtsschutz

58 Der Grundsatz effektiven Rechtsschutzes aus Art. 19 Abs. 4 GG erfordert die Bereitstellung von **Eilrechtsschutz**, damit der Antragsteller vor erheblichen und unzumutbaren Nachteilen aufgrund der Dauer eines ordentlichen Hauptsacheverfahrens geschützt wird, die anders nicht abwendbar sind.⁹ Bisherige Entscheidungen haben die

---

1 BVerfGE 18, 344, 349 = NJW 1965, 1219 f.; BVerfG (Kammer) NJW 2004, 3696.
2 BVerfG NJW 2004, 3696.
3 BVerfG NJW 2004, 3696.
4 BVerfG NJW 2014, 1723 Rz. 17.
5 BVerfG NJW 2014, 1723 Rz. 29.
6 BVerfG GRUR 2007, 1083, 1084 – Dr. R's Vitaminprogramm; BVerfG (Kammer) NJW 2007, 1521 – Vermittlung von Sportwetten; BVerfG NJW 2010, 1268 Rz. 21 – Massenentlassungsrichtline; BVerfG NJW 2010, 3422 Rz. 88 – Honeywell; BVerfG (Kammer) NJW 2011, 288 Rz. 48 – Geräteabgabe; BVerfG NJW 2012, 45 Rz. 59 – Investitionszulagengesetz; BVerfG GRUR 2012, 53 Rz. 96 u. 98 – Le-Corbusier-Möbel = NJW 2011, 3428; BVerfG (Kammer) NJW 2012, 598 Rz. 23 – Pfanderhebungspflicht; BVerfG (Kammer) NJW 2014, 1723 Rz. 30; BGH GRUR 2009, 994 Rz. 11 – Vierlinden; BGHZ 154, 288, 299 f.; BGH Beschl. v. 3.2.2011 – IX ZR 132/10; BGH, Beschl. v. 15.12.2011 – IX ZR 187/09; BGH MarkenR 2012, 71, Rz. 29 – Thüringer Klöße. Zur Prüfungsdichte und zu eventuell unterschiedlichen Bezugspunkten der Kammern des BVerfG *Fastenrath* NJW 2009, 272, 274; *Bäcker* NJW 2011, 270, 271. Zur Willkür s. auch BVerfGE 87, 273, 278 f.; BVerfGE 89, 1, 13 f.; BVerfGE 96, 189, 203.
7 Vgl. BVerfGE 103, 44, 64 = NJW 2001, 1633, 1635.
8 BVerfGE 119, 309, 322, 324 f. = NJW 2008, 977 Rz. 37; BVerfG (Kammer) NJW 2012, 1863 Rz. 32 f.
9 BVerfGE 79, 69, 74 = NJW 1989, 827; BVerfGE 93, 1, 13 f. = NJW 1995, 2477; BVerfG (Kammer) NJW 2004, 3100 f.; BVerfG (Kammer) NJW 2011, 3706 Rz. 15; s. auch BVerfG (Kammer) NJW 2010, 2268, 2269.

öffentlich-rechtlichen Gerichtsbarkeiten betroffen, doch gilt das Erfordernis auch für **Eilverfahren** nach der ZPO oder dem FamFG.

Das Gericht muss den Ablauf eines Eilverfahrens so organisieren, dass der **Dringlichkeit** Rechnung getragen wird, etwa durch die Wahl des Kommunikationsmittels oder die Setzung von Fristen.[1] 59

bb) Verfahrensverzögerungen

Die **überlange Dauer** von Zivilprozessen stellt einen Verstoß gegen den Anspruch auf effektiven Rechtsschutz dar.[2] Welche Dauer angemessen ist, richtet sich nach den besonderen Umständen des einzelnen Falles. Ist das Gericht überlastet, muss es eine **zeitliche Reihenfolge** unter den zur Bearbeitung anstehenden Fällen festlegen. Kriterien der angemessenen Dauer sind die Natur des Verfahrens, die Bedeutung der Sache für die Parteien, die Auswirkung einer langen Verfahrensdauer, die Schwierigkeit der Sachmaterie, das den Parteien zuzurechnende Verhalten sowie die gerichtlich nicht zu beeinflussende Tätigkeit Dritter, etwa der Sachverständigen oder ausländischer Rechtshilfeinstanzen.[3] Bei zunehmender Gesamtdauer muss sich das Gericht nachhaltig um eine **Beschleunigung** bemühen.[4] 60

Umgekehrt darf das Verfahren durch Anwendung von **Präklusionsvorschriften** zur Abwehr pflichtwidriger Verfahrensverzögerungen der Parteien **nicht „überbeschleunigt"** werden, wenn klar erkennbar ist, dass die Verspätung allein nicht kausal für eine Verzögerung ist; das Gericht verhält sich dann rechtsmissbräuchlich und verstößt gegen Art. 103 Abs. 1 GG.[5] 61

Verzögerungen durch beantragte **Terminverlegungen** wegen Verhinderung eines **Prozessbevollmächtigten** können hinzunehmen sein, u.a. bei einer kurzfristigen überraschenden Erkrankung; sie ist unter Angabe von Art und Schwere der Erkrankung glaubhaft zu machen ist, etwa durch Vorlage eines ärztlichen Attests.[6] 62

Sanktionen wegen **Verfahrensverzögerungen** bestehen **nur** in der Bereitstellung von **Entschädigungsansprüchen**.[7] Verletzungen des Beschleunigungsgebots können zwar zu einer **Verschlechterung der Beweislage** führen, etwa weil das Erinnerungsvermögen von Zeugen nachlässt, doch berechtigt dies nicht zu Veränderungen des Beweisrechts, indem zugunsten der beweispflichtigen Partei ein Beweis als erbracht oder zugunsten ihres Gegners als gescheitert angesehen wird.[8] 63

---

1 BVerfG (Kammer) NJW 2014, 51 (LS) = NVwZ 2014, 62.
2 BVerfG (Kammer) NJW 2013, 3630 Rz. 30; BGH NJW 2014, 789 Rz. 40.
3 BVerfG (Kammer) NJW-RR 2010, 207 Rz. 20 m.w.N. = NJW 2010, 1192 (LS); s. ferner BVerfG (Kammer) NJW 2012, 3714 (LS); BVerfG (Kammer) NJW 2013, 3432 Rz. 18; BVerfG (Kammer) NJW 2013, 3630 Rz. 30, 32, 44 m. Bespr. *Steinbeiß-Winkelmann* NJW 2014, 1276 ff. Zur Beurteilung der angemessenen Dauer BVerwG NJW 2014, 96 Rz. 17 und 27 ff.; BGH NJW 2014, 220 Rz. 26 ff. (Strafverfahren).
4 BVerfG (Kammer) ZIP 2012, 177 Rz. 7; BGH NJW 2011, 1072 Rz. 11 (in Rz. 12 ff. auch zur Schadensersatzpflicht nach § 839 BGB). Zum Rechtsschutz bei überlangen Verfahren *Steinbeiß-Winkelmann/Sporrer* NJW 2014, 177 ff.; *Dietrich* ZZP 127 (2014), 169 ff. Zur unangemessenen Verfahrensdauer vor Unionsgerichten *Scheel* EuZW 2014, 138 ff.
5 BGH VersR 2012, 1535 Rz. 12 = NJW 2012, 2808.
6 OVG Lüneburg NJW 2011, 1986, 1987.
7 Zur Entschädigung nach § 198 GVG BGH NJW 2014, 220 Rz. 46 f. (staatshaftungsrechtlicher Anspruch sui generis); BGH NJW 2014, 789 Rz. 24 u. 30 (Eilcharakter des selbständigen Beweisverfahrens) BGH NJW 2014, 939 Rz. 25 ff.; BGH NJW 2014, 1816 Rz. 19 ff.; BGH NJW 2014, 1967 Rz. 25; BVerwG NJW 2014, 96 Rz. 56 ff. (immaterieller Nachteil); *Remus* NJW 2012, 1403 ff.
8 So zutreffend Kassationsgericht Zürich Bl. Zürch.Rspr. 106 (2007), Nr. 40 = S. 180, 181.

d) Technische Organisation

64 Der **Verlust von Schriftsätzen** zieht die Nichtberücksichtigung des darin enthaltenen Vortrags nach sich. Ist der Einwurf in den **Gerichtsbriefkasten** erfolgt und geht der Schriftsatz verloren, ist der Organisationsbereich des Gerichts betroffen. Die Nichtberücksichtigung bedeutet unter diesen Umständen eine Verletzung rechtlichen Gehörs. Bleibt hingegen offen, ob der Schriftsatz überhaupt in den Organisationsbereich des Gerichts gelangt ist, liegt darin keine Gehörsverletzung.[1]

e) Richterliches Verhalten

65 **Fürsorgepflichten** des Gerichts können sich aus dem Anspruch auf effektiven Rechtsschutz unter dem Gesichtspunkt fairer Verfahrensgestaltung ergeben. Das Verfahrensrecht darf nicht so gehandhabt werden, dass den eigentlichen materiellen Rechtsfragen durch übertriebene Anforderungen an das formelle Recht ausgewichen wird.[2] Der Richter darf sich **nicht widersprüchlich verhalten** und aus eigenen oder ihm zurechenbaren Fehlern, Unklarheiten oder Versäumnissen Verfahrensnachteile für die Parteien ableiten.[3] Das kann zu einem telefonischen Hinweis auf eine unvollständige Faxübermittlung eines fristwahrenden Schriftsatzes zwingen.[4] Selbst gesetzte **Äußerungsfristen** sind zur Vermeidung eines Verstoßes gegen Art. 103 Abs. 1 GG **abzuwarten**.[5]

66 Der Anspruch auf ein **faires Verfahren** wird verletzt, wenn der Vorsitzende des Berufungsgerichts bei Vorlage der Akten zwecks Vornahme prozessleitender Verfügungen erkennt, dass die Berufung bei einem örtlich **unzuständigen Gericht** eingelegt worden ist, und er gleichwohl keinen Hinweis gibt, aufgrund dessen der Berufungsführer die Berufung noch rechtzeitig beim zuständigen Gericht hätte einlegen können; dann ist Wiedereinsetzung gegen die Fristversäumung zu gewähren.[6] Allerdings gibt es keine generelle Fürsorgepflicht, die Zuständigkeit bei Eingang einer Rechtsmittelschrift sofort zu prüfen; was an Fürsorge von Verfassungs wegen geboten ist, hat sich nicht nur am Interesse des Rechtsuchenden zu orientieren, sondern im Interesse einer funktionstüchtigen Rechtspflege auch an der Vermeidung zusätzlicher Belastungen.[7]

3. Zugang zur Justiz

a) Übersicht

67 Der Zugang zur Justiz kann **rechtswidrig erschwert** sein durch Beschränkungen bei der Gewährung von Prozesskostenhilfe, durch die Berechnung oder die Verteilung der Verfahrenskosten, durch Regelungen zur Erbringung einer Sicherheitsleistung oder durch Erschwerungen der Rechtsmittelzulässigkeit.

b) Prozesskostenhilfe

68 Aus dem Prinzip der **Rechtsschutzgleichheit** (Art. 3 Abs. 1 i.V.m. Art. 20 Abs. 3 GG) leitet der BGH das Gebot ab, die Situation von Bemittelten und Unbemittelten bei der Verwirklichung des Rechtsschutzes weitgehend anzugleichen.[8] Deshalb gilt das

---
1 OLG Hamm NJW-RR 2011, 139; a.A. OLG Koblenz OLGRep. 2008, 566.
2 BGH NJW-RR 2010, 1000 Rz. 10.
3 BGH NJW-RR 2010, 1000 Rz. 10; BGH GRUR 2013, 1276 Rz. 16 – MetroLinien.
4 BGH NJW-RR 2010, 1000 Rz. 11.
5 BVerfG NJW 2009, 3779 Rz. 15.
6 BGH NJW 2005, 3776, 3777; BGH NJW 2011, 683 Rz. 20; BGH NJW 2011, 2053 Rz. 13.
7 BGH VersR 2009, 1424 Rz. 11; BGH NJW 2011, 683 Rz. 18 f.
8 BGH NJW 2014, 789 Rz. 23.

Beschleunigungsgebot auch für das Verfahren zur Bewilligung der **Prozesskostenhilfe**.[1]

Prozesskostenhilfeverfahren verlangen eine summarische **Prüfung der Erfolgsaussichten**. Eine **Beweisantizipation** ist im Hinblick auf Art. 3 Abs. 1 i.V.m. Art. 20 Abs. 3 GG nur in engen Grenzen zulässig.[2] **Zweifelhafte Rechtsfragen** dürfen nicht summarisch vorab entschieden werden.[3] Der Unbemittelte muss aber nur einem Bemittelten gleichgestellt sein, der seine Prozessaussichten vernünftig abwägt und das Kostenrisiko berücksichtigt;[4] bei Abschluss eines Vergleichs schon im PKH-Verfahren muss für die Kosten des Vergleichs keine Prozesskostenhilfe gewährt werden.[5] Wird der Antrag einer unbemittelten Partei für die Einlegung eines beabsichtigten Rechtsbehelfs erst nach Ablauf einer **Rechtsbehelfsfrist** mangels hinreichender Erfolgsaussicht abgelehnt, ist durch Wiedereinsetzung sicherzustellen, dass ihr der gleiche Zugang zu dem beabsichtigten Rechtsbehelfsverfahren eröffnet wird wie einer bemittelten Partei.[6] 69

c) Verfahrenskosten

Auch ausreichend **bemittelten Personen** kann durch Entscheidungen über die **Kosten** die Rechtsverfolgung oder Rechtsverteidigung bei Betrachtung der Relation zum Streitwert unverhältnismäßig und in verfassungswidriger Weise erschwert sein.[7] Die Kostenbelastung einschließlich der möglichen Zweitschuldnerhaftung muss **vorhersehbar** sein.[8] Daran fehlt es, wenn überraschend die dem Erstschuldner bewilligte PKH nachträglich aufgehoben wird.[9] Gegen das **Willkürverbot** verstößt eine Kostenentscheidung, die nicht ansatzweise einen Bezug zu den Kostenvorschriften der §§ 91 ff. ZPO erkennen lässt.[10] 70

Die Festsetzung des **Streitwerts** ist wegen der Auswirkungen auf den Umfang der Kosten relevant. Zu einer faktischen Rechtswegsperre unter Verstoß gegen den Justizgewährungsanspruch und den Anspruch auf ein faires Verfahren führt das Kostenrecht, wenn der obsiegenden Prozesspartei der Kostenerstattungsanspruch versagt wird.[11] 71

d) Fristen

Die Anforderungen an die **Wiedereinsetzung** nach einer Fristversäumnis (§ 233) dürfen nicht überspannt werden, weil die Wiedereinsetzung der Verwirklichung des Anspruchs auf rechtliches Gehör dient.[12] Dasselbe gilt für die Beachtung der Vorschriften über die **Ersatzzustellung**.[13] 72

---

1 BGH NJW 2014, 789 Rz. 23.
2 BVerfG (Kammer) NJW 2010, 288 Rz. 5; BVerfG (Kammer) NJW 2013, 1727 Rz. 14; BVerfG (Kammer) NJW 2013, 2013, 2014. Eine solche Gestaltung annehmend OLG Karlsruhe VersR 2006, 969.
3 BVerfG (Kammer) NJW 2013, 1727 Rz. 13; BVerfG (Kammer) NJW 2013, 3714 Rz. 22 (dort verneint); BGH NJW 2013, 1310 Rz. 6.
4 BVerfG Kammer) NJW 2012, 3293 Rz. 11.
5 BVerfG NJW 2012, 3293 Rz. 12.
6 BVerfG (Kammer) NJW 2010, 2567 Rz. 14; BVerfG (Kammer) NJW 2014, 681.
7 Vgl. BVerfGE 85, 337, 346 = NJW 1992, 1673.
8 BVerfG (Kammer) NJW 2013, 2882 Rz. 25.
9 BVerfG (Kammer) NJW 2013, 2882 Rz. 19.
10 BVerfG (Kammer) NJW 2010, 1349 Rz. 13.
11 BVerfG (Kammer) NJW 2006, 136, 137 (Kosten eines Privatgutachten des Nebenklägers im Strafverfahren); vgl. auch BVerfGE 74, 78, 94 = NJW 1987, 2569, 2570.
12 BVerfG (Kammer) NJW-RR 2010, 421 Rz. 14.
13 BVerfG NJW-RR 2010, 421 Rz. 13.

73 Auf die Wahrung der **Rechtsmittelfrist** wirkt sich aus, ob gegen das in einem anwaltlichen **Empfangsbekenntnis** genannte Datum oder die dortige Unterschrift (vgl. § 174 Abs. 4 S. 1) der **Beweis der Unrichtigkeit** geführt werden kann. Werden die Anforderungen an diesen Beweis überspannt, verstößt das Rechtsmittelgericht gegen den Anspruch auf effektiven Rechtsschutz.[1] Gegen Art. 103 Abs. 1 GG verstößt das Gericht, wenn es die anwaltliche Versicherung zum Zustellungsvorgang nicht ausreichen lässt, aber keinen Hinweis darauf gibt, dass der Prozessbevollmächtigte sich als Zeuge benennen kann.[2]

e) Rechtsmittelzulassung

74 Das Gebot effektiven Rechtsschutzes als Bestandteil des allgemeinen Justizgewährungsanspruchs (Art. 20 Abs. 3 GG i.V.m. Art. 2 Abs. 1 GG) ist betroffen, wenn der **Zugang zu** einem bestehenden **Rechtsmittelzug** in unzumutbarer, aus Sachgründen nicht mehr zu rechtfertigender Weise **erschwert** wird,[3] obwohl es keinen Anspruch auf die Einrichtung einer Rechtsmittelinstanz gibt.[4] Dies kann darauf beruhen, dass die **Rechtsmittelzulassung verneint** wird, weil die grundsätzliche Bedeutung der Sache oder die notwendige Sicherung einer einheitlichen Rechtsprechung verkannt werden,[5] oder weil das Gericht objektiv willkürlich handelt, indem es eine offensichtlich einschlägige Rechtsnorm unberücksichtigt lässt oder deren Inhalt in krasser Weise missdeutet.[6] Gleiches gilt für die fehlerhafte Beurteilung der Voraussetzungen, unter denen eine Berufung gem. **§ 522 Abs. 2 ZPO** durch Beschluss verworfen werden darf.[7]

75 Die **Darlegung** von **Zulassungsgründen** eines zulassungsgebundenen Rechtsmittels darf **nicht** derart **erschwert** werden, dass ein nicht auf das einschlägige Rechtsgebiet spezialisierter Rechtsanwalt die Anforderungen mit zumutbarem Aufwand nicht erfüllen kann.[8] **Entfällt** ein **Zulassungsgrund** wegen nachträglicher Klärung der Rechtsfrage in einem anderen Verfahren, muss die Revision bei Erfolgsaussicht gleichwohl zugelassen werden.[9]

f) Sachvortragsbeschränkung in der Berufungsinstanz

76 Der Misserfolg einer Berufung wegen **Nichtzulassung neuen Vorbringens** (§ 531 ZPO) kann eine Verletzung rechtlichen Gehörs bewirken.[10] Der Vorwurf, erstinstanzlich seien Behauptungen oder Beweismittel unter Verletzung der allgemeinen Prozessförderungspflicht zurückgehalten worden, ist verfassungsrechtlich auf fehlerhafte Anwendung der Prozessvorschriften überprüfbar.[11] Hier wirkt sich auch aus, ob der erst-

---

1 BGH VersR 2009, 850 Rz. 13; BGH NJW-RR 2012, 509 Rz. 3 u. 11 f.
2 BGH VersR 2009, 850 Rz. 14.
3 BVerfGE 69, 381, 385 = NJW 1986, 244; BVerfGE 74, 228, 234 = NJW 1987, 2067; BVerfGE 77, 275, 284 = NJW 1988, 1255, 1256; BVerfG (Kammer) NJW 2009, 572 Rz. 16; BVerfG (Kammer) GRUR 2010, 1033; BVerfG (Kammer) NJW 2011, 1276 Rz. 10; BVerfG (Kammer) NJW 2012, 2869 Rz. 8; BVerfG (Kammer) NJW 2013, 2881 Rz. 11; BVerfG (Senat) NJW 2013, 3506 Rz. 34; s. ferner BVerfG (Kammer) NJW 2011, 137 Rz. 31 (Strafvollstreckungssache, fortbestehendes Rechtsschutzinteresse war streitig).
4 BVerfGE 107, 395, 401 f. = NJW 2003, 1924, 1927.
5 BVerfG (Kammer) GRUR 2010, 1033; BVerfG (Kammer) NJW 2011, 1276 Rz. 11; BVerfG (Kammer) NJW 2013, 2881 Rz. 13.
6 BVerfG (Kammer) WM 2014, 251, 252.
7 BVerfG (Kammer) NJW 2012, 2869 Rz. 8 m.w.N.
8 BVerfG (Kammer) NJW 2008, 3275 Rz. 12 (Berufungszulassung gem. § 78 Abs. 4 S. 4 AsylVfG); BVerfG (Senat) NJW 2013, 3506 Rz. 34 (Willkürverbot als Kontrollmaßstab).
9 BVerfG NJW 2013, 1869.
10 BGH VersR 2009, 1683 Rz. 2; BGH NJW-RR 2012, 1408 Rz. 6.
11 BGH VersR 2009, 1683 Rz. 3.

instanzliche Richter Hinweispflichten nach § 139 ZPO verletzt hat, deren Beachtung Gelegenheit zu weiterem Sachvortrag[1] oder zu einem Beweisantritt gegeben hätte. Angriffs- und Verteidigungsmittel, die vom rechtlichen Standpunkt des erstinstanzlichen Gerichts aus unerheblich sind, müssen nicht vorsorglich in erster Instanz vorgebracht werden; sie dürfen deshalb als neuer Vortrag nicht unberücksichtigt bleiben.[2]

4. Außerachtlassung oder Vereitelung von Prozessvortrag

a) Kenntnisnahme des Akteninhalts

Die Nichtberücksichtigung prozessordnungsgemäßen entscheidungserheblichen Sachvortrags einer Prozesspartei verletzt Art. 103 Abs. 1 GG.[3] Ob dies der Fall ist, ergibt sich aus dem **Unterbleiben** einer **Äußerung** im Urteil zu **zentralem Vorbringen**.[4] Die Verletzung gleichartiger Regelungen in einzelnen Landesverfassungen berechtigen zur Erhebung einer Landesverfassungsbeschwerde, soweit dieser Rechtsbehelf in einzelnen Bundesländern – u.U. mit abweichender Fristenregelung – vorgesehen ist.[5]

77

Das Gericht darf seiner Entscheidung keine Tatsachen oder Beweisergebnisse zugrunde legen, zu denen die Parteien vorher nicht **Stellung nehmen** konnten.[6] Zu berücksichtigen hat das Gericht auch **sonstigen Akteninhalt**, etwa dokumentierte **gerichtsinterne Vorgänge**, soweit diese für die rechtliche Beurteilung von Bedeutung sind.[7] Das kann sich etwa auf Zustellungsvorgänge, die Einzahlung von Gebührenvorschüssen oder die Ordnungsmäßigkeit von Ladungen beziehen.

78

b) Überhöhte Substantiierungsanforderungen

Der Gehörsverstoß kann auch darauf beruhen, dass **überzogene Anforderungen** an die Pflicht zur **Substantiierung** gestellt werden (dazu näher Kap. 11 Rz. 21). Dieser Pflicht ist nur dann nicht genügt, wenn das Gericht auf Grund der Darstellung nicht beurteilen kann, ob die gesetzlichen Voraussetzungen der an eine Behauptung geknüpften Rechtsfolgen erfüllt sind.[8]

79

c) Verletzung von Hinweispflichten (§ 139)

Ist Sachvortrag aus Sicht des Gerichts unvollständig, bedarf es eines **Hinweises** nach § 139 Abs. 1 S. 2, etwa wenn unter Beweis gestellte Anknüpfungstatsachen für die Einholung eines Sachverständigengutachtens als zu unbestimmt angesehen werden.[9] Geboten ist ein Hinweis, wenn das Gericht **Anforderungen an** den **Sachvortrag** stellen will, mit denen auch ein gewissenhafter und kundiger Verfahrensbeteiligter selbst unter Beachtung der Vielzahl vertretbarer Rechtsauffassungen nicht zu rechnen brauch-

80

---
1 BGH NJW-RR 2012, 1408 Rz. 5. Zum Zeitpunkt des Hinweises BGH GRUR 2011, 656 Rz. 7 – Modularer Fernseher.
2 BGH NJW-RR 2012, 341 Rz. 18.
3 BGH NJW 2009, 2139 Rz. 2; BGH NJW 2014, 1529 Rz. 4 = VersR 2014, 586.
4 BVerfG (Kammer) NJW 2009, 1585 Rz. 36; BGH ZIP 2010, 1668 Rz. 5; BGH ZIP 2010, 1669 Rz. 5; BGH VersR 2012, 720 Rz. 17.
5 So etwa in Bayern, Berlin und Rheinland-Pfalz; vgl. dazu BerlVerfGH ZUM-RD 2014, 205, 206.
6 BVerfG (Kammer) NJW 2013, 2658 Rz. 9; BGH VersR 2012, 1190 Rz. 7.
7 BGH VersR 2013, 1457 Rz. 15.
8 BGH NJW 2009, 2137 Rz. 4 m.w.N.; BGH NJW-RR 2010, 1217 Rz. 11; BGH NJW-RR 2013, 296 Rz. 10 = ZIP 2013, 221; BGH NJW 2013, 3180 Rz. 11; BGH NJW-RR 2014, 456 Rz. 12.
9 BGH NJW-RR 2009, 244 Rz. 9.

te;¹ über die vollkommene Substanzlosigkeit des Vortrags braucht das Gericht jedoch nicht aufzuklären.² Dasselbe gilt für die Stellung der sachdienlichen Fassung eines **Klageantrags**, wenn das Gericht dem gestellten Antrag eine Bedeutung geben will, die von einer naheliegenden Auslegung abweicht,³ oder wenn ein Berufungsgericht den Antrag abweichend von der Vorinstanz für zu unbestimmt hält.⁴

81 Eines Hinweises bedarf es auch, wenn das Berufungsgericht **von** einer rechtlichen **Beurteilung der Vorinstanz abweichen** will und deshalb eine Ergänzung des Vorbringens oder einen Beweisantritt für erforderlich hält.⁵ Hinweise dürfen nicht fehlerhaft oder irreführend sein.⁶ Geht eine Partei erkennbar davon aus, dass Umstände unerheblich seien, die das Gericht für entscheidungserheblich hält, muss der Richter darauf einen Hinweis geben; missachtet er seine prozessuale Fürsorgepflicht, liegt darin ein Verstoß gegen Art. 103 Abs. 1 GG.⁷ Erteilt werden muss der Hinweis entweder gem. § 139 Abs. 4 so **frühzeitig vor** der **mündlichen Verhandlung**, dass die Partei ihre Prozessführung bis zum Verhandlungstermin darauf einrichten und ihren Vortrag sowie Beweisantritte ergänzen kann, oder es muss nach dem Termin genügend Gelegenheit zur Reaktion gegeben werden.⁸

82 Behindert wird die Möglichkeit des Sachvortrags in der mündlichen Verhandlung, wenn der Richter bei **Verfahren nach § 495a** unterlässt, die beabsichtigte Durchführung des schriftlichen Verfahrens mitzuteilen und dadurch einen Antrag auf mündliche Verhandlung vereitelt.⁹ Wird ein solcher Antrag gestellt, darf die Partei zunächst darauf vertrauen, dort noch weiter vortragen zu können. Deshalb darf das Gericht nicht ohne vorherigen Hinweis auf die geplante Nichtberücksichtigung des Antrags sofort im schriftlichen Verfahren entscheiden.¹⁰ Werden schriftliche Hinweise zur fehlenden Schlüssigkeit des Klageanspruchs formlos mitgeteilt, muss sich das Gericht vor einer Entscheidung im schriftlichen Verfahren vergewissern, ob der Hinweis zugegangen ist.¹¹

83 Zu beachten ist, dass **nicht jeder Verstoß gegen § 139 ZPO** eine Verletzung des Anspruchs auf rechtliches Gehör darstellt; die Norm geht über das verfassungsrechtlich gebotene Mindestmaß hinaus.¹² Für eine Kontrolle auf eine Grundrechtsverletzung des Art. 103 Abs. 1 GG bedarf es einer Prüfung im Einzelfall, ob das **unabdingbare Maß** der **verfassungsrechtlichen Verbürgung** unterschritten wurde. Das ist u.a. dann der Fall, wenn auch ein gewissenhafter und kundiger Prozessbevollmächtigter nach dem bisherigen Prozessverlauf nicht mit Erwägungen zu rechnen brauchte, auf die das Gericht in seiner Entscheidung überraschend abstellt.¹³

---

1 BGH GRUR 2010, 1034 Rz. 11 – Limes Logistik.
2 BGH NJW-RR 2012, 151.
3 BGH VersR 2010, 1616 Rz. 3. Zur Anwendung des Willkürverbots bei der Auslegung einer Prozesserklärung BVerfG NJW 2014, 291. Zur grundsätzlich wohlwollenden Auslegung von Anträgen entsprechend dem erkennbaren Rechtsschutzziel BVerfG (Kammer) NJW 2014, 991 Rz. 23.
4 BGH WM 2009, 1155 Rz. 5.
5 BGH NJW-RR 2011, 1009 Rz. 12 m.w.N.; BGH VersR 2014, 398 Rz. 5.
6 BGH GRUR 2011, 654 Rz. 12 – Yoghurt-Gums.
7 BGH NJW-RR 2013, 1358 Rz. 7.
8 BGH NJW-RR 2013, 1358 Rz. 7.
9 BVerfG (Kammer) NJW-RR 2009, 562 Rz. 10.
10 BVerfG (Kammer) NJW 2012, 2262 Rz. 23.
11 BayVerfGH NJW-RR 2008, 1312.
12 BVerfG (Kammer) NJW-RR 2005, 936, 937; BGH NJW-RR 2011, 487 Rz. 13.
13 BVerfG (Kammer) NJW 2003, 2524; BVerfG (Kammer) GRUR-RR 2009, 441, 442; BGH NJW-RR 2011, 487 Rz. 6.

III. Recht auf Beweis, rechtliche Grundlagen

Die Parteien haben ein grundrechtlich verbürgtes **Recht auf Beweis**.[1] Das ist für das nationale Zivilprozessrecht gesichert, ist aber in gleicher Weise aus dem Unionsrecht, dort der **Grundrechtscharta (GrCh)**, i.V.m. der Judikatur des EGMR zu **Art. 6 Abs. 1 EMRK**, zu begründen. Die Judikatur des BVerfG und des BGH ist stärker ausdifferenziert. Spreizungen der Ergebnisse können trotz einheitlichen normativen Ausgangs eintreten, wenn unterschiedliche Spruchkörper zuständig sind.

84

Das Recht auf Beweis wird teilweise aus dem Justizgewährungsanspruch und dem **Recht auf effektiven Rechtsschutz**,[2] teilweise aus dem Anspruch auf rechtliches Gehör gem. Art. 103 Abs. 1 GG[3] hergeleitet. Der BGH sieht in der Nichtberücksichtigung eines entscheidungserheblichen Beweisangebots einen **Verstoß gegen Art. 103 Abs. 1 GG**, wenn das Übergehen des Beweisantrages im Prozessrecht keine Stütze findet.[4] Dies stimmt mit der **Ansicht des BVerfG** überein.[5]

85

Das BVerfG hat zur Begründung des Rechts auf Beweis – für die Beurteilung einer lediglich mittelbaren Beweisführung im Strafprozess (Vernehmung eines „Zeugen vom Hörensagen") – auch den aus dem Rechtsstaatsprinzip i.V.m. Art. 2 Abs. 1 GG hergeleiteten Anspruch auf ein faires Verfahren herangezogen und von einem Anspruch auf **materielle Beweisteilhabe** bzw. Zugang zu den Quellen der Sachverhaltsfeststellung gesprochen.[6] Außerdem hat es zur Stützung der Rechtsstellung des Gegenbeweisführers nach einem Vier-Augen-Gespräch auf das Erfordernis grundsätzlicher **Waffengleichheit** und gleichmäßiger Verteilung des Prozessrisikos (Art. 3 Abs. 1 GG) Bezug genommen.[7] Aus dem Prozessgrundrecht auf ein faires Verfahren folgt nicht, dass eine dagegen verstoßende Beweiserhebung stets zur (strafprozessualen) Unverwertbarkeit der gewonnenen Beweise führt.[8] Die verfassungsrechtliche Unterlegung des Rechts auf Beweis bedeutet, dass **Einschränkungen** des Rechts **verfassungsrechtlich legitimiert** werden müssen.[9]

86

IV. Konkrete verfassungsrechtliche Wirkungen des Rechts auf Beweis

1. Beurteilung der Beweiserheblichkeit

Beweis ist nur über streitige Tatsachen zu erheben. Eine richterliche Bewertung, der Sachvortrag sei unzureichend bestritten worden, entzieht den Streitstoff der Beweiserhebung. Der **Grad des substantiierten Bestreitens** darf **nicht unzumutbar hoch** angesetzt werden, so dass es der nicht beweisbelasteten Partei unmöglich gemacht wird, den Sachverhalt zum Gegenstand einer Beweisaufnahme zu machen (dazu Kap. 11 Rz. 22 ff.).[10] Werden die Anforderungen an ein substantiiertes Bestreiten ver-

87

---

1 Zur Entwicklung dieser Rechtsfigur *Habscheid* ZZP 96 (1983), 306 ff.
2 Vgl. *Habscheid* ZZP 96 (1983), 306, 307; *Dütz* Rechtsstaatlicher Gerichtsschutz im Privatrecht S. 115 f.; *Walter* Freie Beweiswürdigung S. 302.
3 *Hertel* Der Urkundenprozess, S. 34 ff.; *Schwab/Gottwald* Verfassung und Zivilprozess S. 53.
4 BGH VersR 2008, 138; BGH (IV. ZS) VersR 2008, 382; BGH (II. ZS) WM 2008, 1453, Rz. 3.
5 BVerfGE 50, 32, 36 = NJW 1979, 413, 414; BVerfGE 60, 250, 252; BVerfGE 65, 305, 307 = NJW 1984, 1026; BVerfGE 69, 141, 144 = NJW 1986, 833; BVerfG (Kammer) NJW 2005, 1487. Ebenso BayVerfGH FamRZ 2007, 1261, 1263 unter Heranziehung von Art. 91 Abs. 1 BV.
6 BVerfG (Kammer) NJW 2001, 2245, 2246; BVerfG (Kammer) NJW 2007, 204, 205; BVerfG (Kammer) NJW 2010, 925 Rz. 9. S. auch BVerfG (Kammer) NJW 2001, 2531 und dem folgend BAG NJW 2008, 1179, 1180 Rz. 18.
7 BVerfG (Kammer) NJW 2008, 2170, 2171.
8 BGH NJW 2007, 204, 205.
9 Dazu *Habscheid* ZZP 96 (1983), 306, 308 ff.
10 BAG NJW 2008, 1179, 1180.

kannt und Vorbringen des Gegners deshalb im Urteil als unstreitig dargestellt, kommt dieser **Beurkundung keine Beweiskraft nach § 314 S. 1** zu; die Nichtberücksichtigung des Vorbringens der bestreitenden Partei hat dann keine verfahrensrechtliche Grundlage und verletzt Art. 103 Abs. 1 GG.[1] Die Richtigkeit ausreichend bestrittener Tatsachen darf nicht ohne hinreichende Prüfung bejaht werden; anderenfalls genügt die Entscheidungsgrundlage nicht dem Rechtsstaatsprinzip.[2] Als Gehörsverletzung anzusehen ist auch der **Widerspruch** zwischen der Urteilsfeststellung, eine Tatsachenbehauptung sei **unstreitig**, und der Ausführung in den Entscheidungsgründen, eine Prozesspartei habe die Tatsache **bewiesen**.[3]

2. Übergehen von Beweisanträgen, Beweiswürdigung

88 Ein **angebotenes Beweismittel** kann aus Gründen des formellen oder materiellen Rechts **unberücksichtigt** bleiben.[4] Fehlt es an derartigen Gründen, verstößt das Unterlassen der Beweisaufnahme auch dann gegen Art. 103 Abs. 1 GG, wenn der Tatrichter das Beweisangebot zur Kenntnis genommen hat.[5] Die Verfassung gebietet es **nicht**, Beweis **von Amts wegen** zu erheben, wenn nach den Verfahrensgrundsätzen der maßgeblichen Prozessordnung die zu treffenden Feststellungen von einer hierauf gerichteten Prozesshandlung einer Partei abhängen.[6]

89 Nicht gerechtfertigt ist das **Übergehen** eines Beweisantrages **als „unökonomisch"** angesichts des Streitwertes.[7] Ein Beweisantrag darf nicht deshalb abgelehnt werden, weil die zu beweisende **Behauptung unwahrscheinlich** ist; darin liegt eine **unzulässige vorweggenommene Beweiswürdigung**.[8] Eine Ausnahme macht § 287 Abs. 1 S. 2 (dazu Kap. 17 Rz. 79). Unberücksichtigt bleiben darf ein Beweisangebot, wenn die zu beweisende **Tatsache willkürlich ins Blaue hinein** aufgestellt worden ist, wenn das angebotene Beweismittel **keine sachdienlichen Ergebnisse** erbringen kann, oder wenn die Tatsache so **ungenau bezeichnet** worden ist, dass ihre Erheblichkeit nicht beurteilt werden kann.[9] Jedoch begründen überzogene Substantiierungspflichten einen Gehörsverstoß.[10]

90 **Zweifeln** an der Richtigkeit und Vollständigkeit der entscheidungserheblichen **Feststellungen des erstinstanzlichen Richters** muss das Berufungsgericht nachgehen;[11] es muss einen Zeugen, dessen Glaubwürdigkeit es abweichend vom Erstrichter beurteilen will, auch aus verfassungsrechtlichen Gründen erneut vornehmen.[12]

91 Erbringt die Beweisaufnahme ein Ergebnis, das von der unter Beweis gestellten Behauptung abweicht, das dem Beweisführer jedoch ebenfalls günstig ist, ist auch von

---

1 BGH NJW-RR 2008, 112.
2 BVerfG VersR 2000, 215, 216.
3 BGH NJW-RR 2014, 381 Rz. 11.
4 BVerfGE 60, 1, 5 = NJW 1982, 1453; BVerfGE 69, 141, 143 f. = NJW 1986, 833; BVerfG NJW 1992, 1875, 1877 (III 1); BVerfGE 96, 205, 216 = NJW 1997, 2310, 2312; BVerfG NJW 2004, 1710, 1712; BerlVerfGH NJW-RR 2009, 1362, 1363.
5 BVerfG (Kammer) WM 2012, 1330; BGH VersR 2007, 666; BGH NJW 2007, 3069 Rz. 14; BGH VersR 2009, 1137 Rz. 2; BGH NJW-RR 2010, 1217 Rz. 10; BGH VersR 2011, 817 Rz. 3.
6 BVerfG NJW 2008, 2170, 2171.
7 BVerfG NJW 1979, 413, 414.
8 BGH VersR 2008, 382; BGH NJW-RR 2009, 244 Rz. 7. Auch die Deckungszusage eines Rechtsschutzversicherers darf davon nicht abhängig gemacht werden, OLG Celle VersR 2007, 204, 205.
9 BVerfG (Kammer) NJW 2009, 1585 Rz. 26; BGH NJW 2005, 2710, 2711; BGH NJW-RR 2010, 1217 Rz. 10.
10 BGH NJW-RR 2010, 1217 Rz. 11.
11 BVerfG (Kammer) NJW 2005, 1487.
12 BVerfG (Kammer) NJW 2005, 1487; BVerfG (Kammer) NJW 2011, 49 Rz. 14.

Verfassungs wegen davon auszugehen, dass er sich das **Beweisergebnis hilfsweise zu eigen** macht.[1] Wird Sachverständigenbeweis erhoben, muss den Parteien im selbständigen Beweisverfahren ebenso wie im Hauptsacheverfahren rechtliches Gehör zur **Person des** zu ernennenden **Gutachters** gewährt werden.[2] Der Antrag auf Erläuterung eines Gutachtens darf nicht allein deshalb abgelehnt werden, weil das Gericht das Gutachten für überzeugend und nicht weiter erörterungsbedürftig hält.[3]

Bei der **Beweiswürdigung** darf entscheidungserheblicher Parteivortrag, etwa eine privatgutachterliche Stellungnahme, nicht übergangen werden.[4] Dies gilt auch für Parteivortrag zur Würdigung einer Zeugenaussage.[5] 92

Beweis ist in der Form des **Gegenbeweises** auch zu erheben, wenn eine **offenkundige Tatsache** (§ 291) erschüttert werden soll; offenkundige Tatsachen sind nicht anders zu beurteilen als Tatsachen, für die bereits ein Beweis erbracht wurde.[6] 93

3. Stellungnahmemöglichkeiten

Durch den Anspruch auf rechtliches Gehör wird die Möglichkeit der Parteien, einem Sachverständigen **gem. §§ 402, 397 Fragen** zu stellen, auch verfassungsrechtlich abgesichert.[7] Allerdings ist die mündliche Anhörung nicht die einzig mögliche Behandlung eines darauf zielenden Beweisantrags.[8] 94

Wenn ein Beweisbeschluss die Einholung eines Sachverständigengutachtens zur Prüfung einer möglichen **Betreuungsbedürftigkeit** vorsieht, ist dem Betroffenen bereits vor der Begutachtung Gelegenheit zur Stellungnahme oder zu einer persönlichen Anhörung zu geben.[9] Hat eine mündliche Verhandlung zu schwierigen Sachfragen stattgefunden, zu denen ein **Sachverständiger** dort erstmals oder jedenfalls **mit neuen Ausführungen** Stellung genommen hat, müssen die Parteien Gelegenheit erhalten, sich nach Vorliegen des Protokolls anderweitig sachverständig beraten zulassen, um sich dann zum Beweisergebnis zu äußern.[10] 95

Nach Schluss der Beweisaufnahme ist über das Ergebnis zu verhandeln. Die **Nichtbeachtung des § 285**, die aufgrund der Beweiskraft des Protokolls (§§ 165, 160 Nr. 2) festzustellen ist, bedeutet einen Verstoß gegen Art. 103 Abs. 1 GG.[11] 96

4. Parteiaussage über Vier-Augen-Gespräch

Bei der Beweiserhebung über den Inhalt von **Vier-Augen-Gesprächen** kann es geboten sein, nach einer Zeugenvernehmung die nicht beweispflichtige Naturalpartei im Rahmen der Gegenbeweisführung (erneut) nach § 448 zu vernehmen oder nach § 141 informatorisch anzuhören, um das Beweisergebnis zu erschüttern (dazu auch Kap. 15 97

---

1 BGH NJW-RR 2010, 495 Rz. 6; BGH NJW-RR 2011, 704 Rz. 13, s. ferner BGH VersR 2014, 632 Rz. 11.
2 OLG Koblenz MDR 2013, 171.
3 BVerfG (Kammer) NJW 2012, 1346 Rz. 14 f.
4 BGH NJW-RR 2010, 711 Rz. 4 = VersR 2010, 72.
5 BGH NJW-RR 2013, 1240 = NJW 2013, 3454 (LS).
6 BayVerfGH FamRZ 2011, 655, 656.
7 BVerfG (Kammer) NJW-RR 2013, 626, 627; BGH NJW-RR 2014, 295 Rz. 8 f.
8 BVerfG (Kammer) NJW-RR 2013, 626, 627.
9 BVerfG (Kammer) NJW 2011, 1275.
10 BGH NJW 2009, 2604 Rz. 8.
11 BGH VersR 2012, 1190 Rz. 5 ff.

Rz. 39 und Kap. 40 Rz. 47);[1] der geminderte Beweiswert einer Parteiaussage darf erst bei der abschließenden Beweiswürdigung berücksichtigt werden.[2] Ist der Beweisgegner bei der Zeugenvernehmung anwesend, genügt es, dass er die Möglichkeit hat, seine Version des Gesprächsverlaufs durch eine Wortmeldung nach § 137 Abs. 4 vorzutragen.[3]

5. Verteilung von Darlegungslast und Beweislast

a) Mangelnde Aussagekraft der Verfassung

98 Für die Lösung konkreter Zweifelsfragen bei der Herleitung oder Gewinnung einer Beweislastnorm lassen sich kaum Aussagen mit Hilfe der Verfassung treffen, auch wenn man die Ausdifferenzierung ihrer Normen durch die Verfassungsrechtsprechung hinzunimmt. Die Bezugnahme auf Verfassungssätze dient eher dem Versuch, das Ergebnis einer rechtskräftigen Fachgerichtsentscheidung mittels einer **Verfassungsbeschwerde** aus der Welt zu schaffen. Es wird ganz überwiegend angenommen, dass eine **Herleitung** konkreter Beweislastverteilungsregelungen unmittelbar **aus der Verfassung nicht wünschenswert** ist.[4] Die Verteilung der Darlegungs- und Beweislast beruht auf der Auslegung des materiellen Rechts durch die Fachgerichte; verfassungsrechtlich lässt sie sich nicht allgemein festlegen.[5] Allerdings schützt der Anspruch auf effektiven Rechtsschutz vor einer unzumutbaren Verkürzung der Möglichkeit, das materielle Recht durchzusetzen, indem verfahrensrechtliche Schranken übermäßig streng angewandt werden.[6]

b) Effektiver Rechtsschutz

99 Das Grundrecht auf effektiven Rechtsschutz verlangt den **Zugang zum Gericht** und zu einer gerichtlichen Entscheidung in der Sache.[7] Es hat wenig Bedeutung für die Verteilung der **Beweislast** zwischen zwei Parteien einer zivilrechtlichen Streitigkeit, kann aber berührt sein, wenn **Vorgänge innerhalb des Gerichts unaufklärbar** sind, etwa über die Wahrung einer Frist bei zweifelhaftem Versagen der Technik eines Nachtbriefkastens[8] oder wenn die Beschlussverwerfung einer Berufung gem. § 522 Abs. 2 von der Rechtsprechung des BGH zur Darlegungs- und Beweislast hinsichtlich desselben Tatbestandsmerkmals abweicht.[9] Die Besonderheit dieser Konstellation liegt darin, dass der zu führende Beweis gerichtsinterne Vorgänge betrifft und von der Beweislastverteilung die Möglichkeit einer gerichtlichen Entscheidung über die zugrunde liegende materiell-rechtliche Ausgangsfrage abhängt, somit also der Zugang zum Gericht an sich auf dem Spiel steht.[10] Die Einflussnahme auf die richterliche Entscheidungsbildung ist hingegen kein Thema des Zugangs zum Gericht.

---

1 BVerfG (Kammer) NJW 2001, 2531 f.; BAG NJW 2007, 2427 Rz. 15; OLG Frankfurt NJW-RR 2010, 1689, 1690; OLG München NJW 2011, 3729.
2 BVerfG NJW 2001, 2531, 2532.
3 BVerfG NJW 2008, 2170, 2171 (ohne Entscheidung, ob ein Hinweis nach § 139 Abs. 1 zu erfolgen hat); OLG Karlsruhe FamRZ 2007, 225, 226.
4 *Stürner* NJW 1979, 2334, 2337; Stein/Jonas/*Leipold*[22] § 286 Rz. 77; *Huster* NJW 1995, 112, 113; dem gegenüber aufgeschlossener *Reinhardt* NJW 1994, 93 ff.
5 BVerfG (Kammer) ZIP 2011, 2094 Rz. 23.
6 BVerfG ZIP 2011, 2094 Rz. 23; BVerfG (Kammer) NJW 2013, 3650 Rz. 39.
7 v. Mangoldt/Klein/Starck/*Huber*[6] Art. 19 Abs. 4 GG Rz. 459 m.w.N.
8 BGH NJW 1981, 1673, 1674; vgl. Stein/Jonas/*Leipold*[22] § 286 Rz. 76.
9 BVerfG (Kammer) NJW 2007, 3118, 3120.
10 Vgl. BGH NJW 1981, 1673, 1674.

c) Waffengleichheit, faires Verfahren

Dem Grundsatz der Waffengleichheit soll – z.T. vermischt mit dem Prinzip eines fairen Verfahrens[1] – zu entnehmen sein, dass das **Risiko der Beweislosigkeit** und der Zwang zum Sachvortrag nicht einseitig einer Partei aufgebürdet werden dürfe, sondern **zwischen beiden Parteien ausgewogen verteilt** werden müsse.[2] Darin ist nicht mehr zu sehen als ein allgemeines Gerechtigkeitspostulat, das im Kern bereits Teil der beweisrechtlichen Grundregel ist.[3] Warnen muss man vor Fehlschlüssen aus dem allgemeinen Gleichheitssatz. Das Erfordernis einer gerechten Ausbalancierung bedeutet **nicht**, dass das **Beweisrisiko zu gleichen Teilen** auf die Parteien zu verteilen ist; vielmehr ist eine unterschiedliche Verteilung gerade die Regel und bewusst gewollt.[4] Zur Figur des fairen Verfahrens bei der Begründung von Beweisverwertungsverboten Kap. 6 Rz. 15.

100

Soweit auf das Prinzip der Waffengleichheit rekurriert wird oder werden könnte, dürfte es eher darum gehen, **konfligierende Grundrechte** der Prozessparteien **zum Ausgleich** zu bringen und die eventuell erneute Frustrierung von Schutzgütern auf der Ebene der Darlegungslast bei **asymmetrischer Informationslage** zu verhindern.[5] Die Herstellung eines Ausgleichs ist vorrangig Aufgabe des materiellen Rechts. Informationsungleichgewichte dürfen nicht aufgrund einzelfallbezogener Billigkeitserwägungen beseitigt werden. Im Sinne **abstrakter Regelbildung** (Kap. 9 Rz. 15) muss es sich um den Ausgleich einer für den Falltypus charakteristischen strukturellen Ungleichheit handeln, der die konkret beweisbelastete Partei nicht angemessen vorbeugen konnte.[6] In diesen Fällen kann eine angepasste Interpretation der Beweislastregeln für die betreffende Fallgruppe notwendig sein. Vielfach wird sich das Ergebnis aber bereits aus einer Anwendung der zivilrechtlichen Interpretation ergeben,[7] so dass es eines Rückgriffs auf die Verfassung nicht mehr bedarf. Das **BVerfG** verlangt aber, dass die Gerichte sich die typische beweisrechtliche Stellung der Parteien und mithin die beweisrechtliche Grundproblematik bewusst machen,[8] was zumindest auf eine **Begründungspflicht** hinausläuft.

101

Konkrete Bedeutung kann dem Gebot der Waffengleichheit demnach nur zukommen, wenn das Beweisrisiko aufgrund der Besonderheiten des zugrunde liegenden Lebenssachverhalts in besonders auffälliger Weise ungleich verteilt ist, so dass die beweisbelastete Partei praktisch keinerlei Aussicht auf Erfolg hat und die in den materiellen Rechtsnormen enthaltene Ausbalancierung der betroffenen Grundrechte überlagert zu werden droht.[9] Die verfassungsrechtliche Wertung kann **Anlass und Rechtfertigung** einer richterlichen **Rechtsfortbildung** sein.

102

---

1 BVerfG NJW 1979, 1925 f. (Arzthaftungsprozess; nichttragender Teil der 4:4-Entscheidung). Isolierte Prüfung dieses Prinzips wegen gerügter unzulässiger Beweislastumkehr in BVerfG NJW 1992, 1855, 1857 (III 2).
2 BVerfG NJW 1979, 1925 (nichttragender Entscheidungsteil).
3 *Prütting* Gegenwartsprobleme S. 261.
4 *Stürner* NJW 1979, 2334, 2337; ähnlich Stein/Jonas/*Leipold*[22] § 286 Rz. 77.
5 So auch die Wirkung in BVerfG (Kammer) NJW 2013, 3630 Rz. 39 f.: Begründung einer sekundären Darlegungslast.
6 Vgl. BVerfG NJW 1979, 1925; BGH NJW 1978, 1681, 1682.
7 Siehe z.B. BVerfG NJW 2000, 1483: Zugänglichkeit des Beweismittels bzw. Zugehörigkeit des Beweismittels zur Sphäre der nach der Grundregel nicht beweisbelasteten Partei. Auch in dieser Entscheidung standen freilich die betroffenen Grundrechte im Vordergrund.
8 BVerfG NJW 1979, 1925.
9 Vgl. BVerfG NJW 2000, 1483, 1484; *Stürner* NJW 1979, 2334, 2337; ihm folgend *Huster* NJW 1995, 112, 113.

6. Unmittelbarkeit der Beweiserhebung

103 Die ZPO geht nach herkömmlichem Verständnis vom Grundsatz formeller Beweisunmittelbarkeit aus (Kap. 4 Rz. 9). Unzureichend geklärt ist für den Zivilprozess, welche Fernwirkungen die **Rechtsprechung des BVerfG zum Strafprozess** hat. Soweit sich das Gericht dort mit den Grenzen der Überzeugungsbildung aufgrund mittelbarer Beweise, insbesondere des Zeugen vom Hörensagen, beschäftigt hat, hat es die Notwendigkeit zusätzlicher Beweisindizien aus dem Anspruch auf ein **faires Verfahren** abgeleitet, der seinerseits die Wurzel im Rechtsstaatsprinzip (Art. 20 Abs. 3 GG) hat.[1] Diese Rechtsprechung ist ihrer Begründung nach keine Spezialjudikatur zum strafprozessualen Beweisrecht. Indirekt und begrenzt auf eine Grundsatzaussage wird der **materiellen Beweisunmittelbarkeit** vielmehr **Verfassungsrang** zugemessen, woran das Zivilprozessrecht nicht vorbeigehen kann. Damit ist insbesondere dem Versuch zu begegnen, mittelbare Beweiserhebungen unter **gezielter Anonymisierung direkter Zeugen** durchzuführen, etwa indem deren Aussagen zum Inhalt eines notariellen Protokolls gemacht und als Urkunde in den Prozess eingeführt werden.[2] Unerlässlich zu wahrenden Geheimhaltungsbedürfnissen ist in anderer Weise Rechnung zu tragen (näher: Kap. 7 Rz. 69 ff.). Allerdings hat das BVerfG auch angenommen, der Grundsatz der Unmittelbarkeit der Beweisaufnahme sei **nicht grundrechtlich verankert**.[3]

7. Beschränkung der Beweiserhebung

104 Die Tatsachenfeststellung durch Zeugenvernehmung stößt auf Grenzen, wenn ein Zeugnisverweigerungsrecht eingreift. Den **Schutz** des **Angehörigenverhältnisses** hat das BVerfG zum Kernbestand eines fairen Verfahrens gezählt (dazu Kap. 34 Rz. 6).[4]

§ 3 Sicherung der Effektivität des Unionsrechts

105 Das Unionsrecht ist für das Prozessrecht nicht zuständig. Es kann aber indirekte Auswirkungen auf das Beweisrecht haben. Entsprechende Auslegungswirkungen werden über den **Effektivitätsgrundsatz** erzielt, können aber auch auf einer Beachtung von Harmonisierungszielen beruhen.

106 Die Handhabung des Prozessrechts, das dienende Funktion gegenüber dem materiellen Recht hat, darf die Zwecke einer **materiell-rechtlichen Regelung nicht vereiteln**. Wird Unionsrecht durch die Anwendung von Beweislastvorschriften offenkundig verletzt, kann dies einen **Amtshaftungsanspruch** begründen.[5] Die betroffene materiell-rechtliche Regelung kann sich aber auch **unmittelbar auf** die **Festlegung** der Beweislast auswirken.

107 Eine Beweislastzuweisung des nationalen Rechts kann die **Warenverkehrsfreiheit** (Art. 34 AEUV) oder **andere Grundfreiheiten** beeinträchtigen, indem nationale Märkte abgeschottet werden. Ein gleicher negativer Effekt kann von einer fehlerhaften Auslegung sekundären Gemeinschaftsrechts ausgehen. Der EuGH hat sich mit diesem Problem im **Markenrecht** befasst.

---

[1] BVerfGE 57, 250, 275 ff. = NJW 1981, 1719, 1722; BVerfG (Kammer) NJW 1992, 168, NJW 1996, 448, 449. Anders noch – zu Art. 103 Abs. 1 GG – BVerfG 1, 418, 429 = NJW 1953, 177, 178; dem zustimmend Zöller/*Greger*[30] § 355 Rz. 1.
[2] So in BAG SAE 1993, 302 m. abl. Anm. *Schilken*. Anders BGHZ 131, 90, 92 – Anonymisierte Mitgliederliste = JZ 1996, 736 m. Anm. *Ahrens*.
[3] BVerfG NJW 2008, 2243, 2244 Rz. 20.
[4] BVerfG (Kammer) NJW 2010, 287 Rz. 9 f.
[5] EuGH, Urt. v. 13.6.2006, Rs. C-173/03 – Traghetti del Mediterraneo, Rz. 39, NJW 2006, 3337, 3339.

Für das **Markenrecht** hat der EuGH im Fall „Class International/Colgate-Palmolive" 108
entschieden, dass die Regelung der Beweislast dem Belieben der Mitgliedstaaten entzogen ist, damit die Förderung des Binnenmarktes durch die Vereinheitlichung des Schutzes der eingetragenen nationalen Marken (so Erwägungsgrund 7 der Markenrechtsrichtlinie) nicht beeinträchtigt werde. Es ging um die Verteilung der Beweislast bei behaupteter Markenverletzung durch die Durchfuhr von gekennzeichneter Ware durch einen Mitgliedstaat. Der EuGH verneinte die Zuständigkeit der Mitgliedstaaten für die Bestimmung der Beweislast, damit sich nicht in Abhängigkeit vom nationalen Recht ein unterschiedlicher Schutz ergibt.[1]

In der Rechtssache „van Doren/Lifestyle" ging es um den Beweis, ob ein die Marke 109
des Klägers nennendes Produkt ohne Zustimmung des Markeninhabers aus einem Drittstaat in den EU-Raum importiert worden war. Das hätte eine Markenverletzung bedeutet. Wenn das Produkt hingegen bereits zuvor in einem anderen EU-Staat mit Zustimmung des Markeninhabers in Verkehr gebracht worden war, war das subjektive Markenrecht erschöpft (§ 24 Abs. 1 MarkenG) und das Produkt durfte auch in anderen EU-Staaten frei zirkulieren. Der Erfolg des streitentscheidenden **Beweises der Erschöpfungstatsachen** war von der **Beweislastzuweisung** entweder an den Markeninhaber oder an den vermeintlichen Verletzer abhängig.[2] Legt man dem vermeintlichen Markenverletzer die Darlegungs- und Beweislast für das Vorliegen einer Schutzschranke auf, kann er dadurch gezwungen sein, Bezugsquellen innerhalb eines vom Markeninhaber aufgebauten ausschließlichen oder selektiven Vertriebssystems zu offenbaren, die der Schutzrechtsinhaber dann verstopfen und damit die Warenzirkulation zwischen den Mitgliedstaaten unterbinden würde.[3] Der Schutz des freien Warenverkehrs kann es deshalb gebieten, von der allgemeinen Beweisregel abzurücken, nach der der Erschöpfungseinwand ein Gegenrecht darstellt.

---

1 EuGH, Urt. v. 18.10.2005, Rs. C-405/03 – Class International/Colgate-Palmolive, GRUR 2006, 146 Rz. 73.
2 EuGH, Urt. v. 8.4.2003, Rs. C-244/00 – van Doren/Lifestyle, Rz. 42, GRUR 2003, 512, 514, auf Vorlage von BGH GRUR 2000, 879 – stüssy.
3 BGH GRUR 2012, 626 Rz. 30 f. – CONVERSE I; BGH GRUR 2012, 630 Rz. 29 f. – CONVERSE II; OLG Frankfurt GRUR-RR 2013, 325, 326.

Kapitel 2:
Gegenstand des Beweises

	Rz.		Rz.
§ 4 Feststellungsziel des Beweisverfahrens		e) Hilfstatsachen (Indizien)	8
		f) Rechtsfortbildungstatsachen	10
I. Wahrheitsfindung	1	2. Rechtssätze	12
II. Gegenstand des Beweises		3. Erfahrungssätze, Verkehrssitten, Handelsbräuche	15
1. Tatsachen			
a) Tatsachentypen	2	**§ 5 Beweisbedürftigkeit**	
b) Tatsachenwahrnehmung, Tatsachenurteile	3	I. Streitiger Tatsachenstoff	21
c) Abwesenheit von Tatsachen	4	II. Offenkundige Tatsachen, § 291	22
d) Juristische Tatsachen	5		

§ 4 Feststellungsziel des Beweisverfahrens

I. Wahrheitsfindung

1 Damit das Gericht eine Überzeugung von der Wahrheit oder Unwahrheit einer streitigen Tatsache gewinnen kann, muss es deren Existenz durch Beweiserhebung feststellen. Ziel der Beweiserhebung ist die Wahrheitsfindung. Mit Wahrheit ist dabei nicht eine objektive Wahrheit gemeint, wie sie ohnehin nicht festzustellen wäre, sondern eine **subjektive Überzeugung von der Wahrheit** in der Person des urteilenden Richters (dazu Kap. 15 Rz. 37). Die an die Überzeugungsbildung zu stellenden Anforderungen sind vom jeweils gültigen Beweismaß abhängig, das durch §§ 284, 287, 294 unterschiedlich festgelegt wird. **Einschränkungen** der Tatsachenfeststellung ergeben sich, wenn Beweismittel aus Rechtsgründen nicht zur Überzeugungsfindung herangezogen werden dürfen: Beweismittel können unzulässig sein, verspätet beantragt oder nur mit unzumutbarer Verfahrensverzögerung erreichbar sein.

II. Gegenstand des Beweises

1. Tatsachen

a) Tatsachentypen

2 Hauptsächlich sind durch den Beweis Tatsachen zu ermitteln. Welche Tatsachen beweisbedürftig sind, ergibt sich durch Anwendung des in Kap. 12 § 42 beschriebenen Verfahrens der Sachverhaltsermittlung. Unter Tatsachen versteht man konkrete Ereignisse und Zustände der Außenwelt (**äußere Tatsachen**) und der menschlichen Psyche (**innere Tatsachen**). Beide Tatsachentypen können auch als hypothetische, zukünftige, negative oder unmögliche Tatsachen in Erscheinung treten.[1] Einzelne Tatsachen können zu einer **Gesamttatsache** oder einem Geschehenskomplex zusammengefasst werden (dazu nachfolgend Rz. 6).[2] In dem zwecks Subsumtion zu bildenden **Syllogismus** gehören Tatsachen zum Untersatz, die anzuwendenden Rechtsnormen bilden den Obersatz.

---

[1] Vgl. Stein/Jonas/*Leipold*[22] § 284 Rz. 12.
[2] MünchKommZPO/*Prütting*[4] § 284 Rz. 41.

b) Tatsachenwahrnehmung, Tatsachenurteile

Tatsachen sind nur zum Teil einer unmittelbaren menschlichen Wahrnehmung zugänglich. Auch soweit dies zutrifft, gehen sie überwiegend als Tatsachen*urteil* in den Prozess ein, nämlich als **Aussage** einer Person **über vergangene** oder **räumlich entfernte Tatsachen**.[1] Eine Ausnahme bildet der richterliche Augenschein, der zu einer direkten Wahrnehmung einer gegenwärtigen Tatsache führt. Weil in der Regel ohnehin Tatsachenurteile Beweisgegenstand sind, kann auch über solche Tatsachen Beweis erhoben werden, die zwar generell keiner Wahrnehmung, wohl aber einer Aussage über sie zugänglich sind. Dazu zählen die **inneren Tatsachen**, auf die nur aus äußeren Tatsachen geschlossen werden kann. Das betrifft aber auch die **hypothetischen Tatsachen**, die nur im Wege einer Denkoperation ermittelt werden können, und die **zukünftigen Tatsachen**, die mittels einer Prognose zu bestimmen sind, wobei deren Feststellung gegebenenfalls durch § 287 oder die Anwendung eines Anscheinsbeweises erleichtert wird.

c) Abwesenheit von Tatsachen

Auch über das Nichtvorliegen einer Tatsache kann eine Aussage getroffen werden, wenngleich die Schlüssigkeit dieser Aussage im Einzelfall schwieriger zu begründen ist, als eine Aussage zum konkreten Vorliegen einer Tatsache. Es müssen **sämtliche Möglichkeiten des Vorliegens** der betreffenden Tatsache berücksichtigt und **ausgeschlossen** werden. Die daraus resultierenden Schwierigkeiten können durch **sekundäre Darlegungslasten** der Gegenpartei bewältigt werden (dazu Kap. 10 Rz. 22 ff.).

d) Juristische Tatsachen

Keine Tatsachen im o.g. Sinne sind die sog. juristischen Tatsachen.[2] Bei ihnen handelt es sich um **rechtliche Schlussfolgerungen**, die sich aus der Subsumtion einer Tatsache unter Rechtsnormen ergeben. Nicht diese Schlussfolgerungen selbst, sondern nur die Tatsachen, an die sie anknüpfen, können Gegenstand der Beweiserhebung sein. Rechtliche Folgerungen zu ziehen, ist Aufgabe des Richters.

Gestattet wird aber, **Tatsachenbündel** der Einfachheit halber mit rechtlichen Termini zu bezeichnen, ohne dass damit vorrangig eine rechtliche Bewertung zum Ausdruck gebracht werden soll. Ein **Lebenssachverhalt** kann abgekürzt **mit einem rechtlichen Begriff beschrieben** werden, z.B. Kauf, Miete, Leihe etc. In diesen Fällen sind die damit bezeichneten Tatsachen einem **Beweis zugänglich**. Die sich an die Beweiserhebung anschließende rechtliche Bewertung ist dann freilich nicht an die als Beschreibung gewählte Bezeichnung gebunden, sondern hat allein anhand der bewiesenen Tatsachen zu erfolgen.

Die Beschreibung eines Tatsachenbündels durch einen juristischen Begriff im schriftsätzlichen oder mündlichen Sachvortrag – eingeschlossen ein Geständnis nach § 288[3] – und zur Benennung eines Beweisthemas im Beweisbeschluss ist **nur zulässig**, wenn es sich um **einfache Rechtsbegriffe** handelt. Dies kann für den Begriff „Eigentum" trotz laienhafter Verwechslungen mit „Besitz" gerade noch zutreffen, gilt aber z.B. nicht für gesellschafts- und insolvenzrechtliche Begriffe wie „Überschuldung", „Zahlungsunfähigkeit" oder „Krise des Unternehmens". Zulässig ist die Abkürzung ferner dann **nicht**, wenn es wegen des Streits der Parteien gerade auf die **konkreten Einzeltatsachen** ankommt.

---

1 Vgl. Stein/Jonas/*Leipold*[22] § 284 Rz. 9 und 11.
2 MünchKommZPO/*Prütting*[4] § 284 Rz. 41; Stein/Jonas/*Leipold*[22] § 284 Rz. 13 f.
3 BGH NJW 2011, 2130 Rz. 12.

e) Hilfstatsachen (Indizien)

8 Um echte Tatsachen im o.g. Sinne handelt es sich bei den **tatbestandsfremden Hilfstatsachen** (Indiztatsachen (dazu Kap. 3 Rz. 9).[1] Sie dienen als Anknüpfungspunkt für den mittelbaren **Indizienbeweis** oder zur **Würdigung anderer Beweismittel**, etwa als Anhaltspunkt für die Echtheit einer Urkunde oder die Glaubwürdigkeit eines Zeugen.

9 Beim Indizienbeweis wird aus dem Zusammenwirken von Hilfstatsachen ein **Schluss auf** das Vorliegen eines **Tatbestandsmerkmals** gezogen.[2] Damit auf die Indizien Schlussfolgerungen gestützt werden können, müssen sie ebenso zweifelsfrei feststehen wie die streitigen Haupttatsachen. Über sie muss Beweis erhoben werden, wenn sie streitig werden. In diesem Fall werden sie selbst zum Beweisthema. Vorstellbar ist eine mehrstufige Heranziehung von Hilfstatsachen.

f) Rechtsfortbildungstatsachen

10 Einen besonderen Typus bilden die sog. Rechtsfortbildungstatsachen.[3] Sie dienen der **Ermittlung neuer Rechtssätze** im Wege richterlicher Rechtsfortbildung.[4] Es handelt sich um Tatsachen, die nicht den Sachverhalt des Rechtsstreits bilden, der nach einer bereits bestehenden Rechtsnorm zu entscheiden ist. Sie werden für die Feststellung herangezogen, welche generell-abstrakte Rechtsfortbildung für das durch den konkreten Rechtsstreit aufgeworfene Problem sinnvoll ist, **wie** also eine **neue Rechtsnorm zu formulieren** ist. Es kann sich z.B. um statistisches Material handeln, wie es auch für Gesetzgebungsverfahren herangezogen und der Normbildung zugrunde gelegt wird. Unter die durch richterliche Rechtsfortbildung geschaffene abstrakte Regel sind dann die Fakten des konkreten Falles (**Subsumtionstatsachen**) zu subsumieren. Rechtsfortbildungstatsachen sind im Syllogismus Grundlage der Entwicklung eines neuen Obersatzes, Subsumtionstatsachen bilden den Untersatz.[5] Rechtsfortbildungstatsachen sind **von Erfahrungssätzen zu unterscheiden**.[6]

11 Wie Rechtsfortbildungstatsachen rechtlich zu behandeln sind, ist noch **nicht abschließend geklärt**.[7] Rechtsfortbildung wird insbesondere von den Obergerichten vorgenommen. Ihnen steht jedoch nur eine eingeschränkte Kompetenz zur Tatsachenermittlung zu. Auch stellt sich die Frage, mit Hilfe welcher Beweismittel diese Tatsachen festgestellt werden können und welche Verfahrensmaximen dafür gelten.[8] Anzuwenden ist der **Freibeweis**. Die Parteien sollten Gelegenheit zur Stellungnahme erhalten.[9]

---

1 MünchKommZPO/*Prütting*[4] § 284 Rz. 42; Stein/Jonas/*Leipold*[22] § 284 Rz. 21.
2 BGH NJW 1998, 1870; BGH NJW-RR 2013, 743 Rz. 26.
3 Der Begriff geht zurück auf *Seiter* Festschrift Baur, S. 573, 574; *Konzen* Festschrift Gaul, S. 335, 339 bevorzugt den Begriff „Normtatsache".
4 Siehe *Seiter* Festschrift Baur, S. 573 ff.; *Prütting* Festschrift 600 Jahre Universität zu Köln (1989), S. 305, 317 f.; MünchKommZPO/*Prütting*[4] § 284 Rz. 48 und § 291 Rz. 20; *Hirte* ZZP 104 (1991), 11, 47 f.; *Hergenröder* Zivilprozessuale Grundlagen richterlicher Rechtsfortbildung, 376 ff.; *Konzen* Festschrift Gaul, S. 335, 343 f.
5 *Seiter* Festschrift Baur, S. 573, 574 f.; *Prütting* Festschrift 600 Jahre Universität zu Köln, S. 305, 317 f.
6 *Seiter* Festschrift Baur, S. 573, 581.
7 *Prütting* Festschrift 600 Jahre Universität zu Köln, S. 305, 318.
8 Näher dazu *Seiter* Festschrift Baur, S. 573, 585 ff.; MünchKommZPO/*Prütting*[4] § 291 Rz. 20.
9 So auch der Normvorschlag von *Prütting* Festschrift 600 Jahre Universität zu Köln, S. 305, 323.

2. Rechtssätze

Rechtssätze sind **keine Tatsachen** im o.g. Sinne. Der Richter hat das **geltende Recht zu kennen** oder **sich Kenntnis** davon selbsttätig und ohne Rücksicht auf das Parteiverhalten zu **verschaffen** (iura novit curia). Über den **Inhalt von Rechtssätzen** darf **kein Beweis** erhoben werden, auch wenn ihr Text und ihre Exegese dem Richter unvertraut ist, weil sie im gegliederten Rechtswegesystem in der Regel von einer anderen Gerichtsbarkeit angewandt werden. Dies trifft aus der Sicht des Zivilrichters z.B. für Vorschriften des Steuerrechts zu; lediglich über betriebswirtschaftliche Auswirkungen im Streitfall darf ein Sachverständigengutachten eingeholt werden. **Nicht zulässig** ist es auch, **Rechtssätze des** primären und sekundären europäischen **Gemeinschaftsrechts** zum Beweisthema zu machen (s. auch Kap. 44 Rz. 61), selbst soweit sie nicht unmittelbar anwendbar sind, weil – so bei Richtliniengesetzgebung – eine Transformation in das nationale Recht durch den nationalen Gesetzgeber erforderlich ist.

Eine Ausnahme gilt im Rahmen des § 293 für **ausländische Rechtsnormen**. Sie werden beweisrechtlich wie Tatsachen behandelt. Sofern keine anderen Informationsmöglichkeiten bestehen, ist über sie Beweis zu erheben. Dies geschieht in der Regel durch Einholung eines **Sachverständigengutachtens**. Alternativ kommt die Anwendung des **Londoner Rechtsauskunftsübereinkommens** vom 7.6.1968[1] in Betracht.[2] Nicht unter § 293 fällt der Inhalt inländischer oder gemeinschaftsrechtlicher Vorschriften des Internationalen Privatrechts (**IPR**), das über die anzuwendende Sachrechtsordnung entscheidet, wohl aber – bei Geltung einer Gesamtnormverweisung der deutschen lex fori – der über eine Rückverweisung oder Weiterverweisung entscheidende Inhalt einer ausländischen IPR-Norm.

Unter § 293 fallen ferner dem Gericht unbekannte **Gewohnheitsrechtssätze** und **Satzungen** öffentlich-rechtlicher Körperschaften und Anstalten („Statuten"). Analog anzuwenden ist § 293 auf **Tarifvertragsnormen**. Beweisgegenstand können auch ältere **außer Kraft getretene Rechtssätze** sein, die nur mit speziellen Kenntnissen eines Rechtshistorikers verlässlich zu ermitteln sind, wie dies gelegentlich im Sachenrecht der Fall ist.

3. Erfahrungssätze, Verkehrssitten, Handelsbräuche

Zu den Erfahrungssätzen zählen die empirisch oder rational, auch unter Einsatz besonderer Fachkenntnisse gewonnenen **Regeln der** allgemeinen **Lebenserfahrung**, des Verkehrslebens, des Handels und Gewerbes, des Handwerks sowie der Kunst, Wissenschaft und Technik (dazu Kap. 3 Rz. 31 und Kap. 44 Rz. 46 ff.).[3]

Erfahrungssätze werden **nicht** als **Tatsachen** i.S.d. Beweisrechts eingestuft, weil sie wie Rechtsnormen bei Bildung der Obersätze und nicht der Untersätze des rechtlichen Syllogismus eingesetzt werden.[4] Dennoch können sie nach allgemeiner Ansicht **Gegenstand der Beweiserhebung** sein.[5] Auch sie haben eine Tatsachenbasis, ohne

---

1 BGBl. II 1974, 938.
2 Beispiel für beide Wege: BGH NJW 2014, 1244 Rz. 15 und 24 m. Bespr. *Roth* NJW 2014, 1224 ff.
3 Vgl. MünchKommZPO/*Prütting*[4] § 284 Rz. 44; Stein/Jonas/*Leipold*[22] § 284 Rz. 16. Für Abgrenzung von Erfahrungswissen und Regeln der Technik *Pieper* BB 1987, 273, 277 f.
4 Stein/Jonas/*Leipold*[22] § 284 Rz. 17.
5 MünchKommZPO/*Prütting*[4] § 284 Rz. 44.

dass die Seriosität der Fakten im Wege einer Beweisaufnahme unter Parteikontrolle überprüft wird,[1] wenn es sich um die allgemeine Lebenserfahrung handelt.

17 Der Richter ist nicht gezwungen, Beweis über die von ihm herangezogenen **Erfahrungssätze** zu erheben. Er kann sich seiner **eigenen Kenntnisse** bedienen oder sich die erforderlichen Kenntnisse gezielt für eine konkrete Entscheidung aneignen. Mangels eigener Kenntnisse hat er über die Erfahrungssätze in der Regel **von Amts wegen** durch Heranziehung eines **Sachverständigen Beweis** zu erheben. Ob die eigenen Kenntnisse ausreichen oder ein Sachverständigengutachten erforderlich ist, hat der Richter nach pflichtgemäßem Ermessen zu entscheiden. Die Parteien sind insoweit nicht darlegungs- und beweisbelastet,[2] aber es steht ihnen frei, den Richter auf Erfahrungssätze hinzuweisen und Beweis dafür anzubieten. Der Richter muss Beweisanträge grundsätzlich berücksichtigen.

18 Über Inhalt und Herkunft von **Erfahrungssätzen** aus dem **Bereich besonderer Fachkunde**, die der Richter **ohne Zuziehung** eines **Sachverständigen** anwenden will, muss er die Parteien informieren und ihnen Gelegenheit zur Stellungnahme und zum Beweisantritt geben.[3] Er hat zu **begründen**, worauf seine Sachkunde beruht.[4] Allerdings muss er bei aus richterlicher Tätigkeit erworbener Erfahrung in der mündlichen Verhandlung und im Urteil nicht darlegen, welche Fälle und welche Begutachtungen die Grundlage seiner Entscheidung sind.[5]

19 In der Revision kann lediglich die **verfahrenskonforme Ermittlung** des Erfahrungssatzes,[6] nicht aber der diesem zuzumessende Beweiswert überprüft werden, weil letzterer allein Gegenstand der tatrichterlichen Beweiswürdigung ist.[7]

20 Grundsätzlich wie Erfahrungssätze zu behandeln sind **Verkehrssitten** und **Handelsbräuche** (Kap. 44 Rz. 56), auch wenn es sich um tatsächliche Übungen und nicht um Erfahrungssätze handelt.[8] Das Bestehen von Handelsbräuchen darf nach § 114 GVG von einer Kammer für Handelssachen auf Grund eigener Sachkunde festgestellt werden. Anderenfalls ist Sachverständigenbeweis zu erheben.

§ 5 Beweisbedürftigkeit

Schrifttum:

Greger, Der surfende Richter – Sachverhaltsaufklärung per Internet, Festschrift Stürner (2013), Band 1 S. 289.

I. Streitiger Tatsachenstoff

21 Die Wahrheitsfindung steht unter dem Gebot der effektiven Justizgewährung. Sie ist deshalb nur so weit auszudehnen, **wie die anzuwendende Rechtsnorm** es **erfordert**.

---

1 Dies beklagend *Konzen* Festschrift Gaul, S. 335, 342 f., der § 293 anwenden will (a.a.O. S. 348 ff.).
2 MünchKommZPO/*Prütting*[4] § 284 Rz. 44; Stein/Jonas/*Leipold*[22] § 284 Rz. 17.
3 BGH JZ 1968, 670 m. Bespr. *Döhring* JZ 1968, 641 ff.; *Baumgärtel* VersR 1975, 677, 678; MünchKommZPO/*Prütting*[4] § 284 Rz. 46.
4 BGHZ 66, 62, 69; BGH JZ 1970, 375.
5 BGH JZ 1968, 670, 671.
6 Vgl. BGH NJW 1973, 1411, 1412 (Abstammungsbeweismethode).
7 BGH NJW 1973, 1411 f.
8 Vgl. dazu Stein/Jonas/*Leipold*[22] § 284 Rz. 16; MünchKommZPO/*Prütting*[4] § 284 Rz. 44, § 293 Rz. 20.

Ein Sachverhalt wird nur so weit aufgeklärt, dass eine Subsumtion der festgestellten Tatsachen unter die gesetzlichen Tatbestandsmerkmale als Voraussetzung der begehrten Rechtsfolge möglich ist. Erforderlich ist eine Klärung des tatbestandsrelevanten Sachverhalts nur für unter den Parteien **streitige Tatsachen** (§§ 138 Abs. 3 und 4), soweit sie nicht bindend[1] zugestanden wurden (§§ 288, 290). Scheitert die Überzeugungsbildung, weil ein **non liquet** eintritt, so entscheiden die Regeln über die Beweislast, von welchen Tatsachen für die Normanwendung auszugehen ist (dazu Kap. 9).

II. Offenkundige Tatsachen, § 291

Keines Beweises bedürfen Tatsachen, die für das Gericht offenkundig sind (§ 291). Man spricht auch von **notorisch bekannten** Tatsachen. Von ihnen hat das Gericht auch ohne Beweiserhebung sichere Kenntnis, entweder weil sie **allgemein** bekannt sind oder weil sie doch **dem Gericht** zuverlässig bekannt sind. 22

Allgemeinkundig ist nach einer Definition des schweizerischen Bundesgerichts, „was jedermann, der eine gewisse Ausbildung hat, als sicher bekannt" ist.[2] Das BVerfG hat – wohl etwas strenger – auf die Kenntnis von besonnenen, vernünftigen, verständigen und erfahrenen Menschen abgestellt.[3] Daraus ist der Schluss gezogen worden, dass auch Vorgänge der Weltgeschichte offenkundig sein können.[4] 23

Maßgebend ist, ob man sich unschwer aus **allgemein zugänglichen Quellen zuverlässig** informieren kann.[5] Dazu kann neben Nachschlagewerken in Printform – mit Vorsicht – auch das **Internet** gehören.[6] **Bejaht** wurde die Offenkundigkeit z.B. für Zahlenangaben in statistischen Jahrbüchern,[7] für die Veröffentlichung des Lebenshaltungskostenindex in der NJW[8] oder für Angaben einer Mikrozensus-Erhebung.[9] Das Kassationsgericht Zürich hat zutreffend fünf Kriterien genannt, die sich aus der Definition ergeben: (1) unbestimmt großer Personenkreis, (2) leichte Zugänglichkeit zur Informationsquelle, (3) Zuverlässigkeit der Quelle, weil über Jahre hinweg bewährt, (4) Wahrnehmbarkeit ohne besondere Fachkenntnis und (5) soziale Anerkennung der Quelle.[10] Zu unterstreichen ist die Bedeutung des dritten i.V.m. dem fünften Kriterium; der **öffentliche Diskurs härtet** die **Zuverlässigkeit** der Informationsquelle, was bei Internetquellen fragwürdig sein kann. 24

Die **gerichtsbekannte Kenntnis** ergibt sich aus der dienstlichen Befassung mit der Tatsache in einem früheren Aktenvorgang.[11] Der Richter muss die Tatsache in amtlicher Eigenschaft selbst wahrgenommen haben.[12] Aktenkundigkeit allein genügt nicht; vielmehr ist die Akte dann auf Antrag beizuziehen und im Wege des Urkundenbeweises zu verwerten.[13] Die Feststellung der Geschäftspraxis einer Prozesspartei 25

---

1 Zum Geständniswiderruf BGH NJW 2011, 2794 Rz. 16 (dort: Fehlschlag wegen bewusster Inkaufnahme der Ungewissheit).
2 BGE 117 II 321, 323.
3 BVerfGE 10, 177, 183 = NJW 1960, 31.
4 BVerwG NJW 1987, 1431, 1433 (dort: Kriegsschuld der Hitler-Regierung).
5 BVerfGE 10, 177, 183.
6 Eingehend dazu *Greger* Festschrift Stürner (2013), Band 1 S. 289 ff.
7 BGH NJW-RR 1993, 1122, 1123; BGH NJW 1990, 2620, 2622.
8 BGH NJW 1992, 2088.
9 BAG NJW 1992, 1125, 1126.
10 KassG Zürich Bl. f. ZürchRspr. 110 (2011) Nr. 17 = S. 33, 36.
11 BAG NZA 1996, 994, 996.
12 BGH VersR 1960, 511, 512.
13 A.A. Rosenberg/Schwab/*Gottwald* ZPR[17] § 112 Rz. 28.

unter Verwertung von Erkenntnissen aus anderen Verfahren hat der BGH nicht als Fall des § 291 und daher als Verstoß gegen § 355 angesehen.[1]

26 **Keine** offenkundigen Tatsachen sind **Erfahrungssätze** (dazu zuvor Rz. 15). Davon zu unterscheiden ist auch die **eigene Sachkunde** des Gerichts, die einen Sachverständigenbeweis entbehrlich macht (näher Kap. 44 Rz. 24 ff.).[2]

27 Die als gerichtskundig angesehene Tatsache kann zum Gegenstand eines Gegenteilsbeweises, jedenfalls aber eines die Feststellung erschütternden Gegenbeweises gemacht werden.[3] Dafür muss das Gericht die gerichtskundige Tatsache durch **Hinweis an** die **Parteien** rechtzeitig in das Verfahren einführen.

---

[1] BGH NJW 2014, 1441 Rz. 29 (Art der Bekanntgabe von Rechnungsabschlüssen einer Sparkasse).
[2] Vgl. BGHZ 156, 250, 253 = NJW 2004, 1163, 1164 (dort: Irreführung über Werbeaussage).
[3] BGHZ 156, 250, 253 f.

Kapitel 3:
Arten und Formen des Beweises

	Rz.		Rz.
§ 6 Begriffliche Gegensatzpaare		**§ 8 Freibeweis**	
I. Arten der Gegensatzpaare	1	I. Abgrenzung zum Strengbeweis, Verbindlichkeit des Strengbeweises	23
II. Hauptbeweis, Gegenbeweis, Gegenteilsbeweis		II. Voraussetzungen des Freibeweises	27
1. Hauptbeweis	2	III. Amtliche Auskünfte, Akten und Urkunden	29
2. Gegenbeweis	3	IV. Ausländisches Recht	30
3. Beweis des Gegenteils	5	V. Erfahrungssätze	31
III. Vollbeweis und Glaubhaftmachung	6	VI. Prozesskostenhilfe	32
IV. Unmittelbarer Beweis und Indizienbeweis	9	VII. Prozess- und Rechtsmittelvoraussetzungen	33
§ 7 Strengbeweis		VIII. Sachverständige	34
I. Beweismittel des Strengbeweises	15	IX. Verfahren ohne mündliche Verhandlung	35
II. Sonstige Beweismittel	19	X. Grenzen des Ermessens	36

§ 6 Begriffliche Gegensatzpaare

I. Arten der Gegensatzpaare

Verschiedene begriffliche Gegensatzpaare kennzeichnen bestimmte Eigenschaften des jeweiligen Beweises. Die Unterscheidung zwischen **Hauptbeweis und Gegenbeweis** knüpft an die Beweislastverteilung an. Der Gegensatz von **Vollbeweis und Glaubhaftmachung** betrifft das für eine erfolgreiche Beweisführung zu erfüllende Beweismaß. Das Begriffspaar **Strengbeweis und Freibeweis** bezieht sich auf die zur Beweisführung heranzuziehenden Beweismittel und das einzuhaltende Beweisverfahren. Der Unterschied zwischen **unmittelbarem Beweis und Indizienbeweis** besteht in der Art der Feststellung der zu beweisenden Haupttatsache. 1

II. Hauptbeweis, Gegenbeweis, Gegenteilsbeweis

1. Hauptbeweis

Der Hauptbeweis **obliegt** der **beweisbelasteten Partei**. Er dient dem Zweck, das Gericht von der Wahrheit der Tatsachenbehauptung dieser Partei zu überzeugen, damit die Subsumtion unter ein Merkmal des anzuwendenden Rechtssatzes erfolgen kann. Dazu muss das für § 286 und § 287 jeweils einschlägige Beweismaß erfüllt sein. Misslingt die Überzeugungsbildung, darf die betreffende Tatsachenbehauptung der Anwendung der relevanten Rechtsnorm nicht zugrunde gelegt werden. 2

2. Gegenbeweis

Der Gegenbeweis wird von der **nicht beweisbelasteten Partei** geführt. Er ist ein **Störbeweis**, der verhindern soll, dass das Gericht zu der Überzeugung gelangt, die Behaup- 3 tung des Hauptbeweisführers sei wahr. Für einen Störerfolg genügt es, wenn dem Richter Zweifel verbleiben. Der Gegner der beweisbelasteten Partei muss das Gericht also nicht davon zu überzeugen, dass die Behauptung des Hauptbeweisführers unwahr ist. Der Gegenbeweis ist daher **prinzipiell leichter** zu führen als der Hauptbeweis.[1] Mit dem Gegenbeweis können auch offenkundige Tatsachen erschüttert werden (Kap. 1 Rz. 93).

4 Um den Gegenbeweis zu erheben, braucht das vollständige **Führen des Hauptbeweises nicht abgewartet** zu werden.[2] Es können also in einem einzigen Beweisaufnahmetermin die als Haupt- und Gegenbeweismittel benannten Zeugen vernommen werden. Ein **zeitliches Nacheinander** der Beweisaufnahmen kann aber aus Kosten- und Beschleunigungsgründen bei erkennbaren Zweifeln an der Beweiseignung der Hauptbeweismittel geboten sein. Für den Gegenbeweis steht die Parteivernehmung nicht als Beweismittel zur Verfügung, § 445 Abs. 2.

3. Beweis des Gegenteils

5 Der Beweis des Gegenteils ist **kein Gegenbeweis**, sondern ein **Hauptbeweis**.[3] Er trägt seinen Namen, weil er darauf gerichtet ist, die volle richterliche Überzeugung vom Nichtvorliegen einer gesetzlich vermuteten Tatsache (vgl. § 292) zu begründen. Diese Form der Gesetzesformulierung dient der **Beweislastverteilung** und wird wegen des damit häufig einhergehenden Abweichens von der Grundregel der Beweislastverteilung auch als **Beweislastumkehr** bezeichnet. Abgesehen von dieser sprachlichen Besonderheit besteht jedoch kein Unterschied zu einem herkömmlichen Hauptbeweis, d.h. es ist zur einzelfallbezogenen Unterstützung der Vermutung auch ein gegen den Beweis des Gegenteils gerichteter Gegenbeweis möglich.

III. Vollbeweis und Glaubhaftmachung

6 **In aller Regel** ist für den Beweis einer Tatsache der **Vollbeweis** erforderlich, der die **volle richterliche Überzeugung** von der Wahrheit der behaupteten Tatsache verlangt. Auch das abgesenkte Beweismaß des § 287 begründet den vollen Beweis.

7 Bloße **Glaubhaftmachung**, die **nur** in den **gesetzlich ausdrücklich bestimmten Fällen** (z.B. § 236 Abs. 2 S. 1, § 920 Abs. 2) zulässig ist, senkt die Anforderungen an die richterliche Überzeugung ab. Die h.M. geht davon aus, dass die **überwiegende Wahrscheinlichkeit** des Vorliegens einer behaupteten Tatsache ausreichend ist,[4] ohne dass sich die Besonderheit der Glaubhaftmachung darauf beschränkt. Von überwiegender Wahrscheinlichkeit ist auszugehen, wenn das Vorliegen der Tatsache wahrscheinlicher erscheint als ihr Nichtvorliegen.

8 Zur Glaubhaftmachung dürfen andere als die in den §§ 355 ff. genannten Beweismittel herangezogen werden. **Mittel der Glaubhaftmachung** ist in der Regel die unter Strafandrohung stehende **Versicherung an Eides statt** (§ 294 Abs. 1), die auch von einer Partei abgegeben werden kann. Alle **Beweismittel** müssen gem. § 294 Abs. 2 **sofort verfügbar** sein. Gewährleistet ist dies auch durch das **Sistieren von Zeugen** oder

---

[1] Vgl. BGH MDR 1983, 830 = NJW 1983, 1740 (LS); BGH MDR 1978, 914.
[2] MünchKommZPO/*Prütting*[4] § 284 Rz. 21.
[3] MünchKommZPO/*Prütting*[4] § 284 Rz. 22; Stein/Jonas/*Leipold*[22] § 284 Rz. 6.
[4] Vgl. BGH NJW 1998, 1870; BGH MDR 1983, 749; BGH VersR 1976, 928, 929; MünchKommZPO/*Prütting*[4] § 294 Rz. 24; Stein/Jonas/*Leipold*[22] § 284 Rz. 25 und § 294 Rz. 7; a.A. *Gottwald* Schadenszurechnung und Schadensschätzung S. 217; *Leipold* Grundlagen des einstweiligen Rechtsschutzes S. 98.

Sachverständigen im Verhandlungstermin. Die Regeln über die **Beweislastverteilung** einschließlich einer Beweislastumkehr gelten im Verfahren der einstweiligen Verfügung nur, wenn mit mündlicher Verhandlung entschieden wird (§§ 922 Abs. 1, 924 Abs. 2) oder wenn das Beschlussverfahren wegen Einreichung einer Schutzschrift faktisch zweiseitig stattfindet. Anderenfalls muss der Antragsteller den gesamten Tatsachenstoff glaubhaft machen.

IV. Unmittelbarer Beweis und Indizienbeweis

Beide Formen des Beweises unterscheiden sich durch die Verknüpfung der zu beweisenden Tatsachen mit dem anzuwendenden Rechtssatz. Während der **unmittelbare Beweis** der Feststellung von Tatsachen dient, die unmittelbar unter die anzuwendende Rechtsnorm zu subsumieren sind (**Haupttatsachen**), wird beim **mittelbaren Beweis** ein Schluss aus Tatsachen gezogen, die nicht selbst Gegenstand der rechtlichen Subsumtion sind, die aber den Schluss auf das Vorliegen oder Nichtvorliegen der unmittelbar erheblichen Tatsachen ermöglichen (**Indiztatsachen**).[1] Überzeugungskraft der Schlussziehung vorausgesetzt, **verlagert** sich die **konkrete Beweiserhebung** auf **streitige Indiztatsachen** (dazu auch Kap. 2 Rz. 8 f.).

9

Um die volle Überzeugung des Gerichts von der Haupttatsache zu begründen, müssen beim Indizienbeweis sowohl der gedankliche Schluss auf die Haupttatsache als auch die Indiztatsachen hinreichend zweifelsfrei sein.[2] Bevor Beweis über das Vorliegen der Indiztatsachen zu erheben ist, ist der **gedankliche Schluss** auf seine **Tragfähigkeit** zu überprüfen.[3] Zum Vollbeweis ist erforderlich, dass andere Schlüsse aus dem Zusammenwirken der Indiztatsachen ernstlich nicht in Betracht kommen.[4]

10

Bei einem Indizienbeweis muss der Richter vor der Beweiserhebung über die Hilfstatsachen prüfen, ob der **Indizienbeweis schlüssig** ist, ob nämlich die Gesamtheit aller vorgetragenen Indizien – ihre Richtigkeit unterstellt – ihn von der Wahrheit der Haupttatsache überzeugt.[5] Der Tatrichter ist frei, welche Beweiskraft er den Indizien im einzelnen und in ihrer Gesamtheit für seine Überzeugungsfindung beimisst.[6] Er stellt die den Indizien zukommenden Wahrscheinlichkeitsgrade und somit die sich daraus ergebenden Schlussfolgerungen fest.[7] Bei hinreichender Tragfähigkeit der Schlussfolgerungen kann **nicht** davon ausgegangen werden, dass der Indizienbeweis generell über eine **geringere Beweiskraft** verfügt als der unmittelbare Beweis.

11

Es ist **kein Verfahrensfehler**, wenn der Tatrichter von einer Beweiserhebung über Indizien deshalb absieht, weil nach seiner Überzeugung der Schluss auf die Haupttatsache nicht gerechtfertigt ist;[8] das ist **keine** verbotene **vorweggenommene Beweiswürdigung**, sondern die denkmäßige Anwendung richterlicher Erfahrungssätze.[9] Der Beweisantritt unmittelbar zu einer Haupttatsache darf aber nicht aufgrund der Wür-

12

---

1 BGHZ 53, 245, 260 = NJW 946, 950 – Anastasia.
2 Vgl. BGH NJW 2004, 3423, 3424; *Musielak* Grundlagen der Beweislast S. 43.
3 Vgl. BGHZ 53, 246, 260 = NJW 1970, 946, 950; BGH NJW 1989, 2947; MünchKommZPO/*Prütting*[4] § 284 Rz. 25.
4 BGHZ 53, 245, 260 = NJW 1970, 946, 950; BGH NJW 1993, 935, 938; BGH NJW 1996, 1339; BGH NJW 1998, 1870.
5 BGHZ 53, 245, 261; BGH NJW 1989, 2947; BGH NJW 1991, 1894, 1895/1896.
6 BGH NJW 2004, 3423, 3424.
7 BGH NJW 2004, 3423, 3424.
8 BGH NJW 1992, 2489; BGH NJW-RR 2013, 743 Rz. 16; OLG Karlsruhe VersR 2006, 969.
9 BGHZ 53, 245, 261.

digung von Indiztatsachen übergangen werden, und zwar auch nicht im Rahmen von § 287 Abs. 1 S. 2.[1]

13 Der Tatrichter muss die für seine **Überzeugungsbildung** wesentlichen Gesichtspunkte **nachvollziehbar darlegen**.[2] **Revisionsrechtlich** kommt nur die **Überprüfung** in Betracht, ob der Tatrichter alle Umstände vollständig berücksichtigt und nicht gegen Denkgesetze und Erfahrungsgrundsätze verstoßen hat.[3] Ist unmittelbar zur Haupttatsache Beweis oder Gegenbeweis angetreten, darf die Beweisaufnahme dazu nicht wegen möglicher Schlussfolgerungen aus Indizien unterbleiben.[4]

14 Eine besondere Ausprägung des Indizienbeweises ist der **Anscheinsbeweis** (Kap. 16 Rz. 4).

§ 7 Strengbeweis

I. Beweismittel des Strengbeweises

15 Quelle der Feststellungen zur Existenz einer streitigen und daher beweisbedürftigen Tatsache bilden in der Regel die **fünf Beweismittel des Strengbeweises**. Für den Freibeweis gelten dessen Bindungen nicht. Zum Strengbeweis gehören der Augenschein (§§ 371 ff.), der Zeugenbeweis (§§ 373 ff.), der Sachverständigenbeweis (§§ 402 ff.), der Urkundenbeweis (§§ 415 ff.) sowie die Parteivernehmung (§§ 445 ff.). Beim Personalbeweis mittels Zeugen, Sachverständigen oder Parteien macht sich das Gericht die **Wahrnehmungen Dritter** zunutze. Beim Augenscheinsbeweis gewinnt das Gericht neue Erkenntnisse durch **eigene** unmittelbare **Wahrnehmungen**. Der Urkundenbeweis nimmt eine Sonderstellung ein.

16 Häufigstes Beweismittel ist der **Zeugenbeweis**. Er ist für den Beweis sämtlicher Tatsachen geeignet, die der menschlichen Wahrnehmung zugänglich sind. Demgegenüber vermittelt der **Sachverständige** primär Erfahrungswissen. Die **Parteivernehmung** ist dem Zeugenbeweis in vielerlei Hinsicht ähnlich, kommt aber wegen der engen Voraussetzungen selten zur Anwendung; in der Praxis tritt die Parteianhörung zunehmend an die Stelle der förmlichen Vernehmung.

17 Soweit **Urkunden** wegen ihres Inhalts in Augenschein genommen werden, handelt es sich um einen Urkunden- und nicht um einen Augenscheinsbeweis. Der zivilprozessuale **Urkundenbegriff** wird eng verstanden; die Träger anderer als durch Schriftzeichen verkörperter Gedankenerklärungen sind **Augenscheinsobjekte** (dazu Kap. 22 Rz. 10).

18 Vereinzelt gelten **Beschränkungen** der zulässigen Beweismittel oder der Anordnung der Beweisaufnahme, etwa im Urkundenprozess (§§ 592, 595 Abs. 2 und 3) oder bei der Parteivernehmung (§§ 445 Abs. 1, 448). Wenn das Gericht von Amts wegen tätig wird, kann es in gleicher Weise wie die Parteien frei entscheiden.

---

[1] BGH VersR 2003, 127; BGH VersR 2007, 666.
[2] BGH NJW 2004, 3423, 3424; BGH NJW-RR 2013, 743 Rz. 26.
[3] BGH NJW 1993, 935, 938.
[4] BGH NJW-RR 1997, 238; BGH NJW-RR 2002, 1072, 1073; BGH NJW 2004, 3423, 3424.

II. Sonstige Beweismittel

Eine Sonderstellung nehmen **amtliche Auskünfte** ein (s. Kap. 3 Rz. 29). Sie sind weder den fünf Beweismittel des Strengbeweises noch dem Freibeweis zuzuordnen (Kap. 21 Rz. 9). Von amtlichen Auskünften wird u.a. gesprochen, wenn eine Behörde den Inhalt öffentlicher Register, Bücher, Verzeichnisse etc. wiedergibt.[1] Eine ähnliche Sonderstellung kommt **dienstlichen Äußerungen** (vgl. § 44 Abs. 3) und **behördlichen Zeugnissen** (vgl. § 183 Abs. 2 S. 2, § 184 Abs. 2 S. 2) zu. 19

Die **Beiziehung von Akten** kann zu Zwecken des Urkundenbeweises erfolgen, ist darauf aber nicht beschränkt. Soweit sie informationshalber verwertet werden sollen, müssen sie zum Gegenstand der mündlichen Verhandlung gemacht werden (vgl. § 286 Abs. 1 S. 1). **Urkunden anderer Behörden** können nach § 273 Abs. 2 Nr. 2 auch **ohne** ausdrücklichen **Parteiantrag** beigezogen und verwerteten werden, wenn der davon betroffene Vorgang im Parteivortrag angesprochen worden ist.[2] 20

Ein Beweismittel, auf das im Strengbeweisrecht nicht zurückgegriffen werden kann, ist die **eidesstattliche Versicherung**. Sie dient der Glaubhaftmachung (§ 294 Abs. 1). 21

Nicht zu den Beweismitteln – weder für den Strengbeweis noch für den Freibeweis – zählt das **gerichtliche Geständnis** (§ 288). Es ist bereits bei der Ermittlung der Beweisbedürftigkeit zu berücksichtigen und führt vorbehaltlich des § 290 zu einer Bindung der gestehenden Partei an die betreffende Tatsache. Über sie ist daher kein Beweis zu erheben. Anders verhält es sich mit einem **außergerichtlichen Geständnis**. Es kann als Indiz für die zu beweisende Tatsache herangezogen werden und damit seinerseits Beweisthema werden. 22

§ 8 Freibeweis

Schrifttum:

Völzmann-Stickelbrock, Unmittelbarkeit der Beweisaufnahme und Parteiöffentlichkeit – Nicht mehr zeitgemäße oder unverzichtbare Elemente des Zivilprozesses?, ZZP 118 (2005), 359.

I. Abgrenzung zum Strengbeweis, Verbindlichkeit des Strengbeweises

Mit **Strengbeweis** ist gemeint, dass das **Beweisverfahren** den Regeln der **§§ 355 ff.** entsprechend, also insbesondere unter Wahrung der Grundsätze der **Unmittelbarkeit** und der **Parteiöffentlichkeit** durchgeführt wird *und* dass nur die dort genannten Beweismittel herangezogen werden dürfen. Der **Freibeweis** erfolgt **losgelöst von diesen Regeln**,[3] was die Wahrheitsfindung beeinträchtigen kann.[4] Das Gericht besitzt Ermessen hinsichtlich des Verfahrens und der Auswahl der möglichen Beweismittel.[5] Mit dem Freibeweis geht nach allgemeiner Ansicht **keine Senkung des Beweismaßes** einher.[6] Die Dispensierung vom Grundsatz der **Unmittelbarkeit** der Beweisaufnah- 23

---

1 MünchKommZPO/*Prütting*[4] § 284 Rz. 60; Stein/Jonas/*Berger*[22] vor § 373 Rz. 44.
2 KG VersR 2008, 797, 798 (dort: Signalzeitenplan für eine Ampelschaltung).
3 Dazu *Koch/Steinmetz* MDR 1980, 901 ff.
4 *Habscheid* ZZP 96 (1983), 306, 324. S. ferner vgl. MünchKommZPO/*Prütting*[4] § 284 Rz. 28.; Stein/Jonas/*Berger*[22] vor § 355 Rz. 24 und Rz. 31.
5 BGH NJW 2008, 1531 Rz. 24; BGH NJW 2011, 778 Rz. 16.
6 BGH NJW-RR 2012, 509 Rz. 9; BGH NJW 2008, 1531 Rz. 24; BGH NJW 2001, 2722, 2723; BGH NJW 1997, 3319, 3320; MünchKommZPO/*Prütting*[4] § 284 Rz. 26; *Rosenberg/Schwab/Gottwald*[17] § 110 Rz. 10.

me, der **grundrechtlich nicht verankert** ist,[1] ist erst dann schädlich, wenn dadurch der rechtsstaatliche Charakter des Verfahrens ernstlich beeinträchtigt wird.

24 Der Strengbeweis gilt vorbehaltlich einzelner Durchbrechungen, die vor allem Prozessabschnitte mit Amtsermittlung betreffen, grundsätzlich für **alle Erkenntnisverfahren der ZPO** mit obligatorischer mündlicher Verhandlung,[2] nicht aber für Beschwerdeverfahren nach §§ 567 ff. ZPO.[3] In vom Amtsermittlungsprinzip beherrschten Verfahren nach dem **FamFG** (dort: § 26) entscheidet der Tatrichter nach pflichtgemäßem Ermessen über Art und Umfang seiner Ermittlungen und damit auch über die Durchführung einer förmlichen Beweisaufnahme gem. § 30 Abs. 1 FamFG. Das förmliche Beweisverfahren hat den Vorrang vor formlosen Ermittlungen insbesondere dann, wenn das Recht eines Beteiligten, an der Wahrheitsfindung mitzuwirken, ansonsten nicht hinreichend gesichert ist,[4] oder wenn eine hinreichend sichere Aufklärung anders nicht zu erreichen ist.[5]

25 Die mit dem 1. JuMoG vom 24.8.2004[6] zum 1.9.2004 eingefügten Sätze 2–4 des § 284 stellen die erste und einzige gesetzliche Regelung des Freibeweises dar. Sie haben die frühere Diskussion um die fehlende **gesetzliche Verankerung des Freibeweises** für die Erkenntnisverfahren der ZPO beseitigt.[7] Der Freibeweis ist damit nicht als dem Strengbeweis gleichwertig anzusehen.[8] Vorzugswürdig wäre es gewesen, dem Bedarf für den Freibeweis durch punktuelle Regelungen zu entsprechen.

26 Die Vorschriften über das Beweisverfahren des Strengbeweises sind insofern nicht zwingend, als ihre **Verletzung durch Nichtrüge** nach § 295 Abs. 1 **heilbar** ist. Voraussetzung dafür ist, dass die missachtete Vorschrift nicht wegen ihrer überindividuellen Bedeutung der Parteidisposition entzogen ist. U.a. sind heilbar die fehlerhafte Abgrenzung der Beweismittel untereinander, das Übergehen von Zeugnisverweigerungsrechten, der Verstoß gegen den Grundsatz der Unmittelbarkeit der Beweisaufnahme[9] sowie die Verwertung eines unzulässigen Beweismittels. Voraussetzung ist allerdings, dass die Parteien nicht erst aus dem Urteil von dem Verstoß erfahren, weil es dann an einer **Rügemöglichkeit** gefehlt hat.[10]

II. Voraussetzungen des Freibeweises

27 Die Regelungen in § 284 S. 2–4 enthalten über das **Einwilligungserfordernis** hinaus keine ausdrückliche Beschränkung der Anwendbarkeit des Freibeweises. Der Freibeweis war bereits vor Inkrafttreten des 1. JuMoG für bestimmte Fallgruppen als zulässig anerkannt. Eine **wesentliche Vereinfachung** ist mit § 284 S. 2 wegen der Notwendigkeit umfangreicher Protokollierung und der anschließenden Gewährung der Gelegenheit zur Stellungnahme **nicht** verbunden.[11] Allerdings soll die Übernahme

---

1 BVerfG (Kammer) NJW 2008, 2243, 2244 (Rz. 20).
2 BGH NJW 2008, 1531 Rz. 20; möglicherweise weitergehend *Habscheid* ZZP 96 (1983), 306, 323.
3 BGH NJW 2008, 1531 Rz. 20.
4 OLG München NJW-RR 2008, 164, 165 (Beweis der Demenz des Testators im Erbscheinsverfahren).
5 OLG München NJW-RR 2008, 164, 165.
6 BGBl. I 2004, 2198, 2199.
7 Vgl. MünchKommZPO/*Prütting*[4] § 284 Rz. 27.
8 So zutreffend Stein/Jonas/*Leipold*[22] § 284 Rz. 127.
9 BVerfG NJW 2008, 2243, 2244 Rz. 19.
10 *Fölsch* MDR 2004, 1029; *Völzmann-Stickelbrock* ZZP 118 (2005), 359, 365. Vehement a.A. Stein/Jonas/*Leipold*[22] § 284 Rz. 129 f. u. Stein/Jonas/*Berger*[22] vor § 355 Rz. 24 u. 26.
11 S*aenger* ZZP 121 (2008), 139, 154 f.

der Beweisaufnahme aus einem anderen Verfahren bei lediglich streitiger gerichtlicher Würdigung des Beweisergebnisses ein Anwendungsfeld eröffnen.[1]

Die gesetzliche Regelung macht den Freibeweis über die bisherigen Fallgruppen hinaus bei Einwilligung der Parteien zulässig. Dies gilt etwa für die Erhebung eines telefonischen Zeugenbeweises.[2] § 284 S. 2 berührt solche Fallgruppen nicht, die schon bisher für andere Fragen als die Begründetheit anerkannt waren, etwa die Zulässigkeit der Klage oder eines Rechtsmittels.[3] Die **vor 2004 gebildeten Fallgruppen** des Freibeweises betrafen überwiegend – wenn auch nicht ausschließlich – die Klärung prozessualer Fragen. Anerkannt ist der Freibeweis in den nachfolgend III. bis IX. behandelten Gruppierungen.

28

III. Amtliche Auskünfte, Akten und Urkunden

Amtliche Auskünfte, Akten und Urkunden können teilweise kraft ausdrücklicher gesetzlicher Anordnung zur Tatsachenermittlung herangezogen werden. In diesen Fällen handelt es sich um eine – teilweise gesetzlich anerkannte – **Tatsachenermittlung eigener Art** (siehe § 273 Abs. 2 Nr. 2 und § 358a S. 2 Nr. 2 und Kap. 3 Rz. 19 sowie Kap. 21 Rz. 9).[4] Zu den im Wege des Freibeweises heranzuziehenden Akten und Urkunden gehören behördliche und gerichtliche Schriftstücke aller Art, auch in früheren gerichtlichen Verfahren protokollierte Aussagen.[5]

29

IV. Ausländisches Recht

Für die Ermittlung ausländischen Rechts ist der **Freibeweis zulässig**.[6] Teilweise wird allerdings angenommen, dass bei Beauftragung eines Sachverständigen ein förmliches Beweisverfahren nach §§ 402 ff. stattfinde.[7] Diese Einschränkung ist nicht konsistent mit der Grundaussage.

30

V. Erfahrungssätze

Ob Erfahrungssätze (zu ihnen Kap. 2 Rz. 15 und Kap. 44 Rz. 46 ff.) im Wege des **Freibeweises** ermittelt werden können, ist umstritten.[8] Dies ist **zu verneinen**. Teilweise werden Erfahrungssätze nicht im Rahmen eines Beweisverfahrens ermittelt, nämlich bei Gerichtsbekanntheit oder gerichtseigenen Nachforschungen. Überwiegend werden sie durch Sachverständige vermittelt, für die die Vorschriften des Strengbeweises voll zur Anwendung kommen.

31

---

1 So *Saenger* ZZP 121 (2008), 139, 155 zu OLG Hamburg ZUM-RD 2006, 16.
2 LG Saarbrücken NJW-RR 2010, 496, 497.
3 BGH NJW 2008, 1531 Rz. 20; MünchKommZPO/*Prütting*[4] § 284 Rz. 27; *Fölsch* MDR 2004, 1029; *Völzmann-Stickelbrock* ZZP 118 (2005), 359, 365. Vehement a.A. Stein/Jonas/*Leipold*[22] § 284 Rz. 129 f. u. Stein/Jonas/*Berger*[22] vor § 355 Rz. 24 u. 26; ferner Zöller/*Greger*[30] § 284 Rz. 1b.
4 Vgl. *Rosenberg/Schwab/Gottwald*[17] § 122 Rz. 4. A.A. Stein/Jonas/*Berger*[22] vor § 355 Rz. 22: kein Freibeweis, inhaltsabhängig Zeugen-, Sachverständigen- oder Urkundenbeweis.
5 Vgl. MünchKommZPO/*Prütting*[4] § 284 Rz. 30.
6 Vgl. BGH NJW 1966, 296, 298; OLG Koblenz IPRax 2009, 151, 153 Rz. 9; *Rosenberg/Schwab/Gottwald*[17] § 110 Rz. 8.
7 BGH NJW 1975, 2142, 2143; BGH NJW 1994, 2959, 2960; MünchKommZPO/*Prütting*[4] § 284 Rz. 32 und § 293 Rz. 31; Stein/Jonas/*Leipold*[22] § 293 Rz. 43.
8 Dafür Baumbach/Lauterbach/*Hartmann*[71] vor § 284 Rz. 9; Thomas/Putzo/*Reichold*[33] vor § 284 Rz. 6; a.A. *Pieper* BB 1987, 273, 280 (Ermittlung *außerhalb* des Verfahrens; MünchKommZPO/ *Prütting*[4] § 284 Rz. 36; *Rosenberg/Schwab/Gottwald*[17] § 110 Rz. 11.

VI. Prozesskostenhilfe

32 **Zulässig** ist der Freibeweis im Verfahren zur Bewilligung von Prozesskostenhilfe (§ 118),[1] in dem die tatsächlichen Feststellungen auf ein Minimum zu beschränken sind und eine Vorwegnahme der Hauptsache zu vermeiden ist.

VII. Prozess- und Rechtsmittelvoraussetzungen

33 Eine umstrittene Fallgruppe stellt die amtswegige Feststellung von Prozess- und Rechtsmittelvoraussetzungen mit Hilfe des Freibeweises dar. Verschiedentlich wird gesetzlich angeordnet, dass diese **von Amts wegen zu prüfen** sind, z.B. in § 56 Abs. 1 für die Parteifähigkeit, Prozessfähigkeit und die Legitimation eines gesetzlichen Vertreters sowie in § 88 Abs. 2 für den Mangel der Vollmacht bei Vertretung durch einen Nichtanwalt. Diese Regelungen verallgemeinernd sind auch die allgemeinen Prozessvoraussetzungen von Amts wegen zu prüfen.[2] Die Rechtsprechung greift in diesen Fällen vor allem aus Gründen der Prozessökonomie auf den Freibeweis zurück.[3] **Unmittelbarkeit der Beweisaufnahme** und **Parteiöffentlichkeit** sind dann **nicht gewährleistet**.

VIII. Sachverständige

34 Nur vereinzelt – und unzutreffend – hat die Rechtsprechung auch **tatsachenfeststellende Tätigkeiten** des Sachverständigen als Form des Freibeweises eingestuft, die dieser zur **Vorbereitung seines Gutachtens** durchführt.[4] Sie sind jedoch nicht Teil des gerichtlichen Beweisverfahrens und finden unabhängig von den Vorschriften der ZPO statt.[5] Das Verhalten des Sachverständigen wird erst dann prozessual relevant, wenn er beginnt, seine Sachkunde dem Gericht und den Parteien zur Verfügung zu stellen. Die **Feststellung von Anknüpfungstatsachen** obliegt dem Gericht. Führt der Sachverständige selbst Anknüpfungstatsachen oder von ihm (ohne Inanspruchnahme von Fachkunde) ermittelte **Zusatztatsachen** ein, die streitig werden, ist darüber Beweis zu erheben (näher dazu Kap. 47 Rz. 27 ff.).

IX. Verfahren ohne mündliche Verhandlung

35 Anerkannt ist der Freibeweis auch für solche Fälle, in denen Tatsachen zu ermitteln sind, obwohl keine mündliche Verhandlung stattfindet,[6] etwa im **Beschwerdeverfahren** gem. §§ 567 ff.[7] oder im **Bagatellverfahren** gem. § 495a.[8] In diesen Fällen kommen die Verfahrensgrundsätze ohnehin nur reduziert zur Anwendung, so dass die Heran-

---

1 Vgl. MünchKommZPO/*Prütting*[4] § 284 Rz. 33; *Rosenberg/Schwab/Gottwald*[17] § 110 Rz. 8.
2 *Rosenberg/Schwab/Gottwald*[17] § 77 Rz. 48 u. § 93 Rz. 35.
3 BGH NJW-RR 2012, 509 Rz. 9; BGH NJW 2011, 778 Rz. 16; BGHZ 143, 122 = NJW 2000, 289, 290; BGH NJW 1997, 3319; BGH NJW-RR 1992, 1338, 1339; BGH NJW 1992, 627, 628 (Wirksamkeit der Anwaltsvollmacht); BGH NJW 1987, 2875, 2876 (Zulässigkeit des Rechtsmittels) = ZZP 101 (1988), 294 m. krit. Anm. *Peters*; BGH NJW 1951, 441, 442 (Prozessfähigkeit). Kritisch zur Rechtsprechung *Völzmann/Stickelbrock* ZZP 118 (2005), 359, 365.
4 BGHZ 23, 207, 214 (dort: einvernehmliche Zeugenvernehmung durch den Sachverständigen).
5 Vgl. MünchKommZPO/*Prütting*[4] § 284 Rz. 34.
6 Baumbach/Lauterbach/*Hartmann*[71] vor § 284 Rz. 9; MünchKommZPO/*Prütting*[4] § 284 Rz. 31; *Rosenberg/Schwab/Gottwald*[17] § 110 Rz. 8.
7 BGH NJW 2008, 1531 Rz. 20.
8 MünchKommZPO/*Prütting*[4] § 284 Rz. 31; Musielak/*Wittschier*[10] § 495a Rz. 6. Einschränkend Stein/Jonas/*Berger*[22] vor § 355 Rz. 27 f.

X. Grenzen des Ermessens

Die im Ermessen des Gerichts stehende Wahl der Beweisaufnahmeart darf ungeachtet der Parteien nicht das **Ziel** verfehlen, die **volle Überzeugung** von der **Wahrheit** einer streitigen tatsächlichen Behauptung zu gewinnen. Für die Verfahren des **FamFG**, das gem. § 30 Abs. 1 mangels ausdrücklicher gegenteiliger Anordnung vom Grundsatz des Freibeweises ausgeht, ist der Strengbeweis gem. § 30 Abs. 3 FamFG vorgeschrieben, wenn die zu beweisende Tatsache für das Gericht von maßgeblicher Bedeutung ist. Bei umgekehrtem Regel-Ausnahme-Verhältnis in der ZPO reicht dieses Kriterium nicht aus. Bei sich widersprechenden Aussagen ist durch Beachtung der **Strengbeweisanforderungen** eine bessere Aufklärung des Tatsachenstoffes zu erwarten. Zu beachten sind auch **Allgemeininteressen**, über die die Parteien nicht disponieren können. Dies gilt aber nicht für den Grundsatz der Beweisunmittelbarkeit,[1] dessen Verletzung heilbar ist.

36

---

[1] A.A. LG Saarbrücken NJW-RR 2010, 496, 497 (unter Verwerfung einer telefonischen Zeugenvernehmung).

Kapitel 4:
Unmittelbarkeit der Beweisaufnahme, Rechtshilfe

	Rz.
§ 9 Formelle und materielle Unmittelbarkeit	
I. Eigene richterliche Wahrnehmung des Prozessgerichts	1
II. Geltungsbereich des § 355	
1. ZPO	6
2. FamFG	
a) Strengbeweisrecht	7
b) Rechtshilfe	8
III. Unterscheidung formeller und materieller Beweisunmittelbarkeit	9
IV. Materielle Unmittelbarkeit	
1. Konsequenz des Beibringungsgrundsatzes, Flexibilität der Beweiserhebung	11
2. „Protokollbeweis", Übergang zum sachnäheren Beweismittel	
a) Vorteile der Protokollverwertung	14
b) Qualifizierung des „Protokollbeweises"	15
c) Zulässiger Antrag auf Erhebung des unmittelbaren Beweises	17
3. Ermittlung von Amts wegen	20
V. Formelle Unmittelbarkeit	
1. Historische Entwicklung	21
2. Normzusammenhänge	23
§ 10 Beweisaufnahme des Prozessgerichts und anderer Richter	
I. Das Prozessgericht	
1. Grundregel	25
2. Richterwechsel in der Kammer	
a) Aktenkundiger Eindruck	28
b) Rechtfertigung der Durchbrechung des Unmittelbarkeitsgrundsatzes	31
3. Rückübertragung auf kollegiale Spruchkörper	33
4. Videokonferenzvernehmung, Tele-Augenschein	34
5. Selbständige Ermittlungsarbeit Sachverständiger	36
II. Übertragung der Beweisaufnahme, § 355 Abs. 1 S. 2	
1. Durchbrechung der formellen Unmittelbarkeit	40
2. Numerus clausus der Delegationstatbestände	42
III. Verwertung der Beweiserhebung anderer Gerichte	

	Rz.
1. Verfahrensfremde Beweiserhebungen	48
2. Verwertung nach Verweisung im selben Verfahren	49
3. Beweisergebnisse erster Instanz im Berufungsverfahren	50
4. Verwertung der Ergebnisse des selbständigen Beweisverfahrens	55
5. Beweisaufnahme im Ausland gem. § 363	59
§ 11 Beauftragter Richter	
I. Begriff des beauftragten Richters	
1. Delegation, nicht Substitution	60
2. Überbesetztes Kollegialgericht	61
II. Beauftragungsgegenstand	
1. Begrenzte Zahl von Aufträgen	64
2. Abgrenzung: Güteverhandlung, Terminsvorbereitung	65
III. Befugnisse des beauftragten Richters	
1. Maßgeblichkeit der Einzelbeauftragung	68
2. Terminsbestimmung	72
3. Auslagenvorschuss	74
4. Sitzungsordnung	75
IV. Beauftragung durch den Vorsitzenden des Prozessgerichts	76
§ 12 Rechtshilferichter	
I. Durchbrechung der formellen Unmittelbarkeit	81
II. Begriff des ersuchten Richters	84
III. Ersuchen durch den Vorsitzenden des kollegialen Prozessgerichts oder den Einzelrichter	
1. Fälle zulässiger Übertragung	85
2. Entscheidung des Prozessgerichts	86
3. Auswechslung des Rechtshilfegerichts	87
4. Notwendiger Beweisbeschluss	88
IV. Befugnisse des ersuchten Richters	91
§ 13 Sicherung der formellen Unmittelbarkeit, Rechtsmittelkontrolle	
I. Verfahrensfehler	100
II. Heilung gem. § 295 Abs. 1	101
III. Berufung, Revision	
1. Meinungsstand	105
2. Stellungnahme	108

§ 9 Formelle und materielle Unmittelbarkeit

Schrifttum:

Bachmann, "Allgemeines Prozeßrecht" – Eine kritische Untersuchung am Beispiel von Videovernehmung und Unmittelbarkeitsgrundsatz, ZZP 118 (2005), 133; *Balzer*, Beweisaufnahme und Beweiswürdigung im Zivilprozeß, 2. Aufl. 2005; *Bosc*, Grundsatzfragen des Beweisrechts, 1963; *Geppert*, Der Grundsatz der Unmittelbarkeit der Beweisaufnahme im deutschen Strafverfahren, 1978; *Haus*, Übernahme von Prozeßergebnissen, insbesondere einer Beweisaufnahme, bei Verweisung eines Rechtsstreits, Diss. jur. Regensburg 1971; *Kern*, Der Unmittelbarkeitsgrundsatz im Zivilprozess, ZZP 125 (2012), 53; *Koch, Michael* Die schriftliche Zeugenaussage gemäß § 377 Abs. 3 ZPO und die Grundsätze der Unmittelbarkeit und Parteiöffentlichkeit, Diss. jur. Köln 1996; *Koukouselis*, Die Unmittelbarkeit der Beweisaufnahme im Zivilprozeß, insbesondere bei der Zeugenvernehmung, 1990; *Lindacher*, Unmittelbarkeit der Beweisaufnahme im zivilprozessualen Regelverfahren und im Eheprozeß, FamRZ 1967, 195; *Musielak/M. Stadler*, Grundfragen des Beweisrechts, 1984; *Pantle*, Die Beweisunmittelbarkeit im Zivilprozeß, 1991; *Reichel*, Die Unmittelbarkeit der Beweisaufnahme in der Zivilprozeßordnung, Diss. jur. Gießen 1971; *Rohwer*, Materielle Unmittelbarkeit der Beweisaufnahme – ein Prinzip der StPO wie der ZPO?, 1972; *Schmidt Burkhard*, Richterwegfall und Richterwechsel im Zivilprozeß, Diss. jur. Hannover 1993; *E. Schneider*, Die Stellung des beauftragten Richters im Verhältnis zum Prozeßrichter, DRiZ 1977, 13; *Schultze*, Der Streit um die Übertragung der Beweisaufnahme auf den beauftragten Richter, NJW 1977, 409; *Schultzky*, Videokonferenzen im Zivilprozeß, NJW 2003, 313 ff.; *Teplitzky*, Der Beweisantrag im Zivilprozeß und seine Behandlung durch die Gerichte, JuS 1968, 71; *Völzmann-Stickelbrock*, Unmittelbarkeit der Beweisaufnahme und Parteiöffentlichkeit – Nicht mehr zeitgemäße oder unverzichtbare Elemente des Zivilprozesses?, ZZP 118 (2005), 359 ff.; *Werner/Pastor*, Der Grundsatz der "Unmittelbarkeit der Beweisaufnahme" nach der Änderung der ZPO, NJW 1975, 329; *Weth*, Der Grundsatz der Unmittelbarkeit der Beweisaufnahme, JuS 1991, 34.

I. Eigene richterliche Wahrnehmung des Prozessgerichts

§ 355 normiert den beweisrechtlichen Grundsatz der **Unmittelbarkeit der Beweiserhebung**. Er gilt grundsätzlich (zu Ausnahmen Rz. 40 ff.) für alle Beweismittel der §§ 373–455. Mit der **Beweiswürdigung** steht er in **engem Zusammenhang**, weil er für deren Zuverlässigkeit entscheidende Voraussetzungen schafft.[1]

Das Gericht, das die erhobenen Beweise gem. § 286 zu würdigen hat, soll diese möglichst selbst erheben, um einen **direkten Eindruck** von der **Beschaffenheit des Beweismittels** und dem Verlauf der Beweisaufnahme zu bekommen. Diese Wertung ist im Gesetz selbst niedergelegt. So gestattet **§ 349 Abs. 1 S. 2** dem Vorsitzenden der Kammer für Handelssachen die Beweiserhebung in Abwesenheit der ehrenamtlichen Handelsrichter (u.a.), wenn es für die sachgemäße Würdigung des Beweisergebnisses nicht auf den unmittelbaren Eindruck vom Verlauf der Beweisaufnahme ankommt. Gleichlautend sind die Formulierungen des § 375 Abs. 1 S. 1 für die Übertragung der Beweisaufnahme auf den beauftragten und den ersuchten Richter sowie des § 375 Abs. 1a und des § 527 Abs. 2 S. 2 für die Übertragung auf den beauftragten Richter.

Nicht betroffen ist § 355 Abs. 1 hingegen von Rechtshilfehandlungen, die der **technischen Durchführung einer Beweisaufnahme** des Prozessgerichts dienen. Dies betrifft etwa die Entfaltung unmittelbaren Zwangs gegen eine Testperson im Falle einer Blutentnahme.[2]

---

[1] *Bosch* Grundsatzfragen S. 112; *Völzmann-Stickelbrock* ZZP 118 (2005), 359, 368 f.
[2] BGH NJW 1990, 2936, 2937.

4   Für die Beurteilung der **Glaubwürdigkeit eines Zeugen** ist nicht nur der Inhalt seiner Aussage wichtig, sondern auch der persönliche Eindruck, die Art der sprachlichen Wiedergabe, die Mimik und die Reaktion auf Fragen und Vorhaltungen. Ähnlich verhält es sich beim Beweis durch **Augenschein**: Die eigene sinnliche Wahrnehmung vermittelt dem Richter den zuverlässigsten Eindruck von der tatsächlichen Beschaffenheit eines Gegenstandes oder einer Örtlichkeit. Jede Zwischenstation, beispielsweise in Gestalt eines Protokolls, das von dem beauftragten oder dem ersuchten Richter aufgenommen worden ist, birgt die Gefahr der **Erzeugung von Fehlvorstellungen** und damit der Verschlechterung der Beweiswürdigung mit Konsequenzen für die Richtigkeit der Tatsachenfeststellung.

5   Die unmittelbare Beweiserhebung durch das Gericht kann auch zur **Beschleunigung des Verfahrens** beitragen.[1] Dies gilt vor allem dann, wenn die vermeintlich leichter zugänglichen mittelbaren Beweismittel sich im Nachhinein als unzuverlässig oder nicht eindeutig erweisen und deshalb das unmittelbare Beweismittel zusätzlich herangezogen werden muss. Es ist stets eine Frage des Einzelfalls, welches Beweismittel unter prozessökonomischen Gesichtspunkten das geeignetere Mittel ist. Die **Prozessökonomie** spricht nicht von vornherein für das vermeintlich leichter erreichbare mittelbare Beweismittel.

II. Geltungsbereich des § 355

1. ZPO

6   Die §§ 355 ff. sind in **allen Verfahren** nach **der ZPO** anzuwenden, also grundsätzlich auch im selbständigen Beweisverfahren (§§ 485 ff.);[2] die §§ 371 ff. setzen die Geltung der allgemeinen Vorschriften der §§ 355 ff. voraus. Für die Beweisführung mittels **Freibeweises** (dazu Kap. 3 Rz. 23 ff.) ist der Unmittelbarkeitsgrundsatz nicht zu beachten. Einschränkungen gelten bei der Auslandsbeweisaufnahme.

2. FamFG

a) Strengbeweisrecht

7   Im Verfahren der **freiwilligen Gerichtsbarkeit** gilt § 355, **soweit** gem. § 30 Abs. 1 FamFG eine **förmliche Beweisaufnahme** durchgeführt wird und die Vorschriften der ZPO anzuwenden sind, also abweichend von § 29 FamFG Beweis im Wege des Strengbeweises erhoben wird.[3] In **Ehesachen** und **Familienstreitsachen**, die sich seit dem 1.9.2009 unter Aufhebung des Buches 6 der ZPO nach dem FamFG richten, sind gem. der Verweisung des § 113 Abs. 1 S. 2 FamFG die Vorschriften der ZPO über das Verfahren vor den Landgerichten anzuwenden und damit auch die Vorschriften des **Strengbeweisrechts**. Für einzelne **Abstammungssachen** (§ 169 Nr. 1 und 4) ordnet § 177 Abs. 2 S. 1 FamFG an, dass eine förmliche Beweisaufnahme stattzufinden hat. Dasselbe gilt für die obligatorische Einholung eines Sachverständigengutachtens bei **Bestellung eines Betreuers** oder Anordnung eines Einwilligungsvorbehalts (§ 280

---

1   Vgl. *Rosenberg* ZZP 57 (1933), 185, 326; *Jauernig/Hess*[30] § 51 Rz. 16; Stein/Jonas/*Berger*[22] § 355 Rz. 6.
2   OLG Celle NZM 1998, 158, 160.
3   *Bumiller*/Harders FamFG[10] § 30 Rz. 20; Keidel/*Sternal* FamFG[18] § 30 Rz. 19. Zu § 15 FGG a.F.: BGH NJW 1959, 1323, 1324; BayObLG ZIP 1994, 1767, 1769; BayObLG FamRZ 1988, 422, 423; BayObLG MDR 1984, 324; OLG Zweibrücken MDR 1989, 649; OLG Köln FamRZ 1992, 200; OLG Karlsruhe NJW-RR 1998, 1771, 1772; OLG München FamRZ 2008, 2047, 2048; OLG München NJW-RR 2009, 83, 85; *Pohlmann* ZZP 106 (1993), 181, 186.

Abs. 1 S. 1 FamFG), bei Genehmigung einer **Sterilisation** (§ 297 Abs. 6 S. 1 FamFG) sowie bei Anordnung einer **Unterbringung** (§ 321 Abs. 1 S. 1 FamFG).

b) Rechtshilfe

Die Einschaltung eines ersuchten Richters in die **Beweisaufnahme** richtet sich bei Geltung des Strengbeweisrechts gem. der Verweisung in § 30 Abs. 1 FamFG nach den Vorschriften der ZPO. Davon zu unterscheiden ist die **Anhörung der Beteiligten**. Ausdrücklich vorgesehen ist die Anhörung durch einen ersuchten Richter in § 128 Abs. 3 FamFG (Ehesachen) und in §§ 300 Abs. 1 S. 2, 331 S. 2 FamFG (vorläufige Maßnahmen in Betreuungs- und Unterbringungssachen). Zum Teil wird die Zulässigkeit der Übertragung auf einen ersuchten Richter davon abhängig gemacht, ob es auf den **persönlichen Eindruck** des entscheidenden Richters ankommt, so in § 278 Abs. 3 FamFG (Betreuungs- und Unterbringungssachen); zum Teil wird die Rechtshilfe ausgeschlossen, so in § 319 Abs. 4 FamFG (Unterbringungsmaßnahmen). 8

III. Unterscheidung formeller und materieller Beweisunmittelbarkeit

Der Grundsatz der Unmittelbarkeit der Beweisaufnahme kennt zwei verschiedene Ausprägungen, nämlich die formelle und die materielle Unmittelbarkeit. **Formelle Unmittelbarkeit** bedeutet, dass die zu erhebenden Beweise vor dem vollständig besetzten Prozessgericht erhoben werden müssen, das den Rechtsstreit entscheidet. § 355 betrifft die formelle Unmittelbarkeit (unten Rz. 21 f.). 9

Materielle Unmittelbarkeit verlangt, dass diejenigen Beweismittel herangezogen werden, die die Kenntnisnahme der beweiserheblichen Tatsachen am unmittelbarsten ermöglichen und dadurch die Gefahr fehlerhafter Tatsachenfeststellungen vermindern. Bei ihrer strengen Geltung ist die Inaugenscheinnahme von Fotos als Augenscheinsurrogat unzulässig, wenn das abgebildete Objekt selbst in Augenschein genommen werden kann. Die Vernehmung eines **Zeugen vom Hörensagen** als eines Beweissurrogats ist danach unzulässig, wenn auch ein Zeuge vernommen werden kann, der die fraglichen Beobachtungen selbst gemacht hat. Zurückgedrängt werden somit Beweismittel, die nicht direkt, sondern nur mittelbar über das Beweisthema berichten;[1] **bevorzugt wird** das **sachnähere Beweismittel** als höherwertigere Beweisstufe. 10

IV. Materielle Unmittelbarkeit

1. Konsequenz des Beibringungsgrundsatzes, Flexibilität der Beweiserhebung

Für den **Strafprozess** wird die Geltung des Grundsatzes der **materiellen Unmittelbarkeit** in erster Linie aus der Aufklärungspflicht des § 244 Abs. 2 StPO abgeleitet. Der Grundsatz gilt nach ganz herrschender Meinung **nicht im Zivilprozess**.[2] Die materielle Unmittelbarkeit kann weder aus dem Wortlaut des § 355 Abs. 1 noch aus anderen Vorschriften entnommen werden. 11

---

[1] BVerfGE 57, 250, 276.
[2] VerfGH Berlin NJW 2014, 1084, 1085; AK-ZPO/*Rüßmann* § 355 Rz. 6; Musielak/*Stadler*[10] § 355 Rz. 5; Stein/Jonas/*Berger*[22] § 355 Rz. 4 und 29; *Koukouselis* Die Unmittelbarkeit der Beweisaufnahme S. 80; *Reichel* Die Unmittelbarkeit der Beweisaufnahme im Zivilprozeß S. 69; *Völzmann-Stickelbrock* ZZP 118 (2005), 359, 367 f.; *Weth* JuS 1991, 34, 35; a.A. *Bruns* ZPR[2] § 16 Rz. 87; *Rohwer* Materielle Unmittelbarkeit S. 63 ff.; a.A. *Bachmann* ZZP 118 (2005), 133, 140 ff.

12 Es ist **Aufgabe der Parteien**, solche **Beweismittel beizubringen**, die eine möglichst zuverlässige Wahrnehmung der beweiserheblichen Tatsachen ermöglichen. Bestehen insoweit erkennbare Defizite, geht dies in der Regel zu Lasten der beweisbelasteten Partei, weil das Gericht einem Beweismittel mit mangelnder Qualität keinen hinreichenden Beweiswert zuerkennen wird. Die freie Beweiswürdigung gem. § 286 dient als Korrektiv. Es steht demnach einer **Partei frei** zu versuchen, den ihr obliegenden **Beweis mit Hilfe mittelbarer Zeugen** zu führen. Die Vernehmung eines mittelbaren Zeugen darf nicht deshalb abgelehnt werden, weil stattdessen auch die Person mit der direkten Wahrnehmung als Zeuge hätte benannt werden können.[1] Dies gilt auch für den Beweis innerer Tatsachen bei einer bestimmten Person.[2] Die **Sachnähe des Beweismittels** zu berücksichtigen ist Aufgabe der **Beweiswürdigung**.

13 Für den Zivilprozess ist nicht geklärt, unter welchen Voraussetzungen eine **materielle Beweisunmittelbarkeit verfassungsrechtlich** geboten sein kann (Kap. 1 Rz. 103), insbesondere ob mittelbare Beweiserhebungen unter **gezielter Anonymisierung direkter Zeugen** abzuwehren sind, etwa wenn deren Aussagen zum Inhalt eines notariellen Protokolls gemacht und als Urkunde in den Prozess eingeführt werden.[3] Unerlässlich zu wahrenden Geheimhaltungsbedürfnissen ist in anderer Weise Rechnung zu tragen (näher: Kap. 7 Rz. 69 ff.).

2. „Protokollbeweis", Übergang zum sachnäheren Beweismittel

a) Vorteile der Protokollverwertung

14 Die Verwendung von Beweismitteln, die die Beweisaufnahme mediatisieren, kann von **Vorteil** sein, wenn dadurch **Zeit und Kosten gespart** werden, z.B. wenn durch Vorlage eines Augenscheinssurrogats (z.B. Fotos oder Filmaufnahmen, Kap. 22 Rz. 19) ein Außentermin vermieden oder durch Beiziehung eines Vernehmungsprotokolls aus einem anderen Verfahren einem Zeugen eine erneute Vernehmung erspart wird.[4] Schriftliche Sachverständigengutachten aus anderen Verfahren dürfen nach § 411a verwertet werden.

b) Qualifizierung des „Protokollbeweises"

15 Die **Verwertung protokollierter Aussagen** aus anderen Verfahren (eingehend Kap. 18 Rz. 3 ff.) oder im selben Verfahren nach einem Richterwechsel wird – sprachlich lax, und wohl nur mit begrenzten rechtlichen Konsequenzen – vielfach als „**Urkundenbeweis**" eingestuft.[5] Diese **Qualifizierung** ist **teilweise sachlich unzutreffend**. Die Anforderungen an das jeweilige Beweismittel richten sich nach der zugrunde liegenden Beweiskategorie, auch wenn es über eine öffentliche Urkunde in das Verfahren eingeführt wird. Der mittelbare Zeugenbeweis bleibt also auch dann Zeugenbeweis, wenn die Zeugenaussage mittels eines Protokolls Prozessinhalt wird. In entsprechender Weise ist auch die schriftliche Zeugenerklärung nach § 377 ein Zeugenbeweis und kein Urkundenbeweis. Soweit § 411a die Verwertung schriftlicher Sachverständi-

---

[1] BGH NJW 1992, 1899, 1900; BGH NJW-RR 2002, 1433, 1435 = WRP 2002, 1077, 1080 – Vergleichsverhandlungen.
[2] BGH NJW 1992, 1899, 1900.
[3] So in BAG SAE 1993, 302 m. abl. Anm. *Schilken*. Anders BGHZ 131, 90, 92 – Anonymisierte Mitgliederliste = JZ 1996, 736 m. Anm. *Ahrens*.
[4] Vgl. dazu OLG Frankfurt OLGRep. 2008, 76 f.
[5] Vgl. etwa BGHZ 53, 245, 257 – Anastasia; BGH NJW 1985, 1470, 1471 (dort sogar mit Zitierung der §§ 415 ff., 432 ZPO); BGH NJW 1991, 1180; BGH NJW 1991, 1302; BGH NJW 1995, 2856, 2857; BGH NJW 1997, 3096; BGH NJW-RR 1997, 506; BGH NJW-RR 2011, 43 Rz. 10. Zur Einführung einer schriftlichen Zeugenerklärung durch Privaturkunde als Zeugnisersatz BGH NJW-RR 2007, 1077 Rz. 17 = VersR 2007, 681.

gengutachten aus anderen Verfahren gestattet, ändert sich die Qualität als Sachverständigenbeweis nicht.

Urkundenbeweis ist die Verwertung eines Vernehmungsprotokolls oder eines Urteils nur **insofern**, als die niedergelegten **richterlichen Feststellungen** der Urkunde mit der **formellen Beweiskraft** einer öffentlichen Urkunde ausgestattet sind. Bewiesen wird dadurch freilich nicht, dass die beurkundeten Feststellungen inhaltlich richtig sind;[1] sie unterliegen der freien Beweiswürdigung nach § 286.[2] Zu beachten ist überdies, dass in einem strafprozessualen Protokoll nur die vom Richter diktierten Formalien einer Zeugenaussage an der Beweisqualität teilhaben, nicht hingegen etwaige Angaben zum Aussageinhalt, die ohne richterliches Diktat nach eigenem Gutdünken des Protokollführers niedergeschrieben wurden. 16

c) Zulässiger Antrag auf Erhebung des unmittelbaren Beweises

Ist die gegnerische Partei mit der urkundlichen Beweisführung nicht einverstanden, so steht es ihr frei, rechtzeitig einen **Beweisantrag** auf **Einholung des unmittelbaren Beweises** zu stellen. Ein derartiger Antrag darf nicht wegen der vorhandenen Beweisurkunde zu demselben Beweisthema abgelehnt werden[3] (Kap. 18 Rz. 28); er ist **nicht** auf eine **wiederholte Zeugenvernehmung** i.S.d. § 398 Abs. 1 gerichtet (Kap. 39 Rz. 113), sondern stellt einen erstmaligen Beweisantritt dar.[4] Derartige Anträge sind nicht zu übergehen; anderenfalls würde das Gericht gegen die ihm obliegende Wahrheitserforschungspflicht und ggf. gegen das Verbot der vorweggenommenen Beweiswürdigung verstoßen (dazu auch unten Rz. 48). 17

Haben die Parteien weder einen Antrag auf Zeugenvernehmung noch einen Antrag auf Protokollverwertung gestellt, darf das Gericht **Bekundungen** von Zeugen **aus einem anderen Verfahren** mit gleichartiger Sachlage, z.B. dem häufig wiederkehrenden Abhandenkommen von Paketen bei einem Frachtführer, **nicht** als **gerichtsbekannt** ansehen.[5] Erst recht gilt dies für Bekundungen von Personen in anderen Verfahren, die von keiner Partei als Zeugen benannt worden sind.[6] **Unverwertbar** sind Feststellungen aus einem Strafurteil als Protokollbeweis, wenn das Urteil auf die Darstellung eines Zeugen gestützt wurde, der im Zivilprozess **Prozesspartei** ist.[7] 18

Hält das **Gericht** die **Überzeugungskraft** des mittelbar geführten Beweises wegen dessen fehlender materieller Unmittelbarkeit **nicht für ausreichend**, so hat es die Parteien darauf gem. § 139 Abs. 2 S. 2 **hinzuweisen**, um ihnen die Möglichkeit zu geben, die unmittelbare Heranziehung des in dem Dokument dargestellten Beweismittels zu beantragen.[8] Der daraufhin erstinstanzlich gestellte Antrag auf unmittelbare Beweiserhebung kann dann nicht wegen Verfahrensverzögerung nach § 296 Abs. 2 zurückgewiesen werden. In der Berufungsinstanz sind die §§ 529, 531 maßgebend, wenn der Antrag erst dort gestellt wird.[9] 19

---

1 Vgl. BGH NJW-RR 2005, 1024, 1025; OLG Koblenz OLGRep. 2008, 362, 363.
2 OLG Koblenz OLGRep. 2008, 362, 363.
3 BGHZ 7, 116, 121 f.; BGH NJW 1983, 164, 165; BGH NJW-RR 1992, 1214, 1215; BGH NJW 1997, 3096; LAG Nürnberg, Beschl. v. 18.9.2006, AR-Blattei ES 160.7.2. Nr. 10; MünchKommZPO/*Heinrich*[4] § 355 Rz. 10; *Musielak/Stadler* Grundfragen des Beweisrechts S. 128.
4 BGHZ 7, 116, 117; BGH NJW 1995, 2856, 2857; LAG Nürnberg, Beschl. v. 18.9.2006, AR-Blattei ES 160.7.2. Nr. 10.
5 BGH NJW-RR 2011, 569 Rz. 9 f. Ebenso gegen die amtswegige Verwertung von Zeugenaussagen aus einem früheren Parallelverfahren OG Zürich Bl. f. ZürchRspr. 2007, Nr. 14 S. 65 f.
6 BGH NJW-RR 2011, 569 Rz. 10.
7 OLG Koblenz MDR 2006, 771.
8 Musielak/*Huber*[10] § 373 Rz. 4.
9 Obsolet geworden ist insoweit BGH NJW 1983, 999, 1000.

3. Ermittlung von Amts wegen

20 Der Grundsatz der **materiellen Unmittelbarkeit** gilt nach h.M. auch **nicht bei** der **Beweiserhebung von Amts wegen**. Dieses Ergebnis kann freilich nicht mit dem Verweis auf Verhandlungs- und Beibringungsgrundsatz begründet werden. **Tragend** sind vielmehr die soeben genannten **Effizienzgesichtspunkte**: Das Gericht kann nach pflichtgemäßem Ermessen selbst entscheiden, von welchem Beweismittel es eine hinreichende Aussagekraft erwartet. Es kann ferner für den Fall, dass diese Erwartung enttäuscht worden sein sollte, anschließend ein etwaiges unmittelbareres Beweismittel hinzuziehen. Schließlich steht es den Parteien frei, selbst ein unmittelbares Beweismittel einzuführen.

V. Formelle Unmittelbarkeit

1. Historische Entwicklung

21 Der Grundsatz der formellen Unmittelbarkeit wurde in **§ 320 CPO 1877** als **Reaktion auf** die als unzweckmäßig angesehene **regelmäßige Delegierung** der Beweisaufnahme an einen beauftragten oder ersuchten Richter niedergelegt.[1] Er ist seither weder de lege lata noch de lege ferenda in Zweifel gezogen worden. Allerdings sind insbesondere in der Anfangszeit nach Schaffung der Norm so viele Ausnahmen anerkannt worden,[2] dass sich an der vom Gesetzgeber als unbefriedigend empfundenen Praxis zunächst wenig änderte und der Grundsatz der Unmittelbarkeit trotz Kodifizierung weitgehend bedeutungslos blieb. Der Beschluss zur Übertragung der Beweisaufnahme auf einen beauftragten oder ersuchten Richter war gem. §§ 320 Abs. 2, 473 CPO 1877 einer Kontrolle entzogen. Einen weiteren Bedeutungsverlust verursachte die Einführung der Möglichkeit einer **schriftlichen Zeugenvernehmung**, die im Jahre 1924 durch § 377 zur Entlastung der Gerichte erfolgte. Sie gewährt dem Gericht einen Ermessensspielraum, auf eine persönliche Anhörung des Zeugen zu verzichten, der aus heutiger Sicht zur Berücksichtigung der persönlichen Belastung des Zeugen (dazu Kap. 38 Rz. 1) zu nutzen ist.[3]

22 Die **weitreichenden Ausweichmöglichkeiten** wurden durch die ZPO-Novelle vom 27.10.1933 **beseitigt** und so das Gewicht des Unmittelbarkeitsgrundsatzes deutlich gestärkt. Der damals neu gefasste § 355 gilt unverändert bis heute; § 375 ist in den Jahren 1990 und 2001 in kleinerem Umfang modifiziert worden. Faktisch gestärkt worden ist der Unmittelbarkeitsgrundsatz 1974 durch das Gesetz zur Entlastung der Landgerichte und der Vereinfachung des gerichtlichen Protokolls (Einzelrichternovelle).[4] Die dortige Änderung der §§ 348–350 hat vermehrt eine **Entscheidung** statt einer bloßen Beweisaufnahme **durch den Einzelrichter** geschaffen, was die Beachtung des Unmittelbarkeitsgrundsatzes erleichtert hat. Nicht geändert wurde allerdings der in § 355 Abs. 2 niedergelegte Ausschluss der selbständigen Anfechtbarkeit des Beweisbeschlusses (dort seit 1933, zuvor § 320 Abs. 2); er erschwert nach wie vor die Kontrolle der Beachtung des Unmittelbarkeitsgrundsatzes (dazu unten Rz. 105 ff.), auch wenn er im Übrigen rechtspolitisch nicht zu beanstanden ist.

---

[1] Ausführlich *Koukouselis* Die Unmittelbarkeit der Beweisaufnahme S. 15 ff.; *Reichel* Die Unmittelbarkeit der Beweisaufnahme im Zivilprozeß S. 87 ff.
[2] Näher dazu *Koukouselis* Die Unmittelbarkeit der Beweisaufnahme S. 16 f.
[3] Zu einem besonders krassen Fall der Belastung eines freiberuflich tätigen „Dauerzeugen" OLG Frankfurt OLGRep. 2008, 76 f.
[4] BGBl. I 1974, 3651 ff.; *Koch* Schriftliche Zeugenaussage S. 16.

2. Normzusammenhänge

Gem. § 355 Abs. 1 S. 1 erfolgt die Beweisaufnahme vor dem **Prozessgericht**. Dies wird von anderen Normen vorausgesetzt, vgl. § 279 Abs. 2, § 370 Abs. 1, § 411 Abs. 3. Dieser Grundsatz der Unmittelbarkeit der Beweisaufnahme verlangt also deren Durchführung vor dem **vollständigen Richterkollegium** des zuständigen Spruchkörpers. Der beweisrechtliche Grundsatz der Unmittelbarkeit steht in **Zusammenhang mit** dem in **§ 309** niedergelegten allgemeinen Unmittelbarkeitsgrundsatz, demgemäß das Urteil nur von denjenigen Richtern gefällt werden kann, die der dem Urteil zugrunde liegenden Verhandlung beigewohnt haben.

23

§ 310 enthält eine **zeitliche Komponente der Unmittelbarkeit**: Das Urteil soll möglichst bald auf die Verhandlung folgen. Eine ähnliche Wertung enthalten **§ 279 Abs. 3** und **§ 285 Abs. 1**, die eine **Verhandlung über das Beweisergebnis** direkt im Anschluss an die Beweisaufnahme anordnen. Dies fördert die Verfahrenskonzentration, weil die Parteien ihr weiteres Prozessverhalten sofort darauf einstellen können (dazu Kap. 14 Rz. 152 ff.), gewährleistet aber auch, dass alle Beteiligten bei der Verhandlung noch über eine möglichst vollständige Erinnerung an den Verlauf der Beweisaufnahme verfügen. All diese Regelungen greifen ineinander und dienen neben der Verfahrensbeschleunigung dem **Zweck** einer möglichst **zuverlässigen Beweiserhebung und -bewertung** sowie anschließender Entscheidung.

24

§ 10 Beweisaufnahme des Prozessgerichts und anderer Richter

I. Das Prozessgericht

1. Grundregel

Durchzuführen ist die Beweisaufnahme gem. § 355 Abs. 1 vor dem Prozessgericht. Die Auslegung dieses Begriffs entscheidet über die Reichweite des formellen Unmittelbarkeitsprinzips. Prozessgericht in diesem Sinne ist der **Spruchkörper des** sachlich, örtlich und funktionell **zuständigen Gerichts** im institutionellen Sinn, der nach dem **Geschäftsverteilungsplan** zur Entscheidung berufen ist (vgl. § 21g Abs. 1 S. 1 GVG).

25

Der **Spruchkörper** muss bei der Beweisaufnahme **vollständig besetzt** sein.[1] In Kammern für Handelssachen sind die ehrenamtlichen Handelsrichter gem. § 105 Abs. 2 GVG voll stimmberechtigte Mitglieder und somit Teil des Spruchkörpers; etwas anderes gilt nur im Falle der Alleinentscheidung durch den Vorsitzenden gem. § 349. In einem kollegialen Spruchkörper (Kammer, Senat), der mehr als die Zahl der nach §§ 75, 122 GVG zur Entscheidung berufenen Richtern umfasst, richtet sich die **Besetzung nach** der **internen Geschäftsverteilung**.

26

Ist der **Einzelrichter** gem. § 348, § 348a oder § 526 für die Entscheidung originär oder kraft Übertragung zuständig, so nimmt er **selbst** die Position des **Prozessgerichts** ein.[2] Der Einzelrichter hat also nicht nur allein Beweis zu erheben, sondern ihm allein obliegt **auch** die **Beweiswürdigung** und die Entscheidung des Rechtsstreits. Abweichend ist die vollständige Kammer zuständig, wenn sie die Sache gem. § 348 Abs. 3 oder § 348a Abs. 2 zur Entscheidung übernimmt.

27

---

1 BVerwG DVBl. 1973, 372 f. (jedoch nach § 295 Abs. 1 verzichtbar); Stein/Jonas/*Berger*²² § 355 Rz. 9.
2 BGHZ 40, 179, 182.

2. Richterwechsel in der Kammer

a) Aktenkundiger Eindruck

28 Wenn ein Richter des erkennenden Spruchkörpers wechselt, zwingt der Grundsatz der formellen Unmittelbarkeit **nicht** zur **Wiederholung sämtlicher Beweiserhebungen**, an denen der nachgerückte Richter nicht persönlich teilgenommen hat.[1] Vielmehr kann der nachgerückte Richter an der Würdigung der Beweise mitwirken und darauf seine Entscheidung gründen, sofern **Umstände**, deretwegen eine persönliche Wahrnehmung notwendig erscheint, bei der seinerzeit erfolgten Beweisaufnahme **protokolliert** wurden und die Parteien Gelegenheit hatten, sich zu der Beweisaufnahme zu äußern.[2]

29 Ist der **persönliche Eindruck** über eine Beweisperson rechtserheblich, darf er nur zugrunde gelegt werden, wenn dieser Eindruck im **Protokoll festgehalten** wurde und damit aktenkundig ist[3] (dazu auch Kap. 18 Rz. 28 f.). Das **neu besetzte Gericht** ist insofern an die protokollierte Einschätzung z.B. der Glaubwürdigkeit eines Zeugen **gebunden**. Wenn das Gericht nach der Neubesetzung an der Glaubwürdigkeit eines Zeugen zu zweifeln beginnt, also von der in alter Besetzung getroffenen Einschätzung abweichen will, hat es die Beweisaufnahme zu wiederholen[4] (zum Berufungsverfahren unten Rz. 51). Nimmt das Gericht ausdrücklich zur Glaubwürdigkeit Stellung, lässt sich diese Begründung nicht dahin umdeuten, es sei stattdessen die Glaubhaftigkeit der Aussage gemeint gewesen.[5]

30 In **analoger Anwendung des § 285 Abs. 2** ist das Ergebnis der vor der Neubesetzung durchgeführten Beweisaufnahme von den Parteien vorzutragen,[6] sofern nicht § 137 Abs. 3 Anwendung findet.

b) Rechtfertigung der Durchbrechung des Unmittelbarkeitsgrundsatzes

31 Gegen die Protokollverwertung nach einem Richterwechsel wird vorgebracht, die Voraussetzungen der Delegation, wie sie für den beauftragten und den ersuchten Richter normiert sind, seien nicht erfüllt.[7] Richtig ist an diesem Einwand, dass ein gesetzlicher Tatbestand, wie ihn § 355 Abs. 1 verlangt, nicht gegeben ist. Die Berücksichtigung des Eindrucks, den die an der Beweisaufnahme teilnehmenden Richter von dem Beweismittel gewonnen haben, durch das neu besetzte Gesamtkollegium ist aber insofern mit dem Zweck der formellen Unmittelbarkeit vereinbar, als die festgehaltene persönliche **Einschätzung des ausgeschiedenen Richters in** das **Protokoll** als Urkunde eingegangen ist und der Urkundenbeweis unmittelbar erbracht werden kann. Dass der Inhalt eines Protokolls an die Stelle des unmittelbaren Eindrucks tritt, betrifft

---

[1] Ganz h.M., BGH VersR 1967, 25, 26; BGH NJW 1964, 108, 109; BGHZ 32, 233, 234 = NJW 1960, 1252, 1253; BGHZ 53, 245, 256 f. – Anastasia = NJW 1970, 946; BGH NJW 1972, 1202; BGH NJW 1991, 1180; BGH NVwZ 1992, 915, 916; BGH NJW-RR 1997, 506; MünchKommZPO/*Heinrich*[4] § 355 Rz. 6; zweifelnd *Grunsky* Grundlagen des Verfahrensrechts[2] § 42 I 1 (S. 437). A.A. Stein/Jonas/*Berger*[22] § 355 Rz. 12; *Völzmann-Stickelbrock* ZZP 118 (2005), 359, 369 Fn. 49; *Stickelbrock* Inhalt und Grenzen richterlichen Ermessens S. 584 ff., 587.
[2] BGHZ 53, 245, 257; BGH NJW 1991, 1180 f.; BGH NJW 1997, 1586; OLG Hamm MDR 2007, 1153 = OLGRep. 2007, 616, 617; OLG München NJW-RR 2009, 83, 85.
[3] BGH NJW 1992, 1966; BGH Rep. 2002, 391; OLG Hamm MDR 2007, 1153; OLG München NJW-RR 2008, 1523, 1524; OLG München NJW-RR 2009, 83, 85. Zum FGG-Verfahren OLG München FamRZ 2008, 2047, 2048.
[4] BGHZ 53, 245, 257 f.; OLG Schleswig MDR 1999, 761; *Leipold* ZGR 1985, 112, 123; *Weth* JuS 1991, 34, 35 (unter Berufung auf § 309).
[5] Vgl. BGH Rep. 2002, 391.
[6] MünchKommZPO/*Heinrich*[4] § 355 Rz. 6; *Reichel* Die Unmittelbarkeit der Beweisaufnahme im Zivilprozeß S. 97, 103.
[7] Stein/Jonas/*Berger*[22] § 355 Rz. 12.

nicht die **formelle**, sondern lediglich die von § 355 Abs. 1 nicht verlangte materielle **Unmittelbarkeit** der Beweisaufnahme.

Die tatbestandlichen Voraussetzungen der durch Gesetzesbestimmungen zugelassenen Durchbrechungen werden analog angewandt. **Verfassungsrechtlich geboten** ist diese richterrechtliche Durchbrechung zwecks Beachtung des Justizgrundrechts der **Gewährung effektiven Rechtsschutzes**, das aus dem Rechtsstaatsprinzip (Art. 20 Abs. 3 GG) i.V.m. Art. 2 Abs. 1 GG abgeleitet worden ist. Richterwechsel können krankheitsbedingt eintreten, aus dem Zwang zur Überwindung vorübergehender personeller Engpässe in der Strafjustiz folgen oder nach dem Ausscheiden eines Richters wegen einer Abordnung, einer Beförderung oder einer Pensionierung geboten sein. Alle derartigen unplanbaren Gründe dürfen nicht zu Lasten der Prozessparteien gehen, die auf ein rasches Urteil Anspruch haben und denen nicht ex officio die Wiederholung einer – dann zumeist – zeitlich erstreckten Beweiserhebung nur deshalb aufgezwungen werden darf, damit dem ohnehin durchlöcherten Prinzip formeller Beweisunmittelbarkeit Geltung verschafft wird. 32

3. Rückübertragung auf kollegiale Spruchkörper

Die vorstehend formulierten Grundsätze gelten gleichfalls, wenn ein **originärer oder obligatorischer Einzelrichter** den Rechtsstreit gem. § 348 Abs. 3 bzw. § 348a Abs. 2 auf die Kammer **zurücküberträgt** und wenn im Berufungsverfahren der kraft Übertragung zuständige streitentscheidende Einzelrichter die Sache gem. § 526 Abs. 2 zurücküberträgt.[1] Eine Wiederholung ist nur dann durchzuführen, wenn es für eine sachgemäße Beweiswürdigung auf den unmittelbaren Eindruck von dem Verlauf der Beweisaufnahme ankommt. 33

4. Videokonferenzvernehmung, Tele-Augenschein

§ 355 Abs. 1 erfordert nicht die **körperliche Anwesenheit des Beweismittels** vor dem Richter.[2] Relevant wird diese Frage insbesondere bei der Vernehmung von Zeugen mittels **Videokonferenz**. Gegen dieses Verfahren ist vor Schaffung des § 128a Abs. 2 im Jahre 2001 eingewandt worden, es gewährleiste keine hinreichend intensive Wahrnehmung des Verhaltens des Zeugen und genüge daher nicht den Anforderungen des Unmittelbarkeitsgrundsatzes.[3] Ferner ist die Möglichkeit eines technisch bedingten Fehleindrucks angeführt worden.[4] Diese Argumentation führt jedoch zu einer Vermischung des formellen Grundsatzes der Unmittelbarkeit mit dem materiellen Grundsatz: Auch bei einer Videokonferenz ist es der Richter des Prozessgerichts, der die Fragen stellt. Lediglich die **visuelle und akustische Übertragung** von Fragen und Antworten wird durch **technische Hilfe** vermittelt. Es steht aber keine weitere Person auf Seiten des Gerichts dazwischen, die die Wahrnehmungen trüben könnte. Vielmehr liegen die genannten Mängel in der Beschaffenheit des Beweismittels selbst begründet. Nach der oben Rz. 9 ff. vorgenommenen Differenzierung ist dies jedoch allein ein Kriterium der materiellen Unmittelbarkeit, die von § 355 Abs. 1 gerade nicht verlangt wird. Mit der gesetzlichen Regelung für die Zeugen-, Sachverständigen- und Parteivernehmung haben sich die Einwände für diese Beweismittel erledigt.[5] § 1101 Abs. 2 hat die Zulässigkeit ortsferner Vernehmung von Zeugen, Sachverständigen 34

---
1 MünchKommZPO/*Heinrich*[4] § 355 Rz. 7.
2 *Völzmann-Stickelbrock* ZZP 118 (2005), 359, 372.
3 Stein/Jonas/*Berger*[21] § 355 Rz. 10.
4 *Koukouselis* Die Unmittelbarkeit der Beweisaufnahme S. 207 f.
5 Dazu *Schultzky* NJW 2003, 313 ff. Kritisch zur Umsetzung *Bachmann* ZZP 118 (2005), 133, 154 ff. Zur Anwendung auf die Vernehmung eines in England lebenden Zeugen BPatG GRUR 2003, 176.

und Parteien mit Wirkung vom 1.1.2009 auch für das europäische Verfahren für geringfügige Forderungen eingeführt. § 128a Abs. 2 gehört funktional zu den Beweisvorschriften der §§ 355 ff.[1] Soweit Zweifel an der **Qualität einer Videoaussage** geäußert werden, weil sich die Unwahrheit leichter in eine Kamera als ins Angesicht des Richters sagen lasse,[2] ist davon **§ 286**, nicht aber § 355 betroffen.

35 Die ursprünglichen Bedenken sind durch die gesetzliche Regelung nicht für die **Tele-Augenscheinseinnahme** erledigt. Auch dort sind sie aber nicht gerechtfertigt, wie sich bereits aus der Rechtsprechung zu Augenscheinssurrogaten (dazu Kap. 22 Rz. 30) ergibt. Es kann also z.B. mittels Videoübertragung die Ortsbegehung eines Geländes durch den Richter ersetzt werden.[3]

5. Selbständige Ermittlungsarbeit Sachverständiger

36 Ein Konflikt mit dem Grundsatz der formellen Unmittelbarkeit wird teilweise in der **Tatsachenfeststellung durch Nichtrichter** gesehen. Praktisch wird dies in erster Linie bei Sachverständigengutachten, die die Ermittlung bestimmter zu begutachtender Tatsachen voraussetzen. Es stellt sich dann die Frage, ob eine davor stattfindende Tatsachenfeststellung durch den Sachverständigen selbst mit dem Unmittelbarkeitsgrundsatz vereinbar ist.

37 Gem. § 404a Abs. 1 hat das **Gericht die Tätigkeit des Sachverständigen zu leiten** und ihm für Art und Umfang seiner Tätigkeit Weisungen zu erteilen sowie gem. § 404a Abs. 3 zu bestimmen, welche Tatsachen der Sachverständige der Begutachtung zugrunde legen soll. Gegebenenfalls sind ihm Sachverhaltsalternativen zwecks selbständiger Würdigung vorzulegen, wenn der zu begutachtende Sachverhalt nicht eindeutig feststeht.[4] Diese Tatsachen werden **Anschlusstatsachen** genannt (Kap. 47 Rz. 8). Grundsätzlich hat also das Gericht diejenigen Beweistatsachen selbst zu ermitteln, die anschließend von dem Sachverständigen zu begutachten sind. Diese Fälle stehen mit dem Grundsatz der formellen Unmittelbarkeit in Einklang. Gegebenenfalls kann das **Gericht den Sachverständigen** zu der vom Gericht selbst durchgeführten Tatsachenermittlung **hinzuziehen**. Fehlt es an einer Leitung durch das Gericht, liegt eine „Beweiserhebung" durch eine nicht dem Prozessgericht angehörende Person vor, die den Grundsatz der formellen Unmittelbarkeit verletzt.

38 Ebenfalls unbedenklich sind die Fälle, in denen der Sachverständige zwar **eigene Tatsachenfeststellungen** trifft, diese aber seine **besondere Sachkunde** erfordern, sog. **Befundtatsachen** (Kap. 47 Rz. 9). Das Gericht ist selbst nicht zu einer Gewinnung dieser Erkenntnisse in der Lage. Andere streitige Tatsachenfeststellungen durch den Sachverständigen sind nur dann zulässig, wenn er aus tatsächlichen oder rechtlichen Gründen **als Augenscheinsgehilfe** tätig werden muss (z.B. als Dachdecker oder Taucher oder zum Persönlichkeitsschutz einer zu betrachtenden Person als Arzt).

39 Ermittelt der Sachverständige aufgrund eigener Nachforschungen Tatsachen, die dem Gericht **bisher unbekannt** waren und deren Feststellung **nicht durch** die **vorstehend genannten Rechtfertigungsgründe** gedeckt ist, dürfen diese weder separat noch bei der Würdigung des Gutachtens ohne Beweisaufnahme zugrunde gelegt werden.

---

1 Vgl. *Stadler* ZZP 115 (2002), 413, 438.
2 *Erdinger* DRiZ 1996, 290; *Stadler* ZZP 115 (2002), 413, 440.
3 *Schultzky* NJW 2003, 313, 316. Ablehnend *Stadler* ZZP 115 (2002), 413, 442.
4 MünchKommZPO/*Heinrich*[4] § 355 Rz. 11; AK-ZPO/*Rüßmann* § 404 Rz. 5.

II. Übertragung der Beweisaufnahme, § 355 Abs. 1 S. 2

1. Durchbrechung der formellen Unmittelbarkeit

Der Grundsatz der formellen Unmittelbarkeit gilt in der dargestellten Form uneingeschränkt. Ausnahmen werden in § 355 Abs. 1 S. 1 an die **Bedingung** geknüpft, dass sie **gesetzlich vorgesehen** sind. Sofern die **Delegation der Beweisaufnahme** auf ein Mitglied des Prozessgerichts zulässig ist, regelt **§ 361** deren Durchführung. Mit der Übertragung findet eine Durchbrechung des Grundsatzes der formellen Unmittelbarkeit statt. Sie entspricht der in § 362 geregelten Möglichkeit, die Beweisaufnahme auf einen ersuchten Richter zu übertragen. 40

Während eine Beweiserhebung durch den ersuchten Richter gem. **§ 362** eine Beweiserhebung mit vertretbarem Aufwand häufig überhaupt erst ermöglicht, stehen bei § 361 **Effizienzgesichtspunkte** im Vordergrund: Die Beauftragung eines Mitglieds des Prozessgerichts entlastet die übrigen Richter des Kollegialorgans (Kammer oder Senat) und ermöglicht diesen, während der Durchführung der Beweisaufnahme anderen Aufgaben nachzukommen (s. auch Rz. 61). 41

2. Numerus clausus der Delegationstatbestände

Die Fälle zulässiger **Delegation** der Beweisaufnahme sind im Gesetz **abschließend aufgezählt**. Eine entsprechende Vorschrift mit jeweils speziellen Voraussetzungen findet sich für jedes der fünf Strengbeweismittel der §§ 371–455. Die jeweiligen Regeln sind enthalten in § 372 Abs. 2 für den Augenschein,[1] § 375 für den Zeugenbeweis,[2] §§ 402, 405 i.V.m. § 375 für den Sachverständigenbeweis, § 434 für den Urkundenbeweis und in § 451 i.V.m. § 375 für die Parteivernehmung. Des Weiteren erlaubt § 349 eingeschränkt eine Beweisaufnahme allein durch den **Vorsitzenden der Kammer für Handelssachen**. Eide können gem. § 479 vom beauftragten oder ersuchten Richter abgenommen werden. 42

Eine Sonderregelung für das **Berufungsverfahren** findet sich in § 527. Demgemäß kann das Berufungsgericht, sofern es die Sache nicht gem. § 526 gänzlich dem Einzelrichter überträgt, einen Einzelrichter mit der Vorbereitung der Entscheidung betrauen, der gem. § 527 Abs. 2 S. 2 zu diesem Zweck auch einzelne Beweise erheben darf. Der BGH gestattet die Erhebung aller notwendigen Beweise, sofern die übrigen tatbestandlichen Voraussetzungen vorliegen, entnimmt dem Wortlaut „einzelne Beweise" also keine quantitative Begrenzung.[3] In **Ehesachen** darf ein **ersuchter Richter** nach § 128 Abs. 3 FamFG, der an die Stelle des § 613 Abs. 1 S. 3 ZPO a.F. getreten ist, eine Parteianhörung oder eine Parteivernehmung durchführen. 43

§ 355 Abs. 1 S. 2 **unterscheidet** zwischen der **Übertragung auf ein Mitglied des (kollegialen) Prozessgerichts** (beauftragter Richter, § 361) und der Übertragung **auf ein anderes Gericht** (ersuchter Richter, § 362). Unzulässig ist die Übertragung auf andere Personen als Richter. Die Übertragung auf den beauftragten oder ersuchten Richter hat durch **Beweisbeschluss** zu erfolgen (Kap. 13 Rz. 16 und Rz. 55). 44

Bei der Übertragung auf ein Mitglied des Prozessgerichts wird die Beweisaufnahme von einem einzelnen Richter des Spruchkörpers durchgeführt. Eine **Übertragung auf zwei Richter** des Prozessgerichts widerspricht dem Wortlaut der Norm und ist **un-** 45

---
[1] Dazu BGH NJW 1990, 2936, 2937 (Blutentnahme für Abstammungsuntersuchung, Delegation auf Rechtshilferichter).
[2] Dazu BGH NJW 2000, 2024, 2025.
[3] BGH NJW 2013, 2516 Rz. 19.

zulässig.[1] Der Grundsatz der Unmittelbarkeit würde dies zwar nicht zwingend verlangen. Jedoch entstehen mit einer zeitlich parallelen Beweiserhebung zu getrennten Beweisthemen durch zwei beauftragte Richter vermeidbare Beweiswürdigungsverluste. Würden Beweise zu denselben Beweisthemen von zwei Kammermitgliedern gemeinsam erhoben, etwa durch den Vorsitzenden und den Berichterstatter,[2] entstünde faktisch ein Übergewicht gegenüber dem dritten Richter,[3] das gegen das gerichtsverfassungsrechtlich vorgesehene **Kollegialprinzip** der Entscheidung durch drei Richter verstieße.

46 Soll die Beweisaufnahme dem **Richter eines anderen Gerichts** übertragen werden, gelten ergänzend die §§ 156 ff. GVG (Durchführung von Rechtshilfe). Zuständig ist das gem. § 157 Abs. 1 GVG als **Rechtshilfegericht** zuständige Amtsgericht.

47 Für die **Verwertung der Beweisergebnisse** des beauftragten/ersuchten Richters gelten dieselben Regeln wie beim Richterwechsel und der Verwertung von Beweisergebnissen anderer Gerichte (dazu nachfolgend Rz. 48 ff.). Zum **Richterwechsel** in der laufenden Instanz oben Rz. 28 ff.

III. Verwertung der Beweiserhebung anderer Gerichte

1. Verfahrensfremde Beweiserhebungen

48 Grundsätzlich besteht die Möglichkeit, die Ergebnisse der Beweisaufnahme eines anderen Verfahrens **urkundlich** (zur Qualifizierung oben Rz. 15) in die Verhandlung einzubringen. Sie besteht für sämtliche Beweismittel, die in anderen Prozessen herangezogen worden sind, was für Sachverständigengutachten ausdrücklich in § 411a geregelt ist. Die Berücksichtigung dieser Ergebnisse bedarf **nicht der Zustimmung des Gegners** des Beweisführers.[4] Allerdings steht es den Parteien frei, darüber hinaus oder zur Führung des Gegenbeweises die unmittelbare Heranziehung des in der Urkunde in Bezug genommenen Beweismittels zu beantragen (dazu oben Rz. 17). Nur so können sie von ihrem **Fragerecht nach § 397 Abs. 1** Gebrauch machen. Das Einverständnis zur Verwertung der Ermittlungsakten bedeutet nicht ohne Weiteres den Verzicht auf die beantragte Vernehmung eines Zeugen.[5] Wird ein Antrag nicht gestellt, gelten für die Verwertung der protokollierten Aussage dieselben Grenzen wie für die Verwertung nach einem Richterwechsel.[6]

2. Verwertung nach Verweisung im selben Verfahren

49 Eine besondere Konstellation, die als Ausnahme vom Unmittelbarkeitsgrundsatz aufgefasst werden kann, bildet die Verweisung bei Unzuständigkeit gem. § 281. Das Verfahren vor dem verweisenden und dem zuständigen Gericht bilden eine Einheit.[7] Deshalb haben die **Ergebnisse einer** schon vom verweisenden Gericht durchgeführten **Beweisaufnahme weiterhin Bestand.**[8] Die Beweisergebnisse finden somit Eingang in

---

1 BGHZ 32, 233, 236 = NJW 1960, 1252, 1253; *Brüggemann* JZ 1952, 172, 173; Zöller/*Greger*[30] § 355 Rz. 5.
2 So in BGHZ 32, 233.
3 Vgl. BGHZ 32, 233, 237/238.
4 BGH VersR 1970, 322, 323; BGH VersR 1983, 667, 668; BGH NJW 1985, 1470, 1471; *Wussow* VersR 1960, 582.
5 OLG Hamm VersR 2003, 128 (LS).
6 Vgl. dazu BGH NJW-RR 1992, 1214, 1215.
7 BGH NJW 1953, 1139, 1140; BGH NJW 1984, 1901.
8 BGH LM ZPO § 648 Nr. 2; MünchKommZPO/*Heinrich*[4] § 355 Rz. 9; *Haus* Übernahme von Prozeßergebnissen S. 49.

die Entscheidung, ohne dass auch nur ein Richter des zuständigen Gerichts daran teilgenommen hat. Es steht im Ermessen Gerichts, die Beweisaufnahme gem. §§ 398, 412, 451 zu wiederholen. Eine entsprechende Pflicht besteht nur unter denselben Voraussetzungen, die für den erstinstanzlichen Richterwechsel aufgestellt worden sind.

3. Beweisergebnisse erster Instanz im Berufungsverfahren

Im Berufungsverfahren sind die **Tatsachenfeststellungen** der **ersten Instanz** gem. § 529 Abs. 1 Nr. 1 grundsätzlich **zugrunde zu legen**. Das Berufungsgericht stützt sich auf Beweisergebnisse, an deren Gewinnung es zwar nicht teilgenommen hat. Jedoch hat das Eingangsgericht die Beweise erhoben, sie selbst gem. § 286 gewürdigt und auf dieser Grundlage ein Urteil gefällt. Es liegt also bereits eine Entscheidung vor, die den Unmittelbarkeitsanforderungen gerecht wird. Sie ist **nur** Gegenstand einer **Fehlerüberprüfung**. Von dem erstinstanzlichen Ergebnis darf ohne Feststellung von Fehlern nicht abgewichen werden.[1]

Eine **Wiederholung** ist gem. §§ 529 Abs. 1 Nr. 1, 398 Abs. 1 (s. Kap. 39 Rz. 121) notwendig, wenn das Berufungsgericht **von** den Feststellungen und Einschätzungen der **Eingangsinstanz abweichen** will, nämlich der Aussage eines Zeugen eine andere Tragweite, ein anderes Gewicht oder eine vom Wortsinn abweichende Auslegung geben will oder wenn es die protokollierten Angaben des Zeugen für zu vage und präzisierungsbedürftig hält;[2] dasselbe gilt für eine Parteivernehmung.[3] Zweifel an der Vollständigkeit und Richtigkeit der protokollierten Aussage eines Zeugen nötigen **nicht stets** zu einer **Wiederholung der Vernehmung**. Das Berufungsgericht kann darauf verzichten, wenn es seine Abweichung allein mit dem objektiven Aussagegehalt einer Zeugenaussage begründet. Es soll sich dann nur auf Umstände stützen dürfen, die weder die Urteilsfähigkeit, das Erinnerungsvermögen oder die Wahrheitsliebe des Zeugen noch die Vollständigkeit oder die Widerspruchsfreiheit seiner Aussage betreffen;[4] dieser Aussage ist hinsichtlich der **Abweichung wegen Widersprüchlichkeit** infolge Auslegung des protokollierten Aussagetextes zu widersprechen.

Auch bei einem **Verzicht auf** eine **erneute Vernehmung** darf das Berufungsgericht die vom erstinstanzlichen Gericht als glaubhaft gewürdigten Zeugenaussagen nicht unberücksichtigt lassen.[5] Zumindest hat es sich mit den Aussagen auseinanderzusetzen und darzulegen, weshalb es gegen die Aussage sprechende Indizien ohne erneute Befragung des Zeugen für aussagekräftiger hält.[6] Dies gilt auch bei nur teilweiser Wiederholung der Zeugenvernehmung; das Ergebnis der nicht wiederholten Vernehmung darf bei der Entscheidungsfindung nur unberücksichtigt bleiben, wenn die Partei auf das Beweismittel verzichtet hat.[7]

---

1 Vgl. KG NJW-RR 2014, 592, 593.
2 BGH NJW 1984, 2629; BGH NJW 1993, 64, 66 (insoweit nicht in BGHZ 119, 283); BGH NJW 1996, 663; BGH NJW-RR 1998, 1601, 1602; BGH NJW 1998, 2222, 2223; BGH NJW 1999, 363, 364; BGH NJW 1999, 2972, 2973; BGH NJW-RR 2000, 432, 433; BGH NJW 2000, 1199, 1200; BGH NJW-RR 2001, 1430; BGH NJW-RR 2002, 1500; BGH NJW-RR 2002, 1649, 1650; BGH Rep. 2003, 453; BGH NJW-RR 2006, 109, 110; BGH VersR 2006, 949 Rz. 2; BGH Beschl. v. 14.7.2009 – VIII ZR 3/09; BAG NZA 1990, 74.
3 BGH NJW 1999, 563, 564.
4 BGH NJW 1991, 3285, 3286; BGH NJW 1998, 2222, 2223; BGH Beschl. v. 14.7.2009 – VIII ZR 3/09; s. ferner BGH NJW 1988, 1138, 1139; BGH MDR 1979, 481, 482; BGH NJW-RR 2002, 1500; BGH NJW 2007, 372 Rz. 23 = VersR 2007, 102.
5 BGH NJW-RR 2002, 1649, 1650.
6 BGH NJW-RR 2002, 1649, 1650.
7 BGH NJW 2000, 1199, 1200.

53 Eine **Wiederholung** ist auch **notwendig**, wenn das erstinstanzliche Gericht eine unzureichende, nämlich **bloß formelhafte Beweiswürdigung** vorgenommen hat und es wegen der **Glaubwürdigkeitsbeurteilung** auf den persönlichen Eindruck von den Zeugen ankommt.[1] Kein Fall abweichender Bewertung der Aussage ist gegeben, wenn das Berufungsgericht bei gleichbleibendem tatsächlichen Verständnis lediglich andere rechtliche Konsequenzen zieht.[2] Der Pflicht zur Wiederholung der Vernehmung kann sich das Berufungsgericht nicht dadurch entziehen, dass es die Aussage des Zeugen in ihrem umstrittenen Teil unberücksichtigt lässt, wenn der Beweiswert anderer Indizien nicht losgelöst von der Aussage zu beurteilen ist.[3]

54 Seit der Reform des Berufungsrechts findet die Überlegung zur etwaigen Abweichung von der Beweiswürdigung der ersten Instanz bei der Prüfung eines **Feststellungsfehlers gem. § 529 Abs. 1 Nr. 1** statt.[4] Ist die erstinstanzliche Würdigung insoweit zu beanstanden, besteht vielfach Anlass zur erneuten Vernehmung eines Zeugen oder einer Partei. Dafür gelten die Grundsätze, die schon vor der Neuordnung des Berufungsrechts angewandt wurden.[5] Wird der Antrag zur erneuten Vernehmung übergangen, liegt darin ein Verstoß gegen Art. 103 Abs. 1 GG[6] (näher zu Art. 103 I 1 GG Kap. 1 § 2).

4. Verwertung der Ergebnisse des selbständigen Beweisverfahrens

55 Eine **gesetzliche Ausnahme** vom Grundsatz der formellen Unmittelbarkeit enthält **§ 493** für die Ergebnisse eines selbständigen Beweisverfahrens. Tatsachen, über die in diesem Verfahren Beweis erhoben worden ist, stehen Beweisergebnissen gleich, über die von dem Prozessgericht Beweis erhoben wird, sofern sie von einer Partei in das Hauptverfahren eingeführt werden.

56 Der Grundsatz der Unmittelbarkeit wird von dieser Regelung dann nicht eingeschränkt, wenn das für das selbständige Beweisverfahren **zuständige Gericht** mit dem **Prozessgericht** identisch ist; es gilt also § 375.[7] Eine solche Identität der Gerichte ist stets gegeben, wenn das selbständige Beweisverfahren gem. § 486 Abs. 1 stattfindet, aber regelmäßig auch im Falle des § 486 Abs. 2 bei erst nachfolgender Klageerhebung. Eine **echte Ausnahme** entsteht lediglich im Falle des **§ 486 Abs. 3**, also der **Beweisaufnahme durch das Amtsgericht** bei dringender Gefahr des Beweismittelverlustes.

57 Das Ergebnis des selbständigen Beweisverfahrens wird gem. § 493 Abs. 1 **nicht** im Wege eines **Urkundenbeweises** in den Hauptprozess eingeführt. Vielmehr sind die Beweise so zu berücksichtigen, wie sie im selbständigen Beweisverfahren erhoben worden sind, d.h. als Augenscheins-, Zeugen- oder Sachverständigenbeweis. Eine Parteivernehmung kann im selbständigen Beweisverfahren nicht durchgeführt werden, § 485 Abs. 1 (arg. e contrario). Die Verwertung im Wege des Urkundenbeweises steht den Parteien jedoch im Falle des § 493 Abs. 2 offen. Eine vermeintliche Benachteiligung des nicht rechtzeitig geladenen Gegners i.S.d. § 493 Abs. 2 ist nicht zu befürchten, da dieser die Erhebung des materiell unmittelbaren Beweismittels selbst beantragen und damit den Urkundenbeweis widerlegen kann.

---

1 BGH NJW-RR 2000, 432, 433 = VersR 2000, 227, 228.
2 KG KGR 2001, 389.
3 BGH Rep. 2005, 671.
4 BVerfG NJW 2005, 1487; BVerfG NJW 2011, 49 Rz. 14; BGH VersR 2006, 949 Rz. 2; BGH NJW 2011, 1364 Rz. 6; BVerfG NJW 2011, 989 Rz. 45; BGH NJW-RR 2012, 704 Rz. 6.
5 BGH NJW 2007, 372 Rz. 23.
6 BVerfG NJW 2005, 1487; BVerfG NJW 2011, 49 Rz. 11 mit 14.
7 MünchKommZPO/*Schreiber*[4] § 492 Rz. 1; Stein/Jonas/*Berger*[22] § 355 Rz. 26.

Eine **Wiederholung oder Ergänzung** der Beweisaufnahme des selbständigen Beweisverfahrens findet **nur** unter den Voraussetzungen der **§§ 398, 412** statt (Kap. 39 Rz. 119). Dem Beweisführer des selbständigen Beweisverfahrens dürfen die dort erzielten Ergebnisse nicht ohne Weiteres wieder genommen werden (Kap. 39 Rz. 111). Das hat das Gericht bei der Ausübung des durch § 398 und § 412 eingeräumten Ermessens zu berücksichtigen. Wegen der in § 493 ausdrücklich getroffenen Ausnahmeregelung bedarf es für eine Wiederholung eines besonderen Grundes.[1]

5. Beweisaufnahme im Ausland gem. § 363

Eine weitere **geschriebene Ausnahme** vom Grundsatz der formellen Unmittelbarkeit besteht bei der Durchführung der Beweisaufnahme im Ausland (Kap. 58 Rz. 47 ff.). Diese Ausnahme trägt dem Umstand Rechnung, dass bei Unzulässigkeit der mittelbaren Beweisführung das im Ausland befindliche Beweismittel gar nicht herangezogen werden könnte.

§ 11 Beauftragter Richter

Schrifttum:

E. Schneider, Die Stellung des beauftragten Richters im Verhältnis zum Prozessgericht, DRiZ 1977, 13.

I. Begriff des beauftragten Richters

1. Delegation, nicht Substitution

Der beauftragte Richter ist ein **Mitglied des kollegialen Prozessgerichts** und muss es sein; er wird von dessen Vorsitzenden mit der Durchführung der Beweisaufnahme beauftragt. Der streitentscheidende Einzelrichter am Landgericht kann die Beweisaufnahme nicht auf ein anderes Mitglied seiner Kammer als beauftragten Richter übertragen.[2] Im Falle einer Entscheidung des Rechtsstreits durch den originären oder den **obligatorischen Einzelrichter** ist dieser *selbst und allein* das Prozessgericht[3] (vgl. dazu auch Rz. 27). Die Beauftragung eines anderen Kammermitglieds würde eine Übertragung an einen Richter bedeuten, der nicht dem Prozessgericht angehört; der beauftragte Richter würde sich unter dem Deckmantel dieses Begriffs **funktional** in einen ersuchten Richter **verwandeln**. Der streitentscheidende Einzelrichter kann sich auch nicht selbst zum beauftragen Richter nach § 361 bestellen, um damit den Anwaltszwang für einen Vergleichsabschluss abzuschütteln.[4]

2. Überbesetztes Kollegialgericht

Beauftragter Richter kann nicht ein Richter sein, der trotz Zugehörigkeit zu dem (überbesetzten) Kollegialgericht aufgrund des Geschäftsverteilungsplans nicht an der konkreten Entscheidung mitwirkt. Die Frage wird häufig gegenläufig beantwortet.[5] Dieses Vorgehen ist mit dem Wortlaut des § 361 und mit dem Grundsatz der formellen Unmittelbarkeit nicht in Einklang zu bringen. Der Begriff „Prozessgericht" findet

---

1 Demgegenüber für eine strikte Orientierung der Ermessensausübung des Prozessgerichts gem. § 398 am Unmittelbarkeitsprinzip Stein/Jonas/*Berger*[22] § 355 Rz. 25.
2 A.A. Zöller/*Greger*[30] § 361 Rz. 2.
3 Stein/Jonas/*Berger*[22] § 355 Rz. 9.
4 OLG Frankfurt FamRZ 1987, 737.
5 So von BayObLGZ 1956, 300, 303; MünchKommZPO/*Heinrich*[4] § 361 Rz. 3.

sich sowohl in § 361 als auch in § 355. Als **Prozessgericht** in diesem Sinne ist grundsätzlich die nach dem kammer- oder senatsinternen Geschäftsverteilungsplan **zuständige Sitzgruppe** zu verstehen (vgl. Rz. 25). So ist gewährleistet, dass bei der Entscheidung des Rechtsstreits wenigstens ein Richter mitwirkt, der auch an der Beweisaufnahme teilgenommen hat.

62 Wird die **Entscheidung** von einem Kollegialgericht **auf den Einzelrichter übertragen** (§ 348a, obligatorischer Einzelrichter), dann ist **dieser** das **Prozessgericht** und nicht etwa die gesamte Kammer vertreten durch den Einzelrichter. Zum Spruchkörper gehören nicht diejenigen Richter, die an der konkreten Entscheidung nicht zu beteiligen sind.

63 Auf ein gänzlich anderes Gericht kann die Beweiserhebung nur übertragen werden, wenn es sich um die Rechtshilfemaßnahme der Einschaltung eines **ersuchten Richters** handelt. Im Falle der Übertragung auf den ersuchten Richter liegt die Rechtfertigung der Durchbrechung des Unmittelbarkeitsprinzips in der fehlenden oder **erschwerten Durchführbarkeit der Beweisaufnahme vor** dem **Prozessgericht** und der daraus folgenden Notwendigkeit der Übertragung auf ein Gericht, das die Beweisaufnahme einfacher oder überhaupt erst durchführen kann. Im Falle des § 361 fehlt es an einer vergleichbaren Lage, vielmehr steht eine bloße **Reduzierung des personellen Aufwands** im Vordergrund (oben Rz. 41).

II. Beauftragungsgegenstand

1. Begrenzte Zahl von Aufträgen

64 Die **Befugnisse** des beauftragten Richters sind **begrenzt** auf den Gegenstand der Beauftragung. Diese Beauftragung ist ihrerseits beschränkt; sie umfasst nicht sämtliche Aufgaben des Prozessgerichts. Die Fälle einer zulässigen Übertragung der Beweisaufnahme sind im Gesetz abschließend geregelt: die Einnahme des **Augenscheins** und ggf. die Ernennung eines hinzuzuziehenden Sachverständigen gem. § 372 Abs. 2; die **Zeugenvernehmung** gem. § 375; die Ernennung und **Vernehmung von Sachverständigen** gem. §§ 402, 405, 375; die **Urkundenvorlegung** gem. § 434; die **Parteivernehmung** gem. §§ 451, 375 und schließlich die **Abnahme von Eiden** gem. § 479.

2. Abgrenzung: Güteverhandlung, Terminsvorbereitung

65 Ein **Güteversuch**, der gem. § 278 Abs. 5 S. 1 ebenfalls vor dem beauftragten Richter stattfinden kann, ist **nicht Teil der Beweisaufnahme**. Die Durchführung der Güteverhandlung ist **gesondert durch Beschluss** (nicht: Beweisbeschluss) anzuordnen.[1] Für die Auswahl und Ernennung des konkreten Richters gelten dieselben Regeln wie für § 361. Eine Ermächtigung zur Durchführung einer Güteverhandlung geht nicht mit einer Beauftragung zur Durchführung der Beweisaufnahme einher.

66 Die Durchführung von **Vergleichsverhandlungen** und der Abschluss eines Vergleichs sind nach der ratio des § 278 Abs. 5 S. 2 auch **ohne entsprechenden Beschluss** des Prozessgerichts zulässig, sofern die Parteien sich vergleichsbereit zeigen.[2] Ohne Ermächtigung ist auch die Vergleichsprotokollierung nach § 278 Abs. 6 zulässig.

---

[1] Vgl. MünchKommZPO/*Heinrich*[4] § 361 Rz. 7; *Schneider* DRiZ 1977, 13, 14.
[2] MünchKommZPO/*Heinrich*[4] § 361 Rz. 7.

Die **Vorbereitung des Termins** gem. § 273 Abs. 2 darf dem beauftragten Richter ebenfalls übertragen werden. Davon ist aber nur bei entsprechend eindeutiger Formulierung auszugehen.

67

III. Befugnisse des beauftragten Richters

1. Maßgeblichkeit der Einzelbeauftragung

Die **Reichweite** der Befugnisse hängt in erster Linie **von der konkreten Beauftragung** durch das Prozessgericht ab. Innerhalb dieser Grenzen stehen dem beauftragten Richter grundsätzlich sämtliche Befugnisse zu, die auch das komplett besetzte Prozessgericht oder dessen Vorsitzender hätte, wenn es/er die übertragene Aufgabe selbst ausführen würde.[1]

68

Für die Bestimmung von **Terminen und Fristen** ergibt sich dies aus § 229. Für die **Zeugenvernehmung** enthält § 400 eine besondere Regelung. Sie fasst einzelne Kompetenzen des beauftragten und des ersuchten Richters zusammen, benennt sie aber nicht abschließend (näher: Kap. 39 Rz. 140). Nach § 400 stehen dem Richterkommissar weitgehend dieselben Kompetenzen zu wie dem Prozessgericht. Zu den Kompetenzen s. auch Kap. 14 Rz. 137 ff.

69

Verschiedene Kompetenzen bleiben **stets beim Prozessgericht**. Dabei handelt es sich um Aufgaben, die eine **Bewertung der** bisherigen **Ergebnisse** des Beweisverfahrens voraussetzen und damit bereits eine der Entscheidung des Rechtsstreits nahe kommende Tätigkeit des beauftragten Richters verlangen. Erst recht gilt dies für die Entscheidung des Rechtsstreits selbst.

70

Der beauftragte Richter kann unter den Voraussetzungen des **§ 365** die Beweisaufnahme **an** ein **anderes Gericht abgeben** (siehe dazu § 365).

71

2. Terminsbestimmung

Grundsätzlich ist die Bestimmung des Termins der Beweisaufnahme Aufgabe des **Vorsitzenden des Prozessgerichts** (§ 361 Abs. 1). Unterbleibt sie – wie regelmäßig – erfolgt sie nach § 361 Abs. 2 durch den **beauftragten Richter**. Die vereinzelt vertretene Ansicht, Absatz 1 beziehe die Worte „durch den Vorsitzenden" nur auf die Verkündung des Beweisbeschlusses, nicht aber auf die Bezeichnung des beauftragten Richters und die Bestimmung des Termins zur Beweisaufnahme,[2] lässt sich mit Abs. 2 Hs. 1 nicht in Einklang bringen. Dass der beauftragte Richter die Terminsbestimmung vornehmen muss, wenn er denn ohnehin dafür zuständig wäre, hätte als Selbstverständlichkeit keiner Regelung bedurft; § 361 Abs. 2 Hs. 1 wäre bei dieser Interpretation überflüssig. Sind **weitere Termine** zur Durchführung der Beweisaufnahme erforderlich, werden diese durch den beauftragten Richter selbst festgesetzt. Dies folgt aus § 229.

72

Mitgeteilt wird der **Termin** den Parteien gem. § 357 Abs. 2 S. 1 grundsätzlich **formlos**, sofern die Terminsbestimmung nicht schon zusammen mit dem Beweisbeschluss verkündet worden ist (§ 329 Abs. 1 S. 1). Analog § 172 Abs. 1 S. 1 geht die Mitteilung **an den** bestellten **Prozessbevollmächtigten**. Die in § 357 Abs. 2 S. 1 vorgesehene Absenkung der Anforderungen betrifft lediglich die Form der Ladung, nicht auch die **Ladungsfrist**, so dass § 217 **zu beachten** ist.

73

---

1 Stein/Jonas/*Berger*[22] § 361 Rz. 5.
2 Baumbach/Lauterbach/*Hartmann*[71] § 361 Rz. 5.

3. Auslagenvorschuss

74 Die Einzahlung eines **Auslagenvorschusses** für eine Zeugenvernehmung (§ 379) kann grundsätzlich **nur** vom **Prozessgericht**, nicht aber vom beauftragten Richter angeordnet werden. Allerdings kann auch diese Kompetenz auf den beauftragten Richter übertragen werden.[1] Sie fällt ihm ohne Weiteres zu, wenn er gem. § 405 S. 1 vom Prozessgericht zur Ernennung des Sachverständigen ermächtigt wird. Die Anordnung ist in der Regel bereits im Beweisbeschluss enthalten. Der Richterkommissar ist nicht berechtigt, von der in § 379 S. 2 eröffneten Möglichkeit Gebrauch zu machen, bei ausbleibender Zahlung die Vernehmung nicht durchzuführen.[2]

4. Sitzungsordnung

75 Die Aufrechterhaltung der Ordnung während der Sitzung, gegebenenfalls unter Anwendung dafür erforderlicher **Zwangs- und Ordnungsmittel**, obliegt gem. §§ 180, 176 ff. GVG dem beauftragten Richter selbst.

IV. Beauftragung durch den Vorsitzenden des Prozessgerichts

76 Eine **Übertragung** auf den beauftragten Richter ist gem. § 355 Abs. 1 nur in den gesetzlich bestimmten Fällen zulässig. Die Entscheidung darüber, *ob* von einer solchen gesetzlich eingeräumten Möglichkeit Gebrauch gemacht werden soll, hat das **Prozessgericht** zu treffen, weil es grundsätzlich für die Durchführung der Beweisaufnahme zuständig ist.[3] Die Entscheidung darüber ergeht **als Kollegialentscheidung** in der Form des **Beweisbeschlusses**.[4] Für diesen gelten die allgemeinen Regeln, so dass eine Übertragung gem. § 358a auch im Rahmen eines vorterminlichen Beweisbeschlusses erfolgen und gem. § 360 im Wege der Änderung auch nachträglich in einen bereits zuvor erlassenen Beweisbeschluss eingefügt werden kann.[5]

77 Demgegenüber obliegt die Entscheidung über die **Person des beauftragten Richters**, also gewissermaßen die Entscheidung über das *wie*, dem **Vorsitzenden** des Prozessgerichts (§ 361 Abs. 1).[6] Die Auswahlentscheidung ist eine Ermessensentscheidung.[7] Er kann nur solche Richter beauftragen, die zur im Voraus bestimmten, für die Entscheidung zuständigen **Sitzgruppe der Kammer** oder des Senats gehören. Der Vorsitzende kann **auch sich selbst** als beauftragten Richter auswählen. Geht der Beweisbeschluss des Prozessgerichts über die Anordnung einer Übertragung hinaus und legt § 361 Abs. 1 zuwider bereits unmittelbar die Person des beauftragten Richters fest, so ist dies unschädlich und mit Rechtsbehelfen nicht angreifbar. Die alleinige Zuständigkeit des Vorsitzenden dient lediglich der Vereinfachung des Geschäftsbetriebs und berührt nicht die Interessen der Parteien.[8]

78 Die Entscheidung des Vorsitzenden muss unmissverständlich sein, so dass klar ist, welches Mitglied des Prozessgerichts die Beweiserhebung tatsächlich durchzuführen hat. Im Regelfall wird dies durch **namentliche Benennung** erfolgen. Dies ist nicht die

---

[1] MünchKommZPO/*Heinrich*[4] § 361 Rz. 6; Stein/Jonas/*Berger*[22] § 379 Rz. 3 (einschränkend: nur zur Bestimmung der Betragshöhe).
[2] Zöller/*Greger*[30] § 361 Rz. 2.
[3] BGHZ 86, 104, 111 f. = NJW 1983, 1793, 1794 a.E.
[4] BGHZ 86, 104, 112 = NJW 1983, 1793, 1794 a.E.
[5] BGHZ 86, 104, 112 = NJW 1983, 1793, 1794 a.E.
[6] MünchKommZPO/*Heinrich*[4] § 361 Rz. 4; Stein/Jonas/*Berger*[22] § 361 Rz. 3.
[7] Musielak/*Stadler*[10] § 361 Rz. 2.
[8] MünchKommZPO/*Heinrich*[4] § 361 Rz. 4.

einzig zulässige Form der Bezeichnung.[1] Möglich ist auch eine Bezeichnung mit der jeweils innerhalb der Sitzgruppe bekleideten Funktion (z.B. „**Berichterstatter**").[2] Die Eindeutigkeit der Bezeichnung wird nicht in Frage gestellt, wenn mit der Bezeichnung der Funktion eine bestimmte Person gemeint ist, nämlich diejenige, die diese Funktion zum Zeitpunkt der Beauftragung ausübt. Für die Notwendigkeit namentlicher Bezeichnung spricht nicht der Anspruch auf den gesetzlichen Richter. Die Rechtsfigur eines „gesetzlichen Berichterstatters" ist eine Übersteigerung, die lediglich aus der mangelnden Bewältigung persönlicher Konfliktlagen innerhalb eines kollegialen Spruchkörpers entstanden ist.

Falls der beauftragte Richter den Auftrag nicht ausführen kann, weil er **verhindert** ist oder aus dem Prozessgericht ausscheidet, hat der Vorsitzende gem. § 361 Abs. 2 Hs. 2 ein anderes Mitglied des Prozessgerichts zu beauftragen. Eine Neubenennung muss nicht zwingend erfolgen; der **Vertreter oder Amtsnachfolger** rückt ohne Weiteres in die Aufgabe des beauftragten Richters ein.[3] 79

Zum Verfahren vor dem beauftragten Richter Kap. 14 Rz. 97 ff. und Kap. 39 § 135. 80

§ 12 Rechtshilferichter

Schrifttum:

Berg, Zulässigkeit eines Rechtshilfeersuchens, MDR 1962, 787; *Koukouselis*, Die Unmittelbarkeit der Beweisaufnahme im Zivilprozess, insbesondere bei der Zeugenvernehmung, Freiburg (Breisgau) Diss. 1989.

I. Durchbrechung der formellen Unmittelbarkeit

Ebenso wie § 361 regelt § 362 die **Durchführung einer** abweichend von § 355 Abs. 1 delegierten **Beweisaufnahme**. Es handelt sich um eine **Rechtshilfemaßnahme** durch ein auswärtiges deutsches Gericht. Sie kommt auch in Betracht, wenn als Prozessgericht ein streitentscheidender Einzelrichter tätig wird. Die Delegation unterliegt bei bestimmten Beweismitteln Grenzen, die der Wahrung der formellen Unmittelbarkeit dienen sollen (dazu Kap. 4 Rz. 64). Soweit es von vornherein **nicht** auf einen **richterlichen Eindruck** von dem Beweismittel ankommt, etwa bei der **Überwachung** einer **zwangsweisen Blutentnahme** für eine Abstammungsuntersuchung am Wohnsitz der Testperson, ist § 355 Abs. 1 nicht berührt.[4] 81

Noch stärker als § 361 weicht die Beweisaufnahme im Wege der Rechtshilfe von dem Grundsatz formeller Unmittelbarkeit ab. Während der beauftragte Richter immerhin auch an der Entscheidung des Rechtsstreits mitwirkt, ist der ersuchte Richter nicht Mitglied des Prozessgerichts. Die Übertragung auf einen ersuchten Richter dient der **Prozessökonomie** und **verhindert**, dass verzögernde und kostenträchtige **auswärtige Beweisaufnahmen des Prozessgerichts** durchgeführt werden müssen. Die Erleichterungen für die Mitwirkung eines ersuchten Richters reichen weiter als die mit einer Übertragung auf den beauftragten Richter (Kap. 4 § 11) verbundenen Erleichterungen. 82

---

1 So aber Musielak/*Stadler*[10] § 361 Rz. 2; Zöller/*Greger*[30] § 361 Rz. 2.
2 MünchKommZPO/*Heinrich*[4] § 361 Rz. 4; Stein/Jonas/*Berger*[22] § 361 Rz. 3.
3 So Musielak/*Stadler*[10] § 361 Rz. 2; Stein/Jonas/*Berger*[22] § 361 Rz. 3; a.A. MünchKommZPO/ *Heinrich*[4] § 361 Rz. 4.
4 So im Ergebnis BGH NJW 1990, 2936, 2937.

83 **§ 362 regelt nicht, in welchen Fällen** die Beweisaufnahme überhaupt dem ersuchten Richter **übertragen** werden kann. Auch die Kompetenzverteilung zwischen ersuchtem Richter einerseits und Prozessgericht andererseits wird nur in Ansätzen geregelt.

II. Begriff des ersuchten Richters

84 Wer ersuchter Richter ist, ergibt sich aus § 157 Abs. 1 GVG. Zu richten ist das **inländische Rechtshilfeersuchen** gem. § 157 Abs. 1 GVG an das **Amtsgericht**, in dessen Bezirk die Beweisaufnahme vorgenommen werden soll. Eine Beweisaufnahme **im Ausland** kommt nur nach §§ 363, 364 bzw. der EuBVO oder dem HBÜ in Betracht (dazu Kap. 58 Rz. 8, 11, 16). Welcher Richter des Amtsgerichts die Beweisaufnahme durchzuführen hat, ergibt sich aus dem **Geschäftsverteilungsplan des Rechtshilfegerichts**. Anders als nach § 361 entscheidet also nicht das Prozessgericht bzw. dessen Vorsitzender, welche konkrete Person die Beweisaufnahme durchzuführen hat.

III. Ersuchen durch den Vorsitzenden des kollegialen Prozessgerichts oder den Einzelrichter

1. Fälle zulässiger Übertragung

85 Die Beweisaufnahme ist **nur in** den **gesetzlich ausdrücklich vorgesehenen** Fällen zulässig (vgl. § 355 Abs. 1 S. 2). Sie decken sich weitgehend mit denen der Übertragung auf den beauftragten Richter. Im Einzelnen sind dies § 372 Abs. 2, § 375 Abs. 1, § 402, § 434, § 451 und § 479. Nach § 278 Abs. 5 kann auch die **Güteverhandlung** einem ersuchten Richter übertragen werden. § 362 gilt dafür jedoch nicht.

2. Entscheidung des Prozessgerichts

86 Die Entscheidung über die **Übertragung** auf den ersuchten Richter ist eine **Kollegialentscheidung** des Prozessgerichts, auch wenn das Ersuchungsschreiben gem. § 362 Abs. 1 von dem Vorsitzenden des Prozessgerichts erlassen wird. Anders als bei der Übertragung auf den beauftragten Richter ist eine Übertragung auf den ersuchten Richter auch möglich, wenn der Rechtsstreit von einem Einzelrichter gem. §§ 348 f. zu entscheiden ist. Ein Entscheidungsspielraum über die Art und Weise der Durchführung steht dem Vorsitzenden bzw. dem Einzelrichter nach § 362 nicht zu. Das **Ersuchungsschreiben** an das zuständige Amtsgericht ist eine **prozessleitende Verfügung**.[1]

3. Auswechslung des Rechtshilfegerichts

87 Der Vorsitzende des Prozessgerichts ist befugt, **analog § 365** das im Beschluss genannte Gericht gegen ein anderes Rechtshilfegericht auszuwechseln, wenn sich dafür nach Erlass des Beschlusses ein Bedarf ergibt. Dazu bedarf es **keiner** vorherigen **Änderung des Beweisbeschlusses** gem. § 360, da auch der zunächst ersuchte Richter die Beweisaufnahme gem. § 365 an ein anderes Gericht abgeben kann;[2] dessen Entscheidung ist ebenfalls dem Prozessgericht entzogen.

---

1 MünchKommZPO/*Heinrich*[4] § 362 Rz. 4; Musielak/*Stadler*[10] § 362 Rz. 3.
2 Stein/Jonas/*Berger*[22] § 362 Rz. 1.

4. Notwendiger Beweisbeschluss

Die Entscheidung des Prozessgerichts ergeht zwingend in der **Form des Beweisbeschlusses**, da die Beweisaufnahme durch den beauftragten wie den ersuchten Richter stets nur in einem neuen Termin stattfinden kann. Es gelten insoweit die allgemeinen Regeln für Beweisbeschlüsse. Die Übertragung kann auch durch vorterminlichen Beweisbeschluss gem. § 358a oder nachträglich gem. § 360 im Wege der Änderung eines bereits erlassenen Beweisbeschlusses angeordnet werden.[1] 88

An den **Inhalt des Beweisbeschlusses** zur Durchführung der Beweisaufnahme im Wege der Rechtshilfe sind **erhöhte Anforderungen** zu stellen. Während der beauftragte Richter an der bisherigen Verhandlung beteiligt war, die Akten kennt und damit weiß, auf die Klärung welcher Fragen die Beweisaufnahme vorrangig zielt, wird der ersuchte Richter erstmals mit dem betreffenden Rechtsstreit befasst. Er bedarf daher einer weitergehenden Einführung und Anleitung als der beauftragte Richter. Zur notwendigen Detailliertheit Kap. 13 Rz. 71. 89

Eine Ermessensentscheidung des **Vorsitzenden** ist auch die Entscheidung über die **Übersendung der Akten**;[2] eine Pflicht zur Übersendung besteht nicht.[3] 90

IV. Befugnisse des ersuchten Richters

Das ersuchte Gericht ist grundsätzlich **nicht berechtigt**, das Ersuchen gem. § 158 Abs. 1 GVG **abzulehnen**. Etwas anderes gilt lediglich gem. § 158 Abs. 2 S. 1 GVG, wenn die vorzunehmende Handlung nach dem Recht des ersuchten Gerichts verboten ist und das Rechtshilfeersuchen von einem Gericht ausgeht, das dem Rechtshilfegericht nicht im ersten Rechtszuge vorgesetzt ist. **Vorgesetzte Gerichte** des Amtsgerichts i.S.d. Vorschrift sind das Landgericht und das Oberlandesgericht, in deren Bezirk sich das Amtsgericht befindet.[4] Diese Ausnahmevorschrift ist eng auszulegen.[5] Die vorzunehmende Handlung muss ohne Rücksicht auf die konkrete prozessuale Situation schlechthin unzulässig sein.[6] Im Übrigen sind **Verfahrensfehler des Prozessgerichts** nur im Rechtszug des Prozessgerichts überprüfbar.[7] 91

Das Ersuchen darf **zurückgewiesen** werden, wenn der Beweisbeschluss das **Beweisthema nicht exakt benennt**[8] (s. auch Kap. 13 Rz. 73). Anderenfalls wäre der ersuchte Richter gezwungen, entgegen seiner Befugnis zumindest teilweise selbst zu entscheiden, welche Tatsachen beweisbedürftig sind bzw. mit welchen Mitteln der Beweis geführt werden soll. Ein Fall dieser Art liegt jedoch nicht vor, wenn der ersuchte Richter **nur ergänzend die Akten hinzuziehen** muss, die zu klärenden Fragen aber insgesamt eindeutig benannt werden (Kap. 13 Rz. 73). Die früher umstrittene Frage, ob die Vernehmung eines Zeugen „über den Hergang" eines Verkehrsunfalls, der nach Ort und Zeit bezeichnet worden ist, präzise genug formuliert ist, ist von der Rechtsprechung zugunsten der Verwendung dieser Formel entschieden worden.[9] **Nicht** zur Zurückweisung des Ersuchens ist der ersuchte Richter berechtigt, wenn er den Be- 92

---
1 MünchKommZPO/*Heinrich*[4] § 362 Rz. 4; Musielak/*Stadler*[10] § 362 Rz. 3.
2 MünchKommZPO/*Heinrich*[4] § 362 Rz. 4; Stein/Jonas/*Berger*[22] § 362 Rz. 2.
3 OLG Düsseldorf NJW 1959, 298, 299.
4 Zöller/*Lückemann*[30] § 158 GVG Rz. 2.
5 BGH NJW 1990, 2936; BAG NJW 2001, 2196, 2197.
6 BGH NJW 1990, 2936; BAG NJW 2001, 2196, 2197.
7 BGH JZ 1953, 230, 231; BAG NJW 2001, 2196, 2197.
8 BAG NJW 1991, 1252; OLG Koblenz NJW 1975, 1036; OLG Frankfurt RPfleger 1979, 426 (Nr. 402).
9 OLG Köln OLGZ 1966, 40, 41; OLG Frankfurt JurBüro 1982, 1576, 1577; OLG Düsseldorf OLGZ 1973, 492, 493; OLG Frankfurt NJW-RR 1995, 637.

weisbeschluss für **unzweckmäßig**[1] oder aufgrund einer anderen rechtlichen Beurteilung des streitigen Sachverhalts für **überflüssig** hält:[2] Er darf sich nicht in die Prozessführung des Prozessgerichts einmischen.

93 Umstritten ist, ob das Ersuchen mit der Begründung abgelehnt werden darf, die Beweiserhebung diene der **Ausforschung der gegnerischen Partei**.[3] Dies ist wegen des damit verbundenen Eingriffs in die Prozessleitungsbefugnisse des Prozessgerichts generell abzulehnen.

94 Eine **örtliche Unzuständigkeit** des ersuchten Gerichts führt nicht zur Ablehnung, sondern zu einer **Abgabe des Ersuchens** an das örtlich zuständige Gericht (§ 158 Abs. 2 S. 2 GVG). Ferner kann der ersuchte ebenso wie der beauftragte Richter die Durchführung der Beweisaufnahme unter den Voraussetzungen des § 365 an ein anderes Gericht abgeben.

95 Die **Pflichten des ersuchten Richters** decken sich mit denen des beauftragten Richters. Zur Konkretisierung der Pflichten und zur Bestimmung des Grades der Bindung an den Beweisbeschluss wird gelegentlich bildhaft unter Verwendung kommunalrechtlicher Begriffe zwischen einem übertragenen und einem eigenen Aufgabenbereich unterschieden.[4] Inhaltliche Hilfe gibt diese Unterscheidung nicht.

96 Die **Änderungsbefugnisse** des ersuchten Richters sind **eng begrenzt**. Er ist vor allem an das Beweisthema (§ 359 Nr. 1) gebunden. Ohne Zustimmung der Parteien kann er gem. **§ 360 S. 2 und 3** nur **berichtigende Änderungen** der im Beschluss angegebenen Beweistatsachen vornehmen und im Übrigen lediglich Zeugen und Sachverständige austauschen. Der Austausch eines Zeugen kommt praktisch nur bei falscher Namensangabe im Beweisbeschluss in Betracht, so dass es sich letztlich um ein berichtigendes Eingreifen handelt. Da **alle anderen Änderungen** der **Zustimmung der Parteien** bedürfen, zu deren Schutz der Grundsatz der formellen Unmittelbarkeit letztlich dienen soll, besteht keine Gefahr, dass zu Lasten einer Partei weitreichende Änderungen vorgenommen werden. Eine über § 360 hinausreichende Abänderungsbefugnis, wie sie das Prozessgericht während der mündlichen Verhandlung hat, steht dem ersuchten Richter nicht zu.

97 Selbst mit Zustimmung der Parteien ist eine **Aufhebung** des durch das Prozessgericht erlassenen Beweisbeschlusses **ausgeschlossen**. Die Aufhebung entspräche einer unzulässigen Zurückweisung des Ersuchens gem. § 158 Abs. 1 GVG (Kap. 13 Rz. 124). **Ebenso wenig** gestattet § 360 S. 3 eine so **weitgehende Änderung** des Beweisbeschlusses, dass darin der Erlass eines neuen Beweisbeschlusses zu sehen wäre: Falls weitreichende Änderungen erforderlich werden, bspw. weil sich aufgrund veränderter tatsächlicher Umstände die angeordnete Art der Beweiserhebung erledigt hat, muss das Prozessgericht einen neuen Beweisbeschluss erlassen.

98 **Eigene Befugnisse** werden dem Richterkommissar in §§ 229, 365, 400 eingeräumt. Ihm stehen die **sitzungspolizeilichen Befugnisse** zu.

---

[1] BGH NJW 1990, 2936, 2937; OLG Frankfurt RPfleger 1979, 426 (Nr. 402); Rosenberg/Schwab/*Gottwald*[17] § 22 Rz. 6.
[2] BAG NJW 2001, 2196, 2197; OLG München OLGZ 1976, 252, 253 (dort: Streit über Zulässigkeit der Haftanordnung nach § 901 ZPO).
[3] Generell verneinend: OLG Frankfurt MDR 1970, 597 (Nr. 70); *Berg* MDR 1962, 787, 788; Musielak/*Stadler*[10] § 362 Rz. 2; Rosenberg/Schwab/*Gottwald*[17] § 22 Rz. 6. Ablehnend nur bei Offensichtlichkeit: OLG Düsseldorf NJW 1959, 298, 299; OLG München NJW 1966, 2125, 2126. Offen gelassen von BGH JZ 1953, 230, 231; BGH FamRZ 1960, 399 (Nr. 181); BAG NJW 1991, 1252; OLG Karlsruhe FamRZ 1968, 536.
[4] So Musielak/*Stadler*[10] § 362 Rz. 4.

Zum Verfahren vor dem ersuchten Richter Kap. 14 Rz. 109 ff. und Kap. 39 § 135.   99

§ 13 Sicherung der formellen Unmittelbarkeit, Rechtsmittelkontrolle

I. Verfahrensfehler

Ein Verstoß gegen den Grundsatz der formellen Unmittelbarkeit stellt einen Verfahrensfehler dar,[1] gleichgültig ob wegen im Einzelfall **unzulässiger Delegierung**[2] oder wegen Nichtbeachtung der **Grundsätze zum Richterwechsel**. Der Verfahrensfehler wird als ein Verstoß entweder gegen § 355,[3] gegen § 286[4] oder gegen § 398[5] angesehen. Die fehlerhaft durchgeführte Beweisaufnahme darf nicht verwertet werden und **ist zu wiederholen**,[6] sofern das Verfahren noch nicht abgeschlossen ist. Ein Beweisbeschluss, der die Übertragung der Beweisaufnahme auf einen beauftragten oder ersuchten Richter unter Missachtung der gesetzlichen Vorgaben anordnet und dadurch den Grundsatz der Unmittelbarkeit verletzt, ist allerdings wegen § 355 Abs. 2 nicht selbständig anfechtbar (dazu Kap. 13 Rz. 130).   100

II. Heilung gem. § 295 Abs. 1

Ein Verwertungsverbot besteht dann nicht, wenn der Mangel gem. § 295 geheilt worden ist, weil die betreffende Partei den Verfahrensfehler nicht rechtzeitig gerügt hat oder ein Rügeverzicht vorliegt. Der **Verstoß** gegen § 355 Abs. 1 **ist heilbar.**[7] Eine Heilung ist freilich nur dann möglich, wenn während der Verhandlung überhaupt Gelegenheit zur Rüge besteht. Das setzt Kenntnis der Parteien von dem Verfahrensfehler voraus. Zeigt sich ein **Verstoß** gegen den Unmittelbarkeitsgrundsatz erst **im gerichtlichen Urteil**, ist eine Heilung ausgeschlossen.[8]   101

Umstritten ist, ob bzw. unter welchen Voraussetzungen bei der rechtswidrigen Verwertung eines Vernehmungsprotokolls eine **Heilung** gem. § 295 Abs. 2 **ausgeschlossen** ist. Der BGH hat sich zu dieser Frage, sieht man von einem obiter dictum des I. Zivilsenats ab,[9] bisher nicht abschließend geäußert,[10] hat aber nicht schlechthin eine Parteidisposition darüber ausschließen wollen, ob und in welchem Umfang der Unmittelbarkeitsgrundsatz im Einzelfall zur Anwendung kommen soll.[11] Teile der   102

---

1 BGH NJW 1991, 1302; BayObLG FamRZ 1988, 422, 423; *Pantle* NJW 1988, 2027, 2028; Musielak/*Stadler*[10] § 355 Rz. 11.
2 So etwa in BGH NJW 1979, 2518; BGH NJW 1991, 1302.
3 BGH NJW 2000, 2024, 2025; BGH Rep. 2002, 391; BGH Rep. 2005, 671; OLG Hamm MDR 2007, 1153; LAG Nürnberg, Beschl. v. 18.9.2006, AR-Blattei ES 160.7.2. Nr. 10.
4 BGH NJW 1987, 3205/3206; BGH NJW-RR 2002, 1649, 1650. Beide Vorschriften nennend OLG Düsseldorf NJW 1992, 187, 188.
5 BGH Rep. 2005, 671.
6 BGH NJW 2000, 2024, 2025; Musielak/*Stadler*[10] § 355 Rz. 11; Stein/Jonas/*Berger*[22] § 355 Rz. 31.
7 BGH NJW 1964, 108, 109; BGH NJW-RR 1997, 506; BayObLG MDR 1984, 324; BayObLG FamRZ 1988, 422, 423; OLG Hamm MDR 1993, 1235, 1236; *Wussow* VersR 1960, 582, 583.
8 BGH MDR 1992, 777 f.; BGH NJW 1991, 1180; BGH NJW 1991, 1302; BGH NJW-RR 1997, 506; BGH NJW 2000, 2024, 2025; BGH NJW-RR 2011, 569 Rz. 11; OLG Düsseldorf NJW 1992, 187, 188; OLG Schleswig MDR 1999, 761 f.
9 BGH (I. ZS) NJW-RR 2011, 569 Rz. 11 (Frachtsache).
10 Vgl. BGHZ 32, 233, 236; BGHZ 40, 179, 183; BGH NJW 1979, 2518.
11 BGHZ 40, 179, 184 = NJW 1964, 108, 109. Stärker zugunsten einer Anwendung des § 295 Abs. 1 formulierend BGH NJW 1979, 2518 („in der Regel" keine Revision nach Rügeversäumnis).

Rechtsprechung und des Schrifttums halten die Heilung für ausgeschlossen. Sie sehen darin eine Verletzung des grundrechtlichen Anspruchs auf den gesetzlichen Richter gem. Art. 101 Abs. 1 S. 2 GG.[1] **Dem steht entgegen**, dass der gesetzliche Richter das Prozessgericht ist und es auch im Falle einer Übertragung bleibt.[2] Die fehlerhafte Beweiserhebung durch einen beauftragten Richter stellt keine Entscheidung des Rechtsstreits dar; sie erfolgt vielmehr unverändert durch das Prozessgericht selbst. Andere Autoren halten den Grundsatz der Unmittelbarkeit im Interesse möglichst wirklichkeitsgetreuer Sachverhaltsrekonstruktion für so wichtig, dass ein Verzicht ausgeschlossen sei.[3] Jedoch fehlt es angesichts der zahlreichen gesetzlichen Ausnahmen vom Unmittelbarkeitsgrundsatz an der für eine Unverzichtbarkeit erforderlichen Relevanz der Verletzung für das öffentliche Interesse.[4] § 295 Abs. 1 ist auch in Verfahren anzuwenden, für die der **Untersuchungsgrundsatz** gilt.[5]

103 Teilweise wird einschränkend angenommen, dass eine Anwendung des § 295 Abs. 1 dann ausgeschlossen sei, wenn das betreffende Gericht **regelmäßig und systematisch** gegen den Grundsatz der Unmittelbarkeit **verstößt**.[6] Die Beurteilung eines Verfahrensverstoßes kann indes nicht davon abhängig gemacht werden, ob in anderen Verfahren gleichartige Verstöße vorgekommen sind;[7] § 295 Abs. 2 dient auch nicht der Disziplinierung der Gerichte.

104 Für die **Zulassung eines Verzichts** spricht zudem die Einfügung der Sätze 2–4 in § 284 durch das erste JuModG vom 24.8.2004.[8] Danach kann das Gericht aufgrund einer Vereinbarung der Parteien Beweis auch im Wege des Freibeweises erheben, wodurch es vom Grundsatz der formellen Unmittelbarkeit entbunden wird. Diese Entscheidung wird vor Durchführung der Beweisaufnahme getroffen. Der Gesetzgeber geht damit von der **Disponibilität des Unmittelbarkeitsgrundsatzes** aus, soweit der Verhandlungsgrundsatz gilt. Wenn ein vorheriger Verzicht möglich ist, muss er erst recht als nachträglicher Verzicht akzeptiert werden, bei dem die Folgen sehr viel überschaubarer sind.

III. Berufung, Revision

1. Meinungsstand

105 Ob ein Urteil im Falle fehlender Heilung gem. § 295 durch Rechtsmittel angreifbar ist, hängt maßgeblich vom Verständnis des § 355 Abs. 2 ab, der als par pro toto die beschränkte Überprüfbarkeit prozessleitender Beweisanordnungen vorsieht (Kap. 13 Rz. 130). Die **fehlerhafte Übertragung** auf den ersuchten oder beauftragten Richter

---

1 OLG Köln NJW 1976, 1101; *Schneider* DRiZ 1977, 13, 15; a.A. *Müller* DRiZ 1977, 305, 306.
2 MünchKommZPO/*Heinrich*[4] § 355 Rz. 18; Musielak/*Stadler*[10] § 355 Rz. 12.
3 *Müller* DRiZ 1977, 305, 306; *Werner/Pastor* NJW 1975, 329, 331; MünchKommZPO/*Prütting*[4] § 295 Rz. 19 f.; *Weth* JuS 1991, 34, 36; AK-ZPO/*Rüßmann* § 355 Rz. 5.
4 MünchKommZPO/*Heinrich*[4] § 355 Rz. 18; Musielak/*Stadler*[10] § 355 Rz. 12; Stein/Jonas/*Berger*[22] § 355 Rz. 32.
5 MünchKommZPO/*Heinrich*[4] § 355 Rz. 18; a.A. OLG Schleswig SchlHA 1967, 183, 184 (Ehescheidungsverfahren).
6 BGH NJW 1979, 2518 (Verstoß darf „nicht zur Regel" werden); OLG Düsseldorf BB 1977, 1377; OLG Köln NJW-RR 1998, 1143 = OLGRep. 1998, 56, 57 (systematische Verletzung bejaht); a.A. KG VersR 1980, 654; Musielak/*Stadler*[10] § 355 Rz. 12. Besonders krass war die Missachtung des § 355 Abs. 1 nach den tatsächlichen Feststellungen des OLG Düsseldorf bis zu dessen Entscheidung in NJW 1976, 1103 in dessen Gerichtsbezirk.
7 MünchKommZPO/*Heinrich*[4] § 355 Rz. 18.
8 BGBl. I 2004, 2198.

oder die **fehlerhafte Nichtwiederholung** der Beweisaufnahme (oben Rz. 28 f., 51) sind im Wege der Berufung und Revision **zu überprüfen**.[1]

Die Überprüfungsmöglichkeit wird z.T. mit der **Verletzung des § 286** begründet, die mit dem Verstoß gegen § 355 Abs. 1 regelmäßig einhergehe. Diese Begründung – nicht das Ergebnis – ist fragwürdig, weil damit § 355 Abs. 2 schlechthin beiseite geschoben werden könnte. Der einzuschlagende Begründungsweg hängt von der generellen Stellungnahme ab, in welchem Umfang mit dem Rechtsmittel gegen das spätere Urteil die Beweisanordnungen der Vorinstanz angegriffen werden können, weil sich die darauf zurückgehende fehlerhafter Beweisaufnahme in den Tatsachenfeststellungen ausgewirkt hat oder haben könnte (näher dazu Kap. 13 Rz. 138 f.).

106

In der Rechtsprechung des BGH ist folgendes Ergebnis gesichert: Überträgt das Eingangsgericht die Beweisaufnahme auf den Einzelrichter, obwohl die Voraussetzungen des § 375 nicht vorliegen, weil die gegenläufigen Aussagen von Zeugen zu würdigen sind, kann das Berufungsgericht das Verfahren wegen eines **wesentlichen Verfahrensmangels** gem. § 538 Abs. 2 Nr. 1 an das Gericht des ersten Rechtszuges **zurückverweisen**.[2] Verstößt das Berufungsgericht gegen das Gebot der erneuten Zeugenvernehmung, liegt darin eine Verletzung des § 529 Abs. 1 Nr. 1.[3] Zugleich wird darin eine Verletzung des Anspruchs auf rechtliches Gehör gesehen.[4]

107

2. Stellungnahme

Die **Kommission für** die **Reform des Zivilprozessrechts** hat sich in ihrem Bericht von 1977 dafür ausgesprochen, die von § 355 Abs. 1 S. 1 abweichende Entscheidung **mit** dem **Rechtsmittel** gegen die Entscheidung **in der Hauptsache** für anfechtbar zu erklären.[5] Diese Regelung ist sachgerecht und ist auch de lege lata zu erreichen.

108

Die Vorstellungen zur **Überprüfbarkeit von Ermessensentscheidungen** haben sich im öffentlichen Recht seit der Schaffung der CPO grundlegend gewandelt; daran darf das Zivilprozessrecht nicht vorbeigehen. Die Regelung des § 355 Abs. 2 ist allerdings nicht allein mit dem Hinweis auf den Ermessenscharakter der Übertragungsentscheidung gem. § 355 Abs. 2 zu erklären. Im Interesse der **Verfahrensbeschleunigung** sollen Zwischenentscheidungen der selbständigen Anfechtbarkeit in der Instanz entzogen werden, sofern sie die Anfechtbarkeit nicht ausdrücklich gesetzlich zugelassen ist. Dieser **Zweck** ist von der Zulassung der Überprüfung **im Rechtsmittelverfahren gegen** das die Instanz abschließende **Urteil nicht berührt**. Allerdings ist es sinnlos, Beweisanordnungen der Vorinstanz schlechthin auf einen Rechtsfehler zu überprüfen, soweit sie sich auf die Tatsachenfeststellung des Urteils nicht ausgewirkt haben können.

109

Die **Verletzung des § 355 Abs. 1 S. 1** ist nicht um seiner selbst willen ein Überprüfungsgrund, sondern **nur soweit** der Verstoß die **Richtigkeit der Feststellungen betroffen** haben kann. Seit jeher wird die Beweisanordnung der Vorinstanz insoweit überprüft, als über die Relevanz der Tatsachenfeststellungen gemäß der Anwendung des materiellen Rechtssatzes aus der Sicht der Rechtsmittelinstanz entschieden wird. Danach kann eine Beweisaufnahme der Vorinstanz überflüssig sein oder es kann auf die

110

---

[1] BGH NJW 1991, 1302; BGH NJW-RR 2002, 1649, 1650; *Bosch*, Grundsatzfragen S. 113; *Schneider* DRiZ 1977, 13, 15 (bei willkürlicher Übertragung); *Teplitzky* JuS 1968, 71, 76; Zöller/*Greger*[30] § 355 Rz. 8.
[2] Vgl. BGH NJW 2000, 2024, 2025.
[3] BGH Beschl. v. 14.7.2009 – VIII ZR 3/09.
[4] BVerfG NJW 2005, 1487; BGH Beschl. v. 14.7.2009 – VIII ZR 3/09; BGH Beschl. v. 5.4.2006 – IV ZR 253/05, insoweit nicht in FamRZ 2006, 946.
[5] Bericht der Kommission S. 129, Normvorschlag zu § 352 neu Abs. 4 S. 333.

Feststellung anderer streitiger Tatsachen ankommen. Überprüft wird aber völlig unstreitig auch die unrichtige Würdigung der Ergebnisse der Beweisaufnahme zu rechtlich relevanten Tatbestandsmerkmalen. Zweifel an der Richtigkeit des Ergebnisses der Vorinstanz können u.a. darauf beruhen, dass die Beweisaufnahme nicht vor dem Prozessgericht oder dem vollständigen Kollegialgericht in der Besetzung der letzten mündlichen Verhandlung stattgefunden hat. Dieses Ergebnis ergibt sich **für die Berufungsinstanz** zwanglos **aus § 529 Abs. 1 Nr. 1**, kann aber – in geringerem Umfang – auch auf eine Verletzung des § 398 wegen Ermessensfehlgebrauchs gestützt werden. Angesichts der von der ZPO-Reform zum Berufungsrecht betonten Funktion der Berufungsinstanz als Rechtskontrollinstanz und deren Annäherung an die Revision kann für das Revisionsgericht keine geringere Überprüfbarkeit auf Verfahrensfehler bei der Beweisaufnahme gelten. Dies folgt dann aus einer Anwendung des § 286.

Kapitel 5:
Öffentlichkeit, Parteiöffentlichkeit

	Rz.
§ 14 Anwesenheitsrecht der Parteien und ihrer Berater	
I. Anwesenheitsrecht der Parteien	
1. Gesetzliche Herkunft	1
2. Abgrenzung zum Öffentlichkeitsgrundsatz	2
3. Bestandteil der Gewährung rechtlichen Gehörs	3
4. Benachrichtigungserleichterung	6
II. Anwendungsbereich des § 357	
1. ZPO	7
2. Freiwillige Gerichtsbarkeit: Beteiligtenöffentlichkeit	8
3. Schiedsrichterliches Verfahren	9
III. Berechtigte Personen	
1. Naturalparteien	10
2. Prozessbevollmächtigte	11
3. Sachkundige Parteiberater	12
4. Nebenintervenienten	13
IV. Inhalt des Anwesenheitsrechts	
1. Art der Beweisaufnahme	14
2. Recht zur physischen Anwesenheit	15
3. Behinderung der physischen Anwesenheit durch Gegenpartei oder Dritte	17
4. Parteiöffentlichkeit und Sachverständigenbeweis	21
5. Geheimhaltungspflichten der Parteien	23
V. Ausnahmen vom Teilnahmerecht der Parteien	
1. Geheimverfahren	26
2. Verhandlungsstörung	28
3. Untersagung eigenen Parteivortrags	29
4. Förderung der Aussagewahrheit	30
5. Schriftliche Zeugenaussage	33
6. Auslandsbeweisaufnahme	34
VI. Mitteilung des Termins der Beweisaufnahme	
1. Allgemeine Regeln	35
2. Erleichterung durch § 357 Abs. 2	38
§ 15 Rechtsfolgen der Anwesenheitsvereitelung	
I. Verwertungsverbot	40
II. Potentielle Kausalität als Voraussetzung des Wiederholungsgebots	41
III. Heilung von Verstößen gem. § 295	43
IV. Rechtsmittel	44

§ 14 Anwesenheitsrecht der Parteien und ihrer Berater

Schrifttum:

Höffmann, Die Grenzen der Parteiöffentlichkeit, insbesondere beim Sachverständigenbeweis, Diss. jur. Bonn 1989; *Hohlfeld*, Die Einholung amtlicher Auskünfte im Zivilprozeß, Diss. jur. Konstanz 1994; *Jankowski*, Der Ortstermin im Zivilprozeß und der Eingriff in die Unverletzlichkeit der Wohnung, NJW 1997, 3347; *Kersting*, Der Schutz des Wirtschaftsgeheimnisses im Zivilprozeß, 1995; *Kürschner*, Parteiöffentlichkeit vor Geheimnisschutz, NJW 1992, 1804; *Müller*, Der Sachverständige im gerichtlichen Verfahren, 3. Aufl. 1988; *Ploch-Kumpf*, Der Schutz von Unternehmensgeheimnissen im Zivilprozeß unter besonderer Berücksichtigung ihrer Bedeutung in der Gesamtrechtsordnung, Diss. jur. Köln 1995; *Schnapp*, Parteiöffentlichkeit bei der Tatsachenfeststellung durch den Sachverständigen, Festschrift Menger (1985), S. 557; *E. Schneider*, Rechtliches Gehör in der Beweisaufnahme, MDR 1991, 828; *Schwartz*, Gewährung und Gewährleistung des rechtlichen Gehörs durch einzelne Vorschriften der Zivilprozeßordnung, Diss. jur. Hamburg 1975; *Späth*, Die Parteiöffentlichkeit des Zivilprozesses, 1995; *Stürner*, Die Aufklärungspflicht der Parteien des Zivilprozesses, 1976; *Völzmann-Stickelbrock*, Unmittelbarkeit der Beweisaufnahme und Parteiöffentlichkeit – Nicht mehr zeitgemäße oder unverzichtbare Elemente des Zivilprozesses?, ZZP 118 (2005), 359.

I. Anwesenheitsrecht der Parteien

1. Gesetzliche Herkunft

1 Das Recht der Parteien, bei der Beweisaufnahme anwesend zu sein (§ 357), war nach den Prozessordnungen verschiedener deutscher Staaten vor dem Inkrafttreten der CPO nicht ausdrücklich gegeben; es ist in dieser Form erst **durch § 322 CPO etabliert** worden.[1] Allerdings war es zuvor schon aus allgemeinen zivilprozessualen Vorschriften abzuleiten.[2]

2. Abgrenzung zum Öffentlichkeitsgrundsatz

2 Der Grundsatz der Parteiöffentlichkeit ist vom Grundsatz der **Öffentlichkeit der mündlichen Verhandlung** gem. §§ 169 ff. GVG **zu unterscheiden**.[3] Der Öffentlichkeitsgrundsatz, der dazu führt, dass grundsätzlich auch unbeteiligte Dritte als Zuschauer einer Verhandlung beiwohnen dürfen, ist kein Verfassungssatz, sondern eine Prozessmaxime für bestimmte Verfahrensarten.[4] Er hat sich nicht aus dem Wesen des Gerichtsverfahrens, sondern historisch als Forderung von Liberalismus und Aufklärung als Reaktion auf die Geheim- und Kabinettsjustiz des Absolutismus entwickelt, die zugunsten einer Kontrolle der Verfahren und der Richter durch das Volk beseitigt werden sollte.[5] Soweit die Öffentlichkeit ausnahmsweise ausgeschlossen ist, ist die **Parteiöffentlichkeit** der Beweisaufnahme gleichwohl herzustellen.

3. Bestandteil der Gewährung rechtlichen Gehörs

3 Die **Teilnahme** der **Naturalparteien** und ihrer **Vertreter** an der gerichtlichen Verhandlung ist Voraussetzung dafür, dass sie Einfluss auf den Verlauf des Prozesses nehmen und von ihren prozessualen Rechten Gebrauch machen können.[6] Der Grundsatz der Parteiöffentlichkeit gilt **nur im Parteiinteresse**.[7] Er ist **auf** den Anspruch auf rechtliches Gehör gem. **Art. 103 Abs. 1 GG zurückzuführen**,[8] der das Recht auf Teilnahme an der Beweisaufnahme umfasst. Daneben wird auch der Grundsatz des fairen Verfahrens als verfassungsrechtliche Basis genannt.[9] Sofern es um die Parteiöffentlichkeit in **Verfahren** vor dem **Rechtspfleger** geht, wird verfassungsrechtlich auf das Recht auf ein faires Verfahren zurückgegriffen, das aus Art. 2 Abs. 1 GG i.V.m. dem Rechtsstaatsprinzip abgeleitet wird;[10] Art. 103 Abs. 1 GG ist dort mangels richterlicher Funktion nicht anwendbar.[11]

4 Wegen der Bedeutung der Beweisaufnahme für den Ausgang des Prozesses ist die Parteiöffentlichkeit ausdrücklich normiert. Der **Grundsatz wird ergänzt** durch das

---

1 *Hahn/Stegemann* Mat.[2] II/1 S. 305 (zu § 312). Rechtshistorischer Überblick bei *Höffmann* Parteiöffentlichkeit S. 3 ff.
2 *Hahn/Stegemann* Mat.[2] II/1 S. 305.
3 Stein/Jonas/*Berger*[22] § 357 Rz. 1.
4 BVerfGE 15, 303, 307 = NJW 1963, 757, 758.
5 KKStPO/*Diemer*[5] § 169 GVG Rz. 1.
6 Vgl. BVerfGE 19, 49, 51 = NJW 1965, 1267 (zur Geltung im FGG-Verfahren).
7 Stein/Jonas/*Berger*[22] § 357 Rz. 1.
8 OLG München NJW-RR 1988, 1534, 1535; OLG Schleswig NJW 1991, 303, 304; BVerwG NJW 2006, 2058 (zu § 97 VwGO); *Blomeyer* ZPR[2] § 22 III (S. 126); *Kürschner* NJW 1992, 1804, 1805; *Schwartz* Gewährung rechtlichen Gehörs S. 42 f.; *Grunsky* Grundlagen[2] § 42 I 1, S. 437 f.; MünchKommZPO/*Heinrich*[4] § 357 Rz. 1; Stein/Jonas/*Berger*[22] § 357 Rz. 1.
9 BVerwG NJW 2006, 2058.
10 BVerfGE 101, 397, 404 = NJW 2000, 1709; VerfGH Berlin NJOZ 2004, 2684, 2687.
11 BVerfGE 101, 397, 404.

Recht, über alle Handlungen des Gerichts und des prozessualen Gegners informiert zu werden und **Einsicht in die Akten** nehmen zu dürfen (§ 299).[1]

Die Anwesenheit ist eine notwendige, wenn auch nicht hinreichende Bedingung dafür, dass die Parteien auf die Beweisverhandlung auch **tatsächlich Einfluss** nehmen können. Das demselben Zweck dienende **Fragerecht** ist gesondert geregelt (§§ 397, 402, 451). Das Fragerecht und die **Möglichkeit**, zu den Ergebnissen der Beweisaufnahme **Stellung nehmen zu können**, verbessern das Ergebnis der Tatsachenfeststellung.[2] Die Parteien wissen besser als das Gericht und die Prozessbevollmächtigten um die tatsächlichen Umstände, die einem Rechtsstreit zugrunde liegen. Die Anwesenheit ist zudem Voraussetzung dafür, dass die Parteien über das Ergebnis der Beweisaufnahme verhandeln und ihre Einschätzung der Ergebnisse des Beweisverfahrens darlegen können.[3] 5

4. Benachrichtigungserleichterung

§ 357 Abs. 2 stellt nur auf den ersten Blick eine die Parteiöffentlichkeit stärkende Regelung dar. Zwar kann von dem Recht der Teilnahme nur Gebrauch machen, wer **von Ort und Zeit** der Beweisaufnahme **Kenntnis** hat. Jedoch ist der Inhalt eines Beweisbeschlusses den Parteien gem. § 329 Abs. 2 ohnehin mitzuteilen und im Falle einer gleichzeitigen Terminsbestimmung ist die Mitteilung zuzustellen, § 329 Abs. 2 S. 2. Von diesem Erfordernis macht **§ 357 Abs. 2** eine **Ausnahme**. Er stellt also nicht etwa sicher, dass die Parteien rechtzeitig von Ort und Termin der Beweisaufnahme erfahren, sondern **verringert die formellen Anforderungen** an die entsprechende Mitteilung (dazu unten Rz. 38). 6

II. Anwendungsbereich des § 357

1. ZPO

Die Parteiöffentlichkeit der Beweisaufnahme gilt für **jedwede Art der Beweisaufnahme** nach der ZPO, auch dann wenn sie von Gerichts wegen geschieht. Teilweise verweisen die das Beweisverfahren regelnden Normen auf das allgemeine Beweisrecht, etwa in § 492 Abs. 1 für das **selbständige Beweisverfahren**. Das **Bagatellverfahren** gem. § 495a erlaubt zwar ein Abweichen von den Regeln der §§ 355–455[4] bis hin zur Möglichkeit, auf eine Beweiserhebung weitgehend zu verzichten. Sofern und soweit Beweis erhoben wird, ist aber der Grundsatz der Parteiöffentlichkeit einzuhalten.[5] § 357 gilt auch im **Beschwerdeverfahren**[6] und bei der **vorterminlichen Beweisaufnahme** gem. § 358a. Wenn eine persönliche Anwesenheit der Beteiligten bei der Beweisaufnahme aus tatsächlichen Gründen nicht möglich ist, z.B. bei der Einholung schriftlicher Auskünfte, muss das Gericht eine gleichwertige Form der Beteiligung gewährleisten, indem z.B. durch das Zugänglichmachen des betreffenden Dokuments eine aktive Mitwirkung an der Auswertung des Beweismittels ermöglicht wird.[7] 7

---

1 Rosenberg/Schwab/*Gottwald*[17] § 21 Rz. 24; Musielak/*Stadler*[10] § 357 Rz. 1.
2 *Grunsky* Grundlagen[2] § 42 I, S. 437 f.; *Hohlfeld* Einholung amtlicher Auskünfte S. 131 f.; *Peters* ZZP 76 (1963), 145, 158.
3 Stein/Jonas/*Berger*[22] § 357 Rz. 1.
4 LG Baden-Baden NJW-RR 1994, 1088; MünchKommZPO/*Deubner*[4] § 495a Rz. 13; Musielak/*Wittschier*[10] § 495a Rz. 6; ausführlich *Städing* NJW 1996, 691, 694 f.
5 *Städing* NJW 1996, 691, 695.
6 OLG Hamm JMBl.NRW 1955, 222, 223; MünchKommZPO/*Heinrich*[4] § 357 Rz. 2.
7 *Koch/Steinmetz* MDR 1980, 901, 903.

2. Freiwillige Gerichtsbarkeit: Beteiligtenöffentlichkeit

8 Die Anwendung des § 357 **im FamFG** bei förmlichen Beweisaufnahmen (§ 30 Abs. 2 FamFG), dort Beteiligtenöffentlichkeit genannt, entspricht der ganz herrschenden Auffassung.[1] Eine früher vertretene Gegenansicht[2] ist überholt.[3] Außerhalb des § 30 Abs. 2 FamFG ist Art. 103 Abs. 1 GG zu beachten.

3. Schiedsrichterliches Verfahren

9 Auch im schiedsrichterlichen Verfahren gilt der Anspruch auf **rechtliches Gehör** (§ 1042 Abs. 1 S. 2). Die Beteiligten dürfen somit bei der Beweisaufnahme anwesend sein und wie vor staatlichen Gerichten zu allen Tatsachen und Beweismitteln Stellung nehmen.[4] Der Anspruch zählt zu den **zwingenden Vorschriften** i.S.d. § 1042 Abs. 3;[5] eine das rechtliche Gehör beeinträchtigende Parteivereinbarung ist unwirksam.

III. Berechtigte Personen

1. Naturalparteien

10 Der Wortlaut des § 357 Abs. 1 gibt den Parteien des Rechtsstreits das Recht zur Teilnahme an der Beweisaufnahme. Das sind die **Naturalparteien und** ihre **gesetzlichen Vertreter**. Ist eine juristische Person oder ein gleichgestelltes selbständiges Rechtssubjekt, etwa eine verselbständigte Vermögensmasse ausländischen Rechts, Prozesspartei, steht das Recht den Organwaltern oder bevollmächtigten Mitarbeitern zu.

2. Prozessbevollmächtigte

11 Das Teilnahmerecht gilt **auch für die Prozessbevollmächtigten** der Parteien.[6] Dass die Naturalparteien im Falle des Anwaltszwangs (§ 78) neben ihrem Bevollmächtigten an der Beweisaufnahme teilnehmen dürfen, begründet nicht die Befugnis, selbst Prozesshandlungen vornehmen zu dürfen. Insbesondere haben die **Naturalparteien** im Anwaltsprozess **kein Fragerecht** gem. §§ 397, 402, 451 (Kap. 39 Rz. 101), sondern sind auf die Beobachtung der Beweisaufnahme und die vom Fragerecht zu unterscheidende Wortmeldung[7] (§ 137 Abs. 4) beschränkt. Die Einflussnahme erfolgt über den eigenen Anwalt.

3. Sachkundige Parteiberater

12 Die Parteien können auf die **Hilfe sachkundiger Personen** angewiesen sein, um die Beweisaufnahme nachvollziehen und gegebenenfalls beeinflussen zu können, so vor allem bei der Behandlung **technischer, medizinischer** oder **wirtschaftswissenschaftli-**

---

1 Keidel/*Sternal* FamFG[18] § 30 Rz. 28; Zöller/*Feskorn*[30] § 30 FamFG Rz. 13. Zum FGG: BVerfGE 19, 49, 51 = NJW 1965, 1267; BayObLGZ 1967, 137, 146 f. = NJW 1967, 1867; BayObLG NJW-RR 1996, 583, 584; KG FamRZ 1968, 605, 606 = OLGZ 1969, 88; OLG Hamm RPfleger 1973, 172; s. auch BayObLG FamRZ 1981, 595, 596.
2 OLG Frankfurt FamRZ 1962, 173, 174 m.w.N. (allerdings in einer Verfahrenssituation, die einen Beteiligtenausschluss rechtfertigen konnte); BayObLGZ 1948–51, 412, 417.
3 MünchKommZPO/*Heinrich*[4] § 357 Rz. 3.
4 BGHZ 85, 288, 291 = NJW 1983, 867; Musielak/*Voit*[10] § 1042 Rz. 3; MünchKommZPO/*Heinrich*[4] § 357 Rz. 5; a.A. Stein/Jonas/*Schlosser*[22] § 1042 Rz. 7.
5 Vgl. BGHZ 3, 215, 218 („Grundpfeiler des Schiedsgerichtsverfahrens").
6 MünchKommZPO/*Heinrich*[4] § 357 Rz. 6; Musielak/*Stadler*[10] § 357 Rz. 1; Stein/Jonas/*Berger*[22] § 357 Rz. 5.
7 Vgl. MünchKommZPO/*Heinrich*[4] § 357 Rz. 6; Musielak/*Stadler*[10] § 137 Rz. 4.

cher Fragen, die für einen Laien nicht ohne Weiteres verständlich sind. In solchen Fällen ist sachkundigen Personen an der Seite der Parteien eine Teilnahme an der Beweisaufnahme zu gestatten,[1] um die Parteiöffentlichkeit nicht zu einer lediglich physischen Anwesenheitsberechtigung zu degradieren (zur Übertragung des Fragerechts nach § 397 s. Kap. 39 Rz. 101).

4. Nebenintervenienten

Nebenintervenienten (§§ 66 ff.) haben ebenfalls das **Recht auf Teilnahme** an der Beweiserhebung.[2] Ein Ausschluss würde die Ausübung der in § 67 genannten Rechte erschweren.

13

IV. Inhalt des Anwesenheitsrechts

1. Art der Beweisaufnahme

Für die Teilnahme ist es **unerheblich**, in welcher **Form** und an welchem **Ort** die Beweisaufnahme erfolgt. Sie kann auch außerhalb des Gerichtsgebäudes (§ 219) und vor dem beauftragten oder ersuchten Richter (§§ 361, 362) stattfinden. Einbezogen ist das **gesamte Beweisverfahren** einschließlich der Vernehmung und Beeidigung der Gegenpartei.[3] Die Parteiöffentlichkeit gilt nicht für Beweiserhebungen im Wege des **Freibeweises**,[4] allerdings müssen die Parteien Gelegenheit haben, zum Ergebnis der Beweisaufnahme Stellung zu nehmen.

14

2. Recht zur physischen Anwesenheit

Die Teilnahme an der Beweisaufnahme bedeutet **physische Anwesenheit der Parteien**. Eine Beschränkung auf mittelbare Möglichkeiten der Kenntniserlangung von den Vorgängen während der Beweisaufnahme ist grundsätzlich nur **bei Verzicht** der betreffenden Partei zulässig. **Video- oder Telefonkonferenzen sind** jedoch **zulässig**, wenn das Gericht diese Beweisaufnahmeform in zulässiger Weise auch für sich selbst gewählt hat.

15

Die Möglichkeit einer **nachträglichen Information** über den Ablauf der Beweisaufnahme, z.B. mittels Videoaufnahme oder schriftlicher Dokumentation, **reicht nicht** aus, da in diesen Fällen nur eine Informations- aber keine Einwirkungsmöglichkeit besteht. Das Gericht hat somit die Möglichkeit der physischen Anwesenheit auch bei einer **auswärtigen Beweisaufnahme** zu gewährleisten.[5] Das Anwesenheitsrecht besteht auch dann, wenn die Öffentlichkeit nach §§ 171b, 172 GVG von der Verhandlung ausgeschlossen ist.[6]

16

3. Behinderung der physischen Anwesenheit durch Gegenpartei oder Dritte

Wenn die Beweisaufnahme als Augenscheinseinnahme in Räumlichkeiten oder auf Grundstücken stattfinden soll, deren Betreten **kraft des Hausrechts** verboten werden

17

---

[1] OLG Düsseldorf MDR 1979, 409; OLG Düsseldorf BauR 1974, 72; OLG München NJW-RR 1988, 1534, 1535; OLG München NJW 1984, 807, 808; Musielak/*Stadler*[10] § 357 Rz. 1; *Schneider* MDR 1991, 828; MünchKommZPO/*Heinrich*[4] § 357 Rz. 6.
[2] Stein/Jonas/*Berger*[22] § 357 Rz. 4; MünchKommZPO/*Heinrich*[4] § 357 Rz. 6.
[3] Stein/Jonas/*Berger*[22] § 357 Rz. 7.
[4] *Pohlmann* ZZP 106 (1993), 181, 186 m.w.N.; Zöller/*Greger*[30] § 284 Rz. 4. A.A. *Kollhosser* ZZP 93 (1980), 265, 279.
[5] OLG München OLGZ 1983, 355 = RPfleger 1983, 319.
[6] Musielak/*Stadler*[10] § 357 Rz. 1.

kann, können persönliche Konfliktlagen dazu führen, dass einer Partei vom Gegner oder einem dritten Verfügungsberechtigten der **Zutritt** verwehrt wird. Wenn das Gericht die Parteiöffentlichkeit dann nicht gewährleisten kann, ist **auf die Beweisaufnahme zu verzichten**. Je nach Art der geplanten Beweisaufnahme und abhängig davon, wer die Unmöglichkeit herbeiführt, sind die rechtlichen Konsequenzen einer Behinderung unterschiedlich (zu den Rechtsfolgen auch Kap. 5 § 15).

18 Das Gericht kann die **Einnahme des Augenscheins** sowie die **Begutachtung** durch Sachverständige **gem. § 144 Abs. 1 S. 1 anordnen**. Es kann zudem gem. § 144 Abs. 1 S. 3 den Parteien oder einem Dritten die **Duldung einer Maßnahme** nach S. 1 aufgeben, sofern nicht eine Wohnung betroffen ist. Die Ausnahme für die Wohnung trägt Art. 13 GG Rechnung, schießt aber im Detail über die verfassungsrechtlich gebotenen Grenzen hinaus (dazu Kap. 7 Rz. 43). Nach dem eindeutigen Wortlaut gilt die Regelung auch für die Parteien selbst. Daraus darf nicht der Schluss gezogen werden, es bestehe für die Parteien keine Pflicht zur Duldung der Inaugenscheinnahme eines in der eigenen Wohnung befindlichen Augenscheinsobjekts, so dass an die Weigerung auch keine Sanktion geknüpft werden könnte. Es **scheitert lediglich die zwangsweise Durchsetzung der Duldung**.[1] Hingegen dürfen zu Lasten der Partei im Rahmen der freien **Beweiswürdigung** (§ 286) **negative Rückschlüsse** aus deren Verhalten gezogen werden.[2] Ratio des § 144 Abs. 1 S. 3 ist es allein, das Recht auf **Unverletzlichkeit der Wohnung** gem. Art. 13 GG zu schützen. Auch die Regelung des § 371 Abs. 3 entspricht dieser Sichtweise; sie sieht keine Einschränkungen hinsichtlich der Wohnung vor. Eine Weigerung führt somit nur dann nicht zu Nachteilen für die sich weigernde Partei, wenn ihr die Duldung der Augenscheinseinnahme **nicht zumutbar** ist.

19 Damit gilt Folgendes: Ist die den Zutritt **verweigernde Partei beweispflichtig**, bleibt sie **beweisfällig**,[3] sofern die Beweisaufnahme nicht an einem anderen Ort möglich ist, woran es bei einer Inaugenscheinnahme regelmäßig fehlen dürfte. Gegebenenfalls ist eine Frist gem. § 356 zu setzen[4] (dazu Kap. 14 Rz. 28). Einen Fall der **Beweisvereitelung** (näher: Kap. 8 Rz. 146) stellt es dar, wenn der **Gegner** der beweisführungsbelasteten Partei eine Inaugenscheinnahme verhindert.[5] Ihm wird also zur Abwendung negativer Folgerungen trotz § 144 Abs. 1 S. 3 die Zutrittsgewähr zugemutet.

20 Die **Weigerung eines** in seiner eigenen Wohnung zu vernehmenden **Zeugen**, eine Partei einzulassen, wird teilweise als **unberechtigte Aussageverweigerung** gewertet,[6] was den Zwang gem. § 390 nach sich zieht.[7] Eine Verpflichtung zur Einlassgewährung, deren Verweigerung einer Aussageverweigerung gleichsteht, gibt es jedoch nicht; **Art. 13 GG** und § 144 Abs. 1 S. 3 **lassen** eine Einordnung als unberechtigte Aussageverweigerung mit Konsequenzen für die **Verhängung von Ordnungsmitteln nicht zu** (s. auch Kap. 35 Rz. 15). Von Bedeutung ist die Frage angesichts der Regelung des § 219 Abs. 1 aber nur dann, wenn dem betreffenden Zeugen das Erscheinen vor Ge-

---

1 *Hök* BauR 1999, 221, 227.
2 OLG Nürnberg MDR 1961, 62 (LS); OLG Koblenz NJW 1968, 897; OLG München NJW-RR 1988, 1534, 1535; OLG Koblenz NJW-RR 2013, 796, 797 (Beweisvereitelung); Musielak/*Stadler*[10] § 357 Rz. 3; *Jankowski* NJW 1997, 3347, 3349.
3 OLG Koblenz NJW-RR 2013, 796, 797; AK-ZPO/*Rüßmann* § 357 Rz. 2; Zöller/*Greger*[30] § 357 Rz. 2. S. auch BGH GRUR 2009, 519 Rz. 14 = NJW-RR 2009, 995.
4 Stein/Jonas/*Berger*[22] § 357 Rz. 2.
5 OLG Nürnberg MDR 1961, 62 (LS); OLG München NJW 1984, 807, 808; AK-ZPO/*Rüßmann* § 357 Rz. 2; MünchKommZPO/*Heinrich*[4] § 357 Rz. 10.
6 AK-ZPO/*Rüßmann* § 357 Rz. 2; MünchKommZPO/*Heinrich*[4] § 357 Rz. 10; Zöller/*Greger*[30] § 357 Rz. 2. A.A. – Berücksichtigung der Weigerungsmotive – *Jankowski* NJW 1997, 3347, 3349. Noch weitergehend ablehnend Musielak/*Stadler*[10] § 357 Rz. 3: nur Vernehmung im Gerichtsgebäude oder per Videokonferenz an drittem Ort.
7 AK-ZPO/*Rüßmann* § 357 Rz. 2.

richt nicht möglich ist, insbesondere aus gesundheitlichen Gründen. Selbst dann dürfte in aller Regel aber eine Vernehmung außerhalb der eigenen Wohnung des Zeugen möglich sein, solange dieser sich in einem Zustand befindet, der eine Vernehmung überhaupt zulässt. Anderenfalls dürfte schon deshalb auf eine Vernehmung zu verzichten sein.

4. Parteiöffentlichkeit und Sachverständigenbeweis

Die **Ermittlung von Tatsachen durch** einen **Sachverständigen** zur Vorbereitung seines Gutachtens ist **keine Beweisaufnahme**,[1] so dass § 357 nicht schon aus diesem Grunde einzuhalten ist. Die Beweisaufnahme durch Einholung eines Sachverständigengutachtens besteht vielmehr in der Entgegennahme des schriftlichen Gutachtens oder in der Befragung des Sachverständigen durch das Gericht. Entsprechendes gilt für die Zuziehung eines Augenscheinsgehilfen und einer anderen Hilfsperson.

§ 357 Abs. 1 gewährt somit **kein Recht** der Parteien, an der Tatsachenermittlung durch Hilfspersonen teilzunehmen. Dennoch steht den Parteien grundsätzlich das **Recht** zu, auch **an der Tatsachenfeststellung** selbst **teilzunehmen**, etwa im Rahmen einer Ortsbesichtigung. Abzuleiten ist dieses Recht aus § 404a Abs. 4 (näher dazu Kap. 47 Rz. 40). **Ausgeschlossen** ist die Teilnahme, wenn sie unmöglich ist, den Beweisaufnahmezweck vereiteln würde,[2] etwa durch Teilnahme einer weiteren Person (z.B. eines Elternteils) bei der Exploration in Kindschaftssachen (vgl. § 163 FamFG),[3] oder wenn sie für den Sachverständigen oder – bei medizinischen Gutachten – für die zu untersuchende Person unzumutbar ist. Ausgenommen sind ferner Tatsachenermittlungen, die der Sachverständige zur **abstrakten** Erweiterung seiner Sachkunde vorgenommen hat. Näher zu den Grenzen Kap. 47 Rz. 45 ff.

5. Geheimhaltungspflichten der Parteien

Das Gericht kann die Öffentlichkeit ausschließen und gem. **§§ 174 Abs. 3, 171b, 172 Nr. 2 und 3 GVG** die bei der Beweisaufnahme anwesenden Personen zur Geheimhaltung bzgl. des Inhalts der Beweisaufnahme verpflichten.[4] Damit ist die **Strafandrohung** des § 353d Nr. 2 StGB verbunden.

Umstritten ist, ob die **Geheimhaltungspflicht** auch für den **Anwalt gegenüber der eigenen Partei** besteht, wenn diese nicht selbst an der Verhandlung teilgenommen hat.[5] Praktisch relevant wird dies bei der Durchführung von Geheimverfahren (dazu nachfolgend Rz. 26 ff.), die aufgrund des Teilnahmeverzichts einer Partei (§ 284 S. 2) ermöglicht werden, etwa gem. der Düsseldorfer Beweisermittlungspraxis bei Verdacht einer Patentverletzung.[6] Für eine Geheimhaltungspflicht auch gegenüber dem eige-

---

1 OLG München OLGZ 1983, 355 = RPfleger 1983, 319; OLG München NJW 1984, 807; OLG Dresden NJW-RR 1997, 1354; BVerwG NJW 2006, 2058; a.A. *Schnapp* Festschrift Menger, S. 557, 566.
2 OLG Koblenz MDR 2011, 1320 (dort: Ausschluss der Manipulation des Untersuchungsergebnisses).
3 Vgl. OLG Stuttgart MDR 2003, 172.
4 Dazu BVerfG VersR 2000, 214, 216 – Prämienerhöhung.
5 Für eine Geheimhaltungspflicht des Anwalts OLG Rostock JW 1928, 745; *Leppin* GRUR 1984, 695, 697 (kraft richterlicher Anordnung); *Kersting* S. 287 (analog § 174 Abs. 3 GVG); MünchKommZPO/*Heinrich*[4] § 357 Rz. 7; a.A. Stein/Jonas/*Berger*[22] § 357 Rz. 6; Rosenberg/Schwab/Gottwald[17] § 21 Rz. 24.
6 Dazu *Kühnen* GRUR 2005, 185, 187 ff. Aus der Rechtsprechung: BGH GRUR 2010, 318 – Lichtbogenschnürung (Vorinstanz: OLG München InstGE 10 Nr. 25 S. 186, 191 Rz. 53 – Laser-Schweißverfahren = GRUR-RR 2009, 191 m. krit. Bespr. *Müller-Stoy* GRUR-RR 2009, 161); OLG Düsseldorf InstGE 10 Nr. 27 S. 198 – zeitversetztes Fernsehen; OLG Düsseldorf InstGE

nen Mandanten spricht, dass die **Partei selbst** mangels Anwesenheit nicht vom Wortlaut des § 174 Abs. 3 GVG erfasst wird und damit selbst **keiner Geheimhaltungspflicht** mehr unterliegt, also sanktionslos das betreffende Geheimnis weiterverbreiten könnte.[1] Kein Gegenargument folgt daraus, dass die Partei auch selbst an der Beweisaufnahme hätte teilnehmen können; in diesem Falle würde sie von § 174 Abs. 3 GVG erfasst worden und stünde unter der Strafandrohung des § 353d Nr. 2 StGB.

25 Die bestehende **Gesetzeslage** löst das Problem **unbefriedigend**, und zwar selbst für Verletzungsprozesse über Rechte des Geistigen Eigentums, für die die Richtlinie 2004/48/EG vom 29.4.2004[2] unter Anlehnung an die saisie contrefaçon des französischen Rechts und die search order (Anton Piller order) des englischen Rechts in Art. 7 einen vorprozessualen Beweisermittlungszwang vorsieht (dazu auch Kap. 7 Rz. 74). Der deutsche Gesetzgeber hat **verfahrensrechtliche** Umsetzungsvorschläge zur **Optimierung des Geheimnisschutzes** bei der Durchsetzung materiell-rechtlicher Besichtigungsansprüche (§ 140c PatG, § 24c GebrMG, § 46a GeschmMG, § 101a UrhG, § 19a MarkenG)[3] nicht aufgegriffen.

V. Ausnahmen vom Teilnahmerecht der Parteien

1. Geheimverfahren

26 Der Grundsatz der Parteiöffentlichkeit gilt nicht unbeschränkt. Vielmehr kann er im Einzelfall zwecks **Wahrung höherrangiger Interessen** durchbrochen sein. Eingeschränkt wird er, wenn ein beweisrechtliches Geheimverfahren durchgeführt wird. Darunter sind Beweisverfahren zu verstehen, von denen eine Partei ausgeschlossen ist um sicherzustellen, dass sie keine Betriebs-, Geschäfts- oder sonstigen Geheimnisse ihres prozessualen Gegners erfährt, deren Offenlegung für die Beweiserhebung unumgänglich ist. Dabei sind **zwei Fallkonstellationen** zu unterscheiden: Die beweisbelastete Partei selbst kann ein Geheimverfahren bewahren wollen oder der Gegner der beweisbelasteten Partei möchte ein Geheimnis nicht preisgeben.

27 Die **Zulässigkeit** solcher Geheimverfahren wird **kontrovers diskutiert** (näher dazu vorstehend Rz. 24, Kap. 7 Rz. 69 ff. und Kap. 35 Rz. 63). Lehnt man ein Geheimverfahren ab, muss sich die beweisbelastete Partei entscheiden, ob sie beweisfällig bleibt oder das Geheimnis offenbart. Die nicht beweisbelastete Partei sieht sich den Folgen einer Beweisvereitelung ausgesetzt, wenn die Offenbarung nicht als unzumutbar einzustufen ist.[4]

2. Verhandlungsstörung

28 Zwecks Aufrechterhaltung der Ordnung kann die **Entfernung** einer Partei **aus dem Sitzungszimmer** gem. § 177 GVG angeordnet werden. Der Partei ist im Anschluss das Ergebnis der Beweisaufnahme mitzuteilen.[5]

---

10 Nr. 16 S. 122 – Geheimverfahren; LG Düsseldorf InstGE 6 S. 189 – Walzen-Formgebungsmaschine I.
1 MünchKommZPO/*Heinrich*[4] § 357 Rz. 7.
2 Berichtigte Fassung ABl. EU Nr. L 195 v. 2.6.2004, S. 16, umgesetzt durch Gesetz v. 7.7.2008, BGBl. I 2008, 1191.
3 *Ahrens* GRUR 2005, 837, 838.
4 Vgl. *Kürschner* NJW 1993, 1804, 1805; *Stadler* NJW 1989, 1202, 1203. Zur Beweisvereitelung durch den Beweisführer bei Verweigerung der Teilnahme an Befunderhebung des Sachverständigen gegenüber Gegenpartei zum Schutz eines Betriebsgeheimnisses BGH GRUR 2009, 519 Rz. 14 – Holzfasermembranspinnanlage = NJW-RR 2009, 995.
5 Stein/Jonas/*Berger*[22] § 357 Rz. 16.

3. Untersagung eigenen Parteivortrags

Eine Einschränkung der Mitwirkungsrechte aufgrund der Parteiöffentlichkeit ermöglicht in § 157 Abs. 2 S. 1. Das Gericht darf einer Naturalpartei den weiteren Vortrag zu untersagen, wenn ihr die **Fähigkeit zum geeigneten Vortrag fehlt**. Sie kann dann zwar weiterhin anwesend sein, ihre Anwesenheit aber nicht vollumfänglich nutzen. Eine solche Beschneidung des Rechts auf Parteiöffentlichkeit setzt wegen Art. 103 Abs. 1 GG eine **schwerwiegende Beeinträchtigung der Verhandlung** voraus und kommt nicht schon bei unpräzisem oder unbeholfenem Vortrag in Betracht.

29

4. Förderung der Aussagewahrheit

Eine weitere Einschränkung des Rechts auf Parteiöffentlichkeit ergibt sich aus einer **analogen Anwendung des § 247 StPO**.[1] Diese Vorschrift ermöglicht die Entfernung des Angeklagten aus dem Sitzungszimmer, falls zu erwarten ist, dass ein Mitangeklagter oder ein Zeuge in Gegenwart des Angeklagten **nicht die Wahrheit sagen** wird. Auszugleichen ist diese Einschränkung so weit wie möglich dadurch, dass die **ausgeschlossene Partei** anschließend durch das Gericht über den Inhalt der Zeugenaussage möglichst umfassend zu **informieren** ist. Nach einer vielfach einschränkungslos aufgestellten These soll der Partei sodann Gelegenheit gegeben werden, gem. § 397 **Fragen** an den Zeugen zu stellen.[2] Die Ausübung des Fragerechts muss allerdings technisch so gestaltet werden, dass der durch Anwendung des § 247 StPO erzielte Aussageerfolg nicht nachträglich vereitelt wird, indem der Zeuge nunmehr durch das Erscheinen der zunächst entfernten Partei verunsichert wird und seine Aussage unter diesem Eindruck modifiziert oder widerruft.

30

Der **Prozessbevollmächtigte** darf nach § 247 StPO **nicht entfernt** werden.[3] Die vorübergehende Entfernung einer Partei wird als vorrangig vor einer technisch möglichen Videoübertragung der Zeugenaussage angesehen.[4] Anzuwenden ist der Rechtsgedanke der Vorschrift im Zivilprozess auch dann, wenn keine Bedenken hinsichtlich der Beeinflussung einer Zeugenaussage bestehen, aber eine **Gesundheitsgefahr für den Zeugen** im Falle der Anwesenheit einer Partei droht.[5]

31

Für das **FamFG** ist dessen Regelung zum **Ausschluss eines Beteiligten** in § 33 Abs. 1 S. 2 zu beachten, die dem Parteiausschluss entspricht.[6] Die Norm lautet: „Sind in einem Verfahren mehrere Beteiligte persönlich anzuhören, hat die Anhörung eines Beteiligten in Abwesenheit der anderen Beteiligten stattzufinden, falls dies **zum Schutz** des anzuhörenden Beteiligten oder aus anderen Gründen **erforderlich** ist." Die Erforderlichkeit ist zur Wahrung des Art. 103 Abs. 1 GG eng auszulegen. Ausdrückliche gleichartige Regelungen enthalten § 128 Abs. 1 S. 2 FamFG für Ehesachen und § 157 Abs. 2 S. 2 FamFG für Kindschaftssachen. Diese Regelungen gelten, obwohl für die **persönliche Anhörung** getroffen, auch für förmliche Beweisaufnahmen nach § 30

32

---

[1] OLG Frankfurt FamRZ 1994, 1400, 1401; OLG Frankfurt OLGRep. 2003, 130; AK-ZPO/*Rüßmann* § 357 Rz. 6; MünchKommZPO/*Heinrich*[4] § 357 Rz. 9; Stein/Jonas/*Berger*[22] § 357 Rz. 15; Zöller/*Greger*[30] § 357 Rz. 3a.A.A. – wegen Amtsermittlung im Strafverfahren – Baumbach/Lauterbach/*Hartmann*[71] § 357 Rz. 3a; *Späth* Die Parteiöffentlichkeit S. 118; *Höffmann* Parteiöffentlichkeit S. 102.
[2] AK-ZPO/*Rüßmann* § 357 Rz. 6; MünchKommZPO/*Heinrich*[4] § 357 Rz. 9; Stein/Jonas/*Berger*[22] § 357 Rz. 15; Zöller/*Greger*[30] § 357 Rz. 3a.
[3] Stein/Jonas/*Berger*[22] § 357 Rz. 15.
[4] OLG Frankfurt OLGRep. 2003, 130, 131.
[5] OLG Frankfurt OLGRep. 2003, 130.
[6] Keidel/*Sternal* FamFG[18] § 30 Rz. 28. Kein Anwesenheitsrecht von Angehörigen bei Anhörung eines Betroffenen über Betreuerbestellung, OLG Hamm MDR 2009, 1343.

FamFG. Bei ihnen steht von vornherein der **Schutz eines Beteiligten** im Vordergrund, auf die es etwa in Gewaltschutzsachen ankommt.

5. Schriftliche Zeugenaussage

33 Eine Durchbrechung des Grundsatzes der Parteiöffentlichkeit stellt die Anordnung der schriftlichen Zeugenaussage gem. § 377 Abs. 3 dar.[1] Das **Fragerecht der Parteien** (§ 397) kann aber nachträglich erzwungen werden (Kap. 38 Rz. 26 und Kap. 39 Rz. 102).

6. Auslandsbeweisaufnahme

34 § 364 Abs. 4 ordnet für eine Beweisaufnahme im Ausland die Benachrichtigung des Beweisgegners über Ort und Zeit an (S. 1), räumt dem Gericht aber in S. 2 hinsichtlich der **Rechtsfolge** einer **unterbliebenen Benachrichtigung** ein Ermessen ein[2] und weicht den Grundsatz der Parteiöffentlichkeit somit auf (s. auch Kap. 59 Rz. 7). Wie dieses **Ermessen auszuüben** ist, wird unterschiedlich beurteilt.[3] **Beurteilungsleitend** sind – vorrangig – die Möglichkeit einer zeitnahen formgerechten Wiederholung der Beweisaufnahme sowie die Wahrung des rechtlichen Gehörs und der Chancengleichheit der Parteien.

VI. Mitteilung des Termins der Beweisaufnahme

1. Allgemeine Regeln

35 Die Parteien können nur dann sinnvoll Gebrauch von ihrem Recht auf Teilnahme machen, wenn sie den Ort und die Zeit der Beweisaufnahme kennen.[4] Daher folgt aus dem Recht der Parteien auf Anwesenheit auch ein **Recht auf rechtzeitige Benachrichtigung** von Beweisterminen.[5]

36 Findet die Beweisaufnahme vor dem **Prozessgericht** statt, fallen mündliche Verhandlung und Beweisaufnahme zusammen (§ 370), so dass die Ladung zur mündlichen Verhandlung gem. § 274 Abs. 1 zugleich eine Ladung zur Beweisaufnahme darstellt. Die Ladung ist gem. § 329 Abs. 2 S. 2 **förmlich zuzustellen**. Grundsätzlich ist gem. § 329 Abs. 2 S. 2 aber auch die Mitteilung über einen Beweisbeschluss, der zugleich die Bestimmung eines Termins enthält, den Parteien von Amts wegen zuzustellen. Die Zustellung erfolgt gegenüber dem Prozessvertreter, sofern ein solcher bestellt ist[6] (vgl. § 172). Einzuhalten ist die **Ladungsfrist des § 217**.

37 Alternativ kann die **Terminsbestimmung verkündet** werden (§ 329 Abs. 1 S. 1), wobei ebenfalls die Ladungsfrist zu berücksichtigen ist. In all diesen Fällen ist gewährleistet, dass die Parteien rechtzeitig und vollständig Kenntnis von Ort und Zeit der Beweisaufnahme erhalten und somit von ihrem Recht auf Parteiöffentlichkeit auch tatsächlich Gebrauch machen können. Verkündung und Mitteilung des Beweisbeschlusses machen gem. § 218 eine **Ladung der Parteien entbehrlich**.[7] Erscheint eine

---

1 MünchKommZPO/*Heinrich*[4] § 357 Rz. 9.
2 BGHZ 33, 63, 64 f. = NJW 1960, 1950, 1951; Musielak/*Stadler*[10] § 363 Rz. 7 und § 364 Rz. 6.
3 Für Verwertung trotz fehlender Benachrichtigung regelmäßig nur bei Verzicht gem. § 295 Musielak/*Stadler*[10] § 364 Rz. 6; großzügiger MünchKommZPO/*Heinrich*[4] § 364 Rz. 3; Stein/Jonas/*Berger*[22] § 364 Rz. 13.
4 BVerfGE 101, 397, 405; BPatG GRUR 1981, 651.
5 RGZ 6, 351, 353; RGZ 76, 101, 102; Stein/Jonas/*Berger*[22] § 357 Rz. 3 und 11.
6 OLG Nürnberg OLGZ 1976, 480, 481.
7 Zöller/*Greger*[30] § 357 Rz. 5; MünchKommZPO/*Heinrich*[4] § 357 Rz. 11.

Partei nicht zu dem ordnungsgemäß mitgeteilten Termin, so gilt § 367 (zu den Folgen Kap. 14 Rz. 66). Im Falle eines entschuldigten Ausbleibens einer Partei zum Beweistermin kann aber gem. § 227 Abs. 1 vertagt werden.[1]

2. Erleichterung durch § 357 Abs. 2

§ 357 Abs. 2 enthält für die Benachrichtigung über einen nicht verkündeten Beweisbeschluss mit Terminsbestimmung eine **Formvereinfachung**. Sie gilt nur für Beweisaufnahmen, die **vor** dem **beauftragten oder ersuchten Richter** stattfinden (dazu auch Kap. 4 Rz. 73), nicht hingegen für Beweisaufnahmen vor dem Prozessgericht. 38

Die **Erleichterung** betrifft dem Wortlaut des § 357 Abs. 2 S. 1 entsprechend **nur die Form**.[2] Die Beachtung der **Ladungsfrist** (§ 217) ist nicht entbehrlich. § 357 Abs. 2 S. 2 enthält eine durch Glaubhaftmachung zu widerlegende **Fiktion des Mitteilungszugangs** binnen eines bzw. zweier Werktage nach Aufgabe zur Post. 39

§ 15 Rechtsfolgen der Anwesenheitsvereitelung

I. Verwertungsverbot

Die Parteiöffentlichkeit ist ein wesentlicher Verfahrensgrundsatz, dessen Verletzung zur Folge hat, dass solchermaßen fehlerhaft gewonnene Beweisergebnisse **nicht verwertet** werden dürfen.[3] 40

II. Potentielle Kausalität als Voraussetzung des Wiederholungsgebots

Die **Beweisaufnahme** ist **zu wiederholen**, sofern nicht § 295 Abs. 1 anzuwenden ist (unten Rz. 43). Die h.M. macht allerdings zur Voraussetzung, dass das **Beweisergebnis auf** diesem **Fehler beruhen kann**,[4] also die in Abwesenheit der Partei erhobenen Beweise möglicherweise anders festgestellt worden wären, wenn die Partei an der Beweisaufnahme hätte teilnehmen können. Es stellt eine **ausreichende prozessuale Rüge** der Rechtsverletzung dar, wenn der Gesetzesverstoß als solcher dargetan wird.[5] Die Anforderungen an die zugehörige gerichtliche Feststellung der Kausalität sind niedrig anzusetzen, da eine **zuverlässige Beurteilung** des hypothetischen Geschehens **oft kaum möglich** ist. Ein Beweis der Entscheidungserheblichkeit ist nicht erforderlich.[6] 41

Die **Gegenansicht** verlangt wegen der Beurteilungsschwierigkeiten und der Bedeutung des Grundsatzes der Parteiöffentlichkeit, die Beweisaufnahme in jedem Fall zu 42

---

1 Stein/Jonas/*Berger*[22] § 357 Rz. 3.
2 OLG Köln MDR 1973, 856; *Teplitzky* NJW 1973, 1675, 1676; MünchKommZPO/*Heinrich*[4] § 357 Rz. 11; Musielak/*Stadler*[10] § 357 Rz. 5; Stein/Jonas/*Berger*[22] § 357 Rz. 13; a.A. RG JW 1932, 1137 (Nr. 8).
3 RGZ 136, 299, 300; RG JW 1938, 3255, 3256; BPatG GRUR 1981, 651; *Peters* ZZP 76 (1963), 145, 158; AK-ZPO/*Rüßmann* § 357 Rz. 5; MünchKommZPO/*Heinrich*[4] § 357 Rz. 12; Musielak/*Stadler*[10] § 357 Rz. 8; Stein/Jonas/*Berger*[22] § 357 Rz. 21.
4 BGH VersR 1984, 946, 947; RGZ 100, 174, 175 (dort: Verneinung der Kausalität); MünchKommZPO/*Heinrich*[4] § 357 Rz. 12; Zöller/*Greger*[30] § 357 Rz. 6; *Höffmann* Parteiöffentlichkeit S. 80.
5 RGZ 136, 299, 301.
6 RGZ 136, 299, 301; MünchKommZPO/*Heinrich*[4] § 357 Rz. 12; *Höffmann* Parteiöffentlichkeit S. 80.

wiederholen.¹ Auch bei Zugrundelegung der h.M. ist eine **Wiederholung nur** dann **entbehrlich**, wenn das Gericht **mit Sicherheit feststellen** kann, dass die Abwesenheit der Partei keinerlei Auswirkung auf das Ergebnis der Entscheidung gehabt haben kann. Eine solche Gewissheit wird nur selten gegeben sein, so dass die beiden Ansichten in der Praxis kaum zu unterschiedlichen Ergebnissen führen. Eine Ausnahme vom generellen Wiederholungsgebot will auch die Gegenansicht zulassen, wenn der **versäumte Beweisaufnahmetermin nur** dazu dienen sollte, die Gegenpartei oder einen Zeugen zu **vereidigen**, weil die Gültigkeit des Eides nicht von der Anwesenheit dieser Partei abhinge und daher eine zweite Eidesleistung nicht verlangt werden könne.²

III. Heilung von Verstößen gem. § 295

43 Auf Verstöße gegen § 357 ist **§ 295 Abs. 1 anwendbar**;³ sie sind also rügebedürftig. Die Verzichtbarkeit ergibt sich aus § 357 Abs. 1, wonach die Beweisaufnahme bei Nichterscheinen einer Partei trotz ordnungsgemäßer Terminsmitteilung durchgeführt werden darf.⁴ In einem nachträglichen **Verzicht auf** die **Mitteilung der Terminsbestimmung** wird zugleich ein Verzicht auf das Recht zur Anwesenheit bei der Beweisaufnahme gesehen.⁵

IV. Rechtsmittel

44 Die **sofortige Beschwerde** ist im Falle einer Verletzung des § 357 **nicht statthaft**.⁶ In Betracht kommt nur ein **gegen die Endentscheidung** zulässiges Rechtsmittel.⁷ Berufung oder Revision haben nur Erfolg, wenn das Urteil auf dem Fehler beruht. Das ist bereits dann anzunehmen, wenn der fehlende Einfluss auf den Entscheidungsausgang ungewiss ist⁸ (dazu bereits oben Rz. 41).

---

1 AK-ZPO/*Rüßmann* § 357 Rz. 5; Musielak/*Stadler*¹⁰ § 357 Rz. 8; Stein/Jonas/*Berger*²² § 357 Rz. 21.
2 Stein/Jonas/*Berger*²² § 357 Rz. 21, insoweit RGZ 76, 101, 103 f. und RG SeuffArch 75 (1920), 245 folgend.
3 BGH LM § 13 StVO Nr. 7; BGH VersR 1984, 946, 947; *Höffmann* Parteiöffentlichkeit S. 81 f.; Musielak/*Stadler*¹⁰ § 357 Rz. 8; MünchKommZPO/*Heinrich*⁴ § 357 Rz. 13.
4 Stein/Jonas/*Berger*²² § 357 Rz. 22.
5 Thomas/Putzo/*Reichold*³³ § 357 Rz. 2; MünchKommZPO/*Heinrich*⁴ § 357 Rz. 13.
6 Musielak/*Stadler*¹⁰ § 357 Rz. 8; Stein/Jonas/*Berger*²² § 357 Rz. 23.
7 BGH VersR 1984, 946, 947; Stein/Jonas/*Berger*²² § 357 Rz. 23; MünchKommZPO/*Heinrich*⁴ § 357 Rz. 14.
8 BGHZ 31, 43, 47 = NJW 1959, 2213, 2214; Musielak/*Stadler*¹⁰ § 357 Rz. 8. Allgemein zur Kausalität der Verletzung rechtlichen Gehörs BGHZ 27, 163, 169.

Kapitel 6:
Beweiserhebungs- und Beweisverwertungsverbote

	Rz.		Rz.
§ 16 Rechtswidrige Beweisbeschaffung		IV. Anerkennung der Beweisbedürfnisse, Relativierung des Rechtswidrigkeitsurteils durch Güterabwägung	
I. Gründe der Rechtswidrigkeit			
1. Überblick	1		
2. Heimlichkeit der Beweismittelentstehung	2	1. Das Güterabwägungsproblem	31
3. Insbesondere: Recht am gesprochenen oder geschriebenen Wort	6	2. Subsidiäre Beweisverwertung bei notwehrähnlicher Lage	35
4. Sonstige Gründe rechtswidriger Beweismittelbeschaffung	7	V. Einzelne Augenscheinsobjekte	
II. Folgen für die Verwertbarkeit		1. Ton(band)aufnahmen, Zeugenvernehmung von Mithörern	38
1. Fehlen einer gesetzlichen Regelung	9	2. Einzelne Personen- und Sachfotos, Film- und Videoaufnahmen	
2. Differenzierungen im Strafprozessrecht	10	a) Personenfotos	46
		b) Sachaufnahmen	54
3. Eigenständigkeit des zivilprozessualen Beweisrechts	13	c) Film- und Videoaufnahmen	56
4. Verfassungsrechtliche Ableitung	15	VI. Ergänzende Zeugenvernehmung und Personalbeweissubstitute	
§ 17 Verbot der Beweiserhebung und Beweisverwertung		1. Persönlichkeitsrechtsverletzung	65
I. Beweiserhebung als Rechtswidrigkeitshandlung	17	2. Verstoß gegen das Fernmeldegeheimnis	66
II. Beweisverwertungsverbot wegen vorprozessualer Rechtswidrigkeit		**§ 18 Grenzen der Verwendung sonstiger Informationen**	
1. Stand der Diskussion	21	I. Persönlichkeitsbezogene Schriftstücke und Dateien	
2. Spezifizierung der Argumente		1. Tagebücher, Briefe	68
a) Wertungsunterschiede zwischen Straf- und Zivilprozess	23	2. Beweismittelerlangung durch Spyware	69
b) Maßgeblicher Rechtswidrigkeitszeitpunkt, Rechtswidrigkeitszusammenhang	24	3. Stasiunterlagen	70
		4. Polygraphische Gutachten	71
c) Unredlichkeit	25	II. Informationsverwendungsbeschränkungen	
d) Prozessuale Sanktionsverstärkung	26	1. Vermeidung von Grundrechtskonflikten	72
e) Fragwürdiger Beweiswert	27	2. Akteneinsichtsrechte	76
f) Schutzzweck der verletzten Norm	28	III. Dokumente aus beruflichen Vertrauensbeziehungen	82
III. Kein Sachvortragsverwertungsverbot	29		

§ 16 Rechtswidrige Beweisbeschaffung

Schrifttum:

Altenburg/Leister, Die Verwertbarkeit mitbestimmungswidrig erlangter Beweismittel im Zivilprozeß, NJW 2006, 469; *Ambos*, Beweisverwertungsverbote, 2010; *Amelung*, Prinzipien strafprozessualer Beweisverwertungsverbote, 2011; *Balthasar*, Beweisverwertungsverbote im Zivilprozeß, JuS 2008, 35; *Balzer/Nugel*, Observierungen und Datenschutz – Rechtliche Grenzen und Verwertbarkeit von Ermittlungsergebnissen, NJW 2013, 3397; *Balzer/Nugel*, Minikameras im Straßenverkehr – Datenschutzrechtliche Grenzen und zivilprozessuale Verwertbarkeit der Videoaufnahmen, NJW 2014, 1622; *Bauer/Schansker*, (Heimliche) Videoüberwachung durch den Arbeitgeber, NJW 2012, 3537; *Baumgärtel*, Die Verwertbarkeit rechtswidrig erlangter Beweismittel im Zivilprozeß, Festschrift Klug (1983), S. 477; *Brinkmann*, Die Verwertbarkeit erlangter Beweismittel im Zivilprozeß aus der Perspektive des Schadensrechts, AcP 206 (2006), 746; *Dauster/Braun*, Verwendung fremder Daten im Zivilprozeß und zivilprozessuale Beweisverbote, NJW 2000, 313; *Elzer*, Videoüberwachung in Wohnraummiete und Wohnungseigentum NJW 2013, 3537; *Foerste*, Lauschzeugen im Zivilprozeß, NJW 2004, 262; *Gehrlein*, Beweisverbote im Zivilprozess, VersR 2011, 1350; *Gemmeke*, Beweisverwertungsverbote im arbeitsgerichtlichen Verfahren, 2003; *Habscheid*, Das Persönlichkeitsrecht als Schranke der Wahrheitsfindung im Zivilprozeß, Gedächtnisschrift für H. Peters (1967), S. 840; *Habscheid*, Beweisverbot bei illegal, insbesondere unter Verletzung des Persönlichkeitsrechts, beschafften Beweismitteln, SchwJZ 89 (1993), 185; *Heinemann*, Rechtswidrig erlangter Tatsachenvortrag im Zivilprozeß, MDR 2001, 137; *Helle*, Der Telefonzeuge im Zivilprozeß, JR 2000, 353; *Helle*, Die heimliche Videoüberwachung – zivilrechtlich betrachtet, JZ 2004, 340; *Holzinger*, Beweisverwertungsverbote bei mitbestimmungswidrig erlangten Beweisen im arbeitsgerichtlichen Verfahren, 2009; *M. Jahn*, Beweiserhebungs- und Beweisverwertungsverbote im Spannungsfeld zwischen den Garantien des Rechtsstaates und der effektiven Bekämpfung von Kriminalität und Terrorismus, Gutachten C zum 67. DJT 2008; *Kaissis Athanassios*, Die Verwertbarkeit materiell-rechtswidrig erlangter Beweismittel im Zivilprozeß, 1978; *Kiethe*, Verwertung rechtswidrig erlangter Beweismittel im Zivilprozeß, MDR 2005, 965; *Kodek*, Rechtswidrig erlangte Beweismittel im Zivilprozeß, Wien 1987; *Kodek*, Die Verwertung rechtswidriger Tonbandaufnahmen und Abhörergebnisse im Zivilverfahren, ÖJZ 2001, 281 (Teil 1) und 334 (Teil 2); *Kodek*, Even if you steal it, it would be admissible – Rechtswidrig erlangte Beweismittel im Zivilprozess, Festschrift Kaissis (2012), S. 523; *Kolz*, Das Selbstgespräch im Krankenzimmer und der „Große Lauschangriff", NJW 2005, 3248; *Lenz/Meurer*, Der heimliche Zeuge im Zivilprozeß, MDR 2000, 73; *Muthorst*, Das Beweisverbot, 2009 (Rezension *Jahn*, JZ 2010, 247); *Paglotke*, Notstand und Notwehr bei Bedrohungen innerhalb von Prozesssituationen, 2006 (m. Bespr. *Foerste*, ZZP 120 (2007), 527 ff.); *Peters*, Die Verwertbarkeit rechtswidrig erlangter Beweise und Beweismittel im Zivilprozeß, ZZP 76 (1963), 145; *Pötters/Wybitul*, Anforderungen des Datenschutzrechts an die Beweisführung im Zivilprozess, NJW 2014, 2074; *Reichenbach*, Zivilprozessuale Verwertbarkeit rechtswidrig erlangter Informationen am Beispiel heimlicher Vaterschaftstests, AcP 206 (2006), 598; *Reichenbach*, § 1004 BGB als Grundlage von Beweisverboten, 2004; *Rogall*, Beweiserhebungs- und Beweisverwertungsverbote im Spannungsfeld zwischen den Garantien des Rechtsstaates und der effektiven Bekämpfung von Kriminalität und Terrorismus, JZ 2008, 818; *H. Roth*, Die Verwertung rechtswidrig erlangter Beweismittel im Zivilprozeß, in: Erichsen/Kollhosser/Welp, Recht der Persönlichkeit, 1996, S. 279; *Sander*, E-Mails und die Beweisführung im Prozess. Über die mittelbare Drittwirkung von Art. 10 im formellen Datenschutzrecht, abzuleitende Beweiserhebungs- und Sachvortragsverwertungsverbote, CR 2014, 292; *Schlosser*, Verwertungsbeschränkungen bei Informationen, die im Rahmen eines Zivilprozesses erlangt wurden, Festschrift Vollkommer 2006, S. 217; *A. Schreiber*, Das Sachvortragsverwertungsverbot, ZZP 122 (2009), 227; *Schwab*, Unzulässigkeit von Beweismitteln bei Verletzung des Persönlichkeitsrechts, Festschrift Hubmann (1985), S. 421; *Seiterle*, Hirnbild und „Lügendetektion", 2010; *Walker*, Videoüberwachung am Arbeitsplatz, Festschrift Zezschwitz (2005), S. 222; *Weichbrodt*, Der verbotene Beweis im Straf- und Zivilrecht, 2012; *Werner*, Verwertung rechtswidrig erlangter Beweismittel, NJW 1988, 993; *Zeiss* Die Verwertung rechtswidrig erlangter Beweismittel, ZZP 89 (1976), 377.

I. Gründe der Rechtswidrigkeit

1. Überblick

1 Der Umgang mit rechtswidrig entstandenen oder beschafften Beweismitteln ist nicht nur ein Problem des Strafprozesses, sondern auch des Zivilprozesses. Im Zivilprozess entzündet sich der Konflikt häufig bei der Verwertung von **Augenscheinsobjekten**;

betroffen sind aber auch der **Urkunden-** und der **Zeugenbeweis**, so dass es sich um ein allgemeines Beweisrechtsproblem handelt.[1]

2. Heimlichkeit der Beweismittelentstehung

Wenn Beweismittel durch Verwendung von „Schlüssellochtechniken" erlangt werden, greift deren Verwendung in das **allgemeine Persönlichkeitsrecht** ein. Dazu gehören Tonaufzeichnungen unerlaubt abgehörter nichtöffentlicher Gespräche[2] und deren Transkripte ebenso, wie gegen den Willen des Wohnungsinhabers nach dessen Überrumpelung aufgenommene Fotos[3] und verdeckte Aufnahmen mit Videokameras oder getarnten Kleinstfotoapparaten.[4] In Betracht kommen des Weiteren Lauschzeugen („**Hörfalle**"),[5] das Zeugnis heimlicher Beobachter[6] oder die Verwendung gestohlener Urkunden und gestohlener schriftlicher Aufzeichnungen (Tagebuchaufzeichnungen). 2

Für die akustische Wohnraumüberwachung zur Aufklärung von Straftaten auf der Grundlage des Art. 13 Abs. 3 GG i.V.m. §§ 100c ff. StPO hat das BVerfG in seinem Urteil vom 3.3.2004, neben dem Grundrecht der Unverletzlichkeit der Wohnung (Art. 13 GG), auch die **Menschenwürdegarantie des Art. 1 Abs. 1 GG** als Prüfungsmaßstab herangezogen und einen **absolut**, also abwägungsfrei **geschützten Bereich vertraulicher Kommunikation** als Teil privater Lebensgestaltung bejaht.[7] Dieser vom BVerfG nicht näher bestimmte Bereich[8] darf zu Lasten eines Grundrechtsträgers auch im Zivilprozess nicht durch Abwägung gegen Beweisinteressen verletzt werden.[9] Zum Schutz vor unbefugtem Ausspähen von Daten, die auf einem **Computer** gespeichert sind, hat das BVerfG im Jahre 2008 richterrechtlich ein Grundrecht auf **Gewährleistung** der **Integrität** und **Vertraulichkeit informationstechnischer Systeme** 3

---

1 Zur Zulässigkeit verdeckter Filmaufnahmen zwecks Veröffentlichung in einem dokumentierenden Beitrag einer Fernsehsendung LG Leipzig ZUM-RD 2009, 95.
2 BGHZ 27, 284 = NJW 1958, 1344; BGH NJW 1982, 277; BVerfGE 34, 238 = NJW 1973, 891 (strafprozessuale Beschlagnahme mit Beweismaterial zur Hingabe einer Geldsumme als Darlehen oder als Schwarzgeldanteil des Kaufpreises).
3 LG Düsseldorf NJW 1959, 629 (Aufnahme zum Nachweis gewerblicher Nutzung der Wohnung).
4 Zur Technik *Ernst* NJW 2004, 1277, 1278.
5 BVerfG NJW 1992, 815, 816 (Unbemerktes Mithören eines vom Chefredakteur geführten Dienstgespräches durch Verlagsvorstand bei Kenntnis der Abhöreinrichtung); BGH NJW 1964, 165, 166 (Mithören im geschäftlichen Bereich); BGH NJW 1982, 1397 (Mithören des Hotelzimmergesprächs); BGH NJW 1991, 1180 (Lauscher am Türspalt zur Küche zum Abhören eines Darlehensgesprächs) = JZ 1991, 927 m. Anm. *Helle*; BGH NJW 1994, 2289, 2292 (Gespräch in Gastwirtschaft bei Zusicherung der Vertraulichkeit, Abwehr eines kriminellen Angriffs auf die berufliche Existenz) = JZ 1994, 915 m. Anm. *Helle*; BAG NJW 1983, 1691 (Mithören über Bürosprechanlage im Nebenzimmer); BAGE 80, 366 = NZA 1996, 218, 221 (Mithören von Kundengesprächen in einer telefonischen Reservierungszentrale während der Probezeit des Arbeitnehmers zulässig); BAG NJW 1998, 1331 = JZ 1998, 790 m. abl. Anm. *Foerste* und krit. Bespr. *Kopke* NZA 1999, 917.
6 BGH NJW 1970, 1848 (Lochbohrer-Fall, Einschleusung eines Zeugen in die Wohnung zur Beobachtung der Ehefrau).
7 BVerfGE 109, 279, 313 f. = NJW 2004, 999, 1003, 1004; Bespr. *Gusy* JuS 2004, 457 ff. Zur auf das Urteil zurückgehenden gesetzlichen Neufassung der §§ 100c ff. StPO vgl. RegE BT-Drucks. 15/4533 v. 15.12.2004. Zur Anwendung des Art. 8 EMRK auf strafprozessuale akustische Überwachung EGMR, Urt. v. 12.5.2000 – 35.394/97, Khan/United Kingdom, ECHR 2000 – V = ÖJZ 2001, 654; zur Anwendung auf die Daten der Internetnutzung EGMR, Urt. v. 3.4.2007 – 62617/00 – Rz. 44, MMR 2007, 431, 432.
8 Dazu *Baldus* JZ 2008, 218, 221 ff.
9 Zum absolut geschützten Bereich des Krankenzimmers in einer Klinik BGH NJW 2005, 3295, 3297 (angeordnete akustische Überwachung, Selbstgespräche des Patienten); dazu *Kolz* NJW 2005, 3248. S. auch BAG NZA 2014, 143 Rz. 27 (persönlicher Schrank eines Arbeitnehmers nur relativ geschützt).

entwickelt, das eine Ausformung des Persönlichkeitsschutzes nach Art. 2 Abs. 1 i.V.m. Art. 1 Abs. 1 GG darstellt.[1]

4 Wegen Verstoßes gegen das aus Art. 2 Abs. 1 GG abgeleitete **Recht auf informationelle Selbstbestimmung**, das die individuelle Befugnis beschreibt, über die Preisgabe und Verwendung der persönlichen Daten zu bestimmen,[2] hat es die Rechtsprechung verboten, eine **heimlich eingeholte** und privat in Auftrag gegebene **DNA-Analyse** zu verwerten, mit der begründete Zweifel an der Abstammung eines Kindes vom Anfechtungskläger geweckt werden sollten,[3] um das Anfechtungsverfahren in das Stadium einer gerichtlichen Beweiserhebung über die Abstammungsverhältnisse zu bringen[4] (näher dazu und zur gesetzlichen Neuordnung durch Schaffung eines Verfahrens der Vaterschaftsfeststellung gem. § 1598a BGB, losgelöst vom Anfechtungsverfahren: Kap. 24 Rz. 14). Es kommen aber auch andere Verfahrensgegenstände für derartige DNA-Beweise in Betracht.[5] Der Akzent liegt auf der **fehlenden Einwilligung** der Person, von der die untersuchten Körperzellen stammen, nicht auf einer etwaigen sonstigen Rechtswidrigkeit der Beschaffungshandlung. Rechtswidrig kann deshalb auch die Analyse von Speichelresten sein, die an einem Weinglas oder einer Kuchengabel anhaften,[6] wenn das Trägermaterial erlaubt mitgenommen wird. Voraussetzung einer endgültigen Rechtswidrigkeitsbeurteilung ist aber die Einbeziehung der möglichen notwehrähnlichen Lage, in der sich der Beweisführer befinden kann[7] (dazu unten Rz. 16 und Rz. 35 f.).

5 **Verdeckte Observierungen** zur Gewinnung von Beweismaterial für Zivilprozesse können strafbar sein, wenn sie gegen Vorschriften des BDSG verstoßen, etwa bei Herstellung eines Bewegungsprofils unter Verwendung eines GPS-Senders am Fahrzeug der observierten Person.[8] Sie können auch einen Anspruch auf Unterlassung nach § 823 Abs. 1 BGB (Persönlichkeitsrecht) begründen.[9] Die konkrete Maßnahme kann allerdings gerechtfertigt sein, wenn mehr als ein allgemeines Beweisführungsinteresse besteht (dazu unten Rz. 35).[10]

3. Insbesondere: Recht am gesprochenen oder geschriebenen Wort

6 Rechtswidrig ist die Erlangung oftmals, weil sie das durch Art. 2 Abs. 1 GG geschützte Recht am gesprochenen oder geschriebenen Wort verletzt. Für den Beweis im Zivilprozess besonders bedeutsam ist die Verwertbarkeit auf Tonträger **mitgeschnittener oder** von Lauschzeugen **mitgehörter Telefongespräche** (dazu unten Rz. 42 ff.). Das

---

1 BVerfG NJW 2008, 822, 824, 827, Rz. 166, 203 – Online Durchsuchung NRW.
2 BVerfGE 65, 1, 41 ff. = NJW 1984, 419, 422; BVerfGE 84, 192, 194 = NJW 2004, 764, 765; BVerfG NJW 2008, 822, 826, Rz. 198.
3 Zur Feststellung des für die Vaterschaftsanfechtungsklage früher notwendigen Anfangsverdachts BGH NJW-RR 2008, 449.
4 BGHZ 162, 1, 5 ff. = BGH NJW 2005, 497, 498 f., bestätigt durch BVerfG NJW 2007, 753, 754, Rz. 65 m. Bespr. *Brosius-Gersdorf* NJW 2007, 806 ff.; BGH NJW 2006, 1657, 1658, Rz. 10 (jedoch a.a.O. 1659 für Einzelfallanalyse); OLG Celle NJW 2004, 449, 450; kritisch *Spickhoff* FamRZ 2003, 1581 (in Anm. zu einer wettbewerbsrechtlichen Entscheidung des LG München).
5 Vgl. VGH Mannheim NJW 2001, 1082 (Arbeitsrechtsstreitigkeit über Verdachtskündigung wegen Verfassens anonymer verleumderischer Briefe).
6 So die Konstellation in VGH Mannheim NJW 2001, 1082.
7 Nicht ausreichend gewürdigt in VGH Mannheim NJW 2001, 1082 (Schwierigkeit der Identifizierung des Briefverfassers anonymer Schreiben).
8 Zur Strafbarkeit eines Privatdetektivs eingehend BGH NJW 2013, 2530 m. Bespr. *Balzer/Nugel* NJW 2013, 3397.
9 OLG Köln NJW-RR 2013, 740, 741; LG Köln NJW-RR 2014, 537, 538.
10 BGH NJW 2013, 2530 Rz. 88 ff.; OLG Köln NJW-RR 2013, 740, 741.

Recht am gesprochenen Wort[1] erstreckt sich auf die Auswahl der Personen, die Kenntnis vom Gesprächsinhalt erhalten sollen.[2] Es schützt vor der „Verdinglichung" des Wortes durch Aufnahme auf einen Tonträger und darüber hinaus vor der Einbeziehung dritter Zuhörer in das Gespräch, deren unerkannte (heimliche) Gesprächsteilnahme nach den Rahmenbedingungen begründetermaßen nicht zu erwarten war.[3] Gesichert wird dadurch die Unbefangenheit in der Kommunikation.[4] Träger dieses Grundrechts sollen – trotz des genannten Schutzzwecks – auch juristische Personen sein.[5] Unerheblich soll sein, ob das Gespräch einen vertraulichen Inhalt hat oder ob der Anrufer erkennbar Wert auf Vertraulichkeit legt.[6] Eine **rechtfertigende Einwilligung** ist beachtlich, auch wenn sie stillschweigend erfolgt.[7] Sie soll nach Auffassung des BVerfG aber nicht konkludent aus der faktischen Verbreitung und Nutzung technischer Mithöreinrichtungen des Telefonapparates folgen.[8]

4. Sonstige Gründe rechtswidriger Beweismittelbeschaffung

Rechtswidrig kann auch das Eindringen in fremde Räume zur Aufnahme von Fotos oder die **Beschaffung** bereits existenter Beweismittel **durch** einen **Diebstahl**[9] oder durch Täuschung eines Gewahrsamsinhabers[10] sein. Zumeist ist die beweisführende Prozesspartei an der rechtswidrigen Handlung in irgendeiner Weise beteiligt. Zwingend ist dies jedoch nicht; auch **Dritte** können das spätere Beweismaterial hergestellt haben (z.B. Stasiunterlagen, Zufallsfunde, Rechtsnachfolge[11]). In Betracht kommt ferner eine **Geheimnishehlerei** nach § 17 Abs. 2 Nr. 2 UWG bei Verwendung von Urkunden oder sonstigen Unterlagen, die fremde Geschäfts- oder Betriebsgeheimnisse verkörpern.[12] Im Arbeitsrecht kann ein Beweismittel vom Arbeitgeber unter Verstoß gegen ein Mitbestimmungsrecht des Betriebsrats erlangt sein.[13]

7

Ohne Belang sind im vorliegenden Zusammenhang rechtswidrige Beweiserhebungen, die wegen eines Verstoßes gegen Vorschriften des Strengbeweisrechts zustande kommen, etwa die **Vernehmung** eines Zeugen **ohne Belehrung** über dessen Zeugnisverweigerungsrecht, die Vernehmung ohne Belehrung über das Recht auf konsularischen Beistand nach Art. 36 Abs. 1 lit. b S. 3 Wiener Konsularrechtsübereinkommen[14] oder die Auslandsbeweiserhebung unter Verletzung fremder staatlicher Souveränität.

8

---

1 BVerfGE 34, 238, 246 f. = NJW 1973, 891, 892; BVerfGE 54, 148, 154 = NJW 1980, 2070, 2071; BVerfGE 106, 28, 39 = NJW 2002, 3619, 3621 – Lauschzeuge (zugleich gegen die Heranziehung des Art. 10 Abs. 1 GG); BAG NJW 2010, 104 Rz. 23.
2 BVerfGE 106, 28, 39 = NJW 2002, 3619, 3621.
3 BVerfG NJW 2002, 3619, 3621.
4 BVerfG NJW 2002, 3619, 3622.
5 BVerfG NJW 2002, 3619, 3622; BAG NJW 2010, 104 Rz. 24.
6 BVerfG NJW 2002, 3619, 3622.
7 BVerfG NJW 2002, 3619, 3622; BVerfG NJW 2003, 2375.
8 BVerfG NJW 2002, 3619, 3623; BVerfG NJW 2003, 2375.
9 So in BAG NJW 2003, 1204.
10 So in OLG Köln VersR 2010, 1454, 1455 (Erlangung von Krankenaufzeichnungen durch Arzt unter Vorspiegelung des Bedarfs für aktuelle Behandlung).
11 So in BGH NJW 1991, 1180.
12 *Kiethe* JZ 2005, 1034, 1038.
13 Dazu *Altenburg/Leister* NJW 2006, 469 ff. (gegen ein daraus abgeleitetes Beweisverwertungsverbot).
14 Verwertungsverbot verneint von BGH NJW 2008, 307, 309, Rz. 23 m.w.N.

II. Folgen für die Verwertbarkeit

1. Fehlen einer gesetzlichen Regelung

9 Das **Zivilprozessrecht** enthält **keine Regelungen** über die Verwertung rechtswidrig erlangter Beweismittel.[1] Einigkeit besteht allerdings darüber, dass dem Persönlichkeitsschutz auch im Beweisrecht des Zivilprozesses Rechnung zu tragen ist. Die **EMRK** enthält keine Regelung, aus der sich grundsätzlich und abstrakt ein Verwertungsverbot entnehmen ließe.[2]

2. Differenzierungen im Strafprozessrecht

10 Für den Strafprozess wird zwischen Beweiserhebungs- und Beweisverwertungsverboten unterschieden.[3] Ein **Beweiserhebungsverbot** betrifft die Rechtswidrigkeit der Beweisgewinnung. Es kann sich darauf richten, dass der Beweis nicht auf ein bestimmtes Beweis*thema* erstreckt werden darf, dass ein bestimmtes Beweis*mittel* nicht verwandt werden darf, dass eine Beweis*methode* verboten ist[4] oder dass der Beweis nur von einer besonders *autorisierten Person* erhoben werden darf.[5] Ein **Verwertungsverbot** untersagt die Berücksichtigung von beweismäßig bereits festgestellten Tatsachen. Es kann die Folge eines Beweiserhebungsverbotes sein (unselbständiges Verbot), kann aber auch unabhängig davon existieren (selbständiges Verbot).[6]

11 Nicht jedes rechtswidrige Handeln im Stadium der Beweiserhebung führt zu einem Verwertungsverbot;[7] maßgebend sind insbesondere der Schutzzweck des Erhebungsverbotes und die Notwendigkeit seiner Sicherung durch ein nachfolgendes Verwertungsverbot. Soweit nicht spezielle Gewährleistungen existieren, ist das **Recht auf ein faires Verfahren**, das seine Wurzeln im Rechtsstaatsprinzip i.V.m. den Freiheitsrechten und mit Art. 1 Abs. 1 GG hat (dazu Kap. 1 Rz. 35 und 46), der Bewertungsmaßstab.[8] Dieses nach den sachlichen Gegebenheiten zu konkretisierende Recht[9] verlangt auch die Berücksichtigung der Gewährleistung einer **funktionstüchtigen Strafrechtspflege**, zu deren zentralen Anliegen die Ermittlung des **wahren Sachverhalts** gehört.[10] Ein Beweisverwertungsverbot stellt daher von Verfassungs wegen eine begründungsbedürftige **Ausnahme** dar.[11]

12 Davon unterscheidbar sind **Verwendungsverbote**, die jegliche Art der Nutzung einer Information zum Gegenstand haben, also nicht nur deren Verwendung zu Beweiszwe-

---

1 BAG NZA 2014, 143 Rz. 20; BAG NJW 2014, 810 Rz. 43.
2 EGMR NJW 1989, 654, 655 – Fall Schenk, bestätigt in EGMR ÖJZ 2001, 654, 655 f. – Fall Khan; EGMR NJW 2010, 213 Rz. 88 – Fall Bykov; a.A. BGHZ 27, 284, 285.
3 *Jahn* Gutachten 67. DJT S. C 37.
4 Zur Strafhaftörfalle BGH NJW 2007, 3138, 3140, Rz. 27; zur heimlichen akustischen Überwachung in der U-Haft BGH NJW 2009, 2463 Rz. 32 u. 36 (Recht auf faires Verhalten); s. auch EGMR NJW 2010, 213 Rz. 99 zur Verwendung von Abhörergebnissen im Hinblick auf Art. 6 EMRK.
5 *Jahn* Gutachten 67. DJT S. C 28 ff.
6 *Jahn* Gutachten 67. DJT S. C 32.
7 BGH NJW 2007, 2269, 2271, Rz. 20; zustimmend BVerfG (Kammer) NJW 2009, 3225 Rz. 16; BVerfG (Kammer) NJW 2011, 2417 Rz. 43 – Steuer-CD; BVerfG (Kammer) NJW 2012, 907 Rz. 123 i.V.m. 121 – präventiv-polizeiliche Wohnraumüberwachung; BVerfG (Kammer) NJW 2011, 2783 Rz. 14; ebenso *Kodek* Festschrift Kaissis (2012), S. 523, 536. Zu rechtswidrigen Durchsuchungsbeschlüssen im steuerlichen Ermittlungsverfahren BFH NJW 2013, 1119 Rz. 18. Zu Auswirkungen auf ein behördliches Fahrerlaubnisentziehungsverfahren VGH Mannheim NJW 2012, 2744, 2746 a.E.
8 BVerfG NJW 2012, 907 Rz. 111.
9 BVerfG NJW 2012, 907 Rz. 112.
10 BVerfG NJW 2012, 907 Rz. 113. Ebenso VerfGH Rheinland-Pfalz NJW 2014, 1434, 1436.
11 BVerfG NJW 2012, 907 Rz. 117.

cken, und **Verwendungsbeschränkungen**, bei denen es um die Beschränkung der Informationsverwertung auf einen bestimmten zugelassenen Verwendungszweck geht.[1] Sie sind **datenschutzrechtlich motiviert**.[2]

3. Eigenständigkeit des zivilprozessualen Beweisrechts

Die **abstrakten Differenzierungen** des Strafprozessrechts lassen sich grundsätzlich auch **auf den Zivilprozess übertragen**. Die **konkreten Wertungen** im Einzelfall sind für den Zivilprozess aber **eigenständig** zu entwickeln. Es geht dort nicht um die wechselseitige Ausbalancierung strafverfolgender Staatsmacht und Bürgerfreiheit, auch wenn der Zivilrichter durch seine Entscheidung und das dorthin führende Verfahren Staatsgewalt ausübt. Im Zivilprozess wirken sich Verfahrensrechtsbegünstigungen einer Partei in der Regel automatisch zu Lasten der anderen Partei aus. Die Eigenständigkeit der Wertungen des zivilprozessualen Beweisrechts zeigt sich auch daran, dass die Verwertung von Beweisen im Zivilprozess zugelassen, zugleich aber zur Wahrung des nemo tenetur-Grundsatzes für den Strafprozess gesperrt sein kann.[3]

13

Im Zivilprozess besteht die grundsätzliche **Verpflichtung** der Gerichte, den von den Parteien vorgetragenen Sachverhalt und die von ihnen angebotenen **Beweise zu berücksichtigen**.[4] Angesichts dieser ihrerseits aus der Verfassung angeleiteten Verpflichtung (dazu Kap. 1 § 2) bedeutet die Bindung der Gerichte an die Grundrechte (Art. 1 Abs. 3 GG) bei der Urteilsfindung keine Vorgabe zugunsten der Aufstellung von Beweisverwertungsverboten. Ein zivilprozessuales Beweiserhebungs- und Beweisverwertungsverbot bedarf einer **besonderen** Legitimation und **gesetzlichen Grundlage**.[5]

14

4. Verfassungsrechtliche Ableitung

Das **BVerfG** leitet aus dem **Rechtsstaatsprinzip** die Verpflichtung ab, das Beweisrecht, insbesondere die Beweislastregeln, fair zu handhaben und Anforderungen der materiellen Grundrechte wie etwa Art. 2 Abs. 1 GG im gerichtlichen Verfahren zu beachten.[6] Daraus werden sodann **Grenzen beweismäßiger Verwertung** abgeleitet.[7] Die Rechtfertigung eines Grundrechtseingriffs verlangt eine **Abwägung** zwischen dem gegen die Verwertung streitenden allgemeinen Persönlichkeitsrecht auf der einen Seite und dem für die Verwertung sprechenden rechtlich geschützten Interesse auf der anderen Seite.[8]

15

Zu den geschützten Interessen zählt das BVerfG im Zivilprozess die Aufrechterhaltung einer **funktionstüchtigen Rechtspflege** und das Streben nach einer **materiell richtigen Entscheidung** als wichtigen **Belangen des Gemeinwohls**.[9] Unterschieden

16

---

1 *Jahn* Gutachten 67. DJT S. C 32.
2 Dazu sowie überhaupt zur Unterscheidung von Verwertungs- und Verwendungsverboten *Dencker* Festschrift Meyer-Goßner (2001), S. 237, 242 ff., 254.
3 BGHZ 153, 165, 171 = NJW 2003, 1123, 1125. Zum Verbot der Selbstbezichtigung und dessen Reichweite BGH (GS St) NJW 1996, 2940, 2942 f.
4 BVerfGE 106, 28, 49 = NJW 2002, 3619, 3624; BAG NZA 2014, 143 Rz. 20; BAG NJW 2014, 810 Rz. 43.
5 BAG NZA 2014, 143 Rz. 20; BAG NJW 2014, 810 Rz. 43.
6 BVerfGE 106, 28, 48 = NJW 2002, 3619, 3623 = JZ 2003, 1104 m. abl. Anm. *Foerste*; BVerfGE 117, 202 = NJW 2007, 753 Rz. 93; s. ferner BVerfGE 101, 106, 122 = NJW 2000, 1175 (zu Anforderungen an das gerichtliche Verfahren aufgrund materieller Grundrechte). Dem folgend BAG NJW 2012, 3594 Rz. 28.
7 BVerfG NJW 2002, 3619, 3623.
8 BVerfG NJW 2002, 3619, 3624. Ablehnend zur Abwägungslösung *Brinkmann* AcP 206 (2006), 746, 761.
9 BVerfG NJW 2002, 3619, 3624; BVerfGE 117, 202 = NJW 2007, 753 Rz. 93. Dem folgend BAG NJW 2012, 3594 Rz. 29.

wird jedoch zwischen – verfassungsrechtlich offenbar belanglosen – „schlichten" Beweisinteressen und Beweiserhebungsinteressen mit besonderer Bedeutung für die Rechtsverwirklichung einer Partei.[1] Unter Rückgriff auf fachgerichtliche Rechtsprechung wird ein besonderes Interesse angenommen, wenn sich der Beweisführer „in einer **Notwehrsituation oder** einer **notwehrähnlichen Lage**" befindet.[2] Die Legitimation zur Aufstellung von Beweiserhebungs- und Beweisverwertungsverboten hat nicht allein der Gesetzgeber,[3] auch wenn wiederkehrende typische Konfliktlagen, sofern sie anhand der Judikatur ausreichend klar erkennbar werden, von ihm entschieden werden sollten. Der Richter steht unter Entscheidungszwang und kann sich notwendigen Güterabwägungen nicht entziehen.

§ 17 Verbot der Beweiserhebung und Beweisverwertung

I. Beweiserhebung als Rechtswidrigkeitshandlung

17 Ob Beweisobjekte (Augenscheinsobjekte, Urkunden) verwertbar sind, die rechtswidrig erlangt wurden, ist zu trennen von der Frage, **ob** der **Akt der Beweiserhebung** für sich genommen **rechtswidrig** ist.[4] Diese beiden Beurteilungen der Rechtswidrigkeit müssen sich nicht zwangsläufig decken. Die Einnahme eines Augenscheins durch das Gericht hat zu unterbleiben, wenn sie schon als solche rechtswidrig ist, etwa das Abspielen eines Tonbandes mit einer heimlichen Aufzeichnung nichtöffentlich gesprochener fremder Äußerungen im zivilrechtlichen Ehrenschutzprozess ohne Einwilligung des Betroffenen, die den Straftatbestand des § 201 Abs. 1 Nr. 2 StGB (Gebrauchen einer unerlaubten Aufzeichnung) verwirklicht.[5] Dies folgt aus der Bindung der Gerichte an die einfachen Gesetze (Art. 20 Abs. 3 GG) und an die Verfassung (Art 1 Abs. 3 GG).

18 Schief ist die Akzentuierung, das Gericht solle sich – so eine Formulierung des BGH[6] – nicht zum **Werkzeug** einer strafbaren Handlung **des Beweisführers** machen dürfen; das Gericht wird generell nicht zum Werkzeug der Parteien, wenn es Beweisanträgen der Parteien folgt.[7] Wollte man die figurative Argumentation des BGH gelten lassen, könnte man sie beliebig umdrehen und dadurch ad absurdum führen; es ließe sich nämlich auch sagen, dass sich das Gericht mit der Nichtbeachtung des Beweisantrages zum Werkzeug der der Wahrheit zuwider bestreitenden Prozesspartei machen lässt.

19 Auf einem rechtlichen Fehlverständnis beruht die vom BAG unter Bezugnahme auf Beseitigungsansprüche nach §§ 12, 862, 1004 BGB aufgestellte Behauptung, es gebe ein allgemeines Rechtsprinzip, die Ausnutzung eines rechtswidrig herbeigeführten Zustandes zu versagen.[8] So ist ein Beweisergebnis im Zivilprozess nicht schon deshalb unberücksichtigt zu lassen, weil es unter Verstoß gegen Vorschriften des Verfahrensrechts gewonnen wurde.[9] **Maßgebend** ist, dass der **Rechtsverstoß** u.U. **wiederholt**

---

1 BVerfG NJW 2002, 3619, 3624. Dem folgend BAG NJW 2014, 810 Rz. 49.
2 BVerfG NJW 2002, 3619, 3624 (unter Bezugnahme auf BGHZ 27, 284, 289 f. = NJW 1958, 1344); BAG NZA 2014, 143 Rz. 29.
3 So aber *Dauster/Braun* NJW 2000, 313, 319.
4 *Helle* Anm. zu BGH JZ 1991, 927, 929, 932; *Brinkmann* AcP 206 (2006), 746, 751.
5 BGH NJW 1982, 277; BayObLG NJW 1990, 197, 198; *Kaissis* Verwertbarkeit, S. 150.
6 BGH NJW 1982, 277.
7 Ähnlich die Sicht des englischen Rechts, vgl. *Jones v. University of Warwick*, [2003] 3 All ER 760; dazu *Brinkmann* AcP 206 (2006), 746, 756.
8 BAG JZ 1998, 790, 792.
9 BGH (XII.ZS) NJW 2006, 1657, 1659; OLG Celle NJW-RR 2006, 1527, 1528. Für den Strafprozess ebenso BVerfG NJW 2005, 3205 (LS) = NVwZ 2005, 1175. Anders für eine strafprozessuale Be-

und vertieft wird,[1] wenn etwa das unerlaubt abgehörte Telefongespräch einem weiteren Personenkreis offenbart und spätestens durch das Urteil der Öffentlichkeit bekannt wird.[2] Dasselbe gilt für **erstmalige Verstöße**, die durch die Beweiserhebung begangen werden.

Der durch die Beweiserhebung verletzte Gegner des Beweisführers kann **nicht** auf **anderweitig bestehende Schutzmöglichkeiten** des materiellen Straf- und/oder Zivilrechts verwiesen werden. Zivilrechtliche Ansprüche auf Unterlassung einer Rechtsverletzung, die in der Nutzung eines rechtswidrig erlangten Beweismittels in Form der Stellung eines Beweisantrages[3] besteht, wären nur in einem konkurrierenden Zivilprozess zu realisieren; sie hätten zudem keine Wirkung gegen die Erhebung des Beweises von Amts wegen. 20

II. Beweisverwertungsverbot wegen vorprozessualer Rechtswidrigkeit

1. Stand der Diskussion

Konkret erörterte Fallgestaltungen betreffen die Verwertung heimlich aufgezeichneter oder mitgehörter Telefongespräche. Sie stehen paradigmatisch für andere Fälle.[4] Teilweise wird die **Rechtswidrigkeit der** prozessualen **Verwertungshandlung als der einzige Grund** anerkannt, der zu einer Unverwertbarkeit des Beweismittels führt; die Rechtswidrigkeit der Erlangungshandlung soll für die Verwertbarkeit grundsätzlich bedeutungslos sein.[5] Dem stehen Positionen gegenüber, nach denen die **Rechtswidrigkeit der Erlangung des Beweismittels** entweder generell eine Unverwertbarkeit zur Folge hat,[6] oder die diese Konsequenz jedenfalls dann ziehen, wenn die Erlangungshandlung zugleich einen Grundrechtsverstoß darstellt,[7] wobei dann aber unter dem Einfluss der Rechtsprechungsentwicklung zumeist angenommen wird, dass sich die Unverwertbarkeit erst aus einer zusätzlichen Güterabwägung ergebe.[8] Das **Rechtswidrigkeitsurteil** kann je **nach Bezugspunkt unterschiedlich** ausfallen, wenn und soweit dafür Verhaltenselemente rechtserheblich sind, die nur im Zeitpunkt der Be- 21

---

   schlagnahme von Datenträgern in einer Anwaltskanzlei bei „schwerwiegenden, bewussten oder willkürlichen Verfahrensverstößen" mit „planmäßiger oder systematischer" Außerachtlassung von Beschlagnahmebeschränkungen BVerfG NJW 2005, 1917, 1923. Für das Schweizer. Zivilprozessrecht gegen ein generelles Verbot, BezG Zürich SchwJZ 92 (1996), 360.

1 Auf die Perpetuierung weist BGH NJW 1988, 1016, hin (Klage auf Löschung eines mitgeschnittenen Telefongespräches); ebenso BAG JZ 1998, 790, 792 m. krit. Anm. *Foerste*; BAG NJW 2008, 2732 Rz. 30.
2 *Schwab* Festschrift Hubmann, S. 421, 428 f., 432; *Zeiss* ZZP 89 (1976), 377, 389.
3 So ist wohl der Lösungsweg von *Dauster/Braun* NJW 2000, 313, 319, zu verstehen, die einen (zudem fehlerhaften) Hinweis auf eine Zwangsvollstreckung nach § 888 ZPO geben.
4 Vgl. den von *Dauster/Braun* NJW 2000, 313, geschilderten Sachverhalt der beweismäßigen Nutzung gespeicherter Daten durch einen Netzwerkbetreiber im Vertragsrechtsstreit.
5 *Dauster/Braun* NJW 2000, 313, 318; *Kodek* Rechtswidrig erlangte Beweismittel, S. 122 ff., 153 f., 191; *H. Roth*, Verwertung, in: Erichsen/Kollhosser/Welp, Recht der Persönlichkeit, S. 279, 287, 294 f.; *Werner* NJW 1988, 993, 1000; *Zeiss* ZZP 89 (1976), 377, 394; wohl ebenso *Schwab* Festschrift Hubmann, S. 421, 427, 431.
6 LAG Berlin ZZP 96 (1983), 113; *Pleyer* ZZP 69 (1956), 321, 334 (pauschal mit Arglist argumentierend); *Siegert* NJW 1957, 689.
7 Rosenberg/Schwab/Gottwald[17] § 110 Rz. 24; *Gamp* DRiZ 1981, 41, 43; *Gamp*, Anm. zu LAG Berlin ZZP 96 (1983), 113, 116; *Habscheid* Gedächtnisschrift H. Peters, S. 840, 865; *Kiethe* MDR 2005, 965, 966; *Kiethe* JZ 2005, 1034, 1037; nicht darauf, sondern auf den Sinn und Zweck der verletzten Norm abstellend, jedoch dasselbe Ergebnis erzielend Stein/Jonas/Leipold[22] § 284 Rz. 88; zusätzlich auf die „Beweisintention" abstellend *Kaissis* Verwertungsverbot, S. 125.
8 *Baumgärtel* Festschrift Klug, S. 477, 480, 484; Stein/Jonas/Berger[22] vor § 371 Rz. 10; MünchKommZPO/Zimmermann[4] § 371 Rz. 6, 7 (ausnahmsweise bei notwehrähnlicher Lage); s. auch Rosenberg/Schwab/Gottwald[17] § 110 Rz. 25.

weismittelerlangung vorliegen, oder wenn bei Divergenz von Abhörperson und Beweisführer ein Drittverhalten zugerechnet werden soll.

22 Die **Rechtsprechung** lässt nicht deutlich erkennen, ob bereits die Rechtswidrigkeit der Erlangung zu einem Verwertungsverbot führen soll.[1] Vielfach wird das Ergebnis davon nicht abhängen. Auch der **Gesetzgeber**, der für eine effektive Ausgestaltung des Schutzes der Person zu sorgen hat, kann frei nach Zweckmäßigkeitsgesichtspunkten entscheiden, wo er die Verbotsschwelle setzen will, etwa bereits beim heimlichen Aufnehmen des gesprochenen Wortes auf Tonträger oder erst bei dessen Verwertung.[2]

2. Spezifizierung der Argumente
a) Wertungsunterschiede zwischen Straf- und Zivilprozess

23 Antworten, die für den Strafprozess gegeben werden, sind – entgegen der gegenteilig klingenden Ansicht des BVerfG[3] – auf den Zivilprozess nicht übertragbar. Dass der staatliche Strafanspruch zurücktritt, weil die Wahrheitserforschung beschränkt werden soll, besagt nichts für den Konflikt zwischen **gleichgeordneten Zivilprozessparteien**.[4] Setzt sich eine Partei mit ihrer beweisbedürftigen Behauptung nicht durch, weil das rechtswidrig geschaffene oder durch rechtswidrige Beschaffung erlangte Beweismittel nicht verwertet wird, obwohl der Beweis damit geführt werden könnte, obsiegt die Gegenpartei, die die Behauptung – u.U. im Vertrauen auf die Bejahung eines Verwertungsverbotes – wider besseres Wissen bestritten hat. Unergiebig ist aus denselben Gründen das Argument, die „**Einheit der Rechtsordnung**" gebiete eine Unterlassung der Beweiserhebung.[5]

b) Maßgeblicher Rechtswidrigkeitszeitpunkt, Rechtswidrigkeitszusammenhang

24 Materiell-rechtlich rechtswidrige Handlungen aus der **Phase der Beweismittelgewinnung** schlagen nicht notwendig auf den **Zeitpunkt der Verwertung** im Prozess durch.[6] Deutlich macht dies die Nachholbarkeit der Zustimmung des Abgehörten. Befugt i.S.d. § 201 StGB erfolgt eine Gesprächsaufzeichnung nicht nur, wenn im Aufnahmezeitpunkt eine Einwilligung vorliegt, sondern auch bei späterer Zustimmung. Sie macht die prozessuale Verwertung durch Beweisaufnahme zulässig. Gelangt ein Beweisobjekt (Urkunde, Augenscheinsobjekt) infolge Diebstahls, Unterschlagung, Betrugs oder sonstiger Straftat in die Verfügungsmacht des Beweisführers und hätte der Beweisführer die Verfügungsgewalt auch über einen materiell-rechtlichen oder prozessualen Vorlegungsanspruch nach §§ 422, 423 (gegebenenfalls i.V.m. § 371 Abs. 2 S. 2) erlangen können, so **fehlt** es am **Rechtswidrigkeitszusammenhang** zwischen der

---

[1] Anders aber BAG NJW 2003, 1204, 1206 (für Diebstahl von Unterlagen); OLG Karlsruhe NJW 2000, 1577, 1578. Die mangelnde Unterscheidung rügt *Helle* JZ 1991, 929, 932 in Anm. zu BGH NJW 1991, 1180; s. auch *Dauster/Braun* NJW 2000, 313, 317. Von Konturenlosigkeit der Auffassungen zur Verwertbarkeit rechtswidrig erlangter Beweise und Beweismittel spricht BGH NJW 2006, 1657, 1659 (Fall der heimlichen DNA-Analyse).
[2] Vgl. v. Mangoldt/Klein/*Starck* GG[6], Art. 1 Abs. 1 Rz. 110.
[3] Vgl. BVerfG NJW 2002, 3619, 3623 a.E. (Pauschalaussage zur Verwertung grundrechtsrelevanter Informationen im Straf- und im Zivilprozess). Ausdrücklich für eine Gleichstellung aller Prozessarten bei gleichzeitig rigidem Verwertungsverbot *Habscheid* SJZ 89 (1993), 185, 191; gegen ihn BezG Zürich, Bl.f.Zürch.Rspr. 1995, 114, 115 f.; *Walder* SJZ 89 (1993), 191 ff.
[4] So auch BGH NJW 1982, 277, 278; VersR 1984, 458, 459; BGHZ 153, 165, 171 = NJW 2003, 1123, 1125.
[5] Dafür aber LAG Berlin ZZP 96 (1983), 113; *Siegert* NJW 1957, 689, 690. Dagegen: *Schwab* Festschrift Hubmann, S. 421, 427 f.; *Zeiss* ZZP 89 (1976), 377, 389.
[6] Ebenso *Zeiss* ZZP 89 (1976), 377, 389, 394; *W. Lang* Ton- und Bildträger, S. 132.

Beschaffungsstraftat und der Verwendung als Beweismittel.¹ Der strafrechtliche Schutz des Eigentums bezweckt nicht, den Eigentümer von Urkunden vor deren Verwertung als Beweismittel zu bewahren, wie sich neben den §§ 422 f. ZPO auch aus § 810 BGB ergibt.² Zudem kann eine **Beweiserhebung** trotz Rechtswidrigkeit der Beweismittelbeschaffung **gerechtfertigt** sein, weil sich der Beweisführer in einer notwehrähnlichen Lage befindet.³ Ein allgemeines Rechtsprinzip, wonach die Verwertung einer rechtswidrig herbeigeführten Lage unzulässig ist, gibt es nicht.⁴ Letztlich hängt das Urteil über die Reichweite eines Beweisverwertungsverbotes wegen der vorprozessualen Rechtswidrigkeit von der Grundrechtsexegese ab; deren Erkenntnisstand hat sich seit Abgabe älterer Stellungnahmen in der Prozessrechtsdiskussion verändert (zur Güterabwägung unten Rz. 31 ff.).

c) Unredlichkeit

Zu diffus ist die Argumentation, der Beweisführer verhalte sich unredlich, wenn er die Beweisaufnahme unter Verwendung eines von ihm materiell rechtswidrig erzeugten Beweismittels beantrage.⁵ 25

d) Prozessuale Sanktionsverstärkung

Ein generelles Verwertungsverbot wegen der außerprozessualen Rechtswidrigkeitshandlung muss nicht schon deshalb praktiziert werden, um die generelle Aussichtslosigkeit eines später gestellten Beweisantrages allseits bekannt werden zu lassen und den Anreiz zur rechtswidrigen Beweismittelerzeugung nehmen.⁶ Eine derartige **präventionsverstärkende Entmutigung des Rechtsverletzers** könnte ohnehin nur in den Fällen wirken, in denen die Persönlichkeitsrechtsverletzung von vornherein mit einer Beweisintention vorgenommen wird. Soweit die Rechtswidrigkeitshandlung gem. § 201 StGB mit Strafe bedroht ist, reicht die Strafsanktion aus;⁷ die Einbringung des Beweismittels in den Zivilprozess offenbart notwendig die Verletzung und eröffnet damit die Verfolgungsmöglichkeit. Einzuräumen ist allerdings, dass die Zulassung heimlicher Tonaufnahmen aufgrund einer Einzelfallabwägung um der Beweisinteressen des Betroffenen willen den Strafrechtsschutz in Fällen entwertet, in denen die Beweisinteressen nicht die Oberhand gewinnen; bei fehlschlagender Abwägung kann sich der spätere Beweisführer aus subjektiven Gründen (Berufung auf Irrtum) entlasten.⁸ Unzutreffend ist die Annahme, eine Sanktionsverstärkung durch Befürwortung eines Verwertungsverbotes scheide aus, weil für **jede Rechtswidrigkeits-** 26

---

1 Im Ergebnis gleichfalls gegen ein Verwertungsverbot BAG NJW 2003, 1204, 1206; Musielak/Foerste¹⁰ § 286 Rz. 6; Rosenberg/Schwab/Gottwald¹⁷ § 110 Rz. 25; Kodek ÖJZ 2001, 281, 294 (generell bei bestehender Mitwirkungspflicht der gegnerischen Partei; H. Roth in: Erichsen/Kollhosser/Welp, Recht der Persönlichkeit, S. 279, 282.
2 BAG NJW 2003, 1204, 1206.
3 Vgl. BVerfG NJW 2002, 3619, 3624. Im Ergebnis ebenso Musielak/Foerste¹⁰ § 286 Rz. 6 und 8.
4 A.A. OLG Karlsruhe NJW 2000, 1577, 1578 im Anschluss an Stein/Jonas/Leipold²¹ § 284 Rz. 56, der allerdings nicht die rigorosen Konsequenzen des OLG Karlsruhe zieht.
5 So aber Rosenberg/Schwab/Gottwald¹⁷ § 110 Rz. 25; Gemmeke Beweisverwertungsverbote, S. 163 ff., 199 ff., 221 ff.; Baumgärtel Festschrift Klug, S. 477, 484 (selbst eine Konkretisierung verlangend); Pleyer ZZP 69 (1956), 321, 334. Distanziert BGH NJW 2006, 1657, 1659.
6 Ebenso MünchKommZPO/Prütting⁴ § 284 Rz. 66; Kodek ÖJZ 2001, 281, 288 f.; a.A. Kopke NZA 1999, 917, 920; die Berechtigung dieser Position für möglich haltend Musielak/Foerste¹⁰ § 286 Rz. 6.
7 A.A. Kaissis Beweisverwertungsverbot, S. 121, 125.
8 Dies konzediert BGH NJW 1982, 277, 278, ohne daraus generalisierende Schlussfolgerungen abzuleiten.

handlung eigenständige Sanktionen vorgesehen seien;¹ ob die Sanktionen als jeweils **abschließend** anzusehen sind, ist gerade das Thema des Streites.

e) Fragwürdiger Beweiswert

27 Das **Überlisten einer Prozesspartei** mit einem außergerichtlich rechtswidrig gewonnenen Beweismittel kann den Beweiswert herabsetzen. Ein angeblicher Lauschzeuge aus dem Lager des Beweisführers kann präsentiert werden, ohne das Gespräch überhaupt angehört zu haben. Auch mag der Beweisgegner im Vertrauen auf die Beweislosigkeit des Gesprächsinhalts bewusst auf eigene Beweissicherungen verzichtet haben. Mit der Fragwürdigkeit des Beweiswertes lässt sich **kein generelles Verwertungsverbot** legitimieren.²

f) Schutzzweck der verletzten Norm

28 Den Schutzzweck der jeweils verletzten Norm zum Kriterium zu erheben, ob eine prozessuale Sanktion geboten ist,³ greift zwar eine geläufige methodische Praxis auf, darf aber nicht verdecken, dass richterrechtlich eine rechtspolitische Festlegung de lege lata erfolgt. Eine einzelfallbezogene Entwicklung der Beurteilungskriterien auf der Grundlage einer Güterabwägung ist **apodiktischen Behauptungen über Schutzzwecke** trotz der Unsicherheit einer Ergebnisprognose vorzuziehen.

III. Kein Sachvortragsverwertungsverbot

29 Sachvortrag, der unstreitig ist und daher keines Beweises bedarf, dessen **Kenntnis** aber **aus** einer **Lauschaktion** stammt, verfällt **nicht** einem **Verwertungsverbot**.⁴ Der unzutreffend behauptete Rechtssatz einer unzulässigen Ausnutzung einer rechtswidrig geschaffenen Lage wird damit über den Bereich der schon unsicheren Beweisverwertungsverbote hinausgeführt, obwohl eine Vertiefung der zuvor begangenen Persönlichkeitsrechtsverletzung nicht stattfindet,⁵ vielmehr der rechtswidrig Abgehörte durch Nichtbestreiten der Tatsachenverwertung zustimmt. Eine teleologische Reduktion der Geständnisfiktion (§ 138 Abs. 3) nach Hinweis auf die grundrechtswidrige Informationserlangung ist nicht gerechtfertigt.⁶ Sie würde zudem nur taktische Spielchen der vortragenden Prozesspartei provozieren, die die Herkunft ihres Wissens nicht offenbaren würde. Das Zivilprozessrecht kennt keine „Unverwertbarkeit" beigebrachten Tatsachenstoffes.⁷

30 Anschauungsmaterial liefert auch die frühere Praxis des Vaterschaftsanfechtungsprozesses. Eine **privat in Auftrag gegebene DNA-Analyse**, die auf heimlich beschafftem körperlichen Untersuchungsmaterial beruhte (dazu oben Rz. 2), wurde vor Schaffung der Regelung des § 1598a BGB im Jahre 2008 faktisch benötigt, um sie einer Abstammungsanfechtungsklage als **qualifizierten Parteivortrag** beizufügen. Da man die Infor-

---

1 So *Gamp* Anm. zu LAG Berlin ZZP 96 (1983), 113, 116; *Gamp* DRiZ 1981, 41, 43.
2 Ebenso MünchKommZPO/*Prütting*⁴ § 284 Rz. 66; *Foerste* Anm. JZ 1998, 793, 794 (zum BAG).
3 MünchKommZPO/*Prütting*⁴ § 284 Rz. 66; Musielak/*Foerste*¹⁰ § 286 Rz. 6 (wohl unter Überinterpretation der Reichweite von BGHZ 153, 165, 172).
4 Zutreffend BAG NJW 2008, 2732 Rz. 24; *Heinemann* MDR 2001, 137, 138, in Auseinandersetzung mit der gegenteiligen Ansicht des OLG Karlsruhe NJW 2000, 1577, 1578 = MDR 2000, 847, 848 m. abl. Anm. *Schneider* 1029 f.
5 A.A. *Schreiber* ZZP 122 (2009), 227, 229 f.
6 A.A. *Schreiber* ZZP 122 (2009), 227, 241.
7 BAG NJW 2008, 2732 Rz. 24. Ein Sachvortragsverwertungsverbot bei Verstoß gegen formelles Datenschutzrecht erörternd *Sander* CR 2014, 292, 298 f.

mationserlangung als rechtswidrig ansah, scheiterte die Verwertung der Information im Anfechtungsprozess, weil der Verstoß gegen das Recht auf informationelle Selbstbestimmung dadurch vertieft wurde;[1] durch den schriftsätzlichen Vortrag musste das Gericht nämlich von Abstammungszweifeln überzeugt werden, damit auf die Vaterschaftsanfechtungsklage hin eine gezielte Begutachtung angeordnet wurde. Holte das Gericht aber gleichwohl ein Sachverständigengutachten ein, gegen dessen Befunderhebung sich die Testperson nicht zur Wehr gesetzt hatte, war dieses Gutachten verwertbar.[2] Das erscheint richtig, weil es **im Zivilprozess kein Fernwirkungsverbot** gibt, eine rechtswidrig gewonnene Information, die Auslöser der Beweiserhebungsanordnung war, also nicht das zulässige Beweismittel „infiziert".[3]

IV. Anerkennung der Beweisbedürfnisse, Relativierung des Rechtswidrigkeitsurteils durch Güterabwägung

1. Das Güterabwägungsproblem

Das **Verbot rechtswidriger Beweiserhebung** wegen Eindringens in die Persönlichkeitssphäre ist **relativierbar**. Signifikant ist dies, wenn der Persönlichkeitsschutz des Beweisgegners auf den vom Beweisführer mit der Beweiserhebung durchzusetzenden Persönlichkeitsschutz trifft.[4] So versuchte der Beweisführer im Fall BGH NJW 1982, 277 einen anonymen Anrufer zu identifizieren, um eine rechtswidrige Persönlichkeitsrechtsverletzung abzuwehren. Auch gegenüber wirtschaftlichen Interessen des Beweisführers, deren Schutz unter Art. 14 GG fällt, hat das Persönlichkeitsrecht des Beweisgegners nicht per se einen höheren Rang.[5] Freimachen muss man sich dafür allerdings von dem Argumentations-Pathos, das durch **pejorative Kennzeichnung der Mithöraktion** („gedungener Spitzel") zugunsten der Bejahung einer rechtswidrigen Persönlichkeitsverletzung des Beweisgegners erzeugt wird.[6]

31

Die **paradigmatischen Fälle** der **heimlichen Tonaufnahme**, zu denen zunehmend Fälle **heimlicher Bildaufnahme** treten, zeigen, dass die Verletzung des Rechts am gesprochenen Wort nicht mit einem Eingriff in den nach Art. 1 Abs. 1 GG unantastbaren, abwägungsfrei geschützten[7] Kernbereich der Persönlichkeit gleichzusetzen ist.[8] Soweit die Menschenwürde nicht unmittelbar betroffen ist, darf eine – wenn auch strenge[9] – Abwägung gegen andere Rechtspositionen erfolgen; es gilt also **kein absolutes Verbot der Aufzeichnung und Verwertung**. Die Straftatbestände der §§ 201 und

32

---

1 So auch *Rittner/Rittner* NJW 2002, 1745, 1751.
2 BGH NJW 2006, 1657, 1659 f. (insoweit kein Verstoß gegen das Recht auf informationelle Selbstbestimmung).
3 A.A. *Schreiber* ZZP 122 (2009), 227, 235.
4 Vgl. die Kritik von *Helle* JZ 1991, 929, 931, an der Verabsolutierung der Schutzes einer Prozesspartei; ebenso *Kodek* ÖJZ 2001, 281, 297.
5 Ebenso *Kodek* ÖJZ 2001, 281, 297. *Arzt* JZ 1973, 506, 507, hat gegenüber der Schwarzgeldentscheidung BVerfGE 34, 238 = NJW 1973, 891 angemerkt, der Persönlichkeitsschutz des Käufers habe den Kläger 70 000 DM gekostet.
6 Kritisch zu diesem rhetorischen Trick sowie zur Zurücksetzung (vermeintlich nur) ökonomischer Interessen *Helle* JR 2000, 353, 354 Fn. 21; *Helle* RabelsZ 60 (1996), 448, 453.
7 Unzutreffend a.A. BayObLG NJW 1992, 2370.
8 v. Mangoldt/Klein/*Starck* GG[6] Art. 1 Abs. 1 Rz. 61 f., 109, Art. 2 Abs. 1 GG Rz. 93, 95, 171, 174. Zur Erhebung kernbereichsrelevanter Daten bei der strafprozessualen Telekommunikationsüberwachung BVerfG NJW 2012, 833 Rz. 210 ff., bei der präventiv-polizeilichen Wohnraumüberwachung BVerfG NJW 2012, 907 Rz. 99, 102 u. 106.
9 v. Mangoldt/Klein/*Starck* GG[6] Art. 1 Abs. 1 Rz. 61.

201a StGB bringen dies ihrerseits dadurch zum Ausdruck, dass sie den Schutz nur der „unbefugten" Aufnahme zuteil werden lassen.[1]

33 Im Rahmen der **Güterabwägung** sind gleichzeitig ein möglichst umfassender Grundrechtsschutz und die möglichst ungeschmälerte Verfolgung der Aufgaben des Zivilprozesses, nämlich die Durchsetzung des materiellen Rechts und die hierfür notwendige Sachverhaltsaufklärung, zu verwirklichen.[2] Die Güterabwägung soll sich nach Auffassung des BGH an den **in § 34 StGB** besonders **normierten** allgemeinen **Grundsätzen** ausrichten, nach denen dem Interesse des einen Schutzgutes ein anderes nur zu weichen hat, wenn jenes im konkreten Fall wesentlich überwiegt und auf anderem Weg nicht geschützt werden kann.[3] Das Interesse an der Wahrheitsfindung muss danach das Schutzanliegen des gesprochenen Wortes deutlich übersteigen. Soweit im Ergebnis ein Verwertungsverbot besteht, darf es nicht durch die Vernehmung eines Zeugen über den Inhalt des Beweismittels umgangen werden.[4] Vor diesem Hintergrund ist die Rechtsprechung des BVerfG zu deuten, die im Lauschzeugenbeschluss v. 9.10.2002[5] ihren vorläufigen Abschluss gefunden hat (dazu die nachfolgende Rz. 34 und schon oben Rz. 6).

34 Die zuvor dargelegte Güterabwägung geht **unzutreffend** von einer **Prävalenz** des Persönlichkeitsschutzes **statt** von einer **offenen Abwägung** aus. Die Argumentation wird damit Opfer eines an sich zutreffend beschrittenen methodischen Weges, Rahmenrechte wie das allgemeine Persönlichkeitsrecht für einzelne Sachverhaltstypen in richterrechtlich geformte, konsolidierte Tatbestände mit Typisierung der die Rechtswidrigkeit regelmäßig konstituierenden Merkmale zu gießen, bei denen das abschließende Rechtswidrigkeitsurteil nur durch Eingreifen eines besonderen Rechtfertigungsgrundes vermieden werden kann. Einen solchen Tatbestand des „Rechts am gesprochenen Wort" mit einer „Wortadressierungsmacht"[6] einzelner Gesprächsteilnehmer gab es jedoch nicht.[7] Faktisch wird aus dem Recht, unbefangen ins Unreine sprechen zu dürfen, ein „Recht auf Unbeweisbarkeit des eigenen Wortes".[8]

2. Subsidiäre Beweisverwertung bei notwehrähnlicher Lage

35 Das **BVerfG** hat eine Zurücksetzung der Grundrechtsbelange des Beweisgegners zugunsten einer materiell richtigen, nämlich auf zutreffend festgestellten Tatsachen beruhenden Entscheidung **bei gesteigertem**, über ein schlichtes Beweisinteresse hinausgehenden **Beweisinteresse** bejaht. Dafür muss sich der Beweisführer in einer Notwehrsituation oder in einer – mangels gegenwärtigen Angriffs – **notwehrähnlichen Lage** befinden (oben Rz. 4).[9] Sie muss offenbar mit einer **Beweisnot** einhergehen. Das mittels eines Grundrechtseingriffs erlangte **Beweismittel** wird unter diesen Vo-

---

1 Zum (begrenzten) Schutz gegen Bildaufnahmen durch § 201a StGB *Hoppe* GRUR 2004, 990 ff.; *Ernst* NJW 2004, 1277 ff.
2 *Werner* NJW 1988, 993, 1000.
3 So die Formel aus BGH NJW 1982, 277, 278, dort auch mit der Sentenz von der Feststellung einer „notwehrähnlichen Lage".
4 OLG Stuttgart MMR 2002, 746, 752 – Power-Flirtline; OLG Karlsruhe NJW 2000, 1577, 1578; BayObLG NJW 1990, 197, 198; MünchKommZPO/*Zimmermann*[4] § 371 Rz. 6; *Pleyer* ZZP 69 (1956), 321, 337.
5 BVerfGE 106, 28 = NJW 2002, 3619.
6 So *Helle* JR 2000, 353, 356.
7 S. dazu *Helle* JR 2000, 356 f.
8 So *Kodek* Rechtswidrig erlangte Beweismittel, S. 152.
9 BVerfGE 106, 28, 50 = NJW 2002, 3619, 3624. Ebenso BGHZ 27, 284, 290 = NJW 1958, 1344; BGH NJW 1982, 277, 278; BGH NJW 2003, 1727, 1728 (unter Beachtung des BVerfG-Beschlusses); BGH (1. StrS) NJW 2013, 2530 Rz. 89; BAG NJW 2005, 313, 316;OLG Köln NJW-RR 2013, 740, 741; zur Güterabwägung auch BGH NJW 1994, 2289, 2292; NJW 1998, 155.

raussetzungen **subsidiär verwertbar**,[1] wobei die Voraussetzungen der Beweissubsidiarität im Einzelnen noch unklar sind. Soweit das BVerfG das „allgemeine Beweisinteresse" als nichtrechtfertigend qualifiziert und sich dafür auf eine „einhellige Auffassung der Zivilgerichte" beruft,[2] suggeriert es einen breiten fachlichen Konsens, der jedoch weder auf eine größere Zahl argumentativ übereinstimmender Judikate, noch auf eine Zustimmung des Schrifttums zu stützen war. Es ist wenig einleuchtend, weshalb die Abwehr eines im **Versuch eines Prozessbetruges** stehenden Angriffs zunächst mit anderen Beweismitteln erfolgen soll.

Geht man wegen der Bindungswirkung der Entscheidung des BVerfG (§ 31 BVerfGG) 36 von dessen Kriterien aus,[3] bedarf der Klärung, **wann** eine **notwehrähnliche Lage** zu bejahen ist, die **subsidiär zur Beweisverwertung berechtigt**. Dies trifft in Telefonlauschfällen ohne Bedenken zu, wenn mittels des abgehörten Telefongesprächs eine Straftat oder sonstige Rechtsverletzung des Belauschten – z.B. Telefonterror oder Erpressung – begangen wird, die zivilrechtliche Abwehr- oder Schadensersatzansprüche auslöst.[4]

Ungeklärt sind die Fälle des **Prozessbetruges**.[5] Zweifelhaft ist bei ihnen insbesondere, 37 ob schon im Zeitpunkt des Belauschens ein begründeter Anfangsverdacht bestanden haben muss, der im späteren Prozess zunächst zu beweisen oder zumindest glaubhaft zu machen ist, etwa durch Vorlage vorprozessualer Korrespondenz oder durch das Ergebnis der bisherigen Beweisaufnahme. Sinnvoll wäre es, den vom BVerfG eröffneten offenen Beweiserhebungstatbestand ohne Rücksichtnahme auf einen im Abhörzeitpunkt bestehenden Verdacht **analog § 448** zu formulieren. Zu prüfen wäre dann, ob „das Ergebnis der Verhandlungen und einer etwaigen Beweisaufnahme" eine gewisse Wahrscheinlichkeit für die Richtigkeit der Behauptung des Beweisführers erbringt, so dass **mit der Beweiserhebung** über das Telefongespräch **nur restliche Zweifel ausgeräumt** werden sollen. Hat der Beweisführer die Beweisnot selbst verursacht, indem er es versäumt hat, rechtzeitig für eine anderweitige Beweisbarkeit zu sorgen, soll dies nach Ansicht des XI. Zivilsenates des BGH der Vernehmung eines Lauschzeugen entgegenstehen;[6] in dieser Pauschalität ist die Verneinung einer notwehrähnlichen Lage nicht überzeugend.

V. Einzelne Augenscheinsobjekte

1. Ton(band)aufnahmen, Zeugenvernehmung von Mithörern

Die Behandlung von akustischen Gesprächsaufzeichnungen und deren abschriftlicher 38 Wiedergabe sowie die gleichzustellende Vernehmung von Lauschzeugen richtet sich nach den Grundsätzen, die das **BVerfG** in seinem Beschluss vom 9.12.2002[7] (oben Rz. 6) aufgestellt hat; in ihn ist ältere **fachgerichtliche Praxis** eingeflossen, die nach-

---

1 Kritisch dazu schon vor dem Lauschzeugenbeschluss des BVerfG *Kodek* ÖJZ 2001, 334 f.; *Kodek* Festschrift Kaissis (2012), S. 523, 546.
2 BVerfG NJW 2002, 3619, 3624 (4b). Genannt werden zuvor die Entscheidungen BGHZ 27, 284, 290; BGH NJW 1982, 277, 278; NJW 1988, 1016, 1018; NJW 1998, 155.
3 So denn auch BGH NJW 2003, 1727, 1728.
4 Vgl. *Foerste* NJW 2004, 262.
5 Dazu auch *Foerste* NJW 2004, 262, 263. Bei Anhaltspunkten für einen Prozessbetrugsversuch aufgrund der bisherigen Beweisaufnahme für eine Beweiserhebung durch Abhören der Tonbandgesprächsaufzeichnung (österr.) OGH JBl. 2000, 458, 460 = ÖJZ 2000, 347, 348.
6 BGH NJW 2003, 1727, 1728 (bare Darlehensauszahlung von 180 000 DM in fünf Teilbeträgen in Freundschaftsbeziehung).
7 BVerfGE 106, 28 = NJW 2002, 3619.

folgend detaillierter darzustellen ist. Zu beachten ist auch der durch Art. 1 Abs. 1 GG absolut geschützte Bereich (s. oben Rz. 3).

39 Tonaufnahmen sind unverwertbar, wenn die Verwertungshandlung selbst, also das **Abspielen in der Beweisaufnahme**, einen Rechtsverstoß darstellt. Das ist an Art. 2 Abs. 1 i.V.m. Art 1 Abs. 1 GG zu messen. Parallel erfolgt die Prüfung des § 201 Abs. 1 Nr. 2 StGB, dessen Tatbestandsmerkmal „unbefugt" gleichlaufend mit der Bestimmung der Rechtswidrigkeit eines Eingriffs in das allgemeine Persönlichkeitsrecht auszulegen ist.[1] Der **Schutz** des allgemeinen Persönlichkeitsrechts gilt **auch für Zeugen**.[2] Ein Eingriff in den absolut geschützten Kernbereich persönlicher Lebensgestaltung ist stets rechtswidrig (s. oben Rz. 3).[3] Außerhalb dieses Kernbereichs ist die Rechtswidrigkeit typischerweise zu bejahen,[4] jedoch können die Aufzeichnung und/oder deren Verwertung **ausnahmsweise gerechtfertigt** sein, insbesondere wenn die Verwertung wegen einer **notwehrähnlichen Lage** erfolgt[5] (oben Rz. 35 f.). Das allgemeine Interesse an der Verschaffung einer Gedächtnisstütze oder eines Beweismittels für eine spätere Auseinandersetzung rechtfertigt die Aufzeichnung nicht.[6] Jeweils gesondert zu prüfen ist die Rechtmäßigkeit der Verwertungshandlung. Die Verwertung findet u.a. rechtmäßig statt, wenn sie mit Einwilligung des Betroffenen erfolgt.[7]

40 Geschützt sind nicht nur **Gespräche im privaten, häuslichen Bereich**, sondern auch vertrauliche Gespräche in einem Hotelzimmer,[8] einem Krankenzimmer in einer Klinik,[9] einer Gastwirtschaft[10] oder **im Arbeitsbereich**.[11] Geschützt sind neben Privatgesprächen auch **geschäftliche (Vertrags)Verhandlungen**.[12] Verneint wurde der Schutz für den Mitschnitt der Predigt in einer **Moschee**.[13] Der Schutzbereich ist nicht betroffen, wenn der objektive Gehalt des Gesprächs so sehr im Vordergrund steht, dass die Persönlichkeit des Sprechenden nahezu vollends dahinter zurücktritt und das gesprochene Wort damit seinen privaten Charakter verliert, etwa bei telefonischen Durchsagen, Bestellungen oder Börsennachrichten im geschäftlichen Verkehr.[14] Daraus darf jedoch nicht abgeleitet werden, es käme bei anderen Gesprächen auf eine das Beweisverbot einschränkende Prüfung an, ob es sich bei den ausgetauschten Informationen

---

1 BGH NJW 1982, 277, 278.
2 BayObLG NJW 1990, 197, 198; KG NJW 1967, 115; *Pleyer* ZZP 69 (1956), 321, 327.
3 BVerfGE 34, 238, 245 = NJW 1973, 891, 892; BGH NJW 2003, 1727, 1728; NJW 1988, 1016, 1017; OLG Köln NJW 1987, 262, 263; *Schwab* Festschrift Hubmann, S. 421, 428; unzutreffend a.A. BayObLG NJW 1992, 2370.
4 BGHZ 27, 284, 289 („grundsätzlich widerrechtlich"); BGH NJW 1988, 1016, 1018; *E. Peters* ZZP 76 (1963), 144, 155 f.
5 Entscheidungen zu Güterabwägungen: BGHZ 27, 284, 290; BGH NJW 1982, 277, 278; BGH NJW 1988, 1016, 1017 f.; NJW 2003, 1727, 1728; BGH NJW 1990, 197, 198; OLG Köln NJW 1987, 262, 263; LAG Berlin DB 1988, 1024 (Rechtmäßigkeit bejaht für Aufklärung der Unterschlagung von Kassenbeträgen durch Angestellte im Ladengeschäft).
6 BGHZ 27, 284, 290; BGH NJW 1970, 1848; BGH NJW 1982, 277, 278; BGH NJW 1988, 1016, 1018.
7 BGH NJW 1988, 1016, 1017.
8 BGH NJW 1982, 1397, 1398.
9 Vgl. BGH NJW 2005, 3295, 3297 (zu strafprozessualen Raumüberwachung, mit eventueller Einschränkung bei behandlungsbedingter Überwachung).
10 BGH NJW 1994, 2289, 2293.
11 BVerfG NJW 2002, 815, 816.
12 BGH NJW 1988, 1016 (Nachforderung von Transportlohn; Mithören bei sich anbahnender Auseinandersetzung); BGH NJW 2003, 1727 (Darlehen über 180 000 DM); OLG Köln NJW 1987, 262 (Behauptung arglistiger Täuschung beim PKW-Kauf).
13 OLG Brandenburg GRUR-RR 2007, 334, 335 – Hassprediger.
14 BVerfG NJW 1973, 891, 892, Formulierungen aus BGHZ 27, 284, 286 aufgreifend; BayObLG NJW 1990, 197, 198.

um personale Kommunikationsinhalte oder gar um besonders persönlichkeitssensible Daten handelt.[1]

Tonaufzeichnungen über **nichtverbale Lautäußerungen** geistig schwer behinderter Menschen, die in einem benachbarten Heim betreut werden, sind ein zulässiges Beweismittel;[2] bei ihnen geht es um die Charakteristik des Tons. Die Zulässigkeit dieser Beweiserhebung wäre im Übrigen auch dann zu bejahen gewesen, wenn die Äußerungen einen Informationsgehalt gehabt hätten oder einer bestimmten Person hätten zugeordnet werden können, weil die Äußerungen auf dem Grundstück des Klägers ohne technische Hilfsmittel wahrnehmbar waren. 41

Der Schutz des Rechts am gesprochenen Wort richtet sich nicht nur gegen die Verdinglichung durch Aufzeichnung, sondern ebenso gegen das **Mithören ohne Zustimmung**.[3] Das BVerfG hat nicht gelten lassen wollen, dass aufgrund der heutigen technischen Ausstattung der **Fernsprechgeräte mit Lautsprechern** jeder geschäftliche wie private Benutzer damit rechnen muss, dass eine weitere Person bei eingeschaltetem Lautsprecher mithört[4] (oben Rz. 6). Durch die großzügige Bejahung einer **mutmaßlichen Einwilligung** in das Mithören **wegen fehlender Vertraulichkeit** des Gesprächs[5] wird die Rechtsprechung des BVerfG konterkariert, auch wenn es sich um eine lebensnahe Würdigung handelt. Damit ist die erwogene rechtliche Differenzierung zwischen der Lautsprecherfunktion des Telefons und einer **Büroabhöranlage**[6] gegenstandslos. Das BAG hat der Einwilligung die positive Kenntnis des Mithörens zur Seite gestellt.[7] Es befürwortet aber eine Beschränkung auf **zielgerichtetes** Handeln des **Mithörens** zu Lasten der gegnerischen Prozesspartei.[8] 42

Ein Eingriff in das Persönlichkeitsrecht ist auch beim Sachverhalt des **Mithörens ohne technische Einrichtung** durch Notwehr oder eine umfassende Güterabwägung zu rechtfertigen.[9] Grundsätzlich gelten die Überlegungen für heimliche Tonaufnahmen, wenngleich heimliches Mithören und die darauf bezogene Zeugenaussage eine geringere Eingriffstiefe als eine dauerhafte Schallaufzeichnung hat.[10] 43

Ungeklärt ist, ob Beweiserhebungsbeschränkungen gegen die Vernehmung eines Mithörers bestehen, wenn dieser Zeuge das Gespräch **ohne Einschaltung der Lautsprecherfunktion** zwangsläufig anhören musste, weil die Lautstärkeregelung für die Ohrmuschel des Telefonhörers auf ein Maximum eingestellt war.[11] Dagegen spricht, dass 44

---

1 BGH NJW 2003, 1727, 1728.
2 OLG Köln NJW 1998, 763, 765 (zur nachbarrechtlichen Duldungspflicht nach § 906 Abs. 1 BGB).
3 BVerfG NJW 2002, 3619, 3622; BVerfG NJW 1992, 815, 816; BGH NJW 2003, 1727, 1728; BGH NJW 1994, 2289, 2292 m. Anm. *Helle* JZ 1994, 915; BGH NJW 1982, 1397, 1398; OLG Koblenz 743, 744; BAG NJW 1983, 1691, 1692; BAG NJW 2010, 104 Rz. 21; LAG Berlin ZZP 96 (1983), 113, 114.
4 BVerfG NJW 2002, 3619, 3622; ebenso BAG NJW 1988, 1331, 1333 m. abl. Anm. *Foerste* JZ 1998, 793 f.; LAG Berlin ZZP 96 (1983), 113, 114 m. abl. Anm. *Gamp* a.a.O. 117. A.A. BGH NJW 1982, 1397, 1398; OLG Düsseldorf NJW 2000, 1578, 1579. Wegen mutmaßlicher Einwilligung einen Verstoß gegen § 201 Abs. 2 Nr. 1 StGB verneinend BGH (2. StS) NJW 1994, 596, 598; BGH NJW 1982, 1397, 1398; OLG Düsseldorf NJW 2000, 1578, 1579; *Schlund* BB 1976, 1491, 1492 Fn. 19.
5 So OLG Jena MDR 2006, 533 (Telefongespräch über Abschluss eines Werkvertrages).
6 Vgl. dazu BAG NJW 1983, 1691, 1692.
7 BAG NJW 2010, 104 Rz. 23.
8 BAG NJW 2010, 104 Rz. 25.
9 BGH NJW 1970, 1848 f. – Ehespion (Gleichstellung des Spitzels im Wohnbereich mit Abhöreinrichtung); BGH NJW 1991, 1180 (Lauscher am Türspalt); BAG NJW 2010, 104 Rz. 25; LAG Berlin ZZP 96 (1983), 113, 114; *Helle* Anm. JZ 1991, 929, 932.
10 Vgl. *Helle* Anm. JZ 1991, 929, 932.
11 Verboten nach BAG NJW 2010, 104 Rz. 25 („absichtliches Weghalten des Hörers vom Ohr").

man immer mit der Anwesenheit fremder Personen in dem Raum rechnen muss, in dem sich das Telefon befindet.¹ Nicht erfasst sein soll von dem Eingriff das zufällige Mithören durch Dritte auf Grund **dünner Wände**, offener Türen, erheblicher Lautstärke oder ähnlich gelagerter Gründe; bei ihm habe sich der Gesprächspartner die Kommunikationsteilhabe selbst zuzuschreiben.²

45 Wird ein **Raumgespräch** am Telefon für einen Dritten **mithörbar**, weil einer der Gesprächsteilnehmer sein **Mobiltelefon** unbemerkt **versehentlich eingeschaltet** oder infolge Fehlbedienung nicht abgeschaltet hat,³ stellt die Zufallskenntnisnahme ebenso wenig einen Eingriff in das Persönlichkeitsrecht der Gesprächsteilnehmer dar wie das Weiterverbreiten des Gesprächsinhalts. Nicht unter ein Beweisverbot fällt die Vernehmung eines Zeugen über die in seiner Anwesenheit gesprochenen Telefonaussagen des Beweisführers, aus denen sich Rückschlüsse auf den gesamten Gesprächsinhalt ziehen lassen; ein Telefonbenutzer muss seinen Telefonpartner werde auf die Anwesenheit einer weiteren Person hinweisen noch gar diese Person aus dem Raum schicken.

2. Einzelne Personen- und Sachfotos, Film- und Videoaufnahmen

a) Personenfotos

46 Auf Personenfotos sind die Regeln für die Verwertbarkeit von Verletzungen des Rechts am gesprochenen Wort nur teilweise zu übertragen.⁴ Differenziert werden sollte auch zwischen **unkonsentierten** Personenaufnahmen für **publizistische Zwecke** und für **Beweiszwecke**. Die Herstellung von Bildnissen für publizistische Zwecke der sog. Yellow Press ist für die abgebildeten Prominenten psychisch stärker belastend, weil sie massenhaft und langdauernd von Reportern verfolgt werden und ständig mit dem Gefühl leben, den Blicken von Beobachtern preisgegeben zu sein.⁵

47 Das **Recht am eigenen Bild** (§ 22 KUG) ist allerdings ebenfalls ein Persönlichkeitsrecht. Der Bildnisschutz des § 22 KUG verbietet nur das *Verbreiten* und *öffentliche Zurschaustellen* ohne Einwilligung des Abgebildeten, sofern nicht eine Ausnahme nach §§ 23 oder 24 KUG einschlägig ist, nicht aber das Herstellen und das Vervielfältigen von Bildnissen. Die *Anfertigung* fotografischer Aufnahmen wird vom **allgemeinen Persönlichkeitsrecht** erfasst, wenn sie im häuslichen oder für Dritte erkennbar sonstigen **privaten Bereich** (abhängig von der Beschaffenheit des Ortes, auch freie aber gleichwohl abgeschiedene Natur und Örtlichkeiten, die von der breiten Öffentlichkeit deutlich abgeschiedenen sind) erfolgt.⁶

48 Dieser Schutz gilt sowohl für **Privatpersonen** als auch für **Personen der Zeitgeschichte** (§ 23 Abs. 1 Nr. 1 KUG), an deren Darstellung die Öffentlichkeit wegen ihres Status oder ihrer Bedeutung ein Informationsinteresse hat.⁷ Personen, die nicht der Zeitgeschichte zuzuordnen sind, dürfen auch in der Öffentlichkeit **nicht gezielt** abge-

---

1 BAG JZ 1998, 790, 792.
2 BAG NJW 2010, 104 Rz. 28, ein obiter dictum aus BVerfG NJW 2002, 3619 (zu C II 1a) aufgreifend.
3 So der Sachverhalt in der Strafsache BGH NJW 2003, 2034.
4 A.A. Stein/Jonas/*Berger*²² vor § 371 Rz. 11.
5 Darauf hinweisend *Helle* JZ 2004, 340, 342.
6 BVerfGE 101, 361, 384, 393 ff. = NJW 2000, 1021, 1022/1023 – Caroline v. Monaco; BGH NJW 1996, 1128, 1129, 1130 – Caroline v. Monaco. Zum bloßen Ausspähen aus einem hoch gelegenen Fenster ohne Aufnahmeanfertigung österr. OGH JBl. 2010, 374, 375 (aus prozessualen Gründen abgewiesen).
7 Zur leichten Korrektur des Begriffs Person der Zeitgeschichte BVerfG NJW 2000, 1025 – Caroline v. Monaco.

lichtet werden.¹ In den schutzwürdigen Bereich der Privatsphäre wird durch das Anfertigen von Bildaufnahmen eingegriffen, wenn der Fotograf die Arglosigkeit des sich unbeobachtet Wähnenden für seine Zwecke ausnutzt, indem er heimliche oder offene, jedoch überrumpelnde Aufnahmen macht, auf die sich der Betroffene nicht einrichten kann.² Das **Erschleichen von Filmaufnahmen** unter Vorspiegelung falscher Tatsachen zur Dokumentation im Fernsehen soll demgegenüber durch die Berichterstattungsfreiheit gedeckt sein.³

Der Gesetzgeber hatte dem **strafrechtlichen Schutz des Bildes** ursprünglich eine geringere Reichweite als dem des gesprochenen Wortes gegeben; § 33 KUG stellt anders als § 201 Abs. 1 Nr. 1 StGB nicht schon die *Herstellung* unter Strafe. Diese Lücke ist 2004 durch die Schaffung des § 201a StGB⁴ geschlossen worden, neben dem § 33 KUG fortbesteht. Abwägungsfrei geschützt ist durch § 201a StGB nur der höchstpersönliche Lebensbereich;⁵ die abgebildete Person muss sich in einer Wohnung oder einem gegen Einblicke besonders geschützten Raum befinden, so dass öffentlich zugängliche Orte ausgeklammert bleiben. 49

Für Bildaufnahmen im Privatbereich wird man von einem vertypten **Rechtswidrigkeitsurteil** ausgehen müssen, das nur ausnahmsweise durch Rechtfertigungsgründe aufgehoben wird. Im Übrigen ist die Rechtswidrigkeit positiv durch eine Güter- und Interessenabwägung im Einzelfall festzustellen.⁶ Das Rechtswidrigkeitsurteil über das Fotografieren berücksichtigt bereits den geplanten Verwendungszweck,⁷ so dass insoweit die Trennung zwischen rechtswidriger Aufnahme und prozessualer Verwertung rechtswidrig erlangter Aufnahmen obsolet ist.⁸ 50

Ob das **Herstellen** einzelner Personenfotos für die Verwendung **als Beweismittel** in gerichtlichen Verfahren schlechthin zulässig ist, oder ob weitere Kriterien hinzutreten müssen, die eine notwehrähnliche Lage begründen, richtet sich nach der **Intensität des Eingriffs**, der wiederum durch das Maß an Abgeschiedenheit des Aufnahmeortes sowie den Grad der Arglosigkeit des Abgebildeten bestimmt wird. In besonders hohem Maße verdient der **Wohnbereich** Schutz,⁹ doch kann z.B. die Aufnahme dort erfolgender Tätlichkeiten nach Einschreiten der hinzugezogenen Polizei¹⁰ ohne Weiteres durch Beweiszwecke gerechtfertigt sein. 51

Unbedenklich sind das **beweissichernde Fotografieren** eines auf dem Hof einer Schule spielenden Kindes,¹¹ die heimliche Videoaufnahme des Geldzählens im Zählraum ei- 52

---

1 BGH NJW 1995, 1955, 1957 – Videoüberwachung.
2 BVerfG NJW 2000, 1021, 1025 f. gegen BGH NJW 1996, 1128, 1130 – Caroline v. Monaco. Die Entscheidung des BVerfG als Verstoß gegen Art. 8 EMRK bewertend EGMR NJW 2004, 2647; dazu *Heldrich* NJW 2004, 2634 ff. und *Mann* NJW 2004, 3220 ff. (zur innerstaatlichen Bindungswirkung der Entscheidung des BVerfG).
3 LG Hamburg AfP 2008, 639 (sehr zweifelhaft angesichts der zitierten Beweisrechtsprechung).
4 In Kraft getreten am 6.8.2004, zurückgehend auf den Abgeordnetenentwurf BT-Drucks. 15/2466 v. 20.2.2004 in der Fassung des Rechtsausschusses, BT-Drucks. 15/2995 v. 28.4.2004. Damit erledigten sich die Abgeordnetenentwürfe BT-Drucks. 15/533 (CDU/CSU) und BT-Drucks. 15/361 (FDP) sowie der BR-Entwurf BT-Drucks. 15/1891. Stellungnahmen: *Hoppe* GRUR 2004, 990 ff.; *Ernst* NJW 2004, 1277 ff.
5 Begr. des Abgeordnetenentwurfs BT-Drucks. 15/2466, S. 5.
6 BGH NJW 1995, 1955, 1957 m. Anm. *Helle* JZ 1995, 1117; Erman/*N. Klass*, BGB, 13. Aufl. 2011, Anh. § 12 Rz. 145. Zu pauschal die Rechtswidrigkeit bejahend MünchKommZPO/*Zimmermann*⁴ § 371 Rz. 6.
7 Vgl. BGH NJW 1975, 2075, 2076 – polizeiliche Fotos eines Demonstrationszuges.
8 Anders *Kaissis* Beweisverwertungsverbot, S. 200 f.
9 Bejaht für beweissichernde Fotos einer Wohnungseigentumsverwalterin aus dem Saunabereich einer Penthousewohnung von LG Köln NJW 2009, 1825.
10 So die Situation in LG Oldenburg AfP 1991, 652.
11 KG NJW 1980, 894.

nes Spielcasinos, das ohnehin schon der Kontrolle unterliegt,[1] das Fotografieren eines Nachbarn, der die Familie des Fotografen in ihrem Wohnbereich von seinem Garagendach aus beobachtet,[2] oder das Fotografieren einer Frau beim Bummel durch die Hamburger Innenstadt am Arm eines Prominenten zum Beweis der Vortäuschung einer dem Arbeitgeber angezeigten Erkrankung.[3] Ein gerichtlicher **Beweiszweck** ist hingegen **zu verneinen**, wenn der über einen auf einer Baustelle volltrunken torkelnden und lallenden Bauarbeiter gefertigte Videotonfilm der Anschwärzung beim Arbeitgeber dient und der Film zusätzlich in der Öffentlichkeit abgespielt wird.[4] Selbständig zu beurteilen ist jeweils die spätere Verbreitung von Bild oder Film **für andere Zwecke**.

53 In der **Verwertung** von Fotos vor Gericht **durch Augenscheinseinnahme** ist kein öffentliches Zurschaustellen i.S.v. § 22 KUG zu sehen,[5] wohl aber ein Verbreiten.[6] Auf die **Rechtfertigung des § 24 KUG** (Verwendung für Zwecke der Rechtspflege) kommt es nur an, wenn das Bild für diesen Verwendungszweck nicht schon rechtmäßig erlangt wurde.[7] Ob § 24 KUG auf das Anfertigen analog anwendbar ist,[8] ist zweifelhaft, weil dort ein *anhängiges* behördliches oder gerichtliches Verfahren gemeint ist. Die Pauschalität der Analogie gibt dem isolierten Beweiszweck u.U. – je nach Eingriffsintensität – einen zu hohen Rechtfertigungswert. Daraus resultieren auch Zweifel, ob das Verbreiten eines *rechtswidrig* aufgenommenen Bildes unter bloßer Bezugnahme auf § 24 KUG zu rechtfertigen wäre, was für die Prüfung bedeutsam ist, ob durch die Beweisaufnahme eine erneute Verletzung des Persönlichkeitsrechts eintritt; insoweit könnte § 24 KUG wegen zu geringer Rechtfertigungsanforderungen verfassungswidrig sein. Wenn § 24 KUG nicht einschlägig ist, ergibt sich die Rechtfertigung aus einer Güterabwägung. Die **Erlangung** eines Fotos **durch Diebstahl** oder Täuschung des Besitzers ist für die Rechtmäßigkeit der Augenscheinseinnahme ohne Belang.

b) Sachaufnahmen

54 **Persönlichkeitsneutral** sind in der Regel Fotos von Sachgegenständen und Örtlichkeiten. Ihre Aufnahme zur Herstellung eines Augenscheinssurrogates erfolgt dann rechtmäßig; das Foto ist grundsätzlich verwertbar.[9] Sollte **im Einzelfall** die Aufnahme einen **Eingriff in das allgemeine Persönlichkeitsrecht** darstellen,[10] ist wie bei Personenfotos aufgrund einer Güterabwägung die Rechtswidrigkeit der Verwertungshandlung festzustellen, an die keine strengeren Anforderungen als bei Personenfotos gestellt werden dürfen.

---

1 OLG Schleswig NJW 1980, 352, 353.
2 A.A. OLG Hamm JZ 1988, 308 m. abl. Anm. *Helle*.
3 OLG Hamburg GRUR 1990, 35 – Begleiterin.
4 So der Fall OLG Frankfurt/M. NJW 1987, 1087.
5 KG NJW 1980, 894; LG Oldenburg AfP 1991, 652, 653; a.A. für Videoaufnahmen OLG Schleswig NJW 1980, 352, 353.
6 LG Oldenburg AfP 1991, 652, 653 (letztlich dahingestellt geblieben); a.A. *Baumgärtel* Festschrift Klug, S. 477, 486. Zu den datenschutzrechtlich motivierten Bedenken gegen den (Online)Zugriff einer Bußgeldstelle auf digitalisierte Fotos der Passregisterstelle OLG Stuttgart NJW 2004, 83, 84 (Verwertbarkeit bejaht); BayObLG NJW 2004, 241 (selbst bei Verstoß gegen datenschutzrechtliche Bestimmungen des § 26 PersAuswG kein Beweisverwertungsverbot); OLG Frankfurt NJW 1997, 2963, 2964 (kein Verwertungsverbot trotz Verstoßes); BayObLG NJW 1998, 3656, 3657 (kein Verstoß).
7 Die Vorlage bei Gericht nach § 24 KUG rechtfertigend LG Oldenburg AfP 91, 652, 653 (obiter dictum).
8 So BGH NJW 1975, 2075, 2076.
9 *Baumgärtel* Festschrift Klug, S. 477, 487; *Kodek* Rechtswidrig erlangte Beweismittel, S. 157.
10 LG Düsseldorf NJW 1959, 629 (Festhalten der Wohnsituation nach unerwartetem Eindringen in die Wohnung, Beweis für gewerbliche Arbeit als Schneider zur Verwendung im Räumungsprozess gesucht); *Baumgärtel* Festschrift Klug, S. 477, 487.

Einschlägig sind Fotos von Sachen oder Sachgesamtheiten, die wegen ihres Zustandes unmittelbar **Rückschlüsse auf Lebensgewohnheiten**, Verhaltensweisen oder körperliche Befindlichkeiten ihres Besitzers ermöglichen. Dazu gehören z.B. Aufnahmen von Schlafstätten, Wäschestücken, Prothesen oder des Erscheinungsbildes einer Wohnung.[1] Einen Eingriff in die geschützte Privatsphäre kann es darstellen, wenn der räumliche Lebensbereich eines anderen, etwa dessen **Feriendomizil**, unter Überwindung bestehender Hindernisse oder mit geeigneten Hilfsmitteln wie Teleobjektiven, Leitern oder per Hubschrauber ausgespäht wird.[2] 55

c) **Film- und Videoaufnahmen**

Die Grundsätze für Einzelfotos lassen sich nur begrenzt auf Film- und Videoaufnahmen übertragen.[3] Bei der Güterabwägung ist nämlich zu beachten, dass **laufende Bilder** einen **stärkeren Eingriff als Einzelbilder** bewirken. Eine automatisch gesteuerte Aufzeichnung laufender oder auch nur serieller Bilder erzeugt **Überwachungsdruck**, der qualitativ nicht mit der Personenbeobachtung durch einen Detektiv auf eine Stufe gestellt werden darf.[4] Der Druck wirkt noch intensiver als die Paparazzi-Verfolgung Prominenter, bei denen die Beobachteten immerhin an öffentliche Auftritte und damit verbundene permanente Selbstkontrolle gewöhnt sind. Zudem schafft die Überwachung einen Zustand der Unsicherheit für die aufgenommenen Personen, weil sie noch nach längerer Zeit mit Aufnahmen konfrontiert gegen Fehldeutungen wehren zu müssen, die aus den Authentizität vorgaukelnden Bildern vermeintlich zu schlussfolgern sind. Gestik und Mimik, bewusste und unbewusste Gebärden, der Gesichtsausdruck bei Verrichtungen und Gesprächen unterliegen dokumentierender Beobachtung, was den Zwang erzeugt, sich ständig möglichst unauffällig zu benehmen.[5] Überwachungsdruck entsteht bereits durch das Anbringen von Videokameraattrappen.[6] 56

Auch der durch heimliche Aufnahmen erzeugte **spätere Rechtfertigungszwang** bei möglicher Chancenlosigkeit, die Aufnahmesituation in allen Facetten nachträglich zu rekonstruieren, spricht gegen die beliebige Zulassung heimlicher Aufnahmen.[7] Unabhängig davon ist wie bei akustischer Überwachung der durch **Art. 1 Abs. 1 GG** absolut geschützte, einer Abwägungsrelativierung nicht zugängliche private Lebensbereich zu beachten (dazu oben Rz. 3). 57

Unbedenklich ist der laufende **Mitschnitt** von **Verkehrssituationen** im Straßenverkehr von rollenden Fahrzeugen aus.[8] 58

---

1 *Kodek* Rechtswidrig erlangte Beweismittel, S. 158.
2 BGH NJW 2004, 762, 763/764 und NJW 2004, 766, 767. Dort ging es um publizistische Zwecke.
3 Ohne Unterscheidung jedoch BGH NJW 1995, 1955, 1957 – Videoüberwachung m. krit. Anm. *Helle* JZ 1995, 1117; MünchKommZPO/*Zimmermann*[4] § 371 Rz. 6. Für die Übertragung der Regeln für Tonaufnahmen Stein/Jonas/*Berger*[22] vor § 371 Rz. 11.
4 *Helle* JZ 2004, 340, 341 f. Zum Überwachungsdruck auch BAG (2. Sen.) NJW 2003, 3436, 3437; BAG (1. Sen.) NJW 2005, 313, 315.
5 So die zutreffende Beschreibung in BAG NJW 2005, 313, 315.
6 AG Berlin-Lichtenberg NJW-RR 2008, 1693, 1694; AG Meldorf MDR 2012, 277; s. ferner BGH NJW 2010, 1533 Rz. 14. Für Österreich: OGH JBl. 2012, 242, 243 = ÖJZ 2012, 607.
7 A.A. bei Verwendung heimlicher Filmaufnahmen aus einem Tierversuchslabor durch einen Journalisten OLG Hamm, Urt. v. 21.7.2004 – 3 U 77/04 (sich dabei auf den Wallraff-Beschluß BVerfGE 66, 116 = NJW 1984, 1741 stützend).
8 Im Ergebnis so AG München NJW-RR 2014, 413, 414 (Aufnahmen des Unfallopfers per Videokamera am Fahrrad); dazu *Balzer/Nugel* NJW 2014, 1622, 1624. A.A. VG Ansbach, Urt. v. 12.8.2014 – AN 4 K 13.01634.

59 Rechtsprechung zur dauernden Videokontrolle bezieht sich vorrangig auf die **Arbeitsplatzüberwachung**[1] und auf **Nachbarschaftsstreitigkeiten**.[2] Ältere Rechtsprechung zur Persönlichkeitsrechtsverletzung durch Videoaufnahmen ist auf die Übereinstimmung mit § 6b BDSG 2001[3] und § 201a StGB sowie deren Wertungen zu überprüfen. **§ 6b BDSG** erfasst die **Videoüberwachung** sowohl an öffentlichen Stellen[4] als auch an **nicht-öffentlichen Stellen**, also unter Privaten, wenn sie **öffentlich zugänglich** sind,[5] nämlich von einer unbestimmten Zahl von Personen oder von einer nur nach allgemeinen Merkmalen bestimmten Personengruppe betreten und genutzt werden. Heimliche Überwachung ist an öffentlichen Stellen absolut verboten; sie kann in öffentlich zugänglichen Räumen zulässig sein, wenn die verdeckte Überwachung das einzige Mittel zur Überführung von Personen ist, die der Begehung einer Straftat konkret verdächtig sind.[6] Außerhalb dieses räumlichen Bereichs, also etwa im Eingangsbereich oder in der Tiefgarage einer Wohnungseigentumsanlage[7] oder an vielen Arbeitsplätzen, greift der Persönlichkeitsschutz des **allgemeinen Persönlichkeitsrechts** in der Ausprägung als Recht der **informationellen Selbstbestimmung**[8] ein. Einen **Ausschnitt** daraus erfasst der Strafrechtsschutz des **§ 201a StGB**.[9]

60 Die Güterabwägung zur Rechtswidrigkeitsbestimmung hat zu beachten, dass **§ 6b BDSG für öffentlich zugängliche Räume kein Beobachtungsverbot** aufstellt, sondern Missbräuchen nur durch eine Verwendungsbeschränkung, eine Benachrichtigungspflicht und ein Löschungsgebot begegnet.[10] Der Überwacher hat **konkrete Überwachungszwecke festzulegen**, z.B. die präventive Verhinderung und Verfolgung von Straftaten oder die Sicherung zivilrechtlicher Schadensersatzansprüche,[11] und gemessen an diesen Zwecken die Überwachung auf das **Erforderliche** zu beschränken. Das ist bei der Überwachung des Eingangs von **Gerichtsgebäuden** gegeben; § 169 GVG steht nicht entgegen.[12] Das BAG scheint die Heranziehung der Wertungen des § 6b BDSG – dort nur erwogen unter dem methodischen Gesichtspunkt einer Analogiebildung – generell für ausgeschlossen zu erachten, weil die Dauerüberwachung am Arbeitsplatz während des gesamten Arbeitstages intensivere Wirkung habe als die Überwachung nur kurzfristig und vorübergehend genutzter öffentlich zugänglicher Räume.[13] Dies trifft jedoch nicht typischerweise zu, sondern betrifft nur die Sachverhaltsbesonderheit der Arbeitsplatzüberwachung während des gesamten Arbeitstages.

---

1 BAG NJW 2014, 810 Rz. 49 ff.; BAG NZA 2014, 143 Rz. 22 ff. = NJW 2014, 720 (LS); BAG NJW 2012, 3594 Rz. 29 f.; BAG ZIP 2008, 2283; BAG NJW 2005, 313; BAG NJW 2003, 3436. Strafverfahren betreffen die Entscheidungen OLG Schleswig NJW 1980, 352 (verborgene Videoaufnahmen im Zählraum eines Spielcasinos); LG Zweibrücken NJW 2004, 85.
2 BGH NJW-RR 2012, 140; BGH NJW 2013, 3089 Rz. 8; OLG Karlsruhe NJW 2002, 2799 = VersR 2002, 590; OLG Köln NJW 2009, 1827; LG Braunschweig NJW 1998, 2457, 2458; AG Nürtingen NJW-RR 2009, 377. Weitere Angaben zur Instanzrechtsprechung bei *Helle* JZ 2004, 340, 343; *Horst* NJW 2009, 1787.
3 BGBl. I 2001, 904, dazu RegE BT-Drucks. 14/4329.
4 Zur Rechtfertigung BVerfG NJW 2007, 2320 (LS) = NVwZ 2007, 688. Zur unberechtigten Verbreitung einer Monitoringaufzeichnung EGMR, Urt. v. 28.1.2003, Peck/United Kingdom, ÖJZ 2004, 651 (Verstoß gegen Art. 8 EMRK).
5 Dazu BAG NJW 2012, 3594 Rz. 37.
6 BAG NJW 2012, 3594 Rz. 39 (unter Hinweis auf die durch Artt. 12 Abs. 1, 14 Abs. 1 GG geschützten Integritätsinteressen des Arbeitgebers, Rz. 41).
7 So die Fälle BGH NJW-RR 2011, 949 – Videoklingelanlage; OLG Karlsruhe NJW 2002, 2799; BayObLG NJW-RR 2005, 384, 385; s. ferner KG NJW 2002, 2798; dazu auch *Helle* JZ 2004, 340, 346.
8 BGH NJW 2010, 1533 Rz. 11.
9 Zum Schutz vor Foto-Handy-Voyeuren *Bosch* JZ 2005, 377 ff.
10 So zutreffend *Helle* JZ 2004, 340, 346.
11 So in AG Berlin-Mitte NJW-RR 2004, 531, 532, durch einen Kaufhausbetreiber. Sie fehlten in AG Frankfurt/M. NJW-RR 2003, 158, 159.
12 LG Itzehoe NJW 2010, 3525, 3526; a.A. VG Wiesbaden NJW 2010, 1220, 1221.
13 BAG NJW 2005, 313, 316.

Zugelassen hat das BAG die **Videoüberwachung** am Arbeitsplatz **zu Beweiszwecken**, wenn sich der Arbeitgeber als Beweisführer in einer **notwehrähnlichen Lage** befindet.[1] Dieses Erfordernis wurde weiter konkretisiert durch **folgende Kriterien**: konkreter Verdacht einer strafbare Handlung oder einer anderen schweren Verfehlung zu Lasten des Arbeitgebers, Ausschöpfung weniger einschneidender Mittel der Verdachtsaufklärung und Verengung auf eine verdeckte Videoüberwachung als einzig verbleibende Aufklärungsmöglichkeit, daraus folgende Verhältnismäßigkeit des Mitteleinsatzes.[2] Der Verdacht muss sich nicht gegen eine bestimmte Einzelperson sondern nur gegen einen Täter aus einem begrenzten, im Übrigen unbeteiligten Personenkreis richten.[3] In der Güterabwägung wurden die **wirtschaftlichen Interessen** des Arbeitgebers, die grundrechtlich durch die Art. 12 und 14 GG geschützt sind, zutreffend als dem allgemeinen Persönlichkeitsrecht **gleichrangig** angesehen.[4]

61

In seiner Entscheidung vom 27.3.2003 hatte das BAG noch über einen Sachverhalt zu befinden, für den § 6b BDSG noch nicht galt, so dass unentschieden bleiben konnte, ob derjenige Teil der Videoüberwachung, der nicht auf den Kassenarbeitsplatz, sondern einen den **Kunden zugänglichen Gang** gerichtet war und in dem die Unterschlagung erst endgültig stattfand, heimlich erfolgen durfte. Dies wird man als Fortsetzung der erlaubten heimlichen Beobachtung am Kassenplatz unter **teleologischer Reduktion des § 6b BDSG** gestatten müssen.[5] Nicht gestattet ist dem Arbeitgeber die – sei es heimliche, sei es offene – Videoüberwachung im Arbeitsverhältnis allein aufgrund des **Hausrechts**, weil sich der Arbeitnehmer ihr nicht entziehen kann.[6]

62

Seit 2009 enthält **§ 32 Abs. 1 S. 2 BDSG** Kriterien für die Prüfung der Rechtmäßigkeit; mit ihnen wird die Rechtsprechung des BAG aufgegriffen.[7]

63

Den vorstehend entwickelten Anforderungen an eine Videoüberwachung müssen auch **Grundstücksüberwachungen nicht öffentlich zugänglicher Räume** gerecht werden. Die instanzgerichtliche Rechtsprechung hat dem Ziel der Aufklärung von Rechtsverletzungen (Beschädigungen, Schmierereien) durch verdeckte Überwachung gelegentlich einen zu geringen Wert beigemessen.[8] Das dafür maßgebende Verhältnismäßigkeitsurteil kann anders ausfallen, wenn die **Kriterien des § 6b BDSG** auch in solchen Räumen, für den die Norm nicht unmittelbar gilt, eingehalten werden. Zu verwerten ist die Videoaufzeichnung einer an der Grundstückseinfahrt des Klägers angebrachten Kamera, mit der eine Tätlichkeit des mit ihm verfeindeten Nachbarn aufgenommen wurde.[9] Rechtswidrig ist die Einbeziehung nachbarlicher Flächen in eine Überwachung, und zwar unabhängig davon, ob damit ein vollständiges Lebens-

64

---

1 BAG NJW 2003, 3436, 3437 (unter Berufung auf die Lauschzeugenentscheidung BVerfGE 106, 28 = NJW 2002, 3619; Rechtmäßigkeit im Ergebnis bejaht); NJW 2005, 313, 316 (Rechtmäßigkeit im Ergebnis verneint).
2 BAG NJW 2003, 3436, 3437; BAG NJW 2012, 3594 Rz. 30; BAG NZA 2014, 143 Rz. 23; BAG NJW 2014, 810 Rz. 50. An der Verhältnismäßigkeit fehlte es bei der Präventivüberwachung in BAG NJW 2005, 313, 317.
3 BAG NJW 2003, 3437 f.; BAG NJW 2014, 810 Rz. 50.
4 BAG NJW 2003, 3438; BAG NJW 2012, 3594 Rz. 41; BAG NJW 2014, 810 Rz. 51; zustimmend *Helle* JZ 2004, 340, 344. Abgrenzende Abwägung in AG Hamburg CR 2009, 129, 130.
5 So *Helle* JZ 2004, 340, 346.
6 BAG NJW 2005, 313, 317.
7 BAG NJW 2014, 810 Rz. 52; BAG NZA 2014, 143 Rz. 26.
8 So etwa in OLG Karlsruhe NJW 2002, 2799 = VersR 2002, 590, 591; OLG Köln NJW 2005, 2997, 2998 (u.a. unter Berufung auf die Entscheidung des OLG Karlsruhe); LG Berlin NZM 2001, 207 (bei gespanntem Verhältnis zwischen Mietern und Vermieterin). Kritisch zu Recht *Ezer* NJW 2013, 3537, 3538.
9 OLG Düsseldorf NJW-RR 1998, 241.

bild des Nachbarn festgelegt wird.[1] Das Aufstellen einer Kamera, die **ausschließlich auf das eigene Grundstück** gerichtet ist, stellt keine Persönlichkeitsrechtsverletzung dar.[2]

VI. Ergänzende Zeugenvernehmung und Personalbeweissubstitute

1. Persönlichkeitsrechtsverletzung

65 Das für ein heimliches Mithören von Telefongesprächen aufgestellte Verbot der Beweiserhebung durch **Vernehmung von Zeugen über** den **Gesprächsinhalt** wird aus einer Verletzung des allgemeinen Persönlichkeitsrechts in der Ausprägung eines Rechts am gesprochenen Wort abgeleitet. Näher dazu oben Rz. 2 und Rz. 6. Der nemo tenetur-Grundsatz schützt vor Selbstbelastung im Strafverfahren.[3] Abgesichert wird das Schweigerecht eines Beschuldigten dort durch die der Vernehmung vorangehende Belehrung über ihr Schweigerecht (§§ 163a Abs. 4 S. 2, 136 Abs. 1 S. 2 StPO). Ein Verstoß dagegen begründet kein Verbot der Verwertung der Aussage im nachfolgend gegen den Beschuldigten geführten Zivilprozess.[4]

2. Verstoß gegen das Fernmeldegeheimnis

66 Das heimliche Mithören von Ferngesprächen am Telefonlautsprecher verletzt nicht das Grundrecht des Fernmeldegeheimnisses, da Art. 10 Abs. 1 GG nur die **Vertraulichkeit des** zur Nachrichtenübermittlung eingesetzten **Übertragungsmediums** schützt.[5] Wenn sie betroffen ist, ist sie auch auf von Privaten betriebenen Anlagen geschützt.[6] Lässt der Betreiber einer Flirt-Line, die eine individuelle Kommunikation zwischen zwei Nutzern ermöglicht, auf Band gesprochene Nachrichten abhören, um das wettbewerbswidrige Verhalten eines sich in die Kundenbeziehungen einschaltenden Konkurrenten aufzuklären, dürfen die gewonnenen Erkenntnisse im UWG-Prozess nicht durch Zeugenbeweis festgestellt und verwertet werden; darin läge wegen der **unbefugten Weitergabe von Nachrichteninhalten** eine Verletzung des Fernmeldegeheimnisses.[7]

---

1 S. auch OLG München MDR 2005, 620 (Überwachung von Flächen im Gemeinschaftseigentum von Wohnungseigentümern); OLG Düsseldorf NJW 2007, 780 (Kfz-Stellplätze einer Wohnungseigentumsanlage). Weitere Rspr. bei *Huff* JuS 2005, 896, 897. Zum österr. Recht ebenso OGH ÖJZ 2006, 376 = JBl. 2006, 447, 449 f. (zweimonatige getarnte Videoüberwachung eines Grundstückszugangs durch Privatdetektiv aus PKW).
2 BGH NJW 1995, 1955, 1957; BGH NJW 2010, 1533 Rz. 11; BGH NJW-RR 2012, 140 Rz. 9; LG Koblenz GRUR-RR 2006, 301; LG Bielefeld NJW-RR 2008, 327.
3 Zur möglichen Erstreckung auf Zivilverfahren bzgl. zur Unehre gereichender oder eine strafbare Handlung offenbarender Tatsachen und daraus folgender Begrenzung der Wahrheitspflicht einer Partei s. BVerfGE 56, 37, 44 = NJW 1981, 1431 (dort ohne nähere Angaben als „anerkannt" bezeichnet); BGH NJW 2003, 1123, 1125.
4 BGH NJW 2003, 1123, 1125 (mit unnötigem Rückgriff auf eine Güterabwägung) = JZ 2003, 630 m. krit. Anm. *Leipold* = ZZP 116 (2003), 371 m. krit. Anm. *Katzenmeier*; kritisch auch *Kiethe* MDR 2005, 965, 969 a.E.
5 BVerfG NJW 2002, 3619, 3621; BVerfG NJW 2006, 976, 978 – Bargatzky (zum Ergänzungsverhältnis von Art. 10 GG und dem Verfassungsrecht auf informationelle Selbstbestimmung a.a.O. 979) m. Bspr. *Jahn* JuS 2006, 491 ff. Zur Reichweite des Fernmeldegeheimnisses auch BVerfG NJW 2005, 2603, 2604 m.w.N. – NdsSOG; BVerfG NJW 2010, 833 Rz. 191 – Vorratsdatenspeicherung.
6 BVerfG NJW 2002, 3619, 3620.
7 OLG Stuttgart MMR 2002, 746, 750, 751 – Power-Flirt-Line m. Anm. *Spindler*. A.A. wegen eines Berichterstattungsinteresses am Inhalt einer durch Hacking erlangten E-Mail OLG Braunschweig AfP 2012, 266, 267 (unter b cc).

Geschützt sind durch Art. 10 Abs. 1 GG nicht nur die Kommunikationsinhalte, son- 67
dern auch Informationen über Ort, Zeit sowie Art und Weise der Kommunikation;[1]
geschützt sind die sog. **Verkehrsdaten**.[2] Umstritten ist die Verwertung von IP-Adressen im Zivilprozess, wenn sie im strafrechtlichen Ermittlungsverfahren erhoben wurden und zu deren Speicherung der Provider im Zeitpunkt der Auskunfterteilung nicht mehr berechtigt war oder die anderen Beschränkungen unterlagen.[3] Art. 101 UrhG hat unter Berücksichtigung des Art. 8 Richtlinie 2004/48/EG (Enforcementrichtlinie) zu erfolgen.[4] Danach kann ein Internetdienstleister verpflichtet werden, Auskunft über den Teilnehmer zu erteilen, dem er eine bestimmte IP-Adresse zugeteilt hat; die Richtlinie 2006/24/EG über die Vorratsdatenspeicherung und die Datenschutzrichtlinie für elektronische Kommunikation 2002/58/EG stehen dem nicht entgegen.[5] Ausgegrenzt aus Art. 10 Abs. 1 GG sind aber im Herrschaftsbereich des Kommunikationsteilnehmers gespeicherte Inhalte und Umstände der Telekommunikation *nach Abschluss* eines Kommunikationsvorgangs.[6] Die deshalb bestehende **Schutzlücke** hat das BVerfG durch ein richterrechtlich entwickeltes Grundrecht auf **Gewährleistung der Integrität und Vertraulichkeit informationstechnischer Systeme** gefüllt.[7]

§ 18 Grenzen der Verwendung sonstiger Informationen

I. Persönlichkeitsbezogene Schriftstücke und Dateien

1. Tagebücher, Briefe

Die Beweiserhebung durch Verwertung von **Tagebuchaufzeichnungen** greift nicht 68
stets in den durch Art. 1 Abs. 1 GG absolut geschützten Kernbereich privater Lebensgestaltung ein; außerhalb dieses Bereichs tangiert sie nur den Schutzbereich des allgemeinen Persönlichkeitsrechts (Art. 2 Abs. 1 GG).[8] Daher kommt eine Abwägung gegen Beweisinteressen in Betracht.[9] Der Inhalt von **Briefen** kann unter den Schutz des allgemeinen Persönlichkeitsrechts fallen. Dem Briefgeheimnis des Art. 10 Abs. 1 GG unterliegen Briefe nur, solange der Beförderungsvorgang andauert, was mit der Möglichkeit der Kenntnisnahme der in den Briefkasten des Empfängers gelangten

---

1 BVerfG NJW 2008, 822, 825, Rz. 183 f. – Online-Durchsuchung NRW; BVerfG (Kammer) NJW 2007, 3055 Rz. 12.
2 BVerfG NJW 2007, 3055, 3056, Rz. 21; BVerfG NJW 2010, 833 Rz. 192 – Vorratsdatenspeicherung, dort auch Rz. 254 zum schwächeren verfassungsrechtlichen Schutz der Übermittlung von IP-Adressen des Anschlussinhabers. Zur Regelung des Unionsrechts bei Weitergabe personenbezogener Verkehrsdaten, die zur Ermittlung der Verletzer von Urheberrechten benötigt werden, EuGH, Urt. v. 29.1.2008, Rs. C-275/06, GRUR 2008, 241 – Promusicae/Telefonica de Espana. Zur Speicherung der Daten § 113a TKG i.d.F. des Gesetzes vom 29.12.2007, BGBl. I 2007, 3198, 3207. Zur Anwendung von Art. 8 EMRK EGMR, Urt. v. 3.4.2007 – 62617/00 – Rz. 44, MMR 2007, 431, 432.
3 Beweisverwertungsverbot bejahend: OLG Frankfurt MMR 2008, 603; OLG Karlsruhe MMR 2009, 412. Zutreffend ablehnend OLG Zweibrücken CR 2009, 42; OLG Köln CR 2010, 746; OLG Hamburg MMR 2011, 281. Zu privat ermittelten Adressen s. auch Obergericht Bern sic! 2011, 658.
4 EuGH, Urt. v. 19.4.2012, Rs. C-461/10, GRUR Int. 2012, 540 – Bonnier Audio AB.
5 EuGH, Urt. v. 19.4.2012, Rs. C-461/10, GRUR Int. 2012, 540 – Bonnier Audio AB.
6 BVerfG NJW 2008, 822, 825, Rz. 185.
7 BVerfG NJW 2008, 822, 827, Rz. 203.
8 Zur Abgrenzung BVerfGE 80, 367, 374. Gegen die fotokopierte Wiedergabe handschriftlicher Tagebuchaufzeichnungen im Tatbestand eines Strafurteils BGH NStZ-RR 1999, 139 (LS).
9 So für den Strafprozess BerlVerfGH NJW 2004, 593 (Beweis einer Wahlfälschung); a.A. *Kaissis* Verwertbarkeit, S. 191; unentschieden *Kodek* Rechtswidrig erlangte Beweismittel, S. 166. Subsidiarität einer Tagebuchedition gegenüber anderen zur Verfügung stehenden Beweismitteln annehmend OG Zürich Bl.f.Zürch.Rspr. 99 (2000) Nr. 40, S. 108, 109.

Sendung endet.[1] Vom Arbeitnehmer aus dem Internet heruntergeladene **Dateien** mit pornographischem Inhalt, die von ihm selbst auf Datenträger gespeichert worden sind, dürfen vom Arbeitgeber im Kündigungsschutzprozess als Beweismittel vorgelegt werden;[2] darin liegt kein Verstoß gegen das Fernmeldegeheimnis.

2. Beweismittelerlangung durch Spyware

69 Im **Internet** eingesetzte Software zur Ausspähung fremder Kommunikation (sog. Spyware) ermöglicht das **Abfangen von E-Mails** oder die Ermittlung des Besuchs bestimmter Webseiten. Darin liegt eine Verletzung des **Fernmeldegeheimnisses** (Art. 10 Abs. 1 GG), die ein Beweisverwertungsverbot begründet.[3] Der staatliche Schutzauftrag des Art. 10 Abs. 1 GG begründet ein Abwehrrecht gegen die Kenntnisnahme von Inhalt und näheren Umständen einer Telekommunikation; er bezieht sich auch auf von Privaten betriebene Anlagen.[4]

3. Stasiunterlagen

70 Die Verwendung von Unterlagen des Staatssicherheitsdienstes der ehemaligen DDR richtet sich nach dem Stasi-Unterlagengesetz. Ihre Verwertung in einem arbeitsgerichtlichen Verfahren zum **Nachweis der politischen und privaten Vergangenheit** einer Person verstößt nicht gegen **Art. 8 und Art. 6 Abs. 1 EMRK**.[5]

4. Polygraphische Gutachten

71 Die Verwendung eines „**Lügendetektors**" zur aussagepsychologischen Begutachtung durch einen Sachverständigen, bei der Puls-, Herz- und Atemfrequenz einer Person während ihrer Befragung gemessen werden, wird nicht als Verstoß gegen Art. 1 Abs. 1 GG angesehen.[6] Die freiwillige Mitwirkung an der Verwendung ist daher verfassungsrechtlich zulässig.[7] Der Test ist aber sowohl für den Strafprozess[8] als auch für den Zivilprozess[9] als **völlig ungeeignetes Beweismittel** angesehen worden (dazu Kap. 12 Rz. 39). Noch nicht geklärt ist die Verwendung davon abzugrenzender bildgebender Verfahren zur „Lügendetektion".

II. Informationsverwendungsbeschränkungen

1. Vermeidung von Grundrechtskonflikten

72 Informationen, die der Staat zu Recht erhoben hat, können einer Verwendungsbeschränkung unterliegen. Sie dürfen dann **nur für** den **zugelassenen Informationszweck** verwendet werden,[10] was ein Beweisverwertungsverbot für andere Verfahren bedeutet. Davon sind nicht nur Strafverfahren und öffentlich-rechtliche Verfahren[11]

---

1 *Gusy* in: v. Mangoldt/Klein/Starck, GG⁶ Art. 10 Rz. 28.
2 ArbG Hannover NZA 2001, 1022, 1024.
3 Zum verbotenen Eindringen des Arbeitgebers in die Internet-Nutzung seiner Arbeitnehmer s. auch ArbG Hannover NZA 2001, 1022, 1024.
4 BVerfG NJW 2002, 3619, 3620.
5 EGMR, Urt. v. 22.11.2001 – 41111/98, Knauth/Deutschland, NJW 2003, 3041.
6 BGHSt (1. StS) 44, 308, 312 = NJW 1999, 657, 658 f.; s. auch BVerfG NJW 1998, 1938, 1939.
7 BGH NJW 1999, 657, 658.
8 BGH NJW 1999, 657, 659 ff.; s. auch BGH (3. StS) NJW 1999, 662, 663; s. auch *Rill/Vossel* NStZ 1998, 481 ff.
9 BGH (6. ZS) NJW 2003, 2527, 2528.
10 BVerfG NJW 2012, 907 Rz. 133 m.w.N.
11 Dazu *Schlotthauer* Festschrift G. Fezer (2008), S. 267 ff.

betroffen. Für Zivilverfahren, etwa für sich daran anschließende Regressverfahren eines Geschädigten oder eines Versicherers, gelten sie gleichermaßen.

§ 393 AO enthält eine derartige Beschränkung für Steuerdaten. Mit ihnen kann ein 73 Zwang zur Offenbarung strafbarer Handlungen verbunden sein. Das aus Art. 2 Abs. 1 GG abgeleitete **Verbot des Zwangs zur Selbstbelastung**[1] – Gleiches ergibt sich aus Art. 6 EMRK[2] – wird durch das Verbot gesichert, die erhobenen steuerrechtlichen Auskünfte für Strafzwecke zu verwerten.[3] Das Verwertungsverbot gilt aber nur für offenbarte Steuerstrafdelikte und mit ihnen in Tateinheit stehende Allgemeindelikte, nicht hingegen für Tatinformationen über andere Delikte, deren Offenbarung mit dem steuerrechtlichen Auskunftsanspruch nicht erzwingbar gewesen wäre.[4] Allgemeiner formuliert ist die funktionell gleichartige Beschränkung des **§ 97 Abs. 1 S. 3 InsO**; sie schließt an die Pflicht zur Offenbarung von Tatsachen an, die die Gefahr strafrechtlicher Verfolgung begründen.[5]

Verwendungsbeschränkungen gelten auch für Erkenntnisse, die aus einer im Rahmen 74 eines Strafverfahrens rechtmäßig angeordneten **Telefonüberwachung** erlangt wurden. Sie dürfen nur für Zwecke verwertet werden, für die der Eingriff in die geschützte Telekommunikation zugelassen war (§ 477 Abs. 2 S. 2 StPO), wegen des Verbots der Weitergabe an andere Behörden aber z.B. nicht für die Durchführung eines Besteuerungsverfahrens.[6] Die Beschränkung der Telefonüberwachung auf bestimmte Straftatbestände schließt die **Verwertung von Zufallserkenntnissen** über eine Nicht-Katalogtat einer anderen Person aus.[7]

Die Verwendung von Informationen kann auch Gegenstand einer **vertraglichen Ver-** 75 **einbarung** der Prozessparteien sein.[8]

2. Akteneinsichtsrechte

Informationsverwendungsbeschränkungen werden faktisch bewirkt, wenn die Ein- 76 sichtnahme in die **Akten behördlicher** bzw. **gerichtlicher Verfahren** verwehrt wird. Grundlage für das Einsichtsrecht **nicht am Verfahren beteiligter Personen** können z.B. § 299 Abs. 2 ZPO[9] oder § 406e Abs. 1 StPO[10] sein. Die Auslegung derartiger Nor-

---

1 BVerfGE 56, 37, 41 f. = NJW 1981, 1431; 95, 220, 241 = NJW 1997, 1841, 1843. Zum Schutz juristischer Personen gegen Selbstbelastung *Arzt* JZ 2003, 456 ff.
2 EGMR, Urt. v. 17.12.1996, Saunders/United Kingdom, ECHR 1996 – VI.
3 BVerfGE 56, 37, 50 f. = NJW 1981, 1431, 1433; BVerfG NJW 2005, 352.
4 BVerfG NJW 2005, 352, 353.
5 Zu Unanwendbarkeit bei Auskunft gegenüber Gutachter: OLG Jena NJW 2010, 3673; OLG Celle ZIP 2013, 1040. Aus Art. 6 EMRK hat der englische Court of Appeal in gleicher Weise abgeleitet, Tatsachen für eine Insolvenzstrafverfolgung zu verwerten, die aufgrund eines insolvenzrechtlichen Auskunftszwangs offenbart wurden, Attorney General's Reference (No 7 of 2000) [2001] 1 WLR 1879, CA.
6 BFH NJW 2001, 2118, 2119.
7 OLG Karlsruhe NJW 2004, 2687. Beweisverwertungsverbot im sozialgerichtlichen und Sozialverwaltungsverfahren bejahend LSG Hessen MMR 2009, 718 m. krit. Anm. *Sankol*.
8 Dazu *Schlosser* Festschrift Vollkommer, S. 217, 226, 229 f.
9 Dazu bezogen auf Insolvenzakten: BGH ZIP 2006, 1154; OLG Celle ZIP 2007, 299; OLG Hamburg ZIP 2008, 1834; OLG Schleswig NJW 2009, 63; *Pape* ZIP 2004, 598; *Schuster/Friedrich* ZIP 2009, 2418. Allgemein: *Zuck* NJW 2010, 2913. Zur Parallelvorschrift des § 99 Abs. 3 PatG: BGH GRUR-RR 2012, 87.
10 Dazu OLG Braunschweig NJW 2008, 3294; *Ann/Hauck/Mante* Auskunftsanspruch Rz. 408 ff.; *Donath/Mehle* NJW 2009, 1399. Speziell zu Kartellbußgeldverfahren zwecks Verbreitung von Schadensersatzklagen: EuGH, Urt. v. 14.6.2011, Rs. C-360/09 – Pfleiderer, WuW/E EU-R 1975; nachfolgend AG Bonn GRUR-RR 2012, 178 – Pfleiderer II m. Bespr. *Kapp* NJW 2012, 474 ff.; AG Bonn WuW/E DE-R 2503 – Listenpreis; AG Bonn WuW/E DE-R 3016; *Wessing* WuW 2010, 1019. Zur Einsicht in Kronzeugenunterlagen: BVerfG (Kammer) NJW 2014, 1581 (notwendige

men hat zum Schutz von Verfahrensbeteiligten deren **Recht auf informationelle Selbstbestimmung** zu beachten, wie es aus Art. 2 Abs. 1 i.V.m. Art. 1 Abs. 1 GG abgeleitet worden ist.[1] Der Einsichtnahme steht der **nemo tenetur – Grundsatz** (Selbstbelastungsschutz) auch dann nicht entgegen, wenn ein Verfahrensbeteiligter – wie z.B. der Schuldner im Insolvenzverfahren (vgl. § 97 f. InsO) – zur Erteilung von Auskünften zu den Akten verpflichtet war, die als Grundlage für die Geltendmachung zivilrechtlicher Ansprüche gegen ihn durch den Einsichtnehmenden dienen können.

77 **Auskunfterteilungspflichten** sind häufig deshalb relevant, weil schriftliche Aufzeichnungen, etwa zu Geschäftsvorfällen (Buchungen etc.) des Insolvenzschuldners, nicht pflichtgemäß geführt worden sind; auf ordnungsgemäße Aufzeichnungen und deren Auswertung durch einen Sachverständigen würde sich das Einsichtsrecht erstrecken.

78 Notwendig ist eine **Interessenabwägung**.[2] Sie setzt regelmäßig[3] die **Darlegung** eines **berechtigten Interesses** voraus (vgl. § 299 Abs. 2 ZPO), aus der abwägungsfähige Gesichtspunkte ersichtlich sind. Von der Einsicht Betroffene sind in der Regel anzuhören.[4] Das **Persönlichkeitsrecht eines Beteiligten** kann es gebieten, psychiatrische oder psychologische Gutachten und andere persönliche Daten vor der Einsichtnahme aus den Akten zu entfernen.[5] Begrenzend kann auch der Schutz von **Geschäftsgeheimnissen** wirken.[6]

79 **Unberechtigt erteilte Akteneinsicht** begründet kein Verbot der Informationsverwertung in darauf basierendem schriftsätzlichen Vortrag (dazu oben Rz. 29); der Grund der Begrenzung kann aber der Aktenbeziehung zu Beweiszwecken entgegenstehen. Der **Rechtsschutz** in Bezug auf die Akteneinsichtsrechte Dritter nach § 299 Abs. 2 richtet sich nach §§ 23 ff. EGGVG.[7] Eigenständig geregelt ist das Recht auf **Einsicht in öffentliche Register** (z.B. § 9 Abs. 1 HGB, § 12 GBO) und in Personenstandsurkunden.[8]

80 Die Akteneinsicht für **am Verfahren Beteiligte** ist umfassender zu gewähren. In Kartellbußgeldverfahren kann der Verteidiger eines Nebenbetroffenen auch in die **Bußgeldakten** der anderen Betroffenen und Nebenbetroffenen Einsicht nehmen, selbst wenn unter Wettbewerbern dadurch Geschäftsgeheimnisse offenbar werden.[9] Hinzuverbundene Parallelverfahren sind jedoch im formellen Sinne „fremde" Akten.[10] **Fremde Akten** sind auch von Behörden beigezogene Aktenbestandteile (§ 72 Abs. 2 S. 1 GWB).[11] Die Einsichtnahme darin ist von der behördlichen Zustimmung abhän-

---

 Interessenabwägung zur Rechtfertigung des Eingriffs in Art. 12 Abs. 1 GG); AG Bonn NJW 2012, 947; s. auch BGH NJW 2014, 1194 Rz. 6. Zur Akteneinsicht in Filesharing-Verfahren: LG Krefeld MMR 2008, 835; LG Darmstadt MMR 2009, 52; LG Stralsund MMR 2009, 63; *Kondziela* MMR 2009, 295; *Schmidt* GRUR 2010, 673.
1 BVerfG NJW 2003, 501, 502 (zur Einsicht in strafrechtliche Ermittlungsakten durch Verletzte); BVerfG NJW 2002, 2772; BVerfG NJW 2007, 1052; BVerfG ZIP 2009, 1270 Rz. 16; BVerfG NJW 2009, 2876 Rz. 14.
2 BVerfG NJW 2007, 1052, 1053.
3 Anders bei Einsicht in Akten eines Patentnichtigkeitsverfahrens, BGH GRUR 2007, 133.
4 BVerfG NJW 2007, 1052.
5 OLG Karlsruhe FamRZ 2004, 1658 m. Anm. *Spickhoff*.
6 Zur Definition des Geschäftsgeheimnisses OLG Düsseldorf, Beschl. v. 14.3.2007, WuW/E DE-R 1945 – Energiewirtschaftsverband.
7 OLG Celle ZIP 2006, 1465 f.
8 Dazu BVerfG NJW 2007, 1052 (u.a. Bundeszentralregisterauszug); OLG München FamRZ 2006, 61 = MDR 2006, 931 f. (Abstammungsurkunde des adoptierten Kindes).
9 BGH NJW 2007, 3652, 3653 Rz. 11, 18.
10 BGH NJW 2007, 3652, 3653 Rz. 12.
11 Dazu BGH, Beschl. v. 2.2.2010, WuW/E DE-R 2879.

gig, die nicht vom Beschwerdegericht, sondern nur im selbständigen Verfahren nach § 99 VwGO überprüft werden kann.

Für das **Gemeinschaftsrecht** gelten eigenständige Regeln über den Zugang zu Dokumenten. Bedeutsam ist die VO Nr. 1049/2001 (**TransparenzVO**),[1] die sich auch auf die Einsicht in Akten aus Kartellrechtsverfahren bezieht und dadurch für nationale Schadensersatzansprüche Bedeutung erlangen kann.[2]

III. Dokumente aus beruflichen Vertrauensbeziehungen

Informationen, die der Träger einer beruflichen Schweigepflicht und eines darauf beruhenden Zeugnisverweigerungsrechtes im Rahmen der rechtlich geschützten Vertrauensbeziehung schriftlich oder elektronisch aufgezeichnet hat (**Krankenblätter, anwaltliche Aktenvermerke** etc.), nehmen an dem **Geheimnisschutz** teil, solange sie sich in der Verfügungsgewalt des Schweigepflichtigen befinden. Werden die Unterlagen ohne dessen Zustimmung aus seiner Verfügungsgewalt entfernt, etwa durch Diebstahl, dürfen sie nicht gegen den Willen des Schweigerechtsinhabers zu Beweiszwecken verwertet werden. Das Strafprozessrecht hat diesen Sachverhalt ausschnittweise in **§§ 97 Abs. 1 und 2, 53 Abs. 1 Nr. 1–3b StPO** geregelt. Untersuchungsbefunde, schriftliche Mitteilungen des Beschuldigten oder eigene Aufzeichnungen über anvertraute Mitteilungen, die sich im Gewahrsam der beruflich zur Zeugnisverweigerung Berechtigten befinden, unterliegen **nicht** der im § 94 Abs. 2 StPO definierten **Beschlagnahme**.[3] Diese Regelung ist auch bei Vorlageanordnungen nach § 142 Abs. 1 ZPO zu beachten.[4]

Im **Wettbewerbsverfahrensrecht** der Europäischen Union berührt die Beschlagnahme- und Verwertungsbefugnis der Kommission das Anwaltsgeheimnis (**legal privilege**), soweit die Korrespondenz zwischen Unternehmen und ihren Rechtsberatern betroffen ist.[5] Zu den privilegierten, nämlich nicht der Beschlagnahme sowie Verwertung unterliegenden Dokumenten gehört die **Korrespondenz** mit externen **Rechtsberatern**.[6] Die Entscheidung des EuG I. Instanz und die Rechtsmittelentscheidung des EuGH in der Rechtssache Akzo u.a. haben geklärt, inwieweit sich das Privileg auf Schriftverkehr mit unternehmensinternen Rechtsberatern sowie auf Unterlagen zur Vorbereitung eines Gesprächs mit externen Anwälten erstreckt.[7] Der Schriftverkehr mit

---

1 ABl. EG Nr. L 145 v. 31.5.2001, S. 43 = NJW 2001, 3172; dazu EuGH, Urt. v. 18.12.2008, Rs. C-64/05P – Internationaler Tierschutz-Fonds, EuZW 2008, 219; EuGH, Urt. v. 29.6.2010, Rs. C-139/07P – Ilmenau, WuW/E EU-R 1727; EuGH Urt. v. 21.7.2011, Rs. C-506/08 – MyTravel, WuW/E EU-R 2011 = EuZW 2012, 22; *Kellerbauer* WuW 2011, 688; *Partsch* NJW 2001, 3154 ff.
2 Dazu EuGH, Urt. v. 15.12.2011, Rs. T-437/08 – CDC Hydrogene Peroxide, WuW/E EU-R 2187; *Tietje/Nowrot* ZfRV 2004, 56 ff. Zu Kronzeugenunterlagen *Dittrich* WuW 2012, 133.
3 Zum verfassungsrechtlichen Schutz der Vertraulichkeit der Kommunikation bei Durchsuchung einer Anwaltskanzlei und Beschlagnahme von Datenträgern wegen eines Ermittlungsverfahrens gegen einen Berufsträger BVerfG NJW 2005, 1917, 1919 m. Bspr. *Kutzner* NJW 2005, 2652 ff. Zum Verteidigungsprivileg im deutschen Kartellbusverfahren *Krauß* WuW 2013, 24 ff.
4 *Rühl* ZZP 125 (2012), 25, 39.
5 Dazu *Isabel Kehl* Schutz von Informationen im europäischen Kartellverfahren, 2006; *Daniel Schubert* Legal privilege und Nemo tenetur im reformierten europäischen Kartellermittlungsverfahren der VO 1/2003, 2009. Rechtsvergleichung zu Rule 502 der US Federal Rules of Evidence *Mann* RIW 2010, 134 ff.
6 EuGH Slg. 1982, 1575, 1611 f. – AMS.
7 EuG, Urt. v. 17.9.2007, verb. Rs. T-125/03 R und T-253/03, Rz. 87, 123 f., 132, 143, 155, 167 f., 171, 174, Slg 2007 II 03523; EuGH Urt. v. 14.9.2010, Rs. C-550/07 P, Slg. 2010 I 08301 = NJW 2010, 3557.

Syndikusanwälten genießt danach **keinen Schutz**, wohl aber Dokumente, die ausschließlich der Vorbereitung des Gesprächs mit dem externen Anwalt gedient haben.

84 Für die **Verfahren** vor dem künftigen **Einheitlichen Patentgericht** (EPG), das die Stellung eines nationalen Gerichts hat, ist der Schutz der Kommunikation zwischen **Anwalt und Mandant** in Regel 278 f. der Verfahrensordnung zum Übereinkommen zur Errichtung des EPG (EPGÜ) geregelt.[1]

---

[1] Die Ratifizierung des EPGÜ in Deutschland ist für 2015 geplant. Die Verfahrensordnung wird gem. Art. 41 EPGÜ vom Verwaltungsausschuss des Gericht erlassen.

Kapitel 7:
Stoffsammlung im Zivilprozess, Beweisermittlung, Ausforschung

	Rz.		Rz.
§ 19 Mitwirkungspflichten bei der Beweisaufnahme		c) Grenzen der Mitwirkung	40
I. Duldungs- und Mitwirkungspflichten bei der Beweiserhebung: Rechtsgrundlagen		III. Die Mitwirkung Dritter	41
1. Notwendigkeit von Mitwirkungsregelungen	1	**§ 20 Grenzen der Parteimitwirkung**	
2. Gesetzeslage bis zur ZPO-Reform 2001	2	I. Differenzierung zwischen Prozessparteien und Dritten	46
3. Der Weg zur Reform des Jahres 2001: Entwicklung der rechtspolitischen Diskussion		II. Zumutbarkeit, Verhältnismäßigkeit, Erforderlichkeit als unbenannte Grenzen zugunsten des Beweisgegners	50
a) Der rechtliche Mangel	3	III. Körperliche Untersuchungen	55
b) Vorschläge der Kommission für Zivilprozessrecht	4	IV. Persönlichkeitsschutz	58
c) Der 61. Deutsche Juristentag 1996	6	V. Substanzeingriff in Sachen	62
4. Die ZPO-Reform 2001	8	**§ 21 Geheimverfahren**	
II. Mitwirkungspflichten der Parteien: Wandel des konzeptionellen Verständnisses		I. Schutz technischer und geschäftlicher Geheimnisse der Prozessparteien	65
1. Kontroverse Grundkonzeptionen zur Stoffsammlung	11	II. Verfahrensrechtliche Schutzgewährung	69
2. Weigerung des Beweisführers/der beweisbelasteten Partei	19	**§ 22 Pflichten Dritter zur Mitwirkung bei der Sachverhaltsaufklärung**	
3. Mitwirkungspflichten des Beweisgegners		I. Zeugnispflicht, Pflicht zur Vorlage von Unterlagen	
a) Folgen unberechtigter Mitwirkungsverweigerung	21	1. Öffentlich-rechtliche Pflicht	78
b) Grundlage und Reichweite der Mitwirkungspflichten		2. Territoriale Reichweite: ausländische Zeugen, Zeugen im Ausland	83
aa) Pflichtencharakter, fortbestehende Ungewissheit	24	3. Pflichtenumfang	87
bb) Prozessuale Nutzung materiell-rechtlicher Pflichten	27	II. Rechte und Schutz des Zeugen	
cc) Unmittelbar geltende prozessuale Pflichten	30	1. Aussageverweigerung	91
dd) Prozessrechtsverhältnis als Grundlage von Befundsicherungspflichten	31	2. Zeugenbeistand	96
		3. Schutz des Persönlichkeitsrechts	99
ee) Dogmatische Erklärung der Beweisvereitelungsregeln	33	III. Haftung des Zeugen	100
ff) Unmittelbar erzwingbare Mitwirkungspflichten	35	IV. Begutachtungspflicht von Sachverständigen	102
gg) Einsatz ausländischer Verfahren	39	**§ 23 Jedermann-Informationsrechte**	
		I. Unionsrecht	104
		II. Informationsfreiheitsgesetze	106
		III. Presserechtliche Auskunftsansprüche	111

Kapitel 7 Stoffsammlung im Zivilprozess, Beweisermittlung, Ausforschung

§ 19 Mitwirkungspflichten bei der Beweisaufnahme

Schrifttum:

Adloff, Vorlagepflichten und Beweisvereitelung im deutschen und französischen Zivilprozeß, 2007; *H.-J. Ahrens,* Internationale Beweishilfe bei Beweisermittlungen im Ausland, Festschrift Loschelder (2010), S. 1; *Ann/Hauck/Maute,* Auskunftsanspruch und Geheimnisschutz im Verletzungsprozess, 2011; *P. Arens,* Zur Aufklärungspflicht der nicht beweisbelasteten Partei, ZZP 96 (1983), 1; *Baumgärtel,* Die Beweisvereitelung im Zivilprozeß, Festschrift Kralik (1986), S. 63; *Becker,* Die Pflicht zur Urkundenvorlage nach § 142 Abs. 1 ZPO und das Weigerungsrecht der Parteien, MDR 2008, 1309; *Beckhaus,* Die Bewältigung von Informationsdefiziten bei der Sachverhaltsaufklärung, 2010; *Binder,* Pflichten zur Offenlegung elektronisch gespeicherter Informationen im deutschen Zivilprozess am Beispiel der Unternehmensdokumentation, ZZP 122 (2009), 187; *Verena Brandt,* Das englische Disclosure-Verfahren, 2013; *Dreier,* Kompensation und Prävention, 2002, Kapitel 15: Informationsermittlung zu Substantiierungs- und Beweiszwecken; *Ewer,* Ansprüche nach dem Informationsfreiheitsgesetz und ihre durch öffentliche Belange bestimmten Grenzen, AnwBl. 2010, 455; *Frank/Wiegand,* Der Besichtigungsanspruch im Urheberrecht de lege ferenda, CR 2007, 481; *Gerhardt,* Beweisvereitelung im Zivilprozeßrecht, AcP 169 (1969), 289; *Gniadek,* Die Beweisermittlung im gewerblichen Rechtsschutz und Urheberrecht, 2011; *Hamelmann,* Urkundenvorlagepflichten nach § 142 ZPO, 2012 (Rezension Gruber, ZZP 126 [2013], 523); *v. Hartz/Schuster,* Ist ein allgemeiner komplementärer Auskunftsanspruch zur Informationsbeschaffung im Zivilprozeß erforderlich?, VersR 2003, 1366; *Hausch,* Einige kritische Anmerkungen zu den Beweiserleichterungen für den Patienten bei unterlassener Befunderhebung und -sicherung, VersR 2003, 1489; *Hay,* Informationsbeschaffung über schriftliche Unterlagen und Augenscheinsobjekte im Zivilprozeß unter besonderer Berücksichtigung des anglo-amerikanischen Rechts, in: Schlosser (Hrsg.), Die Informationsbeschaffung für den Zivilprozeß, Veröffentlichungen der Wiss. Vereinigung für Internationales Verfahrensrecht, Band 8 1996, S. 1; *Stefan Huber,* Entwicklung transnationaler Modellregeln für Zivilverfahren am Beispiel der Dokumentenvorlage, 2008, S. 106 ff.; *Huff,* Videoüberwachung im öffentlichen und privaten Bereich, JuS 2005, 896; *Jaeger,* Das Recht des Kfz-Haftpflichtversicherers zur Besichtigung des beschädigten Fahrzeugs, VersR 2011, 50; *Kapoor,* Die neuen Vorlagepflichten für Urkunden und Augenscheinsgegenstände in der Zivilprozessordnung, 2009; *Katzenmeier,* Aufklärungs-/Mitwirkungspflicht der nicht beweisbelasteten Partei im Zivilprozess, JZ 2002, 533; *Kiethe,* Auskunft und sekundäre Behauptungslast – Anspruchsdurchsetzung bei ungeklärten Sachverhalten, MDR 2003, 781; *Kiethe,* Die Abgrenzung von zulässigem Sachvortrag und strafbewehrtem Geheimnisschutz im Zivilprozeß, JZ 2005, 1034; *Raphael Koch,* Mitwirkungsverantwortung im Zivilprozess, 2013; *Kürschner,* Parteiöffentlichkeit vor Geheimnisschutz im Zivilprozeß, NJW 1992, 1804; *Lachmann,* Unternehmensgeheimnisse im Zivilrechtsstreit, dargestellt am Beispiel des EDV-Prozesses, NJW 1987, 2206; *Johannes Lang,* Die Aufklärungspflicht der Parteien des Zivilprozesses vor dem Hintergrund der europäischen Rechtsvereinheitlichung, 1999; *Sonja Lang,* Die Urkundenvorlagepflichten der Gegenpartei gemäß § 142 Abs. 1 Satz 1 ZPO, 2007; *Leppin,* Besichtigungsanspruch und Betriebsgeheimnis (Teil II), GRUR 1984, 695; *Stephan Lorenz,* Auskunftsansprüche im Bürgerlichen Recht, JuS 1995, 569; *Lüttgau,* Informationsfreiheit als Mittel unzulässiger Recherche?, AnwBl. 2010, 462; *Lützenkirchen,* Besichtigungsrechte des Vermieters von Wohn- oder Gewerberaum, NJW 2007, 2152; *Birte Meister,* Die Versagung der Akteneinsicht des Verletzten – § 406e Abs. 2 StPO, 2011; *Melullis,* Zum Besichtigungsanspruch im Vorfeld der Feststellung einer Verletzung von Schutzrechten, Festschrift Tilmann (2003), S. 843; *Messer,* Der Schutz des Schwächeren im Zivilprozeß, in: Geiß/Nehm/Brandner/Hagen (Hrsg.), Festschrift aus Anlaß des fünfzigjährigen Bestehens von Bundesgerichtshof, Bundesanwaltschaft und Rechtsanwaltschaft beim Bundesgerichtshof, S. 67; *Müller-Stoy,* Durchsetzung des Besichtigungsanspruchs, GRUR-RR 2009, 161; *E. Peters,* Beweisvereitelung und Mitwirkungspflicht des Beweisgegners, ZZP 82 (1969), 200; *E. Peters,* Auf dem Wege zu einer allgemeinen Prozeßförderungspflicht der Parteien?, Festschrift Schwab (1990), S. 399; *Prütting,* Discovery im deutschen Zivilprozeß?, AnwBl. 2008, 153; *Rapp,* Vom Recht auf Akteneinsicht zum Jedermann-Recht auf Information, AnwBl. 2010, 460; *Rassi,* Die Aufklärungs- und Mitwirkungspflichten der nicht beweisbelasteten Partei im Zivilprozess aus österreichischer Sicht, ZZP 121 (2008), 165; *Rühl,* Die Begrenzung des § 142 ZPO durch das Anwaltsprivileg, ZZP 125 (2012), 25; *Rüßmann,* Moderne Elektro-

niktechnologie und Informationsbeschaffung im Zivilprozeß, in: Schlosser (Hrsg.), Die Informationsbeschaffung für den Zivilprozeß, Veröffentlichungen der Wiss. Vereinigung für Internationales Verfahrensrecht, Band 8 1996, S. 137; *Saß*, Die Beschaffung von Informationen und Beweisen, 2002; *Schaaff*, Discovery und andere Mittel der Sachverhaltsaufklärung im englischen Pre-Trial-Verfahren im Vergleich zum deutschen Zivilprozeß, 1983; *Schlosser*, Die lange deutsche Reise in die prozessuale Moderne, JZ 1991, 599; *Schlosser*, Das Bundesverfassungsgericht und der Zugang zu den Informationsquellen im Zivilprozeß, NJW 1992, 3275; *Schulte*, (In-)Kompetenzen des Verwaltungsrichters bei der örtlichen Augenscheinseinnahme, NJW 1988, 1006; *Schuster/Friedrich*, Die Akteneinsicht im Insolvenzverfahren, ZIP 2009, 2418; *Steeger*, Die Zivilprozessuale Mitwirkungspflicht der Parteien beim Urkunden- und Augenscheinsbeweis, Diss. jur. FU Berlin, 1980; *Stürner*, Die Aufklärungspflicht der Parteien des Zivilprozesses, 1976; *Stürner*, Parteipflichten bei der Sachverhaltsaufklärung im Zivilprozeß, ZZP 98 (1985), 237; *Stürner*, Die Informationsbeschaffung im Zivilprozess, Festschrift Vollkommer (2006), 201; *Wagner*, Urkundenedition durch Prozeßparteien – Auskunftspflicht und Weigerungsrechte, JZ 2007, 706; *Waterstraat*, Informationspflichten der nicht risikobelasteten Partei im Zivilprozess, ZZP 118 (2005), 459; *Zuck*, Das rechtliche Interesse auf Akteneinsicht im Zivilprozess, NJW 2010, 2913.
S. ferner bei Kap. 28 § 101.

I. Duldungs- und Mitwirkungspflichten bei der Beweiserhebung: Rechtsgrundlagen

1. Notwendigkeit von Mitwirkungsregelungen

Die Beweiserhebung kann **bei allen Beweismitteln** auf die Mitwirkung der Prozessparteien oder Dritter angewiesen sein. Der **Zugang zu Augenscheinsobjekten** (Sachgegenständen, elektronischen Dokumenten, sonstigen Unterlagen, Örtlichkeiten), zu **Urkunden** und zu **begutachtungsbedürftigen Gegenständen**, die sich in der Verfügungsgewalt des Beweisführers, seines Gegners oder einer dritten Person befinden, ist von deren autonomer Entscheidung abhängig, die Beweisaufnahme unter Einhaltung der dafür jeweils geltenden spezifischen Ordnungsvorschriften zu ermöglichen, sofern nicht gesetzliche Regelungen zur Ausübung direkten oder indirekten Zwangs berechtigen. Bei Zeugenbeweis und beim Sachverständigenbeweis bedarf es **öffentlich-rechtlicher Aussage- und Begutachtungspflichten**. Verweigert eine Person die notwendige Mitwirkung, z.B. die passive Duldung der Augenscheinseinnahme oder eine aktive sonstige Mitwirkung daran, so darf die Sachaufklärung an der Weigerungshaltung grundsätzlich nicht scheitern. Unter welchen Voraussetzungen eine Mitwirkung rechtlich verpflichtend ist, welche tatbestandlichen Grenzen zu ziehen sind und welche Folgen eine unberechtigte Obstruktion nach sich zieht, richtet sich in differenzierter Weise nach der **Stellung der Person im bzw. zum Prozessrechtsverhältnis**. 1

2. Gesetzeslage bis zur ZPO-Reform 2001

Für die Augenscheinseinnahme existierte bis 2001 nur die rudimentäre gesetzliche Regelung des § 372a. Für die anderen Beweismittel gab es einige Spezialregelungen, so in §§ 427, 444 für den Urkundenbeweis, in §§ 446, 454 für die Parteivernehmung, in der öffentlich-rechtlichen Zeugnispflicht für den Zeugenbeweis (vgl. §§ 378, 380, 390) und in der Begutachtungspflicht für den Sachverständigenbeweis (§ 407). Diese Regelungen waren und sind in ihrer Begrenztheit Ausdruck einer **zurückhaltenden Einstellung des deutschen Prozessrechts** gegenüber Mitwirkungspflichten oder -lasten der nicht beweisbelasteten Prozesspartei und dritter Personen.[1] Die ZPO-Reform 2

---

[1] Kritik übt daran in Bezug auf elektronische Dokumente als Augenscheinsobjekte *Rüßmann* Moderne Elektroniktechnologie, in: Schlosser, Die Informationsbeschaffung für den Zivilprozeß, S. 205.

2001 hat durch Änderungen in den §§ 142, 144, 371 und 428 Erweiterungen bewirkt, die als eine Modifikation des zuvor herrschenden Verständnisses der Grundkonzeption (dazu unten Rz. 8 ff.) – zu verstehen sind. Von § 372a abgesehen wird nach wie vor kein unmittelbarer Zwang zur Duldung der Beweiserhebung oder zur Erbringung aktiver Mitwirkungshandlungen ausgeübt. Vielmehr werden nur Schlussfolgerungen für das Beweisergebnis gezogen[1] oder es kommen – gegen Dritte – Ordnungssanktionen nach §§ 144 Abs. 2 S. 2, 390 in Betracht (dazu Kap. 22 Rz. 59 und Kap. 28 Rz. 27).

3. Der Weg zur Reform des Jahres 2001: Entwicklung der rechtspolitischen Diskussion

a) Der rechtliche Mangel

3 Die Mischung aus vorhandenen Regelungsbruchstücken für einzelne Beweismittel und **gesetzlicher Abstinenz** im Übrigen war **rechtspolitisch missglückt**,[2] und zwar nicht nur hinsichtlich des Augenscheinsbeweises. Für den Augenscheinsbeweis war der Regelungsbedarf allerdings besonders drängend, weil technische Neuerungen wie vor allem die elektronischen Dokumente, die keine Urkunden darstellen (Kap. 22 Rz. 34), den Anwendungsbereich der Augenscheinseinnahme vergrößert haben. Der **Wertungswiderspruch** besteht insbesondere zu der vom Gesetz bejahten **öffentlich-rechtlichen Pflicht Dritter**, unter Ordnungsstrafendrohung als Zeuge zur Sachverhaltsaufklärung für einen fremden Prozess beitragen und dazu sogar das eigene Gedächtnis durch Einsicht in Unterlagen auffrischen zu müssen (§ 378 Abs. 1),[3] auch wenn eine derartige Pflicht für den Augenscheinsbeweis immerhin im Umfang des § 372a gegeben ist.

b) Vorschläge der Kommission für Zivilprozessrecht

4 Die Kommission für das Zivilprozessrecht hat die Regelungen für den Urkundenbeweis, für den die bestehende Vorlegungspflicht nach ihrem Vorschlag erweitert werden sollte, durch Formulierung sehr differenzierter Duldungs- und Vorlegungspflichten auf den Augenscheinsbeweis ausdehnen wollen.[4] Den **Beweisgegner** sollte eine allgemeine und im Grundsatz **unbeschränkte Duldungspflicht** treffen, soweit sie durch einen materiell-rechtlichen Anspruch des Beweisführers unterlegt ist oder sich das Augenscheinsobjekt in seinem Besitz befindet. Ohne diese Voraussetzungen sollte die Pflicht entfallen können, wenn dies geboten schien mit Rücksicht auf über das Urteil hinausreichende Folgen oder auf schutzwürdige Interessen eines Dritten, deren Wahrung dem Beweisgegner anvertraut ist. Im Rahmen des Zumutbaren sollte die Duldung des Augenscheins durch eine **Pflicht zur Vorlegung** eines Gegenstandes ergänzt werden. Die vorgesehene prozessuale **Duldungspflicht Dritter** sollte mangels paralleler bürgerlich-rechtlicher Duldungsverpflichtung noch über die Gründe zur Zeugnisverweigerung hinausgehend eingeschränkt bleiben. Selbst ein begrenzter Anspruch auf Besichtigung einer Wohnung (Besonderheit wegen Art. 13 GG) war von der Kommissionsmehrheit vorgesehen.

---

[1] RG JW 1897, 165, 166; GRUR 1938, 428, 429 – Pedalachsen; OLG Koblenz NJW 1968, 897; OLG Nürnberg MDR 1961, 62.
[2] Ebenso AK-ZPO/*Rüßmann* vor § 371 Rz. 5.
[3] Kommission für das Zivilprozessrecht, Kommissionsbericht (1977), S. 151; AK-ZPO/*Rüßmann* vor § 371 Rz. 5.
[4] Kommissionsbericht S. 151–153.

Die **Normtexte des Kommissionsentwurfs** lauteten:[1] 5

„§ 142:

(1) Das Gericht kann einer Partei aufgeben, Urkunden und andere zur Verwahrung bei Gericht geeignete Gegenstände vorzulegen, wenn dies zur Aufklärung des Sachverhalts erforderlich erscheint.

(2) Das Gericht kann anordnen, dass die vorgelegten Gegenstände während einer von ihm zu bestimmenden Zeit auf der Geschäftsstelle verbleiben.

(3) ...

§ 286:

(1) ... (Grundsatz freier Beweiswürdigung).

(2) Absatz 1 gilt auch, wenn eine Partei den Beweis nicht führen kann, weil der Gegner das Beweismittel vorenthalten, entzogen oder unbrauchbar gemacht hat.

(3) Hat der Gegner schuldhaft eine Pflicht verletzt, das Beweismittel zur Verfügung zu stellen, zu erhalten oder sonst seine Benutzbarkeit nicht zu beeinträchtigen, so kann das Gericht auch von einer Umkehrung der Beweislast ausgehen.

§ 372:

Für die Verpflichtung einer Partei, den Augenschein an einer in ihren Händen befindlichen Sache zu dulden, gelten die §§ 419, 425 entsprechend. Das Gericht kann die Vorlegung anordnen, wenn sie zumutbar ist.

§ 373:

Für die Verpflichtung eines Dritten, den Augenschein zu dulden oder eine Sache vorzulegen, gelten §§ 416, 421, 422, 426, 427 entsprechend. In Wohnräumen darf das Gericht ohne Zustimmung einen Augenschein nur einnehmen, wenn es die erforderliche Feststellung auf andere Weise nicht treffen kann.

§ 416:

(1) Befindet sich die Urkunde nach der Behauptung des Beweisführers in den Händen des Gegners oder eines Dritten, so ist zum Beweisantritt der Antrag zu stellen, dem Gegner oder dem Dritten die Vorlegung der Urkunde aufzugeben.

(2) ...

§ 419:

(1) Der Gegner ist verpflichtet, die Urkunde vorzulegen, wenn

1. der Beweisführer glaubhaft macht, dass er nach den Vorschriften des bürgerlichen Rechts ihre Herausgabe oder Vorlegung verlangen kann,
2. der Gegner selbst zur Beweisführung auf sie Bezug genommen hat.

(2) Der Gegner ist auch sonst zur Vorlegung der Urkunde verpflichtet. Dies gilt nicht, soweit er glaubhaft macht, dass

1. ihm mit Rücksicht auf die über die Entscheidung des Rechtsstreits hinausreichenden Folgen die Vorlegung nicht zugemutet werden kann oder
2. er durch die Vorlegung überwiegend schutzwürdiger Belange Dritter, insbesondere ein Persönlichkeitsrecht, ein Geschäftsgeheimnis oder eine Verschwiegenheitspflicht, verletzt würde.

§ 421:

Der Dritte ist unter denselben Voraussetzungen wie der Gegner des Beweisführers zur Vorlegung einer Urkunde verpflichtet. Im Falle des § 419 Abs. 2 besteht eine Vorlegungspflicht auch insoweit nicht, als der Dritte berechtigt ist, das Zeugnis zu verweigern.

---

[1] Kommissionsbericht S. 332, 339, 350 ff.

§ 425:

Bestreitet der Gegner, dass die Urkunde sich in seinen Händen befinde, so ist er über ihren Verbleib zu vernehmen. ...

§ 426:

(1) Erachtet das Gericht die Tatsache, die durch eine in den Händen eines Dritten befindliche Urkunde bewiesen werden soll, für erheblich und den Antrag für begründet, so fordert es den Dritten zur Vorlegung der Urkunde auf und setzt ihm hierfür eine Frist. Der Dritte ist dabei über den Umfang der Vorlegungspflicht zu belehren.

(2) Erklärt der Dritte, dass sich die Urkunde nicht in seinen Händen befinde, oder äußert er sich nicht, so ist er auf Antrag des Beweisführers darüber als Zeuge zu vernehmen, ob er die Urkunde in seinen Händen hat. In der Ladung zum Vernehmungstermin ist ihm aufzugeben, nach dem Verbleib der Urkunde sorgfältig zu forschen."

c) Der 61. Deutsche Juristentag 1996

6 *Gottwald* hat in seinem Gutachten für den 61. Deutschen Juristentag (1996) vorgeschlagen, die Mitwirkungspflichten der Parteien auszubauen, und zwar durch **Einführung einer allgemeinen prozessualen Aufklärungspflicht** nach dem Vorbild des (damals geltenden, im Jahre 2000 veränderten) englischen discovery-Verfahrens und durch Erweiterung der prozessualen Vorlegungspflicht für Urkunden über §§ 422, 423 hinaus; eine vorprozessuale Beweisaufnahme sollte damit nicht verbunden sein.[1] Seine Gesetzgebungsvorschläge betreffen die Schaffung einer **Editionspflicht für Unterlagen** in § 138 und im Urkundenbeweisrecht, dort unter ausdrücklicher Erwähnung **elektronischer Dokumente** und unter **Einbeziehung Dritter**, soweit sie als Zeuge einem Aussagezwang unterstehen.[2] Der Vorlegungsantrag setzte voraus, dass die antragstellende Partei Kenntnis von der Existenz der Unterlagen hat, die allerdings durch die Erklärungspflicht des § 138 Abs. 2 vermittelt werden konnte.[3] Die Beschlüsse des DJT verwarfen die wohldurchdachten Vorschläge in wenig rationaler Weise.

7 Gottwalds Vorschläge lauteten auszugsweise:

„§ 138 Abs. 2:

Jede Partei hat sich über die vom Gegner behaupteten Tatsachen zu erklären und zu streitigen Tatsachen alle relevanten Unterlagen vorzulegen, die sie in ihrem Besitz hat oder sich ohne weiteres beschaffen kann.

§ 421:

Befindet sich die Urkunde, ein elektronisches Dokument oder eine sonstige Unterlage im Besitz des Gegners oder eines Dritten, so wird der Beweis durch den Antrag angetreten, dem Gegner oder dem Dritten die Vorlegung aufzugeben.

§ 422:

(1) Der Gegner ist verpflichtet, jede für die Entscheidung des Rechtsstreits relevante Urkunde vorzulegen, die er in seinem Besitz hat oder die er sich ohne weiteres beschaffen kann.

(2) Würde die Vorlegung schutzwürdige Belange Dritter, insbesondere deren Persönlichkeitsrecht, ein Geschäftsgeheimnis oder eine Verschwiegenheitspflicht verletzen oder ist die Vorlage aus einem sonstigen Grunde unzumutbar, so kann der Gegner bei Gericht beantragen, dass er von der Pflicht zur Vorlage entbunden wird oder einem sachverständigen Dritten die Einsicht nur insoweit zu gewähren hat, wie es zur Feststellung der Richtigkeit oder Vollständigkeit der streitigen Tatsachenbehauptungen erforderlich ist.

---

1 *Gottwald* Gutachten A zum 61. DJT, 1996, S. A 15 ff.
2 *Gottwald* a.a.O., S. A 19 f.
3 Darin sah *St. Lorenz* ZZP 111 (1998), 35, 60, einen Nachteil.

§ 429:

(1) Ein Dritter ist verpflichtet, die in seinem Gewahrsam befindlichen Urkunden, Ausdrucke von in seinem Gewahrsam befindlichen elektronischen Dokumenten oder sonstige Unterlagen auf Anordnung bei Gericht einzureichen, sofern er über deren Inhalt nicht als Zeuge die Aussage gemäß §§ 376 und 383 bis 385 verweigern könnte.

(2) Wird die Vorlage innerhalb einer vom Gericht oder dem Berichterstatter bestimmten Frist verweigert, obgleich eine Vorlagepflicht besteht, so gelten die §§ 380, 381 entsprechend. ..."

4. Die ZPO-Reform 2001

Die Reform des Zivilprozesses von 2001 hat in Bezug auf das hier erörterte Thema die **§§ 142, 144, 371 und 428 neu gefasst**. Mit ihnen ist auf die in den Beratungen des 61. DJT insgesamt abgewiesenen Vorschläge von *Gottwald* grundsätzlich positiv, jedoch unter Abschwächung seiner Textvorschläge reagiert worden. Der am 4.7.2000 im Bundestag eingebrachte Abgeordnetenentwurf eines Gesetzes zur Reform des Zivilprozesses hat sich in seiner allgemeinen Begründung für eine Erweiterung prozessualer Aufklärungs- und Vorlegungspflichten in den Bereichen des Urkunden- und Augenscheinsbeweises ausgesprochen.[1]

8

§ 142 sollte eine **Vorlagepflicht unabhängig von Beweisantritten** schaffen, allerdings bei Dritten durch Zeugnisverweigerungsrechte begrenzt; zugleich sollte die Erfüllung durch Ordnungs- und Zwangsmittel sanktioniert werden, wie sie gegen Zeugen angewandt werden können.[2] **§ 144** sollte die gerichtliche Kompetenz zur Anordnung der Vorlage von Augenscheinsobjekten über die passive Duldung der Augenscheinseinnahme hinaus für die Parteien und für Dritte erweitern, freilich ohne unmittelbaren Zwang gegen Parteien, jedoch mit Ordnungs- und Zwangsmitteln gegen Dritte versehen.[3] **§ 371** führte für Dritte die gerichtliche **Vorlegungsanordnung unabhängig** von einer **materiell-rechtlichen Verpflichtung** zur Herausgabe oder Vorlegung ein, verbunden mit einem Parteiantragsrecht, und übertrug § 444 auf den Fall einer Vereitelung der Augenscheinseinnahme durch den Beweisgegner.[4] **§ 428** wollte eine gerichtliche Vorlegungsanordnung gegen Dritte mangels Zeugnisverweigerungsrechts und bei Zumutbarkeit unabhängig vom Bestehen eines materiell-rechtlichen Anspruchs einführen, zwar ohne direkte Erzwingbarkeit, aber sanktioniert durch Ordnungsmittel.[5] Mit Modifikationen des Rechtsausschusses ist dieses Konzept verwirklicht worden.

9

Die **Neukonzeption** zeigt sich in den Pflichten Dritter zur Vorlage von Urkunden und von elektronischen Dokumenten, die durch gerichtliche Anordnung von Amts wegen gem. §§ 142, 144 begründet werden können (dazu Kap. 22 Rz. 53 und Kap. 28 Rz. 10 ff. und 19 ff.), in der Möglichkeit eines auf diese Anordnung gerichteten Parteiantrages, in der Überschreitung der Grenzen der §§ 422 und 423 und in den unverzichtbaren Rückschlüssen auf die Bewertung der Position des Beweisgegners. In **analoger** Anwendung des **§ 142** hat der BGH inzwischen sogar die Herstellung eines Dokuments aus Unterlagen angeordnet.[6]

10

---

1 ZPO-RG, BT-Drucks. 14/3750, S. 38 (dort zu Nr. 1).
2 BT-Drucks. 14/3750, S. 53 f.
3 BT-Drucks. 14/3750, S. 54. Zur Anordnung der Sachverständigenbegutachtung im Bürogebäude eines Dritten KG NJW-RR 2006, 241.
4 BT-Drucks. 14/3750, S. 63.
5 BT-Drucks. 14/3750, S. 64.
6 BGH NJW 2013, 1003 Rz. 9 (Anordnung gegenüber Verwalter einer Wohnungseigentumsanlage).

II. Mitwirkungspflichten der Parteien: Wandel des konzeptionellen Verständnisses

1. Kontroverse Grundkonzeptionen zur Stoffsammlung

11 **Zwei Grundkonzeptionen** zu den Mitwirkungspflichten der Parteien an der Sammlung des Tatsachenstoffes im Zivilprozess – und damit über die beweismäßige Feststellung hinausgehend – stehen sich in der deutschen Prozessrechtswissenschaft gegenüber. Sie variieren mit unterschiedlicher Schwerpunktsetzung den **Grundkonflikt** zwischen Tatsachenfeststellung nach dem Prinzip der **materiellen Wahrheit** und **rigorosem Schutz der Freiheitsrechte** der Prozessbeteiligten zuungunsten der Wahrheit.[1]

12 Die grundlegende Untersuchung von *Stürner*[2] hat sich am Beginn des letzten Quartals des 20. Jahrhunderts erneut um den Nachweis bemüht, dass **generelle Aufklärungspflichten auf der Grundlage** des bereits begründeten, aber auch des bevorstehenden **Prozessrechtsverhältnisses** entwickelt werden dürfen; er hat sie allerdings in ihrer Strenge durch eine richterliche Plausibilitätskontrolle des Tatsachenvortrags abgemildert.

13 Die **Gegenposition** hat u.a. *Peter Arens* in seiner Auseinandersetzung mit diesem Werk[3] skizziert. Er sah die Grundlage von Mitwirkungspflichten in den jeweiligen **materiell-rechtlichen Rechtsverhältnissen** und befürwortete die Beibehaltung indirekter Steuerungsmechanismen über **Substantiierungslasten**.

14 **Beide Wege** haben **Vor- und Nachteile**.[4] Der Ansatz im materiellen Recht verlangt eine **großzügige Bereitstellung** akzessorischer oder selbständiger **Informationsansprüche** (zu ihnen Kap. 29 Rz. 35 ff.). Die EU-Richtlinie zur Durchsetzung der Rechte des Geistigen Eigentums[5] und deren nationale Umsetzung in den einzelnen Gesetzen zum Schutz Geistigen Eigentums ist dafür beispielgebend.[6]

15 Der **BGH** hat sich **gegen** eine *allgemeine prozessuale* **Mitwirkungspflicht** ausgesprochen, legt allerdings dem Gegner der primär darlegungs- und beweisbelasteten Partei eine **sekundäre Behauptungslast** auf, wenn dem Gegner entsprechende Anga-

---

1 *Stürner* Festschrift Vollkommer (2006), 201, 204. Zur österreichischen Betonung der materiellen Wahrheitsfindung *Rassi* ZZP 121 (2008), 165, 185 f., 201.
2 *Stürner* Die Aufklärungspflicht der Parteien des Zivilprozesses, 1976; *Stürner* Festschrift Vollkommer (2006), 201 ff. Stürner folgend *Waterstraat* ZZP 118 (2005), 459, 477 ff.; *Beckhaus* Die Bewältigung in Informationsdefiziten, 2010, S. 357 ff., 365 (allerdings eine Kombination von allgemeinen prozessualen und materiell-rechtlichen Informationspflichten fordernd).
3 *Arens* ZZP 96 (1983), 1 ff.; ebenso in *Arens/Lüke* Zivilprozeßrecht, 6. Aufl. 1994, Rz. 23, fortgesetzt von *Lüke* Zivilprozessrecht, 10. Aufl. 2011, Rz. 23. Auf derselben Linie *Winkler v. Mohrenfels*, Abgeleitete Informationspflichten im deutschen Zivilprozeß, 1986, S. 212 ff.; *Prütting* Gegenwartsprobleme der Beweislast, 1983, S. 137 ff.; MünchKommZPO/*Prütting*[2] § 286 Rz. 128; Rosenberg/Schwab/*Gottwald*[16] § 108 Rz. 8. Gegen Arens: *Stürner* ZZP 98 (1985), 237.
4 Zur Auswirkung auf die Verhandlungsmaxime MünchKommZPO/*Lüke*[2] Einl. Rz. 210 und MünchKommZPO/*Prütting*[2] § 286 Rz. 128; gegensätzlich *St. Lorenz* ZZP 111 (1998), 35, 62. Die Abwägung hat nichts mit einem vermeintlichen Gegensatz von „formell richtiger Urteilsfindung" und „Ermittlung der materiellen Wahrheit" zu, wie *Lang*, Die Aufklärungspflicht der Parteien des Zivilprozesses vor dem Hintergrund der europäischen Rechtsvereinheitlichung, 1999, S. 96 behauptet. Lang sieht Nachteile materiell-rechtlicher Informationsansprüche darin, dass sie bei den Weigerungsrechten nicht flexibel genug seien, weil sie keine Interessenabwägung im Einzelfall erlaubten (a.a.O. S. 257).
5 Richtlinie 2004/48/EG vom 29.4.2004, berichtigte Fassung in ABl. EU Nr. L 195 v. 2.6.2004, S. 16 = GRUR Int. 2004, 615. Zur disclosure und dem Geheimnisschutz im englischen Recht bei der Durchsetzung von Immaterialgüterrechten *Enchelmaier* GRUR Int. 2012, 503 ff.
6 Zurückhaltend zur Schaffung eines *allgemeinen* komplementären Auskunftsanspruchs *Hartz/Schuster* VersR 2003, 1366, 1372.

ben zumutbar sind und nur er über nähere Kenntnis der maßgebenden Tatsachen verfügt.[1] Außerdem ist ein **Bestreiten mit Nichtwissen** nach § 138 Abs. 4 **nur zulässig**, wenn die bestreitende Prozesspartei pflichtgemäß den fehlgeschlagenen Versuch unternommen hat, die ihr **zugänglichen Informationen** in ihrem Unternehmensbereich und von denjenigen Personen **einzuholen**, die unter ihrer Anleitung, Aufsicht oder Verantwortung tätig geworden sind, um damit den aktuellen Informationsmangel zu überwinden und mit einer konkreten Gegendarstellung (also substantiiert) bestreiten zu können.[2] In Verbindung mit **materiell-rechtlichen Informationspflichten** (dazu Kap. 29 Rz. 32 und 35 ff.), mit Befunderhebungs- und Befundsicherungspflichten (unten Rz. 32), an deren Missachtung Beweisnachteile geknüpft werden, sowie mit in sonstiger Weise materiell-rechtlich begründeten Beweiserleichterungen[3] **nähern sich** die **Ergebnisse** der Judikatur den **Ergebnissen an**, die vom **gegenteiligen Ausgangspunkt** her zu erzielen sind.[4]

Die **Zurückhaltung der Rechtsprechung** sollte **nicht diskreditiert** werden, indem der Weg über das Prozessrechtsverhältnis als die „prozessuale Moderne" bewertet wird.[5] Festzustellen ist allerdings, dass **international** die Befürwortung einer **generellen prozessualen Dokumentenvorlagepflicht** zunimmt.[6] Nicht zuletzt hat das Kooperationsprojekt von American Law Institute und Unidroit zu den **Principles of Transnational Civil Procedure**[7] (dazu Kap. 1 Rz. 21 ff.) diese Grundentscheidung getroffen.[8] Für sie spricht die **Garantie effektiven Rechtsschutzes** (dazu Kap. 1 Rz. 35), die auf ein Verfahren mit Richtigkeitsgewähr auszurichten ist.[9] 16

Die **Abwehr von Missbrauchsverhalten**, für das die Praxis des US-amerikanischen Zivilprozesses (bei grundsätzlich anderen Prämissen[10]) mit seiner stark belastenden und Erpressungsstrategien Nahrung bietenden Handhabung des discovery-Vorverfahrens ausreichend Beispiele bietet,[11] ist unentbehrlich.[12] Gleichwohl ist eine **vorsichtige Ausweitung der Mitwirkungspflichten zu befürworten**. Ihr darf nicht un- 17

---

1 BGH NJW 1990, 3151 = ZZP 104 (1991), 203 mit Anm. *Stürner*; BGHZ 116, 47, 56 = NJW 1992, 1817; BGH NJW 1998, 79, 81; BGHZ 140, 156, 158 = NJW 1999, 579, 580. Weitere Fälle sekundärer Behauptungslasten: BGH WM 2005, 571, 573; BGH GRUR 2004, 268, 269 – Blasenfreie Gummibahn II; BGH NJW 1999, 1404, 1406; BGH NJW 1997, 128, 129; BGH NJW 1996, 315, 317; BGH NJW 1995, 3311, 3312; BGH NJW 1993, 1782, 1783; BGH NJW 1987, 1201 (dort unter Bezugnahme auf einen materiell-rechtlichen Auskunftsanspruch gem. § 242 BGB); BGHZ 86, 23, 29 = NJW 1983, 687, 688; OLG Koblenz ZIP 2006, 1438, 1439. *Arens/Lüke*[6] a.a.O., Rz. 23 zweifeln, ob die Statuierung sekundärer Behauptungslasten einen Unterschied zur allgemeinen prozessualen Aufklärungspflicht aufweist; anders insoweit *St. Lorenz* ZZP 111 (1998), 35, 58. Zu sekundären Behauptungslasten und deren Unzumutbarkeitsgrenze wegen des Schutzes von Geschäftsgeheimnissen im gewerblichen Rechtsschutz *Mes* Festschrift Hertin (2000), S. 619, 632 ff.; im Familienrecht *Klingelhöffer* AnwBl. 2003, 484, 486; zur Differenzierung gegenüber Auskunftsansprüchen *Kiethe* MDR 2003, 781, 783.
2 BGHZ 109, 205, 209 f.; BGH NJW 1999, 53, 54; GRUR 2002, 190, 191 – Die Profis.
3 Dazu *Messer* Festschrift 50 Jahre BGH, S. 67, 69 ff.
4 Ebenso *Katzenmeier* JZ 2002, 533, 535; s. ferner *Messer* aaO., S. 77 f.
5 So aber *Schlosser* JZ 1991, 599; s. auch *Schlosser* NJW 1992, 3275. Dass dessen Standpunkt einer allgemeinen Einschätzung entspreche, wie *Lang* a.a.O., S. 23 behauptet, ist unzutreffend.
6 *St. Huber* Entwicklung transnationaler Modellregeln, S. 392. So auch die Mitwirkungspflichten nach Art. 160 schweiz. ZPO von 2008.
7 Abruf unter www.unidroit.org/english/principles/civilprocedure/main.htm.
8 *St. Huber* a.a.O., S. 392 (zu Principle 16, access to information and evidence). Dazu auch *Beckhaus* S. 238 ff.
9 *St. Huber* a.a.O., S. 392 f.
10 Es geht dort um die Notwendigkeit der kompletten Beschaffung des Tatsachenstoffes für eine zeitlich konzentrierte mündliche Verhandlung vor dem Geschworenengericht.
11 Nur beispielhaft ist dafür zu nennen *St. Lorenz* ZZP 111 (1998), 35, 49 ff., 55.
12 Das ist mit dem spöttelnden Begriff „Katastrophenszenarien" (*Lang* a.a.O., S. 92) nicht vom Tisch zu wischen.

differenziert der Vorwurf des „Ausforschungsbeweises" gemacht bzw. die These entgegengehalten werden, man müsse nicht ohne gesetzliche oder vertragliche Pflicht zum Prozesssieg der Gegenpartei durch Materialbeschaffung beitragen (überkommener Grundsatz des „nemo tenetur edere contra se").

18 **Nachteilige Schlussfolgerungen zu Lasten des Beweisgegners** im Rahmen des § 286 zu ziehen (so der in der Rechtsprechung befürwortete Weg, dazu unten Rz. 21), setzt die **Existenz von Pflichten** gegenüber der Gegenpartei voraus, weil sich der Beweisgegner sonst nicht „beweisvereitelnd" verhält;[1] der Terminus „**Beweisvereitelung**" beschreibt nicht neutral einen Fehlschlag der Beweiserhebungsbemühung, sondern in ihm schwingt unausgesprochen eine **Negativbewertung** mit, ohne dass die dafür bestehende rechtliche Grundlage reflektiert wird. Inhalt und Reichweite der Pflichten dürfen nicht dahingestellt bleiben. Es reicht nicht aus, nur den Grundsatz der Verhältnismäßigkeit als begrenzendes Element zu benennen, da die **Konkretisierung** des Maßstabs **der Verhältnismäßigkeit** aus einem Spektrum vertretbarer Entscheidungen auswählt.

2. Weigerung des Beweisführers/der beweisbelasteten Partei

19 Kritische Sachverhalte der Mitwirkungsdiskussion sind insbesondere die Öffnung des Zugangs zu Augenscheinsobjekten, die Vorlage von Dokumenten aller Art und die Ermöglichung einer Begutachtung durch Sachverständige. **Weigert** sich die **beweisführende Partei** bzw. bei von Amts wegen angeordneter Beweisaufnahme die beweisbelastete Partei, die zum Beweis der von ihr aufgestellten Behauptung beschlossene **Augenscheinseinnahme** oder **Begutachtung zu dulden** oder sie sonst zu ermöglichen (etwa durch Aufschließen eines Gebäudes oder durch Vorlage des Objektes), so bleibt sie **beweisfällig**. Das Beweismittel ist dann nicht erreichbar.[2] Eine derartige **Vereitelung der Beweiserhebung** liegt auch vor, wenn sie nicht prozessordnungsgemäß durchgeführt werden könnte, etwa weil dem Prozessgegner entgegen § 357 Abs. 1 das Betreten des im Besitz des Beweisführers befindlichen Grundstücks verwehrt wird.

20 Der **Ausschluss mit dem Beweismittel** für die betreffende Instanz folgt nicht aus dem häufig genannten § 230,[3] da Realakte nicht zu den dort erfassten Prozesshandlungen gehören, und auch nicht aus § 356, der selbst dann nicht einschlägig ist, wenn das Augenscheinsobjekt nachträglich noch zugänglich gemacht werden soll, sondern **gem. oder analog § 367**.[4] Auf welchem Grund die Weigerung der Partei beruht, soll unerheblich sein.[5] Indes sieht § 367 Abs. 2 vor, dass eine eintretende Verfahrensverzögerung entschuldigt werden kann. § 371 Abs. 3 ist für die **Vereitelung** einer Augenscheinseinnahme **durch den Beweisführer** irrelevant.[6]

---

1 Auf diesen gravierenden Widerspruch weist auch *Peters* hin, Festschrift Schwab (1990), S. 399, 403.
2 RGZ 46, 368, 370 f. zieht aus einer endgültigen Weigerung den Schluss auf eine Rücknahme des Beweisantrages, lässt aber die Deutung zu, dass die Beweisaufnahme nur vorläufig hintertrieben wurde (dort: Besichtigung gelagerten Tabaks durch Sachverständigen vereitelt durch Verweigerung des Zugangs zum Lagerraum).
3 AK-ZPO/*Rüßmann* vor § 371 Rz. 3; *Bruns* Zivilprozeßrecht[2] § 34 Rz. 181; Musielak/*Huber*[10] § 371 Rz. 20; Thomas/Putzo/*Reichold*[33] vor § 371 Rz. 3.
4 Nur mitgenannt von Thomas/Putzo/*Reichold*[33] vor § 371 Rz. 3.
5 Thomas/Putzo/*Reichold*[33] vor § 371 Rz. 3; MünchKommZPO/*Zimmermann*[4] § 371 Rz. 26.
6 Ebenso Musielak/*Huber*[10] § 371 Rz. 20.

3. Mitwirkungspflichten des Beweisgegners

a) Folgen unberechtigter Mitwirkungsverweigerung

Weitgehend Einigkeit bestand auch schon vor der ZPO-Reform 2001 darüber, dass eine unberechtigte Weigerung des nicht beweisbelasteten Gegners, ein Augenscheinsobjekt bereitzustellen bzw. eine Augenscheinseinnahme zu dulden, vom Gericht **im Rahmen der Beweiswürdigung** nach § 286, die sich nicht nur auf erhobene Beweise sondern auf den gesamten Inhalt der Verhandlungen erstreckt, zu dessen Nachteil berücksichtigt werden kann.[1] Eine **materiell-rechtliche Verpflichtung** gegenüber dem Beweisführer, etwa aufgrund eines Herausgabe- oder Vorlegungsanspruchs, sollte dafür nach Ansicht der Rechtsprechung **nicht erforderlich** sein.[2]

21

Seit der ZPO-Reform **2001** ergibt sich die **Rechtsfolge** der Vereitelung einer Augenscheinseinnahme durch den Beweisgegner **aus § 371 Abs. 3**, der den Rechtsgedanken des § 444 (Kap. 8 Rz. 138 näher zu allgemeinen Grundsätzen der Beweisvereitelung) klarstellend aufgreift. Der Weg über eine **Beweis- und Verhandlungswürdigung** eröffnet die notwendige Flexibilität und ist einer schematischen Beweislastumkehr oder einer Beweisfiktion vorzuziehen.

22

Soweit eine **materiell-rechtliche Mitwirkungspflicht** an der Aufklärung des prozessrelevanten Tatsachenstoffes **besteht**, kommt freilich **auch** deren **vorprozessuale Durchsetzung** in einem gesonderten Verfahren in Betracht; die Erfüllung eines solchermaßen titulierten vorbereitenden (Hilfs-)Anspruchs ist mit den Mitteln der Zwangsvollstreckung **erzwingbar** und ermöglicht nachfolgend einen detaillierten Sachvortrag (dazu unten Rz. 35 ff.).

23

b) Grundlage und Reichweite der Mitwirkungspflichten

aa) Pflichtencharakter, fortbestehende Ungewissheit

Streitig und ungeklärt sind **Grundlage und Reichweite** der Pflicht zur Mitwirkung des Gegners bei der Sammlung des Tatsachenstoffes;[3] daran hat sich trotz der Reform von 2001 nichts geändert, insbesondere weil das Verhältnis der Neufassung der **§§ 142, 144 zur Verhandlungsmaxime** vom Gesetzgeber nicht klar definiert worden ist (näher dazu Kap. 22 Rz. 53 ff. und Kap. 28 Rz. 21).

24

Der **Zwang zur Mitwirkung** des Gegners an der Beweiserhebung sollte als **Pflicht** (statt als Last) auch dann bezeichnet werden, wenn sie nicht unmittelbar erzwingbar ist, sondern an deren Missachtung **nur mittelbare Sanktionen** geknüpft werden. Auch das materielle Recht kennt Pflichten, die nicht selbständig erzwingbar sind, etwa deliktische Verkehrspflichten, deren Verletzung zwar Schadensersatzansprüche begründet, deren Erfüllung aber nur bei Bereitstellung eines öffentlich-rechtlichen Instrumentariums direkt erzwingbar ist (Beispiel: Produkthaftungsrecht/Produktsicherheitsrecht).

25

---

1 BGH NJW 1960, 821; NJW 1963, 389, 390; NJW 1967, 2012; RG JW 1897, 165, 166; RG GRUR 1938, 428, 429; OLG Koblenz NJW 1968, 897; OLG Nürnberg MDR 1961, 62; MünchKomm-ZPO/*Damrau*² § 371 Rz. 7; *Peters* ZZP 82 (1969), 200, 216, 218, 221; *Peters* Festschrift Schwab (1990), S. 399, 403; Rosenberg/Schwab/*Gottwald*¹⁵ § 120 II 2a; *Arens* ZZP 96 (1983), 1, 23.

2 BGH NJW 1963, 389, 390 (dort: Röntgenaufnahmen in der Hand des beklagten Arztes, auf die §§ 427, 444 mangels Urkundenqualität nicht anzuwenden waren, für die allerdings nach einer Rechtsprechungsänderung heute ein materiell-rechtlicher Informationsanspruch bejaht wird). A.A. Stein-Jonas/*Berger*²¹ vor § 371 Rz. 40.

3 So *H. Roth* ZZP 113 (2000), 503, 506 zur Rechtslage vor der Reform von 2001.

26 Die Mitwirkung des Gegners dient **nicht nur** der **Versorgung mit Informationen** als Grundlage substantiierten eigenen Sachvortrags, sondern darüber hinaus auch der **Beweismittelbeschaffung**. Sie ist sowohl ein Grundsatzproblem des Zivilprozessrechts überhaupt (näher dazu oben Rz. 11 ff.) als auch ein Spezialproblem des **Augenscheins- und Urkundenbeweises**. Für den Augenscheinsbeweis existierten bis zur ZPO-Reform 2001 **nicht einmal rudimentäre Regelungen**,[1] wie sie immerhin bereits im Recht des Urkundenbeweises enthalten waren. Seit 2001 gelten die §§ 422–432 kraft der Verweisung in § 371 Abs. 2 S. 2.

bb) Prozessuale Nutzung materiell-rechtlicher Pflichten

27 Unstreitig ist, dass eine **Mitwirkungspflicht nach materiellem Recht** gegeben sein kann. Das materielle Recht kennt zum einen **selbständige Informationspflichten**, deren Umfang sich nach dem jeweiligen vertraglichen oder gesetzlichen Rechtsverhältnis richtet, aus dessen Verletzung der Rechtsstreit erwachsen ist;[2] es kennt zum anderen auch **Pflichten zur Vorlage von Beweisgegenständen** oder zur Gewährung ihrer Besichtigung bzw. der Einsicht in sie, allerdings hauptsächlich für Urkunden. Das Recht des Urkundenbeweises **greift** derartige **Pflichten in § 422 auf** und verknüpft sie prozessual mit einer Vorlegungspflicht, deren Verletzung wiederum die **Rechtsfolge des § 427** auslöst.

28 **Materiell-rechtliche Pflichten** können über **§ 242 BGB erweitert** oder **neu begründet** werden. Paradigmatisch ist dafür die Rechtsprechungswende für den ärztlichen Behandlungsvertrag zu nennen, der über § 242 BGB mit einem Informationsanspruch über den Inhalt der zwar nicht zu Beweiszwecken geschaffenen, wohl aber auch im Interesse des Patienten angelegten Krankenaufzeichnungen ausgestattet wurde (nunmehr in § 630g BGB geregelt).[3] **Nachteilig** ist die **Ungewissheit**, ob derartige materiell-rechtliche Pflichten **im Einzelfall** richterrechtlich aufgestellt werden. Unrichtig ist es, das Ergebnis einer Vorlageverpflichtung aus dem Grundsatz der Waffengleichheit abzuleiten.[4] Immerhin ist diese Argumentation aber aufschlussreich für den Wandel des strukturellen Denkens.

29 **Gesetzliche Ansprüche auf** Besichtigung, **Vorlage** oder Herausgabe von Augenscheinsobjekten sind allerdings **nur spärlich** anzutreffen; zu nennen sind aus dem **BGB** etwa

---

1 Zu den historischen Ursachen des Fehlens einer Vorlegungspflicht für Augenscheinsobjekte *Steeger*, Diss. jur. FU Berlin, 1980, S. 161 ff.; Rechtsvergleichende Hinweise zu neuerer ausländischer Prozessrechtsgesetzgebung z.B. bei *Bruns* Zivilprozeßrecht[2] § 34 Rz. 181b; bei *Lang* a.a.O., S. 99 ff. zum französischen Recht, S. 173 ff., 195 (konkret zum Augenschein) zum englischen Recht, das allerdings zeitlich nach der Veröffentlichung von Lang 1999 reformiert wurde; bei *Hay*, in: Schlosser, Die Informationsbeschaffung im Zivilprozeß, S. 1 ff. zum anglo-amerikanischen Recht; bei *Waterstraat* ZZP 118 (2005), 459, 470 f.
2 Zu Auskunftsansprüchen *St. Lorenz* JuS 1995, 569, 570; Lang a.a.O., S. 50 f.; *Dreier*, Kompensation und Prävention, S. 557 ff. (Informationsermittlung zu Substantiierungs- und Beweiszwecken). Zu nennen sind aus dem BGB: § 402 BGB (Auskunftspflicht des Zedenten), § 444 BGB (Auskunftspflicht des Verkäufers), § 666 BGB (Auskunfts- und Rechenschaftspflicht des Beauftragten), § 1214 BGB (Rechenschaftspflicht des nutzungsberechtigten Pfandgläubigers), § 1379 BGB(Auskunft zur Vorbereitung des Zugewinnausgleichs), § 1605 BGB (Unterhaltsrechtliche Auskunft), § 1698 BGB (Rechnungslegung der Eltern über Kindesvermögen), § 1890 BGB (Rechnungslegung des Vormunds), §§ 2027 und 2028 BGB (Auskunftspflicht des Erbschaftsbesitzers, sonstiger Besitzer von Nachlassgegenständen und von Personen der häuslichen Gemeinschaft des Erblassers), § 2218 BGB (Rechnungslegung des Testamentsvollstreckers), § 2314 BGB (Auskunftsrecht des Pflichtteilsberechtigten). Außerhalb des BGB z.B. § 8 UmweltHG, § 19 MarkenG, § 84a AMG, § 178m VVG.
3 BGHZ 85, 327, 332; 85, 339, 342 f.; 106, 146, 150; BVerfG NJW 2005, 1103, 1104; BVerfG NJW 2006, 1116, 1118.
4 So für die Vorlage der ärztlichen Dokumentation – *trotz* materiell-rechtlichen Anspruchs – BGH NJW 2014, 71 Rz. 11 = VersR 2013, 1045.

die §§ 402 (Urkundenauslieferung durch Zedenten), 454 Abs. 2 (Untersuchung des Kaufgegenstandes beim Kauf auf Probe), 667 (Herausgabepflicht des Beauftragten), 716 Abs. 1 (Recht zur Einsicht in Geschäftsbücher der GbR), 809 (Vorlegung durch herausgabe- oder unterlassungspflichtigen Besitzer);[1] aus dem **HGB** die §§ 118 (Recht zur Einsicht in Geschäftsbücher der OHG), 157 Abs. 3, 471 Abs. 1 S. 1 (Besichtigung eingelagerten Gutes).[2] Näher dazu Kap. 29 Rz. 35 ff.

cc) Unmittelbar geltende prozessuale Pflichten

Das Recht des Urkundenbeweises zeigt in § 423, dass es auch **prozessual begründete Mitwirkungspflichten** gibt, die ihrerseits die Rechtsfolge des § 427 auslösen. Im Jahre 1998 ist für Unterhaltsprozesse die gleichartig zu qualifizierende Regelung des § 643 a.F. (jetzt: § 235 FamFG) geschaffen worden, nach der das Gericht den Prozessparteien aufgeben kann, beleggestützte Informationen zu Einkünften und Vermögen zu erteilen. Sie befugt das Gericht auch, die Anordnung subsidiär gegen dritte Auskunftspersonen zu richten. Der **Anwendungsbereich** der beweisrechtlichen Vorschrift des § 423 ist jedoch **extrem schmal**.[3] Sie befriedigt nicht das weiterreichende Regelungsbedürfnis.

30

dd) Prozessrechtsverhältnis als Grundlage von Befundsicherungspflichten

Als Grundlage für eine **weitergehende Mitwirkungspflicht** kommt nur das **Prozessrechtsverhältnis** in Betracht. Ungeachtet des von Rechtsprechung und Teilen des Schrifttums betonten generellen prozessualen Grundsatzes, keine Partei sei gehalten, ihrem jeweiligen Gegner dadurch zum Prozesssieg zu verhelfen, dass sie ihm Material verschaffe, über das er nicht schon von sich aus verfüge,[4] hat die Rechtsprechung die **Vereitelung** der Einnahme **des Augenscheins** ohne triftigen Grund[5] sowie die schuldhafte **Vernichtung** des Augenscheinsobjektes[6] als Verstoß gegen Treu und

31

---

1 Dazu: BGHZ 93, 191, 208 = JZ 1985, 1086 m. krit. Anm. *Stürner/Stadler* JZ 1985, 1101 ff.; RGZ 69, 401 – Nietzsche Briefe (Begrenzung durch § 242 BGB a.a.O., S. 406; keine Ausnutzung zur Ermöglichung einer Eigenveröffentlichung der Klägerin bei urheberrechtlichem Unterlassungsbegehren zur Verhinderung einer Fremdveröffentlichung); KG GRUR 1919, 179 (zur Vorlage von Konstruktionszeichnungen); *Bork* NJW 1997, 1665, 1668 f. (zur Inspektion von Datenträgern durch Programmentwickler bei mutmaßlichen Raubkopierern).
2 S. dazu *Bruns* Zivilprozeßrecht[2] § 34 Rz. 181.
3 Beispielhaft zu nennen ist RGZ 69, 401, 405 – Nietzsche-Briefe: Die Klägerin begehrte Vorlage der Briefe, lehnte deren Benutzung als Beweismittel aber ab.
4 BGH NJW 1990, 3151; Stein/Jonas/*Leipold*[21] § 138 Rz. 22, daran in der 22. Aufl. festhaltend, § 138 Rz. 26 und 28.
5 BGH NJW 1960, 821; OLG Nürnberg MDR 1961, 62 (LS); OLG Koblenz NJW 1968, 897; LG Köln NJW-RR 1994, 1487, 1488 (Nichtvorlage einer Originaldiskette im Streit um vertragsgemäße Herstellung von Software). S. ferner die Rechtsprechung zur Verweigerung ärztlicher Untersuchungen bei Erhebung eines Sachverständigenbeweises: BGH VersR 1973, 1028, 1029 (Verweigerung bei Aufklärung unfallbedingter Gesundheitseinbußen, Streit über Begutachtung durch Neurologen oder Psychiater); VersR 1958, 768, 769 (Verweigerung durch Bezieher einer Schadensrente); VersR 1958, 768, 769 (obiter dictum, ebenfalls im Streit um eine Rente); RGZ 63, 408, 410 (obiter dictum). Dazu auch BGH NJW 1952, 1215 (Untersuchung des Geisteszustandes in Eheaufhebungssache nach früherem Recht); BGH NJW 1952, 1510, 1511 (Beurteilung der Prozessfähigkeit); sich dem anschließend OLG Schleswig SchlHA 1984, 1841 und BayObLG MDR 1972, 871 (Pflegschaftssache).
6 BGH ZIP 1985, 312, 314 (Verlust eines der Grundstückszwangsverwaltung unterliegenden Zubehörstückes, Ausweichen in Dokumentationspflichtverletzung); VersR 1968, 58, 59 (Verkauf des Unfallwagens mit streitigem Reifenzustand); NJW 1963, 389, 390 (Nichtvorlage von Röntgenaufnahmen im Arzthaftungsprozess); VersR 1955, 344 (Nichtaufbewahrung des zunächst in OP-Wunde zurückgelassenen Tupfers); BGHZ 72, 132, 140/141 (Beseitigung eines Operationspräparates); OLG München OLGZ 1977, 79.

Glauben¹ und als Grund für die Anwendung des § 427 angesehen, dem kumulativ (also Rechtsanalogie?) § 444 und z.T. auch §§ 441 Abs. 3 S. 3, 446 zur Seite gestellt worden sind.² Diese Fälle sind nur ein **Unterfall der Vereitelung** bzw. des Vorenthaltens der Benutzung **von Beweismitteln** in einem zu erwartenden oder bereits laufenden Prozess (näher dazu Kap. 8 § 30).³ Die ZPO-Reform von 2001 hat mit **§ 371 Abs. 3** eine klarstellende Norm für den Augenscheinsbeweis geschaffen.

32 **Ausgedehnt** worden ist die Rechtsprechung zur Beweisvereitelung schon vor der Reform von 2001 auf das **Unterlassen** der **Schaffung von Beweismitteln** bei bereits erkennbarem Beweisbedarf.⁴ Neben der prozessual gebotenen Erzeugung eines Beweismittels gibt es eine **materiell-rechtliche Befundsicherungspflicht**, die von der Befund*erhebung* bis zur Befund*aufbewahrung* reicht. An sie kann dieselbe Beweiserleichterung geknüpft werden, obwohl die materiell-rechtliche Befundsicherung **primär** in Verfolgung **anderer Ziele** geboten ist, etwa bei der Erhebung eines Krankheitsstatus oder der Archivierung von Behandlungsunterlagen (z.B. Röntgenbildern, Laborbefunden) im ärztlichen Behandlungsverhältnis für therapeutische Zwecke.⁵ Die bisherige Judikatur ist zunächst zu Fällen fehlgeschlagener medizinischer Behandlung ergangen, ist darauf aber nicht zu beschränken. Übertragen worden ist die Befundsicherungspflicht mit Konsequenzen für die Beweislastverteilung bereits auf die **Produkthaftung** wegen Fabrikationsfehlern.⁶

---

1 BGH NJW 1962, 1510, 1511; NJW 1972, 1131 (Nichtentbindung von ärztlicher Schweigepflicht zur Feststellung eines Eheaufhebungsgrundes); *Arens* ZZP 96 (1983), 1, 24; *Gerhardt* AcP 169 (1969), 289, 309 f. Kritisch zu dieser Begründung *Stürner* Aufklärungspflichten, S. 90.
2 RGZ 101, 197, 198; MünchKommZPO/*Prütting*² § 286 Rz. 89; Rosenberg/Schwab/*Gottwald*¹⁵ § 120 II 2b.
3 Allgemein zur Anwendung der §§ 427, 444, 446 ZPO auf die Beweisvereitelung: BGHZ 99, 391, 397; *Baumgärtel* Festschrift Kralik (1986), S. 63 ff.; MünchKommZPO/*Prütting*² § 286 Rz. 78 ff. Rechtshistorisch und rechtsvergleichend (US-Recht) zur Beweisvereitelung *Paulus* AcP 197 (1997), 136 ff. (zur materiell-rechtlichen Qualifizierung der Beweismittelvernichtung als Delikt im Gegensatz zur deutschen innerprozessualen Behandlung). Zur Beweisvereitelung als Regelung des nationalen Rechts EuGH Urt. v. 8.2.2001, Rs. C-350/99, Slg. 2001, I – 1061, 1089 Rz. 33 ff. – Lange/Schünemann GmbH.
4 BGH NJW 1998, 79, 81 (Verlust der Beweisführung durch Anscheinsbeweis bei Nichteinschaltung eines Havariekommissars nach Sturz des verpackten Transportgutes und Fortsetzung des Transportes ins Ausland). Hierher gehört wohl auch BGH NJW 1996, 315, 317 (Festhalten des Wohnungszustandes bei behördlicher Wiedereinweisung des obdachlos werdenden Mieters).
5 BGHZ 99, 391, 397 f. = NJW 1987, 1482; BGHZ 132, 47, 50 = NJW 1996, 1589, 1590 (Original-EKG); BGH NJW 1996, 779, 780 (Pflicht zur Dokumentation der Weitergabe von Röntgenaufnahmen bei Verlegung des Patienten). Soweit es um die Schaffung von Befunden geht, steckt dahinter die Umbenennung von haftbar machenden Diagnostikfehlern. Zur Reichweite der Beweiserleichterung über die Feststellung eines reaktionspflichtigen Befundergebnisses hinaus (Erstreckung auf Ursachenzusammenhang zwischen ärztlichem Fehler und Gesundheitsschaden) BGH NJW 1998, 1780, 1781; BGH NJW 1999, 860, 861; BGH NJW 1999, 862, 863; BGH NJW 2004, 1871, 1872 = VersR 2004, 790, 791 f. (Nichtfeststellung der Batteriekapazität eines Herzschrittmachers); BGH NJW 2005, 2614, 2616 = VersR 2005, 1238 (Dokumentation der Chargennummer des verabreichten Blutprodukts); OLG Dresden VersR 2004, 648 (zum Wahrscheinlichkeitsgrad); OLG Köln VersR 2004, 247 (zum Wahrscheinlichkeitsgrad); OLG Köln NJW 2006, 69, 70 (Voraussetzung eines groben Behandlungsfehlers bei Befunderhebung). Zustimmend und unter Aufhellung der tatbestandlichen Zusammenhänge *Spickhoff* NJW 2004, 2345 ff.; kritisch zu den Einzelanforderungen *Hausch* VersR 2003, 1489 ff. Zur fehlerhaften Lagerung von karzinomverdächtigen Gewebeproben, die zur Gewinnung von Erkenntnissen bei Nachbehandlungen zehn Jahre lang aufzubewahren waren, und den Schlussfolgerungen im Haftungsprozess über Diagnostikfehler gegen den lagerpflichtigen Pathologen OLG Hamm NJW-RR 2003, 807, 808 = VersR 2005, 412, 413 f.
6 BGHZ 104, 323, 333 = VersR 1988, 930, 932 – Limonadenflasche (Statussicherung bzgl. Fehlerfreiheit bei Inverkehrgabe des Produkts); BGH NJW 1993, 528, 529 – Mineralwasserflasche; BGH VersR 1993, 845, 848 = NJW-RR 1993, 988; BGH NJW 1995, 2162, 2164; OLG Braunschweig VersR 2005, 417. Ablehnend *Knoche* Festschrift Heldrich (2005), S. 1 ff. Keine Übertragung auf die Anlageberatung durch Kreditinstitute, BGH NJW 2006, 1429, 1430.

ee) Dogmatische Erklärung der Beweisvereitelungsregeln

Soweit der Gewährung der Beweiserleichterung nicht eine materiell-rechtliche Pflicht zur Befundsicherung zugrunde liegt, ist deren Existenz nur erklärbar, wenn eine *prozessuale* **Pflicht zur Erhaltung des Beweismittels** sowie **zur Zugangsgewährung** angenommen wird,[1] da derjenige, den eine solche Pflicht nicht trifft, weder in negativ zu bewertender Weise etwas vereitelt, noch sich schuldhaft verhält. Anderenfalls bleibt die Grundlage der Regel obskur, auch wenn § 371 Abs. 3 für den Augenscheinsbeweis eine vordergründige Regelungsergänzung durch richterrechtlichen Analogieschluss obsolet gemacht hat.   33

Der frühere Hinweis auf den **angeblichen Ausnahmecharakter** des § 372a (bzw. der früheren §§ 654, 656)[2] **konnte nicht tragen**. Dort geht es um die Entfaltung unmittelbaren Zwangs, der nicht ohne ausdrückliche gesetzliche Grundlage ausgeübt werden darf. Für die Ansicht, materiell-rechtlich begründete und in das Prozessrecht verlängerte sowie originär prozessrechtlich fundierte Beweismitwirkungspflichten seien zwangsweise durchsetzbar, finden sich ohnehin keine Befürworter.[3] § 286 war schon vor der Schaffung des § 371 Abs. 3 keine Rechtsgrundlage für die Konstituierung prozessualer Pflichten der hier erörterten Art.[4]   34

ff) Unmittelbar erzwingbare Mitwirkungspflichten

Im Erkenntnisverfahren wird auf die Missachtung von Beweismitwirkungspflichten durch den Gegner wegen der darin zu sehenden Beweisvereitelung mit der **indirekt wirkenden Rechtsfolge** einer **Beweiserleichterung** reagiert (vgl. zuvor Rz. 22, 33 und Kap. 8 Rz. 139). Der **Zugang** zu beweisrelevanten Tatsachen und zu Beweisergebnissen wie etwa den Feststellungen eines Sachverständigen als Augenscheinsmittler oder als Gutachter kann freilich schon **vorprozessual** durch **materiell-rechtliche Hilfsansprüche** eröffnet sein, die ihrerseits selbständig gerichtlich durchsetzbar sind. Neben vorbereitenden Auskunftsansprüchen gehört dazu der Besichtigungsanspruch nach § 809 BGB bzw. funktional gleichartigen Normen in den Gesetzen zum Schutz Geistigen Eigentums (z.B. § 140c PatG; § 101a UrhG).   35

Unionsrechtlich wird ein **Beweisermittlungsrecht** durch **Art. 7 der Richtlinie zur Durchsetzung der Rechte** des **geistigen Eigentums**[5] vorgegeben, das mit völkervertraglicher Bindungswirkung inhaltsgleich in Art. 43 TRIPS-Abkommen enthalten ist. Dient die Auskunft der Aufklärung des Verdachts einer Schutzrechtsverletzung, etwa   36

---

1 Abgelehnt in BGH VersR 1958, 768, 769; s. ferner BGH NJW 1958, 1491 f. = WM 1958, 961, 962 (Ablehnung der Prüfung eines OHG-Gesellschafters auf fachliche Eignung zur Geschäftsführung bei anscheinend fehlender Substantiierung des Verdachts mangelnder Eignung). Ebenso im Schrifttum Stein-Jonas/*Berger*[21] vor § 371 Rz. 38; *Arens* ZZP 96 (1983), 1, 23; *Gerhardt* AcP 169 (1969), 289, 308. Wie hier: AK-ZPO/*Rüßmann* vor § 371 Rz. 3; *Bruns* Zivilprozeßrecht,[2] § 34 Rz. 181; *Peters* Festschrift Schwab, S. 399, 403 f.; *Peters* ZZP 82 (1969), 200, 209; *Stürner* Aufklärungspflichten, S. 86.
2 BGH NJW 1952, 1215; BGH NJW 1962, 1510, 1511 (Entmündigungsverfahren); BayObLG MDR 1972, 871; wohl auch OLG Schleswig SchlHA 1984, 184; *Gerhardt* AcP 169 (1969), 289, 309.
3 Vgl. dazu RG JW 1897, 166; OLG Koblenz NJW 1968, 897; AK-ZPO/*Rüßmann* vor § 371 Rz. 3; *Schulte* NJW 1988, 1006, 1009; *Stürner* Aufklärungspflichten, S. 98; Musielak/*Huber*[10] § 371 Rz. 19; Thomas/Putzo/*Reichold*[33] vor § 371 Rz. 2.
4 So zu Recht *Stürner* Aufklärungspflichten, S. 86.
5 Richtlinie 2004/48/EG vom 29.4.2004, berichtigte Fassung in ABl. EU Nr. L 195 v. 2.6.2004, S. 16 = GRUR Int. 2004, 615 ff.; dazu die Erklärung der Kommission über mindestens erfassbare Recht in ABl. EU Nr. L 94 v. 13.4.2005, S. 37.

einer Patent-[1] oder Urheberrechtsverletzung,[2] und wird sie im Verfahren der einstweiligen Verfügung durch Beschluss tituliert,[3] tritt die Regelung **funktional** an die Stelle einer **selbständigen Beweiserhebung** nach § 485 Abs. 2. Würde § 485 Abs. 2 um eine Beweisaufnahme durch Augenscheinseinnahme erweitert, wäre auf dieser Grundlage gleichwohl kein unmittelbarer Zwang einsetzbar, da der Augenscheinsbeweis die direkte Erzwingbarkeit nur bei Beschaffung von Körpermaterial für Abstammungsgutachten (§ 372a Abs. 2 S. 2) kennt. Dazu auch Kap. 21 § 76.

37 Materiell-rechtliche **Duldungspflichten**, die mit dem Anspruch auf Besichtigung einer Sache **nach § 809 BGB** verbunden sind, sind **als titulierte Pflichten** nach § 890 oder § 892 ZPO zu erzwingen. **§ 892** gestattet es, eine Handlung wie z.b. das Betreten eines Unternehmensgrundstücks unter **Gewaltanwendung des Gerichtsvollziehers** gegen Widerstand des Schuldners **real durchzusetzen**.[4] Der Gläubiger hat die Wahl zwischen diesem Weg und dem Antrag auf Verurteilung zu Ordnungsmitteln nach § 890 ZPO.[5] Notwendige **polizeiliche Hilfe** kann der Gerichtsvollzieher nach § 758 Abs. 3 anfordern.

38 Der Besichtigungsanspruch nach § 809 BGB soll **kein Recht zur Durchsuchung von Geschäftsräumen** begründen, um Kenntnisse darüber zu erlangen, welche Art Fotokopiergeräte der Schuldner im Besitz hat, um auf dieser Grundlage einen urheberrechtlichen Vergütungsanspruch berechnen zu können.[6] Diese als **singulär einzustufende Aussage** des BGH fügt sich nicht widerspruchsfrei an die frühere Grundsatzentscheidung „Faxkarte" desselben Senats an, nach der der Verdacht einer Urheberrechtsverletzung in Ansehung von Sachen im Besitz des Schuldners über § 809 BGB aufzuklären ist.

gg) Einsatz ausländischer Verfahren

39 Für ein inländisches Verfahren können **extraterritoriale Beweisermittlungen** durch ein ausländisches Gericht nach dessen Prozessrecht auch ohne inländisches Rechtshilfeersuchen in Betracht kommen. So lässt der **US Supreme Court** den Einsatz der **pre-trial-discovery** zugunsten von Klägern vor nichtamerikanischen Gerichten auch dann zu, wenn vor dem Hauptsachegericht gleichartige discovery-Regeln nicht angewandt werden dürfen.[7]

---

1 So im Fall BGHZ 93, 191 = GRUR 1985, 512 = NJW-RR 1986, 480 – Druckbalken.
2 So im Fall BGHZ 150, 377 = GRUR 2002, 1046 = NJW-RR 2002, 1617 – Faxkarte (Besichtigung des Quellcode einer Software); BGH NJW-RR 2013, 878 Rz. 20 = WRP 2013, 808 = GRUR 2013, 509 – UniBasic-IDOS; OLG Frankfurt NJW-RR 2006, 1344.
3 So schon vor der Umsetzung der Richtlinie in nationales Recht die Praxis der Patentverletzungskammer des LG Düsseldorf; dazu u.a. *Kühnen* GRUR 2005, 185, 187. Ebenso für den Anspruch auf Besichtigung eines Quellcode OLG Frankfurt GRUR-RR 2006, 295, 296 m. Bespr. *Rauschhofer* GRUR-RR 2006, 249 ff. (unzutreffende Beschränkung auf Hinterlegung der vom Sachverständigen getroffenen Feststellungen).
4 *Schuschke*, in: Schuschke/Walker, Vollstreckung und Vorläufiger Rechtsschutz, Band I, 3. Aufl. 2002, § 892 Rz. 1.
5 *Schuschke* aaO., § 892 Rz. 1; Stein/Jonas/*Brehm*[22] § 892 Rz. 3; Zöller/*Stöber*[30] § 892 Rz. 1.
6 BGH GRUR 2004, 420, 421 – Kontrollbesuch (Vorbereitung der Fotokopierabgabe des Gerätebetreibers nach §§ 54g Abs. 2, 54h Abs. 1 UrhG).
7 *Intel Corp. v. Advanced Micro Devices Inc.*, 124 S.Ct. 2466, 159 L.Ed. 2d 355 (2004); Bespr. von *Rieckers* RIW 2005, 19 ff. und *Dietrich* GRUR Int. 2006, 389 ff. Es ging um die Unterstützung kartellrechtlicher Ermittlungen der EU-Kommission. Grundlage ist Rule 28 U.S.C. § 1782 (a). S. ferner *Eschenfelder* IPRax 2006, 89 ff.; *Eschenfelder* RIW 2006, 443 ff.; *Götz* SchwJZ 102 (2006), 269 ff.

c) Grenzen der Mitwirkung

Die Diskussion um die Existenz von Mitwirkungspflichten wird indirekt durch die **Unsicherheit über die Grenzen** der Pflichten bestimmt. Insoweit handelt es sich jedoch um ein selbständiges Argumentationsfeld, dem gesonderte Aufmerksamkeit zu widmen ist. Näher dazu unten Rz. 46 ff.   40

III. Die Mitwirkung Dritter

Weigerte sich ein **nicht** am Prozess **beteiligter Dritter**, die Augenscheinseinnahme zu dulden, war das Beweismittel bis zur ZPO-Reform 2001 **grundsätzlich unerreichbar**. Anders als Zeugen und Sachverständige traf am Prozess nicht beteiligte Dritte beim Augenscheinsbeweis – von § 372a abgesehen – **keine öffentlich-rechtliche Pflicht** zur Mitwirkung, also zur **Duldung des Augenscheins** (Betreten des Grundstücks, Blutentnahme, Herstellen von Fingerabdrücken, Fotografieren etc.) oder zur **Vorlage** von **Augenscheinsobjekten**.[1] Dies stellte zwar einen Wertungswiderspruch zur öffentlich-rechtlichen Zeugnispflicht dar. Dieser Widerspruch ließ sich aber wegen der vielfältig differenzierbaren Reichweite der Mitwirkungspflichten, der Weigerungsgründe und der Erzwingungsmittel nicht durch eine entsprechende Anwendung der öffentlich-rechtlichen Zeugnispflicht, sondern nur de lege ferenda lösen.[2] Bestand allerdings eine **materiell-rechtliche Pflicht** eines Dritten **zur Duldung oder Vorlage** gegenüber der beweisführenden Partei, etwa nach §§ 809, 810, 495 Abs. 2 BGB, §§ 471 Abs. 1 S. 1 HGB, waren die §§ 431, 356 entsprechend anwendbar.[3]   41

An der **materiell-rechtlich gestützten Durchsetzungsmöglichkeit** hat sich nichts geändert.[4] Im Übrigen hat aber die Neuregelung für eine erhebliche Erweiterung gesorgt. Auf Parteiantrag hin hat das Gericht das **Hauptverfahren auszusetzen**, damit der Beweisführer gem. § 371 Abs. 2 S. 2 i.V.m. §§ 429–432 in einem **Nebenverfahren** die Vorlegung des Augenscheinsobjekts **auf materiell-rechtlicher Grundlage erzwingen** kann. Einfacher und wegen der Entbehrlichkeit eines materiell-rechtlichen Anspruchs[5] wesentlich weiter reichend ist der Antrag auf Erlass einer **Anordnung von Amts** wegen nach §§ 371 Abs. 2 S. 1, 144 Abs. 1 (zur prozessualen Erzwingung Kap. 8 Rz. 126).   42

Das **Betreten einer Wohnung** ist wegen **Art. 13 GG** nur sehr **eingeschränkt** möglich (dazu auch Rz. 62). Sowohl das Gericht als auch ein von ihm als Augenscheinsmittler eingesetzter Sachverständiger können sich nicht auf Art. 13 Abs. 2 (Durchsuchungsmöglichkeit[6]) und wohl auch nicht auf Art. 13 Abs. 7 (Abs. 3 a.F., Gefahrenabwehrmaßnahmen) stützen.[7] Ohne besondere gesetzliche Grundlage zum Eingriff in die geschützte persönliche Lebenssphäre der Wohnräume ist man auf eine freiwillige   43

---

[1] AK-ZPO/*Rüßmann* vor § 371 Rz. 5; MünchKommZPO/*Damrau*² § 371 Rz. 10; Stein/Jonas/*Berger*²¹ vor § 371 Rz. 43.
[2] AK-ZPO/*Rüßmann* vor § 371 Rz. 5; *Schulte* NJW 1988, 1006, 1009.
[3] MünchKommZPO/*Damrau*² § 371 Rz. 10; *Bruns* Zivilprozeßrecht,² § 34 Rz. 181.
[4] Musielak/*Huber*¹⁰ § 371 Rz. 14; Zöller/*Greger*³⁰ § 371 Rz. 6.
[5] Musielak/*Huber*¹⁰ § 371 Rz. 14; Zöller/*Greger*³⁰ § 371 Rz. 6.
[6] Zum Begriff der Durchsuchung und der Abgrenzung von Art. 13 Abs. 2 GG und 13 Abs. 7 GG BVerwG NJW 2006, 2504 (bauaufsichtliches Betreten und Besichtigung einer Wohnung).
[7] BVerfGE 75, 318, 327 f. = NJW 1987, 2500, 2501: offengelassen für Art. 13 Abs. 3 GG a.F. Dort ging es um eine Beschlussverfügung, die dem Dritten aufgab, das Aufstellen eines Messmikrophons für Schallmessungen eines Sachverständigen in einer Doppelhaushälfte zu dulden. Zur Begutachtung im Bürogebäude eines Dritten bei behaupteten Brandschutzmängeln KG NJW-RR 2006, 241.

Mitwirkung angewiesen.[1] Der Gesetzgeber hat eine derartige Eingriffsbefugnis nicht geschaffen, sondern im Gegenteil in § 144 Abs. 1 S. 3 die Wohnung einer Partei oder eines Dritten von Duldungspflichten generell ausgenommen. Die **Pauschalität des § 144 Abs. 1 S. 3** hat die verfassungsrechtlichen Möglichkeiten, die Art. 13 GG bei nichtpolizeilichen Aktivitäten eventuell eröffnet, nicht ausgelotet.[2] Näher dazu Kap. 22 Rz. 58.

44 **Handelt der Dritte** bei einer Mitwirkungsverweigerung im **Einvernehmen mit oder** gar auf **Weisung einer Partei**, steht sein Verhalten der Weigerung dieser Partei gleich.[3] Dasselbe gilt bei einer Weigerung ihres Rechtsnachfolgers oder -vorgängers, ihres gesetzlichen oder gewillkürten Prozessvertreters oder des Rechtsinhabers bei Prozessstandschaft.[4]

45 Zur Anwendung der §§ 142, 144 s. oben Rz. 10.

§ 20 Grenzen der Parteimitwirkung

I. Differenzierung zwischen Prozessparteien und Dritten

46 Unabhängig davon, ob eine *allgemeine* prozessuale Mitwirkungspflicht befürwortet wird, oder ob jenseits existierender materiell-rechtlicher Duldungs- oder Handlungspflichten zur Ermöglichung einer Beweiserhebung (Augenscheinseinnahme) *nur begrenzte* Ersatzstrategien praktiziert werden, scheiden Beweiserleichterungen zugunsten des Beweisführers als Reaktion auf die schuldhafte (vorsätzliche oder fahrlässige)[5] Beweisvereitelung des Beweisgegners aus, wenn sich der **Beweisgegner** auf einen **triftigen Grund für** seine **Weigerung** berufen kann.[6] **Je weitherziger** prozessual motivierte **Mitwirkungspflichten**, gleich auf welcher Rechtsgrundlage, bejaht werden, **desto stärker** rücken die **Gründe für** eine **berechtigte Weigerung** des Prozess- bzw. Beweisgegners in den Mittelpunkt der Diskussion. Dies gilt dann, vom Standpunkt der Rechtsprechung aus gesehen, nicht nur für die **Grenzen sekundärer Behauptungslasten**, sondern auch für **Pflichten zur Vorlage** von Beweisgegenständen, zur Ermöglichung ihrer Besichtigung und – für die Augenscheinseinnahme nicht bedeutsam – zum Hinweis auf die Existenz von Beweismitteln, zur **Benennung** der ladungsfähigen **Anschriften** von Zeugen sowie zur **Entbindung von Schweigepflichten**. Diese Probleme bleiben weitgehend verdeckt, solange die pauschale Aussage in den Vordergrund gestellt wird, niemand müsse zum Prozesssieg seines Gegners beitragen.

47 Solange außerhalb des Prozessrechtsverhältnisses stehende **Dritte** allenfalls auf der Grundlage materiell-rechtlicher Pflichten zur Mitwirkung an der Beweisaufnahme verpflichtet waren, **sorgte** das **materielle Recht für** eine **Pflichtengrenze**, gegebenen-

---

1 Zur fehlenden gesetzlichen Grundlage für eine Anordnung des Insolvenzgerichts gegenüber dem Schuldner, dem vorläufigen Insolvenzverwalter das Betreten der Wohn- und Geschäftsräume zu gestatten, s. BGH ZIP 2004, 915 m. Anm. *Bähr* EWiR § 5 InsO 1/04 S. 499 f.
2 Zur absurden Erstreckung auf den Garagenbereich und damit verbundener Vereitelung einer Erkundungsbohrung BGH NJW-RR 2009, 1393 Rz. 10 f.
3 RGZ 101, 197, 198 (zu § 444); Zöller/*Greger*[30] § 371 Rz. 6; MünchKommZPO/*Zimmermann*[4] § 371 Rz. 29; *Bruns* Zivilprozeßrecht[2] § 34 Rz. 181; für Anwendung des § 286: Stein/Jonas/*Berger*[22] vor § 371 Rz. 42.
4 RGZ 101, 197, 198.
5 BGH VersR 1963, 389, 390.
6 Zur Notwendigkeit eines triftigen Grundes für die Verweigerung der Bekanntgabe der Anschriften von Unfallzeugen: BGH NJW 1960, 821, für die Nichtentbindung einer Bank von ihrer Verschwiegenheitspflicht zur Einholung einer Bankauskunft: BGH NJW 1967, 2012, oder für die Nichtentbindung von der beruflichen Verschwiegenheitspflicht: BGH MDR 1984, 48; BGH NJW-RR 1988, 962, 964; BGHR ZPO § 286 Abs. 1 Prozessverhalten 1.

falls durch Anwendung des § 242 BGB (vgl. dazu auch Kap. 29 Rz. 53). Dies gilt ungeachtet der Reform von 2001 auch weiterhin im Anwendungsbereich der Vorlagepflichten für Urkunden (§§ 422–432) sowie für elektronische Dokumente (§ 371 Abs. 2 S. 2 i.V.m. §§ 422–432) oder sonstige vorlegungsfähige Augenscheinsobjekte (analog § 371 Abs. 2 S. 2) und für eventuelle Ansprüche auf Duldung der Besichtigung von Örtlichkeiten.

Wird eine gerichtliche **Anordnung nach § 144 Abs. 1** (gegebenenfalls auf Antrag nach § 371 Abs. 2 S. 1) auf Vorlage von Augenscheinsobjekten oder auf Besichtigungsduldung erlassen, folgt deren **Begrenzung aus** dem gesetzlichen Tatbestand des **§ 144 Abs. 2 S. 1**, der auf die **Zeugnisverweigerungsrechte nach §§ 383–385** und auf **sonstige Unzumutbarkeit** abstellt. Dasselbe gilt für die von Amts wegen getroffene Urkundenvorlegungsanordnung nach **§ 142 Abs. 2 S. 1**. In der Sache werden sich keine Unterschiede zwischen richterrechtlichen bestimmten und ausdrücklich gesetzlich vorgesehenen Zumutbarkeitsgrenzen ergeben; die Bezugnahme auf §§ 383 ff.[1] erleichtert freilich partiell die Rechtsanwendung.

Unterschiedliche Reichweite haben die Zumutbarkeitsgrenzen für Prozessparteien und für Dritte. Durch Rechtsanwendung festgelegte Grenzen für den Prozessgegner (dazu nachfolgend Rz. 50 ff.) gelten erst recht für Dritte.

II. Zumutbarkeit, Verhältnismäßigkeit, Erforderlichkeit als unbenannte Grenzen zugunsten des Beweisgegners

Teilweise wird zur **Gewinnung von Gegengründen** auf die **Zumutbarkeit**[2] abgestellt, teilweise der Grundsatz der **Verhältnismäßigkeit**[3] benannt. Während die Zumutbarkeit etwaige rechtlich geschützte bzw. schützenswerte Gegeninteressen des Beweisgegners betrifft, erfasst die Verhältnismäßigkeit die **Geeignetheit** und die **Erforderlichkeit** der Augenscheinseinnahme zur Tatsachenfeststellung sowie die **Proportionalität** zwischen Feststellungsziel und Art und Intensität der Beeinträchtigung der Güter des Beweisgegners. Anzuwenden sind beide Gesichtspunkte. Zu den Kriterien der Zumutbarkeit und Verhältnismäßigkeit könnte der Gedanke der **Subsidiarität von Beweisaufnahmen**, die auf eine Mitwirkung des Gegners angewiesen sind, hinzutreten,[4] der sich aus einer streng durchgeführten Prüfung der Erforderlichkeit ergibt. Die Zeugnisverweigerungsrechte der **§§ 383 ff.** sind **nicht analog** anzuwenden.[5]

Die **Schwierigkeiten der Abwägungen** zeigt beispielhaft ein Fall des OLG Düsseldorf, in dem es um außergewöhnlich heftige Folgen einer Distorsionsverletzung der Halswirbelsäule nach einem Verkehrsunfall ging und der Haftpflichtversicherer des Schädigers auf der Beiziehung eines Vorerkrankungsverzeichnisses bestand, zu dessen Vorlage durch den Krankenversicherer das Opfer eine Schweigepflichtentbindung hätte erteilen müssen.[6] Das Gericht ist auf eine Bewertung der sekundären Darlegungen der Geschädigten ausgewichen.

---

1 Dazu KG NJW 2014, 85, 87.
2 BGH VersR 1958, 785, 786; OLG Düsseldorf VersR 1985, 457, 458; *Peters* ZZP 82 (1969), 200, 221 ff.; unklar *Rühl* ZZP 125 (2012), 25, 34.
3 AK-ZPO/*Rüßmann* vor § 371 Rz. 3; *Stürner* Aufklärungspflichten, S. 138.
4 Dafür Stein/Jonas/*Berger*[22] § 371 Rz. 41.
5 A.A. für § 383 Abs. 1 Nr. 6 *Becker* MDR 2008, 1309, 1313 f. (Dokumente des Anwalts in der Hand der Partei). Zum Anwalt selbst s. Kap. 6 Rz. 82 f.
6 OLG Düsseldorf NJW-RR 2013, 1440, 1442 (im Ergebnis wohl richtig, jedoch trotz wortreicher Begründung ohne Benennung von abstrakten Kriterien).

52 Da das **Ergebnis** richterlicher Zumutbarkeits- und Verhältnismäßigkeitsprüfungen **schwer prognostizierbar** ist, darf der Beweisgegner, der redlich auf eine Anerkennung seines Weigerungsgrundes hofft, nicht durch eine richterliche Entscheidung überrascht worden, die (zumindest für die betreffende Instanz) nicht mehr korrigierbar ist. Daher hat das **Gericht** den Beweisgegner rechtzeitig **auf** die **beabsichtigte Schlussfolgerung hinzuweisen**.[1]

53 Unzumutbar ist eine Mitwirkung bei **fehlender Kostendeckung**.[2] Für sie hat jedoch § 23 JVEG 2004 gesorgt (näher dazu Kap. 22 Rz. 56).

54 **Prozessfremde Verwertungszwecke** sind über § 242 BGB **auszuschließen**: So war es für das Begehren der Schwester von Nietzsche, eine Fremdveröffentlichung von dessen Briefen, deren Abschriften sich im Besitz der Beklagten befanden, auf urheberrechtlicher Grundlage zu unterbinden, nicht erforderlich, eine auf §§ 422, 425 ZPO, § 809 BGB gestützte Vorlageanordnung zu erlassen; sie hätte diese Briefabschriften zur beabsichtigten eigenen Veröffentlichung benutzen können und damit die Verwertung durch die Beklagten gefährdet.[3]

III. Körperliche Untersuchungen

55 **Eingriffe in** die **Körpersubstanz**, die nicht völlig belanglos sind, dürften **so gut wie nie** durch ein **überwiegendes Interesse des Beweisführers** zu rechtfertigen sein; für weiterreichende Beweisanordnungen lässt sich kein Erst-Recht-Schluss aus § 372a ableiten. Die Rechtsprechung hat Unzumutbarkeit z.B. angenommen bei einer Operation mit lebensgefährlichen und gesundheitsgefährdenden Risiken.[4] Zumutbarkeit wurde demgegenüber bejaht bei einem unerheblichen ärztlichen Eingriff, der nicht mit starken Schmerzen verbunden ist.[5] Bei körperlichen Eingriffen nicht völlig unerheblicher Art darf die Entscheidung nicht der von ihr betroffenen Prozesspartei überlassen werden; schon der **indirekte** staatliche **Zwang** infolge einer das Wahlrecht eröffnenden Beweisanordnung ist **abzulehnen.**[6]

56 Untersuchungen des **Geisteszustands einer Prozesspartei** waren **früher spezialgesetzlich** geregelt für das Entmündigungsverfahren (§ 654 a.F., Beteiligtenvernehmung unter Zuziehung eines Sachverständigen als Akt der Beweisaufnahme) und für Scheidungsgründe nach den früheren §§ 44 f. EheG (§ 623 a.F.), deren analoge Anwendung auf Eheaufhebungsklagen der BGH abgelehnt hat.[7] Sie kommen heute vor, wenn die **Prozessfähigkeit** gem. §§ 51, 52, 56 Abs. 1 von Amts wegen zu untersuchen ist.

57 Eine **zwangsweise** psychiatrische Untersuchung kommt **nicht** in Betracht.[8] In der Gesellschaft vorhandene **Vorbehalte gegen psychiatrische Untersuchungen** oder stationäre Behandlungen **begründen kein Weigerungsrecht** zu Lasten des Prozessgegners.

---

1 Ebenso Stein/Jonas/*Berger*[22] § 371 Rz. 41.
2 So schon RGZ 63, 408, 411.
3 RGZ 69, 401, 406.
4 OLG Düsseldorf VersR 1985, 457, 458 (dort: Operation zur Aufklärung eines ärztlichen Behandlungsfehlers bei fehlgeschlagener Tubensterilisation).
5 BGH VersR 1958, 785, 786.
6 So auch OLG Düsseldorf VersR 1985, 457, 458.
7 BGH NJW 1952, 1215. Eine Zwangsuntersuchung im Pflegschaftsverfahren verneinte BayObLG MDR 1972, 871.
8 BGH NJW 1962, 1510, 1511; OLG Schleswig SchlHA 1984, 184. Es bleibt bei hinreichenden Anhaltspunkten für Prozessunfähigkeit nach Ausschöpfung aller erschließbaren Erkenntnisquellen nur die Beweislastentscheidung zu Lasten der betroffenen Partei: BGH NJW 1996, 1059, 1060; NJW 2000, 289, 290. Zur psychiatrischen Untersuchung eines Schiedsrichters s. BGHZ 98, 32, eines Gesellschafters im Hinblick auf seine Eignung als Geschäftsführer BGH NJW 1958, 1491

Wird z.B. bei der Abwicklung der Folgen eines Verkehrsunfalls darüber gestritten, ob seit Jahren anhaltende Gesundheitseinbußen mit darauf beruhender Arbeitsunfähigkeit auf eine bisher nicht erkannte unfallbedingte Nervenverletzung oder auf die Fehlverarbeitung der Unfallfolgen zurückzuführen sind, kann der Geschädigte die angeordnete Begutachtung durch einen Psychiater nicht verweigern, weil er an organische Ursachen glaubt und einen Neurologen beauftragt sehen möchte.[1]

IV. Persönlichkeitsschutz

Das **allgemeine Persönlichkeitsrecht**, das ein Recht auf Respektierung des geschützten Bereichs begründet,[2] **setzt Grenzen**, wenn Vorgänge oder Zustände des engeren persönlichen Lebensbereiches, u.a. der Privat- und Intimsphäre einschließlich des vertraulich gesprochenen Wortes und privater Aufzeichnungen, offenbart werden sollen, indem sie z.B. durch **psychologische Untersuchungen**[3] oder Tests aufgeklärt oder ihre Geheimhaltung mit Sanktionen versehen werden sollen.[4] Vom **absolut geschützten Kernbereich**, den das Bundesverfassungsgericht dem Schutzbereich des Art. 1 Abs. 1 GG zuordnet,[5] den es allerdings in ihm vorgelegten Sachverhalten nicht als betroffen angesehen hat, ist der Bereich **privater Lebensgestaltung** zu unterscheiden, der im überwiegenden Interesse der Allgemeinheit oder im Hinblick auf grundrechtlich geschützte Interessen Dritter[6] unter strikter Wahrung der Verhältnismäßigkeit durch staatliche Gewalt eingeschränkt werden darf.[7] Soll zur Klärung des Umgangsrechts ein **kinderpsychologisches Gutachten** eingeholt werden, muss der Sorgeberechtigte des Minderjährigen an der Durchführung der Begutachtung mitwirken, indem er das Kind zum Gutachter bringt; eine unberechtigte Weigerung gefährdet das Kindeswohl und erlaubt einen Teilentzug des Sorgerechts nach § 1666 BGB.[8] 58

Welche **Verbote der Beweiserhebung** mit direkten oder indirekten[9] Sanktionen oder welche **Verwendungsbeschränkungen** für das **Beweisprotokoll** daraus folgen, ist nicht hinreichend geklärt. Allenfalls ist gesichert, dass die Wahrheitspflicht der Parteien im Zivilprozess Grenzen hat.[10] 59

Entscheidungen zum **Strafprozessrecht** lassen sich wegen der unterschiedlichen Kollision der Interessenlagen **nicht auf** den **Zivilprozess übertragen**. Während im Strafprozess nur der staatliche Strafanspruch zurücktritt, bedeuten **Beschränkungen der Stoffsammlung im Zivilprozess**, dass eine Partei zu Lasten der anderen Partei begüns- 60

---

und einer Mutter im Verfahren nach § 1666 BGB BGH NJW 2010, 1351 Rz. 33. Zur fehlenden Anfechtbarkeit der Anordnung einer Begutachtung OLG München FamRZ 2006, 1555.
1 BGH VersR 1973, 1028, 1029. RGZ 60, 147, 149 f. verlangt von einem Unfallgeschädigten mit schwerer Neurasthenie unter dem Gesichtspunkt des § 254 Abs. 2 BGB stationäre Behandlung in einer Nervenheilanstalt zur Wiederherstellung der Erwerbsfähigkeit.
2 BVerfGE 54, 148, 153 ff. = NJW 1980, 2070, 2071 – Fall Eppler.
3 Zu behördlich angeordneten medizinisch-psychologischen Gutachten BVerfGE 89, 69, 82 ff. = NJW 1993, 2365, 2366.
4 Für enge Grenzen der Geheimhaltung im Zivilprozess *Stürner* Aufklärungspflichten, S. 207.
5 BVerfGE 27, 1, 6 = NJW 1969, 1707 – Mikrozensus; 80, 367, 374 = NJW 1990, 563 – tagebuchähnliche Aufzeichnungen.
6 BVerfG NJW 1997, 1769 – Abstammungsauskunft.
7 BVerfGE 27, 344, 350 = NJW 1970, 555 – Scheidungsakten; 34, 238, 245 f. = NJW 1973, 891, 892 – heimliche Tonbandaufnahme; 80, 367, 374; NJW 1997, 1769 – Abstammungsauskunft; dazu v. Mangoldt/Klein/*Starck*, GG, 6. Aufl. Band 1 2010, Art. 2 Abs. 1 Rz. 16, 88, 173.
8 OLG Rostock NJW-RR 2011, 1445, 1446.
9 Auch indirekte Sanktionen, die eine Verweigerung der Teilnahme an einer Beweiserhebung anknüpfen, können Eingriffe in den Schutzbereich des Art. 2 Abs. 1 GG darstellen, vgl. BVerfG NJW 1993, 2365, 2366: drohender Entzug der Fahrerlaubnis.
10 v. Mangoldt/Klein/Starck GG,[6] Art. 2 Abs. 1 Rz. 105.

tigt wird. Das **BVerfG** sieht demgegenüber für die Grundrechtsbindung keinen Unterschied, ob die Verwertung von „grundrechtsrelevanten Informationen" in einem Strafprozess oder in einem Zivilprozess erfolgen soll.[1] Inwieweit aus der rechtswidrigen außergerichtlichen Beschaffung von Beweismitteln **Verwertungsverbote** abzuleiten sind, ist ein gesondertes Thema (dazu Kap. 6 § 16).

61 Die **Entscheidungspraxis** ist **eklektisch**: Eine Aussagepflicht des Schuldners gegen sich selbst besteht im **Insolvenzverfahren** nur, wenn eine Aufklärung anders nicht möglich ist; der Inhalt der Akten darf in anderen Verfahren nicht verwertet werden.[2] Das Recht auf **Kenntnis** der eigenen **Abstammung** begründet kein Recht auf Verschaffung von Kenntnissen gegen die Mutter.[3] Bezogen auf psychiatrische Gutachten besteht kein allgemeines Akteneinsichtsrecht.[4] **Ehescheidungsakten** dürfen, soweit sie – wie in der Zeit vor Einführung des Zerrüttungsprinzips – Angaben über die Ehepartner oder über die Ehe störende Dritte enthalten, an den Untersuchungsführer in einem Disziplinarverfahren nur übersandt werden, wenn das Dienstvergehen eines Beamten oder Soldaten in der qualifizierten Ehestörung besteht.[5]

V. Substanzeingriff in Sachen

62 **Eingriffe** in Bauwerke oder die **Substanz** anderer **Beweisgegenstände** durch Öffnen von Bauteilen, Entnahme von Proben, Grabungen und Bohrungen auf Grundstücken etc., wie sie in Bauprozessen bei Begutachtungen die Regel sind, hat der Gegner **hinzunehmen**, wenn die Substanzbeeinträchtigung geringfügig ist, durch einen Fachmann erfolgt und die Wiederherstellung in natura technisch und finanziell sichergestellt ist.[6] Für diese Situationen wäre eine Bejahung der **Subsidiarität der Beweiserhebung** zu begrüßen. Faktisch wirkt sich die **weite Interpretation** des **Wohnungsbegriffs**[7] (dazu auch Rz. 43) zugunsten Dritter als **Blockade** von **Duldungsanordnungen** nach § 144 Abs. 1 aus.

63 Ohne Weiteres sind **zerstörungsfreie Augenscheinseinnahmen** (funktional verstandene Besichtigungen) hinzunehmen, die durch Betasten, Vermessen, Wiegen, Klopfen oder unter Verwendung von Hilfsmitteln wie Mikroskop, Endoskop, Quarzlampe, Schallerzeugern etc. erfolgen.[8] **Objektiv unbegründete Ängste** oder subjektive Abneigungen gegen Untersuchungsmethoden, etwa die Verwendung ionisierender Strahlungsquellen zur Aufklärung von Materialfehlern oder fehlerhaften Schweißnähten, begründen keine Unzumutbarkeit. Hinzunehmen ist auch die **Demontage von Maschinen** oder Geräten, wie sie ohne Beschädigung im Rahmen einer Wartung oder Reparatur ebenfalls vorgenommen werden könnte, und erst recht die Inbetriebsetzung nach Maßgabe der Betriebsanleitung.

---

1 BVerfGE 106, 28, 48 = NJW 2002, 3619, 3623 – Lauschzeuge.
2 BVerfGE 56, 37, 42 ff. = NJW 1981, 1431, 1433.
3 BVerfG NJW 1997, 1769, 1770.
4 BPatG NJW 1975, 600 f.
5 BVerfGE 27, 344, 350 f.; 34, 205, 208 f. S. auch die Begrenzung der Verwertung von Scheidungsakten im Streit um die einkommensteuerliche Zusammenveranlagung von Ehegatten durch BFH DStR 1991, 1149.
6 Zum Wiederherstellungserfordernis *Stürner* Aufklärungspflichten, S. 139. Er bejaht a.a.O., Fn. 28 einen gegen den Staat gerichteten öffentlich-rechtlichen Leistungsanspruch analog zum Entschädigungsanspruch der Zeugen und Sachverständigen.
7 Vgl. BGH NJW 2013, 2687 Rz. 7 (Keller, Garagen, Geschäfts- und Büroräume). S. auch BAG NZA 2014, 143 Rz. 37 (offengelassen für Personalaufenthaltsräume).
8 S. dazu BGHZ 93, 191, 208 = GRUR 1985, 512, 516 – Druckbalken = JZ 1985, 1096 m. Anm. *Stürner/Stadler* (zu § 809 BGB).

Bei notwendiger Unterbrechung von Betriebsabläufen (Produktionsprozessen) muss die **Entschädigung des Betriebsausfalls** sichergestellt sein, ebenso die Entschädigung für den Verbrauch von Betriebsstoffen (Energie etc.) und Material für später unverwertbare Produktionsmuster. Die **Zumutbarkeit** der Duldung durch einen Dritten ist in einem **Zwischenstreit** nach § 387 zu klären, an dem der Dritte förmlich zu beteiligen ist.[1]

64

§ 21 Geheimverfahren

Schrifttum:

Bornkamm, Der Schutz vertraulicher Informationen im Gesetz zur Durchsetzung von Rechten des geistigen Eigentums – In-Camera-Verfahren im Zivilprozeß, Festschrift Ullmann (2006), S. 893; *de Lind van Wijndgaarden/Egler*, Der Beschlagnahmeschutz von Dokumenten aus unternehmensinternen Untersuchungen, NJW 2013, 3549; *Mayen*, Geheimnisschutz im Geheimverfahren, AnwBl. 2002, 495; *Prütting/Weth*, Geheimnisschutz im Prozeßrecht, NJW 1993, 576; *Stadler*, Der Schutz von Unternehmensgeheimnissen im Zivilprozeß, NJW 1989, 1202; *Stadler*, Geheimnisschutz im Zivilprozess aus deutscher Sicht, ZZP 123 (2010), 261; *Stürner*, Die gewerbliche Geheimsphäre im Zivilprozeß, JZ 1985, 453; *Tilmann/Schreibauer*, Beweissicherung vor und im Patentverletzungsprozeß, Festschrift Erdmann (2002), S. 901; *Tilmann*, Beweissicherung nach europäischem und deutschem Recht, Festschrift Ullmann (2006), S. 1013; *Wagner*, Urkundenedition durch Prozeßparteien – Auskunftspflicht und Weigerungsrechte, JZ 2007, 706; *Wrede*, Das Geheimverfahren im Zivilprozess, 2014.

I. Schutz technischer und geschäftlicher Geheimnisse der Prozessparteien

Gewerbliche **Geheimnisse** (technische Geheimnisse, Geschäftsgeheimnisse) begründen für Prozessparteien **nicht schlechthin** einen **Weigerungsgrund**, auch wenn sie **verfassungsrechtlichen Schutz** durch Art. 12 Abs. 1 GG genießen.[2] **§ 384 Nr. 3 ZPO**, der den **Zeugen** vor Offenbarung derartiger Geheimnisse schützt, kann nicht analog herangezogen werden, weil für ihn **als unbeteiligten Dritten** die Zumutbarkeitsschwelle niedriger liegt.[3] In entsprechender Weise wird in § 142 Abs. 2 S. 1 und in § 144 Abs. 2 S. 1 zwischen Prozessparteien und Dritten differenziert und spricht § 451 bei der Parteivernehmung keine Verweisung auf § 384 Nr. 3 aus.

65

Zu den **schutzwürdigen Geschäftsgeheimnissen** gehören u.a. Unterlagen über Kreditwürdigkeit, Kalkulation, Erträge, Kundenbeziehungen, Bezugsquellen und Marktstrategien, die nur einem **eng begrenzten** Personenkreis **bekannt** sind, die für Außenstehende, insbesondere Konkurrenten, **wissenswert** sind und deren Bekanntwerden dem Unternehmen erhebliche **Nachteile** bereiten kann.[4] Im Zivilrecht sind in besonderer Weise die materiell-rechtlichen Gebiete des Kartellrechts, des Rechts gegen unlauteren Wettbewerb und der Sonderschutzrechte des geistigen Eigentums, insbesondere des Patentrechts und des Urheberrechts, betroffen. Dabei ist nicht nur an Sachsubstrate des geistigen Eigentums zu denken, sondern auch an Schutzmechanismen zur Aufklärung von Rechtsverletzungen, etwa an Merkmale zur Markierung der Echtheit einer Ware.[5]

66

---

1 OLG Stuttgart NJW 2011, 1745, 1746 m. Anm. *Stadler*. Gegen eine Vorlage von Mandantenunterlagen durch den Anwalt *Rühl* ZZP 125 (2012), 25, 38 ff.
2 BVerfG MMR 2006, 375, 376 – Dt. Telekom.
3 *Stürner* Aufklärungspflichten, S. 228; so wohl auch *Gottwald* BB 1979, 1780, 1782 f. (insbesondere bei Fn. 47); a.A. *Schreiber* Urkunde im Zivilprozeß, S. 181.
4 Vgl. OVG Lüneburg NJW 2003, 1889 (LS) = NVwZ 2003, 629.
5 OG Zürich sic! 2003, 433 – Levi's Jeans II.

67 Unterschieden wird zwischen dem **Schutz** der **beweisbelasteten** und der **nicht beweisbelasteten Partei**. Die beweisbelastete Partei soll sich entscheiden müssen, ob sie die ihr günstigen streitigen Tatsachen, aus denen ihr Geheimnis besteht, vortragen und damit offenbaren will – gleichgestellt ist die Offenlegung von Befundtatsachen in trotz substanzarmen Parteivortrags eingeholten Sachverständigengutachten – oder ob sie den Prozessverlust riskieren will; demgegenüber kann die **nicht beweisbelastete Partei** ihr schutzwürdiges Geheimnis bewahren, ohne sich dem Vorwurf der Beweisvereitelung auszusetzen und einen darauf gestützten Prozessverlust zu riskieren.[1] Gegenüber materiell-rechtlichen Vorlageansprüchen wirkt ein berechtigtes Geheimhaltungsinteresse über § 242 BGB anspruchsbegrenzend.[2] Denkbar ist, dass sich **beide Prozessparteien** auf **Geheimnisse** berufen; sie können ineinander verwoben sein, etwa wenn der Kläger für ein Computerprogramm Urheberrechtsschutz behauptet und der Beklagte einwendet, seine Bearbeitung des klägerischen Programms verwende nur frei benutzbare, also schutzunfähige Programmteile, jedoch genieße die Bearbeitung ihrerseits Schutz.[3]

68 Die Rechtsprechung hat sich mit dem Schutz von Geschäftsgeheimnissen zum Teil bei der Aufstellung **sekundärer Behauptungslasten** in **Entscheidungen zu § 5 UWG** (Irreführungsverbot; § 3 UWG a.F.) zu befassen gehabt. So musste der Werbende, der die Herstellung seines Produkts nach einem alten ostpreußischen Rezept behauptete, Angaben zur Herkunft dieses Rezepts machen, nicht jedoch den Rezeptinhalt verraten.[4] Bei Behauptung einer Spitzenstellung auf dem Markt („Euro-Spirituosen") war es erforderlich, ungefähre Umsatzangaben als Indiz für die Unternehmensgröße und die Stellung auf dem europäischen Markt zumachen.[5] Bei Bewerbung eines juristischen Pressedienstes unter Angabe einer großen Zahl hochrangiger Mitarbeiter musste dargelegt werden, *wie viele* der freien Mitarbeiter regelmäßig Beiträge lieferten, hingegen mussten deren *Namen nicht* benannt werden.[6]

II. Verfahrensrechtliche Schutzgewährung

69 Die Einführung eines **einseitigen Geheimverfahrens**, das **nicht identisch** ist mit dem bloßen **Ausschluss der Öffentlichkeit** gem. § 172 Nr. 2 GVG und der zusätzlichen Auferlegung einer strafbewehrten (§ 353d Nr. 2 StGB) **Schweigepflicht** gem. § 174 Abs. 3 S. 1 GVG, müsste den prozessualen Informationsfluss zur Gegenpartei begrenzen, ihr also die Einsicht in Urkunden, Augenscheinsobjekte sowie sonstige Unterlagen, in Anknüpfungs- und Befundtatsachen von Sachverständigengutachten und die Wahrnehmung einschlägiger Zeugenvernehmungen vorenthalten. Das ist wegen der **Beeinträchtigung rechtlichen Gehörs** zu Lasten der ausgeschlossenen Partei umstritten.[7]

---

1 Vgl. dazu *Stürner* JZ 1985, 453, 457, 458 ff.; *Stadler* NJW 1989, 1202, 1204 f.; nur referierend *Mayen* AnwBl. 2002, 495, 498.
2 Zur Vorlegung nach § 422 ZPO: *Schreiber* Urkunde im Zivilprozeß, S. 180.
3 Fallbeispiel von *Lachmann* NJW 1987, 2206, 2210.
4 BGH GRUR 1963, 270, 271 – Bärenfang = LM Nr. 56 zu § 3 UWG.
5 BGH GRUR 1970, 461, 463 – Eurospirituosen. S. auch BGH GRUR 1971, 164, 167 – Discountgeschäft.
6 BGH GRUR 1961, 356, 359 – Pressedienst = NJW 1961, 826, 828.
7 Befürwortend *Stürner* Aufklärungspflichten, S. 223 ff.; *Stürner/Stadler* JZ 1985, 1104; *Stadler* NJW 1989, 1202, 1204 (Ausschluss der Parteien von der Verhandlung, mit rechtsvergleichenden Hinweisen); *Ros. Werner* Festschrift Pfeiffer (1988), S. 821, 832 ff.; *Beckhaus* Bewältigung von Informationsdefiziten, S. 377 ff., 383. Praktiziert in BAG NJW 1993, 612 (betr. anonymisierte Gewerkschaftsmitgliedschaft für Betriebsratswahl). Ablehnend BVerfG NJW 1995, 40 f. (abstellend auf Umstände des Einzelfalles); BGH NJW 1996, 391 – Anonymisierte Mitgliederliste; NJW 1994, 2899 (betr. Vergleichswohnungsdaten); BGHZ 116, 47, 48 = NJW 1992, 1817, 1819 – Amts-

Der Anspruch auf **effektiven Rechtsschutz**, verankert im Rechtsstaatsprinzip (Art. 20 Abs. 3 GG), gebietet eine Lösung, die für die Effektuierung des **Rechtsschutzes** *beider* **Parteien** unter Wahrung des Geheimnisses sorgt. Ein Geheimverfahren sollte allerdings wegen der **notwendigen Detailgestaltung** nicht allein richterrechtlich eingeführt und gestaltet werden,[1] auch wenn dies aus Gründen der Gewährung effektiven Rechtsschutzes verfassungsrechtlich geboten sein kann (zu den Problemen auch Kap. 5 Rz. 23 ff.). 70

Vorbilder existieren für den Zivilprozess in den USA und in der Schweiz.[2] Für den **Verwaltungsgerichtsprozess** hat § 99 Abs. 2 VwGO durch Gesetz vom 20.12.2001[3] ein In-Camera-Verfahren geschaffen. In diesem **Zwischenverfahren** werden auf Antrag eines Beteiligten von einem **speziellen Fachsenat** des OVG oder des BVerwG die Geheimhaltungsgründe des § 99 Abs. 1 S. 2 VwGO geprüft, wenn eine Behörde die Aktenvorlage unter Berufung auf derartige Gründe verweigert. Der Antrag ist beim für die Hauptsache zuständigen Gericht zu stellen. Das Zwischenverfahren unterliegt den Regelungen des materiellen Geheimnisschutzes; anzuwenden sind die **Sicherheitsüberprüfungsgesetze** des Bundes und der Länder. Die Beteiligten haben kein Recht auf Akteneinsicht; die Entscheidungsgründe dürfen Art und Inhalt der Urkunden oder Akten nicht erkennen lassen. Das nichtrichterliche Personal ist in den Geheimnisschutz eingebunden. Zulässig ist der Antrag auf Durchführung des Zwischenverfahrens, wenn die Hauptsacheentscheidung nur von der Rechtmäßigkeit der Auskunftsverweigerung abhängt. Einbezogen sind nicht nur Verfahren, deren Streitgegenstand auf Einsichtnahme in Akten oder die Erteilung einer Auskunft gerichtet ist, sondern auch solche Verfahren, in denen sich der **Informationszugang auf** inzident **entscheidungserhebliche Tatsachen** bezieht.[4] Ein In-Camera-Verfahren vor dem Gericht der Hauptsache schließt § 99 Abs. 2 VwGO aus.[5] 71

Das **Bundesverfassungsgericht** hat in einem Beschluss vom 14.3.2006 die **Mängel** aufgedeckt, die dem **Zwischenverfahren nach § 99 Abs. 2 VwGO** anhaften und die sich aus dessen Anwendung durch das BVerwG ergeben haben.[6] Gegenstand war ein mehrseitiges Rechtsverhältnis zwischen der TP-Regulierungsbehörde (jetzt: Bundesnetzagentur), der Deutschen Telekom und deren Wettbewerbern, die den entgeltlichen Zugang zu Teilnehmeranschlussleitungen der Telekom begehrten. Der Struktur nach sind die Probleme derartiger Rechtsverhältnisse denen eines Zivilprozesses vergleichbar. Das BVerwG hatte den durch Art. 12 Abs. 1 GG gewährleisteten Geheimnisschutz floskelhaft bis zur Grenze der Entstehung „nachhaltiger Nachteile" zurücktreten lassen wollen. 72

---

anzeiger; der Amtsanzeigerentscheidung folgend BVerwG, Beschl. v. 15.8.2003, WuW/E DE-R 1213, 1215 – Kalkulationsgrundlagen; *Baumgärtel* Festschrift Habscheid (1989), S. 1, 6 ff.; *Kürschner* NJW 1992, 1804, 1805; *Prütting/Weth* DB 1989, 2273, 2278; *Prütting/Weth* NJW 1993, 576, 577; *Prütting* ZZP 106 (1993), 427, 461; *Giem* WuW 1999, 1182, 1187 f. (zum Verfahren vor der Vergabekammer). Zur Geheimhaltung in allen Stadien des Verfahrens von der Darlegung im Sachvortrag über die Beweiserhebung bis zur Beurkundung im Urteil und zu den von der Geheimhaltung betroffenen Rechtsprinzipien *Ahrens* JZ 1996, 738 in Anm. zu BGH-Anonymisierte Mitgliederliste.
1 Anders *Wagner* ZZP 108 (1995), 193, 217.
2 Kurze rechtsvergleichende Hinweise bei *Stadler* NJW 1989, 1202, 1205; *Wagner* ZZP 108 (1995), 193, 211, 214; *Cosack/Tomerius* NVwZ 1993, 841, 844 f. Aus der Rechtsprechung: Schw. BG sic! 2012, 52, 53 – Klimaschränke II.
3 BGBl. I 2001, 3987. Regelung als Reaktion auf die Entscheidung BVerfGE 101, 106 = NJW 2000, 1175.
4 Zur Überprüfung einer Sperrerklärung VGH Kassel WM 2011, 553, 554.
5 BVerwG, Beschl. v. 15.8.2003, WuW/E DE-R 1213, 1215 – Kalkulationsgrundlagen.
6 BVerfG MMR 2006, 375 ff. – Dt. Telekom - Verfahrensfortgang: BVerwG CR 2007, 301 m. Anm. *Salevic* CR 2007, 435.

73 Die **Mehrheitsauffassung** des BVerfG verlangte eine **konkretisierte und nachvollziehbare Abwägung** des Interesses der Telekom am Schutz ihrer **Geschäftsgeheimnisse gegen** das Interesse ihrer Wettbewerber an der Erlangung **effektiven Rechtsschutzes** gegen eine überhöhte Entgeltfestsetzung zur Herstellung einer praktischen Konkordanz beider Positionen im Zwischenverfahren. Die **abweichende Meinung** des Richters *Gaier* hat zutreffend die mangelnde Praktikabilität der Mehrheitsauffassung kritisiert und eine rechtsfortbildende **Hereinnahme** des In-Camera-Verfahrens **in das Hauptsacheverfahren** verlangt. Dadurch sei es möglich, Geschäftsgeheimnisse zur Entscheidungsgrundlage zu machen und gleichzeitig die **Gewährung rechtlichen Gehörs** zu den Geschäftsgeheimnissen **zurückzusetzen**, soweit dies als ultima ratio zur Bereitstellung effektiven Rechtsschutzes sachlich erforderlich sei.[1] Dadurch werde die Spannung zwischen effektivem Rechtsschutz und Geheimnisschutz zu einem wirkungsoptimierten Ausgleich gebracht. Das entspricht der **Konfliktlage, wie** sie sich im Zivilprozess **bei** Anwendung des **§ 174 Abs. 3 S. 1 GVG** stellt (dazu auch Kap. 5 Rz. 23, Kap. 29 Rz. 57 und zuvor Rz. 59).[2]

74 Die Bereitstellung eines Prozessverfahrens zur Feststellung vertraulicher Informationen ist im Hinblick auf die **völkerrechtlichen Verpflichtungen** nach Art. 42 S. 5, 43 **des TRIPS-Abkommens**[3] in den Materien des gewerblichen Rechtsschutzes unabweisbar.[4] Dazu nötigt überdies **Art. 7 der Richtlinie 2004/48/EG** zur Durchsetzung der Rechte des Geistigen Eigentums vom 29.4.2004.[5] Die dort vorgesehene Beweisermittlungsanordnung ist 2008 in die einzelnen Gesetze zum Schutz Geistigen Eigentums eingearbeitet worden (§ 140c PatG,[6] § 24c GebrMG, § 37c SortSchG, § 19a MarkenG, § 101a UrhG, § 46a GeschmMG).[7] **Entstanden** ist ein **Zwitter** aus selbständigem Beweisverfahren und einstweiliger Verfügung, über dessen Rechtsnatur sich der deutsche Gesetzgeber keine Rechenschaft abgelegt hat.[8] **§ 174 Abs. 3 S. 1 i.V.m. § 172 Nr. 2 und 3 GVG**[9] drängt die Gefahr einer missbräuchlichen Verwendung von Informationen für eigene Zwecke der gegnerischen Prozesspartei **nicht hinreichend** zurück.[10] Die Vorschrift erlaubt nur, die fraglichen Tatsachen der Öffentlichkeit vorzuenthalten, nicht hingegen, die Verfahrensbeteiligten selbst von einer Kenntnisnahme auszuschließen oder sie darin zu behindern.[11]

75 Eine **rechtspolitische Verbesserung** läge in der Aufrichtung einer gerichtlich anzuordnenden Informationssperre (**chinese wall**) **zwischen** anwaltlichem **Prozessvertreter**

---

1 BVerfG MMR 2006, 375, 384; ihm zustimmend *Wagner* JZ 2007, 706, 717. Zum Geheimnisschutz aufgrund Einzelfallabwägung BVerwG NJW 2010, 2295 Rz. 13.
2 Zu dessen Einsatz bei Überprüfung der Berechnung von Krankenversicherungsprämien BVerfG VersR 2000, 214, 216.
3 Übk. vom 15.4.1994, BGBl. II 1994, 1730. TRIPS ist ein Teil der Übereinkommen zur Errichtung der Welthandelsorganisation (WTO).
4 Dazu *Mes* Festschrift Hertin (2000), S. 619, 634 f., der selbst allerdings meint (a.a.O., S. 637 f.), mit einem Ausschluss der Öffentlichkeit (§ 172 Nr. 2 GVG) und dem durch §§ 17 ff. UWG strafrechtlich bewehrten Geheimnisschutz sowie dem Gedanken der Treuwidrigkeit der Ausnutzung von Geschäftsgeheimnissen auskommen zu können.
5 ABl. EU Nr. L 195 v. 2.6.2004, S. 16 (berichtete Fassung). Zur Umsetzung *Ahrens* GRUR 2005, 837 ff. (mit Gesetzgebungsvorschlag); *Bornkamm* Festschrift Ullmann (2006), S. 893 ff.; *Tilmann* Festschrift Ullmann (2006), S. 1013 ff.
6 Dazu BGH GRUR 2010, 318 Rz. 15 – Lichtbogenschnürung (Vorinstanz OLG München GRUR-RR 2009, 1919 m. Bespr. *Müller-Stoy* GRUR-RR 2009, 161.
7 Dazu *Stadler* ZZP 123 (2010), 261, 279 ff.
8 *Ahrens* Festschrift Loschelder (2010), S. 1, 2, 12.
9 Dazu BGH (8. ZS) NJW 2009, 2894 Rz. 31; OLG Düsseldorf InstGE 10, 122, 123.
10 Beispielhaft zeigt dies der Beschluss OLG Düsseldorf InstGE 10 Nr. 16 = S. 122 zum Schriftsatzvortrag. Regelungsvorschlag dazu in *Ahrens/McGuire* Modellgesetz für Geistiges Eigentum (2012), S. 843 f. *Stadler* NJW 1989, 1202, hält eine gesetzliche Ergänzung um ein ausdrückliches Missbrauchsverbot für wünschenswert.
11 OLG München NJW 2005, 1130, 1131.

und seiner **Naturalpartei**,[1] die für den Fall der Missachtung von einer scharfen berufsrechtlichen Sanktion gegen den Anwalt flankiert werden müsste. Vorgeschlagen worden ist sogar, einen zusätzlichen, gerichtlich bestellten Rechtsanwalt zwischenzuschalten.[2] **Notwendig** wäre außerdem die partielle Anordnung der **Inquisitionsmaxime**. Ohne Tätigwerden des Gesetzgebers kann zugunsten der Prozesspartei, die das Geheimnis offenbaren müsste, interpretatorisch die **Substantiierungslast einstweilen herabgesetzt** werden, damit zunächst eine richterliche Geheimhaltungsanordnung ergehen kann.[3]

Der im Rechtsschutz des geistigen Eigentums anerkannte **Wirtschaftsprüfervorbehalt** bewirkt eine Beweisführung durch einen **neutralen** und **zur Verschwiegenheit** verpflichteten **Beweismittler**. Die Zwischenschaltung eines Wirtschaftsprüfers ist nur auf akzessorische Auskunftsverpflichtungen anzuwenden.[4] Mit diesem Verfahren kann der Verletzte im Erfüllungsstadium der Auskunftserteilung stichprobenartig durch gezielte Fragen nach der Einbeziehung bestimmter Umsätze, Lieferzeiten oder Abnehmer in die mitgeteilten Unterlagen die Vollständigkeit der Informationserteilung überprüfen.[5] Die **Beweismittlung** sorgt **nicht** für eine Einschränkung der Parteiöffentlichkeit **im Erkenntnisverfahren**.[6] Der Geheimhaltungsschutz lässt sich allerdings rechtspolitisch gut begründet in diese Richtung entwickeln, wozu vorrangig der Gesetzgeber aufgerufen ist.[7] Der Wirtschaftsprüfervorbehalt würde dadurch in einen **generellen Beweismittlervorbehalt** verwandelt, der auch für gerichtlich bestellte technische Sachverständige gelten würde.

Einer sinnvollen **rechtspolitischen Lösung** steht **Art. 103 Abs. 1 GG nicht entgegen**. Dieses Justizgrundrecht gewährleistet zwar die Einflussnahme der Parteien auf sämtliche Tatsachenfeststellungen, die die Grundlage der Entscheidung bilden.[8] Wie aber das **BVerfG** für das **In-Camera-Verfahren** in Verwaltungsrechtsstreitigkeiten ausgeführt hat, darf Art. 103 Abs. 1 GG **ausnahmsweise eingeschränkt werden**, wenn nur dadurch das Ziel verwirklicht werden kann, **effektiven Rechtsschutz** zu **ermöglichen**.

---

1 Dafür bereits de lege lata *Leppin* GRUR 1984, 695, 697 f.; *Stürner* Aufklärungspflichten, S. 223 Fn. 74; *Stürner* Festschrift Vollkommer (2006), 201, 215; *Ploch-Kumpf* Der Schutz von Unternehmensgeheimnissen im Zivilprozeß, 1996, S. 209. Bedenken äußert *Melullis* Festschrift Tilmann (2003), S. 843, 853 f. Zur Nutzung der Vorschriften durch die Patentverletzungskammer des LG Düsseldorf OLG Düsseldorf InstGE 10 Nr. 27 = S. 198, 199 f. – zeitversetztes Fernsehen; LG Düsseldorf InstGE 6, 189 – Walzen-Formgebungsmaschine I; *Tilmann/Schreibauer* Festschrift Erdmann (2002), S. 901, 922; *Kühnen* GRUR 2005, 185, 191. Zu persönlichen Zugangsbeschränkungen im englischen Recht *Enchelmaier* GRUR Int. 2012, 503, 510 ff.
2 *Stadler* NJW 1989, 1202, 1204; *Ploch-Kumpf* Der Schutz von Unternehmensgeheimnissen im Zivilprozeß, S. 210, 220.
3 OLG Nürnberg, BB 1984, 1252, 1253 = CR 1986, 197 m. krit. Anm. *Ullmann* (ihm folgend *Stadler* NJW 1989, 1202, 1206), hat unsubstantiierten Vortrag hinsichtlich der urheberrechtlichen Schutzfähigkeit eines Computerprogramms als ausreichend erachtet, um das Urheberrecht der Klägerin zu schützen, hat aber überdies auch selbst die vom Sachverständigen zugrunde gelegten Tatsachen nicht zur Kenntnis genommen. Für Abschwächungen der Substantiierungslast *Stürner* JZ 1985, 453, 458; *Stadler* NJW 1989, 1202, 1203 f. Ablehnend *Lachmann* NJW 1987, 2206, 2209 f. Zu den Möglichkeiten einer das Geheimnis nicht offenbarenden, aber das Bestimmtheitserfordernis wahrenden Antragsfassung *Doepner* Festschrift Tilmann (2003), S. 105, 117.
4 Unanwendbar ist sie bei selbständigen Auskunftsansprüchen: BGHZ 128, 220, 228 = BGH NJW 1995, 1905, 1907 – Kleiderbügel; BGH GRUR 2002, 709, 713 – Entfernung der Herstellungsnummer III; *Teplitzky* Festschrift Tilmann (2003), S. 913, 916 f.
5 *Teplitzky* Wettbewerbsrechtliche Ansprüche und Verfahren, 10. Aufl. 2011, Kap. 38 Rz. 28.
6 OLG München NJW 2005, 1130, 1131.
7 Für eine entsprechende *richterrechtliche* Handhabung die „Segelanweisung" für das Berufungsgericht in BGHZ 150, 377, 389 – Faxkarte = GRUR 2002, 1046, 1049 m. Bespr. *Tilmann/Schreibauer* GRUR 2002, 1015 ff.
8 BVerfGE 101, 106, 130 = NJW 2000, 1175, 1178; ebenso *Bornkamm* Festschrift Ullmann (2006), S. 893, 901 ff.

Der Anspruch auf rechtliches Gehör und die aus Art. 19 Abs. 4 GG folgende Rechtsschutzgarantie seien – so das BVerfG – **nicht** in **Gegensatz** zu stellen, sondern dienten demselben Ziel.[1] Für den zivilrechtlichen Rechtsschutz kann nichts anderes gelten. Allerdings darf die Durchführung eines In-Camera-Verfahrens im Rechtsschutzsystem nur eine ultima ratio bilden.[2] Ein In-Camera-Verfahren vor dem Hauptsachegericht und die gerichtlich angeordnete Schweigepflicht des Anwalts gegenüber der Naturalpartei sind im Übrigen keine einander ausschließende rechtspolitische Lösungen;[3] sie lassen sich vielmehr sinnvoll kumulieren.

§ 22 Pflichten Dritter zur Mitwirkung bei der Sachverhaltsaufklärung

I. Zeugnispflicht, Pflicht zur Vorlage von Unterlagen

1. Öffentlich-rechtliche Pflicht

78 Die Zeugnispflicht ist eine **öffentlich-rechtliche, staatsbürgerliche Verpflichtung**;[4] dasselbe gilt für die **Vorlageanordnungen** gegen Dritte nach §§ 142, 144. Der Zeuge erhält **keine Vergütung** sondern nur eine Entschädigung (Kap. 19 Rz. 13). Neben die staatliche Pflicht kann eine (arbeits-)**vertragliche Aussagepflicht** treten.[5]

79 Nach Ansicht von *Berger* besteht die Zeugnispflicht aus Gründen der **Verhältnismäßigkeit** nur, soweit die Voraussetzungen für die Erhebung des Zeugenbeweises erfüllt sind, nicht also, wenn die **Tatsache**, zu deren Beweis ein Zeuge benannt ist, **nicht beweisbedürftig** ist.[6] Die Zeugnispflicht entsteht jedoch ohnehin erst mit der ordnungsmäßigen Ladung des Zeugen bzw. durch die richterliche Anordnung der Zeugenvernehmung,[7] und diese darf – auch prozessleitend – nur ergehen, wenn die Voraussetzungen für die Anordnung des Zeugenbeweises und mithin die Beweisbedürftigkeit vorliegen.

80 Das Gericht hat **Belange des Zeugen in Erwägung zu ziehen**, etwa bei der Entscheidung über die Gestattung einer schriftlichen Aussage (Kap. 38 Rz. 1). Für den Zivilprozess gilt in gleicher Weise wie für den Strafprozess das dictum, dass die Verpflichtung zur Wahrheitsermittlung auf die **Achtung der Würde** eines Zeugen Bedacht zu nehmen hat;[8] der Zeuge hat Anspruch auf **angemessene Behandlung** und Ehrenschutz, was die Zurückweisung nicht erforderlicher Fragen nach entehrenden Tatsachen (§ 384 Nr. 2) sowie unzulässiger, ungeeigneter und nicht zur Sache gehörender Fragen umfasst.[9]

81 **Begrenzt wird** die **Pflicht** durch **Aussageverweigerungsrechte** nach §§ 383 ff. Dokumentenvorlageanordnungen nach **§ 142** oder Besichtigungsanordnungen nach **§ 144** werden ebenfalls durch die Zeugnisverweigerungsrechte und den allgemein gefassten Grund der **Unzumutbarkeit** beschränkt.

---

1 BVerfGE 101, 106, 130 = NJW 2000, 1175, 1178. Für eine Übertragung auf den Zivilprozess *Bornkamm* Festschrift Ullmann (2006), S. 893, 909 ff.; *Stadler* ZZP 123 (2010), 261, 276. Zum Verhältnis von effektivem Rechtsschutz und Geschäftsgeheimnissen auch BGH NJW 2009, 2894 Rz. 31.
2 *Stürner* Aufklärungspflichten im Zivilprozeß, S. 223; *Mayen* AnwBl. 2002, 495, 502.
3 So aber wohl *Mayen* AnwBl. 2002, 495, 502.
4 BVerfG NJW 1979, 32; BVerfG NJW 1988, 897, 898; BGHZ 41, 318, 324; OLG Celle FamRZ 1998, 1534; Stein/Jonas/*Berger*[22] vor § 373 Rz. 18.
5 *Rieble* ZIP 2003, 1273, 1275 f.
6 Stein/Jonas/*Berger*[22] vor § 373 Rz. 23.
7 Rosenberg/Schwab/*Gottwald*[17] § 120 Rz. 10.
8 BGH NJW 2005, 1519, 1520.
9 BGH NJW 2004, 239, 240.

Geboten sein kann eine **Modifizierung** der **Beweisaufnahmemodalitäten**, etwa eine Durchbrechung des § 355, zum Schutz von Opfern eines Strafverfahrens. Für das Strafverfahren geltenden Besonderheiten, etwa die Vernehmung in einem gesonderten Raum (§ 247a StPO),[1] die Videovernehmung Jugendlicher (§ 58a Abs. 1 S. 2 Nr. 1 StPO) oder der Zeugenschutz nach § 68 StPO, haben auch für den Zivilprozess Bedeutung. 82

2. Territoriale Reichweite: ausländische Zeugen, Zeugen im Ausland

Die Zeugnispflicht trifft jeden, der – von den Ausnahmen gem. §§ 18–20 GVG abgesehen – der deutschen Gerichtsbarkeit unterworfen ist.[2] **Deutsche Staatsangehörige** sind **kraft Personalhoheit** auch dann im Inland **zeugnispflichtig**, wenn sie sich im Ausland aufhalten,[3] wobei das Übermaßverbot unter Umständen die Einholung einer schriftlichen Zeugenaussage gebietet[4] (zu Besonderheiten bei der Ladung Kap. 33 Rz. 46 ff.). Auch kommt eine Zeugenvernehmung **im Ausland** im Wege der **Rechtshilfe** in Betracht.[5] 83

Ausländer, die sich **im Geltungsgebiet der ZPO** aufhalten, sind verpflichtet, nach deutschem Prozessrecht auszusagen (dazu auch Kap. 59 Rz. 19);[6] ob ihnen nach dem Prozessrecht ihres Heimatlandes die Zeugenfähigkeit fehlt, ist unerheblich.[7] **Nicht zeugnispflichtig** sind hingegen **Ausländer**, die sich **im Ausland aufhalten**; sie können aber freiwillig aussagen.[8] 84

Die **Zeugnispflicht beginnt** mit der ordnungsgemäßen **Ladung** und endet mit der Aussage oder der Abladung. Verlässt der Zeuge in der Zwischenzeit Deutschland, ändert dies an der einmal begründeten Zeugnispflicht nichts.[9] 85

Nicht verpflichtet als Zeugen auszusagen sind nach Art. 31 Abs. 2 des Wiener Übereinkommens über diplomatische Beziehungen vom 18.4.1961[10] i.V.m. § 18 GVG die **Mitglieder diplomatischer Missionen**, ihre Familienmitglieder und ihre privaten Hausangestellten. **Mitglieder internationaler Organisationen** sind durch völkerrechtliche Verträge weitgehend von der deutschen Zivilgerichtsbarkeit befreit.[11] Zeugnispflichtig sind hingegen gem. Art. 44 des Wiener Übereinkommens über konsularische 86

---

1 Zum Rahmenbeschluss 2001/220/JI vom 15.3.2005 über die Stellung des Opfers in Strafverfahren s. EuGH NJW 2005, 2839 – Pupino; EuGH NJW 2012, 595 Rz. 26 ff.
2 Stein/Jonas/*Berger*[22] vor § 373 Rz. 18; Rosenberg/Schwab/*Gottwald*[17] § 120 Rz. 10.
3 *Schack* Internationales Zivilverfahrensrecht[5] (2010) Rz. 795; *R. Geimer* Internationales Zivilprozeßrecht[6] (2009) Rz. 427.
4 *Geimer* Internationales Zivilprozeßrecht[6] Rz. 428; s. ferner *Linke/Hau* Internationales Zivilprozeßrecht[5] (2011) Rz. 358.
5 LG Aachen NJW-RR 1993, 1407.
6 OLG Frankfurt NJW 2014, 95.
7 *Nagel/Gottwald* Internationales Zivilprozessrecht[7] (2013), § 10 Rz. 76 (mit Beispielen Rz. 82 ff.); *Linke/Hau* Internationales Zivilprozeßrecht[5] Rz. 354.
8 *Geimer* Internationales Zivilprozeßrecht[6] Rz. 430; *Schack* Internationales Zivilverfahrensrecht[5] Rz. 796. Keine erzwingbare Parteianhörung gegen im Ausland lebende ausländische Partei, OLG Hamm NJW 2009, 1090.
9 OLG Frankfurt NJW 2014, 95 (Strafsache); a.A. OLG Düsseldorf NJW 1999, 1647, 1648 (auf den Aufenthalt im Zeitpunkt der strafrechtlichen Hauptverhandlung statt der Ladung abstellend).
10 BGBl. II 1964, 957; in Kraft seit dem 11.12.1964, Bek. v. 13.2.1965, BGBl. II 1965, 147.
11 Stein/Jonas/*Berger*[22] § 377 Rz. 12; Stein/Jonas/*Schumann*[20] (1979) Einl. Rz. 661; *Wenckstern* in: Handbuch des Internationalen Zivilverfahrensrechts, Bd. II/1, Die Immunität internationaler Organisationen (1994), Rz. 527, 540, 570.

Beziehungen vom 24.4.1963[1] i.V.m. § 19 GVG grundsätzlich die **Mitglieder einer konsularischen Vertretung** in der Bundesrepublik.[2]

3. Pflichtenumfang

87 Die Zeugnispflicht umfasst verschiedene Pflichten, deren Erzwingung im Einzelnen in den §§ 380 ff. geregelt sind (dazu Kap. 8). Wenn nicht ausnahmsweise nach § 377 Abs. 3 die schriftliche Beantwortung der Beweisfrage angeordnet wurde, muss der Zeuge **mündlich** in dem zur Beweisaufnahme bestimmten Termin aussagen. Zu diesem Zweck ist der Zeuge grundsätzlich verpflichtet, vor Gericht zu **erscheinen**,[3] vgl. § 377 Abs. 2 Nr. 3 (zu Ausnahmen §§ 375 Abs. 2, 382, 386 Abs. 3). Das **Erscheinen** kann nach § 380 **zwangsweise durchgesetzt** werden (Kap. 8 Rz. 1). Zur schriftlichen Äußerung ist der Zeuge nicht verpflichtet.[4] Befolgt der Zeuge eine zur schriftlichen Beantwortung der Beweisfrage nicht, muss das Gericht den Zeugen zunächst laden und dann wie üblich nach §§ 380, 390 vorgehen.

88 Weiter ergibt sich aus §§ 391, 392 und 395–398, dass der Zeuge verpflichtet ist, **wahrheitsgemäß** und **vollständig** auszusagen (Kap. 31 Rz. 5). Die Aussage kann, sofern kein Zeugnisverweigerungsrecht besteht, nach § 390 **indirekt erzwungen** werden. In der Regel sagt der Zeuge nicht unter Eid aus. Um den Zeugen zu einer wahrheitsgetreuen und vollständigen Aussage anzuhalten, kann das Gericht aber nach § 391 verlangen, dass der Zeuge seine Aussage **beeidigt** (Kap. 39 Rz. 44 ff.). Dasselbe Ziel verfolgen Strafvorschriften, nach denen der Zeuge bei einer unrichtigen oder unvollständigen Aussage bestraft werden kann (§§ 153 ff. StGB), evtl. auch wegen (versuchten) Prozessbetrugs (§ 263 StGB).

89 Nach § 378 Abs. 1 trifft den Zeugen die Pflicht, sein **Gedächtnis anhand** seiner **Unterlagen** zum Beweisthema **aufzufrischen**; er muss jedoch keine anderweitigen Vorbereitungen treffen oder gar sich erstmals Kenntnis vom Beweisgegenstand verschaffen (Kap. 33 Rz. 61).[5] An freiwilligen weitergehenden Nachforschungen ist der Zeuge nicht gehindert.[6]

90 Eine **körperliche Untersuchung** muss der Zeuge in der Regel **nicht dulden**.[7] Zur Duldung ist er nach § 372a ZPO und § 178 Abs. 1 FamFG aber dann verpflichtet, wenn er zwecks Abstammungsuntersuchung zugleich Gegenstand des Augenscheins ist (dazu Kap. 24 § 87). Nicht davon betroffen ist die Sicherheitskontrolle am Eingang zum Gerichtsgebäude.

II. Rechte und Schutz des Zeugen

1. Aussageverweigerung

91 Der Zeuge darf das Zeugnis verweigern, wenn ihm ein gesetzliches **Zeugnisverweigerungsrecht** zusteht (§§ 383–390). Unter Umständen ist er auch zur Eidesverweigerung berechtigt (§§ 390 Abs. 1, 391, s. Kap. 39 Rz. 56). Macht der Zeuge von diesen Rechten

---

1 BGBl. II 1969, 1587; für die BRep. Deutschland in Kraft seit 7.10.1971, Bek. v. 30.11.1971, BGBl. II 1971, 1285.
2 *Geimer* Internat. Zivilprozeßrecht[6] Rz. 808.
3 OLG Celle FamRZ 1998, 1534.
4 Stein/Jonas/*Berger*[22] § 377 Rz. 27.
5 RGZ 48, 392, 397; OLG Köln ZZP 87 (1974), 484 m. Anm. *Peters*; Musielak/*Huber*[10] § 373 Rz. 9; MünchKommZPO/*Damrau*[4] § 373 Rz. 25; Stein/Jonas/*Berger*[22] vor § 373 Rz. 19.
6 Stein/Jonas/*Berger*[22] vor § 373 Rz. 19.
7 Musielak/*Huber*[10] § 373 Rz. 9.

nicht Gebrauch, treffen ihn die Zeugenpflichten ohne Einschränkung. Hierüber ist der Zeuge zu belehren.

Zeugen können sich vor Gericht **nicht** mit Erfolg auf eine lediglich **vertraglich vereinbarte Schweigepflicht** berufen, weil die Verpflichtung zur wahrheitsgemäßen Aussage eine öffentlich-rechtliche Pflicht ist[1] und der Grundsatz der Aussagepflicht keine Ausweitung auf in der Prozessordnung nicht ausdrücklich genannte Fälle der Aussageverweigerung zulässt.[2]   92

Materiell-rechtliche Äußerungsbeschränkungen haben auch dann **keine Geltung** für Aussagen im Rahmen einer Zeugenvernehmung, wenn sie **auf** einem **vollstreckungsfähigen Titel** beruhen. Für den Bereich des gerichtlichen Aussageverhaltens werden materiell-rechtliche Pflichten grundsätzlich durch das Verfahrensrecht überlagert, das insoweit eine spezielle und abschließende Regelung enthält.[3] Für den Inhalt von Zeugenaussagen **geht** somit die **verfahrensrechtliche Pflichtbestimmung** der **materiell-rechtlichen vor.**[4] Das Bestehen und auch die rechtskräftige Feststellung eines Äußerungsverbots können deshalb einen Zeugen nicht von seiner öffentlich-rechtlichen Pflicht entbinden, in einem Rechtsstreit wahrheitsgemäß, also entsprechend seinem tatsächlichen Kenntnisstand auszusagen. Es bedarf vielmehr einer besonderen verfahrensrechtlichen Norm, um einer bestehenden materiell-rechtlichen Verpflichtung im Rahmen einer gerichtlichen Zeugenvernehmung Geltung zu verschaffen, wie z.B. § 54 Abs. 1 StPO und § 376 für die in u.a. in §§ 61, 62 BBG geregelte Schweigepflicht der Beamten.[5]   93

Auch können **Zeugenaussagen** in Verwaltungs- oder Gerichtsverfahren grundsätzlich **nicht** mit **Ehrenschutzklagen abgewehrt** werden, weil das Ausgangsverfahren nicht durch eine Beschneidung der Äußerungsfreiheit der daran Beteiligten beeinträchtigt werden soll.[6] Die Zeugen sollen ihre **Bekundungen frei** von der Befürchtung, mit einer Widerrufs- oder Unterlassungsklage überzogen zu werden, machen können. Die **Wahrheit** der Aussage wird bei der **Beweiswürdigung** in dem Verfahren **geprüft**, in dem die Aussage gemacht worden ist, ggf. auch in einem anschließenden Strafverfahren.[7] Für eine Widerrufs- oder Unterlassungsklage fehlt daher regelmäßig das Rechtsschutzbedürfnis.[8] Gegen die **Wiederholung** der Aussage **außerhalb des Gerichtssaales** kommt dagegen eine Abwehrklage in Betracht.[9]   94

---

1 OLG Frankfurt NJW-RR 2001, 1364 (obiter dictum); Zöller/*Greger*[30] § 373 Rz. 2.
2 OLG Frankfurt NJW-RR 2001, 1364 (obiter dictum).
3 OLG Frankfurt NJW-RR 2001, 1364.
4 OLG Frankfurt a.M. NJW-RR 2001, 1364 f.
5 OLG Frankfurt a.M. NJW-RR 2001, 1364, 1365.
6 BGH NJW 1962, 243; BGH NJW 1965, 1803; BGH NJW 1971, 284; BGH MDR 1973, 304; BGH NJW 1977, 1681, 1682 (insoweit nicht in BGHZ 69, 181, obiter dictum); BGH NJW 1987, 3138, 3139; BGH NJW 1988, 1016 (obiter dictum); BGH NJW 1999, 2736 (obiter dictum); OLG München OLGZ 1971, 144; anders bei ehrkränkenden Äußerungen eines Konkursverwalters in seinem Erstbericht gegenüber der Gläubigerversammlung BGH NJW 1995, 397 (obiter dictum); BGH NJW 1992, 1314, 1315 (obiter dictum); anders bei ehrkränkenden Äußerungen außerhalb der prozessualen Rechtsverfolgung; entsprechend für erwiesenermaßen unrichtigen Prozessvortrag der Parteien OLG Celle NJW-RR 1999, 385. Zu Parteiäußerungen vor Gericht s. auch BGH NJW 2008, 996, 998; *Ahrens* Festschrift Deutsch II (2009), S. 701, 715 f.
7 BGH NJW 1962, 243; BGH NJW 1965, 1803; BGH NJW 1977, 1681, 1682; zum Strafverfahren BGH NJW 1986, 2502, 2503; BGH NJW 1988, 1016 (obiter dictum); OLG Celle NJW-RR 1999, 385; MünchKommZPO/*Damrau*[4] § 373 Rz. 24; Stein/Jonas/*Berger*[22] vor § 373 Rz. 41.
8 BGH NJW 1965, 1803; BGH NJW 1986, 2502; BGH WM 1987, 1114; MünchKommZPO/*Damrau*[4] § 373 Rz. 24.
9 Stein/Jonas/*Berger*[22] vor § 373 Rz. 41.

95 **Materiell-rechtliche Auskunftsansprüche** gegen den Zeugen berühren den Umfang der Zeugnispflicht nicht.[1] Ein bestimmter **Inhalt der Aussage** kann daher weder verlangt noch wirksam (wegen § 138 Abs. 1 BGB) vereinbart werden.[2]

2. Zeugenbeistand

96 Der Zeuge hat grundsätzlich das Recht, zu seiner Vernehmung einen **Rechtsanwalt** als Beistand **hinzuziehen** und dessen Rat einzuholen.[3] Er darf sich bei der Aussage aber nicht vertreten lassen,[4] weil nur er selbst aus eigener Wahrnehmung berichten kann – ein Vertreter wäre lediglich Zeuge vom Hörensagen.

97 Der **Rechtsbeistand** des Zeugen hat **nicht mehr Befugnisse** als dieser selbst. Selbständige Antragsrechte, Akteneinsicht oder etwa die Anwesenheit außerhalb der Vernehmung des Zeugen (§§ 58 Abs. 1, 243 Abs. 2 StPO) stehen ihm nicht zu. Der Zeuge muss von vornherein in Begleitung eines Rechtsbeistandes erscheinen, falls er das in Anbetracht des Beweisgegenstandes für erforderlich hält.[5] Der **Ausschluss eines Rechtsbeistandes** des Zeugen von der Zeugenvernehmung verstößt im Allgemeinen gegen das im Rechtsstaatsprinzip enthaltene Recht auf ein **faires Verfahren**. Er ist nur dann mit dem Rechtsstaatsprinzip vereinbar, wenn er unter Wahrung des Verhältnismäßigkeitsgebots zur Aufrechterhaltung einer funktionsfähigen, wirksamen Rechtspflege erforderlich ist.[6]

98 Der **Zeuge trägt** selbst die **Kosten**, die ihm durch die Heranziehung eines Rechtsbeistandes entstehen[7] (s. aber auch Kap. 19 Rz. 19). Für Verdienstausfall und Auslagen steht ihm eine **Entschädigung** nach dem Gesetz über die Entschädigung von Zeugen und Sachverständigen zu (§ 401).

3. Schutz des Persönlichkeitsrechts

99 Die richterliche Vernehmung hat auf das **allgemeine Persönlichkeitsrecht** des Zeugen Rücksicht zu nehmen, der als unbeteiligter Dritter in den Prozess verwickelt wird. Orientierungspunkt dafür ist § 68a StPO. Dem Zeugenschutz in allen Verfahren dient die Möglichkeit, die Öffentlichkeit unter den Voraussetzungen des § 171b GVG auszuschließen. Das Gericht kann auch verpflichtet sein, den Zeugen, der sich wegen des staatlichen Aussagezwangs nicht ausreichend verteidigen kann, vor **herabwürdigenden Angriffen** anderer Prozessbeteiligter zu schützen (dazu auch oben Rz. 80). Rechtswidrige Angriffe können in scheinbar emotionsfreien Fragestellungen zur Person des Zeugen gekleidet sein, die **vorgeblich** der **Glaubwürdigkeitsbeurteilung** (zu Glaubwürdigkeitsgutachten Kap. 31 Rz. 76) dienen. Die abwägungsfrei[8] gewährleistete Menschenwürde in der engen Auslegung dieses Rechtsbegriffs aus Art. 1 Abs. 1 GG durch das BVerfG wird in der Rechtspraxis deutscher Gerichte kaum betroffen sein.[9]

---

1 Stein/Jonas/*Berger*[22] vor § 373 Rz. 41.
2 MünchKommZPO/*Damrau*[4] § 373 Rz. 24; Stein/Jonas/*Berger*[22] vor § 373 Rz. 54.
3 BVerfGE 38, 105, 112 = NJW 1975, 103; Rosenberg/Schwab/*Gottwald*[17] § 120 Rz. 45.
4 BVerfGE 38, 105, 116 = NJW 1975, 103, 106.
5 BVerfGE 38, 105, 116 = NJW 1975, 103, 104.
6 BVerfGE 38, 105, 112 = NJW 1975, 103.
7 BVerfGE 38, 105, 116 = NJW 1975, 103, 104.
8 v. Mangoldt/Klein/*Starck* GG[6] Art. 1 Rz. 34 f.
9 Vor deren Verletzung jedoch warnend Stein/Jonas/*Berger*[22] vor § 373 Rz. 26.

III. Haftung des Zeugen

Entsteht einem Prozessbeteiligten durch eine **vorsätzliche Falschaussage** des Zeugen ein Schaden, so haftet der Zeuge hierfür zivilrechtlich nach § 823 Abs. 2 BGB i.V.m. §§ 153, 154, 155, 156 und 263 StGB[1] sowie nach § 826 BGB. Für eine **fahrlässige Falschaussage** haftet der Zeuge nur, wenn er sie beeidigt hat (§ 823 Abs. 2 BGB i.V.m. § 163 StGB).[2] Als Schutzgesetze kommen nur die Strafvorschriften in Betracht.[3] Nach anderer Ansicht soll § 823 Abs. 2 BGB i.V.m. den verfahrensrechtlichen Vorschriften über die prozessuale Wahrheitspflicht einen umfassenden Schutz vor Schäden eines Prozessbeteiligten infolge einer schuldhaften Verletzung der Wahrheitspflicht bieten, wobei die Haftung nur bei grober Fahrlässigkeit eintreten soll.[4]

100

Hat die geschädigte Partei **nicht** alle erfolgversprechenden **Möglichkeiten** ausgeschöpft, um das auf der **Falschaussage** des Zeugen basierende Urteil **zu verhindern** oder durch Rechtsmittel zu beseitigen, trifft sie unter Umständen ein **Mitverschulden**.[5] Für eine Falschaussage haftet der Zeuge **nur persönlich** und nicht etwa über § 31 BGB die GmbH, deren Geschäftsführer er ist.[6]

101

IV. Begutachtungspflicht von Sachverständigen

Den Sachverständigen trifft eine Pflicht zur **Übernahme** der **Gutachtenerstattung** unter den Voraussetzungen des **§ 407** (dazu Kap. 43 Rz. 3 f.), sofern nicht ein Gutachtenverweigerungsrecht nach **§ 408** besteht (dazu Kap. 43 Rz. 10).

102

Von der Verpflichtung zur Übernahme der Begutachtung sind die aus einer Bestellung erwachsenden Pflichten zu unterscheiden (dazu Kap. 47 § 16).

103

§ 23 Jedermann-Informationsrechte

Schrifttum:

Fechner/Krischok/Pelz, Auskunftsanspruch der Medien gegenüber Bundesbehörden – Ein Zwischenruf, AfP 2014, 213; *Troidl*, Akteneinsicht im Verwaltungsrecht. Informationszugang gemäß VwVfG, VwGO, UIG, VIG IFG, 2013.

I. Unionsrecht

Informationsansprüche **gegen Behörden** können die Sammlung von Prozessstoff vorbereiten helfen und dadurch Darlegungslasten in Zivilprozessen erleichtern. **Art. 42 Grundrechtscharta** gewährt ein Grundrecht auf Zugang zu Dokumenten des europäischen Parlaments, des Rates und der Kommission.

104

Eine einfachgesetzliche Regelung allgemeiner Art ist in der **VO (EG) Nr. 1049/2001** enthalten.[7] Sie war in **Kartellverfahren** und in **Beihilfekontrollverfahren** Gegenstand von Entscheidungen des EuGH, in denen es insbesondere um verfahrensmäßige Be-

105

---

1 Zöller/*Greger*[30] § 373 Rz. 13; Rosenberg/Schwab/*Gottwald*[17] § 120 Rz. 29.
2 Zöller/*Greger*[30] § 373 Rz. 13; wohl auch Baumbach/Lauterbach/*Hartmann*[71] Übers § 373 Rz. 26.
3 Rosenberg/Schwab/*Gottwald*[17] § 120 Rz. 29.
4 *Prange* Materiell-rechtliche Sanktionen, S. 73 ff., 83.
5 *Prange* Materiell-rechtliche Sanktionen, S. 101 ff., 102; Zöller/*Greger*[30] § 373 Rz. 13.
6 OLG Düsseldorf MDR 2012, 43.
7 ABl. EU Nr. L 145 2001, S. 43.

gleitregelungen für den Geheimnisschutz ging.[1] Für Geschädigte in Kartellsachen ist die Einsicht in Dokumente von Interesse, die im Rahmen von **Kronzeugenprogrammen** übermittelt wurden.[2] Nationale Bonusprogramme, die Dokumente zur Anwendung des Art. 101 f. AEUV betreffen, müssen die Vorgaben des Unionsrechts beachten, insbesondere den Effektivitätsgrundsatz.[3] Die Abwägung der Informationsinteressen geschädigter Zivilkläger gegen Geheimhaltungsinteressen von Teilnehmern an Kronzeugen- oder Bonusprogrammen obliegt dem Zivilgericht, das die Behördenakten beigezogen hat und auch beiziehen darf.[4]

II. Informationsfreiheitsgesetze

106 Grundlage von Informationsansprüchen der Allgemeinheit in Deutschland ist das **Informationsfreiheitsgesetz** (IFG) des **Bundes** vom 5.9.2005[5] oder ein entsprechendes **Landesgesetz**. Bedient sich eine Behörde zur Erfüllung ihrer öffentlich-rechtlichen Aufgaben eines Privatrechtssubjekts, ist dieser Rechtsträger in den Kreis der Anspruchsverpflichteten einbezogen. Geltung hat das IFG Bund auch für die Tätigkeit der Bundesministerien.[6] Öffentlich-rechtliche Rundfunkanstalten können nach den IFG der Länder zur Auskunft verpflichtet sein.[7]

107 Scheitert z.B. das **Informationsbegehren** eines **Insolvenzverwalters** gegen ein Finanzamt oder einen Sozialversicherungsträger zur Vorbereitung einer Insolvenzanfechtung an der Verneinung einer Sonderrechtsbeziehung,[8] kann das IFG Grundlage für ein solches Begehren sein.[9] Für Ansprüche der Insolvenzverwalter nach Landes-IFG ist der **Verwaltungsrechtsweg** gegeben,[10] ebenso für Ansprüche gegen gesetzliche Krankenkassen.[11]

108 In gleicher Weise wird gehäuft die **Bundesanstalt für Finanzdienstleistungsaufsicht** (**Bafin**) in Anspruch genommen.[12] Zuständig ist die **Verwaltungsgerichtsbarkeit**.[13] Verweigert werden kann die Auskunft, wenn die Gewährung von Zugang zu Akten

---

1 Vgl. nur EuGH, Urt. v. 29.6.2010, Rs. C -28/08P, Slg. 2010, I – 6055-Kommission/Bavarian Lager; EuGH, Urt. v. 29.6.2010, Rs. C-139/07P, Slg. 2010, I-5885 – Ilmenau = WuE/E EU-R 1727; EuGH, Urt. v. 28.6.2012, Rs. C-477/10P – Kommission/Agrofert Holding, WuW/E EU-R 2624; EuGH, Urt. v. 27.2.2014, Rs. C-365/12 P – EnBW, EuZW 2014, 311; *Luszcz* EuZW 2012, 488 ff.
2 Dazu EuGH, Urt. v. 14.6.2011, Rs. C-360/09, Slg. 2011, I-5161 – Pfleiderer = WuW/E EU-R 1975; nachfolgend AG Bonn NJW 2012, 947. S. ferner EuG, Urt. v. 13.9.2013, Rs. T-380/08 – Niederlande/Kommission (Bitumen-Kartell) = WuW/E Eu-R 2907.
3 EuGH, Urt. v. 6.6.2013, Rs. C-536/11 – Donau-Chemie, WRP 2013, 898 = WuW/E EU-R 2746. S. auch High Court für England u. Wales, Urt. v. 4.4.2012, WuW/E KRInt. 403 – National Grid Electricity/ABB; OLG Düsseldorf WRP 2012, 1596 – Kaffeeröster (Beschwerden der Antragsgegner dagegen als unzulässig verworfen von BGH Beschl. v. 18.2.2014, WuW/E DE-R 4218); OLG Hamm Beschl. v. 26.11.2013, WuW/E DE-R 4101 m. Bespr. *Yomere/Kresken* WUW 2014, 481 ff.
4 BVerfG (Kammer) NJW 2014, 1581 Rz. 29 ff.; s. auch BGH NJW 2014, 1194 Rz. 6.
5 BGBl. I 2005, 2722. Zur Einbeziehung von Regierungshandeln BVerwG DVBl. 2012, 176; zur Tätigkeit der wissenschaftlichen Dienste des Bundestages VG Berlin K&R 2012, 141 = AfP 2012, 211. Keine Anwendbarkeit des IFG Bund gegenüber Landesbehörden, VG München ZIP 2013, 2229.
6 BVerwGE 141, 122 = DVBl. 2012, 176; BVerwG DVBl. 2012, 180.
7 OVG Münster AfP 2012, 302, 304 (zum WDR).
8 Vgl. BGH ZIP 2009, 1823 Rz. 9.
9 BVerwG ZIP 2011, 41 Rz. 8 (gegen Hauptzollamt); BVerwG ZIP 2012, 1258 (Vorinstanz: OVG Münster ZIP 2011, 1426); VG Stuttgart ZInsO 2009, 1858; s. ferner BFH ZIP 2011, 883.
10 BVerwG ZIP 2013, 1252 nach Rücknahme einer Anfrage an den GmS-OGB.
11 BSG ZIP 2012, 2321.
12 Dazu VGH Hessen NVwZ 2010, 1036; VG Frankfurt/M. ZIP 2008, 2138.
13 BVerwG ZIP 2012, 2319 Rz. 2.

nachteilige Auswirkungen auf die Aufsichtsaufgaben haben könnte.¹ Noch ungeklärt ist die Reichweite der Verschwiegenheitspflichten der BaFin in Bezug auf Finanzdienstleister, über die sich die Aufsicht aus Unionsrecht ergibt.²

Probleme bereitet nicht nur der begrenzende **Geheimnisschutz**,³ sondern auch die Abgrenzung zu speziellen Akteneinsichtsrechten nach Verfahrensordnungen.⁴ Besondere Bedeutung haben § 406e StPO und § 475 Abs. 1 StPO.⁵   109

Zugang zu gesundheitsbezogenen Informationen über Lebensmittel und Futtermittel ermöglicht das **Verbraucherinformationsgesetz** (VIG) vom 5.11.2007.⁶ Umweltbezogene Informationen sind auf der Grundlage des **Umweltinformationsgesetzes** (UIG) des Bundes vom 22.12.2004⁷ und entsprechender Landesgesetze zu erteilen.   110

III. Presserechtliche Auskunftsansprüche

Die Landespressegesetze enthalten Auskunftsansprüche der Presse.⁸ Ein Recht von Theaterfotografen, Fotos von Opern- oder Theaterpremieren zu machen, ergibt sich daraus nicht.⁹ Für Ansprüche **gegen Bundesbehörden** hat sich das BVerwG direkt auf Art. 5 Abs. 1 GG gestützt.¹⁰ Demgegenüber hat der VGH München einen Zugang zu Petitionsakten des Bayerischen Landtages verneint, soweit der Anspruch auf Art. 5 Abs. 1 S. 1 Alt. 2 GG oder auf Art. 10 Abs. 1 S. 2 EMRK gestützt wird.¹¹   111

---

1 VG Frankfurt ZIP 2013, 2377, 2378. Zum Geheimnisschutz BVerwG ZIP 2014, 442.
2 EuGH-Vorlage: VG Frankfurt/M. ZIP 2014, 50.
3 Zum Geistigen Eigentum als Grenze *Schnabel* K&R 2011, 626. Allgemein *Schoch* NJW 2009, 2987.
4 Zum MarkenG BGH GRUR 2012, 317 Rz. 3 – Schokoladenstäbchen.
5 Zum Einsichtsrecht des Insolvenzverwalters OLG Dresden ZIP 2014, 436.
6 BGBl. I 2007, 2558 (mit nachfolgenden Änderungen).
7 BGBl. I 2004, 3704. Dazu *Geiger* AnwBl. 2010, 464. Zur Auskunftspflicht des Bundesumweltministeriums EuGH, Urt. v. 14.2.2012, Rs. C-204/09 – Flachglas Torgan, EuZW 2012, 459 m. Bespr. *Hellriegel* EuZW 2012, 456 ff.; EuGH, Urt. v. 18.7.2013, Rs. C-515/11 – Deutsche Umwelthilfe, EuZW 2013, 708.
8 Beispielhaft dazu VG Berlin NJW 2013, 1464. Zur Abwägung gegen den Persönlichkeitsrechtsschutz eines Beschuldigten im Strafverfahren VGH München NJW 2014, 2057, 2058.
9 OVG Münster ZUM-RD 2013, 348, 354.
10 BVerwG NVwZ 2013, 1006 Rz. 29 (betr. Bundesnachrichtendienst), Bespr. *Partsch* NJW 2013, 2858 ff.; BVerwG NJW 2014, 1126 Rz. 23.
11 VGH München NJW 2014, 1687, 1688.

Kapitel 8:
Direkter und indirekter Zwang in der Beweisaufnahme, Beweisvereitelung

	Rz.
§ 24 Erzwingung des Erscheinens von Zeugen	
I. Erscheinen als Vernehmungsvoraussetzung	1
II. Anwendungsbereich des § 380	3
III. Funktion der Ordnungsmittel	7
IV. Besonderheiten ausländischer und minderjähriger Zeugen	
1. Ausländische Staatsangehörige	14
2. Minderjährige Zeugen	
a) Sanktionen gegen den Minderjährigen	15
b) Sanktionen gegen den Personensorgeberechtigten	19
V. Ordnungsgemäße Ladung, Belehrung	22
VI. Nichterscheinen zum Vernehmungstermin	25
VII. Fehlen einer genügenden Entschuldigung	28
VIII. Unzulässigkeit der Anordnungen	30
IX. Rechtsfolgen des Nichterscheinens	
1. Festsetzung von Ordnungsgeld	32
2. Festsetzung von Ersatzordnungshaft	34
3. Auferlegung der Kosten	35
X. Verfahren der Anordnung	
1. Anordnungspflicht, Zeitpunkt der Anordnungen, Adressat	38
2. Form der Entscheidung, Zuständigkeit, rechtliches Gehör	42
3. Verkündung, Zustellung	45
XI. Maßnahmen bei wiederholtem Ausbleiben	
1. Erneute Terminierung und Ladung	46
2. Erneute Festsetzung des Ordnungsmittels	47
3. Zwangsweise Vorführung	51
4. Auferlegung der weiteren Kosten	53
XII. Vollstreckung der Sanktionen bei Nichterscheinen	
1. Auferlegung der Kosten	54
2. Ordnungsmittel	56
3. Zwangsweise Vorführung	59
XIII. Anhang: Einführungsgesetz zum Strafgesetzbuch	

	Rz.
§ 25 Erzwingung des Erscheinens von Sachverständigen und der Begutachtung	
I. Anwendungsbereich	62
II. Voraussetzungen	
1. Nichterscheinen, Gutachtenverweigerung	64
2. Eidesverweigerung	66
3. Aktenherausgabe	67
III. Auferlegung der Kosten/Festsetzung des Ordnungsgeldes	68
IV. Rechtsmittel	70
§ 26 Zwang gegen Prozessparteien	
I. Liberale Grundkonzeption der ZPO	71
II. Zwangsweise Abstammungsuntersuchung	72
III. Erzwingung des Erscheinens der Prozessparteien, § 141	73
IV. Ermessensausübung gegenüber nichterschienener Partei	74
§ 27 Rechtsmittel gegen Beschlüsse nach § 380 Abs. 1 und 2 ZPO	
I. Sofortige Beschwerde, Erinnerung	
1. Zulässiger Rechtsbehelf	78
2. Beschwerdeberechtigung	79
3. Abgrenzung zum Aufhebungsantrag	83
4. Einlegungsfrist	85
5. Form	87
6. Rechtsbehelf gegen Beschwerdeentscheidung	88
II. Änderung der Beschlüsse von Amts wegen	89
III. Rechte der Parteien bei Aufhebung/Unterbleiben der Kostenentscheidung	90
IV. Kosten der sofortigen Beschwerde	91
§ 28 Erzwingung der Aussage- oder Eidesleistung gem. § 390 ZPO	
I. Durchsetzung der Zeugnispflicht	96
II. Kumulierende Ursachen der Nichtaussage	
1. Abgrenzungsbedarf (§ 380/§ 390)	98
2. Anfängliche begründungslose Aussageverweigerung	99
3. Anfängliches Nichterscheinen	100

	Rz.		Rz.
4. Wiederholte Aussageverweigerung mit unzureichender Begründungsangabe.	101	III. Erzwingung medizinischer Untersuchungen.	124
5. Freiwilliges Entfernen des Zeugen, zwangsweise Entfernung.	102	IV. Erzwingung der Vorlage von Dokumenten und der Duldung von Besichtigungen.	126
6. Nichterscheinen der Testperson zur Untersuchung	103	V. Kostenbeschluss, Haftung des Zeugen	127
III. Unberechtigte oder verworfene Weigerungsgründe		VI. Rechtsmittel.	129
1. Nichtangabe von Gründen	106	**§ 30 Beweisvereitelung**	
2. Mangelhafte Begründung, erfolgloses Zwischenverfahren.	107	I. Lückenhaftigkeit der gesetzlichen Regelung.	130
§ 29 Ordnungssanktionen bei Aussage-, Untersuchungs- oder Eidesverweigerung		II. Der unmittelbare Regelungsbereich des § 444	
I. Ordnungsgeld.	109	1. Systematische Stellung der Norm.	131
II. Ordnungshaft		2. Tatbestandsvoraussetzungen	
1. Haftzweck	112	a) Objektive Tathandlung	132
2. Antragserfordernis.	114	b) Subjektives Erfordernis	135
3. Anordnungsbeschluss, Haftbefehl	115	III. Ausfüllung der Regelungslücke	
4. Vollzug der Haftanordnung, Haftrecht	118	1. Grundsatz.	138
5. Haftdauer, Haftende	121	2. Anwendungsfälle	146
		IV. Rechtsfolgen	
		1. Vorsätzliche Beweisvereitelung.	150
		2. Fahrlässige Beweisvereitelung.	154

§ 24 Erzwingung des Erscheinens von Zeugen

Schrifttum:

H.-J. Ahrens, Wider die Teilprozessfähigkeit Minderjähriger als Fernwirkung medizinrechtlichen Denkens, Festschrift G. Fischer (2010), S. 1; *Bergerfurth*, Das Ausbleiben des Zeugen im Zivilprozeß, JZ 1971, 84; *Grüneberg*, Ordnungsmittel gegen einen ausgebliebenen Zeugen?, MDR 1992, 326; *Michel*, Der betrunkene Zeuge, MDR 1992, 544; *Molketin*, Der nicht erschienene Zeuge und § 51 StPO; *Mümmler*, Zuständigkeit zur Vollstreckung von Ordnungsgeld bzw. Ordnungshaft gem. §§ 141 Abs. 3 S. 1 und 380 Abs. 1 ZPO, JurBüro 1975, 580; *Schmid*, Ordnungsmittel gegen einen nicht benötigten Zeugen?, MDR 1980, 115; *E. Schneider*, Wartepflichten bei der Zeugenvernehmung, MDR 1998, 1205; *Skupin*, Die Folgen beim Ausbleiben eines kindlichen oder eines jugendlichen Zeugen im Strafverfahren, MDR 1965, 865; *Winter*, Vollzug der Zivilhaft, 1987.

I. Erscheinen als Vernehmungsvoraussetzung

§ 380 ist aus § 345 CPO hervorgegangen. Jüngere Änderungen erfolgten durch Gesetz vom 2.3.1974[1] und durch das ZPO-ReformG vom 27.7.2001.[2] Das Erscheinen des Zeugen ist technische **Voraussetzung für** seine **Vernehmung** und damit für die Erfüllung der staatlichen Zeugnispflicht. Die Anordnungen nach § 380 sollen das **Erscheinen des Zeugen sichern**. Die übrigen Zeugenpflichten (**Pflicht zur Aussage** und ggf. zur Beeidigung) werden nach § 390 durchgesetzt. 1

Das Gericht muss gegen den ordnungsgemäß geladenen, aber **unentschuldigt nicht erschienenen Zeugen** ein **Ordnungsgeld** (mit Ersatzhaft) festsetzen, gegebenenfalls 2

---

[1] BGBl. I 1974, 469.
[2] BGBl. I 2001, 1887.

auch wiederholt. Bei fruchtloser Ordnungsgeldfestsetzung ist der Zeuge **zwangsweise vorzuführen**. Zugleich sind ihm die durch sein Ausbleiben verursachten **Kosten** aufzuerlegen.

II. Anwendungsbereich des § 380

3 § 380 gilt ebenso wie § 381 sowohl für den **nach § 377 Abs. 1, 2 zur Vernehmung geladenen Zeugen** als auch für den **prozessleitend** nach **§ 273 Abs. 2 Nr. 4** zum Termin geladenen Zeugen,[1] **nicht aber für** die **schriftliche Äußerung** nach § 377 Abs. 3.

4 Für den **Sachverständigen** gelten die Vorschriften der §§ 409, 411 Abs. 2; § 402 verweist also insoweit nicht auf § 380.

5 Nicht anwendbar ist § 380 im Fall der Pflicht zur Teilnahme an einer **Abstammungsuntersuchung**. Abstammungsuntersuchungen für Statusverfahren richten sich seit dem 1.9.2009 nach den §§ 169 ff. FamFG und der Beweisaufnahmevorschrift des § 178 FamFG; der mit § 178 FamFG inhaltlich identische § 372a ZPO hat nur noch Bedeutung für Abstammungsfeststellungen als Vorfrage in nichtfamilienrechtlichen Verfahren, z.B. in einem Erbschaftsrechtsstreit.[2] § 372a Abs. 2 ZPO und § 178 Abs. 2 FamFG verweisen ausschließlich auf § 390 und enthalten in ihren Absätzen 1 zusätzlich die Grundlage für die **Anordnung physischen Zwangs** gegen die zu untersuchende Testperson.

6 Für das FamFG allgemein regelt **§ 33 Abs. 3 FamFG** die Zwangsmaßnahmen bei unentschuldigtem **Fernbleiben eines Beteiligten**, dessen persönliches Erscheinen angeordnet worden ist. Verhängt werden kann danach Ordnungsgeld; im Falle wiederholten Ausbleibens kann die **Vorführung** angeordnet werden.

III. Funktion der Ordnungsmittel

7 Ordnungsgeldfestsetzung und zwangsweise Vorführung stehen in einem **Stufenverhältnis**, das durch das Verhältnismäßigkeitsprinzip bestimmt wird. Die **Kostentragung** für das Erfordernis eines zusätzlichen Termins tritt **unumkehrbar** ein. Demgegenüber hängt der endgültige Charakter der Ordnungsgeldfestsetzung von der Funktion dieses Zwangsmittels ab. Sieht man darin allein ein Mittel zur **Willensbeugung**, wird diese Funktion **gegenstandslos**, wenn das **Verfahren endet, ohne dass** die **Vernehmung** des Zeugen dafür **notwendig** war, etwa wegen eines nachträglichen Vergleichsschlusses oder wegen eines Verzichts der Parteien auf den Zeugen,[3] oder wenn die Beweiserheblichkeit entfällt, weil die Beweistatsache unstreitig gestellt wird, das Beweisergebnis anderweitig festgestellt wurde[4] oder nach einem Richterwechsel die Rechtslage anders beurteilt wird. Die bereits angeordnete zwangsweise Vorführung ist unter diesen Voraussetzungen aufzuheben, die bereits erfolgte Ordnungsgeldfestsetzung bleibt hingegen bestehen, wenn sie auch Sanktion für Ungehorsam ist.[5]

---

1 KG NJW 1976, 719 f.; OLG Celle OLGZ 1977, 366, 368 = NJW 1977, 540; OLG Frankfurt OLGZ 1983, 458, 459.
2 Keidel/*Engelhardt* FamFG[18] § 178 Rz. 2.
3 Vgl. zu diesen Situationen OLG Celle OLGRep. 1994, 286, 287; OLG Frankfurt OLGZ 1983, 458.
4 OLG Hamm NJW-RR 2013, 384.
5 Der Gesetzgeber der CPO ging davon aus, dass ein Verzicht des Beweisführers auf die Vernehmung der Parteien oder die Erübrigung der Vernehmung aus anderen Gründen auf die „durch den Ungehorsam verwirkte Strafe" des Zeugen ohne Einfluss seien, vgl. *Hahn/Stegemann* Mat.

Erzwingung des Erscheinens von Zeugen　　　　　　　　　　　　　　　　Rz. 11　Kapitel **8**

Eine vergleichbare Situation entsteht bei **Nichterscheinen einer Partei**, die nach § 141 geladen ist, wenn die Sachaufklärung durch das Fernbleiben der Partei nicht erschwert wird.[1] Die **nachlässige Funktionsbestimmung** der Verhängung von Ordnungsgeldern **durch** den **Gesetzgeber** führt immer wieder zu Qualifizierungsschwierigkeiten.[2]　　8

In Übereinstimmung mit den Gesetzesmaterialien zur CPO, die angesichts eines gewandelten Verständnisses des Verhältnisses Bürger/Staat jedoch keine Bedeutung mehr haben, wird dem Ordnungsgeld z.T. ein auch **repressiver Charakter** zugemessen.[3] Das hätte in den zuvor geschilderten Verfahrenssituationen der Streiterledigung ohne Beweiserhebung zur Konsequenz, das Ordnungsgeld gleichwohl festzusetzen. Ein halbherziger **Mittelweg** ist die Herabsetzung des Ordnungsgeldes wegen **geringfügigen Verschuldens**[4] (dazu auch Rz. 29), der schon wegen der gleichzeitig notwendigen Entscheidung über die Kostentragung unbrauchbar ist. Mit einer Ordnungsstrafe wegen **Missachtung des Gerichts** hat die Qualifizierung in keinem Falle zu tun[5] (dazu auch Rz. 75).　　9

Ein identischer Streit wird um die Qualifizierung des **Ordnungsgeldes nach § 890** geführt. Anders als das reine Beugemittel des Zwangsgeldes nach § 888 wird das Ordnungsgeld nach § 890 **doppelfunktional** als Beugemaßnahme und als Reaktion auf das Unrecht des Titelverstoßes verstanden.[6] Allerdings ist die Sanktion dem Beugezweck untergeordnet. Die **Qualifizierung** ist **kein Selbstzweck**; sie **folgt** der **Aufgabenerfüllung der Norm**. Die Vollstreckung von Unterlassungstiteln kann nur nachträglich auf Titelverstöße reagieren, lenkt aber mit der **Präventivwirkung der drohenden Sanktion** für den Titelverstoß den Willen des Titelschuldners auf die Titelbeachtung. Zu beachten ist nur, dass das Beugeverständnis nicht zur faktischen Entwertung befristeter Titel führen darf, gegen die aus Zeitgründen von vornherein nur zeitlich begrenzt verstoßen werden kann. Die Präventivwirkung der Bestrafung fördert auch in diesen Fällen die Beachtung des übergeordneten Zwecks, den Willen des Titelschuldners auf die Titelbeachtung einzustellen. Soll die Wirkung des Titels erhalten bleiben, muss auch nach dem Fristablauf noch eine Sanktion ausgesprochen werden können.[7] Ungeachtet dessen ist bei § 890 eine in einem Titelverstoß zutage tretende **rechtsfeindliche Gesinnung** für den Normzweck **irrelevant**.[8]　　10

Beim **Ordnungsgeld nach § 380** hat die Ordnungsgeldfestsetzung bei Nichterscheinen eines Zeugen ebenfalls **allein** die Aufgabe, den **Willen** des Zeugen zu **beugen**. Ein　　11

II/1 S. 311, zu §§ 334, 335. Dies hing damit zusammen, dass nicht die Beugefunktion, sondern die Straffunktion der Anordnung in den Vordergrund gestellt wurde.
1 Vgl. dazu BGH (VI.ZS) NJW-RR 2007, 1364 = VersR 2008, 231 Rz. 16; OLG Bremen MDR 2014, 562.
2 Vgl. zu § 355 HGB – Ordnungsgeld wegen verspäteter Offenlegung des Jahresabschlusses – BVerfG ZIP 2009, 2094 f.
3 BFHE 216, 500 = BStBl. II 2007, 463, 464; OLG Frankfurt OLGRep. 2009, 113; OLG Frankfurt (StrafS) NJW 2014, 95; Stein/Jonas/*Berger*[22] § 380 Rz. 1; in der Sache ebenso Zöller/*Greger*[30] § 380 Rz. 3. A.A. OLG Saarbrücken NJW-RR 2005, 1661 = OLGRep. 2005, 960, 961; OLG Frankfurt OLGRep. 2008, 187; OLG Hamm VersR 2013, 1285; Musielak/*Huber*[10] § 380 Rz. 4; Baumbach/Lauterbach/*Hartmann*[71] § 380 Rz. 2 (keine Bestrafung). In sich widersprüchlich OLG Celle OLGRep. 1994, 286, 287: trotz grundsätzlicher Qualifikation als Ungehorsamsfolge Nichtfestsetzung bei Verfahrenserledigung durch Vergleich.
4 OLG Jena, Beschl. v. 31.1.2002 – 6 W 43/02; OLG Frankfurt OLGRep. 2009, 113.
5 OLG Hamm NJW-RR 2013, 384; LSG Berlin-Brandenburg, Beschl. v. 17.7.2009 – L 5 AS 1110/09 B; Musielak/*Huber*[10] § 380 Rz. 4.
6 Ahrens/*Spätgens* Wettbewerbsprozess[7] § 64 Rz. 30 m.N. in Fn. 49; a.A. Schuschke/Walker/*Sturhahn* Vollstreckung[4] § 890 Rz. 6.
7 Dazu Ahrens/*Ahrens* Wettbewerbsprozess[7] Kap. 66 Rz. 17.
8 Ahrens/*Ahrens* Wettbewerbsprozess[7] Kap. 68 Rz. 21.

Zeuge, für den der Beugezweck des Ordnungsgeldes nicht ausreicht, wird zwangsweise vorgeführt.

12 Auch bei der Anwendung des § 380 auf die trotz Anordnung des persönlichen Erscheinens **ausbleibende Partei** kommt es nur auf den Beugezweck der Präventivwirkung an. Wie bei Verstößen gegen befristete Unterlassungstitel muss **um der Beugefunktion willen nach** Verstreichen des maßgeblichen **Verhandlungstermins** das **Ordnungsgeld** festgesetzt werden können. Hat sich allerdings das Nichterscheinen der Naturalpartei auf das Sachaufklärungsbedürfnis nicht ausgewirkt,[1] ist die Festsetzung von Ordnungsgeld unzulässig (näher Rz. 76).

13 Ist das Ordnungsgeld **rechtskräftig festgesetzt** worden, ist damit ein selbständiger Titel entstanden, der **trotz Wegfalls des Beweiserhebungsbedarfs** grundsätzlich zu **erfüllen** ist. In Erwägung zu ziehen sind lediglich eine analoge Anwendung des § 79 BVerfGG i.V.m. §§ 1, 2 StrEG oder eine Anwendung der §§ 775 Nr. 1, 776 Nr. 1 ZPO.[2]

IV. Besonderheiten ausländischer und minderjähriger Zeugen

1. Ausländische Staatsangehörige

14 Anwendbar ist die Norm nur auf Personen, die **zeugnispflichtig** sind (Kap. 7 Rz. 83 ff.). Gegen einen im Inland lebenden ausländischen Staatsangehörigen, der als Zeuge geladen ist, darf bei Ausbleiben im Termin ein **Ordnungsmittel** auch dann **verhängt** werden, wenn er sich zu dieser Zeit im Ausland aufhält.[3] Seine durch die Ladung begründete Zeugenpflicht wird durch den Aufenthaltswechsel ins Ausland nicht verändert.[4]

2. Minderjährige Zeugen

a) Sanktionen gegen den Minderjährigen

15 Besondere Probleme wirft die Anwendung des § 380 auf **prozessunfähige**, insbesondere **minderjährige** Zeugen auf (zu deren Zeugnisfähigkeit Kap. 31 Rz. 2). § 380 ist in Anlehnung an die strafrechtlichen Vorschriften über die Strafmündigkeit anwendbar, wenn der minderjährige Zeuge **14 Jahre alt** und seine **Schuldfähigkeit** analog § 3 S. 1 JGG, § 12 Abs. 1 OWiG zu bejahen ist.[5] Bestätigt wird die Anwendung des § 380 auf minderjährige Zeugen durch die Judikatur zur **Zwangsanwendung gegen minderjährige Testpersonen**, die sich weigern, gem. § 178 Abs. 1 FamFG, § 372a Abs. 1 ZPO eine Blutprobe für eine Abstammungsuntersuchung entnehmen zu lassen. Auch bei ihnen wird auf die tatsächliche Verstandesreife und nicht auf die Vollendung des 18. Lebensjahres abgestellt (dazu Rz. 104). Daraus darf allerdings entgegen der h.M. **nicht** eine den **gesetzlichen Vertreter verdrängende** Rechtsstellung des Minderjährigen konstruiert werden. Verlängert wird die These über die selbständige und isolierte Verantwortlichkeit des verstandesreifen Minderjährigen – ebenso unzutreffend – bis in die Behauptung einer selbständigen Beschwerdeberechtigung des Minderjäh-

---

1 Dazu OLG Hamm VersR 2013, 1285; OLG Stuttgart NJW-RR 2014, 447, 448 (Versäumnisurteil als Beispiel nennend); LSG Berlin-Brandenburg, Beschl. v. 17.7.2009 – L 5 AS 1110/09 B.
2 Ahrens/*Ahrens* Wettbewerbsprozess[7] Kap. 68 Rz. 21.
3 OLG Frankfurt (StrafS) NJW 2014, 95. A.A. OLG Hamburg MDR 1967, 686 zu § 51 StPO.
4 OLG Frankfurt NJW 2014, 95.
5 Vgl. LAG Nürnberg MDR 1999, 1342 (Bejahung selbständiger Beschwerdebefugnis nach Ordnungsgeldbeschluss gegen 16-jährigen Zeugen).

rigen[1] (dazu Rz. 80). Darin liegt die **gesetzwidrige Erfindung** einer **Teilprozessfähigkeit**.

Voraussetzung der Verhängung von Ordnungsgeld oder Ordnungshaft gegen einen Jugendlichen ist, dass er die **Bedeutung seiner Pflicht** zum Erscheinen und eines Verstoßes gegen diese Pflicht **einsehen** kann. Die **Prüfung der Einsichtsfähigkeit** ist angesichts des damit verbundenen zusätzlichen Aufwands **prozessökonomisch aufwendig**. Das Gericht muss sich zunächst einen unmittelbaren Eindruck von dem Jugendlichen verschaffen, was voraussetzt, dass der Jugendliche vor Gericht erscheint.[2] Damit ist der Beugezweck des § 380 aber erreicht, auch ohne dass ein Ordnungsmittel verhängt worden ist. Der Zeuge kann bei seinem Erscheinen vernommen werden, die Prüfung der Einsichtsfähigkeit führt zu weiteren Verfahrensverzögerungen. Wenn das Ordnungsmittel nur noch nachträglich beschlossen werden kann und damit keine individuelle Beugewirkung mehr entfaltet, ist die **Ordnungssanktion entbehrlich**. Sie könnte nur mit dem hier abgelehnten repressiven Charakter und der generalpräventiven Wirkung begründet werden (Rz. 9). 16

Die **Einsichtsfähigkeit** in die Bedeutung der Pflicht zum Erscheinen im Falle der ersten erwogenen Anordnung dürfte **vielfach zu verneinen** sein. Die Pflicht des Zeugen zum Erscheinen vor Gericht gehört nicht zu den konkreten zwischenmenschlichen Verhaltensnormen, die üblicherweise schon im frühen Kindesalter vermittelt werden, wie etwa die Achtung der körperlichen Unversehrtheit anderer und die Achtung fremden Eigentums. Vielmehr erfordert die Einsicht in den zwingenden Charakter der Pflicht zum Erscheinen ein abstraktes Verständnis von der Funktionsweise der Rechtspflege, über das ein jugendlicher Zeuge im Allgemeinen nicht verfügen wird. 17

Die in § 380 vorgesehenen **Ordnungsmittel** sind für einen jugendlichen Zeugen **nicht** deshalb **unangemessen**, weil sie – anders als das dem JGG zugrunde liegende Sanktionensystem – dem Erziehungsgedanken keine Rechnung tragen. Ihre Festsetzung ist durch die Beugefunktion gerechtfertigt. Möglich ist die **zwangsweise Vorführung** eines Minderjährigen, weil seine Aussage sonst nicht erzwungen werden könnte. 18

b) Sanktionen gegen den Personensorgeberechtigten

Die Folgen des § 380 sollen nach h.M. nur gegenüber dem minderjährigen Zeugen selbst in Betracht kommen, **nicht gegenüber seinem gesetzlichen Vertreter** bzw. Personensorgeberechtigten, weil es dafür keine gesetzliche Grundlage gebe.[3] Dem ist zu widersprechen (dazu auch Kap. 24 Rz. 76 und dem steht auch die Judikatur zu verstandesreifen minderjährigen Testpersonen entgegen, denen eine Blutprobe für eine Abstammungsuntersuchung gem. § 372a Abs. 1 und § 178 Abs. 1 FamFG entnommen werden soll (näher: Rz. 125). 19

Die Ansicht der **h.M.**, die **nur Maßnahmen nach § 1666 BGB** für möglich hält, ist in sich widersprüchlich, soweit dort für Kinder unter 14 Jahren pragmatisch angenommen wird, der gesetzliche Vertreter sei zu laden und müsse das Kind zum Termin 20

---

[1] So LAG Nürnberg MDR 1999, 1342; MünchKommZPO/*Damrau*[4] § 380 Rz. 16.
[2] Anders offenbar LAG Nürnberg MDR 1999, 1342: kein Vorbringen von Umständen, die gegen Einsichtsfähigkeit sprechen, durch minderjährigen Beschwerdeführer, allerdings Reduzierung des Ordnungsgeldes nach Aktenlage auf die Hälfte (a.a.O. nicht abgedruckt).
[3] OLG Hamm NJW 1965, 1613; MünchKommZPO/*Damrau*[4] § 380 Rz. 16; Musielak/*Huber*[10] § 380 Rz. 3b; Stein/Jonas/*Berger*[22] § 380 Rz. 14; Zöller/*Greger*[30] § 380 Rz. 7; *Skupin* MDR 1965, 865, 867.

mitbringen.[1] Für Maßnahmen nach § 1666 BGB, §§ 151 Nr. 1, 157 FamFG[2] käme es auf eine abzuwehrende Beeinträchtigung des körperlichen, geistigen oder seelischen Wohls des Kindes an, die in dem Nichterscheinen zum Vernehmungstermin gesehen werden müsste, was indes zu verneinen sein dürfte. Kommt man über dieses Hindernis hinweg, soll der elterliche Widerstand durch **Zwangsgeld nach § 35 Abs. 1 S. 1 FamFG** gebrochen werden. Ein funktionaler Vergleich dieser Wirkung lässt keinen Unterschied erkennen, sieht man von den unterschiedlichen gerichtlichen Zuständigkeiten ab.

21 Die **h.M.** dürfte ein **Opfer der Theorie** von der **repressiven Funktion** des Ordnungsgeldes geworden sein. Sie hat im Übrigen das mit dem Kindeswohl schwer vereinbare Ergebnis zur Folge, dass der ausgebliebene minderjährige Zeuge zwangsweise vorgeführt werden muss, weil der personensorgeberechtigte gesetzliche Vertreter von der Ladung des Minderjährigen keine Kenntnis hat und nicht einschreiten kann, oder weil er selbst der Erscheinenspflicht ablehnend oder gleichgültig gegenüber steht, jedoch nicht zu der weniger belastenden vorgeschalteten Zwangsmaßnahme des Ordnungsgeldes verurteilt werden soll. **Ohne zusätzliche Ladung** des **gesetzlichen Vertreters**, die zugleich Basis eines Beugezwangs gegen ihn selbst ist, würde der Vertreter von der Vernehmung nicht sicher erfahren und könnte sein **Personensorgerecht** in Bezug auf einen Jugendlichen im Alter zwischen 14 und 18 Jahren **nicht ausüben**, obwohl sich das Personensorgerecht auch auf die Beurteilung eines etwaigen Zeugnisverweigerungsrechts auswirkt.

V. Ordnungsgemäße Ladung, Belehrung

22 § 380 Abs. 1 setzt die ordnungsgemäße **Ladung zu einem Termin** voraus.[3] Die Betonung liegt dabei auf der **Ordnungsmäßigkeit** der Ladung. Für die verspätete oder gar die unterbliebene schriftliche Äußerung gilt § 380 nicht. In diesem Fall muss der Zeuge erst geladen werden. Eine Ladung nach § 377 oder § 273 Abs. 2 Nr. 4 ist ordnungsgemäß, wenn die Anforderungen des **§ 377 beachtet** sind (Kap. 33 Rz. 32).[4] Sie muss deshalb nicht förmlich zugestellt werden, vgl. § 377 Abs. 1 S. 2. Das Gericht muss den Zugang der Ladung nicht belegen können,[5] doch muss der Zugang der Ladung wahrscheinlich sein.[6] Im Zweifel empfiehlt es sich, beim Ausbleiben des Zeugen durch Rückfrage zu klären, ob er die Ladung erhalten hat.[7] Im Falle der Untersuchung einer Testperson nach § 372a Abs. 1, § 178 Abs. 1 FamFG ist zu beachten, dass die Ladung mit Belehrung durch das Gericht erfolgen muss; die Ladung durch ein Untersuchungslabor reicht für die Anwendung von **Zwang nach § 390 Abs. 1** oder nach **§ 372a Abs. 2 S. 2, § 178 Abs. 2 S. 2 FamFG** nicht aus (dazu Rz. 124).

---

1 Musielak/*Huber*[10] § 377 Rz. 2; MünchKommZPO/*Damrau*[4] § 377 Rz. 4; Stein/Jonas/*Berger*[22] § 377 Rz. 3.
2 Dafür MünchKommZPO/*Damrau*[4] § 380 Rz. 16.
3 BGH NJW-RR 2011, 1363 Rz. 12; OLG Celle OLGRep. 1994, 286; OLG Saarbrücken OLGRep. 2005, 960, 961; KG FamRZ 2007, 2084 (zu § 141 Abs. 3).
4 KG NJW 1976, 719; zur Mitteilung des Gegenstandes der Vernehmung: OLG Celle OLGZ 1977, 366 = NJW 1977, 540 (LS); OLG Frankfurt MDR 1979, 236; OLG Frankfurt OLGRep. 2000, 187; OLG Celle OLGRep. 1994, 286; OLG Saarbrücken OLGRep. 2005, 960, 961 = NJW-RR 2005, 1661; *Reinecke* MDR 1990, 1063.
5 MünchKommZPO/*Damrau*[4] § 380 Rz. 3; Stein/Jonas/*Berger*[22] § 380 Rz. 2.
6 Baumbach/Lauterbach/*Hartmann*[71] § 380 Rz. 7.
7 Baumbach/Lauterbach/*Hartmann*[71] § 380 Rz. 7.

Eine **Ladungsfrist**, wie sie § 217 für die Parteien vorschreibt, **besteht nicht**.[1] Geladen werden kann auch für einen Termin am Folgetag.[2] Die Ladung muss dem Zeugen jedoch genügend Zeit lassen, sich auf den Termin einzurichten und vorzubereiten.[3] Je kürzer die Ladungsfrist, desto eher greifen Entschuldigungsgründe (dazu Kap. 31 Rz. 18). Ist eine Partei mit **falschem Ladungsformular** geladen und deshalb **falsch** über die Folgen ihres Ausbleibens **belehrt** worden, darf ein Ordnungsmittel nur verhängt werden, wenn die nachgeholte Belehrung vollständig ist.[4] Fordert der Zeuge einen **Reisekostenvorschuss** (Kap. 19 Rz. 24), muss ihm auch dieser zuvor noch gewährt worden sein;[5] dies gilt auch bei nach Aktenlage erkennbarer Bedürftigkeit.

23

Für einen während seines Verweilens **im Inland geladenen Ausländer** gilt § 380 auch dann, wenn er sich während des Termins wieder an seinem Wohnsitz im Ausland aufhält.[6] Wird ein Zeuge zum zweiten Termin mündlich geladen, muss er **erneut auf die Folgen** des Nichterscheinens **hingewiesen** werden.[7] Wenn der Zeuge dem Gericht gegenüber auf eine Ladung verzichtet, nachdem er von dem Termin erfahren hat, sind weitere Mitteilungen an ihn entbehrlich;[8] dies gilt auch bei nach Aktenlage erkennbarer Bedürftigkeit.

24

VI. Nichterscheinen zum Vernehmungstermin

Weitere Voraussetzung des § 380 ist, dass der Zeuge – ohne sich auf einen Weigerungsgrund berufen zu haben (§ 386 Abs. 3) – nicht erscheint, also in dem in der Ladung zur Vernehmung bestimmten Termin ausbleibt. Es kommt nur darauf an, dass der Zeuge zu der Zeit, zu der er vernommen werden soll, **nicht zugegen** ist. Ein bezogen auf den in der Ladung genannten Zeitpunkt **verspätetes Erscheinen schadet nicht**, solange der Termin andauert und der Zeuge noch während des Termins vernommen werden kann.[9] Die Zeit der Prozessbeteiligten wird dann nicht unnötig in Anspruch genommen bzw. ihnen entsteht kein Mehraufwand.[10] Etwas anderes gilt allerdings, wenn der Zeuge einem anderen Zeugen gegenübergestellt werden soll und der andere Zeuge wegen der Verspätung bereits wieder entlassen worden ist.

25

Als nicht erschienen ist auch ein Zeuge anzusehen, der zwar zu Beginn der festgesetzten Zeit erschienen ist, sich aber **unentschuldigt vor seiner Vernehmung entfernt**[11] (vgl. Rz. 102). Wird der Zeuge nach § 177 GVG **sitzungspolizeilich entfernt**, können ihm auf Antrag ebenfalls nach § 380 die durch sein „Ausbleiben" verursachten Kosten auferlegt werden, vgl. § 158; für die Verhängung von Ordnungsmitteln gelten allerdings die Spezialvorschriften der §§ 177, 178 GVG.[12] Erschöpft sich das Verhalten des Zeugen nicht in der eigenmächtigen Entfernung, ist **darüber hinaus § 178**

26

---

1 OLG Düsseldorf OLGRep. 1994, 170.
2 OLG Düsseldorf OLGRep. 1994, 170.
3 OLG Posen OLGRspr. 23, 180 = Seuff.Arch. 65 (1910), 294, 295; OLG Düsseldorf OLGRep. 1994, 170; nach Baumbach/Lauterbach/*Hartmann*[71] § 380 Rz. 7 muss nur genügend Zeit zur Organisation des Erscheinens bleiben.
4 OLG Koblenz VersR 1974, 1230.
5 MünchKommZPO/*Damrau*[4] § 380 Rz. 3.
6 LG Göttingen JW 1932, 3833, 3834; a.A. OLG Hamburg, MDR 1967, 686 zu § 51 StPO: keine Ordnungsstrafe gegen Zeugen, der sich zur Zeit der Hauptverhandlung im Ausland aufhält.
7 OLG Hamm NJW 1957, 1330.
8 MünchKommZPO/*Damrau*[4] § 380 Rz. 3; Stein/Jonas/*Berger*[22] § 380 Rz. 3.
9 OLG Bremen JurBüro 1979, Sp.189; *E. Schneider* MDR 1998, 1205.
10 Zustimmend *Bergerfurth* JZ 1971, 84, 85; a.A. offenbar für § 51 StPO a.F. KG GA 69 (1925), 230.
11 OLG Köln JR 1969, 264.
12 *Bergerfurth* JZ 1971, 84, 85.

GVG anwendbar.[1] So macht sich ein Zeuge, der entgegen der Weisung des Gerichts während der Vernehmung einen Anruf auf seinem Mobiltelefon entgegennimmt und den Sitzungssaal verlässt, um das Gespräch zu führen, einer **Ungebühr** nach § 178 GVG schuldig.[2]

27 § 380 ist auch anwendbar auf einen Zeugen, der schuldhaft in einem **nicht vernehmungsfähigen Zustande** erscheint.[3] Der wegen seines betrunkenen Zustandes vernehmungsunfähige Zeuge ist deshalb als nicht erschienen zu behandeln.[4] Dagegen zieht die unberechtigte Verweigerung der Aussage nicht die Sanktionen des § 380, sondern die des § 390 nach sich.

VII. Fehlen einer genügenden Entschuldigung

28 Maßnahmen nach § 380 setzen voraus, dass der Zeuge **schuldhaft** ausbleibt,[5] wie sich aus § 381 ergibt. Das Gesetz schließt hierauf allerdings aus der Tatsache des Ausbleibens. Das **Verschulden** braucht also **nicht besonders begründet** zu werden.[6] Handelt der Zeuge schuldlos, kann er die gesetzliche **Verschuldensvermutung** nach § 381 entkräften. Gelingt ihm dies, müssen die Anordnungen nach § 380 unterbleiben oder aufgehoben werden.

29 Für eine Festsetzung von Ordnungsmitteln besteht entsprechend dem Rechtsgedanken der **§ 153 StPO, § 47 Abs. 2 OWiG** ausnahmsweise kein Anlass, wenn nur von einem **geringen Verschulden** gesprochen werden kann[7] und das Ausbleiben weder für die Parteien noch für das Gericht nachteilige Auswirkungen gehabt hat (dazu oben Rz. 7 und nachfolgend Rz. 30). Sind Kosten entstanden, dürfen sie allerdings nicht den Parteien zur Last fallen; sie sind dem **Zeugen** auch bei geringem Verschulden **aufzuerlegen** (Kap. 31 Rz. 16).[8]

VIII. Unzulässigkeit der Anordnungen

30 Trotz ordnungsgemäßer Ladung darf nach § 380 nicht gegen den Zeugen vorgegangen werden, wenn der **Termin** trotz unzureichender Entschuldigung **aufgehoben** wird,[9] selbst wenn der Zeuge von der Terminsaufhebung nichts gewusst hat.[10] Dies gilt ferner, wenn sich die Vernehmung aus einem **sonstigen Grund erübrigt**, sei es, dass

---

1 OLG Hamburg NJW 1997, 3452.
2 OLG Hamburg NJW 1997, 3452.
3 OLG Königsberg JW 1930, 2598 Nr. 46 zu § 51 StPO.
4 OLG Königsberg JW 1930, 2598 Nr. 46 zu § 51 StPO; KMR/*Neubeck* StPO (2006) § 51 Rz. 6; *Michel* MDR 1992, 544; entsprechend auch BGHSt 23, 334 zur Anwendung von § 329 Abs. 1 StPO auf den betrunkenen Zustand erschienenen Angeklagten.
5 OLG Köln JR 1969, 264.
6 RGZ 54, 430, 431 f.
7 OLG Hamm JMBl.NRW 1971, 282 = VRS 41 (1971), 283, 284; OLG Frankfurt NJW 1972, 2093; OLG Koblenz MDR 1979, 424; OLG Köln VersR 1993, 718; LG Trier NJW 1975, 1044; Stein/Jonas/*Berger*[22] § 380 Rz. 4; Rosenberg/Schwab/*Gottwald*[17] § 120 Rz. 14; *Schmid* MDR 1980, 115, 116; *Grüneberg* MDR 1992, 326, 330; a.A. OLG Frankfurt OLGZ 1983, 458, 459 f.: keine Aufhebung.
8 OLG Hamm VRS 41 (1971), 283, 284; ebenso MünchKommZPO/*Damrau*[4] § 380 Rz. 5; *Grüneberg* MDR 1992, 326, 329; weitergehend auch OLG Koblenz MDR 1979, 424: auch Absehen von Kostenfolge bzw. Aufhebung der gesamten Anordnung.
9 Vgl. dazu OLG Koblenz, Beschl. v. 27.4.2004 – 11 WF 422/04.
10 KG Seuff.Arch. 56 (1901), 33 f. Nr. 18, zustimmend *Bergerfurth* JZ 1971, 84, 86; OLG Koblenz, Beschl. v. 27.4.2004 – 11 WF 422/04.

die Partei auf die Vernehmung verzichtet,[1] sei es, dass das Gericht von ihr Abstand nimmt (dazu oben Rz. 7 und vorstehend Rz. 29). In all diesen Fällen sind weder das Gericht bzw. die Parteien unnötig bemüht worden, noch sind durch das Ausbleiben besondere Kosten entstanden.[2] Die Berücksichtigung der **Vernehmungsentbehrlichkeit** ist eine **mit** der **Kostengrundentscheidung** und nicht erst im Kostenfestsetzungsverfahren **zu entscheidende Frage**. Anders zu bewerten ist es, wenn der Termin gerade deswegen vertagt wurde, weil der Zeuge ausgeblieben ist,[3] wenn ein neuer Vernehmungstermin für den ausgebliebenen Zeugen bestimmt werden muss, oder wenn der Zeuge einem anderen ebenfalls ausgebliebenen Zeugen gegenüberzustellen war. Denn dann hat sein Ausbleiben zur Verlegung geführt.

Ein Beschluss nach § 380 darf auch dann nicht ergehen, wenn der nicht erschienene Zeuge nicht zu erscheinen brauchte, weil §§ 375 Abs. 2, 382 (Vernehmung in der Wohnung bzw. am Amtssitz) bzw. § 386 Abs. 3 (vorterminliche Geltendmachung eines Weigerungsrechts) Anwendung finden. Dagegen **genügt** es **nicht**, dass bisher **keine Erlaubnis der vorgesetzten Dienststelle** vorliegt (§ 376 Abs. 1, 2), es sei denn, sie ist schon verweigert. Auch reicht das **Bestehen eines Zeugnisverweigerungsrechts nicht** aus, sofern der Zeuge sich darauf nicht berufen hat, vgl. § 386 Abs. 3. Beruft er sich zu Unrecht auf ein Weigerungsrecht, ist er grundsätzlich zunächst von der Erscheinenspflicht befreit (Kap. 37 Rz. 11). 31

IX. Rechtsfolgen des Nichterscheinens

1. Festsetzung von Ordnungsgeld

Das Ordnungsgeld beträgt mindestens 5 €, höchstens 1000 €, vgl. Art. 6 Abs. 1 S. 1 EGStGB. Kriterien für die Bemessung des Ordnungsgeldes sind z.B. der **Grund der Pflichtverletzung** und die **wirtschaftlichen Verhältnisse** des Betroffenen, evtl. auch die Bedeutung der Aussage für den Rechtsstreit.[4] Die Bemessung muss sich dabei stets an den Umständen des Einzelfalls orientieren.[5] Entnimmt das Gericht die Höhe des Ordnungsgeldes dem oberen Betragsrahmen des Art. 6 Abs. 1 EGStGB, bedarf dies der Begründung.[6] 32

Nach Art. 7 Abs. 1 EGStGB kann das Gericht die Ordnungsgeldfestsetzung mit der **Bewilligung einer Zahlungserleichterung** verbinden. Das Gericht hat von der Verhängung von Ordnungsgeld abzusehen, wenn das Ausbleiben für die Parteien und das Gericht keine nachteiligen Auswirkungen gehabt hat[7] (zum Zusammenhang mit der Funktionsbestimmung der Ordnungsgeldsanktion Rz. 7); unerheblich ist es unter diesen Umständen, ob das Verschulden des Zeugen gering ist.[8] 33

---

1 Musielak/*Huber*[10] § 380 Rz. 4; a.A. OLG Frankfurt (17. ZS) OLGZ 1983, 458, 460; MünchKommZPO/*Damrau*[4] § 380 Rz. 5; Stein/Jonas/*Berger*[22] § 380 Rz. 7; Baumbach/Lauterbach/*Hartmann*[71] § 380 Rz. 8.
2 OLG Frankfurt (13. ZS) NJW 1972, 2093; ebenso *Bergerfurth* JZ 1971, 84, 86; Thomas/Putzo/*Reichold*[33] § 380 Rz. 9. A.A. OLG Frankfurt (17. ZS) OLGZ 1983, 458, 459: das Gesetz stelle gerade nicht darauf ab, ob die Sachaufklärung die Vernehmung gebiete, sondern lasse eine ordnungsgemäße Ladung genügen; MünchKommZPO/*Damrau*[4] § 380 Rz. 5.
3 BFH DB 1988, 1836 (LS).
4 OLG Köln OLGRep. 2004, 154; BDH NJW 1960, 550 zum Ordnungsgeld bei unberechtigter Zeugnisverweigerung. Faustregel: 50–150 €, ersatzwese 2–3 Tage Haft, Musielak/*Huber*[10] § 380 Rz. 3.
5 Einzelfälle: OLG Köln OLGRep. 2004, 154: 400 €; OLG München OLGRep. 1994, 202: 200 DM; dazu kritisch Zöller/*Greger*[30] § 380 Rz. 5.
6 BFH DB 1988, 1836 (LS).
7 OLG Frankfurt OLGRep. 2009, 113; OLG Hamm VersR 2013, 1285.
8 A.A. OLG Frankfurt OLGRep. 2009, 113.

2. Festsetzung von Ersatzordnungshaft

34 Mit dem Ordnungsgeld ist sogleich für den Fall, dass das Ordnungsgeld nicht beigetrieben werden kann, die Ersatzhaft festzusetzen (Abs. 1 S. 2 Hs. 2). Ist dies unterblieben, darf der Beschluss später ergänzt werden, vgl. Art. 8 EGStGB. Die Ordnungshaft beträgt mindestens einen Tag, **höchstens sechs Wochen**, vgl. Art. 6 Abs. 2 S. 1 EGStGB.

3. Auferlegung der Kosten

35 Bei einer ungenügenden Entschuldigung sind dem Zeugen die durch sein Ausbleiben verursachten Kosten aufzuerlegen. Dies sind nach Sinn und Zweck des § 380 Abs. 1 S. 1 aber nicht sämtliche Kosten des gescheiterten Termins, sondern nur diejenigen, die dem Zeugen persönlich anzulasten sind, also **nur** die **Mehrkosten**, die dadurch entstanden sind, dass der Zeuge die sich abzeichnende Verspätung dem Gericht nicht rechtzeitig mitgeteilt hat.[1] Dies sind in erster Linie besondere **Auslagen**, die **bei jedem Termin neu entstehen** wie Reisekosten der Parteien oder anderer Zeugen, die noch einmal anreisen müssen.[2] Zu den besonderen Verfahrenskosten gehören aber auch diejenigen Kosten, die dadurch entstehen, dass das Gericht die Wahrheit einer Entschuldigung des Zeugen nachprüft.

36 Die Parteien haben einen **Rechtsanspruch** darauf, **von den Kosten**, die durch nicht genügend entschuldigtes Ausbleiben eines Zeugen entstehen, **freigestellt** zu werden.[3] Von der Pflicht zur Auferlegung der Kosten können nur beide Parteien gemeinsam entbinden, da im Zeitpunkt der zu treffenden Anordnung noch nicht feststeht, welche der Parteien die Kosten endgültig zu tragen hat.[4]

37 Da der Kostenausspruch ein **Kostengrundtitel** ist, prüft das Gericht grundsätzlich nicht, ob durch das Ausbleiben des Zeugen tatsächlich besondere Kosten entstanden sind (zur Ausnahme s. Rz. 30). Dies geschieht erst im Rahmen der **Kostenfestsetzung** durch den Rechtspfleger nach §§ 103, 104. Erstattungsfähig sind die notwendigen Kosten zweckentsprechender Rechtsverfolgung oder Rechtsverteidigung.[5] Dazu gehören die Auslagen des Rechtsanwalts, der mit der Prozessführung beauftragt ist und an der Zeugenvernehmung vor dem Rechtshilfegericht teilnimmt.[6] Die Partei und ihr Prozessbevollmächtigter erhalten Reisekosten für den neuen Termin, die Partei ferner eine Entschädigung für Zeitversäumnis, der Prozessbevollmächtigte das Tage- und Abwesenheitsgeld gem. Nr. 7005 RVG-VergVerz, nicht jedoch gesonderten Verdienstausfall.[7]

X. Verfahren der Anordnung

1. Anordnungspflicht, Zeitpunkt der Anordnungen, Adressat

38 Bei der Entscheidung über den Erlass der Anordnungen steht dem Gericht **kein Ermessen** zu, soweit § 380 gegen Zeugen unmittelbare Anwendung findet (zur Partei-

---

1 OLG Nürnberg NJW-RR 1999, 788, 789 = MDR 1998, 1432.
2 MünchKommZPO/*Damrau*[4] § 380 Rz. 6.
3 BayVerfGH JR 1966, 195, 197 zu § 51 StPO.
4 MünchKommZPO/*Damrau*[4] § 380 Rz. 5; Musielak/*Huber*[10] § 380 Rz. 4; a.A. Stein/Jonas/*Berger*[22] § 380 Rz. 11: Freistellung durch die Parteien unzulässig, da der Staat einen Kostenschuldner verlöre.
5 BGH NJW-RR 2005, 725, 726 – Baseball-Caps; OLG Celle OLGRep. 2009, 79 = NJW-RR 2009, 503.
6 BGH NJW-RR 2005, 725, 727 – Baseball-Caps.
7 OLG Celle OLGRep. 2009, 79, 80 = NJW-RR 2009, 503, 504.

anhörung Rz. 74). Dies gilt nach § 128 Abs. 4 FamFG auch, wenn das Gericht einem beteiligten Ehepartner in Familiensachen entsprechend § 380 ein Ordnungsgeld auferlegt oder wenn Ordnungsgeld nach § 33 Abs. 3 S. 1 FamFG verhängt wird (Rz. 6).

Über die Anordnungen wird **von Amts wegen** entschieden. Doch **können** die Parteien auch **beantragen**, dem Zeugen die Kosten aufzuerlegen.[1] Folgt das Gericht einem Antrag der Parteien nicht, wird dieser durch Beschluss zurückgewiesen (zu Rechtsmitteln der Parteien Rz. 78 ff.).[2] 39

Die Anordnungen können **in dem Termin** getroffen werden, **in dem** der Zeuge **ausgeblieben** ist. Vorsichtige Richter erlassen den Beschluss bisweilen erst einige Tage später, u.U. erst im neuen Termin, dann aber auch, wenn der Zeuge zu diesem erscheint, sein Ausbleiben im ersten aber nicht nach § 381 Abs. 1 S. 2 genügend entschuldigt. Sind die Anordnungen schon getroffen, sind sie nach § 381 Abs. 1 S. 3 wieder aufzuheben. 40

Die Anordnungen ergehen **gegenüber** dem **nicht erschienenen Zeugen**. Wenn es sich um einen **minderjährigen** Zeugen handelt, sind nach hier vertretener Ansicht **auch** die mitgeladenen und erschienenen personensorgeberechtigten **gesetzlichen Vertreter** Adressat wegen Nichtgestellung des geladenen Kindes[3] (dazu Rz. 19). 41

2. Form der Entscheidung, Zuständigkeit, rechtliches Gehör

Die Anordnungen nach § 380 ergehen durch **Beschluss**, vgl. § 380 Abs. 3. **Zuständig** ist das Gericht, das den Zeugen vernehmen soll, gem. § 400 **auch der beauftragte** oder der **ersuchte Richter**, wobei dem Prozessgericht in einem solchen Fall im Rahmen der Erinnerung nach § 573 Abs. 1 (Kap. 39 Rz. 144) die Abänderungsbefugnis[4] zusteht. Findet der Termin vor dem **Prozessgericht** statt, entscheidet dieses **in voller Besetzung**, weil es sich nicht nur um eine prozessleitende Verfügung handelt.[5] Setzt ein Kollegialgericht ein Ordnungsmittel fest, bedarf der Beschluss der Unterschriften aller mitwirkenden Richter.[6] Eine Heilung des Mangels der fehlenden Unterschriften durch einen von anderen Richtern gefassten Nichtabhilfebeschluss kommt jedenfalls dann nicht in Betracht, wenn dieser die Mängel des Ursprungsbeschlusses nicht beseitigt.[7] 42

Die **vorherige Gewährung rechtlichen Gehörs** ist **nicht** vorgeschrieben, wenngleich vielfach üblich. Hat der Zeuge vor dem Vernehmungstermin eine Verhinderung, etwa einen Krankenhausaufenthalt, angezeigt, die das Gericht glaubhaft gemacht sehen möchte, darf die Verhängung eines Ordnungsgeldes erst nach Einräumung dieser Möglichkeit erfolgen.[8] Aus § 381 ergibt sich, dass der **Zeuge** auf Wunsch (zumindest) **nachträglich** gehört wird. Den **Parteien** ist zur Frage der Auferlegung der Kosten rechtliches Gehör zu gewähren, weil sie bei Unterbleiben dieser Anordnung mit den 43

---

1 RG Seuff.Arch. 46 (1891), 223 Nr. 144; OLG Dresden SächsArch 2 (1907), 88, 89.
2 MünchKommZPO/*Damrau*[4] § 380 Rz. 9.
3 A.A. OLG Hamm NJW 1965, 1613.
4 Entsprechend schon RGZ 68, 66 f. zu § 576 ZPO a.F.
5 LAG Bremen MDR 1993, 1007 m.w.N.
6 OLG Brandenburg JurBüro 1999, 155 und OLG Hamm OLGRep. 1994, 154 zur Auferlegung von Ordnungsgeld nach § 141 Abs. 3.
7 OLG Brandenburg JurBüro 1999, 155.
8 OLG Köln OLGRep. 2004, 26 (allerdings mit dafür nicht überzeugender Bezugnahme auf § 381 Abs. 1 S. 1).

Kosten belastet werden.¹ Sie dürfen sich in dem Termin äußern, in dem der Zeuge vernommen werden sollte, bei Bedarf aber auch später.

44 Das Ordnungsmittelverfahren ist **durch Beschluss einzustellen**, wenn der Zeuge verstirbt, bevor über seine Beschwerde gegen die Festsetzung von Ordnungsgeld entschieden ist.² Die Unterbrechungswirkung des **Insolvenzverfahrens** gegen eine Partei (§ 240) gilt nicht für das Ordnungsgeldverfahren gegen einen Zeugen.³

3. Verkündung, Zustellung

45 Der Beschluss ist gem. § 329 Abs. 1 zu **verkünden**, wenn er **nach mündlicher Verhandlung** ergeht. Anderenfalls ist er gem. § 329 Abs. 3 zuzustellen, weil er einen Vollstreckungstitel bildet bzw. der sofortigen Beschwerde oder Erinnerung unterliegt. Ein Ordnungsgeldbeschluss bei Nichterscheinen einer **Partei** ist abweichend von der Ladung gem. § 141 Abs. 2 S. 2 nicht dieser **persönlich** mitzuteilen, sondern dem Prozessbevollmächtigten;⁴ es gelten die allgemeinen Regeln für den Anwaltsprozess und nicht die Norm für den am Prozess nicht beteiligten Zeugen. Anders als die Ladung muss der **Ordnungsgeldbeschluss** aber **zugestellt** werden (§ 329 Abs. 3).

XI. Maßnahmen bei wiederholtem Ausbleiben

1. Erneute Terminierung und Ladung

46 Ist der Zeuge im Termin nicht erschienen, wird ein neuer Termin festgesetzt und der Zeuge hierzu geladen. Bleibt er wiederholt aus, ist nach **§ 380 Abs. 2** zu verfahren. Voraussetzung der **zwangsweisen Vorführung** ist allerdings, dass bereits nach dem ersten Ausbleiben ein Beschluss nach § 380 Abs. 1 gegen ihn ergangen ist.⁵ Es kommt hingegen nicht darauf an, ob aus dem ersten Beschluss vollstreckt wurde und ob er freiwillig oder überhaupt nicht erfüllt wurde. Wiederholtes Ausbleiben bedeutet, dass der Zeuge im Laufe des Verfahrens nochmals dem Termin fernbleibt. Das erneute Ausbleiben braucht sich **nicht unmittelbar an** das **erste Fernbleiben anzuschließen**; § 380 Abs. 2 greift auch ein, wenn der Zeuge zwischendurch zu einem Termin erschienen ist.

2. Erneute Festsetzung des Ordnungsmittels

47 Erscheint der Zeuge erneut nicht zum Termin, erlaubt § 380 Abs. 2, das nach § 380 Abs. 1 festgesetzte Ordnungsmittel **noch einmal** festzusetzen. Dem Beugezweck entspricht es, die **Höhe** des Ordnungsgeldes zu **steigern**. Ob es für die erneute Festsetzung des Ordnungsmittels gegen einen wiederholt trotz ordnungsgemäßer Ladung ausgebliebenen Zeugen eine **Obergrenze** gibt, ist **umstritten**.

48 Während eine Auffassung dahin geht, dass das Ordnungsmittel bei jedem, auch dritten Ausbleiben, erneut festgesetzt werden muss,⁶ darf der Zeuge nach anderer Ansicht in demselben Verfahren **nicht häufiger als zweimal** mit einem Ordnungsmittel

---

1 OLG Dresden SächsArch 2 (1907), 88, 89; BayVerfGH JR 1966, 195, 196 f. zu § 51 StPO.
2 BFHE 210, 500 = BStBl II 2007, 463, 464.
3 OLG Zweibrücken OLGRep. 2009, 73, 74.
4 OLG Hamburg, Beschl. v. 29.4.2010 – 13 W 5/10; OLG Bremen MDR 2012, 428; a.A. OLG Hamburg OLGRep. 2003, 50.
5 A.A. MünchKommZPO/*Damrau*⁴ § 380 Rz. 10.
6 KG NJW 1960, 1726 = MDR 1960, 768; Baumbach/Lauterbach/*Hartmann*⁷¹ § 380 Rz. 16, Zöller/*Greger*³⁰ § 380 Rz. 8.

belegt werden.[1] Dies wird insbesondere mit dem Wortlaut der Vorschrift begründet.[2] Indes ist die dabei vorausgesetzte Betonung des Wortes „einmal" künstlich. Bei natürlicher Sprechweise ist das Wort „noch" betont.[3] Dann ist die Vorschrift so zu verstehen, dass das Ordnungsmittel **bei jedem erneuten Ausbleiben** noch einmal festzusetzen ist. Nur diese Auslegung ist auch mit der vom Gesetzgeber gewählten Formulierung „im Falle *wiederholten* Ausbleibens" vereinbar. Diese spricht nämlich dafür, dass die Vorschrift jeden Wiederholungsfall meint. Sofern man überhaupt mit hypothetischen Formulierungen des Gesetzgebers argumentiert,[4] müsste man annehmen, der Gesetzgeber hätte die Ordnungsmittelfestsetzung ausdrücklich auf ein zweites Ausbleiben des Zeugen begrenzen müssen, wenn er eine solche Beschränkung angestrebt hätte (etwa: „Bleibt der Zeuge ein zweites Mal aus, ..."). Nicht aufschlussreich ist auch der Hinweis auf die Parallelvorschrift des § 51 Abs. 1 S. 4 StPO,[5] weil dort nicht deutlicher formuliert ist als in § 380 Abs. 2 Hs. 1.

Der Gesetzgeber hat die Festsetzung der „Ordnungsstrafe" „fort und fort", d.h. **notfalls auch öfter als zwei Mal**, kontrovers diskutiert und mehrheitlich befürwortet.[6] Hiergegen kann nicht eingewandt werden, der Gesetzgeber sei in jüngerer Zeit trotz der in Praxis und Schrifttum geführten Diskussion untätig geblieben.[7] Der Gesetzgeber hat bei einer späteren Änderung der Vorschrift hierzu ausdrücklich keine Stellung bezogen, sondern auf die Notwendigkeit einer Klärung der Frage im Rahmen der beabsichtigten Gesamtüberprüfung des Beweisrechts der ZPO hingewiesen.[8] 49

Es widerspräche dem Zweck der Vorschrift, das Erscheinen des Zeugen sicherzustellen, wenn man die Ordnungsmittelfestsetzung insgesamt höchstens zweimal zuließe. So könnte der Zeuge durch **dauernden Ungehorsam** seiner Zeugnispflicht entgehen.[9] In einem solchem Fall mag zwar die **zwangsweise Vorführung** ohnehin **zweckmäßiger** sein,[10] die eine weitere Ordnungsgeldfestsetzung ausschließt. Die Durchsetzung der Zeugenpflicht ist aber gefährdet, wenn eine zwangsweise Vorführung gem. § 380 Abs. 2 Hs. 2 (nachfolgend Rz. 51) trotz zweimaligen Ausbleibens des Zeugen nach pflichtgemäßem Ermessen ausscheidet. Dies ist z.B. denkbar, wenn der Zeuge zwar beim zweiten Termin erschienen ist, aber im dritten Termin erneut ausbleibt. Dann hat das Gericht nämlich wegen der Befolgung der zweiten Ladung keinen Anlass für die Zustellung der dritten Ladung gehabt[11] und kann deshalb die zwangsweise Vor- 50

---

1 OLG Karlsruhe NJW 1967, 2166; OLG Dresden MDR 2002, 1088; Stein/Jonas-*Berger*[22] § 380 Rz. 19; MünchKommZPO/*Damrau*[4] § 380 Rz. 10. Ebenso zu der im Wesentlichen wortgleichen Vorschrift des § 51 Abs. 1 S. 4 StPO: *Meyer-Goßner* StPO[56] § 51 Rz. 19; KK/*Senge* StPO[6] § 51 Rz. 7; Löwe/Rosenberg/*Ignor/Bertheau* StPO[26] § 51 Rz. 20. Die entsprechende Entscheidung des OLG Celle OLGZ 1975, 372, 377 zu dem in den entscheidenden Punkten wortgleichen § 411 Abs. 2 für die wiederholte Fristversäumnis eines Sachverständigen stützt diese Ansicht nur begrenzt, weil der Sachverständige ersetzt werden kann, wenn er mehr als zweimal nicht erscheint, so dass eine Begrenzung auf eine zweimalige Ordnungsmittelfestsetzung die Sachaufklärung nicht dauerhaft hindert; gleiches gilt für OLG Koblenz OLGRep. 2001, 369 und OLG Dresden MDR 2002, 1088 zu § 411 Abs. 2.
2 OLG Karlsruhe NJW 1967, 2166; OLG Dresden MDR 2002, 1088 zu § 411 Abs. 2; Stein/Jonas/*Berger*[22] § 380 Rz. 30; MünchKommZPO/*Damrau*[4] § 380 Rz. 10.
3 Baumbach/Lauterbach/*Hartmann*[71] § 380 Rz. 16.
4 So OLG Dresden MDR 2002, 1088 (zu § 411 Abs. 2).
5 MünchKommZPO/*Damrau*[4] § 380 Rz. 10 (dort wiederum nur den Wortlaut i.V.m. § 1 StGB betonend).
6 *Hahn/Stegemann* Mat. II/1 Protokolle der Kommission (S. 149), S. 641 f.; näher KG NJW 1960, 1726.
7 So OLG Karlsruhe NJW 1967, 2166; Stein/Jonas/*Berger*[22] § 380 Fn. 30.
8 BT-Drucks. 7/550, S. 380 (Begründung zum Entwurf für das EGStGB).
9 Baumbach/Lauterbach/*Hartmann*[71] § 380 Rz. 16.
10 So das OLG Karlsruhe NJW 1967, 2166.
11 Deshalb ist die von Musielak/*Huber*[10] § 380 Rz. 5 zur Umgehung des Streits empfohlene Zustellung der Ladung nicht immer eine Lösung.

führung nicht ohne Weiteres begründen. Auch kann das Ordnungsgeld nur dann zurückhaltend dosiert werden, wenn auch nach wiederholtem Ausbleiben noch eine Steigerung möglich ist. Dürfte ein Ordnungsgeld nur einmal wiederholt festgesetzt werden, müsste das Gericht von vornherein einen höheren Betrag wählen, um eine ausreichende Beugewirkung zu erzielen.

3. Zwangsweise Vorführung

51 Das (vollständig besetzte[1]) Gericht darf bei erneutem Ausbleiben des Zeugen nach § 380 Abs. 2 Hs. 2 die zwangsweise **Vorführung des Zeugen** anordnen. Anders als die Auferlegung der Kosten und die Festsetzung von Ordnungsmitteln nach § 380 Abs. 1 handelt es sich um eine Entscheidung, die der Richter nach pflichtgemäßem Ermessen zu treffen hat.[2] Entsprechend genügt nicht das wiederholte Ausbleiben allein; vielmehr muss Grund zu der Annahme bestehen, dass der Zeuge nicht nur infolge eines – wenn auch unentschuldbaren – Versehens nicht erschienen ist, sondern die Ladung ohne triftige Gründe unbeachtet gelassen hat und **auch** einer **erneuten Ladung** trotz der Festsetzung des Ordnungsgeldes **nicht folgen wird**.[3] Die Zustellung der Ladung ist dafür keine zwingende Voraussetzung.[4] **Die Anordnung kann unbeschränkt oft** ergehen. Wenn der Zeuge sein Ausbleiben nach § 381 (nachträglich) genügend entschuldigt (Kap. 31 Rz. 13), ist eine Vorführungsanordnung trotz wiederholten Ausbleibens nicht mehr gerechtfertigt[5] (s. auch Kap. 31 Rz. 15).

52 Die **zwangsweise Vorführung** muss zuvor **angedroht** werden; mit der Ladung zu einem ersten Anhörungstermin darf die Androhung allerdings nur verbunden werden, wenn sich bei den Akten bereits Beweisunterlagen befinden, die die Annahme rechtfertigen, der Betroffene werde zum Termin unentschuldigt nicht erscheinen und sei zu einem Erscheinen auch durch die Androhung milderer Mittel nicht zu bewegen.[6]

4. Auferlegung der weiteren Kosten

53 Bleibt der Zeuge erneut aus, sind ihm auch die durch sein wiederholtes Ausbleiben verursachten Kosten aufzuerlegen. Insoweit gilt für **sämtliche** im Laufe des Verfahrens durch das ein- oder mehrmalige Ausbleiben des Zeugen entstandenen **Kosten** allgemein **§ 380 Abs. 1 S. 1**.

XII. Vollstreckung der Sanktionen bei Nichterscheinen

1. Auferlegung der Kosten

54 Der Kostenbeschluss nach § 380 Abs. 1 S. 1 ist als **Kostengrundentscheidung** ein **Vollstreckungstitel** i.S.d. § 794 Abs. 1 Nr. 3. Dieser ist gem. § 103 Abs. 1 Voraussetzung für das **Kostenfestsetzungsverfahren** nach §§ 103, 104. Die Partei, der besondere Kosten oder Auslagen entstanden sind, muss die Kostenfestsetzung gegen den Zeugen beantragen.

---

1 OLG Naumburg OLGRep. 2004, 383 f.
2 BT-Drucks. 14/4722, S. 91.
3 BT-Drucks. 14/4722, S. 91.
4 MünchKommZPO/*Damrau*[4] § 380 Rz. 10 mit Fn. 38; a.A. *Bergerfurth* JZ 1971, 84, 86 Fn. 58.
5 BT-Drucks. 14/4722, S. 91; BayObLGZ 1990, 37, 40.
6 BayObLGZ 1990, 37, 40 (zu §§ 33, 50b FGG a.F.).

Ist glaubhaft gemacht, dass die **Kosten** beim Zeugen **uneinbringlich** sind, kann die 55
obsiegende Partei die **Kostenfestsetzung gegen** die **unterliegende Partei** beantragen.[1]
Zugleich muss sie den Anspruch an die unterliegende Partei abtreten.[2] Der im Kostenfestsetzungsverfahren erwirkte Kostenfestsetzungsbeschluss bildet einen Vollstreckungstitel i.S.d. § 794 Abs. 1 Nr. 2, der nach allgemeinen Regeln vollstreckt wird.

2. Ordnungsmittel

Die Vollstreckung der Ordnungsmittel richtet sich nach § 890. Für Zahlungserleich- 56
terungen, nachträgliche Anordnungen und Verjährung gelten **Artt. 7–9 EGStGB** (nach
Rz. 61). Vollstreckt wird von Amts wegen.

Ordnungsgeld wird gem. § 1 Abs. 1 Nr. 3 JBeitrO, § 1 Abs. 1 Nr. 3 EBAO nach §§ 2 ff. 57
JBeitrO und §§ 3 ff. EBAO[3] beigetrieben, und zwar nach § 31 Abs. 3 RPflG durch den
Rechtspfleger, soweit sich nicht das Gericht die Vollstreckung im Einzelfall ganz oder
teilweise vorbehält. Nach Art. 7 Abs. 2 EGStGB können auch nach Festsetzung des
Ordnungsgeldes noch **Zahlungserleichterungen** gewährt werden. Auch hierfür ist gem.
Art. 7 Abs. 2 S. 1 EGStGB i.V.m. § 31 Abs. 3 RPflG grundsätzlich der Rechtspfleger zuständig.[4] Über Einwendungen dagegen entscheidet nach Art. 7 Abs. 4 EGStGB die Stelle, die das Ordnungsgeld festgesetzt hat, auch wenn sie nicht für die Vollstreckung zuständig ist.

Wegen der Vollstreckung der **Ersatzordnungshaft** vgl. Rz. 118 ff. zur Ordnungshaft. 58

3. Zwangsweise Vorführung

Die zwangsweise Vorführung erfolgt durch den **Gerichtswachtmeister** oder nach 59
§ 191 GVGA durch den **Gerichtsvollzieher**. Wohnt der Zeuge in einem anderen Gerichtsbezirk, ist der Gerichtsvollzieher des Bezirks zuständig, in dem der Wohnsitz
liegt, auch wenn dieser vom Prozessgericht weit entfernt liegt.[5] Dem Gerichtsvollzieher sind der Vorführungsbeschluss, der Vorschuss und der Vorführungsauftrag zu
übersenden. Der Gerichtsvollzieher kann nach dem jeweiligen **Landesrecht polizeiliche Vollzugsorgane** hinzuziehen, wenn er damit rechnet, dass der Zeuge Widerstand
leistet. Auch Soldaten werden nach einem Erlass des Bundesministers der Verteidigung vom 23. Juli 1998[6] durch die allgemeinen Behörden vorgeführt.

Die zwangsweise Vorführung soll nicht dazu berechtigen, den Zeugen bei weiter Ent- 60
fernung vom Gerichtsort über Nacht in einer JVA zu **inhaftieren**.[7] Das würde faktisch
einen Ausschluss der Vorführung bedeuten oder das Gericht zwingen, die Vernehmung am Wohnsitz des Zeugen durchzuführen.

Die **Kosten des Gerichtsvollziehers** für die Vorführung zählen zu den **Auslagen des** 61
Gerichts. Gem. § 9 GvKostG, KV GvKostG Nr. 270 fällt eine Gebühr von 30 € an;

---

1 OLG München NJW 1968, 1727 (LS) = JurBüro 1968, 645; MünchKommZPO/*Damrau*[4] § 380
  Rz. 6; Stein/Jonas/*Berger*[22] § 380 Rz. 18.
2 Zöller/*Greger*[30] § 380 Rz. 4.
3 Einforderungs- und Beitreibungsanordnung, Bundesfassung abgedruckt bei *Hartmann* Kostengesetze[43] Teil IX B.
4 OLG Karlsruhe NJW-RR 1997, 1567.
5 LG Regensburg DGVZ 1980, 171, 172; Zöller/*Greger*[30] § 380 Rz. 8.
6 VMBl. 1998, S. 246; geändert 10.3.2003, VMBl. 2003, S. 95, und 14.6.2004, VMBl. S. 109. Abgedruckt in Auszügen bei Zöller/*Stöber*[30] vor § 166 Rz. 7.
7 OLG Naumburg OLGRep. 2004, 383 f. (Freiheitsbeschränkung und Freiheitsentziehung unterscheidend).

hinzu kommen etwaige Auslagen des Gerichtsvollziehers nach KV GvKostG Nr. 700 ff.

XIII. Anhang: Einführungsgesetz zum Strafgesetzbuch

Art. 7 Zahlungserleichterungen bei Ordnungsgeld

(1) Ist dem Betroffenen nach seinen wirtschaftlichen Verhältnissen nicht zuzumuten, das
- Ordnungsgeld sofort zu zahlen, so wird ihm eine Zahlungsfrist bewilligt oder gestattet, das
- Ordnungsgeld in bestimmten Teilbeträgen zu zahlen. Dabei kann angeordnet werden, dass die Vergünstigung, das Ordnungsgeld in bestimmten Teilbeträgen zu zahlen, entfällt, wenn der Betroffene einen Teilbetrag nicht rechtzeitig zahlt.

(2) Nach Festsetzung des Ordnungsgeldes entscheidet über die Bewilligung von Zahlungserleichterungen nach Absatz 1 die Stelle, der die Vollstreckung des Ordnungsgeldes obliegt. Sie kann eine Entscheidung über Zahlungserleichterungen nachträglich ändern oder aufheben. Dabei darf sie von einer vorausgegangenen Entscheidung zum Nachteil des Betroffenen nur auf Grund neuer Tatsachen oder Beweismittel abweichen.

(3) Entfällt die Vergünstigung nach Absatz 1 Satz 2, das Ordnungsgeld in bestimmten Teilbeträgen zu zahlen, so wird dies in den Akten vermerkt. Dem Betroffenen kann erneut eine Zahlungserleichterung bewilligt werden.

(4) Über Einwendungen gegen Anordnungen nach den Absätzen 2 und 3 entscheidet die Stelle, die das Ordnungsgeld festgesetzt hat, wenn einer anderen Stelle die Vollstreckung obliegt.

Art. 8 Nachträgliche Entscheidungen über die Ordnungshaft

(1) Kann das Ordnungsgeld nicht beigetrieben werden und ist die Festsetzung der für diesen Fall vorgesehenen Ordnungshaft unterblieben, so wandelt das Gericht das Ordnungsgeld nachträglich in Ordnungshaft um. Das Gericht entscheidet nach Anhörung der Beteiligten durch Beschluss.

(2) Das Gericht ordnet an, dass die Vollstreckung der Ordnungshaft, die an Stelle eines uneinbringlichen Ordnungsgeldes festgesetzt worden ist, unterbleibt, wenn die Vollstreckung für den Betroffenen eine unbillige Härte wäre.

Art. 9 Verjährung von Ordnungsmitteln

(1) Die Verjährung schließt die Festsetzung von Ordnungsgeld und Ordnungshaft aus. Die Verjährungsfrist beträgt, soweit das Gesetz nichts anderes bestimmt, zwei Jahre. Die Verjährung beginnt, sobald die Handlung beendet ist. Die Verjährung ruht, solange nach dem Gesetz das Verfahren zur Festsetzung des Ordnungsgeldes nicht begonnen oder nicht fortgesetzt werden kann.

(2) Die Verjährung schließt auch die Vollstreckung des Ordnungsgeldes und der Ordnungshaft aus. Die Verjährungsfrist beträgt zwei Jahre. Die Verjährung beginnt, sobald das Ordnungsmittel vollstreckbar ist. Die Verjährung ruht, solange

1. nach dem Gesetz die Vollstreckung nicht begonnen oder nicht fortgesetzt werden kann,
2. die Vollstreckung ausgesetzt ist oder
3. eine Zahlungserleichterung bewilligt ist.

§ 25 Erzwingung des Erscheinens von Sachverständigen und der Begutachtung

I. Anwendungsbereich

§ 409 findet nur auf **Sachverständige** Anwendung, die **gem. § 407** zur Erstattung des Gutachtens **verpflichtet** sind,[1] also auf Sachverständige, die zu der in § 407 Abs. 1 benannten Personengruppe gehören oder die sich gegenüber dem Gericht zur Übernahme des Gutachtens bereit erklärt haben (§ 407 Abs. 2).

Der unter § 407 fallende Sachverständige muss erscheinen, aussagen und gegebenenfalls seinen Eid leisten. Auf Verlangen des Gerichts (§ 407a Abs. 4) hat er die Akten, beigezogene Unterlagen und Untersuchungsergebnisse herauszugeben. Jede dieser Pflichten kann gem. § 409 erzwungen werden. Bei **Säumigkeit** im Falle angeordneter **schriftlicher Begutachtung** (§ 411 Abs. 1) greift § 411 Abs. 2 und nicht § 409 ein.

II. Voraussetzungen

1. Nichterscheinen, Gutachtenverweigerung

Die Verhängung eines Ordnungsgeldes wegen Ausbleibens setzt die **ordnungsgemäße** (§ 377) und rechtzeitige (§ 381) **Ladung** des Sachverständigen zum Termin voraus.[2] Ferner muss er zum Erscheinen verpflichtet sein. Von dieser Pflicht ist er (vorläufig) befreit, wenn er seine Weigerung vor dem Termin gem. §§ 386 Abs. 3, 402 schriftlich vorgebracht und glaubhaft gemacht hat (Kap. 43 Rz. 14). Die Verhängung eines Ordnungsgeldes kommt in diesem Fall nur in Betracht, wenn die Weigerung offensichtlich unbegründet oder rechtskräftig verworfen ist. Dies gilt entsprechend, wenn sich der Sachverständige darauf beruft, nicht zu dem Personenkreis des § 407 zu gehören[3] (näher Kap. 43 Rz. 9). Die Verhängung des Ordnungsgeldes hat zu unterbleiben, wenn der Sachverständige sein Ausbleiben **genügend entschuldigt** (§§ 402, 381).

Für die **Weigerung**, das Gutachten **zu erstatten**, gelten die vorgenannten Voraussetzungen entsprechend. Weigert sich der Sachverständige, zur mündlichen Erläuterung des Gutachtens zu erscheinen, kann ihm ohne vorherige Ordnungsgeldverhängung der Gutachtenauftrag entzogen werden.[4] Der **Anspruch auf Vergütung** des schriftlichen Gutachtens entfällt damit aber nicht automatisch[5] (s. dazu Kap. 19 Rz. 40).

2. Eidesverweigerung

Der Sachverständige kann gem. § 409 auch zur Leistung des Eides (§ 410) gezwungen werden. Wird der Sachverständigeneid nicht im schriftlichen Gutachten durch Bezugnahme gem. § 410 Abs. 2 erklärt, kann die Bezugnahme nicht gem. § 409 erzwungen werden. Das Gericht kann den Sachverständigen aber zur **Ableistung** des Eides **im mündlichen Termin** laden.[6]

---

1 RGZ 23, 337, 338 f.
2 KGJ 52, 11, 13.
3 VGH München NVwZ-RR 1996, 328, 329.
4 OLG Brandenburg MDR 2005, 1131.
5 A.A. wohl OLG Brandenburg MDR 2005, 1131.
6 LG Frankfurt/M. NJW-RR 1989, 574.

3. Aktenherausgabe

67 Die Verhängung eines Ordnungsgeldes zur Erzwingung der Herausgabe von Akten und sonstigen Unterlagen setzt gem. § 407a Abs. 4 eine vorhergehende (nicht anfechtbare[1]) **Herausgabeanordnung** des Gerichtes voraus (nicht auch ein Herausgabeverlangen, vgl. Kap. 47 Rz. 86). Nach Ablauf einer vom Gericht zu setzenden Frist kann ohne Weiteres nach § 409 vorgegangen werden. Auch die Herausgabe der **Untersuchungsergebnisse** des Sachverständigen (vgl. § 407a Abs. 4) kann nach § 409 erzwungen werden.[2] Zwar sind diese in § 409 (anders als in § 407a Abs. 4) nicht ausdrücklich erwähnt, doch sollte § 409 nach dem Willen des Gesetzgebers[3] auch die Erzwingung der Untersuchungsergebnisse ermöglichen. Die Untersuchungsergebnisse lassen sich unter den Begriff der „sonstigen Unterlagen" subsumieren (näher: Kap. 47 Rz. 87).

III. Auferlegung der Kosten/Festsetzung des Ordnungsgeldes

68 § 409 tritt an die Stelle der §§ 380, 390 bei der Zeugenvernehmung und kennt **keine Ersatzordnungshaft**. Sind die Voraussetzungen des § 409 erfüllt, sind dem Sachverständigen die **Verfahrensmehrkosten** aufzuerlegen. Ermessen, das zu Lasten der Parteien ginge, sieht § 409 nicht vor. Besondere Gerichtsgebühren entstehen nicht.

69 Gleichfalls zwingend ist ein Ordnungsgeld festzusetzen. **Ordnungsgeld** (in Höhe von 5,– – 1000,– Euro)[4] kann wegen desselben Umstands (wiederholtes Ausbleiben oder wiederholte Eidesverweigerung) **höchstens zweimal** festgesetzt werden.[5] Bei wiederholtem Ausbleiben des Sachverständigen gibt es anders als beim Zeugen **keine** erzwungene **Vorführung** und keine Erzwingungshaft. Die Entscheidung erfolgt durch begründeten **Beschluss**, der dem Sachverständigen wegen § 329 Abs. 3 förmlich zuzustellen ist und der den Parteien formlos mitgeteilt wird (§ 329 Abs. 3).

IV. Rechtsmittel

70 Statthaftes Rechtsmittel ist die sofortige Beschwerde (§ 567 Abs. 1 Nr. 1 i.V.m. § 409 Abs. 2), die gem. § 570 Abs. 1 aufschiebende Wirkung hat. Für den Sachverständigen gilt kein Anwaltszwang (§ 569 Abs. 3 Nr. 3). Sofern der Kostenausspruch unterblieben ist, sind **beide Parteien** beschwerdebefugt.[6] Wird dem Sachverständigen eine Nachfrist gesetzt und gleichzeitig ein Ordnungsgeld angedroht, kann er bereits dagegen sofortige Beschwerde einlegen.[7]

---

[1] Vgl. RegE BT-Drucks. 11/3621, S. 40 zu § 407a Abs. 4.
[2] A.A. MünchKommZPO/*Zimmermann*[4] § 409 Rz. 5.
[3] Vgl. RegE BT-Drucks. 11/3621, S. 40 zu § 407a und S. 41 zu § 409.
[4] Art 6 Abs. 1 S. 1 EGStGB.
[5] OLG Celle OLGZ 1975, 372, 373 ff.; OLG Dresden MDR 2002, 1088 (wegen des strafähnlichen Charakters); Stein/Jonas/*Leipold*[22] § 409 Rz. 6; MünchKommZPO/*Zimmermann*[4] § 409 Rz. 7; so auch OLG Karlsruhe NJW 1967, 2166 f. zum Zeugenbeweis. A.A. Zöller/*Greger*[30] § 409 Rz. 2 i.V.m. § 380 Rz. 8; KG NJW 1960, 1726 (zum Zeugenbeweis).
[6] MünchKommZPO/*Zimmermann*[4] § 409 Rz. 9; Musielak/*Huber*[10] § 409 Rz. 3.
[7] OLG München VersR 1980, 1078.

§ 26 Zwang gegen Prozessparteien

I. Liberale Grundkonzeption der ZPO

Die ZPO erzwingt Beweiserhebungen **unmittelbar**, wenn es um die Erhebung des Personalbeweises durch **Zeugenvernehmung** oder Erstattung eines **Sachverständigengutachtens** geht. Gegenüber einer **Partei** findet direkter Zwang nur zur Mitwirkung an der Erhebung des Abstammungsbeweises als einer Form der Augenscheinseinnahme statt; im Übrigen wird **nur indirekt** auf die Vereitelung oder Erschwerung der Beweisführung **reagiert**. 71

II. Zwangsweise Abstammungsuntersuchung

Die Feststellung biologischer Abstammung wird im deutschen Recht – fragwürdig – ein derart hoher Stellenwert beigemessen, dass nach § 178 FamFG und § 372a ZPO zur **Entnahme** von **Blutproben direkter Zwang** nicht nur gegen Dritte sondern auch gegen eine Prozesspartei angewandt werden kann. Wegen des Sachzusammenhangs mit § 372a erfolgt die nähere Darstellung in Kap. 24 § 88. 72

III. Erzwingung des Erscheinens der Prozessparteien, § 141

§ 141 ermöglicht die richterliche Anordnung des **persönlichen Erscheinens der Parteien**, damit Zweifelsfragen zum Sachvortrag unverzüglich aufgeklärt werden können. Die Einschaltung von Mittelspersonen in den Sachvortrag schafft Fehlerquellen.[1] Ordnet das Gericht nach § 141 bzw. nach § 273 Abs. 2 Nr. 3[2] das persönliche Erscheinen der Parteien an, sind die §§ 380, 381 gem. § 141 Abs. 3 bzw. gem. §§ 141 Abs. 3 i.V.m. 273 Abs. 4 S. 2 entsprechend anzuwenden. Dasselbe gilt gem. §§ 128 Abs. 4 Hs. 1 FamFG für das persönliche Erscheinen der Ehegatten in Ehesachen, allerdings unter Ausschluss von Ordnungshaft. 73

IV. Ermessensausübung gegenüber nichterschienener Partei

Soweit § 380 zur Anwendung gelangt, liegt die Festsetzung eines Ordnungsgeldes anders als beim Zeugen gem. § 141 Abs. 3 S. 1 im **Ermessen** des Gerichts („kann").[3] Das Gericht hat deshalb in seiner Ordnungsgeldentscheidung zu **begründen**, warum es unter pflichtgemäßer Abwägung des Für und Wider ein Ordnungsgeld verhängt und auch eine Entschuldigung der Partei für nicht genügend angesehen hat,[4] weil von der Festsetzung eines Ordnungsgeldes gegen die trotz einer Anordnung nach § 141 Abs. 1 nicht erschienene Partei nur zurückhaltend Gebrauch gemacht werden sollte.[5] Ein Verschulden des Anwalts ist der Partei nicht zuzurechnen; § 85 Abs. 2 ist im Rahmen 74

---

1 OLG Stuttgart NJW-RR 2014, 447.
2 OLG Düsseldorf OLGZ 1994, 576, 577.
3 LAG Bremen MDR 1993, 1007; OLG Düsseldorf OLGZ 1994, 576, 578; KG FamRZ 2007, 2084; OLG Karlsruhe VersR 2014, 120, 121.
4 BGH NJW-RR 2011, 1363 Rz. 17; OLG Köln VersR 1992, 254; OLG Düsseldorf OLGZ 1994, 576, 578; OLG Brandenburg JurBüro 1999, 155.
5 OLG Köln VersR 1992, 254; OLG Düsseldorf OLGZ 1994, 576, 578; OLG Hamburg MDR 1997, 781 (gegen ein gedankenloses und routinemäßiges Ankreuzen des Ladungskästchens); OLG Brandenburg JurBüro 1999, 155; Stein/Jonas/*Leipold*[22] § 141 Rz. 53; s. auch BVerfG NJW 1998, 892, 893; wohl a.A. Zöller/*Greger*[30] § 141 Rz. 12.

des § 141 Abs. 3 nicht anzuwenden.[1] Gegen eine im Ausland lebende **ausländische Partei** darf nicht nach § 380 vorgegangen werden.[2] Voraussetzung der Verhängung von Ordnungsgeld ist **die ordnungsgemäße Ladung**.[3]

75 Die Verhängung von Ordnungsgeld ist auch gegenüber einer Partei (zum Zeugen Rz. 9) **keine Sanktion für** die **Missachtung der** richterlichen **Anordnung des Erscheinens**.[4] Sanktionsgrund ist die pflichtwidrige Behinderung der gerichtlichen Sachverhaltsaufklärung und die Vereitelung des Vorantreibens des Verfahrens.[5] Bei der Ausübung seines Ermessens hat das Gericht deshalb allein das **Ziel** zugrunde zu legen, dass die Anordnung des persönlichen Erscheinens der Parteien die **Aufklärung des Sachverhalts** erleichtern und beschleunigen soll.[6] Verfehlt ist es, von einem „Risiko" der Partei zu sprechen, das sie zu tragen habe, wenn ihr Vertreter sich als nicht genügend unterrichtet erweise.[7]

76 Ist das **Aufklärungsziel** ungeachtet der Abwesenheit der Partei oder deren nicht ordnungsgemäßer Vertretung i.S.d. § 141 Abs. 3 S. 2 auf anderem Wege **erreicht** worden, indem etwa der Rechtsstreit in dem maßgeblichen Termin durch Urteil entschieden werden konnte, ist die Festsetzung von Ordnungsmaßnahmen ermessensfehlerhaft[8] (dazu auch Rz. 7). Dasselbe gilt bei **Entscheidungsreife** des Verfahrens.[9] Erfolgt die Ladung im Hinblick auf die Durchführung einer **Güteverhandlung** (§ 278 Abs. 3 S. 1), reicht die Entsendung eines zum Vergleichsabschluss ermächtigten Vertreters.[10] Die hohe Zahl der bei juris gespeicherten Entscheidungen zu **§§ 141, 380** belegt ein **hohes Konfliktpotential**, das aus allzu schematischer Anwendung des § 141 und verborgenem Richterärger resultieren dürfte.

77 Ist Partei eine **juristische Person**, so ist deren Geschäftsleiter (Vorstand, GmbH-Geschäftsführer) zu laden. Bei dessen Nichterscheinen ist das **Ordnungsgeld gegen** die **juristische Person** festzusetzen;[11] nicht aber gegen den Organwalter.[12]

---

1 BGH NJW-RR 2011, 1363 Rz. 20.
2 OLG Hamm NJW 2009, 1090.
3 OLG Hamm MDR 2014, 50.
4 BGH NJW-RR 2011, 1363 Rz. 16; OLG Hamm MDR 1997, 1061; LAG Niedersachsen MDR 2002, 1333, 1334; KG FamRZ 2007, 2084, 2085; OLG Hamm NJW-Rr 2011, 1696 (zu § 33 FamFG).
5 BGH NJW-RR 2011, 1363 Rz. 16; OLG Frankfurt NJW-RR 1986, 997; OLG Bremen MDR 2014, 562; LAG Niedersachsen MDR 2002, 1333, 1334.
6 LAG Niedersachsen MDR 2002, 1333, 1334; KG FamRZ 2007, 2084, 2085; Stein/Jonas/*Leipold*[22] § 141 Rz. 1 und 53; OLG Karlsruhe VersR 2014, 120, 121.
7 Anders OLG Stuttgart NJW-RR 2014, 447.
8 BGH NJW-RR 2007, 1364 Rz. 16 = VersR 2008, 231; BAG NJW 2008, 252 Rz. 6 m. abl. Anm. *Griebling*; OLG Frankfurt NJW-RR 1986, 997; LAG Niedersachsen MDR 2002, 1333, 1334; Stein/Jonas/*Leipold*[22] § 141 Rz. 55; a.A. Zöller/*Greger*[30] § 141 Rz. 12 unter Betonung der Verfehlung konsensualer Konfliktlösung. Die Rechtsprechung des BGH konkretisierend OLG Stuttgart NJW-RR 2014, 447, 448.
9 OLG Hamm NJW-RR 2011, 1696.
10 BGH NJW-RR 2011, 1363 Rz. 20; a.A. AG Meldorf MDR 2010, 520.
11 KG KGRep. 1996, 63 = GmbHR 1996, 210; LAG Hamm MDR 1999, 825; OLG Frankfurt OLGRep. 2005, 681 = MDR 2006, 170; OLG Saarbrücken, Beschl. v. 19.8.2009 – 5 W 224/09; OLG Dresden MDR 2012, 543; a.A. OLG Nürnberg OLGRep. 2001, 290, 291.
12 OLG Hamm NJW-RR 2013, 575, 576.

§ 27 Rechtsmittel gegen Beschlüsse nach § 380 Abs. 1 und 2 ZPO

I. Sofortige Beschwerde, Erinnerung

1. Zulässiger Rechtsbehelf

Gegen die Beschlüsse nach § 380 Abs. 1 und 2 ist gem. § 380 Abs. 3 das Rechtsmittel der sofortigen Beschwerde gegeben, für das die Vorschriften der §§ 567 ff. maßgeblich sind. Hat ein **beauftragter oder ersuchter Richter** die Anordnungen getroffen, ist allerdings zunächst deren Überprüfung durch das Prozessgericht im Wege der **Erinnerung** vorgesehen (§ 573 Abs. 1), erst im Anschluss daran ist gem. § 573 Abs. 2 die sofortige Beschwerde zulässig. Hierfür ist das dem Prozessgericht übergeordnete Gericht auch dann zuständig, wenn der ersuchte Richter entschieden hat.[1]

78

2. Beschwerdeberechtigung

Die sofortige Beschwerde nach § 380 Abs. 3 steht dem **Zeugen** zu, der von den Anordnungen nach § 380 Abs. 1 und 2 betroffen ist. Der Zeuge kann seine Beschwerde darauf stützen, dass die **Ladung nicht ordnungsgemäß** (Rz. 22), er dem Termin **nicht ferngeblieben** oder das Ordnungsgeld **unangemessen hoch** gewesen sei.[2]

79

Ein **jugendlicher Zeuge** soll gegen einen Ordnungsgeldbeschluss wegen Nichterscheinens vor Gericht **selbständig** sofortige Beschwerde einlegen können, sofern er strafmündig ist.[3] Dies ist **allerdings abzulehnen**, weil für die Einhaltung gesetzlicher Pflichten der für den Aufenthalt des Minderjährigen zuständige Personensorgeberechtigte verantwortlich ist. Die Ansicht erklärt sich nur aus der hier abgelehnten Auffassung (Rz. 15 und Kap. 37 Rz. 21), den **über 14 Jahre alten Minderjährigen** als **teilprozessfähig** zu behandeln.

80

§ 380 Abs. 3 gilt entsprechend für die **nach § 141 Abs. 3 S. 1** mit einem Ordnungsgeld belegte **Partei**.[4]

81

Eine **Beschwerdesumme** muss **nicht** erreicht werden, soweit es um die Kostenbelastung geht,[5] da es sich um eine einheitliche Sanktion handelt. Auch bliebe dem Zeugen der ihm nach Art. 19 Abs. 4 S. 1 GG zustehende **erstmalige Rechtsschutz verwehrt**.

82

3. Abgrenzung zum Aufhebungsantrag

Das Rechtsmittel der sofortigen Beschwerde nach § 380 Abs. 3 ist abzugrenzen von dem **Aufhebungsgesuch** nach § 381 Abs. 1 S. 3, mit dem der Zeuge sein **Ausbleiben nachträglich entschuldigt**. Dabei ist nach der Art der Einwände des Zeugen zu differenzieren. Rügt der Zeuge, die Voraussetzungen des § 380 Abs. 1 oder 2 hätten nicht vorgelegen, ist nur die sofortige Beschwerde statthaft, weil sich das Aufhebungsgesuch nur auf Entschuldigungsgründe stützen kann. Bringt der Zeuge **Entschuldigungsgründe** an, ist das **Aufhebungsgesuch vorrangig**. Eine sofortige Beschwerde kommt insoweit erst dann in Betracht, wenn das Gericht die Aufhebung seiner Beschlüsse abgelehnt hat. Deshalb ist eine „Beschwerde", die das Ausbleiben des Zeu-

83

---

1 RGZ 68, 66; a.A. LG Frankenthal NJW 1961, 1363, 1364.
2 MünchKommZPO/*Damrau*[4] § 380 Rz. 10.
3 LAG Nürnberg MDR 1999, 1342 zu § 380 Abs. 3 a.F.; Musielak/*Huber*[10] § 380 Rz. 7 i.V.m. 3b.
4 KG FamRZ 2007, 2084.
5 Baumbach/Lauterbach/*Hartmann*[71] § 380 Rz. 17; Musielak/*Huber*[10] § 380 Rz. 7; a.A. MünchKommZPO/*Damrau*[4] § 380 Rz. 11.

gen nachträglich entschuldigt, als Anzeige nach § 381 Abs. 2 zu werten, über die erneut das Gericht beschließen muss, das die Anordnungen nach § 380 getroffen hat.[1]

84 Wird ein **Ordnungsmittelbeschluss** wegen nachträglicher genügender Entschuldigung nach § 381 Abs. 1 S. 3 **aufgehoben**, ist das Ordnungsmittelverfahren erledigt; gegen die das Ordnungsmittel **aufhebende Entscheidung** ist ein **Rechtsmittel** mangels Beschwer nicht statthaft. Allerdings sind die **Parteien** wegen der dann auf sie entfallenden Kosten **beschwerdeberechtigt** (s. auch nachfolgend Rz. 91 ff.).[2]

4. Einlegungsfrist

85 Die nach der Neufassung des § 380 Abs. 3 als Rechtsmittel vorgesehene sofortige Beschwerde ist nach § 569 Abs. 1 binnen einer **Notfrist von zwei Wochen** einzulegen. Die **Einlegungsfrist beginnt** mit der Zustellung des Beschlusses zu laufen, bei einer Anordnung gegen eine Partei mit der Zustellung an diese, nicht erst zu dem Zeitpunkt, zu dem sie dem Prozessbevollmächtigten formlos mitgeteilt wird.[3]

86 Die **Fristenbindung** wird für den Zeugen immer dann **problematisch**, wenn sich seine sofortige Beschwerde dagegen richtet, dass das Gericht seine nachträgliche **Entschuldigung nicht akzeptiert** und deshalb sein Aufhebungsgesuch gem. § 381 Abs. 1 S. 3 abgelehnt hat. Angesichts der Befristung der sofortigen Beschwerde müsste der Zeuge die sofortige Beschwerde nämlich auch dann innerhalb von zwei Wochen einlegen, wenn über seinen Aufhebungsantrag noch nicht entschieden ist.[4] Der Zeuge kann den Aufhebungsantrag mit der sofortigen Beschwerde/Erinnerung verbinden. Im Zweifel ist sein Vorbringen in diesem Sinne auszulegen. Alternativ lässt sich das Problem dadurch lösen, dass man den **laufenden Aufhebungsantrag als Wiedereinsetzungsgrund** i.S.d. § 236 Abs. 2 ansieht. Dann ist dem Zeugen auf Antrag Wiedereinsetzung in den vorigen Stand nach §§ 233 ff. zu gewähren, falls die Anordnungen nach § 380 nicht nach § 381 Abs. 1 S. 3 aufgehoben worden sind. Entsprechendes muss für die befristete Erinnerung beim Prozessgericht (§ 573 Abs. 1) gelten, falls der beauftragte oder ersuchte Richter die Anordnungen getroffen hat.

5. Form

87 Wird die sofortige Beschwerde von einem **Zeugen** erhoben, kann sie gem. § 569 Abs. 3 Nr. 3 durch **Erklärung zu Protokoll der Geschäftsstelle** eingelegt werden. Gleiches gilt für die Partei gem. § 569 Abs. 3 Nr. 1, wenn der Rechtsstreit im ersten Rechtszug nicht als Anwaltsprozess zu führen ist. Im **Anwaltsprozess** unterliegt die **Partei** dagegen gem. § 78 Abs. 1 dem **Anwaltszwang**.

6. Rechtsbehelf gegen Beschwerdeentscheidung

88 Eine Rechtsbeschwerde nach §§ 574 ff. ist gegen die Entscheidung des Beschwerdegerichts nicht ausdrücklich vorgesehen. Sie kommt **nur** in Betracht, wenn sie nach § 574 Abs. 1 Nr. 2, Abs. 3, Abs. 2 **zugelassen** wurde.

---

[1] OLG Hamm GA 1972, 88.
[2] OLG Hamm NJW-RR 1987, 815 zu § 381 a.F.
[3] OLG Hamburg OLGRep. 2003, 50.
[4] So wohl Zöller/*Greger*[30] § 381 Rz. 5.

II. Änderung der Beschlüsse von Amts wegen

Ob und inwieweit das Gericht den Beschluss **von Amts wegen ändern** darf, ergibt sich aus § 381 Abs. 1 S. 3. Das Gericht muss den Beschluss ferner von Amts wegen aufheben, wenn der **Zeuge verspätet erscheint** und ein Ordnungsgeldbeschluss bereits erlassen ist.[1] Da die Anordnung der zwangsweisen Vorführung im Ermessen des Gerichts steht, darf sie jederzeit geändert werden. Soweit hiernach eine Änderungsbefugnis des Gerichts ohne Antrag zu bejahen ist, darf sie auch auf **Gegenvorstellung** hin vorgenommen werden, selbst wenn die Entscheidung nicht beschwerdefähig ist. Erkannte Ordnungsmittel dürfen in der Beschwerdeinstanz wegen des **Verschlechterungsverbotes** nicht neu erkannt bzw. erhöht, wohl aber ermäßigt werden.

89

III. Rechte der Parteien bei Aufhebung/Unterbleiben der Kostenentscheidung

Soll der sofortigen Beschwerde des Zeugen stattgegeben werden, haben die **Parteien** angesichts der damit auf sie zukommenden Kosten ein Recht gehört zu werden.[2] Bei Verletzung dieses Anspruchs kommt die **Gehörsrüge nach § 321a** in Betracht. Darüber hinaus haben die Parteien wegen der unterbliebenen Kostenentscheidung ein **Beschwerderecht**. So können sie sofortige Beschwerde einlegen, wenn das Gericht seinen **Beschluss**, in dem es dem Zeugen die **Kosten** auferlegt hat, **aufhebt**[3] oder den Antrag einer Partei, dem Zeugen die Kosten aufzuerlegen, zurückweist (zuvor Rz. 35 f.). Da die sofortige Beschwerde der Parteien nur die Kosten betrifft, muss der **Wert des Beschwerdegegenstandes** gem. § 567 Abs. 2 200 € übersteigen.

90

IV. Kosten der sofortigen Beschwerde

Umstritten ist, ob bei Aufhebung von Ordnungsmaßnahmen gegen säumige Zeugen und Parteien durch das Beschwerdegericht eine Kostenentscheidung zu ergehen hat und wem die Kosten aufzuerlegen sind.[4] Dabei kann es sich **nur** um **außergerichtliche Kosten** handeln, weil Gerichtsgebühren bei einer erfolgreichen Beschwerde nicht anfallen.[5]

91

Da es in dem Beschwerdeverfahren keinen Gegner gibt, andererseits notwendige außergerichtliche Auslagen des Zeugen nach § 401 i.V.m. §§ 7 Abs. 1 S. 1, 19 Abs. 1 Nr. 3 JVEG zu erstatten sind,[6] liegt es nahe, etwaige außergerichtliche Kosten des Beschwerdeführers den **allgemeinen Prozesskosten** zuzuordnen mit der Folge, dass sie letztlich von der **unterlegenen Partei** zu tragen sind.[7] Dabei kann eine unbillige Belas-

92

---

1 OLG Bremen JurBüro 1979, 1889; *E. Schneider* MDR 1998, 1205.
2 OLG Dresden SächsArch 2 (1907), 88, 89. Ebenso im Strafverfahren der Angeklagte, BayrVerfGH JR 1966, 195, 196 f.
3 OLG Dresden SächsArch 2 (1907), 88, 89; OLG Darmstadt JW 1916, 1593; a.A. KG OLGRspr. 25, 107.
4 Für Kostentragung der unterlegenen Partei BGH NJW-RR 2007, 1364 Rz. 23; BAG NJW 2008, 252 Rz. 9; verneinend BFHE 216, 500; LSG Berlin-Brandenburg, Beschl. v. 17.7.2009 – L 5 AS 1110/09 B.
5 OLG Zweibrücken MDR 1996, 533.
6 OLG Düsseldorf RPfleger 1979, 467.
7 BGH NJW-RR 2007, 1364 Rz. 23. Noch zu § 11 ZSEG OLG Zweibrücken MDR 1996, 533; OLG Brandenburg JurBüro 1999, 155 f.; OLG Düsseldorf MDR 1985, 60; OLG Frankfurt RPfleger 1984, 106 = MDR 1984, 322; OLG Celle JurBüro 1982, 1089 = NdsRpfl. 1982, 45; OLG Karlsruhe Justiz 1977, 97, 98; LAG Frankfurt MDR 1982, 612; Ebenso Zöller/*Greger*[30] § 380 Rz. 10; Musielak/*Huber*[10] § 380 Rz. 7.

tung der unterliegenden Partei durch § 21 GKG n.F. (= § 8 GKG a.F.) verhindert werden; hierüber ist jedoch nicht im Beschwerdeverfahren zu entscheiden.[1] Nach anderer Ansicht sind die außergerichtlichen Kosten des Beschwerdeführers in entsprechender Anwendung von § 46 OWiG, § 467 Abs. 1 StPO der **Staatskasse aufzuerlegen**, weil das unentschuldigte Fernbleiben vor Gericht dem Wesen nach zu den Ordnungswidrigkeiten gehöre.[2]

93 Im Beschwerdeverfahren über das Ordnungsgeld gegen ein **ferngebliebene Partei** ergeht **keine Kostenentscheidung**, weil es sich nicht um ein kontradiktorisches Verfahren handelt; Auslagen einer erfolgreichen Partei sind nicht analog § 46 OWiG der Staatskasse aufzuerlegen, sondern gehen zu Lasten der nach dem Schlussurteil kostenpflichtigen Partei.[3]

94 **Gegen** eine **entsprechende Anwendung** dieser Vorschriften spricht, dass es angesichts der nach § 401 i.V.m. dem JVEG vorgesehenen Kostenerstattung an einer **Gesetzeslücke fehlt**.[4] Auch unterscheiden sich die für das Zivil- und Straf- bzw. Ordnungswidrigkeitenverfahren geltenden Kostenregelungen zu sehr, als dass eine Analogie in Betracht käme.[5] So soll die Ordnungsmittelfestsetzung nach § 380 jedenfalls auch nach h.M. (dazu oben Rz. 9) primär nicht ordnungswidriges Verhalten ahnden, sondern die Beweisaufnahme im Interesse einer Streitentscheidung für die Parteien ermöglichen.[6] Im Übrigen werden außergerichtliche Kosten auch in sonstigen Fällen einer unrichtigen Sachbehandlung[7] nicht der Staatskasse auferlegt. Nach § 21 GKG kommt lediglich eine Niederschlagung der Gerichtskosten in Betracht.[8] Nach richtiger Auffassung **entfällt** deshalb eine **Kostenentscheidung** in der Entscheidung, die der Beschwerde eines Zeugen stattgibt.[9]

95 Die **Anwaltsgebühren** für die sofortige Beschwerde richten sich nach § 2 RVG i.V.m. der amtlichen Vorbemerkung 3.2.1, Nr. 3200 (Verfahrensgebühr 1,6) oder 3500 VV. Bleibt die sofortige Beschwerde erfolglos, hat der Beschwerdeführer die Kosten zu tragen. Nach Nr. 1812 KV fällt eine Gerichtsgebühr von 50,00 € an.

---

1 OLG Düsseldorf MDR 1985, 60; OLG Düsseldorf RPfleger 1979, 467.
2 BFH BStBl. II 1986, 270; OLG Jena, Beschl. v. 31.1.2002 – 6 W 43/02; OLG Bamberg MDR 1982, 585 f.; OLG Hamm MDR 1980, 322 = RPfleger 1980, 72; OLG Hamm OLGR 1994, 154; OLG Koblenz NJW 1967, 1240; LG Heilbronn MDR 1995, 753; AG Meldorf NJW-RR 2009, 576 (rechtswidrige Ordnungsgeldfestsetzung gegen eine Partei, Beschwerdekosten); MünchKommZPO/*Damrau*[4] § 380 Rz. 13; Stein/Jonas/*Berger*[22] § 380 Rz. 16. Mit anderer Begründung, im Ergebnis aber ebenso OLG Braunschweig NdsRpfl. 1977, 232: entsprechend § 91, weil unterliegender Gegner in diesem Fall der Staat sei.
3 BGH NJW-RR 2007, 1364 Rz. 23; BGH NJW-RR 2011, 1363 Rz. 23; BAG NJW 2008, 252 Rz. 9.
4 Noch zu § 11 ZSEG: OLG Hamburg MDR 1971, 685; OLG Celle JurBüro 1982, 1089 f. = NdsRpfl. 1982, 45; OLG Düsseldorf MDR 1985, 60; OLG Zweibrücken MDR 1996, 533; OLG Brandenburg JurBüro 1999, 155 f.
5 LAG Frankfurt MDR 1982, 612.
6 OLG Zweibrücken MDR 1996, 533; OLG Karlsruhe Justiz 1977, 97.
7 Jedoch auf fehlendes fehlerhaftes Parteihandeln abstellend MünchKommZPO/*Damrau*[4] § 380 Rz. 13.
8 OLG Brandenburg JurBüro 1999, 155, 156; OLG Frankfurt RPfleger 1984, 106 = MDR 1984, 322.
9 BGH NJW-RR 2007, 1364 Rz. 23; OLG Karlsruhe Justiz 1977, 97, 98; OLG Düsseldorf RPfleger 1979, 467; MDR 1985, 60; OLG Celle JurBüro 1982, 1089 = NdsRpfl. 1982, 45; OLG Frankfurt RPfleger 1984, 106; OLG Zweibrücken MDR 1996, 533; OLG Brandenburg JurBüro 1999, 155 f.; Zöller/*Greger*[30] § 380 Rz. 10.

§ 28 Erzwingung der Aussage- oder Eidesleistung gem. § 390 ZPO

I. Durchsetzung der Zeugnispflicht

§ 390 regelt die Zwangsmaßnahmen gegen einen Zeugen, der **zwar** zum Vernehmungstermin **erschienen** ist, jedoch unberechtigt die **Aussage oder** den **Eid verweigert**, oder der sich **nicht** gem. § 378 Abs. 1 **vorbereitet** hat, obwohl eine konkrete richterliche Anordnung (Kap. 33 Rz. 71) getroffen war. Mittels der Festsetzungen des Ordnungsgeldes und – die Sanktion steigernd – der Beugehaft, die auf den **Willensentschluss** des Zeugen **einwirken** sollen (zur Beugefunktion s. Rz. 7), wird die Erfüllung der staatsbürgerlichen Zeugnispflicht (Kap. 7 Rz. 78) erzwungen. § 390 ist auf die Erzwingung der **Abstammungsuntersuchung** gem. § 372a Abs. 2 S. 1 und § 178 Abs. 2 S. 1 FamFG entsprechend anzuwenden.

Die Anordnungen nach § 390 setzen voraus, dass der Zeuge die Aussage verweigert, **ohne irgendeinen Grund anzugeben**, der in einem Zwischenstreitverfahren nach §§ 387 f. geklärt werden könnte, oder dass seine Einrede in einem Verfahren nach §§ 387 f. rechtskräftig verworfen wurde. Das **Erscheinen des Zeugen** als Vorstufe der Aussagebereitschaft wird mittels der Anordnungen des § 380 erzwungen. Die Sachverhalte, die § 380 und § 390 regeln, **können sich überschneiden**. Gesetzestechnisch ist die Aufteilung auf zwei Normen misslungen. Für das Verhältnis zwischen § 372a Abs. 2 bzw. § 178 Abs. 2 FamFG und § 390 sowie §§ 142 Abs. 2, 144 Abs. 2 zu § 390 gilt dies nicht.

II. Kumulierende Ursachen der Nichtaussage

1. Abgrenzungsbedarf (§ 380/§ 390)

§ 390 und § 380 betreffen unterschiedliche Arten des begründungslosen Weigerungsverhaltens, nämlich das **Nichterscheinen** im Termin einerseits und das **Erscheinen ohne Aussagebereitschaft** andererseits, ohne dass Anlass für ein Zwischenverfahren gegeben ist; sie stimmen in den Rechtsfolgen ihrer Absätze 1 aber überein. Die Abgrenzung erlangt erst Bedeutung, wenn die Weigerung wiederholt wird, allerdings das begründungslose Weigerungsverhalten modifiziert, nämlich zur jeweils anderen Methode der Weigerung übergegangen wird. In der Behandlung der **Wiederholungsweigerung** fallen die Rechtsfolgen des § 380 Abs. 2 (erneutes Ordnungsgeld oder Vorführung) und des § 390 Abs. 2 (Beugehaft) auseinander.

2. Anfängliche begründungslose Aussageverweigerung

Weigert sich der Zeuge auszusagen und ist deshalb gegen ihn nach § 390 Abs. 1 vorgegangen worden, so ist nach § 390 Abs. 2 und nicht nach § 380 Abs. 2 zu verfahren, wenn er **im folgenden Termin ausbleibt**. Dann ist davon auszugehen, dass er auf seiner Weigerung beharrt. Hatte er allerdings vor dem Wiederholungstermin **erklärt, aussagen zu wollen**, ist § 380 Abs. 2 anzuwenden. § 380 Abs. 1 kommt nicht zur Anwendung, weil die Sanktion erster Stufe durch § 390 Abs. 1 verbraucht ist.

3. Anfängliches Nichterscheinen

Erscheint der Zeuge, der zunächst ausgeblieben und daher mit Sanktionen **nach § 380 Abs. 1** belegt worden ist, im Wiederholungstermin, sagt aber nicht aus und weigert sich, Gründe anzugeben, so ist **nur noch § 390 Abs. 2 anzuwenden**. Die erststufige Sanktion des § 390 Abs. 1 ist durch die Anwendung des § 380 Abs. 1 verbraucht.

4. Wiederholte Aussageverweigerung mit unzureichender Begründungsangabe

101 Gibt der Zeuge im Wiederholungstermin unzureichende Weigerungsgründe an, nachdem er im ersten Termin ausgeblieben war oder begründungslos nicht ausgesagt hatte, ist darüber das **Zwischenverfahren der §§ 386 f.** durchzuführen und rechtskräftig abzuschließen. Bleibt der Zeuge danach wiederum aus, ist er gem. § 380 Abs. 2 **zwangsweise vorzuführen**; verweigert er dann weiterhin die Aussage, ist Beugehaft gem. § 390 Abs. 2 anzuordnen.

5. Freiwilliges Entfernen des Zeugen, zwangsweise Entfernung

102 Dem Nichterscheinen i.S.d. § 380 Abs. 1 steht das **vorzeitige freiwillige Verlassen des Gerichts** vor Beginn der Vernehmung gleich. Der Zeuge ist dann zum nächsten Termin vorzuführen. Wird der Zeuge wegen einer Störung der Verhandlung aufgrund einer Ordnungsmaßnahme nach § 177 GVG **gewaltsam** aus dem Gerichtssaal **entfernt**, bevor es zu einer Aussage kommt, ist dieses Verhalten ebenfalls nach § 380 und nicht nach § 390 Abs. 1 zu behandeln; es steht dem Nichterscheinen und nicht einer begründungslosen Aussageverweigerung gleich (näher dazu Rz. 26).

6. Nichterscheinen der Testperson zur Untersuchung

103 Erscheint eine zu untersuchende Person nicht gem. § 372a Abs. 1 zur Entnahme der Blutprobe, **ohne** einen **Weigerungsgrund** entsprechend der (abschließenden) Regelung der § 372a Abs. 1 und § 178 Abs. 1 FamFG **angegeben zu haben** und obwohl sie belehrt und ordnungsgemäß gerichtlich geladen wurde, ist nach § 372a Abs. 2 S. 1 bzw. § 178 Abs. 2 S. 1 FamFG i.V.m. § 390 Abs. 1 ein Zwangsgeld festzusetzen.

104 Bei **Minderjährigen** unter 14 Jahren oder bei älteren Jugendlichen ohne entsprechende Verstandesreife ist das **Zwangsgeld gegen** dessen **Personensorgeberechtigten** festzusetzen. Dies sollte auch für Minderjährige über 14 Jahren mit entsprechender Verstandesreife – dann kumulativ – gelten (näher dazu Rz. 15).

105 Wird eine Begründung angegeben, muss zunächst in einem **Zwischenverfahren nach § 387** die Stichhaltigkeit des Weigerungsgrundes rechtskräftig überprüft worden sein.[1]

III. Unberechtigte oder verworfene Weigerungsgründe

1. Nichtangabe von Gründen

106 § 390 Abs. 1 betrifft in seinem ersten Fall die **Weigerung ohne jegliche Begründung**.[2] Anzuordnen ist zunächst **Ordnungsgeld**, ersatzweise Ordnungshaft. Wiederholt der Zeuge sein Verhalten im erneuten Termin, hat also die Festsetzung eines Ordnungsgeldes keinen Überzeugungswandel herbeigeführt, ist **Beugehaft** zu verhängen.

2. Mangelhafte Begründung, erfolgloses Zwischenverfahren

107 Eine bloß mangelhafte Begründung der Weigerungshaltung oder die fehlende Glaubhaftmachung eines Weigerungsgrundes rechtfertigen **kein Vorgehen nach § 390 Abs. 1**. Vielmehr muss ein **Zwischenverfahren nach §§ 386 f.** durchgeführt werden. Der Anordnung von Zwangsmaßnahmen hat also eine **förmliche Entscheidung** über

---

[1] OLG Karlsruhe OLGRep. 2007, 127 = FamRZ 2007, 738.
[2] BGH NJW 1990, 2936, 2937.

die Rechtmäßigkeit der Weigerung **voranzugehen**.[1] Die Begründung der Aussageverweigerung kann der Zeuge vor dem Termin, im Termin bei Durchführung der Vernehmung oder danach bis zum Erlass einer Maßnahme nach § 390 Abs. 1 erklären. Dies gilt auch für die Weigerung hinsichtlich der Beantwortung einzelner Fragen.

§ 390 Abs. 1 ist jedoch anzuwenden, wenn der Zeuge seine Weigerungshaltung nicht aufgibt, obwohl die **Einrede rechtskräftig verworfen** worden ist. Festzusetzen ist eine Ordnungsmaßnahme. Allerdings ist es dem Zeugen unbenommen, sich sofort oder im erneuten Verhandlungstermin auf einen **neuen Weigerungsgrund** zu berufen (Kap. 37 Rz. 9 und 34). Dann hat erneut ein Zwischenverfahren stattzufinden. Dies gilt **nicht** für eine **neue Begründung** zu dem rechtskräftig verworfenen Grund, sofern sich der neue Sachverhalt nicht erst nach Eintritt der Rechtskraft ergeben hat, etwa der zulässige nunmehrige Widerruf einer Aussageerlaubnis.

§ 29 Ordnungssanktionen bei Aussage-, Untersuchungs- oder Eidesverweigerung

I. Ordnungsgeld

Die Festsetzung von Ordnungsgeld und Ersatzordnungshaft ist die erste Stufe der Sanktion gegen einen aussageunwilligen oder mangelhaft vorbereiteten Zeugen, die seinen **Willen** i.S. einer Kooperation mit dem Gericht **beugen** soll. Die Willensbeugung wird von der Präventionswirkung drohender nachträglicher Ordnungsgeldverhängung erhofft. **Voraussetzung aller Zwangsmaßnahmen** ist angesichts dieses Normzwecks, dass ein **Aussagebedürfnis fortbesteht** (vgl. dazu Rz. 7, 30 und 50). Daran fehlt es, wenn der Beweisführer nunmehr auf den Zeugen **verzichtet** und der Beweisgegner nicht seinerseits auf der Vernehmung besteht (vgl. § 399).

Während die Festsetzung von Ordnungsgeld **bei Nichtaussage zwingend** ist, steht sie bei **unzureichender Vorbereitung** des Zeugen im Ermessen des Gerichts (Kap. 33 Rz. 78).

Zur **Höhe** des Ordnungsgeldes vgl. Rz. 32, zu seiner **Beitreibung** Rz. 57.

II. Ordnungshaft

1. Haftzweck

Die Haft dient nur der **Erzwingung des Zeugnisses**. Mit ihr ist **kein Strafzweck** verbunden. § 390 Abs. 2 S. 2 erklärt deshalb die Vorschriften der Haft im Zwangsvollstreckungsverfahren für entsprechend anwendbar, also die **§§ 901–914**. Diese Normen sind nur für die primäre Erzwingungshaft maßgebend, **nicht** für die **Ersatzordnungshaft** nach § 390 Abs. 1. Verweigerte Eidesleistung berechtigt nicht zur Haftanordnung (Kap. 39 Rz. 57).

Seit 1. Januar 2013 gelten anstelle der §§ 901 ff. a.F. die **§§ 802g, 802h und 802j**, die durch das Gesetz zur Reform der Sachaufklärung in der Zwangsvollstreckung v. 29.7.2009 geschaffen wurden.[2]

---

1 OLG Frankfurt NJW-RR 1988, 714; OLG Dresden NJW-RR 1999, 84 = FamRZ 1999, 448, 449.
2 BGBl. I 2009, 2258.

2. Antragserfordernis

114 Die Anordnung der Haft setzt regelmäßig einen **Antrag des Beweisführers** oder der Gegenpartei voraus.[1] Unterbleibt der Antrag, liegt darin ein Verzicht auf das Zeugnis oder die Beeidigung. Der Antrag ist wegen der erheblichen **Haftkosten** erforderlich, für die der Antragsteller aufzukommen hat. Der Kostenansatz ergibt sich aus KV 9011 GKG. Auf die Kosten ist gem. § 17 GKG ein **Vorschuss** zu leisten.[2]

3. Anordnungsbeschluss, Haftbefehl

115 Angeordnet wird die Haft durch Beschluss. Eine Zeitdauer ist darin nicht anzugeben. Der Beschluss wird entweder verkündet oder den Parteien formlos mitgeteilt.[3] Dem Zeugen ist der Beschluss zuzustellen (§§ 329 Abs. 3 S. 2, 750 Abs. 1). Mit der **Anordnung** der Haft hat das Gericht zugleich einen **Haftbefehl** zu erlassen. Der Haftbefehl wird der antragstellenden Partei ausgehändigt, die für die Verhaftung zu sorgen hat.

116 Von der Ordnungshaftvollziehung sind auf Verlangen des Inhaftierten **Angehörige** oder jedenfalls eine sonstige Vertrauensperson zu **benachrichtigen**. Die Regelung für die Untersuchungshaft gem. § 114c StPO ist auf diesen Fall zu übertragen.[4]

117 Gegen den Anordnungsbeschluss oder gegen die Ablehnung der Anordnung bzw. die Aufhebung ist die **sofortige Beschwerde** statthaft (§ 390 Abs. 3). Der **Zeuge** kann die Beschwerde zu Protokoll der Geschäftsstelle erklären, unterliegt damit also – anders als die Partei – **nicht** dem **Anwaltszwang**. Für den Zeugen hat die sofortige Beschwerde **aufschiebende Wirkung**.

4. Vollzug der Haftanordnung, Haftrecht

118 Die **Verhaftung** wird **durch** den **Gerichtsvollzieher** bewirkt (§ 909 Abs. 1), der von der antragstellenden Partei beauftragt wird. Er muss den Haftbefehl dem Zeugen vorzeigen und auf Verlangen abschriftlich mitteilen. Vor der Verhaftung muss der Beschluss dem Zeugen zugestellt worden sein (§ 750 Abs. 1).

119 Ist der Zeuge ein **Beamter**, muss der Gerichtsvollzieher die beabsichtigte Verhaftung der vorgesetzten Dienststelle mitteilen und die Erlaubnis der Behörde abwarten (§ 910). Die Verhaftung eines **Abgeordneten** bedarf der Einwilligung des Parlaments (§ 904 Nr. 1). Die Verhaftung eines **Kranken** ist unzulässig (§ 906).

120 Der Vollzug der Haft richtet sich nach den Strafvollzugsvorschriften. **§ 171 StVollzG**,[5] den einzelne Landesstrafvollzugsgesetze in Bezug nehmen, verweist für den Vollzug gerichtlich angeordneter Ordnungshaft u.a. auf die im StVollzG normierten Vorschriften über den **Vollzug der Freiheitsstrafe**, soweit nicht Eigenart und Zweck der Haft entgegenstehen.

---

1 MünchKommZPO/*Damrau*[4] § 390 Rz. 11; Zöller/*Greger*[30] § 390 Rz. 6.
2 Die nach § 911 ZPO a.F. bis 1979 geltende Regelung ist entfallen, ZwangsvollstreckungsÄndG v. 1.2.1979, BGBl. I 1979, 127.
3 Für obligatorische Verkündung MünchKommZPO/*Damrau*[4] § 390 Rz. 11.
4 Zur Ordnungs- und Beugehaft nach § 70 StPO ebenso KK/*Graf* StPO[6] § 114b (a.F.) Rz. 2.
5 Gesetz v. 16.3.1976, BGBl. I 1976, 581, 2088, i.d.F. vom 29.7.2009, BGBl. I 2009, 2274.

5. Haftdauer, Haftende

Die Haftzeit beträgt in ein und demselben Verfahren **maximal 6 Monate** (§ 913). Unerheblich ist, ob er zu mehreren Beweisthemen[1] die Aussage verweigert. Unerheblich ist auch, ob nacheinander beide Parteien die Verhaftung bewirkt haben. Die Gesamtdauer darf auch dann nicht überschritten werden, wenn die Verhaftung in der Rechtsmittelinstanz erneut erfolgt.

121

Die Haft **endet mit** der **Vernehmung** oder Beeidigung des Zeugen. Der Zeuge darf **jederzeit** seine **Vernehmung** beantragen. Dafür ist unverzüglich ein Termin anzuberaumen, zu dem die Parteien zu laden sind. Ohne Ladung der Parteien ist der Zeuge nicht zu vernehmen.

122

Die Haft endet auch, wenn die Partei **auf** den **Zeugen verzichtet**. Im Falle des Verzichts gilt § 399 nicht zugunsten des Beweisgegners. Allerdings kann der Beweisgegner selbst die Verhaftung beantragen, für die er dann vorschusspflichtig ist. Die Haft endet ferner mit der **Beendigung des Verfahrens** in der Instanz oder mit der Anordnung des **Ruhens** des Verfahrens oder der **Aussetzung** oder mit der **Unterbrechung des Verfahrens**; in diesen Fällen kann keine Zeugenvernehmung stattfinden.

123

III. Erzwingung medizinischer Untersuchungen

Die Verweisung des § 372a Abs. 2 S. 1 und des § 178 Abs. 2 S. 1 FamFG (**Abstammungsuntersuchung**) auf § 390 betrifft nur die Anordnung von Ordnungsgeld. Bei wiederholter unberechtigter Verweigerung der Blutentnahme wird **physischer Zwang** ausgeübt; die zu untersuchende Person wird zwangsweise zur Untersuchung vorgeführt. Eine sofortige Vorführung ohne vorherige Festsetzung von Ordnungsgeld ist nicht zulässig.[2] Dies ergibt sich unmittelbar aus § 372a Abs. 2 S. 2 bzw. § 178 Abs. 2 S. 2 FamFG und nicht aus § 390. **Ordnungsgeld** kann nur festgesetzt werden, wenn die zu untersuchende Person zu dem fehlgeschlagenen Blutentnahmetermin **ordnungsgemäß gerichtlich geladen** worden war;[3] die Ladung durch das Testinstitut reicht nicht aus (dazu Rz. 22). Ordnungsgeld kommt auch in Betracht, wenn die Person die zur **Feststellung** ihrer **Identität** erforderlichen Maßnahmen verhindert, etwa ihre Unterschrift verweigert; die allgemeine Belehrung über die Folgen einer unberechtigten Verweigerung einer Blutentnahme reicht dafür als Belehrung aus.[4]

124

Festzusetzen sind die Zwangsmaßnahmen **gegen** den personensorgeberechtigten **gesetzlichen Vertreter**, sofern die Testperson minderjährig ist und nicht die notwendige Verstandesreife zur Beurteilung der Weigerung (dazu Kap. 37 Rz. 21) besitzt.[5] Nach hier vertretener Auffassung gilt dies ebenso für den Vertreter einer verstandesreifen Testperson im Alter zwischen 14 und 18 Jahren (dazu Rz. 15).

125

---

1 Ebenso MünchKommZPO/*Damrau*[4] § 390 Rz. 13; a.A. Zöller/*Greger*[30] § 390 Rz. 7; wohl auch Stein/Jonas/*Berger*[22] § 390 Rz. 11.
2 OLG Frankfurt NJW-RR 1988, 714; OLG Celle OLGRep. 1998, 290, 291.
3 OLG Frankfurt OLGRep. 1993, 170.
4 OLG Köln FamRZ 1976, 548.
5 OLG München FamRZ 1997, 1170; OLG Naumburg OLGRep. 2000, 156; s. ferner OLG Karlsruhe OLGRep. 2007, 127, 128 = FamRZ 2007, 738, 740 (mit Andeutung der Überprüfung der Erziehungseignung gem. § 1666 BGB).

IV. Erzwingung der Vorlage von Dokumenten und der Duldung von Besichtigungen

126 Wegen der Verweisung in §§ 142 Abs. 2, 144 Abs. 2 auf § 390 kommt eine Erzwingung durch Ordnungsgeld, Ersatzordnungshaft oder Beugehaft auch gegen einen nicht am Prozess beteiligten Dritten in Betracht (dazu auch Kap. 7 Rz. 42). Die Verhängung von Sanktionen darf **bei Angabe von Weigerungsgründen** erst stattfinden, wenn zuvor das **Zwischenverfahren** nach § 387 stattgefunden hat.[1]

V. Kostenbeschluss, Haftung des Zeugen

127 Die Parteien haben **Anspruch darauf**, dass bei Vorliegen der Voraussetzungen des § 390 Abs. 1 ein **Kostenbeschluss** ergeht. Näher dazu Rz. 35.

128 Von den Maßnahmen des § 390 wird nicht die Frage berührt, ob der sich unberechtigt weigernde Zeuge **nach materiellem Recht** auf **Schadensersatz** in Anspruch genommen werden kann, nämlich aus Vertrag oder aus Delikt (§ 826 BGB). Dasselbe gilt für einen unberechtigt weigernden Dritten, gegen den eine Anordnung nach §§ 142 oder 144 getroffen wurde.

VI. Rechtsmittel

129 Gegen die Anordnungen nach § 390 ist gem. Abs. 3 die **sofortige Beschwerde** statthaft (vgl. dazu Rz. 78). Beschwert ist der **Zeuge** durch die ihn belastenden Anordnungen. Die **Partei** kann nach **§ 793** sofortige Beschwerde einlegen, wenn die Zwangshaft nach § 390 Abs. 2 abgelehnt[2] oder aufgehoben wird.

§ 30 Beweisvereitelung

Schrifttum:

Baumgärtel, Beweislastpraxis im Privatrecht: die Schwierigkeiten der Beweislastverteilung und die Möglichkeiten ihrer Überwindung, 1996; *Baumgärtel*, Die Beweisvereitelung im Zivilprozeß, Festschrift Kralik, Wien 1986, S. 63 ff.; *Gerhardt*, Beweisvereitelung im Zivilprozeß, AcP 169 (1969), 289 ff.; *Konzen*, Rechtsverhältnisse zwischen Prozeßparteien, 1976, S. 232 ff.; *Kropoth*, Die Rechtsfolgen der Beweisvereitelung im Zivilprozeß, 1996; *Laumen*, Die „Beweiserleichterung bis zur Beweislastumkehr" – Ein beweisrechtliches Phänomen, NJW 2002, 3739; *Michalski*, „Beweisvereitelung" durch beweisbelastete Partei und Nachholbarkeit in der Berufungsinstanz, NJW 1991, 2069 f.; *Musielak*, Die Grundlagen der Beweislast im Zivilprozeß, 1975; *Musielak/M. Stadler*, Grundfragen des Beweisrechts, 2. Teil Beweiswürdigung, JuS 1980, 739 ff.; *Nolte*, Betriebliche Dokumentation und Beweismittelvernichtung in amerikanisch-deutschen Wirtschaftsprozessen, 1996; *Oberheim*, Beweiserleichterungen im Zivilprozeß, JuS 1997, 61 ff.; *Ordemann*, Ist § 444 ZPO eine prozessuale Strafbestimmung?, NJW 1962, 1902 f.; *Peters*, Beweisvereitelung und Mitwirkungspflicht des Beweisgegners, ZZP 82 (1969), 200 ff.; *Schatz*, Die Beweisvereitelung in der Zivilprozeßordnung, Diss. Köln 1992; *E. Schneider*, Die Beweisvereitelung, MDR 1969, 4 ff.; *Stürner*, Die Aufklärungspflicht der Parteien im Zivilprozeß, 1976; *Taupitz*, Prozessuale Folgen der „vorzeitigen" Vernichtung von Krankenunterlagen, ZZP 100 (1987), 287 ff.

---

[1] OLG Köln OLGRep. 2004, 337, 338.
[2] A.A. MünchKommZPO/*Damrau*[4] § 390 Rz. 16: mangels Anordnung kein Zwangsvollstreckungsverfahren.

I. Lückenhaftigkeit der gesetzlichen Regelung

Das pflichtwidrige und **schuldhafte** Erschweren oder **Vereiteln der Beweisführung** durch den Gegner der beweisbelasteten Partei ist in der ZPO nicht zentral geregelt. Behandelt werden die einschlägigen Sachverhalte regelmäßig in der Kommentierung zu § 444. § 444 enthält aber lediglich eine Teilregelung. Weitere Teilregelungen enthalten die §§ 371 Abs. 3, 427, 441 Abs. 3 S. 3, 446, 453 Abs. 2 und 454 Abs. 1.[1] Die **Kommission für das Zivilprozessrecht** hatte vorgeschlagen, die Sondertatbestände durch eine generelle Regelung in einem neu zu schaffenden § 286 Abs. 3 zu ersetzen.[2] Diesen Vorschlag hat der Gesetzgeber nicht umgesetzt.

130

II. Der unmittelbare Regelungsbereich des § 444

1. Systematische Stellung der Norm

Bei der Regelung des § 444 handelt es sich nicht lediglich um eine besondere Ausprägung des Grundsatzes freier Beweiswürdigung (§ 286);[3] normiert ist eine **über die Beweiswürdigung hinausgehende Sanktionsmöglichkeit**.[4] Einen generellen Erfahrungssatz, dass das Hintertreiben einer Beweismöglichkeit den Schluss auf die Furcht vor einem dem Beweisgegner negativen Beweisergebnis und darauf aufbauend auf die Richtigkeit der Beweisbehauptung zulässt, gibt es nicht.[5] Das Beweisergebnis ist auch nicht völlig offen, sondern in der Regel wird von der Richtigkeit der Behauptung des Beweisführers auszugehen sein.[6]

131

2. Tatbestandsvoraussetzungen

a) Objektive Tathandlung

Die Vorlage oder die Verwendung einer bereits vorhandenen Urkunde als Beweismittel muss durch eine Handlung des Beweisgegners unmöglich gemacht worden sein, indem die Urkunde nach dem Gesetzeswortlaut beseitigt oder zur Benutzung untauglich gemacht worden ist. Sie muss somit **vernichtet** worden sein oder dem Beweisführer in sonstiger Weise **vorenthalten** werden. Eine **bloße Erschwerung** der Urkundenbeweisführung erfasst der Wortlaut der Vorschrift ebenso wenig wie das Unterlassen der Herstellung einer Dokumentation, auf die ein Urkundenbeweis gestützt werden könnte.

132

Unerheblich ist, ob das Ergebnis auf einem **vorprozessualen** Verhalten beruht **oder** auf einer Handlung, die **während** des **Prozesses** begangen worden ist.[7] Obwohl § 444 davon spricht, dass die Urkunde „von einer Partei" beseitigt wird, kommt es **nicht** auf **Eigenhändigkeit** der Vereitelungshandlung an. Der Beweisgegner muss sich Handlungen und **Verschulden Dritter zurechnen lassen**, wenn er für diese nach allgemeinen Rechtsgrundsätzen verantwortlich gemacht werden kann, etwa weil der Dritte auf Anordnung oder in Übereinstimmung mit dem Beweisgegner tätig geworden ist (kollusives Zusammenwirken).[8] Zugerechnet werden außerdem Handlungen des

133

---

1 Vgl. BGH NJW 1998, 79, 81.
2 Kommissionsbericht (1977), S. 121 ff.
3 A.A. RGZ 101, 197, 198; 128, 121, 125; LG Köln DB 1989, 1780.
4 *Prütting* Gegenwartsprobleme der Beweislast, S. 188; *Stürner* Aufklärungspflicht, S. 240 f.; Stein/Jonas/*Leipold*22 § 444 Rz. 3; *Peters* ZZP 82 (1969), 200, 212; s. ferner *Schneider* MDR 1969, 4, 7 (wegen Typizität der Sachlage Entscheidung *ohne konkrete Beweiswürdigung*).
5 Vgl. *Gerhardt* AcP 169 (1969), 289, 298.
6 Ebenso Stein/Jonas/*Leipold*22 § 444 Rz. 3.
7 BGH NJW 1986, 59, 60; RGZ 101, 197, 198; *Peters* ZZP 82 (1969), 200, 212.
8 RGZ 101, 97, 198.

Rechtsvorgängers der Partei (z.B. eines Erblassers) oder gleichgestellter Personen wie des Gemeinschuldners im Prozess des Insolvenzverwalters.[1]

134 Die Urkunde wird der Benutzung nur dann entzogen, wenn den Beweisgegner eine **Pflicht zur Vorlegung** traf.[2] Soweit § 423 nicht eingreift, setzt § 444 also eine materiell-rechtliche Pflicht i.S.d. § 422 voraus. Anderenfalls gibt es keinen Grund für eine Sanktionierung des Unterdrückungsverhaltens, da der Beweisführer keine Möglichkeit gehabt hätte, auf die Urkunde zuzugreifen. Die **Darlegungs- und Beweislast** für die Voraussetzungen des § 444 trägt derjenige, der die Urkunde als Beweismittel in den Prozess einführen will. Ohne weitere Beweismittel kann § 444 bejaht werden, wenn sich dessen Voraussetzungen unmittelbar aus einer Vorlegungsvernehmung nach § 426 ergeben (vgl. Kap. 29 Rz. 127).

b) Subjektives Erfordernis

135 § 444 setzt **absichtliches Verhalten** voraus. Eine Partei handelt gegenüber dem Beweisführer, der auf die Urkunde angewiesen ist, auch dann arglistig, wenn sie zur Vernichtung der Urkunde – etwa als Eigentümerin – berechtigt ist;[3] es kommt nicht auf Rechtswidrigkeit im zivilrechtlichen Sinne an.[4]

136 Die **fahrlässige Vereitelung** des Urkundenbeweises fällt nicht unter § 444, wohl aber unter den allgemeinen Rechtsgedanken, der in § 444 zum Ausdruck kommt.[5] Voraussetzung ist, dass die Partei eine aus Vertrag oder Treu und Glauben erwachsende Pflicht trifft, die Urkunde als Beweismittel aufzubewahren bzw. deren Beeinträchtigung zu unterlassen.[6]

137 Der Schuldvorwurf hat einen doppelten **Bezugspunkt**, nämlich einerseits die Zerstörung bzw. **Entziehung des Beweisobjekts und** andererseits die **Beseitigung seiner Beweisfunktion**, also die nachteilige Beeinflussung der Beweislage des Gegners in einem gegenwärtigen oder künftigen Prozess.[7] Für eine vorsätzliche Beweisvereitelung spricht es, wenn der Beweiswert einer Unterschrift reduziert wird, indem sie bewusst in einer so großen Vielfalt und Variationsbreite geleistet wird, dass der Fälschungseinwand vom Unterzeichner erhoben und mit Hilfe eines Sachverständigengutachtens nicht widerlegt werden kann.[8]

III. Ausfüllung der Regelungslücke

1. Grundsatz

138 In den allgemeinen Vorschriften über die Beweisaufnahme (§§ 355 ff.) fehlt eine für alle Beweismittel geltende Regelung der Beweisvereitelung. Zur Ausfüllung dieser **Regelungslücke** ist der in den Teilregelungen zum Ausdruck kommenden Wertung

---

1 RGZ 101, 197, 198.
2 MünchKommZPO/*Schreiber*[4] § 444 Rz. 2 (dort mit unzutreffender Erweiterung auf § 432); Stein/Jonas/*Leipold*[22] § 444 Rz. 7; Zöller/*Geimer*[30] § 444 Rz. 2; *Arens* ZZP 96 (1983), 1, 23; *Blomeyer* AcP 158 (1959/60), 97, 99 ff.; *Peters* ZZP 82 (1969), 200, 205.
3 MünchKommZPO/*Schreiber*[4] § 444 Rz. 2; Musielak/*Huber*[10] § 444 Rz. 2.
4 Stein/Jonas/*Leipold*[22] § 444 Rz. 1.
5 BGH NJW 1963, 389, 390 (Röntgenfilm als Augenscheinsobjekt); BGH NJW 2004, 222 = WM 2003, 2325, 2326; BSG NJW 1973, 535; Stein/Jonas/*Leipold*[22] § 444 Rz. 6.
6 OLG Bamberg VersR 1971, 769.
7 BGH VersR 1975, 952, 954; BGH NJW 1994, 1594, 1595; BGH NJW 2004, 222.
8 BGH NJW 2004, 222.

allgemeine Bedeutung zuzuerkennen.[1] Sie wird auf **sämtliche Beweismittel**, auf **Unterlassungsverhalten** (Nichtherstellung eines Beweismittels)[2] und auf **fahrlässige Begehung** erstreckt. Trotz des Amtsermittlungsgrundsatzes sind die richterrechtlichen Grundsätze auch im Verfahren der **Freiwilligen Gerichtsbarkeit** anzuwenden.[3] Zur besonders naheliegenden Einbeziehung von **Augenscheinobjekten** bedarf es der Verallgemeinerung nicht mehr, seit im Jahre 2001 der § 371 Abs. 3 neu geschaffen worden ist.[4]

Das Gericht darf in **freier Beweiswürdigung** auf die Wahrheit des Vorbringens der beweisbelasteten Partei schließen, wenn der Gegner die Benutzung eines Beweismittels arglistig oder sonst schuldhaft vereitelt oder erschwert (vgl. Kap. 29 Rz. 130; zur weitergehenden **These einer allgemeinen Aufklärungspflicht** der nicht beweisbelasteten Partei, die auch die Beschaffung von Beweismitteln gebieten kann s. Kap. 7 Rz. 12). 139

Erforderlich ist, dass das pflichtwidrige Verhalten des Beweisgegners die beweisbelastete Partei in **Beweisnot** gebracht hat.[5] Das ist in der Regel nicht der Fall, wenn die benachteiligte Partei den Beweis selbst hätte sichern können.[6] Der hinter § 444 stehende Rechtsgedanke knüpft an die dem Prozessrechtsverhältnis zu entnehmende **Prozessförderungspflicht** an.[7] Zusätzlich sind aber auch **materiell-rechtliche Pflichten** aus dem Rechtsverhältnis der Prozessparteien maßgebend, da anderenfalls das vorprozessuale Verhalten nicht erfasst ist.[8] 140

Der Pflichtverstoß stellt ein **missbilligenswertes und vorwerfbares Verhalten** dar, worin die Rechtsprechung den tragenden Grund für die beweisrechtliche Sanktion sieht.[9] Ob man den Beweisnachteil als eigenständige Sanktion der Pflichtverletzung versteht oder als unzulässiges venire contra factum proprium in der aktuellen Prozesssituation[10] – gewissermaßen zur Abschöpfung daraus erwachsender Prozessvorteile – ist ohne Bedeutung. 141

---

1 Zu diesem allgemeinen Rechtsgedanken unter Bezugnahme (u.a.) auf § 444: RGZ 101, 197, 198; BGH NJW 1963, 389, 390; BGH NJW 1986, 59, 60; BGH NJW 1987, 1482, 1483; BGH NJW 1998, 79, 81; BGH NJW 2004, 222; BGH NJW 2006, 434, 436; BSG MDR 1973, 170 = NJW 1973, 535; NJW 1994, 1303; BVerwG MDR 1960, 949; OLG Hamburg VersR 1989, 1281, 1282; OLG Düsseldorf MDR 1976, 762; OLG Düsseldorf Rpfleger 1989, 201, 202; *Prütting*, Gegenwartsprobleme der Beweislast, S. 188 f.; *Konzen* Rechtsverhältnisse zwischen Prozeßparteien, S. 240; *Gerhardt* AcP 169 (1969), 289, 302 ff., 315; *Musielak/Stadler* Grundfragen des Beweisrechts Rz. 189; einschränkend *Baumgärtel* Beweislastpraxis im Privatrecht Rz. 112, 120, 122. Ohne ausdrückliche Erwähnung des § 444: BGH VersR 1965, 91, 92; BGH FamRZ 1986, 663, 664 = NJW 1986, 2371, 2372 = JZ 1987, 42 m. Anm. *Stürner*; BGH FamRZ 1988, 482, 484 f. = NJW-RR 1988, 962, 963 f.; BGH NJW 1993, 1391, 1393; BGH NJW-RR 1996, 1534; BGH NJW 1997, 3311, 3312; OLG Celle NJW-RR 1997, 568, 570; OLG Koblenz NJW-RR 1991, 25, 26; OLG Karlsruhe VersR 1989, 375; OLG Köln NJW-RR 1989, 439, 440; OLG München NJW-RR 1987, 1021; OLG Frankfurt NJW 1980, 2758; BayObLGZ 23 (1973), 145, 149. Gegen eine Analogie, jedoch die Rechtsprechungsergebnisse schadensersatzrechtlich rechtfertigend *Blomeyer* AcP 158 (1959/60), 97, 98 f., 101; eingehend gegen diese Begründung *Gerhardt* AcP 169 (1969), 289, 300 f.
2 BGH NJW 1998, 79, 81; BGH NJW 2004, 222.
3 BGH NJW 2010, 1351 Rz. 25.
4 Übersehen von OLG Bremen MDR 2008, 1061, 1062.
5 BSG NJW 1994, 1303.
6 BSG NJW 1994, 1303 für den Fall, dass die beweisbelastete Partei ein Beweissicherungsverfahren nach § 76 SGG hätte durchführen können.
7 Baumbach/Lauterbach/*Hartmann*[71] § 444 Rz. 1; *Peters* ZZP 82 (1969), 200, 208 ff.
8 So zutreffend *Gerhardt* AcP 169 (1969), 289, 297; *Peters* ZZP 82 (1969), 200, 206 f.
9 BGH NJW-RR 1996, 1534; BGH NJW-RR 2009, 995 Rz. 14 = GRUR 2009, 519 – Hohlfasermembranspinnanlage; OLG Düsseldorf NJW 2014, 1115, 1118.
10 So *Gerhardt* AcP 169 (1969), 289, 304, 306; *Arens* ZZP 96 (1983), 1, 24; *Schneider* MDR 1969, 4, 10; ähnlich *Baumgärtel* Beweislastpraxis im Privatrecht Rz. 120 (rechtsmissbräuchliche Verletzung des Gebots fairer Prozessführung); offengelassen von BGH NJW 1987, 1482, 1483.

142 **Unzutreffend** hat der Versicherungssenat des BGH gemeint, auf einen Pflichtverstoß verzichten zu können, wenn der Versicherer das Original des Versicherungsantrages zur Nutzung bürotechnischer Rationalisierung **mikroverfilmt** und anschließend vernichtet hat, so dass ein Schriftsachverständiger nicht mehr aufklären kann, ob die Antragsunterschrift des Versicherungsnehmers gefälscht war und ein Fall rechtswidriger Rückwärtsversicherung vorlag.[1] Der BGH glaubte, sich stattdessen auf ein **venire contra factum proprium** stützen zu können,[2] ohne die Nutzung der Rationalisierungsvorteile negativ qualifizieren zu müssen; auch dieser Begründungsweg kam in Wirklichkeit nicht ohne Vorwerfbarkeit der Vernichtung im Verhältnis zum Versicherungsnehmer aus.

143 An einem **Pflichtverstoß fehlt** es, wenn die (spätere) Partei, die ein Beweismittel an sich aufzubewahren hat, davon ausgehen darf, dass es auf das Beweismittel nicht mehr ankommt. So ist die Vernichtung des Beweismittels unschädlich, wenn der nicht beweisbelastete Beweismittelbesitzer nach längerem Zeitablauf darauf vertrauen durfte, dass der Gegner nicht mehr mit Ansprüchen hervortreten werde.[3] Dies gilt umgekehrt auch zugunsten der beweisbelasteten Partei, wenn der Beweisgegner der **Vernichtung zugestimmt** hat, etwa der Datenlöschung technischer Aufzeichnungen mit Einzelnachweisen von Telefongesprächen zum Beweis der Richtigkeit der Telefonkostenabrechnung durch den Telekomdienstleister.[4] Ein Beweisvertrag zur Vernichtung einer Urkunde, den die Partei missachtet, die das Beweismittel im Besitz hat, so dass sie später damit den Beweis führen kann, erzeugt keine Wirkung gegen die Zulässigkeit des Beweisantritts, weil mit dem Vertrag unzulässig die Freiheit der richterlichen Beweiswürdigung eingeschränkt werden sollte.[5] Ein Pflichtverstoß ist nicht gegeben, wenn die Partei einen **anzuerkennenden Weigerungsgrund** hat.[6]

144 Über die vorprozessual oder während des Prozesses erfolgende Vernichtung von Beweismitteln hinaus werden auch Fälle erfasst, in denen pflichtwidrig ein **Beweismittel nicht geschaffen** worden ist,[7] nämlich **Dokumentationen** im Vorfeld möglicher Schadensereignisse oder der Schadensereignisse selbst **unterblieben** sind und dadurch ein Aufklärungshindernis geschaffen worden ist. Dies gilt insbesondere dann, wenn der Dokumentationspflichtige bereits vorprozessual die Notwendigkeit späterer Beweisführung erkennen konnte (zur mangelhaften Dokumentation auch unten Rz. 149).[8] Gleichgestellt ist das schuldhafte **Unterlassen dokumentationsfähiger Befunderhebungen** (verletzte Befundsicherungspflicht; dazu auch Kap. 7 Rz. 32 und Kap. 10 Rz. 74).[9]

145 Einbezogen ist auch die **fahrlässige Beweisvereitelung**.[10] Verzichtbar kann ein schuldhaftes Verhalten im eigentlichen Sinne sein, wenn die **Verschuldensfähigkeit** der Pro-

---

1 BGH NJW-RR 2000, 1471, 1472 = VersR 2000, 1133, 1134.
2 Ebenso BGH (IV. ZS) NJW-RR 2008, 696 Rz. 4 = VersR 2008, 659. Keine Wirkung gegen Dritte, OLG München VersR 2008, 1521, 1522.
3 Vgl. BGH MDR 1993, 26 (dort mit Verwirkung argumentierend); *Peters* ZZP 82 (1969), 200, 220.
4 OLG Celle NJW-RR 1997, 568, 570 (zur Datenlöschung auf Verlangen des Kunden nach § 6 Abs. 3 i.V.m. Abs. 4 UDSV).
5 OLG Köln VersR 1997, 597.
6 *Peters* ZZP 82 (1969), 200, 221.
7 BGH NJW 1998, 79, 81; BGH NJW 2004, 222.
8 BGH NJW 1986, 59, 61; BGH NJW 1983, 2935 = VersR 1983, 441, 442 f.; OLG Karlsruhe VersR 1989, 375.
9 BGH NJW 1987, 1482, 1483.
10 BGH NJW 2006, 434, 436; BGH NJW-RR 1991, 25, 26: jeder Grad an Fahrlässigkeit reicht aus; BGH NJW 1986, 59, 60; BGH NJW 1976, 1315, 1316; BGH VersR 1975, 952, 954; OLG Köln NJW-RR 1989, 439, 440; OLG München NJW-RR 1987, 1021.

zesspartei nicht gegeben ist.¹ Soweit der Beweisvereitelung in der Vernichtung eines Beweismittels besteht, muss sich der Vorwurf nicht bloß auf die Vernichtung des Gegenstandes, sondern darüber hinaus auf die Vereitelung seiner Beweisfunktion beziehen.²

2. Anwendungsfälle

Die Grundsätze der Beweisvereitelung greifen ein, wenn der Käufer bei einem Kauf nach Probe das Kaufmuster verliert, anhand dessen die vertragsgemäße Beschaffenheit der Ware hätte überprüft werden können,³ wenn ein verkehrsunsicherer Kanaldeckelrahmen nach einem Unfall heimlich plan gelegt wird,⁴ wenn der Beweisgegner den nur ihm bekannten **Unfallzeugen nicht namhaft** macht,⁵ wenn kaufmännische Aufzeichnungen fehlen, die nach dem HGB aufbewahrt werden mussten,⁶ wenn ein Augenschein vereitelt wird, indem die Zahlung künftiger Instandsetzungskosten nach Stemmarbeiten des Bausachverständigen verweigert wird,⁷ wenn ein unfallbeteiligtes Fahrzeug aus der Unfallposition weggefahren wird, obwohl eine polizeiliche Spurenvermessung geboten war,⁸ wenn der Nachweis eines Zylinderkopffrisses misslingt, weil der Motor nur einem Zeugen gezeigt und vor der Erstattung eines Sachverständigengutachtens entsorgt wird,⁹ wenn die Zustimmung zur Verwertung einer Röntgenaufnahme widerrufen wird, die der gerichtlich bestellte Sachverständige gefertigt hat,¹⁰ wenn einem **Sachverständigen eine Besichtigung** des Untersuchungsobjekts **unmöglich** gemacht wird,¹¹ wenn eine Obduktion mit Laboruntersuchungen vereitelt wird, die zur Feststellung der Todesursache eines in der Schutzhundeausbildung befindlichen Hundes erforderlich ist,¹² wenn die von einem Arzt zu untersuchende Partei sich weigert, eine schriftliche Bestätigung über die erfolgte Risikoaufklärung zu unterzeichnen,¹³ wenn einem im Ausland lebenden Mann die für eine Vaterschaftsfeststellung benötigten Körpermaterialproben nicht zwangsweise entnommen werden können und er eine freiwillige Entnahme verweigert,¹⁴ wenn der fachkundige Mieter einer Fernsprechnebenstellenanlage, die wegen angeblicher Spannungsschwankungen im öffentlichen Stromnetz gestört sein soll, den Vermieter nicht auf diesen Ursachenverdacht hinweist, um ihn eigene Feststellungen treffen zu lassen,¹⁵ wenn ein Waffenhersteller eine im Waffengesetz vorgeschriebene Beschussprüfung unterlässt oder die Waffe ohne gültiges amtliches Beschusszeichen

---

1 Möglicherweise kam dies im Fall BGH NJW 1993, 1391, 1393 in Betracht (Abstammungsprozess gegen einen psychisch Kranken); ansonsten war der dortige Verzicht auf ein Verschulden ein obiter dictum.
2 BGH VersR 1975, 952, 954; BGH NJW 1994, 1594, 1595; BGH NJW 2004, 222.
3 BGHZ 6, 224, 225 = NJW 1952, 867.
4 BGH VRS 7, 412, 413.
5 BGH NJW 1960, 821.
6 BGH ZIP 2012, 723 Rz. 166 (Folgen für Beweis des Eintritts der Insolvenzreife); OLG Düsseldorf MDR 1973, 592.
7 BayObLGZ 23 (1973), 145, 149.
8 LG Stade VersR 1980, 100.
9 AG Düsseldorf VersR 1986, 376.
10 BGH VersR 1981, 532, 533.
11 BGH NJW 1998, 79, 81 (Nichthinzuziehung eines Havariekommissars auf Flughafen mit Erschwerung der Erschütterung eines Anscheinsbeweises für Lufttransportschaden); BGH NJW 2006, 434, 436 (Nichtaufbewahrung eines defekten Turboladers durch beauftragte Reparaturwerkstatt bei Streit mit Verkäufer über Ursache des Defekts); LG Frankfurt/M. NJW-RR 1991, 13 (Besichtigung zwischenzeitlich an Dritte vermieteter Wohnung).
12 OLG Koblenz NJW-RR 1991, 25, 26; s. auch OLG Celle VersR 1989, 640, 641.
13 OLG Hamm MDR 2003, 1373, 1374.
14 BGH FamRZ 1986, 663, 664 = NJW 1986, 2371 = JZ 1987, 42, 43 m. Anm. *Stürner*; s. ferner BGH NJW 1993, 1391, 1393.
15 OLG Köln NJW-RR 1987, 439, 440.

in Verkehr gibt und die Waffe beim späteren Gebrauch explodiert,[1] wenn zur Feststellung von Mängeln einer Programmierleistung über Software dem Sachverständigen nicht die Originaldiskette vorgelegt wird,[2] wenn Unterschriften bewusst in großer Vielfalt und Variationsbreite geleistet werden,[3] wenn der **Werkbesteller** behauptete Mängel im Wege der **Ersatzvornahme** beseitigen lässt, ohne eine ausreichende Dokumentation anzulegen und ohne dem Unternehmer eigene Feststellungen zu ermöglichen.[4]

147 Gehäuft vorgekommen sind Fälle der **Nichtentbindung** eines Zeugen **von** seiner **Schweigepflicht** als Arzt, Rechtsanwalt, Notar, Steuerberater etc. (§ 385 Abs. 2).[5] Dazu gehört auch das ungerechtfertigte Ausnutzen des Bankgeheimnisses durch den auf Ersatz veruntreuter Verwahrgelder in Anspruch genommenen Rechtsanwalt.[6] Eine Beweisvereitelung ist mangels vorwerfbaren und missbilligenswerten Verhaltens nicht gegeben, wenn die Partei für das Beharren auf Einhaltung der Verschwiegenheitspflicht einen **triftigen Grund** hat,[7] etwa wenn die Partei aufgrund besonderer Umstände Anlass zu der Besorgnis hat, der Zeuge sei nicht mehr neutral, sondern stehe freiwillig oder unter Druck „im Lager" der Gegenpartei und werde einseitig deren Rechtsstandpunkt untermauern. Berufliche Abhängigkeit des Zeugen von einer Partei liefert aber nicht schlechthin einen solchen Grund,[8] sondern ist erst im Rahmen der Beweiswürdigung zu beachten, die der Richter und nicht die Partei vorzunehmen hat. Auch reicht nicht jede prozesstaktische Überlegung.[9]

148 Um **Arzthaftung** ging es, soweit ein in der Operationswunde zurückgebliebener Tupfer, auf dessen Art und Größe es ankam, nach der Revisionsoperation entsorgt worden war,[10] ein möglicherweise fehlerhafter Tubus nach einem Narkosezwischenfall weggeworfen worden war,[11] das Krankenblatt unvollständig geführt und z.B. nach einer Operation kein Operationsbericht angefertigt wurde,[12] bei einem gelähmten Krankenhauspatienten die Pflegemaßnahmen zur Vorbeugung und Behandlung eines Durchliegegeschwürs nicht im Krankenblatt aufgezeichnet worden waren,[13] eine ärztlich vorgeschlagene Röntgenkontrolluntersuchung verweigert worden sein sollte, sich darüber jedoch keine Eintragung im Krankenblatt fand,[14] oder ein diagnostisches Präparat nicht aufbewahrt wurde, aus dessen erneuter Untersuchung sich hätte ergeben können, ob eine vorgeburtliche humangenetische Beratungspflicht zur Ermöglichung eines Schwangerschaftsabbruchs bestanden hatte.[15]

---

1 OLG Karlsruhe VersR 1989, 375.
2 LG Köln NJW-RR 1994, 1487, 1488.
3 BGH NJW 2004, 222.
4 BGH NJW 2009, 360 Rz. 26; OLG Düsseldorf NJW 2014, 1115, 1118.
5 BGH NJW-RR 1996, 1534; BGH FamRZ 1988, 482, 484 = NJW-RR 1988, 962; OLG Düsseldorf MDR 1976, 762; OLG Frankfurt/M. NJW 1980, 2758; OLG München NJW-RR 1987, 1021. Zur Befreiung eines Notars durch die Aufsichtsbehörde BGH DNotZ 2003, 780, 781.
6 BGH NJW 1967, 2012, 2013.
7 BGH NJW-RR 1996, 1534 (aufgrund mandantschaftlicher Verbundenheit); BGH FamRZ 1988, 482, 485 = NJW-RR 1988, 962.
8 Vgl. OLG Frankfurt/M. NJW 1980, 2758.
9 BGH NJW-RR 1996, 1534.
10 BGH VersR 1955, 344, 345.
11 BGH VersR 1975, 952, 954.
12 BGHZ 85, 212, 217 f. = NJW 1983, 332; NJW 1987, 1482, 1483.
13 BGH NJW 1986, 2365, 2366.
14 BGH NJW 1987, 1482.
15 OLG Düsseldorf VersR 2004, 792, 794.

In den Arzthaftungsfällen sind auch Fälle **unterbliebener Dokumentation** enthalten. Deren Nichtanfertigung wurde auch in anderen Fällen beweisrechtlich beanstandet,[1] als der Betreiber einer Trinkwasserversorgungsanlage die Einhaltung festgesetzter Nitratgrenzwerte aufgrund vorgeschriebener Kontrolluntersuchungen nicht aufgezeichnet hatte,[2] der Zwangsverwalter eines Grundstücks bei dessen Inbesitznahme kein Verzeichnis der der Hypothekenhaftung unterliegenden Zubehörstücke aufgenommen hatte,[3] ein Transportschaden nur mangelhaft festgehalten worden war,[4] die eine Wohnungseinweisung anordnende Ordnungsbehörde nicht rechtzeitig Feststellungen über den Wohnungszustand getroffen hatte, die möglichen unsachgemäßen Gebrauch des Eingewiesenen aufklärbar gemacht hätten.[5] Von den Umständen des Einzelfalles, insbesondere dem jeweiligen Aufklärungszweck, hängt es ab, ob ein beklagter Krankenhausträger ladungsfähige Personalien des medizinischen und pflegerischen Personals mitteilen muss.[6]

149

IV. Rechtsfolgen

1. Vorsätzliche Beweisvereitelung

Die Rechtsfolgen des § 444 und der Beweislastvereitelung im Allgemeinen werden in Rechtsprechung und Literatur kontrovers beurteilt; die Auffassungen schwanken zwischen echter **Beweislastumkehr**[7] und bloßer Einflussnahme auf die **Beweiswürdigung**.[8] Der BGH praktiziert eine einzelfallbezogene Lösung in einem Kontinuum[9] von Beweiserleichterungen[10] bis hin zur Beweislastumkehr.[11]

150

§ 444 sieht die Konsequenzen der absichtlichen Urkundenentziehung darin, dass der **Tatsachenvortrag** des Beweisführers über Inhalt und Beschaffenheit der Urkunde nach Ermessen des Gerichts („können") **als bewiesen** bewertet werden kann. Darin ist ein besonders geregelter Fall freier Beweiswürdigung gesehen worden.[12] Unbenommen bleibt dem Beweisgegner, einen vom Vorbringen der beweisbelasteten Partei **abweichenden** Urkundeninhalt **mit einem anderen Beweismittel** zu beweisen. Es entspricht der Lebenserfahrung, dass eine Partei besonders dann geneigt ist, eine Beweiserhebung zu vereiteln, wenn sie deren Ergebnis fürchtet,[13] so dass daraus Beweiswür-

151

---

1 Das österreichische Recht bejaht in diesen Fällen eine materiell-rechtliche Vermutung, dass die nicht dokumentierte Maßnahme unterblieben ist, OGH JBl. 2011, 253, 254.
2 BGH VersR 1983, 441, 442 = NJW 1983, 2935.
3 BGH NJW 1986, 59, 61.
4 OLG Hamburg VersR 1989, 1281, 1282.
5 BGH NJW 1996, 315, 317.
6 OLG Düsseldorf NJW-RR 2003, 1604.
7 Stein/Jonas/*Leipold*[22] § 444 Rz. 9; *Nikisch* Zivilprozeßrecht § 82 VI 3; *Ordemann* NJW 1962, 1902, 1903, sieht in der Beweislastumkehr einen gesetzlich besonders geregelten Fall freier Beweiswürdigung (unzutreffend).
8 MünchKommZPO/*Schreiber*[4] § 444 Rz. 5. Ausdrücklich offengelassen etwa von BGH NJW 1986, 59, 61.
9 BGH NJW 1998, 79, 81.
10 BGH NJW 2004, 222.
11 BGH NJW 2004, 222; ebenso OLG Bremen MDR 2008, 1061, 1062; OLG Düsseldorf NJW 2014, 1115, 1118.
12 RGZ 101, 197, 198; OLG München NJW-RR 1987, 1021, 1022. Allgemein ebenso: RGZ 128, 121, 125; BGH NJW 1960, 821; BGH NJW 1963, 389, 390; BGH FamRZ 1986, 663, 664 = NJW 1986, 2371; OLG Karlsruhe FamRZ 1990, 521, 523; OLG Köln MDR 1968, 674; LG Köln DB 1989, 1780.
13 BGH NJW 1993, 1391, 1393; OLG Hamburg MDR 1968, 332; LG Kassel NJW 1957, 1193, 1194.

digungsschlüsse zu ihrem Nachteil gezogen werden dürfen.[1] Das Unterdrücken des Beweismittels ist dann Indiz für die Richtigkeit der zu beweisenden Tatsache. Für die Behandlung im Rahmen der Beweiswürdigung spricht, dass nach § 286 der gesamte Inhalt der Verhandlung einschließlich des Prozessverhaltens der Parteien zu würdigen ist.[2] Damit sind Beweisvereitelungsfälle aber nicht erschöpfend zu erfassen; selbst § 444 ist als Sanktion zu verstehen.[3]

152 Teilweise hat die Rechtsprechung eine **Beweislastumkehr** befürwortet.[4] Die Kommission für das Zivilprozessrecht hat mehrheitlich die Beweislastumkehr als generelle Sanktion empfohlen, allerdings nicht als obligatorische Rechtsfolge. Angemessen ist eine differenzierte Betrachtung im Einzelfall. Damit ist auch die Frage gelöst, ob im Beweisverfahren weiteren Beweisantritten des Beweisführers nachzugehen ist, was sich erübrigen würde, wenn eine starre Beweislastumkehr zur Regelfolge erhoben würde.[5] Nicht gerechtfertigt ist eine Beweislastumkehr zugleich gegenüber den einfachen oder notwendigen **Streitgenossen**.[6] Werden Zeugen nicht von der Verschwiegenheitspflicht eines Zeugen entbunden, ist dies nur bei der Beweiswürdigung zu berücksichtigen.[7]

153 Hat die Partei, die über das Beweismittel verfügen kann, es noch in der Hand, die **Beweiserhebungshindernisse** zu **beseitigen**, ist ihr dafür eine Frist gem. **§ 356** zu setzen.

2. Fahrlässige Beweisvereitelung

154 In den Fällen fahrlässiger Beweisvereitelung sind ebenfalls **Schlüsse im Rahmen der Beweiswürdigung** gezogen oder als zulässig erachtet worden.[8] Auch wenn dies nicht möglich ist, ist es nicht gerechtfertigt, dem Beweisführer die nachteiligen Folgen des sorgfaltswidrigen Verhaltens der Gegenpartei aufzubürden.[9] Als Folge der Beweisvereitelung sind Beweiserleichterungen zu gewähren, die bis zu einer Umkehr der Beweislast führen können.[10] Eine Beweislastumkehr ist insbesondere beim Verstoß ge-

---

1 So etwa BGH NJW 1960, 821; BGH NJW 1967, 2012; *Gerhardt* AcP 1169 (1969), 289, 296; *Schneider* MDR 1969, 4, 7 (jedoch ohne konkrete Beweiswürdigung); Peters ZZP 82 (1969), 200, 218; *Bergmann* MDR 1974, 989, 990.
2 BGH NJW-RR 1996, 1534; BGH NJW 1960, 821; OLG München NJW 1980, 2758.
3 MünchKommZPO/*Prütting*[4] § 286 Rz. 90 (eigenständige Sanktion); *Prütting* Gegenwartsprobleme der Beweislast, S. 188 f.; *Baumgärtel* Beweislastpraxis im Privatrecht Rz. 129 (Abstufung des Beweismaßes).
4 BGH VRS 7, 412, 413; OLG Celle VersR 1989, 640, 641; OLG Bamberg VersR 1971, 769; OLG Hamburg MDR 1968, 332 (zwecks Gleichbehandlung mit fahrlässiger Beweisvereitelung); LG Stade VersR 1980, 100; ablehnend *Prütting* Gegenwartsprobleme S. 189; *Laumen* in Baumgärtel/Laumen/Prütting, Handbuch der Beweislast, Grundlagen, 2009, § 11 Rz. 32; *Schneider* MDR 1969, 4, 8 f. (wegen Entwicklung zur Beweisregel § 286). Für den Verwaltungsgerichtsprozess gegen eine Beweislastumkehr BVerwG MDR 1960, 949. Ablehnend auch das österr. Recht, OGH JBl. 2011, 253, 255 a.E.
5 Auf dieses Problem hinweisend *Peters* ZZP 82 (1969), 200, 216 f.
6 Stein/Jonas/*Leipold*[22] § 444 Rz. 4.
7 OLG München NJW-RR 1987, 1021; OLG Frankfurt NJW 1980, 2758; BGH NJW 1967, 2012; OLG Düsseldorf MDR 1976, 762; BGH NJW-RR 1996, 1534; BGH FamRZ 1988, 482, 484 f. = NJW-RR 1988, 962; für Umkehr der Beweislast demgegenüber BGH NJW 1972, 1131 (Beweis einer behaupteten Geisteskrankheit).
8 BGH NJW 1963, 389, 390; BGH NJW 1967, 2012, 2013; BGH NJW-RR 2009, 995 Rz. 14; OLG Hamburg VersR 1989 1281, 1282; ablehnend OLG Hamburg MDR 1968, 332; kritisch auch Stein/Jonas/*Leipold*[22] § 444 Rz. 11 (regelmäßig Beweislastumkehr).
9 OLG Hamburg MDR 1968, 332.
10 BGH NJW 2009, 360 Rz. 23; BGH NJW 2006, 434, 436; BGH NJW 1987, 1482, 1484; BGH NJW 1986, 59, 61; OLG Karlsruhe VersR 1989, 375. Eine Umkehr der Beweislast im Einzelfall nahmen an BGHZ 6, 224, 225 = NJW 1952, 867; BGH NJW 1963, 389, 390; OLG Köln NJW-RR 1989, 439, 440; vgl. auch BGH NJW 1976, 1315, 1316, wo eine Umkehr der Beweislast im Er-

gen Dokumentationspflichten in Betracht zu ziehen.¹ Die Beweiserleichterung kann auch darin bestehen, dass von mehreren möglichen Geschehensabläufen der **wahrscheinlichste Ablauf** zugunsten der Partei als **bewiesen** angesehen wird, die Opfer der Beweisvereitelung ist.²

---

gebnis jedoch nicht in Betracht kam. Für eine „elastische Reaktion" *Musielak/M. Stadler* Grundfragen des Beweisrechts Rz. 189.

1 Explizit BGH NJW 1986, 59, 61; s. ferner BGHZ 72, 132, 139 (Beweiserleichterungen bis zur Beweislastumkehr) = NJW 1978, 2337; BGH NJW 1986, 2365, 2367; BGH NJW 1983, 332; BGH VersR 1982, 1193, 1195; BGH NJW 1984, 1408 = VersR 1984, 354, 355; BGH NJW 1984, 1403 = VersR 1984, 386, 387; BGH NJW 1987, 1482, 1483; BGH NJW 1983, 2935, 2936 = VersR 1983, 441, 442; BGH NJW 1996, 315, 317.
2 BGH NJW 2006, 434, 436.

Kapitel 9:
Beweislast I: Grundlagen

	Rz.
§ 31 Notwendigkeit und Wirkung objektiver Beweislastregeln	
I. Notwendigkeit objektiver Beweislastregeln	
1. Unaufklärbarkeit einer streitigen Tatsache (Beweislosigkeit)	1
2. Entscheidungszwang trotz Beweislosigkeit	3
II. Beweislastregeln als Entscheidungsnormen	
1. Selbständiger Charakter der Beweislastnormen	5
2. Dogmatische Deutungen	7
3. Zuordnung zum materiellen Recht oder zum Prozessrecht, IPR	11
4. Zuweisung des Nachteils der Unaufklärbarkeit	13
III. Generell-abstrakte Beweislastregeln	
1. Normcharakter	15
2. Mehrdeutigkeit der Einordnung als „Beweiserleichterung"	18
IV. Abgrenzung zur subjektiven Beweislast (Beweisführungslast)	
1. Aktivitätsdruck auf die Parteien	22
2. Gleichgerichtetheit von objektiver und subjektiver Beweislast	25
3. Weitere prozessuale Folgen	26
4. Abstrakte und konkrete Beweisführungslast	28
V. Parteiverhaltensunabhängige Beweislastwirkung	30
§ 32 Grundregel der Beweislastverteilung	32
§ 33 Ermittlung der Beweislastverteilung	
I. Gesetzliche Beweislastregeln	
1. Ausdrückliche Formulierungen	38
2. Gleichgerichtete Vermutungen	40
II. Ermittlung durch Auslegung	
1. Wertende Zergliederung des Tatbestandes	
a) Grundregel als Ausgangspunkt	45
b) Rechtsvernichtende und rechtshemmende Tatbestandsmerkmale	47
c) Rechtshindernde Tatbestandsmerkmale	51
2. Sprachliche Fassung der Rechtsnorm: Regel-Ausnahme-Schema	
a) Wortlaut, Satzkonstruktion	54
b) Unzuverlässigkeit von Negativformulierungen	57
3. Das Versagen alleiniger Wortlautinterpretation, Interpretationsmethoden	59
4. Wertende Ermittlung von Regeltatbestand und Ausnahme	
a) Wertungsschichten der Anspruchsnormen	62
b) Wertungsschichtenwechsel innerhalb desselben Tatbestandsmerkmals	71
5. Gesetzesauslegung und Rechtsfortbildung	76
§ 34 Sachgründe der Beweislastverteilung	
I. Bedeutung der Kriterien	77
II. Prozessrechtliche Kriterien	
1. Angriff contra Status-quo-Schutz	80
2. Wahrscheinlichkeit	82
3. Zugang zum Tatsachenstoff, Beweisnähe, Beweisnot	85
4. Gefahrenbereichslehre	88
5. Negativbeweis	94
6. Parteistellung	98
III. Materiell-rechtliche Kriterien	
1. Förderung materiell-rechtlicher Zielsetzungen	100
2. Verkehrsschutz, Erleichterung des Rechtsverkehrs	101
3. Gefahrerhöhung	102
4. Grobe Berufspflichtverletzungen: Prävention, Kompensation des Beweisrisikos, Billigkeit	103
5. Verantwortung für einen räumlich-gegenständlichen Bereich	105
IV. Ökonomische Kriterien	106
V. Umkehr der Beweislast durch Rechtsfortbildung	107
VI. Beweislastverträge	111

Schrifttum:

H.-J. Ahrens in: Egon Lorenz (Hrsg.), Karlsruher Forum 2008, Die Verteilung der Beweislast, Schriftenreihe Versicherungsrecht Band 40, 2008; *Arens*, Zur Problematik von non liquet-

Entscheidungen, Festschrift Müller-Freienfels (1986), S. 13; *Arens*, Zur Beweislastproblematik im heutigen deutschen Produkthaftungsprozess, ZZP 104 (1991), 123; *Assmann*, Beweiserleichterungen und Beweislastumkehr zur Korrektur materiellen Rechts?, JbJZivilrechtswiss. 1994, 183; *Baumgärtel*, Beweislastpraxis im Privatrecht, 1996; *Baumgärtel*, Handbuch der Beweislast im Privatrecht, Band 1, 2. Aufl. 1991, Band 2, 2. Aufl. 1999, Band 3, 1987, Band 4, 1988, Band 5, 1993; *Baumgärtel*, Probleme der Beweislastverteilung in der Zwangsvollstreckung, Festschrift Lücke (1997), S. 1; *Baumgärtel*, Das Verhältnis von Beweislastumkehr und Umkehr der konkreten Beweisführungslast, Festschrift Nakamura (1996), S. 41; *Baumgärtel*, Das Wechselspiel der Beweislastverteilung im Arzthaftungsprozeß, Gedächtnisschrift Bruns (1980), S. 93; *Baumgärtel*, Gedanken der Beweislastverteilung bei der positiven Forderungsverletzung, Festschrift Carnacini, Band II (1984), S. 913; *Baumgärtel*, Die Beweislast im Zivilprozeß, Festschrift Kralik (1986), S. 63; *Baumgärtel*, Die Auswirkungen von Parteivereinbarungen auf die Beweislast, Festschrift Fasching (1988), S. 67; *Baumgärtel*, Die Befundsicherungspflicht, Festschrift Walder (1994), S. 143; *Baumgärtel/Wahrendorf*, Beweislast und Treu und Glauben, Festschrift Rammos, Band I (1979), S. 41; *Baumgärtel/Wittmann*, Die Beweislastverteilung im Arzthaftungsprozeß, JA 1979, S. 113; *Baumgärtel/Wittmann*, Zur Beweislastverteilung im Rahmen von § 823 BGB, Festschrift Schäfer (1980), S. 13; *Belling/Riesenhuber*, Beweislastumkehr und Mitverschulden, ZZP 108 (1995), S. 455; *Berg*, Die verwaltungsrechtliche Entscheidung bei ungewissem Sachverhalt, 1980; *Blomeyer*, Beweislast und Beweiswürdigung im Zivil- und Verwaltungsprozeß, Gutachten für den 46. Deutschen Juristentag, Band I Teil 2A, 1966; *Born*, Ehebedingter Nachteil und Beweislast – Kurswechsel durch die Hintertür?, NJW 2010, 1793; *Brandt/Brandes*, Die Beweislast für die Kausalität der Pflichtverletzung, VersR 1991, 1109; *Broß*, die Bedeutung der Beweislast im Zivilprozeß, JA 1979, 590; *P. Bruns*, Beweislastverteilung bei missbräuchlicher Nutzung elektronischer Zahlungssysteme, MMR 1999, 19; *Brunske*, Beweiswürdigung und Beweislast bei Aufklärungspflichtverletzungen im Bankrecht, 1994; *Bülow*, Beweislast und Beweismaß im Recht der Europäischen Gemeinschaften, EWS 1997, 155; *Chiang*, Beweislast und Beweiserleichterungen bei der Haftung von Angehörigen der freien Berufe, 1999; *Dieckmann*, Die Vermutung aufklärungsrichtigen Verhaltens bei Beratungsfehlern von Banken, WM 2011, 1153; *Dubischar*, Grundsätze der Beweislastverteilung im Zivil- und Verwaltungsprozeß, JuS 1971, 385; *Foerster*, Beweislastverteilung und Einsichtsrecht bei Inanspruchnahme ausgeschiedener Organmitglieder, ZHR 176 (2012), 221; *D. Franzki*, Die Beweisregeln im Arzthaftungsprozeß, 1982; *Do. Franzki/Vogel*, Grenzen der Kausalitätsvermutung und des Auskunftsanspruchs im Arzneimittelhaftungsrecht, NJW 2013, 2862; *Friedl*, Beweislastverteilung unter Berücksichtigung des Effizienzkriteriums, 2003; *Gerhardt*, Beweisvereitelung im Zivilprozeßrecht, AcP 169, 289; *Gmehling*, Die Beweisvereitelung bei Schäden aus Industrieimmissionen, 1989; *Gottwald*, Grundprobleme der Beweislastverteilung, Jura 1980, 225; *Gottwald*, Sonderregeln der Beweislastverteilung, Jura 1980, 303; *Gsell*, Die Beweislast für den Inhalt der vertraglichen Einigung, AcP 2003 (2003), 119; *Habscheid*, Beweislast und Beweismaß – ein kontinentaleuropäisch-angelsächsischer Rechtsvergleich, Festschrift Baumgärtel (1990), S. 105; *Hansen*, Beweislast und Beweiswürdigung im Versicherungsrecht, 1990; *Harkem*, Zur Beweislastverteilung beim Bereicherungsausgleich im Dreiecksverhältnis, JZ 2002, 179; *Heinemann*, Die Beweislastverteilung bei positiven Forderungsverletzungen, 1988; *Heinemann*, Baustein anwaltlicher Berufshaftung: die Beweislast, NJW 1990, 2345; *Heinrich*, Die Beweislast bei Rechtsgeschäften, 1996; *Heinrich*, Zur Funktion der Beweislastnormen, Festschrift Musielak, 2003, S. 219; *Hendricks*, Zivilprozessuale Geltendmachung von Widerrufs- und Unterlassungsansprüchen im Medienrecht, 2001, S. 98 ff.; *Kaufmann*, Die Beweislastproblematik im Arzthaftungsprozeß, 1984; *Kargados*, Zur Beweislast bei der Haftung für Umweltschäden, Festschrift Baumgärtel (1990), S. 187; *Katzenmeier*, Arzthaftung, 2002; *Kegel*, Der Individualanscheinsbeweis und die Verteilung der Beweislast nach überwiegender Wahrscheinlichkeit, Festschrift Kronstein (1967), S. 321; *Kemper*, Beweisprobleme im Wettbewerbsrecht, 1991; *Kiethe*, Die Beweislastverteilung im Zivilverfahrensrecht, 1995; *Klicka*, Die Beweislastverteilung im Zivilverfahrensrecht, 1995; *Krapoth*, Die Rechtsfolgen der Beweisvereitelung im Zivilprozeß, 1996; *Kur*, Beweislast und Beweisführung im Wettbewerbsprozeß, 1981; *Kur*, Beweislast und Beweisführung im Wettbewerbsprozeß, 1981; *Lange*, Die Beweislast im Anwaltshaftungsprozeß, 2002; *Larenz*, Zur Beweislastverteilung nach Gefahrenbereichen, Festschrift Hauß (1978), S. 225; *Laufs*, Die Beweislast im Arzthaftungsprozeß, in: Laufs/Uhlenbruck, Handbuch des Arztrechts, 2. Aufl. 1999 (§§ 107–111); *Laumen*, Die „Beweiserleichterung bis zur Beweislastumkehr" – Ein beweisrechtliches Phänomen, NJW 2002, 3739; *Leipold*, Beweislastregeln und gesetzliche Vermutungen, insbesondere bei Verweisungen zwischen verschiedenen Rechtsgebieten, 1966; *Leipold*, Rezension des Werkes Reinecke, AcP 179 (1979), 502; *Leipold*, Beweismaß und Beweislast im Zivilprozeß, 1985; *Leipold*, Beweis und Beweislast im Umwelthaftungsprozeß, in: Leipold, Umweltschutz und Recht in Deutschland und Japan, 2000, S. 191; *Leonhard*, Die Beweislast, 2. Aufl. 1926; *Lepa*, Beweislast und Beweiswürdigung im Haftungsprozeß, 1988; *Lüke*, Über die Beweislast im Zivil- und Verwaltungsprozeß, JZ 1966, 587; *Mankowski*, Die Darlegungs- und Beweislast für die Tatbestände des Internationalen Verbraucherprozess- und Verbrauchervertragsrechts, IPRax 2009, 474; *Martis*, Aktuelle Entwicklungen im Kaufrecht – Die Beweisvermutung des § 476 BGB, MDR 2010, 841; *Meyke*, Plausibilitätskontrolle und Beweis, NJW 2000, 2230; *G. Müller*, Beweislast und Beweisführung im Arzthaftungsprozeß, NJW 1997, 3049; *Musielak*, Die Grundlagen der Beweislast im Zivilprozeß, 1975; *Musielak*, Beweislastverteilung nach Gefahrenbereichen, AcP 1976 (1976), 465; *Musielak*, Gegenwartsprobleme der Beweislast, ZZP 100 (1987), 385; *Musielak*, Die Beweislastregelung bei Zweifeln an der Prozeßfähigkeit, NJW 1997, 1736; *Musielak*, Hilfen bei Beweisschwierigkeiten im Zivilprozeß, Festgabe BGH, Bd. III (2000), S. 194; *Musielak/Stadler*, Grundfragen des Beweisrechts, 1984; *Nierhaus*, Beweismaß und Beweislast, 1989; *Nolte*, Betriebliche Dokumentation und Beweismittelvernichtung in amerikanisch-deutschen Wirtschaftsprozessen, 1996; *Oberheim*, Beweiserleichterungen im Zivilprozeß, JuS 1996, 1111 und 1997, 61; *Orfanidis*, Vertragsfreiheit und Beweislastumkehr im Allgemeinen Gleichbehandlungsgesetz, ZZP 121 (2008), 511; *Paulus*, Die Beweisvereitelung in der Struktur des deutschen Zivilprozesses, AcP 197 (1997), 136; *Peres*, Haftung, Zurechnung und Beweisführung bei anfänglicher und nachträglicher Unmöglichkeit, 2012; *Petig/Rensen*, Arzthaftung – Die Bedeutung des Aufklärungsformulars im Prozess, MDR 2012, 877; *Piper*, Darlegungs- und Beweisfragen im CMR-Prozeß, GS Helm, 1001, S. 289; *Prölss*, Die Beweislastverteilung nach Gefahrenbereichen, VersR 1964, 901; *Prölss*, Beweiserleichterungen im Schadensersatzprozeß, 1966; *Prütting*, Gegenwartsprobleme der Beweislast, 1983; *Prütting*, Grundprobleme des Beweisrechts, JA 1983, 313; *Prütting*, Beweiserleichterungen für den Geschädigten, Karlsruher Forum 1989, S. 3; *Prütting*, Beweisprobleme im Arzthaftungsprozeß, Festschrift 150 Jahre Landgericht Saarbrücken, 1985, S. 257; *Prütting*, Beweislast und Beweismaß, ZZP 123 (2010), 135; *Raape*, Die Beweislast bei positiver Vertragsverletzung, AcP 147 (1941), 217; *Reinecke*, Die Beweislastverteilung im Bürgerlichen Recht und im Arbeitsrecht als rechtpolitische Regelungsaufgabe, 1976; *Reinhardt*, Die Umkehr der Beweislast aus verfassungsrechtlicher Sicht, NJW 1994, 93; *Rohlfing*, Die Darlegungs- und Beweislast beim amtshaftungsrechtlichen Verweisungsprivileg, MDR 2010, 237; *Rosenberg*, Die Beweislast auf der Grundlage des BGB und der ZPO, 5. Aufl. 1965; *H. Roth*, Beweismaß und Beweislast bei der Verletzung von bankvertraglichen Aufklärungs- und Beratungspflichten, ZHR 154 (1990), 513; *Sautter*, Beweiserleichterungen und Auskunftsansprüche im Umwelthaftungsrecht, 1996; *Scheffen*, Beweislastfragen bei Sportunfällen, in: Beweisprobleme in der Sportrechtsprechung, Schriftenreihe des Württembergischen Fußballverbandes, 1984; *Schlemmer/Schulte*, Beweislast und Grundgesetz, 1997; *Schmid*, Beweislast beim Brand im Mietobjekt, VersR 2010, 43; *Schmid/Hopperdietzel*, Darlegungs- und Beweislasten im Reiseprozess, NJW 2010, 1262; *Schmidt E.*, Die Beweislast in Zivilsachen – Funktionen und Verteilungsregeln, JuS 2003, 1007; *Schwab*, Zur Abkehr moderner Beweislastlehren von der Normentheorie, Festschrift Bruns (1978), S. 505; *Solmecke/Rüther/Herkens*, Uneinheitliche Darlegungs- und Beweislast im Filesharing-Verfahren, MMR 2013, 217; *Spickhoff*, Gesetzesverstoß und Haftung, 1998, S. 283 ff.; *Stackmann*, Probleme mit der Fiktion – Die Feststellung der Kausalität von Beratungsfehlern, NJW 2009, 3265; *Steffen*, Beweislasten für den Arzt und den Produzenten aus ihren Aufgaben zur Befundsicherung, Festschrift Brandner (1996), S. 327; *Stoll*, Die Beweislastverteilung bei positiven Vertragsverletzungen, Festschrift v. Hippel (1967), S. 517; *Stoll*, Haftungsverlagerung durch beweisrechtliche Mittel, AcP 176 (1976), S. 145; *Stürner*, Die Aufklärungspflicht der Parteien des Zivilprozesses, 1976; *Stürner*, Die Informationsbeschaffung im Zivilprozeß, Festschrift Vollkommer (2006), S. 2001; *Stürner*, Beweislastverteilung und Beweisführungslast in einem harmonisierten europäischen Zivilprozeß, Festschrift Stoll (2001), S. 691; *Taupitz*, Prozessuale Folgen der „vorzeitigen" Vernichtung von Krankenunterlagen, ZZP 100 (1987), 287; *Ungewitter*, Zur Darlegungs- und Beweislast bei der verlängerten Verjährungsfrist nach § 439 Abs. 1 S. 2 HGB, VersR 2010, 454; *Wacke*, Zur Behauptungs- und Beweislast des Beklagten für den Einwand der Schenkung, ZZP 114 (2001), 77; *Wahrendorf*, Die Prinzipien der Beweislast im Haftungsrecht, 1976; *H. Weber*, Der Kausalitätsbeweis im Zivilprozeß, 1997, S. 211 ff.; *Weber*, Die Beweislast im Arbeitsrecht, RdA 1999, 107; *R. Weber*, Muss im Arzthaftungsrecht der Arzt seine Schuldlosigkeit beweisen?, NJW 1997, 761; *Willems*, Beweis und Beweislastverteilung bei Zugang einer E-Mail, MMR 2013, 551.

§ 31 Notwendigkeit und Wirkung objektiver Beweislastregeln

I. Notwendigkeit objektiver Beweislastregeln

1. Unaufklärbarkeit einer streitigen Tatsache (Beweislosigkeit)

Die Beweislast betrifft die **gescheiterte Feststellung** einer **entscheidungsrelevanten Tatsache**. Sie bestimmt das weitere Vorgehen, wenn das Gericht sich von der Wahrheit oder Unwahrheit einer Tatsachenbehauptung nicht hat überzeugen können.[1] Die Unaufklärbarkeit kann erst festgestellt werden, wenn sämtliche Möglichkeiten der Aufklärung und der Überzeugungsfindung ausgeschöpft worden, insbesondere alle prozessual zulässigen Beweise erhoben und ausgewertet worden sind. Das **non-liquet**, wie diese Entscheidungssituation genannt wird, kennzeichnet das Scheitern der Bemühungen um Sachverhaltsaufklärung.

1

Die Unaufklärbarkeit wird außerhalb des Beweisrechts überwunden, wenn sich die begehrte Rechtsfolge zugleich auf ein Vorbringen der Gegenpartei stützen lässt, das sich die beweisbelastete Partei hilfsweise – ausdrücklich oder konkludent – zu eigen macht.[2]

2

2. Entscheidungszwang trotz Beweislosigkeit

Der Richter darf der Sachentscheidung des Rechtsstreits auch dann nicht ausweichen, wenn er entscheidungsrelevante Tatsachen nicht sicher hat aufklären können.[3] Die gescheiterte Feststellung zu einer Tatsachenbehauptung entbindet ihn nicht davon, der Klage stattzugeben oder sie abzuweisen und damit für eine Entscheidung zu sorgen, die in **materielle Rechtskraft** erwachsen kann.[4]

3

Die **Argumente gegen** eine **Entscheidungsverweigerung** reichen von der Vereitelung der primären Zwecke eines jeden Prozesses wie der Gewährleistung von Rechtsfrieden und der Verhinderung der Rechtsdurchsetzung im Wege der Selbstjustiz über verfassungsrechtliche Prinzipien, insbesondere den Justizgewährungsanspruch, bis hin zu Art. 6 Abs. 1 EMRK.[5] Dürfte das Gericht die Entscheidung im Falle eines non-liquet verweigern, weil es sowohl die Wahrheit als auch die Unwahrheit entscheidungsrelevanter Tatsachenbehauptungen für möglich hält, wäre eine erneute Auseinandersetzung zu einem späteren Zeitpunkt möglich, eine Klärung der rechtlichen Streitfragen jedoch nach wie vor ungewiss. Die Pflicht zur Entscheidung des Rechtsstreits bedeutet allerdings **nicht**, dass sich das Gericht zu einer **Überzeugung** hinsichtlich des **tatsächlichen Geschehens** durchzuringen und damit die tatsächlichen Unklarheiten zu beseitigen hat.[6]

4

---

1 Vgl. *Rosenberg*, Beweislast⁵ S. 2.
2 *Prütting* Gegenwartsprobleme S. 143 f.
3 *Prütting* Gegenwartsprobleme S. 124 ff.; MünchKommZPO/*Prütting*⁴ § 286 Rz. 93; *Stein/Jonas/Schumann*, ZPO, 20. Aufl. (1979), Einl. Rz. 12.
4 Vgl. *Prütting* Gegenwartsprobleme S. 125.
5 Vgl. *Prütting* Gegenwartsprobleme S. 124 m.w.N. Dem von *Prütting* u.a. genannten Art. 10 der Allgemeinen Erklärung der Menschenrechte dürfte dies allerdings nicht zu entnehmen sein, da diese Regelung im Gegensatz zu Art. 6 Abs. 1 EMRK lediglich verlangt, dass jedermann ein gerechtes und öffentliches Verfahren vor einem unparteiischen Gericht offen steht, nicht aber, dass dieses Gericht unter allen Umständen auch zu entscheiden hat.
6 Zu dieser früher vereinzelt vertretenen Auffassung *Prütting* Gegenwartsprobleme S. 121 f.

II. Beweislastregeln als Entscheidungsnormen

1. Selbständiger Charakter der Beweislastnormen

5 Der Zustand der Beweislosigkeit wird durch Beweislastregeln überwunden. Sie stellen eine **besondere normative Grundlage** für die Sachentscheidung dar.[1] Wer danach das **Risiko der Unaufklärbarkeit** trägt, verliert den Prozess. Beweislastregeln (Beweislastnormen) sind Entscheidungsnormen, die als Ergänzungssätze zu dem anzuwendenden Gesetzestatbestand hinzutreten.[2] Wie deren Wirkung dogmatisch zu erklären ist, ist umstritten. Eindeutig ist nur, dass die beweisbelastete Partei den Prozess verlieren muss.

6 **Überwunden** ist die **Vorstellung**, die Rechtsfolge des anzuwendenden Tatbestandes knüpfe an dessen Beweisbarkeit statt an das objektive Vorliegen der dafür benötigten Tatsachen an.[3] Das materielle Recht besteht unabhängig von der Beweisbarkeit der Tatbestandsvoraussetzungen.

2. Dogmatische Deutungen

7 Geklärt ist, dass aufgrund oder mittels einer Beweislastnorm **nicht** eine **tatsächliche Feststellung** über die zu beweisende Tatsache getroffen wird.[4] Auch spricht die Norm nicht selbständig die Rechtsfolge des anzuwendenden Tatbestandes aus.[5] Es bedarf einer anderen Deutung, wie materielles Recht und Beweislastentscheidung miteinander verknüpft sind.

8 *Rosenberg* sah in der Regel eine spezielle Norm, die **an die Stelle** der **primär streitentscheidenden Norm** tritt und daher der darin enthaltene Rechtsbefehl keine Wirkung entfalte. Die Anwendung materieller Rechtsnormen setze voraus, dass deren Tatsachengrundlage positiv geklärt ist. Der richterlichen Überzeugung vom Nichtbestehen der Tatsachen sei der richterliche Zweifel über die Existenz der Tatsachen gleichzustellen.[6] In der Begründung der Gleichstellung ist eine der Schwächen der Rechtsanwendungstheorie gesehen worden.[7] Ein ungeklärter Sachverhalt kann nicht unter die anzuwendende Norm subsumiert werden.[8] Allerdings können die Rechtsfolgen gleichgestellt werden. Für die weiteren Wirkungen ist aber zu unterscheiden, ob der Aufklärungszweifel ein rechtsbegründendes oder ein rechtshinderndes Merkmal betrifft. Den Rechtsnormcharakter verneint *Prütting* und spricht selbst von „Operationsregeln".[9] Am ehesten wird man darin eine auf den anzuwendenden Rechtssatz bezogene **Metanorm** sehen können.[10]

9 Heute hat sich – bei leichten Unterschieden der Begründung – die Sichtweise durchgesetzt, dass die Beweislastnorm die **Unwahrheit** der zu beweisenden Tatsachenbehauptung **fingiert** und damit die Grundlage zur Anwendung des rechtserheblichen

---

1 *Prütting* Gegenwartsprobleme S. 152; *Leipold* Beweislastregeln S. 22, 34. MünchKommZPO/*Prütting*[4] § 286 Rz. 93. S. auch OLG Hamm NJW-RR 2014, 328, 331.
2 *Prütting* Gegenwartsprobleme S. 173.
3 *Leipold* Beweislastregeln S. 22 f.; *Prütting* Gegenwartsprobleme S. 145 ff.
4 *Prütting* Gegenwartsprobleme S. 152.
5 *Prütting* Gegenwartsprobleme S. 153.
6 *Rosenberg* Beweislast[5] S. 12, 14. Zur Deutung der Auffassung von Rosenberg *Leipold* Beweislastregeln. S. 31, 33.
7 Dazu *Prütting* Gegenwartsprobleme, S. 150 f.
8 *Musielak* Grundlagen der Beweislast, S. 3, 19.
9 *Prütting* Gegenwartsprobleme S. 172.
10 *Arnold* AcP 209 (2009), 285, 291.

Tatbestandsmerkmals schafft.¹ Auf den fingierten Sachverhalt kann die streitentscheidende Norm in gleicher Weise angewandt werden, wie auf einen zur Überzeugung des Gerichts bewiesenen Sachverhalt. Damit wird das non-liquet zwar nicht beseitigt, wohl aber zum Zwecke der Normanwendung für die streitentscheidende Norm kaschiert.

Die Fiktion hat nur Wirkung für das betreffende Merkmal in Anbetracht der betreffenden Rechtsnorm. Die Tatsachen werden also **nicht für** den **gesamten Rechtsstreit** fingiert. Bei der Anwendung einer weiteren Norm, die dieselbe Sachfrage in Bezug nimmt, kann die Beweislast anders zu verteilen und somit eine entgegengesetzte Fiktion vorzunehmen sein.² Die Fiktion kann je nach konkreter Beweislastverteilung eine **negative oder** eine **positive Folge** auslösen.³ So bedeutet die Nichterweislichkeit der Bösgläubigkeit bei § 932 BGB, dass von einem gutgläubigen Erwerb auszugehen ist. Ebenso kann auf der Grundlage einer gesetzlichen Tatsachenvermutung ein ungeklärtes Merkmal positiv vermutet werden.

3. Zuordnung zum materiellen Recht oder zum Prozessrecht, IPR

Streitig ist, ob Beweislastnormen dem materiellen Recht oder dem Prozessrecht zuzuordnen sind, oder ob sie gar einer dritten Kategorie angehören.⁴ Von einer generellen Aussage dürfen Rechtsfolgen nicht abhängig gemacht werden. Auswirkungen zeigen sich im Einzelfall bei der **Zuordnung zum Bundesrecht** oder zum **Landesrecht** für Fragen der Gesetzgebungszuständigkeit und der Revisibilität, bei der Rechtswahlmöglichkeit im IPR bzw. IZPR oder bei Beurteilung der Wirksamkeit einer Beweislastvereinbarung (dazu Rz. 112). Zu befürworten ist die Qualifizierung als akzessorische Norm des anzuwendenden Rechtssatzes.⁵

Für außervertragliche Schuldverhältnisse regelt die VO (EG) Nr. 864/2007 vom 11.7.2007 („ROM II-Verordnung"),⁶ dass das **anzuwendende materielle Recht** über die Verteilung der Beweislast und die Anwendung gesetzliche Vermutungen entscheidet. Demgegenüber bestimmt Art. 22 Abs. 2, dass sich der Beweis einer Rechtshandlung nach der **lex fori** richtet.⁷

4. Zuweisung des Nachteils der Unaufklärbarkeit

Unmittelbare Aufgabe der Entscheidungsnorm ist die Bewältigung der Beweislosigkeit durch Zuweisung des Nachteils der Unaufklärbarkeit einer Tatsache. Wer diesen Nachteil zu tragen hat, trägt damit die **objektive Beweislast**, die häufig auch **Feststellungslast** oder **materielle Beweislast** genannt wird. Unerheblich ist dafür, ob für das Verfahren der **Verhandlungsgrundsatz** (Beibringungsgrundsatz) oder der **Untersuchungsgrundsatz** gilt. Terminologisch verkürzt wird häufig nur von „Beweislast" gesprochen; gemeint ist dann in der Regel die objektive Beweislast (zur gleichzeitigen Inbezugnahme der Darlegungslast Kap. 11 Rz. 29).

---

1 *Musielak* Grundlagen der Beweislast, S. 24 f.; *Leipold* Beweislastregeln, S. 65 f.; MünchKommZPO/*Prütting*⁴ § 286 Rz. 106; *Prütting* Gegenwartsprobleme, S. 154, 167 f.
2 *Musielak* Grundlagen der Beweislast, S. 25.
3 *Leipold* Beweislastregeln, S. 65 f.; *Musielak* Grundlagen. S. 22; *Prütting* Gegenwartsprobleme, S. 168 f.
4 Vgl. dazu LG Saarbrücken IPRax 2014, 180, 181 f. m. Bespr. *Eichel* IPRax 2014, 156 ff.; *Leipold* Beweislastregeln, S. 72 ff.; Stein/Jonas/*Leipold*²² § 286 Rz. 78 f.; *Prütting* Gegenwartsprobleme, S. 175 ff., *Rosenberg* Beweislast⁵ S. 77 ff.; *Blomeyer* Gutachten 46. DJT 1966, S. A 10.
5 Von Ergänzungsnorm spricht *Prütting* Gegenwartsprobleme, S. 178.
6 ABl. EU Nr. L 199 v. 31.7.2007, S. 40.
7 Zu den Konsequenzen für die Anwendung des § 287 *Eichel* IPRax 2014, 156, 158. Dazu auch Kap. 17 Rz. 23.

14 Die objektive Beweislast betrifft **Tatsachen, nicht** aber **Rechtsfragen**. Darauf bezogene Kognitionsvorgänge greifen ineinander, sind aber zu unterscheiden. So ist die normative Auslegung des Inhalts einer Willenserklärung eine Rechtsfrage.[1] Für sie kann es jedoch darauf ankommen, zuvor streitiges Auslegungsmaterial aufzuklären, das für die Auslegungsbeurteilung heranzuziehen ist.[2] Die Bewertung eines Verhaltens als sorgfaltswidrig, also als Missachtung der im Verkehr erforderlichen Sorgfalt, ist eine Rechtsfrage, deren Entscheidung aber bei mangelnder eigener Sachkunde des Richters eine tatsächliche Aufklärung vorauszugehen hat, welches Verhalten im Umgang mit der Gefahrenlage unter Fachleuten als üblich angesehen wird.

III. Generell-abstrakte Beweislastregeln

1. Normcharakter

15 Beweislastregeln sind **generell-abstrakte Normen**.[3] Daran ist gegenüber der Floskel von der „Beweiserleichterung bis hin zu Beweislastumkehr" festzuhalten. Diese Formel könnte dahin missverstanden werden, als käme es auf Einzelfallgerechtigkeit in Abhängigkeit von Sachverhaltsgegebenheiten des Streitfalles an. Bei rechtem Verständnis zählt die Formel hingegen nur in vergröberter Weise mögliche Rechtsfolgeanordnungen innerhalb des Beweisrechts auf. **Individuelle Beweisschwierigkeiten** oder die soziale Lage einer Prozesspartei im Einzelfall berechtigen **nicht** zu einer Beweislastverschiebung.[4]

16 Dies gilt auch bei der Umsetzung von **Unionsrecht**. Die Richtlinie über unlautere Geschäftspraktiken,[5] die in das UWG eingearbeitet worden ist, enthält in ihrem Art. 12 lit. a Vorgaben für das Beweisrecht. Für Tatsachenbehauptungen im Zusammenhang mit Geschäftspraktiken soll eine Beweislastumkehr stattfinden, wenn dies „unter Berücksichtigung der berechtigten Interessen des Gewerbetreibenden und anderer Verfahrensbeteiligter im Hinblick auf die Umstände des Einzelfalls angemessen erscheint". Eine derartige Offenheit der Bewertung ist nur akzeptabel, weil dem nationalen Gesetzgeber Regelungsspielraum gegeben werden soll. Die Bezugnahme auf Einzelfallumstände darf im Übrigen nicht als Variabilität für den jeweiligen Streitfall verstanden werden, sondern muss als Hinweis auf die Notwendigkeit abstrakter **Kriterien für vertypte Lebenssachverhalte** begriffen werden.

17 Da Beweislastnormen Rechtsnormcharakter haben, unterstehen sie in gleicher Weise **revisionsrechtlicher Überprüfung**, wie diejenige Norm, deren Anwendung von der festzustellenden Tatsache abhängt. Es gibt kein „Ermessen" des Tatrichters bei der Anwendung von Beweislastregeln.[6] Im Interesse der Rechtssicherheit und der **Gleichheit der Rechtsanwendung** darf die Beweislast nicht von Umständen des Einzelfalles abhängen.[7]

---

1 BGH NJW 1984, 721/722; BGHZ 20, 109, 111.
2 BGH NJW 1984, 721, 722.
3 Vgl. BGHZ (VI. ZS) 159, 48, 55 = NJW 2004, 2011, 2013 = VersR 2004, 909, 911; BGHZ (IX. ZS) 123, 311, 315 („grundsätzlich normbezogene Beweislastumkehr"); s. auch BVerfG NJW 1979, 1925: „Dies will nicht besagen, dass Beweislastnormen nicht generell im voraus bestimmt, sondern in jeder Prozeßlage erst zu erstellen wären".
4 *Leipold* AcP 179 (1979), 502; *G. Reinecke* Die Beweislastverteilung S. 88 f., 190.
5 ABl. EU Nr. L 149 v. 11.6.2005, S. 22.
6 Vgl. BGHZ 159, 48, 55.
7 Vgl. *Laumen* NJW 2002, 3739, 3741; *Leipold* Beweismaß S. 21, 25 f.; *Katzenmeier* Arzthaftung S. 468 f.; *Laufs/Uhlenbruck*, Handbuch des Arztrechts[3] § 110 Rz. 3.

2. Mehrdeutigkeit der Einordnung als „Beweiserleichterung"

Die Zuweisung der Beweislast an eine Prozesspartei bedeutet eine **Entlastung** für die davon **befreite Gegenpartei**. Insoweit wird der Gegenpartei eine Beweiserleichterung gewährt. Beweiserleichterungen können aber auch andere Inhalte haben.

18

Von Beweiserleichterungen wird auch gesprochen, wenn einer Partei im Prozessstadium vor einer eventuellen Beweiserhebung Erleichterungen gewährt werden, nämlich bei der **Darlegung des Tatsachenstoffs**. Um Beweiserleichterungen im Wortsinne geht es schließlich, wenn im Stadium der Beweiswürdigung die **Überzeugungsbildung** durch richterrechtliche Beweisregeln gelenkt wird. Tatrichterliche Abweichungen von standardisiert zu würdigender Lebenserfahrung können für prozesswidrig erklärt werden. Darum handelt es sich bei der Figur des **Anscheinsbeweises** (dazu. Kap. 16 Rz. 25).

19

Die **Überzeugungsbildung** ist ferner betroffen, wenn das **Beweismaß** herabgesetzt wird, indem etwa überwiegende Wahrscheinlichkeit anstelle voller Überzeugung für ausreichend erklärt wird (dazu Kap. 17 Rz. 1). Aus der Existenz von Sonderregeln über abgestufte Abschwächungen des Regelbeweismaßes (z.B. in § 287) ergibt sich, dass sich das Regelbeweismaß nicht mit bloßer Wahrscheinlichkeit begnügen darf.[1]

20

Zwischen der Entscheidung in Anwendung einer Beweismaßerleichterung und aufgrund einer Beweislastregel gibt es **keinen gleitenden Übergang**.[2] Das Beweismaß beeinflusst die Überzeugungsbildung und deren Ergebnis (bewiesen, widerlegt), während die Beweislast für das non liquet einschlägig ist. Umgekehrt darf die Verteilung der Darlegungs- und Beweislast nicht durch übersteigerte Anforderungen an das Beweismaß unterlaufen werden.[3]

21

IV. Abgrenzung zur subjektiven Beweislast (Beweisführungslast)

1. Aktivitätsdruck auf die Parteien

Von der objektiven Beweislast zu unterscheiden ist die **subjektive Beweislast**, auch **Beweisführungslast** oder **formelle Beweislast** genannt. In Verfahren, die der Verhandlungsmaxime unterstellt sind, ist die beweisbelastete Partei gezwungen, durch das Benennen von Beweismitteln und durch sonstige Beiträge des Sachvortrags den Eintritt der Beweislosigkeit und damit des Prozessverlustes zu vermeiden. Die nachteilige Folge des **Prozessverlustes** ist keine eigenständige **Folge der Untätigkeit**. Sie kann trotz Aktivität der Partei eintreten, wenn der Beweisversuch fehlschlägt.

22

Die Folge des Prozessverlustes ergibt sich in Verfahren mit **Verhandlungsmaxime** zwangsläufig aus der objektiven Beweislast. In Verfahren mit **Untersuchungsgrundsatz**, insbesondere solchen der freiwilligen Gerichtsbarkeit (s. § 26 FamFG, zuvor § 12 FGG), ist die Folge nicht unausweichlich, weil das Gericht von für die Partei günstigen Tatsachen auch auf anderem Wege, insbesondere durch Ermittlungen von Amts wegen, Kenntnis nehmen kann. Wegen der auch in diesen Verfahren bestehenden Motivation der Parteien, die Tatsachenfeststellung zu ihren Gunsten durch eigenes Tätigwerden zu beeinflussen sowie zu verhindern, dass das Gericht mangels Ver-

23

---

1 *Prütting* Gegenwartsprobleme S. 79 ff. (mit Nachweis zahlreicher einschlägiger Normen, S. 80–83); *Walter* Freie Beweiswürdigung S. 174 ff.; *Spickhoff* Gesetzesverstoß S. 287.
2 Vgl. OLG Hamm NJW-RR 2014, 328, 331; *Prütting* Gegenwartsprobleme, S. 66 f., 93; *Prütting*, ZZP 123 (2010), 135, 142 (gegen *Motsch*).
3 OLG Saarbrücken NJW-RR 2012, 356, 357.

fügbarkeit geeigneter Beweismittel nicht zu der betreffenden Überzeugung gelangt, handelt es sich um eine der Beweisführungslast vergleichbare Last.[1]

24 Soweit **Prozessvoraussetzungen von Amts wegen** durch Freibeweis aufzuklären sind (Kap. 3 Rz. 33), etwa die Prozessfähigkeit einer Partei, soll die betroffene Partei keine Beweisführungslast treffen.[2] Dem ist zu widersprechen. Soll etwa ein Sachverständigengutachten über den Geisteszustand einer Partei eingeholt werden, kann die Partei dies durch Nichteinzahlung eines Kostenvorschusses verhindern.

2. Gleichgerichtetheit von objektiver und subjektiver Beweislast

25 Die subjektive Beweislast wird bestimmt durch die von der objektiven Beweislast in Aussicht gestellte nachteilige Konsequenz der Beweislosigkeit: Diejenige Partei, die im Falle der Untätigkeit aufgrund der objektiven Beweislast unterliegen würde, trägt die subjektive Beweislast, so dass **beide grundsätzlich gleichgerichtet** sind. Wegen dieser Verknüpfung ist die subjektive Beweislast ebenfalls bereits **zu Beginn des Verfahrens abstrakt und generell festgelegt**.[3] Dies ist auch notwendig, da verschiedene gesetzliche Vorschriften an diese anknüpfen, insbesondere im Rahmen der Parteivernehmung (vgl. §§ 445 Abs. 1, 447, 448); s. dazu auch nachfolgend Rz. 26.

3. Weitere prozessuale Folgen

26 Die subjektive Beweislast hat rechtliche Auswirkungen über den Umstand hinaus, dass die beweisbelastete Partei zum Tätigwerden veranlasst wird. **Kostenvorschüsse** für die Beweiserhebung sind von der beweisbelasteten Partei einzufordern. **Adressat richterlicher Hinweise** gem. § 139 Abs. 1, die sich auf die Beweisführung beziehen, ist in erster Linie die beweisbelastete Partei.[4] Nach h.M. ist ein **Gegenbeweis** nicht zu erheben, solange die beweisbelastete Partei für die von ihr aufgestellten Behauptungen keinen (Zeugen)Beweis angeboten hat.[5]

27 Im **Urkundenprozess** wird die Klage bei Nichtbeachtung der Anforderungen der Beweisführungslast selbst dann als in der gewählten Prozessart unstatthaft abgewiesen, wenn die Gegenpartei in der mündlichen Verhandlung säumig ist, oder wenn sie der Klage nur mit unstatthaften oder unschlüssigen Gründen widersprochen hat, § 597 Abs. 2. Bei der **Parteivernehmung** hängt das Recht zur Beantragung der Parteivernehmung von der subjektiven Beweisführungslast ab. Die beweisbelastete Partei kann die Vernehmung des prozessualen Gegners (§ 445 Abs. 1) und ihrer selbst (§ 447, mit Einverständnis des Gegners) beantragen, der nicht beweisbelasteten Partei steht hingegen nur der Antrag gem. § 447 auf Vernehmung des Gegners, nicht jedoch ihrer selbst zu.

4. Abstrakte und konkrete Beweisführungslast

28 Die abstrakte, nämlich normativ festgelegte Beweisführungslast folgt generell der Verteilung der Feststellungslast. Die davon zu unterscheidende **konkrete Beweisführungslast** ist Konsequenz der jeweils **konkreten prozessualen Situation**.[6] Der Begriff

---

1 *Musielak* Grundlagen der Beweislast, S. 38 f. Ohne diese Differenzierung Musielak/*Foerste*[10] § 286 Rz. 33.
2 BGH NJW 1996, 1059, 1060; ablehnend Rosenberg/Schwab/*Gottwald*[17] § 115 Rz. 4.
3 MünchKommZPO/*Prütting*[4] § 286 Rz. 99.
4 MünchKommZPO/*Prütting*[4] § 286 Rz. 98.
5 Musielak/*Foerste*[10] § 286 Rz. 33, Rosenberg/Schwab/*Gottwald*[17] § 115 Rz. 5; *Weber* NJW 1972, 896 f.; a.A. *Walther* NJW 1972, 237 f.
6 Rosenberg/Schwab/*Gottwald*[17] § 115 Rz. 6.

kennzeichnet, welche Partei in der konkreten Prozesssituation unterliegt, wenn sie fortan ihre Mitwirkung einstellt, also keine weiteren Beweise anbietet. Das Zwischenergebnis wird durch den Stand der Beweiswürdigung zum jeweiligen Betrachtungszeitpunkt bestimmt.

Ist das Gericht von der Wahrheit der Tatsachenbehauptungen der beweisbelasteten Partei überzeugt, so wird diese Partei – die Schlüssigkeit ihres Tatsachenvortrags vorausgesetzt – obsiegen, wenn die Verhandlung zu diesem Zeitpunkt zu beenden ist. Die **gegnerische Partei** sieht sich somit vor die Wahl gestellt, **weitere Beweise** anzubieten und – vorbehaltlich von Verspätungseinwänden – die Überzeugung des Gerichts auf diesem Wege zu erschüttern, oder den Rechtsstreit zu verlieren. Daraus folgt, dass die konkrete **Beweisführungslast** im Laufe des Prozesses **zwischen den Parteien hin- und herwechseln** kann.[1] 29

V. Parteiverhaltensunabhängige Beweislastwirkung

Die Parteien werden bemüht sein, die Folgen der Beweislosigkeit nicht zu ihren Lasten eintreten zu lassen. Sie werden daher versuchen, die Überzeugungsbildung des Gerichts zu beeinflussen, indem sie zunächst auf die Beweiserhebung Einfluss nehmen und nach deren Abschluss das Beweis- und Verhandlungsergebnis würdigen. Darüber hinaus orientieren sie sich bei der **Beschaffung des Tatsachenvortrags** an der Beweislastverteilung. Vorprozessual werden sie im Wissen um eine etwaige Beweisbedürftigkeit **Dokumentations- und Beweissicherungsbemühungen** entfalten, die eine spätere Beweisführung ermöglichen sollen. Die **Beweislast steuert** also **faktisch** das **Parteiverhalten**. 30

Bei der Beweislastwirkung handelt es sich gleichwohl **nicht** um eine **Sanktion für unzureichende Parteiaktivität**. Die objektive Beweislast ist in aller Regel (Ausnahme: Beweisvereitelung) vom Parteiverhalten unabhängig; sie ist vielmehr abstrakt und von Beginn an festgelegt und kann durch das Parteiverhalten auch nicht verändert werden.[2] Streng genommen ist gar nicht die Partei Adressat der Beweislastregelung, sondern das Gericht, dem die Regelung als Anweisung für den Fall des Eintritts eines non-liquet dient.[3] Die Beweislast knüpft statt an eine bestimmte Parteihandlung an die **Realisierung eines Risikos** an,[4] nämlich an die ausbleibende Überzeugung des Gerichts von der Wahrheit oder Unwahrheit der Tatsachenbehauptung der beweisbelasteten Partei. Zwar kann das Parteiverhalten dazu führen, dass es auf die Überwindung der Beweislosigkeit nach den Regeln der Beweislastverteilung nicht ankommt, weil die betreffende Tatsache bewiesen werden konnte. Dieser Gesichtspunkt ist jedoch der subjektiven Beweislast zuzuordnen. 31

§ 32 Grundregel der Beweislastverteilung

Die Grundregel der Beweislastverteilung wird als so selbstverständlich angesehen, dass ihre Verankerung in der Rechtsordnung als ius scriptum schon den Verfassern des BGB entbehrlich schien. Der erste Entwurf für das BGB schlug in **§ 193 BGB-E I** ausdrücklich folgende Norm vor: 32

---

1 Vgl. *Musielak* Grundlagen der Beweislast, S. 47.
2 MünchKommZPO/*Prütting*[4] § 286 Rz. 100.
3 Vgl. *Prütting* Gegenwartsprobleme, S. 34.
4 Vgl. *Prütting* Gegenwartsprobleme, S. 35.

„Wer einen Anspruch geltend macht, hat die zur Begründung desselben erforderlichen Tatsachen zu beweisen. Wer die Aufhebung eines Anspruchs oder die Hemmung der Wirksamkeit desselben geltend macht, hat die Tatsachen zu beweisen, welche zur Begründung der Aufhebung oder Hemmung erforderlich sind."

33 Unter dem Begriff „Aufhebung" wurden rechtsvernichtende Umstände verstanden, wie die Gesetzesmaterialien zeigen.[1]

34 Diese Formulierung ist aus dem Normtext gestrichen worden. weil der Gesetzgeber sie für **selbstverständlich und** daher **überflüssig** hielt.[2] Heute wird allgemein akzeptiert, dass die zitierte Grundregel trotz fehlender Kodifizierung Teil des geltenden Gesetzesrechts ist.[3] Dieses Ergebnis wird nicht nur aus der Gesetzesgeschichte abgeleitet, sondern auch aus dem Umstand, dass die im BGB verbliebenen ausdrücklichen Beweislastverteilungen stets eine Abweichung von der Grundregel formulieren. Indirekt benennt der Gesetzgeber damit zugleich die Grundregel.[4] Sie gilt heute als **Gewohnheitsrecht**.[5]

35 Ohne sachliche Änderung, jedoch sprachlich anders formuliert ist die Grundregel in die **Normentheorie eingegangen**, die *Rosenberg* aufgestellt hat und die die Rechtsprechung gelegentlich – verkürzt – zitiert.[6] In der verkürzten Fassung lautet sie folgendermaßen:[7]

„Jede Partei trägt die Beweislast für die Voraussetzungen der ihr günstigen Normen."

36 Zu den Normen, die dem Anspruchsgegner günstig sind, zählen neben den rechtsvernichtenden und rechtshemmenden auch die rechtshindernden Tatbestandsmerkmale:[8] Für die praktische Rechtsanwendung lässt sich *Rosenbergs* Formel wie folgt formulieren:[9]

„Der Anspruchsteller trägt die Beweislast für die rechtsbegründenden Tatbestandsmerkmale, der Anspruchsgegner für die rechtshindernden, rechtsvernichtenden und rechtshemmenden."

37 Die Grundregel über die gesetzliche Zuteilung des Beweisrisikos beruht auf der Vorstellung, dass **derjenige, der im Prozess angreift**, den Tatsachenstoff zu beweisen hat, der für eine ihm günstige rechtliche Bewertung festgestellt werden muss (näher Rz. 80). Dabei handelt es sich nicht bloß um die Beschreibung eines Faktums. Die Regel ist vielmehr tief im **Gerechtigkeitsgefühl** verankert; sie gehört zu den archaischen Gerechtigkeitsvorstellungen.[10]

---

1 Motive 1 (1888), S. 382 f.
2 Prot. I (1897), S. 259.
3 Zur weitreichenden Übereinstimmung der Auffassungen in den nationalen europ. Zivilprozessrechten *Stürner* Festschrift Stoll, S. 691 ff.
4 *Prütting* Gegenwartsprobleme, S. 280; a.A. *Reinecke* Beweislastverteilung, S. 31.
5 So Stein/Jonas/*Leipold*[22] § 286 Rz. 61; *Reinecke* Beweislastverteilung S. 31.
6 BGHZ 113, 222, 224 f. = NJW 1991, 1052, 1053; BGH NJW 1999, 2168, 2170; BGH NJW 2005, 2395, 2396.
7 *Rosenberg* Zivilprozeßrecht, 8. Aufl. 1960, § 114 I 2 = S. 555. Etwas anders der Wortlaut in *Rosenberg* Beweislast[5] S. 12, 98.
8 *Rosenberg* Beweislast[5] S. 100 f., 108.
9 So die Fassung von *Prütting* Gegenwartsprobleme, S. 266; ganz ähnlich *Rosenberg* Beweislast[5], S. 108 unter Bezugnahme auf ältere Autoren; BGH VersR 2013, 367 Rz. 13; BGH NJW 2013, 1299 Rz. 28.
10 Vgl. dazu *Musielak* Grundlagen der Beweislast S. 272 ff.; *Schwab* Festschrift Bruns, (1978) S. 505, 516 ff.

§ 33 Ermittlung der Beweislastverteilung

I. Gesetzliche Beweislastregeln

1. Ausdrückliche Formulierungen

Der Gesetzgeber hat verhältnismäßig selten ausdrückliche gesetzliche Beweislastregeln geschaffen. Sie sind dann schon aus dem **Wortlaut der anzuwendenden Norm** zu entnehmen. So heißt es z.B. im Tatbestand über irreführende Werbung (§ 5 Abs. 4 Satz 2 UWG von 2004) in Bezug auf eine Irreführung mittels herabgesetzter sog. Mondpreise: „Ist streitig, ob und in welchem Zeitraum der Preis gefordert worden ist, so trifft die Beweislast denjenigen, der mit der Preisherabsetzung geworben hat." Ausdrücklich von der Tragung der Beweislast spricht auch § 22 AGG.

38

Andere Formulierungen sind ohne Verwendung des Begriffs der Beweislast nicht minder eindeutig, etwa wenn § 179 Abs. 1 BGB einen Handelnden, der einen Vertrag in direkter Stellvertretung schließt, auf Erfüllung oder auf Schadensersatz haften lässt, „sofern er nicht seine Vertretungsmacht nachweist". Andere einschlägige Formulierungen lauten: „haftet nicht, wenn"; „sofern nicht"; „es sei denn, dass". In diesen Fällen trifft der Gesetzgeber gezielte Vorgaben durch **Satzkonstruktionen**, die auf ein **Regel-Ausnahme-Schema**[1] schließen lassen. Als weitere Beispiele sind aus dem BGB zu nennen die § 345, § 355 Abs. 2 S. 4, § 363, § 543 Abs. 4 S. 2, § 575 Abs. 3 S. 3, § 619a, § 641a Abs. 1 S. 2 Halbs. 2, § 2336 Abs. 3.

39

2. Gleichgerichtete Vermutungen

Wie ausdrückliche Beweislastregeln wirken **widerlegbare gesetzliche Vermutungen** i.S.d. § 292.[2] Die beweisbelastete Partei muss zwar die Tatsachen beweisen, die die **Vermutungsbasis** begründen.[3] Die darauf gestützte Rechtslage hat aber der Vermutungsgegner, also die Gegenpartei, durch Führung eines **Gegenteilsbeweises** zu zerstören. Bei diesen Vermutungsregeln ist das non liquet Teil des Tatbestandes.[4] Der Inhalt der Vermutung entspricht – anders als bei der Fiktion – vielfach der Lebenswirklichkeit und gilt ihr nicht als bloß gleichgestellt. Keinen Unterschied in den Wirkungen gibt es zwischen gesetzlichen **Tatbestandsvermutungen** und gesetzlichen **Rechtsvermutungen**.[5] Bei einzelnen Vermutungstatbeständen kann die Wirkung bereits unter erleichterten Umständen ausgeschlossen sein.[6]

40

Durch **Vermutungen** wird die beweisbelastete Partei nicht vollkommen von ihrer Last befreit. Die Last **verlagert** sich jedoch auf den **Beweis der Tatsachen**, die die Voraussetzungen der Vermutungsbasis erfüllen. Diese sind meistens leichter zu beweisen, als die vermutete Tatsache selbst. So wird zu Lasten desjenigen, der für einen Kaufgegenstand eine Haltbarkeitsgarantie i.S.d. § 443 Abs. 2 BGB übernommen hat, vermutet, dass ein während der Garantiezeit auftretender Sachmangel die Garantierechte auslöst. Der Garant muss dagegen Tatsachen vortragen, die eine Herkunft des Sachmangels aus dem Verantwortungsbereich des Käufers belegen, etwa eine unsach-

41

---

1 Zum Regel-Ausnahme-Prinzip (jeweils für das UN-Kaufrecht) BGH NJW 2002, 1651, 1653 (tatsächlich Anerkenntnis mit Folge der BWL-Umkehr); BGH NJW 2004, 3181, 3182 (Art. 40 CISG, Bösgläubigkeit des Verkäufers).
2 *A. Blomeyer* Zivilprozeßrecht[2] § 69 III 1; *Prütting* Gegenwartsprobleme, S. 49; *Leipold* Beweislastregeln, S. 85, 89 (zugleich gegen Qualifizierung als *Beweisregel*); *Musielak* Grundlagen der Beweislast, S. 71 ff. (unter gleichzeitiger Betonung der Unterschiede zu Beweis*last*normen).
3 *A. Blomeyer* Zivilprozeßrecht[2] § 6 II 2b.
4 *Prütting* Gegenwartsprobleme, S. 134 f.
5 *Musielak* Grundlagen der Beweislast, S. 76 ff., 82; *Leipold* Beweislastregeln, S. 90 ff.
6 So zu § 85 AMG BGH NJW 2013, 2901 Rz. 11.

gemäße Behandlung der Kaufsache durch den Käufer oder deren Beschädigung durch einen Dritten.

42 **Abzugrenzen** sind gesetzliche Vermutungen i.S.d. § 292 von **unwiderlegbaren Vermutungen**. Bei ihnen handelt es sich nicht um eine Regelung der Beweislast, sondern sie machen einen Beweis wegen ihrer Unwiderleglichkeit unzulässig und überflüssig. Sie stehen wegen dieser Rechtsfolge materiellen Normen gleich.[1]

43 **Abzugrenzen** sind auch die sog. „**tatsächlichen**" Vermutungen.[2] Sie sind ein von der Rechtsprechung benutztes Hilfsmittel ohne gesetzliche Grundlage.[3] Ihre **Rechtsnatur** ist **umstritten**. Sie sind im einzelnen auf ihre Relevanz für die Beweislastverteilung zu untersuchen und keiner verallgemeinernden Beschreibung zugänglich. Es kann sich auch um eine **standardisierte Würdigung** des Beweiswertes eines Beweisanzeichens handeln.

44 **Beispiele gesetzlicher Vermutungen** sind § 443 Abs. 2 BGB, § 476 BGB, § 558d Abs. 3 BGB, § 585b Abs. 3 BGB, § 630h BGB, § 641a Abs. 1 S. 4 BGB, § 641a Abs. 4 S. 2 Halbs. 1 BGB, § 891 BGB, § 921 BGB, § 938 BGB, § 1006 BGB, § 1117 Abs. 3 BGB, § 1248 BGB, § 1253 Abs. 2 BGB, § 1362 Abs. 1 BGB, § 1377 Abs. 1 und Abs. 3 BGB, § 1600c BGB, § 1600d Abs. 2 BGB, § 1610a BGB, § 1629a Abs. 4 BGB, § 1964 Abs. 2 BGB, § 2009 BGB, § 2255 S. 2 BGB, § 2365 BGB. Zu den gesetzlichen Vermutungen zählen auch die **Zweifelsregelungen**, z.B. § 30 S. 2 BGB, § 83 S. 4 BGB, § 113 Abs. 4 BGB, § 127 Abs. 1 BGB, § 311c BGB etc. Diese enthalten häufig Vermutungen in rechtlicher Hinsicht. Beliebt sind gesetzliche Vermutungen im **Haftungsrecht**: § 18 Abs. 1 S. 2 StVG, § 120 BBergG, § 1 Abs. 4 S. 2 ProdHG, §§ 6 u. 7 UmweltHG,[4] § 34 GentTG, § 84 Abs. 2 AMG,[5] wobei es zumeist um nur unsicher aufklärbare **Kausalzusammenhänge** geht.

II. Ermittlung durch Auslegung

1. Wertende Zergliederung des Tatbestandes

a) Grundregel als Ausgangspunkt

45 Häufig fehlt eine gesetzliche Beweisregel, die bereits in der anzuwendenden Rechtsnorm durch gängige sprachliche Chiffren einen Willen des Gesetzgebers zum Ausdruck bringt. **Anzuwenden** ist dann die gewohnheitsrechtlich geltende **ungeschriebene Regel** aus dem Entwurf zu **§ 193 BGB-E I** (oben Rz. 32), die über das Bürgerliche Recht hinaus generelle Bedeutung hat. Nach ihr hat der Anspruchsteller lediglich diejenigen Tatsachen zu beweisen, die die rechtsbegründenden Tatbestandsmerkmale der Anspruchsnorm erfüllen, während die Voraussetzungen sowohl der rechtshindernden, rechtshemmenden als auch rechtsvernichtenden Tatsachen vom Anspruchsgegner zu beweisen sind.[6] Die **Grundregel** enthält damit eine **Anweisung für** die **Generierung einer Beweislastnorm** aus der in der Entscheidung anzuwendenden (meist materiellen) Norm. Beweislastregeln benötigt nicht nur das **materielle Recht**, sondern ebenso das **Prozessrecht**, etwa beim Beweis der Zustellung eines Schriftstücks.

---

[1] *Musielak* Grundlagen der Beweislast, S. 82; *Leipold* Beweislastregeln, S. 104; *Prütting* Gegenwartsprobleme, S. 49.
[2] *Prütting* Gegenwartsprobleme, S. 50.
[3] *Prütting* Gegenwartsprobleme, S. 57.
[4] Dazu BGH NJW 2013, 2901 Rz. 15 – VIOXX.
[5] Dazu BGH NJW 2013, 2901 Rz. 11 – VIOXX; *Lange/Schiemann*, Schadensersatz[3] § 3 XIII 2a.
[6] Vgl. statt vieler MünchKommZPO/*Prütting*[4] § 286 Rz. 111; *Leipold* Beweislastregeln, S. 35; Stein/Jonas/*Leipold*[22] § 286 Rz. 62.

Die Grundregel zwingt zur **Identifizierung** rechtsvernichtender, rechtshemmender und rechtshindernder **Tatbestandsmerkmale** samt des diese Merkmale tragenden Tatsachenstoffes; ihnen stehen die rechtsbegründenden Merkmale gegenüber.[1] Die Abgrenzung entspricht der Unterscheidung von Anspruchsvoraussetzungen einerseits und Einwendungen und Einreden andererseits.

46

b) Rechtsvernichtende und rechtshemmende Tatbestandsmerkmale

Wenig Schwierigkeiten bereitet die Identifizierung rechtsvernichtender und rechtshemmender Merkmale. Die **Vernichtung eines Rechts** setzt dessen vorangegangene Entstehung voraus. Die Vernichtung bewirkt zeitlich nachfolgend das **Erlöschen des zuvor existenten Rechts** als eine eigene dauerhafte Rechtsfolge.[2] Anders als beim Nichtentstehen eines Rechts wird in die bestehende Rechtswirklichkeit eingegriffen und diese verändert. Dies geschieht in der Regel durch Ausübung eines **Gestaltungsrechts**. Anders als bei einer Hemmung ist diese **Veränderung** stets **endgültig und dauerhaft**, auch wenn die Tatbestandsvoraussetzungen der Vernichtung zu einem späteren Zeitpunkt wieder entfallen sollten. So ist die Vereinbarung der „Aufhebung" einer Anfechtung in Wirklichkeit die Neubegründung des Rechts; der Entstehungsprozess des Rechts wird in – möglicherweise verkürzter Form – wiederholt, nicht aber wird die Vernichtungswirkung „beseitigt".

47

Die Existenz einer Tatsache, die ein rechtsvernichtendes Tatbestandsmerkmal erfüllt, und die Nichtexistenz einer Tatsache, die für ein rechtsbegründendes Merkmal erforderlich wäre, führen zwar zu demselben Ergebnis, nämlich der Nichtexistenz des Rechts bzw. des Nichteingreifens der Rechtsfolge der betreffenden Anspruchsnorm. Gleichwohl ist die **Unterscheidbarkeit beider Merkmalstypen** deshalb **relevant**, weil es materiell-rechtlich keineswegs gleichgültig ist, ob ein Recht nie bestanden hat, oder ob es erst nachträglich erloschen ist.[3]

48

Rechtshemmende Tatbestandsmerkmale setzen ebenfalls die Existenz des zu hemmenden Rechts voraus; dessen **Entstehung** muss der Erfüllung des Hemmungstatbestandes also **zeitlich vorausgegangen** sein. Rechtshemmende Merkmale sind daher ebenfalls vergleichsweise einfach zu identifizieren. Sie unterscheiden sich von rechtsvernichtenden Tatbestandsmerkmalen dadurch, dass sie das betreffende Recht nicht zum Erlöschen bringen, sondern nur seine **Durchsetzbarkeit ausschließen**. Dieser Ausschluss muss nicht dauerhaft sein; er kann auch vorübergehend erfolgen. Sobald die tatsächlichen Voraussetzungen des Hemmungstatbestandes nicht mehr vorliegen, endet die Hemmung und das gehemmte Recht kommt wieder zu voller Geltung.

49

Für die **Beweislastverteilung** kommt es auf eine **präzise Unterscheidung** zwischen **rechtsvernichtenden** und **rechtshemmenden** Merkmalen **nicht** an.[4] Beide Merkmalstatsachen sind gleichermaßen vom Anspruchsgegner zu beweisen; die Beweislasttrennlinie verläuft also nicht zwischen den beiden Kategorien. Trotz zahlreicher Parallelen[5] ist die Trennlinie zwischen rechtshemmenden und rechtsvernichtenden Merkmalen **nicht** mit der zwischen **Einreden und Einwendungen** identisch, da es rechtshindernde und rechtsvernichtende Einwendungen gibt (z.B. § 986 Abs. 2 BGB einerseits, §§ 362, 387 ff. BGB andererseits).[6] Der Abgrenzung zwischen rechtsbegrün-

50

---

1 Dazu *A. Blomeyer* Zivilprozeßrecht[2] § 59 I 3 (von Grund- und Gegennorm sprechend); *Jauernig/Hess* ZPR[30] § 43 IV.
2 Vgl. *Leipold* Beweislastregeln, S. 36; *Rosenberg* Beweislast[5], S. 119 f.
3 *Leipold* Beweislastregeln, S. 37; *Musielak* Grundlagen der Beweislast S. 357 f.
4 *Leipold* Beweislastregeln S. 36.
5 Vgl. z.B. *Larenz/Wolf* BGB AT[9] § 18 Rz. 43 und 51 ff.; *Medicus* Allg. Teil des BGB[10] Rz. 92 ff.
6 Vgl. *Medicus* Allg. Teil des BGB[10] Rz. 94.

denden Merkmalen einerseits und rechtsvernichtenden, rechtshemmenden und rechtshindernden Merkmalen andererseits entspricht hingegen die Unterscheidung zwischen Anspruchsvoraussetzungen einerseits und Einwendungen und Einreden andererseits.[1]

c) Rechtshindernde Tatbestandsmerkmale

51 **Probleme** bereitet die **Qualifizierung als rechtshinderndes Merkmal**. Darin liegt die Crux der Beweislastnormen. Für das materielle Recht ist die Unterscheidung rechtsbegründender und rechtshindernder Merkmale bedeutungslos.[2] Daher gibt das materielle Recht dafür auch keine Hilfestellung. Ungeachtet der Schwierigkeit einer Abgrenzung[3] geht man zu Recht davon aus, dass die Unterscheidung zweckmäßig ist.[4] Die Differenzierung hat **ausschließlich Bedeutung** für das Prozessrecht, nämlich **für die Beweislastverteilung**. Ob ein anspruchsbegründendes oder ein rechtshinderndes Merkmal gegeben ist, folgt aus der Beweislastverteilung und nicht umgekehrt ergibt sich die Beweislastverteilung aus einer im materiellen Recht vorgenommenen Abgrenzung dieser Merkmalstypen.[5] Der Terminus „rechtshindernde Tatsache" ist nur eine abgekürzte Ausdrucksweise für die Existenz einer Beweislastnorm mit Zuweisung der Beweislast an den Gegner der Partei, die für die ihr günstigen Tatbestandsmerkmale eigentlich die Beweislast tragen müsste.[6]

52 Die Differenzierung zwischen rechtsbegründenden und rechtshindernden Tatsachen beruht auf der Erkenntnis, dass es zum Ausspruch einer Rechtsfolge nicht einer vollumfänglichen Aufklärung des Sachverhalts bedarf, sondern nur der **Feststellung gewisser Mindestvoraussetzungen**. Sind sie ermittelt und misslingt eine weitergehende Sachverhaltsaufklärung, kann eine Norm in ihrer Grundform angewandt werden. Treten allerdings zum Tatsachenstoff des Grundtatbestandes **weitere Sonderumstände** hinzu, kann dies zu einer Änderung der Rechtsfolge führen; ihr Eintritt wird dann verneint.[7] Zu Recht hat man von der Anerkennung eines **Regel-Ausnahme-Verhältnisses** gesprochen.[8]

53 *Leipold* hat dies einen **Aufbau** des materiellen Rechts in „**Wertungsschichten**" genannt,[9] was eine interpretatorische Aufdeckung der Wertungsschichten gebietet. Derjenige, den eine weitere oder gegebenenfalls eine dritte Wertungsschicht begünstigt, hat dafür jeweils die Beweislast zu tragen. Die **Zugehörigkeit zu** einer **Wertungsschicht** hängt nicht davon ab, dass sie in einem Merkmal des anzuwendenden Tatbestandes geregelt ist. So wird die Formnichtigkeit eines Rechtsgeschäfts in § 125 BGB angeordnet. Trotz der isolierten Regelung wird die Einhaltung der vorgeschriebenen Form als rechtsbegründendes Merkmal eingestuft.

---

1 Vgl. *Larenz/Wolf* BGB AT[9] § 18 Rz. 43 f.
2 *Leipold* Beweislastregeln S. 42.
3 *Prütting* Gegenwartsprobleme S. 267.
4 Z.B. *Leipold* Beweislastregeln S. 38, 42 f.; Stein/Jonas/*Leipold*[22] § 286 Rz. 61 ff.; MünchKommZPO/*Prütting*[4] § 286 Rz. 111 f.; *Prütting* Gegenwartsprobleme, S. 288; *Musielak* Grundlagen der Beweislast, S. 298 ff., 358.
5 *Leipold* Beweislastregeln S. 43. Wohl ebenso A. *Blomeyer* ZPR[2] § 59 I 3b (= S. 307 a.E.): „Der Begriff der Einwendung als Berufung auf eine Gegennorm ist *rein prozessual*"; A. *Blomeyer* a.a.O. § 69 III 1 (= S. 366): „Bedeutung ausschließlich für die Beweislast."
6 *Leipold* AcP 179 (1979), 502, 503; Stein/Jonas/*Leipold*[22] § 286 Rz. 65.
7 *Leipold* AcP 179 (1979), 502, 504.
8 *Leipold* Beweislastregeln S. 56 f.
9 *Leipold* AcP 179 (1979), 502, 504. Ihm folgend *Prütting* Gegenwartsprobleme S. 285 ff.; MünchKommZPO/*Prütting*[4] § 286 Rz. 118.

2. Sprachliche Fassung der Rechtsnorm: Regel-Ausnahme-Schema

a) Wortlaut, Satzkonstruktion

Der Gesetzgeber kann durch die **gezielte Formulierung des Tatbestandes** zugehörige Beweislastnormen schaffen. Von dieser Möglichkeit hat er mit unterschiedlicher Eindeutigkeit Gebrauch gemacht. Über die grundsätzliche Beachtlichkeit der sprachlichen Fassung der materiellen Anspruchsnormen für die Bestimmung der Beweislast herrscht heute weitgehend Einigkeit.[1] Deutlicher Anhaltspunkt sind Formulierungen und Satzkonstruktionen, die auf ein **Regel-Ausnahme-Schema** schließen lassen. Diejenigen Merkmale, die dem Regeltatbestand zuzuordnen sind, sind vom Anspruchsteller zu beweisen, die Ausnahmemerkmale vom Anspruchsgegner. 54

Eine solche **Untergliederung** kann durch **separate Sätze, Absätze oder einzelne Paragraphen** eines Gesetzes vorgenommen werden, z.B. § 122 Abs. 2 BGB: *„Die Schadensersatzpflicht tritt nicht ein, wenn ..."*; vgl. ferner § 265 S. 2 BGB, § 617 Abs. 2 BGB, § 651d Abs. 2 BGB, § 701 Abs. 3 BGB, § 827 Hs. 2 BGB, § 831 Abs. 1 S. 2 BGB, § 832 Abs. 1 S. 2 BGB, § 833 S. 2 BGB, § 935 Abs. 1 S. 1 und 2 BGB, etc. Weitere **typische Formulierungen** sind *„Dies gilt nicht, wenn ..."* (z.B. § 280 Abs. 1 S. 2 BGB), *„haftet nicht, wenn ..."* (z.B. § 179 Abs. 3 BGB), *„Die Verpflichtung beschränkt sich auf ..."* (z.B. § 302 BGB), *„Der Anspruch entfällt, wenn ..."* (z.B. § 326 Abs. 1 S. 1 BGB). 55

Die Ausnahmeformulierung der Regel kann auch **innerhalb desselben Satzes** beigefügt werden: *„..., wenn/sofern nicht ..."* (z.B. § 552 Abs. 1 BGB, § 950 Abs. 1 S. 1 BGB), *„..., es sei denn, dass ..."* (z.B. § 651f Abs. 1 BGB, § 817 S. 2 Hs. 1 BGB, § 932 Abs. 1 S. 1 BGB), *„außer wenn ..."* (§ 562a S. 1 BGB) usw. All diese Formulierungen zeichnen sich dadurch aus, dass sie nicht lediglich konditionalen Charakter haben, sondern zusätzlich zu erkennen geben, dass der von ihnen ins Auge gefasste Fall eine Sonderkonstellation gegenüber einer ebenfalls geregelten Gruppe von Normalfällen darstellt. Sie definieren also eine Untermenge einer größeren übergeordneten Menge. 56

b) Unzuverlässigkeit von Negativformulierungen

Sprachliche Interpretation der anzuwendenden Rechtsnorm führt **oftmals nicht** zu einem **eindeutigen** Ergebnis für die Verteilung von anspruchsbegründenden Regelmerkmalen und rechtsvernichtenden Ausnahmemerkmalen. So lässt sich die Volljährigkeit als Voraussetzung einer wirksamen Willenserklärung ohne Weiteres in die Voraussetzung fehlender Minderjährigkeit umformulieren.[2] 57

Eine gewählte **Negativformulierung** lässt sich u.U. ebenfalls ohne Bedeutungsänderung **umkehren**. Dafür mag die Regelung des § 251 Abs. 1 BGB als Beispiel dienen. Geldersatz kann der Gläubiger danach fordern, „soweit die Herstellung [nämlich: Naturalrestitution nach § 249 BGB] nicht möglich ist". Die fehlende „Möglichkeit der Herstellung" lässt sich auch als „Unmöglichkeit der Herstellung" beschreiben. Hier wie in anderen Zusammenhängen kann die gewählte **Negativformulierung** auf einer **sprachlichen Laune der Gesetzesverfasser** beruhen. Erst aus den Wertungen der Regelungsgesamtheit der §§ 249–251 BGB ergibt sich eine Struktur des Regel-Ausnahme-Verhältnisses. Regelfall ist die Naturalrestitution, Ausnahme der primäre Geldersatz; das Gesetz gibt dem Schutz der Rechtsgüter Vorrang vor dem bloßen Vermögensschutz.[3] Der auf Naturalrestitution in Anspruch genommene Schädiger hat deren Un- 58

---

[1] MünchKommZPO/*Prütting*[4] § 286 Rz. 115; Stein/Jonas/*Leipold*[22] § 286 Rz. 83.
[2] Beispiel nach *Prütting* Gegenwartsprobleme S. 267.
[3] *Lange/Schiemann* Schadensersatz[3] Einl. III 2c; *Schiemann* Argumente und Prinzipien bei der Fortbildung des Schadensrechts (1981), S. 206.

möglichkeit als rechtsvernichtende Tatsache zu beweisen.[1] Umgekehrt kann von dem an Naturalrestitution interessierten Schädiger primärer Geldersatz nur verlangt werden, wenn der Gläubiger die Unmöglichkeit der Herstellung als rechtsbegründende Voraussetzung beweist.[2] Die Unmöglichkeit ist i.S.d. Terminologie von *Leipold* einer zweiten Wertungsschicht zugeordnet. Sie ändert die Rechtsfolge zugunsten des Schuldners, der nicht in Natur leisten will und kann; daher sind die Voraussetzungen der Unmöglichkeit von ihm zu beweisen.

3. Das Versagen alleiniger Wortlautinterpretation, Interpretationsmethoden

59 Die **sprachliche Fassung** des anzuwendenden Tatbestandes ist bei der Ermittlung der Beweislastnorm ein **Anhaltspunkt**, jedoch ist jeweils eine über den Wortlaut hinausgehende Analyse erforderlich. Häufig kommt der Wille des Gesetzgebers nicht durch Verwendung einer gängigen sprachlichen Chiffre zum Ausdruck. Es gibt **keine methodische Beschränkung** auf einzelne Figuren des Kanons der Auslegungsmethoden, insbesondere **keinen Vorrang der Wortlautinterpretation**.[3] Der rechtliche Sprachgebrauch des nationalen Rechts bedeutet keine Vorgabe, wenn der deutsche Gesetzgeber eine Richtlinie des **Unionsrechts** umgesetzt hat.[4]

60 Die im Zivilrecht bevorzugte teleologische Auslegungsmethode wird allerdings keine eindeutigen Ergebnisse erbringen. **Mögliche Normzwecke** ergeben sich **aus** den noch zu erörternden **Sachgründen** der Beweislastverteilung. Der Gesetzgeber äußert sich zur Teleologie einer besonderen Beweislastverteilung normalerweise nicht. Die vom Rechtsanwender an eine Beweislastnorm herangetragene **Zweckbestimmung** wird **nicht frei von Zweifeln** sein. Dazu trägt in nicht unerheblichem Maße bei, dass die beiden Funktionen der Beweislastnorm nicht sauber getrennt werden, nämlich die gerechte Verteilung der Darlegungslast nach Aufklärungsmöglichkeiten einerseits und die Überwindung der Beweislosigkeit andererseits. Im Hintergrund steht der ungelöste wissenschaftliche Streit über die Frage nach einer prozessualen Pflicht der nicht beweisbelasteten Partei zur Mitwirkung bei der Sammlung des Tatsachenstoffes (dazu Kap. 7 Rz. 25 f.).

61 Ziel der Auslegung ist jeweils die **Gewinnung** einer **generell-abstrakten Beweislastnorm** (dazu Rz. 15). Ihre Ermittlung ist von der Formulierung herabgesetzter Substantiierungsanforderungen oder von der Bildung einer Regel des Anscheinsbeweises zu unterscheiden.

4. Wertende Ermittlung von Regeltatbestand und Ausnahme
a) Wertungsschichten der Anspruchsnormen

62 Die Beweislastverteilung schlägt sich auch in **materiell-rechtlichen Wertungen** nieder.[5] Beweislastrelevante Gesichtspunkte lassen sich deshalb in geeigneten Fällen durch Interpretation der Anspruchsnorm und ihres Normzusammenhangs aufzudecken. Die Anspruchsnormen sind dafür in ihrer Gesamtheit unter Berücksichtigung

---

1 MünchKommBGB/*Oetker*[6] § 251 Rz. 72.
2 Vgl. *Lange/Schiemann* Schadensersatz[3] § 5 IV 6 (S. 237); MünchKommBGB/*Oetker*[6] § 251 Rz. 72.
3 *Prütting* Gegenwartsprobleme S. 283 f. (zugleich gegen eine Alleinherrschaft der Satzbaulehre, m.w.N.).
4 BGH ZIP 2008, 1877 Rz. 19 (dort: AGB-Kontrolle).
5 *Leipold* AcP 179 (1979), 502, 503.

der **Systematik** und des **Gesetzeszwecks** auf beweislastrelevante Gesichtspunkte hin zu untersuchen.[1]

Die materiellen Rechtsnormen sind nicht auf einen in allen Einzelheiten bekannten, vollumfänglich aufgeklärten Sachverhalt zugeschnitten. Sie verlangen ein **schrittweises Vorgehen des Rechtsanwenders**, das zunächst zum Stillstand kommen kann, sobald die **für** die begehrte **Rechtsfolge notwendigen Mindestvoraussetzungen** ermittelt sind.[2] Misslingt eine weitergehende Sachverhaltsaufklärung, sind dennoch hinreichende Tatsachen für eine Anwendung der Norm in ihrer Grundform gegeben und es braucht hinsichtlich dieses Grundtatbestands nicht mehr auf Beweislastregeln zurückgegriffen zu werden. Diese kommen dann nur noch für die zusätzlichen unaufgeklärten Merkmale zum Tragen. Treten zu dem Mindesttatbestand in einem zweiten Schritt feststellbare besondere Umstände hinzu, führt dies zu einer Änderung der Rechtsfolge bis hin zu ihrem Nichteintritt.[3]

63

Leipold hat von einem **Zerlegen der Normen in „Wertungsschichten"** gesprochen, die den materiellen Normen zugrunde liegen sollen.[4] Offenzulegen sei „ein Wechselspiel von Gründen und Gegengründen", in dem sich eine dialektische Natur des materiellrechtlichen Denkens spiegele.[5] Die erste Wertungsschicht enthält die Minimalvoraussetzungen der begehrten Rechtsfolge. Zusätzliche Merkmale, die diese Rechtsfolge ändern, sind weiteren Wertungsschichten zuzuordnen. Abhängig davon, wem die betreffende Wertungsschicht günstig ist, verteilt sich die Beweislast.

64

So wird z.B. die Einhaltung der für ein Rechtsgeschäft vorgeschriebenen **Form** trotz der isolierten Regelung ihrer Rechtsfolge in § 125 BGB als **rechtsbegründendes Merkmal** eingestuft, das vom Anspruchsteller zu beweisen ist.[6] Gesetzesformulierungen, deren Wortlaut einen Ausnahmefall vom Regelfall abgrenzen, beruhen ebenfalls auf der Einteilung des Gesetzes in Wertungsschichten, legen diese aber schon durch ihre sprachliche Fassung offen.

65

Ein Beispiel für verschiedene Wertungsschichten liefert auch der **Schadensersatzanspruch** des Anfechtungsgegners gem. **§ 122 Abs. 1 BGB**. Die Unwirksamkeit der Willenserklärung, das Entstehen eines Vertrauensschadens und die eigene Anspruchsberechtigung bilden den Mindesttatbestand; dessen Voraussetzungen sind vom Anspruchsteller zu beweisen. Die **Begrenzung** der **Anspruchshöhe** auf das positive Interesse wird hingegen als eine Veränderung der Rechtsfolge (voller Ersatz des negativen Interesses) betrachtet und bildet eine **zweite Wertungsschicht**, deren Voraussetzungen durch den Anspruchsgegner zu beweisen sind. Dasselbe gilt für die Kenntnis bzw. fahrlässige Unkenntnis der Nichtigkeit bzw. Anfechtbarkeit durch den Anspruchsteller gem. § 122 Abs. 2 BGB, die eine Ausnahme von der grundsätzlich bestehenden Ersatzpflicht bedeutet.

66

Im zuvor genannten Beispiel aus dem Schadensrecht (Rz. 58) sind die **Voraussetzungen des § 249 Abs. 1 BGB** als Minimalvoraussetzungen eines Anspruches auf Naturalrestitution vom Schadensersatzgläubiger zu beweisen. Die **Unmöglichkeit der Naturalherstellung** gem. § 251 Abs. 1 BGB kennzeichnet eine **zweite Wertungsschicht**,

67

---

1 Vgl. auch das Vorgehen zur Interpretation der AGB-Richtlinie in BGH ZIP 2008, 1877 Rz. 20 f. Beispielhaft zu Anfechtungsfristen *Arnold* AcP 209 (2009), 285, 301 ff.
2 *Leipold* AcP 179 (1979), 502, 503 f.
3 *Leipold* AcP 179 (1979), 502, 504.
4 *Leipold* AcP 179 (1979), 502, 504; Stein/Jonas/*Leipold*[22] § 286 Rz. 69; ihm folgend *Prütting* Gegenwartsprobleme S. 285 ff.
5 Vgl. Stein/Jonas/*Leipold*[22] § 286 Rz. 69.
6 Stein/Jonas/*Leipold*[22] § 286 Rz. 90; MünchKommBGB/*Einsele*[6] § 125 Rz. 35; *Rosenberg* Beweislast[5] S. 253.

die die Rechtsfolge zu Gunsten des nicht in Natur leisten wollenden und könnenden Schuldners ändert und daher von diesem zu beweisen ist. Will der Anspruchsinhaber jedoch von vornherein einen Geldersatzanspruch geltend machen und ist er an Naturalherstellung nicht interessiert, so umfasst der Mindesttatbestand *dieses* Anspruchs auch die Unmöglichkeit der Naturalherstellung gem. § 251 Abs. 1 BGB.

68 Weitere instruktive Beispiele nennt *Prütting* mit seinen Hinweisen auf die **Haftung des Vertreters nach § 179 BGB** und auf die Deliktshaftung des Zurechnungsunfähigen nach § 827 BGB.[1] Der Vertreter haftet für eine im fremden Namen abgegebene Willenserklärung wegen § 164 BGB grundsätzlich nicht. Die Haftung ist begründet, wenn der Vertreter die Vertretungsmacht nicht nachweist (§ 179 Abs. 1 BGB) was wiederum unerheblich ist, wenn der Vertretene den Vertragsschluss genehmigt (§ 177 Abs. 1 BGB). Die Haftung entfällt, wenn dem Anspruchsteller der Mangel der Vertretungsmacht bekannt oder fahrlässig nicht bekannt war (§ 179 Abs. 3 S. 1 BGB). Misslingt dieser Nachweis, entfällt die Haftung, wenn der Vertreter in der Geschäftsfähigkeit beschränkt war (§ 179 Abs. 3 S. 2 Hs. 1 BGB); sie ist jedoch gleichwohl begründet, wenn das Vertreterhandeln mit Zustimmung des gesetzlichen Vertreters erfolgte (§ 179 Abs. 3 S. 2 Hs. 2 BGB).

69 Die an sich gegebene Haftung des **Deliktsschädigers** entfällt, wenn seine freie Willensbildung durch eine **Bewusstseinsstörung** oder eine krankhafte Störung der Geistestätigkeit aufgehoben war (§ 827 S. 1 BGB). Sie bleibt aber gleichwohl bestehen, wenn er sich durch **Rauschmittel** in diesen Zustand der Unzurechnungsfähigkeit versetzt hat (§ 827 S. 2 BGB), was wiederum nicht gilt, wenn er ohne sein Verschulden in den Rauschzustand geraten (§ 827 S. 2 Hs. 2 BGB). Jedoch kann es dann zu einer **Billigkeitshaftung** nach § 829 BGB kommen. Bei einer Tötung im hochgradigen Affekt, dessen Wirkung durch Alkoholgenuss zur Unzurechnungsfähigkeit verstärkt wurde, treffen diese Elemente zusammen, wenn dem Täter seine alkoholbedingte Jähzornigkeit aus früheren Vorfällen bekannt war.

70 Das Ermitteln der Wertungsschichten erfordert es unter Umständen, auf den ersten Blick **einheitliche Tatbestandsmerkmale** weiter **aufzuschlüsseln** und somit innerhalb dieser Merkmale die Untergliederung in Wertungsschichten weiter fortzusetzen.[2] Die Untergliederung ist also nicht zwingend dem äußeren Normaufbau zu entnehmen.[3] Eine fortgesetzte Betrachtung ist insbesondere dann angezeigt, wenn die materiell-rechtliche Interpretation des Tatbestandsmerkmals bereits zu dessen weiterer Untergliederung geführt hat. Das im Gesetz genannte Tatbestandsmerkmal kann also ein Oberbegriff für ein weiter ausdifferenziertes Regelungssystem sein. Diese **materielle Differenzierung muss die Beweislast nachvollziehen**; alle unter dem Tatbestandsmerkmal versammelten Gesichtspunkte pauschal einer Partei zum Beweis zuzuweisen, liefe der materiell-rechtlichen Differenzierung zuwider und ebnete die verschiedenen Wertungsschichten ein.

b) Wertungsschichtenwechsel innerhalb desselben Tatbestandsmerkmals

71 Das Regel-Ausnahme-Verhältnis kann innerhalb eines gesetzlichen Tatbestandes bei **situativ veränderbaren Anforderungen** an ein Tatbestandsmerkmal mehrfach neu zu bestimmen sein. Dies zeigt etwa die haftungsbegründende **Verletzung von Streupflichten**.

---

1 *Prütting* Gegenwartsprobleme S. 286.
2 Vgl. Stein/Jonas/*Leipold*[22] § 286 Rz. 70.
3 *Leipold* AcP 179 (1979), 502, 504.

Schneit es auf einen Verkehrsweg, für den eine Verkehrssicherungspflicht besteht, hat der Sicherungspflichtige für das Räumen des Schnees und für das Abstumpfen der Verkehrsfläche innerhalb näher zu bestimmender Tageszeiten zu sorgen. Kommt jemand innerhalb relevanter Zeiten auf schnee- oder eisbedecktem Boden zu Fall, spricht dies dafür, dass der Sicherungspflichtige seine Räum- und Streupflichten nicht erfüllt hat. Das **Opfer** hat **nur** den Sturz auf der Verkehrsfläche und deren **verkehrswidrigen Zustand** zu beweisen. Das Erfüllen der Pflicht wird aufgrund dieser Würdigung zu einem Ausnahmesachverhalt, also einer rechtshindernden Tatsache. Gelingt dem Sicherungspflichtigen der Nachweis der Pflichterfüllung, können **veränderte Witterungsbedingungen** die **Pflichtenlage verfeinern**. Das Opfer kann vortragen, trotz ursprünglicher Pflichterfüllung in den Morgenstunden habe nachträglicher Schneefall ein Nachstreuen geboten. Für die Voraussetzungen der **Nachstreupflicht**, nämlich den weiteren Schneefall, ist grundsätzlich das Opfer darlegungs- und beweispflichtig. Die Pflicht beginnt freilich erst, wenn der Schneefall geendet hat und selbst dann erst eine angemessene Zeit nach dem Ende. Gerade diese Tatumstände können schwer aufklärbar sein, wenn es nur örtlichen Schneefall gegeben hat, die Messstationen des Wettergutachters weiter entfernt lagen und Zeugen mit verlässlicher Erinnerung nicht aufzufinden sind. Da es sich um **pflichtenkonstituierende Tatsachen** handelt, wird man die Folgen der Beweislosigkeit wohl das Opfer tragen lassen. 72

Ähnliche Situationen ergeben sich bei **Blitzeissachverhalten**. Solange der Regen anhält, der den gefrorenen Boden in eine Rutschbahn verwandelt, besteht nur dann eine Streupflicht, wenn sie die Sturzgefahr zumindest abschwächen kann. Hingegen ist ein Streuen sinnlos und rechtlich unzumutbar, wenn das Streugut wegen des Starkregens ohnehin fortgespült wird. 73

Steht eine objektive Pflichtverletzung fest, kann eine **verschuldensausschließende Unmöglichkeit** der Pflichterfüllung z.B. darauf beruhen, dass der Sicherungspflichtige durch grassierende Rota-Viren und einen dadurch verursachten Magen-Darm-Infekt binnen weniger Minuten bettlägerig geworden ist und wegen seiner überraschenden Allgemeinschwäche nicht einmal telefonisch für Ersatz sorgen konnte. Für diesen Ausnahmetatbestand ist sicherlich er selbst und nicht das Unfallopfer beweispflichtig. 74

Das Vorliegen eines **verkehrswidrigen Zustandes** spricht nicht schlechthin für eine Pflichtverletzung des Sicherungspflichtigen. Haben bösartige Zeitgenossen den Deckel eines Straßengullis von seinem Platz entfernt, muss die sicherungspflichtige Gemeinde darauf reagieren. Damit sie **von reaktionspflichtigen Zuständen Kenntnis** erlangt, muss sie zumutbare Straßenwärterkontrollen durchführen. In den Zeitintervallen zwischen den Kontrollfahrten fehlt es an einem pflichtwidrigen Verhalten. Wann das reaktionspflichtige Ereignis stattgefunden hat, ist weder dem Unfallopfer noch der Gemeinde bekannt. Den Beweisnachteil der Unaufklärbarkeit dieses Umstandes trägt das Opfer als Anspruchsteller. 75

5. Gesetzesauslegung und Rechtsfortbildung

Die Bestimmung der Beweislastnorm und damit der Beweislastverteilung ist in gleicher Weise Gesetzesauslegung wie die Auslegung und Anwendung der anzuwendenden materiellen oder prozessualen Rechtsnorm selbst. Zu trennen ist das **methodengerechte Herausarbeiten** der Beweislastnorm durch **Gesetzesauslegung** von der **richterlichen Rechtsfortbildung** in Form der Gewährung von Beweiserleichterungen oder einer Umkehr der Beweislast, die eigene Legitimationsvoraussetzungen zu erfüllen hat. In der Praxis können diese Vorgänge **dicht beieinander** liegen, wie nicht zuletzt eine Formulierung des IX. Zivilsenats des BGH verdeutlicht, der die Vermutung 76 beratungsgerechten Verhaltens eines Mandanten als eines Anwendungsfalles des Anscheinsbeweises mit der Aussage verknüpfte, diese Beweisregel „rechtfertige keine volle Beweislastumkehr".[1] Der Anscheinsbeweis wird damit unter dem Gesichtspunkt der Beweiserleichterung in ein Stufenverhältnis zur Beweislastumkehr gesetzt.

§ 34 Sachgründe der Beweislastverteilung

I. Bedeutung der Kriterien

77 Sachgründe der Beweislastverteilung, die den Gesetzgeber **rechtspolitisch** leiten können oder die mangels gesetzgeberischer Entscheidung die richterrechtliche Normbildung tragen können, sind in ihren Grundzügen allgemein geläufig: Wahrung des Besitzstandes gegenüber einem Angreifer, Wahrscheinlichkeitserwägungen abstrakter Art, Beweisnähe, Vermeidung eines Negativbeweises sind die hauptsächlich zu nennenden Kriterien, zu denen sich weitere hinzugesellen können. Von Kriterien dieser Art lässt sich allerdings nur sagen, dass sie einen möglichen Sachgrund bilden können. **Welcher Sachgrund** eine **konkrete gesetzgeberische Beweisregel** trägt, wird häufig **nicht eindeutig** auszumachen sein. Der objektiven Auslegung bleibt insoweit ein erheblicher Spielraum für die Interpretation.

78 Die Zuweisung der Beweislast an eine Partei eines Rechtsverhältnisses muss mit den **materiell-rechtlichen Wertungen** des betroffenen Tatbestandes in Einklang stehen. Das Instrument der Beweislastumkehr darf auch vom Gesetzgeber **nicht nach Gutdünken** eingesetzt werden, sondern muss sich auf Sachgründe zurückführen lassen, die sich folgerichtig mit den materiell-rechtlichen Wertungen des Tatbestandes verbinden lassen und Vorgaben materieller **Grundrechtsverbürgungen** des GG, der EU-Grundrechtscharta und der EMRK beachten. Zudem dürfen rechtliche Vorgaben der Grundfreiheiten des Vertrages über die Arbeitsweise der EU und des sekundären Gemeinschaftsrechts nicht durchkreuzt werden.

79 **Gescheitert** sind ältere Anstrengungen, ein **Gefüge** von Kriterien der Beweislastverteilung mit einer **festen Binnenbeziehung** und Beziehung zum materiellen Recht zu entwickeln.[2] Es gibt keine inhaltlichen Begründungszusammenhänge, die die Rechtserkenntnis erleichtern könnten. Vielmehr lassen sich nur Gründe feststellen, die die Beweislast bei einzelnen Normen tragen und die auf neue konkrete Problemlagen übertragbar sein können. Sachgesichtspunkte können in Zweifelsfällen dazu beitragen, die hinter einer Beweislastnorm stehenden Zwecksetzungen zu erhellen. Sie sind ferner Leitgesichtspunkte, wenn eine richterliche Rechtsfortbildung erforderlich ist.[3]

II. Prozessrechtliche Kriterien

1. Angriff contra Status-quo-Schutz

80 Die klageweise Durchsetzung eines Anspruchs ist auf eine Veränderung des status quo gerichtet.[4] Die Prinzipien des **Besitzschutzes** und der **Wahrung des Rechtsfrie-**

---

[1] BGHZ 123, 311, 315.
[2] Vgl. *Prütting* Gegenwartsprobleme S. 264 (keine Beschränkung auf wenige ausgewählte Grundprinzipien). Siehe auch *A. Blomeyer* Zivilprozeßrecht² § 69 III 2: „Es gibt keinen einheitlichen Grundsatz, sondern eine Kombination einer ganzen Reihe von Prinzipien, von denen jedes auf einem neuen Gedanken beruht."
[3] *Prütting* Gegenwartsprobleme S. 264.
[4] Vgl. *Leipold* Beweislastregeln S. 48.

dens sind ein beharrendes Element der Rechtsordnung. Sie lassen dem **status quo** eine **Vermutung der Legitimität** zukommen und schützen ihn vor einem permanenten Rechtfertigungszwang.[1] Dies gilt nicht nur für das Sachenrecht, sondern auch für das auf Güterveränderung ausgerichtete Schuldrecht und die Erfüllung seiner Leistungsprogramme. Dem **Anspruchsteller als Angreifer** wird ein Eingriff in den status quo nicht ohne Weiteres gestattet.[2] Er hat prinzipiell die Darlegungs- und Beweislast für die tatsächlichen Voraussetzungen des in den Besitzstand eingreifenden Anspruchs zu tragen. Ob man damit auch den Gedanken der Prozessverhütung und Prozessabschreckung verbinden sollte,[3] ist mehr eine Geschmacksfrage. Wer Angreifer ist, folgt nicht der formalen Stellung eines Prozessbeteiligten als Kläger; sie lässt sich beliebig umkehren, wie die negative Feststellungsklage zeigt.[4] Das **Angreiferprinzip** deckt sich für die rechtsbegründenden Normen mit der Grundregel der Beweislastverteilung (oben Rz. 37).

Der prozessuale **Schutz des status quo** im Falle eines non liquet darf allerdings **nicht übertrieben** werden. Anderenfalls würde die gerichtliche Durchsetzung von Ansprüchen übermäßig erschwert.[5] Die Darlegungs- und Beweislast muss deshalb **angemessen** zwischen den Prozessparteien **verteilt** werden, wobei dem Angreifer der Beweis der wesentlichen Voraussetzungen zuzuweisen ist. Mehr lässt sich dem Angreiferkriterium nicht entnehmen. Diese Wertung findet bereits in der beweisrechtlichen Grundregel (oben Rz. 36) ihren Niederschlag[6] und darf nicht doppelt verwertet werden. Immerhin kann sie aber als Hemmschwelle gegen die Gewährung voreiliger Beweiserleichterungen dienen. 81

2. Wahrscheinlichkeit

Abstrakte Wahrscheinlichkeitserwägungen können die Zuweisung der Beweislast tragen. Bei ihnen kommt es darauf an, welche **Häufigkeitsverteilung** für die **Vielzahl der Fälle** erwartet werden kann, auf die eine Norm potentiell anzuwenden ist. Ist das Vorliegen einer Tatsache signifikant wahrscheinlicher als deren Nichtvorliegen, kann dies ein Grund dafür sein, dass das Nichtvorliegen dieser Tatsache bzw. das Vorliegen entgegenstehender Tatsachen zum Beweisgegenstand zu erheben ist. 82

Die abstrakte Wahrscheinlichkeit wird **mangels geeigneten statistischen Materials** – sei es auch in Form von common sense-Anschauungen – nur eine **geringe Bedeutung** erlangen. Es handelt sich nicht um ein die Beweislastverteilung beherrschendes Prinzip.[7] Unsinnig wäre die Grundannahme, die vom Kläger behaupteten Tatsachen seien unwahr.[8] Damit lässt sich das Angreiferprinzip (oben Rz. 80) nicht unterfüttern. Interferenzen bestehen mit den Voraussetzungen des **Anscheinsbeweises**, der sich auf gleichartige Erfahrungssätze stützen kann, jedoch **weniger rigide** wirkt, weil seine Er- 83

---

1 Vgl. *Leipold* Beweislastregeln S. 49, 51 (dort mit Hinweis darauf, dass der status quo-Gedanke auf rechtsvernichtende Tatsachen nicht zu erstrecken ist); *Prütting* Gegenwartsprobleme S. 250.
2 Zum Angreiferprinzip *Kegel* Festschrift Kronstein, S. 321, 337; *Leipold* Beweislastregeln S. 48 ff.; *Häsemeyer* Schadenshaftung im Zivilrechtsstreit S. 123 f.; *Schwab* Festschrift H.-J. Bruns, S. 505, 516 ff.
3 So *Lepa* Die Verteilung der Beweislast im Privatrecht und ihre rationale Begründung, Diss. Köln 1963, S. 69 f.; *Reinecke* Beweislastregeln S. 65; *Kur* Beweislast S. 59 f.; kritisch *Leipold* Beweislastregeln S. 49 Fn. 20.
4 *Spickhoff* Gesetzesverstoß und Haftung S. 293; *Prütting* Gegenwartsprobleme S. 261.
5 Vgl. *Leipold* Beweislastregeln S. 50; *Musielak* Grundlagen der Beweislast S. 356 f.; *Prütting* Gegenwartsprobleme S. 251.
6 *Prütting* Gegenwartsprobleme S. 251.
7 Leipold Beweislastregeln S. 48, 60. *Arnold* AcP 209 (2009), 285, 298 f. A.A. *Reinecke* Beweislastverteilung S. 51; *A. Blomeyer* Zivilprozeßrecht[2] § 69 III 2a.
8 Ebenso *Spickhoff* Gesetzesverstoß S. 285.

schütterung den Vollbeweis bei der beweisbelasteten Partei belässt (Kap. 16 Rz. 39). Wahrscheinlichkeitserwägungen sind eher eine Angelegenheit der Beweiswürdigung statt der Beweislastzuweisung.

84 Die eventuelle Beweislastumkehr wegen **Beweisvereitelung** (§ 444, dazu Kap. 8 Rz. 150) lässt sich nicht mit der standardisierten Erwägung begründen, eine Prozesspartei, die schuldhaft einen Beweis vereitelt, habe wahrscheinlich etwas zu verbergen. Dies trifft in Fällen fahrlässiger Vernichtung eines Beweismittels keinesfalls zu, ist aber auch keine zwingende Erklärung für vorsätzliche Behinderungen der Beweisaufnahme, etwa der Nichtentbindung eines Geheimnisträgers von der Schweigepflicht.

3. Zugang zum Tatsachenstoff, Beweisnähe, Beweisnot

85 Grundsätzlich erscheint es gerecht, eine Partei die Darlegungs- und Beweislast tragen zu lassen, die einen besseren Zugang zu den relevanten Tatsachen hat als die Gegenpartei, weil sich die **Tatsachen in ihrem Herrschaftsbereich zugetragen** haben und dort im Zeitpunkt des Prozesses noch aufklärbar sind oder doch in der Vergangenheit feststellbar und daher dokumentierbar waren. Dieser Sachgrund, auch **Sphärengedanke** genannt,[1] ist für die Verteilung der Darlegungslast evident angemessen, was zugleich ein Licht auf das Problem der Mitwirkung der an sich nicht beweisbelasteten Partei wirft. Er trägt aber auch die Bewältigung der Folgen von Beweislosigkeit, weil keine ausreichende Sicherung der Beweisbarkeit stattgefunden hat, die der den Tatsachen fernstehenden Partei von vornherein verschlossen war. Im Kupolofenfall, in dem es zunächst nur um die Umkehr der Darlegungslast ging, wurde u.a. – wie in der Produzentenhaftung – auf die mangelnde Einsicht des Geschädigten in die Betriebsverhältnisse des Emittenten abgestellt.[2]

86 **Beweisnähe** der einen Partei **und Beweisnot** der anderen Partei können korrespondieren, stehen aber **nicht** in einem **kontradiktorischen Verhältnis**.[3] **Individuelle Beweisnot** einer Partei ist für sich genommen kein Grund für ein Überdenken der Beweislast, selbst wenn die Not unverschuldet besteht.[4] Z.B. kann der Erbe im Prozess um ein Rechtsverhältnis des Erblassers aus eigenem Wissen oftmals keine Tatsachen vortragen. Entlastet wird er deshalb nicht schlechthin, sondern muss aus den vom Erblasser hinterlassenen Unterlagen Erkenntnisse schöpfen.[5] Anders könnte es aussehen, wenn die Beweisnot durch eine Pflichtverletzung der Gegenpartei herbeigeführt worden ist, wenn nämlich die Kausalität für den Schaden aufzuklären ist. Für den Anwaltsregressprozess hat *Stoll* insoweit eine Beweislastumkehr gefordert;[6] der BGH hält jedoch an der Beweislast des Mandanten fest.[7]

87 **Strukturell bestehende Beweisnot** einer Seite gibt zwar Anlass zur Prüfung der Beweisregel, ist aber nicht von vornherein ein Grund für eine Veränderung der Beweislast.[8] **Milder wirkende Beweiserleichterungen** können ausreichend sein, etwa die Zulassung des **Anscheinsbeweises**, die **Informationsbeschaffung** über materiell-recht-

---

1 *A. Blomeyer* Zivilprozeßrecht[2] § 69 III 2b.
2 BGHZ 92, 143, 150.
3 *Prütting* Gegenwartsprobleme S. 260.
4 *Spickhoff* Gesetzesverstoß S. 295.
5 BGH NJW 2003, 1039, 1040 (Abschwächung auf die zur Verfügung stehenden Möglichkeiten).
6 *Stoll* Festschrift v. Hippel (1967), S. 517, 552.
7 BGHZ 123, 311, 313 = NJW 1993, 3259, 3260; BGH NJW 1998, 1860, 1863; BGH NJW 2000, 1263, 1266; BGH NJW 2000, 1572, 1573. Für Berücksichtigung bei der Beweiswürdigung und gegen Schematismus *Vollkommer/Greger/Heinemann* Anwaltshaftungsrecht[3] § 25 Rz. 20.
8 *Prütting* Gegenwartsprobleme S. 260.

liche Auskunftsansprüche[1] oder über die Anwendung des § 142 ZPO und die Bejahung einer **sekundären Behauptungslast**. Typische Beweisnot kann aber Anlass für eine **Rechtsfortbildung** sein,[2] was für die Produzentenhaftung zutrifft. Darin ist allerdings kaum mehr als ein Motiv zu sehen, nach präziseren Sachgründen zu suchen.

4. Gefahrenbereichslehre

Namentlich *Prölss* hat sich für eine Beweislastverteilung im Schadensersatzrecht nach Gefahrenbereichen ausgesprochen.[3] Darin mischen sich prozessuale und materiell-rechtliche Überlegungen, nämlich **Beweisnähe** des vermeintlichen Schädigers, **Beweisnot** des Geschädigten und der **Präventivzweck** des Haftungsrechts. Gefahrenbereiche sollen der **räumlich-gegenständliche Bereich** des Schädigers sein, darüber hinausgehend Schadensursachen, die „aus dem Besitzstand des Beklagten hervorgegangen sind", und sonstige Vorgänge in der Außenwelt, die der Schädiger gegenüber dem Geschädigten zu beherrschen vermag.[4] Dieser Lehre ist nicht zu folgen.[5] Die **Gefahrbereichsabgrenzung** ist ebenso **vage** wie der dahinter stehende generalisierte Gedanke der **Beherrschbarkeit**. Es fehlt auch die Orientierung an gesetzlichen Bestimmungen, soweit daraus ein durchgängiges Grundprinzip gemacht werden soll. 88

Die räumliche **Beherrschung einer Gefahrensphäre** darf man **nicht von vornherein** mit einem besseren **Beweiszugang** gleichsetzen. Auch innerhalb einer Herrschaftssphäre können sich unkontrollierbare oder unbeobachtete Geschehnisse ereignen. So befindet sich der stationär aufgenommene Patient zwar in der Herrschaftssphäre des Krankenhauses. Sie erstreckt sich aber wie bei ambulanter Behandlung nicht auf die medizinisch-biologischen Vorgänge im menschlichen Körper, soweit diese sich nicht mit Messgeräten erfassen lassen. Hingegen sind die **organisatorischen Arbeitsabläufe des Krankenhauses** oder einer Arztpraxis und die **Funktionsfähigkeit** der dort eingesetzten technischen **Geräte** beherrschbar. 89

So traf eine Klinik zu Recht die Beweislast für die Gründe der bakteriellen **Kontamination einer Testlösung**, die während ihrer Lagerung im Anschluss an die Zubereitung unsteril geworden war. Die Testsubstanz war vor dem abendlichen Schichtwechsel noch von der Tagesschwester angesetzt worden, deren Dienst um 20.00 Uhr endete. Das Legen der Infusion erfolgte üblicherweise gegen 21.00 Uhr, womit der im Interesse der Sterilität der Lösung einzuhaltende knappe Zeitrahmen zu sehr ausgedehnt wurde.[6] Ebenso hat der BGH auf die Verursachung von Hautschäden durch ein **Bestrahlungsgerät** infolge Abgabe einer überhöhten Strahlendosis § 282 BGB a.F. angewandt und würde dies mit § 280 Abs. 1 S. 2 BGB n.F. ebenfalls tun.[7] 90

Gefahrenkreise können sich zudem **überschneiden**.[8] Das Unfallopfer, das auf Glatteis gestürzt ist, kann für die Witterungslage ungeeignetes Schuhwerk getragen haben oder sich unangepasst bewegt haben. Nicht ohne Berechtigung ist daher gefordert worden, dass zum Aufenthalt in einem fremden Gefahrenbereich ein zusätzlicher **Anhaltspunkt** hinzutreten müsse, um dem Gefahrenbereichsverantwortlichen das Beweisrisiko aufzuerlegen, und dass dieser Anhaltspunkt in einem **verkehrswidrigen** 91

---

1 *Prütting* Gegenwartsprobleme S. 261.
2 *Spickhoff* Gesetzesverstoß S. 295.
3 *Prölss* Beweiserleichterungen im Schadensersatzprozeß S. 65 ff.; *Prölss* VersR 1964, 901 ff.
4 *Prölss* Beweiserleichterungen S. 83 f.
5 *Prütting* Gegenwartsprobleme S. 225 ff.; *Prütting*, ZZP 123 (2010), 135, 141; *Spickhoff* Gesetzesverstoß S. 289 f.; *Arnold* AcP 209 (2009), 285, 300. Einschränkender Stein/Jonas/*Leipold*[22] § 286 Rz. 74 und 116 Fn. 245.
6 BGH NJW 1982, 699, 670.
7 BGH VersR 2007, 1416 (Nichtzulassungsbeschluss).
8 *Musielak* Grundlagen der Beweislast S. 172.

Zustand innerhalb seines Organisationsbereichs bestehe.[1] Soweit sich allerdings der Gesetzgeber dieser Theorie als Motiv für eine eigene Beweislastverteilung bedient, wie dies bei § 280 Abs. 1 S. 2 und § 309 Nr. 12a BGB geschehen ist, kommt es nur auf die gesetzlichen Festlegungen an.

92 Die **Begrenzung der beweisrechtlichen Verantwortung** für einen Herrschaftsbereich kann auch auf **materiell-rechtlichen Gründen** beruhen. In den Fällen der Nachstreupflicht und des Blitzeises (Rz. 72 f.) trifft die Räum- und Streuverantwortung zwar auch im weiteren Tagesverlauf den Verkehrssicherungspflichtigen. Gleichwohl ist es ihm **nicht zumutbar**, bei gefährlichen Witterungslagen seinem Arbeitsplatz fernzubleiben, um im Falle eines eventuellen späteren Unfalls darlegen und beweisen zu können, von welchem Zeitpunkt an er auf das veränderte Wettergeschehen zur reagieren hatte.

93 Bei der Unterteilung von Gefahrenbereichen können **versteckt Wahrscheinlichkeitserwägungen** Bedeutung erlangen. So mag die Neigung bestehen, einer Partei deshalb die Beweislast aufzuerlegen, weil eine abstrakte Wahrscheinlichkeit dafür spricht, dass die Ursache eines Schadens aus ihrer Sphäre stammt. Dies sagt aber erstens wiederum nichts über die Beweisnähe aus und zweitens besteht die Gefahr einer **unbewussten Doppelberücksichtigung** des Wahrscheinlichkeitsgesichtspunkts. Das Augenmerk ist daher streng auf die Frage zu richten, ob eine Partei aufgrund der tatsächlichen Beherrschung eines räumlichen Bereichs, mit der oft der Ausschluss Dritter aus eben dieser Sphäre einhergeht, eine deutlich erleichterte oder möglicherweise sogar ausschließliche Möglichkeit des Zugriffs auf bestimmte Beweismittel hat.

5. Negativbeweis

94 Der Gesetzgeber pflegt den Beweis von Negativa zu vermeiden, woraus sich gleichwohl kein Kriterium der Beweislastverteilung ableiten lässt,[2] auch wenn diese Überlegung in der Grundregel mitenthalten ist.[3] Das **Nichtvorliegen von Tatsachen zu beweisen** ist grundsätzlich **schwieriger** als der positive Nachweis einer Tatsache. Der Negativbeweis gelingt nur mittelbar durch den **Beweis gegenläufiger Tatsachen**, die nicht feststellbar wären, wenn die Tatsache vorläge, deren Nichtvorliegen zu beweisen ist.[4] Der Beweis negativer Tatsachen ist nicht stets zu vermeiden, insbesondere wenn es um den Inhalt einer vermissten Aufklärung oder Beratung geht. Die Prozesssituation wird durch eine **Modifizierung der Darlegungslast** bewältigt. Hingegen kehrt sich die Beweislast nicht um.[5]

95 Die darlegungsbelastete Partei darf sich zunächst mit der Behauptung der negativen Tatsache begnügen. Anschließend obliegt es der Gegenpartei, im Rahmen des Zumutbaren[6] **substantiierte Gegenbehauptungen** mit widerlegenden Umständen aufzustellen.[7] Aufgabe der primär beweisbelasteten Partei ist es dann, die Unrichtigkeit der Gegenbehauptungen zu beweisen.[8] Dies gilt etwa für die Rechtsgrundlosigkeit einer

---

1 *Musielak* Grundlagen der Beweislast S. 173.
2 *Prütting* Gegenwartsprobleme S. 259; *Leipold* Beweislastregeln S. 47.
3 *Prütting* Gegenwartsprobleme S. 259.
4 Vgl. BGH NJW 2003, 1039; *Rosenberg* Beweislast[5] S. 331 m.w.N.
5 BGH NJW 1985, 1774, 1775; *Stieper* ZZP 123 (2010), 27, 35.
6 BGH NJW-RR 1993, 746, 747 = GRUR 1993, 572, 574 – fehlende Lieferfähigkeit.
7 BGH NJW 2010, 1813 Rz. 20; BGH NJW 2011, 1280 Rz. 12; BGH NJW 2012, 74 Rz. 23; s. ferner BGH NJW 2010, 1378 Rz. 12; BGH NJW 2013, 1299 Rz. 36; *Stieper* ZZP 123 (2010), 27, 37 (ab 38 ff. verdeutlicht am Beweis der Neuheit von Immaterialgütern).
8 BGH NJW 1987, 1322, 1323; BGH NJW 1987, 2008, 2009; BGH NJW-RR 1990, 1422, 1423; BGH NJW-RR 1993, 746, 747; BGH NJW 1999, 579, 580; BGH NJW 2006, 1429, 1430.

Leistung, die der Bereicherungsgläubiger als Kläger zurückfordert.[1] Der Leistungsempfänger muss zu möglichen Behaltensgründen vortragen. Sie hat der Gläubiger dann auszuräumen. Weitere abstrakt-theoretisch denkbare Behaltensgründe werden ignoriert, weil sie keinen Bezug zum Prozessstoff haben.[2]

Will der Käufer – um ein weiteres Beispiel zu nennen – den Grundstückskaufvertrag nach § 123 BGB anfechten, weil ihm eine Kontaminierung verschwiegen wurde, ist es Sache des Käufers, den gesamten Arglisttatbestand darzulegen und zu beweisen. Dem genügt er aber bereits dadurch, dass er die vom Verkäufer vorzutragende konkrete, nämlich räumlich, zeitlich und inhaltlich spezifizierte Aufklärung widerlegt.[3] Auf die **Widerlegung des substantiierten Vortrags der Gegenpartei** für das Positive kommt es auch an, wenn der Anleger nach misslungenen **Warentermingeschäften** die Verluste über § 826 BGB ausgeglichen sehen möchte, weil er vom Vermittler nicht ausreichend über die Geschäftsrisiken aufgeklärt worden sein soll.[4] Soll die **Finanzhilfe eines Gesellschafters** für seine GmbH als eigenkapitalersetzend qualifiziert werden, muss die Krise der Gesellschaft wegen Kreditunwürdigkeit vom Insolvenzverwalter bewiesen werden. Dafür muss er den konkreten Vortrag des Gesellschafters widerlegen, welche Vermögensgegenstände die (spätere) Gemeinschuldnerin noch als Kreditsicherheiten hätte anbieten können bzw. welche stillen Reserven noch aufgedeckt werden konnten.[5] 96

Die Sachlage beim Beweis negativer Tatsachen weist eine große **Schnittmenge mit** den Fällen **sekundärer Darlegungslasten** auf.[6] Häufig betreffen die Fälle, die unter dem Stichwort der sekundären Darlegungslast erörtert werden, den Beweis negativer Tatsachen.[7] Beide Sachlagen **decken** sich aber **nicht**,[8] u.a. deshalb, weil die Beweislosigkeit ebenfalls abgedeckt ist[9] und weil Kriterien des Tatsachenwissens und der Zumutbarkeit nicht identisch gehandhabt werden müssen.[10] Die Fälle der sekundären Behauptungslast sind nicht auf den Beweis negativer Tatsachen beschränkt.[11] 97

6. Parteistellung

Die Parteistellung ist für die Beweislastverteilung **irrelevant**. Dieses Ergebnis ist unbestritten.[12] Stattdessen kommt es auf die **materielle Rechtslage** an, wie das Verhältnis von Leistungsklage zu **negativer Feststellungsklage** zeigt.[13] Der **Erbe** rückt im Wege der Gesamtrechtsnachfolge nicht nur in die materiell-rechtliche sondern auch in die beweisrechtliche Position des Erblassers ein, so dass für ihn dieselbe Beweislast- 98

---

1 BGH NJW 2003, 1039 (dort: Geldleistung als Anzahlung für gescheiterten Kauf einer Eigentumswohnung oder als Mietvorauszahlung).
2 BGH NJW 2003, 1039, 1040.
3 BGH NJW 2001, 64, 65.
4 BGHZ 105, 108, 115 = NJW 1988, 2882, 2884.
5 BGH NJW 1997, 3171, 3173; BGH NJW 1998, 1143, 1144.
6 Teilweise verweisen Entscheidungen zur Behauptung negativer Tatsachen auf Entscheidungen, die sich mit der sekundären Behauptungslast befassen: BGH NJW-RR 1994, 1068, 1069 – Malibu verweist auf BGH NJW 1962, 2149, 2150 – Bärenfang, zugleich aber auf BGH NJW-RR 1993, 746, 747 – fehlende Lieferfähigkeit. Als zwei verschiedene Fallgruppen mit identischer Rechtsfolge behandelt sie *Musielak* Grundlagen der Beweislast, S. 54.
7 Z.B. BGH NJW 2005, 2395, 2397; BGH NJW 1962, 2149, 2150 – Bärenfang. BGH NJW 1961, 826, 828.
8 Unzutreffende Gleichstellung in BGH NJW 2011, 1280 Rz. 12.
9 So in BGH NJW 2003, 1039, 1040 (li. Sp. unten).
10 Vgl. BGH NJW 2003, 1039, 1040 (dort: Erbe als Bereicherungsschuldner ohne eigenes Wissen).
11 Vgl. BGH NJW 2005, 2614, 2615 f.; BGHZ 145, 170 ff.; BGH NJW 1990, 3151 ff.; BGHZ 100, 190, 195 f. = NJW 1987, 2008; BGH NJW 1987, 1201.
12 Vgl. BGH NJW 1993, 1716, 1717; Stein/Jonas/*Leipold*[22] § 286 Rz. 58.
13 BGH NJW 1993, 1716; Stein/Jonas/*Leipold*[22] § 286 Rz. 58.

verteilung gilt, wie sie für den Erblasser gegolten hätte.[1] Die **Abtretung eines Anspruchs** stellt sich für den Zedenten als eine rechtsvernichtende Tatsache dar, für den Zessionar hingegen als eine rechtsbegründende;[2] die prozessuale Rollenverteilung ist unerheblich.

99 Die materiell-rechtliche Rollenverteilung ist auch für **hypothetische Inzidentprozesse** maßgebend, die den Schadenseintritt beim Regress des Mandanten gegen den Anwalt zum Gegenstand haben. Zur Klärung der Frage, ob der Mandant im Vorprozess bei pflichtgemäßem Verhalten seines Rechtsanwalts obsiegt hätte und ihm somit ein Schaden entstanden ist, rückt der Anwalt in die beweisrechtliche Stellung des Prozessgegners des Vorprozesses ein, während der Mandant dieselben Darlegungs- und Beweislasten trägt, wie im Vorprozess. Der **Mandant soll** im Haftungsprozess **nicht schlechter stehen** als in dem betreffenden Vorprozess.[3] Die Beweislastverteilung ergibt sich somit in beiden Fällen aufgrund der materiell-rechtlichen Rollenverteilung: Im Vorprozess gilt dies aufgrund der bereits dargelegten Erwägungen; im Haftungsprozess folgt es aus der Position des Mandanten als Anspruchsteller des Haftungsanspruchs und somit eines anderen Anspruchs als desjenigen, der im Ausgangsverfahren geltend gemacht worden ist. Ob er den Haftungsanspruch – wie in aller Regel – als Kläger geltend macht, oder ihn als Beklagter einer Honorarforderung des Anwalts im Wege der Aufrechnung entgegenhält, ist für die Beweislastverteilung unerheblich.

III. Materiell-rechtliche Kriterien

1. Förderung materiell-rechtlicher Zielsetzungen

100 Wertungen des materiellen Rechts können zugleich einen Sachgrund für die Beweislastverteilung enthalten. Diese Möglichkeit folgt generell aus der **dienenden Funktion des Prozessrechts** für das materielle Recht. Die Handhabung des Prozessrechts darf die Zwecke des materiellen Rechts nicht vereiteln. Sie kann auch dazu beitragen, materiell-rechtliche Wertungen zu verstärken. Wegen der **Vielfalt der Zwecke** des materiellen Rechts lassen sich daraus aber **keine generalisierenden Prinzipien** ableiten.[4] Unrichtig wäre es etwa, im Haftungsrecht den Grundsatz „casum sentit dominus"[5] nicht auch als Ausgangspunkt der Beweislastverteilung zu akzeptieren;[6] der Träger eines Rechtes oder Rechtsgutes hat die erlittene Einbuße so lange zu tragen, wie nicht aus besonderem materiell-rechtlichen Zurechnungsgrund eine Schadensabnahme durch den Verletzer angeordnet wird. Ebenso dürfen besondere **gesetzliche Risikoverteilungen** nicht beweisrechtlich konterkariert werden.[7] Nachfolgend genannte Kriterien haben nur Beispielscharakter.

2. Verkehrsschutz, Erleichterung des Rechtsverkehrs

101 Der Gedanke des Verkehrsschutzes und der damit verbundenen Förderung des Rechtsverkehrs wirkt sich in zahlreichen gesetzlichen Normen aus, denen eine Beweislastregelung zu entnehmen ist. Sehr klar tritt dies in den Regelungen über den

---

1 Vgl. BGH NJW-RR 1994, 323.
2 Vgl. BGH NJW-RR 1994, 323.
3 Vgl. BGHZ 30, 226, 231 f.; BGH NJW-RR 2004, 1649; BGH NJW 2000, 730, 732; BGH NJW 1988, 3013, 3015; BGH NJW 1987, 3255; *Borgmann/Jungk/Grams* Anwaltshaftung[4], § 46 Rz. 37 (S. 337); *Vollkommer/Greger/Heinemann* Anwaltshaftungsrecht[3], § 25 Rz. 27.
4 *Spickhoff* Gesetzesverstoß S. 292, gegen *Wahrendorf* Die Prinzipien der Beweislast im Haftungsrecht (dort insbesondere S. 65 ff.).
5 Dazu *Deutsch/Ahrens* Deliktsrecht[6] Rz. 1.
6 *Spickhoff* Gesetzesverstoß S. 292.
7 *Spickhoff* Gesetzesverstoß S. 295.

gutgläubigen Erwerb hervor;[1] nicht der Erwerber hat seinen guten Glauben darzulegen und zu beweisen, sondern der am Scheitern des Rechtserwerbs Interessierte den bösen Glauben des Erwerbers. Auf Beweismöglichkeiten wird dabei keinerlei Rücksicht genommen.[2]

3. Gefahrerhöhung

Naheliegend scheint es zu sein, die **durch** eine **Pflichtverletzung** bewirkte **Erhöhung der Gefahr** einer Rechtsgutverletzung bzw. Schädigung auf die Beweislastverteilung mit der Begründung durchschlagen zu lassen, dadurch sei auch das Beweisrisiko zum Nachteil des Geschädigten geschaffen worden.[3] Einwenden lässt sich dagegen, dass in derartigen Fällen typischerweise die **haftungsbegründende Kausalität** umstritten sein wird, deren Unaufklärbarkeit dem Geschädigten nicht schlechthin abgenommen werden darf, wenn der haftungsbegründende Tatbestand **nicht** faktisch um das Element der Kausalität verkürzt bzw. darin eine **Kausalitätsvermutung** eingefügt werden soll.[4] Fragwürdig ist bereits die unausgesprochen aufgestellte generelle Vermutung, eine Beachtung der verletzten Pflicht hätte das nachfolgende Verletzungsgeschehen vermeiden helfen. Das hängt jedenfalls stark vom Inhalt der Pflicht und dem konkreten Gefährdungsgrad ab.

102

4. Grobe Berufspflichtverletzungen: Prävention, Kompensation des Beweisrisikos, Billigkeit

Der **Präventionsgedanke** soll im Haftungsrecht auch die Zuweisung der Beweislast rechtfertigen.[5] Dies könnte in der Beweislastumkehr für grobe ärztliche Behandlungsfehler[6] mitschwingen.[7] Näher liegt dafür aber wohl die Begründung, dem Opfer, dessen Rechtsgut durch die Pflichtverletzung einem **erhöhten Verletzungsrisiko** ausgesetzt wurde, ein dadurch zugleich geschaffenes Beweisrisiko durch eine Beweislastumkehr abzunehmen. Ob durch das Gewicht des Behandlungsfehlers die Aufklärung des Behandlungsgeschehens erschwert wurde,[8] ist bedeutungslos.[9] Allerdings muss die beweismäßige Aufklärung ein biologisches Geschehen betreffen, das im Vermeidungsbereich der groben Pflichtverletzung liegt. Nicht ausgeschlossen ist es, die Beweislastumkehr in dieser Situation mit **Billigkeitsgesichtspunkten** zu rechtfertigen.[10] Genannt wird überdies die Beweisnot des Patienten,[11] die als Begründung allerdings zu undifferenziert erscheint, weil sie für leichte Fehler gleichermaßen besteht. Nicht unerwähnt bleiben soll, dass für einzelne Stimmen im Schrifttum das Kriterium der „groben Pflichtverletzung" einen zweifelhaften Gerechtigkeitswert besitzt.[12]

103

---

1 *Prütting* Gegenwartsprobleme S. 261; s. auch *A. Blomeyer* Zivilprozeßrecht[2] § 69 III 2d.
2 *Prütting* Gegenwartsprobleme S. 261.
3 Vgl. dazu – zurückhaltend – *Deutsch* Allgemeines Haftungsrecht[2] Rz. 225.
4 Vgl. dazu *Spickhoff* Gesetzesverstoß S. 293 f.
5 Vgl. *Prölss* Beweiserleichterungen S. 76 ff.; *Wahrendorf* Prinzipien der Beweislast S. 128; *Reinecke* Beweislastverteilung S. 69 ff.
6 BGHZ 85, 212, 216 = NJW 1983, 333, 334; BGHZ 107, 222, 228 = NJW 1989, 2318, 2320.
7 So *Lange/Schiemann*[3] Einl. III 2d i.V.m. § 3 XIII 2b.
8 Darauf abstellend BGH NJW 1992, 754, 755 – Mehrfeldbestrahlung; zustimmend *Lange/Schiemann*[3] § 3 XIII 2b bei Fn. 506.
9 So richtig BGHZ 159, 48, 53 f. – NJW 2004, 2011, 2012; BGH NJW 2007, 2767, 2769, Rz. 25.
10 Vgl. BGH NJW 1971, 241, 243 (zur verschuldeten Erhöhung der Infektionsgefahr im Krankenhaus).
11 *Lange/Schiemann*[3] § 3 XIII 2b (= S. 168).
12 So *Foerste* in: Graf v. Westphalen, Produkthaftungshandbuch I[3] § 30 Rz. 117.

104 Umstritten ist, ob die **Beweislastumkehr bei grober Pflichtverletzung** als eine Besonderheit des Arzthaftungsrechts zu betrachten ist, oder ob sie auf **andere Berufsgruppen** und die dortige Beurteilung des Kausalnexus mit dem Schaden auszudehnen ist. Für Verträge mit **rechtlichen Beratern** hat der BGH die Übertragung auf die Verletzung von Aufklärungs- und Beratungspflichten in einem Grundsatzurteil vom 9.6.1994 abgelehnt.[1] Dagegen spreche die Vielgestaltigkeit der Sachverhalte, die der typisierenden Anwendung einer strikten Beweisregel unangemessen sei, die geringere existentielle Bedeutung und die Herkunft der Ereignisse und Überlegungen aus der Lebenssphäre des Mandanten.

5. Verantwortung für einen räumlich-gegenständlichen Bereich

105 Die **Verkehrssicherungspflicht** bedeutet die Verantwortlichkeit für einen räumlich-gegenständlichen Bereich. Sie umschließt grundsätzlich die Kontrolle in Bezug auf die Beweisbarkeit des ordnungsmäßigen Zustands.[2] Hier hat die Gefahrenbereichslehre im Deliktsrecht einen Anwendungsbereich gefunden.

IV. Ökonomische Kriterien

106 Ungeeignet ist die Berücksichtigung ökonomischer Kriterien. Sie lassen sich nicht mit Sachkriterien wertender rechtlicher Art kombinieren. Deshalb sind wohlfahrtstheoretische Konzeptionen, die im materiellen Recht Informationspflichten demjenigen auferlegen wollen, der sie mit den niedrigsten Kosten beschaffen und aufdecken kann,[3] nicht auf die Zuweisung der Darlegungslast und der Beweislast zu übertragen.[4]

V. Umkehr der Beweislast durch Rechtsfortbildung

107 Der **Begriff** der Beweislastumkehr wird **unterschiedlich** gebraucht.[5] Gemeint sein kann ein Ausfüllen der Grundregel durch die Qualifizierung einer Tatsache als rechtshindernd. Die gesetzliche Beweislastverteilung wird dann nicht richterrechtlich korrigiert. Sie ist von vornherein nicht anders verteilt; allenfalls besteht der Anschein einer Abweichung von der Grundregel.

108 Gemeint sein kann auch der **Wechsel der konkreten Beweisführungslast** in der jeweiligen prozessualen Situation. In diesem Fall ist die objektive Beweislast gar nicht betroffen.

109 Schließlich betrifft der Terminus die **richterrechtlich begründete Abweichung von** einer durch gesetzliche Beweislastnormen oder in sonstiger Weise **vorgegebenen Beweislastverteilung**. Nur insoweit sollte von Beweislastumkehr gesprochen werden. Es handelt sich dann um eine abstrakt-generelle Entscheidung, nicht um eine Beweis-

---

1 BGHZ 126, 217, 223 f. = NJW 1994, 3295, 3298; zustimmend BGH NJW 1997, 1008, 1011; *Zugehör/Fischer* Anwaltshaftung² Rz. 1045.
2 Vgl. BGHZ 92, 143, 151 – Kupolofen zur erforderlichen Kontrolle der Einhaltung unschädlicher Emissionswerte.
3 Vgl. dazu *Leistner* Richtiger Vertrag und lauterer Wettbewerb (2007) S. 82 (in Auseinandersetzung mit *Posner* Economic Analysis und dessen Konzept des cheapest cost avoider).
4 Wie hier gegen Effizienzkriterien *Arnold* AcP 209 (2009), 285, 299 f.; a.A. *Friedl* Beweislastverteilung unter Berücksichtigung des Effizienzkriteriums (2002).
5 Dazu *Musielak* Grundlagen der Beweislast S. 132 f.; *Prütting* Gegenwartsprobleme S. 21 f.

lastumkehr im Einzelfall. Als richterrechtliche Abweichung von den gesetzlichen Vorgaben müssen die für eine **Rechtsfortbildung** erforderlichen Voraussetzungen erfüllt sein.[1] Kritisiert wird vereinzelt, dass in der Vergangenheit nicht immer auf eine methodische Rechtfertigung geachtet worden sei und erst das Erstarken einer Regel zum Gewohnheitsrecht die Akzeptanz begründet habe.[2]

Beispiele für die dritte Gruppe sind die Produzentenhaftung, die Haftung für (Immissionsschäden an beweglichen Sachen wie im Kupolofenfall,[3] die grobe Verletzung von Berufspflichten, die Verletzung von Aufklärungs- und Beratungspflichten und die Beweisvereitelung. Dabei kann die Orientierung an einer anderen, spezialgesetzlichen Beweislastverteilung Argumentationshilfe geben, wie dies im Kupolofenfall praktiziert worden ist; dort wurde die gesetzgeberische Aussage in § 906 Abs. 1 S. 2 BGB zur Pflichtenstellung des Emittenten herangezogen, der die Darlegungs- und Beweislast u.a. dafür trägt, dass die schädlichen Emissionen durch mögliche und zumutbare Maßnahmen nicht verhindert werden konnten.[4] Allerdings mischte sich dieses Argument mit der Parallelisierung zur Produzentenhaftung.[5] 110

VI. Beweislastverträge

Die Verteilung der Beweislast kann Gegenstand einer **Parteivereinbarung** sein.[6] Ein derartiger Vertrag ist Annex desjenigen Tatbestandes, dessen Anwendung durch den Vertrag beeinflusst wird.[7] Er ist also materiell-rechtlicher Natur, wenn der Tatbestand dem materiellen Recht zuzuordnen ist. Der Beweislastvertrag ist kein **prozessualer Beweisvertrag** (dazu Kap. 15 Rz. 57).[8] 111

Wirksam ist die Vereinbarung, soweit den Parteien im Rahmen der Privatautonomie[9] eine Verfügungsbefugnis zusteht. Beweislastvereinbarungen dürfen in Allgemeinen Geschäftsbedingungen nach dem **Klauselverbot des § 309 Nr. 12 BGB** nicht unter Änderung einer gesetzlichen oder richterrechtlichen Regel zum Nachteil des Vertragspartners eines AGB-Verwenders getroffen werden.[10] Die Regelung wird auch auf Verträge zwischen Unternehmern angewandt.[11] Zurückführen lässt sich das Klauselverbot auf Rechtsprechung aus der Zeit vor der Entstehung des AGB-Gesetzes, das bis zur Einarbeitung seiner materiellen Normen in das BGB durch die Schuldrechtsreform von 2001 gegolten hat. Sie hat Klauseln als nichtig angesehen, die dem Vertragspartner die Beweislast für Umstände im Verantwortungsbereich des Verwenders aufbürdeten.[12] Das Klauselverbot gilt heute nicht nur für ausdrückliche vertragliche Regelungen der Beweislast, sondern ebenso für **Tatsachenbestätigungen**, die de facto 112

---

1 Ebenso MünchKommZPO/*Prütting*[4] § 286 Rz. 128; Musielak/*Foerste*[10] § 286 Rz. 37.
2 Vgl. *Prütting* Gegenwartsprobleme, S. 22 f.
3 BGHZ 92, 143.
4 BGHZ 92, 143, 147 f.
5 BGHZ 92, 143, 150 f.
6 *G. Wagner* Prozeßverträge S. 697; *A. Blomeyer* ZPR[2] § 70 IV 3.
7 *G. Wagner* Prozeßverträge S. 697 mit Hinweis auf ältere abweichende Ansichten; *Leipold* Beweislastregeln S. 67 ff., 70, 73 f.; *Musielak* Grundlagen der Beweislast S. 26 ff., 30; *Prütting* Gegenwartsprobleme S. 175 ff., 178; *Rosenberg* Beweislast S. 80.
8 *Baumgärtel* Prozeßhandlung S. 249 f.; MünchKommZPO/*Prütting*[4] § 286 Rz. 166.
9 *A. Blomeyer* ZPR[2] § 70 IV 3.
10 Vgl. dazu BGH NJW-RR 2005, 1498.
11 BGHZ 164, 196.
12 BGHZ 41, 151, 155; BGH DB 1974, 1283.

eine Beweislastverschiebung zugunsten des Verwenders bewirken. **Individulavereinbarungen** mit Beweislastverschiebung kann im Einzelfall § 242 BGB entgegenstehen.[1]

113 In die richterliche **Beweiswürdigung** wird mit der Zulassung von Beweislastverträgen nicht eingegriffen.[2] Zu Verträgen über den **Anscheinsbeweis**[3] s. Kap. 16 Rz. 18.

---

1 Musielak/*Foerste*[10] § 286 Rz. 61.
2 *G. Wagner* Prozeßverträge S. 698, s. auch Rosenberg/Schwab/*Gottwald*[17] § 113 Rz. 10.
3 Dazu *G. Wagner* Prozeßverträge S. 694 f.

Kapitel 10:
Beweislast II: Einzelthemen

	Rz.		Rz.
§ 35 Beweislastumkehr für Verkehrspflichtverletzungen	1	f) Anerkenntnis	62
§ 36 Beweislastverteilung nach § 280 Abs. 1 S. 2 BGB		g) Bereicherungsrecht	63
		4. Haftungsrecht	
		a) Rechtliche und wirtschaftliche Berater	64
I. Aufhebung des Gleichlaufs von Darlegungs- und Beweislast?	7	b) Arzthaftung, Heimbetreuung; Apothekerhaftung, Tierarzthaftung	67
II. Erfolgsbezogene und verhaltensbezogene Pflichtverletzungen	9	c) Produkthaftung	79
		d) Umwelthaftung	82
§ 37 Beweisrechtliche Nutzung prozedualisierter Qualitätskontrollen und ihrer Dokumentation	20	e) Sonstige Fälle des allgemeinen Deliktsrechts	83
		f) Rückgriffsansprüche	92
§ 38 Aufklärungs- und Beratungsfehler: Hypothetische Reaktion auf pflichtgemäßes Verhalten		5. Familienrecht	93
		6. Erbrecht	94
		II. AGG	95
I. Beweis der Reaktion des Aufklärungsadressaten	24	III. Verletzung geistigen und gewerblichen Eigentums	99
II. Antworten der Rechtsprechung		IV. Wettbewerbsrecht	
1. Naheliegende Entscheidung	25	1. Lauterkeitsrecht	101
2. Offene Entscheidungssituation mit Handlungsalternativen	31	2. Kartellrecht	105
		V. Handelsrecht, Gesellschaftsrecht	
3. Kapitalmarkt- und Kapitalanlagenrecht	32	1. HGB, Transportrecht	107
		2. Personengesellschaften	109
§ 39 Beweislastverteilung in ausgewählten Rechtsgebieten		3. GmbH	110
		4. GenG	112
I. Weitere Einzelfälle aus dem BGB		VI. Insolvenzrecht	113
1. Allgemeines	35	VII. Kapitalmarktrecht, Kapitalanlagenrecht	
2. Wirksamer Vertragsschluss, Auslegung		1. Allgemeines	120
a) Geschäftsfähigkeit	36	2. Aufklärungsfehler	
b) Nichtigkeit und Anfechtbarkeit von Rechtsgeschäften	37	a) Problemstellung	122
		b) Differenzierung nach Fallgruppen	123
c) Abschluss und Inhalt von Rechtsgeschäften	40	c) Aufklärungspflichten von Wertpapierdienstleistern	126
d) Vertrags- und Testamentsauslegung	42	d) Informationspflichten der Emittenten gegenüber Ersterwerbern (Prospekthaftung)	130
e) Verjährung	43		
f) Allgemeines Schuldrecht	44	e) Informationspflichten der Emittenten gegenüber Sekundärmarktteilnehmern	133
3. Kaufvertragliche Schuldverhältnisse			
a) Kauf	49		
b) Miete, Pacht	52	VIII. Telekommunikation, Internet	137
c) Werkvertrag	56	IX. Zivilprozess	142
d) Darlehen	60		
e) Auftrag, GoA	61		

§ 35 Beweislastumkehr für Verkehrspflichtverletzungen

Die Rechtsprechung zur **Produzentenhaftung** und der mit der Hühnerpest-Entscheidung begründeten Entscheidungslinie belegt beispielhaft, wie die Umkehr der Be- 1 weislast für das „Verschulden" zu verstehen ist. Begründet worden ist damit der **Zwang für** den **Hersteller, sich zu entlasten,** dass weder ein Konstruktionsfehler[1] noch ein Fabrikationsfehler[2] die unfallursächliche Unsicherheit des Produkts hervorgerufen hat. Entlasten muss sich der Hersteller ferner dafür, dass notwendige Informationen als Grundlage für Gefahrenwarnungen zu den relevanten Zeitpunkten – Inverkehrgabe oder später – nicht vorhanden waren oder durch evtl. erforderliche Produktbeobachtungen nicht zu gewinnen waren.

2   Die Beweislastumkehr bezieht sich **nicht nur** auf das **Verschulden im engeren Sinne,** sondern auch auf die **Verkehrspflicht** als Element des tatbestandsmäßigen Verhaltens.[3] Die **konstituierenden Elemente der Verkehrspflichtverletzung** sind des Weiteren in rechtsbegründende und rechtshindernde Elemente aufgespalten worden,[4] wobei Terminologie und Gliederungsgepflogenheiten der strict liability des US-Rechts trotz anderen systematischen Ansatzes Anklang gefunden haben, was zugleich den trennenden Graben zum europäischen Produkthaftungsrecht zugeschüttet hat.

3   Ungeachtet der Beweislastumkehr ist der **Geschädigte** verpflichtet, die **Verkehrswidrigkeit des Produkts,** nämlich dessen Sicherheitsdefizit, darzulegen und zu beweisen.[5] Etwaige Beweiserleichterungen werden hier nur durch Anwendung eines Anscheinsbeweises gewährt. Ferner muss der Geschädigte beweisen, dass der Sicherheitsmangel im Organisations- und Gefahrenbereich des Herstellers entstanden ist, also nicht erst auf ein Ereignis **nach der Inverkehrgabe** zurückzuführen ist und dass das Produkt vom beklagten Hersteller stammt.[6] Transportschäden, Sabotageakte, Produktfälschungen, Wartungs- und Reparaturfehler und Fehlgebrauch können aus der Herstellerverantwortung ausgegrenzt werden, sofern nicht anderstypische Pflichtverletzungen, etwa zur Befunderhebung, verletzt worden sind.

4   Der Hersteller hat darzulegen und zu beweisen, dass das **Sicherheitsdefizit** nicht auf ein ihm zurechenbares Fehlverhalten zurückzuführen ist, also weder eine **fehlerhafte Konstruktion, Fabrikation oder Instruktion** verletzungsursächlich geworden ist.[7] Damit widerlegt er den Schluss auf ein rechtswidriges Handeln.[8] Dabei kann er auf die Beachtung ausreichender Qualitätssicherungssysteme zurückgreifen. Außerbetriebliche Umstände betreffen den **Erkenntnisstand von Wissenschaft und Technik** im Zeitpunkt der Inverkehrgabe, durch den die Haftung für Entwicklungsfehler ausgegrenzt wird. Insoweit wird im Schrifttum gegen eine Entlastungspflicht opponiert, u.a. weil der Geschädigte einen gleichen Zugang zu den Wissensmöglichkeiten habe.[9] Immerhin hat aber der Hersteller Anlass, sich nicht ohne Recherchen auf eine ihm in den Voraussetzungen unzureichend bekannte Produktion einzulassen; es schwingt also der Gedanke des **Übernahmeverschuldens** mit, nämlich des Verfehlens eines beruflichen Standards von Anfang an. Dies entspricht der Beweislastumkehr bei der Haftung für Instruktionsfehler im Zeitpunkt der Inverkehrgabe. Nach Inverkehrgabe notwendig werdende Instruktionen beruhen auf Gefahrwissen, das entweder ein Insiderwissen des Herstellers ist oder das allgemein zugänglich ist. Der BGH kehrt nur im ers-

---

[1] BGH VersR 1971, 80, 82 – Bremsen III; BGH NJW 1977, 379, 380 – Schwimmerschalter.
[2] BGHZ 51, 91, 107 = NJW 1969, 269 mit Anm. *Diederichsen* = JZ 1969, 387 m. Anm. *Deutsch*.
[3] BGHZ 80, 186, 197 = NJW 1981, 1603, 1605 – Derosal I; BGH NJW 1996, 2507, 2508 – Chefbüro.
[4] Dazu *Foerste*, in: Produkthaftungshandbuch I³ § 30 Rz. 27 f.
[5] BGH NJW 1969, 269, 274 – Hühnerpest; BGHZ 80, 186, 196 = NJW 1981, 1603, 1605 – Derosal I; BGH NJW 1996, 2507, 2508 – Chefbüro; OLG Saarbrücken NJW 2014, 1600, 1602, 1603.
[6] Dazu *Foerste* in: Produkthaftungshandbuch I³ § 30 Rz. 49 ff., § 37 Rz. 13.
[7] Beispiele bei *Foerste* in: Produkthaftungshandbuch I³ § 30 Rz. 72. Zur Arzneimittelhaftung BGH NJW 2013, 2901 Rz. 24 – VIOXX.
[8] *Foerste* in: Produkthaftungshandbuch I³ § 30 Rz. 71.
[9] *Foerste* in: Produkthaftungshandbuch I³ § 30 Rz. 76 m.w.N.

ten Fall die Beweislast um.¹ Entsprechendes gilt wohl auch für die Pflicht zur Beobachtung des eigenen Produkts am Markt mit der Reaktion durch **Produktrückruf**.² In jedem Falle des fehlenden Gefahrhinweises verlangt der BGH also wohl die Darlegung eines spezifischen Sicherheitsmangels.

Weniger diffizil ist die Rechtslage beim **ärztlichen Behandlungsfehler**. Der Patient muss die Abweichung vom medizinischen Standard beweisen. Die Behandlungsseite, also Arzt bzw. Krankenhausträger, kann dann entlastend darlegen und beweisen, dass Befundtatsachen eine Abweichung vom Standardvorgehen erlaubten oder notwendig machten.³ Anderes gilt nur bei voll beherrschbaren Risiken; sie betreffen vor allem Defizite bei Organisations- und/oder Koordinierungsaufgaben.⁴ 5

Verallgemeinernd lässt sich sagen, dass es dem Geschädigten nicht abgenommen werden kann, einen **verkehrswidrigen Zustand** darzulegen und zu beweisen, der gewissermaßen als „**Anfangsbeweis**" **einer Pflichtverletzung** anzusehen ist. 6

§ 36 Beweislastverteilung nach § 280 Abs. 1 S. 2 BGB

I. Aufhebung des Gleichlaufs von Darlegungs- und Beweislast?

Die Neufassung der Beweislastregelung zu § 280 BGB durch die Schuldrechtsreform von 2001 hat Diskussionen ausgelöst. So wird erörtert, **ob lediglich** die eigentliche **Beweislast** auf den Schuldner verlagert wird, die **Darlegungslast** hingegen beim Gläubiger verbleibt.⁵ Das wäre trotz des Umstandes ungewöhnlich, dass § 280 BGB von der Grundregel abweicht. 7

Auch bei der Vorläufervorschrift des § 282 BGB a.F. sind Darlegungslast und Beweislast getrennt behandelt worden. § 282 BGB a.F. galt seinem Wortlaut nach nur für die Kausalität und ist richterrechtlich auf das Vertretenmüssen erstreckt worden. Nur scheinbar hatte der Schadensersatzgläubiger nach der Fassung des § 280 BGB a.F. zum Vertretenmüssen vortragen müssen; es handelte sich in Wirklichkeit aufgrund der richterrechtlichen Ausdehnung des § 282 BGB a.F. um ein rechtshinderndes Tatbestandsmerkmal. Eine **Ausnahme für die Darlegungslast** wurde nur vereinzelt bei Beschränkung der Haftung auf **Vorsatz** vertreten,⁶ was z.T. heute fortgeschleppt wird.⁷ Wenn man den Gläubiger die Darlegungslast für Vorsatz tragen lassen will, lässt sich dies nur mit der Vermeidung von Schwierigkeiten des Schuldners beim Beweis negativer Tatsachen rechtfertigen.⁸ 8

---

1 BGH NJW 1981, 1603, 1605 f. – Derosal I; BGH NJW 1981, 1606, 1608 – Benomyl. Wegen unzureichender Abgrenzung der Sphären kritisch *Foerste* a.a.O. § 30 Rz. 100.
2 Vgl. dazu BGHZ 99, 167, 175 ff. – Honda-Lenkverkleidung. Kritisch dazu *Foerste* a.a.O. § 30 Rz. 108 f.
3 BGH NJW 1999, 1778, 1779 = VersR 1999, 716, 717; *Geiß/Greiner*⁶ Rz. B 200.
4 Dazu – m. Nachw. älterer Rspr. – BGH VersR 2007, 847 f., Rz. 11; *Geiß/Greiner*⁶ Rz. B 200 a.E.
5 Dazu Staudinger/*Otto* (2009) § 280 Rz. D 3; er stellt den Gleichlauf dadurch her, dass er § 280 Abs. 1 S. 2 als „materiellen Haftungsausschlussgrund" qualifiziert; ihm folgend *Ziegelmeier* JuS 2007, 701 f.
6 MünchKommBGB/*Emmerich*² § 282 Rz. 11; a.A. Soergel/*Wiedemann*¹² § 282 Rz. 14.
7 MünchKommBGB/*Ernst*⁶ § 280 Rz. 35.
8 Gegen eine Differenzierung zwischen Vorsatz und Fahrlässigkeit BGH WM 2009, 1274 Rz. 17 = VersR 2009, 1370.

II. Erfolgsbezogene und verhaltensbezogene Pflichtverletzungen

9 Ein zweiter Problemkreis ist dadurch eröffnet worden, dass § 280 Abs. 1 S. 2 BGB nicht dieselbe Flexibilität zu besitzen scheint, wie sie die analoge Anwendung des § 282 BGB a.F. erlaubt hatte. Das wirkt sich bei der Beurteilung von Pflichtverletzungen aus, die innerhalb von **Vertragsbeziehungen ohne erfolgsbezogenes Leistungsprogramm** relevant werden. Verdunkelt wird die Reichweite der Gesetzgebung durch das vieldeutige Kriterium der vertraglichen Pflichtverletzung und die verbale Abtrennung des Vertretenmüssens. Unklar ist, was im Bereich der Fahrlässigkeitshaftung der Pflichtverletzung und was dem Vertretenmüssen zuzuordnen ist.[1] Unbrauchbar ist auch die Starrheit der Regelung.

10 Im **Abschlussbericht der Schuldrechtskommission** wurde eine begriffliche Rückkehr von der Haftung für Nichterfüllung nach dem Vorbild des EKG, wie sie *Huber* als Reform vorgeschlagen hatte, zum traditionellen System der Haftung für Pflichtverletzung vollzogen.[2] Dabei ist es im **Gesetzgebungsverfahren** ebenso geblieben wir bei der Art der Beweislastformulierung, gegen die der Bundesrat Bedenken geltend gemacht hatte.[3] Die Schuldrechtskommission sah in der später Gesetz gewordenen Regelung ein Aufgreifen des damals geltenden Rechts in Bezug auf die positive Forderungsverletzung, nannte aber die Arzthaftung als Beispiel für Ausnahmen. Für eine gesetzliche Regelung der Ausnahmen sah die Kommission „zumindest derzeit" keine Möglichkeit.[4] So muss nun der **Zentraltatbestand der Pflichtverletzung** vom **Gläubiger** bewiesen werden, das **Vertretenmüssen** und somit in erster Linie die Fahrlässigkeit des § 276 Abs. 2 BGB vom **Schuldner**, so als ob darin keine Schuldnerpflichten steckten.[5] Die Bundesregierung hat in ihrer Gegenäußerung zur Bundesratsstellungnahme die Beweislastumkehr nur vage mit der Verantwortung des Schuldners für „seinen Bereich" gerechtfertigt; die Beweislast solle in Übereinstimmung mit der Rechtsprechung „nach Gefahren- und Verantwortungsbereichen" verteilt werden.[6]

11 Beweislastregeln dürfen **nicht** den Zweck von **materiell-rechtlichen Regelungen vereiteln**; durch ihre Anwendung darf **keine Erfolgshaftung** bewirkt werden, die nach materiellem Recht nicht besteht. Beim ärztlichen Behandlungsvertrag ist gesicherte Erkenntnis, dass für den Eintritt des **medizinischen Behandlungserfolges** nicht gehaftet werden soll.[7] Auch bei anderen Dienstleistungen, etwa von Rechts- und Steuerberatern, wird in der Regel nicht ein Erfolg geschuldet, sondern sind nur „gute Dienste" zu erbringen.[8] Allerdings wird § 280 Abs. 1 S. 2 BGB im Arzthaftungsrecht angewandt, soweit das Risiko aus dem Bereich sachgerechter Organisation und Koordination des Behandlungsgeschehens einschließlich der Gerätesicherheit und der Hygienegewähr stammt; diese Risiken werden als voll beherrschbar angesehen.[9] Die Beweislastumkehr ist dann aber auf die Annahme eines objektiven Fehlers und des

---

1 Zu möglichen Deutungen *Deutsch/Spickhoff* Medizinrecht[6] Rz. 176 ff.
2 Abschlussbericht der Kommission zur Überarbeitung des Schuldrechts (1992) S. 130.
3 Stellungnahme des Bundesrates, BT-Drucks. 14/6857, S. 12.
4 Abschlussbericht S. 130.
5 Vgl. die Kritik von *Deutsch* AcP 202 (2002), 889, 898.
6 BT-Drucks. 14/6857, S. 49.
7 Zum Ergebnis *Geiß/Greiner*[6] Rz. B 213 f. Zum verbotenen Rückschluss vom Behandlungserfolg auf ein pflichtwidriges ärztliches Verhalten und zur Nichtanwendung des § 282 BGB a.F. BGH NJW 1978, 1681 = VersR 1978, 542, 543; BGH NJW 1978, 584; *Deutsch/Spickhoff* Medizinrecht[6] Rz. 168, 174; *Lange/Schiemann* Schadensersatz[3] § 3 XIII 2 (= S. 167).
8 Dazu *Borgmann/Jungk/Grams* Anwaltshaftung[4] § 43 Rz. 8; *Vollkommer/Greger/Heinemann*[3] § 26 Rz. 11 u. 19; *Zugehör* Beraterhaftung nach der Schuldrechtsreform Rz. 169.
9 *Geiß/Greiner*[6] Rz. B 214 und B 238 f.

Verschuldens beschränkt, ergreift hingegen nicht die haftungsbegründende Kausalität,[1] also die medizinisch-biologische Auswirkung.

Über das **sachgerechte Ergebnis** besteht **Einigkeit**. Wie es bewirkt werden kann, ist noch unzureichend geklärt. Gelegentlich ist daran gedacht worden, den Wortlaut des § 280 Abs. 1 S. 2 BGB durch eine **teleologische Reduktion** zu korrigieren.[2] Das hätte allerdings zur Voraussetzung, dass der Wortlaut einer Einschränkung bedürfte, was nicht der Fall ist. Eine andere Auffassung geht dahin, die Beweislast für das Fehlen einer objektiven Pflichtverletzung und das Fehlen ihrer Ursächlichkeit sei auch weiterhin gesetzlich nicht geregelt.[3] 12

Vorzugswürdig ist folgende **dogmatische Erklärung**: Die objektive vertragliche Pflichtverletzung des § 280 Abs. 1 S. 1 BGB und das Vertretenmüssen nach § 280 Abs. 1 S. 2 BGB sind im übergreifenden Begriff der „**zu vertretenden Pflichtverletzung**" zusammenzuziehen[4] und dann für Beweislastzwecke in gleicher Weise in rechtsbegründende und rechtshindernde Einzelelemente **richterrechtlich** zu **zergliedern** wie die deliktische Verkehrspflicht; die für § 282 BGB a.F. behaupteten strukturellen Unterschiede zum Deliktsrecht[5] sind nicht existent. 13

Die Pflichtverletzung hat generalklauselartige Weite. Sie ist mal bloßer Nichteintritt eines Vertragserfolges, etwa wegen Mangelhaftigkeit des Kaufgegenstandes, mal echte vorwerfbare Nichtbeachtung einer vertraglichen Verhaltenspflicht, so bei der Nacherfüllungspflicht, die aber immerhin noch auf einen Erfolg bezogen ist. Schließlich gibt es Abweichungen von einem **Verhaltensprogramm**, das – so bei Dienstleistungen – von vornherein nicht von einem vertraglich definierten **Erfolg her gedacht** wird. Der Begriff der schadensersatzbewehrten Pflichtverletzung ist Oberbegriff für näher zu konkretisierende Abweichungen vom vertraglichen Leistungsprogramm einschließlich der Gewährleistungshaftung, also für die Verletzung einer **Vielzahl von Pflichtinhalten**.[6] Er umschließt das Einstehenmüssen für das dauernde oder vorübergehende qualitative oder quantitative Ausbleiben der Leistung, für behebbare und nicht behebbare Sach- oder Rechtsmängel, gleich ob sie bei Vertragsschluss vorhanden waren oder später eingetreten sind, und für die Vertragsabweichung beim Erfüllungsversuch sowie für das Fortbestehen der Abweichung trotz Nacherfüllungsbemühungen.[7] Das Rechtsfolgensystem stellt sodann differenzierte zusätzliche Anforderungen. 14

Auf das **heterogene Pflichtenprogramm** ist das **Vertretenmüssen der Pflichtverletzung** bezogen.[8] Erst damit wird fixiert, ob der Schuldner für ein Hindernis der Leistungserbringung einzustehen hat. Hindernisse können ihre Ursache nicht nur im einen Verhalten des Schuldners haben, sondern auch im Verhalten Dritter oder in natürlichen Gründen, wofür der Schuldner nur begrenzt einzustehen hat, wenn er nicht eine Garantie abgegeben hat.[9] Es geht um den Inhalt von Sorgfaltsanforderungen, die der 15

---

1 OLG Düsseldorf, Urt. v. 13.1.2005 – 8 U 18/04 – mit Nichtzulassungsbeschluss des BGH v. 22.11.2005 – VI ZR 30/05, zitiert nach *Geiß/Greiner*[6] Rz. B 240.
2 So *Deutsch* AcP 202 (2002), 889, 896; *Rolland*, in: Haas/Medicus/Rolland/Schäfer/Wendtland, Das neue Schuldrecht (2002), Kap. 1 Rz. 24; *Katzenmeier* VersR 2002, 1066, 1968; *Keilmann* JbJZivRW 2005, S. 209, 225 f.; ablehnend *Spickhoff* NJW 2002, 2530, 2532.
3 So Stein/Jonas/*Leipold*[22] § 286 Rz. 119.
4 So auch beiläufig Zugehör/*Fischer* Anwaltshaftung[2] Rz. 1100 („einheitliche Haftungsgrundlage für einen Schadensersatzanspruch wegen einer zu vertretenden Pflichtverletzung").
5 Stein/Jonas/*Leipold*[21] § 286 Rz. 86a (bei Fn. 212); s. auch Rosenberg/Schwab/*Gottwald*[16] § 114 Rz. 18 a.E.
6 Schlechtriem/*Schmidt-Kessel* Schuldrecht, 6. Aufl., Rz. 446 und 453.
7 Vgl. MünchKommBGB/*Westermann*[6] § 437 Rz. 21.
8 Schlechtriem/*Schmidt-Kessel*[6] Rz. 563.
9 Vgl. Schlechtriem/*Schmidt-Kessel*[6] Rz. 563.

Schuldner oder seine Erfüllungsgehilfen zu erfüllen haben, etwa um Nachforschungen zur Lieferfähigkeit oder um die stichprobenweise Untersuchung angelieferter Ware. Die dafür notwendigen Wertungen beziehen sich bei arbeitsteiligen Prozessen u.a. auf das marktwirtschaftliche Ordnungssystem, das Segmentierungen von Handel und Produktion akzeptiert und Untersuchungspflichten des Verkäufers[1] oder Verarbeiters nicht generell vorsieht.

16 Im Bereich der **Fahrlässigkeitshaftung** gibt es **keinen Unterschied** zwischen der **Pflichtverletzung** nach § 280 Abs. 1 S. 1 BGB und dem objektiven Sorgfaltsverstoß, der das **Vertretenmüssen** begründen soll. Sowohl bei § 280 Abs. 1 S. 1 als auch bei § 280 Abs. 1 S. 2 BGB geht es um die Gesamtheit der Verhaltenserwartungen, die an einen Schuldner gestellt werden. Mit § 280 Abs. 1 S. 2 BGB wird nur festgelegt, dass bestimmte, freilich nicht näher definierte Elemente der Abweichung von den Verhaltensanforderungen vom Schuldner darzulegen und zu beweisen sind.[2]

17 Dieses Verständnis des § 280 Abs. 1 BGB hat einen wesentlichen **rechtspraktischen Vorteil**, den Vorteil nämlich, dass **bei der beweisrechtlichen Zergliederung** der ganz unterschiedlichen Pflichtinhalte in rechtsbegründende Regelvoraussetzungen und rechtshindernde Ausnahmeelemente richterliche **Freiheit** besteht. Es wird erklärbar, weshalb das Schrifttum zu § 280 Abs. 1 BGB, die älteren Rechtsprechungsergebnisse aufgreifend, die Beweislastaussagen mit salvatorischen Vorbehalten wie „grundsätzlich" oder „in der Regel" versehen kann,[3] ohne sich von den Vorgaben des Gesetzgebers zu entfernen.

18 Für **erfolgsorientierte Pflichten** und für rein **verhaltensbezogene Pflichten** können die Zuweisungen sowohl der Darlegungslast als auch der Beweislast unverkrampft sachangemessen vorgenommen werden.[4] Eine überschießende und beliebig erscheinende Qualifizierung als Pflicht i.S.d. Satzes 1 oder als Vertretenmüssen i.S.d. Satzes 2 i.V.m. § 276 Abs. 2 BGB wird vermieden. Evident ist dies bei verhaltensbetonten Vertragsverhältnissen wie dem Behandlungsvertrag, die sich einer Einheitslösung entziehen, weil für einzelne Pflichten die Darlegungs- und Beweislast der Behandlerseite zugewiesen wird. Wohl nur bei dieser Begründung kann die Verteilung zwanglos darauf Rücksicht nehmen, ob die Schadensursache tatsächlich aus dem vom Schuldner beherrschbaren Lebensbereich (anders ausgedrückt: Gefahrenbereich) stammt.

19 Beim **Mitverschuldenseinwand** des § 254 BGB ist die Beweislastregel des § 280 Abs. 1 S. 2 BGB nicht anzuwenden.[5]

§ 37 Beweisrechtliche Nutzung prozedualisierter Qualitätskontrollen und ihrer Dokumentation

Schrifttum:
Busch, DIN-Normen für Dienstleistungen – Das Europäische Normungskomitee produziert Musterverträge, NJW 2010, 3061.

---

1 Vgl. MünchKommBGB/*Westermann*[6] § 437 Rz. 28.
2 Schlechtriem/*Schmidt-Kessel*[6] Rz. 566: Weitgehende Austauschbarkeit der Einordnung mit großen Spielräumen für den Richter.
3 Vgl. nur Palandt/*Grüneberg*[72] § 280 Rz. 36, ferner 37 (Orientierung an Verantwortungsbereichen „modifiziert die Regel"); MünchKommBGB/*Ernst*[6] § 280 Rz. 146.
4 Zu dieser Differenzierung OLG Köln NJW 2013, 3454 (Pflichtverletzung bei Asbestverunreinigung durch Demontagearbeiten).
5 BGH ZIP 2012, 1128 Rz. 30.

Dokumentationen von Arbeitsabläufen werden im **Dienstleistungsbereich** ebenso wie in der **Warenproduktion** erstellt. Sie werden angefertigt, um Vorgänge transparent und nachprüfbar zu machen, ohne dass damit primär ein juristischer Beweissicherungszweck verfolgt wird. Traditionelles Beispiel ist die ärztliche Dokumentation, die therapeutischen Zwecken dient (Kap. 15 Rz. 63). In der Warenproduktion ist die unternehmensinterne Dokumentation der einzelnen Schritte des Herstellungsprozesses zum Bestandteil des Qualitätsmanagements geworden. Die **Qualitätskontrolle** wird damit vom Endprodukt auf den Herstellungsprozess **vorverlagert**. 20

Eine erhebliche **Ausweitung der Dokumentationspflichten** ist im **Dienstleistungssektor** zu erwarten. Ausgangspunkt dafür ist die Ausdehnung der Normung auf den Dienstleistungssektor.[1] Das Unionsrecht bemüht sich, die Vergleichbarkeit von Dienstleistungen und damit den grenzüberschreitenden Wettbewerb im Vergabeverfahren zu fördern. Dafür werden Spezifikationen durch die Aufstellung europäischer Normen seitens Normungsorganisationen wie CEN, Cenelec oder ETSI gefordert. Normung dient damit nicht mehr nur der Standardisierung von Waren zur Förderung der Kompatibilität und Interoperabilität mit anderen Produkten oder Systemen. Nach Art. 2 Abs. 4 (c) der VO Nr. 1025/2012/EU vom 25.10.2012[2] sind **technische Spezifikationen** auch für Eigenschaften aufzustellen, die Dienstleistungserbringer zu erfüllen haben. Die Einhaltung dieser Spezifikation erlangt **materiell-rechtliche Bedeutung**, soweit sie zur Grundlage der Bildung von Sorgfaltsstandards gemacht wird.[3] 21

Bestandteil des Normungswesens wird die Ausweitung von Dokumentationspflichten über die Erbringung geschuldeter Dienstleistungen sein. Dokumentationspflichten bei der Erbringung von Dienstleistungen existieren zum Teil bereits. So hat der BGH die Pflicht des Architekten bejaht, ein **Bautagebuch** zu führen, wenn er eine Objektüberwachung schuldet. Die Nichterfüllung der erfolgsbezogenen Dokumentationspflicht ist insoweit materiell-rechtlich bedeutsam, als das Ausbleiben des Dokumentationserfolgs zur Honorarkürzung nach § 634 BGB berechtigt.[4] 22

So wie die ärztliche **Dokumentation zu Beweiszwecken** herangezogen wird (Kap. 11 Rz. 41 und Kap. 15 Rz. 63), werden Dokumente über **Befundsicherungen** (dazu auch Kap. 7 Rz. 32) auch aus anderen Lebensbereichen beweisrechtliche Bedeutung erlangen, selbst wenn ihre Errichtung primär anderen Zwecken dient. 23

§ 38 Aufklärungs- und Beratungsfehler: Hypothetische Reaktion auf pflichtgemäßes Verhalten

Schrifttum:

Bassler, Die Vermutung aufklärungsrichtigen Verhaltens – Kritische Würdigung der richterrechtlichen Beweislastumkehr im Kapitalanlageberatungsrecht, WM 2013, 544; *Canaris*, Die Vermutung „aufklärungspflichtigen Verhaltens" und ihre Grundlagen, Festschrift Hadding (2004), S. 3; *Göertz Susan*, Der Beweis der Kausalität bei Aufklärungspflichtverletzungen, 2012 (Rezension *Siol*, WM 2012, 2259); *Seyfahrt/Rößler*, Zur Vermutung aufklärungsrichtigen Verhaltens bei Aufklärungspflichtverletzungen durch Anlageberater und durch Rechtsanwälte und Steuerberater, VersR 2012, 837; *Schwab*, Die Vermutung aufklärungsrichtigen Verhaltens bei mehreren hypothetischen Entscheidungsmöglichkeiten, NJW 2012, 3274.

---

1 Zu dort bereits existierenden Normen *Busch* NJW 2010, 3061, 3062.
2 ABl. EU Nr. L 316 v. 14.11.2012, S. 12.
3 Vgl. dazu *Busch* NJW 2010, 3061, 3066.
4 BGHZ 159, 376, 382 = NJW 2004, 2588, 2589; BGH NJW-RR 2011, 860 Rz. 15.

I. Beweis der Reaktion des Aufklärungsadressaten

24 Die Schwierigkeiten im Umgang mit Aufklärungsfehlern liegen nicht nur darin begründet, dass der etwaige Inhalt des im Vier-Augen-Gespräch mündlich Gesagten aufgeklärt werden muss, sondern dass die **Reaktion** des Patienten, Mandanten oder sonstigen Adressaten **ungewiss** ist. Für die Anwaltshaftung berichtet *Borgmann*, die frühere Leiterin der Schadensregulierungsabteilung der Allianz, die Bearbeitung tausender von Haftpflichtfällen habe ihr die ganze **Bandbreite von Unvernunft und Dummheit** vor Augen geführt; Warnungen würden nicht nur ausnahmsweise in den Wind geschlagen.[1]

II. Antworten der Rechtsprechung

1. Naheliegende Entscheidung

25 Wenn nur ein sinnvolles Entscheidungsverhalten in Betracht kommt, hat die Rechtsprechung eine **widerlegbare Vermutung** aufklärungsrichtigen bzw. **beratungsrichtigen Verhaltens** aufgestellt. Die dogmatische Erklärung dafür ist ungewiss.[2]

26 Zum Teil wird dieser Satz der Lebenserfahrung – zu Unrecht – als **Anscheinsbeweis** angesehen. In der **Anwalts- und Steuerberaterhaftung** hat der BGH 1993 ältere Rechtsprechung aufgegeben,[3] die von einer Beweislastumkehr ausging. Die Annahme eines Ursachenzusammenhangs zwischen Pflichtverletzung des Beraters und einem bestimmten Verhaltens seines Mandanten beruhe auf nach der Lebenserfahrung zu würdigenden Umständen und auf der Wahrscheinlichkeit eines bestimmten Geschehensablaufs, was die Einordnung bei der Beweiswürdigung gebiete, nicht aber eine „volle Beweislastumkehr"(!) rechtfertige.[4]

27 Für die **Architektenhaftung** hat der BGH die beratungskonforme Reaktion des Bauherrn als zur Beweislastumkehr führende widerlegliche Vermutung qualifiziert.[5]

28 In der **Produkthaftung** hat der BGH verschiedentlich gesagt, dass für die Beachtung deutlicher Gefahrenhinweise eine „**tatsächliche Vermutung**" spreche.[6] Es gibt allerdings auch kritische Stimmen, die dort die Beweislast dem Hersteller auferlegen und umgekehrt ihm die Beweisführung durch Erfahrungssätze erleichtern wollen.[7]

29 Bei behaupteten **ärztlichen Aufklärungsfehlern** (Risikoaufklärung, Selbstbestimmungsaufklärung und therapeutische Aufklärung) trägt der Arzt die Darlegungs- und Beweislast für die ordnungsgemäße Aufklärung,[8] der Patient hingegen diese Lasten dafür, dass der Eingriff die geltend gemachte Schadensfolge verursacht hat.[9] Der BGH **hat substantiierte Darlegungen des Patienten** dafür verlangt, dass er die Behandlung bei pflichtgemäß vermittelter Kenntnis der aufklärungsbedürftigen Umstände gleich-

---

1 *Borgmann/Jungk/Grams* Anwaltshaftung[4] § 45 Rz. 26.
2 Eingehend dazu *Canaris* Festschrift Hadding (2004), S. 3, 18 ff.
3 BGHZ 123, 311, 313 = NJW 1993, 3259, 3260. Nachfolgend z.B. BGH NJW 2000, 1572, 1573; BGH NJW 2008, 2041, 2042, Rz. 20.
4 BGHZ 123, 311, 315 = NJW 1993, 3259.
5 BGH NJW 2013, 3442 Rz. 22.
6 BGH NJW 1992, 560, 562 – Kindertee I; BGH NJW 1994, 517, 520 – Gewindeschneidemittel I.
7 So *Foerste* a.a.O. § 30 Rz. 128 und 134.
8 BGH NJW 2012, 850 Rz. 10. Zur Beweiswürdigung OLG Koblenz VersR 2010, 770, 771.
9 BGH NJW 2012, 850 Rz. 10 und 13 (Abgrenzung zum rechtmäßigen Alternativverhalten).

wohl abgelehnt hätte, wobei es allerdings einschränkend nur auf einen **Entscheidungskonflikt** aus Sicht des Patienten ankommen soll.[1]

Die Erklärung der Vermutung mit einer Beweislastumkehr statt mit Annahme eines Anscheinsbeweises hat praktische Konsequenzen und Vorteile für den Aufklärungspflichtigen: Den Adressaten der unterbliebenen Aufklärung trifft eine **sekundäre Darlegungslast** hinsichtlich seiner potentiellen Entscheidungsüberlegungen 30

2. Offene Entscheidungssituation mit Handlungsalternativen

Von einer Vermutung aufklärungskonformen Verhaltens kann man grundsätzlich nur ausgehen, wenn bei vernünftiger Betrachtungsweise im Entscheidungszeitpunkt eine **einzige sachgerechte Entscheidung** nahelag.[2] Insbesondere in Anwalts- und Steuerberaterhaftungssachen gibt es jedoch Sachverhalte, in denen der Mandant bei korrekter Raterteilung **Risiken** unterschiedlicher Qualität **gegeneinander abzuwägen** gehabt hätte und daher eine offene Entscheidungssituation bestand, in der verschiedene Ursachenabläufe ernsthaft in Betracht kamen. Eine Vermutung soll dann nicht eingreifen,[3] es sei denn, alle Alternativen zum tatsächlichen Geschehen hätten ein für den Mandanten günstigeres Ergebnis erbracht.[4] Denkbar ist bei dieser Ausgangslage nur eine **indiziengestützte freie Beweiswürdigung**. Das Ergebnis wird dem Schutzzweck der vertraglichen Aufklärungspflicht gerecht.[5] Indizien für fehlende Kausalität können sich aus vorangegangenen oder dem nachfolgenden Anlageverhalten des Anlegers ergeben.[6] 31

3. Kapitalmarkt- und Kapitalanlagenrecht

Im Kapitalmarkt- und Kapitalanlagenrecht sind gleichartige Probleme zu lösen für die vertragliche, vorvertragliche oder deliktische **Beraterhaftung**, die **Emission von Wertpapieren** und nichtbörslichen Anlagen (Prospekthaftung) sowie die Informationspflichten der Emittenten gegenüber **dem Sekundärmarkt**. Die dort befürwortete Beweiserleichterung ist in jüngerer Zeit selbst bei der Haftung der Wertpapierdienstleister nicht mehr als Beweislastumkehrbezeichnet worden, sondern es wurde nur noch von einer **Vermutung** aufklärungsrichtigen Verhaltens gesprochen.[7] 32

Der XI. Zivilsenat des BGH hat sich in seiner Entscheidung vom 8.5.2012 unter teilweiser Aufgabe älterer Senatsrechtsprechung für **vertragliche** und **vorvertragliche Aufklärungs- und Beratungspflichten** von Anlageberatern gegenüber Kapitalanlegern 33

---

1 BGHZ 90, 103, 111 f.; BGH NJW 2007, 2771 Rz. 17; BGH NJW 2007, 2774 Rz. 29; OLG München VersR 2014, 633, 634 (Entscheidungskonflikt wegen geringen Risikos im Rahmen einer Notfallbehandlung verneint); s. auch BGH NJW 1994, 2414, 2415 – Kniegelenkpunktion; OLG Koblenz VersR 2013, 1446, 1447. Ebenso für die Anwaltshaftung *Vollkommer/Greger/Heinemann* Anwaltshaftung[3] § 25 Rz. 22. Zur Notwendigkeit erstinstanzlichen Vortrags OLG Oldenburg VersR 2008, 124, 125. Rechtsvergleichend mit der englischen Rechtsprechung dazu *Deutsch* VersR 2013, 691 f.
2 So zur Anwaltshaftung BGHZ 123, 311, 313 = NJW 1993, 3259, 3260; BGH NJW 2000, 2814, 2815; BGH NJW 2002, 292, 294; BGH NJW 2002, 593, 594; *Vollkommer/Greger/Heinemann*[3] § 25 Rz. 21. Nicht einschlägig ist die Vermutung bei Ablehnung eines richtigen Vorschlags: BGH NJW 2007, 2485, 2489, Rz. 44; BGH NJW 2008, 2040, 2042, Rz. 21.
3 BGH NJW-RR 1999, 641, 642; BGH NJW-RR 2001, 1351, 1353; BGH NJW 2008, 2647, Rz. 12.
4 BGH NJW-RR 2001, 201, 204.
5 *Canaris* Festschrift Hadding (2004), S. 3, 24.
6 BGH NJW 2013, 3574 Rz. 39.
7 BGH NJW-RR 2004, 203, 205 = ZIP 2003, 2242; BGH NJW 2009, 2298 Rz. 22; BGH ZIP 2011, 1559 Rz. 7; KG VersR 2012, 101, 104; s. ferner BGH ZIP 2010, 288 Rz. 18; BVerfG NJW 2012, 443 = ZIP 2012, 164 Rz. 20. Die Rspr. weiterhin als Beweislastumkehr deutend Stein/Jonas/*Leipold*[22] § 286 Rz. 123.

zu der Auffassung bekannt, die feststehende Verletzung einer derartigen Pflicht begründe **stets** eine sog. „Vermutung aufklärungsrichtigen Verhaltens". Dabei handele es sich **nicht** lediglich um einen **Anscheinsbeweis**, sondern um eine **Beweislastumkehr**.[1] **Unerheblich** sei dafür, ob der Anleger mehrere Möglichkeiten des Entscheidungsverhaltens gehabt, sich also in einem **Entscheidungskonflikt** befunden habe.[2] Dies gebiete der Schutzzweck der Aufklärungspflicht, dem Anleger eine sachgerechte Entscheidung über den Abschluss des Anlagegeschäfts zu ermöglichen; er werde nur erreicht, wenn Unklarheiten zu Lasten des Aufklärungspflichtigen gingen.[3] Der XI. Zivilsenat sieht sich damit in Einklang mit der Rechtsprechung des II. und des III. Zivilsenats.[4] Der II. Zivilsenat hat die Entscheidung nachfolgend zustimmend zitiert.[5]

34 Von der Rechtsprechung zur Verletzung vertraglicher Aufklärungspflichten hat der **VI. Zivilsenat** des BGH die deliktische **Haftung nach § 826 BGB** abgegrenzt.[6] Ob das Unterbleiben sittenwidrig fehlerhafter Prospektangaben (dort: pflichtwidriger Bestätigungsvermerk eines Wirtschaftsprüfers) nachträglich ein wirtschaftlich erfolgreiches Marktverhalten des geschädigten Anlegers veranlasst hätte (dort: Einlösung einer einbringlichen Inhaberschuldverschreibung statt Umtausch in eine wertlose Verschreibung), sei Teil des vom Geschädigten zu beweisenden Vermögensschadens, nicht aber der Einwand rechtmäßigen Alternativverhaltens, der den Schädiger belaste.[7] Die **Differenzierung** ist **wenig überzeugend**, wenn sich die deliktische Haftung mit der vertraglichen Haftung überschneidet, etwa weil Akteure aus vertraglich gebundenen Kapitalgesellschaften wegen desselben Sachverhalts persönlich in Anspruch genommen werden.

§ 39 Beweislastverteilung in ausgewählten Rechtsgebieten

I. Weitere Einzelfälle aus dem BGB

1. Allgemeines

35 Die Verteilung der Darlegungs- und Beweislast ist Gegenstand der Kommentierungen zu den davon betroffenen Tatbeständen sowie Gegenstand des Spezialwerkes von *Baumgärtel/Laumen/Prütting*, Handbuch der Beweislast, 3. Aufl. 2007 ff. Die nachfolgende Zusammenstellung soll nur Hinweise auf wiederkehrende Fragestellungen geben, mit denen die Rechtspraxis zumeist in jüngerer Zeit befasst war.

2. Wirksamer Vertragsschluss, Auslegung

a) Geschäftsfähigkeit

36 Die **unbeschränkte Geschäftsfähigkeit** Volljähriger ist der **Regeltatbestand**. Wer sich auf die Ausnahme beruft, trägt für die zugrundeliegenden Tatsachen die Beweislast.[8] Dasselbe gilt für die Berufung auf Geschäftsunfähigkeit von Minderjährigen in der Al-

---

[1] BGH NJW 2012, 2427 Rz. 29 = VersR 2013, 628; BGH NJW 2013, 3574 Rz. 38.
[2] BGH NJW 2012, 2427 Rz. 33.
[3] BGH NJW 2012, 2427 Rz. 35 f.; zustimmend *Schwab* NJW 2012, 3274; kritisch *Bassler* WM 2013, 544; gegen Übertragung auf die Anwalts- und Steuerberaterhaftung *Seyfahrt/Rößler* VersR 2013, 837, 839.
[4] BGH NJW 2012, 2427 Rz. 34.
[5] BGH WM 2014, 661 Rz. 10.
[6] BGH VersR 2013, 367 Rz. 15 = ZIP 2013, 417.
[7] BGH VersR 2013, 367 Rz. 14 f.
[8] BayObLG Rpfleger 1982, 286.

tersgruppe mit beschränkter Geschäftsfähigkeit. Steht die Geschäftsunfähigkeit wegen krankhafter Störung der Geistestätigkeit (§ 104 Nr. 2 BGB) fest, ist demgegenüber die rechtsgeschäftliche Handlung während eines lichten Moments als Ausnahme anzusehen.[1]

b) Nichtigkeit und Anfechtbarkeit von Rechtsgeschäften

Die tatsächlichen Voraussetzungen für das Bestehen eines Tatbestandes, der die Nichtigkeit (§§ 105, 116 S. 2, 117, 118, 134, 138 BGB) oder die Anfechtbarkeit eines Rechtsgeschäfts zur Folge hat, sind von demjenigen darzulegen und zu beweisen, der sich auf den Unwirksamkeitsgrund beruft.[2] Dies gilt auch für die Einhaltung der Anfechtungsfrist (str.), die auf das durch Anfechtung zu vernichtende Recht zu beziehen ist und nicht als Ausnahme zum Anfechtungsrecht verstanden werden darf.[3] Den die **Arglist** bestreitenden Anfechtungsgegner trifft eine sekundäre Darlegungslast hinsichtlich des Zustandekommens falscher Angaben.[4] 37

Dies gilt nicht für die etwaige **Formunwirksamkeit**; die Formgültigkeit ist bei gesetzlich vorgeschriebener Form ein rechtsbegründendes Merkmal. Streit über die Einhaltung einer gesetzlich vorgeschriebenen Form wird wohl nur aufkommen, wenn das Errichtungsdokument abhanden gekommen ist. Eine konstitutive **gewillkürte Form** ist Ausnahmetatbestand. 38

§ 139 BGB weist die Darlegungs- und Beweislast für den Erhalt des Geschäfts bei Teilnichtigkeit demjenigen zu, der sich auf die Geltung des Restvertrages beruft. Die standardmäßige salvatorische Klausel, das Rechtsgeschäft solle auch ohne eine eventuell nichtige Klausel wirksam sein, dreht die gesetzliche Verteilung um.[5] 39

c) Abschluss und Inhalt von Rechtsgeschäften

Probleme bereitet der Nachweis des **Vertragsabschlusses im Internet**. Das Einstellen eines Warenangebots in eine Plattform wie eBay ist ein verbindliches Angebot; dessen Annahme durch einen Internetnutzer hat der Verkäufer zu beweisen.[6] Aus der Verwendung eines **geheimen Passworts** ist nicht auf denjenigen als Verwender zu schließen, dem dieses Passwort ursprünglich zugeteilt worden ist, solange die Sicherheitsstandards im Internet Manipulationen erlauben.[7] Der Internetnutzer trägt im Verhältnis zum Telefondienstleister die Darlegungs- und Beweislast dafür, dass **heimlich** ein **Dialer installiert** worden ist; dazu gehört der konkrete Vortrag über die Existenz des Dialer auf dem PC und die gewählte Rufnummer.[8] 40

Sollen in einem Verbrauchervertrag die Klauseln einer **AGB-Kontrolle** unterworfen werden (§ 310 Abs. 3 BGB), trägt der Verbraucher die Darlegungs- und Beweislast dafür, dass die fraglichen Klauseln für eine Vielzahl von Fällen vorformuliert worden sind; der Unternehmer hat darzulegen und zu beweisen, dass die vorformulierten Vertragsklauseln im einzelnen ausgehandelt worden sind.[9] 41

---

1 BGH NJW 1988, 3011.
2 Vgl. BGH NJW 2008, 2912 Rz. 23; BGH WM 2009, 1274 Rz. 19.
3 *Arnold* AcP 209 (2009), 285, 294, 307.
4 BGH NJW-RR 2008, 343 (Lebensversicherung, Erstreckung auf Drittbegünstigten).
5 BGH GRUR 2004, 363.
6 OLG Hamm MMR 2007, 449.
7 OLG Hamm MMR 2007, 449 m.w.N.
8 AG Leer MMR 2007, 473.
9 BGH NJW 2008, 2250, 2251, Rz. 14.

d) Vertrags- und Testamentsauslegung

42 Behauptet eine Vertragspartei einen **übereinstimmenden Willen** der Vertragspartner, der vom durch **normative Auslegung** ermittelten Parteiwillen **abweicht**, trägt sie dafür die Darlegungs- und Beweislast.[1] Dies gilt u.a. für einen vom allgemeinen Sprachgebrauch abweichenden Sinn des Wortlauts der Willenserklärung(en).[2] Dafür soll die Partei allerdings keine Einzeltatsachen vortragen müssen,[3] was die Substantiierung unbefriedigend herabsetzt und völlig spekulativen Beweiserhebungen Vorschub leistet.

e) Verjährung

43 Den **Gläubiger** trifft die Darlegungs- und Beweislast für diejenigen Umstände, aus denen sich die für ihn günstige **Ablaufhemmung** ergibt.[4] Bei der Geltendmachung von Werkmängeln gilt dies für den Eintritt der Hemmung zu Lasten des Bestellers. Den Unternehmer trifft die Last für die Beendigung der Hemmung durch Mitteilung des Prüfergebnisses, die Abgabe der Beseitigungserklärung oder die Verweigerung weiterer Mängelbeseitigungsarbeiten.[5] Verjährungsfristverlängerungen wegen Vorsatzes oder vorsatzgleichen Verschuldens sind ungeachtet sekundärer Darlegungslasten vom Gläubiger zu beweisen.[6]

f) Allgemeines Schuldrecht

44 Für die Entstehung eines **Schadens** ist der Geschädigte darlegungs- und beweispflichtig, für die Voraussetzungen des Einwands **rechtmäßigen Alternativverhaltens** für Schädiger.[7] Der Geldersatzanspruch nach **§ 251 BGB** wird durch das Verhältnismäßigkeitsprinzip begrenzt. Der Schädiger hat die Voraussetzungen der Ersetzungsbefugnis des § 251 Abs. 2 S. 1 BGB darzulegen und zu beweisen.[8]

45 Im Streit um die Geltung von **AGB** trägt der Verbraucher im Falle des § 310 Abs. 3 Nr. 1 BGB die Beweislast dafür, dass die Klauseln für eine Vielzahl von Fällen vorformuliert wurden; der Unternehmer trägt die Darlegungs- und Beweislast für das Aushandeln im Einzelfall.[9] Im Falle des § 310 Abs. 3 Nr. 2 BGB, also bei zur einmaligen Verwendung bestimmten Klauseln, hat der Verbraucher die Lasten für die Vorformulierung und den fehlenden inhaltlichen Einfluss zu tragen.[10]

46 Wer eine Leistungsbestimmung gem. **§ 315 Abs. 1 BGB** nach billigem Ermessen zu treffen hat, muss die die Billigkeit tragenden Tatsachen darlegen und beweisen.[11]

47 Die **Erfüllung** ist vom Schuldner zu beweisen. Dies gilt auch für die Auszahlung auf eine Spareinlagenforderung bei Vorlage eines jahrzehntelang **umsatzlosen Sparbuchs**.[12] Der Ablauf der handelsrechtlichen Aufbewahrungsfrist rechtfertigt für sich genommen keine Beweislastumkehr.[13]

---

1 BGH NJW 1995, 3258; BGH NJW-RR 2004, 630, 631.
2 BGHZ 86, 41, 46 = NJW 1983, 672, 673; BGH NJW 2001, 144, 145.
3 BGH NJW 2001, 144, 145.
4 BGH VersR 2011, 220 Rz. 20.
5 BGH VersR 2011, 220 Rz. 20; s. auch OLG Koblenz MDR 2013, 86.
6 Zu § 439 Abs. 1 S. 2 HGB *Ungewitter* VersR 2010, 454.
7 BGH NJW-RR 2013, 536 Rz. 11 m.w.N. der Rspr.; BGH VersR 2013, 367 Rz. 14.
8 BGH VersR 2009, 408 Rz. 14 = NJW 2009, 1066.
9 BGH ZIP 2008, 1877 Rz. 14.
10 BGH ZIP 2008, 1877 Rz. 18.
11 BGH NJW 2009, 2894 Rz. 19 – Gaspreiserhöhung.
12 OLG Frankfurt ZIP 2011, 1095, 1096.
13 OLG Frankfurt ZIP 2011, 1095, 1096.

Begehrt ein **Gesamtschuldner** im Innenverhältnis **Ausgleich**, ist er für Umstände, die eine Abweichung von gleichmäßiger Teilung rechtfertigen, darlegungs- und beweispflichtig.[1]   48

3. Kaufvertragliche Schuldverhältnisse

a) Kauf

§ 476 BGB enthält zugunsten des Verbraucher-Käufers eine Beweislastumkehr für den eventuellen **Sachmangel** des Kaufgegenstandes; sie geht auf Art. 5 Abs. 3 der Verbrauchsgüterkaufrichtlinie 1999/44/EG zurück. Ihre Anwendung bereitet der Praxis erhebliche Schwierigkeiten.[2] Den Käufer trifft die Darlegungs- und Beweislast für die einen Sachmangel begründenden Tatsachen, wenn er die Kaufsache entgegengenommen hat.[3] Dasselbe gilt, wenn er die Sache nach erfolgter Nachbesserung entgegengenommen hat und streitig wird, ob das erneute Auftreten des Mangels auf nachträglicher unsachgemäßer Behandlung durch den Käufer beruht.[4]   49

Will der **Käufer** einen **Haftungsausschluss** durch Berufung auf Arglist des Verkäufers **überwinden** (§ 444 BGB), hat er die dafür sprechenden Umstände darzulegen und zu beweisen. Allerdings ist bei unterbliebener Offenbarung von Tatsachen der Verkäufer verpflichtet, seinerseits die erteilte Aufklärung in räumlicher, zeitlicher und inhaltlicher Weise zu spezifizieren.[5]   50

Das **UN-Kaufrecht** enthält implizit Beweislastregeln.[6] Sie sind nach dem Regel-Ausnahme-Prinzip zu gewinnen. Dafür ist die Formulierung von Entlastungsgründen wegweisend.   51

b) Miete, Pacht

Wird das Mietobjekt nicht nur zum Wohnen, sondern auch zur Erteilung von Musikunterricht genutzt, trägt der Mieter die Darlegungs- und Beweislast dafür, dass von der Tätigkeit keine weitergehenden **Einwirkungen** auf die Mietsache und oder **auf Mitmieter** ausgehen als bei einer üblichen Wohnnutzung, wenn er nach § 242 BGB die Zustimmung des Vermieters begehrt.[7] Die Darlegungs- und Beweislast dafür, dass ein **Mietspiegel** die Anforderungen des § 558d Abs. 1 BGB erfüllt, trägt diejenige Partei, die sich auf die Vermutung des § 558d Abs. 3 stützen will.[8] Macht ein Mieter nach **Kündigung wegen Eigenbedarfs** und darauf beruhendem Auszug Schadensersatz-   52

---

1 OLG Hamm NJW-RR 2010, 755, 756.
2 Vgl. dazu BGHZ 159, 215, 220 = NJW 2004, 2299, 2300 f. – Zahnriemen; BGH NJW 2005, 3490, 3492 – Karosserie; BGH NJW 2006, 434, 435 – Turbolader; BGH NJW 2006, 1195, 1196, Rz. 13 – Katalysator; BGHZ 167, 40, 48 f., Rz. 21 ff. = NJW 2006, 2250, 2252 – Araberpferde; BGH NJW 2007, 2619, 2660 Rz. 11 ff. = VersR 2008, 928, 929 (Übergabe des später erkrankten Tieres während der Inkubationszeit) – Zuchtkater; BGH NJW 2007, 2621, 2622, Rz. 15 = VersR 2008, 930, 931, Rz. 15 – Zylinderkopfdichtung; BGH NJW 2014, 1086 Rz. 20 (latenter Mangel der Vorschädigung einer Pferdesehne); OLG Saarbrücken NJW-RR 2012, 285, 286 (notwendiger voller Beweis des Gegenteils); s. ferner BGH NJW 2008, 214 – Kurbelwellenschaden (dort zur Gebrauchtwagengarantie); AG Offenbach, NJW-RR 2007, 1546 (zur Vereitelung des Mangelbeweises bei Getriebeschaden). Zur Nichtanwendung auf den Erwerb eines Pferdes in öffentlicher Versteigerung BGH NJW-RR 2010, 1210 Rz. 11.
3 BGHZ 159, 215, 217 f. = NJW 2004, 2299; BGH NJW 2009, 1341 Rz. 15.
4 BGH NJW 2009, 1341 Rz. 15; BGH NJW 2011, 1664 Rz. 10 f.
5 BGH NJW 2011, 280 Rz. 12.
6 BGH NJW 2002, 1651, 1653; BGH NJW 2004, 3181, 3182; OLG Saarbrücken MDR 2010, 1338 (Preisbemessung); *Müller* RIW 2007, 673, 680.
7 BGH NJW 2013, 1806 Rz. 16.
8 BGH NJW 2013, 775 Rz. 21 u. 29.

ansprüche gegen den Vermieter geltend, hat er zu beweisen, dass die vom Vermieter zur Stützung des Eigenbedarfs angegebenen Tatsachen nicht zutrafen;[1] den Vermieter trifft aber eine sekundäre Darlegungslast.[2]

53 Bei einem **Krangestellungsvertrag** mit Bereitstellung von Bedienungspersonal hat der Vermieter zu beweise, dass er die Eignung des Kranstandplatzes geprüft hat.[3]

54 Der Mieter trägt die Darlegungs- und Beweislast dafür, dass ein Vorwegabzug auf die **Betriebskosten** für gewerbliche Nutzung geboten ist[4] und dass der Vermieter bei Veränderung der Betriebskosten das Wirtschaftlichkeitsgebot beachtet hat.[5] Wird die **Mietsache beschädigt**, muss der Vermieter beweisen, dass die Schadensursache aus dem Obhutsbereich des Mieters stammt, also auch nicht auf dem Verhalten eines Dritten beruht, für den der Mieter nicht nach § 278 BGB haftet.[6] Beim Brand des Mietobjekts, der auf Einwirkung eines Dritten beruhen kann, wird die Verteilung nach Gefahrbereichen nicht angewandt.[7] Macht der Vermieter einen Schadensersatzanspruch wegen **unterlassener Anzeige** eines **Mietmangels** (§ 536c Abs. 2 S. 1 BGB) geltend, trägt er die Darlegungs- und Beweislast für die Verletzung der Anzeigepflicht nach § 536c Abs. 1 BGB;[8] den Mieter trifft aber eine sekundäre Darlegungslast, so dass er Mängelanzeigen in zeitlicher, inhaltlicher und räumlicher Hinsicht spezifizieren muss.[9]

55 Baut der Pächter eines landwirtschaftlich genutzten Grundstücks staatlich zugelassenes **gentechnisch verändertes Saatgut** an, kehrt sich im Streit um die ordnungsgemäße vertragliche Nutzung die Darlegungs- und Beweislast für die Feststellung der Bodenwirkung nicht um.[10]

c) Werkvertrag

56 Macht ein Architekt Honoraransprüche geltend, ohne ausdrücklich eine Vergütungsvereinbarung getroffen zu haben, muss er den konkludenten Abschluss eines entgeltlichen Vertrages beweisen.[11] Hat der Bauunternehmer **Vorauszahlungen** erhalten, muss er nach Abnahme des Werkes oder nach Vertragsbeendigung **abrechnen** und den etwaigen Überschuss an den Auftraggeber auszahlen, ohne dass die Darlegungs- und Beweislastgrundsätze des Bereicherungsrechts anzuwenden sind.[12] Dasselbe gilt für die Rückzahlung überzahlten Architektenhonorars bei nicht vollständig durchgeführtem Vertrag.[13] Nach Bereicherungsrecht richtet sich aber die teilweise Rückforderung einer Schlusszahlung.[14] Hat der Werkunternehmer eine **prüfbare Abrechnung** vorzulegen und erfüllt er diese Pflicht, kehrt sich dadurch die Darlegungs- und Beweislast nicht um.[15] Wird eine Stundenlohnvereinbarung für Werkleistungen ge-

---

1 BGH NJW 2005, 2395, 2396 a.E.
2 BGH NJW 2005, 2395, 2397.
3 OLG Stuttgart VersR 2011, 1571, 1572.
4 BGH NJW-RR 2011, 90 Rz. 22.
5 BGH NJW 2011, 3028 Rz. 16.
6 BGH NJW-RR 2005, 381; LG Landshut MDR 2011, 1471.
7 Dazu BGH NJW 2009, 142; OLG Celle NJW-RR 2010, 308, 309 m. Bespr. *Schmid* VersR 2010, 43.
8 BGH (VIII. ZS) NJW 2013, 1299 Rz. 26 (möglicherweise anders der XII. ZS).
9 BGH NJW 2013, 1299 Rz. 36.
10 OLG Brandenburg NJW 2008, 2127, 2129.
11 OLG Celle NJW 2011, 3462, 3463. S. auch zu § 632 II BGB OLG München NJW-RR 2010, 64 (Durchführung einer Entenjagd).
12 BGHZ 140, 365, 373; BGH NJW 1999, 1867, 1869; BGH NJW 2002, 1567, 1568.
13 BGH NJW-RR 2008, 328, 329 Rz. 17.
14 OLG München NJW 2013, 1165, 1166.
15 BGH NJW 2009, 3426 Rz. 24 (Kausalitätsannahme qualifiziert als widerlegende Vermutung).

troffen, begründet die Unwirtschaftlichkeit der Ausführung einen Schadensersatzanspruch des Bestellers, für den er darlegungs- und beweispflichtig ist.[1] An dessen Darlegungen sind keine hohen Anforderungen zu stellen.[2]

Macht der Besteller **Baumängel** geltend, genügt er seiner Darlegungslast, wenn er die Mangelerscheinung hinreichend genau bezeichnet und der Leistung des Unternehmens zuordnet (**Symptomtheorie**).[3] Einer vertraglichen Beschaffenheitsvereinbarung, die das Werk funktionsuntauglich macht, hat der Unternehmer durch Prüfungs- und Beratungspflichten entgegenzuwirken; für deren Erfüllung ist er darlegungs- und beweispflichtig.[4] 57

Vor Abnahme des Werks hat der Unternehmer die Mangelfreiheit zu beweisen,[5] danach der Besteller die Mangelhaftigkeit. Die Darlegungs- und Beweislast des Bestellers erstreckt sich auch auf die Ursächlichkeit der Leistungen des Unternehmers für einen Mangel.[6] Das wird bedeutsam, wenn mehrere Unternehmer an einem Werk gearbeitet haben, die der Besteller selbständig beauftragt hat.[7] Die Beweislast für eine wegen Mangelunwesentlichkeit unberechtigte Abnahmeverweigerung trifft der Unternehmer.[8] Eine Umkehr der Beweislast tritt nicht allein deshalb ein, weil der Besteller die Mängel im Wege der Ersatzvornahme hat beseitigen lassen.[9] Der Vorwurf der Beweisvereitelung des Bestellers kann nicht schlechthin aus einer fehlenden Dokumentation der Mängel durch weitere sachverständige Feststellungen hergeleitet werden.[10] Allerdings muss der Besteller ausgetauschte Teile aufbewahren.[11] 58

Sind Architekt und Tragwerkplaner risikoreiche Bodenverhältnisse bekannt, haben sie mit dem Bauherrn die gefährdete **Standsicherheit** zu erörtern. Unterbleibt dies, sind sie dafür beweispflichtig, dass er bei Kenntnis der Gefährdung am Bauvorhaben festgehalten hätte.[12] 59

d) Darlehen

Die Beweislast für den **Abschluss** des Darlehens und die **Übergabe** der **Darlehensvaluta** trifft den Anspruchsteller.[13] Der Darlehensgeber trägt die Beweislast für de Verzinslichkeit.[14] Die Voraussetzungen für eine **echte Mitdarlehensnehmerschaft** hat der Kreditgeber darzulegen und zu beweisen. Dazu gehört das notwendige Eigeninteresse an der Kreditaufnahme.[15] Ausgangspunkt ist der Vertragswortlaut. Hinsichtlich des angeblich fehlenden Eigeninteresses (mit der Konsequenz einer Anwendung des § 138 Abs. 1 BGB) trifft den Schuldner die sekundäre Darlegungslast.[16] 60

---

1 BGH NJW 2009, 3426 Rz. 17.
2 BGH NJW 2009, 3426 Rz. 20.
3 BGH WM 2005, 2291, 2292; BGH WM 2008, 804, 805; BGH NJW 2009, 360 Rz. 20.
4 BGH NJW 2008, 511, 514 Rz. 26.
5 BGH NJW 2009, 360 Rz. 14; BGH NJW-RR 2014, 456 Rz. 17.
6 BGH NJW-RR 2014, 456 Rz. 17.
7 Vgl. dazu BGH NJW-RR 2014, 456 Rz. 15.
8 OLG Brandenburg NJW-RR 2012, 655, 657.
9 BGH NJW 2009, 360 Rz. 16.
10 BGH NJW 2009, 360 Rz. 20.
11 BGH NJW 2009, 360 Rz. 20.
12 BGH NJW 2013, 3442 Rz. 21 f. (Kausalitätsannahme dort als widerlegliche Vermutung qualifiziert).
13 OLG Koblenz WM 2013, 842, 843.
14 OLG Oldenburg ZIP 2013, 1760 = MDR 2014, 203.
15 BGH NJW 2009, 1494 Rz. 16.
16 BGH NJW 2009, 1494 Rz. 18.

e) Auftrag, GoA

61 Für den Inhalt des Auftrags trägt der Auftraggeber die Beweislast; erst danach hat der Beauftragte die ordnungsgemäße Ausführung des Auftrags zu beweisen.[1]

f) Anerkenntnis

62 Ein abstraktes oder ein deklaratorisches Schuldanerkenntnis hat materiellrechtliche Wirkungen, die den Gläubiger zugleich beweisrechtlich begünstigen. Fehlt es an einem dafür erforderlichen rechtsgeschäftlichen Verpflichtungswillen, liegt nur ein „tatsächliches" Anerkenntnis vor, das zur Beweiserleichterung abgegeben wird. Es stellt ein „Zeugnis des Anerkennenden gegen sich selbst" dar, das eine Umkehr der Beweislast bewirkt, oder das im Rahmen der Beweiswürdigung als Indiz zu berücksichtigen ist.[2]

g) Bereicherungsrecht

63 Der Bereicherungsgläubiger aus einer **Leistungskondiktion** hat die Umstände darzulegen und zu beweisen, aus denen sich das Nichtbestehen eines **Rechtsgrundes** für die erbrachte Leistung ergibt.[3] Eine Ausnahme gilt, wenn die Leistung lediglich als Abschlag oder Vorauszahlung in Erwartung einer Feststellung der Forderung erbracht wurde.[4] Dieselbe Grundregel gilt in Fällen der **Eingriffskondiktion**[5] und der **Zweckverfehlungskondiktion**.[6] Den Bereicherungsschuldner trifft im Interesse der Prozessförderung aber die **sekundäre Darlegungslast**, zum Behaltensgrund vorzutragen, wenn der Gläubiger außerhalb des Geschehensablaufs steht und keine nähere Kenntnis der Tatsachen besitzt, während der Schuldner über die Kenntnisse verfügt und ihm nähere Angaben zumutbar sind.[7] Beruft sich der Bereicherungsgläubiger auf die Unwirksamkeit eines rechtfertigenden Vertrages wegen Fehlens der Vertretungsmacht, hat er auch das Fehlen einer Rechtsscheinvollmacht darzulegen und zu beweisen.[8] Dieselben Grundsätze gelten für das Fehlen der Genehmigung einer Lastschriftbuchung.[9] Der zu führende Negativbeweis begründet nur die Last der Gegenpartei, im Rahmen des ihr Zumutbaren positive Tatsachen zu behaupten.[10]

4. Haftungsrecht

a) Rechtliche und wirtschaftliche Berater

64 Der **Mandant** hat die **Pflichtverletzung** des Beraters als Voraussetzung eines Haftungsanspruchs darzulegen und zu beweisen.[11] Dies gilt auch für die Verletzung einer **Aufklärungs- oder Beratungspflicht**, allerdings mit der Erleichterung, dass der Berater

---

1 OLG Schleswig NJW-RR 2010, 1720, 1721.
2 BGHZ 66, 250, 254 f. = NJW 1976, 1259, 1260; BGH NJW 2009, 580 Rz. 13; OLG Saarbrücken VersR 2014, 456, 458.
3 BGH NJW-RR 2009, 1142 Rz. 19; BGH NJW-RR 2009, 1424 Rz. 10; OLG Düsseldorf MDR 2009, 1420.
4 BGH NJW-RR 2009, 1424 Rz. 10.
5 BGHZ 169, 377, 379 f.; BGH NJW-RR 2009, 1142 Rz. 19; BGH NJW 2011, 2130 Rz. 14.
6 BGH NJW-RR 2009, 1142 Rz. 22.
7 BGH NJW-RR 2009, 1142 Rz. 21; s. auch OLG Karlsruhe VersR 2012, 119, 120.
8 BGH ZIP 2008, 2255 Rz. 36 = NJW-RR 2009, 544 m. Anm. *Stöhr* MDR 2009, 546.
9 BGH NJW 2011, 2130 Rz. 16.
10 BGH NJW 2011, 2130 Rz. 20.
11 BGH NJW 1985, 264, 265; BGH NJW 1991, 2280, 2281; BGH NJW 1996, 2571; BGH NJW 1999, 2437; BGH VersR 2007, 946. Weiterführende Praxisliteratur: *Zugehör/Fischer/Sieg/Schlee* Handbuch der Anwaltshaftung, 2. Aufl. 2006.

die behauptete Fehlberatung als negative Tatsache substantiiert bestreiten muss.[1] Voraussetzung einer Pflichtverletzung ist die Bestimmung von Inhalt und Umfang des Mandats; dafür ist der Mandant beweispflichtig.[2] Eine **Dokumentationspflicht** oder -obliegenheit hat der Berater ebenso wenig wie ein in der Anlageberatung tätiges Kreditinstitut.[3] Eine unzureichende Dokumentation kann auch keinen Anscheinsbeweis für eine Pflichtverletzung rechtfertigen.

Zur Beweislastumkehr nach § 280 Abs. 1 S. 2 BGB s. Rz. 7 ff. Die **Kausalität** der Pflichtverletzung für den behaupteten Schaden ist gleichfalls anspruchsbegründendes Merkmal.[4] Dasselbe gilt für den **Schaden**, für den aber ebenso wie für die haftungsausfüllende Kausalität § 287 zu beachten ist.[5] Als haftungsausfüllend wird bereits die Kausalität zwischen Verletzung der vertraglichen Pflicht und dem nachfolgenden Vermögensschaden angesehen (dazu Kap. 17 Rz. 36).[6] Für beratungsgemäßes Verhalten spricht nur eine Vermutung, kein Anscheinsbeweis.[7] 65

Haftet ein **Wirtschaftsprüfer** nach § 826 BGB wegen eines leichtfertig erteilten Bestätigungsvermerks als Abschlussprüfer und veranlasst er einen Dritten dadurch, eine Forderung gegen die geprüfte Gesellschaft stehen zu lassen, bedeutet die Behauptung, die Forderung sei ohnehin uneinbringlich gewesen, ein qualifiziertes Bestreiten der Schadensentstehung, nicht aber die Geltendmachung rechtmäßigen Alternativverhaltens; für den Schaden ist der Geschädigte beweispflichtig.[8] 66

b) Arzthaftung, Heimbetreuung; Apothekerhaftung, Tierarzthaftung

Der ärztliche Behandlungsvertrag ist mit Wirkung vom 26.2.2013 an im BGB geregelt. **§ 630h BGB** betrifft die Verteilung der Beweislast durch die Aufstellung diverser Vermutungen. Mit ihnen sollen im Wesentlichen die erreichten Ergebnisse der Rechtsprechung kodifiziert werden. Notwendige Differenzierungen werden dadurch nicht blockiert. Der Begriff der Vermutung i.V.m. der Normüberschrift „Beweislast" deutet auf § 292 ZPO hin, mit dem im Ergebnis eine Beweislastumkehr erzielt wird.[9] 67

Der Patient trägt die Beweislast für den objektiven **Behandlungsfehler**.[10] Die Substantiierungsanforderungen werden jedoch gering angesetzt. Beweiserleichterungen können sich aus Mängeln der ärztlichen Dokumentation oder der Verletzung von Befundsicherungspflichten ergeben (Kap. 11 Rz. 40). Zur Beweislastumkehr nach § 280 Abs. 1 S. 2 BGB oben § 36. § 280 Abs. 1 S. 2 BGB ist anwendbar, wenn sich ein Risiko verwirklicht, das nicht aus den Eigenheiten des menschlichen Organismus erwachsen ist, sondern durch sachgerechte Organisation und Koordinierung des Behand- 68

---

1 BGH NJW 2008, 371, 372.
2 BGH NJW 1994, 1472, 1474; BGH VersR 2007, 946 (kein Erfahrungssatz zugunsten dem Grunde und der Höhe nach unbeschränkten Mandats); OLG Karlsruhe GRUR-RR 2008, 66, 67 – Tabakwerbung im Online-Shop.
3 BGH NJW 2008, 371, 372.
4 BGH NJW 1988, 200, 203; BGHZ 123, 311, 313 = NJW 1993, 3259, 3260; BGH NJW 1998, 1860, 1863.
5 BGH NJW 1992, 2694, 2695; BGH NJW 1993, 734; BGH NJW 2000, 1572, 1573; BGH NJW 2004, 444, 445; BGH NJW 2004, 1521, 1522; BGH NJW 2007, 2485, 2489 Rz. 36; BGH NJW 2008, 2041, 2042, Rz. 21.
6 BGH NJW 2004, 444; BGH NJW 2004, 1521, 1524; BGH NJW 2009, 1591 Rz. 7.
7 BGH NJW 2009, 1591 Rz. 9 = VersR 2009, 1551.
8 BGH NJW-RR 2013, 536 Rz. 11.
9 In diesem Sinne auch *Katzenmeier* NJW 2013, 817, 821.
10 Praxisliteratur: *Geiß/Greiner* Arzthaftpflichtrecht, 6. Aufl. 2009, Rz. B 200 ff.

lungsgeschehens im Klinik- oder Praxisbetrieb objektiv voll beherrschbar ist (dazu § 630h Abs 1 BGB).[1]

69 Die **Kausalität** zwischen Behandlungsfehler und Schaden hat der Patient zu beweisen. Zur Haftungsbegründung und damit in den Anwendungsbereich des § 286 gehören aber nur der gesundheitliche Primärschaden und dessen typische Folgen.[2] Eine Beweiserleichterung in Form der Beweislastumkehr wird gewährt, wenn es sich um einen **groben**, nämlich aus objektiver Sicht nicht mehr verständlichen **Behandlungsfehler** handelt (dazu § 630h Abs. 5 BGB);[3] der Behandlungsfehler muss dafür generell geeignet sein, den konkreten primären Gesundheitsschaden[4] herbeizuführen, ohne dass es auf die positive Feststellung einer gewissen Wahrscheinlichkeit des haftungsbegründenden Kausalverlaufs ankommt. Maßgebend ist dafür, dass die nachträgliche Aufklärbarkeit des Behandlungsgeschehens erschwert ist und dem Patienten angesichts des Gewichts des ärztlichen Fehlers aus Billigkeitsgründen der volle Kausalitätsbeweis nicht zugemutet sowie die Verbreiterung oder Verschiebung des Ursachenspektrums ausgeglichen werden soll.[5] **Primärschaden** ist die (erste) Rechtsgutverletzung i.S. einer Belastung der gesundheitlichen Befindlichkeit.[6]

70 Für einen **Sekundärschaden** gilt die Beweislastumkehr nur dann, wenn er eine typische Folge des Primärschadens ist.[7] Auf die Feststellung des Kausalzusammenhangs zwischen gesundheitlichem Primärschaden und Sekundärschaden, für den der Patient beweispflichtig ist, ist die Beweiserleichterung des **§ 287** anzuwenden.[8]

71 Die Beweislastumkehr gilt auch für **grobe Befunderhebungsfehler**, bei denen zu einem hinreichend wahrscheinlichen Befund keine Diagnose erhoben oder auf deren Ergebnis nicht reagiert wurde.[9] Bei einem **einfachen Befunderhebungsfehler** kommt eine Beweislastumkehr in Betracht, wenn die gebotene Symptomabklärung mit hinreichender Wahrscheinlichkeit ein reaktionspflichtiges Ergebnis erbracht hätte, sich die Befundverkennung als fundamental oder die Nichtreaktion hierauf als grob fehlerhaft darstellen würde und diese Fehler generell geeignet sind, den tatsächlich eingetretenen Gesundheitsschaden herbeizuführen.[10] Abzugrenzen ist der Befunderhebungsfehler vom Diagnoseirrtum.[11]

---

1 BGH VersR 2007, 1416 (defektes Bestrahlungsgerät); BGH NJW 2007, 1682 Rz. 9 (unzureichendes Hygienemanagement); OLG Koblenz NJW 2010, 1759, 1760 (Fehllagerung auf OP-Tisch); OLG München VersR 2011, 885 (Hygienestandards).
2 OLG Karlsruhe VersR 2009, 831, 832 m.w.N.
3 BGHZ 159, 48, 53 = VersR 2004, 909, 910; BGHZ 172, 1, 10 f. = VersR 2007, 995, 997 f.; BGH NJW 2008, 1304 f. = VersR 2008, 490, 491 Rz. 9 u. 11 (Hygienefehler bei intraartikulärer Injektion); BGH NJW 2011, 3442 Rz. 10 = VersR 2011, 1569; BGH VersR 2012, 362 Rz. 8 = NJW 2012, 227; BGH VersR 2013, 1000 Rz. 31 – VIOXX II. Zu Ausnahmen BGH VersR 2012, 2653 Rz. 6.
4 BGH VersR 2013, 1174 Rz. 12; OLG Köln VersR 2014, 106, 109.
5 BGH NJW-RR 2010, 831 Rz. 14 = VersR 2009, 1668; BGH NJW 2013, 2901 Rz. 31 – VIOXX.
6 BGH VersR 2013, 1174 Rz. 15.
7 BGH VersR 2013, 1174 Rz. 12.
8 BGH NJW 1978, 1683, 1684. Zur Unterscheidung von haftungsbegründender und haftungsausfüllender Kausalität BGH NJW 2005, 1718, 1719 und Kap. 17 Rz. 30 ff.
9 BGHZ 138, 1, 4 f. = NJW 1998, 1780, 1781 (Netzhautablösung); BGH NJW 1999, 3408, 3410; BGH NJW 2001, 2792, 2793; BGH NJW 2004, 1871, 1872 (Herzschrittmacheraustausch); BGH NJW-RR 2010, 833 Rz. 11; BGH VersR 2013, 3094 Rz. 11 (Hirnvenenthrombose) = VersR 2013, 1174; OLG Koblenz NJW-RR 2007, 532, 533; OLG Koblenz NJW-RR 2008, 1055; OLG Koblenz VersR 2013, 111, 112. Weitergehend für unterlassene Befunderhebung OLG Koblenz VersR 2009, 833, 834. Zu den Grenzen der revisionsgerichtlichen Kontrolle einer rechtlichen Bewertung als grober Behandlungsfehler BGH NJW-RR 2007, 744, 745 Rz. 11 f.
10 BGH NJW 2011, 2508 Rz. 7 = VersR 2011, 1148; BGH NJW 2011, 3441 Rz. 8; BGH NJW 2013, 3094 Rz. 11; BGH VersR 2014, 261 Rz. 13; BGH VersR 2014, 374 Rz. 19; BGH VersR 2014, 688 Rz. 14 = VersR 2014, 247.
11 BGH NJW 2011, 1672 Rz. 13 = VersR 2011, 400.

Steht fest, dass der Arzt dem Patienten durch fehlerhaftes und rechtswidriges Handeln einen Schaden zugefügt hat, so muss der Arzt seine Verteidigungsbehauptung beweisen, dass der Patient den gleichen Schaden auch bei rechtmäßigem und fehlerfreien ärztlichen Handeln erlitten hätte (hypothetischer Kausalverlauf bei **rechtmäßigem Alternativverhalten**).[1] 72

Unterbleibt eine aus **therapeutischen** Gründen notwendige **Aufklärung**, stellt dies einen Behandlungsfehler dar.[2] Eine Pflicht zur **Aufklärung über Behandlungsrisiken** ergibt sich aus dem Erfordernis einer wirksamen Erteilung der Behandlungseinwilligung des Patienten. Für die tatsächlichen Voraussetzungen dieses Rechtfertigungsgrundes ist die Behandlungsseite darlegungs- und beweispflichtig (so auch § 630h Abs. 2 BGB).[3] Zwischen der Haftung nach Vertragsrecht und nach Deliktsrecht besteht insofern kein rechtlicher Unterschied.[4] Die Indizwirkung einer schriftlichen **Einwilligungserklärung** oder einer sonstigen Dokumentation kann dann den erforderlichen **Anfangsbeweis** für eine **Parteivernehmung** des Arztes nach § 448 erbringen.[5] Zum Beweis aufklärungsgemäßen hypothetischen Verhaltens des Patienten oben Rz. 29. Wird die **Aufklärung über Alternativen** zur eingeschlagenen Behandlung versäumt, trägt der Patient die Darlegungs- und Beweislast dafür, dass die Schadensfolge, für die er Ersatz begehrt, durch den eigenmächtigen Heileingriff verursacht worden ist.[6] 73

Mängel einer medizinisch gebotenen[7] **Dokumentation** des Behandlungsgeschehens begründen eine Vermutung, dass eine nicht dokumentierte Maßnahme unterblieben ist,[8] berechtigen aber nicht zu einer Beweislastumkehr.[9] Unklar ist die Regelung des § 630h Abs. 3 BGB, die einerseits von „Vermutung" spricht und die Rechtsprechung damit aufgreifen will,[10] die aber andererseits zur Überschrift der Norm in Beziehung zu setzen ist („Beweislast"). Der Verlust der Behandlungsunterlagen im Verantwortungsbereich des Patienten, zu dem auch sein Krankenversicherer als befugter Empfänger gehört, begründet keine Beweiserleichterung.[11] 74

Behauptete **Hygienemängel** im **Krankenhaus** führen nur dann zu einer Beweislastumkehr, wenn feststeht, dass eine eingetretene Infektion aus einem hygienisch voll beherrschbaren Bereich stammt.[12] 75

Gibt ein **Apotheker** grob fehlerhaft ein vom Arzt offensichtlich **falsch rezeptiertes Medikament** ab, kehrt sich die Beweislast für den Kausalzusammenhang zwischen Medikamenteneinnahme und Körperschaden um.[13] § 630h BGB ist analog anzuwenden. Zu beachten sind allerdings die differenzierenden Wertungen des § 84 AMG. 76

---

1 BGH NJW 2005, 1718, 1719; BGHZ 179, 115 Rz. 11 = NJW 2009, 993; BGH NJW 2012, 2024 Rz. 12.
2 BGH NJW 2004, 3703, 3704.
3 BGH NJW 2004, 3703, 3704.
4 BGHZ 106, 153, 160 f. = NJW 1989, 1538, 1539 (Delikthaftung), 1540 (Vertragshaftung).
5 BGH NJW 1985, 1399; BGH NJW 1999, 863, 864.
6 BGH VersR 2012, 491 Rz. 10 Rz. 13 in Abgrenzung zum Einwand rechtmäßigen Alternativverhaltens.
7 BGH NJW 1999, 3408, 3409.
8 OLG Oldenburg NJW 2009, 32, 34.
9 BGH NJW 1999, 3408, 3409; OLG Oldenburg NJW 2009, 32, 34.
10 Gegen die Deutung als „Vermutung" im umgekehrten Fall ordnungsgemäßer Dokumentation BGH NJW 1978, 1681, 1682. Vgl. dazu auch Kap. 15 Rz. 64.
11 OLG Koblenz VersR 2012, 1444; OLG Koblenz VersR 2014, 207, 208.
12 OLG Köln VersR 2013, 463, 464.
13 OLG Köln VersR 2014, 106, 111.

77 Auf die **Tierarzthaftung** sind die für die Humanmedizin aufgestellten Beweisregeln anzuwenden.[1]

78 Für den **Sturz einer Pflegeheimbewohnerin**, die sich nicht in einer konkreten Gefahrensituation mit gesteigerten Obhutspflichten befindet, deren Beherrschung einer speziell dafür eingesetzten Pflegekraft anvertraut ist, kehrt sich die Beweislast nicht um.[2]

c) Produkthaftung

79 Vgl. dazu zunächst § 35.

80 Im Anwendungsbereich des **ProdHG** trifft nach dessen § 1 Abs. 4 S. 1 der Geschädigte die Beweislast für den Fehler, den Schaden und den Kausalzusammenhang zwischen Fehler und Schaden. Der Hersteller trägt nach § 1 Abs. 4 S. 2 die Beweislast für die Haftungsausschlussgründe nach § 1 Abs. 2 und 3.

81 In der **Arzneimittelhaftung** wird die Beweislast des Geschädigten für den Kausalzusammenhang zwischen der Anwendung des Arzneimittels und der eingetretenen Rechtsgutverletzung durch die Kausalitätsvermutung des § 84 Abs. 2 AMG umgekehrt.[3] Die **Kausalitätsvermutung** gem. § 84 Abs. 2 S. 1 AMG ist eine Vermutung i.S.d. § 292 ZPO.[4] Trägt die Vermutung im Einzelfall bei einem in risikobegründender Weise vorerkrankten Patienten nicht, kann gleichwohl ein **Anscheinsbeweis** in Betracht kommen.[5]

d) Umwelthaftung

82 § 6 Abs. 1 S. 1 UmweltHG enthält eine **gesetzliche Vermutung** für die haftungsbegründende Kausalität zwischen einer anlagenbedingten Umwelteinwirkung und der eingetretenen Rechtsgutverletzung. Für die Feststellung der **Kausalität** zwischen Rechtsverletzung und Schaden ist **§ 287 ZPO** anzuwenden.

e) Sonstige Fälle des allgemeinen Deliktsrechts

83 Das BGB kehrt die Beweislast in **Sondertatbeständen der deliktischen Haftung** um: § 831 – Geschäftsherrnhaftung für den Verrichtungsgehilfen, § 832 – Haftung für die Aufsicht über eine Person, § 833 S. 2 – Tierhalterhaftung für Haus- und Nutztiere,[6] § 834 – Tierhüterhaftung,[7] § 836 – Haftung des Grundstücksbesitzers für Gebäudemängel mit Erweiterungen des Kreises der Verantwortlichen in §§ 837 und 838. Umstritten ist, inwieweit die Regelungen des § 830 BGB Zurechnungs- oder Beweisregeln sind.

84 Die Haftung für **Verkehrspflichtverletzung nach § 823 Abs. 1 BGB** setzt beweisrechtlich voraus, dass der Geschädigte mindestens einen **verkehrswidrigen Zustand** darlegt

---

1 OLG Frankfurt NJW-RR 2011, 1246; andeutungsweise auch OLG Köln VersR 2014, 106, 111; a.A. OLG Koblenz VersR 2009, 1503; OLG Koblenz VersR 2010, 406.
2 BGHZ 163, 53, 56 = NJW 2005, 1937, 1838; OLG Düsseldorf VersR 2008, 1079, 1080. Unklares Schwanken zwischen „Beweiserleichterung" in einer konkreten Gefahrensituation und Anwendung des § 280 I 2 BGB: OLG Schleswig NJW-RR 2013, 31 f.
3 Dazu BGH VersR 2013, 1000 Rz. 9 – VIOXX II m. Bespr. *Do. Franzki/Th. Vogel* VersR 2014, 28 ff.
4 BGH VersR 2013, 1000 Rz. 11.
5 BGH VersR 2013, 1000 Rz. 24.
6 Dazu BGH NJW 2009, 3233 Rz. 10.
7 OLG Celle VersR 2007, 1661 (Anwendung auf das Mitverschulden des geschädigten Reiters).

und beweist (oben Kap. 9 Rz. 72 und Rz. 105). Ob eine **Notlage** mit der Pflicht zum rettenden Eingreifen einer aufsichtspflichtigen Person bestand, ist vom Schadensersatzgläubiger darzulegen und zu beweisen.[1] Bei **Glatteisunfällen** trägt der Geschädigte die Beweislast dafür, dass der Unfall innerhalb der zeitlichen Grenzen der Streupflicht stattgefunden hat.[2] Dass der primär Sicherungspflichtige im Falle einer Delegation der Pflicht seine verbleibende Kontroll- und Überwachungspflicht nicht wahrgenommen hat, hat ebenfalls der Geschädigte darzulegen und zu beweisen, was allerdings durch eine sekundäre Darlegungslast erleichtert wird.[3]

Die Kategorien des Aufbaus eines Deliktstatbestandes geben zugleich Auskunft über die Beweislast. Die Formulierung von **Rechtfertigungsgründen** als Gegengründen bei der Gewinnung des Rechtswidrigkeitsurteils beruht auf der Vorstellung, dass der Verletzer ihre Tatsachengrundlage darzulegen und zu beweisen hat. Dies gilt etwa für die Notwehr[4] oder die Einwilligung.[5] 85

Das **Verschulden** ist zu **vermuten**, wenn eine den Tatbestand konstituierende objektive Pflichtverletzung vorliegt. Ob **Vorsatz** gegeben ist, lässt sich nur aus indiziellen Umständen ableiten, die den Schluss auf innere Vorgänge des Verletzers im Rahmen freier Beweiswürdigung zulassen. Dafür kann bei der Haftung für Berufsfehler die **Missachtung von Primitiv- oder Elementarwissen** ein ausschlaggebender Umstand sein,[6] auch wenn ein Rechtsirrtum regelmäßig den Vorsatz ausschließt.[7] Die **Privilegierung** von **Kindern** im Alter von sieben bis zehn Jahren durch § 828 Abs. 2 S. 1 BGB ist teleologisch auf Sachverhalte typischer Überforderung im motorisierten Verkehr reduziert worden; für das Fehlen einer Überforderung ist der Geschädigte darlegungs- und beweislastpflichtig.[8] 86

Mitverschulden hat der Schädiger zu beweisen.[9] Das gilt auch für die Feststellung der Mitverursachungsanteile im Rahmen einer Abwägung nach §§ 9 StVG, 254 Abs. 1 BGB, wenn die Gefährdungshaftung des Kfz-Halters gegenüber grob verkehrswidrigem Verhalten eines Fußgängers entfallen soll.[10] Ob sich der Geschädigte in eine für ihn erkennbare Gefahrensituation begeben hat, kann bei Alkoholfahrten streitig werden.[11] Ein spontanes **Schuldeingeständnis am Unfallort** ist ein gewichtiges Beweiswürdigungsindiz, führt aber nicht zu einer Beweislastumkehr.[12] 87

Der Geschädigte hat die Verwirklichung der haftungsbegründenden Tatbestandsmerkmale eines Schutzgesetzes i.S.d. **§ 823 Abs. 2 BGB** darzulegen und zu beweisen. Bei § 263 StGB gehört dazu die Erfüllung einer **Aufklärungs- oder Beratungspflicht**. Die Gegenpartei hat die Schwierigkeiten des Nachweises dieser negativen Tatsache durch substantiiertes Bestreiten und die Darlegung ihrer pflichtgemäßen Aktivitäten 88

---

1 Vgl. LG Münster NJW-RR 2007, 904, 906 (eventuelle Fehldeutung des Verhaltens eines tauchenden Kindes im Nichtschwimmerbecken durch Bademeister).
2 BGH NJW 2009, 3302 Rz. 5.
3 OLG Hamm MDR 2012, 465.
4 Dazu BGH NJW 2008, 571 Rz. 21.
5 BGH NJW-RR 2005, 172; OLG Koblenz NJW-RR 2006, 95, 96 (gestellter Unfall).
6 Vgl. OLG Hamm VersR 2007, 1550, 1551 (dort zur Berufshaftpflichtversicherung).
7 OLG München ZIP 2008, 66, 67 (Vorsatz von Bankmitarbeitern bei Kick-Back-Zahlungen als Pflichtverstoß nach § 31 WpHG).
8 BGH NJW 2009, 3231 Rz. 11.
9 Zu § 254 Abs. 2 BGB: BGH NJW 2010, 1445 Rz. 16; BGH NJW-RR 2013, 1870 Rz. 21 = VersR 2013, 730.
10 BGH NJW 2014, 217 Rz. 9 = VersR 2014, 80.
11 Zu Rückschlüssen aufgrund der Blutalkoholkonzentration des Fahrers OLG Naumburg VersR 2012, 202.
12 OLG Saarbrücken NJW 2011, 1820, 1821 f.

auszugleichen.¹ Ist die Bestimmung zum Irrtum bewiesen, hat der Gegner den Gegenbeweis späterer Irrtumsbeseitigung zu führen, der aber kein Gegenteilsbeweis ist; vielmehr genügt eine Erschütterung der Überzeugung des Tatrichters.² Nimmt der Sozialversicherungsträger den Geschäftsführer einer GmbH persönlich in Anspruch, weil die GmbH **Sozialversicherungsbeiträge** nicht abgeführt hat (§ 266a StGB), hat der Sozialversicherungsträger den **Vorsatz** darzulegen und zu beweisen.³

89 Für die Anwendung des **§ 826 BGB** auf kapitalmarktrechtliche Sachverhalte haben sich eigenständige richterrechtliche Regeln herausgebildet (s. oben zur Informationsdeliktshaftung Rz. 32 ff. und unten Rz. 130 ff.). Dasselbe gilt für die Insolvenzverschleppung.⁴

90 Für den **Amtshaftungsprozess** trifft § 839 Abs. 3 BGB die Regelung, dass der Geschädigte die Rechtsverletzung durch Gebrauch eines Rechtsmittels abwehren muss. Für die Kausalität zwischen Nichteinlegung des Rechtsmittels und dem Schadenseintritt ist der Schädiger beweispflichtig.⁵ Ist ein Dienstherr nicht vorhanden und trifft ein **Kollektivorgan** eine pflichtwidrige Entscheidung, dessen Mitglieder von unterschiedlichen Körperschaften entsandt werden, z.B. ein ärztlicher Zulassungsausschuss, kommt es zur Bestimmung der haftpflichtigen Körperschaft darauf an, wer dem Amtsträger die konkrete Aufgabe anvertraut hat. Ungeachtet des Beratungsgeheimnisses muss eine in Anspruch genommene Körperschaft, die ihre Haftung verneint, darlegen und beweisen, dass die von ihr in das Kollektivorgan entsandten Mitglieder der rechtswidrig ergangenen (Mehrheits-)Entscheidung nicht zugestimmt haben; insoweit kehrt sich die Darlegungs- und Beweislast also um.⁶ Begünstigende **Beweislastregeln** aus **anderen Deliktstatbeständen**, etwa aus § 832 BGB, sind im Rahmen des Amtshaftungstatbestandes anzuwenden, wenn die danach zu beobachtende deliktische Pflicht eine Amtspflicht ist.⁷

91 Der Geschädigte hat darzulegen und zu beweisen, in welcher Höhe ihm Kosten der Schadensbeseitigung entstanden ist. Das geschieht durch Vorlage einer Fremdrechnung. Nimmt ein gewerblich tätiger Geschädigter die Reparatur seines Eigentums in seinem Betrieb selbst vor und nutzt dafür ansonsten gewinnbringend eingesetzte Kapazitäten, kann er grundsätzlich Ersatz in Höhe einer Fremdreparatur verlangen. Eine Ausnahme gilt, wenn der Betrieb nicht ausgelastet ist. Dafür ist der Schädiger darlegungs- und beweisbelastet, wobei dem Geschädigten im Rahmen der sekundären Darlegungslast eine konkrete Darstellung der betrieblichen Auslastung obliegt.⁸

f) Rückgriffsansprüche

92 Im Falle der **Legalzession** tritt der Zessionar auch prozessual in die Rechtsstellung des früheren Forderungsinhabers ein. Davon zu unterscheiden sind **originäre Regressansprüche**. Macht der Sozialversicherungsträger bei vorsätzlicher oder grob fahrlässiger Herbeiführung eines Unfalls gegen eine haftungsprivilegierte Person den Anspruch nach **§ 110 SGB VII** geltend, trägt der SVT die Darlegungs- und Beweislast für die Höhe des fiktiven zivilrechtlichen Schadensersatzanspruchs.⁹

---
1 BGH NJW-RR 2011, 1661 Rz. 13 = VersR 2011, 1276.
2 BGH NJW-RR 2011, 1661 Rz. 13.
3 BGH VersR 2013, 1058 Rz. 14.
4 Vgl. BGHZ 108, 134, 144 f.; BGH WM 2008, 456, 458, Rz. 17 = ZIP 2008, 361, 362.
5 BGH NJW 2004, 1241; OLG München VersR 2007, 843 (Haftbedingungen).
6 BGH VersR 2011, 796 Rz. 26 = NJW 2011, 2586.
7 Vgl. BGH NJW 2013, 1233 Rz. 23 = JZ 2013, 362 m. Anm. *A. Schneider* (zur Aufsichtspflicht über Kinder einer kommunalen Kindertagesstätte).
8 BGH NJW 2014, 1376 Rz. 11.
9 BGH NJW 2008, 2033, 2034, Rz. 9.

5. Familienrecht

Tatsachen, die zu einer Befristung oder **Beschränkung des** nachehelichen **Unterhalts** führen können, hat der Unterhaltsverpflichtete darzulegen und zu beweisen; legen vorgetragene Umstände die Begrenzung nahe, muss der Berechtigte substantiiert zur Fortdauer des Bedarfs vortragen.[1] **Fehlende Leistungsfähigkeit** hat beim Elternunterhalt der Unterhaltsverpflichtete darzulegen und zu beweisen.[2]

93

6. Erbrecht

Wer aus einem **Erbverzicht** entgegen den Auslegungsregeln des § 2350 BGB Rechte herleiten will, trägt dafür die Beweislast.[3] Ein Pflichtteilsberechtigter hat das Nichtbestehen von ihm bestrittener, vom Erben substantiiert dargelegter Nachlassverbindlichkeiten zu beweisen.[4] Eine generelle Beweislastumkehr wegen schuldhafter unrichtiger Auskunfterteilung findet nicht statt.[5]

94

II. AGG

Das Allgemeine Gleichbehandlungsgesetz verlangt in § 22, dass für die Geltendmachung zivilrechtlicher Ansprüche wegen Verletzung des in § 1 AGG normierten Benachteiligungsverbotes gewissermaßen ein **Anfangsbeweis der Pflichtverletzung** geführt wird, die in einer nicht gerechtfertigten Benachteiligung zu sehen ist. Dieser Anfangsbeweis besteht im **Beweis von Indizien**, die eine Vermutung der Benachteiligung begründen sollen.[6] Das AGG verteilt die Beweislast insoweit in gleicher Weise wie § 280 Abs. 1 BGB. Auch hier erspart es die gesetzliche Regelung dem Anspruchssteller nicht, einzelne rechtsbegründende Elemente der Pflichtverletzung zu beweisen. Der Benachteiligende muss dann darlegen und beweisen, dass er die **Pflichtverletzung nicht zu vertreten** hat. Die andere Partei trägt also die Darlegungs- und Beweislast für die Tatsachen, die die Vermutung widerlegen. Diese Regelung gilt auch für Organmitglieder von Kapitalgesellschaften.[7]

95

Soweit Indizien für eine diskriminierende Benachteiligung zu beweisen sind, kann es auf **internes Wissen der Gegenpartei ankommen**, etwa um die Zusammensetzung des Bewerberkreises für eine Arbeitsstelle oder um eine schon seit Jahren in Bezug auf verpönte Merkmale unausgewogen zusammengesetzte Belegschaft. Dafür kann die Gegenpartei eine **sekundäre Darlegungslast** treffen, aus der allerdings keine Pflicht zur Vorlage interner Dokumente folgt. Ein Auskunftsanspruch bezüglich der Einstellung eines anderen Arbeitnehmers besteht nicht.[8] Der Beweis der Indizien darf nicht so erschwert werden, dass er nur unter Verletzung des Rechts auf Achtung des Privatlebens geführt werden kann.[9]

96

---

1 BGH NJW 2010, 3653 Rz. 24; BGHZ 185, 1 = NJW 2010, 1813 Rz. 22; BGH NJW 2012, 74 Rz. 23; BGH NJW 2012, 3434 Rz. 40; BGH NJW 2013, 1447 Rz. 23; OLG Hamm NJW 2012, 2286, 2288 (jeweils zu ehebedingten Nachteilen). Zum Kindesunterhalt: OLG Brandenburg NJW-RR 2009, 941, 942; OLG Bremen NJW 2011, 2596, 2597.
2 OLG Hamm NJW 2013, 1541.
3 BGH NJW 2008, 298, 299, Rz. 14.
4 BGH NJW-RR 2010, 1378 Rz. 9.
5 BGH NJW-RR 2010, 1378 Rz. 11 u. 13 ff.
6 Dazu BAG, Urt. v. 16.2.2012 – 8 AZR 697/10, Rz. 43, 55 (Kenntnis der Schwerbehinderteneigenschaft); BGH ZIP 2012, 1291 Rz. 36.
7 BGH NJW 2012, 2346 Rz. 26 f.
8 EuGH, Urt. v. 19.4.2012, Rs. C-415/10, EuZW 2012, 462 Rz. 46 – Meister.
9 EuGH, Urt. v. 25.4.2013, Rs. C-81/12 – Associatia ACCEPT.

97 Unabhängig von der Regelung des § 22 AGG hat die benachteiligende Partei die Gründe einer etwaigen **Rechtfertigung** der Benachteiligung zu beweisen.[1]

98 Beim Schadensersatzanspruch wegen Verletzung des Benachteiligungsverbotes trägt der **Benachteiligende** gem. § 21 Abs. 2 S. 2 AGG die Beweislast dafür, dass er die **Pflichtverletzung nicht** zu vertreten hat. Macht der Benachteiligte **entgangene Erwerbsvorteile** als Schaden geltend, hat das Gericht die Feststellung zu treffen, dass er bei regelgerechtem Verhalten angestellt worden wäre; eine lediglich hohe Wahrscheinlichkeit reicht dafür nicht.[2] Den Anspruchsteller trifft die Darlegungs- und Beweislast für die haftungsausfüllende Kausalität.[3]

III. Verletzung geistigen und gewerblichen Eigentums

99 Soll der Unternehmer für von seinen Arbeitnehmern begangene Rechtsverletzungen haften (§ 100 UrhG, §§ 14 Abs. 7, 15 Abs. 6 MarkenG, § 8 Abs. 2 UWG), setzt dies voraus, dass die **Verletzung nicht privat** begangen wurde, was bei Internetaktivitäten unter Benutzung des Dienst-PC in Betracht kommen kann; insoweit trifft den beklagten Unternehmer eine sekundäre Darlegungslast.[4]

100 Zur Erschöpfung des Markenrechts (§ 24 Abs. 1 MarkenG) s. Kap. 1 § 3.

IV. Wettbewerbsrecht

1. Lauterkeitsrecht

101 Für einen Ausschnitt aus dem Bereich der **irreführenden Werbung** enthält § 5 Abs. 4 S. 2 UWG die Regelung, dass der mit einer Preisherabsetzung Werbende den Ausgangspreis und die Dauer seiner Geltung zu beweisen hat. Dasselbe gilt für die Vermutung ausreichender Dauer einer Bevorratung mit Lockvogelartikeln nach Art. 5 Abs. 5 S. 2 UWG. Weitergehend verlangt **Art. 7 der Irreführungsrichtlinie 2006/114/EG** (zuvor 84/450/EWG), dass der Werbende nach Maßgabe der Umstände des Einzelfalls die Richtigkeit von in der Werbung enthaltenen Tatsachenbehauptungen zu beweisen hat. Dem kommt die Rechtspraxis ohne ausdrückliche Umsetzung mit Darlegungs- und Beweiserleichterungen nach; den **Werbenden** treffen **prozessuale Aufklärungspflichten**. Dies entspricht langjähriger Rechtsprechung.[5]

102 Eine **sekundäre Darlegungslast** trifft den Werbenden auch für die Nachprüfbarkeit der Wareneigenschaften im Rahmen eines Werbevergleichs (§ 6 Abs. 2 UWG); er muss in der Lage sein, die Richtigkeit in einem Prozess kurzfristig nachzuweisen.[6] Darüber hinaus geht die **Unaufklärbarkeit** einer **wissenschaftlichen Behauptung** über die Wirksamkeit eines Produkts zu Lasten des Werbenden.[7] **Unzutreffend** ist die Annahme, der Unterlassungskläger habe eine **Marktbeobachtungspflicht**, deren Beachtung ihm eigenständige Darlegungen zur Werbebehauptung im Unterlassungsprozess er-

---

1 Vgl. dazu auch EuGH NJW 2011, 2343 Rz. 73.
2 BGH NJW 2012, 2346 Rz. 61.
3 BGH NJW 2012, 2346 Rz. 63.
4 OLG München GRUR-RR 2007, 345, 346.
5 Beginnend mit BGH GRUR 1961, 356, 359 – Pressedienst; BGH GRUR 1963, 270, 271 – Bärenfang; zuletzt BGH NJW 2007, 919 Rz. 33 – Regenwaldprojekt I; BGH GRUR 2007, 251 Rz. 31 – Regenwaldprojekt II; BGH NJW-RR 2010, 921 Rz. 22 – Hier spiegelt sich Erfahrung.
6 BGH GRUR 2007, 605, 607, Rz. 34 – Umsatzzuwachs.
7 OLG Frankfurt WRP 2014, 103 Rz. 30 und 43 (dort: Einigung zur Mauerentfeuchtung).

mögliche.[1] Der Gesetzgeber hat für die Umsetzung des Art. 12 der Richtlinie über unlautere Geschäftspraktiken im UWG an dieser Konzeption festgehalten.

Die ausdrücklich erteilte **Einwilligung in** eine **Telefonwerbung** im konkreten Fall ist vom Werbenden zu beweisen.[2] 103

Der Verstoß gegen Rechtsnormen, die das **Marktverhalten** regeln, begründet zugleich einen Wettbewerbsverstoß nach § 4 Nr. 11 UWG. Bei unter einem Verbot stehenden Verhaltensweisen muss der Anspruchsteller lediglich beweisen, dass das beanstandete Verhalten von dem generellen Verbot, etwa zum Vertrieb eines Produkts, erfasst wird; der Gegner hat dann die **Verkehrsfähigkeit** zu beweisen.[3] 104

2. Kartellrecht

Bei der privatrechtlichen Durchsetzung von kartellrechtlichen Ansprüchen trägt der aus § 20 GWB Verpflichtete die Darlegungs- und Beweislast, dass die **Ungleichbehandlung** oder Behinderung eines Wettbewerbers oder eines Dritten sachlich gerechtfertigt ist: Vermietet z.B. der Träger einer Kfz-Zulassungsstelle (Stadt, Kreis) in seinem Dienstgebäude gewerbliche Räume an ein Schilderprägerunternehmen und besitzt er dadurch auf dem Vermietungsmarkt für derartige Geschäftsräume eine marktbeherrschende Stellung, ist er gezwungen, die Räume jeweils für eine bestimmte Zeitperiode zur Abgabe von Mietangeboten auszuschreiben, damit Nachfrager gleiche Wettbewerbschancen erhalten und eine unbillige Behinderung verhindert wird. Unterbleibt die Ausschreibung oder wird sie nur beschränkt durchgeführt, kann ein dadurch ausgeschlossener Schilderpräger die Zuschlagserteilung untersagen lassen (§ 33 Abs. 1 GWB). Zum Merkmal des sachlich gerechtfertigten Grundes braucht der Verfügungskläger nur vorzutragen, dass Rechtfertigungsgründe nicht erkennbar seien. Dasselbe gilt für andere **Behinderungsrechtfertigungen**, etwa nach § 20 Abs. 4 GWB oder nach § 29 S. 1 Nr. 1 GWB (Energiepreismissbrauch); die Regeln über die Beweisführungslast, die für die Kartellbehörde gelten und für sie aus dem Amtsermittlungsgrundsatz (§ 57 GWB) folgen, sind auf das Kartellzivilverfahren nicht zu übertragen. 105

Die Gegebenheiten der **Marktverhältnisse** hat grundsätzlich der Angreifer vorzutragen, der sich dafür privater Marktforschungsdienstleister bedienen kann. Der durch eine wettbewerbsbeschränkende Vereinbarung **indirekt Geschädigte** trägt für den Anspruch aus § 823 Abs. 2 BGB i.V.m. Art. 101 AEUV die Darlegungs- und Beweislast, insbesondere für einen kartellbedingten Preisaufschlag auf seiner Marktstufe; für die Vorteilsausgleichung ist der Schädiger belastet.[4] 106

V. Handelsrecht, Gesellschaftsrecht

1. HGB, Transportrecht

Beim Handelskauf hat der Käufer den Beweis für den Zugang einer **Mängelanzeige** nach § 377 Abs. 1 u. 2 HGB zu erbringen.[5] 107

---

1 So aber Stein/Jonas/*Leipold*[22] § 286 Rz. 75 Fn. 146.
2 BGH NJW 2011, 2657 Rz. 30 – Double-opt-in-Verfahren; BGH GRUR-RR 2014, 117 – Werbeanruf.
3 BGH GRUR 2012, 945 Rz. 32 – Tribenuronmethyl.
4 BGH WRP 2012, 209 Rz. 44 u. 64.
5 BGH NJW 2013, 1299 Tz. 32.

108 Der Kommissionär trägt die Darlegungs- und Beweislast für den **Verlust von Kommissionsgut**, das ihm übergeben war, wie sich aus **§ 667 Alt. 1 BGB** ergibt.[1] Im Transportrecht sind die Umstände, aus denen sich das Verschulden als Grundlage einer unbeschränkten Haftung des Frachtführers ergibt, vom Anspruchsteller zu beweisen.[2]

2. Personengesellschaften

109 Der Beweis des abgesenkten Sorgfaltsstandards **eigenüblicher** statt erforderlicher verkehrsüblicher **Sorgfalt** (§§ 708, 277 BGB) verlangt den Nachweis generell unterdurchschnittlichen Verhaltens; an diese Feststellung sind strenge Anforderungen zu stellen.[3]

3. GmbH

110 Für die **Einzahlung der Stammeinlage** trägt grundsätzlich der GmbH-Gesellschafter die Beweislast, auch wenn der Vorgang längere Zeit zurückliegen soll.[4] Verlangt die GmbH wegen **pflichtwidrigen Verhaltens ihres Geschäftsleiters** Schadensersatz, trifft sie nur eine eingeschränkte Darlegungs- und Beweislast. Analog § 93 Abs. 2 S. 2 AktG kehrt sich die Darlegungs- und Beweislast unter Geltung des § 286 ZPO bei Schadensersatzansprüchen gem. § 43 Abs. 2 GmbHG um;[5] den Schaden hat die Gesellschaft mit den Erleichterungen des § 287 ZPO darzulegen und zu beweisen.[6]

111 Bei Inanspruchnahme des Geschäftsführers gem. § 64 S. 1 GmbHG (§ 64 Abs. 2 GmbHG a.F.) hat der Insolvenzverwalter die Voraussetzungen einer **Überschuldung** im insolvenzrechtlichen Sinne darzulegen und zu beweisen.[7] Macht die Bundesagentur für Arbeit Schadensersatzansprüche wegen verspäteter Insolvenzantragstellung aus § 826 BGB geltend, muss sie darlegen und beweisen, dass das Insolvenzgeld bei rechtzeitiger Antragstellung nicht hätte gezahlt werden müssen.[8] Eine eingetretene Zahlungseinstellung begründet die Vermutung der Zahlungsunfähigkeit, sie ist vom Prozessgegner zu widerlegen.[9] Rechnet ein Insolvenzgläubiger gegen eine Forderung der Masse auf, hat er darzulegen und zu beweisen, dass die Anfechtungslage schon im Zeitpunkt der Insolvenzeröffnung bestand.[10]

4. GenG

112 Eine Genossenschaft trifft im Rechtsstreit um **Schadensersatzansprüche gegen** ihren **Vorstand** die Darlegungs- und Beweislast, inwieweit ihr durch ein Verhalten des Vorstandes in dessen Pflichtenkreis ein Schaden erwachsen ist; demgegenüber hat der Geschäftsleiter darzulegen und erforderlichenfalls zu beweisen, dass er seinen Sorg-

---

1 BGH NJW-RR 2007, 1177, 1178.
2 BGH NJW-RR 2009, 1482 Rz. 34 (Seetransport); BGH VersR 2010, 648 Rz. 16 u. 20 = NJW 2010, 1816.
3 BGH ZIP 2013, 2152 Rz. 14.
4 BGH NJW 2007, 3067; BGH ZIP 2014, 261 Rz. 3. Zur Zulässigkeit ein Indizienbeweises BFH ZIP 2011, 1871 Rz. 22; OLG Jena ZIP 2013, 1378; OLG Hamm ZIP 2013, 2258, 2259 (zugleich gegen Anwendung des § 142 ZPO).
5 BGH NJW-RR 2008, 905 = ZIP 2008, 736, 737, Rz. 5. Zum Zugang zu Unterlagen der Gesellschaft *Deilmann/Otte* BB 2011, 1291 ff.
6 BGHZ 152, 280, 284; BGH NJW-RR 2008, 905, 906, Rz. 8; BGH NJW 2009, 2598 Rz. 5. Kritisch dazu in Bezug auf ausgeschiedene Organmitglieder *Foerster* ZHR 176 (2012), 221 ff.
7 BGH NJW-RR 2008, 495/496.
8 BGH NJW-RR 2010, 351 Rz. 9 = ZIP 2009, 2439.
9 BGH ZIP 2012, 735 Rz. 11.
10 BGH ZIP 2012, 1254 Rz. 12 f.

faltspflichten nachgekommen ist oder ihn keine Verschulden trifft oder dass der Schaden auch bei pflichtgemäßem Alternativverhalten eingetreten wäre.[1]

VI. Insolvenzrecht

Legt der Insolvenzverwalter bei Inanspruchnahme eines GmbH-Geschäftsführers nach § 64 GmbHG **Indizien** für eine **Überschuldung** der GmbH dar (Vorlage der Handelsbilanz, Fehlen stiller Reserven oder sonstiger Vermögenswerte), muss der Beklagte im Rahmen seiner sekundären Darlegungslast naheliegende Anhaltspunkte für die Verneinung des § 19 InsO vortragen.[2] Die Verneinung der **Überschuldung** wegen einer positiven Fortführungsprognose (§ 19 InsO) ist ein Ausnahmetatbestand.[3] Die Veranlassung masseschmälernder Zahlungen durch einen GmbH-Geschäftsführer ist vom Insolvenzverwalter zu beweisen.[4]   113

Macht die Bundesagentur für Arbeit Schadensersatzansprüche wegen **verspäteter Insolvenzantragstellung** aus § 826 BGB geltend, muss sie darlegen und beweisen, dass das Insolvenzgeld bei rechtzeitiger Antragstellung nicht hätte gezahlt werden müssen.[5] Eine eingetretene Zahlungseinstellung begründet die **Vermutung** der **Zahlungsunfähigkeit**; sie ist vom Prozessgegner zu widerlegen.[6] Die Voraussetzungen der Zahlungseinstellung hat grundsätzlich derjenige darzulegen und zu beweisen, der daraus Rechte für sich herleiten will.[7] Rechnet ein Insolvenzgläubiger gegen eine Forderung der Masse auf, hat er darzulegen und zu beweisen, dass die Aufrechnungslage schon im Zeitpunkt der Insolvenzeröffnung bestand.[8]   114

Wird eine Rechtshandlung gem. **§§ 130 ff. InsO angefochten**, von der der Anfechtungsgegner zunächst wusste, dass sie nach Eintritt der Zahlungsunfähigkeit des Schuldners erfolgte, und beruft sich der Anfechtungsgegner auf einen nachträglichen **Wegfall** der objektiven **Zahlungsunfähigkeit**, ist er dafür beweispflichtig.[9] Dasselbe gilt bei einer Anfechtung nach § 130 InsO für die Behauptung der subjektiven Annahme des **Wiedereintritts** der **Zahlungsfähigkeit**.[10]   115

Bei der **Schenkungsanfechtung** hat der Anfechtungsgegner den Wegfall der Bereicherung zu beweisen.[11] Wird eine Forderungsverpfändung nach **§ 131 Abs. 1 Nr. 2 InsO** angefochten und legt der Insolvenzverwalter mit einer Eingangsbestätigung (vorläufig) dar, dass eine Verpfändungsanzeige (§ 1280 BGB) dem Drittschuldner innerhalb des Dreimonatszeitraums zugegangen ist, muss der Pfandgläubiger als Anfechtungsgegner einen früheren Zugangszeitpunkt beweisen.[12]   116

---

1 BGH VersR 2007, 852, 855.
2 BGH ZIP 2014, 168 Rz. 17 = WM 2014, 167.
3 BGH WM 2009, 1145 Rz. 11; BGH ZIP 2010, 2400 Rz. 11.
4 BGH NJW 2009, 1598 Rz. 14.
5 BGH NJW-RR 2010, 351 Rz. 9 = ZIP 2009, 2439.
6 BGH ZIP 2012, 735 Rz. 11.
7 BGH ZIP 2012, 723 Rz. 15. Zu den Beweisindizien eingehend BGH ZIP 2013, 174 Rz. 16; BGH ZIP 2013, 940 Rz. 20 f.; s. auch LG Hamburg ZIP 2012, 487.
8 BGH ZIP 2012, 1254 Rz. 12 f. = NJW-RR 2012, 1517.
9 BGHZ 149, 100, 109 = NJW 2002, 512, 514; BGHZ 149, 178, 188 = NJW 2002, 515, 518; BGH NJW 2006, 1348, 1351; BGH ZIP 2013, 940 Rz. 33.
10 BGH NJW 2008, 2190, 2192, Rz. 23.
11 BGH NJW-RR 2010, 1146 Rz. 17. Zur Schenkungsanfechtung nach dem AnfG: BGH NJW-RR 2011, 451.
12 OLG München WM 2008, 1497, 1499 = ZIP 2009, 330, 331.

117 Für den Tatbestand des § 133 Abs. 1 InsO ist der **Vorsatz** des Schuldners **zur Benachteiligung der Gläubiger** Beweisindizien zu entnehmen;[1] dasselbe gilt für die Kenntnis des Anfechtungsgegners.[2] **Die Vermutung des § 133 Abs. 1 S. 2 InsO** bewirkt eine Umkehr der Beweislast.[3] Kritisiert wird diese Rechtsprechung u.a. wegen einer damit verbundenen Aushebelung der Dreimonatsfrist des § 130 Abs. 1 Nr. 1 InsO.[4]

118 Bei anfechtbarer Rückführung eines besicherten kapitalersetzenden Darlehens (§ 135 InsO), die zum Freiwerden der als Sicherheit bestellten Finanzierungshilfe des Gesellschafters führt, kann der befreite Gesellschafter zwar einwenden, die Masse reiche ohne Anfechtung zur Deckung berechtigter Forderungen aus, so dass kein Gläubiger benachteiligt werde. Nach der Lebenserfahrung spricht aber ein Anscheinsbeweis dafür, dass die Insolvenzmasse in einem eröffneten Verfahren nicht ausreicht, um alle Gläubiger zu befriedigen.[5]

119 Gibt der Insolvenzverwalter Vermögen des Schuldners frei, damit dieser eine selbständige Tätigkeit fortsetzen kann, ist der Schuldner gemäß §§ 35 Abs. 2 S. 2, 195 Abs. 2 InsO verpflichtet, den Gewinn an die Insolvenzmasse abzuführen, soweit er bei Erzielung durch unselbständige Tätigkeit pfändbar wäre. Über die Höhe des Gewinns ist der Schuldner umfassend auskunftspflichtig. Im Streitverfahren über die Zahlung trifft ihn die Darlegungs- und Beweislast, dass ein pfändbares fiktives Nettovermögen nicht erzielt worden ist.[6]

VII. Kapitalmarktrecht, Kapitalanlagerecht

1. Allgemeines

120 Die Darlegungs- und Beweislast des Wertpapieranlegers für ein **vorsätzliches Organisationsverschulden** der Bank darf trotz fehlender Kenntnis von Unternehmensinterna und ungeachtet der Regelung des § 280 Abs. 1 S. 2 BGB nicht umgekehrt werden, weil **Vorsatz nicht zu vermuten** ist.[7] **Steuervorteile** des Kapitalanlegers, die nur bei außergewöhnlicher Höhe im Rahmen einer Vorteilsausgleichung anzurechnen sind, sind vom Schädiger darzulegen und zu beweisen; allerdings trifft den Geschädigten eine sekundäre Darlegungslast.[8]

121 Für die Anlage in Investmentfonds ist das 2013 in Kraft getretene Kapitalanlagegesetzbuch (KAGB) zu beachten, dessen detaillierte Regelungen auch gesetzliche Beweisregeln enthält.[9]

2. Aufklärungsfehler

a) Problemstellung

122 Schadensersatzforderungen wegen fehlerhafter Informationserteilung im Zusammenhang mit Kapitalanlagen bereiten teilweise erhebliche Beweisschwierigkeiten (s. dazu

---

[1] Dazu BGH ZIP 2013, 174 Rz. 13 ff.; BGH ZIP 2013, 1127 Rz. 24; BGH NJW 2014, 467 Rz. 7; BGH NJW-RR 2014, 231 Rz. 18; BGH ZIP 2014, 1032 Rz. 34 und 40; *Kayser* NJW 2014, 422 ff.
[2] Dazu BGH ZIP 2013, 174 Rz. 25 f.; BGH ZIP 2013, 1127 Rz. 28; BGH NJW-RR 2014, 231 Rz. 14 u. 19.
[3] BGH ZIP 2012, 735 Rz. 14. Sich vorsichtig vom BGH absetzend BAG ZIP 2014, 628 Rz. 75.
[4] Dazu *Foerste* ZInsO 2013, 897, 900; eingehender *Foerste* Festschrift Picker (2010), S. 227 ff.
[5] BGH NJW 2014, 1737 Rz. 20.
[6] BGH NJW-RR 2014, 617 Rz. 25.
[7] OLG München ZIP 2008, 66, 67/68. S. jedoch auch BGH ZIP 2010, 2140 Rz. 18.
[8] BGH VersR 2011, 1455 Rz. 45 = ZIP 2010, 1646.
[9] S. dazu *Burgard/Heimann* WM 2014, 821 ff.

auch Rz. 32 ff.). Keine Besonderheiten ergeben sich in diesen Fällen für die Frage, **ob überhaupt falsch beraten** oder informiert worden ist; die Darlegungs- und Beweislast für das Vorliegen einer Pflichtverletzung liegt unverändert beim Anspruchsteller.[1] Dieser Nachweis bereitet grundsätzlich keine besonderen Schwierigkeiten. Anders verhält es sich mit dem Nachweis des **Kausalzusammenhangs** zwischen der **fehlerhaften Aufklärung**, Beratung oder Marktinformation **und dem Schaden**, den der Anleger aufgrund dessen erlitten haben will. Weil ein Glied der zur Schädigung führenden Kausalkette eine Willensentscheidung des Anspruchstellers selbst ist, wird für das Vorliegen eines Kausalzusammenhangs verlangt, dass der Anleger bei zutreffender Aufklärung bzw. Information eine andere Anlageentscheidung getroffen hätte. Das **eigene hypothetische Verhalten** zu beweisen, ist dem Anspruchsteller in der Mehrzahl der Fälle nicht möglich.

b) Differenzierung nach Fallgruppen

Damit der Anspruch gegen den Aufklärungsverpflichteten nicht brachliegt, wird der Beweisnot Rechnung getragen. Dabei ist zu unterscheiden, **von wem** eine bestimmte Informations- bzw. Aufklärungspflicht zu erfüllen ist, **an wen** sie sich richtet und **zu welchem Zeitpunkt** die Information zu erteilen ist. Informationspflichtig sind Banken oder Anlageberater, wenn sie ihre Kunden über die **Risiken** und Eigenschaften **eines** ihnen zu vermittelnden **Anlageprodukts** aufzuklären haben. Im Falle der Investition in Aktien oder andere unternehmensbezogene **Wertpapiere** müssen auch die betreffenden Unternehmen bzw. deren Repräsentanten den Markt mittels **Pflichtmitteilungen** oder **freiwilligen Veröffentlichungen** über unternehmensrelevante Tatsachen informieren. 123

Beide Informantengruppen unterscheiden sich dadurch, dass zwischen der Bank bzw. dem **Anlageberater** und dem Kunden grundsätzlich eine **Vertragsbeziehung** besteht, während es daran zwischen dem Emittenten eines Wertpapiers und den erwerbenden Anlegern regelmäßig fehlt. Nur bei der **Emission neuer Wertpapiere**, also auf dem Primärmarkt, kann es zu einem direkten Vertragsverhältnis zwischen Emittent und Anleger kommen, wenn der Emittent die Wertpapiere selbst statt über eine Bank veräußert. Doch auch ein solches Vertragsverhältnis ist wegen seiner Standardisierung und der fehlenden Ausrichtung auf die Bedürfnisse des einzelnen Anlegers nicht mit dem Verhältnis zwischen einer Bank bzw. einem Anlageberater und dem Kunden zu vergleichen. 124

Adressat der Beratungspflichten von Banken und Anlageberatern ist stets der **individuelle Anleger**. Die durch den Emittenten eines Wertpapiers zu veröffentlichenden Informationen richten sich hingegen grundsätzlich an das **Anlegerpublikum als Gesamtheit**. Innerhalb dieser Fallgruppe ist weiter zwischen Primär- und Sekundärmarktinformationen zu unterscheiden: Die **Primärmarktinformationen** werden grundsätzlich in einem **Verkaufsprospekt** zur Verfügung gestellt und unterliegen den Besonderheiten der allgemeinen und der sondergesetzlichen Prospekthaftung. **Sekundärmarktinformationen** richten sich an den Markt für bereits emittierte Wertpapiere. Auch zwischen diesen Situationen bestehen Unterschiede, die für die Beweislastverteilung von Bedeutung sind. 125

c) Aufklärungspflichten von Wertpapierdienstleistern

Für eine Haftung im Rahmen oder im Vorfeld eines **Beratungsvertrages**, wie er zwischen Anleger und Bank oder sonstigem Anlageberater abgeschlossen worden sein 126

---
1 Zur Information durch einen Treuhandkommanditisten BGH ZIP 2010, 288 Rz. 17.

kann, muss der Anspruchsteller zunächst nachweisen, dass ein entsprechender Vertrag bzw. ein vorvertragliches Schuldverhältnis **zustande gekommen** ist.[1] Dies bereitet keine besonderen Schwierigkeiten.

127 Ferner muss der Anspruchsteller gegebenenfalls darlegen und beweisen, dass eine **Aufklärungs-** oder **Beratungspflicht verletzt** worden ist. Dazu muss zunächst bewiesen werden, dass eine vertragliche Pflicht zur Aufklärung bzw. Beratung hinsichtlich eines bestimmten Umstands bestanden hat und nicht erfüllt wurde.[2] Wurde eine bestimmte Information erteilt, ist deren Unrichtigkeit darzulegen und zu beweisen, unabhängig davon, ob insoweit überhaupt eine Pflicht zur Informationserteilung bestand.[3] Eine **Beweislastumkehr** kommt dafür **nicht** in Betracht.[4] Dies gilt auch dann, wenn dem Anleger eine unvollständige schriftliche Beratungsunterlage als Beispielsberechnung ausgehändigt wurde, weil dadurch keine Vermutung begründet werden sein soll, dass keine weiteren Informationen erteilt worden sind.[5] Beweiserleichterungen wegen Verletzung einer **Dokumentationspflicht** in Anlehnung an entsprechende Pflichten im Arzthaftungsrecht (dazu oben Rz. 23 und Rz. 74) sind von der Rechtsprechung zunächst verneint worden.[6] Seit 2009 regelt § 34 Abs. 2a WpHG Dokumentationspflichten.[7] Ebenfalls seit 2009 steht dem Anleger gem. § 34 Abs. 2b WpHG ein **Anspruch auf Herausgabe des Protokolls** zu, der ihm bei fortbestehender Darlegungs- und Beweislast den Beweis erleichtert.[8]

128 Zudem kann die aufklärungspflichtige Partei eine Darlegungslast unter dem Gesichtspunkt des Beweises **negativer Tatsachen**[9] treffen. Sie muss dann darlegen, wann und auf welche Weise die betreffende Information erteilt worden sein soll, so dass der Anleger nur noch diese konkrete Behauptungen zu widerlegen braucht.

129 Schwierigkeiten bereitet regelmäßig der Nachweis, dass die fehlerhafte oder unterbliebene Aufklärung **für** die tatsächlich getroffene **Investitionsentscheidung** des Anlegers **und** den daraus resultierenden **Schaden kausal** geworden ist. Dem soll durch eine widerlegbare **Vermutung** aufklärungsrichtigen Verhaltens abgeholfen werden. Dementsprechend hat die aufklärungspflichtige Partei zu beweisen, dass der dem Anleger entstandene Schaden auch bei pflichtgemäßer Aufklärung eingetreten wäre, weil der

---

1 Vgl. BGH WM 2000, 426, 427; BGH WM 1996, 906; BGH WM 1993, 1455, 1456; *Ellenberger/Schäfer* Fehlgeschlagene Wertpapieranlagen S. 352 ff.
2 BGH WM 1999, 2300, 2302/2303; BGH WM 2000, 1685; MünchKommBGB/*Fetzer*[6] § 363 Rz. 1; *Ellenberger/Schäfer* Fehlgeschlagene Wertpapieranlagen S. 354, 356.
3 *Ellenberger/Schäfer* Fehlgeschlagene Wertpapieranlagen S. 354.
4 Vgl. BGH NJW 1996, 2571, 2572; *Ellenberger/Schäfer* Fehlgeschlagene Wertpapieranlagen S. 357.
5 BGH WM 2008, 1590, 1591, Rz. 16 (Wohnungsverkauf zur Kapitalanlage).
6 BGH WM 2006, 567, 568; BGH NJW 1987, 1482, 1483; *Braun/Lang/Loy* in: Ellenberger/Schäfer, Clouth/Lang, Wertpapier- und Derivategeschäft, 3. Aufl. 2010, Rz. 394.
7 Dazu *Braun/Lang/Loy* in: Ellenberger/Schäfer/Clouth/Lang, Wertpapier- und Derivategeschäft Rz. 234, Zusammenstellung der protokollierungspflichtigen Sachverhalte Rz. 247.
8 *Braun/Lang/Loy* in: Ellenberger/Schäfer/Clouth/Lang, a.a.O. Rz. 395.
9 OLG Düsseldorf WM 1996, 2082, 1086; KG VersR 2012, 101, 103 und *Sprockhoff* WM 2005, 1739, 1745 f. gehen begrifflich fehlerhaft davon aus, es handele sich um einen Fall der sekundären Behauptungslast. Deren Voraussetzungen (siehe Kap. 11 Rz. 37 ff.) liegen in den betreffenden Fällen jedoch regelmäßig nicht vor, weil der Anleger im selben Umfang wie die Bank oder sein Berater Einblick in den Aufklärungsablauf hat und es sich somit nicht um Informationen handelt, auf die der Aufklärungsverpflichtete leichter zugreifen könnte, als der Anleger selbst. Diese Voraussetzungen sind für eine veränderte Darlegungslast beim Beweis negativer Tatsachen nicht zu erfüllen (s. Kap. 9 Rz. 97). Wie hier hingegen *Ellenberger/Schäfer* Fehlgeschlagene Wertpapieranlagen S. 359; ebenso wohl *v. Heymann/Edelmann* in: Assmann/Schütze, Kapitalanlagerecht[3] § 4 Rz. 112.

Anleger sich **trotz Information zu** einer **Investition entschlossen** hätte.[1] Die dogmatische Deutung ist umstritten (s. dazu Rz. 32 f.). Die Vermutung ist häufig nur dann als gerechtfertigt angesehen worden, wenn die zu erbringende Aufklärung auf eine bestimmte Verhaltensweise des Anlegers gerichtet ist und sich der Anleger über diesen Rat vernünftigerweise nicht hinwegsetzen konnte.[2] Für das Eingreifen der Vermutung sollte es hingen **nicht ausreichen**, wenn die Aufklärung dazu dienen soll, dem Anleger eine eigenverantwortliche Entscheidung über das Tätigen einer Investition zu ermöglichen, bei der sich ex ante nicht vorhersehen lässt, wie diese richtigerweise ausfallen sollte, es also **mehrere rationale Entscheidungsmöglichkeiten** gibt. Davon hat sich der XI. Zivilsenat des BGH unter Schutzzweckgesichtspunkten abgewandt.[3]

d) Informationspflichten der Emittenten gegenüber Ersterwerbern (Prospekthaftung)

Wertpapiere werden gem. § 30 Abs. 3 Nr. 2 BörsG zum **Handel im amtlichen Markt** an der Börse zugelassen, wenn zuvor ein hinreichender Prospekt veröffentlicht worden ist. Die Haftung für unzureichende Prospektangaben ist durch das Gesetz vom 6.12.2011 zur Novellierung des Finanzanlagenvermittler- und Vermögensanlagerechts auf neue gesetzliche Grundlagen gestellt worden, die den „grauen Kapitalmarkt" einbeziehen sollen. War der Prospekt fehlerhaft, so stand dem Anleger vor der Reform von 2011 unter den Voraussetzungen des **§ 44 Abs. 1 BörsG** ein Anspruch auf Übernahme der erworbenen Wertpapiere durch den Anspruchsgegner gegen Erstattung des Erwerbspreises zu. Der bis zum Inkrafttreten des 3. Finanzmarktförderungsgesetzes erforderliche Nachweis der haftungsbegründenden Kausalität wurde mit der Änderung des Börsengesetzes zum 1. Juli 2002 in § 45 Abs. 2 Nr. 1 BörsG aufgehoben und die **Beweislast für** die **fehlende Erwerbskausalität** des fehlerhaften Prospekts dem Anspruchsgegner auferlegt.[4] Der Anspruch gem. § 44 Abs. 1 S. 1 BörsG setzte jedoch voraus, dass die Wertpapiere innerhalb von sechs Monaten nach ihrer erstmaligen Markteinführung erworben worden waren. An die Stelle des § 44 BörsenG ist **§ 21 WpPG** getreten. Hinzugekommen sind §§ 20, 21 VermAnlG (zuvor §§ 13 f. VerkProspG) und § 127 InvG (zuvor § 20 KAGG, § 12 AuslInvestmentG).

130

Schon mit dem Gesetz von 2002 war die frühere Rechtsprechung zur sog. „**Anlagestimmung**" übernommen worden,[5] die davon ausging, dass insbesondere Privatanleger die betreffenden Prospekte häufig nicht selbst gelesen haben und somit keine positive Kenntnis der fehlerhaften Information verfügten. Es wurde eine **vermutete Kausalität** für ausreichend gehalten, die auf dem Umstand beruhen sollte, dass ein fehlerhafter Prospekt in der Lage sei, beim Anlegerpublikum eine investitionsfreundliche Stimmung zugunsten des betreffenden Papiers zu erzeugen und von dieser auch solche Anleger, die den Prospekt nicht wahrgenommen hätten, zu einer Investition in die Papiere hätten veranlasst werden können.[6] Es handelt sich dabei um einen besonderen **Fall des Anscheinsbeweises**.[7] Wegen dieser Grundlage sollte die Kausalität

131

---

1 BGHZ 61, 118, 123 = NJW 1974, 1688; BGH NJW-RR 2004, 203, 205; BGH ZIP 2009, 1264 = WM 2009, 1274 Rz. 22 (Rückvergütungsaufklärung); BGH ZIP 2011, 756 Rz. 40 – Zinsswap Deutsche Bank.
2 LG Göttingen WM 2006, 184, 186; v. *Heymann/Edelmann* in: Assmann/Schütze, Kapitalanlagerecht[3], § 4 Rz. 112; *Ellenberger/Schäfer* Fehlgeschlagene Wertpapieranlagen S. 361; *Braun/Lang/Loy* in: Ellenberger/Schäfer/Clouth/Lang a.a.O. Rz. 398.
3 BGH NJW 2012, 2427 Rz. 33 ff. = VersR 2013, 628.
4 *Assmann* in: Assmann/Schütze, Kapitalanlagerecht[3] § 6 Rz. 233.
5 Vgl. BT-Drucks. 13/8933, S. 76; *Geibel* Kapitalanlegerschaden, S. 196.
6 BGHZ 139, 225, 233; *Assmann* in: Assmann/Schütze, Kapitalanlagerecht[3], § 6 Rz. 233; *Geibel* Kapitalanlegerschaden, S. 196.
7 Vgl. BGHZ 160, 134, 144 f. – Infomatec I; BGH ZIP 2007, 1560, 1562, Rz. 13 – ComROAD IV.

132 Die **allgemeine zivilrechtliche Prospekthaftung** bleibt von der gesetzlichen Neuordnung unberührt, verliert aber an Bedeutung, soweit Rechtsprechung spezialgesetzlich kodifiziert wurde.[2] Sie gründet auf ein typischerweise in Anspruch genommenes Vertrauen (Prospekthaftung im engeren Sinne) oder auf persönlich in Anspruch genommenes Vertrauen nach den Prinzipien der c.i.c.;[3] sie wurde im Wege der richterlichen Rechtsfortbildung entwickelt.[4] Eine Haftung nach ihren Regeln setzt ebenfalls **Kausalität** voraus, deren Nachweis ähnliche Schwierigkeiten bereitet, wie im Falle der spezialgesetzlichen Regelungen. Dennoch wurde und wird im Rahmen der allgemeinen Prospekthaftung **nicht** auf die Figur der **Anlagestimmung** zurückgegriffen,[5] sondern die **Ursächlichkeit des Prospektfehlers** für die Investitionsentscheidung des Anlegers bei entsprechender Darlegung des Anspruchstellers **widerleglich vermutet**,[6] dies selbst dann, wenn der Anleger den Prospekt mangels Aushändigung gar nicht zur Kenntnis nehmen konnte.[7] Das steht der Beweislastumkehr bei Verletzung vertraglicher Aufklärungspflichten praktisch gleich.[8]

Beginnend mit dem Absatz vor 132:

abweichend von der in § 44 Abs. 1 S. 1 Nr. 1 BörsG a.F. bestimmten Sechsmonatsfrist bereits entfallen, wenn die Anlagestimmung bereits zuvor geendet hatte.[1]

e) Informationspflichten der Emittenten gegenüber Sekundärmarktteilnehmern

133 Weniger großzügig wird bei Fehlinformation der Sekundärmärkte durch **fehlerhafte periodische Pflichtmitteilungen** oder **Ad-hoc-Meldungen** verfahren. Einer Übertragung der Figur der Anlagestimmung auf diese Fälle hat sich der BGH zwar nicht grundsätzlich verschlossen, gibt aber zu bedenken, dass eine nur bestimmte Gesichtspunkte betreffende einzelne Meldung nicht dieselbe Bedeutung für die Bewertung eines Wertpapiers durch den Markt habe wie ein Prospekt, der vollumfänglich über das betreffende Unternehmen informieren solle. Der BGH hält deshalb **nur im Einzelfall** das Vorliegen einer **Anlagestimmung** für möglich, was dann jeweils ausdrücklich festgestellt werden müsste.[9] Etwas anderes gilt nur dann, wenn ein Zweiterwerb noch unter dem Eindruck der durch den Verkaufsprospekt selbst erzeugten Anlagestimmung. Bei pflichtwidrig unterlassener Ad-hoc-Mitteilung und darauf gestützter Haftung nach § 37b WpHG fehlt es an einem Anknüpfungspunkt für eine einzelfallbezogene konkrete Anlagestimmung.[10]

134 Im Rahmen der Informationsdelikthaftung nach § 826 BGB muss der **konkrete Kausalzusammenhang** zwischen einer fehlerhaften Ad-hoc-Mitteilung und der individuellen Anlageentscheidung auch dann geführt werden, wenn die Kapitalmarktinformation vielfältig und extrem unseriös gewesen ist.[11] Dasselbe gilt für falsche Wer-

---

1 *Assmann* in: Assmann/Schütze, Kapitalanlagerecht[3], § 6 Rz. 234 m.w.N.
2 Vgl. MünchKommBGB/*Wagner*[6] § 826 Rz. 74 f. S. auch *Assmann* in: Assmann/Schütze, Kapitalanlagerecht[3], § 6 Rz. 134.
3 *Schwark* in: Schwark/Zimmer, Kapitalmarktrechts-Kommentar[4], §§ 44, 45 BörsG Rz. 7, 18 u. 77 ff.
4 *Assmann* in: Assmann/Schütze, Kapitalanlagerecht[3], § 6 Rz. 130.
5 BGHZ 115, 213, 223; BGHZ 111, 314, 321; BGHZ 74, 103, 112 f.; BGH WM 1982, 90, 91; *Assmann* in: Assmann/Schütze, Kapitalanlagerecht[3], § 6 Rz. 177.
6 BGH (II. ZS) NJW-RR 2012, 1312 Rz. 21; BGH (VI. ZS) VersR 2013, 367 Rz. 23.
7 BGH ZIP 2008, 412, 414, Rz. 15 f. – Securenta; BGH NJW-RR 2009, 689 Rz. 6, zur Widerlegung Rz. 9.
8 *Assmann* in: Assmann/Schütze, Kapitalanlagerecht[3], § 6 Rz. 177 in Fn. 452 m.w.N.
9 BGHZ 160, 134, 146 f. – Infomatec I; BGH, ZIP 2007, 1560, 1562 Rz. 13 – ComROAD IV; BGH ZIP 2007, 1564, 1565, Rz. 13 – ComROAD V. Zu dieser Rspr. *Leuschner* ZIP 2008, 1050 ff.
10 BGH NJW 2012, 1800 Rz. 64 – Rhineland Fund.
11 BGH NJW-RR 2007, 1532, 1534; s. ferner BGH ZIP 2008, 407, 409, Rz. 16 f. – ComROAD VI; BGH ZIP 2008, 410, 411, Rz. 16 f. – ComROAD VII; BGH ZIP 2008, 829, 830, Rz. 16 u. 19 – ComROAD VIII = NJW-RR 2008, 1004.

beaussagen beim Vertrieb von Anlagen.¹ Eine kenntnisunabhängige Kausalitätsfeststellung würde eine Dauerhaftung gegenüber beliebigen Anteilswerbern begründen, die einen Zusammenhang mit dem Vorwurf sittenwidriger Schädigung vermissen ließe.²

Für **individuelle Willensentschlüsse**, die – so bei Anlageentscheidungen – von vielfältigen rationalen und irrationalen Faktoren beeinflusst sein können gibt es grundsätzlich **keinen Anscheinsbeweis**, wie sich ein Mensch in einer bestimmten Lebenslage verhalten hätte (dazu auch Kap. 16 Rz. 69).³ 135

Auch sonstigen Beweiserleichterungen hat sich der BGH weitgehend verschlossen. So hat er der aus dem US-amerikanischen Kapitalmarktrecht stammenden **Markttäuschungstheorie** (fraud on the market theory) eine Absage erteilt und die damit einhergehende Verlagerung des Beweisthemas von der persönlichen Veranlassung des Anlegers zur Investition auf die Veränderung des Marktpreises des betroffenen Wertpapiers durch die Falschmeldung abgelehnt.⁴ Deren Anwendung hätte jedenfalls für auf den Ersatz des Differenzschadens gerichtete Ansprüche eine deutliche Beweiserleichterung für den Anleger bedeutet. 136

VIII. Telekommunikation, Internet

Der **Telefonanbieter** trägt die Darlegungs- und Beweislast für die Richtigkeit in Rechnung gestellten Verbindungsaufkommens.⁵ Bei auf Kundenbeanstandung hin fristgerecht durchgeführter technischer Vollprüfung, die keinen Mangel ergibt, soll ein **Anscheinsbeweis** für die Richtigkeit sprechen.⁶ 137

Kennzeichenverletzungen durch Angebote auf **Internet-Auktionsplattformen** setzen ein Handeln des Anbieters im **geschäftlichen Verkehr** voraus. Dafür ist der Kläger beweispflichtig, doch kann den Anbieter eine sekundäre Darlegungslast treffen.⁷ Wird ein Plattformbetreiber als Störer in Anspruch genommen, trifft den Unterlassungsgläubiger grundsätzlich die Darlegungs- und Beweislast für die zumutbare technische Möglichkeit, künftige Schutzrechtsverletzungen durch Plattformnutzer zu unterbinden, jedoch hat der Betreiber eine sekundäre Darlegungslast hinsichtlich der möglichen Schutzmaßnahmen.⁸ 138

Werden von einem **Internetanschluss** aus **urheberrechtliche Nutzungsrechte verletzt**, muss der Anschlussinhaber im Rahmen einer sekundären Darlegungslast Angaben zur Person des Nutzers und möglichen Verletzers machen.⁹ Eigene Nachforschungen 139

---

1 BGH NJW-RR 2013, 1448 Rz. 25.
2 BGH NJW-RR 2013, 1448 Rz. 25.
3 BGHZ 160, 134, 144 ff. = NJW 2004, 2664 – Infomatec I; BGH NJW-RR 2007, 1532, 1533 – ComROAD V. Gegen hypothetische Kausalbetrachtungen überhaupt St. *Richter* Schadenszurechnung bei deliktischer Haftung für fehlerhafte Sekundärmarktinformation (2012), S. 238 ff., 352 ff.
4 BGH ZIP 2007, 1560, 1562 Rz. 13 – ComROAD IV; nicht explizit ablehnend, aber ebenfalls ohne Rückgriff auf die fraud-on-the-market-theory: BGHZ 160, 134, 144 f. – Infomatec I; BGH ZIP 2005, 1270, 1274 – EM.TV; BGH ZIP 2007, 680 Rz. 8 – ComROAD II.
5 OLG Bremen MMR 2012, 93; AG Bremen MMR 2013, 546.
6 OLG Bremen MMR 2012, 93. Zum notwendigen Protokollinhalt AG Dachau MMR 2011, 736, 737.
7 BGH GRUR 2009, 871 Rz. 27 – Ohrclips.
8 BGH NJW 2008, 3714 Rz. 19 – Namensklau im Internet.
9 OLG Köln CR 2010, 336 = GRUR-RR 2010, 173; OLG Köln NJW-RR 2012, 1327 = GRUR-RR 2012, 329, 330; LG Düsseldorf NJW 2012, 3663 (mit sehr zweifelhaften weiteren Ausführungen zu Beweisanforderungen).

zur Person des Täters muss er nicht treffen.¹ Den Verletzten trifft die Darlegungs- und Beweislast für die Täterschaft.²

140 Der **Zugang** eines **Faxschreibens** ist nicht nach den Regeln über den Anscheinsbeweis zu beweisen (dazu Kap. 16 Rz. 72). Der o.k.-Vermerk im Sendebericht belegt nur das Zustandekommen einer Leitungsverbindung. Unternehmer müssen bei Bestreiten des Zugangs das Empfangsjournal vorlegen; insoweit trifft sie eine sekundäre Darlegungslast.³

141 Zum Beweis des **Zugangs** von **E-Mails** s. Kap. 16 Rz. 73.

IX. Zivilprozess

142 Die Gewährung von Prozesskostenhilfe hängt davon ab, ob die Partei die Kosten der Prozessführung nicht aufzubringen imstande ist. Beim Insolvenzverwalter als einer Partei kraft Amtes ist gem. § 116 S. 1 Nr. 1 ZPO zusätzlich erforderlich, dass den am Rechtsstreit wirtschaftlich Beteiligten die Prozessfinanzierung nicht zuzumuten ist. Die Darlegungslast dafür trägt der Insolvenzverwalter.⁴

---

1 OLG Köln NJW-RR 2012, 1327 = GRUR-RR 2012, 329, 330.
2 OLG Köln NJW-RR 2012, 1327.
3 OLG Koblenz VersR 2013, 875, 876.
4 BGH ZIP 2012, 2275 Rz. 19; OLG Frankfurt ZIP 2014, 1099, 1100.

Kapitel 11:
Darlegungslast

	Rz.		Rz.
§ 40 Sammlung des Tatsachenstoffes durch Behaupten und Bestreiten		§ 41 Verteilung der Darlegungslast	
		I. Grundregel	29
I. Notwendigkeit und Wirkung von Parteibehauptungen	1	II. Eigenständige Aufgaben und Wirkungen der Darlegungslast	31
II. Objektive und subjektive Komponente der Darlegungslast	5	III. Spaltung von Beweislast und Darlegungslast	
III. Substantiierungslast (konkrete Darlegungslast)		1. Schwierigkeiten der Prozessstoffbeschaffung als Abweichungsgrund	34
1. Begriff und Rechtsgrundlage	9		
2. Mögliche Normzwecke	10	2. Scheinbar abweichende Verteilung	35
3. Grad der Substantiierung	15		
IV. Sekundäre Darlegungslast/substantiiertes Bestreiten	22	IV. Sekundäre Darlegungslast	37
		V. Dokumentationspflichten	40

§ 40 Sammlung des Tatsachenstoffes durch Behaupten und Bestreiten

Schrifttum:

Dölling, Voraussetzungen der Beweiserhebung im Zivilprozess, NJW 2013, 3121; *Gremmer*, Der unsubstantiierte Vortrag – Ein Phantomproblem?, MDR 2007, 1172; *Meyke*, Plausibilitätskontrolle und Beweis, NJW 2000, 2230. S. ferner Kap. 9 vor § 31; *Zimmermann*, Tatsächliche Vermutung und sekundäre Darlegungslast in Filsharing-Prozessen, MMR 2014, 368. Rechtsvergleichend: *Schweizer*, Substanziieren – wozu?, SchwJZ 108 (2012), 557.

I. Notwendigkeit und Wirkung von Parteibehauptungen

Beweiserhebungen über streitige Tatsachen können nur stattfinden, wenn zuvor Tatsachen vorgetragen worden sind, die für die Normanwendung relevant sind. Das **Zusammentragen des Tatsachenstoffes**, das zumeist in Schriftsätzen erfolgt, ist nach der Verhandlungsmaxime grundsätzlich **Sache der Prozessparteien**. Wer was für seinen künftigen Prozesserfolg vorzutragen hat, bedarf daher einer Regelung. Sie richtet sich nach der Verteilung der Darlegungslast, die auch Behauptungslast genannt wird. 1

Unter Geltung der **Verhandlungsmaxime** hat das Gericht nur eingeschränkte Rechte und Möglichkeiten, auf eine Klärung des Sachverhalts hinzuwirken, etwa durch Hinweise (§ 139). Die **Parteien** müssen **in eigener Verantwortung** ihr Begehren und den Lebenssachverhalt, auf den sie das Begehren stützen, vortragen. Grundsätzlich sind nur solche Tatsachen zu berücksichtigen, die die jeweilige Partei selbst vorgetragen hat. In aller Regel werden die Parteien nur solche Umstände vortragen, die ihrem Begehren förderlich sind. Bringen sie jedoch Gesichtspunkte ein, die (auch) der Gegenpartei nützen, ist davon auszugehen, dass die **gegnerische Partei** sich diese Behauptung **hilfsweise konkludent zu eigen** macht (zur Konsequenz im Verfassungsrecht Kap. 1 Rz. 91).[1] Dies gilt auch für Umstände, die erst im Laufe der Beweisaufnahme über eine andere Tatsache als Nebenprodukt ans Licht kommen und bei der Ermitt- 2

---

1 BGH NJW-RR 2010, 495 Rz. 6; BGH NJW-RR 2011, 704 Rz. 13.

lung der beweisbedürftigen Tatsachen noch gar nicht berücksichtigt werden konnten.[1]

3 Die Darlegungslast existiert also wie die Beweisführungslast nur in **Verfahren mit Verhandlungsmaxime**, da sich das Gericht bei Geltung der Untersuchungsmaxime selbst aktiv in die Sachverhaltserforschung einzuschalten hat. Ziel der Behauptung muss deren Schlüssigkeit i.S.d. § 331 Abs. 2 sein. Während es auf die Beweislast zu diesem frühen Zeitpunkt noch nicht ankommt, da der Erlass eines Versäumnisurteils den Beweis der behaupteten Tatsachen nicht voraussetzt, wirkt die Darlegungslast streitentscheidend.

4 Soweit der **Untersuchungsgrundsatz** gilt, was seit Verschiebung der Ehe- und Familienstreitverfahren in das FamFG (dort: §§ 112, 121, 169) und damit verbundener Aufhebung der §§ 616, 640 Abs. 1, 661 Abs. 2 ZPO im Geltungsbereich der ZPO nur noch marginale Bedeutung hat, ist das **Gericht nicht** an Tatsachenvortrag der Parteien **gebunden**. Es darf auch Kenntnisse berücksichtigen, die es im Laufe des Verfahrens auf andere Weise, etwa im Zuge einer Anhörung erlangt hat, ohne dass sich die Parteien diese Tatsachen zu eigen gemacht haben müssen. Das Gericht kann nach pflichtgemäßem Ermessen **von Amts wegen** nach derartigen streitgegenstandsrelevanten Tatsachen forschen, soweit das Gericht keine Einschränkungen vorsieht (so in § 127 Abs. 3 FamFG, zuvor: § 616 Abs. 3 ZPO), und kann auch ohne Beweisanträge der Parteien die Aufnahme von Beweisen anordnen. **Amtsermittlung bedeutet** aber **nicht**, dass das Gericht ein eigenes Ermittlungsorgan, etwa die Staatsanwaltschaft oder eine andere Behörde, zur Sachverhaltsaufklärung einsetzt. Die Untersuchung wird durch die gestellten Sachanträge (den Streitgegenstand) begrenzt (vgl. § 113 Abs. 1 S. 2 FamFG).

II. Objektive und subjektive Komponente der Darlegungslast

5 Wie bei der Beweislast wird bei der Darlegungslast wird zwischen einer objektiven und einer subjektiven Komponente unterschieden.[2] Die **objektive Seite** kennzeichnet den Umstand, dass im Falle eines ausbleibenden Darlegungserfolges die darlegungsbelastete Partei unterliegen muss; die **subjektive Seite** betrifft die daraus folgende Notwendigkeit für die betreffende Partei, dieser Konsequenz durch ihr Handeln, nämlich das Aufstellen schlüssiger Behauptungen, entgegenzuwirken und somit durch ihr Prozessverhalten einen Darlegungserfolg herbeizuführen. Beide Gesichtspunkte sind eng miteinander verbunden.

6 **Grundsätzlich** sind **Darlegungslast und Beweislast derselben Partei** zugewiesen. Da erst die Behauptungen ergeben, worüber anschließend Beweis zu erheben ist, sind nur diejenigen Tatsachen zu beweisen, die zuvor behauptet worden sind. Welche Partei welche Behauptung aufgestellt hat, ist aber kein Kriterium für die Verteilung der Beweislast, wenngleich es wahrscheinlich ist, dass eine Partei von vornherein nur ihr günstige Behauptungen aufstellt, für die sie dann in aller Regel auch die Feststellungslast trägt, sofern sie vom Gegner bestritten werden. Beweislast und Darlegungslast **hängen** trotz ihres praktisch häufigen Gleichlaufs **nicht zwingend voneinander ab**. Näher zur Verknüpfung zwischen Beweislast und Behauptungslast unten Rz. 29.

7 Wie im Rahmen der Beweisführungslast ist primär die darlegungsbelastete Partei **Adressat richterlicher Hinweise** nach § 139 Abs. 1. Aufgrund dessen hat die Vertei-

---
[1] BGH NJW 1991, 1541, 1542; BGH NJW 2001, 2177, 2178; BGH VersR 2014, 632 Rz. 11.
[2] *Rosenberg* Beweislast[5] S. 47; *Prütting* Gegenwartsprobleme, S. 44.

lung der Darlegungslast weniger einschneidende Konsequenzen als die Verteilung der Beweislast.

Offenkundige Tatsachen brauchen gem. § 291 **nicht bewiesen** zu werden. Umstritten ist, ob mit dem Beweiserfordernis auch die **Notwendigkeit** entfällt, die betreffenden Tatsachen **zu behaupten**, sie sich also für die eigene Sachverhaltsdarstellung zu eigen zu machen.[1]

III. Substantiierungslast (konkrete Darlegungslast)

1. Begriff und Rechtsgrundlage

Die Substantiierungslast wird zum Teil als **konkrete Darlegungslast** bezeichnet.[2] Vereinzelt wird sie allerdings vollständig mit der Darlegungslast gleichgesetzt,[3] von anderen synonym mit dem substantiierten Bestreiten i.S. einer sekundären Behauptungslast gebraucht.[4] Sie entspricht **strukturell** der **konkreten Beweisführungslast**,[5] mit dem Unterschied, dass die Darlegungslast keine Beweise, sondern – einer Beweiserhebung vorgelagert – Behauptungen zum Gegenstand hat. Sie ist Ausprägung des Verhandlungsgrundsatzes und der Prozessförderungspflicht. **Gesetzliche Grundlage** ist **§ 138 Abs. 2**. Zur Zuordnung zur lex fori als Angelegenheit des Prozessrechts oder zum materiellen Recht s. Kap. 58 Rz. 23.

2. Mögliche Normzwecke

Substanz erhält der Sachvortrag, indem Einzelheiten eines Lebenssachverhalts, die unter eine das Klagebegehren tragende oder abwehrende Rechtsnorm zu subsumieren sind, von einer Prozesspartei behauptet werden. Welcher **Grad an Detailtreue** erforderlich ist, richtet sich nach dem mit der Substantiierungslast verbundenen Zweck.

In Betracht kommen aufseiten des **Angreifers** die **Verhinderung** einer **Ausforschung** des Gegners, eine **Plausibilitätskontrolle** der Behauptung, die Ermöglichung der **Beweiserhebung** und – negativ gewendet – die Wahrung der **Verteidigungsmöglichkeit** des Gegners. Aufseiten des Gegners kann es um eine **Plausibilitätskontrolle** seines Sachvortrags, einen Ausgleich eines **Informationsgefälles** oder die Verschlankung des Beweisverfahrens gehen.[6]

Die mit der Substantiierung verfolgten Zwecke legt die Rechtspraxis selten offen. Rückschlüsse lassen aber die Ergebnisse der Rechtsprechung zu. **Kein Zweck** ist danach eine **Plausibilitätskontrolle** i.S. einer der Beweiserhebung vorgelagerten Wahrscheinlichkeitsprüfung. Ausreichend für eine Schlüssigkeitsprüfung ist die Angabe subsumtionsfähiger Tatsachen, die eine **Beweiserhebung** ermöglichen, sofern sie hinreichend bestritten sind.

Die **Abwehr** einer **Ausforschung** ist mit der Subsumtion **nicht** verbunden. Hinter dem unglücklich gewählten Begriff „Ausforschungsbeweis" verbirgt sich lediglich ein qualitativ anders gelagertes Verbot, Behauptungen – verbunden mit einem Be-

---

[1] Vgl. *Musielak* Grundlagen der Beweislast, S. 55; MünchKommZPO/*Prütting*[3] § 291 Rz. 13; Stein/Jonas/*Leipold*[22] § 291 Rz. 18 f.
[2] Vgl. Rosenberg/Schwab/*Gottwald*[17] § 115 Rz. 41.
[3] *Prütting* Gegenwartsprobleme, S. 44, der allerdings zugleich auf eine fehlende Einheitlichkeit der Begriffsverwendung hinweist.
[4] *Musielak* Grundlagen der Beweislast, S. 54.
[5] Rosenberg/Schwab/*Gottwald*[17] § 115 Rz. 41 mit Rz. 6.
[6] *Schweizer* SchwJZ 108 (2012), 557, 559.

weisangebot – auf das „Geratewohl" oder „ins Blaue hinein" aufzustellen, für die jegliche tatsächlichen Anhaltspunkte fehlen.[1] Damit wird aber **nicht ausgeschlossen**, dass eine Partei Tatsachen als feststehend behauptet, von denen sie keine unmittelbare Kenntnis haben kann und die sie lediglich **vermutet**.[2] Mit der Unbeachtlichkeit eines „Ausforschungsbeweises" wird nur ein **offensichtlich willkürlich** oder **rechtsmissbräuchlich** behauptetes Beweisthema abgewehrt.[3]

14 Eingesetzt wird das Substantiierungserfordernis aufseiten des Gegners der eigentlich behauptungsbelasteten Partei zum **Ausgleich eines Informationsgefälles** (sekundäre Darlegungslast; dazu nachfolgend Rz. 22 ff.). Der Grad an Detailgenauigkeit hängt im Übrigen vom Stand des gegnerischen Prozessvortrags ab und kann im Laufe des Verfahrens zunehmen (dazu nachfolgend Rz. 15).

3. Grad der Substantiierung

15 **Der Grad der Substantiierung des Tatsachenvortrags** kann am Beginn eines Prozesses sehr gering sein. Die Rechtsprechung lässt für diesen Zeitpunkt schlichte und allgemeine Behauptungen ausreichen, sofern sie im Subsumtionsschluss die maßgebliche Rechtsnorm ausfüllen, also das geltend gemachte Recht als entstanden erscheinen lassen.[4] Der Umfang der Substantiierung hat sich am **Zweck der Darlegung** zu orientieren. Sie dient nicht dazu, die Wahrheitsermittlung zu fördern oder den Prozess zu beschleunigen.[5] Die Angaben müssen nur dem Beweis zugänglich sein.[6]

16 **Nicht ausreichend** ist die Substantiierung, wenn lediglich ein **Konvolut von Belegen** vorgelegt wird, aus denen sich das Gericht die passenden Unterlagen selbst zusammensuchen müsste.[7] Es bedarf also eines aus sich heraus verständlichen schriftsätzlichen Vortrags mit Bezugnahmen auf die Anlagen.[8]

17 **Nicht erforderlich** ist, dass die Partei vorträgt, **woher** sie ihr **Wissen** bezieht (s. auch Kap. 32 Rz. 29 ff.). Wird das Zustandekommen einer Abrede behauptet, muss nicht unbedingt zu Einzelheiten der Abredeumstände (z.B. Ort, Zeit) vorgetragen werden.[9] Auch ein **Beweisantritt** bedarf **keiner** besonderen **Substantiierungsanforderungen**.[10] Die Genügsamkeit der Rechtsprechung verführt zur Aufstellung wahrheitswidriger Behauptungen, rechtfertigt die Prozesslüge aber nicht (§ 138 Abs. 1).

18 Wie die Beweisführungslast kann die konkrete Darlegungslast **in Abhängigkeit** von der **prozessualen Situation** zwischen den Parteien **wechseln**[11] und dadurch zu einer immer weiter reichenden Eingrenzung der streitigen Tatsachen beitragen.[12] So kann

---

1 BGHZ 193, 159, 173 = NJW 2012, 2427 Rz. 40 m.w.N. = VersR 2013, 628 m. Bespr. *Seyfarth/ Rößler* VersR 2013, 837; BGH ZIP 2013 1474 Rz. 44; BGH NJW 2013, 2514 Rz. 12; *Dölling* NJW 2013, 3121, 3124.
2 BGH VersR 2012, 1429 Rz. 16.
3 BGH NJW 1996, 3149, 3150; BGH NJW 2001, 2327, 2328; BGH VersR 2012, 1429 Rz. 16.
4 BGH NJW 1984, 2888, 2889; BGH NJW 1991, 2707, 2709; BGH NJW 1992, 2427, 2428; BGHZ 127, 354, 358 = NJW 1995, 323, 324; BGH NJW 1996, 1826, 1827; BGH NJW-RR 1998, 712, 713; BGH NJW-RR 1998, 1409; BGH ZIP 1999, 1307, 1309 f. = VersR 1999, 1279; BGH NJW 1999, 1859, 1860; BGH VersR 2007, 852, 854.
5 BGH NJW 1962, 1394; BGH NJW 1992, 2427, 2428.
6 BGH NJW 1997, 357.
7 BGH WM 2007, 1886 Rz. 6 = ZIP 2007, 1886; BGH NJW 2008, 69 Rz. 25; s. auch BVerfG NJW 1994, 2683.
8 *Gremmer* MDR 2007, 1172, 1173; *Dölling* NJW 2013, 3121, 3122.
9 BGH NJW 2000, 3286, 3287.
10 BGH, Beschl. v. 1.8.2007 – III ZR 35/07; BGH NJW-RR 1988, 1529.
11 *Prütting* Gegenwartsprobleme S. 44.
12 Dazu *Brehm* Bindung des Richters S. 63, 88 f.; *Dölling* NJW 2013, 3121, 3123.

es notwendig sein, auf die substantiierten Ausführungen der Gegenpartei mit der **Darlegung weiterer Einzelheiten** oder neuer Tatsachen zu reagieren:[1] Hat diese z.B. auf die zunächst schlüssige Behauptung der der Klage zugrunde liegenden Tatsachen mit der wiederum schlüssigen Behauptung der Voraussetzungen einer Einwendung reagiert, so ist es Sache der anfänglich behauptungsbelasteten Partei, diesem Vorbringen Tatsachen entgegenzuhalten, die das Nichteingreifen der behaupteten Einwendung schlüssig begründen. Unterlässt sie dies, so gelten die Tatsachen, die die Einwendung begründen, als zugestanden i.S.d. § 138 Abs. 3 und die substantiierungsbelastete Partei verliert den Rechtsstreit.

Bestreiten mit Nichtwissen, also Bestreiten des gegnerischen Vortrags ohne nähere Substantiierung, ist gem. **§ 138 Abs. 4** zulässig, wenn die Tatsache weder eine eigene Handlung der Partei betrifft noch Gegenstand ihrer eigenen Wahrnehmung gewesen ist. Bei juristischen Personen beziehen sich diese Zulässigkeitsvoraussetzungen auf deren gesetzliche Vertreter.[2] Die bestreitende Partei ist aber verpflichtet, die ihr **zugänglichen Informationen** in ihrem Unternehmen und von denjenigen Personen **einzuholen,** die unter ihrer Anleitung, Aufsicht oder Verantwortung tätig geworden sind.[3] Mit Nichtwissen dürfen Tatsachen bestritten werden, die zwar zum eigenen Kenntnisbereich gehören, die aber als lange zurückliegender Vorgang – nach der Lebenserfahrung glaubhaft – nicht mehr Gegenstand der Erinnerung sind.[4]

19

Vom **substantiierten Bestreiten** unterscheidet sich die Substantiierungslast insofern, als einem Bestreiten grundsätzlich eine substantiierte Behauptung des Gegners vorauszugehen hat,[5] die Gegenstand des Bestreitens ist. In Fällen der **sekundären Darlegungslast** (dazu nachfolgend Rz. 22 ff.) fehlt es an einer solchen vorangegangenen substantiierten Behauptung; die **Substantiierung** erfolgt vielmehr **erstmals durch** den **Bestreitensvortrag** der gegnerischen Partei. Wie konkret eine substantiierte Behauptung ausfallen muss, hängt von den Umständen des Einzelfalls und den Ausführungen der Gegenpartei ab. Maßstab dafür ist die Beurteilung der Schlüssigkeit der Klage i.S.d. § 331 Abs. 2.

20

Ein **Überspannen der Substantiierungsanforderungen** mit der Folge, dass der Tatrichter relevante Beweise wegen unzureichend substantiierter Behauptung nicht erhebt, verstößt gegen § 286 (dazu auch Kap. 32 Rz. 23).[6] Die höchstrichterliche Rechtsprechung tritt diesem Instrument aus dem Werkzeugkasten des **aufklärungsunwilligen Tatrichters**[7] zur Recht immer wieder entgegen. Ein **Sachvortrag** ist dann **schlüssig** und erheblich, wenn Tatsachen vorgetragen werden, die i.V.m. einem Rechtssatz geeignet und erforderlich sind, das geltend gemachte Recht als in der Person der Partei entstanden erscheinen zu lassen; der Vortrag weiterer Einzeltatsachen ist nicht erforderlich, soweit diese für die Rechtsfolgen nicht von Bedeutung sind.[8] Der **Grad der Wahrscheinlichkeit** der Sachverhaltsschilderung ist für den Umfang der Darlegungs-

21

---

1 BGH NJW 1999, 1859, 1860.
2 BGH GRUR 2002, 190, 191 – Die Profis = NJW-RR 2002, 612.
3 BGH GRUR 2002, 190, 191; BGH ZIP 2013, 384 Rz. 16 (zum Insolvenzverwalter und der Dokumentation erfolgloser Nachforschungsbemühungen).
4 BGH GRUR 2002, 190, 91.
5 Vgl. BGH NJW 1991, 2707, 2708 f.
6 BGH NJW 1991, 2707, 2709; BGH NJW-RR 2013, 296 Rz. 10.
7 Dazu *Gremmer* MDR 2007, 1172. Zu gleichartigen Beobachtungen in der Schweiz *Schweizer* SchwJZ 108 (2012), 557, 558.
8 BGH NJW-RR 2007, 1483 Rz. 23; BGH NJW 2008, 3438 Rz. 14; BGH VersR 2010, 473 Rz. 18; BGH VersR 2011, 1432 Rz. 8; BGH NJW 2011, 3291 Rz. 14; BGH NJW 2012, 382 Rz. 14 m.w.N.; BGH NJW 2012, 1647 Rz. 16 m.w.N.; BGH NJW-RR 2013, 296 Rz. 10 = ZIP 2013, 221; BGH NJW-RR 2014, 456 Rz. 12; BGH NJW-RR 2014, 545 Rz. 7; BAG NJW 2010, 104 Rz. 18; *Dölling* NJW 2013, 3121, 3123.

last regelmäßig **ohne Bedeutung**.[1] Der Ausschluss entscheidungserheblichen Sachvortrags durch Überspannung der Substantiierungsanforderungen und die dadurch unterbleibende Beweiserhebung verstößt gegen **Art. 103 Abs. 1 GG** (dazu auch Kap. 1 Rz. 79 und Rz. 87).[2]

IV. Sekundäre Darlegungslast/substantiiertes Bestreiten

22 Aus der allgemeinen Pflicht zu redlicher, mit den Geboten von Treu und Glauben zu vereinbarender Prozessführung[3] ist richterrechtlich eine **Darlegungslast** der **anfänglich nicht behauptungsbelasteten Partei** entwickelt worden, die sog. sekundäre Darlegungslast. Statt von *sekundärer* Darlegungslast wird häufig auch von einer Pflicht zum *substantiierten Bestreiten* gesprochen.[4] Eine gesetzliche Stütze findet das Erfordernis in **§ 138 Abs. 2**.[5] Im Einzelfall kann es **verfassungsrechtlich geboten** sein, dem Gegner der darlegungs- und beweisbelasteten Partei eine solche sekundäre Darlegungslast aufzuerlegen, wenn die Gefahr besteht, dass ein durch materiell-rechtliche Normen bezweckter Grundrechtsschutz aufgrund der Beweislastverteilung wirkungslos zu bleiben droht.[6] Die sekundäre Darlegungslast soll **keine** zivilprozessuale **Pflicht zur Vorlage** von Urkunden der nicht beweisbelasteten Partei **begründen**.[7]

23 Eine sekundäre Darlegungslast besteht nur in Fällen, in denen der **Kläger außerhalb des** betreffenden **Geschehensablaufs** steht und deshalb keine genaue Kenntnis der interessierenden Tatsachen hat, während der **Beklagte über** diese **Kenntnis verfügt** und daher ohne Weiteres die betreffenden Fragen zu klären in der Lage imstande ist.[8] Einfaches Bestreiten reicht in diesen Fällen nicht mehr aus;[9] vielmehr müssen den zurückgewiesenen Behauptungen der Gegenseite substantielle eigene Behauptungen entgegengesetzt werden. Denkbar sind solche Konstellationen insbesondere, wenngleich keineswegs ausschließlich, wenn zu den materiellen Tatbestandsvoraussetzungen das **Nichtvorliegen bestimmter Tatsachen** zählt und dieses Nichtvorliegen somit durch den Anspruchsteller behauptet wird:[10] Sofern ein **Informationsgefälle** besteht, kann der Anspruchsgegner der Behauptung des Nichtvorliegens leicht dadurch beggnen, dass er das Vorliegen der betreffenden Tatsachen substantiiert positiv darlegt.[11] Sekundäre Darlegungslasten können auch bei der Verletzung von **Aufklärungs- und Beratungspflichten** bestehen.[12]

---

1 BGH NJW-RR 2003, 491; BGH, Beschl. v. 12.6.2008 – V ZR 223/07; BGH NJW 2012, 382 Rz. 23. Kritisch zum Verzicht auf eine Plausibilitätskontrolle zwecks Vermeidung überflüssiger Beweiserhebungen *Meyke* NJW 2000, 2230, 2234.
2 BGH NJW 2012, 382 Rz. 13; OLG Hamm VersR 2012, 316, 317; s. auch BVerfG ZIP 2012, 164 Rz. 24.
3 BGH NJW 1961, 826, 828; Hefermehl/Köhler/*Bornkamm* UWG[32] § 5 Rz. 3.23.
4 BGH NJW 1961, 826, 828; BGHZ 140, 156, 158.
5 Vgl. Zöller/*Greger*[30] vor § 284 Rz. 34.
6 BVerfG NJW 2000, 1483, 1484; BVerfG (Kammer) NJW 2013, 3630 Rz. 40 i.V.m. 39.
7 BGH NJW 2007, 2989 Rz. 16; BGH NJW-RR 2008, 1269 Rz. 21.
8 BGH NJW 1961, 826, 828; BGHZ 86, 23, 29; BGH NJW 145, 170, 184 f. = NJW-RR 2001, 396, 399; BGH NJW 1999, 1404, 1405 f.; BGH NJW-RR 2008, 112; BGH NJW-RR 2008, 1269 Rz. 19; BGH VersR 2014, 466 Rz. 17 (dort vereint); BGH WRP 2014, 851 Rz. 17 – BearShare; OLG Hamm NJW-RR 2012, 1415, 1416.
9 BGHZ 12, 49, 50; BGHZ 86, 23, 29.
10 BGHZ 140, 156, 158 f.
11 Vgl. BGH NJW-RR 1993, 746, 747 – fehlende Lieferfähigkeit; BGH NJW 1987, 2008, 2009.
12 BGHZ 166, 56, 60 = NJW 2006, 1429, 1430; BGH WM 2008, 112, 114.

Das **Erfordernis** eines **substantiierten Bestreitens** kommt **nicht** in Betracht, wenn die ursprünglich behauptungsbelastete Partei selbst über die erforderlichen Kenntnisse verfügt oder sie sich beschaffen kann.[1] Voraussetzung für das Bestehen einer sekundären Behauptungslast ist neben dem genannten Informationsgefälle, dass dem **Beklagten** eine solche **Aufklärung** auch **zugemutet** werden kann.[2] Von einer solchen Zumutbarkeit wird insbesondere ausgegangen, wenn der Beklagte in einem anderen, für ihn unausweichlichen Verfahren ohnehin zur Auskunftserteilung verpflichtet ist.[3]

24

Kann die darlegungsbelastete Partei auf **öffentlich zugängliche Informationen** zugreifen, ist ihr deren **Ermittlung** regelmäßig **zuzumuten**, auch wenn dafür finanzieller oder personeller Aufwand betrieben werden muss, etwa bei der Erlangung von Informationen über die Marktsituation, die Grundlage einer pflichtgemäßen Anlageentscheidung eines Vermögensverwalters war.[4] Eine Darlegungslast der Gegenpartei besteht in dieser Situation nicht etwa deshalb, weil sie die Marktinformationen regelmäßig gesammelt, aufbereitet und archiviert hat; darin ist kein prozessual relevanter Wissensvorsprung zu sehen. Aus den Grundsätzen über die sekundäre Darlegungslast ergibt sich **keine Pflicht** zur **Vorlage von Urkunden** und anderen Unterlagen der nicht beweisbelasteten Partei.[5] Siehe zur sekundären Behauptungslast auch Kap. 11 Rz. 22.

25

Kommt die betroffene Partei ihrer sekundären Behauptungslast nicht nach, beharrt sie also auf einfachem Bestreiten der von der ursprünglich darlegungsbelasteten Partei aufgestellten Behauptungen, so tritt **mangels hinreichenden Bestreitens** die Wirkung des § 138 Abs. 3 ein, d.h. die behauptete Tatsache gilt als **zugestanden**.[6] Die Wirkung entspricht also der des einfachen Bestreitens einer substantiierten Behauptung des darlegungsbelasteten Gegners. Das substantiierte Bestreiten muss dem gegnerischen Vortrag zeitlich nicht folgen, sondern kann bereits in einem **vorangegangenen** widersprechenden **Vortrag** liegen.[7]

26

Mit der sekundären Darlegungslast geht **nicht auch** eine **sekundäre Beweislast** einher. Sofern ein substantiiertes Bestreiten erfolgt, hat unverändert die ursprünglich darlegungsbelastete Partei ihre Behauptung zu beweisen. Die sekundäre Darlegungslast ist auch nicht identisch mit den Grundsätzen zum Beweis negativer Tatsachen,[8] wenn auch eine weitgehende Deckung besteht.

27

Die **Rechtsprechung** hat es **abgelehnt**, eine **generelle prozessuale Aufklärungspflicht** des Gegners der beweisbelasteten Partei anzuerkennen,[9] bzw. das Verhältnis von Regel und Ausnahme umzukehren, so dass grundsätzlich immer eine Pflicht zu substantiiertem Bestreiten bestünde, von der nur im Falle der Unzumutbarkeit zu befrei-

28

---

1 BGHZ 140, 156, 158.
2 BGHZ 86, 23, 29; BGH NJW 1961, 826, 828; BGH NJW-RR 2008, 112; BGH WRP 2014, 851 Rz. 17 – BearShare.
3 BGH NJW 1961, 826, 828.
4 BGH WM 2008, 112, 114.
5 BGH NJW 2007, 2989, 2991 (Rz. 16 a.E.); BGH WM 2008, 112, 114. Unzutreffend a.A. OLG Hamburg ZIP 2014, 911, 912 (Sachvortrag „oder" Vorlage vorhandener Unterlagen).
6 Zöller/*Greger*[30] vor § 284 Rz. 34c.
7 BGH NJW-RR 2001, 1294; BGH NJW-RR 2008, 112.
8 A.A. BGH NJW 2014, 2014 1807 Rz. 22 (eher beiläufig; zur Darlegungs- und Beweislast des Unterhaltsverpflichteten zum Fehlen ehebedingter Nachteile des Unterhaltsberechtigten).
9 Für sie insbes. *Stürner* Die Aufklärungspflicht der Parteien des Zivilprozesses, 1976, S. 92 ff. Ähnlich oder ihm folgend *Hackenberg* Die Erklärung mit Nichtwissen, S. 117, 180 f.; *Schlosser* NJW 1992, 3275 ff.; *Schlosser* JZ 1991, 599, 607 f.; *Greger* JZ 1997, 1077, 1080; *Katzenmeier* JZ 2002, 533, 538 ff.; *Wagner* ZEuP 2001, 441, 467 f.

en wäre.[1] Bisher hat die Rechtsprechung diesen Vorschlägen eine Absage erteilt.[2] Im Einzelnen dazu Kap. 7 Rz. 12.

§ 41 Verteilung der Darlegungslast

I. Grundregel

29 Die Orientierung des Parteiverhaltens an der Beweislastverteilung (oben Kap. 9 Rz. 30) hängt zwar nicht voll, aber doch in nennenswertem Umfang damit zusammen, dass die **Darlegungslast** mit der Beweislast **grundsätzlich parallel** läuft.[3] Darlegungs- und Beweislast sind allerdings **nicht zwingend synchronisiert**, wie die immer häufiger in der Rechtsprechung anzutreffenden **sekundären Behauptungslasten** zeigen. Auch kann die Notwendigkeit einer Behauptung entfallen, wie dies beim Inhalt der Rechtsvermutungen der Fall ist.[4] Gemeinsam **strukturieren** die objektive Beweislast und die Darlegungslast als Vorwirkung der Beweislast das gesamte **Prozessgeschehen**.[5]

30 Die **Beweislastnormen** sind also zugleich **Behauptungslastnormen**. Dem ist *Musielak* mit dem Argument entgegengetreten, die Darlegungslast folge bereits **aus der Verhandlungsmaxime**; sie verlange, dass der Richter nicht vorgetragene Tatsachen als nicht geschehen behandele.[6] *Prütting* hat der Auffassung von Musielak zutreffend entgegengehalten, die Verhandlungsmaxime untersage dem Richter lediglich, selbsttätig Tatsachen zu ermitteln und anschließend in den Prozess einzuführen, treffe jedoch keine Regelung darüber, wie der Richter nicht vorgetragene Tatsachen zu behandeln habe; zudem führe das Nichtvortragen von Tatsachen nicht notwendig dazu führe, dass sie vom Richter als nicht geschehen zu behandeln wären.[7]

II. Eigenständige Aufgaben und Wirkungen der Darlegungslast

31 Vernachlässigt eine Partei die ihr zugewiesene Darlegungslast, löst dies eigenständige Folgen aus. Entweder ist dann der **Sachvortrag** zu einer Norm **nicht** ausreichend **substantiiert** oder gegnerischer Sachvortrag ist der Entscheidung mangels ausreichenden Bestreitens als unstreitig zugrunde zu legen. Der Mangel an substantiierten Tatsachenbehauptungen bewirkt **fehlende Schlüssigkeit** des Sachvortrags, weshalb **keine Beweisbedürftigkeit** eintritt. Es kommt also gar nicht erst zur Beweiserhebung und zu einer Beweislosigkeit. Auch darf ein vom Kläger beantragtes Versäumnisurteil nicht erlassen werden. Für die Wirkung einer Missachtung der Darlegungslast kommt es **nicht** darauf an, dass die Beweislastnorm als **Entscheidungsnorm** eingreift, wie dies zur Überwindung der Beweislosigkeit der Fall ist.

32 Häufig wird zusammenziehend von der „**Darlegungs- und Beweislast**" gesprochen, so als sei dies eine einheitliche Rechtsfigur. Das trifft indes angesichts der aufgezeigten

---

1 *Greger* JZ 2000, 842, 847; *Waterstraat* ZZP 118 (2005), 459 ff., 484; Zöller/*Greger*[30] vor § 284 Rz. 34d (mit Plädoyer für eine Umkehrung des Regel-Ausnahme-Verhältnisses).
2 BGH NJW 1990, 3151; den Widerstand gegen *Stürners* Thesen vorbereitend *Arens* ZZP 96 (1983), 1, 10 ff.
3 *Rosenberg* Beweislast[5], S. 50; Stein/Jonas/*Leipold*[22] § 286 Rz. 50. *Prütting* Gegenwartsprobleme, S. 46 sprach noch von „immer".
4 *Leipold* Beweislastregeln, S. 96; *Prütting* Gegenwartsprobleme, S. 47. Allerdings müssen Tatsachen zur Vermutungsbasis vorgetragen werden.
5 *Rosenberg* Beweislast[5] S. 74 ff.; MünchKommZPO/*Prütting*[4] § 286 Rz. 102.
6 *Musielak* Grundlagen der Beweislast, S. 51.
7 *Prütting* Gegenwartsprobleme, S. 45.

unterschiedlichen **Wirkrichtungen** nicht zu. Allerdings sind die Effekte für den Prozessausgang identisch. Sofern – sprachlich nachlässig – nur von „Beweislast" gesprochen wird, kann damit außer der Feststellungslast auch oder sogar in erster Linie die Darlegungslast gemeint sein. Wegen des Gleichlaufs und der akzessorischen Steuerung der Darlegungslast durch die Verteilung der Beweislast wird nicht selten die Beweislastverteilung zur Diskussion gestellt, wenn tatsächlich **nur** die **Verteilung der Darlegungslast** und damit der Grad der Mitwirkung der Parteien an der Stoffsammlung **umstritten** ist.

Ob die Wirkungen der Darlegungslast als Folgen der Vernachlässigung einer **Last oder** einer **Pflicht** zu qualifizieren sind,[1] hängt von der Beantwortung der umfassenderen Frage ab, ob und wenn ja welche Mitwirkungspflichten auf der Grundlage eines Prozessrechtsverhältnisses zu bejahen sind. Ungeachtet dessen ist der Prozessverlust die einzig mögliche nachteilige Folge.   33

III. Spaltung von Beweislast und Darlegungslast

1. Schwierigkeiten der Prozessstoffbeschaffung als Abweichungsgrund

Abweichungen von der Grundregel über die Zuweisung der Darlegungslast beruhen auf dem Bedürfnis, die **Beschaffung des Tatsachenstoffes** den Prozessparteien in einer Weise zur Pflicht zu machen, die **auf ihre Erkenntnismöglichkeiten Rücksicht nimmt**. Das Mantra von der Gefahr der Ausforschung wird zwar seit Beginn der 90er Jahre und vor allem seit Erweiterung der §§ 142 und 144 ZPO im Jahre 2001 weniger häufig als früher gebetet; gleichwohl ist keineswegs geklärt, welche **Mitwirkungspflichten** die **nicht beweisbelastete Partei** zu erfüllen hat. Insbesondere ist streitig, ob das Prozessrechtsverhältnis zur Grundlage innerprozessualer und vorprozessualer Informationspflichten zu machen ist, oder ob der Ansatz für eine Informationsverbesserung, die die prozessuale Darlegung erleichtert, vorwiegend im materiellen Recht zu suchen ist. Näher dazu Kap. 7 Rz. 12 f.   34

2. Scheinbar abweichende Verteilung

Nicht als Fälle abweichender Verteilung sind diejenigen Sachverhalte anzusehen, in denen die gemachten **Behauptungen unbestritten** geblieben sind, daher als zugestanden gelten und keines Beweises mehr bedürfen. Dann kommt die Beweislast gar nicht erst zur Geltung, existiert konkret gewissermaßen nicht.   35

Andere behauptete Fälle[2] beruhen auf **terminologisch eigenwilligen Differenzierungen**. *Musielak* geht von einem Auseinanderfallen von Beweis- und Darlegungslast aus, sofern das Bestreiten eines klagebegründenden Tatbestandsmerkmals den Beweis einer die Klägerbehauptung widerlegenden Tatsache erfordert. Er **unterscheidet** kategorial **zwischen Behaupten und Bestreiten**, und zwar unabhängig davon, ob es sich um schlichtes oder substantiiertes Bestreiten handelt.[3] Für Tatsachen, die den unmittelbaren Gegenbeweis erbringen sollen, bestehe zwar eine Beweisführungslast (subjektive Beweislast), jedoch sei eine Behauptungslast des Beklagten nicht anzuerkennen.[4] Die Behauptungslast verbleibe vielmehr beim Kläger. *Musielak* begründet nur, wofür es auf diese Unterscheidung ankommen soll, nicht aber warum. Damit einher   36

---

1 Zur Abgrenzung von Pflicht und Last *Prütting* Gegenwartsprobleme S. 30 ff.; *Stürner* Aufklärungspflicht S. 71 ff.
2 *Musielak* Grundlagen der Beweislast, S. 54 f.; s. ferner *Blunck* MDR 1969, 99, 100.
3 *Musielak* Grundlagen der Beweislast S. 52 f.
4 *Musielak* Grundlagen der Beweislast S. 53 f.

geht eine fehlende begriffliche Unterscheidung zwischen abstrakter Behauptungslast und konkreter Behauptungslast (Substantiierungslast), bei der das Bestreiten einer Tatsache nicht ohne das Behaupten einer alternativen Tatsache möglich ist, was darauf zurückzuführen sein dürfte, dass *Musielak* den Begriff der Substantiierungslast für die sekundäre Behauptungslast verwendet.[1] Tatsächlich liegen daher in dem von ihm angeführten Beispiel sowohl die konkrete Behauptungslast als auch die konkrete Beweisführungslast beim Beklagten.

IV. Sekundäre Darlegungslast

37 Dem **Gegner** der an sich mit dem Sachvortrag belasteten Partei wird die **Darlegungslast** irregulär – nicht illegitim – auferlegt, wenn er **aus eigener Kenntnis** ohne Mühe zu einem Geschehen vortragen kann, das der eigentlich darlegungsbelasteten Partei ohne eigenes Verschulden verborgen geblieben ist.[2] Die eigentlich darlegungsbelastete Partei darf sich mit einer „an sich" unsubstantiierten Behauptung begnügen.[3] Kommt der Gegner seiner sekundären Last nicht nach, greift § 138 Abs. 3 ein: Sein Bestreiten wird als unsubstantiiert angesehen und ist unbeachtlich.[4] Bewältigt wird damit ein Informationsmangel, neudeutsch Informationsasymmetrie genannt. Der Träger der sekundären Darlegungslast kann zur Vornahme eigener Recherchen verpflichtet sein.[5]

38 Behauptungen im Rahmen der sekundären Darlegungslast des Gegners der darlegungsbelasteten Partei müssen **vom (sekundär) Behauptenden** grundsätzlich **nicht bewiesen** werden. Kompensiert werden soll lediglich die fehlende Substanz der Behauptungen der beweis- und darlegungsbelasteten Partei. Die sekundäre Darlegungslast ist eine **konkrete Behauptungslast**; nur diese geht auf die zunächst nicht darlegungsbelastete Partei über. Die abstrakte Darlegungslast bleibt hingegen bei der ursprünglich darlegungsbelasteten Partei, ebenso die objektive Beweislast und die abstrakte wie die konkrete Beweisführungslast. Auseinander fallen die konkrete Darlegungslast und die konkrete Beweisführungslast.[6]

39 Es ist nicht außergewöhnlich, dass die konkrete Darlegungslast nicht mit der abstrakten Beweisführungslast zusammen fällt. Wenn allerdings das **Informationsungleichgewicht** zwischen den Parteien so gravierend ist, dass es eine **Beweislastumkehr** rechtfertigt (zur Beweislastumkehr Kap. 9 Rz. 107 ff. und Kap. 10 §§ 35 und 36), bleibt es nicht bei diesem Auseinanderfallen: Die ursprünglich beweisbelastete Partei wird in diesen Fällen zwar nicht zusätzlich von der Behauptungslast befreit, jedoch geht der Beweisführung der infolge der Beweislastumkehr beweisbelasteten Partei zwangsläufig eine dieser Beweisführung entsprechende Behauptung voraus, mindestens also ein Bestreiten der Behauptung der Gegenpartei. Konkrete Behauptungs- und konkrete Beweisführungslast fallen dann wieder zusammen. So hielt der BGH die Beklagte einer Wettbewerbsstreitigkeit, die sich in ihrer als irreführend angegriffenen Werbung auf die Verwendung eines alten Familienrezepts berief, wegen ihrer Sachverhaltsnähe

---

[1] Vgl. *Musielak* Grundlagen der Beweislast, S. 54.
[2] Vgl. BGHZ 121, 357, 365 = NJW 1993, 2168, 2171; BGH NJW 1999, 579, 580; BGH NJW 1999, 3485, 3486; BGHZ 159, 1, 13; BGHZ 160, 308, 320; BGH VersR 2013, 367 Rz. 16.
[3] *Jauernig/Hess* Zivilprozessrecht[30] § 50 Rz. 3.
[4] BGHZ 100, 190, 195 f.; *Jauernig/Hess* ZPR[30] § 43 II 2b.
[5] So im Transportrecht: BGH NJW-RR 2007, 32 Rz. 33; BGHZ 174, 244 Rz. 27 = NJW 2008, 920; BGH NJW-RR 2011, 1181 Rz. 16.
[6] Abweichend *Musielak* Grundlagen der Beweislast, S. 55, 57. Er stuft die Mitwirkungslast, die nach herkömmlicher Terminologie als sekundäre Darlegungslast bezeichnet wird, terminologisch nicht als Darlegungslast ein.

für diese klagebegründende Tatsache für beweispflichtig, ging aber zugleich auch von einer ihr entsprechend obliegenden Darlegungslast aus.[1]

V. Dokumentationspflichten

Gelockert, wenn nicht sogar aufgehoben wird die Verbindung von Darlegungs- und Beweislast, wenn materielle Pflichten zur Dokumentation eines Geschehens und zur – fristgebundenen – Aufbewahrung der Dokumentation aufgestellt werden. Ihrer Wirkung nach beugen sie einer Beweisnot der beweisbelasteten Partei vor. Das trifft auf **Befundsicherungs- und sonstige Dokumentationspflichten** zu, wie sie insbesondere das Arzthaftungsrecht[2] und das Produkthaftungsrecht kennen,[3] wie sie aber auch in andere Lebensbereiche ausgedehnt werden (dazu Kap. 10 § 37). Ziel und Zweck der Dokumentationspflicht sind unklar. Im Arzthaftungsrecht gilt nach wie vor der Grundsatz, dass die Dokumentation für eine sachgerechte Behandlung medizinisch geboten sein muss,[4] wodurch auch deren Umfang und Form begrenzt werden. Die **forensische Beweissicherung** steht in anderen Lebensbereichen aber wohl in Vordergrund.

40

Das **Unterbleiben der Dokumentation** einer ärztlich gebotenen Maßnahme begründet für sich genommen keinen Anspruch und führt auch **nicht** zu einer **Beweislastumkehr**,[5] kann aber den Schluss nahelegen, dass die Maßnahme unterblieben ist.[6] Die schuldhafte Missachtung derartiger Pflichten wird als Beweisvereitelung qualifiziert mit der Folge, dass abhängig von den Einzelfallumständen Beweiserleichterungen bis hin zur Beweislastumkehr gewährt werden.

41

Wird die Dokumentationspflicht erfüllt, steht der darlegungsbelasteten Partei der Zugriff darauf zu, sei es über vorprozessual realisierte materiell-rechtliche Auskunftsansprüche, sei es über daran anknüpfende **prozessuale Editionspflichten des Dokumentenbesitzers**, oder es kommt zu **Vorlageanordnungen von Amt wegen** gem. §§ 142, 144. Die Einbringung der dokumentierten Information in den Prozess erspart eine Beweiserhebung über diese Tatsache; allenfalls wird über die Unversehrtheit oder die Echtheit des Dokuments (vgl. §§ 419, 440) gestritten. Wiederum bestätigt sich hier die Unterschiedlichkeit von Darlegungslast einerseits und Beweislast andererseits.

42

---

1 BGH NJW 1962, 2149, 2150 = GRUR 1963, 270 – Bärenfang. Zu dieser Rechtsprechungslinie Hefermehl/Köhler/*Bornkamm*[32] UWG § 5 Rz. 3.23.
2 Näher dazu *Geiß/Greiner* Arzthaftpflichtrecht, 6. Aufl. 2009, Rz. B 202 ff.
3 Gegen eine Dokumentationspflicht von Kreditinstituten bei der Anlageberatung BGH NJW 2006, 1429, 1430; BGH WM 2008, 1590, 1591, Rz. 18. Gegen eine Dokumentationspflicht der Rechts- und Steuerberater BGH NJW 2008, 371, 372.
4 BGHZ 129, 6, 9 = NJW 1995, 1611 = VersR 1995, 706, 707; BGH NJW 1999, 3408, 3409 = VersR 1999, 1282, 1283; OLG Oldenburg VersR 2008, 691, 692; OLG Naumburg NJW-RR 2008, 408, 409/410.
5 *Geiß/Greiner*[6] Rz. B 247–250 m.w.N.
6 OLG Oldenburg VersR 2008, 691, 692; *Geiß/Greiner*[6] Rz. B 206 m.w.N. und B 250.

Kapitel 12:
Das Beweisverfahren: Überblick, Antragsbindung

	Rz.		Rz.
§ 42 Stationen gegliederter Sachverhaltsaufklärung		II. Zeitpunkt der Antragstellung	20
		III. Inhalt des Antrages	22
I. Ziel effektiver Tatsachenfeststellung	1	IV. Rücknahme und Verzicht	25
II. Klägerstation	3	**§ 44 Zurückweisung des Beweisantrags**	
III. Beklagtenstation	4	I. Zurückweisung als Ausnahme	28
IV. Beweisstation		II. Zurückweisungsgründe	
1. Identifizierung streitiger Tatsachen	5	1. Verspätetes Vorbringen	30
2. Beweisantritt	7	2. Fehlende Beweisbedürftigkeit	31
3. Beweisanordnung/Beweisbeschluss	10	3. Bereits erfolgter Beweis	32
4. Beweisaufnahme	11	4. Unerheblichkeit der Tatsache, widersprüchlicher Vortrag	35
5. Mündliche Verhandlung über das Beweisergebnis	14	5. Ungeeignetheit des Beweismittels	37
6. Beweiswürdigung	15	6. Tatsächliche Hindernisse	40
§ 43 Beweisantrag		7. Wahrunterstellung	42
I. Beweiserhebungsinitiative	17	8. Erleichterte Ablehnung bei gerichtlichem Ermessen	43
		9. Sonstige Gründe	44

§ 42 Stationen gegliederter Sachverhaltsaufklärung

I. Ziel effektiver Tatsachenfeststellung

1　Die Sachverhaltsaufklärung erfolgt im Erkenntnisverfahren in einer bestimmten, in einzelne Stationen gegliederten Reihenfolge. Sie trägt im Interesse effektiver Rechtsschutzgewährung dazu bei, dass **nur Beweise erhoben** werden, die für die Entscheidung des zugrunde liegenden Rechtsstreits **notwendig** sind. Dazu muss der streitgegenständliche Sachverhalt mittels des Vorbringens der Parteien zunächst soweit aufgeklärt werden, dass die **streitigen Punkte** vor dem Hintergrund der zu beantwortenden rechtlichen Fragen **identifiziert** werden können.

2　Beweiserhebungen können in abgewandelter Form auch in Nebenverfahren erforderlich sein. Dies trifft etwa auf das Kostenfestsetzungsverfahren im Anschluss an ein Erkenntnisverfahren oder auf die Kostenfestsetzung in der Vollstreckung gem. § 788 zu.[1]

II. Klägerstation

3　Einer Beweiserhebung bedarf es nur dann, wenn das **Vorbringen** des Klägers **schlüssig** ist, d.h. sein Begehren bei Wahrheit der von ihm vorgetragenen Tatsachen rechtlich begründet ist. Anderenfalls ist die Klage ohne Beweisaufnahme abzuweisen. Daher hat das Gericht das Klägervorbringen zunächst einer rechtlichen Prüfung zu unterziehen, nämlich den Tatsachenvortrag unter Anspruchsgrundlagen zu subsumieren, die die begehrte Rechtsfolge zu tenorieren erlauben.

---

[1] Vgl. dazu OLG Köln Rpfleger 2014, 390.

III. Beklagtenstation

Ist das Klägervorbringen als solches schlüssig, bedarf es einer entsprechenden Prüfung des Beklagtenvortrags. Ist der Antrag des Klägers auch bei unterstellter Wahrheit der Beklagtenbehauptungen begründet, so ist das Beklagtenvorbringen nicht relevant und die Klage hat ohne Beweisaufnahme Erfolg. Sofern der Beklagte **keine Einwendungen** und **Einreden** vortragen kann, muss er zumindest die Wahrheit derjenigen **Klägerbehauptungen bestreiten**, aus denen sich die Schlüssigkeit des Klägerantrags ergibt.

4

IV. Beweisstation

1. Identifizierung streitiger Tatsachen

Tatsachen, die unstreitig (§ 138 Abs. 3) oder gar Gegenstand eines Geständnisses (§ 288) sind, offenkundige Tatsachen (§ 291) und gesetzlich vermutete Tatsachen sind ohne Weiteres der Entscheidung zugrunde zu legen. **Nur streitige Tatsachen** sind im Wege der **Beweiserhebung** festzustellen.

5

Die Beweisstation ist in drei Abschnitte untergliedert: Die erforderlichen **Beweise** sind zunächst mit Hilfe der zulässigen Beweismittel zu **erheben**. Dazu bedarf es einer Beweisanordnung bzw. eines Beweisbeschlusses des Gerichts (unten Kap. 13 Rz. 4), auf deren Erlass hin dann die eigentliche Beweisaufnahme folgt. Anschließend ist über deren Ergebnisse **mit den Parteien mündlich** zu **verhandeln** (§ 285). Schließlich muss das Gericht auf dieser Grundlage die **Beweise würdigen** (§§ 286, 287) und eine Entscheidung darüber treffen, welche Tatsachen es als wahr behandeln und der rechtlichen Bewertung des Falles zugrunde legen will.

6

2. Beweisantritt

Grundsätzlich ist es **Aufgabe der beweisbelasteten Partei**, Beweis für die jeweils zu klärende Tatsachenfrage anzubieten (**Beibringungsgrundsatz**). Dennoch kann das Gericht nach pflichtgemäßem Ermessen[1] die Beweisaufnahme auch **von Amts wegen** anordnen, nämlich gem. § 142 Abs. 1 für den Urkundenbeweis, gem. § 144 Abs. 1 für die Augenscheinseinnahme und den Sachverständigenbeweis sowie gem. § 448 für die Parteivernehmung. Für den Zeugenbeweis und die formelle Vernehmung der Gegenpartei besteht diese Möglichkeit jedoch nicht.

7

Sofern keine Beweisaufnahme von Amts wegen stattfindet, muss die beweisbelastete Partei den Beweis antreten, indem sie einen **Beweisantrag** stellt (dazu Rz. 17) und damit das Gericht auffordert, mit Hilfe eines bestimmten Beweismittels die Wahrheit oder Unwahrheit der von der Partei behaupteten Tatsache zu klären. Für einen Urkundenbeweis ist zusätzlich die **Vorlegung der** betreffenden **Urkunde** erforderlich, sofern sie sich im Besitz des Beweisführers befindet (§ 420).

8

Der Beweisantritt muss **rechtzeitig** erfolgen. § 282 Abs. 1 bestimmt als Maßstab eine nach der Prozesslage sorgfältige und auf Förderung des Verfahrens bedachte Prozessführung. Entspricht das Prozessverhalten nicht diesen Anforderungen, kann das Gericht einen Beweisantrag **als verspätet zurückweisen**, § 296 Abs. 2. Vorbehaltlich einer Zurückweisung wegen Verspätung kann ein Beweis bis zum Ende der mündlichen Verhandlung angetreten werden (vgl. § 296a).

9

---

[1] Vgl. BGHZ 66, 62, 68 = NJW 1976, 715, 716; BayObLGZ 1996, 165, 169; OLG Naumburg FamR 2003, 385, 386; MünchKommZPO/*Wagner*[4] §§ 142–144 Rz. 3; Zöller/*Greger*[30] § 144 Rz. 2.

3. Beweisanordnung/Beweisbeschluss

10 Ist der Beweis durch einen Beweisantrag angetreten worden, muss das Gericht entscheiden, ob diesem Antrag entsprochen werden soll und die Durchführung der Beweisaufnahme durch eine **formlose Beweisanordnung** in der mündlichen Verhandlung oder einen formellen **Beweisbeschluss** (§§ 358, 358a) in die Wege zu leiten ist, oder ob der Antrag abgelehnt werden muss. Dazu hat das Gericht den Beweisantrag auf **mögliche Ablehnungsgründe** zu prüfen. Kommt es zu einer Beweisanordnung oder einem Beweisbeschluss, ist diese Entscheidung den Parteien in der jeweils vorgeschriebenen Form (§ 329 Abs. 1 S. 1, Abs. 2) mitzuteilen. Der Beweisbeschluss ist eine nach § 355 Abs. 2 durch die Prozessparteien grundsätzlich **nicht anfechtbare** Zwischenentscheidung.[1]

4. Beweisaufnahme

11 Für die im Anschluss an die Beweisanordnung bzw. den Beweisbeschluss durchzuführende eigentliche Beweisaufnahme gelten die Vorschriften des Beweisrechts gem. **§§ 355 ff.** Zu beachten sind die Grundsätze der **formellen Unmittelbarkeit** der Beweisaufnahme sowie der **Parteiöffentlichkeit** und die speziellen Regelungen des jeweils herangezogenen Beweismittels.

12 Weil der Zivilprozess anders als der Strafprozess (§ 250 StPO) nur den Grundsatz der **formellen, nicht** aber der **materiellen Beweisunmittelbarkeit** kennt (Kap. 4 Rz. 9 und 21 ff.),[2] können die Parteien grundsätzlich frei entscheiden, mit Hilfe welcher der verfügbaren Beweismittel sie das Gericht überzeugen wollen. Sie brauchen **nicht** auf das **sachnächste Beweismittel** zurückzugreifen.[3] Die Parteien werden diese Taktik insbesondere dann anwenden, wenn sie von einem unmittelbaren Zeugen keine wahrheitsgemäße Aussage erwarten. Daher kann ein **Zeuge vom Hörensagen** (dazu Kap. 15 Rz. 40) benannt werden, ohne dass zuvor der eigentliche Zeuge über seine Wahrnehmungen gehört werden müsste.[4]

13 Ebenso dürfen ein **Protokoll** über eine **frühere Zeugenaussage**, ein früheres gerichtliches Sachverständigengutachten oder eine Privaturkunde, die ein Zeugnis oder Gutachten ersetzen soll, verwertet werden.[5] Die h.M. versteht darunter die **Ersetzung** des Zeugen- oder Sachverständigenbeweises **durch** einen **Urkundenbeweis**. Der Beweiswert einer nicht in einem formellen Verfahren gewonnenen schriftlichen Zeugenäußerung wird allerdings oft gering sein.[6] Auch muss ein derartiger Zeuge auf Antrag persönlich vernommen werden, wenn das Ergebnis der Beweisaufnahme von der Aussage abhängt.[7]

5. Mündliche Verhandlung über das Beweisergebnis

14 An die Beweisaufnahme schließt sich die mündliche Verhandlung über deren Ergebnisse an (§ 285 Abs. 1; dazu Kap. 14 § 54). Wenn die Beweisaufnahme nicht vor dem

---

1 BGH NJW-RR 2007, 1375, Rz. 8; BGH NJW-RR 2007, 1728, Rz. 8; OLG Jena NJW-RR 2007, 1306, 1307.
2 Vgl. MünchKommZPO/*Prütting*[4] § 284 Rz. 51; Stein/Jonas/*Berger*[22] § 355 Rz. 29.
3 Vgl. BGH NJW 1992, 1899, 1900; MünchKommZPO/*Prütting*[4] § 284 Rz. 51.
4 MünchKommZPO/*Prütting*[4] § 284 Rz. 52; Stein/Jonas/*Leipold*[22] § 284 Rz. 34. Zur Zulässigkeit im Strafprozess BVerfG NJW 1992, 168 (Berücksichtigung der begrenzten Zuverlässigkeit erst bei der Beweiswürdigung).
5 BGH NJW-RR 2007, 1077, 1078, Rz. 17; MünchKommZPO/*Prütting*[4] § 284 Rz. 52; Stein/Jonas/*Leipold*[22] § 284 Rz. 35.
6 BGH NJW-RR 2007, 1077, 1078, Rz. 17.
7 BGH NJW-RR 2007, 1077, 1078, Rz. 18.

Prozessgericht stattgefunden hat, haben die Parteien ihr Ergebnis aufgrund der Beweisverhandlungen vorzutragen (§ 285 Abs. 2).

6. Beweiswürdigung

Letzte Station des Beweisverfahrens ist die Beweiswürdigung. Ist die Beweiserhebung abgeschlossen und hat eine Verhandlung über deren Ergebnisse stattgefunden, muss das Gericht diese und den Inhalt der gesamten mündlichen Verhandlung nach freier Überzeugung würdigen. Ist das Gericht von der **Wahrheit der zu beweisenden Tatsache** überzeugt, so ist der Beweis gelungen. Anderenfalls ist der Beweis gescheitert, es sei denn, das Beweismaß verlangt im Einzelfall weniger als eine volle Wahrheitsüberzeugung (etwa nach § 287). **Festgestellte Tatsachen** sind unter die anzuwendenden Rechtsnormen **zu subsumieren**.

15

Führt die Beweisaufnahme zu keiner hinreichenden Überzeugung des Gerichts von der Wahrheit oder Unwahrheit der Parteibehauptungen und besteht **weiterhin Unklarheit** über den wahren Sachverhalt (**non liquet**), muss der Rechtsstreit nach den Regeln der **Beweislast** entschieden werden. Zur Beweislastverteilung s. Kap. 9 und 10.

16

§ 43 Beweisantrag

I. Beweiserhebungsinitiative

Nach der Verhandlungsmaxime (Beibringungsgrundsatz) ist es grundsätzlich **Aufgabe der Parteien**, den jeweiligen Beweis anzutreten. Das **Gericht** muss demgegenüber ohne Rücksicht auf Parteivortrag und Beweisangebote der Parteien selbst tätig werden, soweit die **Untersuchungsmaxime** (Amtsermittlungsgrundsatz) gilt. Die Untersuchungsmaxime ist nicht **identisch mit der Prüfung von Amts wegen**.

17

Die Befugnis zur **Beweiserhebung von Amts wegen**, die für alle Beweismittel bis auf den Zeugenbeweis gilt, durchbricht insofern den Beibringungsgrundsatz, als es nicht auf einen Beweisantrag der Parteien ankommt (§§ 142 Abs. 1, 144 Abs. 1 S. 1, 448) und Widerstände gegen die Vorlegung von Urkunden und Augenscheinsobjekten (vgl. §§ 371 Abs. 2, 428, 429 S. 2) mit eigenständigen Sanktionen (§§ 142 Abs. 2 S. 2, 144 Abs. 2 S. 2, 390) belegt werden können. Eine Prüfung von Amts wegen findet darüber hinaus bei Zweifeln am Vorliegen einer **Prozessvoraussetzung** statt; insoweit erfolgt die Aufklärung im Wege des **Freibeweises** (Kap. 3 Rz. 33).

18

Die im Jahre 2004 in § 284 eingefügte Regelung der Sätze 2–4 ermöglicht es dem Gericht, mit **Einverständnis der Parteien von** den Regeln des **Strengbeweises abzuweichen** und die Beweise in einer geeignet erscheinenden Weise zu erheben, um das Verfahren zu vereinfachen und zu beschleunigen (dazu Kap. 3 Rz. 27).

19

II. Zeitpunkt der Antragstellung

Der Beweisantrag wird in aller Regel bereits in dem die mündliche Verhandlung **vorbereitenden Schriftsatz** gemeinsam mit dem erstmaligen Vorbringen der zugehörigen Tatsachenbehauptung gestellt. Der Beweisantrag muss in der Verhandlung nicht nochmals gestellt werden.[1] Eine **schriftsätzliche Antragstellung** ist wegen § 358a so-

20

---

1 BGH NJW-RR 1996, 1459, 1460; OLG Hamm NJW-RR 1997, 764.

fort wirksam und bedarf nicht einer Inbezugnahme in der mündlichen Verhandlung nach § 137 Abs. 3. § 297 ist nicht anwendbar. Eine ausdrückliche Bezugnahme kann erforderlich sein, wenn das Gericht zum Ausdruck gebracht hat, dass es die durchgeführte Beweisaufnahme für abschließend hält.[1] Von einem **Fallenlassen schriftsätzlicher Beweisanträge** kann ohne Nachfrage nicht ausgegangen werden.[2] Wird ein Beweisantrag erstmals in der mündlichen Verhandlung gestellt, kann er **verspätet** sein (vgl. §§ 282 Abs. 1, 296 Abs. 2 und unten Rz. 30).

21 In der **Berufungsinstanz** ist eine klare Bezugnahme auf in der ersten Instanz gestellte, dort aber nicht ausgeschöpfte Beweisanträge erforderlich; eine **allgemeine Bezugnahme** auf das gesamte Vorbringen im ersten Rechtszug **reicht nicht** aus.[3] Diese Anforderungen sind mit dem Anspruch auf rechtliches Gehör vereinbar.[4] Anträge auf Vernehmung eines bereits in erster Instanz vernommenen Zeugen durch das Berufungsgericht gelten als Anträge auf **erneute** Vernehmung des Zeugen, wenn sich das Beweisthema nicht ändert.[5]

III. Inhalt des Antrages

22 Der Beweisantrag muss sowohl das **Beweisthema** als auch das heranzuziehende **Beweismittel** benennen. Es muss also angegeben werden, welche der zuvor behaupteten Tatsachen bewiesen werden sollen und mit welchem Beweismittel die Feststellung getroffen werden soll. **Notwendiger Inhalt** eines **Beweisantrags** ist die spezifizierte Bezeichnung der Tatsachen, welche bewiesen werden sollen.[6]

23 Davon **zu trennen** ist die Frage, **wie substantiiert** die jeweiligen Tatsachen behauptet werden müssen. Das ist unter Berücksichtigung der Wahrheits- und Vollständigkeitspflicht (§ 138 Abs. 1) nach den Umständen des Einzelfalles, insbesondere der Einlassung des Gegners, zu beurteilen.[7] Zur Substantiierungslast s. Kap. 11 Rz. 9 ff. Der Beweisantrag zur Vernehmung eines Zeugen setzt **nicht** voraus, dass der Beweisführer sich dazu äußert, welche **Anhaltspunkte** er **für** die **Richtigkeit** der in das Wissen der Zeugen gestellten Behauptungen hat.[8]

24 Beweismittel sind so **präzise** wie möglich zu **bezeichnen**, insbesondere **Zeugen** sind **namentlich** und mit ladungsfähiger Anschrift zu benennen. Gegebenenfalls muss das Gericht durch einen Hinweis gem. **§ 139** auf eine hinreichende Bezeichnung der Beweismittel hinwirken. **Nicht** erforderlich ist die Benennung eines konkreten **Sachverständigen** (vgl. § 404 Abs. 1 S. 1). Weil dessen Expertenwissen im Gegensatz zu den Beobachtungen eines Zeugen nicht einzigartig ist, können Fachleute mit entsprechenden Kenntnissen in austauschbarer Weise herangezogen werden. Die benannten Beweismittel müssen **verfügbar** und **zum Beweis geeignet** sein. Auszuschließen sind lediglich solche Beweismittel, die für den durchzuführenden Beweis offensichtlich ungeeignet sind.

---

1 BGH MDR 1969, 746.
2 Vgl. BGH NJW 1998, 2977, 2978 (generell zu schriftsätzlichem Vorbringen nach Einholung eines Sachverständigengutachtens).
3 Vgl. BGHZ 35, 103, 106 f.; BGH NJW 1961, 1458.
4 BVerfG NJW 1982, 1636, 1637.
5 BGHZ 53, 245, 257 – Anastasia.
6 BGH NJW-RR 2004, 1362, 1363.
7 BGH NJW-RR 2004, 1362, 1363.
8 BGH NJW-RR 1988, 1529; BGH, Beschl. v. 1.8.2007 – III ZR 35/07; KG MDR 2008, 588.

IV. Rücknahme und Verzicht

Rücknahme eines Beweisantrags und Verzicht auf ein Beweismittel sind möglich, solange der betreffende **Beweis noch nicht** vollständig **erhoben** worden ist.[1] Dies ergibt ein Umkehrschluss aus §§ 399, 436. Eine Rücknahme ist auch konkludent möglich.[2] Der Verzicht kann **auf eine Instanz beschränkt** erklärt werden. Allerdings kann die erneute Beantragung an §§ 282 Abs. 1, 296 Abs. 2 und § 531 Abs. 2 scheitern. Rücknahme und Verzicht sind widerruflich;[3] im Widerruf ist eine erneute Antragstellung zu sehen. Solange ein Beweisantrag nicht präkludiert ist, kann er nach einer Rücknahme erneut gestellt werden.[4]   25

Zwischen **Rücknahme und Verzicht** besteht **kein** grundsätzlicher **Unterschied**,[5] doch ist der Verzicht für den Zeugenbeweis (§ 399) und den Urkundenbeweis (§ 436) ausdrücklich geregelt und dadurch eingeschränkt. Ein **Verzicht auf** den **Zeugenbeweis** (dazu näher Kap. 39 § 142) ist noch bis zur Beendigung der Zeugenvernehmung möglich. Jedoch kann die Gegenpartei dann gem. § 399 Hs. 2 die Fortsetzung der Befragung verlangen. Dasselbe gilt, wenn der geladene Zeuge erschienen ist, die Vernehmung aber noch nicht begonnen hat.   26

Für den **Urkundenbeweis** ist ein Verzicht nach Vorlegung der Urkunde nur noch mit **Zustimmung der Gegenpartei** möglich, § 436. Der Urkundeninhalt dürfte allerdings bei Zustimmung des Beweisgegners unstreitig werden und dann keines Beweises mehr bedürfen. Trifft dies nicht zu, kann das Gericht die Urkunde von Amts wegen verwerten, § 142 Abs. 1.   27

§ 44 Zurückweisung des Beweisantrags

Schrifttum:

Tenorth-Sperrschneider, Zur strukturellen Korrespondenz zwischen den gesetzlichen Ablehnungsgründen nach § 244 Abs. 3 S. 2 StPO und den Anforderungen an einen zulässigen Beweisantrag, 2004.

I. Zurückweisung als Ausnahme

Grundsätzlich geht die ZPO von einer Pflicht des Gerichts zur **Ausschöpfung der Beweisaufnahme** aus.[6] Der Beweisantrag kann abgelehnt werden, wenn ein anerkannter Ablehnungsgrund vorliegt. Weil die Ablehnung eines Beweisantrags mit grundgesetzlich garantierten Rechten des Antragstellers in Konflikt steht, die im Recht **auf Beweis** (Kap. 1 Rz. 84) zusammengefasst sind, sind an eine Ablehnung strenge Anforderungen zu stellen. Als **Orientierungshilfe** können die in § 244 Abs. 3 StPO aufgezählten Beispiele dienen, die ein Ergebnis jahrzehntelanger Rechtsprechung sind.[7]   28

---

1 MünchKommZPO/*Prütting*[4] § 284 Rz. 87; Stein/Jonas/*Leipold*[22] § 284 Rz. 32; enger Rosenberg/Schwab/*Gottwald*[17] § 110 Rz. 33.
2 BGH MDR 1969, 462; BGH FamRZ 1987, 1019, 1020; OLG Hamm NJW-RR 2002, 1653.
3 BAG NJW 1974, 1349, 1350.
4 BGH NJW 1994, 329, 330; BGH MDR 1969, 746.
5 BAG NJW 1974, 1349, 1350; BGH NJW-RR 1996, 1459, 1460.
6 Vgl. BVerfGE 50, 32, 36 = NJW 1979, 413, 414; BGHZ 53, 245, 259 = NJW 1970, 946, 949.
7 BGHZ 53, 245, 259; OLG München NJW 1972, 2048, 2049; OLG Zweibrücken NJW-RR 2011, 496, 498.

29 Wird ein Beweisantrag **zu Unrecht abgelehnt**, liegt darin neben einer Verletzung der verfassungsrechtlichen Gewährleistungen (dazu Kap. 1 Rz. 88) ein **wesentlicher Verfahrensfehler** i.S.d. § 538 Abs. 2 Nr. 1.[1]

II. Zurückweisungsgründe

1. Verspätetes Vorbringen

30 Beweisanträge können als **verspätet** zurückgewiesen werden, wenn sie nicht rechtzeitig gestellt werden, §§ 282 Abs. 1, 296 Abs. 2, 530, 531.[2] In diesen Fällen wird von einem **verfahrensrechtlichen Ausschlussgrund** gesprochen, während die übrigen Zurückweisungsgründe als beweisrechtliche Gründe bezeichnet werden.[3] Auf die im Strafprozess bedeutsame Feststellung einer Verschleppungsabsicht[4] kommt es nicht an.[5] Nach **erstinstanzlichem Verzicht auf** die Vernehmung eines geladenen und erschienenen **Zeugen** ist dessen erneute Benennung in der Berufungsinstanz (dazu auch Kap. 39 Rz. 136) als neues Parteivorbringen nur unter den Voraussetzungen des § 531 Abs. 2 zuzulassen.[6]

2. Fehlende Beweisbedürftigkeit

31 Von vornherein **kein Beweis** zu erheben ist über Tatsachen, die nach dem Vortrag beider Parteien unzweifelhaft, weil unbestritten (§ 138 Abs. 3), zugestanden (§ 288), offenkundig (§ 291) oder Gegenstand einer gesetzlichen Vermutung (§ 292) sind.

3. Bereits erfolgter Beweis

32 Ist über eine beweisbedürftige Tatsache schon Beweis erhoben worden und das Gericht von ihrem Vorliegen oder Nichtvorliegen überzeugt, darf ein weiterer darauf bezogener Beweisantrag nicht wegen der (vorläufigen) Überzeugungsbildung abgelehnt werden. **Schlägt** die **Überzeugungsbildung fehl** oder wird gar das Gegenteil der Tatsachenbehauptung als bewiesen betrachtet, kann der Beweisführer einen **ergänzenden Beweisantrag** stellen, um die (vorläufige) Überzeugung des Gerichts zu ändern.[7]

33 Sieht das Gericht eine Tatsache als erwiesen an, kann umgekehrt der Beweisgegner noch einen **Gegenbeweis** antreten.[8]

34 Eine **Ablehnung weiterer Beweisanträge** kommt **nur** in Betracht, wenn sie aus verfahrensrechtlichen Gründen nicht mehr zulässig sind; dann ist die Beweisaufnahme abgeschlossen und die Beweiswürdigung endgültig ist.

4. Unerheblichkeit der Tatsache, widersprüchlicher Vortrag

35 Der Begriff der Unerheblichkeit ist nicht zu verwechseln mit der Untauglichkeit bzw. Ungeeignetheit des Beweismittels. Die Unerheblichkeit betrifft die zu beweisende Tatsache selbst und ist eine regelmäßig bereits bei **Schlüssigkeitsprüfung des Parteivortrags** zu beantwortende Frage. Sie kann jedoch **bei** der **Prüfung eines Beweisantra-**

---

1 OLG Düsseldorf NJW 1968, 1095; OLG München NJW 1972, 2048, 2049.
2 Vgl. BGH VersR 2007, 373; KG MDR 2009, 1244.
3 Vgl. BGHZ 53, 245, 259.
4 BGH NJW 2007, 2501 Rz. 21 ff.
5 A.A. Stein/Jonas/*Leipold*²² § 284 Rz. 83.
6 BGH NJW-RR 2007, 774 Rz. 5.
7 BGHZ 53, 245, 260; MünchKommZPO/*Prütting*⁴ § 284 Rz. 100.
8 BGH ZIP 2013, 384 Rz. 18.

ges auftreten, wenn die betreffende Tatsache als Indiztatsache zur Führung eines **mittelbaren Beweises** herangezogen wird. Der Antrag, die **Indiztatsache** mit Hilfe eines Beweises festzustellen, um von ihr auf die Haupttatsache schließen zu können, setzt eine Prüfung der **Beweisschlüssigkeit** voraus. Ist sie zu verneinen, ist ein Beweis der Indiztatsache unerheblich und der Antrag kann zurückgewiesen werden (dazu Kap. 3 Rz. 12).[1]

Steht der unter Beweis gestellte Sachvortrag in **Widerspruch zu** dem Vortrag aus **früheren Schriftsätzen**, rechtfertigt dieser Umstand nicht, von der Erhebung des Beweises abzusehen. Die Widersprüchlichkeit darf erst im Rahmen der abschließenden **Beweiswürdigung** berücksichtigt werden.[2]   36

5. Ungeeignetheit des Beweismittels

Die Ungeeignetheit bzw. Untauglichkeit eines Beweismittels stellt einen problematischen Ablehnungsgrund dar, weil einer solchen Einschätzung die Tendenz zu einer vorweggenommenen Beweiswürdigung innewohnt. Eine **Beweisantizipation** ist **unzulässig** (s. auch Kap. 1 Rz. 89).[3] Deshalb kann von einer Ungeeignetheit nur in **Ausnahmefällen** ausgegangen werden, in denen offensichtlich und unzweifelhaft ist, dass der angebotene Beweis die erhofften Erkenntnisse nicht zulässt.[4]   37

Ungeeignetheit ist **nicht** gegeben, wenn ein Zeuge von vornherein als unglaubwürdig eingestuft wird,[5] das Zutreffen einer Behauptung höchst unwahrscheinlich, aber nicht kategorisch ausgeschlossen ist,[6] oder es sich um einen Zeugen vom Hörensagen handelt.[7] In Betracht kommen kann der Ablehnungsgrund, wenn nach **Veränderung eines Augenscheinsobjekts** ein Augenschein eingenommen werden soll oder wenn ein Sachverständigengutachten Befundtatsachen erheben soll, obwohl wegen Zeitablaufs eine tatsächliche Veränderung eingetreten ist.[8] Ein Zeuge ist ein ungeeignetes Beweismittel, wenn die Beweisfrage ihrer Art nach nur durch einen Sachverständigen beantwortet werden kann.[9]   38

Von Untauglichkeit darf ausgegangen werden, wenn der Beweisantrag mit anerkannten **naturgesetzlichen** oder empirischen **Erkenntnissen** unvereinbar[10] oder gar die behauptete Tatsache selbst wegen eines solchen Widerspruchs nicht möglich ist. Einen umstrittenen Fall der Ungeeignetheit stellt der Polygraphentest (**Lügendetektortest**) dar (dazu Kap. 6 Rz. 71). Die Rechtsprechung hat ihn sowohl für das Strafverfahren[11]   39

---

1 Vgl. BGH NJW 1992, 2489, 2490; BGH NJW-RR 2013, 743 Rz. 26; OLG Zweibrücken NJW-RR 2011, 496, 498.
2 BGH VersR 2011, 1384 Rz. 6; BGH NJW-RR 2012, 728 Rz. 16; *Dölling* NJW 2013, 3121, 3122.
3 BVerfG NJW-RR 2001, 1006, 1007; BVerfG NJW 1993, 254, 255; VerfGH Berlin NJW 2014, 1084, 1085; BGH Urt. v. 3.6.2008 – VI ZR 235/07, Rz. 15 (fachmedizin. Gutachten zu Schleudertrauma nach vorherigem biomechanischen Gutachten als vermeintlich nicht erkenntnisfördernd); BGH ZIP 2005, 28, 29 = MDR 2005, 164; BGH NJW-RR 2002, 1072, 1073; BGH NJW 2000, 3718, 3720; BGH NJW 1994, 1348, 1350; BGHZ 53, 245, 260; BAG NJW 2010, 104 Rz. 21.
4 BVerfG NJW 1993, 254, 255; BVerfG NJW 2009, 1585 Rz. 24; BGH NJW 1956, 1480; BGH DRiZ 1962, 167, 168; BGH NJW 2000, 2812, 2813; BGH WRP 2002, 1077, 1080; BGH WM 2013, 426 Rz. 14 = ZIP 2013, 384; OLG Köln VersR 1973, 643.
5 Vgl. BGH ZZP 72 (1959), 198, 199 = VersR 1958, 847, 849; BGH FamRZ 1964, 150, 152; MünchKommZPO/*Prütting*[4] § 284 Rz. 98.
6 BGH NJW 1951, 481, 482; BGH VersR 1962, 177, 178; BGH VersR 1960, 225, 226; MünchKommZPO/*Prütting*[4] § 284 Rz. 98; Stein/Jonas/*Leipold*[22] § 284 Rz. 64.
7 BGH NJW 2006, 3416, 3418, Rz. 21.
8 So in OLG Frankfurt ZIP 2008, 774, 777 (zur Sicherheitsarchitektur von Geldautomaten).
9 BGH NJW 2007, 2122, 2124; OLG Koblenz VersR 2010, 204, 205; VerfGH Berlin VersR 2009, 564, 566.
10 *Söllner* MDR 1988, 363 f.
11 BGHSt 44, 308 = NJW 1999, 657, 658.

als auch für das Zivilverfahren[1] für untauglich erklärt. Zur Ungeeignetheit des Sachverständigenbeweises Kap. 44 Rz. 57 ff.

6. Tatsächliche Hindernisse

40   Ein Beweisantrag kann zurückgewiesen werden, wenn ihm aus tatsächlichen Gründen nicht entsprochen werden kann. Das ist vor allem vorstellbar, wenn das benannte **Beweismittel nicht verfügbar** bzw. nicht erreichbar ist. In diesen Fällen findet § 356 Anwendung.

41   Von **Unerreichbarkeit eines Zeugen** darf das Gericht erst ausgehen, wenn es alle der Bedeutung des Zeugnisses entsprechende Bemühungen entfaltet hat und keine begründete Aussicht besteht, das Beweismittel in absehbarer Zeit beizubringen.[2] Dies kann bei **dauerndem Auslandsaufenthalt** eines Zeugen der Fall sein, wenn eine kommissarische Vernehmung wegen besonderer Umstände (Beurteilung der persönlichen Glaubwürdigkeit) nicht in Betracht kommt und eine Vernehmung im Ausland unter Berücksichtigung weiterer, schon ausgeschöpfter Erkenntnismöglichkeiten sowie eines verhältnismäßig geringen Streitwertes nicht angezeigt ist.[3] Keine Unerreichbarkeit liegt vor, wenn der Zeuge zu einem anderen Verfahren aus einem gleichartigen Streitkomplex die Aussage auf § 384 Nr. 2 gestützt umfassend verweigert hat.[4]

7. Wahrunterstellung

42   Zweifelhaft ist, welche Bedeutung der aus **§ 244 Abs. 3 StPO** übernommene Ablehnungsgrund der Wahrunterstellung hat. Eine Beweiserhebung wird aus Sicht der beweisbelasteten Partei überflüssig und damit unerheblich, wenn die unter Beweis gestellte Tatsache **zugunsten des Beweisbelasteten** als wahr unterstellt wird. Dies haben die Rechtsprechung des BVerfG[5] und des BGH[6] auch für den Zivilprozess als möglich angesehen. Eine Wahrunterstellung soll aber nur dann möglich sein, wenn sie der **Gegenpartei**, die die betreffende Behauptung bestritten hat, nicht **zum Nachteil** gereicht.[7] Das kann nur angenommen werden, wenn diese Wahrunterstellung eine Tatsache betrifft, die nicht beweisbedürftig oder die unerheblich[8] ist. In diesen Fällen bedarf es aber keines Rückgriffs auf einen weiteren Ablehnungsgrund, sondern der Beweisantrag kann ohnehin zurückgewiesen werden. Zu Recht wird daher der Schluss gezogen, die **Wahrunterstellung sei im Zivilprozess überflüssig**.[9]

8. Erleichterte Ablehnung bei gerichtlichem Ermessen

43   Im Wesentlichen in zwei Ausnahmefällen kann das Gericht unter deutlich erleichterten Voraussetzungen einen Beweisantrag nach pflichtgemäßem Ermessen ablehnen. Dabei handelt es sich um den **Sachverständigenbeweis**, auf den das Gericht grund-

---

[1] BGH NJW 2003, 2527, 2528.
[2] BGH NJW 2006, 3416, 3418, Rz. 25 (bei Geltung der Untersuchungsmaxime im dortigen Verfahren).
[3] OLG Koblenz OLGR 2008, 362, 363.
[4] BGH VersR 2012, 1429 Rz. 17.
[5] BVerfG NJW 1992, 1875, 1876 (III 1); BVerfG NJW 1993, 254, 255.
[6] BGHZ 53, 245, 260; BGH VersR 2008, 382. Ebenso OLG Zweibrücken NJW-RR 2011, 496, 498 (obiter dictum); BPatG GRUR 2014, 79, 81 – Mark Twain (Beweisantrag zur Verkehrsbekanntheit im Fachhandel angesichts geringer Vertriebszahlen).
[7] BGHZ 53, 245, 260.
[8] So war die Beweislage wohl im Ausgangsverfahren zu BVerfG NJW 1992, 1875 (vgl. dort 1877 unter III 1).
[9] Vgl. *Bauer* MDR 1994, 953, 955; MünchKommZPO/*Prütting*[4] § 284 Rz. 101; *Schneider* ZZP 75 (1962), 173, 207 Fn. 119; *Musielak/Stadler* JuS 1979, 721, 724; *Teplitzky* JuS 1968, 71, 74.

sätzlich verzichten kann, wenn es **selbst** über die **erforderliche Sachkunde** verfügt, was es allerdings kritisch überprüfen muss (Kap. 44 Rz. 24). Ferner gestattet **§ 287 Abs. 1 S. 2** das Absehen von einer beantragten Beweisaufnahme (dazu Kap. 17 Rz. 76).

9. Sonstige Gründe

Ein Beweisantrag muss abgelehnt werden, wenn er die Heranziehung eines in der Prozesssituation **unzulässigen Beweismittels** vorsieht, also etwa im Rahmen des Strengbeweises Beweismittel außerhalb der §§ 355 ff. benannt werden. Ferner dürfen Beweise nicht erhoben werden, die einem **Beweiserhebungsverbot** unterliegen oder die einen unzulässigen Ausforschungsbeweis darstellen. 44

Kapitel 13:
Die Beweisanordnung; Anfechtung von Zwischenentscheidungen

	Rz.
§ 45 Beweisbeschluss, § 358 ZPO	
I. Formlose und formelle Beweiserhebungen	
1. Selektion der Beweistatsachen, Begriff der Beweisaufnahme	1
2. Prozessleitende Anordnungen	
a) Beweisanordnung	4
b) Prozessleitungsmaßnahme	5
c) Fehlende Anfechtbarkeit	6
3. Zweckmäßigkeit des förmlichen Beschlusses	8
II. Herkunft des förmlichen Beweisbeschlusses	9
III. Klarstellungsfunktion des förmlichen Beweisbeschlusses	10
IV. Bindungswirkung des Beschlusses	12
V. Notwendigkeit des förmlichen Beschlusses	
1. Begriff des besonderen Verfahrens	15
2. Beschlusssachverhalte	16
3. Entbehrlichkeit eines förmlichen Beschlusses	19
4. Rechtsfolgen von Verstößen, Heilung	22
VI. Verkündung, Zustellung	26
VII. Freiwillige Gerichtsbarkeit	29
§ 46 Vorgezogene Beweisanordnungen, § 358a ZPO	
I. Beweisrechtliche Vorbereitung des Haupttermins	
1. Beschleunigungsziel	30
2. Konflikt mit Ziel der Güteverhandlung	32
3. Verhältnis zur Vorbereitung nach § 273 Abs. 2	35
II. Erlass des Beweisbeschlusses	
1. Inhalt	39
2. Zeitpunkt der Anordnung	41
3. Zuständiges Prozessgericht	46
4. Ermessen	49
5. Bekanntgabe	51
III. Vorterminliche Ausführung des Beweisbeschlusses	
1. Allgemeines	52
2. Einzelerläuterungen zu den Nrn. 1–5 des § 358a	
a) Beweisaufnahme vor dem beauftragten oder ersuchten Richter	55
b) Einholung amtlicher Auskünfte	56
c) Schriftliche Zeugenaussage	58
d) Begutachtung durch Sachverständige	59
e) Augenscheinseinnahme	60
IV. Rechtsfolgen von Verstößen, Heilung	61
§ 47 Inhalt des formellen Beweisbeschlusses, § 359 ZPO	
I. Informationsfunktion des Beweisbeschlusses	65
II. Reihenfolge der Beweiserhebung	67
III. Bezeichnung des Beweisthemas	
1. Klärung der Beweiserheblichkeit	69
2. Notwendige Detailliertheit	71
3. Besonderheiten einzelner Beweismittel	76
IV. Bezeichnung des Beweismittels	80
V. Bezeichnung der beweisführenden Partei	83
VI. Weitere inhaltliche Anforderungen	85
VII. Anforderungen an die formlose Beweisanordnung	86
VIII. Verstoß gegen die Inhaltsanforderungen	87
§ 48 Änderung formeller Beweisbeschlüsse, § 360 ZPO	
I. Regelungsgehalt und Normzweck	88
II. Rechtspolitisch verfehltes Zustimmungserfordernis	91
III. Verhältnis zu § 358a	93
IV. Änderungssituationen	
1. § 360 S. 2 als isolierte Teilregelung	96
2. Nichtdurchführung	99
3. Aufhebung	102
V. Zustimmung der Parteien	105
VI. Zustimmungsfreie Änderungen	
1. Berichtigung oder Ergänzung der Beweistatsachen	109
2. Vernehmung anderer Zeugen oder Sachverständiger	113
3. Sonstige Fälle	119
VII. Ermessen, Verfahren der Änderung	120
VIII. Befugnisse des Richterkommissars	123
IX. Anhörung und Benachrichtigung der Parteien	125
X. Rechtsbehelfe	127
§ 49 Unanfechtbarkeit von Beweisbeschlüssen als Zwischenentscheidungen	

	Rz.		Rz.
I. Ausschluss der sofortigen Beschwerde		3. Anerkannte Durchbrechungen ...	131
1. Generelle Unanfechtbarkeit	129	4. Unkorrigierbare Grundrechtsverletzung der Beweiserhebung	134
2. § 355 Abs. 2 als pars pro toto prozessleitender Beweisanordnungen	130	II. Urteilsanfechtung wegen fehlerhafter Beweisanordnungen	138

§ 45 Beweisbeschluss, § 358 ZPO

Schrifttum:
Engel, Beweisinterlokut und Beweisbeschluß im Zivilprozeß, 1992; *Musielak/Stadler*, Grundfragen des Beweisrechts: Beweisaufnahme, Beweiswürdigung, Beweislast, 1984; *Schöpflin*, Die Beweiserhebung von Amts wegen im Zivilprozeß, 1992; *Zuleger*, Der Beweisbeschluß im Zivilprozeß, Diss. jur. Regensburg 1989.

I. Formlose und formelle Beweiserhebungen

1. Selektion der Beweistatsachen, Begriff der Beweisaufnahme

Soweit sich die tatsächlichen Darstellungen der Parteien zum streitgegenständlichen Sachverhalt nicht decken, muss das Gericht den streitigen Tatsachenstoff im Wege der Beweiserhebung feststellen. Vorauszugehen hat die **Selektierung** seiner **Entscheidungserheblichkeit** in Abhängigkeit von den anzuwendenden materiell-rechtlichen oder prozessualen Vorschriften. Die Entscheidungserheblichkeit muss das Gericht bereits vorab klären, um **überflüssige Beweiserhebungen** zu vermeiden. Dem tragen Vorschriften Rechnung, die das Gericht veranlassen sollen, die streitige Verhandlung und Beweisaufnahme umfassend vorzubereiten, damit sie innerhalb eines Termins durchgeführt werden können, vgl. §§ 272, 273, 279. 1

Eine **Beweisaufnahme** liegt nur vor, wenn das Gericht mit seinem Vorgehen streitige Tatsachen klären will.[1] Sie ist **abzugrenzen** von **vorbereitenden Maßnahmen** (§ 273)[2] (dazu unten Rz. 35 ff.) und von der Sammlung und Sichtung von Tatsachen, die das Gericht durchführt, um sich die notwendige Grundlage für die Entscheidung über die Durchführung einer Beweisaufnahme zu verschaffen. Wenn etwa vorab **amtliche Auskünfte** eingeholt werden, diese dann aber nicht durch Beweisanordnung oder förmlichen Beweisbeschluss zum Gegenstand einer Beweisaufnahme gemacht, so liegt grundsätzlich keine Beweisaufnahme vor.[3] 2

Ob in der Heranziehung der **Akten des Hauptverfahrens in** einem parallelen **einstweiligen Verfügungsverfahren** eine Beweisaufnahme gesehen werden kann, ist umstritten.[4] Es gibt jedoch keinen Grund, die Aktenbeiziehung anders als andere Beweismittel zu beurteilen.[5] Sie ist also als **herkömmlicher Urkundenbeweis** einzuordnen, wenn sie nicht nur der Information dient, was durch Aufnahme in das Sitzungsprotokoll geklärt werden sollte. Eine Beweisaufnahme liegt daher auch in diesen Fällen 3

---

[1] OLG Naumburg JW 1935, 1726, 1727 (Einholung behördlicher Auskunft).
[2] BVerfGE 63, 148, 151.
[3] BVerfGE 63, 148, 151 f. Unsorgfältig OLG Düsseldorf MDR 1989, 363 (zum Anfall einer Beweisgebühr, allerdings nach vorherigem Erlass eines Teilurteils).
[4] Bejahend OLG München ZZP 53 (1928), 55; ablehnend *Kraemer* ZZP 53 (1928), 55 (bei Tätigkeit des Hauptsachegerichts).
[5] Ebenso für die Heranziehung von Akten aus einem nur eine Partei betreffenden Verfahren KG JW 1930, 727.

vor, sofern streitige Tatsachen durch Glaubhaftmachung mittels der Akten geklärt werden sollen.

2. Prozessleitende Anordnungen

a) Beweisanordnung

4 Welche Tatsachen durch welche Beweismittel bewiesen werden sollen, ist in einer **Beweisanordnung** festzulegen. In den von § 358 geregelten Fällen hat sie als **förmlicher Beweisbeschluss mit** dem **Inhalt des § 359** zu ergehen. § 358 unterscheidet inzident zwischen dem von ihm erfassten formellen Beweisbeschluss und einer formlosen Beweisanordnung, die in allen übrigen Fällen ergeht. Die **formlose Anordnung** ist nicht gesetzlich geregelt und muss nicht sämtliche in § 359 genannte Informationen enthalten.[1]

b) Prozessleitungsmaßnahme

5 Beide Formen der Beweisanordnung sind **prozessleitende Anordnungen** des Gerichts (dazu auch unten Rz. 130). Zuständig für die Anordnung ist bei kollegialen Spruchkörpern das Gericht insgesamt, nicht der Vorsitzende allein.

c) Fehlende Anfechtbarkeit

6 Die Anordnungen können **grundsätzlich nicht selbständig angefochten** werden. Die Willensbildung des Gerichts im laufenden Verfahren obliegt allein dem entscheidenden Gericht. Daher sind Beweisanordnungen selbst dann nicht beschwerdefähig, wenn sie als formeller Beweisbeschluss ergehen[2] (näher dazu Rz. 127 und 129).

7 Wenn der Beweisbeschluss allerdings einen **Verfahrensstillstand** herbeiführt, weil die angeordnete Beweisaufnahme in absehbarer Zeit nicht stattfinden kann, so dass der Beschluss einer Aussetzungsentscheidung gleichkommt, ist in analoger Anwendung des § 252 die sofortige Beschwerde statthaft (näher: Rz. 131). Eventuell ist die Beweisanordnung aber auch wegen eines **Grundrechtsverstoßes** anfechtbar, der in der Beweiserhebung selbst liegt und der durch ein Rechtsmittelverfahren gegen das Urteil nicht rückgängig gemacht werden kann (Rz. 134 ff.).

3. Zweckmäßigkeit des förmlichen Beschlusses

8 Es gibt **zwingende Gründe** für den Erlass eines formellen Beweisbeschlusses (dazu unten Rz. 16 ff.). Soweit sie nicht vorliegen, wird zunehmend vom Erlass eines formellen Beschlusses abgesehen. Das geschieht aus Gründen der richterlichen **Arbeits- und Zeitersparnis**, wenn zunächst einmal in einer Güteverhandlung geklärt werden soll, ob überhaupt eine streitige Verhandlung notwendig ist. Damit kann aber zugleich die **disziplinierende Wirkung** des förmlichen Beweisbeschlusses **verloren** gehen. Wenn das Gericht die Erforderlichkeit eines Beweisbeschlusses prüft, ist es zu einer umfassenden Vorbereitung der mündlichen Verhandlung und weitreichenden Durchdringung des Streitstoffs gezwungen. Dies trägt zu einem sinnvollen und effizienten Management des Verfahrens bei.

---

1 Vgl. *Musielak/Stadler* Grundfragen des Beweisrechts Rz. 2.
2 OLG Brandenburg FamRZ 2001, 294.

II. Herkunft des förmlichen Beweisbeschlusses

Die Vorschrift des § 358 war bis 1900 mit gleichem Wortlaut in § 323 CPO enthalten. Sie geht inhaltlich auf das **gemeinrechtliche Beweisinterlokut** bzw. Beweisurteil und die damit verbundene Unterscheidung zwischen Behauptungs- und Beweisverfahren im Gemeinen Zivilprozess[1] zurück, weist zu diesem aber nur noch wenige Parallelen auf.[2]

9

III. Klarstellungsfunktion des förmlichen Beweisbeschlusses

Dem Beweisbeschluss kommt eine **Klarstellungsfunktion** zu (Rz. 66). Er bildet eine **schriftlich fixierte Grundlage** für den Beweistermin und stellt sicher, dass die in der streitigen Verhandlung herausgearbeiteten **streiterheblichen Tatsachen** nicht bis zum Beweisaufnahmetermin in Vergessenheit geraten und erneut geklärt werden müssen;[3] Der eventuell tätige **kommissarische Richter** wird über den Inhalt der Rechtshilfemaßnahme **unterrichtet**. Diese Gefahr besteht nicht, wenn die Beweisaufnahme der streitigen Verhandlung in demselben Termin unmittelbar folgt (§ 279 Abs. 2). Den **Parteien erleichtert** der Beschluss, die Reaktion des Gerichtes auf ihr bisheriges Vorbringen einzuschätzen.[4]

10

In komplizierten Fällen dient er schließlich der **Klarstellung von Beweislast** und Person des **Kostenvorschussschuldners**. In diesen Fällen halten auch die Befürworter formloser Beweisanordnungen einen formellen Beweisbeschluss für angebracht.[5] Die Anordnung einer **Parteivernehmung** durch obligatorischen Beweisbeschluss (§ 450 Abs. 1 S. 1) grenzt die formelle Beweiserhebung von der **bloßen Parteianhörung** (§ 141 Abs. 1 S. 1) ab. Wegen der **Konkretisierungsfunktion** hat die Kommission für den Zivilprozess ausdrücklich am Beweisbeschluss festgehalten.[6]

11

IV. Bindungswirkung des Beschlusses

Anders als das gemeinrechtliche Beweisinterlokut führt die förmliche Anordnung **nicht** zu einer **Selbstbindung des Prozessgerichts**.[7] Er enthält weder über die Entscheidungserheblichkeit der Beweisthemen noch über die Beweislast eine der Endentscheidung vorgreifende Entscheidung.[8] Eine präjudizierende Wirkung hat der Beweisbeschluss nicht.[9] **Gebunden** werden allerdings der **beauftragte** und der **ersuchte Richter** (§§ 361, 362) gem. § 158 Abs. 1 GVG. Diesem steht aber wie dem Prozessgericht § 360 S. 3 zur Seite. Eine auch für das Prozessgericht bindende Entscheidung über die Zulässigkeit eines Beweismittels kann allenfalls durch ein Zwischenurteil erfolgen.[10]

12

Der Beweisbeschluss kann **geändert oder aufgehoben** werden, und zwar auch außerhalb der mündlichen Verhandlung (näher dazu Rz. 96). Das Gericht kann damit im

13

---

1 Eingehend dazu *Engel*, Beweisinterlokut passim.
2 Vgl. *Bruns* ZPR[2] Rz. 175 (S. 263).
3 *Engel* Beweisinterlokut S. 147 f.
4 *Engel* Beweisinterlokut S. 147; Stein/Jonas/*Berger*[22] § 359 Rz. 1.
5 Musielak/*Stadler*[10] § 358 Rz. 2; s. auch Zöller/*Greger*[30] § 358 Rz. 2.
6 Kommissionsbericht (1977) S. 127.
7 OLG Brandenburg OLGRep. 2000, 436; Stein/Jonas/*Berger*[22] § 359 Rz. 1.
8 OLG Brandenburg OLGRep. 2000, 436 = FamRZ 2001, 294; OLG Frankfurt OLGRep. 2007, 877, 878.
9 *Engel* Beweisinterlokut S. 166; Musielak/*Stadler*[10] § 359 Rz. 1.
10 Stein/Jonas/*Berger*[22] § 359 Rz. 6.

Rahmen der Prozessleitung jederzeit von Amts wegen auf einen sich im Laufe der Verhandlung verändernden Sach- und Streitstand, aber auch auf eigene bessere Überzeugungen reagieren; an die Begrenzungen des § 360 ist es nicht gebunden. Ist bereits absehbar, dass sich eine Veränderung ergeben könnte, kann der Beweisbeschluss unter eine **auflösende oder aufschiebende Bedingung** gestellt werden.

14 Als aufschiebende Bedingung wird insbesondere die fristgerechte **Einzahlung des** angeforderten **Kostenvorschusses** aufgenommen, indem davon die Ladung eines Zeugen abhängig gemacht wird. Bei Eilbedürftigkeit kann die Ladung vorläufig erfolgen, aber unter eine auflösende Bedingung gestellt werden; tritt die Bedingung ein, wird der Zeuge wieder abgeladen. In Betracht kommt auch die **Verknüpfung mit** der **Nichtannahme** eines gerichtlichen **Vergleichsvorschlages**.[1]

V. Notwendigkeit des förmlichen Beschlusses

1. Begriff des besonderen Verfahrens

15 Für eine prozessleitende Beweisanordnung ist ein *formeller* Beweisbeschluss nur erforderlich, wenn die Beweisaufnahme in einem „besonderen Verfahren" stattfinden soll. Ein besonderes Verfahren liegt nach ganz h.M. nicht nur dann vor, wenn für das Verfahren besondere Regeln gelten, wie etwa im selbständigen Beweisverfahren (§§ 485 ff.), sondern wenn die angeordnete **Beweiserhebung in** einem **neuen Termin** stattfindet.[2]

2. Beschlusssachverhalte

16 Ein förmlicher Beweisbeschluss ist notwendig für die Einholung einer schriftlichen **Zeugenaussage** (§ 377 Abs. 3; näher dazu Kap. 38 Rz. 14), die **Übertragung** der Beweisaufnahme auf den **beauftragten** oder **ersuchten Richter** gem. §§ 361, 362,[3] den Erlass einer Beweisanordnung nach Lage der Akten gem. §§ 251a und 331a, die **Abstammungsuntersuchung** gem. § 372a[4] und die Einholung anderer **schriftlicher Sachverständigengutachten**. Ein weiterer Fall eines besonderen Verfahrens ist die Anordnung einer **Beweisaufnahme im Ausland**.

17 Bei der **Ermittlung ausländischen Rechts** gem. § 293 durch Sachverständigengutachten oder Einholung einer Auskunft gem. dem Europäischen Übereinkommen vom 7.6.1968 ist ein Beweisbeschluss erforderlich, **nicht** hingegen **bei** Anwendung des **Freibeweisverfahrens**.

18 Für **bestimmte Fälle** ordnet das Gesetz an, dass ein Beweisbeschluss gem. § 358 – und damit in der Form des § 359 – Grundlage der Beweiserhebung sein muss. Hierher gehören gem. § 450 Abs. 1 S. 1 die **Vernehmung** – nicht die Anhörung – **einer Partei** sowie die **Vorlegung einer Urkunde** gem. § 425 (Kap. 29 Rz. 112). Darüber hinaus ist auch in der Anordnung einer **Beweiserhebung vor der mündlichen Verhandlung** gem. § 358a ein Fall der Erforderlichkeit eines besonderen Verfahrens zu sehen.

---

[1] OLG Hamburg MDR 1965, 57; *Teplitzky* JuS 1968, 71, 76.
[2] MünchKommZPO/*Heinrich*[4] § 358 Rz. 2; Stein/Jonas/*Berger*[22] § 358 Rz. 1; AK-ZPO/*Rüßmann* § 358 Rz. 1; Rosenberg/Schwab/*Gottwald*[17] § 116 Rz. 29; *Engel* Beweisinterlokut S. 142; a.A. Zöller/*Greger*[30] § 358 Rz. 2; vermittelnd Musielak/*Stadler*[10] § 358 Rz. 2.
[3] BAG NJW 1991, 1252; s. auch BGH NJW 1990, 2936, 2937.
[4] OLG Celle NdsRpfl. 1995, 269 (als Grundlage der zwangsweisen Blutentnahme).

3. Entbehrlichkeit eines förmlichen Beschlusses

Kein formeller Beweisbeschluss ist erforderlich, wenn das betreffende **Beweismittel** von einer Partei sistiert wird, also während der mündlichen Verhandlung **präsent** ist, so dass die Beweisaufnahme sogleich ohne Vertagung durchgeführt werden kann.[1] Im Falle der **Glaubhaftmachung**, die gem. § 294 Abs. 1 neben der Vorlage eidesstattlicher Versicherungen auch durch die Heranziehung sämtlicher Beweismittel des Strengbeweises erfolgen kann, ist gem. § 294 Abs. 2 eine Vertagung zwecks Beweisaufnahme unzulässig. Ein formeller Beweisbeschluss ist daher stets entbehrlich. Dies gilt somit insbesondere für das **Arrest- und einstweilige Verfügungsverfahren** gem. §§ 920 Abs. 2, 935.

Ferner ist ein Beweisbeschluss **entbehrlich**, wenn **zuvor** eine **Anordnung gem. § 273 Abs. 2** ergangen ist und das Beweismittel deshalb präsent ist. Bei Aufklärung **gerichtsinterner Vorgänge**, etwa der Funktionsfähigkeit eins Nachtbriefkastens zur Feststellung von Wiedereinsetzungsvoraussetzungen (§ 233) oder zur Feststellung von Ablehnungstatsachen (§ 42), ist ebenso wie für die **Beweiserhebung mittels Freibeweises** eine formlose Beweisanordnung ausreichend.

Dem Gericht **steht** es **frei**, auch in den vorgenannten Fällen einen **formellen Beweisbeschluss** zu erlassen.[2] Die **Auswahl** zwischen beiden Formen ist eine **Ermessensentscheidung**. Die gelegentlich genannte Vermeidung einer möglichen Verfahrensverzögerung[3] ist kein ausschlaggebender Gesichtspunkt, wenn von § 358a Gebrauch gemacht wird.

4. Rechtsfolgen von Verstößen, Heilung

Der **Nichterlass** eines **notwendigen förmlichen Beweisbeschlusses** verletzt § 358. Eine davon abweichende prozessleitende Anordnung ist in derselben Instanz nicht selbständig anfechtbar. **Rechtsschutz** gegen Verletzungen ist nur im Rahmen eines **Rechtsmittels gegen** das auf der nicht vorschriftsgemäß angeordneten Beweisaufnahme beruhende **Urteil** möglich.[4]

Der Verstoß ist ein **Verfahrensmangel** (Gegensatz: Urteilsmangel) i.S.d. **§§ 529 Abs. 2 S. 1, 557 Abs. 3 S. 2**. Sowohl für die Berufung wie für die Revision (vgl. dort: § 545 Abs. 1) gilt, dass die Verletzung der verfahrensrechtlichen Norm **für die Entscheidung ursächlich** gewesen sein muss, was zu bejahen ist, wenn nicht auszuschließen ist, dass die Entscheidung ohne Gesetzesverletzung anders ausgefallen wäre.[5]

Dass ein **Urteil auf** einem **Verstoß** gegen § 358 **beruht**, dürfte **regelmäßig auszuschließen** sein. Die Durchführung der nur durch formlose Beweisanordnung eingeleiteten Beweisaufnahme müsste dafür anders verlaufen sein, wenn das Gericht einen formellen Beweisbeschluss erlassen hätte. Das Reichsgericht hat bei einem Verstoß gegen den Grundsatz der Parteiöffentlichkeit (§ 357) angenommen, der Verletzte brauche lediglich den Verstoß darzutun; die Beweisaufnahme sei regelmäßig unverwertbar, ohne dass es auf den Beweis der Entscheidungserheblichkeit ankomme.[6] Dem ist wegen der weitaus geringeren Bedeutung des § 358 für einen Verstoß gegen

---

1 Vgl. OLG Frankfurt AnwBl. 1978, 69 (dort: Augenscheinseinnahme über Aussehen einer Partei); *Engel* Beweisinterlokut S. 168.
2 MünchKommZPO/*Heinrich*[4] § 358 Rz. 3.
3 So von Zöller/*Greger*[30] § 358 Rz. 3.
4 MünchKommZPO/*Heinrich*[4] § 358 Rz. 7; Zöller/*Greger*[30] § 358 Rz. 4.
5 Zur Revision: BGH NJW 1987, 781; BGH NJW 1995, 1841, 1842; MünchKommZPO/*Wenzel*[4] § 545 Rz. 14; Musielak/*Ball*[10] § 545 Rz. 11; Rosenberg/Schwab/*Gottwald*[17] § 142 Rz. 35.
6 RGZ 136, 299, 301.

diese Norm nicht zuzustimmen. Im Übrigen lässt die Praxis zu § 357 den bloßen Verstoß ebenfalls nicht genügen, sofern gewiss ist, dass dieser Verstoß keinen Einfluss auf das Urteil hatte (Kap. 5 Rz. 42).

25 Der Verstoß kann **gem. § 295 geheilt** werden.[1] Dies gilt für Verstöße gegen die in § 359 angeordnete Form in jedem Fall. Umstritten ist die Heilbarkeit bei Zuständigkeitsverstößen (näher dazu unten Rz. 62).

VI. Verkündung, Zustellung

26 Der Beweisbeschluss ist gem. § 329 Abs. 1 S. 1 zu **verkünden**, wenn er **aufgrund** einer **mündlichen Verhandlung** ergeht. Bei Verkündung **am Schluss der Sitzung** reicht für das Sitzungsprotokoll die Aufnahme der Formel, dass der Beschluss „seinem wesentlichen Inhalt nach" verkündet wurde. Die Verkündung kann in einem **gesonderten Verkündungstermin** erfolgen, wenn das Gericht die Beweiserheblichkeit der streitigen Tatsachenbehauptung noch einmal überprüfen will;[2] damit sind freilich Verzögerungen verbunden, die in der Regel auf einer unzureichenden vorangegangenen Aktenbearbeitung beruhen. Eine Verkündung des Beweisbeschlusses ist notwendig, wenn die Entscheidung nach **Lage der Akten** (§ 251a) erfolgt.[3]

27 Entgegen der h.M. ist der Beweisbeschluss **nicht zu verkünden** ist, wenn er mit Zustimmung der Parteien **im schriftlichen Verfahren** (§ 128 Abs. 2 S. 2) ergeht. Weil eine Entscheidung i.S.d. § 128 Abs. 2 S. 2 auch ein Beweisbeschluss sein kann[4] und mit dessen Erlass nach h.M. die Zustimmung der Parteien zur Durchführung eines schriftlichen Verfahrens verbraucht ist,[5] so dass im Anschluss an die Beweisaufnahme mündlich zu verhandeln ist (§ 285),[6] wird vielfach von dem Erfordernis einer Verkündung ausgegangen.[7] Dem steht entgegen, dass eine Entscheidung i.S.d. **§ 128 Abs. 2 S. 2** nur die **Endentscheidung selbst oder** eine Entscheidung sein kann, die die Endentscheidung sachlich vorbereitet und die **ohne** § 128 Abs. 2 eine **mündliche Verhandlung** voraussetzen würde.[8] Das ist – wie § 358a zeigt – beim Beweisbeschluss nicht der Fall.[9] Der im schriftlichen Verfahren nach § 128 Abs. 2 ergehende Beweisbeschluss lässt sich als ein solcher gem. § 358a auffassen, der keine Verkündung erfordert (vgl. Rz. 51).

28 Auf einen Beweisbeschluss, der im **Verfahren gem. § 128 Abs. 4** ohne mündliche Verhandlung ergeht, z.B. die Beweisanordnung im selbständigen Beweisverfahren (§ 490 Abs. 1), ist § 329 Abs. 2 anzuwenden.[10]

---

1 BGH MDR 1959, 638 f. (Parteivernehmung entgegen § 450).
2 MünchKommZPO/*Heinrich*[4] § 358 Rz. 6.
3 MünchKommZPO/*Heinrich*[4] § 358 Rz. 6.
4 Zu dieser Prozesslage: BGHZ 31, 210, 214, 215 (nicht in NJW 1960, 572).
5 Vgl. Stein/Jonas/*Leipold*[22] § 128 Rz. 61; Musielak/*Stadler*[10] § 128 Rz. 17.
6 Stein/Jonas/*Leipold*[22] § 128 Rz. 61.
7 MünchKommZPO/*Heinrich*[4] § 358 Rz. 6; Musielak/*Stadler*[10] § 358 Rz. 3 und § 359 Rz. 2; Zöller/*Vollkommer*[30] § 329 Rz. 12; Zöller/*Greger*[30] § 358 Rz. 3.
8 Rosenberg/Schwab/*Gottwald*[17] § 79 Rz. 71.
9 Vgl. Stein/Jonas/*Leipold*[22] § 128 Rz. 63.
10 Vgl. Musielak/*Stadler*[10] § 359 Rz. 2; Stein/Jonas/*Berger*[22] § 359 Rz. 5.

VII. Freiwillige Gerichtsbarkeit

Ein formeller Beweisbeschluss ist im Verfahren nach dem **FamFG entbehrlich**, wenn gem. §§ 29, 30 FamFG der **Freibeweis** zulässig ist.[1] Die Anwendung des § 358 wird in § 30 FamFG nicht angeordnet,[2] so dass es auch für die Anwendung des **Strengbeweisrechts** im **Ermessen des Gerichts** steht, einen formellen Beweisbeschluss oder eine formlose Beweisanordnung zu erlassen.[3]

29

§ 46 Vorgezogene Beweisanordnungen, § 358a ZPO

Schrifttum:
Hohlfeld, Die Einholung amtlicher Auskünfte im Zivilprozeß, 1995; *E. Schneider*, Gebührenrechtliche Folgen der Terminsvorbereitung nach §§ 273, 358a ZPO, MDR 1980, 177 ff. S. ferner die Angaben bei § 45.

I. Beweisrechtliche Vorbereitung des Haupttermins

1. Beschleunigungsziel

§ 358a wurde mit der Vereinfachungsnovelle vom 3.12.1976[4] in das Gesetz eingefügt. Satz 2 Nr. 3 wurde durch das Änderungsgesetz vom 17.12.1990[5] an den geänderten § 377 angepasst. Die Vorschrift dient der **Verfahrenskonzentration** und der **Verfahrensbeschleunigung**.[6] Sie soll den Gerichten die gem. § 272 Abs. 1 gebotene umfassende Vorbereitung des Haupttermins erleichtern und so zu einer Erledigung des Verfahrens innerhalb einer einzigen mündlichen Verhandlung beitragen. **Vermieden** wird, dass für die Beweiserhebung ein **weiterer Termin** anberaumt wird.

30

Das Beschleunigungsziel wird nach § 358a in zwei Schritten ermöglicht: Gem. Satz 1 kann eine **Beweisaufnahme** bereits vor der mündlichen Verhandlung angeordnet werden, so dass deren Durchführung **im Haupttermin vorbereitet** ist und dann tatsächlich – wie es § 279 Abs. 2 verlangt – die Beweisaufnahme der mündlichen Verhandlung unmittelbar folgen kann. Unter den Voraussetzungen des Satzes 2 kann aber auch die **Beweiserhebung** bereits **vorgezogen** werden. Im Haupttermin kann dann auf die Ergebnisse dieser Beweisaufnahme zurückgegriffen werden. Dies bietet sich vor allem dann an, wenn die entsprechende Beweisaufnahme schwerlich während des Haupttermins durchgeführt werden kann, etwa weil sie außerhalb des Gerichtssitzes stattfinden muss oder weil sie viel Zeit in Anspruch nimmt.

31

2. Konflikt mit Ziel der Güteverhandlung

Die **Gerichtspraxis** sieht ein Vergehen nach § 358a vielfach als **unzweckmäßig** an. Ist eine Beweiserhebung bereits förmlich beschlossen und sind die Beweismittel zum ersten Verhandlungstermin herbeigeschafft worden, **sinkt** möglicherweise **die Bereitschaft** der Parteien, das Verfahren in der der streitigen Verhandlung vorausgehenden

32

---

1 Zum Freibeweisverfahren: *Peters*, Der sogenannte Freibeweis im Zivilprozeß (1962), S. 185; *Musielak/Stadler* Grundfragen des Beweisrechts Rz. 1; MünchKommZPO/*Heinrich*[4] § 358 Rz. 4.
2 BGH NJW 2011, 520 Rz. 19.
3 A.A. Zöller/*Feskorn*[29] § 30 FamFG Rz. 13.
4 BGBl. I 1976, 3281, 3288.
5 BGBl. I 1990, 2847, 2848.
6 Vgl. RegE BT-Drucks. 7/2729, S. 36 f.; *Zuleger* Beweisbeschluß S. 85. Auf die Beschleunigungswirkung hinweisend *Walchshöfer* ZZP 94 (1981), 179, 185.

Güteverhandlung (§ 278 Abs. 2) durch **Vergleich** zu erledigen. Selbst wenn zuvor der Versuch einer (gerichtlichen) Mediation unternommen und gescheitert ist, bedeutet dies nicht, dass nach Erörterung der Sach- und Rechtslage mit dem streitentscheidenden Richter ein Vergleichsschluss aussichtslos wäre. Ein Vorgehen nach § 358a kann die psychische Basis für eine erfolgreiche frühzeitige Streiterledigung ohne Urteil schwächen. Die zu unterschiedlichen Gesetzgebungszeitpunkten akzentuierten **Ziele** der **Verfahrensbeschleunigung** und der **gütlichen Streiterledigung** sind vom Gesetzgeber **nicht** aufeinander **abgestimmt** worden.

33 Bei **Zeugen**, die zum Termin geladen, aber dann **ohne Vernehmung entlassen** werden, wird das Vorgehen des Gerichts zu Recht auf wenig Verständnis stoßen. Die Justiz hat die **Zumutbarkeit** der Anordnung **öffentlich-rechtlicher Pflichten** (dazu auch Kap. 7 Rz. 80) sorgsam zu erwägen.

34 Dieselben **prozesstaktischen Gründe**, die **gegen** den Erlass eines Beschlusses nach § 358a sprechen, stehen auch einer prozessleitenden Ladung durch **formlose Beweisanordnung** entgegen.

3. Verhältnis zur Vorbereitung nach § 273 Abs. 2

35 § 273 Abs. 2 verfolgt wie § 358a das Ziel, den Haupttermin möglichst **umfassend vorzubereiten** und eine Entscheidung schon aufgrund dieses Termins zu. Die Mittel zur Erreichung dieses Zwecks sind jedoch verschieden und klar voneinander getrennt. **§ 273 Abs. 2 erlaubt keine Beweisanordnung**, weder informell noch als formellen Beschluss. Die **Abgrenzung** beider Vorschriften ist sowohl für die **Form des Handelns**, als auch für die **Zuständigkeit** von Bedeutung.

36 Gem. § 273 Abs. 2 trifft der **Vorsitzende** oder ein von ihm bestimmtes Mitglied des Prozessgerichts (der Berichterstatter) die in den Nrn. 1–5 genannten Vorbereitungsmaßnahmen, nicht aber das Prozessgericht selbst. Über eine Beweiserhebung hat demgegenüber das **Prozessgericht insgesamt** zu beschließen (dazu unten Rz. 46 und Kap. 4 Rz. 25), nachdem die Beweiserheblichkeit der Tatsachen geprüft worden ist.

37 **Amtliche Auskünfte** und die Beiziehung von Urkunden oder ganzen Akten nach § 273 Abs. 2 Nr. 2 dürfen **lediglich** der informatorischen Sachverhaltsaufklärung oder der **vorsorglichen Bereitstellung** von **Beweismitteln** dienen. Dadurch kann das Verständnis des Sachverhalts gefördert und es können Tatsachen unstreitig gestellt werden. Sobald jedoch eine Beweisaufnahme anzuordnen oder durchzuführen ist, ist § 358a S. 2 Nr. 2 einzuhalten[1] (dazu unten Rz. 55). Für die vorsorgliche **Ladung von Zeugen** und **Sachverständigen** gilt § 273 Abs. 2 Nr. 4 i.V.m. Abs. 3; auch sie hat nur vorbereitenden Charakter. Wenn Maßnahmen nach § 273 Abs. 2 teilweise „beweiserhebender Charakter" zugesprochen wird,[2] ist dies geeignet, Fehlvorstellungen auszulösen.

38 Im Einzelfall kann die **Abgrenzung** zwischen beiden Normen **Schwierigkeiten** bereiten. Die **gewählte Form** gibt einen **Hinweis** darauf, ob das Gericht nach **§ 273 Abs. 2** oder nach **§ 358a** vorgehen wollte. Eine Abgrenzung kann aber nicht allein anhand der Form des Handelns erfolgen, damit nicht ein gem. § 358a erlassener und den § 359 missachtender Beweisbeschluss kurzerhand als formlose Maßnahme nach § 273 Abs. 2 eingestuft wird. Die Rechtmäßigkeit der getroffenen Maßnahme richtet

---

[1] Vgl. KG JurBüro 1988, 471, 472 m. Anm. *Mümmler* (Abgrenzung im Hinblick auf Anfall einer anwaltlichen Beweisgebühr); *Musielak/Stadler* Grundfragen des Beweisrechts Rz. 2; *Schneider* MDR 1980, 177.
[2] AK-ZPO/*Rüßmann* § 358a Rz. 1 (für Einholung behördlicher Urkunden und Auskünfte); Musielak/*Stadler*[10] § 358a Rz. 1.

sich nach der jeweils einschlägigen Vorschrift. Der quantitativ gesteigerte Einsatz des **streitentscheidenden Einzelrichters** hat die Zuständigkeitsfrage an Bedeutung verlieren lassen.

II. Erlass des Beweisbeschlusses

1. Inhalt

Auch der vorterminliche Beweisbeschluss gem. § 358a ist ein **förmlicher Beweisbeschluss**. Er unterliegt grundsätzlich denselben Regeln **wie ein Beweisbeschluss nach § 358**; sein **Inhalt** hat § 359 zu entsprechen.

39

Ein Beweisbeschluss gem. § 358a S. 1 ist – anders als die vorterminliche Beweis*aufnahme* gem. Satz 2 – **nicht** auf bestimmte **Beweismittel beschränkt**.[1] Die Beschränkung nach Satz 2 gilt nur für die Ausführung des Beschlusses vor der mündlichen Verhandlung. Soweit für das Verfahren der Verhandlungsgrundsatz gilt, darf das Gericht **antragsgebundene Beweise** nur erheben, wenn sie von einer Partei beantragt worden sind.[2] Das ist für die Anordnung und Durchführung einer Zeugenvernehmung auf schriftlichem Wege (§ 358a S. 2 Nr. 3) von Bedeutung. **Ausreichend** ist für einen solchen Antrag eine entsprechende **Formulierung in den Schriftsätzen**. Ein Beweisantritt durch Antragstellung in der mündlichen Verhandlung ist nicht möglich und nach dem Zweck des § 358a überflüssig.[3]

40

2. Zeitpunkt der Anordnung

§ 358a betrifft den **vor** der **mündlichen Verhandlung** ergehenden Beweisbeschluss. Diese Formulierung ist nur auf den ersten Blick eindeutig. **Unklar** bleibt, **welche mündliche Verhandlung** gemeint ist. **Umstritten** ist die Frage, ob ein Beweisbeschluss gem. § 358a S. 1 und seine Durchführung gem. § 358a S. 2 ausgeschlossen sind, wenn bereits ein – möglicherweise früher erster (§§ 272 Abs. 2, 275 Abs. 1) – Termin stattgefunden hat. Geht man von einem solchen Ausschluss aus,[4] so gelten mit Beginn der mündlichen Verhandlung die §§ 358, 359 und 360. Die **Gegenansicht** will demgegenüber § 358a auch auf Beweisbeschlüsse anwenden, die der Vorbereitung des Haupttermins oder einer weiteren mündlichen Verhandlung dienen.[5] Es kann dann **jeder „zwischenterminliche" Beweisbeschluss** erlassen werden, was für Tatsachen bedeutsam ist, die zwischen zwei Verhandlungen, z.B. in einem ergänzenden Schriftsatz, vorgebracht worden sind. Wegen des einheitlichen Verständnisses des Begriffs der mündlichen Verhandlung in den Sätzen 1 und 2 wirkt sich das weite Verständnis insbesondere positiv auf die Möglichkeit aus, den Beweisbeschluss vorterminlich gem. § 358a S. 2 auszuführen. Mit der – rechtspolitisch verfehlten – Regelung des § 360 S. 2 ist die Ausdehnung des § 358a nicht zu vereinbaren (s. auch Rz. 111).

41

Ein vorterminlicher Beweisbeschluss ist in jedem Fall möglich, wenn die Parteien sich auf ein **schriftliches Verfahren** (§ 128 Abs. 2) geeinigt haben, eine Partei ihre Prozesserklärung jedoch wirksam widerrufen hat.[6] In diesem Fall hat noch keine Verhandlung stattgefunden.

42

---

1 Stein/Jonas/*Berger*[22] § 358a Rz. 11.
2 Stein/Jonas/*Berger*[22] § 358a Rz. 10.
3 Musielak/*Stadler*[10] § 358a Rz. 3; Rosenberg/Schwab/*Gottwald*[17] § 110 Rz. 32.
4 So MünchKommZPO/*Heinrich*[4] § 358a Rz. 4; Musielak/*Stadler*[10] § 358a Rz. 2.
5 Stein/Jonas/*Berger*[22] § 358a Rz. 5; Thomas/Putzo/*Reichold*[33] § 358a Rz. 1.
6 Stein/Jonas/*Berger*[22] § 358a Rz. 9.

43 Als **frühester** theoretisch denkbarer **Zeitpunkt** für den Erlass eines vorterminlichen Beweisbeschlusses kommt die Anhängigkeit der Klage vor deren Rechtshängigkeit in Betracht.[1] Seine Wahl wäre jedoch grundsätzlich ermessensfehlerhaft (zu Ausnahmen unten Rz. 50). Zu diesem Zeitpunkt ist mangels Erwiderung des Beklagten eine Ermittlung der streitigen Tatsachen noch gar nicht möglich[2] und es besteht in besonderem Maße die **Gefahr**, dass **überflüssige Beweiserhebungen** angeordnet und durchgeführt werden. Auch § 273 Abs. 3 legt fest, dass Anordnungen zur Zeugen- oder Sachverständigenladung erst ergehen sollen, nachdem der Beklagte dem Klageanspruch widersprochen hat.

44 Eine **Änderung des Beschlusses** ist ebenfalls bereits vor der mündlichen Verhandlung möglich, also gegebenenfalls unmittelbar nach dem Erlass des Beschlusses.[3] Die Änderung ist nicht an die Voraussetzungen des § 360 S. 2 gebunden.[4] (dazu Rz. 93)

45 In der vorterminlichen Beweis*anordnung* eine **Durchbrechung des Mündlichkeitsgrundsatzes** (§ 128 Abs. 1) zu sehen,[5] erscheint zweifelhaft. Praktische Relevanz hat die Frage nicht.

3. Zuständiges Prozessgericht

46 Den Beweisbeschluss erlässt gem. § 358a S. 1 das Gericht. Damit ist das Prozessgericht (§ 355 Abs. 1 S. 1) gemeint, bei einem **Kollegialgericht** also die gesamte Richterbank und nicht nur der Vorsitzende.[6]

47 Der **Einzelrichter** entscheidet auch dann allein, wenn er nicht originärer (§ 348), sondern kraft Kammerübertragung obligatorischer Einzelrichter (§ 348a) ist,[7] weil auch dieser Richter in die Stellung der Kammer einrückt. Das gleiche gilt in der **Berufungsinstanz** für den Einzelrichter gem. § 526. Im Falle des vorbereitenden Einzelrichters gem. § 527 bleibt hingegen der Senat zuständig.

48 Die Zuständigkeit des **Vorsitzenden** der **Kammer für Handelssachen** richtet sich nach § 349; grundsätzlich ist also auch hier die **gesamte Kammer** zuständig für den Beweisbeschluss, sofern nicht die unbeschränkte Entscheidungsbefugnis nach § 349 Abs. 3 gegeben ist.

4. Ermessen

49 Die Entscheidung über den vorterminlichen Erlass eines Beweisbeschlusses ist eine Ermessensentscheidung,[8] die sich an **prozessökonomischen Kriterien** orientiert. In die Abwägung einzubeziehen sind die Aussichten einer **gütlichen Einigung** und deren eventueller Störung durch Erlass eines vorterminlichen Beweisbeschlusses sowie die voraussichtliche Chance einer Erledigung des Rechtsstreits mit Beweisaufnahme in einer einzigen mündlichen Verhandlung.

---

1 MünchKommZPO/*Heinrich*[4] § 358a Rz. 4.
2 Vgl. Musielak/*Stadler*[10] § 358a Rz. 2.
3 Vgl. MünchKommZPO/*Heinrich*[4] § 358a Rz. 4.
4 MünchKommZPO/*Heinrich*[4] § 358a Rz. 4 und § 360 Rz. 11; Musielak/*Stadler*[10] § 360 Rz. 1. A.A. Stein/Jonas/*Berger*[22] § 358a Rz. 4.
5 So Stein/Jonas/*Berger*[22] § 358a Rz. 3.
6 BVerfGE 63, 148, 151; BGHZ 86, 104, 112 = NJW 1983, 1793, 1795; *Schneider* MDR 1980, 177 f.
7 A.A. Baumbach/Lauterbach/*Hartmann*[71] § 358a Rz. 1.
8 OLG Koblenz NJW 1979, 374; Musielak/*Stadler*[10] § 358a Rz. 2; Stein/Jonas/*Berger*[22] § 358a Rz. 12.

Notwendig ist der Beweisbeschluss, wenn die **Beweisaufnahme vorterminlich ausge-** 50
führt werden soll (Satz 2). Diese Ausführung steht ebenfalls im Ermessen des
Gerichts und ist eine eigenständige, von dem vorterminlichen Beweisbeschluss losge-
löste Entscheidung.[1] Eine vorterminliche Ausführung eines vorterminlichen Beweisbeschlusses ist ebenfalls nur von **Zweckmäßigkeitsgesichtspunkten** abhängig.
Die Zweckmäßigkeit ist in der Regel nur zu bejahen, wenn aufgrund der Einlassung
des Beklagten zur Sache bereits beurteilt werden kann, welche Tatsachen überhaupt
des Beweises bedürfen. Etwas anderes kann ausnahmsweise in Betracht kommen,
wenn ein **Beweismittelverlust droht** und die Voraussetzungen eines selbständigen Beweisverfahrens gegeben sind.

5. Bekanntgabe

Der **Beweisbeschluss** gem. § 358a ergeht außerhalb einer mündlichen Verhandlung 51
und kann daher **formlos mitgeteilt** werden (§ 329 Abs. 2 S. 1). Er ist **zuzustellen**,
wenn er eine **Termins- oder** eine **Fristbestimmung** enthält (§ 329 Abs. 2 S. 2). Zuzustellen ist er bei Erennung eines Sachverständigen, der gem. § 406 Abs. 2 S. 1 nur
binnen zwei Wochen abgelehnt werden kann; die Frist wird mit der Zustellung in
Gang gesetzt.

III. Vorterminliche Ausführung des Beweisbeschlusses

1. Allgemeines

Der gem. § 358a S. 1 erlassene Beweisbeschluss darf **nur** in den Fällen des § 358a S. 2 52
vorterminlich ausgeführt werden. In allen anderen Fällen hat dies hingegen im
Haupttermin selbst zu geschehen. Die vorterminliche Ausführung setzt zwingend einen vorterminlichen Beweisbeschluss voraus. Ihr Ziel ist es, bereits in der späteren
mündlichen Verhandlung auf das Ergebnis der Beweisaufnahme zurückgreifen zu
können.

Das **Ergebnis** wird grundsätzlich im Zuge der Einführung in den Sach- und Streitstand 53
(vgl. § 278 Abs. 2 S. 2) **durch** das **Gericht in** die mündliche **Verhandlung eingeführt**.[2]
Etwas anderes gilt nur im Falle der vorterminlichen Beweisaufnahme durch einen beauftragten oder ersuchten Richter (§ 358a S. 2 Nr. 1); in diesem Fall obliegt es gem.
§ 285 Abs. 2 den Parteien, das Beweisergebnis im Zuge der gem. § 285 Abs. 1 durchzuführenden Beweisverhandlung einzuführen.

Die vorterminliche Beweisaufnahme erfolgt im Übrigen nach denselben **Regeln wie** 54
eine Beweisaufnahme **im Haupttermin**. Es sind also die Grundsätze der Unmittelbarkeit (§ 355 Abs. 1) und der Parteiöffentlichkeit (§ 357) zu beachten. Die rechtzeitige
Mitteilung des Beweisaufnahmetermins an die Parteien ist dafür Voraussetzung.

2. Einzelerläuterungen zu den Nrn. 1–5 des § 358a

a) Beweisaufnahme vor dem beauftragten oder ersuchten Richter

Eine vorterminliche Beweisaufnahme durch den beauftragten (§ 361) oder ersuchten 55
Richter (§ 362) ist unter den für eine solche Übertragung auch sonst geltenden Voraussetzungen (vgl. Kap. 4 Rz. 40 ff.) zulässig und ist **für** die **einzelnen Beweismittel**
in den jeweiligen Abschnitten **gesondert geregelt**. Es gelten § 372 Abs. 2 für die Au-

---

1 Vgl. Musielak/*Stadler*[10] § 358a Rz. 6; Stein/Jonas/*Berger*[22] § 358a Rz. 20.
2 Rosenberg/Schwab/*Gottwald*[17] § 116 Rz. 39.

genscheinseinnahme, § 375 für den Zeugenbeweis und i.V.m. § 402 auch für den Sachverständigenbeweis, § 434 für den Urkundenbeweis und § 451 für die Parteivernehmung. Zu berücksichtigen ist, dass die Beweisaufnahme durch einen kommissarischen Richter nicht den sonstigen Beschränkungen des § 358a S. 2 Nr. 2–5 unterliegt. Es kann also auch eine mündliche Zeugenvernehmung, eine Parteivernehmung oder eine Urkundenvorlegung durchgeführt werden. Die **Parteiöffentlichkeit** (§ 357) ist zu wahren.

b) Einholung amtlicher Auskünfte

56 Amtliche Auskünfte werden definiert als die auf eine Aufforderung des Gerichts hin abgegebene, von der Person des handelnden Mitarbeiters unabhängige **Mitteilung einer Behörde über einen aktenkundigen Vorgang** oder über sonstige Aufzeichnungen.[1] Die Einholung amtlicher Auskünfte durch das Gericht gem. § 358a S. 2 Nr. 2 zu Beweiszwecken ist von dem **Ersuchen um** die **informatorische Erteilung** amtlicher Auskünfte durch den Vorsitzenden gem. § 273 Abs. 2 Nr. 2 zu unterscheiden (dazu oben Rz. 37). Soll die Entscheidung auf informatorisch erteilte Auskünfte gestützt werden, müssen die **Informationen als Beweismittel** in das Verfahren eingebracht werden.

57 Die Rechtsnatur amtlicher Auskünfte ist **umstritten**. Nach h.M. sind die Auskünfte selbst jedenfalls **Beweismittel**. Umstritten ist innerhalb der h.M., ob es sich um ein Beweismittel des **Strengbeweises** handelt, oder ob amtliche Auskünfte keinem gesetzlich geregelten Typus zuzuordnen sind. Zu den Einzelheiten siehe die Erläuterungen Kap. 21 § 74.

c) Schriftliche Zeugenaussage

58 Unter den weiteren Voraussetzungen des § 377 Abs. 3 kann auch die **schriftliche Beantwortung** einer Beweisfrage vorterminlich erfolgen (Kap. 38 Rz. 14). Der Zeuge muss von einer Partei benannt worden sein, da es sich um einen Fall des § 373 handelt und der Zeuge gem. § 377 Abs. 3 S. 3 möglicherweise auch noch mündlich vernommen werden kann. Die Zahlung eines **Auslagenvorschusses** (§ 379) ist **nicht** ausdrücklich vorgesehen. Sie ergibt sich nicht aus § 379 selbst, da der Zeuge nicht geladen worden ist; es fehlt an der Voraussetzung des § 377 Abs. 2 Nr. 3.

d) Begutachtung durch Sachverständige

59 Für die **vorgezogene Durchführung** des Sachverständigenbeweises gelten die **§§ 402 ff.** Unerheblich ist es, ob die Anforderung eines Sachverständigengutachtens von einer Partei beantragt oder durch das Gericht von Amts wegen (§ 144) angeordnet worden ist. Wenn anzunehmen ist, dass die Begutachtung längere Zeit in Anspruch nehmen wird, ist deren Durchführung bereits vor der mündlichen Verhandlung sinnvoll. Das Gutachten ist **schriftlich** (§ 411) **zu erstatten**. Das ergibt sich aus einem Vergleich mit Nr. 3, wonach ebenfalls nur eine schriftliche Zeugenaussage zugelassen ist. Eine **mündliche Anhörung** des Sachverständigen ist auf die Hauptverhandlung zu verschieben; sie kann vorterminlich nur angeordnet werden. Eine Ausnahme gilt, wenn das mündliche Gutachten in Kombination mit einem vorgezogenen Augenschein (Nr. 5) stattfinden soll, sich also auf die in Augenschein zu nehmende Sache bezieht.[2]

---

1 *Hohlfeld* Einholung amtlicher Auskünfte S. 53 f.; Rosenberg/Schwab/*Gottwald*[17] § 122 Rz. 1.
2 Stein/Jonas/*Berger*[22] § 358a Rz. 24.

e) Augenscheinseinnahme

Die allgemeinen Vorschriften für den Beweis durch Augenschein (§§ 371 ff.) gelten auch hier. Gem. § 144 kann die Augenscheinnahme **von Amts wegen** angeordnet werden. Sie kann mit einer Begutachtung durch Sachverständige verknüpft werden.[1] Die **Parteiöffentlichkeit** ist zu wahren; die Parteien sind rechtzeitig zu benachrichtigen (dazu Kap. 22 Rz. 65).

60

IV. Rechtsfolgen von Verstößen, Heilung

Verstöße sind **in mehrerlei Hinsicht denkbar**: Es kann eine nicht den Anforderungen des § 359 genügende Beweisanordnung ergangen sein, obwohl ein förmlicher Beweisbeschluss erforderlich war; die Ausführung des Beweisbeschlusses kann ohne das Vorliegen der Voraussetzungen des § 358a S. 2 stattgefunden haben; die Zuständigkeit kann missachtet worden sein, also eine Beweisanordnung durch den Vorsitzenden allein oder ein anderes Mitglied der Kammer statt durch das Prozessgericht erlassen worden sein. Wird der Anwendungsbereich des § 358a zeitlich beschränkt (oben Rz. 41), liegt in der Missachtung dieser Beschränkung ebenfalls ein Verstoß.

61

Alle Verstöße sind grundsätzlich **gem. § 295 heilbar**.[2] Nur für Zuständigkeitsverstöße ist dies umstritten: Während eine Meinung ebenso wie bei anderen Verstößen von einer Heilbarkeit ausgeht,[3] lehnt die Gegenansicht dies mit dem Argument ab, es handele sich um eine fehlerhafte Besetzung der Richterbank, die als solche nicht heilbar sei.[4]

62

Findet eine Heilung nicht statt, so sind der **Beschluss und** ggf. die bereits erfolgte **Ausführung** in korrekter Form **zu wiederholen**. Die Ausführung eines fehlerhaften Beschlusses hat zu unterbleiben. Ergebnisse einer bereits ausgeführten Beweisaufnahme, die auf einem fehlerhaften Beschluss beruht, dürfen nicht verwertet werden.

63

Wie bei § 358 können Verstöße **nicht selbständig angefochten** werden (Rz. 22 und 129 ff.). Möglich ist eine Überprüfung durch das Rechtsmittelgericht nur, wenn das Urteil auf diesem Fehler beruht (dazu Rz. 24 und 139).

64

§ 47 Inhalt des formellen Beweisbeschlusses, § 359 ZPO

Schrifttum:

Bender/Belz/Wax, Das Verfahren nach der Vereinfachungsnovelle und vor dem Familiengericht, München 1977; *Engel*, Beweisinterlokut und Beweisbeschluß im Zivilprozeß, 1992; *Korwat*, Der Beweisbeschluß in Bauprozessen aus der Sicht des Sachverständigen, DRiZ 1972, 203; *Krönig*, Die Kunst der Beweiserhebung, Hamburg 1959; *Musielak/Stadler*, Grundfragen des Beweisrechts: Beweisaufnahme, Beweiswürdigung, Beweislast, 1984; *Reinecke*, Die Information des Zeugen über das Beweisthema, MDR 1990, 1061; *Schünemann*, Beweisbeschluss contra Parteiherrschaft, in: Arbeitsgemeinschaft Rechtsanwälte im Medizinrecht (Hrsg.), 25 Jahre Arbeitsgemeinschaft – 25 Jahre Arzthaftung, 2011, S. 269; *Vogel*, Beweisbeschlüsse in Bausachen – eine unendliche Geschichte?!, Festschrift Thode (2005), S. 325.

---

1 Stein/Jonas/*Berger*[22] § 358a Rz. 25.
2 MünchKommZPO/*Heinrich*[4] § 358a Rz. 7; Zöller/*Greger*[30] § 358a Rz. 4.
3 MünchKommZPO/*Heinrich*[4] § 358a Rz. 7; Musielak/*Stadler*[10] § 358a Rz. 5.
4 Baumbach/Lauterbach/*Hartmann*[71] § 358a Rz. 11; Stein/Jonas/*Berger*[22] § 358a Rz. 28.

I. Informationsfunktion des Beweisbeschlusses

65 Die Vorschrift bestimmt den **notwendigen Inhalt** eines **förmlichen** Beweisbeschlusses i.S.d. §§ 358 und 358a. Diese Anforderungen gelten **nicht**, wenn das Gericht eine **formlose** Beweisanordnung erlässt (dazu Rz. 4 und 130). Die Novelle von 1933[1] hat § 359 an die zugleich erfolgte Ersetzung des Parteieides durch die Parteivernehmung angepasst; insbesondere wurde die Eidesformel der Nr. 4 gestrichen.

66 Der Beweisbeschluss hat eine **Klarstellungsfunktion** für das Gericht, für mögliche kommissarische Richter und für die Parteien (Rz. 10). Er bestimmt **Themen und Mittel einer Beweisaufnahme**, trägt so zur Organisation und Vorbereitung der Beweisaufnahme bei und gibt den Parteien Hinweise darauf, wie das Gericht den bisherigen Sachvortrag würdigt. Aus der Anordnung ergibt sich zugleich, wer nach Auffassung des Gerichts die **Beweislast** trägt und wer einen **Kostenvorschuss** zu leisten hat. Bindende Wirkung kommt dem Beschluss nicht zu (Rz. 12).

II. Reihenfolge der Beweiserhebung

67 Grundsätzlich können **beliebig viele Beweisbeschlüsse** ergehen. Aus **verfahrensökonomischen Gründen** sollte bereits der erste Beweisbeschluss das gesamte streitige Tatsachenmaterial und sämtliche Beweismittel abdecken. Gegebenenfalls kann der Beschluss nachträglich geändert werden (§ 360). Überflüssige Beweise lassen sich dadurch vermeiden, dass die Beweiserhebung unter eine auflösende oder aufschiebende Bedingung gestellt wird.[2]

68 Angebotene Beweise sind in einer **zeitlichen Reihenfolge** zu erheben, die **prozessual zweckmäßig** ist. Es braucht also nicht eine Reihenfolge eingehalten zu werden, die sich aus den materiell-rechtlichen Ansprüchen und Gegenansprüchen sowie der Gliederung der Tatbestandsmerkmale in rechtsbegründenden und rechtshindernden Tatsachenstoff (Kap. 9 Rz. 36 und 45 ff.) ergibt. Gebunden ist die Reihenfolge der Beweisaufnahme aber bei einer **Stufenklage**, einem **Hilfsantrag** oder einer **Eventualaufrechnung**. Geprüft werden muss ferner, ob das betreffende **Beweismittel zulässig** ist.

III. Bezeichnung des Beweisthemas

1. Klärung der Beweiserheblichkeit

69 Bei der Festlegung des Beweisthemas hat das Gericht seine bisherigen Erkenntnisse zur Lage des Verfahrens zu berücksichtigen. Dem Erlass des Beweisbeschlusses muss eine Prüfung vorausgehen, **welche Tatsachen entscheidungserheblich** und **beweisbedürftig** sind. Das schließt die Überprüfung der Schlüssigkeit der Klage ein.[3]

70 Das Gericht hat die **Beweislastregeln** zu beachten. Es darf insbesondere **keinen Zeugenbeweis** erheben, der von der beweisbelasteten Partei **nicht angetreten** worden ist. In Verfahren mit Verhandlungsmaxime führt grundsätzlich nur die beweisbelastete Partei den Beweis. Ein vom nicht beweisbelasteten Gegner angebotener **Gegenbeweis** (dazu Kap. 1 Rz. 93 und Kap. 3 Rz. 3) ist nicht zu erheben, wenn entweder die beweis-

---

[1] RGBl. 1933 I S. 780, 786.
[2] OLG Hamburg MDR 1965, 57; OLG Celle MDR 1965, 838; Stein/Jonas/*Berger*[22] § 359 Rz. 3.
[3] Zur fehlerhaften Überwindung der Unschlüssigkeit durch Erhebung von Sachverständigenbeweis *Vogel* Festschrift Thode, S. 325, 329 f.

belastete Partei keinen Beweis angeboten hat,[1] oder wenn er überflüssig und somit prozessverzögernd ist.

2. Notwendige Detailliertheit

Wie genau die **streitigen Tatsachen** dargestellt werden müssen, richtet sich nach dem Zweck des Beweisbeschlusses, nämlich **nach Art der Beweisaufnahme** und **Art des Beweismittels**. Der Beweisbeschluss soll sowohl das Gericht als auch die Parteien und ihre Prozessvertreter **informieren**, wenn sie nicht mehr unter dem unmittelbaren Eindruck der vorangegangenen Einführung in den Sach- und Streitstand stehen. Das Informationsbedürfnis ist **abhängig von** dem **zeitlichen, sachlichen und persönlichen Abstand** zu der vorangegangenen streitigen Verhandlung. 71

Führt das **Prozessgericht selbst** die **Beweisaufnahme** durch, sind **weniger präzise** Ausführungen notwendig, als wenn die Beweisaufnahme vor dem beauftragten oder ersuchten Richter stattfinden soll. Bei der Einholung von **Sachverständigengutachten** wird deren Inhalt bereits durch die Formulierung des Beweisthemas gelenkt. **Einfache Rechtsverhältnisse**, die auch im Leben wie Tatsachen verwendet werden (Kauf, Miete), können in dieser Pauschalität genannt werden, wenn nicht gerade ihre rechtliche Qualifizierung im Streit steht[2] (s. auch Kap. 2 Rz. 6 und Kap. 32 Rz. 7). Die Empfehlung, die Darstellung des Klägers und des Beklagten zu einer einheitlichen Beweisfrage zusammenzuziehen, um eine Suggestivwirkung zu vermeiden,[3] hat nur Bedeutung, wenn man entgegen der hier vertretenen Auffassung (Kap. 33 Rz. 54) nicht zwischen Beweisthemenangabe und Benennung des Vernehmensgegenstandes in der Zeugenladung trennt. 72

Dem **ersuchten Richter**, der die bisherige Verhandlung nicht kennt, sind alle notwendigen **Informationen** im Beweisbeschluss mitzuteilen (s. auch Kap. 4 Rz. 89). Er muss wissen, welche Tatsachen streitig sind und welches Beweismittel zu ihrer Klärung beitragen soll.[4] Der ersuchte Richter hat sich **anhand der Akten in den Sach- und Streitstand einzuarbeiten**.[5] Allerdings muss die Formulierung des Beweisthemas so bestimmt sein, dass ihm kein eigener Beurteilungsspielraum hinsichtlich der Klärungsbedürftigkeit einzelner Tatsachen verbleibt. **Grenzwertig** ist ein **Rechtshilfeersuchen**, einen Zeugen „über den Hergang" eines nach Ort und Zeit bestimmten Verkehrsunfalles zu vernehmen (zur Rechtsprechung Kap. 4 Rz. 92). In Einzelfällen kann es sinnvoll sein, **mögliche Zusatzfragen** einzuarbeiten, deren Beantwortung das Prozessgericht für notwendig hält und die sich dem ersuchten Richter bei einem Aktenstudium nicht ohne Weiteres aufdrängen.[6] Keinesfalls darf sich der Beschluss auf die Benennung der zu klärenden Rechtsfrage beschränken. 73

Wenn ein **beauftragter Richter** tätig wird, braucht die Formulierung nicht präziser zu sein als im Falle einer Beweiserhebung durch das Prozessgericht selbst, da dieser 74

---

1 OLG Celle VersR 1974, 663, 664; *Blomeyer* ZPR[2] § 69 IV 1 und 2b; Stein/Jonas/*Leipold*[22] § 286 Rz. 51; *Born* JZ 1981, 775, 776; Zöller/*Greger*[30] § 359 Rz. 1; einschränkend *Walther* NJW 1972, 237, 238.
2 *Lindemann* DRiZ 1952, 201. Auf fehlerhafte Beweiserhebung über Rechtsfragen in Bausachen hinweisend *Vogel* Festschrift Thode, S. 325, 330 f.
3 *Lindemann* DRiZ 1952, 201.
4 BAG NJW 1991, 1252; OLG Koblenz NJW 1975, 1036; OLG Oldenburg NJW-RR 1992, 64 („Hergang des Unfalls", nach Datum bezeichnet); OLG Frankfurt NJW-RR 1995, 637.
5 BGH FamRZ 1960, 399 (Nr. 181); OLG Köln OLGZ 1966, 40, 42; OLG Düsseldorf OLGZ 1973, 492, 493; OLG Koblenz NJW 1975, 1036; OLG Frankfurt JurBüro 1982, 1576, 1577; OLG Oldenburg NJW-RR 1992, 64; OLG Frankfurt NJW-RR 1995, 637; MünchKommZPO/*Heinrich*[4] § 359 Rz. 4.
6 MünchKommZPO/*Heinrich*[4] § 359 Rz. 4.

Richter **in der Regel** der **Berichterstatter** ist, jedenfalls aber als Mitglied des Spruchkörpers an der bisherigen Verhandlung mitgewirkt und daher den gleichen Kenntnisstand hat wie dessen andere Mitglieder.

75 Wenn für alle Prozessbeteiligten hinreichende Klarheit durch **Bezugnahme auf** bestimmte Stellen in **Schriftsätzen** oder Protokollen gewährleistet ist, so kann dies zur Präzisierung ausreichen.[1] **Fehlt** es an der notwendigen **Präzisierung**, kann der **ersuchte Richter** die Beweisaufnahme **verweigern** (§ 158 Abs. 2 GVG), weil ihm selbst nicht die Kompetenz zukommt, die Lücken eigenverantwortlich zu schließen.[2]

3. Besonderheiten einzelner Beweismittel

76 Im Hinblick auf die einzelnen Beweismittel sind ebenfalls einige Besonderheiten zu beachten. Die Formulierung des Beweisthemas für eine **Zeugenvernehmung** darf **keine Suggestivwirkungen** erzeugen. Der Zeuge darf nicht erkennen können, welche Aussage für welche Partei vorteilhaft ist.[3] Die Gefahr wird **vermieden**, wenn man von einer **wörtlichen Wiedergabe** des Beweisbeschlusses in der Zeugenladung **absieht**.[4] § 377 Abs. 2 Nr. 2, der von „Gegenstand der Vernehmung" spricht, zeigt mit diesem Wortlaut, dass eine vom Beweisbeschluss abweichende Formulierung zulässig ist[5] (oben Rz. 72 und Kap. 33 Rz. 54).

77 Bei der Anordnung eines **Sachverständigengutachtens** muss der Sachverständige über die **Anschlusstatsachen**, also die tatsächlichen Grundlagen, die er zu begutachten hat, in Kenntnis gesetzt werden (vgl. § 404a Abs. 3). Gegebenenfalls sind im Beweisbeschluss **Sachverhaltsalternativen** zwecks selbständiger Würdigung darzulegen, wenn der zu begutachtende Sachverhalt noch nicht eindeutig feststeht (Kap. 4 Rz. 37).

78 Die Formulierung der **Beweisthemen** kann Schwierigkeiten bereiten, wenn sie ihrerseits bereits **Sachkunde voraussetzen**. Für die Einholung **demoskopischer Gutachten** wird ein besonderer Einweisungstermin i.S.v. § 404a Abs. 2 empfohlen, in dem ein vom Gutachter formulierter Befragungsvorschlag mit den Parteien erörtert wird, damit das Gutachten später verwertbar ist.[6]

79 **Arzthaftungssachen** überfordern nicht nur die klagenden Patienten, den Vorwurf einer Fehlbehandlung zu substantiieren. Die deshalb **herabgesetzte Substantiierungslast** wirkt sich auch auf den richterlichen Beweisbeschluss aus. Ein zunächst **global formuliertes** Beweisthema sollte in einem **Erörterungstermin** nach § 404a Abs. 5 S. 2 aufgrund von Hinweisen des Sachverständigen konkretisiert werden. Die frühzeitige Einflussnahme der Parteien kann spätere Ergänzungsgutachten oder die Einholung eines weiteren Gutachtens nach § 412 ersparen.[7]

---

1 OLG Hamburg OLGRspr. (Mugdan-Falkmann) 35, 85; KG OLGRspr. 40, 375; MünchKommZPO/*Heinrich*[4] § 359 Rz. 4; Stein/Jonas/*Berger*[22] § 359 Rz. 7; einschränkend Baumbach/Lauterbach/*Hartmann*[71] § 359 Rz. 8; Musielak/*Stadler*[10] § 359 Rz. 3.
2 Stein/Jonas/*Berger*[22] § 359 Rz. 7.
3 *Bruns* ZPR[2] § 33 Rz. 175b (S. 265); Musielak/*Stadler*[10] § 359 Rz. 3; *Krönig* Kunst der Beweiserhebung[3] S. 16 und 21; *Bender/Belz/Wax* Verfahren nach der Vereinfachungsnovelle Rz. 25.
4 Stein/Jonas/*Berger*[22] § 359 Rz. 7; *Bruns* ZPR[2] § 33 Rz. 175b; *Reinecke* MDR 1990, 1061, 1062 f.; *Engel* Beweisinterlokut S. 156.
5 Musielak/*Stadler*[10] § 359 Rz. 3; *Reinecke* MDR 1990, 1061, 1062.
6 Ahrens/*Spätgens* Der Wettbewerbsprozess[7] Kap. 28 Rz. 23 u. 25.
7 Eingehend dazu *Schünemann* in: AG Rechtsanwälte im Medizinrecht (Hrsg.), 25 Jahre Arbeitsgemeinschaft, S. 269, 272 ff.

IV. Bezeichnung des Beweismittels

Zeugen, Sachverständige oder Parteien, die im Wege der Parteivernehmung aussagen sollen, müssen **eindeutig identifiziert** werden können, d.h. es müssen die wesentlichen Daten wie **Name** und **ladungsfähige Anschrift** mitgeteilt werden (Kap. 14 Rz. 32 und Kap. 32 Rz. 14). Sind diese Daten unbekannt, so kann dem Beweisführer gem. § 356 eine **Beibringungsfrist** gesetzt werden. 80

Der **Sachverständige** kann durch **gesonderten Beschluss** bestimmt werden, wenn seine Person im Zeitpunkt des Erlasses des Beweisbeschlusses noch nicht feststeht, etwa weil erst eine Berufskammer oder sonstige berufliche Vereinigung um einen Benennungsvorschlag ersucht werden muss. Überdies kann die **Bestimmung dem beauftragten oder ersuchten Richter überlassen** werden (§§ 372 Abs. 2, 405). Nicht entscheiden darf der kommissarische Richter aber über die Frage, ob die betreffende Person als Zeuge oder als Sachverständiger zu vernehmen ist. Dies hat das Prozessgericht bindend in dem Beweisbeschluss anzuordnen.[1] 81

Anzuordnen ist ferner, **welche Streitgenossen** im Falle des § 449 **als Partei zu vernehmen** sind und ob im Falle der Geschäftsunfähigkeit einer Partei diese selbst oder ihr gesetzlicher Vertreter zu vernehmen ist (§ 455). 82

V. Bezeichnung der beweisführenden Partei

Die beweisführende Partei ist gem. Nr. 3 im Beweisbeschluss zu benennen.[2] Das ist ohne Rücksicht auf die Beweislast[3] diejenige **Partei, die** das **Beweismittel** – eventuell gegenbeweislich – **benannt** hat.[4] Zu vermerken ist bei **Gegenbeweisantritten**, welche Partei Hauptbeweisführer und welche Gegenbeweisführer ist; das ermöglicht zugleich die Kontrolle der Beweislastverteilung. Erfolgt eine Beweisaufnahme von Amts wegen, so ist dies mitzuteilen.[5] 83

Die **beweisführende Partei** ist verpflichtet, im Falle der Ladung eines Zeugen oder eines Sachverständigen bzw. der Einholung eines Gutachtens einen **Auslagenvorschuss** gem. §§ 379, 402, 411 zu leisten[6] (dazu auch Kap. 33 Rz. 12). Haben **beide Parteien** dasselbe Beweismittel angeboten, ist der Träger der Beweislast alleiniger Auslagenschuldner.[7] Nur der Beweisführer hat gem. § 399 das **Recht**, auf die Vernehmung eines benannten Zeugen **zu verzichten** (Kap. 39 Rz. 130). 84

VI. Weitere inhaltliche Anforderungen

Zu den in § 359 aufgeführten Angaben können weitere Einzelheiten der Durchführung der Beweisaufnahme hinzutreten, etwa die **Bestimmung des Gerichts** (Prozessgericht, beauftragter Richter [§ 361 Abs. 1], ersuchter Richter), die Festlegung des 85

---

1 OLG Köln OLGZ 1966, 188, 189; MünchKommZPO/*Heinrich*[4] § 359 Rz. 5 Stein/Jonas/*Berger*[22] § 359 Rz. 8.
2 BAG NJW 1991, 1252.
3 OLG Stuttgart MDR 1987, 1035.
4 Stein/Jonas/*Berger*[22] § 359 Rz. 9.
5 Musielak/*Stadler*[10] § 359 Rz. 5; Stein/Jonas/*Berger*[22] § 359 Rz. 9.
6 MünchKommZPO/*Heinrich*[4] § 359 Rz. 6; Zöller/*Greger*[30] § 359 Rz. 6.
7 BGH NJW 1999, 2823, 2824; (zur Einholung eines Sachverständigengutachtens im Arzthaftungsprozess); Zöller/*Greger*[30] § 359 Rz. 5 und § 379 Rz. 4; a.A. *Bachmann* DRiZ 1984, 401.

Beweisaufnahmetermins[1] (vgl. § 361 Abs. 1) oder – bei Übertragung der Beweisaufnahme auf den kommissarischen Richter – gem. § 370 Abs. 2 S. 1 des Termins zur Fortsetzung der mündlichen Verhandlung vor dem Prozessgericht. Schließlich kann die Anordnung eines **Auslagenvorschusses** (§ 379), ersatzweise der Beibringung von **Zeugengebührenverzichtserklärungen**, notwendig sein. Im Falle einer **Videokonferenz** müssen die technischen Einzelheiten bestimmt werden. Eine **Begründung** des Beweisbeschlusses ist **entbehrlich** und erfolgt nicht.

VII. Anforderungen an die formlose Beweisanordnung

86 In der Praxis hat die **formlose** Beweisanordnung sehr viel **größere Bedeutung** als der förmliche Beweisbeschluss. Die ZPO formuliert dafür keine Inhaltsanforderungen. Die Beweisanordnung richtet sich nach Zweckmäßigkeitserwägungen. Um ihrer Funktion gerecht zu werden, muss auch die formlose Beweisanordnung das **Beweisthema ungefähr benennen**. Anderenfalls kann nicht abgegrenzt werden, welche Fragen der Parteien noch zum Beweisthema gehören.

VIII. Verstoß gegen die Inhaltsanforderungen

87 Rechtsverstöße gegen § 359 unterliegen **nicht** der **sofortigen Beschwerde** (dazu Rz. 130). Da jedoch das Gericht seinen Beweisbeschluss ändern kann (§ 360), ist die Erhebung von **Gegenvorstellungen** zweckmäßig und zur Vorbereitung einer etwaigen Berufungsrüge wegen § 295 erforderlich.

§ 48 Änderung formeller Beweisbeschlüsse, § 360 ZPO

Schrifttum:

Mertens, Förmlicher Beweisbeschluß – Abänderbarkeit ohne erneute mündliche Verhandlung, MDR 2001, 666; *Schünemann*, Beweisbeschluss contra Parteiherrschaft, in: Arbeitsgemeinschaft Rechtsanwälte im Medizinrecht (Hrsg.), 25 Jahre Arbeitsgemeinschaft – 25 Jahre Arzthaftung, 2011, S. 269.

I. Regelungsgehalt und Normzweck

88 Ursprünglich enthielt § 360 nur den heutigen Satz 1. Die Sätze 2–4 sind durch die ZPO-Novelle von 1924[2] eingefügt worden. Sie erweiterten die schon vorher bestehende Möglichkeit des Gerichts, in Ausübung seiner **Prozessleitungsbefugnis** einen erlassenen Beweisbeschluss hinsichtlich der Beweisthemen und einzelner Beweismittel nachträglich zu ändern, **ohne** erneut zuvor **mündlich zu verhandeln**.

89 Satz 1 ist **Ausdruck der Prozessleitungsbefugnis** des Gerichts in Bezug auf die Beweiserhebung und unterstreicht die fehlende selbständige Anfechtbarkeit eines Beweisbeschlusses[3] (dazu Rz. 130). Die **Sätze 2–4** knüpfen die Änderung eines zuvor ergangenen förmlichen Beweisbeschlusses an bestimmte Voraussetzungen. Sie **schränken die Prozessleitungsbefugnis** des Gerichts **nicht ein**. Die zentrale Regelung des Satzes 2

---
1 A.A. Baumbach/Lauterbach/*Hartmann*[71] § 359 Rz. 11: Terminsbestimmung ist kein Teil des Beweisbeschlusses.
2 RGBl. 1924 I S. 135.
3 *Hahn/Stegemann* Mat. II/1 S. 306 (Schutz vor Störung und Verzögerung des Verfahrens); RGZ 3, 365, 369; MünchKommZPO/*Heinrich*[4] § 360 Rz. 1, Stein/Jonas/*Berger*[22] § 360 Rz. 4.

bezweckt lediglich, einerseits die **Beachtung des Mündlichkeitsprinzips** sicherzustellen, andererseits aber auch vereinfachende Wege zur Änderung des Beschlusses ohne den zeitlichen Aufwand einer erneuten Verhandlung zu eröffnen. Satz 3 erstreckt die dem Prozessgericht eingeräumte erleichternde Befugnis auf den kommissarischen Richter und Satz 4 befasst sich mit der Gewährung des rechtlichen Gehörs außerhalb der mündlichen Verhandlung.

§ 360 S. 2 gilt **nur**, wenn ein Beweisbeschluss **außerhalb einer** erneuten **mündlichen Verhandlung** geändert werden soll. **Während einer mündlichen Verhandlung** ergibt sich die Befugnis zur **beliebigen Änderung** oder Nichtausführung – wie bereits vor Einfügung der Sätze 2–4[1] – aus dem Charakter des Beweisbeschlusses als prozessleitender Maßnahme. Die **Sätze 2 und 3 erweitern** demnach lediglich den **Entscheidungsspielraum** des Gerichts im Umgang mit dem Mündlichkeitsprinzip, weil Änderungen – abhängig von den Kriterien des Satzes 2 – auch ohne erneute mündliche Verhandlung erfolgen dürfen.

II. Rechtspolitisch verfehltes Zustimmungserfordernis

Ungereimt erscheint das in Satz 2 angeordnete **Erfordernis der Parteizustimmung**. Es kann wegen der freien Überzeugungsbildung des Gerichts **keine Bindung des Gerichts** an einen einmal erlassenen Beweisbeschluss bewirken, sondern dessen **Änderung** oder förmliche Aufhebung **nur** bis zur nachfolgenden mündlichen Verhandlung **hinauszögern**. Bis dahin ist es dem Gericht unbenommen, den Beweisbeschluss nicht auszuführen, also bspw. einen Beweistermin aufzuheben oder Zeugen abladen. Die Parteien haben **weder** einen **Anspruch auf Änderung** (so ausdrücklich Satz 1), **noch** auf **Beibehaltung** bzw. **Durchführung** einer einmal erlassenen Beweisanordnung.

Sieht man den Zweck des formellen Beweisbeschlusses darin, dass er **den Parteien Einblick** in die **Sichtweise** des **Gerichts** gewähren und ihnen die Vorbereitung des Beweistermins ermöglichen soll (Rz. 11), dann erscheint es ausreichend, ihnen eine Möglichkeit zur Stellungnahme zu geben. Dem Grundsatz des rechtlichen Gehörs verschafft Satz 4 Geltung. Eine darüber hinausgehende **Differenzierung** zwischen einer Änderung während einer mündlichen Verhandlung und außerhalb derselben ist **rechtspolitisch nicht zu rechtfertigen**. Die Kommission für das Zivilprozessrecht hat sich 1977 folgerichtig dafür ausgesprochen, die inhaltliche Änderung eines Beweisbeschlusses ohne Parteizustimmung außerhalb der mündlichen Verhandlung zuzulassen.[2]

III. Verhältnis zu § 358a

Aus der Befugnis nach § 358a, einen Beweisbeschluss ohne mündliche Verhandlung zu erlassen, folgt auch die **Befugnis**, diesen Beschluss **jederzeit zu ändern oder aufzuheben, ohne** dass es auf das Vorliegen der Voraussetzungen des **§ 360 S. 2** ankommt.[3] Zutreffend wird aber angenommen, dass zuvor jedenfalls eine Anhörung der Parteien durchzuführen ist.[4] Die Bedeutung dieser Frage zeigt sich insbesondere, wenn man § 358a auch nach Durchführung der ersten mündlichen Verhandlung anwenden will (s. dazu Rz. 41). Findet in dieser Prozesslage ein Neuerlass nach § 358a

---
1 MünchKommZPO/*Heinrich*[4] § 360 Rz. 1.
2 Kommissionsbericht S. 128, Vorschlag zu einem neuen § 357 S. 334 f.
3 AK-ZPO/*Rüßmann* § 360 Rz. 4; MünchKommZPO/*Heinrich*[4] § 360 Rz. 11; Stein/Jonas/*Berger*[22] § 360 Rz. 3.
4 Musielak/*Stadler*[10] § 360 Rz. 1; Stein/Jonas/*Berger*[22] § 360 Rz. 3.

statt, ergibt sich ein Wertungswiderspruch zu § 360 S. 2, wenn die Änderung einschränkungslos gestattet wird.

94 Aus der fehlenden Anpassung des Wortlauts des § 360 S. 2 bei Einfügung des § 358a ist der Schluss zu ziehen, dass der **Gesetzgeber** eine **Erstreckung auf** den Fall eines **vorterminlichen Beweisbeschlusses nicht gewollt** hat.[1] Dies erscheint im Hinblick auf die Wahrung des Mündlichkeitsgrundsatzes als Zweck des Satzes 2 **folgerichtig**: Da bereits der Erlass eines Beweisbeschlusses gem. § 358a vom Grundsatz der Mündlichkeit abweicht, ist nicht ersichtlich, warum für seine Aufhebung etwas anderes gelten sollte, zumal eine mündliche Verhandlung in jedem Falle folgen muss.[2] Die **erhöhte Flexibilität**, die das Gericht mit einem vorgezogenen Beweisbeschluss gewinnt, würde zunichte gemacht, wenn eine Aufhebung eines solchen Beschlusses nach Änderung der Rechtsauffassung des Gerichts an eine vorherige mündliche Verhandlung geknüpft wäre.[3]

95 **Abzulehnen** ist die vereinzelt vertretene Ansicht, **§ 360 S. 2** sei seit der Einführung des § 358a **funktionslos**,[4] **auch wenn** die Norm **rechtspolitisch verfehlt** ist. Der Wortlaut lässt klar erkennen, dass § 360 S. 2 für einen im Rahmen einer mündlichen Verhandlung erlassenen Beweisbeschluss Geltung beansprucht.[5] Weiter als der Anwendungsbereich des § 358a reicht auch die in dieser Norm zum Ausdruck kommende Ausnahme vom Grundsatz der Mündlichkeit nicht.

IV. Änderungssituationen

1. § 360 S. 2 als isolierte Teilregelung

96 Die dem Gericht in § 360 S. 2 **eingeräumte Änderungsbefugnis** stellt **nur** einen **Ausschnitt** aus den verschiedenen Änderungs- und Aufhebungsbefugnissen des Gerichts dar. Sie gilt **für** solche **Beweisanordnungen**, die aufgrund einer mündlichen Verhandlung ergangen sind und die **außerhalb** einer **mündlichen Verhandlung geändert** werden sollen. § 360 S. 2 enthält **drei verschiedene Fallgruppen**, bei deren Vorliegen eine Änderung auch außerhalb einer mündlichen Verhandlung möglich ist, nämlich die Zustimmung der Parteien, die Berichtigung oder Ergänzung von Beweistatsachen und die Auswechslung von Zeugen oder Sachverständigen.

97 **Während einer mündlichen Verhandlung** sind **Aufhebungen und Änderungen** von Beweisbeschlüssen **ohne jede Einschränkung** zulässig.[6] Auf sie kommt es u.a. an, wenn zur Präzisierung eines Gutachtenauftrags ein Erörterungstermin nach § 404a Abs. 5 S. 2 stattfindet. Das gilt auch für eine teilweise Nichtdurchführung der angeordneten Beweisaufnahme. Deren **Abbruch** kann insbesondere dann sinnvoll sein, wenn sich nach Durchführung eines Teils der angeordneten Beweisaufnahme die Überflüssigkeit des noch fehlenden Teils herausstellt. In keinem Fall darf dies allerdings auf eine vorweggenommene Beweiswürdigung hinauslaufen.[7] Auch darf bei einer **Ausdehnung** des Beweisthemas der **Beibringungsgrundsatz** nicht verletzt werden.[8]

---

1 *Mertens* MDR 2001, 666, 667.
2 AK-ZPO/*Rüßmann* § 360 Rz. 4.
3 Vgl. Stein/Jonas/*Berger*[22] § 360 Rz. 3.
4 So Thomas/Putzo/*Reichold*[33] § 360 Rz. 7. A.A. MünchKommZPO/*Heinrich*[4] § 360 Rz. 11; Stein/Jonas/*Berger*[22] § 360 Rz. 2.
5 Gegen einen Erst-recht-Schluss *Zuleger* Beweisbeschluß S. 31 f.
6 RGZ 150, 330, 336.
7 MünchKommZPO/*Heinrich*[4] § 360 Rz. 2; Musielak/*Stadler*[10] § 360 Rz. 2.
8 Zöller/*Greger*[30] § 360 Rz. 5.

Änderung formeller Beweisbeschlüsse   Rz. 103 **Kapitel 13**

Fragen der Änderung eines Beweisbeschlusses sind **nicht zu verwechseln** mit der Frage, **welche Beweisangebote** der Parteien das Gericht **zu berücksichtigen** hat. Der Beweisbeschluss dient lediglich der Verfahrensorganisation und hat keinen darüber hinausgehenden Gehalt. 98

2. Nichtdurchführung

Aus dem Charakter des Beweisbeschlusses als **prozessleitender Anordnung** folgt, dass das Prozessgericht **von** der **Ausführung** des Beschlusses auch **ohne vorherige mündliche Verhandlung absehen** kann.[1] Ein einmal erlassener Beweisbeschluss bindet das Gericht in keinerlei Hinsicht und kann es somit auch nicht hindern, sich aufgrund neuer tatsächlicher oder rechtlicher Erkenntnisse gegen eine Durchführung der Beweiserhebung zu entscheiden.[2] In Betracht kommt insbesondere eine geläuterte rechtliche Beurteilung der Beweiserheblichkeit nach einem Richterwechsel. Die **Durchführung** des Beweisbeschlusses wäre dann eine **überflüssige Beweisaufnahme**. 99

Der Anspruch auf rechtliches Gehör gebietet eine **Anhörung der Parteien**, die es ihnen ermöglicht, Bedenken gegen das Absehen von der Beweiserhebung vorzubringen und ggf. durch weitere Substantiierung des eigenen Vorbringens oder durch Beantragung weiterer Beweise auf die veränderte Situation zu reagieren.[3] Die Gewährung rechtlichen Gehörs muss **nicht** in einer **mündlichen Verhandlung** erfolgen.[4] 100

Die **bloße Nichtausführung** ist **von** einer **formellen Aufhebung** des Beweisbeschlusses **zu unterschieden**.[5] Das Prozessgericht kann z.B. Beweistermine aufheben oder von der Ladung von Zeugen und Sachverständigen absehen.[6] Die Nichtausführung braucht nicht zwingend dazu zu führen, dass die Beweisaufnahme nicht mehr stattfindet, sondern sie kann auch in einem bloßen Aussetzen und einer späteren Fortsetzung der Beweiserhebung bestehen. 101

3. Aufhebung

§ 360 S. 2 gilt seinem Wortlaut gemäß nur für die **Änderung** eines Beweisbeschlusses. Umstritten ist, ob die **förmliche Aufhebung** eines Beweisbeschlusses außerhalb einer mündlichen Verhandlung ebenfalls **von** den Voraussetzungen des **§ 360 S. 2 abhängt**.[7] 102

Die **Nichtanwendung des § 360 S. 2** wird mit der Begründung angenommen, der entscheidende **Unterschied** zwischen einer **Aufhebung** und einer **Änderung** bestehe darin, dass bei einer Änderung zur Aufhebung der Erlass eines neuen Beweisbeschlusses hinzutrete und ein Neuerlass grundsätzlich nur aufgrund einer mündlichen Verhandlung zulässig sei. Von der mündlichen Verhandlung werde nur gem. den Anforderungen des Satzes 2 dispensiert. Die **Zulässigkeit einer Aufhebung** ohne die Erfordernisses des Satzes 2 entspreche der Rechtslage vor der ZPO-Novelle von 1924, mit der die Sätze 2–4 eingefügt worden sind; auch damals sei zwischen Änderung und Aufhebung 103

---

1 RG JW 1910, 191 Nr. 16; RG JW 1916, 133, 134; Musielak/*Stadler*[10] § 360 Rz. 2; Stein/Jonas/*Berger*[22] § 360 Rz. 14.
2 RGZ 150, 330, 336; RGZ 97, 126, 127; MünchKommZPO/*Heinrich*[4] § 360 Rz. 2; Zöller/*Greger*[30] § 360 Rz. 1.
3 BVerwGE 17, 172, 173 = NJW 1964, 787; BVerwG NJW 1965, 413; OLG Köln NJW-RR 1992, 719, 720; Stein/Jonas/*Berger*[22] § 360 Rz. 14; Zöller/*Greger*[30] § 360 Rz. 1.
4 A.A. MünchKommZPO/*Heinrich*[4] § 360 Rz. 2. Wie hier wohl Zöller/*Greger*[30] § 360 Rz. 1.
5 Stein/Jonas/*Berger*[22] § 360 Rz. 14.
6 RGZ 150, 330, 336.
7 So AK-ZPO/*Rüßmann* § 360 Rz. 1; Stein/Jonas/*Berger*[22] § 360 Rz. 11 (Analogie). A.A. RG HRR 1930 Nr. 1765; BayObLGZ 1949–51, 35, 36; MünchKommZPO/*Heinrich*[4] § 360 Rz. 3; Musielak/*Stadler*[10] § 360 Rz. 2; *Teplitzky* JuS 1968, 71, 76.

unterschieden und die Aufhebung außerhalb von mündlichen Verhandlungen als zugelassen angesehen worden.¹ Die **Gegenansicht** geht davon aus, dass eine **Aufhebung** ebenso wie eine Änderung dem **Prozess** eine **neue Wendung** geben könne, so dass eine Aufhebung – egal ob vollständig oder teilweise – nur unter den Voraussetzungen des § 360 S. 2 zulässig sein könne.² Zwischen Aufhebung und Änderung bestehe kein wesentlicher Unterschied.

104 Den Belangen der Parteien trägt **ausreichend** Rechnung, dass der förmlichen Aufhebung eine **Anhörung der Parteien voranzugehen** hat.³

V. Zustimmung der Parteien

105 Die **Änderung** eines Beweisbeschlusses außerhalb einer mündlichen Verhandlung ist bei Zustimmung der Parteien zulässig. Die **Initiative** zu einer solchen Änderung kann **von einer Partei** ausgehen, die eine Änderung beantragt und damit zugleich ihr Einverständnis zum Ausdruck bringt. In diesem Fall muss die **gegnerische Partei zustimmen**.

106 Das Gericht kann aber auch **von Amts wegen** eine Änderung in Erwägung ziehen. In diesem Fall müssen **beide Parteien zustimmen**. Die Zustimmung der Parteien ist unabhängig davon erforderlich, ob es sich um eine Änderung auf Parteiantrag hin oder um eine solche von Amts wegen handelt.⁴ Aus der Gesetzesformulierung „Gegner" darf nicht der Schluss gezogen werden, dass ein Gegner nur bei Antragstellung durch eine Partei vorhanden sei und somit auf Initiative des Gerichts eine Änderung nur in den Fällen der Ergänzung der Beweistatsachen oder der Vernehmung anderer Zeugen bzw. Sachverständiger in Betracht komme.

107 Die Zustimmung ist eine **Prozesshandlung**. Sie ist nur wirksam, wenn Partei-, Prozess- und auch Postulationsfähigkeit gegeben sind. Abzugeben ist die Zustimmung gegenüber dem Prozessgericht oder dem kommissarischen Richter.⁵ Sie bedarf mangels einer einschlägigen Formvorschrift **nicht** der **Schriftform**.⁶ Dass die Zustimmung nicht widerruflich ist, ändert daran nichts. Die Zustimmung der Parteien rechtfertigt nur die Abweichung vom Grundsatz der Mündlichkeit. Auf dessen Einhaltung kann aber auch gem. § 128 Abs. 2 mündlich, und zwar in der mündlichen Verhandlung, verzichtet werden.⁷

108 Die **Zustimmung** muss sich sowohl auf den **Akt der Beschlussänderung** als auch auf den **Inhalt** des geänderten Beweisbeschlusses beziehen.⁸ Anders als in den weiteren Fällen des § 360 S. 2 sind der **Änderung bei Zustimmung** aber **keine inhaltlichen Grenzen** gesetzt; sie ist also nicht auf Korrekturen und Ergänzungen beschränkt.

---

1 MünchKommZPO/*Heinrich*⁴ § 360 Rz. 3.
2 AK-ZPO/*Rüßmann* § 360 Rz. 1; Stein/Jonas/*Berger*²² § 360 Rz. 11.
3 Zum Anhörungserfordernis: *Teplitzky* JuS 1968, 71, 76.
4 AK-ZPO/*Rüßmann* § 360 Rz. 2; MünchKommZPO/*Heinrich*⁴ § 360 Rz. 7; Stein/Jonas/*Berger*²² § 360 Rz. 6; Zöller/*Greger*³⁰ § 360 Rz. 4.
5 MünchKommZPO/*Heinrich*⁴ § 360 Rz. 6.
6 Rosenberg/Schwab/*Gottwald*¹⁷ § 116 Rz. 32. A.A. Baumbach/Lauterbach/*Hartmann*⁷¹ § 360 Rz. 6; Thomas/Putzo/*Reichold*³³ § 360 Rz. 2.
7 Stein/Jonas/*Leipold*²² § 128 Rz. 57; Musielak/*Stadler*¹⁰ § 128 Rz. 12.
8 Stein/Jonas/*Berger*²² § 360 Rz. 6.

VI. Zustimmungsfreie Änderungen

1. Berichtigung oder Ergänzung der Beweistatsachen

Die Berichtigung oder Ergänzung der im Beweisbeschluss angegebenen Beweistatsachen ist **unabhängig von** einer **Zustimmung der Parteien** möglich. Das Gericht hat dabei den **Beibringungsgrundsatz** zu beachten.[1] Für eine **Anwendung des § 319** besteht daneben kein Bedürfnis.[2]

Die Begriffe Berichtigung und Ergänzung zeigen, dass **keine beliebigen Änderungen** des Beweisbeschlusses möglich sind. Vielmehr erlaubt eine Berichtigung nur die Beseitigung von unbeabsichtigten Fehlern und die Ergänzung ermöglicht eine Präzisierung des bisher angegebenen Beweisthemas. Diese **Grenze** wird **überschritten**, wenn das **Beweisthema wesentlich verändert** oder sogar ausgetauscht wird, so dass neue Tatsachen hinzutreten, die mit dem Beschlussinhalt nicht in inhaltlichem Zusammenhang stehen.[3] Teilweise wird eine Ergänzung durch neue Tatsachen ohne Zustimmung beider Parteien gänzlich abgelehnt.[4]

Die **praktische Relevanz** der Grenzziehung zwischen beiden Änderungsformen ist **gering**, da das Gericht nicht gehindert sei, neue Beweisthemen im Wege eines weiteren Beweisbeschlusses zu berücksichtigen, zu dessen Durchführung vorbereitende Anordnungen (z.B. Zeugenladungen) getroffen werden können. Obsolet wäre die Abgrenzung überhaupt, wenn man § 358a auf zwischenterminliche Beweisbeschlüsse anwenden würde (dazu Rz. 41).

Die **Ergänzung** durch einen angetretenen, bisher aber noch nicht berücksichtigten **Gegenbeweis** ist zulässig. Dies gilt nicht nur für den direkten, sondern auch für den indirekten Gegenbeweis, der sich auf Indizien gegen die Richtigkeit der Hauptbeweistatsache bezieht.[5]

2. Vernehmung anderer Zeugen oder Sachverständiger

Ebenfalls **von Amts wegen** und ohne Zustimmung der Parteien kann der Beweisbeschluss insofern geändert werden, als **andere** als die benannten **Zeugen** vernommen oder **Sachverständige** bestellt werden können.

Der **Sachverständige** kann funktional ohne Weiteres gegen eine in gleicher Weise qualifizierte Person **ausgetauscht** werden. Bedeutung hat die Ersetzung des ursprünglichen Sachverständigen etwa dann, wenn er **nachträglich mitteilt**, die Begutachtung aus fachlichen Gründen oder wegen anderweitiger Belastung nicht bzw. **nicht fristgerecht** ausführen zu können, oder wenn er unvorhergesehen **wegfällt**.

Wird das **Gutachten von** einer **anderen Person** als dem im Beweisbeschluss benannten Sachverständigen **verfasst, kann** dieser **Austausch** nach § 360 S. 2 **gebilligt werden**.[6] Dieser dem Gericht zunächst verborgene Austausch kann in der Praxis vorkommen, wenn ein vom Gericht **bestellter Instituts- oder Klinikdirektor** die eigenverantwortliche Gutachtenabfassung **pflichtwidrig** ohne Rücksprache mit dem Ge-

---

1 Stein/Jonas/*Berger*[22] § 360 Rz. 7; Zöller/*Greger*[30] § 360 Rz. 5.
2 Musielak/*Stadler*[10] § 360 Rz. 6; a.A. Stein/Jonas/*Berger*[22] § 360 Rz. 7.
3 AK-ZPO/*Rüßmann* § 360 Rz. 2; MünchKommZPO/*Heinrich*[4] § 360 Rz. 8; Stein/Jonas/*Berger*[22] § 360 Rz. 7.
4 Zöller/*Greger*[30] § 360 Rz. 4.
5 A.A. MünchKommZPO/*Heinrich*[4] § 360 Rz. 8.
6 BGH VersR 1978, 1105, 1106 = MDR 1979, 126; BGH NJW 1985, 1399, 1400 = JZ 1986, 241, 243 m. Anm. *Giesen*; MünchKommZPO/*Heinrich*[4] § 360 Rz. 10. A.A. BSG NJW 1965, 368 (vorherige Ernennung erforderlich); *Friedrichs* VersR 1979, 661.

richt auf einen sachkundigen Mitarbeiter **delegiert** hat. Das Gericht darf ein derartiges Gutachten verwerten. Unschädlich ist, dass der Gutachter bei der Erstellung noch nicht formal zur Objektivität verpflichtet war; eine nachträgliche Übernahme dieser Pflicht ist ausreichend. Den Parteien ist ein Wechsel der Person des Sachverständigen mitzuteilen, damit sie vor Erlass des Urteils Gelegenheit haben, Bedenken gegen die Person zu äußern.[1]

116 Bei Zeugen kommt es auf die persönlichen Wahrnehmungen an, die aus verschiedenen Gründen selbst dann deutlich voneinander abweichen können, wenn verschiedene Zeugen sie aus ähnlicher Warte gemacht haben. Die **Vernehmung nachbenannter anderer oder weiterer Zeugen** wird akut, wenn sich die Naturalparteien erst bei bevorstehender Beweisaufnahme intensiver mit der Aussagefähigkeit bereit benannter Zeugen befassen oder wenn die **Aussage** der **anfänglich benannten Person unergiebig** war.

117 Differenziert anzuwenden ist § 360 S. 2 auf die **Parteivernehmung von Streitgenossen**. Problemlos **austauschbar** sind Streitgenossen, deren Aussage **nicht** die Entscheidung im **eigenen Prozess** betrifft, weil der Antrag auf deren Vernehmung als Antritt eines Zeugenbeweises zu qualifizieren ist.[2] Über den Parteiantrag auf **echte Parteivernehmung** eines bestimmten Streitgenossen (§ 445) darf sich das Gericht nicht durch einen Personenaustausch hinwegsetzen.[3] Der Antrag auf Vernehmung der Gegenpartei, der dem Gericht gem. § 449 die Auswahl überlässt, und die Vernehmung von Amts wegen (§ 448) erlauben eine nachträgliche Änderung gem. § 360 S. 2.[4]

118 Das Gericht kann ohne mündliche Verhandlung die **Ersetzung** einer **Parteivernehmung** gem. § 450 Abs. 2 **durch** die Vernehmung eines **Zeugen** beschließen, der erst nach Erlass des Beweisbeschlusses benannt worden ist. Es geht also um den Austausch einer Partei gegen einen Zeugen. Wenn eine Auswechslung von Zeugen und Sachverständigen ohne mündliche Verhandlung möglich ist, muss dies wegen der Subsidiarität der Parteivernehmung erst recht für diese Prozesssituation gelten.[5] Möglich ist hingegen **nicht** der **umgekehrte Austausch**, also der Übergang vom Zeugenbeweis zur Parteivernehmung.[6]

3. Sonstige Fälle

119 Der Beschlussinhalt, **von wem** die **Beweiserhebung durchzuführen** ist, also vom Prozessgericht selbst oder einem beauftragten oder ersuchten Richter, kann nachträglich ohne mündliche Verhandlung und ohne Zustimmung der Parteien **geändert** werden.[7] § 359 schreibt die Bestimmung, von wem die Beweisaufnahme durchzuführen ist, **nicht** als **Inhalt des Beweisbeschlusses** vor. Das Ergebnis wird durch § 361 Abs. 1 bestätigt, der eine Bestimmung des beauftragten Richters *bei* der Verkündung des Beweisbeschlusses und durch den *Vorsitzenden* verlangt. Die **Bestimmung** des zuständigen **Richters** ist demnach **nicht** Teil des **Beweisbeschlusses** (dazu Kap. 4 Rz. 77). Derartige Änderungen werden von § 360 nicht erfasst. Nur dieses Ergebnis wird praktischen Bedürfnissen gerecht. Ob einem Zeugen wegen Hindernissen in seiner Person eine Reise zum Prozessgericht unzumutbar und eine Rechtshilfevernehmung deshalb

---

1 BGH VersR 1978, 1105, 1106; BGH NJW 1985, 1399, 1400.
2 Stein/Jonas/*Leipold*[22] § 449 Rz. 1.
3 Zöller/*Greger*[30] § 449 Rz. 1.
4 Weniger differenzierend MünchKommZPO/*Heinrich*[4] § 360 Rz. 10; Musielak/*Stadler*[10] § 360 Rz. 8; Stein/Jonas/*Leipold*[22] § 449 Rz. 3.
5 MünchKommZPO/*Heinrich*[4] § 360 Rz. 10; a.A. Musielak/*Stadler*[10] § 360 Rz. 8.
6 Musielak/*Stadler*[10] § 360 Rz. 8; a.A. Zöller/*Greger*[30] § 360 Rz. 4.
7 MünchKommZPO/*Heinrich*[4] § 360 Rz. 9; Musielak/*Stadler*[10] § 360 Rz. 8. Bedenken äußernd Stein/Jonas/*Berger*[22] § 360 Rz. 12.

VII. Ermessen, Verfahren der Änderung

Die Entscheidung über eine **Änderung auf Parteiantrag oder von Amts wegen** ist eine Ermessensentscheidung. Dies stellt nicht nur der Wortlaut des Satzes 2 („kann") klar, sondern auch der Inhalt des Satzes 1, indem er den Parteien einen Anspruch auf Änderung eines Beweisbeschlusses verwehrt. Das Gericht braucht keine mündliche Verhandlung anzuberaumen, um **Änderungsanträge abzulehnen**.[1] Nur wenn es einem Änderungsantrag stattgeben will, müssen entweder die Voraussetzungen des Satzes 2 vorliegen oder es muss eine neue mündliche Verhandlung stattfinden.

120

Änderung und Aufhebung sind **verfahrensleitende Anordnungen**.[2] Sie erfolgen grundsätzlich durch **förmlichen Beschluss** i.S.d. § 329.[3] **Ausnahmsweise** und wenn dadurch die Mitwirkungsrechte der Parteien gewahrt bleiben, ist eine **stillschweigende Änderung bzw. Aufhebung** möglich.[4] Vorstellbar ist dies hinsichtlich einer Aufhebung des Beschlusses bspw. durch Bestimmung eines Termins zur Urteilsverkündung[5] oder durch eine entsprechende Urteilsbegründung.[6] Eine Änderung kann sich auch während der Durchführung der Beweisaufnahme ergeben, wenn das Gericht aufgrund der bisherigen Ergebnisse z.B. **weitergehende Fragen** an einen Zeugen stellt als zunächst vorgesehen.[7]

121

In jedem Fall ist den **Anforderungen des § 360 S. 4** zu entsprechen,[8] da es um den Anspruch auf rechtliches Gehör geht (s. unten Rz. 125). **Unzulässig** ist es, statt einer beschlossenen Beweisaufnahme einen **Termin zur Urteilsverkündung** anzusetzen und die Parteien damit vor vollendete Tatsachen zu stellen.[9]

122

VIII. Befugnisse des Richterkommissars

§ 360 S. 3 räumt dieselben Änderungsbefugnisse wie dem Prozessgericht auch dem beauftragten und dem ersuchten Richter ein. Gegen diese Möglichkeit werden verbreitet **rechtspolitische Bedenken** erhoben und es wird empfohlen, von dieser Möglichkeit nur ausnahmsweise Gebrauch zu machen und sich auf notwendige Änderungen zu beschränken,[10] also etwa Irrtümer zu korrigieren, oder Rücksprache mit dem Prozessgericht zu halten.

123

Eine **Aufhebung** des Beweisbeschlusses durch den beauftragten oder ersuchten Richter ist **unzulässig**.[11] Eine solche Entscheidung käme einer Ablehnung der Beweisaufnahme i.S.d. § 158 Abs. 1 GVG gleich. Der **Erlass eines zusätzlichen Beweisbeschlus-**

124

---

1 Stein/Jonas/*Berger*[22] § 360 Rz. 5.
2 OLG Brandenburg FamRZ 2001, 294.
3 Musielak/*Stadler*[10] § 360 Rz. 11.
4 BGH VersR 1978, 1105, 1106; BGH NJW 1985, 1399, 1400; OLG Zweibrücken NJW-RR 1999, 1368 f.; Stein/Jonas/*Berger*[22] § 360 Rz. 5; Zöller/*Greger*[30] § 360 Rz. 1.
5 BayObLGZ 1949–51, 35, 36; OLG Karlsruhe DAVorm 1974, 556; Stein/Jonas/*Berger*[22] § 360 Rz. 2.
6 RAG ArbRspr 1931, 66; RAG ArbRspr 1931, 376, 378; Stein/Jonas/*Berger*[22] § 360 Rz. 12.
7 Musielak/*Stadler*[10] § 360 Rz. 9.
8 BGH NJW 1985, 1399, 1400.
9 Stein/Jonas/*Berger*[22] § 360 Rz. 12.
10 *Mertens* MDR 2001, 666, 671; MünchKomm/*Heinrich*[4] § 360 Rz. 13; Stein/Jonas/*Berger*[22] § 360 Rz. 15.
11 Stein/Jonas/*Berger*[22] § 360 Rz. 13 und 15.

ses ist ebenfalls **unzulässig**.[1] Die Übertragung der Beweisaufnahme beschränkt sich auf den Gegenstand des vom Prozessgericht erlassenen Beweisbeschlusses.

IX. Anhörung und Benachrichtigung der Parteien

125   Satz 4 des § 360 verlangt, dass in Fällen einer Änderung nach Satz 2 oder 3 eine Anhörung der Parteien stattfinden soll und sie in jedem Fall unverzüglich von der Änderung in Kenntnis zu setzen sind. Die **Wortlauteinschränkung „tunlichst"** ist **verfassungsrechtlich überholt**; eine Anhörung ist regelmäßig *vor* der Änderungsentscheidung durchzuführen.[2] Das folgt aus dem Anspruch der Parteien auf **Gewährung rechtlichen Gehörs**.[3] Satz 4 ist **analog** anzuwenden auf die **Aufhebung** eines Beweisbeschlusses **sowie** dessen **Aussetzung**. Auch in diesen Fällen sind die Parteien so früh wie möglich zu informieren und es ist ihnen Gelegenheit zur Stellungnahme zu geben.

126   Nur **in Ausnahmefällen** darf die Anhörung **nachträglich** durchgeführt werden. In Betracht kommt dies bei besonderer Eilbedürftigkeit, etwa wenn eine umgehende Anpassung des Beweisbeschlusses notwendig ist, um eine bereits begonnene Beweisaufnahme sinnvoll fortsetzen zu können. **Entbehrlich** ist eine Anhörung nur im Falle offensichtlicher Unrichtigkeit des Beweisbeschlusses.[4] Mit der Ausführung des geänderten Beschlusses entfällt nicht die Pflicht zur unverzüglichen **nachträglichen Information**.

X. Rechtsbehelfe

127   Ein auf § 358 oder § 358a beruhender **Beweisbeschluss** ist wegen seines Charakters als verfahrensleitende Anordnung **nicht selbständig anfechtbar** (dazu Rz. 129). Dasselbe gilt, wenn ein **Antrag auf Abänderung** eines Beweisbeschlusses gem. § 360 **abgelehnt** oder ignoriert wird,[5] oder wenn sich eine Partei gegen die **Änderung** oder **Aufhebung** des ursprünglichen Beweisbeschlusses wendet.[6] Auch bei Vorliegen der Voraussetzungen des Satzes 2 steht die Änderung im Ermessen des Gerichts. **Ausnahmsweise** ist der Beweisbeschluss anfechtbar, wenn er zu einem einer Verfahrensaussetzung gleichstehenden **Verfahrensstillstand** führt.[7]

128   Nimmt das Gericht ohne Vorliegen der Voraussetzungen des Satzes 2 eine Änderung oder Aufhebung vor oder verletzt es die Anhörungs- und Informationspflichten des Satzes 4, verbleibt nur die Möglichkeit eines **Rechtsmittels gegen das Urteil selbst**,[8] sofern das Urteil darauf beruht (zum Kausalitätserfordernis Rz. 24). Die genannten Mängel können gem. **§ 295 Abs. 1 geheilt** werden.[9]

---

1   Stein/Jonas/*Berger*[22] § 360 Rz. 15.
2   BGH NJW 1985, 1399, 1400; Musielak/*Stadler*[10] § 360 Rz. 12.
3   BGH VersR 1978, 1105, 1106; BVerwGE 17, 172, 173 = NJW 1964, 787; MünchKommZPO/*Heinrich*[4] § 360 Rz. 14.
4   MünchKomm/*Heinrich*[4] § 360 Rz. 14; Stein/Jonas/*Berger*[22] § 360 Rz. 16.
5   OLG Karlsruhe OLGRep. 2003, 225, 226.
6   OLG Brandenburg OLGRep. 2000, 436 = FamRZ 2001, 294 (da Einheit mit Erlass des Beweisbeschlusses).
7   Vgl. OLG Brandenburg OLGRep. 2000, 436/437 = FamRZ 2001, 294, 295.
8   Musielak/*Stadler*[10] § 360 Rz. 13.
9   BGH VersR 1978, 1105, 1106; OLG Zweibrücken NJW-RR 1999, 1368 f.; MünchKommZPO/ *Heinrich*[4] § 360 Rz. 15.

§ 49 Unanfechtbarkeit von Beweisbeschlüssen als Zwischenentscheidungen

I. Ausschluss der sofortigen Beschwerde

1. Generelle Unanfechtbarkeit

Die herrschende Meinung geht von der **absoluten Unanfechtbarkeit** des Beweisbeschlusses **mittels sofortiger Beschwerde** gem. § 567 aus[1] (dazu auch Kap. 12 Rz. 10). Nach anderer Ansicht soll die Unanfechtbarkeit auf das Verbot beschränkt sein, die Ausübung des dem Gericht bei der Übertragungsentscheidung eingeräumten Ermessens zu überprüfen. Eine Anfechtung sei zulässig, wenn offensichtlich sei, dass keiner der in § 375 Abs. 1 genannten Gründe vorliege; allerdings dürften sämtliche Tatbestandsbestandsmerkmale, deren Beurteilung eine Ermessensentscheidung des Gerichts verlangt, nicht überprüft werden.[2] Ähnlich argumentiert eine Auffassung, nach der eine Überprüfung im Wege der Beschwerde zulässig sein soll, **wenn offensichtlich** sei, dass zur Übertragung **jegliche Ermächtigung** fehlt, also das Ermessen missbräuchlich ausgeübt worden ist.[3]

129

2. § 355 Abs. 2 als pars pro toto prozessleitender Beweisanordnungen

Die Regelung des § 355 Abs. 2 über die Unanfechtbarkeit des Beschlusses zur Übertragung der Beweisaufnahme behandelt **nur** einen **Ausschnitt des Rechtsbehelfsausschlusses**.[4] Insofern ist die verkürzend zitierende Bezugnahme auf § 355 Abs. 2[5] als Beleg für die generelle grundsätzliche Unanfechtbarkeit von Beweisbeschlüssen und formlosen Beweisanordnungen (als bloßen Zwischenentscheidungen) irreführend. Vielmehr folgt dieses Ergebnis aus deren Charakter als **prozessleitenden gerichtlichen Anordnungen**[6] (dazu auch oben Rz. 5). Die Willensbildung des Gerichts im laufenden Verfahren obliegt allein dem entscheidenden Instanzgericht.[7] Daher sind Beweisanordnungen selbst dann **nicht beschwerdefähig**, wenn sie als formeller Beweisbeschluss ergehen.[8] Dasselbe gilt für die **Ablehnung des Antrags auf Erlass** eines Beweisbeschlusses, etwa zur Einholung eines Ergänzungsgutachtens des gerichtlich bestellten Sachverständigen.[9] Unterstützt wird die Wertung durch die Regelung des § 360 S. 1 (s. dazu Rz. 89).

130

3. Anerkannte Durchbrechungen

Wenn der Beweisbeschluss einen **Verfahrensstillstand** herbeiführt, weil die angeordnete Beweisaufnahme in absehbarer Zeit nicht stattfinden kann, so dass der Beschluss einer Aussetzungsentscheidung gleichkommt, ist in **analoger Anwendung**

131

---

1 Vgl. BGH NJW-RR 2007, 1375; Musielak/*Stadler*[10] § 355 Rz. 11; Stein/Jonas/*Berger*[22] § 355 Rz. 30; *Deubner* AcP 167 (1967), 455, 460.
2 MünchKommZPO/*Heinrich*[4] § 355 Rz. 19; s. auch OLG Köln MDR 1990, 728 (dort: zur Beschwerde gegen Beweisaufnahme im PKH-Verfahren).
3 Rosenberg/Schwab/*Gottwald*[17] § 116 Rz. 23; *Seidel* ZZP 99 (1986), 64, 84; OLG Düsseldorf NJW 1976, 1103, 1105; *Müller* DRiZ 1977, 305, 306; *Teplitzky* JuS 1968, 71, 76.
4 Vgl. OLG Brandenburg OLGR 2000, 436 = FamRZ 2001, 294.
5 So etwa BGHZ 164, 94, 95 = VersR 2006, 95; BGH (XII.ZS) NJW-RR 2007, 1375 = FamRZ 2007, 1728; OLG München, Beschl. v. 12.11.2007 – 1 W 2684/07.
6 Vgl. OLG München ZIP 2009, 1088 (FGG-Spruchverfahren).
7 Vgl. BGH GRUR 2009, 519, 520 Rz. 9 – Hohlfasermembranspinnanlage.
8 OLG Brandenburg FamRZ 2001, 294; OLG München ZIP 2009, 1088.
9 OLG München, Bschl. v. 12.11.2007 – 1 W 2684/07; OLG München ZIP 2009, 1088.

des § 252 die sofortige Beschwerde statthaft.[1] Einschlägige Sachverhalte betrafen früher vor allem die (heute überholte) Abstammungsfeststellung durch Einholung eines erbbiologischen Gutachtens, für das erst ein geeignetes Lebensalter des Kindes erreicht sein musste; vereinzelt ging es auch um eine Auslandsbeweisaufnahme bei unklarer Bereitschaft zur Gewährung internationaler Rechtshilfe. Das Beschwerdegericht darf in diesem Fall nur die prozessualen Voraussetzungen der Beweisanordnung überprüfen,[2] nicht aber die gerichtliche Entscheidung über die Entscheidungserheblichkeit und Beweisbedürftigkeit kontrollieren.[3]

132 Indirekt wird das Ergebnis einer Beweisanordnung überprüft, wenn die **Beweisperson** erfolgreich ein **Weigerungsrecht gem. §§ 386–389** in Anspruch nimmt. Über die Rechtmäßigkeit der Weigerung ist im Zwischenstreit nach § 387 durch Zwischenurteil zu entscheiden, gegen das das Rechtsmittel der **sofortigen Beschwerde** eingelegt werden kann. Verfassungsrechtlich zweifelhaft ist es, dass Parteiweigerungsrechte nicht ebenfalls in einem Zwischenstreit geklärt werden können (s. dazu auch nachfolgend Rz. 137).

133 **Statthaft ist** die **sofortige Beschwerde** abweichend von der Rechtslage im Erkenntnisverfahren auch dann, wenn ein Antrag im **selbständigen Beweisverfahren** zurückgewiesen wird, etwa auf Anhörung eines Sachverständigen. Der dazu ergehende Beschluss schließt das Verfahren ab; der Antragsteller kann nicht auf einen möglicherweise folgenden Rechtsstreit zur Hauptsache verwiesen werden.[4]

4. Unkorrigierbare Grundrechtsverletzung der Beweiserhebung

134 **Zweifelhaft** ist, ob die apodiktische Aussage zur generellen Unanfechtbarkeit auch aufrechterhalten werden kann, wenn die Ausführung des Beweisbeschlusses eine unmittelbare und auf andere zumutbare Weise nicht abwendbare **Verletzung von Grundrechten** zur Folge hat.[5] Derartige **Konstellationen** werden in erster Linie **zu Lasten von Zeugen** oder sonstigen dritten Beweispersonen vorkommen; deren Weigerungsrechte sind indes gesetzlich ausgeformt. Für den Strafprozess hat das **BVerfG** zur Anordnung einer audiovisuellen Zeugenvernehmung mit **bleibendem rechtlichen Nachteil** der Durchführung für den Zeugen die selbständige Anfechtbarkeit bejaht, insbesondere bei möglichen Grundrechtsverletzungen der Zwischenentscheidung.[6] Das hat auch Bedeutung für den Zivilprozess.

135 Der XII. Zivilsenat des BGH hat allerdings auf den Weg verwiesen, bei **Anordnung eines DNA-Gutachtens** zur Abstammungsfeststellung und nachfolgender Weigerung der Untersuchungsperson wegen Unzumutbarkeit der Untersuchung **nicht** den Ausgangsbeschluss der **Beweisanordnung** anzugreifen, **sondern** stattdessen vor der zwangsweisen Durchführung der Beweisaufnahme über die Rechtmäßigkeit der Wei-

---

1 Vgl. OLG Bamberg FamRZ 1955, 217, 218; OLG Zweibrücken FamRZ 1984, 74, 75 (obiter dictum); OLG Hamm FamRZ 1958, 379; OLG Köln FamRZ 1960, 409, 410; OLG Köln NJW 1975, 2349; OLG Celle MDR 1967, 134; OLG Bremen NJW 1969, 1908, 1909; KG FamRZ 1982, 320, 321; OLG Brandenburg FamRZ 2001, 294, 295; Musielak/*Stadler*[10] § 252 Rz. 2; Stein/Jonas/*Berger*[22] § 355 Rz. 30 und § 359 Rz. 5. A.A. BGH (XII.ZS) NJW-RR 2007, 1375 = FamRZ 2007, 1728, 1729; OLG Frankfurt NJW 1963, 912, 913 (jedoch nur hinsichtlich der Begründung abweichend). Offengelassen von BGH GRUR 2009, 519, 520 Rz. 11.
2 Vgl. OLG Hamm FamRZ 1958, 379, 380; OLG Celle MDR 1967, 134; OLG Köln NJW 1975, 2349; OLG Bremen NJW 1969, 1908, 1909; Stein/Jonas/*Berger*[22] § 359 Rz. 5 in Fn. 10.
3 So jedoch OLG Bamberg FamRZ 1955, 217, 219; OLG Köln FamRZ 1960, 409, 410; *Schiedermair* FamRZ 1955, 282, 283.
4 BGHZ 164, 94, 95 = VersR 2006, 95.
5 So gleichwohl BGH NJW-RR 2007, 1375 Rz. 10 in einem obiter dictum.
6 BVerfG (Kammer) NJW 2014, 1082 Rz. 24.

gerung **analog §§ 386 f. ein Zwischenurteil** herbeizuführen, das gem. § 387 Abs. 3 mit der sofortigen Beschwerde angegriffen werden könne.[1] Die Statthaftigkeit eines Rechtsmittels gegen einen Beweisbeschluss vorzusehen, der ein Abstammungsgutachten anordne, sei eine vom Gesetzgeber zu beantwortende Frage der Zweckmäßigkeit; die geltende gesetzliche Regelung sei verfassungsrechtlich unbedenklich (dazu auch Kap. 24 Rz. 100).

Denkbar ist ferner ein **Eingriff in Geschäfts- oder Betriebsgeheimnisse** einer Prozesspartei, etwa bei der Bestimmung des Umfangs von Aufklärungen eines Sachverständigen durch eine Beweisanordnung gem. § 404a Abs. 4. Der I. Zivilsenat des BGH hält eine **selbständige Anfechtbarkeit ausnahmsweise** für möglich, wenn die Zwischenentscheidung für die Partei einen **bleibenden rechtlichen Nachteil** zur Folge hat, der sich im weiteren rechtlichen Verfahren nicht mehr oder jedenfalls nicht mehr vollständig ausgleichen lässt.[2] Allerdings verweist dieser Senat die Partei für den Fall der **befürchteten Geheimnisverletzung** auf den Ausweg, die Beweisaufnahme durch Verweigerung des Zutritts zum Ort der Beweisaufnahme, etwa einem Betriebsgelände, in Ausübung des Hausrechts zu verhindern; prozessuale Nachteile seien damit nur verbunden, wenn die Weigerung unberechtigt sowie vorwerfbar und missbilligenswert erfolge. Das bedeutet die **Zuweisung** eines u.U. übermäßig **hohen Prozessrechtsrisikos**, weil der Parteistandpunkt nur mit der Berufung gegen das Endurteil – bei entsprechendem Kostenrisiko – einem Rechtsmittelrichter vorgetragen werden kann. 136

Die zur Anfechtung der Beweisanordnung berechtigende Grundrechtsverletzung kann auch in einer **Verletzung** des Anspruchs auf **rechtliches Gehör** liegen.[3] Der I. Zivilsenat des BGH hat sich in seiner einschlägigen Entscheidung vom 28.5.2009, die die **Anordnung eines Prozessfähigkeitsgutachtens** (dazu auch Kap. 7 Rz. 57) über einen Vollstreckungsgläubiger in einem Nachbarschaftsstreit zum Gegenstand hatte, nicht dazu geäußert, ob nicht auch unabhängig von der Gehörsverletzung[4] in derartigen, den **Schutzbereich des Art. 2 Abs. 1 GG** betreffenden Fällen eine sofortige Beschwerde zuzulassen ist. Das dürfte zu bejahen sein.[5] 137

II. Urteilsanfechtung wegen fehlerhafter Beweisanordnungen

Streitig ist, ob die Unanfechtbarkeit von Beweisanordnungen **über den Abschluss der Instanz hinaus** wirkt und zur Unüberprüfbarkeit in der **Berufungs- oder Revisionsinstanz** führt. Dabei wird nicht eindeutig zwischen dem unmittelbaren, wortlautgemäßen Anwendungsbereich des § 355 Abs. 2 und dessen wertender richterrechtlicher Erweiterung zu einem Ausschluss der Anfechtung sämtlicher prozessleitender Beweisanordnungen unterschieden. 138

Das **Reichsgericht** hatte unter Hinweis auf **§§ 512, 557 Abs. 2** (= § 548 a.F.) **verneint**, dass auf die Verletzung des § 355 Abs. 1 ein Rechtsmittel gegen das Urteil gestützt werden kann, jedenfalls soweit die Sperre des § 355 Abs. 2 – in den Grenzen seines 139

---

1 BGH FamRZ 2007, 549; BGH NJW-RR 2007, 1375 Rz. 11; ebenso OLG Jena NJW-RR 2007, 1306, 1307.
2 BGH GRUR 2009, 519, 520 Rz. 12 = NJW-RR 2009, 995 – Hohlfasermembranspinnanlage, unter Berufung auf BVerfG (Kammer) NVwZ 2005, 681, 682.
3 BGH (I.ZS) NJW-RR 2009, 1223 Rz. 8.
4 Von der Gewährung rechtlichen Gehörs ist das Gericht nicht etwa deshalb entbunden, weil die Prozessunfähigkeit im Freibeweisverfahren (BAG NJW 2009, 3051 Rz. 4) festzustellen ist.
5 So OLG Nürnberg FamRZ 2014, 677, 678. A.A. – jedoch ohne Erörterung des Verfassungsproblems – OLG München FamRZ 2006, 1555.

Wortlauts (?) – reicht.[1] Dem ist das **Schrifttum** teilweise uneingeschränkt gefolgt.[2] Die Auffassung stößt aber auch auf Ablehnung.[3] Dabei werden z.T. Differenzierungen der Überprüfungsreichweite vorgenommen.[4] Ausgangspunkt ist dafür der historische Wille des Gesetzgebers, das „diskretionäre Ermessen des Gerichts"[5] einer Überprüfung zu entziehen; die Anordnung soll auf einen Ermessensfehlgebrauch überprüft werden können.[6] Der **BGH** hat die Frage **bisher offen** gelassen,[7] lässt im Ergebnis aber eine Überprüfung des Beweisbeschlusses im Wege der Berufung und Revision zu, indem er § 355 Abs. 2 restriktiv auslegt.

---

[1] RGZ 149, 286, 290 f.; RGZ 159, 235, 242 (mit Offenhaltung einer Abweichung bei offensichtlichem Ermessensmissbrauch).
[2] *Deubner* AcP 167 (1967), 455, 460; *Hampel* FamRZ 1964, 125, 129, wohl ebenso MünchKommZPO/*Heinrich*[4] § 355 Rz. 21.
[3] OLG Düsseldorf NJW 1976, 1103, 1104, 1106; AK-ZPO/*Rüßmann* § 355 Rz. 4; Musielak/*Stadler*[10] § 355 Rz. 11. Generell zu Beweisanordnungen: OLG Karlsruhe OLGRep. 2003, 225, 226; OLG Frankfurt OLGRep. 2007, 877, 878.
[4] OLG Köln NJW 1977, 249, 250; Stein/Jonas/*Berger*[22] § 355 Rz. 31.
[5] *Hahn/Stegemann* Mat. II/1 S. 305 (zu § 311).
[6] So insbesondere Stein/Jonas/*Berger*[22] § 355 Rz. 31.
[7] BGHZ 40, 179, 183; BGH NJW 1979, 2518.

Kapitel 14:
Durchführung der Beweisaufnahme (generelle Regelungen)

	Rz.
§ 50 Beweisaufnahmehindernisse	
I. Beweismittelausschluss wegen Verfahrensverzögerung, § 356	1
II. Anwendungsreichweite des § 356, konkurrierende Normen	
1. Sondernormen, Einschränkungen	4
2. Parallele Fristsetzungsbestimmungen, weitere Präklusionsnormen	7
a) § 273	8
b) § 230	9
c) § 379 S. 2/§ 402	10
d) § 296	11
III. Beweisrelevanz	12
IV. Beweiserhebungshindernis	
1. Art der Hindernisse	13
2. Kein gleichwertiger anderer Beweis	15
3. Behebbarkeit des Hindernisses	17
V. Hindernis mit bekannter Zeitdauer	20
VI. Verhältnis zu § 296 und § 530	
1. Tatbestandliche Unterschiede	22
2. Verschulden des Beweisführers als Fristsetzungsausschluss	
a) Mögliche Anknüpfung des Verschuldensurteils	24
b) Folgen schuldhafter Hindernisherbeiführung	26
3. Einzelheiten/Kasuistik	
a) Zeugenbeweis	32
b) Zahlung des Auslagenvorschusses	36
c) Fehlende Mitwirkungsbereitschaft Dritter	39
d) Fehlendes Schiedsgutachten	42
VII. Fristenbemessung	43
VIII. Fristsetzungsverfahren	47
IX. Folgen ergebnislosen Fristablaufs	50
X. Rechtsmittelkontrolle	55
§ 51 Beweisaufnahme ohne Parteimitwirkung, § 367 ZPO	
I. Amtsbetrieb der Beweisaufnahme	59
II. Anwendungsbereich des § 367	60
III. Durchführung der Beweisaufnahme trotz Ausbleibens	
1. Möglichkeit der Durchführung	64
2. Folgen des Ausbleibens	
a) Verlust des Frageechts	66
b) Präklusion, Beweisfälligkeit	67
c) Beweisvereitelung	70

	Rz.
d) Nachholung	71
3. Versäumnisurteil und Beweisaufnahme	72
4. Beweisaufnahme nach Aktenlage	73
IV. Nachholung und Vervollständigung der Beweisaufnahme	
1. Nachholung als Ausnahme	74
2. Voraussetzungen einer Nachholung oder Vervollständigung	
a) Gestaffelte Prüfung	75
b) Verzögerung	76
c) Unverschuldetes Ausbleiben	77
d) Wesentliche Unvollständigkeit der Beweisaufnahme	79
3. Antragsgebundenes Verfahren	81
V. Unbeschränkte Wiederholung des Beweisaufnahmetermins	
1. Unzureichende Terminsbenachrichtigung	86
2. Substituierende Einwilligung der gegnerischen Partei	87
VI. Rechtsbehelfe	89
§ 52 Getrennte Beweisaufnahmetermine, § 368 ZPO	
I. Amtsbetrieb	91
II. Bestimmung von Fortsetzungsterminen	92
III. Terminsbekanntgabe	95
§ 53 Beweisaufnahme durch beauftragten oder ersuchten Richter	
I. Verfahren vor dem beauftragten Richter, § 361	97
1. Anwaltszwang	98
2. Öffentlichkeit	100
3. Protokoll	102
4. Sitzungspolizei	103
5. Rechtsbehelfe	104
II. Rechtshilfevernehmungen durch ersuchten Richter, § 362	108
1. Besonderheiten des Verfahrens vor dem ersuchten Richter	109
2. Verhandlungsprotokoll	116
3. Rechtsbehelfe	118
III. Weiterübertragung der Beweisaufnahme durch ersuchten Richter	
1. Zweck, rechtspolitische Bedeutung	121
2. Voraussetzungen einer Weiterübertragung	122
3. Verfahren	132
4. Rechtsbehelfe	135

	Rz.		Rz.
IV. Zwischenstreit, § 366		III. Trennung in Ausnahmefällen	156
1. Folgen begrenzter Entscheidungsbefugnis des Richterkommissars	136	IV. Inhalt der Beweisverhandlung	157
2. Entscheidungsbefugnisse bei vorgreiflichem Zwischenstreit	137	V. Verzicht der Parteien, Säumnis	166
3. Verfahren	143	VI. Verstoß gegen § 285	168
4. Rechtsbehelfe	146	VII. Terminierung der Beweisverhandlung	169
§ 54 Verhandlung zum Ergebnis der Beweisaufnahme, § 285 ZPO		VIII. Verhandlung nach Beweisaufnahmen vor dem beauftragten oder ersuchten Richter	
I. Gebot der Beweisverhandlung, Terminierung	148	1. Terminsbestimmung	171
II. Normzwecke		2. Inhalt der Verhandlung	173
1. Sicherung der Unmittelbarkeit und der Mündlichkeit	151	IX. Relevanz des Beweisergebnisses für Versäumnisurteil oder Urteil nach Lage der Akten	
2. Zeitliche Einheit von Beweisaufnahme und Beweisverhandlung	152	1. Versäumnisurteil	174
		2. Entscheidung nach Lage der Akten	178

§ 50 Beweisaufnahmehindernisse

Schrifttum:

Gottschalk, Der Zeuge N.N., NJW 2004, 2939; *Greger/Stubbe*, Schiedsgutachten, 2007; *Reinecke*, Der Zeuge N.N. in der zivil- und arbeitsgerichtlichen Praxis, MDR 1990, 767; *Sass*, Die Folgen der versäumten Zahlung des Auslagenvorschusses nach § 379 ZPO – Zugleich ein Beitrag zur Auslegung des § 356 ZPO, MDR 1985, 96; *E. Schneider*, Der Auslagenvorschuß für Zeugen und Sachverständige, ZZP 76 (1963), 188; *E. Schneider*, Die Tatsachenfeststellung, MDR 1964, 817; *Weth*, Die Zurückweisung verspäteten Vorbringens im Zivilprozeß, 1988.

I. Beweismittelausschluss wegen Verfahrensverzögerung, § 356

1 Auch wenn das Gericht die von den Parteien angebotenen Beweise grundsätzlich vollständig zu erheben und zu würdigen hat (Kap. 1 Rz. 88),[1] erfordert die **Gewährung effektiven Rechtsschutzes**, nur solche Beweismittel zu berücksichtigen, die in angemessener Zeit tatsächlich erhoben werden können. Anderenfalls ließe sich das Verfahren durch geschickt gestellte Beweisanträge beliebig verzögern. Dem wollte der Gesetzgeber mit der Regelung des § 356 entgegentreten.[2] § 356 ermöglicht, für die **Sachverhaltsaufklärung** eine **zeitliche Grenze** zu setzen.

2 Die Vorschrift löst einen Konflikt zwischen den legitimen beiderseitigen Interessen des Beweisführers und des Beweisgegners[3] und dient der **Verfahrensbeschleunigung**.[4] Der Beweisführer erhält eine **Chance zur Hindernisbeseitigung**; zugunsten des Beweisgegners wird die dafür zur Verfügung stehende Zeit aber begrenzt. Die **Fristsetzung** stellt die **Alternative** zur **sofortigen Zurückweisung des Beweisantrags** (nach teilweise vertretener Ansicht in Analogie zu § 244 Abs. 3 S. 2 StPO[5]) dar.

---

1 Vgl. BGHZ 53, 245, 259 – Anastasia; BGH JZ 1991, 371, 372; *Kollhosser* Beweisantragsrecht, Festschrift Stree/Wessels, S. 1029, 1031.
2 Vgl. *Hahn/Stegemann* Mat. II/1 S. 305.
3 Vgl. BGH NJW 1972, 1133, 1134; BGH NJW 1993, 1926, 1928; Anm. *Gerhardt* ZZP 86 (1973), 63, 64; *Deubner* JuS 1988, 221, 222.
4 OLG Hamm FamRZ 2003, 616, 617.
5 Offengelassen von OLG Hamm FamRZ 2003, 616, 617; für „Heranziehung" *Störmer* JuS 1994, 238, 241.

Die Regelung ist mit Art. 103 Abs. 1 GG vereinbar. Das **Gebot rechtlichen Gehörs** **hindert** den Gesetzgeber **nicht**, durch **Präklusionsvorschriften** auf eine Prozessbeschleunigung hinzuwirken, sofern den betroffenen Parteien ausreichend Gelegenheit bleibt, sich zu allen für sie wichtigen Punkten zur Sache zu äußern.[1] Sie gibt dem Gericht ein flexibles Instrument an die Hand, durch Bestimmung einer Beibringungsfrist eine zeitgerechte Fortführung des Prozesses sicherzustellen. Allerdings ist die Anwendung von Präklusionsvorschriften an eine sorgfältige Verfahrensleitung und die **Wahrnehmung der gerichtlichen Fürsorgepflicht** gebunden; zumutbare und damit prozessrechtlich gebotene richterliche Maßnahmen müssen darauf gerichtet werden, eine drohende Verzögerung zu vermeiden.[2]

II. Anwendungsreichweite des § 356, konkurrierende Normen

1. Sondernormen, Einschränkungen

§ 356 gilt als Teil des allgemeinen Beweisrechts für alle Strengbeweismittel. Anwendbar ist § 356 grundsätzlich auch in Verfahren mit Amtsermittlung.[3] Eine **speziellere Vorschrift** enthält § 431 für den Urkundenbeweis, wenn sich die betreffende **Urkunde** im Besitz eines Dritten befindet. Sie verdrängt § 356. § 431 findet kraft der Verweisung des § 371 Abs. 2 S. 2 auch auf **Augenscheinsobjekte** Anwendung.

§ 356 ist auf den **Sachverständigenbeweis unanwendbar**, sofern das Hindernis von der Person des Sachverständigen und nicht von dem zu begutachtenden Gegenstand oder der zu untersuchenden Person[4] ausgeht.[5] Die Möglichkeit der Begutachtung steht und fällt nicht mit der Verfügbarkeit eines bestimmten Sachverständigen. In diesen Fällen fehlt es an einem Hindernis i.S.d. § 356 (dazu unten Rz. 15). Das Gericht hat notfalls einen anderen Sachverständigen zu beauftragen.

Unanwendbar ist § 356 dem Wortlaut nach, wenn der **Zeitpunkt der Hindernisbeseitigung gewiss** ist. In diesen Fällen ist aber ebenfalls zu prüfen, ob ein Abwarten der Beseitigung dem Beweisgegner zugemutet werden kann (näher dazu Rz. 20).

2. Parallele Fristsetzungsbestimmungen, weitere Präklusionsnormen

§ 356 konkurriert mit verschiedenen Normen, nämlich § 273 Abs. 2 Nr. 5, § 230, § 379 S. 2 und § 296 Abs. 1 und 2.

a) § 273

Die Voraussetzungen des **§ 356 sind enger** als die des ebenfalls eine Fristsetzung ermöglichenden § 273 Abs. 2 Nr. 5 i.V.m. § 142 Abs. 1 S. 2 oder § 144 Abs. 1 S. 2, weil § 356 ein behebbares Hindernis erfordert; § 356 ist aber keine lex specialis zu den Anordnungsmöglichkeiten der §§ 142, 144 (dazu unten Rz. 18).[6]

b) § 230

Versäumt eine Partei, eine Prozesshandlung innerhalb einer gesetzlichen oder richterlich gesetzten Frist vorzunehmen, ist sie gem. § 230 mit dieser Handlung ausge-

---
1 BVerfG NJW 1985, 3005, 3006; BVerfG NJW-RR 1994, 700.
2 BVerfG NJW 2000, 945, 946.
3 OLG Hamm FamRZ 2003, 616, 617.
4 Dazu BGH NJW 1972, 1133, 1134.
5 Stein/Jonas/*Berger*[22] § 356 Rz. 3.
6 Missverständlich Musielak/*Stadler*[10] § 356 Rz. 1 einerseits, Rz. 5 andererseits.

schlossen, auch wenn die Fristversäumung unverschuldet erfolgt. § 356 geht als **spe-ziellere Norm** vor, denn danach ist zusätzlich zu prüfen, ob das Verfahren durch die Benutzung des Beweismittels verzögert wird. Insofern gilt dasselbe wie für § 379 S. 2.[1] Sowohl bei § 356 als auch bei § 379 ist eine Androhung der gesetzlichen Folgen (§ 231 Abs. 1) entbehrlich.[2]

c) § 379 S. 2/§ 402

10   Der **Ausschluss** der Zeugenvernehmung oder der Einholung eines Sachverständigengutachtens wegen Nichtzahlung des Auslagenvorschusses ist an **Voraussetzungen** gebunden, die in gleicher Weise geregelt sind **wie** die der Fristversäumung nach § 356. Das Verhältnis der beiden Normen bedarf daher keiner Klärung. Allerdings ist § 379 S. 2 speziell für diesen Fall konzipiert.[3]

d) § 296

11   Das Verhältnis zwischen § 356 und §§ 296, 530 ist umstritten und bereitet der Rechtspraxis Schwierigkeiten.[4] Näher dazu unten Rz. 22 und 38.

III. Beweisrelevanz

12   Zweck einer Fristsetzung ist die Lösung des Konflikts zwischen den Interessen von Beweisführer und Beweisgegner (oben Rz. 2). Eine Fristbestimmung berücksichtigt die Interessen des zur Hinnahme der Verzögerung gezwungenen Beweisgegners nur dann hinreichend, wenn das **Interesse** des Beweisführers **an der Beweismittelbeschaffung** ein **gewisses Gewicht** hat. Daran fehlt es von vornherein, wenn das Beweismittel nicht zur Klärung beweiserheblicher Tatsachen erforderlich ist, etwa weil der Beweis bereits als erbracht anzusehen ist, wenn das beantragte Beweismittel ohnehin nicht verwertet werden dürfte oder wenn es aus anderen Gründen vom Gericht abgelehnt werden müsste.[5]

IV. Beweiserhebungshindernis

1. Art der Hindernisse

13   Ein Hindernis ist jeder Umstand, der der Beweiserhebung entgegensteht: Eine in Augenschein zu nehmende **Sache** kann **unauffindbar** sein. Ein **Zeuge** kann **verschwunden** sein oder sein Name und seine Anschrift können unbekannt sein[6] oder der Zeuge wechselt seinen ausländischen Aufenthaltsort geschäftlich bedingt in so kurzen Zeitabständen, dass die Auslandsbeweisaufnahme wegen deren zeitraubender Vorbereitung regelmäßig fehlschlägt. Ein Hindernis kann auch in der **Person des Beweisführers** selbst liegen, z.B. wenn er sich weigert, eine ärztliche Untersuchung über sich ergehen zu lassen (dazu auch unten Rz. 18), die eine geltend gemachte Gesundheitsbeeinträchtigung beweisen soll.

---

1 *Rixecker* NJW 1984, 2135, 2137.
2 BGH NJW 1998, 761, 762; MünchKommZPO/*Heinrich*[4] § 356 Rz. 13.
3 Offengelassen von BGH NJW 1998, 761, 762; ebenso OLG Frankfurt, Urt. v. 19.11.2008 – 4 U 119/08.
4 Zur Anwendung des § 296 neben § 356 BVerfG NJW 2000, 945, 946.
5 Vgl. Musielak/*Stadler* Grundfragen des Beweisrechts Rz. 35 ff.
6 Vgl. BGH NJW 1987, 893, 894; BGH NJW 1989, 227, 228; BGH NJW 1993, 1926, 1927 f.; BGH NJW 1998, 2368, 2369; KG MDR 2003, 471, 472; Stein/Jonas/*Berger*[22] § 356 Rz. 5.

Ein Beweishindernis kann sich aus der derzeitigen **Undurchführbarkeit** der vom Gericht für angemessen erachteten **Form der Beweisaufnahme** ergeben,[1] wenn die betreffende Form notwendig ist, weil sie Auswirkungen auf die Aussagekraft und den Inhalt der Beweisaufnahme hat. Dient sie nur der Bequemlichkeit der Beteiligten (z.B. der Zeugen, aber auch des Gerichts selbst), so besteht eine gleichwertige andere Möglichkeit der Beweiserhebung, die ein Hindernis ausschließt (vgl. dazu nachfolgend Rz. 16).

2. Kein gleichwertiger anderer Beweis

Ein Hindernis liegt nur vor, wenn der angetretene Beweis auf gleichwertige andere Weise nicht erbracht werden kann.[2] Ein **nicht verfügbarer Sachverständiger** kann durch einen anderen Sachverständigen **ersetzt** werden.[3] Der Ausschluss des zeitweilig nicht verfügbaren Beweismittels zwingt den Beweisführer, auf andere Informationsträger auszuweichen, die weniger zuverlässig Informationen liefern. Die Einschätzung, ob dies der Fall ist, lässt sich aus der Sicht des Gerichts schwerlich ex ante treffen. Die **Versagung einer angemessenen Beibringungsfrist** unter Hinweis auf andere verfügbare Beweismittel kann daher gegen das **Verbot** der **antizipierten Beweiswürdigung** verstoßen.

An die **Bejahung** der **Gleichwertigkeit** der Beweismittel sind **strenge Anforderungen** zu stellen. Bei der Zeugen- und der Parteivernehmung ist es wegen der Unterschiedlichkeit der subjektiven Wahrnehmungen und der daraus folgenden Aussagetüchtigkeit zweifelhaft, ob überhaupt ein gleichwertiges Beweismittel denkbar ist.

3. Behebbarkeit des Hindernisses

§ 356 setzt ein Beweiserhebungshindernis von **ungewisser Dauer** voraus. Es muss sich um ein **behebbares oder sich verflüchtigendes Hindernis** handeln, dessen Beseitigung **in absehbarer Zeit** zumindest **nicht ausgeschlossen** ist. Anderenfalls wäre ein Fristsetzung von vornherein zwecklos und der Beweisantrag müsste vom Gericht wegen Unerreichbarkeit des Beweismittels und damit Unmöglichkeit der Beweisaufnahme zurückgewiesen werden (dazu Kap. 12 Rz. 40 f.). Die für eine **Beseitigungsmöglichkeit** sprechenden Umstände muss der Beweisführer darlegen.[4] An einer Beseitigungsmöglichkeit fehlt es z.B., wenn ein in Augenschein zu nehmender Gegenstand verschwunden oder zerstört ist, ein Zeuge untergetaucht, verstorben oder wegen chronischer Krankheit vermutlich für den Rest seines Lebens vernehmungsunfähig ist[5] oder wenn er wirksam von einem Zeugnisverweigerungsrecht Gebrauch gemacht hat.

Ist die **Mitwirkung sich weigernder Dritter** erforderlich, besteht eine Beseitigungsmöglichkeit nur dann, wenn der Beweisführer gegen den Dritten einen Mitwirkungsanspruch hat (s. dazu Rz. 39) oder wenn er glaubhaft machen kann, die betreffende Person anderweitig umstimmen zu können.[6] Das Gericht hat dann ggf. die Verhandlung **gem. § 148 auszusetzen**, um die klageweise Durchsetzung des Anspruchs zu ermöglichen (näher unten Rz. 39). **Alternativ** kann das Gericht eine **Vorlage- oder** eine **Duldungsanordnung** gem. §§ 142, 144, 273 Abs. 2 Nr. 5 treffen und das Hindernis so schneller beseitigen. In diesem Fall ist eine Fristsetzung gem. § 356 entbehrlich. Eine

---
1 Vgl. dazu RG JW 1911, 221, 222; Stein/Jonas/*Berger*[22] § 356 Rz. 3.
2 MünchKommZPO/*Heinrich*[4] § 356 Rz. 2.
3 BGH NJW 1972, 1133, 1134.
4 Musielak/*Stadler*[10] § 356 Rz. 3.
5 So der Sachverhalt in BAG NJW 1966, 2426 f.
6 Stein/Jonas/*Berger*[22] § 356 Rz. 7.

verweigerte Mitwirkungshandlung Dritter kann z.B. in der Weigerung liegen, einen Sachverständigen[1] oder einen Zeugen von einer diesen treffenden Schweigepflicht zu entbinden. Liegt das Hindernis in einer **Untersuchungsverweigerung des Beweisführers** selbst, so kann dies nur zur Unmöglichkeit der Hindernisbeseitigung führen, wenn diese Weigerung endgültig war.[2]

19 Eine **verweigerte Mitwirkung des Beweisgegners** ist nach den Regeln zur Beweisvereitelung zu behandeln (dazu Kap. 8 Rz. 139). Bei verweigerter Parteivernehmung ist § 446 anzuwenden. Die Beweisvereitelungsregeln schließen eine Fristbestimmung nicht per se aus;[3] der Beweisführer hat u.U. einen **erzwingbaren** materiell-rechtlichen **Anspruch** auf Mitwirkung gegen den Beweisgegner.

V. Hindernis mit bekannter Zeitdauer

20 Ist gewiss, wann das Hindernis wegfallen wird, so ist § 356 dem Wortlaut nach nicht einschlägig. Abzulehnen ist eine analoge Anwendung des § 148.[4] Die Interessenlage ist vergleichbar mit dem geregelten Fall. **§ 356 ist im Wege eines Erst-Recht-Schlusses anzuwenden**, so dass zu prüfen ist, ob dem Beweisgegner das Abwarten der bekannten Zeitspanne zugemutet werden kann.[5] Bejahendenfalls ist die Beweisaufnahme so früh wie möglich durchzuführen. Anderenfalls ist der Beweisantrag zurückzuweisen. Ebenso ist zu verfahren, wenn gewiss ist, ab wann das Hindernis frühestens beseitigt sein kann, ohne dass gewiss ist, dass dies anschließend wirklich geschehen wird. **Die Unzumutbarkeit des Zuwartens** steht der **Unerreichbarkeit** des Beweismittels gleich.

21 Einen **Sonderfall in Abstammungssachen** (bis 1.9.2009: Kindschaftssachen) **regelte § 640f a.F.**, der eine Aussetzung des Verfahrens bis zur Beseitigung des Hindernisses in Gestalt des mangelnden Alters des Kindes ohne jede Fristsetzung gestattet, auch wenn bis dahin sehr viel mehr Zeit verstreichen kann, als im Rahmen des § 356 als zumutbar erachtet werden könnte. § 356 war in diesen Fällen nicht anwendbar. Das FamFG hat diese Sonderregelung nicht aufgegriffen. Sie ist wegen der **heute** praktizierten Sachverständigenbeweise **obsolet**; diese Beweise sind nicht auf das Erreichen eines bestimmten Lebensalters des Kindes angewiesen.

VI. Verhältnis zu § 296 und § 530

1. Tatbestandliche Unterschiede

22 § 356 betrifft – anders als § 296 Abs. 1 – **nur rechtzeitig benannte Beweismittel**.[6] Mit § 356 werden Verzögerungen bei der Beweisaufnahme erfasst. Darauf ist **§ 296 nicht**

---

1 LAG Köln MDR 2003, 462, 463.
2 Stein/Jonas/*Berger*[22] § 356 Rz. 7 und 10; vgl. BGH NJW 1993, 1391, 1393 a.E.
3 Für ein Nebeneinander von § 356 und Beweisvereitelungsgrundsätzen BGH NJW 1986, 2371, 2372; BAG NZA 1997, 705, 709 (Nichtbindung eines ärztlichen Zeugen von der Schweigepflicht). A.A. Stein/Jonas/*Berger*[22] § 356 Rz. 7 und 12; *Stürner* JZ 1987, 44 f.
4 A.A. Baumbach/Lauterbach/*Hartmann*[71] § 356 Rz. 6.
5 OLG Braunschweig JZ 1952, 530, 531 m. Anm. *Guggumos*; OLG Celle MDR 1967, 134; MünchKommZPO/*Heinrich*[4] § 356 Rz. 4; Musielak/*Stadler*[10] § 356 Rz. 6; Stein/Jonas/*Berger*[22] § 356 Rz. 8; wohl ebenso OLG Karlsruhe OLGZ 1990, 241, 243. Entgegen anderslautender Zitierung bei Musielak/*Stadler*[10] § 356 Rz. 6 Fn. 24) wendet auch OLG Karlsruhe OLGZ 1990, 241, 243 den § 356 (analog) an und verweist nur – wie die allg. Meinung – hinsichtlich des Begriffs der Verzögerung auf die §§ 296, 531, schlägt aber nicht deren analoge Anwendung vor.
6 BGH NJW 1992, 621, 622.

anwendbar,[1] weil es sich nicht um verspäteten Prozessvortrag handelt; 296 ist selbst dann nicht einschlägig, wenn die ladungsfähige Anschrift in einem im Übrigen zulässigen Zeugenbeweisantritt fehlt (dazu nachfolgend Rz. 32, Kap. 32 Rz. 16 und Kap. 33 Rz. 25).[2] Es gibt keinen über die Voraussetzungen des § 296 Abs. 1 und 2 hinausreichenden allgemeinen, tatbestandlich ungefassten Rechtsgrundsatz des Inhalts, dass eine Partei mit einem von ihr beantragten Beweismittel wegen grober Vernachlässigung ihrer Prozessförderungspflicht ausgeschlossen werden kann.[3] Die **Nichtbeachtung des Beweismittels** tritt **allein wegen** des **ergebnislosen Fristablaufs** ein und belastet die Partei damit stärker als die Regelungen des § 296 Abs. 1 und 2.[4] Unerheblich ist, ob der Antrag auf Aufnahme eines derzeit nicht verfügbaren Beweismittels zum Zwecke der Verfahrensverschleppung gestellt wird oder ob andere Beweismittel nicht zur Verfügung stehen.

23 Der Ausschluss des Beweismittels erfolgt **nicht** wegen **Verletzung einer Prozessförderungspflicht**.[5] Er hängt also nicht davon ab, ob der Beweisführer die mangelnde Beibringbarkeit des Beweismittels zu vertreten hat.[6] Anders als die Regelungen in § 296 und § 530 hat § 356 **keinerlei Sanktionscharakter**[7] und darf auch nicht mit der Zielsetzung einer Sanktionsverhängung angewandt werden.

2. Verschulden des Beweisführers als Fristsetzungsausschluss

a) Mögliche Anknüpfung des Verschuldensurteils

24 Das Hindernis kann vom Beweisführer **verschuldet** sein. Dafür kommen zwei Anknüpfungspunkte in Betracht. So kann schon das **Entstehen des Hindernisses** auf einem Verschulden beruhen. Man könnte dann das Bestimmen einer Frist versagen, wenn dieses Verschulden eine gewisse Schwere aufweist. Die Bewältigung dieser Gestaltung ist umstritten (dazu nachfolgend Rz. 26 ff. und 37).

25 Zum anderen kann sich ein Verschulden auf die **Hindernisbeseitigung** beziehen und dazu führen, dass die **gesetzte Beseitigungsfrist erfolglos** verstreicht. In letzterem Fall kommt es von vornherein nicht auf ein Verschulden an, da allein das Verstreichen der Frist zum Ausschluss des Beweismittels führen soll. Der Beweisführer kann daher – anders als im Rahmen des § 296 – **nicht entlastend** geltend machen, das Hindernis habe mangels eigenen Verschuldens nicht beseitigt werden können; der Rechtsstreit soll vielmehr mit Fristablauf entscheidungsreif werden.

b) Folgen schuldhafter Hindernisherbeiführung

26 § 356 kann selbst dann angewandt werden, **wenn** der **Beweisführer das Hindernis** vorsätzlich **geschaffen** hat,[8] weil die Verschuldensfrage irrelevant ist. Damit entfällt der

---

1 Ebenso die Abgrenzung bei Zöller/Greger[30] § 356 Rz. 1. A.A. OLG Köln MDR 2014, 494.
2 BGH NJW 1993, 1926, 1928; Musielak/Huber[10] § 296 Rz. 4; a.A. wohl Baumbach/Lauterbach/Hartmann[71] § 356 Rz. 5.
3 BGH NJW 1981, 1319.
4 BGH NJW 1989, 227, 228.
5 Anm. Gerhardt ZZP 86 (1973), 63, 65 f.; Rixecker NJW 1984, 2135, 2136; Gottschalk NJW 2004, 2939, 2940; Stein/Jonas/Berger[22] § 356 Rz. 1 und 10; a.A. Sass MDR 1985, 96, 98 f.
6 BGH NJW 1987, 893, 894; BGH NJW 1989, 227, 228; BGH NJW 1993, 1926, 1928; s. auch BGH NJW 1972, 1133, 1134.
7 Rixecker NJW 1984, 2135, 2136; MünchKommZPO/Heinrich[4] § 356 Rz. 1; Stein/Jonas/Berger[22] § 356 Rz. 1 und 14; a.A. Sass MDR 1985, 96, 98 f.
8 BVerfG NJW 2000, 945, 946; BGH NJW 1972, 1133, 1134 (Untersuchungsverweigerung durch Beweisführer); BGH NJW 1981, 1319; BGH NJW 1989, 227, 228; BGH NJW 1993, 1926, 1928; OLG Düsseldorf NZBau 2004, 553, 554; OLG Braunschweig NJW-RR 1992, 124; OLG München NJW

zusätzliche Aufwand, den eine Erforschung des Verschuldens bedeuten würde. Die dem Beweisführer in diesen Fällen zu setzende **Frist** ist **sehr kurz** zu bemessen.[1]

27 Alternativ wird von *Heinrich* vorgeschlagen, eine Fristbestimmung überhaupt zu unterlassen und das Beweismittel **von vornherein** als **unerreichbar** zu betrachten, wenn das Hindernis **vorsätzlich zum Zwecke der Prozessverschleppung** herbeigeführt worden ist. Ein Verschulden wird also nicht pauschal für unbeachtlich erklärt.[2] Insbesondere in Fällen vorsätzlich geschaffener Hindernisse könne dann auf eine zusätzliche Fristsetzung verzichtet werden, unabhängig davon, ob und innerhalb welcher Zeit eine Hindernisbeseitigung möglich wäre. Nicht völlig klar ist an dieser Stellungnahme, ob die verschuldete Hindernisbereitung als eine Art negatives Tatbestandsmerkmal des § 356 zu verstehen sein soll, oder ob sie in sonstiger Weise erfasst werden soll. Jedenfalls kommt **§ 296 nicht** in Betracht (s. oben Rz. 22).

28 **Praktisch bedeutsam** wird der Streit, wenn die **Mitwirkung des Beweisführers** bei der Beweiserhebung erforderlich ist, er diese aber **verweigert**,[3] etwa durch **Nichtentbindung** eines Zeugen **von** dessen beruflicher **Schweigepflicht**, durch **Verweigerung des Zutritts** für den Beweisgegner zu einem Grundstück im Rahmen einer Beweisaufnahme (dazu auch Kap. 5 Rz. 20) oder durch **Nichterscheinen zu** einer ärztlichen **Untersuchung** durch einen Sachverständigen.[4] In dieser Situation drängt sich die Missbräuchlichkeit des gestellten Beweisantrags auf. Darauf abzustellen ist jedoch entbehrlich, abgesehen davon, dass eine Rechtsgrundlage nicht erkennbar ist.

29 Die Vorschriften zu den **einzelnen Beweismitteln** enthalten **teilweise Regeln** für den Fall einer verweigerten **Mitwirkungshandlung** durch eine Partei (vgl. § 371 Abs. 3, § 446). Die Lösung ist dann über diese Vorschriften zu suchen. Entbehrlich ist eine Frist, wenn die Verweigerung der Mitwirkung endgültig ist,[5] was sich aus den Umständen ergeben kann.

30 **Fehlt** es an einer **Sonderregelung** und ist eine endgültige Weigerung nicht anzunehmen, so ist eine **Frist** zu setzen, die **kurz** sein darf. Damit bestehen hinreichende Möglichkeiten, eventuellen Missbräuchen auch ohne Berücksichtigung und Ermittlung eines Verschuldens zu begegnen. Im Übrigen kann das Setzen einer kurzen Frist dazu führen, dass sich der Beweisführer der Folgen seiner Verweigerungshaltung bewusst wird und sich anders entscheidet.

31 Eine Anwendung der Grundsätze über die **Beweisvereitelung** soll ausscheiden, weil diese für eine Vereitelung des Beweises durch den **Gegner der beweisbelasteten Partei** und nicht durch diese selbst entwickelt wurden.[6] Indes ist die Würdigung des Prozessverhaltens im Rahmen des § 286 nicht ausgeschlossen (s. auch Kap. 5 Rz. 19).

1967, 684; *Gerhardt* ZZP 86 (1973), 63, 66; Musielak/*Stadler*[10] § 356 Rz. 3; Zöller/*Greger*[30] § 356 Rz. 2; a.A. Baumbach/Lauterbach/*Hartmann*[71] § 356 Rz. 2.
1 *Gerhardt* ZZP 86 (1973), 63 66.
2 MünchKommZPO/*Heinrich*[4] § 356 Rz. 5.
3 Vgl. OLG Karlsruhe OLGZ 1990, 241, 242; OLG Hamm NZV 2004, 41 f. (Verhinderung der eigenen körperlichen medizinischen Untersuchung).
4 Gleichgestellt ist das Unterbleiben der Untersuchung wegen Nichtunterzeichnung eines Formulars über die erfolgte ärztliche Aufklärung, OLG Hamm MDR 2003, 1373, 1374.
5 BGH NJW 1993, 1391, 1393.
6 *Gerhardt* ZZP 86 (1973), 61, 64 f. Zum Wirksamwerden des Rechtsgedankens der Beweisvereitelung zu Lasten der *feststellungsbelasteten Partei* im Rahmen der Vaterschaftsfeststellung s. aber auch BGH NJW 1993, 1391, 1393; ferner BGH NJW 1986, 2371, 2372.

3. Einzelheiten/Kasuistik

a) Zeugenbeweis

Umstritten ist die Notwendigkeit einer Fristsetzung, wenn der Beweisführer den **Namen des Zeugen oder dessen Anschrift** in einem Beweisantrag **nicht benannt** hat.[1] Der Zeugenbeweisantritt muss den **Mindestanforderungen des § 373** genügen (dazu Kap. 32 Rz. 1). Ein Beweisantrag „Zeugnis N.N." erfüllt dieses Erfordernis regelmäßig nicht (Kap. 32 Rz. 16) mit der Folge, dass das Vorbringen der Partei **lediglich als Ankündigung** eines entsprechenden Beweisantrages zu bewerten und die spätere vollständige Antragstellung an den §§ 296, 530, 531 Abs. 2 zu messen ist.[2]   32

Unvollständig ist der Beweisantrag indes nur, wenn die **Person** des Zeugen **nicht einmal bestimmbar ist**[3] und deshalb davon ausgegangen werden muss, dass es den betreffenden Zeugen gar nicht gibt. Ist der **Zeuge** – mit Namen oder Funktionsbeschreibung[4] – **individualisiert** und fehlt z.B. nur die ladungsfähige Anschrift, genügt der Antrag dem § 373.[5] Der Zeuge darf dann nur unter den Voraussetzungen des § 356 unberücksichtigt bleiben.[6] § 296 ist auf diese Prozesslage nicht anwendbar (s. zuvor Rz. 22).   33

Ursächlich wird in der Regel sein, dass der Beweisführer die für eine Ladung benötigten Daten **mangels eigener Kenntnis (noch) nicht nennen** konnte. Die **Schwierigkeiten der Ermittlung** sind bei der Bestimmung der Fristenlänge zu berücksichtigen. Wegen grundsätzlicher Unbeachtlichkeit eines Verschuldens ist eine (ggf. kurze) Fristsetzung aber auch dann erforderlich, wenn die beweispflichtige Partei die Daten nicht mitteilt, weil sie die Beweiserhebung hinauszögern will.[7] Eine **Berücksichtigung des Verschuldens würde** wegen des dafür erforderlichen Ermittlungsaufwands dem Beschleunigungszweck des § 356 u.U. mehr **schaden**, als dass sie Nutzen bringen könnte.   34

Umstritten ist die **zusätzliche Anwendung des § 139**. Nach teilweise vertretener Ansicht soll das Gericht nicht durch einen Hinweis gem. § 139 zur Vervollständigung der Informationen beitragen dürfen, um § 356 nicht zu unterlaufen.[8] Der **BGH verneint** eine Hinweispflicht.[9] Eine dritte Ansicht nimmt eine Pflicht zum Hinweis auf die drohende Rechtsfolge an, um dem Beweisführer Gelegenheit zur Nachbesserung   35

---

1 Näher dazu *Gottschalk* NJW 2004, 2939 ff.; *Reinecke* MDR 1990, 767 ff.; *Rixecker* NJW 1984, 2135 ff.
2 BGH NJW 1987, 3077, 3080; BGH NJW 1983, 1905, 1908; MünchKommZPO/*Heinrich*[4] § 356 Rz. 6; *Reinecke* MDR 1990, 767, 768; *Rixecker* NJW 1984, 2135 f.
3 BGH NJW 1998, 2368, 2369; BGH NJW 1993, 1926, 1927; OLG Düsseldorf NZBau 2004, 553, 554; Stein/Jonas/*Berger*[22] § 356 Rz. 5. Großzügiger BAG NJW 1977, 727 f.
4 So in BGH NJW 1998, 2368, 2369 (trotz Angabe „N.N.", jedoch mit Benennung des Referats „IV4a" der klagenden Bundesanstalt für Arbeit). Unzureichend: „Zeugnis N.N. anwesende Miteigentümer", BGH NJW 2011, 1738 Rz. 8; „Mitarbeiter der X.", BGH GRUR 2012, 630 Rz. 43 – Converse II.
5 BVerfG NJW 2000, 945, 946; BGH NJW 1989, 1732, 1733; BGH NJW-RR 2011, 428 Rz. 6 = VersR 2011, 1158; BGH GRUR 2012, 630 Rz. 42.
6 BVerfG NJW 2000, 945, 946; BVerfG NJW 1984, 1026; BVerfG NJW 1985, 3005, 3006; BGH NJW 1982, 1905, 1908; BGH NJW 1989, 227, 228; BGH NJW 1993, 1926, 1928; BAG NJW 1977, 727, 728; OLG Köln OLGRep. 1998, 56, 57; Musielak/*Stadler*[10] § 356 Rz. 2; Musielak/*Huber*[10] § 296 Rz. 4.
7 BGH MDR 1998, 855, 856 (insoweit nicht in NJW 1998, 2368); Stein/Jonas/*Berger*[22] § 356 Rz. 5; s. auch BGH NJW 1981, 1319.
8 Baumbach/Lauterbach/*Hartmann*[71] § 356 Rz. 5; nicht hingegen *Schneider* MDR 1998, 1115 f. trotz gegenteiliger Zitierung bei Baumbach/Lauterbach/*Hartmann*[71] § 356 Rz. 5.
9 BGH NJW 1987, 3077, 3080; ebenso *Mayer* NJW 1983, 858, 859; Zöller/*Greger*[30] § 356 Rz. 4.

zu geben.¹ **Gegen** die Anwendung des § 139 spricht, dass dem Beweisführer die Unvollständigkeit seines Beweisantrages bekannt ist. Im Übrigen wird das Hinweisziel erreicht, wenn von vornherein gem. § 356 vorgegangen wird.

b) Zahlung des Auslagenvorschusses

36 Die fehlende Zahlung eines Auslagenvorschusses für einen Zeugen oder Sachverständigen gem. § 379 bzw. §§ 279, 402 stellt ein **Hindernis i.S.d. § 356** dar;² allerdings ist die Anwendung des unmittelbar einschlägigen § 379 S. 2 vorzuziehen, der tatbestandlich von § 356 nicht abweicht (s. oben Rz. 10). Auch bei Anwendung des § 356 ist **nach Versäumung der Einzahlungsfrist** nicht eine zweite Fristsetzung gem. § 356 mit Androhung der Nichtberücksichtigung des Beweismittels erforderlich.³

37 Die **Gründe der Nichtzahlung** sind für die Anwendung der Nichtberücksichtigungswirkung (dazu unten Rz. 50 ff.) **bedeutungslos**. Das Vertretenmüssen einer Nichtzahlung müsste nur geklärt werden, wenn mit der – hier abgelehnten – Ansicht ein Verschulden die Fristsetzung nach § 356 entbehrlich machen würde. Die Nichtzahlung beruht **nicht stets** auf einer **Verzögerungsabsicht**, vielmehr können **fehlende finanzielle Mittel** der Grund sein. Der Grundsatz, „Geld hat man zu haben", ist in diesem Zusammenhang unbeachtlich.

38 **§ 296** kann bei Nichtzahlung des Vorschusses nicht herangezogen werden, weil die **Nichtzahlung** eines Vorschusses, der Fiskalinteressen des Staates und mittelbar des Gegners als eines Sekundärschuldners absichert, **kein Angriffs- oder Verteidigungsmittel** ist⁴ (s. auch Kap. 33 Rz. 25).

c) Fehlende Mitwirkungsbereitschaft Dritter

39 Ein Hindernis kann auch in der fehlenden Mitwirkungsbereitschaft eines Dritten bestehen. Ob die Beweiserhebung nur einstweilen oder gänzlich undurchführbar ist, hängt davon ab, ob der Beweisführer einen **durchsetzbaren Anspruch** auf Mitwirkung **gegen den Dritten** hat.⁵ Das Gericht kann eine für die klageweise Durchsetzung dieses Anspruchs ausreichende Frist setzen und das eigene Verfahren gem. § 148 aussetzen.⁶

40 Eine Regelung enthalten **für den Urkundenbeweis** die §§ 431, 430, 429, 424 S. 1 Nr. 5, die gem. § 371 Abs. 2 S. 2 auch **für den Augenscheinsbeweis** gelten. Der Beweisführer hat die Voraussetzungen des Herausgabeanspruchs gegen den Urkundenbesitzer glaubhaft zu machen. Das Gericht bestimmt eine Frist gem. § 431 Abs. 1 nur dann, wenn die Glaubhaftmachung den betreffenden Anspruch schlüssig ergeben hat (zu Einzelheiten Kap. 30 Rz. 29). Bei anderen Beweismitteln als Urkunden und Augen-

---

1 BAG NJW 1977, 727, 728; MünchKommZPO/*Heinrich*⁴ § 356 Rz. 6; *Gottschalk* NJW 2004, 2939, 2940; *Rixecker* NJW 1984, 2135, 2136 (sofern die Partei nicht erkennbar erst noch nach einem Zeugen sucht); *Schneider* MDR 1998, 1115, 1116.
2 BGH NJW 2007, 2122 Rz. 15; BGH Urt. v. 30.1.2007 – VII ZR 99/06; OLG Frankfurt Urt. v. 19.11.2008 – 4 U 119/08; KG KGRep. 2006, 962 = VRS 111 (2006), 175; *Schneider* ZZP 76 (1963), 188, 193; Zöller/*Greger*³⁰ § 356 Rz. 2; Musielak/*Stadler*¹⁰ § 356 Rz. 4; a.A.: *Bachmann* DRiZ 1984, 401, 403; MünchKommZPO/*Heinrich*⁴ § 356 Rz. 7; offen gelassen von BGH NJW 1998, 761, 762; s. auch BVerfG NJW-RR 2004, 1150, 1151.
3 BVerfG (Kammer) NJW-RR 2004, 1150; BGH NJW 1998, 761, 762 (keine „zweimalige" Fristsetzung); a.A. KG KGRep. 2006, 962 = VRS 111 (2006), 175, 177 (Kumulation von § 379 und § 356).
4 *Rixecker* NJW 1984, 2135, 2137.
5 MünchKommZPO/*Heinrich*⁴ § 356 Rz. 8. Musielak/*Stadler*¹⁰ § 356 Rz. 5 lässt auch *tatsächliche* Einwirkungsmöglichkeiten genügen.
6 OLG Nürnberg MDR 1983, 942; MünchKommZPO/*Heinrich*⁴ § 356 Rz. 8.

scheinsobjekten sind diese Vorschriften i.V.m. § 356 (in analoger[1] oder unmittelbarer[2] Anwendung) heranzuziehen. Fehlt ein entsprechender Anspruch, so ist eine Fristsetzung zwecklos und damit ausgeschlossen.

Alternativ kann das Gericht eine **Anordnung nach §§ 142, 144** erlassen. 41

d) Fehlendes Schiedsgutachten

Haben die Parteien einen Schiedsgutachtenvertrag geschlossen und fehlt die vereinbarte Schiedsbegutachtung, ist **umstritten, ob** eine **Frist zu bestimmen oder** die **Klage abzuweisen** ist. Umstritten ist auch, ob die Abweisung als derzeit unbegründet oder als unzulässig zu erfolgen hat. Eine verbreitete Meinung geht davon aus, dass das Gericht in Analogie zu den §§ 356, 431 (s. dazu zuvor Rz. 39 f.) eine Frist setzen kann.[3] Die **Gegenauffassung**[4] will die Klage mit der Begründung abweisen, durch eine Fristsetzung werde der von den Parteien mit dem Schiedsgutachtenvertrag verfolgte Zweck der Vermeidung[5] eines Prozesses vereitelt. Ein vorsätzlicher Verstoß gegen die Schiedsgutachtenvereinbarung lasse jedes berechtigte Interesse an einer Gelegenheit zur Hindernisbeseitigung entfallen. Dies ließe sich allerdings als eine nach dem Normzweck unzulässige Berücksichtigung eines Verschuldens des Beweisführers auffassen, sofern diesem nicht eine Verzögerungsabsicht nachgewiesen werden kann. 42

VII. Fristenbemessung

Hinsichtlich der Frage, ob eine Frist zu bestimmen ist, liegt eine gebundene Entscheidung vor.[6] Lediglich die **Bemessung der Länge der Frist** steht im **Ermessen des Gerichts**. Abzuwägen ist das Beweisführungsinteresse gegen das Interesse des Beweisgegners an einem zügigen Abschluss des Verfahrens. Dem Beweisführer muss Gelegenheit gegeben werden, Anhaltspunkte für den Zeitbedarf darzulegen und so die Einschätzung des Gerichts zu seinen Gunsten zu beeinflussen. 43

Die Frist ist so zu bemessen, dass der **Beweisführer** das Hindernis **beseitigen kann**. Sie darf zur Wahrung des Grundsatzes eines fairen Verfahrens nicht so kurz sein, dass eine Hindernisbeseitigung dadurch unwahrscheinlich wird.[7] Die **Grenze** bildet die **Unzumutbarkeit** der Prozessunterbrechungsdauer **für den Beweisgegner**. Ist sicher oder sehr wahrscheinlich, dass das Hindernis nicht innerhalb einer zumutbaren Frist beseitigt werden kann, so steht dies der Unmöglichkeit der Beseitigung gleich; von einer Fristsetzung ist abzusehen. Bei einer **geringen Wahrscheinlichkeit** der Beseitigung des Beweishindernisses ist von einer Fristbestimmung abzusehen. 44

---

1 MünchKommZPO/*Heinrich*[4] § 356 Rz. 8.
2 OLG Nürnberg MDR 1983, 942.
3 BGH NJW-RR 1988, 1405 = JZ 1988, 1080, 1083 m. Anm. *Walter*; BGH NJW 1994, 586, 588; OLG Düsseldorf VersR 1962, 705, 706; AK-ZPO/*Röhl* vor § 1025 Rz. 50; *Bruns* ZPR[2] § 64 Rz. 335e; Stein/Jonas/*Schlosser*[22] vor § 1025 Rz. 40; *Wittmann* Struktur und Grundprobleme des Schiedsgutachtenvertrages S. 73 f.
4 BGH LM § 1025 Nr. 15 (Abweisung als zur Zeit unbegründet); OLG Zweibrücken NJW 1971, 943, 944; OLG Frankfurt VersR 1982, 759; OLG Düsseldorf NJW-RR 1986, 1061; MünchKommZPO/*Heinrich*[4] § 356 Rz. 9; *Walchshöfer* Festschrift Schwab (1990), S. 521, 528 f.; s. ferner OLG Celle NJW 1971, 288, 289; OLG Frankfurt MDR 1985, 150; Rosenberg/Schwab/*Gottwald*[17] § 174 Rz. 26.
5 Vgl. OLG Düsseldorf NJW-RR 1986, 1061.
6 BGH VersR 1973, 249, 250.
7 Vgl. OLG Hamm, Urt. v. 4.2.2007 – 21 U 109/06.

45 Die Frist muss stets **exakt bestimmt** werden, ungefähre Zeiträume, etwa die Angabe „unverzüglich", sind also nicht zulässig.[1] Bei der Bestimmung der **Fristlänge** ist das Gericht in den aufgezeigten Grenzen frei. Die materiell-rechtlichen Verjährungsfristen als Orientierungshilfe zu verwenden,[2] ist nicht sinnvoll, da diese Fristen keinerlei Bezug zu dem bestehenden Hindernis und den Anforderungen an seine Beseitigung aufweisen und auch über die Zumutbarkeit eines weiteren Zuwartens für den Beweisgegner nichts aussagen. Eine **Androhung** der gesetzlichen Folgen ist **nicht erforderlich** (oben Rz. 9).

46 Die **Fristberechnung** richtet sich gem. § 222 Abs. 1 nach den §§ 187–193 BGB. Gem. § 224 ist eine Verkürzung oder Verlängerung der Frist möglich. Die Frist ist **notfristähnlich**; deshalb dürfen Beginn und Ende der Frist nicht ungewiss bleiben.[3]

VIII. Fristsetzungsverfahren

47 Liegen die Voraussetzungen des § 356 vor, ist das Gericht **von Amts wegen** verpflichtet, eine Beibringungsfrist zu setzen, ohne dass dafür ein Antrag der Gegenpartei erforderlich wäre. **Zuständig ist** das **Prozessgericht** (zum Begriff Kap. 4 Rz. 25), bei Kollegialgerichten also der gesamte Spruchkörper. Die Entscheidung ergeht durch **Beschluss**, wie das Gesetz seit der Änderung durch das ZPO-RG vom 27.7.2001[4] ausdrücklich vorsieht. Es handelt sich damit um eine richterliche Fristsetzung. Eine beispielsweise von der Geschäftsstelle eigenmächtig vorgenommene Fristsetzung entfaltet keinerlei Wirkung.[5] Aus § 128 Abs. 4 ergibt sich, dass eine mündliche Verhandlung nicht stattgefunden haben muss.[6]

48 **Adressat** ist der Beweisführer, also derjenige, der sich auf das Beweismittel berufen hat; ohne Bedeutung ist die Beweislastverteilung.[7]

49 Beschlüsse, die eine **Frist** in Lauf setzen, sind gem. § 329 Abs. 2 S. 2 **förmlich zuzustellen**. Findet eine Zustellung dem zuwider nicht statt, beginnt die Frist nicht zu laufen. Dies gilt auch für die Fristsetzung nach § 356.[8]

IX. Folgen ergebnislosen Fristablaufs

50 Mit ergebnislosem Ablauf der Frist ist die beweisführende Partei **kraft Gesetzes** mit dem betreffenden Beweismittel **für die** betreffende **Instanz ausgeschlossen**. Die Beweisaufnahme selbst braucht nicht innerhalb der Frist durchgeführt zu werden, es kommt allein auf den Wegfall des Hindernisses an. Auch wenn das an die Vorschusszahlung gebundene Beweismittel wegfällt, hat das Gericht die Sachverhaltsaufklärung mit Hilfe der **anderen verfügbaren Beweismittel** und des bereits vorhandenen oder anzuregenden Parteivortrags zu klären.[9]

---

1 BGH NJW 1989, 1926, 1928.
2 So der Vorschlag von Stein/Jonas/*Berger*[22] § 356 Rz. 12.
3 BGH NJW 1989, 227, 228 (dort: zur Heilung von Zustellungsmängeln nach Ermessen des Gerichts).
4 BGBl. I 2001, 1887.
5 BVerfG NJW 1985, 3005, 3006.
6 Zöller/*Greger*[30] § 356 Rz. 6.
7 BGH NJW 1984, 2039.
8 BGH NJW 1989, 227, 228.
9 BGH NJW 2007, 2122 Rz. 15; OLG Naumburg NJW-RR 2012, 1535, 1536.

Ist das betreffende Hindernis beseitigt und tritt anschließend ein weiteres auf, so ist 51
§ 356 erneut anzuwenden. Bei der Frage der Zumutbarkeit einer weiteren Unterbrechung hat das Gericht dann die bereits eingetretene Verzögerung zu berücksichtigen. In der **Berufungsinstanz** sollte das Beweismittel unter den Voraussetzungen des § 528 Abs. 2 und 3 a.F. jedoch wieder herangezogen werden können; es war nicht gem. § 528 Abs. 3 a.F. ausgeschlossen.[1] Nach **§ 531 Abs. 2 n.F.** ist der Beweisantritt allerdings ausgeschlossen, wenn nicht ein Zulassungsgrund gegeben ist. Nachlässigkeit i.S.d. § 531 Abs. 2 Nr. 3 liegt nicht vor, wenn das Hindernis, etwa die mangelnde Kenntnis der Zeugenanschrift, in der ersten Instanz nicht zu überwinden war.[2]

§ 356 ordnet nicht den gänzlichen Ausschluss des betreffenden Beweismittels an. Auf 52
das Beweismittel kann **trotz erfolglosen Fristablaufs** zurückgegriffen werden, wenn die Beweiserhebung – nach der freien Überzeugung des Gerichts – **nicht zu** einer **Verzögerung des Verfahrens** führt. Für die Frage, wann eine Verzögerung zu erwarten ist, bedarf es derselben gerichtlichen **Prognose wie im Rahmen des § 296**.[3] Die dort vorgesehene Exkulpation ist jedoch ausgeschlossen. Eine Verzögerung tritt nicht ein, wenn der zuvor nicht auffindbare Zeuge vom Beweisführer zur mündlichen Verhandlung sistiert wird und vernommen werden kann.[4]

Tritt eine Verfahrensverzögerung ein, darf sie nur durch das von der Partei zu beseiti- 53
gende Beweiserhebungshindernis ausgelöst werden. Hat hingegen eine **unzulängliche richterliche Verfahrensleitung mitgewirkt**, darf die Rechtsfolge des § 356 nicht angewandt werden, weil die Sache dann ohnehin nicht entscheidungsreif ist (Kap. 33 Rz. 128).[5] Ebenfalls nicht zuzurechnen ist ein mitwirkender Streik des Gerichtspersonals.[6]

Wird der betreffende **Beweis** trotz abgelaufener **Frist** erhoben, so ist er regulär zu wür- 54
digen und das Beweisergebnis kann vollumfänglich der Entscheidung zugrunde gelegt werden. § 356 soll der Beschleunigung des Verfahrens dienen, so dass ein Verfehlen dieser Zielsetzung im Einzelfall **kein Beweisverwertungsverbot** rechtfertigt.[7]

X. Rechtsmittelkontrolle

Die Entscheidung gem. § 356 kann **mehrere Fehler** aufweisen: Es kann die Bestim- 55
mung einer Beibringungsfrist trotz Vorliegens der Voraussetzungen verweigert werden, sie kann trotz Fehlens der Voraussetzungen erfolgen und die bestimmte Frist kann zu kurz oder zu lang sein. Die Beeinträchtigungen, die mit diesen Fehlern verbunden sind, sind **unterschiedlich gravierend**. So kostet die ungerechtfertigte Bestimmung einer Frist oder eine zu lang bemessene Frist allenfalls Zeit. Die **ungerechtfertigte Versagung einer Fristbestimmung** bzw. eine zu kurze Frist kann hingegen dazu führen, dass die beweispflichtige Partei beweisfällig bleibt und infolge dessen unterliegt.

---

1 BGH ZZP 86 (1973), 60, 62; OLG Karlsruhe NJW-RR 1994, 512; *Weth* Die Zurückweisung verspäteten Vorbingens S. 107 f.; offengelassen von BGH NJW 1989, 1926, 1928.
2 KG MDR 2003, 471, 472.
3 OLG Karlsruhe OLGZ 1990, 241, 243; s. auch OLG Frankfurt, Urt. v. 19.11.2008 – 4 U 119/08.
4 MünchKommZPO/*Heinrich*[4] § 356 Rz. 13; Musielak/*Stadler*[10] § 356 Rz. 8.
5 OLG Frankfurt, Urt. v. 19.11.2008 – 4 U 119/08 (dort: Sachverständiger, für den Vorschuss verlangt wurde, war noch nicht als Person festgelegt; insoweit jedoch zweifelhafte Rangordnung des richterlichen Vorgehens).
6 OLG Hamm MDR 2007, 855.
7 Vgl. *Schneider* MDR 1964, 817, 818; MünchKommZPO/*Heinrich*[4] § 356 Rz. 13.

56 **Unzumutbar lange Fristen** können wegen der Verfahrensverzögerung weder durch den Beweisführer noch durch dessen Gegner mit der sofortigen Beschwerde angefochten werden.[1] Eine **Ausnahme** gilt in **Analogie zu § 252** nur dann, wenn die Frist so lang ist, dass dies einer Aussetzung des Verfahrens gleichkommt,[2] also effektiver Rechtsschutz nicht mehr gewährleistet ist (s. dazu auch Kap. 13 Rz. 131). Eine **zu kurz bemessene Frist** ist in der laufenden Instanz nicht anfechtbar.[3]

57 Gegen die ausdrückliche **Ablehnung einer Fristsetzung** ist die **sofortige Beschwerde** gem. § 567 Abs. 1 Nr. 2 statthaft.[4] Ebenso wenig wie die Bestimmung einer Frist ist sie einer Anordnung zur Beweisaufnahme oder deren Abänderung gleichzusetzen; die Sperre analog § 355 Abs. 2 gilt nicht.

58 Das rechtsirrtümliche **Unterlassen einer Fristsetzung**,[5] deren bewusste Versagung oder die **zu kurze Bemessung der Frist**[6] und die anschließende Entscheidung ohne Berücksichtigung des beantragten Beweismittels **beeinträchtigen** den **Anspruch auf rechtliches Gehör**. Das **Urteil** kann daher durch ein **statthaftes Rechtsmittel** angefochten werden.[7] Dabei ist ohne Weiteres zu unterstellen, dass das Beweismittel hätte beigebracht werden können und das Urteil auf dem Mangel beruht.[8] Nach Erschöpfung des Rechtswegs ist auch die **Verfassungsbeschwerde** wegen Verletzung des Art. 103 Abs. 1 GG möglich.[9] Gleichzusetzen ist die Nichtzulassung des Beweismittels trotz fristgerechter Beseitigung des Hindernisses. Das Berufungsgericht kann den Rechtsstreit **gem. § 538 Abs. 2 Nr. 1 zurückverweisen**.[10]

§ 51 Beweisaufnahme ohne Parteimitwirkung, § 367 ZPO

I. Amtsbetrieb der Beweisaufnahme

59 § 367 folgt aus dem Grundsatz des Amtsbetriebs und konstituiert die Pflicht des Prozessgerichts oder des beauftragten oder ersuchten Richters, Beweisbeschlüsse nach Möglichkeit auch **ohne Anwesenheit** oder gar Mitwirkung **der Parteien** auszuführen. Die Vorschrift entlastet zu vernehmende Zeugen und Sachverständige, indem sie deren wiederholtes Erscheinen vermeidet, und trägt zur Verfahrensbeschleunigung bei.

II. Anwendungsbereich des § 367

60 § 367 Abs. 1 regelt die **Folgen** des Ausbleibens **für den konkreten Beweistermin**, während Abs. 2 die Folgen für die **Beweisaufnahme insgesamt** bestimmt und entscheidet, ob Defizite der Beweisaufnahme, die sich wegen des Fehlens der Partei ergeben ha-

---

1 OLG Naumburg JW 1935, 3322 (Nr. 42).
2 OLG Köln FamRZ 1960, 409, 410; OLG Celle MDR 1967, 134; OLG Bremen NJW 1969, 1908, 1909; OLG Stuttgart ZZP 66 (1953), 60; MünchKommZPO/*Heinrich*[4] § 356 Rz. 14; Musielak/*Stadler*[10] § 356 Rz. 9; Stein/Jonas/*Berger*[22] § 356 Rz. 15; a.A. zu dieser Begründung OLG Frankfurt NJW 1963, 912, 913 (jedoch die Möglichkeit eines Beschwerderechts bei Vereitelung der Beweiserhebung andeutend).
3 MünchKommZPO/*Heinrich*[4] § 356 Rz. 14; Musielak/*Stadler*[10] § 356 Rz. 9.
4 MünchKommZPO/*Heinrich*[4] § 356 Rz. 14; Musielak/*Stadler*[10] § 356 Rz. 9; Stein/Jonas/*Berger*[22] § 356 Rz. 15. A.A. OLG Celle NJW-RR 2000, 1166; Zöller/*Greger*[30] § 356 Rz. 6.
5 Vgl. BGH NJW 1974, 188, 189; BGH NJW 1989, 227, 228.
6 OLG Nürnberg MDR 1983, 942; OLG Hamm MDR 2007, 855.
7 BGH NJW 1974, 188, 189; BGH NJW 1989, 227, 228.
8 BGH NJW 1974, 188, 189.
9 BVerfGE 65, 305, 308 = NJW 1984, 1026; BVerfGE 69, 248, 255; BVerfG NJW 1985, 3005, 3006; BVerfG NJW-RR 1994, 700.
10 OLG Hamm MDR 2007, 855.

ben, durch das Nachholen oder Vervollständigen der Beweisaufnahme ausgeglichen werden müssen.

§ 367 Abs. 1 spricht von dem „Termin zur Beweisaufnahme", was einen speziellen Beweistermin nahelegen könnte, dem ein Beweisbeschluss vorangegangen sein müsste. Das ist jedoch nicht der Fall. § 367 betrifft sowohl einen **gesonderten Termin zur Beweisaufnahme**, der wegen eines umzusetzenden Beweisbeschlusses angeordnet worden ist, **als auch** einen **Termin zur mündlichen Verhandlung**, in dem aufgrund formloser Beweisanordnung eine Vernehmung **vorbereitend** nach § 273 Abs. 2 Nr. 4 **geladener Zeugen** oder Sachverständiger stattfinden soll. 61

Bei Abwesenheit einer Partei eine Beweiserhebung durch schlichte Beweisanordnung zu verfügen und gem. § 367 Abs. 1 auszuführen, ist nur zulässig, **wenn** eine **ordnungsgemäße Benachrichtigung** der Parteien nach § 273 Abs. 4 **erfolgt** ist. Die Benachrichtigung zeigt den Parteien deutlich, dass sich der mündlichen Verhandlung eine Beweisaufnahme anschließen kann. Unerheblich ist, ob der auszuführende Beweisbeschluss gem. § 358 oder § 358a ergangen ist. § 367 findet auch dann Anwendung, wenn ein **vorterminlicher Beweisbeschluss** gem. § 358a S. 2 **vorterminlich ausgeführt** werden soll. 62

Die **Entscheidung nach Absatz 2** steht grundsätzlich **nur** dem **Prozessgericht** offen, während Absatz 1 auch für eine Beweisaufnahme vor dem beauftragten oder dem ersuchten Richter gilt. Bei einer Beweisaufnahme vor dem Richterkommissar ist der Antrag gem. § 367 Abs. 2 gegenüber dem Prozessgericht stellen (näher unten Rz. 82). 63

III. Durchführung der Beweisaufnahme trotz Ausbleibens

1. Möglichkeit der Durchführung

Die Anwesenheit der Parteien kann im Gegensatz zur Anwesenheit von Zeugen und Sachverständigen nicht erzwungen werden; die Parteien haben lediglich ein Anwesenheits*recht*, § 357 Abs. 1.[1] Daher ist grundsätzlich auch in ihrer Abwesenheit ein Zeuge oder Sachverständiger zu vernehmen oder ein Gegenstand oder eine Urkunde in Augenschein zu nehmen. Die **ausgebliebene Partei muss** nur **ordnungsgemäß** von dem Termin **benachrichtigt** worden sein (§§ 357 Abs. 2, 218, 329 Abs. 2 S. 2, 172, 273 Abs. 4 S. 1),[2] insbesondere sind also Form und Frist (§ 217) der Ladung einzuhalten. Fehlt es daran, verletzt die Beweisaufnahme den Grundsatz der **Parteiöffentlichkeit** (§ 357 Abs. 1) und den sich darin konkretisierenden Anspruch auf rechtliches Gehör. 64

Vom Fall der unzureichenden Benachrichtigung abgesehen darf die Erhebung des Beweises nur unterbleiben, wenn die Durchführung von der Anwesenheit der fehlenden Partei abhängt. Dies ist z.B. der Fall, wenn die **zu vernehmende Partei nicht erscheint** – wobei in diesen Fällen die Sonderregelung des § 454 gilt –, oder wenn eine Partei ein **Augenscheinsobjekt** oder eine **Urkunde vorlegen** sollte, der betreffende Gegenstand also nicht zur Verfügung steht. Die Partei kann auch selbst Augenscheinsobjekt sein, z.B. wenn es um die Begutachtung von Verletzungen geht. 65

---

1 *Jankowski* NJW 1997, 3347; Musielak/*Stadler*[10] § 367 Rz. 2.
2 RGZ 6, 351, 353; MünchKommZPO/*Heinrich*[4] § 367 Rz. 4; Musielak/*Stadler*[10] § 367 Rz. 1; Stein/Jonas/*Berger*[22] § 367 Rz. 1.

2. Folgen des Ausbleibens

a) Verlust des Fragerechts

66 Das Ausbleiben hat **prozessuale Folgen** für die ausgebliebene Partei. Konnte die Beweisaufnahme trotz ihres Fehlens durchgeführt werden, so geht sie diesbezüglich sämtlicher **Mitwirkungs- und Fragerechte** (§§ 397, 402, 451) für die betreffende Instanz **verlustig**, und zwar unabhängig davon, ob sie beweisbelastet ist. Sie wird behandelt, als habe sie bei Anwesenheit von ihrem Fragerecht keinen Gebrauch gemacht.

b) Präklusion, Beweisfälligkeit

67 Fehlt die beweisbelastete Partei, deren Mitwirkung für die Durchführung der Beweisaufnahme erforderlich ist, etwa weil von ihr ein Gegenstand vorzulegen ist, und scheitert die Beweisaufnahme deshalb, ist die Partei **mit** dem **Beweismittel** in der betreffenden Instanz vorbehaltlich des § 367 Abs. 2 **ausgeschlossen** (§ 230). Damit ist zwar nicht zwingend gesagt, dass die Partei beweisfällig bleibt, weil sich andere Beweismittel, die zum Beweis derselben Tatsachen herangezogen wurden, als ergiebig genug erweisen. Häufig wird die Beweisführung aber scheitern.

68 Die Partei ist mit dem betreffenden Beweismittel jeweils **nur für das** benannte **Beweisthema präkludiert**. Aus § 367 ergibt sich lediglich, dass die für den jeweiligen Termin anberaumte Beweisaufnahme nicht mehr nachgeholt oder ergänzt werden darf, wenn nicht die Voraussetzungen des Absatzes 2 vorliegen. **Versäumte Beweishandlung** i.S.d. § 230 ist in den Fällen einer Verhinderung der Beweisaufnahme **lediglich** der konkrete Beweisantritt zum **Beweis einer bestimmten Behauptung**, denn ein Beweisantritt findet stets nur im Hinblick auf eine bestimmte Behauptung und nicht generell für das jeweilige Beweismittel statt. Darauf beschränkt sich demzufolge die Rechtsfolge des § 230. Unmöglich wird – vom Sonderfall des § 454 abgesehen – eine Beweiserhebung durch Ausbleiben einer Partei regelmäßig nur in den Fällen der §§ 371, 420, wenn das in Augenschein zu nehmende Objekt oder die Urkunde von der Partei hätte vorgelegt werden müssen.

69 Wird durch die Abwesenheit die Durchführung der Beweisaufnahme nicht beeinträchtigt, **entfällt lediglich das Fragerecht**, soweit es für das zu behandelnde Beweisthema bestanden hat. Wird der Zeuge, der von der Partei nicht befragt werden konnte, nachträglich zu einem Beweisthema vernommen, das nicht Gegenstand des versäumten Beweistermins gewesen ist, steht einer Vervollständigung der ursprünglichen Vernehmung nichts entgegen.

c) Beweisvereitelung

70 Trägt der **Gegner** der ausgebliebenen Partei die **Beweisführungslast**, so hängen die Rechtsfolgen von den Gründen des Ausbleibens ab. Das Ausbleiben ist nach § 286 frei zu würdigen. Es kann als **Beweisvereitelung** zu qualifizieren sein und der **Beweis als erbracht** gelten[1] (zur Beweisvereitelung generell Kap. 8 Rz. 138 ff.). Für den Augenscheinsbeweis und den Urkundenbeweis enthalten §§ 372 Abs. 3, § 427, 441 Abs. 3 S. 3 und 444 Sonderregeln; für die Parteivernehmung ist § 454 zu beachten.

---

[1] Musielak/*Stadler*[10] § 367 Rz. 4.

d) Nachholung

All diese Folgen werden nur vermieden, wenn eine **Nachholung** oder Vervollständigung der Beweisaufnahme gem. **§ 367 Abs. 2** durchgeführt werden kann. Sie bleiben ferner aus, wenn keine ordnungsgemäße Benachrichtigung der ausgebliebenen Partei über den Beweistermin erfolgt ist. Die Beweisaufnahme hätte dann wegen **Verstoßes gegen** den Grundsatz der **Parteiöffentlichkeit** nicht ohne die ausgebliebene Partei stattfinden dürfen.

3. Versäumnisurteil und Beweisaufnahme

Bleibt eine Partei hat bei der Beweisaufnahme vor dem Prozessgericht aus, wird sie in der Regel auch nicht an der **anschließenden mündlichen Verhandlung** (§ 370 Abs. 1) teilnehmen, so dass auf Antrag ein **Versäumnisurteil** erlassen wird. Gleichwohl wird die Durchführung der **Beweisaufnahme nicht entbehrlich**. Im Falle eines erfolgreichen Einspruchs gegen das Versäumnisurteil würde sonst die Anberaumung eines neuen Beweistermins und gegebenenfalls die erneute Ladung von Zeugen und Sachverständigen erforderlich. Es kann auch ein **Urteil nach Aktenlage** erlassen werden (§ 251a), sofern beide Parteien ausgeblieben sind; für dieses Urteil ist die Beweisaufnahme zu verwerten.[1]

4. Beweisaufnahme nach Aktenlage

Hat das Gericht zur Vorbereitung des Termins gem. **§ 273 Abs. 2 Nr. 4** Zeugen oder Sachverständige zur mündlichen Verhandlung **geladen** und die Parteien von dieser Anordnung gem. § 273 Abs. 4 S. 1 in Kenntnis gesetzt, darf trotz Ausbleibens *beider* Parteien eine Beweisaufnahme **nach Aktenlage** gem. § 251a Abs. 1 angeordnet und sogleich durchgeführt werden.[2] Im Falle des Ausbleibens nur *einer* Partei ist auf Antrag der erschienenen Partei das gleiche gem. § 331a zulässig. Hinsichtlich der Vernehmung der geladenen Zeugen und Sachverständigen ist § 367 anzuwenden.

IV. Nachholung und Vervollständigung der Beweisaufnahme

1. Nachholung als Ausnahme

Gem. § 367 Abs. 2 können **Defizite** der Beweisaufnahme, die durch das Ausbleiben der Partei entstanden sind, ausnahmsweise **nachträglich beseitigt** werden. Diese Möglichkeit besteht sowohl bei abwesenheitsbedingter Unvollständigkeit der Beweisaufnahme als auch bei deren völligen Unterbleiben. Beide Fälle unterscheiden sich nur hinsichtlich des Umfangs der durchzuführenden Ergänzungen.

2. Voraussetzungen einer Nachholung oder Vervollständigung

a) Gestaffelte Prüfung

Die Voraussetzungen einer Nachholung oder Vervollständigung sind **in drei Schritten zu prüfen**. Zunächst ist zu fragen, **ob** das **Verfahren** durch die Nachholung oder Vervollständigung **verzögert** werden würde. Ist eine Verzögerung nicht zu erwarten, kommt es auf die Gründe für das Ausbleiben nicht mehr an. Droht eine Verzögerung, so muss die ausgebliebene Partei glaubhaft machen, dass sie **unverschuldet** nicht zu dem Termin erscheinen konnte. Schließlich muss die Partei im Falle eines Antrags

---
1 BGH NJW 2002, 301, 302.
2 MünchKommZPO/*Heinrich*[4] § 367 Rz. 3; Stein/Jonas/*Berger*[22] § 367 Rz. 2; Zöller/*Greger*[30] § 367 Rz. 1.

auf Vervollständigung zusätzlich glaubhaft machen, dass die trotz ihres Fehlens durchgeführte Beweisaufnahme wegen ihrer Abwesenheit **in wesentlichen Punkten unvollständig** geblieben ist. Konnte die Beweisaufnahme mangels Anwesenheit überhaupt nicht durchgeführt werden, so bedarf es keiner weiteren Darlegungen.

b) Verzögerung

76 Von einer Verzögerung gem. § 367 Abs. 2 ist unter denselben Voraussetzungen auszugehen **wie bei § 296 Abs. 1 und 2**.[1] Ob eine Verzögerung zu befürchten ist, beurteilt das Gericht also nach freier Überzeugung (§ 296 Abs. 1). Eine **Verzögerung** wird **stets** angenommen, wenn die Nachholung oder Vervollständigung einen zusätzlichen Beweistermin erforderlich macht, während die Sache ohne sie **bereits entscheidungsreif** wäre. Nicht entscheidend ist hingegen, ob durch die Nachholung der Beweisaufnahme diejenigen Termine, die ohnehin durchzuführen sind, jeweils mehr Zeit beanspruchen. Sind **noch weitere Beweistermine** abzuhalten und lässt sich die Nachholung oder Vervollständigung innerhalb dieses für das Verfahren vorgesehenen Zeitraums noch erledigen, so ist nicht von einer Verzögerung auszugehen.

c) Unverschuldetes Ausbleiben

77 Ist eine Verzögerung zu erwarten, so kommt eine Nachholung oder Vervollständigung nur noch in Betracht, wenn das **Ausbleiben unverschuldet** war. Es darf der Partei also auch bei Einhaltung der im Verkehr erforderlichen Sorgfalt (§ 276 Abs. 2 BGB) nicht möglich gewesen sein, den Termin wahrzunehmen. Bereits leichte Fahrlässigkeit schadet. Das Verschulden des Prozessbevollmächtigten ist gem. § 85 Abs. 2 zuzurechnen.

78 Die Umstände, aus denen sich das **fehlende Verschulden** des Ausbleibens ergibt, sind von der Partei **glaubhaft zu machen** (§ 294),[2] d.h. es ist eine substantiierte Darlegung erforderlich, aus denen sich die überwiegende Wahrscheinlichkeit der Wahrheit des Behaupteten ergibt.[3]

d) Wesentliche Unvollständigkeit der Beweisaufnahme

79 Wird eine Vervollständigung beantragt, ist **glaubhaft zu machen**, dass die Beweisaufnahme aufgrund des Ausbleibens **unvollständig geblieben** ist. Entscheidend ist dafür nicht, ob die Beweisaufnahme anders verlaufen wäre, sondern **ob das Ergebnis ein anderes** hätte gewesen sein *können*. Dass sich ein anderes Ergebnis hätte ergeben *müssen*, ist hingegen nicht zu verlangen. Dies würde voraussetzen, dass sich aus einem bestimmten Vorgehen nur ein bestimmtes Ergebnis hätte ergeben können. Hätte die ausgebliebene Partei bspw. bei Anwesenheit eine Frage stellen wollen, die in der Beweisaufnahme nicht beleuchtete Sachverhaltsaspekte betrifft, dann ist nicht gewiss, wie die Antwort der Beweisperson auf diese Frage gelautet hätte. Es muss genügen, wenn aufgrund der beabsichtigten Fragestellung und der Sachverhaltsumstände eine Antwort vorstellbar gewesen wäre, die ein anderes Bild des Sachverhalts gezeichnet hätte.

---

1 MünchKommZPO/*Heinrich*[4] § 367 Rz. 5; Musielak/*Stadler*[10] § 367 Rz. 6; Stein/Jonas/*Berger*[22] § 367 Rz. 6.
2 BGH LM StVO § 13 Nr. 7.
3 Zu den Glaubhaftmachungsanforderungen: BVerfGE 38, 35, 39; BGHZ 156, 139, 142; OLG Zweibrücken MDR 2001, 413.

Daraus ergibt sich, dass die ausgebliebene Partei erstens **darlegen** muss, **was sie bei** 80
Anwesenheit unternommen hätte,[1] und dass sie zweitens deutlich machen muss, **inwieweit** dies **zu abweichenden Ergebnissen** hätte führen können. Für die von der Partei intendierten Ergebnisse muss eine überwiegende Wahrscheinlichkeit sprechen. Anderenfalls ließe sich über das Behaupten einer beabsichtigten Frage nahezu problemlos die wesentliche Unvollständigkeit dartun.

3. Antragsgebundenes Verfahren

Nachholung und Vervollständigung der Beweisaufnahme können **nur auf Antrag** 81
durchgeführt werden. Antragsberechtigt ist die ausgebliebene Partei. Sie hat den Antrag beim **Prozessgericht** bis spätestens zum Schluss der mündlichen Verhandlung zu stellen.[2]

Wegen der weitreichenden Bedeutung für den weiteren Fortgang des Verfahrens kann 82
die Entscheidung **nicht** von einem **beauftragten oder ersuchten Richter** getroffen werden.[3] Wird der Antrag bei ihm gestellt, ist er dem Prozessgericht vorzulegen. Das erübrigt sich nur, wenn der Richterkommissar die Beweisaufnahme aus anderen Gründen als der Säumnis der Partei als noch nicht abgeschlossen ansieht und deshalb **nach § 368** einen **weiteren Beweistermin** anberaumt. Dann hat die ausgebliebene Partei Gelegenheit, dem erneut geladenen Zeugen oder Sachverständigen ihre Fragen auch zu einem schon abgeschlossenen Komplex zu stellen.[4] Voraussetzung ist, dass die Akten noch nicht an das Prozessgericht zurückgesandt wurden. Dieses Vorgehen darf **nicht** zu einer **Umgehung des § 367** führen.[5]

Über den Antrag gem. § 367 Abs. 2 hat das Prozessgericht **mündlich zu verhandeln**.[6] 83
Bei Vorliegen der Voraussetzungen des Absatzes 2 muss es dem Antrag stattgeben und die Nachholung bzw. Vervollständigung der Beweisaufnahme anordnen; ein Ermessensspielraum besteht nicht. Die Beweisaufnahme kann dann entweder noch im selben Termin stattfinden, sofern die Beweismittel zur Verfügung stehen, oder es muss ein **Beweisbeschluss** ergehen und ein Termin für die Beweisaufnahme bestimmt werden. In Betracht kommt auch die Anordnung der ergänzenden Zeugenvernehmung vor dem ersuchten Richter.[7] Wird der Antrag abgelehnt, ergeht die Entscheidung entweder in der Form eines nicht selbständig anfechtbaren **Zwischenurteils** oder in den **Gründen des Endurteils**.[8]

Über eine **Wiederholung gem. §§ 398 Abs. 1, 402** entscheidet das Prozessgericht nach 84
pflichtgemäßem Ermessen und grundsätzlich **unabhängig von § 367 Abs. 2**. Eine **wiederholte Vernehmung** ist allerdings nicht gegeben, wenn **noch keine Erstvernehmung** stattgefunden hat. Die Wiederholung gem. § 368 ist also auf Fälle beschränkt, in denen die Wiederholung aus anderen Gründen als der Abwesenheit der Partei erforderlich ist.

---

1 AK-ZPO/*Rüßmann* § 367 Rz. 2; MünchKommZPO/*Heinrich*[4] § 367 Rz. 5.
2 Stein/Jonas/*Berger*[22] § 367 Rz. 10.
3 Zöller/*Greger*[30] § 367 Rz. 2.
4 Wohl ebenso Musielak/*Stadler*[10] § 367 Rz. 6; wohl weitergehend MünchKommZPO/*Heinrich*[4] § 367 Rz. 7; Stein/Jonas/*Berger*[22] § 367 Rz. 10.
5 Musielak/*Stadler*[10] § 368 Rz. 1.
6 MünchKommZPO/*Heinrich*[4] § 367 Rz. 8.
7 OLG Nürnberg OLGZ 1976, 480, 481.
8 Musielak/*Stadler*[10] § 367 Rz. 6; Stein/Jonas/*Berger*[22] § 367 Rz. 11.

85 Die **Nachholung** ist **analog § 295 Abs. 1 ausgeschlossen**, wenn der Antrag nicht im nächsten Termin gestellt wird.[1] In diesem Fall kommt nur noch ein Antrag auf Vervollständigung gem. § 367 Abs. 2 in Betracht.

V. Unbeschränkte Wiederholung des Beweisaufnahmetermins

1. Unzureichende Terminsbenachrichtigung

86 In Betracht kommt eine Präklusion mit durchbrechender Anwendung des § 367 Abs. 2 nur dann, wenn die **Parteien ordnungsgemäß** von dem Termin zur Beweisaufnahme **benachrichtigt** worden sind. Anderenfalls liegt in der Durchführung der Beweisaufnahme ein Verstoß gegen den Grundsatz der Parteiöffentlichkeit. In diesen Fällen kann die fehlinformierte Partei den Verstoß rügen und eine **Wiederholung** der Beweisaufnahme **unabhängig von** den Voraussetzungen des **§ 367 Abs. 2** verlangen, es sei denn, der Fehler ist gem. § 295 Abs. 1 geheilt worden. Die **Heilung** schließt zugleich eine Anwendung des § 367 Abs. 2 aus, soweit es um die Nachholung der Beweisaufnahme geht, so dass nur noch eine Vervollständigung möglich bleibt.[2] Die Möglichkeit der Vervollständigung ist offenzuhalten, da die Partei anderenfalls schlechter stünde als bei Abwesenheit trotz ordnungsgemäßer Benachrichtigung.

2. Substituierende Einwilligung der gegnerischen Partei

87 Umstritten ist, **ob bei Zustimmung** der gegnerischen Partei auch **unabhängig von** den **in § 367 Abs. 2 genannten Voraussetzungen** eine Nachholung oder Vervollständigung stattfinden kann. Die Einwilligung würde dann sämtliche andere Voraussetzungen überlagern. Die Vertreter dieser Ansicht sehen durch § 367 Abs. 2 lediglich die Interessen der gegnerischen Partei geschützt, so dass die Disponibilität der gesetzlichen Voraussetzungen durch Einwilligung in Betracht komme.[3] Begründet wird dies damit, dass die Praxis bereits vor der Vereinfachungsnovelle des Jahres 1924 entsprechend verfahren und der Gesetzgeber durch das Unterlassen einer diese Praxis unterbindenden Normänderung sein Einverständnis zum Ausdruck gebracht habe.[4]

88 Eine **Dispositionsbefugnis** ist **zu verneinen**.[5] Die gesetzliche Regelung bezweckt eine Verfahrensbeschleunigung, die Entlastung der Justiz im Interesse der **Funktionsfähigkeit der Rechtspflege** insgesamt und die **Entlastung** der unter staatlichem Zwang erschienenen **Beweispersonen**. Zudem wäre es widersprüchlich, einerseits von einem Grundsatz des Amtsbetriebs auszugehen und die Beweisaufnahme von der Mitwirkung der Parteien abzukoppeln, den Parteien aber dennoch die Möglichkeit einzuräumen, über eine Nachholung oder Vervollständigung zu entscheiden. Eine **Nachholung** bedeutet **faktisch** eine **Vertagung** der Beweisaufnahme. Einen hinreichenden Grund i.S.d. § 227 Abs. 1 S. 1 dafür stellt das Einvernehmen der Parteien nach ausdrücklicher gesetzlicher Regelung in § 227 Abs. 1 S. 2 Nr. 3 nicht dar.

VI. Rechtsbehelfe

89 Die Entscheidung des Gerichts, die Beweisaufnahme trotz Abwesenheit einer oder beider Parteien durchzuführen, kann **nicht** durch **selbständiges Rechtsmittel** angegrif-

---

1 MünchKommZPO/*Heinrich*[4] § 367 Rz. 4; Zöller/*Greger*[30] § 367 Rz. 2.
2 BGH LM StVO § 13 Nr. 7; MünchKommZPO/*Heinrich*[4] § 367 Rz. 4.
3 Zöller/*Greger*[30] § 367 Rz. 2.
4 Stein/Jonas/*Berger*[22] § 367 Rz. 8 mit Fn. 5.
5 Ebenso MünchKommZPO/*Heinrich*[4] § 367 Rz. 6; Musielak/*Stadler*[10] § 367 Rz. 6.

fen werden, ebenso wenig die Entscheidungen, die Beweisaufnahme nicht nachzuholen oder zu ergänzen oder die Nachholung bzw. Ergänzung jeweils zuzulassen.[1] Die Entscheidungen können jedoch zusammen **mit dem Endurteil** überprüft werden.[2]

Eine Beweisaufnahme ohne vorherige ordnungsgemäße Mitteilung an die ausgebliebene Partei führt zu einem Verstoß gegen den Grundsatz der **Parteiöffentlichkeit** nach § 357 Abs. 1. Ein solcher Verstoß zwingt zur **Wiederholung der Beweisaufnahme**. Der Fehler kann gem. § 295 Abs. 1 **geheilt** werden. 90

§ 52 Getrennte Beweisaufnahmetermine, § 368 ZPO

I. Amtsbetrieb

Das Gericht teilt die Beweisaufnahme erforderlichenfalls auf **mehrere Termine** auf und verbindet die Termine organisatorisch miteinander. Insoweit gilt das **Prinzip des Amtsbetriebs**, das für die gesamte Leitung der Beweisaufnahme maßgebend ist. Dazu gehört die Terminsbestimmung (vgl. auch § 216). § 368 stellt mittelbar die **Parteiöffentlichkeit** (§ 357) in Fortsetzungsterminen sicher. 91

II. Bestimmung von Fortsetzungsterminen

Die Beweisaufnahme ist erforderlichenfalls in Fortsetzungsterminen durchzuführen, und zwar unabhängig von der Anwesenheit der Parteien (vgl. § 367 Abs. 1). Dies gilt gleichermaßen für Beweisaufnahmen **vor** dem **Prozessgericht** wie vor dem **beauftragten oder ersuchten Richter**. Die Entscheidung über den sachgemäßen Abschluss der Beweisaufnahme und damit über die Erforderlichkeit eines Fortsetzungstermins steht im Ermessen des Gerichts.[3] 92

§ 368 betrifft insbesondere Fälle, in denen die Beweisaufnahme wegen des **Ausbleibens eines Zeugen** oder Sachverständigen oder wegen einer **Aussageverweigerung**, über die noch ein Zwischenstreit (§ 387) läuft, nicht in dem zunächst vorgesehenen Termin durchgeführt bzw. abgeschlossen werden konnte. Beim Ausbleiben der zu vernehmenden Partei ist § 454 Abs. 2 zu beachten. 93

Für eine **wiederholte Vernehmung** von Zeugen und Sachverständigen enthalten die §§ 398, 402 eine Sonderregelung. Die §§ 251a, 330 ff. sind nur in der mündlichen Verhandlung, d.h. nur vor dem Eintritt in die Beweisaufnahme oder nach deren Abschluss (vgl. §§ 279 Abs. 3, 285, 370 Abs. 1) anwendbar. 94

III. Terminsbekanntgabe

Der Fortsetzungstermin ist den **Parteien fristgerecht mitzuteilen**, § 217. Wird die Terminsbestimmung **verkündet, entfällt** die Notwendigkeit einer **Ladung gem. § 218**, auch wenn sie zu empfehlen ist. Die **Verkündung** ist **zweckmäßig**; eine Verpflichtung dazu ergibt sich aus dem Gesetz jedoch nicht, da die Bestimmung des Fortsetzungstermins während der Beweisaufnahme und damit außerhalb der mündlichen Verhandlung stattfindet und da es sich um eine Verfügung handelt, so dass § 329 Abs. 1 S. 1 nicht eingreift. Wird verkündet, dann wirkt dies auch gegenüber abwesenden Par- 95

---

1 Stein/Jonas/*Berger*[22] § 367 Rz. 11.
2 MünchKommZPO/*Heinrich*[4] § 367 Rz. 8.
3 MünchKommZPO/*Heinrich*[4] § 368 Rz. 1.

teien (§§ 329 Abs. 1 S. 2, 312 Abs. 1), sofern diese von dem Termin, in dem die Verkündung stattfindet, eine ordnungsgemäße Mitteilung erhalten hatten.

96 **Bei ausgebliebener Verkündung** ist die Mitteilung des Termins den Parteien gem. § 329 Abs. 2 S. 2 **förmlich zuzustellen.** Soll der nächste Termin nicht vor dem Prozessgericht, sondern vor einem beauftragten oder ersuchten Richter stattfinden, so gelten die **erleichterten Voraussetzungen des § 357 Abs. 2 S. 1**, dies auch dann, wenn der Termin vom beauftragten oder ersuchten Richter bestimmt wird, der neue Termin also die Fortsetzung der Beweisaufnahme vor dem Richterkommissar darstellt.

§ 53 Beweisaufnahme durch beauftragten oder ersuchten Richter

I. Verfahren vor dem beauftragten Richter, § 361

97 Zum beauftragten Richter s. zunächst Kap. 3 § 11.

1. Anwaltszwang

98 Vor dem beauftragten Richter besteht **kein Anwaltszwang** (§ 78 Abs. 5). Sämtliche Prozesshandlungen, die vor dem beauftragten Richter vorgenommen werden, sind ohne Mitwirkung eines Rechtsanwalts wirksam. Das gilt jedenfalls, soweit der beauftragte Richter sich im Rahmen seines Auftrags hält. Bedeutsam wird dies in den Fällen, in denen die Durchführung einer **Güteverhandlung** dem beauftragten Richter **nicht** von dem Prozessgericht **übertragen** worden ist, er diese aber aufgrund der bei den Parteien vorhandenen Vergleichsbereitschaft dennoch durchführt und auch zum Abschluss eines Vergleichs gelangt. In diesen Fällen ist der **geschlossene Vergleich wirksam**, auch wenn die **Parteien nicht anwaltlich vertreten** waren.[1]

99 Entscheidend für die Frage der **Wirksamkeit** eines geschlossenen **Vergleichs** ist die vorgelagerte Frage, ob der beauftragte Richter eine **Güteverhandlung** auch ohne explizite Übertragung durch das Prozessgericht durchführen darf (dazu Kap. 4 Rz. 65). Da die Güteverhandlung auf eine Einigung der Parteien zielt, die grundsätzlich ebenso außergerichtlich getroffen werden könnte, besteht kein Grund, einem im Übrigen wirksam geschlossenen Vergleich durch die Parteien die Wirksamkeit nur wegen einer fehlenden Übertragung der Güteverhandlung auf den beauftragten Richter zu versagen.[2]

2. Öffentlichkeit

100 Da der **beauftragte Richter** nicht allein über den betreffenden Rechtsstreit entscheidet, ist er **nicht das erkennende Gericht** i.S.d. § 169 S. 1 GVG. Daher ist die Beweisaufnahme nicht öffentlich, allerdings wegen § 357 Abs. 1 **parteiöffentlich**.[3] Sie kann auch dann nicht öffentlich erfolgen, wenn die Parteien damit einverstanden sind oder es gar wünschen.

101 Vor dem beauftragten Richter findet **keine mündliche Verhandlung** i.S.d. § 128 Abs. 1 statt.[4] Die Fortsetzung der mündlichen Verhandlung (§ 370 Abs. 2) erfolgt vor dem

---

1 BGHZ 77, 264, 272 f. = NJW 1980, 2307, 2309; OLG Hamburg MDR 1950, 292, 293; OLG Düsseldorf NJW 1975, 2298, 2299; a.A. OLG Celle RPfleger 1974, 319; s. auch OLG Koblenz NJW 1971, 1043, 1044 f. m. abl. Anm. *Schneider*.
2 MünchKommZPO/*Heinrich*[4] § 361 Rz. 7.
3 MünchKommZPO/*Heinrich*[4] § 361 Rz. 8.
4 Zöller/*Greger*[30] § 361 Rz. 1.

Prozessgericht. Dort haben die Parteien das Ergebnis der Beweisaufnahme vorzutragen (§ 285 Abs. 2).

3. Protokoll

Gem. **§ 159 Abs. 2** ist vor dem beauftragten Richter ebenso wie bei einer Beweisaufnahme vor dem Prozessgericht Protokoll zu führen.

4. Sitzungspolizei

Der beauftragte Richter übt gem. **§ 180 GVG** die Sitzungsgewalt aus. Er kann **Ordnungsstrafen** verhängen.

5. Rechtsbehelfe

Der eingeschränkte Aufgabenbereich des beauftragten Richters begrenzt auch die gegen seine Entscheidungen verfügbaren Rechtsbehelfe. Da er **lediglich verfahrensleitende Anordnungen** treffen kann, keinesfalls aber selbst die erhobenen Beweise würdigen oder gar den Rechtsstreit entscheiden darf, kommen Rechtsbehelfe gegen Entscheidungen, die materiell-rechtliche Fragen betreffen, von vornherein nicht in Betracht.

§ 573 enthält eine spezielle Regelung für Rechtsbehelfe gegen Entscheidungen des beauftragten Richters. Gegen sämtliche Entscheidungen des beauftragten Richters ist die **Erinnerung an das Prozessgericht** statthaft. Gegen dessen Entscheidung in erster Instanz ist gem. § 573 Abs. 2 die sofortige Beschwerde eröffnet. Da der beauftragte Richter lediglich Verfahrensfragen entscheiden kann, handelt es sich bei der auf die Erinnerung hin ergehende Entscheidung des Prozessgerichts notwendig ebenfalls um eine **Entscheidung über Verfahrensfragen**.

Die Erinnerung ist vor der Entscheidung des Prozessgerichts dem beauftragten Richter zuzuleiten, da dieser gem. §§ 573 Abs. 1 S. 3, 572 Abs. 1 zur **Abhilfe** berechtigt ist. Hilft er nicht ab, entscheidet das Prozessgericht.[1] Einzulegen ist die Erinnerung gem. §§ 573 Abs. 1 S. 3, 569 Abs. 1 S. 1 binnen einer **Notfrist von zwei Wochen**.

Gegen sitzungspolizeiliche Maßnahmen nach § 178 GVG ist die Beschwerde zum OLG eröffnet, § 181 Abs. 3 GVG.

II. Rechtshilfevernehmungen durch ersuchten Richter, § 362

Zum ersuchten Richter s. zunächst Kap. 4 § 12.

1. Besonderheiten des Verfahrens vor dem ersuchten Richter

Die Besonderheiten des Verfahrens decken sich weitgehend mit denen des Verfahrens vor dem beauftragten Richter (dazu vorstehend Rz. 97 ff.). Die Verhandlung ist nur **parteiöffentlich**, da der ersuchte Richter nicht das erkennende Gericht i.S.d. § 169 S. 1 GVG ist. Es besteht gem. § 78 Abs. 5 **kein Anwaltszwang**. § 362 ist in Verfahren nach dem FamFG entsprechend anzuwenden,[2] soweit dort ein Rechtshilfeersuchen zulässig ist.

---
1 MünchKommZPO/*Heinrich*[4] § 361 Rz. 9; Musielak/*Ball*[10] § 573 Rz. 8.
2 Zöller/*Feskorn*[30] § 30 FamFG Rz. 13.

110 Gem. § 278 Abs. 5 S. 1 ist auch vor dem ersuchten Richter die Durchführung einer **Güteverhandlung** möglich. Ein **ohne anwaltliche Beteiligung** geschlossener **Vergleich** ist wirksam, auch wenn die Durchführung der Güteverhandlung dem ersuchten Richter nicht gem. § 278 Abs. 5 S. 1 übertragen worden ist (vgl. Kap. 4 Rz. 85).

111 Anders als der beauftragte Richter bestimmt der ersuchte Richter den **Termin der Beweisaufnahme**. Auch hier gelten die vereinfachten Anforderungen des § 357 Abs. 2, so dass eine **formlose Mitteilung** des Termins an die Parteien bzw. ggf. deren Prozessbevollmächtigten genügt (vgl. Kap. 4 Rz. 73). Die Erleichterung in § 357 Abs. 2 gilt allerdings nur für die Form der Ladung. Die **Ladungsfrist** gem. § 217 muss eingehalten werden.

112 Die Bestimmung des **Termins** zur **mündlichen Verhandlung** nach Abschluss der Beweisaufnahme ist Aufgabe des **Prozessgerichts**, das diese Terminsbestimmung gem. § 370 Abs. 2 S. 1 bereits in dem die Übertragung vorsehenden Beweisbeschluss vornehmen kann. Alternativ bestimmt das Prozessgericht den Fortsetzungstermin nach Abschluss der Beweisaufnahme von Amts wegen.

113 Über einen **Auslagenvorschuss** entscheidet hingegen grundsätzlich das **Prozessgericht**, sofern diese Aufgabe nicht dem ersuchten Richter durch das Prozessgericht übertragen worden ist (vgl. Kap. 4 Rz. 74).

114 Abgeschwächt sind die **Ausschlussgründe**. Der ersuchte Richter kann ebenso wie der beauftragte Richter gem. **§ 41 Nr. 6** auch dann die Rechtshilfemaßnahme vornehmen, wenn er bereits in einem vorhergehenden Rechtszug oder in einem schiedsrichterlichen Verfahren an dem Erlass der angefochtenen und nun zu überprüfenden Entscheidung mitgewirkt hat. Dies ist deshalb gerechtfertigt, weil ihm in dem Verfahren als Richterkommissar keine Entscheidungsbefugnisse zukommen.

115 Aus demselben Grund wird vereinzelt angenommen, auch der **Ausschlussgrund des § 41 Nr. 3** gelte nicht für Richterkommissare.[1] Dies ist abzulehnen: Die Gefahr einer einseitigen Beeinflussung des Verfahrens aufgrund eines **Verwandtschaftsverhältnisses** reicht weiter als eine solche, die lediglich auf einer früheren Mitwirkung beruht. Anderenfalls könnten sämtliche Ausschlussgründe des § 41 unter Verweis auf die fehlende Entscheidungsbefugnis als hinfällig betrachtet werden. Die Ausnahme nach Nr. 6 ist nur deshalb hinzunehmen, weil sie gesetzlich angeordnet ist. In allen anderen Fällen ist keine unterschiedliche Behandlung von streitentscheidenden Richtern und beauftragten oder ersuchten Richtern angebracht.

2. Verhandlungsprotokoll

116 Über die Beweisaufnahme ist ein Protokoll (§ 159 Abs. 1 S. 1) anzufertigen. Das Protokoll hat eine weitergehende Bedeutung als bei einer Beweisaufnahme durch den beauftragten Richter oder gar das Prozessgericht selbst. Mangels Mitwirkung eines die Beweisaufnahme durchführenden Richters an der Entscheidung des Rechtsstreits stellt das **Protokoll** die **einzige Grundlage für** die **Beurteilung** der beweisbedürftigen Tatsachen dar. Abweichungen für den Inhalt des Protokolls ergeben sich daraus aber schon deshalb nicht, weil § 160 für sämtliche Protokolle gleich hohe Inhaltsanforderungen stellt.

117 Gem. § 362 Abs. 2 Hs. 1 übersendet der ersuchte Richter das **Protokoll in Urschrift** an die **Geschäftsstelle** des Prozessgerichts, die gem. § 362 Abs. 2 Hs. 2 die Parteien über den Eingang der Protokolle formlos und unverzüglich benachrichtigt. Wie für alle

---

1 Musielak/*Stadler*[10] § 362 Rz. 1; Stein/Jonas/*Berger*[22] § 362 Rz. 5.

Prozessakten besteht auch für dieses Protokoll ein **Akteneinsichtsrecht gem. § 299**. Vereinzelt wird angenommen, Art. 103 Abs. 1 GG verlange über den Wortlaut des § 299 hinaus eine Übersendung von Abschriften des Protokolls an die Parteien von Amts wegen.[1] Dazu besteht wegen der auch vor dem ersuchten Richter gewährleisteten Parteiöffentlichkeit ebenso wenig Anlass wie bei einer Beweisaufnahme vor dem Prozessgericht. Die **Übersendung** ist aber **zweckmäßig**.

3. Rechtsbehelfe

Wie für die Beweisaufnahme vor dem beauftragten Richter ist gegen Entscheidungen des ersuchten Richters die **Erinnerung** gem. § 573 Abs. 1 statthaft (vgl. Rz. 105). Der ersuchte Richter hat zuvor die Möglichkeit der Abhilfe. 118

Zu den möglichen Fehlern des ersuchten Richters gehört die **fehlerhafte Ablehnung des Ersuchens** gem. § 158 Abs. 2 (dazu Kap. 39 Rz. 29). In diesem Fall ist nicht § 573 maßgebend. Vielmehr ist gem. § 159 Abs. 1 S. 1 GVG das **OLG anzurufen**, zu dessen Bezirk das ersuchte Gericht gehört. Gegen die gem. § 159 Abs. 2 GVG ohne mündliche Verhandlung ergehende Entscheidung des OLG ist die Beschwerde zum BGH gem. § 159 Abs. 2 S. 2 und 3 GVG nur eröffnet, wenn das OLG die Rechtshilfe durch das ersuchte Gericht für unzulässig erklärt hat und das ersuchte und das ersuchende Gericht verschiedenen OLG-Bezirken angehören. 119

Rechtsschutz gegen **sitzungspolizeiliche Maßnahmen** erfolgt gem. § 181 Abs. 1 und 3 GVG im Wege der Beschwerde zum OLG, in dessen Bezirk sich das Rechtshilfegericht befindet. 120

III. Weiterübertragung der Beweisaufnahme durch ersuchten Richter

1. Zweck, rechtspolitische Bedeutung

§ 365 ermöglicht eine beschleunigte Reaktion auf veränderte Umstände, indem eine **Rückübertragung an** das **Prozessgericht vermieden** und die Weiterübertragungsentscheidung direkt vom Richterkommissar getroffen und umgesetzt wird. Die Norm ist vor dem Hintergrund der Kommunikationsverhältnisse des 19. Jahrhunderts zu sehen. Ein **rechtspolitisches Bedürfnis** besteht dafür **heute nicht mehr**. Trotz des weit gefassten Wortlauts des § 365 steht eine solche Weiterübertragung nicht im Belieben des Richterkommissars. Sie darf nur zur Korrektur einer bezogen auf den örtlichen Gerichtsbezirk sachwidrigen Übertragungsentscheidung eingesetzt werden. 121

2. Voraussetzungen einer Weiterübertragung

Der Richterkommissar ist **grundsätzlich** an den durch Beweisbeschluss ergangenen **Beweiserhebungsauftrag** bzw. das Ersuchen des Prozessgerichts **gebunden** (näher Kap. 4 Rz. 68) und hat den Beweisbeschluss so auszuführen, wie es das Prozessgericht vorgesehen hat. Dazu zählt grundsätzlich auch, dass er dies selbst tut. Für eine sinnvolle Umsetzung des Beweisbeschlusses können aber Korrekturen erforderlich sein. § 365 erlaubt wie § 360 S. 3 die **Reaktion auf** nachträglich eingetretene oder erkannte **Veränderungen**, die die **örtliche Verbundenheit** der Beweisaufnahme mit seinem Gericht betreffen. 122

So kann bspw. der zu vernehmende **Zeuge** zwischenzeitlich aus dem Gerichtsbezirk des ersuchten Richters in einen dritten Gerichtsbezirk **verzogen** sein oder die vom 123

---
1 Baumbach/Lauterbach/*Hartmann*[71] § 362 Rz. 6.

Prozessgericht bei der Auswahl des zu ersuchenden Gerichts zugrunde gelegte **Ladungsanschrift** des Zeugen war schon bei Erlass des Beweisbeschlusses **unzutreffend**. Obwohl § 365 von Gründen spricht, die sich später – also nach der Abgabe an den Richterkommissar – ergeben, können auch schon vor der Übertragung existierende, jedoch erst später erkannte Umstände die Voraussetzungen des § 365 erfüllen.[1]

124 **Voraussetzung** einer Weiterübertragung ist die **Sachgemäßheit dieser Maßnahme**. Sie ist nach der im Beweisbeschluss zum Ausdruck kommenden Zielsetzung des Prozessgerichts zu beurteilen. Sachgemäß ist, was zu einer Beweiserhebung führt, die der erkennbaren Intention des Prozessgerichts Geltung verschafft. Grundsätzlich sind nur Korrekturen zulässig, die durch ursprüngliche Fehler des Beweisbeschlusses oder spätere Veränderungen der tatsächlichen Umstände erforderlich werden, um die mit dem Beweisbeschluss erstrebte Beweiserhebung dennoch durchzuführen.

125 **Unzulässig** ist eine Weiterleitung wegen **bloßer Arbeitsüberlastung** oder **wegen anderer Bewertung** der rechtlichen oder tatsächlichen Situation.[2] Darin läge eine unzulässige Einmischung in die Prozessleitungsbefugnis des Prozessgerichts und zugleich eine von § 158 Abs. 2 GVG nicht gedeckte Ablehnung des Rechtshilfeersuchens des Prozessgerichts.

126 **Nicht von § 365 erfasst** werden Fälle, in denen die Ausführung des Beweisbeschlusses an der **Person des** beauftragten oder ersuchten **Richters** selbst scheitert, etwa weil er gem. § 41 von der Ausübung des Richteramtes ausgeschlossen ist oder gem. § 42 wegen Befangenheit abgelehnt wird. In diesen Fällen darf er keinen weiteren Einfluss auf den Prozess nehmen. Die Durchführung der Beweisaufnahme verbleibt in aller Regel bei dem ausgewählten Rechtshilfegericht. Der **konkret zuständige Richter** wird im Falle einer Verhinderung durch die **Vertretungsregeln** des Geschäftsverteilungsplans festgelegt.

127 Die **Anwendung des § 36 Abs. 1 Nr. 1**[3] kann Bedeutung für den ersuchten Richter erlangen, wenn das gesamte zuständige Amtsgericht (§ 157 GVG) verhindert ist, also auch diejenigen Richter, die nach dem Geschäftsverteilungsplan zur Vertretung berufen sind.

128 **§ 365 ist nicht anwendbar**, wenn die Entscheidung des Prozessgerichts zur Übertragung auf einen kommissarischen Richter erst nachträglich getroffen werden soll und im Wege einer Beweisbeschlussänderung umgesetzt wird. Umstritten ist für diese Fälle lediglich, ob eine Übertragung auf den beauftragten oder ersuchten Richter nach § 360 S. 2 der Zustimmung der Parteien bedarf (näher dazu Kap. 13 Rz. 119).

129 § 365 ist ferner nicht anwendbar, wenn der beauftragte oder ersuchte Richter die Beweisaufnahme **an das Prozessgericht zurückübertragen** will oder wenn das von ihm ersuchte Gericht das Ersuchen zunächst annimmt, es aber später wieder zurückgeben will. § 365 setzt implizit voraus, dass das Gericht, an das abgegeben werden soll, ein solches sein muss, das die Entscheidung nicht seinerseits abgegeben hat. Anderenfalls würde dem Rechtshilfegericht ein Recht zur Zweckmäßigkeitskontrolle zugestanden, das ihm gegenüber dem ersuchenden Gericht nach §§ 158 Abs. 2, 159 Abs. 1 GVG gerade nicht zukommen soll. Haben sich die **Umstände** nach der Übertragung auf den beauftragten oder insbesondere den ersuchten Richter so **verändert**, dass nunmehr wieder eine Beweisaufnahme durch das Prozessgericht als allein sinnvoll erscheint, muss der Richterkommissar dem Prozessgericht dies mitteilen. Das

---

1 MünchKommZPO/*Heinrich*[4] § 365 Rz. 2.
2 MünchKommZPO/*Heinrich*[4] § 365 Rz. 2.
3 MünchKommZPO/*Heinrich*[4] § 365 Rz. 2; Stein/Jonas/*Berger*[22] § 365 Rz. 2.

Prozessgericht hat dann durch einen neuen oder geänderten Beweisbeschluss die **Übertragungsentscheidung rückgängig** zu machen. Gibt der Richterkommissar oder der nach § 365 ersuchte Richter dennoch an das ersuchende Gericht zurück, so ist § 159 GVG anzuwenden.[1]

Ist der zu vernehmende **Zeuge** zunächst aus dem Gerichtsbezirk des gem. § 362 ersuchten Richters in den Bezirk des gem. § 365 angerufenen Gerichts gezogen und **zieht er** nach der Abgabe der Beweisaufnahme entweder **in den Gerichtsbezirk des Prozessgerichts** oder zurück in den des gem. § 362 ersuchten Richters, dann ist das gem. § 365 angerufene Gericht örtlich unzuständig. Es kommt eine **erneute Abgabe** gem. § 158 Abs. 2 S. 2 GVG in Betracht. 130

Zur **Abgabe an ausländische Gerichte** oder an ausländische Behörden sowie an deutsche Behörden im Ausland, z.B. deutsche Konsulate, ist der beauftragte oder ersuchte Richter **nicht befugt**.[2] Inwieweit **ausländische Behörden** ein Beweisaufnahmeersuchen **innerstaatlich weitergeben** dürfen, richtet sich im Geltungsbereich der Europäischen Beweisaufnahmeverordnung nach Art. 3 Abs. 1 lit. c EuBVO, im Übrigen nach Rechtshilfeverträgen (z.B. Art. 6 Haager Beweisaufnahmeübereinkommen). 131

3. Verfahren

Bei der **Abgabe** der Beweiserhebung an ein anderes Gericht handelt es sich wiederum um ein **Rechtshilfeersuchen**. Es darf gem. § 158 Abs. 1 GVG nicht zurückgewiesen werden. Etwas anderes gilt nur gem. § 158 Abs. 2 GVG. Das **Ersuchen** ist **an das zuständige deutsche Rechtshilfegericht** zu richten, also gem. § 157 Abs. 1 GVG an das Amtsgericht, in dessen Bezirk die Beweisaufnahme durchgeführt werden soll. 132

Die **Parteien** sind gem. § 365 S. 2 **von der Abgabe** an ein anderes Gericht **in Kenntnis zu setzen**; einer Anhörung bedarf es nicht. Die Benachrichtigung bedarf keiner besonderen Form. Der Richter, der nachfolgend mit der Beweisaufnahme betraut ist, muss die Parteien **neu laden** und hat dabei die Ladungsfrist des § 217 zu beachten. In analoger Anwendung des § 357 Abs. 2 kann auch diese Ladung formlos erfolgen. 133

Auch das **Prozessgericht** ist von der Übertragung **in Kenntnis zu setzen**,[3] weil in der Abgabe der Beweisaufnahme eine Ablehnung seines Rechtshilfeersuchens liegt. Dem Prozessgericht muss die jederzeitige Lenkung des Verfahrens ermöglicht werden, gegebenenfalls durch Erlass eines neuen Beweisbeschlusses oder durch Änderung des bestehenden. Dem Gericht, an das die Beweisaufnahme abgegeben wird, haben der beauftragte oder der ersuchte Richter den **Beweisbeschluss sowie die Akten zu übersenden**. 134

4. Rechtsbehelfe

Da die Abgabe ein **Rechtshilfeersuchen** betrifft, ist § 159 GVG unmittelbar auch auf die Fälle des § 365 anwendbar. Die Parteien und das abgebende Gericht, nicht jedoch das Prozessgericht, können gegen eine **ablehnende Übernahmeentscheidung** des Gerichts, *an das* gem. § 365 abgegeben wird, gem. § 159 Abs. 2 GVG vorgehen. Darüber hinaus können die Parteien und das Prozessgericht die **Abgabeentscheidung** des beauftragten oder ersuchten Richter auf Antrag gem. **§ 159 Abs. 2 GVG** von dem zu- 135

---

1 Stein/Jonas/*Berger*[22] § 365 Rz. 5.
2 MünchKommZPO/*Heinrich*[4] § 365 Rz. 3.
3 MünchKommZPO/*Heinrich*[4] § 365 Rz. 4.

ständigen OLG **überprüfen** lassen, da in der Abgabe eine Ablehnung des Rechtshilfeersuchens liegt.[1]

IV. Zwischenstreit, § 366

1. Folgen begrenzter Entscheidungsbefugnis des Richterkommissars

136 Die Entscheidung über Fragen, die über die bloße Durchführung der Beweisaufnahme hinausgehen und den Rechtsstreit selbst betreffen, gehört nicht zur Kompetenz des beauftragten und des ersuchten Richters, sondern ist allein Sache des Prozessgerichts. § 366 knüpft an die anderweitig vorgegebene Kompetenzabgrenzung an und regelt nur für bestimmte Fragen die Zuständigkeit des Prozessgerichts. Betroffen sind **Zwischenstreitigkeiten, von denen** die Durchführung der **Beweisaufnahme abhängt** und ohne deren Entscheidung die **Beweisaufnahme abgebrochen** werden müsste. Die Streitfragen können zwischen den Parteien, zwischen einer Partei und dem beauftragten oder ersuchten Richter oder zwischen einer Partei und einem Zeugen oder Sachverständigen bestehen.

2. Entscheidungsbefugnisse bei vorgreiflichem Zwischenstreit

137 Der beauftragte oder ersuchte Richter darf grundsätzlich nur solche Entscheidungen selbst treffen, die sich auf die **Art und Weise der Durchführung der Beweisaufnahme** oder der ihm sonst übertragenen Aufgaben beziehen. Alle darüber hinausgehenden Fragen hat das Prozessgericht selbst zu entscheiden.

138 Zu den **gesetzlich ausdrücklich vorgesehenen Kompetenzen** gehören diejenigen Maßnahmen, die die Beweisaufnahme selbst ausmachen. So ist er gem. § 372 Abs. 2 befugt, einen **Gegenstand in Augenschein** zu nehmen und erforderlichenfalls einen zuzuziehenden Sachverständigen zu benennen. Er ist ferner gem. § 375 bzw. §§ 375, 402 befugt, **Zeugen** sowie **Sachverständige zu vernehmen** und er darf dabei auch Vorhaltungen machen. **Sachverständige** darf er im Falle der Ermächtigung durch das Prozessgericht gem. § 405 selbst **ernennen** sowie gem. § 406 Abs. 4 über nach § 406 Abs. 2 gestellte **Ablehnungsanträge** hinsichtlich eines Sachverständigen entscheiden.

139 **§ 400**, der kraft der Verweisung des § 402 auch für den Sachverständigenbeweis gilt, enthält weitere nicht abschließend[2] aufgezählte Befugnisse des Richterkommissars (dazu Kap. 39 § 143). Sie gestatten ihm insbesondere, **Zwangsmaßnahmen** gegen einen **ausgebliebenen Zeugen** (§ 380) oder gegen einen das **Zeugnis** zu Unrecht **verweigernden Zeugen** (§ 390) zu treffen sowie diese Maßnahmen wieder aufzuheben. Ihm können gem. § 434 **Urkunden vorgelegt** werden und er kann gem. §§ 451, 375 mit der **Vernehmung einer Partei** betraut werden. Schließlich darf er gem. § 229 selbst Termine und Fristen bestimmen, zu denen allerdings **nicht** die in § 356 geregelte **Beibringungsfrist** zählt. Gem. § 278 Abs. 5 S. 1 kann er einen **Güteversuch** durchführen. Er übt die **sitzungspolizeilichen Befugnisse** der §§ 176 ff. GVG aus.

140 Einzelne Normen ordnen ausdrücklich die **Zuständigkeit des Prozessgerichts** an, schließen also die Zuständigkeit eines kommissarischen Richters aus. Dies ist bspw. in § 387 Abs. 1 und in § 397 Abs. 3 der Fall bei Anordnung einer **schriftlichen Zeugenaussage** (§ 377 Abs. 3; dazu Kap. 38 Rz. 14). Häufiger sind die Fälle, in denen es an ei-

---

[1] MünchKommZPO/*Heinrich*[4] § 365 Rz. 5; Musielak/*Stadler*[10] § 365 Rz. 3; Stein/Jonas/*Berger*[22] § 365 Rz. 5; a.A. Zöller/*Greger*[30] § 365 Rz. 1.
[2] Musielak/*Huber*[10] § 400 Rz. 1.

ner geschriebenen Zuständigkeit des Richterkommissars fehlt und deshalb nur das Prozessgericht zuständig ist.

Für die **Beeidigung von Zeugen** gem. § 391 ist das Prozessgericht zuständig, das aber den kommissarischen Richter gem. § 375 ermächtigen kann.[1] Wenn die Voraussetzungen des § 391 (Bedeutung der Aussage oder Herbeiführung einer wahrheitsgemäßen Aussage) gegeben sind, dürften die Voraussetzungen des § 375 kaum zu bejahen sein, also eine Beweisaufnahme durch einen kommissarischen Richter ausscheiden.

In Einzelfällen kann der beauftragte oder ersuchte Richter einen **Zwischenstreit** und damit eine Vorlage beim Prozessgericht dadurch **vermeiden**, dass er von der in § 360 S. 3 eingeräumten Möglichkeit Gebrauch macht, den **Beweisbeschluss des Prozessgerichts** zu **ändern** (dazu Kap. 13 Rz. 123).

3. Verfahren

Um die Beweisaufnahme nicht unnötig zu verzögern, darf der Richterkommissar die **Beweisaufnahme zunächst** soweit **fortsetzen**, wie dies ohne die Beantwortung des Zwischenstreits möglich ist. Erst dann werden die Akten und das Protokoll der bisher durchgeführten Beweisaufnahme sowie eine Darstellung der im Zwischenstreit zu klärenden Fragen dem Prozessgericht vorgelegt.

Gem. § 366 Abs. 2 ist **über** den **Zwischenstreit mündlich zu verhandeln**. Da vor dem beauftragten oder ersuchten Richter keine mündliche Verhandlung stattfindet (oben Rz. 101), kann der Termin nur vom Prozessgericht bestimmt werden; dies hat von Amts wegen zu erfolgen. Der Termin ist den **Parteien** gem. § 366 Abs. 2 **formlos bekanntzumachen. Alle anderen** am Zwischenstreit **Beteiligten** sind gem. § 329 Abs. 2 S. 2 zu **laden**.[2] Im Falle des § 389 Abs. 2 sind auch die Parteien zu laden. Wenn eine Partei diesen Termin versäumt, so beschränken sich ein **Versäumnisverfahren** und ein ggf. ergangenes Versäumnisurteil gem. § 347 Abs. 2 auf die im Zwischenstreit zu behandelnde Frage.

Der weitere **Fortgang der Beweisaufnahme** hängt von der **Entscheidung des Prozessgerichts** ab. Dies gilt nicht nur hinsichtlich der zu beantwortenden Frage selbst, die schon definitionsgemäß das weitere Schicksal der Beweisaufnahme bestimmt. Das Prozessgericht kann den Zwischenstreit auch zum Anlass für eine Entscheidung darüber nehmen, ob es selbst oder der Richterkommissar die Beweisaufnahme fortsetzen soll. Von dieser Entscheidung hängt auch die **Form der Entscheidung über** den **Zwischenstreit** ab. Wenn die Beweisaufnahme – wie ursprünglich vorgesehen – vom Richterkommissar zu Ende geführt werden soll, ergeht die Entscheidung über den Zwischenstreit gem. § 303 in Gestalt eines **Zwischenurteils**. Ein solches kann zwar auch dann ergehen, wenn das Prozessgericht beschließt, die Beweisaufnahme von nun an selbst weiterzuführen und den ursprünglichen Beweisbeschluss entsprechend ändert, jedoch ist von diesem Erfordernis **entgegen § 303** eine **Ausnahme** zu machen, wenn der Zwischenstreit nur die Parteien und keine sonstigen Beteiligten betrifft und die Beweisaufnahme vom Prozessgericht weitergeführt werden soll. Dann wird über den Zwischenstreit gemeinsam mit dem **Endurteil** entschieden.[3]

---

[1] Musielak/*Stadler*[10] § 366 Rz. 3; MünchKommZPO/*Heinrich*[4] § 366 Rz. 2; Rosenberg/Schwab/*Gottwald*[17] § 120 Rz. 31; a.A. – Beeidigung auch ohne Anweisung des Prozessgerichts – MünchKomm/*Damrau*[4] § 391 Rz. 7; Stein/Jonas/*Berger*[22] § 391 Rz. 21.
[2] Musielak/*Stadler*[10] § 366 Rz. 6; Stein/Jonas/*Berger*[22] § 366 Rz. 5.
[3] MünchKommZPO/*Heinrich*[4] § 366 Rz. 3.

4. Rechtsbehelfe

146 Spezifische Rechtsbehelfe für Entscheidungen im Zwischenstreit gibt es nicht. **Nicht einschlägig** ist insbesondere die **Erinnerung gem. § 573**, da es sich bei der Entscheidung über den Zwischenstreit um eine Entscheidung des Prozessgerichts handelt und die Entscheidung des beauftragten oder ersuchten Richters, den Zwischenstreit dem Prozessgericht vorzulegen, keiner eigenständigen Überprüfung bedarf. Daher ist auch § 329 Abs. 3 nicht anzuwenden. Das Prozessgericht als originär zuständiges Gericht kann in jedem Fall über die betreffende Frage entscheiden, wenn es den Beweisbeschluss entsprechend ändert und dem **Richterkommissar** die **Beweiserhebung** wieder **entzieht**, so dass die Parteien kein schutzwürdiges Interesse an einer Entscheidung durch den Richterkommissar haben.

147 Nur **ausnahmsweise** ist eine **Überprüfung von Zwischenurteilen** zulässig, sofern dies gesetzlich ausdrücklich vorgesehen ist. Dies ist der Fall bei § 387 Abs. 3, der gegen eine Entscheidung des Prozessgerichts über die **Rechtmäßigkeit einer Zeugnisverweigerung** die **sofortige Beschwerde** für zulässig erklärt. Dasselbe gilt gem. §§ 408 Abs. 1, 402 für die **Verweigerung** der Erstattung eines **Sachverständigengutachtens**.

§ 54 Verhandlung zum Ergebnis der Beweisaufnahme, § 285 ZPO

Schrifttum:

Schäfer, Schriftsatznachlass zum Zwecke der Beweiswürdigung?, NJW 2013, 654; *Schneider*, Verhandlung über das Beweisergebnis, MDR 2001, 781; *Schneider*, Säumnis durch Nichtverhandeln, MDR 1992, 827; *Schulz/Sticken*, Die Erörterung der richterlichen Beweiswürdigung mit den Parteien, MDR 2005, 1.

I. Gebot der Beweisverhandlung, Terminierung

148 Mit der **Notwendigkeit** einer Verhandlung über das Beweisergebnis und mit dem **zeitlichen Zusammenhang** von streitiger Verhandlung, Beweisaufnahme und Beweisverhandlung befassen sich **drei Normen**, nämlich § 279, § 285 und § 370.

149 Nach § 279 Abs. 2 soll die Beweisaufnahme **unmittelbar** nach der **streitigen Verhandlung** im Haupttermin stattfinden. Im Anschluss daran ist gem. § 279 Abs. 3 der Sach- und Streitstand unter Einbeziehung des Beweisergebnisses **erneut zu erörtern**. § 285 verpflichtet zur Verhandlung über das Ergebnis der Beweisaufnahme, die **vor** dem **Prozessgericht** stattzufinden hat und § 370 regelt erneut die Terminierung der Beweisverhandlung.

150 Die Normen sind **nicht sorgfältig** aufeinander **abgestimmt**. § 370 ist schon seit Inkrafttreten der CPO im Gesetz enthalten, während die Bemühungen des § 279 zur weiteren Konzentration der streitigen Verhandlung und zur Hervorhebung des Haupttermins auf die Vereinfachungsnovelle von 1976[1] (Neugestaltung des damaligen § 278) zurückgehen.

---

[1] Gesetz v. 3.12.1976, BGBl. I 1976, 3281.

II. Normzwecke

1. Sicherung der Unmittelbarkeit und der Mündlichkeit

§ 285 sorgt dafür, dass die Parteien Gelegenheit erhalten, über das Ergebnis der Beweisaufnahme **vor** dem **Prozessgericht mündlich** zu verhandeln. Gesichert werden damit der Grundsatz der Mündlichkeit[1] und der formellen Unmittelbarkeit der Beweisaufnahme. Zugleich wird die Gewährung **rechtlichen Gehörs** zum Beweisergebnis praktiziert, die allerdings auch durch schriftsätzliche Stellungnahmen ermöglicht wurde und deshalb nicht in § 285 verankert ist.[2]

151

2. Zeitliche Einheit von Beweisaufnahme und Beweisverhandlung

§ 370 Abs. 1 korrespondiert mit § 279 Abs. 2 und 3. Aufgrund des Zusammenwirkens dieser Vorschriften soll **möglichst in einem einzigen Termin** eine mündliche Verhandlung mit anschließender Beweisaufnahme und sich daran anschließender Erörterung der Ergebnisse der Beweisaufnahme stattfinden. Im Falle einer Beweisaufnahme vor dem **beauftragten oder ersuchten Richter** ist eine solche Geschlossenheit des Verfahrensablaufs allerdings zwangsläufig nicht möglich.

152

Eine mündliche Verhandlung im unmittelbaren Anschluss an die Beweisaufnahme fördert die **Qualität der Beweiswürdigung**, weil die **Eindrücke** der Beteiligten von der Beweisaufnahme **noch frisch** sind. Damit verbunden ist eine **verfahrensbeschleunigende Wirkung**. Die Parteien können Beweisantritte wegen des Risikos der Präklusion nicht aus prozesstaktischen Gründen zurückhalten.

153

§ 279 Abs. 2 reicht weiter als § 370 Abs. 1 und belässt dieser Norm keinen Anwendungsbereich, wenn beide Vorschriften gleichzeitig einschlägig sind. **§ 370 ist eigenständig nur** anwendbar, wenn es sich um einen **gesonderten Termin zur Beweisaufnahme** handelt, nicht aber wenn sich diese an die mündliche Verhandlung vor dem Prozessgericht unmittelbar anschließt. Der von § 370 Abs. 1 verwendete Begriff der „Fortsetzung" der mündlichen Verhandlung bedeutet nicht, dass die Verhandlung nicht auch schon im selben Termin begonnen worden sein kann.

154

Die **Konsequenz der Verhandlungseinheit** zeigt sich, wenn der Prozessvertreter einer Partei zunächst mündlich verhandelt und die sich unmittelbar anschließende Beweisaufnahme abwartet, aber anschließend erklärt, er trete nicht mehr auf; dann liegt kein Fall der Säumnis vor.[3] Die mündliche Verhandlung **nach** der **Beweisaufnahme** erfordert **keine Wiederholung** der gestellten **Anträge**.[4]

155

III. Trennung in Ausnahmefällen

Eine **Trennung** von Beweistermin und mündlicher Verhandlung, also die Bestimmung eines reinen Beweistermins, steht **nicht im Belieben des Gerichts**. Grund für **ein Abweichen von § 370 Abs. 1** kann das Bestreben sein, **den Parteien** nach einer komplexen, langwierigen oder schwierigen Beweisaufnahme **Zeit für eine eigene Bewertung** und die Vorbereitung der sich anschließenden mündlichen Verhandlung zu geben, insbesondere wenn die Beweisaufnahme einen großen Umfang hatte und widersprüchliche Aussagen zu bewerten sind, wenn die Beweisaufnahme überraschende Ergebnisse abweichend von der bisherigen Sachdarstellung erbracht hat oder wenn

156

---
1 BGH VersR 1960, 321, 322.
2 A.A. BGHZ 63, 94, 95 = BGH NJW 1974, 2322.
3 BGHZ 63, 94, 95.
4 BGHZ 63, 94, 95.

IV. Inhalt der Beweisverhandlung

157 Gem. § 279 Abs. 3 ist der **Sach- und Streitstand** im Anschluss an die Beweisaufnahme erneut mit den Parteien zu **erörtern**. Die mündliche Verhandlung muss den Parteien die Möglichkeit geben, über das Ergebnis der Beweisaufnahme zu verhandeln[3] (§ 285 Abs. 1). Soweit bereits möglich – so die Fassung des § 279 Abs. 3 seit 2002 – ist das Ergebnis der Beweisaufnahme in die Erörterung einzubeziehen.

158 Das Gericht muss seine **endgültige Beweiswürdigung** bei dieser Gelegenheit **nicht offenbaren**,[4] hat aber auf für wesentlich erachtete Aspekte der Beweiswürdigung hinzuweisen, damit die Parteien ihr weiteres Prozessverhalten hinsichtlich der Aufklärung des Tatsachenstoffes darauf einstellen können.[5] Über eine erste vorläufige Einschätzung hinausgehende „Schnellschüsse", die bei der Urteilsabfassung überdacht und geändert werden, begründen Angriffsmöglichkeiten in der Berufungsinstanz (§ 531 Abs. 2 Nr. 1 i.V.m. § 139).[6]

159 Das Gericht hat den Parteien **Gelegenheit** zu geben, **zum Beweiswert Stellung** zu **nehmen**, etwaige Beweiseinreden[7] zu erheben, neue Beweisanträge zu stellen,[8] sich überraschende günstige Ergebnisse der Beweisaufnahme – gegebenenfalls konkludent – hilfsweise zu eigen zu machen[9] oder bisher streitiges Vorbringen unstreitig zu stellen.

160 Wird erneut in die Beweisaufnahme eingetreten, ist die **Verhandlung** über das Beweisergebnis **zu wiederholen**.[10] Ein Termin zur Beweisaufnahme vor dem Prozessgericht ist gem. § 370 Abs. 1 im Interesse der **Verfahrenskonzentration** zugleich zur Fortsetzung der mündlichen Verhandlung zu bestimmen, so dass bei Entscheidungsreife ein Urteil ergehen kann.

161 In der Verhandlung über das Beweisergebnis müssen die **früher gestellten Anträge nicht wiederholt** werden,[11] auch wenn dies vielfach geschieht. In das Verhandlungsprotokoll ist aufzunehmen, dass die Parteien Gelegenheit zum Verhandeln hatten[12] und das Gericht das Beweisergebnis mit ihnen erörtert hat.

---

1 OLG Koblenz NJW-RR 1991, 1087; MünchKommZPO/*Heinrich*[4] § 370 Rz. 2; Stein/Jonas/*Berger*[22] § 370 Rz. 2.
2 BGH WM 1977, 948 = MDR 1978, 46 (schriftliche Zeugenaussage in kroatische-serbischer Sprache); BGH NJW 2009, 2604 Rz. 8; BGH NJW 2011, 3040 Rz. 6; MünchKommZPO/*Heinrich*[4] § 370 Rz. 2; Musielak/*Stadler*[10] § 370 Rz. 2; Stein/Jonas/*Berger*[22] § 370 Rz. 2; *Schäfer* NJW 2013, 654, 655.
3 BGH VersR 1960, 321, 322; BGH MDR 1978, 46; Rosenberg/Schwab/*Gottwald*[17] § 116 Rz. 40; Zöller/*Greger*[30] § 370 Rz. 1.
4 Zur Rechtslage vor 2002 *Schulz/Sticken* MDR 2005, 1, 2.
5 Strenger *Gehrlein* MDR 2003, 321, 423 (Zwischenberatung und Offenlegung des Beratungsergebnisses).
6 Vgl. *Schulz/Sticken* MDR 2005, 1, 5.
7 Dazu BGH MDR 1958, 501.
8 BGH VersR 1960, 321, 322.
9 Vgl. BGH NJW 1991, 1541, 1542; BGH NJW 2001, 2177, 2178; BGH NJW 2006, 64, 65.
10 Vgl. die Verfahrensrüge in BGH NJW 1990, 121, 122.
11 BGHZ 63, 94, 95 = NJW 1974, 2322; BGH NJW 2004, 1732.
12 BGH NJW 1990, 121, 122; BGH MDR 2001, 830.

Verhandlung zum Ergebnis der Beweisaufnahme   Rz. 167   **Kapitel 14**

Ein **Verstoß** gegen § 285 ist nach § 295 Abs. 1 **heilbar**.¹ In die fortgesetzte mündliche   162
Verhandlung wird erst eingetreten, wenn die Beweisaufnahme vollständig abgeschlossen ist. Das hängt vom Inhalt des auszuführenden Beweisbeschlusses ab; dieser muss grundsätzlich vollständig ausgeführt worden sein.

Die **Beweisaufnahme kann vorzeitig enden**, wenn der Beweisbeschluss **undurchführ-**   163
bar wird, etwa weil eine Naturalpartei endgültig oder unentschuldigt (vgl. auch § 227 Abs. 1) ausbleibt, deren Anwesenheit für die vollständige Durchführung erforderlich ist, weil die beweisführende Partei den geforderten **Vorschuss nicht gezahlt** hat, weil das Gericht eine vollständige Durchführung nicht für sinnvoll hält und die Beweisaufnahme unter Aufhebung des Beweisbeschlusses abbricht, oder weil die **beweisführende Partei** auf die Beweiserhebung **verzichtet** (§ 399).

Durch einen Verzicht nach § 399 kann die Partei bspw. den **Weg für ein Versäumnis-**   164
urteil (§ 331) oder eine **Entscheidung nach Lage der Akten** (§ 331a) **freimachen**. Diese Entscheidungen können erst in der mündlichen Verhandlung **nach Ende** der – gegebenenfalls zu vertagenden (§ 368) – **Beweisaufnahme** ergehen (s auch Rz. 72 und 73). Die im Falle eines Einspruchs gegen das Versäumnisurteil stattfindende Zurückversetzung der Verhandlung in den Zustand vor Eintritt der Säumnis (§ 342) ermöglicht die erneute Benennung und Vernehmung des Zeugen, auf den verzichtet wurde. Treten dann zeitverzögernde Hindernisse auf, kommt es für die **Anwendung des § 296 Abs. 2** auf die Handhabung des § 282 an. In der Wahrnehmung der Chance auf Erlass eines Versäumnisurteils kann eine nach der Prozesslage sorgfältige und auf Verfahrensförderung bedachte Prozessführung zu sehen sein,² wenn nicht von vornherein absehbar ist, dass Einspruch eingelegt werden wird.

Beim **Ausbleiben** eines **Zeugen oder Sachverständigen**, das nur den konkreten Termin   165
betrifft, ist gem. § 368 ein Fortsetzungstermin anzuberaumen. Beim Ausbleiben der zu vernehmenden Partei ist § 454 zu beachten.

V. Verzicht der Parteien, Säumnis

Die Parteien können **auf eine mündliche Verhandlung verzichten**.³ Sie können statt-   166
dessen ihre **Stellungnahme** auch **schriftlich** abgeben,⁴ haben darauf aber grundsätzlich keinen Anspruch.⁵ Der Anspruch auf **rechtliches Gehör** kann es gebieten, eine **Gelegenheit** zur **schriftlichen Stellungnahme** einzuräumen, wenn die Komplexität der Beweisaufnahme dafür eine hinreichende Vorbereitung erfordert, etwa eine Informationsbeschaffung der nicht sachkundigen Partei zu einem mündlich erstatteten Sachverständigengutachten notwendig erscheinen lässt.⁶

Ist eine **Partei** im Beweisaufnahmetermin **säumig**, soll die Beweisaufnahme nach   167
§ 367 gleichwohl durchgeführt werden, soweit dies möglich ist. Anschließend kann auf Antrag ein Versäumnisurteil erlassen werden. Ein Fall der Säumnis ist nicht gegeben, wenn der Anwalt nach der Beweisaufnahme erklärt, er trete nicht mehr auf.⁷ Es kann daher ein **kontradiktatorisches Urteil** ergehen, auch wenn der Kläger ein Urteil

---
1 BGHZ 63, 94, 95.
2 Stein/Jonas/*Berger*²² § 370 Rz. 5; vorsichtiger Baumbach/Lauterbach/*Hartmann*⁷¹ § 370 Rz. 5.
3 BGHZ 63, 94, 95 = NJW 1974, 2322; BGH NJW 2004, 1732.
4 BGH VersR 1960, 321, 322.
5 BGH NJW 1991, 1547, 1548 = MDR 1991, 343.
6 BGH NJW 1982, 1335; BGH NJW 1984, 1823; BGH NJW 1988, 2302; BGH NJW 1991, 1547, 1548.
7 BGH NJW 1974, 2322.

nach Lage der Akten oder ein Versäumnisurteil beantragt.[1] Wird eine **Entscheidung nach Lage der Akten** erlassen (§ 251a, § 331a), ist das Beweisergebnis zu verwerten.

VI. Verstoß gegen § 285

168 Verstößt das Gericht gegen § 285 Abs. 1 oder 2, handelt es sich um einen **heilbaren** (§ 295) **Verfahrensfehler**.[2] Der nicht geheilte Verstoß kann mit der **Revision** gerügt werden (§ 556).[3]

VII. Terminierung der Beweisverhandlung

169 Da jeder Beweistermin vor dem Prozessgericht kraft Gesetzes zugleich Termin zur mündlichen Verhandlung ist, braucht die Durchführung einer mündlichen Verhandlung im Anschluss **nicht gesondert angeordnet** zu werden,[4] wenngleich dies zwecks Klarstellung üblich ist. § 370 Abs. 1 gilt sogar dann, wenn die **Beweisaufnahme nicht an** der **Gerichtsstelle** stattfindet (§ 219).[5]

170 Wegen des Erfordernisses der **Öffentlichkeit** der Verhandlung (§ 169 S. 1 GVG), die im Gegensatz zur für die Beweisaufnahme ausreichenden Parteiöffentlichkeit (§ 357 Abs. 1) bei **Lokalterminen** nicht vergessen werden darf, muss an der Gerichtsstelle durch **Aushang** auf den auswärtigen Verhandlungstermin hingewiesen werden.

VIII. Verhandlung nach Beweisaufnahmen vor dem beauftragten oder ersuchten Richter

1. Terminsbestimmung

171 Nach einer Beweisaufnahme vor dem beauftragten oder ersuchten Richter muss die mündliche **Verhandlung** vor dem **Prozessgericht** fortgesetzt werden. Der Termin dafür ist, sofern er nicht gem. § 370 Abs. 2 bereits im Beweisbeschluss enthalten ist, nach Abschluss der Beweisaufnahme vom Prozessgericht zu bestimmen. Eine **nachträgliche Terminsbestimmung** ist vorzugswürdig, weil in der Regel nicht abzusehen ist, wann die Beweisaufnahme vor dem beauftragten oder ersuchten Richter erledigt sein wird.[6]

172 Für die **Bekanntmachung der Terminsladung** gilt § 357 Abs. 2 nicht. Sie ist den Parteien gem. § 329 Abs. 2 S. 2 unter **Beachtung der Ladungsfrist** des § 217[7] **förmlich zuzustellen**,[8] da die Terminsbestimmung nicht aufgrund einer mündlichen Verhandlung ergeht und daher eine Verkündung gem. § 329 Abs. 1 S. 1 ausscheidet. Da die Beweisaufnahme nicht vor dem Prozessgericht stattgefunden hat, muss das Ergebnis der

---

1 BGH NJW 1974, 2322; BGH NJW 2004, 1732 (dort: Entscheidung nach Lage der Akten).
2 *E. Schneider* MDR 2001, 781, 782; a.A. MünchKommZPO/*Prütting*[4] § 285 Rz. 6; wohl auch Zöller/*Greger*[30] § 285 Rz. 1.
3 BGH VersR 1960, 321, 322; BGH MDR 2001, 781, 782.
4 OLG Düsseldorf OLGZ 1971, 185, 186.
5 MünchKommZPO/*Heinrich*[4] § 370 Rz. 2; Musielak/*Stadler*[4] § 370 Rz. 1; Zöller/*Greger*[30] § 370 Rz. 2. Wegen vermeintlich fehlender Öffentlichkeit verneinend Baumbach/Lauterbach/*Hartmann*[71] § 370 Rz. 4.
6 Zöller/*Greger*[30] § 370 Rz. 2.
7 RGZ 81, 321, 323; Musielak/*Stadler*[10] § 370 Rz. 6; Zöller/*Greger*[30] § 370 Rz. 2.
8 MünchKommZPO/*Heinrich*[4] § 370 Rz. 6.

Beweisaufnahme nach § 285 Abs. 2 von den Parteien in der mündlichen Verhandlung vorgetragen werden.

2. Inhalt der Verhandlung

Findet die Beweisaufnahme ausnahmsweise[1] nicht vor dem Prozessgericht statt, müssen die Parteien das **Ergebnis** dem **Prozessgericht vortragen**. Das betrifft sowohl Beweisaufnahmen vor dem beauftragten Richter (§§ 361, 375 Abs. 1a) oder dem Rechtshilferichter (§ 362, § 157 GVG; § 364) als auch Beweisaufnahmen im selbständigen Beweisverfahren (§ 493). **Vorgetragen** wird das Ergebnis **durch** Aufnahme in einen **Schriftsatz** und anschließende mündliche Verhandlung mit Bezugnahme darauf[2] oder durch Beiziehung der Akten und mündliche Verhandlung.

173

IX. Relevanz des Beweisergebnisses für Versäumnisurteil oder Urteil nach Lage der Akten

1. Versäumnisurteil

Ein Versäumnisurteil darf nur ergehen, wenn die säumige Partei in der sich der Beweisaufnahme **anschließenden mündlichen Verhandlung** ausbleibt.[3] Sie wird, wie aus § 220 Abs. 2 abzuleiten ist, nicht säumig, wenn sie noch bis zum Schluss der mündlichen Verhandlung erscheint und verhandelt[4] (zur Säumnis auch oben Rz. 167). Die Gefahr des Erlasses eines Versäumnisurteils im Falle des Nichterscheinens zu einem Beweisaufnahmetermin wird durch die Regelung des § 370 Abs. 1 erhöht. Die **Beweisaufnahme** ist **auch bei Säumnis** einer oder gar beider Parteien – sofern möglich (§ 367 Abs. 1) – zwingend **bis zum Ende durchzuführen** (dazu näher Rz. 59).

174

Wird ein Versäumnisurteil in einer sich nach § 370 Abs. 1 unmittelbar anschließenden mündlichen Verhandlung erlassen, konnte über das Ergebnis der Beweisaufnahme noch nicht mündlich verhandelt werden. **Streitig** diskutiert wird, ob die **Beweisergebnisse im** gegen den Beklagten beantragten **Versäumnisurteil berücksichtigt werden dürfen bzw. müssen**, wenn es gem. § 331 auf die Schlüssigkeit des wegen des Versäumnisurteils als zugestanden geltenden Vorbringens des Klägers ankommt. Eine Berücksichtigung kann dazu führen, dass von der **Geständniswirkung** diejenigen bewiesenen Tatsachen **ausgeschlossen** sind, die dem Klägervorbringen entgegenstehen; die Klage ist dann durch unechtes Versäumnisurteil abzuweisen und der Beklagte ist nicht darauf angewiesen, Einspruch einzulegen, um dem Beweisergebnis Wirkung zu verleihen.

175

Drei Ansichten stehen sich gegenüber: (1) Die Geständnisfiktion wird durch ein dem Vorbringen entgegenstehenden Beweisergebnis nur dann ausgeschlossen, wenn der **Kläger** wissentlich **gegen** seine **Wahrheitspflicht** (§ 138 Abs. 1) **verstoßen** hat und dies aufgrund der vorliegenden Beweisergebnisse offenkundig ist.[5] Im Übrigen hindert das objektive Entgegenstehen des Beweisergebnisses nicht den Erlass des Versäumnisurteils. (2) Das Gegenteil von erwiesenen Tatsachen kann **nicht zugestanden** wer-

176

---

1 BGH NJW 1960, 1252, 1253.
2 BGH NJW 1972, 773, 774; OLG Hamm MDR 1992, 713.
3 OLG Frankfurt OLGRep. 1992, 226, 227.
4 BGH NJW 1993, 861, 862.
5 AK-ZPO/*Rüßmann* § 370 Rz. 3; Henckel JZ 1992, 645, 649 (aus eindeutiger Widerlegung die subjektive Unwahrheit der Behauptung ableitend); MünchKommZPO/*Heinrich*[4] § 370 Rz. 5; Musielak/*Stadler*[10] § 370 Rz. 5; *Olzen* ZZP 98 (1985), 403, 421 f.; Stein/Jonas/*Schumann*[20] § 370 Rz. 6.

den.¹ Wenn dies jedoch schon nicht durch den Beklagten selbst möglich sei, dann könne auch keine entsprechende Fiktion existieren. (3) Eine **Berücksichtigung** des Beweisergebnisses **scheidet schlechthin aus**,² es sei denn, es betrifft die von Amts wegen zu prüfenden Prozessvoraussetzungen und damit die Zulässigkeit des Versäumnisurteils; für eine Berücksichtigung gebe es keine gesetzliche Grundlage und die von der h.M. geforderte Gewissheit der bewusst-subjektiven Wahrheitspflichtverletzung lasse sich auch aus einem scheinbar eindeutigen Beweisergebnis nicht zweifelsfrei ziehen, da Wahrnehmungen und Kenntnisse der Partei dadurch kaum erhellt würden; zudem verlange die Feststellung, dass das Vorbringen eindeutig widerlegt sei, ein Beweismaß, das über die Anforderungen des § 286 hinausgehe und das nicht praktikabel sei.

177 **Zu folgen ist der dritten Ansicht.** Die subjektive Überzeugung des Klägers, auf die es nach § 138 Abs. 1 ankommt, muss nicht mit dem Ergebnis der Beweisaufnahme aus der Sicht des Prozessgerichts übereinstimmen, ohne dass die Beurteilungsdivergenz auf Uneinsichtigkeit oder gar Böswilligkeit des Klägers zurückzuführen ist.

2. Entscheidung nach Lage der Akten

178 Bei einer **Entscheidung nach Aktenlage** ist das Beweisergebnis in jedem Fall zu berücksichtigen,³ da es Aktenbestandteil und damit Entscheidungsgrundlage gem. § 331a ist. Das Gebot rechtlichen Gehörs und der Grundsatz eines fairen Verfahrens stehen nicht entgegen.⁴

---

1 *Nikisch* Zivilprozeßrecht² § 67 II 1 (S. 263); *Bernhardt* Festschrift Rosenberg (1949), S. 9, 32, 34.
2 Stein/Jonas/*Berger*²² § 370 Rz. 6; Zöller/*Greger*³⁰ § 370 Rz. 1 (dann allerdings mit besonders strenger Schlüssigkeitsprüfung).
3 BGH NJW 2002, 301, 302; Musielak/*Stadler*¹⁰ § 370 Rz. 5; Zöller/*Greger*³⁰ § 370 Rz. 1.
4 BGH NJW 2002, 301, 302; Stein/Jonas/*Berger*²² § 370 Rz. 7.

Kapitel 15:
Beweiswürdigung und Beweismaß

	Rz.		Rz.
§ 55 Grundsatz freier Verhandlungs- und Beweiswürdigung, § 286 Abs. 1 ZPO		V. Gesetzliche Beweisregeln (§ 286 Abs. 2)	31
I. Freie Beweiswürdigung als grundlegende Verfahrensregel	1	**§ 56 Subjektivität richterlicher Überzeugungsbildung**	
II. Gegenstand der Verhandlungswürdigung		I. Persönliche Überzeugung	37
1. Tatsachenvortrag als Voraussetzung der Würdigung	4	II. Beweiswürdigung und Beweismaß	
2. Beweisergebnisse		1. Zusammenhänge von Beweiswürdigung und Beweismaß	42
a) Erhobene Beweise	5	2. Grad der richterlichen Überzeugung	43
b) Nichterhebung von Beweisen	7	III. Grenzen der Überzeugungsbildung	46
3. Inhalt der Verhandlung	9	IV. Nachprüfung durch Berufungs- und Revisionsgericht	51
4. Tatsachenfeststellung ohne Parteibehauptung	14	V. Beweisverwertungsverbote	56
5. Erfahrungssätze, Indizienbeweis	15	VI. Beweisverträge	57
III. Kenntniserlangung		**§ 57 Kasuistik zur Beweiswürdigung**	
1. Fehlerfreie Kenntniserlangung	16	I. Wiederkehrende Beweislagen	58
2. Amtliche und private Tatsachenkenntnis	17	II. Verdacht vorgetäuschter oder unredlich abgewickelter Versicherungsfälle	
3. Eigene richterliche Sachkunde		1. Fingierte Verkehrsunfälle	59
a) Verwertbarkeit	23	2. Verlustmeldungen an Sachversicherer	61
b) Offenbarung der Herkunft des Sachwissens	24	III. Sonstige Sachverhalte	
4. Erkenntnisse aus anderen Verfahren	26	1. Arzthaftung	63
IV. Begründungspflicht (§ 286 Abs. 1 S. 2)	29	2. Testamentarische Verfügungen	66

§ 55 Grundsatz freier Verhandlungs- und Beweiswürdigung, § 286 Abs. 1 ZPO

Schrifttum:

Balzer, Beweisaufnahme und Beweiswürdigung im Zivilprozeß, 2. Aufl. 2005 (Rezension der 1. Aufl. von *Heinrich*, ZZP 116 [2003], 119); *Baumgärtel*, Beweislastpraxis im Privatrecht, 1996, S. 27 ff.; *Bender/Nack/Treuer*, Glaubwürdigkeits- und Beweislehre, Vernehmungslehre, 3. Aufl. 2007; *Bender*, Merkmalskombination in Aussagen, 1987; *Bender/Nack*, Grundzüge einer Allgemeinen Beweislehre, DRiZ 1980, 121; *Bendix*, Zur Psychologie der Urteilstätigkeit des Berufsrichters, 1968; *Bobili*, Die freie richterliche Überzeugungsbildung, 2001; *Bohne*, Zur Psychologie der richterlichen Überzeugungsbildung, 1948; *Brehm*, Die Bindung des Richters an den Parteivortrag und Grenzen der Verhandlungswürdigung, 1982; *Brinkmann*, Das Beweismaß im Zivilprozeß aus rechtsvergleichender Sicht, 2005; *Britz*, Beschränkungen der freien Beweiswürdigung durch gesetzliche Beweisregeln?, ZZP 110 (1997), 61; *Bürkle*, Richterliche Alltagstheorien im Bereich des Zivilrechts, 1984; *Deppenkemper*, Beweiswürdigung als Mittel prozessualer Wahrheitskenntnis, 2004; *Döhring*, Die Erforschung des Sachverhalts, 1964, S. 429; *Fetzer*, Beweiserhebung und Beweiswürdigung im Verkehrsunfallprozess, MDR 2009, 602; *Gottwald*, Schadenszurechnung und Schadensschätzung, 1979; *Gräns*, Das Risiko materiell fehlerhafter Urteile, 2002; *Greger*, Beweis und Wahrscheinlichkeit, 1978 (Rezension *Walter*, ZZP 93 (1980), 97); *Greger*, Der surfende Richter – Sachverhaltsaufklärung per Internet, Festschrift Stürner (2013), S. 289; *Hansen*, Der Indizienbeweis, JuS 1992, 327; *Heeschwer*, Untersuchungen zum Merkmal der freien Überzeugung in § 286 ZPO und § 261 StPO, Diss. Münster 1974; *Hohlweck*, Die Beweiswürdigung im Zivilurteil, JuS 2001, 584; *Klein*, Gewissen und Beweis, 1992; *Koch/Rüßmann*, Juristische Begründungslehre, 1982, S. 271 ff.; *Lampe*, Richterliche Überzeugung, Festschrift Pfeiffer (1988), S. 353; *Leipold*, Wahrheit und Beweis im Zivilprozeß, Festschrift Nakamura (1996), S. 301; *Nack*, Der Indizienbeweis, MDR 1986, 366; *Nagel*, Die Grundzüge des Beweisrechts im europäischen Zivilprozeß, 1967, S. 72; *Patermann*, Die Entwicklung des Prinzips der freien Beweiswürdigung im ordentlichen deutschen Zivilprozeß in Gesetzgebung und Lehre, Diss. Bonn 1970; *Perband*, Der Grundsatz der freien Beweiswürdigung im Zivilprozeß, 2003; *Prütting*, Beweiserleichterungen für den Geschädigten, Karlsruher Forum 1989 (Beiheft zum VersR 1990); *Reinicke*, Die Krise der freien Beweiswürdigung im Zivilprozeß, MDR 1986, 630; *Scherzberg*, Beweiserhebung als Kognition, ZZP 117, 2004, S. 163; *A. Schmidt*, Grundsätze der freien richterlichen Beweiswürdigung im Strafprozeß, 1994; *E. Schneider*, Beweis und Beweiswürdigung, 5. Aufl. 1994; *Stahlmann*, Sozialwissenschaftliche Überlegungen zur zivilprozessualen Beweislehre, JA 1978, 157, 216, 268; *Stein*, *Friedrich* Das private Wissen des Richters: Untersuchungen zum Beweisrecht beider Prozesse, Leipzig 1893; *Stickelbrock*, Inhalt und Grenzen richterlichen Ermessens im Zivilprozeß, 2002, S. 351 ff.; *Walter*, Freie Beweiswürdigung, 1979; *H. Weber*, Der Kausalitätsbeweis im Zivilprozeß, 1997; *Weimar*, Psychologische Strukturen richterlicher Entscheidung, 1969; *Wohlers*, Generelle Kausalität als Problem richterlicher Überzeugungsbildung, JuS 1995, 1019.

I. Freie Beweiswürdigung als grundlegende Verfahrensregel

1 Der Grundsatz der freien Beweiswürdigung gem. § 286 Abs. 1 S. 1 ist ein **zentrales Prinzip des Beweisrechts** der ZPO. Er gilt auch in den anderen deutschen Verfahrensordnungen. Durchgesetzt hat er sich erst in der CPO von 1877 als Ergebnis einer langen historischen Entwicklung.[1]

2 § 286 regelt, auf welche Weise und anhand welcher Maßstäbe das Gericht entscheidet, ob eine tatsächliche Behauptung für wahr oder unwahr zu erachten ist. Maßgeblich ist dafür die **persönliche subjektive Überzeugung** des Richters, ohne dass die Entscheidung deshalb seinem Belieben anheim gestellt wäre.

3 Auch wenn gesetzliche Beweisregeln nur nach Maßgabe des Abs. 2 zu berücksichtigen sind, darf die Entscheidung nicht den **allgemein anerkannten Denkgesetzen**, insbesondere den Gesetzen der Logik, den allgemeinen **Erfahrungssätzen** sowie den **Naturgesetzen** widersprechen (näher Kap. 14 Rz. 51). Eine weitere Beschränkung bringt Abs. 1 S. 2 mit sich. Danach muss das Gericht die **Gründe**, die zu seiner Überzeugung geführt haben, **im Urteil angeben**. Beweisregeln sollen der Willkür und Selbstüberschätzung unerfahrener Richter entgegen wirken. Ihre Aufhebung zur Stärkung der eigenen richterlichen Verantwortung lässt die Bedeutung des früheren Ziels prozessrechtlicher Steuerung nicht entfallen.

II. Gegenstand der Verhandlungswürdigung

1. Tatsachenvortrag als Voraussetzung der Würdigung

4 § 286 Abs. 1 S. 1 spricht von einer Entscheidung des Gerichts darüber, *„ob eine tatsächliche Behauptung für wahr oder nicht wahr zu erachten sei"*. Damit das Gericht überhaupt in das Stadium der Verhandlungswürdigung eintreten kann, müssen die Parteien ihrer **Darlegungslast** (dazu Kap. 11 § 40) entsprochen haben; anderenfalls gibt es keinen Bezugspunkt für eine Würdigung.

---

1 Näher dazu *Walter* Freie Beweiswürdigung S. 7 ff.; *Deppenkämper* Beweiswürdigung als Mittel prozessualer Wahrheitserkenntnis. Eine dogmengeschichtliche Studie, 2004.

2. Beweisergebnisse

a) Erhobene Beweise

Nach Abs. 1 S. 1 sind die Ergebnisse einer durchgeführten Beweisaufnahme zu berücksichtigen. Zweck ihrer Würdigung ist die Entscheidung, welche Tatsachen der rechtlichen Beurteilung des Falles zugrunde zu legen sind. **Wandelt sich die Auffassung** des Gerichts über die relevanten Beweisthemen im Verlaufe des Verfahrens, bedürfen Beweisergebnisse, die dadurch für die Entscheidung hinfällig geworden sind, keiner Würdigung im Urteil. Dasselbe gilt für Beweisergebnisse, die dadurch obsolet geworden sind, dass die zuvor streitigen Tatsachen unter dem Eindruck der Beweisaufnahme von den Parteien ausnahmsweise **unstreitig gestellt** worden sind.

5

Welche Beweise zu erheben sind und auf die Gewinnung welcher Eindrücke das Gericht mit welchen Mitteln hinzuwirken hat, ergibt sich aus den jeweils einschlägigen Regeln, **nicht** jedoch **aus § 286 Abs. 1 S. 1** selbst. Freilich bedeutet es einen Verstoß gegen § 286 und gegen das verfassungsrechtlich abgesicherte Recht auf Beweis (dazu Kap. 1 Rz. 84), **wenn Beweise** nicht in die Würdigung einbezogen werden, obwohl sie ordnungsgemäß **erhoben** worden sind. Auch dürfen **beigezogene Akten**, sofern sie Inhalt der Verhandlung geworden sind, bei der Beweiswürdigung nicht übergangen werden.[1] Die Beweisergebnisse sind unabhängig von der Beweislastverteilung zu berücksichtigen. Die objektive Beweislast greift erst im Falle der Beweislosigkeit einer Tatsache ein (Kap. 9 Rz. 1). Verfassungsrechtlich **geboten** sein kann es, **Eindrücke dadurch zu gewinnen**, dass eine Partei von Amts wegen nach § 141 angehört wird, ohne dass eine förmliche Parteivernehmung nach § 448 stattfindet.[2]

6

b) Nichterhebung von Beweisen

Keinen Verstoß unmittelbar **gegen § 286** bedeutet es regelmäßig, wenn ein bestimmter Beweis nicht erhoben worden ist, obwohl er hätte erhoben werden müssen, etwa weil die Parteibehauptung nicht als unstreitig (vgl. § 138 Abs. 3 und 4) hätte behandelt werden dürfen oder weil von einer Beweiserhebung nicht gem. §§ 288, 291, 293 oder aus Präklusionsgründen abgesehen werden durfte.[3] Ein derartiger Beweis ist nicht Teil der Beweisaufnahme geworden. Inwieweit dies einen **Verfahrensfehler** darstellt, richtet sich nach der **Norm, die fehlerhaft angewandt** wurde, um der Beweiserhebung auszuweichen. Zugleich verstößt die unzureichende Beweisaufnahme gegen das Recht auf Beweis (Kap. 1 Rz. 84). Allerdings verfährt die Praxis großzügiger und beruft sich zur Begründung einer Rechtsverletzung durch fehlerhafte Tatsachenfeststellung (vgl. § 529 Abs. 1 Nr. 1, Abs. 2 und § 546) auf einen Verstoß gegen § 286. Die **Verletzung des § 286 und des Art. 103 Abs. 1 GG fallen zusammen**, wenn der Tatrichter ohne Darlegung seiner eigenen Sachkunde einem Parteigutachten folgt, obwohl ein Beweisantrag auf Einholung eines gerichtlichen Sachverständigengutachtens gestellt worden war.[4]

7

Insbesondere zu beachten ist das **Verbot vorweggenommener Beweiswürdigung** (näher dazu Kap. 1 Rz. 89). So verstößt es bereits gegen dieses Verbot und nicht erst gegen den Grundsatz der freien richterlichen Beweiswürdigung, wenn ein Beweis nicht

8

---

1 BGH FamRZ 1992, 537.
2 BVerfG NJW 2001, 2531, 2532; BGH NJW 1999, 363, 364; BGH NJW 2006, 1429, 1431 f.; BAG NJW 2007, 2427, 2428; Musielak/*Foerste*[10] § 286 Rz. 2. Zur EMRK EGMR NJW 1995, 1413. Für eine Unterscheidung von Parteivernehmung und Parteianhörung *Oberhammer* ZZP 113 (2000), 295, 320 f.; jedoch a.a.O. 316 ff. für eine Neuinterpretation des § 448 unter Verzicht auf das Erfordernis einer Anfangswahrscheinlichkeit.
3 Anders BGH NJW-RR 1992, 1392, 1393.
4 So die Konstellation in BGH WM 2008, 1453, vgl. Rz. 3.

erhoben wird, weil das Gericht dem Beweismittel **aufgrund abstrakter Erwägungen** bereits **vorab** jede **Beweiskraft abspricht**.[1] Auch eine vorweggenommene Würdigung, die den Anforderungen des § 286 genügen würde, wäre unzulässig. Keine vorweggenommene Beweiswürdigung stellt es dar, wenn die Beweiserhebung über **Hilfstatsachen eines Indizienbeweises** unterbleibt, weil der Schluss von den Indizien auf die Haupttatsache nach Überzeugung des Gerichts nicht ausreichend sicher gezogen werden kann (Kap. 3 Rz. 10 ff.).

3. Inhalt der Verhandlung

9   Der Begriff der freien „Beweiswürdigung" ist irreführend eng gewählt und sollte durch „Verhandlungswürdigung" ersetzt werden, da Gegenstand der Würdigung nicht lediglich die während des Verfahrens erhobenen Beweise bzw. deren Ergebnisse sind, sondern der **gesamte Inhalt der mündlichen Verhandlung** und des vorangegangenen Verfahrens. „Inhalt der Verhandlungen" ist weit zu verstehen und umfasst das **gesamte Verhalten der Parteien** im Laufe des Prozesses.

10 Zum Inhalt der Verhandlung zählt das **Verhalten** der **Naturalparteien** und ihrer **Vertreter**. Zu berücksichtigen sind Darstellungslücken, nachträgliche Korrekturen,[2] situativ der jeweiligen Prozesslage angepasster Vortrag, Widersprüche der Darstellung,[3] die auf die Unwahrheit einzelner Punkte (vgl. § 138 Abs. 1) schließen lassen, die Weigerung, zuvor gemachte Darlegungen zu substantiieren[4] oder auf Nachfragen zu antworten, die Nichtentbindung eines Geheimnisträgers von dessen Schweigepflicht[5] oder allgemein das Zurückhalten von Beweismitteln, etwa die Nichtvorlage trotz entsprechender Aufforderung.[6] Das **Vorenthalten von Beweismitteln** kann weiterreichend auch als schuldhafte Beweisvereitelung zu qualifizieren sein (näher dazu Kap. 8 Rz. 138 ff.). **Prozessuale Vorgänge**, die nicht beiden Parteien bekannt geworden sind, müssen zuvor in die Verhandlung eingeführt werden, damit **Gelegenheit zur Stellungnahme** besteht.

11 In vergleichbarer Weise ist das **Verhalten** von **Zeugen** zu würdigen, so dass z.B. die Verweigerung der Eidesleistung[7] oder die Ausübung des Zeugnisverweigerungsrechts[8] je nach Grund und Zusammenhang Rückschlüsse auf die Wahrheit der zu bewertenden Tatsachen zulassen.

12 Einzubeziehen ist der **persönliche Eindruck**, den die Parteien durch ihr Auftreten vor Gericht hinterlassen.[9] Dieser Eindruck wird freilich durch die zuvor genannten Gesichtspunkte mitgeprägt und darf nicht dazu führen, dass **Widersprüche** oder **sonstige gravierende Mängel** nicht hinreichend gewürdigt und unter Berufung auf den glaubwürdigen Gesamteindruck eines Zeugen oder einer Partei **untergewichtet** werden.[10] Das gilt insbesondere, wenn die Darstellung der Partei oder ihres Zeugen ungewöhn-

---

1 Vgl. BVerfG NJW-RR 1995, 441 (Verletzung des Art. 103 Abs. 1 GG).
2 BGH NJW-RR 1995, 1340, 1341 – Sesamstraßen-Aufnäher.
3 BGH VersR 1955, 251, 252; BGH GRUR 1995, 700, 701 – Sesamstraßen-Aufnäher; BGH NJW 2000, 3212, 3214 – Programmfehlerbeseitigung; BGH NJW 2002, 1276, 1277; OLG Saarbrücken NJW 2010, 2525, 2526.
4 OLG Düsseldorf OLGZ 1994, 80, 84; Musielak/*Foerste*[10] § 286 Rz. 2.
5 BGH WM 1983, 653, 655 = ZIP 1983, 735, 738.
6 So in Anwendung des EPÜ Beschwerdekammer des Europ. Patentamtes, GRUR Int. 2002, 86.
7 OGHZ 1, 226, 227; Stein/Jonas/*Leipold*[22] § 286 Rz. 16.
8 BGHZ 26, 391, 399 f. = NJW 1958, 826, 827; *Peters* ZZP 77 (1964), 444 ff. (mit berechtigter Warnung vor Spekulationen über die Motive des Zeugen).
9 Musielak/*Foerste*[10] § 286 Rz. 2.
10 Vgl. BGH NJW 1995, 966.

lich und unplausibel erscheint.¹ Wenn die Voraussetzungen des § 448 durch eine bloße **Parteianhörung** beiseite geschoben werden, darf die auf Lebenserfahrung beruhende Zurückhaltung des Gesetzgebers gegenüber der Parteivernehmung nicht auch noch bei der Verhandlungswürdigung unbeachtet gelassen werden.²

Die Würdigung des Beweisergebnisses unter Berücksichtigung des gesamten Inhalts der Verhandlung darf die einzelnen **Eindrücke und Ergebnisse** nicht nur separat analysieren. Vielmehr müssen sie zueinander in Beziehung gesetzt und **in ihrer Gesamtheit** betrachtet werden.³ 13

4. Tatsachenfeststellung ohne Parteibehauptung

Das Gericht kann im Rahmen der **Beweisaufnahme** rechtserhebliche **Tatsachen** feststellen, die bis dahin **noch nicht Eingang** in die mündliche **Verhandlung** gefunden hatten, weil sie noch von keiner Partei vorgetragen worden waren. Es muss sich um **neue Tatsachen** handeln, die schon für sich genommen rechtserheblich sind und nicht lediglich Rückschlüsse auf andere rechtserhebliche Tatsachen zulassen. Bei Geltung des Verhandlungsgrundsatzes dürfen diese Tatsachen der rechtlichen Würdigung nur dann zugrunde gelegt werden, wenn sich eine **Partei die Tatsachen zu eigen macht**.⁴ Dienen die Tatsachen lediglich mittelbar als **Indizien** zum Beweis anderer rechtserheblicher Tatsachen, sind sie zu berücksichtigen, ohne dass sich eine der Parteien auf sie beruft; dem Verhandlungsgrundsatz wurde bereits durch das Vortragen der rechtserheblichen Tatsache entsprochen, deren Beweis die neu aufgedeckten Tatsachen dienen. 14

5. Erfahrungssätze, Indizienbeweis

In die Würdigung einzubeziehen sind **relevante Erfahrungssätze** (dazu Kap. 2 Rz. 15 und Kap. 44 Rz. 46 f.).⁵ Beim Indizienbeweis sind neben den festzustellenden Beweisanzeichen (Indizien) die Schlussfolgerungen auf die unmittelbar relevante Haupttatsache zu würdigen (dazu Kap. 3 Rz. 9). **Welche Beweiskraft Indizien** beizumessen ist, hat der Tatrichter für die Indizien sowohl im einzelnen als auch in der Gesamtschau und i.V.m. dem übrigen Prozessstoff zu beurteilen.⁶ Ein einzelnes Beweisanzeichen macht eine Würdigung aller Umstände des Einzelfalles nicht entbehrlich; es darf **nicht schematisch i.S.** einer von der Gegenseite zu widerlegenden **Vermutung** angewandt werden.⁷ 15

III. Kenntniserlangung

1. Fehlerfreie Kenntniserlangung

§ 286 Abs. 1 S. 1 enthält **keine Regelung** darüber, **welche Eindrücke zu gewinnen** sind, die gewürdigt werden sollen. Das Gericht muss von den Beweisergebnissen und dem sonstigen Inhalt der Verhandlung **prozessordnungsgemäß Kenntnis** erlangt haben. Dafür müssen die wesentlichen Regeln des allgemeinen Beweisrechts über die Beweiserhebung eingehalten werden, etwa über die Unmittelbarkeit der Beweisauf- 16

---

1 BGH NJW 1995, 966.
2 Musielak/*Foerste*¹⁰ § 286 Rz. 13a.
3 Vgl. BGH NJW 1970, 946, 949 – Anastasia (für Indizienbeweis); BGH NJW 1995, 966.
4 BGH NJW-RR 1990, 507; Stein/Jonas/*Leipold*²² § 286 Rz. 16.
5 MünchKommZPO/*Prütting*⁴ § 286 Rz. 9; Stein/Jonas/*Leipold*²² § 286 Rz. 12.
6 BGH NJW 1991, 1894, 1895/1896.
7 BGH VersR 2010, 1371 Rz. 18 (dort: zur Feststellung eines Benachteiligungsvorsatzes i.S.d. § 133 I InsO).

nahme,[1] die Parteiöffentlichkeit[2] oder die mündliche Verhandlung über das Ergebnis der Beweisaufnahme (§ 285). **Soweit Mängel heilbar** sind, ist die Verhandlungswürdigung davon betroffener Tatsachen und Umstände möglich. Vorrang vor einer Heilung hat jedoch die **mangelfreie Nachholung der Prozesshandlung.** Der Tatrichter darf nur solche Umstände zur Grundlage seiner Entscheidung machen, die zumindest konkludent Gegenstand der mündlichen Verhandlung oder einer Beweisaufnahme waren, sofern sie nicht offenkundig i.S.d. § 291 sind.[3]

2. Amtliche und private Tatsachenkenntnis

17 Welche Kenntnisse und Erfahrungen das Gericht berücksichtigen darf, die es **außerhalb der** betreffenden **Verhandlung** erlangt hat, ist differenziert zu beantworten. Zu unterscheiden ist zunächst zwischen Tatsachenkenntnis und Erfahrungswissen. **Tatsachenkenntnis** bezieht sich auf Tatsachen i.S.d. §§ 288, 291, mithin auf Geschehnisse und Zustände der Außenwelt oder des menschlichen Seelenlebens. Tatsachen werden typischerweise durch die Vernehmung von **Zeugen** bewiesen.

18 **Erfahrungswissen** bedeutet die Kenntnis bestimmter Regeln, Gesetzmäßigkeiten und Zusammenhänge, die losgelöst von einem konkreten Zustand von Bedeutung sind. Erfahrungswissen ist vielfach sowohl beim Gericht als auch bei den Parteien vorhanden, soweit es **alltägliche Zusammenhänge** betrifft. Reicht das vorhandene allgemeine Erfahrungswissen für die Beurteilung des Tatsachenstoffs nicht aus, muss das Gericht das Erfahrungswissen von **Sachverständigen** hinzuziehen. Besonderheiten gelten für die Berücksichtigung **privaten Erfahrungswissens** (dazu unten Rz. 23).

19 Der Richter kann von Tatsachen **im Wege der Beweiserhebung Kenntnis** erlangen, z.B. durch die Vernehmung eines Zeugen oder die Inaugenscheinnahme eines Gegenstandes. Außerhalb des Verfahrens kann er Kenntnis von bestimmten Tatsachen in Ausübung seines Amtes **aus anderen Verfahren** oder der Wahrnehmung sonstiger Aufgaben erlangen. Zu den aufgrund der Amtsausübung bekannten Tatsachen zählen alle **gerichtskundigen Tatsachen**, die eine Untergruppe der **bei dem Gericht offenkundigen Tatsachen** i.S.d. **§ 291** bilden. Sie bedürfen keines Beweises und können auch ohne entsprechende Parteibehauptung verwendet werden. Gerichtskundig sind Tatsachen, die dem Richter im Rahmen der Amtsausübung, also insbesondere im Zuge anderer Verfahren bekannt geworden sind.[4] Sie müssen **in die mündliche Verhandlung eingeführt** werden, damit die Parteien dazu Stellung nehmen können.[5]

20 Alle Tatsachen, von denen der Richter auf anderem Wege als durch erforderliche Beweisaufnahme oder dem Gang der Verhandlung erfahren hat, zählen zu seinem **privaten Wissen**. Dies gilt streng genommen auch für **allgemeinkundige Tatsachen**, die die zweite Gruppe der bei dem Gericht offenkundigen Tatsachen bilden. Wegen § 291 bedürfen sie jedoch keines Beweises. **Nicht berücksichtigt** werden dürfen alle **sonstigen Tatsachen**, von denen der Richter **auf privatem Wege** Kenntnis erlangt hat.[6] Der Grund ist in der Vermeidung eines Verstoßes gegen § 41 Nr. 5 zu sehen, da der Richter mit dem Einbringen seiner privaten Tatsachenkenntnisse in die Rolle eines Zeugen schlüpfen würde und sich selbst würdigen müsste.[7]

---

1 Stein/Jonas/*Leipold*[22] § 286 Rz. 24. Aus der Verletzung folgt kein Grundrechtsverstoß, BVerfG NJW 2008, 2243, 2244, Rz. 20.
2 Stein/Jonas/*Leipold*[22] § 286 Rz. 24.
3 BGH VersR 2006, 821 Rz. 23.
4 Vgl. BGH NJW 1991, 2824, 2825.
5 BGH LM Nr. 23 zu § 286 (B) ZPO = MDR 1967, 745.
6 MünchKommZPO/*Prütting*[4] § 286 Rz. 7; Musielak/*Foerste*[10] § 286 Rz. 4.
7 Stein/Jonas/*Leipold*[22] § 286 Rz. 26; s. auch Musielak/*Foerste*[10] § 286 Rz. 4.

Was **allgemeinkundig** ist, hat das Kassationsgericht Zürich in einem beachtenswerten **Kriterienkatalog** zusammengefasst: (1) unbestimmter Personenkreis, der von der relevanten Tatsache Kenntnis erlangen könnte; (2) Zugänglichkeit des Wissens nach Medien, Nachschlagewerken, Karten, Geschichtsbüchern etc.; (3) Verlässlichkeit der Quellen aufgrund Anerkennung über Jahre hinweg; (4) Entbehrlichkeit besonderer Sachkunde bei der Würdigung; (5) soziale Anerkennung der Informationsquellen aufgrund Anwendung des Wissensbestandes im sozialen Verkehr.[1] Wesentlich ist danach eine **effektive Öffentlichkeitskontrolle** des Wissensbestandes. Für **Wikipedia** als Quelle kann dies nicht generell bejaht werden.[2]

Nicht gerichtskundig sind Tatsachen, die der Richter unter Verletzung der Beweiserhebungsvorschriften privat ermittelt hat, etwa durch eine Augenscheinseinnahme unter Ausschluss der Parteien.[3] Entschieden **abzulehnen** ist eine Einschränkung, die der III. Zivilsenat des BGH gutgeheißen hat. Danach sollen die allgemeinen **Lichtverhältnisse an** einem **Unfallort privat beobachtet** werden dürfen, weil es sich um eine offenkundige Tatsache i.S.d. § 291 handele; der Richter müsse seine Beobachtungen lediglich vor oder in der mündlichen Verhandlung bekannt geben.[4] Insoweit liegt ein **Missbrauch der** Regeln über die ungeliebte **Augenscheinseinnahme** vor. Wenn es auf die Ermittlung und Verwertung einer derartigen Tatsache für die Entscheidung ankommt, sind die Formen des Strengbeweises einzuhalten.

3. Eigene richterliche Sachkunde

a) Verwertbarkeit

Erfahrungswissen betrifft **keine Tatsachen** und wird daher nicht von § 291 erfasst.[5] Dennoch besteht Einigkeit darüber, dass der Richter sowohl sein **amtliches** als auch sein **privates Erfahrungswissen berücksichtigen** darf.[6] Der Sachverständigenbeweis soll dem Richter diejenige fehlende Sachkunde verschaffen, die er für die Beurteilung der entscheidungsrelevanten Tatsachen benötigt. Daraus ergibt sich im Umkehrschluss, dass der Richter auf bereits vorhandene eigene Sachkunde zurückgreifen darf.

b) Offenbarung der Herkunft des Sachwissens

Woher die Sachkunde des Richters stammt, ist für deren Verwertung grundsätzlich unerheblich. Jedoch hängt von dem Gegenstand der Sachkunde und der Quelle der Kenntnis ab, ob der Richter sein Erfahrungswissen in die Verhandlung einführen und die Parteien darüber informieren muss, woher er sein Wissen bezieht. **Allgemeine Lebenserfahrung** muss vor der Entscheidung nicht offenbart und zur Diskussion gestellt werden. Bei Inanspruchnahme **besonderen Fachwissens** muss der Richter diesen Um-

---

1 KassG Zürich Bl. ZürchRspr. 110 (2011) Nr. 17, S. 33, 36.
2 A.A. LG München MMR 2008, 622, 623; AG Köln CR 2012, 194. Generell zu Internet-Recherchen des Richters *Dötsch* MDR 2011, 1017 f.; *Greger* Festschrift Stürner (2013), S. 289, 292 f.
3 Auf Abwege führt die Empfehlung bei *Schneider/v.d.Hövel* Richterliche Arbeitstechnik, 4. Aufl. 2007, S. 51, der einen Verkehrsunfall entscheidende Richter solle sich privat den Unfallort ansehen; kritisch auch Musielak/*Foerste*[10] § 284 Rz. 4.
4 BGH NJW 2007, 3211.
5 BGHZ 156, 250, 253 = NJW 2004, 1163, 1164 = GRUR 2004, 244, 245 – Marktführerschaft; MünchKommZPO/*Prütting*[3] § 291 Rz. 3; *Pieper* BB 1987, 273, 280; *Pantle* MDR 1993, 1166, 1167.
6 Vgl. BGHZ 156, 250, 253 = NJW 2004, 1163, 1164 = GRUR 2004, 244, 245 – Marktführerschaft; BGH NJW 1991, 2824, 2825 f.; *Pieper* BB 1987, 273, 279 f.

stand den Parteien offenbaren (Kap. 44 Rz. 33),[1] damit sich die Parteien vergewissern können, ob das Gericht nicht Opfer einer **Selbstüberschätzung** ist und müssen auf den entsprechenden Verdacht durch Beweisanträge reagieren können. Allerdings bedarf selbst die Inanspruchnahme besonderen Fachwissens keiner näheren Darlegung in der mündlichen Verhandlung, wenn eigenes Fachwissen des Richters nur der Begründung dient, weshalb sich das Gericht einem in der zu entscheidenden Sache erstatteten gerichtlichen Sachverständigengutachten anschließt.[2]

25 Sieht der Richter von der Einholung eines Sachverständigenbeweises ab und stützt sich allein auf Erfahrungswissen, das er im Laufe der Berufstätigkeit aus Gutachten gewinnen konnte oder das er Fachpublikationen entnommen hat,[3] so muss er diese **Quellen benennen**, um den Parteien **Gelegenheit** zu geben, diese Quellen einer kritischen Würdigung zu unterziehen (dazu Kap. 44 Rz. 34 f.).[4] Da die Verwertbarkeit nicht von der Herkunft der Fachkenntnis abhängt, macht es keinen Unterschied, ob die Sachkenntnis in Ausübung des Amtes als Richter oder auf anderem Wege, etwa durch ein Zweitstudium erworben wurde.

4. Erkenntnisse aus anderen Verfahren

26 Tatsachen, die noch nicht Gegenstand der bisherigen Verhandlung waren, müssen zur Wahrung rechtlichen Gehörs[5] ordnungsgemäß **in das Verfahren** eingeführt werden. Dies gilt insbesondere für die **Ergebnisse von Beweisaufnahmen**, die in anderen Verfahren durchgeführt worden sind, aber ebenso für Eindrücke, die das Gericht im Laufe eines früheren Verfahrens von einer sachkundigen Person gewinnen konnte, die auch an dem aktuellen Verfahren beteiligt ist.

27 Der BGH hat daher beanstandet, dass der Tatrichter eine neurologische privatgutachterliche **Stellungnahme des behandelnden Arztes**, die dem Gutachten des Gerichtssachverständigen widersprach, ohne Aufklärung des Widerspruchs bereits deshalb verwarf, weil sich der Behandler schon **in früheren Verfahren** in auffälligem **Widerspruch zu** den jeweiligen **Gerichtsgutachten** befunden hatte, und dieser beabsichtigte Schluss auf mangelnde Fachkunde und/oder diagnostische Sorgfalt, der aus Beobachtungen in anderen Verfahren stammte, nicht mit den Parteien erörtert worden war.[6]

28 Neben der Einführung der Tatsachen in den Rechtsstreit ist erforderlich, dass den **Parteien Gelegenheit** gegeben wird, zu den neu eingeführten Tatsachen **Stellung zu nehmen**. Zu berücksichtigen sind dann sowohl die neu eingeführten Tatsachen als auch die daraufhin abgegebenen Stellungnahmen der Parteien. Wurden die Tatsachen in die Verhandlung eingeführt, fehlte es aber an einer Gelegenheit zur Stellungnahme, bedeutet dies eine Verletzung des Anspruchs auf rechtliches Gehör, nicht aber einen Verstoß gegen den Grundsatz der freien Beweiswürdigung.

IV. Begründungspflicht (§ 286 Abs. 1 S. 2)

29 Die **leitenden Gründe** und die wesentlichen Gesichtspunkte der Überzeugungsbildung hat das Gericht **nachvollziehbar** im Urteil darzulegen. Dabei ist es nicht erfor-

---

1 BGH NJW-RR 1997, 1108 (Inanspruchnahme von Fachwissen langjähriger Mitglieder eines Bausenats für Spezialkonstruktionen im Brückenbau); BGH ZIP 2012, 31 Rz. 7.
2 BGH MDR 1967, 745; BGH NJW 1991, 2824, 2825.
3 BGH NJW 1984, 1408 (medizin. Lehrbücher); BGH NJW 1995, 1677, 1678 – Oxygenol II.
4 BGHZ 66, 62, 69 = NJW 1976, 715, 716; BGH NJW 1991, 2824, 2826; BGH NJW 1995, 1677, 1678 – Oxygenol II; BGH NJW 1996, 584, 586; BGH NJW-RR 1997, 1108.
5 BVerfG NJW-RR 1996, 183, 184.
6 BGH NJW 1993, 2382.

derlich, auf jedes Parteivorbringen und alle Beweismittel ausführlich einzugehen.[1] Es genügt, wenn nach der **Gesamtheit der Gründe** eine **sachentsprechende Beurteilung** stattgefunden hat.[2] Nicht ausreichend ist es, lediglich das Ergebnis der entscheidungsleitenden Tatsachenfeststellungen zu fixieren.

Die Begründung dient neben der richterlichen **Selbstkontrolle** der Überprüfung durch die Parteien und das **Rechtsmittelgericht**. Bestehen keine greifbaren Anhaltspunkte gegen die Richtigkeit einer Zeugenaussage, darf abkürzend von der glaubhaften Bekundung des Zeugen gesprochen werden. 30

V. Gesetzliche Beweisregeln (§ 286 Abs. 2)

Beim Inkrafttreten der CPO existentes **Landesrecht** mit Beweisregeln ist durch Abs. 2 aufgehoben worden und darf nicht neu geschaffen werden. Betroffen sind Rechtssätze, die einem bestimmten Beweismittel einen bestimmten Beweiswert beimessen. Unberührt bleiben Beweisregeln des **Bundesrechts**, die entgegen dem Wortlaut des Abs. 2 auch **außerhalb der ZPO** zulässig sind. 31

Die ZPO enthält formelle Beweisregeln für den **Urkundenbeweis** (§§ 415–418, 438 Abs. 2, 440 Abs. 2) und für qualifiziert signierte elektronische Dokumente (§ 371a Abs. 1 S. 2 und Abs. 2), die Beweiskraft des **Protokolls** (§ 165) und des **Urteilstatbestandes** (§ 314) sowie den Nachweis von **Zustellung** und Zustellungszeitpunkt (§§ 175 S. 2, 270 S. 2, 357 Abs. 2 S. 2, 497 Abs. 1 S. 2). So wird z.B. das mündliche Parteivorbringen durch den Urteilstatbestand bewiesen, zu dem im Berufungsurteil auch der in Bezug genommene Tatbestand des erstinstanzlichen Urteils gehört;[3] vorher eingereichte Schriftsätze sind überholt, sofern der Tatbestand nicht widersprüchlich ist.[4] Soweit die **formelle Beweiskraft** einer öffentlichen Urkunde reicht, darf zu ihrer **Widerlegung** nur auf die dafür aufgestellten Regeln zurückgegriffen werden, nicht aber auf eine freie Beweiswürdigung i.S.d. § 286.[5] 32

Gesetzliche Vermutungen i.S.d. § 290 (dazu Kap. 9 Rz. 40 ff.) haben die Wirkung von Beweislastregeln. Keine Beweisregeln sind Regeln über die **Auslegung von Willenserklärungen**. 33

Bindende Beweisregeln dürfen **nicht richterrechtlich** aufgestellt werden, sofern sie keine Grundlage in einer Norm des Bundesrechts oder des höherrangigen Gemeinschaftsrechts haben. Damit unvereinbar ist es, einem Beweismittel, etwa dem Zeugenbeweis, in einer bestimmten Sachverhaltskonstellation, etwa bei Unfallschilderungen aus der Sicht eines Beifahrers, a priori den Beweiswert abzusprechen (unten Rz. 38). Ebenso wenig darf allein das hohe Lebensalter eines Zeugen zur Annahme einer schlechten Gedächtnisleistung führen, indem das Alter zur Grundlage eines vermeintlichen allgemeinen Erfahrungssatzes gemacht wird.[6] 34

Keinen Verstoß gegen § 286 Abs. 2 stellt es dar, wenn das Revisionsgericht **Beweisanzeichen** für einen zu führenden Indizienbeweis einen **starken Beweiswert** zumisst und vom Tatrichter verlangt, dass er sich dieses Beweiswertes bei der Überzeugungs- 35

---

1 KG NJW 2008, 1006, 1007.
2 KG NJW 2008, 1006, 1007.
3 BGH NJW-RR 2007, 1434, 1435, Rz. 11.
4 BGHZ 140, 335, 339; BGH NJW-RR 2007, 1434, 1435, Rz. 11. Erleichterte Feststellung der Widersprüchlichkeit in BGH NJW-RR 2008, 112.
5 OLG Celle NJW-RR 2006, 448, 449 f. (zur Prüfungskompetenz des Grundbuchamts).
6 BVerfG ZMR 1999, 680 (dort: 90 Jahre alte Vermieterin).

36 Der **Beweiswert ärztlicher Bescheinigungen**, insbesondere von Arbeitsunfähigkeitsbescheinigungen im Lohnfortzahlungsprozess, darf **aus materiell-rechtlichen Gründen** festgelegt werden.[1] Der Arbeitnehmer muss sich darauf verlassen können, dass die Vorlage einer derartigen Bescheinigung ohne nähere Beschreibung des Krankheitsbildes ausreicht, auch wenn die Lebenserfahrung nahelegt, dass derartige Bescheinigungen von Patienten z.T. ungerechtfertigt verlangt und von unter Wettbewerbsdruck stehenden Ärzten leichtfertig ausgestellt werden. **Unionsrechtlich** stehen die Sicherung der Arbeitnehmerfreizügigkeit und die Abwehr versteckter Diskriminierung im Hintergrund. Zweifelhaft ist, ob die Rechtsprechung zu AU-Bescheinigungen auf die E 101-Bescheinigung ausländischer Behörden (**Entsendebescheinigung**) übertragbar ist.[2]

§ 56 Subjektivität richterlicher Überzeugungsbildung

I. Persönliche Überzeugung

37 Die Würdigung ist auf Überzeugungsbildung gerichtet. Es kommt dafür auf die **Überzeugung des erkennenden Gerichts** an. Damit werden formelle Beweisregeln für unbeachtlich erklärt, soweit sie nicht von Abs. 2 legitimiert sind; das Gericht trifft seine Entscheidungen also **grundsätzlich frei von Beweisregeln**. Das **subjektive Kriterium** der Überzeugung steht im Mittelpunkt.[3] Die Würdigung ist ein Vorgang, der sich im Kopf des Richters abspielt und dessen Regeln der Richter grundsätzlich selbst definiert. Er allein entscheidet, wann er wovon überzeugt ist. Die Überzeugungsbildung unterliegt im Grundsatz **keiner ex-post-Kontrolle** anhand eines **objektiven Maßstabs**, für den es auf die Überzeugung einer vernünftigen Durchschnittsperson als Beurteilungsperson ankäme.[4] Grenzen werden allerdings gezogen durch das gesetzlich bestimmte Beweismaß (unten Rz. 45) und das Gebot, die Denk-, Natur- und Erfahrungssätze bzw. -gesetze (unten Rz. 49) zu beachten. Die tatrichterliche Würdigung ist gem. § 559 Abs. 2 einer revisionsgerichtlichen Kontrolle weitgehend entzogen (unten Rz. 51).

38 Ausgangspunkt der Würdigung ist das Prinzip der grundsätzlichen **Gleichwertigkeit aller Beweismittel**.[5] Nicht die Überzeugung des Richters, sondern abstrakte und nicht von ihm selbst definierte Maßstäbe wären ausschlaggebend, wenn der Beweiswert bestimmter Beweismittel generell feststünde. Daher sind **abstrakte Beweisregeln außerhalb** des Regelungsbereichs des **Abs. 2** unzulässig, also etwa nicht durch einen Erfahrungssatz gedeckte generell-abstrakte richterliche Beschränkungen, wie sie in der sog. „Beifahrerrechtsprechung" wirksam werden, nach der den Aussagen von Insassen unfallbeteiligter Kraftfahrzeuge nur im Zusammenhang mit weiteren objektiven Anhaltspunkten Beweiswert zukommen soll.[6] **Nur für den jeweils konkre-**

---

1 Vgl. dazu BAG NJW 1993, 809, 810; BAG NZA 1997, 705; BAG NJW 1998, 2762; BAG NZA 2004, 564; BGH NJW 2002, 128; EuGH NJW 1992, 2687, 2688 Rz. 24 f.; EuGH NJW 1996, 1881, 1882 Rz. 26 ff. Kritisch zur Rspr. des EuGH *Leipold* Festschrift Kissel, S. 629 ff.
2 *Wank* EuZW 2007, 300 ff.
3 Vgl. BGH VersR 2013, 1045 Rz. 7.
4 Dazu *Prütting* Gegenwartsprobleme S. 63 ff.; *Greger* Beweis S. 101 ff.; *Walter* Freie Beweiswürdigung S. 132 ff., 165 ff.
5 Vgl. MünchKommZPO/*Prütting*4 § 286 Rz. 1.
6 BGH NJW 1988, 566, 567; KG VersR 2009, 1557, 1558; KG MDR 2009, 680. Dazu *Greger* NZV 1988, 13; *Walter* NJW 1988, 567 f.; *Reinecke* MDR 1989, 114; *Foerste* NJW 2001, 321, 322/323; MünchKommZPO/*Prütting*4 § 286 Rz. 15; Stein/Jonas/*Leipold*22 § 286 Rz. 2.

ten Fall ist eine die Überzeugung des Gerichts widerspiegelnde Abstufung nach Relevanz, Gewicht und Glaubwürdigkeit zulässig. Die konkrete tatrichterliche Würdigung von Zeugenaussagen muss nach Wahrhaftigkeitskriterien im Aussageverhalten und im Inhalt sowie in der Struktur der Aussage suchen. Auch die Aussage eines Zeugen, der **einer Partei nahe steht** oder am Ergebnis des Prozesses ein eigenes Interesse hat, muss voll gewichtet werden und darf nicht allein wegen der Beziehung für grundsätzlich unzuverlässig und unglaubwürdig erklärt werden.[1]

Bei der Aufklärung eines **Vier-Augen-Gesprächs** kann der Parteibehauptung ein durch den Prozessgegner eingebrachtes Beweismittel entgegenstehen (dazu auch Kap. 40 Rz. 28). Das Gericht darf der Partei Glauben schenken, wenn es die Parteiaussage in der Anhörung nach § 141 für überzeugender hält als die konträre Aussage eines Zeugen, der mit der Gegenpartei verwandt ist.[2] Es besteht keine Notwendigkeit, bei Zugrundelegung des Parteivortrags die Parteiaussage in eine Parteivernehmung nach § 448 münden zu lassen.[3] Allerdings muss das Gericht zu erkennen geben, dass es den unterschiedlichen Charakter von **Parteianhörung und Parteivernehmung** nicht verkannt hat.[4]

39

Der Aussage eines Zeugen, der nur Bekundungen Dritter über entscheidungserhebliche Tatsachen wiedergeben kann (**Zeuge vom Hörensagen**), ist nicht von vornherein bedeutungslos (dazu auch Kap. 4 Rz. 12 und Kap. 12 Rz. 12), auch wenn diesem Indiz in der Regel nur ein **geringer Beweiswert** zukommen wird.[5] Wird eine Zeugenäußerung verwertet, die **nicht in** einem **formellen Verfahren gewonnen** worden ist, sondern die z.B. im Wege des Urkundenbeweises beigebracht worden ist, ist deren in der Regel geringer Beweiswert zu beachten.[6]

40

Sachverständigengutachten sind auf Vollständigkeit, Nachvollziehbarkeit und Schlüssigkeit zu überprüfen[7] (näher dazu Kap. 49 Rz. 9 ff.).

41

II. Beweiswürdigung und Beweismaß

1. Zusammenhänge von Beweiswürdigung und Beweismaß

Beweiswürdigung und Beweismaß sind zwei zu unterscheidende Kategorien, auch wenn zwischen ihnen ein enger sachlicher Zusammenhang besteht.[8] Die **Beweiswürdigung** bezieht sich auf die Frage, ob der **Beweis gelungen** ist. Sie kann nur für den konkreten Streitfall beantwortet werden. Das **Beweismaß** betrifft die Frage, welchen **Grad an Wahrscheinlichkeit** der Richter bei seiner Überzeugungsbildung zugrunde zu legen hat. Diese Festlegung trifft der Gesetzgeber abstrakt und generell.[9] Sowohl hinsichtlich der Kriterien für das Ziehen der Grenze zwischen diesen als auch hinsichtlich der aus dieser Unterscheidung zu ziehenden Schlussfolgerungen besteht Uneinigkeit.

42

---

1 BGH NJW 1995, 955, 956.
2 Vgl. OLG Karlsruhe NJW-RR 1998, 789, 790; MünchKommZPO/*Prütting*[4] § 286 Rz. 15.
3 Vgl. OLG Karlsruhe FamRZ 2007, 225, 226.
4 BGH NJW 1960, 100.
5 BGH NJW 1984, 2039, 2040; BGH NJW 2006, 3416, 3418, Rz. 21.
6 BGH NJW-RR 2007, 1077, 1078, Rz. 17.
7 Vgl. BGH VersR 2008, 1126, 1127, Rz. 7; BGH VersR 2008, 1133, Rz. 8.
8 Näher dazu *Prütting* Gegenwartsprobleme S. 59 ff.
9 Dazu *Prütting* Gegenwartsprobleme S. 59; *Greger* Beweis und Wahrscheinlichkeit S. 15.

2. Grad der richterlichen Überzeugung

43 Das Gesetz unterscheidet zwischen einem „**Regelbeweismaß**", das für § 286 zugrunde zu legen ist, **und erleichternden Abstufungen**, die etwa durch § 287 und § 294 (Glaubhaftmachung) gestattet werden. Diese Differenzierung darf nicht dadurch funktionslos gemacht werden, dass interpretatorische Umgestaltungen des materiellen Rechts vorweggenommen werden, wie dies im Deliktsrecht (de lege lata?) gelegentlich gefordert wird, indem das Alles-oder-Nichts-Prinzip der Zuerkennung von Schadensersatz zugunsten einer dem Wahrscheinlichkeitsgrad angepassten Teilverurteilung (Proportionalhaftung) aufgeweicht werden soll.[1] Das Beweismaß ist **abstrakt-generell** vom Gesetzgeber vorgegeben. Jedenfalls terminologisch verfehlt ist es deshalb, von dem vom Tatrichter „im Einzelfall zu fordernden Beweismaß" zu sprechen.[2]

44 § 286 verlangt eine **volle Überzeugung** des Richters von der Wahrheit einer Tatsachenbehauptung, nicht nur eine Wahrscheinlichkeitsfeststellung.[3] Der Richter muss nach der Formulierung des § 286 die tatsächliche Behauptung „für wahr" und nicht nur „für wahrscheinlich" erachten.[4] Keine Geltung hat im deutschen Recht die Tatsachenfeststellung aufgrund bloß überwiegender Wahrscheinlichkeit.[5] Der bloße Verdacht einer Verletzung deliktsrechtliche geschützter Rechtsgüter steht einer Verletzung nicht gleich.[6]

45 Die für § 286 erforderliche Überzeugung des Richters erfordert keine absolute Gewissheit und auch **keine „an Sicherheit grenzende Wahrscheinlichkeit"**, sondern nur einen für das praktische Leben **brauchbaren** Grad von Gewissheit, der **Zweifeln Schweigen gebietet**, ohne sie völlig auszuschließen.[7] Darin steht eine objektivierende Tendenz der Überzeugungsbildung, die eine revisionsrechtliche Kontrolle erlaubt.[8] Geboten ist die Beachtung prozessrechtlicher statt wissenschaftstheoretischer Anforderungen.

III. Grenzen der Überzeugungsbildung

46 **Welche Tatsachen** das Gericht der rechtlichen Beurteilung zugrunde legen muss, bestimmt § 286 Abs. 1 mit der Formulierung „das Gericht hat unter Berücksichtigung [...] zu entscheiden [...]". Das Gericht kann **nur frei** entscheiden, **ob und wovon** es

---

1 Dazu *Ehlgen* Probabilistische Proportionalhaftung und Haftung für den Verlust von Chancen, 2013.
2 So BGH (II. ZS) NJW 2007, 3067 (zur längere Zeit zurückliegenden Einzahlung einer Stammeinlage, §§ 19 Abs. 1 GmbHG, 362 BGB).
3 BGH NJW 2012, 850 Rz. 10; OLG Köln VersR 2012, 1178, 1179 (dort in Abgrenzung zu Gutachtenfeststellungen in der Sozialgerichtsbarkeit). Anders die Überwiegenslehre der nordischen Prozessrechte; dazu u.a. *Musielak* Festschrift Kegel, S. 451 ff.
4 Betont von BGH NJW 1970, 946, 948; MünchKommZPO/*Prütting*[4] § 286 Rz. 34, 36.
5 Zu dieser nordeuropäischen Auffassung eingehend *Prütting* Gegenwartsprobleme S. 76 ff.; *Prütting* ZZP 123 (2010), 135, 142; *Greger* Beweis und Wahrscheinlichkeit S. 94 ff.; *Walter* Freie Beweiswürdigung S. 142 f., 162, 178 f. Die Beweislastumkehr nach Feststellung eine groben ärztlichen Behandlungsfehlers als Reduktion des Beweismaßes für die Kausalität der Pflichtverletzung deutend und befürwortend MünchKommBGB/*Wagner*[6] § 823 Rz. 859 f.
6 BGH NJW 2013, 3634 Rz. 8 (dort: Halswirbelsäulendistorsion).
7 BGHZ 53, 245, 256 = NJW 1970, 946, 948 – Anastasia; BGH VersR 1977, 721; BGH NJW 1989, 2948, 2949; BGH NJW 2003, 1116, 1117; BGH NJW 2006, 3416, 3419, Rz. 39; BGH VersR 2007, 1429 Rz. 14; BGH NJW 2008, 1381, 1382 = BGH NJW 2008, 644, 645, Rz. 9; BGH NJW 2008, 1126, 1127, Rz. 7; BGH NJW 2008, 1380 = VersR 2008, 1133 Rz. 8; BGH NJW 2008, 2846 Rz. 22; BGH VersR 2011, 223 Rz. 21; OLG Saarbrücken MDR 2011, 1345, 1346; OLG München NJW-RR 2014, 601.
8 *Leipold* Festschrift Nakamura, S. 301, 309.

aufgrund der zu berücksichtigenden Gesichtspunkte überzeugt ist, **nicht** aber, **welche Gesichtspunkte** es in den Überzeugungsgewinnungsprozess **einbeziehen** will. Werden wesentliche Gesichtspunkte ignoriert, liegt darin ein Verfahrensfehler (vgl. Rz. 16).

Auch das **Beweismaß** nimmt Einfluss darauf, **welche Tatsachen** für die rechtliche Bewertung des Falles maßgeblich sind. Dies geschieht jedoch nicht durch eine Regelung der Würdigung bzw. der Überzeugungsfindung selbst, d.h. nicht durch Vorgaben, wie bestimmte Umstände zu interpretieren und zu gewichten sind, sondern durch die Bestimmung des Würdigungsziels: Das Beweismaß entscheidet darüber, mit welchem **Grad an Wahrscheinlichkeit** das Gericht überzeugt sein muss. 47

Richterliche Freiheit ist durch die Beachtung des Gebotes der **Rechtsanwendungsgleichheit** begrenzt.¹ Art. 3 Abs. 1 GG bindet wegen Art. 1 Abs. 3 GG auch die Rechtsprechung. Für die Einheitlichkeit der Rechtsprechung sorgt organisatorisch die Existenz der Bundesgerichte als Revisionsgerichte sowie des Gemeinsamen Senats (Art. 95 Abs. 3 GG).² Im Rahmen des einfachen Gesetzesrechts einschließlich der Vorgaben über die Statthaftigkeit von Rechtsmitteln sind daraus Konsequenzen auch für die Sachverhaltsfeststellung bei gleichartigen Sachverhalten zu ziehen. Geboten ist die Zuerkennung einer **beschränkten Kontrollkompetenz** der **Revisionsgerichte** für die Beweiswürdigung. 48

Zwingend zu beachten sind **allgemein anerkannte Denk-, Natur- und Erfahrungsgesetze**. Deren Außerachtlassung verletzt § 286 Abs. 1 S. 1.³ Der Gesetzgeber hat mit der Schaffung des § 286 nicht von der Beachtung von Erfahrungsregeln dispensieren wollen, sondern nur von der Beachtung einer gesetzlichen Beweistheorie.⁴ Beweisziel die ist Bildung einer **berechtigten Überzeugung**. Mit dem Erfordernis einer Verhandlungswürdigung, die der Feststellung dient, ob eine tatsächliche Behauptung für wahr zu erachten ist, wird indirekt auf Sätze der richterlichen Lebenserfahrung Bezug genommen. 49

Das **Begründungserfordernis** des § 286 Abs. 1 S. 2 zwingt das Gericht zur Offenlegung der zu seiner Überzeugung führenden Erwägungen.⁵ Dies führt zu einer gewissen **Objektivierung der Würdigung**, wenngleich ihr eigentlicher Kern unangetastet bleibt. Eine weitere Objektivierung erfolgt durch die Anwendung des Anscheinsbeweises (Kap. 16 Rz. 3). 50

IV. Nachprüfung durch Berufungs- und Revisionsgericht

Der **Revisionsrichter** darf die tatrichterliche Beweiswürdigung nur darauf überprüfen, ob die nach § 286 Abs. 1 S. 2 erforderliche Begründung **widerspruchsfrei** ist,⁶ ob sie das Beweisergebnis **ausschöpft**⁷ und ob sie **gegen Erfahrungssätze und Denkgesetze** verstößt (s. auch unten Kap. 16 Rz. 21).⁸ **Subjektive Tatbestandsmerkmale** sind darauf 51

---
1 Für die Schweiz ebenso *Bühler* sic! 2007, 607.
2 *Starck* in: v. Mangoldt/Klein/Starck GG, 6. Aufl., Art. 3 Abs. 1 Rz. 283.
3 BGH VersR 2008, 1126, 1127, Rz. 7; BGH VersR 2008, 1133, Rz. 8.
4 Vgl. *Blomeyer* Gutachten 46. DJT 1966 S. A 14, eine Äußerung von *Planck* zitierend.
5 Zur Argumentation mit der „Lebenserfahrung" im Strafrecht kritisch *Herdegen* NJW 2003, 3513, 3515.
6 BGH NJW 1987, 1557, 1558; BGH NJW-RR 1992, 920.
7 BGH NJW 1995, 966, 967; BGH NJW 1998, 2736, 2737; BGH NJW 1999, 3481, 3482; BGH NJW 2008, 2845 Rz. 7; BGH NJW 2008, 2910 Rz. 18; BGH VersR 2011, 1390 Rz. 7; BGH ZIP 2012, 167 Rz. 10.
8 BVerfG NJW 2001, 1639, 1640; BGH NJW 1987, 1557, 1558; BGH NJW 1998, 2736, 2737; BGH VersR 2007, 1429 Rz. 11; BGH NJW-RR 2011, 844 Rz. 44; BGH VersR 2011, 223 Rz. 10; BGH NJW 2012, 66 Rz. 29; BGH NJW 2013, 3634 Rz. 10; BGH VersR 2013, 1045 Rz. 13; BGH NJW-RR

zu überprüfen, ob sie lediglich durch Indizien festzustellende innere Tatsachen (Kap. 2 Rz. 2) betreffen, oder ob sie zugleich voller revisionsrechtlicher Kontrolle in Bezug auf verborgene variable rechtliche Merkmale unterliegen. Dies trifft für das Merkmal der **Bösgläubigkeit** des Erwerbers einer beweglichen Sache vom Nichtberechtigten (§ 932 BGB) zu, bei dem durch die Einzelanforderungen der groben Fahrlässigkeit die enteignende Wirkung zu Lasten des wahren Berechtigten abhängig von Verkehrsschutzbedürfnissen gesteuert wird. Gleichartiges gilt für die Löschung einer bösgläubigen Markenregistrierung (§ 50 Abs. 3 MarkenG), mit der die Behinderung Dritter am Markt unterbunden werden soll.[1] Insoweit geht es um **rechtliche Auslegung** eines Tatbestandsmerkmals und nicht um einen etwaigen Verstoß gegen § 286 ZPO.[2]

52 Wendet sich der Berufungskläger gegen die **Beweiswürdigung** des **erstinstanzlichen Gerichts**, muss er zunächst für eine **ausreichende Berufungsbegründung** sorgen, die den Anforderungen des § 530 Abs. 3 S. 2 Nr. 3 genügt. Dazu muss er vortragen, aus welchen Gründen er die Würdigung für unrichtig und eine erneute, ihm günstige Würdigung für geboten hält, so dass die grundsätzliche Bindung des Berufungsgerichts an den festgestellten Sachverhalt (§ 529 Abs. 1 Nr. 1) im konkreten Fall nicht besteht.[3]

53 Der **Berufungsrichter** ist seit der Reform von 2001, die das Berufungsrecht einer revisionsrichterlichen Rechtskontrolle angenähert hat, im Rahmen des § 529 Abs. 1 **an Tatsachenfeststellungen** des angefochtenen Urteils und damit auch an die erstinstanzliche Beweiswürdigung **gebunden**. Die Überprüfungsmöglichkeit reicht allerdings weiter als die des Revisionsrichters.[4] **Zweifel i.S.d. § 529 Abs. 1 Nr. 1** sind bereits dann gegeben, wenn eine gewisse – nicht notwendig überwiegende – Wahrscheinlichkeit dafür besteht, dass im Falle der erneuten Beweiserhebung die erstinstanzlichen Feststellungen keinen Bestand haben werden.[5] Dies wird missachtet, wenn die Formel des BGH für die Grenzen seiner Überprüfungsmöglichkeit als Revisionsgericht zur Auslegung des § 529 Abs. 1 Nr. 1 herangezogen wird.[6] Was der Rechtsmittelrichter nicht überprüfen kann, sind Daten aus der **nonverbalen Kommunikation** bei der Erhebung eines Zeugenbeweises, die in die Überzeugungsbildung des den Beweis erhebenden Richters eingegangen sind.

54 Das Berufungsgericht darf die **Glaubwürdigkeit eines Zeugen** oder den protokollierten Aussageinhalt aber **nicht ohne erneute Vernehmung** (§ 398) **anders beurteilen** als der erstinstanzliche Richter.[7] Dasselbe gilt für die Parteivernehmung.[8] Kommt eine erneute Vernehmung nicht in Betracht, etwa weil der Zeuge zweitinstanzlich von einem Zeugnisverweigerungsrecht Gebrauch macht, ist das Berufungsgericht an die Glaubwürdigkeitsbeurteilung der ersten Instanz gebunden, es sei denn, das Berufungsgericht stützt sich auf Umstände, die weder die Urteilsfähigkeit, das Erinne-

---

2013, 1448 Rz. 11; BGH NJW 2014, 71 Rz. 13 = VersR 2013, 1045; BGH NJW 2014, 300 Rz. 13; BGH NJW 2014, 688 Rz. 16; BAG NJW 2011, 2905 Rz. 16; BAG NJW 2014, 2061 Rz. 24; s. ferner BGH NJW 2007, 3067, Rz. 2 u. 4.
1 Vgl. nur BGH GRUR 2009, 780 Rz. 11 = NJW-RR 2009, 1126.
2 Unrichtig daher BGH GRUR 2009, 780 Rz. 12.
3 BGH NJW 2012, 3581 Rz. 9 und 11.
4 Zum Aufgreifen von dessen Maßstäben BGH NJW 2004, 1876.
5 BGH NJW 2003, 3480, 3481; BGH NJW 2004, 1876 f.; BGH NJW 2004, 2825, 2826; BGH NJW 2004, 2828, 2829; BGH NJW 2007, 372, 374, Rz. 23; BGH VersR 2008, 1133, Rz. 8.
6 So in OLG München NJW-RR 2014, 601.
7 BGH NJW 1991, 1180; BGH NJW 1998, 566, 567; BGH NJW-RR 2002, 1649; BGH NJW 2007, 2919, 2921. Ebenso für das Richterkollegium anstelle des Einzelrichters BGH NJW 1991, 3284 oder beim Wechsel des Einzelrichters, OLG Hamm MDR 2007, 1153.
8 BGH NJW 1999, 363, 364.

rungsvermögen, die Wahrheitsliebe noch die Vollständigkeit oder Widerspruchsfreiheit der Zeugenaussage betreffen.[1] Diese Bindung folgt aus dem Grundsatz der Beweisunmittelbarkeit, nicht aus § 529 Abs. 1.[2]

Der EuGH hat die Möglichkeit einer **Staatshaftung** für Rechtsprechungsakte auch auf die Sachverhalts- und Beweiswürdigung bezogen.[3]   55

V. Beweisverwertungsverbote

Von der Beweiswürdigung **ausgeschlossen** sind solche Ergebnisse der Beweisaufnahme, die einem Beweisverwertungsverbot unterliegen. Beweisverwertungsverbote werden in Kap. 6 § 17 behandelt.   56

VI. Beweisverträge

Vertragliche Vereinbarungen, die dem Gericht eine bestimmte **Beweiswürdigung** vorschreiben oder die den **Beweiswert** eines Beweismittels festlegen, sind unwirksam, weil sie gegen § 286 Abs. 1 verstoßen.[4] Die Parteien haben ihre Disposition im materiellen Recht, etwa durch Abschluss eines deklaratorischen Feststellungsvertrages, zu treffen. Ihre prozessuale Dispositionsmöglichkeit ist auf den anerkannten bzw. gesetzlich fixierten Bereich der Dispositionsmaxime beschränkt. Von der generellen Unwirksamkeitsfolge sind Vereinbarungen über die **Beweislastverteilung** nicht betroffen (näher dazu Kap. 9 Rz. 111). Eine gesonderte Beurteilung ist auch für **Beweismittelverträge** erforderlich, die – etwa im Zusammenhang mit Mediationsvereinbarungen – Beschränkungen für die Verwendung von Informationen vorsehen.[5]   57

§ 57 Kasuistik zur Beweiswürdigung

I. Wiederkehrende Beweislagen

Wenn bei Feststellung regelmäßig wiederkehrender Lebenssachverhalte mangels sicherer Erfahrungssätze kein Anscheinsbeweis anwendbar ist, sondern ein **Indizienbeweis** zu führen ist, kann die Beweiswürdigung doch durch Lebenserfahrungen vorgeformt sein, die trotz fluktuierender Indizien des Einzelfalles eine **Annäherung der Würdigung** verlangen, damit willkürlich anmutende Ergebnisse vermieden werden. Auch können materiell-rechtliche Erwägungen die Würdigung beeinflussen. So kann es die effektive **Verwirklichung eines Normzwecks** oder eines **Vertragszwecks** gebieten, bei typischen Beweisschwierigkeiten Feststellungserleichterungen zu gewähren.   58

---

1 BGH (IV. ZS) NJW 2007, 372, 274, Rz. 23; a.A. BGH (VIII. ZS) NJW 2007, 2919, 2921, Rz. 35. Unrichtige Schlussfolgerungen daraus für die zweite Berufungsverhandlung nach Rückverweisung ziehend OLG Hamm VersR 2007, 1512, 1513 = NJW 2008, 448 m. krit. Anm. *Greger* a.a.O. 450.
2 *Greger* a.a.O.
3 EuGH, Urt. v. 13.6.2006, Rs. C-173/03, Rz. 37, NJW 2006, 3337, 3339, – Traghetti del Mediterraneo.
4 So gleichlautend für das österreichische Recht öOGH ÖJZ 2004, 188, 189. Gegen eine Beschränkung auch *Baumgärtel* Prozesshandlung S. 254 f. (soweit die richterliche Würdigung des Beweisergebnisses betroffen ist; anders für Beschränkung der zu würdigenden Tatsachen und der verwendbaren Beweismittel im Rahmen der Verhandlungs- und Dispositionsmaxime); *Eickmann* Beweisverträge S. 92.
5 Dazu *Schlosser* Festschrift Vollkommer, S. 217, 226, 229 f.

Es kann aber auch umgekehrt erforderlich sein, an die Würdigung von Indizien strenge Anforderungen zu stellen.

II. Verdacht vorgetäuschter oder unredlich abgewickelter Versicherungsfälle

1. Fingierte Verkehrsunfälle

59 Zu den Entscheidungssituationen mit Würdigung wiederkehrender Beweisindizien gehört die Beurteilung gestellter Kfz-Unfälle, in denen eine **rechtswidrige Verletzungshandlung** und damit ein entschädigungspflichtiges **Haftpflichtereignis** fehlt. Der Schadensersatzgläubiger hat den äußeren Tatbestand der Rechtsgutverletzung zu beweisen, der beklagte Kfz-Haftpflichtversicherer die Einwilligung des Verletzten in die Verletzungshandlung.[1] Allerdings gehört zur Feststellung der Rechtsgutverletzung, dass sich die Fahrzeuge überhaupt berührt haben und die geltend gemachten Schäden daraus entstanden sind.[2]

60 **Indizien** für ein kollusives Zusammenwirken der Beteiligten, die **einzelfallbezogen** in einer **Gesamtschau** unter Berücksichtigung ihrer Häufung zu bewerten sind, sind u.a. die Unvereinbarkeit von Schadensspuren mit der Schilderung des Unfallablaufs; ein ungewöhnliches Fahrverhalten; das Fehlen von Bremsspuren oder Ausweichbewegungen; ein Unfallablauf mit typischerweise geringem Verletzungsrisiko; die Beteiligung eines Mietfahrzeugs oder eines geringwertigen Fahrzeugs auf Seiten des Schädigers; eine übersichtliche Unfallstelle mit gewöhnlich geringem Verkehr und gewöhnlich fehlender Anwesenheit externer Zeugen; nicht kenntlich gemachte, u.U. selbst reparierte Vorschäden; die Abrechnung auf Gutachterbasis; das Fehlen von Fotos; mangelnde Kompatibilität der Schäden an den beteiligten Fahrzeugen; der Verkauf des geschädigten Fahrzeugs ins Ausland, der eine Nachbesichtigung und Begutachtung vereitelt; unterlassene Beweissicherungen, die eine gutachterliche Unfallrekonstruktion erschweren; unklare Angaben über die jeweiligen Fahrtziele der Unfallbeteiligten; verschwiegene nahe persönliche bzw. verwandtschaftliche Beziehungen der Beteiligten; die fehlende Vorlage einer detaillierten Reparaturrechnung; eine ungewöhnliche Häufung von Unfallereignissen.[3]

2. Verlustmeldungen an Sachversicherer

61 Wenn der Versicherungsnehmer gegenüber dem Sachversicherer einen **Diebstahl** geltend macht, ist er für dieses Ereignis zwar beweispflichtig, doch billigt ihm die Rechtsprechung wegen der regelmäßigen Beweisnot **Beweiserleichterungen** zu. Zur Darlegung und zum Beweis des „äußeren Bildes einer Entwendung" gehört ein Mindestmaß an Tatsachen, die nach der Lebenserfahrung mit hinreichender Wahrscheinlichkeit den Schluss auf eine Wegnahme gegen den Willen des Berechtigten zulassen.[4] In der **Fahrzeugkaskoversicherung** gehört dazu das Abstellen des versicherten Fahrzeugs an einem bestimmten Ort und das spätere Nicht-Wiederauffinden gegen

---

[1] BGHZ 71, 339, 345 = NJW 1978, 2154, 2156.
[2] BGH NJW 1978, 2154, 2156.
[3] Vgl. dazu OLG Hamm NJW-RR 1987, 1239; KG VersR 2008, 1233 (LS); OLG München NJW-RR 2008, 1250, 1251; OLG Hamm VersR 2008, 1233; OLG Köln VersR 2011, 1415, 1416; OLG Schleswig NJW-RR 2011, 176, 178; OLG Nürnberg NJW-RR 2011, 720; OLG Naumburg VersR 2012, 918, 919; OLG Saarbrücken NJW-RR 2013, 476, 477; OLG Saarbrücken NJW-RR 2013, 1247, 1249; OLG Saarbrücken NJW-RR 2013, 1498, 1501.
[4] BGH NJW 1995, 2169, 2170; BGH NJW 1996, 993 = VersR 1996, 319; BGHZ 132, 79, 81 = NJW 1996, 1348 = VersR 1996, 575; OLG Koblenz VersR 2009, 214, 215; OLG Hamm VersR 2010, 105; KG NJW 2011, 1975, 1976 = VersR 2011, 743; OLG Köln NJW-RR 2014, 345, 346.

den Willen des Versicherungsnehmers.¹ **Insoweit** ist aber ein **Vollbeweis** nach § 286 zu erbringen (zur Parteivernehmung Kap. 40 Rz. 61).²

Bei der Geltendmachung von **Einbruchs- oder Nachschlüsseldiebstählen** gelten vergleichbare Grundsätze.³ Auch wenn Einbruchspuren vorhanden sind und ein vorher vorhandener Tresor nicht mehr aufgefunden wird, muss der **Tresorinhalt** nach dem Maßstab des § 286 bewiesen werden.⁴ Erst danach ist auf die Feststellung des Wertes der Gegenstände die Schätzungsregel des § 287 anzuwenden. Dies gilt auch für den Verlust aus einem **Bankschließfach**.⁵ Zu Transportverlusten s. Kap. 16 Rz. 45. Auf die Geltendmachung von **Leitungswasserschäden** sollen die für Diebstahlsfälle geltenden Beweiserleichterungen nicht übertragbar sein.⁶

62

III. Sonstige Sachverhalte

1. Arzthaftung

Für die Beurteilung von Arzthaftungsfällen hat die **Auswertung der** vom Behandler geführten **Dokumentation** besondere Bedeutung (vgl. dazu § 630h Abs. 3 BGB), auch wenn sich die Dokumentationspflicht des § 630f BGB nach therapeutischen Informationsbedürfnissen richtet und nicht nach Beweiswünschen.⁷ Dies gilt einerseits für die Befunderhebung und sonstige Diagnostik sowie für Maßnahmen der Therapie, andererseits für die durchgeführte Aufklärung des Patienten und dessen Einwilligung in Behandlungsmaßnahmen. Herausgebildet hat sich der Grundsatz, dass der Richter einer ordnungsgemäß und rechtzeitig geführten Dokumentation in **aller Regel „Glauben schenken** kann und soll", auch wenn es sich bei deren Vorlage im Prozess um Parteivortrag handelt.⁸

63

Auch ohne schriftliche Dokumentation im Krankenblatt darf der Arzt nicht ohne Weiteres als für die behauptete Aufklärung regelmäßig beweisfällig angesehen werden; im Interesse adäquater Würdigung der Behandlungssituation, zur Vermeidung eines Missbrauchs der Beweislastverteilung zu haftungsrechtlichen Zwecken und unter Berücksichtigung verständlicher Erinnerungslücken des Patienten soll dem Arzt im Zweifel geglaubt werden, dass die Aufklärung auch im Einzelfall in der gebotenen Weise geschehen ist, wenn einiger Beweis für ein gewissenhaftes Aufklärungsgespräch erbracht worden ist.⁹

64

Zur Aufklärungsfeststellung gehört in jedem Falle eine nachvollziehbare Begründung und eine Auseinandersetzung mit dem entgegenstehenden Vortrag des Patienten.¹⁰

65

---

1 BGH NJW 1997, 1988 = VersR 1997, 733, 734; BGH NJW-RR 2002, 671; KG NJW 2011, 1975, 1976, OLG Hamm VersR 2012, 1165, 1166.
2 OLG Naumburg VersR 2014, 578, 579.
3 Vgl. BGH NJW 2007, 372 Rz. 14; OLG Köln NJW-RR 2011, 1179, 1180; OLG Naumburg VersR 2014, 702, 703. Zur Behauptung eines Raubüberfalls in Spanien LG Düsseldorf VersR 2005, 937, 938.
4 BGH NJW 2007, 372 Rz. 17 f.
5 Vgl. OLG Düsseldorf MDR 2012, 757.
6 OLG Köln VersR 2009, 1071 (dort: Annahme eines vorgetäuschten Versicherungsfalles).
7 BGH NJW 1978, 2337, 2339; BGH NJW 1999, 3408, 3409; OLG Naumburg NJW-RR 2012, 1375, 1376.
8 Vgl. insoweit BGH NJW 1978, 1681, 1682; BGH NJW 2014, 1527 Rz. 13 = VersR 2014, 588 (zum vom Patienten unterzeichneten Einwilligungsformular); LG Wiesbaden VersR 2014, 377, 378; *Spickhoff/Bleckwenn* VersR 2013, 1350, 1353. Zu weit gehend OLG Naumburg MedR 2012, 530; krit. dazu *Spickhoff* NJW 2013, 1714, 1720 bei Fn. 84.
9 BGH NJW 2014, 1527 Rz. 11 f.
10 BGH NJW 2014, 1529 Rz. 5 = VersR 2014, 586.

2. Testamentarische Verfügungen

66 Der Nachweis einer testamentarischen Erbeinsetzung verlangt grundsätzlich die **Vorlage** der **Urschrift** der letztwilligen Verfügung (§§ 2355, 2356 Abs. 1 S. 1 BGB). Ist die Urschrift ohne Willen und Zutun des Erblassers vernichtet worden, oder ist sie sonst unauffindbar, können Errichtung und Inhalt mit allen zulässigen Beweismitteln bewiesen werden.[1] Es muss dabei aber der Formstrenge durch **strikte Beweisanforderungen** Rechnung getragen werden.[2] eine schlichte Zeugenaussage über mehrfache Äußerungen des Erblassers auf Familienfeiern reicht dafür nicht.[3]

---

[1] OLG Schleswig FamRZ 2012, 903.
[2] OLG München MDR 2010, 1123 = ZEV 2010, 572; OLG Düsseldorf Rpfleger 2014, 84.
[3] OLG Düsseldorf Rpfleger 2014, 84.

Kapitel 16:
Der Anscheinsbeweis

	Rz.		Rz.
§ 58 Anscheinsbeweis als standardisierte Beweiswürdigung		III. Arzthaftung	42
I. Charakteristik des Anscheinsbeweises		IV. Anwaltshaftung, Notarhaftung, Steuerberaterhaftung	43
1. Standardisierte Schlussfolgerung im Rahmen freier Beweiswürdigung	1	V. Eisenbahnverkehr	44
		VI. Gütertransport, Verbleib und Inhalt von Frachtsendungen	45
2. Das Verhältnis zum Indizienbeweis	4	VII. Insolvenz	46
3. Teil der Beweiswürdigung, keine gewohnheitsrechtliche Regel	6	VIII. Internetnutzung	47
4. Abgrenzung zur Beweislastumkehr und zur Beweisführungslast	9	IX. Mietrecht, Eigenbedarfskündigung	48
5. Keine Absenkung des Beweismaßes	12	X. Missbrauch von EC-Karten und Kreditkarten, Online-Banking	49
6. Prozessrechtliche Natur	15	XI. Mangel- und Fehlerhaftigkeit von Sach- und Werkleistungen, Gebäudeschäden	50
II. Überprüfung in der Revisionsinstanz	19	XII. Produkthaftung	53
III. Anwendung des Anscheinsbeweises		XIII. Schiffahrt	54
1. Typischer Geschehensablauf	22	XIV. Straßenverkehr	55
2. Basis und Verlässlichkeit der Erfahrungssätze	26	XV. Sportunfälle	62
		XVI. Telefonrechnung	63
3. Differenzierung der Erfahrungssätze	28	XVII. Verkehrssicherungspflichten	64
4. Einsatzbereiche	34	XVIII. Unternehmereigenschaft und § 14 BGB	68
5. Urteilsbegründung	35	XIX. Willensentschlüsse und innere Tatsachen	69
IV. Erschüttern des Anscheins	36		
§ 59 Kasuistik zum Anscheinsbeweis		XX. Zugang von Post, Fax und E-Mail, Versand	71
I. Arbeitsrecht	40		
II. Architektenhaftung	41		

§ 58 Anscheinsbeweis als standardisierte Beweiswürdigung

Schrifttum:

Baumgärtel, Beweislastpraxis im Privatrecht, 1996, S. 158 ff.; *Bruske*, Beweiswürdigkeit und Beweislast bei Aufklärungspflichtverletzungen im Bankrecht, 1994; *Diederichsen*, Zur Rechtsnatur und systematischen Stellung von Beweislast und Anscheinsbeweis, VersR 1966, 211; *Diederichsen*, Fortschritte im dogmatischen Verständnis des Anscheinsbeweises, ZZP 81 (1968), 45; *Dörr*, Der Anscheinsbeweis im Verkehrsunfallprozess, MDR 2010, 1163; *Engels*, Der Anscheinsbeweis der Kausalität, 1994; *Gottwald*, Sonderregeln der Beweislastverteilung, Jura 1980, 303; *Greger*, Praxis und Dogmatik des Anscheinsbeweises, VersR 1980, 1091; *Hainmüller*, Der Anscheinsbeweis und die Fahrlässigkeit im heutigen deutschen Schadensersatzprozeß, 1966; *Hasselblatt*, Die Grenzziehung zwischen verantwortlicher fremd- und eigenverantwortlicher Selbstgefährdung im Deliktsrecht, 1997, S. 188 ff.; *Henke*, Individualität und Anscheinsbeweis, JR 1961, 48; *Jungmann*, Der Anscheinsbeweis ohne ersten Anschein, ZZP 120 (2007), 459; *Katzenmeier*, Arzthaftung, 2002, S. 429 ff.; *Kegel*, Der Individualanscheinsbeweis, Festschrift Kronstein (1967), S. 321; *Kollhosser*, Der Anscheinsbeweis in der höchstrichterlichen Rechtsprechung, Diss. Mainz 1963; *Kollhosser*, Anscheinsbeweis und freie richterliche Beweiswürdigung, AcP 165 (1965), 46; *Kollhosser*,

Beweiserleichterungen bei Entwendungsversicherungen, NJW 1997, 969; *Lepa*, Beweiserleichterungen im Haftpflichtrecht, NZV 1992, 129; *Lepa*, Der Anscheinsbeweis im Amtshaftungsprozeß, Festschrift Deutsch (1999), S. 635; *Lepa*, Der Anscheinsbeweis in der Rechtsprechung des Bundesgerichtshofs, Festschrift Merz (1992), S. 387; *D. Magnus*, Beweislast und Kausalität bei ärztlichen Behandlungsfehlern: Die jüngste Rechtsprechung des BGH zur Haftung für HIV-kontaminierte Bluttransfusionen, ZZP 120 (2007), 347; *Mätzig*, Der Beweis der Kausalität im Anwaltshaftungsprozeß, 2001; *Marburger*, Wissenschaftlich-technischer Sachverstand und richterliche Entscheidung im Zivilprozeß, 1986; *Metz*, Der Anscheinsbeweis im Straßenverkehrsrecht, NJW 2008, 2806; *Mummenhoff*, Erfahrungssätze im Beweis der Kausalität, 1997; *Musielak*, Die Grundlagen der Beweislast im Zivilprozeß, 1975, S. 83 ff.; *Musielak*, Hilfen bei Beweisschwierigkeiten im Zivilprozeß, Festgabe BGH, Bd. 3, 2000, S. 193, 198 ff.; *Musielak/Stadler*, Grundfragen des Beweisrechts, 1984; *Nagel*, Haftungsquote und Anscheinsbeweis beim Verkehrsunfall mit zwei Kraftfahrzeugen, NJW 2013, 193, 196; *Pawlowski Enka*, Der prima-facie-Beweis bei Schadensersatzansprüchen aus Delikt und Vertrag, 1966; *Pieper*, Die Regeln der Technik im Zivilprozeß, BB 1987, 273; *Prölss*, Beweiserleichterungen im Schadensersatzprozeß, 1966; *Prütting*, Gegenwartsprobleme der Beweislast, 1983; *Prütting*, Beweiserleichterungen für den Geschädigten, Karlsruher Forum 1989, S. 3; *Recktenwald*, Der Schadenfall bei EC-Karte und Netz – Anscheinsbeweis quo vadis?, AnwBl. 2009, 265; *Rommé*, Der Anscheinsbeweis im Gefüge von Beweiswürdigung, Beweismaß und Beweislast, 1989; *Roßnagel/Pfitzmann*, Der Beweiswert von E-Mail, NJW 2003, 1209; *E. Schneider*, Der Anscheinsbeweis grober Fahrlässigkeit, MDR 1971, 535; *Schulte am Hülse/Weichering*, Der Anscheinsbeweis bei missbräuchlicher Bargeldabhebung an Geldautomaten mit Karte und Geheimzahl, NJW 2012, 1262; *Staudinger*, Straßenverkehrsunfall, ROM II-VO und Anscheinsbeweis, NJW 2011, 650; *Stück*, Der Anscheinsbeweis, JuS 1996, 153; *Thole*, Anscheinsbeweis und Beweisvereitelung im harmonisierten Europäischen Kollisionsrecht – ein Prüfstein für die Abgrenzung zwischen lex causae und lex fori, IPRax 2010, 285; *Walter*, Der Anwendungsbereich des Anscheinsbeweises, ZZP 90 (1977), 270; *Prütting*, Freie Beweiswürdigung, 1979; *H. Weber*, Der Kausalitätsbeweis im Zivilprozeß, 1997; *Wassermeyer*, Der prima-facie-Beweis und die benachbarten Erscheinungen, 1954 (Rezension *Schwab*, JZ 1955, 255); *Weyreuther*, Die höchstrichterliche Rechtsprechung zum Anscheinsbeweis, DRiZ 1957, 55.

I. Charakteristik des Anscheinsbeweises

1. Standardisierte Schlussfolgerung im Rahmen freier Beweiswürdigung

1 Der Beweis des ersten Anscheins, kurz **Anscheinsbeweis** oder **Prima-facie-Beweis** genannt, ist ein **besonderer Fall** des **mittelbaren Beweises**, bei dem von feststehenden Tatsachen auf das Vorliegen oder Nichtvorliegen der streitigen Tatsache geschlossen wird. Die österreichische Rechtsprechung kleidet diese Erkenntnis in die Formel, der Anscheinsbeweis sei die Verschiebung des Beweisthemas von der tatbestandsmäßig geforderten Tatsache auf eine leichter erweisliche Tatsache, die mit ihr in einem typischen Erfahrungszusammenhang steht.[1]

2 Der Anscheinsbeweis ist **kein besonderes Beweismittel.**[2] Er beruht auf der **Anwendung von gesichertem Erfahrungswissen** und zielt wie der unmittelbare Beweis auf richterliche Überzeugungsbildung. Dazu greift der Richter auf die allgemeine Lebenserfahrung zurück. Andere Rechtsordnungen in Europa, die den Anscheinsbeweis als Rechtsfigur nicht kennen, geben der Beachtung von Erfahrungssätzen gleichwohl eine herausgehobene Bedeutung.[3]

---

1 öOGH JBl. 2008, 324, 325.
2 BGH NJW 1998, 79, 80/81; MünchKommZPO/*Prütting*[4] § 286 Rz. 48; Rosenberg/Schwab/*Gottwald*[17] § 113 Rz. 16.
3 Ältere Nachweise bei *Prütting* Gegenwartsprobleme S. 102; ferner *Garnon*, Verh. 46. DJT S. E 54 f. zu Frankreich und *Haardt*, Verh. 46. DJT S. E 58 ff. zu den Niederlanden.

Bewirkt wird eine **Beweiserleichterung** im Rahmen des § 286, die vor einer wesentlich rigideren Anwendung der Beweislastumkehr (s. dazu Kap. 9 Rz. 107) sowie vor einer noch stärkeren Ausdehnung des § 287 bewahrt.[1] Die **Heraushebung** des Anscheinsbeweises aus dem normalen Indizienbeweis ist nur **wegen** der prozessualen **Kontrollmöglichkeit der Rechtsmittelinstanzen**, insbesondere der Revisionskontrolle im Interesse **gleichmäßiger** tatrichterliche **Rechtsanwendung** (dazu unten Rz. 21) bedeutsam. Diese Funktionalität ist in der wissenschaftlichen Diskussion um die Dogmatik des Anscheinsbeweises vernachlässigt worden.[2]

2. Das Verhältnis zum Indizienbeweis

Der Anscheinsbeweis stellt als praktizierte Beweiswürdigung einen **Sonderfall des Indizienbeweises** dar,[3] bei dem Erfahrungssätze mit gesteigerter Gewissheit angewandt werden.[4] Im Hinblick auf die **unterschiedliche revisionsrechtliche Kontrolldichte** ist eine Abgrenzung erforderlich.[5] Mittels des Anscheinsbeweises wird bei Vorliegen der Anscheinstatsachen aufgrund des Erfahrungssatzes unmittelbar auf die zu beweisende Tatsache geschlossen. Die übergangenen, für den Anscheinsbeweis nicht entscheidungserheblichen Tatsachen können, sofern sie sich anders darstellen, als angesichts des angewandten Erfahrungssatzes zu erwarten war, zur Erschütterung des Anscheinsbeweises herangezogen werden (dazu unten Rz. 36 ff.).

Beim **Indizienbeweis** wird von der **individuellen Sachlage** des Streitfalles, also von individuellen Hilfstatsachen, auf die Haupttatsache geschlossen. Anders als in der Regel beim Indizienbeweis kann beim Anscheinsbeweis für das Ziehen des Schlusses ein einzelner Erfahrungssatz genügen.[6] Der Indizienbeweis beruht demgegenüber auf der **Kombination verschiedener**, einzeln betrachtet weniger aussagekräftiger **Erfahrungssätze und Schlüsse** aus unstreitigen oder bewiesenen Indiztatsachen, die erst in ihrer Gesamtheit den Schluss auf die betreffende Tatsache tragen.[7] Aus dieser komplexeren Gesamtschau, die nicht auf die Tragfähigkeit eines konkreten Erfahrungssatzes reduziert werden kann, ergibt sich für den **Indizienbeweis** eine gegenüber dem Anscheinsbeweis **reduzierte Revisibilität**.[8]

3. Teil der Beweiswürdigung, keine gewohnheitsrechtliche Regel

Der Anscheinsbeweis ist mit dem **Grundsatz der freien Beweiswürdigung** vereinbar;[9] er ist Teil derselben.[10]

Abzulehnen ist die Einstufung als **gewohnheitsrechtliche Beweisregel**.[11] Die Bindung an verlässliche Erfahrungssätze folgt aus § 286 und musste nicht rechtsfortbildend ge-

---

1 Vgl. *Prütting* Gegenwartsprobleme S. 109.
2 Zutreffend aber *Blomeyer* Gutachten 46. DJT S. A 54.
3 *Prütting* Gegenwartsprobleme S. 100 („keine fundamentalen Unterschiede").
4 *Blomeyer* Gutachten 46. DJT S. A 24 (Anwendung von „Erfahrungsgrundsätzen").
5 A.A. *Musielak* Grundlagen der Beweislast S. 131.
6 Gegen dieses Abgrenzungskriterium Rosenberg/Schwab/*Gottwald*[17] § 113 Rz. 18.
7 Vgl. BGH VersR 1971, 80, 81; BGH NJW 1970, 946, 949 – Anastasia; BGH NJW 2007, 3067 Rz. 2 u. 4.
8 *Blomeyer* Zivilprozeßrecht[2] § 72 III 1; s. auch *Foerste* in: Graf v. Westphalen, Produkthaftungshandbuch I[3], § 30 Rz. 18.
9 *Baur*, Verh. 46. DJT Bd. II S. E 92; *Gottwald* Schadenszurechnung und Schadensschätzung S. 201.
10 BGHZ 160, 308, 317 = NJW 2004, 3623, 3625; *Blomeyer* Zivilprozeßrecht[2] § 72 I II; *Prütting* Gegenwartsprobleme S. 111; MünchKommZPO/*Prütting*[4] § 286 Rz. 49; Rosenberg/Schwab/*Gottwald*[17] § 113 Rz. 32.
11 So aber *Kollhosser* AcP 165 (1965), 46, 56; Stein/Jonas/*Leipold*[22] § 286 Rz. 141. Wie hier: *Blomeyer* Gutachten 46. DJT S. A 28; Rosenberg/Schwab/*Gottwald*[17] § 113 Rz. 34.

gen § 286 durchgesetzt werden.¹ Von einem Anscheinsbeweis kann nur gesprochen werden, wenn ein Erfahrungssatz derart tragfähig ist, dass er die volle Überzeugung des Gerichts zu begründen vermag. Die Einstufung als Anscheinsbeweis ist **Ergebnis der Beweiswürdigung**, hingegen regelt sie nicht umgekehrt die Beweiswürdigung. Dass bestimmte Erfahrungssätze nicht beliebig übergangen werden können, ist lediglich Ausdruck der Begrenzung der freien Beweiswürdigung durch die anerkannten Denk-, Erfahrungs- und Naturgesetze, **nicht** jedoch eine **unzulässige Beweisregel**; Beweiswürdigung ist an menschliches Erfahrungswissen gebunden und auch durch den Grundsatz freier Beweiswürdigung von dessen Beachtung nicht freigestellt.²

8   Nur solche **Erfahrungssätze** sind für die Anwendung des Anscheinsbeweises geeignet, die **aufgrund ihrer Belastbarkeit** die **volle Überzeugung** des Gerichts zu begründen vermögen. Der Anscheinsbeweis muss schon für sich genommen überzeugen; es handelt sich nicht etwa umgekehrt um eine überzeugende Beweisführung, weil der Sachverhalt einer anerkannten Fallgruppe des Anscheinsbeweises zugeordnet werden kann. Besteht für das Gericht in einem konkreten Fall Anlass, einen grundsätzlich tragfähigen Erfahrungssatz nicht anzuwenden, weil tatsächliche **Umstände des Einzelfalles** entgegenstehen, dann ist es in den Grenzen der Denk-, Natur- und zwingenden Erfahrungsgesetze an der **Außerachtlassung des Anscheinsbeweises** nicht gehindert. Insofern besteht kein Grund zu der Annahme, die freie Beweiswürdigung würde durch die Heranziehung eines Anscheinsbeweises eingeengt.

4. Abgrenzung zur Beweislastumkehr und zur Beweisführungslast

9   Nach h.M. betrifft der Anscheinsbeweis **weder** eine **Beweislastregelung**³ **noch** eine **materiell-rechtliche Zurechnungsregel**.⁴ Daher bleiben Regelungen des Gemeinschaftsrechts oder in völkerrechtlichen Verträgen, die die Beweislastverteilung festlegen, von der Anwendung eines Anscheinsbeweises unberührt. Als Ausprägung der freien **Beweiswürdigung**⁵ führt er zu einer positiven Sachverhaltsfeststellung. Auf die Beweislastverteilung als Regel für die Bewältigung des Risikos eines non liquet kommt es nicht an.

10 Von einer Umkehr der Beweislast unterscheidet sich der Anscheinsbeweis ferner dadurch, dass er **durch** einen **Gegenbeweis entkräftet** werden kann (unten Rz. 37).⁶ Bei einer Umkehr der (objektiven) Beweislast i.S. einer Abweichung von der Grundregel der Beweislastverteilung muss der neue Träger der Beweislast hingegen den Beweis als Hauptbeweis zur vollen Überzeugung des Gerichts führen, was wie ein Beweis des Gegenteils wirkt.⁷

11 Der Anscheinsbeweis ist auch von der **konkreten Beweisführungslast** (dazu Kap. 9 Rz. 22) zu unterscheiden (näher unten Rz. 37), stimmt in der Wirkung aber mit ihr überein. Ein Wechsel der konkreten Beweisführungslast findet statt, wenn die fest-

---

1 *Blomeyer* Gutachten 46. DJT S. A 47.
2 *Blomeyer* Gutachten 46. DJT S. A 27 f.
3 BGHZ 39, 103, 107 = NJW 1963, 953; BGHZ 100, 31, 34 = NJW 1987, 2876, 2877 – Raubpressungen; BGH NJW 2004, 3623, 3625 (keine Beweislastumkehr); *Blomeyer* Gutachten 46. DJT S. A 24; MünchKommZPO/*Prütting*⁴ § 286 Rz. 51; *Musielak* Grundlagen der Beweislast S. 98, 130; *Prütting* Gegenwartsprobleme S. 97 ff.; Rosenberg/Schwab/*Gottwald*¹⁷ § 113 Rz. 33; Stein/Jonas/*Leipold*²² § 286 Rz. 140. A.A. *Ekelöf* ZZP 75 (1962), 289, 300; *Wassermeyer* Der prima facie Beweis S. 2 ff., 30.
4 So aber *Diederichsen* VersR 1966, 211, 219; *Diederichsen*, ZZP 81 (1968), 45, 64 ff.
5 BGH NJW 1998, 79, 81.
6 Vgl. *Foerste* in: Graf v. Westphalen Produkthaftungshandbuch I³, § 30 Rz. 12 f.; MünchKommZPO/*Prütting*⁴ § 286 Rz. 51.
7 Vgl. Rosenberg/Schwab/*Gottwald*¹⁷ § 109 Rz. 14.

stellungsbelastete Partei die volle Überzeugung des Gerichts vorläufig herbeigeführt hat, so dass es nun dem Beweisgegner obliegt, diese Überzeugung zu erschüttern. Dies kann er durch das Antreten eines Gegenbeweises erreichen, dessen Erhebung die vorläufige Überzeugung des Gerichts wieder beseitigt.[1] Ein Beweis des Gegenteils ist in diesen Fällen nicht erforderlich.

5. Keine Absenkung des Beweismaßes

Teilweise wird die Ansicht vertreten, der Anscheinsbeweis stelle geringere Anforderungen an die richterliche Überzeugung als ein herkömmlicher Beweis; es handele sich beim Anscheinsbeweis nur um eine vorläufige Tatsachenfeststellung mit **verminderter Gewissheit** (Wahrscheinlichkeit).[2] Eine **Herabsetzung des Beweismaßes** weicht indes vom Wortlaut des § 286 Abs. 1 ab, der die Überzeugung des Gerichts von der Wahrheit der zu beweisenden Tatsache vorschreibt; sie **bedürfte der Legitimation**. Eine solche Rechtfertigung könnte in einer zu Gewohnheitsrecht erstarkten richterlichen Rechtsfortbildung gesehen werden; dessen Bildung wird hier jedoch abgelehnt (zuvor Rz. 7).

12

Rechtsprechung und Teile des Schrifttums **verneinen ein Abweichen vom Regelbeweismaß**.[3] Danach sind nur solche Erfahrungssätze für den Anscheinsbeweis geeignet, die das Gewinnen der **vollen Überzeugung des Gerichts** ermöglichen. Nicht ausreichend sind bloße Indizien oder eine gewisse Wahrscheinlichkeit für das Vorliegen der zu beweisenden Tatsache.[4] Die **Judikatur des BGH** weist allerdings **widersprüchliche Formulierungen** auf.[5] Der Anscheinsbeweis soll zwar kein bloßer Wahrscheinlichkeitsbeweis sein, sondern ebenso wie jeder andere Beweis die volle Überzeugung des Gerichts erfordern,[6] doch wird die Ernsthaftigkeit dieser Feststellung in Zweifel gezogen, wenn es heißt, der Erfahrungssatz müsse das Vorliegen der zu beweisenden Tatsache nahelegen,[7] oder wenn von Anscheinsbeweis und Vollbeweis i.S. eines Gegensatzpaares gesprochen wird.[8] Das **BVerfG** hat sich **ebenfalls zwiespältig** geäußert und im Ergebnis den Anscheinsbeweis als dem Vollbeweis nicht für ebenbürtig erachtet, als es für das Ordnungsmittelverfahren nach § 890 ZPO davon ausging, dass der Anscheinsbeweis als Beweiserleichterung zugunsten des Vollstreckungsgläubigers für den Nachweis des Verschuldens trotz der Strafähnlichkeit geeignet, für echte strafrechtliche Verurteilungen aber dennoch nicht hinreichend sei.[9]

13

Die **praktischen Ergebnisse** beider Auffassungen liegen **nicht weit auseinander**. Die volle richterliche Überzeugung einerseits und die strenge Auslegung des Merkmals

14

---

1 Vgl. BGH MDR 1978, 914; BGH VersR 1983, 560, 561; *Foerste* in: Graf v. Westphalen Produkthaftungshandbuch I³, § 30 Rz. 13.
2 *Foerste*, in: Produkthaftungshandbuch I³ § 30 Rz. 14; Musielak Grundlagen der Beweislast S. 127 f. (bei der Kausalitätsfeststellung); *Wagner* Prozeßrechtsverträge S. 695; *Bender* Festschrift Baur, S. 247, 259 ff.; *Grunsky* Grundlagen des Verfahrensrechts S. 392; *Maassen* Beweismaßprobleme im Schadensersatzprozeß S. 66; *Mummenhoff* Erfahrungssätze im Beweis der Kausalität, S. 151; *Walter* Freie Beweiswürdigung S. 156, 183, 206 ff.
3 BGH NJW 1998, 79, 81; BGH NJW 2006, 300, 301; MünchKommZPO/*Prütting*⁴ § 286 Rz. 52; Rosenberg/Schwab/*Gottwald*¹⁷ § 113 Rz. 16; *Hainmüller* Anscheinsbeweis S. 25, 46; *Brehm* Bindung des Richters S. 186 ff.; *Gottwald* Schadenszurechnung und Schadensschätzung S. 202; *Hasselblatt* Die Grenzziehung zwischen verantwortlicher Fremd- und eigenverantwortlicher Selbstgefährdung im Deliktsrecht S. 191 f.; *Prütting* Gegenwartsprobleme S. 107, 110.
4 BGH NJW 2006, 300, 301; Stein/Jonas/*Leipold*²² § 286 Rz. 130.
5 Siehe dazu *Musielak* Grundlagen der Beweislast S. 120 ff. (zum Anscheinsbeweis der Kausalität); *Prütting* Gegenwartsprobleme S. 101; MünchKommZPO/*Prütting*⁴ § 286 Rz. 52.
6 BGH NJW 1982, 2668.
7 BGH NJW 1982, 2668.
8 BGH VersR 1954, 401, 402; BGH MDR 1981, 738; BGH NJW 2008, 2647.
9 BVerfGE 84, 82, 87 = NJW 1991, 3139.

des typischen Geschehensablaufs andererseits stellen sehr ähnliche Anforderungen an die Tragfähigkeit des Schlusses, der aus dem typischen Geschehensablauf gezogen werden soll. Von einem typischen Geschehensablauf kann grundsätzlich nur dann gesprochen werden, wenn er dazu geeignet ist, die volle richterliche Überzeugung von der Wahrheit der zu erschließenden Tatsache zu begründen. Im Ergebnis ist also mit dem Anscheinsbeweis keine Absenkung des Beweismaßes verbunden. Gleichwohl bedeutet die Anwendung des Anscheinsbeweises eine Beweiserleichterung.[1]

6. Prozessrechtliche Natur

15 Umstritten ist die prozessrechtliche **Qualifikation des Anscheinsbeweises**. Die h.M. betrachtet ihn als Gegenstand der freien richterlichen Beweiswürdigung oder als Form der Beweismaßreduktion (s. oben zu Rz. 6 und 12) und ordnet ihn dem **Prozessrecht** zu.

16 Die Gegenansicht[2] konstruiert den Anscheinsbeweis **auf materiellrechtlicher Grundlage** und geht davon aus, dass die Beweiswürdigung den Zweck der Haftungsnorm zu verwirklichen und sich an diesem zu orientieren habe. Notwendig sei eine Korrektur der anzuwendenden Norm im Einzelfall; diese sei so zu lesen, dass sie nicht nur auf vollkommen gewisse Sachverhalte Anwendung finde. Die materiell-rechtliche Modifizierung des Haftungstatbestandes würde zwar Schwierigkeiten wie die Erklärung der Revisibilität lösen. Sie würde jedoch andere **Unstimmigkeiten** nach sich ziehen, z.B. eine fallgruppenspezifische Aufspaltung der jeweiligen Anspruchsnormen, deren Tatbestand in den Fällen der Anwendung des Anscheinsbeweises wegen der von ihm bewirkten Modifikation anders beschaffen wäre als in den übrigen Fällen.[3] Unerklärbar wäre auch die enge Verwandtschaft mit dem Indizienbeweis.[4] Nicht überzeugend ist eine rein negative Argumentation, die Zuflucht beim materiellen Recht sucht, weil die Einordnung bei der Beweiswürdigung oder der Beweismaßfestlegung abgelehnt wird.[5]

17 Die **prozessrechtliche Qualifikation** gebietet die Anwendung der **lex fori des Gerichtsstaates** und nicht der lex causae.[6] Aus Art. 22 Abs. ROM II-VO ergibt sich nichts Gegenteiliges.[7] Unbeachtlich ist, dass bei Auffahrunfällen zur Begründung des Anscheinsbeweises z.T. auch der Verstoß gegen Regeln der StVO herangezogen wird, die im Ausland keine Geltung haben.

18 Von der prozessrechtlichen oder materiell-rechtlichen Qualifizierung darf nicht die Entscheidung abhängig gemacht werden, ob über den Anscheinsbeweis eine **vertragliche Disposition** zuzulassen ist. Die Zulässigkeit entsprechender Vereinbarungen wird z.T. im Rahmen bestehender prozessualer Dispositionsfreiheit bejaht;[8] sie ist als Be-

---

1 Vgl. Rosenberg/Schwab/*Gottwald*[17] § 113 Rz. 17.
2 Mit unterschiedlichen Nuancierungen *Greger* Beweis und Wahrscheinlichkeit S. 180; *Greger* VersR 1980, 1091, 1102 f.; *E. Pawlowski* Prima-facie-Beweis S. 46, 51, 67; *Diederichsen* ZZP 81 (1968), 45, 64 ff.; *Diederichsen*, VersR 1966, 211, 219; *Diederichsen*, Karlsruher Forum 1966 S. 21, 22 ff.; *Diederichsen*, Verh. des 46. DJT S. E 79 ff. Ablehnend *Blomeyer* Gutachten 46. DJT S. A 30; *Wagner* Prozeßverträge S. 695.
3 So MünchKommZPO/*Prütting*[4] § 286 Rz. 54.
4 *Prütting* Gegenwartsprobleme S. 100.
5 Zutreffend *Prütting* Gegenwartsprobleme S. 99 (gegen *Greger*, Beweis und Wahrscheinlichkeit S. 172 ff.); *Thole* IPRax 2010, 285, 287.
6 BGH NJW 1985, 554.
7 A.A. AG *Geldern* NJW 2011, 686, 687 m. zust. Anm. *Staudinger* NJW 2011, 650, 651; MünchKomm-BGB/*Junker* Band 10[5], Art. 22 ROM II-VO Rz. 8 f.
8 *Wagner* Prozeßverträge S. 696 f.

schränkung der richterlichen Kognitionsfreiheit **zu verneinen** (generell zu Beweisverträgen oben Kap. 9 Rz. 111).[1]

II. Überprüfung in der Revisionsinstanz

Die von den Instanzgerichten getroffenen Tatsachenfeststellungen sind für das Revisionsgericht bindend, sofern sie nicht auf einem Rechtsfehler beruhen. Gleichwohl ist die Anwendung des **Anscheinsbeweises in der Revision** zu überprüfen,[2] allerdings nur hinsichtlich der Bejahung oder Verneinung eines verlässlichen Erfahrungssatzes.

Umstritten ist die **Herleitung dieses Ergebnisses**. Geht man (unzutreffend) davon aus, dass der Anscheinsbeweis eine auf richterlicher Rechtsfortbildung bzw. Gewohnheitsrecht beruhende Abweichung von § 286 darstellt, die auf eigenen tatbestandlichen Voraussetzungen beruht und die ein Absenken des Beweismaßes legitimiert, so ergibt sich die Revisibilität zwanglos aus einem als Rechtsfehler einzuordnenden Verstoß gegen die durch diese Rechtsfortbildung geschaffenen Normmerkmale. Noch weiter reicht die Überprüfbarkeit, wenn man (ebenfalls unzutreffend) annimmt, dass nicht nur die Grundsätze des Anscheinsbeweises, sondern auch die im jeweiligen Einzelfall angewandten Erfahrungssätze Normcharakter haben.[3]

Eine Überprüfbarkeit in der Revisionsinstanz setzt beide Annahmen nicht voraus. Anerkannt ist, dass § 286 nicht von der **Beachtung von Denk-, Natur- und zwingenden Erfahrungsgesetzen** dispensiert (oben Rz. 51). Das Außerachtlassen oder die fälschliche Annahme eines Erfahrungssatzes führt zu einem unmittelbaren Verstoß gegen den Grundsatz der freien Beweiswürdigung.[4] Die **Revisibilität ist erforderlich**, weil es ungeachtet der Einordnung bei der tatrichterlichen Beweiswürdigung um die Sicherung gleichmäßiger Rechtsanwendung und die **Vermeidung objektiver Willkür** geht (oben Rz. 3). Unterschiedliche Ergebnisse bei der Anwendung zwingender Erfahrungssätze auf gleichartige Lebenssachverhalte je nach Rechtsprechungspraxis des dem erstinstanzlichen Tatrichter übergeordneten Oberlandesgerichts würde eine unerträgliche Rechtszersplitterung eintreten lassen. In der Revisibilität des Anscheinsbeweises und der Herbeiführung einer **gleichmäßigen Rechtsanwendung** bei gleicher Sachverhaltsgestaltung liegt die **wesentliche prozessuale Funktion** dieses Rechtsinstituts.

III. Anwendung des Anscheinsbeweises

1. Typischer Geschehensablauf

Der Anscheinsbeweis basiert auf der Anwendung von Erfahrungssätzen. Diese Erfahrungssätze **greifen bereits feststehende Tatsachen** auf und erlauben i.V.m. diesen den Schluss auf die eigentlich zu beweisenden Tatsachen.[5] Die Tatsachen, an die an-

---

1 Im Ergebnis ebenso Stein/Jonas/*Leipold*[22] § 286 Rz. 210.
2 Vgl. BGH NJW 1987, 1694 – Putenfutter; BGHZ 100, 31, 33 = NJW 1987, 2876, 2877 – Raubpressungen; BGHZ 160, 308, 313 = NJW 2004, 3623 – Ausspähen der PIN; BGH NJW 2005, 2395, 2397; BGH NJW 2006, 300; BGH VersR 2009, 1551 Rz. 8; BGH VersR 2013, 1000 Rz. 27 – VIOXX = NJW 2013, 2901.
3 So etwa *Hainmüller* S. 47 ff., 59 ff.; *Schwinge* Revisionsrecht[2] S. 157. A.A. *Blomeyer*, Gutachten 46. DJT S. A 47.
4 Vgl. BGH NJW 1987, 1694; *Blomeyer* Gutachten, 46. DJT S. 47; *Prütting* Gegenwartsprobleme S. 111; Rosenberg/Schwab/*Gottwald*[17] § 113 Rz. 37; MünchKommZPO/*Prütting*[4] § 286 Rz. 66.
5 Auf die Verschiebung des Beweisthemas hinweisend: österr. OGH JBl. 2009, 579, 580.

geknüpft wird, müssen entweder unstreitig sein oder zur vollen Überzeugung des Gerichts bewiesen werden, wobei die Beweislast derjenigen Partei obliegt, die den Anscheinsbeweis führen will.[1]

23 Nur solche Erfahrungssätze sind für das Führen eines Anscheinsbeweises von Belang, die **typische Geschehensabläufe** zum Gegenstand haben.[2] Zu diesen zählen solche, die in der jeweiligen Situation dem Üblichen, dem Gewöhnlichen oder Regulären entsprechen[3] und somit einen **gleichförmigen**,[4] in Situationen dieser Art zu erwartenden **Vorgang** darstellen. Es muss ein Sachverhalt feststehen, der nach der Lebenserfahrung typischerweise auf eine bestimmte Ursache oder auf einen bestimmten Ablauf als maßgeblich für den Eintritt eines bestimmten Erfolgs hinweist.[5]

24 **Typizität bedeutet** nicht, dass die Ursächlichkeit einer bestimmten Tatsache bei allen Sachverhalten der einschlägigen Fallgruppe notwendig immer vorhanden ist; sie muss aber so häufig gegeben sein, dass die Wahrscheinlichkeit, einen solchen Fall vor sich zu haben, sehr groß ist.[6] Dies ermöglicht es, von der Anscheinstatsache auf die zu beweisende Tatsache zu **schließen, ohne** dass die **konkreten Umstände** dieses Zusammenhangs im Einzelnen aufzudecken und **zu bewerten** wären.[7] Dies kann so weit reichen, dass auf das Vorliegen eines Tatbestandsmerkmals geschlossen wird, ohne dass damit ein Schluss auf eine konkrete Tatsache in der Lebenswirklichkeit verbunden wäre, aus deren Subsumtion sich dann die Erfüllung des Merkmals ergäbe. Man spricht insoweit von „**Irgendwie-Feststellung**".[8] Diese Schlussform ist vor allem bei der **Feststellung von Kausalität und Verschulden** anzutreffen: Der Anscheinsbeweis lässt den Schluss zu, dass ein Erfolg irgendwie verursacht und verschuldet wurde, ohne dass das betreffende Verhalten angegeben wird.[9] Zugleich bilden Kausalität und Verschulden die wichtigsten Anwendungsgebiete für den Anscheinsbeweis.

25 Im Interesse einheitlicher Rechtsanwendung ist für die **Beurteilung der Typizität** nicht von der persönlichen Lebenserfahrung des entscheidenden Richters auszugehen, sondern von einem **objektivierten Maßstab**, der auf allgemeine Erfahrungen[10] in dem jeweiligen Sachzusammenhang abstellt. Gleichwohl lässt sich nicht vermeiden, dass die Auffassung über den Inhalt der allgemeinen Lebenserfahrung von der individuellen Lebenserfahrung der letztinstanzlich urteilenden Richter beeinflusst wird.

---

1 BGHZ 7, 198, 200 f.; Stein/Jonas/*Leipold*[22] § 286 Rz. 130.
2 BGH NJW 2006, 300, 301; BGH NJW 2010, 1072 Rz. 8; BGH ZIP 2012, 217 Rz. 16; BGH NJW 2012, 2263 Rz. 13; BGH NJW 2013, 2901 Rz. 27 – VIOXX (in Rz. 13 auf die strukturelle Ähnlichkeit mit der Kausalitätsvermutung des § 84 Abs. 2 AMG hinweisend, dieser jedoch wegen Irrelevanz der Typizität einen größeren Anwendungsbereich attestierend). BGH VersR 2013, 367 Rz. 23; LG Saarbrücken NJW-RR 2013, 1503, 1504.
3 BGH VersR 2011, 1390 Rz. 10.
4 MünchKommZPO/*Prütting*[4] § 286 Rz. 48.
5 BGHZ 160, 308, 313 = NJW 2004, 3623 – Ausspähen der PIN; BGH NJW 2005, 2395, 2398; BGH NJW 2006, 300, 301.
6 BGH VersR 1991, 460, 462; BGH NJW 2004, 3623; BGH NJW 2010, 1072 Rz. 8; BGH, Urt. v. 10.4.2014 – VII ZR 254/13.
7 BGH NJW-RR 2014, 270 Rz. 15 = VersR 2014, 333; MünchKommZPO/*Prütting*[4] § 286 Rz. 48; Rosenberg/Schwab/*Gottwald*[17] § 113 Rz. 17.
8 Vgl. Rosenberg/Schwab/*Gottwald*[17] § 113 Rz. 17; Stein/Jonas/*Leipold*[22] § 286 Rz. 132 u. 136. Siehe auch BGH NJW 1998, 79, 81 (Überbrückung fehlender konkreter Indizien).
9 Vgl. BGH LM Nr. 20 zu § 286 (C) ZPO; *Wassermeyer* Der Prima-facie-Beweis S. 15; *Kollhosser* AcP 165 (1965), 46, 62; *Hainmüller* Anscheinsbeweis S. 230 ff.; *Lepa* NVZ 1992, 129, 130.
10 BGH VersR 2009, 1551 Rz. 12.

2. Basis und Verlässlichkeit der Erfahrungssätze

Der Anscheinsbeweis wird auf ein **Wahrscheinlichkeitsurteil** gestützt,[1] das mit dem Bezug auf die Lebenserfahrung **keine statistischen Erhebungen** zur Voraussetzung macht, sondern eine **weniger präzise** allgemeine, von vielen Menschen geteilte Wahrnehmung.[2] Die sich im Erfahrungssatz ausdrückende Allgemeinregel geht auf die Beobachtung gleichförmiger Einzeltatsachen zurück.[3] Dieses **quasi-empirische Vorgehen** ist vielfach unerlässlich, weil für die zu beurteilenden Sachverhalte in der Regel keine statistischen Daten zur Verfügung stehen oder zu gewinnen sind, die eine präzise Berechnung der konkreten Wahrscheinlichkeit gestatten würden. Deshalb ist es auch nicht sinnvoll, einen mathematisch ausgedrückten Wahrscheinlichkeitsgrad als Maßstab der Eignung eines Erfahrungssatzes festzusetzen. Das Gericht darf statistisch-empirische Daten jedoch nicht außer Acht lassen, sofern diese für die jeweils einzuschätzende Frage einschlägig sind und aus einer verlässlichen Quelle stammen. **Erfahrungssätze** dürfen **nicht** in **Widerspruch** zu aussagekräftigen **empirischen Ergebnissen** stehen.

26

Die Vielzahl der zum Anscheinsbeweis ergangenen Entscheidungen und die darin offenbar werdende Uneinheitlichkeit des Maßstabs zeigen, dass für das Vorliegen eines typischen Geschehensablaufs keine eindeutigen Kriterien existieren. Diese **Bestimmungsschwierigkeiten** ähneln denen, die sich bei der konkreten Beschreibung des jeweils zu erfüllenden Beweismaßes stellen. Unzureichend sind Erfahrungen, nach denen lediglich die Möglichkeit des Vorliegens der zu beweisenden Tatsache besteht; zu fordern ist ein **höheres Maß an Verlässlichkeit**. Auch reicht es noch nicht aus, wenn der Erfahrungssatz einen bestimmten Verlauf nur wahrscheinlicher erscheinen lässt als andere Verläufe.[4] Umgekehrt steht die bloße **Möglichkeit eines anderen Verlaufs** der Annahme eines typischen Geschehensablaufs nicht im Wege. Geht man davon aus, dass das Beweismaß unverändert bleibt, sind nur solche Erfahrungssätze als Grundlage eines Anscheinsbeweises geeignet, die eine volle **Überzeugung des Gerichts** von der Wahrheit der zu beweisenden Tatsache begründen können.

27

3. Differenzierung der Erfahrungssätze

Es ist versucht worden, Erfahrungswissen nach **abgestufter Überzeugungskraft** in Gruppen zu gliedern und zwischen Lebensgesetzen (Natur-, Denk- und Erfahrungsgesetzen), Erfahrungsgrundsätzen, einfachen Erfahrungssätzen und reinen Vorurteilen zu unterscheiden[5] und den Anscheinsbeweis der Anwendung von Erfahrungsgrundsätzen zuzuordnen,[6] aber unter dem Begriff des Anscheinsbeweises auch auf einfache Erfahrungssätze zurückzugreifen, wenn materiellrechtlich zur Feststellung der Kausalität eine Absenkung des Beweismaßes auf überwiegende Wahrscheinlichkeit erfolgen dürfe.[7]

28

Die Differenzierung von Erfahrungssätzen nach ihrer Tragfähigkeit grenzt Erfahrungen von der Anwendung des Anscheinsbeweises aus, die entweder wegen ihrer **hohen**

29

---

1 MünchKommZPO/*Prütting*[4] § 286 Rz. 56; *Weitnauer*, Verh. 46. DJT S. E 70 ff.
2 Vgl. BGH NJW 2004, 3623, 3624 f.; *Musielak* Grundlagen der Beweislast S. 93; s. ferner *Gottwald* Schadenszurechnung und Schadensschätzung S. 209.
3 *Musielak/Stadler* Grundfragen des Beweisrechts Rz. 164.
4 BGHZ 24, 308, 313; BGH NJW 1978, 2032, 2033; BGH NJW 1985, 3080, 3082; BGH NJW-RR 1988, 789, 790; MünchKommZPO/*Prütting*[4] § 286 Rz. 50; Stein/Jonas/*Leipold*[22] § 286 Rz. 130.
5 *Hainmüller* Anscheinsbeweis S. 26 ff.; ihm folgend *Prütting* Gegenwartsprobleme S. 106 ff.; *Blomeyer* Gutachten 46. DJT S. A 17.
6 *Prütting* Gegenwartsprobleme S. 110 (bei Geltung des Regelbeweismaßes).
7 *Prütting* Gegenwartsprobleme S. 108 f., 111.

Überzeugungskraft über die Begründung eines ersten Anscheins hinausgehen, nämlich nach menschlichem Ermessen unerschütterbare Gewissheit gewährleisten, oder die wegen ihrer **fehlenden Verlässlichkeit** nicht geeignet sind, für sich genommen regelmäßig die volle Überzeugung des Gerichts zu begründen. Die **phänomenologische Differenzierung** ist zwar theoretisch überzeugend, jedoch für die konkrete Rechtsanwendung **nicht praktikabel**.[1] Immerhin hat sie Appellfunktion.

30 Zur verlässlichsten Gruppe zählen die sog. **zwingenden Erfahrungssätze**, die bei Gewissheit der Tatsachen, an die angeknüpft wird, nach den Naturgesetzen und den Gesetzen der Logik **keine Zweifel** mehr **zulassen**. Als Beispiel wird der Alibibeweis genannt.

31 **Erfahrungsgrundsätze** gelten „grundsätzlich", also **nicht ausnahmslos**, treffen aber nach anerkanntem Erfahrungswissen mit **sehr hoher Wahrscheinlichkeit** zu. Sie reichen aus, um die volle Überzeugung des Gerichts von der Wahrheit der erschlossenen Tatsache zu begründen und bilden die Grundlage des Anscheinsbeweises,[2] und dies auch in Verfahren mit Untersuchungsmaxime.[3] Sie setzen die oben genannten Merkmale wie einen gleichmäßigen Vorgang als Beobachtungsgrundlage, Aktualität und überprüfbare Formulierung voraus. Sie müssen nicht wissenschaftlich verifizierbar sein.[4] Typische **Fallkonstellationen** betreffen Schlüsse auf das Vorliegen von **Kausalität** und **Verschulden** bei Straßenverkehrsunfällen, etwa das Abkommen von der Fahrbahn ohne ersichtlichen Grund.

32 Für das Führen eines Anscheinsbeweises **nicht geeignet** sind sog. **einfache Erfahrungssätze**, die keine für eine volle richterliche Überzeugung hinreichende, sondern nur eine überwiegende Wahrscheinlichkeit zu begründen vermögen. Sie können aber im Rahmen eines **Indizienbeweises** im Zusammenspiel mit weiteren Indizien von Bedeutung für die Beweisführung sein.[5] Gleichwohl ist die Rechtsprechung gelegentlich auch dann von einem Anscheinsbeweis für die Kausalität eines Ereignisses statt von einem Indizienbeweis ausgegangen, wenn bei Abwesenheit von Anhaltspunkten für alternative taugliche Ursachen das identifizierte Ereignis allein ernsthaft in Betracht kam, hinsichtlich der Alternativursachen also nur abstrakte Vermutungen aufgestellt wurden;[6] insoweit wurde ein Wahrscheinlichkeitsurteil zugelassen.[7]

33 Schließlich existieren Annahmen, die die Bezeichnung Erfahrungssatz nicht verdienen, sondern die **lediglich** auf der grundsätzlichen **Möglichkeit** eines entsprechenden Verlaufs beruhen.[8] Ihnen fehlt damit **jede beweisrechtliche Relevanz**. Beispiele, in denen gleichwohl ein Anscheinsbeweis auf sie gestützt wurde, haben wegen ihrer **fehlenden Stichhaltigkeit** zweifelhafte Berühmtheit erlangt: Dass Studenten nach einem Auswärtsstudium in den elterlichen Haushalt zurückkehren,[9] dass eine Braut zum Zeitpunkt des Verlöbnisses noch unberührt sei,[10] dass ein im Stadtverkehr erfahrener

---

1 Ebenso *Wassermeyer* Der prima facie Beweis, S. 38, 60.
2 BGH VersR 2013, 367 Rz. 23.
3 *Blomeyer* Gutachten 46. DJT S. A 17.
4 MünchKommZPO/*Prütting*⁴ § 286 Rz. 58; a.A. *Walter* ZZP 90 (1977), 270, 280.
5 MünchKommZPO/*Prütting*⁴ § 286 Rz. 60.
6 BGHZ 11, 227, 230 = NJW 1954, 718 (Anscheinsbeweis für Lueserkrankung nach Blutspende durch Spender im Lues III-Stadium); BGH NJW 1954, 1119 (Versinken eines Nichtschwimmers an tiefer Stelle, theoretisch denkbare andere Ursachen wie z.B. Bewusstlosigkeit).
7 Vgl. dazu *Musielak* Grundlagen S. 122 f.; *Musielak/Stadler* Grundfragen des Beweisrechts Rz. 168 ff.; *Prütting* Gegenwartsprobleme S. 101; MünchKommZPO/*Prütting*⁴ § 286 Rz. 47, 61; *Walter* Freie Beweiswürdigung S. 206 ff.; Blomeyer Gutachten 46. DJT S. A 34 ff. und 50 („in Wirklichkeit Indizienbeweis").
8 MünchKommZPO/*Prütting*⁴ § 286 Rz. 62 f. spricht von „Vorurteilen".
9 Vgl. BVerwGE 38, 23 f. zum vorinstanzlichen Urteil.
10 OLG Bamberg FamRZ 1967, 334 f.

Taxifahrer keine stehenden Fahrzeuge ramme,[1] dass eine Ehe zerrüttet sei, weil der Beklagte einer Ladung zum Ehescheidungstermin dreimalig nicht Folge leistete.[2]

4. Einsatzbereiche

Die hauptsächlichen Einsatzbereiche des Anscheinsbeweises betreffen die **Feststellung der Fahrlässigkeit** im Rahmen von Haftungstatbeständen und die **Feststellung von Kausalbeziehungen**. Diese Feststellungen müssen häufig auf dürrer Tatsachenbasis über das vergangene Geschehen getroffen werden. **Individuelle Willensentschlüsse** sind wegen vielfältig sich mischender Entscheidungspräferenzen individueller Personen regelmäßig nicht mittels Erfahrungssätzen zu kanalisieren. Jedoch kann der Anscheinsbeweis zur Feststellung von Willensentschlüssen nicht generell ausgeschlossen werden (s. auch unten Rz. 69).[3]

34

5. Urteilsbegründung

Nach der Rechtsprechung des BGH muss das entscheidende Gericht den einem Anscheinsbeweis **zugrunde gelegten Erfahrungssatz** in der Urteilsbegründung angeben.[4]

35

IV. Erschüttern des Anscheins

Spricht ein Anscheinsbeweis für einen bestimmten Ursachenverlauf, kann der in Anspruch Genommene den Beweis entkräften, indem er Tatsachen darlegt und gegebenenfalls beweist, die die ernsthaft in Betracht kommende Möglichkeit einer anderen Ursache nahe legen.[5] Dies erfolgt dadurch, dass die **konkrete und ernsthafte Möglichkeit** eines anderen, im Verhältnis zum Erfahrungssatz **atypischen Geschehensablaufs** aufgezeigt wird.[6] Erschüttert wird der Anscheinsbeweis der Kausalität bereits dann, wenn ein schädigendes Ereignis durch zwei verschiedene Ursachen mit jeweils typischen Geschehensabläufen herbeigeführt worden sein kann und jede für sich allein den Schaden herbeigeführt haben kann; haftet der in Anspruch Genommene nur für eine der möglichen Ursachen, ist der Anscheinsbeweis nicht anwendbar.[7]

36

Der Anscheinsbeweis bewirkt weder eine Umkehr der objektiven Beweislast, noch eine Umkehr der konkreten Beweisführungslast.[8] Der prozessuale Gegner muss **nicht** den **Beweis des Gegenteils** führen, um das Ergebnis des Anscheins zu zerstören, sondern es genügt das Führen eines Gegenbeweises.[9] Dafür genügt es, wenn der Gegen-

37

---

1 AG München, Urt. v. 27.6.1979, zitiert nach *Greger* VersR 1980, 1091, 1099 Fn. 218.
2 LG Essen, Urt. v. 9.1.1970, zitiert nach *Schwerdtner* Rechtstheorie 1971, 224, 238.
3 *Musielak* Grundlagen der Beweislast S. 129. Zweifelnd BGHZ 104, 256, 259 ff. = NJW 1988, 2040, 2041 (dort: vorsätzliche Herbeiführung des Versicherungsfalls durch Brandstiftung); BGH NJW 2005, 2395, 2397/2398 (vorgetäuschter Eigenbedarf des Vermieters).
4 BGH VersR 1991, 460, 461; BGH NJW 1987, 1694 – Putenfutter.
5 BGH NJW 1991, 230, 231; BGH VersR 1995, 723, 724; BGH NJW 2004, 3623, 3624 – Ausspähen der PIN; BGH NJW-RR 2007, 1077, Rz. 10; OLG Saarbrücken NJW 2010, 2525, 2526.
6 BGHZ 8, 239, 240 = NJW 1953, 584; BGH VersR 1995, 723, 724; BGH NJW 1978, 2032, 2033; BGH VersR 2011, 1390 Rz. 14; OLG Köln VersR 1991, 1195; OLG Düsseldorf NJW-RR 1995, 1086, 1087; MünchKommZPO/*Prütting*[4] § 286 Rz. 65; Rosenberg/Schwab/*Gottwald*[17] § 113 Rz. 36.
7 BGH NJW 1978, 2032, 2033; BGH NJW 2004, 3623, 3624.
8 Vgl. BGHZ 2, 1, 5; BGHZ 100, 31, 34; *Blomeyer* Gutachten 46. DJT S. A 18 f.; *Hainmüller* Anscheinsbeweis S. 84; *Rosenberg* Beweislast[5] S. 184; MünchKommZPO/*Prütting*[4] § 286 Rz. 51, 65.
9 BGHZ 100, 31, 34 = NJW 1987, 2876, 2877 – Raubpressungen; BGH NJW 1972, 1131; MünchKommZPO/*Prütting*[4] § 286 Rz. 65; Stein/Jonas/*Leipold*[22] § 286 Rz. 138.

beweis die **Tragfähigkeit des** angewandten **Erfahrungssatzes** für den konkreten Fall in **Zweifel** zieht.

38 Da allein die überwiegende Wahrscheinlichkeit für die Annahme eines typischen Geschehensablaufs nicht ausreicht, muss im Umkehrschluss der zur Erschütterung vorgebrachte **atypische Geschehensablauf** in der konkreten Situation **nicht wahrscheinlicher** sein, als der nach dem Erfahrungssatz vermutete.[1] Die Möglichkeit eines atypischen Geschehensverlaufs muss sich aus den **Tatsachen des konkreten Falls** ergeben. Anderenfalls handelt es sich nicht um eine Erschütterung des Anscheinsbeweises, sondern um ein grundsätzliches Anzweifeln der Tragfähigkeit des zugrunde liegenden Erfahrungssatzes. Wegen des Einzelfallbezugs ist der Revisionsrichter nicht zur Nachprüfung befugt, ob eine ernsthafte Möglichkeit eines atypischen Verlaufs vom Tatrichter bejaht werden durfte.[2]

39 Die **Darlegungs- und Beweislast** für den vollen Beweis der zur Erschütterung herangezogenen Ausnahmetatsachen trifft den **Beweisgegner**.[3] Bei diesen Tatsachen wird es sich in der Regel um solche handeln, auf deren nähere Betrachtung zuvor wegen der Heranziehung des Anscheinsbeweises verzichtet worden ist. Für eine **Behinderung** der Führung **des Gegenbeweises** gelten die Regeln zur **Beweisvereitelung** entsprechend; der Führer des Anscheinsbeweises kann sich im Falle einer Vereitelung des Gegenbeweises nicht mehr auf den Anscheinsbeweis berufen, sondern muss den Sachverhalt vollständig aufklären, um nicht beweisfällig zu bleiben.[4] Keine Frage der Erschütterung soll die Frage sein, ob die tatsächlichen Voraussetzungen für die Anwendung eines Erfahrungssatzes gegeben sind.[5]

§ 59 Kasuistik zum Anscheinsbeweis

I. Arbeitsrecht

40 Die Anwendung des Anscheinsbeweises ist bejaht worden für den Nachweis des Vorliegens einer **Fortsetzungserkrankung**, d.h. für den Nachweis, dass die zeitlich spätere durch die frühere Erkrankung verursacht wurde,[6] für den Nachweis von Kausalität und Verschulden im Rahmen der Lohnfortzahlung[7] sowie dafür, dass eine in zeitlicher Nähe zu einer Krankmeldung erklärte **Kündigung** aufgrund der Arbeitsunfähigkeit erfolgt ist.[8] Auch angewandt wurde der Anscheinsbeweis für den Schluss auf das Vorliegen eines einen **Betriebsübergang** begründenden Rechtsgeschäfts, wenn feststeht, dass die wesentlichen Betriebsmittel des bisherigen Betriebs nun in einem neuen, gleichartigen Betrieb eingesetzt werden.[9] Für den Fall, dass nur eine geringe Summe **Arbeitsentgelt überzahlt** wurde, soll ein Anscheinsbeweis für die Entreicherung des Arbeitnehmers möglich sein.[10] Verneint wurde die Anwendbarkeit des Anscheinsbeweises für die zu erwartende **künftige Arbeitsunfähigkeit** aufgrund der bis-

---
1 Vgl. BGHZ 6, 169, 170 f.; Stein/Jonas/*Leipold*[22] § 286 Rz. 139.
2 *Blomeyer* Gutachten 46. DJT S. A 51.
3 BGHZ 6, 169, 171; BGHZ 8, 239, 240; BGHZ 17, 191, 196; BGH NJW-RR 1989, 670, 671 = VersR 1989, 54, 55; BGH NJW 1978, 2032, 2033; BGH NJW 1991, 230, 231; BGH VersR 1995, 723, 724; OLG München NJW-RR 2014, 601, 602; Rosenberg/Schwab/*Gottwald*[17] § 113 Rz. 36; Stein/Jonas/*Leipold*[22] § 286 Rz. 139.
4 BGH NJW 1998, 79, 81; MünchKommZPO/*Prütting*[4] § 286 Rz. 65.
5 BGH NJW 2006, 300, 301 (zweifelhaft).
6 MünchKommZPO/*Prütting*[4] § 286 Rz. 67.
7 MünchKommZPO/*Prütting*[4] § 286 Rz. 67.
8 BAG WM 1981, 315, 316.
9 BAG NJW 1986, 454, 455.
10 BAG NJW 1996, 411, 412.

herigen Dauer der Arbeitsunfähigkeit.[1] Aufgegeben wurde der Erfahrungssatz, dass der Arbeitnehmer seine **krankhafte Alkoholabhängigkeit** selbst verschuldet hat.[2]

II. Architektenhaftung

Die Aufklärung der Verletzung der **Bauüberwachungspflicht** kann durch einen Anscheinsbeweis erleichtert werden, wenn im Hinblick auf Art, Schwere und Erkennbarkeit der Mängel ein typischer Geschehensablauf anzunehmen ist, der für eine mangelhafte Überwachung spricht.[3]   41

III. Arzthaftung

Die Regeln des Anscheinsbeweises können für den Nachweis **ärztlichen Verschuldens** in Betracht kommen, wenn die Art des Schadens typischerweise nur infolge eines Verschuldens und nicht infolge fehlender Beherrschbarkeit des menschlichen Organismus entstanden sein kann oder wenn sich die Schlussfolgerung typischerweise aus einem festgestellten Behandlungsfehler ergibt.[4] Gängige Beispiele sind das **Zurücklassen von Gegenständen** im Operationsgebiet[5] sowie der sofortige Eintritt einer **Lähmung nach** Setzen einer **Injektion**.[6] Auf einen Kausalzusammenhang zwischen einer **Bluttransfusion** von einem erkrankten Spender und einem später erkrankten Empfänger wurde geschlossen bei einer Lues-[7] und HIV-Infektion,[8] ebenso bei einer Infektion unter Ehegatten.[9] Das Auftreten eines Spritzenabszesses im zeitlichen Zusammenhang mit einer Injektion soll keinen Beweis des ersten Anscheins für die Nichteinhaltung von Hygienestandards erbringen.[10]   42

IV. Anwaltshaftung, Notarhaftung, Steuerberaterhaftung

Für die Verletzung von Beratungspflichten gilt die **Vermutung**, dass der Mandant bei pflichtgemäßer Beratung den **Hinweisen** des Beraters **gefolgt** wäre, sofern bei vernünftiger Betrachtung aus der Sicht ex ante nur eine Entscheidung nahe lag.[11] Der Berater kann die Vermutung entkräften, indem er Tatsachen beweist, die für ein atypisches Verhalten des Mandanten sprechen.[12] S. dazu auch Kap. 10 Rz. 26.   43

---

1 BAG NJW 1983, 2897, 2899.
2 BAG NJW 1983, 2659, 2661.
3 BGH NJW 2009, 582 Rz. 13; OLG Köln BauR 2013, 832; OLG Köln NJW-RR 2014, 660, 661.
4 Näher dazu *Greiß/Greiner* Arzthaftpflichtrecht, 6. Aufl. 2009, Rz. B 231 ff.
5 BGHZ 4, 138, 143 f.; abgelehnt jedoch für in der Wunde vergessene Tupfer: BGH VersR 1957, 786.
6 Vgl. BGH VersR 1957, 336, 337; BGH VersR 1961, 1118, 1119. Zum Behandlungsfehler *D. Franzki* Die Beweisregeln im Arzthaftungsprozeß S. 46 ff.; *Katzenmeier* Arzthaftung S. 429 ff.
7 BGHZ 11, 227, 231; BGH VersR 1957, 252.
8 Sofern gewiss ist, dass die Konserve tatsächlich von einem HIV-infizierten Spender stammt: Vgl. OLG Düsseldorf NJW 1995, 3060; OLG Düsseldorf NJW 1996, 1599, 1600; BGH NJW 2005, 2614, 2615 m. Bespr. *D. Magnus* ZZP 120 (2007), 347, 350 ff.
9 BGHZ 114, 284, 290 = NJW 1991, 1948, 1949 – AIDS-Infektion.
10 OLG Köln VersR 2014, 633, 634.
11 BGH NJW 2000, 1572, 1573; BGH NJW-RR 2005, 784, 785; BGH NJW 2005, 3275, 3276; BGH NJW 2007, 2485, 2489; BGH NJW 2008, 2041, 2042, Rz. 20.
12 BGHZ 123, 311, 317 f. = NJW 1993, 3259, 3260; BGH NJW 1996, 3009, 3010; BGH VersR 2009, 1551 Rz. 9 = NJW 2009, 1591; näher *Fischer* in: Zugehör/Fischer/Schlee, Handbuch der Anwaltshaftung[2] Rz. 1004 ff.

V. Eisenbahnverkehr

44 Wird eine Person trotz rechtzeitig geschlossener Schranke **von einem Zug erfasst**, rechtfertigt dies den Schluss auf ein eigenes Verschulden des Verunglückten.[1] Das Ausbleiben eines vorgeschriebenen Pfeifsignals vor dem Bahnübergang begründet den ersten Anschein der Kausalität für einen sich anschließend auf den Gleisen ereignenden Unfall.[2] Werden Spurrillen an einem Wegübergang nicht von Bauschutt gereinigt, spricht dies prima facie für die Ursache der **Entgleisung** eines Waggons.[3] Ein Anscheinsbeweis ist aber weder für das Verschulden des Beförderers noch für das des Reisenden möglich, wenn sich Unfälle auf **Zu- oder Abgängen zum Zug** bzw. beim Ein- oder Aussteigen ereignen.[4]

VI. Gütertransport, Verbleib und Inhalt von Frachtsendungen

45 Der störungsfreie Verlauf eines Straßengütertransports begründet nicht den Anschein, dass ein dabei eingetretener Schaden an den Transportgütern auf einer **fehlerhaften Verpackung** beruht.[5] Beim **Verlust von Transportgut** treffen den Frachtführer sekundäre Darlegungslasten, die gegebenenfalls unter Heranziehung von Dokumentationen zu erfüllen sind.[6] Soll beim Abhandenkommen einer Frachtsendung der **streitige Wareninhalt** eines verschlossenen Behältnisses und damit der vom Transportversicherer zu ersetzende Schaden bewiesen werden, ist zu differenzieren: Kein Anscheinsbeweis ist mit einem Lieferschein zu führen, wenn bereits streitig ist, ob zum Versand anstehende Ware in die Obhut des Frachtführers gelangt ist.[7] Wird die Ware in verschlossenen Behältern zum Versand gebracht, ist bei kaufmännischen Absendern prima facie anzunehmen, dass die im **Lieferschein** und in der korrespondierenden Rechnung aufgeführten Waren in dem Behältnis enthalten waren.[8]

VII. Insolvenz

46 Ist ein Insolvenzverfahren eröffnet, spricht ein Anscheinsbeweis dafür, dass die **Insolvenzmasse nicht ausreicht**, um alle Gläubigeransprüche zu befriedigen.[9]

VIII. Internetnutzung

47 Kein Anscheinsbeweis spricht dafür, dass eine über ein eBay-Mitgliedskonto abgegebene **Willenserklärung** von dem jeweiligen **Kontoinhaber** abgegeben wurde.[10] Ob ein Familienangehöriger eine urheberrechtsverletzende Datei heruntergeladen hat, für den der Anschlussinhaber nach § 832 BGB aufsichtspflichtig ist,[11] ist nicht mit-

---

1 BGH LM Nr. 11 zu § 1 HaftpflichtG.
2 BGH VersR 1957, 800, 801.
3 BGH VersR 1959, 670, 671.
4 BGH LM Nr. 13 zu § 1 HaftpflichtG.
5 BGH VersR 1985, 133.
6 Vgl. nur BGH VersR 2013, 475 Rz. 18 f.
7 BGH TranspR 2007, 448 Rz. 14; BGH NJW-RR 2008, 119 f.
8 BGH NJW-RR 2013, 813 Rz. 16. Aufgegeben worden ist die Rechtsprechung zum Anscheinsbeweis: BGH NJW-RR 2003, 754, 756; BGH NJW-RR 2007, 28, 29 f. Rz. 19.
9 BGH ZIP 1997, 853, 854; BGH ZIP 2001, 893; BGH ZIP 2002, 489; BGH ZIP 2014, 584 Rz. 20 = NJW 2014, 1737 Rz. 20.
10 OLG Bremen NJW-RR 2012, 1519, 1520.
11 Dazu BGH NJW 2013, 1441 Rz. 21 ff. – Morpheus.

tels eines Anscheinsbeweises zu klären.[1] Den Anschlussinhaber trifft aber eine **sekundäre Darlegungslast**, konkret das tatsächliche Nutzungsverhalten anderer Familienangehöriger zu schildern, die als Täter in Betracht kommen.[2] Dies gilt auch in Bezug auf erwachsene Familienmitglieder, für die der Anschlussinhaber keine Aufsichtspflicht hat. Für eine Nutzung durch den Anschlussinhaber selbst spricht eine **tatsächliche Vermutung**.[3] Sie greift nicht ein, wenn auch andere Personen den Anschluss benutzen konnten, etwa weil der Anschluss im Zeitpunkt der Rechtsverletzung nicht hinreichend gesichert war oder bewusst anderen Personen zur Nutzung überlassen wurde.[4]

IX. Mietrecht, Eigenbedarfskündigung

Hat der Vermieter wegen Eigenbedarfs gekündigt, die **Einzugsabsicht** aber bei gleichzeitig übermäßig verzögerter Sanierung des Mietobjekts **nicht realisiert**, sondern nach zweieinhalb Jahren erneut fremdvermietet, ist kein typischer Geschehensablauf gegeben, der auf anfänglich vorgetäuschten Eigenbedarf schließen lässt.[5] Daran fehlt es auch, wenn die Ursache einer Ölkontamination aus der Zeit vor Begründung des aktuellen Mietverhältnisses stammen kann, weil das Grundstück zuvor als Tanklager benutzt wurde.[6]

48

X. Missbrauch von EC-Karten und Kreditkarten, Online-Banking

Der Anscheinsbeweis wird angewandt für die Feststellung, dass die persönliche Geheimzahl (**PIN**) vom Karteninhaber **gemeinsam mit** der zugehörigen **ec-Karte aufbewahrt** wurde, sofern mit der gestohlene Karte zeitnah nach dem Diebstahl unter Einsatz der richtigen PIN Geld abgehoben wurde.[7] Dasselbe gilt für den Einsatz einer Kreditkarte,[8] sofern die Originalkarte und nicht eine Dublette benutzt wurde.[9] Die Karte muss allerdings im Besitz des Kontoinhabers gewesen sein; den Zugang hat der Kreditkartenausgeber zu beweisen.[10] Die Beweislage soll sich unter Geltung des § 675w BGB nicht geändert haben.[11] Ebenfalls anwendbar sind die Grundsätze beim **Online-Banking**.[12]

49

---

1 Vgl. OLG Köln CR 2012, 412; LG Köln CR 2012, 821, 823.
2 OLG Köln CR 2013, 735, 736.
3 BGHZ 185, 330 Rz. 12 – Sommer unseres Lebens; BGH NJW 2013, 1441 Rz. 33 – Morpheus; BGH WRP 2014, 851 Rz. 15 – Bear Share.
4 BGH WRP 2014, 851 Rz. 15 – Bear Share. Unklar OLG Köln WRP 2014, 622, 625 Rz. 20 – Walk This Way (die Vermutung dem Anscheinsbeweis und dessen Erschütterung gleichstellend).
5 BGH NJW 2005, 2395, 2397 f.
6 BGH NJW 1994, 1880, 1881.
7 BGHZ 160, 308, 315 f. = NJW 2004, 3623, 3624 m.w.N.; BGH NJW 2007, 593 Rz. 31; BGH WM 2011, 924 Rz. 10; BGH NJW 2012, 1277 = ZIP 2012, 217 Rz. 15; OLG Frankfurt ZIP 2008, 774, 776; davon abweichend AG Frankfurt EWiR § 254 BGB 1/08 S. 5 m. Anm. *Meder/Beesch*. Kritisch dazu *Halfmeier* ZEuP 2009, 613 (rechtsvergleichend zur Rechtsprechung der franz. Cour de Cassation).
8 BGH NJW 2012, 1277 Rz. 15; OLG Frankfurt OLGR 2007, 294, 295; OLG Frankfurt WM 2009, 1602, 1603; OLG Celle MMR 2009, 858, 859.
9 BGH NJW 2012, 1277 Rz. 16.
10 Vgl. dazu BVerfG WM 2010, 208, 209 = NJW 2010, 1129 (zur PKH-Gewährung).
11 OLG Düsseldorf ZIP 2012, 2244 f. (dort: Erschütterung des Anscheinsbeweises); OLG Dresden ZIP 2014, 755, 768; LG Berlin NJW-RR 2011, 352, 354; AG Hamburg WM 2011, 498, 500.
12 OLG Schleswig CR 2011, 52; a.A. bei Phishing-Attacke LG Mannheim WM 2008, 765 = MMR 2008, 765.

XI. Mangel- und Fehlerhaftigkeit von Sach- und Werkleistungen, Gebäudeschäden

50 Für den Ursachenzusammenhang zwischen einem Schaden und einem **Produktfehler spricht es**, wenn eine Produktveränderung nach Verlassen des Herrschaftsbereichs des Herstellers ausgeschlossen ist oder zumindest keine Anhaltspunkte für eine zwischenzeitliche Veränderung bestehen, oder wenn bei verschiedenen Verwendern des Produkts bzw. an mehreren Stellen gleiche oder ähnliche Schäden auftreten.[1]

51 Der Anscheinsbeweis erlaubt den Nachweis der **Kausalität eines Mangels** gelieferter Sachen für einen im Zusammenhang mit ihrer Verwendung an anderen Gütern entstandenen Schaden.[2] Der Anschein spricht für ein Verschulden des Herstellers eines Lebensmittels, das vergiftet in Verkehr gekommen ist.[3]

52 **Stürzt ein Gebäude** kurze Zeit nach der Errichtung **ein** oder lösen sich Teile ab, begründet dies den Anschein des Verschuldens des Bauunternehmers oder des Architekten.[4] Generell kommt bei Handwerksleistungen ein Anscheinsbeweis in Frage, sofern es sich bei dem aufgetretenen Fehler um einen solchen handelt, der bei Arbeiten dieser Art häufiger vorkommt. Ein **bloßer räumlich-zeitlicher Zusammenhang** zwischen Handwerkerarbeiten und der Feststellung eines Schadens begründet noch nicht den Anschein der Ursächlichkeit.[5] Umgekehrt schließt aber eine zeitliche Zäsur zwischen Ausführung der Arbeiten und dem Schadenseintritt die Führung eines Anscheinsbeweises nicht aus.[6] Ein zeitlich-räumlicher Zusammenhang mit einem Brand kann u.U. den Anscheinsbeweis für die **Ursächlichkeit von Schweißarbeiten** begründen.[7] Durchnässungsschäden im Dachbereich beruhen nach Starkregen typischerweise auf einem Rückstau statt auf dem Austritt von Leitungswasser.[8] Bricht eine Treppenstufe bei normaler Trittbelastung, spricht dies für eine mangelhafte Unterhaltung der Treppe durch den Hausbesitzer.[9]

XII. Produkthaftung

53 Der Brand in einem Wohnraum, in dem ein fehlerhaftes **Pflegebett mit Elektroantrieb** steht, ist dann nicht auf den Produktfehler zurückzuführen, wenn andere Brandursachen ernsthaft in Betracht kommen.[10]

---

1 Vgl. BGH NJW 1987, 1694 f.; BGH VersR 1954, 100, 101 – Trinkmilch; BGH NJW 1969, 269, 274 (1.) = VersR 1969, 155, 158 – Hühnerpest, insoweit nicht in BGHZ 51, 91 abgedr.; BGH NJW 1987, 1694, 1695.
2 BGHZ 17, 191, 196 f. (geliefertes Leitungswasser enthielt Chlor, darin eingelegte Gurken wurden weich).
3 BGH LM Nr. 12 zu § 286 (C) ZPO.
4 BGH LM Nr. 31 zu § 286 (C) ZPO. Zum AB gegen den Generalunternehmer OLG Hamburg NJW 2011, 2663, 2667. Gegen einen AB einer Bauüberwachungspflicht BGH VersR 2011, 220 Rz. 15.
5 BGH VersR 1979, 822, 823.
6 BGH Urt. v. 10.4.2014 – VII ZR 254/13.
7 BGH VersR 1974, 750, 751; BGH VersR 1980, 532; BGH MDR 1984, 221.
8 OLG Koblenz VersR 2011, 1260, 1261 (Versicherungsfall).
9 OLG Hamm MDR 2013, 31.
10 OLG Köln NJW-RR 2012, 922.

XIII. Schiffahrt

Beim Zusammenstoß von zwei fahrenden Schiffen kann der Anscheinsbeweis herangezogen werden, um von einem Rechtsverstoß[1] oder einer Verletzung der **Regeln der seemännischen Praxis**[2] auf ein Verschulden zu schließen. Kommt es zu einem **Zusammenstoß** zweier hintereinander fahrender Schiffe[3] oder befindet sich nur eines der beiden Schiffe in Bewegung oder fährt ein Schiff auf ein unbewegliches Hindernis auf,[4] so spricht der Anscheinsbeweis wie im Straßenverkehr für ein Verschulden des Auffahrenden. Ebenfalls ähnlich wie im Straßenverkehr fehlt es aber an einem das Verschulden begründenden Erfahrungssatz, wenn das stillliegende oder vorausfahrende Schiff **nicht ordnungsgemäß beleuchtet** war[5] oder an einer unzulässigen Stelle festgemacht hat.[6] Bei **Bruch der Ankerkette** ist der Anscheinsbeweis für ein Verschulden der Schiffsführung begründet, der allerdings durch den Nachweis eines unerkannten Materialfehlers erschüttert werden kann.[7] Gerät eine Motoryacht in **Brand** und zeigen die Instrumente eine Motorüberhitzung an, spricht das Fehlen eines Motorbootführerscheins dafür, dass der Schiffsführer die Gefahrsignale verkannt hat.[8] Treibt ein Stilllieger ab, spricht dies für eine mangelhafte Sicherung des Schiffes.[9]

54

XIV. Straßenverkehr

Im Straßenverkehr spielt der Anscheinsbeweis eine besonders große Rolle. So kommt er regelmäßig für den Nachweis des **Fahrerverschuldens** zur Anwendung, wenn ein Fahrzeug ohne erkennbaren Grund **von der Fahrbahn abgekommen**[10] bzw. ins Schleudern geraten ist[11] oder ein Hindernis gerammt hat,[12] ebenso wenn ein **Motorradfahrer stürzt**[13] oder ein Fahrzeug ohne ersichtlichen Grund in die **Gegenfahrbahn** gerät.[14] Der so begründete Schluss auf ein Verschulden des Fahrers ermöglicht auch den weitergehenden Schluss, dass eine **Alkoholisierung des Fahrers** für dessen Fahrweise ursächlich war, wenn die Blutalkoholkonzentration 1,1 ‰ betrug (absolute Fahruntüchtigkeit).[15] Unterhalb dieser Konzentrationsmenge muss zuvor zusätzlich die

55

---

1 BGH MDR 1971, 562; BGH VersR 1969, 181, 182; BGH VersR 1974, 158, 159; OLG Hamburg VersR 1974, 1200 = MDR 1974, 675.
2 *Wassermeyer* VersR 1974, 1052.
3 RhSchOG Köln VersR 1979, 439, 440.
4 Vgl. BGH VersR 1982, 491; BGH VersR 1969, 1090, 1091; KG VersR 1976, 463.
5 BGH MDR 1966, 578.
6 OLG Hamburg VersR 1974, 1200, 1201.
7 BGH VersR 1977, 247, 248.
8 BGH NJW 2001, 1140 f. (im konkreten Fall mangels Anscheinstatsachen verneint; Kaskoversicherungsschaden).
9 OLG Köln VersR 2011, 415.
10 BGHZ 8, 239, 240; 66, 693; BGH DAR 1984, 85; BAG NJW 1967, 269, 271; BGH NJW 1996, 1828; OLG Oldenburg VersR 1978, 1148, 1149; OLG Stuttgart VersR 1974, 502; für auf den Gehweg geratenes Kfz BGH NJW 1951, 195; für über den Grünstreifen der Autobahn auf die Gegenfahrbahn geratenes Kfz BGH LM Nr. 45 zu § 256 ZPO. Anders beim Platzen eines Reifens, OLG Düsseldorf NZV 1993, 393.
11 BGH NJW 1982, 1232, 233; BGH Bremen VersR 1966, 278; bei vom Fahrer erkannter Glätte: BGH NJW 1989, 3273, 3274; BGH VersR 1971, 842, 843 (verneint).
12 BGHZ 8, 239; BGH VersR 1959, 445, 446; OLG München VersR 1970, 630, 631; OLG Hamburg VersR 1970, 188.
13 Vgl. BGH VersR 1962, 1208; OLG Düsseldorf VersR 1981, 263, 264; OLG Hamburg VersR 1982, 873.
14 BGH VersR 1969, 635, 636; OLG Frankfurt VersR 1978, 828.
15 BGH NJW 1988, 1846.

Fahruntüchtigkeit festgestellt werden.[1] Das **Fahren ohne Fahrerlaubnis** kann den Anschein der Unfallursache begründen.[2]

56 Bei **Auffahrunfällen** auf Fahrzeuge[3] oder andere Hindernisse[4] spricht der erste Anschein für ein Verschulden des Auffahrenden, nämlich für ungenügenden Abstand, zu schnelle Fahrweise oder zu spätes Bremsen, anders aber zu Lasten eines Linksabbiegers.[5] Voraussetzung ist, dass beide Fahrzeuge so lange in einer Spur hintereinander hergefahren sind, dass sich beide Fahrzeugführer auf die vorangegangenen Fahrzeugbewegungen hatten einstellen können.[6] Besonderheiten gelten für den **Serienunfall**.[7] War das andere Fahrzeug nicht ordnungsgemäß beleuchtet, begründet dies den Anschein der Ursächlichkeit für den Auffahrunfall.[8] Der Anscheinsbeweis für das Verschulden des Auffahrenden greift auch nicht, wenn der Unfall sich im Zusammenhang mit dem **Einfahren** des Vorausfahrenden **in die Autobahn** ereignet hat.[9] Differenziert beurteilt wird das Verhalten des **Spurwechslers**.[10]

57 Der Anschein spricht gegen den aus einem Grundstück **ausfahrenden Verkehrsteilnehmer**, wenn sich der Unfall bei der Ausfahrt ereignet; sie dauert an, bis er sich endgültig in den fließenden Verkehr eingeordnet oder das Fahrzeug verkehrsgerecht abgestellt hat.[11] Bei einem Unfall im Zusammenhang mit dem **Anfahren vom Fahrbahnrand**[12] oder einem **Parkstreifen**[13] spricht der erste Anschein für ein Verschulden des Anfahrenden. Beim **Vorbeifahren** spricht der erste Anschein für ein Verschulden des Vorbeifahrenden für die Kollision, wenn der vorgeschriebene Seitenabstand unterschritten wurde.[14] Kollidiert ein **Linksabbieger** mit einem **links überholenden Fahrzeug**, spricht dies für eine Sorgfaltspflichtverletzung des Abbiegers, sofern dieser den Überholer hat erkennen können;[15] dies setzt eine klare Verkehrslage voraus.[16] Schädigungen anderer Verkehrsteilnehmer beim **Ein- und Aussteigen** sprechen für eine Sorgfaltspflichtverletzung des Ein- oder Aussteigenden.[17] Nach dem Anscheins-

---

1 BGH NJW 1988, 1846.
2 BGH VersR 2007, 263 Rz. 19 m.w.N. (dort verneint mangels Zusammenhangs mit anderen gefahrerhöhenden Umständen).
3 Vgl. BGH VersR 1989, 54, 55 = NJW-RR 1989, 670, 671; BGH VersR 1987, 1241; BGH VersR 1969, 859, 900; OLG Frankfurt NJW 2007, 87; OLG Düsseldorf NJW-RR 2006, 319 = NJW 2006, 1073 (LS); OLG Hamm NJW-RR 2004, 172, 173; OLG Düsseldorf NZV 1994, 28, 29 (Straßenbahn); OLG Hamm NZV 1993, 354, 355; OLG Köln VersR 1991, 1195; KG VRS 65 (1983), 189, 190; OLG Düsseldorf VersR 1983, 40; OLG Hamm VersR 1981, 788; OLG Hamburg VersR 1980, 1171, 1172; OLG Köln VersR 1978, 143; OLG Celle VersR 1975, 265; OLG Celle VersR 1974, 496; OLG Köln VersR 1971, 945; OLG Köln VersR 1970, 91, 92; OLG Hamburg DAR 1965, 301. Anders bei unmotiviertem Abbremsen des Vordermanns OLG Frankfurt VersR 2006, 668, 669; bei Wendemanöver KG VersR 2008, 1555.
4 Vgl. BGH VersR 1966, 567, 568; BGH NJW 1960, 99.
5 OLG Bremen MDR 2010, 26; abgrenzend OLG Stuttgart VersR 2011, 1460.
6 KG NJW-RR 2011, 381, 382.
7 Dazu OLG Düsseldorf NZV 1998, 203; OLG Karlsruhe VersR 1982, 1150; OLG Karlsruhe NJW 1971, 1944; OLG Nürnberg DAR 1982, 329.
8 BGH VersR 1964, 296; BGH VersR 1959, 805, 806; OLG Düsseldorf VersR 1972, 377, 378; OLG Düsseldorf VersR 1975, 143, 144.
9 BGH NJW 1982, 1595, 1596.
10 BGH NJW 2011, 685 = VersR 2011, 234 Rz. 7; BGH NJW 2012, 608 Rz. 9 = VersR 2012, 248; OLG Saarbrücken NJW-RR 2010, 323, 324; KG NJW-RR 2011, 28 m.w.N.; LG Saarbrücken NJW-RR 2011, 32; LG Saarbrücken NJW-RR 2011, 1478, 1479; AG Dortmund NJW 2010, 2523, 2524 (Reißverschlussverfahren).
11 KG VersR 2008, 507; differenzierend OLG Naumburg MDR 2010, 986 (keine Kollision).
12 OLG Düsseldorf VersR 1978, 852; OLG Naumburg NJW-RR 2013, 737.
13 OLG Frankfurt VersR 1982, 1079.
14 BGH LM Nr. 10 zu § 286 (C) ZPO.
15 OLG Hamm MDR 2014, 28 = NJW-RR 2014, 290.
16 OLG Hamm MDR 2014, 28, 29 (dort verneint zu Lasten überholenden Motorradfahrers).
17 OLG Karlsruhe VersR 2012, 875, 876.

beweis ist ferner ein Verschulden des Fahrers anzunehmen, dessen Fahrzeug auf der linken Fahrbahnseite einen Zusammenstoß verursacht, sofern nicht die Lenkeinrichtung versagt hat.[1] Die Kollision des **Rückwärtsfahrers** mit einem Fahrzeug spricht für eine Sorgfaltspflichtverletzung.[2]

Stoßen **zwei entgegenkommende Fahrzeuge** zusammen, rechtfertigt dies den Schluss auf einen ursächlichen Zusammenhang mit einem Überholmanöver.[3] Stößt ein **wendendes Kraftfahrzeug** mit einem ihm entgegenkommenden Kraftwagen zusammen, so wird der für ein unfallursächliches Fehlverhalten des Wendenden sprechende Anscheinsbeweis durch die Feststellung erschüttert, dass der mit ihm kollidierende Verkehrsteilnehmer die zulässige Höchstgeschwindigkeit erheblich überschritten hat.[4] 58

Werden **Fußgänger auf der Fahrbahn** angefahren, begründet dies allein noch keinen Anschein des Verschuldens des Kraftfahrers.[5] Dies kommt erst recht nicht in Betracht, wenn der Fußgänger bei Dunkelheit so spät auf die Fahrbahn tritt, dass ein Zusammenstoß selbst bei Sichtgeschwindigkeit nicht zu vermeiden gewesen wäre.[6] Vielmehr wird teilweise bei einem Unfall mit die Fahrbahn überquerenden Fußgängern ein Anscheinsbeweis für das (Mit-)Verschulden der Fußgänger für möglich gehalten.[7] 59

Ist der Verkehr an einer Kreuzung durch eine Ampel geregelt und ist nach einer Kollision unklar, für **welche Richtung** die **Ampel grün** geleuchtet hat, greift kein Anscheinsbeweis für das Verschulden eines der Fahrer, nur weil er bei fehlender Ampelregelung als Linksabbieger nicht bevorrechtigt gewesen wäre und besondere Sorgfaltsanforderungen zu erfüllen gehabt hätte.[8] Fehlt es an einer Ampelregelung, so spricht der erste Anschein für ein Verschulden des Wartepflichtigen.[9] Das **Nichtbeachten eines Verkehrszeichens** begründet den Anschein des fahrlässigen Übersehens.[10] 60

Bestimmte Arten von Unfallverletzungen sprechen dafür, dass das Unfallopfer keinen **Sicherheitsgurt** benutzt hat.[11] Es gibt keinen Erfahrungssatz, dass ein Reifenbrand infolge gleichzeitig beidseitig **blockierender Bremsen** auf unzureichender Wartung beruht.[12] Fehlender Versicherungsschutz des Unfallverursachers als Voraussetzung der Inanspruchnahme des Entschädigungsfonds soll nicht aus dem Anbringen gestohlener Kennzeichen folgen.[13] Das **Ablösen** der **Karkasse** eines Reifens während der Fahrt spricht nicht für fehlende Überprüfung der Bereifung vor Fahrtantritt.[14] 61

---

1 BGH NJW 1962, 796.
2 KG NJW-RR 2010, 1116, 1117; OLG Hamm NJW-RR 2013, 33, 34; OLG München NJW-RR 2014, 601, 602 (Ausparken rückwärts); LG München MDR 2010, 1253, 1254.
3 BGH MDR 1983, 37 (unklar, ob Anscheinsbeweis).
4 BGH NJW-RR 1986, 384.
5 Vgl. OLG Düsseldorf DAR 1977, 268, 269. A.A. – trotz Dunkelheit – OLG München VersR 2008, 799, 800.
6 BGH VersR 1968, 603.
7 Vgl. BGH VersR 1974, 196, 197; BGH LM Nr. 13 zu § 286 (C) ZPO; a.A. OLG München VersR 1968, 480, 481. Beweis erschüttert in OLG Saarbrücken NJW 2010, 2525, 2526.
8 BGH NJW 1996, 1405, 1406; BGH NJW-RR 2007, 1077, 1078, Rz. 9.
9 BGH VersR 1958, 781; BGH VersR 1959, 792, 793; BGH VersR 2005, 702 f.; BGH NJW-RR 2007, 1077, Rz. 8; OLG Celle VersR 1973, 1147, 1148; OLG Hamm VersR 1975, 161; OLG Köln VersR 1978, 830; OLG Köln VersR 1981, 340; OLG Stuttgart VersR 1982, 1175.
10 BGH VersR 1955, 183 (gegenüber Behauptung, das Zeichen sei verdeckt gewesen).
11 BGH NJW 1991, 230, 231.
12 BGH NJW-RR 2011, 1181 Rz. 20 (Frachtführerhaftung).
13 LG Bochum VersR 2010, 1179.
14 LG Saarbrücken NJW-RR 2013, 1503, 1504.

XV. Sportunfälle

62 Von der Schwere einer beim **Fußballspiel** davongetragenen Verletzung kann nicht auf die Regelwidrigkeit des dafür ursächlichen Verhaltens des Gegenspielers geschlossen werden.[1] Schwere Verletzungen können auch aus regelkonformen Spielaktionen resultieren. Für Unfälle auf der **Skipiste** greifen ähnliche Erwägungen wie im Straßenverkehr: Bei einem Auffahrunfall spricht der erste Anschein für ein Verschulden des Auffahrenden.[2] Kommt es beim Eislaufen zu einem Zusammenstoß zwischen überholendem und überholtem Eisläufer, greift jedoch kein Anscheinsbeweis für das Verschulden des Überholenden.[3] Fällt jemand beim **Reitunterricht** vom Pferd, lässt dies nicht auf ein Verschulden des Reitlehrers schließen.[4] Stürzt ein **Kletterer** während einer Sicherung des Seils durch den Beklagten, spricht dies für einen schuldhaften Pflichtverstoß des Beklagten.[5] Zu Sportanlagen s. unter Verkehrssicherungspflichten.

XVI. Telefonrechnung

63 Bei **überhöhten Telefonrechnungen** stellt sich die durch den Telefonanbieter zu beweisende Frage der Richtigkeit der gestellten Rechnung. Die Behandlung dieser Fälle durch die **Rechtsprechung** ist überaus **uneinheitlich**; es sind kaum einschlägige obergerichtliche Entscheidungen vorhanden.[6] Klarheit besteht nur hinsichtlich der Selbstverständlichkeit, dass Rechnungen, die konkreten Anhaltspunkte für **technische Fehler** enthalten, keinen Anschein der Richtigkeit begründen.

XVII. Verkehrssicherungspflichten

64 Die Verletzung von Verkehrssicherungspflichten begründet den ersten Anschein der **Ursächlichkeit** für solche Schäden, deren Verhinderung durch die Verkehrssicherungspflicht bezweckt war.[7] Die Verletzung der Verkehrspflicht muss dafür freilich feststehen.[8]

65 Daher begründet das Verletzen der **Streupflicht** den Anschein der Ursächlichkeit für einen Sturz, es sei denn, der Sturz ereignet sich erst längere Zeit nach dem Ende der Streupflicht;[9] die Glätte selbst ist nicht Gegenstand eines Anscheinsbeweises.[10] Für eine Ausnahmesituation, in der das Streuen zwecklos gewesen wäre, ist der Streupflichtige beweispflichtig.[11] Umgekehrt kann nicht schon aus einem Sturz darauf geschlossen werden, dass nicht oder unzureichend gestreut wurde.[12] Hat der Haus-

---

1 BGH NJW 1975, 109, 111/112.
2 OLG Düsseldorf MDR 1966, 504, 505; s. ferner OLG Brandenburg MDR 2006, 1113; OLG Schleswig SpuRt 2014, 27, 28.
3 BGH NJW 1982, 2555, 2556.
4 OLG Düsseldorf VersR 1980, 270.
5 LG Nürnberg-Fürth NJW-RR 2013, 732, 733.
6 Gegen Anscheinsbeweis OLG Celle NJW-RR 1997, 568, 569 m.w.N.; dafür hingegen OLG Hamm EWiR 1994, 599. Aus der Rechtsprechung der Instanzgerichte: LG Aachen NJW 1995, 2364; LG Berlin NJW-RR 1996, 895; LG München NJW-RR 1996, 893; LG Wuppertal NJW-RR 1997, 701; LG Arnsberg MMR 2011, 525; LG Ravensburg MMR 2013, 748.
7 Vgl. BGH NJW 2005, 2454; BGH NJW 2002, 2708, 2709; BGH NJW 1994, 945, 946.
8 BGH VersR 1965, 520.
9 BGH NJW 1984, 432, 433; BGH NJW-RR 2005, 1185; OLG Koblenz VersR 2010, 1660, 1661; kein AB für Vermeidung eines Glätteunfalls bei Verletzung bloßer Kontrollpflicht, OLG Hamm MDR 2012, 465, 466.
10 OLG Naumburg NJW-RR 2014, 342.
11 OLG Naumburg NJW-RR 2014, 342.
12 Vgl. LG Mannheim VersR 1980, 1152.

eigentümer die **Streupflicht** wirksam auf den Mieter **delegiert**, spricht ein Glatteisunfall nicht für eine Verletzung der Überwachungs- und Kontrollpflichten des Vermieters.[1]

Bei der Verletzung einer betrieblichen **Unfallverhütungsvorschrift**, die die Verhütung eines Schadens der eingetretenen Art bezweckt, kann durch den Anscheinsbeweis auf die Kausalität des Verstoßes für einen Unfall[2] oder ein sonstiges Ereignis wie z.B. einen Brand[3] geschlossen werden. Den Unfallverhütungsvorschriften wirkungsmäßig gleichgestellt sind Verletzungen von Verkehrssicherungspflichten.[4] 66

Der **Sturz auf** einer **Treppe** begründet für sich genommen keinen Anscheinsbeweis,[5] wohl aber der Sturz in unmittelbarer Nähe eines Gehweglochs und lose liegender Pflastersteine.[6] Stürzt jemand auf einer Treppe und reißt während des Sturzes einen anderen Treppenbenutzer mit, spricht der Sturz für eine Unaufmerksamkeit.[7] Der **Hörsturz** im unmittelbaren Anschluss an den Besuch eines Rockkonzertes muss nicht auf übermäßiger Lautstärke der Musikdarbietung beruhen.[8] Werden **feuergefährliche Arbeiten** in räumlichem und zeitlichem Zusammenhang mit einem nachfolgenden offenen Feuer vorgenommen, spricht der Anschein für die Kausalität der Arbeiten.[9] 67

XVIII. Unternehmereigenschaft und § 14 BGB

Für den Nachweis der Unternehmereigenschaft eines **ebay-Verkäufers** kann der Anscheinsbeweis herangezogen werden, wenn dieser sich selbst als „Power Seller" bezeichnet und innerhalb eines überschaubaren Zeitraums eine Vielzahl von Verkäufen abschließt (im betreffenden Fall 252 in 31 Monaten).[10] 68

XIX. Willensentschlüsse und innere Tatsachen

Individuelle Willensentschlüsse sind für gewöhnlich zu komplex, um den Gewissheitsanforderungen eines typischen Geschehensablaufs zu genügen, so dass die Kausalität für einen Willensschluss – etwa der arglistigen Täuschung[11] – mit dem Anscheinsbeweis **grundsätzlich** nicht bewiesen werden kann.[12] Dies gilt jedoch nicht ausnahmslos. Vielmehr handelt es sich bei der Konstruktion der „**Anlagestimmung**" im Kapitalmarktrecht (dazu Kap. 10 Rz. 131) um einen Fall des Anscheinsbeweises, der allerdings auf Wertpapierveräußerungen im Primärmarkt beschränkt ist und im Sekundärmarkt keine Anwendung findet. Ebenso wird für den Beweis **aufklärungsrichtigen Verhaltens** des Mandanten im Rahmen der Haftung von Rechtsanwälten und Steuerberatern der Anscheinsbeweis herangezogen (s. dazu Kap. 10 Rz. 26).[13] 69

---

1 OLG Köln VersR 2013, 1542, 1543.
2 BGH VersR 1972, 149, 150.
3 BGH NJW 1978, 2032, 2033; BGH NJW 2010, 1072 Rz. 10.
4 BGH NJW 1994, 945, 946; BGH NJW 2006, 3268, 3270; BGH NJW 2008, 3775 Rz. 17 (Trampolin-Sportanlage); OLG Frankfurt NJW-RR 2009, 894, 895 (Skipiste).
5 BGH VersR 1965, 520.
6 BGH NJW 2005, 2454.
7 OLG Düsseldorf NJW-RR 1997, 1313.
8 OLG Karlsruhe JZ 2000, 789.
9 BGH NJW-RR 2014, 270 Rz. 15 = VersR 2014, 333.
10 LG Mainz NJW 2006, 783; MünchKommZPO/*Prütting*[4] § 286 Rz. 78.
11 BGH NJW 1968, 2139; BGH VersR 2009, 968 Rz. 10.
12 BGH NJW 1985, 3080, 3082 (Willensentschluss einer Bank zur Darlehensgewährung mit zwei Entscheidungsmöglichkeiten). Ebenso öOGH JBl. 2008, 324, 325.
13 BGH NJW 1993, 3259, 3260.

70 Eine **innere Tatsache** kann sich in äußeren Tatsachen widerspiegeln, so dass von diesen auf die innere Tatsache geschlossen werden kann.[1] Dennoch fehlt es an zuverlässigen Erfahrungssätzen, wenn es sich um individuelle Vorgänge handelt, die sich einer Typisierung entziehen.[2] Ungeachtet dessen gibt es **Beweisanzeichen**, denen regelmäßig ein **starkes Gewicht** zukommt. So hat die Revisionsrechtsprechung Vorgaben für die Feststellung des **Gläubigerbenachteiligungsvorsatzes** bei der Insolvenzanfechtung nach § 133 Abs. 1 S. 1 InsO gemacht.[3]

XX. Zugang von Post, Fax und E-Mail, Versand

71 Trotz geringer Verlustquote bei der Deutschen Post gibt es **keinen Beweis** des ersten Anscheins dafür, dass ein abgesandter **Brief** dem Empfänger **zugegangen** ist.[4] Betrügerischen Behauptungen wird damit vorgebeugt, die wegen des faktisch geringen Strafbarkeitsrisikos für den Absenderzeugen mit hoher Dunkelziffer aufgestellt würden. An diesen Grundsätzen ändert sich auch bei Absendung eines **Einschreibens** nichts,[5] solange allein das Absenden als anscheinsbegründende Tatsache herangezogen wird, es an der bei Übergabeeinschreiben zu leistenden Empfängerunterschrift aber fehlt. Sofern für das **Einwurfeinschreiben** ein anderes Ergebnis gefunden wird,[6] beruht dies auf der zusätzlichen Heranziehung der vom Postboten gefertigten schriftlichen **Einwurfdokumentation** und legt somit weiter reichende Anscheinstatsachen und auch einen anderen Erfahrungssatz zugrunde. Keinen hinreichenden Anschein begründet es hingegen, wenn lediglich der Eingang des Schreibens in der für die Zustellung zuständigen Poststelle, nicht aber der Einwurf in den Empfängerbriefkasten dokumentiert ist.[7] Der Grund für das Verweigern eines Anscheinsbeweises trotz überaus hoher und empirisch belegbarer Tragfähigkeit des Erfahrungssatzes liegt darin, dass dies im Ergebnis zu einer Modifizierung des Zugangserfordernisses gem. § 130 Abs. 1 S. 1 BGB zu einem bloßen Absendeerfordernis führen würde.[8] Die Aushändigung einer **Nachnahmesendung** an den Empfänger begründet keinen Anscheinsbeweis der Bezahlung.[9]

72 Der BGH sieht in dem „ok"-Vermerk des **Sendeberichts eines Faxgeräts** keinen hinreichenden Anschein für den **Zugang** der Sendung.[10] Offengelassen hat der BGH in

---

1 Stein/Jonas/*Leipold*[22] § 286 Rz. 174.
2 Vgl. BGHZ 104, 256, 259 = NJW 1988, 2040, 2041; BGHZ 100, 214, 216 = NJW 1987, 1944; OLG Frankfurt VersR 1984, 756, 757; OLG München VersR 1984, 576.
3 Inkongruente Deckung als „regelmäßig" erhebliches Beweisanzeichen: BGH ZIP 2004, 1060, 1062; BGH ZIP 2008, 190, 193, Rz. 33; BGH WM 2009, 1943, 1944; s. ferner OLG Dresden ZIP 2009, 1125, 1127 f.
4 BGH NJW 1995, 665, 666; BGH NJW 1964, 1176, 1177; BGH VersR 1957, 442; BGH VersR 1978, 671; OLG Hamm MDR 2008, 26; vgl. ferner BVerfG NJW 1991, 2757; BVerfG NJW 1995, 2095.
5 BGHZ 24, 308, 312 f. = NJW 1957, 1230, 1231; BGH VersR 1968, 241.
6 BGH NJW 2012, 1065 Rz. 13 (ohne Begründung); AG Paderborn NJW 2000, 3722, 3723; AG Erfurt MDR 2007, 1338, 1340; *Kaiser* NJW 2009, 2187, 2188. Gegen Anscheinsbeweis auch in diesen Fällen AG Kempen NJW 2007, 1215 m. Bespr. *Putz* NJW 2007, 2450; ebenso offenbar MünchKommZPO/*Prütting*[4] § 286 Rz. 71.
7 LG Potsdam NJW 2000, 3722.
8 BGHZ 24, 308, 313 = NJW 1957, 1230, 1231; Stein/Jonas/*Leipold*[22] § 286 Rz. 180.
9 BGH NJW 2006, 300, 301 (dort: Zweifel am Fortbestand der Kennzeichnung als Nachnahme in der Beförderungskette).
10 BGH NJW 1995, 665, 666; BGH NJW 2013, 2514 Rz. 11; BGH ZIP 2014, 688 Rz. 27 = VersR 2014, 452 = NJW-RR 2014, 683; ebenso BAG BB 2002, 2560; KG NJW 1994, 3172; OLG München NJW 1993, 2447, 2450; öOGH ÖJZ 2011, 780; a.A. OLG München NJW 1994, 527; OLG München MDR 1999, 286; OLG Celle VersR 2008, 1477, 1480 (aufgrund Gutachtens); OLG Karlsruhe VersR 2009, 245, 246; AG Rudolfstadt NJW-RR 2004, 1151; AG Schleiden NJW-RR

seiner Entscheidung vom 19.2.2014, ob technische Weiterentwicklungen der Telekommunikationsmittel diese Ausnahme in Frage stellen können.[1] Im Rahmen der Führung eines **Indizienbeweises** ist zu berücksichtigen, dass der „ok-Vermerk" im Sendebericht das Zustandekommen eine Verbindung belegt. Deshalb trifft den Adressaten eine **sekundäre Darlegungslast**, sich dazu zu äußern, welches Gerät er an der Empfangsstelle betreibt, ob die Verbindung im Speicher enthalten ist und ob er ein Empfangsjournal führt; das Journal hat er gegebenenfalls vorzulegen.[2]

Für im Ordner „gesendet" des jeweiligen Programms gespeicherte **E-Mails** kann hinsichtlich des Anscheinsbeweises nichts anderes gelten.[3] Der E-Mail-Versender ist auf die **Anforderung einer Lesebestätigung** verwiesen worden, die über die Optionsverwaltung eines E-Mail-Programms eingerichtet werden kann.[4] Erst recht kann dann der durch den Absender selbst gefertigte Ausdruck einer versandten E-Mail keinen hinreichenden Anschein für deren Zugang begründen.[5]

73

Die **Angabe** einer **E-Mail-Adresse** bedeutet **nicht** schlechthin die Teilnahme am geschäftlichen Verkehr unter dieser Adresse; die **Empfangsbereitschaft** für Willenserklärungen auf diesem Wege ist vom Absender zu beweisen.[6] Die Eintragung einer E-Mail-Adresse auf der Homepage eines Versenders von Werbung spricht nicht für eine **Zustimmung zum Empfang** von Werbung.[7] Wird per Telefonanruf geworben, soll der Anschein einer Veranlassung durch das von der Werbung begünstigte Unternehmen bestehen.[8]

74

2009, 858. Anscheinsbeweis für Scheitern des Zugangs wegen Funktionsunfähigkeit des Empfangsgeräts annehmend AG Hamburg-Altona MDR 2007, 705.
1 BGH (IV. ZS) ZIP 2014, 688 Rz. 28 = VersR 2014, 452 = NJW-RR 2014, 683.
2 BGH ZIP 2014, 688 Rz. 30.
3 Ebenso öOGH JBl. 2008, 324, 326 unter eingehender Verwertung deutscher Rspr. und Lit. Für eine Differenzierung zwischen Zugang der Mail und Zugang ihrer Anhänge *Wietzorek* MMR 2007, 156 ff.
4 BGH NJW 2014, 556 Rz. 11 (verweigerte Wiedereinsetzung nach verspätetem Zugang eines Rechtsmittelauftrags bei vorübergehender technischer Anschlussstörung).
5 AG Bonn NJW-RR 2002, 1363; MünchKommZPO/*Prütting*[4] § 286 Rz. 71. Zum technischen Weg einer E-Mail vom Absender zum Empfänger *Sander* CR 2014, 292, 213.
6 Vgl. OLG Düsseldorf MDR 2009, 974.
7 LG Essen NJW-RR 2009, 1556, 1557.
8 LG Berlin CR 2009, 165 (bei dort betroffenen Finanzdienstleistungen zweifelhaft).

Kapitel 17: Feststellungserleichterungen

	Rz.			Rz.
§ 60 Beweismaßherabsetzung, Sachvortragserleichterung			bb) Tatbestände ohne Schutz konkreter Rechtsgüter.....	34
I. Abweichung des § 287 von § 286 ZPO			c) Weitere Haftungstatbestände..	35
1. Beweismaßherabsetzung.......	1		d) Kritik des Schrifttums, Antwort des BGH.............	37
2. Freie Überzeugung als Entscheidungsmaßstab...............	3		e) Stellungnahme	
II. Regelungsprobleme			aa) Respektierung des materiellen Rechts.............	39
1. Entwertung des materiellen Rechts mit prozessualen Mitteln.......	6		bb) Zuordnung von Rechtsgutverletzungen..........	40
2. Tatsachenfeststellung statt Billigkeitsentscheidung.........	8		cc) Primäre Vermögensschäden	43
III. Erleichterung des Sachvortrags des Schadensersatzklägers			3. Mehrere mögliche Verursachungsbeiträge.....................	46
1. Notwendige Anknüpfungstatsachen...................	9		III. Feststellung der Schadenshöhe	
2. Verminderte Darlegungsanforderungen.....................	10		1. Allgemeines.................	49
3. Unveränderte Verteilung der Darlegungs- und Beweislast.....	12		2. Gegenstände der Schätzung	
			a) Sachgüter allgemein.......	53
4. Hinreichend bestimmter Antrag..	13		b) Kraftfahrzeuge...........	55
IV. Kontrolle durch Rechtsmittelinstanzen			c) Entgangener Gewinn......	60
1. Entscheidungsgründe..........	15		d) Erwerbsschaden...........	65
2. Berufungskontrolle............	16		e) „Gesundheitsschäden"......	67
3. Revisionskontrolle............	17		f) Immaterielle Schäden......	69
V. Anwendung im Versäumnisverfahren...................	19		g) Sonstige Einbußen.........	71
			h) Schadensminderung.......	73
VI. Zulässigkeit von Teilurteilen....	20		**§ 62 Erleichterungen für das Beweisverfahren**	
VII. Internationales Privat- und Verfahrensrecht...............	23		I. Weitere Verfahrenserleichterungen.....................	76
§ 61 Schadensschätzung			II. Eingeschränkte Beweisaufnahme.	77
I. Anwendungsbereich des § 287 Abs. 1......................	24		III. Sachverständigenbeweis........	81
			IV. Parteivernehmung.............	83
II. Beweismaßherabsetzung für Elemente der Schadensentstehung			**§ 63 Erstreckung des § 287 ZPO auf andere Streitigkeiten**	
1. Reichweite des Haftungsgrundes .	27		I. Beschränkter Inhalt der Verweisung des § 287 Abs. 2........	85
2. Problemlösungen			II. Kasuistik.....................	87
a) Erstes „Betroffensein" des Geschädigten als Zäsur......	29		**§ 64 Glaubhaftmachung, § 294 ZPO**	
b) Tatbestände des Deliktsrechts			I. Wahrscheinlichkeitsfeststellung..	89
aa) Rechtsgutverletzungen bei § 823 Abs. 1 BGB, § 823 Abs. 2 BGB.............	30		II. Zeitliche Beschränkung.........	90
			III. Mittel der Glaubhaftmachung....	91
			IV. Eidesstattliche Versicherung.....	92

Schrifttum:

Ahrens, Die prozessuale Feststellung des Schadens, Festschrift Egon Lorenz (2014), S. 557; *Arens*, Dogmatik und Praxis der Schadensschätzung, ZZP 88 (1975), 1; *Baumgärtel*, Beweislastpraxis im Privatrecht, 1996, S. 230 ff.; *Bruske*, Beweiswürdigung und Beweislast bei Aufklärungspflichtverletzungen im Bankrecht, 1994; *Gilch*, Schwacke-Liste und Fraunhofer-

Liste als Schätzungsgrundlage für die Erstattung von Mietwagenkosten – eine unendliche Geschichte?, VersR 2012, 1485; *Gottwald*, Schadenszurechnung und Schadensschätzung, 1979; *Greger*, Beweis und Wahrscheinlichkeit, 1978; *Greger*, Der Streit um den Schaden, NZV 1994, 11; *Großrichter*, Hypothetischer Geschehensverlauf und Schadensfeststellung, 2001; *Hainmüller*, Der Anscheinsbeweis und die Fahrlässigkeit im heutigen deutschen Schadensersatzprozeß, 1966; *Hanau*, Die Kausalität der Pflichtwidrigkeit, 1971; *Henckel*, Grenzen richterlicher Schadensschätzung, JuS 1975, 221; *v. Hoyningen-Huene/Boemke*, Beweisfragen bei Berufsfortkommensschäden, NJW 1994, 1757; *Klauser*, Möglichkeit und Grenze richterlicher Schadensschätzung, JZ 1968, 167; *Lepa*, Beweiserleichterungen im Haftpflichtrecht, NZV 1992, 129, 132; *Maassen*, Beweisprobleme im Schadensersatzprozeß, 1975; *Mergner*, Der (unfallkausale) Tinnitus – Plausibilitätskriterien, VersR 2010, 1566; *Oberheim*, Beweiserleichterungen im Zivilprozeß, JuS 1996, 918; *Prölss*, Beweiserleichterungen im Schadensersatzprozeß, 1966; *Rauh/Zuchandke/Reddemann*, Die Ermittlung der Schadenshöhe im Kartelldeliktsrecht, WRP 2012, 173; *E. Schneider*, Beweis und Beweiswürdigung, 5. Aufl., 1994; *Spickhoff* in Egon Lorenz (Hrsg.), Karlsruher Forum 2007: Folgenzurechnung im Schadensersatzrecht: Gründe und Grenzen, Schriftenreihe Versicherungsrecht Band 39, 2008, S. 7–87; *Stickelbrock*, Inhalt und Grenzen richterlichen Ermessens im Zivilprozeß, 2002; *Stoll*, Haftungsverlagerung durch beweisrechtliche Mittel, AcP 176 (1976), 145; *Wagner*, Proportionalhaftung für ärztliche Behandlungsfehler de lege lata, Festschrift Günter Hirsch (2008), S. 452; *Walter*, Freie Beweiswürdigung, 1979; *H. Weber*, Der Kausalitätsbeweis im Zivilprozeß, 1997, S. 195 ff.; *Wittschier*, Die Schwacke-Liste als Schätzungsgrundlage für die Erstattung von Mietwagenkosten zum Normaltarif, NJW 2012, 13.

§ 60 Beweismaßherabsetzung, Sachvortragserleichterung

I. Abweichung des § 287 von § 286 ZPO

1. Beweismaßherabsetzung

§ 287 verlangt abweichend von § 286 ein **verringertes Beweismaß**[1] und bewirkt dadurch eine Beweiserleichterung. Einschlägige Regelungen gab es bereits vor dem Inkrafttreten der CPO. Mit ihnen wurde auf den Umstand reagiert, dass die strengen formellen Beweisanforderungen des Schadensersatzprozesses des gemeinen Rechts für Schadenseintritt und Schadenshöhe zu einer Entwertung der materiellen Ansprüche geführt hatten.[2] Für die richterliche Überzeugung reicht eine **überwiegende**, freilich auf gesicherter Grundlage beruhende **Wahrscheinlichkeit**.[3] Zugleich werden die Anforderungen an die von der Beweislast abhängige objektive Darlegungslast reduziert. Es genügt der Vortrag (und gegebenenfalls Beweis) von Tatsachen, die für eine Beurteilung nach § 287 ausreichend greifbare Anhaltspunkte bieten.[4]

Die Absenkung des Beweismaßes gilt für die Frage der **Schadensentstehung** und der **Schadenshöhe** sowie nach h.M. über den Wortlaut hinaus für die **haftungsausfüllende Kausalität**. Neben einer Absenkung der Beweisanforderungen werden weitere prozessuale **Erleichterungen für das Beweisverfahren** gewährt, indem die Durchführung einer von den Parteien beantragten Beweisaufnahme sowie die Heranziehung eines Sachverständigen von Amts wegen gem. § 287 Abs. 1 S. 2 in das Ermessen des Gerichts gestellt werden. Diese Erleichterungen sollen einer Entwertung materiell begründeter Schadensersatzansprüche durch übertriebene Anforderungen insbesondere

---

[1] BGH NJW 1992, 2694, 2695; BGH NJW 2003, 358, 359; BAG NJW 2005, 3164, 3166.
[2] Vgl. *Gottwald* Schadenszurechnung und Schadensschätzung S. 1, 37 ff.; *Stoll* AcP 197 (1976), 145, 183.
[3] BGH NJW 1996, 775, 776; BGH NJW 2000, 509; BGH VersR 2011, 223 Rz. 21.
[4] BGH NJW 1993, 734; BGH NJW 1995, 3248, 3250; BGH NJW 2000, 509.

an den Beweis hypothetischer Verläufe entgegenwirken.[1] Für eine Schätzung ist **kein Raum**, wenn der Schaden ohne Schwierigkeiten **exakt berechnet** werden kann.[2]

2. Freie Überzeugung als Entscheidungsmaßstab

3   Über Entstehung und Höhe des Schadens ist unter **Würdigung aller Umstände** nach freier Überzeugung des Gerichts zu entscheiden. Es ist dem Gericht nicht gestattet, in die Verhandlung eingeführte Tatsachen bei der Entscheidung zu ignorieren, obwohl sie relevant sind.

4   Abweichend von dem Wortlaut des § 286 ist Gegenstand der Entscheidung nach § 287 **nicht die Wahrheit** oder Unwahrheit **der zu beweisenden Tatsache**. In beiden Normen wird aber von der (freien) **Überzeugung** des Gerichts gesprochen. Daher kann der Tatrichter die haftungsausfüllende Kausalität und die anderen unter § 287 fallenden Merkmale nur feststellen, wenn er von ihnen überzeugt ist.[3] Überwiegend wird angenommen, dass durch § 287 eine **Absenkung des Beweismaßes** gegenüber § 286 vorgenommen wird.[4] Im Rahmen der Beweiswürdigung gem. § 287 werden also geringere Anforderungen an die Überzeugungsbildung gestellt. Es **genügt** nach Lage des Einzelfalls eine **überwiegende, höhere** oder **deutlich höhere Wahrscheinlichkeit**.[5] Abzulehnen ist die Schätzung, wenn ihr Ergebnis mangels greifbarer Anhaltspunkte völlig in der Luft hängen würde.[6] Der Tatrichter darf aber nicht vorschnell unter Hinweis auf die Unsicherheit einer Prognose von der Schätzung absehen,[7] sondern muss **verbleibende Risiken** gegebenenfalls durch **Abschläge** berücksichtigen.[8]

5   Bei einer **Schadensschätzung im engeren Sinne** ist das Gewinnen einer Überzeugung von der Wahrheit des Schätzergebnisses kaum möglich,[9] so dass eine Schätzung **weitgehend** einer **Ermessensentscheidung** gleicht.[10] Fragen der **Kausalität** und das Vorliegen schätzungserheblicher Umstände können zwar konkreter beantwortet werden, doch ist hier ebenfalls keine volle Überzeugung vom Vorliegen dieser Tatsachen erforderlich, sondern es genügt bereits die (deutlich?) **überwiegende Wahrscheinlichkeit**.[11] In Kauf genommen wird die Möglichkeit, dass die Annahme unzutreffend ist.[12] Bei der Feststellung der Kausalität muss der Tatrichter in einem der jeweiligen Sachlage angemessenen Umfang weniger wahrscheinliche Verlaufsmöglichkeiten nicht mit der sonst erforderlichen Wahrscheinlichkeit ausschließen.[13]

---

1   Zustimmend BVerfG NJW 2010, 1870 Rz. 13.
2   BVerfG NJW 2010, 1870 Rz. 13 f. (objektive Willkür einer Zinsschätzung).
3   BGH NJW 2003, 1116, 1117; BGH NJW 2004, 777, 778; s. ferner BGH NJW 1970, 1970, 1971.
4   BGH NJW 1992, 2694, 2695; BGH NJW-RR 1996, 781; BGH NJW 2003, 358, 359; BAG NJW 2005, 3164, 3166; BGH NJW-RR 2006, 1238 Rz. 13; *Klauser* JZ 1968, 167, 170; *Lepa* NZV 1992, 129, 133; *Roth* ZHR 154 (1990), 513, 522; v. *Hoyningen-Huene/Boemke* NJW 1994, 1757, 1759 m.w.N.; a.A. *Gottwald* Schadenszurechnung und Schadensschätzung S. 214 ff.
5   BGH VersR 1970, 924, 926; BGH NJW 1991, 1412, 1413; BGH NJW 1995, 1023; BGH NJW 2003, 1116, 1117; BGH NJW 2008, 1381 Rz. 9. Kritisch zu den verbalen Schwankungen der Beschreibung des Wahrscheinlichkeitsgrades *Arens* ZZP 88 (1975), 1, 28.
6   BGHZ 91, 243, 257 = NJW 1984, 2216; BGH NJW 1987, 909, 910; BGH NJW-RR 1992, 997, 998; BGH NJW 1994, 663, 665; BGH NJW 1995, 3248, 3250; BGH NJW 1996, 2924, 2925; BGH NJW 2013, 525 Rz. 23; BGH NJW 2013, 2584 Rz. 20.
7   BGH NJW 1998, 1633, 1634 (künftige Karriere eines Fußballtrainers am Beginn der Laufbahn).
8   BGH NJW 1995, 1023, 1024 a.E.; BGH NJW 1998, 1633, 1634.
9   Stein/Jonas/*Leipold*[22] § 287 Rz. 43.
10 Stein/Jonas/*Leipold*[22] § 287 Rz. 43.
11 BGH NJW 1991, 1412, 1413; BGH NJW-RR 1995, 248, 250; BGH NJW-RR 1996, 781 Rz. 5; BGH NJW 1993, 734; BGH NJW 1992, 3298, 3299; BGH NJW 1992, 2694, 2695; BGH NJW 2004, 444, 445; BGH NJW 2004, 1521, 1522; BGH NJW-RR 2006, 1238 Rz. 13; v. *Hoyningen-Huene/Boemke* NJW 1994, 1757, 1759.
12 BGH NJW 1964, 589, 590; MünchKommZPO/*Prütting*[4] § 287 Rz. 3.
13 BGH VersR 1970, 924, 926; BGH NJW 2004, 777, 778.

II. Regelungsprobleme

1. Entwertung des materiellen Rechts mit prozessualen Mitteln

Die Gesetzesbegründung zur CPO[1] legte ein Problem offen, das die Anwendung der Vorschrift bis heute unsicher macht: Beweiserleichterungen allein für die Feststellung der Schadenshöhe reichen nicht, um einer Entwertung der materiellen Ansprüche wirksam zu begegnen; sie müssen auf die **Feststellung der Schadensentstehung** erstreckt werden. Gleichwohl soll der Nachweis der **materiellen Haftungsentstehungvoraussetzungen nicht überflüssig** gemacht und Schadensersatz ohne deren Vorliegen zugesprochen werden, was dazu zwingt, die die materielle Ersatzpflicht begründenden Tatsachen nach den allgemeinen Regeln zu beweisen. 6

Die Beweiserleichterungen sind nach der Gesetzesbegründung auch auf den **Kausalzusammenhang** zu erstrecken, ohne dass klar ausgesprochen wurde, wie weit das Ermessen des Gerichts reichen soll.[2] Es bedarf danach einer Abgrenzung zwischen den Merkmalen, die von den Beweiserleichterungen des § 287 profitieren, und den übrigen materiellen Tatbestandsmerkmalen, deren Beweis den strengeren Anforderungen des § 286 genügen muss. Die Einzelheiten dieser Abgrenzung sind umstritten (dazu unten Rz. 27 ff.). 7

2. Tatsachenfeststellung statt Billigkeitsentscheidung

Ein zweites Problem besteht darin, die konkreten Anforderungen des reduzierten Beweismaßes zu bestimmen. Der **Begriff „Schätzung"** meint **nicht**, dass es dem Gericht frei steht, das Vorliegen und die Höhe eines verursachten Schadens nach bloßer **Billigkeit** anzunehmen.[3] Er bringt lediglich zum Ausdruck, dass anstelle der nach § 286 grundsätzlich zu verlangenden vollen Überzeugung des Gerichts ein **geringerer Grad an Überzeugung** ausreichend ist. Auch insoweit besteht in den Einzelheiten Uneinigkeit (dazu Rz. 3). 8

III. Erleichterung des Sachvortrags des Schadensersatzklägers

1. Notwendige Anknüpfungstatsachen

Eine Schätzung nach § 287 Abs. 1 S. 1 setzt **tatsächliche Anhaltspunkte** voraus, sog. Anknüpfungs- bzw. Ausgangstatsachen. Die Schätzung darf nicht nach reinem Gutdünken erfolgen, sondern muss Realitätsbezug aufweisen; sie ist abzulehnen, wenn das Ergebnis mangels greifbarer Anhaltspunkte völlig in der Luft hängen würde.[4] Die Anforderungen variieren in **Abhängigkeit vom** jeweils zu ermittelnden **Schadenstypus**. Sie liegen besonders niedrig bei der Ermittlung eines **entgangenen Gewinns**, der schon kraft materiellen Rechts (§ 252 BGB) anhand einer Prognoseentscheidung festzustellen ist.[5] Prinzipiell kann angenommen werden, dass die Anforderungen desto geringer ausfallen, je schwieriger sich die praktische Beweisführung in der jeweili- 9

---

1 Entwurf der CPO von 1871, Hahn/Stegemann, Mat.[2] (1881) S. 276 f. (zu § 250).
2 Vgl. Hahn/Stegemann Mat.[2] S. 277: „Dagegen unterliegt die Beurteilung der Frage, ob der Kausalnexus vorhanden sei, dem freien Ermessen des Gerichts"; *Gottwald* Schadenszurechnung und Schadensschätzung S. 40.
3 *Hanau* Kausalität der Pflichtwidrigkeit S. 136; *v. Hoyningen-Huene/Boemke* NJW 1994, 1757, 1759. A.A. BGH NJW 1973, 1283, 1284; BGH NJW 1981, 1454; s. ferner BGH NJW 1970, 1970, 1972; BGH NJW 1973, 1283, 1284.
4 Vgl. BGHZ 91, 243, 256 f.; BGH NJW 1987, 909, 910; BGH NJW-RR 1993, 795, 796; BGH NJW 1994, 663, 665; BGH NJW 1995, 1023, 1024; BGH WRP 2007, 550, 551 Rz. 15; BAG NJW 2013, 331 Rz. 19.
5 Vgl. BGH NJW 1998, 1633, 1634; BGH NJW 1998, 1634, 1636.

gen Konstellation typischerweise darstellt. Vergleichsweise niedrig sind die Anforderungen, wenn im Wettbewerbsrecht oder im Recht des **Geistigen Eigentums** die Schadensberechnungsmethode der Herausgabe des rechtswidrig gezogenen Verletzergewinns zur Abgrenzung dieses Gewinnanteils vom übrigen Gewinn zwingt (dazu auch unten Rz. 62).[1] Allerdings ermöglichen vorbereitende **Informationsansprüche** die Ermittlung von Anknüpfungstatsachen. Die Gewährung derartiger Ansprüche darf nicht voreilig mit der spekulativen Begründung abgelehnt werden, auch nach Informationserteilung werde der Gläubiger keinen ersatzfähigen Schaden darlegen können.[2] Das Vorliegen der **Anknüpfungstatsachen selbst** ist schlüssig darzulegen und grundsätzlich nach dem strengeren Maßstab des § 286 zu beweisen (dazu auch unten Rz. 51).[3] Der Gegner darf sich nicht darauf beschränken, den Schaden zu bestreiten.

2. Verminderte Darlegungsanforderungen

10 Mit der Verminderung der Anforderungen an das Beweismaß geht eine **Reduzierung der Darlegungsanforderungen** einher.[4] Es sind also keine Behauptungen erforderlich, die den zwingenden Schluss auf das Bestehen des geltend gemachten Anspruchs in der geltend gemachten Höhe erlauben.[5] Zwar dürfen sich die Parteien nicht jeglicher Mitwirkung enthalten,[6] doch kann insbesondere im Hinblick auf hypothetische Verläufe, die im Rahmen der Schadensermittlung zu bestimmen sind, nicht erwartet werden, dass der Anspruchsteller so konkrete Darlegungen macht, wie dies bei nach § 286 zu beweisenden Umständen zu verlangen ist.[7]

11 **Nicht entbehrlich** ist die Behauptung, es sei ein **Schaden** in einer **ungefähr bezifferten Höhe** entstanden. Die Erleichterungen beziehen sich also vor allem auf die Darlegung der Umstände, aus denen der Schaden gefolgert werden kann. Die Klage darf nicht wegen eines lückenhaften Vortrags zur Schadensentstehung und Schadenshöhe abgewiesen werden, solange **greifbare Anhaltspunkte** für eine **Schadensschätzung**[8] – wenn schon nicht des Gesamtschadens dann doch eines Mindestschadens[9] – vorhanden sind. Anhaltspunkte für einen Mindestschaden muss der Beweisführer durch die Darlegung der tatsächlichen Umstände aufzeigen, an die eine Schätzung anknüpfen kann.[10] Misslingt ihm dies trotz Hinweises nach § 139 Abs. 1[11] oder verweigert er eine zumutbare Substantiierung, so dass selbst für eine Schätzung brauchbare Anhalts-

---

1 Vgl. BGH NJW 1992, 2753, 2756 -Tchibo/Rolex II.
2 BGH WRP 2007, 550, 552, Rz. 15.
3 Nicht eindeutig ist die Rspr.: Vgl. BGH NJW 1964, 589; BGH NJW 1988, 3016, 3017; BGH NJW-RR 1998, 331, 333; BGH NJW-RR 2006, 1238 Rz. 13 (jeweils ohne Benennung des § 286). Für die Anwendung des § 287: BGH NJW 1995, 1023; BGH NJW 2008, 2041, 2042 Rz. 21; BGH GRUR 2012, 1227 Rz. 20 – Flaschenträger; BAG NJW 2013, 331 Rz. 20 u. 22; BGH NJW 2013, 2584 Rz. 20.
4 BGH NJW 1980, 1742, 1743; BGH NJW-RR 1987, 210, 211; BGH NJW-RR 1988, 410; BGH NJW-RR 1990, 171, 172; BGH NJW 1992, 2694, 2695 f.; BGH NJW-RR 1992, 202, 203; BGH NJW 1994, 663, 664; BGH NJW 1996, 2924, 2925; BGH NJW 2003, 358, 359; BGH VersR 2009, 1360 Rz. 16; BGH NJW 2010, 3434 Rz. 19; OLG Dresden NJW-RR 2014, 338, 340; MünchKommZPO/*Prütting*[4] § 287 Rz. 28 f.
5 BGH NJW-RR 1992, 792; Stein/Jonas/*Leipold*[22] § 287 Rz. 32.
6 Vgl. BGH NJW 1981, 1454.
7 Vgl. BGH NJW-RR 1987, 210, 211.
8 BGH WM 1969, 832, 834; BGHZ 29, 393, 400; BGH NJW 1980, 1742, 1743; BGH NJW-RR 1987, 210, 211; BGH NJW-RR 1992, 202, 203; BGH NJW 1994, 663, 664; BGH NJW 1996, 2924, 2925 – Optikprogramm.
9 BGH NJW 1964, 589, 590; BGH NJW 1987, 909, 910; BGHZ 119, 20, 31 = NW 1992, 2753, 2757 – Tchibo/Rolex II; BGH NJW-RR 1992, 202, 203; BGH NJW 1994, 663, 664; BGH NJW 2013, 2584 Rz. 20.
10 BGHZ 77, 16, 19 – Tolbutamid; BGH NJW 1981, 1454; BGH NJW 1992, 2694, 2696.
11 BGH NJW-RR 2000, 1340; BGH NJW 2002, 3317.

punkte vollkommen fehlen, ist eine Schadensschätzung **abzulehnen**.[1] Liegen hinreichende Anhaltspunkte für eine Schätzung vor, dann ist diese auch dann vorzunehmen, wenn die darlegungsbelastete Partei zu weiterreichenden Darlegungen in der Lage gewesen wäre, aber aus taktischen Gründen davon abgesehen hat. Eine Schätzung darf erst dann **unterbleiben**, wenn sie **mangels jeglicher** konkreter Anhaltspunkte völlig in der Luft hinge und daher **willkürlich** wäre.[2] Im **Regressprozess** gegen den Rechtsberater wegen Nichteinlegung eines Rechtsmittels müssen konkrete Anhaltspunkte vorgetragen werden, dass das Verfahren einen dem Kläger günstigeren Ausgang genommen hätte.[3]

3. Unveränderte Verteilung der Darlegungs- und Beweislast

Die von § 287 vorgesehenen **Erleichterungen** für **Beweismaß und Verfahren** haben keine Auswirkungen auf die Verteilung der Darlegungslast und der Beweislast (dazu Kap. 9–11).[4] Wenn das Gericht trotz der Erleichterungen zu keiner für eine Schätzung hinreichenden Überzeugung gelangen kann, ist das **non-liquet** nach den allgemeinen Regeln zu bewältigen.[5]

12

4. Hinreichend bestimmter Antrag

Die gelockerten Beweisanforderungen bis hin zu der Möglichkeit der Schadenschätzung vermindern auch die Anforderungen an die **Antragsbezifferung** (Antragsbestimmtheit gem. § 253 Abs. 2 Nr. 2),[6] dies allerdings nur, wenn es tatsächlich zu einer Schadensschätzung kommt und nicht bereits dann, wenn das Gericht unter Zugrundelegung eines reduzierten Beweismaßes allein darüber entscheidet, ob der haftungsausfüllende Kausalzusammenhang gegeben ist. Die Schadenshöhe muss konkret beziffert werden, wenn dies möglich ist.

13

Beim **Schmerzensgeld** (§ 253 Abs. 2 BGB) gelten weitergehende Besonderheiten. Der Ausgleich für immaterielle Einbußen kann nicht verbindlich beziffert werden. Auch in diesen Fällen ist aber die **Angabe einer Größenordnung** erforderlich.[7] Für deren Bemessung kann der Antragsteller auf einschlägige Tabellen zur bisherigen Judikatur zurückgreifen. Die Größenordnung kann auch außerhalb des Klageantrags und auch konkludent, etwa durch eine Streitwertangabe, benannt werden.

14

IV. Kontrolle durch Rechtsmittelinstanzen

1. Entscheidungsgründe

Das Urteil muss erkennen lassen, dass und **inwieweit** das Gericht im Ansatz **von § 287 Abs. 1 oder Abs. 2 ausgegangen** ist, sich also nicht etwa zu Unrecht vor den An-

15

---

1 Vgl. BGH NJW 1981, 1454; BGH NJW 1987, 909, 910; OLG Hamm NJW-RR 1990, 42, 43.
2 BGH VersR 2009, 1360 Rz. 16; BGH NJW 2010, 3434 Rz. 19; OLG Hamm NJW-RR 2011, 311, 312. Zustimmend BVerfG GRUR-RR 2009, 375 Rz. 21.
3 BGH NJW 2009, 1422 Rz. 8.
4 BGH NJW 1972, 1515, 1517; BGHZ 54, 45b, 55; BGH NJW 1986, 246, 247; BGH NJW-RR 1992, 997, 998; BGH NJW-RR 2006, 1238, 1239; BGH VersR 2013, 367 Rz. 13; BGH NJW 2013, 331 Rz. 22.
5 Vgl. BGH NJW 1970, 1970, 1971; BGH NJW 1972, 1515, 1517; BGH NJW 1973, 1283, 1284; BAG NJW 2013, 331 Rz. 22.
6 BGH GRUR-RR 2009, 319 m.w.N. – Zementkartell = WRP 2009, 745.
7 Vgl. BGH NJW 1984, 1807, 1810; BGH NJW 2002, 3769; BGHZ 132, 341, 350 = NJW 1996, 2425; BGHZ 140, 335, 341 = NJW 1999, 1339 (zugleich zur Rechtsmittelbeschwer).

forderungen des § 286 hat leiten lassen.[1] Die Schadensschätzung muss an hinreichende Tatsachen anknüpfen. Diese **Tatsachen** und eine Erläuterung, **inwieweit** sie für die Schätzung **berücksichtigt** worden sind, sind in der Urteilsbegründung anzugeben.[2] Darüber hinausgehende Angaben bzgl. der Einzelheiten des Schätzungsvorgangs selbst sind hingegen entbehrlich.[3] Mitzuteilen sind also von vornherein nur diejenigen Tatsachen, die überhaupt einer objektiven Überprüfung zugänglich sind. Von Bedeutung sind diese Angaben für die Überprüfung der Entscheidung in Berufung und Revision.

2. Berufungskontrolle

16 Bis zur Rechtsmittelreform von **2001** konnten die **Schätzung** der Schadensentstehung und der Schadenshöhe sowie die Ausübung des **Ermessens** im Rahmen der Verfahrenserleichterungen gem. § 287 Abs. 1 S. 2 in der Berufungsinstanz vollumfänglich überprüft werden; das Berufungsgericht durfte die Entscheidung des Instanzgerichts durch eine eigene Schadensschätzung und die Ausübung eigenen Ermessens ersetzen.[4] Feststellungen, die in Anwendung des § 287 getroffen werden, sind **seit der Reform** grundsätzlich **bindend** (§ 529).[5] Rechtsfehlerhaft getroffene Feststellungen der ersten Instanz sind durch das Berufungsgericht zu ersetzen (§ 531); insoweit gelten die gleichen Grundsätze über die Ermessenskontrolle wie in der Revisionsinstanz. Dafür hat der Berufungsrichter die Gründe im selben Umfang wie der erstinstanzliche Richter anzugeben.

3. Revisionskontrolle

17 Im Rahmen der **Revision** ist nur eine **eingeschränkte Überprüfung des Ermessens** möglich.[6] Revisionsgerichtlich nachprüfbar ist, ob der Tatrichter Rechtsgrundsätze der Schadensbemessung verkannt, wesentliche Tatsachen oder Bemessungsfaktoren außer Betracht gelassen, seiner Schätzung unrichtige Maßstäbe zugrunde gelegt oder Rechtsvorschriften oder Erfahrungssätze verletzt hat.[7] Der Tatrichter muss die tatsächlichen Grundlagen seiner Schätzung und der Auswertung der Tatsachen darlegen, damit überprüfbar ist, ob die Grenzen des Ermessens eingehalten wurden.[8]

---

1 BGH NJW-RR 1992, 997, 998.
2 BGHZ 6, 62, 63 = NJW 1952, 978; BGHZ 39, 198, 219; BGH VersR 1965, 239, 240; BGHZ 63, 353, 357; BGH VersR 1990, 907, 908; BGH NJW 2010, 3653 Rz. 33; BAG NJW 1963, 925, 926.
3 Vgl. BGHZ 3, 162, 175; BGHZ 6, 62, 63; BGHZ 39, 198, 219.
4 BGHZ 63, 353, 358; BGH MDR 1988, 950, 951.
5 OLG München NJW 2004, 959; Stein/Jonas/*Leipold*[22] § 287 Rz. 49. A.A. OLG Köln VersR 2008, 364, 365 zur Erhöhung des Schmerzensgeldes auf der Grundlage der vom Landgericht festgestellten und einbezogenen Gesichtspunkte, jedoch unter Verkennung des Korrekturspielraums, den auch das Revisionsgericht hat.
6 BGH NJW 1991, 1412, 1413; BGH NJW 1995, 2227, 2228; BGH NJW 1995, 1619; BGH NJW 2009, 1066 Rz. 12 = VersR 2009, 408; BGH VersR 2010, 130 Rz. 8; BGH NJW 2011, 1146 Rz. 16; BGH NJW 2011, 1148 Rz. 17.
7 BGHZ 92, 85, 86 ff. = NJW 1984, 2282 – Modellboot; BGHZ 97, 37, 41 – Gema-Tarif; BGHZ 102, 322, 330 = NJW 1988, 1835, 1836; BGH NJW 1995, 1227, 1228; BGH NJW-RR 1998, 331, 333 – Chinaherde; BGH NJW-RR 1993, 795, 796; BGH NJW-RR 2002, 166, 167; BGH NJW-RR 2005, 397, 398; BGH NJW 2008, 2910 Rz. 18; BGH VersR 2009, 1360 Rz. 17; BGH NJW-RR 2009, 715 Rz. 17; BGH NJW-RR 2011, 1109 Rz. 7 = VersR 2011, 1026; BGH VersR 2011, 1409 Rz. 18; BGH GRUR 2012, 1227 Rz. 20 – Flaschenträger; BGH GRUR-RR 2012, 90 Rz. 15 – Rosenkrieg II; BGH NJW 2012, 2427 Rz. 65; BGH VersR 2014, 632 Rz. 8.
8 BGH NJW 2012, 2024 Rz. 23.

Teilweise wird angenommen, eine **Prüfung der Beweiswürdigung** (§ 287 Abs. 1 S. 1) 18
sei generell nicht zulässig, während die verfahrensrechtliche Ermessensentscheidung
(§ 287 Abs. 1 S. 2) auf Ermessensfehler überprüft werden können soll.[1] Dem ist zuzustimmen, soweit damit die Beweiswürdigung als innerer Vorgang von einer Überprüfung ausgenommen sein soll. Überprüfbar muss allerdings das Resultat der Würdigung sein, so dass das Revisionsgericht befugt ist, **in Ansehung der** zugrunde gelegten
Tatsachen offensichtlich falsche oder unsachliche **Schätzungen** ebenso zu beanstanden,[2] wie Entscheidungen, in denen das Gericht seinen Entscheidungsspielraum verkannt und deshalb von diesem keinen Gebrauch gemacht hat.[3] Anderenfalls wäre es
auch überflüssig, dass die Instanzgerichte die der Schätzung zugrunde gelegten Annahmen mitteilen. Das Ersetzen einer **ermessensfehlerfrei** getroffenen Entscheidung
des Instanzgerichts durch eine solche des Revisionsgerichts ist in jedem Fall ausgeschlossen.[4]

V. Anwendung im Versäumnisverfahren

Im Versäumnisverfahren gelten bei Säumnis des Beklagten die tatsächlichen Behaup 19
tungen des Klägers als **zugestanden**. Dies gilt auch für die Behauptung zur **Entstehung
und Höhe des Schadens**, ohne dass es auf eine richterliche Würdigung ankommt.[5] Allerdings müssen die Behauptungen des Klägers **hinreichend bestimmt** sein. Daran
fehlt es, wenn die **Schadenshöhe** nur ungefähr angegeben und die Entscheidung dem
gerichtlichen Ermessen überlassen worden ist.[6] In diesem Fall ist eine Würdigung der
vorgetragenen Tatsachen durch das Gericht und damit eine Anwendung des § 287
notwendig. Die **Geständnisfiktion** gilt dann für die vorgetragenen Tatsachen, an die
eine Schätzung anknüpfen kann.

VI. Zulässigkeit von Teilurteilen

Die partielle Zuordnung des konkreten Haftungsgrundes zum Anwendungsbereich 20
des § 287 bleibt ohne Wirkung auf die Voraussetzungen, unter denen ein **Grundurteil
gem. § 304** ergehen darf.[7] Die prozessualen Voraussetzungen eines **Teilurteils** sind
von den Anforderungen an den **Beweis der einzelnen Tatbestandsmerkmale** zu trennen. Für den Erlass eines Grundurteils ist bedeutungslos, ob das Vorliegen einzelner
Merkmale nach Maßgabe des § 287 und der übrigen Merkmale nach § 286 festzustellen ist.

Verwirren darf nicht die Ähnlichkeit der verwendeten Begriffe und eine dadurch 21
nahegelegte Parallelität der Abgrenzungsschwierigkeiten: Auf § 286 ist für den *konkreten Haftungsgrund* zurückzugreifen, während ein Grundurteil für den sog. *Anspruchsgrund* ergehen kann. Beide **Begriffe** sind **nicht deckungsgleich**; die für § 287
erarbeitete Abgrenzung kann nicht für § 304 genutzt werden. § 287 kann sowohl für
die Schadenshöhe als auch für die Schadensentstehung anwendbar sein. Demgegen-

---

1 MünchKommZPO/*Prütting*[4] § 287 Rz. 35.
2 Vgl. BGHZ 3, 162, 175 f.; BGHZ 6, 62, 63; BGHZ 83, 61, 66; BGH NJW 1985, 387; BGH NJW-RR 1995, 248, 250; BGH NJW 2010, 1445 Rz. 21; BGH NJW 2011, 1947 Rz. 16.
3 Vgl. BGHZ 60, 177, 184 = NJW 1973, 993, 994; BGH NJW 1980, 1679, 1680.
4 BGH NJW 1982, 1765 (zur Streitwertfestsetzung nach § 3 ZPO).
5 Vgl. Stein/Jonas/*Leipold*[22] § 287 Rz. 55.
6 MünchKommZPO/*Prütting*[4] § 287 Rz. 30.
7 Zu diesem Problem *Gottwald* Schadenszurechnung und Schadensschätzung S. 235 f. m.w.N.

über ist gem. § 304 nach Erlas des Grundurteils nur noch über den „Betrag" des Anspruchs zu entscheiden, was am ehesten mit der Schadenshöhe gleichgesetzt werden kann. Ob ein Schaden entstanden ist, ist zum Anspruchsgrund i.S.d. § 304 zu zählen. Innerhalb eines Verfahrens zur Ermittlung der Schadenshöhe kann allerdings wiederum eine Zweiteilung eintreten, nämlich zwischen der Frage, welchen qualifizierten und höher dotieren Beruf der Geschädigte ohne das schadenstiftende Ereignis ergriffen hätte und welcher Erwerbsschadensbetrag sich gegebenenfalls daraus ergibt. Im Anschluss an ein vorangegangenes Feststellungsurteil darf über die erste der Schadensermittlungsfragen ein Grundurteil erlassen werden.[1] Die **Bindungswirkung eines Grundurteils** erstreckt sich nur auf die tenorierte Rechtsfolge (§ 318), **nicht** auf die **Schätzgrundlagen**, die für die Höhe einer Forderung oder eines Schadens bedeutsam sind.[2]

22 Ein Teilurteil gem. § 301 kann ergehen, wenn ein **Mindestbetrag** nach § 287 **geschätzt** worden ist und weitere Beweiserhebungen den Mindestbetrag nicht infrage stellen können.[3]

VII. Internationales Privat- und Verfahrensrecht

23 Auch wenn das Schadensergebnis nach einem ausländischen Sachrecht zu beurteilen ist (Vertragsstatut, Deliktsstatut), ist § 287 vor deutschen Gerichten als lex fori anzuwenden.[4] Das anzuwendende Beweismaß wird grundsätzlich durch das Verfahrensrecht bestimmt, sofern nicht das materielle Recht abweichende Vorgaben macht. Vgl. dazu auch Kap. 9 Rz. 11 f.

§ 61 Schadensschätzung

I. Anwendungsbereich des § 287 Abs. 1

24 § 287 Abs. 1 betrifft den Beweis für das **Vorliegen und** die **Höhe eines Schadens**. Die Norm ist nur anwendbar, wenn und soweit Schadensersatz, d.h. Ersatz für eine erlittene Einbuße verlangt wird. Die Rechtsfolge muss dafür nicht zwingend nach den §§ 249 ff. BGB bestimmt werden, auch wenn dies der Regelfall ist. Die Art des Schadensersatzanspruchs ist ohne Bedeutung, so dass **deliktische** wie **vertragliche** Schadensersatzansprüche erfasst werden.[5] Auch sind die Haftungsanforderungen unerheblich, so dass sämtliche Formen der Verschuldens-, Gefährdungs-, Garantie- und Risikohaftung einbezogen werden.[6]

25 Um Schadensersatz geht es auch bei den **Hilfsmethoden der Schadensermittlung** im Recht **des geistigen und gewerblichen Eigentums** durch Berechnung einer fiktiven Lizenzgebühr (Lizenzanalogie) oder der Herausgabe des rechtswidrig gezogenen Verlet-

---

1 BGH NJW 2011, 1148 Rz. 13 f.
2 BGH NJW-RR 2005, 1157, 1158.
3 Vgl. BGH NJW 1996, 1478.
4 OLG Hamm FamRZ 1987, 1307, 1308 (inzident); LG Saarbrücken NJW-RR 2012, 885, 886 = IPRax 2014, 180 m. Bespr. *Eichel* IPRax 2014, 156, 158; *Schack* Int. ZivVR[5] Rz. 776 (m. Nachw. abweichender Ansichten). Ebenso zu § 286: BGH WM 1977, 793, 794; OLG Koblenz IPRax 1994, 302, 303.
5 Vgl. BGH NJW 1993, 201; BGH NJW 2002, 2556, 2557; BGH NJW 2001, 821; BGH NJW 2005, 277; OLG Frankfurt MDR 1983, 494 = VersR 1983, 1045.
6 Vgl. BGH NJW-RR 1989, 1401. Haftung nach § 945 ZPO: BGH NJW-RR 1992, 997, 998.

zergewinns. Die Richtlinie zur Durchsetzung der Rechte des Geistigen Eigentums[1] hat die schadensersatzrechtliche Einordnung dieser Hilfsmethoden in Art. 13 unterstrichen. Nicht um Schadensersatz im eigentlichen Sinne handelt es sich bei Ansprüchen auf **Entschädigung, Enteignung** und **Aufopferung**, doch wird § 287 Abs. 1 auf sie ebenfalls angewandt.[2] Diese Ansprüche sollen wie Schadensersatzansprüche Ausgleich für eine erlittene Einbuße gewähren. Unerheblich ist, ob der Entstehungsgrund im öffentlichen Recht oder im Zivilrecht (vgl. §§ 904 S. 2, 906 Abs. 2 S. 2 BGB) liegt. Erfasst werden Ansprüche auf eine angemessene oder **billige Entschädigung** (z.B. § 651f Abs. 2 BGB,[3] § 253 Abs. 2 BGB, § 97 Abs. 2 UrhG) und Entschädigungsansprüche, die an die Stelle unverhältnismäßig eingriffsintensiver Abwehr- und Schadensersatzansprüche treten (so § 101 UrhG, § 45 GeschmMG).

Nicht anzuwenden ist § 287 Abs. 1 auf **Vertragsstrafenansprüche**,[4] **bereicherungsrechtliche Ansprüche**[5] oder **Ansprüche wegen Sachmängeln** außerhalb des Schadensersatzes.[6] Für sie kommt es im Falle der Vertragsstrafe auf das Vorliegen der vereinbarten Verwirkungsvoraussetzung, für einen Bereicherungsanspruch insbesondere auf das Vorliegen einer Bereicherung beim Schuldner und für Sachmängelansprüche auf eine nicht vertragsgemäße Leistung an. Die zugrunde liegenden Sachverhalte können zwar den Eintritt eines Schadens mit sich bringen, doch ist dies weder zwingend, noch würden etwaige Schäden durch die betreffenden Ansprüche ausgeglichen. In Betracht kommt bei derartigen Ansprüchen jedoch die Anwendung des **§ 287 Abs. 2** (dazu unten § 63). Wegen der Regelung des Abs. 2 besteht keine Regelungslücke, die eine analoge Anwendung des Abs. 1 rechtfertigen könnte.[7] 26

II. Beweismaßherabsetzung für Elemente der Schadensentstehung

1. Reichweite des Haftungsgrundes

Für die Merkmale des konkreten **Haftungsgrundes** gilt § 286.[8] Gemeint sind damit diejenigen Merkmale, die weder zum Schaden selbst noch zum unmittelbar zu ihm führenden Kausalzusammenhang zählen. Die **Schwierigkeit der Abgrenzung** von Haftungsgrund und Schaden wird durch den Wortlaut des § 287 erzeugt, der die Beweiserleichterungen auf die **Schadensentstehung** erstreckt, ohne den Beweis von Tatbestandselementen zu erleichtern, die ihr vorgelagert sind. 27

Während sich bei **§ 823 Abs. 1 BGB** Haftungsgrund und haftungsausfüllender Tatbestand einschließlich der zugehörigen Kausalitätsmerkmale **leicht trennen** lassen, bereitet die Abgrenzung bei **allen vertraglichen** und **deliktischen** Tatbeständen Schwierigkeiten, die Ersatz **primärer Vermögensschäden** gewähren. Insbesondere die Zuordnung der Kausalität zwischen Verletzungsverhalten und Schaden ist zweifelhaft, weil sie als Element des Haftungsgrundes angesehen werden kann, ohne dass eine zwischengeschaltete Rechtsgutverletzung eine Zäsur bewirkt. Im Einzelnen ist die **Reichweite des** konkreten **Haftungsgrundes umstritten**. Der Abgrenzung wird die 28

---

1 Richtlinie 2004/48/EG v. 29.4.2004, berichtigte Fassung ABl. EU Nr. L 195 v. 2.6.2004, S. 16.
2 Vgl. BGH NJW 1962, 1441, 1442; BGH NJW 1962, 2051, 2052; BGHZ 39, 198, 219; BGH NJW 1980, 1679, 1680; BGH NJW 1985, 387.
3 BGH NJW 1983, 35. 37.
4 MünchKommZPO/*Prütting*[4] § 287 Rz. 6.
5 Vgl. BGH GRUR 1962, 261, 262 – Öl regiert die Welt.
6 BGH WM 1971, 1382, 1383 (Minderung).
7 Anders jedoch Stein/Jonas/*Leipold*[22] § 287 Rz. 10 m.w.N.
8 Vgl. BGH NJW 1968, 985; BGH NJW 1969, 1708, 1709; BGHZ 58, 48, 53 = NJW 1972, 1126, 1127; BGH NJW-RR 1987, 1019, 1020; Stein/Jonas/*Leipold*[22] § 287 Rz. 11.

Schärfe genommen, soweit die Rechtsprechung Beweiserleichterungen insbesondere für den Kausalitätsbeweis auch im Rahmen des § 286 gewährt; sie behält aber Bedeutung für das Beweiserhebungsermessen nach § 287 Abs. 1 S. 2 und 3.[1]

2. Problemlösungen

a) Erstes „Betroffensein" des Geschädigten als Zäsur

29   Die Rechtsprechung geht davon aus, dass der konkrete Haftungsgrund gegeben und das **Ende** des Anwendungsbereichs **des § 286** erreicht ist, **wenn** das Verhalten des Schädigers **den Geschädigten tatsächlich nachhaltig betroffen** hat.[2] Alle **nachfolgenden Ereignisse** einschließlich des zu ihnen führenden (haftungsausfüllenden) Kausalzusammenhangs sollen nicht mehr zum konkreten Haftungsgrund zählen, sondern nach § 287 zu beurteilen sein.[3] Die Zuordnung wird somit durch die Anforderungen entschieden, die an das Betroffensein gestellt werden. Kritik wird an der **Unbestimmtheit** dieses Kriteriums geübt,[4] die allerdings durch umfangreiche Judikatur weitgehend entfallen ist, sowie an der dadurch bewirkten Ausdünnung des Haftungsgrundes.

b) Tatbestände des Deliktsrechts

aa) Rechtsgutverletzungen bei § 823 Abs. 1 BGB, § 823 Abs. 2 BGB

30   Rechtsprechung und h.L. differenzieren wie folgt: Bei deliktischen Ansprüchen gem. **§ 823 Abs. 1 BGB** zählt die **erste Verletzung eines** der einschlägigen **Rechtsgüter** (Primärverletzung) zum nach § 286 festzustellenden konkreten Haftungsgrund; dies gilt auch für den haftungsbegründenden Kausalzusammenhang zwischen der Verletzungshandlung des Schädigers und der Rechtsgutverletzung.[5] Gleiches ist im Rahmen des **§ 823 Abs. 2 BGB** anzunehmen, wenn das einschlägige Schutzgesetz ebenfalls einen bestimmten Verletzungserfolg voraussetzt. Die anschließenden **weiteren Folgen** und der zu ihnen führende Kausalzusammenhang, also die **haftungsausfüllende Kausalität**, sind auf der Grundlage des § 287 zu beweisen.[6] Dazu zählen auch Folgeverletzungen, die auf die Erstverletzung zurückzuführen sind (dazu nachfolgend Rz. 32).

31   Diese Differenzierung wird auf **konkurrierende vertragliche Ansprüche** übertragen.[7] Deren konkreter Haftungsgrund ist dann noch nicht mit der Verletzung einer Vertragspflicht verwirklicht. Hinzutreten muss die erste Verletzung eines Rechtsguts.

---

1 Rosenberg/Schwab/*Gottwald*[17] § 114 Rz. 15.
2 Vgl. BGHZ 4, 192, 196 f. = NJW 1952, 301, 302; BGH MDR 1964, 42, 43 (Bergschaden an Gebäude). BGH NJW 1983, 998; BGH NJW 1987, 705, 706; BGH NJW 1993, 3073, 3076; BGH NJW-RR 1996, 781; dazu auch *Klauser* JZ 1968, 167; MünchKommZPO/*Prütting*[4] § 287 Rz. 10; Stein/Jonas/*Leipold*[22] § 287 Rz. 13 m.w.N.; Rosenberg/Schwab/*Gottwald*[17] § 114 Rz. 13; *Lange/Schiemann* Schadensersatz[3] § 3 XIII 4a.
3 Vgl. BGHZ 2, 138, 140; BGHZ 7, 198, 203 f.; BGHZ 7, 287, 295; *Teplitzky* GRUR 1987, 215, 216 (§ 286 nur für wettbewerbl. Verletzungshandlung); *Roth* ZHR 154 (1990) 513, 525; MünchKommZPO/*Prütting*[4] § 287 Rz. 13.
4 *Arens* ZZP 98 (1975), 1, 7. ff., 27; *Stoll* AcP 176 (1976), 145, 185.
5 BGHZ 58, 48, 53 = NJW 1972, 1126, 1127; BGH NJW 1973, 1413, 1414; BGH VersR 1975, 540, 541; BGH NJW 1993, 3073, 3076; BGH NJW 1998, 3417, 3418; BGH NJW 2004, 777, 778; BGH NJW 2003, 1116; BGH VersR 2008, 1126, 1127, Rz. 7; BGH VersR 2008, 1133, Rz. 7; Rosenberg/Schwab/*Gottwald*[17] § 114 Rz. 14; Stein/Jonas/*Leipold*[22] § 287 Rz. 14.
6 BGH NJW 1993, 3073, 3076; BGH NJW 1987, 705, 706; BGH NJW 2003, 1116, 1117; BGH NJW 2004, 777, 778. A.A. *Wahrendorf* Prinzipien der Beweislast im Haftungsrecht S. 47 ff.
7 BGH NJW 1987, 705 (Vertragshaftung wegen ärztl. Behandlungsfehler); OLG Karlsruhe NJW-RR 2006, 458, 459.

Die h.M. unterstellt **Folgeschäden (Sekundärverletzungen)** und den zu ihnen führenden **Kausalzusammenhang** dem § 287.[1] Dies gilt auch für psychisch bedingte Folgewirkungen,[2] soweit es sich nicht um Folgen von Bagatellschädigungen handelt, allerdings mit Besonderheiten für neurotisch verarbeitete Unfallereignisse ohne biomechanische Einwirkungen.[3] Kritische Stimmen[4] betonen demgegenüber, dass Folgeschäden in aller Regel mit weiteren Rechtsgutsverletzungen verbunden seien und daher insoweit dieselben Beweisanforderungen gelten sollten wie für die erste Rechtsgutsverletzung.

32

Nicht als Folgeschaden ist eine Schädigung der **Leibesfrucht** infolge einer unfallbedingten Körperverletzung der Mutter angesehen worden, weil haftungsrechtlich **zwei Verletzte** nebeneinander stehen.[5] Nach § 287 ist jedoch über Schwangerschaftskomplikationen zu entscheiden, die die Mutter als Folge ihrer Erstverletzung erleidet.[6] § 286 ist anzuwenden auf das Urteil, ob der Unfallschädiger dafür verantwortlich ist, dass die **Nachricht vom Unfallereignis** bei der schwangeren Ehefrau des primären Unfallopfers eine Minderdurchblutung der Placenta mit Schäden für die Leibesfrucht verursacht haben soll; § 287 ist anschließend einschlägig für die Feststellung, ob die feststehende Beeinträchtigung zu einer Hirnschädigung des später geborenen Kindes geführt hat.[7]

33

bb) Tatbestände ohne Schutz konkreter Rechtsgüter

Handelt es sich um eine **Haftung für primäre Vermögensschäden**, soll es darauf ankommen, ob für den Geschädigten nachteilige Folgen eingetreten sind. Für das **Betroffensein** genügt bereits die **Gefahr eines Schadenseintritts**. Deren anschließende Verwirklichung ist dann anhand des Maßstabs des § 287 festzustellen.[8] So wird im Fall einer **Amtspflichtverletzung** nach § 839 BGB i.V.m. Art. 34 GG das weitere Verhalten von Beteiligten bei pflichtgemäßem Vorgehen des Amtsträgers, das das Binde-

34

---

1 BGH NJW 1958, 1579 (Selbstmord nach unfallbedingten Kopfverletzungen); BGH NJW 1970, 1970, 1971 (neurologische Dauerfolgen aufgrund leichter Gehirnerschütterung); BGH NJW 1973, 1413, 1414 (tödliche Lungenembolie nach einer unfallbedingten Körperverletzung); BGH NJW 1976, 1145, 1146 (Epilepsie als Unfallfolge des Sturzes eines Säuglings); BGH NJW 1971, 442, 443 (Verrenkungsbruch im Sprunggelenk nach Sturz in Fahrstuhlschacht mit Kreuzbandschädigung); BGH NJW-RR 1987, 339, 340 (Auffahrunfall mit HWS-Schleudertrauma und unklarer Ursache einer weiteren Hirnschädigung); BGH NJW 1992, 3298 (Sturz infolge Faustschlags, später Riss eines Aneurysmas); BGH NJW 1993, 201 (Invalidität als Folge eines Sturzes, Unfallversicherung); BGH NJW 2008, 1381, 1382 Rz. 13 = VersR 2008, 644, 645 (Morbus Sudeck nach ärztl. Fehlbehandlung); BGH VersR 2011, 171 Rz. 12; BGH VersR 2011, 223 Rz. 18; BGH VersR 2014, 632 Rz. 5 (Querschnittslähmung nach Kontrastmitteleinbringung); OLG München VersR 2011, 549; OLG München NJW 2011, 396, 397 (Tinnitus); OLG Saarbrücken NJW-RR 2011, 178 (HWS-Distorsion); OLG Köln VersR 2012, 239, 240; OLG Naumburg NJW-RR 2014, 461, 462 (Schmerzensgeldbemessung für Tinnitus nach unfallbedingten Prellungen und HWS-Distorsionstrauma).
2 BGH NJW 2000, 862, 863; BGH NJW 2004, 1945, 1946; OLG Frankfurt NJW-RR 2013, 140, 141.
3 Dazu *Spickhoff* in: E. Lorenz, Karlsruher Forum 2007 (2008), S. 79 f.; *Geiß/Greiner* Arzthaftpflichtrecht[6] Rz. 193 ff.
4 *Arens* ZZP 88 (1975), 1, 42; *Hainmüller* Der Anscheinsbeweis und die Fahrlässigkeitstat im heutigen deutschen Schadensersatzprozeß S. 140 ff.; *Gottwald* Schadenszurechnung und Schadensschätzung S. 73 ff.; *Stoll* AcP 176 (1976), 145, 193; *Rosenberg/Schwab/Gottwald*[17] § 114 Rz. 19.
5 BGH NJW 1972, 1126, 1127.
6 BGH NJW 1972, 1126, 1127.
7 BGH NJW 1985, 1390.
8 Vgl. BGH JZ 1972, 320, 321; BGHZ 84, 244, 253 = NJW 1982, 2238; BGH NJW 1983, 2241; BGH NJW 1983, 998, 999; BGH NJW 1993, 3073, 3076. Strenger wohl BGH VersR 2013, 367 Rz. 11.

glied zum Schaden herstellt, unter Heranziehung des § 287 festgestellt.[1] Dasselbe gilt für die **Notarhaftung**.[2] Teilweise hat die Rechtsprechung aber in Abweichung von diesem Konzept auch im Rahmen des § 823 Abs. 1 BGB bereits den Eintritt einer Verletzungsgefahr als für die Vollendung des konkreten Haftungsgrundes hinreichend betrachtet.[3] Der Sache nach geht es beim Eingriff in das **Recht am Unternehmen** ebenfalls um Ersatz primären Vermögensschadens, etwa wenn eine unberechtigte Schutzrechtsverwarnung ausgesprochen wird.[4]

c) Weitere Haftungstatbestände

35 **Primäre Vermögensschäden** sind im **Gesellschaftsrecht** nach Pflichtverletzungen der **Geschäftsleiter** gem. § 43 Abs. 2 GmbHG, § 93 Abs. 2 AktG, § 34 Abs. 2 GenG zu ersetzen. Für den Schaden der Gesellschaft soll § 287 ebenso gelten wie für den als haftungsausfüllend begriffenen Ursachenzusammenhang zwischen Pflichtverletzung und Schaden.[5]

36 Dieselbe Erleichterung gilt für die **Vertragshaftung**, etwa die Kausalbeziehung zwischen **anwaltlicher Pflichtverletzung** und Schaden des Mandanten,[6] die Kausalität der Pflichtverletzung eines **Zwangsverwalters** für die Nichtregulierung eines Brandschadens durch den Feuerversicherer[7] oder die Kausalität zwischen sorgfaltswidriger **Inspektion** vor Auslieferung eines Neufahrzeugs und dem Unfall des Käufers.[8] Die Frage, ob und in welcher Höhe ein Vermögensschaden eingetreten ist, weil eine Bank bei der **Vermittlung eines Aktienkaufs** Informations- und Prüfungspflichten verletzt hat, ist nach § 287 zu beurteilen; zu den zuvor nach § 286 zu treffenden Feststellungen gehört die Frage, ob ihr Vertragspartner von dem Verstoß „so betroffen [ist], dass nachteilige Folgen für ihn eintreten können".[9] In der **Unfallversicherung** gilt § 287 für die Frage, ob die dauernde Beeinträchtigung der Arbeitsfähigkeit auf die unfallbedingte Gesundheitsschädigung zurückzuführen ist.[10]

d) Kritik des Schrifttums, Antwort des BGH

37 **Kritik im Schrifttum** ist nicht zuletzt als Reaktion auf teilweise schwankende Maßstäbe der Rechtsprechung zu verstehen. Vorgeschlagen wurde, die Anforderungen stärker anhand der Charakteristik des jeweiligen Haftungstatbestands zu differenzieren. Die **einzelnen Vorschläge unterscheiden sich** dabei deutlich. So geht *Arens* davon aus, es sei zwischen Verhaltensnorm- und Eingriffstatbeständen zu differenzieren; bei letzteren, insbesondere § 823 Abs. 1 BGB, sei der Eintritt des konkreten Verletzungserfolges uneingeschränkt noch nach Maßgabe des § 286 zu beurteilen, während bei der Verletzung von Verhaltensnormen diese allein für die Verwirklichung des konkre-

---

[1] BGH VersR 1978, 281, 283 (Verlauf eines Stellenbesetzungsverfahrens ohne Amtspflichtverletzung); BGH NJW 2000, 3358, 3359 (Bieterverhalten bei Korrekturfestlegung des geringsten Gebots in der Zwangsversteigerung); BGH NJW-RR 1994, 1171, 1172. Zum Ausgang von Verwaltungsverfahren: BGH NJW 1996, 2501, 2502.
[2] BGHZ 58, 343, 349 = NJW 1972, 1422, 1424; BGH VersR 1974, 782, 783; BGH NJW-RR 1995, 248, 249; BGH NJW-RR 1996, 781; BGH NJW 1996, 3009, 3010; BGH NJW 1996, 3343, 3344.
[3] Vgl. *Arens* ZZP 88 (1975), 1, 20 ff.
[4] Vgl. BGH NJW-RR 1998, 331, 333 – Chinaherde; BGH (GSZ) NJW 2005, 3141, 3142.
[5] BGH NJW 2003, 358, 359.
[6] BGH VersR 1975, 540, 541; BGH NJW 2000, 509; BGH NJW-RR 2005, 784, 785; BGH NJW 2007, 2485 Rz. 43. Steuerberaterhaftung: BGH NJW 2008, 2647 Rz. 12.
[7] BGH NJW 2003, 295, 296 (dort: Nichtanzeige gefahrerhöhender Umstände).
[8] BGH NJW 1969, 1708, 1709.
[9] BGH NJW 1983, 998, 999.
[10] BGH NJW-RR 2002, 166, 167.

ten Haftungsgrundes ausreiche.¹ *Gottwald*² und *Hanau*,³ halten auch bei Eingriffstatbeständen den Eintritt einer Gefährdung der Rechtsgüter für ausreichend für die Verwirklichung des konkreten Haftungsgrundes und wollen dann frühzeitiger § 287 heranziehen. *Gottwald* und *Rüßmann* ordnen darüber hinaus wegen der oft fehlenden Trennbarkeit von Schadensprüfung und Kausalitätsprüfung sämtliche Kausalitätsfragen dem Anwendungsbereich des § 287 zu.⁴ Diese Vorschläge hat *Spickhoff* für die Kausalitätsbeurteilung zustimmend aufgegriffen.⁵ *Gottwald* misst der Differenzierung wegen seiner Annahme, § 286 und § 287 setzten ein einheitliches intersubjektives Beweismaß voraus, dessen sachlicher Gehalt je nach Fallgestaltung unterschiedlich groß sei, allerdings keine große Bedeutung bei.⁶ Die entgegengesetzte Position nehmen *Prölss* und *Wahrendorf* ein, die die Kausalität stets nach § 286 beurteilen wollen.⁷

Der **BGH** hat weitergehende Erleichterungen durch Anwendung des § 287 zurückgewiesen, weil die **Haftung** dadurch **ohne gesetzliche Grundlage überdehnt** werde.⁸ Zur Bewältigung von Beweisschwierigkeiten des Geschädigten im Anwendungsbereich des § 286 verweist der BGH stattdessen auf gesetzliche oder tatsächliche Vermutungen (dazu Kap. 9 Rz. 40 ff.), auf den Anscheinsbeweis (dazu Kap. 16) und auf sonstige Beweiserleichterungen sowie auf angemessene Anforderungen an den Sachvortrag und eine lebensnahe Würdigung der Beweise.⁹

38

e) **Stellungnahme**

aa) **Respektierung des materiellen Rechts**

§ 287 berechtigt **nicht** zur **grundlegenden Veränderung** der materiell-rechtlichen **Haftungstatbestände** mit prozessualen Mitteln.¹⁰ Bezeichnend ist, dass einzelne kritische Äußerungen zur Gewährung von Beweiserleichterungen im Rahmen des § 286, insbesondere in der Arzthaftung, und damit vermeintlich verbundener Inkonsistenz mit § 287 eine Gesamtbereinigung durch Übergang zum bloßen Wahrscheinlichkeitsurteil fordern, wobei die Abschwächung der Anforderungen an die Überzeugungsbildung von einem materiell-rechtlichen **Übergang zur Proportionalhaftung** begleitet werden soll.¹¹ Beweisrechtlich ist vom Wortlaut des § 286 einerseits und des § 287 andererseits auszugehen. Beide Normen nennen den konkreten Haftungsgrund nicht als solchen, weshalb die Abgrenzung sich auch nicht daran auszurichten lässt. **§ 287 nimmt** gezielt **einzelne Merkmale** aus dem Anwendungsbereich des § 286 **heraus** und trifft für sie eine Sonderregelung. Bei diesen Merkmalen geht es um die Schadensentstehung und die Schadenshöhe. Die Bemühungen sind deshalb darauf zu richten, die

39

---

1 *Arens* ZZP 88 (1975) 1, 20 ff.; kritisch dazu Rosenberg/Schwab/*Gottwald*¹⁷ § 114 Rz. 12.
2 *Gottwald* Schadenszurechnung und Schadensschätzung S. 49 ff., 89, 243.
3 *Hanau* Die Kausalität der Pflichtwidrigkeit S. 117 ff., 122, 135 f.
4 AK-ZPO/*Rüßmann* § 287 Rz. 3; *Gottwald* Schadenszurechnung und Schadensschätzung S. 79 ff.
5 *Spickhoff* in: Lorenz, Karlsruher Forum 2007, S. 82; *Spickhoff* NJW 2008, 1636, 1641.
6 *Gottwald* Schadenszurechnung und Schadensschätzung S. 218 f.
7 *J. Prölss* Beweiserleichterungen im Schadensersatzprozeß S. 53 ff.; *Wahrendorf* Die Prinzipien der Beweislast im Haftungsrecht S. 47 ff., 88.
8 BGH NJW 2004, 777, 778 f.
9 BGH NJW 2004, 777, 779.
10 Insofern ist *Stoll* AcP 176 (1976), 145, 184 ff. zuzustimmen.
11 Zur Haftung für verlorene Heilungschancen *Ehlgen* Probabilistische Proportionalhaftung und Haftung für den Verlust einer Chance, 2013; *Mäsch* Chance und Schaden, 2004; *Mäsch* ZEuP 2006, 656, 674 f. (Bespr. der Arzthaftungsentscheidung des House of Lords v. 27.1.2005, *Gregg v. Scott*); *Dopheide* VersR 2007, 1050, 1052, 1054 (zur Rspr. der franz. Cour de Cassation; selbst ablehnend); *Wagner* Festschrift G. Hirsch (2008), S. 453, 455 ff., 465 f. Allgemeinen dazu *Wagner*, Gutachten 66. DJT (2006) S. A 53 ff.

Reichweite des grundsätzlich der Rechtsfolgenseite zuzuordnenden Tatbestandsmerkmals „Schaden" zu bestimmen. Für sämtliche Tatsachen, die dem Beweis der tatsächlichen Voraussetzungen dieses Merkmals dienen, gilt der Maßstab des § 287. Die **Reichweite des § 286** ist im **Subtraktionsverfahren** zu bestimmen. Nach dem Maßstab des § 286 sind solche Tatsachen festzustellen, die nicht unmittelbar der Feststellung der Schadensentstehung oder der Bemessung der Schadenshöhe dienen. Der konkrete **Haftungsgrund** wird danach nicht positiv, sondern in Abgrenzung zum Schaden **negativ definiert**.

bb) Zuordnung von Rechtsgutverletzungen

40 Rechtsgutverletzungen i.S.d. **§ 823 Abs. 1 BGB** gehören grundsätzlich ebenso zum **Haftungsgrund** wie die behauptete Ursächlichkeit des die Verletzung auslösenden tatbestandlichen Verhaltens. Dasselbe gilt für die tatsächlichen Voraussetzungen eines **Rechtfertigungsgrundes**, die allerdings als rechtshindernde Tatsachen (Kap. 9 Rz. 51) vom Verletzer darzulegen und zu beweisen sind. **Der Eintritt einer Rechtsgutverletzung** kann aber **nach § 287** zu beurteilen sein, **wenn darin** bereits der vom Anspruchsteller geltend gemachte **Schaden** besteht (zweite Rechtsgutverletzung als Folge einer vorangegangenen Rechtsgutverletzung). Zum Anwendungsbereich des § 287 ist der **Kausalzusammenhang** zwischen dem Schaden und dem letzten Ereignis zu zählen, das ein noch nicht zum Schaden gehörendes Tatbestandsmerkmal verwirklicht. Wie die Reichweite des Schadens genau zu bestimmen ist, ist eine Frage des jeweils anzuwendenden materiellen Rechts.

41 Soweit für den Eintritt von **Folgeschäden** keine weiteren selbständigen Handlungen des Schädigers relevant werden, sind die betreffenden Tatsachen nach § 287 zu beurteilen. Materiell-rechtlich ist Voraussetzung, dass der ersten Rechts(guts)verletzung die weiteren Verletzungsfolgen zuzurechnen sind.

42 Wird nach einem **Verkehrsunfall** bestritten, dass dem Fahrzeug des Geschädigten, das bereits zuvor in mehrere Unfälle verwickelt war, der behauptete Reparaturaufwand vom Unfallverursacher zugefügt wurde, hat der Geschädigte die fachgerechte Beseitigung von **Vorschäden** nach § 286 konkret darzulegen und zu beweisen; für § 287 ist kein Raum, weil die haftungsbegründende Kausalität der Eigentumsverletzung streitig ist.[1]

cc) Primäre Vermögensschäden

43 Bei **§ 826 BGB** richtet sich der Vorsatz des Schädigers auf den Schaden und nicht auf eine bestimmte davor liegende Rechtsgutverletzung. Der Schaden hat sowohl haftungsbegründenden als auch haftungsausfüllenden Charakter. Die **künstliche Untergliederung** des § 826 BGB in einen haftungsbegründenden und einen haftungsausfüllenden Tatbestandsteil und eine daraus gefolgerte Anwendung sowohl des § 286 als auch des § 287 ist **abzulehnen**. Stattdessen ist § 287 schlicht auf den Schaden anzuwenden.[2]

44 Verlangt ein Kapitalanleger von seinem Anlageberater Schadensersatz wegen **mangelhafter Aufklärung über** die Risiken einer **Investition**, so sind das Hervorrufen einer Fehlvorstellung und die damit einhergehende Beeinträchtigung der freien Willensbetätigung nach § 286 zu beweisen, weil die Willensbeeinträchtigung selbst noch nicht den geltend gemachten Schaden darstellt. Erst die Frage, ob die Anlageentscheidung

---

[1] KG NJW 2008, 1006, 1007; s. ferner OLG Hamm NJW-RR 1990, 42, 43.
[2] A.A. offenbar BGH VersR 2013, 367 Rz. 11.

auf dieser Grundlage fehlerhaft getroffen wurde und ob sie zu einem Schaden geführt hat, ist nach § 287 zu beurteilen.

Ebenfalls nach § 286 ist zu beurteilen, in welchem Umfang ein Vertragspartner, der veruntreuend Wertmarken für einen Leistungsbezug gedruckt hat, den Kläger durch **fortgesetzte Einzelakte** geschädigt hat.[1]

3. Mehrere mögliche Verursachungsbeiträge

§ 287 findet grundsätzlich auch dann Anwendung, wenn festzustellen ist, ob ein Schadenseintritt auf der haftbar machenden ersten Rechtsgutverletzung oder auf einem mitursächlichen zweiten Ereignis beruht.[2] Das ist insbesondere dann von Bedeutung, **wenn nicht** auf **§ 830 Abs. 1 S. 2 BGB** zurückgegriffen werden kann. Das Zweitereignis kann auch von der Person des Geschädigten ausgehen.[3]

Ist der Geschädigte nach **§ 254 BGB** oder **§ 846 BGB** mitverantwortlich, sind die **Verursachungsanteile** mittels § 287 zu bestimmen.[4] Diese Regel begünstigt auch den Schädiger.

§ 287 ermöglicht es, einen denkbaren, *nicht* haftungsausfüllenden **Verlauf als unwahrscheinlich außer Betracht** zu lassen, wenn von mehreren haftungsausfüllenden Verläufen zwar keiner für sich allein eine deutlich größere Wahrscheinlichkeit besitzt, ihre jeweiligen Wahrscheinlichkeitsgrade zusammengenommen aber den Schluss auf die Unwahrscheinlichkeit desjenigen Verlaufs rechtfertigen, der zu Haftungsausfüllung nicht geeignet ist.[5]

III. Feststellung der Schadenshöhe

1. Allgemeines

Auf die Feststellung der **Schadenshöhe** ist § 287 anzuwenden. Das Gesetz nimmt in Kauf, dass das Ergebnis der Schätzung mit der Wirklichkeit nicht übereinstimmt;[6] allerdings soll die Schätzung möglichst nahe an die Wirklichkeit heranführen.[7]

Nach den einschlägigen Regeln des materiellen Rechts und nicht nach Ermessen des Gerichts bestimmt sich, welche **Methode der Schadensberechnung** anzuwenden und in welcher Form Schadensersatz zu leisten ist.[8] Das gleiche gilt für die Frage, was unter einem **Kausalzusammenhang** zu verstehen ist.[9] Es handelt sich insoweit **nicht** um

---

[1] BGH NJW-RR 1987, 1019, 1020.
[2] BGH NJW 2002, 504, 505 (Zweitunfall mit Dauerfolgen). Missverständlich BGH NJW 1963, 1828.
[3] So – bei unverschuldeter Mitverursachung – im Fall BGH NJW 1998, 810, 813 (mitwirkende psychische Struktur des Geschädigten bei neurotischer Verarbeitung eines Unfalls) und im Fall BGH NJW 1997, 455, 456 (Schmerzensgeldminderung wegen ungesicherten Ergebnisses einer Operation, die vor dem Haftungsereignis stattgefunden hatte und deren Ausheilung durch den Unfall vereitelt wurde).
[4] Vgl. BGH NJW 1986, 2945; BGH NJW-RR 1988, 1373; BGH NJW 1993, 2674, 2676 (Verzugsschaden mit Mitverschuldensanteil); Stein/Jonas/*Leipold*[22] § 287 Rz. 20 u. 23.
[5] BGH NJW 1970, 1970, 1972 (psychomotorische Epilepsie als evtl. Folge einer höchstens leichten Gehirnerschütterung).
[6] BGH NJW 2013, 525 Rz. 23; BAG NJW 2013, 331 Rz. 19.
[7] BGH NJW-RR 1990, 997, 998; BGH NJW-RR 1993, 795, 796 (Wert eines abhanden gekommenen Smaragd-Ohrgehänges).
[8] Vgl. *Gottwald* Schadenszurechnung und Schadensschätzung S. 124, 183; MünchKommZPO/*Prütting*[4] § 287 Rz. 16.
[9] Vgl. BGHZ 2, 138, 140; BGHZ 3, 261, 265; Stein/Jonas/*Leipold*[22] § 287 Rz. 22.

eine Frage des Beweisrechts, sondern um die vorgelagerte Frage, welche Tatsachen des Beweises mit Hilfe des § 287 bedürfen, was also überhaupt zu schätzen ist.

51 § 287 verlangt (ebenso wie § 252 BGB) die schlüssig Darlegung und den Beweis von **Anknüpfungstatsachen**.[1] Eine völlig abstrakte Berechnung eines Erwerbsschadens, etwa in der Form der völlig freien Schätzung eines „Mindestschadens", lässt die Norm nicht zu.[2] Die benötigten Anknüpfungstatsachen der realen Welt sind grundsätzlich anhand von § 286 festzustellen[3] (s. oben Rz. 28). Nicht zulässig ist es also, vom Sachverständigen erhobene, jedoch **streitige Anknüpfungstatsachen** ohne Beweisaufnahme zugrunde zu legen.[4]

52 § 287 gilt nicht nur für die **Wahrscheinlichkeits- bzw. Wertungsentscheidung** selbst, sondern auch für den Nachweis ihrer Natur nach unsicherer Tatsachen, an die die gerichtliche Entscheidung anknüpft, etwa bei **hypothetischen Kausalverläufen**.[5] Dasselbe gilt für **wertbildende Faktoren**, etwa die stoffliche Beschaffenheit oder den Zustand eines abhanden gekommenen Gegenstandes, für den Ersatz zu leisten ist. Hingegen sind tatsächliche Ereignisse der Vergangenheit wie die **Gewinnsituation** des erwerbsgeschädigten Unfallopfers **vor dem Unfallereignis** nach § 286 festzustellen. Stehen widersprüchliche Zeugenaussagen einander gegenüber, die eine Tatsache der Schätzungsgrundlage aufklären sollen, besteht kein Anlass, Wahrnehmungs- oder Glaubwürdigkeitszweifel mit einem herabgesetzten Wahrscheinlichkeitsurteil zu überwinden. Ebenfalls gilt § 286 für die Frage, von welcher **künftigen Leistungsfähigkeit** des Verletzten im Hinblick auf seinen Gesundheitszustand auszugehen ist.

2. Gegenstände der Schätzung

a) Sachgüter allgemein

53 Bei der Ermittlung der Schadenshöhe kommt es auf die Bestimmung des **Wertes des beschädigten**, zerstörten oder abhanden gekommenen **Gegenstandes** an, für die eine Schätzung unerlässlich ist, wenn es sich nicht um ein Massenprodukt mit einem transparenten und leicht zu ermittelnden Marktpreis handelt,[6] oder wenn es um die **stoffliche Beschaffenheit** verlorenen oder gestohlenen Gutes geht.[7] Dies gilt auch für die Ermittlung des **fiktiven Reparaturaufwandes** eines Teilschadens nach einem Kettenauffahrunfall.[8]

54 Wird der **Datenbestand** auf der **Festplatte** eines betrieblich genutzten Computers unbrauchbar gemacht, sind, nicht nur die Kosten der Rekonstruktion durch eigene Mitarbeiter zu schätzen, sondern auch die Vermögenseinbußen infolge Störung der Betriebsabläufe.[9] Die **Kosten der Mängelbeseitigung** sind zu schätzen, wenn der Be-

---

1 BGH NJW 1991, 3277, 3278; BGH NJW 1995, 1023, 1024; BGH NJW 2004, 1945, 1946; BGH VersR 2012, 917 Rz. 9; BGH GRUR 2012, 1226 Rz. 29 – Flaschenträger; BGH NJW 2013, 2584 Rz. 20.
2 BGH NJW 1995, 1023, 1024; BGH NJW 1995, 2227, 2228; BGH NJW 2004, 1945, 1947; OLG Dresden NJW-RR 2014, 338, 340.
3 Wohl a.A. MünchKommZPO/*Prütting*[4] § 287 Rz. 16; Stein/Jonas/*Leipold*[22] § 287 Rz. 23; s. ferner BGH NJW 1995, 1023. Wohl wie hier *J. Prölss* Beweiserleichterungen im Schadensersatzprozeß S. 60.
4 BGH NJW 1988, 3016, 3017.
5 So für die Feststellung der hypothetischen Reaktion des Mandanten auf die pflichtgemäße Anwaltsbelehrung: BGH NJW 2008, 2040, 2042, Rz. 21.
6 Vgl. BGH NJW-RR 2002, 1027, 1028 (Verlust von Original-Diapositiven einer Bildagentur); BGH NJW-RR 1993, 795 (Verlust eines Smaragd-Ohrgehänges).
7 Vgl. BGH NJW-RR 1988, 342, 343 (Diebstahlsversicherung).
8 BGH NJW 1973, 1283, 1284.
9 BGH NJW 2009, 1066 Rz. 17 ff. = VersR 2009, 408 = JZ 2009, 742 m. Anm. *Schiemann*.

steller eines Werkes den erforderlichen Betrag nicht zur Beseitigung verwendet.[1] Geschätzt werden kann **der merkantile Minderwert** eines **Gebäudes**, der aus dem verminderten Vertrauen in die dauerhafte Beseitigung von Putzrissen nach fehlerhafter Tragwerkplanung resultiert.[2] Der havariebedingte **Nutzungsausfall** eines **Binnenschiffes** kann unter Heranziehung von Liegegeldsätzen ermittelt werden.[3]

b) Kraftfahrzeuge

Für die Berechnung des **Kfz-Nutzungsausfalls** sind die Tabellen von *Sanden/Danner/Küppersbusch*,[4] die *Schwacke*-Mietpreisliste[5] oder die *Fraunhofer*-Liste[6] heranziehbar. Bei älteren Fahrzeugen ist der auf Grund der Fortentwicklung der Fahrzeugtechnik erheblich geringere Wert entgangener Gebrauchsvorteile nach § 287 zu beurteilen.[7] Zulässig ist auch die Bildung eines arithmetischen Mittels dieser Markterhebungen.[8] Konkreten Zweifeln an der Eignung der Tabellen hat der Tatrichter nachzugehen.[9] Die Abweichungen der Tabellenwerte untereinander begründen solche Zweifel nicht.[10]

55

Mietet der Geschädigte nach dem Verkehrsunfall ein **Ersatzfahrzeug**, ist die betriebswirtschaftliche Rechtfertigung eines Preisaufschlags auf den Normaltarif für **Unfallabwicklungsleistungen** des Mietwagenunternehmers nach § 287 zu schätzen.[11] Zu schätzen ist auch die Höhe der von den Mietwagenkosten abzuziehenden **Eigenersparnis**, die in Prozentsätzen der Kosten bemessen werden darf.[12]

56

Wenn ein Fahrzeug **Vorschäden** hatte, kann nach § 287 ermittelt werden, welche Schäden auf den aktuellen Unfall zurückzuführen sind.[13]

57

Die **Aufwendungen** für die **Abwicklung** von Verkehrsunfällen sind schätzbar, ohne dass es auf den Vortrag von Anknüpfungstatsachen des konkreten Einzelfalls ankommt. Damit soll das Massengeschäft erleichtert werden.[14] Eine generelle Anerkennung der **Gewährung von Pauschalen** ohne nähere Darlegung der getätigten Aufwendungen folgt daraus nicht.[15]

58

Ist nach einem Verkehrsunfall die Einschaltung eines Sachverständigen zur Schätzung der Schadenshöhe zulässig, ist dessen Sachverständigenhonorar als Schadensbeseitigungsaufwand im Rahmen des Erforderlichen zu erstatten. Ob der Geschädigte

59

---

1 BGH NJW-RR 2003, 878, 879.
2 BGH NJW 2013, 525 Rz. 19 u. 25.
3 BGH NJW-RR 2009, 715 Rz. 22 ff.
4 Dazu BGH NJW 2005, 277.
5 Zur Liste 2003: BGH NJW 2006, 2106, 2107; BGH NJW 2006, 2693; BGH NJW 2007, 1129; BGH NJW 2007, 1449; BGH NJW 2012, 2026 Rz. 10. Zur Liste 2006: BGH VersR 2008, 699 = NJW 2008, 1519 Rz. 8; BGH NJW 2010, 1445 Rz. 25 f. = VersR 2010, 545; BGH NJW-RR 2011, 823 Rz. 8; OLG Karlsruhe NJW-RR 2008, 1113, Rz. 36; OLG Stuttgart NJW-RR 2009, 1540, 1541; OLG Köln NJW-RR 2010, 1534, 1535; LG Bielefeld NJW 2008, 1601, 1602. Zur Liste 2007: BGH NJW-RR 2011, 1109 Rz. 9.
6 BGH VersR 2010, 1054 Rz. 4; BGH NJW 2011, 1947 Rz. 19.
7 OLG Düsseldorf NJW 2012, 2044, 2047.
8 BGH NJW-RR 2011, 823 Rz. 7 = VersR 2011, 643; OLG Celle NJW-RR 2012, 802, 803; OLG Köln MDR 2013, 1396 (LS); LG Bremen MDR 2012, 708, 710; LG Dortmund NJW-RR 2012, 663.
9 BGH NJW 2011, 1947 Rz. 17.
10 BGH NJW 2011, 1947 Rz. 18; s. ferner OLG Karlsruhe VersR 2012, 875, 876.
11 BGH NJW 2005, 1933, 1934; BGH NJW 2006, 360, 361; BGH NJW 2013, 1870 Rz. 16 = VersR 2013, 730.
12 BGH NJW 2010, 1445 Rz. 20; BGH NJW 2013, 1871 Rz. 26.
13 Vgl. LG Dortmund NJW-RR 2012, 1121; LG Hagen NJW-RR 2013, 403.
14 BGH NJW 2012, 2267 Rz. 11 = VersR 2012, 917.
15 BGH NJW 2012, 2267 Rz. 11.

diesen Aufwand in vernünftigen Grenzen gehalten hat, ist subjektbezogen unter Berücksichtigung der Erkenntnis- und Einflussmöglichkeiten des Geschädigten zu beurteilen. Der Geschädigte genügt seiner Darlegungslast durch Vorlage einer Rechnung des in Anspruch genommenen Sachverständigen. Die tatsächliche Rechnungshöhe ist wesentliches Indiz für die Schätzung dieses Schadenspostens.[1]

c) Entgangener Gewinn

60 Die Bestimmung der Schadenshöhe **verschmilzt mit** der Frage der **Schadensentstehung**, wenn auch für die Schadensentstehung auf den **hypothetischen** im Vergleich zum tatsächlichen **Verlauf der Dinge** zu achten ist; mit der Ermittlung dieses hypothetischen Verlaufs ist dann auch die Schadenshöhe geklärt. Auf eine präzise Unterscheidung kommt es wegen der Anwendbarkeit des § 287 auf beide Gesichtspunkte nicht an. Unterscheiden lässt sich zwischen ihnen, wenn die Schadensentstehung bereits mit einer groben Betrachtung des hypothetischen Verlaufs festgestellt werden kann, es aber für die Höhe des Schadens auf seine Einzelheiten ankommt.

61 Als Frage allein der Schadenshöhe ist die Ermittlung eines **entgangenen Gewinns** zu betrachten, soweit nicht zweifelhaft ist, ob überhaupt ein Gewinn erzielt worden wäre.[2] Eine volle Überzeugung des Gerichts von der konkreten Höhe des entgangenen Gewinns ist wegen der besonderen Unsicherheiten bei der Bestimmung des hypothetischen Verlaufs vielfach nicht zu erzielen. Die Anwendung des § 287 erlaubt es, diese Unsicherheiten selbst dann in Kauf zu nehmen, wenn der Geschädigte noch am **Anfang** seiner **schulischen** oder **beruflichen Entwicklung** steht.[3] Verbleibende **Risiken** der Fehlprognose können durch gewisse **Abschläge** abgefangen werden.[4]

62 Nach Verletzung von **Rechten des Geistigen Eigentums** ist die dreifache Schadensberechnungsmethode nach Wahl des Rechtsinhabers anzuwenden. Die traditionellen deutschen Hilfsmethoden der Berechnung des Schadens nach einer fiktiven Schadenslizenz oder der Herausgabe des rechtswidrig gezogenen Verletzergewinns, soweit er auf der Nutzung des Eigentumsrechts beruht, sind von der Richtlinie 2004/48/EG zur Durchsetzung der Rechte des Geistigen Eigentums vom 29.4.2004 in Art. 13 aufgegriffen worden.[5] Für das **Kartelldeliktsrecht** gilt die Herausgabe des anteiligen Gewinns gem. § 33 Abs. 3 S. 3 GWB als Schätzungserleichterung zur Bestimmung der Schadenshöhe nach § 287.[6] Die Herausgabe des **Verletzergewinns** ist im **Patentrecht** auf den Anteil beschränkt, der mit den produzierten Sachgegenständen erzielt wurde, soweit er auf der Benutzung der technischen Lehre des Klagepatents beruht. Die Abgrenzung von gewinnbestimmenden Eigenschaften des Gegenstandes, die auf dem verletzten Schutzrecht beruhen, und schutzrechtsfremden Faktoren ist zu schätzen, indem die Gesamtheit aller Umstände gewichtet wird.[7]

63 Schätzbar ist die angemessene **Vorfälligkeitsentschädigung** bei vorzeitiger Ablösung eines Bankdarlehens,[8] ebenso die entgangene **Kapitalanlagechance** (Verzinsung) bei

---

[1] BGH NJW 2014, 1947 Rz. 8 m. Bespr. *Heßeler* NJW 2014, 1916 ff.
[2] Vgl. OLG Dresden NJW-RR 2014, 338, 340.
[3] BGH NJW 2000, 3287, 3288; BGH NJW 2011, 1146 Rz. 17 = VersR 2010, 229; BGH NJW 2011, 1148 Rz. 18 = VersR 2010, 1607; OLG Celle VersR 2008, 82; LG Münster NJW-RR 2011, 1593.
[4] BGH NJW 1998, 1633, 1634; BGH NJW 1998, 1634, 1636; BGH NJW 2011, 1146 Rz. 18; BGH NJW 2011, 1148 Rz. 21.
[5] ABl. EU Nr. L 195 v. 2.6.2004, S. 16.
[6] Dazu LG Köln, Urt. v. 28.5.2013, WuW/E DE-R 4032 – Telegate/Deutsche Telekom; *Rauh/Zuchandke/Reddemann* WRP 2012, 173, 180.
[7] BGH GRUR 2012, 1226 Rz. 20 – Flaschenträger.
[8] BGH NJW 2005, 751, 752.

rechtzeitiger Zahlung des geschuldeten Betrages.[1] Für **entgangenen Zinsgewinn** nach **fehlerhafter Anlageberatung** muss der Anleger als Schätzungsbasis nur darlegen, welcher Gewinn nach dem gewöhnlichen Lauf der Dinge mit einem anderen Anlagegeschäft erzielt worden wäre.[2] Schätzbar ist der entgangene **Wertzuwachs** eines Grundstücks nach Nichterfüllung eines Grundstückskaufvertrages,[3] der durch unberechtigte Untersagung eines Räumungsverkaufs entgangene Unternehmergewinn,[4] der einen Belegarzt wegen mangelhafter Bereitstellung von Hilfspersonal entgangene Gewinn,[5] die **ausgefallene Ersparnis** an Energiekosten wegen verzögerter Fertigstellung eines Bauwerks und dadurch bedingten verzögerten Umzugs in günstiger zu beheizende Räume.[6]

Nicht geschätzt werden kann der durch Rückstufung in der **Kaskoversicherung** entstehende **Rabattverlust**; insoweit kann nur eine Feststellungsklage erhoben werden.[7] Die **Möglichkeit der Geldanlage** kann nicht auf einen Zinssatz von 4 % als Mindestzinsertrag geschätzt werden.[8]

64

d) Erwerbsschaden

Ein **Verdienstausfall** ist nicht abstrakt nach der prozentualen Minderung der Arbeitskraft (MdE) festzustellen.[9] Bei einem Geschädigten am Beginn der beruflichen Entwicklung dürfen keine hohen Anforderungen an den Vortrag konkreter Anhaltspunkte gestellt werden.[10] Das familiäre Umfeld darf berücksichtigt werden.[11]

65

Beim **Erwerbsschaden eines Selbständigen** ist es in der Regel erforderlich und angebracht, an die Geschäftsentwicklung und die Geschäftsergebnisse in den letzten Jahren vor dem haftungsbegründenden Ereignis anzuknüpfen, wobei sich der zeitliche Prüfungsrahmen nach den Umständen des Einzelfalles bestimmt.[12] Die bloße Vorlage einer Bilanz ist als Schätzungsgrundlage nicht ausreichend.[13] Im **selbständigen Beweisverfahren** werden konkrete Anhaltspunkte auch deshalb benötigt, weil der Beweisgegenstand sonst nicht zweifelsfrei abgrenzbar ist.[14] Angesichts wechselseitiger Vertretungen in einer ärztlichen **Gemeinschaftspraxis** kann nicht von einem Ausfall sämtlicher Patienten bei unfallbedingter zeitweiliger Arbeitsunfähigkeit eines Arztes ausgegangen werden; es bedarf hinreichender Anknüpfungstatsachen für die Schätzung der Auswirkungen im Betriebsergebnis.[15]

66

e) „Gesundheitsschäden"

Sind Heilungskosten für einen stationär versorgten Verletzten nach § 823 Abs. 1 BGB zu ersetzen, dürfen die Aufwendungen für **medizinisch notwendige Besuche** naher

67

---

1 BGH NJW 1995, 733.
2 BGH NJW 2012, 2427 = VersR 2013, 628 Rz. 64; OLG Frankfurt ZIP 2013, 1953; KG WM 2013, 2355, 2357.
3 BGH NJW 1980, 1742, 1743.
4 BGH NJW-RR 1992, 997, 998.
5 BGH NJW-RR 1988, 410, 411.
6 BGH NJW 1987, 797.
7 BGH NJW 1992, 1035.
8 BGH NJW 2012, 2266 Rz. 12.
9 OLG Düsseldorf NJW 2011, 1152, 1153.
10 BGH NJW 2011, 1146 Rz. 17.
11 BGH NJW 2011, 1148 Rz. 23.
12 BGH NJW 2001, 1640, 1641; BGH NJW 2004, 1945, 1947.
13 BGH NJW 1993, 2673.
14 BGH NJW-RR 2010, 946 Rz. 10.
15 OLG Koblenz NJW-RR 2012, 598, 600.

Angehöriger, insbesondere hinsichtlich Fahrtkosten, Übernachtungskosten und Verpflegungsaufwand, geschätzt werden.[1]

68 Der Verlust der Fähigkeit zur **Verrichtung von Haushaltsarbeiten** ist Gegenstand einer Mindestschadensschätzung, wenn keine konkreten Angaben zum Haushaltstyp und zum Zeitaufwand vor dem Schadensereignis gemacht worden sind.[2] Zulässig ist die **Orientierung am Tabellenwert** von *Schulz-Borck/Pardey*.[3]

f) Immaterielle Schäden

69 Ähnlich verhält es sich beim **Ausgleich immaterieller Schäden**. Weil es für immaterielle Einbußen **keine präzise Maßeinheit** gibt, bedarf es hier schon materiell einer von Billigkeitsgesichtspunkten geprägten Ermessensentscheidung, von deren objektiver Richtigkeit i.S. einer punktuellen Einmaligkeit das Gericht kaum vollkommen überzeugt sein kann, so dass § 287 insofern einen angemessenen Maßstab bereithält.[4] Das eingeräumte Ermessen ermöglicht auch die Feststellung, dass **Bagatellverletzungen** nur vorübergehende, im Alltagsleben typische Beeinträchtigungen des körperlichen und seelischen Wohlbefindens ausgelöst haben, die **nicht entschädigungswürdig** sind.[5]

70 Die Höhe einer fiktiven Lizenzgebühr wegen **ungenehmigter Verbreitung** eines **Bildes zu Werbezwecken** kann nach dem „Werbewert" des betroffenen Prominenten ohne Einholung eines Gutachtens geschätzt werden.[6]

g) Sonstige Einbußen

71 § 287 ermöglicht auch die Schätzung eines Mindestschadens wegen Verstoßes gegen ein vertragliches oder gesetzliches **Wettbewerbsverbot**.[7] Das BAG hat allerdings gebilligt, dass nach **unlauterem Abwerben** von Mitarbeitern der Verlust von Wettbewerbschancen als nicht durch Schätzung aus negativen Betriebsergebnissen isolierbar angesehen wurde.[8] Anwendbar ist die Schätzungsmethode auch im Bereich der **Vertragshaftung**, etwa wenn durch Pflichtverletzung die Markteinführung eines neu entwickelten Geräts vereitelt wird und der dadurch entgangene Gewinn zu ermitteln ist.[9]

72 Schätzbar ist die voraussichtliche **Entwicklung der Unterhaltsbeziehungen** zwischen unterhaltsberechtigtem Kind und getötetem Unterhaltsverpflichteten hinsichtlich voraussehbarer Veränderungen der Unterhaltsbedürftigkeit und der hypothetischen Leistungsfähigkeit.[10] Bei der Ermittlung eines **Barunterhaltsschadens** nach § 844 Abs. 2 BGB sind fixe Kosten, etwa für Versicherungsaufwendungen, zu schätzen.[11]

---

1 BGH NJW 1991, 2340, 2341.
2 BGH NJW 1989, 2539; BGH VersR 2009, 515 Rz. 5; OLG Düsseldorf NJW-RR 2003, 87.
3 BGH VersR 2009, 515 Rz. 5; OLG Düsseldorf NJW 2011, 1152, 1154; OLG München VersR 2011, 1012, 1013.
4 Vgl. MünchKommBGB/*Oetker*[6] § 253 Rz. 68. Zu den Auswirkungen auf die PKH-Bewilligung OLG Karlsruhe NJW 2011, 2143, 2144.
5 BGH NJW 1992, 1043 – gasdichte Haustür.
6 BVerfG GRUR-RR 2009, 375 Rz. 20.
7 BGH VersR 2009, 1360 Rz. 14 f. (Versicherungsmakler/Vertreter); BGH WM 2013, 2163 Rz. 15 ((Handelsvertreter; vorbereitende Auskunft über verbotswidrige Vermittlungen als Grundlage).
8 BAG NJW 2013, 331 Rz. 27.
9 BGH VersR 2006, 131, 132. Zur fehlenden Nutzungsmöglichkeit von Zimmern einer nicht zu 100 % ausgelasteten Kurklinik OLG Hamm NJW-RR 2011, 311.
10 BGH NJW-RR 1990, 962, 963.
11 BGH NJW 2012, 2887 Rz. 10 = VersR 2012, 1048.

h) Schadensminderung

Ob der Geschädigte gegen seine **Obliegenheit nach § 254 Abs. 2 BGB** verstoßen hat, den Schaden abzuwenden oder zu minimieren, ist nach § 286 zu beurteilen.[1] Welchen Einfluss die Obliegenheitsverletzung auf den Umfang des zu ersetzenden Schadens hat, gehört dagegen zur haftungsausfüllenden Kausalität und § 287.[2]

Gleichartige Grundsätze geltend für die **Schadensteilung** im Rahmen der **Arbeitnehmerhaftung**.[3]

Wird ein **Verkehrsunfallschaden** fiktiv auf der Basis eines Sachverständigengutachten abgerechnet und wird der Geschädigte zur Schadensminderung auf eine „freie Fachwerkstatt" hingewiesen, ist deren **Gleichwertigkeit mit** den Leistungen einer **markengebundenen** Werkstatt nach § 287 zu beurteilen.[4]

§ 62 Erleichterungen für das Beweisverfahren

I. Weitere Verfahrenserleichterungen

Die Verfahrenserleichterungen des § 287 Abs. 1 S. 2 gehen über die in Abs. 1 S. 1 angelegte Beweismaßsenkung hinaus. Die **Durchführung einer Beweisaufnahme** wird über die von § 287 Abs. 1 S. 1 erfassten Merkmale hinausgehend **in das Ermessen** des Gerichts gestellt. Damit werden das Recht auf Beweis[5] des Beweisführers und die Pflicht des Gerichts zur vollständigen Beweiserhebung[6] eingeschränkt; der Richter ist **nicht** gezwungen, **alle Erkenntnis- und Beweismöglichkeiten auszuschöpfen**.[7] Gleichwohl muss der Tatrichter den gesamten Parteivortrag würdigen.[8] Das Ermessen hinsichtlich der Heranziehung eines Sachverständigen reicht weiter als nach dem ebenfalls eine Ermessensentscheidung vorsehenden § 144 Abs. 1.[9] Schließlich sieht § 287 Abs. 1 S. 3 die Möglichkeit einer **Parteivernehmung von Amts wegen** vor, ohne dass die Voraussetzungen des § 448 vorliegen müssen.

II. Eingeschränkte Beweisaufnahme

§ 287 Abs. 1 S. 2 Var. 1 **befreit** von der Pflicht, sämtlichen **zulässigen Beweisanträgen der Parteien** zu folgen. Das Gericht kann Anträge nach pflichtgemäßem Ermessen ablehnen,[10] wenn es über die § 287 unterfallenden Beweisthemen auch so entscheiden zu können glaubt.[11] Daraus folgt **nicht** die **Freiheit**, sämtliche Beweise nach Ermessen **von Amts wegen anzuordnen**. In § 287 Abs. 1 S. 3 wird die Parteivernehmung von Amts wegen gesondert geregelt. Dies wäre überflüssig, wenn mit der Ermessenseinräumung eine generelle Befugnis zur Beweiserhebung von Amts wegen

---

1 OLG Naumburg NJW-RR 2011, 896, 897 (auch zum Anscheinsbeweis der Erkennbarkeit einer Alkoholisierung des Kfz-Fahrers für Beifahrer).
2 BGH NJW 1968, 985; BGH NJW 1986, 2945, 2946.
3 Vgl. LAG Hannover VersR 2010, 1599, 1600.
4 BGH NJW 2010, 2118 Rz. 13; BGH NJW 2010, 2941 Rz. 13; OLG Düsseldorf NJW 2012, 2044, 2045.
5 Vgl. Rosenberg/Schwab/*Gottwald*[17] § 116 Rz. 1.
6 Vgl. BGH NJW 1991, 1412, 1413; BGH NJW 1996, 2501, 2502; MünchKommZPO/*Prütting*[4] § 287 Rz. 23.
7 *Prütting* Gegenwartprobleme der Beweislast S. 141.
8 BGH NJW 1993, 2383, 2384; BAG NJW 1963, 925, 926.
9 Vgl. MünchKommZPO/*Prütting*[4] § 287 Rz. 24.
10 BGH NJW 1986, 246, 247; BGH NJW 1991, 1412, 1413; BGH NJW 1996, 2501, 2502.
11 BGH NJW-RR 1998, 331, 333.

einherginge. Das **Absehen** von einer *beantragten* Beweiserhebung bildet eine Ausnahme zu dem Gebot zur Erschöpfung der gestellten Beweisanträge.[1] Eine auf den Sachverständigenbeweis beschränkte Möglichkeit, von einer Beweiserhebung *von Amts wegen* abzusehen, enthält § 287 Abs. 1 S. 2 Var. 2 (unten Rz. 81).

78 Die **Reichweite** des **§ 287 Abs. 1 S. 2 Var. 1 ist umstritten**. Vereinzelt wird davon ausgegangen, der Vollbeweis könne dem Anspruchsteller nicht verwehrt werden, wenn er sich von einer Schätzung keine hinreichend sichere Feststellung seines vollen Anspruchs verspreche.[2] Die Norm solle primär den Anspruchsteller, nicht aber das Gericht entlasten. Dem kann nicht zugestimmt werden. Anderenfalls handelte es sich im Ergebnis nicht um das Ermessen des Gerichts, sondern um das Ermessen des Beweisführers, mit welchen Feststellungen er sich begnügen will. Dazu bedürfte es keiner gesonderten Regelung. Umgekehrt besteht kein Anlass zu weiteren Feststellungen, wenn der Antrag des Anspruchstellers überflüssig ist, weil sich das Gericht in der Lage sieht, anhand der bisher festgestellten Tatsachen eine Entscheidung zu treffen.

79 Noch darüber hinausgehend wird das Ermessen in dem Sinne verstanden, dass das Gericht zur **antizipierten Beweiswürdigung** befugt sei.[3] Beweisanträge können dann auch abgelehnt werden, wenn das Gericht sich aufgrund der bisherigen Feststellungen nicht zu einer Entscheidung i.S.d. Anspruchstellers in der Lage sieht, von den beantragten Beweisen aber keine die Beweislage ändernden Erkenntnisse erwartet. Tatsächlich scheint fragwürdig, worauf die Ermessensentscheidung des Gerichts zielen soll, wenn nicht auf die Brauchbarkeit der bisherigen Feststellungen für eine Schätzung und die Erwartungen an den von weiteren Beweisangeboten ausgehenden Erkenntnisgewinn. Daher ist von einem echten Ermessensspielraum des Gerichts auszugehen.

80 Das **Ermessen** ist **pflichtgemäß** auszuüben. Beweisanträge dürfen also **nicht willkürlich** abgelehnt werden.[4] Zuvor muss sämtliches Parteivorbringen vollständig gewürdigt worden sein.[5] Ferner sind die **Gründe der Ermessenausübung** anzugeben, damit die Entscheidung auf Ermessensfehler kontrolliert werden kann.[6] An eine Entscheidung, die trotz bestehender Aufklärungsdefizite wegen einer Beweisantizipation **weitere Beweisanträge** unbeachtet lässt, sind strenge Anforderungen zu stellen. Dies gilt vor allem dann, wenn mit dem beantragten Beweis Feststellungen getroffen werden sollen, die über die zu diesem Zeitpunkt mögliche Schätzung hinausgehen, oder wenn sie dazu dienen, einer antragsgemäßen Schätzung entgegenstehende Gesichtspunkte aufzuzeigen.

III. Sachverständigenbeweis

81 § 287 Abs. 1 S. 2 Var. 2 räumt dem Gericht **einen erweiterten Ermessensspielraum** ein, ob *von Amts wegen* ein Sachverständigenbeweis erhoben werden soll. Da gem. § 144 ein Sachverständigenbeweis von Amts wegen erhoben werden kann, kann die Ausweitung der gerichtlichen Kompetenzen wie bei § 287 Abs. 1 S. 2 Var. 1 nur darin

---

1 Vgl. MünchKommZPO/*Prütting*[4] § 287 Rz. 23.
2 BGH NJW-RR 2002, 1072, 1073; Musielak/*Foerste*[10] § 287 Rz. 6 und 10; ähnlich *Grunsky* Grundlagen des Verfahrensrechts (1970) § 43 II, S. 395; *Oberheim* JuS 1996, 918, 923.
3 BGH NJW 1996, 2501, 2502; MünchKommZPO/*Prütting*[4] § 287 Rz. 23; *Gottwald* Schadenszurechnung und Schadensschätzung S. 230.
4 MünchKommZPO/*Prütting*[4] § 287 Rz. 23.
5 Vgl. BGH NVwZ-RR 1989, 600, 602.
6 Vgl. BGH NJW 1982, 32, 33; BAG NJW 1963, 925, 926.

bestehen, **von** der **Gutachteneinholung** *abzusehen*.[1] Eine Erweiterung der Möglichkeiten, von Amts wegen vorzugehen, ist wegen der durch § 144 eingeräumten Befugnisse nicht erforderlich. Nach §§ 144, 286 ist das Gericht verpflichtet, auch ohne Parteiantrag einen Sachverständigen hinzuzuziehen, wenn es selbst nicht über die notwendige Sachkunde verfügt. Diese Anforderungen an die **Beweiserhebung von Amts** wegen senkt § 287 Abs. 1 S. 2 Var. 2 ausdrücklich ab.[2] Ginge es um die Möglichkeit der Verweigerung eines *beantragten* Sachverständigenbeweises, wäre dies bereits durch § 287 Abs. 1 S. 2 Var. 1 abgedeckt. Im Umkehrschluss folgt daraus, dass die *amtswegige* Heranziehung anderer Beweismittel als des Sachverständigenbeweises nicht unter erleichterten Voraussetzungen unterbleiben kann.

Auch im Rahmen des § 287 ist es verfahrensfehlerhaft, trotz **fehlender Sachkunde** auf die Einholung eines **Sachverständigengutachtens** zu verzichten.[3] Der Tatrichter braucht aber nur soviel Sachverstand hinzuziehen, wie für eine qualifizierte Schätzung erforderlich ist und kann sich mit einem Sachverständigengutachten begnügen, **ohne** ein **Gegengutachten** einholen zu müssen.[4]   82

IV. Parteivernehmung

§ 287 Abs. 1 S. 3 ermöglicht die **Parteivernehmung von Amts wegen** unter erleichterten Voraussetzungen. § 448 gestattet dies nur, wenn das Gericht nach Ausschöpfung aller anderen Beweismittel noch zu keiner Überzeugung gelangt ist, aber gewisse Anhaltspunkte für die Wahrheit der Behauptung des Beweisführers vorhanden sind. § 287 Abs. 1 S. 3 verlangt eine solche Ausschöpfung nicht. Durch die Verweisung auf § 452 in Halbsatz 2 wird klargestellt, dass auch eine Beeidigung möglich ist. Es handelt sich um eine **echte Vernehmung, nicht** um eine **Anhörung nach § 141**.   83

Die Parteivernehmung darf nur zur Klärung derjenigen Fragen dienen, auf die § 287 anwendbar ist. Die Formulierung *„über den Schaden oder das Interesse"* ist dahin zu verstehen, dass die Parteivernehmung **nur für** die Frage der **Schadenshöhe**, nicht aber der Schadensentstehung zulässig ist; eine Vernehmung über den Schaden setzt dessen Entstehung voraus.   84

§ 63 Erstreckung des § 287 ZPO auf andere Streitigkeiten

I. Beschränkter Inhalt der Verweisung des § 287 Abs. 2

§ 287 Abs. 2 erklärt § 287 Abs. 1 für **andere vermögensrechtliche** Streitigkeiten **eingeschränkt** als **entsprechend anwendbar**. Die erleichterte Parteivernehmung von Amts wegen (§ 287 Abs. 1 S. 3) ist von der Verweisung ausgenommen. Außerdem gelten § 287 Abs. 1 S. 1 u. 2 **nur** für die **Höhe der Forderung**, nicht aber für deren Entstehung, die nach § 286 festzustellen ist.[5] Vermögensrechtliche Streitigkeiten sind solche, die die Zahlung einer **Geldsumme** oder die **Leistung vertretbarer Sachen** zum Gegenstand   85

---

1 Vgl. MünchKommZPO/*Prütting*[4] § 287 Rz. 24.
2 Dazu BGH NJW 1996, 2501, 2502.
3 Vgl. BGH NJW 1972, 1515, 1517; BGH NJW-RR 1988, 534, 535; BGH NJW 1988, 3016, 3017; BGH NVwZ-RR 1989, 600, 602; BGH NJW 1995, 1619 (ärztliches Fachwissen); BGH NJW-RR 2002, 166, 167; BGH VersR 2009, 1360 Rz. 20.
4 Vgl. BGH NJW 1989, 3009; BGH NJW 1996, 2501; MünchKommZPO/*Prütting*[4] § 287 Rz. 24.
5 BGH MDR 1985, 494.

haben; nur dann kann man davon sprechen, dass sich die Höhe einer Forderung nicht festmachen lässt.[1]

86 Die Verweisung gilt für **vermögensrechtliche Streitigkeiten** nur dann, wenn die **Höhe der Forderung** zwischen den Parteien **streitig** ist und wenn eine **Sachverhaltsaufklärung**, wie sie für § 286 erforderlich wäre, gemessen an der Höhe des umstrittenen Betrages **unverhältnismäßig schwierig oder unmöglich** wäre.[2] Das Vorliegen besonderer Schwierigkeiten reicht nicht aus, wenn um eine Summe gestritten wird, die im Verhältnis zu diesem Aufwand nicht geringfügig ist.[3]

II. Kasuistik

87 Geschätzt werden kann: im Rahmen eines Unterhaltsrechtsstreits die Belastung des Unterhaltspflichtigen mit der Deckung von **Sonderpflegebedarf** eines Familienangehörigen;[4] im Mieterhöhungsverfahren die **ortsübliche Vergleichsmiete**;[5] die Ermittlung von Verbrauchswerten für eine Betriebskostenabrechnung;[6] im Rückgewährschuldverhältnis der **Wert** der **gezogenen Nutzungen** (§ 346 Abs. 2 BGB);[7] die Höhe der Bereicherung bei einem Anspruch aus **ungerechtfertigter Bereicherung**;[8] die Höhe des **Wertersatzes** nach § 818 Abs. 2 BGB;[9] der Mindestausgleich eines Vertragshändlers nach § 89b HGB;[10] bei Regulierung eines Schadens durch den Sachversicherer der Anteil eines nicht versicherten **Vorschadens**;[11] der **hypothetische Verlauf** bei Anpassung eines Vergleichsinhalts unter dem Gesichtspunkt einer Veränderung der Vergleichsgrundlage;[12] die Bestimmung des angemessenen Honorars für die werbemäßige Verwertung eines Fotos als **Eingriff in das Persönlichkeitsrecht** bei Zuerkennung eines Anspruchs aus **Eingriffskondiktion**;[13] die Höhe des **Minderwertes** einer gekauften Werkzeugmaschine wegen eingeschränkter Laufleistung;[14] die Bemessung des Ausgleichs **ehebezogener Zuwendungen**;[15] der Vermögensvorteil beim Ausgleich „neu für alt"; die Leistungsfähigkeit eines **Unterhaltsschuldners**;[16] die Feststellung **ehebedingter Nachteile** des Unterhaltsberechtigten;[17] die Ersparnis von Aufwendungen des Unternehmers nach Kündigung des Werkvertrages;[18] die Berechnung der **Teilvergütung** nach § 649 S. 2 BGB;[19] die Abgrenzung nach dem StrEG entschädigungspflichtiger Verteidigungsaufwendungen von allgemeinen Verteidigungskosten;[20] die Bewertung von **Nachlassgegenständen** für Pflichtteilsansprüche.[21]

---

1 MünchKommZPO/*Prütting*[4] § 287 Rz. 19; Stein/Jonas/*Leipold*[22] § 287 Rz. 26.
2 Vgl. BGH JR 1961, 500; BGH NJW-RR 1993, 898, 900 f.
3 Vgl. BGH NJW-RR 1992, 1077, 1078.
4 OLG Hamm NJW 2005, 369, 370.
5 BGH NJW 2005, 2074.
6 BGH NJW 2011, 598 Rz. 13.
7 AG Köln NJW 2004, 3342, 3344.
8 BGH NJW 2002, 3317, 3320.
9 KG NJW-RR 1996, 431, 433; OLG München NJW-RR 2010, 64, 65 (Wert einer Entenjagd).
10 BGH NJW 2000, 1413, 1415.
11 OLG Dresden NJW-RR 2010, 1336.
12 OLG Köln NJW 1994, 3236, 3237. Für § 287 *Abs. 1* BGH NJW 1984, 1746, 1747.
13 BVerfG GRUR-RR 2009, 375 Rz. 22 (Fernsehkoch); BGH NJW 1992, 2084, 2085.
14 BGH NJW-RR 2005, 1157, 1158.
15 BGH NJW-RR 2002, 1297.
16 BGH NJW-RR 1993, 898, 900.
17 BGH NJW 2010, 3653 Rz. 33 (entgangener beruflicher Aufstieg).
18 BGH NJW-RR 1992, 1077, 1078.
19 BGH WM 2011, 1997 Rz. 19 (dort: fehlende Ermittlungsschwierigkeit).
20 BGH NJW 2009, 2682 Rz. 11.
21 BGH NJW 2011, 1004 Rz. 6.

Nicht nach § 287 Abs. 2 zu schätzen ist, ob der Unterhaltsverpflichtete **angemessene** 88
Erwerbstätigkeit zu finden vermag.[1] Ebenso wenig ist die Erleichterung anwendbar, wenn der **Unfallversicherer** zu beweisen hat, dass an der durch einen Unfall verursachen Gesundheitseinbuße eine **Vorerkrankung** in relevanter Höhe leistungseinschränkend **mitgewirkt** hat; anwendbar ist § 286.[2]

§ 64 Glaubhaftmachung, § 294 ZPO

I. Wahrscheinlichkeitsfeststellung

Die ZPO lässt verschiedentlich die Glaubhaftmachung gem. § 294 Abs. 1 zu, etwa 89
nach § 920 Abs. 2 im **Arrestverfahren** mit der Verlängerung über die Verweisungsnorm des § 936 in das Verfahren der **einstweiligen Verfügung**. Damit werden die Anforderungen an die Überzeugungsbildung des Richters bei Feststellung einer Tatsache herabgesetzt. Die Tatsache ist glaubhaft gemacht, wenn eine überwiegende Wahrscheinlichkeit für sie spricht.[3]

II. Zeitliche Beschränkung

Soweit Glaubhaftmachung zulässig ist, hat sie nach § 294 Abs. 2 auf der Stelle zu erfolgen. Verwertbar sind daher nur **präsente Beweismittel**. Ein gesonderter Beweisaufnahmetermin findet nicht statt. Dies schlägt sich in der erweiterten Zulassung von Beweismitteln nieder. Legt eine Partei auf eine Zeugenaussage Wert, muss sie den Zeugen zum Termin sistieren. 90

III. Mittel der Glaubhaftmachung

Als Mittel der Glaubhaftmachung kommen alle Beweismittel in Betracht, die auch 91
für einen **Freibeweis** ausreichen würden. Das können neben den klassischen Beweismitteln des Strengbeweises z.B. schriftliche Zeugenaussagen, Privatgutachten oder andere schriftliche Erklärungen sein, unbeglaubigte Fotokopien oder einfache Abschriften von Schriftstücken, E-Mail-Ausdrucke.[4] Deren Überzeugungswert muss das Gericht würdigen. Als zusätzliches Beweismittel lässt § 294 Abs. 2 die **Versicherung an Eides Statt** zu.

IV. Eidesstattliche Versicherung

Die Versicherung an Eides Statt kann auch durch **Personen** abgegeben werden, die im 92
Strengbeweisrecht als Verfahrensbeteiligte **nicht als Zeugen vernommen** werden dürften, sondern als **Partei** den Einschränkungen für Parteivernehmungen unterliegen würden.

Die Versicherung ersetzt als **schriftliches Glaubhaftmachungsmittel** förmliche Zeugen- oder Parteiaussagen. Sie sind besonders kritisch zu würdigen. Zu fordern sind alle Angaben, die auch für das Protokoll einer förmlichen Aussage verlangt werden, al- 93

---

1 BGH NJW 1986, 3080, 3081.
2 BGH NJW 2012, 392 Rz. 17 = VersR 2012, 92.
3 BGHZ 156, 139 = NJW 2003, 3558; BGH NJW 2001, 2336; BGH NJW-RR 2000, 1366; BGH NJW 1998, 1870; BGH VersR 1986, 59; BGH VersR 1986, 463; kritisch Zöller/*Greger*[30] § 294 Rz. 6.
4 OLG Köln GRUR-RR 2006, 205.

so **neben** den **Angaben zur Sache** die **Angaben zur Person** einschließlich des Hinweises auf Beziehungen zu den Verfahrensparteien. Zu fordern ist ferner die Bestätigung, dass dem Erklärenden die **Strafbarkeit** einer auch nur fahrlässig falsch abgegebenen Versicherung **bekannt** ist, die an die Stelle einer richterlichen Belehrung tritt, sowie die Angabe über den **Adressaten der Versicherung**, damit der Erklärende den Verwendungszweck erkennt.

94 Nach vielfach geübter, freilich **unzuverlässiger Praxis** werden eidesstattliche Versicherungen von **anwaltlichen Prozessvertretern** aufgrund von mündlichen Sachverhaltsschilderungen **vorformuliert**. Gutgläubige Aussagepersonen, die im Umgang mit den Feinheiten von Sprachtexten nicht hinreichend vertraut sind, verkennen dann leicht, welche **Nuancierungen** die **Sachverhaltsdarstellung durch** den **Dritten** erhält. Generell ist davon auszugehen, dass Versicherungen **nur** ihrem **genauen Wortlaut nach** zu **würdigen** sind und keinesfalls der Auslegung zugänglich sind. Ohne jegliche Überzeugungskraft sind globale Versicherungen unter einem Anwaltsschriftsatz, der in ihm enthaltene Tatsachenvortrag werde als richtig versichert.

Kapitel 18:
Verwertung der Beweisergebnisse anderer Verfahren

	Rz.		Rz.
§ 65 Sachverständigengutachten, § 411a ZPO		3. Antragsrechte der Parteien und richterliches Ermessen.	14
I. § 411a als Kodifizierung von Richterrecht	1	4. Verwertungsentscheidung	18
II. Verwertung fremder Gerichtsgutachten nach Richterrecht		5. Persönlichkeitsschutz von Altparteien	19
1. Beweissubstitution	3	6. Rechte des Sachverständigen	20
2. Qualifizierung als Urkundenbeweis		**§ 66 Fragwürdiger Ersatz des Personalbeweises durch Urkundenbeweis**	
a) Schwächen der herrschenden Meinung	5	I. Beweisbindung des Zivilrichters an Strafurteile	
b) Verständnis als Parteivortrag	7	1. Gesetzesvorschläge	22
3. Fortgeltung des Richterrechts	9	2. Regelungsziel	24
III. Die gesetzliche Regelung		3. Berechtigte Kritik	25
1. Normzweck, Rechtsnatur der Beweiserhebung	10	II. Protokollbeweis als Ersatz einer Zeugenaussage	28
2. Gleichwertiges anderes Verfahrens, Identität des Lebenssachverhalts	11		

§ 65 Sachverständigengutachten, § 411a ZPO

Schrifttum:

Jayme, Verwertung eines gerichtlich eingeholten Sachverständigengutachtens zum ausländischen Recht in einem anderen Verfahren – Zur Verfassungswidrigkeit des § 411a ZPO, IPrax 2006, 587; *Rath/Küppersbusch*, Erstes Justizmodernisierungsgesetz – § 411a ZPO und seine Auswirkungen auf den Personenschadensprozeß, VersR 2005, 890; *Saenger*, Grundfragen und aktuelle Probleme des Beweisrechts aus deutscher Sicht, ZZP 121(2008), 139, 156; *E. Schneider*, JuMoG – ZPO-Reform 2. Akt, AnwBl. 2003, 547; *Schulz*, Die Verwendung von Sachverständigengutachten als Urkunden und das Fragerecht der Beteiligten im Verwaltungsprozeß, NVwZ 2000, 1367; *G. Vollkommer*, Bindungswirkung des rechtskräftigen Strafurteils im nachfolgenden Schadensersatzprozeß, ZIP 2003, 2061; *Volz*, Neue Möglichkeiten der Beweisverwertung nach dem Justizmodernisierungsgesetz, PHI 2004, 16.

I. § 411a als Kodifizierung von Richterrecht

§ 411a gestattet die Verwertung von Sachverständigengutachten, die in anderen Verfahren erstattet worden sind. Die Norm ist durch das am 1. September 2004 in Kraft getretene Erste Justizmodernisierungsgesetz (JuMoG) geschaffen worden. Diese Norm regelt die Verwertung von Gutachten, die in anderen Verfahren erstattet worden sind. Sie verfolgt das Ziel, Gerichtsverfahren durch den Zugriff auf Beweisaufnahmen und Beweisergebnisse anderer Verfahren zu vereinfachen und effektiver zu gestalten, indem derartige Gutachten ohne Einverständnis der Parteien unmittelbar verwertet und dadurch **doppelte Beweisaufnahmen vermieden** werden.[1] Tangiert werden dadurch die Grundsätze der Beweisunmittelbarkeit (§ 355) und der Parteiöffentlichkeit (§ 357).[2]

1

---

1 RegE BT-Drucks. 15/1508, S. 12.
2 *Saenger* ZZP 121 (2008), 139, 157.

2   Das 2. JuMoG hat § 411a auf **Gutachten** ausgedehnt, die die **Staatsanwaltschaft** gem. § 161a StPO im Ermittlungsverfahren eingeholt hat. Die Gutachten gelten als den richterlich in Auftrag gegebenen Gutachten gleichwertig. Dadurch soll der Opferschutz begünstigt werden. Konsequenzen sind aus dieser Zielsetzung des Gesetzgebers für die Handhabung von Nr. 184 ff. RiStBV (Akteneinsicht) i.S. eines Aktenauskunfts- oder Akteneinsichtsanspruchs zu ziehen.

II. Verwertung fremder Gerichtsgutachten nach Richterrecht

1. Beweissubstitution

3   Nach h.M., wie sie vor Inkrafttreten des Ersten JuMoG entwickelt worden ist, konnten Gutachten aus anderen Verfahren (z.B. Straf-,[1] Verwaltungs-,[2] Sozialgerichts-,[3] Schlichtungs-[4] oder Schiedsverfahren[5]) zu einer **Ersetzung** des Sachverständigenbeweises i.S. der §§ 402 ff. führen,[6] **soweit** mit ihnen alle **klärungsbedürftigen Fragen beantwortet** werden konnten.[7] Das im **selbständigen Beweisverfahren** erstattete Gutachten eines gerichtlich bestellten Sachverständigen fiel nicht unter diese Rechtsprechung. Es ist kein Gutachten aus einem anderen Verfahren, sondern steht gem. § 493 Abs. 1 der Beweiserhebung vor dem Prozessgericht gleich. Seine Verwertung im Prozess ist daher unproblematisch möglich und richtet sich nach den §§ 402 ff.; es macht die Erhebung eines weiteren Sachverständigenbeweises (abgesehen vom Fall des § 412) entbehrlich.[8] Daran hat sich durch § 411a nichts geändert.

4   Den Parteien stand gegen die Verwertung der Gutachten **kein** formelles **Widerspruchsrecht** zu.[9] Jedoch durfte durch die Verwertung im Wege des Urkundenbeweises (dazu nachfolgend Rz. 5), soweit das Gutachten den Sachverständigenbeweis i.S. der §§ 402 ff. ersetzen sollte, nicht das **Recht** der Parteien umgangen werden, dem Gutachter **Fragen zu stellen** (§§ 402, 397; dazu Kap. 48 Rz. 25).[10] Die infolge eines entsprechenden Beweisbeschlusses erfolgende Erörterung des Gutachtens mit dessen Verfasser war – wie die gegebenenfalls erforderliche Neubegutachtung – Sachverständigenbeweis.[11] Unter den Voraussetzungen des § 412 konnte die Einholung eines neuen Gutachtens beantragt werden.[12] Wegen dieser Parteirechte hatte das Gericht die Verwertungsabsicht in der mündlichen Verhandlung zu offenbaren.

---

1   Vgl. z.B. BGH VersR 1963, 195; BGH NJW 1998, 311, 312; BGH NJW 2000, 3072 = VersR 2001, 121 = MDR 2000, 1148; BGH NJW 2002, 2324, 2325; OLG Oldenburg VersR 1997, 318. Zur Verwertung eines Geständnisses im Strafverfahren s. BGH NJW-RR 2004, 1001, 1002; AG Berlin Tempelhof-Kreuzberg FamRZ 2005, 1260, 1261.
2   Vgl. z.B. OVG Münster NVwZ-RR 1993, 129, 132.
3   Vgl. BGH VersR 1997, 1158; OLG Koblenz r+s 1996, 403.
4   Vgl. BGH VersR 1987, 1091 = MDR 1987, 1018, 1019; BGH VersR 2008, 1216 Rz. 6.
5   Vgl. z.B. OLG Köln VersR 1990, 311.
6   BGH VersR 1956, 63; BGH VersR 1963, 463, 464; VersR 1987, 1091, 1092; VersR 1997, 1158, 1159 = NJW 1997, 3381, 3382; a.A. *Müller*, Der Sachverständige im gerichtlichen Verfahren[3] Rz. 57 ff.: Verstoß gegen § 355; ähnlich RG JW 1937, 2226.
7   BGH NJW 1995, 1295 = VersR 1995, 481; BGH NJW 1997, 3381, 3382; BGH VersR 2001, 121.
8   BGH NJW 1970, 1919, 1920; BVerwG NVwZ-RR 1990, 652, 653 (zum polnischen Staatsschutz-Strafrecht).
9   RG JW 1931, 1477; RG JW 1942, 905; BGH VersR 1970, 322.
10 BGH VersR 1956, 63; BGH NJW 1983, 121, 122; BGH NJW 2000, 3072, 3073; BGH NJW 2002, 2324, 2325 = VersR 2002, 911, 912; vgl. auch BGH NJW 1991, 2824, 2825 f.; VGH Kassel NVwZ 2000, 1428.
11 Stein/Jonas/*Leipold*[21] vor § 402 Rz. 54: dem Gehalt nach Sachverständigenbeweis, der äußeren Form nach Urkundenbeweis.
12 Vgl. BGH NJW 2000, 3072, 3073.

2. Qualifizierung als Urkundenbeweis

a) Schwächen der herrschenden Meinung

Die **h.M.** vertrat die Auffassung, es handele sich bei der Verwertung von Gutachten aus anderen Verfahren um einen **Urkundenbeweis**.[1] Dem ist aus Gründen begrifflicher Klarheit zu widersprechen. Für Gutachten, welche in anderen Verfahren erstattet worden sind, galt wie für Privatgutachten, dass sie **keine Beweismittel** darstellen, soweit es um die Vermittlung der entscheidungserheblichen Sachkunde ging. Urkundenbeweis wäre nur zu erheben gewesen, um aufzuklären, ob der Gutachter die verkörperte Erklärung in dem anderen Verfahren abgegeben hatte. Nur dies kam als Beweisgegenstand des § 418 in Betracht.[2] Nicht zu erklären vermochte die h.M. ihre Differenzierung zwischen Privatgutachten, die Parteivortrag darstellen sollten, und Gutachten aus anderen Verfahren, die im Wege des Urkundenbeweises verwertet werden sollten.

Die **Qualifikation der h.M.** führte zu **Folgeproblemen.** Wenn Gutachten im Wege des Urkundenbeweises zu verwertende Beweismittel wären, hätte ihre **Verwendung im Urkundenprozess** statthaft sein müssen. Dies wurde jedoch mit dem Hinweis auf Sinn und Zweck des Urkundenprozesses verneint.[3] In gleicher Weise lehnte die h.M. unter Hinweis auf Sinn und Zweck der Norm die Urkundeneigenschaft von Gutachten ab, soweit es um die **Restitution** nach § 580 Nr. 7b geht.[4] Auch vermochte die h.M. nicht zu erklären, warum bei einem so gearteten Urkundenbeweis entgegen § 142 in der Fassung bis zum 31.12.2001 eine „Beweiserhebung" von Amts wegen möglich sein sollte.

b) Verständnis als Parteivortrag

Zutreffender war es, die Einführung eines Gutachtens aus einem anderen Verfahren **durch Vorlage einer Partei** als **Parteivortrag** einzuordnen. Ebenso zu qualifizieren war die **Beiziehung** ein solches Gutachten **auf Antrag einer Partei** durch das Gericht. Die Beiziehung durch das Gericht „**von Amts wegen**" war ebenfalls nicht als Beweiserhebung zu verstehen. Das Gericht machte in diesem Fall lediglich von seinem allgemeinen Recht Gebrauch, sich den notwendigen Sachverstand aus externen Quellen zu verschaffen. So wie sich der Richter die notwendige Sachkunde durch das Studium allgemeiner Fachliteratur verschaffen kann, ist es ihm erlaubt, konkrete gutachterliche Äußerungen zu diesem Zwecke zu studieren. Der Unterschied zur Verschaffung von Sachkunde durch das Studium von Fachliteratur bestand lediglich darin, dass Gutachten aus anderen Verfahren regelmäßig konkret streitgegenstandsbezogen sind und ihre Auswertung daher – anders als das Studium allgemeiner Fachliteratur – keine weitere Sachkunde des Gerichts voraussetzt.

Im Ergebnis folgten aus dieser abweichenden Einordnung **keine Unterschiede zur h.M.** Grundsätzlich kann ein Gutachten aus einem anderen Verfahren zur Ersetzung

---

1 RG JW 1931, 1477; BGH VersR 1958, 340; BGH VersR 1956, 63; BGH NJW 1983, 121, 122; BGH NJW 1995, 1294; BGH NJW 1997, 3096; BGH NJW 1997, 3381, 3382; BGH NJW-RR 2008, 1311 Rz. 6; OLG Frankfurt MDR 1985, 853; OLG Köln VersR 1990, 311; Stein/Jonas/*Leipold*[21] vor § 402 Rz. 54: „der Form nach Urkundenbeweis"; MünchKommZPO/*Damrau*[2] § 402 Rz. 8: „verfahrensrechtlich (…) trotz des Inhalts (…) Urkundenbeweis". Zum Verwaltungsgerichtsprozess BVerwG NVwZ-RR 1990, 652, 653; *Schulz* NJW 2000, 1367, 1369. Im Jahre 2010 immer noch so OLG Hamm VersR 2011, 206, 207 und im Jahre 2012 ebenfalls OLG Hamm NJW-RR 2013, 221.
2 So auch der RegE BT-Drucks. 15/1508, S. 20.
3 BGH NJW 2008, 523 Rz. 15 u. 20; OLG Frankfurt WM 1975, 87.
4 Vgl. z.B. OLG Koblenz VersR 1995, 1374 f. m.w.N.; umfassend zur Restitution bei naturwissenschaftlichem Erkenntnisfortschritt *Foerste* NJW 1996, 345 ff.

des Sachverständigenbeweises führen.¹ In diesem Zusammenhang ist zu berücksichtigen, dass ein solches Gutachten im Vergleich zum Privatgutachten unter höheren Richtigkeitsstandards zustande gekommen ist als ein Privatgutachten. Vereidigung, Ablehnungs- und Fragerechte im anderen Verfahren führen zu einer **erhöhten Richtigkeitsgewähr**, so dass das Gutachten aus einem anderen Verfahren wesentlich eher zu einer Ersetzung des Sachverständigenbeweises führen kann als das Privatgutachten.

3. Fortgeltung des Richterrechts

9   Die überkommene **Rechtspraxis** des Richterrechts ist **nur teilweise** durch die gesetzliche Neuregelung **ersetzt** worden. Deren Beschränkung auf bestimmte Gutachten (unten Rz. 11) lässt Raum für die Verwendung anderer Gutachten nach richterrechtlichem Beweisrecht.²

III. Die gesetzliche Regelung

1. Normzweck, Rechtsnatur der Beweiserhebung

10 Der Gesetzgeber hat das Ziel verfolgt, die Einholung eines weiteren gerichtlichen Gutachtens auch dann zu vermeiden, wenn eine Partei der Verwertung eines früheren Gerichtsgutachtens nicht zustimmt. **Vermieden** werden soll **unnötiger Mehraufwand** bei Prozessen, in denen der zu klärende **Lebenssachverhalt im Wesentlichen identisch** ist.³ Die Entscheidung über die Verwertung eines verfahrensfremden Gutachtens oder die Einholung eines neuen Gutachtens soll nach **Ermessen des Gerichts** erfolgen. Ein wesentlicher rechtlicher Unterschied zur vorherigen Rechtspraxis wäre nur dann existent, wenn sich das Gericht über Parteianträge hinwegsetzen dürfte. Daran bestehen indes erhebliche Zweifel (näher unten Rz. 17); die Regierungsbegründung hat die bei Beginn des Gesetzgebungsverfahrens bestehende Rechtslage nicht voll ausgelotet. Klargestellt ist nunmehr, dass es sich bei der Verwertung um einen Sachverständigenbeweis handelt.⁴ Modifiziert wird nur die Einholung eines schriftlichen Gutachtens, indem an die Stelle einer aktuellen schriftlichen Begutachtung die Verwertung des verfahrensfremden früheren Gutachtens tritt.

2. Gleichwertiges anderes Verfahrens, Identität des Lebenssachverhalts

11 Gutachten anderer Verfahren müssen *gerichtlich* oder durch die *Staatsanwaltschaft* eingeholt worden sein. Die richterliche Beauftragung führt dazu, dass das gesamte Begutachtungsverfahren unter richterlicher Leitung steht, also der Sachverständige neutral ausgewählt und im Hinblick auf die materiell-rechtlichen Tatbestandserfordernisse richterlich angeleitet wird, idealiter durch Vorgabe der Anknüpfungstatsachen. Damit scheiden Gutachten aus **Verwaltungsverfahren** für die Anwendung des § 411a aus.⁵ Medizinische Gutachten, die in der Sozialgerichtsbarkeit verwertet werden, stammen nicht selten bereits aus dem vorangegangenen Verwaltungsverfahren. Auf die Verwertung im nachfolgenden Gerichtsverfahren kommt es für § 411a nicht an, sondern auf die **richterliche oder staatsanwaltschaftliche Anordnung** der Gutachtenerstattung.⁶

---

1   A.A. *Müller* Der Sachverständige im gerichtlichen Verfahren³ Rz. 57 f.: Verstoß gegen § 355.
2   So für Gutachten aus vorangegangenen Verfahren ärztlicher Schlichtungsstellen BGH VersR 2008, 1216 Rz. 6.
3   BT-Drucks. 15/1508, S. 20.
4   Musielak/*Huber*¹⁰ § 411a Rz. 5; *Völzmann-Stickelbrock* ZZP 118 (2005), 359, 382.
5   *Rath/Küppersbusch* VersR 2005, 890, 891.
6   *Rath/Küppersbusch* VersR 2005, 890, 893.

Als Beispiele für **im Wesentlichen identische** Lebenssachverhalte nennt die Gesetzesbegründung Mietprozesse gegen eine größere Gesellschaft als Vermieterin und Unfälle mit mehreren Geschädigten.[1] Ein medizinisches Gutachten kann auch dasselbe Opfer eines Unfalls betreffen, etwa bei vorangegangener Begutachtung in einem Sozialgerichtsverfahren.[2] Gutachten aus anderen Arzthaftungsprozessen werden wegen der individuellen Krankheitsabläufe sehr selten verwendbar sein.[3] Zu denken ist ferner an Gutachten, die in **Musterverfahren** eingeholt wurden. Eine Sonderregelung trifft dafür das **Kapitalanleger-Musterverfahrensgesetz**,[4] das einen bindenden Musterentscheid des Oberlandesgerichts über anspruchsbegründende oder anspruchsausschließende gemeinsame Tatbestandsvoraussetzungen vorsieht (§ 16 i.V.m. § 1 Abs. 1 KapMuG); es betrifft typischerweise Sachverständigengutachten zur Richtigkeit von Informationen, die in Vertriebsunterlagen der Anbieter von Vermögensanlagen erteilt worden sind. 12

Bei der Gutachtenübernahme ist auf **unterschiedliche Fragestellungen** zu achten, die sich **aus** unterschiedlichen **Vorgaben materiell-rechtlicher Tatbestände** und ihrer richterrechtlichen Konkretisierung ergeben. So gelten im Sozialversicherungsrecht und im zivilen Schadensersatzprozess z.B. unterschiedliche Voraussetzungen für die Kausalitätsfeststellung und die strafrechtliche Verantwortlichkeit für ein Verhalten kann anders zu beurteilen sein als die zivilrechtliche Haftung. 13

3. Antragsrechte der Parteien und richterliches Ermessen

Die **Beiziehung** verfahrensfremder Gutachten kann **auf Parteiantrag hin oder von Amts wegen** gem. § 144 Abs. 1 erfolgen.[5] Es besteht zwischen beiden wegen der Einführung kein Unterschied.[6] Die ermessensleitenden Umstände, die einer Verwertung oder einer Neubegutachtung zugrunde liegen, soll das Gericht im Urteil darlegen müssen.[7] Die Anordnung einer **Neubegutachtung** bedarf indes **keiner Rechtfertigung** in den Entscheidungsgründen. Sie stellt den Regelfall dar[8] und ergibt sich wie im Falle des § 412 aus der Befugnis des Gerichts, sich die erforderliche Sachkunde nach eigener Überzeugung zu verschaffen. 14

Für die Begründung einer **Befugnis** des Gerichts, **Gutachten** auch **von Amts wegen** heranzuziehen, hätte es ebenso wenig einer Schaffung des § 411a bedurft wie für die Befugnis zur Einholung eines neuen Gutachtens. Dem Gericht steht es grundsätzlich frei, wie es seine Sachkunde beschafft. Bei mangelnder Ergiebigkeit des verfahrensfremden Gutachtens gebietet es die Sachaufklärungspflicht des § 286, von Amts wegen die notwendigen Ergänzungen einzuholen oder ein weiteres Gutachten zu beschaffen[9] (näher dazu Kap. 48 Rz. 22 und Kap. 49 Rz. 31 f.). 15

Ob eine Erweiterung der richterlichen Befugnisse mit § 411a verbunden ist, entscheidet sich am Umgang mit **Parteirechten** zur Erzwingung einer Begutachtung im aktuellen Verfahren. Der Regierungsentwurf ist davon ausgegangen, dass die Parteien das Recht haben, den Sachverständigen, der das verfahrensfremde Gutachten erstattet 16

---

1 BT-Drucks. 15/1508, S. 20.
2 So in OLG Koblenz r+s 1996, 403.
3 *Spickhoff* NJW 2013, 1714, 1719, dazu auf OLG Jena MedR 2012, 266 hinweisend.
4 Gesetz vom 16.8.2005, BGBl. I 2005, 2437.
5 Vgl. BT-Drucks. 15/1508, S. 20.
6 A.A. Musielak/*Huber*[10] § 411a Rz. 5: Parteiantrag führt zum Urkundenbeweis.
7 BT-Drucks. 15/1508, S. 20. Zur Beiziehung wegen Weigerung einer Partei, sich der angeordneten Neubegutachtung zu unterziehen, OLG Koblenz r+s 1996, 403.
8 So auch Zöller/*Greger*[30] § 411a Rz. 3.
9 Vgl. BGH NJW-RR 2008, 1311 Rz. 6.

hat, wegen **Besorgnis der Befangenheit** abzulehnen.[1] Sie sollen auch eine **mündliche Erläuterung des Gutachtens** (§ 411 Abs. 3) beantragen können.[2]

17 Ob das Gericht dem Antrag stattgibt, soll nach Vorstellung des Regierungsentwurfs Gegenstand einer Ermessensentscheidung sein.[3] Diese Auffassung steht **nicht in Einklang** mit dem **Anspruch auf rechtliches Gehör**.[4] Die Parteien dürfen nicht schlechter gestellt werden als nach § 411.[5] Der **Anhörungsantrag** ist so zu behandeln, als wäre er zu einem erstmals in dem aktuellen Verfahren erstatteten Gutachten gestellt worden (s. dazu Kap. 48 Rz. 25). Im Übrigen ersetzt § 411a nur die Neuerstellung eines schriftlichen Gutachtens (oben Rz. 10). Einem **Antrag auf Neubegutachtung** ist wie in den Fällen des § 412 stattzugeben, wenn die Sachaufklärungspflicht dies erforderlich macht. Die **rechtliche Erweiterung** des § 411a besteht somit ausschließlich darin, dass das Gericht Parteianträge zur erneuten schriftlichen Begutachtung ablehnen darf, wenn eine mündliche Erläuterung des Gutachtens durch den Sachverständigen ausreicht. Erforderlich für eine Neubegutachtung sind substantiierte Einwendungen der Parteien gegen die Richtigkeit der gutachterlichen Feststellungen.[6]

4. Verwertungsentscheidung

18 Die Entscheidung zur Verwertung ist durch **Beweisbeschluss** zu erlassen. Den Parteien ist rechtliches Gehör zu gewähren, was die Übersendung des Gutachtens einschließt. Es ist zweckmäßig, eine **Frist zur Stellungnahme** nach § 411 Abs. 4 S. 2 zu setzen.

5. Persönlichkeitsschutz von Altparteien

19 Ein verfahrensfremdes Gutachten kann eine Person betreffen, die nicht am aktuellen Prozess beteiligt ist. Die Heranziehung kann darauf beruhen, dass sich das Gericht von Amts wegen auf Erkenntnisse aus einem konkreten anderen Verfahren stützen möchte, oder ein Prozessbevollmächtigter von der Existenz eines derartigen Gutachtens Kenntnis hat und es vorlegt. **Datenschutzrechtliche Gründe** stehen dem **nicht** entgegen[7] (s. auch Kap. 47 Rz. 84). Es kann darin aber ein Verstoß gegen das **allgemeine Persönlichkeitsrecht** der begutachteten Person zu sehen sein, wenn eine hinreichende Anonymisierung unter Berücksichtigung der Nachprüfungserfordernisse im aktuellen Verfahren nicht möglich ist. Das Gericht hat diese Verletzung von Amts wegen zu berücksichtigen.

6. Rechte des Sachverständigen

20 Der Sachverständige kann der Verwertung nicht widersprechen. Von seinen urheberrechtlichen Verwertungsrechten ist allenfalls das **Vervielfältigungsrecht des § 16 UrhG** betroffen, das jedoch unter der **Schranke des § 45 Abs. 1 UrhG** (Verwendung in gerichtlichen Verfahren) steht. Die Benutzung eines urheberrechtlich geschützten Werkes als solche, also der Werkgenuss z.B. in Form des Lesens, ist kein urheber-

---

1 BT-Drucks. 15/1508, S. 20.
2 BVerwG NJW 2009, 2614 Rz. 8.
3 BT-Drucks. 15/1508, S. 20: das Gericht „kann" anordnen.
4 Ebenso *E. Schneider* AnwBl. 2003, 547, 550; s. auch *Saenger* ZZP 121 (2008), 139, 157.
5 *Völzmann-Stickelbrock* ZZP 118 (2005), 359, 382.
6 OLG Karlsruhe VersR 2006, 969.
7 So österr. OGH ÖJZ 2001, 17, 18 unter Würdigung der Datenschutzrichtlinie 95/46/EG.

rechtlich relevanter Vorgang.[1] **Irrelevant** ist das **Rückrufrecht** des § 42 UrhG.[2] Der Sachverständige kann allenfalls erklären, sein Gutachten bedürfe der inhaltlichen Korrektur, was er gegebenenfalls nach § 410 zu beeiden hat.

Eine **erneute Vergütung** nach dem JVEG ist nur geschuldet, soweit der Sachverständige mündlich gehört wird oder schriftlich Ergänzungsfragen beantwortet.[3] Bei bloßer Verwertung des fremden Gutachtens ist die **Haftungsnorm des § 839a BGB** nicht einschlägig (vgl. Rz. 57). 21

§ 66 Fragwürdiger Ersatz des Personalbeweises durch Urkundenbeweis

Schrifttum:

Völzmann, Die Bindungswirkung von Strafurteilen im Zivilprozess, 2006.

Rechtsvergleichung:

Klicka, Was bleibt vom verstärkten Senat SZ 68/195 zur Bindung an Straferkenntnisse im Zivilverfahren?, ÖJZ 2013, 709.

I. Beweisbindung des Zivilrichters an Strafurteile

1. Gesetzesvorschläge

Zutreffend gescheitert sind Gesetzgebungsvorschläge zur Bindung des Zivilrichters an rechtskräftige Urteile in Strafsachen und über Ordnungswidrigkeiten. Der Regierungsentwurf des 1. Justizmodernisierungsgesetzes (JuMoG)[4] sah die Schaffung eines § 415a über die Beweiskraft rechtskräftiger Strafurteile mit folgendem Text vor: 22

„(1) Rechtskräftige Urteile über Straftaten und Ordnungswidrigkeiten begründen vollen Beweis der darin für erwiesen erachteten Tatsachen.

(2) Auf begründeten Antrag ist über diese Tatsachen erneut Beweis zu erheben."

Ein **Oppositionsentwurf** für ein 1. Justizbeschleunigungsgesetz vom 20.5.2003,[5] den der Bundesrat in seiner Stellungnahme vom 19.7.2003 zum Entwurf des JuMoG aufgegriffen hat,[6] sah die Schaffung eines § 286 Abs. 3 mit folgendem Text vor: 23

„An tatsächliche Feststellungen eines rechtskräftigen Strafurteils, auf denen dieses beruht, ist das Gericht gebunden, wenn der Grund des Anspruchs aus demselben Sachverhalt hergeleitet wird. Eine Bindungswirkung nach Satz 1 besteht nicht, soweit des Gericht Zweifel an der Richtigkeit oder Vollständigkeit der Feststellungen hat oder soweit Rechtsgründe eine abweichende Beweiswürdigung oder eine erneute Beweiserhebung gebieten."

2. Regelungsziel

Der RegE war von der Zielsetzung getragen, dem Opfer einer Straftat oder Ordnungswidrigkeit die Beweisführung im Zivilprozess zu erleichtern und eine **Wiederholung der Beweiserhebung** über solche anspruchsbegründenden Tatsachen zu **vermeiden**, von deren Richtigkeit das Strafgericht positiv überzeugt war. Zwischen verurteilen- 24

---

1 BGHZ 112, 264, 278 = GRUR 1991, 449, 453 – Betriebssystem.
2 A.A. Zöller/*Greger*[30] § 411a Rz. 5.
3 AG Hohenschönhausen IPRax 2006, 607 m. abl. Bespr. *Jayme* IPRax 2006, 587; zustimmend *Saenger* ZZP 121 (2008), 139, 157.
4 BT-Drucks. 15/1508 vom 2.9.2003.
5 BT-Drucks. 15/999, aufgenommen vom Bundesrat als eigener Entwurf, BR-Drucks. 397/03 und BT-Drucks. 15/1491; dazu *Röttgen* ZRP 2003, 3461.
6 BT-Drucks. 15/1508, S. 39.

den und freisprechenden Erkenntnissen wurde nicht differenziert. Sogar gegen nicht an dem Strafverfahren beteiligte Parteien des Zivilprozesses sollte die Bindung wirken.[1] Dieselbe globale Zielsetzung verfolgte der Oppositionsentwurf, der zugleich die Zivilgerichte entlasten wollte und der ähnliche Regelungen in verschiedenen romanischen Rechtsordnungen als bewährte Vorbilder bezeichnete, der aber eine erga omnes-Wirkung ausschloss, weil das rechtliche Gehör als verletzt angesehen wurde, und der sich auf Strafurteile beschränkte.[2]

3. Berechtigte Kritik

25 Der **Rechtsausschuss des Bundestages** hat die im Schrifttum geäußerte Kritik[3] aufgegriffen und den Vorschlag nicht in das JuMoG übernommen.[4] Die Bindung des Zivilrichters wird in Frankreich – bei dort weiterreichender Wirkung einer *autorité absolute de chose jugée* – nicht so positiv gesehen,[5] wie es in der Begründung des Oppositionsentwurfs und der Stellungnahme des Bundesrates dargestellt worden ist. Die Möglichkeit der vereinfachten Übernahme von Beweisergebnissen aus einem Strafverfahren sollte mit einer ausdrücklichen Regelung bedacht werden; eine Verwertung von Beweisergebnissen im Wege des Urkundenbeweises, wie sie nach der gegenwärtigen Rechtspraxis etwa für Protokolle von Zeugenaussagen stattfindet, ist nicht sachgerecht.[6] Jedoch ist ein **Antragsrecht** zur **Erzwingung** einer **erneuten Beweisaufnahme** unverzichtbar, das an eine Begründung gebunden werden könnte. Die Prozessmaximen von Straf- und Zivilprozess sind unterschiedlich, was sich zwar nicht nach der theoretischen Konzeption, wohl aber nach der Lebenserfahrung auf die Qualität der Beweiserhebung auswirken kann.

26 Falsche Vorstellungen über den Inhalt der Bindung des Zivilrichters kann ein Standort der Regelung innerhalb des Urkundenbeweisrechts hervorrufen: Die **Übernahme** der strafrechtlichen Beweiswürdigung als richtig ist den **formellen Beweisregeln** des Urkundenbeweises **qualitativ nicht gleichartig**. Weder handelt es sich bei einer erneuten Beweiserhebung im Zivilprozess um einen „Gegenbeweis", noch sind die formellen Urkundenbeweisregeln hinsichtlich der beurkundeten Erklärungen oder Tatsachenwahrnehmungen mit einer Richtigkeitsgewähr verbunden. Einschlägige Sachverhalte werden zumeist den mittelbaren Personalbeweis der Verwendung von Zeugenaussagen betreffen und sollten dort geregelt werden. In entsprechender Weise ist die Verwertung gerichtlich eingeholter Sachverständigengutachten aus anderen Verfahren durch das JuMoG in § 411a geregelt worden.

27 Kein Thema der Beweisbindung des Zivilrichters ist dessen **Bindung** an rechtskräftige Entscheidungen des **Strafrichter in Adhäsionsverfahren** über vermögensrechtliche

---

[1] BT-Drucks. 15/1508, S. 20 f.
[2] BT-Drucks. 15/999, S. 17 f.; ebenso der Bundesrat in seiner Stellungnahme zum RegE des JuMoG, BT-Drucks. 15/1508, S. 40 f.
[3] *Huber* ZRP 2003, 268, 271 f.; *Knauer/Wolf*, NJW-Sonderheft zum 2. Hannoveraner ZPO-Symposium, 2003, S. 23, 41 ff.; *G. Vollkommer* ZIP 2003, 2061. Positiv jedoch *Völzmann* Die Bindungswirkung von Strafurteilen (beschränkt auf strafrechtliche Verurteilungen). Zur Verwertung eines Strafurteils im Rahmen des § 286 KG MDR 2010, 265, 266.
[4] BT-Drucks. 15/3482, S. 17. Verfehlt ist der rechtspolitische Vorschlag, einen Zwang zur Durchführung eines Adhäsionsverfahrens durch Begründung einer Sperrwirkung zu der ZPO zu fördern; so aber *Greiner* ZRP 2011, 132, 133.
[5] Näher dazu *Wagner* in: Zimmermann (Hrsg.), Grundstrukturen des Europäischen Deliktsrechts, 2003, S. 189, 211 f. m.N. Zur Rechtslage in Österreich OGH ÖJZ 2013, 736 m. Bespr. *Klicka* ÖJZ 2013, 709 ff.
[6] Anders die BReg. in ihrer Gegenäußerung zur Stellungnahme des Bundesrates, BT-Drucks. 15/1508, S. 50.

Ansprüche des Opfers gegen den Angeklagten (§§ 403 f., 406 Abs. 3 StPO), etwa wenn im Strafverfahren nur ein Grundurteil ergangen ist.[1]

II. Protokollbeweis als Ersatz einer Zeugenaussage

Die herrschende Praxis **verwertet Personalbeweise aus anderen Verfahren** jeglicher Art (Protokolle von Zeugenaussagen, eidesstattliche Versicherungen) auf – nicht verzichtbaren[2] – Antrag der beweispflichtigen Partei mangels gesetzlicher Regelung systemwidrig, jedoch erzwungen durch den numerus clausus des Strengbeweises, **im Wege des Urkundenbeweises**, sofern nicht der Beweisgegner zur Durchsetzung des Unmittelbarkeitsgrundsatzes einen Antrag auf (erneute) Vernehmung stellt[3] (dazu Kap. 4 Rz. 17 und Kap. 31 Rz. 52). 28

Der **Beweiswert** ist wegen des fehlenden persönlichen Eindrucks im Allgemeinen **geringer** als eine unmittelbare Zeugenaussage oder kann auch gänzlich fehlen, wenn es auf eine Glaubwürdigkeitsbeurteilung ankommt.[4] Überwunden werden damit u.U. eine Verweigerung erneuter Aussage[5] oder die Unerreichbarkeit des Zeugen (vgl. § 251 Abs. 1 Nr. 1–3 StPO). Das verwertende Gericht muss den geringeren Beweiswert des sachferneren Beweismittels berücksichtigen.[6] 29

---

1 BGH NJW 2013, 1163 Tz. 8.
2 Vgl. BVerfG NJW 1994, 1210, 1211; BGH NJW 1995, 2856, 2857.
3 BGH NJW-RR 1992, 1214, 1215; NJW 1995, 2856, 2857; NJW 2000, 1420, 1421 = VersR 2000, 610, 611 f.; OLG Köln VersR 2000, 1303.
4 BGH NJW 1995, 2856, 2857 m.w.N.; NJW 2000, 1420, 1421; *Lepa* VersR 2001, 265, 270.
5 So in BSG NJW 1999, 1573; OLG Hamm NVersZ 1998, 44.
6 BSG NJW 1999, 1573; s. auch BVerfG NJW 1981, 1719, 1725 – Zeuge vom Hörensagen.

Kapitel 19:
Kosten der Beweisaufnahme

	Rz.		Rz.
§ 67 Gerichtskosten		**§ 70 Sachverständigenentschädigung**	
I. Kostenarten	1	I. Grundlagen der Vergütung	
II. Niederschlagung des Auslagenerstattungsanspruchs	3	1. JVEG, öffentlich-rechtliches Leistungsverhältnis	25
§ 68 Parteikosten		2. Vergütungsbestandteile	30
I. Aufwendungen zur Rechtsdurchsetzung	6	3. Vergütungsfestsetzung	33
		II. Vergütungswürdigkeit, Verlust des Anspruches	
II. Anwaltliche Beweisgebühr	9	1. Verwirkung	36
§ 69 Zeugenentschädigung		2. Einzelfälle: Nichtleistung, Unverwertbarkeit, Übermaßleistung	
I. Gesetzesentwicklung, Aufbau des JVEG	11	a) Nichterstattung des Gutachtens, unbefugte Übertragung	39
II. Entschädigungsgrundsatz		b) Unverwertbarkeit infolge Ablehnung	41
1. Vergütungslose öffentlich-rechtliche Pflichterfüllung	13	c) Unverwertbarkeit infolge inhaltlicher Mängel	46
2. Geladener Zeuge, schriftliche Aussage	14	d) Überziehen des Auslagenvorschusses	51
3. Nicht geladener Zeuge	16	e) Überschreiten des Gutachtenauftrages (§ 407a Abs. 3 S. 1)	53
4. Sachverständiger Zeuge	17	3. Verfahren	55
III. Entschädigungsumfang		III. Anhang: Kostenerstattung für Privatgutachten	58
1. Auslagen, Aufwand	18		
2. Zeitverlust, Verdienstausfall	21		
IV. Abrechnungsverfahren	22		

§ 67 Gerichtskosten

I. Kostenarten

1   Kosten setzen sich aus Gebühren und Auslagen zusammen. Eine Beweisaufnahme im gerichtlichen Verfahren löst grundsätzlich keine Gerichtsgebühr aus. Die Tätigkeit ist mit der Verfahrensgebühr abgegolten. Eine gesonderte Verfahrensgebühr entsteht nach KV Nr. 1610 für die Durchführung eines **selbständigen Beweisverfahrens**. Entstehen können aber **Auslagen** i.S.d. § 17 GKG für die Entschädigung nach dem JVEG. Sie fallen insbesondere durch die Auszahlung von Zeugen- und Sachverständigenentschädigungen an.

2   Für eine beantragte Augenscheinseinnahme gilt § 17 Abs. 1 GKG i.V.m. KV 9006 ff. Sie soll erst nach vorheriger Zahlung eines **Auslagenvorschusses** erfolgen. Für die von Amts wegen durchgeführte Augenscheinseinnahme kann nach § 17 Abs. 3 GKG ein Auslagenvorschuss erhoben werden; von seiner Zahlung darf die Augenscheinseinnahme aber nicht abhängig gemacht werden.[1]

---

[1] MünchKommZPO/*Zimmermann*[4] § 371 Rz. 31. Zur Einholung von Sachverständigengutachten ebenso BGH MDR 1976, 396 = LM GKG § 114 Nr. 1; KG NJW 1982, 111.

II. Niederschlagung des Auslagenerstattungsanspruchs

Der Anspruch auf Erstattung von Auslagen kann gem. § 21 Abs. 1 S. 2 GKG wegen **unrichtiger Sachbehandlung** entfallen. Dabei muss es sich um einen erheblichen Verfahrensfehler handeln. Das ist z.B. der Fall, wenn zu einer unstreitigen Tatsache ein Sachverständigengutachten eingeholt wird.[1] Eine unrichtige Sachbehandlung liegt nicht schon darin, dass sich eine Beweisaufnahme nachträglich als überflüssig oder unzulässig erweist.

Die Niederschlagung spielt in der Gerichtspraxis vor allem eine Rolle, wenn erhebliche **Sachverständigenkosten** entstanden sind, ohne dass es auf die gutachtliche Äußerung ankam. Eine unrichtige Sachbehandlung liegt vor, wenn das Gericht eine eindeutige prozessuale Vorschrift missachtet hat und dies offen zutage tritt oder wenn offensichtlich gegen eine materiell-rechtliche Norm verstoßen wurde.[2] Das kann der Fall sein, wenn die **Beweisfrage zu unbestimmt** formuliert wurde und sich der Sachverständige dadurch zur Beantwortung einer durch Gesetzesauslegung zu beantwortenden Rechtsfrage veranlasst sehen durfte,[3] etwa zur Angemessenheit eines Steuerberaterhonorars[4] oder zur Prüfung der Rechtmäßigkeit einer Schlussrechnung.[5] Bei **gem. § 144 von Amts wegen** eingeholten Gutachten dürfen die Kosten nicht außer Verhältnis zum Streitgegenstand stehen[6] und der Gutachtenauftrag darf nicht hinter dem Rücken der Parteien erteilt werden.[7]

Eine **analoge Anwendung des § 21 Abs. 1 S. 2 GKG** kommt in Betracht, wenn der staatliche Fehler nicht in der Entscheidungstätigkeit des Richters, sondern in anderen Maßnahmen zu sehen ist, etwa wenn ein Verfahren wegen Insolvenzeröffnung über das Vermögen einer Prozesspartei eröffnet worden ist, ein von dieser Partei als Antragstellerin einer Beweiserhebung eingezahlter Auslagenvorschuss trotz fortbestehenden Bedarfs zurückgezahlt wird und die andere Partei dann als Kostenschuldner gem. § 22 Abs. 1 GKG für die Auslagen aufzukommen hat.

§ 68 Parteikosten

I. Aufwendungen zur Rechtsdurchsetzung

Die Kosten, die die **Teilnahme** der Parteien **an einer Beweisaufnahme** verursacht, sind **für** eine zweckentsprechende **Rechtsdurchsetzung** oder Rechtsverteidigung **erforderlich** und damit erstattungsfähig.[8] Etwas anderes wird nur dann angenommen, wenn für die an der Beweisaufnahme teilnehmende Partei ex ante feststeht, dass ihre Anwesenheit keinen Einfluss auf die Tatsachenaufklärung haben wird und deshalb überflüssig ist. Dann fehlt es an der Notwendigkeit dieser Kosten und damit an einer

---

1 So in OLG Koblenz DR 2013, 1366 zur Echtheit einer Unterschrift.
2 OLG Karlsruhe OLGRep. 2008, 242 = NJW-RR 2008, 807; s. ferner OLG München NJW-RR 2003, 1294.
3 OLG Brandenburg FamRZ 2004, 1662.
4 OLG Düsseldorf NJW-RR 2007, 1151.
5 OLG Stuttgart OLGRep. 2005, 732; OLG Nürnberg MDR 2011, 386.
6 OLG Naumburg FamRZ 2003, 386.
7 OLG Naumburg FamRZ 2003, 386.
8 OLG München NJW 1964, 1480; OLG Koblenz MDR 1977, 673; OLG Koblenz MDR 1986, 764; OLG Frankfurt MDR 1972, 617; OLG Frankfurt MDR 1980, 500 f.; MünchKommZPO/*Heinrich*⁴ § 357 Rz. 15.

Erstattungsfähigkeit.[1] Durch die Handhabung des § 91 ZPO darf die **Ausübung des Fragerechts** (§§ 397, 402, 451) und der Wortmeldung der Naturalpartei (§ 137 Abs. 4) nicht entwertet werden.

7 Die **Beschaffung von Beweismitteln** oder von Informationen über Beweismittel kann erstattungsfähige Kosten auslösen. Dazu können auch **Detektivkosten** gehören.[2] Erforderlich ist aber, dass für das Beweismittel nicht ein rechtliches Verwertungsverbot besteht.

8 Zu den Kosten von **Parteigutachten** s. Rz. 58 ff.

II. Anwaltliche Beweisgebühr

9 Unter der Geltung der **BRAGO** erhielt der prozessbevollmächtigte Rechtsanwalt nach § 31 Abs. 1 Nr. 3 eine volle Gebühr als Beweisgebühr für die Vertretung im Beweisverfahren. Umstritten war dabei, welche Tätigkeit der Anwalt vornehmen musste, um die Beweisgebühr zu verdienen. Seit Einführung des **RVG** zum 1.7.2004 fallen gesonderte Rechtsanwaltsgebühren für die Beweisaufnahme nicht mehr an. Relevant ist der genannte Meinungsstreit daher nur noch für Streitigkeiten über die Angemessenheit von Gebühren in Altfällen. Gerichtskosten entstehen weder für den Beweisbeschluss noch für die Durchführung der Beweisaufnahme selbst.

10 Voraussetzung für die Entstehung der anwaltlichen Beweisgebühr und die Erhebung des Auslagenvorschusses war das Vorliegen einer Beweiserhebung. Dafür war eine förmliche Beschlussfassung über die Beweisaufnahme nicht erforderlich.[3] Entscheidend war, ob bei **objektiver Würdigung** eine **Beweisaufnahme** vorlag.[4] Daran fehlte es, wenn das Gericht nur eine informatorische Besichtigung vornahm.[5] In Wettbewerbssachen und in Verfahren betreffend die Verletzung gewerblicher Schutzrechte werden häufig kollidierende verwechslungsfähige Kennzeichnungsmittel oder behauptete Produktnachahmungen im Original oder in Abbildungen vorgelegt. Ob sie nur der Verdeutlichung und Ergänzung des Sachverhalts dienen, ist im Einzelfall zu klären; eine einheitliche Praxis ist nicht erkennbar.[6]

---

1 OLG Düsseldorf NJW 1954, 1815 („in aller Regel" bei Bestellung eines Prozessbevollmächtigten nicht erforderlich; insoweit zu allgemein); OLG Frankfurt MDR 1980, 500, 501; MünchKomm-ZPO/*Heinrich*[4] § 357 Rz. 15.
2 BGH CR 2013, 585.
3 OLG Frankfurt AnwBl 1980, 367; OLG Koblenz MDR 1993, 1134; OLG München JurBüro 1990, 866, 867; OLG München JurBüro 1991, 684; OLG Hamburg MDR 1993, 286.
4 OLG Frankfurt AnwBl 1980, 367; OLG Hamburg MDR 88, 684, 685; MDR 1993, 286; OLG München JurBüro 1990, 866, 867; JurBüro 1991, 684.
5 KG JurBüro 1992, 398; OLG Bamberg JurBüro 1990, 721; OLG Hamburg MDR 1992, 1089; OLG Koblenz MDR 1993, 1134; OLG München JurBüro 1991, 684; OLG Oldenburg JurBüro 1992, 604; LG Heilbronn Rpfleger 1993, 174.
6 OLG Frankfurt JurBüro 1986, 226 (Vergleich von Leuchten und Mustern des vorbekannten Formenschatzes, Beweisaufnahme verneint); OLG Hamburg JurBüro 1988, 1171 = MDR 1988, 684 (Glasform von Honiggläsern, Beweisaufnahme bejaht); OLG München NJW 1964, 1527 (Beweisaufnahme bejaht); OLG Stuttgart, AnwBl. 1980, 510; OLG München JurBüro 1991, 684, 685 (Beweisaufnahme im Regelfall zu verneinen); OLG Oldenburg JurBüro 1992, 604 (Vergleich von Gebindeaufklebern, Beweisaufnahme verneint); OLG Hamburg MDR 1993, 286 (Ähnlichkeit von Puppen, Beweisaufnahme bejaht).

§ 69 Zeugenentschädigung

Schrifttum:
Hartmann, Kostengesetze, 43. Aufl. 2013; *Meyer/Höver/Bach*, Vergütung und Entschädigung von Sachverständigen (JVEG), Kommentar, 26. Aufl. 2013.

I. Gesetzesentwicklung, Aufbau des JVEG

Ursprünglich enthielt § 401 eine Verweisung auf die Gebührenordnung für Zeugen und Sachverständige und gewährte daneben ein Recht auf Zeugenentschädigung nach dem Recht des Aufenthaltsortes und auf Vorschuss. Durch KostenänderungsG vom 26.7.1957[1] wurden die Kostenregelungen im Gesetz über die Entschädigung von Zeugen und Sachverständigen (**ZSEG**) gebündelt. Art. 2 des Kostenrechtsmodernisierungsgesetzes vom 5.5.2004[2] hat das ZSEG durch das Justizvergütungs- und Justizentschädigungsgesetz (**JVEG**) ersetzt.

Das JVEG regelt **abschließend** (§ 1 Abs. 1 S. 2: „nur") **Grund und Höhe** des öffentlich-rechtlichen – gegen den Bund oder ein Land gerichteten – Anspruchs auf Zeugen- oder Sachverständigenentschädigung. **Abschnitt 5 des JVEG** betrifft mit den §§ 19–22 die Entschädigung von **Zeugen**, während **Abschnitt 3** die Vergütung von **Sachverständigen**, Dolmetschern und Übersetzern behandelt. **Gemeinsame Vorschriften** enthält Abschnitt 1 über Fahrtkostenersatz, Entschädigung für Aufwand und Ersatz sonstiger Aufwendungen.

II. Entschädigungsgrundsatz

1. Vergütungslose öffentlich-rechtliche Pflichterfüllung

Die Zeugnispflicht ist eine staatsbürgerliche Pflicht, für deren Erfüllung keine Vergütung gezahlt wird. Jedoch soll der Zeuge eine **angemessene Entschädigung** (§ 19 JVEG) erhalten. § 1 Abs. 1 S. 1 Nr. 3 JVEG knüpft sie daran, dass der Zeuge zu Beweiszwecken „herangezogen" wurde.

2. Geladener Zeuge, schriftliche Aussage

Findet eine Zeugenvernehmung statt, kann der Zeuge auch dann eine Entschädigung verlangen, wenn er **ohne Ladung erschienen** ist oder wenn er von einer Partei im Termin gestellt wurde. Der Anspruch besteht auch, wenn der geladene und erschienene Zeuge **nicht vernommen** wurde. Dies gilt ebenso für den irrtümlich geladenen Zeugen,[3] jedenfalls soweit er nicht erkennen konnte, dass er nicht zu erscheinen braucht. Zu entschädigen ist ein Zeuge auch dann, wenn er außerhalb einer Verhandlung eine **schriftliche Aussage** macht.[4]

Für den gestellten und vernommenen Zeugen, der **keinen Abrechnungsantrag gestellt** hat, weil er **Leistungen** auf seine notwendigen Auslagen **direkt von der Partei** in bar oder als Naturalleistung (Fahrkarte) erhalten hat, kann die Partei ihre Aufwendungen im **Kostenfestsetzungsverfahren** geltend machen, dies aber nur bis zur Höhe der Entschädigung nach dem JVEG. Dasselbe gilt für den geladenen Zeugen, den die Partei

---
1 BGBl. I 1957, 902, 932.
2 BGBl. I 2004, 718, 776.
3 Stein/Jonas/*Berger*[22] § 401 Rz. 3.
4 MünchKommZPO/*Damrau*[4] § 401 Rz. 4.

entschädigt, weil er die Dreimonatsfrist des § 2 Abs. 1 JVEG versäumt hat, nach deren Ablauf der Entschädigungsanspruch erlischt.[1]

3. Nicht geladener Zeuge

16 Ein mitgebrachter oder freiwillig erschienener, aber **nicht angehörter Zeuge** kann keine Kostenerstattung nach dem JVEG verlangen, sondern muss die **Partei** gem. **§ 670 BGB** in Anspruch nehmen,[2] die ihn als Zeugen benannt hat bzw. zu benennen beabsichtigte. Wird der Zeuge hingegen angehört, ist er wie ein geladener Zeuge zu behandeln, weil er i.S.d. § 1 JVEG „herangezogen" wurde. Die Auslagen der Partei für einen sistierten Zeugen, die sie für erforderlich halten durfte, sind in Höhe der Sätze des JVEG von der unterlegenen Partei zu erstatten.[3]

4. Sachverständiger Zeuge

17 Der sachverständige Zeuge, der die zu bekundenden Wahrnehmungen aufgrund besonderer Sachkunde getroffen hat, wird **grundsätzlich wie** ein **Zeuge** entschädigt.[4] Jedoch ist er als Sachverständiger zu entschädigen, wenn er trotz Ladung als Zeuge nach dem Inhalt seiner Befragung als Sachverständiger herangezogen worden ist, nämlich Fragen des Gerichts über auf seiner Sachkunde beruhende subjektive Wertungen, Schlussfolgerungen oder Hypothesen zu beantworten hatte.[5]

III. Entschädigungsumfang

1. Auslagen, Aufwand

18 Zu den erstattungsfähigen Auslagen des Zeugen gehören die **Fahrtkosten** (§ 5 JVEG), der durch Abwesenheit vom Aufenthaltsort oder durch die Wahrnehmung eines Termins am Aufenthaltsort entstandene **Aufwand** (§ 6 JVEG) und sonstige **notwendige bare Auslagen** (§ 7 JVEG). Der Anspruch auf Ersatz der Reisekosten verringert sich, wenn der Zeuge einen Wechsel des Aufenthaltsortes schuldhaft nicht rechtzeitig anzeigt und der Zeuge vor einem dem neuen Aufenthaltsort näher gelegenen Gericht hätte vernommen worden werden können.[6]

19 Unter die sonstigen Auslagen fallen Kosten für den Nachweis des entschuldigten Ausbleibens eines Zeugen oder Sachverständigen, etwa die Kosten eines **ärztlichen Attests**[7] oder der **Beauftragung eines Anwalts**, der den Zeugen im Beschwerdeverfahren wegen unentschuldigten Ausbleibens oder im Zwischenverfahren über ein Zeugnisverweigerungsrecht vertreten hat[8] (s. auch Kap. 37 Rz. 20).

20 Auslagen sind auch Aufwendungen, die durch die **Verpflichtung nach § 378 Abs. 1** entstehen, etwa Kosten des Ausdrucks gespeicherter Daten (Kap. 33 Rz. 70).

---

1 So OLG Karlsruhe JurBüro 1991, 1514.
2 Musielak/*Huber*[10] § 401 Rz. 1.
3 OLG Nürnberg NJW-RR 2011, 1292 (sistiert im Verfügungsverfahren ohne Vernehmung).
4 LG Hamm NJW 1972, 2003, 2004, OLG München JurBüro 1981, 1699; OLG Rostock OLGRep. 2009, 226.
5 OLG Rostock OLGRep. 2009, 226; s. ferner OLG Hamm NJW 1972, 2003, 2004, OLG München JurBüro 1981, 1699. S. auch OLG Nürnberg NJW-RR 2011, 1292.
6 *Hartmann* Kostengesetze[43] § 5 JVEG Rz. 22 f.; Stein/Jonas/*Berger*[22] § 401 Rz. 3.
7 *Hartmann* Kostengesetze[43] § 7 JVEG Rz. 5.
8 OLG Düsseldorf MDR 1985, 60; OLG Düsseldorf MDR 1997, 893; VGH Bad-Württ. NVwZ-RR 1996, 478, 479; *Hartmann* Kostengesetze[43] § 7 JVEG Rz. 8.

2. Zeitverlust, Verdienstausfall

Zeitverlust (§ 20 JVEG) und Verdienstausfall (§ 22 JVEG) werden ebenfalls entschädigt. Dazu gehört auch der Zeitverlust bei der **Haushaltsführung** (§ 21 JVEG).

IV. Abrechnungsverfahren

Grundsätzlich erfolgt die Festsetzung der Entschädigung von Amts wegen in einem reinen Verwaltungsverfahren durch den **Urkundsbeamten** der Geschäftsstelle. Eine **gerichtliche Festsetzung** erfolgt auf Antrag des Zeugen oder soweit das Gericht die Festsetzung für angemessen hält (§ 4 Abs. 1 S. 1 JVEG). Gegen die gerichtliche Festsetzung ist unter den Voraussetzungen des § 4 Abs. 3 JVEG – Wert des Beschwerdegegenstandes von mehr als 200 € oder grundsätzliche Bedeutung – die **Beschwerde** zulässig.

Im Einzelfall kann **unklar** sein, ob eine **Zeugen- oder Sachverständigenvernehmung** vorliegt. Das Gericht ist bei der Festsetzung nicht an Beweisbeschluss oder Beweisantritt gebunden, sondern kann vielmehr danach entscheiden, wie die Beweisaufnahme verlaufen ist.[1]

§ 3 JVEG sieht auf Antrag eine **Vorschusszahlung** aus der Staatskasse vor, soweit dem Zeugen voraussichtlich erhebliche Fahrtkosten oder sonstige Aufwendungen entstehen werden. Auf die **Zumutbarkeit der Verauslagung** aus eigenen Mitteln, etwa angesichts der eigenen finanziellen Verhältnisse, kommt es **nicht** an. Durch Ablehnung eines Vorschusses entfällt die Zeugenpflicht nicht.[2]

§ 70 Sachverständigenentschädigung

Schrifttum:

Kommentare: *Hartmann*, Kostengesetze, 43. Aufl. 2013, Teil V; *Meyer/Höver/Bach*, Vergütung und Entschädigung von Sachverständigen, (JVEG), 26. Aufl. 2013.

Aufsätze: (1) zum ZSEG: *Dück*, Zuschläge zur Vergütung des Sachverständigen, JurBüro 1992, 140; *Hesse*, Verlust des Entschädigungsanspruchs des gerichtlichen Sachverständigen, NJW 1969, 2263; *Jessnitzer*, Rückforderung überzahlter Entschädigungsbeträge, Rpfleger 1980, 216; *Jessnitzer*, Die Entschädigung des abgelehnten Sachverständigen, der als sachverständiger Zeuge vernommen wird, in: Der Sachverständige 1991, 268; *Kamphausen*, Zur Entschädigung des gerichtlichen Sachverständigen bei Überschreitung des gerichtlichen Auslagenvorschusses, JurBüro 1982, 7 ff.; *Kamphausen*, Verfassungsrechtliche Aspekte bei der Entschädigung gerichtlicher Sachverständiger, MDR 1984, 97; *Kamphausen*, Sachverständigenentschädigung und verfassungskonforme Auslegung des ZSEG, MDR 1993, 21; *Kääb/Jandel*, Sachverständigenhonorare – ein Faß ohne Boden? NZV 1998, 268.

(2) zum JVEG: *Fellner*, Sachverständigenvergütung – Versagung wegen zögerlicher Auftragsbearbeitung, MDR 2012, 260; *Hansens* Kostenrechtsmodernisierungsgesetz – Änderungen im GKG und das neue JVEG, AnwBl. 2004, 142; *Ley*, Die neue Vergütung des Sachverständigen im Insolvenzverfahren nach dem Justizvergütungs- und Entschädigungsgesetz, ZIP 2004, 1391; *Schur*, Die Vergütung des vorläufigen Sachwalters – Regelvergütung, Berechnungsgrundlage, Zuschläge, ZIP 2014, 757.

---

[1] OLG Düsseldorf VersR 1983, 544, 545; OLG Hamm MDR 1988, 418; OLG Hamm JurBüro 1991, 1259; OLG Hamburg JurBüro 1985, 1218; OLG Köln MDR 1993, 391, 392; *Hartmann* Kostengesetze[43] § 19 JVEG Rz. 3.
[2] Stein/Jonas/*Berger*[22] § 401 Rz. 10.

I. Grundlagen der Vergütung

1. JVEG, öffentlich-rechtliches Leistungsverhältnis

25 Die Vergütung des Sachverständigen richtete sich für Aufträge, die vor dem 1. Juli 2004 erteilt worden waren, nach dem Gesetz über die Entschädigung von Zeugen und Sachverständigen (**ZSEG**). Es ist abgelöst worden durch das Justizvergütungs- und Justizentschädigungsgesetz (**JVEG**) i.d.F. des Art. 2 Kostenrechtsmodernisierungsgesetz vom 5. Mai 2004.[1] Dessen Regelung ist durch Art. 7 2. Kostenrechtsmodernisierungsgesetz vom 23.7.2013 geändert worden.[2]

26 Zwischen Gericht und Sachverständigem besteht ein **öffentlich-rechtliches Leistungsverhältnis**.[3] Der Vergütungsanspruch ist daher öffentlich-rechtlicher Natur,[4] seine Festsetzung im Rahmen der ordentlichen Gerichtsbarkeit jedoch durch das JVEG den ordentlichen Gerichten zugewiesen. Das JVEG findet Anwendung auf die Vergütung (früher: Entschädigung) von **Sachverständigen** (§ 1 Abs. 1 Nr. 1) sowie von **Behörden** und sonstigen öffentlichen Stellen, die vom Gericht zu Sachverständigenleistungen herangezogen werden (§ 1 Abs. 2). Ob die Inanspruchnahme einer Behörde im Wege der Amtshilfe erfolgte, ist für die Anwendung des JVEG bedeutungslos.[5]

27 Wie das BVerfG zum ZSEG geurteilt hat, bewirkten die begrenzten Vergütungssätze i.V.m. der Verpflichtung zur Gutachtenerstattung eine **Indienstnahme Privater für öffentliche Aufgaben**, die am Maßstab des **Art. 12 Abs. 1 GG** zu messen war.[6] Daran hat sich unter dem JVEG nichts geändert, auch wenn das Gesetz eine **leistungsgerechte Vergütung** anstrebt, die sich am Bild des selbständig und hauptberuflich Tätigen orientiert.[7]

28 Das JVEG ist eine **abschließende Spezialregelung**, die eine Berufung auf andere Anspruchsgrundlagen bzw. eine Geltendmachung in anderen Verfahren ausschließt.[8] Sie erlaubt aber in § 13 JVEG die Zahlung von Vergütungen abweichend von der gesetzlichen Regelung im Einverständnis der Parteien.

29 Auf die **privatrechtlich** geschuldete Sachverständigenvergütung ist das **JVEG nicht** anzuwenden. Die Sätze sind aber heranzuziehen, wenn im einstweiligen Verfügungsverfahren ein Sachverständiger als präsentes Beweismittel sistiert wird, er nicht vernommen wird, jedoch die unterlegene Partei gleichwohl dessen Vergütung zu erstatten hat.[9]

2. Vergütungsbestandteile

30 Der Sachverständige erhält gem. § 8 Abs. 1 JVEG ein **Honorar** für seine Leistungen, das in §§ 9 und 10 JVEG näher bestimmt ist, ferner **Fahrtkostenersatz** (§ 5 JVEG) und

---

1 BGBl. I 2004, 718.
2 BGBl. I 2013, 2586; dazu RegE BT-Drucks. 17/11471.
3 BGH NJW 1973, 554; 1976, 1154; OLG München NJW 1979, 608, 609; OLG Koblenz JurBüro 1995, 151.
4 OLG München NJW 1979, 608, 609.
5 OLG Düsseldorf NStZ 1989, 581, 582 m.w.N. (zu Leistungen der Funkstörungsmessstelle der damaligen Bundespost).
6 So zum ZSEG BVerfGE 33, 240, 244 = NJW 1972, 1891; BVerfGE 88, 145, 159 = MDR 1993, 21 m. Anm. *Kamphausen*; BVerfG NJW-RR 2002, 67; s. auch BVerfGE 101, 331, 347 (Berufsbetreuer). Zum JVEG BVerfG ZIP 2006, 86.
7 Entwurf KostRMoG, BR-Drucks. 830/03 S. 2.
8 Zum ZSEG: BGH NJW 1984, 870, 871 = ZSW 1984, 209 m. Anm. *Müller*.
9 OLG Nürnberg MDR 2011, 889, 890.

Entschädigung für Aufwand (§ 6 JVEG) und sonstige Aufwendungen[1] (§ 7 JVEG). Besondere Auslagen, die über die Gemeinkosten und den üblichen Aufwand hinausgehen (z.B. Kosten für Hilfskräfte,[2] verbrauchte Stoffe und Werkzeuge, Lichtbilder[3]), werden nach § 12 Abs. 1 S. 2 JVEG ersetzt (s. auch Kap. 47 Rz. 23). Die Hinzuziehung einer **qualifizierten Hilfskraft** darf nicht zu Doppelarbeiten führen.[4] Ein bei unpersönlicher Beauftragung vom Leiter einer Klinik oder eines Instituts für die Gutachtenerstellung bestimmter Klinikarzt ist selbst Sachverständiger und nicht Hilfskraft.[5]

Das **Honorar** richtet sich gem. § 9 nach der für die zur Gutachtenerstattung **aufgewandte Zeit**.[6] Zwischen Fachkunde und Zeitaufwand muss eine plausible Proportionalität bestehen.[7] Die Regelsätze differieren nach Honorargruppen, denen typische Leistungen tabellarisch zugeordnet sind; das Honorar für medizinisch-biologische Leistungen bestimmt sich nach dem Katalog der Anlage zu § 10 JVEG. Ein Regelsatz kann mit Zustimmung der den Beweis beantragenden Partei nach Anhörung der anderen Partei mit Zustimmung des Gerichts erhöht werden, wenn der Gutachtenauftrag schon erteilt worden ist;[8] der einbezahlte Vorschuss muss die Vergütung allerdings decken. **Sachverständige**, die **häufiger** zur Gutachtenerstattung **herangezogen werden**, also auch Berufssachverständige, können nach § 14 mit der obersten Landesbehörde oder einer von ihr bestimmten Stelle eine Vereinbarung über die Vergütung im Rahmen der gesetzlich vorgesehenen Vergütung treffen. Wichtige Sachverständigentätigkeiten werden von den Honorargruppen nicht erfasst. Dazu gehören z.B. die Tätigkeit des isolierten Sachverständigen, der im **Insolvenzeröffnungsverfahren** ein Massegutachten erstattet,[9] die Tätigkeit des **Auslandsrechtssachverständigen**, die Tätigkeit im Patentnichtigkeitsverfahren[10] oder die Beweisermittlung im Gewerblichen Rechtsschutz z.B. nach § 140c PatG.[11]

Für die gem. § 407a Abs. 1 erforderliche **Vorprüfung**, ob der Gutachtenauftrag in das eigene Fachgebiet fällt, erhält der Sachverständige regelmäßig **keine** Vergütung.[12] Etwas anderes gilt nur, wenn die Vorprüfung einen nicht unerheblichen Arbeitsaufwand

---

1 Zum Streit um Eigenkopien des Gutachtens: OLG Hamburg MDR 2006, 1135, 1136 (nein); OLG Koblenz FamRZ 2006, 1475 (nein); OLG Brandenburg MDR 2007, 868 (ja); OLG Oldenburg MDR 2009, 774 (nein). Zu Anwaltskosten des Sachverständigen: OLG Koblenz NJW-RR 2013, 1342.
2 Vgl. OLG Koblenz NJW-RR 2002, 1222: Hinzuziehung eines Klempners und Beschaffung eines Gerüsts. Keine Vergütung bei Ausgleich fehlenden Fachwissens durch Hilfskräfte, OLG Nürnberg OLGRep. 2006, 770.
3 OLG Oldenburg NJW-RR 2003, 1655 (auch für nicht im Gutachten verwertete Bilder).
4 OLG München NJW-RR 1999, 73, 74 (kein Zeitaufwand für Konsilium mit dem Sachverständigen und für doppeltes Aktenstudium).
5 OLG Koblenz JurBüro 1995, 151, 152.
6 Zum Zeitbedarf: BGH GRUR 2007, 264 – Literaturrecherche; BGH GRUR-RR 2009, 120 – Fertigstellung; OLG Schleswig FamRZ 2009, 1706.
7 BGH GRUR-RR 2010, 272; BGH GRUR 2013, 863 Rz. 5 = NJW-RR 2013, 1403.
8 BGH GRUR 2013, 863 Rz. 9 f. = NJW-RR 2013, 1403.
9 Dazu OLG Bamberg NJW-RR 2005, 563, 564; OLG München ZIP 2005, 1329, 1330; OLG Nürnberg Rpfleger 2006, 500, 501; OLG Hamburg ZInsO 2010, 634; AG Göttingen NJW-RR 2005, 58, 59; LG Hamburg ZIP 2011, 1119; zum „schwachen" vorläufigen Insolvenzverwalter BVerfG ZIP 2006, 86; OLG Hamburg NJW-RR 2006, 50 = Rpfleger 2005, 571; OLG Frankfurt NJW-RR 2006, 49; AG Göttingen ZIP 2013, 36; *Schur* ZIP 2014, 757 ff. S. auch BGH ZIP 2009, 1630 (kein Vergütungsabschlag für späteren InsVerw). Zur Vergütung des vorinsolvenzlichen Sanierungsberaters *Mock* ZIP 2014, 445 ff.
10 BGH GRUR 2007, 175 Rz. 5.
11 LG München I InstGE 13 Nr. 10 S. 63, 64.
12 Zum ZSEG: BGH MDR 1979, 754; BGH NJW 2002, 2253 = GRUR 2002, 732 – Massedurchfluss; OLG Köln MDR 1993, 1024 = VersR 1994, 76; OLG Hamburg JurBüro 1993, 119. Zum JVEG: BGH GRUR 2007, 175 Rz. 7.

erfordert.[1] Ebenfalls **nicht** vergütet wird die **Stellungnahme** zu einem **Ablehnungsantrag**,[2] sie dient weder der Vorbereitung, noch der Erstattung des Gutachtens (Kap. 46 Rz. 68). Dasselbe gilt für die Erläuterung seiner Rechnung.[3] Die Parteien können sich gem. § 13 JVEG mit einer **besonderen Vergütung** einverstanden erklären. Dies gilt für alle Vergütungsbestandteile.[4] Die Zustimmung muss eindeutig und unzweifelhaft erklärt werden.[5] Eine gesetzwidrige Zusage des Gerichts zur Zahlung einer besonderen Vergütung entfaltet aus Gründen des Vertrauensschutzes Bindungswirkung im Verhältnis zur Staatskasse.[6]

3. Vergütungsfestsetzung

33 Die Vergütung setzt einen Antrag des Sachverständigen voraus (§ 2 Abs. 1 JVEG). Der Anspruch ist innerhalb einer **Ausschlussfrist** von drei Monaten geltend zu machen. Dagegen ist Wiedereinsetzung möglich;[7] dies gilt auch für eine Nachforderung.[8] Er **verjährt** gem. § 2 Abs. 3 JVEG in zwei Jahren nach Ablauf des Jahres, in dem er entstanden ist. Entstehungszeitpunkt ist das erstmalige Zahlungsverlangen i.S.v. § 2 Abs. 1 JVEG.[9]

34 Die Vergütung wird regelmäßig von Amts wegen durch den **Urkundsbeamten** der Geschäftsstelle in einem Verwaltungsverfahren nach §§ 2 und 3 JVEG **ohne Beteiligung** und Antragsrecht **der Parteien** festgesetzt.[10] Eine **gerichtliche Festsetzung** erfolgt nur auf ausdrücklichen Antrag des Sachverständigen oder der Staatskasse (§ 4 Abs. 1 S. 1 JVEG). Die gerichtliche Entscheidung ist für den Sachverständigen und die Staatskasse mit der fristlosen Beschwerde anfechtbar (§ 4 Abs. 3),[11] nicht aber für die Parteien; diese können sich gegen den Kostenansatz nur gem. § 66 GKG wehren.[12]

35 Die von der Gerichtskasse gezahlte Vergütung zählt zu den **Auslagen des Gerichts**; sie sind Teil der Gerichtskosten.[13] Eine Partei, die mit Kosten einer nach dem JVEG nicht geschuldeten Sachverständigenentschädigung belastet wird, kann deren Rechtmäßigkeit ohne Bindung an ein gerichtliches Festsetzungsverfahren nach § 4 JVEG in vollem Umfang im **Erinnerungsverfahren des § 66 GKG** nachprüfen lassen;[14] gegebenenfalls besteht ein Erstattungsanspruch gegen die Gerichtskasse, nicht aber ein deliktischer Schadensersatzanspruch gegen den Sachverständigen.[15] In den Gerichts-

---

1 KG MDR 1988, 330: bejaht bei einem halben Arbeitstag zur Schätzung der entstehenden Kosten; OLG Stuttgart Rpfleger 1985, 213: bejaht, wenn „differenzierte" Erwägungen erforderlich.
2 OLG Köln VersR 1995, 1508, 1509; OLG Koblenz MDR 2000, 416; OLG Koblenz VersR 2004, 130/131; a.A. OLG Frankfurt/M. OLGR 1993, 187 = MDR 1993, 484, 485.
3 OLG Koblenz MDR 2007, 493.
4 Vgl. zum ZSEG OLG Koblenz MDR 2001, 1077, 1078 (betr. Auslagen).
5 OLG Koblenz MDR 2010, 346; OLG Brandenburg MDR 2010, 1351.
6 Vgl. OLG Düsseldorf NJW-RR 2000, 139, 140 = MDR 2001, 1528; a.A. OLG Koblenz JurBüro 1995, 153.
7 OLG Koblenz MDR 2012, 428.
8 OLG Schleswig FamRZ 2014, 155 (dort: Umsatzsteuer).
9 So zum ZSEG SchlHOLG JurBüro 1986, 421, 422; LG Hildesheim KostRspr § 15 ZSEG Nr. 1.
10 OLG Oldenburg NJW 1986, 256; OLG Koblenz Rpfleger 1981, 37; KG Rpfleger 1973, 38.
11 Zur Verwirkung des Beschwerderechts OLG Düsseldorf MDR 1997, 104 (Anfechtung nach 18 Monaten). Zum Beschwerdeausschluss nach § 9 Abs. 1 S. 6 JVEG: BVerfG NJW-RR 2006, 1500.
12 BGH NJW-RR 2012, 311 Rz. 9 (gegen Instanzrechtsprechung); OLG Oldenburg NJW 1986, 256.
13 Zur Zweitschuldnerhaftung OLG Düsseldorf ZIP 2009, 1172 (SV-Gutachten im Insolvenzverfahren).
14 BGH NJW 1984, 870, 871; BGH NJW-RR 2012, 311 Rz. 8 (Nichtmitteilung der Überschreitung des Vorschusses entgegen § 407a III 2); OLG Düsseldorf NJW-RR 1996, 189 f.
15 BGH NJW 1984, 870, 871.

kosten enthaltene Umsatzsteueranteile des Sachverständigen sind im Verhältnis zur kostentragungspflichtigen Partei nicht auszuweisen, weil es an einer Berechtigung zum Vorsteuerabzug fehlt.[1]

II. Vergütungswürdigkeit, Verlust des Anspruches

1. Verwirkung

Im JVEG war bis 2013 nicht ausdrücklich geregelt, ob bzw. unter welchen Umständen der Sachverständige seinen Vergütungsanspruch verliert. Die Rechtsprechung hat jedoch die Beurteilung der **Vergütungswürdigkeit** (Entschädigungswürdigkeit) im Wege ergänzender Auslegung der Regelungsmaterie des JVEG (ZSEG) zugeordnet[2] und bestimmte Fallgruppen anerkannt, in denen der Sachverständige durch die **schuldhaft herbeigeführte Unverwertbarkeit** des Gutachtens seinen Vergütungsanspruch wegen Verstoßes gegen Treu und Glauben[3] verwirkt. § 8a JVEG regelt die Tatbestände seither. Die Regelung orientiert sich an der bisherigen Rechtsprechung.[4]

36

Soweit früher teilweise auf § 8 Abs. 1 GKG a.F. (§ 21 Abs. 1 GKG n.F.) zurückgegriffen wurde,[5] war zu differenzieren. Dort ist lediglich das **Verhältnis Staatskasse/Kostenschuldner** geregelt, das ohne Belang für die Frage ist, ob dem Sachverständigen ein Anspruch gegen die Staatskasse zusteht. Das **Verhältnis Sachverständiger/Staatskasse** wird durch das JVEG bestimmt, so dass für die Entscheidung über den Verlust des Vergütungsanspruchs auf den Rechtsgedanken von Treu und Glauben zurückzugreifen ist.

37

Ist der Anspruch des Sachverständigen infolge schuldhaft unrichtiger Sachbehandlung verwirkt, besteht regelmäßig kein Bedürfnis zur Anwendung des § 21 Abs. 1 GKG im **Verhältnis Staatskasse/Kostenschuldner**, weil der Sachverständige seinerseits keinen Anspruch gegen die Staatskasse hat, der nach dem GKG auf die Parteien überwälzt werden könnte. Soweit der Staatskasse ausnahmsweise Kosten entstanden sind, weil eine Rückforderung der **bereits ausgezahlten Entschädigung** beim Sachverständigen erfolglos bleibt, ist § 21 Abs. 1 GKG hingegen einschlägig. Die gegenteilige Auffassung, die § 21 Abs. 1 GKG nur auf die unrichtige Sachbehandlung durch Organe der Rechtspflege anwenden will,[6] beschränkt den Anwendungsbereich der Norm ohne überzeugende Begründung über seinen Wortlaut hinaus.

38

2. Einzelfälle: Nichtleistung, Unverwertbarkeit, Übermaßleistung

a) Nichterstattung des Gutachtens, unbefugte Übertragung

Dem Sachverständigen steht ein Entschädigungsanspruch erst zu, wenn er seine Verpflichtung voll erfüllt hat.[7] Für erbrachte **Teilleistungen** ist er nur zu vergüten, wenn diese für das Gericht bestimmungsgemäß **verwertbar** sind,[8] oder wenn er die **Beendi-**

39

---

1 LG Karlsruhe NJW-RR 2003, 788.
2 BGH NJW 1984, 870, 871 m.w.N.
3 BGH NJW 1976, 1154, 1155; OLG München NJW 1971, 257, 258; OLG Stuttgart Rpfleger 1976, 189.
4 RegE BT-Drucks. 17/11471, S. 259.
5 So z.B. OVG Lüneburg JurBüro 1990, 614 f.; dagegen z.B. OLG Hamburg JurBüro 1978, 898 f.; OLG Düsseldorf VersR 1981, 538 (LS); OLG Koblenz KostRspr § 8 GKG Nr. 39.
6 OLG Hamburg JurBüro 1978, 898 f.; OLG Düsseldorf VersR 1981, 538 (LS); OLG Koblenz KostRspr § 8 GKG Nr. 39 m. abl. Anm. *Schneider*.
7 OLG Hamm Rpfleger 1963, 314.
8 OLG Hamm Rpfleger 1963, 314; OLG Köln MDR 1970, 855.

gung des Begutachtungsauftrages **nicht zu vertreten** hat.[1] Dies ist z.B. der Fall, wenn der Sachverständige erst nach umfangreicheren Nachforschungen feststellen kann, dass nicht genügend Anschlusstatsachen für eine erfolgreiche Begutachtung vorhanden sind.[2]

40 Wird der **Auftrag entzogen**, entfällt der Vergütungsanspruch für **Teilleistungen** nur, wenn der Sachverständige zu der Entziehung grob fahrlässig Anlass gegeben hatte. Ist er nach Ansicht des Gerichts nicht willens oder fähig, das Gutachten überhaupt oder in angemessener Frist zu erstellen, ist grobe Fahrlässigkeit erst zu bejahen, wenn er mit dem Auftragsentzug rechnen musste, weil ihm zuvor nach § 411 Abs. 1 eine Frist gesetzt und ein Ordnungsgeld angedroht worden ist.[3] Dieser Fall wird von § 8a Abs. 2 Nr. 4 JVEG erfasst. Der Sachverständige hat keinen Anspruch auf entgangenen Gewinn, also auf Entschädigung für die entfallene Begutachtung.[4] Bei **unbefugter Übertragung** des Gutachtens auf einen Mitarbeiter entfällt die Vergütung selbst bei Mitunterzeichnung des ernannten Sachverständigen, wenn es unverwertet bleibt.[5] Darin liegt ein Verstoß gegen § 407a Abs. 2 S. 1, den § 8a Abs. 2 Nr. 1 JVEG umfasst.

b) Unverwertbarkeit infolge Ablehnung

41 Das Gutachten des Sachverständigen kann **nicht verwertet** werden, wenn er gem. § 406 wegen **Befangenheit** abgelehnt worden ist (s. auch Kap. 46 Rz. 16 ff.). **Erhalten bleibt** der Vergütungsanspruch, wenn das Gutachten trotz erfolgreicher Ablehnung **verwertet** wird, etwa als Basis eines Vergleichs der Parteien.[6] Dabei spielt es keine Rolle, ob die Verwertung im Verfahren erfolgt, oder ob die Parteien es in anderer Weise zugrunde legen, etwa bei der Durchführung von Reparaturen.[7]

42 Die **leicht fahrlässig** herbeigeführte Ablehnung lässt den Anspruch grundsätzlich **nicht** entfallen.[8] Nur wenn der Sachverständige seine Ablehnung nach seiner Beauftragung **grob fahrlässig** oder **vorsätzlich** verschuldet, verwirkt er seinen Vergütungsanspruch.[9] Diese Rechtsprechung wird von § 8a Abs. 2 Nr. 3 JVEG aufgegriffen. Die **Beschränkung** auf grobe Fahrlässigkeit rechtfertigt sich (ebenso wie die entsprechende Beschränkung der Sachverständigenhaftung, vgl. dazu Kap. 43 Rz. 48 und 52) aus

---

1 OLG Hamm Rpfleger 1963, 314; OLG Celle JurBüro 1969, 754; OLG München Rpfleger 1978, 272, 273; OLG Düsseldorf OLGR 2002, 17 (Selbsttötung des Sachverständigen).
2 Vgl. OLG Celle JurBüro 1969, 754 (Fehlschlag der Buchprüfung wegen unzulänglicher Betriebsunterlagen); weitere Beispiele bei *Hesse* NJW 1969, 2263, 2266; anders wenn er den Erörterungstermin schuldhaft versäumt, OLG Köln NJW 1970, 1980 = MDR 1970, 855.
3 OLG München MDR 2002, 57 = FamRZ 2002, 765; rigider OLG München MDR 2012, 306 m. Bespr. *Fellner* MDR 2012, 260; wohl auch OLG Brandenburg MDR 2005, 1131 (bei Verweigerung der mündlichen Erläuterung).
4 OLG München Rpfleger 1978, 272, 273 a.E.; OLG Hamburg MDR 2006, 1258.
5 OLG Koblenz MDR 2012, 1491 (Fall grob fahrlässig herbeigeführter Unverwertbarkeit).
6 OLG Koblenz MDR 2010, 463.
7 A.A. OLG Koblenz MDR 2010, 463.
8 BGH NJW 1976, 1154, 1155.
9 BGH NJW 1976, 1154, 1155 (offengelassen für grobe Fahrlässigkeit); OLG Schleswig SchlHA 1979, 58; OLG Koblenz BB 1988, 1490; OLG Bamberg JurBüro 1989, 1169, 1170 f.; OLG München NJW 1971, 257, 258; OLG Hamburg MDR 1987, 233 f.; OLG Stuttgart Rpfleger 1976, 189; KG MDR 1993, 289; OLG Frankfurt NJW 1977, 1502, 1503; OLG Hamm FamRZ 1994, 974 f.; OLG Düsseldorf NJW-RR 1997, 1353; OLG Düsseldorf MDR 2001, 1262; OLG Koblenz VersR 1990, 1255; OLG Koblenz MDR 2004, 831; OLG Jena MDR 2008, 1307; OLG Koblenz MDR 2010, 463 = VersR 2010, 647; OLG Naumburg MDR 2012, 802, 803 (nach erheblicher Auftragsüberschreitung); OLG Koblenz MDR 2013, 1064, 1065; LAG Köln NZA 1996, 560. N.A. (Verlust auch bei einfacher Fahrlässigkeit): OLG Hamburg MDR 1965, 755 (aufgegeben in OLG Hamburg MDR 1978, 237); auf den Einzelfall abstellend, aber unbedachte Äußerungen in der Regel ausschließend OLG München NJW 1970, 1240.

dem Bedürfnis, **die innere Unabhängigkeit** des Sachverständigen zu erhalten.[1] Er steht zwischen den Parteien mit ihren konträren Interessen, muss zur sachgerechten Erfüllung seiner Aufgabe zu Kritikpunkten eindeutig Stellung nehmen und kann auch bei ernsthaftem Bemühen um objektive Sachlichkeit nicht immer verhindern, in den Verdacht der Voreingenommenheit zu geraten,[2] insbesondere wenn ihn massive Angriffe einer Partei provozieren.

Da ein Schutzbedürfnis nur für die innerprozessuale Tätigkeit des Sachverständigen besteht, verwirkt er den Entschädigungsanspruch weitergehend auch dann, wenn er **leicht fahrlässig** bereits bei Übernahme der Begutachtung vorhandene **Ablehnungsgründe verschweigt**, die er bei der Vorprüfung gem. § 407a zu offenbaren hat.[3] Dasselbe gilt, wenn er Mitarbeiter des Gutachtens nicht nach hindernden persönlichen Beziehungen zu den Parteien befragt.[4]

43

Ein **grob fahrlässiges Verhalten** wird hauptsächlich in jenen Fällen in Betracht kommen, in denen der Sachverständige unmittelbar gegen die Verpflichtung zur Unparteilichkeit verstößt, wenn er z.B. durch parteiliche Äußerungen, die gegen eine Partei gerichtet sind, seine Ablehnung verursacht,[5] wenn er wirtschaftliche Verflechtungen zu einer Partei trotz Vorhaltes nicht offenbart[6] oder wenn er eine Partei nach seiner Bestellung einseitig berät oder außergerichtlich Geld von einer Partei entgegennimmt.[7] Demgegenüber wird bei der **Verletzung von Nebenpflichten**, welche die Pflicht zur Unparteilichkeit nicht unmittelbar berühren,[8] der Vorwurf grober Fahrlässigkeit nur ausnahmsweise gemacht werden können.[9] Einen Sachverständigen, der erstmals ein Gutachten erstattet und auf seine Pflichten vom Gericht nicht hingewiesen wurde, trifft kein schwerer Schuldvorwurf, wenn er zum Aufmaß im zweiten Ortstermin den Prozessgegner nicht lädt.[10] Regelmäßig ist die **Nichtladung einer Partei** aber als elementarer Pflichtverstoß des Sachverständigen zu bewerten.[11]

44

Die **Feststellungslast** für ein grob fahrlässiges Verhalten liegt bei der **Staatskasse**.[12] Die Entscheidung im Ablehnungsverfahren, die auf bloßer Glaubhaftmachung (§ 406 Abs. 3) beruht, ist für die Entscheidung im Verfahren über die Festsetzung der Vergütung nicht bindend, da dafür das die Gutachtertätigkeit unmöglich machende Verhalten bewiesen werden muss.[13] Soweit sich die Parteien trotz der Ablehnung das Gutachten zu eigen machen, z.B. indem sie es als Grundlage eines Vergleichs verwenden, kommt eine Verwirkung des Vergütungsanspruchs nicht in Betracht, soweit das

45

---

1 BGH NJW 1976, 1154, 1155; OLG Hamm FamRZ 1994, 974; OLG Düsseldorf NJW-RR 1997, 1353; anderer Begründungsansatz in OLG München NJW 1971, 257, 258 und bei *Hesse* NJW 1969, 2263, 2265 f.: Anwendung der Grundsätze der gefahrgeneigten Arbeit.
2 OLG Düsseldorf NJW-RR 1997, 1353.
3 Zur Rechtslage bis 2013: OLG Koblenz VersR 2004, 130; OLG Koblenz MDR 2002, 1152; *Hesse* NJW 1969, 2263, 2267 sub 3.a und b; MünchKommZPO/*Zimmermann*[4] § 413 Rz. 7. Zum geltenden Recht: Zöller/*Greger*[30] § 413 Rz. 7.
4 OLG Celle MDR 2008, 164 (unzutreffend auf grobe Fahrlässigkeit abstellend, die zu verneinen gewesen ist).
5 Vgl. z.B. OLG Hamburg MDR 1987, 333 f.; OLG Frankfurt NJW 1977, 1502, 1503 (anders bei Provokation unbedachter Äußerungen durch eine Partei); vgl. auch OLG München NJW 1971, 257, 259 (sehr großzügig).
6 OLG Bamberg JurBüro 1989, 1169, 1170 f.
7 OLG Hamm FamRZ 1994, 974.
8 So für Verletzung der Pflicht, beide Parteien von Ortsterminen zu benachrichtigen, OLG Stuttgart Rpfleger 1976, 189; KG MDR 1993, 289; abweichend OLG Düsseldorf BauR 1995, 435 (LS).
9 OLG Frankfurt NJW 1977, 1502, 1503.
10 OLG Koblenz MDR 2004, 831, 832.
11 OLG München NJW-RR 1998, 1687 = MDR 1998, 1123.
12 OLG Hamm MDR 1979, 942; KG Rpfleger 1973, 38.
13 OLG Hamm MDR 1979, 942.

Gutachten **trotz** seines **Mangels verwertet** werden konnte.[1] Zur Vergütung für die Stellungnahme zum Ablehnungsantrag s. oben Rz. 32 und Kap. 46 Rz. 68.

c) Unverwertbarkeit infolge inhaltlicher Mängel

46 Der Vergütungsanspruch ist grundsätzlich davon **unabhängig, ob** das Gericht oder die Parteien das Gutachten **inhaltlich für richtig halten**, solange es nur nicht infolge inhaltlicher Mängel unverwertbar ist.[2] Dies bedeutet, dass es für den Vergütungsanspruch nicht darauf ankommt, ob Parteien oder Gericht das Gutachten für überzeugungskräftig halten.[3] Eine unterschiedliche Bewertung der Verwertbarkeit im Instanzenzug geht nicht zu Lasten des Sachverständigen.[4]

47 Jedoch entfällt der Vergütungsanspruch, wenn das Gutachten infolge schwerwiegender Mängel **von vornherein unverwertbar** ist und das Gericht in eine Beweiswürdigung gar nicht erst eintreten kann.[5] § 8a Abs. 2 Nr. 2 JVEG greift diesen Sachverhalt auf. So ist entschieden worden, wenn der Sachverständige auf einen eigenverantwortlich handelnden Mitarbeiter delegiert[6] (jedoch nach § 8a Abs. 2 Nr. 1 JVEG bereits wegen Verstoßes gegen § 407a Abs. 2), wenn er die gestellte Beweisfrage nicht beantwortet,[7] wenn er die tatsächlichen Grundlagen seiner Begutachtung nicht darlegt und infolgedessen eine Überprüfung[8] und Nachvollziehung der Ergebnisse verhindert,[9] oder wenn er die zu begutachtenden Baumängel nicht selbst besichtigt hat.[10] Erst recht liegt ein inhaltlicher Mangel, der zum Wegfall der Vergütung führt, dann vor, wenn sich der Sachverständige auf die bloße Mitteilung des Beweisergebnisses beschränkt,[11] oder wenn das Gutachten schlicht unverständlich ist. Die Unverwertbarkeit muss endgültig sein, eine **Nachbesserung** durch Gutachtenergänzung also **ausgeschlossen** sein.[12]

48 In Fällen der Mangelhaftigkeit war der Vergütungsanspruch nach der Rechtspraxis bis 2013 verwirkt, wenn dem Sachverständigen **grobe Fahrlässigkeit oder Vorsatz** vorzuwerfen war.[13] Demgegenüber begründete leichte Fahrlässigkeit keine Verwirkung. Die gesetzliche Normierung der Unverwertbarkeit wegen Mangelhaftigkeit in **§ 8a Abs. 2 Nr. 2 JVEG** stellt **nicht** mehr auf ein **Verschulden** ab. Die Rechtslage ist dadurch erheblich verschärft worden.[14] Sie bedarf einer richterlichen Korrektur jedenfalls dann, wenn die Unverwertbarkeit nicht auf einem Verschulden des Gutachters

---

1 OLG Celle JurBüro 1969, 752, 753 f.; LG Bayreuth JurBüro 1991, 437, 438.
2 OLG München FamRZ 1995, 1598; OLG Köln RPfleger 1967, 98 (LS); OLG Düsseldorf MDR 1992, 912 f.; VGH Mannheim NJW 2012, 3593.
3 OLG Düsseldorf MDR 1990, 453; NJW-RR 1992, 1087.
4 OLG Düsseldorf MDR 1992, 912 f.
5 Verwertet das erstinstanzliche Gericht das Gutachten trotz inhaltlicher Mängel, so kann das Berufungsgericht die Vergütung nicht nachträglich zurückfordern, OLG Düsseldorf MDR 1992, 912 f.
6 KG VersR 2005, 1412; OLG Köln MDR 2014, 745.
7 OLG Frankfurt MDR 1977, 761, 762; AG Dortmund JurBüro 1995, 151.
8 OLG Düsseldorf FamRZ 1989, 889 = JurBüro 1989, 1169.
9 OLG Düsseldorf NJW-RR 1996, 189, 190 = JurBüro 1996, 323, 324.
10 LG Düsseldorf MDR 1991, 1207.
11 OLG Düsseldorf NJW-RR 1996, 189, 190; OLG Frankfurt/M. MDR 1977, 761, 762.
12 OLG Hamburg MDR 1997, 102 = JurBüro 1997, 96; OLG Naumburg OLG-NL 1998, 288.
13 OLG Düsseldorf MDR 1990, 453; OLG München FamRZ 1995, 1598; OLG Koblenz BB 1993, 1975 („erheblicher Schuldvorwurf"); OLG Düsseldorf NJW-RR 1996, 189, 190: „jedenfalls" bei grober Fahrlässigkeit; OLG Hamburg MDR 1997, 102 = JurBüro 1997, 96; KG MDR 2010, 719; Zöller/*Greger*[29] § 413 Rz. 5; a.A.: *Hesse* NJW 1969, 2263, 2266; MünchKommZPO/*Zimmermann*[4] § 413 Rz. 5 (leichte Fahrlässigkeit, auch bei Übernahmeverschulden wegen nicht ausreichender Sachkunde).
14 Kritisch dazu Zöller/*Greger*[30] § 413 Rz. 5.

beruht oder wenn der Mangel auf einen mitwirkenden richterlichen Fehler zurückzuführen ist.

Ein **Verschulden** des Sachverständigen ist z.B. **verneint** worden, als das Gutachten bei behaupteten Konstruktionsmängeln eines Bauwerks auf einer bloßen äußeren Besichtigung beruhte, weil der Grundeigentümer (Beweisführer oder Beweisgegner) die zerstörende Konstruktionsöffnung, die vertiefte Erkenntnisse ermöglicht hätte, nicht vorgenommen hatte; der Sachverständige ist zur Erteilung entsprechender Werkverträge nicht verpflichtet.[1] Ein **Rückforderungsverlangen der Staatskasse** ist treuwidrig, wenn das Gericht die Mängel des Gutachtens, die zum Anlass der Rückforderung genommen werden, bei Festsetzung der Entschädigung bereits gekannt hat.[2] 49

Unverwertbar sind auch **vorbereitende Teilleistungen** des Sachverständigen. Sie führen jedoch nur dann zum Wegfall des dafür entstandenen Vergütungsanspruchs, wenn der Sachverständige von der Fertigstellung des Gutachtens entbunden wird, weil er methodischen Weisungen des Gerichts nicht folgen will, ohne seine fachlichen Gründe mitgeteilt zu haben.[3] Nicht verantwortlich ist der Sachverständige für Hinderungsgründe, die auf **mangelnde Mitwirkung der Parteien** zurückzuführen sind. 50

d) Überziehen des Auslagenvorschusses

Gem. § 407a Abs. 3 S. 2 hat der Sachverständige unverzüglich das Gericht zu verständigen, wenn voraussichtlich **Kosten** entstehen werden, die **zum Streitgegenstand** erkennbar **außer Verhältnis** stehen **oder** den **Kostenvorschuss erheblich übersteigen** (dazu auch Kap. 47 Rz. 77). Verstößt der Sachverständige gegen diese Pflicht, indem er es unterlässt, das Gericht auf ein erhebliches Überschreiten des Auslagenvorschusses (bei ca. 20 %)[4] oder ein Missverhältnis der Kosten zum Streitwert[5] hinzuweisen, kommt insoweit eine **Kürzung des Vergütungsanspruchs** unter dem Gesichtspunkt der Verwirkung in Betracht.[6] 51

Zur weiteren Voraussetzung ist gemacht worden, dass jene **Unterlassung** des Sachverständigen **kausal** für die entstandenen Kosten geworden ist; eine Kürzung kommt also nur in Betracht, wenn weiterhin feststeht, dass bei Benachrichtigung durch den Sachverständigen eine weitere Begutachtung unterblieben wäre.[7] Die **Feststellungslast** trifft auch insoweit nicht den Sachverständigen.[8] Lässt sich demnach nicht feststellen, dass die Begutachtung nicht unterblieben wäre, darf der Vergütungsanspruch nicht weiterhin noch davon abhängig gemacht werden, dass die beweisbelastete Par- 52

---

1 OLG Brandenburg ZfBR 1996, 98, 100.
2 LG Düsseldorf MDR 1991, 1207.
3 KG FamRZ 1999, 1515, 1516.
4 OLG Stuttgart MDR 2008, 652; OLG Koblenz ZSW 1985, 106, 110 m. Anm. *Müller* (25 %); OLG Zweibrücken JurBüro 1997, 96, 97; OLG Schleswig JurBüro 1997, 539; s. dazu auch LG Osnabrück JurBüro 1996, 322.
5 Noch nicht bei 53 %, erst wenn Kosten Streitwert erreichen oder übersteigen, OLG Schleswig JurBüro 1989, 1173, 1174; a.A.: 50 %, MünchKommZPO/*Zimmermann*[4] § 407a Rz. 11.
6 OLG Düsseldorf NJW-RR 1992, 1087; s. auch OLG Koblenz MDR 2005, 1258, 1259 (Auszahlungsablehnung bei Überschreitung um den achtfachen Betrag).
7 OLG Brandenburg FamRZ 2014, 154, 155; OLG Naumburg MDR 2013, 172; OLG Schleswig JurBüro 1997, 539; OLG Zweibrücken JurBüro 1997, 96, 97; OLG Düsseldorf NJW 1970, 1980, 1981; OLG Hamburg MDR 1981, 327; KG MDR 1983, 678, 679; OLG Düsseldorf JurBüro 1987, 1585; OLG Düsseldorf BauR 1988, 638 Nr. 8; OLG Düsseldorf MDR 1988, 874; LG Berlin FamRZ 2009, 803.
8 OLG Köln MDR 1990, 559; a.A.: OLG Koblenz ZSW 1985, 106, 111; BayObLG NJW-RR 1998, 1294, 1295 = FamRZ 1998, 1456, 1458; OLG Nürnberg NJW-RR 2003, 791 = MDR 2003, 479; MünchKommZPO/*Zimmermann*[4] § 407a Rz. 12.

tei nachträglich einen die weiteren Kosten deckenden Vorschuss einzahlt.[1] Der Sachverständige erhält seine Vergütung auch dann, wenn das Gericht aus einer Zwischenrechnung ersieht, dass der Vorschuss bei weitem nicht ausreicht und gleichwohl untätig bleibt.[2] **Detailliert** regelt **§ 8a Abs. 3 u. 4 JVEG** die Sachverhalte des fehlenden Hinweises auf die Unverhältnismäßigkeit der Kostennote in Relation zum Streitwert (Festsetzung nach billigem Ermessen) und des fehlenden Hinweises auf die erhebliche Überschreitung des Auslagenvorschusses (Vergütung nur in Vorschusshöhe), jeweils gem. § 8a Abs. 5 JVEG bei Verschulden des Sachverständigen.

e) Überschreiten des Gutachtenauftrages (§ 407a Abs. 3 S. 1)

53 Hat der Sachverständige die Korrespondenz mit dem Gericht nicht genügend beachtet oder aus sonstigen für ihn ohne Weiteres erkennbaren Gründen **überflüssige Arbeit** geleistet, **entfällt insoweit** sein **Vergütungsanspruch**.[3] Da der Sachverständige nur für den objektiv *erforderlichen* Zeitaufwand zu entschädigen ist (§ 8 Abs. 2 JVEG), kommt es auf ein Verschulden des Sachverständigen nicht an.[4] Daher erhält der Sachverständige im umgekehrten Fall, dass seine Mehrarbeiten sich im Nachhinein als erforderlich herausstellen und im Urteil Verwendung finden, ohne Weiteres seine darauf entfallende Vergütung.[5]

54 **Welchen Umfang** die Arbeiten **im Einzelfall** haben müssen, kann in vielen Fällen der Sachverständige am besten beurteilen. Weist er das Gericht in Befolgung des § 407a Abs. 3 S. 1 darauf hin, dass er weitere Arbeiten für notwendig hält, darf er, wenn er nichts Abweichendes vom Gericht hört, davon ausgehen, dass die Ausführung des Auftrages seiner Sachkunde überlassen bleibt.[6]

3. Verfahren

55 Die Aberkennung der Vergütung erfolgt durch Beschluss. Der Sachverständige kann den Beschluss mit der **unbefristeten Beschwerde** gem. § 4 Abs. 3 JVEG anfechten.[7] Die Parteien sind an diesem Verfahren nicht beteiligt.[8] Die Entscheidung über die Verwertbarkeit des Sachverständigengutachtens im Prozess entfaltet keine Bindungswirkung für die Beurteilung der Aberkennung der Vergütung[9] (Kap. 46 Rz. 52). Umgekehrt entfaltet die **Festsetzung** der Sachverständigenvergütung **keine Bindungswirkung**.[10] Rügen die Parteien im **Rechtsbehelfsverfahren nach § 66 GKG** erfolgreich, die Staatskasse habe dem Sachverständigen eine **zu hohe Vergütung** gezahlt, kann

---

1 KG MDR 1983, 678, 679; OLG Düsseldorf MDR 1988, 874; a.A.: OLG Hamburg MDR 1981, 327.
2 OLG Zweibrücken JurBüro 1997, 96, 97.
3 OLG Hamm NJW 1970, 1240, 1241; KG Rpfleger 1957, 28; OLG Koblenz Rpfleger 1981, 248; OLG München FamRZ 1995, 1598; LG Mönchengladbach DWW 1997, 123. Zu einer überflüssigen Prüfung des Standes der Technik bei alleiniger Erkundigung des Gerichts nach Bereitschaft zur Gutachtenübernahme BGH NJW 2002, 2253 = GRUR 2002, 732 – Massedurchfluss.
4 Zutreffend OLG Koblenz Rpfleger 1981, 248; im Ergebnis so auch OLG München FamRZ 1995, 1598.
5 OLG Hamm Rpfleger 1962, 421, 422.
6 LG Bochum Rpfleger 1976, 32 (für ein Gutachten zum Auslandsrecht; dort werden die Vorfragen des IPR und der Internationalen Zuständigkeit von den auftraggebenden Gerichten vielfach falsch gesehen).
7 OLG Brandenburg ZfBR 1996, 98, 99. Zur Zuständigkeit in Familiensachen OLG München MDR 2010, 1484.
8 KG MDR 1973, 325 (LS).
9 KG MDR 1973, 325 (LS).
10 BGH NJW-RR 2012, 311 Rz. 8.

deren Festsetzung im Kostenfestsetzungsverfahren wieder geändert werden;[1] eine Überprüfung des Gerichtskostenansatzes allein im Kostenfestsetzungsverfahren ist nicht zulässig.[2]

Die **kostenbelastete Partei** kann sich gem. **§ 66 GKG** gegen die Festsetzung der Sachverständigenvergütung wehren, sofern Verwirkung gegeben ist; demgegenüber ist es ihr **verwehrt**, die Kostenbelastung in einem eigenständigen Hauptsacheverfahren im Wege des **Schadensersatzes gegenüber** dem **Sachverständigen** geltend zu machen.[3] Ist die Vergütung bereits im selbständigen Beweisverfahren angefallen, ohne dass sich der dortige Kostenschuldner gegen sie zur Wehr gesetzt hat, kann die im späteren Hauptsacheverfahren unterlegene Partei deren mangelnde Erstattungsfähigkeit als nicht notwendige Kosten (§ 91) geltend machen.[4]

56

Ist die Sachverständigenvergütung bereits ausgezahlt worden, muss sie **vom Sachverständigen zurückgefordert** werden. Der Sachverständige kann sich gegenüber dem Rückforderungsverlangen nicht auf Wegfall der Bereicherung berufen.[5] Im Einzelfall kann die Rückforderung durch die Staatskasse jedoch **verwirkt** sein. Dies kann der Fall sein, wenn das Gericht die Vergütung zuvor in Kenntnis der Mängel des Gutachtens bewilligt hat; hier kann die Rückforderung treuwidrig sein.[6] Im Übrigen kommt **Verjährung** in Betracht (§ 4 Abs. 4 JVEG: 3 Jahre ab Ende des Kalenderjahres der Zahlung).

57

III. Anhang: Kostenerstattung für Privatgutachten

Das von einer Partei eingeholte Privatgutachten kann der **besseren Substantiierung des Prozessvortrags** in der Klageschrift oder der Klageerwiderung dienen oder der späteren Kontrolle eines gerichtlich eingeholten Sachverständigengutachtens und darauf fußendem ergänzenden Sachvortrag, z.B. der Begründung eines Antrags nach § 412. Ein dem Gericht vorgelegtes Privatgutachten darf nicht ignoriert werden, wenn es sich kritisch mit den Ergebnissen eines Gerichtsgutachtens auseinandersetzt oder wenn das Gericht abweichende eigene Sachkunde in Anspruch nimmt (Kap. 44 Rz. 43). Die **Kosten** für ein Privatgutachten sind gem. § 91 **erstattungsfähig**, wenn sie **prozessbezogen und notwendig** sind; bei diesen Tatbestandsvoraussetzungen handelt es sich um zwei getrennt zu prüfende Merkmale. Wenn die Voraussetzungen erfüllt sind, hat die Partei einen Anspruch auf Anordnung der Kostenerstattung; das Bedürfnis nach privatgutachterlicher Untermauerung des eigenen Sachvortrags wird von der verfassungsrechtlichen Garantie wirkungsvollen Rechtsschutzes (Art. 2 Abs. 1 GG i.V.m. dem Rechtsstaatsprinzip, Art. 20 Abs. 3 GG) umfasst.[7]

58

Vorprozessual erstattete Privatgutachten sind als Vorbereitungskosten nur ausnahmsweise Kosten des Rechtsstreits; sie müssen sich unmittelbar auf den sich konkreten abzeichnenden Rechtsstreit beziehen und im Hinblick auf ihn in Auftrag gegeben worden sein.[8] **Unmittelbarer Prozessbezug** ist auf Beklagtenseite zu bejahen, wenn ei-

59

---

1 OLG Düsseldorf NJW-RR 1996, 189, 190 = JurBüro 1996, 323, 324; OLG Koblenz ZSW 1985, 106, 109.
2 BGH NJW-RR 2012, 311 Rz. 9.
3 BGH NJW 1984, 870, 871 = ZSW 1984, 209 m. Anm. *Müller*.
4 OLG Koblenz VersR 1990, 1255.
5 OLG Hamm Rpfleger 1973, 36 = NJW 1973, 574; OLG Frankfurt NJW 1975, 705, 706; a.A. OLG Hamm JMBlNRW 1971, 215 f.; OLG Koblenz MDR 1974, 1040 f.
6 LG Düsseldorf MDR 1991, 1207.
7 BVerfG NJW 2006, 136, 137 (zur Auslegung der Kostenerstattung nach § 494a Abs. 2 StPO).
8 BGH NJW 2003, 1398, 1399 = VersR 2003, 481 = ZZP 116 (2003), 498, 499 m.w.N. und Anm. *Meller-Hannich*; BGH NJW 2006, 2415 Rz. 6 = VersR 2006, 1236; BGH NJW 2012, 1370 Rz. 10

ne Klage bereits angedroht war.¹ Ausreichen sollte aber für beide Parteien, dass sich die Auseinandersetzung auf einen Rechtsstreits zuspitzte,² was sich insbesondere aus dem Inhalt des vorprozessualen Schriftverkehrs ergeben wird. Erforderlich ist regelmäßig ein enger zeitlicher Zusammenhang mit der Klageerhebung,³ jedoch kann ein der Beweissicherung dienendes Privatgutachten auch bei größerem Zeitabstand prozessbezogen sein.⁴ Eine ausschließliche Ausrichtung des Gutachtenauftrags auf den konkreten Prozess ist nicht erforderlich.⁵ Eine Vorlage des Privatgutachtens im Verfahren ist ebenfalls nicht erforderlich,⁶ wie umgekehrt die Vorlage für sich genommen noch nicht die Prozessbezogenheit begründet.⁷ Zu bejahen ist die Prozessbezogenheit bei Verwertung des Privatgutachtens in der gerichtlichen Entscheidung oder bei Abschluss eines Vergleichs unter Berücksichtigung der Ermittlungen des Gutachtens.⁸ Die tatsächliche Verwertung ist jedoch nicht Voraussetzung der Erstattung, da es nur auf die Sicht im Zeitpunkt der Auftragserteilung ankommt.⁹ Ein Prozessbezug fehlt, wenn ein Versicherer vorprozessual mittels des Gutachtens seine Deckungspflicht überprüfen will.¹⁰ Bei **prozessbegleitend** erstatteten Privatgutachten ist der Prozessbezug evident.¹¹

60 Notwendig ist die **Verursachung der Kosten** von Privatgutachten, wenn eine verständige und wirtschaftlich denkende vernünftige Partei die Einholung des Gutachtens als sachdienlich ansehen durfte.¹² Das ist der Fall, wenn die Partei infolge **fehlender Sachkenntnisse** nicht zu einem sachgerechten Vortrag in der Lage war,¹³ wenn sie

---

= VersR 2012, 920; BGH NJW 2013, 1820 Rz. 24; BGH VersR 2013, 1194 Rz. 4 = NJW 2013, 1823; OLG Koblenz VersR 2004, 802, 803; OLG Koblenz VersR 2007, 1100; OLG Brandenburg VersR 2008, 1132; OLG Jena MDR 2008, 211; OLG Koblenz MDR 2009, 471, 472. Sehr restriktiv demgegenüber die Rspr. der Verwaltungsgerichtsbarkeit: BVerwG NVwZ 2001, 919; BVerwG NJW 2012, 1827 Rz. 7 f.; OVG Koblenz NJW 2006, 1689; anders OVG Lüneburg NJW 2012, 1828, 1829.

1 BGH NJW 2003, 1398, 1399; BGH NJW 2008, 1597 Rz. 8 = VersR 2008, 801; OLG Bamberg VersR 2006, 287, 288.
2 *Meller-Hannich* ZZP 116 (2003), 504.
3 Offengelassen von BGH NJW 2003, 1398, 1399.
4 So bei Verdacht des gestellten Verkehrsunfalls und Begutachtung kurz nach dem der Versicherung angezeigten Ereignis; vgl. etwa BGH NJW-RR 2009, 422 Rz. 12; BGH VersR 2009, 563 Rz. 11; OLG Koblenz NJW-RR 2004, 286; OLG Karlsruhe VersR 2004, 931, 932 m. Anm. *Otto*. OLG Koblenz VersR 2007, 224; OLG Frankfurt VersR 2009, 1559, 1560 = NJW-RR 2009, 1076.
5 BGH NJW 2003, 1398, 1399; BGH NJW 2008, 1597 Rz. 9.
6 BGH VersR 2013, 1194 Rz. 9; OLG Frankfurt OLGZ 1993, 254, 255; OLG München NJW-RR 2013, 1106, 1108; *Meller-Hannich* ZZP 116 (2003), 502; a.A. OLG Hamm NJW-RR 1996, 830, 831; OLG Celle NJW-RR 2011, 1057, 1058.
7 BGH NJW 2003, 1398, 1399; OLG Naumburg VersR 2005, 1704.
8 OLG Nürnberg Rpfleger 2002, 482 (Vergleich über Zugewinnausgleich nach Verkehrswertgutachten über Immobilie eines Ehepartners).
9 BGH NJW 2012, 1370 Rz. 11 (nach Zulassung der Rechtsbeschwerde durch BVerfG NJW 2011, 1276); BGH VersR 2013, 1194 Rz. 8; OLG Hamm Rpfleger 2001, 616, 617; OLG Hamm NJW-RR 2013, 895.
10 OLG Naumburg VersR 2005, 1704.
11 Jedoch verneint für Hilfestellung bei Aushandlung eines Vergleichs von OLG Düsseldorf MDR 2012, 53.
12 BGH VersR 2013, 1194 Rz. 5 = NJW 2013, 1823; OLG Hamm NJW-RR 2013, 895.
13 BGH NJW 2003, 1398, 1399; BGH NJW 2006, 2415 Rz. 10; BGH NJW 2012, 1370 Rz. 13; OLG Rostock VersR 2005, 855 = MDR 2005, 754; OLG Koblenz MDR 2003, 1142; OLG Düsseldorf NJW-RR 1997, 1431, 1432; OLG Stuttgart VersR 1997, 630; OLG Zweibrücken MDR 2009, 415, 416; OLG Zweibrücken MDR 2009, 1254 (verneint, da Beratung durch Konkurrenzunternehmer); OLG Nürnberg VersR 2009, 1426, 1427; OLG Bremen VersR 2010, 132 (dort verneint); OLG Karlsruhe VersR 2010, 232 (verneint); OLG Köln NJW-RR 2010, 751, 752 (Teilerstattung); OLG Koblenz NJW-RR 2010, 1036 (bautechnischer Laie); OLG Koblenz NJW-RR 2012, 916, 917 (Beschreibung der Baumängelsymptome ausreichend); OLG Stuttgart NJW-RR 2011, 1242, 1243 (bejaht, Baumängel); s. ferner OLG Koblenz FamRZ 2006, 217 = MDR 2006, 56. Zu restriktiv die Formulierungen in OLG Hamburg MDR 1997, 785. Enger im Verwaltungsgerichts-

das **Fragerecht** gegenüber einem Sachverständigen nicht ausüben kann[1] oder wenn ein Abwarten auf eine gerichtliche Beweisaufnahme aus sonstigen Gründen nicht möglich war. Sonstiger Grund kann z.b. der durch Anhaltspunkte gestützte Verdacht einer Unfallmanipulation und damit eines Versicherungsbetruges sein, zu dem der Versicherer detailliert vortragen will.[2] Sonstiger Grund kann auch die **drohende Veränderung** des Zustandes einer Sache sein,[3] u.a. infolge zu befürchtender Manipulationen des Gegners. Die Partei kann nicht auf die Durchführung eines gerichtlich geleiteten selbständigen Beweisverfahrens verwiesen werden. In einem selbständigen Beweisverfahren kann die Einholung eines Privatgutachtens ebenfalls in Betracht kommen.[4]

Im **einstweiligen Verfügungsverfahren** muss eine Partei zwar mit überraschend vorgelegten Glaubhaftmachungsmitteln rechnen. Ein in einer Markensache zur potentiellen Glaubhaftmachung vorsorglich eingeholtes **kostspieliges demoskopisches Gutachten** ist gleichwohl nicht erstattungsfähig, es sei denn, der Antragsteller hat sich auf ein ihm günstiges Privatgutachten berufen oder führt Gesichtspunkte an, die sich anders nicht widerlegen lassen.[5] Ein demoskopisches Privatgutachten kann sowohl im Verfügungsverfahren als auch im ordentlichen Verfahren nach dem Verlust der ersten Instanz notwendig sein, um die Berufungsrichter zur Einholung eines gerichtlichen Gutachtens statt einer Entscheidung aufgrund eigener Sachkunde zu veranlassen.[6]   61

Nicht erstattungsfähig sind Privatgutachterkosten, wenn das Gutachten im Prozess nicht verwendungsfähig war, etwa im Urkundenprozess.[7] Kosten für **Rechtsgutachten zum inländischen Recht** sind nicht erstattungsfähig.[8] Notwendig ist die Hinzuziehung eines Privatgutachters in einem Arzthaftungsprozess in der Regel nicht, wenn die gerichtliche Beweiserhebung schon läuft und es nicht um die Überprüfung des Gerichtsgutachtens geht.[9]   62

Die **Angemessenheit der Kosten** des Privatgutachters kann unter Heranziehung der Regelungen des JVEG geprüft werden, ohne dass dessen Sätze analog heranzuziehen sind.[10] Die erstattungsberechtigte Prozesspartei muss die Honorarforderung des Privatgutachters nicht durch Erhebung der Verjährungseinrede zu Fall bringen.[11] Wird ein Parteigutachten überflüssig, weil ein gerichtliches Gutachten zu der Beweisfrage in Auftrag gegeben wird, kann eine Rücknahme des noch nicht erledigten Gutachtenauftrags zwecks Kostenminimierung geboten sein.[12]   63

---

prozess wegen der dort geltenden Inquisitionsmaxime BVerwG NVwZ 2001, 919; BVerwG NJW 2007, 453; OVG Lüneburg NJW 2010, 391; OVG Schleswig NJW 2010, 393.
1 BGH NJW 2013, 1820 Rz. 25.
2 Vgl. BGH VersR 2013, 1194 Rz. 5; ILG Hamm NJW-RR 2013, 895, 896.
3 Vgl. OLG Rostock VersR 2005, 855, 856 (Sicherung der Beweissituation bei Verdacht eines gestellten Verkehrsunfalls); OLG Düsseldorf VersR 2003, 524, 525 (Verdacht eines gestellten Verkehrsunfalls); LG Köln VersR 2013, 76 (Verdacht versuchten Versicherungsbetrugs).
4 BGH NJW 2013, 1820 Rz. 23 und 25 f.
5 OLG Koblenz GRUR-RR 2004, 312.
6 OLG München GRUR-RR 2005, 294 (Kosten: 17 500 Euro).
7 OLG Koblenz NJW 2012, 941, 942.
8 Vgl. OVG Lüneburg NJW 2010, 1301.
9 Vgl. OLG Naumburg MDR 2013, 1065, 1066 (mit bedenklichen Formulierungen).
10 BGH NJW 2007, 1532 Rz. 11; OLG Frankfurt VersR 2009, 1559, 1560 = NJW-RR 2009, 1076, 1077. Zur Honorarbestimmung eines Gutachters BGH NJW 2006, 2472; BGH VersR 2007, 218; BGH JZ 2010, 205 m. Bespr. *Bauer* JZ 2010, 181 ff.
11 OLG Koblenz MDR 2008, 1179.
12 OLG Bremen MDR 2010, 719 (Rechtsgutachten zum ausländischen Recht).

64 **Arbeiten einer Partei** zur Vorbereitung eins gerichtlichen Gutachtens sind erstattungsfähig, wenn dem Sachverständigen gleichartige Kosten durch Zuziehung einer Hilfsperson entstanden wären.[1] Es handelt sich gleichwohl nicht um Kosten des Sachverständigen und daher nicht um (fiktive) Gerichtskosten, die bei Kostenaufhebung anteilig zu erstatten sind.[2] Ein im einstweiligen Verfügungsverfahren vorgelegtes Gutachten soll entbehrlich sein, wenn der Gutachter in der mündlichen Verhandlung sistiert worden ist und durch dessen Vernehmung als sachverständiger Zeuge die relevante Tatsache glaubhaft gemacht werden kann.[3]

65 Die Nichtfestsetzung von Privatgutachterkosten im Verfahren nach § 103 ZPO schließt eine **materiell-rechtliche Kostenerstattung**, etwa aus Vertrag, Verzug oder unerlaubter Handlung, nicht aus.[4] Voraussetzung ist jedoch, dass Umstände hinzukommen, die bei der prozessualen Kostenregelung nicht berücksichtigt werden konnten.[5] Dies gilt auch im umgekehrten Verhältnis. Jedoch steht die Abweisung eines materiell-rechtlichen Anspruchs dem prozessualen Erstattungsbegehren entgegen, wenn der ausschlaggebende Grund, etwa die verneinte Erforderlichkeit der Gutachterkosten, auch ein Merkmal des prozessualen Erstattungsanspruchs ist.[6]

---

[1] OLG Koblenz MDR 2004, 1025 = VersR 2006, 242 (Freilegung einer Außenwand); OLG Koblenz FamRZ 2006, 51.
[2] OLG Koblenz MDR 2004, 1025.
[3] OLG Bamberg NJW-RR 2010, 1681, 1682 (zweifelhaft).
[4] BGH VersR 2013, 248 Rz. 8.
[5] BGH VersR 2013, 248 Rz. 8.
[6] BGH VersR 2013, 248 Rz. 12.

Teil 2:
Abgrenzung der Beweismittel des Strengbeweises

Kapitel 20:
Abgrenzung der Beweismittel

	Rz.
§ 71 Sachbeweis mittels Augenscheinsobjekten und Urkunden	
I. Abgrenzungsbedarf	1
II. Begriff des Sachbeweises	2
III. Sinneswahrnehmung von Augenscheinsobjekten	
1. Wahrnehmungsbeweis	3
2. Gesteigerte Zuverlässigkeit	6
3. Augenscheinseinnahme und Zeugen- oder Sachverständigenaussage	8
IV. Urkundenbeweis	11
V. Abgrenzung von Urkunden und Augenscheinsobjekten	15
§ 72 Personalbeweis durch Zeugen und Parteien	
I. Wiedergabe von Tatsachenwahrnehmungen	17
II. Abgrenzungsnotwendigkeit, formelle Parteistellung als Abgrenzungsmaßstab	18
III. Zuordnung zu Zeugenbeweis und Parteivernehmung	
1. Bedeutung der Beweismittelzuordnung	23
2. Abgrenzungsmaßstab des § 455	
a) Natürliche und juristische Personen	24
b) Natürliche Personen als prozessunfähige Parteien	25
c) Gesetzliche Vertreter natürlicher Personen	27
3. Fallgruppen	
a) Juristische Personen; nichtrechtsfähiger Verein	32
b) Personengesellschaften	
aa) Handelsgesellschaften	35
bb) GbR	37
c) Gütergemeinschaft, andere Güterstände	38
d) Erbengemeinschaft	39
e) Prozessunfähigkeit	40
f) Parteien kraft Amtes	41
g) Streitgenossen	42
h) Streitverkündeter, Streithelfer	46
i) Rechtsnachfolge	48
IV. Änderung der Zeugen- oder Parteiqualität	
1. Wechsel der Partei oder des gesetzlichen Vertreters im Laufe des Verfahrens	49
2. Zeugenfähigkeit bei verbleibender Kostenbeteiligung	52
3. Änderungen durch prozesstaktische Maßnahmen	
a) Zulässige Prozesstaktik	54
b) Abtretung	55
c) Vertreterauswechselung	60
d) Drittwiderklage, Klageerweiterung	62
4. Umgang mit der Änderung	
a) Bevorstehende Beweisaufnahme	64
b) Verwertung der Beweisaufnahme	67
V. Fehlerhafte Vernehmung als Partei oder Zeuge	
1. Wiederholung der Beweisaufnahme	69
2. Aussageverweigerung	70
3. Würdigung der Parteivernehmung als Zeugenaussage	71
4. Benennung als Zeuge statt als Partei	73
§ 73 Charakteristika des Sachverständigenbeweises, Abgrenzungen	74
I. Differenzierung der Beweismittel im Strengbeweisrecht	75
II. Abgrenzung des Sachverständigenbeweises zum Zeugenbeweis	
1. Vermittlung von Erfahrungswissen	76
2. Tatsachenbeurteilung	79
3. Zeitlicher Bezug der Wahrnehmung	80
4. Individualität der Wahrnehmung	82
5. Gegenstand der richterlichen Würdigung	84
6. Art der Ladung	85
III. Insbesondere: Sachverständiger Zeuge	
1. Tatsachenwahrnehmung kraft Sachkunde	86
2. Wahrnehmung als Beweisperson	87
3. Kriterium der Sachkunde	91
4. Fortdauer der Beweismittelstellung	92

	Rz.		Rz.
5. Doppelstellung als Zeuge und Sachverständiger	93	V. Abgrenzung zum Urkundenbeweis	95
IV. Abgrenzung zum Augenscheinsbeweis	94	VI. Gutachtenbesonderheiten 1. Rechtsgutachten	96
		2. Demoskopische Gutachten	98

§ 71 Sachbeweis mittels Augenscheinsobjekten und Urkunden

I. Abgrenzungsbedarf

1   Die **fünf** gesetzlichen **Mittel des Strengbeweises** sind nach unterschiedlichen Kriterien voneinander abzugrenzen und lassen sich nicht einheitlich systematisieren. Es handelt sich um einzelne typische Erkenntnismöglichkeiten, die der Gesetzgeber genauer geregelt hat.[1]

II. Begriff des Sachbeweises

2   Sachbeweise sind der Beweis durch **Augenscheinseinnahme** und durch **Urkunden**. Diese Objekte der realen Welt können zwar bei ihrer Wahrnehmung durch den Richter falsch gedeutet werden oder können Gegenstand einer gezielten Manipulation oder einer unbeabsichtigten Veränderung im Zeitablauf (Verblassen, Alterung) sein. Gleichwohl sind sie frei von Wiedergabestörungen, wie sie für den Personalbeweis durch Zeugen- oder Parteiaussage charakteristisch sind. Frei sind sie auch von etwaigen Mängeln des Sachverständigenbeweises, die auf mangelnder Sachkunde des Gutachters oder einem richterlichen Fehlverständnis des Gutachtens beruhen können.

III. Sinneswahrnehmung von Augenscheinsobjekten

1. Wahrnehmungsbeweis

3   Augenscheinseinnahme ist *jede* **Sinneswahrnehmung** beweiserheblicher Tatsachen **durch** den **Richter persönlich** unter Ausschaltung dritter Wahrnehmungspersonen. Die **Wahrnehmung** kann durch **alle menschlichen Sinne** erfolgen.

4   In der Regel ist mit **jeder Beweisaufnahme** eine **sinnliche Wahrnehmung** verbunden. Nach der Systematik der ZPO sind die Regelungen für die einzelnen Beweismittel jedoch als abschließend gedacht. Für notwendig mit ihnen verbundene Wahrnehmungsanteile sind deshalb nicht neben den spezifischen Regeln für den Urkundenbeweis, den Sachverständigenbeweis oder den Beweis durch Zeugen- und Parteivernehmung zusätzlich die Vorschriften über die Augenscheinseinnahme anzuwenden.[2] Ein derartiger „**unselbständiger Augenschein**" ist nicht gem. § 160 Abs. 3 Nr. 5 zu protokollieren.[3] Die Regelungen der anderen Beweismittel gehen denen des Augenscheinsbeweises als leges speciales vor.[4] Dies schließt jedoch nicht aus, dass mit einer sich nach anderen Beweisregeln richtenden Beweisaufnahme ein Augenscheins-

---

[1] *Hahn/Stegemann*, Mat. II/1 S. 268 [S. 199 der Begründung des Entwurfs]; *Hohlfeld* Einholung amtlicher Auskünfte S. 92.
[2] Stein/Jonas/*Berger*[22] vor § 371 Rz. 5; AK-ZPO/*Rüßmann* vor § 371 Rz. 1; unklar Zöller/*Greger*[30] § 371 Rz. 2.
[3] Ebenso zu § 273 Abs. 1 StPO in einer Bußgeldsache OLG Zweibrücken MDR 1992, 1173.
[4] Stein/Jonas/*Berger*[22] vor § 371 Rz. 5; *Jöstlein* DRiZ 1973, 409, 411; *Siegert* NJW 1957, 689, 691.

beweis verbunden werden kann. Regelmäßig sagt ein Augenscheinsobjekt (die Beschaffenheit einer Sache oder einer Örtlichkeit) für sich allein nichts über die Beziehung des Objektes zum Sachverhalt aus.[1] Die Möglichkeit einer **Verbindung** zwischen **Augenscheinsbeweis und Sachverständigenbeweis** ist in §§ 372, 372a ausdrücklich vorgesehen.[2]

Unselbständiger und **selbständiger Augenschein** müssen sorgfältig getrennt werden. Eine Identitätsfeststellung darf nicht anlässlich einer Zeugenvernehmung durch heimlichen Vergleich des äußeren Erscheinungsbildes des Zeugen mit einem bei den Akten befindlichen Foto erfolgen. Ein **selbständiger Augenscheinsbeweis** muss also **mittels ausdrücklicher** statt stillschweigender **Feststellungen erhoben** werden.[3] Ein gegenteiliges Vorgehen, von dem die Parteien erst aus dem Urteil erfahren, verstößt gegen das Prinzip eines fairen Verfahrens.

2. Gesteigerte Zuverlässigkeit

Der Augenscheinsbeweis ist ein besonders **zuverlässiges Beweismittel** im Hinblick auf empirisch wahrnehmbare Tatsachen,[4] wenngleich Erwartungssuggestionen, Erinnerungstäuschungen oder veränderte Wahrnehmungsbedingungen gegenüber einem zu rekonstruierenden Beobachtungsvorgang (gesteigerte Aufmerksamkeit des Richters, Kollektivbesichtigung, Mitwirkung sich gegenseitig kontrollierender Prozessbeteiligter) zu Wahrnehmungsfehlern führen können.[5]

Der hohe Beweiswert rechtfertigt im **Restitutionsverfahren** gleichwohl keine analoge Anwendung des § 580 Nr. 7b, wenn neue Augenscheinsobjekte aufgefunden werden; § 580 Nr. 7b verschafft nur Urkunden wegen deren überragenden Beweiswertes und der ihnen de lege lata in Ausnahme vom Grundsatz der freien Beweiswürdigung zuerkannten formellen Beweiskraft eine besondere Stellung.[6]

3. Augenscheinseinnahme und Zeugen- oder Sachverständigenaussage

Wenn die zu beweisende Tatsache im Zeitpunkt der Beweisaufnahme nicht mehr existiert oder sich verändert hat, ist der Zeugenbeweis das einzige verfügbare Beweismittel. Ein Zeuge einer bestimmten vergangenen Tatsache ist deshalb bestenfalls durch einen anderen Zeugen derselben Tatsache ersetzbar. Ist der Beweisgegenstand noch unverändert vorhanden, ist grundsätzlich der **Beweis durch Augenschein** (§ 371) vorzugswürdig. Die Wahrnehmung des Gerichts mit den eigenen Sinnesorganen erlaubt einen direkten und damit verlässlicheren Zugang zu der Beweistatsache als die Vernehmung eines Zeugen, der über seine subjektiven Tatsacheneindrücke berichtet.

---

1 BGHSt 14, 339, 341 = NJW 1960, 1582, 1583.
2 BGHZ 5, 302, 306 (Feststellung der Körpermerkmale für erbbiologische Gutachten ist Augenscheinsbeweis, die das Gericht dem Sachverständigen überlässt); BGH NJW 1990, 2936, 2937 (Anordnung der Blutprobenentnahme gem. § 372a zwecks Untersuchung durch einen Sachverständigen ist Beweisaufnahme durch Augenschein); *Jauernig/Heß* Zivilprozessrecht[30] § 52 Rz. 2; *Bruns* Zivilprozessrecht § 34 Rz. 178, § 35 Rz. 182c; *Hiendl* NJW 1963, 1662, 1663; anders: Rosenberg/Schwab/*Gottwald*[17] § 118 Rz. 24 (Sachverständigenbeweis, bei dem Sachverständiger kein Augenscheinsgehilfe ist, der allerdings vom Gesetzgeber in § 372a als Augenschein behandelt wird); AK/*Rüßmann* § 372 Rz. 2.
3 A.A. OLG Zweibrücken MDR 1992, 1173: Versteckter Vergleich von Radarmessungslichtbild mit dem als Zeuge vernommenen Bruder des Betroffenen bei unklarer Fahrereigenschaft in Bußgeldsache.
4 *Döhring* S. 314; AK-ZPO/*Rüßmann* vor § 371 Rz. 2; *Bull* JR 1959, 410.
5 *Döhring* S. 315 f., ebenda S. 316 ff. zu spezifischen Fehlermöglichkeiten.
6 BGHZ 65, 300, 302.

9 Nicht jeder Augenschein wird unmittelbar vom Richter eingenommen. In Betracht kommt die Einschaltung eines Augenscheinsmittler bzw. **Augenscheinsgehilfen.** Näher dazu Kap. 22 Rz. 22 ff.

10 Der **Augenscheinsgehilfe**, der das Gericht nach § 372 bei der Augenscheinseinnahme unterstützt, vermittelt diesem zwar wie der Zeuge seine Tatsachenwahrnehmungen. Er ist aber anders als der Zeuge durch jede andere Person ersetzbar. Soll über gegenwärtige Tatsachen Beweis erhoben werden, geschieht dies durch Augenscheineinnahme, wenn die Tatsachen für jedermann wahrnehmbar sind. Kann hingegen nur eine bestimmte Person sie wahrnehmen, wie z.B. eigene Schmerzen und andere **innere Tatsachen**, ist diese als Zeuge zu vernehmen. Eine Augenscheinseinnahme wäre insoweit allenfalls bezüglich äußerlich in Erscheinung tretender Indizien für die innere Tatsache denkbar, z.B. für ein schmerzverzerrtes Gesicht.

IV. Urkundenbeweis

11 Der Urkundenbeweis gilt als **zuverlässiges Beweismittel**, weil er die in der Urkunde verkörperten Gedanken unbeeinflusst und weitgehend unbeeinflussbar wiedergibt.[1] Zudem sichert der Straftatbestand des § 348 StGB (Falschbeurkundung im Amt) die korrekte Aufnahme öffentlicher Urkunden durch Amtsträger; hinzu tritt die Dienstaufsicht über Notare als institutionelle Sicherung.

12 Von der Qualitätseinschätzung ausgehend hat der Gesetzgeber **Beweisregeln** aufgestellt, mit denen der Grundsatz der freien Beweiswürdigung (§ 286) durchbrochen wird. Der Gesetzgeber ist davon ausgegangen, dass Urkunden regelmäßig in der Absicht errichtet werden, Rechtsverhältnisse sicherzustellen. Die Beweisregeln sollten schon bei Errichtung der Urkunde kalkulierbar machen, welche Anforderungen der Richter später stellen wird, unter denen die Urkunde als beweiskräftig anzusehen ist; damit sollte die Sicherheit des Rechtsverkehrs gefördert werden.[2]

13 Das nachträgliche Auffinden einer entscheidungserheblichen Urkunde berechtigt aus demselben Grund – anders als das Auffinden anderer Beweismittel – zur **Restitutionsklage** (§ 580 Nr. 7b). Die Kommission zur Reform des Zivilprozessrechts hat in ihrem Bericht von 1977 in erster Linie Änderungsvorschläge gemacht, mit denen die Pflicht zur Vorlage von Urkunden erweitert werden sollte. Das ist mit der am 1.1.2002 in Kraft getretenen ZPO-Reform aufgegriffen worden.

14 In der Praxis der Gerichte hat der Urkundenbeweis trotz seiner Zuverlässigkeit keine herausragende Bedeutung, weil das deutsche **materielle Recht** – anders als etwa das französische Recht – quantitativ gesehen **nur geringe Anforderungen an** die **Form von Rechtsgeschäften** stellt; darin wird als rechtspolitischer Vorteil die Vermeidung von Nachteilen für unerfahrene und ungewandte Teilnehmer des Rechtsverkehrs gesehen.[3]

V. Abgrenzung von Urkunden und Augenscheinsobjekten

15 Zu den Augenscheinsobjekten gehören gem. § 371 Abs. 1 S. 2 auch **elektronische Dokumente.** Diese Regelung markiert in besonderer Weise, dass Urkunden und Augen-

---

1 Bericht der Kommission für das Zivilprozessrecht, S. 145.
2 Hahn/Stegemann S. 275 f. (zur freien Beweiswürdigung).
3 Kommissionsbericht S. 145.

scheinsobjekte als Gegenstände der Beweisführung voneinander abgegrenzt werden müssen (näher dazu Kap. 22 Rz. 31).

Zu elektronischen Dokumenten Kap. 23.   16

§ 72 Personalbeweis durch Zeugen und Parteien

I. Wiedergabe von Tatsachenwahrnehmungen

Erhoben wird der Zeugenbeweis wie der Parteibeweis (zur Abgrenzung Rz. 24) durch Vernehmung eines Menschen über seine vergangenen – ausnahmsweise auch gegenwärtigen – **Tatsachenwahrnehmungen** (Kap. 2 Rz. 3, Kap. 32 Rz. 6). Der Zeuge nimmt Tatsachen, d.h. konkrete, nach Zeit und Raum bestimmte, der Vergangenheit oder der Gegenwart zugehörende Geschehnisse oder Zustände[1] wahr, übersetzt seine Wahrnehmungen in Gedanken und gibt diese wieder. Die Tatsachenbekundung ist Verstandestätigkeit. Gewisse **Wertungen** sind im Rahmen der Zeugenaussage daher nicht auszuschließen.[2] Der Zeuge darf die von ihm wahrgenommenen Tatsachen aber **nicht rechtlich werten**.[3]   17

II. Abgrenzungsnotwendigkeit, formelle Parteistellung als Abgrenzungsmaßstab

Zwischen Zeugen- und Parteivernehmung bestehen inhaltlich keine Unterschiede, weil beide Beweismittel auf die **Wiedergabe von Tatsachenwahrnehmungen** gerichtet sind. Sie unterscheiden sich jedoch darin, dass eine Parteivernehmung – anders als die formlose Parteianhörung, die kein Beweismittel ist (Kap. 40 Rz. 10) – nur subsidiär in Betracht kommt, während der **Zeugenbeweis stets zulässig** ist. Diese Differenzierung beruht auf der Überlegung, dass das Interesse der Parteien am Ausgang des Rechtsstreits der Wahrheitsfindung abträglich ist, die in dem römisch-rechtlichen Gedanken Ausdruck gefunden hat, dass niemand in eigener Sache Zeuge sein soll („nemo testis in re sua"). Wegen der Subsidiarität der Parteivernehmung sind die Vernehmungsrollen nicht beliebig austauschbar und stehen nicht zur Disposition der Partei.[4]   18

Vor dem **Einheitlichen Patentgericht**, das wegen der Verletzung von **Unionspatenten** und Europäischen Patenten zuständig wird, sobald das Gerichtspatentübereinkommen in ausreichendem Umfang ratifiziert worden ist, wird nach englischem Vorbild **nicht** zwischen **Partei- und Zeugenstellung differenziert**. Das unterschiedliche Interesse am Prozessausgang wird erst bei der Bewertung der Aussage berücksichtigt.   19

In der ZPO ist geregelt, wer als Partei zu vernehmen ist, nicht aber wer Zeuge sein kann. Entscheidend ist danach nicht die Stärke oder das Gewicht des Interesses der zu vernehmenden Person an der Streitsache, sondern die **formale Parteistellung** im Prozess.[5] Da es einem allgemeinen Grundsatz des Prozessrechts entspricht, dass je-   20

---
1 BAG VersR 2000, 1143, 1144.
2 RG JW 1902, 166.
3 RG Warn. 1920, 170, Nr. 141: keine Vertragsauslegung.
4 Stein/Jonas/*Berger*[22] vor § 373 Rz. 2.
5 Schönke/*Kuchinke* ZPR[9] § 65 II. Anders *Müller* Parteien als Zeugen, S. 132: Die aus der Abgrenzung zwischen Zeugen- und Parteibeweis resultierenden Probleme seien im Rahmen der Beweiswürdigung nicht lösbar; wegen des Grundsatzes „nemo testis in re sua" sei eine materielle Abgrenzung anhand des jeweiligen Interesses einer Aussageperson am Ausgang des Rechtsstreits erforderlich.

dermanns Tatsachenkenntnis für den Prozess verwertet werden soll,[1] müssen alle Personen, die nicht als Partei zu vernehmen sind, Zeuge sein können. Für die Abgrenzung zwischen beiden Vernehmungsrollen ist deshalb der persönliche **Anwendungsbereich** der Vorschriften über die **Parteivernehmung** (§§ 445 ff.) maßgeblich.

21 Die Vorschriften des siebten Titels gelten gem. § 30 Abs. 1 FamFG auch für den Zeugenbeweis im Verfahren der **Freiwilligen Gerichtsbarkeit**, sofern eine förmliche Beweisaufnahme durchzuführen ist. Im FG-Verfahren kann nicht als Zeuge vernommen werden, wer am Verfahren formell beteiligt ist oder als materiell Beteiligter in Frage kommt (Muss- und Kann-Beteiligte nach § 7 Abs. 1–3 FamFG).[2]

22 Da sich die Vernehmungsrolle im Laufe des Prozesses ändern kann, ist bei der Abgrenzung von Zeugen- und Parteibeweis auf den **Zeitpunkt der Vernehmung** abzustellen.[3] Danach kann Zeuge in einem konkreten Prozess zu einem bestimmten Zeitpunkt jede Person sein, die nicht zugleich den Vorschriften der Parteivernehmung unterliegt.[4] Dadurch steht jede Person für das Beweisverfahren zur Verfügung,[5] so dass grundsätzlich das gesamte vorhandene Wissen über den Streitgegenstand für die Tatsachenaufklärung genutzt werden kann.

III. Zuordnung zu Zeugenbeweis und Parteivernehmung

1. Bedeutung der Beweismittelzuordnung

23 Da die Voraussetzungen der Parteivernehmung nicht durch die Benennung als Zeuge unterlaufen werden dürfen, ist im Einzelfall sorgfältig zu prüfen, ob eine bestimmte Person nach der **Art ihrer Beteiligung am konkreten Verfahren**[6] als Zeuge in Betracht kommt. In Ausnahmefällen kann nach der Rechtsprechung allerdings offen bleiben, ob die Vernehmung als Zeuge oder als Partei erfolgt, so z.B., wenn nicht klar ist, ob die vernommene Person noch gesetzlicher Vertreter ist,[7] Dies setzt voraus, dass das Beweisverfahren den gesetzlichen Anforderungen an den Zeugenbeweis (z.B. Belehrung) wie an die Parteivernehmung (z.B. beiderseitiges Einverständnis nach § 447, Voraussetzungen der Anordnung von Amts wegen) genügt.[8] Zweifel an der Partei- oder Zeugeneigenschaft sind nur bei der Beweiswürdigung zu berücksichtigen.[9]

2. Abgrenzungsmaßstab des § 455
a) Natürliche und juristische Personen

24 Aus § 455, der nur für den Fall der Prozessunfähigkeit einer Partei gilt, ergibt sich im Umkehrschluss, dass eine **prozessfähige Partei** stets der Parteivernehmung unterliegt,

---

[1] BGH NJW 1965, 2253, 2254 = LM § 373 Nr. 4; BGH NJW-RR 1994, 1143, 1144; OLG Düsseldorf MDR 1971, 56; BAG JZ 1973, 58, 59.
[2] BayObLG NJW-RR 1993, 85, 86; BayObLG FamRZ 1997, 772, 773; *Bumiller*/Harders FamFG[10] § 30 Rz. 15; Keidel/*Sternal* FamFG[18] § 30 Rz. 46.
[3] RGZ 45, 427, 429 = 46, 318, 320; BGH MDR 1965, 287 = JR 1965, 146 = LM § 448 ZPO Nr. 4; OLG Düsseldorf FamRZ 1975, 100, 101; ebenso MünchKommZPO/*Damrau*[4] § 373 Rz. 16; Stein/Jonas/*Berger*[22] vor § 373 Rz. 18.
[4] BGH NJW 1965, 2253, 2254; BGH NJW-RR 1994, 1143, 1144; BAG JZ 1973, 58, 59; BFH NJW-RR 1998, 63.
[5] Baumbach/Lauterbach/*Hartmann*[71] Übers § 373 Rz. 11.
[6] KG DAVorm 1977, Sp. 174, 176.
[7] RG Warn. 1937 Nr. 129, S. 300; BGH LM § 373 Nr. 3 = WM 1957, 877 = ZZP 71 (1958), 114; Stein/Jonas/*Berger*[22] vor § 373 Rz. 2.
[8] Stein/Jonas/*Berger*[22] vor § 373 Rz. 2.
[9] BGH NJW 1965, 2254; Zöller/*Greger*[30] § 373 Rz. 7.

also nie Zeuge sein kann. Ist die Partei dagegen nach §§ 52, 53 **prozessunfähig**, ist nach § 455 zu prüfen, ob die Partei oder ihr gesetzlicher Vertreter der Parteivernehmung unterliegt bzw. als Zeuge vernommen werden darf. Unproblematisch ist dies, wenn es sich bei der prozessunfähigen Partei um eine **juristische Person** oder eine **Personengesellschaft** handelt. Diese können als solche naturgemäß nicht Zeuge sein.[1] Gleiches gilt für ihre gesetzlichen Vertreter. Diese unterliegen nach § 455 Abs. 1 stets dem Parteibeweis. Insoweit ist lediglich zu klären, wer im jeweiligen Prozess vertretungsberechtigt ist (nachfolgend Rz. 32). Ist die prozessunfähige Partei dagegen eine **natürliche Person**, finden die Ausnahmevorschriften des § 455 Abs. 2 Anwendung, was sich unter Umständen auf die Vernehmungsrollen der Partei und ihrer gesetzlichen Vertreter (nachfolgend Rz. 25 ff.) auswirkt.

b) Natürliche Personen als prozessunfähige Parteien

Eine natürliche Person kann als prozessunfähige Partei Zeuge sein, wenn sie nicht nach § 455 Abs. 2 als Partei vernommen wird.[2] In diesem Fall ist nach **§ 455 Abs. 1** ihr gesetzlicher Vertreter (§ 51) an ihrer Stelle nach den Regeln des Parteibeweises zu vernehmen. Dies ist ausnahmslos der Fall, wenn die prozessunfähige Partei noch nicht 16 Jahre alt ist. Die Möglichkeit einer Parteivernehmung besteht für prozessunfähige Parteien in zwei Fällen. Nach **§ 455 Abs. 2 S. 1** kann die nach § 52 prozessunfähige Partei zur Parteivernehmung zugelassen werden, wenn sie mindestens 16 Jahre alt ist, und nach **§ 455 Abs. 2 S. 2, 1** die an sich prozessfähige, im Prozess aber durch einen Betreuer oder Pfleger vertretene und deshalb nach § 53 prozessunfähige Partei. Die Entscheidung hierüber liegt nach § 455 Abs. 2 S. 1 im Ermessen des Gerichts. Die Parteivernehmung nach § 455 Abs. 2 ist allerdings auf eigene Wahrnehmungen der Partei beschränkt. 25

Danach kann beispielsweise der Kläger im Unfallhaftpflichtprozess über den Unfallhergang als Zeuge vernommen werden, wenn er das **16. Lebensjahr** noch nicht vollendet hat.[3] Auch kann eine Partei als Zeuge vernommen werden, wenn der für sie zur Vertretung bestellte Betreuer die Prozesshandlungen genehmigt, die sie während ihrer Prozessunfähigkeit vorgenommen hat.[4] 26

c) Gesetzliche Vertreter natürlicher Personen

Ohne Weiteres können die gesetzlichen Vertreter eines **Minderjährigen**, der in dem konkreten Rechtsstreit nach § 52 i.V.m. §§ 112, 113 BGB **prozessfähig** ist, Zeuge sein. Die gesetzlichen Vertreter eines **prozessunfähigen Kindes**, d.h. in der Regel die Eltern (§ 1629 Abs. 1 S. 1 und 2 i.V.m. § 1626 Abs. 1 S. 1 oder § 1626a Abs. 1 BGB) bzw. ein Elternteil (§ 1629 Abs. 1 S. 3 oder S. 4 BGB), ggf. der Vormund (§ 1793 Abs. 1 BGB) oder der Ergänzungspfleger (§ 1909 BGB), sind dagegen **stets als Zeugen ausgeschlossen**, wenn das von ihnen vertretene Kind noch nicht sechzehn Jahre alt ist. 27

Die gesetzlichen Vertreter eines mindestens **sechzehn Jahre alten** prozessunfähigen **Kindes** und der im Prozess als gesetzlicher Vertreter auftretende Betreuer (§ 1902 BGB) oder Pfleger (§§ 1909, 1911, 1915, 1793 Abs. 1 BGB) **einer** an sich **prozessfähigen Person** unterstehen im Regelfall nach § 455 Abs. 1 der Parteivernehmung. Sie sind aber – beschränkt auf die in § 455 Abs. 2 genannten Beweisthemen – **als Zeugen** zu 28

---
1 LG Düsseldorf MDR 1988, 593 = JurBüro 1988, 1005.
2 BGH NJW 2000, 289, 291 (obiter dictum, in BGHZ 143, 122 nicht mit abgedruckt); OLG Stettin ZZP 59 (1935), 218 f.; Stein/Jonas/*Berger*[22] vor § 373 Rz. 4; *Bertram* VersR 1965, 219 f.; zum früheren Eidesrecht: *Lent* ZZP 52 (1927), 14, 16; a.A. RGZ 12, 188, 189; RGZ 17, 365, 366 f.
3 OLG Hamm OLGRep. 2003, 181 f. = VersR 2003, 473.
4 BGH NJW 2000, 289, 290 f. (obiter dictum, in BGHZ 143, 122 nicht mit abgedruckt).

vernehmen, wenn und soweit das Gericht § 455 Abs. 2 anwendet.¹ Dies ergibt sich zunächst aus Wortlaut und Systematik des § 455, der die Vernehmung des gesetzlichen Vertreters als Partei nach § 455 Abs. 1 unter den Vorbehalt der Vorschrift in § 455 Abs. 2 stellt. Danach ist die Vernehmung des gesetzlichen Vertreters als Partei unzulässig, wenn die prozessunfähige Partei selbst vernommen wird.² Nach allgemeinen Grundsätzen steht der gesetzliche Vertreter dann als Zeuge zur Verfügung.

29 Die **Parteivernehmung nach § 455 Abs. 2** ist auf Tatsachen beschränkt, die in eigenen Handlungen des Vernommenen bestehen oder Gegenstand seiner Wahrnehmung gewesen sind. Daher muss über andere Tatsachen der gesetzliche Vertreter als Partei vernommen werden. Insoweit scheidet er stets als Zeuge aus. Dies führt **nur scheinbar** zu einer **Aufspaltung des Beweisgegenstandes**, denn Beweisthema ist ohnehin die einzelne Tatsache. Zu den Tatsachen, über die die prozessunfähige Partei nicht als Partei vernommen werden darf, gehören entgegen anderer Ansicht³ nicht notwendig Handlungen des Gegners, des Vertreters oder des Rechtsvorgängers der Partei. Diese sind zwar nicht eigene Handlungen der prozessunfähigen Partei (§ 455 Abs. 2 S. 1 1. Alt.), können aber durchaus Gegenstand ihrer eigenen Wahrnehmung (2. Alt.) sein.

30 Die gesetzlichen Vertreter unterliegen der Parteivernehmung nur, sofern sie den Prozess führen dürfen,⁴ die **Prozessführung** also **in ihren Vertretungsbereich** fällt.⁵ Die Mutter kann im Vaterschaftsprozess ihres Kindes Zeugin sein, soweit ihre elterliche Sorge durch Anordnung der **Amtspflegschaft** eingeschränkt ist, weil sie in den dem Amtspfleger übertragenen Angelegenheiten der elterlichen Sorge nicht gesetzliche Vertreterin ihres Kindes ist.⁶ Steht der **Mutter** dagegen die **volle elterliche Gewalt** zu, kann sie als gesetzliche Vertreterin ihres Kindes in Kindschafts- und Abstammungssachen nach §§ 111 Nr. 2 und 3, 151, 169 FamFG nur als Beteiligte (§§ 5, 30 FamFG, 455 ZPO) vernommen werden.⁷ Der Beitritt nach **§ 640e Abs. 1 S. 2 ZPO a.F.** aufgrund einer **Beiladung** führte zur Parteivernehmung. Diese Vorschrift hat im Abstammungsverfahren nach §§ 169 ff. FamFG kein Äquivalent erhalten, jedoch hat die Beteiligtenregelung des § 172 FamFG für das Beweisrecht eine vergleichbare Wirkung.⁸

31 Der **Vormund** kann Zeuge sein in Sachen, für die ein **Pfleger** bestellt ist (§ 1794 BGB)⁹ oder bezüglich derer seine Vertretungsmacht nach § 1795 BGB ausgeschlossen bzw. ihm nach § 1796 BGB entzogen ist. Nicht Zeuge sein kann ein Vormund aufgrund der Bestellung eines **Gegenvormunds** nach §§ 1792, 1799 BGB, weil dieser nicht gesetzlicher Vertreter des Mündels ist.

3. Fallgruppen

a) Juristische Personen; nichtrechtsfähiger Verein

32 Nicht Zeuge sein können als gesetzliche Vertreter (zuvor Rz. 24) die **Vorstandsmitglieder** eines Vereins,¹⁰ einer AG¹¹ und einer eingetragenen Genossenschaft sowie die

---

1 Zöller/*Greger*³⁰ § 455 Rz. 3; MünchKommZPO/*Damrau*⁴ § 373 Rz. 8 u. 9.
2 A.A. offenbar Stein/Jonas/*Leipold*²² § 455 Rz. 11.
3 MünchKommZPO/*Schreiber*⁴ § 455 Rz. 2; Baumbach/Lauterbach/*Hartmann*⁷¹ § 455 Rz. 5.
4 BGH FamRZ 1964, 150, 152.
5 Stein/Jonas/*Berger*²² vor § 373 Rz. 6.
6 OLG Karlsruhe FamRZ 1973, 104; KG DAVorm 1977, Sp.174, 175.
7 Ebenso zu Kindschaftssachen nach § 640 ZPO a.F. – Parteivernehmung – OLG Karlsruhe FamRZ 1973, 104.
8 Vgl. dazu MünchKommFamFG/*Coester-Waltjen*/*Hilbig-Lugani*² § 30 Rz. 34 und § 172 Rz. 1 und 38.
9 Zöller/*Greger*³⁰ § 373 Rz. 5.
10 RG JW 1892, 180.
11 RGZ 2, 400.

Geschäftsführer einer GmbH.[1] Dies gilt, solange sie ihr Amt ausüben.[2] Als Zeuge vernommen werden können Vorstandsmitglieder einer AG hingegen, wenn nach § 147 Abs. 3 AktG an ihrer Stelle ein besonderer Vertreter als gesetzlicher Vertreter für den Prozess bestellt ist, weil § 455 dann keine Anwendung findet.[3] **Mitglieder** eines rechtsfähigen **Vereins**, die nicht zum Vorstand gehören und deshalb nicht gesetzliche Vertreter des Vereins sind, können als Zeugen vernommen werden. Gleiches gilt für Mitglieder eines nichtrechtsfähigen Vereins, weil dieser im Prozess einem rechtsfähigen Verein gleichsteht.[4] Zeuge ist auch der **Aktionär** im Prozess der AG,[5] ebenso ein **Aufsichtsratsmitglied**, außer wenn es zugleich gesetzlicher Vertreter der Gesellschaft ist.[6] Mitglieder des Aufsichtsrats einer durch den Vorstand vertretenen eingetragenen Genossenschaft können ebenfalls Zeugen sein.[7] Der **Gesellschafter** einer GmbH ist im Zivilprozess als Zeuge zu vernehmen,[8] und zwar auch, wenn er „faktischer Geschäftsführer" ist.[9]

Das Vertretungsorgan einer **juristischen Person** des **öffentlichen Rechts** kann nicht Zeuge sein.[10] Erfolgt die Vertretung durch eine kollegial organisierte Behörde, scheidet auch das einzelne Behördenmitglied als Zeuge aus.[11] In einer Gemeinde, in der der Bürgermeister die rechtsgeschäftliche Vertretung innehat, kann ein Gemeinderatsmitglied, das weder allgemein noch im besonderen Fall mit der Stellvertretung des Bürgermeisters beauftragt ist, nicht als Vertreter der Gemeinde angesehen und daher nicht zur Parteivernehmung nach § 455 zugelassen werden, also im Rechtsstreit der Gemeinde als Zeuge aussagen.[12]

33

Ob satzungsmäßig berufene **besondere Vertreter nach § 30 BGB** Zeugen sein können, ist umstritten.[13]

34

b) Personengesellschaften

aa) Handelsgesellschaften

Im Prozess der OHG und KG sind deren **vertretungsberechtigte Gesellschafter** als **Partei** zu vernehmen.[14] Der Gesellschafter einer **OHG**, der durch den Gesellschaftsvertrag von der Vertretung der Gesellschaft ausgeschlossen ist, kann dagegen Zeuge sein.[15] Das gleiche gilt bei der **KG** für die durch den Gesellschaftsvertrag von der Vertretung ausgeschlossenen Gesellschafter (§ 125 HGB) und die **Kommanditisten**, weil

35

---

1 Baumbach/*Hueck*/Fastrich GmbHG[20] § 13 Rz. 8; *Roth*/Altmeppen, GmbHG[7] § 35 Rz. 24; *Barfuß* NJW 1977, 1273, 1274.
2 OLG Koblenz DB 1987, 1036, 1037 für AG und GmbH.
3 *Hueck* Festschrift Bötticher (1969), S. 197, 202.
4 RG Warn. 1908 Nr. 679, S. 552.
5 *Barfuß* NJW 1977, 1273, 1274.
6 OLG Koblenz DB 1987, 1036, 1037; *Barfuß* NJW 1977, 1273, 1274.
7 RG SeuffArch. 49, 470 f., Nr. 285.
8 RG JW 1899, 673; Baumbach/*Hueck*/Fastrich GmbHG[20] § 13 Rz. 8; *Barfuß* NJW 1977, 1273, 1274.
9 OLG München OLGRep. 1999, 336 = NZG 1999, 775, 776 (dort: im Prozess des klagenden Mitgesellschafters).
10 RGZ 45, 427 = 46, 318.
11 RGZ 45, 427, 428 f. = 46, 318; OLG Celle ZZP 36 (1907), 177, 178.
12 BayObLGZ 1962, 341, 360 f.
13 Bejahend *Barfuß* NJW 1977, 1273; Thomas/Putzo/*Reichold*[33] Vorbem. § 373 Rz. 7; Zöller/*Greger*[30] § 373 Rz. 6; verneinend Baumbach/Lauterbach/*Hartmann*[71] Übers § 373 Rz. 14, in Widerspruch dazu Rz. 23.
14 BGHZ 42, 230, 232 = NJW 1965, 106; Baumbach/*Hopt* HGB[35] § 124 Rz. 43; *Kämmerer* NJW 1966, 801, 805.
15 BGHZ 42, 230, 231; BGH NJW 1965, 2253, 2254 = LM § 373 ZPO Nr. 4; a.A. RGZ 17, 365, 370 f.; RGZ 35, 388.

diese kraft Gesetzes zur Vertretung der Gesellschaft nicht ermächtigt sind (§ 170 HGB).[1] Der Kommanditist kann im Rechtsstreit der KG auch dann als Zeuge vernommen werden, wenn ihm Prokura erteilt ist.[2] Ein Prokurist ist nicht als Partei, sondern als Zeuge zu vernehmen.[3] Nicht als Zeuge vernommen werden darf hingegen grundsätzlich der **Komplementär**.[4] Doch kann der persönlich haftende Gesellschafter einer in Liquidation befindlichen Kommanditgesellschaft, sofern er nicht Liquidator ist, im Rechtsstreit der Gesellschaft nicht als Partei vernommen werden,[5] also als Zeuge aussagen.

36 Der **Geschäftsführer einer GmbH und Co. KG** kann im Prozess der Gesellschaft nicht Zeuge sein, weil er als gesetzlicher Vertreter der Komplementär-GmbH (§ 35 Abs. 1 GmbHG), die gem. §§ 161 Abs. 2, 125 Abs. 1 HGB gesetzlich die GmbH & Co. KG vertritt, deren Prozessunfähigkeit ergänzt und somit als Partei zu vernehmen ist.[6] Benennt eine KG den Geschäftsführer ihrer persönlich haftenden Gesellschafterin als Zeugen, obwohl dieser nur als Partei vernommen werden darf, kann das Beweisangebot als Anregung zu einer Parteivernehmung aufzufassen sein. Das Gericht muss insoweit auf eine Klärung hinwirken und die Möglichkeit einer Parteivernehmung prüfen.[7]

bb) GbR

37 Die **BGB-Außengesellschaft** ist von der Rechtsprechung hinsichtlich der Rechtssubjektqualität der OHG gleichgestellt worden.[8] Ihre **geschäftsführenden Gesellschafter** (§ 714 BGB) sind als **Partei** und nicht als Zeugen zu vernehmen.[9] Als Zeuge steht nur zur Verfügung, wer durch den Gesellschaftsvertrag von der gesetzlichen Vertretung ausgeschlossen ist.[10]

c) Gütergemeinschaft, andere Güterstände

38 Eheleute, die in **Gütergemeinschaft** leben, sind im Rechtsstreit um das Gesamtgut stets **beide Partei**. Zeuge sein kann ein Ehepartner nur, soweit der andere das Gesamtgut allein verwaltet (§§ 1421 S. 1, 1422 S. 1 BGB) und deshalb allein Partei ist. Besteht keine Gütergemeinschaft, kann ein Ehepartner im Prozess des anderen Zeuge sein.

d) Erbengemeinschaft

39 Im Rechtsstreit betreffend den Nachlass sind grundsätzlich **sämtliche Mitglieder** einer Erbengemeinschaft **Partei**. Zeuge sein können sie allerdings, soweit ein Testamentsvollstrecker oder Nachlassverwalter den Prozess als Partei kraft Amtes betreibt (nachfolgend Rz. 41). Auch ein am Nachlassprozess formell nicht beteiligter Miterbe ist Zeuge.[11]

---

1 BGH NJW 1965, 2253, 2254; BGHZ 34, 293, 297 = NJW 1961, 1022: keine Differenzierung nach Vertretungsberechtigung, Gesellschafter können nicht Zeuge sein.
2 BAG BB 1980, 580.
3 RGZ 102, 328, 331 (dort: Prokurist eines Einzelkaufmanns).
4 ArbG Wiesbaden DB 1978, 2036.
5 BGHZ 42, 230, 231 = NJW 1965, 106.
6 LG Oldenburg BB 1975, 983, 984.
7 BGH NJW-RR 1994, 1143, 1144.
8 BGHZ 146, 341, 343 ff.
9 OLG Stuttgart, Urt. v. 21.10.2009 – 3 U 64/09.
10 Baumbach/Lauterbach/*Hartmann*[71] Übers § 373 Rz. 15.
11 Baumbach/Lauterbach/*Hartmann*[71] Übers § 373 Rz. 13.

e) Prozessstandschaft

Prozessstandschafter sind formell Partei und deshalb nie Zeuge. Der jeweilige Rechtsträger kann dagegen als Zeuge vernommen werden. Dies gilt nach h.M. für Fälle der **gesetzlichen** (z.B. § 265 ZPO, §§ 1629 Abs. 3, 1368, 1422 BGB) wie der **gewillkürten**[1] Prozessstandschaft. Nicht zu folgen ist der für die gewillkürte Prozessstandschaft vertretenen Auffassung, eine an den Interessenwertungen ausgerichtete Auslegung der §§ 445 ff. verlange es, den ermächtigenden Rechtsinhaber im Rechtsstreit des Ermächtigten den Regeln der Parteivernehmung zu unterwerfen, weil der Rechtsinhaber wie eine Partei am Ausgang des Rechtsstreits interessiert sei;[2] die Interessenbeteiligung zu berücksichtigen ist Aufgabe der Beweiswürdigung.

40

f) Parteien kraft Amtes

Führt ein **Verwalter** den Rechtsstreit als Partei kraft Amtes, unterliegt er der Parteivernehmung. Der jeweilige **Rechtsinhaber** ist als **Zeuge** zu vernehmen,[3] es sei denn er tritt als gewillkürter Prozessstandschafter[4] oder streitgenössischer Nebenintervenient (§ 69)[5] des Verwalters auf.[6] Danach ist der Erbe im Rechtsstreit des Testamentsvollstreckers[7] und des Nachlassverwalters[8] Zeuge. Gleiches gilt für den Eigentümer im Prozess des **Zwangsverwalters**.[9] Der **Gemeinschuldner** ist nach dem Eintritt des Insolvenzverwalters in den Rechtsstreit betreffend die Insolvenzmasse kein Beteiligter mehr; er kann als Zeuge vernommen werden.[10] Dagegen hat der Insolvenzgläubiger im Insolvenzverfahren die Stellung einer Partei.[11]

41

g) Streitgenossen

Aus § 449 ergibt sich, dass Streitgenossen grundsätzlich den Regeln der Parteivernehmung unterstehen. Dies gilt für den **notwendigen Streitgenossen** (§ 62) in Bezug auf beide Prozessrechtsverhältnisse.

42

Bei **einfachen Streitgenossen** (§ 60) ist zu differenzieren. Nach der Rechtsprechung des Reichsgerichts durften sie **im Prozess des anderen Streitgenossen** nicht Zeugen sein.[12] Nunmehr entspricht es jedoch gefestigter Rechtsprechung und herrschender Lehre, dass ein einfacher Streitgenosse über solche **Tatsachen** als Zeuge vernommen

43

---

1 BGH NJW 1972, 1580; Stein/Jonas/*Berger*[22] vor § 373 Rz. 5; Zöller/*Greger*[30] § 373 Rz. 5; *Frank* ZZP 92 (1979), 321, 325.
2 *Rüßmann* AcP 172 (1972), 520, 544 f.
3 Stein/Jonas/*Berger*[22] vor § 373 Rz. 6; MünchKommZPO/*Damrau*[4] § 373 Rz. 12.
4 Zur Zulässigkeit Stein/Jonas/*Bork*[22] vor § 50 Rz. 59.
5 MünchKommZPO/*Damrau*[4] § 373 Rz. 12.
6 Zu dieser Konstruktion BGHZ 35, 180, 183; BGHZ 38, 281; *Bötticher* JZ 1963, 582.
7 RG JW 1901, 760; OLG Hamburg OLGRspr. (Mugdan-Falkmann) 4, 122, 123; Schönke/*Kuchinke* ZPR[9] § 65 II.
8 MünchKommZPO/*Damrau*[4] § 373 Rz. 12.
9 MünchKommZPO/*Damrau*[4] § 373 Rz. 12.
10 RGZ 29, 29f u. 38; RG JW 1895, 263; BFH NJW-RR 1998, 63 = BB 1997, 2205; Zöller/*Greger*[30] § 373 Rz. 5; *Uhlenbruck* InsO[13] § 80 Rz. 13; MünchKommInsO/*Ott/Vuia*[2] § 80 InsO Rz. 79; Schönke/*Kuchinke* ZPR[9] § 65 II.
11 OLG Düsseldorf NJW 1964, 2357 (zur Rechtslage unter der KO); Baumbach/Lauterbach/*Hartmann*[71] Übers § 373 Rz. 18.
12 RGZ 29, 370; RGZ 91, 37, 38.

werden kann, die **ausschließlich andere Streitgenossen betreffen**.[1] Für diese Ansicht spricht, dass bei der Streitgenossenschaft eine Mehrheit voneinander unabhängiger Prozessrechtsverhältnisse vorliegt und ein Streitgenosse für den anderen keine Prozesshandlungen vornehmen kann. Die begrenzte Zulassung der Zeugenvernehmung bei einfachen Streitgenossen ist erforderlich, weil eine Streitgenossenschaft in weiter Auslegung der §§ 59, 60 schon dann zulässig ist, wenn eine gemeinsame Verhandlung und Entscheidung zweckmäßig ist. Sie vermindert den Anreiz, einen missliebigen Zeugen als Streitgenossen mitzuverklagen, um seine Vernehmung als Zeuge zu vereiteln.[2] Ob ein Streitgenosse selbst am Ausgang des Rechtsstreits des anderen Streitgenossen interessiert ist, ist erst bei der Erörterung seiner Glaubwürdigkeit zu berücksichtigen.[3]

44 Nicht ganz eindeutig ist, was damit gemeint ist, dass die unter Beweis gestellten Tatsachen den als Zeugen zu vernehmenden Streitgenossen nicht betreffen dürfen. Überwiegend wird darunter die **Erheblichkeit** der Tatsachen **für beide Prozessrechtsverhältnisse** verstanden.[4] So soll ein Streitgenosse innerhalb der Widerklage eines anderen Streitgenossen als Zeuge nur vernommen werden können, wenn er Tatsachen bekunden soll, die ausschließlich für den anderen Streitgenossen „in Betracht kommen", wenn er hinsichtlich der Widerklage „ganz unbeteiligt" ist, was nicht der Fall sei, wenn die Tatsachen auch für die gegen ihn gerichtete Klage von „entscheidender" Bedeutung seien.[5] Auf dieser Argumentationslinie beruhend hat das OLG Hamm entschieden, dass bei Unschlüssigkeit der Klage gegen einen von mehreren einfachen Streitgenossen dieser Beklagte über Tatsachen, die folglich nur für die Entscheidung gegen den anderen Beklagten von Bedeutung seien, als Zeuge gehört werden könne.[6] Zum Ausscheiden aus dem Verfahren nachfolgend Rz. 50.

45 Teilweise wird auf den **gemeinsamen Lebenssachverhalt** abgestellt.[7] In diesem Sinne hat der BGH in einem Fall, in dem einfache Streitgenossen auf Schadensersatz verklagt wurden und einer von ihnen außerdem auf Herausgabe von Gegenständen, entschieden, die vom Herausgabebegehren nicht betroffenen Streitgenossen dürften gleichwohl nicht als Zeugen vernommen werden, wenn Herausgabeanspruch und Schadensersatzanspruch auf demselben Sachverhalt (dort: arglistiger Täuschung) beruhten.[8]

h) Streitverkündeter, Streithelfer

46 Der **Streitverkündete**, der dem Rechtsstreit (noch) nicht beigetreten ist (§§ 72, 74 Abs. 2), ist als Zeuge zu vernehmen.[9] Aber auch der beigetretene Streitverkündete (§§ 72, 74 Abs. 1, 67) und der **Nebenintervenient** bzw. gewöhnliche oder unselbständi-

---

1 BAGE 24, 355, 359 = JZ 1973, 58, 59; BGH LM § 59 ZPO Nr. 4 = MDR 1984, 47 = NJW 1983, 2508 (LS); BGH NJW-RR 1991, 256; BGH NJW 1999, 135, 136; OLG Düsseldorf MDR 1971, 56; OLG Hamm NJW-RR 1986, 391, 392; MünchKommZPO/*Damrau*[4] § 373 Rz. 15; Stein/Jonas/*Bork*[22] § 61 Rz. 11; Stein/Jonas/*Leipold*[22] § 449 Rz. 1; OLG Köln VersR 1973, 285: unzulässig, soweit Beweistatsachen für sämtliche Ansprüche erheblich sind.
2 BAGE 24, 355, 359 = JZ 1973, 58, 59.
3 BAGE 24, 355, 359; Zöller/*Greger*[30] § 373 Rz. 5a.
4 So explizit Rosenberg/Schwab/*Gottwald*[17] § 120 Rz. 9, § 48 Rz. 17.
5 KG OLGZ 1977, 244.
6 OLG Hamm NJW-RR 1986, 391, 392; vergleichbar zur Eideszuschiebung nach altem Recht OLG Köln JW 1930, 3328.
7 MünchKommZPO/*Damrau*[4] § 373 Rz. 15. Auf „Identität des Anspruchsgrundes" abstellend Zöller/*Greger*[30] § 373 Rz. 5a.
8 BGH LM § 59 ZPO Nr. 4 = MDR 1984, 47.
9 Stein/Jonas/*Berger*[22] vor § 373 Rz. 5; MünchKommZPO/*Damrau*[4] § 373 Rz. 15.

ge Streithelfer (§ 67) sind nicht Partei[1] und stehen deshalb als Zeugen zur Verfügung.[2] Dagegen ist der als Streitgenosse der unterstützten Hauptpartei (§ 59) geltende **streitgenössische Nebenintervenient** (§ 69) als Partei zu vernehmen.[3]

Der **Hauptintervenient** (§ 64) ist Partei eines eigenen neuen Rechtsstreits und kann daher im ursprünglichen Verfahren Zeuge sein. 47

i) Rechtsnachfolge

Bei einer Rechtsnachfolge **vor Prozessbeginn** wird der Rechtsnachfolger Partei. Der Rechtsvorgänger ist also ohne Weiteres als Zeuge zu vernehmen, und zwar auch, wenn er das Recht – wie z.B. bei der Einziehungsermächtigung – nur treuhänderisch übertragen hat.[4] Dem Versuch einer Ausschaltung des Zedenten als Zeuge durch Erhebung einer Widerklage gegen ihn kann durch Verneinung der Voraussetzungen des § 33 begegnet werden.[5] Zur Rechtsnachfolge im Laufe des Prozesses nachfolgend Rz. 55 ff. 48

IV. Änderung der Zeugen- oder Parteiqualität

1. Wechsel der Partei oder des gesetzlichen Vertreters im Laufe des Verfahrens

Da sich die Zeugenfähigkeit nach dem **Zeitpunkt der Vernehmung** bestimmt (Rz. 22), können sich hier im Laufe des Verfahrens Änderungen ergeben. Eine **ausgeschiedene** frühere **Partei** kann ebenso wie ein ehemaliger gesetzlicher Vertreter oder Streitgenosse als Zeuge vernommen werden.[6] Dasselbe gilt für eine später eintretende Partei. Zeuge sein kann auch der ausgeschiedene Personengesellschafter.[7] Der Gegner des Vorprozesses kann im **Regressprozess** gegen den Rechtsanwalt als Zeuge vernommen werden, auch wenn er im Vorprozess wegen seiner Parteistellung nicht als Zeuge zur Verfügung stand.[8] Die Partei muss aber rechtskräftig aus dem Verfahren ausgeschieden sein, um Zeuge sein zu können. 49

Dies gilt auch für **einfache Streitgenossen** bezüglich beide Genossen betreffende Tatsachen (zuvor Rz. 44). Verfolgt unter Streitgenossen einer einen Herausgabeanspruch und der andere einen Schadensersatzanspruch und beruhen beide Ansprüche auf demselben Sachverhalt, dürfen die vom Herausgabebegehren nicht betroffenen Streitgenossen nach einem nicht rechtskräftigen Teilurteil über den Herausgabeanspruch in der Rechtsmittelinstanz nicht als Zeugen vernommen werden.[9] Ist der als Zeuge benannte Streitgenosse hingegen nach Verfahrenstrennung[10] nicht mehr beteiligt oder durch rechtskräftige sachliche Erledigung des Rechtsstreits aus dem Verfahren aus- 50

---

1 BGH NJW 1986, 257; BGH NJW 1997, 2385, 2386.
2 RGZ 46, 404, 405; MünchKommZPO/*Damrau*[4] § 373 Rz. 15; Stein/Jonas/*Berger*[22] vor § 373 Rz. 5.
3 RG Warn. 1914 Nr. 314; OLG Hamm FamRZ 1978, 204, 205; Rosenberg/Schwab/*Gottwald*[17] § 50 Rz. 72; MünchKommZPO/*Damrau*[4] § 373 Rz. 15; Baumbach/Lauterbach/*Hartmann*[71] § 69 Rz. 9; Übers § 373 Rz. 22.
4 MünchKommZPO/*Damrau*[4] § 373 Rz. 14.
5 LG Aurich NJW-RR 2007, 1713.
6 So implizit BGH NJW 1999, 2446 zum abberufenen Geschäftsführer der Komplementärin der Beklagten; Stein/Jonas/*Berger*[22] vor § 373 Rz. 9.
7 RGZ 49, 425, 426 f. (für OHG).
8 BGHZ 72, 328, 331 f. = NJW 1979, 819, 820; BGH NJW 1984, 1240 (LS) = JZ 1984, 391; zum Strafprozess Stein/Jonas/*Berger*[22] vor § 373 Fn. 3.
9 BGH LM § 59 ZPO Nr. 4 = MDR 1984, 47 = NJW 1983, 2508 (LS).
10 RGZ 91, 37, 38.

geschieden,[1] so durch Vergleich[2] oder aufgrund rechtskräftigen Teilurteils, steht seiner Vernehmung nichts entgegen.

51 Tritt während des Prozesses eine **Rechtsnachfolge** ein und führt der Rechtsvorgänger den Prozess nach § 265 Abs. 2 S. 1 als Partei in gesetzlicher **Prozessstandschaft** für den Rechtsnachfolger unverändert fort, unterliegt er der Regelung über die Parteivernehmung. Dem Rechtsnachfolger fehlt dagegen grds. trotz des Rechtsübergangs auf ihn die Prozessführungsbefugnis, so dass er Zeuge sein kann. Übernimmt der Rechtsnachfolger ausnahmsweise den Prozess – bei Zustimmung des Gegners nach § 265 Abs. 2 S. 2 oder im Falle des § 266 Abs. 1 – ist er als Partei zu vernehmen.

2. Zeugenfähigkeit bei verbleibender Kostenbeteiligung

52 Verbleibt eine Partei allein **wegen der Kostenentscheidung im Prozess**, hindert dies nicht ihre Vernehmung als Zeuge, wenn die Kostenentscheidung nicht streitig ist,[3] oder wenn deren Belastungsanteil durch die Vernehmung nicht mehr beeinflusst werden kann.[4] Die Zeugenvernehmung eines früheren Widerbeklagten ist zulässig, wenn dieser in erster Instanz rechtskräftig aus dem Rechtsstreit ausgeschieden und insoweit nur noch wegen der Kosten beteiligt ist.[5] **Nimmt** einer von mehreren Berufungsführern **sein Rechtsmittel** wirksam **zurück**, steht seiner späteren Vernehmung als Zeuge nicht entgegen, dass er wegen der einheitlich zu treffenden Kostenentscheidung noch Verfahrensbeteiligter ist, weil die Kostenfolge kraft Gesetzes eintritt und deshalb mit der Rücknahme der Berufung die streitige Beteiligung entfällt.[6]

53 Ob und inwieweit die Zeugenvernehmung eines einfachen Streitgenossen ausgeschlossen ist, wenn er – beispielsweise nach Ergehen eines sich auf ihn beziehenden **Teilurteils** – nur noch an der zu treffenden Kostenentscheidung beteiligt ist, ist umstritten. Während teilweise vertreten wird, schon die **formelle Beteiligung an der Kostenentscheidung** schließe die Zeugenvernehmung des Streitgenossen aus, weil sich nur so eine klare Grenze ziehen lasse,[7] kommt es nach anderer Auffassung darauf an, ob der Streitgenosse noch streitig an der Kostenentscheidung beteiligt ist,[8] oder ob die Kostenentscheidung durch die Vernehmung noch beeinflusst werden kann.[9] Nach einer weiteren Ansicht kommt es nur auf das rechtskräftige Ausscheiden des Streitgenossen aus dem Rechtsstreit an; das Ausstehen der Kostenentscheidung soll die Zeugenvernehmung nicht hindern.[10] Einer Entscheidung des OLG Düsseldorf zufolge ist die Zeugenvernehmung des einfachen Streitgenossen, nachdem die Klage gegen ihn abgewiesen wurde, trotz offener Kostenfrage zulässig.[11] *Greger* wendet **gegen** den **Ausschluss** eines **nur** noch **wegen** der **Kosten** beteiligten Streitgenossen als Zeugen zutreffend ein, dass das mögliche Kosteninteresse als ein mittelbares Vermögensinteresse am Ausgang des Rechtsstreits den Streitgenossen nicht nach § 384 zur Zeugnis-

---

1 RGZ 29, 370; RG Gruchot 63 (1919) 493, 494.
2 RGZ 91, 37, 38.
3 KG MDR 1981, 765; OLG Celle NJW-RR 1991, 62 f.; OLG Koblenz NJW-RR 2003, 283.
4 OLG Celle OLGR 1996, 45; Zöller/*Greger*[30] § 373 Rz. 5a; a.A. RGZ 91, 37, 38; RG Warn. 1914 Nr. 99; RG LeipZ 1932, 1488; Baumbach/Lauterbach/*Hartmann*[71] Übers § 373 Rz. 22.
5 OLG Celle OLGR 1998, 139, 140.
6 OLG Koblenz NJW-RR 2003, 283.
7 Baumbach/Lauterbach/*Hartmann*[71] Übers § 373 Rz. 22.
8 KG MDR 1981, 765; OLG Celle NJW-RR 1991, 62 f.; *E. Schneider* MDR 1982, 372, 373: bei wechselseitiger Abhängigkeit.
9 OLG Celle OLGRep. 1996, 45.
10 MünchKommZPO/*Damrau*[4] § 373 Rz. 15.
11 OLG Düsseldorf FamRZ 1975, 100, 101.

verweigerung berechtigt und deshalb erst recht nicht seine Zeugenstellung ausschließen kann.[1]

3. Änderungen durch prozesstaktische Maßnahmen

a) Zulässige Prozesstaktik

Inwieweit die Parteien die Zeugenfähigkeit einer Person durch prozesstaktische Maßnahmen (Abtretung, Auswechselung des gesetzlichen Vertreters, Widerklage, Klage- und Berufungserweiterung) beeinflussen dürfen, ist umstritten. Während der **BGH** die gezielte Schaffung oder Beseitigung der Zeugenstellung mit prozessualen Mittel als solche **nicht missbilligt**, halten andere solche Maßnahmen teilweise schon wegen ihres Zwecks für rechtsmissbräuchlich.[2] So wird vertreten, die Zeugenstellung dürfe nicht erschlichen werden; auch dürfe die jetzige Partei die erschlichene Aussage der früheren Partei nicht ausnutzen, das Gericht sie nicht verwerten.[3] 54

b) Abtretung

Eine Abtretung, die dazu dient, dem **bisherigen Rechtsinhaber** der Forderung im Prozess die Stellung als **Zeuge** zu verschaffen und dadurch die Beweislage zu verbessern, ist **grundsätzlich zulässig**, weil der Zedent lediglich von einem ihm durch das Gesetz gewährten Recht Gebrauch macht.[4] Das regelmäßig starke Interesse des Zedenten am Ausgang des Rechtsstreits kann und muss bei der Beweiswürdigung nach § 286 berücksichtigt werden.[5] Auch ist gegebenenfalls eine Gegenüberstellung des Zeugen mit dem Schuldner und dessen Anhörung oder auch Vernehmung geboten. Ein **Rechtsschutzversicherer** ist aber nicht verpflichtet, für den Prozess des Zessionars seines Versicherungsnehmers Deckungsschutz zu gewähren.[6] 55

Umstritten ist, welche **Bedeutung § 138 BGB** für die Beurteilung zukommt. Einigkeit besteht darüber, dass eine Zession zur Verbesserung der Beweislage wegen Sittenwidrigkeit nach § 138 BGB nichtig ist, wenn die daran Beteiligten wissen, dass die Forderung in Wahrheit nicht besteht und sie die **Forderung mit** Hilfe einer **unwahren Aussage** des Zedenten bei Gericht **durchsetzen** wollen.[7] Ob die Forderung besteht, ist indes gerade das aufzuklärende Beweisthema. Die Formel ist daher unbrauchbar. Sie verschiebt nur das Beweisthema, ohne dass sich die Beweismittellage verändert; ihre Anwendung läuft gegebenenfalls auf eine vorweggenommene Beweiswürdigung hinaus. 56

Weitergehend halten *Buß/Honert* die Verschaffung der Zeugenstellung durch **Zession** für **sittenwidrig**, sofern die Voraussetzungen der §§ 447, 448 unterlaufen werden.[8] Nach anderer Ansicht soll der Zedent nach § 138 BGB als Zeuge ausgeschlossen sein, wenn die Abtretung nur erfolgt, um ihm die Stellung eines Zeugen zu verschaffen.[9] 57

---

1 Zöller/*Greger*[30] § 373 Rz. 5a.
2 MünchKommZPO/*Damrau*[4] § 373 Rz. 14.
3 Baumbach/Lauterbach/*Hartmann*[71] Übers § 373 Rz. 11.
4 RGZ 81, 160, 161; OLG Nürnberg BB 1967, 227; OLG Nürnberg VersR 1969, 46; KG VersR 2009, 1557, 1558; *Wunderlich* DB 1993, 2269, 2271.
5 BGH WM 1976, 424; BGH NJW 1980, 991; BGH NJW 2001, 826, 827; OLG Nürnberg BB 1967, 227; OLG Nürnberg VersR 1969, 46; OLG Karlsruhe NJW-RR 1990, 753; Zöller/*Greger*[30] § 373 Rz. 4.
6 OLG Köln NJW-RR 2009, 1692.
7 BGH WM 1976, 424; OLG Karlsruhe NJW-RR 1990, 753; Baumbach/Lauterbach/*Hartmann*[71] Übers § 373 Rz. 13; *Kluth/Böckmann* MDR 2002, 616, 618.
8 *Buß/Honert* JZ 1997, 694, 695, 697.
9 KG DJZ 1908, 597; MünchKommZPO/*Damrau*[4] § 373 Rz. 14. Ähnlich *Meyke* NJW 1989, 2032 Fn. 14, der auf Rechtsmissbrauch abstellt.

Gegen eine solche generelle Lösung auf der Ebene des materiellen Rechts wenden sich *Kluth/Böckmann*: Der Vorwurf der Sittenwidrigkeit, der unter Umständen in der beabsichtigten Umgehung von Vorschriften des prozessualen Beweismittelrechts gesehen werden könne, liege nicht im materiell-rechtlichen Bereich.[1] Sie wollen unter Berufung auf den Grundsatz der prozessualen Waffengleichheit die beweisrechtlich benachteiligte Partei auch dann zur Parteivernehmung zulassen, wenn die gesetzlichen Voraussetzungen dafür nicht vorliegen, und dadurch einer etwaigen beweisrechtlichen Schieflage begegnen. Hierzu soll auf die nach § 448 erforderliche Anfangswahrscheinlichkeit verzichtet werden und das Ermessen des Gerichts bei einem Antrag auf Parteivernehmung auf Null reduziert sein.[2] Diese Gleichstellung von Zeugen- und Parteibeweis ist de lege lata jedoch nicht vertretbar.

58 *Müller* schlägt vor, für die Abgrenzung zwischen Parteivernehmung und Zeugenbeweis auf den **Grad des Eigeninteresses** an dem Rechtsstreit abzustellen. Die gezielte Schaffung der Zeugenstellung begründe eine Vermutung für ein Eigeninteresse des neu geschaffenen Zeugen, weswegen dieser nur nach den Regeln der Parteivernehmung vernommen werden könne.[3] Diese Argumentation zielt lediglich auf die **ohnehin unerlässliche Beweiswürdigung** und rechtfertigt nicht die Abkehr von der Abgrenzung nach der formellen Parteistellung.

59 **Alle abtretungsfeindlichen Lösungen kranken** daran, dass **spekulative Motivforschung** betrieben werden muss und das Ergebnis der Motivbeurteilung stark vom Formulierungsgeschick des Prozessvertreters abhängt. Die bewirkte **gekünstelte Zurückdrängung der Parteivernehmung** ist angesichts der verschwimmenden Grenze zwischen Parteianhörung nach § 141 und Parteivernehmung[4] (zuvor Rz. 18 und Kap. 40 Rz. 21) auch rechtspolitisch kaum noch zu rechtfertigen.

c) Vertreterauswechselung

60 Ein **Wechsel des gesetzlichen Vertreters**, insbesondere des Geschäftsleiters einer Kapitalgesellschaft oder des geschäftsführenden Gesellschafters einer Personengesellschaft, zwecks Schaffung der Zeugenstellung ist **grundsätzlich erlaubt**.[5] Eine gegenteilige Lösung würde nur unaufklärbare, ablenkende Prozessbehauptungen provozieren. Auch für diesen Sachverhalt ist § 138 BGB als rechtliche Grenze genannt worden. Die Vernehmung als Zeuge soll unzulässig sein, wenn die Gegenpartei nicht beweist, dass damit ein sittenwidriger Zweck i.S.d. **§ 138 BGB** verfolgt wird, insbesondere eine Tatsache der Wahrheit zuwider bewiesen werden soll;[6] im Übrigen sei der Zweck des Ausscheidens als gesetzlicher Vertreter lediglich bei der Beweiswürdigung zu berücksichtigen.[7] Dieser Einschränkung stehen dieselben Gründe entgegen wie dem behaupteten Verbot der Abtretung (dazu vorstehend Rz. 56).

61 Der Ausschluss des gesetzlichen Vertreters eines Kindes in dessen Rechtsstreit als Zeuge soll für sich genommen allerdings **nicht** die **Anordnung einer Ergänzungspflegschaft** rechtfertigen.[8] Sofern ein Wechsel der Vertretung zu diesem Zweck erschli-

---

1 *Kluth/Böckmann* MDR 2002, 616, 618; ebenso *Buß/Honert* JZ 1997, 694, 697.
2 *Kluth/Böckmann* MDR 2002, 616, 621.
3 *Müller* Parteien als Zeugen S. 100.
4 S. dazu auch KG VersR 2009, 1557, 1558.
5 A.A. *Schmitz* GmbH-Rundschau 2000, 1140, 1143 (zur Abberufung eines GmbH-Geschäftsführers).
6 LG München JW 1921, 864, 865 m. zust. Anm. *Rosenberg*.
7 LG München JW 1921, 864, 865 m. zust. Anm. *Rosenberg*.
8 OLG Hamm RPfleger 1984, 270, 271. In der Sache ebenso, wenn auch weitergehend formulierend KG OLGRspr. (Mugdan-Falkmann) 46, 197, 198; OLG Dresden JW 1931, 1380; MünchKommZPO/*Damrau*[4] § 373 Rz. 9.

chen worden sei, sei der frühere gesetzliche Vertreter nicht als Zeuge zu vernehmen, eine bereits gemachte Aussage nicht zu verwerten.[1]

d) Drittwiderklage, Klageerweiterung

Nach der Rechtsprechung des BGH ist es auch dann zulässig, eine **Widerklage** auf am Klagverfahren **nicht beteiligte Personen** zu erstrecken, wenn diese infolgedessen als Zeugen ausscheiden.[2] Danach musste ein Verband zur Förderung gewerblicher Belange des Kraftfahrzeuggewerbes, der eine Kfz-Händlerin wegen angeblicher Wettbewerbsverstöße verklagt hatte, es hinnehmen, dass seine Testkäufer infolge einer Widerklage der Beklagten nicht mehr als Zeugen aussagen konnten. Die Drittwiderklage wird insbesondere als Instrument eingesetzt, nach einer Zession auf der Aktivseite des Verfahrens den **Zedenten in** das **Verfahren einzubeziehen**.[3] Obwohl der BGH in „schutzwürdigen Interessen des Widerbeklagten" eine Grenze für dessen Einbeziehung in den Rechtsstreit und damit für die Zulässigkeit der Widerklage sieht,[4] ist die **Ausschaltung als Zeuge nicht** als entsprechendes **Hindernis** angesehen worden. Im Gegenteil hat der BGH zu Recht darauf hingewiesen, dass durch die Drittwiderklage gegen den Zedenten nur die prozessuale Ausgangssituation der Beweisführung vor der Zession hergestellt werde und die Drittwiderklage in dieser Konstellation für „Waffengleichheit" sorge.[5] Die Voraussetzungen des § 33 sind allerdings streng zu prüfen.[6]

62

Nach einer Entscheidung des OLG Celle soll die sachlich nicht begründete **Erweiterung der Klage in der Berufungsinstanz** auf einen Dritten mit dem offenkundigen Ziel, diesen als Zeugen zu eliminieren, rechtsmissbräuchlich und deshalb unzulässig sein.[7] Dieser Begründung ist zu widersprechen. Eine zeitliche Grenze wird der Klageerweiterung nach heutigem Berufungsrecht nur durch § 531 Abs. 2 und § 533 gezogen. Jedoch ist die **Klageerweiterung als solche** genauso **zulässig** wie die anfängliche subjektive Klagenhäufung (§§ 59 ff.).

63

4. Umgang mit der Änderung

a) Bevorstehende Beweisaufnahme

Da sich das Gericht bei der Beweisanordnung zunächst nach der Partei- bzw. Zeugeneigenschaft zu diesem Zeitpunkt richtet, stellt sich die Frage, wie mit einer Änderung umzugehen ist, die erst nach der Beweisanordnung erfolgt.

64

Wird die Partei Zeuge, steht der **Durchführung** der angeordneten **Parteivernehmung als Zeugenvernehmung** nichts im Wege.[8] **Wird** hingegen der **Zeuge Partei**, kommt es wegen der Subsidiarität der Parteivernehmung darauf an, ob die Voraussetzungen für eine Parteivernehmung vorliegen.[9] Ist der Vernommene Partei, muss ein förmlicher Beweisbeschluss vorangegangen sein, ist er Zeuge, bedarf es dessen nicht.

65

---

1 MünchKommZPO/*Damrau*⁴ § 373 Rz. 9.
2 BGH WM 1987, 1114, 1115. A.A. in einem gleichgelagerten Sachverhalt OLG Karlsruhe BB 1992, 97.
3 So – mittels negativer Feststellungswiderklage – in BGH NJW 2007, 1753; BGH NJW 2008, 2852.
4 BGH NJW 2007, 1753 Rz. 10, BGH NJW 2008, 2852 Rz. 27.
5 BGH NJW 2007, 1753 Rz. 16.
6 Vgl. LG Aurich NJW-RR 2007, 1713.
7 OLG Celle OLGRep. 1996, 45.
8 Stein/Jonas/*Berger*²² vor § 373 Rz. 9; MünchKommZPO/*Damrau*⁴ § 373 Rz. 16.
9 Stein/Jonas/*Berger*²² vor § 373 Rz. 10.

66 Der **Beweisbeschluss** darf **nicht nach § 360 Abs. 1 S. 2 geändert** werden, sondern es muss neu verhandelt werden. Auch kann der Beweisbeschluss dann schlechthin entfallen, da die Anregung, selbst vernommen zu werden, kein Vernehmungsbeweisantritt ist und weil der Antritt des Zeugenbeweises nicht in den des Vernehmungsbeweises umgedeutet werden darf, wenn die eigene Partei zu vernehmen wäre.[1]

b) Verwertung der Beweisaufnahme

67 Der spätere Wechsel der Partei- bzw. Zeugeneigenschaft führt nicht zur Unzulässigkeit der bereits durchgeführten Vernehmung. Die einmal gemachte **Aussage bleibt verwertbar**.[2] Hat die **ehemalige Partei** bereits als Zeuge ausgesagt, muss sie in der Regel nicht nochmals als Zeuge vernommen werden.[3] Die Aussage eines **ursprünglichen Zeugen** ist als solche zu berücksichtigen, auch nachdem dieser z.B. durch eine Widerklage[4] oder durch Prozessverbindung[5] Partei geworden ist.[6] Dies gilt auch dann, wenn er die Parteieigenschaft rückbezogen auf die Zeit der Vernehmung erhält.

68 **Abzulehnen** ist die Ansicht, die frühere Vernehmung einer Partei als Zeuge sei nur als **urkundlich festgelegte Parteierklärung** zu würdigen.[7] Die Aussage ist Beweismittel. Allerdings besagt dies nichts über ihren Wert im Rahmen der Beweiswürdigung nach § 286. Mit dem Eintritt in den Prozess werden die Aussagen als Zeuge zugleich zur außerprozessualen Parteierklärung. Bei späteren entgegenstehenden Parteierklärungen im Verfahren ist § 138 Abs. 1 zu beachten. Die Zeugenaussage hat **keine Wirkung als gerichtliches Geständnis** (§ 288). Scheidet die Aussageperson als Partei (gegebenenfalls als deren gesetzlicher Vertreter) aus dem Prozess aus, hat die Würdigung der Aussage als Zeugenaussage zu erfolgen.

V. Fehlerhafte Vernehmung als Partei oder Zeuge

1. Wiederholung der Beweisaufnahme

69 Wird jemand unzulässigerweise als Zeuge vernommen, obwohl er im Zeitpunkt der Vernehmung Partei ist, oder wird ein Zeuge umgekehrt fälschlich als Partei vernommen, kann dieser Verfahrensfehler **nach § 295 geheilt** werden,[8] sofern der Vernommene aussagt. Hat eine Person bei ihrer Vernehmung ausgesagt, ist nämlich durch ihre fälschliche Bezeichnung als Zeuge statt als Partei oder umgekehrt in der Regel keine Partei verletzt.[9] Die Aussage der **irrtümlich** als **Zeuge** vernommenen Partei ist als

---

1 A.A. offenbar Stein/Jonas/*Berger*[22] vor § 373 Rz. 10: Ein weiterer Beschluss nach § 450 sei nicht erforderlich, weil aufgrund des vorherigen Beschlusses für die Partei erkennbar sei, dass ihre Aussage als Beweismittel und nicht nur als persönliche Anhörung nach § 141 Bedeutung gewinne.
2 RGZ 29, 343, 344; RG JW 1907, 263; MünchKommZPO/*Damrau*[4] § 373 Rz. 16.
3 Stein/Jonas/*Berger*[22] vor § 373 Rz. 10.
4 OLG Karlsruhe VersR 1979, 1033, 1034.
5 RG JW 1907, 263.
6 RGZ 29, 343, 344; RG JW 1907, 263; MünchKommZPO/*Damrau*[4] § 373 Rz. 16; Stein/Jonas/*Berger*[22] vor § 373 Rz. 10; Zöller/*Greger*[30] § 373 Rz. 6a.
7 RG HRR 1931 Nr. 1257.
8 RG Warn. 1937 Nr. 129 S. 300; BGH NJW 1965, 2253, 2254; BGH LM § 27 DBG Nr. 2; BGH WM 1977, 1007, 1008; Stein/Jonas/*Berger*[22] vor § 373 Rz. 2; MünchKommZPO/*Damrau*[4] § 373 Rz. 17; anders noch RGZ 91, 37, 38 bezogen auf die Rechtslage vor Einführung der Parteivernehmung.
9 BGH LM § 27 DBG Nr. 2; BGH WM 1977, 1007, 1008, aber dort nicht entscheidungserheblich; Stein/Jonas/*Berger*[22] vor § 373 Rz. 2.

Parteiaussage zu würdigen.[1] Im umgekehrten Fall dürfte eine **Wiederholung** der Vernehmung notwendig sein, da die unwahre Aussage eines Zeugen strenger sanktioniert ist als die einer Partei.[2]

2. Aussageverweigerung

Verweigert die **als Zeuge vernommene Partei** die Aussage, muss sie sich ihrer Parteistellung klar sein. Aus der Weigerung können nämlich **Schlüsse gem. § 446** gezogen werden, aus der Berufung auf ein Zeugnisverweigerungsrecht hingegen nicht.[3] Dies zwingt zu einer **Wiederholung der Vernehmung**. Verweigert der Vernommene die Aussage als Partei, obwohl er Zeuge ist, bedarf es wegen der unterschiedlichen Weigerungsgründe und ihrer Rechtsfolgen ebenfalls einer Wiederholung nach den richtigen Vorschriften.[4]

70

3. Würdigung der Parteivernehmung als Zeugenaussage

Die (fälschliche) Behandlung einer Parteiaussage als Zeugenaussage im Urteil ist **unschädlich**, wenn keine Anhaltspunkte dafür vorliegen, dass das Gericht die Aussage höher bewertet hat als eine Parteiaussage.[5] Der Aussage eines **Zeugen** kommt **nicht per se** aufgrund seiner formalen Stellung im Prozess ein **höheres Gewicht** zu.[6] Behandelt das Gericht im Urteil eine Parteiaussage fälschlich als Zeugenaussage und umgekehrt, besteht allerdings grundsätzlich die **Gefahr**, dass die **Beweiswürdigung fehlerhaft ist**.[7]

71

Die Würdigung der Aussage der (unzutreffend) **als Zeuge vernommenen Partei** kommt mit Rücksicht auf die **Subsidiarität des Parteibeweises** nur dann in Betracht, wenn das Gericht die (Partei-)Vernehmung, sei es auch nur nach § 448, anordnen durfte und sonst angeordnet hätte. Liegen diese Voraussetzungen nicht vor, entsteht die Rügemöglichkeit erst durch die Entscheidung, so dass ein Fall des § 295 bis zum Erlass des Urteils nicht eintritt.[8] Ist indes jemand als Zeuge (eidlich) vernommen, der als Partei (eidlich) zu vernehmen wäre, so erübrigt sich die nochmalige Vernehmung als Partei.

72

4. Benennung als Zeuge statt als Partei

Wird jemand als Zeuge benannt, obwohl er nur als Partei vernommen werden darf, kann das Beweisangebot als **Anregung zu** einer **Parteivernehmung** aufzufassen sein. Das Gericht muss insoweit auf eine Klärung hinwirken und die Möglichkeit einer Parteivernehmung prüfen.[9] Der Hinweis auf den rechtlichen Irrtum soll auch Gelegenheit zur Nachbenennung einer anderen Person als Zeuge geben.

73

---

1 BGH WM 1977, 1007, 1008; Stein/Jonas/*Leipold*[22] vor § 445 Rz. 13; a.A. RG JW 1892, 180: keine Verwendung der Erklärung als Erkenntnisquelle für die Entscheidung des Rechtsstreits.
2 Stein/Jonas/*Leipold*[22] vor § 445 Rz. 13.
3 Baumbach/Lauterbach/*Hartmann*[71] Übers § 373 Rz. 25; MünchKommZPO/*Damrau*[4] § 373 Rz. 17.
4 Stein/Jonas/*Leipold*[22] vor § 445 Rz. 14.
5 BGH WM 1968, 1099, 1100.
6 KG VersR 2009, 1557, 1558.
7 Stein/Jonas/*Leipold*[22] vor § 445 Rz. 14.
8 Insoweit zutreffend RGZ 91, 37, 38; a.A. BGH LM § 27 DBG Nr. 2 (inzident).
9 BGH NJW-RR 1994, 1143, 1144.

§ 73 Charakteristika des Sachverständigenbeweises, Abgrenzungen

Schrifttum:
Ralf Becker, Das demoskopische Gutachten als zivilprozessuales Beweismittel, 2002; *Lent*, Zur Abgrenzung von Sachverständigen und Zeugen im Zivilprozess, ZZP 60 (1936/37), 9; *Schmidhäuser*, Zeuge, Sachverständiger und Augenscheinsgehilfe, ZZP 72 (1959), 365.

74 Gerichtliche Sachverständigengutachten teilen das Schicksal, dem Expertisen für andere gesellschaftliche Aufgabenbereiche unterliegen: Verschiedene Gutachten zu einem Problem erzielen **divergierende**, nicht selten sogar widersprüchliche **Resultate**, was das Vertrauen in deren wissenschaftliche Rationalität erschüttert. Gleichwohl ist daran festzuhalten, dass es in den Naturwissenschaften nur eine gesicherte Wahrheit geben kann; die These „alternativer Wissenschaft" ist falsch.[1] **Beweisfähige Wissenschaft**, deren Erkenntnis sich vom jeweiligen Forscher gelöst und wissenschaftliches Gemeingut geworden ist, weil jeder, der die methodischen und intellektuellen Voraussetzungen mitbringt, zu demselben Ergebnis gelangen wird, kommt vor allem dann zu gutachtlichen Widersprüchen, wenn ein Gutachter mehr behauptet, als er wissenschaftlich beweisen kann, vor allem bei Ermessensurteilen. Der Dissens bei fachlich Kompetenz und moralischer Integrität der Experten dadurch zu überwinden, dass durch Zusammenarbeit (z.B. in einem Punkt-für-Punkt-Vergleich) die jeweiligen Prämissen verdeutlicht werden[2] (zur ungewissen wissenschaftlichen Methode Kap. 45 Rz. 23 ff.).

I. Differenzierung der Beweismittel im Strengbeweisrecht

75 Die Beweismittel folgen **jeweils eigenständigen Vorschriften** und bedürfen deshalb der Abgrenzung untereinander. Dies gilt insbesondere für das Verhältnis des Zeugen- zum Sachverständigenbeweis. So hat z.B. das Gericht einem Beweisantrag auf Vernehmung eines sachverständigen Zeugen über eine relevante Beweistatsache zur Gewährung rechtlichen Gehörs zu entsprechen, während es über die Einholung von Sachverständigengutachten nach Ermessen entscheidet.[3] Der Sachverständige ist dasjenige Beweismittel, das der **Vermittlung** der dem Gericht fehlenden **Sachkunde** dient.[4] Kein Fall des Sachverständigenbeweises ist die Bindung der Feststellung an das Ergebnis eines **Schiedsgutachters**.

II. Abgrenzung des Sachverständigenbeweises zum Zeugenbeweis

1. Vermittlung von Erfahrungswissen

76 Die Abgrenzung zum Zeugenbeweis ist grundsätzlich vom **Beweisgegenstand** her vorzunehmen. Der Zeuge bekundet von ihm **wahrgenommene Tatsachen**.[5] Steht ein **Unfall im Streit**, so ist Zeuge, wer das Zustandekommen des Unfalls gesehen (Augenzeuge), gehört (z.B. die Abgabe von Hupsignalen oder Bremsenquietschen), gefühlt

---

1 *Mohr* Das Expertendilemma, in: Nennen/Garbe (Hrsg.) Das Expertendilemma – Zur Rolle wissenschaftlicher Gutachter in der öffentlichen Meinungsbildung, Springer Verlag Berlin, 1997, S. 7. Zur Auswahl von Sachverständigen im Konflikt zwischen Schulmedizin und alternativen Heilmethoden *Franz* Naturheilmittel und Recht, Köln 1992, S. 334 ff.
2 Vgl. *Mohr* Das Expertendilemma S. 8 f.
3 VGH Kassel MDR 1997, 97, 98 = NVwZ-Beilage 1996, 43.
4 BGH NJW 1974, 1710 (1710); BGH NJW 1993, 1796 (1797) = WM 1993, 1603; VGH Kassel NVwZ-Beilage 1996, 43 (besondere Erfahrungssätze und Fachkenntnisse).
5 BGH NJW 2013, 570 Rz. 20.

(beim Abtasten von Verletzungen) usw. hat. Zeuge ist aber auch der, dem ein anderer etwas über den Unfall erzählt hat (Zeuge vom Hörensagen); dieser Zeuge gibt die Erzählung des anderen wieder, die er wahrgenommen (gehört) hat.

Während der der Zeuge die **Besonderheiten des Einzelfalls** (die Tatsachen) wahrnimmt, erfasst und bewertet der Sachverständige das Allgemeine des Geschehens. Er vermittelt dem Gericht **Fachwissen zur Beurteilung von Tatsachen**[1] bzw. misst ihm vorgegebene Tatsachen an wissenschaftlichen Erfahrungssätzen und Maßstäben und zieht daraus Schlüsse für den konkreten Fall.[2] Dabei kommt es nur auf seine besondere Sachkunde an, weshalb der Sachverständigenbeweis von jedem Sachkenner mit gleichem Ergebnis zu bringen ist. Dagegen ist die **Wahrnehmung des Zeugen einmalig**, so dass er nicht ausgewechselt werden kann.[3] Zeugenbeweis (ebenso der Parteibeweis) und Sachverständigenbeweis unterscheiden sich also im **Abstraktionsgrad** der durch sie gewonnenen **Erkenntnisse**. 77

Die Allgemeingültigkeit der Aussage des Sachverständigen bedingt, dass der Sachverständige auch **Prognosen** über die zukünftige Entwicklung von Tatsachen erstellen kann. Im Gegensatz zum Zeugenbeweis erstreckt sich der Sachverständigenbeweis daher nicht nur auf Vergangenes oder Gegenwärtiges, sondern **auch auf Zukünftiges**. Welchen Erlös ein Grundstück bei der Zwangsversteigerung voraussichtlich erbringen wird, kann, auch wenn die wertbildenden Faktoren feststehen, nur aufgrund besonderer Sachkunde beurteilt werden. Ein Gericht kann sich dieses Wissen grundsätzlich nicht im Wege des Zeugenbeweises verschaffen.[4] 78

2. Tatsachenbeurteilung

Der Unterschied zwischen Zeugen- und Sachverständigenbeweis kann nicht ausschließlich darin gesehen werden, ob Tatsachen zu berichten oder zu beurteilen sind; die **Unterscheidung** zwischen **Bericht** über eine Tatsache und **Beurteilung** der Tatsache ist **unergiebig**. Zum Begriff der Tatsache gehört an sich schon ein Urteil. Wahrnehmung ist ohne Denken nicht möglich und Wiedergabe des Wahrgenommenen bedeutet dessen Übersetzung in Gedanken. Daher kommt die Wahrnehmung, soweit der Richter nicht selbst wahrnimmt (dann Augenscheinsbeweis, eventuell Urkundenbeweis), an das Gericht schon beim Zeugenbeweis als Übersetztes, also mit dem **Urteil des Zeugen** heran. Auch zum Begriff der wahrgenommenen Tatsache gehört also das Urteil. Ein meteorologischer Sachverständiger, der über den Niedergang von Hagel in einem bestimmten Gebiet zu einer bestimmten Zeit berichtet, ist Sachverständiger; berichtet er über seine konkreten Beobachtungen auf dem Grundstück einer Partei, die Ansprüche gegen ihren Hagelversicherer erhebt, ist er Zeuge. 79

3. Zeitlicher Bezug der Wahrnehmung

Der Zeugenbeweis bezieht sich regelmäßig auf Wahrnehmungen aus der **Vergangenheit**.[5] Sagt der Zeuge aber etwas aus, was noch wahrnehmbar ist, so geht dies in den Augenscheinsbeweis und in den Sachverständigenbeweis über. Wenn § 372 es ausdrücklich zulässt, zur besseren Wahrnehmung „Sachverständige" heranzuziehen, so grenzt er damit den Zeugenbeweis vom Sachverständigenbeweis zeitlich ab; der Zeugenbeweis bezieht sich auf das Vergangene, der Sachverständigenbeweis auf das Ge- 80

---
1 BGH MDR 1974, 382; BGH NJW 1993, 1796, 1797; BGH NJW 2013, 570 Rz. 20.
2 RG JW 1910, 1007, 1008; BGH MDR 1974, 382; OLG Brandenburg VersR 2006, 237, 238; BFH HFR 1965, 487, 488; BVerwG NJW 2011, 1893 Rz. 5; BPatG GRUR 1978, 358, 359.
3 OLG Hamm MDR 1988, 418.
4 BGH NJW 1993, 1796, 1797 = MDR 1993, 579, 580 = LM § 373 ZPO Nr. 14 Bl. 1 f.
5 BGH NJW 2013, 570 Rz. 20.

genwärtige. Jeder der über gegenwärtig Wahrnehmbares vernommen wird, unterliegt deshalb den Regeln des Sachverständigenbeweises.

81 Die Bekundungen des Zeugen reichen grundsätzlich nicht in die **Zukunft**, während der Sachverständige in einer Reihe von Fällen gerade die zukünftige Entwicklung umreißen soll (wie eine Krankheit verläuft, mit welchen Unfallfolgen zu rechnen ist). Die Voraussage der zukünftigen Entwicklung ist indes nur auf Grund der Erfahrung möglich, d.h. der Sachverständige muss ähnliche Entwicklungen in der Vergangenheit kennen, entwder durch unmittelbare Wahrnehmung, durch Hörensagen, durch Lesen von Büchern etc.

4. Individualität der Wahrnehmung

82 Darauf, ob **jeder Beliebige** das Vergangene hätte wahrnehmen können, stellt die Prozessordnung nicht ab, wohl aber darauf, ob die **Beobachtung allgemeiner Art** ist oder sich auf den konkreten Prozess bezieht. Insoweit ist auch eine sachverständige Bekundung **über Vergangenes** zulässig. Sie ist von der Bekundung des Zeugen dadurch unterscheidbar, dass der Zeuge über die Einzeltatsachen, die Grundlage des Prozesses sind, vernommen wird, während der Sachverständige solche Tatsachen bekundet, die über den konkreten Streit hinausgehen (Erfahrungstatsachen). Das **Urteil des Sachverständigen** ist durch das eines anderen Sachverständigen **ersetzbar**. Sachverständige Bekundung ist deshalb die über einen Handelsbrauch (§ 346 HGB), über die Verkehrsgeltung eines Kennzeichens (§§ 4 Nr. 2, 5 Abs. 2 S. 2 MarkenG), über das Ergebnis einer Meinungsumfrage oder über Rechtssätze nach § 293.

83 Dass der Sachverständige seine Äußerung über ein von ihm schon in der Vergangenheit gebildetes Urteil abgibt, macht ihn nicht zum Zeugen über seine eigene Urteilsbildung.

5. Gegenstand der richterlichen Würdigung

84 Beim Zeugenbeweis hat der Richter die **Wahrnehmungsfähigkeit**, den **Wahrnehmungswillen**, die **Erinnerungsfähigkeit** und den **Erinnerungswillen** des Zeugen zu ergründen. Darauf stützt er sein Urteil über die Glaubwürdigkeit des Zeugen und die Glaubhaftigkeit der Aussage. Zur Würdigung von Sachverständigengutachten vgl. Kap. 49 § 171.

6. Art der Ladung

85 Unerheblich ist, ob jemand als Zeuge oder als Sachverständiger **geladen** worden ist.[1]

III. Insbesondere: Sachverständiger Zeuge

1. Tatsachenwahrnehmung kraft Sachkunde

86 Besonders problematisch ist die Abgrenzung in jenen Fällen, in denen das Beweismittel der Feststellung von Tatsachen dient, die nur kraft besonderer Sachkunde festgestellt werden können (vgl. § 414; dazu Kap. 50 § 173). In diesen Fällen, die wegen der **Ambivalenz des Beweisgegenstandes** beiden Kategorien zugerechnet werden könnten, ist unter Beachtung des Rechts auf Beweis auf die unterschiedliche **Funktion der Beweismittel** abzustellen. Der Sachverständigenbeweis dient im Grundsatz der **Vermittlung allgemeiner Erfahrungssätze**; Ermittlungen dazu kann jeder fachkun-

---

[1] Musielak/*Huber*[10] § 414 Rz. 2.

dige Sachverständige anstellen. Kennzeichnend ist also, dass der einzelne **Sachverständige grundsätzlich auswechselbar** ist. Dem trägt z.B. § 406 Rechnung. Demgegenüber ist der **Zeuge**, dessen Bekundung sich auf die konkrete Wahrnehmung vergangener Tatsachen bezieht, im Hinblick auf diese konkrete Wahrnehmung **grundsätzlich unersetzbar**. Daher ist die Abgrenzung in jenen Fällen, in denen es um den Beweis von Tatsachen geht, die nur kraft besonderer Sachkunde wahrgenommen werden können, danach vorzunehmen, ob die konkrete Beweisperson zur Beantwortung der Beweisfrage **ersetzbar** (Sachverständiger) oder **unersetzbar** (sachverständiger Zeuge, dazu § 414) ist.[1]

2. Wahrnehmung als Beweisperson

Die ebenfalls gebräuchliche Abgrenzungsformel, wonach es darauf ankommen soll, ob die zu bekundenden Tatsachen von der Beweisperson in ihrer **Eigenschaft als Beweisperson** wahrgenommen werden,[2] ist demgegenüber zu formal. Ein Privatgutachter, der an einem zwischenzeitlich zerstörten Gegenstand zuvor Mängel festgestellt hatte, ist im Falle seiner Vernehmung zur Frage, ob Mängel seinerzeit vorgelegen haben, in einem späteren Gewährleistungsprozess sachverständiger Zeuge (§ 414) und nicht Sachverständiger.[3] Es ist kein plausibler Grund ersichtlich, diese Beweisperson abweichend in einem späteren Prozess als Sachverständigen einzuordnen, wenn sie die zu bezeugenden Beobachtungen seinerzeit nicht als Privatgutachter, sondern als Sachverständiger z.B. innerhalb eines zeitlich vorgelagerten Strafverfahrens oder eines selbständigen Beweisverfahrens gemacht hat. 87

Erst wenn feststeht, dass die Beweisperson ersetzbar ist (etwa, weil sie über jederzeit feststellbare Wahrnehmungen berichtet), ist **in zweiter Linie** darauf abzustellen, ob die **Wahrnehmungen als Beweisperson** gemacht worden sind. Insoweit gilt, dass für die Feststellungen des gerichtlichen Sachverständigen zu differenzieren ist. Die Feststellung der **Befundtatsachen** (zum Begriff Kap. 47 Rz. 9 und 21 ff.) im gerichtlichen Auftrag ist Sachverständigentätigkeit; die Bekundung des Sachverständigen über **Zusatztatsachen** (zum Begriff Kap. 47 Rz. 10 und 27 ff.) stellt, sofern diese zwischen den Parteien streitig werden sollten, Zeugentätigkeit dar (näher Kap. 47 Rz. 31).[4] 88

Der **sachverständige Zeuge** (§ 414), der seine besondere Sachkunde zur Wahrnehmung von Tatsachen verwendet, ist nur Zeuge,[5] selbst wenn er etwas aufzunehmen in der Lage ist, was ein nicht sachverständiger Zeuge nicht aufnehmen kann. Doch wird der Sachverständigenbeweis noch nicht dadurch zum Zeugenbeweis, dass der Sachverständige sich erkundigt, um urteilen zu können, solange diese Erkundigungen jedem, der sachverständig ist, möglich und allgemein gehalten sind. Wer **im Auftrag einer Partei** ein **Gutachten** erstattet hat, ist sachverständiger **Zeuge** und nicht Sachverständiger, wenn er im Rechtsstreit nur darüber vernommen wird, **welche Feststellungen** er bei der Besichtigung des Streitobjekts auf Grund seiner besonderen Sachkunde getroffen hat.[6] 89

---

1 BGH MDR 1974, 382; OLG München JurBüro 1981, 1699, 1700; OLG Hamm NJW 1969, 567; VGH Kassel MDR 1997, 97, 98 = NVwZ-Beilage 1996, 43. Weiterhin: BVerwG NJW 1986, 2268; OVG Koblenz NVwZ-RR 1992, 592; OLG Düsseldorf VersR 1983, 544; OLG Hamm NJW 1972, 2003 (2204); OLG Hamm MDR 1988, 418; HansOLG JurBüro 1975, 82, 83; OLG Düsseldorf JurBüro 1986, 1686 = Rpfleger 1987, 40 Näher dazu die Kommentierung zu § 414.
2 So *Müller* Der Sachverständige im gerichtlichen Verfahren³, Rz. 507c; so auch RGZ 91, 208 (209); s. ferner VGH Kassel NVwZ-Beilage 1996, 43 (Wahrnehmung des sachverst. Zeugen *ohne* Zusammenhang mit einem gerichtlichen Gutachtenauftrag).
3 BGH MDR 1974, 382.
4 Vgl. auch MünchKommZPO/*Zimmermann*⁴ § 414 Rz. 3; Musielak/*Huber*¹⁰ § 414 Rz. 2.
5 RGZ 91, 208, 209; BGH LM § 414 ZPO Nr. 2 = MDR 1974, 382.
6 BGH LM § 414 ZPO Nr. 2.

90 Geht es vorrangig nicht um die Ermittlung der Befund- und Zusatztatsachen, sondern um die **objektive Bewertung eines** im wesentlichen **feststehenden Sachverhalts**, so ist der Zeugenbeweis ungeeignet und ein Sachverständigengutachten einzuholen.[1] So ist die medizinische Notwendigkeit einer Behandlungsmaßnahme Gegenstand einer von einem Sachverständigen vorzunehmenden Beurteilung, für die **nicht der behandelnde Arzt** zu vernehmen ist.[2] Der behandelnde Arzt kann als sachverständiger Zeuge zu Befunden aussagen, die er in der Vergangenheit bei einer Untersuchung festgestellt hat und die ein Sachverständiger infolge Zeitablaufs nicht mehr (sicher) feststellen kann; hingegen gehören daraus zu ziehende Schlussfolgerungen oder Wertungen nicht zum Aussagebereich des Zeugen.[3]

3. Kriterium der Sachkunde

91 **Unergiebig** ist es, auf die **Sachkunde** einer Person abzustellen. Wahrnehmung und Wiedergabe der Wahrnehmung setzen stets Erfahrung oder Sachkunde voraus,[4] ohne dass über deren Grad generelle Aussagen möglich sind. Wer sie besitzt, kann die Wahrnehmung treffen, gleichviel, ob ihm diese besondere Kunde durch Berufung in ein Amt, Anerkennung durch eine Zertifizierungsstelle oder in sonstiger Weise attestiert worden ist.

4. Fortdauer der Beweismittelstellung

92 Wer im selben Verfahren einmal Sachverständiger war, ist auch in einem späteren Zeitpunkt des Verfahrens nicht als Zeuge anzusehen. Geht es um dieselbe Bekundung, so **bleibt** er auch dann **Sachverständiger**, wenn er erst auf Veranlassung des Gerichts die für den einzelnen Fall erforderliche Sachkunde erworben hat oder wenn er später über vergangene (Prozess-)Tatsachen vernommen wird, die er als gerichtlicher Gutachter wahrgenommen hat. Das gilt insbesondere für **Befundtatsachen**, die er zur Erstattung des Gutachtens in Erfüllung des gerichtlichen Auftrags gesammelt hat. Um **dasselbe Verfahren** in diesem Sinne handelt es sich auch im Verhältnis des selbständigen Beweisverfahrens zum zugehörigen Hauptverfahren oder im Verhältnis von Erstprozess zum Wiederaufnahmeverfahren.

5. Doppelstellung als Zeuge und Sachverständiger

93 **Zeugen- und Sachverständigenbeweis können** durchaus **zusammenfallen**. Eine Person kann sowohl als (sachverständiger) Zeuge wie als Sachverständiger vernommen werden, so etwa der Arzt, der – als sachverständiger Zeuge – den Umfang des Leidens feststellt und sich zugleich – als Sachverständiger – gutachtlich über die Heilungsaussicht oder die Erwerbsfähigkeit[5] äußert.

IV. Abgrenzung zum Augenscheinsbeweis

94 Soweit der Sachverständige wegen seiner Sachkunde zur Tatsachenfeststellung innerhalb des Verfahrens herangezogen wird, übernimmt er auch die Aufgabe eines **Augenscheinsgehilfen** (näher Kap. 22 Rz. 22 und Rz. 89 ff.). Der Sachverständigenbeweis kann in der Praxis in den Augenscheinsbeweis übergehen, muss davon aber doch ge-

---

1 BGH LM § 414 ZPO Nr. 2; BGH NJW 1993, 1796, 1797; BGH NJW 2013, 570 Rz. 20.
2 OLG Koblenz NJW-RR 2010, 41.
3 OLG Koblenz VersR 2013, 1518, 1521.
4 Vgl. OLG Koblenz NJW-RR 2010, 41.
5 RG JW 1899, 145.

trennt werden, weil den Richter im Falle des Augenscheinsbeweises grundsätzlich eine Pflicht zur eigenen, richterlichen Wahrnehmung trifft und weil die Parteien beim Augenscheinsbeweis ein Recht auf Beweiserhebung haben. Für fehlerhaftes Vorgehen gilt § 295.

V. Abgrenzung zum Urkundenbeweis

Das schriftliche Sachverständigengutachten unterscheidet sich von sonstigen nach h.M. (dazu Kap. 18 Rz. 3 ff.) im Wege des **Urkundenbeweises** zu würdigenden Äußerungen sachverständiger Stellen dadurch, dass es vom Verfasser in seiner Eigenschaft als vom Gericht ernannter Sachverständiger angefertigt worden ist.[1] Zur Frage, wann sich das Gericht mit der Heranziehung eines schriftlichen Gutachtens aus einem anderen Verfahren begnügen darf, s. Kap. 44 Rz. 44 und Kap. 18 Rz. 3 ff. 95

VI. Gutachtenbesonderheiten

1. Rechtsgutachten

Zur Feststellung des **Inhalts deutschen Rechts** oder des **Unionsrechts** darf eine **Begutachtung** nicht angeordnet werden. Dies gilt für das Landesrecht eines anderen Bundeslandes als dem des entscheidenden Gerichts ebenso wie für bundesrechtliche Rechtsvorschriften aus Sachgebieten, für die im Interesse kompetenter Entscheidung Rechtswegzuweisungen an andere Gerichtsbarkeiten erfolgt sind. Der entscheidende Richter hat sich in **ihm fremde Materien** selbst **einzuarbeiten** und fachliche Unkenntnis damit zu überwinden, muss also z.B. als Zivilrichter steuerrechtliche Normen kraft eigener Sachkunde anwenden. Die Heranziehung eines Sachverständigen zur **Überprüfung** der **Schlussrechnung** im **Insolvenzverfahren** (§ 66 Abs. 2 InsO) durch das Insolvenzgericht ist keine verkappte Rechtsprüfung.[2] Die Ermittlung der **üblichen Vergütung** nach § 612 Abs. 2 BGB ist eine tatsächliche Frage, die durch das Gutachten eines Marktforschungsinstituts beantwortet werden kann.[3] 96

Zulässig ist es nur, den Inhalt **ausländischen Rechts**, der gem. § 293 festzustellen ist, durch Einholung von Rechtsgutachten zu ermitteln. Auch dafür ist die **vorangehende kollisionsrechtliche Beurteilung**, ob das IPR der Union oder das deutsche IPR (unter Einbeziehung unmittelbar verbindlicher Staatsverträge) auf eine ausländische Rechtsordnung verweist, vom entscheidenden Richter zu treffen; ob das ausländische IPR eine Rück- oder Weiterverweisung ausspricht, ist hingegen Teil der Beweiserhebung über die ausländische Rechtsordnung. 97

2. Demoskopische Gutachten

Die Erstattung demoskopischer Gutachten ist dem Recht des **Sachverständigenbeweises zuzuordnen**.[4] Die Befragung einer Stichprobe von Personen, die für eine näher definierte Grundgesamtheit der Bevölkerung repräsentativ ist, wenn statistische Methoden der Sozialwissenschaften beachtet werden, ist nicht wegen deren individuel- 98

---

1 BSG NJW 1965, 368.
2 Näher dazu *Keller* Rpfleger 2011, 66, 68.
3 OLG Brandenburg VersR 2013, 448.
4 Ahrens/*Spätgens* Wettbewerbsprozess⁷ Kap. 28 Rz. 5; *Becker* Das demoskopische Gutachten S. 104 ff., 278 f.

len Äußerungen bedeutsam. Vielmehr sind die Befragungspersonen anders als Zeugen bei Beachtung der methodischen Grundlagen beliebig austauschbar. Kern der Erhebung sind die korrekte Stichprobenziehung, die Festlegung des Erhebungsbogens, die Durchführung der Interviews und die wissenschaftliche Auswertung. Dafür kommt es allein auf die fachwissenschaftliche Erfahrung an.

Kapitel 21:
Ungeregelte Beweismittel

	Rz.		Rz.
§ 74 Amtliche Auskunft, Behördengutachten		a) Sicherung des Rechtschutzes	10
I. Normenmangel		b) Vernehmung des Sachbearbeiters	11
1. Besonderheit der behördlichen Auskunft und des behördlichen Gutachtens	1	c) Befangenheitsablehnung	13
2. Rechtliche Ansätze	2	IV. Subsidiarität behördlicher Sachverständigentätigkeit	14
II. Substitution des Zeugenbeweises		V. Behördenbegriff	18
1. Anwendung des § 377 Abs. 3	5	VI. Auskunft privater Unternehmen	20
2. Dienstliche Äußerungen	6	VII. Behördenentschädigung	21
3. Einholung der Auskunft	7	**§ 75 Funktion eines Dolmetschers**	22
III. Analoge Anwendung des Sachverständigenbeweisrechts		**§ 76 Beweisermittlung als Hybridform des selbständigen Beweisverfahrens**	23
1. Stellung im System des Strengbeweises	8		
2. Analogie			

§ 74 Amtliche Auskunft, Behördengutachten

Schrifttum:

Dästner, Zur Anwendbarkeit des § 74 StPO auf Polizeibedienstete als Sachverständige, MDR 1979, 545 ff.; *Ulrike Hohlfeld*, Die Einholung amtlicher Auskünfte im Zivilprozeß, Konstanz 1995; *Leineweber*, Die Rechtsstellung der Polizeibediensteten als Sachverständige vor Gericht, MDR 1980, 7 ff.; *Mümmler*, Zur Gutachtenerholung nach § 12 Abs. 2 BRAGO, JurBüro 1985, 9 ff.; *Schnellbach*, Sachverständigengutachten kollegialer Fachbehörden im Prozeß, 1964; *Seyler*, Behördengutachten im Strafprozeß, Diss. Mainz 1987; *Sonnemann*, Amtliche Auskunft und Behördengutachten im Zivilprozeß, Diss. Hannover 1994.

I. Normenmangel

1. Besonderheit der behördlichen Auskunft und des behördlichen Gutachtens

Die amtliche Auskunft unterscheidet sich vom Zeugen- oder Sachverständigenbeweis dadurch, dass sie nicht das persönliche Wissen eines Beamten wiedergibt, sondern den amtsbekannten **Kenntnisstand einer Behörde** mitteilt. Im Gegensatz zur StPO (vgl. §§ 83 Abs. 3, 256 Abs. 2 StPO) ist das Behördengutachten (die **sachverständige amtliche Auskunft**) in der ZPO nicht ausdrücklich geregelt. In §§ 273 Abs. 2 Nr. 2, 358a Nr. 2 wird nur allgemein die amtliche behördliche Auskunft als zulässiges Informations- und Beweismittel genannt. Besondere Regelungen über die Behandlungen sachverständiger amtlicher Auskünfte fehlen weitgehend; die §§ 402 ff. sind ersichtlich auf **Einzelpersonen als Beweismittel** zugeschnitten.

1

2. Rechtliche Ansätze

Als **rudimentäre Regelung** der amtlichen Auskunft war in der Urfassung der Zivilprozessordnung nur die jetzt in § 437 Abs. 2 geregelte Auskunft über die Echtheit inlän-

2

discher öffentlicher Urkunden enthalten.[1] Einzelne Regelungen für weitere Bereiche sind später hinzugekommen, nämlich die terminsvorbereitende Einholung amtlicher Auskünfte gem. § 273 Abs. 2 Nr. 2,[2] der vorterminlich erlassene und ausgeführte Beweisbeschluss gem. § 358a S. 2 Nr. 2 und Erhebungen im Prozesskostenhilfeverfahren gem. § 118 Abs. 2 S. 2.[3] Ähnlich zu werten sind dienstliche Äußerungen im eigenen Geschäftsbereich, etwa zu Ablehnungsgründen §§ 44 Abs. 3, 48, 49.

3 Die **Kommission für das Zivilprozessrecht** hat 1977 vorgeschlagen,[4] die amtliche Auskunft, die als ein zuverlässiges und leicht erreichbares Beweismittel anzusehen sei, unter Beschränkung auf Behörden und Amtsträger **als** von Amts wegen einzuholendes **formelles Beweismittel einzuführen**, deren Erteilung nur versagt werden sollte, wenn Geheimhaltung geboten oder durch die Auskunft dem Wohl des Bundes oder eines deutschen Landes Nachteile bereitet würden. Der Gesetzgeber hat den Vorschlag, der sich Besonderheiten des Sachverständigenbeweises nicht zuwandte, nicht aufgegriffen. Wegen des Fehlens von Regelungen ist die **dogmatische Einordnung** und prozessuale Behandlung **des Behördengutachtens umstritten**.

4 Während vereinzelt vertreten wird, die Einholung einer amtlichen Auskunft stelle keine Beweisanordnung, sondern lediglich eine vorbereitende Maßnahme dar,[5] geht die überwiegende Ansicht davon aus, dass die **amtliche Auskunft** ein **Beweismittel** ist,[6] wenn sie auch nicht zu den förmlichen Beweismitteln der ZPO zählt.[7] Streitig ist, ob sie ein Beweismittel eigener Art[8] oder je nach ihrem Inhalt Zeugen- oder Sachverständigenbeweis[9] ist. Umstritten ist auch, ob die Einholung der amtlichen Auskunft dem Freibeweis unterliegt[10] oder dem Strengbeweis mit der Konsequenz, dass die § 355 ff. und die Verfahrensvorschriften des Zeugen- bzw. Sachverständigenbeweises anzuwenden sind.[11]

---

1 Vorläufer: § 402, Fassung 1877.
2 Vorläufer waren § 501 in der Fassung von 1909 (für das amtsgerichtliche Verfahren, 1923 ausgedehnt auf das landgerichtliche Verfahren und 1924 gestrichen) und später § 272b Abs. 2 Nr. 2.
3 Eingeführt durch § 118a Abs. 1 S. 3, Fassung 1931/33.
4 Bericht der Kommission, 1977, S. 137 und 355 (Normtext).
5 *Schneider* JurBüro 1969, 465, 470.
6 KG JW 1936, 3332; BGH LM § 272b ZPO Nr. 4 = WM 1957, 1193, 1195; BGH LM § 402 ZPO Nr. 16 = WM 1964, 202, 204; BGH BB 1976, 480; BGH NJW 1979, 266, 268; OLG Hamm NJW 1966, 1370 m.w.N. unter Abkehr von OLG Hamm NJW 1958, 1242, 1243; a.A. für Gutachten des Vorstands der Rechtsanwaltskammer im Gebührenrechtsstreit OLG München MDR 1975, 500 m.w.N.; OLG Frankfurt MDR 1983, 327.
7 Rosenberg/Schwab/*Gottwald*[17] § 122 Rz. 6.
8 BGH LM § 272b ZPO Nr. 4; BVerwG NVwZ 1986, 35, 36; BVerwG NJW 1986, 3221; KG JW 1936, 3332; OLG Frankfurt FamRZ 1980, 705, 706; MünchKommZPO/*Damrau*[4] § 373 Rz. 22; *Teplitzky* Wettbewerbsrechtliche Ansprüche[10] Kap. 47 Rz. 14 (sechstes Beweismittel); unklar Baumbach/Lauterbach/*Hartmann*[71] Übers § 373 Rz. 32; *Brüggemann* Judex statutor und judex investigator (1968), S. 375.
9 BGH BB 1976, 480; BGH 89, 114, 119 für die Auskunft einer Behörde der gesetzlichen Rentenversicherung im Versorgungsausgleichsverfahren; *Musielak/Stadler* Grundfragen des Beweisrechts Rz. 30; Stein/Jonas/*Berger*[22] vor § 373 Rz. 44; *Peters* Der sogenannte Freibeweis im Zivilprozeß S. 122 f. Das Gutachten des Gutachterausschusses nach §§ 192 ff. BauGB ist Sachverständigenbeweis, BGHZ 62, 93, 95 zu §§ 136 ff. BBauG a.F.; LG Köln AnwBl 1985, 329; BayObLGZ 2002, 376, 384.
10 BGH LM § 272b ZPO Nr. 4 = WM 1957, 1193, 1195; BGH NJW 1979, 266, 268. Für Auskünfte des Auswärtigen Amtes in Asylsachen BVerwG NVwZ 1986, 35, 36; BVerwG NJW 1986, 3221; Baumbach/Lauterbach/*Hartmann*[71] Übers § 373 Rz. 32.
11 BGH BB 1976, 480; BVerwG NJW 1988, 2491: kein Umgehen der Vorschriften über Zeugen- und Sachverständigenbeweis; MünchKommZPO/*Damrau*[4] § 373 Rz. 22; Stein/Jonas/*Berger*[22] vor § 373 Rz. 44; *Pieper* ZZP 84 (1971), 1, 22; *Hohlfeld* S. 82 f. Kein Sachverständigengutachten ist die Äußerung des Gutachterausschusses nach §§ 192 ff. BBauG als Kollegialbehörde, BGHZ 62, 93, 95: Verfahrensvorschriften vorrangig (zu § 136 BBauG a.F.).

II. Substitution des Zeugenbeweises

1. Anwendung des § 377 Abs. 3

Die **Vernehmung von Mitarbeitern** einer **Behörde** als Zeugen kann ersetzt werden durch die Einholung einer amtlichen Auskunft der betreffenden Behörde,[1] dies jedoch nur, soweit die beweisführende Partei nicht auf der Vernehmung des Behördenmitarbeiters als Zeugen besteht, wobei der Zeugenbeweis dann nach **§ 377 Abs. 3** schriftlich eingeholt werden kann.[2] Dadurch wird verhindert, dass die Vorschriften über den Zeugenbeweis umgangen werden.[3] Erhebt das Gericht in Bezug auf eine erhebliche Tatsache einen angebotenen Zeugenbeweis nicht, weil es diesem neben einer eingeholten behördlichen Auskunft nicht mehr allzu viel Gewicht beimisst, stellt dies eine vorweggenommene Beweiswürdigung dar, die den Anspruch auf rechtliches Gehör (Art. 103 Abs. 1 GG) verletzt.[4] Das Gericht darf die Einholung einer amtlichen Auskunft nicht mit der Begründung ablehnen, der zu befragenden Auskunftsperson (Chef des Bundeskanzleramts) sei von ihrem Dienstvorgesetzten die Aussagegenehmigung verweigert worden, weil damit nicht ohne Weiteres feststeht, dass dem zu Befragenden auch die Erteilung einer schriftlichen Auskunft untersagt worden ist.[5]

2. Dienstliche Äußerungen

Die **dienstliche Äußerung eines Beamten** steht einer amtlichen Auskunft gleich. Sie kann vom Gericht auch dann verwertet werden, wenn sie ihm ohne vorherige Anordnung zugegangen ist.[6] Der Beweiswert einer behördlichen Auskunft kann durch etwaige **Befangenheit** oder sonstige Interessiertheit des die Auskunft erteilenden Beamten beeinträchtigt sein, was im Einzelfall zu prüfen ist.[7] Auskünfte, die **in einem anderen Verfahren eingeholt** worden sind, können im Wege des Urkundenbeweises – auch ohne Zustimmung der Beteiligten – herangezogen und gewürdigt werden.[8]

3. Einholung der Auskunft

Die amtliche Auskunft kann **von Amts wegen oder auf Antrag** einer Partei eingeholt werden.[9]

III. Analoge Anwendung des Sachverständigenbeweisrechts

1. Stellung im System des Strengbeweises

Soweit **amtliche Auskünfte** der Vermittlung von **Sachkunde** dienen, werden sie zum Teil kurzerhand als Sachverständigenbeweis eingeordnet.[10] Nach anderer Auffassung können Behörden grundsätzlich nicht die Funktionen von Sachverständigen überneh-

---

1 BGH LM § 402 ZPO Nr. 16 = MDR 1964, 223 = WM 1964, 202, 204; BGHZ 89, 114, 119 = NJW 1984, 438; Ahrens/*Bähr* Der Wettbewerbsprozess[7] Kap. 27 Rz. 17 f. („Wissensmitteilungen"); MünchKommZPO/*Damrau*[4] § 373 Rz. 22; Musielak/*Huber*[10] § 373 Rz. 5; Zöller/*Greger*[30] § 373 Rz. 11.
2 Musielak/*Huber*[10] § 373 Rz. 5; MünchKommZPO/*Damrau*[4] § 373 Rz. 22.
3 Zu dieser Gefahr Stein/Jonas/*Berger*[22] vor § 373 Rz. 44.
4 BVerfG NJW-RR 2001, 1006, 1007.
5 BGH NJW 1979, 267, 268.
6 BGH LM § 272b ZPO Nr. 4 = WM 1957, 1193, 1195 = NJW 1957, 1440 (Ls).
7 BGH LM § 402 ZPO Nr. 16 = WM 1964, 202, 204.
8 BVerwG NJW 1986, 3221.
9 BGH LM § 272b ZPO Nr. 4 = WM 1957, 1193, 1196; Rosenberg/Schwab/*Gottwald*[17] § 122 Rz. 9.
10 *Jessnitzer/Ulrich* Der gerichtliche Sachverständige[11] Rz. 86; aufgegeben in der 12. Auflage.

men; soweit ein Behördengutachten eingeholt wird, sei die **begutachtende Einzelperson** als Sachverständiger i.S.d. §§ 402 ff. anzusehen.[1] *Zimmermann* will danach differenzieren, ob die Behörde eine öffentlich-rechtlichen Auftrag zur Begutachtung hat (z.B. § 58 MarkenG, § 29 PatG, § 193 Abs. 1 Nr. 4 BauGB, § 73 Abs. 2 Nr. 8 BRAO) oder ob sie die Auskunft auf der Grundlage allgemeiner Amtshilfe erteilt; im ersten Fall soll es sich um Sachverständigenbeweis handeln, während die zweite Kategorie als amtliche Auskunft zu qualifizieren sei.[2] Das BVerwG stuft das Behördengutachten als **selbständiges** schriftliches **Beweismittel** ein, das im Wege des Freibeweises zu erheben sei.[3] Der BGH hat sich bislang nicht festgelegt; er führt aus, dass es sich bei sachverständigen amtlichen Auskünften „der Sache nach" um **Sachverständigenbeweis** handelt, auf den die §§ 402 ff. aber **nicht uneingeschränkt** angewendet werden können.[4]

9 Behördliche Gutachten sind grundsätzlich als amtliche Auskunft und damit als **selbständiges Beweismittel** außerhalb des Katalogs der klassischen Beweismittel des Strengbeweises einzuordnen,[5] wobei es für die rechtliche Einordnung unerheblich ist, ob die Gutachtenerstattung der jeweiligen Behörde kraft öffentlich-rechtlicher Kompetenz ausdrücklich zugewiesen ist. Dem entspricht, dass in § 1 JVEG zwischen der Entschädigung des Sachverständigen (§ 1 Abs. 1 Nr. 1 JVEG) und der Entschädigung von Behörden für die Erbringung sachverständiger Leistungen (§ 1 Abs. 3 JVEG) differenziert wird, ohne dass es wiederum für die Entschädigung nach § 1 Abs. 3 JVEG darauf ankäme, ob die Behörde kraft besonderer Kompetenz oder im Wege einfacher Amtshilfe tätig geworden ist.[6]

2. Analogie

a) Sicherung des Rechtschutzes

10 Die auf natürliche Personen als Beweismittel zugeschnittenen §§ 402 ff. passen nur mit Einschränkungen auf die gutachterliche behördliche Äußerung, sind aber vorsichtig analog anzuwenden.[7] Die Einholung derartiger Äußerungen darf **nicht** zu einer **Verkürzung** der prozessualen **Rechte der Parteien** führen.[8]

b) Vernehmung des Sachbearbeiters

11 Analog § 411 Abs. 3 kann das Erscheinen des Sachbearbeiters in der mündlichen Verhandlung angeordnet werden.[9] Entsprechend ist den Parteien jedenfalls dann, wenn die behördliche Auskunft nach dem Willen des Gerichts den Sachverständigenbeweis i.S.d. §§ 402 ff. ersetzen soll, analog §§ 402, 397 das Recht einzuräumen, das Erscheinen des Sachbearbeiters in der mündlichen Verhandlung verlangen zu können. Eine Vereidigung des Sachbearbeiters kommt nicht in Betracht.[10]

---

1 *Müller* Der Sachverständige im gerichtlichen Verfahren[3] Rz. 149b.
2 MünchKommZPO/*Zimmermann*[4] § 404 Rz. 3 f.
3 BVerwG NVwZ 1986, 35, 36; vgl. BGH LM Nr. 4 zu § 272b ZPO; Musielak/*Huber*[7] § 402 Rz. 7.
4 BGHZ 62, 93, 95; BGHZ 89, 114 (119); BGH BB 1976, 480; vgl. auch BGH LM § 402 Nr. 16.
5 So zutreffend: KG NJW 1974, 1848; OLG Stuttgart NJW-RR 1987, 190; LG Berlin NJW 1964, 672 zum Gutachterausschuss nach BauGB; unentschieden OLG Hamm NJW-RR 1990, 1471.
6 Vgl. OLG Düsseldorf NStZ 1990, 581, 582 m.w.N.
7 BayObLGZ 2002, 383, 384.
8 Auf die ausreichende Sicherung der Parteirechte bei der Beweisaufnahme stellt auch BGHZ 44, 75, 79/80 ab (Verwertung eines ärztlichen Gutachtens im Entschädigungsrechtsstreit nach dem BEG, das von der Entschädigungsbehörde eingeholt worden war).
9 Vgl. BGH BB 1976, 480, 481.
10 *Ulrich* Der gerichtliche Sachverständige[12] Rz. 643.

Amtliche Auskunft, Behördengutachten   Rz. 15 **Kapitel 21**

Einschränkungen können sich dort ergeben, wo es sich um das gemeinsame Gutach- 12
ten einer **kollegialen Behörde** wie z.B. des Gutachterausschusses nach BauGB handelt. Hier dürfte den Rechten der Parteien genügt sein, wenn ein Mitglied des Aus-
schusses und nicht sämtliche Angehörige zur Erläuterung im Termin erscheinen (vgl.
§ 256 Abs. 2 StPO).[1] Die gegenteilige Ansicht des BVerwG, wonach das Gericht von
den Parteien nicht zur Ladung des Sachbearbeiters gezwungen werden könne, weil
die amtliche Auskunft sonst ihre Eigenschaft als selbständiges schriftliches Beweismittel verlöre und damit ein Wechsel vom Freibeweis in das formalisierte Beweisverfahren der §§ 402 ff. einträte, ist zu formalistisch und überzeugt nicht. Es ist nicht ersichtlich, dass mit der Einführung der amtlichen Auskunft, die zur Ersetzung des
Sachverständigenbeweises führen kann, eine Verkürzung von Parteirechten beabsichtigt war. Die Auffassung des BVerwG ließe sich nur aufrechterhalten, wenn man dem
Gericht die Möglichkeit abspräche, im Wege der amtlichen Auskunft den Sachverständigenbeweis zu ersetzen. Bei **Rechtsauskünften** nach dem Europäischen Übereinkommen betr. Auskünfte über ausländisches Recht (BGBl. II 1974, 997; dazu
Auslands-RechtsauskunftsG, BGBl. I 1974, 1433) ist die Vernehmung der Auskunftsperson gesetzlich ausgeschlossen (§ 4 AuRAG).

c) Befangenheitsablehnung

Nach h.M. scheidet eine Ablehnung der Behörde wegen Befangenheit analog § 406 13
aus.[2] Die Besorgnis der Befangenheit soll allenfalls den Beweiswert der amtlichen
Auskunft mindern, so dass das Gericht gehalten sein kann, weiteren Beweis durch
Ernennung eines unabhängigen Sachverständigen zu erheben.[3] Zutreffender dürfte es
sein, den Parteien das Recht einzuräumen, den jeweiligen **Sachbearbeiter der Behörde**
analog § 406 ablehnen zu können (näher Kap. 46 Rz. 2).

IV. Subsidiarität behördlicher Sachverständigentätigkeit

Die sachverständige amtliche Auskunft kann den **Sachverständigenbeweis ersetzen**. 14
Das Gericht ist nicht gezwungen, zur Gewinnung von Sachverstand zusätzlich einen
Sachverständigen i.S.d. §§ 402 ff. zu beauftragen.[4] Besonderheiten können sich auch
aus dem materiellen Recht ergeben. So sieht § 192 BauGB die Grundstücksbewertung
durch einen Gutachterausschuss vor, der als Kollektiv tätig wird.[5] Dessen Gutachten
kann an die Stelle der Begutachtung durch einen individuell ernannten Sachverständigen treten.[6] Die generelle Zulässigkeit der Einholung von Behördengutachten darf
aber nicht dazu ausgenutzt werden, die Erhebung **personengebundenen Sachverständigenbeweises** zu **umgehen**, indem ein Kollektivauftrag an eine Behörde erteilt wird.

Die **Kommission für das Zivilprozessrecht** hatte den – vom Gesetzgeber nicht umge- 15
setzten – Regelungsvorschlag unterbreitet, subsidiär Fachbehörden oder sonstige Institutionen wie z.B. Forschungsanstalten oder Technische Überwachungsvereine als
Sachverständige zuzulassen. Sie sollten aber nur bestellt werden dürfen, wenn das ge-
sammelte Fachwissen einer solchen Einrichtung oder die Zusammenarbeit eines dort
zusammengefassten Personenkreises nutzbar zu machen ist oder wenn eine geeignete

---
1 Vgl. BGHZ 62, 93, 95.
2 BGH LM § 402 Nr. 16; BGHZ 62, 93, 94; OLG Nürnberg NJW 1967, 401; OLG Frankfurt NJW
  1965, 306; KG NJW 1971, 1848, 1848 f.; OLG Stuttgart NJW-RR 1987, 190, 190 f.; OLG Hamm
  NJW-RR 1990, 1471; a.A.: BVerwG NJW 1988, 2491; BVerwG NVwZ 1988, 1019, 1020.
3 BGH LM § 402 Nr. 16.
4 BGHZ 62, 93, 94; BGH BB 1976, 480, 481.
5 Vgl. dazu BGHZ 62, 93, 94.
6 BGHZ 62, 93, 94; a.A. OLG Düsseldorf MDR 1968, 766 m. abl. Anm. *Behmer*.

natürliche Person nicht zur Verfügung steht.[1] Dieser Einschränkung ist für den regelungslosen Rechtszustand de lege lata grundsätzlich zuzustimmen; sie ist aber schärfer zu fassen und auf einen einheitlichen Nenner zu bringen. Es muss sich um **spezifisches** kollektives **Behördenwissen** handeln, für das es nicht auf das Fachwissen eines individuellen Bediensteten ankommt. Das wird z.B. gegeben sein, wenn kriminaltechnische oder sonstige Laboruntersuchungen benötigt werden, die routinemäßig erstellt werden und deren Ergebnisse keiner einzelfallbezogenen Interpretation bedürfen. Unerheblich ist, ob die Erstattung von Gutachten zu den gesetzlichen oder im Errichtungserlass vorgesehenen Aufgaben der Behörde gehört,[2] wenngleich sich die Ansammlung abfragbaren Fachwissens mit dem Errichtungszweck der Behörde decken wird.

16 Danach sind ärztliche, psychologische oder sonstige Gutachten, z.B. in Haftungs- und Versicherungsfällen oder in Familienrechtsfällen, die eine Begutachtung individueller Personen nach vorangehender eigener Anamnese des Sachverständigen oder nach Aktenlage verlangen, **nicht als Kliniks- oder Institutsgutachten** in Auftrag zu geben.[3] Vielmehr ist eine natürliche Einzelperson zu bestellen. Eine Universitätsklinik verfügt insoweit weder über spezifisches Behördenwissen, noch gehört derartige Gutachtenerstattung zu dem vorgesehenen Aufgabenbereich. Es handelt sich bei einer solchen Adressierung des Gutachtenauftrags typischerweise darum, dass eine vorherige richterliche Aufklärung über den benötigten Bedarf an Fachwissen unterblieben ist. Auch werden es seltene Ausnahmefälle sein, in denen die Wechselwirkung von Beweisthemen, die verschiedenen Fachrichtungen angehören, zu einer personellen Zusammenfassung der Gutachter schon bei der Erarbeitung und Ausarbeitung des Gutachtens zwingen.[4] Soweit eine gemeinschaftliche Begutachtung notwendig ist, ist die Auftragserteilung an Einzelpersonen durchaus möglich. Unter derartigen Bedingungen kann ein Kollektivgutachten unter Außerachtlassung individueller Bestellung von Sachverständigen allerdings zulässig sein.

17 Von der Beauftragung eines Instituts oder einer Klinik zu unterscheiden ist die **anonyme**, jedoch individuell gemeinte **Beauftragung** „des Leiters" der Einrichtung,[5] die u.U. noch mit dem Zusatz versehen wird „oder eines von ihm zu bestellenden Vertreters". In dem Substitutionsrecht, das die interne personelle Auswahl einer gerichtsfremden Person überlässt, ist ein Verstoß gegen § 404 Abs. 1 zu sehen (näher dazu Kap. 45 Rz. 34); faktisch handelt es sich um ein Behördengutachten.[6] Wiederum eine andere Frage ist es, ob eine in einem **Verwaltungsverfahren mit Amtsprüfung** vertretene behördliche Ansicht als sachverständige Stellungnahme zu berücksichtigen ist,[7] was Konsequenzen für die Ermessensentscheidung über die Bestellung eines gerichtlichen Sachverständigen (dazu Kap. 44 Rz. 1) haben kann.

---

1 Bericht der Kommission, S. 140, 346 (Textvorschlag).
2 Wohl a.A. BGH NJW 1998, 3355, 3356, wo einer Revisionsrüge entgegengehalten wird, die Erstattung gerichtlicher Gutachten gehöre zum gesetzlichen Aufgabenbereich der dortigen Gemeindeprüfungsanstalt.
3 OLG Düsseldorf FamRZ 1989, 1101; OLG München NJW 1968, 202, 203; OLG München NJW 1974, 611.
4 Vgl. dazu OLG München NJW 1974, 611, 612.
5 Hinsichtlich der Unterscheidbarkeit richtig BVerwG NJW 1969, 1591; ihm folgend VGH München NVwZ-RR 1996, 328, 329. Zur Auslegung der Beauftragung eines „Kreiskrankenhauses" als Beauftragung individuell (behandelnder) Ärzte mit Konsequenzen für die Sachverständigenhaftung; OLG Oldenburg VersR 1996, 59, 60.
6 A.A. OLG Koblenz NJWE-VHR 1998, 88, 89; BVerwG NJW 1969, 1591.
7 BGH WRP 1998, 883, 885 – Regenbecken: Berücksichtigung der Entscheidung der Technischen Beschwerdekammer des Europäischen Patentamtes aus dem Erteilungsverfahren im späteren Nichtigkeitsverfahren oder Verletzungsverfahren, jedoch keine Bindungswirkung für das spätere Verfahren.

V. Behördenbegriff

Es ist von einem **weiten Behördenbegriff** auszugehen. Behörden sind auch **autonome öffentlich-rechtliche Körperschaften** oder selbständige Anstalten des öffentlichen Rechts; sie werden staatsorganisationsrechtlich als Einrichtungen der mittelbaren Staatsverwaltung angesehen. Dazu gehören z.B. die Industrie- und Handelskammern, Handwerkskammern und Landwirtschaftskammern, die Kammern freier Berufe (Ärzte, Apotheker, Rechtsanwälte etc.), die Gemeindeprüfungsanstalt Baden-Württemberg,[1] die Gutachterausschüsse zur Feststellung der Grundstückswerte,[2] öffentliche Sparkassen, Kirchengemeinden, Rundfunkanstalten, Rentenversicherungsträger.[3] Die Auskunft einer **ausländischen Behörde** kann mit Zustimmung beider Parteien eingeholt werden.[4]

18

Die Einholung eines **Kammergutachtens** der **Rechtsanwaltskammer** gem. §§ 4 Abs. 4 S. 2, 14 Abs. 2 RVG stellt eine **Rechtsauskunft** und keine Beweiserhebung dar.[5] Auf diese Gutachten finden die §§ 402 ff. keine Anwendung; der Gutachtenverfasser ist nicht zur Erläuterung zu laden.[6] Notwendig war die Qualifizierung unter Geltung der BRAGO wegen der Frage, ob die Einholung eines Gutachtens eine anwaltliche Beweisgebühr auslöste.[7] Mit der Abschaffung dieses Gebührentatbestandes im RVG hat sich dieses Problem erledigt.

19

VI. Auskunft privater Unternehmen

Keinen Ersatz für den Zeugenbeweis stellt die Einholung einer **privaten Auskunft** dar, weil diese gesetzlich als Beweismittel nicht vorgesehen ist.[8] Die Einholung einer **Bankauskunft** kann aber als Einholung einer **schriftlichen Zeugenaussage gem. § 377 Abs. 3** aufzufassen sein.[9] Die Lohnauskunft des **privaten Arbeitgebers** ist als nichtamtliche Auskunft kein Beweismittel,[10] gleiches gilt für die Auskunft einer privaten

20

---

1 BGH NJW 1998, 3355, 3356 = VersR 1998, 591, 593.
2 Bedeutsam für Entschädigungsfeststellungen; vgl. BayObLGZ 2002, 383, 384; OLG Köln AnwBl. 1985, 329.
3 BGHZ 89, 114, 119 = NJW 1984, 438, 429; OLG Celle JurBüro 1979, 1016, 1017; OLG Hamm MDR 1980, 65, 66; a.A. OLG Bamberg JurBüro 1979, 851, 852: Beweismittel nur, wenn Auskunft zur Klärung streitiger Tatsachen eingeholt wird; ebenso OLG Frankfurt JurBüro 1979, 704; OLG Nürnberg MDR 1980, 65; wieder anders OLG Koblenz JurBüro 1979, 535 f.: nicht entscheidend, ob zur Aufklärung streitiger Tatsachen.
4 BGH WM 1977, 478, 479 (zum früheren § 272b).
5 OLG Celle NJW 1972, 203: unverbindliches Rechtsgutachten oder Tatsachengutachten; teilweise a.A. *Hartmann* Kostengesetze[43] § 14 RVG Rz. 33: Abgrenzungen zum Sachverständigenbeweis.
6 OLG Celle NJW 1972, 203.
7 Keine Beweisgebühr bei Gutachtenerstattung: SchlHOLG JurBüro 1989, 1679; OLG München JurBüro 1989, 1680, 1681 beide m.w.N.; LG Konstanz AnwBl. 1999, 487; *Mümmler* JurBüro 1985, 9, 12.
8 OLG Hamm NJW 1966, 1370, 1371; OLG Zweibrücken JurBüro 1982, 1846, 1847; OLG Düsseldorf MDR 1988, 593 = JurBüro 1988, 1005; *Schneider* JurBüro 1969, 465, 467; *Schöpflin* Die Beweiserhebung von Amts wegen im Zivilprozeß S. 311 ff.; MünchKommZPO/*Damrau*[4] § 373 Rz. 23; a.A. *Brüggemann* Judex statuor (1968), S. 403: nichtbehördliche Auskunft zwar gesetzlich nicht vorgesehen, aber in den Grenzen des § 377 Abs. 3 bei Beweisantritt kraft Gewohnheitsrechts zulässig; dagegen *Schöpflin* a.a.O. S. 313.
9 OLG Hamm NJW 1966, 1370, 1371; KG MDR 1975, 500.
10 OLG Saarbrücken JurBüro 1981, 1354f; OLG Zweibrücken JurBüro 1982, 1196, 1197; OLG Zweibrücken JurBüro 1982, 1846, 1847; OLG Düsseldorf RPfleger 1987, 219; MünchKommZPO/*Damrau*[4] § 373 Rz. 23; *Schöpflin* Beweiserhebung von Amts wegen S. 311.

Bank[1] oder einer privaten **Versicherung**.[2] Sind beide Parteien damit einverstanden, oder stellen sie die betreffende Tatsache **unstreitig**, ist eine eingeholte private Auskunft gleichwohl verwertbar;[3] mangels Rüge tritt Heilung nach § 295 ein.[4]

VII. Behördenentschädigung

21 Gebührenrechtlich ist die Beweiserhebung durch Einholung amtlicher Auskünfte wie der Sachverständigenbeweis zu behandeln.[5] Das JVEG findet ebenfalls Anwendung (§ 1 Abs. 3 JVEG).

§ 75 Funktion eines Dolmetschers

22 Der Gerichtsdolmetscher (§ 185 GVG) ist **keine Beweisperson** und daher kein Sachverständiger. Seine Aufgabe ist es nur, die Verständigung der Verfahrensbeteiligten zu ermöglichen.[6] Wird der anwesende Dolmetscher jedoch dazu eingesetzt, eine außerhalb des Prozesses erfolgte beweiserhebliche Äußerung zu übersetzen, so handelt es sich insoweit um Sachverständigentätigkeit.[7] Auch kann ein Dolmetscher **zusätzlich** als **Sprachsachverständiger** beauftragt werden.

§ 76 Beweisermittlung als Hybridform des selbständigen Beweisverfahrens

23 Das Unionsrecht sieht bei **Verdacht** der **Verletzung** von **Rechten des Geistigen Eigentums** und – in legislatorischer Vorbereitung – der rechtswidrigen Nutzung und Offenbarung von Geschäftsgeheimnissen eine Beweisermittlung zur Verifizierung des Verdachts vor. Grundlage dafür sind in der lex lata die Art. 6 Abs. 1 und Art. 7 Abs. 1 der Richtlinie zur Durchsetzung der Rechte des Geistigen Eigentums vom 29.4.2004,[8] die ihrerseits Art. 43 und Art. 50 Abs. 1 lit. b des TRIPS-Übereinkommens vom 15.4.1994[9] zum Vorbild haben. Danach müssen Beweismittel in der Verfügungsgewalt des Prozessgegners auf richterliche Anordnung vorgelegt werden und es sind **einstweilige Maßnahmen** zur **Sicherung rechterheblicher Beweismittel** anzuordnen. Das noch zu ratifizierende Übereinkommen zur Errichtung des Einheitlichen Patentgerichts (EPGÜ) vom 19.2.2013 schafft gleichartige Rechtsgrundlagen in **Art. 59 und 60**. Sie betreffen das Verfahren bei Verletzung eines Europäischen Patents mit einheitlicher Wirkung, das im Rahmen verstärkter Zusammenarbeit der EU-Staaten durch VO (EU) Nr. 1257/2012 vom 17.12.2012 geschaffen wurde.[10] Aufgegriffen werden die

---

1 KG MDR 1975, 500.
2 OLG Hamm NJW 1966, 1370, 1371; Musielak/*Huber*[10] § 373 Rz. 5; MünchKommZPO/*Damrau*[4] § 373 Rz. 23.
3 Musielak/*Huber*[10] § 373 Rz. 5.
4 *Bender/Belz/Wax* Das Verfahren nach der Vereinfachungsnovelle und vor dem Familiengericht (1977), S. 13, Rz. 20; MünchKommZPO/*Damrau*[4] § 373 Rz. 23.
5 LG Köln AnwBl 1985, 329; keine Beweisgebühr entsteht dagegen im Verwaltungsprozess, sofern es um die Verwertung von Gutachten der am Verwaltungsstreitverfahren beteiligten Behörde geht, die dem Gericht als Teil des Verwaltungsvorgangs vorgelegt worden sind, vgl. VGH Kassel MDR 1993, 389 = NVwZ-RR 1993, 222.
6 BGH NJW 1998, 1087 (LS).
7 BGH NJW 1965, 643; BGH NJW 1998, 1087; vgl. auch OLG Stuttgart Rpfleger 1983, 416.
8 ABl. EU Nr. L 195 v. 2.6.2004, S. 16 (berichtigte Fassung).
9 BGBl. II 1994, 1730 (als Teil des Übereinkommens zur Errichtung der Welthandelsorganisation).
10 ABl. EU Nr. L 361 v. 31.12.2012, S. 1.

Rechtsinstrumente schließlich im Vorschlag der Richtlinie zum Schutz von Geschäftsgeheimnissen vom 28.11.2013.[1]

Der deutsche Gesetzgeber hat die Durchsetzungsrichtlinie in den Einzelgesetzen zum Schutz Geistigen Eigentums umgesetzt und jeweils einen **Besichtigungsanspruch** mit Tenorierung im Verfahren der einstweiligen Verfügung nach §§ 935–945 geschaffen (z.B. § 140c Abs. 1 u. 3 PatG, § 19a Abs. 1 u. 3 MarkenG, § 101a Abs. 1 u. 3 UrhG, § 46a Abs. 1 u. 3 GeschmMG). Die Ausgestaltung als materiell-rechtlicher Anspruch hat zwar den Vorteil einer zwangsweisen Durchsetzbarkeit nach § 892 ZPO, doch handelt es sich **funktional** um ein Äquivalent zum **selbständigen Beweisverfahren** nach § 485 ZPO unter **Überwindung der Beweismittelbeschränkung** des § 485 Abs. 2 (dazu auch Kap. 7 Rz. 74). 24

---

[1] Kommissionsdokument KOM 2013 (813) endg.

Teil 3:
Der Augenscheinsbeweis

Kapitel 22:
Augenscheinseinnahme: Grundlagen, Beweiserhebung

	Rz.
§ 77 Augenscheinsobjekte, Begriff der Augenscheinseinnahme, Abgrenzung des Beweismittels	
I. Begriff der Augenscheinseinnahme	
1. Beweis durch Sinneswahrnehmungen.	1
2. Augenscheinsobjekte, Augenscheinstatsachen	
a) Sinneswahrnehmung	4
aa) Wahrnehmungsgegenstände	5
bb) Ort der Besichtigung	9
cc) Negative Abgrenzungen	10
b) Augenscheinstatsache	14
3. Wahrnehmung mittels technischer Hilfsmittel	15
4. Abgrenzung zur informatorischen Besichtigung	17
5. Augenscheinssurrogate (Lichtbilder)	19
II. Abgrenzung zu anderen Beweismitteln	
1. Sachverständige als Augenscheinsmittler (Augenscheinsgehilfen)	22
2. Zeugenbeweis und Augenschein	
a) Zeugen als Augenscheinsmittler	25
b) Vernehmungssurrogate	26
3. Videosimultankonferenzen und vergleichbare Kommunikationstechniken	27
§ 78 Insbesondere: Abgrenzung zum Urkundenbeweis	
I. Gesetzesreformen 2001	31
II. Augenscheinssurrogate	33
III. Elektronische und technische Aufzeichnungen (§ 371 Abs. 1 S. 2)	
1. Entwicklung der Diskussion	
a) Rechtspolitische Alternativen	34
b) Kommissionsvorschläge	35
c) Rechtswissenschaftliche Diskussion	38
2. Lex lata: Augenscheinsbeweis	44
§ 79 Beweisantrag	
I. Beweisbedürftigkeit	49
II. Anordnung nach § 144 von Amts wegen und auf Parteiantrag hin	

	Rz.
1. Anordnungen nach gerichtlichem Ermessen	51
2. Augenscheinsobjekte außerhalb einer Zugriffs- oder Zugangsmöglichkeit des Beweisführers	53
III. Beweisantrag einer Partei	
1. Ordnungsgemäßer Beweisantritt	60
2. Ablehnung des Antrags	64
3. Öffentlichkeit der Beweisaufnahme	65
4. Wiederholung der Augenscheinseinnahme	66
5. Identität des Augenscheinsobjektes	69
6. Protokollierung	70
IV. Augenscheinseinnahme im Ausland	71
§ 80 Delegation der Beweisaufnahme, Zuziehung von Hilfspersonen	
I. Durchbrechung des Unmittelbarkeitsgrundsatzes	73
II. Beauftragter oder ersuchter Richter	
1. Delegation ohne besondere Gründe	75
2. Protokollierung	77
III. Übertragung der Augenscheinseinnahme auf Augenscheinsmittler (Augenscheinsgehilfen)	
1. Augenscheinsvermittlung als Ausnahme	78
2. Anschluss- und Befundtatsachen als Gegenstand der Ermittlung des Sachverständigen	80
3. Anerkannte Gründe der Übertragung	
a) Begrenzung	85
b) Tatsächliche und rechtliche Feststellungshindernisse, Befundtatsachen	86
c) Körperliche Untersuchungen	87
4. Übertragungs- und Zuziehungsermessen	88
5. Der Augenscheinmittler als Zeuge und Sachverständiger	
a) Einheitslösung	89
b) Einzelnormanalyse	
aa) Anordnung der Beweiserhebung	90

471

	Rz.		Rz.
bb) Ablehnung des Augenscheinsmittlers	91	dd) Pflicht zur Übernahme	93
cc) Vereidigung	92	ee) Vergütung	96

§ 77 Augenscheinsobjekte, Begriff der Augenscheinseinnahme, Abgrenzung des Beweismittels

Schrifttum:

Baltzer, Elektronische Datenverarbeitung in der kaufmännischen Buchführung und Prozeßrecht, Gedächtnisschrift für Rudolf Bruns, 1980, S. 73; *Arnd Becker*, Elektronische Dokumente als Beweismittel im Zivilprozeß, 2004; *Berger*, Beweisführung mit elektronischen Dokumenten, NJW 2005, 1016; *Bergmann/Streitz*, Beweisführung durch EDV-gestützte Dokumentation, CR 1994, 77; *Binder*, Pflichten zur Offenlegung elektronisch gespeicherter Informationen im deutschen Zivilprozess am Beispiel der Unternehmensdokumentation, ZZP 122 (2009), 187; *Bleutge/Uschold*, Digital versus analog – Verwendung digitalisierter Fotos in Gutachten, NJW 2002, 2765; *Britz* Beschränkung der freien Beweiswürdigung durch gesetzliche Beweisregeln? ZZP 110 (1997), 61; *Bruns*, Zur Systematik der gesetzlichen Beweisarten im Zivilprozeß, JZ 1957, 489; *Bull*, Sechs Gebote für den Ortstermin im Zivilprozeß, JR 1959, 410; *Döhring*, Die Erforschung des Sachverhalts im Prozeß, 1964, S. 312; *Feldmann*, Das Tonband als Beweismittel im Strafprozeß, NJW 1958, 1166; *Geis*, Zivilprozeßrechtliche Aspekte des elektronischen Dokumentenmangements, CR 1993, 653; *Geppert*, Der Augenscheinsbeweis, Jura 1996, 307; *Goebel/Scheller*, Elektronische Unterschriftsverfahren in der Telekommunikation, Braunschweig 1991; *Henkel*, Die Zulässigkeit und die Verwertbarkeit von Tonbandaufnahmen bei der Wahrheitserforschung im Strafverfahren, JZ 1957, 148; *Heuer*, Beweiswert von Mikrokopien bei vernichteten Originalunterlagen, NJW 1982, 1502; *Hiendl*, Das Blutgruppen- und erbbiologische Gutachten im Alimentenprozeß des unehelichen Kindes, NJW 1963, 1662; *Stefan Huber*, Entwicklung transnationaler Modellregeln für Zivilverfahren, 2008; *Jöstlein*, Technische Aufzeichnungen als Beweismittel im Zivilprozeß, DRiZ 1973, 409; *Kapoor*, Die neuen Vorlagepflichten für Urkunden und Augenscheinsgegenstände in der Zivilprozessordnung, 2009; *Knopp*, Digitalfotos als Beweismittel, ZRP 2008, 156; *Kuhn*, Rechtshandlungen mittels EDV und Telekommunikation, München 1991; *Wilhelm Lang*, Ton- und Bildträger, 1960; *Mühlhausen/Prell*, Verwendung digitalisierter Fotos in technischen Gutachten, NJW 2002, 99; *Patti*, Die Beweiskraft des elektronischen Dokuments im italienischen Recht, Festschrift Manfred Rehbinder (2002), S. 707; *Pleyer*, Schallaufnahmen als Beweismittel im Zivilprozeß, ZZP 69 (1956) 321; *Rasche*, Technische Grundlagen von optischen Archivsystemen, CR 1992, 693; *Raubenheimer*, EDI im Bereich von Steuer und Buchführung, CR 1993, 19; *Redeker*, Geschäftsabwicklung mit externen Rechnern im Bildschirmtextdienst, NJW 1984, 2390; *Rihaczek*, Rechtlicher Regelungsbedarf zur Beweiseignung elektronischer Kommunikation, DuD 1992, 409; *Roggemann*, Das Tonband im Verfahrensrecht, 1962; *Rüßmann*, Moderne Elektroniktechnologie und Informationsbeschaffung im Zivilprozeß, in: Schlosser (Hrsg.), Die Informationsbeschaffung für den Zivilprozeß, Veröffentlichungen der Wiss. Vereinigung für Internationales Verfahrensrecht, Band 8 1996, S. 137; *Siegert*, Die außergerichtlichen Tonbandaufnahmen und ihre Verwertung im Zivilprozeß, NJW 1957, 689; *von Sponeck*, Beweiswert von Computerausdrucken, CR 1991, 269; *Tschentscher*, Beweis und Schriftform bei Telefax-Dokumenten, CR 1991, 141; *Welp*, Strafrechtliche Aspekte der digitalen Bildbearbeitung, CR 1992, 291; *Zoller*, Foto- und Telekopie im Zivilprozeß, NJW 1993, 429.

I. Begriff der Augenscheinseinnahme

1. Beweis durch Sinneswahrnehmungen

1 Rechtlich ist Augenschein entgegen der Suggestion dieses Begriffes *jede* Sinneswahrnehmung von beweiserheblichen **streitigen** Tatsachen **durch** den **Richter persönlich** unter Ausschaltung dritter Wahrnehmungspersonen. Die Wahrnehmung kann nicht

nur durch den Sehsinn, sondern durch **alle menschlichen Sinne** erfolgen, weshalb man besser von Wahrnehmungsbeweis sprechen sollte. Eine Augenscheinseinnahme kann auch durch **Betasten** (z.B. zur Feststellung der Stumpfheit oder Glätte einer Bodenfliese im Schwimmbad), durch **Hören** (z.B. des Lärm eines Betriebes), durch **Riechen** (z.B. der Rauchentwicklung einer Braunkohlenheizung oder der Gerüche eines Kompostwerkes oder eines Schweinemastbetriebes[1]), durch **Fühlen** (z.B. von Wärme oder Kälte) oder durch **Schmecken** (z.B. zur sensorischen Prüfung eines Getränks) erfolgen. Für den Besichtigungsanspruch nach § 809 BGB hat der Patentsenat des BGH eine Parallele zur Inaugenscheinnahme nach § 371 ZPO gezogen und alle Untersuchungsmethoden zugelassen, die ohne Substanzeingriff auskommen, z.B. Betasten oder Vermessen, Wiegen, Untersuchen mittels des Mikroskops, der Quarzlampe und dergleichen.[2] In Zivilsachen kann ein **blinder Richter** als Mitglied einer Kammer an einer Augenscheinseinnahme vor der gesamten Kammer mitwirken.[3]

Diese Sinneswahrnehmungen i.S.d. § 371 sind **Beweisaufnahme** im **Unterschied** zur **informatorischen Besichtigung**, die lediglich das Verständnis des Sachvortrags der Parteien erleichtern soll (dazu Rz. 17 f.). 2

Sinneswahrnehmungen können auch **bei anderen Beweismitteln** erforderlich werden, nämlich beim Urkundenbeweis, wenn die Urkunde zur Prüfung ihrer Echtheit betrachtet wird, und bei den Personalbeweisen (Zeugenbeweis, Parteivernehmung), die eine Beobachtung der Aussageperson (Mimik, Gesichtsverfärbung, Gestik) während der Aussage verlangen, damit deren Glaubwürdigkeit nach dem persönlichen Eindruck beurteilt werden kann. Derartige **Wahrnehmungen** gehören **unselbständig** zu den jeweiligen Beweismitteln, sind also nicht Augenschein im engeren Sinne als eines speziellen Beweismittels der Strengbeweisarten. Die Beobachtung des Zeugen ist deshalb auch gegen dessen Willen zulässig, ohne dass die Duldungspflicht etwa analog § 372a eingeschränkt wäre. 3

2. Augenscheinsobjekte, Augenscheinstatsachen

a) Sinneswahrnehmung

Objekt des Augenscheins kann alles sein, was sinnlich wahrgenommen werden kann. Die Wahrnehmung muss aber zum Zwecke der **unmittelbaren Überzeugungsbildung** erfolgen, was nicht der Fall ist, wenn der Gegenstand nur als **Vernehmungshilfe** dient, um Aussagen von Zeugen, Sachverständigen oder Parteien zu veranschaulichen.[4] 4

aa) Wahrnehmungsgegenstände

Zu den Wahrnehmungsgegenständen gehören die Lage oder die **Beschaffenheit von Personen, Tieren** und **Sachen** ebenso wie der **Ablauf von Vorgängen**. 5

Bei der **Beschaffenheit einer Person** kann es z.B. um deren Identität (Fahrerfoto des Geschwindigkeitsmessgerätes,[5] Abgleich mit beim Passregister gespeichertem Licht- 6

---

[1] BGHZ 140, 1, 8 f. = NJW 1999, 356, 358.
[2] BGHZ 93, 191, 201 – Druckbalken = JZ 1985, 1096 m. krit. Anm. *Stürner/Stadler*, die a.a.O. 1103 rügen, dass Substanzeingriffe durch Sachverständige in BGH MDR 1969, 379 = LM Nr. 28 zu § 286 (B) ZPO (Grabung zur Feststellung einer Wasserabsenkung) und zur Beurteilung von Baumängeln in st. Rspr. zugelassen werden.
[3] OLG Frankfurt MDR 2010, 1015, 1016.
[4] *Geppert* Jura 1996, 307, 309.
[5] BayObLG NJW 2004, 241.

bild[1]), um die Existenz von Verletzungsspuren oder um Blutgruppe, Blutfaktoren sowie Merkmale und Formen des Körpers[2] gehen.

7 Der **Zustand eines Unfallfahrzeugs** lässt sich mit Lichtbildern dokumentieren und kann seinerseits Indizienbeweis für einen vorangegangenen Vorgang, nämlich die Wucht eines Aufpralls und das Überschreiten der erlaubten Geschwindigkeit durch den Unfallverursacher sein,[3] eventuell in Kombination mit einem zusätzlichen Sachverständigengutachten und als Anknüpfungstatsache für den Sachverständigen. Um die Feststellung eines **Sachzustandes** geht es auch, wenn durch Zusammendrücken der innenliegenden Feder einer Sicherungsstange an einem Spielgerät der dafür notwendige Kraftaufwand ermittelt wird, um aufzuklären, ob die Sicherung ohne Fremdhilfe durch ein kleines Kind gelöst werden kann.[4]

8 **Lebensvorgänge** können auch unmittelbar durch eine technische Aufzeichnung sichtbar gemacht werden: der Ablauf eines Überholvorgangs oder eine Geschwindigkeitsüberschreitung durch die verdeckte Videoaufnahme eines nachfolgenden Polizeifahrzeugs, die mimischen Begleitumstände einer im Fernsehen gefallenen Äußerung durch einen Mitschnitt der Sendung,[5] der Ablauf von Tätlichkeiten zwischen Nachbarn durch Aufnahmen einer Videokamera.[6]

bb) Ort der Besichtigung

9 Bewegliche Objekte können eventuell in den **Gerichtssaal** gebracht werden; unhandliche oder unbewegliche Objekte können im Original nur **vor Ort** im Rahmen eines – wegen des Zeitverlustes unbeliebten – Ortstermins besichtigt werden. Die Augenscheinseinnahme kann sich auch auf **Surrogate** des zu besichtigenden Objekts (dazu unten Rz. 19) richten, nämlich Lagepläne, Landkarten, Modelle,[7] graphische Darstellungen, Fotografien,[8] Videoaufnahmen,[9] Schallplatten,[10] auf Tonträger aufgezeichnete Gespräche oder Lautäußerungen nichtverbaler Art,[11] visualisierbare Texte elektronischer Speicher.[12] Die Verwendung von Lichtbildern zwecks Beweisaufnahme macht aus dem Beweismittel **keinen Urkundenbeweis**.[13]

---

1 OLG Stuttgart NJW 2004, 83, 84.
2 *Hiendl* NJW 1963, 1662, 1663.
3 OLG Frankfurt AnwBl 1980, 367.
4 OLG Celle NJW-RR 2005, 755, 756 a.E.
5 OLG Hamburg MDR 1992, 1089 (Feststellung begleitender Auslegungsindizien des gesprochenen Textes einer politischen Magazinsendung: nüchtern-leidenschaftsloser Ton, moralisch-anklagende Gestik, süffisant-ironische oder pathetisch-bedeutungsschwangere Sprechweise).
6 OLG Düsseldorf NJW-RR 1998, 241 (Aufnahmen einer an der Grundstückszufahrt angebrachten Überwachungskamera).
7 Modelle können auch *originales* Aufgenscheinsobjekt sein, etwa im Patentrecht zum Beweis der Vorbenutzung einer Erfindung, *Aüz Castro* GRUR Int. 1996, 1099, 1103 m. Hinw. auf Rechtsprechung des EPA.
8 BGHZ 65, 300, 304; OLG Frankfurt/M. AnwBl. 1980, 367; AnwBl. 1983, 183; BayObLG NJW-RR 2004, 1162, 1163; OVG Schleswig NJW 2004, 1195, 1196.
9 OLG Düsseldorf NJW-RR 1998, 241.
10 BGHZ 65, 300, 304.
11 OLG Köln NJW 1998, 763 m. Bespr. *Lachwitz* NJW 1998, 881: Lautäußerungen geistig schwer behinderter Menschen als Heimbewohner des Nachbargrundstücks.
12 *Goebel/Scheller*, Elektronische Unterschriftsverfahren S. 40; *Kuhn*, Rechtshandlungen mittels EDV S. 251; *Baltzer* GdS Bruns, S. 81; *Geis* CR 1993, 653, 654; a.A. *Jöstlein* DRiZ 1973, 409, 412.
13 OLG Frankfurt/M. AnwBl. 1980, 367; LG Nürnberg-Fürth VersR 1997, 382 (LS).

cc) Negative Abgrenzungen

Negativ ausgrenzende Kriterien gibt es für Augenscheinsobjekte **nicht**. Soweit verlangt wird, dass sie nicht der Wiedergabe eines **Gedankeninhalts** dienen dürfen,[1] werden damit keine qualitativen Anforderungen an Augenscheinsobjekte gestellt.[2] Vielmehr wird eine **Abgrenzung** zum **Urkundenbeweis** und/oder zum **mittelbaren Personalbeweis** gesucht.

10

Eine **Zeugenvernehmung** darf regelmäßig **nicht durch** das Abspielen eines Videobandes oder einer **Toncassette ersetzt** werden, die anlässlich einer anderen Vernehmung aufgenommen wurden (dazu Rz. 26). Allerdings können Aufzeichnungen von Vernehmungen ebenso wie schlechthin Aufzeichnungen von sprachlichen Äußerungen auch Objekt eines Augenscheinsbeweises sein, wenn nämlich die **klangliche Reproduktion** dem Beweis dient, mit welchem Inhalt eine Äußerung zum einem vergangenen Zeitpunkt gefallen ist, welcher Person eine Stimme zugeordnet werden kann (Anknüpfungstatsache für einen Stimmsachverständigen) oder unter welchen Begleitumständen (Sprechsituation, unzulässiger Vernehmungsdruck) die Äußerung getätigt wurde.[3]

11

Ein bestimmtes **Mindestmaß an Fälschungssicherheit** des Augenscheinsobjektes ist ebenfalls kein geeignetes einschränkendes Kriterium,[4] da selbst Urkunden leicht fälschbar sind.[5]

12

Tonbänder, Videobänder und **ähnliche Aufzeichnungen** können demnach auch im Hinblick auf das von ihnen Aufgezeichnete Augenscheinsobjekte sein. **Wahrnehmungsobjekt** ist **das Aufgezeichnete** selbst[6] (auch etwaige dort festgehaltene Schriftstücke) und nicht bloß der Aufzeichnungsträger. Zur Ausgrenzung aus dem Anwendungsbereich des Urkundenbeweises im Zivilprozessrecht s. unten Rz. 34 ff.

13

b) Augenscheinstatsache

Augenscheinstatsache kann wie bei jeder Beweiserhebung eine **Hilfstatsache** oder eine **Haupttatsache** (beispielsweise die Nichtvaterschaft im Abstammungsprozess des nichtehelichen Kindes[7]) sein.

14

3. Wahrnehmung mittels technischer Hilfsmittel

Die Wahrnehmung der Augenscheinsobjekte kann **unmittelbar oder mittelbar**, nämlich unter Zwischenschaltung technischer Maßnahmen der Wahrnehmung (z.B. Fernglas, Mikroskop), erfolgen. Eine unmittelbare Wahrnehmung erfolgt z.B. bei einer (Orts-)Besichtigung des Originals. Eine mittelbare Wahrnehmung liegt vor bei der Betrachtung von Surrogaten des Augenscheinsobjekts wie Fotografien[8] oder bei der **Vernehmbarmachung** von Beweistatsachen **durch Messgeräte** oder ähnliche Instrumente. Aus diesem Grunde kann es sich auch bei der Wahrnehmung des Inhalts von Ton-

15

---
1 Rosenberg/Schwab/*Gottwald*[17] § 118 Rz. 3; Thomas/Putzo/*Reichold*[33] vor § 371 Rz. 1; Zöller/*Greger*[30] § 371 Rz. 2.
2 Wie hier Stein/Jonas/*Berger*[22] vor § 371 Rz. 6; AK-ZPO/*Rüßmann* vor § 371 Rz. 1.
3 *Henkel* JZ 1957, 148, 152.
4 So aber ArbG Kassel BB 1955, 31 (verneint für Tonbandaufnahme). Dort sollte wohl unter Umgehung des eigentlichen Rechtsproblems die Verwertung einer heimlichen Tonbandaufnahme zum Beweis beleidigender Äußerungen eines gekündigten Arbeitnehmers ausgeschaltet werden.
5 Stein/Jonas/*Berger*[22] vor § 371 Rz. 6.
6 Zur zulässigen Verwendung als Beweismittel VerfGH Berlin NJW 2014, 1084, 1085.
7 *Hiendl* NJW 1963, 1662, 1663.
8 BGHZ 65, 300, 304; OLG Frankfurt AnwBl 1980, 367; 1983, 183.

bandaufnahmen und ähnlichen Aufzeichnungen um einen Augenscheinsbeweis handeln.[1]

16 **Nicht haltbar** ist die teilweise vertretene Einschränkung, dass ein Augenscheinsbeweis dann nicht vorliegen könne, wenn sich sein Inhalt erst dem Denkvermögen erschließe, wodurch Tonbandaufnahmen ausgeschlossen werden sollen,[2] denn dies ist bei der Wahrnehmung durch Messgeräte immer der Fall.

4. Abgrenzung zur informatorischen Besichtigung

17 Von der Augenscheinseinnahme als Beweisaufnahme ist die formlose, nicht im Verhandlungsprotokoll festzuhaltende informatorische Besichtigung abzugrenzen. Sie dient nur Informationszwecken und soll dem Richter und den übrigen Prozessbeteiligten lediglich ein **besseres Verständnis der Situation** verschaffen, während eine Beweisaufnahme vorliegt, sobald es um die Feststellung einer *streitigen* Tatsache geht. Eine informatorische Besichtigung kann für die Rekonstruktion des Sachverhalts erhebliche Bedeutung haben; sie erfolgt nach § 144 **von Amts wegen**.

18 Verschafft sich der Richter **auf eigene Faust** und **ohne Anwesenheit der** übrigen **Prozessbeteiligten** einen unmittelbaren Eindruck von tatsächlichen Verhältnissen, die nicht Gegenstand streitigen Tatsachenvortrags sind, der durch Beweisaufnahme zu klären wäre, ist er an Vorgaben des Beweisrechts grundsätzlich nicht gebunden.[3] Es handelt sich bei der formlosen Aufklärungstätigkeit **nicht** um einen Akt der **Beweisaufnahme**, so dass sie auch nicht als ein Fall des Freibeweises zu qualifizieren ist.[4] Dieser Weg darf aber nicht dazu missbraucht werden, die Parteien mit einer Augenscheinseinnahme unter Verletzung des Prinzips der Parteiöffentlichkeit (§ 357) zu überraschen, um eine vorherige vorübergehende Veränderung des Zustandes nach Anordnung einer rechtlich einwandfrei durchzuführenden Augenscheinseinnahme zu verhindern.[5] Den gegen die Loslösung der informatorischen Besichtigung von den Vorschriften des Beweisaufnahmerechts geäußerten Bedenken[6] ist insoweit Rechnung zu tragen, als der Richter das **Augenscheinsobjekt** nicht informell besichtigen darf, wenn es sich **im Gewahrsam einer Partei** befindet, die bei der Besichtigung anwesend ist oder mit der er dafür zumindest einseitig Kontakt aufnehmen muss. Ein solches Vorgehen begründet die **Besorgnis der Befangenheit**.[7] Art. 103 Abs. 1 GG ist nur berührt, wenn der Richter bei der Besichtigung gewonnenes privates Wissen, zu dem die bloß bessere Verständnismöglichkeit nicht gehört, im Prozess verwerten will; er muss über derartigen, nicht vorgetragenen Tatsachenstoff die Parteien informieren.

5. Augenscheinssurrogate (Lichtbilder)

19 Bei Vorlage von Surrogaten des Augenscheinsobjektes, vor allem der Einreichung von Fotos einer Örtlichkeit,[8] kann die (zeitaufwendige und daher lästige) **Besichtigung**

---

[1] *Baltzer* Festschrift Bruns, S. 73, 82.
[2] *Henkel* JZ 1957, 148.
[3] LG Berlin MDR 1952, 558; Leitsätze der Prozessrichterlichen Vereinigung des Berliner Richtervereins, JR 1951, 371, 372.
[4] *Peters* Der sogenannte Freibeweis im Zivilprozeß, 1962, S. 157.
[5] *Peters* a.a.O. S. 158 Fn. 138, gegen *Bull* Prozeßhilfen, 2. Aufl. 1960, S. 105 f.
[6] Stein/Jonas/*Berger*[22] vor § 371 Rz. 2 f.
[7] So ist wohl auch der Leitsatz des Berliner Richtervereins zu verstehen, der vom pflichtgemäßen richterlichen Ermessen der Vermeidung des Eindrucks einseitiger Beeinflussung durch eine Partei spricht, JR 1951, 372.
[8] BGH NJW-RR 2006, 1677 Rz. 12 f. (Bebaubarkeit eines Grundstücks); OVG Schleswig NJW 2004, 1195, 1196 (Fotodokumentation über den Zustand von Feldhecken).

des Originals solange **abgelehnt** werden, als nicht vom Foto abweichende Merkmale behauptet werden.[1] Darin liegt keine unzulässige vorweggenommene Beweiswürdigung.[2] Das Surrogat muss aber einen ausreichenden Gesamteindruck der tatsächlichen örtlichen Gegebenheiten vermitteln können.[3] Entbehrlich ist es, einem **Zeugenbeweisantrag** über die Beschaffenheit bzw. den Zustand des Augenscheinsobjekts nachzugehen, wenn in das Wissen des Zeugen Beschaffenheitsbeschreibungen gestellt werden, die mit vorgelegten Lichtbildern nicht übereinstimmen, vorausgesetzt es ist nicht streitig, dass die Fotos das Objekt mit allen relevanten Sichtmerkmalen zeigen.[4] Der Zeugenbeweisantritt ist allerdings erheblich, wenn gleichzeitig vorgetragen wird, dass die Fotos einen unzutreffenden Eindruck vermitteln, und nur durch die Zeugenaussage eine korrekte Feststellung getroffen werden könne.

Lichtbilder und ebenso Videos haben den Vorteil, dass sie zur Zeit der Aufnahme vorhandene Einzelheiten dauernd festhalten können, und liefern eine Anschaulichkeit, die mit verbalen Beschreibungen nur unzureichend vermittelt werden kann; sie weisen aber auch **charakteristische Fehlbeurteilungsrisiken** auf.[5] Die Retuschiermöglichkeiten sind beliebig geworden, seit es digitale Aufnahmen gibt.[6] Losgelöst von bewussten **Fälschungen** können Fotos **falsche Eindrücke** durch die Wahl des Bildausschnitts oder der Perspektive vermitteln. Auch können Veränderungen des Augenscheinsobjekts zwischen rechtlich relevantem Zeitpunkt und Aufnahmezeitpunkt eingetreten sein, die u.U. schon durch einen veränderten Lichteinfall hervorgerufen werden. 20

Das Betrachten von Fotos, die in der Regel von einer Partei im Rahmen ihres Parteivortrags eingereicht werden, wird nur **selten Beweisaufnahme** sein. Die gemeinsame Erörterung von Fotos durch Gericht und übrige Prozessbeteiligte erfolgt mangels Beweisanordnung regelmäßig gem. §§ 278 Abs. 2 S. 2, 136 Abs. 3, 138, 525 und hat **informatorischen Charakter**. Häufig wird danach kein Streit mehr über Augenscheinstatsachen bestehen, so dass eine **Beweisbedürftigkeit entfällt**. 21

II. Abgrenzung zu anderen Beweismitteln

1. Sachverständige als Augenscheinsmittler (Augenscheinsgehilfen)

Die Abgrenzung des Augenscheinsbeweises zum Sachverständigenbeweis rührt aus dem Problem her, ob die Einschaltung eines Sachverständigen zur Erhebung von Anknüpfungstatsachen durch Inaugenscheinnahme eines Augenscheinsobjektes den Sachverständigen zum Augenscheinsgehilfen des Richters macht (dazu auch Rz. 89 ff.) und insoweit die rudimentären Regeln des **Augenscheinsbeweisrechts** anzuwenden sind, **oder** ob die Beweiserhebung dann **insgesamt** nur dem Recht des **Sachverständigenbeweises** unterliegt. 22

---

1 BGH NJW-RR 1987, 1237 = MDR 1988, 42; OLG Köln NZV 1994, 279, 280; zustimmend Musielak/*Foerste*[10] § 284 Rz. 22; Musielak/*Huber*[10] § 371 Rz. 17. Für die Beurteilung der Entstellung eines Gesichts verneint BSG MDR 1994, 812, 813 die Ersetzung des Augenscheins durch Fotos (oder Sachverständigenbegutachtung). Zur Manipulierbarkeit von Digitalfotos *Knopp* ZRP 2008, 156, 157.
2 BGH MDR 1988, 42.
3 Verneint in BayObLG NJW-RR 2004, 1162, 1163, für eine schwarz-weiße Lichtbildkopie zur Beurteilung des optischen Nachteils einer baulichen Veränderung.
4 BGH NJW 1987, 590: Nach einem Lufttransport war die Eignung der Verpackung für beförderte zerbrechliche Gegenstände im Streit; der Sachverständige hatte das Gutachten aufgrund von Fotos des Koffers und seines Inhalts erstattet.
5 Näher dazu *Döhring* Erforschung des Sachverhalts im Prozeß, S. 326 ff.
6 Zum Beweis der Aufnahme mit einer bestimmten Kamera unter Heranziehung der „Hot Pixel" LG München I MMR 2008, 622 m. Anm. *Knopp* (Ablehnung des Beweisantrags).

23 Die **Rechtsprechung** ist **nicht immer** zu **zutreffenden Einordnungen** gelangt. Exemplarisch ist RG JW 1937, 3325 zu nennen: In einem Patentverletzungsrechtsstreit war ein Beweisantrag auf Einholung eines Sachverständigengutachtens gestellt worden; bewiesen werden sollte die Verschiedenheit der vom Beklagten gewählten Ausführungsformen vom Schutzumfang des für eine Verbrennungskraftmaschine erteilten Streitpatents, und zwar in Bezug auf das Mischen des Brennstoffs mit der Verbrennungsluft, das den Brennstoffverbrauch vermindern sollte. Das RG sah darin fälschlich einen Beweisantritt auf Augenscheinseinnahme, bei der sich der Richter mangels eigener Sachkunde durch den Sachverständigen vertreten lasse. Hier wurden **Anknüpfungstatsachen** und **Befundtatsachen** verwechselt.

24 Dem **Gesetzgeber** ist es nicht unbedingt besser gegangen: Die Blutentnahme für ein **Abstammungsgutachten** beim Augenscheinsbeweis zu regeln (§ 372a) verkennt, dass das Blut des Probanden bei bestrittener Vaterschaft nicht Gegenstand beweisbedürftiger streitiger Augenscheinstatsachen ist; statt dessen geht es um die durch einen Sachverständigen gutachtlich festzustellende Übereinstimmung der Blutmerkmale zweier Personen (s. unten Rz. 49).

2. Zeugenbeweis und Augenschein

a) Zeugen als Augenscheinsmittler

25 Auch Zeugen, z.B. Polizeibeamte, die eine Unfallstelle ausgemessen haben, können als Augenscheinsmittler in Betracht kommen. Näher dazu Rz. 78 und 89.

b) Vernehmungssurrogate

26 Die Einführung einer **Zeugenaussage auf Tonband oder Videoband** als Surrogat für eine *beantragte* Zeugenvernehmung ist grundsätzlich nicht zulässig, weil damit gegen das Prinzip der **Beweisunmittelbarkeit** verstoßen wird.[1] Die Rechtslage entspricht derjenigen bei Heranziehung von Protokollen aus anderen Verfahren. Jedoch sind Durchbrechungen denkbar zum Schutz sowie zur effektiven Vernehmung kindlicher Zeugen, zur Unterstützung der Qualität beweissichernder Vernehmungen (etwa eines an Alzheimer leidenden Zeugen[2]) und in Fällen der Zeugenvernehmung im Ausland. In diesen Fällen wird allerdings regelmäßig ein Richterkommissar oder ein Konsularbeamter tätig werden. Im Übrigen haben es die Parteien in der Hand, sich mit aufgezeichneten mittelbaren Aussagen zu begnügen.[3] Vorzugswürdig ist demgegenüber die Videokonferenz (dazu § 128a und nachfolgend Rz. 27 ff.). Werden einem Zeugen zur Identifizierung einer Person Lichtbilder vorgelegt,[4] handelt es sich um einen Zeugenbeweis.

3. Videosimultankonferenzen und vergleichbare Kommunikationstechniken

27 Von der Beweiserhebung in Abwesenheit des Prozessgerichts ist das **Vorgehen nach § 128a** zu unterscheiden. Diese mit dem ZPO-ReformG 2001 eingeführte und durch das JustizkommunikationsG 2005 veränderte Vorschrift dispensiert von der zeitgleichen persönlichen Anwesenheit der Prozessparteien, ihrer Vertreter und der Beweispersonen im Gerichtssaal zugunsten einer **Videokonferenzschaltung**. Für den Straf-

---

1 *Pleyer* ZZP 69 (1956), 321, 326; *Roggemann* Das Tonband im Verfahrensrecht (1962), S. 47.
2 Beispielhaft dazu – unter Berücksichtigung von Art. 6 Abs. 3 lit. d EMRK – die strafrechtliche Entscheidung des englischen Court of Appeal Regina v. D. [2002] EWCA Crim. 990, [2002] 3 WLR 997.
3 *Pleyer* ZZP 69 (1956), 321, 325 f.
4 Zum Beweiswert in Strafsachen BGH NJW 2012, 791.

prozess¹ waren zuvor schon durch das Zeugenschutzgesetz von 1998 u.a. die §§ 58a, 168e, 247a und 255a StPO geschaffen worden. Während die Regelungen der StPO den Opfer- und Zeugenschutz im Blick haben, geht es im Zivilprozess um die **Ersparung von Zeit und Kosten** infolge Reiseaufwands. Das Gesetz vom 25.4.2013 intensiviert den Einsatz der Videokonferenztechnik und befreit ihn durch Änderung des § 128a ZPO vom Erfordernis des Einverständnisses der Parteien.²

Die VO (EG) Nr. 1206/2001 (EuBVO)³ sieht die Möglichkeit der **Konferenzschaltungs-** 28 **technik** auch **grenzüberschreitend innerhalb der EU** vor (ausgenommen: Dänemark). Das Prozessgericht kann nach Art. 10 Abs. 4 EuBVO darum ersuchen, dass das ausländische Rechtshilfegericht die Beweisaufnahme unter Verwendung von Kommunikationstechniken (Videokonferenz, Telekonferenz) durchführt; dem Ersuchen ist bei entsprechender technischer Ausrüstung des Gerichts grundsätzlich zu entsprechen. Art. 17 Abs. 4 S. 3 EuBVO sieht dieselbe Technik für unmittelbare Beweisaufnahmen des Prozessgerichts im Ausland vor. Sowohl für die Rechtshilfevernehmung nach Art. 10 EuBVO als auch für die auf Zwang verzichtende Vernehmung nach Art. 17 EuBVO darf die Verwendung der Technik **nicht** von einem **beiderseitigen Einverständnis der Parteien** abhängig gemacht werden, wie es § 128a (bis zur Realisierung der Reform) für reine Inlandsprozesse voraussetzte.⁴

§ 128a ist insoweit als Modifizierung des § 128 Abs. 1 (mündliche Verhandlung vor 29 dem erkennenden Gericht), des § 169 GVG (öffentliche Verhandlung) und des § 355 Abs. 1 S. 1 (Unmittelbarkeit) zu verstehen; diese Regelungen gelten nicht für einen notwendige Auslandsbeweisaufnahme. Das **Verbot der Videoaufzeichnung** einer Vernehmung (§ 128 Abs. 3 S. 1) sollte für Vernehmungen im Ausland ebenfalls nicht angewandt werden. Der völlig überzogene inländische Persönlichkeitsschutz, der damit bewirkt werden soll⁵ – sachgerechter demgegenüber § 93a Abs. 1 S. 4 FGO –, sollte bei großzügigerer Haltung des Rechts am Ort der Beweisaufnahme nicht angewandt werden.⁶ Im umgekehrten Fall einer inländischen Beweisaufnahme für ein ausländisches Gericht ist § 128a Abs. 3 S. 1 jedoch zu beachten.⁷

Möglich ist neben der Vernehmung oder Anhörung einer Person (eines Zeugen, Sach- 30 verständigen oder einer Partei) in allen Prozessen, also unabhängig von einer extraterritorialen Beweisaufnahme, die Einnahme eines **Tele-Augenscheins**.⁸ § 128a Abs. 2 steht dem schon deshalb nicht entgegen, weil es dort nur um Vernehmungen geht. Ein Tele-Augenschein ist als besonders taugliches **Augenscheinssurrogat** zu qualifizieren.

---

1 Dazu BGH NJW 1999, 3788: Ausländische Rechtshilfeleistung durch zeitgleiche Bild- und Tonübertragung; ebenso NJW 2000, 2517, 2518. Zum Einsatz einer Videoaufzeichnung über die Vernehmung eines Fünfjährigen als Surrogat bei späterer Zeugnisverweigerung BGH NJW 2004, 1605 m. – am Sachverhalt vorbeigehender – Bespr. *Mitsch* JuS 2005, 102. Zu Erfahrungen mit Videovernehmungen in der bayrischen Strafjustiz *Schöch* Festschrift Meyer-Goßner (2001), S. 365 ff.
2 BGBl. I 2013, 935; dazu Entwurf des Bundesrates vom 24.3.2010, BT-Drucks. 17/1224, S. 7 u. 13.
3 ABl. EU Nr. L 174 v. 27.6.2001, S. 1.
4 Generell für eine Differenzierung auch Rauscher/*v. Hein*, Europ. Zivilprozeßrecht (2010) Art. 10 EG-Bew-VO Rz. 37.
5 *Schultzky* NJW 2003, 313, 317.
6 So auch Rauscher/*v. Hein* (2010) Art. 10 EG-Bew-VO Rz. 39.
7 So auch *Schlosser*, EU-Zivilprozeßrecht, 3. Aufl. 2009, Art. 10 EuBVO Rz. 5.
8 Rauscher/*v. Hein* (2010) Art. 10 EG-Bew-VO Rz. 35 und 38 (für grenzüberschreitende Beweisaufnahmen).

§ 78 Insbesondere: Abgrenzung zum Urkundenbeweis

I. Gesetzesreformen 2001

31 § 371 bestand vor 2001 nur aus seinem heutigen Absatz 1 Satz 1. Das Formvorschriftenanpassungsgesetz vom 13. Juli 2001[1] hat partiell eine Ausdehnung bewirkt. **Elektronische Dokumente**, die formbedürftige Erklärungen in elektronischer Form (nach § 126a Abs. 2 BGB zur Substitution der Schriftform) oder in Textform (§ 126b BGB) enthalten, sind zum **Gegenstand des Augenscheinsbeweises** erklärt worden. Neu entstanden sind dadurch nur – dem Wortlaut nach – der jetzige § 371 Abs. 1 S. 2 und – dem rechtlichen Inhalt nach – dessen jetziger Absatz 2 Satz 2.[2] Diese Normergänzung sollte (u.a.) klarstellen, dass die Anwendung der Vorschriften über den Urkundenbeweis auf elektronische Dokumente *ganz allgemein nicht* gewollt ist.[3]

32 **Zugleich** hat das FormVorschrAnpG mit § 292a ZPO a.F. (aufgrund des JKomG 2005 zu § 371a Abs. 1 S. 2 modifiziert) unter der Überschrift „Anscheinsbeweis bei qualifizierter elektronischer Signatur" eine **neue Beweisnorm** geschaffen (dazu Kap. 23 Rz. 1). Mit dem ZPO-ReformG vom 27.7.2001[4] sind zeitlich parallel dazu die **Editionspflichten** für Dokumente **ausgedehnt** worden. Das ZPO-ReformG hat die überschneidende Gesetzgebung des FormVorschrAnpG versehentlich unberücksichtigt gelassen, was zu einer Divergenz der Normtexte führte. Durch Art. 5 Abs. 1a Nr. 1 SchuldRRefG vom 26.11.2001[5] sind die divergierenden Textfassungen aufeinander abgestimmt worden. Die **Qualifizierung elektronischer Dokumente** als Augenscheinsobjekte ist 2005 durch die Schaffung des **§ 371a** bekräftigt worden.

II. Augenscheinssurrogate

33 Augenscheinsobjekte können durch Surrogate in den Prozess eingeführt werden. Die Wiedergabe in Papierform zwecks Beweisaufnahme, etwa die Verwendung von **Lichtbildern**, macht aus dem Beweismittel **keinen Urkundenbeweis**.[6]

III. Elektronische und technische Aufzeichnungen (§ 371 Abs. 1 S. 2)

1. Entwicklung der Diskussion

a) Rechtspolitische Alternativen

34 Seit den 50er Jahren des 20. Jahrhunderts ist über die beweisrechtliche Einordnung zunächst von Tonbandaufnahmen und nachfolgend auch anderer technischer Aufzeichnungen gestritten worden. Als Alternativen standen die Regelungen über die Augenscheinseinnahme und den Urkundenbeweis einander gegenüber. Der **Strafrechtsreformentwurf von 1962**[7] sah in § 304 Nr. 1[8] vor, in einem Tonträger oder in einem anderen technischen Mittel verkörperte Erklärungen, die allgemein oder für Eingeweihte verständlich sind, die den Erklärenden erkennen lassen und die von Anfang an oder aufgrund nachträglicher Entwicklung zum Beweis einer rechtlich erheblichen

---

1 BGBl. I 2001, 1542.
2 Das FormVorschrAnpG sprach nur von § 371 S. 2 ZPO.
3 RegE BT-Drucks. v. 14.12.2000, 14/4987, S. 23.
4 BGBl. I 2001, 1887, 1894.
5 BGBl. I 2001, 3138, 3179.
6 OLG Frankfurt/M. AnwBl. 1980, 367; LG Nürnberg-Fürth VersR 1997, 382 (LS).
7 BT-Drucks. IV/650.
8 BT-Drucks. IV/650, S. 60, Begr. dazu S. 478 f.

Tatsachen bestimmt sind, den Urkunden gleichzustellen.[1] Das beeinflusste auch die Beweisrechtsdiskussion im Zivilprozessrecht, obwohl das Strafrecht im materiellen Recht einen eigenständigen, z.B. die Beweiszeichen einbeziehenden Urkundenbegriff entwickelt hat, der nicht in das Zivilprozessrecht übertragen werden kann.

b) Kommissionsvorschläge

Die **Kommission für das Zivilprozessrecht** hat **1977** gemeint, das materielle und formelle Beweisrecht der ZPO an die technische Entwicklung insbesondere der elektronischen Aufnahme- und Wiedergabesysteme anpassen zu sollen, allerdings ohne eine gesetzliche Definition der Urkunde vorzuschlagen. Hingewiesen wurde auf Lochkarten, Bildbänder, audiovisuelle Systeme sowie elektronische Informations-, Speicherungs- und Rückgewinnungssysteme (Computer), aber auch auf die damals erst wenige Jahre alten Fotokopiermöglichkeiten und die Mikrofilmtechnik.[2] Derartige **technische Aufzeichnungen** sollten u.a. wegen der unübersehbaren künftigen Entwicklung der Technik nicht Gegenstand eines neu zu schaffenden selbständigen Beweismittels werden, sondern in das gegebene System der Beweismittel beim **Urkundenbeweis** eingeordnet werden; gleichzeitig wurde deren Behandlung im Rahmen des Augenscheins oder des Sachverständigenbeweises verworfen.[3] 35

Diese Grundsatzentscheidung wurde jedoch in der Detailgestaltung für einzelne Arten technischer Aufzeichnungen nach kontroverser Diskussion nicht durchgehalten: Tonbandaufnahmen sollten wegen der Gefahr der Manipulation oder sonstigen Fälschung – im Unterschied zu Mikrofilmen und „Produkten von Speicheranlagen" – nicht als Mittel des Urkundenbeweises zugelassen werden,[4] was angesichts der gegebenen Begründung heute eher kurios erscheint und eine zeitliche Momentaufnahme des damaligen Wissensstandes über die Technik bedeutete. Vorgeschlagen wurde ein neu zu schaffender § 430 mit einem freilich sehr begrenzten und zudem restriktiven Regelungsgehalt:[5] 36

„Ist eine Urkunde vernichtet worden oder ihre Vorlegung sonst nicht durchführbar, so kann an ihrer Stelle die schriftbildliche Wiedergabe einer unmittelbaren Aufzeichnung vorgelegt werden, die auf einem Schrift-, Bild- oder anderen Datenträger hergestellt worden ist, sofern dabei in schriftlicher Form bestätigt wird, dass die Aufzeichnung mit der Urschrift übereinstimmt und die Urschrift keine Veränderungen aufwies, die als solche nach ihrem Zeitpunkt, ihrem Inhalt und nach ihrer Herkunft nicht ohne Weiteres in der Aufzeichnung erkennbar sind."

Zugleich sollten die urkundenrechtlichen Regelungen der § 131 Abs. 1 und § 134 Abs. 1 durch eine Gleichstellung der technischen Aufzeichnungen (gem. der Definition in dem neu entworfenen § 430) mit Urkunden in ihrem sachlichen Gehalt ausgedehnt werden.[6] Auf eine nähere Beschreibung der Aufzeichnungstechnik wurde bewusst verzichtet.[7] Der Gesetzgeber hat diese **unausgereiften Vorschläge** nicht aufgegriffen. 37

---

[1] S. dazu u.a. *Jöstlein* DRiZ 1973, 409, 412. So auch die Zürch. ZPO, BezG Meilen, Bl. ZürchRspr. 109 (2010) Nr. 8, S. 41, 43.
[2] Kommissionsbericht S. 148 f.
[3] Kommissionsbericht S. 149.
[4] Kommissionsbericht S. 149.
[5] Kommissionsbericht S. 352 f.
[6] Kommissionsbericht S. 331.
[7] Kommissionsbericht S. 150.

c) Rechtswissenschaftliche Diskussion

38 Auf **Tauglichkeitsmängel** der Anwendung des Urkundenbeweisrechts haben *Britz*[1] und *Rüßmann*[2] hingewiesen: Gleich ob man in **§ 416 ZPO** eine Beweisregel sieht, die für schriftliche Willenserklärungen (nicht: Wissenserklärungen) den Beweis für deren willentliche Entäußerung (im Unterschied zum nicht zurechenbaren Abhandenkommen)[3] oder für eine Abgabe i.S.d. § 130 BGB[4] erbringt und unverrückbar dem prozessualen Zweifel entzieht, und damit dem § 416 überhaupt eine Rechtsfolgewirkung beimisst, ist diese Norm für elektronische Dokumente wenig geeignet; die Anwendung würde zudem voraussetzen, dass die elektronischen Speicherungen überhaupt Willenserklärungen enthalten, während sonstige Datenbestände irrelevant wären. Im Übrigen wäre die Anwendung des § 416 auf elektronische Speicherungen auch eher belanglos, weil die spezifischen Probleme der **Beweisechtheit** elektronischer Archivierungen und ihrer Ausdrucke damit nicht lösbar sind.[5] Den von *Britz* und *Rüßmann* angestellten rechtsvergleichenden Untersuchungen haben sich keine Reformanregungen entnehmen lassen.[6]

39 Gegenstand spezifischer Erörterungen waren **Tonbänder und Videobänder**. Für das Tonband als das älteste der problembeladenen Medien ist die Urkundeneigenschaft teilweise bejaht worden, weil es sich um eine „moderne Form der schriftlichen Niederlegung des gesprochenen Wortes" handele.[7] Indes lässt sich die auf physikalischen Gesetzen beruhende Aufzeichnung von Schallwellen nicht mit den von Menschen erdachten Symbolen für Sprachlaute gleichsetzen, ohne die Grenzen des gewöhnlichen Sprachgebrauchs für Schriftlichkeit zu sprengen.[8] Gegen die Behandlung als Urkunde spricht bei Tonbändern ferner, dass sie keine Garantie vor Verfälschungen bieten bzw. die Erkennbarkeit der Verfälschung erschwert ist,[9] auch wenn insoweit die Unterschiede zu herkömmlichen Urkunden zum Teil nur graduell sind.[10] Ebenso fehlt es an der Verkehrsfähigkeit des Beweismittels.[11] Gleiches gilt für **Videoaufnahmen**[12] (zur Verwertung heimlich aufgenommener Äußerungen Kap. 6 Rz. 56 ff.).

40 Neu entfacht wurde die Diskussion durch das Aufkommen **elektronischer und optischer Speichermedien**. Für die Behandlung von Computerbänder, Disketten, CD-ROMs, Festplatten etc. hatte sich bis zur Reform von 2001 noch keine Praxis entwickelt. Elektronischen Speicherungen ist im Schrifttum die Urkundenqualität wegen fehlender Schriftlichkeit abgesprochen worden.[13] Der Ausdruck auf Papier ist

---

1 *Britz* Urkundenbeweisrecht und Elektroniktechnologie, 1996.
2 *Rüßmann* Moderne Elektroniktechnologie und Informationsbeschaffung im Zivilprozeß, in: Schlosser Die Informationsbeschaffung für den Zivilprozeß, S. 137 ff.
3 So MünchKommZPO/*Schreiber*[4] § 416 Rz. 9. Diese nicht überzeugende Ansicht würde zahlreiche Wirksamkeitsprobleme des Wertpapierrechts obsolet werden lassen und zu Scheinproblemen deklarieren.
4 So *Britz* Urkundenbeweisrecht, S. 157.
5 *Britz* a.a.O. S. 231, 233; *Rüßmann* a.a.O. S. 157.
6 Vgl. *Britz* a.a.O. S. 86 f.; *Rüßmann* a.a.O. S. 192 f.
7 *Siegert* NJW 1957, 689, 691. Gegen die Gleichstellung von Tonbandaufnahmen mit Urkunden *Henkel* JZ 1957, 148, 153.
8 Ablehnend auch Stein/Jonas/*Berger*[22], vor § 371 Rz. 6; *Feldmann* NJW 1958, 1166, 1167 (für Strafprozess); *Henkel* JZ 1957, 148, 152 f.; *W. Lang*, Ton- und Bildträger, S. 104 (unter Betonung der Konservierung eines Lebensvorgangs der Vergangenheit); *Pleyer* ZZP 69 (1956), 321, 322.
9 MünchKommZPO/*Zimmermann*[4] § 371 Rz. 4; *Bruns* JZ 1957, 489, 493; *Henkel* JZ 1957, 148, 153; *W. Lang* a.a.O. S. 108.
10 Stein/Jonas/*Berger*[22] vor § 371 Rz. 6; *Pleyer* ZZP 69 (1956), 321, 322.
11 Ebenso MünchKommZPO/*Zimmermann*[4] § 371 Rz. 4; *Bruns* JZ 1957, 489, 493.
12 Stein/Jonas/*Berger*[22] vor § 371 Rz. 6.
13 Stein/Jonas/*Berger*[22] vor § 371 Rz. 6 und Stein/Jonas/*Leipold*[22] vor § 415 Rz. 3; *Baltzer*, GdS Bruns S. 73, 80; *Geis* CR 1993, 653; *Goebel/Scheller* Elektronische Unterschriftsverfahren, S. 40; *Raubenheimer* CR 1993, 19; *Redeker* NJW 1984, 2390, 2394.

teilweise als Urkunde angesehen worden, wenn das elektronische Dokument einen gedanklichen Inhalt hat.[1] Damit ist rechtlich wenig anzufangen, weil schon die Qualifizierung als Urschrift, Ausfertigung oder Abschrift nicht beantwortet wird. Eine starke Reformbewegung hatte sich dafür ausgesprochen – mit Unterschieden in den Einzelheiten –, elektronische Speicherungen wenigstens de lege ferenda den Urkunden gleichzustellen,[2] weil dies vermeintlich den Erfordernissen des modernen Wirtschaftslebens entspreche und Unsicherheiten der freien Beweiswürdigung zu fürchten seien.

Teilweise ist dem Anliegen durch das deutsche **Signaturgesetz** (zunächst von 1997 und dann in Anpassung an die Signaturrichtlinie der EG von 2000 in der Fassung von 2001[3]) sowie § 292a ZPO a.F. Rechnung getragen worden. Fortgesetzt hat der Gesetzgeber diese Linie 2005 mit der Schaffung einer Regelung für elektronische Dokumente, für die durch § 371 Abs. 1 S. 1 und Abs. 2 S. 1 auf die formellen Urkundenbeweisregeln unter einschränkenden Voraussetzungen verwiesen wird. 41

Eine **pauschale Gleichstellung mit Urkunden** ist rechtspolitisch **nicht** berechtigt. Der Grundsatz freier Beweiswürdigung erlaubt eine flexible Anpassung an die Besonderheiten der einzelnen Augenscheinsobjekte, insbesondere an deren unterschiedlichen Beweiswert[4] und an die schnell fortschreitende technische Entwicklung. Beweisunsicherheiten werden nach einer Übergangszeit durch Ausbildung richterlicher Beweisregeln vermindert. Für **optische Speichermedien** gelten keine anderen Überlegungen.[5] 42

Der Aufzeichnung von Geräuschen oder Musik **fehlt die Eigenschaft einer Gedankenerklärung**; ein Tonband oder ein Videoband sind nicht wie eine Schrifturkunde als privilegiertes Beweismittel im Urkundenprozess einsetzbar. Die gescheiterten Gesetzgebungsvorschläge der Kommission für das Zivilprozessrecht haben zudem darauf aufmerksam gemacht, dass die Qualifizierung technischer Aufzeichnungen als Urkunde nicht ausreicht, um den Regelungsbedarf abzudecken; vielmehr hätten **Folgeprobleme** gelöst werden müssen. So bedarf der Entscheidung, ob der **Datenspeicher als „Urschrift"** der Urkunde anzusehen ist und die schriftbildliche Wiedergabe deren Abschrift darstellt.[6] Ebenso zeigte die von der Kommission vorgeschlagene Regelung, dass die Zulassung der schriftbildlichen Wiedergabe von technischen Aufzeichnungen nicht schlechthin deren Urkundenqualität bedeuten muss, sondern sie den **Rang** eines **bloß subsidiären Beweismittels** einnehmen und ihre Verwendung zudem an ergänzende schriftliche Versicherungen, die dem Beweis der Echtheit dienen, gebunden werden kann. Schließlich stellte sich die Kommission vor, nur die Wiedergaben von *unmittelbar* gewonnenen technischen Aufzeichnungen zur Vorlegung im Urkundenbeweisverfahren zu gestatten, hingegen mittelbare Aufzeichnungen, insbesondere wenn sie von einer Partei hergestellt worden sind, aus dem Urkundenbeweisrecht auszuklammern.[7] 43

---

1 Stein/Jonas/*Berger*[22], vor § 371 Rz. 7. A.A. *Goebel/Scheller* a.a.O. S. 40; *Kuhn* Rechtshandlungen mittels EDV, S. 251 f.; v. *Sponeck* CR 1991, 269, 270. Differenzierend *Geis* CR 1993, 653, 654.
2 *Geis* CR 1993, 653, 657; *Jöstlein* DRiZ 1973, 409, 412; *Rihaczek* DuD 1992, 409, 417; v. *Sponeck* CR 1991, 269, 270. Gegen eine Reform: *Redeker* NJW 1984, 2390, 2394. Zu Beweiserleichterungen *Kuhn* a.a.O. S. 254.
3 BGBl. I 2001, 876; geändert durch SigÄndG vom 4.1.2005, BGBl. I 2005, 2.
4 Zum Beweiswert elektronischer Dokumentationen *Bergmann/Streitz* CR 1994, 77, 79 ff.
5 Zu den technischen Grundlagen optischer Archivsysteme *Rasche* CR 1992, 693.
6 Von der Kommission abgelehnt, Kommissionsbericht S. 149.
7 Kommissionsbericht S. 150.

2. Lex lata: Augenscheinsbeweis

44 Das FormVorschrAnpG von 2001 hat die Behandlung elektronischer Dokumente in § 371 Abs. 1 S. 2 als Gegenstand des Augenscheinsbeweises geregelt und damit den Anwendungsbereich des Urkundenbeweises auf die Verkörperung unmittelbar wahrnehmbarer schriftlicher Gedankenerklärungen beschränkt. Diese Abgrenzung zum Urkundenbeweisrecht ist zu begrüßen. Mit der gesetzlichen Regelung in § 371 Abs. 2 S. 2 ist auch die Frage **obsolet** geworden, ob **einzelne Vorschriften des Urkundenbeweisrechts** auf nichtschriftliche Verkörperungen von Gedankeninhalten ohne Papierausdruck **analog** anzuwenden sind,[1] beispielsweise die §§ 422 f. zur Vorlegungspflicht oder die Beweisvereitelungsregelung des § 427.

45 Der Begriff des elektronischen Dokuments ist nicht auf Dateien mit Schrifttexten begrenzt. Zwanglos erfasst werden von § 371 Abs. 1 S. 2 **auch** Dateien mit anderem Inhalt, also **Video-, Audio- oder Grafikdateien**.[2]

46 Von den Reformen des Jahres 2001 werden **technische Aufzeichnungen**, die **keine elektronischen** Dokumente darstellen, z.B. Tonbandaufnahmen in analoger Technik, **nicht erfasst**. Derartige magnetische, optische und sonstige technischen Aufnahmen bzw. Aufzeichnungen sind den Regeln des Augenscheinsbeweises zu unterstellen; § 371 ist also **analog** anzuwenden.

47 Mit der Neuregelung des § 371 für elektronische Dokumente entstand zugleich Bedarf für die „**aktenmäßige**" bzw. behördliche **Behandlung** elektronischer Dokumente. In Parallele zu dem für Urkunden geltenden § 131 wurde § 130a geschaffen. Diese Norm entfaltet erst und nur Wirkungen, wenn und soweit auf der Ermächtigungsgrundlage des § 130a Abs. 2 **ausführende Verordnungen** erlassen worden sind. Die elektronische Prozessaktenführung, die das seit dem 1.4.2005 geltende Justizkommunikationsgesetz (JKomG)[3] u.a. für den Zivilprozess ermöglicht hat, ist davon zu unterscheiden. Zentralnorm für elektronische Akten im Zivilprozess ist § 298a; die Akteneinsicht regelt § 299 Abs. 3.[4]

48 Das Beweisrecht für **elektronische Dokumente** (§§ 371a, 371b, 461a) wird in Kap. 23 behandelt.

§ 79 Beweisantrag

I. Beweisbedürftigkeit

49 Auf eine Beweiserhebung kommt es nur an, wenn **streitige Tatsachenbehauptungen** über das Augenscheinsobjekt festzustellen sind. Nur vordergründig und infolge einer wenig geglückten Einordnung durch den Gesetzgeber macht davon § 372a (Duldung einer Blutentnahme oder anderen Untersuchung) eine Ausnahme; die Regelung betrifft inhaltlich keine Feststellung über bestrittene Blutmerkmale der Augenscheinsperson, sondern die Duldungspflicht zur Ermittlung der Anknüpfungstatsachen eines Sachverständigenbeweises, die **rechtssystematisch** zum **Sachverständigenbeweis**

---

1 *Britz* a.a.O. S. 111, 125.
2 *Berger* NJW 2005, 1016, 1017.
3 BGBl. I 2005, 837. Dazu *Viefhues* NJW 2005, 1009.
4 Zur Akteneinsicht in elektronische Behördenakten *Bachmann/Pavlitschko* MMR 2004, 370 ff.

gehört.[1] Von einer Beweiserhebung zu unterscheiden ist die **rein informatorische Besichtigung**.[2]

Der Augenscheinsbeweis kann entweder **von Amts wegen** (§§ 371 Abs. 2 S. 1 2. Alt., 144) oder infolge eines darauf gerichteten **Beweisantrages** einer Partei (§ 371 Abs. 1 S. 1, § 371 Abs. 2 S. 1) erhoben werden, und zwar auch schon zur Vorbereitung der mündlichen Verhandlung, § 273 Abs. 2 („insbesondere" markiert nur Beispiele geeigneter Vorbereitungsmaßnahmen).

II. Anordnung nach § 144 von Amts wegen und auf Parteiantrag hin

1. Anordnungen nach gerichtlichem Ermessen

Die Erhebung des Augenscheinsbeweises gem. § 144 erfolgte nach der **bis zur ZPO-Reform 2001** geltenden Rechtslage von Amts wegen und hing allein vom **tatrichterlichen Ermessen** des Gerichts ab. Der Entscheidung über die Anordnung konnte eine Parteianregung vorausgehen, jedoch gab es kein Parteiantragsrecht zum Vorgehen nach § 144. Eine bloße Anregung war auch solchen Beweisanträgen zu entnehmen, die nicht den erforderlichen Voraussetzungen des § 371 Abs. 1 S. 1 entsprach. Das Ermessen war in engen Grenzen durch die Rechtsmittelgerichte **nachprüfbar**.[3] Die für die gegenteilige Ansicht zitierten Urteile[4] betreffen die Durchführung einer informatorischen Besichtigung nach § 144. Sie steht nach wie vor im ungebundenen Ermessen des Gerichts, da es nur selbst beurteilen kann, ob es einer Verdeutlichung des Sachverhalts bedarf.[5] Bei Beweisbedürftigkeit von Tatsachen, die sinnlich wahrgenommen werden müssen, war die Ermessensausübung pflichtgebunden. Daran hat sich durch die Reform 2001 nichts geändert. **Fehlerhaft** ist das **Unterlassen persönlicher** richterlicher **Sinneswahrnehmung**, wenn es gerade auf das Empfinden des Tatrichters ankommt, etwa bei der Prüfung von Art und Intensität von Lärmbeeinträchtigungen, deren Lästigkeit durch Angabe von Messwerten nicht richtig wiedergegeben werden kann.[6]

Erweitert hat die Reform 2001 die Anwendung des § 144 für jene Sachverhalte, in denen sich das **Augenscheinsobjekt außerhalb** der **Verfügungsgewalt des Beweisführers** oder außerhalb einer öffentlichen Zugangsmöglichkeit befindet und daher die Beweiserhebung von der Mitwirkung, mindestens aber der duldenden Zustimmung seines Beweisgegners oder eines Dritten abhängig ist. Bewirkt worden ist dies durch die Regelungen in § 371 Abs. 2, § 144 Abs. 1 S. 2 und 3 und § 144 Abs. 2. Soweit in derartigen Fällen schon vor der Reform zutreffend die analoge Anwendung der §§ 422 ff. und damit ein prozessual wirkender Zugangsanspruch bejaht worden ist, bedeutet die

---

1 Ebenso Rosenberg/Schwab/*Gottwald*[17] § 118 Rz. 24 (Sachverständigenbeweis, bei dem der Sachverständige kein Augenscheinsgehilfe ist, der allerdings vom Gesetzgeber in § 372a als Augenschein behandelt wird).
2 BGHZ 66, 63, 68; RGZ 170, 264.
3 BGH NJW 1992, 2019 = MDR 1992, 876; BAGE 34, 158, 173 (Augenschein am Arbeitsplatz bei streitiger Eingruppierung). Anders MünchKommZPO/*Damrau*[2] § 371 Rz. 3.
4 BGH VersR 1959, 30; BGHZ 66, 63, 68; RGZ 170, 264, 265.
5 RGZ 170, 264, 265.
6 BGH NJW 1992, 2019 = MDR 1992, 876 (überraschender impulsartiger Charakter des Lärms). Im Ergebnis ebenso zur Lärmemission einer Bundesstraße BGHZ 97, 361, 367 = NJW 1986, 2421 und das zugehörige 2. Revisionsurteil BGH WM 1992, 1712, 1714 = NVwZ 1992, 915, 916 (ausschließliche Feststellbarkeit der Notwendigkeit zur Anhebung der Sprechlautstärke bei geöffnetem Fenster, zur Wirkung einer Lichtzeichenanlage auf den Lärm im Pulk heranahender Fahrzeuge und zum störenden Eindruck der Tonfrequenzen von LKWs mittels subjektiven richterlichen Empfindens).

Norm des § 371 Abs. 2 S. 2 nur eine Klarstellung. Die geltende Regelung geht darüber aber noch hinaus.

2. Augenscheinsobjekte außerhalb einer Zugriffs- oder Zugangsmöglichkeit des Beweisführers

53 Die Reform 2001 stellt in ihrem Erweiterungsbereich (vorige Rz. 52) das Vorgehen nach § 144 und die Erzwingung durch Parteiantrag unabgestimmt nebeneinander. Bei der Anwendung des § 144 auf den Augenscheinsbeweis – wie im Übrigen auf die Erhebung der Anknüpfungstatsachen durch einen Sachverständigen – treten daher die gleichen Interpretationsprobleme auf wie bei § 142 im Bereich des Urkundenbeweises. Insoweit ist vorrangig auf die darauf bezogenen Ausführungen in Kap. 28 Rz. 19 ff. zu verweisen. Betroffen sind Sachverhalte, in denen das **Augenscheinsobjekt** nicht der **Verfügungsgewalt** des Beweisführers, sondern entweder **des Beweisgegners oder eines Dritten** unterliegt, die daran den Besitz halten oder den Zugang (zu einem Grundstück bzw. einer Wohnung) eröffnen sollen. Missverständlich ist die Einbeziehung des Beweisgegners in die 1. Alt. des § 371 Abs. 2 S. 1; ein Editionsverfahren neben dem Hauptprozess, das entsprechend § 428 gegen den Beweisgegner wie gegen einen Dritten betrieben werden könnte und für dessen Durchführung eine Frist zu setzen wäre, gibt es nicht.[1] In Betracht kommt gegen den Beweisgegner nur eine Anordnung nach §§ 425, 422, wenn gegen ihn ein materiell-rechtlicher Vorlegungsanspruch besteht; die Missachtung dieser Anordnung zieht die Anwendung des § 427 nach sich.

54 Die 2001 neu eingeführte Möglichkeit der Anordnung gegen Dritte verdeutlicht in besonderem Maße, dass es um eine Augenscheinseinnahme **zu Beweiszwecken** und nicht nur zu Informationszwecken geht. **Dritte** trifft eine **prozessuale Pflicht** zur Vorlage von Augenscheinsobjekten und zur Duldung von Maßnahmen der Beweiserhebung.[2] Dasselbe gilt für den **Beweisgegner**. Die Verweisung des § 371 Abs. 2 S. 2 auf die entsprechend anzuwendenden §§ 422 und 423 hat praktische Bedeutung nur für Vorlegungspflichten, nicht aber für die von § 144 ebenfalls erfassten Duldungspflichten. Im unmittelbaren Geltungsbereich der §§ 422 f., 429 für Urkunden ist das dortige Spannungsverhältnis zu § 142 dahin aufzulösen, dass die **gerichtliche Anordnung** sowohl gegenüber Dritten als auch gegenüber dem Beweisgegner der von der Anordnung begünstigten Partei **über** die Existenz von **Vorlegungsgründen** nach §§ 422 f. **hinausgehen** darf (Kap. 28 Rz. 21). In entsprechender Weise ist die Anordnung der Vorlegung eines Augenscheinsobjekts weder gegenüber Dritten noch gegenüber dem Beweisgegner an die Existenz eines materiell-rechtlichen Anspruchs (vgl. § 422) oder an eine vorherige schriftsätzliche Bezugnahme des Vorlagepflichtigen auf das Augenscheinsobjekt (vgl. § 423) gebunden[3] (zu Urkunden s. Kap. 28 Rz. 19).

55 Die Anordnung gem. § 144 kann nach § 371 Abs. 2 S. 1 von einer **Partei beantragt** werden. Insoweit hat das Gericht **kein Ermessen**.[4] Wie bei § 142 hat das Gericht die **Verhandlungsmaxime** zu achten, weshalb die Anordnung zur Abwehr von Missbräuchen voraussetzt, dass der Beweisführer seinen Vortrag zu den beweisbedürftigen Tatsachen sowie zu Existenz und Besitz elektronischer Dokumente oder anderer Augenscheinsobjekte in zumutbarer Weise substantiiert; es sind dieselben Anforderungen wie für eine Anordnung nach § 142 zu stellen (dazu Kap. 28 Rz. 19). Vorrang vor einer

---

[1] Insoweit zutreffend die Kritik von *Binder* ZZP 122 (2009), 187, 196 f.
[2] Stein/Jonas/*Leipold*[22] § 144 Rz. 1.
[3] A.A. Stein/Jonas/*Leipold*[22] § 144 Rz. 20 und 22 für die Vorlagepflicht des Beweisgegners. Die Begründung des RegE befasst sich nur mit dem Dritten, BT-Drucks. 14/4722 S. 90 f. (i.S.d. obigen Textes).
[4] Stein/Jonas/*Leipold*[22] § 144 Rz. 15; *Binder* ZZP 122 (2009), 187, 198, 199.

Anordnung von Amts wegen hat die Stellung eines Antrags, auf den nach § 139 Abs. 1 S. 2 hinzuwirken ist.[1] Das Gericht darf von einer Anordnung absehen, wenn und soweit der Beweisführer darauf nicht angewiesen ist, weil er ohne Zeitverlust einen **materiell-rechtlichen Vorlegungsanspruch** durchsetzen kann. Deshalb ist es erforderlich, dass der Beweisführer zu den Möglichkeiten einer materiell-rechtlichen Erzwingung nach § 422 auch dann substantiiert vorträgt, wenn er einen Antrag nach §§ 371 Abs. 2 S. 1, 144 stellt.[2] Ein derartiger Anspruch beeinflusst auch die Abwägung über die Grenzen der Vorlage- und Duldungspflicht (dazu Kap. 7 Rz. 46 ff.).

Eine Anordnung von Amts wegen nach § 144 oder auf Parteiantrag nach §§ 371 Abs. 2 S. 1 i.V.m. § 144 wird gegen **widerstrebende Dritte** nach §§ 144 Abs. 2 S. 2, 390 durchgesetzt, indem **Ordnungsmittel** verhängt werden. Gegen den Beweisgegner der begünstigten Partei greifen die Grundsätze über die **Beweisvereitelung** ein (§ 371 Abs. 3, § 444). **Unmittelbarer Zwang** kommt **nicht** in Betracht, wie sich im Gegenschluss aus der besonderen Regelung des § 372a Abs. 2 S. 2 ergibt. Die **Kosten** der Vorlegung oder einer mit Sicherungsaufwand verbundenen Duldung werden Dritten nach § 23 JVEG erstattet.

Begrenzt werden die Vorlage- und Duldungspflichten durch § 144 Abs. 2 S. 1 nur für Dritte und zwar vorrangig durch die **Zeugnisverweigerungsrechte** der §§ 383–385, darüber hinaus durch unbenannte sonstige Zumutbarkeitsgesichtspunkte. Die **Grenze der Zumutbarkeit** muss indes – wie in der Exegese zu § 142 dargelegt (Kap. 28 Rz. 27) – auch für den Beweisgegner gelten; mittelbar ergibt sich dies auch aus § 371 Abs. 3 („zumutbare" Einnahme des Augenscheins).[3]

Für die Duldung des **Betretens eines Grundstücks** setzt § 144 Abs. 1 S. 3 eine absolute Grenze, soweit eine **Wohnung** betroffen ist (dazu auch Kap. 7 Rz. 43). Damit wird dem **Grundrecht des Art. 13 GG** Rechnung getragen.[4] Dessen Schutzumfang gemäß der Judikatur des BVerfG bestimmt die Anwendung des § 144 Abs. 1 S. 3; Geschäfts- und Arbeitsräume sind daher mit dem BVerfG[5] als Wohnung anzusehen. Dasselbe soll für nicht allgemein zugängliche Nebengebäude gelten.[6] Diese Regelung ist **teleologisch zu reduzieren** auf Anordnungen von Amts wegen, die unmittelbar auf § 144 gestützt werden.

Wird ein **Parteiantrag** nach § 371 Abs. 2 S. 1 gestellt und besteht ausnahmsweise eine materiell-rechtliche Duldungspflicht (vgl. §§ 371 Abs. 2 S. 2, 422, gegebenenfalls i.V.m. § 429), ist die **Duldung anzuordnen**,[7] damit im Falle einer Weigerung gegenüber einem Dritten die Ordnungssanktion der §§ 144 Abs. 2, 390 und gegenüber einer Partei die Beweisvereitelungsregelung des § 371 Abs. 3 wirksam wird. Hingegen darf **kein unmittelbarer Zwang** entfaltet werden; die Durchführung der Beweisaufnahme unterbleibt.[8] Denkbar ist freilich auch dann, dass die beweisführende Partei einen im Wege der Zwangsvollstreckung durchsetzbaren materiell-rechtlichen Anspruch darauf hat, dass ein Augenscheinsmittler die Wohnung betritt und besichtigt; für dessen

---

[1] Stein/Jonas/*Leipold*[22] § 144 Rz. 5 und 7.
[2] Anders MünchKommZPO/*Zimmermann*[4] § 371 Rz. 16.
[3] Ebenso Stein/Jonas/*Leipold*[22] § 144 Rz. 23.
[4] Stein/Jonas/*Leipold*[22] § 144 Rz. 25.
[5] BVerfGE 32, 54, 75 = NJW 1971, 2299; 76, 83, 88 = NJW 1987, 2499; 97, 228, 265 = NJW 1988, 1627; NJW 2005, 883, 884. Zur Geltung des Art. 13 Abs. 1 GG für juristische Personen BVerfGE 106, 28, 43 = NJW 2002, 3619, 3622.
[6] BGH NJW-RR 2009, 1393 Rz. 11.
[7] Im Ergebnis ebenso Stein/Jonas/*Leipold*[22] § 144 Rz. 26.
[8] Stein/Jonas/*Leipold*[22] § 144 Rz. 26; Musielak/*Stadler*[10] § 144 Rz. 13. Für eine „Preisgabe" der geschützten Wohnung über in Art. 13 GG benannte Rechtfertigungsgründe hinaus bei bestehendem materiell-rechtlichen Anspruch auf Zutritt *Jankowski* NJW 1997, 3347, 3350.

Besichtigung ist der Zivilprozess auszusetzen. Die mit dem Besichtigungsanspruch (vgl. § 809 BGB) verbundene Duldungspflicht ist **nach** ihrer **Titulierung über § 892 real zu erzwingen**. Der Schutz der Wohnung ist selbst dann einschlägig, wenn nicht die Wohnung selbst Augenscheinsobjekt ist, sondern ein darin befindlicher Gegenstand, der – wenn auch mit erheblichem Aufwand – herausgetragen werden könnte;[1] allerdings kann das Heraustragen angeordnet werden.

III. Beweisantrag einer Partei

1. Ordnungsgemäßer Beweisantritt

60 Ein ordnungsgemäßer Beweisantritt nach § 371 Abs. 1 S. 1 verlangt eine **konkrete** Bezeichnung der durch Wahrnehmung zu beweisenden Tatsache (**Augenscheinstatsache**) und des **Augenscheinsobjektes**.[2] Dabei sollten an die **hinreichende Substantiierung** keine überspannten Anforderungen gestellt werden, weil es nicht leicht ist, das Ergebnis des Augenscheins gedanklich richtig zu übersetzen, wie u.a. missglückte richterliche Augenscheinsprotokolle zeigen. Ganz allgemein gehaltene, formelhafte Behauptungen reichen nicht aus,[3] etwa der Satz, „eine richtige Würdigung könne nur in Kenntnis der örtlichen Gegebenheiten erfolgen",[4] oder ein Antrag „zum Beweis eines Unfallhergangs",[5] im Unterschied zu einem Antrag auf Besichtigung der Unfallstelle unter den Beleuchtungsverhältnissen des Unfallzeitpunktes zum Beweis dafür, dass Leitnägel in der Fahrbahnmitte bei gleichzeitiger Blickablenkung durch reflektierende Lichtschraffen nur schlecht hätten erkannt werden können, weil sie abgefahren seien.[6] In einer Urheberrechtssache, in der es um die Verstümmelung von 15 französischsprachigen Originalromanen Emil Zolas in Übersetzungen ging, hat es das RG als unzureichend angesehen, dass keine Beispiele angegeben waren, die dem Gericht eine gezieltere Prüfung ermöglichten.[7]

61 Seit der Reform von 2001 kann ein **Beweisantrag** auch auf der Grundlage der **§§ 371 Abs. 2 S. 1, 144** gestellt werden. Dafür gelten im Rahmen der Verhandlungsmaxime dieselben Substantiierungsvoraussetzungen wie für einen Parteiantrag nach § 371 Abs. 1 S. 1, soweit eine Substantiierung zumutbar ist.

62 Leicht transportable und deshalb im Gericht präsentierbare **Augenscheinsobjekte im Besitz des Beweisführers** müssen zum Beweisantritt wie Urkunden (vgl. § 420) **vorgelegt** werden. Für **elektronische Dokumente** ist dies seit der Reform 2001 ausdrücklich im § 371 Abs. 1 S. 2 geregelt. Diese Vorschrift ist auf **andere bewegliche Augenscheinsobjekte** analog anzuwenden. Besitz eines elektronischen Dokuments hat der Beweisführer, wenn er durch die Möglichkeit der Dateikopie und deren Weitergabe **Verfügungsgewalt über** den gespeicherten **Datenbestand** innehat; auf die tatsächliche Sachherrschaft über einen Datenträger kommt es nicht an, wenn die gespeicherte Datei das relevante Augenscheinsobjekt ist.[8]

---

1 Scheinbar weitergehend, jedoch wohl nur missverständlich formuliert die Aussage von Münch-KommZPO/*Zimmermann*[4] § 371 Rz. 19.
2 BGH LM § 909 BGB Nr. 14 = MDR 1972, 404 (dort, bei streitiger Grundstücksvertiefung: Bezeichnung des Hangfußes an der Grundstücksgrenze und Angabe des Anschneidens des Hangs an dieser Stelle); BGH VersR 1963, 192, 193 (insbesondere wegen Veränderungen der Örtlichkeit nach dem Unfall); s. ferner BGH NJW 1964, 1179; BGHZ 66, 63, 68.
3 RGZ 130, 11, 21; BGH VersR 1963, 192, 193.
4 So in BGHZ 66, 63, 68.
5 So in BGH VersR 1963, 191, 193.
6 BGH VersR 1961, 801, 802.
7 RGZ 130, 11, 21.
8 *Berger* NJW 2005, 1016, 1017 f.

Für **elektronische Dokumente** kommt statt der Vorlage eines Datenträgers (Diskette, CD-ROM, DVD etc.) mit der gespeicherten Datei auch die **elektronische Übermittlung der Datei** an das Gericht in Betracht, sofern deren Bearbeitung durch das Gericht geeignet (vgl. § 130a Abs. 1 S. 1) und die Übermittlung durch RechtsVO nach § 130a Abs. 2 zugelassen ist. Die zu § 420 entwickelten Einzelheiten sind auf § 371 Abs. 1 S. 2 zu übertragen. Wie beim Urkundenbeweis muss das mit dem elektronischen Dokument zu beweisende **Beweisthema substantiiert vorgetragen** werden. Dies wird in der Regel bedeuten, die **gespeicherte Datei** in ihrem für das Verfahren relevanten Teil **auszudrucken**, sofern die Akten nicht elektronisch sondern in herkömmlicher Papierform geführt werden. Ein Abwarten mit der Vorlage des Datenträgers bzw. der Übermittlung bis zum Beweisbeschluss des Gerichts[1] ist nicht ordnungsgemäß. Beweisgegenstand ist der Inhalt der Datei, nicht der Datenträger;[2] dessen Qualität kann allerdings Bedeutung für den Beweiswert haben (zur Unversehrtheit und Echtheit von Augenscheinsobjekten unten Rz. 69). Der formelle Beweiswert richtet sich nach § 371a oder § 416a.

63

2. Ablehnung des Antrags

Ein ordnungsgemäß gestellter Antrag auf Augenscheinsbeweis kann nur aus Gründen abgelehnt werden, die **allgemein für die Zurückweisung von Beweismitteln** gelten;[3] die Ablehnung steht also nicht im Ermessen des Gerichts.[4] Insbesondere darf der Antrag nicht schon deshalb abgelehnt werden, weil ein Zeuge das Gegenteil der zu beweisenden Tatsache bekundet hat.[5] Anders soll es sein, wenn der Augenschein angesichts des Ergebnisses der übrigen Beweisaufnahme **völlig ungeeignet** wäre, die unter Beweis gestellten entscheidungserheblichen Tatsachen zu beweisen.[6] Vorstellbar ist eine derartige Gestaltung bei Indiztatsachen; allerdings dürften solche Indizien dann wohl kaum noch relevant sein. Fehlt dem Richter die erforderliche Sachkunde, muss er die Augenscheinseinnahme durch einen Sachverständigen anordnen.[7]

64

3. Öffentlichkeit der Beweisaufnahme

Gem. § 370 Abs. 1 ist eine Beweisaufnahme gleichzeitig zur Fortsetzung der mündlichen Verhandlung bestimmt. Dies gilt auch für **Termine**, die gem. § 219 **außerhalb der Gerichtsstelle** abgehalten werden. Termine zur mündlichen Verhandlung müssen nach § 169 GVG den Grundsatz der Öffentlichkeit wahren, was einen entsprechenden Hinweis auf den Ort der Verhandlung voraussetzt. **Auswärtige Augenscheinseinnahmen** sind im Zivilprozess regelmäßig **isolierte Beweisaufnahmen** ohne nachfolgende mündliche Verhandlung, weshalb eine Terminsbekanntmachung zur Unterrichtung der Öffentlichkeit in gleicher Weise wie bei der Beweisaufnahme vor dem beauftragten oder ersuchten Richter (§§ 361 f.) entbehrlich ist. Die **Parteiöffentlichkeit** (§ 357) ist aber auch hier herzustellen.

65

---

1 So die Forderung von *Bergmann*, Gedächtnisschrift Meurer (2002), S. 643, 647.
2 *Bergmann* Gedächtnisschrift Meurer (2002), S. 643, 648.
3 RG JW 1911, 370, 371; RG JW 1937, 3325 (mit im Ergebnis falscher Einordnung eines Sachverständigenbeweises als Augenscheinsbeweis); BGH LM § 909 BGB Nr. 14.
4 RG JW 1937, 3325; BGH LM § 909 BGB Nr. 14; BGH VersR 1961, 801, 802 f.; BGH VersR 1963, 192, 193.
5 BGH LM § 909 BGB Nr. 14.
6 BGH LM § 909 BGB Nr. 14.
7 BGH LM § 909 BGB Nr. 14.

4. Wiederholung der Augenscheinseinnahme

66 Für die Wiederholung einer Augenscheinseinnahme gelten die gleichen Grundsätze wie beim Zeugenbeweis; § 398 findet entsprechende Anwendung. Insbesondere ist eine Wiederholung erforderlich, wenn das **Berufungsgericht** von der Beweiswürdigung abweichen will, die das erstinstanzliche Gericht aufgrund seiner Wahrnehmungen im Ortstermin getroffen hat, weil diese sich – „naturgemäß" (so der BGH) – nicht in allen Einzelheiten aus dem Protokoll ergeben.[1]

67 Nach einem **Richterwechsel** sollen die Ergebnisse eines früheren Augenscheins „im Wege des Urkundenbeweises"[2] durch Heranziehung des Augenscheinsprotokolls verwertet werden können.[3] Jedoch soll die Beweiswürdigung bei Meidung einer Verletzung des Unmittelbarkeitsgrundsatzes (§ 355 Abs. 1 S. 1) nur Eindrücke berücksichtigen dürfen, die auf der persönlichen Erinnerung aller an der Entscheidung beteiligten Richter beruhen oder die (durch Protokoll oder Berichterstattervermerk) aktenkundig gemacht worden sind und zu deren schriftlicher Fixierung sich die Parteien äußern konnten.[4] Wegen der Schwierigkeiten einer Verbalisierung subjektiver Eindrücke ist selbst diese Konzession an die Aktenkundigkeit des Inhalts der Wahrnehmungen früher tätiger Richter bedenklich; sie läuft in der Sache auf ein Zwischenurteil über einzelne Tatsachenfeststellungen hinaus, wenn auch ohne Bindung der entscheidenden Richter.

68 Das in einem **anderen Verfahren protokollierte Ergebnis** einer Augenscheinseinnahme darf nicht zur Grundlage einer Tatsachenfeststellung gemacht werden, wenn die unmittelbare Augenscheinseinnahme beantragt wird.[5] Voraussetzung jeder Wiederholung ist die Wiederholbarkeit. Sie kann an einer zwischenzeitlichen Veränderung der tatsächlichen Verhältnisse scheitern; dann ist das Beweismittel nicht mehr erreichbar.

5. Identität des Augenscheinsobjektes

69 Bei einem Streit über die **Echtheit und Unversehrtheit** des Augenscheinsobjektes entscheidet das erkennende Gericht (vgl. § 366).[6] Die Beweislast für diese Hilfstatsache entspricht der Beweislast für die Haupttatsache sowohl bei der amtswegigen Augenscheinseinnahme als auch beim Beweisantritt einer Partei.

6. Protokollierung

70 Das Ergebnis eines Augenscheins ist nach §§ 160 Abs. 3 Nr. 5, 161 zu protokollieren. Es umfasst die **Wahrnehmung selbst**, also die tatsächliche Grundlage einer späteren

---

1 BGH MDR 1986, 220 (zu verkehrssichernden Vorkehrungen gegen Überschwemmungsgefahren infolge Errichtung eines Autobahndamms).
2 Das ist fragwürdig; einem Parteiantrag auf Wiederholung der Augenscheinseinnahme müsste dann folgerichtig stattgegeben werden. Näher liegt die Parallele zu § 493. Wie der BGH Stein-Jonas/*Berger*[22] § 355 Rz. 12, allerdings kritisch zu der Durchbrechung des Unmittelbarkeitsgrundsatzes überhaupt; zur Protokollverwertung einer Zeugenaussage und einem Verstoß gegen § 355 BGH NJW-RR 1997, 506.
3 BGH MDR 1992, 777 = WM 1992, 1712, 1713 f. (dort mit Wiedergabe des Protokollinhalts abgedruckt) = NVwZ 1992, 915, 916 (Augenscheinseinnahme zu Art, Intensität und Auswirkungen von Verkehrslärm nach Zurückverweisung durch BGHZ 97, 361 = NJW 1986, 2421).
4 BGH MDR 1992, 777 = NVwZ 1992, 915, 916 (dort enthielt erst das Berufungsurteil, nicht aber – entgegen § 160 Abs. 3 Nr. 5 – das Protokoll den Inhalt der richterlichen Sinneseindrücke); ebenso BGH NJW 1991, 1180 zum persönlichen richterlichen Eindruck von Zeugen.
5 BGH LM § 445 ZPO Nr. 3.
6 *Bruns* Zivilprozessrecht[2] § 34 Rz. 179.

Würdigung im Urteil.[1] Erst im Rahmen der Beweiswürdigung sind dann die Schlüsse aus der Wahrnehmung im Hinblick auf die zu beweisende Tatsache zu ziehen.[2] Demgegenüber bedarf ein „unselbständiger" Augenschein, etwa der Vergleich des vernommenen Zeugen mit einem bei einer Radarmessung aufgenommenen Lichtbild, keiner Protokollierung.[3] Ist die Protokollierung nach § 161 entbehrlich, muss das Ergebnis des Augenscheins im Urteil (zweckmäßigerweise im Tatbestand) festgestellt werden, ansonsten liegt ein Verstoß gegen § 313 Abs. 1 Nr. 5 vor.[4] Fehlende Protokollierung ist **von Amts wegen** zu beachten.[5] Sie führt in der Revisionsinstanz zur Aufhebung des Berufungsurteils und zur Zurückverweisung.[6]

IV. Augenscheinseinnahme im Ausland

Hat die Augenscheinseinnahme im Ausland zu erfolgen, finden die Regeln über die **internationale Beweisaufnahme** Anwendung, nämlich die VO (EG) 1206/2001 (EuBVO) die §§ 363, 364, 369 oder völkerrechtliche Verträge, insbesondere das Haager Beweisaufnahmeübereinkommen vom 18.3.1970. Es muss grundsätzlich die zuständige ausländische Behörde um die Augenscheinseinnahme ersucht werden, weil gerichtliche Tätigkeiten hoheitliche Handlungen sind und als **Souveränitätsverletzungen** des fremden Staates angesehen werden können. Aus der haftungsrechtlichen Entscheidung BGHZ 59, 310, 315, die den ärztlichen diagnostischen Fehler bei der Vorbereitung eines Gerichtsgutachtens zu beurteilen hatte und die Anwendung des Art. 34 GG verneinte, weil ein Gerichtssachverständiger keine öffentliche Gewalt für das Gericht ausübe, wird der Schluss gezogen, ein inländischer Sachverständiger handle wie ein Privatmann, wenn er zur Gutachtenvorbereitung **im Ausland** durch **Ortsbesichtigungen** oder **Untersuchungen** Befundtatsachen erhebe und unterliege daher auch bei der Tätigkeit als **Augenscheinsgehilfe** nach § 372 keinen Beschränkungen durch Rechtshilfeerfordernisse.[7] Das ist zu verneinen, weil die Qualifizierung als rein inländische Beweisaufnahme vom ausländischen Staat nicht geteilt werden muss und sowohl die indirekten Sanktionen bei Verweigerung der Mitwirkung an einer Augenscheinseinnahme als auch die Beachtung von Förmlichkeiten wie die Parteienbenachrichtigung dagegen sprechen.[8] 71

Nach § 363 Abs. 2 hat die Inanspruchnahme eines deutschen Berufskonsuls Vorrang. Der Konsul darf nach **§ 15 KonsularG**[9] nur Vernehmungen durchführen und Eide abnehmen. Dadurch werden jedoch Augenscheinseinnahmen nicht ausgeschlossen. 72

---

1 OLG Hamm NJW-RR 2003, 1006 = MDR 2003, 830.
2 RG JW 1903, 588 Nr. 6. Protokollierungsempfehlungen gibt *Bull* JR 1959, 410.
3 OLG Zweibrücken MDR 1992, 1173.
4 RG HRR 1934, 963; BGH LM Nr. 2 zu § 1362 BGB; BAG NJW 1957, 1492; s. auch OLG Hamm NJW-RR 2003, 1006 zur Behebung eines Protokollmangels.
5 BGH GRUR 2013, 1052 Rz. 31 – Einkaufswagen III.
6 BGH GRUR 2013, 1052 Rz. 31.
7 So etwa Stein/Jonas/*Berger*[22] § 363 Rz. 17; Zöller/*Geimer*[30] § 363 Rz. 16 und 155.
8 Vgl. dazu *Ahrens* Festschrift Schütze (1999), S. 1, 4. Zweifelnd auch MünchKommZPO/*Heinrich*[4] § 363 Rz. 6.
9 BGBl. I 1974, 2317.

§ 80 Delegation der Beweisaufnahme, Zuziehung von Hilfspersonen

I. Durchbrechung des Unmittelbarkeitsgrundsatzes

73 § 372 gestattet die Augenscheinseinnahme durch Augenscheinsmittler und die Delegation auf Richterkommissare. Die Norm ist als **Ausnahmevorschrift zu § 355** zu verstehen. Grundsätzlich soll das Prozessgericht den Augenschein selbst einnehmen. Dies geschieht auch außerhalb des Gerichtsgebäudes „an Ort und Stelle", § 219 ZPO. Außerhalb des Gerichtsbezirks – jedoch im Gerichtsinland – ist die Amtshandlung ohne Zustimmung des dortigen Gerichts zulässig, § 166 GVG. § 372 Abs. 2 stellt einen der in § 355 Abs. 1 S. 2 genannten gesetzlich bestimmten Fälle dar, in denen die Beweisaufnahme einem Mitglied des Prozessgerichts oder einem anderen Gericht übertragen werden kann.

74 § 372 Abs. 1 stellt nur klar, dass zur Beweisaufnahme durch Augenscheinseinnahme **Sachverständige hinzugezogen** werden können, etwa um dem Richter *dessen* Wahrnehmungen zu erläutern oder um dem Sachverständigen unter Aufsicht des Richters die Grundlage des Gutachtens zu verschaffen. Die Kommission für das Zivilprozessrecht hielt diesen Teil der Norm 1977 für entbehrlich.[1] Von der Zuziehung eines Sachverständigen ist die **vollständige Übertragung** der Augenscheinseinnahme auf einen Sachverständigen zu unterscheiden. Sie ist vom Wortlaut des § 372 Abs. 1 nicht erfasst, was sich aus der Formulierung in § 372 Abs. 2 ergibt, der von „Übertragung" spricht und diese personell eingrenzt. Das bloße Zuziehen eines Sachverständigen ist im Hinblick auf den Unmittelbarkeitsgrundsatz nicht problematisch, denn die **Wahrnehmung** erfolgt (auch) **durch** den **Richter** selbst.

II. Beauftragter oder ersuchter Richter

1. Delegation ohne besondere Gründe

75 Die Durchführung der Augenscheinseinnahme kann nach § 372 Abs. 2 einem beauftragten oder ersuchten Richter (§§ 361, 362) übertragen werden. Diese Übertragung erfolgt nach pflichtgemäßem Ermessen des Prozessgerichts.[2] Der kommissarische Richter hat dies grundsätzlich hinzunehmen.[3] Für die Übertragung müssen **keine besonderen Gründe** vorliegen; § 375 ist nicht, auch nicht entsprechend, anwendbar.[4] Der Sache nach darf sich das Prozessgericht allerdings nicht über den Rechtsgedanken des § 375 Abs. 1 hinwegsetzen.[5] Das Übertragungsermessen wird falsch ausgeübt, wenn es – wie vielfach beim Augenschein – auf den **unmittelbaren Eindruck** aller Mitglieder des Gerichts ankommt. Die Kommission für das Zivilprozessrecht schlug deshalb sogar einschränkende gesetzliche Voraussetzungen vor.[6]

76 Aus der Formulierung des § 372 Abs. 2, dass das Prozessgericht dem kommissarischen Richter die Zuziehung eines Sachverständigen überlassen *kann*, folgt im Umkehrschluss, dass es ihm die **Zuziehung** eines oder mehrerer Sachverständige **vor-**

---

1 Kommissionsbericht S. 152.
2 BGH NJW 1990, 2936, 2937; Stein/Jonas/*Berger*²² § 372 Rz. 3; MünchKommZPO/*Zimmermann*⁴ § 372 Rz. 6.
3 BGH NJW 1990, 2936, 2937.
4 BGH NJW 1990, 2936, 2937; Stein/Jonas/*Berger*²² § 372 Rz. 3; Zöller/*Greger*³⁰ § 372 Rz. 2.
5 Ähnlich AK-ZPO/*Rüßmann* § 372 Rz. 3.
6 Kommissionsbericht S. 116 mit S. 133 (Vorschlag einer generellen Übertragungsnorm für alle Beweismittel, einschlägig § 352 Abs. 2 Nr. 4).

schreiben kann. Der kommissarische Richter kann eine solche Anordnung nicht widerrufen. Ohne Anordnung des Prozessgerichts liegt die Zuziehung im Ermessen des kommissarischen Richters.[1] Die Anordnungen können ohne erneute mündliche Verhandlung getroffen oder widerrufen werden (§ 360 S. 2). Aus § 360 S. 3 folgt, dass der kommissarische Richter auch von sich aus Sachverständige hinzuziehen darf. Das Prozessgericht darf ihm nicht vorschreiben, dass *kein* Sachverständiger hinzugezogen werden darf.

2. Protokollierung

Auf die Protokollierung der Augenscheinseinnahme durch einen kommissarischen Richter finden die §§ 160 Abs. 3 Nr. 5, 161 Anwendung. Bei ihm ist eine förmliche Protokollierung niemals entbehrlich, vgl. § 161 Abs. 1 Nr. 1. Hat ein nichtrichterlicher Augenscheinsmittler den Augenschein eingenommen, muss er als Sachverständiger die seiner Beurteilung zugrunde liegenden Tatsachen nachprüfbar angeben.[2] Dasselbe gilt für einen sonstigen Augenscheinsmittler. Nur wenn eine schriftliche Aufzeichnung angefertigt wird, sind die Beobachtungen für die Zukunft gerichtskundig zu bewahren.[3] Ein der Revision unterliegendes Urteil hat das Ergebnis eines richterlichen Augenscheins, der nicht protokolliert worden ist, getrennt von der Beweiswürdigung wiederzugeben.[4]

III. Übertragung der Augenscheinseinnahme auf Augenscheinsmittler (Augenscheinsgehilfen)

Schrifttum:

Girnth, Augenscheinsmittler, Diss. jur. Bonn 1997; *Goldschmidt*, Der Prozeß als Rechtslage (1925), S. 434 ff.; *Lent*, Zur Abgrenzung des Sachverständigen vom Zeugen im Zivilprozeß, ZZP 60 (1936/37), 9; *Pieper*, Richter und Sachverständiger im Zivilprozeßrecht, ZZP 84 (1971), 1 ff.; *Schmidhäuser*, Zeuge, Sachverständiger und Augenscheinsgehilfe, ZZP 72 (1959), 365 ff.; *Tropf*, Die erweiterte Tatsachenfeststellung durch den Sachverständigen im Prozeß, DRiZ 1985, 87; *Rosemarie Werner*, Der Konflikt zwischen Geheimnisschutz und Sachaufklärung im Kartellverfahren, Festschrift Pfeiffer (1988), S. 821.

1. Augenscheinsvermittlung als Ausnahme

Die **vollständige** Übertragung der Beweisaufnahme durch Augenscheinseinnahme **auf einen Dritten** widerspricht dem Unmittelbarkeitsgrundsatz, weil eine teilweise Delegation richterlicher Aufgaben auf den Dritten stattfindet. Hierfür enthält § 372 Abs. 1 keine Ermächtigung. Die Augenscheinsvermittlung ist in der ZPO nicht geregelt.[5] Es ist aber von Rechtsprechung und Literatur anerkannt, dass eine Übertragung in **eng umgrenzten** Ausnahmefällen gestattet ist.

Uneinheitlich ist die **Terminologie**: Teils werden alle Personen, denen das Gericht die Augenscheinseinnahme überträgt, Augenscheinsmittler oder Augenscheinsgehil-

---

1 Zöller/*Greger*[30] § 372 Rz. 2; MünchKommZPO/*Zimmermann*[4] § 372 Rz. 6.
2 MünchKommZPO/*Zimmermann*[4] § 372 Rz. 5. Generell so für vom Sachverständigen festgestellte Tatsachen: BGH VersR 1960, 998, 999; MDR 1963, 830; BayObLG FamRZ 1986, 726, 727.
3 *Bruns* Zivilprozessrecht[2] § 34 Rz. 178.
4 BGH NJW 1999, 2815, 2816 – Papierreißwolf.
5 AK/*Rüßmann* § 372 Rz. 2; *Schilken*, ZPR 6. Aufl. 2010, Rz. 517.

fe genannt,[1] teils nur diejenigen, die keine Sachverständigen sind.[2] Der in Abwesenheit eines Richters eigene Wahrnehmungen treffende **Sachverständige** kann durchaus Augenscheinsmittler genannt werden, wenn damit nur ein faktischer Vorgang beschrieben werden soll und rechtliche Bewertungen, nämlich die Anwendung bestimmter beweisrechtlicher Vorschriften, nicht von der Benennung abhängig gemacht werden. Bei den anderen Mittelspersonen wird zumeist ebenfalls eine gewisse Sachkunde vorhanden sein,[3] so dass auf den Augenscheinsmittler Vorschriften über den Sachverständigenbeweis anzuwenden sein können (dazu nachfolgend Rz. 80 und 89 ff.).[4] Ohne praktische Bedeutung ist die Frage, ob der Augenscheinsmittler als Vertreter des Gerichts[5] anzusehen ist.[6] Im Übrigen ist die Qualifizierung unzutreffend; eine rechtlich statthafte Vertretung des Richters durch nichtrichterliche Personen gibt es nicht.[7] Irreführend ist die These, die Wahrnehmung des Augenscheinsgehilfen sei eine eigene Wahrnehmung des Richters.[8]

2. Anschluss- und Befundtatsachen als Gegenstand der Ermittlung des Sachverständigen

80 **Befunderhebungen** eines **Sachverständigen** durch Besichtigung einer Maschine, eines Bauwerks etc., die **Befundtatsachen** (dazu sowie zur Terminologie: Kap. 47 Rz. 9 und 21) für die *eigene* Begutachtung liefern sollen, gehören in vollem Umfang zur Beweiserhebung durch Einholung eines Sachverständigengutachtens[9] und dürfen von den für dieses Beweismittel geltenden Vorschriften nicht abgespalten werden.[10] Dieser Teil der Materialbeschaffung obliegt dem Sachverständigen (näher Kap. 47 Rz. 23).

81 Davon zu unterscheidende **Anschlusstatsachen** können sich auf Details des Augenscheinsobjektes beziehen. Sie müssen die Parteien streng genommen selbst vortragen, weil zu ihrer Feststellung keine Sachkunde notwendig ist; ihre Feststellung ist im Streitfalle aus demselben Grunde Sache des Richters. Auf deren Vortrag werden die Parteien oft verzichten, weil der Sachverständige das Objekt zum genauen Verständnis seiner Aufgabe ohnehin besichtigen muss. Denkbar ist auch, dass Anschlusstatsachen wegen geminderter Darlegungslast einer Partei nicht vorgetragen werden müssen (Kap. 47 Rz. 8). Die Abgrenzung zu Befundtatsachen kann dann Schwierigkeiten bereiten.

82 Eine puristische Scheidung von Anschluss- und Befundtatsachen ist in solchen Fällen entbehrlich, wenn **vor Beginn** der Tätigkeit des Sachverständigen über sie **kein Streit** besteht. Sollten Anschlusstatsachen **nach ihrer Ermittlung** durch den Sachverständigen in **Streit** geraten, hat sie der Richter im Falle von Augenscheinstatsachen durch eigene Augenscheinseinnahme (Grenzen: s. nachfolgend zur tatsächlichen und recht-

---

1 MünchKommZPO/*Zimmermann*[4] § 372 Rz. 4; *Bruns* § 34 Rz. 178; *A. Blomeyer* Zivilprozeßrecht[2], § 76, 3; *Goldschmidt* S. 434 bei und in Fn. 2285; *Werner* Festschrift Pfeiffer, S. 821, 835.
2 *Pieper* ZZP 84 (1971), 1, 11; Musielak/*Huber*[10] § 372 mit Differenzierung in den Rz. 3 und 4; Rosenberg/Schwab/*Gottwald*[17] § 118 Rz. 24; *Schmidhäuser* ZZP 72 (1959), 365, 397, 402.
3 MünchKommZPO/*Zimmermann*[4] § 372 Rz. 4.
4 Vgl. *Schmidhäuser* ZZP 72 (1959), 365, 402.
5 So qualifizierend RG JW 1937, 3325 mit abl. Anm. *Kisch*; LG Bonn JMBl NRW 1955, 245, 255.
6 *Bruns* § 34 Rz. 178.
7 S. auch Stein/Jonas/*Berger*[22] vor § 371 Rz. 15.
8 So Musielak/*Huber*[10] § 372 Rz. 4.
9 A.A. RG JW 1937, 3325 m. abl. Anm. *Kisch*. Wie hier, allerdings ohne Differenzierung nach Befund- und Anschlusstatsachen *Pieper* ZZP 84 (1971), 1, 11; MünchKommZPO/*Zimmermann*[4] § 372 Rz. 4; Rosenberg/Schwab/*Gottwald*[17] § 118 Rz. 25; *Schilken* ZPR[6] Rz. 517.
10 Vgl. auch BGHZ 5, 302, 306 (keine gespaltene Anwendung der Verfahrensregeln aus praktischen Gründen bei Abstammungsgutachten).

lichen Unmöglichkeit Rz. 86) oder – bei zwischenzeitlicher Unzugänglichkeit des Objekts (z.B. wegen Fertigstellung des zu begutachtenden Rohbaus) – durch Vernehmung des Sachverständigen als sachverständiger Zeuge prozessual ordnungsgemäß festzustellen.

Für **Anschlusstatsachen** (wie für Zusatztatsachen) hat der **Sachverständige keine selbständige Aufklärungsbefugnis**; vielmehr bestimmt der Richter den Aufgabenbereich des Sachverständigen,[1] wie sich aus § 404a Abs. 4 ergibt. Der Richter kann ihre Feststellung in jedem Stadium der Begutachtung an sich ziehen; bei Augenscheinstatsachen nimmt er dann – zweckmäßig unter Zuziehung des beauftragten Sachverständigen – den Augenschein ein. 83

Wird ein **Sachverständiger nur** beauftragt, auf der Grundlage eines Besichtigungsanspruchs **nach § 809 BGB Befundtatsachen festzustellen**, etwa zur Beschaffenheit einer Maschine oder eines Software-Quellcode, die in beweisermittelnder Weise den Verdacht einer Schutzrechtsverletzung klären sollen (vgl. Art. 7 der EU-Richtlinie zur Durchsetzung der Rechte des geistigen Eigentums), so wird der Sachverständige wie ein **Augenscheinsmittler** tätig,[2] bleibt aber Sachverständiger. Er trifft Beobachtungen, die Grundlage einer späteren Begutachtung werden können. Wesentlich ist zunächst nur, Tatsachen zu ermitteln, die der Schutzrechtsinhaber in einem späteren Verletzungsprozess substantiiert vortragen kann; allerdings wird sich durch die Feststellungen der sachkundigen Person der Streit um die Rechtsverletzung selbst häufig erledigen. Bleiben die Wahrnehmungen des Sachverständigen zu den tatsächlichen Verhältnissen streitig, ist er darüber als sachverständiger Zeuge (§ 414) zu vernehmen.[3] 84

3. Anerkannte Gründe der Übertragung

a) Begrenzung

Die Zulässigkeit der Übertragung ist anerkannt für Fallgruppen, in denen die **Übertragung unumgänglich** ist. Werden die Grenzen der Übertragung verkannt, verlieren die Parteien ihr Recht zur Rüge dieses Verfahrensmangels unter den Voraussetzungen des **§ 295 Abs. 1 ZPO**. Was der BGH insoweit zum Einverständnis der Parteien mit Tatsachenfeststellungen in Form von Zeugenvernehmungen durch Sachverständige angenommen hat,[4] ist auf Tatsachenfeststellungen in Form einer Augenscheinseinnahme durch Augenscheinsmittler zu übertragen.[5] 85

b) Tatsächliche und rechtliche Feststellungshindernisse, Befundtatsachen

Die Notwendigkeit der Übertragung kann auf **tatsächlichen Gründen** beruhen.[6] Schulbeispiel ist die Inspektion eines gesunkenen Schiffes durch einen Taucher. Realitätsnäher erscheint die Besichtigung eines Schornsteins durch einen Dachdecker oder Schornsteinfeger. Auch **rechtliche Gründe** können eine Übertragung auf einen Dritten erfordern. Schließlich ist anerkannt, dass eine Übertragung erfolgen 86

---

1 Vgl. BGHZ 37, 389, 394.
2 Von einer gleichartigen Differenzierung geht BGHZ 5, 302, 306 für § 372a aus.
3 Musielak/*Huber*[10] § 372 Rz. 3.
4 BGHZ 23, 207, 213 f. = NJW 1957, 906 m. abl. Anm. *Bruns*.
5 MünchKommZPO/*Zimmermann*[4] § 372 Rz. 3; Musielak/*Huber*[10] § 372 Rz. 3. BGHZ 23, 207, 214 und Zöller/*Greger*[30] § 355 Rz. 2 gehen möglicherweise weitergehend von einer zulässigen Übertragung mit Einverständnis der Parteien aus, also von einer echten Parteidisposition, die dann die Zahl der zulässigen Übertragungsgründe vermehren würde.
6 Stein/Jonas/*Berger*[22] vor § 371 Rz. 14; MünchKommZPO/*Zimmermann*[4] § 372 Rz. 3; AK-ZPO/*Rüßmann* § 372 Rz. 2; *Werner* Festschrift Pfeiffer S. 821, 835.

darf – nach hier vertretener Auffassung sogar muss –, wenn die **Wahrnehmung** überhaupt **nur bei** besonderer **Sachkunde** möglich ist, es also um Befundtatsachen geht.[1]

c) Körperliche Untersuchungen

87 Zur Fallgruppe der rechtlichen Gründe gehören körperliche Untersuchungen durch einen Arzt, gegebenenfalls aber auch durch anderes medizinisches Personal (z.B. eine Hebamme). Der Arzt hat aus **verfassungsrechtlichen Gründen** (Art. 2 Abs. 1, nicht: Art. 1 Abs. 1 GG) die erforderliche Untersuchung anstelle des Richters zu treffen. Insoweit kommt es darauf an, ob die Wahrnehmung durch einen Richter **für die untersuchte Person zumutbar** ist. Antiquiert und rechtlich verfehlt ist die Beschränkung, die konkludent in dem dafür in der Literatur genannten Beispiel zum Ausdruck kommt, nämlich der Feststellung des körperlichen Zustandes einer Person[2] oder – noch enger – der Besichtigung von Narben am Unterleib einer Frau.[3] Bei der Augenscheinsvermittlung durch einen Arzt aus Gründen der Zumutbarkeit ist die Geschlechtsverschiedenheit der untersuchten Person zum Richter kein tragender Grund.[4]

4. Übertragungs- und Zuziehungsermessen

88 Muss ein Sachverständiger tätig werden, weil das Gericht nicht über eigene Sachkunde zur *Würdigung* der Augenscheinstatsachen verfügt, steht es im **Ermessen des Tatrichters**, ob er den Sachverständigen zu einer richterlichen Augenscheinseinnahme zuzieht, oder ob er die Feststellung der wahrnehmbaren Tatsachen dem **Sachverständigen allein überträgt**.[5] Dies gilt grundsätzlich sowohl für Anschluss- als auch für Befundtatsachen. Ermessensfehlerhaft ist es aber, bereits in Streit geratene Anschlusstatsachen den Sachverständigen alleine ermitteln zu lassen. Verfügt der Richter nicht einmal über die notwendige Sachkunde zur *Wahrnehmung* der Augenscheinstatsachen, muss er zur richterlichen Augenscheinseinnahme einen Sachverständigen zuziehen. Es gelten dafür dieselben Überlegungen wie für die Begutachtung durch Sachverständige.

5. Der Augenscheinsmittler als Zeuge und Sachverständiger

a) Einheitslösung

89 Auf den gesetzlich nicht geregelten Augenscheinsmittler können die Beweisvorschriften entweder für **Zeugen oder** für **Sachverständige** Anwendung finden. Beispielsweise kann der Sachverständige als Augenscheinsmittler bei der Befunderhebung Wahrnehmungen machen, die nicht wiederholbar sind; insoweit gleicht er einem Zeugen. Für die Ermittlung der zutreffenden Beweisnormen wird teilweise danach differenziert, ob für die Wahrnehmung besondere Sachkunde erforderlich ist. In diesem Fall soll der Augenscheinsmittler wie ein Sachverständiger, anderenfalls wie

---

1 RG JW 1937, 3325; BGH NJW 1974, 1710; BGHZ 37, 389, 394; AK-ZPO/*Rüßmann* § 372 Rz. 2; MünchKommZPO/*Zimmermann*[4] § 372 Rz. 3; Stein/Jonas/*Berger*[22] vor § 371 Rz. 19; Zöller/*Greger*[30] § 355 Rz. 2.
2 Rosenberg/Schwab/*Gottwald*[17] § 118 Rz. 24.
3 MünchKommZPO/*Zimmermann*[4] § 372 Rz. 3.
4 Anders aber wohl *Schilken*[6] Rz. 517. Zutreffend auf das Schamgefühl abstellend Stein/Jonas/*Berger*[22] vor § 371 Rz. 14; ähnlich, aber nicht identisch spricht AK-ZPO/*Rüßmann* § 372 Rz. 2 von der Wahrung der Intimsphäre.
5 BGH LM § 909 BGB Nr. 14 Bl. 3; Zöller/*Greger*[30] § 372 Rz. 1; MünchKommZPO/*Zimmermann*[4] § 372 Rz. 2.

Delegation der Beweisaufnahme

ein Zeuge behandelt werden.[1] Nach anderer Ansicht soll es darauf ankommen, ob Tatsachen berichtet oder Schlussfolgerungen bezogen werden; im ersten Fall wird der Augenscheinsmittler als sachverständiger Zeuge angesehen, im zweiten Fall als Sachverständiger.[2] Bedeutung hat die Abgrenzung für die Anwendbarkeit des **selbständigen Beweisverfahrens**, weil § 485 Abs. 2 zwar den Sachverständigenbeweis, nicht aber den Augenscheinsbeweis zulässt. Eine **generalisierende Abgrenzung** führt **nicht** zu **angemessenen** Ergebnissen. Es ist jeweils eine gesonderte Betrachtung erforderlich, welche Vorschrift nach ihrem Zweck am besten auf den Augenscheinsmittler passt.[3]

b) Einzelnormanalyse

aa) Anordnung der Beweiserhebung

Bei Übertragung der Augenscheinseinnahme auf einen Augenscheinsmittler erfolgt stets eine Augenscheinseinnahme. Daher ist § 144 anwendbar und eine Beauftragung des Gehilfen **von Amts wegen** möglich.[4] § 485 Abs. 2 ist nicht anwendbar; ein selbständiges Beweisverfahren kommt also nur zu Sicherungszwecken bei drohendem Beweismittelverlust nach § 485 Abs. 1 in Betracht.

bb) Ablehnung des Augenscheinsmittlers

Kriterium für die Anwendung des § 406 auf den Augenscheinsmittler ist die **Ersetzbarkeit der Mittelsperson**.[5] Bei Unersetzbarkeit gelten die Regeln des Zeugenbeweises und eine Ablehnung ist nicht möglich;[6] anderenfalls wäre die Wahrheitsfindung eingeschränkt.

cc) Vereidigung

Die Vereidigung hängt davon ab, ob der Augenscheinsmittler über den Tatsachenbericht hinaus auch Schlussfolgerungen zieht. **Berichtet** er nur über **Tatsachen**, so ist er als **Zeuge** zu vereidigen; zieht er **Schlussfolgerungen**, ist er als **Sachverständiger** zu vereidigen.[7] Soll der Eid sowohl Tatsachen als auch Schlussfolgerungen bekräftigen, ist er wegen der mit einer Doppelvereidigung verbundenen Entwertung des Eides[8] nur als Sachverständiger zu vereidigen.

dd) Pflicht zur Übernahme

Eine Pflicht des Augenscheinsmittlers zur Übernahme der **Besichtigung** des Augenscheinsobjektes besteht grundsätzlich **nicht**; für einen Zwang zur Unterstützung der Gerichte bei der Wahrnehmung der Augenscheinstatsachen fehlt eine gesetzliche Grundlage.[9]

---

1 AK-ZPO/*Rüßmann* § 372 Rz. 2, der jedoch *vor* Einnahme des Augenscheins den Zeugniszwang des § 390, der dann in Wirklichkeit ein Besichtigungszwang wäre, nicht anwenden will; *Goldschmidt*, S. 436 Fn. 2288 für die Beeidigung.
2 *Blomeyer* Zivilprozeßrecht[2] § 76, 3; *Lent* ZZP 60 (1936/1937), 9, 42.
3 Stein/Jonas/*Berger*[22] vor § 371 Rz. 15; MünchKommZPO/*Zimmermann*[4] § 372 Rz. 4; *Schmidhäuser* ZZP 72 (1959), 365, 401 f.
4 MünchKommZPO/*Zimmermann*[4] § 372 Rz. 4; *Lent* ZZP 1960 (1936/1937), 9, 41; BGHZ 5, 302, 307 für Fälle des § 372a.
5 *Schmidhäuser* ZZP 72 (1959), 365, 397.
6 *Schmidhäuser* ZZP 72 (1959), 365, 397 f.
7 MünchKommZPO/*Zimmermann*[4] § 372 Rz. 4.
8 *Schmidhäuser* ZZP 72 (1959), 365, 399.
9 AK-ZPO/*Rüßmann* § 372 Rz. 2; *Goldschmidt* S. 435 Fn. 2288; *Lent* ZZP 60 (1936/1937), 9, 40; *Schmidhäuser* ZZP 72 (1959), 365, 402.

94 Ist der Augenscheinsmittler **Sachverständiger**, gelten für die Pflichtenbegründung § 407 Abs. 1 und § 407 Abs. 2 (freiwillige Bereiterklärung). Die aus § 407 Abs. 1 folgende Gutachtenerstattungspflicht ist zu modifizieren, soweit die Wahrnehmung von Befundtatsachen besondere körperliche Anforderungen voraussetzt. Der Sachverständige kann ebenso wie ein Richter die **Wahrnehmung ablehnen**, wenn tatsächliche Hinderungsgründe in seiner Person bestehen. Auf andere Augenscheinsmittler als Sachverständige ist ausschließlich § 407 Abs. 2 analog anzuwenden, d.h. es kommt auf die freiwillige Bereiterklärung an.

95 Ist die **Wahrnehmung nicht wiederholbar**, gleicht der Augenscheinsmittler insofern also einem Zeugen, sind nach erfolgter Wahrnehmung die Regeln über den Zeugenbeweis anwendbar, so dass der Augenscheinsmittler dem Zeugniszwang nach § 390 unterliegt.[1]

ee) Vergütung

96 Der Augenscheinsmittler, der nicht aufgrund besonderer Sachkunde, sondern aufgrund besonderer anderer Fähigkeiten tätig wird, sollte in Bezug auf die Gebühren dem **Sachverständigen gleichgestellt** werden.[2]

---

[1] AK-ZPO/*Rüßmann* § 372 Rz. 2.
[2] Anders *Schmidhäuser* ZZP 72 (1959), 365, 401, der eine Vergütung nach Vertragsrecht vorschlägt.

Kapitel 23:
Beweis mittels elektronischer Dokumente

	Rz.		Rz.
§ 81 Grundlagen: Rechtsentwicklung, technische Rahmenbedingungen		c) Ausschließliche Signatur	58
I. Gesetzesgeschichte des § 371a, ergänzende Normen		d) Identifizierung des Signaturschlüsselinhabers	59
1. Zusammenwirken von Beweisrecht und Technikrecht	1	e) Signaturerzeugung	60
2. Beweisvorgaben des Unionsrechts	4	f) Unverfälschtheit der Daten	61
3. Förderung des elektronischen Geschäftsverkehrs	6	g) Sicherheit der Signaturerstellungseinheit	63
4. Technische Sicherheitsvermutung	7	h) Gültigkeit des Zertifikats	64
II. Begriffsbildungen des SigG		5. Erschütterung des Echtheitsanscheins	66
1. Digitale Signatur, elektronische Signatur	12	6. Hilfsweise: Beweiswürdigung nach § 286	70
2. Fortgeschrittene, qualifizierte und akkreditierte Signaturen	13	7. Ausländische elektronische Signaturen	71
3. Zertifizierungsdiensteanbieter	16	II. Echtheit öffentlicher elektronischer Dokumente	73
4. Prüf- und Bestätigungsstellen	19	**§ 83 Umwandlung öffentlicher elektronischer Dokumente in Papierdokumente, § 416a ZPO**	
III. Verweisungen auf den Urkundenbeweis		I. Entstehung des § 416a	75
1. Entbehrliche Analogiebildung, formelle Beweisregeln	20	II. Transformation elektronischer Dokumente	
2. Private elektronische Dokumente		1. Grundsätzlich kein Urkundenbeweis	76
a) Verweisung auf § 416	23	2. Sonderregelung für öffentliche elektronische Dokumente	77
b) Gesonderte Echtheitsprüfung	26	III. Anforderungen an das elektronische Dokument	
c) Elektronisches Originaldokument	30	1. Elektronisches Originaldokument	79
3. Öffentliche elektronische Dokumente	34	2. Öffentliches Dokument	80
4. Abgrenzung: Materielle Beweiskraft	43	3. Signaturerfordernis	83
§ 82 Echtheitsbeweis		**§ 84 Sonstige elektronische Beweise**	
I. Echtheitsbeweis für private elektronische Dokumente		I. Elektronischer Identitätsnachweis mittels maschinenlesbaren Personalausweises	84
1. Normqualifizierung, Beweisgegenstand	44	II. Elektronische Post im DE-Mail-Dienst	88
2. Geltung für signierte Erklärungen	49	III. Elektronisches Anwaltspostfach	95
3. Das Verschlüsselungsverfahren	51	IV. Ausländische elektronische Signaturen	97
4. Voraussetzungen des Anscheinsbeweises			
a) Positive Anforderungsbestimmung	55		
b) Unterscheidung qualifizierter und akkreditierter Signaturen	57		

Schrifttum:

Abel, Urkundenbeweis durch digitale Dokumente, MMR 1998, 644; *Bacher*, Elektronisch eingereichte Schriftsätze im Zivilprozess, NJW 2009, 1548; *Chr. Berger*, Beweisführung mit elektronischen Dokumenten, NJW 2005, 1016; *Chr. Berger*, Elektronische Dokumente in Gerichtsverfahren, in: Bär u.a. (Hrsg.), Rechtskonformes eGovernment – eGovernment-konformes Recht, 2005, S. 141; *Bergfelder*, Der Beweis im elektronischen Rechtsverkehr, 2006; *Bergmann*, Beweisprobleme bei rechtsgeschäftlichem Handeln im Internet, Gedächtnisschrift Meurer (2002), S. 643; *Bertsch/Fleisch/Michels*, Rechtliche Rahmenbedingungen des Einsatzes digitaler Signaturen, DuD 2002, 69; *Binder*, Pflichten zur Offenlegung elektronisch gespeicherter Informationen im deutschen Zivilprozess am Beispiel der Unternehmensdokumentation, ZZP 122 (2009), 187; *Bieser*, Das neue Signaturgesetz, DStR 2001, 27; *Bitzer/Brisch*, Digitale Signatur, Berlin 1999; *Bizer*, Beweissicherheit im elektronischen Rechtsverkehr, in: Herausforderung an das Recht der Informationsgesellschaft, 1996; *Bizer/ Hammer*, Elektronisch signierte Argumente als Beweismittel, DuD 1993, 619; *Blaurock/ Adam*, Elektronische Signatur und europäisches Privatrecht, ZEuP 2001, 93; *Borges*, Der neue Personalausweis und der elektronische Identitätsnachweis, NJW 2010, 3334; *Borges*, Der neue Personalausweis und der elektronische Identitätsnachweis, NJW 2010, 3334; *Brenn*, Das österreichische Signaturgesetz – Unterschriftenersatz in elektronischen Netzwerken, ÖJZ 1999, 587; *Brenn*, Signaturgesetz, Wien 1999; *Brenn/Posch*, Signaturverordnung, Wien 2000; *Brisch/Brisch*, Elektronische Signatur und Signaturgesetz, in: Hoeren/Sieber, Handbuch Multimediarecht, Stand August 2005; *Britz*, Beschränkung der freien Beweiswürdigung durch gesetzliche Beweisregel?, ZZP 110 (1997), 61; *Czeguhn*, Beweiswert und Beweiskraft digitaler Dokumente im Zivilprozeß, JuS 2004, 124; *Ebbing*, Schriftform und E-Mail, CR 1996, 271; *Engel/Flechsig/Tettenborn*, Das neue Informations- und Kommunikationsdienste-Gesetz, NJW 1997, 2981; *Susanne Englisch*, Elektronisch geführte Beweisführung im Zivilprozeß, Diss. Bielefeld 1999; *Erber-Faller*, Gesetzgebungsvorschläge der Bundesnotarkammer zur Einführung elektronischer Unterschriften, CR 1996, 375; *Fina*, Die rechtliche Gleichstellung von elektronischen Signaturen mit handschriftlichen Unterschriften im europäischen Gemeinschaftsrecht und US-amerikanischen Bundesrecht, ZfRV 2001, 1; *Fischer-Dieskau*, Der Referentenentwurf zum Justizkommunikationsgesetz aus Sicht des Signaturrechts, MMR 2003, 701; *Fischer-Dieskau*, Das elektronisch signierte Dokument als Mittel zur Beweissicherung, 2006; *Fischer/Dieskau/Hornung*, Erste höchstrichterliche Entscheidung zur elektronischen Signatur, NJW 2007, 2897; *Fischer-Dieskau-Steidle*, Die Herstellererklärung für Signaturanwendungskomponenten, MMR 2006, 68; *Fischer-Dieskau/Gitter/Paul/Steidle*, Elektronisch signierte Dokumente als Beweismittel im Zivilprozeß, MMR 2002, 709; *Fischer-Dieskau/Roßnagel/Steidle*, Beweisführung am seidenen BIT-String? Die Langzeitaufbewahrung elektronischer Signaturen auf dem Prüfstand, MMR 2004, 451; *Dominik Gassen*, Digitale Signaturen in der Praxis – Grundlagen, Sicherheitsfragen und normativer Rahmen, Diss. Köln 2002; *Geis*, Die digitale Signatur, NJW 1997, 3000; *Geis*, Europäische Aspekte der digitalen Signatur und Verschlüsselung, MMR 1998, 236; *Geis*, Zivilprozeßrechtliche Aspekte des elektronischen Dokumentenmanagements, CR 1993, 653; *Geis*, Das DE-Mail-Gesetz, NJW 2011, 1473; *Geis*, Rechtsregeln für einen sicheren elektronischen Rechtsverkehr, CR 2011, 23; *Gottwald*, Auswirkungen des elektronischen Rechtsverkehrs auf Parteivortrag und richterliche Sachbearbeitung im Zivilprozess, Festschrift Vollkommer (2006), S. 259; *Gravsen/Dumortier/van Eecke*, Die europäische Signaturrichtlinie – Regulative Fiktion und Bedeutung der Rechtswirkung, MMR 1999, 577; *Hähnchen*, Das Gesetz zur Anpassung der Formvorschriften des Privatrechts und anderer Vorschriften an den modernen Rechtsgeschäftsverkehr, NJW 2001, 2831; *Hammer/Bizer*, Beweiswert elektronisch signierte Dokumente, DuD 1993, 689; *Hoffmann/Borchers*, Das besondere elektronische Anwaltspostfach, CR 2014, 62; *Jandt*, Die Mitwirkung Dritter bei der Signaturerzeugung, K&R 2009, 548; *Jandt/Wilke*, Gesetzliche Anforderungen an das ersetzende Scannen von Papierdokumenten, K&R 2009, 96; *Jeep/Wiedemann*, Die Praxis der elektronischen Registeranmeldung, NJW 2007, 2439; *Jungermann*, Der Beweiswert elektronische Signaturen. Eine Studie zur Verläßlichkeit elektronischer Signaturen und zu den Voraussetzungen und Rechtsfolgen des § 292a ZPO, Frankfurt 2002; *Kuner*, Das Signaturgesetz aus internationaler Sicht, CR 1997, 643; *Malzer*, Zivilrechtliche Form und prozessuale Qualität der digitalen Signatur nach dem Signaturgesetz, DNotZ 1998, 96; *Malzer*, Elektronische Beglaubigung und Medientransfer durch den Notar, DNotZ 2006, 9; *Mankowski*, Für einen Augenscheinsbeweis hinsichtlich der Identität des Erklärenden bei E-Mail, CR 2002, 44; *Mankowski*, Wie problematisch ist die Identität des Erklärenden bei E-Mails wirklich?, NJW 2002, 2822; *Mankowski*, Zum Nachweis des Zugangs bei elektronischen Erklärungen, NJW 2004, 1901; *Mankowski*, Zum Nachweis des Zugangs bei elektronischen Erklärungen, NJE 2004, 1901; *Melullis*, Zum Regelungsbedarf bei der elektronischen Willenserklärung, MDR 1994, 109; *Miedbrodt/Mayer*, E-Commerce – Digitale Signaturen in der Praxis, MDR 2001, 432; *Morgenstern*, Zuverlässigkeit von IP-Adressen-Ermittlungssoftware CR 2011, 203; *Müglich*, Neue Formvorschriften für den E-Commerce. Zur Umsetzung der EU-Signaturrichtlinie in deutsches Recht, MMR 2000, 7; *Müller*, Die Container-Signatur zur Wahrung der Schriftform, NJW 2013, 3758; *Müller-Teckhof*, Gesetz zur Förderung des elektronischen Rechtsverkehrs mit den Gerichten, MMR 2014, 95; *Nöcker*, Urkunden und EDI-Dokumente, CR 2000, 176; *Nowak*, Der elektronische Vertrag – Zustandekommen und Wirksamkeit unter Berücksichtigung des neuen Formvorschriftenanpassungsgesetzes", MDR 2001, 841; *Oertel*, Elektronische Form und notarielle Aufgaben im elektronischen Rechtsverkehr, MMR 2001, 419; *Patti*, Die Beweiskraft des elektronischen Dokuments im italienischen Recht, Festschrift Manfred Rehbinder (2002), S. 707; *Polenz*, Der neue elektronische Personalausweis, MMR 2010, 671; *Pordesch*, Die elektronische Form und das Präsentationsproblem, 2002; *Preuß*, Verfahrensrechtliche Grundlagen für den „Elektronischen Schriftverkehr" im Zivilprozess, ZZP 125 (2012), 135; *Rechberger/McGuire*, Die elektronische Urkunde und das Beweismittelsystem der ZPO, in: Rechberger, Die elektronische Revolution im Rechtsverkehr, Wien 2006, S. 1 ff.; *Reese*, Vertrauenshaftung und Risikoverteilung bei Verwendung qualifizierter elektronischer Signaturen, 2007 (zugleich Diss. Osnabrück 2006); *Riehm*, E-Mail als Beweismittel im Zivilgerichtsverfahren, SJZ 96 (2000), 497; *Roßnagel*, Die Sicherheitsvermutung des Signaturgesetzes, NJW 1998, 3312; *Roßnagel*, Anerkennung von Prüf- und Bestätigungsstellen nach dem Signaturgesetz, MMR 1999, 342; *Roßnagel*, Europäische Signatur-Richtlinie und Optionen ihrer Umsetzung, MMR 1999, 261; *Roßnagel*, Signaturgesetz nach 2 Jahren, NJW 1999, 1591; *Roßnagel*, Auf dem Weg zu neuen Signaturregelungen, MMR 2000, 451; *Roßnagel*, Das neue Recht elektronischer Signaturen, NJW 2001, 1817; *Roßnagel*, Die neue Signaturverordnung, BB 2002, 261; *Roßnagel*, Die fortgeschrittene elektronische Signatur, MMR 2003, 164; *Roßnagel*, Elektronische Signaturen mit der Bankkarte?, NJW 2005, 385; *Roßnagel*, Die Ausgabe sicherer Signaturerstellungseinheiten, MMR 2006, 441; *Roßnagel*, Fremderzeugung von qualifizierten Signaturen?, MMR 2008, 22; *Roßnagel*, Das DE-Mail-Gesetz, NJW 2011, 1473; *Roßnagel*, Rechtsregeln für einen sicheren elektronischen Rechtsverkehr, CR 2011, 23; *Roßnagel*, Auf dem Weg zur elektronischen Verwaltung – Das E-Government-Gesetz, NJW 2013, 2710; *Roßnagel/Fischer-Dieskau*, Automatisiert erzeugte elektronische Dokumente, MMR 2004, 133; *Roßnagel/Fischer-Dieskau*, Elektronische Dokumente als Beweismittel, NJW 2006, 806; *Roßnagel/Pfitzmann*, Der Beweiswert von E-Mail, NJW 2003, 1209; *Roßnagel/Nebel*, Beweisführung mittels ersetzend gescannter Dokumente, NJW 2014, 886; *Rott*, Die Auswirkungen des Signaturgesetzes auf die rechtliche Behandlung von elektronischem Datenmanagement und Datenaustausch – Eine Prognose, NJW-CoR 1998, 420; *Scheffler/Dresser*, Vorschläge zur Änderung zivilrechtlicher Formvorschriften und ihre Bedeutung für den Wirtschaftszweig E-Commerce, CR 2000, 378; *Schemmann*, Die Beweiswirkung elektronischer Signaturen und die Kodifizierung des Anscheinsbeweises in § 371a Abs. 1 Satz 2 ZPO, ZZP 118 (2005), 161; *Schippel*, Die elektronische Form, Festschrift Odersky (1996), S. 657; *Schmiedl*, Die elektronische Signatur, CR 2002, 508; *Schnell*, Signaturmißbrauch und Rechtsscheinhaftung, 2007; *Schnell, Daniel*, Signaturmißbrauch und Rechtsscheinhaftung, 2007; *Schriewer*, Das spanische Gesetz für elektronische Signaturen, RIW 2005, 833; *Schuppenhauer*, Beleg und Urkunde – ganz ohne Papier? – Welche Beweiskraft bietet das elektronische Dokument an sich?, DB 1994, 2041; *Schwoerer*, Die elektronische Justiz, 2005; *Seidel*, Das Recht des elektronischen Geschäftsverkehrs – Rahmenbedingungen, technische Infrastruktur und Signaturgesetzgebung, Wiesbaden 1997; *Spickhoff/Bleckwenn*, Zum Beweiswert digitaler Aufklärungsbögen bei Verwendung elektronischer Signaturen, VersR 2013, 1350; *Spindler*, Das DE-Mail-Gesetz – ein weiterer Schritt zum sicheren E-Commerce, CR 2011, 309; *Spindler/Rockenbauch*, Die elektronische Identifizierung, MMR 2013, 139; *Stadler*, Der Zivilprozeß und neue Formen der Informationstechnik, ZZP 115 (2002), 413; *Thomale*, Die Haftungsregelung nach § 11 SigG, MMR 2004, 80; *Troiano*, Die elektronische Signatur – Angleichung und Diversifizierung der Vorschriften auf EG-Ebene, im italienischen und im deutschen Recht, ZEuP 2005, 43; *Viefhues*, Das Gesetz über die Verwendung elektronischer Kommunikationsformen in der Justiz, NJW 2005, 1009; *Wiebe*, Die elektronische Willenserklärung. Kommunikationstheoretische und rechtsdogmatische Grundlagen des elektronischen Geschäftsverkehrs, Tübingen 2002; *Wiebe*, Die elektronische Willenserklärung, 2002; *Yonemaru/Roßnagel*, Japanische Signaturgesetzgebung – Auf dem Weg zu „e-japan", MMR 2002, 798.

§ 81 Grundlagen: Rechtsentwicklung, technische Rahmenbedingungen

I. Gesetzesgeschichte des § 371a, ergänzende Normen

1. Zusammenwirken von Beweisrecht und Technikrecht

1　Die erste gesetzliche Äußerung zur Behandlung elektronischer Dokumente erfolgte 2001 mit der Regelung des **§ 371 Abs. 1 S. 2**. Damit war deren Qualifizierung als **Gegenstand des Augenscheinsbeweises** festgelegt (dazu Kap. 22 Rz. 44 ff.). Eigenständige beweisrechtliche Regelungen für elektronische Dokumente sind später mit § 371a, § 371b und 416a erzeugt worden.

2　**Vorläufervorschrift des § 371a** war – mit anderem Wortlaut – **§ 292a**. § 292a umfasste nur den Inhalts des § 371a Abs. 1 S. 2 und sprach zudem von „Willenserklärung" statt „Erklärung". Die Verschiebung und Erweiterung der Norm erfolgte durch das JustizkommunikationsG (JKomG) vom 22.3.2005.[1] Geregelt sind **Beweisfolgen der Verwendung elektronischer Signaturen**.

3　Die **technischen Rahmenbedingungen** elektronischer Signaturen sind erstmals am 1.7.1997 durch das Gesetz zur digitalen Signatur (SigG 1997)[2] festgelegt worden; das SigG 1997 war Teil des Informations- und KommunikationsdiensteG (IuKDG). Als Reaktion auf einen dazu erstellten Evaluierungsbericht der Bundesregierung und auf die **Richtlinie 1999/93/EG** vom 13.12.1999[3] ist das **SigG vom 16.5.2001** entstanden,[4] das von der **Signaturverordnung** (SigV) vom 16.11.2001 flankiert wird.[5] Modifiziert bzw. ergänzt worden ist das SigG durch das FormvorschriftenanpassungsG (FormVAnpG) vom 13.7.2001,[6] das Dritte Gesetz zur Änderung verwaltungsverfahrensrechtlicher Vorschriften (VwVfÄndG) vom 21.8.2002[7] und das Erste SigÄndG vom 4.1.2005.[8] Partiell überholt werden diese Regelungen durch die Möglichkeiten zum Einsatz des **elektronischen Personalausweises** und des **DE-Mail-Dienstes** (dazu Kap. 22 § 84).

2. Beweisvorgaben des Unionsrechts

4　Art. 5 Abs. 1 lit. b der Signaturrichtlinie 1999/93/EG ordnet an, dass qualifizierte Signaturen in Gerichtsverfahren **als Beweismittel zuzulassen** sind. Art. 5 Abs. 2 regelt zusätzlich, dass elektronische Signaturen die Wirksamkeit und die Zulässigkeit als Beweismittel im Gerichtsverfahren nicht allein deshalb abgesprochen werden darf, weil sie in elektronischer Form vorliegt, nicht auf einem qualifizierten Zertifikat beruht, der Zertifizierungsdiensteanbieter nicht akkreditiert ist oder die Signatur nicht von einer sicheren Signaturerstellungseinheit erstellt worden ist. Nach Erwägungsgrund 21 berührt die Richtlinie nicht die mitgliedstaatlichen Vorschriften über die **freie gerichtliche Würdigung** von Beweismitteln.

5　Der Beweis wird durch die Richtlinienregelung nicht klassifiziert (Strengbeweis, Beweismittelart, Freibeweis). Auch wird dem nationalen Recht **kein bestimmter Beweiswert** vorgeschrieben. Art. 5 Abs. 2 gestattet es, auf die technischen Eigenarten

---

[1] BGBl. I 2005, 827 und S. 2022; RegE v. 13.8.2004, BT-Drucks. 15/4067.
[2] BGBl. I 1997, 1872.
[3] Richtlinie über gemeinschaftliche Rahmenbedingungen für elektronische Signaturen, ABl. EG Nr. L 13 v. 19.1.2000, S. 12.
[4] BGBl. I 2001, 876.
[5] BGBl. I 2001, 3074; Ermächtigungsgrundlage: § 24 SigG.
[6] BGBl. I 2001, 1542.
[7] BGBl. I 2002, 3322.
[8] BGBl. I 2005, 2.

der jeweils verwendeten Signatur Rücksicht zu nehmen und Differenzierungen zu treffen.[1]

3. Förderung des elektronischen Geschäftsverkehrs

Der Gesetzgeber hat den **Empfänger** qualifiziert signierter Erklärungen **vor** unbegründeten **Einwendungen des Verwenders schützen** wollen[2] und ist davon ausgegangen, dass ihm bei einem Streit um die Echtheit ein größerer Schutz als bei Vorlage einer privaten Schrifturkunde zuteil werde.[3] Eine eigenständige Regelung wurde für erforderlich gehalten, weil der Erklärungsempfänger so gut wie nie **Klarheit über die tatsächlichen Umstände der Signaturerstellung** erlangen kann, also nicht weiß, wie der Signaturverwender organisiert ist und welches **Sicherheitsniveau** er beim Umgang mit elektronischen Signaturen beachtet hat, und weil generell das **Vertrauen in die Signaturtechnik** und die **Verkehrsfähigkeit der elektronischen Erklärung gestärkt** werden sollten, um den elektronischen Geschäftsverkehr zu fördern.[4] Der Gesetzgeber greift mit dem Förderungsgedanken Erwägungsgrund 16 der Signaturrichtlinie auf, wonach die Richtlinie einen Beitrag zur Verwendung und rechtlichen Anerkennung elektronischer Signaturen in der Gemeinschaft leisten will.[5]

6

4. Technische Sicherheitsvermutung

Das SigG soll den Rahmen für die Verwendung der elektronischen Signatur schaffen. Seine Regelungen bilden die Grundlage für die **Sicherheitsinfrastruktur** „qualifizierter Signaturen". Unter welchen Voraussetzungen eine elektronische Signatur mit einer eigenhändigen Unterschrift gleichgestellt wird, hat das FormVAnpG geregelt, dessen Art. 1 die §§ 126 ff. BGB geändert hat.

7

Für die Beweisregelung des § 371a Abs. 1 S. 2 ist u.a. die **Sicherheitsvermutung des** § 15 Abs. 1 S. 4 SigG bedeutsam. Diese Norm lautet:

8

„Mit diesen [sc.: Gütezeichen der zuständigen Behörde für akkreditierte Zertifizierungsdiensteanbieter] wird der Nachweis der umfassend geprüften technischen und administrativen Sicherheit für die auf ihren qualifizierten Zertifikaten beruhenden qualifizierten elektronischen Signaturen mit Anbieter-Akkreditierung zum Ausdruck gebracht."

§ 15 Abs. 1 S. 4 SigG enthält eine objektive Beschreibung der Sicherheit. Danach kann beim **Gebrauch akkreditierter Signaturen** sicher davon ausgegangen werden, dass die Signatur mit dem zugrunde liegenden Signaturschlüssel erzeugt wurde und die **signierten Daten** danach **nicht verändert** wurden.[6]

9

§ 15 Abs. 1 S. 4 SigG ist eine **technische Basis** der Beweisregelung des § 371a Abs. 1 S. 2. Die Beweiswirkung des § 371a Abs. 1 S. 2 beschränkt sich allerdings nicht auf diesen Anwendungsbereich, sondern gilt auch für qualifizierte Signaturen ohne Anbieter-Akkreditierung (zur Terminologie unten Rz. 13 ff.).

10

§ 15 Abs. 1 S. 4 SigG ist **Nachfolgeregelung zu § 1 Abs. 1 SigG 1997**. Die Interpretation des § 1 Abs. 1 SigG 1997 war streitig. Das ist darauf zurückzuführen, dass das SigG 1997 ausschließlich technische Rahmenbedingungen der digitalen Signatur regelte, während deren Rechtswirkungen einem gesonderten Gesetzgebungsverfahren vor-

11

---

1 *Blaurock/Adam* ZEuP 2001, 93, 100.
2 RegE FormVAnpG, BT-Drucks. 14/4987, S. 13, 17 und 25.
3 BT-Drucks. 14/4987, S. 13 und 17.
4 BT-Drucks. 14/4987, S. 13, 17 und 44.
5 Der Bericht der EG-Kommission vom 15.3.2006 über die Anwendung der Richtlinie [KOM (2006) 120 endg.] bedauert die mangelnde Benutzung qualifizierter elektronischer Signaturen.
6 RegE zum SigG 2000, BT-Drucks. 14/4662, S. 28.

behalten bleiben sollten.¹ Der **Evaluierungsbericht** der Bundesregierung nahm an, dass die Sicherheitsvermutung zu einer Beweiserleichterung führe.² *Roßnagel* vertrat die Auffassung, es handele sich um eine Art „vorgezogener Anscheinsbeweis".³ Einige Autoren sprachen der Norm jegliche Beweiswirkung ab.⁴ Andere Autoren sahen in der Norm eine gesetzliche Vermutungsregel⁵ oder eine tatsächliche Vermutung.⁶ Kein Streit bestand darüber, dass das Prüfungsergebnis widerlegt werden darf, es sich also **nicht** um eine **absolute Verkehrsschutzregelung** handelt. Diese Auffassung ist auf § 15 Abs. 1 S. 4 SigG zu übertragen. Es handelt sich bei § 15 Abs. 1 S. 4 SigG um eine **widerlegbare technisch-organisatorische Sicherheitsvermutung**.⁷

II. Begriffsbildungen des SigG

1. Digitale Signatur, elektronische Signatur

12 § 2 Abs. 1 SigG 1997 benutzte den Begriff der „digitalen Signatur". Er ist im SigG 2001 durch den **technologieoffeneren Begriff** der **elektronischen Signatur** ersetzt worden.⁸ **Sicherheit**, wie sie mit der digitalen Signatur verbunden sein sollte, ist nach neuer Terminologie **nur** bei Verwendung **qualifizierter** elektronischer Signaturen gegeben.⁹ § 2 SigG 2001 unterscheidet elektronische Signaturen, fortgeschrittene elektronische Signaturen und qualifizierte elektronische Signaturen.¹⁰ Hinzu kommen qualifizierte elektronische Signaturen mit Anbieter-Akkreditierung gem. § 15 SigG.

2. Fortgeschrittene, qualifizierte und akkreditierte Signaturen

13 § 2 Nr. 2c SigG verlangt für eine **fortgeschrittene elektronische Signatur** u.a., dass die Signatur mit Mitteln erzeugt wird, die unter alleiniger Kontrolle des Signaturschlüsselinhabers gehalten werden. Diese Signaturen sollen die **Identifizierung des Schlüsselinhabers** ermöglichen, setzen aber nicht die Erfüllung organisatorischer oder technischer Sicherheitsanforderungen voraus. Rechtswirkungen werden daran nicht geknüpft, also auch nicht die Wirkungen des § 371a Abs. 1 S. 2 oder des § 15 Abs. 1 S. 4 SigG.

14 Die **Beweiswirkungen** des § 371a Abs. 1 S. 2 und Abs. 2 S. 2 treten erst bei Verwendung **qualifizierter Signaturen** (§ 2 Nr. 3 SigG) ein, die zusätzlich auf einem zum Zeitpunkt der Erzeugung gültigen **qualifizierten Zertifikat** beruhen und mittels einer sicheren Signaturerstellungseinheit erzeugt wurden. Zertifikate sind nach § 2 Nr. 6 SigG elektronische Bescheinigungen, mit denen **Signaturprüfschlüssel** einer Person zugeordnet werden und die Identität dieser Person bestätigt wird. **Ausgestellt** werden

---

1 *Schemmann* ZZP 118 (2005), 161, 164. S. auch *Roßnagel* NJW 1998, 3312, 3315: Sicherstellung hoher faktischer Sicherheit.
2 BT-Drucks. 14/1191, S. 17.
3 *Roßnagel* NJW 1998, 3312, 3315 f.; *Roßnagel* Kommentar zum Multimediarecht (Stand: November 2000), 5. Teil: SigG § 1, Rz. 42.
4 *Geis* NJW 1997, 3000, 3001; *Mertes* CR 1996, 769, 775.
5 *Abel* MMR 1998, 644, 647.
6 Mit Einschränkungen *Bitzer*, Beweissicherheit S. 160 f.; *Roßnagel* NJW 1998, 3312, 3317 ff.; unentschlossen *Bitzer/Brisch*, Digitale Signatur S. 129 f.; zur Vertiefung *Miedbrodt*, Signaturregulierung im Rechtsvergleich, Diss. Frankfurt am Main 2000, S. 66 f.; *Brückner*, Online Banking, Diss. München 1999, S. 139 ff.
7 *Schemmann* ZZP (2005), 161, 178. S. auch RegE zum SigG 2000, BT-Drucks. 14/4662, S. 28 (Sicherheitsvermutung mit besonders hohem Beweiswert).
8 RegE zum SigG v. 16.11.2000, BT-Drucks. 14/4662, S. 18.
9 Zu den Signaturverfahren und den daran Beteiligten *Brisch/Brisch* in: Hoeren/Sieber/Holznagel, Handbuch Multimedia-Recht, Teil 13.3 (Stand 2012) Rz. 64 ff.
10 Zur Differenzierung *Roßnagel* MMR 2003, 164 ff.

die Zertifikate von vertrauenswürdigen Dritten, den Zertifizierungsdiensteanbietern (**Trust-Center**).

Akkreditierte Signaturen werden von einem **Zertifizierungsdiensteanbieter** ausgestellt (vgl. § 15 SigG), der sich einer Vorabprüfung durch die zuständige Kontroll- und Prüfbehörde (§ 3 SigG i.V.m. § 66 TKG), nämlich die **Bundesnetzagentur** für Elektrizität, Gas, Telekommunikation, Post und Eisenbahnen, unterzogen hat. Akkreditierte Signaturen haben ein **höheres Sicherheitsniveau** als normale qualifizierte elektronische Signaturen. Diese Sicherheitsstufe muss nach § 1 Abs. 3 SigG[1] für öffentliche elektronische Dokumente nur eingehalten werden, wenn **für öffentlich-rechtliche Verwaltungstätigkeiten** eine entsprechende gesetzliche Anordnung getroffen worden ist; davon hat der Gesetzgeber **im VwVfÄndG** (oben Rz. 3) **und** im **JKomG** (oben Rz. 2) Gebrauch gemacht.[2]

3. Zertifizierungsdiensteanbieter

Zertifizierungsdiensteanbieter sind die natürlichen oder juristischen Personen, die qualifizierte Zertifikate und qualifizierte Zeitstempel ausstellen (§ 2 Nr. 8 SigG). In der Zertifikatausstellung erschöpft sich ihre Aufgabe allerdings nicht (unten Rz. 5). Sie fungieren als **unabhängige vertrauenswürdige Dritte**, die mit dem der signierten Erklärung beigefügten Zertifikat für die Zuordnung von Identität und Prüfschlüssel sorgen. Notwendig ist die Einschaltung von Zertifizierungsdiensteanbietern, weil die Verschlüsselung durch ein Zusammenspiel eines privaten und eines öffentlichen Schlüssels erfolgt (unten Rz. 51); der öffentliche Schlüssel erspart dem Empfänger der signierten Erklärung, denselben Schlüssel wie der Absender in Händen halten zu müssen.[3] Damit eine **Nachprüfung von Zertifikaten** möglich ist, müssen die Zertifizierungsdiensteanbieter gem. § 5 Abs. 1 S. 2 SigG einen **Verzeichnisdienst** anbieten, der jederzeit über öffentlich erreichbare Kommunikationsverbindungen abrufbar sein muss. Dort müssen alle vom Zertifizierungsdiensteanbieter ausgestellten Zertifikate verzeichnet sein. Das Verzeichnis ist durch Zertifikatssperrungen (§ 8 Abs. 1 Satz 1 SigG), die ein Signaturschlüsselinhaber verlangen kann, **jederzeit aktuell** zu halten.

Die vertrauensbildende Infrastruktur der Zertifizierung ist nicht hoheitlich ausgestaltet, sondern **marktwirtschaftlich organisiert**. Zertifizierungsdiensteanbieter stehen untereinander im wirtschaftlichen Wettbewerb.[4] Sie bedürfen für ihre Tätigkeit zwar keiner Genehmigung. Ihre Zuverlässigkeit, Fachkunde und die Einhaltung des Sicherheitskonzepts wird aber **durch** die **Bundesnetzagentur überwacht** (§ 4 SigG). Die Bundesnetzagentur bildet in der Infrastruktur die oberste Instanz.

Der Zertifizierungsdiensteanbieter hat die Aufgabe einer **Registrierungsstelle und** einer **Zertifizierungsstelle**. Als Registrierungsstelle **identifiziert** er den Antragsteller als künftigen Teilnehmer des Signierverfahrens, registriert ihn und händigt ihm die Signaturkarte (Chipkarte) aus. Als Zertifizierungsstelle ist er für fünf wesentliche Verfahrensschritte des Schlüsselmanagements zuständig, nämlich die **Generierung** des Schlüsselpaares als Unikat in abstrahlsicheren Räumen, die **Zertifizierung** des Signaturschlüsselpaares durch elektronische Versiegelung der Verknüpfung von Schlüssel und Benutzeridentität, die **Personalisierung** des geheimen Schlüssels durch Über-

---
1 Norm eingefügt durch den BT-Ausschuss für Wirtschaft und Technologie, BT-Drucks. 14/5324.
2 *Reese* Vertrauenshaftung S. 18. Zum Erfordernis einer qualifizierten Signatur als Wirksamkeitsvoraussetzung einer in elektronischer Form (§ 130a Abs. 1 S. 2 ZPO) eingereichten Berufungsbegründung BGH NJW 2010, 2134 Rz. 22.
3 Näher zu den sog. asymmetrischen Verfahren *Jungermann* Beweiswert S. 9 ff.
4 Zur vergleichenden Werbung eines Anbieters OLG Köln NJWE-WettbR 1998, 56, 57.

tragung auf ein Speichermedium (in der Regel die Signaturkarte), das Verwalten der **Verzeichnisdienste** mit den Listen der gültigen und gesperrten Zertifikate und das Betreiben des die Nutzung eines Zeitstempels ermöglichenden **Zeitstempeldienstes**. Biometrische Merkmale enthält das Speichermedium nicht.[1]

4. Prüf- und Bestätigungsstellen

19 Vom Zertifizierungsdiensteanbieter zu unterscheiden sind Prüf- und Bestätigungsstellen, die gem. §§ 18 SigG, 16 SigV von der Bundesnetzagentur anzuerkennen sind. Sie prüfen als **unparteiische Dritte** gem. §§ 15 Abs. 2 SigG, 2 SigV umfassend die **Sicherheitskonzepte** akkreditierter Zertifizierungsdiensteanbieter und bestätigen die Übereinstimmung **technischer** Komponenten bzw. **Produkte** mit den Sicherheitsanforderungen nach dem Stand von Wissenschaft und Technik (§§ 15 Abs. 7 S. 1, 17 Abs. 4 SigG, 15 SigV).

III. Verweisungen auf den Urkundenbeweis

1. Entbehrliche Analogiebildung, formelle Beweisregeln

20 Die Verweisungen des § 371a Abs. 1 S. 1 und des § 371a Abs. 2 S. 1 machen frühere Überlegungen entbehrlich, unter welchen Voraussetzungen und in welchem Umfang formelle Beweisregeln des Urkundenbeweisrechts auf elektronische Dokumente analog anzuwenden sind. Zugleich hat der Gesetzgeber – ebenso bereits durch § 371 Abs. 1 S. 2 – mit der Regelung anerkannt, dass **elektronische Dokumente** keine Urkunden sondern **Augenscheinsobjekte** sind. Der Beweis mit Hilfe elektronischer Dokumente ist ein Augenscheinsbeweis.[2]

21 § 371a ist im **Zusammenwirken mit § 371 Abs. 1 S. 2** zu lesen, der Regelungen für alle elektronischen Dokumente enthält, ohne dass es auf die Verwendung einer qualifizierten Signatur ankommt. Die Vorschriften des Urkundenbeweises über den **Editionsanspruch** des Beweisführers (§§ 422 ff.) sind kraft der Verweisung in § 371 Abs. 2 S. 2 anzuwenden. Der **Beweisantritt** ist eigenständig nach dem Vorbild des § 420 in § 371 Abs. 1 S. 2 geregelt. Ebenfalls eigenständig geregelt ist in § 371 Abs. 3 die **Beweisvereitelung**, für die das Urkundenbeweisrecht in § 427, § 441 Abs. 3 S. 3 und § 444 Spezialnormen enthält (allgemein zur Beweisvereitelung Kap. 8 § 30).

22 Verwiesen wird sowohl für **private** als auch für **öffentliche elektronische Dokumente** mit qualifizierter Signatur auf die Vorschriften über die Beweiskraft von Urkunden. Dabei handelt es sich um die speziellen **formellen Beweisregeln**, die in ihrem Anwendungsbereich den Grundsatz freier Beweiswürdigung (§ 286) verdrängen. Auf private elektronische Dokumente ist **§ 416** anzuwenden, auf öffentliche elektronische Dokumente sind es die **§§ 415, 417 und 418**.

2. Private elektronische Dokumente

a) Verweisung auf § 416

23 Für Privaturkunden bedeutet die Verweisung, dass die richterlichen **Rechtsfortbildungen zu § 416** ebenfalls in Bezug genommen werden. Dementsprechend gilt die formelle Beweisregel auch für den **Beweis der willentlichen Inverkehrgabe** (näher: Kap. 26

---
1 *Preuß* ZZP 125 (2012), 135, 146.
2 RegE FormVAnpG, BT-Drucks. 14/4987, S. 23.

Rz. 56) einer qualifiziert elektronisch signierten Erklärung. Im Beweis der Inverkehrgabe mit Willen des Ausstellers liegt die eigentliche Bedeutung des § 416.

§ 416 enthält keine Regelung über die Widerlegung des Ergebnisses der Beweisregelanwendung. Sie ist durch **analoge Anwendung des § 415 Abs. 2** in § 416 hineinzulesen (näher: Kap. 26 Rz. 78). Der Beweisgegner kann also den **Gegenteilsbeweis** führen, dass die elektronische Erklärung **abhanden gekommen** ist, also nicht mit Willen ihres vermeintlichen Ausstellers in den Verkehr gelangt ist (zum Bezugsgegenstand der Feststellung willentlicher Inverkehrgabe bzw. umgekehrt des Abhandenkommens s. unten Rz. 27). 24

Der Beweis der willentlichen Inverkehrgabe einer qualifiziert signierten elektronischen Willenserklärung gegen den **Einwand des Abhandenkommens** kann aus **materiell-rechtlichen** Gründen **überflüssig** sein, wenn die Verwendung der Signaturmedien bzw. Identifizierungsmittel (Smartcard etc.) der als Aussteller erscheinenden Person zuzurechnen ist.[1] 25

b) Gesonderte Echtheitsprüfung

Die Bedeutung des § 416 ist gering, weil die **Echtheit einer Urkunde** von der Beweisregel **nicht umfasst** wird. Für die Echtheitsbeurteilung gelten die Regelungen der §§ 439 und 440. Die Echtheit einer Urkunde ist mit allen normalen Beweismitteln zu beweisen. Steht bei einer unterschriebenen Urkunde die Echtheit der Namensunterschrift fest, wird nach **§ 440 Abs. 2** vermutet, dass der über der Urkunde stehende Text vom Aussteller herrührt, also ebenfalls echt ist. Auf diese Regelung verweist § 371a Abs. 1 nicht. Für die Beurteilung der Echtheit einer privaten elektronischen Erklärung mit qualifizierter Signatur gilt die **Sonderregelung** des **§ 371a Abs. 1 S. 2** (dazu unten Rz. 44). 26

Der für § 416 zu führende Gegenteilsbeweis des Abhandenkommens einer Erklärung überschneidet sich mit der Erschütterung des Anscheins der Echtheit der qualifizierten Signatur (dazu unten Rz. 66). Der **Echtheitsbeweis** gem. § 371a Abs. 1 S. 2 kann durch den Beweis **widerlegt** werden, dass die signierte Erklärung nicht vom Signaturschlüsselinhaber abgegeben wurde, weil ihm die **Signaturerstellungseinheit** (Signaturkarte) **abhanden gekommen** war und die zusätzlich benötigte PIN ausgespäht wurde.[2] Das bewiesene Abhandenkommen der Signaturkarte, also des privaten Schlüsselträgers, **zerstört** die Basis des **Echtheitsanscheins** der elektronischen Erklärung. Dann stammt selbstverständlich auch die Erklärung nicht vom Schlüsselinhaber. 27

Gelingt diese **Erschütterung nicht**, ist die Erzeugung der Erklärung durch den Schlüsselinhaber persönlich oder einen von ihm autorisierten Dritten in Anwendung des § 371a Abs. 1 S. 2 bewiesen. Er kann dann aber noch **zusätzlich** den gegen die Anwendung der formellen Beweisregel der §§ 371a Abs. 1 S. 1, 416 gerichteten Beweis führen, dass die signierte **echte** Erklärung deshalb **nicht mit** seinem **Willen in den Verkehr gelangt** ist, weil es sich z.B. um einen verwechselten Entwurf handelte, weil die E-Mail-Absendefunktion versehentlich angeklickt wurde,[3] oder weil das Absenden unter Zwang oder Drohung einer dritten Person erfolgte. 28

---

1 Dazu eingehend *Reese* Vertrauenshaftung und Risikoverteilung bei Verwendung qualifizierter elektronischer Signaturen, S. 120 ff.; s. ferner *Schemmann* ZZP 118 (2005), 161, 174.
2 *Oertel* MMR 2001, 419, 420; *Fischer-Dieskau/Gitter/Paul/Steidle* MMR 2002, 709, 713; *Roßnagel/Fischer-Dieskau* MMR 2004, 134, 138; *Schemmann* ZZP 118 (2005), 161, 171 und 173; so auch RegE FormVAnpG, BT-Drucks. 14/4987, S. 24 f.
3 *Schemmann* ZZP 118 (2005), 161, 177.

29 Der Einwand des **Abhandenkommens des Signiermediums** richtet sich gegen die Echtheit des Dokuments, der Einwand des **Abhandenkommens der Erklärung** i.S.d. § 416 gegen deren willentliche Inverkehrgabe aus sonstigen Gründen jenseits der Signaturkartenverwendung.[1] Für die Verweisung des § 371a Abs. 1 S. 1 auf § 416 und den damit verbundenen formellen Beweis der willentlichen Inverkehrgabe bleibt demgemäß fast kein Anwendungsbereich. Zu beachten ist überdies, dass **materiellrechtliche Zurechnungen** den Gegenteilsbeweis zur Ausschaltung des § 416 vielfach irrelevant machen.

c) Elektronisches Originaldokument

30 Die Beweisregelungen des § 371a Abs. 1 gelten nur für **elektronische Originaldokumente**. Die **Transformation einer Papierurkunde** in ein elektronisches Dokument durch **nachträgliches Einscannen** lässt im elektronischen Dokument die Sicherheitsmerkmale des Papierdokuments verloren gehen.[2] Auf ursprünglich papiergebundene Privaturkunden, die in ein elektronisches Dokument überführt worden sind, ist die Beweisregel des § 416 grundsätzlich nicht kraft der Verweisung des § 371a Abs. 1 S. 1 anzuwenden.[3] § 371b, der seit dem 17.10.2013 gilt, findet nur auf **gescannte öffentliche Urkunden** Anwendung.

31 Eine eingescannte Privaturkunde kann allerdings unter denselben Voraussetzungen **wie** eine **Urkundenfotokopie**, die hinsichtlich Echtheit und Fehlerfreiheit der Urschrift und hinsichtlich der Übereinstimmung mit der Urschrift nicht umstritten ist, Grundlage der Anwendung des § 416 sein[4] (näher dazu Kap. 28 Rz. 39). Das wird insbesondere in Betracht kommen, wenn die Papierurkunde durch das **Einscannen als Bilddatei** gespeichert, also nicht in ein digitales Textdokument umgewandelt wird. Soweit § 416 nicht anzuwenden ist, ist das durch Scannen hergestellte Dokument ein Augenscheinsobjekt, das das Gericht im Rahmen freier Beweiswürdigung zu bewerten hat. Auf **Papierausdrucke rücktransformierter** privater elektronischer **Dokumente**, die durch Einscannen von Papieroriginalen entstanden sind, ist das **Urkundenbeweisrecht nicht** anzuwenden. Insbesondere ist § 435 nicht analog anzuwenden;[5] dem steht die Beschränkung des § 416a entgegen.

32 Wird das **gescannte Papierdokument** mit einer **qualifiziert signierten Erklärung** der scannenden Stelle versehen, dass das Ausgangsdokument mit dem von ihr erzeugten elektronischen Dokument übereinstimmt, wird diese Erklärung von § 371a Abs. 1 S. 1 erfasst.[6] Die Echtheit der **elektronischen Übereinstimmungserklärung** wiederum ist in Anwendung des § 371a Abs. 1 S. 2 zu beurteilen.[7] Zur Transformation von Papierurkunden in elektronische Dokumente durch einen Notar s. unten Rz. 34. § 298a Abs. 2 ordnet für den mit **elektronischen Akten** geführten Zivilprozess an, dass dem Gericht eingereichte papiergebundene Unterlagen durch Einscannen zu transformieren sind, die **Papierversion** aber bis zum Verfahrensabschluss **aufzubewahren** ist. Das ist wegen des Beweisantritts durch Vorlage der Originalurkunde (§ 420) erforderlich.[8] Der Anspruch auf effektiven Rechtsschutz (Art. 19 Abs. 4, 20 Abs. 3 GG) verbietet

---

1 Unklar ist der Standpunkt von *Schemmann* ZZP 118 (2005), 161, 177. Fehlende Differenzierung bei *Jungermann* Beweiswert S. 121 ff.
2 *Roßnagel/Wilke* NJW 2006, 2145.
3 *Roßnagel/Nebel* NJW 2014, 886, 887.
4 Unberücksichtigt geblieben bei *Roßnagel/Wilke* NJW 2006, 2145, 2148.
5 Für mikroverfilmte Dokumente unzutreffend a.A. *Bütter/Aicher* WM 2005, 1729, 1737 f.
6 Zur Verpflichtung, elektronische Akten ordnungsgemäß zu führen und dafür in Übereinstimmung mit der Verpflichtung zur Wahrung optischer Identität (§ 7 EGovG) farbige Ursprungsdokumente auch farbig einzuscannen, VG Wiesbaden NJW 2014, 2060, 2061.
7 *Roßnagel/Wilke* NJW 2006, 2145, 2148.
8 *Viefhues* NJW 2005, 1009, 1013.

ebenfalls die Vernichtung, wenn es auf die Originaleigenschaft des Dokuments ankommt.[1]

Ist ein gescanntes Dokument im Rahmen **freier Beweiswürdigung** nach § 286 zu beurteilen, können **technische Sicherungen** den Beweiswert erhöhen. Dazu gehören qualifizierte Zeitstempel gem. § 2 Nr. 14 SigG und ein Dokumentenmanagementsystem.[2] Das Bundesamt für Sicherheit in der Informationstechnik (BSI) hat den Stand der Technik in der **Technischen Richtlinie 03138** (TR-RESISCAN) zusammengefasst. 33

3. Öffentliche elektronische Dokumente

Öffentliche elektronische Dokumente können von einer **Behörde** oder einer mit öffentlichem Glauben versehenen Person, in der Regel einem **Notar**, herrühren. § 371a Abs. 2 S. 1 greift die **Legaldefinition** des § 415 Abs. 1 S. 1 für öffentlichen Urkunden auf. Die dortigen Ausführungen gelten entsprechend. 34

Anzuwenden sind nach § 371a Abs. 2 S. 1 die **formellen Beweisregeln** des Urkundenbeweises gem. **§§ 415, 417 und 418**. Anders als für private elektronische Dokumente wird für öffentliche Dokumente von § 371a nicht verlangt, dass sie mit einer Signatur versehen sind. **Verzichtet** wird **schlechthin auf** eine **Signierung**, nicht nur auf die Anwendung eines besonderen Signierschlüssels. Es bleibt der Behörde oder Urkundsperson überlassen, durch interne Vorkehrungen für Authentizität des Dokuments zu sorgen. Insoweit gilt nichts anderes als bei der Errichtung öffentlicher Urkunden, etwa hinsichtlich der Verwendung von Dienstsiegeln. 35

Durch **öffentlich-rechtliche Spezialregelungen** (vgl. § 1 Abs. 3 SigG) wird für praktisch wichtige elektronische Kommunikationen angeordnet, dass öffentliche elektronische Dokumente **qualifiziert signiert** werden müssen (§ 3a VwVfG, § 36a SGB I, § 33 Abs. 3 SGB X, § 87a AO).[3] Teilweise ist die elektronische Form sogar ganz ausgeschlossen worden (z.B. in § 38a StAngG). 36

Das JKomG schreibt für **gerichtliche elektronische Dokumente** ebenfalls die qualifizierte Signatur vor (§ 130b ZPO, § 46 ArbGG, § 41a Abs. 1 S. 1 StPO, § 110 Abs. 1 S. 1 OWiG, § 55a Abs. 1 S. 3 VwGO, § 52a Abs. 1 S. 3 FGO, § 65a Abs. 1 S. 3 SGG).[4] Deren Missachtung führt zum **Rechtsmittelverlust**.[5] 37

Anwälte können gem. § 130a Abs. 1 ZPO **Schriftsätze in elektronischer Form** einreichen, sofern dies für das betreffende Gericht zugelassen worden ist (§ 130a Abs. 2). Benutzt werden muss dafür eine qualifizierte elektronische Signatur. Da die qualifizierte elektronische Signatur an die Stelle der eigenhändigen Anwaltsunterschrift tritt, muss die **Signatur** nach Auffassung des BGH **durch** einen zur Vertretung berechtigten **Anwalt** erfolgen,[6] der bestimmende Schriftsätze wegen der darin enthaltenen unmittelbar wirkenden Parteierklärung als Urheber ihres Inhalts verantworten soll. 38

---

1 Vgl. *Müller-Terpitz/Rauchhaus* MMR 2013, 10, 13; *Roßnagel* NJW 2013, 2710, 2709/2710.
2 Dazu *Roßnagel/Nebel* NJW 2014, 886, 889.
3 Zur Versäumung der Form beim Widerspruch gegen einen Beitragsbescheid VGH Kassel MMR 2006, 257. Zur Beweiserleichterung *Roßnagel/Fischer-Dieskau* NJW 2006, 806, 807 f.
4 Für ein übertriebenes Sicherheitsdenken hält dies *Schwoerer* Die elektronische Justiz, S. 78 ff., 148 ff.; kritisch auch *Viefhues* NJW 2005, 1009, 1001. Zur formgerechten Signierung einer Klageschrift bei monetärer Beschränkung der Signaturverwendungsmöglichkeit BFH DStRE 2007, 515 m. Bespr. *Fischer-Dieskau/Hornung* NJW 2007, 2897.
5 So in BGH NJW 2010, 2134 m. Bespr. *Hadidi/Mödl* NJW 2010, 2097; BFH NJW 2012, 334 Rz. 22 u. 26, stellt wesentlich auf die landesrechtliche Durchführungsverordnung (HbgERVV 2008) ab, deren Auslegung revisionsrechtlich nur beschränkt überprüfbar war.
6 BGH NJW 2011, 1294 m. Anm. *Hamm*. Zur Zulässigkeit sog. Container-Signaturen BGH NJW 2013, 2034 Rz. 10 m. krit. Bespr. *Müller* NJW 2013, 3758 f.

Es ist allerdings zweifelhaft, ob die möglicherweise **delegierte Signierung** als Problem der Formwirksamkeit erfasst werden sollte.[1]

39 **Ausdrucke öffentlicher** elektronischer Dokumente sind unter den Voraussetzungen des § 416a als Urkunden zu behandeln (dazu Kap. 23 § 83). Der umgekehrte Vorgang des **Scannens öffentlicher Urkun**den, also der Überführung in ein elektronisches Dokument betrifft § 371b. § 371b stellt seit dem 17.10.2013 eingescannte öffentliche Urkunden i.V.m. einer Identitätsbestätigung der **Originalurkunde gleich**. § 437 ist jedoch nur anwendbar, wenn zusätzlich eine qualifizierte elektronische Signatur angebracht worden ist.

40 § 39a BeurkG, der durch das JKomG geschaffen wurde, lässt **elektronische notarielle Vermerkurkunden** zu. Notare können daher **öffentliche Beglaubigungen** in elektronischer Form durch eigene Signierung vornehmen, die in einem Attribut-Zertifikat den Schlüsselinhaber als Notar ausweist.[2] Die Einreichung einer Gesellschafterliste erfolgt durch Zeugnisurkunde, die neben der qualifizierten Signatur keiner zusätzlichen Beglaubigung bedarf.[3] Für eine qualifizierte Signatur steht dem Notar keine Gebühr gem. § 55 Abs. 1 KostO (= Nr. 25100 KV zum GNotKG von 2013) zu.[4]

41 **Abschriftsbeglaubigungen** können sowohl bei der Umwandlung elektronischer Dokumente in Papierabschriften als auch bei Herstellung elektronischer Dokumente von papiergebundenen Erklärungen anfallen.[5] Die **Transformation** qualifiziert signierter elektronischer Dokumente in Papierausdrucke regelt **§ 42 Abs. 4 BeurkG**.[6] Der Notar hat eine Signaturprüfung vorzunehmen und ihr Ergebnis in der Beglaubigung zu dokumentieren.

42 Die **Beurkundung von Willenserklärungen** und sonstiger Niederschriften in unmittelbarer elektronischer Form ist **nicht** gestattet. Von der papiergebundenen Urkundenurschrift dürfen beglaubigte Abschriften gefertigt werden, nicht aber elektronische Ausfertigungen.[7] Die **Verwahrung privater** elektronischer Dokumente **durch** einen **Notar** erspart bei Langzeitaufbewahrung Vorkehrungen gegen den Verfall des Signaturbeweiswertes.

4. Abgrenzung: Materielle Beweiskraft

43 Auch bei elektronischen Dokumenten besagt eine formelle Beweiskraft nichts über den materiellen Beweiswert des Dokumenteninhalts. **Ungesicherte EDV-Dokumentationen** sind gegen **nachträgliche Veränderungen** nicht geschützt. Anders als bei papiergebundenen (eventuell sogar handschriftlich verfassten) Urkunden lassen sich spätere Ergänzungen oder Manipulationen kaum nachvollziehen.[8]

---

1 Eingehend dazu *Preuß* ZZP 125 (2012), 135, 151, 156 ff. (mit Hinweisen auf die Rspr. des BFH zur eingescannten Unterschrift).
2 Näher *Oertel* MMR 2001, 419, 422; *Malzer* DNotZ 2006, 9, 11 ff., 18 ff., *Jeep/Wiedemann* NJW 2007, 2439, 2441 f.
3 OLG Schleswig DNotZ 2008, 709, 711; KG DNotZ 2011, 911, 912; a.A. OLG Jena ZIP 2010, 1939 = DNotZ 2010, 793 m. Anm. *Bettendorf/Mödl*.
4 OLG Düsseldorf MDR 2010, 595.
5 *Oertel* MMR 2001, 419, 422; *Malzer* DNotZ 2006, 9, 13.
6 *Malzer* DNotZ 2006, 9, 16 ff.
7 *Malzer* DNotZ 2006, 9, 12.
8 Zur Verwendung in der ärztlichen Dokumentation eingehend *Spickhoff/Bleckwenn* VersR 2013, 1350, 1358 ff.

§ 82 Echtheitsbeweis

I. Echtheitsbeweis für private elektronische Dokumente

1. Normqualifizierung, Beweisgegenstand

§ 371a Abs. 1 S. 2 ist vom Gesetzgeber als ein gesetzlich geregelter Fall des **Anscheinsbeweises** angesehen worden.[1] Zur Erzeugung des Anscheins ist die Einhaltung von **Vorgaben des Signaturgesetzes** erforderlich. Bei der Verwendung einer qualifizierten elektronischen Signatur soll es sich um einen typischen Ablauf handeln, der eine Beweiserleichterung im Prozess rechtfertigt. Dem ist in der Literatur entgegengehalten worden, es handle sich um eine **gesetzliche Vermutung**, weil der Anscheinsbeweis auf **Erfahrungsannahmen des Gesetzgebers** beruhe, nicht aber auf richterlich festgestellten Erfahrungssätzen.[2]

Im Gesetzgebungsverfahren hat der Bundesrat in seiner Stellungnahme zum RegE des § 292a ZPO a.F. die **Existenz** entsprechenden **Erfahrungswissens** in Abrede genommen, weil dieses Wissen erst im Umgang mit der elektronischen Signatur erworben werden könne.[3] Richtig ist zwar, dass die Basis des Anscheinsbeweises grundsätzlich (zu Einschränkungen unten Rz. 66) vom Gesetzgeber vorgegeben ist; der Gesetzgeber wollte unterschiedliche richterliche Bewertungen in Bezug auf die bestehenden Erfahrungssätze ausschließen.[4] Die gesetzliche Regelung beruht gleichwohl auf Erfahrungswissen mathematischer und informationstechnischer Experten;[5] es darf von den Gerichten nicht generell in Zweifel gezogen werden.[6]

Von einem richterlich formulierten Anscheinsbeweis (dazu Kap. 16 Rz. 1 ff.) unterscheidet sich § 371a Abs. 1 S. 2 nicht in Bezug auf die **Einschränkung der freien Beweiswürdigung**. Richterliche Erfahrungssätze sind revisibel; über einen vom BGH akzeptierten Erfahrungssatz und einen darauf gestützten Anscheinsbeweis darf sich die Instanzrechtsprechung nicht unter Berufung auf § 286 hinwegsetzen. Gleiches gilt für § 371a Abs. 1 S. 2.

Die eintretende **Rechtsfolge** ist der Erfolg eines **Echtheitsbeweises**.[7] Mit der Begründung des Anscheins der Echtheit wird der **Nachweis** der **Integrität, Authentizität** und **korrekten Autorisierung** des Dokuments geführt.[8] Wie jeder Hauptbeweis kann der Echtheitsbeweis durch gegenläufige Indizien widerlegt werden. Die Qualifizierung als „Anscheinsbeweis" besagt also nur, dass die **Annahme der Echtheit** bei Vorliegen bestimmter technischer Rahmenbedingungen des SigG **gerechtfertigt** und geboten ist, dass sie aber durch bewiesene „Erschütterungstatsachen" widerlegt wird. Die „Erschütterung" bedeutet nicht die Führung eines Hauptbeweises des Gegenteils (zur Unterscheidung von Gegenbeweis und Gegenteilsbeweis Kap. 3 Rz. 5).

Ob § 371a Abs. 1 S. 2 wirklich nur eine Beweiserleichterung bewirkt, ist in Zweifel gezogen worden, weil die vom SigG vorgesehenen technisch-organisatorischen

---

1 RegE zum FormVAnpG BT-Drucks. 14/4987, S. 22 und 44 („kein Fremdkörper innerhalb des zivilprozessualen Beweisrechts"). Dem folgend *Roßnagel* NJW 2001, 1817, 1826; *Fischer-Dieskau/Gitter/Paul/Steidle* MMR 2002, 709, 710; *Hähnchen* JuS 2001, 2831, 2833; *Tettenborn* CR 2000, 683, 689; *Jandt* K&R 2009, 548, 554.
2 *Schemmann* ZZP 118 (2005), 161, 182; ihm im Grundsatz folgend *Musielak*, Festschrift Vollkommer (2006), S. 237, 251.
3 RegE BT-Drucks. 14/4987, S. 37.
4 RegE BT-Drucks. 14/4987, S. 44.
5 RegE BT-Drucks. 14/4987, S. 44 (Gegenäußerung der BReg).
6 *Schemmann* ZZP 118 (2005), 161, 172.
7 *Schemmann* ZZP 118 (2005), 161, 165.
8 *Fischer-Dieskau/Gitter/Paul/Steidle* MMR 2002, 709, 710.

Grundlagen der Feststellung des Echtheitsbeweises so **streng** seien, dass mit ihrer Feststellung **mehr als** ein bloßer **Anschein** bewiesen sei und es somit auf eine Anwendung des § 371a Abs. 1 S. 2 nicht mehr ankomme.[1] **Bezweifelt wird** also, dass der **Anscheinsbeweis** angesichts der Grundlagen des Anscheins **faktisch erschüttert** werden kann. Letztlich hängt dies davon ab, was man als Feststellungsvoraussetzungen für den Echtheitsanschein ausreichen lässt; sie müssen im Rahmen richterrechtlicher Feinarbeit erst noch herausgearbeitet werden.

2. Geltung für signierte Erklärungen

49 Während § 292a nur für eine signierte „Willenserklärung" galt, ist dieser Begriff in § 371a Abs. 1 S. 2 auf „Erklärung" erweitert worden. Damit erfasst die Norm **auch Wissenserklärungen** wie z.B. Quittungen.[2] Auf diese Weise lassen sich digitalisierte Fotos mit einer signierten Erklärung über die Entstehung der Fotos verbinden und als Kombination von schriftlicher Zeugenaussage (§ 377) und Augenscheinssubstitution (Kap. 22 Rz. 19) zu Beweiszwecken verwenden.[3] Anwendbar ist die Neuregelung ferner auf **rechtsgeschäftsähnliche Erklärungen** wie z.B. Mahnungen, Fristsetzungen oder Anzeigen.[4]

50 **Weggefallen** ist in § 371a Abs. 1 S. 2 die vorherige **Bezugnahme auf § 126a BGB**. Daher ist belanglos, ob mit der zu beweisenden signierten Erklärung eine vorgeschriebene gesetzliche Schriftform ersetzt werden soll.[5]

3. Das Verschlüsselungsverfahren

51 Qualifizierte elektronische Signaturen beruhen auf einem mathematisch-wissenschaftlichen Verschlüsselungsverfahren.[6] Es handelt sich um ein **Public Key Kryptoverfahren**, das zwei einander komplementär zugeordnete mathematische Schlüssel benutzt. Verwendet werden ein geheimer **privater Schlüssel** und ein **öffentlich zugänglicher Schlüssel**, der Signaturprüfschlüssel. Die Schlüsselinhalte lassen sich bei Einhaltung des Standes von Wissenschaft und Technik **nicht wechselseitig errechnen**. Eine Entschlüsselung ist immer nur unter Einsatz des Komplementärschlüssels eines Schlüsselpaares möglich. Der öffentliche Signaturprüfschlüssel ist aus dem Verzeichnis des Zertifizierungsdiensteanbieters jederzeit für jedermann abrufbar.

52 Aus dem Klartext, dem die Signatur als ein Siegel beigefügt wird, wird ein **Hashwert** errechnet, in den Anzahl und Art der Zeichen sowie deren Reihenfolge eingerechnet werden. Der Hashwert wird mit dem privaten Schlüssel **verschlüsselt** (signiert), der sich auf einer **nicht auslesbaren Chipkarte** (Signaturkarte = **Smartcard**) befindet. Eingefügt wird der auf der Karte befindliche Schlüssel über ein an den Computer angeschlossenes Lesegerät. Zusätzlich muss eine mindestens **sechsstellige PIN** eingegeben (Kombination von Kartenbesitz und wissensbasierter Identifikation) oder ein biometrisches Verfahren benutzt werden. Als Ergebnis des Verschlüsselungsverfahrens steht die **digitale Signatur** zur Verfügung, die an die elektronische Datei **angehängt** und mit ihr übermittelt wird.

---

1 So zu § 292a ZPO a.F. *Roßnagel* NJW 2001, 1817, 1826; *Roßnagel* MMR 2000, 451, 459; *Oertel* MMR 2001, 419, 420.
2 RegE BR-Drucks. 609/04 S. 79; *Schemmann* ZZP 118 (2005), 161, 166.
3 Das Foto selbst ist nicht zu signieren, *Knopp* ZRP 2008, 156, 158.
4 *Schemmann* ZZP 118 (2005), 161, 166.
5 *Schemmann* ZZP 118 (2005), 161, 166.
6 Eingehend zur Technik *Bitzer/Brisch* Digitale Signatur, 1999; *Jungermann* Beweiswert S. 9 ff. (zur Methode der asymmetrischen Algorithmen).

Die zu signierende **Datei selbst** wird **nicht verschlüsselt**. Digitale Signaturverfahren verschleiern die zu versendende Erklärung bzw. Information nicht. Soweit Zertifizierungsdiensteanbieter anbieten, die Chipkarte **zusätzlich** mit einem **Textverschlüsselungsschlüsselpaar** auszustatten und die Verschlüsselungsschlüssel zertifizieren, damit die Datenübertragung in verlässlich verschlüsselter Form stattfinden kann, ist dieses Schlüsselpaar **von** dem **Signaturschlüsselpaar nach** dem **SigG** technisch und organisatorisch **getrennt**; die rechtlichen Vorgaben des Echtheitsbeweises gem. § 371a Abs. 1 S. 2 beziehen sich darauf nicht. 53

Zur **Feststellung der Identität des Verwenders** wird der **öffentliche Signaturprüfschlüssel** benutzt, der – einem Ausweis vergleichbar – von einem Zertifizierungsdiensteanbieter **garantiert** wird (**qualifiziertes Zertifikat**); das Zertifikat gibt Auskunft über die Echtheit des verwendeten öffentlichen Schlüssels des Absenders.[1] Der Empfänger der Datei muss die Echtheit des Schlüssels überprüfen. Die notwendigen Angaben erhält er durch das qualifizierte Zertifikat, das der eigentlichen Nachricht als Anhang beigefügt wird. Zusätzlich wird der **öffentliche Schlüssel des Zertifizierungsdiensteanbieters** benötigt, den die **Bundesnetzagentur ausgestellt** hat; er muss zu dem geheimen Schlüssel passen, mit dem der Zertifizierungsdiensteanbieter das Zertifikat signiert hat. Auf dessen Überprüfung ist der erste Prüfungsschritt gerichtet. Wenn die Echtheit des öffentlichen Schlüssels des Absenders feststeht (Feststellung der **Authentizität**), hat der Empfänger zu prüfen, ob die gesendeten Daten mit dem Hashwert des Originaltextes übereinstimmen, oder ob dieser Text während des Versendens verändert wurde (Feststellung der **Integrität**). 54

4. Voraussetzungen des Anscheinsbeweises

a) Positive Anforderungsbestimmung

Der Gesetzeswortlaut des § 371a Abs. 1 S. 2 stellt **nicht** die **Grundlagen des Anscheins** in den Vordergrund, **sondern** dessen **Erschütterung**, also den Gegenbeweis.[2] Voraussetzung des Anscheins ist „eine **Prüfung nach dem Signaturgesetz**". Diese Prüfung soll ermitteln, ob das elektronische Dokument mit einer (zumindest) qualifizierten Signatur i.S.d. SigG versehen ist.[3] Das ist der Fall, wenn die Signierung mit dem geheimen Schlüssel des Inhabers des den Schlüssel speichernden Signaturmediums erfolgt ist und der Schlüsselinhaber identifiziert worden ist. Die Einzelanforderungen der **Sicherheitsbewertung** ergeben sich aus **§ 2 Nr. 2a–d und Nr. 3a und b SigG**. In der signaturrechtlichen Literatur wird die Ansicht vertreten, auch die Einhaltung der Voraussetzungen des § 17 SigG sei Voraussetzung der Anwendung des Anscheinsbeweises.[4] 55

So wie beim Urkundenbeweis unter Geltung der Verhandlungsmaxime einzelne Voraussetzungen der Anwendung formeller Beweisregeln nach der Rechtsprechungspraxis von den Parteien unstreitig gestellt werden können (Kap. 28 Rz. 38), ist es auch bei der Prüfung einer elektronischen Signatur grundsätzlich möglich, **einzelne tatbestandliche Voraussetzungen** einer qualifizierten Signatur **unstreitig** werden zu lassen. Allerdings sind **zentrale** gesetzliche **Signaturanforderungen** immer zu **überprüfen**, 56

---

1 Zur Organisation des Vertrauens *Jungermann*, Beweiswert S. 27 ff.
2 *Bergmann*, Gedächtnisschrift Meurer (2002) S. 643, 649 (zu § 292a ZPO a.F.); *Musielak*, Festschrift Vollkommer (2006), S. 237, 250 f. A.A. wohl *Knopp* Anm. zu LG München I MMR 2008, 622, 624, der einen Umkehrschluss gegen einen Anscheinsbeweis aus dem Nichtvorliegen des § 371a ZPO zieht.
3 *Bergmann*, Gedächtnisschrift Meurer S. 643, 649.
4 *Fischer-Dieskau/Roßnagel/Steidle* MMR 2004, 451, 452; *Fischer-Dieskau/Gitter/Paul/Steidle* MMR 2002, 709, 712.

wenn die Signaturechtheit bestritten wird.[1] Dazu wird man jedenfalls die Verwendung eines privaten und eines öffentlichen Schlüssels und die Einschaltung eines Zertifizierungsdiensteanbieters rechnen müssen, die überhaupt erst die Einordnung als qualifizierte elektronische Signatur erlauben.

b) Unterscheidung qualifizierter und akkreditierter Signaturen

57 Der Anscheinsbeweis der Echtheit kann **nur mit qualifizierten Signaturen** oder höherwertigeren qualifizierten Signaturen mit Anbieter-Akkreditierung geführt werden (zu den Sicherheitsstufen oben Kap. 23 Rz. 12). Einzelne Einwendungen gegen die Signatur sind leichter zu überwinden, wenn der Signaturschlüssel von einem **durch** die **Bundesnetzagentur akkreditierten** Zertifizierungsdiensteanbieter ausgegeben worden ist und es sich daher um eine akkreditierte Signatur handelt.

c) Ausschließliche Signatur

58 Voraussetzung höherstufiger Signaturen ist die **ausschließliche Zuordnung** der Signatur zum Signaturschlüsselinhaber;[2] Signaturschlüsselinhaber ist eine natürliche Person (§ 2 Nr. 9 SigG). Die Ausschließlichkeit hat der Zertifizierungsdiensteanbieter zu prüfen. Er prüft auch die Verwendung von Komponenten, die für die Erzeugung von Signaturschlüsseln zugelassen sind, damit die **Einmaligkeit des privaten Schlüssels** gewährleistet ist.[3] Damit wird nachgewiesen, dass das Dokument **mit** dem **privaten Schlüssel** des Signaturverwenders **signiert** worden sein muss. Für die gerichtliche Überprüfung ist auf die Dokumentation des Zertifizierungsdiensteanbieters zurückzugreifen.

d) Identifizierung des Signaturschlüsselinhabers

59 Der Schlüsselinhaber wird mittels des Zertifikats identifiziert. Das setzt wiederum die **Gültigkeit des Zertifikats** voraus. Dessen langfristige Überprüfung ist nur bei Verwendung der Zertifikate akkreditierter Zertifikatdiensteanbieter gewährleistet.[4]

e) Signaturerzeugung

60 Die Signatur muss mittels einer **Signaturerstellungseinheit** erfolgt sein, die der Signaturschlüsselinhaber **unter** seiner **alleinigen Kontrolle** halten kann, in der Regel einer Signaturkarte (Smartcard). Der Signaturschlüssel muss dafür auf einem Datenträger gespeichert sein, der nur einmal vorhanden ist und aus dem nicht kopiert werden kann.[5] Darüber hinaus ist ein **Schutzmechanismus gegen** Finder, Diebe und andere **Unberechtigte** erforderlich, etwa die Verwendung einer PIN oder biometrischer Merkmale.[6] Der Zertifizierungsdiensteanbieter muss sich davon überzeugt haben, dass der Schlüsselinhaber eine sichere Signaturerstellungseinheit besitzt.[7]

---

1 *Schemmann* ZZP 118 (2005), 161, 167 m.w.N. (kein pauschaler Verzicht).
2 *Fischer-Dieskau/Gitter/Paul/Steidle* MMR 2002, 709, 711.
3 Vgl. *Fischer-Dieskau/Gitter/Paul/Steidle* MMR 2002, 709, 711; *Roßnagel* MMR 2003, 164, 165.
4 *Fischer-Dieskau/Gitter/Paul/Steidle* MMR 2002, 709, 711.
5 *Roßnagel* MMR 2003, 164, 165.
6 *Roßnagel* MMR 2003, 164, 166.
7 *Fischer-Dieskau/Gitter/Paul/Steidle* MMR 2002, 709, 711.

f) Unverfälschtheit der Daten

Die Signatur muss mit den signierten Daten in einer Weise verknüpft sein, dass nachträgliche Datenveränderungen erkannt werden können. Die Verknüpfung geschieht durch **sichere Hash- und Signaturverfahren**. Deren Sicherheiteignung hängt von der Verwendung von **Algorithmen** ab, die nach publizierter Einschätzung der Bundesnetzagentur, der das Bundesamt für Sicherheit in der Informationstechnik[1] zuarbeitet, sicher sind. Sie dürfen im Zeitpunkt der Sicherheitsbewertung **nicht älter als sechs Jahre** sein. Die Zeitschranke trägt dem Umstand Rechnung, dass die zur Verschlüsselung benutzten Algorithmen aufgrund technischen Fortschritts entschlüsselt werden können[2] und daher der **Signaturbeweiswert im Zeitablauf sinken** kann.[3] Digitale Signaturen haben also ein „Verfallsdatum"; das SigG gewährt ihnen keine zeitlich unbegrenzte Vermutung der Echtheit. 61

Eine archivierende Aktualisierung (Konservierung) kann entweder durch eine erneute Signierung (**Übersignierung**, §§ 6 Abs. 1 S. 1 SigG, 17 SigV) erfolgen, die dann allerdings in der Regel nicht der Aussteller der Erstsignatur vornehmen wird, oder – vorzugswürdig – durch automatische **Zufügung eines** qualifizierten **Zeitstempels** (§ 9 SigG).[4] Die Prüfung von Zeitstempeln ist nicht dem Prüfverfahren nach § 17 Abs. 2 S. 2 SigG unterworfen.[5] 62

g) Sicherheit der Signaturerstellungseinheit

Zur Sicherung der **Geheimhaltung und Einmaligkeit der Signaturerstellungseinheit** (Smartcard) ist erforderlich, dass der Zertifizierungsdiensteanbieter die Signaturerstellungseinheit vor Ausstellung des Zertifikats überprüft und das Ergebnis dokumentiert.[6] 63

h) Gültigkeit des Zertifikats

Die Signatur muss auf einem qualifizierten Zertifikat beruhen, das im Zeitpunkt ihrer Erstellung gültig ist. Ausgestellt werden kann ein qualifiziertes Zertifikat nur von einem **Diensteanbieter, der** die gesetzlich vorgeschriebenen **technisch-organisatorischen Sicherheitsanforderungen erfüllt**. Ist der Diensteanbieter bei der Bundesnetzagentur **akkreditiert**, bedarf es dafür keiner weiteren Beweismittel.[7] Ohne Akkreditierung muss ein gerichtlicher Sachverständiger auf die Dokumentation des Diensteanbieters zurückgreifen. 64

Die Echtheitsvermutung des **§ 15 Abs. 1 S. 4 SigG** erleichtert bei Verwendung akkreditierter Signaturen die Feststellung des Echtheitsanscheins (oben Kap. 23 Rz. 10). Sie umfasst aber nur die technischen und organisatorischen Prozesse des Zertifizierungsdiensteanbieters.[8] 65

---

1 www.bsi.de.
2 Dazu *Jungermann* Beweiswert S. 20 ff., 45 f.
3 Vgl. *Schemmann* ZZP 118 (2005), 161, 168.
4 *Schemmann* ZZP 118 (2005), 161, 168; s. ferner *Fischer-Dieskau/Gitter/Paul/Steidle* MMR 2002, 709, 712; *Fischer-Dieskau/Roßnagel/Steidle* MMR 2004, 451, 452.
5 Zur Kritik daran *Schemmann* ZZP 118 (2005), 161, 168 f.
6 Zum Auseinanderfallen von Zertifizierungsdiensteanbieter und Ausgeber der sicheren Signaturerstellungseinheit *Roßnagel* MMR 2006, 441 ff.
7 *Fischer-Dieskau/Gitter/Paul/Steidle* MMR 2002, 709, 712.
8 *Schemmann* ZZP 118 (2005), 161, 178.

5. Erschütterung des Echtheitsanscheins

66 Der Beweisgegner, der sich an der signierten Erklärung nicht festhalten lassen will, muss Erschütterungstatsachen vorbringen, wenn die Echtheit vorläufig feststeht. Ungeklärt ist, **welche Tatsachenbehauptungen** der Parteien **zur Führung des Anscheinsbeweises** gehören und welche der **Erschütterung** des vorläufigen Echtheitsbeweises zuzuordnen sind. Dies gilt insbesondere für die Detailanforderungen an die Organisationssicherheit der Zertifizierungsstellen als Vertrauensinstanz.[1] Das bedarf noch näherer technischer und rechtlicher Untersuchungen. Beeinflusst wird die Fixierung der technischen Standards auch von Einzelfallerkenntnissen, die aus zivilprozessualen Beweisverfahren gewonnen werden; sie können Grundlage für eine Anpassung technischer Standards sein. Zieht man den Umfang der Prüfungserfordernisse für die Ermittlung der Anscheinsechtheit zu weit, geht der Charakter einer Beweiserleichterung verloren; der gesetzgeberische Zweck (dazu oben Rz. 6) wird dann vereitelt. In der Rechtsanwendungspraxis muss der **Inhalt einer technischen Standardprüfung, die** die widerlegbare **Echtheitsvermutung trägt**, näher herausgearbeitet werden.

67 **Unklar** ist z.B., ob die Verwendung eines Schlüssels, der vom Zertifizierungsdiensteanbieter auf einer auslesbaren Diskette ausgeliefert wurde, so dass zum Signieren nicht eine sichere Signaturerstellungseinheit verwendet wurde, eine Erschütterung des vorläufig geführten Echtheitsscheins bedeutet,[2] oder ob ein derartiges Fehlverhalten bereits in Form ein Negativbeweises Gegenstand der die Anscheinsechtheit tragenden Feststellungen des gerichtlichen Sachverständigen sein muss und ohne dazu getroffene Feststellungen schon die vorläufige beweismäßige Feststellung der Echtheit scheitert.

68 Erschütterungstatsache ist das Vorbringen des Beweisgegners, die für das Signieren benutzte **Smartcard samt PIN** sei von einem Dritten **unautorisiert verwendet** worden, etwa weil sie gestohlen oder anderweitig abhanden gekommen und die PIN ausgespäht worden ist (oben Rz. 27). Einwenden können soll der Beweisgegner auch, dass die **Daten** beim Signieren **fehlerhaft oder unvollständig angezeigt** worden sind, weil die dafür verwendeten Anwendungskomponenten fehlerhaft gearbeitet haben,[3] dass vom Zertifizierungsdiensteanbieter das Zertifikat und damit die Schlüssel einer falschen Person zugeordnet worden sind,[4] dass § 5 Abs. 1 S. 1 SigG zuwider eine **fehlerhafte Personenidentifizierung** stattgefunden hat,[5] dass ein Zertifikat **nicht** weisungsgemäß **gesperrt** worden ist (§ 8 Abs. 1 S. 1 SigG),[6] dass die verwendeten Signaturalgorithmen nicht mehr als sicher gelten,[7] oder dass der **Identifizierungs- und Übergabeprozess** des Zertifizierungsdiensteanbieters systematische **Defizite** aufweist.[8]

69 **Streitige Erschütterungstatsachen** müssen vom Beweisgegner ihrerseits bewiesen werden, ehe sie die Anscheinsechtheit erschüttern können.[9]

---

1 Unklar ist die von *Jungermann*, Beweiswert S. 113, vorgeschlagene Reduzierung der Anscheinsvoraussetzungen auf die positive Überprüfung der qualifizierten elektronischen Signatur nach dem SigG.
2 So wohl *Schemmann* ZZP 118 (2005), 161, 167.
3 *Fischer-Dieskau/Gitter/Paul/Steidle* MMR 2002, 709, 713. zur Anzeige der zu signierenden Daten auch *Roßnagel/Fischer-Dieskau* MMR 2004, 134, 136; *Jungermann*, Beweiswert S. 127.
4 *Schemmann* ZZP 118 (2005), 161, 172.
5 *Schemmann* ZZP 118 (2005), 161, 172.
6 *Schemmann* ZZP 118 (2005), 161, 172.
7 *Schemmann* ZZP 118 (2005), 161, 175.
8 *Roßnagel* NJW 2005, 385, 388.
9 *Malzer* DNotZ 2006, 9, 30. Unzutreffend a.A. *Schröter* WM 2000, 2134 („nur plausibel dartun"); *Jungermann* Beweiswert S. 127.

6. Hilfsweise: Beweiswürdigung nach § 286

Sofern es nicht gelingt, den Echtheitsanschein mittels § 372a Abs. 1 S. 2 zu beweisen, 70
können die festgestellten Sicherheitsmerkmale gleichwohl beweiserhebliche Bedeutung im Rahmen **freier Beweiswürdigung** erlangen.[1] Es kommt dann auf **zusätzliche Beweisindizien** an. Dazu gehört z.B., ob ein Fälschungsinteresse erkennbar ist.[2] Zum Beweis der Absendung von E-Mails, deren Papierausdruck als Beweismittel verwendet werden soll, s. Kap. 16 Rz. 73 und Kap. 26 Rz. 55.

7. Ausländische elektronische Signaturen

Ausländische Signaturen sind inländischen qualifizierten Signaturen mit und ohne 71
Anbieter-Akkreditierung unter den Voraussetzungen des § 23 Abs. 1 und 2 SigG
gleichgestellt. Formelle Voraussetzung ist gem. § 18 Abs. 2 SigV die **Feststellung gleichwertiger Sicherheit** durch die Bundesnetzagentur.[3] Sichere Signierungen aus anderen EU-Staaten dürfen gegenüber inländischen Signaturen nicht benachteiligt werden.[4]

Für **andere ausländische** elektronische **Dokumente** und das ihnen zugrunde liegende 72
Sicherheitssystem gilt § 286.[5]

II. Echtheit öffentlicher elektronischer Dokumente

Öffentliche Dokumente erlangen ihren **erhöhten Beweiswert** wegen der Mitwirkung 73
einer **Amtsperson**. Für sie verlangt § 371a Abs. 2 S. 1 grundsätzlich nicht die Verwendung einer qualifizierten Signatur, damit die formellen Beweisregeln anzuwenden sind. Die Verwendung einer **qualifizierten Signatur** ist aber durch **Spezialvorschriften** für in der Praxis wichtige Dokumente vorgeschrieben.

Die **Echtheitsvermutung** des § 437 für **inländische** öffentliche Urkunden ist auf öf- 74
fentliche elektronische Signaturen nur anzuwenden, wenn das Dokument qualifiziert signiert worden ist (§ 371a Abs. 2 S. 2; ab 1.7.2014: § 371a Abs. 3 S. 1). Für **ausländische** öffentliche **elektronische Dokumente** gilt die Echtheitsvermutung nicht, auch wenn § 23 Abs. 1 SigG unter dort bezeichneten Voraussetzungen ausländische und inländische Signaturen mit qualifiziertem Zertifikat innerhalb der EU und des Europäischen Wirtschaftsraums gleichstellt. Grenzen setzt dieser Ungleichbehandlung nur das unionsrechtliche Diskriminierungsverbot.

§ 83 Umwandlung öffentlicher elektronischer Dokumente in Papierdokumente, § 416a ZPO

I. Entstehung des § 416a

§ 416a ist durch das Justizkommunikationsgesetz (JKomG) vom 22.3.2005[6] geschaf- 75
fen worden. Die Norm steht in engem **Zusammenhang mit § 371a**, der in dieser Fas-

---
1 Vgl. RegE zum SigG 2000, BT-Drucks. 14/4662, S. 28: Beweiswert im Rahmen von § 292a ZPO(a.F.) „und im Rahmen der freien Beweiswürdigung"; *Roßnagel* NJW 2005, 385, 388.
2 Vgl. *Fischer-Dieskau/Roßnagel/Steidle* MMR 2004, 451, 454.
3 Nach *Jungermann*, Beweiswert S. 131, nicht Voraussetzung des Echtheitsanscheinsbeweises.
4 *Blaurock/Adam* ZEuP 2001, 93, 98.
5 Zum elektronischen Konnossement „Bolero – bill of lading" im Seefrachtverkehr v. *Bernstorff* RIW 2001, 504, 509 f.
6 BGBl. I 2005, 827 und S. 2022; RegE v. 13.8.2004, BT-Drucks. 15/4067.

sung ebenfalls auf das JKomG zurückgeht. Ihr **Wortlaut** ist in doppelter Hinsicht **misslungen** und bedarf der teleologischen Korrektur. Weitere Regelungen zu öffentlichen elektronischen Dokumenten hat Art. 1 des Gesetzes zur Förderung des elektronischen Rechtsverkehrs mit den Gerichten vom 10.10.2013[1] eingeführt.

II. Transformation elektronischer Dokumente

1. Grundsätzlich kein Urkundenbeweis

76 Elektronische Dokumente sind Augenscheinsobjekte und damit Gegenstand des **Augenscheinsbeweises** (Kap. 22 Rz. 31, Kap. 23 Rz. 20). Durch § 371, § 371a und § 371b werden allerdings Regelungen des Urkundenbeweisrechts in Bezug genommen oder es wird auf sie verwiesen. Werden elektronische Dokumente ausgedruckt und damit in ein Papierdokument überführt, kommt dem Ausdruck grundsätzlich **keine Urkundenqualität** zu. Insbesondere sind auf die Ausdrucke ohne Sonderregelung nicht die formellen Beweisregeln der §§ 415–418 anzuwenden. Derartige Ausdrucke haben selbst bei notarieller Beglaubigung des Ergebnisses der Medientransformation nicht den Charakter einer Urkunde. Sie sind Beweismittel, deren Wert im Rahmen **freier Beweiswürdigung** (§ 286) beurteilt werden muss.

2. Sonderregelung für öffentliche elektronische Dokumente

77 Wird ein **öffentliches** elektronisches Dokument ausgedruckt und mit einem Beglaubigungsvermerk versehen, entsteht dadurch ein Dokument, das der **beglaubigten Abschrift** einer öffentlichen Urkunde gleichgestellt ist. Sie reicht für einen Beweisantritt nach §§ 420, 435 aus. Damit **vertritt** der beglaubigte **Papierausdruck das** elektronische **Originaldokument** als Urkunde, soweit auf das Originaldokument nach § 371a Abs. 2 S. 1 die formellen Urkundenbeweisregeln anzuwenden sind, also die Normen der **§§ 415, 417 und 418**.

78 Für **gerichtliche** elektronische **Dokumente** (§ 130b) gelten die **§§ 165, 314**. Bei ihnen tritt ein **Transfervermerk** an die Stelle einer Beglaubigung. Ein vollständiger Transfer von Aufzeichnungen einer im elektronischen Dokument eventuell enthaltenen Videosequenz (vgl. § 128a) kommt nicht in Betracht.[2]

III. Anforderungen an das elektronische Dokument

1. Elektronisches Originaldokument

79 Das elektronische Dokument muss als solches errichtet worden sein.[3] § 416a gilt **nicht** für ein elektronisches Dokument, das **durch Einscannen** eines ursprünglichen Papierdokumentes **entstanden** ist (zum Einscannen s. auch Rz. 30).

2. Öffentliches Dokument

80 Die Sonderregelung des § 416a gilt nur für öffentliche, **nicht** hingegen **für private** elektronische Dokumente. Weiterreichenden privaten Gesetzgebungsvorschlägen[4] ist der Gesetzgeber zu Recht nicht gefolgt.

---

1 BGBl. I 2013, 3786.
2 *Berger* Elektronische Dokumente S. 141, 146.
3 Zöller/*Geimer*[30] § 416a Rz. 1.
4 *Geis* CR 1993, 653 ff.; dazu *Britz* ZZP 110 (1997) 61, 86.

Für öffentliche Dokumente von Behörden oder Notaren stellt der Wortlaut des § 416a 81
keinen personellen **Zusammenhang** zwischen der **Errichtung** des elektronischen
Dokuments **und** der **Beglaubigung** des Papierausdrucks her. Gestattet man es einer
Behörde oder einem Notar, eine Beglaubigung des Ausdrucks eines **fremden** elektronischen **Dokuments** zu erteilen, ist die Wahrscheinlichkeit der Authentizität und Integrität des Originaldokuments insbesondere in den Fällen nicht gesichert, in denen
das Originaldokument nicht qualifiziert signiert worden ist. Der **Wortlaut des § 416a**
ist daher **einzuschränken**: Die Beglaubigung der Medientransformation muss von der
Behörde oder Urkundsperson vorgenommen werden, die das elektronische Originaldokument errichtet hat. Wird diese Korrektur nicht vorgenommen, ist jedenfalls regelmäßig gem. §§ 371a Abs. 2 S. 1, 435 S. 1 von Amts wegen die Vorlage des Originaldokuments anzuordnen.

Für den Ausdruck eines **gerichtlichen Dokuments** mit Transfervermerk gem. § 298 82
Abs. 2 entsteht das Problem ungesicherter Authentizität und Integrität des Textes
nicht. § 416a verlangt insoweit, dass der Vermerk vom **zuständigen Gericht** erteilt
worden sein muss. Überdies schreibt § 130b eine qualifizierte elektronische Signatur
vor.

3. Signaturerfordernis

Das elektronische Dokument muss **nicht signiert** oder gar qualifiziert signiert worden sein.[1] § 416a verweist generell auf § 371a Abs. 2, der in S. 2 eine qualifizierte 83
Signatur nur für den Echtheitsbeweis nach § 437 fordert. Auf öffentliche elektronische Dokumente sind die formellen Beweisregeln des Urkundenbeweisrechts nach
§ 371a Abs. 2 S. 1 schlechthin anzuwenden. Allerdings existieren für die wichtigsten
Anwendungsbereiche **Sonderregelungen** (vgl. Rz. 36 ff.), die die Beifügung einer qualifizierten Signatur verlangen. Dann kann dem Ausdruck eines in eine Papierform
transformierten elektronischen Dokuments auch nur unter dieser Voraussetzung der
Beweiswert der Abschrift einer öffentlichen Urkunde zukommen. **Beglaubigte Abschriften** öffentlicher elektronischer Dokumente **ohne qualifizierte Signatur** sind in
derartigen Fällen nicht zur Beweisführung nach §§ 415, 417 oder 418 zuzulassen.

§ 84 Sonstige elektronische Beweise

I. Elektronischer Identitätsnachweis mittels maschinenlesbaren Personalausweises

Das am 1.11.2010 in Kraft getretene Personalausweisgesetz (PAuswG) sieht vor, dass 84
ein in den Ausweis **integrierter Chip** die Personaldaten enthält und die Verwendung
des Ausweises als **Signaturkarte** ermöglicht. Als Signaturerstellungseinheit unterliegt
der Ausweis den Vorgaben des SigG. Nach § 22 PAuswG gilt der Ausweis als sichere
Signaturerstellungseinheit.

Elektronisch nachgewiesen wird mittels der Chipdaten die **Identität der Person**, die 85
als Urheber einer Handlung, insbesondere einer Willenserklärung festzustellen ist.
Die **Authentisierung** unter Verwendung des Ausweises und der zugehörigen PIN ist
als solche Gegenstand eines **Anscheinsbeweises**, der durch konkrete Anhaltspunkte
für einen Trojanerangriff zu erschüttern ist[2] oder durch die ernsthafte Möglichkeit

---

1 A.A. Thomas/Putzo/*Reichold*[33] § 416a Rz. 2; MünchKommZPO/*Schreiber*[4] § 416a Rz. 4.
2 Abweichend *Borges* NJW 2010, 3334, 3338: Führung des Anscheinsbeweises nur bei Ausschluss
eines Trojanerangriffs.

der Weitergabe oder des Abhandenkommens des Ausweises.¹ Eine etwaige **Rechtsscheinhaftung** bleibt davon **unberührt**.

86 Aufgrund bewiesener Authentisierung ist die Vornahme der **Handlung durch** den **Ausweisinhaber** im Wege des **Anscheinsbeweises** bewiesen. Für die Beurteilung der **Echtheit** einer damit verbundenen Erklärung gilt dann **§ 440 Abs. 2**. Erschüttert wird der Anschein durch konkrete Anhaltspunkte für eine Infizierung des Rechners durch einen Trojaner.²

87 Die EU hat einen Verordnungsvorschlag vorgelegt (Kom [2012] 238/2), der die elektronische Identifizierung **unionsrechtlich** regeln soll.³

II. Elektronische Post im DE-Mail-Dienst

88 Das DE-Mail-Gesetz vom 28.4.2011 soll nach seinem § 1 Abs. 1 einen sicheren, vertraulichen und nachweisbaren Geschäftsverkehr im Internet ermöglichen. Beweisrechtlich von Bedeutung sind der **Postfach- und Versanddienst** gem. § 5 und der **Identitätsbestätigungsdienst** gem. § 6. Um die Zielsetzungen des E-Government-Gesetzes (EGovG) vom 25.7.2013⁴ zur Förderung der elektronischen Verwaltung zu unterstützen, ist zugleich das De-Mail-Gesetz geändert worden. Ermöglicht werden soll die elektronische Kommunikation mit den Verwaltungsbehörden.⁵ De-Mail-Dienste sollen für die Bundesverwaltung angeboten werden.⁶ Ab 2020 soll eine elektronische Aktenführung für Bundesbehörden eingerichtet werden.

89 Die Eröffnung eines **De-Mail-Kontos** setzt eine **Identifizierung des Nutzers** voraus. Die Voraussetzungen werden in Orientierung an § 3 Abs. 1 SigV durch § 3 Abs. 3 S. 1 Nr. 4 De-Mail-G geregelt.

90 Nach § 7 De-Mail-G kann der Nutzer erklären, dass er sein Konto für den Zugang von Behördennachrichten öffnet. Das Senden einer De-Mail kann **als konkludente Zugangseröffnung** angesehen werden.⁷

91 § 5 Abs. 7 regelt die **Versandbestätigung**, Abs. 8 die **Bestätigung des Eingangs** einer Nachricht im DE-Mail-Postfach des Empfängers und Abs. 9 die **Abholbestätigung** bei förmlichen Zustellungen durch eine öffentliche Stelle nach den Vorschriften der Prozessordnungen.

92 Mit dem DE-Mail-Dienst darf der **ungesicherte E-Postbrief** der Deutschen Post AG nicht verwechselt werden. Bei derartigen Diensten trägt der Empfänger ein Risiko in zeitlicher Hinsicht, weil es für den **Zugangszeitpunkt** auf die bloße Wahrnehmbarkeit im Empfangsbereich ankommt.

93 Die **Identitätsdaten** werden übermittelt, wenn sich der Nutzer dieser Möglichkeit bedient und der akkreditierte Diensteanbieter die Nachricht mit einer qualifizierten elektronischen Signatur versieht. Dafür gilt dann § 371a. Diese Authentisierungsmöglichkeit tritt in **Konkurrenz** zu derjenigen nach **§ 18 PAuswG**.⁸

---

1 *Borges* NJW 2010, 3334, 3338.
2 *Borges* NJW 2010, 3334, 3337.
3 Kritisch dazu *Spindler/Rockenbauch* MMR 2013, 139 ff.
4 BGBl. I 2013, 2749.
5 *Roßnagel* NJW 2013, 2710, 2711.
6 *Roßnagel* NJW 2013, 2710, 2712.
7 *Roßnagel* NJW 2013, 2710, 2715.
8 *Roßnagel* NJW 2011, 1473, 1476.

Da die **Abholbestätigung** nach § 5 Abs. 9 S. 5 De-Mail-G mit einer qualifizierten elektronischen Signatur zu versehen ist, gelten dafür §§ 371a Abs. 2, 415 und 437 ZPO.[1] Die **Versandbestätigung** und die **Eingangsbestätigung** sind nach § 5 Abs. 7 S. 3 bzw. nach § 5 Abs. 8 S. 4 mit einer qualifizierten elektronischen Signatur zu versehen. Dafür gilt dann § 371a Abs. 1 ZPO. Da es sich um **private Dokumente** handelt, ist § 416 ZPO anzuwenden.[2] Ebenfalls einen **Anschein der Echtheit** begründet gem. § 371a Abs. 2[3] eine elektronische Nachricht, die von einer natürlichen Person versandt worden ist, wenn das De-Mail-Konto gem. § 4 Abs. 1 S. 2 De-Mail-G sicher angemeldet und dem Anmelder allein zugeordnet ist. Für qualifiziert signierte **öffentliche Dokumente** gilt gem. § 371a Abs. 3 S. 1 die Echtheitsvermutung des § 437. Dieselbe Regelung greift nach § 371a Abs. 3 S. 2 ein, wenn eine nach § 5 Abs. 5 De-Mail-G absenderbestätigte De-Mail mit sicherer Anmeldung von einer öffentlichen Behörde oder einer mit öffentlichem Glauben versehenen Person versandt wurde.[4]

III. Elektronisches Anwaltspostfach

Zur Förderung des elektronischen **Rechtsverkehrs mit den Gerichten** hat der Gesetzgeber durch Gesetz vom 10.10.2013[5] mit § 130a Abs. 4 Nr. 1–4 ZPO sichere **elektronische Übermittlungswege** benannt, die den Nachweis der Zustellung elektronischer Dokumente durch **elektronisches Empfangsbekenntnis** ermöglichen sollen (§ 174 Abs. 4).[6]

Alternativ zur DE-Mail-Infrastruktur kann die Übermittlung nach § 130a Abs. 4 Nr. 2 zwischen einem **besonderen elektronischen Anwaltspostfach** und der elektronischen Poststelle des Gerichts erfolgen. Standardmäßig werden die Nachrichten Ende-zu-Ende verschlüsselt.[7] Einzurichten hat das besondere elektronische Anwaltspostfach die Bundesrechtsanwaltskammer (§ 31a BRAO). Dieser Teil der Neuregelung tritt am 1. Januar 2018 in Kraft. Die damit ermöglichten elektronischen Zustellungen bergen für den Zustellungsempfänger die Gefahr der Versäumung von Fristen, wenn er nicht beachtet, dass die Erlangung der elektronischen Verfügungsmacht den Zugangszeitpunkt markiert.[8] Die Rechtsprechung zur „physischen" Zustellung ist nicht übertragbar.

IV. Ausländische elektronische Signaturen

Das Gesetz über Rahmenbedingungen für elektronische Signaturen v. 16.5.2001 (BGBl. I 2001, 876) stellt in § 23 Abs. 1 unter den dort bezeichneten Voraussetzungen die elektronischen Signaturen mit einem **ausländischen qualifizierten Zertifikat** aus einem anderen Mitgliedstaat der EU oder aus einem anderen Vertragsstaat des Abkommens über den Europäischen Wirtschaftsraum gleich. Durch dieses Gesetz ist die Richtlinie 1999/93/EG des Europäischen Parlamentes und des Rates v. 13.12.1999 (ABl. EG Nr. L 13 2000, S. 2) in nationales Recht transformiert worden.

---

1 *Roßnagel* NJW 2011, 1473, 1477.
2 Dazu auch *Spindler* CR 2011, 309, 315; *Preuß* ZZP 125 (2012), 135, 167.
3 Geltung ab 1.7.2014.
4 Geltung am 1.7.2014.
5 BGBl. I 2013, 3786.
6 Dazu *Hoffmann/Borchers* CR 2014, 62, 64.
7 *Hoffmann/Borchers* CR 2014, 62, 65.
8 Vgl. dazu den Fall österr. OGH ÖJZ 2014, 471.

Kapitel 24:
Augenscheinseinnahme des Abstammungsbeweises

	Rz.		Rz.
§ 85 Besonderheiten des Abstammungsbeweises		III. Unzumutbarkeit	
		1. Allgemeines	57
I. Duldungspflicht und unmittelbarer Zwang als Mittel der Stoffsammlung		2. Art der Untersuchung und Zumutbarkeit	62
1. Gesetzesgeschichte	1	3. Folgen der Untersuchung und Zumutbarkeit	63
2. Qualifizierung des Beweismittels	6	4. Gesundheitsnachteil und Zumutbarkeit	70
II. Betroffene Interessen	7	IV. Umfang der Duldungspflicht	
III. Sachlicher und personeller Anwendungsbereich	16	1. Personenkreis	73
§ 86 Untersuchungsart, wissenschaftliche Methoden		2. Duldungs-, nicht Mitwirkungspflicht	77
I. Allgemeines		V. Zeitpunkt der Untersuchungsanordnung, Rechtshilfedurchführung	79
1. Beweisthemen	20		
2. Beweismethoden	22	**§ 88 Verweigerung der Untersuchung**	
II. Untersuchung herkömmlicher (phänotypbestimmter) Blutgruppensysteme		I. Allgemeines	82
		II. Weigerung ohne Angabe von Gründen	85
1. Ausschluss durch Merkmalsvergleich	25	III. Weigerung unter Angabe von Gründen	
2. Beweiswürdigung	28	1. Verfahren	89
III. DNA-Analyse	31	2. Rechtsmittel	95
IV. Biostatistische (serostatistische) Begutachtung	37	3. Relevante Weigerungsgründe	99
§ 87 Voraussetzungen der Duldungspflicht		IV. Nichterscheinen zum Untersuchungstermin	103
I. Erforderlichkeit	40	V. Wiederholte Weigerung	
1. Entscheidungserheblichkeit und Beweisbedürftigkeit	41	1. Unmittelbarer Zwang	110
2. Ausreichende Substantiierung/Ausforschungsbeweis	42	2. Schlussfolgerungen im Rahmen der Beweiswürdigung (§ 371 Abs. 3)	114
3. Vorrangige Ausschöpfung anderer Beweismittel	49	VI. Ausländische Testperson, Auslandsbeweisaufnahme	
4. Entgegenstehende Rechtskraft eines Anfechtungsurteils	52	1. Personal- und Gebietshoheit	118
II. Aufklärbarkeit	55	2. Rechtshilfe	121

§ 85 Besonderheiten des Abstammungsbeweises

Schrifttum:

Anslinger/Rolf/Eisenmenger, Möglichkeiten und Grenzen der DNA-Analyse, DRiZ 2005, 165; *Beitzke/Hosemann/Dahr/Schade*, Vaterschaftsgutachten für die gerichtliche Praxis, 3. Aufl. 1978; *Böhm/Graf v. Luxburg/Epplen*, DNA-Fingerprinting, ein gentechnologisches Verfahren erleichtert, beschleunigt und verbilligt die Vaterschaftsfeststellung durch Gutachten, DAVorm 1990, 1101; *Böhm/Waldenmaier/Epplen/Krawczak* Bartel, Diskussion: Die humangenetische Abstammungsbegutachtung, Stellungnahmen zu den Ausführungen von Ritter in FamRZ 1991, 646, FamRZ 1992, 275; *Boennecke*, Beweislast- und Rechtskraftprobleme beim Zahlvaterschafts- und beim Abstammungsrechtsstreit in der gerichtlichen Praxis, NJW 1953, 1085; *Bosch*, Die Pflicht zur Duldung von Untersuchungen gem. § 372a ZPO

1950, DRiZ 1951, 137; *Bosch*, Von der richtigen Grenzziehung zwischen Pflicht und Freiheit, DRiZ 1951, 107; *Bosch*, Untersuchungen zur Feststellung der Abstammung, SJZ 1947, 314; *Brinkmann*, Das neue Vaterschaftsgutachten, Münster 1997; *Brosius-Gersdorf*, Das Kuckucksei im Familiennest – Erforderlichkeit einer Neuregelung der Vaterschaftsuntersuchung, NJW 2007, 806; *Eichberger*, Aktuelle Probleme der Feststellung der Abstammung (§ 372a ZPO), Diss. jur. Regensburg 1988; *Dunz*, Der unzulässige Ausforschungsbeweis, NJW 1956, 769; *Esser*, Kann die Duldung einer Blut- bzw. erbbiologischen Untersuchung mit der Begründung, sie sei als Ausforschungsbeweis unzulässig, verweigert werden?, MDR 1952, 537; *Haußer*, Nochmals: Aktuelle Fragen der Zahlvaterschaft, NJW 1959, 1811; *Häsemeyer*, Drittinteressen im Zivilprozeß, ZZP 101 (1988), 385; *Hausmann*, Internationale Rechtshilfe in Abstammungsprozessen und Beweisvereitelung im Ausland, FamRZ 1977, 302; *Tobias Helms*, Die Feststellung der biologischen Abstammung. Eine rechtsvergleichende Untersuchung zum deutschen und französischen Recht, 1999; *Tobias Helms*, Das neue Verfahren zur Klärung der leiblichen Abstammung, FamRZ 2008, 1033; *Henrichs*, Keine Verfassungsbeschwerde wegen angeblich zu Unrecht angeordneter Blutentnahme nach § 372a ZPO?, FamRZ 1956, 274; *Hiendl*, Das Blutgruppen- und erbbiologische Gutachten im Alimentenprozeß des unehelichen Kindes, NJW 1963, 1662; *Hildebrandt*, Der positive Vaterschaftsnachweis aufgrund statistischer Auswertung von Blutgruppenbefunden, Diss. jur. Göttingen 1997; *Hoff*, Aktuelle Fragen der Zahlvaterschaft, NJW 1959, 803; *Hoppe*, Ausschöpfung von Beweismitteln im Vaterschaftsprozeß, DAVorm 1986, 11; *Hoppe/Kramer/Pahl/Bassy*, Neue Wege im Abstammungsgutachten, DAVorm 1997, 13 u. 495, dazu Stellungnahmen von *Gathof/Henke/Martin/Ritter*, DAVorm 1997, 497 und *Hummel*, DAVorm 1997, 257; *Hummel*, Welcher Nutzen für die biologische Verwandtschaftsbegutachtung ist von DNS-Analysen zu erwarten?, DAVorm 1989, 33; *Hummel*, Voraussetzungen für die Verwendung einer DNS-Analyse mit Single- und Multi-Locus-Sonden in Fällen strittiger Blutsverwandtschaft, NJW 1990, 753; *Hummel/Mutschler*, Zum Umfang der Beweisaufnahme bei gerichtlicher Vaterschaftsfeststellung, NJW 1991, 2929; *Jescheck*, Die Entwicklung der Zivilprozeßpraxis seit 1945, ZZP 65 (1952), 364; *Kalkhoff*, Zeugungsfähigkeit (Oligospermie, Prostataexpression), DAVorm 1974, 85; *Kretschmer*, Eingriffe in die körperliche Integrität im Zivilprozeß, dargestellt an § 372a ZPO, Diss. jur. Würzburg 1976; *Lang*, Der Ausforschungsbeweis im Unterhaltsprozeß des unehelichen Kindes, DRiZ 1962, 229; *Lüderitz*, Ausforschungsverbot und Auskunftsanspruch bei Verfolgung privater Rechte, Tübingen 1966; *Merkert*, Nochmals: Das Blutgruppen- und erbbiologische Gutachten im Alimentenprozeß des unehelichen Kindes, NJW 1963, 2361; *Meyer*, § 372a ZPO und der Abstammungsprozeß, DRiZ 1951, 34; *Niemeyer*, Die Pflicht zur Duldung von Blutuntersuchungen, MDR 1952, 199; *Oepen/Ritter*, Das anthropologisch-erbbiologische Gutachten im Abstammungsprozeß, NJW 1977, 2107; *Pohle*, Das neue einheitliche Zivilprozeßrecht, MDR 1950, 642; *Rath*, Die Bedeutung der Vaterschaftsvermutung nach § 1600o Abs. 2 BGB unter besonderer Berücksichtigung der gegenwärtigen medizinisch-naturwissenschaftlichen Möglichkeiten der Blutgruppenbegutachtung, Diss. jur. Münster 1998; *Reichenbach*, Zivilprozessuale Verwertbarkeit rechtswidrig erlangter Informationen am Beispiel heimlicher Vaterschaftstests, AcP 206 (2006), 598; *Reichelt*, Verfahren, Zulässigkeit und Auswirkungen der DNA-Technologie (genetischer Fingerabdruck) auf den Anwendungsbereich der Vaterschaftsvermutung im Rahmen des § 1600o II BGB, Schriften zum deutschen und europäischen Zivil-, Handels- und Prozeßrecht Band 136, 1992; *Reichelt*, Anwendung der DNA-Analyse (genetischer Fingerabdruck) im Vaterschaftsfeststellungsverfahren, FamRZ 1991, 1265; *H. Ritter*, Die humangenetische Abstammungsbegutachtung, FamRZ 1991, 646; *H. Ritter*, Diskussionsschlußwort, FamRZ 1992, 277; *Ritter/Martin*, Die humangenetische Abstammungsbegutachtung, DAVorm 1999, 663; *Chr. Rittner*, Begründung für eine serologische Zweistufen-Begutachtung im Abstammungsprozeß, NJW 1974, 590; *Roth-Stielow*, Der Abstammungsprozeß, 2. Aufl. 1978; *Roth-Stielow*, Zum Beweiswert des Blut- und Ähnlichkeitsgutachtens, NJW 1977, 2114; *Sautter*, Die Pflicht zur Duldung von Körperuntersuchungen nach § 372a ZPO. Zugleich ein Beitrag zur Verfassungsmäßigkeit des § 81a StPO, AcP 161 (1962), 215; *Schultz*, DNA-Test in der Migrationskontrolle ZRP 2009, 115; *Senge*, Strafverfahrensänderungsgesetz – DNA-Analyse, NJW 1997, 2409; *Senge*, Gesetz zur Änderung der Strafprozeßordnung (DNA-Identitätsfeststellungsgesetz), NJW 1999, 253; *Sieg*, Verweigerung der Blutentnahme im Zivilprozeß bei Gefahr strafrechtlicher Verfolgung eines Angehörigen, MDR 1980, 24; *Sonnenfeld*, Das neue Recht zur Klärung der leiblichen Abstammung unabhängig vom Anfechtungsverfahren, Rpfleger 2010, 57; *Spielmann*, Blutgruppenzweitgutachten bzw. Ergänzungsgutachten, DAVorm 1982, 253; *Taroni/Mangin*, L'expert et la preuve génétique ADN:

le rapport analytique est-il encore suffisant? SchwJZ 94 (1998) 505; *Teplitzky*, Das Vaterschaftsgutachten in der neueren Rechtsprechung, NJW 1965, 334; *Weber*, Körperliche Untersuchung eines Dritten im Abstammungsprozeß, NJW 1963, 574; *Wiegand/Kleiber/ Brinkmann*, DNA-Analytik, Kriminalistik 1996, 720; *Wieser*, Das neue Verfahren der Vaterschaftsanfechtung, MDR 2009, 61; *Zender*, Rechtshilfe bei Zwangsmaßnahmen zur Blutentnahme?, NJW 1991, 2947; *Zeuner*, Zur Tragweite negativer Abstammungsentscheidungen, Festschrift Schwind (Wien 1988), S. 383.

I. Duldungspflicht und unmittelbarer Zwang als Mittel der Stoffsammlung

1. Gesetzesgeschichte

1 § 372a ist für Abstammungsverfahren seit der Reform des FGG von 2008 mit Wirkung ab 1.9.2009 **durch § 178 FamFG ersetzt** worden und hat nur noch **eingeschränkte Bedeutung** für nicht vom Familiengericht zu entscheidende Prozesse, in denen die Abstammung als Vorfrage geklärt werden muss, etwa zur Klärung der Erbenstellung. Inhaltlich unterscheiden sich § 372a und § 178 FamFG nicht.

2 § 372a geht auf das Gesetz über die Änderung und Ergänzung familienrechtlicher Vorschriften vom 12.4.1938 [RGBl. I S. 380] zurück. In dessen Art. 3 § 9 Abs. 1 wurde in Anlehnung an den am 24.11.1933 geschaffenen § 81a StPO [RGBl. I S. 1000] erstmals eine gesetzliche Pflicht für Parteien und Zeugen normiert, sich in familienrechtlichen Streitigkeiten, soweit dies zur Feststellung der Abstammung eines Kindes erforderlich ist, „**erb- und rassenkundlichen Untersuchungen**" zu unterwerfen, insbesondere die **Entnahme von Blutproben** für Blutgruppenuntersuchungen zu **dulden**. Bei einer Weigerung „ohne triftigen Grund" konnte nach § 9 Abs. 2 **unmittelbarer Zwang** angewendet werden. Durch die Verordnung über die Angleichung familienrechtlicher Vorschriften vom 6.2.1943 [RGBl. I S. 80] wurde **die Duldungspflicht** auf alle streitigen Verfahren und auf Verfahren der freiwilligen Gerichtsbarkeit **erweitert** sowie in personeller Hinsicht auf Beteiligte und auf Eltern und Großeltern erstreckt. Außerdem wurde bestimmt, dass die Gefahr strafrechtlicher Verfolgung kein triftiger Grund für eine Weigerung ist.

3 Der 1950 durch das Gesetz zur Wiederherstellung der Rechtseinheit in die bundeseinheitliche ZPO eingefügte § 372a [BGBl. I 1950, 455] verankerte dort eine **erzwingbare Duldungspflicht** für Untersuchungen zur Feststellung der Abstammung. Im Hinblick auf die betroffenen Verfahren haben § 372a und § 178 FamG einen genauso weiten Anwendungsbereich wie die Vorschrift der Verordnung von 1943. In personeller Hinsicht gehen sie sogar darüber hinaus („jede Person"). Getilgt wurden 1950 die rassekundlichen Untersuchungszwecke. Im Übrigen **verringerte** § 372a die **Eingriffsmöglichkeiten**, indem das Recht zur Untersuchungsverweigerung erheblich ausgedehnt wurde; Gefahren für die Gesundheit, der Erfolg der Sachverhaltsaufklärung unter Berücksichtigung anerkannter Grundsätze der Wissenschaft und die Zumutbarkeit nach Art und Auswirkungen der Untersuchung wurden als begrenzende Tatbestandsmerkmale normiert.[1]

4 Die beispielhafte Verweisung des § 372a a.F. auf Vorschriften des BGB ist Änderungen des materiellen Kindschaftsrechts angepasst worden. Mit dem **Kindschaftsreformgesetz** vom 16.12.1997 [BGBl. I 1997, 2942] sind die §§ 1600c und 1600d BGB in Bezug genommen worden. Zuvor war durch das Nichtehelichengesetz vom 19.8.1969 [BGBl. I 1969, 1243] die Benennung des § 1717 durch § 1600o BGB ersetzt worden.

---

1 Vgl. RegE BT-Drucks. I/530, S. 18.

Mit der Verlagerung der wesentlichen Beweiserhebungen zur Abstammungsfeststellung in Verfahren nach § 178 FamFG ist der **Wortlaut** des § 372a n.F. **verschlankt** und dem Normtext des § 178 FamFG angepasst worden. Für genetische Abstammungsuntersuchungen ist § 17 GenDG i.d.F. vom 31.7.2009 zu beachten.

2. Qualifizierung des Beweismittels

Die Abstammungsfeststellung erfolgt durch Sachverständige. Erforderlich ist dafür ein Sachverständigengutachten und **nicht bloß** eine richterliche Wahrnehmung von Blutgruppenmerkmalen bzw. DNA-Analysematerial durch einen ärztlichen Sachverständigen als **Augenscheinsmittler**.[1] Insofern ist die Vorschrift systematisch falsch platziert; sie hätte zum Recht des **Sachverständigenbeweises** gehört.[2] Die **Gewinnung der Befundtatsachen** erfolgt jedoch **abweichend** von anderem Untersuchungsmaterial notfalls unter Anwendung staatlichen Zwangs, was diesen Teil der Beweisführung in den Mittelpunkt der Bewertung gerückt hat.

II. Betroffene Interessen

Während die beiden Vorläufer des § 372a a.F. in erster Linie dem Ziel dienten, der nationalsozialistischen **Rassenideologie** Geltung zu verschaffen (vgl. deren Wortlaut: „erb- und rassenkundliche Untersuchungen"),[3] zieht § 372a nur in etwas **autoritärer Form**[4] die prozessrechtliche Konsequenz aus der Bedeutung, die das materielle Recht einer zweifelsfreien Feststellung der **genetischen Abstammung** (biologischen Herkunft) einräumt, und nutzt die dafür vorhandenen naturwissenschaftlichen Möglichkeiten.

Das BVerfG hat § 372a a.F. als **verfassungsgemäß** angesehen; die Entnahme einer kleinen Blutmenge für eine Blutgruppenuntersuchung taste nicht den Wesensgehalt des Art. 2 Abs. 2 GG an.[5] Die Norm dient dem **Parteiinteresse an der Abstammungsfeststellung**, die nur mit Hilfe einer Blutentnahme oder einer sonstigen körperlichen Untersuchung möglich ist. In der Abstammungsfeststellung schlägt sich eine **kulturelle Bewegung** nieder, die im letzten Viertel des 20. Jahrhunderts von Nordeuropa ausgehend in weitere europäische Staaten vorgedrungen ist und in der Erforschung der Blutsbande einen hohen kulturellen Wert erblickt, und die sogar die Inkognitoadoption mit Misstrauen betrachtet. Den romanischen Familienrechtsordnungen war diese Betrachtungsweise bis in die 70-iger Jahre des 20. Jahrhunderts fremd.

Das Bundesverfassungsgericht hat einen **verfassungsrechtlichen Anspruch** des Kindes **auf Kenntnis seiner Abstammung aus Art. 2 Abs. 1 GG** hergeleitet, wenn auch mit der Einschränkung, es bestehe „kein Recht auf Verschaffung von Kenntnissen der eigenen Abstammung", sondern nur ein Schutz „vor der Vorenthaltung erlangbarer Informationen".[6] Ein entsprechendes Recht statuiert Art. 7 des UN-Übereinkommens

---

1 So aber *Pohle* NJW 1950, 642, 644.
2 Vgl. AK-ZPO/*Rüßmann* § 372a Rz. 1; Rosenberg/Schwab/*Gottwald*[17] § 118 Rz. 25.
3 *Bosch* SJZ 1947, 314, 324; s. RGZ 169, 223, 225: Der Untersuchungszwang beruhe „auf der volkspolitischen Bedeutung einer Klärung der Abstammungsverhältnisse", hinter der „persönliche Belange der Beteiligten zurückzutreten" hätten.
4 *Bruns* Zivilprozessrecht[2] § 34 Rz. 181a.
5 BVerfGE 5, 13, 15 = NJW 1956, 986; kritisch dazu *Henrichs* FamRZ 1956, 274 f.
6 BVerfGE 79, 256, 269 = NJW 1989, 891, 892 (zur Verweigerung der gerichtlichen Abstammungsfeststellung durch Ehelichkeitsanfechtung auf Antrag eines volljährigen Kindes; Gründe: „vielschichtiger ... Vorgang der Individualitätsfindung", „biologisch gesicherte Erkenntnisse keineswegs allein ausschlaggebend"); ebenso BVerfGE 90, 263, 271 = NJW 1994, 2475; BVerfGE 117, 202, 226 = NJW 2007, 753; BVerfG NJW 2010, 3772 Rz. 14, gegebenenfalls unter Aufwand hoher

vom 20.11.1989 über die Rechte des Kindes.[1] Art. 8 EMRK gewährt demgegenüber **keinen Anspruch** eines erwachsen gewordenen adoptierten Kindes auf Gewährung von Abstammungsinformationen aus Behördenakten unter Aufhebung der Geburtsanonymität, die das französische Recht traditionell kennt.[2] **Art. 8 EMRK** gebietet auch nicht, eine zwangsweise Durchsetzung von DNA-Tests in den nationalen Rechtsordnungen vorzusehen,[3] kann aber dazu verpflichten, das mittels einer DNA-Analyse ermittelte Abstammungsergebnis bei rechtlichen Konsequenzen für das Kindschaftsverhältnis zu berücksichtigen.[4] Zu der Rechtsprechung des BVerfG zum Anspruch des Kindes auf Kenntnis seiner Abstammung in Kontrast stand die familienrechtliche Rechtsprechung, die sich gegen **heimlich eingeholte private DNA-Vaterschaftstests** wandte, mit deren Ergebnis ein begründeter Anfangsverdacht für fehlende Abstammung und damit für eine hinreichend substantiierte Anfechtungsklage[5] geweckt oder die Grundlage für die Zulässigkeit einer Restitutionsklage geschaffen werden sollte.[6]

10 Ein **Justizinteresse des Staates** an einer richtigen Entscheidung ist als von § 372a oder § 178 FamFG geschütztes Interesse **nicht anzuerkennen**.[7] Es gibt keinen Grund, das öffentliche Interesse an der Wahrheitsfindung in zivilrechtlichen Verfahren um die genetische Abstammung höher zu bewerten als in anderen Prozessen. Verfehlt ist es, Verbindungslinien zum Strafprozess zu ziehen.

11 Der außergewöhnliche Charakter der Norm in Bezug auf Nichtparteien hat sich insofern abgeschwächt, als **Mitwirkungspflichten Dritter** an der Sachverhaltsaufklärung insbesondere durch das ZPO-ReformG von 2001 **verstärkt** worden sind: Dritten kann aufgegeben werden, sonstige Unterlagen einschließlich elektronischer Dokumente vorzulegen (§ 142 Abs. 1 und 2, § 371 Abs. 2 S. 2 i.V.m. § 428), ein Augenscheinsobjekt vorzulegen oder die Augenscheinseinnahme (ausgenommen die Wohnungsbe-

---

Kosten wegen der Beschreitung wissenschaftlichen Neulandes zur Ermittlung eines von zwei monozyten Zwillingsbrüdern als Vater, a.a.O. Rz. 15. Aus der Fachgerichtsbarkeit: OLG München FamRZ 1997, 1170; OLG Hamm NJW 2013, 1167, 1169 (Anspruch auf Information gegen Arzt nach heterologer Insemination). Ebenso MünchKommBGB/*Maurer*, 6. Aufl. 2012, vor § 1741 Rz. 35 u. 39 m.w.N. In der Schweiz wird dem Grundsatz nach ein Recht des volljährigen Kindes auf Kenntnis der wahren biologischen Abstammung bejaht nach Zeugung durch künstliche Fortpflanzung (BGE 125 I 257, 260 ff.) und im Falle der Adoption gegen die Adoptiveltern (BGE 128 I 63, 68 ff.), hinsichtlich der Adoption im Vorgriff auf einen neuen Art. 268c ZGB.

1 Convention of the Rights of the Child, ein Abkommen, das nicht unmittelbar bindend (self-executing) ist; BGBl. II 1992, 122. Darauf (sowie auf Art. 254 Nr. 2 ZGB) hat das schweiz. BG eine dem Kindesrecht korrespondierende Pflicht gestützt, einen Eingriff in die körperliche Integrität und damit das Recht der persönlichen Freiheit zu dulden, nämlich sich einen Abstrich der Wangenschleimhaut zur Durchführung einer die Vaterschaft klärenden DNA-Analyse gefallen zu lassen; Urt. vom 20.2.2002 – 5P.466/2001.
2 EGMR (Große Kammer), Urt. v. 13.2.2003 – 4326/98, Rs. Odièvre/Frankreich, NJW 2003, 2145, Rz. 44 ff. m. Bespr. *Verschraegen* ÖJZ 2004, 1 ff.
3 EGMR, Urt. v. 7.2.2002 – 53176/99, Rs. Mikulic/Kroatien Rz. 64.
4 EGMR, Urt. v. 16.6.2011 – 19535/08, Rs. Pascaud/Frankreich, NJW 2012, 2015 Rz. 57, 64 ff.
5 Zu diesem Erfordernis BGH NJW 1998, 2976; kritisch dazu *Mutschler* FamRZ 2003, 74, 75; Entschließungsantrag der FDP-Fraktion vom 11.3.2005, BT-Drucks. 15/4727.
6 BGHZ 162, 1, 5 ff. = BGH NJW 2005, 497, 498 f. = JZ 2005, 624 m. Anm. *Ohly* (Vorinstanzen: OLG Jena FamRZ 2003, 944 und OLG Celle NJW 2004, 449), Bespr.: *Rittner/Rittner* NJW 2005, 945 ff., A. *Wolf* NJW 2005, 2417 ff., *Wellenhofer* FamRZ 2005, 665 ff.; fortgesetzt von BGH NJW 2006, 1657, 1659; a.A. OLG Schleswig FamRZ 2005, 1097 (im PKH-Verfahren); OLG Dresden FamRZ 2005, 1491, 1492. Zu dem Konflikt wegen eines Rechts des Vaters auf Kenntnis der Vaterschaft *Rittner/Rittner* NJW 2002, 1745, 1749.
7 So aber *Eichberger* Aktuelle Probleme der Feststellung der Abstammung, Diss. jur. Regensburg (1988), S. 17; *Sautter* AcP 161 (1962), 215, 217 (allerdings mit Bedauern und rechtspolitischer Kritik); wohl auch *Bosch* SJZ 1947, 314, 315. Zweifelhaft auch die Sentenz in OLG Brandenburg FamRZ 2010, 1826 zum „hohen Interesse der Allgemeinheit an der Aufdeckung einer eventuell vorgetäuschten Vaterschaft", nämlich einer Gefälligkeitsanerkennung zur Erlangung der dt. Staatsangehörigkeit.

sichtigung) bzw. die Begutachtung durch einen Sachverständigen zu dulden (§ 144 Abs. 1 und 2, § 371 Abs. 2 S. 1) und sich als Zeuge vor der Aussage durch Einsichtnahme in Aufzeichnungen und andere Unterlagen aktiv zu informieren bzw. das Gedächtnis aufzufrischen sowie das Material zum Vernehmungstermin mitzubringen. Hingegen ist **nicht** in Anlehnung an § 372a die **Verpflichtung** einer Partei begründet worden, sich bei Zweifeln an ihrer **Prozessfähigkeit** durch einen ärztlichen Sachverständigen **untersuchen zu lassen**. Ein entsprechender Diskussionsvorschlag ist in der Kommission für das Zivilprozessrecht mit großer Mehrheit abgelehnt worden, weil eine derartige Duldungspflicht einen schwerwiegenden Eingriff in das Persönlichkeitsrecht darstelle.[1]

Dem Parteiinteresse an der Abstammungsfeststellung steht das **Integritätsinteresse** der **zu untersuchenden Person** gegenüber. In einer auf Entnahme biologischen Materials angewiesenen Untersuchung liegt selbst dann ein Eingriff in die **körperliche Unversehrtheit** (Art. 2 Abs. 2 S. 1 GG),[2] wenn der Eingriff – wie für die meisten Personen bei der Blutentnahme – relativ geringfügig ist. Die Anordnung zur Duldung einer Untersuchung stellt zudem unabhängig von deren Zeitverbrauch (etwa bei erbbiologischen Begutachtungen) wegen des Gebotes, sich bei Meidung möglichen unmittelbaren Zwangs (§ 372a Abs. 2 S. 2, § 178 Abs. 2 S. 2 FamFG) zum Vorladungszeitpunkt am Untersuchungsort einzufinden, einen Eingriff in die **persönliche Freiheit** (Art. 2 Abs. 2 S. 2 GG) dar.[3]

12

Nicht abschließend geklärt ist, ob die Vornahme einer DNA-Analyse einen Eingriff in die freie **Entfaltung der Persönlichkeit** (Art. 2 Abs. 1 GG) bedeuten kann.[4] Das daraus abgeleitete Recht auf informationelle Selbstbestimmung ist betroffen, wenn zur Beweisführung in künftigen Strafverfahren das DNA-Identifizierungsmuster („genetischer Fingerabdruck") von Straftätern auf der Grundlage des § 2 DNA-IdentitätsfeststellungsG i.V.m. § 81g StPO festgestellt und gespeichert wird.[5] Dass eine Untersuchung in den Schutzbereich eines Grundrechtes fällt, gibt noch keine Auskunft über das abschließende Ergebnis der verfassungsrechtlichen Würdigung. **Zu verneinen** ist,

13

---

1 Kommissionsbericht S. 153.
2 OLG München FamRZ 1997, 1170; OLG Frankfurt NJW 1988, 832; OLG Stuttgart NJW 1972, 2226; *Beitzke*, Anm. zu OLG Nürnberg NJW 1955, 1883; *Roth-Stielow* Abstammungsprozeß Rz. 296; *Weber* NJW 1963, 574; offengelassen von BVerfGE 5, 13, 15; KG NJW 1987, 2311. A.A. OLG Nürnberg FamRZ 1970, 597, 599; *Pohle* MDR 1950, 642, 645. Zu § 81a StPO bejaht von BVerfG NJW 1996, 771, 772 (Blutprobe für DNA-Analyse); NJW 1996, 3071, 3072; v. Mangoldt/Klein/*Starck*, GG 6. Aufl. 2010, Art. 2 Rz. 218. BVerfGE 47, 239, 248 = NJW 1978, 1149 sieht in der zwangsweisen Veränderung der Haar- und Barttracht zur Aufklärung einer Straftat nach § 81a StPO einen Eingriff in den Schutzbereich der körperlichen Unversehrtheit. Ebenso nach schweizerischem Verfassungsrecht für Blutentnahme und Wangenschleimhautabstrich BGE 124 I 80, 82 f.; BG, Urt. v. 29.5.2002, sic! 2002, 602 – DNA-Analyse.
3 OLG Hamm JMBlNRW 1951, 172 (erbbiologische Untersuchung); *Weber* NJW 1963, 574. Die h.M. zu Art. 2 Abs. 2 S. 2 GG klammert allerdings – mit unklarer Reichweite – die Ausübung staatlichen Zwangs mit bloßen Nebenfolgen für die Selbstbestimmung über den Aufenthaltsort aus dem Schutzbereich aus; vgl. dazu v. Mangoldt/Klein/*Starck* GG[6] Art. 2 Rz. 196 m.w.N.
4 BVerfG NJW 1996, 771, 772 f. hat „nach dem heutigen Stand wissenschaftlicher Erkenntnis" keine Bedenken gegen die Untersuchung einer Blutprobe zur Ermittlung von Straftätern nach § 81a StPO „im nicht-codierenden Bereich der DNA, die keine Informationen über erbliche Eigenschaften des Beschuldigten vermittelt".
5 BVerfG NJW 2001, 879, 880 m. Bespr. *Fluck* NJW 2001, 2292 ff. und BVerfG NJW 2001, 2320, 2321. DNA-IFG v. 7.9.1998 (BGBl. I 1998, 2646) mit nachfolgenden Änderungen. Zu geklärten und ungeklärten Fragen *Krause* Festschrift Rieß (2002), S. 261 ff. Das schweiz. BG sieht von der Erstellung eines DNA-Profils ebenfalls den Schutzbereich des Rechts auf informationelle Selbstbestimmung betroffen, Urt. v. 29.5.2002 – 1P.648/2001; sic! 2002, 602, 603. Zum englischen Recht Attorney-General's Reference (No. 3 of 1999) [2004] 3 W.L.R. 1165 (C.A.).

dass durch die denkbaren Untersuchungsmethoden die **Menschenwürde** (Art 1 Abs. 1 GG) tangiert sein kann.[1]

14 **Keinen Zuspruch** verdiente die vom BGH vertretene Ansicht, ein **heimlich eingeholtes** privates DNA-Abstammungsgutachten dürfe im Verfahren über die Anfechtung der Vaterschaft **nicht** zur Begründung eines Anfangsverdachts **verwertet** werden, weil es gegen das informationelle Selbstbestimmungsrecht des Kindes verstoße.[2] Die Abstammungsbeziehung berührt als zweiseitige Beziehung in gleicher Weise das Persönlichkeitsrecht des angeblichen Vaters, dessen Aufklärungsinteresse nicht von Verfassungs wegen hinter ein Vertuschungsinteresse des Kindes (faktisch: seiner Mutter) zurücktreten muss.[3] Auf Hinweise des BVerfG zur notwendigen Bereitstellung eines geeigneten Verfahrens allein zur Feststellung der Vaterschaft hat der Gesetzgeber 2008 reagiert und den **Anspruch auf Klärung der Abstammung**[4] (§ 1598a BGB) geschaffen und das Verfahren zur Anfechtung der Vaterschaft (§§ 1600 ff. BGB) **neu** geordnet.

15 Wegen der Grundrechtsrelevanz sind die tatbestandlichen Voraussetzungen der §§ 372a, 178 FamFG stets **streng zu prüfen**.[5] Dem Gebot der **Verhältnismäßigkeit** kommt dabei entscheidende Bedeutung zu. Im Rahmen der Zumutbarkeitsprüfung ist das **Interesse an** der **Wahrheitsfindung** gegen die Weigerungsinteressen der Untersuchungsperson auf der Grundlage der gesetzgeberischen Vorgaben abzuwägen.[6] Eine allgemeine Zumutbarkeitsprüfung findet allerdings nicht statt.[7]

III. Sachlicher und personeller Anwendungsbereich

16 § 372a a.F. war anwendbar in **allen** zivilprozessualen **Verfahren** und in den Verfahren der freiwilligen Gerichtsbarkeit, in denen es auf den Nachweis der **Abstammung** ankommt. Das waren **nicht nur Kindschafts- und Unterhaltssachen** nach §§ 640 ff. a.F.[8] In § 372a a.F. explizit genannt wurden die quantitativ häufigen Fälle der §§ 1600c und 1600d BGB. Bei den „anderen Fällen" konnte es sich zum Beispiel um einen **Erbschaftsprozess** oder um einen Streit über das **Namensführungsrecht** handeln.

17 Nur die zuletzt genannten Fälle sind dem § 372a n.F. verblieben, während die quantitativ wichtigeren Fälle, die vor dem Familiengericht zu verhandeln sind, in den **inhaltsgleichen § 178 FamFG** abgewandert sind; insoweit ist § 372 a.F. aber noch auf Altfälle anwendbar. Es muss nicht immer um die Feststellung der **Vaterschaft** gehen. Auch die Feststellung der **genetischen Mutter** kann Gegenstand der Untersuchung sein,[9] was z.B. für Fälle der Kindesverwechslung auf der Entbindungsstation oder der (in Deutschland rechtswidrigen) Leihmutterschaft bedeutsam ist (s. auch unten Rz. 20).

---

1 So aber Stein/Jonas/*Berger*²² § 372a Rz. 1.
2 BGHZ 162, 1, 6 ff.; BGH NJW 2006, 1657, 1658; BGH NJW-RR 2008, 449; bestätigt von BVerfG NJW 2007, 753. Gegen diese Rechtsprechung *Reichenbach* AcP 206 (2006), 598, 617 ff., 623, wegen Unvereinbarkeit eines Sachvortragsverbots mit dem Justizgewährungsanspruch.
3 Von BGHZ 162, 1, 8 mit falscher Akzentsetzung gewürdigt.
4 Dazu OLG Stuttgart NJWRR 2010, 77; OLG Karlsruhe NJW-RR 2010, 365; OLG Jena NJW-RR 2010, 300.
5 Stein/Jonas/*Berger*²² § 372a Rz. 1; Zöller/*Greger*³⁰ § 178 FamFG Rz. 1.
6 Stein/Jonas/*Berger*²² § 372a Rz. 11; AK-ZPO/*Rüßmann* § 372a Rz. 2.
7 A.A. MünchKomm/*Zimmermann*⁴ § 372a Rz. 13.
8 BGHZ 133, 110, 116/117, hat offen gelassen, ob dies auch zur Klärung des Haftungsschadens in einem Regressprozess gilt, den der Mann, dessen Vaterschaft festgestellt worden ist, gegen seinen früheren Anwalt führt.
9 Stein/Jonas/*Berger*²² § 372a Rz. 2.

Ob die Abstammungsfeststellung **Streitgegenstand** des Prozesses oder bloße **Vorfrage** (z.B. im Unterhaltungsprozess) ist, ist für die Abgrenzung des § 372a gegen § 178 FamFG von Bedeutung. Dieser Punkt kann auch die Beurteilung der Zumutbarkeit beeinflussen.[1] § 372a soll nicht anwendbar sein, wenn die Abstammung nicht zu den tatbestandlichen Voraussetzungen gehört, sondern nur als **tatsächliches Indiz** Bedeutung hat.[2] Konsequenter erscheint es, diesen Umstand erst im Rahmen der Zumutbarkeitsprüfung zu berücksichtigen,[3] da der Wortlaut des § 372a für eine solche Beschränkung des Anwendungsbereiches nichts hergibt. Dem Verhältnismäßigkeitsgrundsatz kann auch durch einzelfallbezogene restriktive Auslegung der Kriterien der Erforderlichkeit und Zumutbarkeit besser entsprochen werden. 18

Unanwendbar sind § 372a bzw. § 178 FamFG, wenn im Auftrag einer künftigen Prozesspartei ein neues Gutachten **zur Ermöglichung** eines **Restitutionsverfahrens nach § 641i** a.F. bzw. § 185 FamFG benötigt wird,[4] da dann noch kein Rechtsstreit anhängig ist.[5] Auch eine analoge Anwendung des § 372a bzw. des § 178 FamFG oder der §§ 809 ff. BGB in diesen Fällen ist abzulehnen.[6] Ihr steht der ausdrücklich abweichende Wille des Gesetzgebers entgegen.[7] Auch ein **selbständiges Beweisverfahren** ist zur Schaffung der Restitutionsvoraussetzungen nicht zulässig.[8] 19

§ 86 Untersuchungsart, wissenschaftliche Methoden

I. Allgemeines

1. Beweisthemen

Abstammungsfeststellungen können eine doppelte Richtung haben, nämlich entweder die **Verneinung** oder die **Bejahung der Elternschaft** bezwecken. Die Regelung der **gesetzlichen Mutterschaft** gem. § 1591 BGB sieht trotz der medizinischen Möglichkeiten artifizieller Fortpflanzung keine Korrektur vor, wenn Austragung des Kindes und biologisch-genetische Abstammung auseinanderfallen. Insoweit ist eine Mutterschaftsabstammung nicht beweisbedürftig. Davon können ausländische Familienrechtsordnungen jedoch abweichen.[9] Ein Kindschaftsverfahren nach § 640 Abs. 2 Nr. 1 ZPO a.F. bzw. ein Abstammungsverfahren nach § 169 FamFG zur Klärung der Mutterschaft kennt das deutsche Recht in Fällen der Kindesverwechslung oder Kin- 20

---

1 A.A. MünchKomm/*Zimmermann*[4] § 372a Rz. 14.
2 Stein/Jonas/*Berger*[22] § 372a Rz. 2. Beispiel: Beweis des Ehebruchs nach früherem Scheidungsrecht; ablehnend zur Beweiserhebung vor allem wegen Verstoßes gegen die Sperrwirkung des § 1593 BGB a.F. BGH NJW 1966, 1913, 1914.
3 So die ergänzenden Erwägungen in BGH NJW 1966, 1913, 1914 (Zumutbarkeit für Kind verneint wegen fehlenden Interesses des Kindes oder der Allgemeinheit).
4 OLG Celle FamRZ 1971, 592, 593; OLG Düsseldorf FamRZ 1978, 206; OLG Stuttgart FamRZ 1982, 193, 194; OLG Zweibrücken NJW-RR 2005, 307 = MDR 2005, 400; Stein/Jonas/*Berger*[22] § 372a Rz. 2 Fn. 6; *Gaul* Festschrift Bosch (1976), S. 241, 261; *Roth-Stielow* Abstammungsprozeß, Rz. 237.
5 OLG Celle FamRZ 1971, 592, 593.
6 OLG Stuttgart FamRZ 1982, 193, 194; MünchKommZPO/*Zimmermann*[4] § 372a Rz. 3; *Roth-Stielow* Abstammungsprozeß Rz. 237; a.A. *Odersky* Kommentar zum NichtehelichenG, 4. Aufl. 1978, § 641i Anm. II 4. Zur Verwertung eines einverständlich eingeholten Privatgutachtens OLG Brandenburg FamRZ 2009, 1931.
7 BT-Drucks. V/3719, S. 42; LG Berlin FamRZ 1978, 835, 836; OLG Stuttgart FamRZ 1982, 193, 194; *Roth-Stielow* Abstammungsprozeß Rz. 237.
8 OLG Celle NJW-RR 2000, 1100, 1101; OLG Zweibrücken MDR 2005, 400.
9 Art. 1 S. 2 des Brüsseler CIEC-Übereinkommens über die Feststellung der mütterlichen Abstammung nichtehelicher Kinder vom 12.9.1962 (BGBl. II 1965, 23) sieht vor, dass die durch Geburtseintrag festgestellte mütterliche Abstammung bestritten werden kann.

desunterschiebung. Denkbar ist schließlich eine statusfreie Abstammungsfeststellungsklage nach § 256 ZPO.

21 Im Regelfall geht es um die **Feststellung der Vaterschaft**. Beim **negativen** Vaterschaftsbeweis soll ausgeschlossen werden, dass ein bestimmter Mann der Vater des Kindes ist; beim **positiven Vaterschaftsbeweis** wird ein bestimmter Mann als Erzeuger bewiesen. Der Vaterschaftsausschluss engt die verbleibenden Abstammungskonstellationen ein; standen nach der Beweislage zwei Putativväter zur Wahl, bedeutet der Ausschluss, dass nur der andere Mann als Vater in Betracht kommt.

2. Beweismethoden

22 Zu den naturwissenschaftlichen Methoden, die für die Abstammungsfeststellung theoretisch in Betracht kommen,[1] lassen sich heute nur noch die **Blutgruppenuntersuchung**, die **serostatistische Zusatzberechnung** und die molekularbiologische **DNA-Analyse** zählen; die leistungsfähige und kostengünstige DNA-Analyse steht inzwischen im Vordergrund.[2] Früher zur Abstammungsfeststellung herangezogene Methoden wie das **erbbiologische Ähnlichkeitsgutachten**, die **Tragzeitanalyse** und die **Zeugungsfähigkeitsbestimmung** gehören wegen der Verlässlichkeit der zuerst genannten Methoden der Vergangenheit an. Für die Abstammungsgutachten der ersten Gruppe gibt es jeweils aktualisierte **Richtlinien des Robert-Koch-Instituts** (Teilnachfolgeinstitution des 1994 aufgeteilten Bundesgesundheitsamtes = **BGA**), die jedoch **nur Mindestanforderungen** für die Untersuchungen darstellen und durch den wissenschaftlichen Fortschritt überholt sein können.[3] Die Richtlinien haben keine unmittelbare rechtliche Bindungswirkung.[4]

23 Die **Reihenfolge** der Untersuchungen steht im **Ermessen des Gerichts**.[5] Der früher bevorzugte Beginn mit einer Blutgruppenuntersuchung[6] ist wegen des wissenschaftlichen Fortschritts bei der DNA-Analyse nicht mehr geboten. **Gesichtspunkte** für die **Ermessensausübung** sind vorrangig der **Beweiswert** und die **Beweissicherheit** der Untersuchungsmethode unter den Umständen des konkreten Falles, ferner die eventuell unterschiedliche Zugänglichkeit des Untersuchungsmaterials, die **Belastungsintensität** für die Untersuchungspersonen, die Zahl einzubeziehender Untersuchungspersonen, der mögliche Zeitpunkt des Abschlusses der Beweiserhebung und die Höhe der **Untersuchungskosten** unter Berücksichtigung der Wahrscheinlichkeit von Folgeuntersuchungen.

24 Die Abstammungsbegutachtung der nachfolgend unter Nr. 2 und 3 skizzierten Methoden setzt voraus, dass **Untersuchungsmaterial für Vergleichszwecke** zur Verfü-

---

1 Übersichtlich kurze Darstellung (die genetischen und biostatistischen Grundlagen einschließend) bei Erman/*Holzhauer*, BGB, 11. Aufl. 2004, § 1600c Rz. 5 ff. und (ausführlicher, vor allem zu den untersuchten Merkmalen) MünchKommBGB/*Wellenhofer*[6] § 1600d Rz. 62 ff.
2 Zu deren Unerlässlichkeit OLG Oldenburg NJW 2011, 941.
3 Abdruck der Fassung 1996 in Bundesgesundheitsblatt 1996, 312–316 und in FamRZ 1997, 344 mit Sachverständigenkritik in NJW 1997, 784 f. Die Novellierung trat an die Stelle der BGA-Richtlinien für Blutgruppengutachten vom 15.3.1990, Bundesgesundheitsblatt 1990, 264–268. Daneben galten die BGA-Richtlinien für DNA-Abstammungsgutachten von 1992 fort (Abdruck in Bundesgesundheitsblatt 1992, 592 f.). 2002 sind gemeinsam von Bundesärztekammer und Robert-Koch-Institut neue „Richtlinien für die Erstattung von Abstammungsgutachten" als Mindestanforderungen veröffentlicht worden (Dt. Ärzteblatt 2002, 665 ff.), die auf Kritik von Sachverständigen gestoßen sind (FamRZ 2003, 76 f.); die Arbeitsgemeinschaft der Sachverständigen für Abstammungsgutachten hat am 29.3.2003 ergänzende Leitlinien verfasst (FamRZ 2003, 81 f.).
4 BVerfG NJW 2010, 3772 Rz. 19.
5 MünchKommZPO/*Zimmermann*[4] § 372a Rz. 7.
6 Vgl. KG NJW 1974, 608, 609; AK/*Rüßmann* § 372a Rz. 5.

gung steht. Es wird in erster Linie vom Kind,[1] der Mutter und dem Eventualvater entnommen. Fehlendes Material kann durch Material weiterer Blutsverwandter (Eltern, Geschwister) ersetzt werden. Eine DNA-Analyse kann statt mit **Blutzellen** auch mit **anderen** (gegebenenfalls von Leichen entnommenen) **Körperzellen** (z.B. aus Speichel, Haarwurzeln) durchgeführt werden. Die Arbeitsgemeinschaft der Sachverständigen für Abstammungsgutachten sieht jedoch im Regelfall eine Blutprobe als notwendiges Material einer optimalen Untersuchung an.[2] Sie fordert dafür auch einen höheren Standard als bei der international üblichen Erfassung des genetischen Fingerabdrucks von Straftätern.

II. Untersuchung herkömmlicher (phänotypbestimmter) Blutgruppensysteme

1. Ausschluss durch Merkmalsvergleich

Die Blutgruppenuntersuchung, die **Merkmale** kombinierter **Blutzellsysteme** (z.Zt. Erythrozyten-Membranantigene, Serum-Proteinsysteme, Erythrozyten-Enzymsysteme, das die Antigene der weißen Blutkörperchen untersuchende HLA-System und DNA-Single-Locus-Polymorphismen) unter Berücksichtigung der Mendelschen Erbregeln **vergleicht**, eignet sich zum **Ausschluss der Vaterschaft**. Sie beruht auf der Erkenntnis, dass das Blut eines jeden Menschen **unveränderliche Merkmale** besitzt, die ausschließlich auf erblichen Faktoren beruhen. Hat ein Kind ein bestimmtes Blutmerkmal, muss es dies von seinen Eltern geerbt haben. Stammt das Merkmal nicht von der Mutter, muss es vom Vater stammen. Fehlt dem Eventualvater dieses Merkmal, kann er nicht der Vater des Kindes sein (klassischer oder Faktorenausschluss). 25

Beeinflusst werden die Ausschlussmöglichkeiten davon, ob Anlagen **reinerbig oder mischerbig** vorhanden und ob sie bei Mischerbigkeit **dominant oder rezessiv** sind. Beim Reinerbigkeitsausschluss lässt sich auch ohne Kenntnis der Blutmerkmale der Mutter ein Eventualvater ausschließen, nämlich dann, wenn der Vater ein Merkmal vererbt haben muss, das Kind dieses Merkmal aber nicht hat. 26

Ein **Reinerbigkeitsausschluss ist** nicht in allen Merkmalssystemen möglich. Seine Sicherheit wird durch die Möglichkeit stummer Merkmale beeinträchtigt. Daneben gibt es andere **seltene Unregelmäßigkeiten**, die einen **Ausschluss vortäuschen** können. Aufgrund der Anzahl der bei einer Standardbegutachtung untersuchten Merkmalssysteme besteht für einen Nichtvater eine **Wahrscheinlichkeit** von über 97 %, dass er als Vater ausgeschlossen wird. Bei Einbeziehung weiterer Systeme liegt diese Wahrscheinlichkeit bei über 99,9 %.[3] 27

2. Beweiswürdigung

Bereits an die serologischen Gutachten hat die Rechtsprechung Aussagen zur **Einschränkung der Beweiswürdigung** geknüpft. **Erfahrungssätzen** für einen Ausschluss der Vaterschaft bei bestimmten Ausschlusskonstellationen ist **absolute Beweiskraft** zuerkannt worden;[4] eine Beweiswürdigung mit dem Inhalt, die angewandten Erfah- 28

---

[1] Eine serologische Begutachtung ist ab dem 8. Lebensmonat möglich, eine DNA-Analyse sofort, sogar schon pränatal.
[2] *Martin/Muche/Zang* FamRZ 2003, 76, 77. Ohne Beanstandung der Verwendung eines Mundschleimhautabstrichs aufgrund sachverständiger Beratung, BGH NJW 2006, 3416 Rz. 30 (zugleich zur Wahrscheinlichkeit bei biostatistischen Werten aus afrikanischen Populationen).
[3] *Ritter* FamRZ 1991, 646, 647.
[4] Zu allgemein formuliert in BGHZ 2, 6, 11 (für die Merkmale ABO, M, N); BGHZ 12, 22, 36 f. (A1, A2); BGHZ 21, 337, 338 (Cc).

29 Eine Frage der **freien Beweiswürdigung** blieb, ob bei der Begutachtung **Fehler** unterlaufen sein konnten, z.B. eine Identitätstäuschung, die Verwendung schlechter Testreagenzien oder Sorgfaltswidrigkeit der Merkmalsbestimmung. Theoretisch mögliche Unregelmäßigkeiten (Mutationen, stumme Gene, sonstige Sonderfälle) konnten den Beweiswert nur zusammen mit sonstigen Beweisumständen relativieren.[1]

30 Bei **Anzeichen** für eine **Unsicherheit** des Ausschlusses gebot der Amtsermittlungsgrundsatz eine **weitere Begutachtung**.[2] Verstöße gegen diesen Grundsatz in einem rechtskräftig abgeschlossenen Verfahren hinderten eine Wiederaufnahme nach § 641i nicht.[3] Der Zuwachs an wissenschaftlichen Erkenntnissen über neue Merkmalssysteme schlug sich in der Reichweite der Sachaufklärung nieder. Bei **Entwicklung neuer Systeme** mit erweiterten Aufklärungsmöglichkeiten war einem neuen Beweisantrag stattzugeben.[4] Auch eine Wiederaufnahme des Verfahrens nach § 641i wurde eröffnet.

III. DNA-Analyse

31 Die DNA-Analyse zur Abstammungsuntersuchung **untersucht unmittelbar** das **Genom** und nicht nur genetische Merkmale, die sich im Phänotyp ausprägen. Das menschliche Genom besteht aus je 23 Chromosomen von der Mutter und dem Vater, die zum größten Teil aus dem Erbmolekül (DNA = Desoxyribonucleid Acid) aufgebaut sind. Es setzt sich zusammen aus **informationstragenden Abschnitten** („codierenden" Bereichen), den Genen und regulatorischen Sequenzen, und aus Abschnitten ohne bekannte Funktion („nicht-codierenden" Bereichen), die keine genetische Information enthalten, also keine Aussagen über Merkmale der Person wie Aussehen, Gesundheit etc. erlauben.

32 Die DNA-Analyse beruht auf der durch umfassende Untersuchungen verifizierten Hypothese, dass die **nicht-codierenden**, sog. „hypervariablen" **Abschnitte der DNA** bei jedem Menschen ein **individuelles Muster**, einem Fingerabdruck vergleichbar, aufweisen. Durch unterschiedliche Techniken, deren Zahl seit Einführung der DNA-Analyse zugenommen hat, wird ein individuelles Bandenmuster (genetischer Fingerabdruck) sichtbar gemacht, das in allen Geweben des menschlichen Körpers identisch ist. Bei einem molekulargenetischen Vaterschaftstest werden 15 und mehr verschiedene DNA-Regionen der zu untersuchenden Personen analysiert und miteinander verglichen.

33 Eine **biostatistische Berechnung**, wie sie auch schon mit der Untersuchung phänotypbestimmter Blutgruppensysteme verbunden wurde, erlaubt **Aussagen zur Wahrscheinlichkeit der Vaterschaft**. Mathematische Grundlage dafür sind **Häufigkeitsverteilungen**, die für europäische, afrikanische und asiatische Populationen ermittelt wurden. Bei der Vaterschaftsanalyse wird von der statistischen Erkenntnis ausgegangen, dass der leibliche Vater und die Mutter jeweils die Hälfte ihrer Sequenzblöcke an

---

[1] Zu Vortäuschung eines Faktorausschlusses durch Mutation vgl. BGH FamRZ 1991, 185, 186 (Vorinstanz: OLG Karlsruhe FamRZ 1990, 1145); s. auch BGHZ 2, 6, 10.
[2] Vgl. BGH NJW 1993, 1928, 1929.
[3] BGH NJW 1993, 1928, 1929.
[4] BGH NJW 1964, 1184; NJW 1975, 2246, 2247; NJW 1976, 366.

ihre Kinder weitergeben. Nach Abzug der mütterlichen Sequenzblöcke in der DNA des Kindes bleiben die väterlichen übrig. Werden diese beim Eventualvater nicht gefunden, kann er nicht der Vater des Kindes sein.[1] Die **erreichbare** statistische **Wahrscheinlichkeit** beträgt mindestens 99,9 %, so dass auch ein **positiver Vaterschaftsnachweis** möglich ist.[2] Allerdings ist zu beachten, dass das Ergebnis auf einer Wahrscheinlichkeitsbewertung beruht und ein absoluter Beweis nicht möglich ist.[3]

Über die **Zuverlässigkeit** der DNA-Analyse als Methode zur Vaterschaftsfeststellung bestand noch zu Beginn der 90er Jahre ein inzwischen obsolet gewordener medizinischer Streit, an den sich eine Diskussion um die rechtliche Zulässigkeit dieses Verfahrens anschloss. Einigkeit bestand allerdings sehr bald über die Tauglichkeit der DNA-Analyse als **ergänzendes Verfahren** zu den herkömmlichen serologischen Gutachten.[4] In bestimmten Sonderfällen, in denen die traditionellen serologischen Gutachten keine eindeutigen Feststellungen erlauben (z.B. Defizienzfälle, Brüderfälle, Vater-Sohn-Fälle, isolierte Reinerbigkeitsausschlüsse), sind mit Hilfe der DNA-Analyse Aussagen über die Vaterschaftswahrscheinlichkeit möglich.[5] Die DNA-Analyse eröffnet ferner Untersuchungsmöglichkeiten in **Fällen mit Auslandsbeteiligung**, für die konventionelle Untersuchungen wegen zu langer Transportzeiten des Blutes ausscheiden.[6] Die Vorteile der DNA-Analyse gegenüber den herkömmlichen serologischen Untersuchungen haben zu deren generellen Einsatz geführt.[7] Für den **Einsatz** der DNA-Analyse **als Basisgutachten** sprach auch eine erhebliche Kostenersparnis.[8]

34

Anfängliche medizinische Einwände gegen die DNA-Analyse bezogen sich auf die Verlässlichkeit des Systems.[9] Der wichtigste Einwand behauptete eine mangelnde Kontrollmöglichkeit und Reproduzierbarkeit der Ergebnisse;[10] diese Kritik ist **inzwischen überholt**. Viele der im Rahmen des kriminaltechnischen Einsatzes der DNA-Analyse vorgebrachten Bedenken ließen sich auf die Abstammungsuntersuchung nicht übertragen. Die Fehlerquellen resultierten dort aus den Schwierigkeiten der Beschaffung des notwendigen Zellmaterials.[11] Auch sie sind durch andere Untersuchungstechniken beherrschbar geworden. **Rechtliche Einwände** gegen die DNA-Analyse, die zunächst auf **Art. 2 Abs. 1 GG** gestützt wurden, sind nicht gerechtfertigt.[12] Bei der DNA-Analyse für die Vaterschaftsbegutachtung werden nur nichtcodierende DNA-Sequenzen untersucht, die keine Erbinformationen enthalten.[13]

35

---

1 *Böhm u.a.* DAVorm 1990, 1101, 1105.
2 Vgl. BGH NJW 1994, 1348, 1349.
3 BGH NJW 1991, 2961, 2962; *Hummel/Mutschler* NJW 1991, 2929, 2930.
4 BGH NJW 1991, 749, 751; NJW 1991, 2961, 2962; OLG Hamm FamRZ 1992, 455; OLG Karlsruhe FamRZ 1990, 1145, 1146; *Reichelt* FamRZ 1991, 1265, 1269. Aus der medizinischen Diskussion: *Böhm u.a.* DAVorm 1990, 1101; *Hummel* DAVorm 1989, 33, 34; NJW 1990, 753; *Hummel/Mutschler* NJW 1991, 2929, 2931; *Ritter* FamRZ 1991, 646, 649; DNA-Resolution der Deutschen Gesellschaft für Rechtsmedizin, NJW 1990, 754.
5 *Reichelt* FamRZ 1991, 1265, 1267 f.
6 *Reichelt* FamRZ 1991, 1265, 1267; *Böhm u.a.* DAVorm 1990, 1101, 1105.
7 Mangels Schwierigkeiten der Feststellung ist die Beiordnung eines Anwalts nicht geboten, OLG Oldenburg NJW 2011, 941.
8 *Böhm u.a.* DAVorm 1990, 1101, 1105; *Reichelt* FamRZ 1991, 1265, 1268; a.A. *Ritter* FamRZ 1992, 277, 278.
9 Dazu *Ritter* FamRZ 1991, 646, 648.
10 *Ritter* FamRZ 1991, 646, 649; *Reichelt* FamRZ 1991, 1265, 1269; dagegen *Böhm u.a.* FamRZ 1992, 275, 276.
11 *Böhm u.a.* DAVorm 1990, 1101, 1107.
12 BVerfG NJW 1996, 771, 772 f.; s. auch § 17 GenDG.
13 Vgl. BVerfG NJW 1996, 771, 772 f. (zu § 81a StPO); Berl.VerfGH NJW 2006, 1416, 1417; BGH NJW 1990, 2944, 2945 (zur Spurendiagnostik im Strafverfahren); LG Berlin NJW 1989, 787; LG Heilbronn NJW 1990, 784, 785; s. auch LG Darmstadt NJW 1989, 2338, 2339.

36 Für die **strafprozessuale Ermittlung** ist die DNA-Analyse durch das **DNA-Identitätsfeststellungsgesetz** vom 7.9.1998 (mit mehrfachen nachfolgenden Änderungen) geregelt worden; durch die Gesetzesnovelle vom 12.8.2005[1] ist sein Inhalt in vollem Umfang in die StPO überführt worden. § 81e StPO begrenzt die **festzustellenden Tatsachen** (genannt wird u.a. die Abstammungsfeststellung); § 81f StPO benennt die zur Anordnung der Untersuchung berechtigten Personengruppen, beschränkt den **Kreis der Sachverständigen** und ordnet das Untersuchungsverfahren zur Vermeidung unzulässiger Analysen sowie zur Sicherung der **Geheimhaltung**. Auf eine Unterscheidung zwischen codierenden und nichtcodierenden Merkmalen hat der Gesetzgeber in Abkehr von einer dazu zuvor vertretenen Meinung verzichtet.[2] § 81h StPO ordnet die Durchführung von **DNA-Reihenuntersuchungen**.

IV. Biostatistische (serostatistische) Begutachtung

37 Biostatistische Auswertungen[3] der **bei** den **Blutgruppengutachten** erhobenen Untersuchungsbefunde, die als solche nur einen Ausschluss der Vaterschaft zu einer untersuchten Person erlauben, haben die **Vaterschaftswahrscheinlichkeit** mit Hilfe der mathematischen Wahrscheinlichkeitsrechnung zu berechnen ermöglicht. Durch eine derartige biostatistische Berechnung kann die Vaterschaft naturwissenschaftlich **nie zu 100 %** festgestellt werden. Die Rechtsprechung hat darauf gleichwohl **positive Abstammungsfeststellungen** als **praktisch erwiesen** gestützt. Eine biostatistische Zusatzberechnung erfolgte dann, wenn ein Eventualvater durch ein Blutgruppengutachten nicht ausgeschlossen werden konnte.[4]

38 Die Auswertungen stützten sich bei den Blutgruppenmerkmalen auf die (unterschiedliche) **Häufigkeit bestimmter Blutmerkmale** in der Gesamtbevölkerung bzw. der ethnischen Population, der die untersuchten Personen angehören, und prüften, inwieweit die Befunde bei den Verfahrensbeteiligten damit übereinstimmen. Über die Art des mathematisch-statistischen Verfahrens, das einer solchen Berechnung zugrunde zu legen war, bestand kein Konsens. Der **BGH** hat eine Berechnung nach dem **Essen-Möller-Verfahren** anerkannt. BGHZ 61, 165, 172 ist im Anschluss an Hummel davon ausgegangen, dass ab einem Essen-Möller-Wert von 99,8 % die Vaterschaft als praktisch erwiesen angesehen werden kann. Der BGH hat jedoch betont, dass auch bei einer Wahrscheinlichkeit von 99 % und darüber allen sich aus dem Sachverhalt ergebenden **Anhaltspunkten nachgegangen** werden müsse, die **gegen** die Vaterschaft sprechen.[5] Der Wahrscheinlichkeitswert gab dem Tatrichter Anhaltspunkte, die für eine Einheitlichkeit der Rechtsprechung in Vaterschaftssachen sorgen sollten, banden ihn aber nicht.[6]

39 Die überlegene **DNA-Analyse** hat die serostatistische Berechnung ebenso wie die Blutgruppengutachten **verdrängt**.

---

1 BGBl. I 2005, 2360.
2 Vgl. BT-Drucks. 13/667, S. 6, 9, 11.
3 Näher dazu MünchKommBGB/*Wellenhofer*[6] § 1600d Rz. 73 ff.; *Hildebrandt* Der positive Vaterschaftsnachweis, Diss jur. Göttingen 1997.
4 BGHZ 61, 165, 171.
5 BGH NJW 1974, 1428; FamRZ 1987, 583, 584; NJW 1990, 2312; NJW 1994, 1348, 1349 f.
6 BGHZ 61, 165, 172.

§ 87 Voraussetzungen der Duldungspflicht

I. Erforderlichkeit

Die in § 372a normierte **Duldungspflicht** für Abstammungsuntersuchungen setzt zunächst voraus, dass eine solche **Untersuchung** zur Abstammungsfeststellung **erforderlich** ist.

1. Entscheidungserheblichkeit und Beweisbedürftigkeit

Die Abstammungsfeststellung muss als solche für die Entscheidung erheblich und beweisbedürftig sein.[1] An der **Entscheidungserheblichkeit** fehlt es beispielsweise, wenn die Frist des § 1600b BGB (früher: § 1594 BGB) für die Vaterschaftsanfechtung nach § 1599 BGB verstrichen ist.[2] **Beweisbedürftigkeit** ist gegeben, wenn die Abstammung bestritten wird oder wenn in einem Verfahren mit Amtsermittlungsgrundsatz das Gericht noch keine volle Überzeugung in Bezug auf die Abstammung erlangt hat. Zur Reihenfolge der Beweiserhebung s. nachfolgend Rz. 51.

2. Ausreichende Substantiierung/Ausforschungsbeweis

In den Statusverfahren nach § 169 FamFG gilt der **Untersuchungsgrundsatz** der §§ 26, 177 FamFG, so dass das Gericht die Abstammung des Kindes aus eigener Initiative klären muss. Gleichwohl müssen die **Parteien** die entscheidungsrelevanten **Tatsachen beibringen**. Beweiserhebungen sind als Mittel der Erforschung neuer entscheidungserheblicher Tatsachen zulässig, ohne dass der Gesichtspunkt eines unzulässigen „Ausforschungsbeweises" entgegensteht, wobei anzumerken ist, dass selbst in Verfahren mit uneingeschränkter Geltung des Beibringungsgrundsatzes die richterliche „Waffe" der Annahme einer Ausforschungsbehauptung „ins Blaue hinein" nur sehr zurückhaltend und unter Beachtung zumutbarer Substantiierungsmöglichkeiten der Parteien angewandt werden darf, um Beweisanträgen der Parteien auszuweichen.[3]

Beweisanträge der Parteien dürfen auch im Abstammungsverfahren nur **in entsprechender Anwendung** der Gründe **des § 244 Abs. 3 StPO zurückgewiesen** werden (dazu näher Kap. 12 Rz. 28).[4] Zu beachten ist, dass die Abstammungsbegutachtung auf die Feststellung bestimmter einzelner Indizien gerichtet ist.[5] Ein beantragtes weiteres Gutachten muss unter Berücksichtigung des bis dahin ermittelten Beweisergebnisses noch eine weitere Aufklärung erheblicher Umstände erwarten lassen, die als ernst zu nehmende Indizien gegen die Vaterschaft sprechen.

Ein **Beweismittel** kann als **ungeeignet** zurückgewiesen werden, wenn es lediglich zum Ziel hat, einen festgestellten hohen Wahrscheinlichkeitswert für die Vaterschaft des in Anspruch genommenen Mannes zu relativieren, ohne dass sonst Umstände dargetan sind, die zu einem Vaterschaftsausschluss führen können.[6] Darin liegt keine unzulässige vorweggenommene Würdigung eines noch nicht erhobenen Beweises.

Uneinsichtigkeit der Parteien bei der Akzeptanz des Ergebnisses von Sachverständigengutachten reduziert sich im Übrigen, wenn die Beweiserhebung durch Einholung

---

1 OLG Stuttgart NJW 1972, 2226; OLG Oldenburg NJW 1973, 1419; OLG Stuttgart DAVorm 1979, 356, 357.
2 OLG Oldenburg NJW 1973, 1419; OLG Stuttgart DAVorm 1979, 356, 357.
3 Ähnlich MünchKommZPO/*Prütting*[4] § 284 Rz. 79.
4 BGH FamRZ 1988, 1037, 1038; NJW 1994, 1348, 1349.
5 BGH NJW 1994, 1348, 1350.
6 BGH NJW 1994, 1348, 1350.

46 Eine Abstammungsfeststellung nach § 1600d BGB oder eine Anfechtungsentscheidung nach § 1599 BGB setzen **regelmäßig** voraus, dass ein **nach naturwissenschaftlicher Methode** erstattetes **Abstammungsgutachten** eingeholt worden ist.[2] Von einer (weitere) Aufklärung versprechenden Begutachtung darf nach (leugnender) Vernehmung der Mutter über ihren geschlechtlichen Verkehr nicht schon deshalb abgesehen werden, weil der am Prozess beteiligte Eventualvater, Ehemann der Mutter oder sonst feststehende Vater keinen konkreten Mehrverkehrszeugen benannt hat.[3] Der Gesetzgeber des § 1600o BGB (jetzt: § 1600d) wollte die in Unterhaltsprozessen weit verbreitete Praxis beenden, ein Beweisangebot des Vaters auf Abstammungsbegutachtung als unzulässigen Ausforschungsbeweis zurückzuweisen.[4]

Der Eingang eines Sachverständigengutachtens auf Parteiantrag hin von der Zahlung eines **Auslagenvorschusses** abhängig gemacht wird (§§ 402, 379). Für die Abstammungsbegutachtung – und davon gesteuert die Duldung der Entnahme von Untersuchungsmaterial – gelten somit die generellen Beweiserhebungsvoraussetzungen.[1]

47 Die **personelle Reichweite der Begutachtung** hängt davon ab, welche Personen als Eventualväter bezeichnet worden sind. Der früher vehement ausgetragene Streit um die ausreichende Substantiierung der Benennung von Eventualvätern, also um den Vortrag von Anhaltspunkten für außerehelichen Verkehr und/oder Mehrverkehr, und damit verbunden die auf den Gesichtspunkt unzulässiger Ausforschung gestützte Weigerung zur Einholung von Abstammungsgutachten[5] betraf neben dem Ausmaß der Zeugenbeweiserhebung über eine etwaige Beiwohnung und deren Zeitpunkt den notwendigen **Schutz vor unberechtigter Einbeziehung** in das Begutachtungsverfahren;[6] mittelbar ging es um die Erforderlichkeit der Beweiserhebung. Dieses Problem ist mit der Beendigung der Diskussion um eine unzulässige Ausforschung nicht ausgeräumt worden.

48 Die **Prozessparteien** können sich nicht auf mangelnde Beweisbedürftigkeit berufen. Für andere am Prozess **unbeteiligte Dritte** sind hingegen Einschränkungen zu machen. Zwar scheidet eine Einbeziehung in den Kreis der zu untersuchenden Personen nicht schlechthin schon deshalb aus, weil eine Zeugenbeweisaufnahme ergeben hat, dass der Dritte mit der Mutter während der Empfängniszeit keinen Geschlechtsverkehr gehabt hat; der Zeugenbeweis ist wegen des Eigeninteresses der Beteiligten am Verfahrensausgang zu unsicher.[7] **Spekulative Annahmen für intime Beziehungen** berechtigen jedoch nicht zu einer körperlichen Untersuchung.[8] Ob dies für das bloße gemeinsame Wohnen in einer **Wohngemeinschaft** gilt,[9] hängt von den näheren Umstän-

---

1 Vgl. BGHZ 40, 367, 376 f. = NJW 1964, 723 (gekürzt); NJW 1964, 1179 f. (gekürzt; beide Entscheidungen zur zusätzlichen erbbiologischen Begutachtung); dazu Bespr. von *Teplitzky* NJW 1965, 334.
2 *Beitzke*, in: Beitzke/Hosemann/Dahr/Schade Vaterschaftsgutachten für die gerichtliche Praxis, S. 16.
3 Vgl. OLG Nürnberg FamRZ 1971, 590, 592; OLG Hamburg FamRZ 1975, 107, 109.
4 RegE BT-Drucks. V/2370, S. 37 (zu § 1600o Abs. 2).
5 Vgl. nur BGHZ 5, 302, 306; OLG Celle NJW 1971, 1086, 1087 f.; OLG Bamberg DAVorm 1974, 184, 185; *Bosch* DRiZ 1951, 107, 110; *Dunz* NJW 1956, 769, 772; *Esser* MDR 1952, 537, 538; *Haußer* NJW 1959, 1811, 1812; *Hiendl* NJW 1963, 1662; *Hoff* NJW 1959, 803, 804; *Lang* DRiZ 1962, 229, 230; *Lüderitz*, Ausforschungsverbot, S. 44; *Merkert* NJW 1963, 2361, 2362; *Teplitzky* NJW 1965, 334, 335.
6 So richtig *Dunz* NJW 1956, 769, 773.
7 BGH NJW 1993, 1392, 1393; OLG Celle NJW 1971, 1086, 1087.
8 Strenger: OLG Stuttgart NJW 1972, 2226; OLG Karlsruhe FamRZ 1973, 48; KG NJW 1987, 2311; MünchKommZPO/*Zimmermann*[4] § 372a Rz. 5. Sie fordern bei der Untersuchung von Dritten konkrete Anhaltspunkte, warum diese als mögliche Väter in Betracht kommen.
9 Untersuchung bejaht von KG NJW 1987, 2311; MünchKommZPO/*Zimmermann*[4] § 372a Rz. 5; zweifelnd Zöller/*Greger*[30] § 178 FamFG Rz. 2.

den ab; der Begriff der „Wohngemeinschaft" umfasst ein breites Spektrum von Lebensformen.

3. Vorrangige Ausschöpfung anderer Beweismittel

Aus den vorstehenden Überlegungen (zuvor Rz. 42 ff.) ergibt sich zugleich die Antwort auf die Streitfrage, ob der Abstammungsbegutachtung eine **Beweisaufnahme mit** allen **anderen Beweismitteln** voranzugehen hat.[1] Zwar muss wegen des berechtigten, verfassungsrechtlich geschützten Interesse des zu Untersuchenden am Unterbleiben einer körperlichen Untersuchung der Verfahrensablauf so gestaltet werden, dass gleich geeignete Aufklärungsmaßnahmen zur Ermittlung der Abstammung vorgezogen werden. Generell lässt sich jedoch gerade nicht sagen, dass die Abstammung mit anderen Beweismöglichkeiten ebenso sicher festgestellt werden kann. Eine körperliche Untersuchung des Eventualvaters ist erfolgversprechender als die **Parteivernehmung** der **Mutter** und/oder die **Vernehmung** von **Mehrverkehrszeugen**.[2]

49

Gleichwohl hat die **Erhebung von Personalbeweis voranzugehen**, ohne dass dem der Gesichtspunkt einer Vorbeugung gegen Eidesverletzungen[3] als Ermessensgesichtspunkt entgegengehalten werden kann. Die aus der Abstammungsbegutachtung ausnahmsweise **auszuscheidenden Sachverhalte** (s. vorstehend Rz. 48) werden auf andere Weise nicht zu ermitteln sein. Nicht erforderlich ist eine körperliche Untersuchung ferner, wenn schon durch Einnahme **einfachen Augenscheins** festgestellt werden kann, dass das Kind von einem anderen Vater als dem behaupteten Eventualvater abstammen muss, etwa weil es eine von der Mutter und dem Eventualvater **abweichende Hautfarbe** hat.[4]

50

Eine **Rangordnung** der Beweiserhebung ist im Grundsatz auch für die **Abstammungsbegutachtungen untereinander** aufzustellen, soweit diese für die Untersuchungsperson unterschiedlich belastend sind. Das war früher für erbbiologische Ähnlichkeitsgutachten bedeutsam, ist mit dem wissenschaftlichen Fortschritt bei den molekularbiologischen Untersuchungen aber gegenstandslos geworden. Obsolet geworden ist dadurch auch die Frage, ob erbbiologische Gutachten wegen des Beweisergebnisses vorangegangener Blutgruppengutachten i.V.m. Personalbeweiserhebungen unter dem rechtlichen Gesichtspunkt der Erforderlichkeit zu entfallen haben.[5]

51

4. Entgegenstehende Rechtskraft eines Anfechtungsurteils

Umstritten ist, welche **Wirkung** ein **rechtskräftiges Anfechtungsurteil** nach § 1599 BGB, das auf einem Abstammungsgutachten beruhend rechtsgestaltend die Nichtabstammung des Kindes vom ehelichen oder sonstigen Scheinvater festgestellt hat, auf die **Beweisaufnahme** in einem **nachfolgenden Vaterschaftsfeststellungsprozess** hat. Auseinanderzuhalten sind dabei vier Rechtsprobleme: die Anwendung des Merkmals der Erforderlichkeit erneuter körperlicher Untersuchung, die Rechtskraftwirkung des Urteils erga omnes gem. § 640h a.F. bzw. § 184 Abs. 2 FamFG, dessen eventuelle Interventionswirkung und die Konsequenz des wertungsmäßig überhöhten,

52

---

[1] Dies befürwortend OLG Köln JMBlNRW 1951, 137, 138; Zöller/*Greger*[30] § 178 FamFG Rz. 2; *Bosch* DRiZ 1951, 107, 110. A.A. OLG Schleswig SchlHA 1955, 360, 362; OLG Stuttgart DAVorm 1979, 356, 358 f.; MünchKommZPO/*Zimmermann*[4] § 372a Rz. 4; *Sautter* AcP 161 (1962), 213, 223.
[2] Vgl. BGH NJW 1993, 1392, 1393.
[3] Dafür aber OLG Schleswig SchlHA 1955, 360, 362; *Sautter* AcP 161 (1962), 213, 223, 224; vgl. auch BGHSt 12, 235, 241.
[4] OLG Schleswig SchlHA 1989, 78.
[5] Bejahend BGH JZ 1951, 643; AK-ZPO/*Rüßmann* § 372a Rz. 4.

aber vom BVerfG bejahten verfassungsrechtlichen **Anspruchs** des Kindes **auf Kenntnis** seiner **Abstammung** (s. oben Rz. 9).

53 Teilweise ist vertreten worden, nach Ausschluss des Scheinvaters als Erzeuger des Kindes sei eine **erneute Beweisaufnahme über** seine **biologische Vaterschaft** aus Rechtskraftgründen unzulässig.[1] Diese Ansicht misst der **Rechtskraftwirkung** eine unzutreffende Reichweite zu. BGHZ 83, 391 und 92, 275 haben angenommen, dass im Ehelichkeitsanfechtungsprozess nur der *Status* des Kindes rechtskräftig festgestellt werde, nicht aber die fehlende Abstammung vom Scheinvater als zugrundeliegende Tatsache.[2] Auf den Anfechtungsprozess nach § 1599 BGB lässt sich diese Begründung zwar nicht ohne Weiteres übertragen, weil er auf die *Nichtabstammung* und nicht auf den fehlenden Status eines ehelichen Kindes gerichtet ist. Auch bei dieser Modifizierung geht es aber um die Feststellung eines **Rechtsverhältnisses, nicht** um die zugrunde liegende **biologische Feststellung**. Eine Einschränkung der Rechtskraftwirkung ist geboten, weil sonst bei aufeinander folgenden Verfahren mehrerer Vaterschaftsaspiranten die Verteidigungsmöglichkeiten unberechtigt eingeschränkt werden. Ein weiteres Gutachten mit gegenteiligem Ergebnis ist Grundlage für ein Wiederaufnahmeverfahren gem. § 185 FamFG.

54 **Interventionswirkungen zu Lasten** eines **Vaterschaftsaspiranten** konnten nach dem bis zum Inkrafttreten des FamFG geltenden Recht eintreten, wenn das Kind ihm gem. § 640e Abs. 2 a.F. den Streit verkündete; eine Beiladung des Dritten und ein darauf gestützter Beitritt nach § 640e Abs. 1 a.F. waren nicht zulässig. Die Folgen der Streitverkündung richteten sich nach den allgemeinen Vorschriften. Der Streitverkündete war über die Rechtskraftwirkung hinaus an die tatsächliche Feststellung gebunden, dass das Kind biologisch nicht vom Scheinvater abstammt. Daraus folgte jedoch **nicht**, dass ein **neues Abstammungsgutachten schlechthin** nicht erforderlich und deshalb **unzulässig** war. Das neue Verfahren war in begrenztem Umfang so zu führen, als sei das frühere Gutachten im aktuellen Prozess erstattet worden. Neuen Aufklärungszweifeln hatte das Gericht von Amts wegen nachzugehen. Ein Beweisantrag des Vaters konnte über die Grundsätze des § 244 Abs. 3 StPO hinausgehend im Umfang der Interventionswirkung des § 68 zurückgewiesen werden. Mit Inkrafttreten des FamFG und Aufhebung des 6. Buches der ZPO ist die **Streitverkündungsmöglichkeit** des § 640e Abs. 2 **beseitigt** worden.[3]

II. Aufklärbarkeit

55 Die Abstammungsuntersuchung muss nach den *anerkannten* **Grundsätzen der Wissenschaft** eine Aufklärung des Sachverhalts versprechen. An diesem Erfordernis hat sich durch die Verkürzung des Normtextes in § 372a n.F. nichts geändert. Die Untersuchung muss **allgemein und konkret** methodisch **geeignet** sein, die Abstammung zu klären.[4] Daran fehlt es, wenn eine Reihe von Wissenschaftlern grundlegende Einwände gegen die Methode erhebt und damit den Beweiswert der Untersuchung in Zweifel

---

1 OLG München NJW 1977, 341, 342 (Unzulässigkeit der Einbeziehung des Scheinvaters in Blutgruppenuntersuchung, Präjudizialität des ersten Urteils); *Deneke* Anm. zu BGH ZZP 99 (1986), 98, 101, 103; *Roth-Stielow* Abstammungsprozeß Rz. 291; zum alten Recht LG Göttingen FamRZ 1965, 231 (zulässig, aber Einbeziehung als Vergleichsperson bei erbbiologischer Begutachtung). A.A. OLG Frankfurt NJW 1988, 832; MünchKommZPO/*Zimmermann*[4] § 372a Rz. 6.
2 Zu § 640h a.F.: BGHZ 83, 391, 394 f.; BGHZ 92, 275, 278 = JZ 1985, 338, 339 m. krit. Anm. *Braun* = ZZP 98 (1986), 98 m. abl. Anm. *Deneke*. Ebenso OLG Frankfurt NJW 1988, 832; *Häsemeyer* ZZP 101 (1988), 385, 398; *Zeuner* Festschrift Schwind, S. 383, 386, 395. Zu § 184 FamFG: MünchKommFamFG/*Coester-Waltjen/Hilbig-Lugani*[2] § 184 Rz. 9.
3 MünchKommFamFG/*Coester-Waltjen/Hilbig-Lugani*[2] § 172 Rz. 14.
4 OLG Düsseldorf NJW 1958, 265 (für erbbiolog. Gutachten); Stein/Jonas/*Berger*[22] § 372a Rz. 7.

zieht.¹ Ob **Zweifel ernst zu nehmen** sind, hat das Gericht zu entscheiden (§ 286). Nehmen die Vertreter konkurrierender wissenschaftlicher Standpunkte jeweils für sich in Anspruch, dass die Einwände der Gegenseite nicht grundlegend seien, hilft die Verweisung auf die Auffassung der medizinisch-biologischen Wissenschaft nicht weiter. Auf eine Anerkennung durch eine staatliche Behörde kommt es nicht an.²

Potentielle Eignung der Untersuchung reicht aus; nicht erforderlich ist, dass eine Aufklärung in allen bisherigen Anwendungsfällen eingetreten ist.³ Nach der allgemeinen und konkreten **Eignung** richtet sich auch, **welcher Personenkreis** in eine Untersuchung sinnvoll einzubeziehen ist.⁴ Daraus kann sich beispielsweise ergeben, dass die Einbeziehung des Halbbruders des Kindes, dessen Abstammung festgestellt werden soll, eine Aufklärung des Sachverhalts verspricht.⁵   56

III. Unzumutbarkeit

1. Allgemeines

Die Untersuchungsperson kann die **Untersuchung verweigern**, wenn sie für diese Person unzumutbar ist. Ob dies der Fall ist, ist aufgrund einer **umfassenden Interessenabwägung** zu beurteilen.⁶ Geklärt werden die Zumutbarkeitsgründe bei Verweigerung der Untersuchung im **Zwischenstreitverfahren**.   57

Nicht ganz eindeutig ist, **welches Interesse** dem Weigerungsinteresse des zu Untersuchenden **gegenüberzustellen** ist. Entgegen einer früher von der Rechtsprechung vertretenen Auffassung, dass das Interesse der *Allgemeinheit* und der Rechtspflege an der Wahrheitsfindung in die Abwägung einzugehen habe,⁷ und sei es auch nur neben dem Interesse der Parteien an der Wahrheitsfindung,⁸ ist ausschließlich auf das Interesse des zu Untersuchenden und der Parteien.⁹   58

Im Rahmen der Interessenabwägung ist von der gesetzgeberischen Entscheidung auszugehen, dass **grundsätzlich** eine **Duldungspflicht** besteht, also dem Interesse an der **Wahrheitsfindung** der **Vorrang** einzuräumen ist, und somit besondere Umstände vorliegen müssen, wenn das Interesse des zu Untersuchenden vorgehen soll.¹⁰ Mit der Neufassung der Norm im Jahre 2009 ist zum Ausdruck gebracht worden, dass die Zu-   59

---

1 Stein/Jonas/*Berger*²² § 372a Rz. 7; *Sautter* AcP 161 (1962), 215, 225; OLG Celle NJW 1954, 1331 für den Löns-Test.
2 BGH NJW 1976, 1793 (zur Einbeziehung des HLA-Systems in die serologische Begutachtung und der ausstehenden Anerkennung durch das Bundesgesundheitsamt).
3 Stein/Jonas/*Berger*²² § 372a Rz. 7; s. dazu auch OLG München FamRZ 1969, 655, 656 (zum vergleichenden Wirbelsäulengutachten nach Kühne).
4 Stein/Jonas/*Berger*²² § 372a Rz. 7; *Sautter* AcP 161 (1962), 215, 226.
5 LG Göttingen DAVorm 1985, 517.
6 Stein/Jonas/*Berger*²² § 372a Rz. 8; AK-ZPO/*Rüßmann* § 372a Rz. 6; im Ergebnis wohl auch MünchKommZPO/*Zimmermann*⁴ § 372a Rz. 13, der zutreffend eine allgemeine Zumutbarkeitsprüfung ablehnt.
7 OLG Köln NJW 1952, 149; OLG München JZ 1952, 426, 427; OLG Nürnberg NJW 1953, 1874, 1875; KG NJW 1969, 2208, 2209.
8 OLG Hamburg NJW 1953, 1873, 1874; OLG Köln DAVorm 1972, 350, 354; ebenso *Sautter* AcP 161 (1962), 215, 233.
9 OLG Düsseldorf DAVorm 1973, 162, 163; OLG Stuttgart DAVorm 1979, 356, 359; OLG Karlsruhe FamRZ 1992, 334; OLG Nürnberg NJW-RR 1996, 645.
10 OLG Dresden NJW-RR 1999, 84, 85; OLG Karlsruhe DAVorm 1983, 147, 149; OLG Köln DAVorm 1972, 350, 354; KG NJW 1969, 2208, 2209; OLG Köln NJW 1952, 149; OLG München JZ 1952, 426, 427; OLG Stuttgart ZZP 65 (1952), 157, 158; OLG Hamburg NJW 1953, 1873, 1874; OLG Nürnberg NJW 1953, 1874, 1875; Stein/Jonas/*Berger*²² § 372a Rz. 11.

mutbarkeit keine positiv festzustellende Voraussetzung ist, sondern nur noch die **Unzumutbarkeit** einen **Ausschlussgrund** bildet.[1]

60 Das Gesetz nannte in seiner früheren Fassung **drei Gesichtspunkte**, die bei der Zumutbarkeitsprüfung zu berücksichtigen sind: die Art der Untersuchung, die Folgen der Untersuchung und drohende Gesundheitsnachteile. Diese Aufzählung war **nicht abschließend**;[2] sie gilt in der Sache fort. Abwägungsgesichtspunkt kann für § 372a n.F. sein, dass das Aufklärungsinteresse nur der **Klärung einer prozessualen Vorfrage** dient, oder ein Verfahren mit geringer wirtschaftlicher[3] oder ideeller Bedeutung betrifft. Eine generelle Aussage zum Ausgang der Abwägung im Einzelfall ist mit der Aufzählung denkbarer Sachverhalte nicht verbunden; anderenfalls hätte der Gesetzgeber eine entsprechende abstrakte Einschränkung des Anwendungsbereichs vornehmen müssen.

61 **Zumutbar** ist eine Blutentnahme **für Zeugen Jehovas**; deren Glaubensvorschriften verbieten eine Blutentnahme nicht.[4] Offengelassen hat der BGH, ob eine Duldungspflicht zur Entnahme von Untersuchungsmaterial bei Mutter und Kind besteht, wenn der Mann nach verlorenem Vaterschaftsprozess von seinem Anwalt **wegen pflichtwidriger Prozessführung Schadensersatz** verlangt und der Schaden oder die Kausalität der Pflichtwidrigkeit streitig sind.[5] Relevant kann dies bei der Beurteilung der Zumutbarkeit sein. Sie ist nicht etwa deshalb zu verneinen, weil ein neues Gutachten mittelbar das Ergebnis des Vorprozesses erschüttern, nämlich Grundlage für eine Restitutionsklage werden könnte, obwohl ohne diese Verfahrenskonstellation eine außerprozessuale Untersuchung zur Vorbereitung einer Restitutionsklage nicht erzwungen werden könnte (s. oben Rz. 19).

2. Art der Untersuchung und Zumutbarkeit

62 Als Beispiel für eine Unzumutbarkeit nach der Untersuchungsart wird in der Literatur ein **erzwungener Samenerguss** für eine Fertilitätsuntersuchung genannt.[6] Der dafür herangezogene Art. 1 Abs. 1 GG (Verstoß gegen die Menschenwürde) ist allerdings gar nicht relativierbar und insoweit nicht abwägungsfähig. Ferner sind Untersuchungen ihrer Art nach unzumutbar, wenn sie mit einem intensiveren Eingriff in die körperliche Unversehrtheit verbunden sind, der außer Verhältnis zur Bedeutung der Streitsache steht,[7] was allerdings angesichts der heute praktizierten Untersuchungsmethoden keine Rolle spielt.

3. Folgen der Untersuchung und Zumutbarkeit

63 Die körperliche Untersuchung muss nach den **Folgen des Beweisergebnisses** für den zu Untersuchenden oder einen Angehörigen i.S.d. § 383 Abs. 1 Nr. 1–3 (Verlobte, Ehegatten, Lebenspartner, Verwandte und Verschwägerte) zumutbar sein. Unzumutbarkeit liegt vor, wenn das mögliche Ergebnis höherwertige Interessen der Unter-

---

1 OLG München NJW 2011, 2892, 2893 = FamRZ 2012, 57, 58.
2 AK-ZPO/*Rüßmann* § 372a Rz. 6.
3 AK-ZPO/*Rüßmann* § 372a Rz. 6.
4 OLG Düsseldorf FamRZ 1976, 51, 52; AK-ZPO/*Rüßmann* § 372a Rz. 5 (dort erweitert auf religiös begründete Weigerungen schlechthin).
5 BGHZ 133, 110, 116/117.
6 *Bosch* DRiZ 1951, 107, 110; *Sautter* AcP 161 (1962), 215, 235; Stein/Jonas/*Berger*[22] § 372a Rz. 9; MünchKommZPO/*Zimmermann*[4] § 372a Rz. 14; AK-ZPO/*Rüßmann* § 372a Rz. 6. Zur Fertilitätsuntersuchung *Kalkhoff* DAVorm 1974, 85.
7 *Sautter* AcP 161 (1962), 215, 236.

suchungsperson oder seiner Angehörigen verletzen kann.[1] Auch dieser Abwägungsgesichtspunkt kann nur ausnahmsweise den Ausschlag geben. Die **unmittelbaren Folgen** der Abstammungsuntersuchung sind – obwohl ungünstig – **zumutbar**;[2] sonst würde § 372a leerlaufen. Gegenüber dem Recht des Kindes auf Kenntnis seiner genetischen Abstammung hat der Schutz der **Intimsphäre der Mutter** zurückzutreten.[3] Der Vorrang der Abstammungsaufklärung ist aber nicht daran gebunden, dass das Kind an der Abstammung interessiert ist. Die Neufassung des Gesetzes im Jahre 2009 hat klarer als die bis dahin geltende Fassung zum Ausdruck gebracht, dass sich die **Unzumutbarkeitsprüfung** auf die **Durchführung** der **Untersuchung**, nicht aber auf die Folgen der Abstammungsfeststellung beziehen soll.[4]

Aus der Rechtsprechung ist – soweit ersichtlich – nur ein Fall publiziert worden, in dem ein **Interesse am Unterbleiben der Untersuchung** wegen deren Folgen (für Angehörige) als überwiegend angesehen wurde.[5] Selbst die dortige Begründung zur Unzumutbarkeit für das Kind war für das Ergebnis nicht allein tragend. Eingeschränkt wurde sie ferner durch die vom BGH hervorgehobene Besonderheit, dass die Untersuchung ausschließlich dem Zweck gedient hätte, im Scheidungsprozess gegen die Mutter den Scheidungsgrund des Ehebruchs oder einen Meineid der Mutter nachzuweisen, **ohne** dass ein **Nutzen** für das **Kind** oder für öffentliche Interessen erkennbar war. 64

Als **zumutbar** wurden angesehen: die Feststellung der Nichtehelichkeit des Kindes,[6] Einbußen des Ansehens, gesellschaftliche Nachteile oder ein für die Untersuchungsperson unehrenhaftes Ergebnis,[7] eine Gefährdung des ehelichen Friedens[8] bzw. drohende Ehezerrüttung,[9] eine Störung des Familienfriedens durch die Feststellung der Person des Vaters bei beabsichtigter Adoption des nichtehelichen Kindes durch den Ehemann seiner Mutter,[10] eine Beeinträchtigung des Andenkens Verstorbener,[11] der Nachweis der Abstammung aus einer Inzest-Beziehung,[12] ein ungünstiges Prozessergebnis.[13] **Zumutbare vermögensrechtliche Nachteile**[14] können sowohl im Verlust 65

---

1 OLG Karlsruhe FamRZ 1992, 334 (Inzest-Verdacht); Zöller/*Greger*[30] § 178 FamFG Rz. 5; MünchKommZPO/*Zimmermann*[4] § 372a Rz. 15.
2 OLG Köln JMBl NRW 1951, 54, 56; OLG Nürnberg NJW 1953, 1874, 1875; OLG München NJW 2011, 2892, 2894; *Dünnebier* Anm. zu OLG München JZ 1952, 426, 429; Stein/Jonas/*Berger*[22] § 372a Rz. 10.
3 OLG Nürnberg NJW-RR 1996, 645; vgl. auch OLG Köln DAVorm 1972, 350, 354; s. ferner OLG Karlsruhe DAVorm 1983, 147, 149.
4 OLG München NJW 2011, 2892, 2894.
5 BGHZ 45, 356, 360 = NJW 1966, 1913, 1914.
6 OLG Köln NJW 1952, 149; Stein/Jonas/*Berger*[22] § 372a Rz. 10; AK-ZPO/*Rüßmann* § 372a Rz. 6.
7 OLG Hamburg NJW 1953, 1873. 1874; LG Flensburg MDR 1953, 114, 115; LG Köln MDR 1951, 496.
8 OLG Nürnberg FamRZ 1961, 492, 493; OLG Stuttgart DAVorm 1979, 356, 361; *Beitzke* in Anm. zu OLG Nürnberg NJW 1955, 1883.
9 LG Flensburg MDR 1953, 114, 115; a.A. OLG Hamburg NJW 1953, 1873, 1874.
10 OLG Nürnberg NJW-RR 1996, 645.
11 BVerfG DAVorm 1983, 361; OLG Karlsruhe DAVorm 1983, 147, 149.
12 OLG Karlsruhe FamRZ 1992, 334, 335 (mit dem ergänzenden Hinweis, dass der Verdacht bereits in der Welt ist); OLG Hamm NJW 1993, 474, 475; MünchKommZPO/*Zimmermann*[4] § 372a Rz. 15.
13 OLG Nürnberg NJW 1953, 1874, 1875; OLG Stuttgart MDR 1957, 553; OLG Stuttgart DAVorm 1979, 356, 360; *Beitzke* Anm. zu OLG Nürnberg NJW 1955, 1883; *Dünnebier* Anm. zu OLG München JZ 1952, 426, 429; *Niemeyer* MDR 1952, 199, 200; unrichtig a.A. *Meyer* DRiZ 1951, 34.
14 OLG Stuttgart DAVorm 1979, 356, 360; OLG Frankfurt NJW 1979, 1257; OLG Karlsruhe FamRZ 1962, 395, 396; OLG Frankfurt NJW 1955, 110; LG Köln MDR 1951, 496.

von Unterhalts- oder Erbansprüchen[1] bestehen als auch in der Inanspruchnahme als Unterhaltsschuldner,[2] wobei selbst ein rechtskräftiges anderslautendes Urteil nicht entgegensteht.[3]

66 Nicht einheitlich wird beurteilt, ob die **Gefahr strafrechtlicher Verfolgung** eine Unzumutbarkeit begründet. Im Gegensatz zur ursprünglichen Gesetzesfassung wird die Gefahr der Strafverfolgung nicht mehr ausdrücklich als irrelevant aufgeführt. Häufig ist die Auffassung vertreten worden, dass **im Einzelfall** abzuwägen sei, ob wegen Gefahr der Strafverfolgung eine Unzumutbarkeit vorliege,[4] wobei teilweise die Gefahr der Verfolgung wegen eines Aussagedelikts generell für zumutbar gehalten wird.[5] Daneben stehen Entscheidungen, die davon ausgehen, dass die Gefahr der Strafverfolgung **grundsätzlich zumutbar** ist, weil § 372a sonst erheblich an praktischer Bedeutung verliert,[6] wobei sich diese Ausführungen teilweise nur auf Aussagedelikte beziehen.[7] Dass die Gefahr der Strafverfolgung generell unzumutbar sei, ist nur vereinzelt – unrichtig – in der Literatur behauptet worden.[8] Schließlich werden Differenzierungen nach der Schwere der Straftat (Verbrechen, Vergehen) vorgeschlagen,[9] oder es wird darauf abgestellt, dass die zu untersuchende Person sich die Gefahr der Strafverfolgung selbst zuzuschreiben habe.[10]

67 Die **Abstammungsuntersuchung** kann wegen Gefahr der Aufdeckung einer Straftat **allenfalls** – und dies mehr i.S. einer salvatorischen Klausel – **in seltenen Einzelfällen unzumutbar** sein. Dabei ist insbesondere die Wertung zugrunde zu legen, dass Delikte, die mit Abstammungsprozessen in einem charakteristischen Zusammenhang stehen (z.B. Falschaussagen über Beziehungen zwischen Kindesmutter und bestimmten Männern), nicht zu Unzumutbarkeit führen.

68 Die **Zeugnisverweigerungsrechte** nach §§ 383 und 384 lassen sich **nicht** auf § 372a übertragen,[11] was sich schon daraus ergibt, dass sie in der Verweisung des § 372a Abs. 2 nicht enthalten sind, obwohl die Norm in § 372a Abs. 1 auf § 383 Abs. 1 Nr. 1–3 Bezug nimmt.[12] Unrichtig ist also das Argument, wer nicht mit dem Munde

---

1 OLG Köln JMBl NRW 1951, 54, 55; OLG Köln JMBl NRW 1951, 137.
2 OLG Bremen FamRZ 2009, 802, 803; OLG Düsseldorf DAVorm 1973, 162, 163; OLG Nürnberg FamRZ 1970, 597, 599; OLG Nürnberg NJW 1955, 1883; OLG Köln JMBl NRW 1951, 54, 55; LG Flensburg MDR 1953, 114, 115.
3 OLG Nürnberg NJW 1955, 1883; OLG Düsseldorf DAVorm 1973, 162, 163 (mögliches Ergebnis unter der früheren Rechtslage, die bloße „Zahlvaterschaft" kannte).
4 OLG Hamm NJW 1993, 474, 475; OLG Karlsruhe FamRZ 1992, 334, 335; OLG Frankfurt NJW 1979, 1257; OLG Köln JMBl NRW 1951, 137, 138; OLG Hamm JMBl NRW 1952, 167; OLG München JZ 1952, 426, 427; OLG Stuttgart DAVorm 1979, 157, 159; AK-ZPO/*Rüßmann* § 372a Rz. 6; Stein/Jonas/*Berger*[22] § 372a Rz. 11; s. auch BGH NJW 1964, 1469, 1471.
5 Zöller/*Greger*[30] § 178 FamFG Rz. 5; AK-ZPO/*Rüßmann* § 372a Rz. 6.
6 OLG München JZ 1952, 426, 427; OLG Hamburg NJW 1953, 1873, 1874; OLG Karlsruhe FamRZ 1962, 395, 396; OLG Nürnberg FamRZ 1970, 597, 599; OLG Stuttgart DAVorm 1979, 356, 360; ebenso *Jescheck* ZZP 65 (1952), 364, 380.
7 OLG Köln JMBl NRW 1951, 137, 138 f.; KG NJW 1969, 2208, 2209; *Niemeyer* MDR 1952, 199, 200.
8 *Meyer* DRiZ 1951, 34; *Sieg* MDR 1980, 24.
9 *Sautter* AcP 161 (1962), 215, 262 f.
10 OLG Hamm NJW 1993, 474, 475; Zöller/*Greger*[30] § 172 FamFG Rz. 5; vgl. auch *Dünnebier* Anm. zu OLG München JZ 1952, 426, 429.
11 OLG Köln DAVorm 1974, 255, 256; OLG Köln DAVorm 1972, 350, 354; OLG Nürnberg FamRZ 1970, 357, 359; OLG Köln JMBl NRW 1951, 137, 138; OLG Hamm JMBl NRW 1952, 167; LG Köln MDR 1951, 496; *Pohle* MDR 1950, 642, 645; Sautter AcP 161 (1962), 215, 237; Stein/Jonas/*Berger*[22] § 372a Rz. 10; Zöller/*Greger*[30] § 178 FamFG Rz. 6.
12 OLG Frankfurt NJW 1979, 1257; KG NJW 1969, 2208; OLG Hamm JMBl NRW 1952, 167; OLG Hamburg NJW 1953, 1873, 1874; OLG Nürnberg NJW 1953, 1874, 1875; LG Köln MDR 1951, 496; s. ferner OLG Köln JMBl NRW 1951, 54, 55.

auszusagen habe, brauche auch nicht mit dem Körper zu bekunden.[1] Die ratio der Zeugnisverweigerungsrechte trifft auf die Abstammungsuntersuchung nicht zu: Weder wird die zu untersuchende Person zu einer aktiven Handlung gezwungen, die sie in einer Gewissenskonfliktlage erfüllen müsste,[2] noch ist der Beweiswert einer solchen Untersuchung – anders als derjenige einer Zeugenaussage in einer Konfliktsituation – zweifelhaft.[3] **Glaubensgründe**, also Art. 4 GG, können nicht eingewandt werden.[4]

Unbrauchbar ist das Argument, ohne Bejahung genereller Unzumutbarkeit werde § 81c Abs. 3 S. 1 StPO umgangen.[5] **Für die Abstammungsuntersuchung** im Zivilprozess gibt es eben **keine** dem **§ 81c StPO entsprechende Vorschrift**. Ihre Anwendung hätte auch nur sehr begrenzte Bedeutung. Sie käme von vornherein nur für die Untersuchung von Angehörigen der Person in Betracht, die vor der Aufdeckung einer Straftat bewahrt werden soll, da für den Beschuldigten gem. § 81a StPO kein Weigerungsrecht besteht.[6] Die entsprechend begründete Weigerung würde schon für sich genommen den Verdacht einer strafbaren Handlung auslösen, was im Regelfall die Einleitung eines strafrechtlichen Ermittlungsverfahrens zur Folge hätte, in dem § 81a StPO anzuwenden wäre.[7]   69

4. Gesundheitsnachteil und Zumutbarkeit

Die körperliche Untersuchung muss der Untersuchungsperson im Hinblick auf die gesundheitlichen Folgen der Untersuchung zumutbar sein. Ein Nachteil für die Gesundheit ist gegeben, wenn von der Untersuchung gesundheitliche **Schäden körperlicher** oder **seelischer Art** zu befürchten sind, sei es auch nur in seltenen Fällen. Diese Beeinträchtigungen müssen ihrer Art nach **mehr als völlig geringfügig** sein[8] und über die Untersuchungsdauer erheblich hinauswirken.[9] Bei der Beurteilung der Frage, ob derartige Schäden ausnahmsweise zu befürchten sind, ist von den individuellen Verhältnissen des Duldungspflichtigen auszugehen.[10] Bloße Unannehmlichkeiten sind unbeachtlich.[11]   70

Von einer **venösen Blutentnahme**, die für die heute praktizierten Untersuchungen ausreicht, sind körperliche Schäden **nicht** zu erwarten. Eine akute Krankheit kann die Untersuchung nur verzögern, nicht aber endgültig verhindern. Die gelegentlich als Sonderfall genannte Bluterkrankheit[12] hat angesichts ihrer heutigen Behandlung keine rechtliche Bedeutung.   71

Psychische Schäden sind mehr als ein bloßes psychisches Unbehagen; sie setzen voraus, dass aus ärztlicher Sicht ein **Krankheitswert** gegeben ist. Dies kann auf eine   72

---

1 So aber *Meyer* DRiZ 1951, 34.
2 OLG Nürnberg FamRZ 1970, 597, 599; OLG Hamm JMBl NRW 1952, 167 f.; s. auch OLG München JZ 1952, 426, 427; OLG Hamburg NJW 1953, 1873, 1874; *Pohle* MDR 1950, 642, 645.
3 OLG Nürnberg FamRZ 1970, 597, 599; OLG Hamburg NJW 1953, 1873, 1874; LG Köln MDR 1951, 496.
4 OLG Brandenburg MDR 2010, 701, 702 = FamRZ 2010, 1826.
5 *Sieg* MDR 1980, 24 (für Strafverfahren gegen Angehörige).
6 OLG Hamm NJW 1993, 474, 476; OLG Hamm JMBl NRW 1952, 167, 168; OLG Stuttgart DAVorm 1979, 356, 360.
7 Vgl. OLG Hamm JMBl NRW 1952, 167, 168.
8 Vgl. OLG Koblenz NJW 1976, 379, 380.
9 So zu § 81c Abs. 2 und § 81a StPO *Meyer-Goßner*, StPO, 56. Aufl. 2013, § 81a Rz. 17 und § 81c Rz. 19.
10 *Pohle* MDR 1950, 642, 645; Stein/Jonas/*Berger*[22] § 372a Rz. 13.
11 OLG München NJW 2011, 2892, 2893.
12 *Pohle* MDR 1950, 642, 645.

Spritzenphobie zutreffen.[1] Dann ist aber von der Untersuchungsperson zu verlangen, dass sie sich einer Behandlung ihrer Neurose unterzieht. Für die DNA-Analyse ist in einem derartigen Fall ein **Mundschleimhautabstrich** vorzunehmen.[2] Ausreichend ist im Übrigen auch schon eine **Kapillar-Blutentnahme**.[3]

IV. Umfang der Duldungspflicht

1. Personenkreis

73 Die in § 372a normierte Duldungspflicht erstreckt sich auf *alle* **Personen**, nicht nur auf Parteien oder Zeugen (zum Auslandsbezug unten Rz. 118 ff.). Im Gegensatz zu den Vorgängerregelungen des § 372a wird nach § 372a der Kreis der duldungspflichtigen Personen nur durch die sachlichen Voraussetzungen der Duldungspflicht eingeschränkt (oben Rz. 57 ff.). **Einschränkungen** können sich insbesondere daraus ergeben, dass vor der Untersuchung Dritter ausreichende Anhaltspunkte für die Abstammung vorliegen müssen,[4] und dass die Untersuchung eine Aufklärung des Sachverhalts versprechen muss. Bejaht wurde die Untersuchungspflicht – bei älteren Entscheidungen gesteuert durch den jeweiligen biologisch-medizinischen Wissensstand, der der Begutachtungsmethode zugrunde lag – für die Eltern eines Mehrverkehrszeugen,[5] für einen Halbbruder des klagenden Kindes[6] sowie für eine Mutter, die ihr Kind zur Adoption freigegeben hat, bis zur Bewirkung der Adoption.[7]

74 Wenn die Abstammung nur durch **Probenentnahme von** einem **Toten** festzustellen ist, steht das Recht zur Untersuchungsverweigerung den Totensorgeberechtigten zu.[8] Das Recht des Kindes auf Klärung der Abstammung geht dann dem Recht des Totenfürsorgeberechtigten vor.[9] In Betracht kommen kann eine **Exhumierung**, um eine Gewebeprobe eines Verstorbenen untersuchen zu können.[10] Auch insoweit trifft die zur Totensorge Berechtigten analog § 372a Abs. 1 bzw. § 178 Abs. 1 FamFG eine Duldungspflicht.[11] **Alternativ** zu einer Exhumierung kann die **Einbeziehung naher Verwandter** des Verstorbenen in eine DNA-Analyse in Betracht kommen.[12] Bei der Zumutbarkeitsbeurteilung ist davon auszugehen, dass die **Exhumierung Vorrang** vor

---

[1] OLG Koblenz NJW 1976, 379, 380; zustimmend Stein/Jonas/*Berger*22 § 372a Rz. 13 Fn. 41; MünchKommZPO/*Zimmermann*4 § 372a Rz. 16; ablehnend Zöller/*Greger*30 § 178 FamFG Rz. 4 (allerdings unter Verfälschung des in der Entscheidung wiedergegebenen psychiatrischen Gutachtens).

[2] Den Abstrich nach dem Stand der Wissenschaft im Jahre 2011 regelmäßig als ausreichend ansehend OLG München NJW 2011, 2892, 2894.

[3] OLG München NJW 2011, 2892, 2894.

[4] KG NJW 1987, 2311 = FamRZ 1987, 294; OLG Karlsruhe FamRZ 1973, 48 (LS).

[5] LG Göttingen NdsRpfl 1953, 180.

[6] LG Göttingen DAVorm 1985, 517.

[7] OLG Köln DAVorm 1977, 375.

[8] Vgl. zu einer solchen Konstellation OLG Düsseldorf FamRZ 1978, 206 (dort: Beweissicherungsantrag für Wiederaufnahmeverfahren, fehlendes Einverständnis der nächsten Angehörigen); OLG München FamRZ 2001, 126, 128; OLG Celle NJW-RR 2000, 1100, 1102 (dort: Antrag im selbständigen Beweisverfahren für nicht statthaftes Wiederaufnahmeverfahren, Bestimmung der Totensorgeberechtigten analog § 2 FeuerbestattungsG).

[9] OLG Dresden MDR 2002, 1070; OLG München FamRZ 2001, 126, 128; *Decker* IPRax 2004, 229, 231. A.A. – bei Exhumierung Zustimmung der zur Totenfürsorge Berechtigten verlangend – OLG Köln FamRZ 2001, 931; OLG Celle FamRZ 2000, 1510, 1512. Offengelassen von KG IPRax 2004, 255, 257.

[10] OLG Köln FamRZ 2001, 931 = NJWE-FER 2001, 131, 132; OLG München FamRZ 2001, 126, 127; OLG Celle NJW-RR 2000, 1100.

[11] *Decker* IPRax 2004, 229, 231.

[12] So die Konstellation in KG IPRax 2004, 255, 257 (dort: dessen leibliche Kinder).

einer Einbeziehung widerstrebender unbeteiligter Dritter hat,[1] sofern der zu erwartende Zustand des Gewebes oder des Knochenmaterials verlässliche Untersuchungsergebnisse liefern kann.

Für **Minderjährige**, die noch nicht selbst die geistige und sittliche Reife besitzen, um Bedeutung und Tragweite der Entnahme von Untersuchungsmaterial zu ermessen, trifft der **gesetzliche Vertreter**, hilfsweise ein Ergänzungspfleger, die Entscheidung über die Gestattung des Eingriffs.[2] Wie bei der Einwilligung in medizinische Eingriffe liegt die **Altersgrenze** der Urteilsfähigkeit bei etwa 14 Jahren;[3] es kommt jedoch auf die Umstände des Einzelfalles an. 75

Verweigert der Vertreter die Einwilligung ungerechtfertigt, sind gegen ihn **Ordnungsmittel** zu verhängen.[4] Eine gegenteilige Ansicht verneint eine Rechtsgrundlage und verweist auf das Verfahren nach § 1666 BGB[5] (s. auch Kap. 8 Rz. 20). Indes geht es nicht um die Ersetzung einer Einwilligungserklärung im Interesse des Kindeswohls (§ 1666 Abs. 3). Außerdem hilft § 1666 BGB nicht, wenn – in Steigerung der Sanktionen – physischer Zwang anzuwenden ist, weil der Vertreter den Minderjährigen durch tatsächliche Hinderungsmaßnahmen von der Probenentnahme fernhält; auch dann richtet sich der Zwang gegen den Vertreter. Maßgebend für die Verhängung der Ordnungsmittel soll § 9 Abs. 1 Nr. 3 OWiG sein.[6] Stattdessen wird man die **Rechtsgrundlage unmittelbar in § 372a bzw. § 178 FamFG** sehen müssen; die Duldungspflicht trifft unmittelbar diejenige Person, auf deren Willen es rechtlich ankommt. 76

2. Duldungs-, nicht Mitwirkungspflicht

Die Untersuchungsperson ist nur verpflichtet, die Untersuchung zu dulden. **Aktive Mitwirkungshandlungen**, die nicht durch den Vorgang der Entnahme zu untersuchender Blut- oder Gewebeproben und deren verfahrensmäßige Abwicklung durch den Sachverständigen bedingt sind, sind nicht zu erbringen.[7] Darin unterscheidet sich die Duldungspflicht vom Aussagezwang des Zeugen. Der Unterschied **rechtfertigt** zugleich die **Differenzierung** bei der Bereitstellung gesetzlicher **Weigerungsrechte**; die Zeugnisverweigerungsrechte nach § 384 ZPO sind auf die Duldungspflicht der §§ 372a ZPO, 178 FamFG nicht zu übertragen.[8] Die duldungspflichtige Person ist als nicht verpflichtet angesehen worden, Lichtbilder eines verstorbenen Angehörigen für eine erbbiologische Untersuchung herauszugeben[9] oder einen stationären Klinikaufenthalt auf sich zu nehmen.[10] 77

Allerdings darf sich die Untersuchungsperson auch **nicht völlig passiv verhalten**. Sie hat vielmehr alle im Vorfeld liegenden Handlungen vorzunehmen, die eine ordnungsgemäße **Untersuchung ermöglichen**.[11] Dazu gehören z.B. das Erscheinen zum Unter- 78

---

1 Vgl. OLG Nürnberg FamRZ 2005, 728.
2 OLG München FamRZ 1997, 1170; OLG Karlsruhe FamRZ 1998, 563, 564.
3 OLG Karlsruhe 1998, 563, 564.
4 OLG München FamRZ 1997, 1170.
5 Stein/Jonas/*Berger*[22] § 372a Rz. 15; Zöller/*Greger*[30] § 178 FamFG Rz. 9; ablehnend *Ahrens* Festschrift G. Fischer (2010), S. 1, 10.
6 OLG München FamRZ 1997, 1170; MünchKommZPO/*Zimmermann*[4] § 372a Rz. 31.
7 OLG Hamm JMBl NRW 1952, 167, 168; OLG Nürnberg NJW 1953, 1875; OLG Köln FamRZ 1976, 548; *Sautter* AcP 161 (1962), 215, 221; Stein/Jonas/*Berger*[22] § 372a Rz. 6. Zur aktiven Beteiligung bei strafprozessualen Untersuchungsmaßnahmen (§ 81a und § 81c StPO) BGHSt 34, 39, 45 f.; *Meyer-Goßner*[56] § 81a StPO Rz. 11 und § 81c Rz. 16.
8 OLG Hamm JMBl. NRW 1952, 167, 168; OLG Nürnberg NJW 1953, 1875.
9 OLG Schleswig SchlHA 1953, 207; MünchKommZPO/*Zimmermann*[4] § 372a Rz. 17.
10 *Sautter* AcP 161(1962), 215, 221.
11 OLG Köln FamRZ 1976, 548; *Sautter* AcP 161 (1962), 215, 221.

suchungstermin beim Sachverständigen,[1] die Mitwirkung an der Identitätsfeststellung,[2] das Ermöglichen der Blutentnahme durch Öffnen und Aufkrempeln eines Ärmels oder Ausziehen eines Kleidungsstücks, das Öffnen des Mundes zur Entnahme einer Schleimhautgewebsprobe oder die Einnahme einer untersuchungsbedingten Körperhaltung. Die **Weigerung** zur Vornahme derartiger **Vorbereitungshandlungen** steht einer Verweigerung der Untersuchung mit den sich daraus ergebenden Folgen gleich.[3]

V. Zeitpunkt der Untersuchungsanordnung, Rechtshilfedurchführung

79 Die **Anordnung** der Beweiserhebung nach § 372a erfolgt durch das **Prozessgericht**.[4] Sie kann von Amts wegen (§ 144 Abs. 1 S. 1) oder auf Antrag (§ 371 Abs. 1 S. 1) erfolgen.[5] Die amtswegige Augenscheinseinnahme ist nicht auf Statusprozesse (§§ 169 ff. FamFG) beschränkt. In Verfahren mit Verhandlungsmaxime darf die Erforderlichkeit der Untersuchung allerdings wegen der Eingriffstiefe erst aufgrund der mündlichen Verhandlung bejaht und **nicht** bereits nach § 358a **vor der mündlichen Verhandlung** angeordnet werden.[6] Beweisbedürftig ist die Abstammung zwar schon dann, wenn sie in vorbereitenden Schriftsätzen streitig gestellt worden ist. Da das Bestreiten aber u.U. nach Erörterung der Sach- und Rechtslage in der mündlichen Verhandlung nicht mehr aufrechterhalten wird, entscheidet sich die Beweisbedürftigkeit endgültig erst zu diesem Zeitpunkt.

80 Die Anordnung kann im **selbständigen Beweisverfahren** zur Beweissicherung getroffen werden, wenn die Materialentnahme – etwa bei einem noch nicht beigesetzten Verstorbenen – eilbedürftig ist; eine Exhumierung würde eine intensivere Störung der Totenruhe bedeuten.[7]

81 Die **Durchsetzung der Materialentnahme**, insbesondere die Verhängung von Zwangsmaßnahmen gem. § 372a Abs. 2, kann im **Rechtshilfewege** erfolgen[8] (s. auch unten Rz. 121 ff.). Allerdings entscheidet über die Rechtmäßigkeit einer **Untersuchungsverweigerung**, die unter Angabe von Gründen erfolgt, **allein** das **Prozessgericht** (§§ 387 Abs. 1, 372a Abs. 2 S. 1); der beauftragte oder ersuchte Richter kann dafür die Entscheidungsgrundlagen beschaffen.[9] Bei einer Weigerung ohne Angabe von Gründen ordnet der Rechtshilferichter die Maßnahmen nach § 390 an.[10]

---

1 Stein/Jonas/*Berger*[22] § 372a Rz. 6.
2 OLG Köln FamRZ 1976, 548 (Unterschriftsleistung zur Identitätsfeststellung); AG Hohenstein FamRZ 2006, 1769 (Fertigung von Lichtbildern und Fingerabdrucken); MünchKommZPO/*Zimmermann*[4] § 372a Rz. 17.
3 OLG Köln FamRZ 1976, 548.
4 BGH NJW 1990, 2936, 2937.
5 Stein/Jonas/*Berger*[22] § 372a Rz. 4; MünchKommZPO/*Zimmermann*[4] § 372a Rz. 19.
6 MünchKommZPO/*Zimmermann*[4] § 372a Rz. 19; a.A. Baumbach/Lauterbach/*Hartmann*[71] § 372a Rz. 18.
7 S. den Fall OLG Düsseldorf FamRZ 1978, 206; s. ferner OLG Dresden MDR 2002, 1070.
8 BGH NJW 1990, 2936, 2937; OLG Naumburg FamRZ 1993, 1099, 1100.
9 BGH NJW 1990, 2936, 2937.
10 BGH NJW 1990, 2936, 2937.

§ 88 Verweigerung der Untersuchung

I. Allgemeines

Bei einer Untersuchungsverweigerung lassen sich **drei mögliche Fälle** unterscheiden: die Verweigerung unter Angabe von Gründen, die Verweigerung ohne Angabe von Gründen und das bloße Nichterscheinen zum Untersuchungstermin. Für den Fall einer Untersuchungsverweigerung verweist § 372a Abs. 2 S. 1 auf die Vorschriften der §§ 386–390, die den **Zwischenstreit über** die **Rechtmäßigkeit** der Zeugnisverweigerung und die Folgen einer unberechtigten Weigerung regeln; § 372a Abs. 2 S. 2 verschärft die für den Zeugen vorgesehenen **Zwangsmittel** um die Möglichkeit der Anwendung unmittelbaren Zwangs gegen die Untersuchungsperson (dazu Kap. 8 Rz. 124).

Aus der **Verweisung ausgeklammert** sind der Tatbestand des § 380 über die Folgen des Nichterscheinens eines Zeugen und die nicht einschlägige Aufzählung der Rechte zur Zeugnisverweigerung aus persönlichen (§ 383)[1] und sachlichen Gründen (§ 384); damit wird auch nicht auf § 383 Abs. 2 verwiesen, der eine Pflicht zur Belehrung über die Möglichkeit der Zeugnisverweigerung vorsieht. Demgegenüber sieht das Gesetz für den Fall der Untersuchungsverweigerung **keine** derartige **Belehrungspflicht** vor. Sie wird zu Recht verneint.[2] Eine **Belehrung** wird z.T. gleichwohl **empfohlen**.[3] Belehren kann man indes nur in standardisierter Form, was tatbestandlich gefasste Rechte voraussetzt. Das Recht zur Verweigerung der Untersuchung durch einen Minderjährigen wird von dessen gesetzlichen Vertreter ausgeübt, wenn der Minderjährige nicht über die notwendige Verstandesreife verfügt, anderenfalls nach h.M. vom Minderjährigen allein[4] (zur Problematik Rz. 75 f. und Kap. 36 Rz. 48 ff.).

Eine **zunächst freiwillig** erfolgte **Mitwirkung** bei der Blutentnahme zwecks Begutachtung kann **nicht** wie ein Geständnis analog § 290 **widerrufen** werden. Auf das Vorliegen von Widerrufsgründen kommt es nicht an.[5]

II. Weigerung ohne Angabe von Gründen

Wird die Untersuchung ohne Angabe von Gründen verweigert, sind nach § 390 Zwangsmaßnahmen wie gegen einen Zeugen zulässig: Gegen die Untersuchungsperson ist als **Ungehorsamssanktion** durch Beschluss ein Ordnungsgeld, ersatzweise Ordnungshaft, und bei **wiederholter Weigerung** primäre Ordnungshaft zu verhängen; außerdem sind ihr die durch die Weigerung verursachten Kosten aufzuerlegen. Unabhängig davon[6] kommt bei wiederholter Weigerung die **unmittelbare Erzwingung** der Untersuchung hinzu (§ 372a Abs. 2 S. 2). Eine Weigerung ohne Grund liegt schon dann vor, wenn der Grund nicht in der in § 386 Abs. 1–3 vorgeschriebenen Form angegeben wird,[7] oder wenn ein völlig unsinniger und unsachlicher Grund genannt wird.[8]

---

1 Zur Nichtgeltung für einen Zeugen als Untersuchungsperson OLG Köln DAVorm 1974, 256.
2 MünchKommZPO/*Zimmermann*[4] § 372a Rz. 22; *Zöller*/*Greger*[30] § 178 FamFG Rz. 8; *Eichberger* S. 108 f.; *Bosch* DRiZ 1951, 137, 139; *Meyer* DRiZ 1951, 34 Fn. 3; a.A. Stein/Jonas/*Berger*[22] § 372a Rz. 17.
3 *Bosch* DRiZ 1951, 137, 139; *Meyer* DRiZ 1951, 34 Fn. 3.
4 OLG Karlsruhe FamRZ 1998, 563, 564 = NJWE-FER 1998, 89.
5 A.A. aber OLG Oldenburg NJW-RR 2005, 1022, 1023.
6 OLG Karlsruhe FamRZ 1962, 395, 396.
7 OLG Düsseldorf JMBl NRW 1964, 30.
8 OLG Hamm JMBl NRW 1951, 172; OLG Celle MDR 1960, 679, 680.

86 **Vor** der **Verhängung** eines Ordnungsmittels oder der Anwendung von Zwang ist eine **Belehrung über** die **Pflichten** aus § 372a und die **Folgen** einer unberechtigten Verweigerung erforderlich.[1] Dies folgt aus einer Analogie zu §§ 141 Abs. 3, 377 Abs. 2 Nr. 3 i.V.m. §§ 380, 402.[2] Eine Belehrung ist ausnahmsweise entbehrlich, wenn das sonstige Prozessverhalten der Untersuchungsperson den sicheren Schluss zulässt, dass eine Belehrung für sich genommen nicht geeignet ist, die Untersuchungsperson zu einem rechtmäßigen Verhalten zu veranlassen.[3]

87 Weitgehend Einigkeit herrscht darüber, dass bei einer Weigerung **ohne Angabe von Gründen** ein Zwischenstreit und ein **Zwischenurteil entbehrlich** sind.[4] Teilweise wird ein Zwischenurteil sogar für unzulässig gehalten.[5]

88 Die Untersuchungsperson kann gegen die Festsetzung des Ordnungsmittels nach § 390 Abs. 3 mit einer **sofortigen Beschwerde** vorgehen. Beruft sie sich darin auf ein Verweigerungsrecht, führt dies zur Durchführung eines Zwischenstreits.[6] Die sofortige Beschwerde kann nach § 569 Abs. 3 Nr. 3 zu Protokoll der Geschäftsstelle erklärt werden, da der zu Untersuchende kraft der Verweisung des § 372a Abs. 2 S. 1 einem Zeugen gleichzustellen ist. Die Regelung über die sofortige Beschwerde gilt auch, wenn unmittelbarer Zwang angewandt wird.

III. Weigerung unter Angabe von Gründen

1. Verfahren

89 Gibt der zu Untersuchende Gründe für seine Weigerung an, bestimmt sich das Verfahren nach den §§ 386–389. Nach § 386 Abs. 1 sind die **Gründe** entweder vor dem Termin schriftlich oder zu Protokoll der Geschäftsstelle oder im Termin mündlich anzugeben und **glaubhaft zu machen** (§ 294, nicht auch § 386 Abs. 2). Es **reicht** jedoch **nicht** aus, die Gründe dem **Sachverständigen gegenüber** zu nennen; „Termin" i.S.d. § 386 ist ein Gerichtstermin, nicht ein Untersuchungstermin, in dem allein der Sachverständige anwesend ist.[7] Der Sachverständige wird den sich Weigernden an das Gericht verweisen.

90 Hat sich der zu Untersuchende **formgerecht geweigert**, was auch gegenüber einem beauftragten oder ersuchten Richter geschehen kann (§ 389 Abs. 1),[8] so braucht er zur Untersuchung **nicht zu erscheinen** (§ 386 Abs. 3). Von der Weigerung sind die Parteien (zu Händen ihrer Prozessbevollmächtigten, § 172 Abs. 1 S. 1 i.d.F. vom 1.7.2002) zu benachrichtigen (§ 386 Abs. 4).

---

1 OLG Schleswig SchlHA 1972, 205; OLG Koblenz FamRZ 1974, 384; OLG Köln FamRZ 1976, 548; MünchKommZPO/*Zimmermann*[4] § 372a Rz. 26.
2 OLG Schleswig SchlHA 1972, 205; OLG Zweibrücken FamRZ 1979, 1072, 1073; MünchKommZPO/*Zimmermann*[4] § 372a Rz. 26.
3 OLG Zweibrücken FamRZ 1979, 1072, 1073.
4 OLG Hamm JMBl NRW 1951, 172; OLG Karlsruhe FamRZ 1962, 395, 396; OLG Schleswig SchlHA 1963, 169; OLG Köln FamRZ 1976, 548; OLG Zweibrücken FamRZ 1979, 1072; OLG Düsseldorf FamRZ 1986, 191, 192; wohl vorausgesetzt in OLG Celle MDR 1960, 679, 680; Stein/Jonas/*Berger*[22] § 372a Rz. 17; *Eichberger* S. 119; a.A. OLG Nürnberg MDR 1964, 242 = FamRZ 1964, 98.
5 MünchKommZPO/*Zimmermann*[4] § 372a Rz. 26.
6 OLG Schleswig SchlHA 1963, 169; MünchKommZPO/*Zimmermann*[4] § 372a Rz. 26.
7 A.A. Stein/Jonas/*Berger*[22] § 372a Rz. 18, der meint, der Sachverständige habe die ihm genannten Gründe an das Gericht weiterzuleiten.
8 BGH NJW 1990, 2936, 2937.

Über die Berechtigung der Verweigerung findet ein **Zwischenverfahren vor** dem **Prozessgericht** mit mündlicher Verhandlung (§ 387 Abs. 1) statt.[1] Mündlich zu verhandeln ist auch dann, wenn bei einer von Amts wegen angeordneten Untersuchung keine der Prozessparteien zu der Weigerung Stellung genommen hat. Im Zwischenstreit gilt für die zu untersuchende Person **kein Anwaltszwang** (§ 387 Abs. 2). Ist sie zugleich Partei, muss sie sich in dieser Prozessrolle im Anwaltsprozess vertreten lassen. Auch eine sofortige Beschwerde gegen das Zwischenurteil kann nach § 387 Abs. 3 i.V.m. §§ 569 Abs. 3 Nr. 3, 78 Abs. 3 von der zu untersuchenden Person ohne Mitwirkung eines Anwalts eingelegt werden, da sie durch die Verweisung des § 372a Abs. 2 S. 1 als Augenscheinsobjekt einem Zeugen gleichgestellt ist.[2]

Die Entscheidung über die Rechtmäßigkeit der Weigerung ergeht positiv wie negativ durch **Zwischenurteil**.[3] Kann sich die zu untersuchende Person auf mehrere Verweigerungsgründe berufen, ist sie **nicht** gezwungen, **alle Gründe gleichzeitig** geltend zu machen. Die Rechtskraft des Zwischenurteils erstreckt sich nur auf die geltend gemachten Gründe, so dass die nachträgliche Geltendmachung weiterer Untersuchungsverweigerungsgründe nicht präkludiert wird.[4]

Die **Ordnungsmaßnahmen** des § 390 Abs. 1 dürfen **erst nach** Eintritt der **Rechtskraft** des Zwischenurteils angeordnet werden.[5] Ihre Anordnung im Zwischenurteil ist somit unzulässig.[6] Die nach § 390 möglichen Maßnahmen kann nach § 400 auch der beauftragte oder ersuchte Richter treffen.[7]

Die **Kosten** des **Zwischenverfahrens**, die durch die erste unberechtigte Weigerung entstanden sind, trägt die zu untersuchende Person nach § 91.[8] Hat sich die Weigerung als berechtigt erwiesen, trägt die Kosten des Zwischenstreits die Partei, die der Weigerung widersprochen hat (§ 91).[9] Hat keine der Parteien widersprochen oder wird die Untersuchung von Amts wegen angeordnet, folgen die Kosten der Kostenentscheidung in der Hauptsache.[10]

2. Rechtsmittel

Gegen das im ersten Rechtszug erlassene Zwischenurteil kann nach §§ 387 Abs. 3, 567 Abs. 1 Nr. 1 **sofortige Beschwerde** eingelegt werden (dazu auch Kap. 37 Rz. 40). Haben das LG oder das OLG als Berufungs- oder Beschwerdegericht entschieden, ist eine (weitere) Beschwerde seit der am 1.1.2002 wirksam gewordenen Prozessrechts-

---

1 OLG Karlsruhe OLGRep. 2007, 127 = FamRZ 2007, 738, 739; OLG Dresden NJW-RR 1999, 84, 85.
2 OLG Düsseldorf JMBl NRW 1964, 30; OLG Düsseldorf FamRZ 1971, 666.
3 BGH NJW 2007, 3644 Rz. 9; BGH NJW 2006, 1657, 1659; BGH NJW 1990, 2936, 2937; RG JW 1896, 130 (Nr. 3); OLG Celle MDR 1960, 679, 680; OLG Schleswig SchlHA 1953, 169; OLG Frankfurt NJW-RR 1988, 714; vgl. auch OLG Schleswig SchlHA 1953, 207, das eine Entscheidung in Beschlußform ihrem sachlichen Gehalt nach als Zwischenurteil behandelt. Zur Entscheidung im Zwischenstreitverfahren bei Anwendung des § 178 FamFG OLG Brandenburg FamRZ 2011, 397; OLG München FamRZ 2012, 57, 58 = NJW 2011, 2892, 2893.
4 RG JW 1889, 169 (Nr. 9); a.A. KG JW 1928, 738 m. abl. Anm. *Striemer*; *Bosch* DRiZ 1951, 137, 138, tritt für die Präklusion nach der zweiten mit Gründen versehenen Weigerung ein.
5 OLG Karlsruhe FamRZ 1962, 395, 396; OLG Frankfurt NJW-RR 1988, 714; OLG Dresden NJW-RR 1999, 84 (dort: Rechtskraft des Beschlusses im FGG-Verfahren); s. auch OLG Zweibrücken FamRZ 1979, 1972; OLG Düsseldorf FamRZ 1986, 191, 192.
6 OLG Frankfurt NJW-RR 1988, 714.
7 BGH NJW 1990, 2936, 2937; a.A. *Zender* NJW 1991, 2947.
8 Stein/Jonas/*Berger*[22] § 387 Rz. 6; Zöller/*Greger*[30] § 387 Rz. 5.
9 MünchKommZPO/*Zimmermann*[4] § 372a Rz. 24; a.A. – Antragsteller – Zöller/*Greger*[30] § 387 Rz. 5.
10 MünchKommZPO/*Zimmermann*[4] § 372a Rz. 24.

reform unzulässig. Eine Abhilfeentscheidung durch das Gericht des ersten Rechtszuges (§ 572 Abs. 1) wird durch die **Bindungswirkung des Zwischenurteils** versperrt (§§ 318, 572 Abs. 1 S. 2), so dass eine an einen erstinstanzlichen Erfolg der zu untersuchenden Person anknüpfende sofortige Beschwerde durch eine Prozesspartei nicht denkbar ist.

96 Gegen Beschwerdeentscheidungen ist eine **Rechtsbeschwerde** mangels gesetzlicher Zulassung nur nach Maßgabe des § 574 Abs. 1 Nr. 2 (richterliche Zulassung) möglich. Zu befürworten ist überdies eine **analoge Anwendung** des § 321a auf die Geltendmachung von Grundrechtsverletzungen anderer Art als der Verletzung rechtlichen Gehörs (Art. 103 Abs. 1 GG), damit ein Weg der Selbstkorrektur zur Vermeidung einer Verfassungsbeschwerde eröffnet wird.

97 Wenn die Verweigerung der Untersuchung für unberechtigt erklärt worden ist, ist nur die zu untersuchende Person **beschwerdeberechtigt**.[1] Die Partei, die ein Interesse daran hat, dass die Untersuchung nicht durchgeführt wird, ist nicht beschwert, da es kein Recht auf Nichtvornahme einer Untersuchung gibt.[2] Gibt das Beschwerdegericht der Weigerung statt, ist die (gleichgültig ob unter Geltung des Untersuchungsgrundsatzes oder des Beibringungsgrundsatzes) mit der Beweisführung belastete Partei für eine **Rechtsbeschwerde** beschwerdeberechtigt; nur sie ist beschwert.[3]

98 Mit Beendigung des Zwischenstreits tritt **nicht nur** eine **Bindung** der **Instanz** bis zum Endurteil ein (§ 318), sondern wegen der materiellen Rechtskraftwirkung des Zwischenurteils[4] auch eine **Bindung der Rechtsmittelgerichte** (Berufungsgericht: § 512, Revisionsgericht: § 557 Abs. 2).

3. Relevante Weigerungsgründe

99 Die Untersuchungsverweigerung kann auf das Fehlen jeder der in § 372a genannten Voraussetzungen gestützt werden, also auch darauf, dass eine **Untersuchung** (aus Rechtsgründen, z.B. mangels Entscheidungserheblichkeit) **nicht erforderlich** ist[5] (dazu auch Kap. 13 Rz. 135). Dies gilt für zu untersuchende Personen, die **nicht selbst Prozesspartei** sind, aber auch für eine zu untersuchende Partei.[6] Dem kann nicht entgegen gehalten werden, dass ein Zeuge seine Zeugnis- und Eidespflicht nicht mit der Begründung verweigern dürfe, die Beweisanordnung sei nicht notwendig.[7] Die Pflicht zur Duldung einer Untersuchung begründet einen schwerwiegenderen Eingriff als die allgemeine Zeugnispflicht; insoweit darf eine zu untersuchende Person nicht mit einem Zeugen gleichgestellt werden.[8]

---

1 Stein/Jonas/*Berger*[22] § 372a Rz. 20; für den Zeugen: RGZ 20, 378, 379 f.; OLG Frankfurt MDR 1983, 236; vgl. auch BFH BB 1982, 1353.
2 So zum Zeugenbeweis RGZ 20, 378, 380; OLG Frankfurt MDR 1983, 236.
3 MünchKommZPO/*Zimmermann*[4] § 372a Rz. 25; a.A. – *jede* der Parteien – Stein/Jonas/*Berger*[22] § 372a Rz. 20.
4 BGHZ 121, 266, 276.
5 BGH NJW 2006, 1657, 1659; BGH NJW-RR 2007, 1728; OLG Stuttgart FamRZ 1961, 490, 491 (für den Dritten); OLG München NJW 1977, 341, 342; OLG Frankfurt NJW 1988, 832; implizit auch OLG Stuttgart NJW 1972, 2226 m. Anm. *Sautter*; OLG Oldenburg NJW 1973, 1419; OLG Düsseldorf FamRZ 1986, 191, 192; OLG Nürnberg FamRZ 2005, 728; *Bosch* DRiZ 1951, 107, 110; *Esser* MDR 1952, 537; *Weber* NJW 1963, 574; offen gelassen in BGHZ 121, 266, 276 = NJW 1993, 1391, 1393 und OLG Karlsruhe NJWE-FER 1998, 89. A.A. u.a. OLG München JZ 1952, 426, 427.
6 BGH NJW 2006, 1657, 1659.
7 So indes OLG Celle NJW 1955, 1037; OLG Düsseldorf NJW 1958, 265.
8 Vgl. OLG München NJW 1977, 341, 342.

Gegen die Prüfung der Erforderlichkeit spricht auch nicht die Strukturentscheidung 100
des Zivilprozessrechts, die **selbständige Anfechtbarkeit** von Beweisbeschlüssen **auszuschließen**,[1] auch wenn die Prüfung ausreichender Substantiierung des Beweisantrages und die Festlegung der Reihenfolge der Beweiserhebung im Hinblick auf verfügbare andere Beweismittel untrennbar mit dem Erlass des Beweisbeschlusses verbunden ist. **Mit Art. 19 Abs. 4 GG** wäre es jedoch **unvereinbar**, einen Eingriff in das Grundrecht der körperlichen Unversehrtheit (Art. 2 Abs. 1 GG) durch eine nicht nachprüfbare Ermessensentscheidung zuzulassen.[2] Eine fehlerhafte Beurteilung der Erforderlichkeit der Untersuchung könnte im Instanzenzug nach Anfechtung des Endurteils nicht mehr ausreichend korrigiert werden, da die Untersuchung bis dahin erzwungen worden ist (s. dazu auch Kap. 13 Rz. 134). Überdies könnte der am Prozess nicht beteiligte Dritte das Endurteil mangels eigener Beschwer gar nicht angreifen, so dass ihm der Rechtsschutz insgesamt vorenthalten würde.[3] Mit dem Ansatz einer Überprüfung auch der Erforderlichkeit im Zwischenverfahren ist nicht der skurrile Versuch eines rechtlichen Kompromisses zu vereinbaren, das Beschwerdegericht an die Rechtsauffassung und Beweiswürdigung des Gerichts der Hauptsache zu binden.[4]

Nicht erforderlich ist ein Beweisantrag, der **im selbständigen Beweisverfahren zur** 101
Durchführung eines **Restitutionsverfahrens** gestellt wird und mit dem ein Gutachten als Zulässigkeitsvoraussetzung des Restitutionsverfahrens erst beschafft werden soll. Ein derartiger Beweisantrag ist unzulässig.[5]

Auf eine die Untersuchung **verweigernde Prozesspartei** sind die vorstehenden Über- 102
legungen nicht zu übertragen. Für sie bedeutet eine Beschränkung der Nachprüfung durch das Beschwerdegericht zwar ebenfalls eine Verkürzung des Rechtsschutzes. Außerdem gilt auch für sie, dass rechtswidrige Grundrechtseingriffe nicht stattfinden dürfen. Die Ausgestaltung des Verfahrens darf aber grundrechtskonform berücksichtigen, dass im Grad der Justizunterworfenheit **zwischen Prozessparteien und Dritten** zu **differenzieren** ist (s. beispielhaft die Regelung der §§ 142, 144) und dass zugunsten ebenso wie zum Nachteil der Prozessparteien **konfligierende Ziele** wie das der **Verfahrensbeschleunigung** durch Begrenzung der Anfechtbarkeit von Entscheidungen und damit das Ziel der **Effektivität des Rechtsschutzsystems** in eine Abwägung einzubeziehen sind. Eine Prozesspartei kann die Weigerung daher nur auf das Argument stützen, die Untersuchung sei unzumutbar oder bewirke gesundheitliche Nachteile.

IV. Nichterscheinen zum Untersuchungstermin

Während die Fälle einer Untersuchungsverweigerung mit und ohne Angabe eines 103
Grundes durch die Verweisung des § 372a Abs. 2 auf §§ 386–390 gesetzlich geregelt sind, lässt sich das **bloße Nichterscheinen** zum Untersuchungstermin **nicht klar einordnen**. Denkbar ist, dass die zu untersuchende Person bei grundsätzlicher Untersuchungsbereitschaft – wie es auch einem Zeugen widerfahren kann – den Unter-

---

1 A.A. OLG Celle NJW 1955, 1037; OLG Düsseldorf NJW 1958, 265; OLG Karlsruhe FamRZ 1962, 395, 396 (Zweckmäßigkeit und Rechtmäßigkeit sind der Nachprüfung entzogen); *Eichberger* S. 111 f.; *Niemeyer* MDR 1952, 199 f.; *Haußer* NJW 1959, 1811, 1812; *Jescheck* ZZP 65 (1952), 364, 379; *Sautter* AcP 161 (1962), 215, 228. Sophistisch ist allerdings die zur Überwindung des Gegenarguments getroffene Unterscheidung zwischen Anfechtung des Beweisbeschlusses und Geltendmachung eines Durchführungshindernisses in OLG Schleswig SchlHA 1955, 360.
2 OLG Stuttgart FamRZ 1961, 490, 491; OLG Oldenburg NJW 1973, 1419; OLG Frankfurt NJW 1988, 832; *Weber* NJW 1963, 574.
3 OLG Stuttgart FamRZ 1961, 490, 491; *Weber* NJW 1963, 574, 575.
4 OLG Stuttgart FamRZ 1961, 490, 491; OLG Oldenburg NJW 1973, 1419; *Weber* 1963, 574, 575.
5 OLG Celle NJW-RR 2000, 1100, 1101 (dort auf Exhumierung gerichtet).

suchungstermin schlicht vergessen hat oder dass sie an seiner Wahrnehmung aus von ihr beeinflussbaren oder aus fremdbestimmten Gründen gehindert war. Die näheren Umstände sind dem Gericht zunächst unbekannt.

104 Für den **Zeugenbeweis** ist das **Ausbleiben des Zeugen**, für das dem Gericht nicht rechtzeitig eine Erklärung bekannt geworden ist, in § 380 mitgeregelt, während die unberechtigte Zeugnisverweigerung in § 390 gesondert behandelt worden ist. Die Sanktionsregelung der §§ 380 Abs. 1 und 390 Abs. 1 ist für beide Sachverhalte allerdings identisch: Es können dem Zeugen sofort die **Kosten auferlegt** und es kann gegen ihn ein **Ordnungsgeld festgesetzt** werden. Jedoch hat der Zeuge gem. § 381 Abs. 1 S. 2 und 3 die Möglichkeit, sein Ausbleiben im Vernehmungstermin unter Glaubhaftmachung der tatsächlichen Umstände **nachträglich zu entschuldigen** mit der Folge, dass die nachteilige Kostenentscheidung und das bereits festgesetzte Ordnungsmittel wieder aufzuheben sind.

105 Gegen die aus unbekanntem Grund nicht zur Untersuchung erscheinende Person sofort die Sanktionsinstrumente des § 390 einzusetzen, trifft sie grundsätzlich nicht härter als die Anwendung des § 380 auf den aus unbekanntem Grund nicht zur Vernehmung erschienenen Zeugen. **Bei Nichterscheinen** der zu untersuchenden Person ist deshalb wegen der durch § 372a Abs. 2 angeordneten entsprechenden Anwendung **generell § 390 anzuwenden, ohne** dass es auf die **vorherige Aufklärung** ankommt, worauf das bloße Nichterscheinen im Einzelfall zurückzuführen ist.[1]

106 Auf eine **Analogie zu § 380** ist der Einsatz der Sanktionsmittel **nicht** angewiesen.[2] Ebenso wenig ist es für die Anwendung des § 390 erforderlich, das bloße Nichterscheinen fiktiv als Untersuchungsverweigerung ohne Angabe eines Grundes zu qualifizieren. Zu vermeiden ist lediglich eine gekünstelte Ausklammerung dieser Sachverhaltsgestaltung aus § 390, die auf eine schematische Übertragung der Normaufteilung im Recht des Zeugenbeweises zurückgeht und dadurch eine vermeintliche Gesetzeslücke[3] erzeugt. Die **gegenteilige noch h.M.** ist letztlich auch darauf angewiesen, bei wiederholtem Nichterscheinen ohne Bekanntgabe von Gründen § 390 anzuwenden,[4] obwohl die dann gezogene Schlussfolgerung auf eine konkludente Weigerung keineswegs zwingend ist.

107 **Zusätzlich** ist **§ 381 analog** anzuwenden, wenn die zu untersuchende Person das Ausbleiben in einem Untersuchungstermin, zu dem sie ordnungsgemäß durch das Gericht geladen worden ist, **nachträglich** erfolgreich **entschuldigt**. Es besteht kein sachlicher Grund, die Fälle des mitwirkungspflichtigen Augenscheinsbeweises strenger zu behandeln als die Fälle der Nichterfüllung einer Zeugnispflicht.

108 Die **sofortige Anwendung des § 390 mit** Einräumung einer **nachträglichen Entschuldigung** ermöglicht eine sachgerechte Erfassung der wiederholten Nichterscheinens und gestattet insbesondere eine zeitigere Anwendung unmittelbaren Zwangs. Da es weder auf eine Analogie zu § 380 noch auf die Fiktion ankommt, das Nichterscheinen als Untersuchungsverweigerung anzusehen, wird **Art. 103 Abs. 2 GG** (nullum crimen sine lege) **nicht missachtet**, der auch im Ordnungswidrigkeitenrecht an-

---

1 Ebenso MünchKommZPO/*Zimmermann*[4] § 372a Rz. 29; Zöller/*Greger*[30] § 178 FamFG Rz. 10. Für vorherige Einzelfallaufklärung hingegen OLG Neustadt NJW 1957, 1155, 1156; OLG Karlsruhe FamRZ 1972, 395; OLG Zweibrücken DAVorm 1973, 489, 491; OLG Zweibrücken FamRZ 1986, 493; s. ferner OLG Nürnberg MDR 1964, 242; OLG Düsseldorf JMBl NRW 1964, 30, 31; OLG Düsseldorf FamRZ 1971, 666; OLG Zweibrücken FamRZ 1979, 1072; Stein/Jonas/*Berger*[22] § 372a Rz. 22.
2 So aber LG Bonn JMBl NRW 1955, 245, 246; JMBl. NRW 1965, 31.
3 Sie wird z.B. behauptet von LG Bonn JMBl. NRW 1955, 245, 246.
4 Vgl. etwa OLG Zweibrücken FamRZ 1986, 493.

zuwenden ist¹ und der deshalb – erneut unzutreffend – Anlass zu der Schlussfolgerung gegeben hat, er sei auf Ordnungsmittel, die gegen einen Zeugen im Falle seines unentschuldigten Ausbleibens verhängt werden, wegen deren Strafcharakters anzuwenden.² Die mit einer Analogie zu § 380 operierende Ansicht will diese Norm in Bezug auf die Kostentragungspflicht anwenden,³ verweigert aber die Anwendung der dort genannten Ordnungsmittel wegen Art. 103 Abs. 2 GG.⁴

Die **Ladung** der zu untersuchenden Person muss, wenn wegen Missachtung des Termins Sanktionen verhängt werden sollen, **förmlich** erfolgen, nämlich analog § 377.⁵ Dabei kann aber die Ladung des Gerichts pragmatisch mit der gesonderten Terminfestsetzung des Sachverständigen verbunden werden, indem das Gericht eine „**Rahmenladung**" ausspricht, in der auf die nachfolgende Zeitbestimmung des Sachverständigen verwiesen wird.⁶ 109

V. Wiederholte Weigerung

1. Unmittelbarer Zwang

Im Falle **wiederholter Weigerung** der zu untersuchenden Person kann nach § 372a Abs. 2 S. 2 die Anwendung unmittelbaren Zwangs, insbesondere die **zwangsweise Vorführung** angeordnet werden (dazu auch Kap. 8 Rz. 124). Eine erste Weigerung, die unter Angabe eines Grundes erfolgte, der dann rechtskräftig für unerheblich erklärt wurde, wird nicht mitgezählt, wie sich aus § 390 ergibt. 110

Trotz der Verweisung des § 372a Abs. 2 S. 1 auf § 390 kommt für den Fall wiederholter Weigerung **keine Beugehaft** in Betracht. § 372a Abs. 2 S. 2 ist demgegenüber die speziellere Vorschrift.⁷ Nach der Systematik der ZPO wird Beugehaft nur dann angeordnet, wenn eine unvertretbare Handlung, z.B. eine Zeugenaussage, erzwungen werden soll. Die Duldung der Abstammungsuntersuchung ist stattdessen ähnlich wie das Erscheinen eines Zeugen (§ 380) **direkt physisch erzwingbar**. 111

Bei **nicht verstandsreifen Minderjährigen** richtet sich der Zwang gegen den **personensorgeberechtigten Elternteil**.⁸ Aus dem Verhältnismäßigkeitsgrundsatz folgt, dass vor der Durchsetzung der Untersuchung im Wege unmittelbaren physischen Zwangs ein Ordnungsmittel nach § 390 Abs. 1 verhängt worden sein muss,⁹ das neben seiner nach h.M. strafähnlichen Wirkung auch Beugecharakter hat (zur Ordnungsmittelfunktion Kap. 8 Rz. 7 ff.). 112

---

1 BVerfGE 71, 108, 114.
2 So OLG Neustadt NJW 1957, 1155, 1156; LG Bonn JMBl NRW 1965, 31, 32; Stein/Jonas/*Berger*²² § 372a Rz. 22. Zum Strafcharakter der Ordnungsmittel nach § 890 und dem daraus abgeleiteten Erfordernis eines Verschuldens BVerfGE 20, 323, 331; 84, 82, 87; die zweite Entscheidung sagt allerdings ausdrücklich, Art. 103 Abs. 2 GG sei im zivilgerichtlichen Verfahren nicht anwendbar.
3 OLG Neustadt NJW 1957, 1155, 1156; LG Bonn JMBl NRW 1965, 31, 32; Stein/Jonas/*Berger*²² § 372a Rz. 22.
4 OLG Neustadt NJW 1957, 1155, 1156; OLG Zweibrücken DAVorm 1973, 489, 491; LG Bonn JMBl NRW 1965, 31, 32; Stein/Jonas/*Berger*²² § 372a Rz. 22.
5 OLG Brandenburg FamRZ 2001, 1010 = NJWE-FER 2001, 130, 131; OLG Frankfurt OLGRep. 1993, 170; Zöller/*Greger*³⁰ § 178 FamFG Rz. 10.
6 A.A. und abweichend von der Vorinstanz OLG Brandenburg aaO.
7 MünchKommZPO/*Zimmermann*⁴ § 372a Rz. 28; *Eichberger* S. 119.
8 OLG Naumburg OLGRep. 2000, 156; OLG Karlsruhe OLGRep. 2007, 127, 128. Eingehend zu minderjährigen Zeugen und Untersuchungspersonen *Ahrens* Festschrift G. Fischer (2010), S. 1 ff.
9 OLG Frankfurt NJW-RR 1988, 714; OLG Celle OLGRep. 1998, 290, 291; offengelassen in OLG Dresden NJW-RR 1999, 84, 85 a.E.; a.A. MünchKommZPO/*Zimmermann*⁴ § 372a Rz. 28.

113 Der unmittelbare **Zwang** wird auf Anordnung des Gerichts (funktionell zuständig ist der Rechtspfleger, § 31 Abs. 3 RPflG) **durch** den **Gerichtsvollzieher** ausgeübt. Zuständig ist der Gerichtsvollzieher des Wohnsitzes der zu untersuchenden Person, und zwar auch bei größeren Entfernungen.[1] Die **zwangsweise Vorführung** steht nur beispielhaft für die Ausübung des unmittelbaren Zwanges; der Gerichtsvollzieher kann auch anderen geeigneten Zwang anwenden, z.B. die **Testperson** auf einem Stuhl **festbinden**. Der Gerichtsvollzieher kann nach Landesrecht **polizeiliche Hilfe** in Anspruch nehmen.[2] Sie dient nicht nur seinem persönlichen Schutz, sondern erstreckt sich auf die Mitwirkung bei der Vollstreckungshandlung.

2. Schlussfolgerungen im Rahmen der Beweiswürdigung (§ 371 Abs. 3)

114 Der Wortlaut des § 372a Abs. 2 S. 2 („kann") stellt die Erzwingung der Untersuchung in das Ermessen des Gerichts. Theoretische Alternative wäre, gegen eine die Untersuchung verweigernde Prozesspartei im Rahmen der Beweiswürdigung nachteilige Schlüsse zu ziehen.[3] Dies widerspräche in Abstammungssachen (§ 169 FamFG) zur Feststellung der Vaterschaft nach § 1600d BGB oder deren Anfechtung nach § 1599 Abs. 1 BGB dem (eingeschränkten) **Amtsermittlungsgrundsatz** (§§ 26, 177 Abs. 1 FamFG) und dem dort verfolgten Ziel, die biologische Abstammung möglichst festzustellen,[4] auch wenn bis zur Rechtskraft eines angestrebten feststellenden Urteils eine Disposition durch Vaterschaftsanerkennung möglich ist. Die **ideologische Überhöhung der Kenntnis** biologischer Abstammung hat sich gegen Ende des 20 Jhdts. von nordeuropäischen Familienrechtsordnungen ausgehend kulturell und rechtlich verfestigt (oben Rz. 8). Das Gericht muss sich daher um die Aufklärung der Abstammungsfrage bemühen und deshalb alle Zwangsmöglichkeiten ausschöpfen.[5] Für die Nicht-Statusverfahren wird man dies bezweifeln müssen.

115 Sind die erreichbaren Beweismöglichkeiten ausgeschöpft und bleiben die **Aufklärungsbemühungen erfolglos**, etwa weil der Aufenthaltsort der zu untersuchenden Person unbekannt ist[6] oder sie sich im Ausland aufhält und das ausländische Recht keine zwangsweise Untersuchung vorsieht,[7] oder weil eine zwangsweise Untersuchung mit Grundrechten unvereinbar wäre, oder weil der zu untersuchende Beklagte sich über zehn Jahre hinweg einer Blutentnahme widersetzt und den mit der Vorführung beauftragten Gerichtsvollzieher tätlich angegriffen hat,[8] darf eine endgültige Weigerung bei der **Beweiswürdigung zum Nachteil** der zu untersuchenden **Prozesspartei** berücksichtigt werden.[9]

---

1 LG Regensburg DGVZ 1980, 171, 172; MünchKommZPO/*Zimmermann*[4] § 372a Rz. 28; *Zender* NJW 1991, 2947, 2948.
2 Zöller/*Greger*[30] § 178 FamFG Rz. 11; vgl. die Bekanntmachung für Bayern, BayGVBl 1953, 189.
3 So praktiziert von OLG Hamburg DAVorm 1982, 691, 692 f.
4 S. dazu RegE zu § 1600o BGB (Vorläufer des § 1600d BGB), BT-Drs. V 2370, S. 37.
5 BGH JZ 1987, 42, 43 m. Anm. *Stürner*; OLG Zweibrücken DAVorm 1973, 489, 491. Gegen voreilige Annahme der Beweisvereitelung durch die Vorinstanz OLG Hamm FamRZ 2003, 616.
6 OLG Karlsruhe DAVorm 1976, 627, 630.
7 Italien betreffend: BGH JZ 1987, 42, 43; OLG Stuttgart DAVorm 1975, 372, 375; OLG Karlsruhe FamRZ 1977, 341, 342; OLG Koblenz DAVorm 1979, 661, 663; OLG Köln DAVorm 1980, 850, 852 f.; OLG Braunschweig DAVorm 1981, 51, 54 f.; KG IPRax 2004, 255, 258; *Hausmann* FamRZ 1977, 302, 305; *Decker* IPRax 2004, 229, 232; *Rizzieri* Studium Juris (ital. Zeitschrift) 2003, 132; Hindernis für die Anwendung unmittelbaren Zwangs ist die Verbürgung der Unverletzlichkeit der persönlichen Freiheit durch Art. 13 Cost. Kanada betreffend: KG DAVorm 1985, 1001, 1005 f. Portugal betreffend: AG Hamburg FamRZ 2003, 45, 46.
8 AG Berlin-Wedding FamRZ 2005, 1192.
9 BGH NJW 1993, 1391, 1393 = FamRZ 1993, 691, 692; BGH JZ 1987, 42, 43; OLG Stuttgart DAVorm 1975, 372, 375; OLG Karlsruhe DAVorm 1976, 627, 630; OLG Koblenz DAVorm 1979, 661, 663; OLG Köln DAVorm 1980, 850, 852; OLG Braunschweig DAVorm 1981, 51, 54; LG Kassel

Die Grundlage einer nachteiligen Beweiswürdigung wurde früher in einer Anwendung der Beweisvereitelungsgrundsätze der §§ 427, 444 gesehen.[1] Seit dem 1.1.2002 ist **§ 371 Abs. 3** die maßgebliche **Rechtsgrundlage**. Die zu untersuchende Partei darf so behandelt werden, als ob die Untersuchung keine schwerwiegenden Zweifel an ihrer Vaterschaft nach § 1600d Abs. 2 S. 2 BGB (= § 1600o Abs. 2 S. 2 BGB a.F.) erbracht hätte.[2] Vor einer nachteiligen Berücksichtigung ist sie **auf die Folgen** einer endgültigen Weigerung **hinzuweisen**.[3] Regelmäßig ist eine **Frist** nach § 356 zu setzen,[4] sofern dies nicht sinnlos ist, etwa wegen unbekannten Aufenthaltes oder bereits bekannter ernsthafter und endgültiger Weigerung.[5] Handelt es sich bei der Testperson um einen **Zeugen**, auf den der Beklagte keinen Einfluss hat, kann die Weigerung nicht zu seinen Lasten berücksichtigt werden.[6]

116

Grundsätzlich anders ist auch die Frage zu beurteilen, ob eine **berechtigte Weigerung** zu Lasten des sich Weigernden berücksichtigt werden darf. Dieses Problem ist nach den gleichen Grundsätzen wie bei der berechtigten Zeugnisverweigerung zu lösen.[7]

117

VI. Ausländische Testperson, Auslandsbeweisaufnahme

1. Personal- und Gebietshoheit

Die Duldungspflicht nach § 372a besteht, soweit deutsches Prozessrecht als lex fori gilt; **irrelevant** sind nach h.M. die **Staatsangehörigkeit** und ein ausländischer **Aufenthaltsort** des Beklagten oder eines Dritten, der sich einer Abstammungsuntersuchung unterziehen soll.[8] Soweit **Ausländer** der Duldungspflicht unterliegen, kann diese nicht als öffentlich-rechtliche *Staatsbürger*pflicht bezeichnet werden; sie folgt aus der Gebietshoheit des Staates. Weigerungsrechte richten sich nach der (deutschen) lex fori.

118

Gegenüber einem **Ausländer mit ausländischem Aufenthaltsort**, der kein Prozessbeteiligter ist, kann die Erfüllung der von der h.M. behaupteten Duldungspflicht nicht erzwungen werden.[9] Mangels Personal- und Gebietshoheit des Gerichtsstaates über derartige Dritte sollte stattdessen bereits eine Duldungspflicht der lex fori verneint werden.[10]

119

NJW 1957, 1193, 1194; a.A. OLG Karlsruhe FamRZ 1977, 341, 342 (unter unzutreffender Berufung auf die Untersuchungsmaxime).

1 BGH NJW 1993, 1391, 1393; BGH JZ 1987, 42, 43; OLG Stuttgart DAVorm 1975, 372, 375; OLG Braunschweig DAVorm 1981, 51, 54; OLG Hamburg DAVorm 1987, 354, 362; OLG Stuttgart DAVorm 1990, 82, 84; LG Kassel NJW 1957, 1193, 1194.

2 BGH NJW 1993, 1391, 1393; BGH JZ 1987, 42, 43; KG DAVorm 1985, 1101, 1106; OLG Stuttgart DAVorm 1975, 372, 375; OLG Karlsruhe DAVorm 1976, 627, 630; OLG München DAVorm 1978, 354, 356; OLG Köln DAVorm 1980, 850, 852; OLG Braunschweig DAVorm 1981, 51, 54; OLG Hamburg DAVorm 1987, 359, 362 f.; OLG Stuttgart DAVorm 1990, 82, 84; OLG Hamm FamRZ 1993, 473, 474. Bei anderer Argumentationsgrundlage ebenso *Stürner*, Anm. zu BGH JZ 1987, 42, 44; Stein/Jonas/*Berger*[22] § 372a Rz. 23.

3 BGH NJW 1993, 1391, 1393; BGH JZ 1987, 42, 44; OLG Koblenz DAVorm 1979, 661, 663; AG Hamburg FamRZ 2003, 45, 46.

4 BGH NJW 1986, 2371, 2372 = JZ 1987, 42, 44.

5 BGH NJW 1993, 1391, 1393; OLG Stuttgart DAVorm 1975, 372, 375; OLG Karlsruhe DAVorm 1976, 627, 630; OLG Köln DAVorm 1980, 850, 853.

6 OLG Köln FamRZ 1983, 825, 826.

7 Vgl. *Bosch* DRiZ 1951, 137, 139; Stein/Jonas/*Berger*[22] § 372a Rz. 24.

8 BGH NJW 1986, 2371, 2372 = JZ 1987, 42, 43; *Nagel/Gottwald* Internationales Zivilprozessrecht, 7. Aufl. 2013, § 10 Rz. 169; *Musielak* Festschrift Geimer (2002), S. 761, 776.

9 *Musielak* Festschrift Geimer, S. 761, 776 („sanktionslose Bitte").

10 So wohl MünchKommZPO/*Zimmermann*[4] § 372a Rz. 18.

120 Die **internationale Zuständigkeit** deutscher Gerichte für Verfahren nach § 169 FamFG wird gem. § 100 FamFG durch den gewöhnlichen Aufenthalt einer Prozesspartei im Inland oder durch deren deutsche Staatsangehörigkeit begründet.

2. Rechtshilfe

121 Für die Durchführung der Beweisaufnahme im Ausland gelten die Vorschriften über Beweisaufnahmen im Wege **internationaler Rechtshilfe**. Maßgeblich sind vorrangig völkerrechtliche bindende multilaterale Staatsverträge wie das Haager Übereinkommen über den Zivilprozess (HZPÜ) v. 1.3.1954[1] und das an dessen Stelle tretende Haager Beweisaufnahmeübereinkommen (HBÜ) v. 18.3.1970[2] oder bilaterale Rechtshilfeabkommen, seit 1.1.2004 im Rechtsverkehr der **EG-Staaten** (mit Ausnahme Dänemarks) die **VO (EG) Nr. 1206/2001 v. 30.5.2001** über die Beweisaufnahme in Zivil- und Handelssachen[3] und im Übrigen § 363. Unterzieht sich die Untersuchungsperson freiwillig der Abstammungsuntersuchung, kann diese in vielen Staaten durch den deutschen Konsul veranlasst werden (vgl. u.a. Art. 15, 16, 21 HBÜ). Bei einer Weigerung ist ein Rechtshilfeersuchen nach Art. 4 EuBVO, Art. 1–3 HBÜ bzw. Art. 8 und 9 HZPÜ zu stellen. Nach Art. 9 HBÜ bzw. Art. 14 HZPÜ richtet sich die Durchführung der Beweisaufnahme nach dem Recht des ersuchten Staates.

122 **Zwangsmaßnahmen** wenden die Behörden des ersuchten Staates nur in den Fällen und in dem Umfang an, wie es dessen Recht für die Erledigung gleichartiger inländischer Beweiserhebungen vorsieht (Art. 13 EuBVO, Art. 10 HBÜ, Art. 11 HZPÜ).[4] Für die zwangsweise Durchsetzung von Abstammungsuntersuchungen kommt es also darauf an, ob das **Recht des ersuchten Staates** die **zwangsweise Durchführung** von Abstammungsuntersuchungen vorsieht.[5] Gegenüber Ländern, von denen bekannt ist, dass ein Rechtshilfeersuchen auf zwangsweise Durchführung der Abstammungsuntersuchung keinen Erfolg verspricht (z.B. Italien), ist ein Ersuchen überflüssig.

123 Auf einen Beklagten, der die Probenentnahme im Ausland verweigert, sind im **Inlandsprozess** die Grundsätze zur **Beweisvereitelung** nach der lex fori (oben Rz. 116) anzuwenden.[6] Auch Italien wendet entsprechende Grundsätze an.[7] Bevor von einer endgültigen Weigerung mit den sich daran anschließenden Folgen für die Beweiswürdigung gesprochen werden kann, sind alle Möglichkeiten auszuschöpfen, den im Ausland lebenden Beteiligten zur Klärung der Abstammungsfrage anzuhalten.

124 Abzulehnen ist die Figur der **Vollstreckungshilfe** als „anderer gerichtlicher Handlung" i.S.d. Art. 1 HBÜ, die auf die ausländische Beschaffung des Untersuchungsmaterials (Blut- oder Gewebeprobe) für eine im Inland durchzuführende Begutachtung gerichtet sein soll.[8] Bei territorialer Spaltung zwischen dem Ort der Ermittlung bzw. Beschaffung der zu begutachtenden Befundtatsache und dem Ort der anschließenden Gutachtenerstellung zerfällt die Abstammungsuntersuchung in den Augenscheinsteil und den Sachverständigenteil. Hinsichtlich der **Beschaffung des Unter-**

---

[1] BGBl II 1958, 576.
[2] BGBl II 1977, 1472.
[3] ABl. EG Nr. L 174 v. 27.6.2001, S. 1.
[4] OLG Düsseldorf FamRZ 1986, 191, 192; OLG Bremen FamRZ 2009, 802, 803 = NJW-RR 2009, 876 (zu Belgien); *Hausmann* FamRZ 1977, 302, 305.
[5] Zur Rechtslage in einzelnen Ländern vgl. *Nagel/Gottwald* Internationales Prozessrecht[7] § 10 Rz. 170–185.
[6] BGH JZ 1987, 42, 43 f. m. Anm. *Stürner*; dazu *Schröder* JZ 1987, 605 und erneut *Stürner* a.a.O. 607; vgl. auch OLG Koblenz DAVorm 1979, 661, 663.
[7] Corte di Cassazione, Urt. v. 24.2.1997, n. 1661, Fam. e dir. 1997, 105; 19.9.1997, n. 9307, Fam. e dir. 1997, 505; *Decker* IPRax 2004, 229, 232.
[8] Dafür *Jayme* Festschrift Geimer, S. 375, 378; ihm folgend *Decker* IPRax 2004, 229, 231.

suchungsmaterials liegt eine **Rechtshilfegewährung** des ausländischen Staates **für** einen **Augenscheinsbeweis** vor.[1]

Beispielhaft zum Verfahren eines deutschen Gerichts auf **Ersuchen** eines **ausländischen Gerichtes**: OLG Düsseldorf FamRZ 1986, 191 sowie OLG Frankfurt NJW-RR 1988, 714. 125

---

1 So wohl auch *Musielak* Festschrift Geimer, S. 761, 776.

Teil 4:
Der Urkundenbeweis

Kapitel 25:
Arten und Errichtung der Urkunden

	Rz.
§ 89 Urkundenarten, Beweisvorteile	
I. Urkundenbegriffe	
1. Urkundendefinition	1
2. Öffentliche und private Urkunden	2
3. Elektronische Dokumente, elektronische Signatur	5
4. Bezeugende und bewirkende Urkunden	8
5. Urschrift, Ausfertigung, Abschrift	11
II. Urkunden und Augenscheinsobjekte	12
III. Herausgehobener Beweiswert von Urkunden	14
IV. Formelle und materielle Beweiskraft	17
V. Beurkundungsverfahren	19
VI. Ablauf des Urkundenbeweisverfahrens	24
VII. Ausländische Urkunden	28
§ 90 Öffentliche Urkunden	
I. Inhalt und Geltungsbereich des § 415	
1. Legaldefinition	34
2. Zeugnis über Dritterklärungen	35
3. Ausklammerung von Behördenerklärungen und sonstigen Erklärungen	37
II. Die öffentliche Urkunde	
1. Urkundendefinition	38
2. Inhalt der Urkunde, Urkundenbeispiele	40
III. Voraussetzungen der öffentlichen Urkunde einer Behörde	
1. Behörde	
a) Begriff der Behörde	45
b) Beispiele für öffentliche Behörden	52
c) Sonderproblem: Deutsche Post AG	54
2. Errichtung innerhalb der Grenzen der Amtsbefugnisse	58
3. Formvorschriften	62
4. Ausländische öffentliche Urkunden, Legalisation	64
IV. Öffentliche Urkunden anderer Urkundspersonen	

	Rz.
1. Begriff der Urkundsperson	66
2. Errichtung der Urkunde innerhalb des Geschäftskreises	70
3. Formvorschriften	73
V. Selbst verfasste Behördenerklärungen, § 417	
1. Normzweck, Abgrenzung zu § 415	78
2. Behördliche Erklärung	80
VI. Zeugnisurkunden, § 418	
1. Urkundeninhalt, Abgrenzung zu §§ 415, 417	86
2. Zeugnisurkunden und deren Beweiskraft	
a) Gerichtliches Verhandlungsprotokoll, Urteilstatbestand, Hinweisdokumentation	
aa) Verhandlungsprotokoll	92
bb) Urteilstatbestand	100
b) Eingangsstempel, Faxeingangsvermerk	105
c) Empfangsbekenntnis	108
d) Zustellungsurkunden	112
e) Postzustellungsurkunde als öffentliche Urkunde	119
f) Elektronische Zustellung	122
g) Sonstige Beispiele	123
§ 91 Privaturkunden, § 416 ZPO	
I. Begriff der Privaturkunde	127
II. Voraussetzungen der Privaturkunde	
1. Tatbestands- und Zeugnisurkunden	128
2. Unterschrift	
a) Inhalt und Form der Unterschrift	132
b) Blankounterschrift, Blankettmissbrauch	142
3. Notariell beglaubigtes Handzeichen	143
4. Standort der Unterschrift	145
5. Ergänzungen, Zeitpunkt der Unterschriftsleistung	146
6. Beispiele für Privaturkunden	148
7. Zugang von Privaturkunden	149

§ 89 Urkundenarten, Beweisvorteile

Schrifttum:

(1) Urkundenbeweis allgemein:

Akca, Moderne Kommunikationsmittel im Verfahren, Diss. Köln 2000, S. 125 ff.; *Lerch/ Sandkühler*, Bundesnotarordnung, 7. Auflage 2012; *Britz*, Urkundenbeweisrecht und Elektroniktechnologie, 1996; *Faßbender/Grauel/Ohmen/Peter*, Notariatsurkunde, 17. Aufl. 2007; *Greiner*, Zivilrechtliche Ansprüche im Strafverfahren, ZRP 2011, 132; *Jansen*, FGG, Bd. 3 BeurkG, 2. Aufl. 1971; *Keidel/Kuntze/Winkler*, FGG, 15. Aufl. 2003; *Keidel*, FamFG, 18. Aufl. 2013; *Reithmann*, Allgemeines Urkundenrecht, Begriffe und Beweisregeln, 1972; *Reithmann/Albrecht*, Handbuch der notariellen Vertragsgestaltung, 8. Aufl. 2001 m. Ergänzungsband; *Schreiber*, Die Urkunde im Zivilprozeß, 1982; *Schippel/Bracker*, Bundesnotarordnung, 9. Aufl. 2011; *Teske*, Der Urkundenbeweis im französischen und deutschen Zivil- und Zivilprozeßrecht, 1990; *Winkler*, Beurkundungsgesetz, 17. Aufl. 2013; *Wolfsteiner*, Die vollstreckbare Urkunde, 3. Aufl. 2011 (Rezension *Becker-Eberhard*, ZZP 126 [2013], 261).

(2) Zur Anerkennung ausländischer Urkunden und deutscher Urkunden im Ausland:

Buschbaum, Europäisches Nachlasszeugnis und Annahme öffentlicher Urkunden, in: Haager (Hrsg.) Die neue europäische Erbrechtsverordnung (2013), S. 39; *Kohler/Buschbaum*, Die „Anerkennung" öffentlicher Urkunden, IPRax 2010, 313; *R. Geimer*, Eintragungsfähigkeit einer von einem deutschen Notar errichteten Kaufvertragsurkunde im spanischen Eigentumsregister, IPRax 2013, 479; *Lange*, Das geplante Europäische Nachlasszeugnis, DNotZ 2012, 168; *Mansel*, Kritisches zur „Urkundsinhaltserkennung", IPRax 2011, 341; *Mansel/ Coester-Waltjen/Henrich/Kohler*, Stellungnahme im Auftrag des Deutschen Rats für IPR zum Grünbuch der EU-Kommission ... – KOM (2010), 747 endg., IPRax 2011, 335; *Rechberger*, Europäische öffentliche Urkunde und Europäischer Erbschein, Wien 2010; *Rechberger*, Das europäische Nachlasszeugnis und seine Wirkungen, ÖJZ 2012, 14; *Reithmann*, Urkunden ausländischer Notare in inländischen Verfahren, IPRax 2012, 133; *Spellenberg*, Der Beweiswert rechtsgeschäftlicher Urkunden im Kollisionsrecht, Festschrift Kaissis (2012), S. 915; *Süß*, Das Europäische Nachlasszeugnis, ZEuP 2013, 725; *R. Wagner*, Anerkennung von Personenstandsurkunden – was heißt das?, DNotZ 2011, 176.

I. Urkundenbegriffe

1. Urkundendefinition

1   Die Beweisregelung knüpft an das Beweismittel der schriftlichen Urkunde, also der Verkörperung eines Gedankens durch übliche oder vereinbarte Schriftzeichen.[1] Sonstige Gedankenverkörperungen fallen in die Kategorie des Augenscheinsbeweises (näher Kap. 22 Rz. 10). Unerheblich ist, ob die schriftliche Urkunde von vornherein zum Beweis bestimmt war (**Absichtsurkunde**) oder ob sie erst später ein Beweismittel geworden ist (**Zufallsurkunde**). Das Material der Urkunde ist belanglos. Es kann sich um Papier, Stoff, Holz etc. handeln.[2]

2. Öffentliche und private Urkunden

2   Die ZPO unterscheidet hinsichtlich des Beweiswertes zwischen **öffentlichen Urkunden** (§§, 415, 417, 418) und **Privaturkunden** (§ 416), womit die Form der Urkunde zum Kriterium erhoben wird. Welche Qualität eine Urkunde haben muss, mit der ein

---

[1] BGHZ 65, 300, 301 = NJW 1976, 294; Musielak/*Huber*[10] § 415 Rz. 4; Rosenberg/Schwab/*Gottwald*[17] § 119 Rz. 1.
[2] Rosenberg/Schwab/*Gottwald*[17] § 119 Rz. 3.

Urkundenprozess geführt werden soll, ist für §§ 593 Abs. 2, 595 Abs. 2 unabhängig von der Urkundenqualität nach §§ 415 ff. zu bestimmen.[1]

Während § 415 die *vor einer Behörde oder öffentlichen Urkundsperson abgegebenen fremden* Erklärungen erfasst, betrifft § 417 öffentlichen Urkunden mit **von der Behörde selbst verfassten Erklärungen**. Es handelt sich um **bewirkende Urkunden** (dazu Rz. 10 und 37), die den zu beweisenden Vorgang unmittelbar verkörpern. Den in § 417 bezeichneten Urkunden kommt Beweiskraft zu, weil „die Urkunde selbst in authentischer Form die amtliche Anordnung, Verfügung, Entscheidung darstellt".[2] Insoweit beruht die Beweiskraft auf der Augenscheinsqualität der Urkunde.[3]

Ebenso wie § 415 setzt § 417 eine **öffentliche Urkunde** (Rz. 38) voraus. Sie muss frei von Mängeln (§ 419), formgerecht errichtet (Rz. 38 und 62)[4] und echt (§ 437) sein. Darüber hinaus muss sie **von einer Behörde ausgestellt** worden sein und **deren** eigene **Erklärung** enthalten. Damit handelt sie bereits innerhalb der Grenzen ihrer Amtsbefugnisse (dazu Rz. 38). Für die Beurkundungszuständigkeit ist die **sachliche Zuständigkeit** der Behörde zur Abgabe der betreffenden Erklärung **irrelevant** (anders bei Beurkundungen fremder Erklärungen). Ausschlaggebend ist nur, dass die Behörde die Anordnung, Verfügung oder Entscheidung getroffen hat; daraus folgt bereits die Ermächtigung, die Erklärung in Form einer öffentlichen Urkunde zu errichten.[5]

3. Elektronische Dokumente, elektronische Signatur

Elektronische Dokumente (zu ihnen Kap. 23) stehen den Urkunden nahe, werden in der Abgrenzung der Beweismittel des Strengbeweises aber den **Augenscheinsobjekten zugeordnet** (s. auch nachfolgend Rz. 12). Das Gesetz zur Förderung des elektronischen Rechtsverkehrs mit den Gerichten vom 10.10.2013 hat mit Wirkung vom 17.10.2013 einen neuen § 371b geschaffen, der den Abstand beider Beweismittel verringert. Eine öffentliche Urkunde kann danach durch **Scannen** in ein elektronisches Dokument übertragen werden. Zusammen mit einer **Identitätsbestätigung** kommt dem elektronischen Dokument die formelle Beweiskraft der öffentlichen Urkunde zu. Werden das Dokument und die Bestätigung mit einer qualifizierten elektronischen Signatur versehen, greift außerdem die **Echtheitsvermutung des § 437**, die für inländische öffentliche Urkunden gilt.

Hat die zur Errichtung einer öffentlichen Urkunde befugte Person oder Behörde die verkörperte Gedankenerklärung von vornherein als elektronisches Dokument errichtet, kommt § 437 zum Einsatz, wenn ihm eine qualifizierte elektronische **Signatur** gem. **§ 5 Abs. 5 De-Mail-Gesetz** beigefügt und der Errichter des Dokuments aus der Absenderbestätigung zu ersehen ist.

Ebenfalls abseits vom Urkundenbeweis geregelt ist die **elektronische Signatur** (§ 371a), die im Jahre 2001 mit dem Gesetz zur Anpassung der Formvorschriften des Privatrechts und anderer Vorschriften an den modernen Rechtsgeschäftsverkehr zunächst als § 292a eingeführt worden ist.[6]

---

1 Vgl. OLG Köln DB 1983, 104, 105 (zu nicht unterschriebenen Urkunden; der Sache, nicht der Formulierung nach ebenso Baumbach/Lauterbach/*Hartmann*[71] § 592 Rz. 11; unklar MünchKommZPO/*Braun*[4] § 592 Rz. 16.
2 *Hahn/Stegemann* Mat., Band II/1, 1881, S. 323.
3 *Bruns* Zivilprozessrecht, 2. Aufl., Rz. 194b; MünchKommZPO/*Schreiber*[4] § 417 Rz. 4.
4 Bei Zivilurteilen ist demzufolge die Einhaltung der in §§ 313 ff., 315 aufgestellten Anforderungen zu beachten; die Folgen eines Formverstoßes sind dort eigenständig zu beurteilen.
5 MünchKommZPO/*Schreiber*[4] § 417 Rz. 3.
6 BGBl. I 2001, 876; RegE, BT-Drucks. 14/4987 v. 14.12.2000; dazu 1. SigÄndG v. 4.1.2005, BGBl. I 2005, 2.

4. Bezeugende und bewirkende Urkunden

8 Eine den Urkundeninhalt betreffende Einteilung unterscheidet bezeugende Urkunden (auch berichtende oder Zeugnisurkunden genannt) und (be)wirkende Urkunden (auch konstitutive, Dispositiv- oder Tatbestandsurkunden genannt). **Bezeugende Urkunden** berichten über außerhalb ihrer selbst liegende Umstände, etwa ein Ereignis, einen Zustand, einen Seelenvorgang.

9 **Beispiele** für bezeugende Urkunden sind **Protokolle** von Behörden und Gerichten, standesamtliche Urkunden, Auszüge aus öffentlichen Registern, Zeugnisse, Bescheinigungen, Frachtbriefe, Geschäfts- und Tagebücher, Personalakten, Sachverständigengutachten aus anderen Prozessen, Krankengeschichten, ärztliche Zeugnisse.[1] Zeugnisurkunden beruhen nicht stets auf einer *persönlichen* Wahrnehmung der Urkundsperson, wie § 418 Abs. 3 zeigt,[2] jedoch kommt ihnen nur unter dieser Voraussetzung die Beweiswirkung des § 418 Abs. 1 zu. Die **Zeugnisurkunde** gibt schriftlich wieder, **was** die **Urkundsperson** auch mündlich **als Zeuge** aussagen könnte,[3] was dann aber nur Gegenstand freier Beweiswürdigung (§ 286) wäre. **Nicht** zu den **notariellen Zeugnisurkunden** gehören amtliche Urkunden wie notarielle Bescheinigungen (§ 21 BNotO, §§ 39, 50 BeurkG) oder Bestätigungen (Grundlage: kautelarjuristische Betreuung i.S.d. § 24 Abs. 1 BNotO);[4] § 418 ZPO ist auf sie nicht anwendbar, wohl aber kann für Bescheinigungen die Echtheitsvermutung des § 437 ZPO gelten und es können **außerhalb der ZPO Beweisregeln** bestehen (vgl. § 50 Abs. 2 BeurkG – Urkundenübersetzung, § 21 Abs. 1 S. 2 BNotO – Registerbescheinigung).[5]

10 **Wirkende Urkunden** enthalten unmittelbar den zu beweisenden Vorgang und verkörpern ihn, beispielsweise, gerichtliche Urteile, schriftliche Verwaltungsakte, rechtsgeschäftliche Urkunden mit privatrechtlichen Willenserklärungen wie Wechsel, Schecks, Ladescheine, Konossemente, Testamente, Kündigungserklärungen.[6]

5. Urschrift, Ausfertigung, Abschrift

11 Zu unterscheiden ist bei Absichtsurkunden des Notars zwischen der **Urschrift** (Niederschrift) und den **Ausfertigungen** der Niederschrift (näher: Kap. 30 Rz. 89). Ausfertigungen vertreten gem. § 47 Abs. 1 BeurkG die Urschrift im Rechtsverkehr, wenn und weil die Urschrift in der Verwahrung des Notars verbleibt. Ausfertigungen sind wiederum von **beglaubigten Abschriften** zu unterscheiden, deren Beglaubigung nur die Übereinstimmung der Abschrift mit der Urkunde beweist.

II. Urkunden und Augenscheinsobjekte

12 Urkunden sind gegen Augenscheinsobjekte abzugrenzen, insbesondere weil zu den Augenscheinsobjekten gem. § 371 Abs. 1 S. 2 auch **elektronische Dokumente** (näher: Kap. 22 Rz. 44 ff. und Kap. 23 Rz. 20 ff.) gehören, die in gleicher Weise wie Urkunden wegen des in ihnen verkörperten Gedankeninhalts als Beweismittel herangezogen werden, ohne jedoch formalisierten Beweisregeln zu unterliegen. Die Abgrenzung ist grundsätzlich erforderlich, weil die Einordnung in die richtige Kategorie des Strengbeweises über die Anwendung der für das jeweilige Beweismittel geltenden Spezial-

---

1 Rosenberg/Schwab/*Gottwald*[17] § 119 Rz. 10.
2 A.A. *Reithmann* Allg. Urkundenrecht S. 42.
3 *Reithmann* in: Schippel/Bracker[9] vor §§ 20–24 Rz. 16.
4 *Reithmann* in: Schippel/Bracker[9] vor §§ 20–24 Rz. 8 und 26 ff.
5 Dazu *Reithmann* in: Schippel/Bracker[9] vor §§ 20–24 Rz. 41; *Reithmann* Allg. Urkundenrecht S. 4 ff., 59, 63, 64.
6 Rosenberg/Schwab/*Gottwald*[17] § 119 Rz. 9.

vorschriften entscheidet, sofern nicht Vorschriften einer anderen Kategorie methodisch einwandfrei analog angewandt werden dürfen. Die Schärfe des Abgrenzungsbedarfs ist seit der ZPO-Reform von 2001 entfallen; die zuvor für Augenscheinsobjekte diskutierte analoge Anwendung der Vorschriften des Urkundenbeweisrechts, die das Verfahren zur Vorlage von Urkunden im Besitz des Prozessgegners oder eines Dritten betreffen (§§ 422–432), ist durch eine **gesetzliche Verweisungsanordnung** (§ 371 Abs. 2 S. 2) ausdrücklich geregelt.

Elektronische Dokumente erlangen hohe quantitative Bedeutung, sobald der elektronische **Rechtsverkehr mit** den **Gerichten** verwirklicht ist. Gem. § 130a Abs. 1 können vorbereitende Schriftsätze dem Gericht dann als elektronisches Dokument übermittelt werden; gem. § 130d besteht dazu für Rechtsanwälte und Behörden eine Nutzungspflicht. Außerdem können nach § 130c maschinenlesbare **elektronische Formulare** durch Rechtsverordnung eingeführt werden. § 174 Abs. 4 ermöglicht die Zustellung elektronischer Dokumente durch **elektronisches Empfangsbekenntnis**.

III. Herausgehobener Beweiswert von Urkunden

Der Urkundenbeweis gilt als **zuverlässiges Beweismittel**, weil er die in der Urkunde verkörperten Gedanken unbeeinflusst und weitgehend unbeeinflussbar wiedergibt.[1] Zudem sichert der Straftatbestand des § 348 StGB (Falschbeurkundung im Amt) die korrekte Aufnahme öffentlicher Urkunden durch Amtsträger; hinzu tritt die Dienstaufsicht über Notare als institutionelle Sicherung. Von der Qualitätseinschätzung ausgehend hat der Gesetzgeber **Beweisregeln** aufgestellt, mit denen der Grundsatz der freien Beweiswürdigung (§ 286) durchbrochen wird. Der Gesetzgeber ist davon ausgegangen, dass Urkunden regelmäßig in der Absicht errichtet werden, Rechtsverhältnisse sicherzustellen. Die Beweisregeln sollten schon bei Errichtung der Urkunde kalkulierbar machen, welche Anforderungen der Richter später stellen wird, unter denen die Urkunde als beweiskräftig anzusehen ist; damit sollte die Sicherheit des Rechtsverkehrs gefördert werden.[2]

Das nachträgliche Auffinden einer entscheidungserheblichen Urkunde berechtigt aus demselben Grund – anders als das Auffinden anderer Beweismittel – zur **Restitutionsklage** (§ 580 Nr. 7b).[3]

Die Kommission zur Reform des Zivilprozessrechts hat in ihrem Bericht von 1977 in erster Linie Änderungsvorschläge gemacht, mit denen die **Pflicht zur Vorlage von Urkunden** erweitert werden sollte. Das ist mit der am 1.1.2002 in Kraft getretenen ZPO-Reform aufgegriffen worden. In der Praxis der Gerichte hat der Urkundenbeweis gleichwohl keine herausragende Bedeutung, weil das deutsche materielle Recht – anders als etwa das französische Recht – quantitativ gesehen nur geringe Anforderungen an die **Form von Rechtsgeschäften** stellt; darin wird als rechtspolitischer Vorteil die Vermeidung von Nachteilen für unerfahrene und ungewandte Teilnehmer des Rechtsverkehrs gesehen.[4] Allerdings ermöglicht der Beweis mittels Urkunden[5] die Durchführung eines beschleunigten Verfahrens nach §§ 592 ff., des **Urkundenprozesses**. Eine Beschränkung auf den Urkundenbeweis ordnet auch § 246a Abs. 2 Nr. 2

---

1 Bericht der Kommission für das Zivilprozessrecht, S. 145.
2 *Hahn/Stegemann* S. 275 f. (zur freien Beweiswürdigung).
3 Darunter fallen keine schriftlichen Zeugenaussagen; BGH NJW 1981, 2194; OVG Saarlouis NJW 2012, 871.
4 Kommissionsbericht S. 145.
5 Den Zeugenbeweis substituierende privatschriftliche Urkunden sind unzulässig; BGH NJW-RR 2012, 1243 Rz. 24.

AktG für das dort geregelte Freigabeverfahren nach Anfechtung eines Hauptversammlungsbeschlusses an.[1]

IV. Formelle und materielle Beweiskraft

17 Unterschieden wird zwischen **formeller** oder äußerer Beweiskraft und **materieller** oder innerer Beweiskraft (näher: Kap. 26 Rz. 6 ff. und 14). Nur eine **echte** und **mangelfreie** (unversehrte) Urkunde kann Beweiskraft entfalten. Über die Echtheit (§ 438) und die Mangelfreiheit (§ 419) ist daher zunächst zu befinden. Stehen die Echtheit und die Mangelfreiheit fest, legt die formelle Beweiskraft mittels differenziert wirkender Beweisregeln unter Ausschaltung freier Beweiswürdigung fest, **wie** der **Beweis zu würdigen** ist.

18 Ob ein **Gegenbeweis** (zu Terminologie und Inhalt Kap. 26 Rz. 18 ff. und 34) zulässig oder beschränkt bzw. ausgeschlossen ist, kann durch Bundes- oder Landesgesetze näher geregelt sein. Ist damit die Abgabe einer Erklärung bewiesen, entscheidet das Gericht in freier Beweiswürdigung über die **inhaltliche Richtigkeit** des Erklärten (materielle Beweiskraft). Die freie Beweiswürdigung hat ihrerseits **Erfahrungssätze** zu beachten, deren Außerachtlassung das Revisionsgericht zur Aufhebung der Entscheidung des Tatrichters berechtigt.

V. Beurkundungsverfahren

19 Für die Qualifizierung als öffentliche Urkunde sind bestimmte **Formalien** zu beachten. Die Urkunde muss von einer Behörde oder einer mit öffentlichem Glauben versehenen Person herrühren, die ein bestimmtes Errichtungsverfahren zu beachten hat; sie muss sich innerhalb des ihr zugewiesenen Geschäftskreises bewegen und die vorgeschriebene Form einhalten.

20 Für **Notare** ist die Verfahrensregelung im **Beurkundungsgesetz** enthalten. Grundsätzlich ist eine notarielle **Niederschrift** aufzunehmen (Protokollverfahren, §§ 8, 36 BeurkG); dies gilt für die Beurkundung von Willenserklärungen, aber auch für andere Erklärungen sowie für sonstige Tatsachen oder Vorgänge, es sei denn, es handelt sich um einfache Zeugnisse, darunter Unterschrifts- und Abschriftsbeglaubigungen, für die das Vermerkverfahren des § 39 BeurkG zugelassen ist.

21 Die durch das **BeurkG** vorgeschriebenen Formalitäten wie die Feststellung der Identität und der Geschäftsfähigkeit des Erklärenden sowie die Pflicht zur Erforschung und unzweideutigen Wiedergabe seines Willens durch den Notar führen zu einem **gesteigerten Beweiswert**, weshalb etwa das öffentliche Testament die Vorlage eines Erbscheins zum Nachweis der Erfolge beim Grundbuchamt ersetzen kann.[2]

22 Die **Ersetzung** einer **vernichteten** und das Aufgebot einer abhanden gekommenen **notariellen Urkunde** sind, soweit die Urschrift betroffen ist, in § 46 BeurkG geregelt. Ist nur eine Ausfertigung, eine einfache oder eine beglaubigte Abschrift betroffen, wird einem berechtigten Empfänger gem. § 51 BeurkG ein weiteres Exemplar erteilt.

23 Bei **vollstreckbaren Urkunden** gelten für die Erteilung einer weiteren vollstreckbaren Ausfertigung die § 52 BeurkG, § 797 Abs. 3 ZPO; dem Notar muss das für seinen

---
[1] Vgl. dazu KG ZIP 2011, 172, 173; OLG Hamm ZIP 2011, 2257, 2258; OLG Nürnberg ZIP 2012, 2052, 2054 (2056 auch zum Streit um die Anwendbarkeit des § 421 ZPO); OLG Frankfurt ZIP 2010, 986, 989; OLG Frankfurt ZIP 2012, 766.
[2] BGH NJW 2013, 3716 Rz. 37.

VI. Ablauf des Urkundenbeweisverfahrens

Der Ablauf der Beweiserhebung mittels Urkunde richtet sich danach, **in wessen Händen** sich die Urkunde befindet. Der **Beweisführer** muss eine Urkunde, die sich in seinem **unmittelbaren Besitz** befindet, dem Gericht vorlegen (§ 420). Der Beweis erledigt sich in diesem Falle vielfach dadurch, dass eine (Foto)Kopie vorgelegt wird, deren Echtheit nicht bestritten wird; der Inhalt der Urkunde wird der Entscheidung dann als unstreitiger Sachverhalt zugrunde gelegt. Hat der **Prozessgegner** die Urkunde im **Besitz**, wird der Beweis durch Benennung der Urkunde angetreten (§§ 421 ff., 424); vorzulegen ist sie dann vom Gegner. 24

Ist ein **Dritter Besitzer** der Urkunde, sieht das Urkundenbeweisrecht ein selbständiges **Editionsverfahren** zur Herbeischaffung der Urkunde vor (§ 429), für dessen Durchführung das Hauptverfahren ausgesetzt wird. Eine weitere Sonderregelung findet sich in § 432 für den Fall, dass eine **Behörde Dritter** ist. 25

Die **Vorlegung** kann gegenüber Parteien und Dritten gem. § 142 Abs. 1 auch **von Amts wegen angeordnet** werden (näher dazu Kap. 30 Rz. 8 und Kap. 29 Rz. 114). Hat eine Partei die Urkunde im Besitz, hängt die Anordnung von einer Ermessensausübung des Gerichts ab; im Verhältnis zu einem Dritten kann sie gem. §§ 428, 142 durch Parteiantrag erzwungen werden. Das Ermessen ist pflichtgemäß auszuüben und kann sich auf Null reduzieren. 26

Die Beweisaufnahme findet regelmäßig vor dem erkennenden Gericht statt; eine Vorlegung vor dem ersuchten oder beauftragten Richter kommt nur ausnahmsweise nach § 434 in Betracht. **Vorbereitet** wird die Beweisaufnahme, indem die Urkunde einem vorbereitenden Schriftsatz beigefügt wird (§ 131), auf der Geschäftsstelle – auch zur Einsichtnahme durch den Gegner – **niedergelegt** wird (§§ 134, 142 Abs. 1 S. 2) oder von Anwalt zu Anwalt mitgeteilt wird (§ 135). 27

VII. Ausländische Urkunden

Ausländische **öffentliche Urkunden** sind inländischen öffentlichen Urkunden nicht völlig gleichgestellt, auch wenn sie grundsätzlich **dieselbe Beweiskraft** wie inländische öffentliche Urkunden haben[1] (s. auch Kap. 25 Rz. 68 und Kap. 26 Rz. 49 ff.). Für die Beurteilung ihrer Echtheit gilt § 438 und nicht die Echtheitsvermutung des § 437.[2] Die Beurteilung der Beweiskraft richtet sich, weil der Grundsatz freier Beweiswürdigung (§ 286) durch formelle Beweisregeln eingeengt wird, nach der inländischen **lex fori**.[3] 28

Strengere ausländische Beweiswirkungen für eine nach ausländischem Recht errichtete Urkunde sind daher in Deutschland nicht beachtlich.[4] Es gilt folglich auch keine Bindungswirkung französischer Strafurteile für den deutschen Zivilprozess über den- 29

---

1 Einschränkungsloser die Formulierung bei Nagel/*Gottwald* Internationales Beweisrecht, 7. Aufl. 2013, § 9 Rz. 130; OLG Düsseldorf IPRax 1996, 423, 424; BVerwG NJW 1987, 1159.
2 A.A. BGH NJW-RR 2007, 1006 Rz. 15.
3 Nagel/*Gottwald* Internat. Zivilprozessrecht, 7. Aufl. 2013 § 10 Rz. 131; *Schack* Internationales Zivilverfahrensrecht, 5. Aufl. 2010, Rz. 779. Kritisch *Spellenberg* Festschrift Kaissis (2012), S. 915, 927 aufgrund Vergleichs mit dem französischen Recht.
4 OLG Hamm NJW-RR 2000, 406, 407; Nagel/*Gottwald*[7] § 10 Rz. 132; Schack IZVR[5] Rz. 779.

selben Sachverhalt, etwa eine nach französischem Recht des Deliktsortes zu beurteilende unerlaubte Handlung, die dort in einem Strafverfahren abgeurteilt worden ist.[1] Eine **schwächere formelle Beweiswirkung** nach ausländischem Recht ist bei Verwendung der Urkunde zu Beweiszwecken im inländischen Verfahren zu beachten, wird also nicht durch deutsche Vorschriften mit höherer Wirkungskraft ausgestattet.[2] Diese Wertung steht hinter Art. 58 Abs. 2 VO (EU) Nr. 1215/2012[3] = Art. 57 Abs. 3 VO (EG) Nr. 44/2001[4] (= EuGVO).

30 Bei **Privaturkunden** unterscheidet § 416 nicht zwischen inländischen und ausländischen Urkunden.[5] Auch bei ihnen kommt einer ausländischem Vertragsstatut unterstehenden Urkunde, etwa dem Sparbuch einer ausländischen Bank, das deren inländischer Niederlassung vorgelegt wird, wegen Geltung der lex fori keine größere Wirkung zu, als § 416 dies vorsieht.

31 Inwieweit der Beweis durch eine ausländische Urkunde an die Stelle eines **unmittelbaren Personalbeweises** treten darf, ist als Frage der erforderlichen Reichweite des beweisrechtlichen Unmittelbarkeitsgrundsatzes nach der lex fori zu beurteilen. Ausländische **Beweismittelbeschränkungen**, die auch den Urkundenbeweis betreffen können, sind im Inland unbeachtlich,[6] sofern sie nicht verkappte materiell-rechtliche Formvorschriften darstellen.

32 Zum **unionsrechtlichen Diskriminierungsverbot** bei Verwendung ausländischer Urkunden aus anderen EU-Staaten s. Kap. 26 Rz. 50 f. und Kap. 27 Rz. 111. In Vorbereitung ist die Gemeinschaftsgesetzgebung zur **grenzüberschreitenden Verkehrsfreiheit** öffentlicher Urkunden. Die Kommission hat dazu das Dokument KOM (2013) 228 vorgelegt. Dieses Dokument ist am 4.2.2014 im Europäischen Parlament mit Veränderungen beschlossen worden (P7_TA (2014) 0054); die Zustimmung des Rates steht noch aus. Die **EuErbVO**[7] enthält in Kapitel VI, Art. 62–73 Regeln über das **Europäische Nachlasszeugnis**. Es beweist gem. Art. 63 Abs. 2 EuErbVO die dort genannten Rechtsstellungen (als Erbe etc.) und Befugnisse. Gem. Art. 69 Abs. 2 EuErbVO wird widerlegbar die Richtigkeit der Angaben vermutet. Art. 69 Abs. 4 EuErbVO begründet eine Gutglaubenswirkung. Die **Zeugniswirkungen** treten in allen EU-Staaten ein, **ohne** dass es dafür eines **besonderen Verfahrens** bedarf (Art. 69 Abs 1 EuErbVO). Zu Urkunden aus anderen EU-Staaten s. auch Kap. 27 Rz. 111 und 121.

33 Zu **elektronischen Signaturen** mit **ausländischem Zertifikat** Kap. 23 Rz. 71.

§ 90 Öffentliche Urkunden

I. Inhalt und Geltungsbereich des § 415

1. Legaldefinition

34 § 415 enthält in Abs. 1 die **Legaldefinition** der öffentlichen Urkunde (dazu unten Rz. 38). Sie **gilt** im Recht des Urkundenbeweises sowohl **für § 415** als auch für **§ 417 und § 418**. Sowohl die öffentlichen als auch die privaten Urkunden müssen schrift-

---

1 Ebenso Nagel/*Gottwald*[7] § 10 Rz. 132 (ohne spezielle Ausrichtung auf Frankreich).
2 Übersehen von BGH NJW-RR 2007, 1006 (französ. Ermittlungsakte).
3 ABl. EU Nr. L 351 v. 20.12.2012, S. 1.
4 ABl. EG Nr. L 12 v. 16.1.2001, S. 1.
5 Nagel/*Gottwald*[7] § 10 Rz. 133.
6 Schack IZVR[5] Rz. 764 (m. Beispielen), 779 (zum Urkundenbeweis). Zu einem italienischen Beispiel Corte di Cass. RIW 2003, 866 (Foro it. 2003, I, 871).
7 VO (EU) Nr. 650/2012, ABl. EU Nr. L 201, S. 107.

lich abgefasst sein. Nichtschriftliche Urkunden sind im Beweisrecht der ZPO bewusst ausgeklammert worden.[1]

2. Zeugnis über Dritterklärungen

§ 415 Abs. 1 regelt ferner die Beweiskraft für einen Teilbereich der öffentlichen Urkunden. Die Norm bezieht sich insoweit nur auf solche öffentlichen Urkunden, die über eine **vor der Behörde** durch einen Dritten **abgegebene Erklärung** errichtet wurden. Damit sind jegliche Erklärungen Dritter gemeint: z.B. Willenserklärungen (§ 160 Abs. 3 Nr. 1), Wissenserklärungen (§ 160 Abs. 3 Nr. 4), Verfahrenserklärungen (§ 160 Abs. 3 Nr. 1–3, 8, 9); Registereintragungen: Handelsregister, § 12 HGB; Güterrechtsregister, § 1560 BGB; Grundbuch, § 13 GBO). § 415 umfasst damit die sog. **bezeugenden Urkunden** (Rz. 8), d.h. Urkunden, die über einen außer ihnen liegenden Vorgang berichten und in denen die beurkundende Behörde am zu beurkundenden Vorgang nicht beteiligt ist.[2] 35

Die Vorschrift des § 415 ist in anderen Verfahrensarten, etwa dem **Grundbuchverfahren**[3] und sonstigen Verfahren der **Freiwilligen Gerichtsbarkeit**,[4] entsprechend anzuwenden (vgl. § 30 FamFG). 36

3. Ausklammerung von Behördenerklärungen und sonstigen Erklärungen

Öffentliche Urkunden über **von** einer **Behörde selbst abgegebene** Erklärungen werden von § 417 erfasst, öffentliche Urkunden sonstigen Inhalts von § 418. Dabei handelt es sich um sog. **bewirkende Urkunden** (Rz. 10), die unmittelbar den zu beweisenden Vorgang und die von der Behörde selbst abgegebene Erklärung enthalten.[5] Die **öffentliche Beglaubigung** (§ 129 BGB) einer schriftlichen Erklärung ist nur hinsichtlich des Beglaubigungsvermerks öffentliche Urkunde; die Erklärung über der beglaubigten Unterschrift bleibt Privaturkunde (§ 416).[6] Das Gleiche gilt für eine öffentlich verwahrte Privaturkunde (z.B. ein Testament). 37

II. Die öffentliche Urkunde

1. Urkundendefinition

§ 415 definiert die öffentliche Urkunde unabhängig von der Art ihres Erklärungsinhalts; maßgebend ist die Erfüllung der in § 415 umschriebenen formalen Voraussetzungen.[7] Danach sind öffentliche Urkunden solche Urkunden, die von einer **öffentlichen Behörde** oder von einer **mit öffentlichem Glauben** versehenen **Urkundsperson** durch ein Handeln innerhalb ihrer **Amtsbefugnisse** bzw. ihres **Geschäftskreises** unter Beachtung der gesetzlichen **Formvorschriften** erstellt worden sind. 38

---

1 Hahn/Stegemann, Mat. Bd. II/1, 2. Aufl. 1881, S. 320.
2 Vgl. BayObLG Rpfleger 1975, 315, 316 (betr. Handelsregisteranmeldung einer Kreissparkasse); LG Dresden Rpfleger 1995, 67 (zu § 29 GBO); Rosenberg/Schwab/*Gottwald*[17] § 119 Rz. 10.
3 BayObLG DNotZ 1985, 220, 222.
4 BayObLG FamRZ 1994, 530, 531; BayObLG FamRZ 1994, 980 (Eintragung im Geburtenbuch); BayObLG DNotZ 1985, 220, 222; Keidel/*Sternal* FamFG, 18. Aufl., § 30 Rz. 108.
5 BayObLG Rpfleger 1975, 315, 316; LG Dresden Rpfleger 1995, 67; Rosenberg/Schwab/*Gottwald*[17] § 119 Rz. 9. Verwechslung von § 415 und § 418 in BGH NJW-RR 2007, 1006, Rz. 17 (Abschlussbericht der französischen Polizei).
6 BGH MDR 1980, 299; BayObLG DNotZ 1985, 220, 222.
7 BGHZ 6, 304, 307 = NJW 1952, 1211; BGH NJW 1966, 1808, 1809; BayObLGZ 1954, 322, 329; BayObLG Rpfleger 1975, 315, 316.

39 Abzugrenzen sind öffentliche Urkunden von den **Privaturkunden**, deren Beweiskraft § 416 behandelt.

2. Inhalt der Urkunde, Urkundenbeispiele

40 Das zugrunde liegende **Rechtsverhältnis** ist für die Qualifikation als öffentliche Urkunde irrelevant, weil es auf den Erklärungsinhalt nicht ankommt. Ebenso wenig ist erforderlich, dass die Ausstellung der Urkunde dem **hoheitlichen Tätigkeitsgebiet** des Ausstellenden zugehört; Handlungen des bürgerlich-rechtlichen Geschäftskreises reichen aus.[1] Eine öffentliche Urkunde kann folglich **Erklärungen privatrechtlichen Charakters** enthalten, wenn die Errichtung in den Amtsbereich der Behörde fällt.[2] Dies folgt aus der Tatsache, dass die Behörde frei ist, die Handlungsform – privatrechtlich oder öffentlich-rechtlich – bei Erfüllung ihrer Aufgaben zu wählen.

41 Das **Sparbuch** einer nach Landesrecht **öffentlich-rechtlich organisierten Sparkasse** ist als öffentliche Urkunde angesehen worden,[3] desgleichen **richterliche Protokolle**,[4] das von einem Gerichtsvollzieher aufgenommene **Protokoll** (§ 762) über eine fruchtlos betriebene Zwangsvollstreckung[5] oder über andere Vollstreckungshandlungen.[6]

42 **Obsolet** geworden ist die Qualifizierung der von der Deutschen Reichsbahn bzw. nachfolgend der Deutschen Bundesbahn ausgestalteten **Frachtbriefe**, die in der Zeit vor der Privatisierung als öffentliche Urkunden angesehen wurden; sie kann nur noch als genereller Beleg dafür dienen, dass der privatrechtliche Beförderungsvertrag dieser Bewertung nicht entgegen stand.[7] Dasselbe gilt für das **Sparbuch** der **Bundespost** bzw. der Deutschen Bundespost Postbank[8] seit der Umstrukturierung der Postbank in eine privatrechtliche Aktiengesellschaft. Auf Sparbücher anderer Banken ist ebenfalls **nur § 416** anzuwenden. Auslieferungsnachweise der DHL fallen ebenfalls nur unter § 416; eine analoge Anwendung des § 415 ist rechtswidrig.[9]

43 **Keine öffentlichen Urkunden** sind Polizeiprotokolle,[10] Verfassungsschutzberichte[11] und Dokumente aus dem Archiv des Bundesbeauftragten für Stasi-Unterlagen,[12] die

---

1 BGHZ 3, 110, 117 f. (zum Behördenbegriff für die Freistellung vom Anwaltszwang nach § 29 Abs. 1 S. 3 FGG); 6, 304, 307, 309; BGH NJW 1963, 1630, 1631; BayObLGZ 1954, 322, 325, 329.
2 BGHZ 6, 304, 307, 312 (betr. von staatlichen Eisenbahnen ausgestellte Fahrausweise, Frachtbriefe etc); BayObLG 54, 322, 329.
3 RGSt 71, 101, 102 f.; 61, 126, 129; BGHSt 19, 19, 21; BGH NJW 1963, 1630, 1631 (jeweils zur Falschbeurkundung im Amt). Das Sparbuch fällt mangels vor der beurkundenden Person abgegebenen Erklärung unter § 418 statt § 415: BGHSt 19, 19, 21; BGH NJW 1963, 1630, 1631; BayObLG ZIP 1993, 1224, 1225.
4 BayObLG FamRZ 1994, 530, 531; OLG München OLGZ 1980, 465, 468.
5 LAG Schl.-Holstein Rpfleger 1989, 162, 163 (für Nachweis der Rechtsnachfolge gem. § 727 ZPO).
6 OLG Köln MDR 1991, 260.
7 Zu Frachtbriefen und anderen mit Dienstsiegel versehenen Verladepapieren RGZ 107, 272, 274 f.; RG JW 1927, 1352, 1353. BGHZ 6, 304, 306 (aaO. 308 ff. mit teilweiser Distanzierung von RGZ 107, 272 zur Verneinung der Anwendung des § 839 BGB).
8 BayObLG ZIP 1993, 1224 = NJW 1993, 2947 (zur Falschbeurkundung im Amt). Zur Behördeneigenschaft der Postunternehmen Kap. 25 Rz. 54 ff.
9 OLG Koblenz NJW-RR 2014, 762.
10 OLG Düsseldorf NJW 1988, 217, 218 (zur mittelbaren Falschbeurkundung im Amt); a.A. BGH NJW-RR 2007, 1006 Rz. 13.
11 OLG München MMR 2002, 625 = NJW-RR 2002, 1048.
12 VG Greifswald DtZ 1995, 455; zu den vom Bundesbeauftragten geprüften Unterlagen des Staatssicherheitsdienstes vgl. ArbG Berlin NZA 1992, 593, 595; ebenso *Lansnicker/Schwirtzek* DtZ 1993, 106, 108 m.w.N. Zur mangelnden Eignung von Erkenntnissen des Ministeriums

Anmeldung eines Rundfunkgeräts gem. § 3 Abs. 1 S. 1 RGebStV,[1] die Bankbescheinigung für das Verfahren nach § 246a Abs. 2 Nr. 2 AktG.[2] Dasselbe gilt, wenn die Behörde lediglich als Bevollmächtigte einer Privatperson handelt.[3] Vorbild für diese Regelung war u.a. § 794 Abs. 1 Nr. 5 ZPO; sie setzt die Beurkundung durch eine Behörde oder eine andere staatlich ermächtigte Stelle voraus.[4] Eine Gerichtskostenrechnung soll in diesem Sinne keine öffentliche Urkunde sein.[5] Zur Behandlung von Fotokopien s. Kap. 28 Rz. 37 ff.

Art. 50 EuGVÜ = Art. 57 EuGVO (Fassung 2001) = Art. 58 Abs. 1 EuGVO (Fassung 2012), die Grundlage für die **Vollstreckung** aus öffentlichen Urkunden **in anderen EU-Staaten**, knüpft nicht an § 415 an.

III. Voraussetzungen der öffentlichen Urkunde einer Behörde

1. Behörde

a) Begriff der Behörde

Die Urkunde muss von einer öffentlichen Behörde ausgestellt worden sein. Der Begriff der Behörde ist in Judikaten aus der Zeit **vor** der **Schaffung** eines **Verwaltungsverfahrensgesetzes** des Bundes richterrechtlich ohne Bezug zu den Normzwecken der jeweils einschlägigen Gesetzesbestimmungen festgelegt worden.[6] Leitend war das Definitionsbemühen, den **Behördenbegriff** grundsätzlich **in allen** gesetzlichen **Vorschriften** i.S.d. Staats- und Verwaltungsrechts **einheitlich** aufzufassen.[7] Demgemäß wurde eine öffentliche Behörde definiert als „ein in den allgemeinen Organismus der Behörden eingefügtes Organ der Staatsgewalt, das dazu berufen ist, unter öffentlicher Autorität für die Erreichung der Zwecke des Staates oder der von ihm geförderten Zwecke tätig zu sein, gleichviel ob das Organ unmittelbar vom Staate oder einer dem Staate untergeordneten Körperschaft zunächst für deren eigene Zwecke bestellt ist, sofern diese Angelegenheiten grundsätzlich zugleich in den Bereich der bezeichneten Zwecke fallen".[8] Dazu sollten die unmittelbaren und mittelbaren verfassungsmäßigen Organe des Bundes, der Länder, der Gemeinden und Gemeindeverbände gehören sowie die gesetzlichen Vertreter der zu speziellen Zwecken errichteten sonstigen öffentlich-rechtlichen Körperschaften sowie Stiftungen und Anstalten des öffentlichen Rechts.[9]

Ausgehend von den Kriterien der Definition sind **zwei Merkmale** als **entscheidend** angesehen worden: Erstens muss es sich um eine Stelle handeln, die in den Behördenorganismus derart eingefügt ist, dass der **Bestand der Amtsstelle unabhängig** ist von

---

für Staatssicherheit der DDR zur Begründung eines dringenden Tatverdachts BGH NJW 1992, 1975, 1976.
1 Offengelassen von OVG Münster NJW 2004, 3505, 3506, bejaht von VG Mainz NVwZ 2000, 228, 229 (bei gleichzeitiger Unterschrift von Rundfunkteilnehmer und Gebührenbeauftragtem der GEZ).
2 BGH ZIP 2014, 77, 78.
3 LG Kiel DNotZ 1987, 48 f.
4 Qualität als Vollstreckungstitel daher verneint für einen Schuldschein dänischen Rechts (Gaeldsbrev) trotz Eignung als Vollstreckungsgrundlage in Dänemark, EuGH, Urt. v. 17.6.1999, Slg. 1999 I – 3715 – Unibank/Christensen.
5 OLG Schleswig RIW 1997, 513.
6 Zur Entwicklung des Behördenbegriffs in der zivil- und strafrechtlichen Rechtsprechung seit 1863 *Melz* Behördenbegriff S. 30 ff.
7 BGHZ 3, 110, 117; 25, 186, 194; 40, 225, 228; *Melz* Behördenbegriff S. 132 f.
8 BGHZ 3, 110, 116 f. (im Anschluss an RGSt 18, 246, 249 f. und RG JW 1925, 351); BGHZ 25, 186, 188 f., 194; BGHZ 40, 225, 228; BGH WM 1955, 185, 187.
9 BayObLGZ 1954, 322, 325 f.

der Existenz, dem Wegfall oder dem Wechsel des Beamten oder der physischen Person, welcher die Besorgung der in den Kreis des Amtes fallenden Geschäfte anvertraut ist, und zweitens muss die organisatorische Stellung der Behörde **auf öffentlichem Recht beruhen**, sie muss also einen öffentlichen Charakter haben.[1] Entscheidend hierfür ist das am Ausstellungsort der Urkunde geltende Verwaltungsrecht.[2]

47 Die **Einheitlichkeit** der Anwendung des Behördenbegriffs, die in BGHZ 25, 186, 194 noch als grundsätzlich erforderlich bezeichnet wurde, soweit nicht schon damals spezialgesetzliche Abweichungen bestanden, ist in den konkret erzielten Ergebnissen der Leitentscheidungen aus der Nachkriegszeit **nicht durchgehalten** worden.[3] Ihr Gegenstand waren die Anwendung des § 29 Abs. 1 S. 3 FGG, also die Freistellung vom Anwaltszwang in Beschwerdeverfahren der Freiwilligen Gerichtsbarkeit[4] und der gleichartigen Vorschrift in § 18 Abs. 3 VertragshilfeG[5] sowie die Freistellung einer AOK von dem Erfordernis der öffentlichen Beglaubigung einer Eintragungsbewilligung oder der Vorlage einer öffentlichen Urkunde gem. § 29 Abs. 3 GBO;[6] normzweckbezogen wurden dort die Sozialversicherungsträger vom Behördenbegriff ausgenommen, was BGHZ 40, 225 für die BfA fortgesetzt hat.

48 Der auf die strafrechtliche Judikatur des Reichsgerichts zurückgehende Behördenbegriff stimmt **nicht** mit der weiten Legaldefinition des **§ 1 Abs. 4 VwVfG** überein, wonach Behörde jede Stelle ist, die Aufgaben der öffentlichen Verwaltung wahrnimmt.[7] Von dessen Definition werden auch natürliche und juristische Personen des Privatrechts erfasst.[8] Sie ist allerdings auf Bedürfnisse des Verwaltungsrechts verengt (funktionaler Behördenbegriff). Im **Staatsrecht** geht **Art. 35 GG** bei der Regelung der Amtshilfe von einem Behördenbegriff aus, der insoweit **umfassender** ist, als dort **auch Gerichte** gemeint sind, die im Zivilverfahrensrecht wegen der Einbeziehung richterlicher Protokolle in den Urkundenbegriff aufzunehmen sind.

49 Die gesetzliche Regelung des **§ 1 Abs. 4 VwVfG** (mit der Erweiterung um Gerichte) heute als **Ausgangspunkt** zu nehmen,[9] entspricht sowohl dem Erfordernis, eine – vorbehaltlich erkennbarer Besonderheiten – einheitliche Begriffsbestimmung zugrunde zu legen, als auch dem in der älteren Judikatur zum Ausdruck gekommenen Bedürfnis des (Zivil)Prozessrechts und des Strafrechts, sich an die „Definitionshoheit" des Staats- und Verwaltungsrechts anzulehnen. **Teleologische Korrekturen** werden dadurch nicht ausgeschlossen, dürften aber zur sachgerechten Abgrenzung öffentlicher und privater Urkunden wegen der ohnehin hinzutretenden weiteren (ausgrenzenden) Tatbestandsmerkmale einer öffentlichen Urkunde (s. oben Rz. 66 ff.) kaum notwendig sein. Anders sieht es nur aus, wenn in verfahrensrechtlichen Normen zu-

---

1 BGHZ 3, 110, 117 (im Anschluss an Forsthoff und Jellinek); s. ferner RGSt 18, 246, 250.
2 *Wiedenbrüg* NJW 1973, 301.
3 *Melz* Behördenbegriff S. 133.
4 BGHZ 3, 110 betraf ein privates Bankinstitut als beauftragte Stelle für Umstellungsgrundschulden im Lastenausgleich, BGHZ 40, 225 die Bundesanstalt für Angestelltenversicherung und deren Organe als bundesunmittelbare Körperschaft des öffentlichen Rechts.
5 BGH WM 1955, 185 betraf die Hamburger Staatsbank, die Körperschaft des öffentlichen Rechts mit Rechtsfähigkeit war.
6 BGHZ 25, 186, 194 (betr. AOK).
7 Dazu Knack/Henneke/*Schliesky* VwVfG, 9. Aufl. 2010, § 1 Rz. 1 ff.; Kopp/*Ramsauer*, VwVfG, 14. Aufl. 2014, § 1 Rz. 51 ff.; Stelkens/Bonk/Sachs/*Schmitz*, VwVfG, 8. Aufl. 2014, § 1 Rz. 226 ff.; *Melz* Behördenbegriff S. 55 ff., 133.
8 *Knack*[8] VwVfG § 1 Rz. 7.
9 Ablehnend VG Frankfurt/M. NJW 1997, 3329 (§ 415 enger als § 1 IV VwVfG, zur PostAG); MünchKommZPO/*Schreiber*[4] § 415 Rz. 14 (unter Beibehaltung der alten Definition).

sätzliche Kriterien nicht genannt werden, wie in § 273 Abs. 2 Nr. 2 (amtliche Auskunft einer Behörde oder Einholung behördlicher Urkunden).[1]

Die **Definition** des **VwVfG ermöglicht** es, die zunehmende **Privatisierung staatlicher** 50 **Unternehmen** ebenso aufzugreifen wie die fortschreitende Wahrnehmung öffentlicher Aufgaben durch Privatrechtssubjekte unter gleichzeitiger staatlicher Beleihung.[2] Anderenfalls wären die von privatisierten Unternehmen errichteten Urkunden a limine aus dem Anwendungsbereich der §§ 415, 417, 418 herausgenommen.[3] Hinzuweisen ist nur auf das Beispiel der Deutschen Post AG.

Eine öffentliche Urkunde i.S.d. § 415 kann auch durch eine **ausländische Behörde** 51 hergestellt werden,[4] wie § 438 zeigt. Ob eine ausländische oder eine inländische öffentliche Urkunde vorliegt, richtet sich nach dem Staats- und Verwaltungsrecht der die betreffende Urkunde autorisierenden Staatsgewalt.[5]

b) Beispiele für öffentliche Behörden

Als Beispiele für öffentliche Behörden sind zu nennen (zitierte Entscheidungen haben 52 Verfahrensbezug, **überwiegend** aber **keinen Bezug zum Urkundenbeweisrecht**): Gericht,[6] der einen Testamentsvollstrecker berufende Gerichtspräsident,[7] Sozial- und Jugendamt,[8] Industrie- und Handelskammer,[9] Handwerkskammer, Rechtsanwaltskammer, Ärztekammer, evangelischer Kirchengemeinderat,[10] katholische Kirchenverwaltung als Vertreterin einer kirchlichen Stiftung des öffentlichen Rechts,[11] katholische Bruderschaft (Marianische Kongregation) und ihr Präfekt,[12] katholische Kirchengemeinde,[13] öffentliche Sparkasse,[14] Sparkassenvorstand,[15] Landesbank und Girozentrale,[16] Landesparlament mit seinen Ausschüssen.[17] Ohne Bezug zum Ur-

---

1 Dazu BGH NJW 1993, 2531, 2534 (zur Deutschen VersicherungsAG als der Beauftragten der ehemaligen Staatlichen Versicherung der DDR); Zöller/Greger[30] § 273 Rz. 8.
2 Melz Behördenbegriff S. 134.
3 So bewusst VG Frankfurt/M. NJW 1997, 3329.
4 RG JW 1927, 1096, 1097; BGHZ 37, 389, 395; BVerwG NJW 1987, 1159; Rosenberg/Schwab/Gottwald[17] § 119 Rz. 5; näher Kap. 27 Rz. 110 ff.
5 Zu Konsequenzen für die Strafbarkeit mittelbarer Falschbeurkundung Wiedenbrüg NJW 1973, 301.
6 KG MDR 1982, 329, 330 (zum richterlichen Protokoll nach § 182 GVG).
7 OLG Stuttgart NJW-RR 1986, 7, 8 (auch ohne ausdrückliche gesetzliche Aufgabenzuweisung).
8 LG Düsseldorf FamRZ 1984, 923 (zur Umschreibung eines Unterhaltstitels nach § 727 ZPO aufgrund Überleitungsanzeige des Sozialhilfeträgers); LG Duisburg Rpfleger 1984, 97 (beglaubigte Abschrift einer Überleitungsanzeige als öffentlicher Urkunde i.S.d. § 29 GBO); LG Kiel RPfleger 1990, 420 (Erbausschlagung als Amtsvormund).
9 OLG Karlsruhe Rpfleger 1963, 204, 205 (zu § 29 GBO).
10 RGZ 59, 329, 331 (zur Anwendbarkeit des heutigen § 71 Abs. 3 GVG i.V.m. § 39 PrAusfG GVG).
11 BayObLGZ 1956, 339, 341 (Beschwerdeberechtigung nach § 29 Abs. 1 S. 3 FGG).
12 BayObLGZ 1954, 322 (zur Form des § 29 GBO).
13 OLG Braunschweig FamRZ 1962, 193, 195 (Recht zur Einsicht in Personenstandsbücher nach § 61 Abs. 1 S. 1 PStG).
14 OLG Düsseldorf MDR 1991, 272 (Sparkasse zuständig zur Entgegennahme einer Versicherung an Eides Statt für die Kraftloserklärung von Sparkassenbüchern); s. auch BVerfGE 75, 192 = WM 1987, 801 = MDR 1987, 813 (zur Verneinung der Grundrechtsfähigkeit).
15 BGH NJW 1963, 1630, 1631; BGH NJW-RR 2011, 1024 Rz. 18; BayObLG Rpfleger 1975, 315, 316.
16 OLG Hamm JMBl NRW 1963, 116 (anwaltfreie Beschwerdeberechtigung nach § 80 Abs. 1 S. 3 GBO).
17 Offengelassen von BGH NJW-RR 1994, 1242, 1243 = VersR 1123, 1124 (betr. Ausschussprotokoll).

kundenbeweisrecht **verneint** für Bundesversicherungsanstalt für Angestellte,[1] Allgemeine Ortskrankenkasse,[2] Deutsche Versicherungs-AG als Rechtsnachfolgerin der staatlichen Versicherung der DDR.[3]

53 **Juristische Personen des Privatrechts** wie der TÜV oder das Rotes Kreuz können mit der zuvor befürworteten Definitionserweiterung zwar im Rahmen einer staatlichen Aufgabenstellung Behörden sein, kommen aber gleichwohl **nicht** als **Aussteller öffentlicher Urkunden** in Betracht.

c) Sonderproblem: Deutsche Post AG

54 Bundesbahn[4] und Bundespost[5] waren als Sondervermögen des Bundes öffentliche Behörden. Nach Inkrafttreten des Poststrukturgesetzes vom 8.6.1989[6] (**sog. Postreform I**) blieb die Deutsche Bundespost zunächst öffentliche Behörde i.S.d. § 415.[7] Im Zuge der Postreform I wurde die Deutsche Bundespost lediglich in die drei öffentlichen Unternehmen Deutsche Bundespost postdienst, Deutsche Bundespost Telekom und Deutsche Bundespost Postbank aufgeteilt, während die Hoheitsaufgaben bei dem Bundesministerium für Post und Telekommunikation verblieben. Die **Postreform II** ermöglichte die Privatisierung durch eine Verfassungsänderung, die mit Wirkung zum 3.9.1994 Art. 87f, 143b in das Grundgesetz einfügte.[8] Sie wurde durch das Gesetz zur Neuordnung des Postwesens und der Telekommunikation (PostneuordnungsG) vom 14.9.1994[9] vollzogen. Gemäß Art. 3 PostneuordnungsG wurden die drei Unternehmen zum 1.1.1995 in die Privatrechtsform von Aktiengesellschaften überführt.[10]

55 Gleichzeitig wurde die **Deutsche Post AG** – bis dahin Deutsche Bundespost Postdienst – gem. § 16 Abs. 1 des Änderungsgesetzes über das Postwesen (Art. 6 PostneuordnungsG)[11] mit der **Durchführung** der **Zustellungen beliehen** und galt in den Grenzen der Beleihung als öffentliche Behörde (näher dazu Rz. 119 ff.).[12] Das ist mit der Definition der öffentlichen Behörde zu vereinbaren, denn die **Beleihung** beinhaltet den erkennbar gewordenen Staatswillen, die Deutsche Post AG im Bereich der Zustellung als dauernden Träger staatlicher Hoheitsrechte so anzuerkennen und einzurichten, dass sie nicht vom Dasein eines einzelnen „Beamten" abhängt.

56 Das PostG vom 22.12.1997[13] hat erneut Änderungen gebracht. Die Beleihung für die Vornahme förmlicher Zustellungen ist seither in **§§ 33 ff. PostG** in modifizierter Weise geregelt und auch auf **andere Lizenznehmer** erstreckt worden, die **Briefzustelldienstleistungen** erbringen.[14]

---

1 BGHZ 40, 225, 230 (zu § 29 Abs. 1 S. 3 FGG).
2 BGHZ 25, 186, 200 (zu § 29 Abs. 3 GBO).
3 BGH NJW 1993, 2531, 2534.
4 OLG Köln OLGZ 1981, 16, 18 (Löschungsbewilligung der Bahn, § 29 Abs. 1 S. 2 GBO); s. auch *Kunz* MDR 1989, 588.
5 Bundespost: BGHZ 20, 102, 104 f. (zur Ausübung öffentlicher Gewalt); Deutsche Bundespost Postbank: BayObLG NJW 1993, 2947.
6 BGBl I 1989, 1026.
7 BayObLG NJW 1993, 2947.
8 BGBl. I 1994, 2245.
9 BGBl. I 1994, 2325.
10 BGBl. I 1994, 2339.
11 BGBl I 1994, 2370.
12 So auch BGH NJW 1998, 1716; BFH NVwZ 2000, 239; BFH ZIP 1997, 2012; OLG Frankfurt NJW 1996, 3159. Ausführlich zu Zustellungsurkunden unten Rz. 112 ff.
13 BGBl. I 1997, 3294; dazu *Gramlich* NJW 1998, 866.
14 Dazu BGH NJW 2001, 832.

Für die **Deutsche Telekom AG** ist die Eigenschaft als öffentliche Behörde zu verneinen, weil es an einer Beleihung fehlt. 57

2. Errichtung innerhalb der Grenzen der Amtsbefugnisse

Bei Errichtung der Urkunde muss die öffentliche Behörde innerhalb der ihr gesetzlich zugewiesenen Amtsbefugnisse gehandelt haben. Die Ausstellung der Urkunde muss in den **sachlichen Aufgabenbereich** der Behörde fallen. Zu verneinen ist dies für die Erklärung der Erbeinsetzung durch einen lebensbedrohlich erkrankten Zeugen gegenüber einem Richter in einem strafrechtlichen Ermittlungsverfahren.[1] 58

Unerheblich ist, dass die Urkunde in den Amtsbereich der Behörde fallende **Privatrechtsgeschäfte** betrifft.[2] Eine öffentliche Sparkasse kann in ihren eigenen (privatrechtlichen) Angelegenheiten Erklärungen in Form einer öffentlichen Urkunde zur Anmeldung gegenüber dem Handelsregister abgeben.[3] Dasselbe gilt für die liegenschaftsrechtliche Bewilligung einer Gemeinde gegenüber dem Grundbuchamt.[4] 59

Zur Erfüllung eines **öffentlichen Zwecks** wird die Behörde **nicht** tätig, wenn sie Niederschriften mit Feststellungen **innerdienstlicher Art** (z.B. Zeugnisse, Beurteilungen, Arbeitsplatzbeschreibungen) aufnimmt.[5] 60

Eine **Verletzung** der **örtlichen Zuständigkeit** bei der Errichtung der Urkunde kann nur Einfluss auf die innere, nicht aber die äußere Beweiskraft der Urkunde haben; der Kreis der zugewiesenen Geschäfte bestimmt sich allein aus sachlichen, nicht aber aus örtlichen Kriterien (dazu auch Rz. 80 ff.).[6] 61

3. Formvorschriften

Einzuhalten ist die der Behörde **vorgeschriebene Form**. Bei richterlichen Protokollen sind dies die Vorschriften des jeweils maßgeblichen Verfahrensrechts,[7] bei Protokollen von Parlamentsausschüssen die maßgeblichen Geschäftsordnungen,[8] Bei Eigenerklärungen einer Behörde muss der handelnde Beamte zur Unterzeichnung und Benutzung des Dienstsiegels berechtigt sein.[9] 62

Amtliche Beglaubigungen gem. § 65 BeurkG, §§ 33, 34 VwVfG beziehen sich vornehmlich auf Dokumente zur Verwendung in Verwaltungsverfahren. Sie lassen **keine öffentliche Urkunde** entstehen, wie sie aus einer öffentlichen Beurkundung hervorgeht, weil die Beweiskraft auf den im Beglaubigungsvermerk genannten Verwendungszweck beschränkt ist (§ 65 S. 2 BeurkG). 63

---

1 Vgl. BayObLGZ 1979, 232, 237 (obiter dictum).
2 BGHZ 6, 304, 307; LG Kiel DNotZ 1987, 48.
3 BayObLGZ 1975, 222, 232.
4 LG Kiel DNotZ 1987, 48.
5 BGHZ 6, 307; MünchKommZPO/*Schreiber*[4] § 415 Rz. 17; Musielak/*Huber*[10] § 415 Rz. 9; a.A. Stein/Jonas/*Leipold*[22] § 415 Rz. 11.
6 Im Ergebnis ebenso Musielak/*Huber*[10] § 415 Rz. 8.
7 Vgl. zum Protokoll eines strafrechtlichen Ermittlungsrichters BayObLGZ 1979 232, 237.
8 Vgl. BGH NJW-RR 1994, 1242, 1243 (dort: fehlende Unterschrift des Ausschussvorsitzenden, Beweis einer Abgeordnetenäußerung).
9 Vgl. BGHZ 45, 362, 372.

4. Ausländische öffentliche Urkunden, Legalisation

64 Die **Legalisation** (Echtheitsbestätigung) von öffentlichen Urkunden[1] für den grenzüberschreitenden Rechtsverkehr (dazu auch Kap. 27 Rz. 117 ff.) ist **multilateral** im Haager Übereinkommen zur **Befreiung** ausländischer öffentlicher Urkunden von der Legalisation vom 5.10.1961 geregelt,[2] ferner im Londoner Europäischen Übereinkommen zur Befreiung der von diplomatischen oder konsularischen Vertretern errichteten Urkunden von der Legalisation vom 7.6.1968,[3] in **bilateralen** Staatsverträgen mit Belgien, Dänemark, Frankreich, Griechenland, Italien, Österreich und der Schweiz sowie **vertragslos** in §§ 13 und 14 KonsularG (für ausländische und inländische Urkunden).

65 **Elektronische Signaturen** mit ausländischem qualifizierten Zertifikat sind inländischen qualifizierten elektronischen Signaturen gleichgestellt, wenn die Bedingungen gem. § 23 des Gesetzes über Rahmenbedingungen für elektronische Signaturen v. 16.5.2001[4] eingehalten sind (dazu auch Kap. 23 Rz. 71).

IV. Öffentliche Urkunden anderer Urkundspersonen

1. Begriff der Urkundsperson

66 Neben der öffentlichen Behörde können die **mit öffentlichem Glauben versehenen Personen** innerhalb des ihnen zugewiesenen Geschäftskreises öffentliche Urkunden ausstellen. Mit öffentlichem Glauben versehene Personen sind solche Urkundspersonen, die durch staatliche **Ermächtigung** bestellt sind.[5] Die Bestellung muss die Urkundsperson allgemein oder beschränkt zur Beurkundung ermächtigen. Durch das BeurkG v. 28.8.1969[6] ist das Beurkundungswesen grundsätzlich den **Notaren** übertragen worden (vgl. §§ 56, 60 BeurkG). Andere Urkundspersonen (vgl. § 1 Abs. 2 BeurkG), die öffentliche Beurkundungen vornehmen dürfen, sind nur noch die Konsularbeamten (§§ 10 ff. KonsularG[7]).

67 **Urkundspersonen** i.S.d. § 415 sind: **Notare** (vgl. dazu § 20 BNotO),[8] Urkundsbeamte der Geschäftsstelle (§ 153 GVG),[9] **Gerichtsvollzieher** (§§ 168, 176, 182, 192 f., 762),[10] Gerichtswachtmeister bei Zustellungen (§§ 168 Abs. 1, 176),[11] Standesbeamte bei der Beurkundung von Erklärungen (vgl. §§ 11 Abs. 1 Nr. 3, 29a, 29b, 31a PStG). Beamte oder Angestellte des **Jugendamtes** sind gem. § 59 SGB VIII zur Beurkundung verschiedener familienrechtlicher Erklärungen, darunter Vaterschafts- und Mutterschaftsanerkenntnissen sowie Unterhaltsverpflichtungen, befugt. Ein **Konsul** nimmt sowohl die Funktion einer öffentlichen Behörde als auch die Aufgabe einer öffentlichen Behörde wahr.[12] **Postzusteller** sind auch nach der Privatisierung der Deutschen Post AG

---

1 Näher: *Bindseil* DNotZ 1992, 275.
2 BGBl. II 1965, 876.
3 BGBl. II 1971, 85.
4 BGBl. I 2001, 876.
5 BGHZ 78, 36, 39.
6 BGBl. I 1969, 1513.
7 Gesetz über die Konsularbeamten, ihre Aufgaben und Befugnisse v. 11.9.1974, BGBl. I 1974, 2317.
8 BGHZ 78, 36, 39; BGH DNotZ 1987, 441 = JZ 1987, 522 m. Anm. *H. Schumann*; OLG Frankfurt MDR 1990, 641 (not. Testament); OLG Hamm OLGZ 1991, 23, 25 (Beglaubigungsvermerk des Notars).
9 OLG München OLGZ 1980, 465, 468.
10 OLG Köln MDR 1991, 260 (Beweiskraft des Gerichtsvollzieherprotokolls).
11 Rosenberg/Schwab/*Gottwald*[17] § 119 Rz. 5.
12 Stein/Jonas/*Leipold*[22] § 415 Rz. 4. Zur konsularischen Beurkundung *Geimer* DNotZ 1978, 3; *Bindseil* DNotZ 1993, 5.

infolge Beleihung gem. § 33 Abs. 1 PostG (zuvor: § 16 ÄndG über das Postwesen i.d.F. des Art. 6 PostNeuordnungsG, oben Rz. 54) unabhängig von der Ausgestaltung ihres Dienstverhältnisses mit öffentlichem Glauben versehene Urkundspersonen.[1]

Ausländische Notare sind geeignete Urkundspersonen, wenn das für sie maßgebliche Niederlassungsrecht[2] ihnen die Stellung einer mit öffentlichem Glauben versehenen Person zuerkennt; bewegt sich ihre Beurkundung in den Grenzen des zugewiesenen Geschäftszweiges und hält sie sich an die vorgeschriebene Form, ist auf ihre Urkunden – erfolgreiche Echtheitsprüfung nach § 438 vorausgesetzt – § 415 anzuwenden[3] (dazu Rz. 28). Tätigkeiten eines im Ausland ansässigen Notars, etwa die Beurkundung einer GmbH-Anteilsübertragung und die Einreichung einer veränderten Gesellschafterliste, sind **im Inland wirksam**, wenn die Auslandsbeurkundung der Beurkundung durch einen deutschen Notar gleichwertig ist.[4]   68

Keine Urkundspersonen sind Handelsmakler (§§ 93 ff. HGB) und öffentlich bestellte und vereidigte Sachverständige.[5]   69

2. Errichtung der Urkunde innerhalb des Geschäftskreises

Die Urkundsperson muss bei Errichtung der öffentlichen Urkunde im Rahmen ihres **gesetzlich zugewiesenen Geschäftskreises** handeln. In den Geschäftskreis des **Notars** fallen auch dessen Eigenurkunden, d.h. mit Amtssiegel versehene Erklärungen zur Ergänzung, Berichtigung oder Anpassung verfahrensrechtlicher Erklärungen (z.B. Rücknahme eines in Vollmacht der Beteiligten gestellten Antrags) kraft Vollmacht der Beteiligten.[6] Für Beurkundungen ist in den meisten Fällen allein der Notar zuständig; die früher bestehende Befugnis anderer Stellen ist 1969 zurückgedrängt worden (oben Rz. 66).   70

Die **Verletzung** der **örtlichen Zuständigkeit** führt nicht zur Unwirksamkeit der öffentlichen Urkunde (§ 2 Abs. 3 FamFG, § 2 BeurkG, § 11 Abs. 3 BNotO). Daraus dürfen allerdings keine Schlussfolgerungen für **Beurkundungen außerhalb der Staatsgrenzen** gezogen werden.[7] Aus der Dienstleistungsfreiheit der Europäischen Union (Art. 49 EGV) folgt nicht, dass **inländische Notare im Ausland** – wie umgekehrt ausländische Notare im Inland – wirksam beurkunden können.[8] Mit der Errichtung notarieller Urkunden als Teil der vorsorgenden Rechtspflege ist wegen der Möglichkeit der Vollstreckung, die in vielen EU-Staaten nicht an einen besonderen Unterwerfungsakt gebunden ist, die **Ausübung hoheitlicher Gewalt** untrennbar verbunden.[9] Dem Notar wird der Geschäftskreis durch Gesetz zugewiesen, das der Staat nur mit Geltung für sein eigenes Staatsgebiet erlassen kann. Der Geschäftskreis des Notars reicht daher über das eigene Staatsgebiet nicht hinaus.[10] Im Ausland von einem deut-   71

---

1 Zu anfänglichen Zweifeln an der Wirksamkeit der Zustellung durch Postbedienstete nach der Privatisierung der Bundespost s. § 418 Rz. 13.
2 Vgl. RG JW 1927, 1096, 1097; *Mann* NJW 1955, 1177.
3 OLG Düsseldorf IPRax 1996, 423, 425.
4 BGH NJW 2014, 2026 Rz. 13 = ZIP 2014, 317.
5 A.A. LG Bonn DGVZ 1989, 12, 13 (zum Nachweis einer Zug-um-Zug-Vollstreckung gem. §§ 756, 765 ZPO).
6 BGHZ 78, 36, 39.
7 *Jansen*, FGG², BeurkG § 2 Rz. 6 m.w.N.
8 Zum grundsätzlich für deutsche Notare geltenden Verbot der Beurkundung im Ausland BGH (NotS) NJW 2013, 1605 Rz. 19 u. 21 m. Bespr. *Geimer* NJW 2013, 2625 = BGH ZIP 2013, 886 (Rz. 21 ff. zur fehlenden generellen Genehmigungsfähigkeit). Anders *Basedow* RabelsZ 55 (1991) 409, 430 ff.
9 *Stürner* DNotZ 1995, 343, 354 (m.w.N. in Fn. 44); s. ferner *Fischer* DNotZ 1989, 467; *Schippel* Festschrift Lerche (1993), S. 499.
10 MünchKommZPO/*Schreiber*⁴ § 415 Rz. 20; Musielak/*Huber*¹⁰ § 415 Rz. 8.

schen Notar vorgenommene Beurkundungen erfüllen nicht die Anforderungen an eine öffentliche Urkunde; die öffentliche Beurkundung eines Notars in einem anderen Staat ist als Ausübung hoheitlicher Befugnisse **völkerrechtswidrig**.[1]

72 Die Echtheit der **Urkunde einer ausländischen Behörde oder Urkundsperson** regelt § 438.

3. Formvorschriften

73 Urkunden i.S.d. § 415 kommt öffentlicher Glaube zu. Voraussetzung ist die Beachtung **zwingender gesetzlicher Formvorschriften**.[2] Solche Formvorschriften finden sich für notarielle Urkunden im BeurkG v. 28.8.1969[3] und in den nach Landesrecht als Allgemeinverfügung bundeseinheitlich erlassenen DONot,[4] für den Wechselprotest in Art. 80 ff. WG (entsprechend geltend für den Scheckprotest, Art. 55 Abs. 3 ScheckG), für Protokolle und Zustellungsurkunden in §§ 160, 182, 193 ZPO,[5] für konsularische Urkunden in § 17 KonsularG. Formvorschriften für das notarielle Testament (§§ 2231 ff. BGB) gehören nicht dazu;[6] deren Nichtbeachtung hat die Nichtigkeit der letztwilligen Verfügung zur Folge (§ 125 BGB), belässt der gem. §§ 8 ff., 30 BeurkG errichteten Niederschrift aber gleichwohl den Charakter einer öffentlichen Urkunde.

74 Abgegebene Erklärungen muss die Urkundsperson **persönlich entgegennehmen**. Sie beurkundet eine eigene sinnliche Wahrnehmung; das kann ihr von einer Hilfskraft auch dann nicht abgenommen werden, wenn die Hilfsperson zuverlässig und gewissenhaft ist.[7] Demzufolge kann ein Blinder nicht den Beruf des Notars ausüben.[8]

75 Eine **Verletzung** bloßer **Sollvorschriften** schadet dem öffentlichen Charakter der Urkunde nicht.[9] Notwendig ist nur die Einhaltung der wesentlichen Formvorschriften. Bei äußeren Mängeln (dazu Kap. 27 Rz. 11) ist über die Beweiskraft gem. § 419 in freier Überzeugung des Gerichts zu entscheiden.[10] Eine bloße Ordnungsvorschrift soll § 44 S. 1 BeurkG darstellen, wonach **mehrere Blätter** mit Schnur und Prägesiegel zu **verbinden** sind.[11] Teilweise wird die Verbindung mehrerer Bogen einer Ausfertigung durch Klebestreifen statt durch Schnur und Siegel (§ 29 DONot) jedoch als Verstoß gegen ein zwingend vorgeschriebenes Formerfordernis i.S.d. § 415 angesehen,[12] so dass dann nur eine Privaturkunde (§ 416) vorliegt. Die Nichtfeststellung der Identität von Urkundsbeteiligten durch amtlichen Lichtbildausweis macht eine notarielle Urkunde nicht unwirksam.[13]

---

[1] *Geimer* in: Geimer/Schütze, Europäisches Zivilverfahrensrecht, 3. Aufl. 2010, A 1, Art. 57 Rz. 32.
[2] RGZ 86, 385, 390; OLG Schleswig DNotZ 1972, 556, 557.
[3] BGBl. I 1969, 1513.
[4] Abdruck der Ordnung für Niedersachsen unter www.bnotk.de (Berufsrecht). Dort auch Angabe der Fundstellen; u.a. für Bayern: AV v. 25.1.2001, BayJMBl 2001, 32; für Niedersachsen: AV v. 21.11.2000, Nds.RPflege 2000, 340; für NRW: AV v. 23.3.2001, JMBl. 2001, 117.
[5] Zur Nichtbeachtung der Formvorschriften für das gerichtliche Protokoll OLG Brandenburg FamRZ 2005, 1843.
[6] MünchKommZPO/*Schreiber*[4] § 415 Rz. 21.
[7] BGH NJW 1963, 1010, 1012; a.A. RGZ 61, 95, 99 für die Beurkundung vor dem Gehilfen eines württemb. Grundbuchbeamten.
[8] BGH NJW 1963, 1010, 1012.
[9] BGH NJW 1960, 2336; MünchKommZPO/*Schreiber*[4] Rz. 23; Musielak/*Huber*[10] § 415 Rz. 8; Stein/Jonas/*Leipold*[22] § 415 Rz. 13.
[10] BGH NJW 1994, 2768 (betr. nichtunterschriebene Zufügung am Urkundenrand).
[11] Stein/Jonas/*Leipold*[22] § 415 Rz. 13 Fn. 31.
[12] OLG Schleswig DNotZ 1972, 556, 557.
[13] OLG Celle NJW-RR 2006, 448, 450.

Öffentliche Urkunden   Rz. 80 **Kapitel 25**

Ob die vorgeschriebene **Form eingehalten** ist, ergibt sich nur aus der Urkunde selbst 76
oder aus Vorgängen, die mit der Errichtung in unmittelbarem Zusammenhang stehen.[1] Die Erklärung muss grundsätzlich persönlich entgegengenommen werden (oben Rz. 74). Handschriftliche Änderungen und Ergänzungen am Urkundenrand (§ 44a Abs. 1 BeurkG) müssen wegen der Zweifel über den Zeitpunkt der Zufügung gesondert unterzeichnet sein (etwa: „eingefügt bei Beurkundung"), damit der Urkunde die Beweiskraft nach § 415 zukommt.[2] Die **Niederschrift** ist **insgesamt** zu **verlesen**[3] und von den Beteiligten eigenhändig zu unterschreiben (§ 13 BeurkG).

Wird die Einhaltung einer bestimmten **Form nicht gefordert**, sind nicht die Vorschriften des BeurkG (gem. dessen § 1 Abs. 2) ergänzend heranzuziehen;[4] vielmehr entfallen Formerfordernisse ganz,[5] so dass bei Vorliegen der sonstigen gesetzlichen Voraussetzungen eine öffentliche Urkunde gegeben ist. Auf eine Urkunde, die als öffentliche errichtet werden soll, die aber wegen Formmangels **unwirksam** ist, kann § 416 Anwendung finden[6] (näher Rz. 127). 77

V. Selbst verfasste Behördenerklärungen, § 417

1. Normzweck, Abgrenzung zu § 415

Während § 415 die *vor* einer Behörde oder öffentlichen Urkundsperson abgegebenen 78
fremden Erklärungen erfasst, betrifft § 417 öffentlichen Urkunden mit **von der Behörde selbst verfassten Erklärungen**. Es handelt sich um **bewirkende Urkunden** (dazu Rz. 10), die den zu beweisenden Vorgang unmittelbar verkörpern. Den in § 417 bezeichneten Urkunden kommt Beweiskraft zu, weil „die Urkunde selbst in authentischer Form die amtliche Anordnung, Verfügung, Entscheidung darstellt".[7] Insoweit beruht die Beweiskraft auf der Augenscheinsqualität der Urkunde.[8]

Ebenso wie § 415 setzt § 417 eine **öffentliche Urkunde** (Rz. 38) voraus. Sie muss **frei** 79
von Mängeln (§ 419), **formgerecht** errichtet (Rz. 62)[9] und **echt** (§ 437) sein. Darüber hinaus muss sie von einer Behörde ausgestellt worden sein und deren eigene Erklärung enthalten. Damit handelt sie bereits innerhalb der Grenzen ihrer **Amtsbefugnisse** (dazu Rz. 58). Für die Beurkundungszuständigkeit ist die sachliche Zuständigkeit der Behörde zur Abgabe der betreffenden Erklärung irrelevant. Ausschlaggebend ist nur, dass die Behörde die Anordnung, Verfügung oder Entscheidung getroffen hat; daraus folgt bereits die Ermächtigung, die Erklärung in Form einer öffentlichen Urkunde zu errichten.[10]

2. Behördliche Erklärung

Gegenstand der Urkunde kann nach dem Wortlaut der Vorschrift eine Anordnung, 80
Verfügung oder Entscheidung der Behörde sein. Diese Aufzählung ist nicht im tech-

---

1 RGZ 86, 385, 390.
2 BGH NJW 1994, 2768 (anders bei Zufügungen am Schluss der Urkunde vor den Unterschriften).
3 BayObLGZ 1973, 213, 216 (keine Beschränkung auf diejenigen Teile, die nach materiellem Recht beurkundungsbedürftig sind).
4 So aber MünchKommZPO/*Schreiber*[4] § 415 Rz. 23.
5 Stein/Jonas/*Leipold*[22] § 415 Rz. 14.
6 BGH NJW 1962, 1149, 1151 f.
7 Hahn/Stegemann, Mat., Band II/1, 1881, S. 323.
8 *Bruns* Zivilprozeßrecht, 2. Aufl., Rz. 194b; MünchKommZPO/*Schreiber*[4] § 417 Rz. 4.
9 Bei Zivilurteilen ist demzufolge die Einhaltung der in §§ 313 ff., 315 aufgestellten Anforderungen zu beachten; die Folgen eines Formverstoßes sind dort eigenständig zu beurteilen.
10 MünchKommZPO/*Schreiber*[4] § 417 Rz. 3.

nischen Sinne zu verstehen. Jede **eigene, nach außen gerichtete Erklärung** einer Behörde, die innerhalb der Grenzen ihres Amtsbereichs abgegeben wird, wird von § 417 erfasst.[1]

81 **Rein intern bleibende Schriftstücke** der Behörde (z.B. Arbeitsplatzbeschreibungen, zweifelhaft für die als Beispiel ebenfalls genannten Zeugnisse und Beurteilungen, sofern diese sich nicht auf künftige behördeninterne Willensbildungen beschränken) sind demzufolge keine Urkunde i.S. des § 417. Bei innerbehördlichen Angelegenheiten liegt schon gar keine öffentliche Urkunde vor (Rz. 60).

82 Das der Urkunde zugrunde liegende Rechtsverhältnis kann privatrechtlicher Natur sein;[2] insoweit entspricht der Begriff der öffentlichen Urkunde dem des § 415 (dazu Rz. 38). **Unerheblich** ist, ob die Erklärung der Behörde ausschließlich schriftlich erfolgt oder ob die Urkunde eine **ursprünglich mündlich** abgegebene Erklärung wiederholt.[3] Die schriftliche Fixierung der mündlichen Erklärung verändert nicht die Authentizität und löst gegebenenfalls zusätzliche Wirkungen aus (z.B. einen Fristenlauf).

83 Eine **gerichtliche Entscheidung** ist nur hinsichtlich ihres Inhalts öffentliche Urkunde. Wird sie auf eine in ihren tragenden Gründen **wiedergegebene privatschriftliche Urkunde** gestützt, wird dadurch aus der in Bezug genommenen Privaturkunde keine öffentliche Urkunde; dies gilt auch dann, wenn durch einstweilige Verfügung entschieden und die Privaturkunde dem Beschluss zur abgekürzten Begründung beigefügt wird.[4]

84 Der Wortlaut des § 417 spricht von *behördlichen* Urkunden. Nimmt man dies vor dem Hintergrund des § 415 Abs. 1 wörtlich, sind **Eigenerklärungen** einer **öffentlichen Urkundsperson mit Entscheidungscharakter**, etwa die notarielle Erteilung einer vollstreckbaren Ausfertigung (§ 797 Abs. 2), ausgegrenzt. Das steht mit dem System der Beweisregeln nicht in Einklang. § 417 muss wegen der gleichartigen Augenscheinsqualität auf Eigenurkunden einer öffentlichen Urkundsperson angewandt werden.[5] Der Begriff Behörde schließt **Gerichte** ein. Daher bezieht sich § 417 auch auf gerichtliche Entscheidungen (Urteile, Beschlüsse, Strafbefehle, Erbscheine etc.). Eine im Entwurf des JuMoG von 2004 als § 415a vorgesehene Regelung zur Beweiskraft rechtskräftiger Strafurteile im Zivilprozess (dazu Kap. 18 Rz. 22 ff.) ist nicht realisiert worden.

85 Als **Beispiele** öffentlicher Urkunden **mit behördlicher Erklärung** sind zu nennen: Erbschein und Hoffolgezeugnis (ein auf die Hoffolge beschränkter Erbschein),[6] Negativattest des Finanzamtes auf der Grundlage des Lastenausgleichsgesetzes zum Nachweis der Nichtvalutierung einer Hypothek,[7] Erbausschlagung durch das Jugendamt als Amtsvormund,[8] Festsetzung einer Vergütung für den Nachlasspfleger,[9] Bestallungsurkunde für gerichtlich zur Aufgabenwahrnehmung bestellte Person (z.B. Betreuer, § 290 FamFG, ex § 69b Abs. 2 S. 1 FGG; Insolvenzverwalter, § 56 Abs. 2 S. 1 InsO), Bietvollmacht einer öffentlichen Sparkasse zur Vertretung im Zwangsverstei-

---

1 BGH NJW-RR 2011, 1024 Rz. 19.
2 BGH NJW-RR 2011, 1024 Rz. 20.
3 MünchKommZPO/*Schreiber*[4] § 417 Rz. 5.
4 OLG Brandenburg OLGR 2003, 160, 162.
5 Ebenso MünchKommZPO/*Schreiber*[4] § 417 Rz. 4.
6 BGH NJW 1964, 558 (zur mittelbaren Falschbeurkundung).
7 OLG Neustadt NJW 1964, 2162, 2163 (mit sehr begrenzter Wirkung).
8 LG Kiel Rpfleger 1990, 420; LG Berlin Rpfleger 1994, 167.
9 OLG Koblenz Rpfleger 1985, 442, 443 (zu § 348 StGB).

Öffentliche Urkunden   Rz. 89 **Kapitel 25**

gerungsverfahren.¹ Bedeutsam sind die Einordnungen regelmäßig im Hinblick auf **Rechtsfolgen außerhalb** der **Beweiskraftwirkung**, etwa den formgerechten Nachweis einer Erklärung (Verzicht auf zusätzliche öffentliche Beglaubigung) oder die Anwendung von Strafvorschriften.

VI. Zeugnisurkunden, § 418

1. Urkundeninhalt, Abgrenzung zu §§ 415, 417

§ 418 erfasst die sog. „Zeugnisurkunden", also öffentliche Urkunden über **Wahrnehmungen** oder **Handlungen** (s. auch Kap. 25 Rz. 8). Der Begriff der öffentlichen Urkunde entspricht dem des § 415 (Kap. 25 Rz. 38). Es kommen daher sowohl Behörden als auch Urkundspersonen als Aussteller in Betracht. Die Behörde oder Urkundsperson berichtet über selbst wahrgenommene Vorgänge. Die Urkunde muss frei von äußeren Mängeln (§ 419), echt (§ 437) und formgerecht (Rz. 62) sein, um volle Beweiskraft zu entfalten. 86

Die **Abgrenzung** zu § 415 und § 417 ergibt sich **aus dem Inhalt der Urkunde**: § 415 erfasst die öffentlichen Urkunden über fremde Erklärungen; eigene Erklärungen der Behörde (Anordnungen, Verfügungen, Entscheidungen) werden in Urkunden nach § 417 niedergelegt. Die Urkunde nach § 418 bezeugt Wahrnehmungen anderer Art oder eigene Handlungen. § 418 ist ein **gefährliches** und – je nach Anforderungen an den Gegenbeweis – auch bedenkliches **Rechtsinstrument**, weil ein Amtsträger damit seiner Behörde ein Beweismittel ausstellt, das – weitergehend als § 417 – die **inhaltliche Richtigkeit** seiner bezeugten Amtshandlung beweist und daher Gegenstand eines Interessenkonflikts sein kann. Schon deshalb ist große Sorgfalt bei der Zuordnung des Urkundeninhalts zu § 417 oder § 418 anzuwenden. Wegen der Wirkungen des § 418 darf der Behördenbegriff des § 415 Abs. 1, der für §§ 415, 417 und 418 einheitlich gilt, nicht zu großzügig ausgeweitet werden. 87

Ein und **dieselbe Urkunde** kann in ihren **unterschiedlichen Bestandteilen** sowohl nach § 418 als auch nach § 415 oder § 417 beurteilt werden.² Dies gilt insbesondere für gerichtliche Verhandlungsprotokolle (unten Rz. 92). Ein notarielles Testament enthält sowohl die letztwillige Verfügung des Testators als auch eigene Feststellungen des Notars i.S.d. § 418, etwa zur Person des Testators, zu seiner Testierfähigkeit oder zu seiner mangelnden Sprechfähigkeit.³ In Betracht kommt auch eine **Kombination** von **öffentlicher und privater Urkunde**, etwa bei der Erteilung einer privaten Kundenquittung auf einer öffentlichen Urkunde, die einen Leistungsempfang bezeugt.⁴ 88

Wie sich aus § 418 Abs. 3 ergibt, setzt § 418 Abs. 1 **eigene Wahrnehmungen der Behörde** bzw. Urkundsperson voraus.⁵ Erforderlich ist aber nicht, dass die Wahrnehmung von dem Amtsträger gemacht wird, der die Urkunde später ausstellt; Personenidentität ist nicht gefordert. Lediglich ein Amtsträger innerhalb der Behörde muss die zu bezeugende Tatsache wahrgenommen haben.⁶ Die amtliche Erklärung darf **nicht** 89

---

1 BGH NJW-RR 2011, 1024 Rz. 17, 20.
2 Musielak/*Huber*¹⁰ § 418 Rz. 1; s. auch Zöller/*Geimer*³⁰ § 418 Rz. 2.
3 RGZ 108, 397, 402 (bis 1.8.2002 in § 2233 Abs. 3 BGB – zuvor § 2243 – enthalten).
4 Vgl. OVG Hamburg NJW 1993, 277, 279 (zum Auszahlungsvorgang bei der Postbank im öffentlich-rechtlichen Sparverhältnis).
5 BGH NJW 1963, 1010, 1012.
6 AG Bergisch Gladbach Rpfleger 1989, 336.

nur für den **internen Dienstbetrieb** bestimmt sein;[1] insofern gilt nichts anderes als bei § 417 (Rz. 81).

90 Soweit die Wahrnehmungswiedergabe auf einer **subjektiven Bewertung durch** die **Urkundsperson** (den Notar) beruht, etwa bei Feststellung der Testierfähigkeit oder der Geschäftsfähigkeit (dazu Kap. 26 Rz. 32), sind nur die dieser Bewertung zugrunde liegenden Tatsachen Gegenstand der formellen Beweiskraft. Das für die Anwendung des materiellen Rechts maßgebliche Bewertungsergebnis, also z.B. die Testierfähigkeit[2] oder die Geschäftsfähigkeit, ist nach § 286 im Wege freier Beweiswürdigung festzustellen; es kann mit Hilfe gegenläufiger Tatsachen, etwa zeitgleich erhobenen ärztlichen Befunden, in Zweifel gezogen werden.

91 § 418 gilt über § 30 FamFG auch in Verfahren der **freiwilligen Gerichtsbarkeit**.[3]

2. Zeugnisurkunden und deren Beweiskraft

a) Gerichtliches Verhandlungsprotokoll, Urteilstatbestand, Hinweisdokumentation

aa) Verhandlungsprotokoll

92 Ein gerichtliches Verhandlungsprotokoll (§ 160) ist hinsichtlich der Aufnahme von Partei-, Zeugen- und Sachverständigenerklärungen (z.B.: Anträge, § 160 Abs. 3 Nr. 2;[4] Aussagen, § 160 Abs. 3 Nr. 4;[5] Verkündung, § 160 Abs. 3 Nr. 7;[6] Rechtsmittelverzicht, § 160 Abs. 3 Nr. 9;[7] Genehmigung von Feststellungen i.S.d. § 162 Abs. 1) eine **Urkunde i.S.d. § 415 Abs. 1**, jedoch hinsichtlich richterlicher Wahrnehmungen (z.B.: Augenscheinsergebnis, § 160 Abs. 3 Nr. 5) und Handlungen (z.B.: Belehrung von Zeugen etc.; Verlesen gem. § 162 Abs. 1) **Zeugnisurkunde i.S.d. § 418 Abs. 1**.[8] Hinsichtlich der Entscheidungen des Gerichts (§ 160 Abs. 3 Nr. 6) kann das Protokoll **Urkunde i.S.d. § 417** sein,[9] wenn der Inhalt textlich oder als Protokollanlage (§ 160 Abs. 5) wiedergegeben ist (zum Protokoll auch Kap. 26 Rz. 30) und es beispielsweise nicht bloß heißt, ein Beweisbeschluss sei seinem wesentlichen Inhalt nach verkündet worden (dann: § 418 Abs. 1).

93 Das Protokoll kann über den durch §§ 160, 162 vorgeschriebenen Inhalt hinausgehen und **Wahrnehmungen des Richters** bezeugen wie z.B. den Nachweis einer Vollmacht des Prozessvertreters einer Partei. Insoweit ist das Protokoll Urkunde i.S.d. § 418 Abs. 1.[10] Sie war im Fall RGZ 129, 37 unrichtig, weil der Richter die im Ausland ausgestellte Vollmacht nicht ausreichend geprüft hatte. Die Beurkundung gehört in derartigen Fällen nicht zu den vorgeschriebenen Förmlichkeiten i.S.d. § 165, die nur durch den Nachweis der Fälschung widerlegt werden können.

---

1 RGZ 105, 255, 258.
2 Vgl. BayObLG DNotZ 1975, 555; Musielak/*Huber*[10] § 418 Rz. 3; Zöller/*Geimer*[30] § 418 Rz. 3.
3 Noch zum FGG: BayObLG NZM 2000, 245, 246; BayObLG FamRZ 1994, 530, 531 (zu § 415).
4 RGZ 146, 133, 143 f.; BVerwG NJW 2012, 1612 (LS).
5 BGH FamRZ 1994, 300, 302; a.A. RGZ 149, 312, 316 (falsch stattdessen: § 418). Zum ersetzenden Berichterstattervermerk *Doms* MDR 2001, 73, 74.
6 BGH NJW-RR 2008, 804 Rz. 13; BGH NJW 2011, 1741 Rz. 10 u. 17.
7 BGH FamRZ 1994, 300, 301.
8 Zur Unterscheidung RGZ 129, 37, 43.
9 Unrichtig auf einen Beschluss zur Ablehnung von Beweisanträgen § 415 Abs. 1 anwendend BVerwG NJW 1989, 1233.
10 RGZ 129, 37, 40 f.

Öffentliche Urkunden   Rz. 99 **Kapitel 25**

Das Protokoll hat auch eine **negative Beweiskraft**.[1] Fehlt ein Hinweis darauf, dass die 94
Parteien zum Beweisergebnis verhandelt haben, steht damit ein Verstoß gegen §§ 285
Abs. 1, 279 Abs. 3 fest, der in der Regel das rechtliche Gehör verletzt.[2]

Abzulehnen ist die Ansicht, ein **nachträglich hergestelltes Protokoll** sei unabhängig 95
von den tatbestandlichen Voraussetzungen des § 160a mit der formellen Beweiskraft
des § 165 ausgestattet.[3] Auch bei Befolgung der Gegenansicht muss das Protokoll zumindest innerhalb einer Frist von fünf Monaten ab Verkündung vorliegen, wie der
Wertung des § 517 zu entnehmen ist.[4]

Für die **Unrichtigkeit** des gerichtlichen Protokolls, das nach § 164 berichtigt werden 96
kann,[5] gilt die Sonderregel des **§ 165 S. 2**; in Bezug auf die **Förmlichkeiten** ist der
Nachweis der Fälschung, also der wissentlichen Falschbeurkundung[6] erforderlich.
Von der Protokollberichtigung ist der Antrag auf Protokollaufnahme gem. § 160
Abs. 4 zu unterscheiden; er kann nur bis zum Schluss der mündlichen Verhandlung
gestellt werden, über die das Protokoll errichtet wurde.[7]

Die **gesteigerte Beweiskraft des Protokolls** gilt nur für das Verfahren, in dem es auf- 97
genommen wurde und nur für das übergeordnete Gericht, das die Gesetzmäßigkeit
des Verfahrens nachzuprüfen hat,[8] nicht aber für andere Rechtsstreitigkeiten,[9] etwa
einen nachfolgenden Amtshaftungsprozess.[10] Soweit die Sonderregel nicht einschlägig ist, aber die §§ 415, 417 oder 418 anwendbar sind, kann die **Unrichtigkeit** nach
§ 415 Abs. 2 bzw. § 418 Abs. 2 (in Analogie dazu auch bei § 417, s. Kap. 26 Rz. 30) bewiesen werden, und zwar ohne dass zuvor das Protokoll gem. § 164 berichtigt werden
müsste.[11]

Zu den Förmlichkeiten nach § 160 Abs. 3 Nr. 2 gehört nicht nur die Tatsache der An- 98
tragstellung sondern auch der **Inhalt des Antrags**.[12] Der Inhalt einer **Partei- oder Zeugenaussage** nimmt **nicht** an der erhöhten Beweiskraft des § 165 teil.[13] Der Beweis der
Verkündung eines Urteils (§ 160 Abs. 3 Nr. 7) auf der Grundlage einer schriftlich
abgefassten Urteilsformel, die für den Lauf der Berufungsfrist nach § 517 2. Alt. bestimmend ist, ist durch das Protokoll auch dann geführt, wenn unstreitig ist, dass das
Urteil im Zeitpunkt der Verkündung nicht vollständig abgefasst vorlag und ein vollständiges Urteil dem Protokoll erst nachträglich als Anlage beigeheftet worden ist
(kein Nachweis gem. § 165 S. 2).[14]

Die Beweiskraft des Protokolls kann bei **offensichtlichen Mängeln**, die sich aus dem 99
Protokoll selbst ergeben, entfallen. Diese zu der mit § 165 übereinstimmenden Vor-

---

1 Zu § 274 StPO: BGH NStZ 1999, 426.
2 BGH VersR 2012, 1190 Rz. 5.
3 BGH NJW 1985, 1782, 1783; offengelassen von BGH NJW 2011, 1741 Rz. 18 f.
4 BGH NJW 2011, 1741 Rz. 21.
5 Dazu OLG Düsseldorf VersR 2002, 254; OLG Schleswig MDR 2011, 751, 752.
6 BGH NJW 1985, 1782, 1783; BGH FamRZ 1994, 300, 301; BGH NJW-RR 2008, 804 Rz. 15;
  BAG NJW 2008, 1021 Rz. 5; zu § 274 S. 2 StPO: OLG Düsseldorf NJW 1997, 1718.
7 OLG Schleswig MDR 2011, 751, 752.
8 BAG NJW 2008, 1021 Rz. 5 (Öffentlichkeit der Verhandlung).
9 Eingehend dazu Stein/Jonas/*Roth*[22] § 165 Rz. 12.
10 BGH NJW 1963, 1060, 1062.
11 Stein/Jonas/*Roth*[22] § 165 Rz. 12 (zu § 415 und § 418).
12 RGZ 146, 133, 143/144.
13 BGH FamRZ 1994, 300, 302; BGH NJW 1982, 1052, 1053; Stein/Jonas/*Roth*[22] § 165 Rz. 18.
14 BGH VersR 1995, 1076. Gegen eine Überspannung der Anforderungen BGH NJW-RR 2008,
   804 Rz. 15.

581

schrift des § 274 StPO richterrechtlich entwickelte Regel[1] ist auf den Zivilprozess zu übertragen. Der tatsächliche Verfahrensablauf ist dann im Wege des **Freibeweises** zu klären.[2]

bb) Urteilstatbestand

100 Der Tatbestand des Urteils liefert Beweis für das **tatsächliche Vorbringen** der Parteien **aufgrund mündlicher Verhandlung** (§ 314 S. 1); daran ist das Rechtsmittelgericht gebunden.[3] Die Beweiswirkung erstreckt sich nicht auf rechtliche Bewertungen, z.B. die wettbewerbliche Eigenart einer gewerblichen Leistung i.S.d. § 4 Nr. 9 UWG.[4] Wie das Protokoll hat der Tatbestand auch **negative Beweiskraft**, allerdings mit der Maßgabe, dass zum Parteivortrag auch gehört, was nach § 313 Abs. 2 S. 2 in Bezug genommen wird.[5]

101 Die **Bindung entfällt**, wenn die Feststellungen Widersprüche oder Unklarheiten aufweisen, was von Amts wegen zu berücksichtigen ist.[6] Im Übrigen gilt die **Sonderregel des § 314 S. 2**. Eine etwaige Unrichtigkeit kann also nur im Berichtigungsverfahren nach § 320 behoben werden.[7] **Entkräftet** wird der durch den Tatbestand erbrachte Beweis nur, wenn ihm die Feststellungen des **Protokolls** ausdrücklich oder doch **unzweideutig widersprechen**; das Schweigen des Protokolls reicht dafür nicht.[8]

102 Der **Inhalt der Schriftsätze widerlegt** die Beweiskraft **nicht**.[9] Eine Verfahrensrüge nach § 551 Abs. 3 S. 1 Nr. 2 kommt zur Richtigstellung eines etwaigen Mangels grundsätzlich nicht in Betracht.[10]

103 **Bedeutung** hat die Sonderregel – wie § 165 S. 2 – **nur für das Verfahren**, in dem die **Beurkundung** stattgefunden hat. Sie gilt nicht, wenn das Gericht gem. § 161 Abs. 1 Nr. 1 darauf verzichtet hat, Aussagen in das Protokoll aufzunehmen, dann aber pflichtgemäß[11] den Aussageninhalt im Tatbestand oder – gleichgestellt – in den Entscheidungsgründen wiedergegeben hat.[12] Die Wiedergabe der Aussage im Urteil statt im Protokoll ist mit der Beweiskraft einer öffentlichen Urkunde ausgestattet, allerdings nicht nach § 418[13] sondern nach § 415. Die **Beweiswirkung** erstreckt sich auch darauf, ob eine bestimmte Behauptung **bestritten** wurde.[14] Sie setzt aber voraus, dass eine mündliche Verhandlung stattgefunden hat; für Entscheidungen im schriftlichen Verfahren gilt sie nur für früheres mündliches Parteivorbringen.[15]

---

1 BGH NJW 2001, 3794, 3796; BGH NStZ 2000, 49. Zur Protokollberichtigung im Strafprozess BGH (GS) NJW 2007, 2419 mit Billigung durch BVerfG NJW 2009, 1469 Rz. 86; dazu *Schumann* JZ 2007, 927; zur Geltung im Zivilprozess *Foerster/Sonnabend* NJW 2010, 978.
2 BGH NJW 2001, 3794, 3796; BGH NStZ 2000, 49.
3 BGH WRP 2011, 1444 Rz. 11 = NJW-RR 2011, 1408 – Ford-Vertragspartner; BGH NJW 2013, 2361 Rz. 11; BGH NJW 2013, 3572 Rz. 17.
4 BGH WRP 2013, 1188 Rz. 17 – Regalsystem.
5 BGHZ 158, 269, 281 = NJW 2004, 1876, 1879.
6 BGH WRP 2011, 1444 Rz. 11.
7 BGH NJW 2001, 448, 449; BGH NJW-RR 2007, 1434 Rz. 11; BGH ZIP 2009, 70 Rz. 16; BGH NJW 2013, 2901 Rz. 20.
8 BGH NJW-RR 2013, 1334 Rz. 8.
9 BGH NJW 2013, 2901 Rz. 20.
10 BGHZ 179, 71 Rz. 16 = NJW 2009, 850; BGHZ 194, 26 Rz. 35 = NJW 2012, 3439; BGH NJW 2013, 2901 Rz. 20.
11 RGZ 149, 312, 315.
12 RGZ 149, 312, 316.
13 So aber RGZ 149, 312, 316.
14 BGHZ 140, 335, 339; BGH NJW 2000, 3007; BGH NJW-RR 2007, 1434 Rz. 11; BGH NJW-RR 2008, 1566 Rz. 15.
15 BGH NJW-RR 2008, 1566 Rz. 16.

Öffentliche Urkunden | Rz. 108 **Kapitel 25**

Die **Erteilung rechtlicher Hinweise** kann nach § 139 Abs. 4 S. 2 nur durch den Inhalt der Akten bewiesen werden. Eine Beweisaufnahme durch Vernehmung des Richters ist unzulässig.[1] Gegen den Akteninhalt ist nur der Nachweis der Fälschung möglich (§ 139 Abs. 4 S. 3). | 104

b) Eingangsstempel, Faxeingangsvermerk

Gerichtliche oder behördliche Eingangsstempel erbringen den formellen Beweis für **Zeit und Ort des Eingangs** eines Schreibens bzw. Schriftsatzes.[2] Werden für das Gericht bestimmte Schriftstücke in das Gerichtspostfach eingelegt, kommt es auf diesen Zeitpunkt an, nicht auf die spätere Ablieferung bei der Wachtmeisterei durch einen externen Bring-Service.[3] Die VwGO verweist in § 98 auf den Urkundenbeweis der ZPO einschließlich seiner formellen Beweisregeln,[4] die FGO in § 82 hingegen nicht,[5] so dass in der FGO im Rahmen freier Beweiswürdigung auf den Erfahrungssatz zurückgegriffen wird, dass dem Stempel als öffentlicher Urkunde ein hoher Beweiswert für Zeit und Ort des Eingangs zukommt.[6] Zur Widerlegung Kap. 26 Rz. 39 ff. Wird der Stempelaufdruck handschriftlich geändert, kann § 419 anwendbar sein.[7] | 105

Eine **Zustellung** nach § 174, also **gegen Empfangsbekenntnis**, setzt neben dem Anbringen des Eingangsstempels durch die Briefannahmestelle einer Behörde oder durch die Kanzleikraft eines Anwaltsbüros die willentliche Mitwirkung des Zustellungsadressaten voraus, bei öffentlichen Stellen also einer nach deren Dienstvorschriften **befugten Person**,[8] bei Anwaltskanzleien eines **Rechtsanwalts**.[9] Für die Ermittlung der Zustellung eines Urteils ist nicht der Eingangsstempel maßgebend, sondern das Datum der Unterzeichnung des anwaltlichen Empfangsbekenntnisses.[10] | 106

Das BPatG hat den **Faxvermerk** durch den Faxserver des Deutschen Patent- und Markenamts, der funktional einem behördlichen Eingangsstempel entspricht, als öffentliche Urkunde i.S.d. § 418 Abs. 1 angesehen und daher einen Gegenteilsbeweis des Absenders über einen früheren Zugang einer Patentanmeldung verlangt.[11] Diese Qualifizierung ist unzutreffend. Eine **elektronische Aufzeichnung** kann allenfalls ein Augenscheinsdokument sein. Die Verweisung des § 371a Abs. 2 auf § 418 ist gleichwohl nicht einschlägig, weil dafür eine **verkörperte Gedankenerklärung erforderlich** ist, an der es bei einem automatischen technischen Aufzeichnungsvorgang fehlt. | 107

c) Empfangsbekenntnis

Durch Empfangsbekenntnisse (§§ 174, 195 Abs. 2 ZPO, § 5 VwZG) werden der **Zeitpunkt des Eingangs** und die **Entgegennahme** des darin bezeichneten Schriftstücks als | 108

---

1 BGH NJW-RR 2011, 1556 Rz. 5; OLG Frankfurt NJW-RR 2004, 428, 429.
2 BGH NJW-RR 2014, 179 Rz. 10; BGH NJW-RR 2012, 701 Rz. 7; BGH NJW-RR 2010, 217 Rz. 6; BGH NJW 2007, 3069 Rz. 12; BGH NJW 2005, 3501; BGH NJW 2000, 1872, 1873 = VersR 2000, 868; BGH VersR 1998, 1439; BGH MDR 1998, 571; BGH VersR 1995, 1467, 1468; BGH VersR 1988, 1140; BGH NJW 1987, 2679, 2680; BGH MDR 1983, 749.
3 OLG Celle NJW 2013, 1971.
4 BGH VersR 1995, 1467, 1468; BVerwG NJW 1994, 535, 536; BVerwG NJW 1969, 1730, 1731; OVG Weimar NVwZ-RR 1995, 233, 234.
5 BFH NJW 1996, 679.
6 BFH NJW 1996, 679.
7 BVerfG NJW 1993, 254, 255.
8 Stein/Jonas/*Roth*[22] § 174 Rz. 6.
9 Stein/Jonas/*Roth*[22] § 174 Rz. 12, 16.
10 BGH NJW 2010, 3305 Rz. 11.
11 BPatG NJW 2011, 2522, 2523.

zugestellt bewiesen.¹ Die Unterzeichnung ist seit 2001 nicht konstitutiver Bestandteil der Zustellung, sondern dient nur deren Nachweis; gleichwohl ist erst der Zeitpunkt der anwaltlichen Unterzeichnung maßgeblich für einen Fristenlauf.²

109 Das Empfangsbekenntnis eines **Rechtsanwaltes** – nicht: einer Büroangestellten[3] – ist in der Rechtsprechung ohne nähere Begründung **häufig als öffentliche Urkunde** i.S.d. § 418[4] **bezeichnet** worden. Das steht in Widerspruch zu der Legaldefinition des § 415 Abs. 1; der **Rechtsanwalt** ist **nicht Urkundsperson**. Eine Beleihung findet weder durch § 174 ZPO noch durch die Qualifizierung als Organ der Rechtspflege statt. Sein Empfangsbekenntnis ist also **Privaturkunde**.[5] Allerdings wird durch das Empfangsbekenntnis voller Beweis bezüglich des Zustellungszeitpunkts[6] und der willentlichen Entgegennahme[7] erbracht, so dass es faktisch wie eine öffentliche Urkunde nach § 418 behandelt wird.[8] Der mit Wirkung zum 1.8.2002 geschaffene[9] § 174 Abs. 4 S. 1 stellt das Empfangsbekenntnis in seiner Beweiswirkung einer öffentlichen Zustellungsurkunde gleich, für die nach § 182 Abs. 1 S. 2 der § 418 gilt.[10] Zur Widerlegung Kap. 26 Rz. 34 ff.

110 Enthält das Empfangsbekenntnis einen Eingangsstempel, der einen anderen Eingangsstempel mit früherem Datum überdeckt, so stellt dies einen **äußeren Mangel** i.S.d. § 419 dar, der den Beweis des früheren Datums hinfällig macht.[11] Fehlt eine Datumsangabe in dem Empfangsbekenntnis, wird die Zustellung dadurch nicht unwirksam.[12]

111 Das Empfangsbekenntnis muss **nicht** unter Verwendung des **üblichen Vordrucks** erteilt werden; Empfang und Annahmewille können vielmehr auf beliebige Weise schriftlich bestätigt werden, etwa durch eine Zustellungsangabe in der Berufungsschrift.[13]

d) Zustellungsurkunden

112 Zustellungsurkunden bezeugen einen **Vorgang**;[14] unter die Rechtsfolge des § 418 Abs. 1 (so seit 1.7.2002 kraft einer ausdrücklichen Verweisung § 182 Abs. 1 S. 2) fallen Zustellungsart, Zustellungszeitpunkt, Zustellungsort, die Verschlossenheit der Sendung[15] und die auf dem Umschlag des zuzustellenden Schriftstücks angegebene Bezeichnung. Notwendig ist eine **volle** (nicht notwendig lesbare) **Unterschrift** (dazu

---
1 BGH VersR 1985, 142, 143; BGH VersR 1994, 371; BGH VersR 2013, 1197 Rz. 6; BVerwG NJW 1994, 535; BSG NJW 1966, 1382.
2 BFH NJW-RR 2007, 1001.
3 BGH NJW 2010, 317 Rz. 9.
4 BGH NJW-RR 2012, 509 Rz. 5; BGH VersR 2001, 733; BGH VersR 1987, 1116, 1117 = NJW-RR 1987, 1151 = MDR 1987, 821; BGH NJW 1987, 1335; BGH VersR 1985, 142, 143; BVerwG NJW 1994, 535, 536; BSG NJW-RR 2002, 1652; BSG NJW 1966, 1382; OVG Münster NJW 2010, 3385. Korrekt hingegen BGH VersR 2009, 850 Rz. 8.
5 BGH NJW 2012, 2117 Rz. 6 = VersR 2013, 1197; BGH FamRZ 1995, 799; VersR 1994, 371; VersR 1990, 1026, 1027; OLG Köln VersR 1997, 469; LG Mannheim Rpfleger 1989, 72.
6 BGH VersR 1994, 371; BGH NJW 2006, 1206 Rz. 8; BGH NJW 2012, 2117 Rz. 6. S. ferner BGH NJW 1987, 325.
7 Zum Erfordernis der Empfangsbereitschaft OLG Hamm NJW 2010, 3380, 3381.
8 Stein/Jonas/*Roth*²² § 174 Rz. 23 (zugleich dahingestellt sein lassend, ob § 416 oder § 418 einschlägig ist).
9 OLGVertrÄndG, BGBl. I 2002, 2850.
10 BGH VersR 2009, 850 Rz. 8.
11 BGH NJW-RR 1987, 1151 = VersR 1987, 1116, 1117.
12 BGH (Notarsenat) NJW 2005, 3216, 3217.
13 BGH NJW 1987, 2679, 2680. S. ferner BVerwG NJW 2007, 3223 Rz. 5.
14 OLG Düsseldorf OLGZ 1991, 229, 230.
15 OVG Münster NJW 1991, 3167, 3168.

Rz. 132 ff.) des Zustellers.¹ Eine ordnungsgemäße Unterschrift, die nur dem Nachweis dient, kann **nachgeholt** werden; die Urkunde ist dann – wegen § 419 ohne Bindung an § 418 – nach freier Überzeugung zu würdigen.² Von der Zustellungsurkunde nicht beurkundet wird die Übereinstimmung zwischen der auf dem Umschlag angegebenen Bezeichnung und dem im Umschlag enthaltenen Schriftstück;³ diese **Übereinstimmung** kann **nur durch** den **Erledigungsvermerk** des Urkundsbeamten der Geschäftsstelle bzw. eines behördlichen Sachbearbeiters als einer weiteren bezeugenden öffentlichen Urkunde bewiesen werden.

Im Fall einer **Ersatzzustellung durch Niederlegung** (§ 181) ergibt sich aus der Zustellungsurkunde der volle Beweis, dass der Postzusteller den Empfänger nicht angetroffen hat und einen **Benachrichtigungsschein** im Hausbriefkasten zurückgelassen hat⁴ oder ihn mangels Briefkastens oder gleichgestellter Empfangsanlage⁵ an der Tür befestigt hat (§ 181 Abs. 1 S. 2 2. Alt.). Daraus ergibt sich zugleich, sofern nicht ungewöhnliche Umstände vorliegen, dass der Empfänger die Mitteilung erhalten hat und von ihr Kenntnis nehmen konnte.⁶

Widerlegt ist der **Empfang der Benachrichtigung**, wenn der Zusteller die Mitteilung nur seitlich in einen Türspalt geschoben hat.⁷ Der Zusteller muss in der Urkunde nicht angeben, in welche Empfangseinrichtung er das Schriftstück eingelegt hat;⁸ auch braucht er eine dem Briefkasten ähnliche Einrichtung nicht näher zu bezeichnen.⁹ Anders als bei einem Empfangsbekenntnis ist bei einer beurkundeten Zustellung durch einen Zusteller eine **Empfangsbereitschaft nicht erforderlich**;¹⁰ die Zustellung wird auch gegen den Willen des Zustellungsadressaten bewirkt.

Ob der **Empfänger** seine **Wohnung tatsächlich** – unabhängig von § 7 BGB, polizeilicher Meldung oder Lagerung des Hausrats – unter der angegebenen Adresse hat, also dort in der Regel isst und schläft (Wohnungsbegriff i.S.d. § 178 ZPO)¹¹ wird demgegenüber **nicht bewiesen**.¹² Inhalt und Tragweite des Anspruchs auf **rechtliches Gehör** lassen eine Erstreckung auf diese Tatsache nicht zu.¹³ Die Angabe in der Zustellungsurkunde kann aber ein **Indiz** dafür sein, dass der Empfänger unter der Zustellanschrift wohnt.¹⁴

---

1 BGH NJW-RR 2008, 218 Rz. 23 f.; OLG Düsseldorf NStZ-RR 2000, 371 (Zustellung in JVA).
2 BGH NJW-RR 2008, 218 Rz. 26.
3 Hess. FG BB 1987, 2362, 2363 m. Anm. *Sangmeister*.
4 BVerfG (Kammer) NJW-RR 2002, 1008; NJW-RR 1992, 1084, 1085; BGH NJW 2006, 150, 151; OLG Düsseldorf NJW 2000, 2831, 2832; OLG Köln VersR 1993, 859 (LS) = FamRZ 1992, 1082; BayObLG FamRZ 1990, 428, 429. Zu den Anforderungen an den Zustellungsvermerk nach § 183 Abs. 2 Nr. 4 bei Niederlegung AG Neuruppin NJW 2003, 2249, 2250.
5 Zum Gemeinschaftsbriefkasten BGH NJW 2001, 832.
6 BGH VersR 1986, 787.
7 BFH BB 1981, 230.
8 BGH NJW 2006, 150, 152.
9 BGH NJW 2006, 150, 152.
10 OLG Hamm NJW 2010, 3380, 3381.
11 BVerfG (Kammer) NJW 1992, 224, 225; BGH NJW-RR 1994, 564; NJW 1985, 2197 = MDR 1985, 216 (längere Abwesenheit zur Alkoholismusbehandlung); NJW 1978, 1858. Zum „relativen" Lebensmittelpunkt OLG Köln MDR 1983, 139, 140.
12 BVerfG (Kammer) NJW 1992, 224, 225; NJW-RR 1992, 1084, 1085; BerlVerfGH NStZ-RR 2001, 337, 338; BGH BGHR 2001, 481; WM 1994, 225, 226 = NJW-RR 1994, 564; NJW 1992, 1239, 1240; NJW 1992, 1963 = MDR 1992, 809; OLG Hamm NJW-RR 1995, 223, 224. Überholt ist damit gegenteilige frühere Rechtsprechung, z.B. OLG Köln MDR 1983, 139.
13 BVerfG NJW 1992, 224, 225; OLG Nürnberg NJW-RR 1998, 495, 496; *Graßhof* Festschrift Merz, 1992, S. 133, 139.
14 BVerfG NJW 1992, 224, 225; NJW-RR 1992, 1084, 1085; BerlVerfGH NStZ-RR 2001, 337, 338; BGH BGHR. 2001, 481; NJW 1992, 1963; OLG Köln MDR 1996, 850, 851; *Graßhof* Festschrift Merz, S. 133, 143.

116 Das **Indiz** ist wegen der sehr begrenzten Wahrnehmungsmöglichkeiten des Zustellers (vgl. § 418 Abs. 3) für sich genommen **nur schwach**. Stärker wirkt es, wenn die Wohnungsangabe in der Zustellungsurkunde mit der in den Akten vom Zustellungsadressaten selbst angegebenen oder bestätigten Anschrift übereinstimmt.[1] Unabhängig davon muss der Zustellungsadressat zur Entkräftung der indiziellen Wirkung plausibel darlegen, dass er die ursprüngliche Wohnung aufgegeben und seinen Lebensmittelpunkt an einem anderen Ort begründet hat.[2] Nur diese Handhabung wird dem **Justizgewährungsanspruch** gerecht, dessen Effektivität nicht durch vorgeschobene Blockadebehauptungen und -handlungen des Zustellungsadressaten erschwert werden darf.[3] In keinem Fall handelt es sich um ein Beweisergebnis nach § 418 Abs. 1, das der Zustellungsadressat mit den Anforderungen des Beweises nach § 418 Abs. 2 zu widerlegen hat.[4]

117 Die **Meldebescheinigung** ist wegen verbreiteter Nachlässigkeit im Umgang mit der polizeilichen Meldepflicht kein Indiz.[5] Bedeutungslos ist der Zustellervermerk: „Empfänger soll verzogen sein nach X.";[6] die Herkunft und Zuverlässigkeit dieser Information wird nicht festgehalten. Ohne Indizwirkung ist auch eine Anschriftenangabe in einem Postnachsendeantrag.[7]

118 **Übersendet** das Gericht ein **Schriftstück formlos**, besteht **keine Vermutung** für dessen **Zugang**. Der Bürger trägt weder das Risiko des Verlustes im Übermittlungsweg noch eine irgendwie geartete Beweislast für den Nichtzugang.[8]

e) Postzustellungsurkunde als öffentliche Urkunde

119 Vor der Privatisierung der Deutschen Bundespost (dazu Kap. 25 Rz. 54) war anerkannt, dass es sich bei Postzustellungsurkunden um öffentlichen Urkunden i.S.d. § 418 Abs. 1 handelte. Nach der zum 1.1.1995 wirksam gewordenen Postreform II[9] und der damit einher gehenden Umwandlung der Deutschen Bundespost POSTDIENST in die Deutsche Post AG war die Eigenschaft der Postzustellungsurkunde als öffentliche Urkunde umstritten. Ganz überwiegend ging die Rechtsprechung davon aus, dass die von den Postzustellern über den Zustellungsvorgang errichteten Urkunden **kraft Beleihung** der Deutschen Post AG mit dem Recht der förmlichen Zustellung nach den Regeln des Prozess- und Verfahrensrechts (§ 16 Abs. 1 PostG[10]) die Beweiskraft öffentlicher Urkunden hätten.[11] Diese Entscheidungen sind in der Litera-

---

1 OLG Köln MDR 1996, 850, 851.
2 BGH NJW-RR 1994, 564; NJW 1992, 1963; Beschl. v. 4.10.1989 – IVb ZB 47/89, BGHR ZPO § 182 – Wohnung 2 = FamRZ 1990, 143; Beschl. v. 2.10.1991 – IX ZB 5/91, BGHR ZPO § 182 – Wohnung 3 = NJW 1992, 1239.
3 Vgl. BGH NJW 1985, 2197; *Graßhoff* Festschrift Merz, S. 140 f.
4 A.A. OLG Köln MDR 1996, 850, 851.
5 Anders OLG Hamm VersR 1995, 1509.
6 OLG Hamm VersR 1995, 1509.
7 OLG Hamburg MDR 1982, 1041.
8 BVerfG (Kammer) NJW 2013, 2658 Rz. 9.
9 Postneuordnungsgesetz (PNeuOG) v. 14.9.1994, BGBl I, S. 2325.
10 Neufassung des § 16 PostG, BGBl 1994 I S. 2370; dazu § 13 PostkundenschutzVO v. 19.12.1995, BGBl. I 1995, 2016, 2019, außer Kraft getreten aufgrund § 58 Abs. 2 Nr. 2 PostG v. 22.12.1997.
11 BGH NJW 1998, 1716; BFH NVwZ 2000, 239; NJW 1997, 3264; OLG Frankfurt NJW 1996, 3159 f.; LG Köln MDR 1997, 381 f.; FG Niedersachen DStR 1997, 367 f.; LG Bonn DGVZ 1997, 88 f.; LG Bonn ZIP 1998, 401.

tur teilweise auf heftige Kritik gestoßen.[1] Auch das VG Frankfurt/M. sprach sich für die Eigenschaft einer Privaturkunde (§ 416) aus.[2]

Zu Unrecht ist in Zweifel gezogen worden, dass das Merkmal „öffentliche Behörde" bzw. „mit öffentlichem Glauben versehene Urkundsperson" (vgl. § 415) nicht mehr erfüllt sei. Die **Beleihung** hatte zur Folge, dass die **Zusteller** unabhängig von der Ausgestaltung ihres Dienstverhältnisses Bediensteten einer **öffentlichen Behörde gleichgestellt** wurden.[3] Auf die Einordnung als öffentliche Behörde kam es jedoch gar nicht an. Nach dem **Zweck der Neufassung** des § 16 Abs. 1 PostG sollte das Nachfolgeunternehmen Deutsche Post AG ermächtigt sein, Zustellungsurkunden mit der Wirkung des § 418 Abs. 1 auszustellen. Dies ergibt sich aus der Begründung des RegE zur Änderung des Postgesetz.[4] § 16 PostG war hinreichend klar und eindeutig formuliert, um Rechtsgrundlage für die wirksame Beleihung im gesamten Umfang zu sein. Die auf die „Nachfolgeunternehmen der Deutschen Bundespost POSTDIENST" bezogene Beleihung schloss deren Niederlassungen und Filialen nicht aus. 120

Der Gesetzgeber hat die Zweifel durch die in § 195 Abs. 2 S. 3 ZPO (Fassung bis 30.6.2002) enthaltene, am 14.5.1998 in Kraft getretene Ergänzung ausgeräumt,[5] nach der § 418 für Postzustellungsurkunden entsprechend galt. Seit der ab 1.7.2002 geltenden Zustellungsreform ist § 168 Abs. 1 S. 2 i.V.m. § 33 Abs. 1 PostG an die Stelle getreten. Zugleich ist der **Postbegriff** erweitert worden. „Post" ist nicht mehr nur die Deutsche Post AG, sondern **jedes mit Zustellungsaufgaben** nach § 33 Abs. 1 PostG **beliehene Unternehmen**; dementsprechend ist nach § 182 Abs. 2 Nr. 8 das beauftragte Zustellungsunternehmen in der Zustellungsurkunde zu benennen. Postsendungen, die im Wege der Ersatzzustellung bei einer dafür von der Post bestimmten Stelle niederzulegen sind (§ 181 Abs. 1 S. 1 Nr. 2), können bei einer Postagentur der Deutschen Post AG niedergelegt werden.[6] 121

f) Elektronische Zustellung

Auf elektronische Zustellungen durch Gericht und Behörden ist die Regelung über **elektronische Dokumente** (§ 416a) anzuwenden. Die allgemeinen Regeln über den Empfang von Erklärungen unter Abwesenden (vgl. § 130 Abs. 1 S. 1 BGB) sind daneben zu beachten. Scheitert ein Zustellvorgang an technischen Problemen der Empfängereinrichtung, kommt es für die **Vollendung der Zustellung** nur darauf an, ob das zuzustellende Schriftstück in den Empfangsbereich des Adressaten gelangt ist. Ist das zu bejahen, sind darauf beruhende Firstversäumungen nur durch eine **Wiedereinsetzung** zu bewältigen.[7] 122

---

1 *Löwe/Löwe* ZIP 1997, 2002; *Seltmann* AnwBl 1996, 403; *Späth* DStR 1996, 1723; *Späth* NJW 1997, 2155. Dagegen: *Messtorff* DStR 1997, 860; *Pahlke* DStR 1996, 2006.
2 VG Frankfurt NJW 1997, 3329.
3 BGH NJW 1998, 1716.
4 BT-Drs. 12/8060, S. 199: „Die Änderung dient der Klarstellung. Damit wird deutlich, dass das Nachfolgeunternehmen der Deutschen Bundespost Postdienst auch zukünftig die hoheitliche Aufgabe wahrnehmen soll, nach der Zivilprozessordnung bzw. verwaltungsrechtlichen Vorschriften amtliche Schriftstücke förmlich zuzustellen. Diese Tätigkeit ist für die künftige Deutsche Post AG nur aufgrund einer Beleihung möglich. Die außerpostalischen Gesetze reichen hierfür nicht aus, da sie keine ausdrückliche Übertragung der Hoheitsrechte auf einen privaten Rechtsträger beinhalten."
5 Dazu OLG Saarbrücken MDR 2004, 51 (zur Niederlegung einer Benachrichtigung bei Unzustellbarkeit).
6 BGH NJW 2001, 832 = VersR 2000, 80, 81 (noch zu § 182 ZPO i.d. bis 31.12.2001 geltenden Fassung).
7 Ebenso für das österr. Recht OGH ÖJZ 2013, 370.

g) Sonstige Beispiele

123 Weitere Beispiele für **Zeugnisurkunden** i.S.d. § 418 Abs. 1 sind in der Rechtsprechung zahlreich zu finden: Amtliche Auskunft (§ 273 Abs. 2 Nr. 2),[1] (postalischer) Niederlegungsvermerk,[2] **Zustellungszeugnis** einer deutschen Auslandsvertretung,[3] Zustellungszeugnis der ersuchten Behörde nach § 183 Abs. 2 S. 2 im Falle einer Auslandszustellung,[4] Rechtskraftzeugnis (§ 706),[5] Protokoll des Gerichtsvollziehers zum Nachweis des Angebots der Gegenleistung bei Vollstreckung eines Zug-um-Zug-Urteils,[6] **Pfändungsprotokoll** des Gerichtsvollziehers mit dem Vermerk erfolglosen Zutrittsbemühens zur Schuldnerwohnung,[7] Rückzahlungsschein der Postsparkasse während der öffentlich-rechtlichen Ausgestaltung des Rechtsverhältnisses,[8] Traumatrik (altkatholisches tschechisches Kirchenregister),[9] Zuspruchsvermerk auf dem Ankunftstelegramm,[10] **notarielle Niederschrift** über Hauptversammlung einer AG.[11] Zeugnisurkunden werden auch errichtet über die Feststellungen des Notars hinsichtlich der Ordnungsmäßigkeit des Ziehungsgerätes bei einer Lotterieausspielung oder der in der Hauptversammlung einer Aktiengesellschaft getroffenen Beobachtungen (z.B. zur Anwesenheit).

124 Der **Beglaubigungsvermerk eines Notars** (§ 40 BeurkG) bezeugt, dass die im Vermerk bezeichnete Person die Unterschrift vor dem Notar geleistet oder anerkannt hat,[12] nicht aber das Datum des Vollzugs bzw. der Anerkennung der Unterschrift.[13] **Personenstandsregister** und **-urkunden** (§§ 54 ff. PStG 2007) erbringen vollen Beweis des durch sie beurkundeten Sachverhalts.[14] Ihnen kommt keine Beweiskraft hinsichtlich der korrekten Schreibweise des Familiennamens zu.[15] Die Beurkundung im Geburtenregister beweist seit der Reform von 2007 die Tatsache sowie Ort und Tag der Geburt, das Geschlecht und die Namen der Eltern, nicht aber Hinweise zum Status als eheliches oder nichteheliches Kind (vgl. §§ 21 Abs. 3, 54 Abs. 1 S. 2 PStG).[16]

125 **Keine öffentliche Urkunde** ist ein **Posteinlieferungsschein** der Deutschen Post AG,[17] die **Einzugsbestätigung** eines Vermieters zur Vorlage bei der Ausländerbehörde[18] oder

---

1 OLG Hamm FamRZ 1981, 915, 916.
2 BGH VersR 1986, 787.
3 OVG Münster NVwZ-RR 1995, 623, 624 (i.V.m. § 98 VwGO).
4 BGH NJW 2002, 521, 522 (zu § 202 Abs. 2 a.F., Klagezustellung durch britische Gerichtsbehörde); BGH NJW-RR 2013, 435 Rz. 12 (Klagezustellung gem. Bescheinigung des türkischen Justizmin.); Musielak/*Huber*[10] § 418 Rz. 2; Stein/Jonas/*Roth*[22] § 182 Rz. 46.
5 OLG Hamm FamRZ 1982, 508, 509.
6 OLG Köln MDR 1991, 260. Zum Protokoll einer Wohnungsräumung BayObLG NJW 1992, 1841(kein Beweis unuterbrochener Anwesenheit des Gerichtsvollziehers während der Entfernung der dem Schuldner gehörenden Gegenstände).
7 OLG Köln NJW-RR 1986, 863; LG Berlin DGVZ 1990, 25 (als Voraussetzung richterlicher Durchsuchungsanordnung).
8 OVG Hamburg NJW 1993, 277, 278 (Bekundung der Wahrnehmung des Schalterbeamten über Vorlage der Ausweiskarte, Ausweisung durch den Personalausweis und Auszahlungssumme).
9 RG JW 1938, 1538, 1539.
10 RGZ 105, 255, 258 f.
11 BGH ZIP 2009, 460, 462.
12 OLG Karlsruhe NZG 2003, 38, 39; OLG Hamm OLGZ 1991, 23, 25; BayObLG Rpfleger 1985, 105; s. ferner OLG Celle NJW-RR 2006, 448, 449.
13 OLG Karlsruhe NJW 1999, 1044, 1045 (zu § 348 StGB).
14 BayObLGZ 1979, 326, 328; nach Zeitabschnitten gestaffelter Überblick bei *Hahn* Rpfleger 1996, 228 ff.
15 VGH Mannheim NJW-RR 1995, 1412, 1413.
16 BayObLGZ 1979, 326, 328.
17 OLG Hamm OLGR 2001, 9 = TranspR 2000, 430 (Wertpaketquittung).
18 OLG Köln NJW 2007, 1829 (zu § 271 StGB).

das **Gesundheitszeugnis** einer beim TÜV angesiedelten **Begutachtungsstelle für Fahreignung**.[1]

Gleichartige Beweisregeln für **Frachtbriefe** über **internationale Transporte** enthalten Art. 9 Abs. 2 CMR und Art. 11 Abs. 2 Warschauer Abkommen v. 1955,[2] obwohl es sich um Privaturkunden handelt.

126

§ 91 Privaturkunden, § 416 ZPO

Schrifttum:

Beckemper, Die Urkundenqualität von Telefaxen, JuS 2000, 123; *Britz*, Urkundenbeweisrecht und Elektroniktechnologie, 1996; *Britz*, Beschränkung der freien Beweiswürdigung durch gesetzliche Beweisregeln, ZZP 110 (1997), 61; *Bergmann*, Beweisprobleme bei rechtsgeschäftlichem Handeln im Internet, Gedächtnisschrift Meurer (2002), S. 643; *Ebnet*, Rechtsprobleme bei der Verwendung von Telefax, NJW 1992, 2985; *Faulhaber/Riesenkampff*, Die Beweiskraft des OK-Vermerks des Telefax-Sendeberichts, DB 2006, 376; *Gregor*, Der OK-Vermerk des Telefaxsendeprotokolls als Zugangsnachweis, NJW 2005, 2885; *Jandt/Wilke*, Gesetzliche Anforderungen an das ersetzende Einscannen von Papierdokumenten K & R 2009, 96; *Mankowski*, Wie problematisch ist die Identität des Erklärenden bei E-Mails wirklich?, NJW 2002, 2822; *Mankowski*, Zum Nachweis des Zugangs bei elektronischen Erklärungen, NJW 2004, 1901; *Mayer/Mayer*, Vermutung der Richtigkeit und Vollständigkeit für privaturkundliche Datums- und Ortsangaben, ZZP 105 (1992), 287; *Riesenkampff*, Beweisbarkeit der form- und fristgemäßen Übermittlung durch Telfaxgeräte, NJW 2004, 3296; *Riesenkampff*, Die Beweisbarkeit der Übermittlung unverkörperter Willenserklärungen unter Abwesenden in Deutschland, Österreich und England, 2009; *Rihm*, E-Mail als Beweismittel im Zivilgerichtsverfahren, SJZ 96 (2000), 497; *Roßnagel/Pfitzmann*, Der Beweiswert von E-Mail, NJW 2003, 1209.

I. Begriff der Privaturkunde

Privaturkunden sind **alle** Urkunden, die **keine öffentlichen** Urkunden i.S. des § 415 Abs. 1 sind. Darunter fallen nicht nur die von Privatpersonen erstellten Urkunden, sondern auch Urkunden, die als öffentliche errichtet werden sollten, die aber unter einem Formmangel leiden (dazu Kap. 25 Rz. 73 ff.)[3] oder bei deren Errichtung die Behörde bzw. öffentliche Urkundsperson außerhalb ihres Geschäftskreises gehandelt hat Kap. 25 Rz. 70). Spezielle Formerfordernisse, die das Gesetz an die Errichtung öffentlicher Urkunden stellt, gelten für Privaturkunden nicht.[4] Eine öffentliche Beglaubigung der Unterschrift ändert nicht den Charakter der Urkunde als Privaturkunde.[5]

127

II. Voraussetzungen der Privaturkunde

1. Tatbestands- und Zeugnisurkunden

Öffentliche Urkunden gibt es in drei Kategorien: Zeugnisurkunden sind in § 418 geregelt,[6] Tatbestandsurkunden mit einer Eigenerklärung der Behörde in § 417 und Tatbestandsurkunden, die über Fremderklärungen errichtet wurden, in § 415. Für Privaturkunden hält das Gesetz nur § 416 bereit, der durch § 440 Abs. 2 ergänzt wird.

128

---

1 Vgl. OLG Stuttgart NJW 2014, 482, 483 (zur Strafbarkeit nach § 279 StGB).
2 BGH NJW-RR 2004, 1482.
3 BGHZ 37, 79, 90 = NJW 1962, 1149, 1151 f.; 136, 357, 367 = NJW 1998, 58, 60.
4 BGHZ 136, 357, 367.
5 Musielak/*Huber*[10] § 416 Rz. 1.
6 *Britz* S. 191 f., 194.

Bei Privaturkunden scheiden Fremderklärungen im Regelfall aus; sie kommen nur vor, wenn die Errichtung einer formgerechten öffentlichen Urkunde missglückt ist und hilfsweise § 416 herangezogen wird. Privaturkunden über **Eigenerklärungen des Ausstellers**, bei denen eine *Abgabe* in Betracht kommt, fallen als **Tatbestandsurkunden** unter § 416; für sie soll nach dem Willen des Gesetzgebers eine besondere Beweiswirkung gelten.[1]

129 Streitig ist seit Schaffung der ZPO, ob § 416 auch für **Zeugnisurkunden** gilt.[2] Nach dem Willen des Gesetzgebers sollten alle Urkunden, die private Erklärungen enthalten, unter § 416 fallen.[3] Somit ist § 416 auch auf private Zeugnisurkunden anzuwenden.[4] Für eine teleologische Reduktion auf Tatbestandsurkunden[5] besteht kein Anlass. Daher müssen **Quittungen** und **Schuldscheine**, wenn man in ihnen – nicht zwingend – reine Zeugniserklärungen, nämlich Bekenntnisse einer Tatsache sieht, nicht als rechtsgeschäftsähnliche Handlungen im Wege der Analogie unter § 416 gebracht werden[6] (sofern die Anwendung des § 416 nicht ohnehin praktisch folgenlos ist und daher ein Bedarf fehlt; zur materiellen Beweiskraft unten Kap. 26 Rz. 67). Zeugnisurkunde ist auch das vom Patienten unterzeichnete **Protokoll** über den Inhalt einer **ärztlichen Aufklärung**, die der Einwilligung in die Behandlung vorausgegangen ist.[7]

130 Eine **Differenzierung** zwischen den beiden Arten von Urkunden ist bezüglich der **materiellen Beweiskraft** geboten, die die inhaltliche Richtigkeit der Erklärung betrifft (s. Kap. 26 Rz. 67 ff.): Sie bleibt bei Zeugnisurkunden hinter der von Tatbestandsurkunden zurück.[8] Beweisbedeutung für die Richtigkeit des bezeugten Vorgangs wird eine private Zeugnisurkunde nur haben, wenn sie in einem Rechtsstreit vorgelegt wird, in dem sie gegen den Aussteller Beweis erbringen soll oder wenn die Parteien unbeteiligte Dritte sind.

131 **Nicht jede** einfache **schriftliche Gedankenäußerung** beliebigen Inhalts, die unterschrieben ist (z.B. eine Ansichtskarte), ist mangels abzugebender Erklärung automatisch eine **Zeugnisurkunde**. Die Erklärung muss zumindest mit der **Absicht** abgefasst sein, durch ihren Inhalt Zeugnis gegenüber Dritten abzulegen, nämlich die **Richtigkeit der erklärten Tatsache betonen** wollen.[9] Urkunden der auszugrenzenden dritten Kategorie können allerdings als Augenscheinsobjekte Beweisbedeutung erlangen.

---

1 *Britz* S. 209, s. ferner 193 (zur Systematik des Urkundenbeweisrechts).
2 Näher dazu *Britz* S. 210 f. Heute noch ablehnend *Jauernig/Hess* Zivilprozessrecht, 30. Aufl. 2011, § 55 Rz. 27; *Blomeyer* Erkenntnisverfahren, 2. Aufl. 1985, § 77 III 2a und b, 3.
3 *Britz* S. 203, 212, 213.
4 Ebenso MünchKommZPO/*Schreiber*[4] § 416 Rz. 8. So in der Sache OLG Naumburg WM 1998, 593, 594 f., unter Verwendung der schriftlichen Selbstbezichtigung eines Arbeitnehmers, der eine Scheckfälschung zu Lasten seines Arbeitgebers bekannt hatte, als Beweismittel im Rechtsstreit zwischen Arbeitgeber und Schecknehmer bei nachträglicher Zeugnisverweigerung des Arbeitnehmers gem. § 384 Nr. 2.
5 So *Britz* S. 194, 213.
6 Dazu *Britz* S. 199.
7 Vgl. OLG Koblenz NJW-RR 2003, 1607, 1608 = VersR 2004, 246 (dort zur Behauptung der nachträglichen Manipulation).
8 MünchKommZPO/*Schreiber*[4] § 416 Rz. 8.
9 Vgl. dazu *Britz* S. 220 f.

2. Unterschrift

a) Inhalt und Form der Unterschrift

Aussteller ist die Person, die die in der Urkunde enthaltene Erklärung abgegeben hat. Sie muss unterschrieben haben. § 416 verlangt – anders als der Wortlaut des § 126 Abs. 1 BGB, jedoch übereinstimmend mit § 2247 Abs. 3 BGB[1] – **keine Namensunterschrift**.[2] Der Verzicht darauf steht in Einklang mit dem Normzweck, die **Authentizität der Erklärung** zu beweisen. Ausreichend ist, dass sich die Person des Ausstellers zweifelsfrei unter Zuhilfenahme des Urkundeninhalts ermitteln lässt.[3] 132

Die **Authentizität** muss sich **aus der Urkunde** ergeben. Grundsätzlich reicht dafür die Unterschrift mit dem Familiennamen ohne Angabe der Vornamen. Anders kann dies bei sog. „Allerweltsnamen" (z.B. Meier, Müller etc.) sein, jedoch besteht auch dann die Möglichkeit, dass sich die Person des Ausstellers unter Berücksichtigung des Urkundeninhalts eindeutig ergibt. Enthält die Urkunde eine Namensunterschrift, sind § 439 Abs. 2 und § 440 Abs. 2 anwendbar. 133

§ 416 hat somit einen **anderen Zweck als § 13 Abs. 1 S. 1 BeurkG**, der die Unterzeichnung einer von einem Notar errichteten Niederschrift durch einen Beteiligten betrifft. Dort sollen die Unterschriften als formelles Zeichen dokumentieren, dass die Beteiligten die Verantwortung für Geltung und Gültigkeit des beurkundeten Rechtsgeschäfts und für die Echtheit ihres beurkundeten Willens übernehmen,[4] hingegen geht es nicht um die Identifizierung der Beteiligten.[5] Dafür ist die Unterzeichnung mit den Namen bzw. Namensbestandteilen erforderlich, unter denen Beteiligte bei der Abgabe rechtsverbindlicher Erklärungen tatsächlich im Rechtsverkehr auftreten; das ist regelmäßig – Ausnahmen: kirchliche Würdenträger, Angehörige des Hochadels – der Familienname.[6] 134

Die Unterzeichnung mit dem Vornamen[7] **statt** des (gesetzlichen) **Familiennamens** oder mit einem rein tatsächlich geführten Namen, z.B. einem Kose-, Künstler- oder Spitznamen,[8] ist zulässig, sofern die eindeutige Identifizierung des Ausstellers hierbei möglich ist. Der Kaufmann kann mit der Firma (§ 17 HGB), unter der er im Handelsverkehr auftritt, unterschreiben;[9] dies gilt auch für die seit der Liberalisierung des Firmenrechts durch das HandelsrechtsreformG von 1998 zugelassene Firma, die unter Verwendung eines Sach- oder Phantasiebegriffs gebildet worden ist. Ebenso ist die Verwendung einer besonderen Geschäftsbezeichnung (§ 5 Abs. 2 MarkenG) zulässig.[10] Schließlich kann auch eine Verwandtschaftsbezeichnung (z.B. Vater, Mutter, Sohn, Tochter, Onkel, Tante) benutzt werden.[11] Die Unterzeichnung mit dem Wort 135

---

1 OLG Celle NJW 1977, 1690 f.; BayObLG Rpfleger 1979, 336, 337 (str.).
2 MünchKommZPO/*Schreiber*[4] § 416 Rz. 7; Musielak/*Huber*[10] § 416 Rz. 2; Zöller/*Geimer*[30] § 416 Rz. 3. Nicht eindeutig die Gesetzesmaterialien: Hahn/Stegemann, Materialien, Band 2/1, 2. Aufl. 1881, einerseits S. 647 (beiläufig der Abg. Dr. Bähr) andererseits S. 323 (abweichend von der Wechselordnung Gleichstellung der beglaubigten Handzeichen mit der „Namensunterschrift"). Mit anderer Zielsetzung eine Identität des Urkundenbegriffs des § 126 BGB mit dem des § 416 ZPO behauptet BGH NJW 1998, 58, 59.
3 MünchKommZPO/*Schreiber*[4] § 416 Rz. 7; Zöller/*Geimer*[30] § 416 Rz. 3.
4 BGH NJW 2003, 1120.
5 BGH NJW 2003, 1120.
6 BGH NJW 2003, 1120.
7 RGZ 137, 213, 217 (für ein privatschriftliches Testament in Briefform). Anders zu § 13 Abs. 1 S. 1 BeurkG BGH NJW 2003, 1120.
8 BayObLG Rpfleger 1979, 336, 337 (zur Form des § 2247 Abs. 3 BGB).
9 BayObLG Rpfleger 1979, 336, 337.
10 So schon RG Gruchot 31, 902, 904 (für die Bezeichnung einer aus Künstlern bestehenden BGB-Gesellschaft).
11 BayObLG Rpfleger 1979, 336, 337; *Britz* S. 138.

"persönlich" ist auch bei Selbstbezeichnung des Ausstellers in der Urkunde hinsichtlich des Formerfordernisses gem. § 2247 Abs. 3 BGB als Unterschrift nicht ausreichend,[1] doch lässt sich dies bei handschriftlicher Abfassung des Textes nicht auf § 416 übertragen.

136 Angaben zu **Ort und Zeit der Unterschriftsleistung** sind nicht erforderlich. Sie sind wegen der vom Gesetzgeber beobachteten Praxis des Vordatierens von Urkunden von der formellen Beweiskraft ausgeschlossen worden.[2]

137 Die Unterschrift muss grundsätzlich **nicht handschriftlich** erfolgen, um die Authentizität sicherzustellen.[3] Insoweit weicht § 416 von § 126 BGB ab, wo das Erfordernis der Handschriftlichkeit aus der im Tatbestand geforderten Eigenhändigkeit der Unterschrift abgeleitet wird. Ausnahmsweise ist eine handschriftliche Unterzeichnung zu verlangen, wenn der Aussteller nur durch die besonderen Charakteristika und individuellen Züge seiner Handschrift zweifelsfrei ermittelt werden kann.

138 § 416 erfasst somit auch gedruckte, gestempelte oder in sonstiger Weise **mechanisch hergestellte Unterschriften** (Faksimilestempel,[4] Schreibautomaten, Fernschreiben, Telegramme, Telefaxe[5])[6] (ebenso bei der Echtheitsvermutung des § 440 Abs. 2, Kap. 27 Rz. 53). Daher genügt das empfangene Telegramm als Beweisurkunde, obwohl allenfalls das Aufgabetelegramm unterzeichnet worden ist.[7] Dieser Erleichterung entsprechend verlangt § 130 Abs. 6 seit dem 1.8.2001 für per Telefax übermittelte Schriftsätze nur die Unterschriftswiedergabe in Kopie.[8] Bei den genannten Urkunden kann der Echtheitsbeweis schwieriger zu führen sein (zur nachträglichen Anerkennung vgl. § 439). Die unpersönliche Unterzeichnung muss **mit Wissen und Wollen** des bezeichneten Ausstellers erfolgen.

139 § 416 verlangt **keine eigenhändige** Unterschrift.[9] Auch das ergibt sich aus einem Vergleich mit der unterschiedlichen Fassung des § 126 BGB. Zulässig ist **Stellvertretung in der Unterschrift**. Wenn der Vertreter, was materiell-rechtlich zulässig sein kann,[10] mit dem Namen des Vertretenen unterschreibt, ist die Erklärung dem Vertretenen **zuzurechnen**, sofern der Vertreter **Vertretungsmacht** hatte.[11] **Von ihr** hängt die **Echtheit** der Unterschrift ab. Aussteller i.S.d. § 416 ist in diesem Falle nicht die Person, die die Erklärung tatsächlich niederschreibt, sondern diejenige, der die in der Urkunde enthaltene Erklärung zugerechnet wird, also der Vertretene.[12] Entscheidend ist, dass die fremde (verschleiernde) Unterschriftsleistung **mit Wissen und Wollen** des Ausstellers erfolgt. Unterzeichnet ein Vertreter hingegen mit eigenem Namen, handelt es sich um dessen Erklärung (deren materiell-rechtliche Fremdwirkung von § 164 Abs. 1 BGB abhängt) und urkundenrechtlich um eine Privaturkunde des Vertreters. Urkundenrechtlich ist es somit nicht einerlei, wie ein Vertreter unterzeichnet.[13]

---

1 BayObLG Rpfleger 1979, 336, 337.
2 Hahn/Stegemann S. 321 f. (II 3).
3 Ebenso MünchKommZPO/*Schreiber*[4] § 416 Rz. 6; Stein/Jonas/*Leipold*[22] § 416 Rz. 5; Zöller/*Geimer*[30] § 416 Rz. 2. A.A. *Köhler* Festschrift Schippel (1996), S. 209, 217 (zu § 126 BGB).
4 Vgl. OLG Jena MDR 1999, 859 (zur Rechtsscheinhaftung).
5 A.A. OLG Köln NJW 1992, 1774 (jedoch dessen Urkundenqualität i.S.d. § 592 S. 1 bejahend).
6 Anders zu § 2247 Abs. 1 BGB BGHZ 47, 68, 70.
7 Vgl. OLG Marienwerder SeuffA 50 Nr. 229 (zur Einhaltung gewillkürter Schriftform).
8 Zu fristwahrenden Schriftsätzen mit eingescannter Unterschrift GmS OGB NJW 2000, 2340, 2341 (ausreichend).
9 MünchKomm/*Schreiber*[4] § 416 Rz. 5; Musielak/*Huber*[10] § 416 Rz. 2; Stein/Jonas/*Leipold*[22] § 416 Rz. 5.
10 BGHZ 45, 193, 195 (Handeln unter fremdem Namen).
11 Stein/Jonas/*Leipold*[22] § 416 Rz. 5.
12 Zöller/*Geimer*[30] § 416 Rz. 8.
13 A.A. MünchKommZPO/*Schreiber*[4] § 416 Rz. 5.

Dass **Eigenhändigkeit** der Unterschrift **kein** generelles Urkundenerfordernis ist, lässt   140
sich allerdings **nicht aus** der Regelung des **§ 40 Abs. 1 BeurkG** ableiten, die die notarielle Beglaubigung der bloßen Anerkennung einer nicht vor dem Notar sondern anderweitig vollzogenen Unterschrift gestattet;[1] § 40 Abs. 3 BeurkG sorgt nämlich dafür, dass der Beglaubigungsvermerk die Person bezeichnet, die die Unterschrift anerkannt hat, wodurch die Identität in besonderem Maße gesichert wird.

Ein vorrangig materiell-rechtliches, nämlich die Formwahrung betreffendes, aber   141
auch urkundenrechtliches Problem ist die **Schreibhilfe eines Dritten** bei der Unterschriftsleistung. Sie ist zulässig, wenn die Authentizität der Erklärung gewährleistet bleibt, d.h. die Hand des Ausstellers nicht völlig unter der Herrschaft und Leitung des Schreibhelfers steht.[2] Eine Hilfeleistung darf nicht gegen den Willen des Ausstellers erfolgen. Wird dies behauptet, wird damit die **Echtheit der Unterschrift** bestritten (§ 440 Abs. 1).[3] Unproblematisch ist es, wenn ein Dritter die Erklärung niederschreibt und der eigentliche Aussteller sie nur noch unterschreibt.[4] Dann liegt sogar eine eigenhändige Unterschrift vor.

b) Blankounterschrift, Blankettmissbrauch

Das Unterzeichnen der Urkunde in blanco oder unter **Offenlassen bedeutender Teile**   142
des Erklärungstextes berührt die Beweiskraft nicht. Nach dem Wortlaut der Bestimmung kommt es auf das **zeitliche Verhältnis** von Urkundentext und Unterschrift nicht an. Die Unterschrift kann also bereits vor Erstellung des Textes geleistet werden.[5] Das wird indirekt durch § 40 Abs. 5 BeurkG bestätigt, der sogar die Möglichkeit vorsieht, eine Blankounterschrift notariell zu beglaubigen und dafür lediglich einen Blankettvermerk des Notars verlangt. Eine andere Frage ist, ob in Fällen eines Blankettmissbrauchs ein Gegenbeweis gegen die Echtheit der Urkunde zulässig ist, vgl. § 440 Abs. 2 (dazu Kap. 26 Rz. 81 und Kap. 27 Rz. 59).

3. Notariell beglaubigtes Handzeichen

Was eine **Unterschrift** ist, ist häufig zu § 130 Nr. 6 streitig geworden. Verlangt wird,   143
dass die **Identität** des Unterzeichnenden **durch** einen **individuellen Schriftzug** bzw. durch charakteristische Merkmale ausreichend gekennzeichnet wird, mag die Unterschrift auch infolge Undeutlichkeit oder Verstümmelung unleserlich sein.[6]

Nicht ausreichend sind **Abkürzungen** bzw. Paraphen, wie sie im internen behördlichen Schriftverkehr verwendet werden.[7] Dann handelt es sich um ein **Handzeichen**,[8]   144
das bei Analphabeten auch aus drei Kreuzen bestehen kann. Gleichgestellt sind Schriftzeichen, die in Deutschland nicht allgemein verständlich sind, z.B. stenografierte oder chinesische Zeichen. Ob es sich um eine Unterschrift oder um ein Handzeichen handelt, ist nicht nach dem Willen des Unterzeichnenden, sondern nach dem äußeren Erscheinungsbild zu entscheiden.[9] Ein Handzeichen reicht für § 416

---

1 So aber MünchKommZPO/*Schreiber*[4] § 416 Rz. 6.
2 BGHZ 47, 68, 71; BGH NJW 1981, 1900, 1901(jeweils zum Eigenhändigkeitserfordernis des § 2247 Abs. 1 BGB).
3 *Britz* S. 138.
4 OLG Karlsruhe NJW-RR 1993, 489, 490; Zöller/*Geimer*[30] § 416 Rz. 8.
5 BGHZ 140, 167, 171; 104, 172, 176; 22, 128, 132; BGH NJW 1986, 3086. Zur Blankettform der Signature Pages amerikanischen Ursprungs *Marienfeld* RIW 2003, 660 ff.
6 BGH NJW 1967, 2310; OLG Düsseldorf NStZ-RR 2000, 371; s. ferner BGH MDR 1988, 128; BGH NJW 1994, 55; BGH FamRZ 1996, 543.
7 BGH NJW 1967, 2310, 2311; BGH NJW-RR 2007, 351 Rz. 10.
8 BGH NJW 1982, 1467; OLG Düsseldorf NStZ-RR 2000, 371.
9 BGH NJW 1994, 55; BGH NJW-RR 2007, 351 Rz. 10.

nur, wenn es vor dem Notar geleistet oder anerkannt und beglaubigt worden ist (dazu § 40 Abs. 6 BeurkG).

4. Standort der Unterschrift

145 Die Unterschrift oder das notariell beglaubigte Handzeichen müssen den Urkundentext nach unten **räumlich abschließen**.[1] Erforderlich ist eine Anordnung **unter der Urkunde** in der Weise, dass die Erklärung dem Aussteller eindeutig zurechenbar ist. Dies ergibt sich aus dem eindeutigen Wortlaut der Bestimmung (s. auch § 440 Abs. 2) und aus der rechtlichen Bedeutung der Unterschrift (Abschluss- und Deckungswirkung). Ein oberhalb des Urkundentextes stehender Namenszug („**Oberschrift**"), der durch die Gestaltung von Überweisungsformularen der Kreditinstitute vorgegeben war, ist damit keine Unterschrift i.S.d. §§ 416, 440 Abs. 2.[2] Die Rechtsprechung hat eine Analogie abgelehnt.[3] Auch für einen links neben dem Text stehenden Namenszug („**Nebenschrift**") gilt nichts anderes.[4]

5. Ergänzungen, Zeitpunkt der Unterschriftsleistung

146 Grundsätzlich unerheblich ist, ob die Unterschrift zeitlich vor oder nach Abfassung des Urkundentextes geleistet wurde.[5] Bei **Ergänzungen** der Urkunde entscheidet deren Standort über die Beweiskraft. Wird die Ergänzung unterhalb der Überschrift vorgenommen, nimmt sie von vornherein an der formellen Beweiskraft nicht teil (s. vorstehend Rz. 145). Bei Ergänzungen, die **in den Text eingefügt** oder in sonstiger Weise auf die Urkunde gesetzt worden sind oder die eine Textänderung bedeuten, ist für die Einhaltung eines Schriftformerfordernisses keine gesonderte Unterschrift erforderlich, wenn der Zusatz oder die Änderung rein äußerlich von der vorhandenen Unterschrift gedeckt sind.[6]

147 **Urkundenbeweisrechtlich** bedeutet eine Einfügung, dass eine **Einschaltung i.S.d. § 419** vorliegt. Sie begründet den Verdacht einer Verfälschung der Urkunde, so dass das Gericht ohne Bindung durch § 416 und § 440 Abs. 2 nach freier Überzeugung zu entscheiden hat, welchen Beweiswert die Urkunde besitzt.[7] Sinnlos ist es, darin die (gegebenenfalls positiv ausfallende) Entscheidung über die Geltung der formellen Beweiskraft zu sehen; vielmehr wird der Hauptbeweis dann nach § 286 geführt (näher Kap. 27 Rz. 6).

6. Beispiele für Privaturkunden

148 Als Beispiele für Privaturkunden mit formeller Beweiskraft i.S.d. § 416 sind in der Rechtsprechung zu finden: Abholbescheinigung und Frachtbrief,[8] Abtretungsurkunde,[9] Arbeitsunfähigkeitsbescheinigung eines Arztes,[10] ärztliches mutterschutzrecht-

---

[1] BGHZ 113, 48, 51 f. = NJW 1991, 487 m. Bespr. *Weber* JuS 1991, 543.
[2] BGHZ 113, 48, 51.
[3] BGHZ 113, 48, 51.
[4] BGH NJW 1992, 829, 830; NJW 2002, 2707.
[5] BGH NJW 1974, 1083, 1084 (zu § 2247 BGB); MünchKomm/*Schreiber*[4] § 416 Rz. 4; Stein/Jonas/*Leipold*[22] § 416 Rz. 3.
[6] BGH NJW 1974, 1083, 1084.
[7] BGH NJW 1966, 1657, 1658.
[8] OLG Düsseldorf NJW-RR 1996, 361; OLG Köln NJW-RR 1999, 112 (LS) = OLGR 1998, 10, 11.
[9] RGZ 73, 276, 279; KG OLGZ 1977, 487 = MDR 1977, 674.
[10] LAG München NJW 1989, 998, 999 = VersR 1989, 725 = BB 1989, 844 m. Anm. *Hunold* = LAGE § 63 HGB Nr. 8 m. Anm. *Schilken* (m.w.N.; sie selbst als Beweisindiz qualifizierend). Zum Beweiswert bei Bescheinigungen nach § 5 EFZG bzw. Art. 18 VO(EWG) Nr. 574/72: BAG NJW 1998, 2764; NJW 1998, 2762; LAG Düsseldorf NZA-RR 2000, 13; LAG Hamm MDR 2001,

liches Beschäftigungsverbot,[1] Bank- oder Depotbescheinigung zum Nachweis des Aktienbesitzes gem. § 246a Abs. 2 Nr. 2 AktG,[2] briefliche Erklärung,[3] Empfangsbekenntnis eines Rechtsanwaltes,[4] Protokolle der Versammlungen von Wohnungseigentümern,[5] Vereinsmitgliedern[6] und Gesellschaftern,[7] Quittungen jeder Art,[8] Einlieferungsschein der Deutschen Post AG,[9] Empfangsbescheinigung des Frachtführers,[10] eidesstattliche Versicherung,[11] Schuldschein,[12] Versicherungsantragsformular,[13] Sparbuch.[14] **Verneint** worden ist die Urkundenqualität für nicht unterschriebene Kontoblätter eines (Prämien)Sparbuches[15] und Handelsbücher.[16] Zu eigenständigen Beweisregeln für Frachtbriefe im internationalen Gütertransport s. Kap. 22 Rz. 17.

7. Zugang von Privaturkunden

Für den Zugang gilt die Regel über empfangsbedürftige Willenserklärungen unter Abwesenden (§ 130 Abs. 1 S. 1 BGB). Streitig wird der Zugang häufig bei elektronisch übermittelten Erklärungen. Zum Beweis und zur Beweislastverteilung s. Kap. 10 Rz. 140 f. und Kap. 26 Rz. 60 und 67 ff.

149

1248; BGH NJW 2002, 128 = VersR 2001, 1521 (Regress des Unternehmers gegen Unfallverursacher).
1 BAG FamRZ 1998, 477; NJW 1997, 819; NJW 2002, 235.
2 BGH ZIP 2014, 77, 78; OLG Bamberg NJW-RR 2014, 352, 353.
3 RG JW 1932, 944.
4 BGH VersR 1990, 1026, 1027; VersR 1994, 371.
5 BayObLG NJW-RR 1990, 210, 211 (Feststellung von Beschlussinhalt und Abstimmungsergebnis).
6 OLG Schleswig Rpfleger 2005, 317, 318.
7 BGH NJW-RR 1990, 737, 738.
8 BGH MDR 1997, 1107; OLG Köln MDR 1964, 155; OLG Karlsruhe MDR 1978, 667; Bankquittung: BGH NJW-RR 1988, 881; unter Mitwirkung eines Anwalts ausgestellte Zahlungsquittung: OLG Köln JMBl. NRW 1993, 153.
9 OLG Hamm OLGR 2001, 9 = TranspR 2000, 430 (Wertpaketquittung).
10 OLG Düsseldorf OLGR 1998, 15.
11 OLG Hamm WRP 2000, 413, 415.
12 BGH RIW 1998, 146 f. (zur Nichtanerkennung eines „Gaeldsbrev" dänischen Rechts als öffentliche Urkunde i.S. des Art. 50 EuGVÜ) im Anschluss an EuGH Slg. 1999 I-3715 – Unibank/Christensen.
13 OLG Karlsruhe NJW-RR 1993, 489, 490.
14 OLG Celle VersR 2008, 1702, 1703.
15 OLG Hamm NJW 1987, 964, 965; OLG München MDR 2008, 1353; OLG Celle VersR 2008, 1702, 1703.
16 RGZ 72, 290, 292; BGH MDR 1955, 92, 93; OLG Hamm NJW 1987, 964, 965.

Kapitel 26:
Beweiswirkungen: Formelle und materielle Beweiskraft, Widerlegung

	Rz.		Rz.
§ 92 Öffentliche Urkunden, §§ 415, 417, 418 ZPO		c) Eingangsstempel	39
		d) Faxserververmerk	43
I. Beweiskraft öffentlicher Urkunden gem. § 415		e) Zustellervermerk	44
1. Gesetzliche Beweisregel	1	3. Beweiskraftbeschränkung bei fehlender eigener Wahrnehmung. .	45
2. Formelle (äußere) Beweiskraft		**§ 93 Privaturkunden, § 416 ZPO**	
a) Beweiswirkung des § 415	6	I. Formelle Beweiskraft	
b) Sonderregelungen	11	1. Gesetzliche Beweisregel	
3. Materielle (innere) Beweiskraft. . .	14	a) Grundsatz.	53
4. „Gegenbeweis" (Beweis unrichtiger Beurkundung)		b) Inverkehrgabe.	56
a) Anwendungsbereich des § 415 Abs. 2	16	c) Zugang, Willensmängel	60
		d) Vorrang der Echtheitsprüfung . .	63
b) Anforderungen an den „Gegenbeweis"	18	e) Inhaltliche Richtigkeit	65
		2. Ergänzende richterrechtliche Vermutungen	66
II. Formelle Beweiskraft gem. § 417		II. Materielle Beweiskraft	
1. Beweisgegenstände	24	1. Bedeutung des Beweisthemas	67
2. „Gegenbeweis"	27	2. Quittungen	68
III. Formelle Beweiskraft gem. § 418		3. Vertragsurkunden, Protokollerklärungen	71
1. Allgemeines	31	4. Sonstige Schriftstücke	74
2. „Gegenbeweis" nach § 418 Abs. 2		III. „Gegenbeweis"	77
a) Beweis des Gegenteils	34		
b) Empfangsbekenntnis	36		

§ 92 Öffentliche Urkunden, §§ 415, 417, 418 ZPO

Schrifttum:

S. Schrifttum zu § 89.

Ferner: *Bindseil*, Konsularisches Beurkundungswesen, DNotZ 1993, 5; *Bindseil*, Internationaler Urkundenverkehr, DNotZ 1992, 275; *Britz*, Urkundenbeweisrecht und Elektroniktechnologie, 1996; *Dunkmann*, Die Beweiskraft der Handelsbücher – Von den Anfängen bis zur Verabschiedung des ADHGB von 1861, 2007; *Foerster/Sonnabend*, Rügeverkümmerung durch Protokollberichtigung im Zivilprozess, NJW 2010, 978; *R. Geimer*, Konsularisches Notariat, DNotZ 1978, 3; *Hahn*, Die Beweiskraft von Familienstammbüchern im Erbscheinsantragsverfahren, Rpfleger 1996, 228; Hecker, Handbuch der konsularischen Praxis, 1982; *Koch/Rudzio*, Die Beweiskraft des Handelsregisters nach seiner Modernisierung, ZZP 122 (2009), 37; *Melz*, Der Behördenbegriff des zivilprozessualen Urkundenbeweisrechts, 2006 (Diss. Osnabrück 2005); *Stürner*, Die notarielle Urkunde im europäischen Rechtsverkehr, DNotZ 1995, 343.

I. Beweiskraft öffentlicher Urkunden gem. § 415

1. Gesetzliche Beweisregel

1   Eine öffentliche Urkunde erbringt **vollen Beweis des beurkundeten Vorgangs**; insoweit ist der Grundsatz der freien richterlichen Beweiswürdigung (§ 286) ausgeschlos-

sen.¹ Das Wesen der öffentlichen Urkunde **beruht auf** dem **Vertrauen**, dass die **öffentliche Urkundsperson** mit redlichem Willen und nach besten Kräften pflichtgemäß die vor ihr abgegebenen Erklärungen richtig beurkundet und die von ihr wahrgenommenen Tatsachen richtig bezeugt.² Voraussetzung der Beweiskraft sind die **Echtheit** (dazu Kap. 27 Rz. 103 und 117) der Urkunde sowie deren **Mangelfreiheit** (näher Kap. 27 Rz. 1). Fehler des Beurkundungsvorgangs, die zur Mangelhaftigkeit der Urkunde führen, etwa ein fehlender Randvermerk mit gesonderter Unterschrift des Notars bei Änderung des notariellen Protokolls, schließen jedoch nur die formellen Beweisregeln aus; die Urkunde ist dann frei zu würdigen.³

Der **Strafrechtsschutz** des § 348 StGB bezieht sich nur auf solche rechtlich erheblichen Erklärungen, Verhandlungen oder Tatsachen, auf die sich der öffentliche Glaube der Urkunde erstreckt.⁴ 2

Die Richtigkeit einer Baumengenabrechnung, die durch den **Prüfvermerk** eines bevollmächtigten **Bauleiters** bestätigt worden ist, ist endgültig rechtsverbindlich nachgewiesen, wenn eine Überprüfung wegen nachfolgender Arbeiten nicht mehr möglich ist.⁵ 3

Soweit die formelle Beweiskraft der öffentlichen Urkunde reicht, ist die **Beweiswürdigung** über den beurkundeten Vorgang dem Gericht durch § 415 **vorgegeben**, so dass für eine abweichende Beweiswürdigung kein Raum verbleibt. Grundsätzlich darf deshalb der die Urkunde Aufnehmende dazu auch nicht mehr als Zeuge vernommen werden.⁶ 4

Aus § 445 Abs. 2 ergibt sich, dass der Beweis einer **unrichtigen Beurkundung** gem. § 415 **nicht** durch **Parteivernehmung** nach § 445 geführt werden kann (näher unten Rz. 22 und Kap. 40 Rz. 5).⁷ 5

2. Formelle (äußere) Beweiskraft

a) Beweiswirkung des § 415

Die Rechtsfolge des § 415 Abs. 1 bezieht sich nach dem Wortlaut der Vorschrift („beurkundeter Vorgang") nur auf die formelle (äußere) Beweiskraft.⁸ Umfasst wird hiervon zunächst die Tatsache, **dass** die **Erklärung abgegeben** worden ist,⁹ und zwar – anders als bei § 417 – durch einen vom Aussteller (der öffentlichen Urkundsperson) verschiedenen Dritten.¹⁰ Bewiesen wird die Richtigkeit der Beurkundung, also die Abgabe der Erklärung nach Inhalt und Begleitumständen.¹¹ Der volle Beweis bezieht sich außerdem auf den **Ort und** die **Zeit** der Abgabe der Erklärung¹² sowie auf die Anwesenheit der Urkundsperson (statt allein einer die Verlesung übernehmenden Hilfs- 6

---

1 OLG Frankfurt MDR 1990, 641 = DNotZ 1991, 389, 390.
2 RGZ 74, 421, 425.
3 OLG Düsseldorf FamRZ 2014, 880, 881 = DNotZ 2014, 270.
4 BGH DNotZ 2002, 536, 537.
5 OLG Köln NJW-RR 2013, 265, 266.
6 *Reithmann* DNotZ 1973, 152, 154 f.
7 MünchKommZPO/*Schreiber*⁴ § 445 Rz. 10; Musielak/*Huber*¹⁰ § 415 Rz. 12.
8 Kritisch zu dieser wenig aussagekräftigen Terminologie *Britz* S. 144.
9 BGH NJW-RR 1993, 1379, 1380; BGH JZ 1987, 522 m. Anm. *Schumann*; BayObLG DNotZ 1993, 598, 599; BayObLGZ 1952, 52, 57; OLG Frankfurt/M. DNotZ 1991, 389, 390 = MDR 1990, 641.
10 BGH NJW 1962, 1149, 1162.
11 OLG Frankfurt DNotZ 1991, 389, 390.
12 OLG Hamm NJW-RR 2000, 406, 407 = VersR 2000, 1219, 1220 (Heiratsurkunde); RGZ 74, 421, 424, 426.

person).¹ **Nicht** bewiesen wird hingegen die **inhaltliche Richtigkeit** der niedergelegten Erklärungen (dazu Rz. 14).²

7   Bewiesen werden ferner die **Vollständigkeit** und die richtige Wiedergabe **der Erklärung**.³ Bei **notariellen Urkunden** erstreckt sich der Beweis allerdings **nur** auf die dem **Beurkundungszwang** unterliegenden und getroffenen Vereinbarungen, nicht hingegen auf Hinweise, Informationen und dergleichen,⁴ die von einer loyalen Vertragspartei geschuldet oder die zur Förderung des Vertragsabschlusses gegeben worden sind, die jedoch nicht Vereinbarungsgegenstand waren; daher ist der Urkunde z.B. nicht die (negative) Vermutung zu entnehmen, dass keine Aufklärung über hinweisbedürftige Umstände – etwa eine für das Kaufobjekt bestehende Preisbindung – erteilt worden ist.⁵

8   Die Beweiskraft wirkt **für und gegen jedermann**⁶ und nicht nur zugunsten desjenigen, dem eine Ausfertigung der Urkunde erteilt worden ist.⁷

9   Auch die **Angaben zur Herkunft** der Erklärung von einer bestimmten, in der **Urkunde namentlich bezeichneten Person**, über die sich der Notar Gewissheit verschafft hat, werden von der Beweiskraft der notariellen Urkunde erfasst.⁸ Die Abgabe der Erklärung durch die in der Urkunde bezeichnete Person betrifft nicht die inhaltliche Richtigkeit der Urkunde, die von der Beweiskraft nicht erfasst wird, sondern gehört zum beurkundeten Vorgang. Bewiesen wird damit auch die **Identität des Erklärenden mit dem Namensträger**, wenn sich der erschienene Beteiligte ausgewiesen hat oder von Person bekannt war (so das notarielle Vorgehen nach § 10 Abs. 1 BeurkG).⁹ Der Gegenbeweis (§ 415 Abs. 2), dass das vorgelegte Ausweispapier gestohlen und/oder gefälscht war, ist möglich.

10 Die Beweisregel bezieht sich auch dann auf die **Identität**, wenn die **Unterschrift** der Person notariell **beglaubigt** worden ist (vgl. die Verweisung in § 40 Abs. 4 BeurkG).¹⁰ Sie gilt nicht für notarielle Urkunden, wenn sich der Notar keine Kenntnis über die Person verschaffen konnte und dies in der Urkunde vermerkt hat (§ 10 Abs. 2 S. 2 BeurkG). Gehört die Identitätsfeststellung nicht zum verbindlich festgelegten Inhalt der Urkunde, kommt eine darauf bezogene Beweiskraft nach § 415 nicht in Betracht. Dies gilt etwa für ein **Verhandlungsprotokoll** nach § 496 (Klageerhebung zu Protokoll

---

1   BGHSt 26, 47, 49 = NJW 1975, 940, 941.
2   BGH NJW-RR 1993, 1379, 1380 = ZIP 1993, 1170; BGH NJW 1980, 1000; BGH JZ 1987, 522; BayObLG DNotZ 1993, 598, 599; OLG Hamm OLGZ 1991, 23, 25; VGH Mannheim NJW 2009, 389.
3   BGH NJW 1994, 320, 321 (Beweis richtiger Protokollierung des Widerspruchs gegen Hauptversammlungsbeschluss); BGH DNotZ 1986, 78 f.; BGH DNotZ 1971, 37, 39; BGH VersR 1960, 812, 813; *Reithmann* DNotZ 1973, 152, 154 f. Demgegenüber geht *Schilken* Zivilprozessrecht, 6. Aufl., Rz. 543 nur von einer richterrechtlich aufgestellten tatsächlichen Vermutung aus, die der freien Beweiswürdigung unterliege.
4   BGH DNotZ 1986, 78 f. m. Anm. *Reithmann*.
5   BGH DNotZ 1986, 78 f.
6   Hahn/Stegemann Mat. Bd. II/1, 1881, S. 320; s. auch OLG Karlsruhe NJW 1999, 1044 (zu § 348 StGB).
7   OLG Köln Rpfleger 2002, 197 (notarielle Vollmacht).
8   OLG Hamm OLGZ 1991, 25; LG Berlin DNotZ 1963, 250, 251; MünchKommZPO/*Schreiber*⁴ § 415 Rz. 27; Musielak/*Huber*¹⁰ § 415 Rz. 10; *Reithmann* DNotZ 1973, 152, 156; Stein/Jonas/*Leipold*²² § 415 Rz. 24.
9   So für notarielle Urkunden BGH NJW 2011, 778 Rz. 18; Stein/Jonas/*Leipold*²² § 415 Rz. 24; mit nicht überzeugender Differenzierung zwischen Identität und Überzeugung von der Identität a.A. BGH (2. StrS) NJW 2004, 3195 (wegen Subjektivierung der Gewissheitsbeurkundung ohne Personaldokument). Die Identitätsfeststellung ebenfalls ausklammernd MünchKommZPO/ *Schreiber*⁴ § 415 Rz. 27.
10 OLG Hamm JMBl NRW 1964, 53, 54; OLG Celle NJW-RR 2006, 448, 449.

der Geschäftsstelle)¹ oder ein Sparbuch.² In diesen Fällen ist die Identität des Erklärenden nach § 286 zu beurteilen.

b) Sonderregelungen

In verschiedenen Vorschriften finden sich **Sonderregelungen** betreffend die formelle Beweiskraft: z.B. in §§ 165, 314 ZPO, § 65 S. 2 BeurkG, § 61 EVO.³ Die Beweiskraft eines **gerichtlichen Protokolls** reicht hinsichtlich der vorgeschriebenen Förmlichkeiten weiter, weil dagegen nur der Nachweis der Fälschung, d.h. der wissentlichen Falschbeurkundung,⁴ zulässig ist (§ 165 S. 2); sie entspricht im Übrigen aber derjenigen anderer öffentlicher Urkunden.⁵ Es wird also bewiesen, dass eine protokollierte Partei- oder Zeugenaussage inhaltlich wie beurkundet abgegeben wurde,⁶ ohne dass der Aussageinhalt an der erhöhten Beweiskraft i.S. von § 165 teilnimmt.⁷ 11

Die Beurkundungsfunktion des **Urteilstatbestandes** für das mündliche Parteivorbringen (i.S.d. Bezugnahme auf die Schriftsätze gem. § 137 Abs. 3) kann nach § 314 S. 2 nur **durch** das **Sitzungsprotokoll entkräftet** werden, was gegebenenfalls zur Stellung eines fristgebundenen Tatbestandsberichtigungsantrages (§ 320) zwingt.⁸ Seine Versäumung kann in der Berufungsinstanz **nicht** etwa durch die Behauptung **aktenwidriger** Beurkundung des erstinstanzlichen Vorbringens überwunden werden, auch wenn § 529 Abs. 1 Nr. 1 bei konkreten Anhaltspunkten für Zweifel an der Richtigkeit der entscheidungserheblichen Feststellung eine erneute Feststellung gestattet. 12

Die Regelung für den **Frachtbrief** der dem öffentlichen Verkehr dienenden **Eisenbahnen** (§ 61 EVO) betrifft nicht notwendig eine öffentliche Urkunde, sondern ist heute wohl nur als Spezialvorschrift zu § 409 HGB (Landfrachtbrief als Privaturkunde) zu verstehen. 13

3. Materielle (innere) Beweiskraft

Von der formellen (äußeren) Beweiskraft zu unterscheiden ist die Frage nach der **inhaltlichen Richtigkeit**, also nach der Wahrheit **der** abgegebenen **Erklärung** (materielle Beweiskraft). Hierauf bezieht sich die Beweiskraft der öffentlichen Urkunde nicht (oben Rz. 6). Vielmehr ist der Erklärungsinhalt vom Gericht auszulegen und nach allgemeinen Grundsätzen (§ 286) frei zu würdigen. So erbringt eine Quittung vollen Beweis nur für die Abgabe der Erklärung; der Inhalt der Urkunde – Bekenntnis des Leistungsempfanges – unterliegt demgegenüber freier richterlicher Beweiswürdigung.⁹ 14

Hat der Notar die Erklärung eines Beteiligten im notariellen Protokoll **abweichend vom Inhalt** einer **Vorbesprechung** über den beabsichtigten Erklärungsinhalt formuliert und die Erklärung in der Endfassung der Niederschrift verlesen, kann der Erklärende, der die Niederschrift genehmigt und unterschrieben hat, die Beweiswirkung nicht durch die Behauptung ausräumen, er habe das Verlesen überhört; ihm bleibt 15

---

1 RGSt 39, 346 (Unterzeichnung des Protokolls mit falschem Namen).
2 BGH NJW 1963, 1630, 1631.
3 Zu § 61 EVO (Eisenbahn-Verkehrsordnung, zuletzt geändert durch Art. 6 Abs. 133 des Gesetzes zur Neuordnung des Eisenbahnwesens [ENeuOG] vom 27.12.1993, BGBl. I 1993, 2378, 2423): BGHZ 16, 217, 220 f.
4 BGH FamRZ 1994, 300, 301.
5 BGH FamRZ 1994, 300, 302.
6 BGH FamRZ 1994, 300, 302.
7 BGH NJW 1982, 1052, 1053; BGH FamRZ 1994, 300, 302.
8 Zur Beseitigung der Bindung bei zurückgewiesenem Tatbestandsberichtigungsantrag BGH NJW 2014, 1441 Rz. 28.
9 BGH NJW-RR 1993, 1379, 1380; BGH WM 1979, 1157 und 1158 (jeweils zu § 416).

nur die **Anfechtung** wegen **Erklärungsirrtums**.[1] Zur richterrechtlichen Vermutung der vollständigen und richtigen Wiedergabe von Erklärungen in Vertragsurkunden s. Kap. 26 Rz. 71.

4. „Gegenbeweis" (Beweis unrichtiger Beurkundung)

a) Anwendungsbereich des § 415 Abs. 2

16 Gemäß § 415 Abs. 2 ist der Beweis der **unrichtigen Beurkundung** zulässig. Auf die inhaltliche Unrichtigkeit der Erklärung ist § 415 Abs. 2 nicht anzuwenden, da dies zur materiellen Beweiskraft der Urkunde gehört, nicht aber zum beurkundeten Vorgang. Der Beweis der Falschbeurkundung kann sich auf alle Aspekte beziehen, die an der formellen Beweiskraft teilhaben, beispielsweise Ort und Zeit der Beurkundung (oben Rz. 6) und Abgabe der Erklärung durch die in der Urkunde namentlich bezeichnete Person (oben Rz. 9). Eine unrichtige Beurkundung liegt ferner vor, wenn die beurkundete Erklärung nicht vorgelesen wurde oder wenn eine Beurkundung überhaupt völlig fehlt.

17 Das **Auseinanderfallen** von **Wille** und protokollierter **Erklärung**, das einer an der notariellen Verhandlung beteiligten Vertragspartei wegen hoher Lesegeschwindigkeit und/oder Monotonie der Stimme des Vorlesenden oder wegen Hör- und Aufmerksamkeitsschwächen nicht aufgefallen ist, ist **nicht** als Fall **unrichtiger Beurkundung** zu erfassen. Es ist deshalb auch nicht Gegenstand einer Beweiserhebung nach § 415 Abs. 2 (stattdessen Irrtumsanfechtung, s. oben Rz. 15). Der Nachweis des Überhörens eines Erklärungsteils ist nur für den Beweis eines Anfechtungstatbestands erheblich. Die **Anfechtung** wegen Irrtums kann **allerdings materiell-rechtlich ausgeschlossen** sein, wenn der Erklärende die Urkunde – etwa im Vertrauen auf einen Verhandlungsgehilfen[2] – in voller Unkenntnis des Urkundeninhaltes oder im Bewusstsein ihrer möglichen Unrichtigkeit unterschrieben oder genehmigt hat;[3] dann fehlt es an einem Irrtum oder an der Irrtumskausalität.

b) Anforderungen an den „Gegenbeweis"

18 Durch die in § 415 Abs. 1 gesetzlich angeordnete volle Beweiskraft des beurkundeten Vorgangs ist der **Richter gehindert**, eventuelle Zweifel, die sich auf den formellen Urkundeninhalt beziehen, im Wege **freier Beweiswürdigung** zu berücksichtigen. Dem hat der Beweis nach § 415 Abs. 2 Rechnung zu tragen. Die Anforderungen an den Nachweis einer **unrichtigen Beurkundung** entsprechen denen des **Hauptbeweises**. Es muss der **volle Beweis** über einen von der Niederschrift abweichenden Verlauf des Verhandlungs- und Beurkundungsvorgangs erbracht werden; bloße Zweifel an der Richtigkeit der Beurkundung sind nicht ausreichend.[4] Voraussetzung der Erhebung des Gegenbeweises ist ein substantiierter Beweisantritt; es muss eine gewisse Wahrscheinlichkeit für die Unrichtigkeit der beurkundeten Tatsache dargelegt werden.[5]

19 Im Sinne der terminologischen Einordnung, die zwischen Hauptbeweis (der beweisbelasteten Partei), Gegenbeweis (der nicht beweisbelasteten Partei) und Beweis des

---

[1] BGHZ 71, 260, 262 f. = NJW 1978, 1480, 1481 (unter Aufgabe von BGH NJW 1965, 1714 = LM Nr. 3 zu § 415 ZPO und Rpfleger 1957, 110).
[2] RGZ 77, 309, 312.
[3] Zu den differenzierungsbedürftigen Sachverhaltskonstellationen MünchKommBGB/*Armbrüster*[6] § 119 Rz. 50 ff.
[4] RGZ 85, 120, 125; 131, 284, 288, 289 (zu § 418 Abs. 2); 161, 378, 382; BGHZ 16, 217, 227 f.; BayObLG Rpfleger 1981, 358, 359 (zu § 418 Abs. 2); OLG Düsseldorf NJW 2000, 2831, 2832; OLG Celle NJW-RR 2006, 448, 450; BVerfG NJW-RR 2002, 1008 (zu § 418 Abs. 2).
[5] BVerwG NJW 1985, 1179, 1180; OLG Düsseldorf NJW 2000, 2831, 2832.

Gegenteils unterscheidet, handelt es sich **funktional** um einen **Beweis des Gegenteils**.[1] Von einem Beweis des Gegenteils spricht § 292 S. 1, der aber nur für gesetzliche Vermutungen gilt. Der dort zur Vermutungswiderlegung geforderte Beweis des Gegenteils ist ein Hauptbeweis. Die Vermutung verschiebt die Beweislast dadurch zu Ungunsten der gegnerischen Partei, dass diese die Unrichtigkeit der Vermutung voll beweisen muss.[2] Bei einem **Gegenbeweis** sucht die nicht beweisbelastete Partei stattdessen nur die (Urkunden-)Hauptbeweisführung der beweisbelasteten Partei zu widerlegen, was schon dann gelungen ist, wenn die Überzeugung des Gerichts erschüttert ist, so dass eine Beweislastentscheidung zum Nachteil des Hauptbeweisführers ergeht.[3]

§ 415 Abs. 2 verlangt einen **Hauptbeweis** zur Widerlegung einer gesetzlichen Beweisregel. Dieser Beweis – ebenso wie derjenige des § 418 Abs. 2 – wird gelegentlich „Gegenbeweis" genannt,[4] ohne dass dem eine Orientierung an der vorgenannten terminologischen Differenzierung zugrunde liegt. Zum Teil wird sogar völlig verwirrend der „Gegenbeweis" mit „Beweis des Gegenteils" gleichgesetzt.[5] Schlussfolgerungen auf die gewünschten Beweisanforderungen sind aus der benutzten Terminologie nicht zu ziehen.[6]

20

Die Beweisregel ist auf das **Vorhandensein von Tatsachen** aus dem Beurkundungsvorgang gerichtet. Dadurch wird sie aber **nicht** zu einer **tatsächlichen Vermutung**, selbst wenn sich in ihr tatsächliches Erfahrungswissen über ein in der Regel korrektes Vorgehen professionell tätiger, zur Wahrung eines Berufsethos erzogener und staatlich kontrollierter Urkundspersonen niederschlägt. Inkonsequent ist die gegenteilige Einordnung von *Schreiber*,[7] der daraus die rechtliche Schlussfolgerung zieht, es sei ein bloßer Gegenbeweis (i.S.d. obigen Terminologie) zu führen, an den dann jedoch strengere Anforderungen als gewöhnlich zu stellen seien.

21

Die Beweisregel des § 415 Abs. 1 ist **keine** gesetzliche **Vermutung i.S.d. § 292**. Da sie auf Tatsachen gerichtet ist, müsste die Unrichtigkeit der Beurkundung anderenfalls nach § 292 S. 2 mit Hilfe des Beweismittels der Parteivernehmung nach § 445 bewiesen werden können. Tatsächlich kann dieser Beweis wegen § 445 Abs. 2 jedoch **nicht** durch **Parteivernehmung** nach § 445 geführt werden.[8] Daran ist auch nach der Entscheidung des EGMR in der Rechtssache Dombo Beheer B. V./Niederlande[9] zur Waffengleichheit im Zivilprozess (dazu Kap. 40 Rz. 33 ff.) festzuhalten. Der vom EGMR entschiedene Fall war unter den denkbaren Konstellationen ein Extremfall der Waffenungleichheit. Ein solcher Fall ist nicht schon dann gegeben, wenn eine unrichtige Beurkundung in Rede steht. Es stellt keine mit dem Grundsatz des fairen Verfahrens unvereinbare Regelung dar, wenn für den Beweis der Unrichtigkeit des beurkundeten Vorgangs, der in unmittelbarem Zusammenhang mit der gesetzlichen Beweisregel steht, das Beweismittel einer Parteivernehmung nach § 445 ausgeschlossen ist. Hingegen kommt die Anordnung einer **Vernehmung nach § 448** in Betracht, wenn

22

---

1 A.A. Musielak/*Huber*[10] § 415 Rz. 12 (zugleich für die Verwendung der Gesetzesterminologie plädierend).
2 *Schilken* Zivilprozessrecht, 6. Aufl., Rz. 482.
3 Vgl. *Schilken* ZPR[6] Rz. 482.
4 BGH NJW 1964, 558 (Strafsache); BGH VersR 1975, 924, 925 (für § 418 Abs. 2). Terminologisch wie hier: BGH LM Nr. 3 zu § 415 ZPO = NJW 1965, 1714 (LS); BGHZ 16, 217, 228; der Sache nach ebenso RGZ 131, 284, 288.
5 BayObLGZ 1991, 224, 227.
6 Anders aber MünchKommZPO/*Schreiber*[4] § 415 Rz. 30.
7 MünchKommZPO/*Schreiber*[4] Rz. 30.
8 BGH LM Nr. 3 zu § 415 ZPO = NJW 1965, 1714 (LS); a.A. *Schellhammer* Zivilprozess[13] Rz. 585.
9 Urteil vom 27.10.1993, NJW 1995, 1413 m. Bespr. *Schlosser* NJW 1995, 1404.

die Beweisaufnahme zu § 415 Abs. 2 nach Ausschöpfung aller Beweismittel eine gewisse Wahrscheinlichkeit für die Unrichtigkeit der Beurkundung erbracht hat und das Gericht von der Parteivernehmung die Ausräumung seiner restlichen Zweifel erwartet.[1]

23 Zum **gerichtlichen Protokoll** und zum Urteilstatbestand s. Kap. 25 Rz. 92 ff.

II. Formelle Beweiskraft gem. § 417

1. Beweisgegenstände

24 Die formelle (äußere) Beweiskraft der Urkunde bezieht sich zunächst darauf, dass die behördliche Erklärung tatsächlich abgegeben wurde. Es wird **voller Beweis für den Text** der in der Urkunde enthaltenen amtlichen Anordnung, Verfügung oder Entscheidung erbracht,[2] was freilich geringe Bedeutung hat. Darüber hinaus werden die Begleitumstände der behördlichen Erklärung bewiesen, nämlich die an der Erklärung teilnehmenden **Personen** sowie **Ort** und **Zeitpunkt** der Urkundenerrichtung.[3] In Bezug auf diese Umstände ist der Grundsatz der freien richterlichen Beweiswürdigung (§ 286) ausgeschlossen.

25 Die Urkunde i.S.d. § 417 soll ihre Beweiskraft mangels ausdrücklicher gesetzlicher Anordnung im Einzelfall auch dann entfalten, wenn das **Dienstsiegel** der beurkundenden Behörde **nicht neben** der **Unterschrift** des Beamten auf der Urkunde vorhanden ist.[4] Das entspricht nicht dem herrschenden Umgang mit ungesiegelten Urkunden und ist zu verneinen. Die Beweiskraft wirkt gegenüber jedermann.[5]

26 **Nicht bewiesen** wird durch § 417 die sachliche bzw. **inhaltliche Richtigkeit** der Erklärung.[6] Auf der Erklärung können aber **materiell-rechtliche Vermutungen** aufbauen. So ist ein Erbschein durch § 2365 BGB mit der Vermutung ausgestattet, dass das darin angegebene Erbrecht besteht. Diese Rechtsvermutung ist im Prozess analog § 292 nur durch den Gegenteilsbeweis zu widerlegen;[7] die Widerlegung hat also mit §§ 415 Abs. 2 und 418 Abs. 2 nichts zu tun.[8] Für ein Testamentsvollstreckerzeugnis gilt ebenfalls und unabhängig von § 417 die Wirksamkeitsvermutung der §§ 2368 Abs. 3, 2365 BGB.

2. „Gegenbeweis"

27 **Für** die nicht an der formellen Beweiskraft teilhabende **inhaltliche Richtigkeit** der Erklärung ist ein Hauptbeweis mit den Anforderungen nach **§ 286** erforderlich und insoweit auch ein Gegenbeweis möglich. Der Beweis der Echtheit richtet sich nach der Sondervorschrift des § 437.

---

1 Vgl. BGH NJW 1994, 320, 321 = ZIP 1993, 1867, 1869; Musielak/*Huber*[10] § 415 Rz. 12.
2 RGZ 146, 133, 143 (Beweiskraft des gerichtlichen Protokolls über Vergleichstermin im Vergleichsverfahren).
3 OLG Koblenz Rpfleger 1985, 442, 443.
4 LG Berlin Rpfleger 1994, 167.
5 OLG Koblenz Rpfleger 1985, 442, 443; VG Berlin DGVZ 1989, 123, 124.
6 VG Berlin DGVZ 1989, 123, 124 (Disziplinarverfahren gegenüber Gerichtsvollzieher wegen Falschbeurkundung).
7 Jauernig/*Stürner*, BGB, 15. Aufl. 2014, § 2365 Rz. 2.
8 Wohl verkannt in der Strafentscheidung BGH NJW 1964, 558, die im Übrigen auch § 417 übersieht.

Öffentliche Urkunden　　　　　　　　　　　　　　　　　　　Rz. 31　Kapitel **26**

Für die von der formellen Beweiskraft erfassten Umstände ist der **Gegenteilsbeweis** **28**
der Unrichtigkeit **analog** §§ 415 Abs. 2, 418 Abs. 2 **zulässig**.[1] Die in diesem Zusammenhang im Schrifttum zitierte Entscheidung RGZ 146, 133, 143 behandelt die Frage
nicht; sie befasst sich nur mit der erschwerten Widerlegung der Beweiskraft eines gerichtlichen Protokolls.

Ein **Gegenteilsbeweis** ist **nicht** deshalb **überflüssig**, weil die behördliche Erklärung in **29**
der Urkunde selbst enthalten ist. Die **Gefahr** einer **Falschbeurkundung** ist dadurch
nicht ausgeschlossen.[2] Nicht nur die Angabe von Ort, Zeit und beteiligten Personen
kann unrichtig sein. Abweichen können auch die im Rechtsverkehr benutzten Ausfertigungen von der in den Amtsakten verbleibenden Urschrift der Urkunde. Der
Echtheitsbeweis des § 437 ist dafür nicht einschlägig. **Fehlerquellen** können sich u.a.
daraus ergeben, dass Ausfertigungen nicht zwingend auf der Grundlage der Urschrift
erteilt werden. So bleibt die Urschrift eines Berufungs- oder Revisionsurteils bei den
Sammelakten des Berufungs- bzw. Revisionsgerichts; das Gericht des ersten Rechtszuges erhält gem. § 541 Abs. 2 (i.V.m. § 565) nur eine beglaubigte Abschrift, auf deren
Grundlage der Urkundsbeamte der Geschäftsstelle des erstinstanzlichen Gerichts
gem. § 724 Abs. 2 eine vollstreckbare Ausfertigung zu erteilen hat.[3]

Handelt es sich bei der Urkunde um ein **gerichtliches Protokoll** i.S. des § 160, ist die **30**
gesteigerte Beweiskraft des § 165 S. 2 zu beachten; in Bezug auf die Förmlichkeiten
ist der Nachweis der **Fälschung** erforderlich. Zu den Förmlichkeiten nach § 160
Abs. 3 Nr. 2 gehört nicht nur die Tatsache der Antragstellung sondern auch der Inhalt
des Antrags.[4] Ein Gegenbeweis ist nicht deshalb überflüssig, weil die behördliche Erklärung in der Urkunde selbst enthalten ist. Der **Beweis der Verkündung** eines Urteils (§ 160 Abs. 3 Nr. 7) auf der Grundlage einer schriftlich abgefassten Urteilsformel, die für den Lauf der Berufungsfrist nach § 517 2. Alt. bestimmend ist, ist durch
das Protokoll auch dann geführt, wenn unstreitig ist, dass das Urteil im Zeitpunkt
der Verkündung nicht vollständig abgefasst vorlag und ein vollständiges Urteil dem
Protokoll erst nachträglich als Anlage beigeheftet worden ist (kein Nachweis gem.
§ 165 S. 2).[5] Zu **gerichtlichen Protokollen** Kap. 25 Rz. 92.

III. Formelle Beweiskraft gem. § 418

1. Allgemeines

Ebenso wie bei § 415 sind bei Vorliegen der Voraussetzungen des § 418 Abs. 1 die in **31**
der Urkunde bezeugten Tatsachen bewiesen, soweit sie **auf** der **eigenen Wahrnehmung** der Behörde oder Urkundsperson beruhen oder eine **eigene Handlung** betreffen.
Bei fehlender eigener Wahrnehmung greift die Beschränkung der Beweiskraft nach
Abs. 3 ein (dazu Rz. 45). Zu den bewiesenen Tatsachen gehören auch Ort und Zeit[6]
der Urkundenausstellung, bei der Unterschriftsbeglaubigung die Echtheit der Unterschrift.[7] Glaubt sich das Gericht irrtümlich an eine formelle Beweisregel gebunden,

---

1 Ebenso AK-ZPO/*Rüßmann* § 417; verneinend MünchKommZPO/*Schreiber*[4] § 417 Rz. 7; Musielak/*Huber*[10] § 417 Rz. 2; Rosenberg/Schwab/*Gottwald*[17] § 119 Rz. 21.
2 A.A. MünchKommZPO/*Schreiber*[4] § 417 Rz. 7.
3 AG Bergisch Gladbach Rpfleger 1989, 336 (zugleich die Anwendung des § 317 auf die beglaubigte Abschrift in Zweifel ziehend).
4 RGZ 146, 133, 143/144.
5 BGH VersR 1995, 1076.
6 Zur Entgegennahme einer Entscheidung lt. Empfangsbekenntnis BGH NJW 2006, 1206, 1207.
7 OLG Hamm OLGZ 1991, 23; AG Bergisch-Gladbach Rpfleger 1989, 336, 337.

obwohl der Grundsatz freier Beweiswürdigung (§ 286) gilt, ist die Tatsachenfeststellung verfahrensfehlerhaft getroffen.[1]

32 Von der Rechtsfolge des § 418 **ausgenommen** sind **subjektive Eindrücke des Notars** von der Geschäftsfähigkeit oder Testierfähigkeit eines Beteiligten (s. Kap. 25 Rz. 90), auch wenn er diesbezügliche Wahrnehmungen oder Zweifel festzustellen hat (§§ 11, 28 BeurkG).[2] Dasselbe gilt für die Sprachkundigkeit eines Beteiligten.[3] Andere als die bezeugten Tatsachen oder Schlussfolgerungen, die aus einer Tatsache gezogen werden können, werden von der Beweiskraft des § 418 ebenfalls nicht erfasst. Aus dem Inhalt einer **Postzustellungsurkunde** ergibt sich folglich nur, dass ein Benachrichtigungsschein abgegeben wurde, nicht aber, dass der Empfänger den Benachrichtigungsschein auch tatsächlich erhalten hat,[4] dass der Adressat unter der Zustellungsanschrift wohnt[5] oder dass im Falle einer Ersatzzustellung die Empfangsperson die Qualifikationsmerkmale des § 178 erfüllt.[6] Die **Sterbeurkunde** beweist nur den Tod, nicht aber die Todesursache.[7]

33 **Ausländischen öffentlichen Urkunden** i.S.d. § 418 Abs. 1 soll dieselbe Beweiskraft zukommen wie inländischen öffentlichen Urkunden[8] (s. jedoch auch Kap. 25 Rz. 29). Zu § 418 Abs. 3 bei ihnen s. unten Rz. 49.

2. „Gegenbeweis" nach § 418 Abs. 2

a) Beweis des Gegenteils

34 Gemäß § 418 Abs. 2 ist der Beweis der Unrichtigkeit der bezeugten Tatsache zulässig. Diese Möglichkeit kann durch Bundes- oder Landesgesetz beschränkt oder ausgeschlossen werden. Der in **§ 418 Abs. 2** genannte Vorbehalt ist **nur** auf Urkunden anwendbar, die nach **landesgesetzlichen Bestimmungen** errichtet wurden. Bei Urkunden nach Bundesrecht kommt eine Beschränkung des Gegenbeweises auch durch Bundesgesetz (z.B. §§ 165 S. 2, 314 S. 2, § 80 ZVG) in Betracht.[9]

35 Nach der Gesetzessystematik sind an den Beweis i.S.d. § 418 Abs. 2 dieselben Anforderungen zu stellen wie bei § 415 Abs. 2. Es handelt sich also **funktional** um einen **Gegenteilsbeweis**, auch wenn häufig nur von „Gegenbeweis" die Rede ist.[10] Es gelten dieselben Anforderungen wie für einen **Hauptbeweis**.[11] Die Unrichtigkeit des Urkundeninhaltes muss zur vollen Überzeugung des Gerichtes feststehen; die Beweiswirkung der Urkunde muss vollständig entkräftet werden.[12] Bei einer Zustellungsurkunde bedeutet der Beweis eines anderen als des vom Zusteller beurkundeten

---

1 BGH NJW 1963, 1060, 1061.
2 BGH NJW 2013, 3716 Rz. 37; BayObLG DNotZ 1975, 555.
3 BGH DNotZ 2002, 536, 538.
4 OLG Hamm MDR 1982, 501.
5 BVerfG NJW-RR 1992, 1084, 1085; BGH NJW 2004, 2386, 2387; NJW 1992, 1963; NJW-RR 1994, 564.
6 BGH NJW 2004, 2386, 2387 (dort: beschäftigte Person, zu § 184 Abs. 1 a.F.).
7 BGH NJW 1962, 1770, 1771.
8 BGH NJW 1962, 1770, 1771 (bolivianische Sterbeurkunde); BGH NJW 2002, 521, 522 = VersR 2003, 345, 346 (zur britischen Auslandszustellungsurkunde des Senior Master); RG JW 1938, 1538 f. m. Anm. *Mößmer*; BVerwG NJW 1987, 1159 (Beglaubigung durch rumänisches Staatsnotariat); Nagel/*Gottwald* Internationales Zivilprozessrecht, 7. Aufl. 2013, § 10 Rz. 130.
9 MünchKommZPO/*Schreiber*[4] § 418 Rz. 9; Rosenberg/Schwab/*Gottwald*[17] § 118 Rz. 23.
10 So z.B. in BGH NJW-RR 2001, 280; VersR 1998, 1439; VersR 1995, 1476, 1468; MDR 1983, 749; VersR 1976, 886, 887; OVG Hamburg NJW 1993, 277, 279.
11 MünchKommZPO/*Schreiber*[4] § 418 Rz. 8; Stein/Jonas/*Leipold*[22] § 418 Rz. 12; Zöller/*Geimer*[30] § 418 Rz. 4.
12 BVerfG NJW-RR 2002, 1008; NJW 1993, 254, 255; BGH VersR 1994, 442, 443; BGH ZIP 2009, 460, 462; KG VRS 83 (1992), 52, 53; RGZ 131, 284, 289; BVerwG NJW 1969, 1730, 1731.

Geschehens, dass ein Fehlverhalten des Zustellers und eine **objektive Falschbeurkundung nachzuweisen** ist.[1] Die bloße Möglichkeit der Unrichtigkeit[2] reicht ebenso wenig aus wie die ernstlich dargelegte Möglichkeit eines anderen Geschehensablaufs.[3] Der Beweis kann wegen § 445 Abs. 2 **nicht** durch **Parteivernehmung** erbracht werden (s. dazu Kap. 26 Rz. 22).

b) Empfangsbekenntnis

Der Empfangsbeweis eines datierten und unterschriebenen **Empfangsbekenntnisses** eines Rechtsanwalts wird, auch wenn § 418 darauf nach zutreffender Ansicht (Kap. 25 Rz. 109) nicht unmittelbar anwendbar ist, nur durch den vollen Ausschluss widerlegt, dass die Zustellungsangaben unrichtig sind; eine **Erschütterung reicht nicht**.[4] Wegen der Gleichstellung der kostengünstigen Zustellung nach § 174 mit derjenigen durch Zustellungsurkunde nach § 176 ist der Zustellungsnachweis des ausgefüllten Empfangsbekenntnisses (§ 174 Abs. 4 S. 1) dem Beweismaß des für Zustellungsurkunden geltenden § 418 (vgl. § 177 Abs. 1 S. 2) gleich zu achten, auch wenn die Verweisung des § 182 Abs. 1 S. 1 den § 174 Abs. 4 S. 1 nicht aufnimmt.

36

Für die **Widerlegung** gilt der **Freibeweis**, so dass auch **eidesstattliche Versicherungen** zulässige Beweismittel sind.[5] An dem Gegenteilsbeweis dürfen im Hinblick auf den Anspruch auf effektiven Rechtsschutz keine überspannten Anforderungen gestellt werden.[6] Hält das Gericht die anwaltliche Versicherung als Glaubhaftmachungsmittel für nicht ausreichend,[7] hat es zur Vermeidung eines Verstoßes gegen Art. 103 Abs. 1 GG einen Hinweis darauf zu geben, dass es einen Zeugenbeweisantritt durch Vernehmung des Prozessbevollmächtigten für erforderlich hält.[8] Den Beweis der **unbewussten Eintragung** eines **falschen Eingangsdatums** auf dem Vordruck hat der BGH als geführt angesehen durch die eidesstattliche Versicherung des Anwalts über die Büropraxis bei Vorlage zuzustellender Entscheidungen i.V.m. der Vorlage von Originalen der Aktenverfügungen und der zustellungshalber übermittelten Urteilsausfertigung im Streitfall.[9] **Zweifel** an der zur **Widerlegung vorgetragenen Version** können sich aus dem zeitlichen Abstand ergeben, der zwischen „Ab"-Vermerk der Gerichtskanzlei bei Einlage in das Gerichtsfach des Anwalts und bewiesenem Abholvorgang einerseits und behauptetem Empfang andererseits liegt.[10] Da der Anwalt das Zustellungsdatum selbst auf dem Empfangsbekenntnis einträgt, ist sein Zustellungsvermerk ein sehr zuverlässiger Hinweis.[11]

37

---

1 BGH NJW 2006, 150, 151.
2 BGH NJW 1990, 2125 f.; OVG Hamburg NJW 1993, 277, 279; OLG Köln NJW-RR 1986, 863; OLG Saarbrücken MDR 2004, 51, 52.
3 BVerwG NJW 1994, 535, 536. Zum Erfordernis umfassender Beweiswürdigung BGH NJW-RR 2001, 571.
4 BVerfG NJW 2001, 1563, 1564; BGH NJW 2012, 2117 Rz. 6; BGH NJW 2006, 1206, 1207; BGH NJW 2003, 2460; BGH NJW 2002, 3027, 3028 = VersR 2002, 1171; BGH NJW 2001, 2722, 2723; BGH VersR 1997, 86 (zwei Entsch.); BGH NJW 1996, 3014; BGH NJW 1996, 2514, 2515; BGH FamRZ 1995, 799; BGH VersR 1994, 371; BGH NJW-RR 2012, 509 Rz. 11; BSG NJW-RR 2002, 1652; OLG Düsseldorf NStZ-RR 1998, 110; OVG Münster NJW 2009, 1623, 1624; Stein/Jonas/*Roth*[22] § 174 Rz. 24.
5 BGH NJW 2001, 2722, 2723. A.A. (förmliche Beweisaufnahme nach der ZPO) BayObLG NZM 2000, 245, 246.
6 BGH VersR 2009, 850 Rz. 8 und 13.
7 Davon als Regelfall ausgehend BGH NJW-RR 2012, 509 Rz. 11.
8 BGH VersR 2009, 850 Rz. 14; BGH NJW-RR 2012, 509 Rz. 12.
9 BGH NJW 1987, 325 (Verschiebung um einen Tag). S. auch OLG Bremen MDR 2011, 187, 188.
10 Vgl. BGH NJW 1987, 1335. Keine Zweifel sah BGH NJW 2006, 1206, 1207 f. durch den konkreten Zeitabstand als begründet an.
11 OVG Lüneburg NJW 2005, 3802.

38 Der widerlegende Beweis kann **auch von** der **gegnerischen Partei** geführt werden, wenn es darum geht, ob in den Vordruck zur willkürlichen Verlängerung der Rechtsmittelfrist manipulativ ein später liegendes Datum eingesetzt worden ist.[1] Der Beweis der Unrichtigkeit ist nicht schon dadurch geführt, dass der gerichtliche Eingangsstempel ein früheres Datum aufweist als das Empfangsbekenntnis selbst.[2] Der Wille des Anwalts, das Empfangsbekenntnis erst an einem späteren Tag absenden zu wollen als an dem Tag der durch einen Stempel dokumentierten Unterzeichnung, ist unbeachtlich.[3]

c) Eingangsstempel

39 Bei der **Widerlegung des** vom gerichtlichen **Eingangsstempel** bezeugten **verspäteten Eingangs** einer Rechtsmittel- oder Einspruchsschrift ist die volle Überzeugung des Gerichts vom rechtzeitigen Eingang erforderlich.[4] Die Anforderungen an den Beweis nach § 418 Abs. 2 dürfen bei gerichts- bzw. behördeninternen Vorgängen nicht überspannt werden.[5] Beim Einwurf in einen **Nachtbriefkasten** hat das Gericht zunächst **behördeninterne Aufklärung** zu betreiben.[6] Nicht bewiesen werden muss, wie es zu dem unrichtigen Eingangsstempel (Stempelung am Folgetag) gekommen ist.[7] Beweisen lässt sich die Unrichtigkeit bei Ausstellung eines Einlieferungsbelegs des Postdienstleisters anhand der Sendungsverfolgung aufgrund einer Identifikationsnummer im Internet.

40 **Glaubhaftmachung** (§ 294) **soll** zur Entkräftung **nicht genügen**.[8] Diese Aussage ist jedoch aufzuspalten. Glaubhaftmachung kann nämlich zweierlei bedeuten: Herabsetzung der Überzeugungsbildung auf bloße Wahrscheinlichkeit und Zulassung des Beweismittels der eidesstattlichen Versicherung. Gegen die **Verwendung eidesstattlicher Versicherungen** ist kein Einwand zu erheben, wenn die Anforderungen an die Überzeugungsbildung von der Richtigkeit der Gegenbehauptung nicht abgesenkt werden.[9] Begründen lässt sich dies allerdings nicht mit § 236 Abs. 2 S. 1, also einem Rückschluss aus den Voraussetzungen der Wiedereinsetzung in den vorigen Stand;[10] anderenfalls würden die Wiedereinsetzungsvoraussetzungen (fristgerechte Antragstellung, fehlendes Verschulden) überspielt. Eine Wiedereinsetzung setzt eine Fristversäumung voraus, während mit der Beweisentkräftung die Fristversäumung widerlegt werden soll.

---

1 LAG Köln MDR 1987, 699.
2 BGH NJW 1990, 2125.
3 OVG Münster NJW 2010, 3385.
4 BGH (V. ZS) NJW-RR 2012, 701 Rz. 7; BGH (XII. ZS) NJW-RR 2001, 280; (VII.ZS) NJW 1998, 461 = VersR 1998, 1439 = MDR 1998, 57; (XII.ZS) VersR 1995, 1467, 1468; (IX.ZS) VersR 1984, 442, 443 (Defekt der Schaltuhr des Nachtbriefkastens); OVG Weimar NVwZ-RR 1995, 233, 234.
5 BGH (VIII. ZS) NJW-RR 2014, 179 Rz. 10; BGH (VI. ZS) NJW 2007, 3069 Rz. 12; BGH (III.ZS) VersR 2005, 1750 f. = NJW 2005, 3501; BGH (VII.ZS) FamRZ 2005, 106; VersR 1995, 1467, 1468; (VIII.ZS) VersR 1977, 721, 722; OLG Köln FamRZ 1992, 1082.
6 BGH NJW 2008, 3501 Rz. 11; BGH NJW-RR 2012, 701 Rz. 7.
7 BGH NJW-RR 2012, 701 Rz. 10.
8 BGH NJW-RR 2014, 179 Rz. 10; BGH NJW-RR 2010, 217 Rz. 8; BGH NJW 2005, 3501 = VersR 2005, 1750 f.; BGH (XII.ZS) VersR 2001, 733 = NJW-RR 2001, 280; (IX.ZS) NJW 2000, 1872, 1873 = VersR 2000, 868; NJW 1998, 461; BFH NJW 1996, 679; BB 1978, 245; a.A. BGH (XII.ZS) NJW 1996, 2038 (auch eidesstattliche Versicherung).
9 So denn auch BGH (XII. ZS) NJW 1996, 2038; wohl ebenso BGH VersR 2005, 1750 f. = NJW 2005, 3501; OLG Naumburg MDR 1999, 501; insoweit unzutreffend a.A. BGH VersR 1973, 186, 187; BGH NJW-RR 2010, 217 Rz. 8.
10 BGH (VIII.ZS) VersR 1973, 186, 187; a.A. BGH (IX.ZS) MDR 1983, 749.

In der Vorlage einer **anwaltlichen Versicherung**, die als solche als nicht ausreichend bewertet wird, liegt ein **Angebot** des Anwalts auf **Vernehmung als Zeuge**; dieser Beweis ist dann zu erheben.[1] Für die Beweiserhebung – also die Beweismittel – gilt der **Freibeweis**.[2] Daraus ergibt sich die Zulässigkeit der eidesstattlichen Versicherung.[3] Der Versuch der **Entkräftung** des durch den Eingangsstempel begründeten Beweises und der für den Fall des Misslingens zu stellende **Antrag auf Wiedereinsetzung** gegen die dann anzunehmende Fristversäumung können **miteinander verbunden** werden.[4]

Die Anbringung des Eingangsstempels ist ein **Justizverwaltungsakt** i.S.d. § 23 Abs. 1 EGGVG, gegen dessen Richtigkeit Antrag auf gerichtliche Entscheidung gestellt werden kann.[5] Damit kann die Fehlerhaftigkeit der Eingangsdokumentation in einem **selbständigen Verfahren** überprüft werden.

d) Faxserververmerk

Der **Eingangsvermerk** eines **Faxservers** hat einen ebenso hohen Beweiswert wie ein Empfangsbekenntnis, auch wenn § 418 nicht anwendbar ist. Der vermerkte Eingangszeitpunkt kann durch einen **abweichenden bestätigenden „OK-Status"** auf dem Sendegerät widerlegt werden, der seinerseits durch ein geeignetes Beweismittel nachgewiesen wird, oder durch Vorlage der Telekomabrechnung, deren Zeitangabe durch § 5 Nr. 5 TKV gesetzlich vorgeschrieben ist und die regelmäßig mit einem Zeitnormal abgeglichen wird.[6]

e) Zustellervermerk

Wenn der Behauptung nachgegangen werden soll, dass der Postzusteller bei einer Zustellung mit Zustellungsurkunde **keinen Benachrichtigungszettel eingeworfen** hat, muss schon der **Beweisantritt** für die Behauptung unrichtiger Beurkundung **substantiiert** erfolgen, nämlich eine gewisse Wahrscheinlichkeit für die Unrichtigkeit darlegen.[7] Der Zustellungsadressat darf sich also nicht auf die schlichte Behauptung beschränken, er habe keine Benachrichtigung erhalten,[8] auch wenn dies glaubhaft gemacht wird (dazu auch oben Rz. 35). Dasselbe gilt, wenn der Adressat geltend macht, eine **Ersatzzustellung** sei im Geschäftslokal einer dort **nicht beschäftigten Person** (vgl. § 178 Abs. 1 Nr. 2) ausgehändigt worden, obwohl § 418 darauf nicht anwendbar ist (oben Rz. 32); der Zustellervermerk stellt ein starkes Beweisanzeichen für die Wahrung der Zustellungsform dar, das nur durch eine plausible und schlüssige Darstellung von gegenläufig wirkenden Tatsachen entkräftet werden kann.[9] Das Zustellunternehmen hat die Beweismöglichkeiten dadurch zu erleichtern, dass es die la-

---

1 BGH NJW-RR 2010, 217 Rz. 9.
2 BGH NJW-RR 2012, 701 Rz. 7; BGH NJW-RR 2010, 217 Rz. 8; BGH VersR 2001, 733 = NJW-RR 2001, 280; NJW 2000, 1872, 1873 = VersR 2000, 868; NJW 1998, 461; NJW 1996, 2038; FamRZ 1993, 313; NJW 1987, 2875, 2876; BVerwG NJW 1994, 535, 536.
3 BGH VersR 1975, 924, 925.
4 BGH (XII.ZS) NJW 1997, 1312; die Voraussetzungen nicht differenzierend BGH (I.ZS) VersR 1982, 652; (IX.ZS) MDR 1983, 749.
5 OLG Celle NJW 2013, 1971.
6 BPatG NJW 2011, 2522, 2523.
7 BVerfG NStZ-RR 1998, 74; BVerwG NJW 1985, 1179, 1180; NJW 1986, 2127, 2128; OLG Düsseldorf NJW 2000, 2831, 2832.
8 BGH NJW 2006, 150, 151; BGH VersR 1986, 787; BGH VersR 1984, 81, 82; s. ferner BayObLG FamRZ 1990, 428, 429; OLG Saarbrücken MDR 2004, 51, 52; a.A. wegen Verkürzung der Beweiskraft des § 418 Abs. 1 über den Erhalt des Benachrichtigungsscheins OLG Hamm MDR 1982, 501. Zur Notwendigkeit substantiierter Darlegung bei Scheitern von Abholversuchen BVerfG NJW-RR 2002, 1008.
9 BGH NJW 2004, 2386, 2387.

dungsfähige **Anschrift des Postzustellers** bekannt gibt; die Nichterfüllung dieser Verpflichtung kann eine Haftung als Frachtführer begründen.[1]

3. Beweiskraftbeschränkung bei fehlender eigener Wahrnehmung

45 Grundsätzlich gelten nach § 418 Abs. 1 nur die **Tatsachen** als voll bewiesen, die **auf eigener Wahrnehmung** basieren. Urkunden, bei denen das Zeugnis nicht auf eigener Wahrnehmung der Urkundsperson beruht, haben diese Beweiskraft gem. § 418 Abs. 3 nur dann, wenn dies in einer **besonderen Gesetzesvorschrift** angeordnet ist. Unerheblich ist, ob es sich um Bundes- oder Landesgesetze handelt, auch wenn § 418 Abs. 3 von Landesgesetzen spricht. Fehlt eine entsprechende gesetzliche Bestimmung, so kommt nur eine freie Beweiswürdigung (§ 286) in Betracht.

46 Von Bedeutung ist insbesondere § 54 PStG bezüglich der Eintragungen in **Personenstandsregister und Personenstandsurkunden**. Durch sie wird nicht nur die von dem Standesbeamten selbst vorgenommene Eheschließung bewiesen; Beweis begründen sie auch für die auf fremder Wahrnehmung beruhenden Tatsachen wie Geburt oder Tod einer Person.

47 Ein **Notar** kann sich mangels erleichternder Vorschriften i.S.d. § 418 Abs. 3 **nicht** der **Sinneskräfte einer Hilfsperson** bedienen.[2] Daraus folgt die fehlende körperliche Eignung eines Blinden für das Amt eines Notars.

48 Unter § 418 fällt die **Bescheinigung des Sozialamtes**, dass Sozialhilfe an den Gläubiger eines Unterhaltstitels gezahlt worden ist;[3] das genügt im Verfahren nach § 727 zum Nachweis der Rechtsnachfolge,[4] wenn auch der bescheidgemäße technische Auszahlungsvorgang durch die Stadtkasse erfolgt und insoweit eine eigene Wahrnehmung des Sozialamtes fehlt.[5]

49 Auf **ausländische Geburtsurkunden** soll § 418 Abs. 3 mit der Maßgabe anzuwenden sein, dass das Recht des Errichtungsstaates eine vergleichbare Beweiswirkung für den Fall fehlender eigener Wahrnehmung anordnen muss[6] (zu ausländischen Urkunden Kap. 25 Rz. 28 ff.). Das ist in dieser Pauschalität abzulehnen. Die Grundlagen der Eintragung in ein ausländisches Personenstandsregister können wesentlich unsicherer als in Deutschland sein; dasselbe gilt für eine nachträgliche Berichtigung, wenn der Prüfungsmaßstab, der bei einer gerichtlichen Überprüfung anzuwenden ist, äußerst großzügig gehandhabt wird und nicht zu einer umfassenden, alle geeigneten Erkenntnisquellen ausschöpfenden Aufklärung von Amts wegen zwingt.[7]

50 Das **Sozialrecht** hat darauf mit der Regelung des **§ 33a SGB I** reagiert, wonach die erstmalige Angabe eines Geburtsdatums als rechtsbegründende Voraussetzung maßgebend ist und nach diesem Zeitpunkt ausgestellte Urkunden mit verändertem Geburtsdatum unberücksichtigt zu bleiben haben. Der EuGH hat darin **keine mittelbare**

---

1 AG Bonn NJW 2003, 1130.
2 BGH NJW 1963, 1010, 1012.
3 OLG Hamburg FamRZ 1981, 980, 981; OLG Hamm FamRZ 1981, 915, 916.
4 OLG Hamm FamRZ 1981, 915, 916.
5 Anders aber OLG Hamburg FamRZ 1981, 980, 981.
6 Vgl. OLG Düsseldorf FamRZ 1994, 630; zu DDR-Personenstandsurkunden *Hahn* Rpfleger 1996, 228, 229, 230.
7 Vgl. die Vorlageentscheidungen des BSG zu EuGH EuZW 2000, 470, 473, Rs. C-102/98 – Kocak/LVA Oberfranken und Rs. C-211/98 – Örs/Bundesknappschaft, ebenda Rz. 45–48 (betr. türkische Urkunden).

Diskriminierung aus Gründen der Staatsangehörigkeit gesehen.[1] Allerdings verstößt es nach der Entscheidung „Dafeki" gegen die **Freizügigkeit von Wanderarbeitern** aus der EU, wenn für die Geltendmachung von Ansprüchen, die tatbestandlich an die Vorlage von Personenstandsurkunden geknüpft sind, die Urkunden des Heimatstaates einschließlich deren Berichtigungen nicht anerkannt werden, sofern die Richtigkeit nicht durch konkrete, auf den jeweiligen Einzelfall bezogene Anhaltspunkte ernstlich in Frage gestellt ist.[2]

Die **unterschiedliche Behandlung** inländischer und ausländischer **Personenstandsurkunden** ist aber **nicht** schlechthin als **gemeinschaftsrechtlich verbotene Diskriminierung** angesehen worden. Der EuGH hat vielmehr anerkannt, dass die Verlässlichkeit einer Geburts- oder sonstigen Personenstandsurkunde in hohem Maße davon abhängt, in welchem Verfahren und unter welchen Voraussetzungen des nationalen Rechts sie geändert werden kann. Daher sind Behörden und Gerichte eines Mitgliedstaates nach Gemeinschaftsrecht nicht verpflichtet, nachträgliche Berichtigungen von Personenstandsurkunden durch die zuständigen Behörden eines anderen Mitgliedstaates genauso zu behandeln wie entsprechende eigene Berichtigungen.[3] 51

Zum Umgang mit Urkunden aus anderen EU-Staaten auch Kap. 25 Rz. 32 und Kap. 27 Rz. 111. 52

§ 93 Privaturkunden, § 416 ZPO

I. Formelle Beweiskraft

1. Gesetzliche Beweisregel

a) Grundsatz

Echtheit (§§ 439, 440) und Mangelfreiheit (§ 419) vorausgesetzt erbringt die unterschriebene Privaturkunde nach der Beweisregel des § 416 den Beweis, dass die in ihr enthaltene Erklärung vom Aussteller abgegeben wurde.[4] Erforderlich ist dafür nach § 420 die **Vorlage der Urschrift**.[5] Einer **Fotokopie** fehlt grundsätzlich die formelle Beweiskraft[6] (zu Durchbrechungen s. Kap. 28 Rz. 38 f.), und zwar mangels einer Gleichstellung der Privaturkunde mit öffentlichen Urkunden in § 435 selbst dann, wenn die Kopie notariell beglaubigt worden ist.[7] Gleichzustellen sind **Telefaxschreiben**. 53

Der Beweis ist nicht lediglich gegen den Aussteller und dessen Rechtsnachfolger gerichtet, sondern **wirkt** für und **gegen jedermann**.[8] Soweit die formelle Beweiskraft des § 416 reicht, ist die **freie Beweiswürdigung** (§ 286) **ausgeschlossen**. § 416 ist eine der lex fori unterliegende Bestimmung des Verfahrensrechts, die nicht als verdeckte 54

---

1 EuGH EuZW 2000, 470, 473, Rz. 52; m. Bespr. *Stürmer* NZS 2001, 347.
2 EuGH, Urt. v. 2.12.1997, Rs. C-336/94 – Dafeki/LVA Württemberg, Slg. 1997, I – 6761, 6776, 6780, Rz. 19 = EuZW 1998, 47 = StAZ 1998, 117 m. Anm. *Otto*; ebenso OLG Köln FamRZ 2005, 1673 (LS; faktische Gleichstellung mit der Wirkung inländischer Personenstandsurkunden nach §§ 60, 66 PStG).
3 EuGH Slg. 1997, I – 6780 Rz. 18.
4 Vgl. dazu BGH NJW-RR 2006, 847, 848 = VersR 2006, 992, 993; NJW-RR 2003, 384; NJW 2002, 2707; VersR 1994, 371; NJW-RR 1990, 737, 738; NJW 1986, 3086; OLG Karlsruhe NJW-RR 1993, 489, 490; LG Fulda VersR 2012, 365, 366 (ärztliches Attest zur Arbeitsunfähigkeit).
5 BGH NJW 1980, 1047, 1048; BGH NJW-RR 1993, 1379, 1380 = WM 1993, 1801, 1802 = ZIP 1993, 1170, 1172; BGH ZIP 2014, 77, 78; OLG Bamberg NJW-RR 2014, 352, 353.
6 OLG Hamm OLGR 1993, 344; LAG Düsseldorf MDR 1995, 612.
7 BGH NJW 1980, 1047, 1048; BGH ZIP 2014, 77, 78; OLG Hamm OLGR 1993, 344.
8 *Britz* S. 207 f., 215.

Formvorschrift zu qualifizieren ist; ihre Anwendung wird daher durch Art. 11 Abs. 2 CISG (UN-Kaufrecht) nicht ausgeschlossen.[1]

55 Auf per **E-Mail** abgegebene Erklärungen ist § 416 nicht anzuwenden, weil es sich um ein elektronisches Dokument i.S.d. § 371 Abs. 1 S. 2 handelt. Der Ausdruck der E-Mail hat allerdings Beweisbedeutung im Rahmen des Grundsatzes freier Beweiswürdigung. Ein **Anscheinsbeweis** spricht **nicht** für die Identität des Absenders und die Abgabe der Erklärung durch ihn, wenn es sich um eine **ungesicherte E-Mail** handelt[2] (zum Zugangsbeweis Rz. 73). Dem steht nicht nur die fehlende Typizität des Geschehensablaufs entgegen, sondern vor allem die Wertung, die die Regelung des § 371a Abs. 1 S. 2 für Dokumente mit qualifizierter elektronischer Signatur trägt.[3]

b) Inverkehrgabe

56 Bewiesen wird auch die Äußerung (Entäußerung) bzw. Absendung der Erklärung,[4] also das **willentliche Inverkehrbringen** der Urkunde **durch den Aussteller**, wenn deren Aushändigung nach materiellem Recht erforderlich ist. Befürwortet man dieses Auslegungsergebnis, darf § 416 nicht auf den Sachverhalt der Inverkehrgabe einer Willenserklärung (§ 130 BGB) beschränkt werden; gleich zu behandeln sind die **wertpapierrechtlichen Tatbestände**, die eine **Begebung** der Urkunde verlangen.[5] Beide Sachverhaltsgruppen betreffen den eigentlichen (schmalen) Anwendungsbereich des § 416.

57 Erträglich ist diese Auslegung allerdings nur, wenn entgegen dem – aufgrund eines Vergleichs mit §§ 415 Abs. 2, 418 Abs. 2 eingeschränkt zu verstehenden – Normwortlaut des § 416 ein **Beweis der Unrichtigkeit analog § 415 Abs. 2** zugelassen wird (unten Rz. 78).[6] Die Notwendigkeit eines Hauptbeweises der Unrichtigkeit bedeutet bereits eine Verschärfung der Beweislage zu Lasten des Ausstellers gegenüber einer Interpretation, die den Beweis der willentlichen Inverkehrgabe aus § 416 ausklammert. Nach der **Gegenauffassung**, die das Inverkehrbringen nicht unter § 416 subsumiert, kann der Beweisführer die Inverkehrgabe im Rahmen des **§ 286** indiziell z.B. durch den Urkundenbesitz beweisen; dagegen kann der Aussteller einen normalen Gegenbeweis führen, für den eine Erschütterung des Hauptbeweises ausreicht.

58 **Zeit und Ort der Erklärungsabgabe** werden in keinem Falle von der formellen Beweiskraft erfasst[7] (s. auch unten Rz. 65).

59 Überlagert wird das Beweisrecht durch **materiell-rechtliche Zurechnungsnormen**, die die Geltendmachung des **Abhandenkommens** (Verlustes) oder der sonstigen unfreiwilligen Inverkehrgabe der urkundlich verbrieften Willenserklärung **ausschließen**. Die Behauptung der Unfreiwilligkeit kann wegen entgegenstehender, dem **Verkehrsschutz** Rechnung tragender Zurechnungskriterien irrelevant werden, so dass deshalb kein Beweis (der Unrichtigkeit) zu erheben ist. Eine Zurechnung würde etwa bei

---

1 Vgl. dazu *Ranker* IPRax 1995, 236, 237.
2 *Roßnagel/Pfitzmann* NJW 2003, 1209, 1211; a.A. *Mankowski* NJW 2002, 2822, 2827 f.; *Mankowski* CR 2003, 44, 45.
3 Ebenso *Roßnagel/Pfitzmann* NJW 2003, 1209, 1213; a.A. *Mankowski* NJW 2002, 2822, 2827.
4 BGH NJW-RR 2006, 847, 848; BGH FamRZ 2003, 669 = NJW-RR 2003, 384 = VersR 2003, 229 (dort als „Begebung" bezeichnet); MünchKommZPO/*Schreiber*[4] § 416 Rz. 9; *Britz* S. 152 ff., 180, 210; Zöller/*Geimer*[30] § 416 Rz. 9.
5 A.A. MünchKommZPO/*Schreiber*[4] § 416 Rz. 9; *Britz* S. 160.
6 Im Ergebnis ebenso BGH NJW-RR 2006, 847, 848; BGH NJW 2013, 3306 Rz. 28 = ErbR 2013, 314 m. Anm. *Ahrens* (krit. zur Anwendung im Streitfall). Anders jedoch *Britz* S. 152; MünchKommZPO/*Schreiber*[4] § 416 Rz. 11.
7 BGH ZIP 1993, 1170, 1172 (Zeit der Ausstellung); Musielak/*Huber*[10] § 416 Rz. 4.

rechtsmissbräuchlicher Verwendung eines Faksimile-Namensstempels, der Dritten frei zugänglich ist, stattfinden.[1] Der BGH hat in der Entscheidung NJW-RR 2006, 847, 849 den prozessualen und den materiell-rechtlichen Weg zur Ausschaltung des Einwands des Abhandenkommens der Willenserklärung hintereinander geprüft, ohne sich zu dem Rangverhältnis der Prüfungen zu äußern. **Vorrang** hat der Weg, der eine **Beweiserhebung vermeidet.**

c) Zugang, Willensmängel

Der **Zugang** empfangsbedürftiger Willenserklärungen wird demgegenüber **nicht** von der **formellen Beweiskraft** erfasst.[2] Der Beweis des Zugangs spielt bei elektronischen Erklärungen[3] und bei per Fax übermittelten Schriftstücken[4] – dort hinsichtlich Form und Frist – u.a. wegen möglicher technischer Störungen und Bedienungsfehlern eine erhebliche Rolle.

60

Ein **Faxsendeprotokoll** hat wegen der Manipulierbarkeit durch den Absender für sich genommen nur indizielle Funktion für den Sendevorgang; der lesbare Eingang im Empfangsgerät kann auch durch einen „o.K."-Vermerk im Sendeprotokoll nicht geführt werden (s. auch Kap. 16 Rz. 72 und unten Rz. 75).[5] Einen höheren indiziellen Beweiswert, jedoch keinen Anscheinsbeweis liefern **Empfangs- und Lesebestätigungen im E-Mail-Verkehr.**[6]

61

Dass der **Aussteller** der Urkunde beschränkt geschäftsfähig, **geschäftsunfähig**, geistig gebrechlich[7] oder der Sprache, in der die Urkunde abgefasst wurde, nicht mächtig ist,[8] ändert an der formellen Beweiskraft nichts, ist aber bei der **materiellen Beweiswürdigung** über die inhaltliche Richtigkeit der Erklärung zu berücksichtigen.

62

d) Vorrang der Echtheitsprüfung

In der praktischen Rechtsanwendung hat der Beweis der Echtheit des Urkundentextes (§ 440 Abs. 1), wenn sie bestritten wird, der Anwendung des § 416 voranzugehen.[9] Der Gegner des Beweisführers hat sich **zur Urkundenechtheit** (einschließlich der Echtheit einer Namensunterschrift) nach § 439 zu **erklären.** Wenn die **Echtheit** der **Namensunterschrift** feststeht, **vermutet** § 440 Abs. 2 (Vermutung i.S.d. § 292) die **Echtheit** des über der Unterschrift stehenden **Textes.**[10] Der Gegner des Beweisführers muss nicht etwa eine Fälschung der Unterschrift unter der Urkunde nachweisen.[11] Wegen § 440 Abs. 2 ist der Anwendungsbereich des § 416 sehr schmal, wenn die Regel nicht sogar sinnlos ist.[12]

63

---

1 Vgl. OLG Jena OLGR 1999, 149, 151 (dort ohne Angabe der Zurechnungskriterien).
2 BGH NJW-RR 1989, 1323, 1324; Musielak/*Huber*[10] § 416 Rz. 4; Zöller/*Geimer*[30] § 416 Rz. 9.
3 Überblick bei *Mankowski* NJW 2004, 1901 ff. m.w.N.
4 Überblick bei *Riesenkampff* NJW 2004, 3296 ff. m.w.N.; *Mankowski* NJW 2004, 1901, 1904.
5 BGH NJW 1995, 665, 666 f.; NJW-RR 2002, 999, 1000; VersR 2002, 1045, 1046.
6 Demgegenüber für Anscheinsbeweis *Mankowski* NJW 2004, 1901, 1907.
7 Vgl. OLG Köln MDR 1964, 155; OLG Karlsruhe MDR 1978, 667; Stein/Jonas/*Leipold*[22] § 416 Rz. 10.
8 RG Gruchot 31, 902, 904.
9 Vgl. BGH NJW-RR 2006, 847, 848.
10 BGH NJW-RR 2006, 847, 848; BGHZ 104, 172, 177.
11 BGH WM 1995, 1107, 1109 (unter Aufhebung einer gegenteiligen Handhabung des Berufungsgerichts!); *Britz* S. 137.
12 So AK-ZPO/*Rüßmann* § 416 Rz. 1; dazu *Britz* S. 145 ff.

64 Die **mangelnde Echtheit** der Urkunde kann überdies aus Gründen des **Verkehrsschutzes** nach materiell-rechtlichen Zurechnungskriterien unbeachtlich sein. Dies betrifft Sachverhalte der „abhanden gekommenen" Willenserklärung (oben Rz. 59).[1]

e) Inhaltliche Richtigkeit

65 Die inhaltliche Richtigkeit der Erklärung, z.B. des in der Privaturkunde bestätigten Vorgangs, wird von der formellen Beweiskraft nicht erfasst,[2] sondern unterliegt der **freien Beweiswürdigung** nach § 286.[3] Dies gilt für alle Umstände der Abgabe der Erklärung. Ist ein **Datum** in der Erklärung enthalten, beweist die Urkunde lediglich die Angabe des Datums, nicht aber, dass es richtig angegeben wurde (s. schon oben Rz. 58).[4] Ein solches Datum hat nicht einmal die tatsächliche Vermutung der Richtigkeit für sich.[5] Nicht bewiesen werden auch die Richtigkeit der Angabe über den Ort[6] und den Inhalt und das Zustandekommen des durch die Urkunde bestätigten Rechtsgeschäfts.[7] Ebenfalls nicht unter § 416 fällt die Auslegungsregel der Vollständigkeitsvermutung[8] (dazu unten Rz. 71). Damit bleibt die Beweiskraft einer Privaturkunde wesentlich hinter der Beweiskraft öffentlicher Urkunden gem. §§ 415, 417, 418 zurück.

2. Ergänzende richterrechtliche Vermutungen

66 Die Rechtsprechung gleicht das Fehlen weiterreichender formeller Beweisregeln durch die **Anwendung von Erfahrungssätzen** aus, die die freie Beweiswürdigung leiten und als solche revisibel sind. Näher dazu nachfolgend Rz. 67 ff.

II. Materielle Beweiskraft

1. Bedeutung des Beweisthemas

67 Die materielle Beweiskraft unterliegt der freien Würdigung des Gerichts und hängt vorbehaltlich generalisiert anzuwendender richterrechtlicher Erfahrungssätze vom Einzelfall ab. Die Beweiskraft richtet sich nach dem Beweisthema; sie bleibt bei Zeugnisurkunden in der Regel hinter der von Tatbestandsurkunden zurück. Bei **Tatbestandsurkunden** ist die Abgabe der (Willens-)Erklärung Beweisthema und dieser Beweis mit der Urkunde erbracht.[9] Die Auslegung der Erklärung und die Beurteilung ihrer rechtlichen Wirksamkeit[10] liegen außerhalb der Beweiswürdigung. **Zeugnisurkunden** geben den Bericht einer Person über Vorgänge wieder, ohne dass der urkundlichen Fixierung ein erhöhter Beweiswert zukommt (anders: § 418); sie haben le-

---

1 Dazu *Britz* S. 162 ff.
2 BGH NJW 2002, 2707; NJW-RR 1993, 1379, 1380; NJW 1986, 3086; OLG Saarbrücken MDR 1997, 1107; LAG München NJW 1989, 998, 999; BayObLG NJW-RR 1990, 210, 211; OLG Karlsruhe NJW-RR 1993, 489, 490; OLG Düsseldorf NJW-RR 1996, 360, 361; OLG Dresden VuR 2000, 216, 217; *Britz* S. 150 f.
3 BGH NJW 2002, 2707; NJW-RR 1993, 1379, 1380; OLG Karlsruhe NJW-RR 1993, 489, 490; OLG Düsseldorf NJW-RR 1996, 360, 361; OLG Köln VersR 1998, 1006, 1007 = OLGR 1998, 10; OLG Celle OLGR 1997, 221, 222; OLG Hamburg MDR 1999, 375.
4 BGH ZIP 1993, 1170, 1172; NJW-RR 1990, 737, 738 = WM 1990, 638, m. Bespr. *Mayer/Mayer* ZZP 105 (1992), 287; RGZ 73, 276, 279; KG OLGZ 1977, 487, 488 = MDR 1977, 674.
5 A.A. KG OLGZ 1977, 487, 488; *Mayer/Mayer* ZZP 105 (1992), 287, 291 (unter Behauptung eines nicht existenten Erfahrungssatzes).
6 BGH NJW-RR 1990, 737, 738; BGH NJW-RR 1993, 1379, 1380.
7 BGH NJW-RR 1993, 1379, 1380; BGH NJW-RR 1989, 1323, 1324.
8 Unrichtig daher BGH (XII. ZS) ZIP 2005, 391, 393.
9 MünchKommZPO/*Schreiber*[4] § 416 Rz. 9; Stein/Jonas/*Leipold*[22] § 416 Rz. 10.
10 Zur Beurteilung als Scheingeschäft nach § 286 ZPO OLG München VersR 2010, 814.

diglich Indizwirkung für das berichtete Geschehen, die vom Gericht gem. § 286 frei zu würdigen ist.[1]

2. Quittungen

Zeugnisurkunde ist z.B. eine vom Aussteller unterschriebene **Quittung**. Sie enthält ein außergerichtliches Geständnis des Leistungsempfangs und stellt als solches ein Indiz für die Wahrheit der zugestandenen Tatsache dar.[2] Der **Beweiswert einer Quittung** hängt von den Umständen des Einzelfalles[3] ab, insbesondere der allgemeinen Zuverlässigkeit des Ausstellers und der Bedeutung der Quittung für die beteiligten Verkehrskreise.[4] Der **Gegenbeweis** ist bereits dann geglückt, wenn die Überzeugung des Gerichts von der zu beweisenden Tatsache erschüttert wird.[5] nicht erforderlich ist also, dass die Tatsache – wie bei einem Gegenteilsbeweis – als unwahr erwiesen wird oder sich auch nur eine zwingende Schlussfolgerung gegen sie ergibt.[6] Der Beweiswert ist aber beispielsweise dann erschüttert, wenn der quittierte Betrag mit der noch offenen Restforderung nicht ansatzweise zu vereinbaren ist.[7] Ihr Wert ist ferner eingeschränkt, wenn sie von einer geschäftsunfähigen oder unter Pflegschaft stehenden Person ausgestellt wurde.[8]

68

In der Rechtsprechung ist anerkannt, dass einer **Bankquittung** ein **hoher Beweiswert** zukommt, weil von Banken regelmäßig qualifiziertes Personal eingesetzt wird und die organisatorischen Kontrollmaßnahmen hoch sind.[9] Von dem Vertrauen in die Zuverlässigkeit der Kreditinstitute hängt die Funktionsfähigkeit der Geldmärkte ab. Für den hohen Beweiswert ist, da er nicht aus § 416 folgt, eine Belegunterschrift nicht erforderlich.[10] Die hohen Anforderungen an die Erschütterung können nicht auf eine unter Mitwirkung eines Rechtsanwaltes ausgestellte Zahlungsquittung übertragen werden.[11]

69

Klarstellende Bedeutung gegenüber der Rechtslage nach Partikularrechten vor Schaffung des BGB hat **§ 17 Abs. 1 EGZPO** für Schuldscheine und Quittungen; deren Beweiskraft ist unbefristet. Die Richtigkeit einer Baumengenabrechnung, die durch den **Prüfvermerk** eines bevollmächtigten **Bauleiters** bestätigt worden ist, ist endgültig

70

---

1 OLG Saarbrücken MDR 1997, 1107; OLG Naumburg WM 1998, 593, 595 (urkundliches Zeugnis zur Überwindung eines Zeugnisverweigerungsrechts nach § 383 Nr. 2). Beweislastumkehr für ein Sparbuch, auf dem jahrzehntelang keine Eintragung erfolgte, verneinend BGH NJW 2002, 2707, 2708; dazu auch OLG München WM 2001, 1761, 1763; LG Köln WM 2001, 1763; *Arendts/Teuber* MDR 2001, 546, 549 f.
2 BGH NJW-RR 1988, 881; OLG Frankfurt NJW-RR 1991, 172, 173; OLG Köln NJW 1993, 3079, 3080 = ZIP 1993, 1156 = WM 1993, 1791, 1792. OLG Saarbrücken MDR 1997, 1107 spricht unzutreffend von einem prima-facie-Beweis.
3 OLG Celle OLGR 1997, 221, 222.
4 OLG Düsseldorf TranspR 1998, 30, 31 (erheblicher Wert der Empfangsquittung des Frachtführers auf Ladeliste); in der Würdigung der Quittung auf einem KVO-Frachtbrief davon abweichend OLG Köln VersR 1998, 1006, 1007.
5 BGH NJW-RR 1988, 881; OLG Frankfurt NJW-RR 1991, 172; OLG Köln NJW 1993, 3079, 3080.
6 GH NJW-RR 1988, 881; OLG Celle OLGR 1997, 221, 222.
7 OLG Saarbrücken MDR 1997, 1107.
8 OLG Karlsruhe MDR 1978, 667; OLG Köln MDR 1964, 155.
9 BGH NJW-RR 1988, 881, 882; OLG Frankfurt NJW-RR 1991, 172, 173; OLG Köln NJW 1993, 3079, 3080; OLG Köln JMBl. NRW 1993, 153; WM 2001, 677, 678; s. auch LG Ingolstadt WM 1996, 2145, 2146. Ebenso für ein Sparbuch OLG Köln NJW-RR 2001, 188; OLG Köln WM 2004, 1475; OLG Frankfurt ZIP 2011, 1095. Zum Annahmevermerk auf einem Überweisungsträger BGH NJW 1998, 1640.
10 BGH NJW-RR 1988, 881.
11 OLG Köln JMBl. NW 1993, 153.

rechtsverbindlich nachgewiesen, wenn eine Überprüfung wegen nachfolgender Arbeiten nicht mehr möglich ist.[1]

3. Vertragsurkunden, Protokollerklärungen

71 **Vertragsurkunden** erbringen – gleich ob privatschriftlich verfasst oder notariell beurkundet (dann § 415) – im Verhältnis der Vertragsparteien (nicht auch in Bezug auf Dritte) die Vermutung dafür, dass sie die **Erklärungen vollständig und richtig** wiedergeben;[2] es besteht die Vermutung, dass die Vertragsurkunde den endgültigen, wohlüberlegten Willen der Parteien enthält.[3] Dasselbe gilt für Beweisurkunden, die als **gemeinsames Protokoll**[4] aufgenommen oder die im Rahmen von Vertragsbeziehungen zwar einseitig errichtet worden sind, die aber doch zur Verwendung durch den Vertragspartner bestimmt sind, etwa Frachtbriefe, die nicht die Anforderungen des § 409 HGB einhalten.[5] Die Vermutung der Vollständigkeit und Richtigkeit der Vertragsurkunde ist entkräftet, wenn die Parteien eine Nebenabrede getroffen haben, die nicht in der Urkunde enthalten ist.[6]

72 Der Beweis für **abweichende mündliche Abreden** oder außerhalb der Urkunde liegende Umstände muss von der Partei geführt werden, die sich auf sie beruft.[7] Dasselbe gilt, soweit es um die Begebung der Urkunde geht und darauf nicht die formelle Beweisregel angewandt wird (dazu oben Rz. 56),[8] jedoch spricht dann der Besitz der Urkunde für deren Aushändigung durch den Aussteller. Ein außerhalb der Urkunde liegender Umstand ist nicht gegeben, wenn der Urkundeninhalt mehrdeutig ist und darüber Beweis zu erheben ist; es gelten dann die allgemeinen Regeln der Beweislastverteilung.[9]

73 Eine Sonderstellung nimmt auch das **anwaltliche Empfangsbekenntnis** ein. Näher dazu Kap. 25 Rz. 109.

4. Sonstige Schriftstücke

74 Privaturkunden, die **weder unterschrieben** noch mittels notariell beurkundeten Handzeichens unterzeichnet sind, etwa Eintragungen in **Handelsbücher**,[10] Notizen oder nicht unterschriebene Telefaxe,[11] unterliegen der freien Beweiswürdigung gem.

---

1 OLG Köln NJW-RR 2013, 265, 266.
2 BGH NJW 1980, 1680, 1681; ZIP 2005, 391, 393 (dort das Ergebnis unrichtig § 416 unterstellend); zu Datumsangaben: NJW-RR 1990, 737, 738; KG OLGZ 1977, 487, 488; OLG Düsseldorf OLGR 1998, 194, 195. *Mayer/Mayer* ZZP 105 (1992), 287, 290, wollen den „Erfahrungssatz" auch auf einseitig erstellte Urkunden anwenden. Notarielle Verträge: BGH NJW-RR 1998, 1470; NJW 2002, 3164, 3165; NJW 1999, 1702, 1703 = VersR 1999, 1373, 1374; DNotZ 2003, 696, 698. Zur AGB-Kontrolle von Beweislastklauseln, die von der Vollständigkeitsvermutung ausgehen, BGH NJW 2000, 207 f.
3 RGZ 88, 370, 372; KG OLGZ 1977, 487, 488 = MDR 1977, 674.
4 OLG Düsseldorf NJW-RR 2004, 300 (Abnahmeprotokoll nach Wohnungsräumung).
5 Vgl. OLG Düsseldorf NJW-RR 1996, 361 (fehlender Beschädigungsvermerk zum Transportgut).
6 BGH NJW 1989, 898.
7 BGH ZIP 2005, 391, 393; NJW 2002, 3164, 3165; NJW 1999, 1702, 1703.
8 MünchKommZPO/*Schreiber*[4] § 416 Rz. 9.
9 BGH WM 2002, 377, 380.
10 RGZ 72, 290, 292 (Aktienbuch); BGH MDR 1955, 92, 93.
11 Ein Telefax ist nicht mit einer Fotokopie gleichzusetzen: OLG Köln NJW 1992, 1774, 1775. S. dazu auch *Beckemper* JuS 2000, 123.

§ 286.¹ Mit ordnungsgemäß geführten Handelsbüchern für sich allein genommen kann der Richter einen Beweis als geführt ansehen; andere Umstände des Verhandlungsergebnisses und der Beweisaufnahme im konkreten Einzelfall können die Beweiskraft mindern oder erhöhen.² Der Inhalt der Handelsbücher begründet keinen Anscheinsbeweis.³ Der Auslieferungsbeleg des Postzustellers beim **Einwurf-Einschreiben** wird zwar unterschrieben und ist als solcher Zeugnisurkunde gem. § 416, doch wird er bei der elektronischen Archivierung, die drei Jahre vorgehalten wird, vernichtet; der Ausdruck ist Augenscheinsobjekt.⁴

Ungeklärt ist, unter welchen Voraussetzungen das **Sendeprotokoll** eines modernen **Faxgerätes** den Zugang des Faxschreibens beweist.⁵ Auch wenn ein Anscheinsbeweis abzulehnen ist (Kap. 16 Rz. 72), ist der indizielle Wert des Sendeprotokolls für die Übermittlung einer Sendung und deren Zugang im Empfangsgerät hoch (s. auch oben Rz. 61).⁶ **Nicht bewiesen** wird damit, dass **alle Blätter** einer Sendung **mit** der **Leseseite** in das Sendegerät **eingelegt** wurden. Umstritten sein kann auch die Authentizität des Sendeprotokolls.

75

Die **materielle Beweiskraft** ist betroffen in folgenden Sachverhalten: Vom Auftraggeber unterzeichnete detaillierte Stundenlohnzettel für Bauarbeiten,⁷ ärztliche Bescheinigung über ein Beschäftigungsverbot nach § 3 Abs. 1 MuSchG,⁸ ärztliche Dokumentation statt papiergebundener Krankenblätter,⁹ ärztliches Attest über die Arbeitsunfähigkeit (AU-Bescheinigung) oder über eine unfallbedingte Verletzung.¹⁰ Die Arbeitsgerichte erkennen der **AU-Bescheinigung** einen hohen Beweiswert zu, den der Arbeitgeber nur mit konkreten Anhaltspunkten für eine Simulation erschüttern kann.¹¹

76

III. „Gegenbeweis"

§ 416 enthält **keine** den §§ 415 Abs. 2, 418 Abs. 2 entsprechende **Regelung**, die den **Beweis gegen** die **formelle Beweisregel** ermöglicht. Die Gesetzesmaterialien zu § 415 begründen die Regelung des § 415 Abs. 2 und die Abstinenz bei § 416 damit, dass öffentliche Urkunden wegen der notwendigen Mitwirkung einer Urkundsperson der Gefahr unrichtiger Beurkundung der von den Beteiligten abgegebenen Erklärungen durch Irrtümer beim Verstehen oder durch Fälschungen der Urkundsperson ausge-

77

---

1 BGH NJW-RR 1988, 881; OLG München MDR 2008, 1353; OLG Hamm NJW 1987, 964, 965; OLG Köln DB 1983, 104, 105. Zum Fahrtenbuch im Einkommensteuerrecht BFH NJW 2000, 2376.
2 BGH MDR 1955, 92, 93.
3 BGH MDR 1955, 92, 93. Zur Abkehr von formellen Beweisregeln für Handelsbücher im 19. Jhdt. *Dunkmann*, Die Beweiskraft der Handelsbücher, Diss. jur. Saarbrücken 2007, S. 279 ff.
4 Vgl. dazu OLG Düsseldorf VersR 2002, 1364 (LS); LG Potsdam NJW 2000, 3722; AG Hannover VersR 2004, 317; AG Paderborn NJW 2000, 3722; *Bauer/Diller* NJW 1998, 2795, 2796; *Jänich* VersR 1999, 535, 537; *Benedict* NVwZ 2000, 167; *Reichert* NJW 2001, 2523; *Saenger/Gregoritza* JuS 2001, 899, 900, 901; *Friedrich* VersR 2001, 1090, 1091; *Hunke* VersR 2002, 660, 663 f.
5 Für Anscheinsbeweis: *Faulhaber/Riesenkampff* DB 2006, 376, 379; *Gregor* NJW 2005, 2885, 2886.
6 Im Ergebnis so auch EuG GRUR Int. 2005, 680, 685 Rz. 85 (Zustellungen des HABM von Spanien nach Österreich).
7 OLG Celle NJW-RR 2003, 1243.
8 BAG NJW 2002, 235.
9 Dazu *Muschner* VersR 2006, 621, 623.
10 Vgl. dazu LG Verden ZfS 2004, 207, 208; LG Fulda VersR 2012, 365, 366 (jeweils Beweis eines unfallbedingten HWS-Syndroms).
11 BAGE 74, 127 Rz. 36 = NZA 1994, 63; LAG Hessen LAGE § 626 BGB 2002 Nr. 26b.

setzt seien und dass diese Gefahr für Privaturkunden „meist nicht vorliege".[1] Der **Gesetzgeber** hat danach den einzig bedeutsamen Fall der Beweisregelanwendung **nicht erörtert**, nämlich das Bestreiten willentlicher **Entäußerung** der privatschriftlichen Erklärung.

78 Wird die willentliche Inverkehrgabe als von § 416 umfasst angesehen (h.M., dazu oben Rz. 56), besteht ein praktisches Bedürfnis, entgegen dem Normwortlaut den Beweis der Unrichtigkeit durch den Beweisgegner zuzulassen. Die Lücke ist durch **analoge Anwendung des § 415 Abs. 2** zu schließen.[2] Zur Lückenschließung bei § 417 s. Kap. 26 Rz. 28. Durch die Zulassung des Beweises der Unrichtigkeit wird § 416 nicht faktisch entwertet.

79 Der Beweis der Unrichtigkeit ist ein **Gegenteilsbeweis i.S.d. § 292 S. 1**. Die Notwendigkeit eines Hauptbeweises der Unrichtigkeit bedeutet eine Verschärfung der Beweislage zu Lasten des Ausstellers gegenüber einer Interpretation, die den Beweis der willentlichen Inverkehrgabe von vornherein aus § 416 ausklammert. Diejenigen Stimmen, die das Inverkehrbringen nicht unter § 416 subsumieren, verweisen den Beweisführer darauf, die Inverkehrgabe im Rahmen des § 286 **indiziell** z.B. **durch** den **Urkundenbesitz** zu beweisen;[3] dagegen kann der Aussteller einen normalen Gegenbeweis führen, für den eine Erschütterung des Hauptbeweises ausreicht. Wird der Beweis fehlender Abgabe (= des Abhandenkommens) der Willenserklärung nicht geführt, kann dasselbe Ergebnis, nämlich **Unwirksamkeit** der Willenserklärung, **materiell-rechtlich** eintreten, wenn der Erklärende bei Unterzeichnung oder Abgabe nicht geschäftsfähig war.[4]

80 Wird die **Echtheit** des Urkundentextes der Vermutung des § 440 Abs. 2 zuwider **bestritten**, hat der Beweisgegner einen **Gegenteilsbeweis** i.S.d. § 292 S. 1 zu führen.[5] Er kann wegen § 292 S. 2 auch durch Parteivernehmung gem. § 445 erbracht werden, für den § 445 Abs. 2 nicht gilt.[6]

81 Als **Beweis gegen** die **Echtheit** des Urkundentextes bei Echtheit der Namensunterschrift ist der Beweis anzusehen, dass die Urkunde durch einen **Blankettmissbrauch** entstanden ist.[7] Auf den Blankettmissbrauch ist § 416 also tatbestandlich nicht anwendbar.[8] Der Missbrauch kann durch den Beweis der Überschreitung der Vollmacht oder der unrichtigen Blankettausfüllung nachgewiesen werden, was allerdings wegen

---

1 Hahn/Stegemann, Mat., 2. Aufl. 1881, Band II/1, S. 322.
2 In der Sache ebenso BGH NJW-RR 2006, 847, 848; BGH NJW 2013, 3306 Rz. 31 = ErbR 2013, 314 m. Anm. *Ahrens*; Musielak/*Huber*[10] § 416 Rz. 3; Rosenberg/Schwab/*Gottwald*[17] § 119 Rz. 27. Offengelassen von BGH NJW-RR 2003, 384, 385 wegen fehlenden Beweisantritts für Gegenbeweis. Anders Baumbach/Lauterbach/*Hartmann*[71] § 416 Rz. 7; MünchKommZPO/*Schreiber*[4] § 416 Rz. 11; *Britz* S. 139; *Britz* ZZP 110 (1997), 61, 85.
3 So Stein/Jonas/*Leipold*[22] § 416 Rz. 16.
4 BGH NJW-RR 2003, 384, 385 (Bezugsrechtsänderung zur Lebensversicherung durch Krebskranken im finalen Stadium unter Morphiumbehandlung).
5 BGH NJW-RR 2006, 847, 848.
6 BGHZ 104, 172, 177; MünchKommZPO/*Schreiber*[4] § 440 Rz. 3; Rosenberg/Schwab/*Gottwald*[17] § 119 Rz. 27; Stein/Jonas/*Leipold*[22] § 416 Rz. 18. Autoren, die einen Gegenbeweis gegen die formelle Beweiskraft in der Richtung zulassen, dass die Urkunde dem Aussteller abhanden gekommen ist, lehnen in diesem Fall wegen § 445 Abs. 2 eine Parteivernehmung als zulässiges Beweismittel ab.
7 Vorausgesetzt in BGHZ 104, 172, 176 f. (Fall des § 440 Abs. 2, nicht des § 416); OLG Hamm OLGR 1997, 169, 170; Musielak/*Huber*[10] § 416 Rz. 3; *Britz* S. 160.
8 *Britz* S. 160; s. auch BGH NJW-RR 2006, 847, 849.

eines zurechenbar gesetzten Rechtsscheins materiell-rechtlich unerheblich sein kann.[1]

Unzulässig ist der Einwand, dass der Aussteller die Urkunde **nicht gelesen** oder **nicht verstanden** hat. Es kommt **lediglich** die **Anfechtung** wegen Irrtums, Drohung oder Täuschung[2] sowie die Nichtigkeit als Scheingeschäft (§ 117 Abs. 1 BGB) oder wegen Scherzerklärung (§ 116 S. 2 BGB) in Betracht,[3] sofern das materielle Recht derartige Einwände zulässt (s. Kap. 26 Rz. 17). Die Selbständigkeit der Widerlegung der Vermutung des § 440 Abs. 2 zeigt erneut, dass § 416 entweder keinen oder doch einen (bei Einbeziehung des Beweises der willentlichen Inverkehrgabe) nur sehr schmalen Anwendungsbereich hat.[4] 82

In Bezug auf alle Umstände, die nicht an der formellen Beweiskraft des § 416 oder der Vermutung des § 440 Abs. 2 teilhaben, ist ein **Gegenbeweis** (im technischen Sinne, vgl. Kap. 26 Rz. 35)[5] zulässig. Er kann sich gegen die Richtigkeit und inhaltliche Wahrheit der Urkunde richten. Diese Tatsachen unterliegen der freien Beweiswürdigung des Gerichts. 83

---

1 Vgl. BGH NJW 1963, 1971 (§ 172 Abs. 2 BGB analog bei Vollmachtsblankett); für § 2267 S. 1: OLG Hamm NJW-RR 1993, 269, 270. Anders bei schuldhaft ermöglichter Entwendung der Urkunde beim Geschäftsherrn, BGHZ 65, 13, 14 f.
2 RGZ 88, 278, 282.
3 Stein/Jonas/*Leipold*[22] § 416 Rz. 18.
4 Dazu auch *Britz* S. 149.
5 OLG Köln WM 1998, 1682, 1883, setzt die Erschütterung des Beweiswertes eines Schuldscheins über ein Darlehen fehlerhaft in einen Gegensatz zu einem Gegenbeweis.

Kapitel 27: Urkundenqualität

	Rz.
§ 94 Mangelhafte Urkunden, § 419 ZPO	
I. Nichtgeltung der gesetzlichen Beweisregeln	1
II. Urkundenmängel	
1. Formmängel, Inhaltsmängel	11
2. Äußere Mängel	
a) Äußerliche Erkennbarkeit	13
b) Radierungen, Durchstreichungen	15
c) Einschaltungen	16
d) Sonstige Mängel	24
§ 95 Echtheitsfeststellung von Privaturkunden kraft Parteivortrags, § 439 ZPO	
I. Beweisbedarf, Zusammenspiel mit § 138	
1. Keine Echtheitsvermutung	27
2. Beweisführer, Beweisgegner	32
II. Erklärung des Beweisgegners über die Echtheit	
1. Inhalt der Erklärung	
a) Unterschriebene Privaturkunde	33
b) Urkunden ohne Unterschrift	36
2. Zeitpunkt der Erklärung	37
III. Anerkennung der Echtheit, Fiktion der Anerkennung	40
§ 96 Richterliche Feststellung der Echtheit von Privaturkunden, § 440 ZPO	
I. Gegenstand des Beweises nach § 440 Abs. 1	42
II. Verhältnis des § 440 Abs. 2 zu § 416	46
III. Echtheitsbeweis nach § 440 Abs. 1	49
IV. Echtheitsvermutung des § 440 Abs. 2	52
V. Beweis des Gegenteils	59
§ 97 Echtheitsprüfung durch Schriftvergleichung	
I. Ziel, Gegenstand und Tauglichkeit des Beweises durch Schriftvergleichung	
1. Spezieller Echtheitsbeweis	60
2. Schriftvergleichungsmethodik	62
3. Erfordernis eines individuellen Schriftbildes	65

	Rz.
II. Systematische Einordnung des Vergleichsbeweises	68
III. Echtheit und Qualität der Vergleichsschrift	70
IV. Vergleichstextbeschaffung	
1. Urkundenrechtliche Vorlagepflicht, Anordnung von Amts wegen	73
2. Herstellungsverweigerung	74
3. Besitz der Vergleichsschrift	
a) Besitz einer Prozesspartei	
aa) Beweisführer	75
bb) Beweisgegner	76
b) Besitz Dritter	80
V. Durchführung des Schriftvergleichs	86
VI. Würdigung der Schriftvergleichung, § 442	
1. Freie Beweiswürdigung	88
2. Eigene richterliche Sachkunde	89
3. Anforderungen an den Sachverständigenbeweis	93
§ 98 Umgang mit verdächtigen Urkunden, § 443 ZPO	
I. Staatliche Verwahrung	94
II. Dauer der gerichtlichen Verwahrung	96
III. Rechtsmittel	98
§ 99 Echtheit inländischer öffentlicher Urkunden, § 437 ZPO	
I. Systematik des Echtheitsbeweises	99
II. Inlandsurkunden	101
III. Echtheitsvermutung	
1. Gesetzliche Vermutung	103
2. Echtheitszweifel	106
3. Gegenbeweis	108
IV. Entscheidung über die Echtheit	109
§ 100 Echtheit ausländischer öffentlicher Urkunden, § 438 ZPO	
I. Begriff der ausländischen Urkunde	110
II. Einzelfallbezogene Echtheitsfeststellung	113
III. Echtheitsfeststellung kraft Legalisation und Apostille	
1. Rechtsgrundlagen	117
2. Befreiung von der Legalisation	119

§ 94 Mangelhafte Urkunden, § 419 ZPO

I. Nichtgeltung der gesetzlichen Beweisregeln

Durch das Festlegen der Voraussetzungen, unter denen die Urkunde als beweiskräftig anzusehen ist, fördern die §§ 415–418 das Bedürfnis des Rechtsverkehrs nach Rechtssicherheit. **Formelle Beweiskraft** kann **nur Urkunden** zuerkannt werden, **die zuverlässig** ergeben, dass sie vom Aussteller mit dem darin niedergelegten Text herrühren, also nach Unterschrift und Textinhalt echt sind. Der unklar formulierte § 419 zeigt die Grenze auf, bei deren Überschreiten dieser Schluss nicht mehr gerechtfertigt ist. 1

Die **Urkunde** ist **echt**, wenn die Unterschrift dem Namensträger zugeordnet werden kann und die sich darüber befindende Schrift vom Aussteller stammt oder mit dessen Willen dort steht (zum Echtheitsbegriff im Übrigen Rz. 27). Ist dies wegen äußerer Mängel der Urkunde unklar, sind die Beweisregeln der **§§ 415 ff. nicht** anwendbar.[1] Selbst bei unstreitig echter Unterschrift bietet die Urkunde in diesen Fällen keine Gewähr dafür, dass sie nicht nachträglich entgegen dem Willen des Ausstellers geändert wurde. **Ausgeschlossen** ist daher **auch** die Echtheitsvermutung des § 440 Abs. 2 für private Urkunden.[2] 2

§ 419 greift nicht nur ein, wenn **feststeht**, dass die bereits unterzeichnete Urkunde **nachträglich geändert** worden ist, sondern schon dann, wenn eine **Änderung** nach dem äußeren Erscheinungsbild **lediglich möglich** ist.[3] Die Norm erstreckt sich auf sämtliche in den §§ 415 ff. behandelten Urkunden, die einen äußeren Mangel aufweisen, also sowohl auf öffentliche als auch auf private Urkunden.[4] Anzuwenden ist sie nur bei Führung eines Urkundenbeweises, **nicht** bei Unterstützung des Parteivortrages durch Vorlage der **Fotokopie** eines Vertragstextes, in dem einzelne Bestimmungen geschwärzt sind.[5] 3

Der **Rechtsgedanke des § 419** lässt sich aufgrund der identischen Interessenlage **auch** auf **außerhalb der ZPO** niedergelegte Beweisregeln anwenden, etwa auf § 21 Abs. 1 S. 2 BNotO (Vermutung der Richtigkeit von Handelsregisterbescheinigungen des Notars) oder § 50 Abs. 2 BeurkG (Vermutung der Richtigkeit der Übersetzung eigener Urkunden).[6] 4

Eine nach § 438 Abs. 1 als echt anzusehende **ausländische öffentliche Urkunde** steht der Beweiskraft einer deutschen ausländischen Urkunde gleich[7] (vgl. Kap. 25 Rz. 68, Kap. 27 Rz. 113 ff.), so dass § 419 auch auf sie uneingeschränkt anzuwenden ist. 5

---

1 BGH NJW 1988, 60, 62; BGH NJW 1992, 512, 513.
2 BayObLG DNotZ 1985, 220, 222 (für eine Einschaltung und mit der Beschränkung darauf); LG Itzehoe DNotZ 1990, 519, 521 (Änderung am Text über beglaubigter Unterschrift); RG SeuffA 63 S. 294; MünchKommZPO/*Schreiber*[4] § 440 Rz. 6; unklar BGH DB 1965, 1665 = WM 1965, 1062.
3 BGH NJW-RR 1987, 1151; BGH NJW 1980, 893; BGH NJW 1966, 1657, 1658; OLG Köln NJW-RR 1999, 1509.
4 RGZ 29, 430, 431.
5 Unrichtig daher BPatG GRUR 1991, 308, 309. BGH, Beschl. v. 4.6.1987, III ZR 139/86, BGHR ZPO § 440 Abs. 2 – Echtheitsvermutung 1.
6 *Reithmann* Allgemeines Urkundenrecht, S. 76. S. ferner BayObLG DNotZ 1985, 220, 222 (Geltung der Urkundenbeweiskraftregeln der ZPO auch für andere Verfahrensarten, z.B. das Grundbuchverfahren).
7 BVerwG NJW 1987, 1159.

6 **An die Stelle** der gesetzlichen Beweisregeln **der §§ 415–418 tritt** die freie Beweiswürdigung nach § 286.[1] Das Gericht darf sich nicht damit begnügen, die Unanwendbarkeit der gesetzlichen Beweisregeln festzustellen, sondern hat darzulegen, ob bzw. welche Schlüsse gleichwohl aus der Urkunde im Rahmen des § 286 zu ziehen sind.[2] Der Beweiswürdigung unterliegt die Urkunde insgesamt und nicht nur hinsichtlich ihrer fehlerhaften Teile.[3] Die von § 419 angeordnete **freie Beweiswürdigung** erstreckt sich auf die **gesamte Beweiskraft** der Urkunde, ist also nicht auf die Feststellung der Unverfälschtheit der Urkunde beschränkt,[4] nämlich die Frage, welcher Einfluss dem Mangel als solchem beizulegen ist.[5]

7 Das Gericht kann der Urkunde **Beweiskraft zusprechen**,[6] hat dabei aber die gesamten Umstände zu berücksichtigen.[7] Bei ausreichender Begründung kann dies sogar volle Beweiskraft sein.[8] Dafür muss das Gericht allerdings deutlich machen, dass es die Urkunde gem. §§ 419, 286 geprüft hat.[9] Abzulehnen ist die Auffassung, die §§ 415 ff. seien trotz Vorliegens eines äußeren Mangels uneingeschränkt anzuwenden, wenn die Echtheit der Urkunde bewiesen sei.[10] Wohl nur missverständlich formuliert ist die zu einer mit Durchstreichungen und Einschaltungen versehenen notariellen Urkunde getroffene, in ähnliche Richtung deutbare Aussage des BGH, die „volle Beweiskraft wird gem. § 419 *eingeschränkt*".[11]

8 Sind die **äußeren Mängel** wegen ihrer Geringfügigkeit **ohne Einfluss auf den Beweiswert** und steht die Echtheit der Unterschrift fest, wird deshalb **nicht** etwa § 440 **Abs. 2 anwendbar**; vielmehr handelt es sich insgesamt um eine Schlussfolgerung im Rahmen des § 286.[12] Wird ein Urkundentext über der echten Unterschrift nachträglich ergänzt, also eine Einschaltung vorgenommen, ist die **Vermutung des § 440 Abs. 2** nicht nur hinsichtlich dieser Ergänzung, sondern hinsichtlich des gesamten Textes **unanwendbar**.[13] Stammt nämlich die Ergänzung, deren Autorenschaft unklar ist, ebenso wie der übrige Text tatsächlich vom Unterzeichner, würde die teilweise Anwendung des § 440 Abs. 2 zu einer den Urheberwillen verfälschenden Echtheitsvermutung für einen Teiltext mit dem Zwang zum Gegenteilsbeweis (§ 292 S. 1) führen. § 286 gestattet gleichwohl, ein solches Ergebnis zu erzielen, etwa wenn es nach den Umständen der konkreten Beweissituation nur auf die Zuordnung des unergänzten Textes ankommt.

---

1 BGH DB 1965, 1665; BGH NJW 1988, 60, 62; BGH NJW 1992, 512, 513; BGH NJW 1992, 829, 830; BayObLG FamRZ 1990, 98, 99; OLG Hamm NJW-RR 2008, 21, 22; RGZ 129, 165, 167; ebenso VGH Kassel NJW 1990, 467 und NJW 1996, 1075 (Entscheidung nach freier Überzeugung i.S.d. § 108 I VwGO).
2 Vgl. BGH NJW 1992, 512, 513; OLG Düsseldorf MDR 2014, 242 = FamRZ 2014, 880, 881 = DNotZ 2014, 270.
3 Stein/Jonas/*Leipold*[22] § 419 Rz. 1; a.A. *Winkler* BeurkG[16], § 1 Rz. 15; *Reithmann* Allg. Urkundenrecht, S. 73, 79.
4 RGZ 29, 430, 433.
5 BGH NJW 1980, 893 OLG München OLGR 1999, 259, 260.
6 BGH NJW 1988, 60, 62; NJW 1992, 512, 513; VGH Kassel NJW 1990, 467; NJW 1996, 1075.
7 BGH NJW 1988, 60, 62.
8 RG SeuffA 63, S. 294; BGH VersR 1968, 309.
9 Vgl. BGH DNotZ 1956, 643, 645.
10 So aber *Reithmann* Allg. Urkundenrecht, S. 76, 79; *Reithmann* in Reithmann/Albrecht[8], Handbuch der notariellen Vertragsgestaltung, Rz. 268.
11 So BGH NJW 1994, 2768. Ähnlich sorglos die Formulierung in OLG Brandenburg MDR 2010, 713.
12 Möglicherweise a.A. BGH DB 1965, 1665 = WM 1965, 1062.
13 Vgl. OLG Düsseldorf MDR 2009, 1002, 1003. Möglicherweise enger BayObLG DNotZ 1985, 220, 222.

Ob die äußere Gestaltung der Urkunde den **Verdacht einer Fälschung** rechtfertigt, ist **in freier** richterlicher **Beweiswürdigung** (§ 286) zu entscheiden.[1] Der Beweis der Unverfälschtheit der Urkunde kann mit sämtlichen Beweismitteln geführt werden. Die Beurteilung eines Urkundenmangels, also dessen Feststellung sowie die daraus gezogene Schlussfolgerung, ist **Tatfrage**.[2] Dazu getroffene Feststellungen sind in der **Revisionsinstanz** über eine Rüge der Verletzung des § 286 angreifbar. Verneint das Berufungsgericht offensichtlich unrichtig die Mangelhaftigkeit der Urkunde, muss die Revisionsinstanz auf eine Verfahrensrüge hin die Entscheidung aufheben, wenn bei entgegengesetzter Würdigung andere tatrichterliche Feststellungen möglich gewesen wären und der Mangel nicht als unbedeutend einzustufen ist. 9

Der Ausschluss der Beweisregeln der §§ 415 ff. führt auch dazu, dass der **Gegenbeweis** (nicht: Gegenteilsbeweis; zur Terminologie Kap. 26 Rz. 19) **uneingeschränkt** zulässig ist. Die Führung des Gegenbeweises bleibt insbesondere für den Fall unberührt, dass das Gericht der Urkunde trotz ihres Mangels volle Beweiskraft zubilligt. Die Sperre des § 445 Abs. 2 greift nicht ein.[3] 10

II. Urkundenmängel

1. Formmängel, Inhaltsmängel

Eine Urkunde kann in verschiedener Hinsicht Mängel aufweisen. Deren Wirkungen können prozessrechtlich und materiell-rechtlich unterschiedlich ausfallen. Die in § 419 genannten Veränderungen beziehen sich **nur** auf äußere Mängel, also **Mängel im Erscheinungsbild** der Urkunde, die den Verdacht einer nachträglichen Änderung begründen, sei es der verfälschenden Änderung gegen den bzw. ohne Willen des Urhebers der Urkunde, sei es der einen eventuellen Aufhebungswillen des Urhebers dokumentierenden Änderung. Begründet der äußere Mangel, z.B. eine Textergänzung, Zweifel an der Einhaltung der **Vorschriften über** das **Beurkundungsverfahren**, z.B. das Mitverlesen der Ergänzung, ist § 419 anwendbar. 11

Welche Konsequenzen ein auf einer Nichtbeachtung des vorgeschriebenen Beurkundungsverfahrens beruhender **Formmangel** hat, wird hingegen **nicht** von **§ 419** erfasst. So kann die Nichteinhaltung von Formvorschriften des öffentlichen Rechts das Vorliegen einer öffentlichen Urkunde ausschließen mit der Folge, dass die Urkunde nur als Privaturkunde Wirkungen entfalten kann (näher Kap. 25 Rz. 77). Formmängel der notariellen Beurkundung eines Rechtsgeschäfts nehmen dem Erklärten nach § 125 BGB die rechtsgeschäftliche Wirksamkeit. Ist eine öffentliche Urkunde zwar formbeständig, fehlt darin aber eine zur Wirksamkeit vorgeschriebene Erklärung, so kann das Beurkundete ebenfalls unwirksam sein. 12

2. Äußere Mängel

a) Äußerliche Erkennbarkeit

Ein äußerer Mangel muss sich **aus der Urkunde selbst** ergeben.[4] So kann es sich etwa bei **Verwendung anderer Schriftzeichen**, einer anderen **Schriftfarbe** oder einer **ungewöhnlichen Zusammendrängung des Textes** verhalten. Dabei kommt es jedoch auf den Einzelfall an. Die Benutzung unterschiedlicher Schreibinstrumente oder Hand- 13

---

1 BGH NJW 1980, 893; OLG Köln NJW-RR 1999, 1509; OLG Düsseldorf MDR 2009, 1002, 1003.
2 Vgl. RG SeuffA 67, S. 293; s. auch BGH NJW 1988, 60, 62.
3 A.A. MünchKommZPO/*Schreiber*[4] § 419 Rz. 4.
4 Vgl. RGZ 47, 66, 68 (äußerlich mangelfreier Wechsel).

schriften in ergänzungsbedürftigen Vordrucken kann unverdächtig darauf zurückzuführen sein, dass beide Vertragsparteien an der Errichtung oder Ergänzung der Urkunde beteiligt waren. Der Wechsel zwischen Maschinen- und Handschrift kann auf der Verwendung eines ergänzende Ausfüllungen vorsehenden Formulars beruhen. An einem äußerlich erkennbaren Mangel fehlt es auch, wenn ein versehentlich **unvollständig ausgefülltes Empfangsbekenntnis** i.S.d. § 174 Abs. 1 nach Zurücksendung an den Zustelladressaten um die Datumsangabe ergänzt wird und erst so eine vollständige Urkunde entsteht.[1] **Unerheblich** ist, ob ein Mangel den Verdacht einer **bewussten Manipulation** hervorruft oder ob erkennbar **Naturereignisse** (Lichteinwirkung, Wassereinbruch infolge Überschwemmung) Teile des Textes unleserlich gemacht haben.[2]

14 Auf äußerlich **nicht als Einfügung erkennbare Zusätze** ist § 419 nicht anzuwenden, selbst wenn der Charakter als Einfügung zwischen den Parteien unstreitig ist.[3] Wird ein Mangel behauptet, hat das Gericht dem eigenständig nachzugehen. Das Gericht ist umgekehrt auch nicht an die übereinstimmende Aussage der Parteien gebunden, die Urkunde sei als äußerlich mangelfrei zu bewerten. Das Vorliegen eines äußeren Mangels ist **objektiv**, also **unabhängig vom Parteiwillen** zu bestimmen; das ist nicht nur ein Gebot der Rechtssicherheit, sondern folgt überdies aus der richterlichen Freiheit der Beweiswürdigung.[4] Die §§ 415–418 dienen nicht nur den Parteien des konkreten Rechtsstreits, sondern auch dem Schutz Dritter und sind deshalb **nicht** aufgrund der Verhandlungsmaxime **disponibel**.

b) Radierungen, Durchstreichungen

15 Durchstreichungen, Radierungen und Einschaltungen werden vom Gesetz beispielhaft[5] genannt. Ob damit ein äußerer Mangel vorliegt, ist einer Einzelfallprüfung unterworfen. Die Feststellung hat unter Beachtung von Sinn und Zweck des § 419 zu erfolgen. **Radierungen** zeichnen sich dadurch aus, dass etwas unleserlich gemacht wird. Für eine **Durchstreichung** kommt es nicht darauf an, ob der ursprüngliche Text noch erkennbar und nur der Geltungswille unklar ist, oder ob der Text völlig unleserlich gemacht worden ist.

c) Einschaltungen

16 Einschaltungen sind äußerlich erkennbare **Einfügungen**, die den Text **oberhalb der Unterschrift** ergänzen, etwa am seitlichen oder oberen Rand[6] oder in freien Zeilen.[7] Zusätze am Ende des Textes, die vor der Unterschrift stehen, werden von der Unterschrift gedeckt. Daraus ergibt sich jedoch allenfalls die Einhaltung einer vorgeschriebenen Form und damit die materiell-rechtliche Wirksamkeit. Gesondert zu beurteilen ist, ob ein Zusatz, gleich ob am Rand oder im fortlaufenden Text eingefügt,[8] die Anwendung des § 419 gebietet.

17 Wie beurkundungsrechtlich mit Zusätzen in notariellen Urkunden umzugehen ist, regelt seit dem Jahre 1998 **§ 44a Abs. 1 S. 1 BeurkG** (zuvor ebenso die eine Verwaltungsvorschrift darstellende DONot, zu ihr Kap. 25 Rz. 73). Danach „sollen Zusätze

---

[1] BGH VersR 1986, 371, 372 (zu § 212a a.F.).
[2] *Reithmann* Allg. Urkundenrecht, S. 71.
[3] RGZ 95, 70, 72; MünchKommZPO/*Schreiber*[4] § 419 Rz. 3; offengelassen von BGH NJW 1966, 1657, 1658.
[4] Zur Beweiswürdigungsfreiheit RGZ 95, 70, 72.
[5] Zur Ausschneidung einer Testamentszeile OLG Hamm NJW-RR 2008, 21.
[6] BGH NJW 1994, 2768; OLG Koblenz DNotZ 1977, 46, 48.
[7] BGH NJW 1966, 1657, 1658.
[8] A.A., nämlich differenzierend für Zusätze am Schluss der Urkunde vor der Unterschrift, *Reithmann* Allg. Urkundenrecht, S. 78.

und sonstige nicht nur geringfügige Änderungen am Schluss vor den Unterschriften oder am Rande vermerkt und im letzteren Falle von dem Notar besonders unterschrieben werden". Diese Sollvorschrift ermöglicht eine zuverlässig nachprüfbare Urkundenergänzung, die Zweifel i.S.d. § 419 ausschließt. Denselben Zweck verfolgt § 44a Abs. 2 BeurkG mit seiner Regelung über den **Nachtragsvermerk** bei Richtigstellung offensichtlicher Unrichtigkeiten. Durch ein korrektes Vorgehen im Beurkundungsverfahren kann die beweissichere Zugehörigkeit zum ursprünglichen Text dokumentiert werden.[1]

Wird **§ 44a Abs. 1 S. 1 BeurkG missachtet**, hat dies die Anwendung des § 419 zur Konsequenz.[2] Dass es sich nur um eine Sollvorschrift handelt und dass deren Nichtbeachtung deshalb die Urkunde weder formunwirksam[3] macht noch ihr den Charakter einer öffentlichen Urkunde nimmt, besagt nichts für die Anwendbarkeit bzw. den Ausschluss der gesetzlichen Beweisregeln der §§ 415–418.[4] Sie sind zu rigide, als dass von der Bestimmung des § 419 freigestellt werden könnte, in der sich Lebenserfahrung mit Fälschungen niederschlägt. 18

Bereits bloße **Zweifel über** den **Zeitpunkt** einer **Zufügung durch** den **Notar**, nämlich vor oder nach Verlesung und Unterzeichnung, begründen die Anwendung des § 419,[5] weil der Zeitpunkt an der Beweiskraft teilhat. Konsequent ergibt sich aus § 44a Abs. 2 S. 2 BeurkG bei Korrektur offensichtlicher Unrichtigkeiten die Notwendigkeit einer Datumsangabe. Die Argumentation der **Gegenauffassung**, damit werde den Sollvorschriften des Beurkundungsverfahrensrechts im Urkundenbeweisrecht eine ihrem Sinn zuwiderlaufende Nichtigkeitssanktion zuerkannt,[6] berücksichtigt nicht ausreichend, dass die Beweiskraft der Urkunde durch § 419 nicht zwangsläufig ausgeschlossen wird (oben Rz. 6). Dies stellt sich geradezu als der typische Fall dar, in dem der Urkunde trotz eines äußeren Mangels volle Beweiskraft zukommen kann. statt lässt nicht der Verstoß gegen die Sollvorschrift die formellen Beweisregeln entfallen, sondern der äußere Mangel der Urkunde, also die Einfügung mit unklarer Genese. 19

Von der Anwendung des § 419 **zu trennen** ist die **Beurteilung der Formwirksamkeit**. Dabei geht es z.B. um die Anwendung des § 125 BGB oder bei Änderungen des Textes über einer notariell beglaubigten Unterschrift durch den Notar um die Einhaltung des § 29 GBO.[7] 20

Auch bei einer **Privaturkunde** ist für nachträgliche Ergänzungen und Veränderungen, die durch die Unterschrift äußerlich gedeckt sind, zwischen der Beurteilung der Formerfordernisse und den Wirkungen im Urkundenbeweisrecht zu unterscheiden. Dass bei einer solchen Gestaltung z.B. die Einhaltung der Testamentsform des § 2247 BGB bejaht wird,[8] besagt nichts für § 419. Ein äußerer Mangel liegt nicht vor, wenn sich aus der Urkunde selbst die **Genehmigung einer Ergänzung** ergibt.[9] Wegen der Er- 21

---

1 BGH DNotZ 1956, 643, 644/645; NJW 1994, 2768; Stein/Jonas/*Leipold*[22] § 419 Rz. 2.
2 BGH DNotZ 1956, 643 (zu Art. 64 II PrFGG); BGH NJW 1966, 1747; s. auch OLG Hamm Rpfleger 1957, 113 (zu Art. 64 II PrFGG); mangels näherer Sachverhaltsangaben möglicherweise a.A. BayObLG FamRZ 1990, 98, 99 (bei zutreffendem Endergebnis).
3 OLG Düsseldorf MDR 2014, 242.
4 So aber *Winkler* BeurkG[16] § 1 Rz. 16; *Reithmann* Allg. Urkundenrecht, S. 79 (wenn die Echtheit unzweifelhaft ist); *Knur* DNotZ 1956, 645, 648.
5 BGH NJW 1994, 2768.
6 *Knur* DNotZ 1956, 645, 648; dem folgend *Reithmann* Allg. Urkundenrecht, S. 79; *Reithmann* in Reithmann/Albrecht Hdb. der notariellen Vertragsgestaltung[8], Rz. 268.
7 Zu letzterem – streitigen – Problem: OLG Celle Rpfleger 1984, 230; BayObLG DNotZ 1985, 220, 223; OLG Hamburg DNotZ 1951, 422 m. Anm. *Bäumler*; LG Itzehoe DNotZ 1990, 519, 520 f. S. auch OLG Brandenburg MDR 2010, 713 (Handelsregisteranmeldung mit Streichungen).
8 So BGH NJW 1974, 1083, 1084.
9 Möglicherweise a.A. Thomas/Putzo/*Reichold*[33] § 419 Rz. 1.

kennbarkeit besteht keine Gefahr für den Rechtsverkehr. Der Urheber hätte auch eine neue Privaturkunde ausstellen können.[1] Der **Zeitpunkt der Genehmigung** bedarf keiner Feststellung, weil sich die Beweisregel des § 416 darauf nicht erstreckt (Kap. 26 Rz. 146).

22 § 419 kann auch die **Förmlichkeitenfeststellung** in einem **gerichtlichen Sitzungsprotokoll** betreffen, etwa wenn das Schriftbild auf Unregelmäßigkeiten hindeutet.[2] Handschriftliche Eintragungen des Gläubigers auf einem dem Gerichtsvollzieher übergebenen **Vollstreckungstitel**, etwa der fragende Vermerk: „bezahlt?" auf einem Vollstreckungsbescheid, begründen keine Anwendung des § 419 und kein Recht des Gerichtsvollziehers zur Ablehnung der Vollstreckung.[3]

23 Nicht unter § 419 fallen Änderungen im weiteren Sinne, die unter Einhaltung der gesetzlichen Vorschriften in öffentlichen Urkunden erfolgen, z.B. **Randvermerke in Personenstandsbüchern** (vgl. §§ 22 Abs. 1 S. 2, 20 Abs. 1, 29b Abs. 1, 31 Abs. 2 S. 2 PStG).[4]

d) Sonstige Mängel

24 Die neben Durchstreichungen, Radierungen und Einschaltungen in Betracht kommenden sonstigen äußeren Mängel müssen den beispielhaft genannten Mängeln gleichwertig sein, also **qualitativ** einer **unautorisierten Verkürzung oder Erweiterung** des ursprünglichen Textes entsprechen. Entscheidend ist, ob die Urkunde infolge der äußeren Veränderung keine Gewähr mehr dafür bietet, dass der Wille des Unterzeichners einwandfrei zum Ausdruck kommt.[5]

25 **Mängel i.S.d. § 419 sind anzunehmen** bei einem Erscheinungsbild, das auf mögliche Veränderungen des Inhalts hindeutet.[6] Dazu zählen ein **auffälliges Schriftbild**, etwa ein Wechsel von Schreibschrift zu Druckschrift,[7] eine ungewöhnliche Anordnung der Erklärung auf dem Papier,[8] etwa ein unharmonisches, ungleichmäßiges Zusammenquetschen des Textes über der Unterschrift[9] oder auf dem Rand eines durch Abschneiden im Format gekürzten Blattes,[10] Zusätze die nicht in das Schriftbild oder den Zeilenabstand passen,[11] den Wechsel der Kugelschreiberfarbe,[12] eine Überstempelung,[13] Einschwärzungen,[14] Überklebungen,[15] das Fehlen von Teilen,[16] Risse, Löcher oder andere **Beschädigungen** infolge der Einwirkung von Feuer, Wasser, Säuren

---

1 MünchKommZPO/*Schreiber*⁴ § 419 Rz. 3.
2 So in BGH VersR 1986, 487, 488 (nachträgliche Einfügung eines Verkündungsvermerks entgegen § 164 II).
3 A.A. LG Bremen DGVZ 1982, 8.
4 MünchKommZPO/*Schreiber*⁴ § 419 Rz. 3.
5 Vgl. BGH NJW 1980, 893 = MDR 1980, 385 = WM 1980, 340 = JR 1980, 376 mit Anm. *Olzen*.
6 BGH NJW 1980, 893.
7 OLG Köln NJW-RR 1999, 1509.
8 BGHR ZPO § 416 Beweiskraft 1; OLG Düsseldorf OLGR 1998, 194 (dort verneint).
9 OLG Köln NJW-RR 1999, 1509.
10 BGH NJW 1980, 893.
11 OLG Düsseldorf OLGR 1998, 194.
12 OLG Koblenz NJW-RR 2003, 1607, 1608 = VersR 2004, 246 (Protokoll über Gegenstand des ärztlichen Aufklärungsgesprächs als einer Zeugnisurkunde).
13 BGH NJW-RR 1987, 1151; BGH NJW 1992, 512.
14 BPatG GRUR 1991, 309; s. auch BFH NJW 2002, 2903 (dort: Schwärzung eines Postausgangsbuches zum Schutz eines Berufsgeheimnisses, Wiedereinsetzungsantrag).
15 VGH Kassel NJW 1990, 467 (Überkleben des Anschriftenfeldes einer Postzustellungsurkunde zur Beurkundung mehrerer aufeinander folgender Zustellungsversuche an unterschiedliche Adressen).
16 BGH VersR 1986, 487, 488; BGH NJW 1966, 1657, 1658.

etc.¹ oder sonstige die Unlesbarkeit begründende Umstände wie Farbkleckse,² aber auch **sich widersprechende Eintragungen** oder Stempelaufdrucke.³ Ein **Zerreißen** oder Einreißen kann Ausdruck des Urheberwillens sein, die Erklärung durch Vernichtung aufzuheben.⁴

Unerheblich ist es, ob die Mängel bereits im Zeitpunkt des Erstellens der Urkunde oder erst nachträglich entstanden sind, wenn nur nach dem äußeren Erscheinungsbild eine nachträgliche Veränderung möglich erscheint⁵ und daher keine Gewähr mehr für die Unberührtheit der Urkunde nach der Unterzeichnung gegeben ist. Die **Berichtigung** eines **offensichtlichen Schreibfehlers** stellt keinen Mangel dar;⁶ es muss sich aber um einen unwesentlichen Punkt handeln. 26

§ 95 Echtheitsfeststellung von Privaturkunden kraft Parteivortrags, § 439 ZPO

I. Beweisbedarf, Zusammenspiel mit § 138

1. Keine Echtheitsvermutung

Nur echten Urkunden kommt die Beweiskraft der §§ 415 ff. zu. Die in den **§§ 437 und 438** geregelte **Echtheitsvermutung** gilt nur für öffentliche, **nicht** aber für private Urkunden (zu Begriff und Bedeutung der Echtheit öffentlicher Urkunden Rz. 103). § 439 betrifft demgegenüber zusammen mit § 440 die Feststellung der Echtheit von Privaturkunden. 27

Die **Beweiserhebung** über die Echtheit einer Privaturkunde (§ 440 Abs. 1) hängt vom Verhalten des Beweisgegners ab. Er hat sich über die Echtheit der Urkunde zu erklären und kann sie in der Erklärung **anerkennen oder bestreiten**. Dadurch unterliegt die Echtheit von Privaturkunden einer Parteidisposition. Ohne ausreichendes Bestreiten gilt die Echtheit gem. § 439 Abs. 3 als anerkannt, so dass es keines Beweises gem. § 440 Abs. 1 bedarf.⁷ Die Erklärung oder die gerichtliche Aufforderung zur Erklärung gehören nicht zur Beweisaufnahme. Sie lassen deshalb – soweit auf ein Verfahren noch die BRAGO anzuwenden ist – keine Beweisgebühr entstehen. 28

In Verfahren nach dem **FamFG** gilt § 439 Abs. 3 wegen der **Einschränkung der Parteiherrschaft** nicht.⁸ Die Prüfung der Echtheit der Urkunde erfolgt dort im Rahmen des Untersuchungsgrundsatzes (§§ 26, 127, 177, 270 FamFG) von Amts wegen. Daraus ergibt sich allerdings nicht, dass die Urkundenechtheit in jedem Falle obligatorisch im Wege einer Beweiserhebung nach § 440 Abs. 1 festzustellen ist. 29

Die **Verweisung** des § 439 Abs. 1 **auf § 138** enthält nur eine Klarstellung, da sich nach § 138 Abs. 2 jede Partei über die vom Gegner behaupteten Tatsachen zu erklären hat. Das Gericht hat nach § 139 Abs. 1 S. 2 auf die Erklärung des Gegners über die Echtheit hinzuwirken. Im **amtsgerichtlichen Verfahren** tritt die Echtheitsfiktion des § 439 Abs. 3 gem. § 510 überhaupt nur ein, wenn das **Gericht** den Beweisgegner zur Abgabe seiner Erklärung **aufgefordert** hat. 30

---
1 BGH NJW 1966, 1657, 1658; BGH NJW 1980, 893.
2 BGH NJW 1966, 1657, 1658.
3 VGH Kassel NJW 1990, 467; VGH Kassel NJW 1996, 1075.
4 RG JW 1902, 128 (Nr. 16).
5 BGH NJW 1966, 1657, 1658; BGH NJW 1980, 893.
6 Für Notarurkunden *Winkler* BeurkG¹⁶ § 1 Rz. 16.
7 BGH ZIP 2013, 384 Rz. 16 = WM 2013, 426.
8 Vgl. zu § 440 Abs. 2 BayObLG NJW-RR 2002, 1453.

31 **Erklären mit Nichtwissen** über die Echtheit ist gem. §§ 439 Abs. 1, 138 Abs. 4 **unzulässig**, wenn die Urkunde nach dem Vortrag des Beweisführers vom Gegner selbst oder – bei einer Fremdurkunde – in seiner Gegenwart unterschrieben wurde. Ein **Insolvenzverwalter** darf die Echtheit nicht schon deshalb mit bloßem Nichtwissen bestreiten, weil er selbst an der Errichtung er Urkunde unbeteiligt war. Vielmehr muss er den **Gemeinschuldner befragen** und dessen Unterlagen sichten; bleibt dies erfolglos, hat er das Ergebnis seiner Bemühungen nachvollziehbar darzulegen.[1]

2. Beweisführer, Beweisgegner

32 Die Anordnung des § 439 Abs. 1 begründet eine prozessuale Last, keine Verpflichtung. Für die Bestimmung des Erklärungsbelasteten kommt es **nicht** auf die **Beweislastverteilung** an, sondern stattdessen auf die Rollenverteilung bei der Führung des Urkundenbeweises. Beweisführer i.S.d. § 439 Abs. 1 ist derjenige, der den Urkundenbeweis nach § 420 durch Urkundenvorlage angetreten hat. Abzugeben ist die Erklärung demzufolge von seinem Prozessgegner.

II. Erklärung des Beweisgegners über die Echtheit

1. Inhalt der Erklärung

a) Unterschriebene Privaturkunde

33 Wird die Urkunde in Urschrift zu Zwecken der Beweisführung vorgelegt (zur Vorlage in Urschrift Kap. 28 Rz. 35 und Kap. 30 Rz. 84), liegt hierin die Behauptung ihrer Echtheit durch den Beweisführer. Der Beweisgegner hat sich dazu nach § 439 Abs. 1 zu erklären. Der erforderliche Inhalt der Erklärung richtet sich danach, ob sich eine Namensunterschrift unter der Urkunde befindet (zur Unterschrift vgl. Kap. 25 Rz. 132).

34 Ist die Urkunde unterschrieben, ist die Erklärung gem. § 439 Abs. 2 auf die **Echtheit der Unterschrift** zu richten, also darauf, ob die **Unterschrift dem Namensträger zuzuordnen** ist.[2] Dies reicht wegen § 440 Abs. 2 aus, wonach die festgestellte Echtheit der Unterschrift die Vermutung der Echtheit des über der Unterschrift stehenden Textes begründet. Ein **gesondertes Bestreiten** des **Urkundentextes** ist daneben möglich und wegen § 440 Abs. 2 (s. auch zum Blankettmissbrauch) gegebenenfalls notwendig. Für die Echtheitsprüfung der Unterschrift kommt es grundsätzlich nicht auf die Handschriftlichkeit an, so dass auch **mechanisch erstellte Unterschriften** (z.B. mittels Schreibautomat, Faksimilestempel) erfasst werden.[3] Das Bestreiten der Echtheit muss positiv erfolgen; nicht ausreichend ist es, die Urkunde nur für rechtlich unerheblich zu erklären.

35 Urkunden, die mit **notariell beglaubigtem Handzeichen** unterzeichnet sind, bedürfen keiner Echtheitsfeststellung gem. § 439 Abs. 2 oder § 440 Abs. 1, weil insoweit nur die Echtheit der notariellen Beglaubigung angezweifelt werden kann; sie ist Gegenstand der Beweisvorschriften für öffentliche Urkunden.

b) Urkunden ohne Unterschrift

36 Ist die Privaturkunde nicht unterschrieben, kann sich die Erklärung nur auf den Text der Urkunde und die Zuordnung zu einem **behaupteten Aussteller** beziehen. Nicht

---

1 BGH ZIP 2013, 384 Rz. 16.
2 Vgl. BGHZ 104, 172, 176 = NJW 1988, 2741.
3 So auch MünchKommZPO/*Schreiber*[4] § 439 Rz. 2.

unterschriebenen Urkunden stehen Urkunden gleich, die mit **unbeglaubigtem Handzeichen** versehen sind.

2. Zeitpunkt der Erklärung

Der Beweisgegner muss seine Erklärung nach den Grundsätzen des § 282 **unverzüglich nach Vorlegung** der Urkunde abgeben. Vorbehaltlich einer Zurückweisung wegen Verspätung nach §§ 296 Abs. 2, 530 f. ist spätester Zeitpunkt der Schluss der letzten Tatsachenverhandlung;[1] mit dieser Einschränkung ist ein Bestreiten auch noch im **Berufungsverfahren** möglich.[2] 37

Im **Urkunden- und Wechselprozess** (§ 592) kommt ein Bestreiten der Echtheit **noch im Nachverfahren** (§ 600) in Betracht, wenn der Beklagte sich nicht schon im summarischen Vorverfahren zur Echtheit erklärt hat, wozu er nicht verpflichtet ist, weil ihm § 599 Abs. 1 gestattet, dem geltend gemachten Anspruch ohne Begründung zu widersprechen.[3] Ist die Echtheit im Vorverfahren anerkannt worden, bleibt die Geständniswirkung für das Nachverfahren erhalten.[4] 38

Das Anerkenntnis der Echtheit vor Beginn des Prozesses durch ein **außergerichtliches Geständnis** hindert das Bestreiten während des Prozesses nicht. Das außergerichtliche Geständnis kann jedoch im Rahmen der später zu erfolgenden Beweiswürdigung berücksichtigt werden;[5] es hat Indizwirkung zugunsten der Echtheit. 39

III. Anerkennung der Echtheit, Fiktion der Anerkennung

Wird durch die Erklärung nach § 439 Abs. 1 nur die **Unterschrift als echt anerkannt**, greift hinsichtlich des **Urkundentextes** die **Echtheitsvermutung** des § 440 Abs. 2 ein. Erkennt der Beweisgegner zusätzlich die Echtheit des Textes an, bedarf es einer solchen Vermutung nicht. Das Anerkenntnis hat die Wirkung eines **bindenden Geständnisses** gem. §§ 288, 290 (gegebenenfalls i.V.m. § 535).[6] Ein **Anerkenntnis i.S.d. § 307** kommt nur in den seltenen Fällen der Urkundenechtheitsfeststellungsklage (§ 256 Abs. 1) in Betracht. 40

Bei nicht oder nicht rechtzeitig erfolgter Erklärung des Beweisgegners greift die **Fiktion des § 439 Abs. 3** ein. Sie wiederholt inhaltlich den § 138 Abs. 3, auf den bereits durch § 439 Abs. 1 verwiesen wird. Gegenüber § 138 Abs. 3 ist § 439 Abs. 3 die speziellere Norm. Das **Nichtbestreiten** gilt als **Anerkenntnis**. Wie im Fall des ausdrücklichen Anerkenntnisses der Urkunde als echt ist hierin kein Anerkenntnis nach § 307 zu sehen, sondern ein Geständnis i.S.d. § 288.[7] Die Echtheit der Privaturkunde ist nicht mehr beweisbedürftig. Dieses Geständnis steht **nicht** einem **Geständnis nach § 290** gleich.[8] Wird die bestreitende Erklärung erst in der Berufungsinstanz abgegeben, steht § 290 also nicht;[9] allenfalls ist das Bestreiten wegen Verspätung unbeachtlich. Soweit die Erklärung wegen § 439 Abs. 2 auf die Echtheit der Unterschrift zu richten ist, ist auf ein fingiertes Anerkenntnis der Urkundenechtheit die Vermutung des § 440 Abs. 2 anzuwenden. 41

---

1 BGHZ 82, 115, 119 = NJW 1982, 183, 184 = JR 1982, 333 mit zust. Anm. *Schreiber*.
2 Zur früheren Rechtslage: BGH VersR 1963, 530, 531; BGHZ 82, 115, 119.
3 BGHZ 82, 115, 119.
4 OLG Saarbrücken MDR 2002, 109.
5 MünchKommZPO/*Schreiber*[4] § 439 Rz. 2.
6 OLG Saarbrücken MDR 2002, 109.
7 RGZ 97, 162, 163.
8 BGH VersR 1963, 530, 531.
9 BGH VersR 1963, 530, 531; RGZ 97, 162, 164.

§ 96 Richterliche Feststellung der Echtheit von Privaturkunden, § 440 ZPO

I. Gegenstand des Beweises nach § 440 Abs. 1

42 § 440 steht im **Zusammenhang mit § 416**. Für den Beweis der Echtheit **privater elektronischer Dokumente** gilt **§ 371a Abs. 1 S. 2**. Echtheit[1] gem. §§ 439, 440 und Mangelfreiheit gem. § 419 vorausgesetzt erbringt die Privaturkunde nach der formellen Regel des § 416 Beweis dafür, dass die in ihr enthaltene Erklärung vom Aussteller abgegeben wurde. Für Privaturkunden gilt **keine generelle Echtheitsvermutung**, wie sie § 437 Abs. 1 für inländische öffentliche Urkunden aufstellt. Stattdessen schafft § 440 zusammen mit § 439 die Voraussetzung dafür, dass eine Urkunde als echt anzusehen ist und damit die prozessuale Wirkung des § 416 auslöst. Dies gilt gleichermaßen für unterschriftslose wie für unterzeichnete Urkunden (dazu Kap. 25 Rz. 132). Die **Echtheitsfeststellung** bezieht sich auf den **gesamten Inhalt der Urkunde, jedoch** sind dafür **Erleichterungen** vorgesehen.

43 Ist die Urkunde mit einer Namensunterschrift (zu den Unterschriftsmöglichkeiten Kap. 25 Rz. 135) versehen, die auf einen bestimmten Aussteller hinweist, kommt es für den Echtheitsnachweis **zunächst nur** auf die Feststellung der **Echtheit dieser Unterschrift** an. Ist die Echtheit der Namensunterschrift streitig, bedarf sie gem. § 440 Abs. 1 des Beweises. Bei diesem Beweisgegenstand greift § 440 Abs. 1 den § 439 Abs. 2 auf, der für mit Namensunterschrift versehene Urkunden **vorrangig** eine auf die Echtheit der Unterschrift bezogene **Erklärung des Beweisgegners** verlangt.

44 Steht die **Echtheit der Namensunterschrift** kraft der (gegebenenfalls gem. § 439 Abs. 3 fingierten) Erklärung des Beweisgegners oder kraft richterlicher Beweiserhebung fest, begründet § 440 Abs. 2 **darauf aufbauend** die **Vermutung**, dass der über der Unterschrift stehende **Text echt** ist. Damit soll der Rechtsverkehr gesichert werden. Die Bedeutung der Erleichterung zeigt sich etwa bei behauptetem Blankettmissbrauch, wenn die Echtheit der Unterschrift feststeht.[2]

45 Bei Urkunden **ohne Namensunterschrift** ist der Echtheitsbeweis von vornherein auf den Urkundentext zu richten. Zu den Urkunden ohne Unterschrift zählen auch solche mit **neben** oder **über** dem Urkundentext stehenden Namenszug (Kap. 25 Rz. 145 und unten Rz. 54).

II. Verhältnis des § 440 Abs. 2 zu § 416

46 Der Unterschied zwischen der Beweiswirkung des § 440 Abs. 2 und derjenigen des § 416 ist gering. Durch § 440 Abs. 2 wird bewiesen, dass die mangelfreie Urkunde nach Erscheinungsform und Inhalt **von demjenigen herrührt, der** als **Aussteller** der Urkunde festgestellt ist. Darauf aufbauend wird mit § 416 (bis zum zuzulassenden Beweis des Gegenteils, dazu Kap. 26 Rz. 78) bewiesen, dass der Aussteller die in der Urkunde enthaltene Erklärung willentlich in den Verkehr gegeben hat, sofern nicht materiell-rechtliche Zurechnungsnormen diesen Beweis überhaupt irrelevant machen (Kap. 26 Rz. 59).

---

[1] BGHZ 104, 172, 175 = NJW 1988, 2741; BGH NJW-RR 1989, 1323, 1324; BGH ZIP 2008, 1582 Rz. 20.
[2] Vgl. BGHZ 104, 172, 176; BGH NJW 1986, 3086, 3087 (jedoch beide trotz Unterschriftsanerkennung unrichtig § 440 Abs. 1 zitierend).

Weitere materiell-rechtliche Wirksamkeitserfordernisse, etwa die für **wertpapierrecht- 47 liche** Tatbestände notwendige **Begebung** der Urkunde, werden durch § 440 Abs. 2 nicht bewiesen.[1] Ob § 416 darauf anzuwenden ist, ist streitig (Kap. 26 Rz. 56).

§ 416 setzt voraus, dass die Urkunde die Hürde des § 440 überwunden hat; **Herkunft** 48 der **Erklärung** und **Echtheit** der Urkunde sind **äquivalent**.[2] Die Vermutungsregel des § 440 Abs. 2 ist bedeutsamer als der § 416 selbst.[3]

III. Echtheitsbeweis nach § 440 Abs. 1

Die Echtheit des Urkundentextes oder der Namensunterschrift **bedürfen nur des** 49 **Beweises, wenn** sie **nicht** in der gem. § 439 Abs. 1 abzugebenden Erklärung **anerkannt** worden oder gem. § 439 Abs. 3 als anerkannt anzusehen sind. Trägt die Urkunde eine **Namensunterschrift**, deren Echtheit in der Erklärung gem. § 439 Abs. 1 und 2 bestritten worden ist, hat der Beweisführer die Echtheit der Unterschrift zu beweisen. Bei Urkunden **ohne Namensunterschrift** oder Unterzeichnung mittels notariell beglaubigten Handzeichens ist unmittelbar die Echtheit des Textes zu beweisen.

Die Führung des Echtheitsbeweises obliegt demjenigen, der sich als Beweisführer auf 50 die Urkunde beruft.[4] Für den **Beweis** gilt **§ 286**, und zwar ungeachtet der dort gem. § 595 Abs. 2 geltenden Beweismittelbeschränkung **auch im Urkunden- und Wechselprozess**.[5] Der Beweis kann schon aufgrund des Zustandes der Urkunde selbst (ohne Hinzutreten weiterer Umstände) als geführt angesehen werden,[6] etwa wenn ein zu Beweiszwecken vorgelegtes Handelsbuch nach Form und Inhalt korrekt ist und der Beweisgegner die Echtheitsbestreitung nicht substantiiert.[7]

Der Echtheitsbeweis kann als **Vollbeweis**[8] durch **sämtliche Beweismittel** erbracht 51 werden.[9] In Betracht kommt auch die **Parteivernehmung** nach §§ 445 ff. sowie – als urkundenbeweisrechtliche Besonderheit – die **Schriftvergleichung** nach den §§ 441 und 442. Zur Indizwirkung einer außergerichtlichen Anerkennung der Echtheit vgl. oben Rz. 39.

IV. Echtheitsvermutung des § 440 Abs. 2

Die Echtheitsvermutung des **§ 440 Abs. 2** ist **nicht an** die Durchführung einer Be- 52 weisaufnahme gem. **§ 440 Abs. 1 gebunden**. Sie greift vielmehr auch ein, wenn die Echtheit der Unterschrift aufgrund eines ausdrücklichen **Geständnisses des Beweisgegners** (§ 439 Abs. 2) feststeht, oder ein solches Geständnis nach § 429 Abs. 3 vermutet wird. Erst in letzter Linie kommt es auf den Beweis der bestrittenen Echtheit der Namensunterschrift gem. § 440 Abs. 1 an.

---

1 Anders wohl OLG Düsseldorf JW 1925, 2149.
2 *Britz* ZZP 110 (1997), 61, 83.
3 Vgl. *Britz* ZZP 110 (1997), 61, 86.
4 BGH NJW 1995, 1683; BGHZ 104, 172, 176; BGH NJW 1986, 3086 = WM 1986, 1238; NJW 2000, 1179, 1180 f.; NJW 2001, 448, 449.
5 RGZ 72, 291, 292; OLG Köln DB 1983, 104, 105.
6 RGZ 72, 291, 292; OLG Köln DB 1983, 104, 105 (darin keine Beweisaufnahme sehend sondern eine sonstige Feststellung anhand des Sach- und Streitstandes; einen sehr hohen Grad an Wahrscheinlichkeit verlangend).
7 RGZ 72, 290, 292 (Aktienbuch zum Beweis der Aufsichtsratszustimmung zur Abtretung von Namensaktien).
8 BGH NJW 2001, 448, 449.
9 Musielak/*Huber*[10] § 440 Rz. 2 (mit Ausnahme des Urkunden- und Wechselprozesses).

53 Erforderlich ist eine **Namensunterschrift**, nicht eine beliebige andere Unterschrift, auch wenn diese für die Anwendung des § 416 ausreichend sein kann (Kap. 25 Rz. 132). Ausreichend ist das Unterschreiben für den Aussteller mit dessen Namen durch einen Dritten;[1] eine nachträgliche Genehmigung der Unterschriftsvertretung ist möglich. Grundlage der Vermutung kann auch die als echt festgestellte Unterschrift auf einem Telefax sein;[2] es darf kein Widerspruch zur großzügigeren Handhabung bei § 416 eintreten (Kap. 25 Rz. 138).

54 Wie bei dem für inländische öffentliche Urkunden geltenden § 437 Abs. 1 handelt es sich bei § 440 Abs. 2 um eine **gesetzliche Vermutung i.S.d. § 292**;[3] darin liegt ein Unterschied zu den formellen Beweisregeln der § 415 ff. (vgl. unten Rz. 104). § 440 Abs. 2 unterscheidet sich aber von § 437 Abs. 1. Während § 437 Abs. 1 ZPO die Vermutung der Echtheit auf den gesamten Urkundeninhalt erstreckt, gilt die Echtheitsvermutung des § 440 Abs. 2 nur für den über der Unterschrift stehenden Text. Die Vermutung geht dahin, dass der **Text über der Unterschrift** vom Aussteller stammt oder – bedeutsam für die Blankettausfüllung – mit seinem Willen dort steht.[4] Eine analoge Anwendung auf einen unter der Unterschrift stehenden Text („Oberschrift") kommt wegen der Eindeutigkeit des Wortlauts und der Funktion der Unterschrift, den über ihr stehenden Text räumlich anzuschließen, nicht in Betracht.[5] Dasselbe gilt für einen neben dem Text stehenden Namenszug („Nebenschrift").[6]

55 Auf den **Zeitpunkt**, in dem die Schrift über den Text gesetzt wurde, **kommt es nicht an**, so dass die Echtheitsvermutung auch dann eingreift, wenn eine **Blankounterschrift** abgegeben wurde.[7] Erforderlich ist lediglich, dass der Text oberhalb der Unterschrift eingefügt wird. Dies gilt unabhängig davon, ob der Ausfüllende (später) seine Kompetenzen bei der Ausfüllung überschreitet (Fall des sog. Blankettmissbrauchs, dazu Kap. 26 Rz. 81). Die Vermutung erstreckt sich in diesem Fall auch darauf, dass das Blankett durch den Blankettempfänger nachträglich **vereinbarungsgemäß ausgefüllt** worden ist.[8]

56 Ob der über der Blankounterschrift stehende Text den **Inhalt** einer **getroffenen Vereinbarung** zutreffend wiedergibt, ist damit nicht bewiesen. Das ist vielmehr ein Problem des materiellen Inhalts der beurkundeten Erklärungen, auf dessen Beweis sich die Vermutung des **§ 440 Abs. 2** nicht erstreckt; insoweit gilt § 286[9] (s. auch Rz. 65). Bei der Entscheidungsbegründung ist Sorgfalt auf die Wahl der Formulierung zu legen, damit nicht der Eindruck entsteht, der Tatrichter habe sich bei seiner Beweiswürdigung an eine gesetzliche Regel gebunden gefühlt.

57 Wenn der Urkunde ein **äußerlicher Mangel** i.S.d. § 419, etwa in Form einer Durchstreichung, Radierung oder Einschaltung (= Ergänzung) anhaftet, diese also fehlerhaft

---

1 Vgl. BGHZ 104, 172, 176 = NJW 1988, 2741 („Unterschrift dem Namensträger zuzuordnen").
2 A.A. OLG Frankfurt MDR 2000, 1330 (gefaxter Banküberweisungsauftrag), im Ergebnis aber richtig wegen Streits über die Echtheit der Unterschrift.
3 BGHZ 104, 172, 177; BGH NJW-RR 1989, 1323, 1324; Für § 292 bereits *Hedemann* Die Vermutung nach dem Recht des Deutschen Reiches, S. 253 ff.; a.A. wiederum *Rosenberg* Die Beweislast, 5. Aufl., S. 221 Fn. 1.
4 BGHZ 104, 172, 176; OLG München, VersR 1988, 1136; OLG München OLGR 1999, 259, 260; OLG Hamm OLGZ 1991, 23, 25.
5 BGHZ 113, 48, 51 = NJW 1991, 487.
6 BGH NJW 1992, 829, 830; NJW 2002, 2707.
7 Gegebenenfalls abweichend die Beurteilung der Formwirksamkeit: BGH NJW-RR 1993, 269, 270 (für gemeinschaftliches eigenhändiges Ehegattentestament nach § 2267 S. 1 BGB).
8 BGHZ 104, 172, 176 = NJW 1988, 934; NJW 2000, 1179, 1181.
9 BGH NJW-RR 1989, 1323, 1324.

ist, greift die Vermutung des § 440 Abs. 2 nicht ein[1] (oben Rz. 2). Die Feststellung der Echtheit der Urkunde obliegt dann insgesamt der freien Beweiswürdigung des Gerichts.[2] Ist der Text einer bereits öffentlich beglaubigten Erklärung nachträglich geändert worden, soll § 440 Abs. 2 nicht für die Ergänzung gelten,[3] sondern im Wege der freien Beweiswürdigung festzustellen sein, ob die Ergänzung mit dem Willen der Person eingefügt worden ist, die die Unterschrift geleistet hat.[4] Zutreffender ist es, § 440 Abs. 2 dann überhaupt nicht anzuwenden.

§ 440 Abs. 2 ist **nicht in Verfahren** anzuwenden, in denen die **Amtsermittlungspflicht** gilt, also wegen **§ 26 FamFG** nicht in Familiensachen und in Angelegenheiten der freiwilligen Gerichtsbarkeit;[5] die Vermutung wird durch den Grundsatz der freien Beweiswürdigung (§ 286) ersetzt. Der **hinter § 440 Abs. 2 stehende Erfahrungssatz** darf jedoch bei der Beweiswürdigung berücksichtigt werden, so dass in der Regel keine unterschiedlichen Ergebnisse erzielt werden.[6] Im Unterschied zur Geltung der formellen Beweisregel ist der bestreitende Beweisgegner aber nicht auf die Führung eines Gegenteilsbeweises angewiesen.

58

V. Beweis des Gegenteils

Soweit die Echtheitsvermutung des § 440 Abs. 2 greift, kann der Beweisgegner die **Vermutung** durch den Beweis des Gegenteils nach § 292 **widerlegen**.[7] Auch insoweit stehen sämtliche Beweismittel einschließlich des Antrags auf **Parteivernehmung** nach § 445[8] zur Verfügung. Bedeutung kommt dieser Möglichkeit vor allem in den Fällen des **Blankettmissbrauchs** in Gestalt einer Überschreitung der Vollmacht oder einer unrichtigen Ausfüllung zu.[9]

59

§ 97 Echtheitsprüfung durch Schriftvergleichung

Schrifttum:

Becht, Der Beweis der Echtheit der Urkunde im Urkundenprozeß; *Becht*, Der Beweis der Echtheit einer Urkunde im Urkundenprozeß, NJW 1991, 1993; *Deitigsmann*, Der gerichtliche Schriftsachverständige, JZ 1953, 494; *Deitigsmann*, Grundlagen und Praxis der gerichtlichen Handschriftvergleichung, 1954; *Deitigsmann*, Fehlurteile auf Grund von unrichtigen Schriftgutachten, NJW 1957, 1867; *Knobloch*, Graphologie, 1971; *Langenbruch*, Der Schriftsachverständige, JR 1950, 212; *Michel*, Schriftvergleichung, in: Handwörterbuch der Kriminologie Bd. 3, 93 (1975); *Michel*, Gerichtliche Schriftvergleichung, 1982; *Pfanne*, Lehrbuch der Graphologie, 1961; *Pfanne*, Handschriftenvergleichung für Juristen und Kriminalisten, 1971; *Schweighofer*, Handschriftenanalyse und Persönlichkeitsrechte, RdA 78, 101.

---

1 BGHR ZPO § 416 – Beweiskraft 1 (Nichtannahmebeschluss v. 4.6.1987, III ZR 139/86); RG JW 1917, 106; RG SeuffA 63, Nr. 169 S. 294; OLG Düsseldorf MDR 2009, 1002, 1003; *Winkler* DNotZ 1985, 224, 228.
2 RG JW 1917, 106; RG SeuffA 63, S. 294.
3 BayObLG DNotZ 1985, 220, 222.
4 BayObLG DNotZ 1985, 220, 222; s. auch BGH NJW 2000, 1179, 1181.
5 BayObLG NJW-RR 2002, 1453.
6 BayObLG NJW-RR 2002, 1453, 1454.
7 BGH NJW 2000, 1179, 1181; BGH NJW-RR 1989, 1323, 1324; BGH NJW 1986, 3086, 3087; BGHZ 104, 172, 177 = NJW 1988, 2741; OLG München OLGR 1999, 259, 260.
8 BGHZ 104, 172, 177 = NJW 1988, 2741.
9 BGHZ 104, 172, 177 = NJW 1988, 2741; BGH NJW 1986, 3086, 3087; OLG Hamm WM 1984, 829; OLG Düsseldorf VersR 1979, 626, 627.

I. Ziel, Gegenstand und Tauglichkeit des Beweises durch Schriftvergleichung

1. Spezieller Echtheitsbeweis

60 §§ 441, 442 regeln den Beweis der Echtheit einer Urkunde speziell durch Schriftvergleichung. Der Beweis der **nachträglichen Veränderung** (in der Regel: Verfälschung) ist darin **eingeschlossen**. Aus der feststehenden **Urheberschaft einer Vergleichsschrift** soll auf die Urheberschaft der Beweisurkunde geschlossen und durch diese Urheberidentifizierung die Urkundenechtheit festgestellt werden. Im Strafprozess, für den Schriftgutachten häufiger Gegenstand von Entscheidungen sind, gilt § 93 StPO.

61 Die Schriftvergleichung kann sich sowohl auf den **Urkundeninhalt** als auch auf die **Unterschrift** beziehen. Sie hat in erster Linie Bedeutung für Privaturkunden, kann aber auch bei öffentlichen Urkunden vorkommen; dem steht § 437 Abs. 2 nicht entgegen, der bei öffentlichen Urkunden eine Behördenerklärung über die Echtheit vorsieht. Schon der Wortlaut des § 441 Abs. 1 („auch") verdeutlicht, dass es alternative Wege zur Feststellung der Urkundenechtheit gibt, etwa den Personalbeweis, der auch kumulativ erhoben werden kann.[1] Grundsätzlich ist die Schriftvergleichung – wie jeder Augenscheinsbeweis (zur Qualifizierung unten Rz. 68) – **Aufgabe des Prozessgerichts** selbst, wie sich aus § 442 ergibt. Ob es allerdings dafür die nötige Sachkunde besitzt oder von Amts wegen ein Sachverständigengutachten einzuholen hat (dazu unten Rz. 89), ist nach den zu § 286 entwickelten Grundsätzen zu überprüfen.

2. Schriftvergleichungsmethodik

62 Zu vergleichen ist die Schrift auf der Urkunde, deren Echtheit zu beweisen ist, mit einer geeigneten anderen Schrift. Vorzunehmen ist eine **Analyse graphischer Tatbestände**.[2] Sie bezieht sich z.B. auf Neigungswinkel, Duktus, Schriftablauf, Strich- und Druckbeschaffenheit, Größenverhältnisse der Buchstaben, Bindungsweise, Oberzeichen und Interpunktion, Raumverteilung und Zahlenübereinstimmung.[3] Die Schriftvergleichung ist ein **taugliches Beweismittel**.[4] Es handelt sich um ein wissenschaftlich gesichertes und anerkanntes Verfahren, welches auf einer jahrzehntelangen kriminalistischen Erfahrung beruht.[5] Es kann alleinige Grundlage der Echtheitsfeststellung sein. Maßgeblich ist jedoch die Bewertung des Einzelfalles.

63 Die Methode der Schriftvergleichung ist **von der Graphologie abzugrenzen**, die es sich zur Aufgabe macht, aus der Handschrift einen Rückschluss auf den Charakter des Schreibers zu ziehen.[6] Während die Erstattung eines graphologischen Gutachtens mit dem allgemeinen Persönlichkeitsrecht des Schrifturhebers in Konflikt geraten kann, steht diese Rechtsposition einer Schriftvergleichung niemals entgegen.[7]

64 Zu trennen ist die Schriftvergleichung des Weiteren von der wissenschaftlichen Untersuchung von Vergleichsschriften auf linguistischer Grundlage, also anhand eines **Sprachvergleichs**.[8] Diese stellt nur eine Hilfswissenschaft der Schriftvergleichung dar. Zur Ermittlung des Schrifturhebers ist eine alleinige Sprachvergleichsunter-

---

1 Vgl. dazu den Fall OLG München NJW 1970, 1924, 1925.
2 LAG Köln VersR 1995, 1074, 1075.
3 Vgl. BAG BB 1982, 117.
4 Kritisch aber *Michel* ZSW 1981, 266.
5 LAG Köln VersR 1995, 1074, 1075.
6 BAG BB 1982, 117. Terminologisch falsch BGH WM 2001, 1866, 1867; OLG Koblenz MDR 2013, 1484.
7 Einschränkend BAG BB 1982, 117 („in der Regel").
8 Dazu LAG Köln VersR 1995, 1074, 1075.

suchung ungeeignet, da textlinguistische Merkmale nicht einmalig und unveränderbar sind.[1] **Physikalische und chemische Methoden** zur Feststellung des Alters und der Zusammensetzung des Urkundenpapiers sowie des Schreibmaterials (Tinte etc.) sind ebenfalls abzugrenzen; sie haben für einen Schreibvergleich nur unterstützende Funktion, können allerdings auch isoliert als Sachverständigengutachten den Beweis über Echtheitsindizien liefern.

3. Erfordernis eines individuellen Schriftbildes

Die Schriftvergleichung bezieht sich in erster Linie auf **handschriftliche Texte**, weil diese durch individuelle Merkmale des Texturhebers gekennzeichnet sind. In Betracht kommt aber auch der Vergleich von **Maschinenschriften**[2] (zu maschinenschriftlichen Urkunden Kap. 25 Rz. 138 und oben Rz. 34). Identifizierungsmöglichkeiten können sich bei ihnen aus der Besonderheit des Anschlags ergeben. Zu ihrer Feststellung wird in der Regel nur ein Sachverständiger die nötige Sachkunde besitzen. Bei einem **Computerausdruck** scheidet ein Schriftvergleich wegen der fehlenden Individualisierbarkeit des Druckerschriftbildes aus. In Zweifel gezogen wird die Eignung der Schriftvergleichung in Bezug auf bloße **Handzeichen**.[3] Im Hinblick auf den oftmals fließenden Übergang zur vollen Unterschrift ist eine Entscheidung im Einzelfall erforderlich. Sie richtet sich nach dem Grad der Individualisierbarkeit. 65

Die **Eignung** einer Vergleichsschrift **zur Echtheitsfeststellung** wird davon beeinflusst, in welchem **Lebensalter** die zu vergleichenden Schriften verfasst wurden, da sich das Schriftbild im Lebensablauf wandelt (Jugendschrift, Altersschrift).[4] Bei vorsätzlicher Variation des Schriftbildes kommt eine vorsätzliche Beweisvereitelung in Betracht (Kap. 8 Rz. 137). Der Vergleich von Unterschriften hat zu beachten, dass Zeitdruck oder sonstige ungünstige Verhältnisse den Schriftzug verändern können.[5] 66

Regelmäßig **ungeeignet** ist die Schriftvergleichung, wenn feststeht, dass die Urkunde in **Text oder Unterschrift von einem Dritten** stammt, und lediglich streitig ist, ob die Urkunde mit Willen des angeblichen Ausstellers erstellt wurde, ihm also der Text zugerechnet werden kann (dazu unten Rz. 103). In Betracht kommt dann allenfalls die sich aus einer Schriftvergleichung ergebende Feststellung, dass die Beweisurkunde wegen einer Schriftbildabweichung unter psychischer Belastung geschrieben worden ist, deren Ursache eine Bedrohung gewesen sein mag. 67

II. Systematische Einordnung des Vergleichsbeweises

Die Schriftvergleichung stellt einen **Hilfsbeweis im Rahmen des Urkundenbeweises** dar. Er ist auf die Feststellung von **Indizien**, nämlich die Übereinstimmung der individuellen Merkmale schriftlicher Texte gerichtet.[6] **Funktional** handelt es sich um einen Unterfall des **Beweises durch Augenschein** (§ 371).[7] Das Recht des Augenscheins- 68

---

1 LAG Köln VersR 1995, 1074, 1075 m.w.N.
2 Kritisch MünchKommZPO/*Schreiber*[4] § 441 Rz. 1 wegen der Identifizierungsschwierigkeiten.
3 So Stein/Jonas/*Leipold*[22] § 441 Rz. 3; MünchKommZPO/*Schreiber*[4] § 441 Rz. 1.
4 Musielak/*Huber*[10] § 441 Rz. 2 nennt als Unter- und Obergrenze der Schriftkonstanz 25 und 55 Jahre.
5 BGH WM 2001, 1866, 1867.
6 Stein/Jonas/*Leipold*[22] § 441 Rz. 2: Indizienbeweis mit Augenscheinsobjekten.
7 BAG BB 1982, 117 = AP Nr. 1 zu § 441 ZPO mit zust. Anm. *Walchshöfer*. Britz Urkundenbeweisrecht und Elektrotechnologie, S. 123, spricht sich gegen eine Aussonderung aus dem Urkundenbeweisrecht aus, hat dabei aber wohl nur – insoweit in Übereinstimmung mit der obigen Kommentierung – die Rechtsfolgen im Auge.

beweises, etwa § 372 Abs. 2 oder § 144, ist aber nicht schon deshalb anwendbar.[1] Negative Schlüsse auf die Beweismöglichkeiten im Urkundenprozess sind daraus ebenfalls nicht zu ziehen. Dort ist der Beweis durch Augenschein zwar wegen § 595 Abs. 2 unzulässig, doch schließt dies eine Schriftvergleichung durch das mit dem Urkundenprozess befasste Gericht nicht aus.[2]

69 Wird zur Würdigung der zu vergleichenden Schriften nach § 442 ein Sachverständiger herangezogen, handelt es sich **funktional** um einen **Beweis durch Sachverständige** (§§ 402 ff.).[3] Ein Schriftvergleich mittels gesondert einzuholenden Sachverständigengutachtens ist im **Urkundenprozess** nicht mit § 595 Abs. 2 zu vereinbaren,[4] allerdings nicht, weil aus der funktionalen Qualifizierung eine Ableitung getroffen werden dürfte, sondern weil sich dies eigenständig aus der Wertung des § 595 Abs. 2 ergibt. Diese Norm verlangt für das summarische Verfahren des Urkundenprozesses **Liquidität der Beweismittel** und beschränkt nur unter diesem Aspekt deren Zulässigkeit.

III. Echtheit und Qualität der Vergleichsschrift

70 Vom Vergleichsstück soll **auf** die **Urheberschaft der Beweisurkunde geschlossen** werden. Das **Vergleichsstück** muss daher **echt** in dem Sinne sein, dass es nach Erscheinungsform und Inhalt von demjenigen herrührt, der nach dem Vorbringen des Beweisführers Aussteller der Beweisurkunde ist. Als Vergleichsstück kommen **alle Texte** in Betracht, die vom angeblichen Aussteller der Beweisurkunde handschriftlich erstellt wurden. Ob dem Vergleichsstück Urkundenqualität zukommt, ist unerheblich.[5] Das Vergleichsstück muss nicht von seinem angeblichen Aussteller unterzeichnet sein.[6]

71 Als Vergleichsschriften sind in der Regel **Originalschriftstücke** zu verwenden, weil Fotokopien auch bei guter technischer Qualität nicht alle Feinheiten der Schrift deutlich werden lassen.[7] Zu suchen ist **unbefangen entstandenes** handschriftliches Vergleichsmaterial aus der privaten oder beruflichen Umgebung des Schreibers, etwa Schriftverkehr mit Bekannten oder Verwandten, Arbeitgebern, Geschäftspartnern, Behörden und sonstigen Institutionen wie z.B. Banken, Schulen, Verkehrsbetrieben, Krankenkassen, Vereinen. Ein Sachverständiger benötigt detaillierte **Informationen** über die **Schriftentstehung** (Zeit, Örtlichkeit, Schreibunterlage, Schreibhaltung, Schreibsituation, ungewöhnliche innere und äußere Einflüsse, psychische und physische Verfassung des Schreibers).

72 Wird die **Echtheit** der **Vergleichsschrift bestritten**, kann diese vom Gericht unter den Voraussetzungen des § 441 Abs. 3 S. 3 bejaht werden. Ansonsten ist die Echtheit gem. **§ 441 Abs. 2** nach den Regeln des Urkundenbeweises zu beweisen. Handelt es sich bei dem Vergleichsstück um eine öffentliche Urkunde, gelten die §§ 437 und 438. Ist das Vergleichsstück demgegenüber eine Privaturkunde, richtet sich der Beweis der Echtheit nach den §§ 439 und 440. Sofern streitig ist, ob der handschriftliche Text einer unterschriebenen Vergleichsschrift von deren Unterzeichner niedergeschrieben

---

1 Wohl a.A. Musielak/*Huber*[10] § 441 Rz. 1.
2 *Becht* NJW 1991, 1993, 1994 f.; ihm folgend MünchKommZPO/*Braun*[4] § 595 Rz. 5. Zum Streitstand Wieczorek/Schütze/*Olzen*[3] § 595 Rz. 21 ff.
3 Zöller/*Geimer*[30] § 441 Rz. 1.
4 A.A. *Becht* NJW 1991, 1993, 1994 f. Zum Streitstand Wieczorek/Schütze/*Olzen*[3] § 595 Rz. 21 ff. Die in diesem Zusammenhang z.T. zitierte Entscheidung BGHZ 1, 218, 220 f. = NJW 1951, 361 (LS) betrifft eine andere Frage.
5 Stein/Jonas/*Leipold*[22] § 441 Rz. 3.
6 Stein/Jonas/*Leipold*[22] § 441 Rz. 3.
7 OLG Celle Strafvert.1981, 608; OLG Köln Strafvert. 1981, 539.

wurde, ist **§ 440 Abs. 2** auf diesen Beweis **nicht** anzuwenden.[1] Die Vermutungsrichtung dieser Norm betrifft die Zurechnung des über der Unterschrift stehenden Textinhaltes zum Unterzeichner, also dessen geistige Urheberschaft, nicht aber die für den Schriftvergleich allein relevante Frage, von wessen Hand der Vergleichstext herrührt. Aus dem gleichen Grund und in demselben Umfang gilt auch die Vermutung des § 437 bei einer öffentlichen Urkunde nur eingeschränkt. Möglich ist der Beweis der handschriftlichen Urheberschaft des Vergleichstextes durch Personalbeweis.

IV. Vergleichstextbeschaffung

1. Urkundenrechtliche Vorlagepflicht, Anordnung von Amts wegen

Durch § 441 Abs. 2–4 wird die **Beschaffung** der zum Vergleich geeigneten Schriften in **Anlehnung** an die **Vorlegung** von Urkunden nach den **§§ 420 ff.** geregelt. Differenziert wird danach, in **wessen Besitz** sich das Vergleichsdokument befindet. Die Prozessrechtsreform von 2001 hat neben einer Ausdehnung der prozessualen Mitwirkungspflichten beim Augenscheinsbeweis (§ 371 Abs. 2) in § 142 für den Urkundenbeweis die Grundlage für die Anordnung einer **Dokumentenvorlage von Amts wegen** geschaffen. Diese Regelung ist auch auf die Beschaffung von Vergleichsschriften anzuwenden. Damit ist eine früher im Schrifttum überwiegend vertretene Einschränkung obsolet geworden.

73

2. Herstellungsverweigerung

Die Vorlegung bezieht sich auf **bereits existierende Vergleichsstücke**. Weder der Beweisgegner noch ein Dritter (auch nicht als Zeuge) können zur Erstellung eines geeigneten Vergleichsstücks gezwungen werden. Mehrere bedeutende Vorläuferprozessordnungen der CPO kannten eine Schreibpflicht des Urkundenausstellers. Der Entwurf der CPO hat davon bewusst Abstand genommen, da diese Prozedur „anomal" sei und „erfahrungsgemäß kein Ergebnis von praktischem Wert" liefere.[2] **Rechtspolitisch überzeugend** ist dies zwar heute **nicht** mehr, jedoch in Bezug auf eine **unmittelbaren Erfüllungszwang** gleichwohl bindend, so dass es dafür an einer Rechtsgrundlage fehlt. Verweigert allerdings der Gegner nach Aufforderung durch den Beweisführer seine freiwillige Mitwirkung, ist diese **Beweisvereitelung** (allgemein zu ihr Kap. 29 Rz. 142 und Kap. 8 Rz. 138 ff.) im Rahmen der freien Beweiswürdigung nach § 286 zu berücksichtigen.[3]

74

3. Besitz der Vergleichsschrift

a) Besitz einer Prozesspartei

aa) Beweisführer

Die Pflicht zur Vorlegung von Vergleichsstücken richtet sich danach, **in wessen Händen** sich die **Vergleichsstücke** nach dem Vortrag des Beweisführers befinden (§ 441 Abs. 2–4). Befindet sich das Vergleichsstück in der Hand des Beweisführers, muss er dieses nach § 441 Abs. 2 (entspricht § 420) vorlegen.

75

---

1 Ebenso MünchKommZPO/*Schreiber*[4] § 441 Rz. 6.
2 Hahn/Stegemann, Mat. Bd. II/1, 2. Aufl. 1881, S. 329.
3 Musielak/*Huber*[10] § 441 Rz. 2 nennt daneben § 446.

bb) Beweisgegner

76 Hat der **Beweisgegner** ein geeignetes **Vergleichsstück** im Besitz, wird der Schriftvergleichsbeweis gem. §§ 441 Abs. 3 Satz 2, 421 durch den **Antrag des Beweisführers** angetreten, dem Beweisgegner die Vorlegung der Vergleichsschrift aufzugeben. Die näheren Voraussetzungen für dessen in § 441 Abs. 3 S. 1 statuierte **Pflicht zur Vorlegung** der Vergleichsschrift richten sich aufgrund der Verweisung in § 441 Abs. 3 S. 2 nach den §§ 421–426.

77 Die **Spezifizierungsanforderungen** des § 424 (insbesondere nach dessen Nr. 1 und 3) sind beim Antrag auf Vorlegung von Vergleichsschriften sachangemessen **abzuschwächen**, da es nicht – wie im unmittelbaren Anwendungsbereich des § 424 – auf ein spezifisches Dokument ankommt, nach dem der Gegner gegebenenfalls zu suchen hat, sondern nur auf eine beliebige handschriftliche oder maschinenschriftliche Begutachtungsgrundlage, die einen Vergleich ermöglicht. § 441 Abs. 3 S. 3 spricht demgemäß auch nur allgemein von „zur Vergleichung geeigneten Schriften". Auf eine **Glaubhaftmachung** des **Vorlagegrundes** nach § 424 Nr. 5 kommt es nur an, wenn man das Erfordernis von Vorlagepflichten nach §§ 422, 423 auf Vergleichsschriften überträgt.

78 Ob die Vorlegungspflicht nach § 441 Abs. 3 S. 1 über die Verweisung des Satzes 2 an die Voraussetzungen der §§ 422 oder 423 geknüpft wird, ist streitig. **§ 441 Abs. 3 S. 1** begründet einen **eigenständigen Vorlegungsgrund**, der über §§ 422, 423 hinausgeht;[1] dafür spricht der von der Regelung der §§ 421 ff. abweichende Wortlaut des § 441 Abs. 3 S. 1. Dem steht die Auffassung entgegen, dass wegen der Verweisung in § 441 Abs. 3 S. 2 ein Vorlegungsgrund nach §§ 422, 423 gegeben sein müsse.[2] Die Gegenansicht bringt jedoch die Beweismöglichkeit des § 441 in der Regel faktisch zum Scheitern, es sei denn, man verlangt vom Beweisgegner ein substantiiertes Bestreiten der Urkundenechtheit in der Weise, dass er eine Abweichung der Urkundenschreibweise von in seinem Besitz befindlichen Vergleichsschriften zu behaupten hat und damit die Anwendungsmöglichkeit des § 423 eröffnet. **Für** eine **ausdehnende Interpretation** spricht auch, dass die Anordnung der Vorlage von Amts wegen gem. § 142 Abs. 1 S. 1 gegenüber Prozessparteien nicht an das Vorliegen eines Vorlegungsgrundes gebunden ist, selbst wenn eine völlige Gleichschaltung der tatbestandlichen Voraussetzungen der Editionspflichten auf bloßes Parteiverlangen hin und auf Anordnung von Amts wegen angesichts der unterschiedlichen Missbrauchsgefahr nicht in Betracht kommt.

79 Legt der **Beweisgegner** das **Vergleichsstück** entgegen seiner Verpflichtung **nicht vor** oder gelangt das Gericht zu der Überzeugung, dass der Gegner nach dem Verbleib des Vergleichsstücks nicht sorgfältig geforscht hat (vgl. § 427), bestimmen sich die **Rechtsfolgen** nach § 441 Abs. 3 S. 3, der eine Wiederholung des § 427 darstellt. Die Urkunde kann hiernach vom Gericht als echt angesehen werden (§ 286). Wie bei § 427 handelt es sich um eine Beweiswürdigungsregel,[3] mit der auf eine **Beweisvereitelung** des Beweisgegners (näher: Kap. 29 Rz. 142 und Kap. 8 Rz. 138 ff.) reagiert werden kann. Gegen eine negative Schlussfolgerung im Rahmen der Beweiswürdigung gibt es keine Möglichkeit zum Gegenbeweis.[4]

---

1 Wohl ebenso Stein/Jonas/*Leipold*[22], wie aus der Differenzierung zwischen Gegner und Dritten in § 441 Rz. 7 und 8 zu entnehmen ist.
2 MünchKommZPO/*Schreiber*[4] § 441 Rz. 3; *Peters* ZZP 82 (1969), 200, 205 f.; *Dilcher* AcP 58 (1958), 469, 483.
3 *Gerhardt* AcP 169 (1969), 289, 295 f.
4 So aber MünchKommZPO/*Schreiber*[4] § 441 Rz. 3 mit dem Hinweis auf den Ausschluss einer Parteivernehmung nach § 445 Abs. 2.

b) Besitz Dritter

Besitzer von Vergleichsschriften, die nicht am Prozess beteiligt sind, müssen **vor unangemessenen Mitwirkungsverpflichtungen geschützt** werden. Daher ist bei ihnen auf das Erfordernis eines **Vorlegungsgrundes** besonders zu achten. Die Prozessrechtsreform von 2001 hat auf dieses Schutzbedürfnis auch bei der Anordnung einer Edition von Amts wegen gem. § 142 Abs. 1 S. 1 Rücksicht genommen. Nach § 142 Abs. 2 S. 1 stellen **fehlende Zumutbarkeit** der Vorlegung oder ein Zeugnisverweigerungsrecht des Dritten eine Anordnungsgrenze dar. In der Regel wird die fehlende Zumutbarkeit gegeben sein, wenn es an einem Vorlegungsgrund, also einem klageweise durchsetzbaren Anspruch des Beweisführers gegen den Dritten fehlt. 80

Sowohl bei **Behörden** (§§ 441 Abs. 2, 432, Abs. 3, 430) als auch bei **sonstigen Dritten** (§ 441 Abs. 4) ist **glaubhaft zu machen** (§ 294), dass sie Vergleichsschriften im Besitz haben und dass ein Vorlegungsgrund besteht, nämlich ein Anspruch des Beweisführers auf deren Vorlegung. Die darüber hinaus erforderliche Eignung zum Schriftvergleich und damit die Beweiserheblichkeit (vgl. § 441 Abs. 4 bzw. § 432 Abs. 3 jeweils i.V.m. § 431 Abs. 1) ergibt sich aus dem Charakter als Vergleichsschrift. 81

Soweit der Editionsanspruch gegen **Behörden** oder **öffentliche Beamte** gerichtet ist, müsste nach §§ 432 Abs. 3, 430 außerdem eine detaillierte **Bezeichnung der Vergleichsschrift** und ihres Inhalts erfolgen (vgl. die Verweisung auf § 424 Nr. 1 und 3), doch verlangt § 441 Abs. 4 dies bei sonstigen Dritten nicht. Die **Unterscheidung ist sinnwidrig** und zu korrigieren; sie hat der Gesetzgeber offenbar wegen der gewählten Verweisungstechnik übersehen. 82

Befindet sich ein Vergleichsstück in den Händen einer **öffentlichen Behörde** oder einen **öffentlichen Beamten**, erfolgt der Beweisantritt nach §§ 441 Abs. 2, 432 durch den Antrag, die Behörde um die Mitteilung eines Vergleichsstücks zu ersuchen. Der Begriff „öffentliche Behörde" folgt § 415. Urkundspersonen, also freiberuflich tätige **Notare**, fallen **nicht** darunter. Sie sind aber öffentliche Beamte i.S.d. § 432 Abs. 1. 83

Das Gericht hat danach die **Behörde** oder den **Notar aufzufordern**, ihm das Vergleichsstück **mitzuteilen**. Kommt der Adressat der Aufforderung nicht nach, gelten über § 432 Abs. 3 die §§ 428–431. Es muss dem Beweisführer also eine Frist zur Beschaffung des Vergleichsmaterials im Klagewege gesetzt werden. Für den Fall, dass sich Vergleichsstücke in Gerichtsakten befinden, etwa in Grundakten,[1] reicht deren **formlose Beiziehung** aus. 84

Hat ein **sonstiger Dritter** das Vergleichsstück in Besitz, ist nach § 441 Abs. 4 zu verfahren. Das Gericht hat dem Dritten nach § 431 eine **Frist zur Vorlegung** der Urkunde zu **bestimmen**. 85

V. Durchführung des Schriftvergleichs

Das Gericht muss dem Antrag auf Schriftvergleichung entsprechen. Eine Grenze wird lediglich durch die allgemeinen Beweiserhebungs- und Beweisverwertungsverbote gezogen. Eine **Einwilligung des Schrifturhebers** ist mangels gesetzlicher Anordnung und fehlenden persönlichkeitsrechtlichen Bezuges **nicht** erforderlich.[2] Im Strafverfahren dürfen keine Schriftproben verwertet werden, zu deren Abgabe ein Beschuldigter durch unlautere Mittel gezwungen worden ist,[3] was jedoch nicht die Beschlagnahme 86

---
1 So in RG JW 1932, 944.
2 BAG BB 1982, 117.
3 BGHSt 34, 39, 46, 53.

und Verwertung von freiwillig geschriebenen Briefen eines in Untersuchungshaft sitzenden Beschuldigten hindert, die im Wege der Postkontrolle in den Besitz der Ermittlungsbehörde gelangt sind.[1] Soweit ein **strafrechtliches Verwertungsverbot** zur Vermeidung einer mittelbaren Selbstbeschuldigung besteht, ist es **auf** einen **Zivilprozess nicht** zu **übertragen**. Ist unklar, ob ein beantragtes Sachverständigengutachten zur Feststellung der Echtheit auf die Durchführung eines Schriftvergleichs oder auf die Klärung sonstiger Echtheitszweifel, etwa das Datum der Urkundenerrichtung, abzielt, hat das Gericht von § 139 Abs. 1 Gebrauch zu machen und gegebenenfalls auch auf die Notwendigkeit der Vorlage von Vergleichsschriften hinzuweisen.[2]

87 Zur **Notwendigkeit** der Heranziehung eines Sachverständigen und zur Einholung des **Gutachtens** s. nachfolgend Rz. 89. Wenn kein Sachverständiger hinzugezogen wird, weil das Gericht ausnahmsweise glaubt, aufgrund eigener Sachkunde entscheiden zu können, sind die Vergleichsschriftstücke gem. § 357 Abs. 1 zum Gegenstand der **mündlichen Verhandlung** zu machen.[3] Die Inspektion der Augenscheinsobjekte ist nämlich Beweisaufnahme. Den Parteien ist dabei Gelegenheit zu geben, sich zu den Vergleichsstücken zu erklären.[4] Die Übertragung der Schriftvergleichung auf einen beauftragten oder ersuchten Richter nach § 434 ist zwar nicht ausgeschlossen, sollte aber vermieden werden.

VI. Würdigung der Schriftvergleichung, § 442

1. Freie Beweiswürdigung

88 Das Gericht entscheidet in freier Beweiswürdigung über das Ergebnis der Schriftvergleichung. Insoweit **wiederholt** § 442 nur **inhaltsgleich** den allgemeinen Grundsatz des § 286.[5] Im Rahmen der Beweiswürdigung ist den mit der Schriftvergleichung verbundenen Unsicherheiten Rechnung zu tragen.

2. Eigene richterliche Sachkunde

89 Die tatbestandliche Formulierung „geeignetenfalls" darf **nicht** das Missverständnis auslösen, das Gericht genieße ein **freieres Ermessen** als bei der Entscheidung über die sachverständige Begutachtung anderer Tatfragen. Das Gericht darf sich auf seine eigenen Wahrnehmungsmöglichkeiten und -fähigkeiten nur so weit verlassen, als es über **genügend eigene Sachkunde** verfügt und diese in den Gründen **darzulegen** vermag.[6] Fachspezifische Sachkunde kann bereits für die Beurteilung erforderlich sein, dass ein Schriftgutachten angesichts einer Mikroverfilmung des relevanten Schriftgutes keine Aufklärung des Sachverhalts ermöglicht.[7]

90 Auf einen **Beweisantrag** kommt es für die Einholung eines Schriftvergleichsgutachtens – wie auch sonst beim Sachverständigenbeweis – **nicht** an.[8] Dem Antrag einer Partei auf Einholung eines (gegebenenfalls weiteren) Sachverständigengutachtens braucht bei ausreichender eigener Sachkunde nicht stattgegeben zu werden.[9]

---

1 BGH, Beschl. v. 5.12.1989 – 2 BGs 382/89 – BGHR StPO § 94 Beweismittel 1.
2 BGH ZIP 2013, 384 Rz. 21.
3 RG JW 1932, 944.
4 RG JW 1916, 964 (Nr. 13).
5 BGH NJW 1982, 2874 = MDR 1983, 35.
6 Vgl. BGH NJW 1982, 2874; BGH WM 2001, 1866, 1867.
7 BGH NJW-RR 2008, 696 Rz. 3.
8 BGH NJW 1993, 534, 535.
9 RG JW 1892, 217 (Nr. 15); OLG Koblenz MDR 2013, 1484.

An das Ergebnis eines gerichtlichen Sachverständigengutachtens ist das **Gericht nicht** 91
gebunden.¹ Es kann seine abweichende Auffassung auf eine sorgfältige und kritische
Überprüfung des Gutachtens stützen, muss diese Überzeugung aber begründen und
die Begründung muss erkennen lassen, dass die Beurteilung nicht durch einen Mangel an Sachkunde beeinflusst ist.² Einzubeziehen ist die Weigerung einer Partei, ein
ihr vorliegendes Privatgutachten zur Echtheit vorzulegen.³

Der Verzicht auf ein Sachverständigengutachten ist wegen **zumeist fehlender richter-** 92
licher Sachkunde nur in ganz eindeutigen Fällen vertretbar. Insbesondere bei sehr
kurzen Texten, etwa der Beurteilung einer Unterschrift, oder bei maschinell gefertigten Texten ist das Einholen eines Sachverständigengutachtens angezeigt. In der strafgerichtlichen Rechtsprechung ist die Auffassung vertreten worden, dass es bei entsprechender Bedeutung des Beweises durch Schriftvergleichung geboten sein kann,
mehrere von einander **unabhängig arbeitende Sachverständige** zu beauftragen, von denen einer wegen der besonderen Sachkunde und Forschungsmittel dem **Bundeskriminalamt** angehören sollte.⁴ Dies gilt insbesondere, wenn nur wenig Schriftmaterial –
so bei bloßen Unterschriften – zur Verfügung steht. Fehlbeurteilungen sind schon allein wegen der **verschiedenen Methoden** der Schriftsachverständigen möglich.⁵

3. Anforderungen an den Sachverständigenbeweis

Für die Einholung eines Gutachtens und die an den Sachverständigen zu stellenden 93
Anforderungen ist auf die **allgemeinen Vorschriften** für den Sachverständigenbeweis
zu verweisen. Dem Schriftsachverständigen sind die sonstigen Aktenbestandteile
nicht vorzuenthalten.⁶ Der Sachverständige kann Schlüsse aus dem graphischen
Tatbestand vielfach nur ziehen, wenn er die **Entstehungsbedingungen der** zu begutachtenden **Schrift** (z.B. unebene oder senkrechte Unterlage, Sichtverhältnisse, Umgebungstemperatur, seelische Erregung, Alkohol- oder Medikamenteneinfluss etc.)
kennt bzw. alternativ erörtern kann.⁷ In die Beweiswürdigung sind neben dem Inhalt
eines Gutachtens **sonstige Umstände** einzubeziehen, etwa der wegen berufsrechtlicher Pflichten fernliegende Verdacht einer Fälschung.⁸

§ 98 Umgang mit verdächtigen Urkunden, § 443 ZPO

I. Staatliche Verwahrung

Vorgelegte **Urkunden** werden **nicht Bestandteil der Gerichtsakten**, wie sich aus der 94
Differenzierung der Vorschriften über die Einsicht in Gerichtsakten (§ 299) und in
niedergelegte Urkunden (§ 134) sowie aus § 142 Abs. 1 S. 2 ergibt. Sie dürfen vom Gericht nicht unbestimmt lange zurückgehalten werden. Soweit es der Verfahrenszweck
erfordert, kann nach § 142 Abs. 1 S. 2 der Verbleib auf der Geschäftsstelle angeordnet
werden.

---

1 Vgl. die krit. Würdigung in BayObLG NJW-RR 1999, 446, 447 f. zur zweifelhaften Echtheit eines Testaments; s. auch die Würdigung in BayObLG FamRZ 2005, 1782, 1783.
2 BGH NJW 1982, 2874.
3 OLG Köln NJW-RR 1994, 396, 397 (Erbscheinerteilungsverfahren).
4 BGHSt 10, 116, 118 = NJW 1957, 598, 599; OLG Celle NJW 1974, 616, 617.
5 OLG Celle NJW 1974, 616, 617.
6 So aber OLG Celle NJW 1974, 616, 617 m. abl. Anm. *Pfanne* NJW 1974, 1439; einschränkend OLG Celle Strafvert. 1981, 608 f. m. Anm. *Barton*.
7 *Pfanne* NJW 1974, 1439.
8 BGH WM 2001, 1866, 1867 (anwaltliche Unterschrift unter Schriftsatz).

95 § 443 verfolgt den davon unabhängigen Zweck, den **Status** der Urkunden insbesondere im Hinblick auf die Gefahr weiterer Manipulationen zu **sichern** und die **Erledigung staatlicher Ordnungsaufgaben** zu erleichtern. Da § 443 ohne weitere Differenzierung von „Urkunden" spricht, ist er auf **jede Urkunde** anzuwenden, gleich von wem sie in Erfüllung welcher Verpflichtung vorgelegt wurde.

II. Dauer der gerichtlichen Verwahrung

96 Nach Erledigung des Prozesses müssen die Urkunden **an denjenigen** zurückgegeben werden, **der** sie **vorgelegt** hat, also vorher in Besitz hatte. Der Urkundsbeamte der Geschäftsstelle hat sich vor jeder Rückgabe einer Urkunde beim Vorsitzenden nach deren Entbehrlichkeit zu erkundigen.

97 Eine **Rückgabe an** den **früheren Besitzer** erfolgt **nicht**, wenn die Auslieferung der Urkunde an eine andere Behörde im Interesse der öffentlichen Ordnung erforderlich ist. Zu denken ist vornehmlich an eine **Auslieferung an die Staatsanwaltschaft** (insbesondere bei Verdacht der Urkundenfälschung, § 267 StGB), zur Durchführung eines Disziplinarverfahrens, oder zur Berichtigung öffentlicher Register bzw. standesamtlicher Urkunden etc. Der Begriff der öffentlichen Ordnung ist i.S.d. Generalklauseln des Polizei- und Ordnungsrechts zu verstehen, auch wenn die meisten Bundesländer von diesem Begriff in ihrem Gefahrenabwehrrecht Abstand genommen haben.

III. Rechtsmittel

98 Auf eine **Verletzung** der **Aufbewahrungspflicht** kann **kein Rechtsmittel** der Berufung oder Revision gestützt werden. Bleibt die Urkunde in der Rechtsmittelinstanz für den Rechtsstreit weiterhin von Interesse, hat das Rechtsmittelgericht mittels Anordnung nach § 142 für eine Wiederbeschaffung der zu Unrecht zurückgegebenen Urkunde zu sorgen.

§ 99 Echtheit inländischer öffentlicher Urkunden, § 437 ZPO

I. Systematik des Echtheitsbeweises

99 Den nach §§ 420 ff. vorgelegten Urkunden kommt die in den §§ 415–418 beschriebene Beweiskraft zu, wenn sie mangelfrei und echt sind.[1] Für den Beweis der **Mangelfreiheit** i.S.d. § 419 kommt jedes Beweismittel in Betracht; es gilt die freie Beweiswürdigung (oben Rz. 6). Die Anforderungen an den Beweis der **Echtheit** ergeben sich aus den §§ 437–442, die in § 437 Abs. 1, § 438 Abs. 2, § 439 Abs. 3 und § 440 Abs. 2 mit formalisierten Beweisregeln operieren.

100 Differenziert wird nach der Art der Urkunde. Die **Echtheit öffentlicher Urkunden** ist gem. §§ 437 und 438, diejenige **privater Urkunden** gem. §§ 439 und 440 festzustellen. Die §§ 441–443 sind auf **alle** Urkunden anwendbar. Der Begriff der öffentlichen Urkunde ist mit der Legaldefinition des § 415 nicht völlig identisch; anders als in § 415 wird in § 437 nicht zur Voraussetzung gemacht, dass die Behörde oder Urkundsperson „innerhalb der Grenzen ihrer Amtsbefugnisse" oder „innerhalb der vorgeschriebenen

---

[1] BGH NJW 1980, 893 (zu § 416); *Winkler* DNotZ 1985, 224, 227 f. (Anm. zu BayObLG, Bschl. v. 23.11.1984, BReg. 2 Z 77/84).

Form" tätig geworden ist.[1] Charakteristisch für die Form ist das Beidrücken eines **amtlichen Siegels** als eines Herkunftszeichens.[2]

II. Inlandsurkunden

§ 437 gilt **nur** für **inländische** öffentliche Urkunden.[3] (zur Abgrenzung auch unten Rz. 110). Maßgeblich ist, dass die Urkunde im Zeitpunkt ihrer Errichtung als inländisch zu qualifizieren war. Inländisch sind solche Urkunden, die im Geltungsbereich des § 1 des Gesetzes betreffend die Beglaubigung öffentlicher Urkunden[4] errichtet worden sind. Das ist das Staatsgebiet der Bundesrepublik Deutschland. Gleichzustellen sind Urkunden von Behörden der EU (näher Rz. 111). Öffentliche Urkunden, die innerhalb der alten Grenzen des Deutschen Reiches während dessen Existenz errichtet wurden, behalten ihren Charakter als inländische öffentliche Urkunden. Ausreichend ist darüber hinaus die Errichtung durch eine öffentliche Behörde oder eine mit öffentlichem Glauben versehene Person der früheren DDR; sie wurde prozessrechtlich nicht als Ausland angesehen.[5] 101

Unter § 437 fallen auch **Eigenurkunden** des Notars,[6] also **nichtbezeugende Urkunden**, in denen der Notar eine Willenserklärung – meist in Form einer Verfahrenserklärung – schriftlich niedergelegt hat.[7] Dasselbe gilt für Eigenurkunden von Behörden.[8] 102

III. Echtheitsvermutung

1. Gesetzliche Vermutung

Eine **Urkunde ist echt**, wenn sie nach Erscheinungsform und Inhalt **von demjenigen** herrührt, der nach dem Vorbringen des Beweisführers oder – bei Erhebung des Beweises von Amts wegen – nach der Behauptung der durch den Inhalt der Urkunde begünstigten Partei ihr **Aussteller** ist.[9] Bei Privaturkunden muss die **Unterschrift** dem **Namensträger zuzuordnen** sein und die darüber befindliche Schrift vom Aussteller selbst stammen oder mit dessen Willen dort stehen.[10] Eigenhändigkeit der Unterschrift ist für den zivilprozessualen Echtheitsbegriff nicht erforderlich. 103

Ist die Urkunde **nach Form und Inhalt von** einer **öffentlichen Behörde** oder von einer mit öffentlichem Glauben versehenen Person errichtet worden, bedarf es keiner Feststellung der Echtheit. Vielmehr wird die Echtheit nach § 437 Abs. 1 **gesetzlich ver-** 104

---

1 *Reithmann* Allgem. Urkundenrecht, 1972, S. 5 (deshalb auch den Begriff „amtliche Urkunde" befürwortend); Zöller/*Geimer*[30] § 437 Rz. 1; a.A. *Schack* Internationales Zivilprozeßrecht, 5. Aufl. 2010, Rz. 781.
2 *Reithmann* Allgem. Urkundenrecht, S. 4 und 9.
3 Unrichtig a.A. BGH NJW-RR 2007, 1006 Rz. 15.
4 Gesetz v. 1.5.1878, RGBl. I S. 89 = BGBl. III 318 – 1.
5 Vgl. u.a. zur interlokalen Gerichtszuständigkeit und zur Rechtshilfe BGHZ 84, 17, 18; BVerfGE 37, 57, 64; 36, 1, 17 und 29 f. (jeweils für die Zeit nach Abschluss des Grundlagenvertrages v. 21.12.1972).
6 Vgl. BGHZ 78, 36, 39 = DNotZ 1981, 118, 120 (zur Reichweite des Begriffs der öffentlichen Urkunde); BayObLG DNotZ 1983, 434, 436 m. Anm. *Reithmann* DNotZ 1983, 438.
7 *Reithmann* DNotZ 1983, 438; vgl. auch *Reithmann* Allgem. Urkundenrecht, S. 28 f.
8 Vgl. zu ihnen *Reithmann* Allgem. Urkundenrecht, S. 27.
9 Rosenberg/Schwab/*Gottwald*[17] § 119 Rz. 11; vgl. auch BGH NJW 1980, 893.
10 BGHZ 104, 172, 176 = NJW 1988, 2741; vgl. auch BGH WM 1965, 1062, 1063.

mutet;[1] dafür gilt § 292. Zu den Formalien gehören Unterschrift und Amtssiegel, nicht aber eine Legalisation durch einen Notar.[2]

105 Die gesetzliche Echtheitsvermutung erstreckt sich auf den **gesamten Text** der Urkunde, allerdings **nicht** auf die **Zuständigkeit** zur Beurkundung oder die Beachtung sonstiger Formerfordernisse. Für den Beweis des Inhalts der Urkunde verbleibt es bei den §§ 415, 417, 418. Die Vermutung der Echtheit gilt ungeachtet eventueller Zweifel des Gerichts bis zum Beweis des Gegenteils oder der Feststellung der Unechtheit durch das Gericht. **Urkunden mit äußeren Mängeln** i.S.d. § 419 Abs. 1 werden von der Echtheitsvermutung nicht erfasst.[3] Die Echtheit einer mängelbehafteten Urkunde kann sich nur aus den Umständen des Einzelfalls ergeben.

2. Echtheitszweifel

106 Zweifel des Gerichts an der Echtheit sind im Urteil zu begründen (§ 286 Abs. 1 S. 2). Das Gericht hat nach § 437 Abs. 2 (auch von Amts wegen) die Möglichkeit, die ausstellende Behörde zu einer **Erklärung über die Echtheit** zu veranlassen. Dies erleichtert die Führung des Gegenbeweises. Kommt das Gericht aufgrund der Anhörung der **ausstellenden Behörde** oder Urkundsperson zu dem Ergebnis, dass die Urkunde nicht echt ist, bedarf es des Gegenbeweises nicht mehr. An ein Bestreiten oder Anerkennen der Echtheit durch die Partei ist das Gericht nicht gebunden,[4] da § 437 Abs. 2 ausschließlich auf die Überzeugung des Gerichts abstellt.

107 § 437 Abs. 2 räumt trotz seines missverständlichen Wortlauts („kann") **kein Ermessen** ein, sondern enthält eine Ermächtigung.[5] Die Aufforderung kann gem. § 273 Abs. 2 Nr. 2 auch außerhalb der mündlichen Verhandlung durch den Vorsitzenden getroffen werden. Der Aufforderung hat die Behörde oder Urkundsperson im Wege der **Amtshilfe** nach Art. 35 Abs. 1 GG nachzukommen. Ein **Notar** gibt eine **dienstliche Erklärung** ab; er ist nicht als Zeuge zu vernehmen.[6] § 437 Abs. 2 ist auf Zweifel an der **Übereinstimmung** von **beglaubigter Abschrift** und **Urschrift** analog anzuwenden.[7]

3. Gegenbeweis

108 Gegenüber der gesetzlichen Vermutung des § 437 ist nach § 292 S. 1 der **Hauptbeweis des Gegenteils**, also der Unechtheit der Urkunde möglich. Nach § 292 S. 2 kann dieser Beweis auch durch Antrag auf Parteivernehmung nach § 445 geführt werden.[8]

IV. Entscheidung über die Echtheit

109 Über die Echtheit der Urkunde wird in der Begründung des **Endurteils** oder durch ein **Zwischenurteil** nach § 303 entschieden. Ein Zwischenfeststellungsantrag nach § 256

---

1 Für eine gesetzliche Vermutung bereits *Hedemann* Die Vermutung nach dem Recht des Deutschen Reiches, 1904, S. 254; a.A. *Rosenberg* Die Beweislast, 5. Aufl. 1965, S. 221 Fn. 1 (§ 437 als eine den §§ 415 ff. entsprechende Beweisregel deutend).
2 BGH NJW-RR 2011, 1024 Rz. 16.
3 Stein/Jonas/*Leipold*[22] § 437 Rz. 4.
4 Stein/Jonas/*Leipold*22. § 437 Rz. 5.
5 So auch MünchKommZPO/*Schreiber*[4] § 437 Rz. 5.
6 Arndt/Lerch/*Sandkühler* BNotO, 5. Aufl. 2003, § 20 Rz. 25.
7 OLG Frankfurt/M. DNotZ 1993, 757, 759 mit zust. Anm. *Kanzleiter* DNotZ 1993, 759, 760.
8 A.A., weil § 437 als Beweisregel deutend, *Rosenberg* Die Beweislast, S. 221 Fn. 1 (unter Hinweis auf § 445 Abs. 2).

Abs. 2 scheidet aus,[1] weil davon nur vorgreifliche Rechtsverhältnisse betroffen sind; § 256 Abs. 1 grenzt die Feststellung von Rechtsverhältnissen und die Feststellung der Urkundenechtheit gegeneinander ab. Möglich ist eine **selbständige Klage auf Feststellung** der Echtheit oder Unechtheit der Urkunde nach § 256 Abs. 1, wenn ein Feststellungsinteresse besteht.

§ 100 Echtheit ausländischer öffentlicher Urkunden, § 438 ZPO

Schrifttum:
Bindseil, Internationaler Urkundenverkehr, DNotZ 1992, 275; *Bülow/Böckstiegel/Geimer/ Schütze*, Der Internationale Rechtsverkehr in Zivil- und Handelssachen, Nr. 760, Loseblattsammlung; *Coester-Waltjen*, Internationales Beweisrecht, 1983; *Geimer*, Vollstreckbare Urkunden ausländischer Notare, DNotZ 1975, 461; *Kierdorf*, Die Legalisation von Urkunden, 1975; *Hans Köhler* (Hrsg.), Beglaubigungsverträge – Geltung ausländischer Vollmachten und öffentlicher Urkunden, Wien, 2. Aufl. 1980; *Langhein*, Kollisionsrecht der Registerurkunden: Anglo-amerikanische notarielle Beglaubigungen, Bescheinigungen und Belehrungen im deutschen Registerrecht, 1995; *Langhein*, Kollisionsrecht der Registerurkunden – Anglo-amerikanische notarielle Urkunden im deutschen Registerrecht, Rpfleger 1996, 45; *Leutner*, Die vollstreckbare Urkunde im europäischen Rechtsverkehr, 1997; *Luther*, Beglaubigung und Legalisation im zwischenstaatlichen Rechtsverkehr, MDR 1986, 10; *Nagel/ Gottwald*, Internationales Zivilprozessrecht, § 10 (Internationales Beweisrecht), 7. Aufl. 2013; *Reithmann*, Beurkundung, Beglaubigung, Bescheinigung durch inländische und ausländische Notare, DNotZ 1995, 360; *Rechberger* (Hrsg.), Die vollstreckbare Urkunde, Wien 2002; *Schack*, Internationales Zivilverfahrensrecht, § 15 V 3 (Beweiskraft ausländischer Urkunden), 5. Aufl. 2010; *Wolfsteiner*, Die vollstreckbare Urkunde, 2. Aufl. 2006.

I. Begriff der ausländischen Urkunde

Ausländische Urkunden (zu ihnen auch Kap. 25 Rz. 28) sind **alle Urkunden, die nicht als inländische zu qualifizieren** sind (dazu oben Rz. 101). Irrelevant ist der inländische Errichtungsort; eine ausländische Behörde mit Sitz im Inland, etwa ein ausländisches Konsulat in Deutschland oder eine supranationale Organisation, erzeugt ausländische öffentliche Urkunden. Zu ausländischen Notaren Kap. 25 Rz. 68. | 110

Urkunden von **EU-Behörden** sind wie **inländische** Urkunden zu behandeln. Urkunden von **Behörden anderer EU-Staaten** sind grundsätzlich als **ausländische** Urkunden anzusehen, ohne dass darin ein Verstoß gegen das allgemeine **Diskriminierungsverbot des Art. 18 AEUV** (ex Art. 12 EGV) liegt, auch wenn der grenzüberschreitende Waren- und Dienstleistungsverkehr in darauf bezogenen Zivilprozessen eher auf ausländische öffentliche Urkunden (z.B. Ursprungszeugnisse) angewiesen ist als der rein inländische Wirtschaftsverkehr. Es handelt sich nicht um eine sachfremde Rechtserschwernis für den Beweisführer, der sich auf eine ausländische Urkunde stützt, weil die Vermutungsregel des **§ 437 Abs. 1 mangels typisierbarer Lebenserfahrung unanwendbar** ist und daraus nur die Rückkehr zum allgemeinen Grundsatz der freien Beweiswürdigung (§ 286) folgt. | 111

Der **Beweiswert** einschließlich der Echtheit von Urkunden anderer Mitgliedstaaten im Rahmen von **Verwaltungsverfahren, für die Unionsrecht gilt**, richtet sich nach Unionsrecht. Für das Anerkennungs- und Vollstreckbarerklärungsverfahren von **Gerichtsentscheidungen** und ihnen gleichgestellten **vollstreckbaren Urkunden** sind die Anforderungen an die einzureichenden Urkunden den einschlägigen europäischen | 112

---

1 Stein/Jonas/*Leipold*[22] § 437 Rz. 2.

Verordnungen zu entnehmen (EuGVO, EuEheVO, EuVTVO, EuMVVO, EUBagatell-VO; s. auch unten Rz. 121).

II. Einzelfallbezogene Echtheitsfeststellung

113 Für ausländische Urkunden gilt **per se nicht** die **Echtheitsvermutung** des § 437 Abs. 1. Stattdessen bedarf es einer einzelfallbezogenen Feststellung aufgrund freier Beweiswürdigung[1] unter Verwendung sämtlicher Beweismittel,[2] es sei denn, eine inländische Legalisation gem. § 438 Abs. 2 ist erfolgt oder eine Legalisation ist aufgrund bilateraler oder multilateraler Staatsverträge entbehrlich.

114 Der **Grund der Differenzierung** ist **mehrschichtig**: Mit der Form der Urkunden (vgl. § 437 Abs. 1) ausländischer Behörden oder Urkundspersonen sind deutsche Gerichte ebenso wenig vertraut wie mit deren Organisation und Befugnissen.[3] Darüber hinaus **fehlt** es an der Verpflichtung der ausländischen Behörde oder Urkundsperson, eine **Echtheitsauskunft** nach dem Vorbild des § 437 Abs. 2 zu erteilen. Derartige **Nachprüfungsersuchen** sind allerdings nach bilateralen **Staatsverträgen** möglich. Ohne staatsvertragliche Regelung kann die Überzeugungsgewissheit gem. § 438 Abs. 2 durch Einschaltung der zuständigen deutschen Auslandsvertretung gewonnen werden.[4]

115 Angesichts der vielfältigen Lebensverhältnisse ist **kein pauschales Vertrauen** gerechtfertigt, dass ausländische Amtspersonen bei ihrer Tätigkeit von demselben **Berufsethos** geleitet werden, wie es von Angehörigen einer inländischen Behörde bzw. Urkundspersonen erwartet und durch den **Straftatbestand** des § 348 StGB flankierend gesichert wird; daher besteht keine hinreichende Lebenserfahrung, dass die ausländische Amtsführung in der Regel zur Produktion zuverlässiger Urkunden führt. Das Gericht hat allerdings regelmäßig keinen Anlass, die Echtheit in Zweifel zu ziehen, wenn diese von den Parteien nicht bestritten wird.

116 Wird eine mangelfreie ausländische öffentliche Urkunde als echt akzeptiert, kommt ihr grundsätzlich **dieselbe Beweiskraft** wie einer inländischen öffentlichen Urkunde (§§ 415, 417, 418) zu, auch wenn der Strafrechtsschutz des § 348 StGB für sie nicht gilt. Die Beweiskraft kann allerdings nicht weiter reichen als nach dem Recht des Errichtungsstaates vorgesehen (Kap. 25 Rz. 29).

III. Echtheitsfeststellung kraft Legalisation und Apostille

1. Rechtsgrundlagen

117 Urkunden, die gem. § 438 Abs. 2 legalisiert sind oder deren Legalisierung durch staatsvertragliche Vereinbarung[5] ersetzt worden ist, fallen unter § 437 Abs. 1.[6] Die **Legalisation im engeren Sinne** bestätigt die **Echtheit der Unterschrift**, die Eigenschaft, in welcher der Unterzeichner der Urkunde gehandelt hat und gegebenenfalls die Echtheit des Siegels, mit dem die Urkunde versehen worden ist (§ 13 Abs. 2 KonsularG v. 11.9.1974, BGBl. I 1974, 2317). Eine **Legalisation im weiteren Sinne** darf bei zweifels-

---

1 OLG Düsseldorf IPRax 1996, 423, 425; BVerwG NJW 1987, 1159.
2 VGH Bad.-Württ. DÖV 1997, 81, 82.
3 Darauf abstellend *Schack* Internationales Zivilverfahrensrecht[5] Rz. 781.
4 BVerwG NJW 1987, 1159.
5 Abdruck von Verträgen mit Angabe ihres Geltungsbereichs u.a. in der in kurzen zeitlichen Abständen aktualisierten Gesetzestextausgabe Jayme/Hausmann, Internationales Privat- und Verfahrensrecht.
6 Vgl. *Reithmann* DNotZ 1995, 360, 365.

freier Rechtslage bestätigen, dass der Aussteller zur Aufnahme der Urkunde **zuständig** war und dass die Urkunde in der den Gesetzen des **Ausstellungsortes entsprechenden Form** aufgenommen worden ist (§ 13 Abs. 4 KonsularG).

Die Legalisation erfolgt durch einen auf die Urkunde gesetzten **Bestätigungsvermerk des Konsularbeamten**. Der Legalisierende muss im Rahmen seiner Zuständigkeit gehandelt haben. Nach § 13 Abs. 1 KonsularG ist erforderlich, dass die ausländische Urkunde im Amtsbereich des deutschen Konsularbeamten ausgestellt worden ist. Ob der Legalisation eine Beglaubigung durch eine ausländische Behörde vorangegangen ist, ist für § 438 Abs. 2 belanglos. 118

2. Befreiung von der Legalisation

Multilaterale Abkommen zur Befreiung von der Legalisation sind: das **Luxemburger CIEC-Übereinkommen** über die kostenlose Erteilung von Personenstandsurkunden und den Verzicht auf ihre Legalisation v. 26.9.1957 (BGBl. II 1961, 1067), das **Haager Übereinkommen** zur Befreiung ausländischer öffentlicher Urkunden von der Legalisation v. 5.10.1961 (BGBl. II 1965, 876) und das **Londoner Europäische Übereinkommen** zur Befreiung der von diplomatischen oder konsularischen Vertretern errichteten Urkunden von der Legalisation v. 7.6.1968 (BGBl. II 1971, 86). Darüber hinaus gibt es eine Reihe **bilateraler Abkommen** über die Befreiung von der Legalisation, so mit Belgien, Dänemark, Frankreich,[1] Griechenland, Italien, Österreich, der Schweiz; bilaterale Abkommen auf dem Gebiet des Personenstandswesens existieren mit Luxemburg, Österreich, der Schweiz. Eine Befreiung kann sich ferner aus **Meistbegünstigungsklauseln** in Bezug auf die Befugnisse der Konsuln aus Abkommen mit anderem thematischen Gegenstand ergeben. Abkommen über die **Soziale Sicherheit** verzichten ebenfalls auf eine Legalisation. 119

Das Haager Legalisationsbefreiungsübereinkommen lässt **an die Stelle der Legalisation** die **Apostille** treten, also eine **Beglaubigung** durch die zuständige Behörde des Errichtungsstaates.[2] In Deutschland sind das Bundesverwaltungsamt in Köln und der Präsident des Deutschen Patent- und Markenamtes für deren Ausstellung zuständig.[3] Bilaterale Befreiungsabkommen wie das deutsch-französische Abkommen (dort: Art. 6 ff.), die auf jegliche Förmlichkeit verzichten, enthalten die Möglichkeit, bei ernsthaften Echtheitszweifeln über das Bundesverwaltungsamt und eine ausländische Zentralstelle ein **Nachprüfungsersuchen** zu stellen. 120

Für **vollstreckbare öffentliche Urkunden**, die im räumlichen und sachlichen Geltungsbereich der Europäischen Gerichtsstands- und VollstreckungsVO [VO (EG) Nr. 44/2001 bzw. VO (EU) Nr. 1215/2012] errichtet worden sind – zu ihnen gehören auch vor Verwaltungsbehörden beurkundete Unterhaltstitel –, ist die Vollstreckbarerklärung in einem anderen Mitgliedstaat nach **Art. 58 EuGVO 2012** = Art. 57 EuGVO 2001 ohne Legalisation möglich. Notwendig ist stattdessen die Vorlage einer **Formblattbescheinigung** nach Anhang VI i.V.m. Art. 57 Abs. 4 EuGVO 2001 bzw. Anhang II EuGO 2012. Gleiches gilt für öffentliche Urkunden nach **Art. 46 EuEheVO**. 121

---

1 Dazu BGH NJW-RR 2007, 1006 (dort bezogen auf in Frankreich beglaubigte Abschrift einer französischen Ermittlungsakte).
2 So zur schwedischen Handelsregisterbescheinigung OLG Schleswig Rpfleger 2008, 498, 499.
3 § 1 VO über die Ausstellung der Apostille v. 9.12.1997, BGBl. I 1997, 2872.

Kapitel 28:
Erhebung des Urkundenbeweises I: Grundlagen, Urkundenbesitz des Beweisführers

	Rz.		Rz.
§ 101 Regelungssystematik der Beweiserhebung, Mitwirkung an der Beweisaufnahme		III. Konkurrenz der Beweiserhebungen von Partei und von Amts wegen	19
I. Das Beweisverfahren von Partei wegen im Überblick		**§ 102 Antritt und Führung des Beweises mit Urkunden des Beweisführers**	
1. Besitz der Urkunde zur Bestimmung des Editionspflichtigen	1	I. Beweisantritt durch Vorlegung der Urkunde	28
2. Das urkundenbeweisrechtliche Editionsverfahren von Partei wegen	5	II. Angabe des Beweisthemas	30
3. Beweiserhebung von Amts wegen	7	III. Vorlegung statt Anerbieten der Vorlegung	31
II. Prozessuale Pflichten zur Mitwirkung an der Beweisaufnahme		IV. Vorlegung im Original	35
1. Abkehr von rein privatrechtlicher Editionspflicht		V. Wert vorgelegter Kopien	37
a) Sicht des historischen Gesetzgebers	10	VI. Vorlage oder Beiziehung von Akten und Urkundensammlungen	45
b) Neukonzeption	11	VII. Verbot der Beweiserhebung und Beweisverwertung	48
c) Legitimationsgrund der Neukonzeption	15	VIII. Beweisaufnahme durch Einsichtnahme	51
2. Qualifizierung als Pflicht statt als Last	17		
3. Fortwirkende Bedeutung der materiell-rechtlichen Vorlegungsgründe	18		

§ 101 Regelungssystematik der Beweiserhebung, Mitwirkung an der Beweisaufnahme

Schrifttum:

Becker, Die Pflicht zur Urkundenvorlage nach § 142 Abs. 1 ZPO und das Weigerungsrecht der Parteien, MDR 2008, 1309; *Binder*, Pflichten zur Offenlegung elektronisch gespeicherter Informationen im deutschen Zivilprozess am Beispiel der Unternehmensdokumentation, ZZP 122 (2009), 187; *Dilcher*, Die prozessuale Verwendungsbefugnis, AcP 58 (1958), 469; *Gruber/Kießling*, Die Vorlagepflichten der §§ 142 ff. ZPO nach der Reform 2002, ZZP 116 (2003), 305; *Hamelmann*, Urkundenvorlagepflichten nach § 142 ZPO, 2012 (Rezension: Gruber, ZZP 126 [2013], 523); *Heuer*, Beweiswert von Mikrokopien bei vernichteten Originalunterlagen, NJW 1982, 1502; *Kapoor*, Die neuen Vorlagepflichten für Urkunden und Augenscheinsgegenstände in der Zivilprozessordnung, 2009; *Katzenmeier*, Aufklärungs-/Mitwirkungspflicht der nicht beweisbelasteten Partei im Zivilprozeß, JZ 2002, 533; *Kellner*, Verwendung rechtswidrig erlangter Briefe als Beweisurkunde in Ehesachen, JR 1950, 270; *Kraayvanger/Hilgard*, Urkundenvorlegung im Zivilprozeß, Annäherung an das amerikanische „discovery"-Verfahren?, NJ 2003, 572; *Leipold*, Die gerichtliche Anordnung der Urkundenvorlage im reformierten deutschen Zivilprozess, Festschrift Gerhardt (2004), S. 563; *Michel*, Der Schriftsatz des Anwalts im Zivilprozeß, Teil 6, JuS 1983, 285; *Musielak*, Zur Sachverhaltsaufklärung im Zivilprozess, Festschrift Vollkommer (2006), S. 237, 239 ff.; *Prütting*, Informationsbeschaffung durch neue Urkundenvorlagepflichten, Festschrift Nemeth (Budapest 2003), S. 701; *Schlosser*, Französische Anregungen zur Urkundenvorlagepflicht nach § 142 ZPO, Festschrift Sonnenberger (2004), S. 135; *Egon Schneider*, Beweis und Beweiswürdigung, 5. Aufl. 1994; *Schneider*, Die Zumutbarkeit der Urkundenvorlage durch

Dritte, MDR 2004, 1; *Schöpflin*, Die Beweiserhebung von Amts wegen im Zivilprozeß, 1992; *Siegel*, Die Vorlegung von Urkunden im Prozeß, 1904; *Söllner*, Der Beweisantrag im Zivilprozeßrecht, Diss. jur. Erlangen 1992; *v. Sponeck*, Beweiswert von Computerausdrucken, CR 1991, 269; *Spühler/Vock*, Urkundenedition nach den Prozeßordnungen der Kantone Zürich und Bern, SJZ 95 (1999), 41; *Stadler*, Inquisitionsmaxime und Sachverhaltsaufklärung, Erweiterte Urkundenvorlagepflichten von Parteien und Dritten nach der Zivilprozessrechtsreform, Festschrift Beys, 2. Band, Athen 2003, S. 1625; *Steeger*, Die zivilprozessuale Mitwirkungspflicht der Parteien beim Urkunden- und Augenscheinsbeweis, Diss. jur. Berlin 1980; *Thole*, Gläubigerinformation im Insolvenzverfahren – Akteneinsicht und Auskunftsrecht, ZIP 2012, 1533; *G. Wagner*, Urkundenedition durch Prozessparteien – Auskunftspflicht und Weigerungsrechte, JZ 2007, 706; *Zekoll/Bolt*, Die Pflicht zur Vorlage von Urkunden im Zivilprozeß – Amerikanische Verhältnisse in Deutschland?, NJW 2002, 3129; *Zoller*, Die Mikro-, Foto- und Telekopie im Zivilprozeß, NJW 1993, 429.

I. Das Beweisverfahren von Partei wegen im Überblick

1. Besitz der Urkunde zur Bestimmung des Editionspflichtigen

Die §§ 420–436 befassen sich mit dem Antritt und der verfahrensmäßigen Durchführung des Beweises durch Urkunden **von Partei wegen**. Gemeint ist grundsätzlich die Urschrift der Urkunde (§ 435). Nach dem Grundfall des § 420 erfolgt der Beweisantritt des Beweisführers durch **Vorlegung der Urkunde**. Die urkundenbeweisrechtlichen Vorschriften sind in Zusammenhang mit den im Jahre 2001 erweiterten Vorschriften der §§ 142 f. zu sehen, die funktionale Veränderungen bewirkt haben. 1

Wie und durch wen eine Beweisurkunde vorzulegen ist und wie die Beweiserhebung mittels Urkunde abläuft, hängt nach den Vorlegungsvorschriften davon ab, **wer** die **Urkunde im Besitz** hat. Ergänzt werden diese Vorschriften durch die Regeln der §§ 131, 134 über die Beifügung der in einem Schriftsatz in Bezug genommenen Urkunden, die sich in den Händen der den Schriftsatz einreichenden Partei befinden, und über die Einsichtsmöglichkeit des Gegners. Der Wortlaut der §§ 421, 423, 425, 430 und 432 verwendet nicht den Begriff „Besitz", sondern stellt darauf ab, wer die Urkunde „in Händen" hält.[1] Gleichbedeutend hiermit verwendet die ZPO in § 424 S. 1 Nr. 4 und seit der Begriffserneuerung durch das ZPO-ReformG 2001 in § 428 und § 142 Abs. 1 den Begriff des „Besitzes". Näher zum **prozessrechtlichen Urkundenbesitz** Kap. 29 Rz. 12 ff. 2

Der **Beweisführer** muss eine Urkunde, die sich in seinem unmittelbaren Besitz befindet, dem Gericht **vorlegen** (§ 420). Der Beweis erledigt sich in diesem Falle vielfach dadurch, dass eine (Foto)Kopie vorgelegt wird, deren Echtheit nicht bestritten wird; der Inhalt der Urkunde wird der Entscheidung dann als unstreitiger Sachverhalt zugrunde gelegt. 3

Von der Vorlegung der Urkunde, mit der der Beweisführer den Beweis antritt, ist die eigentliche **Beweisaufnahme durch Einsichtnahme** in die Urkunde zu unterscheiden (dazu Kap. 28 Rz. 31). 4

2. Das urkundenbeweisrechtliche Editionsverfahren von Partei wegen

Hat nicht der Beweisführer selbst sondern der Prozessgegner oder ein Dritter die Urkunde im Besitz, kann er den Urkundenbeweis nur führen, wenn er gegen den Besitzer einen materiell-rechtlichen (§ 422) oder einen prozessualen (§ 423) Vorlegungs- 5

---

[1] Zur historischen Entwicklung dieses Begriffs *Schreiber* Die Urkunde im Zivilprozeß, S. 123 m.w.N.

anspruch hat. Diese Regelungen gingen bis zum ZPO-ReformG 2001 davon aus, dass die freie Entscheidung des Prozessgegners und Prozessunbeteiligter über die Mitwirkung an der Beweiserhebung durch Urkunden jenseits derartiger Ansprüche gesichert bleiben sollte. Die **Editionspflicht des Gegners** richtet sich nach §§ 421–427, diejenige **Dritter** nach §§ 428–431 und die einer Behörde nach § 432.

6   Hat der Prozessgegner die Urkunde im Besitz, wird der Beweis durch Benennung der Urkunde angetreten (§§ 421 ff., 424); vorzulegen ist sie dann vom Gegner. Ist ein **Dritter Besitzer** der Urkunde, sieht das Urkundenbeweisrecht ein selbständiges **Editionsverfahren** zur Herbeischaffung der Urkunde vor (§ 429), für dessen Durchführung das Hauptverfahren ausgesetzt wird. Eine weitere Sonderregelung findet sich in § 432 für den Fall, dass eine Behörde Dritter ist.

3. Beweiserhebung von Amts wegen

7   Neben die Vorlageerzwingung durch Beweisantrag des Beweisführers tritt die **Anordnung** der Urkundenvorlegung gegenüber Parteien und Dritten durch das Gericht **von Amts wegen** gem. § 142, die durch das ZPO-ReformG 2001 erweitert worden ist (dazu § 142 und Kap. 28 Rz. 12 und 20). Hat eine Partei die Urkunde im Besitz, hängt die Anordnung von einer Ermessensausübung des Gerichts ab; im Verhältnis zu einem Dritten kann die Anordnung gem. §§ 428, 142 durch Parteiantrag erzwungen werden. Das Ermessen ist pflichtgemäß auszuüben und kann sich auf Null reduzieren.

8   **Mit § 142 zusammen** ist die auf Augenscheinsobjekte bezogene Regelung des **§ 144 erweitert** worden. Damit ist auf die in den letzten drei Jahrzehnten des 20. Jahrhunderts geführte Diskussion um die **prozessualen Mitwirkungspflichten** der Parteien und Dritter reagiert worden. Die Mitwirkungspflichten sollten in Bezug auf die Vorlage von Dokumenten jeder Art in vorsichtiger Orientierung am englischen und anglo-amerikanischen Prozessrecht ausgeweitet werden,[1] was die Sammlung des Tatsachenstoffes im Zivilprozess modernisieren sollte[2] (näher Kap. 7 Rz. 8 ff. und unten Rz. 14).

9   **Weitere Fälle** einer Beweiserhebung von Amts wegen finden sich in §§ 143 (Aktenvorlegung), § 273 Abs. 2 Nr. 2 und 5 (Vorlegung zur Vorbereitung des Termins), § 258 HGB (Vorlegung der Handelsbücher) sowie in § 102 HGB (Vorlegung des Tagebuchs).

II. Prozessuale Pflichten zur Mitwirkung an der Beweisaufnahme

1. Abkehr von rein privatrechtlicher Editionspflicht

a) Sicht des historischen Gesetzgebers

10   Die Materialien zur CPO belegen, dass der Gesetzgeber die Vorlagepflicht des Dritten **ursprünglich nicht** wie die Zeugenpflicht als **allgemeine staatsbürgerliche Pflicht** ausgestalten wollte, **sondern** als **privatrechtliche Verpflichtung**. Damit sind weiterreichende Regelungen in einzelnen Vorgängerrechtsordnungen und Entwürfen, die nur eine Zumutbarkeitsgrenze vorsahen, verworfen worden. Tragend waren folgende Erwägungen: Eine allgemeine Editionspflicht gehe über die Belastung hinaus, wie sie mit einer Zeugnispflicht verbunden ist, indem sie zu mühsamen Nachforschungen zwinge, und greife in das freie Verfügungsrecht des Inhabers von Urkunden ein, wenn

---
1 Vgl. Rosenberg/Schwab/*Gottwald*[17] § 119 Rz. 46 („Kompromisslösung").
2 Rechtsvergleichend *Stadler* Festschrift Beys (2003) S. 1625, 1631 ff.; speziell zum französischen Recht *Schlosser* Festschrift Sonnenberger (2004) S. 135 ff.

nur er, nicht aber der „Gegner" ein Einsichtsrecht habe. Durch das Streben nach materieller Wahrheit sei dies nicht zu rechtfertigen.[1]

b) Neukonzeption

Diese **historischen Wertungen**, die offenbar auch für die Urkundenvorlage durch den Beweisgegner gelten sollten, waren in Bezug auf den Beweisgegner schon insofern nicht voll mit dem Inhalt der Norm in Einklang zu bringen, als die beweisrechtliche Pflicht zur Edition im Prozess, auf der Gerichtsstelle und gegenüber dem Gericht eine originär prozessuale Folge des bestehenden materiell-rechtlichen Vorlegungsgrundes war.[2] Ungeachtet dessen haben sie seit der ZPO-Reform 2001 auch in ihren zentralen Aussagen **keine Bedeutung mehr**. Zeugen war schon durch das Rechtspflege-Vereinfachungsgesetz von 1990 in § 378 Abs. 1 die Verpflichtung auferlegt worden, aussageerleichternde Unterlagen in zumutbarer Weise vorbereitend einzusehen und zum Termin mitzubringen, so dass Zeugen heute in begrenztem Umfang die Pflicht zu gedächtnisstützenden Nachforschungen trifft, auch wenn eine Pflicht zur Vorlage der Unterlagen nur nach Maßgabe der § 142 oder § 429 besteht.

11

Durch die **Neufassung des § 142**, die dem Normwortlaut nach weitgehend voraussetzungslos – an den Urkundenbesitz geknüpft und in Absatz 2 nur für Drittbesitzer durch Zeugnisverweigerungsrechte sowie allgemeine Zumutbarkeitserwägungen begrenzt – die Anordnung der Urkundenvorlage von Amts wegen erlaubt, und die die Befolgung der Anordnung mit Ordnungssanktionen wie gegen einen Zeugen (§ 390) erzwingt – ebenso § 144 für Augenscheinsobjekte –, ist im Jahre 2001 eine **echte prozessuale Mitwirkungspflicht** bei der Beweisaufnahme **zu Lasten** des **Prozessgegners** und zu Lasten **Dritter** in Bezug auf die Edition von Urkunden und anderen Unterlagen geschaffen worden (dazu und allgemein zur Mitwirkung bei der Beweiserhebung Kap. 7 Rz. 8).

12

Die Neubewertung gilt **unabhängig davon**, ob man mit einem Teil des Schrifttums entgegen der Rechtsprechung – auf schwacher Rechtsanalogiebasis – eine *allgemeine prozessuale Mitwirkungspflicht* der Parteien **bei der Stoffsammlung** (und damit vor allem auch bei der Sachverhaltsschilderung) bejaht.[3] Zu ihr hat der Reformgesetzgeber 2001 nicht ausdrücklich Stellung genommen.[4] Er hat aber, ohne dies in der Gesetzesbegründung expressis verbis auszuweisen und damit seine konzeptionelle Überlegung darzutun, mit der Regelung eine Diskussion des 61. DJT 1996 aufgegriffen,[5] die von vornherein auf die Schaffung einer Editionspflicht für Urkunden und

13

---

1 Hahn/Stegemann, Mat. Band II/1, 2. Aufl. 1883, S. 325 (zu § 381); dazu auch *Siegel* Die Vorlegung von Urkunden, 1904, S. 109; *Goldschmidt* Der Prozeß als Rechtslage (1925), S. 108 ff.
2 Den prozessualen Charakter der Vorlegungspflicht nach § 422 hoben u.a. hervor: RGZ 12, 412, 413; *Siegel* Die Vorlegung von Urkunden im Prozeß S. 111 ff.; *Lent* ZZP 67 (1954), 344, 354; a.A. *Goldschmidt* Der Prozess als Rechtslage S. 109 f.
3 Für eine generelle prozessuale Aufklärungspflicht *Peters* Ausforschungsbeweis im Zivilprozeß, 1966, S. 103 ff.; *Peters* ZZP 82 (1969), 200, 208; *Peters* Festschrift Schwab, S. 399, 407; *Stürner* Aufklärungspflicht der Parteien des Zivilprozesses, S. 92, 98 ff., 146, 151; ablehnend Peter *Arens* ZZP 96 (1983), 1 ff. Gegen eine Überschreitung der Grenzen der §§ 422, 423 Rosenberg/Schwab/Gottwald, 15. Aufl., § 117 VI 2 und § 120 IV 2b, anders 17. Aufl., § 119 Rz. 46.
4 Streitig ist die Zulässigkeit von Schlussfolgerungen aus der Reform auf eine *allgemeine* prozessuale Aufklärungspflicht: Bejahend MünchKommZPO-Aktb./*Peters* § 142 Rz. 3; zurückhaltender MünchKommZPO/*Wagner*⁴ §§ 142–144 Rz. 10. Verneint von *Prütting* Festschrift Nemeth (2003) S. 701, 708; Rosenberg/Schwab/*Gottwald*¹⁷ § 119 Rz. 46 (jedoch: „Kompromisslösung"); *Katzenmeier* JZ 2002, 533, 537. *Stadler* Festschrift Beys (2003) S. 1625, 1626, spricht nur von einem „richtigen Schritt in die seit den 70er Jahren immer wieder geforderte allgemeine Aufklärungspflicht der Prozessparteien".
5 So auch *Prütting* Festschrift Nemeth S. 703, 707.

Augenscheinsobjekte thematisch begrenzt war. Umfassender zu dieser Kontroverse Kap. 7 Rz. 3 ff.

14 In der Begründung des Entwurfs zum ZPO-ReformG heißt es **zu der konzeptionellen Neuausrichtung**: Durch die **Ausweitung des § 142** solle das Gericht „unabhängig von einem Beweisantritt der Parteien" die Möglichkeit erhalten, „sich *im Interesse der Sachaufklärung* möglichst früh einen umfassenden Überblick über den dem Rechtsstreit zugrunde liegenden Sachverhalt zu verschaffen".[1] **In entsprechender Weise** solle die Anordnungsbefugnis nach § 144 von einem Beweisantritt gelöst und erweitert werden. Das wird in der Begründung zu § 371[2] näher dahin verdeutlicht, der Erlass einer Vorlegungsanordnung werde „insbesondere in Betracht kommen, wenn eine materiell-rechtliche Verpflichtung des Dritten ... gegenüber dem Beweisführer nicht besteht". In der **Anordnung von Amts wegen** wird ausdrücklich eine **„Alternative" zum Beweisantritt** bei bestehendem Herausgabe- oder Vorlegungsanspruch gesehen; das Gericht soll die Anordnung sogar erlassen müssen („hat dem Gesuch zu entsprechen").

c) Legitimationsgrund der Neukonzeption

15 Legitimiert wird die begrenzte Erweiterung der Vorlegungspflicht durch das Streben nach **Aufklärung der materiellen Wahrheit** in einem begonnenen Prozess.[3] Deren Verwirklichung bleibt im Geltungsbereich der Verhandlungsmaxime zwar **in erster Linie** den **Parteien** nach Maßgabe der ihnen jeweils zugewiesenen **Behauptungs- und Beweislast** überlassen. Die Tatsachenaufklärung scheitert im Bereich der Vorlage von Dokumenten (Urkunden und sonstigen Unterlagen einschließlich Augenscheinsobjekten) aber nicht schon deshalb, weil die Parteien nicht mittels ausreichend weit zugeschnittener materiell-rechtlicher Auskunftsansprüche an die für eine substantiierte Darlegung jeweils notwendigen Informationen gelangen können, deren Vortrag ihnen von der Verhandlungsmaxime vorgeschrieben wird;[4] vielmehr geht die Aufklärung unter Einsatz des § 142 weiter.

16 Der notwendige **Schutz des Prozessgegners und Dritter vor übermäßigen Belastungen** durch ausforschende Informationsbegehren wird nicht mehr allein durch die Grenzen materiell-rechtlicher Auskunftsansprüche (vgl. § 422 und den praktisch wenig bedeutsamen § 423) abgesteckt; stattdessen wird diese Grenze aufgrund der durch das ZPO-ReformG 2001 geschaffenen Rechtslage im Prozessrechtsverhältnis eigenständig durch den **variabel anwendbaren Oberbegriff der Unzumutbarkeit** gezogen, der differenzierte Schutzüberlegungen erlaubt. Derselbe Effekt lässt sich **in materiell-rechtlichen Rechtsverhältnissen** zwar funktional gleichwertig durch die Anwendung des **§ 242 BGB** sowohl in rechtsbegründender als auch in rechtsbegrenzender Funktion erzielen (s. dazu auch Kap. 29 Rz. 37 und 53). Dessen Anwendung setzt aber voraus, dass immer dann ein materiell-rechtliches Rechtsverhältnis existiert, wenn legitimer Informationsbedarf für Prozesszwecke zu befriedigen ist, was nicht zutrifft.

---

1 BT-Drucks. 14/3750 v. 4.7.2000, S. 53 (zu Nr. 21); Kursivdruck vom Verf.
2 BT-Drucks. 14/3750, S. 63 (zu Nr. 54); Fettdruck vom Verf.
3 Ebenso *Stadler* Festschrift Beys S. 1625, 1631, 1645.
4 Vgl. *Schlosser* Festschrift Sonnenberger S. 135, 148: Wenn der Gesetzgeber die Verhandlungsmaxime vorschreibt, „muss er konsequenterweise auch dafür sorgen, dass die Parteien an die nötige Information gelangen können".

2. Qualifizierung als Pflicht statt als Last

Streitig war noch bis Ende des 20. Jahrhunderts, ob es sich bei der Regelung des § 422 um eine Last oder eine echte prozessuale Pflicht[1] handelt.[2] Aus § 427, wonach eine vom Beweisführer beigebrachte Abschrift der Urkunde bei Verletzung der Vorlegungspflicht als richtig angesehen werden kann, wurde zum Teil entnommen, dass es sich um eine prozessuale Last handele,[3] die an das Unterlassen einen rechtlichen Nachteil – die Rechtsfolge des § 427 – knüpfe, die Vorlegung der Urkunde aber in das Belieben des Beweisgegners stelle. Diese Auffassung ist **nach** der **Erweiterung des § 142** nicht mehr vertretbar. Der Gesetzgeber hat 2001 eine **prozessuale Pflicht** zu Lasten Dritter geschaffen (Kap. 29 Rz. 83); die Normstruktur der Regelung zu Lasten des Beweisgegners kann davon nicht abweichen.

3. Fortwirkende Bedeutung der materiell-rechtlichen Vorlegungsgründe

Ein **gleichartiger Effekt**, wie ihn eine generelle Urkundeneditionspflicht oder gar eine noch allgemeinere Pflicht zur Mitwirkung an der Stoffsammlung bewirkt, ist dadurch zu erzielen, dass die **materiell-rechtlichen Pflichten** zur Herausgabe und Vorlage inhaltlich **ausgedehnt** werden, wodurch automatisch der Anwendungsbereich des § 422 zunimmt.[4] Sie auch weiterhin im materiellen Recht zu entwickeln, ist durch die Neuregelung der ZPO nicht sinnlos geworden, denn sie sind auf die jeweilige **Sonderverbindung** zugeschnitten und ermöglichen dadurch zugleich eine konkrete Anschauung von einzuhaltenden Zumutbarkeitsgrenzen, was für die Handhabung der Anordnung von Amts wegen nicht unbeachtet bleiben darf. Ihre Bedeutung liegt aber weniger in der Nutzbarmachung für den bereits begonnenen Prozess, als vor allem in ihrem Nutzen für die **vorprozessuale Sachaufklärung**.

III. Konkurrenz der Beweiserhebungen von Partei und von Amts wegen

Die unterschiedlichen rechtspolitischen Grundkonzeptionen zur Sammlung des Tatsachenstoffes im Zivilprozess wirken in die Interpretation der Einzelanforderungen zur Anwendung des § 142 hinein. Einigkeit besteht jedoch darüber, dass Missbrauchsverhalten abgewehrt werden muss, wie es im discovery-Verfahren US-amerikanischer Prägung zutage treten kann. Auf substantiierten und streitigen Parteivortrag (vgl. § 424 Nr. 2 und § 425 i.V.m. § 430) ist nicht zu verzichten; die **Verhandlungsmaxime** ist **nicht** durch die Untersuchungsmaxime **ersetzt** worden.[5] Das Gesetz verlangt des-

---

[1] So *Lent* ZZP 67 (1954), 344, 352/354.
[2] Zur Differenzierung zwischen prozessualen Pflichten und Lasten *Lent* 67, (1954), 344, 350 ff.; Rosenberg/Schwab/*Gottwald*[17] § 2 Rz. 11 und 14; *Peters* ZZP 82 (1969), 200, 210; Stein/Jonas/*Schumann*, 20. Aufl., Einl. (1979) Rz. 233; *Stürner* Aufklärungspflicht der Parteien des Zivilprozesses, S. 71 ff., 74, 77, 81, der sich von einer reinen Rechtsfolgenanalyse löst und prüft, ob die prozesstypische Nachteilssanktion im Einzelfall Folge eines missbilligten Verhaltens – dann nicht selbständig durchsetzbare Verhaltenspflicht – ist; *Dölle* Festschrift Riese (1964), S. 279, 293 (zur Pflicht zur redlichen Prozessführung trotz Ausgestaltung als lex imperfecta).
[3] Stein/Jonas/*Leipold*[22] § 422 Rz. 1; *Goldschmidt* Prozeß als Rechtslage, S. 110.
[4] *Prütting* Gegenwartsprobleme der Beweislast (1983), S. 138.
[5] Wieczorek/Schütze/*Smid*[3] § 142 Rz. 2 und 7; Rosenberg/Schwab/*Gottwald*[17] § 119 Rz. 44; Stein/Jonas/*Leipold*[22] § 142 Rz. 4 und 9; *Stadler* Festschrift Beys S. 1625, 1639; Musielak/*Stadler*[10] § 142 Rz. 1; Zöller/*Greger*[30] § 142 Rz. 2; *Wolf* ZZP 116 (2003), 523, 525; *Zekoll/Bolt* NJW 2002, 3129, 3130, 3132.

halb eine **Bezugnahme** auf die Urkunde **durch eine Prozesspartei**.[1] Freilich wird nicht mehr verlangt.[2]

20 Eine den **Anwendungsbereich des § 142 einschränkende Auslegung** ist **abzulehnen**. Sie soll dadurch bewirkt werden, dass ein Zusammenhang zwischen dem Urkundenbesitz einer Prozesspartei, der Bezugnahme auf die Urkunde durch die gegnerische Partei und der Beweislastzuweisung an den Urkundenbesitzer hergestellt wird, um § 142 mit dem Urkundenbeweis von Partei wegen, insbesondere mit § 423, zu harmonisieren[3] (dazu auch Kap. 29 Rz. 90). § 423 greift nur ein, wenn der Gegner der beweisbelasteten Partei Urkundenbesitzer ist und selbst auf die Urkunde Bezug genommen hat. Die Bezugnahme des Beweisführers auf die Urkunde im gegnerischen Besitz wird nach dem restringierenden Vorschlag für prozessual irrelevant erklärt. Für die Anwendung des § 142 in bezug auf Prozessparteien bliebe dann nur der in der Praxis bedeutungslose Sachverhalt übrig, dass die beweispflichtige Partei die sich in ihrem Besitz befindliche Urkunde entgegen § 420 nicht vorlegt und der Beweisgegner deshalb den Erlass einer Anordnung nach § 142 anregt. § 142 würde dadurch zu einer Modifikation des § 139 mutieren.[4]

21 Die **mangelnde Abstimmung des § 142 mit § 423** ist evident.[5] Der **Harmonisierungsvorschlag** schafft indes **andere** gravierende **Widersprüche**. Er kann nämlich nicht erklären, warum **ein Dritter** für einen ihm **fremden Prozess** einen über die normale Zeugenpflicht hinausgehenden **Einsatz** erbringen soll, während der in den Prozess involvierte **Gegner** der beweispflichtigen Partei die **Hände in den Schoß legen** darf. Eine noch stärkere Einschränkung des § 142 bedeutet es, die Beweiserhebung von Amts wegen auszuklammern und § 142 darauf zu reduzieren, zur Informationsverbesserung des Gerichts bei zwar unstreitigem, aber unklarem oder lückenhaftem Vortrag der Parteien beizutragen.[6] Dass der Gesetzgeber Widersprüche nicht gesehen hat, **rechtfertigt** es methodisch **nicht**, nachträglich erkannte Widersprüche **gegen** das **Grundanliegen** des Gesetzgebers aufzulösen, sich damit auf eingefahrenen Gleisen fortzubewegen und eine rechtspolitisch sinnvolle Fortentwicklung des Rechts zu demontieren.

22 Umstritten ist, ob die Darlegung hinreichender **Anhaltspunkte für** die Existenz der **behaupteten Tatsachen** eine notwendige **Missbrauchsschwelle** ist.[7] Ein solches Erfordernis wäre zum Schutz des Urkundenbesitzers[8] zu begrüßen, würde allerdings ein Novum darstellen, weil im Übrigen als Substantiierung des Tatsachenvortrags (bis

---

1 Zu diesem Zusammenhang *Leipold* Festschrift Gerhardt (2004) S. 563, 580; *Gruber/Kießling* ZZP 116 (2003), 305, 308; *Wagner* JZ 2007, 706, 711. S. auch OLG Stuttgart ZIP 2007, 1210, 1216.
2 Vgl. den Wortlaut der Begründung zu § 142: „eine Partei", BT-Drucks. 14/3750, S. 53. Ebenso BGH NJW 2007, 2989 Rz. 20; BGH WM 2010, 1448 Rz. 25; *Stadler* Festschrift Beys, S. 1625, 1638; *Gruber/Kießling* ZZP 116 (2003), 305, 310 f.
3 So *Leipold* Festschrift Gerhardt, S. 563, 582 f. Gegen eine Differenzierung nach der Beweislast Rosenberg/Schwab/*Gottwald*[17] § 119 Rz. 43; *Stadler* Festschrift Beys, S. 1625, 1639; Zöller/*Greger*[30] § 142 Rz. 2.
4 Dies räumt *Leipold*, Festschrift Gerhardt, S. 563, 582, selbst ein; ebenso *Gruber/Kießling* ZZP 116 (2003), 305, 333 mit verfehltem Hinweis auf den systematischen Standort des § 142 im Gesetz.
5 Deutlich sichtbar in OLG Stuttgart ZIP 2007, 1210, 1216.
6 So *Gruber/Kießling* ZZP 116 (2003), 305, 314 f. Ablehnend *Musielak* Festschrift Vollkommer (2006), S. 237, 242; *Wagner* JZ 2007, 706, 710 unter Hinweis auf § 428.
7 Dafür BGH GRUR 2013, 316 Rz. 22 – Rohrmuffe; Stein/Jonas/*Leipold*[22] § 142 Rz. 10. Nur vom Erfordernis der Substantiierung sprechend BGH NJW 2007, 2989 Rz. 20; BGH WM 2010, 1448 Rz. 25; OLG Stuttgart ZIP 2007, 1210, 1216; OLG Schleswig SchlHA 2011, 404, 406.
8 Vgl. allgemein dazu Musielak/*Stadler*[10] § 138 Rz. 6.

zur Grenze willkürlicher Tatsachenbehauptung) nur dessen materiell-rechtliche Relevanz gefordert wird, nicht aber zusätzlich eine Plausibilität des Vortrags.[1]

Umstritten wird auch sein, **wie konkret** die vorzulegenden **Urkunden** bereits von der Partei **bezeichnet** werden müssen, die als Beweisführerin von der Vorlage begünstigt sein kann[2] (vgl. § 424 Nr. 1; zur Bezeichnung der Urkunde bei Stellung eines Parteiantrages s. Rz. 45 und Kap. 29 Rz. 95). Stößt die beweispflichtige Partei auf Grenzen des Wissens bzw. Wissenkönnens bezüglich der Urkundenidentität, können die Spezifikationsanforderungen für eine Anordnung nach § 142 in gleicher Weise wie die Anforderungen an die Substantiierungslast herabgesetzt werden.[3] 23

Eine Anordnung von Amts wegen setzt **Beweiserheblichkeit** der zu beweisenden Tatsache voraus[4] (vgl. § 425); deren Prüfung dienen regelmäßig die Angaben nach § 424 (Kap. 29 Rz. 91). Auf einen **materiell-rechtlichen Vorlegungsanspruch** des Beweisführers kommt es **nicht** an,[5] womit eine Angleichung an die öffentlich-rechtliche Zeugenpflicht bewirkt wird, der ebenfalls kein materiell-rechtlicher Auskunftsanspruch zugrunde liegt;[6] § 142 begründet eine **originäre prozessuale Vorlagepflicht**.[7] 24

Die Vorlegungsanordnung gegenüber einer Partei steht im pflichtgemäßen **Ermessen** des Gerichts („kann"). Gegenüber einem Dritten kann sie hingegen gem. § 428 Alt. 2 i.V.m. § 142 durch **Beweisantrag** erzwungen werden.[8] Bei der Ausübung des Ermessens sind neben dem Erkenntnisgewinn die Verhältnismäßigkeit und Belange des Geheimnis- und Persönlichkeitsschutzes zu beachten.[9] Das Ermessen des Gerichts kann **auf Null reduziert** sein.[10] 25

Noch **ungeklärt** ist, wann das **Unterlassen einer Anordnung** von Amts wegen einen **Verstoß gegen § 286** bedeutet, insbesondere ob die Rechtspraxis zum Beweis durch Sachverständige und Augenscheinseinnahme zu übertragen ist. Dort wird § 286 verletzt, wenn ein Sachverständigengutachten trotz mangelnder eigener Sachkunde nicht eingeholt wird, oder wenn ein Augenschein nicht eingenommen wird, obwohl das Gericht auf einen persönlichen Eindruck zwingend angewiesen ist. In gleicher Weise kann **Passivität** des Gerichts eine **unzureichende Sachaufklärung** bedeuten, wenn der Beweisführer nicht nach §§ 422, 423 vorgehen kann und dennoch von § 142 26

---

[1] Aus der Rechtsprechung: BGH NJW 1991, 2707, 2709; BGH NJW 1992, 1967, 1968; BGH NJW 1992, 3106; BGH NJW 2000, 3286, 3287; BGH NJW-RR 1996, 1402; BGH NJW-RR 2000, 273, 275; BGH NJW-RR 2003, 69, 70 (Unbeachtlichkeit des Grades der Wahrscheinlichkeit der Sachverhaltsschilderung); BGH WM 2002, 1690, 1692; s. ferner BGH NJW-RR 2000, 208.
[2] Vgl. dazu OLG Schleswig SchlHA 2011, 404, 406; Stein/Jonas/*Leipold*[22] § 142 Rz. 11; *Schlosser*, Festschrift Sonnenberger, S. 135, 146; *Wagner* JZ 2007, 706, 713. Kritisch zur Anordnung der Vorlage „der Krankenunterlagen" *Leipold* Festschrift Gerhardt, S. 563, 571, obwohl dies schon vor der ZPO-Reform gängige Praxis der Bezeichnung ärztlicher Aufzeichnungen in Arzthaftungsprozessen war.
[3] Musielak/*Stadler*[10] § 142 Rz. 4.
[4] *Stadler* Festschrift Beys, S. 1625, 1639; Thomas/Putzo/*Reichold*[33] § 142 Rz. 1; s. dazu auch *Schlosser* Festschrift Sonnenberger, S. 135, 147 ff.
[5] Rosenberg/Schwab/*Gottwald*[17] § 119 Rz. 43; Stein/Jonas/*Leipold*[22] § 142 Rz. 34 (jedoch zögernd); *Leipold* Festschrift Gerhardt, S. 563, 578 f.; *Stadler* Festschrift Beys, S. 1625, 1642; *Zekoll/Bolt* NJW 2002, 3129, 3132.
[6] Hierauf hinweisend *Leipold* Festschrift Gerhardt, S. 563, 575; *Wolf* ZZP 116 (2003), 523, 526.
[7] *Wagner* JZ 2007, 706, 710; *Binder* ZZP 122 (2009), 187, 217 (zugleich die Überwindung der Grenzen materiell-rechtlicher Vorlagepflichten in Bezug auf die Unternehmensdokumentation aufzeigend, S. 205 ff., 215, 221).
[8] Stein/Jonas/*Leipold*[22] § 142 Rz. 8 und 33; wohl auch *Zekoll/Bolt* NJW 2002, 3129, 3132.
[9] BGH NJW 2007, 2989 Rz. 20; OLG Stuttgart ZIP 2007, 1210, 1216.
[10] *Stadler* Festschrift Beys, S. 1625, 1643 f.; *Wolf* ZZP 116 (2003), 523, 526 (Widerspruchsfreiheit nur bei Interpretation als „muss"). Anders wohl Stein/Jonas/*Leipold*[22] § 142 Rz. 7 (grundsätzlich kein Verfahrensfehler mit Rechtsmittelkontrolle).

kein Gebrauch gemacht wird.[1] Ob und wie eingehend das Gericht eine **Begründung** für das Unterlassen einer Anordnung zu geben hat, ist umstritten.[2] Ohne Begründung ist eine (begrenzte) Kontrolle durch das Rechtsmittelgericht nicht möglich.

27 Jeweils sind in § 142 Abs. 2 S. 1 und § 144 Abs. 2 S. 1 **Grenzen der Mitwirkung** normiert worden, soweit es um die Anordnungen gegen Dritte geht, nämlich **Zeugnisverweigerungsrechte** und (sonstige) Gründe **fehlender Zumutbarkeit**.[3] Sie sind nicht mit den Grenzen für die Vorlage von Partei wegen abgestimmt. Die **Kosten der Vorlage** werden Dritten nach § 23 JVEG erstattet.[4] Die Höhe der Aufwandsentschädigung für Personaleinsatz (§§ 23 Abs. 2, 7, 22 JVEG) beeinflusst die Zumutbarkeitserwägungen. Gegenüber Dritten bestehen nach §§ 142 Abs. 2 S. 2, 390 **vorteilhafte Vollstreckungsmöglichkeiten**, die ein Vorgehen nach § 429 S. 1 nicht bietet, nämlich die Möglichkeit der Verhängung von Ordnungsgeld und Ordnungshaft[5] (dazu Kap. 30 Rz. 26).

§ 102 Antritt und Führung des Beweises mit Urkunden des Beweisführers

I. Beweisantritt durch Vorlegung der Urkunde

28 Der Beweisantritt erfolgt in dem in § 420 geregelten Grundfall durch die **Vorlegung der Urkunde** in der mündlichen Verhandlung vor dem Prozessgericht, sofern nicht schon vorbereitend auf Anordnung des Gerichts (§ 142 Abs. 1) oder Aufforderung des Gegners gem. § 134 Abs. 1 eine Niederlegung auf der Geschäftsstelle geboten ist.[6] Dafür muss der Beweisführer die Urkunde selbst in Händen halten. Voraussetzung ist die Existenz einer bereits hergestellten Urkunde.[7] § 420 verfolgt in Abkehr von Vorläuferprozessordnungen vornehmlich das Ziel der Prozessbeschleunigung.[8]

29 Im Unterschied zu der Regelung des § 420 setzen die §§ 421, 428 und 432, die die Rechtslage **bei fremdem Urkundenbesitz** betreffen, einen **Beweisantrag** als Beweisantritt voraus. Auch wenn die Vorlegung bereits eine Lektüre der Urkunde ermöglicht, ist damit doch nur ein Beweisantritt erfolgt. Er löste nach dem bis zum 30.6.2004 geltenden anwaltlichen Vergütungsrecht (BRAGO), das eine Beweisgebühr kannte, den Anfall dieser Gebühr noch nicht aus.[9] Für die eigentliche **Beweisaufnahme** ist die Kenntnisnahme durch das Gericht erforderlich (vgl. dazu unten Rz. 51).

---

1 *Stadler* Festschrift Beys, S. 1625, 1646; s. auch *Wagner* JZ 2007, 706, 711; a.A. wohl Wieczorek/Schütze/*Smid*³ § 142 Rz. 13.
2 Befürwortend BGH NJW 2007, 2989 Rz. 21 f.; *Stadler* Festschrift Beys, S. 1625, 1644; ablehnend Stein/Jonas/*Leipold*²² § 142 Rz. 7.
3 Dazu *Schneider* MDR 2004, 1, 2; Stein/Jonas/*Leipold*²² § 142 Rz. 27; eingehend *Wagner* JZ 2007, 706, 715 ff.
4 Zeitlich noch nicht berücksichtigungsfähig durch *Schlosser* Festschrift Sonnenberger, S. 135, 151, bei dessen andersartigem Vorschlag.
5 Dazu *Leipold* Festschrift Gerhardt, S. 563, 579 f.
6 Vgl. dazu BGH NJW 1980, 428, 429.
7 OLG Düsseldorf MDR 1988, 593.
8 *Dilcher* AcP 158 (1958), 469, 487 f.; zustimmend *Konzen* Rechtsverhältnisse zwischen Prozeßparteien, S. 247.
9 OLG Schleswig SchlHA 1979, 183. Der missverständlich formulierte § 34 Abs. 1 BRAGO war dafür irrelevant; er schloß *trotz* Beweiserhebung eine Beweisgebühr aus, OLG Schleswig SchlHA 1979, 183 m.w.N.; *Mümmler* JurBüro 1990, 606 in Anm. zu BayVGH; vgl. auch OLG Köln JurBüro 1992, 236, 237 m. Anm. *Mümmler*.

II. Angabe des Beweisthemas

Neben der Urkundenvorlage ist die **schriftsätzliche** Angabe des Beweisthemas erforderlich, für das die Urkunde Beweis erbringen soll. Aus § 434 ergibt sich, dass die Vorlegung außerhalb der mündlichen Verhandlung **vor** einem **beauftragten** oder **ersuchten Richter** den Anforderungen an den Beweisantritt nur bei vorheriger Anordnung seitens des Prozessgerichts genügt (vgl. Kap. 30 Rz. 76).[1]

30

III. Vorlegung statt Anerbieten der Vorlegung

Der Begriff der Vorlegung der Urkunde ist in sämtlichen Vorschriften des Urkundenbeweises (vgl. außer § 420 auch die §§ 142, 421, 422, 423, 425, 426, 427, 431 Abs. 1, 432 Abs. 3, 434, 435, 436) einheitlich auszulegen. Die Vorlegung ist von dem bloßen **Anerbieten zur Vorlegung**, das nur in den Fällen des § 434 ausreicht, ebenso zu unterscheiden wie von einer bloßen **Einsichtgewährung**. Während der Urkundenbesitzer nach materiellem Recht nur verpflichtet ist, Einsicht in die Urkunde zu gewähren ohne den Besitz daran zu übertragen (§ 810 BGB), setzt das Vorlegen ein **Aushändigen an das Gericht** zur Einsichtnahme und – bei Anordnung gem. § 142 Abs. 1 S. 2 – auch der Verwahrung auf der Geschäftsstelle voraus. Der Vorlegende muss die Urkunden also aus der Hand geben.[2] Werden Urkunden mit dem das Beweisthema benennenden Schriftsatz **zu den Gerichtsakten eingereicht**, ist der Beweisantritt vollzogen.

31

In der **schriftsätzlichen Ankündigung der Vorlegung** ist **bloß** ein **Hinweis** auf einen zukünftigen Beweisantritt zu sehen. Sie genügt als Beweisantritt ebenso wenig[3] wie ein schriftlicher oder mündlicher Hinweis auf den Inhalt der Urkunde.[4] Schon bis zur Änderung des § 142 durch die ZPO-Reform von 2001 war das Gericht berechtigt, die **Vorlegung** einer **in** einem **vorbereitenden Schriftsatz** erwähnten Urkunde nach § 237 Abs. 2 Nr. 1 (nunmehr: Nr. 5) anzuordnen;[5] dies gilt erst recht auf der Grundlage des § 142 Abs. 1.

32

Wenn eine frühere Vorlegung nicht veranlasst worden ist, muss eine in Bezug genommene bzw. als Beweismittel benannte Urkunde bis **spätestens** zum **Schluss der mündlichen Verhandlung** vorgelegt werden.[6] Die Verkennung der atypischen Regelung des § 420 kann einen richterlichen **Hinweis** an die vorlegungsverpflichtete Partei nach § 139 Abs. 1 gebieten, was von vornherein eine großzügige Anwendung des § 273 Abs. 2 Nr. 5 (unter gleichzeitiger Anwendung des § 134 Abs. 1) nahelegt. Ein Hinweis ist auf jeden Fall geboten, wenn der Beweisführer irrtümlich davon ausgeht, das Dokument befinde sich bereits bei den Gerichtsakten.[7] Eine **Vorlegungsanordnung** kann mit einer **Frist** versehen werden, deren Versäumung zur Anwendung des § 296 Abs. 1 i.V.m. § 273 Abs. 2 Nr. 5 führt. Ohne Fristsetzung kann der Urkundenbeweis bei Nichtvorlage der Urkunde durch §§ 296 Abs. 2, 282 Abs. 1 präkludiert sein.

33

Wird die Urkunde nur **unvollständig vorgelegt**, kann seit dem ZPO-ReformG 2001 deren vollständige Vorlage von Amts wegen angeordnet werden, ohne dass darin ein Verstoß gegen die Verhandlungsmaxime zu sehen ist.[8] Das Gericht hat aber auch die

34

---

1 Stein/Jonas/*Leipold*[22] § 420 Rz. 4.
2 BAG WM 1985, 765, 767.
3 BGH NJW-RR 1993, 691, 693; NJW 1991, 639, 640.
4 AK-ZPO/*Rüßmann* § 420 Rz. 1.
5 Vgl. etwa BGH NJW 1986, 428, 429.
6 BGH NJW 1986, 428, 429.
7 So die Fallgestaltung in BGH NJW 1986, 428, 429.
8 Anders zur früheren Rechtslage Stein/Jonas/*Leipold*[21] § 420 Rz. 6.

Möglichkeit, sich auf eine freie richterliche **Beweiswürdigung** des vorgelegten **Fragments** zu beschränken, sofern nicht zuvor ein Hinweis nach § 139 Abs. 1 geboten ist.

IV. Vorlegung im Original

35 Die Urkunde ist **grundsätzlich in Urschrift** vorzulegen, weil nur dann Echtheit (§ 439) und Fehlerfreiheit (§ 419) sicher festgestellt werden können.[1] Eine Durchbrechung dieses Grundsatzes findet sich in § 435 für **öffentliche Urkunden**, die mangels gegenteiliger richterlicher Anordnung **in beglaubigter Abschrift** vorgelegt werden dürfen. Diese Ausnahme ist damit zu rechtfertigen, dass sich Urschriften öffentlicher Urkunden regelmäßig in amtlicher Verwahrung befinden und die Übereinstimmung zwischen Urschrift und Abschrift leichter festgestellt werden kann als bei Privaturkunden. Eine analoge Anwendung des § 435 auf Privaturkunden scheidet wegen der bewusst unterschiedlichen und nach wie vor überzeugenden gesetzlichen Ausgestaltung des Beweisantritts aus.[2] Dies gilt auch, wenn die Unterschrift unter der Urschrift der **Privaturkunde öffentlich beglaubigt** ist und der Beglaubigungsvermerk, der selbst eine öffentliche Urkunde ist, mit in die beglaubigte Abschrift aufgenommen wurde (zu den Beglaubigungsanforderungen § 42 Abs. 1 BeurkG); das Original bleibt trotz der Unterschriftsbeglaubigung eine Privaturkunde.[3]

36 Ist das **Beweisdokument** selbst nur eine **Durchschrift** (etwa eines Briefes oder einer Rechnung), die sich geschäftsüblich (oder gar verpflichtend nach § 257 Abs. 1 Nr. 3 HGB) in den Unterlagen seines Verfassers befindet, der das Original abgesandt hat,[4] handelt es sich dabei urkundenbeweisrechtlich um das Original, sofern man darin nicht überhaupt nur ein **Augenscheinsobjekt** sehen will.

V. Wert vorgelegter Kopien

37 Die **Vorlegung** von Privaturkunden **in** beglaubigter oder unbeglaubigter Abschrift bzw. **(Foto)Kopie** und die Vorlage öffentlicher Urkunden in unbeglaubigter Kopie erfüllen zwar nicht die Voraussetzungen eines Beweisantritts,[5] doch sind sie deshalb nicht rechtlich unbeachtlich. Die Parteien kennen das Original oftmals, so dass sie sich mit der Verwendung einer Kopie stillschweigend einverstanden erklären.[6]

38 **Ohne** ausdrückliches **Bestreiten** der Fehlerfreiheit und der Echtheit des Originals und die Behauptung fehlender Übereinstimmung von Kopie und Original ist das in Ablichtung eingereichte **Dokument** als **insoweit unstreitig** anzusehen.[7] Das macht eine **Beweiserhebung** darüber **überflüssig**, allerdings nur soweit die Verhandlungsmaxime

---

1 BGH NJW 1980, 1047, 1048; OLG Düsseldorf NJW-RR 1995, 737. Ohne weitere Begründung ebenso BGH NJW 1980, 1438 = WM 1986, 400; BGH NJW 1990, 1170, 1171; BGH NJW 1992, 829, 830; BGH NJW-RR 1993, 13790, 1380; speziell zum Nachweis der schriftlichen Prozessvollmacht (§ 80 Abs. 1) BGHZ 126, 266, 267 f. = NJW 1994, 2298 (Originalurkunde statt Telefax); BFH NJW 1996, 3366.
2 BGH NJW 1980, 1047, 1048 = JR 1980, 243 mit zust. Anm. *Baumgärtel*.
3 BGH NJW 1980, 1047, 1048. Ob auf die Abschriftenbeglaubigung anders als auf die Unterschriftsbeglaubigung die §§ 415, 418 anzuwenden sind, ist zweifelhaft; verneinend *Reithmann* Allgemeines Urkundenrecht (1972), S. 59.
4 So in BGH NJW 1959, 2011, 2012 und OLG Düsseldorf DB 1989, 620.
5 BGH NJW 1992, 829, 830; OLG Koblenz MDR 2006, 888, 889 (Urkundenprozess).
6 *Schneider* Beweis und Beweiswürdigung, Rz. 1358.
7 BGH NJW 1990, 1170, 1171; OLG Köln DB 1983, 104, 105; LG Mainz WuM 1979, 116, 117. Substantiiertes Bestreiten (der inhaltlichen Richtigkeit?) verlangt OLG Naumburg OLG-NL 1995, 81, 82.

gilt. Wenn und soweit die Inquisitionsmaxime anzuwenden oder eine Prüfung von Amts wegen vorzunehmen ist, hat gleichwohl eine Beweisausnahme stattzufinden.

Der BGH hat für **Privaturkunden** der Vorlage einer **beglaubigten Abschrift**[1] und sogar einer **unbeglaubigten Fotokopie**[2] **Beweiswert** zuerkannt.[3] Der 5. Zivilsenat[4] hat die Urkundenkopie im Jahre 1979 jedoch nicht mit formeller Beweiskraft ausgestattet, sondern ihr Beweiswert nur im Rahmen freier Beweiswürdigung (§ 286) zugesprochen, während der 4. Zivilsenat im Jahre 2006 auch die formelle Beweisregel des § 416 angewandt hat.[5] 39

Mit der zitierten Rechtsprechung hat der BGH – möglicherweise unbewusst, jedenfalls ohne begründende Rechtfertigung – im Laufe von 26 Jahren die **Anforderungen an** die **Urkundenvorlage** immer weiter **aufgeweicht**. Die laxe Einstellung zur Urkundenvorlage wird offenbar von der Überlegung getragen, dass bei **Unstrittigkeit von Echtheit, Fehlerfreiheit und Übereinstimmung** von Original und Kopie die Aussagekraft der lesbaren Kopie derjenigen des Originals nicht unterlegen und für den spezifisch urkundlichen Beweis gleichwertig ist.[6] 40

Mit der Formstrenge des Gesetzes steht die Aufweichung nicht in Einklang und gibt der Verhandlungsmaxime angesichts der strikten Beweisrechtsfolge bedenklich breiten Raum. **Konsequenterweise** müssten dann die **formellen Beweisregeln** der §§ 415–418 ganz **abgeschafft** werden; mit ihnen ist der gravierende Nachteil verbunden, dass der Beweisgegner zur Widerlegung des Beweisergebnisses einen vollen Gegenteilsbeweis zu führen hat. Zu bedenken ist auch, dass der Straftatbestand der **Urkundenfälschung** (§ 267 StGB) auf die Manipulation von Fotokopien und Telefaxschreiben wegen verneinter Garantiefunktion für die Richtigkeit des Inhalts **nicht angewandt** wird.[7] 41

Lässt man für § 416 bei Verwendung von Fotokopien die formelle Beweisregel wegfallen und kehrt zum Grundsatz freier Beweiswürdigung zurück, ist das Ergebnis **auf die öffentlichen Urkunden** und damit auf die §§ 415, 418 zu **übertragen**. In entsprechender Weise haben dort unbeglaubigte Kopien Beweiswert[8] (s. auch Kap. 30 Rz. 94). 42

Die Entscheidung BGH NJW 1980, 1047, 1048 enthielt noch eine **weitere Einschränkung**. Sie nahm Bezug auf die Kommentierung von *Leipold*,[9] der für die Abschwächung der Anwendung des § 420 – heute eine wesentliche Begrenzung aufstellt: Der Beweisführer hat glaubhaft zu machen, dass er **zur Vorlage der Urschrift nicht in der Lage** ist. Das ist unverzichtbar, wenn es sich um einen Urkundenbeweis handeln soll, auf den die Beweisregeln der §§ 415–418 angewandt werden sollen. Nur soweit es nicht um einen eigentlichen Urkundenbeweis mittels dessen Beweisregeln geht, etwa weil sich die davon unberührte inhaltliche Richtigkeit des Urkundentextes im Streit befindet (zur Nichtgeltung der formellen Beweisregeln für die inhaltliche Richtigkeit bei Privaturkunden Kap. 26 Rz. 65 und bei öffentlichen Urkunden Kap. 26 Rz. 6, 26 43

---

1 BGH (5. ZS) NJW 1980, 1047, 1048.
2 BGH (4. ZS) NJW-RR 2006, 847, 849 = VersR 2006, 992, 994; BGH WM 1986, 400, 401 (insoweit nicht mit abgedruckt in NJW 1986, 1438); BGH NJW 1990, 1170, 1171. Sachlich zutreffend ist diese Lockerung in BGHZ 126, 266, 267 auf § 80 Abs. 1 nicht angewandt worden.
3 Schlüsse auf die Verwendbarkeit als Urkunde i.S.d. § 580 Nr. 7b ZPO sind daraus nicht zu ziehen. OLG Koblenz MDR 2006, 888, 889 will Fotokopien von Urkunden, deren Echtheit nicht bestritten wird, im Urkundenprozess zulassen.
4 BGH NJW 1980, 1047, 1048.
5 BGH NJW-RR 2006, 847; ebenso OLG Hamm OLGR 1997, 169, 170.
6 So die Argumentation von *Zoller* NJW 1993, 429, 432.
7 OLG Zweibrücken NJW 1998, 2918 m.w.N.
8 BVerwG NJW 1987, 1159.
9 Stein/Jonas/*Leipold*[21] § 435 Rz. 4, 22. Aufl. Rz. 5; ihm zustimmend *Zoller* NJW 1993, 429, 434 (jedoch noch darüber hinausgehend).

und 31), ist die vorstehende Einschränkung belanglos und die Beweisführung mit einer Urkundenkopie zu gestatten. Dasselbe gilt für die unterstützende Verwendung von Dokumenten im Rahmen der Würdigung des Wertes anderer Beweismittel, für Beweise außerhalb des Strengbeweisrechts und für die Bewertung der Urkundenkopievorlage als Parteivorbringen[1] im Rahmen der Würdigung des sonstigen Inhalts der Verhandlung (§ 286).

44 Bei Privaturkunden stellt eine rügelose Hinnahme der Einreichung von Kopien oftmals **auch die Abgabe** der beurkundeten Erklärung **unstreitig**, was aber nicht zwingend ist.[2] Bei öffentlichen Urkunden wird man regelmäßig davon ausgehen müssen, dass der Inhalt einer beurkundeten Erklärung nebst zugehörigen Nebenangaben (Beurkundungszeitpunkt etc.) oder der bezeugte Vorgang mangels konkreten gegenteiligen Vortrags des Prozessgegners unstreitig gestellt werden und insoweit ein **Beweisbedarf entfällt**. Die Vorlegung dient dann nur noch dazu, das Vorhandensein einer Urkunde zu behaupten und das Gericht über deren genauen Wortlaut zu informieren.[3]

VI. Vorlage oder Beiziehung von Akten und Urkundensammlungen

45 Wenn es sich bei dem vorgelegten (oder terminsvorbereitend nach § 273 Abs. 2 Nr. 2 beigezogenen) Beweismaterial um ganze Akten(bündel) oder eine Urkundensammlung handelt, ist die **genaue Bezeichnung der beweiserbringenden Aktenteile** bzw. Urkunde(n) erforderlich,[4] etwa durch die Angabe von Blatt- oder Seitenzahlen.[5] Akten oder Aktenbündel sind keine „Urkunden" sondern Zusammenfassungen von Urkunden, internen Aufzeichnungen, Beweisstücken, Anlagen und sonstigen Sachen.[6] In gleicher Weise kann auch eine Pflicht zur Bezeichnung der Fundstelle innerhalb einer umfangreichen Urkunde bestehen.[7]

46 Ebenso ist der **Antrag nach § 432** auf **Beiziehung ganzer Akten** kein zulässiger Beweisantrag. Vorgelagert ist der konkretisierende schriftsätzliche Sachvortrag zum in Bezug genommenen Akteninhalt (§ 137 Abs. 3). Es besteht im Geltungsbereich der Verhandlungsmaxime weder eine Pflicht noch ein Recht des Gerichts, sich die für die Entscheidung des Rechtsstreits relevanten Tatsachen selbst durch das Studium umfangreicher Akten zu beschaffen.[8] In der Praxis wird diese Voraussetzung eines echten Beweisantrages oftmals nicht beachtet und namentlich bei Verkehrsunfallprozessen pauschal die Beiziehung von Beiakten eines vorangegangenen Strafverfahrens beantragt, ohne dass das Gericht dies beanstandet. Darin kann nach Lage des Einzelfalles **noch hinnehmbar** die **bloß abkürzende Bezugnahme** auf polizeiliche Vernehmungsprotokolle oder eine Unfallskizze zu sehen sein.[9] Bei **ungenügender Bezeichnung** muss das Gericht darauf nach § 139 Abs. 1 **hinweisen** und dem Beweisführer die Möglichkeit zur Konkretisierung geben.[10]

---

1 Vgl. *Zoller* NJW 1993, 429, 433.
2 Siehe den Fall BGH NJW-RR 2006, 847 = VersR 2006, 992. Vernachlässigt von *Schneider* Beweis und Beweiswürdigung Rz. 1357.
3 *Schneider* Beweis und Beweiswürdigung Rz. 1358; Stein/Jonas/*Leipold*[22] § 420 Rz. 5 (unter Hinweis auf § 427 S. 1 Schlusshalbsatz).
4 BGH DRiZ 1963, 60; BGH NJW 1994, 3295, 3296 (insoweit nicht in BGHZ 126, 217); BGH NJW 1998, 2280, 2281; für den Augenscheinsbeweis ebenso BGH NJW 1956, 1878.
5 MünchKommZPO/*Schreiber*[4] § 420 Rz. 3; Musielak/*Huber*[10] § 420 Rz. 2.
6 BGH DRiZ 1963, 60.
7 MünchKommZPO/*Schreiber*[4] § 420 Rz. 3.
8 BGH NJW 1994, 3295, 3296; BGH NJW 1956, 1878.
9 Vgl. *Schneider* Beweis und Beweiswürdigung Rz. 1338.
10 Musielak/*Huber*[10] § 420 Rz. 2; *Schneider* Beweis und Beweiswürdigung Rz. 1338.

Sind die **Akten anderer Gerichte oder Behörden** trotz mangelhafter Bezeichnung nach §§ 273 Abs. 2 Nr. 2 oder 432 beigezogen worden, werden sie durch den Protokollvermerk, die Akten seien zum Gegenstand der mündlichen Verhandlung gemacht worden, insoweit **kein Prozessstoff**, als Aktenteile betroffen sind, auf den sich keine Partei substantiiert berufen hat.[1] Zur **Anordnung von Amts wegen** unter **erleichterten Voraussetzungen** der Urkundenidentifizierung[2] Rz. 23. 47

VII. Verbot der Beweiserhebung und Beweisverwertung

§ 420 setzt nur Besitz der Urkunde voraus, stellt also keine besonderen Anforderungen an die Rechtsbeziehung des Beweisführers zu der vorzulegenden Urkunde, insbesondere nicht – wie § 422 – Voraussetzungen des materiellen Rechts. Es scheint damit die Möglichkeit der Beweisführung unabhängig von der außerprozessualen Vorlegungsberechtigung des Beweisführers bzw. der Art, wie er sich den Besitz beschafft hat, zu bestehen. Darin liegt ein wesentlicher Unterschied zum Beweisantritt nach den §§ 421, 423. 48

Zweifelhaft ist, ob die Beweiserhebung auch zu gestatten ist, wenn der Beweisführer die **Urkunde durch ein rechtswidriges Verhalten** (Diebstahl etc.) **erlangt** hat. Bis zur Prozessrechtsreform 2001 ist teilweise die Auffassung vertreten worden, der Grundsatz der Wahrheitsfindung durch Beweiserhebung müsse insofern hinter das Interesse der gegnerischen Partei am Schutz ihrer Rechtssphäre vor deliktischen Eingriffen zurücktreten.[3] Dafür ließ sich eine Analogie zu den Schranken der §§ 422 und 423 anführen[4] sowie das Argument, ohne Beschränkung der Beweiserhebung seien diese Grenzen stets durch die Vorlegung deliktisch erlangter Urkunden zu überwinden. Die beschränkende Argumentation durfte allerdings nicht ausblenden, ob der Beweisführer unabhängig von der deliktischen Besitzerlangung einen Anspruch auf Vorlage gehabt hätte und daher einem auf § 421 oder § 423 gestützten Beweisantrag hätte stattgegeben werden müssen.[5] 49

Seit der Neufassung des § 142 und der dadurch gestatteten **Urkundenbeweiserhebung von Amts wegen** ist ein nur mit §§ 422, 423 begründetes Beweiserhebungsverbot obsolet. Die Grenzen der Erhebung und Verwertung von Urkundenbeweisen sind allerdings identisch mit den auch für andere Beweismittel geltenden Beschränkungen. Näher dazu beim Augenscheinsbeweis Kap. 22 Rz. 57. 50

VIII. Beweisaufnahme durch Einsichtnahme

Die Beweisaufnahme erfolgt durch **Einsichtnahme** in die Urkunde. Sie findet regelmäßig vor dem erkennenden Gericht statt; eine Vorlegung vor dem ersuchten oder beauftragten Richter kommt nur ausnahmsweise nach § 434 in Betracht. **Vorbereitet** wird die Beweisaufnahme, indem die Urkunde einem vorbereitenden Schriftsatz beigefügt wird (§ 131), auf der Geschäftsstelle – auch zur Einsichtnahme durch den Geg- 51

---

1 BGH NJW 1994, 3295, 3296.
2 Zu pauschal großzügiger *Schlosser* Festschrift Sonnenberger (2004), S. 135, 149; *Zekoll/Bolt* NJW 2002, 3129, 3132.
3 *Dilcher* AcP 58 (1958), 469, 488: Garantie einer prozessfreien Sphäre des Gegners; *Kellner* JR 1950, 270 (zu rechtswidrig erlangten Briefen im Ehescheidungsprozess); *Konzen* Rechtsverhältnisse zwischen Prozeßparteien S. 247 f.
4 *Dilcher* AcP 58 (1958), 469, 488.
5 Zutreffend differenzierend *Dilcher* AcP 58 (1958), 469, 490 f.; Stein/Jonas/*Leipold*[21] § 420 Rz. 9 i.V.m. § 284 Rz. 58; ablehnend *Konzen* aaO. S. 248; Stein/Jonas/*Leipold*[22] § 284 Rz. 113.

ner – **niedergelegt** wird (§§ 134, 142 Abs. 1 S. 2) oder von Anwalt zu Anwalt mitgeteilt wird (§ 135).

52 Die Kenntnisnahme muss **zu Beweiszwecken** und nicht nur informationshalber erfolgen. Sind Akten „zu Informationszwecken" beigezogen worden, bedarf es ausreichender Indizien, etwa einer Würdigung des Beweisergebnisses in der Entscheidung, wenn von einer Beweisaufnahme ausgegangen werden soll.[1]

53 Die Einsichtnahme ist auch dem Gegner zu gestatten, dem die Urkunde hierfür (mit der Einschränkung nach § 259 S. 2 HGB) zugänglich zu machen ist (§ 134 Abs. 2). Nach Vorlegung der Urkunde hat der Gegner sofort eine **Erklärung nach § 439** abzugeben. Wird auf die Urkunde unter den Voraussetzungen des § 436 verzichtet, darf das Gericht den Urkundeninhalt seit der ZPO-Reform 2001 auch **von Amts wegen** verwerten, ohne dass darin ein Verstoß gegen die Verhandlungsmaxime zu sehen ist.

---

1 Zur Anwendung des (durch das RVG aufgehobenen) § 34 Abs. 2 BRAGO in dieser Situation BGH NJW-RR 2004, 1577; OLG Koblenz Rpfleger 2002, 541; VGH Bad.-Württ. DÖV 1997, 81, 82 (für Prüfung der Urkundenechtheit unzutreffend verneint).

Kapitel 29:
Erhebung des Urkundenbeweises II: Urkundenbesitz des Beweisgegners

	Rz.
§ 103 Editionsverfahren für Urkunden im Besitz des Beweisgegners	
I. Systematik des Beweises mit Urkunden im Besitz des Gegners	
1. Ziel des Editionsverfahrens, notwendiger Beweisantrag	1
2. Materiell-rechtlicher oder prozessualer Grund der Vorlagepflicht	4
3. Anwendungsbereich des § 421	6
II. Begriff des Gegners	7
III. Prozessrechtlicher Urkundenbesitz	12
IV. Beweisantritt, § 421	
1. Prozessantrag	18
2. Antragsberechtigte	21
V. Innerprozessuale und selbständige Erzwingung der Urkundenvorlage	
1. Indirekte Vorlageerzwingung im Prozess	
a) Beweisnachteil als Sanktion	23
b) Sperrwirkung des innerprozessualen Editionsverfahrens	24
2. Selbständige Herausgabeklage	27
§ 104 Vorlagepflicht des Beweisgegners nach materiellem Recht	
I. Prozessuale Indienstnahme des materiellen Rechts	
1. Abgrenzung von § 422 und § 423	28
2. Erfordernis materiell-rechtlicher Ansprüche	32
3. Entsprechende Anwendung der §§ 422 f.	33
4. Akteneinsichtsrechte	34
II. Generelle Anforderungen an materiell-rechtliche Ansprüche	
1. Grundlage der Herausgabe- oder Vorlegungsansprüche	35
2. Durchsetzbarkeit des Anspruchs	47
III. Rechtliches Interesse; überwiegendes Geheimhaltungsinteresse	
1. Informationsinteresse und Beweisinteresse	48
2. Geheimhaltungsberechtigung, Zeugnisverweigerung	52
3. Ausforschungsverbot	58
IV. Ort und Zeit der Vorlegung	60
V. Vorlegung nach § 809 BGB	61
VI. Vorlegung nach § 810 BGB	

	Rz.
1. Allgemeines	64
2. Drei Tatbestandsvarianten	
a) Errichtung im Interesse des Vorlegungsersuchers	66
b) Beurkundung eines zwischen Anspruchsteller und einem anderen bestehenden Rechtsverhältnisses	69
c) Wiedergabe von Verhandlungen über ein Rechtsgeschäft	72
VII. Rechtsfolgen der Nichtvorlage	74
§ 105 Vorlagepflicht des Beweisgegners bei prozessualer Bezugnahme, § 423 ZPO	
I. Selbständiger Vorlegungsgrund, Normzweck	79
II. Prozessuale Bezugnahme zur Beweisführung	84
III. Vorlegungsverpflichtete, Verfahren, Rechtsfolge	88
IV. Verhältnis zu § 142 ZPO	90
§ 106 Ablauf des Editionsverfahrens gegen den Beweisgegner	
I. Antrag auf Vorlage durch Gegner, § 424	91
II. Zwingende Erfordernisse des § 424	93
III. Einzelne Antragsvoraussetzungen	
1. Urkundenindividualisierung (Nr. 1)	95
2. Beweisthema (Nr. 2)	99
3. Urkundeninhalt (Nr. 3)	100
4. Urkundenbesitz des Beweisgegners (Nr. 4)	102
5. Glaubhaftmachung des Vorlegungsgrundes (Nr. 5)	104
IV. Anordnung der Vorlegung durch den Gegner, § 425	
1. Zulässigkeit und Begründetheit des Beweisantrags	105
2. Gerichtliche Entscheidung	109
3. Analoge Anwendung bei Anordnung nach § 142	114
4. Auslandsbelegenheit der Urkunde	115
V. Vernehmung des Gegners über Verbleib der Urkunde, § 426	
1. Gesetzesgeschichte	116
2. Normzweck	117

	Rz.		Rz.
3. Vorlegungsvernehmung		1. Normzweck, innerprozessuale	
a) Verfahren	118	Sanktion	130
b) Nachforschungspflicht	121	2. Freie Beweiswürdigung	
c) Beeidigung	122	a) Vorlegung einer Abschrift	136
d) Streitgenossen und gesetzliche Vertreter als Beweisgegner	123	b) Nichtvorlegung einer Abschrift	140
e) Beweismittelbeschränkung	125	3. Gegenbeweis	141
4. Rechtsfolgen	126	4. Allgemeine Bedeutung des § 427	142
VI. Folgen der Nichtvorlegung durch den Gegner, § 427			

§ 103 Editionsverfahren für Urkunden im Besitz des Beweisgegners

I. Systematik des Beweises mit Urkunden im Besitz des Gegners

1. Ziel des Editionsverfahrens, notwendiger Beweisantrag

1 Hat nicht der Beweisführer (dazu Kap. 28 Rz. 31) sondern dessen Gegner die Urkunde im Besitz, erfolgt der Beweisantritt durch die Stellung eines Vorlegungs- oder **Editionsantrags** nach Maßgabe der §§ 421–427. Wer Beweisgegner ist, ist von der Parteirolle als Kläger oder Beklagter unabhängig.

2 Der Antrag gem. §§ 421, 424 ist darauf gerichtet, dem Gegner die **Vorlegung aufzutragen**. Durch das Editionsverfahren soll die Urkunde innerprozessual (näher unten Rz. 23) zu Beweiszwecken herbeigeschafft werden.[1] Der Besitz der Urkunde muss nach begründeter Behauptung des Beweisführers (dazu Kap. 29 Rz. 102) im Zeitpunkt der Antragstellung bestehen. Hat ein **Dritter** die Urkunde im Besitz, so gilt § 428 (dazu Kap. 30 § 107). Entscheidend ist die tatsächliche Möglichkeit zur Vorlage.

3 **Bewiesen werden soll** mit diesem Beweisverfahren der **Inhalt der Urkunde**; hingegen ist nicht Beweisthema, dass der Gegner die Urkunde in seinem Besitz hat oder dass ihm die Urkunde früher einmal zugegangen ist.[2] Ist der gegenwärtige **Besitz streitig**, ist über Besitz und Verbleib der Urkunde nach § 426 Beweis zu erheben.

2. Materiell-rechtlicher oder prozessualer Grund der Vorlagepflicht

4 Zur Vorlegung auf Antrag des Beweisführers ist der Klagegegner nur unter den gesondert zu prüfenden **Voraussetzungen** der **§§ 422 oder 423** verpflichtet. Außerdem müssen die Antragsvoraussetzungen des § 424 beachtet worden sein.

5 Als **Grenze** der Vorlegungspflicht wird das Verbot unzulässiger **Ausforschung** genannt; der Beweisführer soll sich durch die Einsichtnahme nicht ohne jeden konkreten Anhaltspunkt überhaupt erst die Grundlagen für einen Prozessvortrag gegen den Urkundenbesitzer verschaffen.[3] Damit wird aber **nur** eine **Missbrauchsgrenze** festgelegt; sie gilt im Übrigen auch für die Anordnung der Urkundenvorlage von Amts wegen nach § 142. Zur Geltung einer allgemeinen Urkundeneditionspflicht Kap. 28 Rz. 13 und zur Kontroverse um eine weitergehende allgemeine Mitwirkungspflicht der Parteien bei der Sammlung des Prozessstoffes in Bezug auf die Sachverhaltsschilderung und die Beweiserhebung Kap. 7 Rz. 11 ff.

---

1 RGZ 44, 422, 424.
2 RGZ 44, 422, 425; *Siegel* Die Vorlegung von Urkunden im Prozeß, 1904, S. 194 f.
3 OLG Schleswig NJW-RR 1991, 1338.

3. Anwendungsbereich des § 421

Im **Urkundenprozess** ist ein Vorlegungsantrag nach § 421 (ebenso nach § 428) wegen 6
§ 595 Abs. 3 nicht zulässig.[1] Im **Eheverfahren** werden Zulässigkeit und Wirkung eines
Vorlegungsantrags durch § 113 Abs. 4 Nr. 7 FamFG nicht berührt, obwohl die Parteiherrschaft
eingeschränkt wird; umstritten ist nur die dortige Anwendbarkeit des § 427
über die Folgen der Beweisvereitelung (Kap. 29 Rz. 127). Die Möglichkeit des Gerichts,
die Vorlegung gem. § 142 von Amts wegen zu verlangen, berührt das Antragsrecht
ebenfalls nicht. Kommt ausschließlich die Beweiserhebung durch Anordnung
nach § 142 in Betracht, hat der Antrag die Bedeutung einer unverbindlichen Anregung.

II. Begriff des Gegners

Gegner i.S.d. § 421 ist die gegnerische Partei, wie sie durch den herrschenden **formel-** 7
len Parteibegriff bestimmt wird. Abzustellen ist auf die Parteistellung im Zeitpunkt
der Entscheidung über den Antrag des Beweisführers. Eine nach §§ 75 ff., 265 f. oder
aufgrund gewillkürten Parteiwechsels ausgeschiedene Partei ist nicht mehr Beweisgegner.

Der gegnerischen Partei gleichgestellt sind deren **Streitgenossen**. Die Stellung als 8
vorlegungsverpflichteter Gegner ist für jeden Streitgenossen getrennt festzustellen
(ebenso auf der Aktivseite die Antragsbefugnis von Streitgenossen nach § 421, unten
Rz. 21). Dabei ist zu berücksichtigen, dass die Vorlegungspflicht vom Besitz der Urkunde
abhängt. **Streithelfer** der gegnerischen Partei sind dagegen **Dritte**, sofern sie
nicht über § 69 als Streitgenossen der Hauptpartei gelten.[2]

Nicht unter den Begriff des Beweisgegners fallen **Streitgenossen** und **Streitgehilfen** 9
des Beweisführers. Vorlegungsansprüche der Hauptpartei gegen ihre Streitgenossen
und streitgenössischen Streitgehilfen sind zwar nicht ausgeschlossen. Im Verhältnis
zueinander sind sie jedoch als **Dritte** zu behandeln, so dass sich eine Vorlegungspflicht
nur aus den §§ 428, 429 ergeben kann. Dasselbe gilt aus der Sicht des Streithelfers
für die unterstützte Hauptpartei.[3]

Schreiber befürwortet, über den formellen Parteibegriff hinausgehend auch auf die 10
materiell-rechtliche Beteiligung abzustellen und denjenigen als **Beweisgegner** anzusehen,
der kraft seiner prozessualen Stellung wirksam Prozesshandlungen vornehmen
kann und die **alleinige Verfügungsbefugnis** über die Urkunde besitzt.[4] Er befürchtet
eine Aushöhlung des § 421, wenn die an derartige Dritte ausgehändigte Urkunde
nach § 428 behandelt werden müsste, und meint, dies sei jedenfalls dann unangemessen,
wenn dieser Dritte selbst **als Vertreter** am Prozess beteiligt ist.[5] Richtig ist, dass
sich die Beweislage des Beweisführers wegen der unterschiedlichen Vorlegungsgründe
nicht verschlechtern darf, indem eine durch Weisungen des Prozessgegners steuerbare
Person als Dritter qualifiziert statt ihm als Beweisgegner zugerechnet wird. An-

---

[1] BGH NJW 1994, 3295, 3296; OLG Koblenz MDR 2006, 888, 889.
[2] Musielak/*Huber*[10] § 421 Rz. 3; Stein/Jonas/*Leipold*[22] § 421 Rz. 4; Seuffert/*Walsmann* § 421
Anm. 2b; *Walsmann* Die streitgenössische Nebenintervention (1905), S. 229; *Siegel* Die Vorlegung
der Urkunde im Prozeß, S. 104; Streithelfer generell als Beweisgegner behandelnd
MünchKommZPO/*Schreiber*[4] § 421 Rz. 3.
[3] *Siegel* Die Vorlegung vor Urkunden im Prozeß, S. 104.
[4] MünchKommZPO/*Schreiber*[4] § 421 Rz. 3; *Schreiber* Die Urkunde im Zivilprozeß, S. 46 f., 72;
ablehnend Musielak/*Huber*[10] § 421 Rz. 3 Fn 3.
[5] MünchKommZPO/*Schreiber*[4] § 421 Rz. 3; im Ergebnis ebenso für gesetzliche Vertreter Baumbach/Lauterbach/*Hartmann*[71] § 421 Rz. 3.

dererseits darf die Rechtsfolge des § 427 nur auf den Prozessgegner angewandt werden, wenn er als Beweisgegner die Vorlage vereitelt hat. Insoweit kommt es auf seine **tatsächlichen Zugriffsmöglichkeiten** und deren Ausübung an.

11 Die Erzielung sachgerechter Ergebnisse wird mit davon gesteuert, **wie** der **prozessrechtliche Urkundenbesitz definiert** wird (dazu unten Rz. 12 ff.) und welche Zugriffsmöglichkeiten danach im Falle (materiell-rechtlich verstandener) Besitzdienerschaft und mittelbaren Besitzes bestehen. Zu lösen ist das Problem durch die **Zurechnung** des Gewahrsams bestimmter Personen **als Besitz des Prozessgegners**. Damit wird eine Ablösung des Begriffs „Beweisgegner" von den Figuren prozessualer Beteiligung vermieden. Im Übrigen bedürfte die Missachtung der Editionspflicht spätestens bei der Sanktionierung einer Zurechnung zur Gegenpartei, denn nur sie kann der Beweisnachteil des § 427 treffen. Der **gesetzliche Vertreter ist** daher zwar nicht als Beweisgegner anzusehen, wohl aber dessen Gewahrsam als Urkundenbesitz der Partei.[1] Im Falle gesetzlicher oder gewillkürter **Prozessstandschaft** ist der Gewahrsam des **Rechtsträgers** dem Prozessstandschafter zuzurechnen, wenn und soweit die Prozessführung auch im Interesse des Rechtsträgers erfolgt, selbst wenn er sonst prozessual weitgehend wie ein Dritter behandelt wird.

III. Prozessrechtlicher Urkundenbesitz

12 Auf den prozessrechtlichen Begriff des Urkundenbesitzes sind die **materiell-rechtlichen Besitzvorschriften** nur **mit Einschränkungen** anzuwenden. Deren Schutz- und Publizitätsfunktionen[2] sind im Urkundenbeweisrecht irrelevant. Der Unterschied zeigt sich insbesondere an der Regelung des Beweisantritts durch den Beweisführer nach § 420. Auch wenn sich die Urkunde nicht im Besitz des Beweisführers sondern einer Behörde befindet, sich der Beweisführer die Urkunde dort aber ohne Mitwirkung des Gerichts beschaffen kann, sieht § 432 Abs. 2 dies als die Möglichkeit an, den Beweis durch unmittelbare Vorlegung der Urkunde nach § 420 statt durch Antrag gegen die Behörde als Dritter nach § 432 Abs. 1 anzutreten.

13 Es kommt somit auf die **tatsächliche Verfügungsgewalt** an. Dieser Rechtsgedanke ist auch auf Privaturkunden anzuwenden. Besitz des Beweisführers meint somit **vorhandenen Gewahrsam** oder die **jederzeitige faktische Möglichkeit zur Gewahrsamsbegründung**.[3] Letztere darf allerdings nicht mit der rechtlichen Möglichkeit und Notwendigkeit zur Beschaffung einer sich in den Händen eines Dritten befindenden Urkunde verwechselt werden. In gleicher Weise ist der **Besitz des Beweisgegners** eigenständig aus den Bedürfnissen des Prozessrechts heraus zu bestimmen und die tatsächliche **Verfügungsbeschaffungsmöglichkeit** maßgebend.[4] Ist der Beweisgegner darauf angewiesen, einen rechtlichen Anspruch durchzusetzen, so dass der Gewahrsamsinhaber im Verhältnis zum Beweisführer Dritter i.S.d. § 428 ist, ist dem Dritten die Vorlage regelmäßig zumutbar; das **Gericht** hat dann Anlass, die **Vorlage von Amts wegen** gem. § 142 anzuordnen.

14 Der **Besitzdiener** (§ 855 BGB), der häufig zugleich rechtsgeschäftlicher Vertreter des Besitzherrn ist, hält die Urkunde zwar in seinen Händen, unterliegt aber der Weisungsbefugnis des **Besitzherrn**, so dass dieser eine **tatsächliche Beschaffungsmöglich-**

---

[1] So für den gesetzlichen Vertreter Stein/Jonas/*Leipold*22 § 421 Rz. 4; *Siegel* Die Vorlegung von Urkunden im Prozeß, S. 104 f.
[2] Vgl. dazu Westermann/*Gursky/Eickmann* Sachenrecht, 8. Auflage 2011, § 7 Rz. 5 ff.
[3] MünchKommZPO/*Schreiber*4 § 420 Rz. 2; *Schreiber* Die Urkunde im Zivilprozeß, S. 132 f.; Zöller/*Geimer*30 § 421 Rz. 1; AK-ZPO/*Rüßmann* § 421 Rz. 1.
[4] A.A. RG SeuffArch 58 (1903) Nr. 180, S. 337.

keit besitzt und Urkundenbesitzer ist;[1] auf die rechtliche Besitzerstellung i.S.d. § 855 kommt es nicht an. Missachtet der Besitzdiener die Weisung, endet damit regelmäßig die Herrschaftsmacht des Besitzherrn. Er verliert dann aber nicht nur die tatsächliche Verfügungsmacht sondern auch die Stellung als unmittelbarer Besitzer und muss seinen Anspruch erst rechtlich durchsetzen; der nicht am Prozess beteiligte Besitzdiener ist dann als Dritter anzusehen.

Mittelbarer Besitz (§ 868 BGB) ist Urkundenbesitz des Beweisführers oder Beweisgegners, wenn er die Urkunde vom unmittelbaren Besitzer **jederzeit erlangen** kann.[2] § 428 steht diesem Verständnis nicht entgegen, sondern deckt lediglich die Fälle einer mangelnden Vorlegungsmöglichkeit ab. Andererseits ist auch der unmittelbare Besitzer wegen seines Gewahrsams Urkundenbesitzer i.S.d. § 421.[3] Nicht mehr als Besitz des Beweisgegners kann dessen bloße Zugriffsmöglichkeit außerhalb eines Besitzmittlungsverhältnisses qualifiziert werden.[4] Die Beweisvereitelungsrechtsfolgen sind freilich auch darauf – über § 427 hinausgehend – anzuwenden.

15

Der Besitz des Organs einer **juristischen Person** an deren Urkunden wird bürgerlich-rechtlich dem Verband zugerechnet.[5] Der Besitz von **Personengesellschaften** wird teils als Besitz der Gesamthand,[6] teil als qualifizierter Mitbesitz der Gesellschafter[7] angesehen. Unabhängig von der dazu vertretenen Lösung sind immer die Herrschaftsverhältnisse des Einzelfalles maßgebend; es kann jedenfalls auch Allein- oder Mitbesitz der Gesellschafter gegeben sein.

16

In den Fällen des **Mitbesitzes** an einer Urkunde, also der geteilten Sachherrschaft, kann schlichter oder qualifizierter Mitbesitz vorliegen. Qualifiziert ist der Mitbesitz, wenn nur alle Mitbesitzer gemeinsam (etwa bei Doppelverschluss des Urkundenbehältnisses) die Gewalt ausüben können. Urkundenbeweisrechtlich ist wiederum die tatsächliche Zugriffsmöglichkeit ausschlaggebend. Bei jederzeitiger tatsächlicher Gewahrsamserlangungsmöglichkeit ist auch der **Erbschaftsbesitzer** (§ 857 BGB) Urkundenbesitzer.[8]

17

IV. Beweisantritt, § 421

1. Prozessantrag

Der Beweisantrag nach § 421 ist unter Beachtung der Prozessförderungspflicht des § 282 Abs. 1 rechtzeitig zu stellen. Als **Prozessantrag** unterliegt er nicht der Form des § 297.[9] Der Antrag ist nach § 282 Abs. 2 in Verfahren mit mündlicher Verhandlung durch **vorbereitenden Schriftsatz anzukündigen** (§§ 129, 130 Abs. 1 Nr. 5). Im schriftlichen Verfahren (§ 128 Abs. 2 und 3) oder bei Entscheidung nach Aktenlage (§§ 251a, 331a) erfolgt die Antragstellung im Schriftsatz selbst. Zu beachten sind die **Vorausset-**

18

---

1 MünchKommZPO/*Schreiber*[4] § 420 Rz. 2.
2 Stein/Jonas/*Leipold*[22] § 421 Rz. 7 (Verwahrungsverhältnisse mit Banken als Beispiel nennend); Zöller/*Geimer*[30] § 421 Rz. 1; so wohl auch *Gruber/Kießling* ZZP 116 (2003), 305, 316.
3 Stein/Jonas/*Leipold*[22] § 421 Rz. 7; MünchKommZPO/*Schreiber*[4] § 420 Rz. 2. A.A. *Siegel* Die Vorlegung von Urkunden im Prozeß, S. 151 (zur Vermeidung von Unbilligkeiten, wenn der unmittelbare Besitzer kein Gebrauchsrecht oder eigenes Besitzinteresse beansprucht und jederzeit zur Herausgabe an den mittelbaren Besitzer bereit ist); dies unter Hinweis auf die entstehende Ineffizienz ablehnend *Schreiber* Die Urkunde im Zivilprozeß, S. 125.
4 So aber MünchKommZPO/*Schreiber*[4] § 420 Rz. 2.
5 *K. Schmidt* Gesellschaftsrecht, 4. Aufl. 2002, § 10 III 1 m.w.N.
6 Dafür *K. Schmidt* Gesellschaftsrecht[4] § 10 III 3 und § 60 II 3 m.w.N. zum Streitstand.
7 BGHZ 86, 300, 307 = NJW 1983, 1114, 1115 f.; 86, 340, 344 = NJW 1983, 1123, 1124.
8 MünchKommZPO/*Schreiber*[4] § 420 Rz. 2.
9 RG HRR 1933 Nr. 1466 = Warn. Rspr. 33 Nr. 86.

zungen des § 424.[1] Eine falsche Bezeichnung des Editionsantrags als Widerklage ist unschädlich und umzudeuten[2] (s. auch unten Rz. 26). Sollen **Akten beigezogen** werden, müssen die beweiserbringenden Aktenteile hinreichend konkret angegeben werden[3] (vgl. Kap. 28 Rz. 45).

19 **§ 258 HGB**, der die Möglichkeit zur Anordnung der Vorlegung von **Handelsbüchern** betrifft,[4] gewährt keinen materiell-rechtlichen Anspruch i.S.d. § 422 (vgl. zur Vorlegung von Handelsbüchern auch Rz. 42 und 70). Ein Vorlegungsantrag nach dieser Vorschrift fällt daher nicht in den Regelungsbereich des § 421. Die Aufforderung nach § 134 Nr. 1 zur Niederlegung von Urkunden auf der Geschäftsstelle, auf die eine Partei in einem vorbereitenden Schriftsatz Bezug genommen hat, fällt ebenfalls nicht unter § 421. Die Kostenregelung des § 261 HGB für den Ausdruck von Unterlagen, die **auf Bild- oder Datenträger aufbewahrt** werden, gilt auch für die Urkundenvorlegung nach §§ 422, 423.[5]

20 Ein Beweisantrag nach § 421 ist nicht zwingende Voraussetzung der gerichtlichen Vorlegungsanordnung. Das Gericht kann die **Anordnung** nach § 142 **auch von Amts wegen** treffen. Die Möglichkeit der Anordnung von Amts wegen nach § 258 Abs. 1 HGB ist seit der Ausdehnung des § 142 mit der ZPO-Reform 2001 obsolet; sie geht darin auf.

2. Antragsberechtigte

21 Beweisführer kann jeder sein, der im Prozess prozessuale Handlungen vornehmen kann. Die **Partei**, ihre **Streitgenossen** und ihre **Streithelfer** können also einen Vorlegungsantrag nach § 421 stellen, sofern sie einen eigenen Vorlegungsanspruch nach §§ 422, 423 haben.[6] Der **Streithelfer** handelt dabei kraft eigenen Rechts und im eigenen Namen. Er kann den Antrag aber auch aufgrund der Privatrechtsansprüche seiner Hauptpartei stellen;[7] darin liegt keine unzulässige Verfügung über ein fremdes Recht.[8] Eine Beschränkung des streitgenössischen Streithelfers auf eigene materiell-rechtliche Vorlegungsansprüche i.S.d. § 422[9] zwecks Gleichbehandlung mit Streitgenossen würde ihm weniger prozessuale Rechte einräumen als dem einfachen Streithelfer,[10] obwohl er durch § 69 seine Befugnisse erweitern und nicht einbüßen soll. In beiden Fällen darf der einfache Streithelfer nicht gegen den Widerspruch der Hauptpartei handeln. Die **Hauptpartei** kann keinen Vorlegungsantrag auf Rechte ihres Streithelfers stützen.[11]

22 **Gegen seine Hauptpartei** kann der Streithelfer keinen Vorlegungsantrag stellen; sie ist zwar für ihn Dritter, doch wäre dies eine feindliche Prozesshandlung.[12] Streitgenossen und auch streitgenössische Streithelfer[13] agieren unabhängig von der Haupt-

---

1 KG NJW 1993, 2879.
2 OLG Frankfurt WM 1980, 1246, 1247; RG Gruchot 1910, 437, 439.
3 BGH DRiZ 1963, 60; BGHZ 60, 275, 291.
4 Dazu Baumbach/*Hopt* HGB. 36. Aufl. 2014, § 258 Rz. 1; GroßKommHGB/*Hüffer* (1988) § 258 Rz. 1; MünchKommHGB/*Ballwieser*, Band 4, 3. Aufl. 2013, §§ 258–260 Rz. 2.
5 Baumbach/*Hopt* HGB[36] § 261 Rz. 1.
6 *Siegel* Die Vorlegung von Urkunden im Prozeß, S. 104. Zum Streitgenossen: RG HRR 33, Nr. 1466 = Warn. Rspr. 33 Nr. 86.
7 Stein/Jonas/*Leipold*[22] § 421 Rz. 3.
8 *Siegel* Die Vorlegung von Urkunden im Prozeß, S. 107.
9 So Seuffert/*Walsmann* § 421 Anm. 2a (anders für § 423); *Walsmann* Die streitgenössische Nebenintervention, S. 228 f.
10 Stein/Jonas/*Leipold*[22] § 421 Rz. 3 Fn. 5.
11 *Siegel* Die Vorlegung von Urkunden im Prozeß, S. 108.
12 *Siegel* Die Vorlegung von Urkunden im Prozeß, S. 108.
13 Stein/Jonas/*Leipold*[22] § 421 Rz. 2.

partei. **Gegeneinander** sind Vorlegungsansprüche aber **innerprozessual nicht** durchsetzbar; auf derselben Prozessseite stehend sind sie keine Beweisgegner.

V. Innerprozessuale und selbständige Erzwingung der Urkundenvorlage

1. Indirekte Vorlageerzwingung im Prozess

a) Beweisnachteil als Sanktion

Das Urkundenbeweisrecht kennt **weder** eine **Wegnahme** der Urkunde durch unmittelbaren Zwang, **noch** eine Vorlageerzwingung durch Verhängung einer **Ungehorsamsstrafe**. Die Sanktion ist wie das gesamte Editionsverfahren **innerprozessual** ausgestaltet. Befolgt der Gegner die richterliche Anordnung des § 421 nicht, bestimmen sich die Rechtsfolgen nach § 427; es wird die Nichtvorlage als Beweisvereitelung angesehen, die zu für den Beweisgegner nachteiligen Beweisergebnissen führt.

23

b) Sperrwirkung des innerprozessualen Editionsverfahrens

Die Durchsetzung der Vorlegungspflicht *vor dem Prozessgericht* durch **gesonderte parallele Klage** inter partes oder durch **Widerklage** über den materiell-rechtlichen Herausgabe- oder Vorlegungsanspruch (§ 422) wird als **ausgeschlossen** betrachtet,[1] und zwar auch, wenn noch kein konkreter Beweisantrag nach § 421 gestellt worden ist.[2] Entscheidend soll die Anhängigkeit des Prozesses zwischen den streitenden Parteien sein.[3] Verneint wird das Rechtsschutzbedürfnis.[4] Des Weiteren wird auf § 429 S. 1 Hs. 2 hingewiesen, der gegen Dritte ausdrücklich die klageweise Durchsetzung materiell-rechtlicher Herausgabeansprüche vorsieht, da der Prozessnachteil dort keine taugliche Sanktion ist.[5]

24

Zumindest in dieser Pauschalität ist die **Annahme** einer **Sperrwirkung verfehlt**. Der Gläubiger eines materiell-rechtlichen Herausgabe- oder Vorlegungsanspruchs kann **weitergehende Interessen** an der Urkunde haben[6] und den Anspruch zwangsweise durchsetzen wollen; er darf nicht auf die minder weit reichende Folge des § 427 verwiesen werden. Man muss ihm deshalb jedenfalls gestatten, ein derartiges Interesse jederzeit erfolgreich zu behaupten. Richtiger Ansicht nach ist nicht einmal dies ausdrücklich erforderlich; das Rechtsschutzinteresse folgt bereits aus der Nichterfüllung des Anspruchs. Lediglich bei Angabe eines ausschließlichen Beweiszwecks für das laufende Verfahren ist das innerprozessuale Editionsverfahren vorrangig. § 429 wird überdehnt, wenn ihm eine Ausschlussfunktion beigemessen wird.

25

Ein etwaiger **Widerklageantrag** ist in einen Vorlegungsantrag nach § 421 **umzudeuten**, wenn nur ein innerprozessuales Editionsverfahren gewollt ist.[7] Dies scheidet aus,

26

---

1 OLG Frankfurt WM 1980, 1246, 1247 = MDR 1980, 228; *Baumgärtel* Festschrift Schima, S. 41, 46; *Grimme* JA 1985, 320, 323; MünchKommZPO/*Schreiber*[4] § 421 Rz. 1; *Stürner* Die Aufklärungspflichten der Parteien des Zivilprozesses, 1976, S. 257 f.; *Siegel* Die Vorlegung von Urkunden im Prozeß, S. 136 f. (Verneinung des Rechtsschutzbedürfnisses als kein tragfähiges Argument ansehend); Stein/Jonas/*Leipold*[22] § 422 Rz. 1; a.A. Seuffert/*Walsmann* § 421 Anm. 5.
2 OLG Frankfurt WM 1980, 1246, 1247.
3 OLG Frankfurt WM 1980, 126, 1247; Zöller/*Geimer*[30] § 421 Rz. 3; MünchKommZPO/*Schreiber*[4] § 421 Rz. 1.
4 Zöller/*Geimer*[30] § 421 Rz. 3.
5 *Stürner* Die Aufklärungspflichten der Parteien des Zivilprozesses, S. 258; *Baumgärtel* Festschrift Schima, S. 41, 46.
6 *Gottwald*, Anm. in ZZP 92 (1979), 364, 366.
7 OLG Frankfurt WM 1980, 1246, 1247; RG Gruchot 1910, 437, 439.

wenn kein Beweisantrag, sondern – trotz richterlichen Hinweises – ein Sachantrag gewollt ist.[1]

2. Selbständige Herausgabeklage

27 Unberührt bleibt auch nach h.M. die Möglichkeit, **außerhalb eines anhängigen Prozesses**, in dem ein Beweisantrag nach § 421 gestellt werden kann, den materiell-rechtlichen Herausgabe- oder Vorlegungsanspruch selbständig im Klagewege durchzusetzen. Die frühere Rechtshängigkeit des selbständigen Prozesses führt **nicht** zur **Einrede** der **Rechtshängigkeit** in dem später begonnenen Prozess, in dem die Urkundenedition nach § 421 verlangt wird; die anspruchsbegründenden materiell-rechtlichen Normen werden mit dem auf § 422 gestützten Beweisantritt nicht geltend gemacht, sondern begründen lediglich die Vorlegungspflicht (vgl. Rz. 29).[2] Auch ist der Prozess, in dem die Urkunde als Beweismittel verwendet werden soll, **nicht auszusetzen**.[3]

§ 104 Vorlagepflicht des Beweisgegners nach materiellem Recht

Schrifttum:
Binder, Pflichten zur Offenlegung elektronisch gespeicherter Informationen im deutschen Zivilprozess am Beispiel der Unternehmensdokumentation, ZZP 122 (2009), 187; *Sarres*, Erbrechtliche Auskunftsansprüche, 2. Aufl. 2011.

I. Prozessuale Indienstnahme des materiellen Rechts

1. Abgrenzung von § 422 und § 423

28 Die für einen Vorlegungsantrag nach § 421 erforderlichen **Vorlegungsgründe** bestimmen sich nach den §§ 422 und 423. § 422 verknüpft die innerprozessuale Vorlagepflicht mit dem Bestehen **materiell-rechtlicher Ansprüche des Beweisführers** gegen den Beweisgegner, § 423 mit einer prozessualen Bezugnahme des Beweisgegners auf die Urkunde.

29 Nach § 422 ist der Beweisgegner **prozessual** zur Vorlegung der Urkunde **verpflichtet**, wenn der Beweisführer gegen ihn einen **materiell-rechtlichen Herausgabe- oder Vorlegungsanspruch** hat. Durch § 422 werden an die materiell-rechtlichen Pflichten zur Herausgabe oder Vorlage einer Urkunde, deren Erfüllung notfalls durch Urteil und Zwangsvollstreckung erzwingbar ist, weitere prozessuale Folgen geknüpft[4] (nachfolgend Rz. 31).

30 Die Möglichkeit, die Edition von Urkunden mittels **selbständiger Klage** zu verlangen, bleibt von den Regelungen des Urkundenbeweises **grundsätzlich unangetastet**. Nach Anhängigkeit eines Prozesses, in dem die Urkundenvorlage innerprozessual verlangt werden kann, soll die Geltendmachung dieser Ansprüche durch parallele Klage oder durch Widerklage allerdings ausscheiden (näher und kritisch dazu Rz. 25). Gegen einen Dritten als Urkundenbesitzer kann die Vorlegung nach § 429 S. 1 Hs. 2 immer nur im Wege der selbständigen Klage durchgesetzt werden.

---

1 Vgl. *Gottwald* ZZP 92 (1979), 364, 366.
2 *Siegel* Die Vorlegung von Urkunden im Prozeß, S. 135.
3 *Siegel* Die Vorlegung von Urkunden im Prozeß, S. 135; a.A. Seuffert/Walsmann § 421 Anm. 5.
4 *Peters* Festschrift Schwab (1990), S. 399, 404; *Lent* ZZP 67 (1954), 344, 354.

Die **materiell-rechtliche** und die **prozessuale Vorlegungspflicht** sind voneinander zu trennen und zum Teil **inhaltlich unterschiedlich** ausgestaltet, etwa im Hinblick auf den Vorlegungsort (unten Rz. 60). Der materiellrechtliche Anspruch auf Urkundeneinsicht wird nicht von Entscheidungen im innerprozessualen Editionsverfahren berührt, etwa der Wiederaufhebung einer gerichtlichen Anordnung zur Urkundenvorlegung. Die prozessuale Folge einer Pflichtverletzung ergibt sich aus § 427 (unten Rz. 76).

2. Erfordernis materiell-rechtlicher Ansprüche

§ 422 meint mit den Vorschriften des „bürgerlichen Rechts" **alle Normen des materiellen Privatrechts**, nicht etwa nur solche des BGB,[1] das bei Schaffung der Beweisvorschrift noch gar nicht existierte. Rein **verfahrensrechtliche Befugnisse** zur Erlangung von Auskünften oder Einsichtnahmen, wie sie aufgrund der §§ 299, 915b Abs. 1 ZPO, §§ 99 f. VwGO, § 9 Abs. 1 HGB, § 12 Abs. 1 GBO, §§ 79 Abs. 1, 1563, 1953 Abs. 3 S. 1, 1957 Abs. 2, 2010; 2081 Abs. 2, 2146 Abs. 2, 2228, 2264, 2384 Abs. 2 BGB bestehen, oder **öffentlich-rechtliche Ansprüche** gegenüber Gerichten oder Behörden erfüllen die Voraussetzungen des § 422 **nicht**. Eine **analoge Anwendung** auf öffentlich-rechtliche Ansprüche kommt allerdings in Betracht, wenn es sich bei dem Beweisgegner um einen Träger öffentlicher Gewalt handelt.[2] Haben **Behörden** Urkunden als Dritte im Besitz, ist **§ 432** anzuwenden.

3. Entsprechende Anwendung der §§ 422 f.

Die den Beweisgegner betreffenden Normen der §§ 422 und 423 werden von § 429 für die **Vorlagepflicht eines Dritten** in Bezug genommen. Über § 441 Abs. 3 finden die §§ 421 ff. auch auf die Vorlegung von Vergleichsmaterial zur **Schriftvergleichung** Anwendung. Mit der ZPO-Reform 2001 ist die Frage gegenstandslos geworden, ob in Analogie zu §§ 422 f. auch **Augenscheinsobjekte** vorzulegen sind.[3] § 371 Abs. 2 S. 2 verweist seither ausdrücklich auf die §§ 422 ff.

4. Akteneinsichtsrechte

Von materiell-rechtlichen Informationsansprüchen **zu unterscheiden** sind **prozessuale Informationsmöglichkeiten** durch **Einsichtnahme** in fremde **Akten** (z.B. nach §§ 406e, 475 Abs. 1 StPO) oder in von Dritten zu den Prozessakten gereichte Dokumente (dazu auch Kap. 6 Rz. 76 ff.). Unterlagen, die Dritte nach § 142 ZPO zur Gerichtsakte eingereicht haben, werden nicht zu deren Bestandteil, so dass **§ 299 nicht unmittelbar** anwendbar ist.[4] In Verbindung mit dem Anspruch auf rechtliches Gehör ist aber analog § 299 ein Recht auf Einsichtnahme und Herstellung von Kopien durch die Geschäftsstelle zu gewähren.[5]

---

1 *Siegel* Die Vorlegung von Urkunden im Prozeß, S. 6. Die begriffliche Gleichsetzung findet sich auch in der Begründung zur Erweiterung des § 371 durch das ZPO-ReformG 2001; BT-Drucks. 14/3750 v. 4.7.2000, S. 63.
2 MünchKommZPO/*Schreiber*[4] § 422 Rz. 2.
3 Befürwortend früher u.a.: *Peters* Festschrift Schwab, S. 399, 405; *Peters* ZZP 82 (1969), 200, 208; *Dilcher* AcP 158 (1960), 469, 492 f.; *Konzen* Rechtsverhältnisse zwischen Prozeßparteien, S. 233 f.; *Gottwald* ZZP 92 (1979), 362, 369; Rosenberg/Schwab/*Gottwald* ZPR, 15. Aufl., § 120 II 1c; a.A. Stein/Jonas/*Berger*[21] vor § 371 Rz. 33.
4 OLG Karlsruhe NJW-RR 2013, 312, 313.
5 OLG Karlsruhe NJW-RR 2013, 312, 313.

II. Generelle Anforderungen an materiell-rechtliche Ansprüche

1. Grundlage der Herausgabe- oder Vorlegungsansprüche

35 Die materiell-rechtlichen Ansprüche müssen dem Beweisführer als Herausgabe- oder als Vorlegungsansprüche zustehen. Mit Vorlegungsansprüchen identisch sind Ansprüche auf **Einsichtnahme**.[1]

36 Solche Ansprüche werden vielfach, aber nicht nur im Rahmen von **Dauerschuldverhältnissen** gewährt, insbesondere als Kontrollrechte in Gesellschaften (§ 716 Abs. 1 BGB;[2] §§ 118 Abs. 1, 157 Abs. 3, 166 Abs. 1, 233, 498 HGB; §§ 111 Abs. 2, 175 Abs. 2 AktG; § 51a GmbHG, § 24 VerlagsG). Anspruchsgrund kann sowohl ein **dingliches Recht** (§§ 952, 1144 BGB; § 167 InsO; § 62 Gesetz über Rechte an eingetragenen Schiffen und Schiffsbauwerken; § 62 LuftfahrzeugG), als auch ein **obligatorisches Recht** (neben den zuvor benannten Vorschriften: §§ 371 S. 1, 402, 410 BGB; § 202 VVG;[3] Art. 50 Abs. 1 WG; Art. 47 ScheckG) **aus Verträgen** oder aus **gesetzlichen Schuldverhältnissen** wie GoA, Delikt oder Bereicherung sein.

37 Bei vertraglichen Vorlegungspflichten ist es unerheblich, ob es sich um **Haupt- oder Nebenpflichten** handelt. **Nebenpflichten** zur Einsichtnahme können **aus § 242 BGB** erwachsen, so etwa bis zur Schaffung des § 630g BGB[4] im Rahmen des ärztlichen Behandlungsvertrages;[5] dabei handelt es sich um ein selbständiges, nicht zu einem anderen Hauptanspruch akzessorisches Recht.[6] Für Dokumentationen im Rahmen von Vertragsbeziehungen ist zu prüfen, ob es sich um bloße **interne Aufzeichnungen** einer Partei handelt (Gesprächsprotokolle, Datenerfassungsbögen etc.); für sie besteht im Regelfall keine Herausgabepflicht nach § 667 BGB.[7]

38 Die in §§ 444 Abs. 1 S. 1, 445 BGB a.F. ausdrücklich geregelte Nebenpflicht zur Herausgabe von **Urkunden** über das **Kaufobjekt**[8] oder gleichgestellte Gegenstände ist durch die Schuldrechtsreform 2001 aus dem Gesetzestext entfernt worden, gilt aber als ungeregelte Pflicht weiter. In Betracht kommen auch **ausdrücklich** vertraglich **vereinbarte** Herausgabe- oder Vorlegungsansprüche, die isoliert Gegenstand eines unbenannten entgeltlichen oder unentgeltlichen Rechtsgeschäfts (§ 311 BGB) sein können,[9] die aber auch als Nebenpflicht fixiert sein können, so beim Kauf auf Probe (§ 454 BGB) durch Übernahme der Pflicht zur Aufbewahrung der Probe mit dem Ziel, sie bei Streit über die Mangelhaftigkeit der gelieferten Ware zur Kontrolle durch einen Sachverständigen vorzulegen.[10]

39 **Gesetzliche Auskunftsansprüche** haben nicht zwingend eine **Rechtsverletzung** zur Voraussetzung (so aber oftmals bei den Rechten des Geistigen Eigentums: § 101

---

1 *Siegel* Die Vorlegung von Urkunden im Prozeß S. 10 f.
2 Dazu BGH NJW 2010, 439 Rz. 7.
3 Dazu *Armbrüster* VersR 2013, 944 ff. (auch zur Erweiterung auf weitere Versicherungsarten).
4 Dazu BGH NJW 2014, 298 Rz. 19.
5 BGHZ 85, 327 = NJW 1983, 328. Ebenso bei tiermedizin. Behandlung, OLG Köln VersR 2010, 1504, 1505. Verneint für Bericht über Sturz im Krankenhaus außerhalb der Behandlungsdokumentation von LG Bonn VersR 2010, 358. Kein Anspruch auf Versicherung der Authentizität der Behandlungsunterlagen an Eides statt, OLG München VersR 2007, 1130, 1131. Zur verfassungsrechtlichen Unterlegung BVerfG NJW 2006, 1116 Rz. 24.
6 Infolge unzutreffender Ableitung aus der Rspr. a.A. *Schultze-Zeu* VersR 2009, 1050, 1051.
7 OLG Schleswig SchlHA 2011, 404, 406 (zum Anlageberaterprotokoll einer Bank; Ergebnis überholt durch § 34 Abs. 2b WpHG i.d.F. 2009).
8 Dazu OLG Hamm NJW-RR 2000, 867 m.w.N. (zur streitigen analogen Anwendung auf technische Unterlagen).
9 So in RGZ 151, 203, 208 (Vertrag über die Verpflichtung zur Vorlegung von Geschäftsbüchern an das Gericht zur Ermöglichung einer Restitutionsklage).
10 Von *Peters* ZZP 82 (1969), 200, 206 gebildetes Beispiel.

UrhG, § 140b PatG, § 19 MarkenG[1]), sondern können auch der Vorbereitung **gesetzlicher Zahlungsansprüche** dienen (vgl. § 54f UrhG, § 10a Abs. 6 SortSchG,[2] Art. 10 Abs. 3 GemSortV[3]). Sie sind **nicht zwingend akzessorischer** Natur, etwa der arzneimittelrechtliche Auskunftsanspruch nach § 84a AMG im Verhältnis zum Schadensersatzanspruch nach § 84 AMG.[4]

Zu beachten sind **Begrenzungen**, die sich **immanent** aus dem **Rechtsverhältnis** ergeben. So ist über von einem Telekommunikationsdienstleister gespeicherte **Bestandsdaten** über einen Anschlussinhaber nicht nach §§ 13a, 13 Abs. 1 UKlaG Auskunft zu erteilen, wenn damit eine Klage auf Vaterschaftsfeststellung ermöglicht werden soll.[5] Die Richtlinien gegen **Diskriminierung im Arbeitsleben** begründen keinen unionsrechtlichen Anspruch des übergangenen Bewerbers auf Auskunft, nach welchen Kriterien ein Mitbewerber ausgewählt wurde.[6] 40

Gleichgültig ist, ob die Urkunde **als Sache** (§§ 809, 867, 1005 BGB) oder wegen ihres **rechtsgeschäftlichen Gehalts** (§ 810 BGB) herauszugeben bzw. vorzulegen ist. Ausreichend ist ein Anspruch auf Vorlegung der Urkunde an eine Behörde wie das Grundbuchamt **statt an** den **Beweisführer persönlich** (§§ 896, 1145 BGB).[7] Die Ansprüche können sowohl auf der Aktivseite[8] als auch (durch Erbgang) auf der Passivseite[9] übergehen. 41

Erfasst werden **Ansprüche auf Rechnungslegung** (§ 666, in der Regel i.V.m. verweisenden Normen wie §§ 675, 681 S. 2, 713, 2218 BGB; §§ 1840 f., 1908i BGB), die durch **§ 259 BGB** näher ausgestaltet und durch Vorlegung der vorhandenen Belege zu erfüllen sind, und **Ansprüche auf Einsichtnahme** (§§ 716, 809, 810 BGB; §§ 87c Abs. 4, 118 Abs. 1, 157 Abs. 3, 166 Abs. 1, 498 HGB; §§ 111 Abs. 2 S. 1, 175 Abs. 2 AktG; § 24 VerlagsG; § 404 Abs. 2 FamFG). Der Rechnungslegungsanspruch ist eine besondere Form der Auskunftserteilung durch aus sich heraus verständliche Abrechnung über Einnahmen und Ausgaben und Vorlage von Belegen.[10] 42

Ohne ausdrückliche gesetzliche Regelung ergibt sich eine **Pflicht** zur Auskunft oder zur Rechnungslegung **aus § 242 BGB**, wenn jemand (auch) **fremde Angelegenheiten besorgt** und es das Wesen des Rechtsverhältnisses mit sich bringt, dass der Berechtigte über Bestehen und Umfang seines Rechts im Ungewissen ist, während der Verpflichtete solche Auskünfte unschwer, ohne unbillig belastet zu sein, erteilen kann.[11] Dies sind generell die Voraussetzungen, unter denen gem. § 242 i.V.m. § 260 Abs. 1 BGB ein **unselbständiger Auskunftsanspruch** bestehen kann, der zu einem nach- 43

---

1 Zur Auskunftspflicht von Bankinstituten über Kontodaten bei Markenfälschungen: BGH GRUR 2013, 1277 (EuGH-Vorlage); BGH GRUR 2013, 1611 – Davidoff Hot Water (EuGH-Vorlage).
2 BGH GRUR 2005, 638.
3 EuGH GRUR 2005, 236 – Saatgut/Brangwitz.
4 BGH NJW 2011, 1815 Rz. 10 – VIOXX (Konsequenzen für die Zulässigkeit einer Stufenklage nach § 254 ZPO); BGH VersR 2013, 1000 Rz. 34 ff. – VIOXX II.
5 LG Bonn K&R 2010, 836 = CR 2011, 379.
6 EuGH NJW 2012, 2497 Rz. 39 – Meister/Speech Design.
7 Stein/Jonas/*Leipold*[22] § 422 Rz. 10; a.A. *Siegel* Die Vorlegung von Urkunden im Prozeß S. 11 f. (ausschließlich Ansprüche auf Herausgabe oder Vorlegung an den Beweisführer selbst).
8 Vgl. BGHZ 107, 104, 110.
9 Vgl. BGHZ 104, 369, 372 f.
10 *Teplitzky* Wettbewerbsrechtliche Ansprüche und Verfahren, 10. Aufl. 2011, Kap. 39 Rz. 1 i.V.m. 7; GroßkommUWG/*Köhler* vor § 13 B (1991) Rz. 402 und 424.
11 BGHZ 10, 385, 386 f.; BGH NJW 1979, 1304, 1305; BGH NJW 2007, 1806 Rz. 13 = GRUR 2007, 532 – Meistbegünstigungsvereinbarung; BGHZ 186, 13, 18 Rz. 14 = NJW 2011, 226 (Ermittlungen zum Familienunterhalt); BGH NJW 2012, 450 Rz. 19 f. (Auskunft für Scheinvaterregress). Zur Anwendung des § 242 BGB im Gesellschaftsrecht BGH NJW 2013, 2190 Rz. 11 u. 24.

gewiesenen Hauptanspruch akzessorisch ist,[1] nämlich dessen Durchsetzung dem Umfang nach vorbereiten hilft. Voraussetzung ist das Bestehen einer **Sonderverbindung**.[2]

44 Der **unselbständige Auskunftsanspruch** ist in umfangreicher Rechtsprechung, die insbesondere sonderdeliktsrechtliche Hauptansprüche nach Rechtsverletzungen im Wettbewerbs- und Immaterialgüterrecht betrifft, zu Gewohnheitsrecht erstarkt. Er umfasst aber **nur in Ausnahmefällen** die Pflicht zur Vorlegung von **Belegen**.[3] Der I. Zivilsenat des BGH hat als wichtige Ausnahme anerkannt, dass die Belegvorlage verlangt werden kann, wenn sie für die Überprüfung der Verlässlichkeit der Auskunft erforderlich ist.[4] Für den **selbständigen Auskunftsanspruch**, wie er sich etwa aus § 19 MarkenG ergibt, wie er aber zum Schutz wettbewerbsrechtlicher Leistungspositionen auch aus § 242 BGB i.V.m. einem verschuldensunabhängigen Beseitigungsanspruch gewährt wird[5] und der ein Vorgehen des Verletzten gegen Dritte, also nicht den Auskunftspflichtigen ermöglichen soll, hat der I. Zivilsenat die **Belegvorlage** ebenfalls auf **Ausnahmefälle** beschränkt.[6]

45 **Ansprüche auf Herstellung von Urkunden**, etwa von Quittungen nach § 368 BGB, genügen für § 422 **nicht**, da dessen Wortlaut eine bereits bestehende Urkunde voraussetzt.

46 Die Normen des materiellen Rechts, auf die § 422 Bezug nimmt, ergeben sich aus einer durch die Normen des IPR berufenen **ausländischen Rechtsordnung**, wenn das Rechtsverhältnis der Prozessparteien einem ausländischen Sachrecht untersteht.

2. Durchsetzbarkeit des Anspruchs

47 Die materiell-rechtlichen Ansprüche müssen durchsetzbar sein, es dürfen ihnen also **keine dauernden materiell-rechtlichen Einwendungen** oder **Einreden** einschließlich der Verjährungseinrede entgegenstehen.[7] Die Beachtung dieser Grenzen der materiell-rechtlichen Vorlegungspflicht folgt aus der Abhängigkeit der prozessualen Aufklärungspflicht vom materiellen Recht, die dem § 422 als Prinzip zugrunde liegt. Einreden, die – wie §§ 320 oder 273 BGB – lediglich ein **Zurückbehaltungsrecht** begründen, berühren den Anspruch selbst nicht und sind für § 422 **unbeachtlich**.[8]

---

1 BGH LM § 810 Nr. 5 Bl. 2 = WM 1971, 565, 567; BGHZ 55, 201, 203; 95, 274, 278 f. – Gema-Vermutung I; 95, 285, 287 f. – Gema-Vermutung II; BGHZ 126, 109, 113 – Arbeitnehmererfindung; 141, 307, 318 (Ausgleichsanspruch zwischen Eheleuten); BGH NJW 2002, 2475, 2476 – Musikfragmente; BGH NJW 2014, 155 Rz. 20 (begründeter Verdacht der Verletzung eines Franchisevertrages); BGH NJW 2014, 381 Rz. 14 u. 19 (nach Verletzung eines vertraglichen Wettbewerbsverbotes durch Handelsvertreter); *Teplitzky* Wettbewerbsrechtliche Ansprüche und Verfahren[10] Kap. 38 Rz. 3 und 5.
2 Verneint von OLG Schleswig ZIP 2013, 1633 für Verhältnis Insolvenzverwalter zum Notar, der für Schuldner Urkunden errichtet hat.
3 BGH LM § 810 Nr. 5 Bl. 2.
4 BGHZ 148, 26, 37 = GRUR 2001, 841, 845 = WRP 2001, 918, 922 – Entfernung der Herstellungsnummer II; dazu *Teplitzky* Wettbewerbsrechtliche Ansprüche und Verfahren[10] Kap. 38 Rz. 27.
5 BGHZ 125, 322, 330 f. = GRUR 1994, 630, 632 f. – Cartier Armreif; GRUR 1994, 635, 637 – Pulloverbeschriftung; GRUR 1995, 427, 429 – Schwarze Liste; dazu Teplitzky Wettbewerbsrechtliche Ansprüche und Verfahren[10] Kap. 38 Rz. 35 ff.
6 BGH GRUR 2002, 709, 712 – Entfernung der Herstellungsnummer III.
7 *Siegel* Die Vorlegung von Urkunden im Prozeß S. 126.
8 *Siegel* Die Vorlegung von Urkunden im Prozeß S. 127; a.A. – mangels Differenzierungen – MünchKommZPO/*Schreiber*[4] § 422 Rz. 3.

III. Rechtliches Interesse; überwiegendes Geheimhaltungsinteresse

1. Informationsinteresse und Beweisinteresse

§ 810 BGB, der den wichtigsten Fall eines materiell-rechtlichen Vorlegungsanspruchs normiert, setzt ein rechtliches Interesse des Gläubigers an der Einsichtnahme in die Urkunde voraus. Er muss die Information **zur Erhaltung, Förderung, oder Verteidigung seiner rechtlich geschützten Interessen** benötigen.[1] Das ist auch der Fall, wenn der Beweisführer zwar selbst eine Ausfertigung der Urkunde erhalten hatte, diese Urkunde jedoch nicht mehr auffindbar ist.[2]

48

Teilweise ist die Auffassung vertreten worden, das rechtliche Interesse sei in der **höchstpersönlichen Information** des Anspruchstellers zu sehen.[3] Daraus ist dann abgeleitet worden, dass die Vorlagepflicht zu verneinen sei, wenn der Antragsteller vom Urkundeninhalt Kenntnis besitzt,[4] was notgedrungen dessen Behauptung provoziert, er habe ein schlechtes Gedächtnis oder habe etwaige Aufzeichnungen oder Kopien verloren. Außerdem wäre § 810 BGB nicht gegeben, wenn die Vorlegung der Urkunde an Dritte zur Beweisführung bezweckt ist,[5] was die Anwendung des § 422 vereiteln würde. Um diesen Widerspruch zu vermeiden, ist ein **bloßes Beweisinteresse** des Beweisführers unabhängig von vorhandener Kenntnis des Urkundeninhalts als **ausreichend** anzusehen.[6]

49

Das **Beweisinteresse** ist bereits im Rahmen der Prüfung des **§ 810 BGB** zu berücksichtigen; es bedarf keiner Sonderbehandlung des § 810 BGB, soweit diese Norm beweiseshalber im Rahmen des § 422 als Vorlegungsgrund herangezogen wird.[7] Dies entspricht den Beschlüssen der 1. Kommission zur Beratung des BGB, die § 810 BGB mit der prozessualen Editionspflicht Dritter harmonisieren wollte und das Erfordernis eines besonderen Interesses als Ersatz für die außerhalb eines anhängigen Prozesses fehlende richterliche Vorlageanordnung ansah.[8]

50

Soweit für Vorlegungs- bzw. Einsichtsansprüche auf **anderer Rechtsgrundlage** ein rechtliches Interesse zur Voraussetzung gemacht wird, muss dort ebenfalls ausreichen, dass der Beweisführer den urkundlichen Nachweis einer bestimmten Tatsache erbringen will.

51

2. Geheimhaltungsberechtigung, Zeugnisverweigerung

Ungeklärt ist, ob und nach Maßgabe welcher Umstände der materiell-rechtliche Anspruch gegen ein **Geheimhaltungsinteresse** i.S.d. Tatbestände des § 384 abzuwägen ist. Die Schaffung des § 142 Abs. 2 durch die ZPO-Reform 2001 gebietet dazu neue Überlegungen.

52

---

1 BGH LM Nr. 5 zu § 810 BGB = WM 1971, 565, 567; NJW 1981, 1733; Staudinger/*Marburger* (Bearb. 2009) § 810 Rz. 10.
2 So in BGH WM 2002, 1690, 1692 (Klage eines Insolvenzverwalters, Vertragsurkunde über Bauauftrag).
3 OLG Braunschweig OLG Rspr. 27 (1931), 98, 99; *Siegel* Die Vorlegung von Urkunden im Prozeß S. 22.
4 RG Gruchot 49 (1905), 832, 835 ff.; OLG Braunschweig, OLGRspr. 27 (1913), 98, 99; Staudinger/*Marburger* § 810 Rz. 5, ferner vor § 809 Rz. 1.
5 So ausdrücklich OLG Braunschweig OLG Rspr. 27 (1913), 98, 99.
6 OLG Frankfurt WM 1980, 1246, 1247; JW 1933, 530, 531; Stein/Jonas/*Leipold*[22] § 422 Rz. 4; MünchKommZPO/*Schreiber*[4] § 422 Rz. 4.
7 So aber wohl *Siegel* Die Vorlegung von Urkunden im Prozeß S. 117 f., 123 f.; Stein/Jonas/*Leipold*[22] § 422 Rz. 4.
8 Zur Gesetzesgeschichte *Jacobs* Die Beratung des BGB, Recht der Schuldverhältnisse III, §§ 652–853, S. 749.

53 Soweit im prozessualen Editionsverfahren eine **Anordnung nach § 142 gegenüber** einem **Dritten** ergeht, steht diesem ein Zeugnisverweigerungsrecht (u.a.) nach **§ 384** zu (§ 142 Abs. 2). Ein gleichartiges Verweigerungsrecht ist zur Vermeidung von Wertungsfriktionen auf die **Vorlage nach § 429** zu übertragen.[1] Der Gesetzgeber hatte keinen Anlass, für § 429 eine dem § 142 Abs. 2 entsprechende Regelung zu treffen, weil der Geheimnisschutz als Grenze der in Bezug genommenen materiell-rechtlichen Ansprüche schon vorher anerkannt war. Der Geheimnisschutz wirkt dort unmittelbar gegen den materiell-rechtlichen Anspruch aufgrund einer dem **§ 242 zu entnehmenden Zumutbarkeitsgrenze** (s. auch Kap. 7 Rz. 47). Auskunftspflichten können auch durch **Grundrechte**, etwa durch das Recht auf Achtung der Privat- und Intimsphäre, begrenzt sein, was insbesondere bei Herleitung des Auskunftsanspruchs aus § 242 BGB zu prüfen ist.[2]

54 Diese **Argumentation** ist **auf** den **Beweisgegner** und damit auf § 422 **nicht übertragbar**, da dem Beweisgegner keine Zeugnisverweigerungsrechte zustehen. Daraus ist aber kein Umkehrschluss zu ziehen. Berücksichtigenswerte Geheimhaltungsinteressen sind auch beim Beweisgegner anzuerkennen; der materielle Anspruch wird nach Treu und Glauben begrenzt.[3]

55 **Art. 43 TRIPS-Übereinkommen** verlangt die Bereitstellung geeigneter verfahrensrechtlicher Wege zur **Schonung von Geheimhaltungsinteressen**, wenn die Vorlage vertraulicher Informationen als Beweismittel gerichtlich angeordnet wird. Die **Richtlinie** 2004/48/EG zur **Durchsetzung der Rechte des geistigen Eigentums** vom 29.4.2004[4] greift das TRIPS-Übk. auf[5] und regelt in Art. 6 Abs. 1 S. 1 in entsprechender Weise die Anordnung der **Vorlage von Beweismitteln** durch die gegnerische Partei, „sofern der Schutz vertraulicher Informationen gewährleistet wird"; unter denselben Vorbehalt stellt Art. 7 Abs. 1 S. 1 die Anordnung der Sicherung rechtserheblicher Beweismittel vor Einleitung eines Hauptverfahrens durch einstweilige Maßnahmen.

56 **Entfällt** schon der **materiell-rechtliche Anspruch** wegen eines überwiegenden Geheimhaltungsinteresses der grundsätzlich zur Vorlegung verpflichteten Partei, besteht keine Vorlegungspflicht nach § 422; es kommt nicht auf eine analoge Anwendung der Vorschriften zum Zeugnisverweigerungsrecht (§§ 383, 384) an.[6]

57 Das **Gewicht der** gegnerischen **Geheimhaltungsinteressen** wird durch die **Umstände der Vorlegung** mitbestimmt. Nicht nur der Kreis der Personen, die im Rahmen einer Beweiserhebung nach § 422 Kenntnis erlangen, ist größer, sondern es besteht bei Erörterung des Urkundeninhalts in öffentlicher Verhandlung grundsätzlich auch keine Geheimhaltungsverpflichtung. Den Geheimhaltungsinteressen kann allerdings durch **verfahrensrechtliche Vorkehrungen** Rechnung getragen werden, wie sie **§§ 172 Nr. 2, 173 Abs. 2, 174 Abs. 3 GVG** ermöglichen (dazu auch Kap. 7 Rz. 59). Das beeinflusst wiederum die Abwägung der gegenüberstehenden Interessen. Ein vom Gericht angeordnetes **Schweigegebot** ist strafrechtlich durch **§ 353d Nr. 2 StGB** bewehrt; für

---

1 A.A. *Siegel* Die Vorlegung von Urkunden im Prozeß S. 118 (bei damals anderer gesetzlicher Ausgangslage).
2 BGH NJW 2012, 450 Rz. 24 m. Anm. *Maurer*.
3 Vgl. zu § 810 BGB Staudinger/*Marburger* § 810 Rz. 5 und Vorbem. zu §§ 809–811 Rz. 5 (Ergänzung des § 810 BGB nach Treu und Glauben); MünchKommBGB/*Habersack*, 6. Aufl. 2013, § 810 Rz. 11 (Schutzwürdigkeit als ungeschriebene Voraussetzung).
4 ABl. EU Nr. L 157 v. 30.4.2004, S. 45, berichtigt ABl. EU Nr. L 195 v. 2.6.2004, S. 16.
5 Erwägungsgrund 7.
6 So aber MünchKommZPO/*Schreiber*[4] § 422 Rz. 5; *Schreiber* Die Urkunde im Zivilprozeß, S. 173 ff., 181; Zöller/*Geimer*[30] § 422 Rz. 4.

einen eingeschalteten öffentlich bestellten Sachverständigen gilt § 203 Abs. 2 Nr. 5 StGB.[1]

3. Ausforschungsverbot

Das Verbot unzulässiger Ausforschung wirkt über den Grundsatz von Treu und Glauben bereits auf die materiellen Vorlegungsansprüche ein;[2] zu verneinen ist ein rechtliches Interesse. Es ist allerdings **behutsam anzuwenden**, weil die Ansprüche – vgl. nur § 809 2. Alt. BGB – **gerade zur Schließung von Informationslücken** des Gläubigers gewährt werden und auch der Erhärtung von Verdachtsmomenten dienen sollen. Dies wird allerdings durch völlig überzogene Formulierungen konterkariert, wie sie nicht nur in älteren Entscheidungen zu finden sind, wonach sich nicht auf ein schutzwürdiges Interesse berufen könne, wer sich durch die Urkundeneinsicht erst Unterlagen für seine Rechtsverfolgung beschaffen wolle, insbesondere den Zweck verfolge, den darlegungs- und beweispflichtigen Vorlegungssucher in die Lage zu versetzen, einen Schadensersatzprozess gegen den Urkundenbesitzer vorzubereiten und mit Erfolg geltend zu machen.[3] Worin sonst soll das legitime Beweisinteresse liegen?

58

Das distanzlose **Mitschleppen** derartiger **überkommener**, Verwirrung stiftender **Sentenzen** ignoriert die ausgefeilte gegenteilige Rechtsprechung und Gesetzgebung zu den Sonderschutzrechten des Immaterialgüterrechts und zum Wettbewerbsrecht. Richtig daran ist nur, dass die **zu beweisende Tatsache erheblich** (vgl. § 431 Abs. 1) und daher die Beweisführung mit der Urkunde erforderlich sein muss. Es muss also ein **gewisser Grad von Wahrscheinlichkeit** der Existenz des Hauptanspruchs gegeben sein;[4] damit findet eines Missbrauchsabwehr statt[5] (zur prozessualen Parallele s. Rz. 104 und Kap. 28 Rz. 22). Das ist eine konkretere Voraussetzung als das vom BGH formulierte Erfordernis eines schutzwürdigen rechtlichen Interesses, an dem es fehlen soll, wenn die Urkundeneinsicht „lediglich aufgrund vager Vermutungen" verlangt wird.[6] Zudem ist die vorzulegende Urkunde näher zu bezeichnen, insbesondere wenn sie sich in Akten befindet.[7] Einsicht in komplette Urkundensammlungen oder in sämtliche, einen bestimmten Vortrag betreffende Schriftstücke soll nicht verlangt werden können.[8] Dieses Ergebnis soll auch nicht über die Anwendung des § 142 erreicht werden können. Mangels konkreter Bezeichnung der Urkunde scheitere die Anordnung an fehlendem Parteivortrag; § 142 ermögliche keine Amtsaufklärung.[9]

59

---

1 Dazu *Tilmann/Schreibauer* Festschrift Erdmann (2002), S. 901, 922; *Gottwald* BB 1979, 1780, 1780 f.
2 Für § 810 BGB: BGHZ 109, 260, 267; BGH LM Nr. 5 zu § 810 (Blatt 2) = WM 1971, 565, 567; BGH Urt. v. 27.5.2014 – XII ZR 264/13 Rz. 24; OLG Frankfurt WM 1980, 1246, 1248. Für § 809 BGB: BGHZ 93, 191, 205, 211 – Druckbalken.
3 BGH LM Nr. 5 zu § 810 BGB = WM 1971, 565, 567; BGHZ 109, 260, 267; OLG Frankfurt WM 1980, 1246, 1248.
4 Erman/*Wilhelmi*, BGB 13. Aufl. 2011, § 810 Rz. 3. In diesem Sinne wohl auch BGH NJW 1989, 3272, 3273 = WM 1989, 878, 879. *Stürner* Aufklärungspflicht der Parteien des Zivilprozesses, S. 345, spricht von „jedem guten Grund, jedem vernünftigen Anhaltspunkt für das Bestehen eines Hauptrechtes".
5 In diesem Sinne ist wohl OLG Schleswig NJW-RR 1991, 1338 zu verstehen.
6 BGH, Urt. v. 27.5.2014 – XI ZR 264/13 Rz. 24.
7 BGH, Urt. v. 27.5.2014 – XI ZR 264/13 Rz. 25.
8 BGH, Urt. v. 27.5.2014 – XI ZR 264/13 Rz. 25.
9 BGH, Urt. v. 27.5.2014 – XI ZR 264/13 Rz. 28.

IV. Ort und Zeit der Vorlegung

60 **Unterschiede** zwischen dem **materiellen Anspruch** und der **innerprozessualen Vorlegungspflicht** bestehen bezüglich des Ortes, an dem diese Pflicht zu erfüllen ist. Während § 811 BGB für § 810 BGB anordnet, dass die Vorlegung der Urkunde an dem Ort zu erfolgen hat, an dem sich die Urkunde befindet, muss der Editionspflichtige die Urkunde dem Prozessgericht vorlegen.[1] § 811 BGB findet daher im Prozessrecht keine Anwendung.[2] Unanwendbar sind auch etwaige materiell-rechtliche Normen hinsichtlich einer bestimmten Vorlegungszeit.

V. Vorlegung nach § 809 BGB

61 § 809 BGB setzt einen Anspruch gegen den Besitzer einer Sache – worunter auch eine Urkunde fällt – in Ansehung dieser Sache voraus. Der Anspruch muss in einer rechtlichen Beziehung zu der Sache (Urkunde) stehen. Alternativ reicht es, wenn die Vorlegung dazu dienen soll, dem Anspruchsteller **Gewissheit über das Bestehen eines Anspruchs** zu verschaffen.

62 Bedeutung hat § 809 BGB insbesondere bei der vorprozessualen Ermittlung **vermuteter Schutzrechtsverletzungen im Immaterialgüterrecht** durch private Augenscheinseinnahme unter Heranziehung eines Sachverständigen. Das Verhältnis zum Beweisrecht betrifft insoweit nicht den Urkundenbeweis sondern den **Augenscheinsbeweis**. Ein zu enges Verständnis der §§ 809 f. BGB hat den Besichtigungsanspruch hinter dem rechtspolitisch vorzugswürdigen Rechtszustand in Frankreich und Großbritannien zurückbleiben lassen. Die das Urheberrecht betreffende **Entscheidung „Faxkarte"** des I. Zivilsenats des BGH[3] hat für eine richterrechtliche Fortentwicklung gesorgt, der sich der X. Zivilsenat unter Überwindung seiner das Patentrecht betreffenden „Druckbalken"-Entscheidung[4] anschließen sollte.

63 **Gesetzgeberische Maßnahmen** sind erforderlich, damit die befürwortete, wenngleich rechtlich zweifelhafte **rasche Tenorierung** des Besichtigungsanspruchs im Wege einstweiliger Verfügung[5] durch eine Ausweitung des selbständigen Beweisverfahrens ersetzt wird. Die Umsetzung der **Richtlinie 2004/48/EG** zur Durchsetzung der Rechte des Geistigen Eigentums v. 29.4.2004[6] hat in den Sonderprivatrechten des Geistigen Eigentums für Abhilfe gesorgt.

VI. Vorlegung nach § 810 BGB

1. Allgemeines

64 In Erweiterung des § 809 BGB gewährt § 810 BGB einen allgemeinen materiell-rechtlichen Anspruch gegen den Urkundenbesitzer auf Einsichtnahme in Urkunden. Stoßen das für § 810 BGB erforderliche „rechtliche Interesse" (dazu oben Rz. 48) und

---

1 Zu diesem Unterschied OLG Frankfurt WM 1980, 1246, 1248; *Lent* ZZP 54 (1967), 344, 354; *Siegel* Die Vorlegung von Urkunden im Prozeß S. 112.
2 Zur Aushändigung an den Berechtigten aus wichtigem Grund OLG Köln VersR 2010, 1504, 1506 (Röntgenbilder eines Pferdes).
3 BGHZ 150, 377 = GRUR 2002, 1046 = WRP 2002, 1173 = NJW-RR 2002, 1617, mit Bespr. *Tilmann/Schreibauer* GRUR 2002, 1015 und ausführlicher in Festschrift Erdmann, S. 901 ff.; Vorinstanz: OLG Hamburg GRUR-RR 2001, 289.
4 BGHZ 93, 191 = GRUR 1985, 512; dazu die Eilentscheidung OLG Düsseldorf GRUR 1983, 745.
5 So etwa in OLG Düsseldorf GRUR 1983, 745.
6 ABl. EU Nr. L 195 v. 30.4.2004, 45 mit Berichtigung ABl. EU Nr. L 195 v. 2.6.2004, 16.

schutzwürdige Belange des Verpflichteten aufeinander, bedarf es einer **Abwägung** dieser Interessen unter Beachtung des Grundsatzes der Verhältnismäßigkeit.[1]

§ 810 BGB nennt **alternativ drei Sachverhalte** der Einsichtnahme. Sie sind zwar nicht bloß beispielhaft aufgezählt, sind aber doch einer weiten Auslegung[2] und einer entsprechenden Anwendung auf ähnlich gelagerte Fälle zugänglich.[3] Gemeinsam ist ihnen, dass der Gläubiger an dem Rechtsverhältnis beteiligt sein muss, über das die Urkunde Auskunft geben soll.[4] 65

2. Drei Tatbestandsvarianten

a) Errichtung im Interesse des Vorlegungsersuchers

Bei dieser Variante besteht der – nicht notwendig ausschließliche – **Zweck der Urkunde** (nicht: auch ihr Inhalt) darin, als **Beweismittel** zu dienen, also Rechtsverhältnisse des Anspruchstellers zu sichern oder seine rechtlichen Beziehungen zu fördern.[5] Die Urkunde muss sich also gerade auf die Person beziehen, für die sie errichtet wurde. 66

Ob die **Handakten des Rechtsanwalts** in einem gegen ihn gerichteten Schadensersatzprozess unter § 810 1. Var. BGB fallen,[6] ist bedeutungslos, da sich ein Herausgabeanspruch nach Maßgabe des § 50 BRAO aus §§ 675, 667 BGB ergibt und ein Einsichtsrecht aus § 666 BGB.[7] Rechenschaft bedeutet dort die Darlegung der wesentlichen Einzelheiten des Handelns zur Auftragsausführung und Verschaffung der notwendigen Übersicht für den Auftraggeber über das besorgte Geschäft.[8] Dem Auskunftsanspruch aus § 666 steht nicht entgegen, dass sich der nach dieser Vorschrift Auskunftspflichtige einer strafbaren Handlung bezichtigen müsste; der Schutz des Auftraggebers hat Vorrang.[9] Da der Zweck anwaltlicher Handakten auch darin besteht, die Rechtsverhältnisse des Mandanten und die darauf bezogenen Aktivitäten des Anwalts zu dokumentieren und damit u.a. zur Überprüfung durch den Kammervorstand Beweis zu liefern, ist § 810 BGB ebenfalls zu bejahen. 67

Ärztliche Aufzeichnungen haben, soweit sie **naturwissenschaftliche Befunde** und den **Behandlungsverlauf** betreffen, in gleicher Weise nicht nur den Zweck einer internen Gedächtnisstütze des Arztes, deren Anfertigung ins Belieben des Arztes gestellt ist, sondern werden **dem Patienten geschuldet**, damit z.B. bei Ausfall des Arztes im Interesse kontinuierlicher Behandlung die externe Information nachbehandelnder Ärzte ermöglicht wird; in sie ist nach § 810 BGB Einsicht zu gewähren,[10] was auch durch Überlassung von Fotokopien geschehen kann.[11] 68

---

1 BVerfGE 27, 344, 351 f. (zur Verwertung von Scheidungsakten im Disziplinarverfahren und Art. 2 Abs. 1 i.V.m. Art. 1 Abs. 1 GG). Dies kann zu einem Ausschluss oder einer Beschränkung des Rechts auf Einsichtnahme führen; vgl. für § 809 BGB BGHZ 93, 191, 202 und 211 (Gefährdung schutzwürdiger gewerblicher Interessen).
2 BGHZ 55, 201, 203; BGH WM 1963, 990, 991; WM 1966, 255, 256.
3 Staudinger/*Marburger* § 810 Rz. 12 m.w.N.; a.A. *Stürner* Aufklärungspflicht S. 342 f.
4 Staudinger/Marburger § 810 Rz. 12; Erman/Wilhelmi BGB[13] § 810 Rz. 5.
5 BGH LM Nr. 5 zu § 810 BGB = WM 1971, 565, 566.
6 So OLG Frankfurt JW 1933, 530, 531; offengelassen von BGHZ 109, 260, 267.
7 BGHZ 109, 260, 263 f.
8 BGHZ 109, 260, 266.
9 BGHZ 109, 260, 268.
10 BGHZ 85, 327, 337 = NJW 1983, 328, 329; 85, 339, 345 = NJW 1983, 330, 331 (Grenzen in der Psychiatrie), beide Entscheidungen mit Bespr. *Ahrens* NJW 1983, 2609; BGH NJW 1983, 2627, 2629 (Einsichtsrecht der Erben); NJW 1985, 674, 675 (Psychiatrie); NJW 1989, 764, 765 (Psychiatrie). Zur Anordnung nach § 142 gegen den Arzt als Dritten LG Saarbrücken VersR 2003, 234.
11 BGHZ 85, 327, 334.

b) Beurkundung eines zwischen Anspruchsteller und einem anderen bestehenden Rechtsverhältnisses

69 Anders als bei der 1. Var. ist bei § 810 2. Var. BGB auf den **Inhalt der Urkunde** abzustellen.[1] Aufzeichnungen mit rein internem Zweck, etwa zur Gedächtnisunterstützung, reichen nicht aus.[2] Ausreichend ist, dass zwischen dem beurkundeten Vorgang und dem fraglichen Rechtsverhältnis eine unmittelbare rechtliche Beziehung besteht.[3] Das Rechtsverhältnis kann beendet sein. Das Rechtsverhältnis selbst muss nicht beurkundet sein, jedoch müssen die beurkundeten Tatsachen in irgendeiner Weise zu dem Rechtsverhältnis gehören.[4] Der Urkundenbesitzer muss nicht zugleich „andere Partei" des Rechtsverhältnisses sein.[5]

70 Die Beurkundung des Rechtsverhältnisses oder des Vorgangs, der in einer unmittelbaren rechtlichen Beziehung zu dem Rechtsverhältnis steht, braucht nicht umfassend zu sein, eine **teilweise Beurkundung** ist **ausreichend**.[6] Die Grenze ist erst dort erreicht, wo der Urkunde für Rechtsverhältnis nichts mehr entnommen werden kann, da dann eine Vorlegung keinen Sinn mehr macht. Umgekehrt ist nicht erforderlich, dass die ganze Urkunde der Beurkundung des Rechtsverhältnisses dient. Bedeutsam ist dies für **umfassende Dokumente**, die der Beurkundung einer unbestimmten Zahl von Vorgängen im Geschäftsverkehr dienen, wie etwa Geschäftsbücher, Handelsbücher oder Bilanzen. Die **Bücher** sind dann **auszugsweise vorzulegen**.

71 Unter die 2. Variante fallen **Vertragsurkunden** und Dokumente über **einseitige Rechtsgeschäfte** wie Schuldscheine, Quittungen (§ 368 BGB) und Rechnungen; bei einseitigen Rechtsgeschäften muss der Beweisführer die Willenserklärung abgegeben oder empfangen haben.[7] Erfasst werden **Entscheidungen** von Gerichten und Behörden, **Behördenakten** dann, wenn sie privatrechtliche Rechtsverhältnisse beurkunden – vor allem im Bereich des fiskalischen Handelns der Behörden – und nicht ausschließlich dem inneren Dienst der Behörde dienen.[8]

c) Wiedergabe von Verhandlungen über ein Rechtsgeschäft

72 Die nach § 810 3. Var. BGB erfassten Verhandlungen müssen zwischen demjenigen, der die Vorlegung verlangt und einem anderen oder zwischen einem von beiden und einem gemeinsamen Vertreter geführt worden sein, etwa Entwürfe und Briefe.[9] Darunter fällt insbesondere **vertragsbezogene Korrespondenz**, die einem Vertragsschluss vorausgeht oder – z.B. Mängelrügen betreffend – nachfolgt,[10] aber auch behördliche Aufzeichnungen, die im Interesse Dritter niedergelegt worden sind.[11]

73 **Nicht** darunter fallen Notizen für den **internen Gebrauch** einer Partei[12] sowie die Korrespondenz zwischen einer der Parteien und ihrem alleinigen Stellvertreter. Dies

---

1 Staudinger/*Marburger* § 810 BGB Rz. 14.
2 BGH WM 1973, 644, 649; RGZ 89, 1, 4.
3 BGHZ 55, 201, 203; BGH WM 1963, 990, 991; so auch BGH LM Nr. 3 zu § 810 BGB.
4 RG Gruchot 49 (1905), 832, 836. So bei Verbuchung der Zahlungen des Hauptschuldners in den Handelsbüchern des Gläubigers für den Beweis der Erfüllung der Hauptschuld durch den Bürgen, BGH NJW 1988, 906, 907.
5 BGH LM Nr. 3 zu § 810 BGB; BGH WM 1988, 1447, 1449: Anspruch richtet sich gegen jeden gegenwärtigen Urkundenbesitzer.
6 RGZ 117, 332, 333; 87, 10, 14; 56, 109, 112.
7 Stein/Jonas/*Leipold*[22] § 422 Rz. 14.
8 Vgl. Staudinger/*Marburger* § 810 Rz. 17; Erman/Wilhelmi BGB[13] § 810 Rz. 7.
9 RGZ 152, 213, 217.
10 OLG Celle BB 1973, 1192, 1193.
11 BGHZ 60, 275, 292 (betr. Ausübung eines gemeindlichen Vorkaufsrechts).
12 BGHZ 60, 275, 292; BGH WM 1973, 644, 649; RGZ 152, 213, 217; KG NJW 1989, 532, 533.

gilt auch für die **Schadensmeldung**, die ein Schädiger seinem **Haftpflichtversicherer** übersandt hat,¹ oder ein Schadensgutachten, das der Versicherer aufgrund der Angaben des Einsicht begehrenden Versicherungsnehmers in Auftrag gegeben hat.²

VII. Rechtsfolgen der Nichtvorlage

Besteht Streit über das Bestehen einer prozessualen Vorlegungspflicht nach § 422, so kann darüber durch **Zwischenurteil nach § 303** entschieden werden.³ 74

Missachtet der Beweisgegner eine Vorlegungsanordnung nach den §§ 422, 423, 425, ist zwischen **innerprozessualen** und **außerprozessualen Wirkungen** zu unterscheiden. Die innerprozessualen Folgen richten sich im **internationalen Zivilprozessrecht** stets nach der **lex fori**, auch wenn der materielle Anspruch einer anderen Rechtsordnung untersteht (s. oben Rz. 46). 75

§ 427 S. 2, der ausschließlich das innerprozessuale Editionsverfahren betrifft, gestattet es, den vom Beweisführer behaupteten **Inhalt** der Urkunde **als bewiesen** anzusehen. Für den Spezialfall, dass der Beweisgegner einen Anspruch des Beweisführers auf Urkundenvorlegung vereitelt, indem er die Urkunde beseitigt oder sonst unbenutzbar macht, gilt § 444. 76

Ordnet das Gericht eine Vorlage **nach § 142 von Amts wegen** an, kommen ebenfalls weder unmittelbarer Zwang noch eine Ordnungssanktion (wie gegen einen Dritten) in Betracht, wohl aber die Anwendung des § 427.⁴ § 427 ist dabei nicht bloß ein „Anhalt" oder eine „Richtlinie", wie vor der ZPO-Reform von 2001 angenommen wurde.⁵ Unerheblich ist dafür, dass die Anordnung, von der § 427 ausgeht, ursprünglich nur § 425 in Bezug nahm, der sich seinerseits auf einen Beweisantrag nach § 421 bezieht. Die mangelnde Klarstellung der gesetzgeberischen Entscheidung im Gesetzestext ist ein redaktioneller Fehler. 77

Außerhalb des anhängigen Verfahrens kann der Herausgabe- oder Vorlegungsanspruch nach Titulierung im Wege der **Zwangsvollstreckung** nach § 883 oder § 888 erzwungen werden;⁶ ferner kann der Beweisführer eventuell Schadensersatz verlangen. 78

§ 105 Vorlagepflicht des Beweisgegners bei prozessualer Bezugnahme, § 423 ZPO

Schrifttum:

Siegmann, Die Beweisführung durch „gegnerische" Urkunden, AnwBl. 2008, 160.

---

1 OLG Düsseldorf VersR 1980, 270 (LS).
2 LG Berlin VersR 2003, 95.
3 Vgl. BGH ZZP 92 (1979), 362, 363.
4 Entwurf des ZPO-ReformG 2001, BT-Drucks. 14/3750, S. 53/54.
5 So BAG DB 1976, 1020; ebenso *Schreiber* Die Urkunde im Zivilprozeß, S. 146 ff., 149; Stein/Jonas/*Leipold*²¹ § 427 Rz. 5; Zöller/*Geimer*²⁵ § 422 Rz. 5.
6 Im Einzelnen streitig; zu § 810 BGB MünchKommBGB/*Habersack*⁶ § 810 Rz. 17 i.V.m. § 809 Rz. 17 (für §§ 887, 888 ZPO).

I. Selbständiger Vorlegungsgrund, Normzweck

79 § 423, der gem. § 371 Abs. 2 S. 2 auch auf Augenscheinsobjekte anwendbar ist, enthält einen selbständigen Vorlegungsgrund neben § 422. Er hat nichts zu tun mit dem Anspruch nach § 134 auf Niederlegung von Urkunden zur Einsicht auf der Geschäftsstelle. § 423 gewährt ein **rein prozessuales Recht**[1] auf Urkundenedition **für den Beweisführer**. Es richtet sich gegen den Beweisgegner, wird durch § 429 S. 1 aber auch auf Dritte erstreckt. Unberührt bleibt die Möglichkeit des Gerichts, die Vorlegung **von Amts wegen nach § 142 Abs. 1** anzuordnen.

80 Die Handlungspflicht wird **aus vorangegangenem Tun** abgeleitet,[2] nämlich aus der prozessualen Bezugnahme des Vorlegungspflichtigen auf eine Urkunde. § 423 ist von der Beweislastverteilung unabhängig, trifft also auch die nicht beweisbelastete Partei. Vor der ZPO-Reform 2001 ist § 423 als eine Norm angesehen worden, der das Prinzip des **venire contra factum proprium** zugrunde liege.[3] **Dieses Verständnis ist aufzugeben**, um keine Inkongruenzen zu § 142 entstehen zu lassen.[4]

81 Die Bezugnahme ist sowohl in **§ 423** als auch in **§ 142** als Tatbestandsmerkmal enthalten und sollte trotz weiterer Unterschiede des Normwortlauts **übereinstimmend ausgelegt** werden. Die Reform der §§ 142 und 144 wollte die Richtermacht bei der Sachaufklärung mittels Urkunden und Unterlagen, die Augenscheinsobjekte darstellen, im Interesse der Sachaufklärung und zur Verschaffung eines umfassenden Überblicks über den dem Rechtsstreit zugrundeliegenden Sachverhalt stärken (näher: Kap. 28 Rz. 14).

82 Die Regelung der **Vorlageanordnung** gem. § 142 Abs. 1 **gegenüber Dritten** ist nur mit der **Schaffung einer prozessualen Pflicht** zu erklären; als nicht oder nicht mehr am Prozess Beteiligter kann er sich nicht widersprüchlich verhalten (Kap. 28 Rz. 17). Die Anordnungsmöglichkeit gegenüber der Partei, die sich auf eine in ihrem Besitz befindliche Urkunde bezogen hat, kann innerhalb derselben Norm nicht anders interpretiert werden und hinter der rechtlichen Qualifizierung des Vorlagegrundes zu Lasten Dritter zurückbleiben. Diese Deutung ist dann auch für § 423 bestimmend. Das venire contra factum proprium hat aber Bedeutung für die Beurteilung von **Geheimhaltungsinteressen des Beweisgegners**; sich darauf nach vorheriger öffentlicher Inbezugnahme der Urkunde zu berufen wäre in der Regel widersprüchlich.[5] Die **§§ 383 Abs. 1, 384** sind **nicht** analog anzuwenden;[6] auch die damit nicht zwangsläufig identischen materiell-rechtlichen Grenzen des § 422 (vgl. dazu Rz. 53 f.) können nicht übertragen werden. Dem **Dritten** stehen die §§ 383 Abs. 1, 384 allerdings gem. § 142 Abs. 2 zur Seite, was dann auch für § 429 i.V.m. § 423 zu gelten hat.

83 § 423 ist i.V.m. weiteren Vorschriften als Basis für eine Rechtsanalogie genannt worden, die zur Anerkennung einer **allgemeinen prozessualen Aufklärungspflicht** führen könne.[7] Dem ist entgegengehalten worden, die prozessuale Vorlegungspflicht des § 423 sei dafür zu eng begrenzt und vom historischen Gesetzgeber als Ausnahmevorschrift angesehen worden.[8] Der Gesetzgeber des Jahres 2001 hat sich, von der Diskussion über dieses Problem und der Ablehnung einer derart weitreichenden Neuin-

---

1 Stein/Jonas/*Leipold*[22] § 423 Rz. 1; MünchKommZPO/*Schreiber*[4] § 423 Rz. 1.
2 *Gottwald* ZZP 92 (1979), 364, 366.
3 *Arens* ZZP 96 (1983), 1, 13.
4 Zum Gebot kongruenter Auslegung von § 142 und § 423 schon *Stürner* Aufklärungspflicht der Parteien des Zivilprozesses, S. 101.
5 Ähnlich MünchKommZPO/*Schreiber*[4] § 423 Rz. 2.
6 Musielak/*Huber*[10] § 423 Rz. 1.
7 *Stürner* Aufklärungspflicht S. 100 ff.; *Peters* Festschrift Schwab, S. 399, 402.
8 Vgl. nur *Arens* ZZP 96 (1983), 1, 13; *Gottwald* ZZP 92 (1979), 366.

terpretation des Prozessrechtsverhältnisses durch die Rechtsprechung ausgehend, für eine begrenzte Reform entschieden (Kap. 7 Rz. 9; Kap. 28 Rz. 14) und eine Pflicht zur Edition von Urkunden und anderen Dokumenten geschaffen. Mit dieser Neukonzeption hat er die Sicht des historischen Gesetzgebers ohne Änderungen am Text des § 423 überwunden.

II. Prozessuale Bezugnahme zur Beweisführung

§ 423 und – kraft Verweisung – § 429 sprechen von der Bezugnahme „zur Beweisführung". Demgegenüber **verknüpft § 142 Abs. 1 S. 1**, der in der Neufassung die Anordnung von Amts wegen auch gegen dritte Urkundenbesitzer erlaubt, die **Bezugnahme nicht** mit dem Erfordernis eines **Beweiszwecks**. Die bis zur ZPO-Reform 2001 herrschende Ansicht interpretierte den Normwortlaut eng und verlangte die **Verfolgung eines Beweiszwecks**.[1] Die bezugnehmende Partei sollte über die Berücksichtigung der Urkunde im Beweisverfahren disponieren dürfen.[2] Auf der Grundlage von Entscheidungen des Reichsgerichts differenzierte die h.M. zwischen bloßer Bezugnahme auf den Inhalt der Urkunde und Bezugnahme zur Verwendung als Beweismittel.[3]

Die Entscheidungen des **RG** waren durch Sachverhaltsbesonderheiten gekennzeichnet, für deren Bewältigung die gewählten **Begründungen heute irrelevant** sind. In der Leitentscheidung RGZ 35, 105 ging es um die **Wahrung von Geheimhaltungsinteressen**, weil der Beweisführer dem Lieferanten des Dokuments, dessen Namen er abgetrennt hatte, Diskretion zugesichert hatte. Diese **Zielsetzung** ist **anders zu erreichen**. Im Falle der Nietzsche-Briefe – RGZ 69, 401 – waren ebenfalls Geheimhaltungsbemühungen maßgebend. Die Schwester Nietzsches stützte ihren Antrag, die Vervielfältigung und Verbreitung ihr nicht zugänglicher Briefabschriften zu untersagen, auf die Verletzung von Persönlichkeitsrechten (insoweit gemäß damaliger Rechtsansicht erfolglos) sowie auf Urheberrecht und begehrte die Vorlegung der Briefabschriften, die sich nach ihrer Behauptung im Besitz der Beklagten, nach deren Behauptung hingegen im Besitz eines Dritten befinden sollten, vorgeblich zum Beweis der urheberrechtlichen Werkqualität, nach dem offenbar nicht fernliegenden Argwohn der Beklagten jedoch zur Herstellung einer eigenen Publikation. In RG WarnRspr. 1933 Nr. 86 hatte der Beweisgegner die Urkunde nach seiner Behauptung nicht in Händen.

Die vom RG getroffene Unterscheidung ist ohne praktische Relevanz, wenn man davon absieht, dass die Urkunde ausdrücklich als Beweismittel bezeichnet wird[4] und auf die bloße Erwähnung der Urkunde im Parteivortrag sogar die Vermutung des Beweisführungswillens stützt.[5]

Die **begrenzende Ansicht** lässt sich **mit § 142 nicht in Einklang** bringen, der die Sachaufklärung von Amts wegen zum Normzweck erhebt. Dem sollte für § 423 gefolgt werden, so dass **jede Bezugnahme zu Aufklärungszwecken** ausreichend ist.[6]

---

1 RGZ 35, 105, 109; *Siegel*, Die Vorlegung von Urkunden im Prozeß, 1904, S. 92. Daran festhaltend MünchKommZPO/*Schreiber*[4] § 423 Rz. 1; Stein/Jonas/*Leipold*[22] § 423 Rz. 1; wie hier Zöller/*Geimer*[30] § 423 Rz. 1.
2 *Schreiber* Die Urkunde im Zivilprozeß S. 98.
3 RGZ 35, 105, 109; RGZ 69, 401, 405 – Nietzsche Briefe; RG HRR 1933 Nr. 1466 = Warn. Rspr. 1933 Nr. 86; ihnen weiterhin folgend Musielak/*Huber*[10] § 423 Rz. 1.
4 *Schreiber* Die Urkunde im Zivilprozeß S. 97.
5 So *Schreiber* Die Urkunde im Zivilprozeß S. 98; MünchKommZPO/*Schreiber*[4] § 423 Rz. 1.
6 So schon früher *Stürner* Aufklärungspflicht S. 101; zustimmend *Peters* Festschrift Schwab, S. 399, 402.

III. Vorlegungsverpflichtete, Verfahren, Rechtsfolge

88 Bei mehreren Prozessbeteiligten ist nur derjenige zur Vorlegung verpflichtet, der selbst auf die Urkunde Bezug nimmt. Dies können neben dem **Beweisgegner** auch dessen **Streithelfer**[1] und **Streitgenossen** sein. Die Erwähnung einer Urkunde durch einen von ihnen benannten und in ihren Diensten stehenden Zeugen steht der eigenen Bezugnahme nicht gleich.[2] Im Verhältnis zur unterstützten Partei ist der Streithelfer Dritter.[3] Die Bezugnahme muss **in** der **mündlichen Verhandlung** oder in einem **vorbereitenden Schriftsatz** erfolgen. Maßgebend ist stets der Prozess, für den die Edition verlangt wird.[4] Der Vorlegungsgrund ist wie bei § 422 im Vorlegungsantrag des Beweisführers glaubhaft zu machen (§ 424 Nr. 5).

89 Wie bei § 422 bestimmen sich die **Rechtsfolgen** einer Verletzung nach den §§ 426, 427. Für die Vorlegungspflicht und damit auch für die Anwendbarkeit der §§ 426, 427 ist es **unerheblich**, ob der Beweisgegner später auf die Urkunde als Beweismittel **verzichtet**.[5] Die Urkunde ist stets unverändert vorzulegen, weshalb nach der die Vorlegungspflicht begründenden Bezugnahme einseitige Änderungen, etwa in Handelsbüchern, als Urkundenfälschung strafbar sind.[6]

IV. Verhältnis zu § 142 ZPO

90 **§ 423 verliert** faktisch an **Bedeutung**, wenn man mit dem BGH für eine Vorlegungsanordnung nach § 142 ausreichen lässt, dass sich der Beweisführer auf die Urkunde bezieht, die er selbst nicht vorlegen kann.[7] Einen **Wertungswiderspruch zu § 423** hat der BGH mit dem Argument verneint, dass § 423 einen Vorlegungszwang begründet, während die richterliche Anordnung im Ermessen steht, und die Sanktionen[8] (§ 427) unterschiedlich sind (dazu auch Kap. 28 Rz. 20).

§ 106 Ablauf des Editionsverfahrens gegen den Beweisgegner

I. Antrag auf Vorlage durch Gegner, § 424

91 § 424 benennt die **formellen Anforderungen** an den Beweisantrag nach § 421 gegen den Beweisgegner. Besitzt ein Dritter die Urkunde, werden die Anforderungen durch § 430 modifiziert. Die in § 424 Nr. 1–5 verlangten Angaben sollen dem **Gericht ermöglichen**, die **Beweiserheblichkeit und Beweiseignung** der Urkunde sowie den **Verpflichtungsgrund zu prüfen**, bevor es die Entscheidung nach § 425 trifft.[9] Dadurch wird die gegnerische Prozesspartei vor unzulässiger Ausforschung und vor Verfahrensmissbräuchen geschützt, wie sie in der US-amerikanischen **pre trial-Praxis** zur Dokumentenvorlage zu beobachten sind. Die identifizierenden Angaben gem. Nr. 1 sollen außerdem dem **Beweisgegner** Klarheit über den Gegenstand seiner Vorlegungspflicht und der eventuellen Nachforschungspflicht (§ 426) verschaffen; die Angaben

---

1 *Siegel* Die Vorlegung von Urkunden im Prozeß S. 94; Stein/Jonas/*Leipold*[22] § 423 Rz. 2; vgl. auch Zöller/*Geimer*[30] § 423 Rz. 1.
2 BayObLG SeuffA 60, 124, 125.
3 *Siegel* Die Vorlegung von Urkunden im Prozeß S. 95.
4 *Siegel* Die Vorlegung von Urkunden im Prozeß S. 94.
5 MünchKommZPO/*Schreiber*[4] § 423 Rz. 1; Stein/Jonas/*Leipold*[22] § 423 Rz. 1; Zöller/*Geimer*[30] § 423 Rz. 1.
6 RGSt 52, 88, 91.
7 So BGH NJW 2007, 2989 Rz. 20; BGH WM 2010, 1448 Rz. 25.
8 Dazu auch OLG Stuttgart ZIP 2007, 1210, 1216 (Beweisvereitelung).
9 BGH NJW 1989, 717, 719 (zu Nr. 4 und 5).

gem. Nr. 5 geben ihm Gelegenheit zur Verteidigung. Die Angaben entsprechen inhaltlich den in den §§ 421 ff. aufgestellten Voraussetzungen eines zulässigen Beweisantritts.

Ein „Antrag" auf **Anordnung** der Vorlage **von Amts wegen** gem. § 142 (dazu Kap. 28 Rz. 25) ist an diese Voraussetzungen nach dem Normwortlaut nicht gebunden. Er wird ohne sie aber regelmäßig schon aus praktischen Gründen keinen Erfolg haben, weil das Gericht auch für die Anwendung dieser Entscheidungsgrundlage die **Urkunde identifizieren** und deren Beweiserheblichkeit und **Beweiseignung** sowie den Urkundenbesitz **prüfen** muss; dispensiert wird lediglich von dem Erfordernis der Nr. 5. Zudem dienen die Angaben dem **Schutz** des Urkundenbesitzers **vor missbräuchlichen Beweisermittlungen** (Kap. 28 Rz. 22). Allerdings können die Spezifikationsanforderungen den Wissensmöglichkeiten der beweispflichtigen Partei angepasst werden (Kap. 28 Rz. 23). 92

II. Zwingende Erfordernisse des § 424

Trotz der Formulierung als **Sollvorschrift** handelt es sich bei § 424 um regelmäßig einzuhaltende Anforderungen,[1] wie sich aus den Materialien ergibt.[2] Der Antrag ist ein Prozess- und **kein Sachantrag**, weshalb **§ 297 nicht gilt**. Der Gesetzgeber hatte seine abgeschwächte Formulierung nur auf das Stadium der Einreichung des vorbereitenden Schriftsatzes beziehen wollen.[3] Nach heutiger Gesetzeslage ist eine ausreichende schriftsätzliche Ankündigung mit den Angaben zu § 424 im Hinblick auf **§ 282 Abs. 1** erforderlich. 93

Der **Antrag ist zurückzuweisen**, wenn die Anforderungen des § 424 nicht erfüllt werden.[4] Ihre Abschwächung ist in Betracht zu ziehen, wenn dem Antragsteller einzelne Informationen fehlen, so dass der Beweis zu scheitern droht. Nach § 139 hat das Gericht auf die Fehlerfreiheit des Antrags hinzuwirken. Die **Zurückweisung** kann in den **Gründen des Endurteils** oder durch selbständiges, nicht anfechtbares **Zwischenurteil nach § 303** erfolgen. Wird die Urkunde trotz Unvollständigkeit des Antrags vom Beweisgegner vorgelegt, sind die Antragsmängel gegenstandslos. Die Falschbezeichnung des Antrags, etwa als Widerklage, ist durch Auslegung überwindbar (vgl. Rz. 18). 94

III. Einzelne Antragsvoraussetzungen

1. Urkundenindividualisierung (Nr. 1)

Die Verpflichtung zur Bezeichnung der Urkunde erstreckt sich auf ihre eine Individualisierung ermöglichenden äußeren Merkmale. Hierzu gehören Angaben über den **Aussteller** sowie **Tag und Ort der Ausstellung**.[5] Ein bloßer Hinweis auf vorausgegangene Korrespondenz, Vertragsunterlagen und dergleichen reicht nicht aus. An dem Ziel, dem Beweisgegner eine Identifizierung der Urkunde zu ermöglichen, ist zu messen, ob eine eventuelle Ungenauigkeit der Bezeichnung schädlich ist. 95

---

1 Musielak/*Huber*[10] § 424 Rz. 1 („zwingend").
2 Hahn/Stegemann, Mat. Band II/1, 2. Aufl. 1883, S. 325; dazu auch RG HRR 1933 Nr. 1466 = Warn. Rspr. 1933, Nr. 86.
3 Hahn/Stegemann, Mat. S. 325.
4 KG NJW 1993, 2879 (Vorlage eines Kreditkartenbelastungsbelegs durch Kunden).
5 LG Berlin WuM 1986, 184 (zu Mieterhöhungserklärungen, die der klagende Vermieter nicht selbst vorlegte); KG NJW 1993, 2879 (fehlendes Datum eines Kreditkartenbelastungsbelegs).

96 Ein ansonsten wirksamer Beweisantritt darf nicht scheitern, wenn dem **Beweisführer** eine **genaue Bezeichnung nicht möglich** ist, jedoch **für den Beweisgegner** nach Lage der Umstände **offensichtlich** ist, um welche Urkunde es sich handelt. Man darf dafür auf die in § 424 Nr. 3 enthaltene Einschränkung zurückgreifen und das Erfordernis auf eine „möglichst" genaue Bezeichnung reduzieren.[1] Grundsätzlich muss das Gericht die Voraussetzung aber ohne ergänzende Auskünfte des Prozessgegners prüfen können.

97 Identifizierende Angaben können im Einzelfall auch erforderlich sein, um das **Antragserfordernis des § 424 Nr. 5** beurteilen zu können, etwa zwecks Abgrenzung nicht vorzulegender interner Aufzeichnungen von Urkunden, die auch im Interesse anderer Personen errichtet worden sind.[2] Bei einer Urkundensammlung bzw. einem **Aktenbündel** ist eine genaue Bezeichnung der Fundstelle erforderlich (vgl. Kap. 28 Rz. 45).

98 Bezeichnet der Beweisführer eine bestimmte Urkunde, behauptet er damit zugleich deren Existenz. **Bestreitet** der Beweisgegner die **Existenz der Urkunde**, liegt darin das **Bestreiten** eigenen Urkundenbesitzes.[3] Es ist einheitlich vorzugehen[4] und der Beweisgegner dazu nach § 426 zu vernehmen. Unzulässig ist eine Vorlegungsvernehmung, wenn sich das Gericht bereits auf andere Weise von der Nichtexistenz der Urkunde überzeugt hat.

2. Beweisthema (Nr. 2)

99 Die Darlegung des Beweisthemas dient der Prüfung, ob die durch die Urkunde zu beweisenden **Tatsachen rechtlich erheblich** und ob die dafür benannte **Urkunde beweisgeeignet** ist.[5]

3. Urkundeninhalt (Nr. 3)

100 Auch die möglichst vollständige Bezeichnung des Urkundeninhalts dient der **Erheblichkeits- und Geeignetheitsprüfung**. Ihr kommt überdies Bedeutung wegen der **Rechtsfolge des § 427 S. 2** zu, da der Inhalt der Urkunde nach dieser Regelung als bewiesen angesehen werden kann. Technisch am einfachsten ist die Vorlage einer Abschrift oder Fotokopie der Urkunde. Deren Vorlage durch den Beweisführer kann jedoch nicht verlangt werden.

101 Mit der Einschränkung „möglichst" hat der Gesetzgeber eine **Erleichterung** für den Beweisführer geschaffen, der den genauen Urkundeninhalt oftmals nicht kennt oder sich nur an Teile erinnert. Sie sorgt für einen **Ausgleich** zwischen dem **Beweisinteresse** des Beweisführers und der **Schutzbedürftigkeit** des Beweisgegners im Hinblick auf den eventuellen Versuch eines **Ausforschungsbeweises**. Daher darf der Antrag eines vom Gläubiger auf Zahlung in Anspruch genommenen Bürgen, gem. § 810 BGB die Handelsbücher des Gläubigers zum Beweis der Tilgung der Hauptschuld vorzulegen,[6] nicht deshalb abgelehnt werden, weil der Bürge keine Angaben über Zeit und Ort der Tilgung macht.

---

[1] MünchKommZPO/*Schreiber*[4] § 424 Rz. 2.
[2] BGHZ 60, 275, 292.
[3] Stein/Jonas/*Leipold*[22] § 424 Rz. 2.
[4] Vgl. RGZ 92, 222, 225 zum Editionseid.
[5] Zur Ungeeignetheit der Vorlage eines Kassenbuches für den Beweis eines Unternehmensverlustes RG JW 1911, 945 (Nr. 13).
[6] Vgl. dazu BGH NJW 1988, 906, 907.

4. Urkundenbesitz des Beweisgegners (Nr. 4)

Der Kläger muss nachvollziehbar Umstände vortragen, die den Schluss auf die **Verfügungsgewalt** (Rz. 13) des Beweisgegners zulassen; eine **Glaubhaftmachung** (§ 294) verlangt das Gesetz **nicht**. Ohne Vortrag dieser Umstände wäre ein substantiiertes Bestreiten des Beweisgegners oftmals nicht möglich.[1] Die Prüfung des Urkundenbesitzes ist vor allem wegen der Folgen erforderlich, die gem. § 427 mit der Nichtbeachtung einer Vorlegungsanordnung verbunden sind. Bedeutung erlangen die Indizien für den Urkundenbesitz auch bei der **Vorlegungsvernehmung** nach § 426, die dem Bestreiten des Urkundenbesitzes folgt. Dabei ist der Beweisgegner mit den Umständen zu konfrontieren, die für seinen Urkundenbesitz sprechen sollen.

102

Ausreichend ist die substantiierte Darlegung des **Urkundenbesitzes zu irgendeinem Zeitpunkt**; für die Fortdauer des Besitzes spricht eine Vermutung. Der Beweisgegner muss dann gegebenenfalls darlegen, wann und an wen er den Besitz weiterübertragen hat. An der Darlegung des Urkundenbesitzes fehlt es, wenn ein Kreditkartenherausgeber vom Karteninhaber verlangt, den unterzeichneten Originalbelastungsbeleg vorzulegen, obwohl das Original nach der Systemorganisation beim Vertragsunternehmen verbleiben soll.[2]

103

5. Glaubhaftmachung des Vorlegungsgrundes (Nr. 5)

Neben der Bezeichnung des Verpflichtungsgrundes (§§ 422 oder 423) ist auch dessen **Glaubhaftmachung** (§ 294) erforderlich. Sie ist entbehrlich bei Nichtbestreiten (§ 138 Abs. 3) oder Zugestehen durch den Beweisgegner (§ 288). Die Vorlegungspflicht nach § 423 bedarf entgegen dem sich sowohl auf § 422 als auch § 423 beziehenden Wortlaut des § 424 Nr. 5 keiner Glaubhaftmachung, da die Bezugnahme auf die Urkunde aus den Akten ersichtlich ist.[3]

104

IV. Anordnung der Vorlegung durch den Gegner, § 425

1. Zulässigkeit und Begründetheit des Beweisantrags

Der Beweisantrag muss die Zulässigkeitserfordernisse der §§ 421 und 424 erfüllen. Die **Beweiserheblichkeit** der nach § 424 Nr. 2 bezeichneten **Tatsachen**, nämlich deren Entscheidungserheblichkeit und Beweisbedürftigkeit, die bei sämtlichen Beweismitteln vor einer Beweiserhebung festzustellen ist, jedoch beim Urkundenbeweis wegen des Schutzes des Beweisgegners (vgl. Rz. 91) in § 425 besonders hervorgehoben wird, hängt davon ab, ob die Tatsachen vom Beweisgegner rechtserheblich bestritten werden.

105

Der Vorlegungsantrag ist begründet, wenn die zu beweisende Tatsache **entscheidungserheblich und beweisbedürftig** ist, die **Urkunde** im Hinblick auf diese Tatsache **beweisgeeignet** ist, der Beweisgegner **Urkundenbesitz** hat, worüber gegebenenfalls Feststellungen nach § 426 zu treffen sind, und ein **Vorlegungsgrund** nach § 422 oder § 423 besteht. Auf die substantiierte Behauptung des Urkundenbesitzes (§ 424 Nr. 4) kann der Beweisgegner unter Beachtung der Pflicht des § 282 Abs. 1 mit Bestreiten oder Zugestehen (§ 288) des Besitzes oder mit Nichterklären[4] (§ 138 Abs. 3) reagie-

106

---

1 MünchKommZPO/*Schreiber*[4] § 424 Rz. 4.
2 KG NJW 1993, 2879.
3 Musielak/*Huber*[10] § 424 Rz. 2; vgl. auch MünchKommZPO/*Schreiber*[4] § 424 Rz. 5.
4 So in BGH WM 2002, 1690, 1692.

ren.[1] Ein rechtserhebliches Bestreiten des Besitzes (einschließlich der Existenz der Urkunde) zwingt zunächst zur Vernehmung nach § 426.

107 Auch die tatsächlichen Voraussetzungen eines **materiell-rechtlichen Vorlegungsgrundes** nach § 422 können **bestritten** werden. Streitig kann dabei sein, ob der Vorlegung Gründe entgegenstehen, die eine Beweiserhebung wegen beachtlicher **Geheimhaltungsinteressen** des Gegners oder höherrangiger Persönlichkeitsrechte sowie sonstiger Grundrechtspositionen verbieten; dabei können sich diese Gegengründe gegebenenfalls bereits auf den materiell-rechtlichen Vorlegungsanspruch auswirken.

108 Wird der materiell-rechtliche **Vorlegungsanspruch** vom Beweisgegner **nicht in Abrede genommen**, darf das Gericht keine Rechtsprüfung mit gegenteiligem Ergebnis vornehmen,[2] da der Beweisgegner die Urkunde auch freiwillig vorlegen kann. Ausgeschlossen ist also, den Antrag wegen vermeintlich unzureichender tatsächlicher Substantiierung oder Glaubhaftmachung (vgl. § 425 Nr. 5) zurückzuweisen.

2. Gerichtliche Entscheidung

109 **Verneint** das Gericht die Voraussetzungen der Vorlegungspflicht, kann es darüber durch **Beschluss**, durch **Zwischenurteil** (§ 303) oder in den Gründen des **Endurteils** entscheiden. Entscheidungen durch Beschluss sind freilich **unzweckmäßig**, Entscheidungen durch Zwischenurteil in der Regel auch, es sei denn, das Verfahren kann nicht alsbald durch Endurteil abgeschlossen werden und es ist laufend weiterer schriftsätzlicher Vortrag zu erwarten.

110 Weder ein zurückweisender Beschluss noch ein entsprechendes Zwischenurteil sind selbständig anfechtbar. Insbesondere ist eine **sofortige Beschwerde** nach § 567 Abs. 1 Nr. 2 **unzulässig**. Sie ist entgegen dem scheinbar weiterreichenden Wortlaut des § 567 Abs. 1 Nr. 2 auch dann nicht zulässig, wenn ein selbständiges Rechtsmittel ausdrücklich ausgeschlossen ist.[3] So verhält es sich bei **Zwischenurteilen**. Die Anfechtbarkeit von Zwischenurteilen ist im Gesetz jeweils ausdrücklich angeordnet, so dass sie im Umkehrschluss für alle anderen Zwischenurteile ausgeschlossen ist. Sofern das Gericht über den Vorlegungsantrag abgesondert nicht durch Zwischenurteil sondern durch **Beschluss** entscheidet, kann nichts anderes gelten. **Entschieden wird** zudem nicht über das Verfahren, sondern inhaltlich **in Bezug auf** den **Streitgegenstand**. Eine derartige Entscheidung ist in gleicher Weise nur mit dem Endurteil anfechtbar wie ein Beweisbeschluss, für den die Rechtsmittelreform von 2001 ebenfalls keine Änderung erbracht hat.[4]

111 Wird statt durch Zwischenurteil **unrichtig durch Teilurteil entschieden**, weil der Beklagte einen innerprozessualen Editionsantrag fälschlich als Widerklage bezeichnet hatte, obwohl sein tatsächliches Begehren durch Auslegung des Antrags zu ermitteln war, ist das Teilurteil über die Widerklage wegen drohender Vollstreckung **anfechtbar**.[5]

112 **Bejaht** das Gericht die Voraussetzungen, so ordnet es die Vorlegung der Urkunde durch **Beweisbeschluss** nach § 358 an. **Bestreitet der Beweisgegner** den Urkundenbesitz (einschließlich der Existenz einer entsprechenden Urkunde), ist durch Beweisbeschluss (§ 426 S. 2 i.V.m. § 450) die **Vernehmung nach § 426** und u.U. die Beeidi-

---

1 Nicht begründet sind die Zweifel von Musielak/*Huber*[10] § 425 Rz. 3; jedenfalls ist der Besitz eine Rechtstatsache.
2 A.A. Musielak/*Huber*[10] § 425 Rz. 3.
3 MünchKommZPO/*Lipp*[4] § 567 Rz. 14; Zöller/*Heßler*[30] § 567 Rz. 37.
4 Rosenberg/Schwab/*Gottwald*[17] § 146 Rz. 17.
5 BGH ZZP 92 (1979), 362.

gung (§ 452) anzuordnen, nach deren Durchführung dann gegebenenfalls die Vorlegungsanordnung zu treffen ist (§ 426 S. 3). Den Beweisbeschluss kann der **Beweisgegner nicht anfechten**, weil sein Widerspruch gegen die Beweiserhebung keinen Antrag i.S.d. § 567 Abs. 1 Nr. 2 darstellt.

Über einen **Zwischenstreit** zu den tatsächlichen oder rechtlichen Voraussetzungen eines **Vorlegungsgrundes** kann durch Zwischenurteil entschieden werden. An ein Zwischenurteil ist das Gericht bei Erlass des Endurteils gebunden. Dies gilt jedoch nicht für die Bejahung der Beweiserheblichkeit der durch die Urkunde zu beweisenden Tatsache in den Gründen des Zwischenurteils; sie kann das Gericht im Endurteil anders beurteilen. 113

3. Analoge Anwendung bei Anordnung nach § 142

Seit der ZPO-Reform 2001 kann das Gericht die **Vorlegungsanordnung** gem. § 142 Abs. 1 auch **von Amts wegen** treffen. Die scheinbar voraussetzungslose Entscheidung ist jedoch **nicht von** der Prüfung der Schutzerfordernisses des **§ 425 freigestellt** (Kap. 28 Rz. 24). Nicht nur der **Urkundenbesitz** des Beweisgegners ist vorher festzustellen, sondern auch die **Beweiserheblichkeit** der mit der Urkunde zu beweisenden Tatsache und die Beweiseignung der Urkunde. Dies hat der Gesetzgeber in unvollständiger Form für dritte Urkundenbesitzer in der Begründung zur Einfügung des Hinweises auf § 142 in den Text des § 428 zum Ausdruck gebracht.[1] Der **Beweisgegner** ist nicht **weniger schutzwürdig**. Die Prüfung hat sich überdies darauf zu erstrecken, ob der Beweiserhebung **sonstige** berechtigte **Schutzbedürfnisse** des Beweisgegners, etwa Geheimhaltungsinteressen, entgegenstehen (vgl. Kap. 29 Rz. 52 ff.), obwohl darauf in § 142 Abs. 2 nur für Dritte hingewiesen wird. Beweiserhebungsverbote oder Beweisverwertungsverbote sind trotz der lakonischen Kürze des Gesetzestextes und seiner Begründung nicht gegenstandslos. 114

4. Auslandsbelegenheit der Urkunde

Besitzt der Prozessgegner Verfügungsgewalt über eine im Ausland belegene Urkunde, kann das Gericht deren **Verbringung nach Deutschland**, also in den Forumstaat, sowohl nach § 425 als auch nach § 142 anordnen. Das ist auch bei ausländischem Sitz oder Wohnsitz der betroffenen Partei **völkerrechtlich zulässig**.[2] Die Legitimation ergibt sich jedenfalls dann aus dem Prozessrechtsverhältnis, wenn die internationale Zuständigkeit des Gerichts völkerrechtlich nicht zu beanstanden ist.[3] Sanktionen mit Beugecharakter sind wegen der lediglich beweisrechtlichen Konsequenzen des § 427 nicht erforderlich. 115

V. Vernehmung des Gegners über Verbleib der Urkunde, § 426

1. Gesetzesgeschichte

Bis zur Novelle von 1933 sah § 426 die Anordnung zur Abgabe eines **Editionseides** durch den Beweisgegner vor. Mit Leistung des Eides, die Urkunde weder zu besitzen noch sie in Beweisvereitelungsabsicht beiseite geschafft zu haben und über ihren Verbleib nichts zu wissen, war der Nichtbesitz bewiesen. Andernfalls kam § 427 zur An- 116

---

1 BT-Drucks. 14/3750, S. 64.
2 *Musielak* Festschrift Geimer (2002), S. 761, 773; *Stadler* Festschrift Geimer, S. 1281, 1290.
3 Schlechthin einen Auslandsbezug des hoheitlichen Gerichtshandelns verneinend *Musielak* Festschrift Geimer, S. 761, 773.

wendung. An die Stelle des Editionseides ist die **Vorlegungsvernehmung** getreten, deren Ergebnis frei zu würdigen ist.

2. Normzweck

117 § 426 will im Interesse des Beweisführers **zur Auffindung** des Beweismittels **beitragen**. Die Norm erfasst unmittelbar den Fall, dass der Beweisgegner seinen Urkundenbesitz bestreitet. **Bestreitet** der Beweisgegner die **Existenz** der Urkunde, steht dies dem Bestreiten des Besitzes gleich (Rz. 98); § 426 ist darauf **anzuwenden**[1] (s. jedoch auch Rz. 121). Dem Beweisgegner darf nicht die Ausflucht gegeben werden, das Beweismittel trotz ausreichender Anhaltspunkte für den Besitz durch bloßes Bestreiten der Urkundenexistenz zu unterdrücken. Steht die Errichtung der Urkunde fest und gibt es konkrete Hinweise auf eine **Vernichtung** durch den Beweisgegner, ist eine Vorlegungsvernehmung zum Nachweis einer Beweisvereitelung erforderlich.[2] Sie ermöglicht es, die Behauptungen des Beweisführers über Beschaffenheit und Inhalt der Urkunde gem. § 444 als bewiesen anzusehen (vgl. Kap. 8 Rz. 151).

3. Vorlegungsvernehmung

a) Verfahren

118 Die Vernehmung des Beweisgegners ist **nicht** von einem besonderen **Vernehmungsantrag** abhängig. Sie setzt voraus, dass vom Urkundenbesitz abgesehen die Erfordernisse einer Anordnung nach § 425 bzw. des § 424 zu bejahen sind. Zu verlangen ist außerdem die vorläufige Überzeugung des Gerichts, dass die **Urkunde** überhaupt **existiert**.[3] Da es sich bei der Vorlegungsvernehmung um einen besonderen Fall der Parteivernehmung handelt, ergibt sich dies schon aus § 445 Abs. 2. Sind die genannten Voraussetzungen nicht gegeben, wird die Vorlegungsvernehmung durch **Beschluss, Zwischenurteil** oder in den Gründen des **Endurteils** abgelehnt. Eine Anfechtung kommt wie bei § 425 nur zusammen mit dem Endurteil in Betracht[4] (vgl. Rz. 111). § 426 ist auch anzuwenden, wenn die **Urkundenvorlegung** von Amts wegen **gem. § 142 Abs. 1** angeordnet werden soll.

119 **Angeordnet** wird eine Vernehmung **durch Beweisbeschluss** (§ 450 Abs. 1 S. 1 i.V.m. § 426 S. 3). Sie hat grundsätzlich vor dem Prozessgericht zu erfolgen, sofern nicht gem. §§ 451, 375 eine Vernehmung vor einem beauftragten oder ersuchten Richter beschlossen wird. Zur Vernehmung ist der Beweisgegner zu laden. Die Ladung ist ihm gem. § 450 Abs. 1 S. 2 trotz Bestellung eines Prozessbevollmächtigten persönlich formlos mitzuteilen; auf eine Zustellung hat das ZPO-ReformG 2001 verzichtet.[5] **Mit der Ladung** ist dem Beweisgegner aufzugeben, sorgfältig **nach dem Verbleib** der Urkunde **zu forschen** (§ 426 S. 2). Die Erfüllung der Nachforschungspflicht steht in der Regel einer sofortigen Vernehmung entgegen, auch wenn der Beweisgegner im Zeitpunkt der Beweisanordnung anwesend ist, es sei denn, weitere Nachforschungen sind im Einzelfall nicht erforderlich.[6] Dabei ist die Schutzfunktion des § 426 S. 2 zu beachten.

120 **Verweigert** eine Partei die **Teilnahme an** einer **Vorlegungsvernehmung** oder erscheint sie nicht im zur Vernehmung bestimmten Termin, gilt § 446 aufgrund der Verwei-

---

[1] RGZ 92, 222, 225; möglicherweise a.A. Musielak/*Huber*[10] § 426 Rz. 1.
[2] MünchKommZPO/*Schreiber*[4] § 426 Rz. 2.
[3] Vgl. RGZ 92, 222, 225 (zum Editionseid).
[4] Musielak/*Huber*[10] § 426 Rz. 2; Zöller/*Geimer*[30] § 426 Rz. 2.
[5] BT-Drucks. 14/3750, S. 64.
[6] Stein/Jonas/*Leipold*[22] § 426 Rz. 5.

sungskette des § 426 S. 3 i.V.m. §§ 453 Abs. 2 und 454 Abs. 1. Das Gericht hat in **freier Beweiswürdigung** (§ 286) über den Urkundenbesitz des Beweisgegners zu entscheiden. Bejaht es den Besitz, hat es nach § 426 S. 4 die Vorlegung anzuordnen. Weitergehende Schlussfolgerungen sind auf der Grundlage des § 446, der nur auf das Vernehmungsverfahren anwendbar ist, nicht zu ziehen.

b) Nachforschungspflicht

Die Vernehmung des Beweisgegners ist nicht auf seinen früheren oder gegenwärtigen Urkundenbesitz beschränkt, sondern von Anfang an auch **auf** die von ihm angestellten **Nachforschungen**[1] sowie generell auf sein **Wissen über** den gegenwärtigen **Verbleib** der Urkunde zu erstrecken; der Beweisgegner hat bei Verneinung des Besitzes seine Überzeugung zu bekunden, dass er nicht wisse, wo sich die Urkunde befinde.[2] **Bei früherem Besitz** hat er zu bekunden, an wen er die Urkunde weitergegeben oder wohin er sie verbracht hat. Eine Verletzung der Nachforschungspflicht ist nicht zu bejahen, wenn der Beweisgegner aussagt, die Urkunde nicht in Besitz gehabt oder den Besitz später verloren zu haben; Nachforschungen betreffen nur den eigenen Besitzbereich.[3]

121

c) Beeidigung

Nach § 452 Abs. 1, der über § 426 S. 3 anwendbar ist, ist die **Vereidigung** nach Ermessen des Gerichts möglich. Sie sollte **regelmäßig** in Erwägung gezogen werden, wenn sich der Beweisgegner verneinend erklärt. Nach § 452 Abs. 3 kann der Beweisführer hierauf allerdings verzichten.

122

d) Streitgenossen und gesetzliche Vertreter als Beweisgegner

Stehen dem Beweisführer **mehrere Streitgenossen** als Beweisgegner gegenüber, ist für jeden Streitgenossen selbständig zu beurteilen, ob eine Vorlegungspflicht besteht (Rz. 8). Trifft dies auf mehrere Streitgenossen gleichzeitig zu, etwa bei schlichtem oder qualifiziertem Mitbesitz, entscheidet das Gericht nach Lage des Falles, ob – so regelmäßig – alle oder nur einzelne Streitgenossen zu vernehmen sind (§ 426 S. 3 i.V.m. § 449).

123

Anstelle einer **prozessunfähigen Partei** ist nach § 455 Abs. 1 S. 2 deren **gesetzlicher Vertreter** zu vernehmen. Obwohl § 426 S. 3 den § 455 nicht in Bezug nimmt, ist § 455 Abs. 1 entsprechend anzuwenden. Bei mehreren gesetzlichen Vertretern steht es dem Gericht nach § 455 Abs. 1 S. 2 i.V.m. § 449 frei, ob es einen oder mehrere gesetzliche Vertreter vernimmt. § 455 Abs. 2 ist nicht anzuwenden; die Nachforschungspflicht kann nur dem gesetzlichen Vertreter auferlegt werden und nur er darf darüber vernommen werden.[4]

124

---

1 Musielak/*Huber*[10] § 426 Rz. 2; a.A. MünchKommZPO/*Schreiber*[4] § 426 Rz. 3.
2 So ausdrücklich die Materialien zum früheren Editionseid, Hahn/Stegemann, Mat. Band II/1, 2. Aufl. 1883, S. 325 f.
3 Damit erledigen sich die Bedenken von MünchKommZPO/*Schreiber*[4] § 427 Rz. 2.
4 Stein/Jonas/*Leipold*[22] § 426 Rz. 9.

e) Beweismittelbeschränkung

125 Neben der **Parteivernehmung** sollen **andere Beweismittel nicht** in Betracht kommen,[1] obwohl die Parteivernehmung sonst nur ein subsidiäres Beweismittel ist. Das ist nicht überzeugend; vielmehr können die auf einen Besitz hindeutenden Indizien durch Zeugenbeweis oder Sachverständigenbeweis erhärtet werden.

4. Rechtsfolgen

126 Gem. § 426 S. 4 ist das **Ergebnis der Vernehmung** – entsprechend § 453 – **frei zu würdigen** (§ 286). Gelangt das Gericht zu der Überzeugung, dass sich die Urkunde im Besitz des Beweisgegners befindet, ordnet es die Vorlegung an.

127 Die **Anordnung** erfolgt durch Beschluss oder Zwischenurteil, die beide nicht selbständig anfechtbar sind, oder in den Gründen des Endurteils. Kommt der Beweisgegner der Anordnung nicht nach, greift **§ 427** ein; eine Abschrift der Urkunde kann als richtig angesehen werden. Ist das Gericht überzeugt, dass der Beweisgegner nicht sorgfältig nach dem Verbleib der Urkunde geforscht hat, gilt § 427 S. 1 2. Alt. ebenfalls. Wurde die Urkunde arglistig beseitigt, ist **§ 444** anzuwenden.

128 Gelangt das Gericht zu der Überzeugung, der **Beweisgegner** befinde sich **nicht im Besitz** der Urkunde, ist der **Vorlegungsantrag** des Beweisführers durch Beschluss, Zwischenurteil oder in den Gründen des Endurteils **zurückzuweisen**. Mit der Ablehnung ist der Beweis gescheitert und entfällt das Beweismittel endgültig. Eine **sofortige Beschwerde** nach § 567 Abs. 1 Nr. 2 kommt **nicht** in Betracht. Das Unterlassen der Anordnung ist nur zusammen mit dem Endurteil angreifbar.

129 **Behauptet** der **Gegner**, eine Urkunde **nicht** mehr im **Besitz** zu haben, zu deren **Aufbewahrung** ihn eine handelsrechtliche **Pflicht** trifft, kann das Gericht ihn auch ohne förmliche Beweiserhebung beim Wort nehmen und nach § 444 die Behauptungen des Beweisführers über den Urkundeninhalt als bewiesen ansehen.[2]

VI. Folgen der Nichtvorlegung durch den Gegner, § 427

1. Normzweck, innerprozessuale Sanktion

130 Legt der Beweisgegner die Urkunde entgegen der Anordnung des Gerichts nicht vor, obwohl er dies nach Überzeugung des Gerichts könnte, so dass er eine pflichtwidrige **Beweisvereitelung** begeht, können ihn **Beweisnachteile** treffen; anders formuliert: er soll aus der von ihm verschuldeten Erschwerung des dem Beweisführer obliegenden Beweises keine Vorteile ziehen.[3]

131 Mit der Abschaffung des Editionseides durch die ZPO-Novelle von 1933 ist zugleich eine zwingende Beweisregel beseitigt worden; seither gilt eine **Beweiserleichterung** auf der Grundlage des Prinzips freier Beweiswürdigung. Die vom Gesetz bloß als möglich bezeichneten Schlussfolgerungen werden nach der lex lata auch ohne genaue gesetzliche Vorgabe *in der Regel* berechtigt sein. Gleichgestellt ist der Fall, dass der Beweisgegner nach Überzeugung des Gerichts **nicht sorgfältig** nach der Urkunde **geforscht** hat, obwohl ihm dies mit der Ladung zum Vernehmungstermin aufgegeben wurde (§ 426 S. 2).

---

1 RGZ 16, 395, 396.
2 OLG Düsseldorf MDR 1973, 592 (LS).
3 AK-ZPO/*Rüßmann* § 427 Rz. 1.

Das Gericht kann eine **Abschrift** der Urkunde **als richtig** oder mangels Abschrift die **Behauptungen** des Beweisführers über **Beschaffenheit und Inhalt** der Urkunde **als bewiesen** ansehen. Beschaffenheit meint die Qualität z.B. als öffentliche oder private Urkunde, Inhalt den rein tatsächlichen Inhalt, also die Text- und Unterschriftsangaben (§ 424 Nr. 3). Nicht unmittelbar bewiesen ist aufgrund des § 427 die Tatsache, die mit der Urkunde bewiesen werden soll.[1] Beide Beweise können aber zusammenfallen. 132

Will sich der **Beweisgegner** entgegen seiner erstinstanzlichen Weigerung **in der Berufungsinstanz vernehmen lassen** oder den vergeblich geforderten Eid leisten, ist dies nur unter den Voraussetzungen des § 536 Abs. 1 zulässig, die zusätzlich zu § 531 Abs. 2 gelten. Holt der Beweisgegner die Vorlage der Urkunde in der Berufungsinstanz nach, gilt dafür ebenfalls die Schranke des § 531 Abs. 2. 133

Die Ausgestaltung des § 427 als **rein innerprozessuale Sanktion** schließt eine Durchsetzung der prozessualen Vorlegungs- und Nachforschungspflicht durch selbständige Klage oder Widerklage mit Zwangsvollstreckung nach § 883 aus.[2] Unberührt bleibt die unmittelbare Durchsetzung etwaiger materiell-rechtlicher Ansprüche, wie sie dem § 422 zugrunde liegen.[3] Dem **Gericht** stehen gegen den Beweisgegner **keine Zwangsmittel** zur Durchsetzung der Vorlegungspflicht zur Verfügung. 134

An **direkt wirkenden Zwangsmitteln** fehlt es auch, wenn die Vorlegungsanordnung gegen den **Beweisgegner** auf § 142 Abs. 1 gestützt wird. § 427 ist dann analog anzuwenden;[4] die Norm ist nicht nur „ein Anhalt" oder „eine Richtlinie" im Rahmen des § 286,[5] was aber keinen praktischen Unterschied bewirkt. **Ordnungsmittel** sind **nach § 142 Abs. 2 S. 2 nur gegen Dritte** zu verhängen, die eine amtswegige Vorlegungsanordnung nicht befolgen. 135

2. Freie Beweiswürdigung

a) Vorlegung einer Abschrift

Die Beweiswirkungen, die erst im Endurteil auszusprechen sind, hängen davon ab, **ob** der Beweisführer eine **Abschrift der Urkunde beigebracht** hat. Nach § 427 S. 1 kann eine vom Beweisführer beigebrachte Abschrift der Urkunde, die nicht selbst Urkundenqualität besitzt, in freier Beweiswürdigung (§ 286) als mit der Urschrift übereinstimmend angesehen werden. Der Abschrift kommt dann vom Beweisergebnis her Urkundenqualität zu; sie wird faktisch als echt angesehen. Da die freie Beweiswürdigung **gegenüber Streitgenossen einheitlich** erfolgt, wirkt sich § 427 auch zu Lasten derjenigen Streitgenossen aus, gegen die sich der Vorlegungsantrag mangels Urkundenbesitzes nicht gerichtet hatte. 136

Unerheblich für die *Rechtsfolgenseite* ist, ob die Voraussetzungen eines **Zeugnisverweigerungsrechts** vorliegen, das einer Prozesspartei nicht zusteht, die jedoch die Zurückhaltung der Urkunde verständlich machen können. Berechtigte Weigerungsgründe (dazu Rz. 53) wirken sich nicht erst auf § 427 aus,[6] sondern **schließen schon** den 137

---

1 RG JW 1910, 68, 69; Stein/Jonas/*Leipold*[22] § 427 Rz. 9.
2 *Baumgärtel* Festschrift Schima, S. 41, 46 unter Hinweis auf § 429.
3 Stein/Jonas/*Leipold*[22] § 427 Rz. 3.
4 Musielak/*Huber*[10] 427 Rz. 1.
5 So aber BAG DB 1976, 1020.
6 A.A. *Schreiber* Die Urkunde im Zivilprozeß, S. 173 ff., 181; ihm anscheinend folgend Rosenberg/Schwab/*Gottwald*[17] § 119 Rz. 36 Fn. 58.

Vorlegungsanspruch aus; es kommt also gar nicht erst zu einer Vorlegungsanordnung, die missachtet werden könnte. Für Nachforschungen zum Urkundenbesitz ist ein Zurückhaltungsrecht ohnehin belanglos.

138 Auf den **Zeitpunkt der Vorlegung** der Abschrift kommt es nach Wortlaut und Zweck des § 427 nicht an. Legt der Beweisführer erstmals in der Berufungsinstanz eine Abschrift vor, muss er die Hürde des **§ 531 Abs. 2** überwinden. Der Abschrift sollte Skepsis entgegengebracht werden, wenn diese erst vorgelegt wird, nachdem feststeht, dass der Beweisgegner seiner Vorlegungspflicht nicht nachkommen wird. Misstraut das Gericht der Abschrift, kann es den **Beweis** auch **als nicht erbracht** ansehen. Hierin liegt der Unterschied zu einer generellen Beweislastumkehr und auch zur Regelung des § 427 in der Fassung bis zur Novelle von 1933. Bevor der Beweis als endgültig gescheitert angesehen werden darf, müssen stets die Aussagen des Beweisführers über Beschaffenheit und Inhalt der Urkunde frei gewürdigt werden (§ 286). Die Situation ist mit dem in § 427 S. 2 geregelten Fall vergleichbar, dass überhaupt keine Abschrift vorgelegt wurde.

139 Zur weitergehenden Möglichkeit, eine Abschrift im Falle einer **Beweismittelvernichtung** durch den Gegner als richtig anzuerkennen, vgl. Kap. 8 Rz. 131. Eine analoge Anwendung des § 427 kommt bei Nichtbefolgung einer Anordnung nach **§§ 102, 258 HGB** in Betracht.

b) Nichtvorlegung einer Abschrift

140 Hat der Beweisführer eine Abschrift nicht beigebracht, kann das Gericht nach § 427 S. 2 seine substantiierten[1] **Behauptungen** über die Beschaffenheit und den Inhalt der Urkunde **als bewiesen** ansehen. Fehlt es bereits an Tatsachenbehauptungen, kommt § 427 überhaupt nicht in Betracht;[2] dann werden allerdings schon die Voraussetzungen des § 424 nicht erfüllt sein. Welche Bedeutung dies für den Prozess hat, ist frei zu würdigen (§ 286). Darüber hinaus besteht grundsätzlich die Möglichkeit, weiteren Beweis zu erheben.

3. Gegenbeweis

141 Im Rahmen der freien Beweiswürdigung ist ein Gegenbeweis grundsätzlich möglich. Der Beweisgegner kann allerdings wegen § 445 Abs. 2 **nicht** die **Vernehmung des Beweisführers** beantragen, wenn das Gericht nach § 427 die Abschrift als richtig oder die Behauptungen des Beweisführers über Beschaffenheit oder Inhalt der Urkunde als erwiesen ansieht.

4. Allgemeine Bedeutung des § 427

142 § 427 normiert ähnlich wie die §§ 441 Abs. 3 S. 3 und 444 sowie die §§ 453 Abs. 2 und 454 Abs. 1 für eine singuläre Gestaltung die prozessuale Sanktion einer **Beweisvereitelung** durch den Beweisgegner. Dem dahinter stehenden Gedanken, in den Fällen arglistiger Vereitelung oder sonstiger schuldhafter Erschwerung der Benutzung eines Beweismittels in freier Beweiswürdigung auf die Wahrheit des gegnerischen Vorbringens zu schließen oder wenigstens Beweiserleichterungen zu gewähren,

---

[1] Zu diesem Erfordernis BAG DB 1976, 1020.
[2] BGH NJW-RR 1992, 1072, 1073 = ZIP 1992, 938.

kommt allgemeine Bedeutung zu.[1] Er ist **auch** auf Fälle einer **fahrlässigen Vereitelung der Beweisführung** zu erstrecken[2] und u.U. ist sogar das Verhalten eines Dritten der Prozesspartei zuzurechnen.[3] Einigkeit über die Rechtsfolge besteht nicht (näher zur Beweisvereitelung Kap. 8 Rz. 138 ff.).

---

1 BGH NJW 1963, 389, 390; BGHZ 72, 132, 139; 99, 391, 399; BGH NJW 1996, 315, 317; OLG Koblenz NJW 1968, 837; OLG Hamburg VersR 1989, 1281, 1282; BAG BB 1987, 1741, 1742; BSG NJW 1973, 535; *Konzen* Rechtsverhältnisse zwischen Prozeßparteien, S. 232 ff.; *Gerhardt* AcP 169 (1969), 289, 295 ff.; *Prütting* Gegenwartsprobleme der Beweislast, S. 188 f.; *Baumgärtel* Beweislastpraxis des Privatrechts, 1996, Rz. 111 ff., 120; *Baumgärtel* Festschrift Kralik (1986), S. 63 ff.; Musielak/*Foerste*[10] 286 Rz. 62 ff.; *Musielak* Festgabe 50 Jahre BGH, 2000, Band III, S. 193, 221.
2 BGHZ 6, 224, 227; BGH NJW 1963, 389, 390; 1976, 1315, 1316; 1986, 59, 60 f.; 1998, 79, 81; RGZ 128, 121, 125.
3 RGZ 101, 197, 198.

Kapitel 30:
Erhebung des Urkundenbeweises III: Urkundenbesitz Dritter, Durchführung der Vorlageverfahren

	Rz.
§ 107 Urkundenvorlage durch private Dritte	
I. Außerprozessuale Urkundenbeschaffung.	1
II. Beweisantritt durch Fristsetzungsantrag, § 430	
1. Antragserfordernis	3
2. Modifikation des § 424	5
3. Gerichtliche Entscheidung	7
III. Vorlageanordnung von Amts wegen, § 142.	8
IV. Vorlegungspflichten Dritter, § 429	12
V. Durchsetzung mittels eines selbständigen Prozesses	
1. Ordentliches Erkenntnisverfahren statt Editionsverfahren	
a) Zweites (Neben-)Verfahren. . .	16
b) Rechtspolitische Kritik	17
2. Verfahrensgang.	18
3. Zwangsvollstreckung.	22
VI. Alternative Vorgehensweisen	
1. Zeugenbeweisantritt	24
2. Antrag auf Anordnung nach § 142	25
VII. Vorlegungsfrist, § 431	
1. Voraussetzungen der Fristbestimmung.	28
2. Inhalt der Fristbestimmung. . . .	31
3. Rechtsbehelfe.	33
VIII. Fortsetzung des Verfahrens nach § 431 Abs. 2	36
IX. Sonstige Möglichkeiten der Verfahrensfortsetzung	
1. Vor Fristablauf	38
2. Nach Fristablauf.	41
§ 108 Urkundenvorlage durch Behörden oder Beamte, § 432 ZPO	
I. Urkundenbeschaffung im Wege der Amtshilfe	42
II. Voraussetzungen des Beweisantritts nach § 432 Abs. 1	
1. Urkundenqualität	46

	Rz.
2. Urkundenbesitz einer Behörde oder eines Beamten.	47
III. Beweisantrag	
1. Antragserfordernis	49
2. Selbstbeschaffung der Urkunde durch den Beweisführer	51
3. Vorlage- und Verwertungsverbot .	55
IV. Beweisbeschluss des Prozessgerichts	57
V. Vorlagepflicht der Behörden	59
VI. Beweisantritt nach § 432 Abs. 3. .	70
§ 109 Ablauf der Vorlageverfahren	
I. Vorlegung vor beauftragtem oder ersuchten Richter, § 434	
1. Durchbrechung des Unmittelbarkeitsgrundsatzes	73
2. Vorlegungshindernisse, Besorgnis der Urkundenbeeinträchtigung . .	74
3. Anordnung der Vorlegung	76
4. Beweisaufnahme im Inland	78
II. Beweisaufnahme über Auslandsurkunde.	82
III. Vorlegung öffentlicher Urkunden in Urschrift oder beglaubigter Abschrift, § 435	
1. Vorlegungserleichterung	
a) Beglaubigte Abschrift statt Urschrift	84
b) Urschrift und Abschrift	
aa) Begriffliche Abgrenzungen	88
bb) Abschriftsbeglaubigung. . .	91
2. Sachlicher Anwendungsbereich. .	93
3. Anordnung zur Vorlage der Urschrift, Glaubhaftmachung von Hinderungsgründen	94
IV. Verzicht nach Vorlegung, § 436	
1. Verzicht vor erfolgter Urkundenvorlegung	
a) Einseitige Verzichtserklärung .	96
b) Folgen des Verzichts.	98
2. Verzicht nach erfolgter Urkundenvorlegung.	100

§ 107 Urkundenvorlage durch private Dritte

I. Außerprozessuale Urkundenbeschaffung

Befindet sich die **Beweisurkunde** nach der Behauptung des Beweisführers in den **Händen eines Dritten**, obliegt es nach den §§ 428–431 dem Beweisführer, die **Urkunde** innerhalb einer vom Gericht nach § 431 Abs. 1 festzulegenden Frist **zu beschaffen**, durch die der **Hauptprozess** bis zur Erledigung der gegen den Dritten zu erhebenden **Editionsklage** (§ 429) angehalten wird. Besonderheiten gelten gem. § 432, wenn Dritter eine Behörde ist. Wegen § 595 Abs. 3 finden die §§ 428 ff. keine Anwendung auf den eilbedürftigen Urkundenprozess. **Dritter** ist derjenige, der am Prozess entweder gar nicht oder **weder als Beweisgegner noch** als deren **Streitgenosse** oder streitgenössischer **Streithelfer** beteiligt ist (zur Abgrenzung Kap. 29 Rz. 8). 1

Das Verfahren nach den §§ 428 ff. betrifft **ausschließlich** den Fall der **Vorlegungserzwingung** durch den Beweisführer. Sie erfolgt außerhalb des Hauptprozesses **mittels selbständiger Klage** (unten Rz. 16). Überlässt der Dritte die Urkunde dem Beweisführer freiwillig, wird dieser zum Urkundenbesitzer und kann den Beweis nach § 420 antreten. Ist der Dritte zwar zur **freiwilligen Vorlage** bereit, will die Urkunde aber unmittelbar dem Prozessgericht vorlegen, genügt es, dass die beweisführende Partei schriftsätzlich auf die Urkunde Bezug nimmt. 2

II. Beweisantritt durch Fristsetzungsantrag, § 430

1. Antragserfordernis

Der nach § 430 zu begründende **Antrag** muss **auf Festsetzung einer Frist** zur Herbeischaffung der Urkunde gerichtet sein. Ein Antrag auf Herbeischaffung der Urkunde ist nicht zulässig,[1] kann aber in einen Antrag auf Fristsetzung umgedeutet werden. Nach § 431 Abs. 1 hat der Beweisführer lediglich **Anspruch** auf Gewährung einer **Schonfrist** für die Beschaffung der Urkunde durch selbständige Klage gegen den Drittbesitzer nach § 429 S. 1 Hs. 2. Da die klageweise Durchsetzung des Vorlegungsanspruchs eine gewisse Zeit in Anspruch nimmt, bedarf es der Frist, um das Beweismittel nach erfolgreicher Klage und Zwangsvollstreckung im Hauptprozess einsetzen zu können. 3

Die durch Fristsetzung ermöglichte **Unterbrechung des Verfahrens** kommt einer Aussetzung gleich. Der Antrag kann auch **außerhalb der mündlichen Verhandlung** gestellt werden, wie sich aus § 431 Abs. 1 ergibt, wonach das Gericht die Frist durch Beschluss bestimmen kann (vgl. § 128 Abs. 4). Wegen der zu erwartenden erheblichen Verfahrensverzögerung muss der Fristsetzungsantrag im Hinblick auf § 282 Abs. 1 besonders zeitig gestellt werden. 4

2. Modifikation des § 424

An den Antrag auf Fristbestimmung gem. § 428 werden, wenn auch eingeschränkt, dieselben formalen und inhaltlichen **Anforderungen des § 424** gestellt, wie sie für den Vorlegungsantrag nach § 421 gelten. Die Ausführungen zu § 424 Nr. 1–3 und 5 sind entsprechend heranzuziehen. Der Vorlegungsanspruch (§ 424 Nr. 5) gegen den Dritten muss bereits in dem Zeitpunkt bestehen, in dem der Fristsetzungsantrags gestellt 5

---

1 RGZ 135, 123, 131.

wird; nicht ausreichend ist eine künftige Abtretung des materiellrechtlichen Anspruchs an den Beweisführer.[1]

6 **Glaubhaftmachung** eines Vorlegungsanspruchs aus § 423 ist als reiner Formalismus entbehrlich, weil sich die Bezugnahme einer Prozesspartei aus den Akten ergibt. **Über § 424 Nr. 4 hinausgehend**, der lediglich eine Darlegung der Umstände verlangt, aus denen sich der Urkundenbesitz ergeben soll, ist die **Glaubhaftmachung des Besitzes** des Dritten erforderlich; § 424 Nr. 4 passt nicht in die abweichende Konzeption der §§ 428 ff. Die Glaubhaftmachung kann entfallen, wenn der Besitz des Dritten unstreitig ist.

3. Gerichtliche Entscheidung

7 Die Voraussetzungen des Antrags werden vom **Gericht des Hauptprozesses** geprüft. Zwar sind der Urkundenbesitz und die weiteren Voraussetzungen des § 431 im nachfolgenden selbständigen Nebenprozess Gegenstand einer selbständigen Tatsachen- und Rechtsprüfung. Die **zusätzliche summarische Prüfung** im Hauptprozess ist aber erforderlich, weil dieses Verfahren nur bei Beweiserheblichkeit der Urkundenvorlage verzögert werden darf. Außerdem ist die Fristsetzungsentscheidung des § 431 Begründetheitsvoraussetzung im Nebenverfahren (vgl. unten Rz. 19). Nur wenn die Voraussetzungen des § 431 erfüllt sind, darf das Gericht die Vorlegungsfrist bestimmen.

III. Vorlageanordnung von Amts wegen, § 142

8 Aufgrund der Bezugnahme kann das Gericht auch von Amts wegen eine **Vorlageanordnung nach § 142** treffen. Die Anordnung nach § 142 kann auch gegen den widerstrebenden Dritten ergehen; dann ist der Beweisführer auf das Verfahren nach § 431 i.V.m. § 429 nicht angewiesen. Das Vorgehen nach § 142 ermöglicht einen **schnelleren Zugriff** als eine zeitraubende separate Vorlegungsklage.[2]

9 Es kommt **für § 142 nicht** darauf an, dass ein **materiell-rechtlicher Vorlegungsanspruch** besteht (Kap. 28 Rz. 24). Gerade bei fehlendem Zugang des Beweisführers zur Urkunde wirkt sich aus, dass das Gericht grundsätzlich (trotz des nicht eindeutigen Wortlauts der §§ 428 und 429) zur Anordnung verpflichtet ist (näher: Kap. 28 Rz. 19 ff.).

10 Der **Besitz des Dritten** wird in einem selbständigen Verfahren, das von Partei wegen außerhalb des Hauptverfahrens betrieben wird, als Tatbestandsmerkmal des Vorlegungs- bzw. Herausgabeanspruchs geprüft (s. auch unten Rz. 20). Demgegenüber hat das Gericht bei einer Anordnung von Amts wegen die Prozessbehauptung des Beweisführers über den nach prozessrechtlichen Gesichtspunkten (Kap. 29 Rz. 12 ff.) zu bestimmenden Besitz zunächst zugrunde zu legen. Mangelnde Verfügungsmöglichkeit des Dritten ist erst auf dessen Einwendung hin in einem Zwischenverfahren nach §§ 142 Abs. 2 S. 2, 387 zu klären.[3]

11 Gegen ein **Zwischenurteil** kann der **Dritte** nach § 387 Abs. 3, 567 Abs. 1 S. 1 – anders als die Prozesspartei bei Nichtanordnung – nach §§ 387 Abs. 3, 567 Abs. 1 Nr. 1 – wie bei Nichtanerkennung von Weigerungsgründen[4] – das Rechtsmittel der **sofortigen Beschwerde** einlegen.

---

1 RGZ 135, 123, 131 f.
2 *Stadler* Festschrift Beys (2003), S. 1625, 1642.
3 *Schlosser* Festschrift Sonnenberger (2004), S. 135, 150.
4 Vgl. *Schneider* MDR 2004, 1, 4.

IV. Vorlegungspflichten Dritter, § 429

§ 429 S. 1 regelt die Gründe und den Inhalt der Vorlegungspflicht des Dritten in Anlehnung an die Vorlegungspflicht des Beweisgegners, verweist also auf die **Vorlegungsgründe der §§ 422 und 423**. Der zum Beweisantritt erforderliche Beweisantrag (§ 428) setzt nach § 430 i.V.m. § 424 Nr. 5 voraus, dass der Beweisführer den Grund der Vorlageverpflichtung glaubhaft macht.

Eine **Verpflichtung nach § 423** kann sich nur für solche Urkunden ergeben, auf die der Dritte im laufenden Prozess entweder als zunächst beteiligte, inzwischen aber ausgeschiedene Partei oder als einfacher Streithelfer des Beweisgegners oder als Streitgenosse oder Streithelfer des Beweisführers Bezug genommen hat. Erforderlich ist, dass der **Dritte** die **Urkunde** selbst **in Bezug genommen** hat.

Soweit der **Vorlageantrag auf § 422** gestützt wird, ist der Dritte zur Vorlegung aus denselben materiell-rechtlichen Gründen verpflichtet wie der Beweisgegner. Der materiellrechtliche Anspruch muss zwischen Beweisführer und Drittem bestehen. Bei der Vorlage im Prozess muss der Dritte auch die Einsichtnahme durch den Beweisgegner dulden. Da in § 441 Abs. 3 nicht auf die §§ 428 ff. verwiesen wird, besteht keine Vorlegungsverpflichtung des Dritten zum Zweck der **Schriftvergleichung**.

Die **Vorlegung** der Urkunde durch den Dritten hat auch dann in einem Verhandlungstermin **vor dem Prozessgericht** zu erfolgen, wenn nach materiellem Recht die Vorlegung an einem anderen Ort geschuldet wird. Eine Vorlegung vor dem kommissarischen Richter kommt nur unter den in § 434 genannten Voraussetzungen in Betracht.

V. Durchsetzung mittels eines selbständigen Prozesses

1. Ordentliches Erkenntnisverfahren statt Editionsverfahren

a) Zweites (Neben-)Verfahren

Der Anspruch auf Vorlegung der Urkunde ist gegen einen Dritten zwangsweise nur im Wege einer **selbständigen Klage** außerhalb des Hauptverfahrens mit anschließender Zwangsvollstreckung nach § 883 durchzusetzen. Eine Vorlegungsanordnung nach § 425 im **Editionsverfahren** kann **nicht** beantragt werden. An die Stelle der Anordnung nach § 425 tritt die Fristbestimmung nach §§ 428, 430. Daher fehlt es auch an einer dem § 427 vergleichbaren Rechtsfolgenregelung.

b) Rechtspolitische Kritik

Von der Einführung eines **Editionsverfahrens im Hauptprozess** nach dem Vorbild einiger früherer Landesprozessordnungen hat der Gesetzgeber der CPO Abstand genommen, um den Dritten nicht seinem gesetzlichen Richter, wie er sich aufgrund der Zuständigkeitsregeln der §§ 12 ff. ergibt, zu entziehen.[1] Vermieden werden sollten zugleich Komplikationen aufgrund unterschiedlicher Eingangszuständigkeiten bei Rechtshängigkeit des Hauptprozesses vor einem Amtsgericht. Überdies sollten Inländer nicht ungünstiger behandelt werden als im Ausland ansässige Urkundenbesitzer, offenbar ausgehend von der Vorstellung, dass diese Personen im Inland nicht gerichtspflichtig sind und gegen sie aufgrund der Regeln über die internationale Zuständigkeit kein deutscher Gerichtsstand für eine Vorlageklage gegeben ist. Diese **Ar-**

---

[1] Hahn/Stegemann, Materialien, Band II/1, 2. Aufl. 1883, S. 326; dies aufgreifend RGZ 12, 412, 414.

gumente sind **rechtspolitisch ebenso wenig überzeugend** wie das zusätzliche Argument, über die Interessen eines am Hauptprozess unbeteiligten Dritten solle nicht aufgrund summarischer Prüfung entschieden werden.[1] Das wird nicht zuletzt durch die **Verfahrensgestaltung bei** einer **Anordnung von Amts wegen** gem. § 142 unterstrichen, für die § 142 Abs. 2 S. 2 auf die §§ 386–390 verweist, also auf das **Zwischenstreitverfahren** des § 387.

2. Verfahrensgang

18 Die **Klage** ist grundsätzlich vom **Beweisführer** zu erheben. Dies gilt auch dann, wenn der Streitgehilfe den Antrag auf Fristsetzung nach § 428 gestellt hat.[2] Hat der **Streithelfer** des Hauptprozesses nach §§ 422 oder 423 einen eigenen Vorlegungsanspruch gegen den Dritten, kann er auch selbst die Klage erheben.[3] Wer in dem Nebenprozess Streitgehilfe sein kann, ist unabhängig von der Streitgehilfenschaft im Hauptprozess zu beurteilen.[4] Ein **besonderer Gerichtsstand**, etwa am Ort des Hauptprozesses, steht **nicht** zur Verfügung.

19 Zu klagen ist auf **Vorlegung** der Urkunde **vor dem Prozessgericht**.[5] Das weicht in der Regel von dem Inhalt eines zugrunde liegenden materiell-rechtlichen Anspruchs ab (vgl. etwa § 811 BGB). Die Klage ist **nur** dann **begründet**, wenn die gerichtliche **Fristsetzung nach § 430 nachgewiesen** wird,[6] sofern Vorlegung nach § 423 begehrt wird. Wird die Vorlegung auf § 422 gestützt, ist der Nachweis ebenfalls erforderlich, wenn der materiell-rechtlich geschuldete Inhalt des Herausgabe- oder Vorlegungsanspruchs nach den Bedürfnissen der Beweissituation modifiziert wird, was wegen des abweichenden Vorlegungsortes und des Einsicht nehmenden Personenkreises regelmäßig der Fall sein wird.

20 Der **Besitz des Dritten** an der Urkunde ist vom klagenden Beweisführer unter Einsatz sämtlicher Beweismittel einschließlich der Parteivernehmung nach § 445 zu beweisen. **§ 426 gilt** insofern **nicht**.

21 **Fällt** die **Beweiserheblichkeit** im Hauptprozess **fort**, sei es auch nur wegen nachträglicher Verkürzung der Fristsetzung (§ 431 Abs. 2), oder **erledigt sich** der **Hauptprozess** insgesamt während der Dauer des Nebenprozesses, erledigt sich die selbständige Vorlegungsklage, sofern der Kläger nicht aus anderen Gründen und mit geändertem Antrag das Nebenverfahren auf der Grundlage eines materiell-rechtlichen Anspruchs weiterbetreiben kann. Führt die Vollstreckung nicht zum gewünschten Ziel oder wird die **Klage im Nebenprozess** rechtskräftig **abgewiesen**, kommt die Urkunde als Beweismittel nicht mehr in Betracht.[7]

3. Zwangsvollstreckung

22 Die Zwangsvollstreckung aus einem Vorlegungsurteil erfolgt **analog § 883**.[8] Die Vorlegung einer Urkunde zur Einsichtnahme fällt trotz des Unterschiedes zwischen He-

---

1 So die Rechtfertigung von *Siegel* Die Vorlegung von Urkunden im Prozeß, 1904, S. 222.
2 MünchKommZPO/*Schreiber*[4] § 429 Rz. 2; Stein/Jonas/*Leipold*[22] § 429 Rz. 5.
3 MünchKommZPO/*Schreiber*[4] § 429 Rz. 2; Stein/Jonas/*Leipold*[22] § 429 Rz. 5.
4 Vgl. MünchKommZPO/*Schreiber*[4] § 430 Rz. 2.
5 AK-ZPO/*Rüßmann* §§ 428–431 Rz. 4; MünchKommZPO/*Schreiber*[4] § 429 Rz. 2.
6 RGZ 12, 412, 415.
7 Musielak/*Huber*[10] 429 Rz. 2.
8 MünchKommZPO/*Schreiber*[4] § 429 Rz. 2; Stein/Jonas/*Leipold*[22] § 429 Rz. 4.

rausgabe und Vorlage unter die Herausgabevollstreckung,[1] weil die vorübergehende Wegnahme unter **Anwendung direkten Zwangs** des Gerichtsvollziehers das Wesentliche der Vollstreckung ist. Ein Verfahren zur Abgabe einer eidesstattlichen Versicherung nach §§ 883 Abs. 2, 899 kann sich anschließen. Vermieden wird mit der Anwendung des § 883 das schwerfälligere und u.U. weniger effektive Verfahren nach § 888. Unerheblich ist, dass die Vorlage nicht beim Gläubiger zu erfolgen hat. Zur Zwangsvollstreckung bei Anordnung nach § 142 s. unten Rz. 26).

Befindet sich die **Urkunde im Ausland**, kann deren **Herbeischaffung** in Deutschland gem. **§ 888** erzwungen werden.[2] Eine Vollstreckung analog § 883 scheitert daran, dass das Tätigwerden eines Gerichtsvollziehers auf das deutsche Hoheitsgebiet beschränkt ist. In Betracht kommt allerdings die Vollstreckung im Ausland auf der Grundlage eines dort ergangenen (ausländischen) Titels oder dort für vollstreckbar erklärten inländischen Titels nach den Regeln des dortigen Vollstreckungsrechts. **Zwangsmittel des Gerichts des Hauptprozesses**, nämlich Ordnungsmittel **nach § 390**, können nur auf der Grundlage einer Anordnung nach § 142 Abs. 1 kraft der Verweisung des § 142 Abs. 2 S. 2 verhängt werden. Ist der Dritte im Ausland ansässig, ist die Anordnung (Übermittlungsbitte) durch einfachen Brief unter Verzicht auf die Androhung von Zwangsmitteln völkerrechtlich zulässig.[3] Zur Beweisaufnahme im Ausland s. Kap. 59 § 202. 23

VI. Alternative Vorgehensweisen

1. Zeugenbeweisantritt

Der Beweisführer kann den Dritten in geeigneten Fällen auch als Zeugen zur Bekundung von Tatsachen benennen, die sich aus dem Urkundeninhalt ergeben, und zudem auf die Urkunde Bezug nehmen sowie anregen, dem Zeugen das Mitführen der Urkunde aufzutragen. Nach § 378 Abs. 1 S. 1 hat der Zeuge **gedächtnisstützende Unterlagen** zum Termin **mitzubringen**. Er braucht sie dem Gericht zwar nicht vorzulegen, weil § 429 nach § 378 Abs. 1 S. 2 unberührt bleiben soll. Das Gericht kann die bei der Vernehmung **verweigerte Urkundenvorlage** aber nach **§ 142 Abs. 1 von Amts wegen** anordnen; auch diese Möglichkeit bleibt nach § 378 Abs. 1 S. 2 unberührt. Eine unzulässige Umgehung des § 429 ist darin seit der ZPO-Reform 2001 nicht mehr zu sehen. 24

2. Antrag auf Anordnung nach § 142

Alternativ kommt seit der ZPO-Reform 2001 die Vorlegungsanordnung **von Amts wegen** gem. § 142 in Betracht, die lediglich die Bezugnahme einer Prozesspartei auf die Urkunde voraussetzt. Diese Vorschrift geht über die Gründe des § 422 und des § 423 hinaus (Kap. 28 Rz. 19 ff., Kap. 30 Rz. 9). Das Gericht ist grundsätzlich verpflichtet, einen Antrag zum Vorgehen nach § 142 zu prüfen und eine **Nichtanordnung** im Urteil zur Vermeidung eines Verstoßes gegen § 286 zu **begründen** (Kap. 28 Rz. 26). 25

Über **Weigerungsgründe** wird im **Zwischenstreitverfahren** nach § 387 entschieden (s. auch Rz. 17). Eine Anordnung nach § 142 bietet die Möglichkeit der Zwangsvollstre- 26

---

1 OLG Hamm NJW 1974, 653; OLG Frankfurt NJW-RR 1992, 171; OLG Köln NJW-RR 1989, 568, 569; *Grimme* JA 1985, 323, 325; MünchKommZPO/*Gruber*[4] § 883 Rz. 13; Wieczorek/Schütze/*Storz*[3] § 883 Rz. 27.
2 *Geimer* ZfRV 1992, 321, 336; Wieczorek/Schütze/*Storz*[3] 883 Rz. 25; Zöller/*Geimer*[30] § 429 Rz. 3.
3 *Musielak* Festschrift Geimer (2002), S. 761, 774 i.V.m. 770.

ckung durch Verhängung von **Ordnungsmitteln** nach §§ 142 Abs. 2 S. 1, 390 (Ordnungsgeld, Ordnungshaft).[1]

27 In **analoger Anwendung** des **§ 142** hat der 5. Zivilsenat des BGH die Anordnung getroffen, der Verwalter einer Wohnungseigentumsanlage müsse eine Liste über die Anschriften der verklagten Miteigentümer vorlegen.[2] Damit wurde der Sache nach auf § 142 eine **Auskunftsverpflichtung** gestützt, die zudem nicht der materiellen Sachaufklärung diente, sondern die prozessualen Voraussetzungen der Klageerhebung herstellen sollte.[3]

VII. Vorlegungsfrist, § 431

1. Voraussetzungen der Fristbestimmung

28 Der Fristsetzungsbeschluss gem. § 431 Abs. 1 tritt bei Urkundenbesitz eines Dritten an die Stelle der Beweisanordnung nach § 425 im Editionsverfahren gegen den Beweisgegner. Er ist aber selbst **kein Beweisbeschluss**.[4] Die Fristsetzung ist Voraussetzung der Unterbrechung des Hauptprozesses und zugleich Begründetheitserfordernis der Klage nach § 429 im Nebenverfahren gegen den Dritten. Der Fristsetzungsbeschluss geht auf den Beweisantritt nach § 428 zurück und muss den **Anforderungen der §§ 430, 424 Nr. 1–3, 5** genügen.

29 Auf einen ordnungsgemäßen Beweisantritt hin hat das Gericht die **Erheblichkeit der zu beweisenden Tatsache** zu prüfen. Für die Begründetheit des Antrags auf Fristsetzung ist – anders als bei einem Vorgehen nach §§ 428, 142 – außerdem erforderlich, dass die Voraussetzungen der **§§ 422 oder 423** erfüllt sind. Die Abweichungen vom Verfahrensgang gegenüber dem Beweisgegner (§§ 425–427) hängen damit zusammen, dass der Dritte keinem innerprozessualen Editionsverfahren unterworfen wird, sondern gegen ihn nach § 429 ein selbständiges Verfahren zu führen ist. Dort ist auch erst festzustellen, ob der Dritte Urkundenbesitzer ist.

30 Wird ein unzulässiger Antrag trotz Hinweises nach § 139 nicht ergänzt, ist er **durch Beschluss, Zwischenurteil** oder **im Endurteil zurückzuweisen**. Dasselbe gilt für einen unbegründeten Antrag.

2. Inhalt der Fristbestimmung

31 Durch die Fristbestimmung wird dem Beweisführer die Möglichkeit gegeben, die **Urkunde mittels selbständiger Klage** gegen den Dritten **zu beschaffen**. Für die Dauer der Frist wird der Hauptprozess nicht fortgeführt. Die Fristenlänge hat sich am Zeitbedarf für eine derartige Klage im Einzelfall zu orientieren.[5] **§ 431** enthält eine **lex specialis zu § 356**. Die Fristbestimmung erfolgt durch Beschluss und damit ohne vorherige mündliche Verhandlung (§ 128 Abs. 4). Dem **Beweisgegner**, dessen Interesse an einer zügigen Entscheidung berührt wird, ist **rechtliches Gehör** zu gewähren,[6] auch wenn die §§ 428 ff. nur auf das Vorbringen des Beweisführers abstellen.

---

1 LG Saarbrücken VersR 2003, 234, 235 (Nichtvorlage von Krankenunterlagen durch Arzt im Verfahren des Patienten gegen Krankenversicherer).
2 BGH NJW 2013, 1003 Rz. 9.
3 BGH NJW 2013, 1003 Rz. 10.
4 Stein/Jonas/*Leipold*[22] § 431 Rz. 3; MünchKommZPO/*Schreiber*[4] § 431 Rz. 2.
5 Stein/Jonas/*Leipold*[22] § 431 Rz. 2; MünchKommZPO/*Schreiber*[4] § 431 Rz. 2; AK-ZPO/*Rüßmann* §§ 428–431 Rz. 4.
6 Stein/Jonas/*Leipold*[22] § 431 Rz. 4.

Die **richterliche Frist** kann nach §§ 224 Abs. 2, 225 auf Antrag **abgekürzt** oder **verlängert** werden. Zur Wahrung der Frist ist es ausreichend, dass die Urkunde bis zu ihrem Ablauf zu den Akten eingereicht wird. Es kommt nicht darauf an, dass die Urkunde vor Ablauf der Frist auf der Geschäftsstelle hinterlegt wird, da es dort nur darum geht, dem Beweisführer die Möglichkeit zur Beschaffung der Urkunde zu ermöglichen.[1]

3. Rechtsbehelfe

Gegen die **Ablehnung des Fristsetzungsantrags** durch Beschluss oder Zwischenurteil ist die **sofortige Beschwerde** nach § 567 Abs. 1 Nr. 2 statthaft.[2] Die Prüfung der Beweis- und Entscheidungserheblichkeit sowie der Beweiseignung fällt jedoch in die ausschließliche Kompetenz des Prozessgerichts und darf nicht vom Beschwerdegericht vorgenommen werden.[3] Wird der Antrag unberechtigt übergangen, ist das Endurteil wegen Verstoßes gegen § 286 anfechtbar.

Wird eine **Frist bestimmt**, kann der **Beweisgegner** gem. § 567 Abs. 1 Nr. 1 **sofortige Beschwerde** erheben, wenn man **§ 252 analog** anwendet; die Fristbestimmung kommt einer Aussetzung des Verfahrens i.S.d. § 252 gleich,[4] wenn die gesetzte Frist zu lang bemessen[5] oder zu unbestimmt ist.[6]

Eine **sofortige Beschwerde** ist auch gegen die **Ablehnung** des gem. § 431 Abs. 2 gestellten **Fortsetzungsantrags** zulässig.[7] Der sofortigen Beschwerde unterliegen nur erstinstanzliche Entscheidungen der Amts- und Landgerichte (§ 567 Abs. 1).

VIII. Fortsetzung des Verfahrens nach § 431 Abs. 2

§ 431 Abs. 2 regelt die **Fortsetzung** des Verfahrens nach Fristsetzung auf **Antrag des Beweisgegners**. Der Antrag nach § 431 Abs. 2 ist auf die erneute Ladung der Parteien zu richten.[8] Die Terminbestimmung erfolgt von Amts wegen nach § 216.[9]

Dem Gegner steht das Antragsrecht vor Fristablauf unter der Voraussetzung zu, dass sich die **Klage** gegen den Dritten **erledigt** hat **oder** der Beweisführer die Klageerhebung, das Betreibung des Prozesses oder die Zwangsvollstreckung **verzögert**. Eine Verzögerung verstößt gegen den Zweck des § 431 Abs. 1, der keiner Prozessverschleppung Vorschub leisten möchte. Auf Grund des Ausnahmecharakters des § 431 Abs. 2 und der in der vorzeitigen Fortsetzung des Verfahrens liegenden Gefahr einer Behinderung der Beweisführung des Beweisführers sollte eine Verzögerung der Klage allerdings nicht vorschnell angenommen werden.[10]

---

1 Stein/Jonas/*Leipold*[22] § 431 Rz. 7.
2 Musielak/*Huber*[10] 431 Rz. 1.
3 MünchKommZPO/*Schreiber*[4] § 431 Rz. 3; Zöller/*Geimer*[30] § 431 Rz. 1.
4 A.A. Thomas/Putzo/*Reichold*[33] § 431 Rz. 2.
5 Musielak/*Huber*[10] 431 Rz. 1; AK-ZPO/*Rüßmann* §§ 428–431 Rz. 5; Zöller/*Geimer*[30] § 431 Rz. 1.
6 Stein/Jonas/*Leipold*[22] § 431 Rz. 6.
7 MünchKommZPO/*Schreiber*[4] § 431 Rz. 3.
8 Vgl. Stein/Jonas/*Leipold*[22] § 431 Rz. 8.
9 MünchKommZPO/*Schreiber*[4] § 431 Rz. 4.
10 Zöller/*Geimer*[30] § 431 Rz. 2 spricht diesbezüglich von einer *offensichtlichen* Verschleppung.

IX. Sonstige Möglichkeiten der Verfahrensfortsetzung

1. Vor Fristablauf

38 Ein **neuer Termin** wird nach § 216 vor Ablauf der Frist von Amts wegen anberaumt, wenn der Dritte die Urkunde dem Prozessgericht auf Grund seiner Verurteilung oder auch aus sonstigen Gründen vorlegt. Die Geschäftsstelle hat die Parteien darüber zu benachrichtigen.

39 Der **Beweisführer** hat die Möglichkeit, durch eine einseitige, gegenüber dem Gericht abzugebende Willenserklärung auf die Verfolgung des Vorlegungsanspruchs gegen den Dritten zu **verzichten**. Diese Erklärung, in der ein **Verzicht** auf das **Beweismittel** zu sehen ist,[1] ist bis zur Reaktion des Gerichts frei widerruflich. Ob bei einem Verzicht auf die Urkunde ein erneuter Verhandlungstermin von Amts wegen nach § 216[2] oder nur auf Antrag des Beweisführers festzusetzen ist,[3] ist streitig.

40 Wenn der Dritte die **Urkunde** dem **Beweisführer überlässt**, steht es diesem frei, durch **Antrag** die Bestimmung eines Termins nach § 216 herbeizuführen. Die Urkunde muss dann durch Vorlegung nach § 420 in den Prozess eingeführt werden.[4]

2. Nach Fristablauf

41 Ist die Frist ohne Urkundenvorlage abgelaufen, hängt das weitere Vorgehen zunächst davon ab, ob das **Hindernis** für die Beschaffung der Urkunde **behebbar** ist. Dann ist § 356 anwendbar.[5] Kann das Hindernis **nicht behoben** werden, so gilt § 230.[6] Die richterliche Frist kann nach § 224 Abs. 2 verlängert werden. Im Übrigen ist von Amts wegen ein neuer Termin zur Fortsetzung des Verfahrens zu bestimmen.[7]

§ 108 Urkundenvorlage durch Behörden oder Beamte, § 432 ZPO

Schrifttum:

Arnold, Behördenakten als Beweismittel im Zivilprozess, NJW 1953, 1283; *Holch*, Zur Einsicht in Gerichtsakten durch Behörden und Gerichte, ZZP 87 (1974), 14.

I. Urkundenbeschaffung im Wege der Amtshilfe

42 § 432 **erleichtert** dem Beweisführer die **Urkundenbeweisführung** durch Heranziehung öffentlicher Akten auf Anforderung des Prozessgerichts.[8] Das Prozessgericht nimmt dabei Amtshilfe (Art. 35 GG, § 168 GVG, §§ 4 ff. VwVfG) in Anspruch. § 432 setzt voraus, dass die Behörde oder der öffentliche Beamte **Dritter i.S.d. § 428** sind.[9] Dies ergibt sich mittelbar aus Abs. 3. Wenn die öffentliche Behörde oder der öffentliche Be-

---

1 AK-ZPO/*Rüßmann* §§ 428–431 Rz. 6.
2 Stein/Jonas/*Leipold*[22] § 431 Rz. 9.
3 Musielak/*Huber*[10] 431 Rz. 2 und Zöller/*Geimer*[30] § 431 Rz. 2 entnehmen den Verzicht erst dem Antrag; Thomas/Putzo/*Reichold*[33] § 431 Rz. 3 (Fortsetzung stets nur auf Terminsantrag hin).
4 Stein/Jonas/*Leipold*[22] § 431 Rz. 8.
5 Zöller/*Geimer*[30] § 431 Rz. 2.
6 Zöller/*Geimer*[30] § 431 Rz. 2.
7 Stein/Jonas/*Leipold*[22] § 431 Rz. 9; Zöller/*Geimer*[30] § 431 Rz. 2; a.A. AK-ZPO/*Rüßmann* §§ 428–431 Rz. 6.
8 Vgl. allgemein MünchKommZPO/*Schreiber*[4] § 432 Rz. 1; Stein/Jonas/*Leipold*[22] § 432 Rz. 4.
9 MünchKommZPO/*Schreiber*[4] § 432 Rz. 3; Zöller/*Geimer*[30] § 432 Rz. 2.

amte dem Beweisführer als Gegner in einem Zivilprozess gleichgeordnet gegenübersteht, kann der Beweisantritt nur nach den §§ 421, 424 erfolgen.

§ 432 verdrängt nicht das selbständige **Editionsverfahren** nach den §§ 428–431, wie sich aus § 432 Abs. 3 ergibt. Das Gericht kann den Beweisführer, der einen berechtigten Antrag gem. § 428 stellt, nicht auf den Weg des § 432 verweisen. Umgekehrt ist § 432 Abs. 1 auch nicht subsidiär gegenüber dem selbständigen Vorlegungsverfahren.[1] **Eigenständige Bedeutung** erlangt § 432 vor allem dann, wenn die Voraussetzungen des über § 429 anwendbaren § 422 nicht vorliegen, also **kein materiell-rechtlicher Vorlegungsanspruch** gegen die Behörde besteht.[2] Im Überschneidungsbereich bietet § 432 den Vorteil, dass der Beweisführer den umständlichen Weg der Vorlegungsklage des § 429 S. 1 vermeidet. 43

Nicht anwendbar ist § 432 Abs. 1, wie sich aus Abs. 2 ergibt, wenn der Beweisführer sich eine **beglaubigte Abschrift** oder eine Ausfertigung der Urkunde beschaffen und diese gem. § 420 vorlegen kann, vorausgesetzt es kommt für den Beweiszweck nicht auf die Urschrift im Besitz der Behörde an (vgl. § 435). Nach § 595 Abs. 3 gilt § 432 nicht im Urkundenprozess.[3] Kraft der Verweisung des § 371 Abs. 2 gilt § 432 auch für Augenscheinsobjekte. 44

Unabhängig von § 432 und damit ohne entsprechenden Antrag hat das Prozessgericht die Möglichkeit, eine Behörde nach **§ 273 Abs. 2 Nr. 2** in Vorbereitung des Verhandlungstermins um Mitteilung von Urkunden zu ersuchen. § 142 ist hingegen **nicht anwendbar**, weil das Prozessgericht gegenüber Behörden keine „Anordnungen" (so der Terminus des § 142 Abs. 1) treffen darf, sondern ihnen gegenüber nur um Amtshilfe (Art. 35 GG und § 168 GVG) ersuchen kann. Dies hat wegen der Gleichstellung von Behörden und öffentlichen Beamten auch für die Beamten als Urkundenbesitzer zu gelten. 45

II. Voraussetzungen des Beweisantritts nach § 432 Abs. 1

1. Urkundenqualität

Nach der Systematik der §§ 415 ff. kommt es für § 432 nicht darauf an, ob es sich um eine **öffentliche oder private Urkunde** handelt. Ein Beweisantritt analog § 432 Abs. 1 ist auch dann möglich, wenn die Urkunde erst noch hergestellt werden muss, etwa in Form eines Auszuges aus Registern oder Büchern.[4] 46

2. Urkundenbesitz einer Behörde oder eines Beamten

Öffentliche Behörden sind **auch Gerichte**; näher zum Behördenbegriff Kap. 25 Rz. 45. Zu den öffentlichen Beamten gehört nach § 1 BNotO insbesondere der **Notar**. Der Begriff des Beamten ist funktional und nicht i.S.d. Beamtenrechts zu verstehen. Der Beamte muss selbst unmittelbarer Urkundenbesitzer sein. Ist die Behörde als Organ des Bundes, eines Landes, einer Kommune oder einer sonstigen öffentlich-rechtlichen Körperschaft Besitzer der Urkunde, fällt der **einzelne Beamte** als **Besitzdiener nicht** unter § 432. 47

---

[1] A.A. Musielak/*Huber*[10] 432 Rz. 4.
[2] *Arnold* NJW 1953, 1283.
[3] BGH NJW 1994, 3295, 3296 = JZ 1995, 468, 469 m. Anm. *Teske*.
[4] Stein/Jonas/*Leipold*[22] § 432 Rz. 11.

48 Die Behörde oder der Beamte müssen die Urkunde **in dienstlicher Eigenschaft besitzen**;[1] bloßer Privatbesitz reicht nicht aus. Wird die Urkunde von einer Stelle des **Prozessgerichts** verwahrt, ist ein Antrag nach § 432 nicht erforderlich. Dies gilt auch für Akten einer anderen Abteilung oder Kammer. Ausreichend ist dann eine Berufung auf die Urkunde und deren **formlose Beiziehung**.[2]

III. Beweisantrag

1. Antragserfordernis

49 Der Beweisantritt nach § 432 Abs. 1 erfolgt durch den in der mündlichen Verhandlung zu stellenden Beweisantrag, die Behörde bzw. den Beamten um Mitteilung der Urkunde zu ersuchen. Der Antrag **muss nicht** den besonderen Erfordernissen des **§ 424 genügen**.[3] Dies gilt insbesondere für den Vortrag eines Vorlegungsgrundes und dessen Glaubhaftmachung (§ 424 Abs. 1 Nr. 5). § 432 Abs. 1 verlangt aber die Behauptung des Beweisführers, dass sich die Urkunde in den Händen einer öffentlichen Behörde oder eines Beamten befindet. Dafür ist die **Darlegung** von Umständen erforderlich, aus denen sich der **Urkundenbesitz** ergibt. Ein Beweisbeschluss setzt überdies voraus, dass sich die beweiserheblichen Tatsachen eindeutig dem Beweisantrag entnehmen lassen.

50 Ein echter Beweisantrag liegt dann nicht vor, wenn die **Heranziehung ganzer Akten** oder Aktenbündel beantragt wird; bei ihnen handelt es sich nicht um Urkunden, sondern um Zusammenfassungen mehrerer Urkunden,[4] weshalb eine genaue **Bezeichnung der einzelnen Aktenteile** erforderlich ist (näher Kap. 28 Rz. 45 und Kap. 29 Rz. 95).[5] Wird einem Beweisantrag entgegen diesen Grundsätzen stattgegeben, wird damit wegen Verstoßes gegen den Beibringungsgrundsatz nicht ohne Weiteres der gesamte Akteninhalt Gegenstand des Rechtsstreits.[6]

2. Selbstbeschaffung der Urkunde durch den Beweisführer

51 Nach § 432 Abs. 2 ist der **Beweisantritt** nach Abs. 1 **unzulässig**, wenn der Beweisführer sich die Urkunde ohne Mitwirkung des Prozessgerichts nach den gesetzlichen Vorschriften **einfacher** und regelmäßig auch **zeitsparender selbst beschaffen** und nach § 420 vorlegen kann.[7] Abs. 2 dient der Vermeidung unnötiger Belastungen des Gerichts.[8] Wegen § 435 reicht es bei einer öffentlichen Urkunde aus, dass der Beweisführer einen bloßen Anspruch auf Erteilung einer **beglaubigten Abschrift** hat.

52 § 432 Abs. 1 greift jedoch ein, wenn es aus Beweisgründen (§ 435 S. 1 2. Hs.) auf die **Urkundenurschrift** ankommt.[9] Der **Herausgabe der Urschrift** einer **notariellen Niederschrift** (§ 36 BeurkG) steht § 45 Abs. 2 BeurkG entgegen. Dasselbe gilt für die besondere amtliche Verwahrung letztwilliger Verfügungen nach § 34 BeurkG, für die nach § 2258a Abs. 1 BGB die Amtsgerichte – in Baden-Württemberg die Amtsnotariate – zuständig sind.

---

1 MünchKommZPO/*Schreiber*[4] § 432 Rz. 2.
2 Stein/Jonas/*Leipold*[22] § 432 Rz. 12.
3 A.A. wohl Musielak/*Huber*[10] 432 Rz. 3 (wegen entsprechender Geltung des § 430).
4 BGH DRiZ 1963, 60.
5 BGH NJW 1994, 3295, 3296; *Teplitzky* JuS 1968, 71, 72.
6 BGH NJW 1994, 3295, 3296.
7 OLG Hamburg JW 1918, 455 (Strafurteil gegen den Kläger im Regressprozess gegen seinen Verteidiger); MünchKommZPO/*Schreiber*[4] § 432 Rz. 4; Stein/Jonas/*Leipold*[22] § 432 Rz. 21.
8 *Arnold* NJW 1953, 1283.
9 *Heldmann* ZZP 42 (1912), 79, 81.

Bloße **Rechte auf Einsicht** in Behörden- und Gerichtsaktenakten sowie öffentliche 53
Register gewähren z.B. § 299 ZPO, §§ 13, 357 FamFG, § 42 ZVG, §§ 4, 175 Abs. 1 S. 2
InsO, § 9 Abs. 1 HGB, § 12 Abs. 1 GBO, § 62 Abs. 2 PStG, §§ 31,[1] 99 Abs. 3 PatG
1981, §§ 62, 82 Abs. 3 MarkenG und §§ 147, 406e Abs. 1, 475 Abs. 2 StPO, sowie
§§ 46 Abs. 1, 49 OWiG, jeweils i.V.m. den Nrn. 182 ff., 296 RiStBV.[2] Zur Erteilung
von **Ausfertigungen, Auszügen** und **beglaubigten Abschriften** sind Behörden – z.T. in
Abhängigkeit von parallelen Einsichtsrechten – z.B. nach §§ 792, 896 ZPO, § 13
Abs. 3 FamFG, § 9 Abs. 2 und 4 HGB, § 12 Abs. 2 GBO, § 62 Abs. 1 PStG verpflichtet.

Soweit die Beschaffung von Urkunden aus Behördenakten durch den Beweisführer 54
und deren anschließende Vorlage nach § 420 von einer **behördlichen Ermessensentscheidung** abhängt (dazu auch unten Rz. 67), darf der Beweisführer auf diesen Weg
nicht verwiesen werden.[3] Die Selbstbeschaffung der Urkunde ist dann nicht der einfachste Weg und **§ 432 Abs. 2** daher **nicht anzuwenden**. Dasselbe gilt, wenn der Beweisführer lediglich die Möglichkeit der Einsichtnahme hat,[4] oder wenn ihm die Behörde die Erteilung der Urkunde entgegen einer rechtlichen Verpflichtung verweigert
hat, auch wenn ihm dagegen Rechtsbehelfe zustehen.[5]

3. Vorlage- und Verwertungsverbot

Darf die Behörde die Urkunden aufgrund dem Gericht bekannter öffentlich-rechtlicher Normen im Zivilprozess nicht vorlegen, ist der Antrag abzulehnen.[6] Dürfen 55
Akten bzw. Urkunden mangels Freigabe durch die übersendende Behörde **von den
Parteien nicht eingesehen** werden, etwa aus datenschutzrechtlichen Gründen, so
dürfen sie auch nicht zum Gegenstand der mündlichen Verhandlung gemacht und im
Prozess verwertet werden;[7] sie scheiden damit als Beweismittel aus.[8] Das **Verfügungsrecht** steht **allein** der **ersuchten Behörde** zu, ohne dass das Prozessgericht ein
Recht zur Nachprüfung hat.[9] Steht ein Einsichtsverbot schon fest, bevor das Amtshilfeersuchen gestellt worden ist, ist die Beschaffung durch das Gericht überflüssig.
In der kommentarlosen Übersendung ist eine stillschweigende Zustimmung zur Einsichtsgewährung zu sehen, weil aus dem Anforderungsschreiben die Verwendung in
einem konkreten Zivilprozess zu ersehen ist.[10]

Sind die Akten zwar übersandt, ist jedoch zugleich die Einsichtnahme verweigert 56
worden, folgt ein Einsichtsrecht **nicht** aus **§ 299 Abs. 1**.[11] Diese Regelung erstreckt
sich nur auf die Prozessakten; beigezogene fremde Akten werden nicht deren Bestandteil.[12]

---

1 Zur Vorläufervorschrift RGZ 84, 142, 144.
2 Dazu KG AnwBl. 1973, 305, 306.
3 MünchKommZPO/*Schreiber*[4] § 432 Rz. 5.
4 Stein/Jonas/*Leipold*[22] § 432 Rz. 17.
5 Stein/Jonas/*Leipold*[22] § 432 Rz. 21; a.A. Arnold NJW 1953, 1283 (bei sicherer Aussicht auf Erfolg); *Heldmann* ZZP 82 (1912), 79, 82.
6 Stein/Jonas/*Leipold*[22] § 432 Rz. 13.
7 BGH NJW 1952, 305, 306 = ZZP 65 (1952), 271, 272; OLG Düsseldorf GRUR 1956, 386; *Schneider* MDR 1984, 108, 109; s. auch RGZ 84, 142, 144; die BGH-Entscheidung aufgreifend BVerwGE 30, 154, 158 = MDR 1969, 75, 76.
8 BGH NJW 1952, 305, 306.
9 BGH NJW 1952, 305, 306.
10 Vgl. BGH NJW 1952, 305, 306; Stein/Jonas/*Leipold*[22] § 299 Rz. 15.
11 BGH NJW 1952, 305, 306.
12 MünchKommZPO/*Prütting*[4] § 299 Rz. 6; Stein/Jonas/*Leipold*[22] § 299 Rz. 11; *Schneider* MDR 1984, 108, 109.

IV. Beweisbeschluss des Prozessgerichts

57 Das Gericht gibt dem Beweisantrag durch einen **Beweisbeschluss nach § 358** statt. Liegen die Voraussetzungen nicht vor, ist ein eigenständiger Beschluss nicht erforderlich.[1] Die Ablehnung erfolgt dann in den Gründen des Endurteils. Eine dennoch ergehende **ablehnende Zwischenentscheidung** ist analog § 355 Abs. 2 **nicht selbständig beschwerdefähig**.

58 Auf der Grundlage des Beweisbeschlusses richtet der Vorsitzende analog § 362 Abs. 1 von Amts wegen ein **Ersuchen** an die betreffende **Behörde**. Es handelt sich dabei um ein Amtshilfe- und **nicht** um ein **Rechtshilfeersuchen** nach §§ 157 ff. GVG.[2]

V. Vorlagepflicht der Behörden

59 Wie sich aus § 168 GVG ergibt, richtet sich die **Verpflichtung** der Behörde oder des Beamten, dem Ersuchen des Gerichts auf Mitteilung der Urkunde nachzukommen, **nach öffentlich-rechtlichen Vorschriften**.[3] Die Verpflichtung zur Vorlegung muss gegenüber dem Gericht bestehen; auf die beweisführende Prozesspartei kommt es nicht an.[4] Im Unterschied zu §§ 422, 423, 429 wird durch § 432 Abs. 1 keine besondere prozessuale Vorlegungspflicht geschaffen.[5]

60 **Art. 35 Abs. 1 GG** verpflichtet alle Behörden des Bundes und der Länder zur gegenseitigen Amtshilfe. Der dort verwendete weite Begriff der Behörde **umfasst auch die Gerichte**,[6] was dem Sprachgebrauch internationaler Abkommen entspricht. Konkretisierende Rechtsvorschriften für die Amtshilfe gegenüber Gerichten fehlen.

61 **§ 5 VwVfG** regelt – ebenso die gleichlautenden Verwaltungsverfahrensgesetze der Länder – die **Voraussetzungen und Grenzen der Amtshilfe**, die sich Behörden untereinander nach § 4 VwVfG zu leisten haben. § 5 Abs. 1 Nr. 4 VwVfG nennt speziell den Bedarf nach Urkunden und anderen Beweismitteln. Behörde i.S. dieser Vorschriften sind nach der Definition des § 1 Abs. 4 VwVfG alle Stellen, die Aufgaben der öffentlichen Verwaltung wahrnehmen, wozu die Gerichte nicht gehören. Die Meistbegünstigungsvorschrift des **§ 168 GVG**, die speziell das Verhältnis von Behörden eines Bundeslandes zu Gerichten anderer Bundesländer regelt, erweitert die Anwendung des § 5 VwVfG nicht auf Ersuchen von Gerichten. Jedoch ist § 5 VwVfG hinsichtlich der **Weigerungsgründe** seiner Abs. 2–4 analog anzuwenden.[7]

62 Für **Strafakten** gelten die spezielleren Regeln des **§ 474 Abs. 1 und 3 StPO**, für die die Verwaltungspraxis durch die Nr. 185 und 187 Abs. 1 der Richtlinien für das Straf- und Bußgeldverfahren (RiStBV) konkretisiert wird. Für **Akten eines Zivilprozesses** bedarf es wegen Art. 35 GG nicht der analogen Anwendung des § 299 Abs. 2.[8] Die **Übermittlung personenbezogener Daten** richtet sich nach den §§ 12 ff. EGGVG, deren Handhabung in Zivilsachen durch die Anordnung über Mitteilungen in Zivilsachen (MiZi)

---

1 Musielak/*Huber*[10] 432 Rz. 5.
2 Stein/Jonas/*Leipold*[22] § 432 Rz. 17.
3 Hahn/Stegemann Motive S. 326 (zu § 384).
4 *Arnold* NJW 1953, 1283.
5 *Arnold* NJW 1953, 1283, 1284.
6 BVerwGE 30, 154, 157 = MDR 1969, 75, 76 (Akten der Bauaufsicht als Beweismittel im Honorarprozess eines Architekten gegen den Bauherrn); *Schmitz*, in: Stelken/Bonk/Sachs, VwVfG, 8. Aufl. 2014, § 4 Rz. 3.
7 Vgl. Kopp/*Ramsauer* VwVfG, 14 Aufl. 2013, § 4 Rz. 3.
8 *Holch* ZZP 87 (1974), 14, 17; MünchKommZPO/*Prütting*[4] § 299 Rz. 20; Musielak/*Huber*[10] § 299 Rz. 3; a.A. Stein/Jonas/*Leipold*[22] § 432 Rz. 14. Ausklammerung des § 299 Abs. 2 aus der Gewährung von Amtshilfe durch BGHZ (Richterdienstsenat) 51, 193, 197 = NJW 1969, 1302, 1303.

und in Strafsachen durch die Anordnung über Mitteilungen in Strafsachen (MiStra) konkretisiert wird, sowie nach § 479 StPO.

Eine Behörde verletzt ihre Verpflichtung zur Amtshilfe, wenn sie das Mitteilungsersuchen **ohne Begründung** verweigert.[1] Im Einzelfall kann die Genehmigung einer vorgesetzten Dienststelle einzuholen sein. 63

Der Urkundenmitteilung können ausdrückliche **Geheimhaltungsvorschriften** entgegenstehen, z.B. § 30 AO, § 96 StPO, Art. 10 GG, § 35 SGB I, §§ 68 ff. SGB X, § 203 Abs. 2 Nr. 1 und 2 StGB, §§ 10 ff. BDSG, § 30 VwVfG. Gem. § 5 Abs. 2 S. 2 VwVfG kann sich die Geheimhaltungspflicht außerdem aus dem Wesen der vorzulegenden Vorgänge ergeben. § 5 Abs. 2 S. 1 Nr. 2 VwVfG untersagt die Hilfeleistung, wenn durch sie das **Wohl des Bundes oder** eines **Landes** erhebliche Nachteile erleiden würde. Dieser Fall ist nicht gegeben, wenn die ersuchte Behörde befürchtet, die Entscheidung des ersuchenden Gerichts könne die Erhebung von Schadensersatzansprüchen gegen den Träger der Behörde begünstigen;[2] sie stören nicht die Funktionsfähigkeit des Staatsapparates.[3] 64

Eine Grenze wird ferner durch **Persönlichkeitsrechte Dritter** (Art. 2 Abs. 1 i.V.m. Art. 1 Abs. 1 GG) gezogen. So sind Akten eines Ehescheidungsverfahrens zwar nicht generell von einer Übersendung ausgeschlossen, da sie nicht zum schlechthin unantastbaren Bereich privater Lebensgestaltung gehören, jedoch bedarf es zur Wahrung des **Verhältnismäßigkeitsgebotes** einer Abwägung gegen das angestrebte Ziel unter Berücksichtigung aller wesentlichen persönlichen und tatsächlichen Umstände des Einzelfalles.[4] Werden Geheimhaltungsinteressen individueller Dritter berührt, kommt eine Mitteilung der Urkunde nur mit deren Zustimmung in Betracht. 65

Die von der **ersuchten Behörde** getroffene Entscheidung ist **verbindlich**.[5] Hält das ersuchende Gericht die Ablehnung des Ersuchens für rechtswidrig, verbleibt lediglich die Möglichkeit, die fachlich zuständige **Aufsichtsbehörde** um Entscheidung zu ersuchen (vgl. § 5 Abs. 5 VwVfG) oder in einem sonst zulässigen Verfahren auf die Änderung der Entscheidung hinzuwirken. Eine **Beschwerde** nach § 159 GVG **scheidet aus**, da es sich nicht um einen Fall der Rechtshilfe handelt. Da das Amtshilfeersuchen Teil der richterlichen Tätigkeit ist,[6] ist die Angelegenheit der Aufsichtsbehörde durch das Prozessgericht und nicht durch die Justizverwaltung zu unterbreiten.[7] 66

Das Gericht ist nicht verpflichtet, die Aufsichtsbehörde einzuschalten. Es bleibt dem **Beweisführer** überlassen, den **Verwaltungsrechtsweg** zu beschreiten. Nach § 42 Abs. 2 VwGO ist es erforderlich, dass der Kläger in eigenen Rechten verletzt zu sein geltend macht. Der Beweisführer hat zwar keinen strikten öffentlich-rechtlichen Anspruch auf Vorlegung der Urkunde gegen die ersuchte Behörde, weil die Pflicht zur Amtshilfegewährung das Verhältnis der Behörden zueinander betrifft.[8] Er hat aber ein **subjektives Recht auf fehlerfreie Ermessensausübung** bei der Entscheidung über die Aktenvorlage und Akteneinsicht, wenn er ein berechtigtes Interesse an der Aktenein- 67

---

1 BVerwGE 30, 154, 160 = MDR 1969, 75, 77; Stein/Jonas/*Leipold*[22] § 432 Rz. 13.
2 *Arnold* NJW 1953, 1283, 1284 (mit dem Hinweis, dieses Motiv habe nach Behauptung der Revision die Weigerung im Fall BGH NJW 1952, 305 getragen). Nach *Schmitz*, in: Stelken/Bonk/Sachs[8] § 5 VwVfG Rz. 25 reichen „fiskalische Nachteile in der Regel nicht aus".
3 Ebenso Kopp/*Ramsauer*[14] § 5 VwVfG Rz. 23.
4 BVerfGE 34, 205, 209 (Verwertung im Disziplinarverfahren).
5 BGH NJW 1952, 305, 306; *Arnold* NJW 1953, 1283, 1284.
6 Vgl. BGHZ 51, 193, 197.
7 A.A. *Arnold* NJW 1953, 1283, 1285. Zum Fall der Einsichtsgewährung in Gerichtsakten im Wege der Amtshilfe bei laufenden und abgeschlossenen Verfahren differenzierend *Holch* ZZP 87 (1974), 14, 20 ff.; s. ferner *Schmitz*, in: Stelken/Bonk/Sachs[8] § 5 VwVfG Rz. 10.
8 BVerwGE 30, 154, 156 = MDR 1969, 75, 76; zu eingeschränkt BGH NJW 1952, 305, 306.

sicht dargelegt und glaubhaft gemacht hat.[1] Ein berechtigtes Interesse stützt sich nicht auf ein bereits vorhandenes Recht; vielmehr genügt **jedes** nach vernünftiger Erwägung durch die Sachlage **gerechtfertigte Interesse**.[2] Es ist gegeben, wenn die Akteneinsicht die Rechtsposition der Prozesspartei verbessern kann.[3]

68 Über die **Ablehnung** des Ersuchens hat die Geschäftsstelle den Beweisführer analog § 362 Abs. 2 2. Hs[4] zu **benachrichtigen**. Damit der Beweisführer den Rechtsweg beschreiten kann, ist ihm dafür **analog § 356** eine **Frist** zu gewähren.[5] Dasselbe gilt, wenn er die Vorlage in einem FGG-Verfahren erzwingen kann. Wenn der Beweisführer einen materiell-rechtlichen Vorlegungsanspruch nach § 422 hat, kann er gem. § 432 Abs. 3 auch nach den §§ 428 ff. vorgehen. Zur entsprechenden Anwendung des § 423 in diesem Rahmen unten Rz. 72.

69 Teilt die Behörde dem Gericht die Urkunde mit, sind die **Parteien** hiervon durch die Geschäftsstelle analog § 362 Abs. 2 2. Hs **in Kenntnis zu setzen**. Die Urkunde ist den Parteien in der mündlichen Handlung zur Einsichtnahme vorzulegen.

VI. Beweisantritt nach § 432 Abs. 3

70 Das Verfahren nach den §§ 428 ff. dient dazu, den Weg zu einer **zivilgerichtlichen Klage** gegen die nicht freiwillig vorlegende Behörde nach § 429 2. Hs freizumachen. Diese setzt nach allgemeinen Grundsätzen die Zulässigkeit des ordentlichen Rechtsweges voraus, die sich nicht aus § 432 Abs. 3 ergibt.[6]

71 Auf einen **öffentlich-rechtlichen Anspruch** des Beweisführers gegen die ersuchte Behörde ist **§ 432 Abs. 3 nicht** anzuwenden;[7] in diesem Fall ist eine Beibringungsfrist nach § 356 zu setzen.

72 § 432 Abs. 3 bezieht sich infolge eines **Redaktionsversehens**[8] nur auf die Verpflichtung zur Urkundenvorlegung nach **§ 422**. Die Norm ist jedoch auch auf die seltenen Fälle anzuwenden, in denen die Behörde bzw. der Beamte als ausgeschiedene frühere Partei des Prozesses auf die Urkunde zur Beweisführung Bezug genommen hatte und so nach § 423 vorlegungspflichtig ist.[9]

---

1 BVerwGE 30, 154, 159 f. = MDR 1969, 75, 76 f. (abgeleitet aus dem Rechtsstaatsprinzip); 61, 15, 22 f. (Akteneinsichtsrecht außerhalb eines Verwaltungsverfahrens) = NJW 1981, 535, 537; 69, 278, 280 (ebenso) = NJW 1984, 2590; BVerwG, Beschl. v. 15.6.1989 – 5 B 63/89, Jurisdok. Nr. WBRE 10165303; VGH München NVwZ 1999, 889, 890; OLG Frankfurt ZIP 2003, 2254, 2255 – Berliner Effektengesellschaft (Einsicht in Akten des BaFin).
2 OLG Frankfurt ZIP 2003, 2254, 2256.
3 Vgl. OLG Frankfurt ZIP 2003, 2254, 2256.
4 MünchKommZPO/*Schreiber*[4] § 432 Rz. 10.
5 MünchKommZPO/*Schreiber*[4] § 432 Rz. 10; *Arnold* NJW 1953, 1283, 1285.
6 Stein/Jonas/*Leipold*[22] § 432 Rz. 19 Fn. 12; a.A. *Siegel*, Die Vorlegung von Urkunden im Prozeß, S. 238; *Hedemann* ZZP 42 (1912), 79, 84.
7 *Arnold* NJW 1953, 1283, 1285.
8 *Arnold* NJW 1953, 1283, 1285 Fn. 28.
9 *Arnold* NJW 1953, 1283, 1285.

§ 109 Ablauf der Vorlageverfahren

I. Vorlegung vor beauftragtem oder ersuchtem Richter, § 434

1. Durchbrechung des Unmittelbarkeitsgrundsatzes

Abweichend vom Regelfall des § 355 Abs. 1 S. 1, wonach die Beweisaufnahme vor dem Prozessgericht erfolgt und daher auch die Urkunde in der mündlichen Verhandlung vorzulegen und beweiseshalber einzusehen ist, gestattet § 434 die **Vorlage zur Beweisaufnahme** vor einem **beauftragten Richter**, also einem einzelnen Mitglied des Prozessgerichts (§ 361), oder vor einem **ersuchten Richter**, also einem anderen Gericht (§ 362, § 157 GVG). Der Grundsatz der Unmittelbarkeit der Beweiserhebung wird damit durchbrochen. § 434 ist auf alle Urkundenvorlagen **unabhängig von der Person des Urkundenbesitzers** anwendbar. Nach § 219 Abs. 1 kann das Prozessgericht auch die Vorlegung dort verlangen, wo sich die Urkunde befindet, indem – wie bei einer Augenscheinseinnahme – der Terminsort dorthin verlegt wird. 73

2. Vorlegungshindernisse, Besorgnis der Urkundenbeeinträchtigung

§ 434 macht zur Voraussetzung, dass die Vorlegung vor dem Prozessgericht entweder auf ein erhebliches Hindernis stößt oder das **Risiko des Verlustes** oder der **Beschädigung** der Originalurkunde im Hinblick auf deren Wichtigkeit nicht eingegangen werden darf. Die beiden Alternativen werden sich häufig decken. Notwendig ist, dass überhaupt das Original vorzulegen ist und nicht die Vorlegung einer beglaubigten Abschrift nach § 435 ausreicht, was auf öffentliche Urkunden zutrifft, bei denen keine Zweifel an der Übereinstimmung der Abschrift mit dem Original bestehen (unten Rz. 85). 74

Hindernisse können aus rechtlichen wie tatsächlichen Gründen bestehen. Dies gilt etwa für die Urschrift des **Grundbuches** oder sonstiger Register, die nicht herausgegeben werden dürfen, oder für **Handelsbücher**, die im Geschäftsbetrieb unentbehrlich sind. Eine **unvertretbare Verlust- oder Beschädigungsgefahr** im Hinblick auf die Wichtigkeit der Urkunde besteht etwa bei Grund-, Register- und Nachlassakten, die deshalb nicht versandt werden sollen. Die Wichtigkeit richtet sich nach der Schwierigkeit einer Ersatzbeschaffung der Originale. 75

3. Anordnung der Vorlegung

Die Vorlegung **außerhalb** der **mündlichen Verhandlung** bedarf einer Anordnung des Prozessgerichts. Sie steht im **Ermessen** des Gerichts. Es bedarf keines förmlichen Antrags, jedoch des Vortrags, welcher Hinderungsgrund besteht. Dieser frei zu würdigende Vortrag obliegt der Prozesspartei oder dem Dritten, der die Urkunde vorzulegen hat. 76

Die Anordnung erfolgt durch **förmlichen Beweisbeschluss** nach § 358 oder § 358a Nr. 1. Ist bereits ein Beweisbeschluss ergangen, kann die Anordnung als nachträgliche Ergänzung ohne erneute mündliche Verhandlung gem. § 360 S. 2 getroffen werden. Falls erforderlich ist der Beweisbeschluss mit einer Fristsetzung nach §§ 431, 428, einer Vorlegungsanordnung nach § 425 oder einer Anordnung nach § 142 zu verbinden. Nach § 355 Abs. 2 ist die Anordnung **nur** zusammen **mit dem Endurteil anfechtbar**. 77

4. Beweisaufnahme im Inland

78 Die Beweisaufnahme durch den beauftragten oder ersuchten Richter erfolgt nach den sonstigen für den **Urkundenbeweis** geltenden Vorschriften, **nicht** nach den Vorschriften über den **Augenscheinsbeweis**.[1] Erforderlich ist die Einsichtnahme in die Urkunde.

79 Die **Protokollierung** dieses Vorgangs und der Wahrnehmungen des Richters ist in § 160 Abs. 3 nicht vorgesehen und daher auch **nicht zwingend** erforderlich.[2] Um jedoch allen Richtern des Prozessgerichts eine zuverlässige Kenntnis zu vermitteln, sollte der kommissarische Richter regelmäßig ein Protokoll aufnehmen und ihm eine beglaubigte Abschrift oder einen Auszug aus der Urkunde beifügen. Im Protokoll sollte über die Beschaffenheit der Urkunde im Hinblick auf ihre Echtheit und ihren Beweiswert berichtet werden. Nimmt ein beauftragter Richter die Beweisaufnahme vor und macht er anstelle eines Protokolls nur **interne Aufzeichnungen**, haben die Parteien kein Recht auf Einsichtnahme.[3]

80 Wird die Vorlegung nur angeordnet, damit sich die **Gegenpartei über** die **Echtheit** der Urkunde **erklären** kann (§ 439 Abs. 1), ist deren Erklärung zu protokollieren. Wird die Echtheit bestritten, ist ein Protokoll über die richterliche Wahrnehmung zur Beschaffenheit der Urkunde unentbehrlich.

81 Vor dem **kommissarischen Richter** besteht **kein Anwaltszwang** (§ 78 Abs. 3). Die Urkunde sollte der vorlegenden Person unmittelbar nach Einsichtnahme **zurückgegeben** werden. Nach der Einsichtnahme hat der Richter gem. § 362 Abs. 2 zu verfahren.

II. Beweisaufnahme über Auslandsurkunde

82 Befindet sich die **Urkunde im Ausland**, hat die Beweisaufnahme gleichwohl grundsätzlich vor dem Prozessgericht zu erfolgen. Das Beweismittel ist zu diesem Zweck zu beschaffen. Soll die Beweisaufnahme wegen eines Hindernisses im Ausland erfolgen, ist der **Rechtshilfeweg** nach der EuBVO, § 363 oder einem vorrangigen Staatsvertrag, etwa dem Haager Beweisaufnahmeübereinkommen von 1970 (HBÜ), einzuschlagen.

83 Die Beweisaufnahme durch einen **beauftragten Richter im Ausland** bedeutet die dortige Entfaltung von Hoheitsgewalt und kommt deshalb nur mit Zustimmung der Bundesregierung (vgl. Art. 32 Abs. 1 GG; § 38a ZRHO idF v. 23.3.1999) und des ausländischen Staates in Betracht; dies gilt vielfach auch für eine bloße Teilnahme an einer Rechtshilfegewährung gem. Art. 8 HBÜ. Im Geltungsbereich der **EuBVO** vom 28.5.2001[4] eröffnet deren Art. 2 den unmittelbaren Geschäftsverkehr zwischen den Gerichten und Art. 17 ermöglicht weitgehend die unmittelbare Beweisaufnahme des ersuchenden Gerichts auf dem Gebiet des ersuchten Mitgliedstaates.

---

1 BGH DB 1962, 1438.
2 BGH DB 1962, 1438.
3 BGH DB 1962, 1438 (zu einem Schiedsgerichtsverfahren).
4 ABl. EU Nr. L 174 2001, S. 1.

III. Vorlegung öffentlicher Urkunden in Urschrift oder beglaubigter Abschrift, § 435

1. Vorlegungserleichterung

a) Beglaubigte Abschrift statt Urschrift

§ 435 enthält eine Ausnahme von dem Grundsatz, dass Urkunden in Urschrift vorgelegt werden müssen (Kap. 28 Rz. 35), wobei als **Urschrift** im urkundenbeweisrechtlichen Sinne zur Vermeidung von Friktionen mit den Vorschriften des BeurkG **auch die Ausfertigung** (unten Rz. 89) einer öffentlichen Urkunde anzusehen ist.[1] Die Ausfertigung vertritt die Urschrift im Rechtsverkehr (§ 47 BeurkG) und ist – obwohl selbst im weiteren Sinne Abschrift (§ 49 Abs. 1 BeurkG) – keine beglaubigte Abschrift gem. der Terminologie des § 435 (vgl. auch die Differenzierung in § 51 Abs. 3 BeurkG); die Vorlage der Urschrift durch den Beweisführer würde an der Verwahrungspflicht der beurkundenden Stelle und dem regelmäßigen Verbot ihrer Herausgabe (für Notare: arg. § 45 Abs. 2 BeurkG) scheitern.

84

Bei öffentlichen Urkunden lässt § 435 **anstelle der Urschrift** (oder Ausfertigung) eine **beglaubigte Abschrift** genügen. Der Gesetzgeber hat damit die strengere Lösung des französischen Rechts verworfen, um Schikanemöglichkeiten auszuschließen, die in den Schwierigkeiten der Beschaffung von Urschriften liegen können.[2] Eine Abschriftsbeglaubigung beweist die **Übereinstimmung** der **Abschrift mit** der bei der Beglaubigungsstelle vorgelegten **Urkunde**.[3]

85

Bei der **zur Abschriftsbeglaubigung vorgelegten Urkunde** kann es sich um eine Urschrift, eine Ausfertigung, eine beglaubigte oder eine einfache Abschrift handeln, was nach § 42 Abs. 1 BeurkG im Beglaubigungsvermerk festzuhalten ist. Die Erleichterung des § 435 führt dazu, dass eine beglaubigte Abschrift den vollen Beweis der in öffentlicher Urkunde abgegebenen Erklärung oder bezeugten Tatsache erbringt. Die Beglaubigung der Abschrift muss nicht von derjenigen Behörde stammen, die die Urkunde aufgenommen hat.

86

Die beglaubigte Abschrift einer öffentlichen Urkunde wird als Ersatz für deren Urschrift zugelassen, obwohl damit die **Feststellung der Echtheit** und **Fehlerfreiheit erschwert** wird. Da die beglaubigte Abschrift an die Stelle der Urschrift (oder deren Ausfertigung) treten soll, müssen beide Texte wortgetreu miteinander übereinstimmen und **bei** Vornahme der **Beglaubigung verglichen** worden sein. Dies ist bei Herstellung der beglaubigten Abschrift von einer beglaubigten Abschrift nicht möglich, unabhängig davon, dass eine derartige Abschriftsbeglaubigung beurkundungsrechtlich zulässig ist. Es fehlt an der Urschrift als dem Bezugsobjekt der Übereinstimmung. § 435 ist deshalb **auf beglaubigte Abschriften zu beschränken**, die von **der Urschrift oder** einer **Ausfertigung** hergestellt worden sind.[4] Für eine weitergehende Ausnahmeregelung besteht kein Bedürfnis, weil der Beweisführer regelmäßig eine beglaubigte Abschrift der Urschrift erlangen kann (vgl. § 51 Abs. 3 BeurkG für notarielle Urkunden über Eigenerklärungen und selbst veranlasste Wahrnehmungsniederschriften).

87

---

1 Ebenso Stein/Jonas/*Leipold*[22] § 435 Rz. 1; Zöller/*Geimer*[30] § 435 Rz. 3.
2 Hahn/Stegemann, Mat. Bd. II/1, 2. Aufl. 1881, S. 327.
3 BGH NJW 1960, 33; BGHZ 36, 201, 204 = NJW 1962, 736, 738; BVerwG NJW 1987, 1159.
4 Stein/Jonas/*Leipold*[22] § 435 Rz. 8.

b) Urschrift und Abschrift

aa) Begriffliche Abgrenzungen

88 Unter einer **Urschrift** versteht man das vom Verfasser eigenhändig unterzeichnete Schriftstück, welches späteren Ausfertigungen oder Abschriften zugrunde liegt. Sie darf nicht mit einem Urkundenentwurf verwechselt werden. Werden durch Bundes- oder Landesrecht besondere Anforderungen an die Urschrift gestellt, sind diese einzuhalten. Der Begriff „**Abschrift**" dient als **Oberbegriff für Zweitschriften jeder Art**, ungeachtet der Vervielfältigungsmethode (Handschrift, Maschinenschrift, Computerausdruck, Druck usw.) und des Vervielfältigungszeitpunktes (zeitgleich mit dem Original als Durchschrift oder später); insbesondere fallen beglaubigte Fotokopien hierunter.[1]

89 Unter einer **Ausfertigung** versteht man eine Abschrift, die einen Ausfertigungsvermerk trägt und als Ausfertigung bezeichnet ist. Sie **tritt** im Rechtsverkehr **an die Stelle** der bei der Behörde, dem Gericht oder dem Notar zu verwahrenden **Urschrift** (vgl. etwa §§ 45 Abs. 2, 47 BeurkG). Die Ausfertigung trägt denselben öffentlichen Glauben wie die Urschrift.[2] Ihr Charakter als Abschrift ändert sich hierdurch allerdings nicht; der Gegenbeweis der Nichtübereinstimmung mit der Urschrift bleibt möglich.[3]

90 Der **Auszug aus** einer **notariellen Urkunde** stellt ebenfalls eine Abschrift dar. Wird er beglaubigt, muss der Beglaubigungsvermerk den Gegenstand des Auszugs und dessen vollständige Erfassung bezeugen (§ 42 Abs. 3 BeurkG). Auszüge aus öffentlichen Urkunden können aber auch **ihrerseits öffentliche Urkunden** sein (und zwar nicht nur hinsichtlich eines Beglaubigungsvermerks), so die Personenstandsurkunden als Auszug aus den Personenstandsregistern (§ 55 Abs. 2 PStG). Der Gesetzgeber hat zur Vermeidung kasuistischer Bestimmungen in § 435 auf Sonderregeln für Auszüge verzichtet.[4]

bb) Abschriftsbeglaubigung

91 Die Beglaubigung muss durch eine dazu nach Bundes- oder Landesrecht **befugte Stelle** unter Beachtung der dafür jeweils geltenden gesetzlichen Vorschriften erfolgt sein. Für den **Notar** ergeben sich die Regeln aus §§ 39, 42 BeurkG; erforderlich ist ein Beglaubigungsvermerk. Bei **behördlichen Beglaubigungen** unterscheidet § 65 BeurkG danach, ob die Beweiskraft auf ein vor der Behörde geführtes Verwaltungsverfahren beschränkt ist.

92 **Rechtsanwälte** sind zwar befugt, beglaubigte Abschriften von ihnen eingereichter Schriftstücke zum Zwecke der Zustellung herzustellen (§ 169 Abs. 2 S. 2), jedoch besteht **keine Befugnis** zur Beglaubigung i.S.v. § 435, der eine öffentliche Zeugnisurkunde verlangt. Ausfertigungen von Urkunden werden mangels sondergesetzlicher Regelung von der derjenigen Stelle hergestellt, die die Urschrift verwahrt (§ 48 S. 1 BeurkG). Der **Urkundsbeamte der Geschäftsstelle** ist für die Ausfertigung von gerichtlich verwahrten Urschriften zuständig (§ 48 S. 2 BeurkG).

---

1 BGH NJW 1974, 1383, 1384; BGHZ 36, 62 = NJW 1961, 2307.
2 BGH NJW 1960, 33; BGHZ 36, 201, 204.
3 Stein/Jonas/*Leipold*[22] § 435 Rz. 6.
4 Hahn/Stegemann Mat. II/1 S. 327.

2. Sachlicher Anwendungsbereich

§ 435 gilt für **inländische und ausländische öffentliche Urkunden** einschließlich der Beglaubigungen ausländischer Behörden.[1] Keine öffentliche Urkunde ist die öffentlich beglaubigte Privaturkunde. Sie bleibt trotz der Unterschriftsbeglaubigung Privaturkunde; öffentliche Urkunde ist lediglich der Beglaubigungsvermerk als solcher (vgl. Kap. 28 Rz. 35). Auf **Privaturkunden** ist § 435 nicht anwendbar. 93

3. Anordnung zur Vorlage der Urschrift, Glaubhaftmachung von Hinderungsgründen

Hegt das Gericht Bedenken wegen der Echtheit der beglaubigten Abschrift, kann es die Vorlage der **Urschrift** durch den nach § 420 zur Urkundenvorlage verpflichteten Beweisführer anordnen (§ 435 S. 1 2. Hs.). Damit soll ermöglicht werden, die inhaltliche Übereinstimmung der beglaubigten Abschrift mit der Urschrift zu prüfen.[2] Die Anordnung steht im Ermessen des Gerichts. Sie ist **ermessensfehlerhaft**, wenn sich die Urschrift in amtlicher Verwahrung eines Notars oder einer Behörde befindet und von der verwahrenden Stelle nicht herausgegeben werden darf. Kann sich der Beweisführer eine Ausfertigung beschaffen, ist die Anordnung in diesem Fall auf die Vorlage einer **Ausfertigung** zu richten. Ein Ermessensfehler wäre auch bei bloß routinemäßiger Anordnung gegeben. Ist dem Beweisführer die **Vorlage** der Urschrift oder Ausfertigung **unmöglich**, hat er **ersatzweise** diese Tatsachen glaubhaft zu machen (§ 294); diese Möglichkeit ist in die Anordnung mit aufzunehmen. Nach § 358 kann die Anordnung durch Beweisbeschluss auf Grund einer mündlichen Verhandlung ergehen. Sie darf analog § 360 S. 2 aber auch ergänzend erfolgen. 94

Bleibt die Anordnung in beiden Alternativen erfolglos, wird also die Urkunde weder in Urschrift bzw. Ausfertigung vorgelegt noch die Unmöglichkeit der Vorlage glaubhaft gemacht, **entfallen** die **formellen Beweiswirkungen** der **§§ 415, 417** oder **418**. Die Urkunde verliert ihren Beweiswert aber nicht vollends; er ist vielmehr im Rahmen freier Beweiswürdigung zu ermitteln (§ 435 S. 2). 95

IV. Verzicht nach Vorlegung, § 436

1. Verzicht vor erfolgter Urkundenvorlegung

a) Einseitige Verzichtserklärung

§ 436 befasst sich nur mit dem **einseitigen Verzicht** auf das Beweismittel **nach Vorlegung** der Urkunde. Aus seinem Wortlaut ist im Umkehrschluss zu entnehmen, dass der Beweisführer **bis zur Vorlegung** der Urkunde auf dieses Beweismittel auch ohne Zustimmung des Gegners verzichten kann. Maßgeblicher Zeitpunkt ist die Vorlegung der Urkunde entweder in der mündlichen Verhandlung oder im Falle des § 434 die Vorlage vor dem kommissarischen Richter oder bei Durchführung eines schriftlichen Verfahrens (§§ 128 Abs. 2, 251a) der die mündliche Verhandlung ersetzende Zeitpunkt. **Nicht** ausreichend ist die bloß vorbereitende **Niederlegung** der Urkunde **auf der Geschäftsstelle** gem. § 134 Abs. 1. 96

Die Verzichtserklärung ist eine einseitige, dem Gericht gegenüber **abzugebende prozessuale Willenserklärung**. Sie kann auch – wie der Verzicht auf die Vernehmung eines Zeugen gem. § 399[3] – konkludent abgegeben werden. Durch **erneute Benennung des Beweismittels** bzw. nunmehrige Vorlage der Urkunde ist der Verzicht trotz Un- 97

---
1 BVerwG NJW 1987, 1159.
2 BVerwG NJW 1987, 1159.
3 BGH NJW-RR 1987, 1403, 1404.

widerruflichkeit im Ergebnis umkehrbar.[1] Allerdings kann dieser Beweisantritt nach §§ 296 Abs. 2, 282 oder § 531 Abs. 2 als **verspätet** zurückzuweisen sein.

b) Folgen des Verzichts

98 Der Verzicht auf das Beweismittel bewirkt die **Rücknahme des Beweisantritts**. Die Urkunde darf dann der Entscheidung des Gerichts trotz Kenntnis ihres Inhalts nicht zugrunde gelegt werden. Verzichtet die sich im Besitz der Urkunde befindliche Partei auf dieses Beweismittel, nachdem sie es schriftsätzlich benannt hatte, bleibt die durch diese **Inbezugnahme** ausgelöste Rechtsfolge des **§ 423** erhalten; der Anspruch der Gegenpartei auf Vorlegung der Urkunde durch den ursprünglichen Beweisführer (nunmehr: Gegner i.S.d. § 423) geht nicht unter. Ist der Gegner des ursprünglichen Beweisführers selbst im Besitz der Urkunde, kann er diese unbeeinflusst von dem Verzicht des Beweisführers nach § 420 vorlegen. Die Vorlegung der Urkunde durch einen Dritten kann die Gegenpartei nur erreichen, wenn sie gegenüber dem Dritten einen eigenen Vorlegungsanspruch nach § 429 hat.

99 Das Gericht kann den **Verzicht** durch **Anordnung nach § 142 überwinden**, ohne dass die Verhandlungsmaxime entgegensteht. Es gilt insoweit nichts anderes als bei einem Verzicht nach Urkundenvorlegung.

2. Verzicht nach erfolgter Urkundenvorlegung

100 **Nach Vorlegung** der Urkunde durch den Beweisführer, seinen Gegner, einen Dritten oder eine öffentliche Behörde ist ein Verzicht des Beweisführers auf dieses Beweismittel **nur** noch **mit Zustimmung des Gegners** möglich. Die Zustimmung ist eine prozessuale, gegenüber dem Gericht abzugebende Willenserklärung. Auch nach einem wirksamen Verzicht kann der Beweis **erneut angetreten** werden. Dafür gelten dieselben Folgen wie bei einem vor Urkundenvorlage erklärten Verzicht. Bei einer Urkunde aus dem Besitz eines Dritten, die auf Betreiben des Beweisführers vorgelegt worden ist und die sich noch beim Gericht befindet, kann die Gegenpartei deren Verwertung verlangen, auch wenn sie keinen eigenen Vorlegungsanspruch gegen den Dritten nach §§ 422, 423 hatte. Der Dritte ist so anzusehen, als habe er für den Beweisführer vorgelegt.

101 Ungeachtet des **übereinstimmenden Verzichts** kommt eine **Anordnung** der Urkundenvorlegung **von Amts wegen nach § 142** in Betracht.[2] Dagegen wird für den Geltungsbereich der Verhandlungsmaxime die Parteiherrschaft angeführt.[3] Im Hintergrund steht also die generelle Frage, wie weit die Befugnis der Parteien reicht, über Beweismittel zu verfügen.[4]

102 Die **Feststellung** des **Tatsachenstoffes** ist mit für den Richter bindender Wirkung **nicht allein** den **Parteien überlassen**, soweit das Gesetz Beweiserhebungen von Amts wegen gestattet.[5] Legitimes Feld für **Dispositionen** ist grundsätzlich das **materielle Recht**; dort stehen den Parteien die Rechtsfolgen ihres Handelns unmittelbar vor Augen, was für den Ausgang taktischer Überlegungen im Prozess, die auf eine richterliche Kognitionsbeschränkung zielen, seltener zutrifft. Denkbar ist, dass der Verzicht

---

1 BAG NJW 1974, 1349, 1350 (für den Antrag auf Partei- oder Zeugenvernehmung); Rosenberg/Schwab/*Gottwald*[17] § 110 Rz. 33.
2 Stein/Jonas/*Leipold*[22] § 436 Rz. 2.
3 Musielak/*Huber*[10] § 436 Rz. 1.; Baumbach/Lauterbach/*Hartmann*[71] § 436 Rz. 3.
4 Großzügig zu Beweis(mittel)verträgen G. *Wagner* Prozeßverträge (1998), S. 686 ff.; gegen richterliche Bindung durch vertraglichen Ausschluss von Beweismitteln, die von Amts wegen erhoben werden können, Rosenberg/Schwab/*Gottwald*[17] § 113 Rz. 9.
5 Rosenberg/Schwab/*Gottwald*[17] § 77 Rz. 8 und § 113 Rz. 9.

auf das Beweismittel **gleichzeitig** einen **Verzicht auf das materielle Recht** enthält, dessen Bestehen oder Nichtbestehen durch die Urkunde bewiesen werden sollte, oder dass die **zu beweisende Tatsache** zwischen den Parteien **unstreitig** geworden ist, und es deshalb generell auf die Urkunde nicht mehr ankommt.

Teil 5:
Zeugenbeweis

Kapitel 31:
Grundlagen des Zeugenbeweises

	Rz.
§ 110 Persönliche Fähigkeit zur Aussage	1
§ 111 Zeugnispflicht	
I. Erscheinens- und Aussagepflicht	5
II. Entschuldigungslast des Zeugen, § 381	
1. Initiative des Zeugen	6
2. Zeitmomente der Entschuldigung	7
III. Rechtzeitige genügende Entschuldigung	
1. Genügende Entschuldigung	8
2. Rechtzeitigkeit der Entschuldigung	10
IV. Entschuldigung der Verspätung	11
V. Entschuldigung nach erfolgten Anordnungen	
1. Bezugspunkt der Entschuldigung	12
2. Nachträgliche Entschuldigung des Ausbleibens	13
3. Nachträgliche Glaubhaftmachung der Verspätungsentschuldigung	14
4. Rechtsfolgen	15
5. Geringes Verschulden des Zeugen	16
VI. Einzelne Entschuldigungsgründe	
1. Ladungsmängel	
a) Unterbliebene oder verspätete Ladung	17
b) Verspätete Kenntnisnahme	19
c) Ersatzzustellung	20
d) Mangelnde Ordnungsmäßigkeit	22
e) Persönliches Erscheinen einer Partei	23
2. Pflichtenkollisionen	24
3. Verkehrsstörungen	27
4. Gesundheitliche Gründe	28
5. Unzumutbare Wartezeit	29
6. Fehlbeurteilung der Erscheinens- und Anwesenheitspflicht, sonstige Säumnisse	30

	Rz.
VII. Verfahren der Entschuldigung	
1. Zuständigkeit	32
2. Anbringen der Entschuldigungsgründe	
a) Überzeugungsgrad	33
b) Darlegungslast und Amtsermittlung	
aa) Vortragslast des Zeugen	36
bb) Nachweis der Tatsachen	37
c) Form	43
3. Entschuldigungsvorbringen und Persönlichkeitsrechte des Zeugen	45
VIII. Rechtsmittel	49
IX. Kosten	50
§ 112 Vernehmungssubstitution durch Verwertung des Inhalts anderer Verfahrensakten	
I. Protokollbeweis als Ersatz der Zeugenvernehmung	51
II. Beweiswert von Vernehmungsniederschriften	57
§ 113 Beweiserhebungs- und Beweisverwertungsverbote beim Zeugenbeweis	
I. Verbot der Zeugenvernehmung	63
II. Unterbliebene Belehrung im vorangegangenen Strafverfahren	64
III. Richter, Urkundsbeamte, Prozessbevollmächtigte als Zeugen	67
§ 114 Würdigung der Zeugenaussage	
I. Mögliche Fehlerquellen	68
II. Wahrnehmungsfehler	69
III. Glaubhaftigkeit der Aussage	70
IV. Glaubwürdigkeitsbeurteilung	
1. Prüfungskriterien	72
2. Verbot richterrechtlicher Beweisregeln	73
3. Glaubwürdigkeitsuntersuchung	76

Schrifttum:

Balzer, Beweisaufnahme und Beweiswürdigung im Zivilprozeß, 3. Aufl. 2011; *Barfuß*, Die Stellung besonderer Vertreter in der zivilprozessualen Beweisaufnahme, NJW 1977, 1273;

Berk, Der psychologische Sachverständige in Familienrechtssachen, 1985; *Bertram*, Zeugenvernehmung des 15 Jahre alten Klägers?, VersR 1965, 219; *Blomeyer*, Schadensersatzansprüche des im Prozeß Unterlegenen wegen Fehlverhaltens Dritter, 1972; *Bogisch*, Nemo testis in re sua. Das Problem der Zeugnisfähigkeit bei der Anwendung der deutschen Zivilprozeßordnung von 1877, 1998; *Bosch*, Grundsatzfragen des Beweisrechts, 1963; *Bötticher*, Erbe und Gemeinschuldner als gewillkürte Prozeßstandschafter des Nachlaß- und Konkursverwalters, JZ 1963, 582; *Brunkow*, Der Minderjährige als Beweisperson im Straf- und Zivilverfahren, Diss. Freib. i.Br. 2000; *Bürck*, Der prozeßbevollmächtigte Rechtsanwalt als Zeuge im Zivilprozeß, NJW 1969, 906; *Buß/Honert*, Die „prozeßtaktische" Zession, JZ 1997, 694; *Dräger*, Isolierte Drittwiderklage – Sinn und Unsinn von prozeßtaktischen Abtretungen, MDR 2008, 1373 f.; *Dreymüller*, Der Zeugenbeweis im Zivilprozeß im common law und im deutschen Recht, Diss. Münster 2000; *Einmahl*, Zeugenirrtum und Beweismaß im Zivilprozeß, NJW 2001, 469; *Findeisen*, Der minderjährige Zeuge im Zivilprozeß, 1992; *Foerste*, Anmerkung zu BAG 5 AZR 508/96, Urt. v. 29.10.1997, JZ 1998, 793 f.; *Frank*, Verschiebung von Prozeßrechtsverhältnissen, ZZP 92 (1979), 321; *Grundmann*, Der Minderjährige im Zivilprozeß, 1980; *Hällmayer*, Zur Beweislastverteilung im vom Versicherer geführten Rückforderungsprozeß und zur urkundenbeweislich erfolgenden Verwertung protokollierter Zeugenaussagen aus einem Strafverfahren, NZV 1992, 481; *Hauser*, Der Zeugenbeweis im Strafprozeß mit Berücksichtigung des Zivilprozesses, 1974; *Heilmann*, Kindliches Zeitempfinden und Verfahrensrecht, 1998; *Himmelsbach*, Der Schutz des Medieninformanten im Zivilprozeß, 1998; *Hohlfeld*, Die Einholung amtlicher Auskünfte im Zivilprozeß, 1995; *Hueck*, Die Vertretung von Kapitalgesellschaften im Prozeß, in: Festschrift für Bötticher (1969), S. 197; *Janetzke*, Die Beweiserhebung über die Glaubwürdigkeit des Zeugen im Strafprozeß, NJW 1958, 534; *Kämmerer*, Die Rechtsnatur der Offenen Handelsgesellschaft, NJW 1966, 801; *Kirchhoff*, Richter als Zeugen – Bericht über ein Wahrnehmungsexperiment, MDR 2001, 661; *Kluth/Böckmann*, Beweisrecht – Die zivilprozessuale Partei im Zeugenmantel, MDR 2002, 616; *Knöfel*, Nordische Zeugnispflicht – Grenzüberschreitende Zivilrechtshilfe à la scandinave, IPRax 2010, 572; *Koukouselis*, Die Unmittelbarkeit der Beweisaufnahme im Zivilprozeß, insbesondere bei der Zeugenvernehmung, 1990; *Kube/Leineweber*, Polizeibeamte als Zeugen und Sachverständige, 2. Aufl., 1980; *Kube/Leineweber*, Der Jurist im Spannungsfeld der Psychologie, in: Festschrift für die Deutsche Richterakademie, 1983; *Lent*, Zeugenvernehmung einer nicht parteifähigen Prozeßpartei, ZZP 52 (1927), 14; *Lenz/Meurer*, Der heimliche Zeuge im Zivilprozeß, MDR 2000, 73; *Meyke*, Die Funktion der Zeugenaussage im Zivilprozeß, NJW 1989, 2032; *Meyke*, Die Funktion der Zeugenaussage im Zivilprozeß, NJW 1989, 2032; *Müller*, Parteien als Zeugen, 1992; *Nagel/Bajons*, Beweisrecht, 3. Aufl. 2003; *Peters*, Der sogenannte Freibeweis im Zivilprozeß, 1962; *Pieper*, Richter und Sachverständiger im Zivilprozeßrecht, ZZP 84 (1971), 1; *Prange*, Materiell-rechtliche Sanktionen bei Verletzung der prozessualen Wahrheitspflicht durch Zeugen und Parteien, 1995; *Reichart/Hafner*, Private Zeugenbefragung durch den Anwalt im Zivilprozess, SJZ 107 (2011), 201; *Rose*, Der Auslandszeuge im Beweisrecht des deutschen Strafprozesses, 1999; *Rüßmann*, Einziehungsermächtigung und Klagebefugnis, AcP 172 (1972), 520; *Rüßmann*, Zur Mathematik des Zeugenbeweises, in: Festschrift für Nagel,1987, S. 329; *Rüßmann*, Praktische Probleme des Zeugenbeweises im Zivilprozeß, KritV 1989, 361; *Schabenberger*, Der Zeuge im Ausland, 1997; *Schlosser*, EMRK und Waffengleichheit im Zivilprozeß, NJW 1995, 1404; *Schmitz*, Die Vernehmung des GmbH-Geschäftsführers im Zivilprozeß, GmbH-R 2000, 1140; *E. Schneider*, Der Streitgenosse als Zeuge, MDR 1982, 372; *E. Schneider*, Beweis und Beweiswürdigung, 5. Aufl. 1994; *Schneider*, Nonverbale Zeugnisse gegen sich selbst usw., 1991; *Werner*, Zeugenvernehmung eines Rechtsanwalts in der Funktion eines anwaltlichen Beistands i.S.d. § 52 Abs. 2 BRAO, AnwBl. 1995, 113; *Wunderlich*, Zivilprozessuale Möglichkeiten für ein gemeinschaftliches Vorgehen geschädigter Kapitalanleger, DB 1993, 2269, 2271.

S. auch Schrifttum zu § 114.

§ 110 Persönliche Fähigkeit zur Aussage

1 Die Zeugnisfähigkeit ist in Hinblick auf das Prinzip der freien Beweiswürdigung bewusst nicht gesetzlich geregelt.[1] **Zeugnisfähig** sind **ausschließlich natürliche Per-

---

1 *Findeisen* Der minderjährige Zeuge S. 22 f.

sonen.¹ Dass die Fähigkeit, bestimmte Tatsachen wahrzunehmen, zu erinnern und wiederzugeben sowie Fragen zu verstehen und zu beantworten, von Person zu Person variiert, hat grundsätzlich keinen Einfluss auf die Zeugnisfähigkeit. Die Zeugnisfähigkeit ist **weder** mit der **Geschäftsfähigkeit** und deren Abstufungen **noch** mit der **Eidesfähigkeit** (§ 393) gleichzusetzen.² Zeugnisfähigkeit und Einsichtsvermögen in Wesen und Tragweite des Zeugnisverweigerungsrechts (§ 383) können, müssen aber nicht zusammenhängen.³

Die Fähigkeit als Zeuge auszusagen, ist grundsätzlich **altersunabhängig**,⁴ weshalb **Minderjährige** unabhängig von ihrem Alter vernommen werden können. Erforderlich ist nur die Verstandesreife, tatsächliche Wahrnehmungen zu machen und auf Befragung zu reproduzieren.⁵ Ein siebenjähriges Kind, das beobachtet hat, wie ein Brief unter der Tür eines Geschäftslokals durchgeschoben wurde, kann wegen dieser Beobachtung als Zeuge vernommen werden.⁶ Eine andere Frage ist, ob die Vernehmung Minderjähriger wegen Gefährdung des Kindeswohls unterbleiben soll.⁷ Auch **geistige Gebrechen** beseitigen die Zeugnisfähigkeit nicht schlechthin.⁸ Ein 14-jähriges schwachsinniges Kind kann im Einzelfall zeugnisfähig sein.⁹   2

Losgelöst von der Zeugnisfähigkeit ist zu beurteilen, **wer** bei nicht voll geschäftsfähigen Aussagepersonen das **Zeugnisverweigerungsrecht ausüben** darf. Heranzuziehen ist § 52 Abs. 2 StPO¹⁰ (zum Minderjährigen s. auch Kap. 34 Rz. 94). Eine Beweisperson, welche die zum Verständnis eines Zeugnisverweigerungsrechts erforderliche geistige Reife nicht besitzt, darf grundsätzlich nur mit der **Zustimmung** ihres zur Personensorge berechtigten **gesetzlichen Vertreters**, der auch an ihrer Stelle entsprechend zu belehren ist, vernommen werden.¹¹ Sind im staatsanwaltlichen Ermittlungsverfahren Zweifel an der Aussagetüchtigkeit eines Zeugen bejaht worden, rechtfertigt dies nicht ohne Weiteres die Annahme, der Zeuge sei auch im Zivilprozess ein ungeeignetes Beweismittel, weil hierfür die völlige Ungeeignetheit des Beweismittels feststehen muss¹² (zur Ungeeignetheit Kap. 12 Rz. 37 ff.).   3

Bei **hör- und sprachbehinderten Personen** sind gem. § 186 GVG die zur Verständigung erforderlichen technischen Hilfsmittel bereitzustellen; bei Bedarf ist ein Dolmetscher hinzuziehen. Ist ein Zeuge der deutschen Sprache nicht mächtig, muss das Gericht gem. § 185 GVG ebenfalls einen **Dolmetscher** hinzuziehen, und zwar auch dann noch, wenn die beweisführende Partei auf die Notwendigkeit eines Dolmetschers beim Beweisantritt nicht hingewiesen hat.¹³   4

---

1 OLG Düsseldorf MDR 1988, 593 = JurBüro 1988, 1005.
2 Stein/Jonas/*Berger*²² vor § 373 Rz. 3.
3 BGH NJW 1967, 360; Stein/Jonas/*Berger*²² vor § 373 Rz. 3; *Findeisen* S. 31; Zöller/*Greger*³⁰ § 373 Rz. 3.
4 AG Bergisch Gladbach WuM 1994, 193; *Findeisen* S. 22 f.; *Grundmann*, Der Minderjährige im Zivilprozeß S. 89.
5 Zöller/*Greger*³⁰ § 373 Rz. 3. *Findeisen* S. 34 ff., 175 plädiert dafür, die Zeugnisunfähigkeit vor Erreichen des sechsten Lebensjahres widerlegbar zu vermuten.
6 AG Bergisch Gladbach WuM 1994, 193.
7 *Findeisen* S. 31.
8 *Janetzke* NJW 1958, 534.
9 BGH NJW 1967, 360.
10 MünchKommZPO/*Damrau*⁴ § 383 Rz. 8.
11 BGHSt (GSSt) 12, 235 = NJW 1959, 445; BGHSt 14, 159, 160 = BGH NJW 1960, 1396; NJW 1967, 360; BayObLG NJW 1967, 206 = FamRZ 1966, 644; OLG Stuttgart FamRZ 1965, 515, 516; MünchKommBGB/*Huber*⁶ § 1626 Rz. 51; *Grundmann* Der Minderjährige im Zivilprozeß S. 91 ff.
12 OLG Celle OLGRep. 2000, 195, 196 f.
13 OLG Hamm MDR 2000, 657.

§ 111 Zeugnispflicht

I. Erscheinens- und Aussagepflicht

5 Von den Exterritorialen (§§ 18–20 GVG) abgesehen sind alle Personen **unabhängig von ihrer Staatsangehörigkeit zeugnispflichtig**, die sich auf deutschem Territorium aufhalten (näher dazu Kap. 7 Rz. 83 f. und Kap. 59 Rz. 19). Die Zeugnispflicht umfasst grundsätzlich die Pflicht zum Erscheinen und zur Aussage im Beweisaufnahmetermin (Kap. 7 Rz. 87 f.). Beide Pflichten können **nach §§ 380, 390 erzwungen** werden (Kap. 8). Die Gründe für eine Aussageverweigerung ergeben sich aus den §§ 383–385 (dazu Kap. 34–36). Ein Weigerungsrecht hat bereits Auswirkungen auf die Pflicht zum Erscheinen (Kap. 37 Rz. 11).

II. Entschuldigungslast des Zeugen, § 381

1. Initiative des Zeugen

6 Der durch das Zivilprozessreformgesetz vom 27.7.2001 nach dem Vorbild des § 51 Abs. 2 StPO neu gefasste § 381 Abs. 1[1] soll sicherstellen, dass die **Anordnungen nach § 380** nur den Zeugen treffen, der entweder **schuldhaft ausgeblieben** ist oder der sein Ausbleiben **nicht rechtzeitig entschuldigt** hat. Anzuwenden ist die Norm in **allen Einsatzbereichen des § 380** (dazu Kap. 8 Rz. 3 ff.). Es obliegt dem Zeugen, sein Ausbleiben zu entschuldigen (s. auch Rz. 36). Das Gericht muss also das schuldhafte Ausbleiben nicht begründen, um die Anordnungen nach § 380 erlassen zu dürfen.

2. Zeitmomente der Entschuldigung

7 § 381 Abs. 1 regelt insgesamt **vier verschiedene Fallkonstellationen** der Entschuldigung und stellt hierfür jeweils unterschiedliche Voraussetzungen auf. Dabei betreffen Satz 1 und 2 die Entschuldigung des Zeugen **vor dem Erlass von Anordnungen** gem. § 380 Satz 3 die Entschuldigung **danach**. Geht die ausreichende und rechtzeitige Entschuldigung ein, bevor Anordnungen gegen den Zeugen ergangen sind, unterbleiben Ordnungsmaßnahmen gem. Satz 1 (näher unten Rz. 10). Erfolgt die Entschuldigung verspätet, jedoch vor Erlass von Anordnungen, gelten nach Satz 2 zusätzliche Voraussetzungen (näher unten Rz. 11). Satz 3 betrifft die **Aufhebung der** bereits getroffenen **Anordnungen** in zwei Fällen nicht rechtzeitiger genügender Entschuldigung und unterwirft sie den Voraussetzungen des § 381 Abs. 1 S. 2 (näher Rz. 12).

III. Rechtzeitige genügende Entschuldigung

1. Genügende Entschuldigung

8 Nach der seit 2001 geltenden Fassung des § 381 Abs. 1 S. 1 setzt das Unterbleiben der Anordnungen nach § 380 stets eine genügende Entschuldigung des Ausbleibens voraus. Dies bedeutet, dass der Zeuge einen **triftigen Grund** haben muss, um sein Ausbleiben zu rechtfertigen (Einzelfälle s. Rz. 17 ff.). Mangelt es daran, ist die **Entschuldigung ungenügend** und **wie eine fehlende Entschuldigung** zu behandeln.[2]

9 Anders als in der bis 2001 geltenden Fassung wird in der aktuellen Fassung des § 381 Abs. 1 **nicht** mehr **ausdrücklich** festgestellt, dass die Anordnung der **zwangsweisen**

---

[1] BGBl. I 2001, 1887; RegE BT-Drucks. 14/4722, S. 91.
[2] *Bergerfurth* JZ 1971, 84, 85.

Vorführung des Zeugen **unterbleibt**, wenn dieser sich genügend entschuldigt. Damit wird aufgegriffen, dass eine zwangsweise Vorführung, die nach § 380 Abs. 2 im Falle wiederholten Ausbleibens angeordnet werden kann, bei genügender Entschuldigung ohnehin nicht zulässig ist (zu den Voraussetzungen Kap. 8 Rz. 51).[1] Auch hat der Gesetzgeber auf die **frühere Differenzierung** zwischen der Glaubhaftmachung, dass die **Ladung nicht rechtzeitig zugegangen** ist, und der **genügenden Entschuldigung** des Ausbleibens verzichtet. Er war der Auffassung, der nicht rechtzeitige Zugang der Ladung bedürfe keiner ausdrücklichen Erwähnung, weil er einen genügenden Entschuldigungsgrund darstelle.[2]

2. Rechtzeitigkeit der Entschuldigung

Eine wesentliche Änderung gegenüber dem früheren § 380 Abs. 1 S. 1 besteht darin, dass die Auferlegung der Kosten und die Festsetzung eines Ordnungsmittels nach Satz 1 der Neufassung nur unterbleiben, wenn das Ausbleiben des Zeugen rechtzeitig entschuldigt wird. Da die **frühere Gesetzesfassung** nicht ausdrücklich auf die **Rechtzeitigkeit der Entschuldigung** abstellte, ließen Teile der Rechtsprechung auch die verspätete genügende Entschuldigung ausreichen.[3] Dies hatte zur Folge, dass das **Ausbleiben eines Zeugen** häufig auch dann **nicht so frühzeitig entschuldigt** wurde, dass der Termin noch verlegt sowie die zur Verhandlung geladenen Personen abbestellt werden konnten, wenn dies noch im gewöhnlichen Geschäftsbetrieb möglich gewesen wäre.[4] Hierdurch kam es nicht nur zu einem **vermeidbaren Arbeitsaufwand** für Gerichte, Rechtsanwaltschaft und Parteien; auch wurden die durch das Ausbleiben des Zeugen verursachten Kosten nach den allgemeinen Kostenregeln verteilt.[5] Der Gesetzgeber hat dies als unzuträglich gesehen und deshalb wie schon mit dem Strafverfahrensänderungsgesetz 1979 vom 5.10.1978[6] auch für den zivilprozessualen Bereich auf die Rechtzeitigkeit der Entschuldigung des Zeugen abgestellt.[7] Rechtzeitig ist die Entschuldigung danach nur, wenn sie so frühzeitig bei Gericht eingeht, dass der **Termin noch verlegt** und die zur Verhandlung **geladenen Personen** noch **im gewöhnlichen Geschäftsbetrieb umgeladen** werden können.[8] Zur Abladung sind alle verfügbaren modernen Kommunikationsmittel zu nutzen. Eine sofortige (unverzügliche) Entschuldigung ist hingegen nicht erforderlich.[9]

IV. Entschuldigung der Verspätung

§ 381 Abs. 1 Satz 2 der Neufassung regelt in Entsprechung zu § 51 Abs. 2 S. 3 StPO, dass der Zeuge, dessen Entschuldigung verspätet ist, den Anordnungen nach § 380 entgehen kann, wenn er auch die **fehlende Rechtzeitigkeit der Entschuldigung** nach Satz 1 **entschuldigt**.[10] Dazu muss der Zeuge Tatsachen vortragen, die die Verspätung rechtfertigen, und diese **glaubhaft machen** (§ 294).

---

1 BT-Drucks. 14/4722, S. 91.
2 BT-Drucks. 14/4722, S. 91.
3 BT-Drucks. 14/4722, S. 91.
4 BT-Drucks. 14/4722, S. 91.
5 BT-Drucks. 14/4722, S. 91.
6 BGBl. I 1978, 1465; BT-Drucks. 8/976, S. 36.
7 BT-Drucks. 14/4722, S. 91.
8 BT-Drucks. 14/4722, S. 91; Musielak/*Huber*[10] § 381 Rz. 4. Zu § 51 Abs. 2 StPO *Meyer-Goßner* StPO[56] § 51 Rz. 8; KK/*Senge*[6] § 51 Rz. 10; Löwenberg/Rose/Ignor/Bertheau StPO[26] § 51 Rz. 9.
9 OLG Frankfurt OLGRep. 2000, 187.
10 BT-Drucks. 14/4722, S. 91.

V. Entschuldigung nach erfolgten Anordnungen

1. Bezugspunkt der Entschuldigung

12 § 381 Abs. 1 S. 3 regelt **zwei Fälle** der nachträglichen Entschuldigung. **Nachträglich** erfolgt die Entschuldigung dann, wenn das Gericht **bereits Beschlüsse** gem. § 380 Abs. 1 oder 2 **gefasst** hat. Diese Situation kann auch noch im Termin eintreten, wenn der Zeuge verspätet erscheint. Allerdings entfällt in diesem Fall die Rechtmäßigkeit der Anordnungen, weil das verspätete Erscheinen nicht als Nichterscheinen zu werten ist, wenn die Vernehmung noch im Termin nachgeholt werden kann (Kap. 8 Rz. 25). Da die Anordnungen nach § 380 das Ausbleiben des Zeugen im Vernehmungstermin voraussetzen, ist die nachträgliche Entschuldigung notwendig verspätet. Sie betrifft also immer einen Fall des § 381 Abs. 1 S. 3.

2. Nachträgliche Entschuldigung des Ausbleibens

13 § 381 Abs. 1 **Satz 3** erfasst zum einen die Konstellation, dass der Zeuge nachträglich sein **Ausbleiben** genügend **entschuldigt**. In diesem Fall setzt die Aufhebung der nach § 380 getroffenen Anordnungen seit der Neufassung der Norm im Jahre 2001 **zusätzlich** voraus, dass den Zeugen an der **Verspätung** seiner **Entschuldigung kein Verschulden** trifft. Dies muss der Zeuge glaubhaft machen. Insoweit hat der Gesetzgeber die Vorschrift dem § 51 Abs. 2 S. 3 StPO angeglichen.

3. Nachträgliche Glaubhaftmachung der Verspätungsentschuldigung

14 Zum anderen gilt § 381 Abs. 1 S. 3 für den Fall, dass Anordnungen nach § 380 nur deshalb ergangen sind, weil die Entschuldigung des Zeugen verspätet war und er **lediglich nicht rechtzeitig** – wie es Satz 2 verlangt – **glaubhaft gemacht** hat, dass ihn **an der Verspätung kein Verschulden** trifft. Holt der Zeuge die Glaubhaftmachung nach und entschuldigt zugleich deren Verspätung, sind die Anordnungen aufzuheben.[1]

4. Rechtsfolgen

15 Sind die Voraussetzungen der Vorschrift gegeben, sind **sämtliche** Anordnungen nach § 380 aufzuheben. Eine **Differenzierung** zwischen der Festsetzung eines **Ordnungsmittels** und der Auferlegung der **Kosten** ist **nicht zulässig**.[2]

5. Geringes Verschulden des Zeugen

16 Die Aufhebung eines Ordnungsgeldbeschlusses kann auch dann gerechtfertigt sein, wenn das **Verschulden** des ausgebliebenen Zeugen **gering** ist (vgl. Kap. 8 Rz. 29).[3] Dies ist z.B. der Fall, wenn ein auswärtiger Zeuge nach Erhalt der Ladung um eine Vernehmung im Wege der Rechtshilfe bittet und auf sein Schreiben vom Gericht keine Antwort erhält, weil er dann erwarten darf, dass seine Bitte vom Gericht beantwortet

---

1 BT-Drucks. 14/4722, S. 91; Musielak/*Huber*[10] § 381 Rz. 11. So schon zu § 381 a.F. – der Norm zuwider – OLG Düsseldorf MDR 1969, 149 f.; OLG Karlsruhe FamRZ 1993, 1470 (LS); OLG Nürnberg NJW-RR 1999, 788 = MDR 1998, 1432. Überholt ist die der Gesetzeslage bis 2001 geschuldete gegenteilige Auffassung, vertreten von OLG Karlsruhe NJW 1972, 589; OLG Braunschweig Nds.Rpfl. 1977, 232; OLG Bremen OLGZ 1978, 116, 117; OLG Frankfurt/M OLGRep. 1999, 138 = MDR 1999, 824; OLG Frankfurt OLGRep. 2000, 187; OLG Celle MDR 1999, 437f; OLG Hamburg JR 1962, 351 zu § 51 StPO; überholt auch die Ansicht, die Aufhebung sei bei verspäteter Entschuldigung auf den Ordnungsmittelbeschluss zu beschränken, vgl. etwa OLG Stuttgart JR 1963, 187.
2 Insoweit auch nach § 381 Abs. 1 S. 2 a.F. zutreffend OLG Karlsruhe NJW 1972, 589.
3 OLG Köln VersR 1993, 718.

wird.[1] Hat das Ausbleiben Kosten verursacht, dürfen bei geringfügigem Verschulden nur die Ordnungsmittel aufgehoben werden; der **Kostenbeschluss** muss **bestehen bleiben**[2] (Kap. 8 Rz. 29).

VI. Einzelne Entschuldigungsgründe

1. Ladungsmängel

a) Unterbliebene oder verspätete Ladung

Das Ausbleiben des Zeugen ist genügend entschuldigt, wenn er die **Ladung nicht oder nicht rechtzeitig** erhalten hat.

17

Bei **verspäteter Ladung** (dazu Kap. 8 Rz. 23), d.h. wenn dem Zeugen nicht ausreichend Zeit blieb, sich auf den Termin einzurichten und vorzubereiten, muss der Zeuge glaubhaft machen, wann ihm die Ladung zugegangen ist. Dabei dürfen an den Entschuldigungsversuch des Zeugen vor dem Termin **keine allzu strengen Anforderungen** gestellt werden.[3] Die Wahrnehmung eines Termins am Folgetag kann bei einem selbständigen Unternehmer z.B. daran scheitern, dass er betriebsbedingt unabkömmlich ist.[4]

18

b) Verspätete Kenntnisnahme

Ein genügender Entschuldigungsgrund ist auch, dass der Zeuge trotz rechtzeitigen Zugangs von der **Ladung** (unverschuldet) **keine**[5] oder **zu spät**[6] Kenntnis erhält, etwa **weil** er **abwesend** war. Dies soll nicht für einen Rechtsanwalt gelten, der infolge eines Verschuldens seines Personals von einer Zeugenladung keine Kenntnis erhalten hat (zw.).[7] Da die Ladung den Zeugen regelmäßig unvorbereitet trifft, darf ihm kein Vorwurf daraus gemacht werden, dass ihm Ladungen nicht nachgesandt werden, sofern er abwesend ist.[8] Wer eine ständige Wohnung hat und diese nur vorübergehend nicht benutzt, braucht für diese Zeit **keine besonderen Vorkehrungen** hinsichtlich möglicher Zustellungen zu treffen[9]

19

c) Ersatzzustellung

Die **Unkenntnis** des Zeugen **von** der **Ersatzzustellung reicht** als **Entschuldigungsgrund** im Allgemeinen aus.[10] Nach überwiegender Ansicht muss allerdings ein Bürger, der sich nur sehr selten an einem Wohnsitz aufhält oder der sich für längere Zeit – etwa ab sechs Wochen – von seiner ständigen Wohnung entfernt, geeignete Vorkehrungen treffen, damit ihn behördliche Ladungen erreichen.[11] Die Pflicht, bei längerer Abwesenheit die Weiterleitung der Post sicherzustellen, gilt aber ohne besonde-

20

---

1 OLG Köln VersR 1993, 718.
2 OLG Hamm VRS 41 (1971), 283, 284 = JMBl. NRW 1971, 282.
3 OLG Düsseldorf OLGRep. 1994, 170.
4 OLG Düsseldorf OLGRep. 1994, 170.
5 OLG Nürnberg MDR 1998, 1369.
6 OLG Posen OLGRspr. 23/180 = Seuff.Arch. 65 (1910), Nr. 150, 294, 295.
7 OLG Hamm NJW 1956, 1935.
8 KG Recht 1928, 107 Nr. 464.
9 BVerfGE 25, 158, 166; BVerfGE 26, 315, 319; BVerfGE 34, 154, 156.
10 OLG Düsseldorf NJW-RR 1995, 1341, 1342 = MDR 1995, 1166, 1167.
11 OLG Düsseldorf NJW 1980, 2721; OLG Nürnberg MDR 1998, 1369 (obiter dictum); Löwe/Rosenberg/*Ignor/Bertheau* StPO[26] § 51 Rz. 10 (bei Rechnenmüssen mit Ladung); *Molketin* DRiZ 1981, 385; a.A. *Schmid* NJW 1981, 858.

ren Anlass allenfalls für Anschriften, unter denen eine Ersatzzustellung zulässig wäre.[1]

21 Ein im Wege der Ersatzzustellung geladener Zeuge muss für ein **Verschulden des Ersatzempfängers**, der die Ladung für ihn entgegengenommen hat, nicht einstehen.[2] Es besteht keine generelle Verpflichtung, den Posteingang für den Fall möglicher Ersatzzustellungen entsprechend zu organisieren.[3] **Anlass zu Sicherungsvorkehrungen** soll nach überwiegender Ansicht allenfalls dann bestehen, wenn der Zeuge mit einer konkreten Postzustellung in einem bestimmten Zeitraum rechnen musste oder wenn Ersatzzustellungen bereits mehrfach fehlgeleitet worden waren und die Ursache hierfür im Einfluss- und Verantwortungsbereich des Empfängers lag.[4]

d) Mangelnde Ordnungsmäßigkeit

22 Der Zeuge ist auch entschuldigt, wenn die **Ladung nicht ordnungsgemäß** erfolgt ist (dazu Kap. 8 Rz. 22). Dass die Ladung nicht ordnungsgemäß war, wird durch ihre Vorlegung nachgewiesen. Der **Formmangel** der Ladung wird durch Kenntnisnahme von der Ladung **nicht geheilt**. Ist eine Person **als Zeuge geladen, obwohl sie als Partei zu vernehmen** wäre, können gegen sie keine Anordnungen nach § 380 getroffen werden.[5]

e) Persönliches Erscheinen einer Partei

23 Wird das **persönliche Erscheinen einer Partei** durch das Gericht (§ 141) oder durch den Vorsitzenden oder den Berichterstatter (§ 273 Abs. 2) **angeordnet**, muss die **Partei selbst geladen** (§ 141 Abs. 2 S. 2) und ihr Prozessbevollmächtigter davon benachrichtigt werden (§ 176).[6] Für die Ladung ist § 170 zu beachten.[7] Unterbleibt die Information an den Prozessbevollmächtigten und erklärt dieser seiner Partei (u.U. gerade deswegen), sie brauche nicht zum Termin zu kommen, wird dadurch ihr Fernbleiben in aller Regel entschuldigt.[8]

2. Pflichtenkollisionen

24 Eine genügende Entschuldigung ist nur bei **schwerwiegenden Gründen** anzunehmen.[9] Die Pflicht eines Zeugen, vor Gericht zu erscheinen, **geht privaten Pflichten und Geschäften** oder beruflichen Verpflichtungen **vor**.[10] Diese genügen nur in besonders gelagerten Ausnahmefällen als Entschuldigung für ein Ausbleiben im Termin, namentlich dann, wenn der Zeuge sonst unverhältnismäßig große, ihm schlechterdings unzumutbare Nachteile in Kauf nehmen müsste.[11] **Schwer aufschiebbare**

---

1 OLG Nürnberg MDR 1998, 1369.
2 OLG Düsseldorf NJW-RR 1995, 1341 f. = MDR 1995, 1166, 1167.
3 OLG Düsseldorf NJW-RR 1995, 1341, 1342; *Schmid* NJW 1981, 858.
4 OLG Düsseldorf NJW-RR 1995, 1341, 1342; vgl. auch OLG Darmstadt JW 1916, 1593. Ablehnend gegen derartige Ausnahmen unter Hinweis auf die abschließende Regelung der Zeugenpflichten *Schmid* NJW 1981, 858.
5 OLG Karlsruhe FamRZ 1973, 104 = Justiz 1973, 135 (LS).
6 Anders aber bei Zustellung eines Ordnungsgeldbeschlusses, OLG Bremen MDR 2012, 428.
7 BGH NJW-RR 2011, 1363 Rz. 12.
8 OLG Köln NJW 1978, 2515 m. Anm. *Schneider* NJW 1979, 987; OLG Köln MDR 1975, 320; für Zeugen OLG Oldenburg MDR 1976, 336 (LS).
9 BFH DB 1977, 2312.
10 OLG Hamm MDR 1974, 330 (LS).
11 OLG Hamm MDR 1974, 330 (LS).

Geschäfte[1] können deshalb entschuldigen. „Angst" vor dem Angeklagten reicht im Strafprozess in aller Regel nicht als Entschuldigungsgrund für einen Zeugen aus.[2]

Wer eine Terminsladung erhält, muss sich diesen **Termin grundsätzlich freihalten.** 25
Daher darf der Zeuge in der Regel nach Erhalt der Ladung keine Reise mehr buchen, die ihn hindert, an dem Termin teilzunehmen, es sei denn das Erscheinen ist unter Berücksichtigung der Umstände und der Bedeutung der Sache nicht zumutbar.[3] So war nach einer Entscheidung des OLG Koblenz das Ausbleiben in einem Fall entschuldigt, in dem eine Reise bereits vor der Terminsladung reserviert und nur die endgültige schriftliche Bestätigung erst nach dem Erhalt der Ladung erfolgt war; eine Verlegung der Reise sei unzumutbar gewesen.[4]

Überschneidet sich der **Vernehmungstermin** mit einem **anderen wichtigen Termin** 26 des Zeugen, ist zu differenzieren: Der BFH hat anerkannt, dass sich ein **Rechtsanwalt**, der am selben Tag zur gleichen Zeit einen Termin als Zeuge und einen Termin als Vertreter einer Partei wahrzunehmen hat, in einem Interessenwiderstreit befindet.[5] Seien die Auftraggeber des Rechtsanwalts **mit** der Bestellung eines **Terminsvertreters nicht einverstanden**, müsse das Gericht deshalb versuchen, einen anderen Termin zur Beweisaufnahme unter Berücksichtigung der sonstigen Termine des Rechtsanwalts zu bestimmen. Lasse sich auf diese Weise in nächster Zeit kein Termin zur Beweisaufnahme finden, gehe die Zeugenpflicht vor. Hingegen sei das Nichterscheinen des Rechtsanwalts zum Vernehmungstermin genügend entschuldigt, wenn das **Gericht** sich **um eine Terminsverlegung** erst gar **nicht bemühe**.[6] Auch hat der BFH einen Zeugen als entschuldigt angesehen, der dem Vernehmungstermin ferngeblieben ist, weil gleichzeitig ein anderer, nicht verlegbarer Termin stattfand, bei dem ein Strafprozess gegen ihn vorbereitet wurde.[7]

3. Verkehrsstörungen

Verkehrsstörungen können den davon betroffenen Zeugen u.U. entschuldigen. Ein 27 nicht erschienener Zeuge ist **nicht** genügend entschuldigt, wenn er die **Fahrt** zum Gerichtsort **mit dem Pkw so spät antritt**, dass er sich schon bei einer geringen Verzögerung im Straßenverkehr verspätet.[8] Andererseits ist einem Zeugen sein Ausbleiben im Termin nicht vorzuwerfen, wenn er nicht rechtzeitig erscheint, weil sich seine Anreise, die üblicherweise 6–7 Stunden dauert, wegen unvorhersehbarer Verkehrsstörungen erheblich länger hinzieht als die sicherheitshalber eingeplante Reisedauer von 9 Stunden.[9] Der Zeuge muss das **Gericht** allerdings im Rahmen seiner Möglichkeiten und der Zumutbarkeit **von der sich abzeichnenden Verspätung verständigen.**[10]

4. Gesundheitliche Gründe

Krankheit,[11] Besuch bei bzw. Betreuung von schwer erkrankten Angehörigen und 28 gleich gewichtige Gesundheitsgründe entschuldigen den Zeugen. Krankheitsbedingte

---

1 OLG Bamberg Seuff.Arch. 70 (1915), 211 Nr. 117.
2 OLG Hamm MDR 1974, 330 (LS).
3 OLG Koblenz VRS 70 (1986), 150, 152.
4 OLG Koblenz VRS 70 (1986), 150, 152.
5 BFH NJW 1975, 1248.
6 BFH NJW 1975, 1248.
7 BFH DB 1981, 924.
8 OLG Schleswig MDR 1978, 323 (LS); a.A. *Schneider* MDR 1998, 1205: der Zeuge müsse sich nur auf die regelmäßig benötigte Fahrtzeit einstellen.
9 OLG Nürnberg NJW-RR 1999, 788 = MDR 1998, 1432.
10 OLG Nürnberg NJW-RR 1999, 788.
11 RG JW 1904, 68.

Arbeitsunfähigkeit ist **für sich allein kein** ausreichender Hinderungsgrund, vor Gericht zu erscheinen, weil Arbeitsunfähigkeit etwas anderes ist als **Reise- oder Verhandlungsunfähigkeit**. Krankheit steht dem Erscheinen vor Gericht nur dann entgegen, wenn der Kranke entweder nicht imstande ist, die Terminstelle aufzusuchen,[1] insbesondere zum Gerichtsort anzureisen, oder aus gesundheitlichen Gründen an der mündlichen Verhandlung nicht teilnehmen kann (zum Nachweis der Verhandlungsunfähigkeit Rz. 42).[2]

5. Unzumutbare Wartezeit

29 Hat sich der Zeuge **vorzeitig** wieder **entfernt**, muss das **Gericht** berücksichtigen, ob und inwieweit dies auf seine **eigene Unpünktlichkeit** zurückzuführen ist. Nach Ansicht von *Schneider* darf man dem Zeugen keine längere **Wartezeit** als **eine Stunde** zumuten.[3]

6. Fehlbeurteilung der Erscheinens- und Anwesenheitspflicht, sonstige Säumnisse

30 **Nicht vorgeworfen** werden kann der Partei, dass sie in einem Prozess, in dem sie anwaltlich vertreten sein muss, ihre Anwesenheit nicht mehr für erforderlich hält, wenn der **Prozessbevollmächtigte sich entfernt** und eine mündliche Verhandlung deshalb nicht mehr stattfinden kann.[4] Das Gericht darf nicht die eigenen Verfahrensfehler als zureichenden Grund für einen Ordnungsgeldbeschluss nehmen.[5] Dagegen soll sich ein Zeuge auf eine **falsche Auskunft seines Prozessbevollmächtigten** nicht verlassen dürfen.[6] Ersucht der Zeuge das Gericht unter Angabe eines Entschuldigungsgrundes um Verlegung des Termins und erhält hierauf keine Antwort, kann er unter Umständen darauf vertrauen, das Gericht werde seiner Bitte entsprechen.[7]

31 Der Zeuge muss auch dann erscheinen, wenn er glaubt, er sei irrtümlich vorgeladen. Hat ein Zeuge trotz unmissverständlicher Ladung **Zweifel an** der **Erscheinenspflicht**, muss er beim Gericht nachfragen; ein Irrtum kann nur ausnahmsweise entschuldigen.[8] Der Zeuge muss sich aus der Ladung auch über den genauen Ort und die Zeit seiner Vernehmung informieren.[9] Nicht zur Entschuldigung genügt, dass der Zeuge den **Terminstag** versehentlich **verwechselt oder vergessen**[10] oder sich wegen der Umstellung auf die Sommerzeit in der Uhrzeit geirrt[11] hat.

VII. Verfahren der Entschuldigung

1. Zuständigkeit

32 Für die Entscheidung darüber, ob der Zeuge sein Ausbleiben genügend entschuldigt hat, ist das **Gericht** zuständig, **das** die **Anordnungen** nach § 380 **getroffen** hat.[12] Dies

---

1 OLG Köln OLGR 1999, 415.
2 OLG Zweibrücken JurBüro 1976, 1255 f.
3 *Schneider* MDR 1998, 1205, 1207.
4 OLG Köln JR 1969, 264.
5 *Schneider* NJW 1979, 987.
6 OLG Köln OLGRep. 1999, 14; Baumbach/Lauterbach/*Hartmann*[71] § 381 Rz. 6.
7 OLG Bamberg Seuff.Arch. 70 (1915), 211, 212 Nr. 117; a.A. KG Seuff.Arch. 56 (1901), 33 Nr. 18: Nichtbeantwortung der Anzeige entschuldigt stets.
8 BFH BFH/NV 2008, 232 (erfolglose Verfassungsbeschwerde dagegen).
9 OLG Jena, Beschl. v. 31.1.2002 – 6 W 43/02.
10 BFH DB 1977, 2312; OLG München NJW 1957, 306 f.
11 OLG Darmstadt JW 1916, 1593.
12 OLG Hamm GA 1972, 88 zu § 51 StPO.

gilt auch, wenn der **ersuchte** oder **beauftragte Richter** sie beschlossen hat. Das **Prozessgericht** ist dann nur für die in diesem Fall der sofortigen Beschwerde vorgeschaltete **Erinnerung** nach § 573 zuständig.

2. Anbringen der Entschuldigungsgründe

a) Überzeugungsgrad

Ob zur genügenden Entschuldigung des Ausbleibens **stets** die **Glaubhaftmachung** der rechtfertigenden Tatsachen **ausreicht**,[1] lässt sich auch nach der Neufassung des § 381 aus dem Gesetzestext nicht beantworten. **Ungeklärt** ist deshalb, ob die entschuldigenden Tatsachen **bewiesen** werden müssen,[2] **oder** ob es genügt, wenn das Gericht zu einem **geringeren Grade** von diesen Tatsachen **überzeugt** ist. 33

Der **Gesetzgeber des ZPO-Reformgesetzes** von 2001 hat sich mit dieser Frage **nicht befasst**. Soweit im Gesetzestext und in der **Begründung des Entwurfs**[3] von **Glaubhaftmachung** die Rede ist, geht es nur um die Entschuldigung der Verspätung der Entschuldigung, nicht aber um die Entschuldigung des Ausbleibens. Der Umstand, dass der Gesetzgeber den nicht rechtzeitigen Zugang der Ladung als Unterfall eines Entschuldigungsgrundes angesehen hat, ist zwar ein Indiz dafür, dass hinsichtlich der Glaubhaftmachung keine Änderung beabsichtigt war und auch bei allen anderen Entschuldigungsgründen die Glaubhaftmachung genügen sollte. Die Zusammenfassung aller Fälle der genügenden Entschuldigung könnte in Bezug auf das Mittel ihres Nachweises aber auch eine Nachlässigkeit des Gesetzgebers sein. 34

Nach Sinn und Zweck des § 380 muss das Vorliegen des Entschuldigungsgrundes **nicht stets zu voller richterlicher Überzeugung** festgestellt werden. Regelmäßig strengere Anforderungen zu stellen als sie die Glaubhaftmachung verlangt, würde einen Wertungswiderspruch zu Abs. 1 Satz 2 entstehen lassen,[4] wonach die Entschuldigung der Verspätung nur glaubhaft zu machen ist. Eine Beweiserhebung über die rechtfertigenden Tatsachen bringt einen erheblichen zusätzlichen Aufwand mit sich, der prozessökonomisch nur vertretbar ist, wenn das Gericht den Eindruck gewinnt, dass sich ein Zeuge hartnäckig seiner Vernehmung entzieht. 35

b) Darlegungslast und Amtsermittlung

aa) Vortragslast des Zeugen

§ 381 geht davon aus, dass der Zeuge sein Ausbleiben und ggf. die Verspätung seiner Entschuldigung zu entschuldigen hat. Zwar muss das Gericht einen ihm **bekannten Entschuldigungsgrund von Amts wegen** beachten.[5] Kennt das Gericht die entschuldigenden Tatsachen nicht, muss der Zeuge Tatsachen vortragen, die dem **Gericht** die **Prüfung ermöglichen**, ob die von ihm vorgebrachten Gründe sein Fernbleiben rechtfertigen.[6] 36

---

1 So MünchKommZPO/*Damrau*[4] § 381 Rz. 8.
2 Stein/Jonas/*Berger*[22] § 381 Rz. 11: Strengbeweisverfahren trotz Glaubhaftmachung.
3 BT-Drucks. 14/4722, S. 91.
4 MünchKommZPO/*Damrau*[4] § 381 Rz. 8.
5 Baumbach/Lauterbach/*Hartmann*[71] § 381 Rz. 4; Stein/Jonas/*Berger*[22] § 381 Rz. 11.
6 OLG Frankfurt NJW 1957, 1725.

bb) Nachweis der Tatsachen

37 Umstritten ist, ob und **inwieweit** der Zeuge verpflichtet ist, dem Gericht die **Überzeugung von der Wahrheit** der entschuldigenden Tatsachen zu vermitteln. Umstritten ist, ob der Zeuge die Beweislast für die entschuldigenden Tatsachen trägt.[1]

38 **Gegen** die Annahme einer „**Beweislast**" des Zeugen spricht der **Zwangscharakter** der Anordnungen nach § 380. Die im Straf- und im Ordnungswidrigkeitenverfahren geltende **Unschuldsvermutung** muss bei den milderen Ordnungsmitteln erst recht gelten. Es wäre aus rechtsstaatlicher Sicht nicht vertretbar, wenn ein materiell-rechtlich entschuldigter Zeuge die Sanktionen des § 380 lediglich aus Mangel an Beweisen nicht verhindern könnte.[2]

39 Gleichwohl **reicht** es **nicht** aus, dass der Zeuge die sein Ausbleiben rechtfertigenden **Tatsachen vorträgt**. Eine genügende Entschuldigung liegt nur dann vor, wenn der Zeuge diese Tatsachen auch in irgendeiner Form **wahrscheinlich macht**. Würde man hierauf verzichten, bliebe die Androhung bzw. Anordnung der Ordnungsmittel bei einem pflichtvergessenen Zeugen wirkungslos.

40 Der **Amtsermittlungsgrundsatz** gilt **nicht in reiner Form**. Dies hat bereits die Rechtsprechung des RG angenommen. Das RG ging zunächst davon aus, der Zeuge müsse dem Gericht die Überzeugung von der Wahrheit der entschuldigenden Tatsachen „vermitteln".[3] Es hielt die Glaubhaftmachung durch den Zeugen lediglich insoweit nicht für zwingend, als – weitergehend – auch der Beweis zulässig sei. Etwas später entschied das RG, das Gericht müsse die Wahrheit von Amts wegen ermitteln, wenn es sich mit einem vom Zeugen vorgelegten ärztlichen Attest nicht begnügen wolle.[4] In beiden Entscheidungen kommt aber die Ansicht zum Ausdruck, der Zeuge sei **zumindest** zur **Glaubhaftmachung des Entschuldigungsgrundes** verpflichtet.[5] Danach muss das Gericht die Richtigkeit der Angaben des Zeugen nur dann von sich aus prüfen, wenn es den vollen Beweis der entschuldigenden Tatsachen verlangt. Dies ist aber nicht zwingend. Deshalb kann das Gericht Ermittlungen von Amts wegen anstellen, ohne hierzu verpflichtet zu sein.[6]

41 Das Gericht kann **nach** seinem **Ermessen** die **Glaubhaftmachung des Entschuldigungsgrundes** verlangen.[7] Da Glaubhaftmachung **nur für** die Entschuldigung eines **Verspätungsgrundes**, nicht aber für die Entschuldigung des Ausbleibens **gesetzlich vorgesehen** ist,[8] gelten nicht die Anforderungen des § 294, auch nicht die Beschränkungen des § 294 Abs. 2. Die Anforderungen an die Darlegung sind von der **Art des Entschuldigungsgrundes** und der **Häufigkeit des Ausbleibens** abhängig zu machen. Wird der nicht rechtzeitige Zugang einer formlosen Ladung geltend gemacht, wird eine eidesstattliche Versicherung zu fordern sein. Bei Krankheit kann die Vorlage eines ärztlichen Attestes (auf Kosten des Gerichts) verlangt werden.

42 Ein **ärztliches Attest**, das einem Zeugen aus Gesundheitsgründen die Fähigkeit abspricht, den Vernehmungstermin wahrzunehmen, stellt **grundsätzlich** eine **genügende Entschuldigung** dar.[9] Das Gericht muss sich aber nicht mit der ärztlichen attestierten Feststellung begnügen, der Zeuge bzw. die Partei sei „aus gesundheitlichen

---

[1] So wohl MünchKommZPO/*Damrau*[4] § 381 Rz. 10. A.A. Stein/Jonas/*Berger*[22] § 381 Rz. 12.
[2] Ähnlich Stein/Jonas/*Berger*[22] § 381 Rz. 12.
[3] RGZ 54, 430, 432.
[4] RGZ 56, 79, 80.
[5] RGZ 54, 430, 432; RGZ 56, 79, 80.
[6] OLG Nürnberg MDR 1999, 315.
[7] So OLG Köln OLGRep. 2004, 26.
[8] OLG Köln OLGRep. 2004, 26 f. (dort: telefonische Anzeige des Krankenhausaufenthalts).
[9] OLG Köln OLGRep. 1999, 415.

Gründen nicht verhandlungsfähig".¹ Vielmehr steht es dem Gericht im Rahmen der richterlichen Beweiswürdigung frei, ob es **zusätzliche Erläuterungen** fordert oder gar eine **amtsärztliche Untersuchung** verlangt.² Will das Gericht einem von dem Zeugen zu seiner Entschuldigung vorgelegten Attest seines behandelnden Arztes keinen Glauben schenken, kann es allerdings **nicht** verlangen, dass der **Zeuge auf eigene Kosten** ein amtsärztliches Attest vorlegt; es muss die Wahrheit von Amts wegen aufklären.³

c) Form

Nach § 381 Abs. 2 kann der Zeuge seine Entschuldigung **schriftlich** formulieren und bei Gericht einreichen. Dies ist bei Vorliegen der Voraussetzungen des § 130a auch **in elektronischer Form** möglich. Die Vorschrift stellt aber klar, dass der Zeuge zu einer schriftlichen Eingabe nicht verpflichtet ist. Der Zeuge kann sich **mündlich zu Protokoll der Geschäftsstelle** oder in dem zur Vernehmung bestimmten **neuen Termin** entschuldigen.

Das Gesetz spricht davon, dass der Zeuge **Anzeigen und Gesuche** anbringt. Auswirkungen auf die Form der Entschuldigung hat die begriffliche Unterscheidung nicht. Der Begriff „Anzeige" bezieht sich lediglich auf das Vorbringen von Entschuldigungsgründen vor Erlass eines Beschlusses nach § 380, während der Begriff „Gesuch" den Antrag auf Aufhebung der Anordnung meint.

3. Entschuldigungsvorbringen und Persönlichkeitsrechte des Zeugen

Die Vorlage eines ärztlichen Attestes kann zu einem Konflikt mit **Geheimhaltungsinteressen des Zeugen** oder der Partei führen. Legt der Zeuge ein ärztliches Attest vor, soll dies nach einer Entscheidung des OLG Köln die konkludente Entbindung des ausstellenden Arztes von seiner Schweigepflicht bezüglich etwaiger Nachfragen des Gerichts beinhalten.⁴

Wünscht der Betroffene, dass die Art oder Einzelheiten seiner Erkrankung **gegenüber** den **übrigen Verfahrensbeteiligten** nicht offenbart werden, **muss das Gericht** zwischen dem allgemeinen Persönlichkeitsrecht des Betroffenen und den Interessen der Parteien an der Offenbarung dieser Umstände **abwägen**. Das Gericht hat dafür Sorge zu tragen, dass die Art oder Einzelheiten der Erkrankung nur solchen Verfahrensbeteiligten bekannt werden, die dieser Information aus prozessualen Gründen unbedingt bedürfen.⁵ Dies kann dadurch sichergestellt werden, dass die **ärztliche Bescheinigung** samt eventueller Erläuterungen **nicht zu den Hauptakten** genommen, sondern in einem der Akteneinsicht nicht unterliegenden Sonderheft verwahrt wird.⁶

Diese Verfahrensweise findet eine **Parallele im Prozesskostenhilfeverfahren**. Dort bestimmt § 117 Abs. 2 S. 2, dass die Erklärung und Belege über die persönlichen und wirtschaftlichen Verhältnisse dem Gegner nur mit Zustimmung des Antragstellers zugänglich gemacht werden dürfen. Was für wirtschaftliche und allgemein-persönliche Angelegenheiten gilt, hat für höchstpersönliche Angelegenheiten wie die Art und Erscheinungsform einer Krankheit erst recht zu gelten, vorausgesetzt die Krankheit hat mit dem eigentlichen Gegenstand des Prozesses nicht zu tun.⁷

---

1 OLG Nürnberg MDR 1999, 315 (zur Partei).
2 OLG Nürnberg MDR 1999, 315 (zur Partei).
3 RGZ 56, 79, 80 = JW 1904, 68, 69; OLG Köln OLGRep. 1999, 415.
4 OLG Köln OLGRep. 1999, 415.
5 OLG Nürnberg MDR 1999, 315.
6 OLG Nürnberg MDR 1999, 315.
7 OLG Nürnberg MDR 1999, 315.

48 Das Gericht darf **ärztliche Atteste**, die ein Zeuge zur Entschuldigung seines Ausbleibens vorlegt, nicht deshalb als nicht vorhanden behandeln, weil der Zeuge auf ihrer Geheimhaltung vor den übrigen Prozessbeteiligten besteht.[1] **Zweck** der nach § 381 Abs. 1 geforderten genügenden Entschuldigung ist **ausschließlich**, dem **Gericht** eine **hinreichende Grundlage für** seine **Entscheidung** zu verschaffen, ob der Zeuge von seiner Erscheinenspflicht für den konkreten Termin – gegebenenfalls nachträglich – zu befreien ist.[2] Diese Entscheidung betrifft primär den Zeugen und hat auf die Parteien allenfalls sekundäre Auswirkungen in Hinblick auf die Tragung etwaiger Säumniskosten.[3] Das Verlangen eines Zeugen nach Geheimhaltung personenbezogener Umstände, die nicht Gegenstand des aufzuklärenden Prozessstoffs sind, hat bei der Entscheidung über die genügende Entschuldigung nach § 381 grundsätzlich Vorrang vor dem Kosteninteresse der sonstigen Prozessbeteiligten, das bei einer Aufhebung der Auferlegung der Säumniskosten auf den Zeugen betroffen wäre.[4] Dafür spricht die **Wertung des Gesetzgebers in § 117 Abs. 2 S. 2**.[5] In beiden Fällen ist der Vorrang der Geheimhaltung mit dem Anspruch der sonstigen Prozessbeteiligten auf Gewährung rechtlichen Gehörs vereinbar.[6]

VIII. Rechtsmittel

49 Zu den Rechtsmitteln siehe Kap. 8 Rz. 79 ff.

IX. Kosten

50 Die Kosten der **Inanspruchnahme anwaltlicher Hilfe** bei der Abfassung eines Entschuldigungsschreibens können, auch wenn der Zeuge diese im Allgemeinen nicht benötigt, eine dem Zeugen nach §§ 7, 19 Abs. 1 Nr. 3 JVEG zu ersetzende **notwendige Auslage** sein[7] (Kap. 19 Rz. 18). Die Kosten, die einem Zeugen durch Inanspruchnahme eines Anwalts bei Aufhebung eines Ordnungsmittelbeschlusses erwachsen, sind zumindest dann **keine erstattungsfähigen** notwendigen **Auslagen**, wenn der Anwalt zur Entschuldigung der Säumigkeit des Zeugen lediglich vorträgt, dieser habe die Ladung zum Termin nicht erhalten.[8]

§ 112 Vernehmungssubstitution durch Verwertung des Inhalts anderer Verfahrensakten

I. Protokollbeweis als Ersatz der Zeugenvernehmung

51 Die **Verwertung richterlicher Vernehmungsniederschriften** und schriftlicher Zeugenaussagen kann den Zeugenbeweis ersetzen[9] (dazu auch Kap. 4 Rz. 17). Eine Parallelvorschrift zu § 250 StPO gibt es in der ZPO nicht. Die Möglichkeit, die **Akten eines**

---

1 OLG München MDR 2000, 413.
2 OLG München MDR 2000, 413.
3 OLG München MDR 2000, 413.
4 OLG München MDR 2000, 413.
5 OLG München MDR 2000, 413.
6 OLG München MDR 2000, 413.
7 OLG Hamburg MDR 1971, 685.
8 LG Gießen MDR 1981, 959 zu der entsprechenden Vorschrift des § 51 Abs. 2 StPO mit krit. Anm. *Herfurth*.
9 RGZ 46, 410, 412; RGZ 28, 411, 412 ff. für Protokolle über Beweisaufnahme zur Sicherung des Beweises.

anderen Rechtsstreits als Beweisurkunde heranzuziehen, erschöpft sich nicht in der Verwertung von Beweisprotokollen aus dem früheren Verfahren, in gleicher Weise können tatsächliche Feststellungen des dortigen Urteils verwertet werden.[1] Die größte Bedeutung hat jedoch die Heranziehung schriftlicher Aussagen sowie Protokolle über die Aussagen von Zeugen in einem anderen Verfahren.

Protokolle aus anderen Verfahren dürfen im Wege des **Urkundenbeweises** in den Zivilprozess eingeführt und dort gewürdigt werden, wenn dies von der beweispflichtigen Partei beantragt wird.[2] **Beantragt eine Partei** hingegen die **Vernehmung** eines Zeugen, ist die Verwertung seiner früheren Aussage im Wege des Urkundenbeweises anstelle seiner Vernehmung im anhängigen Verfahren unzulässig[3] (s. auch Kap. 4 Rz. 17). Neben dem Zeugenbeweis kann die frühere Aussage jedoch ohne Weiteres als Urkundenbeweis berücksichtigt werden.[4] Die von einer Partei beantragte Verwertung einer Zeugenaussage aus einem anderen Verfahren im Wege des Urkundenbeweises bedarf **nicht** der **Zustimmung des Gegners**, so dass dessen Widerspruch die Verwertung nicht hindert.[5] Will der Gegner die Vernehmung des Zeugen vor dem Prozessgericht erreichen, muss er sich zum Gegenbeweis auf diesen berufen, also seine Vernehmung nach § 373 beantragen.[6] 52

Widerspricht eine Partei der Verwendung eines Beweisprotokolls, muss das Gericht nach § 139 darauf **hinweisen**, wenn es den Widerspruch nicht als konkludenten Antrag auf Vernehmung des betreffenden Zeugen sehen will.[7] **Stimmt** der **Gegner zu**, beinhaltet dies **keinen endgültigen Verzicht** auf die Vernehmung des Zeugen[8] (s. auch Kap. 39 Rz. 132 f.). 53

Das **Einverständnis** einer Partei **mit der Verwertung** protokollierter Zeugenaussagen anstelle der Zeugenvernehmung kann **nicht unbegrenzt widerrufen** werden. So hat es das OLG Oldenburg in einem Erbscheinsverfahren für grob nachlässig und mithin verspätet gem. §§ 528 Abs. 2, 282 Abs. 1 a.F. (531 Abs. 2 Nr. 3 n.F.) gehalten, dass der Kläger, der sich in erster Instanz mit der urkundenbeweislichen Verwertung von Vernehmungsprotokollen einverstanden erklärt hatte, erstmals in der Berufungsinstanz die Vernehmung des betreffenden Zeugen beantragt hatte, obwohl er nicht davon ausgehen konnte, dass das LG über die protokollierten Zeugenaussagen zu einer für ihn günstigen Würdigung gelangen werde.[9] 54

Bezieht sich eine Partei auf Zeugenaussagen in Beiakten und geht dabei von einer vertretbaren Würdigung dieser Aussagen aus, kann sie die **Benennung** dieser Zeugen ohne Verletzung ihrer Prozessförderungspflicht **in der Berufungsbegründung nachholen**, wenn das erstinstanzliche Gericht die in den Strafakten enthaltenen Zeugenaussagen zu Ungunsten der Partei würdigt, ohne sie vorher nach § 139 darauf hinzuweisen.[10] 55

---

1 BGH WM 1973, 560, 561.
2 BGH NJW-RR 1992, 1214, 1215 = VersR 1992, 1028, 1029; BGH NJW 1995, 2856, 2867 = VersR 1995, 1370, 1371; BGH NJW 2000, 1420, 1421.
3 RGZ 105, 219, 221; BGHZ 7, 116, 122; BGH NJW 1991, 1180; BGH VersR 1971, 177, 178; BGH NJW-RR 1992, 1214, 1215 = VersR 1992, 1028, 1029; BGH NJW 1995, 2856, 2867 = VersR 1995, 1370, 1371; BGH FamRZ 1997, 1270, 1271; BGH NJW 2000, 1420, 1421; BGH Urt. v. 11.7.2001 – IV ZR 122/00.
4 RG Warn. 1914 Nr. 229, S. 326.
5 Stg. Rspr.: RGZ 105, 219, 221; RG JW 1935, 2953; BGH VersR 1970, 322, 323; VersR 1983, 667, 668; OLG Zweibrücken NJW-RR 2011, 496, 497.
6 RG JW 1935, 2935; BGH VersR 1964, 70, 71; BGH VersR 1970, 322, 323; BGH VersR 1983, 667, 668; BAG NJW 1968, 957 = AP § 522a Nr. 4 m. Anm. *Baumgärtel* und *Scherf*.
7 OLG Köln VersR 1993, 1366 f.
8 BGH VersR 1964, 70, 71.
9 OLG Oldenburg FamRZ 2000, 834, 836.
10 So zu § 528 Abs. 2 a.F. BGH NJW 1983, 999, 1000 m. Anm. *Deubner*.

Nach § 531 Abs. 2 Nr. 2 und Nr. 3 ist die Benennung der Zeugen unter diesen Umständen in der Berufungsinstanz zulässig, weil sie im ersten Rechtszug infolge eines Verfahrensmangels (Nr. 2) bzw. nicht aufgrund einer Nachlässigkeit der Partei (Nr. 3) unterblieben ist.

56 Zur **Verwertung bei mangelnder Belehrung über Weigerungsrechte** s. Kap. 31 Rz. 64 ff.

II. Beweiswert von Vernehmungsniederschriften

57 Einer Urkunde über die frühere Vernehmung eines Zeugen in einem anderen Verfahren kommt im Allgemeinen ein **geringerer Beweiswert** zu als dem unmittelbaren Zeugenbeweis; er kann je nach Sachlage sogar gänzlich fehlen.[1] Der **persönliche Eindruck** des Zeugen, die Anwesenheit der Parteien, das ihnen eingeräumte Fragerecht sowie die Möglichkeit und Zulässigkeit der Gegenüberstellung von Zeugen bieten eine Gewähr für die Ermittlung der Wahrheit, die dem Vortrage in der Niederschrift wiedergegebener Zeugenaussagen, also dem Urkundenbeweise auch dann mangelt, wenn in einem früheren Prozess die Vernehmung in Anwesenheit derselben Parteien über denselben Gegenstand stattgefunden hat.[2] Hieraus ergeben sich insbesondere dann erhebliche Probleme, wenn es auf die **Glaubwürdigkeitsbeurteilung** des Zeugen ankommt.[3]

58 Die Beurteilung der **Glaubwürdigkeit** eines Zeugen setzt nach den Grundsätzen der **Unmittelbarkeit der Beweisaufnahme** voraus, dass sie auf der Wahrnehmung der an der Entscheidung beteiligten Richter beruht (dazu Kap. 4 Rz. 29 und 51, Kap. 39 Rz. 121) oder die für die Würdigung maßgeblichen Umstände in den Akten festgehalten worden sind und die Parteien Gelegenheit hatten, sich dazu zu erklären.[4]

59 **In den Akten festgehaltene** maßgebliche **Umstände** können den persönlichen Eindruck von einem Zeugen nur dann ersetzen, wenn es sich um solche Umstände handelt, zu denen die Parteien nach eigener Möglichkeit der Kenntnisnahme sachlich Stellung zu beziehen vermögen. Dies ist etwa der Fall, wenn es sich um offenkundige oder den Parteien bekannte Tatsachen oder um Umstände handelt, die sich im Verfahrensgang des anhängigen Rechtsstreits ergeben; dazu können **Vermerke** gehören, die der Richter einer Vorinstanz, ein Einzelrichter des nunmehr durch das Kollegium erkennenden Gerichts oder ein früherer Richter vor einem Richterwechsel etc. **über** die parteiöffentliche **Vernehmung** eines Zeugen gefertigt und in – oder zusammen mit – der Vernehmungsniederschrift den **Parteien zugänglich** gemacht hat.[5]

60 An derartigen **Voraussetzungen fehlt** es, wenn sich über Umstände einer Zeugenvernehmung in einem anderen (etwa Straf-)Verfahren, an welcher die vorliegend betroffenen Parteien nicht teilnehmen konnten, in beigezogenen Akten Vermerke oder dergleichen finden, die sich einer **inhaltlichen Kontrolle** der Beteiligten des nunmehr

---

[1] BGH VersR 1970, 322, 323; BGH NJW 1995, 2856, 2857 = VersR 1995, 1370, 1371; BGH NJW 2000, 1420, 1421.
[2] RGZ 46, 410, 412 f.; BGHZ 7, 116, 122 = NJW 1952, 1171, 1172; BGH NJW 1982, 580 = VersR 1981, 1127; BGH NJW-RR 1988, 1527, 1528; BGH NJW 2000, 1420, 1421.
[3] BGH NJW 2000, 1420, 1421.
[4] BGHZ 53, 245, 257; BGH NJW 1991, 1180; BGH NJW 1991, 3284; BGH NJW 1991, 1302; NJW 1992, 1966; BGH NJW 1995, 2856, 2857 = VersR 1995, 1370, 1371; BGH NJW 1997, 1586, 1587; BGHR ZPO § 355 Abs. 1– Unmittelbarkeit 4; BGH NJW 2000, 1420, 1421.
[5] BGHR § 355 Abs. 1 ZPO – Unmittelbarkeit 4; BGH NJW 1991, 1180; BGH NJW 2000, 1420, 1422.

anhängigen Zivilrechtsstreits gänzlich **entziehen**.[1] Falls bei einem **Richterwechsel** nach der Beweisaufnahme das anders besetzte Gericht in der Schlussverhandlung die vom vernehmenden Richter bejahte persönliche Glaubwürdigkeit eines Zeugen anzweifeln oder davon abweichen will oder meint, dass es für die Entscheidung maßgeblich auf einen eigenen Eindruck ankomme, ist eine **Wiederholung der Beweisaufnahme** vor dem Prozessgericht in der neuen Besetzung unumgänglich.[2]

Das Gericht darf die **Richtigkeit** einer **urkundenbeweislich verwerteten Zeugenaussage** aus einem anderen Verfahren nicht aus Gründen anzweifeln, die sich nicht aus der Urkunde selbst ergeben und für die sich auch sonst keine belegbaren Umstände finden lassen.[3] Einschränkend nimmt *Hällmayer*[4] an, das Prozessgericht dürfe lediglich die Glaubwürdigkeit eines von dem Prozessgericht nicht vernommenen Zeugen nicht in dieser Weise beurteilen. Es könne dem Tatrichter nach § 286 Abs. 1 nicht verwehrt sein, an der Richtigkeit einer urkundlich verwerteten Aussage Zweifel zu haben, da die Urkunde nicht die inhaltliche Richtigkeit der Aussage beweise.[5]   61

Hegt das Gericht **Zweifel am Beweiswert** des urkundenbeweislich zu verwertenden Inhalts einer Verfahrensakte, muss es den Beweisführer darauf nach § 139 Abs. 1 und 2 hinweisen, damit dieser die Vernehmung des Zeugen beantragen kann[6] (s. auch Kap. 4 Rz. 17).   62

§ 113 Beweiserhebungs- und Beweisverwertungsverbote beim Zeugenbeweis

I. Verbot der Zeugenvernehmung

Ein Beweiserhebungsverbot besteht, wenn der **Zeugenbeweis als solcher nicht statthaft** ist wie im Urkundenprozess (§§ 595 Abs. 2, 605 Abs. 1, 605a) oder zum Beweis der Förmlichkeiten der Verhandlung (§ 165 S. 1) bzw. zur Entkräftung des Beweises für das mündliche Parteivorbringen (§ 314 S. 2). Die Erhebung des Zeugenbeweises ist ferner unzulässig, wenn der Zeuge von einem **Zeugnisverweigerungsrecht** (§ 383 ff.) Gebrauch macht.   63

II. Unterbliebene Belehrung im vorangegangenen Strafverfahren

Die Verwertbarkeit unzulässig erlangter Beweismittel ist im Zivilprozess nicht ausdrücklich geregelt. **Rechtswidrig geschaffene oder erlangte Beweismittel** sind im Zivilprozess nicht schlechthin unverwertbar (näher zu Beweisverboten Kap. 6 § 17).   64

Ist die Partei des Zivilprozesses in einem vorangegangenen Strafverfahren als Beschuldigter entgegen §§ 163a Abs. 4, 136 Abs. 1 S. 2 StPO nicht über ihr Schweigerecht belehrt worden, was im Wege des Freibeweises festgestellt werden darf, folgt allein da-   65

---

[1] BGH NJW 1995, 2856, 2857; BGH NJW 2000, 1420, 1421.
[2] BGH LM § 398 ZPO Nr. 2; BGH NJW 1964, 2414; BGHZ 53, 245, 257 f. – Anastasia = NJW 1970, 546; BGH LM § 398 ZPO Nr. 39.
[3] BGH NJW 1982, 580, 581 = VersR 1981, 1127; BGH NJW-RR 1992, 1214, 1215 = VersR 1992, 1028.
[4] *Hällmayer* NZV 1992, 481.
[5] *Hällmayer* NZV 1992, 481; ebenso *Hartung* VersR 1982, 141.
[6] BGH VersR 1983, 667; MünchKommZPO/*Damrau*[4] § 373 Rz. 21; vgl. auch BGH NJW 1983, 999, 1000: kein Verstoß gegen Prozessförderungspflicht im Berufungsverfahren, wenn Zeuge nur deshalb nicht in erster Instanz benannt, weil mangelnder Beweiswert erst im Urteil erkennbar gewesen ist.

raus im **nachfolgenden Zivilprozess** kein Beweiserhebungs- oder Beweisverwertungsverbot. Die **Verhörsperson** darf als Zeuge **vernommen** und die (polizeilichen) Niederschrift über diese Vernehmung urkundlich verwertet werden.[1] Der **Schutz des Beschuldigten** vor einer aktiven Mitwirkung an der eigenen strafrechtlichen Verfolgung ist **auf** den **Strafprozess beschränkt**; die strafprozessuale Pflicht zur Belehrung bezweckt nicht den Schutz vor einer zivilgerichtlichen Inanspruchnahme.[2] Über die Verwertbarkeit ist aufgrund einer **Interessen- und Güterabwägung im Einzelfall** zu entscheiden. Jedenfalls wenn das Strafverfahren zu einem Freispruch geführt hat, ist ein Schutzbedürfnis des Beschuldigten grundsätzlich nicht mehr gegeben.[3]

66 Anders verhält es sich bei der Aussage eines Zeugen, der im Strafverfahren bzw. Ermittlungsverfahren rechtswidrig **nicht** über sein **Aussageverweigerungsrecht als Angehöriger belehrt** wurde. Dessen protokollierte Aussage darf im Zivilprozess **nicht verwertet** werden, wenn der Betroffene dort von seinem Weigerungsrecht Gebrauch macht.[4] Der der Verwertung entgegenstehende Mangel wird jedoch **nach § 295 geheilt**, wenn der im Ermittlungsverfahren Vernommene im späteren Zivilprozess nach ordnungsgemäßer Belehrung bereit ist, als Zeuge auszusagen.[5]

III. Richter, Urkundsbeamte, Prozessbevollmächtigte als Zeugen

67 **Richter**[6] oder Urkundsbeamte dürfen als Zeugen vernommen werden, sind in demselben Prozess aber gem. § 41 Nr. 5 bzw. §§ 41 Nr. 5, 49 **von der Ausübung ihres Amtes ausgeschlossen**. Die Stellung als Prozessbevollmächtigter und Zeuge sind dagegen miteinander vereinbar. Der **Prozessbevollmächtigte** einer Partei kann deshalb unter Beibehaltung seines Mandats als Zeuge vernommen werden.[7] Auch im Strafprozess rechtfertigt die bloße Möglichkeit, als Belastungszeuge in Frage zu kommen, für sich noch nicht den Ausschluss von der Verteidigung.[8]

§ 114 Würdigung der Zeugenaussage

Schrifttum:

Arntzen, Psychologie der Zeugenaussage, 3. Aufl. 1993; *Arntzen*, Vernehmungspsychologie, 2. Aufl. 1989; *Bender*, Merkmalskombinationen in Aussagen usw., 1987; *Bender/Nack*, Tatsachenfeststellung vor Gericht, Band I: Glaubwürdigkeits- und Beweislehre, 2. Aufl. 1995, Band II: Vernehmungslehre, 2. Aufl. 1995; *Bender/Nack/Treuer*, Tatsachenfeststellung vor Gericht, 3. Aufl. 2007; *Deckers*, Glaubwürdigkeit kindlicher Zeugen, NJW 1999, 1365; *Foerste*, Parteiische Zeugen im Zivilprozeß, NJW 2001, 321; *Goldstein/Weiner* (Hrsg.), Handbook of Psychology, Vol. 11: Forensic Psychology (2003); *Greuel/Fabian/Stadler*, Psy-

---

1 BGHZ 153, 165, 170 = NJW 2003, 1123, 1124 = JZ 2003, 630, 631 m. Anm. *Leipold* = ZZP 116 (2003), 371 m. Anm. *Katzenmeier*; a.A. BGH (VI.ZS) NJW 1985, 1470, 1471. Zur fehlenden Wahrheitspflicht bei einer Beschuldigtenaussage nach Belehrung und den Konsequenzen für die Beweiswürdigung der Protokollaussage OLG Hamm NVersZ 1998, 44.
2 BGHZ 153, 165, 171.
3 BGHZ 153, 165, 171 = NJW 2003, 1123, 1124.
4 BGH NJW 1985, 1470, 1471; BGHZ 153, 165, 171.
5 BGH NJW 1985, 1158; BGH NJW 1985, 1470, 1471; OLG Hamm NVersZ 2002, 478 = OLGRep. 2002, 320.
6 RGZ 89, 14, 16: Richter als Zeuge im Amtshaftungsprozess.
7 BGH NJW 2007, 3069 Rz. 15; OLG München JurBüro 1967, 254; OLG Hamm MDR 1977, 142; *Zöller/Greger*[30] § 373 Rz. 5; *Bürck* NJW 1969, 906, 909 f.; *Werner* AnwBl. 1995, 113, 116; anders BGH NJW 1953, 1600 f. für den Verteidiger im Strafprozeß: Zeugen können nur am Verfahren unbeteiligte Personen sein; dagegen BGH NJW 1967, 404: kein Verlust der Verteidigerstellung bei Beweisantritt, solange kein vorübergehender Ausschluss durch das Gericht erfolgt.
8 BVerfGE 16, 214, 218.

chologie der Zeugenaussage (1997); *Greuel*, Wirklichkeit – Erinnerung – Aussage (2001); *Greuel/Offe* u.a. (Hrsg.), Glaubhaftigkeit der Zeugenaussage (1998); *Hess/Weiner*, Handbook of Forensic Psychology² (1999); *Köhnken/Wegener*, Zur Glaubwürdigkeit von Zeugenaussagen, Zeitschrift für experimentelle und angewandte Psychologie, 1982, S. 92 ff.; *Prange*, Materiell-rechtliche Sanktionen bei Verletzung der prozessualen Wahrheitspflicht; *Reinecke*, Die Krise der freien Beweiswürdigung im Zivilprozeß oder über die Schwierigkeit, einem Zeugen nicht zu glauben, MDR 1986, 630; *Ross/Read/Toglia*, Adult eyewitness testimony (1994); *Rüßmann*, Die Zeugenvernehmung im Zivilprozeß, DRiZ 1985, 41; *Sporer/Malpass/Köhnken* (Hrsg.), Psychological issues in eyewitness identification; *Stimpfig*, Prüfkriterien für den Aussagewert beim Zeugenbeweis, MDR 1995, 451 ff.; *Trankell*, Der Realitätsgehalt von Zeugenaussagen, 1971; *Undeutsch*, Beurteilung der Glaubhaftigkeit von Zeugenaussagen, in: Handbuch der Psychologie, Bd. 11, Forensische Psychologie, 1967, hrsg. v. Undeutsch, S. 26–167; *Weigelin*, Die Heranziehung von Fachpsychologen als Gerichtsgutachter, JR 1949, 84, 85 f.; *Wetzels*, Psychologische Glaubwürdigkeitsbegutachtung in Zivilverfahren, Rundbrief der Sektion Forensische und Kriminalpsychologie im BDP (1990), S. 13 ff.; *Yuille*, Credibility assessment (1990).

I. Mögliche Fehlerquellen

Bei der Würdigung von Zeugenaussagen ist zu berücksichtigen, dass diese **hochgradig subjektiv** und deshalb grundsätzlich unzuverlässig sind.[1] Welches Maß an Objektivität einer Zeugenaussage zukommt, hängt von zahlreichen Faktoren ab, die sich auswirken auf die **Möglichkeit, Fähigkeit** und **Bereitschaft** des Zeugen, bestimmte **Wahrnehmungen zu machen, zu erinnern** und **wiederzugeben**.[2] Objektive Einflüsse sind z.B. die Witterungsbedingungen und der Geräuschpegel während der Wahrnehmung. Subjektive Faktoren sind die generelle und momentane geistige und körperliche Verfassung des Zeugen. Kurzsichtigkeit und Schwerhörigkeit, Alkoholisierung, Medikamentierung, Müdigkeit, Stress, Unausgeglichenheit und Ablenkung, u.U. auch Alter, Bildungsstand und Übung, beeinflussen sein Wahrnehmungsvermögen. Zeitablauf und Gedächtnis wirken sich auf die Erinnerung aus. Von Bedeutung sind auch die seelische Verfassung des Zeugen bei der Vernehmung und die Vernehmungssituation.

68

II. Wahrnehmungsfehler

Nach *Bender/Nack* wird die Wahrnehmung beeinflusst durch das Interesse (die Aufmerksamkeit), das Verständnis (tatsächliches und vermeintliches Verstehen) und die Motive (die gefühlsmäßige Beteiligung) des Wahrnehmenden.[3] Die **Selektivität der Wahrnehmung** führe zu Wahrnehmungsfehlern.[4] Von Bedeutung seien dabei die unterschiedliche **Qualität des Reizes** (Stärke, Veränderung, Umgebung und Kontrast, Neuheit),[5] die **Grenzen der Sinnesorgane** (Auge: Dämmerungssehen, Dunkelanpassung, Zeitbedarf beim Sehen; Ohr: bei länger bekannter menschlicher Stimme sicher, bei unbekannter Stimme oder Geräuschen unsicher; Tastsinn: unzuverlässig; Geruchs- und Geschmackssinn: unsicher, Ausnahme: gut bei Wiedererkennung von Gerüchen)[6] und die beschränkte Simultankapazität[7] des Wahrnehmenden sowie die **Tendenz**, die Beobachtung **zu interpretieren** (Ausfüllungsneigung, Schlussfolgerungen, Anpassung und Kontrast).[8] Wahrnehmungsfehler werden grds. im Laufe der Er-

69

---
1 *Kirchhoff* MDR 2001, 661, 666; *Stimpfig* MDR 1995, 451.
2 *Weigelin* JR 1949, 84, 85 f.; ähnlich *Schneider* Beweis und Beweiswürdigung⁵ Rz. 910 ff.
3 *Bender/Nack*² Bd. I Rz. 18 ff.
4 *Bender/Nack*² Bd. I Rz. 18 ff.; *Stimpfig* MDR 1995, 451 ff.
5 *Bender/Nack*² Bd. I Rz. 21 ff.; *Bender/NacK/Treuer*³ Rz. 45 ff.
6 *Bender/Nack*² Bd. I Rz. 34 ff.; *Bender/Nack/Treuer*³ Rz. 20 ff.
7 *Bender/Nack*² Bd. I Rz. 49 ff.; *Bender/Nack/Treuer*³ Rz. 60 ff.
8 *Bender/Nack*² Bd. I Rz. 58 ff.; *Bender/Nack/Treuer*³ Rz. 66 ff.

innerung verstärkt.¹ Hinzu kommen Erinnerungsfehler, die auf der mit dem **Zeitablauf** zusammenhängenden Verblassungstendenz und Anreicherungstendenz² oder auf rückwirkendem Gedächtnisschwund³ oder Gedächtnishemmung⁴ beruhen. Auch der **Gefühlswert des Erlebten** beeinflusst die Erinnerung.⁵ „Erlernte" Reflexreaktionen und „routinemäßige Handlungsabläufe" werden grundsätzlich nicht erinnert. Zeugen können allenfalls berichten, wie sie sich in bestimmten Situationen zu verhalten pflegen.⁶ Auch der **Gegenstand der Erinnerung** bestimmt die Zuverlässigkeit der Erinnerung mit.⁷ Die Zusammenziehung mehrerer ähnlicher Vorfälle zu einem einzigen und die Erinnerung nur des Besonderen führen zu Fehlern.⁸ Auch die **verstandesmäßige Rechtfertigung** (Rationalisierung) von Ereignissen, die Verleugnung oder Verdrängung der Realität, die Projektion und die Verkehrung ins Gegenteil verfälschen die Wahrnehmung.⁹ Schließlich kommt es zu **Wiedergabefehlern**, wenn der Zeuge nicht in der Lage ist, dem Vernehmenden ein Bild von dem zu vermitteln, was er in seinem Gedächtnis gespeichert hat. Fehlerquellen sind ein zeitweiliger Gedächtnisverschluss, Auslassungen und Hinzufügungen, Missverständnisse sowie die Schwierigkeit, erinnerte Zeiträume, Entfernungen, Geschwindigkeiten und Menge richtig zu schätzen.¹⁰

III. Glaubhaftigkeit der Aussage

70 Herkömmlich wird bei der Beurteilung einer Zeugenaussage zwischen der **Glaubhaftigkeit** der Aussage und der **Glaubwürdigkeit** des Zeugen unterschieden. In der Regel wird von „Glaubhaftigkeit" in Bezug auf die Sachdarstellung und von „Glaubwürdigkeit" hinsichtlich der Persönlichkeit des Zeugen gesprochen.¹¹ Beide Aspekte sind bei der Beweiswürdigung gesondert zu prüfen. Der Richter muss nicht nur begründen, warum er die **Glaubhaftigkeit** einer Zeugenaussage bzw. die **Glaubwürdigkeit** eines Zeugen **verneint**, sondern auch, warum er diese **bejaht**.¹² Es gibt **keinen Regeltatbestand** der Glaubhaftigkeit, von dem ausgehend man bei Meidung eines Verstoßes gegen § 286 nach Anhaltspunkten für das Gegenteil zu suchen hat.¹³ Bei den Anforderungen an die Begründung muss berücksichtigt werden, dass es mitunter schwierig ist sein kann, die subjektive richterliche Überzeugung sprachlich umzusetzen.¹⁴

71 Um zu prüfen, ob eine **Aussage glaubhaft** ist, ist diese zunächst auf ihre **Widerspruchsfreiheit** zu untersuchen. Zusätzlich können **andere gesicherte Umstände**, die die Aussage bestätigen oder ihr widersprechen, – in erster Linie andere Beweismittel – der Glaubhaftigkeitskontrolle dienen. **Weniger aufschlussreich** dürften dagegen die Aussagekonstanz, die Detailgenauigkeit und die Neigung des Zeugen zu Selbstkritik, Selbstüberschätzung oder Übertreibung sein. Auch die **Wahrscheinlichkeit der Aussage nach** der **Lebenserfahrung** ist nur begrenzt ein Indiz. Fehlt es an solchen Kon-

---

1 *Bender/Nack*² Bd. I Rz. 110; *Bender/Nack/Treuer*³ Rz. 115.
2 *Bender/Nack*² Bd. I Rz. 115 ff.; *Bender/Nack/Treuer*³ Rz. 122 ff.
3 *Bender/Nack*² Bd. I Rz. 125; *Bender/Nack/Treuer*³ Rz. 133.
4 *Bender/Nack*² Bd. I Rz. 128 ff.; *Bender/Nack/Treuer*³ Rz. 138.
5 *Bender/Nack*² Bd. I Rz. 132 ff.; *Bender/Nack/Treuer*³ Rz. 142 ff.
6 *Bender/Nack*² Bd. I Rz. 135 f.; *Bender/Nack/Treuer*³ Rz. 146 ff.
7 *Bender/Nack*² Bd. I Rz. 137.
8 *Bender/Nack*² Bd. I Rz. 139 ff.; *Bender/Nack/Treuer*³ Rz. 151 f.
9 *Bender/Nack*² Bd. I Rz. 148 ff.; *Bender/Nack/Treuer*³ Rz. 160 ff.
10 *Bender/Nack*² Bd. I Rz. 162 ff.; Bd. II Rz. 567–574; *Bender/Nack/Treuer*³ Rz. 182 ff.
11 BGH NJW 1991, 3284; *Zimmermann* ZPO § 286 Rz. 6–9; *Schneider* Beweis und Beweiswürdigung⁵ Rz. 905 f.
12 *Reinecke* MDR 1986, 630, 636.
13 Vgl. AG Marbach MDR 1987, 241.
14 Vgl. *Schneider* Beweis und Beweiswürdigung⁵ Rz. 704 f.

trollkriterien, bleibt häufig nichts, als die Glaubhaftigkeit einer Aussage auf ihre Widerspruchsfreiheit zurückzuführen. Mit dieser Feststellung ist – allen Bedenken zum Trotz[1] – jedenfalls ein Minimum an Objektivität gewonnen.

IV. Glaubwürdigkeitsbeurteilung

1. Prüfungskriterien

Bei der Prüfung der **Glaubwürdigkeit** des Zeugen kommt gemeinhin eine Vielzahl von Gesichtspunkten zum Tragen, die nicht sehr verlässlich sind und deshalb **nicht schematisch** abgehandelt und bewertet werden dürfen, so die **Beziehungen** des Zeugen **zu** einer **Prozesspartei**, ein mögliches **Interesse am Ausgang** des Verfahrens,[2] seine Persönlichkeit, etwaige Vorstrafen wegen Aussagedelikten und Betruges,[3] die Vorgeschichte der Zeugenbenennung, das Verhalten des Zeugen während der Vernehmung. Sind die einzigen zur Verfügung stehenden unmittelbaren Aussagepersonen beide in gleicher oder ähnlicher Weise nicht neutral, wäre es willkürlich, den Wert ihrer gegensätzlichen Aussagen von vornherein aus formalen prozessualen Gründen (einerseits Zeuge, andererseits informatorisch angehörte Partei) unterschiedlich zu gewichten.[4] 72

2. Verbot richterrechtlicher Beweisregeln

Bei der **Würdigung** der Aussage eines **sachverständigen Zeugen** ist Gründen, die seine Ablehnung hätten rechtfertigen können, wenn er Sachverständiger gewesen wäre, Rechnung zu tragen.[5] Das **Alter eines Zeugen** lässt als solches keinen Schluss auf dessen Erinnerungsvermögen zu; es gibt **keinen Erfahrungssatz**, dass Neunzigjährige sich nicht mehr an das erinnern können, was sie zwei Wochen zuvor vereinbart haben.[6] 73

Einer besonders sorgfältigen und kritischen Würdigung müssen Aussagen von **Zeugen „vom Hörensagen"** unterzogen werden.[7] Der Zeuge „vom Hörensagen" gibt seine Wahrnehmung von der Wiedergabe einer Wahrnehmung durch einen Dritten wieder. Es besteht deshalb die Gefahr, dass er die ihm gemachten Angaben entstellt oder unvollständig wiedergibt.[8] Die **Verdoppelung der Fehlerquellen** führt regelmäßig zu einer erheblichen Minderung des Beweiswerts solcher Zeugenaussagen.[9] 74

Die „**Beifahrerrechtsprechung**" (dazu Kap. 15 Rz. 38), nach der den Aussagen unfallbeteiligter Fahrzeuginsassen nur dann Beweiswert zuerkannt werden kann, wenn sonstige objektive Anhaltspunkte für ihre Richtigkeit sprechen, verstößt gegen § 286 75

---

1 Musielak/*Huber*[10] § 373 Rz. 15.
2 Dazu *Foerste* NJW 2001, 321.
3 OLG Stuttgart VersR 2012, 1032, 1034.
4 OLG Karlsruhe NJW-RR 1998, 789, 790; siehe auch EGMR NJW 1995, 1413 – *Dombo Beheer B.V./Niederlande*.
5 BGH MDR 1974, 382.
6 BVerfG, Beschl. v. 7.7.1999 – 1 BvR 346, 99, ZMR 1999, 680, 681.
7 BVerfGE 57, 250, 288, 292 ff., NJW 1996, 448, 449 und NStZ 2000, 265 zum Strafprozess; BGH NStZ 1988, 144; OLG Stuttgart NJW 1972, 66, 67; *Schneider* Beweis und Beweiswürdigung[5] Rz. 878 ff.; Musielak/*Huber*[10] § 373 Rz. 17; *Bender/Nack*[2] Rz. 917 ff. und *Bender/Nack/Treuer*[3] Rz. 1339 ff. (zum Zeugen vom Hörensagen im Strafprozess).
8 BGH NStZ 1988, 144.
9 Musielak/*Huber*[10] § 373 Rz. 17.

Abs. 1.[1] Es gibt keinen Erfahrungssatz des Inhalts, dass die Aussagen der Insassen unfallbeteiligter Kraftfahrzeuge stets von einem „Solidarisierungseffekt" beeinflusst und deshalb grundsätzlich unbrauchbar sind.[2] Ebenso wenig können Aussagen von Unfallzeugen, die mit einem Unfallbeteiligten verwandt oder verschwägert sind, als von vornherein parteiisch und unzuverlässig gelten. Zwar sind bei der Würdigung der Zeugenaussagen Umstände wie die verwandtschaftliche oder freundschaftliche Verbundenheit mit einem Beteiligten oder die Möglichkeit einer bewussten oder unbewussten Solidarisierung mit dem Fahrer zu berücksichtigen.[3] Die **Glaubwürdigkeit eines Zeugen** darf aber nicht allein deshalb verneint werden, weil der Zeuge einer der Prozessparteien nahesteht und/oder am Abschluss des streitgegenständlichen Vertrages beteiligt war und bei seiner Vernehmung keine Umstände zutage getreten sind, die die von vornherein angenommenen Bedenken gegen die Glaubwürdigkeit des Zeugen zerstreut hätten.[4] Die Aussage verliert allerdings an Wert, wenn der Anwalt einer Partei den Zeugen vorprozessuale befragt, also eine „private Zeugeneinvernahme" durchgeführt hat[5] oder gar mit dem Zeugen „geübt" hat. Die Glaubwürdigkeit einer Aussage ist **bei gegensätzlichen Aussagen** entsprechend allgemein anerkannten Grundsätzen der **forensischen Aussagepsychologie** positiv zu begründen.[6] Ist das Aussagematerial nicht umfangreich genug, um aussagepsychologische Methoden der Aussageinhaltsanalyse ansetzen zu können, muss das Gericht auch auf andere Umstände als den Aussageinhalt abstellen, etwa die Neutralität oder anderweit erkennbare Objektivität einer Aussageperson mit ausreichender Beobachtungsfähigkeit und ausreichender Erinnerungskritik.[7]

3. Glaubwürdigkeitsuntersuchung

76 **Glaubwürdigkeitsgutachten** sind im Zivilprozess, anders als im Strafprozess, **selten**.[8] Sie kommen aber in besonders gelagerten Fällen wegen Beurteilungsschwierigkeiten in Betracht, etwa bei medizinischen oder entwicklungspsychologischen Bewertungen. Zu § 81c StPO hat das OLG Hamm entschieden, es sei unzulässig, über die Glaubwürdigkeit eines Zeugen in der Weise Beweis zu erheben, dass der Zeuge gegen seinen Willen in Gegenwart eines Sachverständigen Fragen über seinen Werdegang, seine Krankheiten, nervenärztliche Behandlungen, Therapien usw. zu beantworten habe, um auf diese Weise eine Begutachtung seines Geisteszustandes zu ermöglichen.[9] Die Anordnung einer **Untersuchung** nach § 81c StPO zur Feststellung der Glaubwürdigkeit eines Zeugen ist bei **fehlender Einwilligung** des Betroffenen **un-**

---

1 BGH NJW 1974, 2283 = VersR 1974, 1196, 1197 zu Zeugenaussagen von Besatzungsmitgliedern unfallbeteiligter Schiffe; BGH NJW 1988, 566, 567; KG VersR 2009, 1557, 1558; zustimmend *Greger* NZV 1988, 13.
2 BGH NJW 1988, 566, 567 = VersR 1988, 416; fehlerhaft LG Köln NZV 1988, 28 unter Berufung auf die über zehn Jahre lange Erfahrung der Kammer mit Beifahrern.
3 BGH NJW 1988, 566, 567; BGH NJW 1974, 2283.
4 BGH NJW 1988, 566, 567; BGHZ 128, 307 = NJW 1995, 955; OLG Köln MDR 1972, 957 Nr. 61; Rosenberg/Schwab/*Gottwald*[17] § 120 Rz. 57. Anders *Foerste* NJW 2001, 321, 326: Bereits das Risiko einer Falschaussage soll die Glaubwürdigkeit erschüttern können, wenn sonstige Anhaltspunkte fehlen.
5 OG Zürich ZürchRspr. 106 (2007) Nr. 14 = S. 65, 73; zurückhaltend auch das schweiz. BG, BGE 136 II 551 (Begrenzung durch sachliche Notwendigkeit) m. Bespr. *Reichart/Hafner* SJZ 107 (2001) 201 ff.
6 OLG Karlsruhe NJW-RR 1998, 789, 790. Zum Thema Aussage gegen Aussage *Bender/Nack/Treuer*[3] Rz. 1357 ff.
7 OLG Karlsruhe NJW-RR 1998, 789, 790.
8 Musielak/*Huber*[10] § 373 Rz. 16 a.E. und § 403 Rz. 4.
9 OLG Hamm JZ 1957, 186.

zulässig.[1] Dies gilt auch für den Zivilprozess.[2] Die rechtliche Zustimmung kann bei einem Geisteskranken nur der Vormund oder Pfleger geben.[3]

Will der Tatrichter bei der Entscheidung über die Glaubwürdigkeit eines Zeugen, die eine **besondere Sachkunde** voraussetzt, von der Zuziehung eines Sachverständigen absehen, weil er eine eigene Sachkunde für sich in Anspruch nimmt, die regelmäßig nur durch besondere Ausbildung erworben werden kann, so muss er diese durch nähere Ausführungen nachweisen.[4] Bei der Beurteilung der Glaubwürdigkeit **kindlicher Zeugen** sind entwicklungspsychologische Erkenntnisse zu berücksichtigen.[5]

---

1 BGHSt (GSSt) 12, 235 = NJW 1959, 445; BGHSt 14, 21, 23 = NJW 1960, 586; NJW 1970, 1242; *Peters*, Anm. zu BGH JR 1970, 67, 68; *Janetzke* NJW 1958, 534; a.A. BGH JR 1970, 67 f.: Duldungspflicht als Folge der Zeugenpflicht.
2 Musielak/*Huber*[10] § 403 Rz. 4; Stein/Jonas/*Berger*[22] vor § 373 Rz. 28 und 33.
3 *Peters*, Anm. zu BGH JR 1970, 67, 68.
4 OLG Hamm NJW 1970, 907.
5 *Deckers* NJW 1999, 1365; *Peters*, Anm. zu BGH JR 1970, 151, 152.

Kapitel 32:
Voraussetzungen der Zeugenbeweiserhebung

	Rz.		Rz.
§ 115 Beweisantritt, § 373 ZPO		**§ 116 Substantiierung und Ausforschungsbeweis**	
I. Antragsbindung des Zeugenbeweises	1	I. Funktion der Konkretisierung	22
II. Antragsinhalt	3	II. Pauschale Beweisthemenangabe	24
III. Benennung des Beweisthemas		III. Herkunft der Parteiinformation, Spekulation über Zeugenwissen	27
1. Tatsachen als Beweisgegenstand		IV. Quelle des Zeugenwissens, Indizienbeweis über Absichten Dritter	29
a) Wahrnehmungen	6		
b) Rechtsfragen als Tatsachenbenennung	7		
c) Bewertungen	8	V. Hinweispflicht des Gerichts	32
d) Wahrnehmung von Indiztatsachen	9	**§ 117 Ablehnung und Anordnung des Zeugenbeweises**	
e) Äußere und innere Tatsachen	10	I. Ablehnung der Beweiserhebung	34
2. Reichweite der Beweisaufnahme	13	II. Anordnung der Zeugenvernehmung	38
IV. Benennung der Zeugnisperson	14		

§ 115 Beweisantritt, § 373 ZPO

Schrifttum:

Gießler, Vernehmung des nicht geladenen Zeugen, NJW 1991, 2885; *Heusler*, Die Grundlagen des Beweisrechts, AcP 62 (1879), 209; *Kollhosser*, Das Beweisantragsrecht usw., Festschrift für Stree und Wessels (1993), S. 1029; *Teplitzky*, Der Beweisantrag im Zivilprozeß und seine Behandlung durch die Gerichte, JuS 1968, 71.

I. Antragsbindung des Zeugenbeweises

1 Der Zeugenbeweis setzt – soweit der Verhandlungsgrundsatz gilt[1] – stets den Beweisantritt einer Partei voraus. Im Gegensatz zu den übrigen Beweismitteln des Strengbeweises darf der **Zeugenbeweis nicht von Amts wegen** erhoben werden. § 373 regelt den **Antritt des Zeugenbeweises**. Die Anforderungen daran orientieren sich an den Prinzipien der Prozessförderung und der Prozesswirtschaftlichkeit. Beschränkungen des Zeugenbeweises, wie man sie im 19. Jahrhundert kannte,[2] gibt es nicht mehr.

2 Die **Beschränkung** des Zeugenbeweises **auf** eine von einer Partei **beantragte Vernehmung** ergibt sich u.a. aus § 273 Abs. 2 Nr. 4. Danach kann das Gericht zur Vorbereitung des Termins nur solche Zeugen laden, auf die sich eine Partei schriftlich bezogen hat. Ist dem Vortrag einer Partei nicht mit der nach § 373 gebotenen Bestimmtheit zu entnehmen, dass eine bestimmte Person als Zeuge aussagen soll, steht diese Möglichkeit nach dem Parteivortrag aber im Raum, muss das Gericht der Partei durch einen **Hinweis nach § 139** Gelegenheit zur Klarstellung geben.[3] Dies gilt auch, wenn ein in erster Instanz gestellter Beweisantrag in der Berufungsinstanz nicht wiederholt wird, obwohl er erst dort seine eigentliche Bedeutung erlangt.[4]

---

1 Musielak/*Huber*[10] § 373 Rz. 10.
2 Hahn/Stegemann Mat. II/1 S. 308.
3 BGH VersR 1999, 1373, 1374.
4 BGH NJW 1998, 155, 156.

II. Antragsinhalt

Der Beweisantritt besteht in dem Antrag einer Partei, eine **bestimmte Person über be-** 3
stimmte Tatsachen (das Beweisthema) **zu vernehmen**. Der Antrag ist als echter Prozessantrag in der mündlichen Verhandlung zu stellen; im Anwaltsprozess soll er darüber hinaus in einem vorbereitenden Schriftsatz unterbreitet werden (§§ 129 Abs. 1, 130 Nr. 5).[1]

Wird die Vernehmung von Zeugen beantragt, die bereits in einem anderen Verfahren 4
ausgesagt haben, kann die Beweiserhebung nicht mit der Begründung abgelehnt werden, dass bereits die **Niederschrift über** die **frühere Vernehmung** vorliege. Mit einem solchen Antrag wird ein Zeugenbeweis angetreten, nicht die „wiederholte" Vernehmung der Zeugen i.S.d. § 398 angestrebt.[2] Gleiches gilt für die Bitte um „Wiederholung" der Beweisaufnahme aus dem Strafverfahren.[3] Wird ein Antrag, einen bestimmten Zeugen zu vernehmen, nicht gestellt, ist es hingegen möglich, frühere Zeugenbekundungen in einem anderen Rechtsstreit im Wege des „Urkundenbeweises" zu verwerten. Will eine Partei – auch die an sich nicht beweispflichtige Partei – einen derartigen Urkundenbeweis nicht gelten lassen, muss sie sich spätestens im Berufungsverfahren gegenbeweislich auf die Vernehmung des Zeugen berufen.[4]

Behauptet der **Berufungsführer**, neue Tatsachen oder Beweismittel seien ihm erst 5
nach Schluss der ersten Instanz bekannt geworden, hat er zur **Vermeidung des Vorwurfs der Nachlässigkeit** darzulegen, warum er sich trotz entsprechender Anhaltspunkte nicht früher um entsprechende Kenntnis bemüht hat; anderenfalls ist nach § 531 Abs. 2 mit den neuen Tatsachen und dem entsprechenden Beweismittel ausgeschlossen.[5]

III. Benennung des Beweisthemas

1. Tatsachen als Beweisgegenstand

a) Wahrnehmungen

Gegenstand des Zeugenbeweises sind Tatsachen, d.h. konkrete, nach Zeit und Raum 6
bestimmte, der Vergangenheit oder der Gegenwart zugehörende Geschehnisse oder Zustände[6] (s. auch Kap. 2 Rz. 2). Die in § 414 verwendete Formulierung „Tatsachen oder Zustände" ist insofern redundant, als auch Zustände Tatsachen sind. In der Regel wird ein Zeuge benannt, damit er über seine **vergangenen Tatsachenwahrnehmungen** berichtet. Ein Zeuge kann aber auch schildern, was er **in der Gegenwart**, also im Zeitpunkt der Vernehmung **wahrnimmt**, z.B. ob und welche aus einer Verletzung herrührenden Schmerzen er spürt.[7] Auch kann sich die Vernehmung des Zeugen auf seine Wahrnehmungsfähigkeit (etwa die Sehtauglichkeit), also etwas Gegenwärtiges erstrecken.

---

1 *Teplitzky* JuS 1968, 71.
2 BGHZ 7, 116, 122 = NJW 1952, 1171, 1172; BGH VersR 1964, 70, 71; BGH VersR 1971, 177, 178; BGH NJW-RR 1988, 1527, 1528; BGH NJW-RR 1992, 1214 = VersR 1992, 1028, 1029; BGH NJW 2000, 1420, 1421; BGH, Urt. v. 11.7.2001 – IV ZR 122/00; LAG Nürnberg AR-Blattei ES 160.7.2 Nr. 10.
3 BGH VersR 1967, 475, 476.
4 BAG NJW 1968, 957.
5 KG MDR 2003, 471, 472.
6 BAG VersR 2000, 1143, 1144 = ZIP 2000, 630, 632.
7 MünchKommZPO/*Damrau*[4] § 373 Rz. 2.

b) Rechtsfragen als Tatsachenbenennung

7   **Nicht zulässig** ist es, einen Zeugen **zu streitigen Rechtsfragen** zu benennen. So ist die Frage der vertragsgemäßen Durchführung eines Mietvertrages Ergebnis einer Rechtsanwendung und keine Tatsache, die in das Wissen eines Zeugen gestellt werden kann.[1] Wohl aber können **einfache Rechtsbegriffe** (Kauf, Tausch usw.) zur Kennzeichnung des Beweisthemas genügen, sofern nicht die Rechtsnatur eines Vertrages bestritten ist.

c) Bewertungen

8   Der Zeuge soll grundsätzlich nur Tatsachen, **nicht** aber **Werturteile oder Schlussfolgerungen** mitteilen.[2] Da eine Tatsachenwiedergabe ohne vorherige gedankliche Verarbeitung des Wahrgenommenen aber unmöglich ist, lässt es sich nicht vermeiden, dass die Tatsachenbekundung ein wertendes Element enthält. **Schlussfolgerungen** und Wertungen des Zeugen sind häufig **unverzichtbar**, wenn tatsächliche Beobachtungen in verständlicher Weise übermittelt werden sollen. Sie sind jedenfalls dann als Aussage über Tatsachen anzusehen, wenn sie **seiner Lebenserfahrung entstammen**.[3] Zulässig ist danach z.B. eine Zeugenvernehmung darüber, ob jemand angetrunken,[4] schwatzhaft[5] oder glaubwürdig[6] ist.[7] Unzulässig ist hingegen die Erhebung des Zeugenbeweises über die Qualität des Sprachverständnisses, weil es sich um eine Wertung und nicht um eine Tatsachenfeststellung handelt.[8]

d) Wahrnehmung von Indiztatsachen

9   Ein Zeuge kann nicht nur über seine Wahrnehmungen in Bezug auf Tatsachen vernommen werden, die die gesetzlichen Tatbestandsmerkmale ausfüllen, sondern auch über seine **Wahrnehmungen betreffend** solcher **Beweisanzeichen** (Indizien), die auf das Vorliegen der zum gesetzlichen Tatbestand gehörenden Tatsachen schließen lassen. Einen solchen Indizienbeweis liefert auch der **Zeuge „vom Hörensagen"**, der darüber vernommen wird, wie sich andere Personen zum Beweisthema geäußert haben.[9] Auch der Zeuge vom „Hörensagen" äußert sich über seine eigenen Wahrnehmungen und ist deshalb kein mittelbares, sondern ein unmittelbares Beweismittel.[10] Seine Vernehmung **verletzt nicht** den Grundsatz der **Unmittelbarkeit der Beweisaufnahme**[11] (Kap. 4 Rz. 12). Bei der Bewertung solcher Aussagen ist allerdings besondere Vorsicht geboten (Kap. 15 Rz. 40 und Kap. 31 Rz. 57).[12] Sind sie rechtswidrig durch einen „**Lauschzeugen**" erlangt, kann ihre Verwertung unzulässig sein (Kap. 6 Rz. 6 und 42 ff.).

e) Äußere und innere Tatsachen

10 Der Zeuge kann nicht nur über „**äußere**" **Tatsachen** berichten, d.h. solche, die er in seiner Umgebung wahrgenommen hat oder wahrnimmt, sondern auch über „**innere**"

---

1   BFH/NV 2002, 528.
2   MünchKommZPO/*Damrau*[4] § 373 Rz. 3.
3   BGH nach *Holtz* MDR 1979, 807; RGSt 37, 371 f.
4   BGH nach *Holtz* MDR 1979, 807; BayObLG DRiZ 1929 (Rechtsprechung) Nr. 422; RG JW 1916, 1027 Nr. 4.
5   RG HRR 1933 Nr. 1059.
6   RG JW 1930, 760 f.
7   MünchKommZPO/*Damrau*[4] § 373 Rz. 3.
8   OLG Nürnberg NJW-RR 2002, 1255.
9   BVerfG NJW 2001, 2245, 2246; BGHSt 17, 328, 383 f. = NJW 1962, 1876; Musielak/*Huber*[10] § 373 Rz. 2; MünchKommZPO/*Damrau*[4] § 373 Rz. 3.
10 BGHSt 17, 382, 383 = BGH NJW 1962, 1876.
11 BGH NJW 1962, 1876.
12 OLG Stuttgart NJW 1972, 66, 67.

Tatsachen, d.h. eigene innere Vorgänge (die Absichten, Beweggründe, Erwägungen und Entschließungen),[1] z.B. der Selbstnutzungswunsch des Vermieters[2] oder der Kenntnisstand des Geschäftsführers einer Partei.[3] Einer Partei darf der Zugang zur Tatsachenfeststellung nicht mit der Begründung verwehrt werden, bei der rechtlich erheblichen inneren Tatsache handele es sich um eine rein innere Willensentscheidung, die dem Beweis nicht zugänglich sei.[4] Die **Feststellung** solcher Tatsachen ist jedenfalls in der Weise **möglich**, dass Umstände festgestellt werden, die nach der Lebenserfahrung auf das Vorhandensein der festzustellenden Tatsache schließen lassen.[5] Für den Fall ernsthafter Zweifel („non-liquet") gestatten Beweislastregeln eine Entscheidung.[6]

Sollen innere Tatsachen Gegenstand einer Beweiserhebung sein, darf es sich **nicht nur um allgemeine Eindrücke und Überzeugungen** eines Zeugen handeln.[7] Zu den inneren Tatsachen gehören auch **hypothetische innere Tatsachen**, d.h. was jemand getan hätte, wenn sich etwas ereignet oder nicht ereignet hätte,[8] etwa der Entschluss, den ein zu Vernehmender gefasst hätte, wenn ein nicht eingetretener Fall eingetreten wäre,[9] oder ob eine Behörde sich anders verhalten hätte, wenn sie ihr unbekannte Tatsachen zur Zeit ihrer Entscheidung gekannt hätte.[10]

11

Ob und wie weit die **Aussage eines Zeugen** darüber, **was er** in einem bestimmten nicht eingetretenen Fall **getan haben würde**, für glaubhaft zu erachten ist, ist Sache der **Beweiswürdigung**. Eine solche Aussage kann, auch wenn die Möglichkeit einer objektiven Nachprüfung fehlt, glaubhaft sein, weil der Zeuge glaubwürdig ist.[11] Doch werden dies häufig Fälle des **Anscheinsbeweises** sein, in denen der Richter den hypothetischen Verlauf aufgrund von Erfahrungssätzen feststellt. Trägt eine Partei hinsichtlich innerer Tatsachen bei einer bestimmten Person die Beweislast, ist sie nicht gehalten, in erster Linie die betreffende Person als unmittelbaren Zeugen zu benennen. Es steht ihr – insbesondere wenn sie von dieser Person keine wahrheitsgemäße Aussage erwartet – **frei**, andere Zeugen, denen gegenüber die betreffende Person sich über ihr Wissen und ihre Absichten geäußert hat, zu benennen und so von vornherein einen **mittelbaren Beweis der inneren Tatsache** anzustreben.[12]

12

2. Reichweite der Beweisaufnahme

Durch die Angabe des **Beweisthemas** wird die Beweisaufnahme nicht beschränkt,[13] vielmehr sind auch darüber hinausgehende Fragen zulässig, vgl. § 396 Abs. 2. Bei erheblich verändertem Beweisthema steht allerdings dem Gegner nach der Beweisaufnahme ein Äußerungs- oder Vertagungsrecht zu.

13

---

1 BVerfG NJW 1993, 2165; BGH NJW 1983, 2034, 2035 (insoweit nicht abgedruckt in BGHZ 87, 227); BGH NJW 1868, 1233, 1234; MünchKommZPO/*Damrau*[4] § 373 Rz. 3.
2 BVerfG NJW 1993, 2165.
3 BGH WM 2003, 2456, 2457.
4 BVerfG NJW 1993, 2165.
5 BVerfG NJW 1993, 2165; BGH WM 2003, 2456, 2457.
6 BVerfG NJW 1993, 2165.
7 OGH nach *Delbrück* MDR 1949, 280, 282.
8 RG LZ 1910, Sp. 624; MünchKommZPO/*Damrau*[4] § 373 Rz. 3.
9 RG JW 1909, 464 Nr. 28; RGZ 32, 375, 376; RGZ 62, 415, 416.
10 RG Gruchot 54 (1910) 1148.
11 RG JW 1909, 464 Nr. 28.
12 BGH NJW 1992, 1899, 1900; NJW 1992, 2489, 2490; BGH, Urt. v. 8.5.2002, BGHR ZPO § 373 – Tatsache, innere 2.
13 Stein/Jonas/*Berger*[22] § 373 Rz. 5.

IV. Benennung der Zeugnisperson

14 Mit der Benennung des Zeugen muss die Partei das Gericht grundsätzlich in die Lage versetzen, den Zeugen zu laden.[1] Voraussetzung für eine ordnungsgemäße Ladung ist die **Angabe ladungsfähiger Personalien** und einer **ladungsfähigen Anschrift** der als Zeuge zu vernehmenden Person.[2]

15 **Nicht alle Daten**, die das Gericht benötigt, um den **Zeugen laden zu können**, sind aber erforderlich, damit ein nach § 373 **beachtlicher Beweisantritt** vorliegt.[3] Beachtlich, wenn auch nicht vollständig, ist ein Beweisantritt bereits dann, wenn die Partei angibt, wer ihr Zeuge sein soll. Der **Zeuge muss individualisiert** sein.[4]

16 Individualisiert ist ein Zeuge häufig schon dann, wenn ausschließlich sein Name mitgeteilt wird.[5] Grundsätzlich **ungenügend** ist die Angabe „**Zeugnis N.N.**",[6] es sei denn, die namentlich nicht genannte Person wird auf andere Weise eindeutig individualisiert. Der BGH hat die Benennung eines Zeugen mit „N.N." als beachtlich angesehen, weil der Zeuge durch die Angabe, es handele sich um den Mitarbeiter, der bei der beklagten Behörde im zuständigen Referat „IV a 4" arbeite, „hinreichend individualisierbar"[7] sei. Besser wäre es, hier von „Identifizierbarkeit" zu sprechen, denn der mit „N.N." benannte Zeuge war lediglich nicht identifiziert, aufgrund eindeutiger Angaben betreffend seinen Arbeitsplatz aber durchaus individualisiert. Entscheidende Voraussetzung für einen beachtlichen Beweisantritt ist, dass die als Zeuge benannte **Person unverwechselbar feststeht**.[8] Denkbar wäre beispielsweise die Benennung eines Busfahrers „N.N." als Zeugen, der an einem bestimmten Tag zu einer bestimmten Uhrzeit den Bus einer bestimmten Linie fuhr. Ist der Zeuge aufgrund der Angaben im Beweisantritt nicht identifizierbar, liegt überhaupt kein beachtlicher Beweisantritt nach § 373 vor.[9] Ein Beweisantritt durch die Formulierungen „Beweis a.a.O." oder „Beweis: wie vor" ist ausreichend, wenn er sich auf einen vorher ausformulierten Beweisantritt bezieht.[10]

17 Die Angabe einer **ladungsfähigen Anschrift** ist im Regelfall **für die Individualisierung nicht erforderlich**. Ist ein Zeuge, der nicht namentlich oder nicht unter einer ladungsfähigen Anschrift benannt wurde, gleichwohl individualisiert und identifizierbar, würde die Ablehnung des Beweisantritts als unbeachtlich den Anspruch des Beweisführers auf Gewährung rechtlichen Gehörs verletzen.[11] Das Gericht muss in einem

---

1 RGZ 97, 126; BGH NJW 1974, 188 f.; LG Berlin MDR 2001, 532; Stein/Jonas/*Berger*[22] § 373 Rz. 1; MünchKommZPO/*Damrau*[4] § 373 Rz. 18.
2 BGHZ 145, 358, 364 (Klagezustellung am Arbeitsplatz ohne Möglichkeit der Ersatzzustellung).
3 BGH NJW 1974, 188; a.A. OLG Düsseldorf MDR 1969, 673 (LS): wirksamer Beweisantritt nur, wenn Name und Anschrift richtig.
4 BVerfG NJW 1999, 945, 946; BGH NJW 1993, 1926, 1927; BGH GRUR 2012, 630 Rz. 42 – Converse II.
5 LG Berlin MDR 2001, 532.
6 BGH NJW 1983, 1905, 1908; BGH NJW 1987, 3079, 3080; BGH NJW 1989, 227; BGH NJW-RR 1989, 1323, 1324; OLG Düsseldorf VersR 1993, 1167, 1168; *Schneider* MDR 1987, 725, 726: „prozessuales Nichts"; *Reinecke* MDR 1990, 767, 769.
7 BGH NJW 1998, 2368, 2369 m. Anm. *Schneider* MDR 1998, 1115.
8 Beispiele für Möglichkeiten der Präzisierung eines Beweisantrags ohne Name und Anschrift bei *Schneider* MDR 1998, 1115, 1116.
9 BGH NJW 1987, 3079, 3080; BGH NJW 1983, 1905, 1906; anders wohl MünchKommZPO/ *Damrau*[4] § 373 Rz. 18, der nicht zwischen beachtlichem und unbeachtlichem Beweisantritt differenziert, indem er BGH NJW 1993, 1926 und NJW 1998, 2368 zu Unrecht verallgemeinert.
10 OLG Celle NJW-RR 1992, 703.
11 BVerfGE 65, 305, 307 f. = NJW 1984, 1026; offen gelassen in BGHZ 69, 248, 255 = NJW 1985, 3005, 3006; *Reinecke* MDR 1990, 767 f.

solchen Fall nach § 356 verfahren.[1] Dem Beweisführer ist eine **Frist zur Beibringung der Anschrift** setzen. Nach fruchtlosem Fristablauf darf das Gericht das Beweisangebot ablehnen, wenn nach seiner freien Überzeugung die spätere mögliche Berücksichtigung des Beweismittels den Rechtsstreit verzögern würde; §§ 282, 296 sind nicht anwendbar.[2] Eine Verzögerung tritt nicht ein, wenn der Zeuge zum Termin erscheint.[3] Die Beschaffung der ladungsfähigen Anschrift eines Zeugen gebietet **nicht** die **Aussetzung des Prozesses nach § 149**.[4]

Als ladungsfähige Anschrift muss **nicht notwendig** die **Wohnanschrift** des Zeugen angegeben werden. Vielmehr ist grundsätzlich jede Anschrift ladungsfähig, unter der das Gericht den Zeugen erreichen kann. Das ist insbesondere auch dessen Dienst- oder Geschäftsanschrift[5] oder die Anschrift des Arbeitgebers.[6] Ob diese genügen, hängt aber vom Einzelfall ab;[7] in einer größeren Organisation muss die Untergliederung (z.B. Referat oder Dezernat einer Behörde, Abteilung eines Krankenhauses) angegeben werden. Der Privatanschrift bedarf es erst dann, wenn eine Ladung über die von der Partei angegebene Anschrift keinen Erfolg hatte und das Erscheinen des Zeugen zwangsweise durchgesetzt werden muss. Nur dann muss das Gericht nach § 356 vorgehen.[8] Die Angabe des Postfachs genügt nicht.[9] 18

Verfügt nur der Beweisgegner über den Namen und die ladungsfähige Anschrift eines Zeugen, ist er zur Preisgabe dieser Daten **nicht** unter dem Gesichtspunkt der **sekundären Darlegungslast** verpflichtet. Die Mitteilung der nach § 373 notwendigen Angaben ist nicht Teil des den Parteien obliegenden Tatsachenvortrags, sondern Element der sich anschließenden Beweisführung. Die Nichtpreisgabe durch den Gegner ist im Rahmen der Beweiswürdigung als **Beweisvereitelung** zu berücksichtigen (Kap. 8 Rz. 146).[10] Benötigt ein Patient für die Benennung seines **behandelnden Arztes** als Zeugen im Prozess dessen Privatanschrift, steht ihm **gegenüber** dem beklagten **Krankenhausträger** aufgrund des mit diesem geschlossenen Behandlungsvertrages (§ 611 BGB) nach Treu und Glauben (§ 242 BGB) ein darauf bezogener Auskunftsanspruch zu.[11] 19

Es bedarf nicht der Mitteilung, ob der **Zeuge der deutschen Sprache** mächtig ist. Die Vernehmung eines vom Gericht geladenen und erschienenen Zeugen, welcher der deutschen Sprache nicht mächtig ist, darf nicht mit der Begründung abgelehnt wer- 20

---

1 BVerfGE 65, 305, 307 f. = NJW 1984, 1026; BVerfG NJW 2000, 945 f.; BGH VersR 1973, 249, 250; BGH NJW 1974, 188 f.; BGH NJW 1989, 227; BGH NJW 1989, 1732, 1733; BGH NJW 1993, 1926, 1927 (bei Fehlen einer Anschrift); BGHZ 69, 248, 255 = NJW 1985, 3005, 3006 (bei falscher Anschrift).
2 BVerfGE 65, 305, 307 f. = NJW 1984, 1026; BVerfGE 69, 248, 255 = NJW 1985, 3005, 3006; BGH NJW 1974, 188 f.; BGH MDR 1987, 567; BGH NJW 1989, 227; BGH NJW 1993, 1926, 1927 f.; BGH NJW 1998, 2368.
3 Baumbach/Lauterbach/*Hartmann*[71] § 356 Rz. 11.
4 Offen gelassen von OLG Oldenburg OLGRep. 1997, 272, 273 (wegen Vorrangs der Prozessbeschleunigung; der Zeuge war bereits ein Jahr zur Aufenthaltsermittlung bzw. Verhaftung ausgeschrieben).
5 BGH NJW 1993, 1926, 1927.
6 BGHZ 145, 358, 364, a.A. LG Hagen MDR 1984, 1034: wegen fehlender Möglichkeit der Ersatzzustellung nur, wenn Zeuge auch beim Arbeitgeber angetroffen wird.
7 Wegen Ladungsschwierigkeiten kritisch Baumbach/Lauterbach/*Hartmann*[71] § 373 Rz. 5.
8 LG Berlin MDR 2001, 532.
9 BVerwG NJW 1999, 2608, 2610 zu § 82 Abs. 1 VwGO (bzgl. der ladungsfähigen Anschrift des Klägers).
10 BGH NJW 2008, 982 Rz. 18.
11 AG Offenbach NJW 1990, 2321, 232. Zum Anspruch auf Einsicht in Patientenakten s. BVerfG NJW 1999, 1777; BGHZ 85, 327 = NJW 1983, 328 m. Bespr. *Ahrens* NJW 1983, 2609; BGH NJW 1985, 674; BGH NJW 1989, 764.

den, der Beweisführer habe es versäumt, auf die Erforderlichkeit eines Dolmetschers hinzuweisen.[1]

21 Der **Begriff „Zeuge"** muss nicht verwendet werden, solange eindeutig ist, dass eine bestimmte Person als Zeuge – und nicht etwa als Partei – vernommen werden soll.[2] Auf eine bestimmte **Anzahl von Zeugen** darf der Beweisführer nicht beschränkt werden, doch braucht das Gericht u.U. nicht alle zu vernehmen.

§ 116 Substantiierung und Ausforschungsbeweis

I. Funktion der Konkretisierung

22 Die beweisführende Partei muss die Tatsachen, zu denen der Zeuge vernommen werden soll, **hinreichend substantiiert** bezeichnen. Dafür genügt es nicht, die abstrakte Tatbestandstatsache zu nennen; angegeben werden muss die konkrete Tatsache des Einzelfalls. Sind die behaupteten Tatsachen zu allgemein gehalten und zielt der Beweisantritt erst auf die Ermittlung von Einzelheiten, welche der Partei die schlüssige Darlegung des Sachverhalts ermöglichen sollen, liegt ein unzulässiger Ausforschungsbeweisantritt oder **Beweisermittlungsantrag** vor (dazu auch Kap. 11 Rz. 13).[3] Zu beachten ist jedoch, dass die **Darlegungslast herabgesetzt** sein kann oder dass die Gegenpartei eine **sekundäre Darlegungslast** trifft.

23 Die Abgrenzung von unzulässigem Ausforschungsbeweis und zulässigem Beweisantritt ist fließend. Die **Anforderungen an die Substantiierung** („bestimmte Tatsachen",[4] „bestimmte Einzelheiten"[5]) dürfen **nicht überspannt** werden (dazu auch Kap. 11 Rz. 13 und 21). Die Ablehnung eines nach § 373 angetretenen Zeugenbeweises für eine möglicherweise beweiserhebliche Tatsache ist nur dann zulässig, wenn die unter Beweis gestellten **Tatsachen ungenau bezeichnet** sind, dass ihre **Erheblichkeit nicht beurteilt** werden kann, oder wenn sie zwar in das Gewand einer bestimmten Behauptung gekleidet, aber aufs Geratewohl gemacht, gleichsam „**ins Blaue" aufgestellt**, mit anderen Worten aus der Luft gegriffen sind und sich deshalb als Rechtsmissbrauch darstellen.[6] Wie weit die Partei ihren Tatsachenvortrag – und damit das Beweisthema – substantiieren muss, hängt von ihrem Kenntnisstand ab.[7] Sie kann Vermutungen zum Gegenstand ihres Sachvortrags machen, **solange** das **nicht offensichtlich willkürlich oder** sonst **rechtsmissbräuchlich** ist.[8] Was erforderlich ist, hängt letztlich vom Einzelfall ab.

---

1 OLG Hamm MDR 2000, 637.
2 MünchKommZPO/*Damrau*[4] § 373 Rz. 18; Baumbach/Lauterbach/*Hartmann*[71] § 373 Rz. 7.
3 RG HRR 1928 Nr. 1940; RG JW 1902, 166 Nr. 19; RG JW 1897, 81 Nr. 12; auch bei einer Vernehmung nach § 448: RG Warn. 1935 Nr. 127, S. 265 f.; RG Gruchot 65 (1921) 495, 496; BGH NJW 1984, 2888, 2889; BGHR § 373 ZPO – Ausforschungsbeweis 1; BAG VersR 2000, 1143, 1144 = ZIP 2000, 630, 632.
4 RG Warn. 1917 Nr. 111, S. 170; RG Warn. 1913 Nr. 345; RG Warn. 1908 Nr. 97.
5 RG HRR 1930 Nr. 1662.
6 BVerfG NJW 2009, 1585 Rz. 26; BGH JZ 1985, 183, 184; BGH NJW 1968, 1233, 1234.
7 BGH NJW-RR 1988, 1529, 1530.
8 BGH NJW-RR 1987, 335 = BGHR ZPO § 373 – Ausforschungsbeweis 2 und 3; BGH NJW 1988, 2100, 2101; BGH NJW 2012, 296 Rz. 14.

II. Pauschale Beweisthemenangabe

Auf **unzulässige Ausforschung** gerichtet ist die Benennung eines Zeugen „zum Hergang der Auseinandersetzung".[1] Nicht hinreichend konkretisiert ist auch die pauschale Benennung verschiedener Zeugen für die von einem Mieter ausgehenden Lärmstörungen, wenn nicht zu jeder einzelnen Störung angegeben wird, was welcher Zeuge dazu bekunden kann.[2] Auf unzulässige Ausforschung des Zeugen soll ferner die Benennung eines Zeugen dafür zielen, dass aus einem Wasserrohr Wasser ausgetreten sei, wenn nicht näher bezeichnet wird, um welches Rohr in einem Raum es geht.[3]

Stellt die Partei **lediglich Tatbestandsmerkmale** unter Beweis, ohne jedoch tatsächliche Umstände darzutun, aus denen sich die behauptete Rechtsfolge herleiten ließe, ist eine Zeugenvernehmung unzulässig, so bei einem Beweisantritt dafür, dass „höchstenfalls von einer Teilnichtigkeit auszugehen [sei] für die Regelung des Vorkaufsrechtes, da im Übrigen der Vertrag auch ohne die Gewährung eines Vorkaufsrechtes als Mietvertrag abgeschlossen worden wäre" und „dass der Regelung des Vorkaufsrechtes keine vertragserhebliche Bedeutung" zugekommen sei.[4]

Über das **allgemeine Verhalten eines Menschen**, etwa als Kaufmann, darf dagegen Beweis erhoben werden, etwa dass er gewisse Geschäfte betreibe.[5] Auch genügt die Angabe, dass sich jemand wie ein Geisteskranker verhalten habe, wenn dessen Geisteszustand streitig ist. Die gesteigerte gerichtliche Aufklärungspflicht im **Arzthaftungsprozess** entbindet die Parteien nicht von dem Erfordernis, den ihnen bekannten oder zugänglichen Tatsachenstoff vorzutragen, aus dem das Gericht etwaigen weiteren Klärungsbedarf erkennen kann; dessen Ermittlung von Amts wegen durch Befragung von Zeugen oder (nach § 141) einer Prozesspartei ist nicht zulässig.[6]

III. Herkunft der Parteiinformation, Spekulation über Zeugenwissen

Die Partei muss **nicht darlegen**, wie **sie selbst zu** dem **Beweisantritt kommt**.[7] Es kann nicht als Ausforschungsbeweis angesehen werden, wenn die Partei die Tatsachen weder selbst wahrgenommen hat noch darlegt, wie sie sie erfahren hat[8] (Kap. 11 Rz. 17). Es kommt auch **nicht darauf an, ob** die **Partei selbst** daran **glaubt**, was sie unter Beweis stellt,[9] solange sie nicht vom Gegenteil überzeugt ist (§ 138 Abs. 1).[10]

Die Partei muss **nicht im Voraus angeben, was** der von ihr benannte **Zeuge** im Detail über die beweiserhebliche Tatsache **weiß**.[11] Sie kann auch über solche Tatsachen eine Beweisaufnahme erwirken, über die sie eine genaue Kenntnis gar nicht haben kann (z.B. weil es sich um die Wahrnehmung anderer Personen handelt), die sie aber **nach Lage der Verhältnisse** für **wahrscheinlich oder möglich** hält.[12]

---

1 OLG Köln MDR 1976, 407, 408.
2 AG Hamburg NZM 2003, 60; AG Rheine WuM 1998, 378.
3 OLG Köln r+s 1998, 295.
4 BGHR ZPO § 373 – Ausforschungsbeweis 6.
5 RG JW 1909, 666.
6 OLG Koblenz VersR 2009, 833, 834.
7 Musielak/*Huber*[10] § 373 Rz. 11.
8 RG HRR 1931 Nr. 258; RG Gruchot 65 (1921) 495, 496.
9 BGH NJW 1968 1233, 1234; Stein/Jonas/*Leipold* [22] § 138 Rz. 4.
10 Stein/Jonas/*Leipold* [22] § 138 Rz. 4.
11 RG SeuffArch. 47 (1892) 101.
12 BGH NJW 1968, 1233, 1234.

IV. Quelle des Zeugenwissens, Indizienbeweis über Absichten Dritter

29 Eine Angabe, **wie der Zeuge** die in sein Wissen gestellte **Tatsache erfahren** hat, kann **grundsätzlich nicht verlangt** werden,[1] wohl aber u.U., ob er sie vom Hörensagen oder unmittelbar wahrgenommen hat. **Anders** ist dies nach der Rechtsprechung, wenn der Zeuge über eine *innere* Tatsache **bei** einem **Dritten** vernommen werden soll.[2]

30 Ein Zeugenbeweis betreffend **innere Vorgänge bei einem anderen** ist stets **Indizienbeweis**, weil der Zeuge nur äußere Umstände bekunden kann, die den Schluss auf den zu beweisenden inneren Vorgang zulassen.[3] Deshalb muss das Gericht vor der Beweiserhebung die Schlüssigkeit der Indizien prüfen, d.h. ob die Gesamtheit aller vorgetragenen Indizien – ihre Richtigkeit unterstellt – es von der Wahrheit der Haupttatsache überzeugen würde.[4] Misst das Gericht dem **Indiz keine Beweiskraft** zu, kann es die **Beweiserhebung** hierüber nach seinem Ermessen **ablehnen**.[5]

31 In einem solchen Fall ist **anzugeben, woraus sich** für den Zeugen die **Absichten**, Kenntnisse oder **Willensentschlüsse** der dritten Person **ergeben**.[6] So muss die Partei, die einen Zeugen dafür benennt, dass ein Dritter Kenntnis vom Anfechtungsgrund (§ 121 Abs. 1 BGB) besessen hat, darlegen, aufgrund welcher Umstände der Zeuge erfahren habe, dass dem Dritten sein Irrtum bewusst geworden sei.[7] Das Gericht muss die Partei nach tatsächlichen Anhaltspunkten für die Kenntnis der Abredewidrigkeit beim Erwerb nach Art. 10 WG befragen, bevor es diese Behauptung als willkürliche Vermutung unberücksichtigt lässt.[8] Der Vermieter, der für eine Kündigung seinen Selbstnutzungswunsch zu beweisen hat, muss die Indiztatsachen, die einen Schluss auf diese Absicht zulassen, vortragen und ggf. beweisen, so etwa Gespräche, die er mit Dritten hierüber geführt hat.[9]

V. Hinweispflicht des Gerichts

32 Soweit das Gericht einen Beweisantritt für **zu unbestimmt** und deshalb als Ausforschungsbeweis für unzulässig hält, muss es nach **§ 139 Abs. 1 S. 2** darauf hinweisen.[10] Als willkürliche Vermutung kann eine Behauptung erst dann unberücksichtigt bleiben, wenn das Gericht mit der Partei erörtert hat, welche greifbaren Anhaltspunkte sie für ihre Behauptung vorbringen will,[11] oder wenn auf den Hinweis hin kei-

---

1 BGH NJW 1983, 2034, 2035 (insoweit in BGHZ 87, 227 nicht abgedruckt); BGH NJW-RR 1987, 590, 591; BGH FamRZ 1987, 1019, 1020 = NJW-RR 1987, 1403, 1404; BGH NJW-RR 1988, 1087; BGH ZMR 1996, 122, 124; BGHR ZPO § 373 Substantiierung 1; Musielak/*Huber*[10] § 373 Rz. 11; MünchKommZPO/*Damrau*[4] § 373 Rz. 19; Stein/Jonas/*Berger*[22] § 373 Rz. 2.
2 BGH NJW-RR 1987, 590, 591; BGH NJW 1983, 2034, 2035.
3 BGH NJW-RR 1987, 1529.
4 BGH LM § 539 ZPO Nr. 1; BGHZ 21, 256, 262; 53, 245, 261 = NJW 1970, 946, 950; BGH DRiZ 1974, 27, 28; BGH NJW 1983, 2034, 2035; BGH NJW 1992, 2489; OLG München OLGRep. 1998, 280.
5 BGHZ 53, 245, 261 = NJW 1970, 946, 950; BGH DRiZ 1974, 27, 28.
6 RG LZ 1907, Sp. 740; BGH NJW 1983, 2034, 2035.
7 BGH NJW 1983, 2034, 2035 (insoweit in BGHZ 87, 227 nicht abgedruckt).
8 BGH NJW 1968, 1233, 1234.
9 BVerfG NJW 1993, 2165 f.
10 RGZ 91, 208, 210; BGH NJW 1968, 1233, 1234; BAG AP § 139 Nr. 3: wenn Beweistatsachen so ungenau oder unklar bezeichnet sind, dass ihre Erheblichkeit nicht ohne Rückfrage geklärt werden kann, m. zust. Anm. *Schumann*; Stein/Jonas/*Berger*[22] § 373 Rz. 5; MünchKommZPO/ *Damrau*[4] § 373 Rz. 18.
11 BGH NJW 1968, 1233, 1234; BGHR ZPO § 373 – Substantiierung 1.

ne weitere Substantiierung erfolgt.[1] Zur Behebung des Mangels ist keine Frist gem. § 356 zu setzen.[2]

Auch auf **Widersprüche** muss das Gericht nach § 139 hinweisen.[3] So darf es einen für sich genommen hinreichend substantiierten Beweisantritt nicht wegen eines Widerspruchs zum übrigen Parteivortrag als unbeachtlich zurückweisen, wenn der Widerspruch möglicherweise auf einer falschen Bezeichnung beruht.[4] Anders ist dies mit Beweisangeboten, die mit dem bisherigen Prozessvorbringen nicht in Einklang stehen, weil dann § 138 Abs. 1 durchgreift.[5]

§ 117 Ablehnung und Anordnung des Zeugenbeweises

I. Ablehnung der Beweiserhebung

Zeugen werden nur vernommen, wenn ihre Vernehmung richterlich angeordnet ist.[6] **Vor Anordnung der Zeugenvernehmung** muss das Gericht von Amts wegen prüfen, ob die unter Beweis gestellte **Tatsache** erheblich und **beweisbedürftig**, der Zeugenbeweis geeignet und der Beweisantritt nach § 373 zulässig[7] sowie der Beweiserhebung keine sonstigen Hindernisse (Kap. 31 Rz. 63) entgegenstehen. Erhebliche Beweisanträge müssen nach Art. 103 Abs. 1 GG i.V.m. den Grundsätzen der ZPO berücksichtigt werden, wenn ihre Ablehnung im Prozessrecht keine Stütze findet (dazu Kap. 1 Rz. 85). Andernfalls ist der Anspruch auf rechtliches Gehör wegen vorweggenommener Beweiswürdigung verletzt[8] (Kap. 1 Rz. 88).

Genügt der Beweisantrag nicht den **Anforderungen des § 373** oder sind Beweiserhebungshindernisse nicht nach § 356 beseitigt worden, ist er unzulässig und nach allgemeinen Regeln abzulehnen. Zum Verhältnis von § 139 zu § 356 s. Kap. 14 Rz. 35. Abzulehnen ist ein Beweisantritt auch dann, wenn der Zeugenvernehmung ein **Beweiserhebungsverbot** entgegensteht. Die Gründe einer Ablehnung des Beweisantrags nach § 356 oder wegen eines Beweisverbotes sind im Urteil zu erörtern.[9] Unzulässig ist die Ablehnung eines Beweisantrages, weil sich das Gericht wegen der **persönlichen Nähe des Zeugen zu den Beteiligten** davon keine Aufklärung des Sachverhalts verspricht. Eine solche vorweggenommene Beweiswürdigung findet im Prozessrecht keine Stütze findet und verstößt deshalb gegen Art. 103 Abs. 1 GG.[10]

Dem **erneuten Begehren** auf Vernehmung eines Zeugen, der schon von seinem **Zeugnisverweigerungsrecht** Gebrauch gemacht hat, braucht nur stattgegeben zu werden, wenn hinreichende Anhaltspunkte dafür vorliegen, dass der Zeuge nunmehr aussagt.[11]

---

1 Anders noch OLG Köln MDR 1976, 407, 408.
2 A.A. MünchKommZPO/*Damrau*[4] § 373 Rz. 18, der sich in dieser Allgemeinheit zu Unrecht auf BVerfGE 69, 248 = NJW 1985, 3005, 3006 beruft.
3 Stein/Jonas/*Berger*[22] § 373 Rz. 5.
4 BGH NJW-RR 1988, 1087.
5 RG Warn. 1931 Nr. 59, S. 122; BGH NJW-RR 1987, 1469 = VersR 1988, 158.
6 Rosenberg/Schwab/*Gottwald*[17] § 120 Rz. 37.
7 *Teplitzky* JuS 1968, 71, 74 f.
8 Stg. Rspr. des BVerfG: BVerfGE 69, 141, 143 f. = NJW 1986, 833 m.w.N.; BVerfG NJW-RR 2001, 1006, 1007; BVerfG NJW 2009, 1585 Rz. 21; ebenso BerlVerfGH NJW-RR 2009, 1362, 1363; OVG Berlin NVwZ 2000, 1432; OLG Frankfurt OLGRep. 1992, 226, 227.
9 Musielak/*Huber*[10] § 373 Rz. 13.
10 BVerfG NJW-RR 1995, 441.
11 BGH NJW-RR 1987, 445; LAG Köln MDR 2000, 1337; LAG Köln NJW 1975, 2074.

37 Kündigt der Berufungskläger in der Berufungsbegründung an, sein Geschäftsführer werde demnächst abberufen und werde als Zeuge zu streitigem Sachvortrag zur Verfügung stehen, kann das Berufungsgericht den in mündlicher Verhandlung gestellten **Antrag auf Vernehmung** des inzwischen abberufenen Geschäftsführers als Zeugen nicht nach §§ 523, 296 Abs. 2, 282 Abs. 2 a.F. als **verspätet** zurückweisen, auch wenn der Zeuge bei rechtzeitiger Mitteilung hätte vorbereitend geladen werden können.[1] Bezieht sich eine Partei auf Zeugenaussagen in Beiakten und geht sie dabei von einer vertretbaren Würdigung dieser Aussagen aus, kann sie die Benennung dieser Zeugen ohne Verletzung ihrer Prozessförderungspflicht aus § 528 Abs. 2 a.F. in der Berufungsbegründung nachholen, wenn das erstinstanzliche Gericht die in den Strafakten enthaltenen Zeugenaussagen zu Ungunsten der Partei würdigt, ohne sie vorher nach § 139 darauf hinzuweisen.[2] Nach § 531 Abs. 2 Nr. 2 und Nr. 3 n.F. wäre die Benennung der Zeugen in der Berufungsinstanz ebenfalls zulässig, weil sie im ersten Rechtszug infolge eines Verfahrensmangels (Nr. 2) bzw. nicht aufgrund einer Nachlässigkeit der Partei (Nr. 3) unterblieben ist.

II. Anordnung der Zeugenvernehmung

38 Die Beweisanordnung ergeht **formlos oder** durch **förmlichen Beweisbeschluss** des Prozessgerichts nach §§ 358 ff. Die formlose Beweisanordnung ist möglich, wenn ein Zeuge im Verhandlungstermin anwesend ist, weil er nach § 273 Abs. 2 Nr. 4 vorsorglich prozessleitend geladen wurde, weil er von einer Partei zum Termin mitgebracht worden oder weil er zufällig anwesend ist,[3] und der Beweis sofort erhoben werden kann. Einen **förmlichen Beweisbeschluss** kann das Gericht nach § 358a bereits **vor der mündlichen Verhandlung** erlassen. Der Zeuge wird von Amts wegen formlos geladen, es sei denn das Gericht ordnet nach § 377 Abs. 1 und 2 die Zustellung der Ladung an.[4]

---

1 BGH NJW 1999, 2446 f.
2 BGH NJW 1983, 999, 1000 m. Anm. *Deubner*.
3 Rosenberg/Schwab/*Gottwald*[17] § 120 Rz. 37; *Gießler* NJW 1991, 2885; a.A. OLG Schleswig NJW 1991, 303 f.
4 Rosenberg/Schwab/*Gottwald*[17] § 120 Rz. 37.

Kapitel 33:
Vorbereitung der Zeugenbeweisaufnahme

	Rz.		Rz.
§ 118 Auslagenvorschuss, § 379 ZPO		VII. Inhalt der Zeugenladung	
I. Normzweck und Anwendungsbereich		1. Folgen fehlender Ordnungsmäßigkeit	51
1. Sicherung der Fiskalinteressen	1	2. Bezeichnung der Parteien	52
2. Anwendungsbereich	3	3. Angabe des Vernehmungsgegenstandes	53
II. Anordnung der Vorschusszahlung		4. Anordnung des Erscheinens und Ordnungsmittelandrohung	57
1. Ermessen	7	**§ 120 Aussageerleichternde Unterlagen, § 378 ZPO**	
2. Zahlungspflicht des Beweisführers	12	I. Vorbereitungspflicht des Zeugen	58
3. Befreiung von der Vorschusspflicht	14	II. Konkrete Vorbereitungsanordnungen	
4. Bemessung des Vorschusses	17	1. Eigeninitiative des Zeugen	60
5. Fristsetzung	18	2. Inhalt und Gegenstand der Vorbereitungspflicht	
6. Rechtsmittel	21	a) Nachforschungen	61
III. Unterbleiben der Ladung	23	b) Begrenzung durch Vernehmungsgegenstand	62
§ 119 Zeugenladung, § 377 ZPO		c) Aussageerleichternde Unterlagen	63
I. Gesetzesentwicklung	29	d) Einschränkungen der Vorbereitungspflicht	
II. Bedeutung der Zeugenladung	30	aa) Entgegenstehende Rechte Dritter	66
III. Verfahren, Form		bb) Unzumutbarkeit der Vorbereitung	68
1. Gerichtliche Ladung	31	3. Inhalt der Vorbereitungspflicht; Verhältnis zur Vorlegungspflicht	69
2. Gebührenvorschuss	33	4. Richterliche Anordnung	71
3. Formlose Mitteilung, Zustellung	34	III. Erzwingung der Vorbereitung	76
4. Vorbereitungszeit	36		
IV. Prozessunfähige (minderjährige) Zeugen, § 170 Abs. 1	38		
V. Ausländische Zeugen im Inland	41		
VI. Zeugen im Ausland			
1. Rechtshilfevernehmung, Vernehmung im Inland	44		
2. Form der Auslandsladung	46		

§ 118 Auslagenvorschuss, § 379 ZPO

Schrifttum:

Bachmann, Der Zeugen- und Sachverständigenvorschuß, DRiZ 1984, 401; *Berding/Deckenbrock*, Der Streithelfer als Kosten- und Vorschußschuldner bei Beweisanträgen, NZBau 2006, 337; *Gießler*, Vernehmung des nicht geladenen Zeugen, NJW 1991, 2885; *Heistermann*, Vorschußanforderung vor der Beweisaufnahme – Folgen einer fehlerhaften Zahlung, MDR 2001, 1085; *Rixecker*, Vermeintliche Randprobleme der Beschleunigung des Zivilprozesses, NJW 1984, 2135; *Röbke*, Vorschußpflicht, Antragstellerhaftung für Auslagen des Gegners und unrichtige Sachbehandlung, NJW 1986, 237; *Sass*, Die Folgen der versäumten Zahlung des Auslagenvorschusses nach § 379 ZPO – Zugleich ein Beitrag zur Auslegung des § 356 ZPO, MDR 1985, 96; *Schmid*, Die Vorschußpflicht nach § 379 ZPO, MDR 1982, 94; *Schneider*, Der Auslagenvorschuß für Zeugen und Sachverständige, ZZP 76 (1963), 188; *Varrentrapp*, Die Widerruflichkeit der Entschädigungsverzichtserklärung des Zeugen, NJW 1962, 903; *Weber*, Zur Bedeutung des § 379 Satz 2 ZPO, MDR 1979, 799.

I. Normzweck und Anwendungsbereich

1. Sicherung der Fiskalinteressen

1 § 379 soll sicherstellen, dass die **Gerichtsauslagen gedeckt** werden, die der Staatskasse durch die Entschädigung des Zeugen (bzw. Sachverständigen) für seine Zeitversäumnis und Auslagen entstehen.[1]

2 Nach der ursprünglichen Fassung der Vorschrift konnte das Gericht die Ladung des Zeugen von der Hinterlegung eines Vorschusses zur Deckung der durch die Vernehmung des Zeugen erwachsenen Auslagen abhängig machen. Die **Einforderung des Vorschusses** war nicht obligatorisch, weil das Verfahren bei „zweifellos vermögenden Prozessparteien" nicht ohne Not verzögert werden sollte.[2] Die Bekanntmachung von 1933[3] machte die Anordnung der Vorschusszahlung zur Regel („soll"). Durch die Vereinfachungsnovelle von 1976[4] wurde § 379 wieder als **Kannvorschrift** ausgestaltet.[5]

2. Anwendungsbereich

3 § 379 hat als **lex specialis**[6] in seinem Anwendungsbereich **Vorrang vor § 17 GKG** und § 16 FamGKG, der allgemein den Auslagenvorschuss für Handlungen betrifft, die das Gericht auf Antrag vornimmt. Die Norm **stimmt mit § 356** tatbestandlich **überein**; auch gegenüber § 356 ist von einem Vorrang des § 379 S. 2 auszugehen (dazu Kap. 14 Rz. 10).

4 § 379 ist nicht nur bei **Ladung eines Zeugen** zur Vernehmung, sondern auch bei seiner **schriftlichen Befragung** nach § 377 Abs. 3[7] anzuwenden. Außerdem gilt die Vorschrift nach § 402 entsprechend für die Ladung eines Sachverständigen zur mündlichen Befragung oder die Anordnung eines **schriftlichen Sachverständigengutachtens** gem. § 411 (Kap. 42 Rz. 33),[8] wenn der Sachverständigenbeweis auf Antrag einer Partei erhoben wird.[9] Ordnet das Gericht den Sachverständigenbeweis hingegen nach § 144 Abs. 1 **von Amts wegen** an, gilt § 379 nicht.[10] In einem solchen Falle kann auch § 17 Abs. 3 S. 1 GKG nicht als Grundlage für eine Vorschussanforderung herangezogen werden.[11]

5 Soweit im Zivilprozess ausnahmsweise der **Amtsermittlungsgrundsatz** gilt, ist **§ 379 nicht** anwendbar. Hält das Gericht allerdings im Kindschaftsprozess eine DNA-Analyse für nicht erforderlich, weil es schon aufgrund eines serologischen Gutachtens überzeugt ist und deshalb kein Anlass besteht, von Amts wegen weiter aufzuklären, kann es die von einer Partei beantragte Einholung des DNA-Gutachtens nach §§ 379, 402 von einem Auslagenvorschuss abhängig machen.[12] In der **Zwangsvollstreckung**

---

1 *Hahn/Stegemann* Mat. II/1 S. 310, zu §§ 332, 333.
2 *Hahn/Stegemann* Mat. II/1 S. 310, zu § 333.
3 RGBl. 1933 I S. 821.
4 BGBl. I 1976, 3281.
5 *Schmid* MDR 1982, 94.
6 OLG Bamberg FamRZ 2001, 1387; *Schmid* MDR 1982, 94; *Hartmann* Kostengesetze[43] § 17 GKG Rz. 1.
7 Musielak/*Huber*[10] § 379 Rz. 2.
8 BT-Drucks. 7/2729, S. 84; BGH LM § 379 ZPO Nr. 1 = MDR 1964, 501, 502 = NJW 1964, 658 (LS); Zöller/*Greger*[30] § 379 Rz. 1.
9 BGH LM § 379 ZPO Nr. 1 = MDR 1964, 501, 502; BGH NJW 1991, 2961, 2963 a.E. = FamRZ 1991, 426; OLG München OLGZ 1978, 484 = MDR 1978, 412.
10 BGH FamRZ 1969, 477, 478; BGH NJW 2000, 743, 744; BGH GRUR 2010, 365 Rz. 19 = NJW-RR 2010, 1059; BGH NJW 2012, 3512 Rz. 31 – Delcantos Hits; OLG Hamburg FamRZ 1986, 195; KG MDR 1962, 744.
11 BGH NJW 2000, 743, 744; OLG Bamberg FamRZ 2001, 1387.
12 BGH NJW 1991, 2961, 2963 a.E.

Auslagenvorschuss Rz. 9 **Kapitel 33**

gilt § 379 trotz deren Charakters als Amtsverfahren im Erinnerungs-, Widerspruchs- und Beschwerdeverfahren, weil insoweit keine Amtsprüfung stattfindet.[1]

§ 379 ist auch anzuwenden, wenn bei der Vernehmung eines Zeugen ein **Dolmetscher** 6 benötigt wird, weil dessen **Entschädigung** zu den gerichtlichen Zeugenauslagen zählt.[2] Nicht anwendbar ist § 379 hingegen auf einen Dolmetscher, der nach § 185 GVG hinzugezogen wird, wenn eine Prozesspartei die deutsche Sprache nicht beherrscht,[3] denn der Dolmetscher wird dann von Amts wegen eingeschaltet. **Keine Anwendung** findet § 379 auf die Ladung der Partei zur **Parteivernehmung** gem. § 445, weil ein Ausgleich der Auslagen nur nach §§ 91, 104 erfolgt.[4]

II. Anordnung der Vorschusszahlung

1. Ermessen

Ob das Gericht die Ladung eines Zeugen oder eines Sachverständigen bzw. deren 7 schriftliche Befragung von der Zahlung eines Auslagenvorschusses abhängig macht, steht nach § 379 S. 1 in seinem **freien Ermessen**.[5] Die Kann-Vorschrift des § 379 hat als Spezialregelung Vorrang vor der Soll-Vorschrift des § 17 Abs. 1 S. 2 GKG[6] (oben Rz. 3). Eine regelmäßige Vorschussanforderung kommt daher nicht in Betracht.[7]

Das Gericht muss bei seinen Ermessenserwägungen einerseits berücksichtigen, dass 8 die Vorschusspflicht entgegen dem Beschleunigungsgrundsatz zu erheblichen **Prozessverzögerungen** führen kann.[8] Andererseits kann es bei **kostspieligen Beweisaufnahmen** im fiskalischen Interesse und aus Gründen der Prozessökonomie ratsam sein, die Beweiserhebung von der vorherigen Sicherstellung der Kosten abhängig zu machen.[9] Bei einer von dem Beklagten beantragten Beweisaufnahme kann dies auch im **Interesse des Klägers** liegen, weil dieser nach Maßgabe des § 22 Abs. 1 S. 1 GKG auch dann für sämtliche Gerichtskosten haftet, wenn dem Beklagten die Verfahrenskosten auferlegt werden.[10] Irrelevant ist, ob die Beweisaufnahme dem Gericht unökonomisch erscheint, weil die Beurteilung des Prozesskostenrisikos ausschließlich Sache der Parteien ist.[11]

Nach der Vorstellung des Gesetzgebers soll die Anordnung einer Vorschusszahlung 9 bei „zweifellos vermögenden Prozessparteien" nicht notwendig sein,[12] weil dann **kein Vollstreckungsrisiko** bestehe. Aber auch wenn die Deckung der Auslagen nicht gesichert ist, darf das Gericht nach seinem freien Ermessen dem **Beschleunigungsinteresse** Vorrang einräumen und von der Erhebung eines Vorschusses absehen.[13] Es liegt deshalb keine unrichtige Sachbehandlung i.S.v. § 21 Abs. 1 S. 1 GKG darin, dass

---

1 KG Rpfleger 1968, 328.
2 Stein/Jonas/*Berger*[22] § 379 Rz. 5; MünchKommZPO/*Damrau*[4] § 379 Rz. 11; Zöller/*Greger*[30] § 379 Rz. 1.
3 LG Bonn JMBlNRW 1965, 209, 210; Stein/Jonas/*Berger*[22] § 379 Rz. 5; Zöller/*Greger*[30] § 379 Rz. 1; *Schmid* MDR 1982, 94, 97.
4 Zöller/*Greger*[30] § 379 Rz. 3.
5 BT-Drucks. 7/2729, S. 84 f.; *Röbke* NJW 1986, 237, 238; *Schmid* MDR 1982, 94.
6 OLG Bamberg FamRZ 2001, 1387; *Röbke* NJW 1986, 237, 238.
7 *Schmid* MDR 1982, 94.
8 BT-Drucks. 7/2729, S. 84.
9 BT-Drucks. 7/2729, S. 84.
10 BT-Drucks. 7/2729, S. 84.
11 BVerfG NJW 1979, 414.
12 *Hahn/Stegemann* Mat. II/1 S. 310, zu § 333.
13 *Röbke* NJW 1986, 237, 238.

das Gericht von der Anordnung der Vorschusszahlung absieht, obwohl die Vermögenslosigkeit des Beweisführers aktenkundig ist.[1]

10 Sichert ein **Rechtsanwalt** die gegenüber seinem Mandanten angeordnete Vorschusszahlung zu, indem er **sich** dafür „**stark sagt**", spricht nichts dagegen, dass das Gericht von einer Vorauszahlungsanordnung Abstand nimmt, weil der Anwalt dann analog § 29 Nr. 2 GKG n.F. als weiterer Kostenschuldner haftet.[2] Die **Übernahmehaftung** aus einer „Starksagung" erfasst allerdings nicht ohne Weiteres den durch eine Zeugenvernehmung tatsächlich entstandenen Entschädigungsaufwand, wenn dieser den gerichtlich angeforderten Auslagenvorschuss übersteigt.[3]

11 Hat das Gericht nach seinem Ermessen von der Anordnung der Vorschusspflicht abgesehen, kann durch den Beweisbeschluss keine Kostenschuld entstanden sein. Sie entstehen auch nach Abschluss des Verfahrens nicht mehr durch eine **Anordnung des Kostenbeamten** nach § 17 GKG n.F. (§ 68 GKG a.F.), weil diese Vorschrift nur einer kostenmäßigen Absicherung einer erst vorzunehmenden, jedenfalls noch nicht abgeschlossenen gerichtlichen Handlung dient.[4]

2. Zahlungspflicht des Beweisführers

12 Der Vorschuss ist **ohne Rücksicht auf** die **Beweislast** von dem Beweisführer zu leisten, also von derjenigen Partei, die den Beweisantrag gestellt hat[5] (zu den Folgen für den Inhalt des Beweisbeschlusses Kap. 13 Rz. 84). Auch darf der **Gegenbeweis** nicht erhoben werden, solange der Hauptbeweis noch nicht angetreten ist.[6] Wer die **Anhörung des Sachverständigen** gem. § 411 Abs. 3 beantragt, trägt insoweit die Vorschusslast, auch wenn das schriftliche Gutachten vom Gegner beantragt worden war.[7] Beim Beweisantritt eines **Streithelfers** ist die von ihm unterstützte Partei Beweisführer.[8]

13 Die Beweislast spielt dann eine Rolle, wenn **beide Parteien dasselbe Beweismittel** benennen. In einem solchen Fall trifft die Vorschusspflicht nach richtiger und nunmehr h.M. in Rechtsprechung und Literatur **nur** die **beweisbelastete Partei**, weil aus einer unterbliebenen Vorschusszahlung zu Lasten der nicht beweisbelasteten Partei für die Hauptsacheentscheidung ohnehin keine Folgerungen gezogen werden dürfen.[9] Soll ein von beiden Parteien benannter **Zeuge zu mehreren Beweisthemen** mit unterschiedlicher Beweislast aussagen, ist diejenige Partei vorschusspflichtig, deren Vortrag relationstechnisch vorgeht, also die für die anspruchsbegründenden Tatsachen

---

1 OLG Düsseldorf VersR 1985, 504; *Röbke* NJW 1986, 237, 238.
2 OLG Düsseldorf NJW-RR 1997, 826, 827; OLG Düsseldorf MDR 1991, 161; Stein/Jonas/*Berger*[22] § 379 Rz. 10; Zöller/*Greger*[30] § 379 Rz. 2.
3 OLG Düsseldorf NJW-RR 1997, 826, 827.
4 OLG Bamberg FamRZ 2001, 1387.
5 BGH (VI. ZS) NJW 1999, 2823, 2824 f.; BGH (VI.ZS) NJW 2000, 1420, 1422; BGH (VII. ZS) NJW 2000, 743.
6 *Schneider* ZZP 76 (1963), 188, 197.
7 BGH LM § 379 ZPO Nr. 1 = MDR 1964, 501, 502; Zöller/*Greger*[30] § 379 Rz. 4 (Ausnahme bei Gutachterbestellung von Amts wegen); *Schneider* ZZP 76 (1963), 188, 195.
8 MünchKommZPO/*Damrau*[4] § 379 Rz. 3; Stein/Jonas/*Berger*[22] § 379 Rz. 2; Zöller/*Greger*[30] § 379 Rz. 4; *Schneider* ZZP 76 (1963), 188, 193; a.A. *Bachmann* DRiZ 1984, 401, 402: Beweisführer i.S.d. § 379 ist der Streithelfer selbst; ebenso *Berding/Deckenbrock* NZBau 2006, 337, 340.
9 BGH NJW 1999, 2823, 2824 f.; BGH NJW 2000, 1420, 1422; BGH NJW 2000, 743; KG JW 1932, 666; OLG Stuttgart NJW-RR 2002, 143 unter Aufgabe seiner früheren abweichenden Rechtsprechung; Stein/Jonas/*Berger*[22] § 379 Rz. 2; Zöller/*Greger*[30] § 379 Rz. 4; *Schneider* ZZP 76 (1963), 188, 197; a.A. OLG Düsseldorf MDR 1974, 321: Haftung beider Parteien als „Gesamtschuldner"; ebenso OLG Zweibrücken RPfleger 1989, 81; *Bachmann* DRiZ 1984, 401f. aber keine gesamtschuldnerische Haftung, sondern bloße Obliegenheit.

3. Befreiung von der Vorschusspflicht

Nicht vorschusspflichtig ist, wer **nach § 2 GKG keine Gerichtskosten** tragen muss. Auch eine Partei, der **Prozesskostenhilfe bewilligt** wurde, ist gem. § 122 Abs. 1 Nr. 1a im Allgemeinen von der Vorschusspflicht befreit. Dies gilt jedoch nicht, wenn die beantragte Beweiserhebung keine hinreichende Aussicht auf Erfolg bietet und der Antrag daher mutwillig erscheint, weil das soziale Recht der Prozesskostenhilfe insgesamt unter dem Vorbehalt der Voraussetzungen der §§ 114 ff. steht.[2] Hat das Gericht **keine Ratenzahlungsanordnung** getroffen, ist gem. § 122 Abs. 2, 1 Nr. 1a auch der **Gegner einstweilen** von der Vorschusspflicht **befreit**,[3] es sei denn, die zu beweisenden Behauptungen sind ausschließlich für eine Widerklage erheblich, weil der Gegner nur Befreiung genießt, soweit er nicht Angreifer ist.[4] Wird **nachträglich Prozesskostenhilfe** bewilligt, erübrigt sich die Vorschusspflicht. 14

Die Vorschusspflicht wird nach allgemeiner Praxis ferner durch eine dem Gericht zugegangene **Zeugenentschädigungsverzichtserklärung** beseitigt, auch wenn die Vorschussleistung bereits angeordnet war.[5] An einer solchen Verzichtserklärung muss der Zeuge grundsätzlich festgehalten werden, weil er dadurch bewirkt hat, dass die sonst eingeholte Deckung für eine Ausgabe der Staatskasse nicht vorhanden ist.[6] Allerdings kann der Zeuge seine Erklärung nach den Regeln des öffentlichen Rechts wegen Täuschung, Drohung und Erklärungsirrtums **anfechten** und wegen Veränderung der Geschäftsgrundlage[7] **widerrufen**.[8] Ein Wegfall der Geschäftsgrundlage ist z.B. anzunehmen, wenn der Verzicht auf die Auslagenerstattung wegen fortgeschrittenen Alters des Zeugen erkennbar zur Voraussetzung hatte, dass die Vernehmung im Wege der Rechtshilfe am Wohnsitzgericht des Zeugen stattfindet und deshalb allenfalls begrenzte Auslagen entstehen.[9] Der Widerruf wegen Wegfalls der Geschäftsgrundlage ist aber nur wirksam, wenn er unverzüglich nach Eintritt der maßgeblichen Umstände und jedenfalls vor der Vernehmung dem Gericht gegenüber erklärt wird.[10] 15

Das Unterlassen der Vorschusszahlung ist allein **kein Anlass**, die Beweisaufnahme **von Amts wegen anzuordnen**.[11] Allerdings muss das Gericht prüfen, ob eine Anordnung von Amts wegen zu treffen ist, wenn der Vorschuss nicht gezahlt wird.[12] Der aus **eigenen Mitteln des Prozessbevollmächtigten** für eine Beweisaufnahme gezahlte Auslagenvorschuss kann ungeachtet nachfolgender Entschädigungsverzichtserklärungen der zu vernehmenden Zeugen auf ausstehende Gerichtskosten der vertrete- 16

---

1 MünchKommZPO/*Damrau*[4] § 379 Rz. 3; ebenso *Schneider* ZZP 76 (1963), 188, 199, a.A. aber für zwei Zeugen zu zwei gleichen Themen: beiden Parteien müsse der volle Vorschuss für beide Zeugen auferlegt werden.
2 OLG Hamm FamRZ 1992, 455 f.
3 OLG Hamm MDR 1999, 502; *Heistermann* MDR 2001, 1085 f.
4 KG OLGZ 1971, 423, 424; MünchKommZPO/*Damrau*[4] § 379 Rz. 4.
5 OLG München NJW 1975, 2108; *Varrentrapp* NJW 1962, 903.
6 OLG München NJW 1975, 2108.
7 OLG Düsseldorf NJW-RR 1997, 826, 827.
8 OLG Frankfurt KostRspr. § 15 ZSEG Nr. 3; OLG München OLGRep. 1995, 94; *Varrentrapp* NJW 1962, 903, 904.
9 OLG Düsseldorf MDR 1991, 66 f.
10 OLG München NJW 1975, 2108; OLG München OLGRep. 1995, 94.
11 OLG Düsseldorf MDR 1974, 321.
12 BGH GRUR 1976, 213 m. Anm. *Pietzcker* = MDR 1976, 396 zu § 114 Abs. 1 S. 2 GKG a.F. (= § 17 Abs. 1 S. 2 GKG n.F.) i.V.m. § 42 Abs. 2 S. 1 PatG (Fassung bis 31.12.1980, entspricht § 110 PatG 1981 i.d.F. bis 31.10.1998).

nen Partei verrechnet werden, wenn diese bei Einzahlung des Vorschusses fällig waren.[1]

4. Bemessung des Vorschusses

17 Der Vorschuss muss sich im Rahmen dessen halten, was an Auslagen zu erwarten ist, und sich deshalb an der **nach** dem **JVEG** voraussichtlich **zu zahlenden Entschädigung** orientieren. Ein Befangenheitsantrag nach § 42 soll nicht darauf gestützt werden können, dass der Richter den Kostenvorschuss für ein Sachverständigengutachten zu hoch festgesetzt hat.[2]

5. Fristsetzung

18 Für die Anforderung des Auslagenvorschusses ist das **Prozessgericht** zuständig. Es ordnet die Zahlung eines bestimmten Betrages an. Mit der Vorschussanordnung soll es dem Beweisführer eine **Frist zur Zahlung** setzen, § 379 S. 2. Die Fristsetzung kann jedoch nachgeholt werden. Immer aber muss die **Frist angemessen** sein,[3] d.h. so lang, dass eine zahlungsfähige Partei den Vorschuss noch rechtzeitig überweisen kann. **Im Anwaltsprozess** darf die Frist im Regelfall nicht wesentlich kürzer sein als drei Wochen.[4] Eine **Fristverlängerung** auf Antrag des Beweisführers ist nach § 224 Abs. 2 zulässig. War indes die erste Frist unangemessen kurz, muss von Amts wegen eine neue angemessene Frist gesetzt werden. Die **Fristsetzung erübrigt sich**, wenn die Partei sich weigert, den Vorschuss zu bezahlen. Dann ist die Partei so zu behandeln, als wäre ihr vergeblich eine Frist gesetzt worden, d.h. § 379 S. 2 ist anzuwenden. In der Anordnung ist ferner mitzuteilen, bei welcher Gerichtskasse der Vorschuss einzuzahlen ist, andernfalls ist bei Fristversäumung nach dem Verbleib der Zahlung zu fragen.[5]

19 Die **Vorschussanordnung** ist dem Beweisführer wegen der mit ihr verbundenen Fristsetzung **zuzustellen** (§ 329 Abs. 2 S. 2), sofern sie ihm nicht in der mündlichen Verhandlung verkündet wird.[6]

20 **Nachdem** der **Zeuge geladen** worden ist, scheidet eine Anordnung der Vorschusspflicht aus.[7] Zeigt sich nach anfänglicher Vorschusszahlung, dass die Kosten der Beweisaufnahme höher sein werden als ursprünglich erwartet, kann das Kostensicherungsinteresse eine **Nachforderung** erforderlich machen. Ist der Zeuge bereits geladen oder der Sachverständige schon beauftragt, kann die erneute Vorschussanordnung **nur noch** auf **§ 17 Abs. 3 GKG** gestützt werden.[8] Deshalb können die Folgen des § 379 S. 2 nicht eintreten, wenn die vorschusspflichtige Partei die Aufforderung zur Zahlung eines weiteren Auslagenvorschusses nicht befolgt.[9]

---

1 OLG Oldenburg JurBüro 1987, Sp. 1197.
2 OLG Karlsruhe OLGZ 1984, 102, 103.
3 OLG Frankfurt NJW 1986, 731; s. auch OLG Hamm MDR 2007, 855.
4 OLG Frankfurt NJW 1986, 731, 732; Musielak/*Huber*[10] § 379 Rz. 7; *Heistermann* MDR 2001, 1085, 1086.
5 BVerfG NJW-RR 1996, 1533; Zöller/*Greger*[30] § 379 Rz. 6.
6 MünchKommZPO/*Damrau*[4] § 379 Rz. 8; Zöller/*Greger*[30] § 379 Rz. 6.
7 OLG Frankfurt OLGZ 1968, 436, 438; Musielak/*Huber*[10] § 379 Rz. 5; Stein/Jonas/*Berger*[22] § 379 Rz. 1.
8 MünchKommZPO/*Damrau*[4] § 379 Rz. 7; vgl. auch *Heistermann* MDR 2001, 1085, 1086.
9 Zur Erhöhung des Auslagenvorschusses beim Sachverständigenbeweis RG LZ 1933, 1032, 1033; OLG München OLGZ 1978, 484 = MDR 1978, 412; OLG Düsseldorf NJW 1970, 1980, 1981; a.A. OLG Frankfurt OLGZ 1968, 436, 438.

6. Rechtsmittel

Weder die Anordnung der Vorschusszahlung noch die Fristsetzung ist selbständig durch Rechtsbehelf oder Rechtsmittel angreifbar. Eine **sofortige Beschwerde** nach § 567 **scheidet aus**, weil sie in § 379 nicht ausdrücklich vorgesehen ist und durch die Vorschussanordnung auch kein das Verfahren betreffendes Gesuch zurückgewiesen wird.[1] Eine Anfechtung nach dem GKG kommt nicht in Betracht, weil die Vorschussanordnung ihre Grundlage ausschließlich in der ZPO hat.[2] Eine Rüge kommt aber im Rahmen eines **Rechtsmittels gegen die Entscheidung in der Hauptsache** nach §§ 512, 548 in Betracht.[3] Auch können die Parteien im Wege einer **Gegenvorstellung** anregen, dass das Gericht seine Anordnung von Amts wegen ändert. 21

Hat das Gericht die **Vorschusszahlung** angeordnet, **obwohl Prozesskostenhilfe** bewilligt worden war, steht der betroffenen Partei die gegen die Versagung der Prozesskostenhilfe nach § 127 Abs. 2 S. 1 vorgesehene sofortige Beschwerde zu,[4] weil in der Anordnung ein Eingriff in die durch die Bewilligung der Prozesskostenhilfe begründeten Rechte zu sehen ist;[5] die Aufhebung ist nur unter den Voraussetzungen des § 124 zulässig. 22

III. Unterbleiben der Ladung

§ 379 S. 2 regelt die Folgen für den Fall, dass der Vorschuss nicht innerhalb der gesetzten Frist gezahlt wird. Die Nichtzahlung des Vorschusses rechtfertigt **nicht** die **Aufhebung des Beweisbeschlusses**;[6] der festgesetzte Termin bleibt bestehen.[7] Die nicht fristgerechte Zahlung des Auslagenvorschusses führt unter den weiteren Voraussetzungen des § 379 S. 2 – auch für die Berufungsinstanz – **nicht** zu einem **Ausschluss des Beweismittels**,[8] sondern nur dazu, dass die **Ladung des Zeugen unterbleibt**.[9] Diese Rechtsfolge muss nicht angedroht werden, vgl. § 231 Abs. 1.[10] Sie setzt auch **kein Verschulden** voraus.[11] Der Rechtsstreit wird ohne Rücksicht auf den Beweisantrag fortgesetzt,[12] jedoch **bleibt der Beweisbeschluss bestehen**. Gemäß § 379 S. 2 unterbleibt die Zeugenladung nur, wenn die Zahlung nicht so zeitig nachgeholt wird, dass die Vernehmung durchgeführt werden kann, ohne dass dadurch nach der freien Überzeugung des Gerichts das Verfahren verzögert wird.[13] Bei **nachträglicher Zahlung** des Vorschusses ist das Gericht also verpflichtet, den Zeugen noch zu laden, soweit dies technisch möglich ist.[14] Es ist aber nicht verpflichtet, den bereits anberaumten Verhandlungstermin zu verlegen, um die Zeugenvernehmung zu ermögli- 23

---

1 OLG Frankfurt RPfleger 1973, 63.
2 OLG Frankfurt RPfleger 1973, 63.
3 OLG Stuttgart HRR 1930, 829 Nr. 1969; OLG Frankfurt RPfleger 1973, 63.
4 RGZ 42, 368, 369.
5 RGZ 55, 268, 269, 270; KG OLGZ 1971, 423, 424; Stein/Jonas/*Berger*[22] § 379 Rz. 11.
6 OLG Jena JW 1938, 1271.
7 OLG Düsseldorf NJW-RR 1997, 1085.
8 BVerfGE 69, 145, 149 f. = NJW 1985, 1150 f.; BVerfG NJW 2000, 1327; BVerfG NJW-RR 2004, 1150, 1151; BGH NJW 1980, 343, 344; NJW 1982, 2559, 2560; BGHZ 94, 92, 97; BGH NJW 1997, 3311, 3312; OLG München OLGRep. 1994, 214; OLG Hamm NJW-RR 1995, 1151, 1152; OLG Köln NJW-RR 1997, 1291, 1292; Zöller/*Greger*[30] § 379 Rz. 7; a.A. *Weber* MDR 1979, 799.
9 OLG Düsseldorf NJW-RR 1997, 1085.
10 BGH NJW 1998, 761, 762; Zöller/*Greger*[30] § 379 Rz. 7.
11 BGH NJW 1982, 2559, 2560.
12 OLG Jena JW 1938, 1271, vgl. auch OLG Hamm NJW-RR 1995, 1038: Stein/Jonas/*Berger*[22] § 379 Rz. 6.
13 BVerfG NJW 2000, 1327.
14 OLG München OLGRep. 1994, 214. Entsprechend auch die Bemühungen des Gerichts in OLG Celle OLGRep. 1994, 287.

chen.[1] Die Partei wird nicht automatisch beweisfällig, weil andere Erkenntnismöglichkeiten ausreichen können.[2]

24 Unterbleibt die Ladung, ohne dass diese Voraussetzung vorliegt oder ohne dass ihr Vorliegen hinreichend begründet wird, verletzt dies den Anspruch der beweisführenden Partei auf **rechtliches Gehör** (Art. 103 Abs. 1 GG).[3] Maßgeblich ist, ob nach Eingehen der Zahlung bei ordnungsgemäßem Geschäftsgang die Ladung noch vor dem Termin möglich gewesen wäre.[4] Unterbleibt in Hinblick auf § 379 die Ladung eines Zeugen, so hindert dies die Partei nicht daran, den **Zeugen zum Termin zu stellen** oder bis zur letzten mündlichen Verhandlung den Antrag auf Zeugenvernehmung aufrechtzuerhalten.[5] Es tritt **keine automatische Präklusion** hinsichtlich des Beweismittels ein.[6]

25 Das Gericht hat dann darüber zu entscheiden, ob es den Zeugen gleichwohl lädt oder davon wegen eintretender Verfahrensverzögerung absieht. In gleicher Weise **wie bei § 356 ist § 296 auf** diesen Sachverhalt **nicht anwendbar**[7] (dazu Kap. 14 Rz. 22 und 38); die **Nichtzahlung** des Auslagenvorschusses ist **kein Angriffs- oder Verteidigungsmittel**. Es kommt also auf ein Verschulden des Beweisführers nicht an. Die für die **gegenteilige Ansicht zitierte BGH-Rechtsprechung**[8] ist unergiebig, allerdings unklar formuliert. Alle drei BGH-Entscheidungen sind zur „Aufrechterhaltung" des Beweisantrages trotz unterbliebener Ladung ergangen und haben im Übrigen die Verneinung der Beweismittelpräklusion im Blick, die ein Sistieren des Zeugen zum Verhandlungstermin ermöglicht. Unerheblich ist nach der hier vertretenen Auffassung, dass die nicht rechtzeitige Zahlung des Auslagenvorschusses auf Gründen beruhen kann, die nicht auf grobe Nachlässigkeit hindeuten,[9] wie dies für eine Anwendung des § 296 Abs. 2 erforderlich wäre. **Gegenteilige Rechtsprechung des BVerfG**[10] lässt eine Subsumtion unter die Tatbestandsmerkmale des § 296 Abs. 2 völlig vermissen.

26 Ein zusätzlicher Hinweis nach § 139 auf die Pflicht zur Vorschusszahlung ist nicht geboten.[11] Damit das Gericht bei Fristablauf sicher beurteilen kann, ob die von ihm zur Zahlung des Kostenvorschusses gesetzte Frist eingehalten wurde, ist es grundsätzlich nötig, dass das Prozessgericht **vor einer Entscheidung** bei der zahlungspflichtigen Partei oder ihrem Anwalt **anfragt** und gegebenenfalls den Eingang der Zahlungsanzeige abwartet.[12]

27 Die Nichtzahlung des Vorschusses hindert die Ladung nicht mehr, wenn zwischenzeitlich **Zeugengebührenverzichtserklärungen** bei Gericht eingehen.[13]

---

1 OLG Hamm NJW-RR 1995, 1038, 1039.
2 BGH NJW 2007, 2122 Rz. 15.
3 BVerfG NJW 2000, 1327; BVerfGE 69, 141, 144 = NJW 1986, 833; BVerfGE 69, 145, 149 f. = NJW 1985, 1150 f.
4 BVerfGE 69, 141, 144 = NJW 1986, 833.
5 BVerfG NJW-RR 2004, 1150, 1151; BGH NJW 1980, 343, 344; BGH NJW 1982, 2559, 2560; BGH NJW 1998, 761, 762.
6 MünchKommZPO/*Damrau*[4] § 379 Rz. 10.
7 MünchKommZPO/*Damrau*[4] § 379 Rz. 10; *Weber* MDR 1979, 799; *Rixecker* NJW 1984, 2135, 2137; a.A. BVerfGE 69, 145, 149 f. = NJW 1985, 1150, 1151; BVerfG NJW-RR 2004, 1150, 1151; KG KGRep. 2006, 962; inzident OLG München OLGRep. 1994, 214.
8 BGH NJW 1980, 343, 344; BGH NJW 1982, 2559, 2560; BGH NJW 1998, 761, 762; OLG Köln NJW-RR 1997, 1291, 1292.
9 BGH NJW 1980, 343, 344; BGH NJW 1982, 2559, 2560; OLG Hamm NJW-RR 1995, 1151, 1152.
10 BVerfG NJW 1985, 1150, 1151; BVerfG NJW-RR 2004, 1150, 1151.
11 A.A. OLG Hamm NJW-RR 1995, 1151, 1152; *Heistermann* MDR 2001, 1085, 1086.
12 BVerfG NJW-RR 1996, 1533; *Heistermann* MDR 2001, 1085, 1086.
13 OLG Düsseldorf NJW-RR 1997, 1085; Stein/Jonas/*Berger*[22] § 379 Rz. 9.

Das Beweiserhebungshindernis darf nur in der Nichtzahlung des Vorschusses bestehen; eine **unzulängliche** richterliche **Verfahrensleitung darf nicht mitwirken** (Kap. 14 Rz. 53). Dasselbe gilt für andere Störungen aus der Sphäre des Gerichts wie einen **Streik des Gerichtspersonals**.[1] 28

§ 119 Zeugenladung, § 377 ZPO

Schrifttum:
G. *Bauer*, Das sichere Geleit unter besonderer Berücksichtigung des Zivilprozeßrechts, 2006; *Hansens*, Die wichtigsten Änderungen im Bereich der Zivilgerichtsbarkeit aufgrund des Rechtspflege-Vereinfachungsgesetzes, NJW 1991, 953; *Koch*, Neues im arbeitsgerichtlichen Verfahren, NJW 1991, 1856; *Koch*, Die schriftliche Zeugenaussage gemäß § 377 Abs. 3 ZPO und die Grundsätze der Unmittelbarkeit und Parteiöffentlichkeit, Diss. Köln 1996; *Reinecke*, Die Information des Zeugen über das Beweisthema, MDR 1990, 1061; *Stadler*, Schriftliche Zeugenaussagen und pre-trial discovery im deutschen Zivilprozeß, ZZP 110 (1997), 137; *Voelskow-Thies*, Zur neueren Entwicklung der Zivilprozeßordnung, NJ 1991, 161, 163.

I. Gesetzesentwicklung

§ 377, hervorgegangen aus § 342 CPO, ist mehrfach inhaltlich geändert worden. Die Änderungen reichen von der Novelle 1998[2] über die Novelle 1924,[3] das Gesetz vom 9.7.1927,[4] die Verordnung vom 17.6.1933,[5] die Novelle 1974[6] bis zum **Rechtspflege-Vereinfachungsgesetz** vom 17.12.1990,[7] das **Abs. 3 neu gefasst** und Abs. 4 gestrichen hat. Mittelbar betroffen ist die Norm durch die Änderung des Zustellungsrechts am 25.6.2001.[8] 29

II. Bedeutung der Zeugenladung

§ 377 Abs. 1 und 2 behandelt die Zeugenladung. Die Ladung **informiert den Zeugen** über Ort, Zeit und Gegenstand der Vernehmung und **begründet** seine öffentlich-rechtliche **Pflicht zum Erscheinen** im Termin (Kap. 7 Rz. 85). Eine **vorschriftsmäßige** Ladung ist Voraussetzung für die **Anwendung von Zwangsmitteln** nach § 380 (Kap. 8 Rz. 22). Die Anforderungen gelten nicht nur für Zeugenladungen aufgrund eines Beweisbeschlusses, sondern **auch für** bloß **vorbereitende Zeugenladungen** nach § 273 Abs. 2 Nr. 4.[9] Wegen der Ladung von **Regierungsmitgliedern und Parlamentariern** vgl. § 382. 30

---

1 OLG Hamm MDR 2007, 855.
2 RGBl. 1898 I S. 256.
3 RGBl. 1924 I S. 135.
4 RGBl. 1927 I S. 175.
5 RGBl. 1933 I S. 394.
6 BGBl. I 1974, 469.
7 BGBl. I 1990, 2847.
8 BGBl. I 2001, 1206.
9 OLG Frankfurt AnwBl. 1985, 207; OLG Celle OLGZ 1977, 366, 368; KG NJW 1976, 719, 720; a.A. LAG Baden-Württemberg ArbuR 1964, 248.

III. Verfahren, Form

1. Gerichtliche Ladung

31 Zeugen werden im Zivilprozess ausschließlich **durch das Gericht** geladen, weil der Gesetzgeber davon ausging, dass bei der Beweisaufnahme der Grundsatz des Amtsbetriebs gilt.[1] Der **Urkundsbeamte** der Geschäftsstelle des Prozessgerichts oder des ersuchten Gerichts fertigt die Ladung aus. Eine Ladung des Zeugen durch die beweisführende Partei sieht die ZPO – anders als § 220 StPO – nicht vor. Entsprechend ist die Partei nicht verpflichtet, die von ihr benannten Zeugen zu stellen.[2] Stellt sie gleichwohl einen Zeugen, kann sie dessen Vernehmung nicht erzwingen.

32 Der **notwendige Inhalt der Ladung** ergibt sich aus § 377 Abs. 2 (dazu unten Rz. 51 ff.). **Ordnungsmittel** nach § 380 kommen **nur** gegen einen Zeugen in Betracht, dessen Ladung die **vorgeschriebenen Angaben**, insbesondere den Gegenstand der Vernehmung, enthält[3] (unten Rz. 51).

2. Gebührenvorschuss

33 Aus § 379 ergibt sich, dass das Gericht die Ladung von der Zahlung eines zur Deckung der **Kosten der Zeugenvernehmung** hinreichenden **Vorschusses** durch die beweisführende Partei abhängig machen soll. Damit werden jedoch weitgehend nur Fiskalinteressen gesichert (dazu Rz. 8).

3. Formlose Mitteilung, Zustellung

34 Die Ladung wird dem Zeugen von Amts wegen **mitgeteilt** (§ 377 Abs. 1 S. 1). Gemäß § 377 Abs. 1 S. 2 wird die Ladung dem Zeugen regelmäßig formlos übermittelt. Wird die **Beweisaufnahme vertagt**, reicht es aus, wenn der Zeuge mündlich aufgefordert wird, erneut zu erscheinen.[4] Das Gericht kann die **Zustellung nach §§ 166 ff.** anordnen, um nachweisen zu können, dass der Zeuge die Ladung erhalten hat. Aus Kostengründen wird davon aber zunehmend abgesehen.

35 Die Zustellung ist zum **Nachweis** der Übermittlung der Ladung erforderlich, wenn der **Zeuge im Termin ausbleibt** und angibt, die Ladung nicht erhalten zu haben. Eine Zustellung ist denkbar in Eilfällen oder wenn das Gericht Anhaltspunkte für die Vermutung hat, der Zeuge werde sich der Vernehmung entziehen wollen. Aus der dem Gericht eingeräumten Zustellungsoption folgt nicht, dass die Ladung an den Ort zu übermitteln ist, an dem eine Zustellung zu erfolgen hätte.[5] Solange das Gericht keine Zustellung beabsichtigt, bedarf es der Einhaltung der für die Zustellung vorgesehenen Förmlichkeiten nicht. Erst wenn sich eine Zustellung als notwendig erweist, weil die formlose Ladung erfolglos geblieben ist, kommt es auf die Zustellungsvorschriften an.

4. Vorbereitungszeit

36 Eine **Ladungsfrist**, wie sie § 217 für die Ladung von Parteien und Prozessbevollmächtigten vorschreibt, **gilt für Zeugen nicht**. Zeugen können daher grundsätzlich auch noch am Sitzungstag telefonisch geladen werden.[6] Allerdings muss dem Zeugen ge-

---

1 Hahn/Stegemann Mat. II/1 S. 310 zu § 331.
2 RG JW 1905, 28.
3 OLG Frankfurt MDR 1979, 236.
4 Stein/Jonas/*Berger*[22] § 377 Rz. 2.
5 A.A. LG Hagen MDR 1984, 1034.
6 Zöller/*Greger*[30] § 377 Rz. 4b.

nügend Zeit bleiben, sich auf seine **Vernehmung vorzubereiten** (§ 378). Auch kann bei einer kurzfristigen Ladung nicht erwartet werden, dass der Zeuge sich **terminlich auf** die Beweisaufnahme **einstellen** kann. Ist er dann verhindert, wird sein Fernbleiben zumeist nach § 381 entschuldigt sein.[1]

Bringt die beweisführende **Partei** einen **nicht geladenen Zeugen zum Termin mit**, soll dieser nach einer abzulehnenden Auffassung des OLG Schleswig nicht vernommen werden dürfen.[2] Wenn der von der Partei gestellte Zeuge den Gegenstand der Vernehmung bereits kennt und ihm Zeit zur Überlegung verbleibt, spricht nichts dagegen, ihn ohne vorherige Ladung **spontan** zu **vernehmen**.[3] Ist er nicht aussagebereit, dürfen mangels ordnungsgemäßer Ladung aber keine Ordnungsmittel nach § 380 angeordnet werden. 37

IV. Prozessunfähige (minderjährige) Zeugen, § 170 Abs. 1

Die (formlose) Ladung prozessunfähiger Zeugen, d.h. in erster Linie minderjähriger Zeugen, ist in der ZPO nicht ausdrücklich geregelt. § 170 Abs. 1 bestimmt allerdings, dass Zustellungen an nicht prozessfähige Personen an deren **gesetzlichen Vertreter** ergehen müssen (S. 1) und an die nicht prozessfähige Person unwirksam sind (S. 2). Diese Vorschrift gilt seit der Neufassung der Zustellungsvorschriften im Jahre 2002 allgemein für Zustellungen,[4] also auch für die Zustellung von Zeugenladungen.[5] Der Wortlaut des § 170 Abs. 1 soll gegenüber der Regelung in § 171 Abs. 1 a.F. klarstellen, dass nicht nur Zustellungen an Parteien erfasst sind.[6] Kann die förmliche Ladung eines prozessunfähigen Zeugen nur an seine **gesetzlichen Vertreter** ergehen, muss dies **auch für** die **formlose Ladung** gelten. 38

Im Zusammenhang mit der früher geführten Diskussion über die analoge Anwendbarkeit des § 171 a.F. wurde die Ansicht vertreten, es komme darauf an, ob der Zeuge fähig sei, der Ladung aus eigenem Entschluss und ohne Begleitung seines gesetzlichen Vertreters Folge zu leisten und die Bedeutung der Ladung zu erfassen. Diese Ansicht wird ohne erkennbare Berücksichtigung der Änderung des Zustellungsrechts z.T. fortgeschleppt.[7] Nach diesem Maßstab sollen **minderjährige Zeugen ab dem 14. Lebensjahr** regelmäßig **selbst zu laden** sein,[8] bei jüngeren Zeugen hingegen der gesetzliche Vertreter mit der Aufforderung, das Kind mitzubringen.[9] 39

Diese Ansicht ist **bedenklich** und wenig praktikabel. Dies zeigt sich auch in dem Ratschlag,[10] im Zweifelsfall sowohl den minderjährigen Zeugen als auch seine gesetzlichen Vertreter zu laden. Zwar ist die **Zeugnisfähigkeit** anders als die Prozessfähigkeit grundsätzlich **altersunabhängig** (Kap. 31 Rz. 2). Die geringeren Anforderungen an die Zeugnisfähigkeit beruhen aber darauf, dass für die Zeugnisfähigkeit allein die Fähigkeit maßgeblich ist, sich an einen wahrgenommenen Sachverhalt zu erinnern und ihn wiederzugeben. Um die **rechtliche Bedeutung der Zeugenladung** zu begreifen, 40

---

1 OLG Düsseldorf OLGRep. 1994, 170; Zöller/*Greger*[30] § 377 Rz. 4b.
2 OLG Schleswig NJW 1991, 303 f.
3 Ähnlich Stein/Jonas/*Berger*[22] § 377 Rz. 2.
4 Musielak/*Wolst*[10] § 170 Rz. 2.
5 A.A. ohne Begründung Zöller/*Stöber*[30] § 170 Rz. 2; MünchKommZPO/*Häublein*[4] § 170 Rz. 1 Fn. 2.
6 BR-Drucks. 492/00, S. 33; Musielak/*Wolst*[10] § 170 Rz. 2. Insoweit zustimmend MünchKommZPO/*Häublein*[4] § 170 Rz. 1.
7 Stein/Jonas/*Berger*[22] § 377 Rz. 3; MünchKommZPO/*Damrau*[4] § 377 Rz. 4.
8 So Stein/Jonas/*Berger*[22] § 377 Rz. 3.
9 MünchKommZPO/*Damrau*[4] § 377 Rz. 4; Musielak/*Huber*[10] § 377 Rz. 2.
10 Stein/Jonas/*Berger*[22] § 377 Rz. 3.

dürfte hingegen die **Geschäftsfähigkeit erforderlich** sein, so dass es bei minderjährigen Zeugen sinnvoll ist, **stets** den **gesetzlichen Vertreter zu laden**.[1] Aus der Möglichkeit, einen 16 Jahre alten Zeugen zu vereidigen, kann nichts Gegenteiliges geschlossen werden. Die schriftliche Ladung macht dem minderjährigen Zeugen die Bedeutung seiner Zeugnispflicht nicht so eindringlich deutlich wie die mündliche Vereidigung vor Gericht. Die notwendige Anschaulichkeit wird erst durch Vermittlung des gesetzlichen Vertreters sichergestellt.

V. Ausländische Zeugen im Inland

41   Für ausländische Zeugen, die sich im Inland aufhalten, gelten **keine Sonderregelungen** (Kap. 7 Rz. 84). Dem deutschen Recht unterworfen sind auch Mitglieder der in Deutschland stationierten **NATO-Streitkräfte** (Art. 39 Zusatzabkommen zum NATO-Truppenstatut vom 3.8.1959[2]) und Mitglieder **sonstiger Streitkräfte** (Art. 7 Streitkräfteaufenthaltsgesetz vom 20.7.1995[3]).

42   **Ausländische Exterritoriale** dürfen selbst dann **nicht geladen** werden, wenn sie sich im Inland aufhalten. Sie unterstehen nicht der inländischen Staatsgewalt und sind deshalb nicht zeugnispflichtig (Kap. 7 Rz. 86). **Ausländische Konsuln** sind **nicht exterritorial**, haben aber das Recht, ihr Zeugnis **in der Wohnung** bzw. den Räumen der Vertretung oder schriftlich abzugeben, damit ihre dienstliche Tätigkeit nicht beeinträchtigt wird (vgl. Art. 44 Abs. 2 Wiener Übereinkommen über konsularische Beziehungen vom 24.4.1963[4]).

43   Mit manchen Staaten bestehen (daneben) **bilaterale Konsularverträge** oder sonstige bilaterale Verträge mit einer „Meistbegünstigungsklausel" ähnlichen Inhalts. Die bilateralen Verträge sind nach Art. 73 Abs. 1 Konsularkonvention vorrangig heranzuziehen, soweit sie den Konsularbeamten stärker privilegieren. Im Übrigen ist die Konsularkonvention gem. § 19 Abs. 1 S. 2 GVG auch anzuwenden, wenn der Entsendestaat des betroffenen Konsularbeamten nicht Vertragspartei ist. Die Ladung muss auf die völkerrechtlich vereinbarten Privilegien abgestimmt werden.

VI. Zeugen im Ausland

1. Rechtshilfevernehmung, Vernehmung im Inland

44   Zeugen, die sich im Ausland aufhalten, können **im Inland vernommen und** zu diesem Zweck vom Prozessgericht oder einem kommissarischen Richter **geladen** werden (Kap. 7 Rz. 83),[5] sofern sie nicht **Immunität** genießen.[6] Lädt das Prozessgericht einen fremden Staatsangehörigen, der sich im Ausland befindet, als Zeugen, ist es allerdings darauf angewiesen, dass dieser **freiwillig** zum Termin erscheint, weil es auf fremdem Hoheitsgebiet keine Zwangsmittel einsetzen darf.[7]

---

1 Zöller/*Greger*[30] § 377 Rz. 1a.
2 BGBl. II 1961, 1218.
3 BGBl. II 1995, 554.
4 BGBl. II 1969, 1585 ff.
5 BGH NJW 1990, 3088, 3090; BGH NJW 1992, 1768, 1769 = ZZP 105 (1992), 500 m. krit. Anm. *Leipold* S. 507 ff.; *R. Geimer* Internationales Zivilprozeßrecht[6] (2009), Rz. 416, 2083.
6 BVerwG NJW 1989, 678, 679.
7 BGH NJW 1990, 3088, 3090; *Schack*, Internationales Zivilverfahrensrecht[5] Rz. 796; *Geimer* Int. Zivilprozeßrecht[6] Rz. 430.

Erzwingen kann das Prozessgericht die Aussage nur, indem es sich über § 363 Abs. 2   45
internationaler Rechtshilfe bedient[1] und den Zeugen im Ausland vernehmen lässt
(näher § 363). Einfacher ist die Vernehmung vor dem Prozessgericht, weshalb zunächst versucht werden sollte, den Zeugen (nicht förmlich) vor das deutsche Gericht
zu laden.[2] **Erscheint** der **Auslandszeuge nicht**, ist § 356 anwendbar.[3] Allerdings soll
das Gericht seine Bemühungen um Vernehmung des Zeugen nicht schon deshalb einstellen dürfen, weil der Zeuge an dem zunächst vorgesehenen Termin verhindert ist.[4]
Aus dem Ausland einreisende Zeugen können **freies Geleit nicht** beanspruchen.[5]
Doch kann das Gericht dem Auslandszeugen nach seinem Ermessen **entsprechend
§ 295 StPO** sicheres Geleit gewähren, wenn es dies in Hinblick auf das Interesse einer
Partei an der Vernehmung eines Zeugen durch das Prozessgericht für geboten hält.[6]
Der Justizgewährungsanspruch der Parteien ist bei der Ermessensausübung zu berücksichtigen.[7]

2. Form der Auslandsladung

Eine **formlose Ladung** von Zeugen im Ausland ist **unproblematisch** möglich. Die   46
Übermittlung der Ladung durch schlichten Postbrief verletzt nicht die Souveränität
des ausländischen Staates, weil der deutsche Hoheitsakt in Deutschland vollzogen
wird und die Übersendung ins Ausland lediglich der Benachrichtigung darüber dient.[8]
Anders ist dies, wenn die Ladung im Ausland zugestellt werden soll, weil die **Zustellung** als beurkundete Übergabe ein **Hoheitsakt** ist.[9]

Für die Zustellung der Ladung in andere EU-Mitgliedstaaten[10] gelten vorrangig die   47
Vorschriften der **EU-ZustellungsVO**[11] i.V.m. **§§ 1068, 1069 ZPO**, und zwar auch vor
zweiseitiger Abkommen der Mitgliedstaaten (Art. 30 Abs. 1 EuZVO), soweit diese
nicht weitergehende Vereinfachungen enthalten (Art. 20 Abs. 2 EuZVO).[12] Danach
besteht u.a. grundsätzlich die Möglichkeit einer Zustellung durch die Post, deren Modalitäten die Mitgliedstaaten bestimmen dürfen (Art. 14 EuZVO), und einer unmittelbaren Zustellung, soweit die Mitgliedstaaten diese in ihrem Hoheitsgebiet zulassen
(Art. 15 EuZVO).

Außerhalb des Geltungsbereichs des EuZVO ist **§ 183 ZPO** anzuwenden, soweit nicht   48
Staatsverträge über Auslandszustellungen vorgehen.[13] § 183 Abs. 1 Nr. 1 ermöglicht
die Zustellung durch **Einschreiben mit Rückschein**, soweit **aufgrund völkerrecht-**

---

1 Rosenberg/Schwab/*Gottwald*[17] § 120 Rz. 12; *Schack* Int. Zivilverfahrensrecht[5] Rz. 797.
2 Ähnlich MünchKommZPO/*Damrau*[4] § 377 Rz. 5; *Schabenberger* Der Zeuge im Ausland
   (1997), S. 223 f.; a.A. *Leipold* ZZP 105 (1992), 507, 511: Rechtshilfevernehmung nach § 363 als
   Normalfall.
3 OLG Düsseldorf JW 1911, 221, 222; BGH NJW 1992, 1768.
4 BGH NJW 1992, 1768, 1769 = ZZP 105 (1992), 500 m. krit. Anm. *Leipold* 507 ff.
5 BGH MDR 1988, 598 f.; *Geimer* Int. Zivilprozeßrecht[6] Rz. 2390.
6 BGH NJW 1991, 2500, 2501; *Geimer* Int. Zivilprozeßrecht[6] Rz. 2390 Fn. 254; *Nagel/Gottwald*
   Internationales Zivilprozeßrecht[7] (2013), § 5 Rz. 11; *G. Bauer* Das sichere Geleit S. 193 ff.
7 *Nagel/Gottwald* Int. Zivilprozeßrecht[7] § 5 Rz. 11.
8 *Geimer* Int. Zivilprozeßrecht[6] Rz. 416, 2083 m.w.N. in Fn. 30.
9 *Geimer* Int. Zivilprozeßrecht[6] Rz. 2075, 2083; kritisch *Schack* Int. Zivilverfahrensrecht[5]
   Rz. 663.
10 Für Dänemark gilt ab 1.7.2007 das Abk. v. 19.10.2005, ABl. EU Nr. L 300, S. 55 mit der Möglichkeit der Erstreckung der VO aufgrund entsprechender Erklärung, die abgegeben wurde.
11 Verordnung (EG) Nr. 1393/2007 des Rates vom 13.11.2007 über die Zustellung gerichtlicher
   und außergerichtlicher Schriftstücke in Zivil- oder Handelssachen in den Mitgliedstaaten, ABl.
   EU Nr. L 324 v. 10.12.2007, S. 79. Rechtsgrundlage ist seit Inkrafttreten des Lissabon-Vertrages
   am 1.12.2009 Art. 81 AEUV.
12 *Nagel/Gottwald* Int. Zivilprozeßrecht[7] § 8 Rz. 54.
13 Zur Heilung von Zustellungsmängeln BGH NJW 2011, 3581 Rz. 24 ff.

licher Vereinbarungen Schriftstücke unmittelbar durch die Post übersandt werden dürfen.

49 Das **Haager Zustellungsübereinkommen** von 1965 lässt die Postzustellung in Zivil- oder Handelssachen grundsätzlich zu (Art. 10 lit. a HZÜ), räumt den Vertragsstaaten[1] aber ein Widerspruchsrecht ein.[2] Teilweise sind Besonderheiten in bilateralen Zusatz- abkommen[3] geregelt. Auch soweit das HZÜ nicht gilt, existieren vielfach **bilaterale Rechtshilfeabkommen**.[4]

50 **Fehlen Vereinbarungen mit** dem **ausländischen Staat**, in dem sich der Zeuge aufhält, ist eine **unmittelbare Zustellung** im Ausland **ausgeschlossen**, weil diese die Souverä- nität des betroffenen Staates verletzen würde. Als Alternative zur Postzustellung kommt gem. § 183 Abs. 1 Nr. 2 von vornherein oder nachträglich ein Ersuchen des Vorsitzenden des Prozessgerichts um **Zustellung** der Ladung **durch die Behörden des fremden Staates** oder durch die in diesem Staat residierende diplomatische oder kon- sularische Vertretung des Bundes in Betracht. Handelt es sich bei dem Zeugen um ei- nen Deutschen, der das Recht der Immunität genießt und einer deutschen Vertretung im Ausland angehört, muss der Vorsitzende des Prozessgerichts gem. § 183 Abs. 1 Nr. 3 das Auswärtige Amt um Zustellung der Ladung ersuchen.

VII. Inhalt der Zeugenladung

1. Folgen fehlender Ordnungsmäßigkeit

51 Eine **ordnungsgemäße Ladung** liegt nur vor, wenn die Voraussetzungen des § 377 Abs. 2 erfüllt sind. Nur in diesem Fall können gegen den ausgebliebenen Zeugen **Ord- nungsmittel nach § 380** verhängt werden. Gleichwohl verpflichtet auch eine nicht vorschriftsmäßige Ladung den Zeugen zum Erscheinen und zur Aussage.[5] Die Ladung muss auf den Beweisbeschluss Bezug nehmen. Soweit eine vorbereitende Zeugenla- dung nach § 273 Abs. 2 Nr. 4 ergeht, ist auf die richterliche Anordnung der Ladung zu verweisen, zumindest das Beweisthema aufzuführen.[6]

2. Bezeichnung der Parteien

52 Nach § 377 Abs. 2 Nr. 2 sind die Parteien des Rechtsstreites (einschließlich der Streit- helfer) in der Ladung des Zeugen zu nennen. Der Zeuge soll aufgrund der **Mitteilung der Parteien** ersehen können, ob ihm ein **Zeugnisverweigerungsrecht** zusteht. Es kommt deshalb darauf an, dass beim Zeugen keine Zweifel über die Identität der Par- teien aufkommen können.[7] Die regelmäßig entscheidenden Kennzeichnungsmerk- male ergeben sich aus § 130 Nr. 1.

3. Angabe des Vernehmungsgegenstandes

53 Nach § 377 Abs. 2 S. 2 ist dem Zeugen der Gegenstand seiner Vernehmung bekannt zu geben. Der Zeuge muss erfahren, worüber er vernommen werden soll, damit er zur **Vorbereitung auf die Aussage** seine Erinnerung schärfen und etwaigen Notizen

---

1 Auflistung bei *Nagel/Gottwald* Int. Zivilprozeßrecht[7] § 8 Rz. 54.
2 Näher dazu *Schack* Int. Zivilverfahrensrecht[5] Rz. 667, 682.
3 Dazu *Nagel/Gottwald* Int. Zivilprozeßrecht[7] § 7 Rz. 9.
4 Näher *Nagel/Gottwald* Int. Zivilprozeßrecht[7] § 7 Rz. 16 f., § 8 Rz. 158 ff.
5 *Zöller/Greger*[30] § 377 Rz. 4a.
6 OLG Frankfurt AnwBl 1985, 207.
7 *Stein/Jonas/Berger*[22] § 377 Rz. 6.

einsehen kann (dazu § 378).¹ Dadurch soll einer Vereitelung des Beweistermins vorgebeugt werden.² Ferner soll der Zeuge sich auch schlüssig werden, ob er angesichts des Vernehmungsgegenstandes von einem **Zeugnisverweigerungsrecht Gebrauch** machen will.³

Der „Gegenstand der Vernehmung" ist **nicht identisch mit** den zu beweisenden Tatsachen, also dem in der Beweisfrage formulierten **Beweisthema** (Kap. 13 Rz. 73 und 76). Dies zeigt schon ein Vergleich des Wortlauts von § 377 Abs. 2 Nr. 2 mit der Formulierung von § 373 bzw. § 359. Während § 373 für den Beweisantritt die Angabe von „Tatsachen" verlangt und § 359 vorschreibt, dass im Beweisbeschluss die „streitigen Tatsachen, über die der Beweis zu erheben ist" zu bezeichnen sind, geht es in § 377 Abs. 2 Nr. 2 ganz allgemein um den Gegenstand der Vernehmung.⁴ Daher braucht dem Zeugen der Beweisbeschluss – falls ein solcher ergangen ist – weder vollständig noch auch nur auszugsweise wortwörtlich mitgeteilt zu werden, wenngleich dies häufig geschieht. Die **Mitteilung der Beweisfrage** ist **nicht zweckmäßig**, weil die Gefahr besteht, dass die präzise Formulierung des Beweisthemas Suggestivwirkung entfaltet, also dem Zeugen eine bestimmte Aussage nahelegt⁵ (Kap. 13 Rz. 76 und Kap. 38 Rz. 9 und 16). Auch fordert die Beweisfrage den Zeugen heraus, seine Aussage auf ein „Ja" oder „Nein" zu beschränken bzw. unerwünschte eigene Schlussfolgerungen anzustellen, um die Beweisfrage beantworten zu können. 54

Für die Angabe des Gegenstands der Vernehmung genügt regelmäßig die **summarische Bezeichnung des** vom Zeugen zu erfragenden **Sachverhalts**⁶ nach Datum, Ort und Begebenheit. Welche Genauigkeit dabei erforderlich ist, hängt davon ab, welche Angaben der Zeuge im Einzelfall benötigt, um den in der Beweisaufnahme behandelten Vorgang einordnen und sein Gedächtnis auffrischen zu können.⁷ Haben die Zeugen den Vorgang **im Rahmen** ihrer **beruflichen Tätigkeit** als einen von vielen Vorfällen wahrgenommen, wie etwa Polizisten, Ärzte oder Testkäufer, dürften präzisere Angaben erforderlich sein als bei Privatpersonen.⁸ Eine genauere Bestimmung ist regelmäßig auch bei länger zurückliegenden Ereignissen notwendig.⁹ Nicht zulässig ist es, dem Zeugen aufzugeben, seine Aussage schriftlich vorzubereiten und zum Beweistermin mitzubringen, weil dadurch die Voraussetzungen des § 377 Abs. 3 unterlaufen werden.¹⁰ 55

Wird der Gegenstand der Vernehmung nicht¹¹ oder so allgemein mitgeteilt, dass der **Zeuge sich** auf seine Vernehmung **vorbereiten kann**,¹² ist er **nicht ordnungsgemäß geladen** i.S.d. § 380. Bleibt er in einem solchen Fall im Termin aus, darf gegen ihn nicht nach § 380 vorgegangen werden.¹³ Dem erschienenen Zeugen wird man auf Verlangen **Zeit zur Nachforschung** und Überlegung geben müssen. Kann der Zeuge die ihm gestellte Frage sogleich beantworten, muss sie ihm nicht mitgeteilt werden; sofern er nicht sogleich antworten kann, muss ihm Zeit zur Überprüfung eingeräumt werden. 56

---

1 Hahn/Stegemann Mat. II/1 S. 310 zu § 331; OLG Celle OLGZ 1977, 366, 367.
2 Hahn/Stegemann Mat. II/1 S. 310.
3 OLG Celle OLGZ 1977, 366, 367.
4 *Reinecke* MDR 1990, 1061, 1062.
5 *Reinecke* MDR 1990, 1061, 1062.
6 OLG Celle OLGRep. 1994, 286; OLG Celle OLGZ 1977, 366, 367.
7 OLG Celle OLGRep. 1994, 286.
8 *Reinecke* MDR 1990, 1061, 1062.
9 OLG Celle OLGRep. 1994, 286.
10 LG Aurich Nds. RPfl 1956, 212.
11 OLG Frankfurt MDR 1979, 236.
12 OLG Celle OLGRep. 1994, 286.
13 OLG Celle OLGRep. 1994, 286; OLG Frankfurt MDR 1979, 236; OLG Celle OLGZ 1977, 366, 367.

4. Anordnung des Erscheinens und Ordnungsmittelandrohung

57 § 377 Abs. 2 Nr. 3 verlangt, dass der Zeuge in der Ladung aufgefordert wird, zu einer **bestimmten Zeit** (§ 220) an einem **bestimmten Ort** (§ 219) zum Termin zu erscheinen. Wird der Zeuge in seiner Wohnung (§ 375 Abs. 1 Nr. 2, 219 bzw. § 375 Abs. 2) oder an seinem Aufenthaltsort (§ 382) vernommen, richtet sich die Anordnung darauf, sich zum angegebenen Zeitpunkt dort bereitzuhalten.[1] Darüber hinaus muss der Zeuge darauf hingewiesen werden, welche **Folgen** die ZPO für den Fall **seines Ausbleibens** vorsieht. Dabei genügt ein **Hinweis auf** die in § 380 generell **vorgesehenen Ordnungsmittel**; der konkreten Androhung eines bestimmten Ordnungsmittels bedarf es nicht. Wird die Verhandlung vertagt und der erschienene, ordnungsgemäß geladene Zeuge mündlich zu dem neuen Termin geladen, muss er erneut auf die Folgen des § 380 hingewiesen werden.

§ 120 Aussageerleichternde Unterlagen, § 378 ZPO

I. Vorbereitungspflicht des Zeugen

58 § 378 wurde durch das Rechtspflege-Vereinfachungsgesetz vom 17.12.1990[2] eingefügt. Die in der Vorschrift normierte Pflicht des Zeugen, sich auf seine Aussage vorzubereiten, soll **wiederholte Vernehmungen vermeiden** helfen und dadurch zur Verfahrensbeschleunigung beitragen.[3]

59 Eine **Vorbereitungspflicht** des Zeugen bestand zwar auch **schon vor Einfügung des § 378**. So ging der Gesetzgeber der CPO davon aus, dass der Zeuge vor seiner Aussage seine Erinnerung schärfen und etwaige Notizen einsehen müsse, und rechtfertigte damit die in § 377 Abs. 2 Nr. 2 (früher § 342 CPO) normierte Pflicht zur Mitteilung des Vernehmungsgegenstandes in der Zeugenladung.[4] Entsprechend nahm das RG an, dass der Zeuge verpflichtet sei, vor seiner Vernehmung von dem ihm zu Gebote stehenden Mitteln zur Schärfung und Auffrischung seines Gedächtnisses, insbesondere durch Einsicht in vorhandene schriftliche Aufzeichnungen, Gebrauch zu machen.[5] Die Vorbereitung des Zeugen war aber **vor Einfügung des § 378** mangels gesetzlicher Grundlage **keine echte Rechtspflicht** und nicht erzwingbar. Nach § 378 kann das Gericht die Vorbereitung des Zeugen nunmehr anordnen und ggf. mit den Maßnahmen **nach § 390 erzwingen**.

II. Konkrete Vorbereitungsanordnungen

1. Eigeninitiative des Zeugen

60 Der Zeuge ist nach § 378 Abs. 1 **auch ohne Anordnung** des Gerichts **zur Vorbereitung** auf seine Aussage verpflichtet. Eine besondere Anordnung (unten Rz. 71) ist erforderlich, wenn das Gericht dem Zeugen konkrete Vorgaben für seine Vorbereitung machen und deren Befolgung nach § 390 erzwingen (unten Rz. 77) will.

---

1 Zöller/*Greger*[30] § 377 Rz. 1a.
2 BGBl. I 1990, 2847.
3 BT-Drucks. 11/3621, S. 22.
4 Hahn/Stegemann Mat. II/1 S. 310, zu § 331.
5 RGZ 48, 392, 396.

2. Inhalt und Gegenstand der Vorbereitungspflicht

a) Nachforschungen

Der Zeuge soll nach § 378 Abs. 1 S. 1 sein **Gedächtnis auffrischen** und zu diesem Zweck Aufzeichnungen und andere Unterlagen, die ihm seine Aussage erleichtern können, einsehen und zum Termin mitbringen.[1] Die Information des Zeugen darf immer nur seiner **Erinnerung an frühere Wahrnehmungen** dienen. Die Kenntnis bisher nicht wahrgenommener Tatsachen muss sich der Zeuge nicht verschaffen.[2] Wer zur Beweisfrage weder etwas weiß noch gewusst hat, ist mangels eigener Wahrnehmungen als Zeuge ungeeignet.[3] Die Pflicht des Zeugen zur Auffrischung seines Gedächtnisses umfasst **nicht** die Erforschung oder **Ermittlung des Sachverhalts**.

61

b) Begrenzung durch Vernehmungsgegenstand

Die Vorbereitungspflicht bezieht sich stets auf den **Vernehmungsgegenstand**, der dem Zeugen mit der Ladung mitgeteilt wurde.[4] Dieser muss auf einem bestimmten Beweisantritt einer der Parteien beruhen, so dass die Vorbereitungspflicht nicht die Gefahr einer unzulässigen Ausforschung birgt.[5]

62

c) Aussageerleichternde Unterlagen

Nach § 378 muss die Einsichtnahme in Unterlagen und deren Mitnahme zum Termin dem Zeugen die Aussage über seine Wahrnehmungen erleichtern. Unterlagen i.S.d. § 378 sind außer **Schriftstücken** (Akten, Geschäftsbücher) auch **elektronische Dokumente, bildliche Darstellungen** wie Skizzen, Photographien und Filme, magnetisch gespeicherte Daten etc. Der Begriff ist also umfassender als der Urkundenbegriff der §§ 415 ff. (dazu Kap. 25 Rz. 1, 8 ff. und 34).[6]

63

Da die Unterlagen dem Zeugen die Aussage über seine Wahrnehmungen erleichtern sollen, kommen ausschließlich Unterlagen in Betracht, die mit den Wahrnehmungen des Zeugen in Zusammenhang stehen. Nur solche Unterlagen können als Gedächtnisstütze fungieren, dem Zeugen helfen, **seine Wahrnehmung zu vergegenwärtigen**. Es genügt nicht, dass die Unterlagen Informationen über das Beweisthema enthalten, denn diese kann auch ein anderer erlangt haben. Darin unterscheidet sich die Sichtung der Unterlagen durch den Zeugen von der Einsichtnahme in die **Akten** durch eine Behörde, die nach § 273 Abs. 2 Nr. 2 eine amtliche Auskunft abgeben soll. Während diese den **nicht personengebundenen Kenntnisstand der Institution** aufbereitet, ruft sich der Zeuge seine eigenen Wahrnehmungen in Erinnerung.

64

Die Verwendung **wahrnehmungsbezogener Unterlagen** soll die Erinnerung des Zeugen nur verbessern und dadurch die **Übereinstimmung von Aussage und Wahrnehmung fördern**. Die Aussageerleichterung ist deshalb immer zu bejahen, wenn Unterlagen mit Bezug zu der fraglichen Wahrnehmung des Zeugen vorhanden sind. Ein Entscheidungsspielraum in Bezug auf die Verwendung besteht bei Existenz wahrnehmungsbezogener Unterlagen nur in Hinblick auf das Merkmal der **Zumutbarkeit** (nachfolgend Rz. 68). Auch wenn seit der Wahrnehmung nur kurze Zeit vergangen ist, wird die Einsicht in vorhandene Unterlagen die Erinnerung fördern.

65

---

1 Zöller/*Greger*[30] § 378 Rz. 1.
2 BT-Drucks. 11/3621, S. 39; OLG Köln NJW 1973, 1983 f. = ZZP 87 (1974), 484 m. Anm. *Peters*; Stein/Jonas/*Berger*[22] § 378 Rz. 1.
3 OLG Köln NJW 1973, 1983 f.
4 OLG Celle OLGRep. 1994, 286 (dort: unpräzise summarische Bezeichnung).
5 BT-Drucks. 11/3621, S. 39.
6 Stein/Jonas/*Berger*[22] § 378 Rz. 2.

d) Einschränkungen der Vorbereitungspflicht

aa) Entgegenstehende Rechte Dritter

66 Die Vorbereitungspflicht besteht nur, soweit der Zeuge Unterlagen einsehen und zum Termin mitbringen darf. Diese Einschränkung soll die Interessen anderer Personen schützen.[1] Die Verwendung der Unterlagen ist dem Zeugen nur gestattet, wenn sie nicht die Rechte Dritter verletzt.[2] Dabei können auch **vertragliche (Unterlassungs-)Pflichten** zum Tragen kommen.[3] So darf z.B. nach der Vorstellung des Gesetzgebers ein abhängig beschäftigter Zeuge Unterlagen, die ihm **im Rahmen seines Beschäftigungsverhältnisses** zugänglich sind, bei entgegenstehender Weisung des Arbeitgebers nicht für die Aussage verwenden.[4]

67 **Abzulehnen** ist die Auffassung, der Zeuge müsse – ggf. auf Anordnung des Gerichts – um eine **Erlaubnis nachsuchen**, wenn er die aussageerleichternden Unterlagen nicht ohne Zustimmung einsehen und zum Termin mitbringen darf.[5] Solche Bemühungen können dem Zeugen, wenngleich sie effizient erscheinen mögen, nicht abverlangt werden. Eine derartige Pflicht würde wie jede Zeugenpflicht den Zeugen in seiner Handlungsfreiheit beschränken und **bedürfte** deshalb einer **gesetzlichen Grundlage**, die § 378 nicht liefert. Ist der Zeuge an der Vorbereitung mit den für seine Aussage relevanten Unterlagen wegen entgegenstehender Rechte Dritter gehindert, kommt nur eine **Vorlegungsanordnung** nach § 142 bzw. § 429 **gegenüber dem Dritten** in Betracht, vgl. § 378 Abs. 1 S. 2.

bb) Unzumutbarkeit der Vorbereitung

68 Die Vorbereitungspflicht des Zeugen ist ferner insoweit eingeschränkt, als der **persönliche Aufwand** der Vorbereitung für den Zeugen **zumutbar** bleiben muss.[6] Dieses Verhältnismäßigkeitskriterium trägt der bisherigen Rechtsprechung[7] Rechnung. Bereits das RG hatte entschieden, dass die Informationspflicht des Zeugen nicht unbegrenzt ist, sich vielmehr nur auf solche Ermittlungen erstreckt, welche dem Streben nach gewissenhafter Erfüllung der Zeugenverpflichtung Genüge tun, aber **nicht** zu schwierigen, einen **außergewöhnlichen Zeitaufwand** in Anspruch nehmenden Nachforschungen nötigt.[8] Die dem Zeugen abverlangte Mühe darf nicht außer Verhältnis zu der **Bedeutung der Aussage** für den Rechtsstreit stehen.

3. Inhalt der Vorbereitungspflicht; Verhältnis zur Vorlegungspflicht

69 Der Zeuge muss die für seine Aussage bedeutsamen Unterlagen vor dem zur Beweisaufnahme bestimmten Termin (bzw. vor Anfertigung einer schriftlichen Aussage nach § 377 Abs. 3) **einsehen**, d.h. lesen oder betrachten, um sich auf seine Vernehmung vorzubereiten. Außerdem muss er die **Unterlagen zum Termin mitbringen**, damit er sie bei Bedarf darauf zurückgreifen kann. § 378 Abs. 1 S. 2 stellt dabei klar, dass der Zeuge nach dieser Vorschrift **nicht verpflichtet** ist, die Aufzeichnungen und Unterlagen den Parteien oder dem Gericht **vorzulegen**.[9] Vorlegungspflichten bestehen

---

1 BT-Drucks. 11/3621, S. 39.
2 Stein/Jonas/*Berger*[22] § 378 Rz. 4.
3 A.A. ohne Begründung Stein/Jonas/*Berger*[22] § 378 Rz. 4.
4 BT-Drucks. 11/3621, S. 39.
5 So ohne Begründung MünchKommZPO/*Damrau*[4] § 378 Rz. 4; a.A. Stein/Jonas/*Berger*[22] § 378 Rz. 4; Baumbach/Lauterbach/*Hartmann*[71] § 378 Rz. 7.
6 BT-Drucks. 11/3621, S. 39.
7 OLG Köln NJW 1973, 1983 f.
8 RGZ 48, 392, 397.
9 BT-Drucks. 11/3621, S. 39.

ausschließlich, soweit sie prozessual in § 142 und § 429 vorgesehen sind.[1] Irreführend ist die Annahme, § 378 Abs. 1 S. 2 „verweise" auf § 142 derart, dass der Zeuge nach § 378 „i.V.m." § 142 Abs. 2 zur Vorlegung der Unterlagen verpflichtet werden könne.[2] Da § 142 nach § 378 Abs. 1 S. 2 „unberührt" bleibt, ist die Möglichkeit einer Anordnung nach § 142 unabhängig von § 378.

Handelt es sich bei den Unterlagen um **gespeicherte Daten**, muss der Zeuge diese notfalls **in eine mobile Form überführen**, um sie zum Termin mitbringen zu können. Soweit dem Zeugen dadurch **Auslagen** entstehen, sind ihm diese nach § 401 i.V.m. §§ 19 Abs. 1, 7 Abs. 2 JVEG zu erstatten (Kap. 19 Rz. 20). Ohne ausdrückliche Anordnung ist der Zeuge nicht verpflichtet, einen Ausdruck gespeicherter Daten oder eine Kopie auf einem mobilen Datenträger anzufertigen;[3] der Zeuge muss die Daten **nach § 378** im Termin **nicht vorlegen** (vgl. zuvor Rz. 69), sondern soll sie ausschließlich selbst als Unterlage verwenden.[4]

70

4. Richterliche Anordnung

Will das Gericht mittels § 390 erzwingen (nachfolgend Rz. 77), dass sich der Zeuge mit bestimmten Unterlagen auf seine Aussage vorbereitet, muss es zuvor eine bestimmte Anordnung nach § 378 Abs. 1 treffen, vgl. § 378 Abs. 2. In der Anordnung muss das Gericht dem Zeugen **konkrete Vorgaben für** die **Vorbereitung** machen, d.h. die Unterlagen, die der Zeuge einsehen und mitbringen soll, in der Anordnung genau bezeichnen.[5] Die **unspezifische Aufforderung**, „etwa **vorhandene Unterlagen**" einzusehen und mitzubringen, reicht nicht aus.[6] Voraussetzung ist daher, dass das Gericht von der Existenz bestimmter aussagerelevanter Unterlagen weiß. Sobald dies der Fall ist, kann die Anordnung nach § 378 Abs. 1 ergehen, wenn möglich **mit der Ladung** des Zeugen zum Termin.[7]

71

Im Zusammenhang mit der Einfügung des § 378 hat der Gesetzgeber **§ 273 Abs. 2 Nr. 4** um die Möglichkeit einer **vorbereitenden Anordnung** nach § 378 Abs. 1 ergänzt,[8] so dass die Anordnung auch vor Erlass eines Beweisbeschlusses zur Terminsvorbereitung zulässig ist. Im Interesse der Verfahrensbeschleunigung sollte bereits mit der Anordnung der nach § 378 Abs. 2 S. 2 für Maßnahmen nach § 390 vorausgesetzte Hinweis erteilt werden.

72

Eine „bedingte Anordnung" der Einsichtnahme in bestimmte Unterlagen für den Fall, dass der Zeuge diese besitzt,[9] ist zwar als Hinweis auf die Vorbereitungspflicht denkbar. Gerade weil eine derartige **hypothetische Anweisung** als Grundlage für die Verhängung von Maßnahmen **nach § 390 nicht ausreicht**, stellt sie keine echte Anordnung i.S.d. § 378 Abs. 2 und § 273 Abs. 2 Nr. 4 dar.

73

Das Gericht entscheidet über den Erlass einer Anordnung nach § 378 Abs. 1 nach pflichtgemäßem **Ermessen**. Weigert sich der Zeuge trotz Vorliegen der Voraussetzungen des § 378 Abs. 1, seine Unterlagen zu sichten, ist es unter Umständen **zur Ausschöpfung des Beweismittels** i.S.d. § 286[10] geboten, eine **Anordnung** nach § 378

74

---

1 BT-Drucks. 11/3621, S. 39.
2 So offenbar Musielak/*Huber*[10] § 378 Rz. 4.
3 A.A. Stein/Jonas/*Berger*[22] § 378 Rz. 2 (bis zur Zumutbarkeitsgrenze).
4 MünchKommZPO/*Damrau*[4] § 378 Rz. 6.
5 Stein/Jonas/*Berger*[22] § 378 Rz. 8.
6 Musielak/*Huber*[10] § 378 Rz. 5; Zöller/*Greger*[30] § 378 Rz. 3.
7 Zöller/*Greger*[30] § 378 Rz. 3.
8 BT-Drucks. 11/3621, S. 39.
9 MünchKommZPO/*Damrau*[4] § 378 Rz. 7; Stein/Jonas/*Berger*[22] § 378 Rz. 8.
10 Zöller/*Greger*[30] § 378 Rz. 5.

Abs. 1 zu treffen. So hat der BGH es zur Sachverhaltsaufklärung für zwingend gehalten, eine Anordnung gegen einen Rechtsanwalt zu erlassen, der als Zeuge über einen fast sechs Jahre zurückliegenden Vorgang berichten sollte, seine damaligen Akten aber nicht durchgesehen hatte und deshalb zu keiner ergiebigen Aussage imstande war.[1]

75 **Gegen** die **Anordnung** steht dem Zeugen wegen deren Charakters als prozessleitende Entscheidung **kein Rechtsmittel** zu.[2] Mit der sofortigen Beschwerde kann er sich nach §§ 378 Abs. 2, 390 Abs. 3 erst gegen einen etwaigen nachfolgenden **Zwangsmittelbeschluss** wehren.

III. Erzwingung der Vorbereitung

76 § 378 Abs. 2 Hs. 1 erlaubt dem Gericht, die **in § 390 bezeichneten Maßnahmen** zu treffen, wenn der Zeuge auf eine bestimmte Anordnung des Gericht seinen Pflichten nicht nachkommt.

77 Die Verhängung der Ordnungs- und Zwangsmaßnahmen setzt zunächst voraus, dass das Gericht **zuvor** eine **Anordnung** nach § 378 Abs. 1 (Rz. 71) getroffen hat. Weiter muss der Zeuge die in der Anordnung enthaltenen **konkreten Vorgaben** für seine Vorbereitung **missachtet** haben. Schließlich muss das Gericht den Zeugen darüber **belehrt** haben, dass es die in § 390 bezeichneten Ordnungs- und Zwangsmittel verhängen kann, wenn der Zeuge der Anordnung nicht nachkommt, vgl. § 378 Abs. 2 Hs. 2.

78 Ob das Gericht bei Vorliegen dieser Voraussetzungen die in § 390 vorgesehenen **Ordnungs- und Zwangsmittel** verhängt, steht anders als nach § 390 (Kap. 8 Rz. 110) in seinem **pflichtgemäßen Ermessen** („kann").[3] Dies gilt auch für die Anordnung von Zwangshaft nach § 390 Abs. 2,[4] die einen Antrag voraussetzt.[5]

79 Die Maßnahmen des § 390 werden durch **Beschluss** angeordnet. Zuvor muss der Zeuge gehört werden, d.h. der Zeuge kann seine mangelnde Vorbereitung **entschuldigen**.[6] § 381 ist entsprechend anzuwenden.[7] Gegen den Beschluss steht dem Zeuge gem. § 390 Abs. 3 das Recht der sofortigen Beschwerde zu.

80 § 378 lässt das Recht zur **Verweigerung des Zeugnisses unberührt**.[8] Maßnahmen nach § 390 scheiden deshalb aus, wenn der Zeuge sein Zeugnisverweigerungsrecht ausübt.[9]

---

1 BGH ZIP 1993, 1307, 1308.
2 MünchKommZPO/*Damrau*[4] § 378 Rz. 13; Stein/Jonas/*Berger*[22] § 378 Rz. 11; Zöller/*Greger*[30] § 378 Rz. 4.
3 MünchKommZPO/*Damrau*[4] § 378 Rz. 8.
4 Stein/Jonas/*Berger*[22] § 378 Rz. 10.
5 Stein/Jonas/*Berger*[22] § 378 Rz. 10; a.A. MünchKommZPO/*Damrau*[4] § 378 Rz. 9.
6 Stein/Jonas/*Berger*[22] § 378 Rz. 10.
7 MünchKommZPO/*Damrau*[4] § 378 Rz. 9; Stein/Jonas/*Berger*[22] § 378 Rz. 10.
8 BT-Drucks. 11/3621, S. 39.
9 Stein/Jonas/*Berger*[22] § 378 Rz. 6.

Kapitel 34:
Recht zur generellen Zeugnisverweigerung

	Rz.
§ 121 Regelungsüberblick	
I. Systematik der §§ 383–385	1
II. Gesetzesgeschichte des § 383	5
§ 122 Zeugnisverweigerungsrechte von Angehörigen	
I. Normzweck der § 383 Abs. 1 Nr. 1–3	6
II. Reichweite des Weigerungsrechts	7
III. Verlöbnis, Lebenspartnerschaftseingehungsversprechen	
1. Gesetzliche Kategorien	9
2. Lebensgemeinschaften als gleichgestellte Beziehungen	13
IV. Ehe	21
V. Lebenspartnerschaft	24
VI. Verwandtschaft und Schwägerschaft	
1. Blutsverwandtschaft	26
2. Nichteheliches Kind	28
3. Gesetzliche Verwandtschaft	31
§ 123 Zeugnisverweigerungsrechte von Berufsgeheimnisträgern	
I. Schutz der Vertrauensbeziehung	32
II. Geistliche	
1. Normzweck	33
2. Begriff „Geistlicher"	34
3. In Ausübung der Seelsorge anvertraute Tatsachen	37
III. In Presse und Rundfunk tätige Personen	
1. Funktionsschutz als Normzweck	41
2. Umfang des Schutzes	42

	Rz.
IV. Durch Amt, Stand oder Gewerbe zur Verschwiegenheit Verpflichtete	
1. Normzweck; Aufbau der Vorschrift	50
2. Kreis der berechtigten Personen	51
3. Geheimhaltung kraft Verkehrssitte	
a) Vertrauensstellung in gewerblichen Unternehmen und Verbänden	58
b) Mediation	60
c) Sozialbereich	62
4. Bestimmung der Verschwiegenheitspflicht	64
5. Kasuistik zur beruflichen Verschwiegenheitspflicht	
a) Heilberufe	68
b) Rechtspflegeberufe	71
c) Gewerbliche Wirtschaft	78
d) Bankgeheimnis	82
6. Rechtfertigende Durchbrechungen der Schweigepflicht	87
7. Abgeordnete	90
§ 124 Belehrungspflichten, Vernehmungsverbote, Erweiterung der Weigerungsrechte, zulässige Schlussfolgerungen	
I. Belehrungspflicht, § 383 Abs. 2	92
II. Vernehmungsverbot	
1. Inhalt	96
2. Verwertbarkeit bei Verstoß	98
III. Gesetzeserweiternde Anerkennung von Weigerungsrechten	103
IV. Beweiswürdigung	106

§ 121 Regelungsüberblick

Schrifttum:

(1) Allgemein

Rodriguez, Der Geheimnisschutz in der neuen Schweizerischen ZPO, ZZP 123 (2010), 303; *Schumacher*, Geheimnisschutz im Zivilprozess aus österreichischer Sicht, ZZP 123 (2010), 283; *Stadler*, Geheimnisschutz im Zivilprozess aus deutscher Sicht, ZZP 123 (2010), 261.

(2) zu § 383 Nr. 1–3 ZPO

Coester-Waltjen, Die Lebensgemeinschaft – Strapazierung des Parteiwillens oder staatliche Bevormundung?, NJW 1988, 2085; *Gießler*, Das Beweisverbot des § 383 Abs. 3 ZPO, NJW 1977, 1185; *Haas/Beckmann*, Justizgewährungsanspruch und Zeugenschutzprogramm, Festschrift für Schumann (2001), S. 171.

(3) zu § 383 Nr. 4–6 ZPO

Baumann, Die Auseinanderentwicklung der Prozeßrechte, Festschrift F. Baur (1981), S. 187; *Baumgärtel*, „Geheimverfahren" im Zivilprozeß zur Wahrung von Geschäftsgeheimnissen nach Schweizer Vorbild?, Festschrift für Habscheid (1989), S. 1; *L. Beck*, Mediation und Vertraulichkeit, 2009; *Eckardt/Dendorfer*, Der Mediator zwischen Vertraulichkeit und Zeugnispflicht – Schutz durch Prozeßvertrag, MDR 2001, 786; *Fischedick*, Die Zeugnisverweigerungsrechte von Geistlichen und kirchlichen Mitarbeitern, 2006; *Fischedick*, Das Beicht- und Seelsorgegeheimnis, DÖV 2008, 584; *Haas*, Zeugnisverweigerungsrecht des Geistlichen, NJW 1990, 3253; *Gottwald*, Zur Wahrung von Geschäftsgeheimnissen im Zivilprozeß, BB 1979, 1780; *Groß*, Zum Zeugnisverweigerungsrecht der Mitarbeiter von Presse und Rundfunk, Festschrift für Schiedermair (1976), S. 23; *Groß*, Zum journalistischen Zeugnisverweigerungsrecht, ZUM 1994, 214; *Groth/v. Bubnoff*, Gibt es „gerichtsfeste" Vertraulichkeit bei der Mediation?, NJW 2001, 338; *Habscheid*, Das Persönlichkeitsrecht als Schranke der Wahrheitsfindung im Prozeßrecht, in: Gedächtnisschrift für H. Peters, 1967, S. 840; *Henssler*, Das anwaltliche Berufsgeheimnis, NJW 1994, 1817; *Himmelsbach*, Der Schutz der Medieninformanten im Zivilprozeß, 1998; *Jansen*, Geheimhaltungsvorschriften im Prozeßrecht, 1989; *Kanzleiter*, Verschwiegenheitspflicht des Notars und Zeugnisverweigerungsrecht, DNotZ 1981, 662; *Kersting*, Der Schutz des Wirtschaftsgeheimnisses im Zivilprozeß, 1995; *Kuchinke*, Ärztliche Schweigepflicht, Zeugniszwang und Verpflichtung zur Auskunft nach dem Tod des Patienten, Gedächtnisschrift für Küchenhoff (1987), S. 371; *Lachmann*, Unternehmensgeheimnisse im Zivilprozeß, dargestellt am Beispiel des EDV-Prozesses, NJW 1987, 2206; *Lenckner*, Aussagepflicht, Schweigepflicht und Zeugnisverweigerungsrecht, NJW 1965, 321; *Lichtner*, Die Verschwiegenheitspflicht des Wirtschaftsprüfers im Vergleich mit den sonstigen rechts- und steuerberatenden Berufen, Diss. jur. Osnabrück 1999; *Ling*, Zum Geistlichenprivileg im Strafrecht, GA 2001, 325; *Magnus*, Das Anwaltsprivileg und sein zivilprozessualer Schutz, 2010; *Mayer*, Geschäfts- und Betriebsgeheimnis oder Geheimniskrämerei?, GRUR 2011, 884; *Menne*, Zum berufsbedingten Zeugnisverweigerungsrecht des Verfahrensbeistandes, FamRZ 2012, 1356; *Müller-Jacobsen*, Schutz von Vertrauensverhältnissen im Strafprozess, NJW 2011, 257; *Ploch-Kumpf*, Der Schutz von Unternehmensgeheimnissen im Zivilprozeß und im Rechtshilfeverfahren, 1996; *Priebe*, Die Entbindung des Wirtschaftsprüfers und des Steuerberaters von der Schweigepflicht durch den Insolvenzverwalter, ZIP 2011, 312; *Randacher*, Das Zeugnisverweigerungsrecht aus Berufsgeheimnis im Zivilrecht, Zürich 2002; *Schäckel*, Der Rechtsberater als Zeuge in Erbstreitigkeiten, 2000; *Schumann*, Der Name des Geheimnisses. Umfaßt die anwaltliche und ärztliche Schweigepflicht auch den Namen des Mandanten und Patienten?, Festschrift Henckel (1995), S. 773; *Stürner*, Die gewerbliche Geheimsphäre im Zivilprozeß, JZ 1985, 453; *Wagner*, Sicherung der Vertraulichkeit von Mediationsverfahren durch Vertrag, NJW 2001, 1398; *Walter*, Zur Problematik beweisrechtlicher Geheimverfahren usw., Festschrift Schneider (1987), S. 147; *Wichmann*, Das Berufsgeheimnis als Grenze des Zeugenbeweises, 2000.

I. Systematik der §§ 383–385

1 Die §§ 383–385 behandeln das Recht zur Verweigerung des Zeugnisses. Die Weigerungsgründe der **§§ 383, 384** gelten nach § 408 Abs. 1 S. 1 bzw. § 402 **auch für** den gerichtlich bestellten **Sachverständigen**. In §§ 383, 384 sind die zur Zeugnisverweigerung berechtigenden Gründe geregelt, **§ 385 schränkt** diese Ausnahmen von der Zeugnispflicht für bestimmte Fälle wieder **ein** (Kap. 36 Rz. 1).[1]

2 Gemeinhin wird angenommen, dass die Zeugnisverweigerungsrechte des § 383 auf „**persönlichen Gründen**" beruhen, die des § 384 hingegen auf „**sachlichen Gründen**" (§ 384). Diese seit der ZPO-Reform 2002 durch die amtlichen Überschriften zu § 383 und § 384 abgesegnete Unterscheidung geht zurück auf die Entwurfsbegründung zur CPO. Danach beruhen sämtliche Weigerungsgründe des **§ 383 a.F.** auf einem **persönlichen Verhältnis zwischen** dem **Zeugen und** einer **Partei**, das im Fall der Nr. 1–3 allgemein und im Fall der Nr. 4 und Nr. 6 (= Nr. 5 a.F.) in Bezug auf den Gegenstand des

---
1 Hahn/Stegemann Mat. II/1 S. 312, zu §§ 336–338.

Zeugnisses besteht. Die Weigerungsgründe des § 384 sollen dagegen durch die mögliche **Rückwirkung der Aussage auf den Zeugen** motiviert sein.[1] Indes lassen sich die **Grenzen** jedenfalls nach dem heutigen Verständnis der Weigerungsgründe **so klar nicht** ziehen. Die Vorschriften der Nr. 4 und 6 des § 383 Abs. 1 **schützen** nach heutiger Auffassung nicht nur die Verschwiegenheitspflicht gegenüber einer Partei, sondern **auch gegenüber Dritten**. Die persönliche Beziehung des Zeugen zu einem Dritten ist auch für die Weigerungsgründe des § 384 maßgebend, soweit es um die Interessen eines Angehörigen des Zeugen geht (Kap. 35 Rz. 22).

Dagegen geht es bei dem 1975 unter § 383 Abs. 1 Nr. 5 eingefügten Zeugnisverweigerungsrecht für Presseangehörige in erster Linie um den **Schutz der Pressefreiheit**, nicht um das persönliche Verhältnis zu dem Informanten (Rz. 41). Schließlich gründen sich sämtliche Zeugnisverweigerungsrechte auf der Überlegung, dass eine **Aussage Nachteile für den Zeugen selbst** haben könnte. 3

Systematisch stehen die Weigerungsgründe des § 383 Abs. 1 Nr. 4–6 denen des § 384 mindestens so nah wie denen des § 383 Abs. 1 Nr. 1–3. Die Zeugnisverweigerungsrechte der in § 383 Nr. 4–6 aufgeführten Personen sind nämlich wie bei den Weigerungsgründen des § 384 (Kap. 35 Rz. 1) auf **bestimmte Beweisthemen** beschränkt, während die Zeugnisverweigerungsrechte in den Fällen des **§ 383 Nr. 1–3 umfassend** gewährt werden. 4

II. Gesetzesgeschichte des § 383

Der aus § 348 CPO hervorgegangene § 383 wurde erstmalig 1975 geändert,[2] als das bis dahin in § 383 Abs. 1 Nr. 5 verankerte Zeugnisverweigerungsrecht der **Berufsgeheimnisträger** zu Nr. 6 wurde und unter § 383 Abs. 1 Nr. 5 ein Zeugnisverweigerungsrecht für **Presseangehörige** eingefügt wurde. Durch das Adoptionsgesetz von 1976[3] wurde § 383 Abs. 1 Nr. 3 geändert. Zuletzt wurde 2001 mit dem **Lebenspartnerschaftsgesetz**[4] § 383 Abs. 1 Nr. 2a eingefügt und gleichzeitig die Nr. 1 erweitert. 5

§ 122 Zeugnisverweigerungsrechte von Angehörigen

I. Normzweck der § 383 Abs. 1 Nr. 1–3

Die Weigerungsgründe des § 383 Abs. 1 Nr. 1–3 beruhen auf der Überlegung, dass ein Zeuge, der mit einer der Parteien familiär verbunden ist, mit großer Wahrscheinlichkeit in einen **Konflikt** zwischen **Wahrheitspflicht** und **familiärer Rücksichtnahme** gerät, wenn er über Tatsachen aussagen soll, die für den Angehörigen nachteilig sind. Vor diesem Hintergrund befürchtete der Gesetzgeber, dass eine Zeugnispflicht der nächsten Angehörigen einer Partei „das Familienband lockern und zu falschem Zeugnisse Anlass geben" könne.[5] Der Zeuge soll weder durch eine wahre Aussage zuungunsten des Angehörigen die Integrität der Familie gefährden, noch aus Rücksicht auf den Angehörigen falsch aussagen. Die Zeugnisverweigerungsrechte aus § 383 Abs. 1 Nr. 1–3 schützen mit der Familie den Bereich, der **typischerweise zur engeren Privatsphäre des Zeugen** gehört. Das BVerfG hat für § 52 StPO zudem angenommen, 6

---
1 Hahn/Stegemann Mat. II/1 S. 312, zu §§ 336–338.
2 Gesetz vom 25.7.1975, BGBl. I 1975, 1973.
3 BGBl. I 1976, 1749.
4 BGBl. I 2001, 266.
5 Hahn/Stegemann Mat. I/1 S. 312, zu §§ 336–338, dort zu den in Nr. 1, 2 und 3 geregelten Weigerungsgründen.

dass das Weigerungsrecht nicht nur die Vermeidung von Loyalitäts- und Gewissenskonflikten des Zeugen bezweckt, sondern auch Interessen des Angeklagten schütze; der Schutz des Angehörigenverhältnisses gehöre zum Kernbestand eines fairen Verfahrens.[1] Die beweisführende Partei soll den Zeugen, der ohne eigenes Zutun zum Prozessbeteiligten wird, nicht zwingen können, über das zu berichten, was er (allein) aufgrund seiner Zugehörigkeit zum Familienkreis weiß. Dies gilt auch dann, wenn das Angehörigenverhältnis zwischen dem Zeugen und der beweisführenden Partei besteht. **Ohne Einfluss** auf das Recht zur Zeugnisverweigerung ist es, ob der nach § 383 Abs. 1 Nr. 1–3 zur Zeugnisverweigerung berechtigte Zeuge bei einer Aussage **tatsächlich emotional in** den beschriebenen **Konflikt** geraten würde.[2]

II. Reichweite des Weigerungsrechts

7   Die Weigerungsgründe des § 383 Abs. 1 Nr. 1–3 berechtigen die betroffenen Zeugen grundsätzlich dazu, die Aussage **insgesamt zu verweigern**. **Ausgenommen** sind lediglich die in § 385 Abs. 1 genannten Beweisthemen, über die auch die nächsten Angehörigen aussagen müssen (Kap. 37 Rz. 1). Nach § 383 Abs. 2 sind die **betroffenen Personen** über ihr Zeugnisverweigerungsrecht **zu belehren** (Rz. 92).

8   Bei **Parteien kraft Amtes** kommt es ausnahmsweise auf den materiellen Parteibegriff, also den **Inhaber des verwalteten Vermögens** an.[3]

III. Verlöbnis, Lebenspartnerschaftseingehungsversprechen

1. Gesetzliche Kategorien

9   **Verlobt** sind zwei Personen **verschiedenen Geschlechts**,[4] die sich gegenseitig versprochen haben, einander zu heiraten. Prozessual **gleichgestellt** ist entsprechend der materiell-rechtlichen Gleichstellung in § 1 Abs. 4 LPartG das **Versprechen**, eine **Lebenspartnerschaft** begründen zu wollen. Die nachfolgenden Ausführungen zum Verlöbnis geltend entsprechend.

10 Das **Verlöbnis** bedarf **keiner besonderen Form**,[5] weshalb der Vertrag auch durch schlüssiges Verhalten zustande kommen kann;[6] auch häufig benutzte äußere Zeichen wie Ringtragen oder Bekanntgabe der Verlobung sind nicht erforderlich.[7] Doch muss das wechselseitige Versprechen der künftigen Eheschließung **ernst gemeint** sein.[8] Ein geheimer Vorbehalt, das Erklärte nicht zu wollen, ist gem. § 116 BGB unbeachtlich.[9]

11 Das Zeugnisverweigerungsrecht setzt grundsätzlich voraus, dass das Verlöbnis **zivilrechtlich wirksam** ist. Ehefähigkeit (§§ 1303 ff. BGB) oder für Ausländer das Ehefähigkeitszeugnis (§ 1309 BGB) sind hierzu nicht erforderlich. Das Verlöbnis darf aber **nicht nichtig** sein wie etwa grundsätzlich das Verlöbnis mit einem Verheirateten we-

---

1 BVerfG (Kammer) NStZ 2000, 489, 490; BVerfG (Kammer) NJW 2010, 287 Rz. 9 f.
2 MünchKommZPO/*Damrau*[4] § 383 Rz. 1.
3 Stein/Jonas/*Berger*[22] § 383 Rz. 21 und 25.
4 Palandt/*Brudermüller*[73] Einf. vor § 1297 Rz. 1.
5 RG JW 1928, 3047 Nr. 18 zu § 157 S. 2 StPO.
6 Palandt/*Brudermüller*[73] Einf. vor § 1297 Rz. 2.
7 RG JW 1928, 3047 Nr. 18; Palandt/*Brudermüller*[73] Einf. vor § 1297 Rz. 1.
8 RGZ 149, 143, 148; BGHSt 3, 215, 216 zu § 52 Abs. 2 StGB; Palandt/*Brudermüller*[72.3] Einf. vor § 1297 Rz. 3.
9 RGZ 149, 143, 148, a.M. BGHSt 3, 215, 216 zu § 52 Abs. 2 StGB für das Verlöbnis mit einem Heiratsschwindler.

gen Sittenwidrigkeit gem. § 138 Abs. 1 BGB[1] oder ein zweites Verlöbnis, solange nicht das erste gelöst ist.[2] Auch das Verlöbnis mit einem **Geschäftsunfähigen** begründet wegen Nichtigkeit gem. § 105 BGB keinen Weigerungsgrund. Bestehen hingegen lediglich Wirksamkeitshindernisse, die noch beseitigt werden können, genügt dies vom Standpunkt des § 383 Abs. 1 Nr. 1 aus. So berechtigt ein nach § 108 BGB schwebend unwirksames **Verlöbnis eines Minderjährigen**[3] zur Verweigerung der Aussage, solange die Genehmigungsentscheidung des gesetzlichen Vertreters noch aussteht. Nicht anzuwenden ist hingegen § 1303 BGB, weil ein Verlöbnis die Ehemündigkeit nicht voraussetzt.

Der **frühere Verlobte muss** – anders als der frühere Ehepartner (Nr. 2) oder Lebenspartner (Nr. 2a) – **aussagen**.[4] Das Verlöbnis besteht nicht mehr, wenn es durch Rücktritt (vgl. §§ 1298 f. BGB), der keiner Begründung bedarf, aufgelöst worden ist.[5] Die regelmäßig empfangsbedürftige Willenserklärung kann ausdrücklich oder konkludent abgegeben werden, so dass die Auflösung einer Verlobung auch in der öffentlichen Verlobung mit einem anderen liegen kann.

2. Lebensgemeinschaften als gleichgestellte Beziehungen

§ 383 Abs. 1 Nr. 1 ist **weder** auf **Liebesbeziehungen**[6] **noch** auf **Freundschaften** analog anzuwenden,[7] weil die persönliche Bindung in diesem Rahmen von so unterschiedlicher Intensität sein kann, dass nicht regelmäßig von der für die Zeugnisverweigerungsrechte des § 383 Abs. 1 Nr. 1–3 typischen Konfliktlage ausgegangen werden kann.

Doch kommt eine entsprechende Anwendung des § 383 Abs. 1 Nr. 1 auf **nichteheliche Lebensgemeinschaften** in Betracht.[8] Der hiergegen erhobene Einwand, der Gesetzgeber habe nicht auf die Konfliktsituation, sondern auf formale Kriterien abgestellt,[9] ist nicht überzeugend, weil ein formales Kriterium gerade **beim Verlöbnis nicht** gibt. Der Gesetzgeber hat sich bei den Weigerungsgründen des § 383 Abs. 1 Nr. 1–3 an den gesetzlich geregelten familienrechtlichen Kategorien orientiert. Mittlerweile ist jedoch die nichteheliche oder eheähnliche Lebensgemeinschaft eine **faktisch etablierte familienrechtliche Kategorie**, deren Auflösung besonderen Rechtsregeln unterworfen wird (zu den Auswirkungen auf Kinder Rz. 28).

So versteht die **Rechtsprechung** unter der **eheähnlichen Gemeinschaft** eine Lebensgemeinschaft zwischen einem Mann und einer Frau, die auf Dauer angelegt ist, daneben keine weitere Lebensgemeinschaft gleicher Art zulässt und sich durch **innere Bindungen** auszeichnet, die ein gegenseitiges Einstehen der Partner füreinander begründen, also über die Beziehungen in einer reinen Haushalts- und Wirtschafts-

---

1 RGZ 170, 72, 75 f.; RG Seuff.Arch. 78 Nr. 191, S. 315; OLG Karlsruhe NJW 1988, 3023; zu § 52 Abs. 1 Nr. 1 StPO vgl. BVerfG NJW 1987, 2807 (LS): kein Zeugnisverweigerungsrecht wegen Verlöbnisses, wenn die Ehe noch nicht wirksam geschieden ist; BGH FamRZ 1984, 386; BGH VRS 36, 20, 22: jedenfalls nicht, solange Ehescheidung noch nicht betrieben wird; zu § 11 Abs. 1 Nr. 1 StGB BayObLG FamRZ 1983, 277; Palandt/*Brudermüller*[73] Einf. vor § 1297 Rz. 1; ausnahmsweise anders OLG Schleswig NJW 1950, 899 für das Verlöbnis der Ehefrau, die vom Tod ihres vermissten Ehemannes überzeugt ist.
2 RGZ 105, 245 f.
3 RGZ 61, 267, 271 f.; RG JW 1906, 9.
4 RGSt 31, 142 (zu § 51 StPO).
5 RGZ 80, 88, 90; RGZ 163, 280, 286.
6 RGSt 24, 155, 156; RG JW 1928, 3047 Nr. 18.
7 MünchKommZPO/*Damrau*[4] § 383 Rz. 15.
8 So auch Staudinger/*Löhnig* (2012) Anh. zu §§ 1297 ff. Rz. 264 m.w.N.; a.A. MünchKommZPO/*Damrau*[4] § 383 Rz. 15; Zöller/*Greger*[30] § 383 Rz. 8.
9 MünchKommZPO/*Damrau*[4] § 383 Rz. 15.

gemeinschaft hinausgeht.¹ Mit Hilfe dieser inhaltlichen Kriterien dürfte die Feststellung einer nichtehelichen Lebensgemeinschaft **keine größeren Schwierigkeiten** bereiten **als** die Feststellung eines **Verlöbnisses**. Da das Verlöbnis ein Zusammenleben der Verlobten nicht voraussetzt, ist die Gefahr einer missbräuchlichen Berufung auf § 383 Abs. 1 Nr. 1 dabei sogar größer als bei der nichtehelichen Lebensgemeinschaft.²

16 Kein überzeugendes Argument gegen die entsprechende Anwendung der Nr. 1 auf **nichteheliche Lebensgemeinschaften** ist der Umstand, dass der Gesetzgeber der CPO gezögert hat, das Verlöbnis als Weigerungsgrund anzuerkennen.³ Denn der **Gesetzgeber** hat Verlobte einer Partei **trotz gewisser Bedenken berücksichtigt**, weil er meinte, dass Verlobten „bei dem zwischen ihnen bestehenden nahem Verhältnisse das Recht der Zeugnisablehnung nicht füglich entzogen werden könne" und dass eine missbräuchliche Berufung auf ein bestehendes Verlöbnis nur in seltenen Fällen vorkommen werde.⁴

17 Die Entscheidung für die Anerkennung des Verlöbnisses als Weigerungsgrund ist danach gerade darauf zurückzuführen, dass es dem Gesetzgeber wesentlich auf die bei **Verlobten vermutete Konfliktlage** ankam. In Anbetracht der bei Partnern einer nichtehelichen Lebensgemeinschaft vergleichbaren, wenn nicht aufgrund des eheähnlichen Zusammenlebens verschärften Konfliktlage muss es deshalb unbillig erscheinen, die nichteheliche Lebensgemeinschaft nicht als Weigerungsrund anzuerkennen. Dabei ist auch zu berücksichtigen, dass **heute** nicht das Verlöbnis, sondern die nichteheliche Lebensgemeinschaft ein **häufig übliches Vorstadium zur Ehe** ist, mit dem das für eine Ehe typische Vertrauensverhältnis begründet und ein gemeinsamer privater Lebensraum geschaffen wird. Zu bedenken ist weiter, dass ein Verlöbnis zu Zeiten der Verabschiedung der CPO nicht einmal bedeutete, dass die Verlobten zusammen lebten. Ein Ausmaß an Familiarität, wie es in der nichtehelichen Lebensgemeinschaft üblich ist, wird deshalb bei Verlobten selten bestanden haben. Gleichwohl hat der Gesetzgeber der CPO das „nahe Verhältnis" zwischen den Verlobten als ausreichenden Grund für ein Zeugnisverweigerungsrecht angesehen.

18 Der in allen Fällen des § 383 Abs. 1 Nr. 1–3 zu erwartende **Konflikts** zwischen prozessualer Wahrheitspflicht und Rücksichtnahme auf ein privat begründetes Vertrauensverhältnis tritt **in gleicher Weise** auf, wenn der Zeuge mit einer Partei **in nichtehelicher Lebensgemeinschaft** lebt. Die derzeitige Rechtslage für nichteheliche Lebensgemeinschaften ist nicht mehr zeitgemäß. Es liegt eine **planwidrige Regelungslücke** vor, die nachträglich durch den Wandel der üblichen Formen familiären Zusammenlebens entstanden ist. Um die Wertungswidersprüche, die durch die Privilegierung des Verlöbnisses als klassisches Vorstadium der Ehe entstanden sind, zu beseitigen, ist eine **analoge Anwendung des § 383 Abs. 1 Nr. 1** auf die nichteheliche Lebensgemeinschaft geboten.⁵

19 Der **EGMR** hat sich mit der Lebenspartnerschaft unter dem Gesichtspunkt einer Verletzung des **Art. 8 EMRK** befasst. Ausgangspunkt war die Vernehmung in einem niederländischen Strafverfahren. Der Schutz des Familienlebens nach Art. 8 EMRK wird auf de facto-Beziehungen erstreckt.⁶ Wegen der unterschiedlichen Interessenbewertungen der dahinter stehenden ethischen Fragen in den Mitgliedstaaten des Europarates hat der EGMR dem nationalen Gesetzgeber einen weiten Ermessensspielraum ge-

---
1 BVerfGE 87, 234, 264 = NJW 1993, 643, 645; BVerfG FamRZ 1999, 1053.
2 In diesem Sinne auch Staudinger/*Löhnig* (2012) Anh. zu §§ 1297 ff. Rz. 264.
3 So MünchKommZPO/*Damrau*⁴ § 383 Rz. 15 zur Begründung der Gegenauffassung.
4 Hahn/Stegemann Bd. II/1 S. 312, zu §§ 336–338 CPO.
5 Ebenso Staudinger/*Löhnig* (2012) Anh. zu §§ 1297 ff. Rz. 264 f.; *Gzriwotz* Nichteheliche Lebensgemeinschaft³ § 11 Rz. 54; *Coester-Waltjen* NJW 1988, 2085, 2087.
6 EGMR, Urt. v. 3.4.2012 – RS 42857/05 – van der Heijden, NJW 2014, 39 Rz. 50.

geben und eine menschenrechtliche Verpflichtung zur **Gleichstellung mit** einer **Ehe verneint**.[1]

Ein über die gesetzliche Vorschrift hinausgehendes Zeugnisverweigerungsrecht wegen einer **engen Beziehung** zwischen dem Zeugen und einer Partei **außerhalb** einer **noch bestehenden Ehe scheidet** dagegen **aus**, weil dies dem Schutz der Ehe durch Art. 6 Abs. 1 GG zuwiderliefe.[2]   20

IV. Ehe

Nach § 383 Abs. 1 Nr. 2 ist zur Zeugnisverweigerung berechtigt, wer mit einer Partei verheiratet ist oder verheiratet war. Kein Recht zur Zeugnisverweigerung folgt aus einer „**Nicht-Ehe**", d.h. wenn der Eheschließungsakt wegen eines schwerwiegenden Fehlers gescheitert ist, etwa weil er im Inland nicht vor einem Standesbeamten stattgefunden hat (§ 1310 Abs. 1 S. 1 BGB), oder weil nicht von beiden Personen eine Ehewillenserklärung vorliegt. Hingegen berechtigt eine nach § 1313 BGB **aufhebbare Ehe** zur Zeugnisverweigerung, weil die Eheschließung trotz ihrer Fehlerhaftigkeit nicht unbeachtlich ist und die Ehe wegen des Fehlers nur für die Zukunft aufgehoben werden kann.   21

Besteht eine Ehe „nicht mehr", ändert dies nach § 383 Abs. 1 Nr. 2 nichts an dem Recht, das Zeugnis zu verweigern, wenn der frühere Ehepartner Partei ist. In Betracht kommen insoweit **nur Fälle**, in denen die **Ehe geschieden oder aufgehoben** ist. Ist die Ehe **durch Tod aufgelöst**, kommt allenfalls ein Zeugnisverweigerungsrecht aus § 384 in Frage. Eine Ehe, die als zweite Ehe wegen Verletzung des Verbots der **Doppelehe** (§ 1306 BGB) aufhebbar, aber wirksam ist, berechtigt bis zu ihrer Aufhebung zur Zeugnisverweigerung gem. § 383 Abs. 1 Nr. 2.[3]   22

Kein Zeugnisverweigerungsrecht **nach** § 383 Abs. 1 **Nr. 2** besitzt der Partner einer Partei, der mit dieser in nichtehelicher Lebensgemeinschaft lebt[4] (zur analogen Anwendung des § 383 Abs. 1 Nr. 1 s. zuvor Rz. 14).   23

V. Lebenspartnerschaft

Die Vorschrift berechtigt **amtlich registrierte gleichgeschlechtliche Lebenspartner** zur Zeugnisverweigerung in einem Rechtsstreit, in dem ihr Lebenspartner Partei ist. Auf **nicht registrierte** gleichgeschlechtliche Lebenspartner findet die Vorschrift **keine Anwendung**. Insoweit gilt nichts anderes als für nach Nr. 2 für die Partner einer nichtehelichen Lebensgemeinschaft (zuvor Rz. 23).   24

Für die **Belehrung** nach § 383 Abs. 2 gelten grundsätzlich keine Besonderheiten. Da die Bedeutung des Begriffs „Lebenspartner" i.S.d. Nr. 2 vom gewöhnlichen Sprachgebrauch abweicht, kann es allerdings geboten sein, die **rechtliche Begriffsbedeutung klarzustellen**. Anderenfalls könnten auch die Partner einer nichtehelichen Lebensgemeinschaft oder nicht im Lebenspartnerschaftsregister erfasste gleichgeschlechtliche Lebenspartner die Vorschrift irrtümlich auf sich beziehen.   25

---

1 EGMR NJW 2014, 39 Rz. 60 und 69.
2 Zu der Parallelvorschrift des § 52 Abs. 1 Nr. 1 StPO vgl. BVerfG FamRZ 1999, 1053.
3 Vgl. RGSt 41, 113, 114 ff.
4 Zöller/*Greger*[30] § 383 Rz. 9; Stein/Jonas/*Berger*[22] § 383 Rz. 27.

VI. Verwandtschaft und Schwägerschaft

1. Blutsverwandtschaft

26 Die mit einer Partei näher verwandten und verschwägerten Personen sind zeugnisverweigerungsberechtigt. Verwandtschaft und Schwägerschaft ist solche i.S.d. **§§ 1589 ff. BGB**. § 383 Abs. 1 Nr. 3 **unterscheidet** zwischen der Verwandtschaft bzw. Schwägerschaft in **gerader Linie** und in der **Seitenlinie**. Während das Zeugnisverweigerungsrecht in der Seitenlinie vom Grad der Verwandtschaft oder Schwägerschaft abhängt, sind **in gerader Linie sämtliche** verwandten oder verschwägerten Personen zeugnisverweigerungsberechtigt, wenn einer von ihnen Partei ist.

27 In **gerader Linie verwandt** (§ 1589 Abs. 1 S. 1 BGB) sind Kinder mit ihren Eltern, Großeltern, Urgroßeltern etc., in gerader Linie **verschwägert** (§§ 1590 Abs. 1, 1589 Abs. 1 S. 1 BGB) sind die Schwiegersöhne und -töchter mit ihren Schwiegereltern, Schwiegergroßeltern etc. In der **Seitenlinie** (§ 1589 Abs. 1 S. 2 BGB) gehören zu den Verwandten zweiten Grades (§ 1589 Abs. 1 S. 3 BGB) die halb- und vollbürtigen Geschwister und zu den Verwandten dritten Grades die halb- und vollbürtigen Geschwister der Eltern. Die **Schwägerschaft** berechtigt in der Seitenlinie **nur bis zum zweiten Grad** zur Zeugnisverweigerung. Verweigerungsberechtigt sind also nur die Ehepartner der Geschwister einer Partei, nicht aber Schwippschwäger, also der Ehepartner eines Geschwisters, wenn der Ehepartner des anderen Geschwisters Partei ist, und ebenso wenig Verwandte des Ehepartners eines Geschwisters.

2. Nichteheliches Kind

28 Sind die **Eltern** eines Kindes **nicht** miteinander **verheiratet**, besteht **zwischen Vater und Kind** nur dann ein Verwandtschaftsverhältnis im Rechtssinne, wenn beide Elternteile (und ggf. das Kind) die Vaterschaft nach §§ 1594 ff. BGB **anerkannt** haben **oder** die Vaterschaft **gerichtlich festgestellt** worden ist. Entsprechend ist auch ein Zeugnisverweigerungsrecht nach § 383 Abs. 1 Nr. 3 im **Verhältnis Vater-Kind** etc. nur dann gegeben, wenn das jeweilige Verwandtschafts- bzw. Schwägerschaftsverhältnis zwischen dem Zeugen und einer Partei feststeht. Herrscht hierüber Unklarheit, scheidet ein Aussageverweigerungsrecht gem. § 383 Abs. 1 Nr. 3 aus, bis die Verwandtschaftsbeziehungen in einem Vaterschaftsfeststellungsverfahren (§ 1600d BGB) rechtskräftig festgestellt sind.[1]

29 Die nicht miteinander verheirateten **Eltern** eines Kindes sind miteinander weder verwandt noch verschwägert und haben deshalb **untereinander kein Zeugnisverweigerungsrecht**. Dies ist besonders misslich, wenn die Eltern eine **nichteheliche Lebensgemeinschaft** führen (dazu Rz. 14).

30 Die erfolgreiche **Anfechtung der Vaterschaft** nach § 1599 BGB **beseitigt** die auf die vermeintliche Vaterschaft gegründeten Zeugnisverweigerungsrechte,[2] da das Gestaltungsurteil die Vaterschaft mit **Rückwirkung** auf den Tag der Geburt des Kindes beseitigt[3] und somit frühere Verwandtschaft nicht vorliegt.

---

1 Vgl. insoweit etwa OLG Karlsruhe NJW 1990, 2758.
2 Anders, aber unrichtig, weil sie nicht zwischen dem Erlöschen der Verwandtschaftsverhältnisse *ex nunc* und *ex tunc* differenzieren, Stein/Jonas/*Berger*[22] § 383 Rz. 27; MünchKommZPO/*Damrau*[4] § 383 Rz. 18.
3 Palandt/*Brudermüller*[73] § 1599 Rz. 8.

3. Gesetzliche Verwandtschaft

Eine **Adoption** ist ohne Einfluss auf die bisherigen Zeugnisverweigerungsrechte wegen Verwandtschaft und Schwägerschaft, weil sie ihre **Wirkung ex nunc**[1] entfaltet und nach § 383 Abs. 1 Nr. 3 auch **frühere Verwandtschaft oder Schwägerschaft** zur Zeugnisverweigerung berechtigen. Die Adoption Volljähriger ändert schon deshalb nichts an den **bisherigen Zeugnisverweigerungsrechten**, weil sie das Verhältnis zu den leiblichen Verwandten ohnehin nicht berührt[2] (§ 1770 BGB). Mit der Adoption treten aber Zeugnisverweigerungsrechte hinzu, soweit **neue Verwandtschafts- und Schwägerschaftsverhältnisse** begründet werden, also bei der Annahme eines Minderjährigen gem. § 1754 BGB in vollem Umfang, bei der Annahme als Volljähriger gem. § 1770 BGB nur in Bezug auf den Annehmenden, soweit die Annahme nicht ausnahmsweise mit den Wirkungen der Minderjährigenannahme (§ 1772 BGB) erfolgt. Eine spätere **Aufhebung der Annahme** ändert nichts an den durch die Adoption begründeten Zeugnisverweigerungsrechten,[3] da auch die Aufhebung Wirkung nur **für die Zukunft** entfaltet (§ 1764 Abs. 1 S. 1 BGB) und damit frühere Verwandtschaft bzw. Schwägerschaft vorliegt.

31

§ 123 Zeugnisverweigerungsrechte von Berufsgeheimnisträgern

I. Schutz der Vertrauensbeziehung

Die in § 383 Nr. 4–6 normierten Zeugnisverweigerungsrechte schützen aus verschiedenen Gründen die **Vertrauensbeziehung**, die die Berechtigten **aufgrund** ihrer **beruflichen Stellung** zu Dritten aufbauen, indem sie den betroffenen Berufsgeheimnisträgern ermöglichen, Vertraulichkeit über die im Rahmen ihrer beruflichen Tätigkeit erlangten Informationen zu wahren. Während § 383 Abs. 1 Nr. 4, 6 das den Berufsgeheimnisträgern entgegengebrachte Vertrauen um des Vertrauensgebers willen schützen, zielt die nachträglich eingefügte Vorschrift des § 383 Abs. 1 Nr. 5 auf den Schutz der Presse- und Rundfunkfreiheit.

32

II. Geistliche

1. Normzweck

§ 383 Abs. 1 Nr. 4 betrifft Geistliche, **soweit** sie **seelsorgerisch tätig** sind. Nach der Vorstellung des Gesetzgebers der CPO schützt die Vorschrift das Beichtsiegel und die **geistliche Amtsverschwiegenheit**.[4] Bei § 383 Abs. 1 Nr. 4 dient der Schutz der Vertrauensbeziehung zunächst – wie bei Nr. 6 – der **Wahrung der Persönlichkeitsrechte** desjenigen, der sich dem Seelsorger anvertraut. Das seelsorgerische Gespräch mit einem Geistlichen gehört zum Kernbereich privater Lebensführung, in den der Staat nicht eingreifen darf.[5] Darüber hinaus schützt § 383 Abs. 1 Nr. 4 die **Religionsfreiheit** (Art. 4 Abs. 1 und 2 GG),[6] denn die Inanspruchnahme der seelsorgerischen Tätigkeit ist Religionsausübung. Hierdurch ist auch die gesonderte Regelung des Zeugnisverweigerungsrechts geistlicher Seelsorger gerechtfertigt.

33

---

1 Vgl. Staudinger/*Frank* (2001) § 1755 Rz. 7.
2 Palandt/*Götz*[73] § 1770 Rz. 2.
3 Stein/Jonas/*Berger*[22] § 383 Rz. 27; überholt ist die Gegenauffassung des BGH NJW 1969, 1633 zu § 52 Abs. 1 Nr. 3 StPO.
4 Hahn/Stegemann Mat. II/1 S. 312, zu §§ 336–338 CPO.
5 BVerfG (K) NJW 2007, 1865 Rz. 18.
6 BVerfGE 109, 279 = NJW 2004, 999, 1004 – akustische Raumüberwachung.

2. Begriff „Geistlicher"

34 Eine genaue Bestimmung des Geltungsumfangs der Vorschrift ist schwierig, weil die Begriffe des Geistlichen und der Seelsorge im **allgemeinen Sprachgebrauch nicht einheitlich** verwendet werden und auch ihre rechtliche Bedeutung streitig ist. Der Begriff ‚Geistlicher' ist seit dem 15. Jhdt. **Standesbezeichnung für** den **Klerus**,[1] d.h. nach katholischem Kirchenrecht für denjenigen, der durch die Diakonatsweihe dem geistlichen Dienst geweiht ist; die Weihe grenzt ihn von den Laien ab.[2] Der BGH hat der Funktionsübertragung der Seelsorgeausübung auf weisungsunabhängig tätige Laien in der katholischen Kirche Rechnung getragen, die dem Priestermangel geschuldet ist, und hat **Laien ohne Priester- oder Diakonatsweihe** als Geistliche statt als deren Berufshelfer anerkannt.[3]

35 Wegen des staatlichen Neutralitätsgebotes ist der Rechtsbegriff nicht den Angehörigen der katholischen Kirche vorbehalten. Vielmehr ist er auf die eigenverantwortlich tätigen **seelsorgerischen Diener sämtlicher Religionsgesellschaften** i.S.d. Art. 4 Abs. 1 und 2 GG, Art. 137 Abs. 2 WRV i.V.m. Art. 140 GG anzuwenden.

36 Der Begriff des Geistlichen i.S.d. § 383 Abs. 1 Nr. 4 umfasst nicht nur die Amtsträger der **staatlich anerkannten öffentlich-rechtlichen Religionsgesellschaften** (Art. 140 GG i.V.m. Art. 137 Abs. 5 WRV),[4] sondern auch Personen mit einer vergleichbaren Stellung **in anderen Vereinigungen mit religiösen Zielen**, die unter Art. 137 Abs. 2 WRV subsumiert werden können.[5] Bei **nicht staatlich anerkannten** Religionsgesellschaften wird man verlangen müssen, dass nicht nur die Stellung als Geistlicher, sondern auch das Vorliegen einer **Glaubensgemeinschaft** glaubhaft gemacht wird. Wenig überzeugend ist es, die Anwendung der Vorschrift auf Religionsdiener **nicht staatlich anerkannter Glaubensgemeinschaften** damit zu begründen, dass es nicht auf das Amt, sondern auf die Vertrauensstellung ankomme.[6] Die Vertrauensstellung ist gerade kein selbständiges Spezifikum der Nr. 4. Auch fiele der Geistliche andernfalls nicht zwangsläufig unter Nr. 6,[7] denn als **Amt i.S.d. Nr. 6** lassen sich **kirchliche Ämter nicht** ohne Weiteres begreifen.

3. In Ausübung der Seelsorge anvertraute Tatsachen

37 Nach Nr. 4 darf ein Geistlicher das Zeugnis nur verweigern, soweit er über Tatsachen aussagen soll, die ihm bei der Ausübung der Seelsorge anvertraut sind. **Unklar** ist, was unter dem **Begriff der Seelsorge** zu verstehen ist. Der Sprachgebrauch der Kirchen ist uneinheitlich,[8] und es haben sich im 20. Jhdt. beachtliche Bedeutungsverschiebungen ergeben.[9]

---

1 Brockhaus – Die Enzyklopädie[20], Bd. 8, Artikel ‚Geistliche'.
2 Brockhaus – Die Enzyklopädie[20], Bd. 12, Artikel ‚Klerus'.
3 BGH NJW 2007, 307 Rz. 8 f. (zu § 53 StPO, hauptamtliche Tätigkeit als Seelsorger in JVA; Verfassungsbeschwerde dagegen verworfen von BVerfG NJW 2007, 1865); ebenso *Ling* GA 2001, 325, 332.
4 So aber *Zöller/Greger*[30] § 383 Rz. 11; MünchKommZPO/*Damrau*[4] § 383 Rz. 22 (lediglich Zeugnisverweigerungsrecht nach Nr. 6). Entsprechend zu § 53 Abs. 1 Nr. 1 StPO Löwe/Rosenberg/*Ignor/Bertheau* StPO[26] § 53 Rz. 21. Wie hier BGH (4. StS) NStZ 2010, 646 Rz. 18 (mit dem staatlichen Neutralitätsgebot argumentierend); *Meyer-Goßner* StPO[55] § 53 Rz. 12.
5 Ähnlich *Peters* Strafprozeß[4], S. 350; *Haas* NJW 1990, 3253, 3254 zu § 53 Abs. 1 Nr. 1 StPO.
6 So Baumbach/Lauterbach/*Hartmann*[71] § 383 Rz. 5; Stein/Jonas/*Berger*[22] § 383 Rz. 29; wohl auch BGH (4. StS) NStZ 2010, 646 Rz. 23.
7 So aber Stein/Jonas/*Berger*[22] § 383 Rz. 29; *Zöller/Greger*[30] § 383 Rz. 11.
8 *Holtz* in: Die Religion in Geschichte und Gegenwart[3], Bd. 5, Artikel ‚Seelsorge'.
9 *Müller* Lexikon für Theologie und Kirche[3] Bd. 9, Artikel ‚Seelsorge', Sp. 383 ff.

Heute ist der Begriff der Seelsorge gebräuchlich für die **kirchliche Hilfe für einzelne** 38
und Gruppen in Krisen und Konflikten unter seelischem Aspekt und mit seelischen
Mitteln, wobei eine theologisch qualifizierte Reflexion, Motivation und Intention
notwendig ist.[1] In der Praxis steht **nicht mehr** die **Beichte** im Vordergrund, **sondern
das Seelsorgegespräch**, das zufällig, bei Hausbesuchen, im Pfarrhaus, in Beratungsstellen, an Freizeitorten oder bei Notfällen stattfinden kann.[2] Es ist deshalb richtig,
auch den Versuch eines Geistlichen, **in einem Ehestreit zu vermitteln**,[3] als Ausübung
der Seelsorge zu begreifen.

Anvertraute Tatsachen sind sämtliche Tatsachen, die der Geistliche **bei** seiner **seel-** 39
sorgerischen Tätigkeit wahrgenommen hat und die eine Geheimhaltung verlangen.[4]
Unerheblich ist, ob der Geistliche zur Geheimhaltung aufgefordert worden ist. Es ist
gleich, wie er die Tatsachen erfahren hat, solange ihr Bekanntwerden mit der Seelsorge in Zusammenhang steht. Kritisch zu sehen ist eine vom BGH benutzte Formel,
die darauf abstellt, ob der Geistliche die Beweistatsache nicht in seiner Eigenschaft
als Seelsorger, sondern nur „bei Gelegenheit der Ausübung der Seelsorge" erfahren
hat.[5] Anzuwenden ist ein **objektiver Maßstab**. In Zweifelsfällen soll aber die **Gewissensentscheidung** des Geistlichen maßgebend sein.[6] Ein Aussageverweigerungsrecht
besteht daher **nicht nur** hinsichtlich des **Inhalts der Beichte**, sondern auch in Bezug
auf die Frage, **ob** jemand **gebeichtet** hat.[7]

Nicht Teil der **Seelsorge** sind Tätigkeiten ausschließlich **karitativer, erzieherischer** 40
oder verwaltender Natur,[8] etwa der Vermögenserwerb für die Kirche.[9] **Nicht** erfasst
ist auch, was einem Geistlichen **außerhalb** der Seelsorge anvertraut ist.[10] Gleiches
gilt für Mitteilungen, die der Geistliche einem Dritten über seine seelsorgerische Tätigkeit gemacht hat.[11]

III. In Presse und Rundfunk tätige Personen

1. Funktionsschutz als Normzweck

Die Vorschrift ist 1975 eingefügt worden. Die darin bezeichneten Personen besaßen 41
allerdings überwiegend auch zuvor ein Zeugnisverweigerungsrecht, soweit es sich aus
§ 383 Nr. 6 oder § 384 Nr. 3 ergab. § 383 Abs. 1 Nr. 5 **ähnelt** der Vorschrift des **§ 53**
Abs. 1 S. 1 Nr. 5 StPO,[12] hat nach dessen Neuregelung aber einer **geringere Reichweite**
als dieser. Die durch § 383 Abs. 1 Nr. 5 geschaffene Ausnahme von der allgemeinen
Zeugnispflicht ist kein persönliches Privileg der Presseangehörigen.[13] Vielmehr soll

---

1 *Stollberg* Evangelisches Kirchenlexikon[3] Bd. 4, Artikel ‚Seelsorge', Sp. 175.
2 *Hauschildt* Theologische Realenzyklopädie Bd. 31, Artikel ‚Seelsorge II', S. 40 ff.
3 LG Nürnberg-Fürth FamRZ 1964, 513.
4 OLG Nürnberg FamRZ 1963, 260, 261; LG Nürnberg-Fürth FamRZ 1964, 513, 514; vgl. Stein/
 Jonas/*Berger*[22] § 383 Rz. 30 Fn. 50 zur Verwendung des Begriffes ‚anvertraut' unter Hinweis
 auf die Entstehungsgeschichte der Parallelvorschrift des § 53 Abs. 1 Nr. 1 StPO; siehe auch
 RG HRR 1928 Nr. 1674 zu § 53 Abs. 1 Nr. 3 StPO.
5 BGH NJW 2007, 307 Rz. 6, gebilligt von BVerfG NJW 2007, 1865 Rz. 14 (Ausklammerung der
 Weiterleitung von Briefen).
6 BGH NJW 2007, 307 Rz. 6.
7 RG HRR 1928 Nr. 1674 zu § 53 Abs. 1 Nr. 3 StPO.
8 BGH NJW 2007, 307 Rz. 6 (zu § 53 StPO); *Dallinger* JZ 1953, 436.
9 A.A. OLG Zweibrücken Seuff.Arch. 57 (1902), 475 f., Nr. 253 für den Empfang von Geld zu
 seelsorgerischen Zwecken.
10 OLG Nürnberg FamRZ 1963, 260, 261.
11 RG Seuff.Arch. 39 (1884), 91 Nr. 58.
12 Dazu etwa BGHSt 36, 298 = NJW 1990, 525; vgl. auch BT-Drucks. 7/2539, S. 14.
13 BVerfGE 20, 162, 176; BVerfGE 36, 193, 204; BVerfG NJW 2002, 592; BGH NJW-RR 2013, 159
 Rz. 11.

§ 383 Abs. 1 Nr. 5 die **Funktionsfähigkeit von Presse und Rundfunk** gewährleisten, weil diese **als Kontrollorgane in der Demokratie** unverzichtbar sind.[1] Notwendige Bedingung dafür ist der Schutz der Vertraulichkeit des Worts und der Information im Verhältnis zwischen Informanten und Mitarbeitern von Presse und Rundfunk.[2] Presse und Rundfunk können auf private Mitteilungen nicht verzichten; diese Informationsquelle fließt aber nur dann, wenn sich der Informant grundsätzlich auf die **Wahrung des Redaktionsgeheimnisses** verlassen kann.[3] Dabei darf aber nicht außer Acht gelassen werden, dass § 383 Abs. 1 Nr. 5 die Vertraulichkeit anders als § 383 Abs. 1 Nr. 6, der im Einzelfall ebenfalls angewendet werden kann, nicht um ihrer selbst willen schützt: Grund und Zweck des Zeugnisverweigerungsrechts gem. § 383 Abs. 1 Nr. 5 ist der Schutz der **Institution der Presse**.[4] Deshalb ist es auch nicht an die Schweigepflicht gebunden.[5]

2. Umfang des Schutzes

42 Die Reichweite des Zeugnisverweigerungsrechts ist mit Blick darauf zu bestimmen, dass die Funktionsfähigkeit von Presse und Rundfunk gewahrt werden soll.[6] Das Weigerungsrecht ist nicht auf die klassischen Medien beschränkt, sondern gilt auch für **alle Informations- und Kommunikationsdienste**, die über das Internet verbreitet werden.

43 Vor diesem Hintergrund wird der **Informant** durch § 383 Abs. 1 Nr. 5 **umfassend vor seiner Enttarnung geschützt**.[7] Das Zeugnisverweigerungsrecht besteht deshalb nicht nur bei Fragen unmittelbar nach der **Identität des Betroffenen**, sondern auch bei solchen, aus denen sich diese nur mittelbar ergeben kann.[8] Pressevertreter sind grundsätzlich weder verpflichtet, über die **Person** des Verfassers eines Artikels,[9] des Gesprächspartners, Einsenders oder Gewährsmannes auszusagen, noch über den **Inhalt der** von diesen Personen erlangten Auskünfte, Unterlagen oder sonstigen **Mitteilungen**.[10]

44 Dem **Informantenschutz** unterliegt nicht nur das Wissen, das der Zeuge durch die verbalen Mitteilungen des Informanten erlangt hat, sondern **alles, was** er bei der Anbahnung, Durchführung und Verwertung eines Interviews **infolge der Bereitschaft** des

---

1 BVerfGE 36, 193, 204 = NJW 1974, 356, 358; OLG München OLGZ 1989, 327 = NJW 1989, 1226; OLG Dresden NJW-RR 2002, 342. S. auch EGMR NJW 2008, 2563 Rz. 64; EGMR NJW 2013, 3709 Rz. 99 (jeweils zu Art. 10 EMRK).
2 BVerfGE 66, 116, 133 ff. = NJW 1984, 1741, 1742; BGH NJW-RR 2013, 159 Rz. 11; OLG Dresden NJW-RR 2002, 342 f.
3 BVerfGE 20, 162, 176; BVerfGE 36, 193, 204 = NJW 1974, 356, 358; BVerfGE 66, 116, 134 = NJW 1984, 1741, 1742. Zum Quellenschutz nach Art. 10 EMRK: EGMR NJW 2013, 3709 Rz. 99 und 123.
4 BVerfGE 20, 162, 176; BVerfGE 36, 193, 204 = NJW 1974, 356, 358; BVerfGE 109, 279 = NJW 2004, 999, 1004 – akustische Raumüberwachung; OLG München OLGZ 1989, 327, 328 = NJW 1989, 1226.
5 *Groß* ZUM 1994, 214, 223.
6 Vgl. zu § 53 Abs. 1 S. 1 Nr. 5 StPO BGHSt 36, 298, 301 = NJW 1990, 525, 526; BGHSt 28, 240, 247 = NJW 1979, 1212, 1215 f.
7 Zu § 53 Abs. 1 S. 1 Nr. 5, S. 2 StPO BGHSt 36, 298, 303 = NJW 1990, 525, 526.
8 OLG Dresden NJW-RR 2002, 342, 343; zu § 53 Abs. 1 S. 1 Nr. 5, S. 2 StPO BGHSt 36, 298, 303 = NJW 1990, 525, 526; BT-Drucks. 7/2539, S. 14 unter Hinweis auf die Begründung zu § 53 Abs. 1 Nr. 5 StPO S. 10.
9 Darauf gestützt auch einen Auskunftsanspruch im Rahmen eines behaupteten Deliktsrechtsverhältnisses verneinend OLG Frankfurt, Urt. v. 28.7.2009 – 16 U 257/08.
10 OLG Dresden NJW-RR 2002, 342, 343; OLG Frankfurt, Beschl. v. 24.10.2006 – 2 Ws 159/06; Zöller/*Greger*[30] § 383 Rz. 15. Zur strafprozessualen Beschlagnahmefreiheit von Datenträgern BVerfGE 117, 244 = NJW 2007, 1117 – Cicero.

Informanten zu einem Interview **erfahren** hat.¹ Auch Fragen nach dem Zustandekommen oder den **Umständen eines Interviews** sowie über Tatsachen, die sich in dem Interview bzw. der Presseveröffentlichung nicht niedergeschlagen haben, muss der Journalist nicht beantworten.² Ohne Bedeutung ist dabei, ob der Informant von sich aus an den Pressevertreter herangetreten ist und dessen Verschwiegenheit erwartet oder ob der Journalist den Informanten erst nach eigenen Recherchen gefunden hat.³

Ergebnisse eigener Recherchen muss der Journalist preisgeben, es sei denn sie können im Einzelfall zur Enttarnung des Informanten führen, weil sie mit der „Fremdinformation" **untrennbar** verbunden sind.⁴ 45

Der Gesetzgeber hat das Zeugnisverweigerungsrecht auf den **redaktionellen Teil** von Presseerzeugnissen beschränkt, da in der Regel nur dieser, **nicht** aber der **Anzeigenteil** der Kontrolle und der Meinungsbildung dient.⁵ Zwar genießt auch der Anzeigenteil den Schutz der Pressefreiheit, weil das Anzeigengeschäft die Unabhängigkeit der Presse sichert. Das gebietet es, das Vertrauensverhältnis zwischen Presse und Auftraggeber einer **Chiffreanzeige** zu schützen.⁶ Jedoch ist bei der **Abwägung**, die den **Schranken** gem. Art. 5 Abs. 2 GG bestimmt, zu berücksichtigen, dass Anzeigen regelmäßig keinen Beitrag zur öffentlichen Meinungsbildung enthalten und nichts mit den Kontrollaufgaben der Presse zu tun haben.⁷ Bei redaktionell unbearbeitet in ein **Internetforum** eingestellten anonymen Äußerungen besteht ebenfalls kein Zeugnisverweigerungsrecht der Mitarbeiter des Onlinedienstes über die Person des Äußernden.⁸ 46

Das Zeugnisverweigerungsrecht gilt auch für **Mitteilungen mit kriminellem Hintergrund**, enthält also keine Einschränkung bei schweren Straftaten. Dies gilt für den Zivilprozess noch mehr als für den Strafprozess.⁹ 47

Der Schutzbereich des § 383 Abs. 1 Nr. 5 ist **nicht** mehr **berührt**, wenn ein Pressevertreter **sich selbst als Autor** eines Artikels bezeichnet und hierin seinen Gewährsmann mit wörtlichen Zitaten bekannt gegeben hat. Denn **im Umfang der** bereits erfolgten **Veröffentlichung** kann das Vertrauensverhältnis zwischen Presse und Gewährsmann, das im Interesse der Sicherung der **Nachrichtenbeschaffung** von § 383 Abs. 1 Nr. 5 zu schützen wäre, durch die Zeugenaussage **nicht tangiert** werden.¹⁰ Entweder ist es – bei Veröffentlichung ohne Einwilligung des Gewährsmannes – **nachträglich entfallen**, oder es bedurfte bei entsprechender Einwilligung des Gewährsmanns – **von vornherein keines Schutzes**. 48

Will das Gericht den Pressevertreter nur über die Frage vernehmen, ob bereits **veröffentlichte Informationen zutreffen**, besteht **kein Zeugnisverweigerungsrecht**, weil weder der Inhalt des Informationsgesprächs im Übrigen noch bei falscher Zuschreibung der Information die Identität des wahren Informanten offenbart werden müssen.¹¹ Etwas anderes gilt aber, wenn der Pressevertreter nach dem **Aufenthalt** eines 49

---

1 Zu § 53 Abs. 1 S. 1 Nr. 5 StPO BGHSt 36, 298, 301 = NJW 1990, 525, 526.
2 Zu § 53 Abs. 1 S. 1 Nr. 5 StPO BGHSt 36, 298, 302 = NJW 1990, 525, 526.
3 Zu § 53 Abs. 1 S. 1 Nr. 5 StPO BGHSt 28, 240, 251 f. = NJW 1979, 1212; 36, 298, 302 = NJW 1990, 525, 526.
4 Vgl. zu § 53 Abs. 1 S. 1 Nr. 5 StPO BGHSt 36, 298, 301 = NJW 1990, 525, 526.
5 BT-Drucks. 7/2539, S. 14, 11 der Begründung.
6 BVerfGE 64, 108 = NJW 1984, 1101 – Chiffreanzeige.
7 BVerfGE 64, 108 = NJW 1984, 1101 – Chiffreanzeige.
8 LG Duisburg MMR 2013, 334 m. Anm. *Heidrich/Quante* = ZUM-RD 2013, 650, 651 (zu einer herabsetzenden fremden anonymen Bewertung).
9 OLG München OLGZ 1989, 327 = NJW 1989, 1226.
10 BVerfG NStZ 1982, 253, 254. Ebenso BGH NJW-RR 2013, 159 Rz. 12 f.
11 OLG Dresden NJW-RR 2002, 342, 343.

Gewährsmannes befragt wird, dessen Identität er in der Presseveröffentlichung preisgegeben hat.[1]

IV. Durch Amt, Stand oder Gewerbe zur Verschwiegenheit Verpflichtete

1. Normzweck; Aufbau der Vorschrift

50 Die Vorschrift des § 383 Abs. 1 Nr. 6 schützt mit der Vertraulichkeit die **Privatsphäre**[2] des Vertrauensgebers und damit sein **Persönlichkeitsrecht**[3] im Zivilprozess, indem sie die gegenüber jedermann, auch gegenüber Behörden, Gerichten und anderen Stellen geltende Verschwiegenheitspflicht des Berufsgeheimnisträgers respektiert. Da die Verschwiegenheitspflicht dem Berufsgeheimnisträger nicht um seiner selbst oder seines Berufes willen zuerkannt ist, kann der **Vertrauensgeber** ihn davon **entbinden**, mit der Folge, dass er gem. § 385 Abs. 2 zur Aussage verpflichtet ist.[4] Zur Abgrenzung des Schutzes **eigener** und **fremder Geheimnisse** Kap. 35 Rz. 65.

2. Kreis der berechtigten Personen

51 § 383 Abs. 1 Nr. 6 erfasst Personen bestimmter Berufsgruppen, deren Tätigkeit eine Vertrauensstellung gegenüber Dritten mit sich bringt. Das Zeugnisverweigerungsrecht steht ausschließlich Personen zu, „denen kraft Amtes, Standes oder Gewerbes Tatsachen anvertraut sind, deren Geheimhaltung durch ihre Natur oder durch gesetzliche Vorschrift geboten ist". Damit setzt das Zeugnisverweigerungsrecht zunächst eine **beruflich begründete Vertrauensstellung** zwischen dem Zeugen und einem Dritten voraus. Dafür **genügt nicht** schon die **Zugehörigkeit** des Zeugen **zu einer Berufsgruppe**, in der typischerweise Vertrauensverhältnisse zu Dritten entstehen. Vielmehr ist ein **konkretes Vertrauensverhältnis erforderlich** („Personen, denen [...] Tatsachen anvertraut *sind* [...]"). Aus dem Schutzzweck der Vorschrift folgt außerdem, dass sich die Zeugenaussage auf dieses Vertrauensverhältnis beziehen muss: die Tatsache muss die vertrauende Person betreffen.[5]

52 **Anvertrauende** Person ist bei einem Mandatsverhältnis zu einer **juristischen Person** nur diese selbst, **nicht** aber deren **Organwalter**.[6] Die Konsequenzen zeigen sich nach einem Wechsel des Organwalters oder dem Übergang der Verwaltung auf einen Insolvenzverwalter; der frühere Organwalter ist nicht mehr zur Befreiung von der Verschwiegenheitsverpflichtung befugt.[7]

53 Da die „Geheimhaltung" der anvertrauten Tatsachen „durch ihre Natur oder durch gesetzliche Vorschrift geboten" sein muss, berechtigen nur solche Vertrauensstellungen zur Verweigerung der Aussage, in denen der Zeuge **objektiv geheimhaltungsbedürftige Tatsachen** erfährt. Nicht der subjektive Wunsch des Zeugen oder des Dritten nach Vertraulichkeit ist also ausschlaggebend, sondern die Sicht der Rechtsgemeinschaft. Während sich unschwer ermitteln lässt, in welchen Fällen **gesetzliche**

---

[1] Andeutend in einem obiter dictum OLG Dresden NJW-RR 2002, 342, 343; a.A. BGHSt 28, 240, 248 f. = NJW 1979, 1212 zu § 53 Abs. 1 Nr. 5 StPO: nach Preisgabe der Identität nur ausnahmsweise Zeugnisverweigerungsrecht bezüglich des Aufenthaltsorts.
[2] Vgl. MünchKommZPO/*Damrau*[4] § 383 Rz. 2.
[3] OLG München AnwBl. 1975, 159, 160.
[4] OLG Düsseldorf MDR 1985, 507.
[5] OLG Düsseldorf MDR 1985, 507.
[6] Vgl. die strafprozessualen Entscheidungen BVerfG NStZ-RR 2004, 83; OLG Nürnberg NJW 2010, 690, 691; LG Bonn ZIP 2012, 2119, 2120.
[7] OLG Nürnberg NJW 2010, 690, 691 m. Bespr. *Priebe* ZIP 2011, 312; LG Bonn ZIP 2012, 2119, 2120.

Vorschriften die Geheimhaltung anvertrauter Tatsachen vorsehen, ist die Begründung einer Schweigepflicht mit der **Natur der anvertrauten Tatsachen** problematisch. Fehlt eine gesetzliche Regelung der Verschwiegenheitspflicht, kommt es darauf an, ob eine Geheimhaltungspflicht **verkehrsüblich** ist. Dies ist anzunehmen bei Personen, die nach der Verkehrssitte aufgrund ihrer Tätigkeit eine den gesetzlich geregelten Fällen vergleichbare Vertrauensstellung erlangen.[1] Dazu gehört der gem. § 158 Abs. 1 FamFG bestellte **Verfahrensbeistand**, z.B. ein Anwalt, Psychologe oder Sozialarbeiter.[2]

Weiter müssen den Zeugen „**kraft ihres Amtes, Standes oder Gewerbes** Tatsachen anvertraut" sein. § 383 Abs. 1 Nr. 6 betrifft seinem Wortlaut nach die Berufsgeheimnisträger dreier Gruppen: erstens **Amtsträger** im weitesten Sinne, d.h. Personen des öffentlichen Dienstes wie etwa Beamte, Angestellte und Arbeiter, zweitens **Freiberufler**, die **berufsrechtlich** an Geheimhaltungsvorschriften gebunden sind, wie etwa Ärzte, Zahnärzte, Apotheker, Hebammen, Rechtsanwälte, Steuerberater und Wirtschaftsprüfer[3] sowie deren Berufshelfer,[4] und drittens **Gewerbetreibende**, die **gewohnheitsrechtlich** oder **nach Verkehrssitte** zur Geheimhaltung verpflichtet sein können. Das Zeugnisverweigerungsrecht gem. § 383 Abs. 1 Nr. 6 ist allerdings nicht auf diese Berufsgruppen beschränkt, sondern steht auch den **Angehörigen sonstiger Berufe** zu, deren Ausübung die Kenntnis schutzwürdiger Geheimnisse Dritter bedingt.[5]

Berufshelfer eines Berufsgeheimnisträgers sind in das Vertrauensverhältnis zwischen diesem und demjenigen, der sich dessen Dienste bedient, einbezogen. Der Berufshelfer bedarf der **Aussagegenehmigung des Hauptgeheimnisträgers**,[6] sofern nicht die vorrangige Schweigepflichtentbindung durch den Dienstberechtigten erteilt worden ist.[7]

Bei der Geheimhaltungspflicht wegen der Natur der anvertrauten Tatsachen i.S.d. § 383 Abs. 1 Nr. 6 ist die **Auffassung der Rechtsgemeinschaft** maßgeblich, **nicht** der **Wille von Vertragsparteien**.

Die **zivilprozessuale Vorschrift** gewährt anders als § 53 Abs. 1 StPO einen **umfassenden Schutz der** durch eine berufliche Tätigkeit begründeten **Vertrauenssphäre**.[8] Im Zivilprozess steht der Schutz des privaten Lebensbereichs des einzelnen im Vordergrund, während im Strafverfahren das Interesse der Allgemeinheit an vollständiger Sachaufklärung[9] die Beschränkung des Zeugnisverweigerungsrechts auf bestimmte Berufsgruppen rechtfertigt. § 383 Abs. 1 Nr. 6 kommt daher immer dann in Betracht, wenn ein Zeuge aufgrund seiner beruflichen Tätigkeit eine Vertrauensstellung genießt und einer Verschwiegenheitspflicht unterliegt.

3. Geheimhaltung kraft Verkehrssitte

a) Vertrauensstellung in gewerblichen Unternehmen und Verbänden

§ 383 Abs. 1 Nr. 6 meint nicht nur solche Personen, die dem Publikum gegenüber eine amtliche oder berufsmäßige Vertrauensstellung haben,[10] sondern erfasst auch Personen, die eine **vergleichbare Vertrauensstellung innerhalb eines** gewerblichen oder

---

1 Ähnlich OLG Stuttgart WRP 1977, 127, 128; Stein/Jonas/*Berger*[22] § 383 Rz. 58.
2 OLG Braunschweig FamRZ 2012, 1408, 1409 m. zust. Bespr. *Menne* FamRZ 2012, 1356.
3 OLG Koblenz WM 1987, 480, 482.
4 BGH MDR 1985, 597.
5 OLG Hamm NJW-RR 1992, 583, 584 = FamRZ 1992, 201, 202. Zum Zertifizierer im Produktzulassungsverfahren KG NJW 2014, 85, 87 (Luftsportgerätezulassungsunterlagen).
6 BGH NJW 2005, 2406, 2410.
7 BGH NJW 2005, 2406, 2410.
8 OLG Hamm NJW-RR 1992, 583, 584 = FamRZ 1992, 201, 202.
9 Vgl. BVerfG NJW 1972, 2214, 2215 = JZ 1973, 780, 781.
10 So noch RGZ 53, 40, 41.

kaufmännischen **Unternehmens** haben.[1] Zu den zeugnisverweigerungsberechtigten Personen gehören danach auch **Geschäftsführer einer GmbH**, weil deren Berufsausübung die Kenntnis schutzwürdiger Geheimnisse der Gesellschaft bedingt[2] und § 85 GmbHG – auch nach dem Ausscheiden aus dem Dienstverhältnis – die unbefugte Offenbarung von Betriebs- oder Geschäftsgeheimnisses verbietet.[3] Das gleiche gilt für **Vorstands- und Aufsichtsratsmitglieder** einer Aktiengesellschaft gem. § 93 Abs. 1 S. 2 bzw. §§ 116, 93 Abs. 1 S. 2 und § 404 AktG.[4]

59 Eine Vertrauensstellung und Geheimhaltungspflicht können die **Organwalter und Angestellten eines Verbands** zur Förderung gewerblicher Interessen i.S.d. § 8 Abs. 3 Nr. 2 UWG haben (zum Umfang der Schweigepflicht unten Rz. 80).[5]

b) Mediation

60 Ob Mediatoren unabhängig von ihrem Beruf allein aufgrund der von ihnen ausgeübten Tätigkeit ein Zeugnisverweigerungsrecht gem. § 383 Abs. 1 Nr. 6 besitzen, war früher streitig.[6] Da die Mediationstätigkeit nicht an die Ausübung eines bestimmten Berufs gebunden ist, gibt es keinen „Berufsstand" des Mediators.[7] Auch betreibt der Mediator nicht notwendig ein Gewerbe,[8] selbst wenn man eine gewerbliche Nebentätigkeit genügen lässt.[9] Der **vertraglichen Vereinbarung** der Vertraulichkeit im Mediationsverfahren durch ein Zeugnisverweigerungsrecht prozessuale Geltung zu verschaffen, hätte zu einer **Aushöhlung der allgemeinen Zeugnispflicht** geführt; ein solches Zeugnisverweigerungsrecht kraft Vereinbarung hätte sich nicht auf die Teilnehmer am Mediationsverfahren beschränken lassen.[10]

61 In Umsetzung des Art. 7 Abs. 1 der **Richtlinie 2008/52/EG** vom 21.5.2008[11] zur Mediation ist für Mediatoren und in das Mediationsverfahren eingebundene Personen in Zivil- und Handelssachen ein Aussageverweigerungsrecht in § 4 MediationsG[12] geschaffen worden.

c) Sozialbereich

62 **Sozialarbeiter** und **Sozialpädagogen** können gem. § 383 Abs. 1 Nr. 6 zur Zeugnisverweigerung berechtigt sein,[13] zumal § 203 Abs. 1 Nr. 5 StGB die unbefugte Offen-

---

1 OLG Koblenz WM 1987, 480, 482; vgl. auch OLG Stuttgart WRP 1977, 127, 128 zur kaufmännischen Angestellten eines Wettbewerbsvereins.
2 OLG München NJW-RR 1998, 1495, 1496; Stein/Jonas/*Berger*[22] § 383 Rz. 60; a.A. Baumbach/Hueck/*Haas* GmbHG[20] § 85 Rz. 21: nur Zeugnisverweigerungsrecht aus § 384 Nr. 3.
3 OLG München NJW-RR 1998, 1495, 1496; OLG Koblenz WM 1987, 480, 482; *Scholz/Tiedemann* GmbHG[10] § 85 Rz. 4 und 27.
4 OLG Koblenz WM 1987, 480, 482.
5 OLG Stuttgart WRP 1977, 127, 128 (zu § 13 UWG a.F.).
6 Bejahend Stein/Jonas/*Berger*[22] § 383 Rz. 59; ablehnend Musielak/*Huber*[9] § 383 Rz. 6. Dazu L. *Beck* Mediation und Vertraulichkeit S. 175 ff.
7 Ebenso AnwGH Celle NJW-RR 2003, 129 (zur Unzulässigkeit einer Sozietät zwischen Rechtsanwalt und Mediator). Allgemein dazu *Hartung/Wendenburg* NJW 2009, 1551.
8 A.A. offenbar *Groth/v. Bubnoff* NJW 2001, 338, 340.
9 So *Eckardt/Dendorfer* MDR 2001, 786, 789.
10 Der Zeugniszwang würde auch dann untergraben, wenn man der im Mediationsvertrag vereinbarten Schweigepflicht durch Nichtbeachtung eines ihr zuwiderlaufenden prozessualen Vortrags und Beweisantritts Geltung verschüfe, so *Wagner* NJW 2001, 1398, 1400; a.A. Zöller/*Greger*[30] § 383 Rz. 3 (Auswirkung des Verhandlungsgrundsatzes).
11 ABl. EU Nr. L 136 v. 24.5.2008, S. 3.
12 Gesetz v. 21.7.2012, BGBl. I 2012, 1577.
13 OLG Hamm NJW-RR 1992, 583, 584 = FamRZ 1992, 201, 202; LG Kiel StraFo 2009, 382 (Betreuer in staatlich anerkannter Beratungsstelle für Drogensüchtige); Stein/Jonas/*Berger*[22] § 383

barung eines zum persönlichen Lebensbereich gehörenden Geheimnisses durch einen Sozialarbeiter oder staatlich anerkannten Sozialpädagogen unter Strafe stellt.[1] Der Anwendungsbereich von § 383 Abs. 1 Nr. 6 deckt sich allerdings nicht mit dem des § 203 StGB,[2] so dass Umkehrschlüsse verfehlt wären.

Zu dem von § 383 Abs. 1 Nr. 6 erfassten Personenkreis gehören ferner **gerichtlich bestellte Betreuer**. Der Betreuer erlangt bei der Ausübung seiner Tätigkeit die Kenntnis von Tatsachen, an deren Geheimhaltung der Betreute ein schutzwürdiges Interesse hat.[3]

63

4. Bestimmung der Verschwiegenheitspflicht

Das Zeugnisverweigerungsrecht erstreckt sich auf sämtliche Tatsachen, auf die sich die Verpflichtung zur Verschwiegenheit der genannten Personen bezieht („in Betreff der Tatsachen, auf die ..."). § 383 Abs. 1 Nr. 6 **verweist** damit für den Umfang des Zeugnisverweigerungsrechts ohne Einschränkung **auf das jeweilige Berufsrecht** des Zeugen. Soweit die Verschwiegenheitspflicht **nicht gesetzlich** geregelt ist, kommt es darauf an, ob die **Natur der** unter Beweis gestellten **Tatsachen** deren Geheimhaltung gebietet. Dies muss das Gericht unter Berücksichtigung der **Verkehrssitte** und der berechtigten Erwartungen der Vertrauensgeber beurteilen.

64

Offenkundig gewordene Tatsachen fallen nicht mehr unter die Verschwiegenheitspflicht.[4] Offenkundig sind Tatsachen aber nicht schon, sobald sie den Prozessparteien oder sonst im kleinen Kreis bekannt geworden sind.[5] Das Bedürfnis nach Geheimhaltung gegenüber jeder anderen Person und gegenüber staatlichen Stellen besteht fort, weil geheime Tatsachen erst dann die **Natur eines Geheimnisses verlieren**, wenn sie **allgemein bekannt** (offenkundig) oder jedermann ohne Weiteres zugänglich sind.[6] Dem Rechtsanwalt der Partei eines Eherechtsstreits steht ein Aussageverweigerungsrecht zu, wenn er als Zeuge über den Inhalt einer Scheidungsvereinbarung vernommen werden soll; es handelt sich bei dem zwischen den Parteien erzielten Verhandlungsergebnis um Tatsachen, die ihm aufgrund der beruflichen Zuziehung in der Erwartung ihrer Geheimhaltung zugänglich gemacht worden sind.[7] In diesem Fall sind die Tatsachen zwar beiden Parteien bekannt, nicht aber notwendig auch der Allgemeinheit.

65

Bei der Ermittlung der sachlichen Reichweite des Zeugnisverweigerungsrechts bedarf es nach der hier vertretenen Auffassung **keiner zusätzlichen Prüfung, ob** die **Tatsachen** dem Vertrauensgeber „**anvertraut**" sind, weil das Merkmal der „anvertrauten Tatsachen" nach dem klaren Wortlaut der Vorschrift **allein** bei der **Bestimmung des persönlichen Anwendungsbereichs** der Vorschrift relevant wird. Die Gegenauffassung prüft dieses Merkmal im Zusammenhang mit der sachlichen Reichweite des Zeug-

66

Rz. 55; Zöller/*Greger*[30] § 383 Rz. 18; a.A. BayObLG FamRZ 1990, 1012, 1013; offen gelassen von OLG Köln FamRZ 1986, 708, 709.
1 OLG Hamm NJW-RR 1992, 583, 584 = FamRZ 1992, 201, 202.
2 OLG Braunschweig FamRZ 2012, 1408, 1409.
3 OLG Köln NJWE-FER 1999, 191.
4 RG Gruchot 52 (1908), 445 f.; KG OLGRspr. 5, 69; OLG Düsseldorf MDR 1951, 681.
5 Unklar ist, was Stein/Jonas/*Berger*[22] § 383 Rz. 65 mit „Tatsachen, die sich in öffentlichen Verhandlungen vollzogen haben", meint; der Inhalt von Schriftsätzen wird jedenfalls durch die mündliche Verhandlung nicht öffentlich.
6 BGHZ 40, 288, 292 (zum Zeugnisverweigerungsrecht des Arztes); BGH WM 1983, 653, 655 (zum Zeugnisverweigerungsrecht des Steuerberaters).
7 Unrichtig a.A. KG FamRZ 1975, 164, 165.

nisverweigerungsrechts,[1] muss dann aber den Begriff „anvertraut" weit auslegen,[2] um zu begründen, dass sich das Zeugnisverweigerungsrecht auch auf solche Tatsachen erstreckt, die der Vertrauensnehmer aufgrund seiner Vertrauensstellung oder im Zusammenhang damit erfahren hat.[3]

67 Die **persönlichen und sachlichen Tatbestandsvoraussetzungen** müssen sorgfältig **auseinandergehalten** werden. Der Berufsverschwiegenheit unterliegen in der Regel nicht nur Tatsachen, die der Vertrauensgeber dem Vertrauensnehmer explizit mitgeteilt hat, sondern auch solche, deren **Kenntnis nicht auf** einem **besonderen Vertrauensakt** beruht. Eine zusätzliche sachliche Begrenzung des Zeugnisverweigerungsrechts über das Merkmal der „anvertrauten Tatsachen", stünde außerdem in Widerspruch zu der gesetzlichen Verweisung auf die sich aus dem jeweiligen Berufsrecht ergebende Verschwiegenheitspflicht, weil sie einer Rückverweisung auf die ZPO gleichkäme.

5. Kasuistik zur beruflichen Verschwiegenheitspflicht

a) Heilberufe

68 Das Zeugnisverweigerungsrecht des **Arztes** umfasst grundsätzlich alle Tatsachen, deren Kenntnis der Arzt **auf Grund seiner Vertrauensstellung oder im Zusammenhang damit** erlangt hat, gleichviel, ob ihm die Gelegenheit dazu freiwillig vom Patienten gewährt oder auf Grund gesetzlicher Vorschriften zwangsweise verschafft worden ist.[4] Wie bei allen der Schweigepflicht unterliegenden Freiberuflern gilt die Pflicht auch für die Mitarbeiter, die darauf zu verpflichten sind. Soweit ausnahmsweise eine gesetzliche **Pflicht zur Duldung** einer **ärztlichen Untersuchung** in einem **Strafverfahren** besteht, hat der als **gerichtlicher Sachverständiger** auftretende Arzt zwar im Strafverfahren weder eine Schweigepflicht noch ein Zeugnisverweigerungsrecht, wohl aber in einem **späteren Zivilverfahren**, in dem er als Zeuge vernommen werden soll.[5]

69 Zu den Tatsachen, deren **Geheimhaltung ihrer Natur nach** geboten ist und die der Arzt daher grundsätzlich verschweigen muss, gehören auch solche Umstände, die darauf hindeuten, dass der Patient in seiner Testierfähigkeit (§ 2229 Abs. 2 BGB) beschränkt sein könnte. Derartige Anzeichen weisen vielfach auf **dauernde Persönlichkeitsdefekte** hin (Störungen der Geistestätigkeit und damit zusammenhängende Beeinträchtigungen der freien Willensbestimmung, der Einsichts- und der Steuerungsfähigkeit), deren Bekanntwerden für den Patienten schwere Nachteile mit sich bringen kann. Der Arzt darf sie daher keinesfalls beliebig verbreiten.[6] Zur Reichweite **über** den **Tod des Patienten hinaus** s. Kap. 36 Rz. 57 ff.

70 Das Zeugnisverweigerungsrecht einer **Krankenschwester** umfasst auch **Wahrnehmungen**, die sie **bei** der **Aufnahme eines Patienten** in das Krankenhaus gemacht hat, so etwa die Merkmale des Pkw, mit dem der Patient im Krankenhaus eingetroffen ist, und die **Identität** seines **Begleiters**; denn diese Wahrnehmungen stehen in unmittelbarem und innerem Zusammenhang mit der Erfüllung ihrer beruflichen Aufgabe,

---

1 Vgl. etwa BGHZ 40, 288, 293 f.; BGHZ 91, 392, 398 = NJW 1984, 2893, 2894; BGH ZIP 1983, 735; OLG Koblenz WM 1987, 480, 482: die Vernehmung der Zeugen erstrecke sich auf Tatsachen, „die den Zeugen anvertraut seien und deren Geheimhaltung geboten sei".
2 Vgl. BGHZ 40, 288, 293 f.; BGHZ 91, 392, 398 = NJW 1984, 2893, 2894; OLG Düsseldorf MDR 1975, 1025; KG FamRZ 1975, 164, 165.
3 Vgl. BGHZ 40, 288, 293 f.; BGHZ 91, 392, 398 = NJW 1984, 2893, 2894; OLG Düsseldorf MDR 1975, 1025; KG FamRZ 1975, 164, 165; OLG München AnwBl. 1975, 159, 160.
4 BGHZ 40, 288, 294; BGH MDR 1985, 597.
5 BGHZ 40, 288, 295.
6 BGHZ 91, 392, 397 f. = NJW 1984, 2893, 2894.

sich um die ärztliche Versorgung eines behandlungsbedürftigen Verletzten zu kümmern.[1]

b) Rechtspflegeberufe

Das Zeugnisverweigerungsrecht des **Rechtsanwalts** korrespondiert mit der **Verschwiegenheitspflicht** nach § 43a Abs. 2 BRAO, die sich auf alles erstreckt, was dem Anwalt „in Ausübung seines Berufes bekannt geworden ist". Das Weigerungsrecht bezieht sich auf alle Tatsachen, die eine Beziehung zum Mandanten persönlich haben, die ihn jedenfalls betreffen, auch wenn nicht er selbst sie dem Anwalt persönlich anvertraut hat.[2] Es muss ein **innerer Zusammenhang** mit der spezifischen **Eigenschaft als Rechtsanwalt** bestehen; daran fehlt es bei der Bestellung zum Verfahrensbeistand gem. § 158 Abs. 1 FamFG, weil diese Funktion von jeder geeigneten Person wahrgenommen werden kann.[3]

71

Das Weigerungsrecht erstreckt sich **nicht** auf Mitteilungen, die der Mandant dem Rechtsanwalt **zur Weitergabe an Dritte** gemacht hat, da der Mandant in einem solchen Fall eine **Geheimhaltung** erkennbar **nicht gewollt** hat.[4] Der Rechtsanwalt soll ebenfalls kein Zeugnisverweigerungsrecht besitzen, wenn er die Tatsachen **nicht aufgrund** seiner **Vertrauensstellung** erfahren hat, denn dann stehe der Mandant dem Rechtsanwalt wie einer beliebigen fremden Person gegenüber, so dass dieser die erlangte Kenntnis wie ein beliebiger Dritter offenbaren dürfe.[5] Dies soll etwa der Fall sein, wenn der Rechtsanwalt die Tatsachen in seiner Eigenschaft als Vorstand einer AG wahrgenommen hat, selbst wenn sie Rechtsgeschäfte und sonstige Rechtshandlungen der AG gegenüber dem Mandanten betreffen.[6] Diese **Einschränkung** ist **abzulehnen**; es kommt nicht darauf an, dass die Kenntnis auf einen besonderen Vertrauensakt beruht.[7]

72

Untersteht der **Mandant** (z.B. als Arzt) einem **Berufsgeheimnis**, das er zur Wahrnehmung eigener Interessen im Rahmen einer Güterabwägung durchbrechen darf, hat sich der mit der Prozessführung beauftragte Anwalt, dem das Geheimnis im Rahmen der Prozessinstruktion anvertraut wurde, an die durch den Grundsatz der Erforderlichkeit gezogenen Grenzen zu halten. Die Einbeziehung von Berufsgeheimnissen ergibt sich aus § 43a Abs. 2 S. 2 BRAO, der nicht auf die Person des Informanten abstellt, sondern nur auf das Anvertrauen in Ausübung des Anwaltsberufes.

73

Die Berechtigung zur Aussageverweigerung **endet nicht mit dem Tod des Mandanten**, weil es sich bei der Verschwiegenheitspflicht des Anwalts und seinem Recht zur Zeugnisverweigerung um Ausflüsse des Persönlichkeitsrechts des Vertrauensgebers handelt, das auch nach dem Tode noch Wirkungen entfaltet[8] (zur mutmaßlichen Entbindung von der Schweigepflicht Kap. 36 Rz. 60 ff.). Der **Insolvenzverwalter des Mandanten** kann die Herausgabe der die anwaltliche Tätigkeit betreffenden Akten nach § 667 BGB verlangen; modifiziert wird der Anspruch durch § 50 BRAO.[9] Die Schweigepflicht steht dem nicht entgegen, weil sie nicht die eigenen Interessen des Rechtsanwalts schützt.[10]

74

---

1 BGH MDR 1985, 597.
2 BGH NJW 2011, 1077 Rz. 10 f.; OLG Düsseldorf MDR 1985, 507.
3 OLG Braunschweig FamRZ 2012, 1408, 1409.
4 OLG Düsseldorf MDR 1975, 1025.
5 OLG Düsseldorf MDR 1975, 1025; obiter BGH NJW 2011, 1077 Rz. 10.
6 OLG Düsseldorf MDR 1975, 1025.
7 Vgl. BGH NJW 2005, 1948, 1949 = VersR 2006, 239, 240 (betr. Notar).
8 OLG München AnwBl. 1975, 159, 160.
9 BGHZ 109, 260, 265 = NJW 1990, 510, 511.
10 BGHZ 109, 260, 268 f. = NJW 1990, 510, 511 a.E.

75 Das Zeugnisverweigerungsrecht des **Notars** erstreckt sich auch auf die dem Notar **bei seinen Amtshandlungen bekanntgewordenen Angelegenheiten**;[1] einbezogen in die Verschwiegenheitspflicht sind Tatsache, Zeit und Ort einer Inanspruchnahme des Notars als Amtsträger sowie die Identität der betreffenden Personen.[2] § 383 Abs. 1 Nr. 6 enthält keine anderweitige gesetzliche Regelung der Verschwiegenheitspflicht des Notars i.S.d. § 18 BNotO, die die allgemeine Verschwiegenheitspflicht des Notars nach § 18 BNotO beschränken würde.[3] Die **Verweisung** auf den Umfang der Verschwiegenheitspflicht in § 383 Abs. 1 Nr. 6 bedeutet, dass der unvollständige Tatbestand des Zeugnisverweigerungsrechts aus § 383 Abs. 1 Nr. 6 im Fall des Notars durch die für seine Verschwiegenheitspflicht maßgebliche Vorschrift des **§ 18 BNotO** vervollständigt wird.[4] Da die Amtstätigkeit des Notars im Interesse aller Beteiligten ausgeübt wird, muss die **Befreiung** von der Schweigepflicht (§ 385 Abs. 2) auch **von allen Beteiligten** erklärt werden.[5]

76 Bei **Rechtsanwälten wie Notaren** kommt es nicht darauf an, ob eine Vertretung oder lediglich eine Beratung[6] stattgefunden hat, und ob sie eine **Tätigkeit abgelehnt**[7] oder aus einem anderen Grund nicht ausgeübt[8] haben.

77 Der Umfang der Verschwiegenheitspflicht von **Steuerberatern und Steuerbevollmächtigten** ergibt sich aus § 57 Abs. 1 StBerG. Sie müssen ihre Gehilfen, die nicht selbst Steuerberater oder Steuerbevollmächtigte sind, zur Verschwiegenheit verpflichten (§ 62 StBerG). Die Pflicht zur Verschwiegenheit bezieht sich auf **alles, was** dem Steuerberater in Ausübung oder bei Gelegenheit seiner Berufstätigkeit anvertraut worden oder **bekannt geworden ist**, auch auf solche Tatsachen, die keine unmittelbare Verbindung zur eigentlichen Berufstätigkeit haben.[9]

c) Gewerbliche Wirtschaft

78 Was ein **Geschäftsgeheimnis** ist, wird **in § 17 UWG**, der dessen strafrechtlichen Schutz bewirkt, **nicht definiert**. Jedoch gibt es dazu umfangreiche Rechtsprechung, deren Ergebnisse für das Zeugnisverweigerungsrecht bedeutsam sind.[10] Ein Geheimnis einer GmbH, das der Zeuge nicht offenbaren darf und über das er demgemäß nicht aussagen muss, liegt dann vor, wenn es eine Tatsache betrifft, die im Zusammenhang mit einem Geschäftsbetrieb steht, **nicht offenkundig** ist[11] und nach dem **bekundeten Willen** der Gesellschaft **geheim gehalten** werden soll. Dabei muss der Wille der Ge-

---

1 RGZ 54, 360, 361; OLG Frankfurt OLGRep. 2004, 81, 83. A.A. OLG München MDR 1981, 853, 854 = DNotZ 1981, 709.
2 BGH NJW 2005, 1948, 1949 = VersR 2006, 239, 240.
3 BGH NJW 2005, 1948, 1949.
4 Vgl. auch *Kanzleiter* DNotZ 1981, 662 f., der die Entscheidung des OLG München zu recht kritisiert, seine Kritik allerdings unzutreffend mit der angeblichen Spezialität von § 18 BNotO begründet; ebenso Arndt/Lerch/*Sandkühler* BNotO[5] § 18 Rz. 25.
5 BGHZ 109, 260, 273 = NJW 1990, 510, 513.
6 OLG Karlsruhe OLGRspr.13, 158: auch wenn nur Rat eingeholt; Stein/Jonas/*Berger*[22] § 383 Rz. 64.
7 BGH NJW 2005, 1948, 1949 (Notar); Stein/Jonas/*Berger*[22] § 383 Rz. 64.
8 RGZ 54, 360, 361 (Notar); Stein/Jonas/*Berger*[22] § 383 Rz. 64.
9 BGH WM 1983, 653, 655 = ZIP 1983, 735, 737.
10 Näher dazu *Harte-Bavendamm* in: Gloy/Loschelder/Erdmann, Handbuch des Wettbewerbsrechts[4] § 77 Rz. 8 ff.
11 BGH WRP 2008, 1085 Rz. 19 – Schweißmodulgenerator: neuheitsschädliche Tatsache schließt Geheimnisschutz nach § 17 UWG nicht aus; BGH GRUR 2012, 1048 – Movicol-Zulassungsantrag: verneint für Kenntnis größeren, jedoch nur dienstlich mit Unterlagen befassten Personenkreises.

sellschaft durch ein **berechtigtes wirtschaftliches Interesse** an der Geheimhaltung gedeckt sein.¹ Ein solches schutzwürdiges Interesse an der Geheimhaltung von Tatsachen wird nicht allein durch den Geheimhaltungswillen der Gesellschaft begründet, weil eine danach willkürliche Einordnung den **Interessen der Allgemeinheit** zuwiderliefe. Ein schutzwürdiges wirtschaftliches Interesse an der Geheimhaltung von Tatsachen ist deshalb nur dann anzuerkennen, wenn diese Tatsachen für das Ansehen oder die Wettbewerbsfähigkeit des Unternehmens Bedeutung haben.² Sie müssen **keinen Vermögenswert** haben.³

Als **Geschäfts- und Betriebsgeheimnisse** kommen Kundenlisten, Modelle, Musterbücher, Jahresabschlüsse, Preisberechnungen, Kalkulationsunterlagen, Unterlagen zur Kreditwürdigkeit, getätigte oder beabsichtigte Vertragsabschlüsse und ähnliche Geschäftsvorgänge in Betracht.⁴ Keine Bedeutung für die Wettbewerbsfähigkeit soll der bloße Umstand haben, ob bestimmte Informationen in wettbewerbswidriger Weise an einen möglichen Kunden weitergegeben wurden, weil sie nur insofern von wirtschaftlichem Wert sei, als von ihr der Ausgang eines Rechtsstreits abhängen könne.⁵ 79

Das OLG Stuttgart hat ein Zeugnisverweigerungsrecht der Organwalter und Angestellten eines **Verbandes zur Förderung gewerblicher Interessen** verneint, soweit es darum ging, ob die Mitglieder des Verbandes und sein Vorstand von der Aktivität des Verbandes wussten und ob die Prozessbevollmächtigten Wettbewerbsverstöße von sich aus aufzusuchen und aufgrund generell erteilter Vollmachten geltend zu machen pflegten.⁶ 80

Ein **Gewerkschaftssekretär** darf als Zeuge in einem Verfahren, in dem der Arbeitgeber Beteiligter ist, die Nennung der **Namen** der vom Arbeitgeber beschäftigten **gewerkschaftsangehörigen Arbeitnehmer**, die ihm aufgrund seiner Stellung als zuständiger Sekretär für den Betrieb bekannt geworden sind, verweigern, wenn die Arbeitnehmer mit der Nennung nicht einverstanden sind.⁷ 81

d) Bankgeheimnis

Unter § 383 Nr. 6 fällt auch das Bankgeheimnis.⁸ Das Geheimnis ist gesetzlich nicht geregelt, wird aber von verschiedenen Normen (§ 9 Abs. 1 KWG, § 32 BBankG, § 30a AO, § 12 GWG) vorausgesetzt; z.T. wird **Gewohnheitsrecht** als **Rechtsquelle** behauptet.⁹ 82

---

1 OLG München NJW-RR 1998, 1495, 1496; Scholz/*Tiedemann* GmbHG¹⁰ § 85 Rz. 7; *Köhler/Bornkamm* WettbewerbsR³² § 17 UWG Rz. 4.
2 Scholz/*Tiedemann* GmbHG¹⁰ § 85 Rz. 12; *Köhler*/Bornkamm WettbewerbsR³² § 17 UWG Rz. 9.
3 BGH NJW 2006, 3490 = GRUR 2006, 1044 Rz. 19 – Kundendatenprogramm; *Köhler*/Bornkamm WettbewerbsR³² § 17 UWG Rz. 11.
4 BVerfGE 115, 205, 231 = DVBl. 2006, 694, 696; OLG München NJW-RR 1998, 1495, 1496.
5 OLG München NJW-RR 1998, 1495, 1496.
6 OLG Stuttgart WRP 1977, 127, 128.
7 LAG Hamm BB 1995, 51 (LS).
8 OLG Köln DB 1968, 1533; LG Göttingen ZIP 2002, 2269, 2270 = NJW-RR 2003, 117; Schimansky/Bunte/Lwowski/*Bruchner/Krepold* BankRHdb³ § 39 Rz. 282; Derleder/Knops/Bamberger/*Beckhusen* HdbBankR² § 6 Rz. 28. Zum Bankgeheimnis s. auch BGHZ 166, 84 = NJW 2006, 830 Rz. 35; BGHZ 171, 180 = NJW 2007, 2106 Rz. 17.
9 Schimansky/Bunte/Lwowski/*Bruchner/Krepold* BankRHdb³ § 39 Rz. 9 m.w.N.; zurückhaltend BGHZ 171, 180 Rz. 23 f.

83 Bei **öffentlich-rechtlichen Kreditinstituten** wird die Aussage z.T. von der Genehmigung des Dienstvorgesetzten (**§ 376**) abhängig gemacht.[1] Die Geltung des § 376 und damit das Genehmigungserfordernis setzt allerdings voraus, dass die Schweigepflicht für Arbeitnehmer des öffentlichen Dienstes überhaupt gilt. Sähe man die Rechtsquelle des Bankgeheimnisses allein in einer vertraglich vereinbarten Schweigepflicht – so das OLG Naumburg[2] –, gäbe es kein Zeugnisverweigerungsrecht der Bank, weil der mit dem Kontoinhaber geschlossene Vertrag keine Drittwirkung entfaltet.

84 Das Geheimnis umfasst **kundenbezogene Tatsachen und Wertungen**, die einem Kreditinstitut auf Grund oder aus Anlass der Geschäftsverbindung zum Kunden bekannt geworden sind.[3] Ausreichend sind eigene Wahrnehmungen in geschäftlicher Eigenschaft, auch wenn sie nicht auf einem besonderen Vertrauensakt beruhen.[4]

85 Bei offensichtlichen Verletzungen von **Rechten** des **Geistigen Eigentums** begründen die einschlägigen Schutzgesetze einen Auskunftsanspruch u.a. gegen Dienstleister, deren Tätigkeit für die Rechtsverletzung genutzt wird (§ 19 Abs. 2 Nr. 3 MarkenG, § 140b Abs. 2 Nr. 3 PatG, § 24b Abs. 2 Nr. 3 GebrMG, § 37b Abs. 2 Nr. 3 SortSchG, § 101 Abs. 2 Nr. 3 UrhG, § 46 Abs. 2 Nr. 3 GeschMG). Dienstleistung dieser Art kann auch die **Abwicklung** des **unbaren Zahlungsverkehrs** sein.[5] Der Auskunftsanspruch in der Verletzungssituation, gerichtet auf **Benennung des Kontoinhabers**, steht unter dem Vorbehalt der Weigerungsrechte nach §§ 383–385 ZPO. Sie sind ihrerseits unionsrechtskonform nach der Richtlinie 2004/48/EG vom 29.4./2.6.2004 auszulegen. Maßgebend ist dafür die Reichweite des Art. 8 Abs. 3 lit. e RL, der den Schutz der Vertraulichkeit von Informationsquellen regelt.

86 **Abzulehnen** ist die Ansicht, der **Bankkunde** (als der Rechtsverletzer) sei hinsichtlich der Kontostammdaten eine **„Informationsquelle"** der **Bank**.[6] Die betreffenden Daten verdienen keinen stärkeren Schutz als die Verkehrsdaten, die Internet-Provider speichern, gegen die sich die Auskunftspflicht von unbeteiligten Dienstleistern vornehmlich richtet.[7] Art. 15 der Datenschutzrichtlinie 2002/58/EG für elektronische Kommunikation i.V.m. Art. 13 Abs. 1 lit. g der Richtlinie 95/46/EG gestattet die Weitergabe der Verkehrsdaten zum Schutz u.a. der Rechte des Geistigen Eigentums.[8] Auch wenn die Mitgliedstaaten keine Verpflichtung zur Schaffung einer entsprechenden Regelung aufgrund der unionsrechtlichen Datenschutzbestimmungen trifft, müssen sie doch ein Gleichgewicht zwischen den unionsrechtlichen Grundrechten des Eigentumsschutzes und dem Recht auf Achtung des Privatlebens treffen.[9] Dementsprechend hat der deutsche Gesetzgeber eine Auskunftspflicht geschaffen (vgl. nur. § 19 Abs. 9 MarkenG). Für die Kontostammdaten kann wertungsmäßig nichts anderes gelten.

---

1 So LG Göttingen ZIP 2002, 2269; Schimansky/Bunte/Lwowski/*Bruchner*/*Krepold* BankRHdb[3] § 39 Rz. 283; Derleder/Knops/Bamberger/*Beckhusen* HdbBankR[2] § 6 Rz. 29. A.A. wohl OLG Köln DB 1968, 1533.
2 OLG Naumburg GRUR 2012, 388, 389; a.A. wohl OLG Stuttgart GRUR-RR 2012, 73, 74 = NJW-RR 2012, 171.
3 BGHZ 166, 84 Rz. 35 = NJW 2006, 830; OLG Stuttgart GRUR-RR 2012, 73/74.
4 OLG Stuttgart GRUR-RR 2012, 73, 74.
5 OLG Stuttgart GRUR-RR 2012, 73; OLG Naumburg GRUR 2012, 388, 389.
6 So aber OLG Naumburg GRUR-RR 2012, 388, 390 (Revisionsverfahren: I ZR 51/12; dazu Vorabentscheidungsersuchen des BGH an den EuGH v. 17.10.2013, WRP 2014, 1611 Rz. 23); im Ergebnis ebenso OLG Stuttgart GRUR-RR 2012, 73, 75.
7 Vgl. zu dieser Anwendungseinschätzung *Wirtz* Verletzungsansprüche im Recht des geistigen Eigentums, S. 243 Rz. 433.
8 EuGH, Urt. v. 29.1.2008, Rs. C-275/06 Rz. 53 – Promusicae = GRUR 2008, 241; EuGH, Beschl. v. 19.2.2009, Rs. C-557/07 Rz. 27 – LSG/Tele2 = GRUR 2009, 579; dazu *Wirtz* a.a.O. S. 251 Rz. 447.
9 EuGH – Promusicae Rz. 66 ff.; EuGH – LSG/Tele2 Rz. 28.

6. Rechtfertigende Durchbrechungen der Schweigepflicht

Steht das Zeugnisverweigerungsrecht im Einzelfall im Widerspruch zu einer **gesetzlichen Auskunftspflicht**, sind die Bedeutung der Verschwiegenheitspflicht und der Auskunftspflicht im konkreten Fall gegeneinander **abzuwägen**. Teilweise wird der Auskunftspflicht auch ohne Abwägung Vorrang eingeräumt.[1] So sind etwa öffentliche und private Stellen im Verfahren über den Versorgungsausgleich nicht zur Zeugnisverweigerung berechtigt, weil § 220 FamFG klarstellt, dass die zuständigen Behörden, Rentenversicherungsträger, Arbeitgeber, Versicherungsgesellschaften und sonstigen Stellen gegenüber dem Familiengericht über Angelegenheiten des Versorgungsausgleichs Auskünfte erteilen müssen. Vorrang haben auch Verpflichtungen nach **§ 138 StPO** oder nach dem **Geldwäschebekämpfungsgesetz**.[2] Eine der Geheimhaltung unterliegende Tatsache ist nicht über die Pfändung eines Informationsanspruchs ermittelbar;[3] ein gegenteiliges Ergebnis ergibt sich nicht aus der Auskunftspflicht des Drittschuldners nach § 836 Abs. 3 ZPO.[4]

87

Freiberufler sind durch ihre Verschwiegenheitspflicht **nicht** daran **gehindert**, einen **Prozess um** ihre **Gebühren** zu führen und dabei zur Erfüllung ihrer **Darlegungs- und Beweislast** Umstände aus dem Mandatsverhältnis vorzutragen, soweit dies zur Durchsetzung ihres Gebührenanspruchs erforderlich ist.[5] Das Geheimhaltungsinteresse des Mandanten/Patienten muss gegenüber den berechtigten Interessen des Steuerberaters, Rechtsanwalts oder Arztes zurücktreten, weil der Mandant durch seine Zahlungsverweigerung den Interessenkonflikt verursacht hat.[6]

88

Dem Freiberufler muss dabei auch **ermöglicht** werden, seinen Vortrag, soweit er bestritten wird, **durch** die in der ZPO vorgesehenen Beweismittel, etwa die Vorlage von Urkunden oder die **Vernehmung von Zeugen zu beweisen**. Das kann aber nur geschehen, wenn Zeugen, die sonst ihrerseits zur Verschwiegenheit verpflichtet wären, ausnahmsweise aussagen dürfen, ohne gegen ihre Verschwiegenheitspflichten zu verstoßen.[7] Deshalb steht im **Honorarprozess** eines Steuerberaters oder Rechtsanwalts einem als Zeugen benannten **Mitarbeiter** grundsätzlich **kein Zeugnisverweigerungsrecht** zu, auch wenn er vom früheren Mandanten nicht von der Verschwiegenheitspflicht entbunden wurde.[8] Allerdings dürfen zur Durchsetzung minimaler Honoraransprüche nicht Geheimnisse von hochrangiger Bedeutung verraten werden.[9] Entsprechendes muss gelten, wenn Ärzte und Angehörige anderer Berufsgruppen ihre Mitarbeiter als Zeugen benennen, um ihre Honoraransprüche durchzusetzen.

89

---

1 So *Feuerich/Weyland* BRAO[7] § 43a Rz. 27 zur Auskunftspflicht gem. § 807 nach Verurteilung eines Rechtsanwalts zur Abgabe einer eidesstattlichen Versicherung; *Hillermeier* FamRZ 1976, 577, 581 zur Auskunftspflicht öffentlicher und privater Stellen im Verfahren über den Versorgungsausgleich gem. § 53b Abs. 2 FGG a.F.
2 BGHSt 50, 64 = NJW 2005, 2406, 2409 = JZ 2005, 1173, 1177 m. Anm. *Barton*.
3 BGH ZIP 2013, 1071 Rz. 12 f.
4 BGH ZIP 2013, 1071 Rz. 14.
5 BGHZ 122, 116, 120 = NJW 1993, 2371; OLG Brandenburg MDR 2000, 905 f. = OLGRep. 2002, 323 (für Steuerberater); OLG Stuttgart MDR 1999, 192 = OLGRep. 1998, 427 f. (für Rechtsanwälte); *Henssler* NJW 1994, 1817, 1822; *Henssler/Prütting* BRAO[3] § 43a Rz. 102; *Feuerich/Weyland* BRAO[7] § 43a Rz. 28.
6 BGHZ 122, 116, 120 = NJW 1993, 2371; OLG Stuttgart MDR 1999, 192 = OLG Brandenburg MDR 2000, 905 f. = OLGRep. 1998, 427 f.; *Henssler/Prütting* BRAO[3] § 43a Rz. 102.
7 OLG Stuttgart MDR 1999, 192 = OLGRep. 1998, 427 f.; OLG Brandenburg MDR 2000, 905 f. = OLGRep. 2002, 323.
8 OLG Stuttgart MDR 1999, 192 = OLGRep. 1998, 427 f.; OLG Brandenburg MDR 2000, 905 f. = OLGRep. 2002, 323.
9 OLG Stuttgart MDR 1999, 192 = OLGRep. 1998, 427 f. (obiter dictum); *Feuerich/Weyland* BRAO[7] § 43a Rz. 28; vgl. auch OLG Frankfurt OLGRep. 2004, 81, 83 zur Abwehr von Schadensersatzansprüchen gegen einen Notar.

7. Abgeordnete

90 Art. 47 S. 1 GG räumt den Abgeordneten des **Deutschen Bundestages** unabhängig von § 383 Abs. 1 Nr. 6 ein auch im Zivilprozess geltendes Zeugnisverweigerungsrecht ein. Die Abgeordneten dürfen das Zeugnis verweigern über **Personen**, die ihnen in ihrer Eigenschaft als Abgeordnete oder denen sie in dieser Eigenschaft Tatsachen anvertraut haben, sowie über diese **Tatsachen selbst**.[1]

91 Für **Landtagsabgeordnete** vereinheitlicht § 383 Abs. 1 Nr. 6 die durch die Landesverfassungen gewährten Zeugnisverweigerungsrechte. Außerdem schließt die Vorschrift die Lücke, die sich daraus ergibt, dass die Zeugnisverweigerungsrechte in den Landesverfassungen nur die Landesgerichte binden.[2]

§ 124 Belehrungspflichten, Vernehmungsverbote, Erweiterung der Weigerungsrechte, zulässige Schlussfolgerungen

I. Belehrungspflicht, § 383 Abs. 2

92 Das Gesetz sieht eine Belehrungspflicht **nur in** den **Fällen des § 383 Abs. 1 Nr. 1–3** vor, **nicht** jedoch in den Fällen des **§ 383 Abs. 1 Nr. 4–6**.[3] Eine Belehrung ist in den Fällen des § 383 Abs. 1 Nr. 4–6 entbehrlich, weil den betroffenen Personen bekannt ist, dass sie zur Verschwiegenheit verpflichtet sind.[4] Für die Belehrung ist keine besondere Form vorgeschrieben, doch muss dem Zeugen gesagt werden, weshalb er sich weigern darf. Die Frage, ob er Angaben machen wolle, ist keine Belehrung.[5] Dem Zeugen braucht aber **nicht** klargemacht zu werden, **welche rechtliche Bedeutung** die Zeugnisverweigerung hat. Die Belehrung erübrigt sich, wenn der Zeuge von sich aus erklärt, von dem Zeugnisverweigerungsrecht keinen Gebrauch machen zu wollen. Nicht erforderlich ist der Hinweis, dass der Zeuge seine Weigerung auch später noch erneuern kann.[6]

93 Der Zeuge kann bereits **mit der Ladung belehrt** werden. Wird er **im Termin** belehrt, ist dies ins Protokoll aufzunehmen. Soll er die Beweisfrage gem. § 377 Abs. 3 **schriftlich beantworten**, muss er bei der schriftlichen Aufforderung zur Abgabe der Erklärung schriftlich belehrt werden.

94 Ist der **Zeuge minderjährig**, müssen sowohl **er selbst als auch** sein **personensorgeberechtigter gesetzlicher Vertreter** über das Zeugnisverweigerungsrecht belehrt werden. Will der minderjährige Zeuge aussagen, können die gesetzlichen Vertreter seine Vernehmung ungeachtet der zuvor erteilten Zustimmung verhindern, indem sie das Zeugnisverweigerungsrecht ausüben. Andererseits können die gesetzlichen Vertreter den Minderjährigen nicht hindern, von seinem Zeugnisverweigerungsrecht Gebrauch zu machen.[7]

95 Ist die vorgeschriebene Belehrung unterblieben, kann die Zeugenaussage gleichwohl verwertet werden, wenn der **Verfahrensfehler nach § 295 geheilt** ist.[8]

---

1 Dazu *Nolte* MDR 1989, 514 f.
2 Vgl. insoweit *Dallinger* JZ 1953, 436.
3 BayObLG NJW-RR 1991, 6, 7 für Rechtsanwalt und Steuerberater.
4 BayObLG NJW-RR 1991, 6, 7 für Rechtsanwalt und Steuerberater.
5 RG JW 1924, 1609 Nr. 16 zu § 52 StPO.
6 RG JW 1936, 3548.
7 BayObLG NJW 1967, 207.
8 BGH NJW 1985, 1158 = LM § 295 ZPO Nr. 33 (obiter dictum).

II. Vernehmungsverbot

1. Inhalt

§ 383 Abs. 3 betrifft Zeugen, die nach § 383 Abs. 1 Nr. 4–6 zur Aussageverweigerung berechtigt wären, von diesem Recht aber keinen Gebrauch machen. Die Vorschrift begründet für das Gericht ein **Vernehmungsverbot** hinsichtlich solcher Tatsachen, die **offenkundig der Verschwiegenheitspflicht** des Zeugen unterliegen, über die der Zeuge also nicht aussagen könnte, ohne gegen seine Verschwiegenheitspflicht zu verstoßen.[1]

96

Das in § 383 Abs. 3 enthaltene Vernehmungsverbot ist **von Amts wegen zu beachten**. Deshalb muss der Zeuge, der das ihm durch § 383 Abs. 1 Nr. 6 gewährte Zeugnisverweigerungsrecht nicht gebrauche, **schonend befragt** werden.[2] Das Gericht darf schon dann **nicht fragen** (lassen), wenn sich die **Verschwiegenheitspflicht** des Zeugen **aus dem Parteivortrag** ergibt. Dies gilt gleichermaßen, wenn der Gegner bestreitet, dass der Zeuge in der hier in Betracht kommenden Eigenschaft überhaupt tätig geworden ist, wie wenn die einseitige Parteibehauptung mit der Begründung des außerprozessualen Anspruchs zusammenfällt. Lässt sich ausnahmsweise aus dem Parteivortrag nichts entnehmen, was auf eine Verschwiegenheitspflicht des Zeugen hindeutet, besteht für das Gericht **kein Anlass zur Nachforschung**. Der Zeuge muss auf seine Verschwiegenheitspflicht hinweisen, wenn er die Aussage verweigern will.

97

2. Verwertbarkeit bei Verstoß

Umstritten ist, ob eine entgegen dem Vernehmungsverbot zustande gekommene Aussage verwertbar ist. Ein **Verwertungsverbot** wird **im Schrifttum teilweise** mit Sinn und Zweck der Vorschrift begründet. § 383 Abs. 3 sei, soweit er sich auf Vertrauenspersonen beziehe (§ 383 Abs. 1 Nr. 4, 6) keine lediglich den Verfahrensgang regelnde Ordnungsvorschrift, sondern solle dem **persönlichkeitsrechtlichen Schutz** des privaten Geheimbereichs dienen. Damit dieser Sinn nicht verfehlt werde, müsse sich das in § 383 Abs. 3 ausgesprochene Vernehmungsverbot in einem Verbot zur Verwertung der unzulässig erlangten Aussage fortsetzen.[3]

98

Dagegen setzt **nach überwiegender Ansicht** der Umstand, dass der Zeuge sich des **Bruchs** eines **Berufsgeheimnisses** schuldig macht, der Verwertung der Bekundung **keine Schranke**.[4] Etwas anderes soll allenfalls dann gelten, wenn der Zeuge durch verfahrenswidrige Maßnahmen zu seiner Aussage bestimmt worden ist. Dazu genüge aber nicht die bloße Vernehmung zu den von der Verschwiegenheitspflicht erfassten Umständen, von der nach § 383 Abs. 3 abzusehen ist.[5] Der Verstoß gegen die Schweigepflicht sei lediglich bei der Beweiswürdigung als wesentlicher Umstand zu berücksichtigen.[6]

99

---

1 BGH ZIP 1994, 1103, 1110.
2 *Lachmann* NJW 1987, 2206, 2207.
3 *Gießler* NJW 1977, 1185, 1186; *Lenckner* NJW 1965, 321, 326; *Habscheid* Gedächtnisschrift H. Peters (1967) S. 840, 870.
4 BGH ZIP 1994, 1103, 1110; BGH NJW 1990, 1734, 1735 (obiter dictum) = ZZP 1990 (103), 464 m. abl. Anm. *Bork*; BGH NJW 1977, 1198, 1199; BayObLG NJW-RR 1991, 6, 7 (obiter dictum); LG Göttingen NJW-RR 2011, 140, 141 (Verneinung eines Unterlassungsanspruchs gegen evtl. Zeugenaussage in Kartellbußgeldverfahren); zustimmend MünchKommZPO/*Damrau*4 § 383 Rz. 42; Stein/Jonas/*Berger*22 § 383 Rz. 19; Zöller/*Greger*30 § 383 Rz. 22; *Gottwald* BB 1979, 1780, 1781.
5 BGH NJW 1990, 1734, 1735 (obiter dictum).
6 BayObLG NJW-RR 1991, 6, 7 f.; OLG Köln OLGZ 1986, 59, 61 = RPfleger 1985, 494.

100 Die **Verwertbarkeit** lässt sich **nicht** mit den Argumenten der h.M. **begründen**. Deren Ansicht geht zurück auf eine Entscheidung zum Zeugnisverweigerungsrecht von Berufsgeheimnisträgern nach § 53 StPO, nach der eine etwaige sachlich-rechtliche Rechtswidrigkeit der Offenbarung schweigepflichtiger Tatsachen nicht die verfahrensrechtliche Unverwertbarkeit des Zeugnisses nach sich ziehe.[1] Diese Ansicht ist nicht auf den Zivilprozess übertragbar. In der **StPO** gibt es **kein** dem § 383 Abs. 3 **vergleichbares Vernehmungsverbot**.

101 Die Vernehmung eines Zeugen unter **Verstoß gegen § 383 Abs. 3** ist nicht nur materiell rechtswidrig, sondern **zugleich prozessrechtswidrig**. Der BGH hat zu Unrecht dahingestellt sein lassen, ob ein Zeugnisverweigerungsrecht nach § 383 Abs. 1 Nr. 6 gegeben war, weil der Zeuge davon keinen Gebrauch gemacht hatte.[2] Gerade dies begründet aber die Anwendung des § 383 Abs. 3, sofern ein Zeugnisverweigerungsrecht besteht.

102 Die hier befürwortete Unverwertbarkeit begründet indes **keinen** vorbeugenden **Unterlassungsanspruch des** durch das Zeugnisverweigerungsrecht **Geschützten** zur Unterbindung der Aussage in einem gerichtlichen Verfahren; die Prüfung der Aussageverpflichtung und des Rechts zur Weigerung ist ein innerprozessualer Vorgang, der nicht von außen durch ein weiteres Verfahren zu steuern ist.[3]

III. Gesetzeserweiternde Anerkennung von Weigerungsrechten

103 Die Zeugnisverweigerungsrechte sind **Ausnahmetatbestände** von der **allgemeinen Zeugnispflicht** für besondere, gesetzlich bestimmte Fälle. Weil die allgemeine Zeugnispflicht nicht nur den Interessen der Parteien, sondern auch der Funktionsfähigkeit der Rechtspflege dient und die Befreiung vom **Zeugniszwang** deshalb **nicht zur Disposition der Parteien** steht, können Zeugnisverweigerungsrechte nicht durch Vereinbarung der Parteien begründet werden. Ein Zeuge ist grundsätzlich auch dann zur Aussage verpflichtet, wenn ihm dies unangenehm ist oder er Repressalien einer Partei wegen des Inhalts seiner Aussage befürchtet.[4]

104 Allerdings kann nach der Rechtsprechung des **BVerfG** über die gesetzliche Regelung hinaus im Einzelfall unter besonders strengen Voraussetzungen eine **Begrenzung des Zeugniszwangs unmittelbar aus** der **Verfassung** folgen.[5] Doch hat ein Zeuge im Zivilprozess, dessen Ferngespräche mit einer der Parteien **heimlich abgehört** und auf Tonband aufgenommen worden sind, kein Zeugnisverweigerungsrecht aufgrund seines allgemeinen Persönlichkeitsrechts, wenn ihm die Verletzung seines Rechtsguts zur Aufklärung der Verletzung eines gleich- oder höherrangigen Rechtsgutes zuzumuten ist.[6]

105 Das Recht auf **körperliche Unversehrtheit** aus Art. 2 Abs. 2 GG kann grundsätzlich nur dann **Vorrang** vor dem Interesse an einem geordneten Verfahren haben, wenn aufgrund objektiver Anhaltspunkte von einer akuten erheblichen Gefahr für den Zeugen oder seine Angehörigen auszugehen ist.[7] Allerdings haben Zeugen die dem **Zeugen-**

---

1 BGHSt 9, 59, 61 = NJW 1956, 599, 600. Unkritisch übernommen von BGH NJW 1977, 1198, 1199 und BGH NJW 1990, 1734, 1735.
2 BGH NJW 1977, 1198, 1199.
3 Vgl. insoweit LG Göttingen NJW-RR 2011, 140, 141 a.E.
4 OLG Hamm OLGZ 1989, 468.
5 BVerfG NJW 1972, 2214 ff. = JZ 1973, 780; BVerfG NJW 1988, 2945 zum Strafprozess.
6 KG NJW 1967, 115.
7 OLG Hamm OLGZ 1989, 468, 469.

schutz nach dem ZeugenschutzG v. 11.12.2001[1] unterliegen, gem. § 10 Abs. 1 S. 1 ZSHG das Recht, **Angaben zur Person** auf ihre frühere Identität zu beschränken und unter Hinweis auf den Zeugenschutz Angaben, die Rückschlüsse auf die gegenwärtigen Personalien sowie den Wohn- und Aufenthaltsort erlauben, zu verweigern.[2]

IV. Beweiswürdigung

Aus der befugten Zeugnisverweigerung dürfen bei der Beweiswürdigung in den Fällen des § 383 Abs. 1 Nr. 1–3 **keine Schlüsse zum Nachteil der Partei** gezogen werden, zu der der Zeuge eine **Nähebeziehung** hat.[3] Dieses Verbot gilt auch dann, wenn der Angehörige nur Angaben macht, die für die Beurteilung der Tatfrage ohne Bedeutung sind, sich im Übrigen aber auf sein Zeugnisverweigerungsrecht beruft.[4] Zur abweichenden Behandlung der Weigerung nach § 384 Nr. 2 s. Kap. 35 Rz. 20. 106

Anders als § 252 StPO schließt die Zeugnisverweigerung eines Zeugen im Zivilprozess nicht aus, dass **Niederschriften über** dessen **frühere Vernehmung** als Beschuldigter im Strafverfahren oder als Zeuge in einem anderen Verfahren **verwertet** werden.[5] Eine andere Beurteilung ergibt sich auch nicht daraus, dass der Zeuge seine Angaben im Strafverfahren als Beschuldigter gemacht hat, sofern er ordnungsgemäß belehrt worden ist[6] (zur unterbliebenen Belehrung Kap. 31 Rz. 65). Dass ein Beschuldigter nicht der Wahrheitspflicht unterliegt und geneigt sein kann, sich auf Kosten einer späteren Partei des Zivilrechtsstreits zu entlasten, ist im Rahmen der Beweiswürdigung zu berücksichtigen, nämlich bei der Frage, ob das Gericht die betreffende Aussage in Ansehung auch dieses Umstands für wahr hält.[7] 107

Macht der Zeuge erst **in zweiter Instanz** von seinem **Weigerungsrecht** Gebrauch, ist das Problem irrelevant, ob analog § 252 StPO[8] ein Verwertungsverbot anzunehmen ist, weil das Berufungsgericht keinen Spielraum hat, unter Rückgriff auf das Vernehmungsprotokoll des erstinstanzlichen Gerichts von dessen Glaubwürdigkeitsbeurteilung abzuweichen.[9] 108

Der **Verfahrensmangel** eines **ohne Belehrung** zustande gekommenen polizeilichen Protokolls wird **geheilt**, wenn der Zeuge bei seiner Vernehmung im Zivilprozess nach ordnungsgemäßer Belehrung über sein Zeugnisverweigerungsrecht **nunmehr zur Aussage bereit** ist.[10] Deshalb darf einer Zeugin, die sich nach Belehrung gem. § 383 Abs. 2 in beiden Instanzen zur Aussage bereit gefunden hat, der Inhalt ihrer Angaben am Unfallort vorgehalten werden und zudem auch der Polizeibeamte als Zeuge über den Inhalt dieser Angaben befragt werden.[11] 109

---

1 BGBl. I 2001, 3510.
2 Vgl. auch zur Rechtslage vor Verabschiedung des ZSHG und zu § 68 S. 2 StPO OLG Celle NJW 1988, 2751; OLG Hamm OLGZ 1989, 468.
3 BGH NJW 2012, 296 Rz. 18. Zu §§ 52, 261 StPO BGHSt 22, 113 f. = NJW 1968, 1246.
4 Zu §§ 52, 261 StPO BGH NStZ 1981, 70.
5 BGH NJW-RR 2013, 159 Rz. 17; OLG Hamm NVersZ 1998, 44; OLG Köln VersR 1993, 335 f.; OLG Braunschweig NdsRpfl. 1960, 162; MünchKommZPO/*Damrau*[4] § 383 Rz. 20.
6 OLG Köln VersR 1993, 335, 336; OLG Hamm NVersZ 1998, 44.
7 OLG Köln VersR 1993, 335, 336; OLG Hamm NVersZ 1998, 44.
8 Zu dessen Grenzen BGH NJW 2012, 3192 Rz. 7.
9 BGH NJW 2007, 372, 375.
10 BGH NJW 1985, 1470; OLG Hamm NVersZ 2002, 478 = OLGRep. 2002, 320.
11 OLG Hamm NVersZ 2002, 478 = OLGRep. 2002, 320.

Kapitel 35:
Gegenständlich beschränkte Aussageverweigerung

	Rz.		Rz.
§ 125 Zeugnisverweigerung aus sachlichen Gründen, § 384 ZPO		a) Normzweck	31
I. Grundlagen		b) Gefahr der Verfolgung wegen einer Straftat oder Ordnungswidrigkeit	32
1. Eingeschränkter Umfang des Weigerungsrechts	1	c) Gefahr der Offenbarung unehrenhafter Tatsachen	41
2. Verfahren		**§ 126 Schutz von Kunst- und Gewerbegeheimnissen**	
a) Befragung des Zeugen	11		
b) Belehrungspflicht, unrichtige Belehrung	13	I. Wirtschaftlicher Schutz	53
c) Berufung auf § 384	16	II. Geheimnisbegriff	54
d) Glaubhaftmachung	18	III. Gewerbebegriff	56
e) Entscheidung über die Berechtigung	19	IV. Kunstbegriff	58
3. Beweiswürdigung	20	V. Geheimhaltungsinteresse	61
II. Schutz des Zeugen und seiner nächsten Angehörigen		VI. Verfahrensrechtlicher Geheimnisschutz	63
1. Allgemeines	22	VII. Geheimnisse Dritter	64
2. Schutz des Vermögens	25	VIII. Kasuistik	66
3. Schutz des Persönlichkeitsrechts			

§ 125 Zeugnisverweigerung aus sachlichen Gründen, § 384 ZPO

Schrifttum:

Baumann, Kein Aussageverweigerungsrecht bei Gefahr disziplinarrechtlicher Verfolgung?, Festschrift Kleinknecht (1985), S. 19; *Dillenburger-Pauly*, Zeugnisverweigerungsrecht für den Ehebruchszeugen?, MDR 1995, 340; *Enchelmaier*, Durchsetzung von Immaterialgüterrechten vs. Schutz von Betriebsgeheimnissen im englischen Zivilprozessrecht, GRUR Int. 2012, 503; *Garber*, Der Schutz von Geschäfts- und Betriebsgeheimnissen im Zivilprozess – ein Überblick, ÖJZ 2012, 640; *Geerds*, Auskunftsverweigerungsrecht oder Schweigebefugnis? Zur Problematik der §§ 55, 56 StPO, Festschrift Stock (1966), S. 171; *Götz*, Der Schutz von Betriebs- und Geschäftsgeheimnissen im Zivilverfahren, 2014; *Helbach*, Der gestufte Schutz von Betriebs- und Geschäftsgeheimnissen vor Parlament, Presse und Jedermann, 2012; *Kazemi*, Der durch eine Nichtangriffsabrede gebundene Dritte im Löschungsverfahren vor den ordentlichen Gerichten, GRUR 2006, 210; *Mayer*, Geschäfts- und Betriebsgeheimnis oder Geheimniskrämerei?, GRUR 2011, 884; *McGuire/Joachim/Künzel/Weber*, Der Schutz von Geschäftsgeheimnissen durch Rechte des Geistigen Eigentums und durch das Recht des unlauteren Wettbewerbs, GRUR Int. 2010, 829; *Nagel/Hopfe*, Informationspflichten beim Kontrollerwerb an nicht-börsennotierten Gesellschaften und der Schutz von Betriebs- und Geschäftsgeheimnissen, ZIP 2010, 817; *Odenthal*, Auskunftsverweigerungsrecht nach § 55 StPO bei Gefahr ausländischer Strafverfolgung NStZ 1985, 117; *Siebert*, Geheimnisschutz und Auskunftsansprüche im Recht des Geistigen Eigentums, 2011.

I. Grundlagen

1. Eingeschränkter Umfang des Weigerungsrechts

1 Während sich die Weigerungsgründe des § 383 Nr. 1–3 auf die gesamte Zeugenaussage erstrecken, berechtigen die sich aus § 384 ergebenden Zeugnisverweigerungsrechte den Zeugen lediglich dazu, solche **Beweisfragen nicht zu beantworten**, die ihn in die

gesetzlich bestimmte **Konfliktlage** bringen können.¹ Mit Beweisfrage meint das Gesetz wie in § 377 Abs. 3 S. 1 die – nicht notwendig als Frage formulierte – Aufforderung an den Zeugen, sich zu einem **bestimmten Beweisgegenstand** zu erklären.

Anders als in den Fällen des § 383 Abs. 1 Nr. 1–3 darf der Zeuge **nicht insgesamt** die **Aussage verweigern**, sondern sein Weigerungsrecht ist auf die Beantwortung bestimmter Fragen gegenständlich beschränkt, so dass ihm zunächst einmal Fragen zu stellen sind.² Hat er in einem parallelen Rechtsstreit die Aussage verweigert, ist er nicht als unerreichbares Beweismittel i.S.d. analog anzuwendenden § 244 Abs. 2 S. 2 StPO zu behandeln; die Nichtvernehmung verletzt das Recht auf Beweis (Art. 103 Abs. 1 GG),³ was besondere Bedeutung erlangt, wenn man gestattet, aus der Weigerung Schlussfolgerungen zu ziehen.

Ein Fall des § 384 liegt **nur** vor, wenn der Zeuge bei **wahrheitsgemäßer Bekundung** Tatsachen mitteilen müsste, die einen Tatbestand des § 384 erfüllen.⁴ Die **gegenteilige Auffassung der Rechtsprechung**, die die überwiegende Literatur übernommen hat,⁵ geht auf etliche Entscheidungen des RG zurück, in denen es ausschließlich darum ging, ob die Befragung des Zeugen nach ehebrecherischem oder ehewidrigem Umgang mit einer der Parteien die Voraussetzungen des § 384 Nr. 2 erfüllt. Für diese Fälle war das RG der Auffassung, ein Zeuge brauche sich gar nicht zu äußern zu Fragen, deren Beantwortung in einem bestimmten Sinn, sei es bejahend oder verneinend, ihm Unehre bringen oder ihn der Gefahr strafgerichtlicher Verfolgung aussetzen würde.⁶

Die **herrschende Meinung** ist **weder für** andere Fälle des § 384 Nr. 2 **noch für** die **übrigen Tatbestände** des § 384 **überzeugend**. Die Annahme, die Auskunftsverweigerungsrechte des § 384 würden ohne Rücksicht darauf gewährt, wie die wahrheitsgemäße Auskunft lauten müsste, findet **im Wortlaut** des § 384 **keine Stütze**. Sie ist auch deshalb nicht haltbar, weil sie zu **unvertretbaren Folgen** führt.

Dies ist **ohne Weiteres einsichtig für** die in § 384 Nr. 1, 3 normierten Tatbestände, bei denen es auch die Gegenauffassung keineswegs genügen lässt, dass die wahrheits*widrige* Auskunft einen Vermögensschaden verursachen (§ 384 Nr. 1) oder ein Kunstbzw. Gewerbegeheimnis enthüllen würde (§ 384 Nr. 3). Hier wird zu Recht ausschließlich auf die tatsächliche Situation des Zeugen abgestellt,⁷ denn bei Zugrundelegung möglicher wahrheitswidriger Angaben, ließen sich beliebig fiktive Vermögensschäden und Kunst- bzw. Gewerbegeheimnisse erdenken.

Gleiches gilt auch in den Fällen des **§ 384 Nr. 2 2. Alt.** So ist bei jeder nicht bloß zu bejahenden oder verneinenden Beweisfrage eine wahrheits*widrige* Antwort denkbar, die den Zeugen in die Gefahr der Verfolgung wegen einer Straftat oder Ordnungswidrigkeit bringen würde. Beispielsweise könnte ein völlig unbescholtener Zeuge eines Verkehrsunfalls wahrheitswidrig antworten, er sei gerade über die Absperrung zwischen Bürgersteig und Fahrbahn geklettert oder er habe vom Bürgersteig aus einen

---

1 BGH NJW 1994, 197, 198.
2 BGH NJW 1994, 197/198.
3 BGH NJW 2012, 296 Rz. 12 mit 16.
4 So auch RG Warn. 1909, 231, 232 Nr. 248; RG Seuff.Arch. 64 (1908), 428 Nr. 204.
5 RG Warn. 1919 Nr. 123; 1919 Nr. 143; 1920 Nr. 212; RG HRR 1933, Nr. 539; BGHZ 26, 391, 400 = NJW 1958, 826, 827; OLG Hamburg FamRZ 1965, 277; OLG München NJW 2011, 80, 81; MünchKommZPO/*Damrau*⁴ § 384 Rz. 4; Musielak/*Huber*¹⁰ § 384 Rz. 2; Zöller/*Greger*³⁰ § 384 Rz. 2.
6 RG Warn. 1919 Nr. 123; RG Warn. 1919 Nr. 143; RG Warn. 1920 Nr. 212; RG HRR 1933 Nr. 539.
7 So etwa OLG Celle NJW 1953, 426 zu § 384 Nr. 1 ZPO.

Stein auf die Windschutzscheibe eines der Unfallfahrzeuge geworfen. Nach der herrschenden Ansicht müsste man dem Zeugen wegen dieser möglichen wahrheitswidrigen Antworten ein Zeugnisverweigerungsrecht gem. § 384 Nr. 2 2. Alt. zubilligen, weil die Beantwortung der Frage in einem bestimmten Sinne ihn in die Gefahr der Verfolgung wegen § 25 Abs. 4 S. 1 i.V.m. § 49 Abs. 1 Nr. 24a StVO bzw. § 315b Abs. 1 Nr. 3 StGB bringen könnte, obwohl die wahrheitsgemäße Antwort des Zeugen, er habe die Fahrzeuge beobachtet, als er am Fußgängerüberweg auf das grüne Lichtzeichen gewartet habe, völlig unverfänglich wäre. Auf der Grundlage der h.M. lassen sich also auch hier unbegrenzt Zeugnisverweigerungsrechte konstruieren.

7 **Dieselben Erwägungen** lassen sich für **§ 384 Nr. 2 1. Alt.** bei allen allgemein gehaltenen Beweisfragen durchspielen. Die in der Rechtsprechung behandelte **Frage nach außerehelichem Sexualverkehr** stellt insofern einen **Sonderfall** dar, als schon das Thema der Frage das Schamgefühl verletzt. Allein deshalb muss der Zeuge in diesem Fall ausnahmsweise das Recht haben, die Antwort auch dann zu verweigern, wenn er die Frage bei wahrheitsgemäßer Auskunft verneinen müsste. Dieses **Ergebnis** ergibt sich entweder **im Wege** einer **verfassungskonformen Auslegung** des § 384 Nr. 2 1. Alt. im Hinblick auf das allgemeine Persönlichkeitsrecht oder unmittelbar aus Art. 2 Abs. 1 i.V.m. Art. 1 Abs. 1 GG (näher dazu Rz. 41 ff.). Es lässt sich aber **nicht für sämtliche Tatbestände** des § 384 **verallgemeinern**. Allenfalls für die gezielte Frage nach der Begehung bestimmter Straftaten wäre eine ähnliche Lösung denkbar.

8 **Für die h.M. spricht** auch **nicht** das vom RG vorgebrachte Argument,[1] bei Zugrundelegung der wahrheitsgemäßen Antwort müsste zum Zwecke der Entscheidung über die Berechtigung zur Zeugnisverweigerung erst festgestellt werden, in welchem Sinne der Zeuge die Frage beantworten würde. Dieser **Einwand berührt** das Problem der von § 386 geforderten **Glaubhaftmachung des Weigerungsgrundes**, das sich bei sämtlichen Tatbeständen des § 384 stellt, sofern sich der Weigerungsgrund nicht schon aus dem Thema der Beweisfrage ergibt. Das RG konnte eine Auseinandersetzung hiermit nur deshalb vermeiden, weil bei den Fragen nach außerehelichem Sexualverkehr schon „der Inhalt der Frage die Voraussetzungen des Zeugnisverweigerungsrechtes ohne Weiteres glaubhaft" machte,[2] Ergeben sich die Voraussetzungen des § 384 erst aus dem Inhalt der Antwort, muss die **Glaubhaftmachung** auch **nach der h.M. problematisch** sein (zu den Anforderungen an die Glaubhaftmachung und zur Entscheidung über die Berechtigung s. Rz. 18 f. und Kap. 37 Rz. 6 ff.).

9 Die aus den Tatbeständen des § 384 Nr. 2 resultierenden **Probleme bei der Beweiswürdigung** (näher dazu Rz. 20 f.) lassen sich **auch bei Befolgung der h.M. nicht vermeiden**. Auch bei deren Auslegung besteht die Gefahr, dass die Tatsache der Auskunftsverweigerung gegen den Zeugen verwendet wird. Eine Einbeziehung dieses Umstandes in die freie Beweiswürdigung wird von der h.M. gebilligt, sofern die Tatsache der Auskunftsverweigerung nur als ein Indiz neben sonstigen Umständen und mit Vorsicht gewertet wird.[3] Dabei geht die h.M. teilweise ausdrücklich davon aus, dass ein Zeuge, der nicht fürchten muss, sich zu belasten, nach der Lebenserfahrung nicht unter Berufung auf § 384 die Aussage verweigern wird.[4] Angesichts solcher Schlussfolgerungen ist der gegen die hier vertretene Auffassung erhobene Einwand, der Zeuge würde die zu beweisende Tatsache durch seine Weigerung offenbaren,

---

1 RG Warn. 1919 Nr. 133.
2 So ausdrücklich RG HRR 1933 Nr. 539; ebenso OLG München OLGRspr. 20, 326.
3 BGH NJW 1994, 197, 198; BGHZ 26, 391, 400 = NJW 1958, 826, 827 = LM § 384 Nr. 2 ZPO (LS) m. zust. Anm. *Johannsen*; KG FamRZ 1969, 421, 424; MünchKommZPO/*Damrau*[4] § 384 Rz. 4; *Zöller/Greger*[30] § 384 Rz. 3; *Dillenburger/Pauly* MDR 1995, 340, 342; *Musielak/Stadler* Grundfragen des Beweisrechts Rz. 154; *Bruns* ZPR[2] Rz. 185e.
4 *RG* Warn. 1919 Nr. 143; *Johannsen*, Anm. zu BGH LM § 384 Nr. 2 ZPO.

wenn man für den Weigerungsgrund auf die wahrheitsgemäße Aussage abstellte,[1] nicht nachvollziehbar. Diesem Problem kann man eher dadurch begegnen, dass man die Tatsache der Zeugnisverweigerung grundsätzlich gar nicht bei der Beweiswürdigung berücksichtigt).

Die hier vertretene Lösung ist auch deshalb vorzugswürdig, weil es in Anbetracht der prozessualen Wahrheitspflicht widersinnig wäre, wenn die ZPO auf potentiell wahrheitswidrige Aussagen des Zeugen Rücksicht nähme. Bei richtiger Auslegung kann § 384 dem Zeugen und seinen Angehörigen daher **grundsätzlich nur Schutz vor** den **nachteiligen Folgen einer wahrheitsgemäßen** Aussage bieten.[2] 10

2. Verfahren

a) Befragung des Zeugen

Es liegt grundsätzlich **beim Zeugen, sich auf** sein **Recht zu berufen**, eine Beweisfrage i.S.d. § 384 nicht zu beantworten.[3] Damit ihm dies möglich ist, müssen **zunächst** einzelne **Beweisfragen an den Zeugen gerichtet** werden.[4] Nicht etwa darf ein Zeuge gar nicht erst zur Sache befragt werden, weil er in eine der in § 384 genannten Konfliktlagen geraten könnte.[5] Auch dürfen **Fragen der Parteien** gem. § 397, bezüglich derer der Zeuge ein Zeugnisverweigerungsrecht nach § 384 hat, **nicht** als **unzulässig** abgewiesen werden.[6] 11

Das Gericht kann die Reichweite des Zeugnisverweigerungsrechts bis zu einem gewissen Grade durch die Formulierung der Beweisfragen beeinflussen. Stellt das Gericht **zahlreiche detaillierte Fragen**, ist die Wahrscheinlichkeit größer, dass einzelne Fragen nicht unter § 384 zu fassen sind, als wenn das Gericht eine unspezifische Beweisfrage formuliert. Dabei ist allerdings die mögliche Suggestivwirkung detaillierter Fragen zu bedenken. 12

b) Belehrungspflicht, unrichtige Belehrung

Eine **Pflicht zur Belehrung** über die Weigerungsgründe gem. § 384 besteht **nicht**.[7] Dies ergibt sich im Umkehrschluss aus der Beschränkung der Belehrungspflicht des § 383 Abs. 2 auf die Weigerungsgründe des § 383 Abs. 1 Nr. 1–3 (Kap. 34 Rz. 92). Gleichwohl ist eine **Belehrung ratsam**.[8] 13

Nicht prozessfähige Zeugen sind auch in den Fällen des § 384 zumindest darüber zu belehren, dass sie ohne **Zustimmung** ihres **gesetzlichen Vertreters** nicht auszusagen brauchen. 14

---

1 Anm. *Johannsen* zu BGH LM § 384 ZPO Nr. 2; RG Warn. 1919 Nr. 123.
2 Zum Schutzzweck BGH (III.ZS) NJW 2007, 155, 156. Ebenso zum Schutzzweck Musielak/*Huber*[10] § 384 Rz. 1 (aber in Widerspruch dazu in Rz. 2 Anschluss an die h.M.).
3 BGH NJW 1994, 197, 198.
4 BGH NJW 1994, 197, 198.
5 BGH NJW 1994, 197, 198.
6 MünchKommZPO/*Damrau*[4] § 384 Rz. 3; Stein/Jonas/*Berger*[22] § 384 Rz. 18. Vgl. zu § 55 StPO RGSt 9, 426 wegen Fragen der Verteidigung an den Zeugen; RG JW 1931, 3560 m. Anm. *Bohne*.
7 RG Warn. 1920 Nr. 212; BayObLGZ 1968, 172, 178; OLG Köln OLGZ 1986, 59, 61 = RPfleger 1985, 494; Stein/Jonas/*Berger*[22] § 384 Rz. 18.
8 MünchKommZPO/*Damrau*[4] § 384 Rz. 3; Stein/Jonas/*Berger*[22] § 384 Rz. 18 (für § 384 Nr. 1 und 2); Zöller/*Greger*[30] § 384 Rz. 1a.

15 Wird der Zeuge belehrt, darf die Belehrung nicht unrichtig sein.[1] Doch wirkt sich eine **falsche Belehrung** in den meisten Fällen nicht auf das Hauptsacheverfahren aus, weil § 384 nicht die Parteien schützt.[2] Nur wenn der Zeuge infolge der unrichtigen Belehrung Fragen nicht beantwortet, die er an sich beantworten müsste, ist das **Beweisführungsrecht der Parteien** verletzt.[3] Die irrige Bejahung eines Zeugnisverweigerungsrechts wird aber **nach § 295 geheilt**, wenn eine Partei die vom Gericht gebilligte Aussageverweigerung nicht beanstandet.[4]

c) Berufung auf § 384

16 Der **Zeuge muss** die ihm unterbreiteten Beweisfragen im einzelnen daraufhin **überprüfen**, ob sie ihn nach § 384 Nr. 1–3 zur Zeugnisverweigerung berechtigen und gegebenenfalls für jede Beweisfrage gesondert entscheiden, ob er sie beantworten will. Nur wenn bei sämtlichen Beweisfragen ein Zeugnisverweigerungsrecht besteht, braucht der Zeuge gar nicht auszusagen.[5] Wegen der Ausübung seines Zeugnisverweigerungsrechts kann er sich **anwaltlich beraten** lassen.[6]

17 Will der Zeuge die Auskunft verweigern, muss er dies **ausdrücklich erklären**.[7] Allerdings wird der nicht rechtskundige oder nicht rechtlich beratene Zeuge die Beantwortung einer entsprechenden Beweisfrage nur intuitiv ablehnen können. Deshalb kann es sein, dass der Zeuge ohne nähere Begründung erklärt, eine bestimmte Beweisfrage nicht beantworten zu wollen. In einem solchen Fall muss das **Gericht durch Rückfragen klären**, welchen Weigerungsgrund des § 384 der Zeuge geltend machen will. Ist der Zeuge zur Antwort auf eine an ihn gerichtete Beweisfrage bereit, muss er diese vollständig beantworten, weil die Zeugnisverweigerungsrechte des § 384 **keine partielle Antwort** gestatten. Der Zeuge kann **bis** zum **Abschluss der Vernehmung** von § 384 Gebrauch machen und ggf. seine bisherigen Angaben zur Sache **widerrufen**.[8]

d) Glaubhaftmachung

18 Streitig ist, inwieweit der Zeuge begründen muss, dass die Voraussetzungen eines Tatbestandes des § 384 bei ihm vorliegen. Grundsätzlich ist auch hier **§ 386** anzuwenden (näher Kap. 37 Rz. 6). Dem Zeugen müssen aber **solche Angaben erspart** bleiben, **die** das **enthüllen** würden, was er nach § 384 gerade verschweigen dürfen soll. Einer **Glaubhaftmachung** des Weigerungsgrundes bedarf es nach der Rechtsprechung in den Fällen **nicht**, in denen **bereits** der **Inhalt der Frage** erkennen lässt, dass die Voraussetzungen eines Zeugnisverweigerungsrechts bestehen.[9] Dies wird in der Regel nur bei gezielten Fragen nach begangenen **Straftaten** oder Ordnungswidrigkeiten sowie nach Umständen, deren Beantwortung dem Zeugen zur **Unehre** gereicht, vorkommen. Umstände, die einen **Vermögensschaden** erwarten lassen, muss der Zeuge hinreichend genau darlegen. Insoweit hat etwa das OVG Lüneburg den pauschalen Vortrag, eine Aussage begründe die Gefahr der Nichteinstellung in den öffentlichen Dienst

---

1 RG Warn. 1920 Nr. 212.
2 MünchKommZPO/*Damrau*⁴ § 384 Rz. 3; vgl. zu § 55 Abs. 1 StPO BGHSt (GS) 11, 213, 217 (kein Schutz des Angeklagten).
3 MünchKommZPO/*Damrau*⁴ § 384 Rz. 3.
4 BGH NJW 1964, 449 (insoweit nicht abgedruckt in BGHZ 40, 288); BGH LM § 295 ZPO Nr. 9.
5 BGH NJW 1994, 197, 198; MünchKommZPO/*Damrau*⁴ § 384 Rz. 2.
6 BVerfGE 38, 105, 113 ff. = NJW 1975, 103 f.; MünchKommZPO/*Damrau*⁴ § 384 Rz. 3.
7 BGH NJW 1994, 197, 198.
8 OLG München OLGRspr. 20, 326; MünchKommZPO/*Damrau*⁴ § 384 Rz. 2. Zu § 55 StPO BGH NStZ 1982, 431; RGSt 44, 44; Löwe/Rosenberg/*Ignor*/*Bertheau* StPO²⁶ § 55 Rz. 19.
9 RG HRR 1933 Nr. 539; RG Warn. 1912, 256 Nr. 229; OLG München OLGRspr. 20, 326.

oder der Entlassung, ohne konkrete Schilderung der beruflichen Lage des einzelnen nicht genügen lassen.¹

e) Entscheidung über die Berechtigung

Das Gericht muss grundsätzlich **aufgrund der Angaben des Zeugen** entscheiden, ob ein Zeugnisverweigerungsrecht nach § 384 besteht. Ist der Vortrag des Zeugen geeignet, ein Zeugnisverweigerungsrecht aus § 383 Abs. 1 und § 384 zu begründen, muss das Gericht beides prüfen.² Soweit dem Zeugen eine nähere Begründung des Weigerungsgrundes nicht abverlangt werden kann, weil er sonst die zur Zeugnisverweigerung berechtigenden Tatsachen offenbaren müsste (zuvor Rz. 18), muss es dem Zeugen obliegen, **nach bestem Gewissen** zu prüfen, ob die Voraussetzungen eines der Tatbestände des § 384 auf ihn zutreffen. Insoweit ist wie bei § 383 Abs. 1 Nr. 4–6 zu verfahren; auch dort muss primär der schweigepflichtige Zeuge prüfen, ob eine von ihm erfragte Tatsache seiner Verschwiegenheitspflicht unterliegt und er deshalb das Zeugnis verweigern darf.

3. Beweiswürdigung

Die Tatsache der Zeugnisverweigerung darf nach der hier vertretenen Auffassung **nicht bei** der **Beweiswürdigung** gem. § 286 **berücksichtigt** werden, auch nicht als ein Indiz i.V.m. anderen Ergebnissen des Verfahrens, wie dies von der h.M. für zulässig erachtet wird.³ Sie gehört **entgegen verbreiteter Ansicht nicht** zu den **nach § 286 Abs. 1 zu berücksichtigenden Umständen**, weil sie einerseits nicht den Verhandlungen, sondern dem Verfahrensabschnitt der Beweisaufnahme zuzuordnen ist, andererseits aber **kein Ergebnis der Beweisaufnahme** ist. Die berechtigte Aussageverweigerung gem. § 384 führt dazu, dass die **angestrebte Erhebung des Zeugenbeweises** in Bezug auf die jeweiligen zu beweisenden Tatsachen **entfällt**. Der Zeuge ist aber gleichwohl zunächst zu befragen.

Die **Lücke** in der Beweisaufnahme kann man **nicht** durch einen „**indirekten" Zeugenbeweis füllen**, indem man die Weigerung des Zeugen bei der Beweiswürdigung verwertet. Vielmehr gibt es insoweit mangels Beweisaufnahme kein Ergebnis der Beweisaufnahme i.S.d. § 286. Gegen die Berücksichtigung der Aussageverweigerung bei der Beweiswürdigung spricht auch, dass für die **Parteivernehmung** die freie Würdigung der Verweigerung der Aussage bzw. des Eides in § 446 ggf. i.V.m. § 453 Abs. 2 **ausdrücklich geregelt** ist. Diese Vorschriften haben nur als **Sonderregelung** für die Parteivernehmung einen Sinn. Zwar mag sich die Funktion des § 453 Abs. 1 darauf beschränken, nach dem Wegfall formeller Beweisregeln die Geltung des Grundsatzes der freien Beweiswürdigung für die Parteivernehmung klarzustellen.⁴ Dies gilt aber nicht für die Verweisung in § 453 Abs. 2 auf § 446. Wäre die Tatsache der Verweigerung bereits nach § 286 frei zu würdigen, bedürfte es nicht der Regelung des § 453 Abs. 2. Auch kann anders als bei den Parteien bei Zeugen nicht davon ausgegangen werden, dass ihre Aussageverweigerung durch ein Interesse am Ausgang des Rechtsstreits motiviert ist, so dass sich über den Zusammenhang zwischen Weigerung und zu beweisender Tatsache bloß spekulieren lässt. Die richterliche **Überzeugung** kann deshalb auch bei „vorsichtiger" bzw. „zurückhaltender" Würdigung unter Berück-

---

1 OVG Lüneburg NJW 1978, 1493, 1494.
2 OLG Kiel JW 1936, 2941, 2942 zu § 383 Abs. 1 Nr. 6 und § 384 Nr. 3.
3 BGH NJW 1994, 197, 198; BGH NJW 2012, 297 Rz. 18; OLG München NJW 2011, 80, 81; MünchKommZPO/*Damrau*⁴ § 384 Rz. 4; Stein/Jonas/*Berger*²² § 384 Rz. 19.
4 S. dazu Stein/Jonas/*Leipold*²² § 453 Rz. 1.

sichtigung denkbarer Motive des Zeugen und sonstiger Verfahrensergebnisse[1] **nicht auf** die Tatsache der **Zeugnisverweigerung** gestützt werden.

II. Schutz des Zeugen und seiner nächsten Angehörigen

1. Allgemeines

22 Die Weigerungsgründe der Nr. 1 und 2 des § 384 sind durch die mögliche Rückwirkung der Zeugenaussage auf die Verhältnisse **des Zeugen und seiner Angehörigen** motiviert. Die Vorschriften sollen einerseits Meineide in Fällen verhüten, in denen die **Gefahr eines Meineides** besonders **naheliegt**, andererseits durch die Rücksichtnahme auf die Interessen der Angehörigen des Zeugen den **Familienfrieden** sicherstellen.[2] Anders als bei § 383 Abs. 1 Nr. 1–3 muss ein **Angehöriger** i.S. dieser Vorschriften bei § 384 Nr. 1 und 2 **nicht Partei sein**. Ist er dennoch Partei, ist das sich aus § 383 Abs. 1 Nr. 1–3 ergebende Zeugnisverweigerungsrecht fast immer umfassender. In einem solchen Fall ist § 383 Abs. 1 Nr. 1–3 wegen der unterschiedlichen Auswirkungen auf die Beweiswürdigung auch dann anzuwenden, wenn der Zeuge die Aussage nur teilweise verweigern will.[3] Sind die Zeugnisverweigerungsrechte nach § 383 Abs. 1 Nr. 1–3 durch § 385 Abs. 1 ausgeschlossen, kann ein Zeugnisverweigerungsrecht gem. § 384 Nr. 2 zu bejahen sein,[4] während ein Zeugnisverweigerungsrecht aus § 384 Nr. 1 ebenfalls nach § 385 entfällt.

23 In den Fällen des **§ 384 Nr. 1 und 2 darf** der **Zeuge aussagen**, auch wenn er sich oder seine Angehörigen damit belastet, ohne dass er deswegen zur Rechenschaft gezogen werden kann. Denn gesetzlich ist die **Aussage als solche nicht verboten** und eine vertraglich vereinbarte Schweigepflicht ließe die öffentlich-rechtliche Zeugnispflicht nach h.M. nicht entfallen.

24 **Anders** ist dies in den Fällen des **§ 384 Nr. 3**. Hier kann die Äußerung **gesetzlich** (vgl. etwa § 17 UWG) **wie vertraglich wirksam untersagt** sein, so dass sich der Zeuge durch die Aussage strafbar bzw. ersatzpflichtig machen kann. Allerdings gilt dies auch hier nur, soweit der Zeuge nach § 384 Nr. 3 die Aussage verweigern darf, nicht falls er aussagen muss, selbst wenn er sich einem zu Unrecht ergangenen Gerichtsbeschluss beugt. Die Aussage ist im Prozess aber ohne Rücksicht auf dieses Verbot zu bewerten.

2. Schutz des Vermögens

25 § 384 Nr. 1 setzt voraus, dass der Zeuge oder ein Angehöriger des Zeugen infolge der Beantwortung der Frage einen unmittelbaren vermögensrechtlichen Schaden erleiden kann.[5] Ein **unmittelbarer Schaden droht**, wenn die **Beantwortung** der Frage die tatsächlichen Voraussetzungen für einen **Anspruch gegen den Zeugen oder** einen nahen **Angehörigen schaffen** oder die Durchsetzung einer schon bestehenden Verpflichtung durch das Beweismittel der Aussage erleichtern könnte.[6] Das Zeugnisverweigerungs-

---

1 Vgl. insoweit MünchKommZPO/*Damrau*[4] § 384 Rz. 4; Stein/Jonas/*Berger*[22] § 384 Rz. 19; Zöller/*Greger*[30] § 384 Rz. 3.
2 Hahn/Stegemann Mat. II/1 S. 312, zu § 337 CPO.
3 Vgl. zu § 52 und § 55 StPO BGH StV 1983, 353; Löwe/Rosenberg/*Ignor/Bertheau* StPO[26] § 55 Rz. 3.
4 RG JW 1899, 536 Nr. 15.
5 OLG Celle NJW 1953, 426; Stein/Jonas/*Berger*[22] § 384 Rz. 3.
6 BGH NJW 2007, 155, 156; OLG Celle NJW 1953, 426; OLG Stuttgart NJW 1971, 945; OLG Karlsruhe NJW 1990, 2758; OVG Lüneburg NJW 1978, 1493, 1494; Stein/Jonas/*Berger*[22] § 384 Rz. 3; Zöller/*Greger*[30] § 384 Rz. 4; a.A. RGZ 32, 381; RG Seuff.Arch. 47 (1892) Nr. 168; OLG Kassel

recht besteht auch, soweit man berechtigterweise an dem **Bestehen des Haftungsgrundes** oder des Rechtsgrundes **zweifeln** kann. Ein Zeugnisverweigerungsrecht aus § 384 Abs. 1 Nr. 1 besteht z.B., wenn durch die Aussage die Inanspruchnahme des Zeugen als nichtehelicher Vater erleichtert wird.[1] Gleiches gilt, wenn durch die Aussage ein nach § 129 InsO oder §§ 3 ff. AnfG **anfechtbarer Erwerb** bekannt werden würde.[2] Ein **Regressschaden kann genügen**.[3]

Mittelbare Schäden sollen außer Betracht bleiben. Geschützt wird nach dieser Maßgabe nur das **Interesse des Zeugen und seiner Angehörigen als Vermögensträger, nicht** etwa das einer von ihm bzw. diesen gesetzlich oder gar rechtsgeschäftlich **vertretenen Person**. Daraus ist abgeleitet worden, es genüge nicht ein Schaden, welcher der durch den Zeugen vertretenen **juristischen Person** droht.[4] Der BGH hat dazu bisher nicht Stellung genommen, hat aber für die Anordnung der Vorlage von Dokumenten durch Dritte und deren Begrenzung durch das nach **§ 142 Abs. 2 S. 1** zu beachtende Zeugnisverweigerungsrecht auch die **Interesse der vertretenen Kapitalgesellschaft** als geschützt angesehen.[5] 26

Der **Gesellschafter einer Kapitalgesellschaft** hat nach der bislang noch h.M. kein Weigerungsrecht, wenn die Gesellschaft betroffen ist, während der **Gesellschafter einer OHG**, einer Reederei oder einer KG das Zeugnis verweigern darf, wenn es um die Gesellschaft geht, weil deren Prozessverlust seinen Gewinn unmittelbar schmälern würde. Entsprechendes muss für die BGB-Gesellschaft gelten. Überzeugend ist die Ziehung der Grenzlinie nicht.[6] 27

Das **Mitglied** eines **nicht rechtsfähigen Vereins** hat kein Zeugnisverweigerungsrecht, **soweit** der **Verein haftet** und er wegen Haftungsausschlusses nicht in Anspruch genommen werden kann, auch nicht ein Gläubiger, der durch seine Aussage die Zahlungsunfähigkeit seines Schuldners herbeiführt[7] oder der infolge seiner Aussage **allgemeine geschäftliche Nachteile** erleidet, der Steuerzahler, wenn die Gemeinde im Prozess verliert[8] oder der Anwalt, der mit der Aussage über den Inhalt seiner Handakten sein Zurückbehaltungsrecht wegen einer offenen Gebührenforderung als Druckmittel entwertet.[9] Für einen Beamten ist es kein unmittelbarer Nachteil, zum Nachteil seines Dienstherrn aussagen zu müssen, auch wenn dadurch **Beförderungschancen verloren** gehen.[10] Ebenso wenig entsteht ein unmittelbarer Vermögensschaden, wenn der Zeuge mit seiner Aussage eine vertragliche Schweigepflicht verletzt[11] oder eine **Vertragsstrafe** verwirkt.[12] 28

OLGRspr. 21, 83 (bloße Erleichterung der Verfolgung des Anspruchs reicht nicht aus); MünchKommZPO/*Damrau*[4] § 384 Rz. 7 (bloße Möglichkeit des Schadens genügt nicht). Zur Abrede des Nichtangriffs auf ein registriertes Recht des Geistigen Eigentums *Kazemi* GRUR 2006, 210, 212.
1 OLG Karlsruhe NJW 1990, 2758.
2 BGHZ 74, 379, 382 = NJW 1979, 1832; Musielak/*Huber*[10] § 384 Rz. 3.
3 OLG Oldenburg JurBüro 1991, 1255.
4 OLG München NJW-RR 1998, 1495, 1496; Stein/Jonas/*Berger*[22] § 384 Rz. 4; Zöller/*Greger*[30] § 384 Rz. 4; a.A. Baumbach/Lauterbach/*Hartmann*[71] § 384 Rz. 4. Offen gelassen von BGH NJW 2007, 156 Rz. 6.
5 Vgl. dazu BGH NJW 2007, 155 f.
6 Stein/Jonas/*Berger*[22] § 384 Rz. 4.
7 Zöller/*Greger*[30] § 384 Rz. 4.
8 Stein/Jonas/*Berger*[22] § 384 Rz. 4.
9 OLG Frankfurt JW 1933, 530 Nr. 4, 531 m. Anm. *Friedländer*.
10 OLG Nürnberg BayJMBl. 1963, 10; MünchKommZPO/*Damrau*[4] § 384 Rz. 7; Zöller/*Greger*[30] § 384 Rz. 4.
11 KG JW 1920, 154, 155; OLG Dresden JW 1930, 767 Nr. 6 = OLGRspr. 5, 69; Stein/Jonas/*Berger*[22] § 384 Rz. 4; Zöller/*Greger*[30] § 384 Rz. 4.
12 Zöller/*Greger*[30] § 384 Rz. 4.

29 **Materiell-rechtliche Äußerungsbeschränkungen** haben auch dann **keine Geltung** für Aussagen im Rahmen einer Zeugenvernehmung, wenn sie auf einem Titel beruhen.[1] Die im öffentlichen Interesse liegende Zeugnispflicht schließt eine Sanktion nach § 890 aus, wenn der Zeuge mit seiner Aussage einem **Unterlassungstitel zuwiderhandelt**, so dass er daraus kein Zeugnisverweigerungsrecht gem. § 384 Nr. 1 herleiten kann.[2] Wer über ein von ihm abgegebenes formungültiges Schenkungsversprechen aussagen muss, schädigt sich nicht. Dasselbe gilt auch von der **Aussage über** Scheingeschäfte oder sonst **nichtige Rechtsgeschäfte** oder auch über durch Aufrechnung beseitigte oder sonst rückgängig gemachte Geschäfte, soweit es auf den Haftungsgrund ankommt; anders verhält es sich, wenn der Zeuge aus der Rechtsbeständigkeit Rechte herleiten will, die er verlieren könnte.

30 Das Zeugnisverweigerungsrecht kann aber auch dann **nicht** bestehen, **wenn** der **Zeuge unabhängig von** seiner **Aussage haften würde**, also etwa der einen Partei haftet, wenn er eine Frage bejaht, oder der anderen Partei, wenn er sie verneint, oder wenn seine Rechte entweder gegenüber der einen oder der anderen Partei gegeben sind. Geht es um die Frage der **Vertretungsmacht** für einen anderen, kann das Zeugnis nicht mit Rücksicht auf **§ 179 BGB** einerseits und die Haftung gegenüber dem Vertreter andererseits verweigert werden.

3. Schutz des Persönlichkeitsrechts

a) Normzweck

31 Die Ausnahmevorschrift des § 384 Nr. 2 konkretisiert das **Persönlichkeitsrecht des Zeugen**; sie dient der Achtung seiner Würde und soll ihm den Konflikt zwischen Aussagepflicht und Gefahr eigener Belastung ersparen.[3]

b) Gefahr der Verfolgung wegen einer Straftat oder Ordnungswidrigkeit

32 Nach der 2. Alt. des § 384 Nr. 2 kann die Beantwortung von Fragen verweigert werden, die den Zeugen oder einen seiner nächsten Angehörigen in die Gefahr der Verfolgung wegen einer Straftat oder einer Ordnungswidrigkeit bringen. Diese Vorschrift ist eine Konsequenz des im Straf- und im Ordnungswidrigkeitenverfahren geltenden Grundsatzes, dass der **Beschuldigte** oder Betroffene **zur Aussage nicht gezwungen** werden darf und auch ein Zwang zur Ablegung eines Zeugnisses gegen nahe Angehörige, gegen die ein solches Verfahren läuft, nicht zulässig ist.[4]

33 Die **Straftat** muss bereits **vor** der **Zeugenaussage begangen** worden sein.[5] Dies trifft auch auf eine **falsche erstinstanzliche Aussage** zu, wenn der Zeuge zweitinstanzlich erneut vernommen wird.[6] Eine nunmehrige Berichtigung der Aussage kann nach Erlass der erstinstanzlichen Entscheidung nicht mehr strafverschonend berücksichtigt werden (vgl. § 158 StGB).

---

1 OLG Frankfurt OLGRep. 2000, 311.
2 OLG Frankfurt OLGRep. 2000, 311.
3 OVG Lüneburg NJW 1978, 1493, 1494; zu § 55 Abs. 2 StPO BVerfGE 38, 105, 114 f. = NJW 1975, 103, 104.
4 Vgl. Hahn/Stegemann Mat. II/1 S. 312, zu 336–338 CPO, zu § 337 Nr. 2 CPO; BVerfG NJW 1999, 779 (zu § 55 StPO).
5 BGH NJW 2008, 2038 Rz. 13. Zu § 55 Abs. 1 StPO ebenso BVerfG NStZ 1985, 277; BGHSt 50, 318, 322 = NJW 2006, 785 Rz. 10.
6 BGH NJW 2008, 2038 Rz. 14.

Für die **Gefahr der Verfolgung** wegen einer Straftat oder einer Ordnungswidrigkeit bedarf es **nicht der Gewissheit der Bestrafung**[1] oder Ahndung. Es genügt, dass die Einleitung eines Ermittlungsverfahrens droht, weil der Zeuge bestimmte Tatsachen angeben müsste, die einen **Anfangsverdacht** für das Vorliegen einer Straftat oder einer Ordnungswidrigkeit begründen würden.[2] Nicht ausreichend sind allerdings die bloße Vermutung oder die rein theoretische Möglichkeit.[3]

34

Keine Gefahr der Verfolgung besteht, wenn der Zeuge ersichtlich Rechtfertigungs- oder Entschuldigungsgründe hat oder wenn der Zeuge bzw. Angehörige bei der Begehung der Tat **strafunmündig** war.[4] Gleiches gilt, wenn die Verfolgung **verjährt**,[5] die Antragsfrist abgelaufen oder der Zeuge wegen einer Amnestie nicht mehr verfolgt werden kann, ferner soweit gem. § 264 StPO **Strafklageverbrauch** eingetreten ist.[6]

35

Ist der Zeuge **rechtskräftig freigesprochen** worden, ist die Gefahr der Strafverfolgung zu bejahen, wenn das **Verfahren** zuungunsten des Zeugen **wiederaufgenommen** werden könnte[7] oder wenn mit Wiedereinsetzung in den vorigen Stand zu rechnen ist.[8] Sie kann jedoch nicht mit der entfernten, nur theoretischen Möglichkeit begründet werden, dass es zur Wiederaufnahme eines Strafverfahrens kommt, wenn die Wiederaufnahmevoraussetzungen nicht vorliegen würden.[9] Keine Rolle spielt, ob die Tat im **Inland oder** im **Ausland** begangen wurde oder ob der Zeuge die deutsche Staatsangehörigkeit besitzt.[10] Einbezogen ist auch die drohende **willkürliche Verfolgung im Ausland**.

36

Es genügt, wenn der Zeuge über Tatsachen aussagen müsste, die den **Verdacht mittelbar begründen**,[11] so wenn sie sich mit anderen **Beweisstücken mosaikartig zusammenfügen** und deshalb zur Belastung des Zeugen beitragen können[12] oder wenn erst die Aussage die Gefahr der Verfolgung begründet, etwa wegen §§ 153 ff., 164 StGB, weil die wahrheitsgemäße Auskunft von einer **früheren (falschen) Aussage** des Zeugen oder eines Angehörigen abweichen würde.[13] Die gegenteilige Ansicht kann nicht damit begründet werden, dass der Zeuge das Risiko der Verfolgung wegen eines Aussagedelikts durch die Erfüllung seiner Wahrheitspflicht abwenden könne,[14] denn dann müsste man ihm auch bei anderen Straftaten vorhalten, dass er die Verfolgung durch ihre Nichtbegehung hätte abwenden können. Übergewichtet ist die Befürch-

37

---

1 RG JW 1902, 168 Nr. 21; 1903, 241 Nr. 15.
2 Zu § 55 Abs. 1 StPO BGH NStZ 1994, 499, 500 = MDR 1994, 929; BGH NJW 1999, 1413; OLG Hamburg NJW 1984, 1635, 1636; MünchKommZPO/*Damrau*[4] § 384 Rz. 10.
3 Zum Begriff der Gefahr in § 55 Abs. 1 StPO BGH NStZ 1994, 499, 500 = MDR 1994, 929; BGHR § 55 Abs. 1 StPO Verfolgung 2; OLG Koblenz StV 1996, 474, 475; OLG Hamburg NJW 1984, 1635 f.; Löwe/Rosenberg/*Ignor*/*Bertheau* StPO[26] § 55 Rz. 10.
4 MünchKommZPO/*Damrau*[4] § 384 Rz. 10; KK/*Senge* StPO[6] § 55 Rz. 4.
5 OLG Oldenburg NJW 1961, 1225; OLG Stuttgart NJW-RR 2007, 250, 251.
6 BGH NJW 1999, 1413; zu § 55 Abs. 1 StPO BVerfG NJW 2002, 1411, 1412; BGHR § 55 Abs. 1 StPO Verfolgung 3.
7 RG JW 1912, 473 Nr. 20.
8 OLG Celle NStZ 1983, 377.
9 OLG Celle NJW-RR 1991, 62, 63.
10 *Odenthal* NStZ 1985, 117; MünchKommZPO/*Damrau*[4] § 384 Rz. 10.
11 BVerfG NJW 2002, 1411, 1412: wegen weiterer im Raum stehender nicht vom Strafklageverbrauch erfasster Delikte; BGHR § 55 Abs. 1 StPO Verfolgung 1.
12 RG Warn. 1909, 231, 232 Nr. 248. Zu § 55 Abs. 1 StPO BGH StV 1987, 328, 329; OLG Celle StV 1988, 99; OLG Zweibrücken StV 2000, 606.
13 BGH nach Dallinger MDR 1953, 402; Löwe/Rosenberg/*Ignor*/*Bertheau* StPO[26] § 55 Rz. 12; a.A. Zöller/*Greger*[30] § 384 Rz. 6; Musielak/*Huber*[10] § 384 Rz. 4.
14 So Zöller/*Greger*[30] § 384 Rz. 6.

tung, bei Anerkennung eines schutzwürdigen Strafverfolgungsrisikos könne jeder Zeuge die Aussage verweigern.[1] Betroffen sind lediglich Zeugen, die bereits wahrheitswidrige Angaben gemacht haben,[2] denn bei der Anwendung der Vorschrift ist darauf abzustellen, **welche Wirkungen** die **wahrheitsgemäße Beantwortung** der Frage hätte[3] (näher dazu oben Rz. 22). Eine Ausuferung des § 384 Nr. 1 2. Alt. ist dann nicht zu befürchten. Dies gilt auch angesichts der Möglichkeit, den Zeugen noch im laufenden Verfahren durch eine Strafanzeige zu verunsichern.[4]

38 Die Gefahr der Verfolgung muss noch im **Zeitpunkt der Vernehmung** bestehen. Doch darf der **Zivilprozess nicht** wegen eines schwebenden Strafverfahrens **ausgesetzt** werden, um die anschließende Vernehmung des Zeugen zu ermöglichen.[5]

39 Nach h.M. ist § 384 Nr. 1 2. Alt. entsprechend anzuwenden, wenn dem Zeugen oder einem seiner Angehörigen die Gefahr einer **berufsgerichtlichen oder disziplinarrechtlichen Verfolgung** droht;[6] auch hier tritt das rechtsstaatliche Interesse an der Wahrheitsfindung im Prozess hinter dem Grundsatz zurück, dass niemand gezwungen werden darf, sich selbst zu belasten. Nach anderer Ansicht soll ein Zeugnisverweigerungsrecht hingegen nur nach § 384 Nr. 2 1. Alt. in Betracht kommen.[7] Die Gefahr der Verfolgung besteht auch bei einem jugendlichen Zeugen, dem ein **jugendgerichtliches Verfahren** droht.[8]

40 Soll ein Zeuge zu der Frage vernommen werden, ob der Kaufpreis in einer Rechnung gegenüber dem in Wahrheit gezahlten Betrag heraufgesetzt wurde, um bei einer Hausratsversicherung eine überhöhte Entschädigungsleistung zu erlangen, zieht die Aussage des Zeugen die Gefahr seiner Verfolgung wegen einer Straftat nach sich, weil es um die Frage geht, ob er bei einem **versuchten Versicherungsbetrug** mitgewirkt hat.[9]

c) Gefahr der Offenbarung unehrenhafter Tatsachen

41 Die Beantwortung einer Frage würde dem Zeugen **zur Unehre gereichen**, wenn die Preisgabe der erfragten Tatsachen sein Ansehen herabsetzen würde.[10] Maßstab hierfür ist nicht das subjektive Empfinden des Zeugen bzw. seines Angehörigen, sondern das **sittliche Bewusstsein der Rechtsgemeinschaft** unter Beachtung der Wertordnung des Grundgesetzes; frühere Wertvorstellungen sind nicht maßgeblich.[11] Dieses ist unter Berücksichtigung der Anschauung der jeweiligen **örtlichen und gesellschaftli-**

---

1 So aber Zöller/*Greger*[30] § 384 Rz. 6.
2 A.A. MünchKommZPO/*Damrau*[4] § 384 Rz. 9; Zöller/*Greger*[30] § 384 Rz. 6 u. 2.
3 RG Warn. 1909, 231, 232 Nr. 248; vgl. zu § 55 Abs. 1 StPO BGH NStZ 1994, 499, 500 = MDR 1994, 929.
4 Dies befürchtend Musielak/*Huber*[10] § 384 Rz. 4.
5 KG MDR 1983, 139; MünchKommZPO/*Damrau*[4] § 384 Rz. 10; Zöller/*Greger*[30] § 384 Rz. 6.
6 BGHZ 71, 162 (LS) = BGHSt 27, 374, 377 f. = BGH NJW 1979, 324: Anwendung von § 55 StPO bei Gefahr anwaltsgerichtlicher Verfolgung; *Baumann* Festschrift Kleinknecht, S. 19; Stein/Jonas/*Berger*[22] § 384 Rz. 7; MünchKommZPO/*Damrau*[4] § 384 Rz. 12; Musielak/*Huber*[10] § 384 Rz. 4; Zöller/*Greger*[30] § 384 Rz. 6. A.A. Baumbach/Lauterbach/*Hartmann*[71] § 384 Rz. 6.
7 AK-ZPO/*Rüßmann* §§ 383–385 Rz. 18. Zu § 55 Abs. 1 StPO OLG Hamburg MDR 1984, 335; *Geerds* Festschrift Stock, S. 171, 174: verneinend für disziplinarrechtliche Verfolgung, bejahend für Abgeordneten- und Ministeranklage.
8 Vgl. zu § 55 Abs. 1 StPO BGHSt 9, 34, 35 f.
9 BGH NJW-RR 1987, 445.
10 Zum Schutz der Würde des Zeugen als Wirkung des Rechtsstaatsprinzips BGH NJW 2004, 239, 240; BGH NJW 2005, 1519, 1520.
11 OLG Karlsruhe NJW 1984, 528; OLG Stuttgart FamRZ 1981, 67; OVG Lüneburg NJW 1978, 1493, 1494.

chen **Verhältnisse** zu ermitteln, denen der Zeuge bzw. sein Angehöriger angehört,[1] wobei atypische Vorstellungen bestimmter Gruppen auszuklammern sind.[2]

Nach **überwiegender Ansicht** braucht der Zeuge auf solche Fragen, deren Beantwortung, wenn sie in einem bestimmten Sinne erfolgen sollte, ihm Unehre bringen würde, überhaupt keine Antwort zu geben.[3] Der Zeuge brauche schon dann nicht zu antworten, wenn nur die Bejahung der Frage ihm Unehre bringen könnte. Richtigerweise ist indes, wie oben eingehend dargelegt (Rz. 3 ff.), grundsätzlich auf die **Auswirkungen einer wahrheitsgemäßen Antwort** abzustellen, weil nach der gegenteiligen Ansicht beliebig Zeugnisverweigerungsrechte begründbar sind. Letztlich orientiert sich auch die h.M. bei ihrer Definition der Tatbestandsmerkmale daran, wie sich eine wahrheitsgemäße Antwort des Zeugen auswirken würde. 42

Nach dem Wortlaut des § 384 Nr. 2 1. Alt. muss es **sicher** sein, dass eine Aussage des Zeugen sein **Ansehen herabsetzen** würde.[4] Dies ergibt sich im Umkehrschluss aus § 384 Nr. 2 2. Alt., bei der die Gefahr der Verfolgung ausreicht. 43

Teilweise wird unter Hinweis auf den Kontext mit der zweiten Alternative des § 384 Nr. 2 vertreten, dass die **Gefahr für die Ehre** des Zeugen **erheblich** und in ihrem Gewicht der einer Straftat oder Ordnungswidrigkeit gleichwertig sein müsse, weil es anderenfalls genügt hätte, die erste Alternative – Unehre – anzuführen.[5] Dem wird **zu Recht entgegengehalten**, dass es heute eine Reihe von Ordnungswidrigkeiten wie Falschparken oder eine Geschwindigkeitsüberschreitung gibt, deren Begehung eine – wenn überhaupt – nur unerhebliche Gefährdung des Ansehens in der Öffentlichkeit bedeutet und deshalb aus dem Kontext mit der zweiten Alternative nicht gefolgert werden kann, die Gefahr für die Ehre müsse erheblich sein.[6] 44

Die **gegenteilige Ansicht** lässt sich auch **nicht mit** der **ratio legis begründen**.[7] Während bei der 1. Alt. nämlich anhand des sittlichen Maßstabes der Rechtsgemeinschaft feststellbar ist, ob ein Bekanntwerden der fraglichen Tatsachen das Ansehen des Zeugen herabsetzen würde, hängt die Verfolgung des Zeugen bzw. seiner Angehörigen wegen einer Straftat oder Ordnungswidrigkeit nicht von einer bloßen Anwendung von Rechtsbegriffen ab, sondern auch vom Ermessensgebrauch der Verfolgungsbehörde. Aus diesem Grund kann bei der 2. Alt. stets nur die Gefahr der Verfolgung festgestellt werden. 45

Ein Fall des § 383 Nr. 2 1. Alt. liegt vor, wenn der Zeuge über **Vorstrafen** Auskunft geben soll.[8] Es kommen sämtliche **unter § 138 BGB fallenden Verhaltensweisen** in Betracht. Die Norm ist heute nicht mehr anwendbar, wenn ein Wettbewerber einen Arbeitnehmer zum **Bruch des Arbeitsvertrags** verleitet.[9] 46

---

1 OLG Karlsruhe NJW 1994, 528; OLG Stuttgart NJW-RR 2007, 250, 251 (zur Vorlage eines Emissionsprospekts nach § 142 Abs. 2 S. 1); AK-ZPO/*Rüßmann* §§ 383–385 Rz. 17; MünchKommZPO/*Damrau*[4] § 384 Rz. 8; Musielak/*Huber*[10] § 384 Rz. 4; Zöller/*Greger*[30] § 384 Rz. 5; a.A. offenbar OVG Lüneburg NJW 1978, 1493, 1494.
2 AK-ZPO/*Rüßmann* §§ 383–385 Rz. 17; MünchKommZPO/*Damrau*[4] § 384 Rz. 8 (religiöse Sekten nennend); Zöller/*Greger*[30] § 384 Rz. 5.
3 BGHZ 26, 391, 400 = NJW 1958, 826, 827 = LM § 826 [Fa] BGB Nr. 8 LS m. Anm. *Johannsen*; OLG Karlsruhe NJW 1994, 528.
4 Ebenso MünchKommZPO/*Damrau*[4] § 384 Rz. 8; Zöller/*Greger*[30] § 384 Rz. 5; a.A. *Dillenburger/Pauly* MDR 1995, 340, 341.
5 OVG Lüneburg NJW 1978, 1493, 1494; in diese Richtung auch Zöller/*Greger*[30] § 384 Rz. 5: „spürbare" Herabsetzung.
6 OLG Karlsruhe NJW 1994, 528.
7 So aber *Dillenburger/Pauly* MDR 1995, 340, 341.
8 BGHSt 5, 25, 27 = NJW 1953, 1922, 1923.
9 Überholt daher OLG Kassel OLGRspr. 21, 83.

47 Zur Unehre gereichen dem Zeugen nach h.M. Angaben über einen eigenen **Ehebruch** wie über seine Mitwirkung an einem fremden Ehebruch.[1] Man wird darüber hinausgehend generell ein Zeugnisverweigerungsrecht **in sexuellen Angelegenheiten** annehmen müssen. Zwar setzen sexuelle Kontakte zwischen unverheirateten Personen das Ansehen nach heutiger Ansicht nicht herab. Doch kommt es nicht auf die gesellschaftliche Akzeptanz einer bestimmten sexuellen Beziehung an. Entscheidend ist vielmehr, dass ein Zwang zur Aussage darüber, mit einer bestimmten Person sexuell verkehrt zu haben, nach allgemeinem sittlichen Empfinden (derzeit) das Schamgefühl verletzt. Der darin liegende Eingriff in den **Kern des allgemeinen Persönlichkeitsrechts** lässt sich durch das Interesse an der Wahrheitsfindung im Prozess allein schwerlich rechtfertigen. Denkbar ist eine verfassungsrechtliche Rechtfertigung allenfalls dann, wenn aufseiten des Beweisführers höherrangige Interessen berührt sind. Für § 383 Nr. 2 1. Alt. muss es grundsätzlich genügen, dass die **öffentliche Beantwortung** sexualitätsbezogener Fragen **peinlich** ist. Dies entspricht dem mit § 384 Nr. 2 verfolgten Anliegen, das Persönlichkeitsrecht des Zeugen und seiner nächsten Angehörigen zu schützen.

48 Lehnt man angesichts des Wortlauts der Vorschrift („Unehre") eine verfassungskonforme Auslegung oder analoge Anwendung der Vorschrift ab, wird man bei Fragen, die **sexuelle Kontakte** betreffen, **jedenfalls aus Art. 2 Abs. 1 i.V.m. Art. 1 Abs. 1 GG** ein Zeugnisverweigerungsrecht ableiten müssen, es sei denn die Verletzung des Persönlichkeitsrechts ist dem Zeugen zur Aufklärung eines höherwertigen Rechtsguts zuzumuten.[2]

49 Das Zeugnisverweigerungsrecht des § 384 Nr. 2 besteht auch **nach dem Tod des Angehörigen** fort, dem die Beantwortung der Beweisfrage zur Unehre gereicht hätte.[3] Zwar verweist § 384 auf § 383 Abs. 1 Nr. 2, der nicht gilt, wenn die Ehe wegen Auflösung durch Tod nicht mehr besteht[4] (Kap. 34 Rz. 22), doch wirkt der Ansehensschutz über den Tod hinaus. So durfte – im Ergebnis zutreffend – nach einer Entscheidung des OLG Nürnberg eine Witwe das Zeugnis verweigern, weil die Beantwortung der Frage über ein ehebrecherisches Verhältnis ihres verstorbenen Ehemannes diesem zur Unehre gereicht hätte; die hierfür preiszugebenden Tatsachen hätten die über seinen Tod fortbestehende sittliche Wertschätzung ihres Ehemannes herabsetzen können.[5]

50 **Kein Weigerungsgrund** i.S.d. § 384 Nr. 2 ist das Interesse, den angeblich als Geldgeber fungierenden **Freund nicht** gegen dessen Willen **in den Rechtsstreit hineinzuziehen** und das mit diesem vereinbarte Schweigen zu wahren,[6] oder ein ehrenwörtliches Diskretionsversprechen.[7] Wollte man die **Nichteinhaltung einer Verschwiegenheitsabrede** als unehrenhaft i.S.v. § 383 Nr. 2 verstehen, könnte durch bloße Absprache des Zeugen mit einer Partei oder einem Dritten ein Zeugnisverweigerungsrecht begründet werden.[8] Um dies zu verhindern, muss die Prüfung, ob die Beantwortung einer

---

1 OLG Stuttgart FamRZ 1981, 67; OLG Karlsruhe NJW 1994, 528; a.A. zur Mitwirkung an fremdem Ehebruch offenbar KG NJW 1967, 115, 116; auf den Einzelfall abstellend *Dillenburger/Pauly* MDR 1995, 340, 342.
2 Vgl. zu der Abwägung zwischen Persönlichkeitsrecht und Wahrheitsfindung im Prozess BVerfG NJW 2002, 3619, 3624 (heimliche Tonbandaufnahme).
3 OLG Nürnberg MDR 1975, 937.
4 A.A. OLG Nürnberg MDR 1975, 937.
5 OLG Nürnberg MDR 1975, 937.
6 OLG Hamm FamRZ 1999, 939.
7 OLG Dresden OLGRspr. 5, 69, 70.
8 OLG Hamm FamRZ 1999, 939, 940.

Frage dem Zeugen zur Unehre gereicht, nach Auffassung des OLG Hamm nicht an die Tatsache anknüpfen, dass ausgesagt wird, sondern an den Inhalt der Aussage als der zu offenbarenden Tatsache.[1] Dem wird man indes nur insoweit folgen können, dass dem Zeugen nicht jede beliebige Tatsache allein aufgrund ihrer Äußerung im Prozess zur Unehre gereichen kann. Bei **Tatsachen aus** der **Privatsphäre** des Zeugen ist unter Umständen gerade die **öffentliche Verlautbarung** prekär, so dass die zu offenbarenden Tatsachen erst i.V.m. der Tatsache ihrer öffentlichen Äußerung das Zeugnisverweigerungsrecht rechtfertigen (oben Rz. 41). Der Wortlaut des § 384 Nr. 2 1. Alt. lässt es ohne Weiteres zu, neben dem Inhalt der Aussage auch zu **berücksichtigen, wie** sich die **öffentliche Beantwortung** der Beweisfrage auf das Ansehen des Zeugen **auswirkt**.

Keine spürbare Herabsetzung des Ansehens ist mit der **prozessualen Vorlage** eines noch mehrere Jahre vor Beginn des Zivilprozesses öffentlich verbreiteten, für den grauen Kapitalmarkt bestimmten **Emissionsprospekts** verbunden, die auf Anordnung nach § 142 Abs. 2 S. 1 erfolgen soll, auch wenn der Inhalt eine **verjährte Straftat offenbaren** würde.[2]

51

Der Zeuge darf das Zeugnisverweigerungsrecht nicht durch bloßes (Ver-)Schweigen ausüben, sondern muss die Aussage **ausdrücklich verweigern**.[3]

52

§ 126 Schutz von Kunst- und Gewerbegeheimnissen

I. Wirtschaftlicher Schutz

Das durch Nr. 3 gewährte Aussageverweigerungsrecht schützt Kunst- und Gewerbegeheimnisse wegen ihrer **Bedeutung für** das **wirtschaftliche Leben**. Geschäftsgeheimnisse genießen ihrerseits **verfassungsrechtlichen Schutz** nach Art. 12 Abs. 1 GG.[4] Die Zeugnispflicht endet dort, wo der Zeuge eigene Kunst- und Gewerbegeheimnisse offenbaren müsste, weil er nicht im eigenen Interesse aussagt, sondern im Interesse der Parteien.[5] Die Aussage soll für den Zeugen **keine beruflichen Nachteile** begründen.[6]

53

II. Geheimnisbegriff

Der Begriff des Geheimnisses deckt sich mit dem des § 383 Abs. 1 Nr. 6.[7] Eine Tatsache ist nur dann ein **Geheimnis**, wenn sie nur bestimmten Personen bekannt sein soll und bekannt ist.[8] Die Tatsache darf also zum einen **nicht offenkundig** sein. Zum anderen muss der Geschützte den erkennbaren **Willen** haben, sie auch weiterhin ge-

54

---

1 OLG Hamm FamRZ 1999, 939, 940.
2 OLG Stuttgart NJW-RR 2007, 250, 251.
3 Vgl. zur StPO RGSt 57, 152.
4 BVerfGE 115, 205, 229 = DVBl. 2006, 694, 696 – In Camera-Verfahren.
5 Vgl. *Gottwald* BB 1979, 1780, 1781; in diesem Sinne auch *Stürner* JZ 1985, 453, 454.
6 Zöller/*Greger*[30] § 384 Rz. 7.
7 Stein/Jonas/*Berger*[22] § 394 Rz. 10.
8 BVerfGE 115, 205, 230 = WuW/E DE-R 1715; RG Gruchot 52 (1908), 445 f.; OLG Hamm JMBlNRW 1952, 178 f. Zum Geheimnis wegen großen Zeit- und Kostenaufwands der Zusammenstellung veröffentlichter Unterlagen BGH GRUR 2012, 1048 Rz. 21 – Movicol-Zulassungsantrag.

heim zu halten.¹ So ist ein eingetragenes Patent kein Geheimnis, weil die Patentrolle öffentlich, also jedermann zugänglich ist.²

55 Die **berücksichtigungsfähigen Vertraulichkeitsinteressen** sind gesetzlich abschließend geregelt. Soweit §§ 384 f. von § 142 Abs. 2 für die Anordnung der Dokumentenvorlage in Bezug genommen werden, darf für diese Interessen nicht ergänzend eine Zumutbarkeitsprüfung angestellt werden.³

III. Gewerbebegriff

56 **Gewerbe** i.S.d. § 384 Nr. 3 ist jede Tätigkeit eines Unternehmers, mit der er nachhaltig Entgelt erzielen will. Geschützt wird nicht bloß die gewerbliche Produktion,⁴ sondern auch die übrige **Geschäftstätigkeit von Gewerbetreibenden**.⁵ **Nicht** umfasst ist die Tätigkeit als **Betriebsrat**, die allenfalls unter § 383 Abs. 1 Nr. 6 fällt.⁶

57 Gewerbegeheimnisse kann auch ein **Verband zur Förderung gewerblicher Interessen** haben.⁷ Dem steht nicht entgegen, dass ein solcher Verband ein eingetragener Idealverein ist und sein Zweck deshalb nach § 21 BGB nicht auf einen wirtschaftlichen Zweck gerichtet sein darf. Die Interessenlage erfordert eine **ausdehnende Auslegung** des § 384 Nr. 3 in Richtung auf ein umfassendes Geschäftsgeheimnis. Die Schutzwürdigkeit eines Geheimnisses kann nicht davon abhängen, dass der Geheimnisträger eine auf Erwerb gerichtete Tätigkeit ausübt. Auch ein Verein, der nur mittelbar die gewerblichen Interessen seiner Mitglieder fördert, hat ein berechtigtes Interesse an einer Geheimsphäre. Das gilt schon deshalb, weil ein solcher Verein mit Gewerbetreibenden in Konflikt geraten kann und diesen gegenüber in ungerechtfertigter Weise benachteiligt sein könnte.

IV. Kunstbegriff

58 Bisher **weitgehend ungeklärt** ist der Begriff des **Kunstgeheimnisses** in § 384 Nr. 3. Die Motive schweigen hierzu; eine Ermittlung des Begriffsverständnisses im ausgehenden 19. Jhdt. würde heutigen Bedürfnissen auch kaum gerecht werden. Anwendungsfälle aus der Rechtsprechung sind nicht ersichtlich. Im Schrifttum wird auf eine gesonderte Kommentierung des Begriffs überwiegend verzichtet. *Berger* will den Begriff auf urheberrechtsfähige Werke i.S.d. § 2 UrhG beziehen,⁸ „Wissenschaftsgeheimnisse" aber vom Schutz des § 384 Nr. 3 ausnehmen.⁹ Letzteres überzeugt insofern nicht, als § 2 UrhG neben Werken der Literatur und Kunst auch Werke der Wissenschaft schützt.

59 Indes ist es fraglich, ob die Schutzgegenstände des UrhG mehr als eine Orientierung bieten können. Die durch § 2 UrhG geschützten Ergebnisse der schöpferischen Tätigkeit erscheinen im Zivilprozess weniger schutzbedürftig als die **bei** der **Entstehung**

---

1 Vgl. BGH (I. StrS) NJW 1995, 2301; BGH NJW-RR 2003, 618, 620 = GRUR 2003, 356, 358 – Präzisionsmeßgeräte; BGH WRP 2008, 1085 Rz. 19 – Schweißmodulgenerator; BGH NJW 2009, 1420 = GRUR 2009, 603 Rz. 13 – Versicherungsuntervertreter.
2 RG Gruchot 52 (1908), 445 f.
3 OLG Stuttgart NJW-RR 2007, 250, 251.
4 So aber OLG Dresden OLGRspr. 5, 69; offen gelassen von RGZ 53, 15, 18.
5 RG Seuff.Arch. 49 (1894) Nr. 213; RGZ 53, 40, 42; 54, 323, 325; RG JW 1905, 344 Nr. 19; OLG Hamburg OLGRspr. 13, 138, 159; 21, 83; OLG Karlsruhe HRR 1932 Nr. 170.
6 Stein/Jonas/*Berger*²² § 384 Rz. 10.
7 OLG Stuttgart WRP 1977, 127, 128.
8 Stein/Jonas/*Berger*²² § 384 Rz. 11.
9 So aber Stein/Jonas/*Berger*²² § 384 Rz. 12.

des geistigen Werkes verwendeten Ideen**, Mittel und Methoden, die keinen Urheberrechtsschutz genießen. Gegen eine Ausrichtung am Schutzbereich des UrhG spricht auch, dass dann zwar die Geschäftsgeheimnisse von Gewerbetreibenden durch § 384 Nr. 3 umfassend geschützt wären, die Angehörigen der freien Berufe aber mit Ausnahme zukünftiger geistiger Urheber keinen Schutz erführen.

Es liegt näher, den Kunstbegriff im weitesten Sinne zu verstehen als **jede auf Wissen und Übung gegründete Tätigkeit**,[1] so dass **freiberufliche Tätigkeiten**[2] unabhängig davon geschützt sind, ob aus ihnen urheberrechtsfähige Werke hervorgehen. Zu den Geheimnissen, über die Ärzte, Rechtsanwälte, Steuerberater und Wirtschaftsprüfer etc. nach § 384 Nr. 3 die Aussage verweigern dürfen, gehören nach der hier vertretenen Auffassung allerdings nicht die Tatsachen, zu deren Geheimhaltung sie aufgrund ihrer beruflichen Verschwiegenheitspflicht gegenüber Dritten verpflichtet sind (dazu Kap. 34 Rz. 68 ff.), sondern lediglich die **eigenen Arbeitsmethoden** etc.

V. Geheimhaltungsinteresse

§ 384 Nr. 3 schützt nach überwiegender Auffassung nur solche Geheimnisse, hinsichtlich derer **objektiv** ein **Geheimhaltungsinteresse** besteht (dazu auch Kap. 34 Rz. 78). Derjenige, der die Kunst ausübt oder das Gewerbe betreibt, muss an der Geheimhaltung der Tatsachen ihrer Natur nach im Einzelfall ein **erhebliches und unmittelbares Interesse** haben.[3] Dies ist der Fall, wenn sich aus den geheim zu haltenden Tatsachen ein materieller oder ideeller Vorteil für die Ausübung des freien Berufs oder des Gewerbes ergibt. Eine Beschränkung des Zeugnisverweigerungsrechts auf Geheimnisse von materiellem Wert ist nicht sinnvoll, weil das materielle Recht vielfach **auch Geheimnisse von ideellem Wert** schützt (vgl. § 2 UrhG, § 85 GmbHG[4]) und Kunstgeheimnisse häufig erst mit ihrem Bekanntwerden materiellen Wert gewinnen werden.

In der neueren Rechtsprechung wird teilweise wie bei § 383 Abs. 1 Nr. 6 darauf abgestellt, ob das **Geheimhaltungsinteresse** des Zeugen **berechtigt oder schutzwürdig** ist.[5] In jedem Fall ist wie bei § 383 Abs. 1 Nr. 6 eine richterliche Wertung erforderlich, um die Erheblichkeit und Unmittelbarkeit bzw. Schutzwürdigkeit eines Geheimnisses festzustellen.[6] **Kriterien** hierfür können dem **materiellen Recht** entnommen werden, so etwa § 72 Abs. 2 S. 4 GWB,[7] § 85 GmbHG[8] oder § 17 UWG.[9] Der Zeuge muss sein Geheimhaltungsinteresse näher begründen.[10]

---
1 Vgl. Artikel „Kunst" in: Brockhaus Enzyklopädie[20] Bd. 12.
2 Vgl. dazu auch OLG Hamm JMBl. NRW 1952, 178: Kfz-Schätzer; Baumbach/Lauterbach/*Hartmann*[71] § 384 Rz. 8.
3 RGZ 54, 323, 325; OLG Hamburg OLGRspr. 13, 158, 159; 25, 109; OLG Dresden JW 1930, 767, 768; OLG Hamburg MDR 1977, 761; abweichend RGZ 53, 40, 43 und OLG Düsseldorf MDR 1978, 147: ein aus dem Umständen erkennbares Geheimhaltungsinteresse.
4 Vgl. BGH ZIP 1996, 1341, 1342; Baumbach/Hueck/*Haas* GmbHG[20] § 85 Rz. 9.
5 KG OLGRep. 1999, 378; vgl. zur Notwendigkeit eines berechtigten Interesses bei Geschäftsgeheimnissen i.S.d. § 383 Abs. 1 Nr. 6 OLG München NJW-RR 1998, 1495, 1496. Zu Art. 12 Abs. 1 GG: BVerfGE 115, 205, 230. Zu § 85 GmbHG: BGH ZIP 1996, 1341, 1342; Baumbach/Hueck/*Haas* GmbHG[20] § 85 Rz. 9; Scholz/*Tiedemann* GmbHG[10] § 85 Rz. 7 u. 12. Zu § 17 UWG: BGH NJW 1995, 2301; *Köhler*/Bornkamm, WettbewerbsR[31] § 17 UWG Rz. 4 u. 9; a.A. OLG Karlsruhe HRR 1932 Nr. 170 (Schutzwürdigkeit im konkreten Falle nicht maßgebend).
6 OLG München NJW-RR 1998, 1495, 1496.
7 KG OLGRep. 1999, 378.
8 Dazu OLG München NJW-RR 1998, 1495, 1496; Scholz/*Tiedemann* GmbHG[10] § 85 Rz. 6, 12, 23.
9 Dazu *Köhler*/Bornkamm WettbewerbsR[32] § 17 UWG Rz. 4 ff.
10 OLG Hamburg OLGRspr. 25, 109.

VI. Verfahrensrechtlicher Geheimnisschutz

63 Bei Geschäftsgeheimnissen ist ein Ausschluss des Weigerungsrechtes sinnvoll in Fällen, in denen die Öffentlichkeit ausgeschlossen ist (§ 172 Nr. 2 GVG), die anwesenden **Verfahrensbeteiligten** mit strafbewehrter **Schweigepflicht** belegt sind (§§ 174 Abs. 3 GVG, 353d Nr. 2 StGB) und ein Konkurrenzverhältnis zwischen dem Zeugen und den anwesenden Verfahrensbeteiligten nicht besteht[1] (zum Schutz durch Verfahrensgestaltung Kap. 7 Rz. 69 ff. und Kap. 29 Rz. 57).

VII. Geheimnisse Dritter

64 § 384 Nr. 3 schützt nach h.M. **nicht nur eigene Geheimnisse des Zeugen**,[2] sondern auch **Kunst- oder Gewerbegeheimnisse Dritter**, denen gegenüber der Zeuge zur Geheimhaltung verpflichtet ist;[3] zumeist geht es um Geheimnisse des Arbeitgebers[4] oder der Gesellschaft, deren Organ der Zeuge war.[5] Der Zeuge ist allerdings entsprechend § 385 Abs. 2 zur Aussage verpflichtet, wenn der **Dritte**, dem der Zeuge zur Geheimhaltung verpflichtet ist, auf die Geheimhaltung seines Kunst- und Gewerbegeheimnisses **verzichtet**,[6] es sei denn, es handelt sich zugleich um ein eigenes Geheimnis des Zeugen.[7] Dafür ist die **analoge Anwendung des § 385 Abs. 2** erforderlich, damit die von ihrer Verschwiegenheitspflicht befreiten Berufsgeheimnisträger auch tatsächlich aussagen müssen: Der Berufsgeheimnisträger, dessen Zeugnisverweigerungsrecht aus § 383 Abs. 1 Nr. 6 nach § 385 Abs. 2 entfällt, könnte sich sonst immer noch auf § 384 Nr. 3 berufen.

65 Einer **entsprechenden Anwendung** des § 385 Abs. 2 **bedarf es nicht**, wenn man **fremde Geheimnisse nur unter § 383 Abs. 1 Nr. 6** subsumiert (zu diesem Weigerungsgrund Kap. 34 Rz. 50). Auch entfällt dadurch eine weitere Einschränkung des § 384 Nr. 3, die unverzichtbar ist, wenn man der h.M. folgt. Danach kann die **Einbeziehung** nämlich **nicht** gelten für Kunst- oder **Gewerbegeheimnisse der Parteien**, zu deren Wahrung der Zeuge verpflichtet ist.[8]

VIII. Kasuistik

66 Ein Geschäftsinhaber braucht weder seine Ermittlungen für den Geschäftsbetrieb[9] mitzuteilen noch sonstige im Wettbewerb bedeutsame Vorgänge[10] wie einzelne Ge-

---

1 *Stürner* JZ 1985, 453, 455.
2 So wohl *Gottwald* BB 1979, 1780, 1781: in den streitigen Fällen liege ohnehin meist ein Zeugnisverweigerungsrecht nach § 383 Abs. 1 Nr. 6 vor.
3 RGZ 53, 40, 42; Baumbach/Lauterbach/*Hartmann*[71] § 384 Rz. 9; Stein/Jonas/*Berger*[22] § 384 Rz. 17; *Schlosser* ZZP 95 (1982), 365 (Anm. zu LG München I, a.a.O. 362); *Stürner* JZ 1985, 453, 454.
4 RGZ 53, 40, 42; OLG Hamburg OLGRspr. 5, 67; 13, 160, 161; OLG Braunschweig OLGRspr. 27, 97; OLG Bamberg OLGRspr. 17, 160, 161; KG JW 1920, 154.
5 So in OLG Karlsruhe MDR 2006, 591 (ehemaliger GmbH-Geschäftsführer).
6 Ebenso *Stürner* JZ 1985, 453, 454; MünchKommZPO/*Damrau*[4] § 384 Rz. 13 (Verzicht konkludent im Beweisantrag); Stein/Jonas/*Berger*[22] § 384 Rz. 17.
7 *Stürner* JZ 1985, 453, 454.
8 LG München I ZZP 95 (1982), 362; MünchKommZPO/*Damrau*[4] § 384 Rz. 13; Zöller/*Greger*[30] § 384 Rz. 7; *Stürner* JZ 1985, 453, 454, 457.
9 OLG München JW 1926, 618, 619: Auskünfte über die Zuverlässigkeit eines Stellenbewerbers durch früheren Arbeitgeber.
10 OLG Hamburg OLGRspr. 33, 69.

schäftsabschlüsse[1] (z.B. den Inhalt abgeschlossener Verträge eines Verlegers mit Urhebern literarischer Werke[2]), **Bezugsquellen**[3] oder besondere Bezugsbedingungen,[4] den Umfang des Bezugs,[5] je nach Sachlage im Einzelfall **Einkaufspreise**,[6] die Preisbestimmung eines Syndikates für die Zukunft,[7] den Stand des Gewerbes, auch nicht wenn die Geschäftslage günstig ist,[8] die Angabe des Handelsmaklers über vermittelte Geschäfte,[9] die Quellen und den Inhalt der von einer Auskunftei erteilten Auskünfte sowie deren Vorgehensweise bei der Sammlung des Materials,[10] es sei denn, es geht um eine den Parteien erteilte Auskunft.[11]

Mit einer Wettbewerbswirtschaft unvereinbar ist die Ansicht, auszugrenzen seien **Verkaufspreise**, selbst wenn sie verschiedenen Kunden gegenüber verschieden bemessen waren,[12] die Höhe der Miete oder Pacht,[13] die Einnahmen und Ausgaben eines Theaters.[14] Der **Geschäftsverkehr** einer **Bank mit ihren Kunden** (näher dazu Kap. 34 Rz. 82 ff.) kann unter ein Auskunftsverweigerungsrecht nach § 383 Abs. 1 Nr. 6 fallen, etwa einer Bank über die gewährten **Bankkredite**.[15]

67

Zu den schutzwürdigen Geheimnissen gehören auch die **steuerlichen Verhältnisse von Gewerbetreibenden**, so etwa einer KG, deren persönlich haftender Gesellschafter der Zeuge ist.[16] Dies ergibt sich mittelbar aus § 30 AO, der den Steuerpflichtigen vor einer Weitergabe der Tatsachen schützt, die dem Amtsträger im Zusammenhang mit der Besteuerung bekannt geworden sind.[17] Gewerbegeheimnisse sind ferner die Feststellungen des anerkannten Schätzers einer **Kfz-Schätzungsstelle** bei Untersuchungen eines Pkw.[18]

68

Nicht erfasst ist ein „Parteigeheimnis", ungeachtet der Praxis der politischen Parteien, **Angaben über Parteimitglieder** weitgehend geheim zu halten.[19] Ein Zeugnisverweigerungsrecht ergibt sich insoweit auch nicht aus dem Parteienprivileg nach Art. 21 GG oder aus dem Grundsatz der negativen Bekenntnisfreiheit (Art. 4 Abs. 1 GG).[20]

69

---

1 OLG Hamburg OLGRspr. 21, 83: aus Sorge vor dem Bekanntwerden der Kalkulationsgrundlagen.
2 RG JW 1905, 344 Nr. 19.
3 OLG Hamburg OLGRspr. 5, 67, 68 (obiter dictum); 33, 69: je nach Einzelfall; offengelassen RGZ 53, 15, 18 f.
4 RG JW 1902, 21.
5 OLG Hamburg OLGRspr. 33, 69.
6 Verneinend RGZ 54, 323, 326.
7 RG Seuff.Arch. 49 (1894) Nr. 213; RG JW 1903, 49 Nr. 13; nicht aber bzgl. einer nicht mehr gültigen Preisvereinbarung in der Vergangenheit RG JW 1903, 49 Nr. 13.
8 OLG Celle OLGRspr. 17, 162.
9 OLG Hamburg Seuff.Arch. 71 (1916) Nr. 100.
10 OLG Hamburg OLGRspr. 5, 67: bejaht für Auskunftsquellen einer Auskunftei; 27, 97: bejaht für den Inhalt der Auskunft (auch § 383 Abs. 1 Nr. 6); OLG München OLGRspr. 25, 108: bejaht bezüglich der Vorgehensweise bei der Sammlung des Materials; OLG Kiel JW 1936, 2941, 2942 bejaht bzgl. Quellen und Zustandekommen der Auskunft sowie Auskunftgeber; verneinend aber OLG Colmar OLGRspr. 25, 108 für den Abonnenten einer Auskunftei (ebenso wenig § 383 Abs. 1 Nr. 6).
11 OLG Dresden JW 1930, 767, 768.
12 So aber RGZ 53, 40, 43.
13 So Stein/Jonas/*Berger*[22] § 384 Fn. 35.
14 So OLG Hamburg JW 1918, 108; kritisch Stein/Jonas/*Berger*[22] § 384 Fn. 34.
15 OLG Dresden OLGRspr. 40, 377.
16 OLG Düsseldorf MDR 1978, 147 f.
17 OLG Düsseldorf MDR 1978, 147 f.
18 OLG Hamm JMBlNRW 1952, 178 f.
19 OVG Lüneburg NJW 1978, 1493, 1494.
20 OVG Lüneburg NJW 1978, 1493, 1494.

Kapitel 36:
Aussagepflichten Weigerungsberechtigter, Amtsverschwiegenheit

	Rz.
§ 127 Beschränkung der Weigerungsrechte, Befreiung durch den Schweigebegünstigten	
I. Systematischer Zusammenhang mit Weigerungsrechten	
1. Verhältnis zu §§ 383 und 384	1
2. Weitere Beschränkungen	3
II. Abfassung eines Rechtsgeschäfts	5
III. Personenstandsangelegenheiten	8
IV. Familiäre Vermögensangelegenheiten	
1. Normzweck	16
2. Familieninterne Streitigkeit	19
3. Familienverhältnis	22
4. Vermögensangelegenheiten	24
5. Einzelfälle	29
V. Handlungen eines Rechtsvorgängers oder Vertreters	
1. Normzweck	32
2. Rechtsvorgänger, Vertreter	
a) Rechtsvorgänger	33
b) Vertreter	34
3. Rechtsverhältnis; diesbezügliche Handlungen	35
4. Verfahren	37
VI. Schweigepflichtentbindung	
1. Normzweck	40
2. Abgrenzung zur Aussagegenehmigung nach § 376	43
3. Irrelevanz bei Geistlichen	44
4. Rechtsnatur der Befreiung	45
5. Befreiungserklärung zu Lebzeiten des Geschützten	
a) Befreiungsbefugnis	46
b) Verfahrensfragen	52
VII. Entbindung nach dem Tode des Geschützten	
1. Persönlichkeitsrechtliche Verankerung	57
2. Höchstpersönliche Angelegenheiten	60
3. Dispositionsbefugnis Dritter	65
§ 128 Amtsverschwiegenheit, § 376 ZPO	
I. Schutz der Amtsverschwiegenheit	67
II. § 376 Abs. 1 und 2 als grundrechtsbeschränkende Blankettnormen	
1. Rechtliches Gehör und öffentliche Geheimhaltungsinteressen	70
2. Blankettnorm und Verweisungstechnik	
a) Besondere Vorschriften	74
b) Beamtenrechtliche bzw. maßgebende Vorschriften	75
c) Blankettnorm	76
III. Personen des öffentlichen Dienstes als Zeugen	
1. Zeugnispflicht contra Verschwiegenheitspflicht	77
2. Beamte	78
3. Richter	
a) Begriff des Richters	81
b) Allgemeine Dienstverschwiegenheit	82
c) Verschwiegenheit über Beratung und Abstimmung	83
4. Andere Personen des öffentlichen Dienstes	
a) Umfassender Personenkreis der öffentlichen Hand	85
b) Angestellte Arbeitnehmer	
aa) Notwendige gesetzliche Grundlage	86
bb) Fehldeutung der Novelle 1950	88
cc) Bedeutung des Verpflichtungsgesetzes	89
dd) Fehlender Genehmigungsvorbehalt	90
ee) Zeugnisverweigerungsrecht keine Auffangregelung	91
ff) Ergebnis: Unbeschränkte Aussagepflicht	94
c) Kirchenbedienstete	95
d) Mitglieder von Selbstverwaltungsgremien	96
e) Soldaten und Zivildienstleistende	97
f) Sonstige für den öffentlichen Dienst besonders Verpflichtete	98
g) Notare	99
h) Schiedsmänner	100
i) Bedienstete der EU	101
j) Ehemalige Bedienstete der DDR	102
IV. Regierungsmitglieder, Abgeordnete und Fraktionsangestellte	103
V. Einholung der Aussagegenehmigung	108
VI. Zeugnisverweigerungsrecht des Bundespräsidenten	115

	Rz.		Rz.
VII. Gesetzesanhang		4. Gesetz über die förmliche Verpflichtung nichtbeamteter Personen (Verpflichtungsgesetz)	119
1. Gesetz zur Regelung des Statusrechts der Beamtinnen und Beamten in den Ländern (BeamtStG)	116	5. Tarifvertrag für den öffentlichen Dienst der Länder (TV-L) vom 12. Oktober 2006 in der Fassung des Änderungstarifvertrages Nr. 2 vom 1. März 2009	120
2. Bundesbeamtengesetz	117		
3. Verordnung Nr. 31 (EWG) 11 (EAG) über das Statut der Beamten und über die Beschäftigungsbedingungen für die sonstigen Bediensteten der Europäischen Wirtschaftsgemeinschaft und der Europäischen Atomgemeinschaft	118		

§ 127 Beschränkung der Weigerungsrechte, Befreiung durch den Schweigebegünstigten

Schrifttum:
Ahrens, Wider die Teilprozessfähigkeit Minderjähriger als Fernwirkung medizinrechtlichen Denkens, Festschrift G. Fischer (2010), S. 1; *Eidenmüller*, Der Auskunftsanspruch des Kindes gegen seine Mutter auf Benennung des leiblichen Vaters, JuS 1998, 789; *Kazemi*, Der durch eine Nichtangriffsabrede gebundene Dritte als Zeuge im Löschungsverfahren vor den ordentlichen Gerichten, GRUR 2006, 210; *Koch*, Der Anspruch des Deszendenten auf Klärung der genetischen Abstammung – ein Paradigmawechsel im Abstammungsrecht, FamRZ 1990, 569; *Müller*, Zeugnispflicht bei heterologer Fertilisation, FamRZ 1986, 634; *Priebe*, Die Entbindung des Wirtschaftsprüfers und des Steuerberaters von der Schweigepflicht durch den Insolvenzverwalter, ZIP 2012, 312; *Rieble*, Schuldrechtliche Zeugenpflicht von Mitarbeitern, ZIP 2003, 1273.

I. Systematischer Zusammenhang mit Weigerungsrechten

1. Verhältnis zu §§ 383 und 384

§ 385 **beschränkt die Aussageverweigerungsrechte**, die sich aus §§ 383 Nr. 1–3, 4 und 1
6 sowie § 384 Nr. 1 ergeben. § 385 Abs. 1 betrifft ausschließlich die Fälle, in denen die Voraussetzungen für ein Zeugnisverweigerungsrecht nach § 383 Abs. 1 Nr. 1–3 oder § 384 Nr. 1 vorliegen. Die Vorschrift schränkt diese Zeugnisverweigerungsrechte **in Bezug auf bestimmte Beweisthemen** ein, bei denen die Interessen des Zeugen aus unterschiedlichen Gründen als nicht schutzwürdig gelten (näher dazu die Kommentierung der einzelnen Tatbestände).

§ 385 Abs. 2 lässt die **Aussagepflicht** in den Fällen des § 383 Abs. 1 Nr. 4 und 6 **wieder** 2
aufleben, wenn der **Zeuge von** seiner **Schweigepflicht befreit** ist. Dagegen sieht die ZPO bei den Zeugnisverweigerungsrechten aus § 383 Abs. 1 Nr. 5 sowie § 384 Nr. 2 und 3 keinerlei Beschränkungen vor.

2. Weitere Beschränkungen

Außer den Beschränkungen nach § 385 gibt es auch **Beschränkungen aus allgemeinem Recht**. Überall dort, wo eine **Pflicht zum Reden kraft öffentlichen Rechts** begründet ist, besteht kein Aussageverweigerungsrecht. 3

Eine **Auswirkung zivilrechtlicher Auskunftsansprüche** einer Partei gegenüber dem 4
Zeugen auf die Zeugnisverweigerungsrechte wird **überwiegend abgelehnt**. So soll et-

wa das Zeugnisverweigerungsrecht der Mutter nicht wegen eines zivilrechtlichen Anspruchs[1] ihres Kindes auf Nennung des leiblichen Vaters entfallen.[2] Doch kann der Ausschluss des Zeugnisverweigerungsrechts der Mutter aus § 383 Abs. 1 Nr. 3 unter Umständen damit begründet werden, dass sich das – in der jüngsten Rechtsgeschichte freilich deutlich überhöhte – verfassungsrechtlich begründete **Recht des Kindes auf Kenntnis** seiner **Abstammung** auch zivilprozessual auswirken muss. Wird bei der Abwägung der verfassungsrechtlich geschützten Interessen des Kindes mit den persönlichkeitsrechtlichen Interessen der Mutter ein zivilrechtlicher **Auskunftsanspruch** des Kindes **gegen** seine **Mutter** bejaht, könnte man es als **folgerichtig** ansehen, zugunsten des Kindes auch das **Zeugnisverweigerungsrecht der Mutter zu versagen**.[3] Argumente lassen sich jedenfalls nicht daraus herleiten, dass es keine materiell-rechtlich begründeten Zeugnisverweigerungsrechte gibt. Verfassungsrechtlich begründete Zeugnisverweigerungsrechte sind in Ausnahmefällen.

II. Abfassung eines Rechtsgeschäfts

5   Wer **zur Errichtung eines Rechtsgeschäfts als Zeuge** hinzugezogen war, ist wegen des **Verbots widersprüchlichen Verhaltens** verpflichtet, über dessen Abschluss und Inhalt auszusagen.[4] § 385 Abs. 1 Nr. 1 gilt für Zeugen, die bei der Errichtung eines Rechtsgeschäfts **förmlich hinzugezogen** wurden.[5] Dies sind vor allem Personen, die bei der **Beurkundung** nach dem Beurkundungsgesetz mitwirken (§§ 22 ff. BeurkG), wobei Besonderheiten für Verfügungen von Todes wegen gelten (§§ 27 ff. BeurkG, §§ 2229 ff. BGB), ferner die bei der **Eheschließung** Hinzugezogenen (§ 1312 Abs. 1 S. 2 BGB) sowie der nach § 16 Abs. 3 BeurkG hinzugezogene **Dolmetscher**.

6   Es **genügt nicht** die **bloße Anwesenheit** des Zeugen,[6] ebenso wenig die Hinzuziehung nur durch eine Partei. Der Zeuge muss **herangezogen** worden sein, **um** das Zustandekommen eines Rechtsgeschäfts im Falle eines späteren Rechtsstreits **zu bezeugen**, nicht zu anderen Zwecken wie etwa zur Unterstützung und Beratung. Bei § 22 BeurkG ist dies erst dann der Fall, wenn der Person bewusst ist oder sie wenigstens damit rechnet, bei der Errichtung einer öffentlichen Urkunde mitzuwirken, und wenn sie mit Rücksicht hierauf dem Vorgang Aufmerksamkeit widmet und der Verhandlung mit dieser Verantwortung beiwohnt.[7] Es genügt, dass die Errichtung eines Rechtsgeschäfts bezweckt wurde.

7   **Keine Förmlichkeitszeugen** sind diejenigen Personen, die nur bei den **Vorverhandlungen** mitgewirkt haben.[8] Aus den Vorverhandlungen kann weder auf das Zustandekommen noch auf den Inhalt des Rechtsgeschäfts geschlossen werden. Ist streitig, ob jemand als Förmlichkeitszeuge hinzugezogen worden ist, hat die **Beweislast** dafür der **Beweisführer**[9] ohne Rücksicht darauf, ob der Zeuge zum Hauptbeweis oder zum Gegenbeweis aussagen soll. Die Aussagepflicht besteht nur, soweit der Zeuge über die

---

1   BVerfGE 96, 56 = NJW 1997, 1769 = JZ 1997, 777 m. krit. Anm. *Starck*; LG Bremen FamRZ 1998, 1039; AG Rastatt FamRZ 1996, 1299, 1301 r.Sp.; *Eidenmüller* JuS 1998, 789 ff.; kritisch *Koch* FamRZ 1990, 569, 572.
2   Vgl. nur Stein/Jonas/*Berger*[22] § 385 Rz. 3.
3   In diesem Sinne wohl *Eidenmüller* JuS 1998, 789, 795.
4   Stein/Jonas/*Berger*[22] § 385 Rz. 2; Zöller/*Greger*[30] § 385 Rz. 1.
5   *RG* JW 1901, 251 Nr. 8: Solemnitätszeugen.
6   RG JW 1901, 251 Nr. 8.
7   BayObLGZ 1984, 141, 145.
8   Vgl. insoweit auch RG JW 1901, 251 Nr. 8; a.A. offenbar MünchKommZPO/*Damrau*[4] § 385 Rz. 2.
9   OLG Breslau OLGspr. 20, 326: die der Zeugnisverweigerung widersprechende Partei muss die tatsächlichen Voraussetzungen beweisen.

Errichtung des Rechtsgeschäfts oder seinen Inhalt aussagen soll; die **Auskunft über andere** damit nicht in Verbindung stehende **Vorgänge** darf er verweigern.

III. Personenstandsangelegenheiten

§ 385 Abs. 1 Nr. 2 zwingt den unter § 383 Abs. 1 Nr. 1–3 oder § 384 Nr. 1 fallenden Zeugen dazu, über gewisse familienrechtliche Vorgänge auszusagen. Die Ausschlussgründe des § 385 Abs. 1 Nr. 2 geben dem öffentlichen Interesse an der **Richtigkeit der Personenstandsbücher** Vorrang vor den Interessen des Zeugen, der wegen der Aussage über die fraglichen Personenstandsangelegenheiten kaum in einen Interessenkonflikt geraten wird.[1] Die Auskunftspflicht des Zeugen beschränkt sich auf diejenigen Tatsachen, die **anlässlich der** jeweiligen **Personenstandsänderung** in die Personenstandsbücher einzutragen sind. Darüber hinaus muss der Zeuge über das jeweilige Ereignis nichts berichten. 8

So ist der Zeuge verpflichtet, über **Ort, Tag und Stunde der Geburt** Auskunft zu geben (§ 21 PStG), nicht aber über die sie bedingende Zeugung oder den Geschlechtsverkehr mit einer bestimmten Person.[2] Aus prozessrechtlichen Gründen entfällt das **Zeugnisverweigerungsrecht der Mutter** aus § 383 Abs. 1 Nr. 3 daher weder bei der Vaterschaftsanfechtungsklage des Ehemannes gegen das möglicherweise fremde Kind noch bei der Abstammungsklage des Kindes gegen den mutmaßlichen Vater, wenn die Mutter als Zeugin darüber vernommen werden soll, von wem das Kind erzeugt worden ist.[3] Denkbar wäre allenfalls, dass materiell-rechtliche Gründe wie ein zivilrechtlicher Anspruch des Kindes auf Benennung des Vaters das Zeugnisverweigerungsrecht der Mutter aufheben können, was aber stark umstritten ist (näher dazu oben Rz. 4). Indes wird es in solchen Fällen einer Zeugenaussage meist nicht bedürfen, weil eine DNA-Analyse zur Feststellung der Abstammung gem. § 372a ohnehin das zuverlässigere Beweismittel ist. Eine Ermittlung des mutmaßlichen Vaters über die Zeugenaussage wäre als Ausforschungsbeweis unzulässig. 9

Auch bei **Sterbefällen** beschränkt sich die Aussagepflicht auf die in das Sterbebuch einzutragenden Tatsachen (§ 37 PStG), die Todesursache muss also nicht angegeben werden. 10

Die Aussagepflicht über Eheschließungen betrifft die Frage, **ob und mit wem ein Familienmitglied verheiratet** ist und umfasst damit nicht nur die **Eheschließung** eines Familienmitglieds, sondern auch die Feststellung des **Nichtbestehens** einer Ehe sowie die **Aufhebung** oder die **Scheidung**[4] seiner Ehe. Diese im Familienbuch einzutragenden Tatsachen (§ 14 PStG) sind, anders als die Verlobung, nicht bloß dem Umfeld der Eheschließung zuzuordnen.[5] Wäre ein Zeuge nur verpflichtet, über die Eheschließung eines Familienmitglieds Auskunft zu geben, nicht aber über dessen Scheidung etc., wäre seine Aussage in vielen Fällen unbrauchbar, wenn nicht irreführend. Ein Zeugnisverweigerungsrecht in Bezug auf Scheidungen etc. liefe auch dem Zweck der Vorschrift zuwider, zutreffende Angaben über den Personenstand eines bestimmten Familienmitglieds zu einem bestimmten Zeitpunkt zu erlangen. Bedeutung kann die 11

---
1 Stein/Jonas/*Berger*[22] § 385 Rz. 3.
2 RGZ 169, 48, 49 f.; LSG Darmstadt NJW 1989, 2710, 2711; MünchKommZPO/*Damrau*[4] § 385 Rz. 3; Stein/Jonas/*Berger*[22] § 385 Rz. 3; *Müller* FamRZ 1986, 634, 635. Für entsprechende Anwendung des § 385 Abs. 1 Nr. 2 Staudinger/*Rauscher* (2011) Einl. §§ 1589 ff. Rz. 134.
3 RGZ 169, 48, 49 f.
4 A.A. ohne Begründung Stein/Jonas/*Berger*[22] § 385 Rz. 3; MünchKommZPO/*Damrau*[4] § 385 Rz. 3.
5 So aber für die Scheidung MünchKommZPO/*Damrau*[4] § 385 Rz. 3.

Zeugnispflicht insbesondere bei einer **Privatscheidung** erlangen, soweit diese **nach ausländischem Scheidungsstatut** wirksam ist.

12 **Familienmitglieder** i.S.d. § 385 Abs. 1 Nr. 2 sind sämtliche mit dem Zeugen **verwandten und verschwägerten Personen** sowie der **Ehepartner** des Zeugen,[1] nicht nur die in § 383 Abs. 1 Nr. 1–3 genannten Personen. Der Zeuge muss mit dem Familienmitglied **nicht** in **häuslicher Gemeinschaft** leben.

13 Soll der nach § 383 Abs. 1 Nr. 1–3 weigerungsberechtigte Zeuge über Geburten, Eheschließungen und Todesfälle von Personen, die nicht seiner Familie angehören, vernommen werden, ist **§ 385 Abs. 1 Nr. 2 entsprechend** anzuwenden sein. Es ist nicht ersichtlich, weshalb der Zeuge, der aus familiären Gründen ein Zeugnisverweigerungsrecht besitzt, zur Aussage über den Personenstand seiner Familienmitglieder verpflichtet sein sollte, nicht aber über den Personenstand sonstiger Personen.

14 Die **Beweislast** für die Voraussetzungen der Bestimmung trifft den **Beweisführer**.

15 Die **praktische Relevanz** der Vorschrift ist **gering**, weil die Einholung einer **amtlichen Auskunft** über den Personenstand meist **zuverlässiger** ist als die Zeugenaussage. Bedeutsam wird sie dann, wenn der Beweisführer eine nicht eingetragene Personenstandsveränderung behauptet. **Scheitert** die Einholung einer **amtlichen Auskunft** daran, dass der Ort der Eheschließung bzw. Scheidung im Inland unbekannt ist, kann die Zeugenvernehmung Abhilfe schaffen, es sei denn, die Ermittlung auch nur des Ortes der Eheschließung/Scheidung wird als unzulässiger Ausforschungsbeweis gewertet.

IV. Familiäre Vermögensangelegenheiten

1. Normzweck

16 § 385 Nr. 3 schließt zugunsten der nächsten Angehörigen die Zeugnisverweigerungsrechte in Vermögensangelegenheiten aus, die auf dem Familienverhältnis beruhen. Der **Gesetzgeber** hat die Ausnahmevorschrift damit begründet, dass die in Frage stehenden Angelegenheiten nach der **herrschenden Sitte** lediglich im Kreise der Familie verhandelt würden und in Streitigkeiten über solche Angelegenheiten das Recht der Zeugnisverweigerung mit den Interessen anderer Familienmitglieder leicht in Kollision treten könne.[2] § 385 Abs. 1 Nr. 3 ist danach grundsätzlich für **Rechtsstreitigkeiten innerhalb der Familie** gedacht, denn nur dann kann die Zeugnisverweigerung aus Rücksicht auf die familiäre Bindung zu einer Partei den Interessen anderer Familienmitglieder zuwiderlaufen.

17 Die **beweisführende Partei** ist bei solchen Streitigkeiten vielfach **auf Zeugen aus der Familie angewiesen** sein wird. Andere Beweismittel werden häufig fehlen, weil Vermögensangelegenheiten der Familie erfahrungsgemäß nicht nach außen getragen werden.[3] Die daraus resultierenden Beweisschwierigkeiten lassen befürchten, dass die **Zeugnisverweigerung** aus familiären Gründen bei familieninternen Streitigkeiten dem **Familienfrieden nicht dienlich** ist. Kann die Zeugnisverweigerung aber nicht zur

---

[1] So wohl RG Recht 1910 Nr. 1785; MünchKommZPO/*Damrau*[4] § 385 Rz. 3; Stein/Jonas/*Berger*[22] § 385 Rz. 3.
[2] Hahn/Stegemann Mat. II/1 S. 312; Prot. der Kommission zur Ausarbeitung des Entwurfes einer CPO für die Staaten des Norddeutschen Bundes, Berlin 1869, Bd. 2, 130. Sitzung, S. 730.
[3] RGZ 40, 345, 347; RG JW 1903, 24, 25 (Nr. 14); OLG Hamm OLGRspr. 37, 145; OLG Düsseldorf FamRZ 1980, 616.

Wahrung des Familienfriedens beitragen, verliert das Zeugnisverweigerungsrecht aus familiären Gründen seine Rechtfertigung.

Die **Aussagepflicht** lässt sich auch damit erklären, dass sie zumindest bei erbrechtlichen oder unterhaltsrechtlichen Streitigkeiten häufig **mit materiell-rechtlichen Auskunftsansprüchen** der betroffenen Familienmitglieder **korrespondieren** wird. Diese materiell-rechtlichen Ansprüche in familien- und erbrechtlichen Vermögensangelegenheiten sind Ausdruck des hohen Stellenwerts, den die Sachverhaltsaufklärung in diesen Fragen genießt. Es ist deshalb plausibel, wenn das Gesetz dem Aufklärungsinteresse **Vorrang vor** der **Rücksichtnahme auf** die **familiäre Bindung** des Zeugen (§ 383 Abs. 1 Nr. 1–3) **oder** auf einen **möglichen Vermögensschaden** des Zeugen oder seines Angehörigen (§ 384 Nr. 1) einräumt.

2. Familieninterne Streitigkeit

Wie bei allen Tatbeständen des § 385 Abs. 1 muss der Zeuge auch hier **mit** einer der **Parteien** i.S.d. § 385 Abs. 1 Nr. 1–3 **familiär verbunden** sein, weil die Vorschrift ein Weigerungsrecht nach § 383 Abs. 1 Nr. 1–3 oder § 384 Nr. 1 voraussetzt. Doch muss grundsätzlich **auch die andere Partei** zum **Kreise der Familie** gehören, weil die Vorschrift für familieninterne Streitigkeiten gedacht ist.

Das OLG Düsseldorf hat die Vorschrift auch in einem Fall angewendet, in dem ein Land, den **nach § 37 BAföG übergegangenen Unterhaltsanspruch** eines Kindes gegen seine Eltern geltend machte, weil es sich zwar nicht um einen Widerstreit der Interessen von Mitgliedern derselben Familie handele, aber das Land sonst in Beweisnot geraten würde.[1] Die Entscheidung ist nicht ohne Weiteres verallgemeinerbar, weil insofern eine Sondersituation vorlag, als die im Streit stehenden Interessen von Mitgliedern derselben Familie sich durch die Legalzession nur zufällig verlagert hatten.

Ebenfalls um eine Sondersituation handelt es sich bei einem **Anwaltsregress**, der aus einer Familienangelegenheit resultiert.[2]

3. Familienverhältnis

Mit dem Familienverhältnis in § 385 Abs. 1 Nr. 3 ist das **familiäre Band** des **Zeugen zu** einer **Partei** gemeint.[3] Die Ausnahmeregelung des Abs. 1 Nr. 3 findet auch dann Anwendung, wenn das Familienverhältnis, etwa aufgrund einer Scheidung, **nicht mehr besteht**.[4]

Der **persönliche Anwendungsbereich** der Ausnahmenorm ist mit dem des **§ 383 Abs. 1 Nr. 1–3 kongruent**. Der **geschiedene Ehegatte** besitzt (zur Reichweite des § 383 Abs. 1 Nr. 2 s. Kap. 34 Rz. 22) in Bezug auf Vermögensangelegenheiten, die durch das frühere Familienverhältnis bedingt sind, **kein Zeugnisverweigerungsrecht**. Dies ergibt sich auch aus Sinn und Zweck der Regelung. Wenn das Zeugnisverweigerungsrecht schon innerhalb eines bestehenden Familienverhältnisses eingeschränkt wird, muss dies erst recht gelten, wenn durch die Scheidung der Ehe die **persönlichen Berührungspunkte wesentlich vermindert** und in aller Regel für die Zukunft sogar ausgeschlossen sind, so dass die Konfliktgefahr erheblich herabgesetzt ist.[5]

---

1 OLG Düsseldorf FamRZ 1980, 616, 617.
2 OLG Stuttgart FamRZ 2013, 1803; OLG München FamRZ 2014, 328, 329.
3 So wohl RG Recht 1910 Nr. 1785.
4 OLG Nürnberg FamRZ 1992, 1316, 1317.
5 OLG Nürnberg FamRZ 1992, 1316, 1317. A.A. OLG Stuttgart FamRZ 2013, 803, 804, u.a. wegen – abzulehnender – Kongruenz der Reichweite mit § 383 Abs. 1 Nr. 3.

4. Vermögensangelegenheiten

24 § 385 Abs. 1 Nr. 3 ist anwendbar, wenn der Zeuge über Tatsachen aussagen soll, die **durch das Familienverhältnis bedingten Vermögensangelegenheiten** betreffen.[1] Das Familienverhältnis muss also für die Vermögensangelegenheit ursächlich sein. Wie der geforderte **Zusammenhang im Einzelnen** beschaffen sein muss, ist **umstritten**.

25 Anknüpfungspunkt ist zumeist die **ältere Rechtsprechung des RG**, der zufolge es darauf ankommt, dass die konkrete Vermögensangelegenheit ihren Grund im Familienverband hat.[2] Diese Formulierung ist indes ebenso unbestimmt wie der Gesetzestext. Sie ist in einigen Entscheidungen dahingehend präzisiert worden, dass rein zufällige Geschehnisse und willkürliche Handlungen, wie sie auch zwischen nicht verwandten Personen vorkommen können, nicht unter die Vorschrift fielen.[3] Der Zeuge ist danach nur zur Aussage verpflichtet, soweit ein **spezifischer Zusammenhang** zwischen **Familienverhältnis** und **Vermögensangelegenheit** besteht, die tatsächliche Verknüpfung also nicht nur rein zufällig ist. Dies ist etwa bei **familien- und erbrechtlichen Streitigkeiten** der Fall, nicht aber bei allgemeinen geschäftlichen Angelegenheiten zwischen Familienmitgliedern. Anderen Entscheidungen zufolge soll der Zeuge **auch** über **Rechtsgeschäfte allgemeiner Art** aussagen müssen, wenn die Vermögensangelegenheit nur im konkreten Fall das familienrechtliche Band als ihren Grund hat.[4]

26 Sieht man die Erleichterung der Beweisführung bei familieninternen Streitigkeiten als Hauptziel der Aussagepflicht an, wird man diese immer dann bejahen müssen, wenn **Familienmitglieder** des Zeugen **über interne Vermögensangelegenheiten streiten**, denn die Beweisführung dürfte nicht nur dann schwierig sein, wenn Familienmitglieder um erb- oder familienrechtliche Ansprüche streiten, sondern auch, wenn es um Bürgschaften, Mietfragen, Darlehen oder ähnliches geht, für die Vermögensangelegenheiten von Bedeutung sind.

27 Doch spricht auch einiges für die **enge Auslegung der Vorschrift**. Denn es ist nicht ersichtlich, weshalb die beweisführende Partei bei allgemeinen Geschäften mit einem Familienangehörigen des Zeugen aufgrund ihrer Zugehörigkeit zur Familie gegenüber familienfremden Geschäftspartnern privilegiert sein sollte. Auch kann das Fehlen von Beweismitteln die Beschränkung der Aussagepflicht auf Vermögensangelegenheiten nicht erklären. Diese Begrenzung ist aber dann sinnvoll, wenn die Aussagepflicht einem **erhöhten Interesse an** der **Aufklärung** des Sachverhalts in Bezug auf familieninterne Vermögensangelegenheiten Rechnung trägt. Ein solches Interesse besteht nur **bei genuin erbrechtlichen und familienrechtlichen Streitigkeiten**, nicht jedoch beim Streit über allgemeine geschäftliche Angelegenheiten zwischen den Familienangehörigen.

28 Die Aussagepflicht ist auf Tatsachen beschränkt, die die **familieninterne Vermögensangelegenheit betreffen**. Dabei kommt es nicht darauf an, dass die Tatsache eine

---

1 OLG Celle OLGRspr. 17, 330; OLG München FamRZ 2014, 328, 329 (Unterhaltsstreit).
2 RGZ 40, 345, 347 f.; RG JW 1899, 814 Nr. 6.
3 RG JW 1902, 20, 21; Seuff.Arch. 64 (1909), 351 Nr. 167: nicht bei Einwilligung in Fortführung der Firma bei Ausscheiden eines Gesellschafters, auch wenn Gesellschaftsvertrag zwischen Verwandten geschlossen worden sei; nicht ganz eindeutig RG Gruchot 56 (1912), 1059 Nr. 108; OLG München OLGRspr. 21, 84: nicht bei Bürgschaftsverpflichtung, weil Zusammenhang ganz äußerlich und rein zufällig sei; KG HRR 1929 Nr. 1879; ebenso wohl MünchKommZPO/*Damrau*[4] § 385 Rz. 4; Stein/Jonas/*Berger*[22] § 385 Rz. 5.
4 *RG* Seuff.Arch. 54 (1899), 222 Nr. 117; RGZ 40, 345, 348: zum Mitgiftversprechen eines Vaters, obgleich die Mitgift auch durch einen Dritten gewährt werden könne; RG JW 1899, 814 Nr. 6: die Verfügungen eines Sohnes über den Nachlass der Mutter beruhen auf dem Familienband, auch wenn ein Dritter sich ebenfalls als Erbe gerieren könne; RG JW 1909, 319 Nr. 19.

rechtliche Bedeutung für die Entscheidung hat, sondern dass sie mit der durch das Familienverhältnis bedingten Vermögensangelegenheit in einem tatsächlichen Zusammenhang steht, der für die Wissenschaft des Zeugen von Bedeutung sein kann.[1]

5. Einzelfälle

Im einzelnen findet § 385 Abs. 1 Nr. 3 Anwendung beim Streit über die Annahme oder Ausschlagung von **Erbschaften**[2] und **Vermächtnissen**, Pflichtteilsansprüche[3] wie sonstige erbrechtliche Ansprüche,[4] über Verfügungen des Kindes über den Nachlass der Eltern[5] und Vereinbarungen darüber, wie die **Auseinandersetzung** innerhalb einer **Erbengemeinschaft**,[6] Abfindungen von Kindern durch ihre Eltern bzw. Abfindungsansprüche erbberechtigter Kinder[7] und Pflichtteilsberechtigter, **Hofüberlassungen** an Familienmitglieder,[8] das Bestehen von Nachlassschulden unter Miterben, **familienrechtliche Ansprüche** aus **ehelichem Güterrecht**,[9] auch darüber Vereinbartes,[10] Mitgiftversprechen,[11] Unterhaltsansprüche und -versprechen,[12] jedoch unter **Ausklammerung** von **auf Behörden** kraft Gesetzes **übergegangenen Unterhaltsansprüchen**.[13] 29

§ 385 Abs. 1 Nr. 3 ist **nicht anzuwenden** bei der Vernehmung des Zeugen über die Höhe des **Vermögens der Ehepartner** zur **Zeit der Eingehung der Ehe**, weil sie nicht durch die Ehe bedingt ist.[14] Auch bei einer Klage auf **Feststellung** des Bestehens oder Nichtbestehens **der Vaterschaft** scheidet die Anwendung der Vorschrift aus, weil es nicht um eine durch das Familienverhältnis bedingte Vermögensangelegenheit geht.[15] Die Frage wirkt sich im Ergebnis indes nicht aus, weil nach der hier vertretenen Auffassung bei Fragen nach dem Erzeuger wegen der darin enthaltenen Frage nach dem Sexualverkehr mit einer bestimmten Person jedenfalls ein Zeugnisverweigerungsrecht aus § 384 Nr. 2 1. Alt. gegeben wäre, das nach § 385 nicht entfiele. 30

§ 385 Abs. 1 Nr. 3 gilt auch nicht für die Vernehmung über den **Lebenswandel einer Person** gelten, auch wenn er die Entziehung des Pflichtteils rechtfertigen kann, weil der Lebenswandel sich nicht auf eine Vermögensangelegenheit bezieht. 31

V. Handlungen eines Rechtsvorgängers oder Vertreters

1. Normzweck

§ 385 Abs. 1 Nr. 4 ist geschaffen in Hinblick auf die mit der **Einführung der Parteivernehmung** geänderte Vorschrift des § 449 a.F. (bis 1900 § 414 CPO), wonach über Handlungen eines Rechtsvorgängers der frühere Beweis durch Eideszuschiebung ent- 32

---

1 RG JW 1903, 24 Nr. 14, 25; BayObLGZ 8, 487, 490; OLG Celle OLGRspr. 17, 330.
2 OLG Celle Seuff.Arch. 55 (1900), 469 Nr. 243.
3 OLG Celle OLGRspr. 17, 330; a.A. bzgl. der Höhe des Pflichtteils Baumbach/Lauterbach/*Hartmann*[71] § 385 Rz. 6.
4 RG JW 1895, 8 Nr. 19; OLG Oldenburg Seuff.Arch. 47 (1892), 102 Nr. 72.
5 RG JW 1899, 814 Nr. 6.
6 OLG Breslau OLGRspr. 21, 84.
7 RG Seuff.Arch.45 (1890), 101 Nr. 52; OLG Hamm OLGRspr. 37, 145.
8 OLG Celle OLGRspr. 17, 330.
9 RG Gruchot 56 (1912), 1059, 1060 Nr. 108; OLG Oldenburg Seuff.Arch. 47 (1892), 102 Nr. 72.
10 BayObLGZ 7, 201, 205.
11 RGZ 40, 345, 348.
12 OLG Oldenburg Seuff.Arch. 47 (1892), 102 Nr. 72; OLG Düsseldorf FamRZ 1980, 616, 617.
13 Baumbach/Lauterbach/*Hartmann*[71] § 385 Rz. 6; a.A OLG Karlsruhe FamRZ 1989, 764, 765.
14 RG Seuff.Arch. 51 (1896), 227, 228 Nr. 145.
15 RGZ 169, 48, 50; LSG Darmstadt NJW 1989, 2711.

fiel.¹ In diesen Fällen sollte die Vorschrift des § 385 Abs. 1 Nr. 4 den Nachweis der Handlungen von Rechtsvorgängern oder Vertretern auch dann ermöglichen und sichern, wenn diese zu denjenigen Personen gehörten, die sonst nach § 383 Abs. 1 Nr. 1–3 und § 384 Nr. 1 zur Verweigerung des Zeugnisses berechtigt waren.² Diese **Motivation kann** den § 385 Abs. 1 Nr. 4 **heute nicht mehr rechtfertigen**, weil die Parteivernehmung über Handlungen eines Rechtsvorgängers nicht ausgeschlossen ist und die zu beweisende Tatsache bei Aussage- oder Eidesverweigerung der Partei nach § 446 (gegebenenfalls i.V.m. § 453 Abs. 2) je nach Sachlage als erwiesen angesehen werden kann.

2. Rechtsvorgänger, Vertreter

a) Rechtsvorgänger

33 Die Begriffe „Rechtsvorgänger" und „Vertreter" sind i.S.d. Vorschriften bürgerlichen Rechts zu beurteilen.³ Rechtsvorgänger ist die Person, von der die Partei den streitigen Anspruch im Wege der **Einzel- oder Gesamtrechtsnachfolge** erworben hat, so etwa der Zedent einer Forderung,⁴ bei dem Streit um eine Hypothek neben dem Zedenten auch deren Besteller.⁵ Rechtsvorgänger sind ferner die Ehepartner hinsichtlich ihres in eine Gütergemeinschaft eingebrachten Vermögens.⁶

b) Vertreter

34 Nach h.M. sind unter **Vertreter** i.S.d. Vorschrift nur Vertreter im Rechtssinne zu verstehen, also alle **gesetzlichen** oder **rechtsgeschäftlich bestellten Stellvertreter** i.S.d. § 164 BGB,⁷ nicht aber Personen, für deren Handlungen die Partei aus sonstigen Gründen einstehen muss,⁸ also **nicht Verrichtungsgehilfen** oder sogenannte „**tatsächliche Vertreter**" wie Makler, Ratgeber, Beistände oder andere Unterstützungspersonen einer Partei.⁹ Dritte, die in Gegenwart einer Partei an deren Stelle sprechen und verhandeln, ohne dass die Partei widerspricht, sind entgegen zweier älterer Entscheidungen nicht als „Werkzeug" oder „Mundstück" bloße Wortführer¹⁰ oder Unterstützungspersonen¹¹ der Partei, sondern zumindest konkludent bevollmächtigte Vertreter.¹²

3. Rechtsverhältnis; diesbezügliche Handlungen

35 Der Begriff des **Rechtsverhältnisses** entspricht dem des § 253. Die **Handlungen** müssen sich **auf das streitige Rechtsverhältnis beziehen**, und die Rechtsnachfolge oder Vertretung muss sich gerade auf dieses Rechtsverhältnis bezogen haben.¹³ Unter

---

1 Vgl. RG JW 1895, 294 Nr. 11.
2 RG JW 1895, 294 Nr. 11 m.w.N.
3 RGZ 13, 355, 356.
4 OLG Dresden OLGRspr. 19, 112.
5 RG Gruchot 38, 984, 989 f.; RG JW 1897, 186 Nr. 5.
6 Vgl. RGZ 13, 416, 417.
7 RGZ 13, 355, 357; RG Gruchot 48, 1102, 1104; RG Warn. 1911 Nr. 298 = JW 1911, 489 Nr. 15; OLG Dresden OLGRspr. 15, 137, 138; OLG Köln NJW 1955, 1561; OLG München OLGRep. 1996, 242; Zöller/*Greger*³⁰ § 385 Rz. 6; Baumbach/Lauterbach/*Hartmann*⁷¹ § 385 Rz. 7; offen gelassen von OLG Hamm OLGRspr. 40, 377.
8 RGZ 13, 255.
9 OLG Köln NJW 1955, 1561; OLG München OLGRep. 1996, 242; a.A. Stein/Jonas/*Berger*²² § 385 Rz. 6; MünchKommZPO/*Damrau*⁴ § 385 Rz. 5.
10 So aber OLG Dresden OLGRspr.15, 137, 138.
11 So aber RG Warn. 1911 Nr. 298 = JW 1911, 498 Nr. 15.
12 OLG Hamm OLGRspr. 40, 377; OLG München OLGRep. 1996, 242.
13 RG JW 1899, 257 Nr. 5; OLG Hamburg OLGRspr. 17, 162, 163.

Handlungen sind Handlungen aller Art zu verstehen, die für das fragliche Rechtsverhältnis von Bedeutung sind, nicht bloß die Begründung neuer Rechtsverhältnisse,[1] **auch Unterlassungen**.[2] So bezieht sich die Aussagepflicht etwa auf die Kenntnisnahme und Genehmigung einer Vereinbarung, die Lieferung von Ware, die Entgegennahme einer Bestellung und deren Ausführung.[3] Ob die Handlungen vor der Rechtsnachfolge[4] oder der Übernahme der Vertretung vorgenommen worden sind, ist gleichgültig.

Nach der Rechtsprechung besteht die **Aussagepflicht** nach § 385 Abs. 1 Nr. 4 **nicht**, wenn der Zeuge nur für Wahrnehmungen benannt ist.[5] Gemeint ist damit, dass der Zeuge nur zur Aussage über solche **Wahrnehmungen** verpflichtet ist, **die seine eigenen Handlungen** in Bezug auf das streitige Rechtsverhältnis **betreffen**, nicht aber, soweit er wegen seiner sonstigen Wahrnehmungen als Zeuge benannt ist. Hiermit dürfte auch die vermeintliche Gegenauffassung übereinstimmen, § 385 Abs. 1 Nr. 4 verpflichte den Zeugen, über seine mit den eigenen Handlungen in Zusammenhang stehenden Wahrnehmungen zu berichten.[6] Dagegen kann die in der Literatur verbreitete Interpretation, Wahrnehmungen des Zeugen würden von § 385 Abs. 1 Nr. 4 nicht erfasst,[7] schon deshalb nicht richtig sein, weil Zeugen stets über Wahrnehmungen berichten.

4. Verfahren

Welche Seite den Zeugen benannt hat, ob der Rechtsnachfolger bzw. der Vertretene oder dessen Gegner, ist gleichgültig. Die Vorschrift ist aber nur anwendbar, wenn der **Beweisführer positiv behauptet**, der Zeuge habe als Vertreter oder Rechtsvorgänger der Partei gehandelt, **nicht** wenn er dies **bestreitet**.[8] Beruft sich der Gegner auf § 385 Abs. 1 Nr. 4, muss die Erhebung des Gegenbeweises erforderlich sein.

Nicht erforderlich ist, dass die **Vertretereigenschaft feststeht**; vielmehr **genügt** die bloße **Behauptung** des Beweisführers, dass der Zeuge als Vertreter oder Rechtsvorgänger der Partei gehandelt hat, weil sich die Aussagepflicht nach dem Wortlaut des § 385 Abs. 1 Nr. 4 auf die Handlungen bezieht, die von dem Rechtsvorgänger bzw. Vertreter vorgenommen „sein sollen".[9] Eines Beweises der Voraussetzungen des § 385 Abs. 1 Nr. 4 bedarf es danach nicht.[10] Einen Beweis der Voraussetzungen kann man schon deshalb nicht verlangen, weil die fraglichen Tatsachen für das in der Hauptsache streitige Rechtsverhältnis von Bedeutung sind und deshalb im Zusammenhang damit und **nicht im Rahmen eines Zwischenstreits** über das Zeugnisverweigerungsrecht endgültig zu klären sind.

---

1 RGZ 47, 430, 432.
2 RGZ 13, 355, 357.
3 OLG Dresden OLGRspr. 19, 112.
4 OLG Celle Seuff.Arch. 36 (1881), 479 Nr. 307.
5 RGZ 53, 111, 112; OLG Hamburg OLGRspr. 17, 162, 163; OLG München OLGRep. 1996, 242.
6 Baumbach/Lauterbach/*Hartmann*[71] § 385 Rz. 7; Thomas/Putzo/*Reichold*[33] § 385 Rz. 4.
7 MünchKommZPO/*Damrau*[4] § 385 Rz. 5; Stein/Jonas/*Berger*[22] § 385 Rz. 6; Zöller/*Greger*[30] § 385 Rz. 6.
8 RG JW 1895, 294 Nr. 11; RGZ 53, 111; RG JW 1903, 24 Nr. 12; RG Warn. 1911 Nr. 298 = JW 1911, 498.
9 OLG Marienwerder Seuff.Arch. 48 (1893) 353 Nr. 222. Dies ist soweit ersichtlich, die einzige Entscheidung, die diese Frage ausdrücklich erörtert; ebenfalls zu dieser Frage, aber ohne Begründung und mit unzutreffendem Zitat OLG Kassel OLGRspr. 21, 83. In den sonst vielfach hierzu zitierten Entscheidungen geht es lediglich darum, dass sich nur der *Beweisführer* auf § 385 Abs. 1 Nr. 4 berufen kann (RG Warn. 1911 Nr. 298 = JW 1911, 498; RGZ 53, 111).
10 MünchKommZPO/*Damrau*[4] § 385 Rz. 5; Stein/Jonas/*Berger*[22] § 385 Rz. 7; Thomas/Putzo/*Reichold*[33] § 383 Rz. 4. Zöller/*Greger*[30] § 385 Rz. 6.

39 **Ob und wie** der **Zeuge** die Anwendung des § 385 Abs. 1 Nr. 4 **abwenden kann**, ist ebenfalls umstritten. Der Zeuge ist nach hier vertretener Ansicht **nicht berechtigt**, die Behauptung des Beweisführers **durch eidesstattliche Versicherung zu widerlegen**.[1] Er hat also keine Möglichkeit, seine Vernehmung zu verhindern, sofern sich der Beweisführer auf § 385 Abs. 1 Nr. 4 beruft. Dagegen soll der Zeuge **nach anderer Ansicht** über seine Vertretereigenschaft zu vernehmen sein und die weitere Aussage ablehnen können, wenn er behauptet, nicht als Vertreter (oder Rechtsvorgänger) gehandelt zu haben.[2] Diese Auffassung findet **keine Stütze im Gesetz**. Sie macht auch das aus dem Wortlaut der Vorschrift abgeleitete Privileg des Beweisführers zunichte, die Handlungen des Zeugen als Rechtsvorgänger oder Vertreter der Partei bloß behaupten zu müssen.

VI. Schweigepflichtentbindung

1. Normzweck

40 § 385 Abs. 2 **zwingt** Zeugen, die ein Zeugnisverweigerungsrecht nach § 383 Abs. 1 Nr. 4 oder Nr. 6 besitzen, **zur Aussage**, wenn der **Geschützte** sie von ihrer Verschwiegenheitspflicht ihm gegenüber **entbunden hat**. Die in dem Zeugnisverweigerungsrecht liegende Ausnahme von der allgemeinen Zeugnispflicht ist nicht gerechtfertigt, wenn der Geschützte an der Geheimhaltung nicht interessiert ist, weil das Weigerungsrecht ausschließlich um seinetwillen besteht.

41 **Nicht erwähnt** ist in § 383 Abs. 2 der Fall des **§ 383 Abs. 1 Nr. 5**, weil der durch diese Vorschrift bewirkte Vertrauensschutz in erster Linie dem **öffentlichen Interesse** an einer **freien Presse** dient (Kap. 34 Rz. 41), über das der Informant als Vertrauensgeber nicht disponieren kann.

42 Bei den Zeugnisverweigerungsrechten nach **§ 383 Abs. 1 Nr. 1–3** bzw. **§ 384 Nr. 1** ist der Zeuge **nicht gezwungen zu reden**, wenn er eine **Aussageerlaubnis seines Angehörigen** erhält, denn diese Zeugnisverweigerungsrechte schützen auch die Privatsphäre des Zeugen. Doch kann der Zeuge seinen Angehörigen nicht daran hindern auszusagen.

2. Abgrenzung zur Aussagegenehmigung nach § 376

43 Die Entbindung von der Schweigepflicht gem. § 385 Abs. 2 ist **nicht gleichzusetzen mit** der nach § 376 einzuholenden **Aussagegenehmigung für Angehörige** des **öffentlichen Dienstes**. Während letztere der Wahrung öffentlicher Geheimhaltungsinteressen dient und stets einzuholen ist (Rz. 68), wird die Entbindung eines Angehörigen des öffentlichen Dienstes von seiner Schweigepflicht gem. § 385 Abs. 2 nur relevant, wenn ein Zeugnisverweigerungsrecht gem. § 383 Abs. 1 Nr. 6 besteht. Dies setzt aber voraus, dass das Beweisthema in Hinblick auf konkrete Individualinteressen von der Verschwiegenheitspflicht des Amtsträgers umfasst ist. **Berührt** die **Zeugenaussage eines Amtsträgers** sowohl öffentliche Interessen als **auch Individualinteressen**, muss nicht nur die Aussagegenehmigung des Dienstvorgesetzten, sondern auch die Befreiung von der Schweigepflicht vorliegen.[3]

---

[1] OLG Kassel OLGRspr. 21, 83.
[2] OLG Celle Seuff.Arch. 51 (1896), 358 Nr. 231; zustimmend MünchKommZPO/*Damrau*[4] § 385 Rz. 5.
[3] Stein/Jonas/*Berger*[22] § 385 Rz. 8 f.

3. Irrelevanz bei Geistlichen

Bei **katholischen Geistlichen** beseitigt eine Entbindung von der Schweigepflicht deren Zeugnisverweigerungsrecht nicht, weil sie nach **Art. 9 des Reichskonkordats** vom 20.7.1933[1] nicht zur Aussage gezwungen werden können.[2] Im Reichskonkordat, das als innerstaatliches Gesetz gilt und gegenüber § 385 Abs. 2 spezieller ist,[3] ist diese Möglichkeit der Aussageerlaubnis nicht vorgesehen, weil es vor allem ein Schutzgesetz für Kirche und Seelsorger ist.[4] Für **Geistliche anderer Religionsgesellschaften**[5] i.S.d. Art. 4 Abs. 1 und 2 GG, Art. 137 Abs. 2 WRV i.V.m. Art. 140 GG **kann nichts anderes gelten**, weil die Religionszugehörigkeit keine Ungleichbehandlung rechtfertigt (Art. 3 Abs. 3 S. 1 GG). 44

4. Rechtsnatur der Befreiung

Die **Entbindung von der Verschwiegenheitspflicht** ist eine **einseitige, empfangsbedürftige Willenserklärung**. Nicht entgegen steht die Rechtsprechung zum ärztlichen Heileingriff, der zufolge die Einwilligung in die ärztliche Heilbehandlung oder Untersuchung wegen der darin liegenden Verfügung über das Leben und die körperliche Unversehrtheit keinen rechtsgeschäftlichen Charakter hat.[6] Sie ist weder auf die Befreiung von der ärztlichen Schweigepflicht übertragbar[7] noch auf die Verschwiegenheitspflicht anderer Berufsgruppen,[8] weil in der **Entbindung von** der **Verschwiegenheitspflicht keine Disposition über** den **menschlichen Körper** liegt. Vielmehr entscheidet der durch die Schweigepflicht Geschützte in Ausübung seines Persönlichkeitsrechts lediglich darüber, wie der Vertrauensnehmer mit den über ihn erlangten Informationen umgehen darf. Der höchstpersönliche Charakter solcher Daten schließt eine rechtsgeschäftliche Verfügung hierüber nicht aus, zumal derartige Informationen vielfach wirtschaftlich verwertet werden. 45

5. Befreiungserklärung zu Lebzeiten des Geschützten

a) Befreiungsbefugnis

Die Befugnis zur Befreiung des Vertrauensnehmers obliegt als **Teil des Persönlichkeitsrechts** grundsätzlich demjenigen, den die Verschwiegenheitspflicht schützt;[9] der „Geheimnisherr" disponiert über das Geheimnis, so dass das Zeugnisverweigerungsrecht wegfällt.[10] Der Geschützte ist **nicht notwendig mit dem Anvertrauenden identisch**. So ist der Patient auch dann für die Befreiung des Arztes von der Schweigepflicht zuständig, wenn ein Dritter den Arzt zugezogen oder beauftragt hatte.[11] 46

---

1 RGBl. 1933 II S. 679, 681.
2 LG Nürnberg-Fürth FamRZ 1964, 513, 514; *Bosch* Anm. zu OLG Nürnberg FamRZ 1963, 260, 262; Stein/Jonas/*Berger*[22] § 385 Rz. 11.
3 Stein/Jonas/*Berger*[22] § 385 Rz. 11.
4 LG Nürnberg-Fürth FamRZ 1964, 513, 514; vgl. auch Zöller/*Greger*[30] § 385 Rz. 7: die Schweigepflicht des Geistlichen sei über den Schutz des einzelnen hinaus zur institutionellen Garantie erhoben.
5 Stein/Jonas/*Berger*[22] § 385 Rz. 12 m.w.N.; *Bosch* FamRZ 1963, 262.
6 BGHZ 29, 33, 36.
7 So aber BayObLGZ 1985, 53, 55 f. = RPfleger 1985, 192.
8 So verallgemeinern MünchKommZPO/*Damrau*[4] § 385 Rz. 9 und wohl auch Zöller/*Greger*[30] § 385 Rz. 10.
9 Zum Anwaltsgeheimnis und zum Notargeheimnis: BGHZ 109, 260, 268 f. = NJW 1990, 510, 512. Zur Bestimmung der geschützten natürlichen Person OLG Nürnberg NJW 2010, 690, 691; AG Bonn NJW 2010, 1390.
10 BGHZ 109, 260, 269; BGH NJW 2011, 1077 Rz. 12.
11 OLG Karlsruhe NJW 1960, 1392; Zöller/*Greger*[30] § 385 Rz. 10; Stein/Jonas/*Berger*[22] § 385 Rz. 14.

Auch wenn **Hilfskräfte des Vertrauensnehmers als Zeugen** aussagen sollen, ist für die Entbindung von der Verschwiegenheitspflicht nicht etwa der Geschäftsherr, sondern der Geschützte zuständig.[1] Erteilt eine **juristische Person** das Mandat, ist nur sie selbst geschützt (Kap. 34 Rz. 52). Die Schweigepflichtentbindung erteilt ausschließlich der aktuelle Organwalter bzw. im Falle der Insolvenz der Insolvenzverwalter.[2]

47 Ist der **Zeuge mehreren Personen** zur Verschwiegenheit **verpflichtet**, wie der **Notar**, muss ihn auch jede von ihnen von der Verschwiegenheitspflicht entbinden.[3] Hat der Notar mehrere Rechtsgeschäfte mit unterschiedlichen Beteiligten beurkundet, ist jeweils nur die Befreiung derjenigen Beteiligten erforderlich, über deren Rechtsgeschäft der Notar aussagen soll.[4] Nach § 18 Abs. 2 2. Hs. oder Abs. 3 BNotO ist für die Befreiung des Notars von der Verschwiegenheitspflicht **ausnahmsweise** auch die **Aufsichtsbehörde** zuständig[5] (s. auch unten Rz. 59).

48 Ist der Geschützte **geschäftsunfähig** (§§ 104 ff. BGB), ist grundsätzlich sein **gesetzlicher Vertreter** zur Entbindung von der Verschwiegenheitspflicht berufen.[6] Dies gilt stets **in vermögensrechtlichen Angelegenheiten**. Im Insolvenzverfahren steht die **Befugnis zur Befreiung** von der Verschwiegenheitspflicht hinsichtlich früher für den Gemeinschuldner tätig gewordener Steuerberater, Wirtschaftsprüfer oder Rechtsanwälte dem **Insolvenzverwalter** zu, wenn die Aufklärung der Tatsachen über die betreffenden Personen als Zeuge vernommen werden sollen, für die Insolvenzmasse von Bedeutung ist.[7]

49 Geht es hingegen um **höchstpersönliche Angelegenheiten** eines geschützten Minderjährigen, kann der gesetzliche Vertreter den Vertrauensnehmer **nicht gegen den Willen des** voll einsichtsfähigen[8] geschützten **Minderjährigen** von seiner Verschwiegenheitspflicht **befreien**.[9]

50 **Abzulehnen** ist die Ansicht, der zufolge der **Minderjährige allein** über die Befreiung entscheiden dürfen soll, wenn er die notwendige Einsichts- und Urteilsfähigkeit besitzt, weil die Entbindungserklärung kein rechtsgeschäftliches Handeln sei.[10] Die dieser Auffassung zugrunde liegende Entscheidung **verallgemeinert zu Unrecht** die **Rechtsprechung** des BGH **zum ärztlichen Heileingriff**. Danach kann der einsichts- und urteilsfähige Minderjährige selbst in den Heileingriff einwilligen, weil die Einwilligung in die ärztliche Heilbehandlung oder Untersuchung wegen der darin liegenden Verfügung über das Leben und die körperliche Unversehrtheit keinen rechtsgeschäftlichen Charakter hat.[11] Diese Argumentation ist weder auf die Befreiung von

---

1 BGH NJW 2005, 2406, 2410; RG HRR 1928 Nr. 1361; MünchKommZPO/*Damrau*[4] § 385 Rz. 7.
2 BGHZ 109, 260, 270 = NJW 1990, 520; *Priebe* ZIP 2011, 312, 315.
3 BGHZ 109, 260, 273 = NJW 1990, 510, 513.
4 RG Seuff. Arch. 64 (1909), 122 f. Nr. 59.
5 BGHZ 109, 260, 271; OLG Köln DNotZ 1981, 716 f.
6 OLG München JW 1932, 2176; Zöller/*Greger*[30] § 385 Rz. 10.
7 BGHZ 109, 260, 270; OLG Nürnberg OLGZ 1977, 370, 372 f. = MDR 1977, 144, 145; OLG Düsseldorf OLGZ 1994, 461, 462 = NJW-RR 1994, 958, 959; LG Hamburg WM 1988, 1008, 1010.
8 Stein/Jonas/*Berger*[22] § 385 Rz. 17.
9 Vgl. insoweit auch zur Ausübung des Zeugnisverweigerungsrechts durch den Minderjährigen BayObLG NJW 1967, 207.
10 So aber BayObLGZ 1985, 53, 55 f. = RPfleger 1985, 192; MünchKommZPO/*Damrau*[4] § 385 Rz. 9; Baumbach/Lauterbach/*Hartmann*[71] § 385 Rz. 9. Zur altersbedingten Zurückdrängung der Rechtsbefugnisse der Eltern s. auch RhPfVerfGH NJW 2012, 1345, 1349.
11 BGHZ 29, 33, 36; *Deutsch/Spickhoff* Medizinrecht[6] Rz. 255; a.A. *Ohly* Volenti non fit iniuria, 2002, S. 201 ff., 238 ff. und 469.

der ärztlichen Schweigepflicht übertragbar[1] noch auf die Verschwiegenheitspflicht anderer Berufsgruppen,[2] weil in der **Entbindung von** der **Verschwiegenheitspflicht keine Disposition über** den **menschlichen Körper** liegt. Vielmehr entscheidet der durch die Schweigepflicht Geschützte in Ausübung seines **Persönlichkeitsrechts** darüber, wie der Vertrauensnehmer mit den über ihn erlangten Informationen umgehen darf.

Wollte man den **rechtsgeschäftlichen Charakter** der Verfügung über die persönlichen Daten verneinen, müsste man dies auch bei Verträgen über die (wirtschaftliche) Verwertung solcher Daten tun. Die Befreiungserklärung ist deshalb wie eine Willenserklärung i.S.d. §§ 130 ff. BGB zu behandeln und kann nicht ohne Zustimmung des gesetzlichen Vertreters wirksam werden. Unabhängig davon dürfte eine **eigenverantwortliche Entscheidung** über die Befreiung auch den „einsichtsfähigen" Minderjährigen **regelmäßig überfordern**, weil sich die Konsequenzen der Offenbarung der vertraulichen Daten weitaus weniger leicht veranschaulichen lassen als die Tragweite eines ärztlichen Heileingriffs. Zudem ließe sich die konkrete Einsichts- und Urteilsfähigkeit des Minderjährigen nicht ohne eine Offenbarung der relevanten Tatsachen gerichtlich feststellen.

51

b) Verfahrensfragen

Der **Entbindungswille** muss dem **Zeugen gegenüber erklärt** werden.[3] Doch genügt es, wenn das Gericht diesem die Erklärung mitteilt.[4] Auch sonstige Dritte können dem Zeugen die Erklärung übermitteln, doch muss dieser sich dann vergewissern, ob der Dritte tatsächlich die Erklärung des Geschützten überbringt. Die Entbindung von der Schweigepflicht kann auch **konkludent** abgegeben werden und liegt beispielsweise darin, dass der Geschützte den Geheimnisträger als Zeugen benennt.[5] Sagt derjenige, der zur Erteilung der Erlaubnis befugt ist, im Prozess aus, liegt darin ebenfalls regelmäßig die konkludente Einwilligung in eine Aussage des schweigepflichtigen Zeugen.

52

Die **Entbindung von der Verschwiegenheitspflicht** ist eine **materiell-rechtliche Erklärung**, die innerhalb oder außerhalb des Prozesses erklärt werden kann. Die außerprozessuale Erklärung ist nie Prozesshandlung,[6] als innerprozessuale Erklärung kann sie dies allenfalls dann sein, wenn der Geschützte Partei ist oder eine parteiähnliche Stellung hat.[7] Doch wirkt sich die Erklärung auch dann nur indirekt auf den Prozess aus, im Vordergrund steht die materiell-rechtliche Wirkung auf das Verhältnis zwischen dem Geschützten und dem Zeugen. Die Befreiungserklärung ist deshalb auch dann **nicht** als **Prozesshandlung** zu qualifizieren, wenn sie von einer Partei stammt.[8] Ihre Abgabe **unterliegt** folglich auch im Anwaltsprozess **nicht** dem **Anwaltszwang**.[9] Die Erklärung der Befreiung ist bis zum Abschluss der Vernehmung frei widerruflich,[10] sofern der Geschützte nicht vertraglich gebunden ist. Sie ist insoweit wie eine

53

---

1 So aber BayObLGZ 1985, 53, 55 f. = RPfleger 1985, 192. A.A. *Ahrens* Festschrift G. Fischer (2010), S. 1, 8.
2 So verallgemeinern aber offenbar Zöller/*Greger*[30] § 385 Rz. 10; MünchKommZPO/*Damrau*[4] § 385 Rz. 9.
3 OLG Hamburg OLGRspr. 19, 110.
4 RG JW 1896, 586 Nr. 9.
5 BDH NJW 1960, 550; OLG Celle NdsRpfl. 1962, 260, 261.
6 OLG Celle NdsRPfl. 1962, 260, 26; MünchKommZPO/*Damrau*[4] § 385 Rz. 11.
7 Vgl. zum Begriff der Prozesshandlung Zöller/*Greger*[30] Vor § 128 Rz. 14.
8 A.A. BayObLG FamRZ 1990, 1012, 1013; Thomas/Putzo/*Reichold*[33] § 385 Rz. 5.
9 Zöller/*Greger*[30] § 385 Rz. 11.
10 BGH NJW 1986, 3077, 3079 (insoweit nicht abgedruckt in BGHZ 98, 32); OLG Celle NdsRPfl. 1962, 260, 261: jedenfalls die stillschweigende, in der Zeugenbenennung liegende Erklärung;

Vollmacht zu behandeln (§ 168 S. 2 BGB).¹ Die Befreiung ist als Willenserklärung (oben Rz. 45) außerdem **nach §§ 119 ff. BGB anfechtbar**. Wird die Befreiung während oder nach der Vernehmung widerrufen, ist das, was der Zeuge bereits ausgesagt hat, **verwertbar**.²

54 Hat sich der **Geschützte** dem Gegner oder einem Dritten, der auch der Zeuge selbst sein kann, gegenüber **vertraglich verpflichtet**, den Zeugen von seiner Verschwiegenheitspflicht zu entbinden, kann der Beweisführer auf Abgabe der Befreiungserklärung klagen. Ohne rechtskräftiges Urteil (§ 894) gilt sie aber nicht als erteilt. Gegenüber dem eigenen Arbeitgeber kann der Arbeitnehmer schuldvertraglich zur Aussage verpflichtet sein.³

55 Die prozessuale **Beweislast** für die Entbindung von der Schweigepflicht trifft den Beweisführer.⁴ Im Streit hierüber ist nach § 387 (Kap. 37 Rz. 32) zu entscheiden.

56 Wird der Zeuge **nicht** von seiner Verschwiegenheitspflicht **entbunden**, ist die **Beweisaufnahme unzulässig**. Das Gericht darf das Beweisangebot zurückweisen⁵ und die Ladung des Zeugen ablehnen. Die **h.M.** überlässt dem Gericht die **Bewertung** der Ablehnung völlig **frei** nach § 286.⁶ Dagegen spricht jedoch, dass der Gesetzgeber die freie Würdigung der Aussageverweigerung und der Verweigerung des Eides zwar für die Parteivernehmung (§§ 446, 453 Abs. 2), nicht aber für den Zeugenbeweis ausdrücklich geregelt hat. Auch § 286 bezieht sich ebenso wenig wie beim Zeugenbeweis auf die Tatsache der Verweigerung (näher Kap. 35 Rz. 20 f.). Die Ablehnung darf deshalb jedenfalls dann nicht zum Vorteil des Beweisführers verwertet werden, wenn die Ablehnung an einer Nichtpartei scheitert. Scheitert sie am Prozessgegner, kommt eine entsprechende Anwendung des § 446 in Betracht.⁷

OLG Celle OLGRspr. 19, 110, 111 f.; ebenso MünchKommZPO/*Damrau*⁴ § 385 Rz. 11; Stein/Jonas/*Berger*²² § 385 Rz. 21. Vgl. auch zu § 53 Abs. 2 StPO RGSt 57, 63, 66; BGHSt 18, 146, 150 = NJW 1963, 723, 724; a.A. BayObLG FamRZ 1990, 1012, 1013; KG OLGRspr. 39, 57, 58f: als Prozesshandlung mangels ausdrücklicher anderslautender Regelung unwiderruflich; ebenso KG JW 1916, 1144; OLG Dresden OLGRspr. 31, 58, 59: Widerruf jedenfalls nach eigener Benennung des Zeugen und wiederholter Bestätigung der Befreiungserklärung nicht statthaft.
1 Ebenso MünchKommZPO/*Damrau*⁴ § 385 Rz. 11.
2 MünchKommZPO/*Damrau*⁴ § 385 Rz. 11; Stein/Jonas/*Berger*²² § 385 Rz. 21; vgl. BGHSt 18, 146, 149 f. = NJW 1963, 723 zur Parallelvorschrift des § 53 Abs. 2 StPO.
3 *Rieble* ZIP 2003, 1273, 1275 f.
4 Ebenso Stein/Jonas/*Berger*²² § 385 Rz. 20.
5 RG Warn. 1912 Nr. 130.
6 BGH NJW 1967, 2012 = LM § 286 (B) Nr. 24; MDR 1984, 48 = LM § 383 Nr. 2 ZPO; OLG Hamburg OLGRspr. 6, 126, 128: nachteilige Schlüsse aus der Ablehnung der Befreiung sind zulässig, wenn der Geschützte trotz materiell-rechtlicher Offenbarungspflicht auf der Wahrung der Verschwiegenheitspflicht beharrt; MünchKommZPO/*Damrau*⁴ § 385 Rz. 12; Stein/Jonas/*Berger*²² § 385 Rz. 20: mit Vorsicht und Zurückhaltung.
7 Vgl. auch *Stürner* Die Aufklärungspflicht der Parteien des Zivilprozesses S. 203 u. 249: Entbindung als prozessuale Aufklärungspflicht der nicht risikobelasteten Partei, deren Verletzung in der Regel die Fiktion des Aufklärungsergebnisses nach sich zieht, das der risikobelasteten Partei günstig ist; a.A. noch RG JW 1915, 1361 Nr. 7; RG Warn. 1912 Nr. 130: die Weigerung der geschützten Partei, den Zeugen von der Verschwiegenheitspflicht zu entbinden, begründe nicht die Feststellung, dass sie dem Gegner die Beweisführung unmöglich gemacht hat, und habe deshalb keine Beweislastumkehr wegen Beweisvereitelung zur Folge.

VII. Entbindung nach dem Tode des Geschützten

1. Persönlichkeitsrechtliche Verankerung

Die Verschwiegenheitspflicht der Berufsgeheimnisträger besteht als Konsequenz des **postmortalen Persönlichkeitsschutzes**[1] nach dem Tode des Geschützten grundsätzlich fort. Sie dient nach dem Ableben des Geschützten dazu, die Offenbarung von Tatsachen zu verhindern, die der Geheimnisträger als Vertrauensnehmer erfahren hat und an deren Geheimhaltung auch nach dem Tode der Verstorbene interessiert war. Für die Anwendung des § 385 Abs. 2 ist deshalb zunächst der noch **zu Lebzeiten** ausdrücklich oder konkludent **erklärte Wille des Verstorbenen** maßgeblich.[2] Ob der Verstorbene den Zeugen von seiner Verschwiegenheitspflicht entbunden hat, muss das Gericht im Streitfall gem. § 387 nach Anhörung des Beweisführers und des Zeugen feststellen (§ 387). Der Beweisführer muss die **Tatsachen**, aus denen sich die **Befreiung** von der Schweigepflicht ergeben soll, **glaubhaft** machen (§ 386).

57

In den meisten Fällen wird eine positive Willensäußerung des Verstorbenen fehlen oder nicht feststellbar sein. Dann kommt es auf dessen **mutmaßlichen Willen** an, also darauf, ob der Verstorbene die konkrete Offenlegung mutmaßlich gebilligt oder missbilligt haben würde.[3] Im Streitfall ist es Sache des Beweisführers, die für eine mutmaßliche Entbindung von der Verschwiegenheitspflicht sprechenden Tatsachen glaubhaft zu machen. Etwaige **Gegenanzeichen muss** der die Aussage verweigernde **Zeuge vorbringen**. Der mutmaßliche Wille ist unter Berücksichtigung des **wohlverstandenen Interesses** des Verstorbenen zu ermitteln. **Abzulehnen** ist die Aufladung der Interessenerforschung mit **spekulativen Erwägungen** über die gewollte Förderung der Solidargemeinschaft der Sozialversicherten bei Regressnahme der Krankenkasse gegen den schweigepflichtigen Arzt wegen eines Behandlungsfehlers;[4] es fehlt insoweit an einem feststellbaren Willen. Für die Geltendmachung von Arzthaftungsansprüchen durch die Erben und die vorbereitende Schweigepflichtentbindung zur Einsicht in die Krankenakten wird aber regelmäßig der mutmaßliche Wille des Erblassers sprechen.[5]

58

Die Dispositionsbefugnis kann allerdings auch von einem **Rechtsnachfolger** wahrgenommen werden[6] oder ohne Beteiligung eines Rechtsnachfolgers in sonstiger Weise erteilt werden, etwa durch die **Notaraufsicht**[7] (dazu auch oben Rz. 47). In kantonalen Anwaltsrechten der Schweiz findet sich die rechtspolitisch beachtenswerte Regelung, dass die Entbindung vom Anwaltsgeheimnis durch die anwaltliche Aufsichtskommission erfolgen kann.

59

---

1 So F. Bydlinski JBl. 1999, 553, 555.
2 Für höchstpersönliche Angelegenheiten BGHZ 91, 392, 399 = NJW 1984, 2893, 2895 = FamRZ 1984, 994, 996 (ärztliche Schweigepflicht); BDH NJW 1960, 550; BayObLG NJW 1987, 1492; OLG Köln NJWE-RR 1999, 191 (Verschwiegenheitspflicht eines gerichtlich bestellten Betreuers).
3 BGHZ 91, 392, 399 = NJW 1984, 2893, 2895; BAG NJW 2010, 1222 Rz. 13 (ärztliche Auskunft über Gesundheitszustand eines verstorbenen Zeugen); OLG München MDR 2011, 1496 (Arzthaftungsstreit); BayObLG NJW 1987, 1492; OLG Köln NJWE-RR 1999, 191 (Verschwiegenheitspflicht eines gerichtlich bestellten Betreuers).
4 So aber OLG München MDR 2011, 1496.
5 OLG München VersR 2009, 982 m. Bespr. Schultze-Zeu VersR 2009, 1050, 1051 f. in kritischer Auseinandersetzung mit den Weigerungsangaben des Arztes (Fortschreibung von BGH NJW 1983, 2627, 2629 f.).
6 BGHZ 109, 260, 271 = NJW 1990, 510, 512.
7 BGHZ 109, 260, 271 = NJW 1990, 510, 512; BGH Beschl. v. 14.7.1986 – NotZ 4/86 = BGHR ZPO § 383 Abs. 1 Nr. 6 Notar 1.

2. Höchstpersönliche Angelegenheiten

60 Die **Anforderungen an** die Annahme einer **mutmaßlichen Befreiungserklärung** hängen von der **Art des Beweisthemas** ab. Bei manchen Umständen spricht eine tatsächliche Vermutung dafür, dass sie nach dem Tode nicht mehr geheim gehalten, sondern gerade offenbart werden sollen. Dies gilt z.B. für den **Aufbewahrungsort des Testaments**,[1] seinen Inhalt und die Auslegungsumstände.[2] Dies gilt auch dann, wenn der Erblasser den Geheimnisträger zu Lebzeiten mehrfach auf seine Verschwiegenheitspflicht angesprochen hat, weil dem lediglich der Wille des Erblassers zu entnehmen ist, dass zu seinen Lebzeiten niemand von dem Inhalt der letztwilligen Verfügung erfahren sollte.[3] Auch soll sich die Verschwiegenheitspflicht von **Ärzten, Rechtsanwälten und Steuerberatern** grundsätzlich nicht auf Tatsachen erstrecken, die die Willensbildung des Erblassers und das Zustandekommen der letztwilligen Verfügung betreffen.[4]

61 **Streitig** ist hingegen, inwieweit anzunehmen ist, dass die **Aufklärung der Testierfähigkeit** durch eine Zeugenaussage des Geheimnisträgers dem **mutmaßlichen Willen des Erblassers entspricht**. Nach der Rechtsprechung des BayObLG und des OLG Köln kann der mutmaßliche Erblasserwille vernünftigerweise nur dahingehen, dass die **gewollte letztwillige Verfügung realisiert** wird. Im Interesse des Erblassers könne es nur liegen, dass die Rechtsnachfolge so sicher wie möglich festgestellt werde und die zur Verfügung stehenden Erkenntnisquellen benutzt würden.[5] Deshalb könne es nur seinem mutmaßlichen wirklichen Willen entsprechen, die Frage seiner Testierfähigkeit nach seinem Tode durch eine Vernehmung des Geheimnisträgers aufklären zu lassen.[6] **Demgegenüber** hat das **LG Düsseldorf** entschieden, es entspreche dem mutmaßlichen Willen des Erblassers, den ärztlichen Zeugen nicht von seiner Schweigepflicht zu entbinden, wenn der Zeuge die Geschäftsunfähigkeit des Erblassers bekunden könnte. Ältere Menschen seien üblicherweise daran interessiert, ihren Hinterbliebenen und Bekannten **als geistig rege** und nicht als „geschäftsunfähig" **in Erinnerung zu bleiben**, weshalb nicht davon auszugehen sei, dass sie mit einem Verfahren einverstanden wären, das die Bezeugung ihrer Geschäftsunfähigkeit zur Folge haben könnte.[7] Dies darf indes nicht überbewertet werden und lässt sich keinesfalls verallgemeinern.

62 **Richtig** dürfte die **Annahme BGH** sein, dass es zwar stets auf die Umstände des Einzelfalls ankommt, die Aufklärung von Zweifeln an der Testierfähigkeit aber **in aller Regel** im wohlverstandenen **Interesse des Erblassers** liegt.[8] Denn bei der Bestimmung des mutmaßlichen Willens ist auch der **materiell-rechtliche Schutz des testierunfähigen Erblassers** zu berücksichtigen.[9] In Hinblick darauf wird zunächst zu vermuten sein, dass der Erblasser die Aufklärung seiner Testierfähigkeit gewünscht hätte, so dass es zunächst keiner Glaubhaftmachung seitens des Beweisführers bedarf. Doch **kann** der **Zeuge** die **Vermutung** im Einzelfall **entkräften**, wenn er Tatsachen vorträgt

---

1 OLG Stuttgart MDR 1983, 236, 237.
2 OLG Köln OLGZ 1982, 1, 5; ähnlich BayObLG NJW-RR 1991, 6, 8.
3 OLG Köln NJWE-RR 1999, 191.
4 BayObLG FamRZ 1991, 1461 = NJW-RR 1991, 1288 zur ärztlichen Verschwiegenheitspflicht; NJW-RR 1991, 6, 7 f. = FamRZ 1991, 231, 233; BayObLG FamRZ 1991, 962, 963 zur Verschwiegenheitspflicht von Rechtsanwälten und Steuerberatern.
5 OLG Köln NJWE-RR 1999, 191; BayObLG NJW-RR 1991, 6, 8; BayObLG NJW 1987, 1492, 1493; OLG Köln OLGZ 1982, 1, 4; KG OLGRspr. 29, 120, 121.
6 OLG Köln NJWE-RR 1999, 191; OLG Köln OLGZ 1986, 59, 61 f. = RPfleger 1985, 494; BayObLG NJW 1987, 1492.
7 LG Düsseldorf NJW 1990, 2327.
8 BGHZ 91, 392, 399 = NJW 1984, 2893, 2895; OLG Stuttgart MDR 1983, 236, 237; LG Hanau NJW 1979, 2357 (ärztliche Schweigepflicht).
9 In diesem Sinne BGHZ 91, 392, 399 = NJW 1984, 2893, 2895.

und glaubhaft macht, die darauf schließen lassen, dass seine Aussage dem mutmaßlichen Willen des Erblassers widerspräche. Gelingt ihm dies, obliegt es dem **Beweisführer**, etwaige **für das Gegenteil sprechende Umstände darzulegen** und glaubhaft zu machen.

Das **Gericht entscheidet** im Zwischenverfahren **nach § 387**. Gleichwohl trägt der **Geheimnisträger** die **Hauptverantwortung für** die **Einhaltung der Schweigepflicht**, weil er die für die Feststellung des mutmaßlichen Willens des Verstorbenen relevanten Umstände am besten kennt.[1] Der **Geheimnisträger** muss deshalb **gewissenhaft prüfen**, ob nach dem ihm aus der Vertrauensbeziehung bekannten Gesamtumständen von einem mutmaßlichen Willen des Erblassers ausgegangen werden kann, dass der Geheimnisträger nach seinem Tode von der Verschwiegenheitspflicht entbunden sein solle,[2] **und darlegen**, auf welche Belange des Verstorbenen er seine Weigerung stützt.[3] Von der erkennbar gewordenen oder zu vermutenden Willensrichtung des Verstorbenen nicht gedeckte Verweigerungsgründe sind sachfremd und daher unbeachtlich.[4] Es kann aber z.B. sein, dass der Zeuge bestimmte Krankheiten oder Rechtsgeschäfte nicht einmal seinen Angehörigen hätte mitteilen wollen. 63

Fehlen jegliche Anhaltspunkte für den **mutmaßlichen Willen** des Verstorbenen, stellt sich die Frage, **ob ein Dritter** den Zeugen von der Verschwiegenheitspflicht **entbinden kann**. Unrichtig wäre es, einen etwaigen Rechtsnachfolger in die Befreiungsbefugnis zu verpflichten, sich am mutmaßlichen Willen des Verstorbenen zu orientieren. Die Ausübung der Befreiungsbefugnis durch einen Dritten kommt ausschließlich in den Fällen in Betracht, in denen weder ein wirklicher noch ein mutmaßlicher Wille des Verstorbenen zu Lebzeiten feststellbar sind. **In erbrechtlichen Streitigkeiten** kann sich die Frage der Ausübung der Befreiungsbefugnis durch einen Dritten nach der hier vertretenen Auffassung nicht stellen, weil bei Fehlen anderer Anzeichen die tatsächliche **Vermutung stets für** ein **Aufklärungsinteresse des Erblassers** spricht und der mutmaßliche Wille damit feststeht. Dies gilt auch für die höchstpersönlichen Tatsachen, die für die Testierfähigkeit des Verstorbenen bedeutsam sind.[5] Unabhängig davon wäre beim Streit um die Erbfolge die Ausübung der Befugnis etwa durch die Erben schon deshalb abzulehnen, weil der Erbprätendent dadurch übervorteilt würde.[6] 64

3. Dispositionsbefugnis Dritter

Denkbar ist die **Ausübung der Befreiungsbefugnis durch** einen **Rechtsnachfolger**, wenn es weder um den letzten Willen noch um die Testierfähigkeit des Verstorbenen geht. Die **Ausübung der Befreiungsbefugnis** durch einen Dritten setzt voraus, dass das Recht zur Entbindung von der Verschwiegenheitspflicht **übertragbar** ist. Nach teilweise vertretener Auffassung gehört die Befreiungsbefugnis zu den nicht übertragbaren höchstpersönlichen Rechten und geht deshalb mit dem Tod weder auf die Erben noch auf die nächsten Angehörigen über.[7] 65

---

1 BGHZ 91, 392, 399 = NJW 1984, 2893, 2895; OLG Stuttgart MDR 1983, 236, 237; LG Hanau NJW 1979, 2357 (ärztliche Schweigepflicht); *Lenckner* NJW 1965, 321, 324.
2 OLG Stuttgart MDR 1983, 236, 237; LG Hanau NJW 1979, 2357 (ärztliche Schweigepflicht).
3 BGHZ 91, 392, 399 = NJW 1984, 2893, 2895; BayObLG NJW 1987, 1492, 1493; *Erdsiek* NJW 1963, 632, 633.
4 BGHZ 91, 392, 399 = NJW 1984, 2893, 2895.
5 In der älteren Rechtsprechung wird die Frage dagegen vielfach im Zusammenhang mit der Beweiserhebung über die Testierfähigkeit diskutiert: OLG Celle NJW 1955, 1844.
6 Vgl. KG OLGRspr. 29, 121, 122.
7 So OLG München AnwBl. 1975, 159, 161; BayLSG München NJW 1962, 1789, 1790; OLG Dresden OLGRspr. 13, 161, 162; LG Hanau NJW 1979, 2357; *Erdsiek* NJW 1963, 632 (Anm. zu BayLSG München NJW 1962, 1789).

66 Nach **hier vertretener Ansicht** ist das Recht auf Verschwiegenheit **kein höchstpersönliches Recht**, sondern Ausfluss des Rechtsverhältnisses, dem die geheim zu haltende Tatsache angehört, mit der Folge, dass ein Übergang der Befreiungsbefugnis auf die **Erben** möglich ist, soweit die geheim zu haltende Tatsache unmittelbar **vermögensrechtliche Verhältnisse** des Erblassers betrifft.[1] Dies wird bestätigt durch die Marlene-Dietrich-Entscheidung des BGH zum postmortalen Persönlichkeitsrecht, der zufolge die **vermögenswerten Bestandteile des Persönlichkeitsrechts** vererblich sind.[2]

§ 128 Amtsverschwiegenheit, § 376 ZPO

Schrifttum:

Brenner, Der Einfluß von Behörden auf die Einleitung und den Ablauf von Zivilprozessen, 1989; *Düwel*, Das Amtsgeheimnis, 1965; *Feller*, Persönliche und gegenständliche Reichweite der Vorschriften über die Verpflichtung zur Aussagegenehmigung, JZ 1961, 628; *Ignor/Sättele*, Plädoyer für die Stärkung der Pressefreiheit im Strafrecht, ZRP 2011, 69; *Jansen*, Geheimhaltungsvorschriften im Prozeßrecht, Diss. Bochum 1989; *Kube/Leineweber*, Polizeibeamte als Zeugen und Sachverständige, 1980; *Merkl*, Die Zeugenaussage nichtbeamteter Personen des öffentlichen Dienstes vor Zivil- und Strafgerichten, Diss. Regensburg 1973; *Schork*, Das Gesetz zur Stärkung der Pressefreiheit im Straf- und Strafprozessrecht – Vorstellung und Kritik, NJW 2012, 2694; *Schuldt*, Geheimnisverrat – Die Beteiligung von Journalisten an der Verletzung von Dienstgeheimnissen, 2011; *Stromberg*, Über das Zeugnisverweigerungsrecht und die Genehmigungsbedürftigkeit von Zeugenaussagen kirchlicher Bediensteter, MDR 1974, 893; *Trips-Hebert*, Cicero, WikiLeaks und Web 2.0 – der strafrechtliche Schutz von Dienstgeheimnissen als Auslaufmodell, ZRP 2012, 199; *Waldner*, Der Anspruch auf rechtliches Gehör, 2. Aufl. 2000; *Ziegler*, Die Aussagegenehmigung im Beamtenrecht, 1989.

I. Schutz der Amtsverschwiegenheit

67 Der aus § 341 CPO entstandene § 376 wurde mehrfach inhaltlich geändert, nämlich durch die Novelle 1924,[3] das Reichsministergesetz vom 27.3.1930,[4] das Gesetz zur Änderung des Verfahrens in bürgerlichen Rechtsstreitigkeiten vom 27.10.1933,[5] die Novelle 1950[6] und durch das Gesetz vom 4.11.1994.[7]

68 Unter **Einschränkung** der **allgemeinen Zeugnispflicht** schützt die Vorschrift die Amtsverschwiegenheit der dort genannten Personen vor Gericht. Anders als die Zeugnisverweigerungsrechte aus §§ 383, 384 dient § 376 dem **Gemeinwohl**. **Im öffentlichen Interesse** ermöglicht die Vorschrift die **Geheimhaltung** von Tatsachen, die den betroffenen Personen bei der Wahrnehmung ihrer öffentlichen Funktionen bekanntgeworden sind. Damit nimmt der Gesetzgeber in Kauf, dass die Aufklärung der materiellen Wahrheit erschwert oder verhindert wird.

---

1 OLG Celle NJW 1955, 1844: Befreiung durch einen Generalbevollmächtigten möglich; BayObLG MDR 1966, 765; OLG Köln OLGZ 1982, 1, 3 f.; OLG Stuttgart, MDR 1983, 236, 237; OLG München Seuff. Arch. 66 (1911), 332, 333 f. Nr. 170: Übergang bei vermögensrechtlich bedeutsamen Tatsachen trotz des höchstpersönlichen Charakters.
2 BGHZ 143, 214, 223 = NJW 2000, 2195, 2197; BGHZ 151, 26, 29 = NJW 2002, 2317 – Werbung für Presseerzeugnis; Götting NJW 2001, 585.
3 RGBl. 1924 I S. 135; Neubekanntmachung RGBl. 1924 I S. 437.
4 RGBl. 1930 I S. 96.
5 RGBl. 1933 I S. 780, Neubekanntmachung RGBl. 1933 I S. 821, Berichtigung RGBl. 1933 I S. 1020.
6 BGBl. I 1950, 455; Neubekanntmachung BGBl. I 1950, 533.
7 BGBl. I 1994, 3346, 3349.

Der Geheimnisschutz durch die in § 376 Abs. 1 und 2 genannten Personen wird dadurch verwirklicht, dass diese nach Maßgabe des für ihren jeweiligen Aufgabenbereich geltenden Rechts zur Verschwiegenheit verpflichtet sind und **nur mit Genehmigung ihres Dienstvorgesetzten** als Zeugen aussagen dürfen. Das Verfahren der Einholung der Aussagegenehmigung regelt § 376 Abs. 3 (unten Rz. 108 ff.). Die Geheimhaltung durch den Bundespräsidenten ist in Abs. 4 gesondert geregelt (unten Rz. 115). § 376 Abs. 5 schützt die Amtsverschwiegenheit der in Abs. 1, 2 und 4 genannten Personen **auch nach Beendigung** ihrer **Tätigkeit im öffentlichen Dienst**. Strafrechtlich werden Dienstgeheimnisse durch § 353b StGB geschützt, jedoch werden Aufklärungsansätze bei Veröffentlichungen durch Journalisten dadurch vereitelt, dass deren typische Beihilfehandlungen im Jahre 2012 für nicht rechtswidrig erklärt wurden.[1]

69

II. § 376 Abs. 1 und 2 als grundrechtsbeschränkende Blankettnormen

1. Rechtliches Gehör und öffentliche Geheimhaltungsinteressen

Der Konflikt zwischen allgemeiner Zeugnispflicht und Amtsverschwiegenheit ist nicht nur Ausdruck eines **Spannungsverhältnisses** zwischen **Funktionsfähigkeit der Rechtspflege** und **öffentlichen Geheimhaltungsinteressen**, sondern auch zwischen öffentlichen Geheimhaltungsinteressen und dem **Beweisführungsrecht der Parteien**. Das Beweisführungsrecht der Parteien dient der Verwirklichung des Grundrechts auf rechtliches Gehör aus Art. 103 Abs. 1 GG (Kap. 1 Rz. 85). Dieses **Grundrecht** i.V.m. den Grundsätzen der ZPO gibt der Partei nicht nur das Recht, bei der gerichtlichen Durchsetzung ihrer materiellen Rechte zur Sache vorzutragen, sondern auch ihren **Sachvortrag** mit den ihr geeignet erscheinenden Beweismitteln **zu beweisen**. Die Partei kann deshalb grundsätzlich verlangen, dass die von ihr zum Beweis beweisbedürftiger Tatsachen benannten Zeugen vernommen werden. Entsprechend muss das Gericht erhebliche Beweismittel berücksichtigen.[2]

70

Das **Beweisführungsrecht der Parteien** besteht gegenüber dem Prozessgericht. Über die allgemeine Zeugnispflicht entfaltet es Wirkung gegenüber den Zeugen. **Ausnahmen von der Zeugnispflicht** schränken deshalb das Beweisführungsrecht der beweispflichtigen Partei und damit ihr Recht auf rechtliches Gehör ein.[3] Da Art. 103 Abs. 1 GG das Recht auf rechtliches Gehör schrankenlos gewährleistet, können **Einschränkungen** nur im Dienste anderer Verfassungsgüter und **nur** durch Gesetz oder **auf gesetzlicher Grundlage** erfolgen.[4]

71

Die notwendige gesetzliche Grundlage kann § 376 als Blankettnorm (unten Rz. 76) allein nicht liefern. Vielmehr bedarf auch die durch § 376 in Bezug genommene **Verpflichtung** von Personen in öffentlicher Funktion **zur Wahrung der Amtsverschwiegenheit** vor Gericht einer verfassungsmäßigen **gesetzlichen Grundlage**. Inhaltlich kann die Einschränkung des rechtlichen Gehörs nur durch andere Güter von Verfassungsrang gerechtfertigt werden. Die Amtsverschwiegenheit gehört zwar für Beamte zu den hergebrachten Grundsätzen des Berufsbeamtentums i.S.d. Art. 33 Abs. 5 GG

72

---

1 Zur überschießenden Umsetzung des Cicero-Urteils des BVerfG (NJW 2007, 1117) *Schork* NJW 2012, 2694 ff. und *Trips-Hebert* ZRP 2012, 199, 200.
2 BVerfGE 60, 247, 249 = NJW 1982, 1804; BVerfGE 60, 250, 252 = NJW 1982, 2425; BVerfGE 65, 305, 307 = NJW 1984, 1206; BVerfGE 69, 141, 143 f. = NJW 1986, 833; BVerfGE NJW 2002, 3619, 3624; NVwZ 1995, 1096, 1097; Rosenberg/Schwab/*Gottwald*[17] § 82 Rz. 10; Dreier/*Schultze-Fielitz* GG Bd. III, 2. Aufl. 2008, Art. 103 I Rz. 67; *Waldner* Anspruch auf rechtliches Gehör, S. 28 Rz. 68.
3 Kritisch dazu *Feller* JZ 1961, 628.
4 Dreier/*Schultze-Fielitz* GG Bd. III[2] Art. 103 I Rz. 83 i.V.m. *Dreier* GG Bd. I[3] Vorb Rz. 141.

und hat als solche Verfassungsrang.[1] Sie hat diese Bedeutung aber nicht um ihrer selbst willen, sondern weil sie öffentliche Geheimhaltungsinteressen sichert.

73 Im Einzelfall hängt die **Rechtfertigung des Aussageverbots** deshalb davon ab, ob das **betroffene öffentliche Interesse verfassungsrechtliche Qualität** hat. Diese Prüfung erfolgt im Rahmen der Entscheidung über die Erteilung einer Aussagegenehmigung. Durch die Versagung der Aussagegenehmigung für eine als Zeuge benannte Person in öffentlicher Funktion wird das Beweisführungsrecht der Parteien beschränkt. Dagegen ist mit der **Aufhebung der Schweigepflicht** durch die Erteilung einer Aussagegenehmigung **kein Grundrechtseingriff** verbunden. Vielmehr bedeutet die Genehmigung der Aussage, dass der mit der Anordnung der Schweigepflicht vorbehaltene Grundrechtseingriff vermieden wird. Insoweit dienen die Vorschriften über die Erteilung der Aussagegenehmigung auch den Interessen des Prozessbeteiligten, der sich auf das Zeugnis der in öffentlicher Funktion beschäftigten Person berufen hat.[2] **Für die Befreiung** von der Schweigepflicht durch den jeweiligen Dienstherrn, wie sie etwa in § 68 Abs. 4 BBG (§ 61 Abs. 2 S. 1 BBG a.F.) und § 37 BeamStG (früher: § 39 Abs. 2 S. 1 BRRG) vorgesehen ist, besteht daher **kein Gesetzesvorbehalt**.

2. Blankettnorm und Verweisungstechnik

a) Besondere Vorschriften

74 § 376 Abs. 1 verweist für die Zeugenvernehmung von „Richtern, Beamten und anderen Personen des öffentlichen Dienstes" über Tatsachen, die der Verschwiegenheitspflicht unterliegen, sowie für die Erteilung der Aussagegenehmigung auf die „besonderen beamtenrechtlichen *Vorschriften*". Für Abgeordnete, Regierungsmitglieder und Fraktionsangestellte gelten nach § 376 Abs. 2 die „für sie maßgebenden besonderen *Vorschriften*". Der Begriff „Vorschrift" ist hier i.S. eines Rechtssatzes zu verstehen. **Nur eine Rechtsnorm genügt** verfassungsrechtlichen Anforderungen an die **Einschränkung des** hinter der allgemeinen Zeugnispflicht stehenden **Anspruchs auf rechtliches Gehör** in seiner Ausprägung als Beweisführungsrecht der Parteien (zuvor Rz. 70). § 376 Abs. 1 und Abs. 2 sind hierfür mangels inhaltlicher Bestimmtheit allein keine ausreichende Grundlage. Mit den Blankettverweisungen hat der Gesetzgeber der ZPO zwar klargestellt, dass die Beschränkung der allgemeinen Zeugnispflicht und damit des Beweisführungsrechtes der Parteien im öffentlichen Geheimhaltungsinteresse prinzipiell zulässig ist. Die Bestimmung von **Inhalt und Umfang der Verschwiegenheitspflicht** bleibt aber dem jeweiligen Dienstherrn überlassen. Auch insoweit bedarf es einer **Rechtsnorm**.

b) Beamtenrechtliche bzw. maßgebende Vorschriften

75 Die Verwendung des Begriffs „beamtenrechtlich" in § 376 Abs. 1 beruht darauf, dass die Vorschrift **ursprünglich nur Beamte** betraf. Bei der Erweiterung des Anwendungsbereichs des § 376 Abs. 1 um Richter und andere Personen des öffentlichen Dienstes durch die Novelle 1950 wurde der Wortlaut der Verweisung nicht geändert. Die Verweisung bezieht sich nach Sinn und Zweck der Vorschrift aber **nicht nur auf** die für **Beamte im statusrechtlichen Sinne** geltenden Normen, sondern auf die jeweils einschlägigen Geheimhaltungsvorschriften des öffentlichen Dienstes.[3] Dies ergibt auch ein Vergleich mit dem später eingefügten § 376 Abs. 2, der für die dort genannten Personen entsprechend auf die „für sie maßgebenden besonderen Vorschriften" verweist.

---

1 BVerwGE 37, 265, 268 f. = NJW 1971, 1229; BVerwGE 66, 39, 42 = NJW 1983, 638.
2 BVerwGE 34, 252, 254 = NJW 1971, 160.
3 MünchKommZPO/*Damrau*[4] § 376 Rz. 2; *Merkl* Zeugenaussage nicht beamteter Personen S. 82.

c) Blankettnorm

Als Blankettnorm gibt § 376 selbst keine Auskunft darüber, ob für die im Einzelfall als Zeuge benannte Person des öffentlichen Dienstes ein Beweiserhebungsverbot besteht. Die Vorschrift überlässt es den Verfassern der **jeweils maßgeblichen Vorschriften des öffentlichen Dienstes**, den Konflikt der allgemeinen Zeugnispflicht mit öffentlichen Geheimhaltungsinteressen zu lösen und die Einzelheiten der Einschränkung der allgemeinen Zeugnispflicht festzulegen. Den jeweiligen Vorschriften über die Rechtsverhältnisse der in § 376 Abs. 1 und 2 aufgeführten Personen ist zu entnehmen, welchen Inhalt und Umfang die Verschwiegenheitspflicht im jeweiligen Tätigkeitsbereich hat.[1] In Bezug auf die danach der Verschwiegenheit unterliegenden Tatsachen erlaubt § 376 die **Einschränkung der allgemeinen Zeugnispflicht**, soweit die in den jeweiligen Geheimhaltungsvorschriften festgelegten Voraussetzungen für eine Versagung der Aussagegenehmigung im Einzelfall vorliegen. Auch die **Zuständigkeit** für die Entscheidung über die Erteilung einer **Aussagegenehmigung** in Bezug auf den einzelnen Beweisantritt richtet sich nach den jeweils maßgeblichen Vorschriften.

III. Personen des öffentlichen Dienstes als Zeugen

1. Zeugnispflicht contra Verschwiegenheitspflicht

Richter, Beamte und andere Personen des öffentlichen Dienstes dürfen nach § 376 Abs. 1 prinzipiell nur nach Maßgabe der für sie geltenden Geheimhaltungsvorschriften als Zeugen vernommen werden. Voraussetzung für die Anwendbarkeit des § 376 ist aber, dass **Rechtssätze außerhalb der ZPO** existieren, die die jeweils betroffenen Personen **zur Verschwiegenheit** über die in öffentlicher Funktion wahrgenommenen Tatsachen **verpflichten** und die Aussage vor Gericht von einer Genehmigung abhängig machen. Ist dies nicht der Fall, muss angesichts der Herleitung des Beweisführungsrechts der Parteien aus Art. 103 Abs. 1 GG die allgemeine Zeugnispflicht vorgehen (näher dazu oben Rz. 71). Unrichtig ist daher die Verallgemeinerung, Mitarbeiter des öffentlichen Dienstes dürften nur mit Genehmigung der zuständigen Stelle als Zeugen aussagen.[2]

2. Beamte

Unter den Begriff des Beamten fallen nur die **inländischen Beamten** i.S.d. **Beamtengesetze** des Bundes und der Länder, d.h. die Bediensteten des Bundes, der Länder, Gemeinden, Gemeindeverbände und der sonstigen Körperschaften sowie Anstalten und Stiftungen des öffentlichen Rechts, die zu Beamten auf **Lebenszeit**, auf **Zeit**, auf **Probe** oder auf **Widerruf** ernannt sind.[3] Die für die Zulässigkeit der Zeugenaussage von Beamten maßgeblichen Regelungen finden sich für **Bundesbeamten** in §§ 67 und 68 BBG. Entsprechende Regelungen enthalten gem. § 37 BeamStG die **Beamtengesetze der Länder**.

Gemäß § 67 Abs. 1 BBG, § 37 Abs. 1 BeamStG hat der Beamte über die ihm bei seiner amtlichen Tätigkeit bekanntgewordenen Angelegenheiten Verschwiegenheit zu bewahren, soweit es sich nicht um **Mitteilungen im dienstlichen Verkehr** oder um offenkundige bzw. ihrer Bedeutung nach **nicht geheimhaltungsbedürftige Tatsachen** handelt. Die Verschwiegenheitspflicht von Beamten erstreckt sich **nicht** auf dienst-

---
1 MünchKommZPO/*Damrau*[4] § 376 Rz. 1; *Merkl* Zeugenaussage nicht beamteter Personen S. 81 f.
2 So unzutreffend LG Göttingen NJW-RR 2003, 117.
3 Zöller/*Greger*[30] § 376 Rz. 3.

liche Mitteilungen an andere Behörden im Rahmen der **Amtshilfe**. Daher benötigt ein Bediensteter des Gesundheitsamts keine Aussagegenehmigung gem. § 376 Abs. 1 für eine telefonische Auskunft gegenüber dem Gericht im familiengerichtlichen Verfahren nach § 1666 Abs. 1 BGB, § 151 Nr. 1 FamFG.[1]

80 § 68 Abs. 1 BBG nimmt in Anknüpfung an § 67 BBG eine **Abwägung** zwischen den widerstreitenden Interessen des **Staatswohls** und der Erfüllung öffentlicher Aufgaben einerseits und dem Interesse an einer umfassenden und uneingeschränkten **Wahrheitsfindung** sowie den damit zusammenhängenden Interessen andererseits vor.[2] Die Vorschrift räumt dem Interesse an der Wahrheitsfindung grundsätzlich Vorrang gegenüber dem Interesse an der Geheimhaltung ein.[3] Gemäß § 68 Abs. 1 BBG darf einem Beamten die Aussagegenehmigung nur versagt werden, wenn die Aussage dem **Wohle des Bundes oder** eines **deutschen Landes Nachteile** bereiten würde oder die **Erfüllung öffentlicher Aufgaben** ernstlich gefährden oder erheblich erschweren würde. Anderenfalls ist sie ihm zu erteilen. Der Dienstvorgesetzte hat nach dem Wortlaut des Gesetzes bei dieser Entscheidung **kein Ermessen**.[4] Werden die vom Gesetzgeber für die Versagung der Aussagegenehmigung geforderten Voraussetzungen festgestellt, folgt daraus regelmäßig, dass die in § 68 Abs. 1 BBG geschützten Interessen der Allgemeinheit überwiegen, so dass eine weitere Abwägung der widerstreitenden Interessen in der Regel nicht erforderlich ist.[5] Ausnahmen sollen nach der Rechtsprechung gelten, wenn verfassungsrechtlich geschützte Rechtsgüter berührt sein können, so z.B. im Strafprozess.[6] Gemeint sind damit aber wohl lediglich materielle Verfassungsgüter, nicht hingegen der ohnehin betroffene Anspruch auf rechtliches Gehör aus Art. 103 Abs. 1 GG.

3. Richter

a) Begriff des Richters

81 Richter i.S.d. § 376 sind diejenigen Personen, die nach § 1 DRiG die rechtsprechende Gewalt ausüben, also **Berufsrichter und ehrenamtliche Richter**.[7] Zu den Berufsrichtern zählen nach § 8 DRiG Richter auf Lebenszeit, auf Zeit, auf Probe und kraft Auftrags. Nach der Rechtsprechung fallen auch **Schiedsrichter**[8] und Rechtsanwälte als Mitglieder der **Anwaltsgerichtsbarkeit**[9] unter § 376. Unerheblich ist, dass Schiedsrichter keine öffentliche Funktion ausüben. Entsprechendes gilt für **Schiedsgutachter** und **Sachverständige**.

b) Allgemeine Dienstverschwiegenheit

82 **Ausschließlich Berufsrichter** sind nach § 46 DRiG i.V.m. § 67 Abs. 1 S. 2 BBG, § 37 Abs. 1 S. 2 BeamStG bzw. nach den entsprechenden Landesrichter- und Landesbeamtengesetzen bezüglich **allgemeiner** dienstlicher Angelegenheiten zur Verschwiegen-

---

1 BayObLG NJW 1990, 1857, 1858 = FamRZ 1990, 1012, 1013.
2 BVerwGE 66, 39, 42 = NJW 1983, 638.
3 BVerwGE 66, 39, 42 = NJW 1983, 638.
4 BVerwGE 46, 303, 307; BVerwG 66, 39, 42 = NJW 1983, 638, 639.
5 BVerwGE 66, 39, 42 = NJW 1983, 638, 639.
6 BVerwGE 66, 39, 42 f. = NJW 1983, 638, 639 m.w.N.
7 Stein/Jonas/*Berger*[22] § 376 Rz. 17; a.A. für ehrenamtliche Richter Baumbach/Lauterbach/*Hartmann*[71] § 376 Rz. 6, anders Rz. 5.
8 BGHZ 23, 138, 141; RGZ 129, 15, 17 f.: soweit keine abweichenden Vereinbarungen getroffen; Zöller/*Greger*[30] § 376 Rz. 2. Stein/Jonas/*Berger*[22], § 376 Rz. 19 i.V.m. § 383 Rz. 74, zieht Schiedsrichter wohl nur unter § 383; ebenso MünchKommZPO/*Damrau*[4] § 376 Rz. 3.
9 RG JW 1931, 1069.

heit verpflichtet.[1] Die Genehmigung für eine Zeugenaussage über der allgemeinen Dienstverschwiegenheit unterliegende Umstände ist beim jeweiligen **Dienstvorgesetzten** einzuholen.[2] Ihre Verweigerung ist Verwaltungsakt, nicht Justizverwaltungsakt i.S.d. § 23 EGGVG.[3]

c) Verschwiegenheit über Beratung und Abstimmung

Die dienstrechtliche Aussagegenehmigung bezieht sich nicht auf Tatsachen, die dem **Beratungsgeheimnis** unterliegen. Die Verschwiegenheit über Beratung und Abstimmung, die Berufsrichtern durch § 43 DRiG und ehrenamtlichen Richtern durch §§ 43, 45 Abs. 1 S. 2 DRiG auferlegt ist, soll die **richterliche Unabhängigkeit sichern**. Über Vorgänge aus der außerhalb der öffentlichen Sitzung stattfindenden Beratung und Abstimmung darf nur in seltenen Fällen Beweis erhoben werden, so etwa im Streit um die zivilrechtlichen Folgen einer strafbaren Rechtsbeugung.[4] Kommt eine Zeugenvernehmung über dem Beratungsgeheimnis unterliegende Vorgänge ausnahmsweise in Betracht, ist zu beachten, dass das **Beratungsgeheimnis auch gegenüber** der obersten **Dienstbehörde** gilt.[5] Diese kann folglich von der Verschwiegenheitspflicht hinsichtlich Beratung und Abstimmung nicht entbinden und eine Aussagegenehmigung nicht erteilen.[6] 83

Der **Richter** muss **selbst entscheiden**, ob er das **Beratungsgeheimnis brechen und aussagen** darf.[7] Abzulehnen ist die Ansicht, die das Prozessgericht entscheiden lassen will.[8] Eine **Zuständigkeit des** vernehmenden **Gerichts** lässt sich weder aus § 376 noch aus dem DRiG oder dem GVG herleiten.[9] Sie ist auch systematisch **nicht vertretbar**, weil § 376 mit seiner Blankettverweisung die Beweisaufnahme im Zivilprozess dem für den Zeugen maßgeblichen Dienstrecht gleichsam unterordnet. Eine Entscheidung des Prozessgerichts über den Bruch der richterlichen Schweigepflicht würde dieses Verhältnis auf den Kopf stellen. Auch könnte das Prozessgericht in Unkenntnis der dem Beratungsgeheimnis unterliegenden Umstände die erforderliche Abwägung gar nicht treffen. Richter sind nach § 383 Nr. 6 außerdem berechtigt, das Zeugnis zu verweigern. 84

4. Andere Personen des öffentlichen Dienstes

a) Umfassender Personenkreis der öffentlichen Hand

Aufgrund der Erweiterung des von § 376 Abs. 1 betroffenen Personenkreises um „andere Personen des öffentlichen Dienstes" kann die Zeugenaussage **sämtlicher bei** der **öffentlichen Hand beschäftigter Personen** von einer Aussagegenehmigung abhängig gemacht werden, sofern den verfassungsrechtlichen Anforderungen für die Beschränkung der Zeugnispflicht Genüge getan ist (oben Rz. 72). 85

---

1 Stein/Jonas/*Berger*[22] § 376 Rz. 20; Zöller/*Greger*[30] § 376 Rz. 2.
2 BVerwGE 34, 252, 254 = NJW 1971, 160.
3 Stein/Jonas/*Berger*[22] § 376 Rz. 15.
4 Stein/Jonas/*Berger*[22] § 376 Rz. 18.
5 *Schmidt-Räntsch* DRiG[6] § 43 Rz. 19.
6 Zöller/*Greger*[30] § 376 Rz. 2; Stein/Jonas/*Berger*[22] § 376 Rz. 18.
7 Stein/Jonas/*Berger*[22] § 376 Rz. 18; AK-ZPO/*Rüßmann* § 376 Rz. 3.
8 *Schmidt-Räntsch* DRiG[6] § 43 Rz. 19; *Spendel* ZStW 65 (1953), 414 ff.
9 Stein/Jonas/*Berger*[22] § 376 Rz. 18.

b) Angestellte Arbeitnehmer

aa) Notwendige gesetzliche Grundlage

86 Ob für Zeugenaussagen von Arbeitnehmern des öffentlichen Dienstes über Tatsachen, die der Verschwiegenheit unterliegen, eine Aussagegenehmigung nach § 376 eingeholt werden muss, ist umstritten. Nach überwiegender Ansicht bedürfen **auch Arbeitnehmer** des öffentlichen Dienstes einer **Aussagegenehmigung** ihres Arbeitgebers, soweit sie über Tatsachen berichten sollen, die der Dienstverschwiegenheit unterliegen.[1]

87 Dieser Auffassung kann nicht gefolgt werden.[2] Sie **verkennt** die **verfassungsrechtliche Problematik**, die darin liegt, dass es keine Vorschriften des Bundes und der Länder über die Verschwiegenheitspflicht dieser Arbeitnehmer gibt. Zwar finden sich in den **Tarifverträgen** des öffentlichen Dienstes[3] (dort: § 3 Abs. 1, Abdruck unten Rz. 120) Bestimmungen über die Verschwiegenheitspflicht der Angestellten und Arbeiter des öffentlichen Dienstes, die für Gewerkschaftsmitglieder unmittelbar und für nicht tarifgebundene Arbeitnehmer in der Regel aufgrund individueller Vereinbarung im **Dienstvertrag** gelten.[4] Den Tarifverträgen für den öffentlichen Dienst fehlt aber die Qualität eines allgemeinen Rechtssatzes (dazu oben Rz. 74). Da der Eingriff in das Beweisführungsrecht der Parteien einer gesetzlichen Grundlage bedarf, die § 376 als Blankettnorm nicht liefert (näher dazu oben Rz. 76), kann die **tarifliche Vereinbarung von Verschwiegenheitspflichten** entgegen der h.M. eine **Beschränkung** der Zeugnispflicht von Arbeitnehmern des öffentlichen Dienstes **nicht** verfassungsrechtlich **rechtfertigen**.

bb) Fehldeutung der Novelle 1950

88 Die **h.M.** stützt ihre Ansicht in erster Linie darauf, dass die Erweiterung des in § 376 Abs. 1 genannten Personenkreises um „andere Personen des öffentlichen Dienstes" mit der Novelle 1950 die Amtsverschwiegenheit auch dort sicherstellen sollte, wo nicht verbeamtete Personen in öffentlicher Funktion tätig sind.[5] Dieses nicht näher begründete Anliegen des Gesetzgebers muss aber im Zusammenhang mit der Bedeutung des § 376 gesehen werden. Als **Blankettnorm stellt** die Vorschrift lediglich **klar**, dass die allgemeine **Zeugnispflicht keinen unbedingten Vorrang** vor dem öffentlichen Interesse hat und dass die Zuständigkeit für die Konfliktlösung nicht beim Gesetzgeber der ZPO liegt (oben Rz. 76). Die **Norm sichert** die Amtsverschwiegenheit also **nur insoweit**, als sie die besonderen **Vorschriften außerhalb** der **ZPO** über die Rechtsverhältnisse der in öffentlicher Funktion tätigen Personen respektiert. Dies hat zur Folge, dass das für die Zeugenvernehmung zuständige Prozessgericht keine eigene Abwägung zwischen allgemeiner Zeugnispflicht und Amtsverschwiegenheit vornehmen darf, soweit besondere Vorschriften i.S.d. § 376 existieren. Fehlt es an solchen

---

1 LG Göttingen NJW-RR 2003, 117 für Angestellte einer Sparkasse, soweit das Beweisthema dem Bankgeheimnis unterliegt; Baumbach/Lauterbach/*Hartmann*[71] § 376 Rz. 5; MünchKommZPO/*Damrau*[4] § 376 Rz. 5; Zöller/*Greger*[30] § 376 Rz. 4.
2 Stein/Jonas/*Berger*[22] § 376 Rz. 24.
3 Zuvor: § 9 des Bundesangestelltentarifvertrages (BAT) vom 23.2.1961 (MinBlFin 214) und § 11 des Manteltarifvertrages für Arbeiter des Bundes (MTB II vom 27.2.1964, GMBl. 194, MinBlFin 210) bzw. der Länder (MTL II vom 27.2.1964).
4 *Bredemeier/Neffke*, BAT/BAT-O, Bundesangestelltentarifvertrag[2] (2003), § 1 Rz. 1, 2 und 6. Darauf Bezug nehmend LG Göttingen NJW-RR 2003, 117, 118; OLG Zweibrücken MDR 1995, 202 = FamRZ 1995, 679; ebenso Stein/Jonas/*Berger*[22] § 376 Rz. 24 und 26; Baumbach/Lauterbach/*Hartmann*[71] § 376 Rz. 6; insoweit auch MünchKommZPO/*Damrau*[4] 376 Rz. 5.
5 BT-Drucks. 1950 Nr. 530, Anl. II (Änderungsvorschläge des Deutschen Bundesrates), S. 8; BT-Drucks.1950 Nr. 1138, S. 29; LG Göttingen NJW-RR 2003, 117; MünchKommZPO/*Damrau*[4] § 376 Rz. 5.

Vorschriften, geht § 376 ins Leere. Dies war für Arbeitnehmer des öffentlichen Dienstes indes bei Verabschiedung der Novelle 1950 nicht der Fall. Zu diesem Zeitpunkt galten noch die Tarifordnung A für Angestellte im öffentlichen Dienst (TAO) und die Allgemeine Tarifordnung für Arbeitnehmer im öffentlichen Dienst (ATO) vom 1.4.1938, die als Rechtsverordnungen allgemeinverbindlich waren.[1]

cc) Bedeutung des Verpflichtungsgesetzes

Da § 376 in Ermangelung besonderer (beamtenrechtlicher) Vorschriften auf Arbeitnehmer im öffentlichen Dienst nicht anwendbar ist,[2] lässt sich die Anwendbarkeit des § 376 auf Arbeitnehmer im öffentlichen Dienst auch nicht damit begründen, dass die Schweigepflicht in § 3 TVöD (Abdruck unten Rz. 120) sich auf Aussagen vor Gericht erstrecke.[3] Entgegen *Damrau*[4] ergibt sich die Anwendbarkeit des § 376 auf Arbeitnehmer im öffentlichen Dienst **ebenso wenig aus** dem Umstand, dass diese **bei ihrer Einstellung** nach dem **Verpflichtungsgesetz** (Abdruck unten Rz. 119) **zur Geheimhaltung verpflichtet** werden,[5] weil dieses den Inhalt und Umfang der Schweigepflicht nicht regelt.

89

dd) Fehlender Genehmigungsvorbehalt

Nicht entscheidend ist, dass die genannten Tarifverträge einen Genehmigungsvorbehalt des öffentlichen Arbeitgebers nicht regeln,[6] denn in der Erteilung der Genehmigung liegt kein Grundrechtseingriff (oben Rz. 73). In der Diskussion über die Anwendbarkeit des § 376 auf Arbeitnehmer des öffentlichen Dienstes wird nicht hinreichend berücksichtigt, dass begründungsbedürftig nur die **Durchsetzung der Schweigepflicht** gegenüber dem **Beweisführungsrecht der Parteien** ist (oben Rz. 70). Dass der jeweilige Arbeitgeber auf die Wahrung der Schweigepflicht im Einzelfall verzichten kann, folgt bereits aus seiner Zuständigkeit für das jeweils betroffene öffentliche Interesse und bedarf keiner weiteren Rechtfertigung. Er muss sich die Genehmigung der Aussage also nicht ausdrücklich vorbehalten.

90

ee) Zeugnisverweigerungsrecht keine Auffangregelung

Die verfassungskritische Auffassung verweist darauf, dass der **Geheimnisschutz durch** die **Zeugnisverweigerungsrechte** aus §§ 383 Abs. 1 Nr. 6, 384 Nr. 3 i.V.m. den in den Tarifverträgen bzw. in Einzelarbeitsverträgen und unter Bezugnahme auf die Tarifverträge vereinbarten Verschwiegenheitspflichten der Arbeitnehmer und Arbeiter des öffentlichen Dienstes sowie über die Strafdrohung des § 353b StGB **hinreichend gewährleistet** werde.[7] Dieser **Auffassung** ist **nicht zu folgen**.

91

Es ist **nicht** ohne Weiteres davon auszugehen, dass § 383 Abs. 1 Nr. 6 und § 384 Nr. 3 **staatliche Geheimhaltungsinteressen** schützen (vgl. Kap. 34 Rz. 50).[8] Selbst wenn dies der Fall wäre, könnte das Zeugnisverweigerungsrecht nur eine zusätzliche Absicherung für den Fall darstellen, dass das Prozessgericht sich der Erforderlichkeit eines Antrags nach § 376 Abs. 2 nicht bewusst ist. Der jeweilige öffentliche Arbeitgeber

92

---

1 Stein/Jonas/*Berger*[22] § 376 Rz. 26.
2 Stein/Jonas/*Berger*[22] § 376 Rz. 25; zustimmend ohne eigene Begründung BayObLG NJW 1990, 1857, 1858 = FamRZ 1990, 1012, 1013.
3 OLG Zweibrücken MDR 1995, 202 = FamRZ 1995, 679 (zu § 9 BAT).
4 MünchKommZPO/*Damrau*[4] § 376 Rz. 5; wohl ebenso Musielak/*Huber*[10] § 376 Rz. 2.
5 Kritisch zu Verpflichtungen nach § 3 S. 2 ZSHG Zöller/*Greger*[30] § 376 Rz. 4.
6 Anders wohl Stein/Jonas/*Berger*[22] § 376 Rz. 25.
7 Stein/Jonas/*Berger*[22] § 376 Rz. 25 a.E. und 28; Zöller/*Greger*[30] § 376 Rz. 4.
8 MünchKommZPO/*Damrau*[4] § 376 Rz. 5.

kann sich nicht darauf verlassen, dass sein als Zeuge benannter Arbeitnehmer die Geheimhaltungsbedürftigkeit einer Tatsache im Einzelfall richtig einzuschätzen weiß und ein Zeugnisverweigerungsrecht entsprechend ausübt. Der Dienstvorgesetzte vermag in der Regel besser zu beurteilen, ob die durch seine Behörde vertretenen Interessen des Gemeinwohls im konkreten Fall nur durch die Wahrung des Dienstgeheimnisses hinreichend geschützt sind.

93 Die Amtsverschwiegenheit vor Gericht wird mit gutem Grund **nur** in den Fällen ausschließlich **über ein Zeugnisverweigerungsrecht** sichergestellt, in denen der **Zeuge keinen Dienstvorgesetzten hat**, eine Aussagegenehmigung also nicht eingeholt werden kann, so beim Bundespräsidenten nach § 376 Abs. 4 (unten Rz. 115) und bei Richtern, soweit das Beratungsgeheimnis und damit ihre Unabhängigkeit betroffen ist (oben Rz. 83). Es wäre systemwidrig, diesen Personen die in den Behördenaufbau hierarchisch eingebunden Arbeitnehmer rechtlich gleichzustellen. Auch kann nicht davon ausgegangen werden, dass die Strafdrohung des § 353b StGB ausreicht, um die Amtsverschwiegenheit zu wahren. Die Strafvorschrift schützt nicht vor einer fahrlässigen Verletzung der Verschwiegenheitspflicht. Diese droht z.B. dann, wenn der Arbeitnehmer von seinem Zeugnisverweigerungsrecht aus § 383 Abs. 1 Nr. 6 keinen Gebrauch macht, weil er die Geheimhaltungsbedürftigkeit einer Tatsache aus Unkenntnis falsch einschätzt.

ff) Ergebnis: Unbeschränkte Aussagepflicht

94 Arbeitnehmer des öffentlichen Dienstes sind daher auch über Tatsachen, die der tariflich oder individualvertraglich vereinbarten Schweigepflicht unterliegen, **ohne Aussagegenehmigung** ihres Arbeitgebers als Zeugen **zu vernehmen**. Es bleibt den betroffenen Anstellungskörperschaften aber unbenommen, die vorhandene Regelungslücke zu schließen, um entsprechend den beamtenrechtlichen Vorschriften ein Vernehmungsverbot zu begründen.

c) Kirchenbedienstete

95 § 376 Abs. 1 gilt ferner für die Bediensteten von Religionsgemeinschaften, **soweit** sie nach Art. 140 GG, Art. 137 Abs. 5 WRV **Körperschaften öffentlichen Rechts** sind.[1] Für Kirchenbeamte und Pfarrer ist als besondere beamtenrechtliche Vorschrift § 46 Abs. 2 **Kirchenbeamtengesetz** maßgeblich.[2] Auch auf **Angestellte im kirchlichen Dienst** soll § 376 anwendbar sein, wenn der kirchliche Dienst öffentlicher Dienst ist.[3] Danach bedarf eine von einer Diözese als **Eheberaterin** angestellte Diplom-Psychologin zur Aussage über Umstände, die ihrer nach dem Arbeitsverhältnis bestehenden Verschwiegenheitspflicht unterliegen, der Genehmigung ihres Dienstherrn.[4] Gegen die Anwendung des § 376 bestehen hier jedoch dieselben **Bedenken wie** bei Arbeitnehmern im **sonstigen öffentlichen Dienst** (zuvor Rz. 87).

d) Mitglieder von Selbstverwaltungsgremien

96 Sie sind Personen des öffentlichen Dienstes i.S.d. § 376, bedürfen für ihre Zeugenaussage vor Gericht aber nur dann einer Genehmigung, wenn und **soweit** sie aufgrund ei-

---
1 OLG Zweibrücken MDR 1995, 202 = FamRZ 1995, 679; MünchKommZPO/*Damrau*[4] § 376 Rz. 6; im Ergebnis zustimmend, aber mit anderer Begründung *Feller* JZ 1961, 628, 629; *Merkl* S. 28, 136 f.; zu § 54 StPO *Stromberg* MDR 1974, 893.
2 MünchKommZPO/*Damrau*[4] § 376 Rz. 6.
3 OLG Zweibrücken MDR 1995, 202; a.A. MünchKommZPO/*Damrau*[4] § 376 Rz. 6 (mangels Anwendbarkeit des Verpflichtungsgesetzes).
4 OLG Zweibrücken MDR 1995, 202.

ner **gesetzlichen Regelung** zur Verschwiegenheit verpflichtet sind (vgl. oben Rz. 74).[1] Dies gilt für die **Beschlussgremien kommunaler Selbstverwaltungskörperschaften** (Gemeinderäte,[2] Landkreistage), **Universitäten und Hochschulen** (Senate, Konzile etc.) und **Rundfunkräte**.[3] Sind die Angehörigen dieser Gremien Beamte, ist das Beamtenrecht maßgeblich. Im Übrigen kommt es auf die jeweiligen Regelungen in den Gemeinde- und Landkreisordnungen, Hochschul- und Rundfunkgesetzen an.[4]

e) Soldaten und Zivildienstleistende

Auch diese gehören zu den „anderen Personen des öffentlichen Dienstes" i.S.d. § 376. Inhalt und Umfang der Dienstverschwiegenheit und die Befreiung von der Schweigepflicht richten sich bei Soldaten nach **§ 14 SoldG**, bei Zivildienstleistenden nach **§ 28 ZDG**. Für Angehörige **ausländischer Streitkräfte** gilt Art. 38 Zusatzabkommen zum NATO-Truppenstatut.[5]

97

f) Sonstige für den öffentlichen Dienst besonders Verpflichtete

Betroffen von der Regelung des § 376 Abs. 1 sind außerdem sonstige Personen, deren Tätigkeit mit der öffentlichen Funktion einer Behörde im weitesten Sinne zusammenhängt,[6] soweit sie nach dem Verpflichtungsgesetz vom 2.3.1974 (Abdruck unten Rz. 118) besonders zur Verschwiegenheit verpflichtet sind, so z.B. **V-Leute der Polizei**,[7] die Bediensteten von Unternehmen der **Rüstungsindustrie**[8] und die **Datenschutzbeauftragten** des Bundes und der Länder.[9]

98

g) Notare

§ 376 gilt **nicht für Notare**, das Beamtenrecht findet auf sie keine Anwendung.[10] Ihre Verschwiegenheitspflicht nach § 18 BNotO besteht **ausschließlich** im **Interesse** der **Beteiligten**. Notare benötigen deshalb für ihre Aussage keine Genehmigung ihrer Aufsichtsbehörde. Sie besitzen aber ein **Zeugnisverweigerungsrecht** gem. § 383 Abs. 1 Nr. 6 und sind nach § 385 Abs. 2 zur Aussage verpflichtet, wenn sie von ihrer Verschwiegenheitspflicht entbunden sind (Kap. 34 Rz. 75, Kap. 36 Rz. 59).

99

h) Schiedsmänner

Schiedsmänner im Strafverfahren sind andere Personen des öffentlichen Dienstes i.S.v. § 54 StPO (= § 376). Die **Genehmigungsbedürftigkeit** der Zeugenaussage eines

100

---

1 Ähnlich Stein/Jonas/*Berger*[22] § 376 Rz. 33.
2 OVG Münster MDR 1955, 61 zu § 54 StPO: Genehmigung des Rates der Gemeinde; MünchKommZPO/*Damrau*[4] § 376 Rz. 6; Stein/Jonas/*Berger*[22] § 376 Rz. 34.
3 Stein/Jonas/*Berger*[22] § 376 Rz. 34.
4 Stein/Jonas/*Berger*[22] § 376 Rz. 34.
5 BGBl. II 1961, 1218, 1248.
6 *Stromberg* MDR 1974, 892, 893.
7 BGH NStZ 1981, 70 zum gleichlautenden § 54 Abs. 1 StPO: Die Verpflichtung zur Verschwiegenheit könne nur durch wirksame förmliche Verpflichtung nach dem Verpflichtungsgesetz vom 2.3.1974 begründet werden; Zöller/*Greger*[30] § 376 Rz. 4; Löwe/Rosenberg/*Ingor/Bertheau* StPO[26] § 54 Rz. 9.
8 MünchKommZPO/*Damrau*[4] § 376 Rz. 6.
9 MünchKommZPO/*Damrau*[4] § 376 Rz. 6.
10 MünchKommZPO/*Damrau*[4] § 376 Rz. 8 (dort auch zum bad. Bezirksnotariat); Stein/Jonas/*Berger*[22] § 376 Rz. 29.

Schiedsmannes über beleidigende Äußerungen im Sühnetermin ergibt sich nach der Rechtsprechung aus der unmittelbaren Anwendbarkeit des Beamtenrechts.[1]

i) Bedienstete der EU

101 Auf Bedienstete der Europäischen Gemeinschaften findet Art. 19 der VO Nr. 31 (EWG) 11 (EAG) über das **Statut der Beamten** und über die Beschäftigungsbedingungen für die sonstigen Bediensteten der EWG und der EAG vom 18.12.1961[2] (Abdruck unten Rz. 118) i.d.F. der VO (EWG) Nr. 259/68 v. 29.2.1968[3] Anwendung. Kompetenzgrundlage ist seit dem 1.12.2009 Art. 336 AEUV.[4] Die betroffenen Personen dürfen über die Tatsachen, die ihnen bei ihrer amtlichen Tätigkeit bekanntgeworden sind, vor Gericht nur mit Zustimmung ihrer Anstellungsbehörde aussagen. Versagt werden darf die Zustimmung nur, wenn die Interessen der Gemeinschaft es erfordern und die Versagung für den Beamten keine strafrechtlichen Folgen haben kann.

j) Ehemalige Bedienstete der DDR

102 Schweigepflichten, die nach dem Recht der ehemaligen DDR begründet wurden, gelten nicht fort, weil der **Einigungsvertrag** hierzu **keine Regelung** enthält.[5]

IV. Regierungsmitglieder, Abgeordnete und Fraktionsangestellte

103 Genehmigungsbedürftig sind nach § 376 Abs. 2 (i.V.m. Abs. 1) auch Zeugenaussagen von Mitgliedern der Bundesregierung und der Landesregierungen, soweit sie Tatsachen betreffen, die der Schweigepflicht unterliegen. **Mitglieder** der **Bundesregierung** sind nach § 6 Abs. 1 BMinG in der Fassung vom 27.7.1971[6] verpflichtet, über die ihnen amtlich bekannt gewordenen Angelegenheiten Verschwiegenheit zu bewahren, soweit es sich nicht um dienstliche Mitteilungen oder um offenkundige oder ihrer Bedeutung nach nicht geheimhaltungsbedürftige Tatsachen handelt. Aus § 6 Abs. 2 BMinG ergibt sich, dass für eine Aussage vor Gericht die **Genehmigung** der **Bundesregierung** erforderlich ist. § 7 Abs. 1 BMinG regelt die Voraussetzungen für eine Versagung der Genehmigung. Erforderlich ist in der Regel die Prognose, dass die Aussage dem Wohle des Bundes oder eines deutschen Landes Nachteile bereiten oder die Erfüllung öffentlicher Aufgaben ernstlich gefährden oder erschweren würde. Für die **Mitglieder** der **Landesregierungen** finden sich entsprechende Regelungen in den Landesgesetzen.

104 Der Status **parlamentarischer Staatssekretäre** richtet sich nach den §§ 6 f. BMinG (§ 7 Ges. v. 24.7.1874).[7] Beamtete Staatssekretäre fallen unter das BBG.

105 Die Ergänzung in § 376 Abs. 2 durch Gesetz vom 4.11.1994[8] stellt klar, dass auch **Mitglieder** des **Bundestages** und der **Landtage** sowie **Angestellte** von **Bundestags- und Landtagsfraktionen** nur nach den für sie maßgeblichen Vorschriften als Zeugen aus-

---

1 BVerwGE 18, 58, 61 f. = NJW 1964, 1088 zu § 54 StPO; im Ergebnis gleich, aber Rückgriff auf das Landesbeamtenrecht AG Werne MDR 1965, 599; MünchKommZPO/*Damrau*[4] § 376 Rz. 6.
2 ABl. EWG Nr. 45 v. 14.6.1962, S. 1385 = BGBl. II 1962, 953, 959.
3 ABl. EG Nr. L 56, S. 1.
4 Vertrag über die Arbeitsweise der Europäischen Union (Lissabon-Vertrag) v. 9.5.2008, ABl. EU Nr. C 115, S. 47.
5 Zöller/*Greger*[30] § 376 Rz. 1a; zur StPO *Rein/Hilger* DtZ 1993, 261, 265 ff.
6 BGBl. I 1971, 1166.
7 BGBl. I 1974, 1538.
8 BGBl. I 1994, 3346, 3349.

sagen dürfen. Dies gilt für **Bundestagsabgeordnete** ungeachtet des ihnen durch Art. 47 GG eingeräumten Zeugnisverweigerungsrechts. Bei Bundestagsabgeordneten betrifft die Genehmigungspflicht nach § 44c Abs. 1 AbgG in der Fassung der Bekanntmachung vom 21.2.1996[1] Angelegenheiten, die auf Grund eines Gesetzes oder nach der **Geschäftsordnung des Bundestages** der Verschwiegenheit unterliegen. Die Aussagegenehmigung erteilt nach § 44c Abs. 2 S. 1 AbgG der **Bundestagspräsident**, wobei es nach Abs. 2 S. 2 unter Umständen des Einvernehmens außerhalb des Bundestags beteiligter Stellen bedarf.

Bei **Angestellten** der **Bundestagsfraktionen** erstreckt sich die Verschwiegenheitspflicht nach § 49 Abs. AbgG auf die ihnen bei ihrer Tätigkeit bekanntgewordenen Angelegenheiten mit Ausnahme offenkundiger oder ihrer Bedeutung nach nicht geheimhaltungsbedürftiger Tatsachen. Zuständig für die nach § 49 Abs. 2 S. 1 erforderliche Aussagegenehmigung ist gem. Abs. 2 S. 2 der jeweilige **Fraktionsvorsitzende**. 106

Für die **Mitglieder** der **Landtage** und **Angestellte** von **Landtagsfraktionen** existieren entsprechende Regelungen in den Landesgesetzen. 107

V. Einholung der Aussagegenehmigung

Nach § 376 Abs. 3 muss das Prozessgericht die Aussagegenehmigung einholen.[2] Es ist selbst nicht befugt, die Aussagegenehmigung zu erteilen. Ist nach dem Beweisantrag damit zu rechnen, dass das Beweisthema der Amtsverschwiegenheit unterliegt, muss das **Prozessgericht von sich aus** die Genehmigung der Zeugenaussage beantragen. Dies ist stets der Fall bei einer Aussage über dienstliche Vorgänge. Das Gesetz spricht von Genehmigung, der Sache nach handelt es sich aber um eine vor der Zeugenaussage einzuholende Zustimmung, also um eine **Einwilligung**. Diese ist aus Gründen der Prozessökonomie einzuholen, **bevor** der **Zeuge geladen** wird.[3] 108

Für die **Befreiung** von der Verschwiegenheitspflicht ist der **Dienstherr des Zeugen** zuständig,[4] nach Ausscheiden aus dem öffentlichen Dienst – i.S.d. Abs. 5 – der zuletzt zuständige Dienstherr. Die Aussagegenehmigung muss den Beweisgegenstand vollständig umfassen. Sie kann auch für die Aussage über bestimmte Tatsachen vorab durch Erlass erteilt werden.[5] Bis sie erteilt wird, ist die **Vernehmung** des Zeugen **verboten**.[6] Deshalb ist das Beweismittel ohne Aussagegenehmigung ungeeignet.[7] 109

Ist die Aussagegenehmigung erteilt, gilt sie grundsätzlich **für alle Rechtszüge**.[8] Das Prozessgericht muss dem Zeugen die Genehmigung bekanntmachen, § 376 Abs. 3. Dies geschieht am besten mit der Ladung, damit der Zeuge über die Reichweite der Aussagegenehmigung informiert ist, wenn er sich nach § 378 auf seine Aussage vorbereitet. Unterlässt das Prozessgericht die Bekanntmachung, gilt der **Zeuge** analog § 386 Abs. 3 als **entschuldigt**, wenn er nach schriftlicher Aussageverweigerung nicht 110

---

1 BGBl. I 1996, 326.
2 MünchKommZPO/*Damrau*[4] § 376 Rz. 12.
3 Zöller/*Greger*[30] § 376 Rz. 8.
4 LG Göttingen NJW-RR 2003, 117, 118.
5 A.A. Baumbach/Lauterbach/*Hartmann*[71] § 376 Rz. 12.
6 MünchKommZPO/*Damrau*[4] § 376 Rz. 11; Zöller/*Greger*[30] § 376 Rz. 8.
7 Zöller/*Greger*[30] § 376 Rz. 8.
8 BGH DB 1969, 703 = LM § 376 ZPO Nr. 1.

zum Termin erscheint.¹ Die Versagung einer Einwilligung zur mündlichen Aussage schließt die Erteilung einer schriftlichen Auskunft nicht notwendig aus.²

111 **Keine förmliche Genehmigung** ist erforderlich, wenn die an sich zuständige Stelle selbst Partei und Beweisführer ist. In dem Beweisantritt ist dann eine konkludente Aussagegenehmigung zu sehen.³

112 Die **Erteilung** wie die **Versagung** der Aussagegenehmigung sind **Verwaltungsakte**,⁴ die nur von demjenigen angefochten werden können, der ein rechtliches Interesse an der Aussage hat.⁵ Regelmäßig steht daher der **beweisführenden Partei**, nicht dem Prozessgericht, der Verwaltungsrechtsweg offen, wenn die Aussagegenehmigung nicht erteilt wird.⁶ Das Vorliegen eines Versagungsgrundes unterliegt uneingeschränkter gerichtlicher Prüfung.⁷ Liegen die gesetzlichen Voraussetzungen für eine Versagung nicht vor, hat die beweisführende Partei einen Anspruch darauf, dass die Genehmigung erteilt wird.⁸ Das **Prozessgericht** ist **nicht** befugt, die **Rechtmäßigkeit** der **Versagung** zu **prüfen**,⁹ es muss eine Frist nach § 356 setzen¹⁰ und das Beweismittel bei Versagung der Genehmigung als nicht verfügbar behandeln.¹¹ Es kann den Zivilprozess auch bis zur rechtskräftigen Entscheidung des Verwaltungsgerichts über die Erteilung der Genehmigung **nach § 148 aussetzen**; bei der Ausübung des ihm insoweit zustehenden Ermessens muss das Gericht die **Aussichten** des **Rechtsstreits über** die **Erteilung** der **Genehmigung** berücksichtigen.¹² Hat der Dienstvorgesetzte die Genehmigung ohne ausdrückliche Beschränkung auf die erste Instanz verweigert, braucht das Berufungsgericht dem in der Berufungsinstanz wiederholten Beweisantrag nicht stattzugeben, es sei denn, dass Umstände vorliegen oder dargetan werden, wonach mit einer abweichenden Beurteilung durch den Dienstvorgesetzten gerechnet werden kann.¹³ Ist das nicht der Fall, kann das Berufungsgericht es dem Beweisführer überlassen, die Genehmigung im Verwaltungsrechtswege zu erzwingen.

113 Das Prozessgericht darf bei der Beweiswürdigung **Schlüsse aus** der **Versagung** der Aussagegenehmigung **ziehen**, wenn die Behörde Partei und Beweisgegner ist.¹⁴ Hat das Prozessgericht den Zeugen trotz Fehlens der Aussagegenehmigung vernommen, soll dies **kein Verwertungsverbot** begründen.¹⁵

114 Unabhängig von der Pflicht des Prozessgerichts zur Einholung einer Aussagegenehmigung muss die als **Zeuge** benannte Person **selbst prüfen**, ob sie durch eine Aus-

---

1 A.A. MünchKommZPO/*Damrau*⁴ § 376 Rz. 12: Anwendung von § 380, wenn der Zeuge nach Ausbleiben der Genehmigung der Ladung nicht Folge leistet.
2 BGH NJW 1979, 266, 268.
3 Musielak/*Huber*¹⁰ § 376 Rz. 6.
4 BVerwGE 18, 58, 59 = NJW 1964, 1088, 1089; BVerwGE 34, 252, 254 = NJW 1971, 160; BVerwGE 66, 39, 42 = NJW 1983, 638 m. Anm. *Hantel* JuS 1984, 516 f.
5 BVerwGE 34, 252, 254 = NJW 1971, 160; OLG Zweibrücken MDR 1995, 202 = FamRZ 1995, 679; MünchKommZPO/*Damrau*⁴ § 376 Rz. 15.
6 BVerwGE 34, 252, 254 = NJW 1971, 160.
7 BVerwGE 34, 252, 254 = NJW 1971, 160.
8 MünchKommZPO/*Damrau*⁴ § 376 Rz. 15.
9 OLG Zweibrücken MDR 1995, 202 = FamRZ 1995, 679; Stein/Jonas/*Berger*²² § 376 Rz. 42; Zöller/*Greger*³⁰ § 376 Rz. 8.
10 OLG Hamm MDR 1977, 849; MünchKommZPO/*Damrau*⁴ § 376 Rz. 16.
11 Zöller/*Greger*³⁰ § 376 Rz. 8.
12 OLG Zweibrücken MDR 1995, 202; MünchKommZPO/*Damrau*⁴ § 376 Rz. 16.
13 BGH LM § 376 ZPO Nr. 1.
14 MünchKommZPO/*Damrau*⁴ § 376 Rz. 14; Zöller/*Greger*³⁰ § 376 Rz. 9.
15 So ohne Begründung Baumbach/Lauterbach/*Hartmann*⁷¹ § 376 Rz. 8; Zöller/*Greger*³⁰ § 376 Rz. 9 unter nicht nachvollziehbarem Hinweis auf BGH NJW 1952, 151: der BGH meint lediglich, die Verletzung des § 54 StPO stelle keinen Revisionsgrund dar, weil die Vorschrift nicht den Angeklagten schütze.

sage ihre Verschwiegenheitspflicht verletzen würde und im Zweifel eine Genehmigung ihrer vorgesetzten Dienstbehörde einholen bzw. die Aussage verweigern.[1] Verweigert der Zeuge die Aussage, findet ein Zwischenverfahren nach § 387 statt. § 390[2] ist erst anzuwenden, wenn der Zeuge nach Einholen der Aussagegenehmigung die Aussage verweigert, ohne sich auf ein Zeugnisverweigerungsrecht nach §§ 383 ff. zu berufen. Das Einzelinteressen schützende **Zeugnisverweigerungsrecht** gem. § 383 Abs. 1 Nr. 6 wird **durch** die **Aussagegenehmigung**, für die nur Rücksichten des öffentlichen Rechts in Betracht kommen, **nicht berührt**.[3] Der Zeuge hat daher im Hinblick auf § 203 Abs. 2 StGB (§ 353b StGB) selbst zu prüfen, ob er die Aussage verweigern muss.[4] Wird der Zeuge durch die Parteien von seiner Verschwiegenheitspflicht ihnen gegenüber entbunden, erstreckt sich diese Befreiung nicht auf die dienstliche Schweigepflicht.[5]

VI. Zeugnisverweigerungsrecht des Bundespräsidenten

Als Staatsoberhaupt besitzt der Bundespräsident keinen Dienstvorgesetzten. Er kann deshalb nur nach **eigenem, nicht überprüfbaren**[6] **Ermessen** entscheiden, ob seine Aussage Nachteile für das Wohl des Bundes oder eines Landes hätte. § 376 Abs. 4 räumt ihm deshalb im Interesse des Gemeinwohls ein Zeugnisverweigerungsrecht ein. Dabei muss er prinzipiell dieselben Erwägungen anstellen wie in den Fällen des § 376 Abs. 1 und 2 der jeweilige Dienstherr bei seiner Entscheidung über die Erteilung einer Aussagegenehmigung.

115

VII. Gesetzesanhang

1. Gesetz zur Regelung des Statusrechts der Beamtinnen und Beamten in den Ländern (BeamtStG)[7]

§ 37 Verschwiegenheitspflicht

116

(1) Beamtinnen und Beamte haben über die ihnen bei oder bei Gelegenheit ihrer amtlichen Tätigkeit bekannt gewordenen dienstlichen Angelegenheiten Verschwiegenheit zu bewahren. Dies gilt auch über den Bereich eines Dienstherrn hinaus sowie nach Beendigung des Beamtenverhältnisses.

(2) Absatz 1 gilt nicht, soweit

1. Mitteilungen im dienstlichen Verkehr geboten sind,
2. Tatsachen mitgeteilt werden, die offenkundig sind oder ihrer Bedeutung nach keiner Geheimhaltung bedürfen, oder
3. gegenüber der zuständigen obersten Dienstbehörde, einer Strafverfolgungsbehörde oder einer durch Landesrecht bestimmten weiteren Behörde oder außerdienstlichen Stelle ein durch Tatsachen begründeter Verdacht einer Korruptionsstraftat nach den §§ 331–337 des Strafgesetzbuches angezeigt wird.

---

1 RGSt 48, 38; RG Recht 1918 Nr. 1639 zur StPO a.F.: Recht zur Zeugnisverweigerung, bis die Behörde entscheidet; MünchKommZPO/*Damrau*[4] § 376 Rz. 12.
2 Danach verfahren will MünchKommZPO/*Damrau*[4] § 376 Rz. 12.
3 RGZ 54, 1, 2.
4 RGZ 54, 1, 2.
5 Baumbach/Lauterbach/*Hartmann*[71] § 376 Rz. 11.
6 A.A. Stein/Jonas/*Berger*[22] § 376 Rz. 47 (Aussageverweigerung unzutreffend als Verwaltungsakt qualifizierend).
7 BGBl. I 2008, 1010.

Im Übrigen bleiben die gesetzlich begründeten Pflichten, geplante Straftaten anzuzeigen und für die Erhaltung der freiheitlichen demokratischen Grundordnung einzutreten, von Absatz 1 unberührt.

(3) Beamtinnen und Beamte dürfen ohne Genehmigung über Angelegenheiten, für die Absatz 1 gilt, weder vor Gericht noch außergerichtlich aussagen oder Erklärungen abgeben. Die Genehmigung erteilt der Dienstherr oder, wenn das Beamtenverhältnis beendet ist, der letzte Dienstherr. Hat sich der Vorgang, der den Gegenstand der Äußerung bildet, bei einem früheren Dienstherrn ereignet, darf die Genehmigung nur mit dessen Zustimmung erteilt werden. Durch Landesrecht kann bestimmt werden, dass an die Stelle des in den Sätzen 2 und 3 genannten jeweiligen Dienstherrn eine andere Stelle tritt.

(4) Die Genehmigung, als Zeugin oder Zeuge auszusagen, darf nur versagt werden, wenn die Aussage dem Wohl des Bundes oder eines deutschen Landes erhebliche Nachteile bereiten oder die Erfüllung öffentlicher Aufgaben ernstlich gefährden oder erheblich erschweren würde. Durch Landesrecht kann bestimmt werden, dass die Verweigerung der Genehmigung zur Aussage vor Untersuchungsausschüssen des Deutschen Bundestages oder der Volksvertretung eines Landes einer Nachprüfung unterzogen werden kann. Die Genehmigung, ein Gutachten zu erstatten, kann versagt werden, wenn die Erstattung den dienstlichen Interessen Nachteile bereiten würde.

(5) Sind Beamtinnen oder Beamte Partei oder Beschuldigte in einem gerichtlichen Verfahren oder soll ihr Vorbringen der Wahrnehmung ihrer berechtigten Interessen dienen, darf die Genehmigung auch dann, wenn die Voraussetzungen des Absatzes 4 Satz 1 erfüllt sind, nur versagt werden, wenn die dienstlichen Rücksichten dies unabweisbar erfordern. Wird sie versagt, ist Beamtinnen oder Beamten der Schutz zu gewähren, den die dienstlichen Rücksichten zulassen.

(6) Beamtinnen und Beamte haben, auch nach Beendigung des Beamtenverhältnisses, auf Verlangen des Dienstherrn oder des letzten Dienstherrn amtliche Schriftstücke, Zeichnungen, bildliche Darstellungen sowie Aufzeichnungen jeder Art über dienstliche Vorgänge, auch soweit es sich um Wiedergaben handelt, herauszugeben. Die gleiche Verpflichtung trifft ihre Hinterbliebenen und Erben.

2. Bundesbeamtengesetz[1]

§ 67 Verschwiegenheitspflicht

(1) Beamtinnen und Beamte haben über die ihnen bei oder bei Gelegenheit ihrer amtlichen Tätigkeit bekannt gewordenen dienstlichen Angelegenheiten Verschwiegenheit zu bewahren. Dies gilt auch über den Bereich eines Dienstherrn hinaus sowie nach Beendigung des Beamtenverhältnisses.

(2) Absatz 1 gilt nicht, soweit

1. Mitteilungen im dienstlichen Verkehr geboten sind,

2. Tatsachen mitgeteilt werden, die offenkundig sind oder ihrer Bedeutung nach keiner Geheimhaltung bedürfen, oder

3. gegenüber der zuständigen obersten Dienstbehörde, einer Strafverfolgungsbehörde oder einer von der obersten Dienstbehörde bestimmten weiteren Behörde oder außerdienstlichen Stelle ein durch Tatsachen begründeter Verdacht einer Korruptionsstraftat nach den §§ 331–337 des Strafgesetzbuches angezeigt wird.

Im Übrigen bleiben die gesetzlich begründeten Pflichten, geplante Straftaten anzuzeigen und für die Erhaltung der freiheitlichen demokratischen Grundordnung einzutreten, von Absatz 1 unberührt.

(3) Beamtinnen und Beamte dürfen ohne Genehmigung über Angelegenheiten nach Absatz 1 weder vor Gericht noch außergerichtlich aussagen oder Erklärungen abgeben. Die Genehmigung erteilt die oder der Dienstvorgesetzte oder, wenn das Beamtenverhältnis beendet ist, die oder der letzte Dienstvorgesetzte. Hat sich der Vorgang, der den Gegenstand der Äuß-

---

[1] BGBl. I 2009, 160.

erung bildet, bei einem früheren Dienstherrn ereignet, darf die Genehmigung nur mit dessen Zustimmung erteilt werden.

(4) Beamtinnen und Beamte haben, auch nach Beendigung des Beamtenverhältnisses, auf Verlangen der oder des Dienstvorgesetzten oder der oder des letzten Dienstvorgesetzten amtliche Schriftstücke, Zeichnungen, bildliche Darstellungen sowie Aufzeichnungen jeder Art über dienstliche Vorgänge, auch soweit es sich um Wiedergaben handelt, herauszugeben. Entsprechendes gilt für ihre Hinterbliebenen und Erben.

§ 68 Versagung der Aussagegenehmigung

(1) Die Genehmigung, als Zeugin oder Zeuge auszusagen, darf nur versagt werden, wenn die Aussage dem Wohle des Bundes oder eines deutschen Landes Nachteile bereiten oder die Erfüllung öffentlicher Aufgaben ernstlich gefährden oder erheblich erschweren würde.

(2) Sind Beamtinnen oder Beamte Partei oder Beschuldigte in einem gerichtlichen Verfahren oder soll ihr Vorbringen der Wahrnehmung ihrer berechtigten Interessen dienen, darf die Genehmigung auch dann, wenn die Voraussetzungen des Absatzes 1 erfüllt sind, nur versagt werden, wenn die dienstlichen Rücksichten dies unabweisbar erfordern. Wird die Genehmigung versagt, haben die oder der Dienstvorgesetzte der Beamtin oder dem Beamten den Schutz zu gewähren, den die dienstlichen Rücksichten zulassen.

(3) Über die Versagung der Genehmigung entscheidet die oberste Dienstbehörde. Sie kann diese Befugnis auf andere Behörden übertragen.

3. Verordnung Nr. 31 (EWG) 11 (EAG) über das Statut der Beamten und über die Beschäftigungsbedingungen für die sonstigen Bediensteten der Europäischen Wirtschaftsgemeinschaft und der Europäischen Atomgemeinschaft[1]

Artikel 19

118

Der Beamte darf die ihm bei seiner amtlichen Tätigkeit bekannt gewordenen Tatsachen nicht ohne Zustimmung seiner Anstellungsbehörde vor Gericht vorbringen oder über sie aussagen. Die Zustimmung darf nur versagt werden, wenn die Interessen der Gemeinschaften es erfordern und die Versagung für den Beamten keine strafrechtlichen Folgen haben kann. Diese Verpflichtung besteht für den Beamten auch nach seinem Ausscheiden aus dem Dienst.

Absatz 1 gilt nicht für Beamte oder ehemalige Beamte, die in Sachen eines Bediensteten oder ehemaligen Bediensteten der drei europäischen Gemeinschaften vor dem Gerichtshof der europäischen Gemeinschaften oder vor dem Disziplinarrat eines Organs als Zeuge aussagen.

4. Gesetz über die förmliche Verpflichtung nichtbeamteter Personen (Verpflichtungsgesetz)[2]

§ 1

119

(1) Auf die gewissenhafte Erfüllung seiner Obliegenheiten soll verpflichtet werden, wer, ohne Amtsträger (§ 11 Abs. 1 Nr. 2 des Strafgesetzbuches) zu sein,

1. bei einer Behörde oder bei einer sonstigen Stelle, die Aufgaben der öffentlichen Verwaltung wahrnimmt, beschäftigt oder für sie tätig ist,

2. bei einem Verband oder sonstigen Zusammenschluss, einem Betrieb oder Unternehmen, die für eine Behörde oder sonstige Stelle Aufgaben der öffentlichen Verwaltung ausführen, beschäftigt oder für sie tätig ist oder

3. als Sachverständiger öffentlich bestellt ist.

(2) Die Verpflichtung wird mündlich vorgenommen. Dabei ist auf die strafrechtlichen Folgen einer Pflichtverletzung hinzuweisen.

---

1 ABl. EWG Nr. 45 vom 14.6.1962, S. 1385.
2 BGBl. I 1974, 469, 1942.

(3) Über die Verpflichtung wird eine Niederschrift aufgenommen, die der Verpflichtete mit unterzeichnet. Er erhält eine Abschrift der Niederschrift; davon kann abgesehen werden, wenn dies im Interesse der inneren oder äußeren Sicherheit der Bundesrepublik Deutschland geboten ist.

(4) Welche Stelle für die Verpflichtung zuständig ist, bestimmt

1. in den Fällen des Absatzes 1 Nr. 1 und 2 bei Behörden oder sonstigen Stellen nach Bundesrecht die jeweils zuständige oberste Dienstaufsichtsbehörde oder, soweit eine Dienstaufsicht nicht besteht, die oberste Fachaufsichtsbehörde,

2. in allen übrigen Fällen diejenige Behörde, die von der Landesregierung durch Rechtsverordnung bestimmt wird.

5. Tarifvertrag für den öffentlichen Dienst der Länder (TV-L) vom 12. Oktober 2006 in der Fassung des Änderungstarifvertrages Nr. 2 vom 1. März 2009

§ 3 Allgemeine Arbeitsbedingungen

...

(2) Die Beschäftigten haben über Angelegenheiten, deren Geheimhaltung durch gesetzliche Vorschriften vorgesehen oder vom Arbeitgeber angeordnet ist, Verschwiegenheit zu wahren; dies gilt auch über die Beendigung des Arbeitsverhältnisses hinaus.

Kapitel 37:
Klärung und Wirkung der Weigerungsberechtigung

	Rz.		Rz.
§ 129 Erklärung der Zeugnisverweigerung, § 386 ZPO		IV. Beweiserhebung	32
		V. Zwischenentscheidung	
I. Ausübung des Zeugnisverweigerungsrechts	1	1. Entscheidungsform	33
		2. Entscheidungsgegenstand	34
II. Glaubhaftmachung der Grundlagen eines Weigerungsrechts		3. Reichweite der Entscheidung	35
		4. Nachfolgende Vernehmung	36
1. Spezifizierung und Nachprüfung der Gründe	6	VI. Kostenentscheidung	37
2. Nachweis der Tatsachen	7	VII. Rechtsmittel	
3. Verfahren	9	1. Sofortige Beschwerde	40
		2. Rechtsbeschwerde	45
III. Befreiung des Zeugen von der Pflicht zum Erscheinen	11	VIII. Zwischenstreit über schriftliche Zeugnisverweigerung, § 388	46
§ 130 Zwischenstreit über Zeugnisverweigerung, § 387 ZPO		**§ 131 Zeugnisverweigerung vor beauftragtem oder ersuchtem Richter, § 389 ZPO**	
I. Zwischenstreit			
1. Anwendungsbereich	14	I. Weigerung vor einem beauftragten oder ersuchten Richter	47
2. Zuständigkeit	17		
3. Streitparteien	18	II. Verfahren	
4. Aufnahme des Zwischenstreits	26	1. Kommissarischer Richter	49
II. Fortdauer der Beweisbedürftigkeit	28	2. Prozessgericht	51
III. Anhörung der Parteien	30	III. Rechtshilfe für ausländisches Gericht	55

§ 129 Erklärung der Zeugnisverweigerung, § 386 ZPO

I. Ausübung des Zeugnisverweigerungsrechts

Liegt ein Verhältnis des **§ 383 Abs. 1 Nr. 1–3** vor, hat das **Gericht** den **Zeugen zu belehren** (§ 383 Abs. 2). Kenntnis erlangt das Gericht durch eine Befragung des Zeugen zu seinen persönlichen Verhältnissen, sofern dazu nicht schon schriftsätzlich von den Parteien vorgetragen worden ist oder der Zeuge die Möglichkeit eines Verweigerungsrechts von sich aus angesprochen hat. In den Fällen der **§§ 376, 383 Abs. 1 Nr. 4–6** hat das Gericht **nicht** von sich aus zu **fragen**. In den Fällen des § 384 hat die **Initiative vom Zeugen** auszugehen, ohne dass eine Belehrungspflicht des Gerichts besteht. 1

Nimmt das Gericht ein Verhältnis an, das zur Zeugnisverweigerung berechtigt, und verweigert der Zeuge die Aussage, kann die **belastete Partei** geltend machen, dass das betreffende Verhältnis nicht oder nicht mehr besteht. Sie muss dies wegen **§ 295** vortragen. Die fehlerhafte Beurteilung durch das Gericht kann zusammen mit dem Endurteil als Verstoß gegen § 286 angegriffen werden. 2

Beruft sich der Zeuge auf ein Weigerungsrecht und folgt das Gericht dieser Auffassung nicht, so hat das Gericht nach **§ 387** vorzugehen. Für die Ausübung des Zeugnisverweigerungsrechts eines **Minderjährigen** trifft die ZPO keine Regelung. Entsprechend dem Gesetzgebungsvorschlag der Kommission für das Zivilprozessrecht von 3

851

1977[1] ist § 52 Abs. 2 StPO analog anzuwenden.[2] Bei mangelnder geistiger Reife ist die Zustimmung des zur Personensorge berechtigten gesetzlichen Vertreters erforderlich. **Abzulehnen** ist **ein Alleinentscheidungsrecht** des verstandsreifen **Minderjährigen**, das erhebliche prozessuale Konsequenzen für das Weigerungsverfahren hätte;[3] auswirken würde es sich auf die Entbindung von der Schweigepflicht, die Belehrung, die Führung eines Zwischenstreits und die Verhängung von Ordnungsmitteln.

4 Die **Weigerung** kann **vor** dem **Termin** schriftlich oder zu Protokoll der Geschäftsstelle erklärt werden. Sie kann hingegen **nicht konkludent** durch Fernbleiben von einem Vernehmungs- oder Untersuchungstermin ausgeübt werden. Ein Zwischenverfahren nach §§ 386 ff. kann dann nicht sinnvoll durchgeführt werden. Vielmehr ist gegen den Zeugen **sofort Ordnungsgeld** zu verhängen.[4]

5 Die von einer Aussage **belastete Partei** kann **nicht verhindern**, dass der Zeuge aussagt. Sie kann ihn nur auf sein Weigerungsrecht hinweisen, wenn das Gericht eine Belehrung unterlassen hat. Die in Kenntnis des Weigerungsrechts gemachte **Aussage** ist **voll zu verwerten**, ohne dass die beschwerte Partei selbst dies rügen könnte. Unterbleibt eine Befragung zur Sache, weil das Gericht ein Weigerungsrecht annimmt, sind Fragen einer Partei zurückzuweisen.

II. Glaubhaftmachung der Grundlagen eines Weigerungsrechts

1. Spezifizierung und Nachprüfung der Gründe

6 Das Gericht hat die Gründe nachzuprüfen, auf die der Zeuge ein Weigerungsrecht stützt. Schwierig wird die Angabe von Gründen, wenn der Zeuge darzulegen hat, inwieweit er unehrenhaft gehandelt hat, sich der Gefahr einer strafgerichtlichen Verfolgung aussetzen würde oder ein schützenswertes Geheimnis offenbaren müsste, ohne dass der Inhalt der gegebenenfalls berechtigt verweigerten Aussage bereits dargestellt wird. Das **Geheimnis braucht nicht offenbart** zu werden, wohl aber die **Art des Geheimnisses**.

2. Nachweis der Tatsachen

7 Die Tatsachen, auf die sich der Zeuge zu seiner Weigerung stützt, etwa das persönliche Verhältnis zu einer Partei, sind von ihm **glaubhaft zu machen** (zur Glaubhaftmachung Kap. 35 Rz. 18). Anzuwenden ist **§ 294**. Einer eidesstattlichen Versicherung bedarf es nicht, wenn sich der Zeuge als Vertrauensperson oder als Richter oder Beamter auf seine Verschwiegenheitspflicht beruft, oder wenn sich das Weigerungsrecht in sonstiger Weise aus dem Beweisthema ergibt. Auch dann kann jedoch zweifelhaft sein, ob der Zeuge die zu bekundende Tatsache in dienstlicher Eigenschaft oder als Privatperson wahrgenommen hat. Bei Bedenken über das Bestehen eines Verlöbnisses hat der BGH es für geboten gehalten, sich die Richtigkeit der Tatsachen eidlich versichern zu lassen.[5]

8 **Fehlt** es an einer **Glaubhaftmachung** oder sieht das Gericht die Glaubhaftmachung als unzureichend an, hat das Gericht nach § 387 vorzugehen. § 390 ist zunächst noch

---
1 Kommissionsbericht S. 136, 344.
2 Zum Erfordernis der Bestellung eines Ergänzungspflegers OLG Nürnberg MDR 2010, 996; OLG Brandenburg Rpfleger 2012, 101; OLG Karlsruhe Rpfleger 2012, 536 = MDR 2012, 653.
3 *Ahrens* Festschrift G. Fischer (2010), S. 1, 7, 11.
4 A.A. OLG Nürnberg MDR 1964, 242.
5 BGH NJW 1972, 1334 (zur StPO).

nicht anzuwenden. Die Weigerung ist dann als unzulässig und nicht als unbegründet zu erklären.

3. Verfahren

Die Erklärungen des Zeugen unterliegen **nicht** dem **Anwaltszwang** (vgl. § 386 Abs. 3). Der Zeuge ist nicht verpflichtet, **mehrere** in Betracht kommende **Weigerungsrechte** gleichzeitig vorzubringen. Wird ein zunächst vorgebrachter Grund vom Gericht nicht akzeptiert, hat der Zeuge unbeschränkt die Möglichkeit, einen **neuen Grund** vorzubringen (s. auch Rz. 34 und Kap. 8 Rz. 108). Eine unzureichende oder fehlende Glaubhaftmachung kann nachgeholt werden, solange über den Weigerungsgrund nicht rechtskräftig durch Zwischenurteil (§ 387 Abs. 3) entschieden worden ist.

9

Von einer Weigerung und dem dafür vorgebrachten Grund sind die **Parteien formlos in Kenntnis** zu setzen (§ 386 Abs. 4). Sie haben dann die Möglichkeit, auf den Zeugen zu **verzichten**, was auch konkludent durch Nichtbestreiten des Weigerungsgrundes oder durch rügeloses Verhandeln geschehen kann, oder eine notwendige **Schweigepflichtentbindung** zu erklären.

10

III. Befreiung des Zeugen von der Pflicht zum Erscheinen

Der Zeuge ist nach § 386 Abs. 3 vom Erscheinen vor Gericht befreit, wenn er sich dem Gericht gegenüber zuvor **schriftlich** oder durch Erklärung zu **Protokoll der Geschäftsstelle** auf sein Weigerungsrecht berufen hat. Das Kollegialgericht wird darüber nach § 388 informiert. Die Befreiung gilt solange, **bis** über das Bestehen eines Weigerungsrechtes **rechtskräftig entschieden** worden ist.[1] Nicht einschlägig sind die Fälle der schriftlichen Zeugenaussage (§ 377 Abs. 3).

11

Der Zeuge braucht einer **erneuten Ladung zur Vernehmung nicht** Folge zu leisten, etwa wenn er die Weigerung gegenüber dem kommissarischen Richter erklärt hat und anschließend vom Prozessgericht geladen wird. Unerheblich ist, ob die Weigerung zulässig oder begründet ist; darüber ist zunächst im Verfahren nach § 387 zu entscheiden.

12

Weigert sich der Zeuge **ohne Angabe von Gründen**, ist er vom Erscheinen nicht befreit. Gegen ihn kann sofort nach § 390 vorgegangen werden.

13

§ 130 Zwischenstreit über Zeugnisverweigerung, § 387 ZPO

I. Zwischenstreit

1. Anwendungsbereich

§ 387 sieht ein Zwischenverfahren als Teil des Beweisaufnahmeverfahrens[2] vor. Die Norm gilt nicht nur für die **Überprüfung von Weigerungsgründen** des **Zeugen**, sondern auch des **Sachverständigen** (kraft Verweisung durch § 402; s. Kap. 42 Rz. 39 und Kap. 43 Rz. 14). Darüber hinaus wird in dem Zwischenverfahren gem. § 372a Abs. 2 S. 1 bzw. § 178 Abs. 2 S. 1 FamFG über die Weigerung von Personen entschieden, die sich einer medizinischen **Untersuchung zur Abstammungsfeststellung** unterziehen

14

---
1 OLG Düsseldorf MDR 2010, 712.
2 Stein/Jonas/*Berger*[22] § 387 Rz. 2.

müssen.[1] **Nicht am Prozess beteiligte Dritte**, die Urkunden, Dokumente oder sonstige Gegenstände gem. § 142 Abs. 2 vorlegen oder deren Besichtigung nach § 144 Abs. 2 dulden müssen[2] und denen ein Zeugnisverweigerungsrecht zusteht oder die sich auf fehlende Zumutbarkeit berufen, müssen die Weigerung ebenfalls im Zwischenverfahren klären lassen.

15 § 387 regelt **nur** den **verfahrensmäßigen Ablauf** des Zwischenstreits. Das Verfahren soll dem Zeugen bzw. einer Untersuchungsperson oder einem von einer Anordnung betroffenen Dritten einen **förmlichen Rechtsschutz** eröffnen.[3] Ein Zwischenstreit erübrigt sich in Verfahren, wenn keine Partei das Weigerungsrecht bestreitet.[4] Das Nichtbestreiten des Weigerungsgrundes bedeutet einen **konkludenten Verzicht** des Beweisführers auf den Zeugen oder auf die Ausübung des Rechts nach § 399 durch den Beweisgegner.[5] Soweit der Amtsermittlungsgrundsatz gilt und das Gericht selbst einen Zeugen heranzieht, findet die Prüfung des Weigerungsrechts von Amts wegen statt[6] (dazu auch Rz. 19).

16 Die **Weigerungsgründe** sind den §§ 383 f. bzw. den §§ 142 Abs. 2, 144 Abs. 2 zu entnehmen.[7] § 372a Abs. 2 und § 178 Abs. 2 FamFG enthalten für die Verweigerung der Abstammungsuntersuchung eine eigenständige und abschließende Regelung.[8] Ob der **Beweisbeschluss** zu Recht erlassen worden ist, kann im Zwischenverfahren grundsätzlich **nicht überprüft** werden (vgl. dazu auch Kap. 13 Rz. 129 und 131).[9] Jedoch gibt es verfassungsrechtlich begründete **Durchbrechungen** des Grundsatzes (dazu Kap. 13 Rz. 134 ff.). Werden Weigerungsgründe nicht vorgebracht, sondern wird nur die Beweiserhebung durch Nichterscheinen oder Nichtaussage behindert, bedarf es keines Zwischenverfahrens.

2. Zuständigkeit

17 Über den Zwischenstreit zum Zeugnisverweigerungsrecht entscheidet das **Prozessgericht** aufgrund mündlicher Verhandlung oder im schriftlichen Verfahren.[10] Dazu sind die Parteien hinzuzuziehen. Der **ersuchte** oder der **beauftragte Richter** sind für die Entscheidung **nicht** zuständig. Zuständig ist allerdings der deutsche Rechtshilferichter für eine Weigerungsprüfung gegenüber einem **ausländischen Rechtshilfeersuchen**,[11] weil sich die Weigerungsgründe nach dem Recht des Beweisaufnahmestates richten.

---

1 OLG München NJW 2011, 2892, 2893.
2 Dazu OLG Stuttgart NJW 2011, 1745, 1746 m. Anm. *Stadler* = VersR 2011, 1463 = MDR 2011, 753.
3 Musielak/*Huber*[10] § 387 Rz. 1.
4 Musielak/*Huber*[10] § 387 Rz. 1; einschränkend Zöller/*Greger*[30] § 387 Rz. 2.
5 Stein/Jonas/*Berger*[22] § 387 Rz. 5.
6 MünchKommZPO/*Damrau*[4] § 387 Rz. 1 u. 4.
7 Vgl. dazu OLG Stuttgart NJW-R 2007, 250, 251; s. ferner OLG Köln OLGRep. 2004, 337, 338.
8 OLG Karlsruhe OLGR 2007, 127, 128 = FamRZ 2007, 738, 740.
9 BGH FamRZ 2007, 549; OLG Stuttgart NJW-RR 2007, 250, 252. Zu einem Sonderfall der Überprüfung auch der Beweisanordnung im Zwischenstreit um ein heimlich eingeholtes DNA-Vaterschaftsgutachten BGH NJW 2006, 1657 Rz. 29.
10 OLG Frankfurt NJW 1968, 1240.
11 Ebenso MünchKommZPO/*Damrau*[4] § 387 Rz. 6.

3. Streitparteien

Der Zwischenstreit findet regelmäßig zwischen den Parteien und dem Zeugen statt.[1] Der sich weigernde **Zeuge** hat im Zwischenstreit die **Stellung einer Partei**.[2] Sein **Gegner** ist der **Beweisführer** bzw. im Falle des § 399 der Beweisgegner.[3] Im erweiterten Anwendungsbereich des § 387 (Rz. 14) stehen dem Zeugen die zu untersuchende Person, der Sachverständige oder der prozessunbeteiligte Dritte[4] gleich. 18

Soweit Tatsachen von Amts wegen zu ermitteln sind, kommt es auf das Verhalten der Parteien nicht an. Für den Zwischenstreit über die Pflicht zur **Duldung einer Abstammungsuntersuchung** kann der zu untersuchenden Person **Prozesskostenhilfe** bewilligt werden.[5] 19

Der Zeuge muss prozessfähig sein, benötigt nach § 387 Abs. 2 aber anders als die Parteien **keinen Anwalt**. Jedoch darf er sich eines Anwalts oder sonstigen Vertreters bedienen (zur Kostenerstattung Kap. 19 Rz. 19). 20

Der nicht prozessfähige Zeuge wird durch seinen **gesetzlichen Vertreter** vertreten, der notfalls zu laden ist; dies gilt auch für den über 14 Jahre alten **einsichtsfähigen minderjährigen Zeugen**[6] oder dessen Untersuchungsverweigerung[7] im Rahmen der Begutachtung zur Abstammungsfeststellung vor. Offenbar parallel zur Behandlung der Einwilligungsfähigkeit bei anderen medizinischen Untersuchungen soll es nach Ansicht des **BGH** abweichend von der hier vertretenen Auffassung und abweichend von der gesetzlichen Regelung der §§ 51 Abs. 1, 52 ZPO i.V.m. § 106 BGB auf die **tatsächliche Verstandesreife** des Minderjährigen ankommen.[8] Diese Reife kann schon vor Vollendung des 18. Lebensjahres gegeben sein, auch wenn daran ein strenger Maßstab anzulegen sein dürfte, weil die Reichweite der statusrelevanten Feststellungen nichts mit dem Verständnis der körperlichen Untersuchung (Blutentnahme) zu tun hat. Konsequent muss ein derartiger Minderjähriger dann auch ohne Zustimmung des gesetzlichen Vertreters selbst den Zwischenstreit (einschließlich der Rechtsmitteleinlegung) führen können, wie das OLG Celle angenommen hat.[9] Daran zeigt sich die Bedenklichkeit des Abstellens auf die tatsächliche Verstandesreife (ablehnend zur Teilprozessfähigkeit Kap. 8 Rz. 15 und 80). 21

Erfolgt die **Vernehmung von Amts wegen** (dazu auch Rz. 15), **kann** das **Gericht** durch **Zwischenurteil** entscheiden, auch wenn sich keine Partei gegen die Aussageverweigerung wendet. Wendet sich in diesem Fall eine Partei gegen die Weigerung, ist die Entscheidung durch Zwischenurteil zweckmäßig. Das Gericht kann aber auch dann die Entscheidung dem Endurteil vorbehalten. Es muss sich zu der Berechtigung äußern, wenn eine **Partei** ausdrücklich die **Vernehmung** des Zeugen **beantragt**. 22

Der **Beweisgegner** darf nicht ohne Weiteres als Streitgenosse des Beweisführers auftreten.[10] Er hat nur die Möglichkeit, sich durch **gegenbeweisliche Benennung** desselben Zeugen zur Partei des Zwischenstreits zu machen. Zwischenstreitpartei wird der 23

---
1 RGZ 13, 414; RGZ 20, 378, 379; RGZ 28, 437, 439.
2 OLG Frankfurt NJW 1968, 1240; OLG Köln MDR 1973, 857.
3 OLG Hamburg MDR 1963, 852; OLG Köln VersR 1974, 553.
4 OLG Stuttgart NJW 2011, 1745, 1746.
5 OLG Hamburg FamRZ 2009, 1232.
6 A.A. MünchKommZPO/*Damrau*[4] § 387 Rz. 7; Stein/Jonas/*Berger*[22] § 387 Rz. 2; Zöller/*Greger*[30] § 387 Rz. 3.
7 OLG Jena NJW-RR 2007, 306, 1307.
8 BGH NJW 2006, 1657 Rz. 30; ebenso OLG Jena NJW-RR 2007, 1306, 1307 (ab Vollendung des 14. Lebensjahres).
9 OLG Celle OLGRep. 1998, 290, 291.
10 OLG Hamburg MDR 1963, 852; a.A. OLG Köln VersR 1974, 553.

Beweisgegner auch, wenn er gem. § 399 zum Beweisführer wird,[1] weil der ursprüngliche Beweisführer auf den Zeugen angesichts dessen Weigerung verzichtet.

24 Bekämpfen **beide Parteien gemeinsam** die Weigerung des Zeugen, sind sie **notwendige Streitgenossen**.[2] Bekämpft nur der Beweisführer die Weigerung ausdrücklich, während sich der Beweisgegner nicht äußert, bleibt ihm der nachträgliche Eintritt in den Zwischenstreit möglich, und zwar auch mit dem Rechtsmittel. Der **Beweisgegner kann** dem Zwischenstreit auch **auf Seiten des Zeugen beitreten** und ist dann dessen notwendiger Streitgenosse.[3]

25 Beruft sich der Zeuge auf eine Verschwiegenheitspflicht, wird der **Inhaber des Geheimnisses**, etwa die Dienstbehörde, **nicht** zum Streitbeteiligten.[4]

4. Aufnahme des Zwischenstreits

26 Wenigstens der **Beweisführer** muss den Zwischenstreit aufnehmen. Erklärt er sich zu der Weigerung des Zeugen nicht, liegt darin ein **schlüssiger Verzicht** auf den Zeugen (Rz. 15). Der **Beweisgegner** kann sich dann aber seinerseits gem. § 399 gegenbeweislich auf den Zeugen berufen und damit den Zwischenstreit aufnehmen, immer vorausgesetzt, das Beweisaufnahmeerfordernis besteht fort, weil der Beweisführer versucht, den Hauptbeweis mit anderen Beweismitteln zu führen.

27 Der **Streit erledigt sich**, wenn der Zeuge seine Ansicht wechselt und aussagt.

II. Fortdauer der Beweisbedürftigkeit

28 Die Vernehmung und damit die Relevanz der Aussageverweigerung **entfällt**, wenn der **Beweisführer auf** den **Zeugen** ausdrücklich oder konkludent **verzichtet**. Das kann auch dadurch geschehen, dass der Beweisführer den Weigerungsgrund anerkennt[5] oder die Unrechtmäßigkeit der Weigerung nicht rügt.[6] Besteht der Weigerungsgrund in fehlender **Entbindung von der Schweigepflicht** durch eine Partei und tritt die Partei der Weigerung des Zeugen nunmehr entgegen, liegt darin die Erteilung der Erlaubnis.

29 Bezieht sich die Weigerung nur auf eine **einzelne Beweisfrage** und sieht das Gericht die Frage als **nicht entscheidungserheblich** an, kann die unterliegende Partei lediglich die Verletzung des § 286 rügen.

III. Anhörung der Parteien

30 Über den Zwischenstreit ist **vor** dem **Prozessgericht** zu verhandeln. § 387 Abs. 1 schreibt die Anhörung der Parteien vor. Die Weigerung kann aber **auch ohne Anhörung abgelehnt** werden.

31 Ein **Versäumnisverfahren** findet **weder gegen** die **Partei noch** gegen den **Zeugen** (vgl. § 388) statt. Aus der Abwesenheit der Partei kann weder auf einen Verzicht auf die Vernehmung noch auf eine Anerkennung des Weigerungsgrundes geschlossen werden. Wird der Weigerung stattgegeben, bedarf es der Anhörung der Partei nur, wenn

---

[1] OLG Hamburg MDR 1963, 852.
[2] RGZ 28, 437, 439; a.A. OLG Hamburg FamRZ 1965, 277.
[3] Musielak/*Huber*[10] § 387 Rz. 2; MünchKommZPO/*Damrau*[4] § 387 Rz. 7.
[4] A.A. OLG München BayMBl. 1955, 205 (für Dienstbehörde).
[5] RGZ 28, 378, 380.
[6] BGH MDR 1954, 678; RG Warn. 1912, 229; RG JW 1999, 534.

Zwischenstreit über Zeugnisverweigerung   Rz. 34 **Kapitel 37**

sie sich bis zum Erlass der Zwischenentscheidung äußert. Zum **Verfahren** vor dem **beauftragten oder ersuchten Richter** s. § 389.

IV. Beweiserhebung

Außerhalb des § 294 werden **keine Beweise** erhoben. Hängt die Berechtigung der Weigerung von einer noch beschaffbaren Erlaubnis eines anderen ab (§§ 376, 385 Abs. 2), so ist **im Falle des § 376** diese Voraussetzung **von Amts wegen** zu klären. Im Falle des § 385 Abs. 2 gilt dies aber nur, wenn auch der Beweis von Amts wegen erhoben wird. Im Übrigen ist dem Beweisführer eine **Frist gem.** § 356 zu setzen. Die Beweislast für das Vorliegen einer Schweigepflichtentbindung trifft den Beweisführer (Kap. 36 Rz. 55). Stellt der Beweisführer keine **Beweisanträge zur Tatsachenbasis des Weigerungsgrundes**, bleibt der Weigerungsgrund offen; es ergeht keine Zwischenentscheidung. 32

V. Zwischenentscheidung

1. Entscheidungsform

Die Entscheidung ergeht nach § 387 Abs. 3 durch **Zwischenurteil**. Regelmäßig wird das Urteil **verkündet**. Zugestellt wird es nur im Verfahren ohne mündliche Verhandlung nach § 128 Abs. 2. Im freigestellten mündlichen Verfahren darf auch durch **Beschluss** entschieden werden.[1] Durch Beschluss ist auch im FGG-Verfahren zu entscheiden, soweit das FamFG auf die Beweisaufnahme nach ZPO-Regeln verweist.[2] **Notwendig** ist aber eine **förmliche Entscheidung** über den Weigerungsgrund, etwa bei Verweigerung einer **Abstammungsuntersuchung**; eine formlose Meinungsäußerung des Gerichts reicht als Voraussetzung für Zwangsmaßnahmen nach § 372a Abs. 2 S. 1 und 2 bzw. § 178 Abs. 2 S. 1 und 2 FamFG nicht aus.[3] 33

2. Entscheidungsgegenstand

Die Entscheidung enthält den Ausspruch über die **Bestätigung oder** die **Ablehnung** der Weigerung des Zeugen über den geltend gemachten Weigerungsgrund.[4] Nach **Rechtskraft** der Entscheidung darf der Zeuge **andere** gesetzliche **Weigerungsgründe** vorbringen (s. auch Rz. 9 und Kap. 8 Rz. 108).[5] Soweit § 387 kraft der Verweisung in §§ 142 Abs. 2, 144 Abs. 2 anwendbar ist, ist nicht nur über das Vorliegen eines Zeugnisverweigerungsrechts zu befinden, sondern auch über die **Unzumutbarkeit der Dokumentenvorlage**;[6] dabei treten Zumutbarkeitserwägungen nicht als selbständiger Prüfungsgesichtspunkt neben die gesetzlich ausgeformten Weigerungsrechte.[7] Weitere Themen, etwa die Zulässigkeit der Beweisanordnung bzw. Dokumentenvorlage unter dem Gesichtspunkt unzulässiger Ausforschung, sind nicht zu prüfen.[8] 34

---

1 Zum Insolvenzverfahren so OLG Düsseldorf NJW 1964, 2357.
2 OLG München NJW 2011, 2892, 2893.
3 OLG Dresden NJW-RR 1999, 84 = FamRZ 1999, 448, 449.
4 OLG Hamm FamRZ 1999, 939, 940; Musielak/*Huber*[10] § 387 Rz. 3.
5 Stein/Jonas/*Berger*[22] § 386 Rz. 4.
6 OLG Köln OLGRep. 2004, 337, 338.
7 OLG Stuttgart NJW-RR 2007, 250, 251.
8 OLG Stuttgart NJW-RR 2007, 250, 252.

3. Reichweite der Entscheidung

35 Die **rechtskräftige Entscheidung** über die Zeugnisverweigerung **wirkt für** das **gesamte Verfahren**,[1] nicht aber darüber hinaus. Allerdings darf der Zeuge noch nachträglich auf sein Weigerungsrecht verzichten. Damit steht seine Vernehmung offen.

4. Nachfolgende Vernehmung

36 Der sich weiterhin weigernde Zeuge ist **nicht vor Rechtskraft** des Zwischenurteils zu **vernehmen** (§ 390 Abs. 1). Hat der Zeuge erfolgreich von seinem Weigerungsrecht Gebrauch gemacht, ist einem **erneuten Beweisantrag** auf seine Vernehmung nur stattzugeben, wenn anzunehmen ist, dass der Zeuge bestimmt zur Aussage bereit ist. Diese Voraussetzung hat die antragstellende Partei in der Regel durch eine schriftliche Erklärung des Zeugen zu belegen.[2]

VI. Kostenentscheidung

37 Im Zwischenurteil ist über die (zusätzlichen) Kosten des Zwischenverfahrens zu entscheiden.[3] Mangels Kostenausspruchs ist § 321 anzuwenden. Wird die **Weigerung** für **begründet** erklärt, sind die Kosten der Partei aufzuerlegen, die das Recht bestritten hat, regelmäßig also dem Beweisführer. Den Beweisgegner treffen ebenfalls die Kosten, wenn er am Streit beteiligt ist; er ist dann Gesamtschuldner. Ist der Beweis von Amts wegen zu erheben, treffen den Beweislastträger die Kosten. Die Kostenverteilung ändert sich nicht, wenn die Aussage an der fehlenden Erlaubnis einer Partei, gleich welcher, scheitert.[4]

38 Wird die **Weigerung** für **unzulässig** oder **unbegründet** erklärt, werden die **Kosten** nach § 91 dem **Zeugen auferlegt**. Die Kostengrundentscheidung umfasst die Kosten der Parteien. Besondere Kosten entstehen aber nicht, wenn der Zeuge, nachdem die Unbegründetheit festgestellt worden ist, sich noch in derselben Verhandlung zur Vernehmung bereiterklärt. Wird dem Antrag des Zeugen zum Teil entsprochen, ergeht die Kostenentscheidung nach § 92.

39 Die Kostenentscheidung ist für **vorläufig vollstreckbar** zu erklären.

VII. Rechtsmittel

1. Sofortige Beschwerde

40 Gegen das Zwischenurteil des **erstinstanzlichen Gerichts** ist die **sofortige Beschwerde** statthaft (§ 387 Abs. 3). Entscheidungen der Oberlandesgerichte unterliegen nicht der sofortigen Beschwerde.

41 Die Beschwerde steht nur dem **beschwerten Teil** zu. Das ist der **Zeuge**, wenn sein Weigerungsrecht verworfen worden ist,[5] nicht aber auch der Beweisgegner, weil er die Aussage des aussagebereiten Zeugen nicht verhindern kann. Dem **Beweisführer** steht das Beschwerderecht zu, wenn das Gericht den Weigerungsgrund bestätigt.[6] Der

---

1 RG Warn. 1909, 249.
2 OLG Köln NJW 1975, 2074.
3 OLG München Rpfleger 1969, 358; BFH BB 1972, 119.
4 OLG Köln LZ 1925, 162.
5 RGZ 20, 378, 379.
6 RGZ 20, 378; KG JW 1938, 738; OLG Hamburg MDR 1963, 852.

Beweisgegner ist beschwert, wenn er die Vernehmung erzwingen kann und will. Kann der Zeuge seine Weigerung auf ein Grundrecht stützen, hat er die Möglichkeit einer **Verfassungsbeschwerde** gegen das ablehnende rechtskräftige Zwischenurteil[1] (s. auch Kap. 13 Rz. 134 ff.).

Wird **fehlerhaft erst im Endurteil** über die Zeugnisverweigerung entschieden, ist die sofortige Beschwerde ebenfalls gegeben.[2] Allerdings eröffnet die fehlerhafte Aufnahme in die Endentscheidung kein Rechtsmittel, wenn gegen das Endurteil in der Hauptsache kein Rechtsmittel gegeben ist, oder wenn die sofortige Beschwerde nicht statthaft ist, weil ein Oberlandesgericht entschieden hat. 42

Die **Frist** für die Einlegung der sofortigen Beschwerde beginnt **mit** der **Zustellung** des Zwischenurteils. 43

Die sofortige Beschwerde **hindert nicht** den **Fortgang des Hauptverfahrens**. Kommt es aber gerade auf die Vernehmung des Zeugen an und ist seine Einrede verworfen worden, so ist die Rechtskraft des Zwischenurteils abzuwarten. Nach Eintritt der Rechtskraft ist von Amts wegen neuer Termin zu bestimmen Die sofortige Beschwerde wird gegenstandslos, wenn das Hauptverfahren rechtskräftig beendet worden ist, nicht aber, wenn nur die Instanz beendet worden ist oder wenn das Revisionsgericht das Berufungsurteil nebst dem ihm zugrunde liegenden Verfahren aufgehoben und zurückverwiesen hat.[3] 44

2. Rechtsbeschwerde

Die Rechtsbeschwerde ist nur unter den Voraussetzungen des § 574 statthaft. Sie kann nicht analog § 522 Abs. 1 S. 4 erhoben werden, weil die **Erstbeschwerde als unzulässig verworfen** wurde; diese Norm ist auf Rechtsmittel gegen Endurteile beschränkt.[4] 45

VIII. Zwischenstreit über schriftliche Zeugnisverweigerung, § 388

Weigert sich der Zeuge unter Angabe einer Begründung schon **vor Beginn der mündlichen Verhandlung**, kann er seine Gründe schriftlich oder zu Protokoll der Geschäftsstelle erklären. Er braucht dann gem. § 386 Abs. 3 **nicht** zum Verhandlungstermin **zu erscheinen**. In diesem Falle übernehmen der Berichterstatter des Verfahrens oder der Vorsitzende selbst den **Vortrag der Gründe in** der **mündlichen Verhandlung**. 46

§ 131 Zeugnisverweigerung vor beauftragtem oder ersuchtem Richter, § 389 ZPO

I. Weigerung vor einem beauftragten oder ersuchten Richter

§ 389 regelt nur das Verfahren bei der Zeugnisverweigerung vor dem beauftragten oder ersuchten Richter. Wird die Aussage vor dem beauftragten oder ersuchten Richter verweigert, entscheidet über die **Berechtigung der Gründe** das **Prozessgericht**. Der kommissarische Richter kann aber die dafür erforderlichen Grundlagen schaffen.[5] 47

---
1 BVerfGE 5, 13, 14.
2 RG JW 1928, 1344; RGZ 106, 57, 58; KG JW 1926, 1597.
3 A.A. BayObLG NJW 1957, 386.
4 BGH FamRZ 2007, 549.
5 BGH NJW 1990, 2936, 2937.

48 Ohne Wirkung ist eine Weigerung **ohne Angabe von Gründen**. In diesem Falle darf und muss der kommissarische Richter nach §§ 390, 400 Entscheidungen treffen, wenn der Zeuge verpflichtet ist, Gründe anzugeben.[1]

II. Verfahren

1. Kommissarischer Richter

49 Der kommissarische Richter hat die **im Vernehmungstermin** abgegebenen Erklärungen des Zeugen zum Weigerungsgrund in das **Protokoll** aufzunehmen (Abs. 1). Die Erklärungen der anwesenden Parteien sind ebenfalls zu protokollieren. Ihr Schweigen ist auch in dieser Verfahrenssituation als Verzicht auf den Zeugen (§ 399) zu bewerten[2] (Kap. 39 Rz. 133). Erscheint die Partei nicht, ist darin kein Verzicht auf die Vernehmung des Zeugen zu sehen.

50 Der Zeuge kann ihm die Gründe allerdings auch **schon vorher schriftlich** übermitteln **oder der Geschäftsstelle zu Protokoll** geben. Die Parteien sind von einer vor dem Vernehmungstermin erklärten Weigerung von der Geschäftsstelle zu benachrichtigen (§ 386 Abs. 4). Der kommissarische Richter hat den Vernehmungstermin abzusagen und die Akten dem Prozessgericht zurückzugeben. Die Sache ist dann so zu behandeln, als habe der Zeuge die Weigerung gegenüber dem Prozessgericht erklärt.

2. Prozessgericht

51 Weigert sich der Zeuge gegenüber dem Prozessgericht, so benachrichtigt dieses die Parteien und fordert die Akten vom kommissarischen Richter zurück. **§ 389** ist dann **nicht anzuwenden**.

52 Werden die Akten berechtigterweise an das Prozessgericht zurückgegeben, setzt das Prozessgericht **Termin** an und **lädt den Zeugen** als Partei des Zwischenstreits **sowie** die **Prozessparteien zur mündlichen Verhandlung** über den Weigerungsgrund. Die mündliche Verhandlung beginnt mit dem Vortrag des Berichterstatters über die vom Zeugen und den Parteien abgegebenen Erklärungen.

53 Der Zeuge ist ebenso wie die Prozessparteien[3] **mit im Termin nachgeschobenen Tatsachen** und Beweismitteln **ausgeschlossen**, die den geltend gemachten Weigerungsgrund zusätzlich stützen oder bekämpfen sollen.[4] Der Zwischenstreit soll aufgrund des Termins abschließend entschieden werden können. Dies schließt auch ein nachträgliches Vorbringen nach dem Termin aus.[5] Zulässig ist es, die vorgebrachten Tatsachen unter anderem rechtlichen Gesichtspunkt zu würdigen. Unabhängig von der Regelung des § 389 Abs. 3 2. Hs. kann der Zeuge ein **neues Weigerungsrecht** vor dem Prozessgericht geltend machen.

54 Entschieden wird wie im Falle des § 387 durch **Zwischenurteil**.

---

[1] BGH NJW 1990, 2936, 2937.
[2] Musielak/*Huber*[10] § 389 Rz. 1; a.A. MünchKommZPO/*Damrau*[4] § 389 Rz. 4; Stein/Jonas/*Berger*[22] § 389 Rz. 1.
[3] Insoweit a.A. Thomas/Putzo/*Reichold*[33] § 389 Rz. 2; wohl auch Stein/Jonas/*Berger*[22] § 389 Rz. 2. Wie hier Zöller/*Greger*[30] § 389 Rz. 2.
[4] Teilweise a.A. MünchKommZPO/*Damrau*[4] § 389 Rz. 6: Vorbringen des Zeugen im Termin zulässig bis zur Berichterstattung.
[5] MünchKommZPO/*Damrau*[4] § 389 Rz. 6.

III. Rechtshilfe für ausländisches Gericht

Hat ein deutsches Gericht im Wege der Rechtshilfe eine **Blutentnahme** für einen ausländischen Abstammungsprozess vornehmen zu lassen, richtet sich die Verpflichtung zur Duldung der Blutentnahme nach deutschem Recht. **Abweichend von § 389 Abs. 2** entscheidet über den Zwischenstreit, der über die Rechtmäßigkeit einer Verweigerung der Blutentnahme geführt wird, das ersuchte deutsche Gericht.[1]

---

1 OLG Frankfurt NJW-RR 1988, 714.

Kapitel 38: Schriftliche Zeugenaussage

	Rz.		Rz.
§ 132 Abweichungen von der mündlichen Vernehmung		**§ 134 Verfahren der schriftlichen Beweiserhebung**	
I. Unmittelbarkeit der Beweisaufnahme	1	I. Beweisanordnung des Prozessgerichts	14
II. Kein Zwang zur schriftlichen Beantwortung	5	II. Mitteilung des Beweisthemas	16
III. Beweiswert	6	III. Hinweis- und Belehrungspflicht	18
§ 133 Voraussetzungen in der Person des Zeugen		IV. Ausbleibende fristgerechte Beantwortung	21
I. Antwortfähigkeit des Zeugen	7	V. Nachfolgende Verhandlung	22
II. Glaubwürdigkeitsbeurteilung	12	VI. Ergänzung bzw. Erläuterung	23
		VII. Rechtsfolgen bei Verfahrensverstoß	29

§ 132 Abweichungen von der mündlichen Vernehmung

I. Unmittelbarkeit der Beweisaufnahme

1 § 377 Abs. 3 lässt in Durchbrechung des Grundsatzes der Unmittelbarkeit der Beweisaufnahme die schriftliche Beantwortung der Beweisfrage durch den Zeugen zu. Sie soll das **Verfahren** in geeigneten Fällen **vereinfachen und beschleunigen**, indem dem Zeugen, den Parteien und dem Gericht der Zeitaufwand für einen Beweisaufnahmetermin und die damit verbundenen Kosten erspart bleiben.[1] Dabei sind die grundrechtlich geschützte allgemeine **Handlungsfreiheit des Zeugen** und dessen Freiheit der Berufsausübung als Grundlagen des Entlastungszwecks **gegen** den voraussichtlichen **Erkenntnisgewinn** einer persönlichen Vernehmung statt einer schriftlichen Aussage abzuwägen.[2]

2 Da das Gericht anhand der schriftlichen Aussage die Glaubwürdigkeit eines Zeugen nicht beurteilen kann, ist die schriftliche Zeugenaussage **auf** die **Ausnahmefälle beschränkt**, in denen das Gericht davon ausgehen kann, dass die schriftliche Beantwortung der Beweisfrage ohne persönlichen Eindruck des Gerichts vom Zeugen und ohne Mitwirkung der Parteien bei der Beweisaufnahme – insbesondere ohne Ausübung ihres Fragerechts (§ 397) – ausreichen wird, um die richterliche Überzeugung zu begründen.[3] Es muss also ein **vollwertiger Ersatz** einer Zeugenaussage **zu erwarten** sein.[4] Auch ohne diese Erwartung darf eine schriftliche Aussage im FamFG-Verfahren angeordnet werden.[5]

3 Die Schriftlichkeit der Aussage ändert nichts daran, dass es sich um eine **besondere Form des Zeugenbeweises** handelt, die Regeln über den **Urkundenbeweis also nicht** anwendbar sind.[6] Auch der schriftliche Zeugenbeweis darf daher – abgesehen von den

---

1 BT-Drucks. 11/3621, S. 22.
2 OLG Frankfurt OLGRep. 2008, 76 (dort: gleichartige Anträge auf Vernehmung eines Steuerberaters durch dieselbe Anwaltskanzlei in 300 gleichartigen Kapitalanlagefällen zur Frage, ob ein notarielles Vertragsangebot zu einem bestimmten Zeitpunkt vorgelegen hatte).
3 BT-Drucks. 11/3621, S. 22.
4 LG Gießen MDR 1996, 200; Baumbach/Lauterbach/*Hartmann*[71] § 377 Rz. 10.
5 Baumbach/Lauterbach/*Hartmann*[71] § 377 Rz. 10.
6 KG JW 1936, 1309, 1310.

Offizialverfahren – nur auf Beweisantritt einer Partei i.S.d. § 373 erhoben werden. Darin unterscheidet er sich von der Verwertung eines Aussageprotokolls aus anderen Verfahren, die im Wege des Urkundenbeweises in den Zivilprozess eingeführt werden.[1] Im Gegensatz zur **amtlichen Auskunft** gem. § 273 Abs. 2 Nr. 2, die den Kenntnisstand der Behörde mitteilt, gibt die schriftliche Zeugenaussage die persönliche Wahrnehmung der Auskunftsperson wieder.[2] **Keine schriftliche Zeugenaussage** sondern Sachverständigengutachten ist die **Ermittlung der Verkehrsauffassung** durch demoskopisches Gutachten.

§ 377 Abs. 3 ist auch auf **Zeugen** anwendbar, die sich **im Ausland aufhalten**.[3] Da eine Pflicht zur eidesstattlichen Versicherung nicht mehr besteht, ist ein Eingriff in fremde Hoheitsrechte nicht zu befürchten.[4] Jedenfalls darf die Ablehnung der Einholung einer schriftlichen Zeugenaussage im Ausland nicht mit der vagen Annahme begründet werden, der betroffene Staat betrachte dies als Eingriff in seine Gerichtshoheit.[5]

4

II. Kein Zwang zur schriftlichen Beantwortung

Der Zeuge kann zur schriftlichen Beantwortung der Beweisfrage – anders als ein Sachverständiger gem. § 411 Abs. 2 – nicht gezwungen werden (ebenso wenig zur Abgabe einer Versicherung an Eides statt[6]). **§ 380 ist nicht anwendbar.**[7]

5

III. Beweiswert

Lagen die Voraussetzungen für eine schriftliche Zeugenaussage vor, ist deren **Beweiswert nicht notwendig geringer** als der einer mündlichen Aussage.[8] Die schriftliche Zeugenaussage ist anders als ein im Wege des Urkundenbeweises verwertbares Aussageprotokoll immerhin vom Zeugen selbst formuliert. Sie kann sogar ergiebiger und wahrheitsgetreuer als die Aussage vor Gericht sein, weil der Zeuge sie zuhause unter Umständen mit mehr Ruhe und Konzentration anfertigt.[9] Das Gericht muss aber berücksichtigen, dass es **keinen persönlichen Eindruck** von dem Zeugen gewonnen hat.[10] darf also **nicht** etwa **Glaubwürdigkeitserwägungen** aufgrund der schriftlichen Aussage anstellen.

6

§ 133 Voraussetzungen in der Person des Zeugen

I. Antwortfähigkeit des Zeugen

Die Anordnung der schriftlichen Vernehmung nach § 377 Abs. 3 liegt (regelmäßig) im pflichtgemäßen **Ermessen** des Prozessgerichts. Die Anordnung der schriftlichen Be-

7

---

1 *Stadler* ZZP 110 (1997), 137, 139.
2 *Stadler* ZZP 110 (1997), 137, 139 Fn. 8.
3 *Musielak* Festschrift Geimer (2002), S. 761, 767 ff.; Musielak/*Huber*[10] § 377 Rz. 7; Stein/Jonas/*Berger*[22] § 377 Rz. 35; MünchKommZPO/*Damrau*[4] § 377 Rz. 14.
4 Musielak/*Huber*[10] § 377 Rz. 7; anders zur alten Rechtslage BGH NJW 1984, 2039 (Ghana); OLG Hamm NJW-RR 1988, 703 (Polen).
5 OLG Frankfurt NJW-RR 1996, 575 (Spanien).
6 Die frühere Verpflichtung zur Beantwortung der Beweisfrage „unter eidesstattlicher Versicherung ihrer Richtigkeit" besteht nach heutiger Rechtslage nicht mehr.
7 MünchKommZPO/*Damrau*[4] § 377 Rz. 15; Musielak/*Huber*[10] § 377 Rz. 6.
8 Musielak/*Huber*[10] § 377 Rz. 8; a.A. offenbar *Stadler* ZZP 110 (1997), 137, 148.
9 *Stadler* ZZP 110 (1997), 137, 149.
10 Musielak/*Huber*[10] § 377 Rz. 8.

antwortung der Beweisfrage setzt wie jede Beweisanordnung eine streitige Einlassung der Parteien voraus.[1] Nach Erleichterung der Voraussetzungen durch das Rechtspflege-Vereinfachungsgesetz ist die schriftliche Beantwortung der Beweisfrage nicht mehr auf Auskünfte beschränkt, die der Zeuge anhand seiner Bücher oder anderer Aufzeichnungen zu geben hat bzw. vom Einverständnis der Parteien abhängig. Die derzeitige Regelung fasst die bisherigen Regelungen zusammen.[2] Es kommt danach lediglich darauf an, ob das Gericht die schriftliche Zeugenaussage mit Rücksicht auf den **Inhalt der Beweisfrage** und die **Person des Zeugen** für ausreichend hält.[3] Dabei ist zu berücksichtigen, dass beide Aspekte in Wechselwirkung miteinander stehen.[4] Ist zu erwarten, dass der Zeuge im Nachhinein noch zur Vernehmung geladen werden muss, kann die schriftliche Zeugenaussage nicht als ausreichend angesehen werden.[5] Soweit in der Entwurfsbegründung indes von der „Eignung der Beweisfrage"[6] die Rede ist, ist mit diesem Kriterium für die Auslegung der Vorschrift nichts gewonnen.

8 Ob das Gericht eine schriftliche Zeugenaussage einholt, muss es vor Abfassung des Beweisbeschlusses entscheiden, also vor Formulierung der Beweisfrage. **Nicht die Beweisfrage, sondern deren Inhalt** ist nach dem Gesetzeswortlaut **maßgeblich**. Deshalb ist die Konkretheit der Beweisfrage[7] kein brauchbares Kriterium für die Anwendbarkeit des § 377 Abs. 3.[8] Der Abstraktionsgrad der Beweisfrage korreliert nicht mit ihrem Inhalt, sondern hängt ausschließlich von ihrer Formulierung ab: jeder Inhalt lässt sich mehr oder weniger konkret erfragen.

9 Die Berücksichtigung des Inhalts der Beweisfrage setzt eine **Prognose** voraus, ob sich der Gegenstand der Vernehmung für eine schriftliche Aussage eignet. Dies hängt in erster Linie von der **Einfachheit** bzw. **Komplexität des Beweisgegenstandes** ab.[9] Je komplexer der Sachverhalt ist, den der Zeuge schildern soll, desto schwieriger wird es für ihn sein, seine Wahrnehmungen ohne Rückfragen geordnet wiederzugeben. Die Komplexität steigt mit der Anzahl einzelner Wahrnehmungen. Auch sind Vorgänge (z.B. der Hergang eines Unfalls) komplexer als Zustände (z.B. Wetterverhältnisse; die Kleidung einer Person). Mit Rücksicht auf den Inhalt der Beweisfrage genügt danach eine schriftliche Erklärung des Zeugen darüber, ob er Stammkunde einer Bank ist.[10] Bereitet die geordnete Darstellung des Sachverhalts Schwierigkeiten, ist abzusehen, dass das Gericht dem Zeugen weitere Fragen stellen wird (§ 396 Abs. 2 und 3) oder dass die Parteien ihr Recht zu unmittelbaren Fragen an den Zeugen ausüben werden (§ 397). Umfangreiche oder komplizierte Fragen eignen sich tendenziell weniger für die schriftliche Beantwortung.[11] Zu weit geht die Forderung, die Beweisfrage müsse sich mit „ja" oder „nein" beantworten lassen,[12] weil dies eine Suggestivwirkung entfalten würde, die unbedingt zu vermeiden ist (Kap. 33 Rz. 54).

10 Wie leicht sich die Beweisfrage schriftlich beantworten lässt, hängt aber auch vom **Bildungsgrad und** sprachlichen **Ausdrucksvermögen des Zeugen** ab. Schon die Schilderung eines scheinbar einfachen Sachverhaltes kann Schwierigkeiten bereiten.[13]

---

1 OLG Hamm 1966, 1370.
2 BT-Drucks. 11/3621, S. 38.
3 BT-Drucks. 11/3621, S. 38, 68, 74; BT-Drucks. 11/8283, S. 47.
4 Ähnlich Musielak/*Huber*[10] § 377 Rz. 4.
5 BT-Drucks. 11/3621, S. 68; BT-Drucks. 11/8283, S. 47.
6 BT-Drucks. 11/3621, S. 38.
7 *Hansens* NJW 1991, 953, 956.
8 Kritisch auch *Koch* Schriftliche Zeugenaussage S. 111 f.
9 MünchKommZPO/*Damrau*[4] § 377 Rz. 7.
10 BGH NJW 1985, 860.
11 Stein/Jonas/*Berger*[22] § 377 Rz. 37.
12 *Koch* Schriftliche Zeugenaussage S. 113 f.
13 *Stadler* ZZP 110 (1997), 137, 140.

Der Zeuge muss daher so gut lesen und schreiben können, dass die Schriftlichkeit seine Wiedergabefähigkeit nicht beeinträchtigt.[1] Ist zu erwarten, dass der Zeuge seine Wahrnehmungen mündlich besser vermitteln kann, ist von einer schriftlichen Aussage abzusehen, weil dadurch nur eine unnötige Fehlerquelle geschaffen würde.

Die Fähigkeit zu einer schriftlichen Aussage kann in **Korrelation zur Berufstätigkeit des Zeugen** stehen. Gehört das Abfassen von Schriftstücken zu seinem Berufsbereich, sind ihm auch schriftliche Zeugenaussagen über komplexere Sachverhalte zuzutrauen. So wird ein **Rechtsanwalt** als Nachlassverwalter ohne Weiteres imstande sein, minutiös Ablauf und Reichweite einer streitigen Zustimmungserteilung zur Prozessführung durch den Erben zu schildern. Dasselbe gilt für einen **Steuerberater**, der die Aussage nach dem Inhalt seiner Akten zu erteilen hat.[2]

II. Glaubwürdigkeitsbeurteilung

Die Person des Zeugen ist für die Anwendung des § 377 Abs. 3 auch insofern von Bedeutung, als die schriftliche Aussage dem Gericht keinen unmittelbaren Eindruck von dem Zeugen vermittelt. Deshalb kommt eine schriftliche Aussage nicht in Betracht, wenn aufgrund des schriftlichen Vorbringens **abzusehen** ist, dass die **Glaubwürdigkeit des Zeugen** eingehender **Erörterung bedarf**. Anhaltspunkte dafür sind etwa die Verwicklung des Zeugen in das streitige Geschehen, z.B. seine eigene Unfallbeteiligung oder seine persönliche Nähe zu einer der Parteien,[3] z.B. bei Angehörigen einer Partei.[4] Auch wenn widersprechende Aussagen zu erwarten sind oder der Zeuge dem Gericht aufgrund früherer Aussagedelikte[5] **von vornherein nicht vertrauenswürdig**[6] erscheint, muss das Gericht den Zeugen persönlich anhören. Die schriftliche Aussage wird in solchen Fällen vielfach auch deshalb nicht ausreichen, weil mit einer Gegenüberstellung (§ 394 Abs. 2) oder einer Vereidigung des Zeugen (§ 391) zu rechnen ist.

Sehr problematisch ist die Begründung der Zulässigkeit der schriftliche Aussage eines Berufskraftfahrers in einem Verkehrsunfallprozess damit, der Hergang eines „alltäglichen" Verkehrsunfalls sei eine „Beweisfrage, die von einem Berufskraftfahrer ohne Weiteres erfasst und beantwortet" werden könne.[7] Denn die **Alltäglichkeit eines Vorfalls besagt** noch **nichts** darüber, **wie leicht** er sich **schriftlich schildern** lässt. Gerade Verkehrsunfälle zeichnen sich durch eine hohe Komplexität aus. Auch besagt die berufsmäßige Teilnahme am Straßenverkehr auch nichts über die Fähigkeit, die Abfolge der Ereignisse bei einem Verkehrsunfall korrekt wiederzugeben. Das Argument, der als Zeuge benannte Berufskraftfahrer habe im Rahmen einer polizeilichen Vernehmung schon einmal brauchbare Angaben zum Unfallhergang gemacht, die mit den objektiven Unfallspuren übereingestimmt hätten und deshalb als wahr zu erachten gewesen seien,[8] basiert auf einer **Glaubwürdigkeitsbeurteilung**, die das Gericht verfahrensfehlerhaft ausschließlich aufgrund der beigezogenen Akten des Strafverfahrens vorgenommen hat. Zwar ist es richtig, dass das Arbeitsverhältnis mit der Kläge-

---

1 Zöller/*Greger*[30] § 377 Rz. 8 verlangt die für eine schriftliche Auskunft besondere Erkenntnis- und Erklärungsfähigkeit; *Stadler* ZZP 110 (1997), 137, 141: Schreibgewandtheit und Formulierungskunst müssen für eine brauchbare schriftliche Aussage ausreichen.
2 Vgl. OLG Frankfurt OLGRep. 2008, 76.
3 MünchKommZPO/*Damrau*[4] § 377 Rz. 7; Zöller/*Greger*[30] § 377 Rz. 8; *Stadler* ZZP 110 (1997), 137, 141; *Koch* Schriftliche Zeugenaussage S. 124.
4 *Voelskow-Thies* NJ 1991, 161, 163; *Hansens* NJW 1991, 953, 956.
5 *Koch* Schriftliche Zeugenaussage S. 125.
6 Zöller/*Greger*[30] § 377 Rz. 8.
7 So LG Gießen MDR 1996, 200.
8 LG Gießen MDR 1996, 200.

rin und die eigene Unfallbeteiligung allein nicht die Unglaubwürdigkeit des Zeugen begründen konnten,[1] beide Umstände schlossen aber die Beschränkung auf eine schriftliche Zeugenaussage aus.

§ 134 Verfahren der schriftlichen Beweiserhebung

I. Beweisanordnung des Prozessgerichts

14 Für die Anordnung der schriftlichen Zeugenaussage ist das **Prozessgericht** zuständig, der beauftragte oder **ersuchte Richter** kann sie **nicht** erlassen.[2] Will das Gericht einen Zeugen schriftlich vernehmen, muss es dies durch **Beweisbeschluss** anordnen.[3] Das Gericht kann die Anordnung nach § 377 Abs. 3 **schon vor** der **mündlichen Verhandlung** treffen (§ 358a S. 1) und **ausführen** lassen (§ 358a S. 2 Nr. 3), damit das Beweisergebnis im Termin vorliegt und erörtert werden kann (dazu Kap. 13 Rz. 58). Wie schon früher nach § 273b Abs. 2 Nr. 4 a.F.,[4] der als vorbereitende Maßnahme die Erhebung der schriftlichen Zeugenaussage vor der mündlichen Verhandlung ermöglichte, wird die Beweisaufnahme auch nach § 358a mit Anordnung der schriftlichen Zeugenaussage durchgeführt und nicht erst vorbereitet. Eine vorbereitende Maßnahme nach § 273 scheidet daneben aus;[5] der frühere § 272b Abs. 2 Nr. 4 a.F. ist durch § 358a ersetzt und im Vorfeld der Anordnungen nach § 358a bedarf es keiner weiteren Vorbereitung.

15 **Nach Eingang eines Zeugenschreibens** kann dessen Verwertung als schriftliche Vernehmung **im Nachhinein nicht angeordnet** werden,[6] auch nicht wenn ein unter Angabe des vollen Beweisthemas geladener Zeuge, der sich mit Krankheit entschuldigt hat, die Beweisfrage von sich aus umfassend schriftlich beantwortet hat.[7] Diese Vorgehensweise lässt sich nicht damit begründen, dass die Voraussetzungen des § 377 Abs. 3 S. 1 vor Erteilung der Auskunft vorgelegen hätten. Die Erhebung des Zeugenbeweises setzt zwingend die Belehrung des Zeugen über seine Wahrheitspflicht voraus. Diese kann bei einer nachträglichen Anordnung der schriftlichen Aussage nicht nachgeholt werden.[8] Eine Verwertung der schriftlichen Ausführungen kommt daher ohne deren vorherige Anordnung **ausschließlich** im Wege des **Urkundenbeweises** in Betracht.[9]

II. Mitteilung des Beweisthemas

16 Fraglich ist, ob dem Zeugen der **genaue Wortlaut der Beweisfrage** mitgeteilt werden muss, weil in § 377 Abs. 3 anders als in § 377 Abs. 2 Nr. 2 von der Beantwortung der Beweisfrage die Rede ist. **Dagegen spricht** jedoch, dass im Beweisbeschluss stets sich auf einzelne zu beweisende Tatsachen beziehenden Behauptungen der Parteien aufzunehmen sind. In ihm sind die Beweisfragen deshalb so formuliert, dass sie sich mit „ja" oder „nein" beantworten lassen. Würde man dem Zeugen diese Fragen zur

---
1 LG Gießen MDR 1996, 200.
2 MünchKommZPO/*Damrau*[4] § 377 Rz. 15; Musielak/*Stadler*[10] § 366 Rz. 3.
3 So auch Musielak/*Huber*[10] § 377 Rz. 5.
4 KG JW 1936, 1309, 1310; KG MDR 1975, 500; OLG Hamm NJW 1966, 1370.
5 Musielak/*Huber*[10] § 377 Rz. 5; Stein/Jonas/*Berger*[22] § 377 Rz. 29; a.A. ohne Begründung Baumbach/Lauterbach/*Hartmann*[71] § 377 Rz. 12.
6 Zöller/*Greger*[30] § 377 Rz. 11.
7 A.A. OLG Koblenz OLGZ 1994, 460.
8 In diesem Sinne auch Stein/Jonas/*Berger*[22] § 377 Rz. 28.
9 Zöller/*Greger*[30] § 377 Rz. 11.

schriftlichen Beantwortung vorlegen, hätte dies eine **unerwünschte Suggestivwirkung** (s. auch Kap. 33 Rz. 54 und oben Rz. 9).

Dies schließt aber nicht aus, dass dem Zeugen der **Gegenstand** der Vernehmung **in Form** einer **konkreten Frage** mitgeteilt wird. Dies ist sogar wünschenswert, weil es dem Zeuge besser verdeutlicht, auf welche Wahrnehmungen es dem Gericht ankommt. Die Formulierungen des Gerichts dürfen dem Zeugen also einerseits **keine bestimmte Antwort nahelegen**, sollen andererseits aber so präzise sein, dass sie ohne weitere Erläuterungen verständlich sind. Diese Anforderungen an die Formulierung einer jeden zur schriftlichen Beantwortung durch einen Zeugen bestimmten Beweisfrage dürfen nicht mit den Kriterien für die Anwendbarkeit des § 377 Abs. 3 verwechselt werden.[1]   17

III. Hinweis- und Belehrungspflicht

Nach § 377 Abs. 3 S. 2 ist der Zeuge bei der Anforderung seiner schriftlichen Aussage darauf **hinzuweisen**, dass er zur Vernehmung **geladen werden kann**. Auch ein Hinweis auf die **Freiwilligkeit** der schriftlichen Aussage soll notwendig sein.[2] Außerdem ist der Zeuge über seine **Wahrheitspflicht** (§ 395) sowie über das Recht der **Zeugnisverweigerung** (§ 383 Abs. 2) zu belehren. Die Bestimmungen der ZPO über die Belehrung des Zeugen vor seiner Vernehmung gelten mangels Sonderregelung bei der Anordnung der schriftlichen Anhörung unmittelbar.[3]   18

Die im Regierungsentwurf zur Neufassung vorgesehene Verpflichtung zur **eidesstattlichen Versicherung** der Richtigkeit der schriftlichen Bekundungen wurde im Laufe des Gesetzgebungsverfahrens **gestrichen**, um den Zeugen bei einer späteren Vernehmung nicht in eine Zwangslage zu bringen. Aus etwaigen Missverständnissen bei der bloß formularmäßigen Belehrung sollten dem Zeugen keine Nachteile erwachsen.[4] Mangels Pflicht zur eidesstattlichen Versicherung bedarf es auch keiner Belehrung über das Eidesverweigerungsrecht (§ 395 Abs. 1).[5]   19

Sind die Verfahrensvoraussetzungen nicht eingehalten, liegt zwar keine Zeugenauskunft i.S.d. § 377 Abs. 3 vor. Die **schriftliche Auskunft** kann aber als **Urkundenbeweis** verwertet werden.[6]   20

IV. Ausbleibende fristgerechte Beantwortung

Beantwortet der Zeuge die Beweisfrage nicht, muss er **zur Vernehmung geladen** werden. Der Beweisbeschluss ist dann nach § 360 Abs. 1 S. 2 in diesem Punkt zu ändern. Es ist zweckmäßig, dem Zeugen für die schriftliche Aussage eine **Frist** zu setzen, die so zu bemessen ist, dass er noch rechtzeitig zum nächsten Termin geladen werden kann, wenn er nicht antwortet.[7] Das Gericht kann den Zeugen aber auch sogleich zum neuen Termin laden lassen und ihn vom Erscheinen entbinden, wenn er sich nach § 377 Abs. 3 erklärt.   21

---

1 Dazu auch *Koch* Schriftliche Zeugenaussage S. 114 f.
2 Stein/Jonas/*Berger*[22] § 377 Rz. 27.
3 BT-Drucks. 11/3621, S. 38.
4 BT-Drucks. 11/8283, S. 47.
5 Anders noch die Begründung des Regierungsentwurfs BT-Drucks. 11/3621, S. 38.
6 OLG Hamburg VersR 1990, 610 in Bezug auf die früheren Verfahrensanforderungen.
7 Musielak/*Huber*[10] § 377 Rz. 6.

V. Nachfolgende Verhandlung

22 Geht die schriftliche Aussage ein, muss das Gericht dies den Parteien formlos mitteilen und unverzüglich einen **alsbaldigen Termin zur mündlichen Verhandlung** und zur Erörterung der Beweise festsetzen.[1]

VI. Ergänzung bzw. Erläuterung

23 Das **Gericht kann** von dem Zeugen auch eine **schriftliche Ergänzung** einer Auskunft verlangen und dabei bestimmte Einzelfragen stellen oder Vorhalte machen.[2] Die Parteien haben nicht das Recht, den Zeugen selbst um eine schriftliche Auskunft bzw. um deren Ergänzung oder Erläuterung zu bitten.[3]

24 **Fragen der Parteien nach § 397** dürfen durch die schriftliche Zeugenaussage **nicht abgeschnitten** werden. Auf Verlangen einer Partei muss das Gericht den Zeugen im Anschluss an die schriftliche Auskunft grundsätzlich **vor Gericht vernehmen**.[4] Hiervon ging auch der Gesetzgeber aus.[5] Die nachträgliche Vernehmung liegt nicht im Ermessen des Gerichts, denn mit ihr wird keine wiederholte Vernehmung i.S.d. § 398 angestrebt.[6] Eine **Vernehmung** des Zeugen **von Amts wegen** ist gem. § 286 geboten, wenn die schriftliche Aussage unzulänglich ist, etwa weil sich der Eindruck aufdrängt, der Text sei von dritter Seite vorformuliert und vom Zeugen ohne nähere Überprüfung lediglich unterschrieben worden.[7]

25 Um eine **wiederholte Vernehmung** i.S.d. § 398 handelt es sich erst, wenn die Partei inzwischen verhandelt hat, ohne nach § 295 zu rügen. Der Wunsch einer Partei, den Zeugen mündlich zu befragen, zeigt, dass eine schriftliche Zeugenaussage wider Erwarten nicht ausreicht. In einem solchen Fall kann die schriftliche Zeugenaussage ihre Ersatzfunktion nicht entfalten. Über den Umweg der schriftlichen Zeugenaussage kommt es deshalb zur **ersten Vernehmung**. Da die anfängliche Beweisprognose des Gerichts hinfällig wird, wenn eine Partei den Zeugen mündlich befragen will, darf seine nachträgliche Ladung auch nicht mit der Begründung abgelehnt werden, die Voraussetzungen für eine schriftliche Aussage hätten vorgelegen.[8]

26 Da § 377 Abs. 3 die **Belastung** des Zeugen aufgrund dessen öffentlich-rechtlicher Zeugnispflicht **vermindern** will (Kap. 38 Rz. 1), können die Parteien die **Ladung nicht nach Gutdünken erzwingen**.[9] Sie steht unter dem Vorbehalt des **Rechtsmissbrauchs**

---

1 Zöller/*Greger*[30] § 377 Rz. 10.
2 BT-Drucks. 11/3621, S. 38.
3 BGH LM § 377 ZPO Nr. 5 Bl. 2 f. unter Hinweis darauf, dass die in BGH LM § 377 ZPO Nr. 4 für notwendig gehaltene Durchbrechung dieses Grundsatzes auf das Verfahren in Entschädigungssachen beschränkt bleiben müsse; MünchKommZPO/*Damrau*[4] § 377 Rz. 17.
4 LG Berlin NJW-RR 1997, 1289, 1290; Stein/Jonas/*Berger*[22] § 377 Rz. 33; MünchKommZPO/*Damrau*[4] § 377 Rz. 13; *Hansens* NJW 1991, 953, 956; *Voelskow-Thies* NJ 1991, 161, 163; *E. Schneider* MDR 1998, 1133, 1135. Die Rechtsprechung zur mündlichen Befragung eines Sachverständigen, auf die in diesem Zusammenhang in der Literatur teilweise verwiesen wird, ist hierfür nicht aussagekräftig; BGHZ 6, 398 = NJW 1952, 1214 für den Sachverständigen; BGHZ 24, 9 = NJW 1957, 870 für den Antrag auf dessen Vernehmung nach schriftlichem Gutachten; BGH MDR 1960, 659 für die schriftliche Befragung eines im Ausland ansässigen Sachverständigen.
5 BT-Drucks.11/3621, S. 39.
6 Stein/Jonas/*Berger*[22] § 377 Rz. 33; Musielak/*Huber*[10] § 377 Rz. 8; *E. Schneider* MDR 1998, 1133, 1135; a.A. die verfehlte Entscheidung des LG Gießen MDR 1996, 200.
7 OLG Hamm NJW 2014, 78, 83.
8 So aber das LG Gießen MDR 1996, 200.
9 Anders anscheinend *Völzmann-Stickelbrock* ZZP 118 (2005), 359, 371.

(Kap. 39 Rz. 102). Das Parteifragerecht gem. § 397 kann auch schriftlich ausgeübt werden, so dass in geeigneten Fällen Nachfragen zumindest vorläufig schriftlich gestellt und beantwortet werden können.[1]

Die **schriftliche Formulierung der beabsichtigten Fragen** kann nicht verlangt werden,[2] jedoch muss die Partei erkennbar machen, welche Tendenz ihre Vorhalte verfolgen sollen, damit eine Beurteilung auf Missbrauch des § 397 ermöglicht wird (näher Kap. 39 Rz. 102). 27

Kommt es zur richterlichen Vernehmung, darf in ihr nicht § 377 Abs. 3 angewandt werden. Vielmehr muss die **Vernehmung mündlich** durchgeführt werden. Stellt sich dann allerdings heraus, dass die schriftlich vorbereitete Aussage mit der mündlichen übereinstimmt, darf auf sie als Anlage zum Protokoll Bezug genommen werden.[3] 28

VII. Rechtsfolgen bei Verfahrensverstoß

Ein Verstoß gegen § 377 ist ein **Verfahrensfehler**, der gem. § 538 zur Zurückweisung führen kann. Er ist **heilbar** durch Rügeverzicht (§ 295).[4] Eine nicht ordnungsgemäße Ladung führt für den gleichwohl erschienenen Zeugen lediglich zur Nichtanwendbarkeit des § 380. Seine Vernehmung bleibt aber zulässig und die Zeugenaussage verwertbar. 29

---

1 So LAG Köln MDR 2002, 465, 466 (Zeuge dort aufgrund seiner beruflichen Stellung als außerordentlich glaubwürdig und aussagefähig bewertet, Ladungsantrag nur gestützt auf Kürze der Aussageformulierung).
2 LG Berlin NJW-RR 1997, 1289, 1290; a.A. *Koch* NJW 1991, 1856, 1859 (Zweck: Vermeidung einer Entwertung des § 377 Abs. 3).
3 RGZ 142, 116, 119 f.
4 BVerwG NJW 1961, 379.

Kapitel 39:
Durchführung der Zeugenvernehmung

	Rz.
§ 135 Beweisaufnahme durch beauftragten oder ersuchten Richter, § 375 ZPO	
I. Normentwicklung, Geltungsbereich	1
II. Normzwecke	
1. Sicherung des notwendigen persönlichen Eindrucks	3
2. Ungestörte Amtsausübung des Bundespräsidenten	7
III. Voraussetzungen des § 375 Abs. 1 und 1a	
1. Regelungsgrundsätze	8
2. Sachgemäße Würdigung ohne unmittelbaren Eindruck	10
3. Sachdienlichkeit der Vernehmung am Ort des Geschehens	12
4. Auswärtige Vernehmung von Ministern und Abgeordneten	13
5. Verhinderung des Erscheinens	
a) Hinderungsgründe; Hausrecht des Zeugen	14
b) Ausschluss bei Video-Vernehmung	16
6. Unzumutbarkeit wegen großer Entfernung	17
7. Verhandlungsvereinfachung	20
IV. Vernehmung des Bundespräsidenten	21
V. Verfahren	
1. Übertragung	23
2. Verfahrensfehler	26
3. Ablehnung des Rechtshilfeersuchens	28
§ 136 Vernehmung von Mitgliedern der Staatsorgane, § 382 ZPO	
I. Schutz der Staatsorgane	31
II. Betroffene Regierungsmitglieder	32
III. Gesetzgebungsorgane	35
IV. Abweichende Genehmigung	36
§ 137 Zeugenbeeidigung, § 391 ZPO	
I. Eideszweck	39
II. Verzicht der Parteien	41
III. Entscheidung über die Beeidigung	
1. Ermessen des Gerichts	44
2. Gegenstand der Beeidigung	50
3. Zuständigkeit	51
IV. Begründung, Rechtsmittelkontrolle	54

	Rz.
V. Eideszwang, Eidesverweigerung	56
VI. Nacheid; Eidesnorm, § 392	
1. Zeitpunkt der Beeidigung, Belehrung	59
2. Eidesformel	61
3. Ergänzende Verhaltensweisen	63
VII. Uneidliche Vernehmung, § 393	
1. Eidesunfähigkeit	64
2. Eidesmündigkeit	65
3. Mangelnde Verstandesreife	66
§ 138 Ablauf der Zeugenvernehmung	
I. Einzelvernehmung, § 394	
1. Vernehmungstechnik	68
2. Gegenüberstellung	71
3. Rechtsmittel	72
II. Vernehmung zur Person, § 395	
1. Ermahnung des Zeugen	73
2. Vernehmung zu den persönlichen Verhältnissen	75
3. Inhalt eidesstattlicher Versicherungen	81
III. Vernehmung zur Sache, § 396	
1. Vernehmungsgrundsatz, zusammenhängender Zeugenbericht	83
2. Protokollierung	88
§ 139 Befragung der Zeugen, § 397 ZPO	
I. Ziel der Befragung	90
II. Modalitäten der Befragung	
1. Frageberechtigte Personen	92
2. Beanstandung der Fragestellung	95
III. Fragerecht der Parteien, § 397	
1. Anwendungsbereich	97
2. Voraussetzungen der Zeugenbefragung	99
3. Fragerecht bei schriftlicher Zeugenaussage	102
IV. Folgen der Nichtbefragung	103
V. Beanstandung von Fragen	105
§ 140 Wiederholte und nachträgliche Vernehmung, § 398 ZPO	
I. Klärung des Aussageinhalts	108
II. Begriff der wiederholten Vernehmung	110
III. Anordnung der erneuten Vernehmung als Ermessensentscheidung	
1. Grundsatz	117
2. Einschränkungen	

	Rz.		Rz.
a) Wiederholung in derselben Instanz	119	2. Fehlerhafte Auslegung als Verzicht	134
b) Wiederholung in der Berufungsinstanz	121	IV. Verzichtswirkung, erneuter Beweisantrag	135
3. Verfahren	124	V. Verhältnis zum Beweisgegner	137
IV. Nachträgliche Vernehmung	125	VI. Fehlender Vortrag des Inhalts kommissarischer Beweisaufnahme	139
V. Beeidigung der erneuten Aussage	126		
§ 141 Verzicht auf Zeugen, § 399 ZPO		§ 142 Befugnisse des beauftragten oder ersuchten Richters, § 400 ZPO	
I. Bedeutung des Verzichts, Nutzen	128	I. Regelungsausschnitt der Befugnisse nach § 400	140
II. Verzichtserklärung		II. Befugnisse des Richterkommissars bei der Zeugenvernehmung	141
1. Prozesserklärung des Antragstellers	130		
2. Form der Erklärung	131	III. Rechtsbehelfe	144
III. Auslegung der Erklärung			
1. Konkludenter Verzicht	132		

§ 135 Beweisaufnahme durch beauftragten oder ersuchten Richter, § 375 ZPO

I. Normentwicklung, Geltungsbereich

Die ursprünglich in § 340 CPO enthaltene Regelung ist mehrfach geändert worden, nämlich durch die Novelle von 1924,[1] die Novelle von 1933,[2] die Novelle von 1950[3] und besonders stark durch Art. 1 Nr. 19 des **Rechtspflege-Vereinfachungsgesetzes** von 1990.[4] Die Möglichkeiten der Übertragung auf ein Mitglied des Prozessgerichts oder auf ein anderes Gericht wurden 1990 durch **Hinzufügung des Abs. 1a** erweitert. Zugleich wurde die Übertragung nach Abs. 1 und 1a erschwert, indem sie **auf solche Fälle beschränkt** wurde, in denen von vornherein anzunehmen ist, dass das Prozessgericht das Beweisergebnis auch **ohne unmittelbaren Eindruck** von der Zeugenvernehmung sachgemäß zu würdigen vermag. Durch Art. 2 Abs. 1 Nr. 58a ZPO-ReformG v. 27.7.2001[5] wurde die Fassung der Vorschrift geringfügig verändert. Im Zuge der Einführung der Vernehmung im Wege der **Bild- und Tonübertragung** wurde die Übertragung der Zeugenvernehmung auf den beauftragten oder ersuchten Richter nach § 375 Abs. 1 Nr. 2 und 3 unter den Vorbehalt gestellt, dass keine Zeugenvernehmung nach § 128a Abs. 2 stattfindet. 1

In Verfahren der **Freiwilligen Gerichtsbarkeit** finden über § 30 Abs. 1 FamFG bei förmlicher Beweisaufnahme die §§ 355 und 375 Anwendung. 2

---

1 RGBl. I 1924, 437.
2 RGBl. I 1933, 780.
3 BGBl. I 1950, 455.
4 BGBl. I 1990, 2847.
5 BGBl. I 2001, 1887.

II. Normzwecke

1. Sicherung des notwendigen persönlichen Eindrucks

3   In § 375 sind verschiedene **Ausnahmen** vom Grundsatz der **Unmittelbarkeit der Beweisaufnahme** (§ 355) geregelt. Zuständig zur Vernehmung eines Zeugen ist nach § 355 Abs. 1 S. 1 grundsätzlich das **Prozessgericht**, d.h. der zur Entscheidung berufene Spruchkörper. Abweichend davon gestattet § 355 Abs. 1 S. 2, in den gesetzlich geregelten Fällen die Beweisaufnahme einem Mitglied des Prozessgerichts (als beauftragtem Richter, § 361) oder einem anderen Gericht (als ersuchtem Richter, § 362) zu übertragen.

4   Für den Zeugenbeweis bestimmt § 375 Abs. 1 und 1a die Voraussetzungen, unter denen die Beweisaufnahme ausnahmsweise nicht vor dem Prozessgericht zu erfolgen braucht. Aus § 355 Abs. 1 S. 2 und § 375 Abs. 1 („nur") ergibt sich, dass § 375 die Funktion hat, die Fälle der **Übertragung** der Zeugenvernehmung zu **begrenzen**.[1] Die strikte Eingrenzung beruht darauf, dass die Unmittelbarkeit der Beweisaufnahme für den Zeugenbeweis besondere Bedeutung hat.[2] Der **persönliche Eindruck** des erkennenden Gerichts von den Zeugen ist für die Beweiswürdigung in der Regel unverzichtbar. Aus diesem Grund setzt die Übertragung der Zeugenvernehmung in allen Fällen des § 375 Abs. 1 und 1a die Annahme des Prozessgerichts voraus, dass es das Beweisergebnis auch ohne unmittelbaren Eindruck von dem Verlauf der Beweisaufnahme sachgemäß zu würdigen vermag. Hierdurch wird der aus § 355 abzuleitende Grundsatz formeller Unmittelbarkeit der Beweisaufnahme betont[3] (dazu Kap. 4 Rz. 9 und 21 ff.).

5   Mit § 375 Abs. 1a verfolgt der Gesetzgeber den Zweck, den Prozessbeteiligten und dem Gericht die mit der **Durchführung umfangreicher Beweisaufnahmen** (z.B. in Bauprozessen) vor der Kammer verbundenen Verzögerungen und Erschwernisse zu ersparen, wenn es eines unmittelbaren Eindrucks der Kammer vom Gang der Beweisaufnahme nicht bedarf.[4] Diese Durchbrechung der Unmittelbarkeit aus prozessökonomischen Gründen wird teilweise kritisiert.[5] Die Bedeutung der Vorschrift ist aber durch die **Zunahme von Einzelrichterentscheidungen** aufgrund des Rechtspflege-Entlastungsgesetzes 1993 (§ 348 a.F.) und des Zivilprozessreformgesetzes 2002 (§§ 348, 348a) stark gesunken.[6]

6   Keinen Einfluss hat § 375 auf die Abgrenzung der Entscheidungszuständigkeit von Einzelrichter und Kammer, die sich nach §§ 348, 348a richtet. Ist der **Einzelrichter** zur Streitentscheidung zuständig, ist er nicht Mitglied des Prozessgerichts, sondern **selbst Prozessgericht**. Vernimmt das Prozessgericht im Rahmen eines Lokaltermins nach § 219 Abs. 1 einen Zeugen an Ort und Stelle, fällt dies nicht unter § 375.

2. Ungestörte Amtsausübung des Bundespräsidenten

7   § 375 Abs. 2 regelt den **Ort der Vernehmung** des Bundespräsidenten und ist damit ein Fall des § 375 Abs. 1 Nr. 1 2. Alt. Die Bestimmung hatte ursprünglich den Zweck, die in den Landesgesetzen und Hausverfassungen der Landesherren enthaltenen und als Ausfluss ihrer „souveränen" Stellung verstandenen Vorrechte[7] in ganz Deutschland

---

1 Hahn/Stegemann Mat. II/1 S. 309.
2 Hahn/Stegemann Mat. II/1 S. 309.
3 BT-Drucks. 11/3621, S. 38.
4 BT-Drucks. 11/8283, S. 47; kritisch dazu *Baumgärtel* DNotZ 1992, 269, 270.
5 Stein/Jonas/*Berger*[22] § 375 Rz. 2; *Baumgärtel* DNotZ 1992, 269, 270.
6 Musielak/*Huber*[10] § 375 Rz. 4.
7 *Hahn*, Materialien zum GVG², Bd. I/1 S. 184 f., Motive zu § 5 EGGVG a.F.

für verbindlich zu erklären.¹ *Berger* hält das Vorrecht des Bundespräsidenten zutreffend für **rechtspolitisch überholt** und auch nicht mit der Sicherung ungestörter Amtsausübung vernünftig begründbar. **Zeitgemäß** ist es, den Bundespräsidenten wie die in § 382 genannten Verfassungsorgane **am Amtssitz** oder Aufenthaltsort zu vernehmen.²

III. Voraussetzungen des § 375 Abs. 1 und 1a

1. Regelungsgrundsätze

Die Übertragung der Zeugenvernehmung auf den **beauftragten Richter** i.S.d. § 361 ist in den Fällen des § 375 Abs. 1 und 1a möglich, die Übertragung auf den **ersuchten Richter** i.S.d. § 362 nur in den Fällen des § 375 Abs. 1. Die Vernehmung durch den beauftragten oder ersuchten Richter ist **nicht öffentlich**. Das Recht der Parteien zur Anwesenheit bei der Beweisaufnahme (§ 357 Abs. 1) wird dadurch nicht berührt. 8

Die Voraussetzungen des § 375 gelten **nach § 451** auch für die **Parteivernehmung**.³ 9

2. Sachgemäße Würdigung ohne unmittelbaren Eindruck

Gemeinsame Voraussetzung für die Übertragung der Zeugenvernehmung nach § 375 Abs. 1 und 1a ist, dass das Prozessgericht zu einer sachgemäßen **Würdigung** des Beweisergebnisses auch **ohne unmittelbaren Eindruck** von dem Verlauf der Zeugenvernehmung imstande ist. Die Beurteilung dieser Voraussetzung obliegt der pflichtgemäßen Einschätzung des Prozessgerichts, dem insoweit eine **Beweisprognose** abverlangt wird.⁴ Dabei kommt es sowohl auf das Beweisthema als auch auf die Person des Zeugen an. Stellt sich im Nachhinein heraus, dass eine sachgerechte Würdigung des Beweisergebnisses ohne persönlichen Eindruck des Prozessgerichts nicht möglich ist, muss die **Zeugenvernehmung vor** dem **Prozessgericht wiederholt** werden (§ 398).⁵ Anwendungsfälle sind nach der Vorstellung des Gesetzgebers z.B. Bauprozesse.⁶ 10

Eine sachgemäße Würdigung des Beweisergebnisses ohne persönlichen Eindruck von den Zeugen kann das Prozessgericht nicht erwarten, wenn **von vornherein** mit **widersprechenden Zeugenaussagen** zu rechnen ist, weil es dann auf die Glaubwürdigkeit der Zeugen ankommt, deren Wertung grundsätzlich die Vernehmung der Zeugen durch alle erkennenden Richter voraussetzt⁷ (zur Glaubwürdigkeitsbeurteilung Kap. 31 Rz. 72). 11

3. Sachdienlichkeit der Vernehmung am Ort des Geschehens

Die Vorschrift erlaubt die Vernehmung **außerhalb der Gerichtsstelle** (§ 219) am Ort des Geschehens, z.B. am **Unfallort**, wenn dies der Wahrheitsfindung dienlich ist. Die Ortsbesichtigung kann die Aufklärung des Sachverhalts fördern, weil sie dem Zeugen die Erinnerung erleichtert⁸ und ihm erlaubt, seine Aussage in Hinblick auf die örtli- 12

---

1 Stein/Jonas/*Berger*²² § 375 Fn. 11.
2 Stein/Jonas/*Berger*²² § 375 Rz. 12.
3 BGHZ 32, 233, 236.
4 Musielak/*Huber*¹⁰ § 375 Rz. 2.
5 Musielak/*Huber*¹⁰ § 375 Rz. 2.
6 BT-Drucks. 11/8283, S. 47.
7 BGH NJW 2000, 2024; BGH NJW-RR 1997, 152; OLG Köln NJW-RR 1998, 1143; LG Berlin VerkMitt 1991, 15, 16 (für Verkehrsunfall mit sich widersprechenden Unfallversionen der jeweiligen Insassen der unfallbeteiligten Fahrzeuge).
8 Musielak/*Huber*¹⁰ § 371 Rz. 8; *Bender/Nack* Tatsachenfeststellung vor Gericht² Rz. 583.

chen Verhältnisse zu erläutern.[1] Sie stärkt auch den Beweiswert der Zeugenaussage.[2] Zudem kann das Gericht durch **gleichzeitige Augenscheinseinnahme** (§ 371) die Wahrnehmungsfähigkeit des Zeugen und den Wahrheitsgehalt der Zeugenaussage überprüfen.[3] Die Vernehmung am Ort des Geschehens dient auch dann der Wahrheitsfindung, wenn eine Gegenüberstellung (§ 394 Abs. 2) am Tatort oder mit einem Zeugen, der nicht an der Gerichtsstelle erscheinen kann, erfolgen soll.[4]

4. Auswärtige Vernehmung von Ministern und Abgeordneten

13 Die **auswärtige Vernehmung** ist gesetzlich vorgeschrieben für den **Bundespräsidenten** nach § 375 Abs. 2 (oben Kap. 39 Rz. 7) und für **Regierungsmitglieder** und **Abgeordnete** nach § 382 (Kap. 39 Rz. 32 und 35). Sie gilt nach Maßgabe völkerrechtlicher Verträge auch für Konsularbeamte (Kap. 7 Rz. 86 und Kap. 33 Rz. 42 f.).

5. Verhinderung des Erscheinens

a) Hinderungsgründe; Hausrecht des Zeugen

14 Die Vorschrift betrifft Verhinderungen von einiger Dauer, in erster Linie bei **Krankheit, hohem Alter, Reiseunfähigkeit** und **Haft**.[5] **Finanzielle Engpässe** des Zeugen sind **kein Hinderungsgrund**, weil die für die Reise erforderlichen Mittel ggf. nach § 401 i.V.m. § 3 JVEG (zuvor § 14 ZSEG) vorzuschießen sind[6] (Kap. 19 Rz. 24). Kann der am Erscheinen vor dem Prozessgericht verhinderte Zeuge im Wege der Rechtshilfe durch den ersuchten Richter vernommen werden, darf ein angetretener Zeugenbeweis nicht mit der Begründung abgelehnt werden, das Beweismittel sei unerreichbar.[7]

15 Ob der Zeuge, der aus diesen Gründen in seiner Wohnung vernommen wird, den Parteien, deren Prozessbevollmächtigten und anderen Zeugen, denen er gegenübergestellt werden soll, den **Zutritt zu seiner Wohnung** gestatten muss, ist umstritten. Teilweise wird die Ansicht vertreten, der Zeuge müsse die Parteien einlassen, weil der Grundsatz der Parteiöffentlichkeit (§ 357) auch insoweit gelte[8] bzw. er nur so seiner Zeugnispflicht genüge.[9] Lehne er die Anwesenheit einer Partei unter Berufung auf sein Hausrecht ab, sei dies als **Aussageverweigerung** mit den Folgen des § 390 zu werten.[10] Nach **zutreffender Ansicht** darf der Zeuge den Parteien den **Zutritt verweigern**[11] (dazu auch Kap. 5 Rz. 20). Sein Hausrecht wird durch das Grundrecht auf **Unverletzlichkeit der Wohnung** (Art. 13 GG) geschützt. Es besteht weder eine verfassungsrechtlich zulässige Eingriffs- oder Beschränkungsmöglichkeit noch eine gesetzliche Grundlage für sie.[12] Die Beweisaufnahme an diesem Ort scheitert dann, weil die Parteiöffentlichkeit (§ 357) gewahrt werden muss. Der Zeuge muss wegen seiner

---

1 Stein/Jonas/*Berger*[22] § 375 Rz. 6.
2 *Bender/Nack* Tatsachenfeststellung vor Gericht[2] Rz. 583.
3 Musielak/*Huber*[10] § 371 Rz. 8.
4 Musielak/*Huber*[10] § 375 Rz. 3.
5 MünchKommZPO/*Damrau*[4] § 375 Rz. 4; Musielak/*Huber*[10] § 375 Rz. 3.
6 Stein/Jonas/*Berger*[22] § 375 Rz. 9; MünchKommZPO/*Damrau*[4] § 375 Rz. 4.
7 BAG AP § 355 ZPO Nr. 1.
8 Musielak/*Huber*[10] § 375 Rz. 3; a.A. *Jankowski* NJW 1997, 3347, 3349.
9 MünchKommZPO/*Damrau*[4] § 373 Rz. 4; AK-ZPO/*Rüßmann* § 357 Rz. 2.
10 MünchKommZPO/*Heinrich*[4] § 357 Rz. 10; AK-ZPO/*Rüßmann* § 357 Rz. 2.
11 Stein/Jonas/*Berger*[22] § 375 Rz. 9; Musielak/*Stadler*[10] § 357 Rz. 3; *Jankowski* NJW 1997, 3347, 3349. In zwei von *Stadler* hierfür zitierten Entscheidungen (OLG Nürnberg MDR 1961, 62; OLG Koblenz NJW 1968, 897) wird lediglich die Frage verneint, ob eine Partei durch Ordnungsmittel zur Gewährung des Zutrittsrechts gezwungen werden kann.
12 Stein/Jonas/*Berger*[22] § 375 Rz. 9.

Zeugnispflicht ersatzweise **im Gericht erscheinen** oder nach § 128a Abs. 2 an einem anderen Ort vernommen werden.[1]

b) Ausschluss bei Video-Vernehmung

Nach der Ergänzung des § 375 Abs. 1 Nr. 2 ist die Beweisaufnahme durch einen beauftragten oder ersuchten Richter nicht zulässig, wenn der Zeuge **nach § 128a Abs. 2** im Wege einer „Video-Konferenz" vernommen wird. Nach dem Wortlaut des Gesetzes schließt zwar nicht schon die tatsächliche (technische) Möglichkeit einer solchen Vernehmung, sondern erst deren Anordnung die kommissarische Vernehmung aus. Teilweise wird vertreten, das Gericht müsse bei Verhinderung des Zeugen **vorrangig** die Möglichkeit der Vernehmung im Wege der **Video-Konferenz** nutzen.[2] Dafür spricht, dass der Grundsatz der Unmittelbarkeit der Beweisaufnahme dadurch weniger stark eingeschränkt wird, weil die Video-Vernehmung anders als die kommissarische Vernehmung dem Prozessgericht einen persönlichen Eindruck von dem Zeugen vermittelt, wenngleich der Eindruck nicht von gleicher Intensität und Qualität wie eine Vernehmung im Gerichtssaal ist.[3] Doch wiegt dieses Argument nicht besonders schwer, denn die Vernehmung durch einen kommissarischen Richter darf ohnehin nur erfolgen, wenn es auf die Glaubwürdigkeit des Zeugen nicht ankommt.

16

6. Unzumutbarkeit wegen großer Entfernung

Die Beweisaufnahme durch einen beauftragten oder ersuchten Richter setzt im Falle des § 375 Abs. 1 Nr. 3 voraus, dass dem Zeugen das Erscheinen vor dem Prozessgericht wegen großer Entfernung unter Berücksichtigung der Bedeutung seiner Aussage nicht zugemutet werden kann. Wann eine Entfernung groß i.S.d. Vorschrift ist, hängt von den **jeweiligen Verkehrsverbindungen** ab.[4] Es kommt auf die Besonderheiten des Falles an.[5] Entscheidend ist nicht so sehr die zu überwindende Distanz, als vielmehr der mit der Reise verbundene **(Zeit-)Aufwand**, der durch eine Flugverbindung vermindert werden kann.[6] Die **Höhe der Reisekosten** ist nicht maßgeblich, weil diese nach § 401 erstattet werden und ggf. vorzuschießen sind.

17

Mit dem Merkmal „Bedeutung der Aussage" hat der Gesetzgeber 1990 einen unbestimmten Rechtsbegriff eingeführt. Das Gericht muss neben der entfernungsbedingten Unzumutbarkeit der Reise auch die **Bedeutung der Aussage** berücksichtigen. Hierzu hat es zwischen den Belangen des Zeugen und der Bedeutung seiner Aussage für den Rechtstreit abzuwägen.[7] *Berger* kritisiert, es seien kaum Voraussetzungen denkbar, unter denen eine erforderliche Zeugenvernehmung eine geringere Bedeutung haben könne.[8] Die Zeugenaussage kann weniger bedeutsam sein, wenn andere, nicht gegenbeweislich benannte Zeugen für dasselbe Beweisthema zur Verfügung stehen,[9] der Zeuge die Aussage anderer Zeugen also nur bestätigen soll. Auch in einem solchen Fall kann sich aber eine **nochmalige Vernehmung vor** dem **Prozessgericht** (§ 398) als notwendig erweisen, wenn der Zeuge anders ausgesagt hat, als nach dem Beweisantritt zu erwarten war. Fraglich ist, ob auch die **Folgen des Prozesses für** den

18

---
1 Musielak/*Stadler*[10] § 357 Rz. 3.
2 Musielak/*Stadler*[10] § 128a Rz. 7; Musielak/*Huber*[10] § 375 Rz. 3; wohl auch Stein/Jonas/*Berger*[22] § 375 Rz. 9.
3 Musielak/*Stadler*[10] § 128a Rz. 6 f.
4 Musielak/*Huber*[10] § 375 Rz. 3.
5 *Hahn/Stegemann* Mat. II/1 S. 309.
6 Stein/Jonas/*Berger*[22] § 375 Rz. 10.
7 BT-Drucks. 11/3621, S. 38.
8 Stein/Jonas/*Berger*[22] § 375 Rz. 10.
9 MünchKommZPO/*Damrau*[4] § 375 Rz. 5.

Beweisführer eine Rolle spielen dürfen.[1] Nicht zulässig ist die Übertragung, um den Arbeitsaufwand für die Zeugenvernehmung zu vermeiden.[2]

19 In § 375 Abs. 1 Nr. 3 tritt mit dem Merkmal der **Bedeutung der Aussage** eine weitere **Voraussetzung zur Stärkung der Unmittelbarkeit** der Beweisaufnahme hinzu. Im Rahmen der Abwägung kommt es auf andere Gesichtspunkte als die mutmaßliche Glaubwürdigkeit des Zeugen ankommen. Dass **keine Anhaltpunkte für die Unglaubwürdigkeit** des Zeugen vorliegen, ist nach § 375 stets Voraussetzung für eine Übertragung der Zeugenvernehmung (vgl. oben Rz. 4) und darf als Kriterium nicht doppelt verwertet werden.[3]

7. Verhandlungsvereinfachung

20 Nach § 375 Abs. 1a kann die Zeugenvernehmung einem Mitglied des Prozessgerichts auch dann übertragen werden, wenn dies die Verhandlung vor dem Prozessgericht vereinfacht. Die Beurteilung dieser Voraussetzung liegt im pflichtgemäßen Ermessen des Prozessgerichts. Maßgeblich für die **Zweckmäßigkeitserwägungen** ist in erster Linie der **Zeitaufwand der Vernehmung** durch die Kammer, der die Erledigung anderer Rechtspflegeaufgaben verzögert.[4] Nicht in Betracht kommt die Übertragung nach Abs. 1a, wenn die Kammer den Rechtsstreit wegen tatsächlicher Schwierigkeiten nach § 348 Abs. 3 S. 1 Nr. 1, S. 2 von dem originären Einzelrichter übernommen hat oder wenn sie aus demselben Grund von einer Übertragung auf den obligatorischen Einzelrichter nach § 348a Abs. 1 Nr. 1 abgesehen hat. Typische Fälle sind nach der Vorstellung des Gesetzgebers **Bauprozesse**.[5]

IV. Vernehmung des Bundespräsidenten

21 Die Vernehmung **in der Wohnung** ist ein **Vorrecht** des Bundespräsidenten, auf das er **verzichten kann**.[6] Er kann darum bitten, an seinem Amtssitz vernommen zu werden oder vor dem Prozessgericht erscheinen. Das Privileg ist **nicht** auf den **verfassungsmäßigen Vertreter** des Bundespräsidenten anzuwenden.[7] § 375 Abs. 2 berührt nicht das Recht der Parteien, bei der Vernehmung zugegen zu sein.[8]

22 Auch die Zeugenvernehmung des Bundespräsidenten kann durch einen **beauftragten oder ersuchten Richter** erfolgen. Zwar lässt der Wortlaut des Abs. 2 dies nicht erkennen. Die Vorschrift ist aber ein Fall des § 375 Abs. 1 Nr. 1 2. Alt. Das Prozessgericht ist deshalb an die **Voraussetzungen des Abs. 1** gebunden, wenn es die Vernehmung des Bundespräsidenten einem kommissarischen Richter übertragen will. Sieht es sich zu einer sachgemäßen Würdigung des Beweisergebnisses ohne persönlichen Eindruck nicht in der Lage, muss es selbst den Bundespräsidenten in seiner Wohnung aufsuchen.

---

1 So Musielak/*Huber*[10] § 375 Rz. 3.
2 Stein/Jonas/*Berger*[22] § 375 Rz. 10.
3 Anders OLG Saarbrücken ZfS 2002, 587 (dort als Begründung für die Vernehmung zweier in Sizilien wohnhafter Zeugen durch das Tribunale di Agrigento benutzt).
4 Musielak/*Huber*[10] § 375 Rz. 4.
5 BT-Drucks. 11/8283, S. 47.
6 Stein/Jonas/*Berger*[22] § 375 Rz. 13; Musielak/*Huber*[10] § 375 Rz. 6.
7 Stein/Jonas/*Berger*[22] § 375 Rz. 13.
8 MünchKommZPO/*Damrau*[4] § 375 Rz. 7.

V. Verfahren

1. Übertragung

Die Beweisaufnahme vor einem **kommissarischen Richter** kann nur in einem **Beweisbeschluss** des Kollegiums (§§ 361, 358a) oder in einem Änderungsbeschluss (§ 360) angeordnet werden. Der Vorsitzende kann eine Beweisaufnahme vor dem beauftragten Richter nach Maßgabe des § 358a S. 2 Nr. 1 auch nicht im Wege einer Maßnahme nach § 273 Abs. 2 anordnen.[1] Zu den Einzelheiten der Übertragung s. § 361 für die Beweisaufnahme durch den beauftragten Richter und § 362 für die Beweisaufnahme durch den ersuchten Richter.

Für die **Vernehmung** von Zeugen **im Ausland** gelten die Beweisaufnahmevorschriften des **Gemeinschaftsrechts**, die Rechtshilfevorschriften der Deutschland bindenden **internationalen Verträge** sowie § 363. Auf Zeugenvernehmungen für ein deutsches Verfahren in Zivil- und Handelssachen durch das Gericht eines anderen Mitgliedsstaats der EU oder unmittelbar durch das deutsche Gericht in diesem Mitgliedsstaat ist die **VO (EG) Nr. 1206/2001** über die Zusammenarbeit zwischen den Gerichten der Mitgliedstaaten auf dem Gebiet der Beweisaufnahme in Zivil- oder Handelssachen[2] anzuwenden. Im Übrigen gilt das **Haager Beweisaufnahmeübereinkommen** (HBÜ) für den Verkehr mit dessen Vertragsstaaten. Im Einzelnen dazu Kap. 58 Rz. 8 ff. und 11 ff.

Können Zeugen in absehbarer Zeit nicht – auch nicht im Wege der Rechtshilfe – gerichtlich vernommen werden, können von ihnen abgegebene **schriftliche Äußerungen** einschließlich **eidesstattlicher Versicherungen** in Anwendung des Rechtsgedankens des § 251 Abs. 2 StPO zu verwerten sein, **auch wenn** die Voraussetzungen des **§ 377 Abs. 3 nicht** vorliegen.[3] Aufwendungen für die Wahrnehmung von Beweisterminen durch den Prozessbevollmächtigten sind in der Regel notwendige Kosten einer zweckentsprechenden Rechtsverfolgung.

2. Verfahrensfehler

Verstöße gegen § 375 stellen **wesentliche Verfahrensfehler** dar, die mit Rechtsmitteln gerügt werden können, die aber auch **gem. § 295 heilbar** sind.[4] Näher dazu Kap. 4 Rz. 101 ff.

In **Verfahren nach dem FamFG** ist § 375 bei Anwendung der **Strengbeweisregeln** gem. § 30 FamFG zu beachten. Die Vernehmung von Zeugen darf nur dann einem kommissarischen Richter übertragen werden, wenn sie aus den in § 375 aufgeführten Gründen nicht an der Gerichtsstelle vor allen entscheidenden Richtern durchgeführt werden kann.[5] Wenn eine förmliche Beweisaufnahme stattzufinden hat, werden die Voraussetzungen des § 375 nicht gegeben sein. § 295 soll nach der Rechtsprechung zum FGG in nichtstreitigen Verfahren wie Erbscheinsverfahren[6] oder Verfahren der Ersetzung der Einwilligung nach § 1748 BGB[7] **nicht entsprechend anwendbar** sein. Ei-

---

1 BGHZ 86, 104, 111 f. = NJW 1983, 1793, 1794 f.
2 VO (EG) Nr. 1206/2001 v. 28.5.2001, ABl. EG 2001 Nr. L 174, S. 1.
3 So für ein Statusverfahren LG Mannheim NJW 1970, 1929.
4 BGH MDR 1996, 1140; BGH NJW 1979, 2518; OLG Düsseldorf VersR 1977, 1131, 1132; OLG Düsseldorf NJW 1977, 2320; OLG Köln OLGZ 1977, 491, 493; *Schultze* NJW 1977, 409, 412; *Dinslage* NJW 1977, 1509, 1510.
5 OLG Frankfurt NJW-RR 1998, 870, 871 = FGPrax 1998, 62, 63; OLG Köln MDR 1983, 326 f.; OLG Stuttgart MDR 1980, 1030.
6 BayObLG FamRZ 1988, 422, 423.
7 BayObLG FamRZ 1988, 871, 873.

ne fehlerhafte Beauftragung des Berichterstatters mit der Zeugenvernehmung wirkt sich in Verfahren der freiwilligen Gerichtsbarkeit dann nicht aus, wenn das Gericht bei der Beweiswürdigung nicht auf eine förmliche Zeugenvernehmung und den persönlichen Eindruck der Zeugen abstellt, also die Aussagen der vom Berichterstatter vernommenen Zeugen im Rahmen des **Freibeweises** verwerten darf.[1] Liegen die Voraussetzungen des § 375 vor, steht die Anordnung einer Rechtshilfevernehmung im Ermessen des erkennenden Gerichts und stellt keinen Verfahrensfehler dar.[2]

3. Ablehnung des Rechtshilfeersuchens

28   Gem. § 158 Abs. 1 GVG darf das ersuchte Gericht ein Rechtshilfeersuchen nicht ablehnen. Eine **Ablehnung** des Rechtshilfeersuchens eines nicht im Rechtszuge vorgesetzten Gerichts ist **nach § 158 Abs. 2 S. 1 GVG** nur dann statthaft, wenn die vorzunehmende Amtshandlung nach dem Recht des ersuchten Gerichts verboten ist. Nach einhelliger Meinung in Rechtsprechung und Literatur handelt es sich dabei um eine eng auszulegende **Ausnahmevorschrift**.[3]

29   Der Wortlaut des § 158 Abs. 2 S. 1 GVG schließt es aus, dass das ersuchte Gericht die Durchführung der **Beweisaufnahme ablehnt**, weil es sie für **überflüssig, unzweckmäßig** oder **wenig erfolgversprechend** hält.[4] Eine von dem ersuchten Gericht vorzunehmende Handlung ist vielmehr nur dann verboten, wenn sie schlechthin unzulässig ist.[5] Das bedeutet, dass sie ohne Rücksicht auf die konkrete prozessuale Situation (abstrakt) rechtlich unzulässig sein muss.[6] Die Frage der **Zulässigkeit** der Rechtshilfe **im konkreten Fall** obliegt hingegen allein der **Beurteilung durch** das **ersuchende Gericht**. Dieses hat zu überprüfen, ob die gesetzlichen Voraussetzungen zur Vornahme der Rechtshilfe im einzelnen Fall zutreffen.[7] Daraus folgt, dass das ersuchte Gericht grundsätzlich nicht zu prüfen hat, ob der Beweisbeschluss verfahrensrechtlich zu beanstanden ist.

30   Der ersuchte Richter ist der „verlängerte Arm" des Prozessgerichts. Dessen **Verfahrensfehler** sind nur **im Rechtszug des Prozessgerichts überprüfbar**.[8] Das ersuchte Gericht hat die Beweisaufnahme grundsätzlich so durchzuführen, wie von dem ersuchenden Gericht begehrt, auch dann, wenn es um die Ausführung eines Ausforschungsbeweises ersucht wird.[9] Auch darf ein Ersuchen um Rechtshilfe von dem ersuchten Gericht nicht mit der Begründung abgelehnt werden, das Prozessgericht habe die Voraussetzungen für eine Beweisaufnahme nach **§ 375 Abs. 1 Nr. 3 verkannt**.[10]

---

1 OLG Frankfurt NJW-RR 1998, 870, 871 = FGPrax 1998, 62, 63; BayObLG WuM 1993, 490, 491; NJW-RR 1992, 73, 74; BayObLG FamRZ 1988, 871, 873; BayObLG FamRZ 1988, 422, 423; OLG Stuttgart MDR 1980, 1030, 1031.
2 OLG Köln MDR 1970, 596.
3 BGH NJW 1990, 2936 f.; BAG NJW 2001, 2196, 2197; BAGE 92, 330 = NZA 2000, 791; OLG Koblenz OLGZ 1989, 367; Zöller/Lückemann[30] § 158 GVG Rz. 3.
4 BAG NJW 2001, 2196, 2197; Zöller/Lückemann[30] § 158 GVG Rz. 4; Kissel/Mayer GVG[6] § 158 Rz. 36 ff.
5 RGZ 162, 316, 317; BGH NJW 1990, 2936 f. m.w.N.
6 BAG NJW 2001, 2196, 2197; Kissel/Mayer GVG[6] § 158 Rz. 11 m.w.N.
7 BAG NJW 2001, 2196, 2197.
8 BAG NJW 2001, 2196, 2197; BGH JZ 1953, 230, 231 m. Anm. Schwoerer; BFHE 142, 17, 19; Hess. LSG NZS 1994, 576; a.A. SG Frankfurt Die Sozialversicherung 1981, 162, 163.
9 BAGE 92, 330 = NZA 2000, 791, 792 m.w.N.; OLG Frankfurt NJW-RR 1995, 637 m.w.N.; OLG Frankfurt a.M. MDR 1970, 597 unter Aufgabe von OLG Frankfurt MDR 1952, 499; offengelassen von BGH JZ 1953, 230 und BAG NJW 1991, 1252 m.w.N.
10 BAG NJW 2001, 2196, 2197. A.A. für offenbaren Rechtsmissbrauch Fischer MDR 1993, 838, 839.

§ 136 Vernehmung von Mitgliedern der Staatsorgane, § 382 ZPO

I. Schutz der Staatsorgane

Geschützt wird durch § 382 ausschließlich die **Funktionsfähigkeit** der dort genannten **Staatsorgane**,[1] deren **Beratungen und Beschlussfassungen** oder sonstige Dienstausübung durch die auswärtige Zeugenvernehmung beeinträchtigt werden könnte. Erspart bleibt den Mitgliedern dieser Organe der Zeitaufwand, der mit einer Reise zur ortsfremden Gerichtsstelle verbunden wäre.

31

II. Betroffene Regierungsmitglieder

Nach § 382 Abs. 1 sind die Mitglieder der **Bundesregierung** oder einer **Landesregierung** an ihrem Amtssitz zu vernehmen, wenn nicht nach § 382 Abs. 3 hiervon abgewichen wird (unten Rz. 36). § 382 Abs. 1 gilt nicht für den Bundespräsidenten. Für ihn ist die Regelung des § 375 Abs. 2 über die Vernehmung in seiner Wohnung maßgeblich (Kap. 39 Rz. 7). **Nicht** privilegiert sind die **Organe der kommunalen Verbände**.

32

Unter **Mitgliedern** der Bundes- bzw. Landesregierung sind nur die **Minister** zu verstehen, in den Stadtstaaten Berlin, Hamburg und Bremen die **Regierenden Bürgermeister und Senatoren**, grundsätzlich **nicht** hingegen die beamteten und die parlamentarischen **Staatssekretäre** bzw. Staatsräte. Das Landesrecht kann allerdings abweichende Regelungen enthalten.

33

Amtssitz ist die **politische Gemeinde**, in der sich das Gebäude des Ministeriums befindet, nicht das Gebäude selbst. Ist das Ministerium auf verschiedene Orte verteilt, kommt es darauf an, wo das zu vernehmende Regierungsmitglied regelmäßig zu arbeiten pflegt bzw. empfängt. Die Vernehmung findet an der für diesen Ort zuständigen Gerichtsstelle statt. Hält sich das Regierungsmitglied zeitweilig nicht an seinem Amtssitz auf, erfolgt die Vernehmung an der Gerichtsstelle des jeweiligen Aufenthaltsortes.

34

III. Gesetzgebungsorgane

§ 382 Abs. 2 betrifft die Mitglieder der Gesetzgebungsorgane des Bundes und der Länder, also die **Mitglieder des Bundestages** und Bundesrates sowie der **Landtage** bzw. in den Stadtstaaten die Mitglieder der Bürgerschaften. Sie sind am Sitz der Versammlung zu vernehmen, sofern sie sich dort aufhalten. **Sitz der Versammlung** ist die **politische Gemeinde**, in der sich das Sitzungsgebäude befindet. Die Sonderregelung des § 382 Abs. 2 gilt **nur während des Aufenthaltes** am Sitz der Versammlung. Das zu vernehmende Mitglied der gesetzgebenden Versammlung muss sich am Tag der Vernehmung an diesem Ort aufhalten. Ob das Plenum oder die Ausschüsse tagen, ist unerheblich.[2] Die Vernehmung findet an der jeweils zuständigen Gerichtsstelle statt. Hält sich das Mitglied der gesetzgebenden Versammlung andernorts auf, gelten für den Ort der Vernehmung – anders als bei Regierungsmitgliedern nach § 382 Abs. 1 (zuvor Rz. 32) – keine Besonderheiten.

35

---

1 Stein/Jonas/*Berger*[22] § 382 Rz. 1.
2 Stein/Jonas/*Berger*[22] § 382 Rz. 3; MünchKommZPO/*Damrau*[4] § 382 Rz. 4 u. 7. A.A. – für Beschränkung auf Sitzungswochen und Ausschusstermine – Musielak/*Huber*[10] § 382 Rz. 2; Zöller/*Greger*[30] § 382 Rz. 3.

IV. Abweichende Genehmigung

36 § 382 Abs. 3 **gestattet** es, von den Vorschriften der ersten beiden Absätze **abzuweichen**, sofern die Regierung bzw. die gesetzgebende Versammlung, deren Mitglied vernommen werden soll, dies genehmigt.

37 Das Prozessgericht beschließt die **Einholung der Genehmigung nach** pflichtgemäßem **Ermessen**. Das jeweilige Staatsorgan kann selbst regeln, in welchem Verfahren die Genehmigung zu erteilen ist und ob es die Vernehmung am Gerichtsort in bestimmten Fällen auch ohne Genehmigung im Einzelfall zulässt, so etwa für die Vernehmung eines Mitglieds einer gesetzgebenden Versammlung außerhalb der Sitzungsperioden und Sitzungstage der Ausschüsse.[1]

38 Auch wenn § 382 die Funktionsfähigkeit des betroffenen Staatsorgans schützt, darf sein als Zeuge zu vernehmendes Mitglied **auch ohne Genehmigung** am Gerichtsort vernommen werden, wenn es sich **hierzu bereit** erklärt.[2] Aus der Vernehmung ohne Genehmigung kann keine prozessuale Rüge hergeleitet werden. Ist der Zeuge entgegen § 382 **ohne Genehmigung** am Gerichtsort vernommen worden, hindert dies nicht die Verwertung seiner Aussage,[3] da die Vorschrift nicht die Prozessparteien schützt.

§ 137 Zeugenbeeidigung, § 391 ZPO

Schrifttum:
Dölling, Eid und eidesstattliche Versicherung, NZFam 2014, 112; *E. Schneider*, Die Beeidigung des Zeugen im Zivilprozeß MDR 1969, 429; *H. Schneider*, Zeugeneid und Aufklärungspflicht des Gerichts, NJW 1966, 333; *H. Schröder*, Der Eid als Beweismittel, ZZP 64 (1951), 216.

I. Eideszweck

39 Die Beeidigung dient der Wahrheitserforschung, indem sie als subjektives Druckmittel[4] eine **förmliche Bekräftigung der Richtigkeit der Aussage** verlangt. Sie war **ursprünglich religiös motiviert** und stützte sich auf den Glauben an ein höheres Wesen, das den Meineidigen verfolgt. Die **Eidesformel des § 392** enthält keine Berufung auf Gott, sondern nur auf das eigene Gewissen des Zeugen. Von den Rechtsfolgen her gedacht bewirkt die Vereidigung nur eine **Verschärfung der Strafdrohung** für eine Falschaussage, weil Meineid (§ 154 StGB) mit einer höheren Strafdrohung als die uneidliche Falschaussage (§ 153 StGB) belegt ist.[5] Einen höheren Beweiswert erlangt die Aussage durch die Beeidigung nicht.

40 Die Vorschrift gilt kraft der Verweisung des § 402 auch für **Sachverständige**; § 410 Abs. 1 regelt nur eine abweichende Form der Beeidigung.[6] Die **Abnahme des Eides**

---

1 Vgl. Punkt C der Grundsätze in Immunitätsangelegenheiten und in Fällen der Genehmigung gem. § 50 Abs. 3 StPO und § 382 Abs. 3 sowie bei Ermächtigungen gem. § 90b Abs. 2, § 194 Abs. 4 StGB (GOBT Anlage 6).
2 MünchKommZPO/*Damrau*[4] § 382 Rz. 6; a.A. Stein/Jonas/*Berger*[22] § 382 Rz. 5.
3 Stein/Jonas/*Berger*[22] § 382 Rz. 5.
4 Zöller/*Greger*[30] § 391 Rz. 3.
5 Deren Wert wegen unvermindert gleich bleibenden Verfolgungsdrucks bezweifelnd *Dölling* NZFam 2014, 112, 113.
6 BGH NJW 1998, 3355, 3356.

richtet sich jeweils nach §§ 478 ff. An die Stelle des Eides mit oder ohne religiöse Beteuerung (§ 481) kann die eidesgleiche Beteuerung (§ 484) treten.

II. Verzicht der Parteien

Die Parteien können auf eine Beeidigung verzichten, **soweit die Verhandlungsmaxime gilt**. In Verfahren mit Untersuchungsgrundsatz hindert der Verzicht das Gericht nicht an einer Ermessensentscheidung; das Gericht hat sein Ermessen auszuüben.[1] Partei ist jeder Streitgenosse und selbständige Streitgehilfe. 41

Das Gericht **darf** bei wirksamem Parteiverzicht **nicht vereidigen**. Vereidigt das Gericht gleichwohl, lässt sich darauf allerdings keine Verfahrensrüge stützen. Hat das Gericht Zweifel an der Wahrheit der Zeugenaussage, erfolgt die **freie Beweiswürdigung** nach § 286 unbeeinflusst von dem Parteiverzicht. Die Aussage ist wegen des Verzichts nicht etwa als wahr zu unterstellen. 42

Der Verzicht ist eine **einseitige prozessuale Willenserklärung**, die gegenüber dem Gericht abzugeben ist. Sie ist widerruflich. Unwirksam ist ein Verzicht, der vor der Vernehmung des Zeugen erklärt wird. Ein Verzicht ergibt sich nicht schon daraus, dass die Parteien – wie in der Regel – keine Anträge auf Beeidigung des Zeugen stellen. Die Entscheidung ist dann vom Gericht zu treffen. Die fehlende Antragstellung ist kein Argument zur Begründung der Nichtvereidigung. 43

III. Entscheidung über die Beeidigung

1. Ermessen des Gerichts

Die ZPO kennt keine Pflicht zur Vereidigung.[2] Die Vereidigung steht im **Ermessen** des Gerichts,[3] **sofern** sie **nicht** überhaupt wegen relevanten Verzichts der Parteien oder des Verbots nach § 393 **ausgeschlossen** ist. Zulässig ist die Beeidigung eines **Teils der Aussage**.[4] 44

Bezugspunkt der Entscheidung ist alternativ die Bedeutung der Aussage oder die Herbeiführung einer wahrheitsgemäßen Aussage. Zusätzlich muss das Gericht die Beeidigung für geboten erachten. Maßstab ist, ob die **Überzeugungsbildung des Gerichts** von der Wahrheit der Aussage durch die Beeidigung **gefestigt** werden kann. Das Gesetz will zwar überflüssige Eide verhindern, sieht im Eid aber ein geeignetes Mittel, einen Zeugen zur wahrheitsgemäßen Aussage zu veranlassen.[5] **Im Regelfall** sind Zeugen **uneidlich** zu vernehmen; ihre Aussagen sind nur dann zu beeiden, wenn es dafür besondere Gründe gibt.[6] Faktisch wird von der Möglichkeit zur Beeidigung einer Zeugenaussage im Zivilprozess kaum Gebrauch gemacht. 45

Was von einer beeideten Aussage zu halten ist, lässt sich erst feststellen, nachdem die Beeidigung angeordnet worden ist und feststeht, wie sich der Zeuge daraufhin verhält.[7] Anders verhält es sich, wenn aufgrund besonderer konkreter Umstände schwer- 46

---

1 BVerwG NJW 1998, 3369.
2 Seit 1.9.2004 hat auch § 59 StPO eine weniger strenge Fassung.
3 BGHZ 43, 368, 370 = NJW 1965, 1530; BGH NJW 1998, 3355, 3356 (für die Sachverständigenvereidigung).
4 MünchKommZPO/*Damrau*[4] § 391 Rz. 5.
5 BGHZ 43, 368, 371.
6 BGH DRiZ 1967, 361 (bewusste Ergänzung zu BGHZ 43, 368).
7 BGHZ 43, 368, 371 f.

wiegende Zweifel an der Glaubwürdigkeit begründet sind oder sonst Tatsachen vorliegen, die den Beweiswert der Aussage von Anfang an erheblich mindern oder der Aussage ihre Bedeutung nehmen, etwa wenn bereits gegenteilige beeidete Aussagen anderer Zeugen oder der Parteien vorliegen.[1] Für die **freie Beweiswürdigung** nach § 286 ist unerheblich, ob eine Aussage beeidet worden ist; sie hat im Falle der Beeidigung **keinen höheren Beweiswert** als die uneidliche Aussage.[2]

47 **Bedeutsam ist die Aussage**, wenn allein von ihr die Entscheidung des Gerichts abhängt. Selbst dann besteht aber keine Pflicht zur Beeidigung, weil die Relativierung des Gebotenseins auch für diese Alternative gilt.

48 Zur **Herbeiführung einer wahrheitsgemäßen Aussage** ist zu beeidigen, wenn das Gericht die Aussage für erheblich ansieht und **Zweifel an der Glaubwürdigkeit** des Zeugen hegt.[3] Die Glaubwürdigkeitsbeurteilung ist **von der Glaubhaftigkeit der Aussage zu trennen**; auch ein glaubwürdiger Zeuge kann trotz größter Anspannung seines Gewissens wegen Fehlern bei der der Wahrnehmung oder der Wiedergabe seiner Beobachtungen eine objektiv unwahre Aussage machen.[4] **Aussagefehler, die** auf dem Weg von der Beobachtung bis zur Wiedergabe eintreten und **nicht vom guten Willen** des Zeugen **abhängen**, lassen sich durch eine Beeidigung nicht beseitigen.[5] Auch kann sich ein Zeuge aus Trotz, Scham oder anderen psychischen Umständen so in eine bestimmte Vorstellung verrannt haben, dass er durch einen Eid nicht zu einer Änderung seiner ursprünglichen Aussage veranlasst werden kann. Der Richter hat bei seiner Ermessensentscheidung zu erwägen, inwieweit derartige bei der Vernehmung zu beobachtende Umstände wirksam geworden sind und die Eidesleistung daran nichts zu ändern vermag.[6]

49 Geboten ist die Beeidigung nur, wenn das Gericht **nach** dieser **Bekräftigung der** uneidlichen **Aussage von deren Wahrheit** ausgehen will. Anderenfalls dient die Beeidigung nicht der Überzeugungsbildung des Gerichts. Bei **sich widersprechenden Zeugenaussagen** kann eine Beeidigung die Wahrheitsfindung dann nicht fördern, wenn der Widerspruch mit Rücksicht auf die Persönlichkeit der Zeugen nur durch **Erinnerungsfehler** zu erklären ist; der Eid kann die Erinnerungsleistung nicht heben.[7]

2. Gegenstand der Beeidigung

50 Die eidliche Bekräftigung der Wahrheit erstreckt sich nicht nur auf die **Aussage zur Sache**, sondern auch auf sämtliche **Angaben zu** den **persönlichen Verhältnissen** i.S.d. § 395 Abs. 2.

3. Zuständigkeit

51 Die Entscheidung trifft das **Prozessgericht**. Dem **Richterkommissar** steht diese Befugnis **nicht** zu.[8] Vereidigt der kommissarische Richter gleichwohl, so ist die Vereidigung wirksam. Vereidigt er nicht, hält das Prozessgericht die Beeidigung aber für erforderlich, so ist die Vereidigung nachzuholen. Gem. § 479 kann der Eid auch **isoliert** vor einem beauftragten oder einem ersuchten Richter **abgenommen werden**, wenn

---

1 BGHZ 43, 368, 372.
2 S. auch KG VersR 2009, 1557, 1558 (Parteierklärung gegen beeidete Zeugenaussage).
3 BGHZ 43, 368, 371; BGH NJW 1972, 584 f.
4 BGH DRiZ 1967, 361.
5 BGH DRiZ 1967, 361.
6 BGH DRiZ 1967, 361.
7 OLG Köln MDR 1971, 933.
8 Musielak/*Huber*[10] § 391 Rz. 3; Zöller/*Greger*[30] § 391 Rz. 6; a.A. MünchKommZPO/*Damrau*[4] § 391 Rz. 7; Stein/Jonas/*Berger*[22] § 391 Rz. 16.

dem Zeugen die Reise zum Prozessgericht nicht zumutbar ist oder wenn andere Gründe dem Erscheinen an der Gerichtsstelle entgegenstehen.

Im **selbständigen Beweisverfahren** kommt eine Zeugenvernehmung nur bei drohendem Beweismittelverlust in Betracht. Die Voraussetzungen des § 392 werden sich außerhalb des Hauptprozesses nicht positiv beantworten lassen. Ist der Zeuge im späteren Hauptsacheverfahren noch erreichbar, entscheidet nunmehr das Prozessgericht über die Vereidigung. 52

Die Beeidigung kann erstmals in der **Berufungsinstanz** angeordnet werden. 53

IV. Begründung, Rechtsmittelkontrolle

Mit der **Berufung** ist die Ermessensausübung des erstinstanzlichen Prozessgerichts angreifbar.[1] Die **Revisionsinstanz** kann die Entscheidung eingeschränkt darauf überprüfen, ob das Gericht von den **Grenzen des Ermessens** eine unrichtige Vorstellung gehabt hat oder sich der Grenzen überhaupt nicht bewusst war.[2] Das Unterlassen einer Vereidigung ist in der auf die Beweisaufnahme folgenden mündlichen Verhandlung gem. § 295 Abs. 1 zu **rügen**; bei Verlust des Rügerechts findet keine Rechtsmittelkontrolle statt.[3] 54

Eine **generelle Begründung** der richterlichen Ermessensentscheidung ist von § 391 **nicht** vorgesehen.[4] Das Berufungsgericht braucht nicht darauf hinzuweisen, weshalb es selbst eine Beeidigung unterlassen hat.[5] Soweit eine Begründung für die Nichtvereidigung gegeben worden ist, kann sich daraus die Fehlerhaftigkeit der Ermessensausübung ergeben.[6] Zur Ermöglichung einer Verfahrenskontrolle ist die Entscheidung über die Nichtbeeidigung aber zu **begründen**, wenn eine **Partei** die **Vereidigung beantragt** hat.[7] 55

V. Eideszwang, Eidesverweigerung

Beschließt das Gericht die Vereidigung, ist der Zeuge zur Eidesableistung verpflichtet (§ 390 Abs. 1 S. 1). Der Eid kann aus **denselben Gründen** verweigert werden, die auch eine **Zeugnisverweigerung** rechtfertigen (§§ 383 ff.). Ist der Zeuge vernommen worden, ohne sich auf sein Zeugnisverweigerungsrecht zu berufen, kann er gleichwohl die Eidesleistung verweigern.[8] Über eine mit Gründen versehene Weigerung ist gem. § 387 zu entscheiden. 56

Erzwungen wird die Ablegung des Eides gem. § 390 Abs. 1 S. 2 durch **Ordnungsgeld**. **Ordnungshaft** kommt nach dem Wortlaut des § 390 Abs. 2 **nicht** in Betracht.[9] 57

---

1 BGH NJW 1972, 684.
2 BGHZ 43, 368, 370 f.; BVerwGE 52, 11, 16; BVerwG NJW 1998, 3369.
3 BVerwG NJW 1998, 3369.
4 BVerwG NJW 1998, 3369. A.A. MünchKommZPO/*Damrau*[4] § 391 Rz. 8; Zöller/*Greger*[30] § 391 Rz. 6.
5 BGH NJW 1952, 384; offen gelassen von BGHZ 43, 368, 373.
6 BGHZ 43, 368, 373.
7 BVerwG NJW 1998, 3369.
8 BGHZ 43, 368, 374.
9 Stein/Jonas/*Berger*[22] § 392 Rz. 5.

58 Die trotz Anordnung der Beeidigung **uneidlich bleibende Aussage** ist frei zu würdigen. Dem Umstand der Eidesverweigerung kann Bedeutung für die Beweiswürdigung zukommen, insbesondere wenn eine gegenteilige Aussage beeidet worden ist.[1]

VI. Nacheid; Eidesnorm, § 392

1. Zeitpunkt der Beeidigung, Belehrung

59 Vorgeschrieben wird die **nachträgliche Vereidigung**. Ein dem zuwider abgenommener Voreid ist aber ebenfalls ein wirksamer Eid. Der Nacheid ermöglicht die **vorherige richterliche Bewertung** der Aussage bei der Entscheidung über die Erforderlichkeit einer Beeidigung (dazu Rz. 48 f.). Die protokollierte oder auf Tonträger aufgenommene Aussage (§ 160 Abs. 3 Nr. 4) ist dem Zeugen vor der Eidesabnahme zur Genehmigung vorzulesen bzw. vorzuspielen (§ 162). Der Zeuge hat die **Möglichkeit der Aussagekorrektur** (§ 158 StGB). Wird der Zeuge nach der Abnahme des Nacheids **noch einmal vernommen**, handelt es sich insoweit um eine uneidliche Aussage. Anzuwenden ist dann § 398, wenn auch die weitere Aussage beeidet werden soll, was aber nicht zwingend ist.

60 Da der Eid eine **feierliche Bekräftigung** der Aussagerichtigkeit zum Gegenstand hat, muss der Richter den Zeugen gem. § 480 in angemessener Weise über die **Bedeutung des Eides belehren**. Von mangelnder Eidesreife handelt § 393. Zu belehren hat der Richter auch darüber, dass der Eid mit oder ohne religiöse Beteuerung geleistet werden kann.

2. Eidesformel

61 Die Eidesnorm gibt Satz 2 wieder. Die Verwendung einer anderen Formel ist unschädlich, wenn sich der Zeuge nur darüber im Klaren ist, dass er einen Eid leistet, nämlich **förmlich die Wahrheit** der Aussage **beteuert**. Für den Sachverständigen gilt die abweichende Formel des § 410 Abs. 1 S. 2. Wird ein **sachverständiger Zeuge** fehlerhaft nach der für den Sachverständigen geltenden Formel vereidigt, steht dies einer Wertung als eidliche Zeugenaussage nicht entgegen.[2]

62 Der Eid kann nach § 481 ohne oder mit **religiöser Beteuerung** geleistet werden. Dabei kann die Gottesanrufung von Mitgliedern nichtchristlicher Religions- oder Bekenntnisgemeinschaften durch eine Beteuerungsformel ersetzt werden, die diese Gemeinschaft verwendet.

3. Ergänzende Verhaltensweisen

63 Der Schwörende soll nach § 481 Abs. 4 bei der Eidesleistung die **rechte Hand erheben**, ohne dass dies Bedeutung für die Wirksamkeit des Eides hat. Das Herausstrecken von drei Fingern entspricht einem alten Brauch und bedeutet, dass die Dreieinigkeit Gottes angerufen wird. Der Richter hat darauf zu achten, dass der Zeuge nicht die Ernsthaftigkeit der Eidesleistung für sich selbst in Zweifel zieht, indem er entsprechend regionalen Bräuchen den Eid mit der anderen Hand ableitet.

---

1 BGHZ 43, 368, 374.
2 A.A. Thomas/Putzo/*Reichold*[33] § 391 Rz. 11; Zöller/*Greger*[30] § 391 Rz. 6.

VII. Uneidliche Vernehmung, § 393

1. Eidesunfähigkeit

Die in § 393 genannten Personen sind **stets unbeeidigt** zu vernehmen, auch wenn das Gericht es gem. § 391 für geboten halten würde, sie zur Herbeiführung einer wahrheitsgemäßen Aussage zu beeidigen. Eine gleichwohl erfolgte Vereidigung ist wirksam; die Aussage ist als eidliche zu werten. Das Gesetz kennt nicht mehr die Eidesunfähigkeit des wegen Meineids Vorbestraften. Soweit die Abnahme des Eides verboten ist, darf auch **keine eidesstattliche Versicherung** zur Glaubhaftmachung nach § 294 gefordert werden. Der uneidlichen Vernehmung steht die Eidesunfähigkeit nicht entgegen.

64

2. Eidesmündigkeit

§ 393 beschreibt in seiner ersten Alternative die **altersbedingte Eidesunmündigkeit**. Die Eidesmündigkeit beginnt mit dem Beginn des Geburtstages zum 17. Lebensjahr (vgl. § 187 Abs. 2 S. 2 BGB). Personen, die aus Altersgründen vereidigt werden dürfen, sind von der Beeidigung nur ausgeschlossen, wenn im Einzelfall die Voraussetzungen der zweiten Alternative, also die mangelnde Vorstellung von der Bedeutung des Eides, positiv festgestellt werden kann.

65

3. Mangelnde Verstandesreife

§ 393 beschreibt in seiner zweiten Alternative den **Ausschluss von Zeugen**, die wegen fehlender Verstandesreife oder wegen Verstandesschwäche eidesunfähig sind. Das mangelnde **Verständnis** ist auf die **Bedeutung des Eides** bezogen. Gedächtnisschwäche, Geisteskrankheit oder Trunksucht sind für sich genommen kein Ausschlussgrund; derartige Personen zu vereidigen, wird aber in der Regel ermessensfehlerhaft sein (zur Ermessensausübung Rz. 48). Der Zustand der Trunkenheit steht einer Vereidigung ebenso entgegen wie einer uneidlichen Aussage diese Person.

66

Das Gericht hat die Eidesfähigkeit **von Amts wegen** zu **klären**. Dazu bedarf es regelmäßig der vorherigen Anhörung des Zeugen, durch die sich das Gericht über dessen geistigen Zustand vergewissert.

67

§ 138 Ablauf der Zeugenvernehmung

Schrifttum:

Berlit, Die Behandlung des Zeugen vor Gericht, DRiZ 1965, 91; *Ostermeyer*, Die Behandlung des Zeugen vor Gericht, DRiZ 1965, 162; *Rüßmann*, Die Zeugenvernehmung im Zivilprozeß, DRiZ 1985, 41.

I. Einzelvernehmung, § 394

1. Vernehmungstechnik

§ 394 regelt wie § 396 die **Technik** der Vernehmung von Zeugen. Mit ihr soll ein **kollusives Zusammenwirken** von Zeugen **verhindert** werden. § 394 gilt nicht für Sachverständige, wohl aber für **sachverständige Zeugen** (§ 414). Die Vernehmung von **tauben oder stummen** Zeugen ist in § 186 GVG geregelt.

68

69 Die Zeugen sind **einzeln** zu vernehmen. Die noch nicht vernommenen Zeugen haben den **Verhandlungsraum** zu **verlassen**, damit sie ihre eigene Aussage nicht auf das Aussageverhalten der vorher vernommenen Zeugen einrichten können. Auch an der Erörterung des Sach- und Streitstandes (§ 278 Abs. 2 S. 2) in der der Beweisaufnahme vorangehenden mündlichen Verhandlung dürfen die Zeugen nach der Wertung des § 394 Abs. 1 nicht teilnehmen.[1] Den **Parteien** steht ein **Anwesenheitsrecht** nach § 357 zu.

70 **Nach ihrer Vernehmung** können die Zeugen im Verhandlungssaal bleiben, sofern das Gericht dies gestattet. Durch ihre Anwesenheit wird nicht – die für die Beweisaufnahme nicht vorgesehene – Öffentlichkeit hergestellt. Die Zeugen dürfen sich **erst** von der Gerichtsstelle **entfernen**, wenn das Gericht dies gestattet, sie also **entlässt**.

2. Gegenüberstellung

71 Widersprechen sich die Aussagen, kann das Gericht die Gegenüberstellung der Zeugen anordnen. Die Entscheidung steht im **Ermessen** des Gerichts.[2] Dadurch kann es zu einer wiederholten Vernehmung i.S.d. § 398 kommen. Die Parteien haben keinen Anspruch auf eine Gegenüberstellung.

3. Rechtsmittel

72 Der Verstoß gegen die Sollvorschrift des Abs. 1 begründet für sich genommen kein Rechtsmittel.[3] Darin kann aber ein Grund für eine **unzureichende Sachaufklärung** liegen, die Zweifel an der Richtigkeit der entscheidungserheblichen Tatsachenfeststellungen i.S.d. § 529 Abs. 1 Nr. 1 begründen.

II. Vernehmung zur Person, § 395

1. Ermahnung des Zeugen

73 Der vernehmende Richter hat den Zeugen **vor der Vernehmung zur Wahrheit** zu ermahnen. Zugleich hat er ihn wegen des Nacheids (§ 392 S. 1) auf die **Möglichkeit der Vereidigung** hinzuweisen, damit der Zeuge sich der erhöhten Strafbarkeit des Meineids schon vor Beginn seiner Aussage bewusst wird. Ein gesonderter **Hinweis auf** die **Strafbarkeit** einer falschen uneidlichen oder eidlichen Aussage ist nicht vorgeschrieben, ist aber üblich. Eine Verletzung der Vorschrift hat keine zivilprozessualen Folgen.

74 Sind im selben Termin **mehrere Zeugen** zu vernehmen, werden sie im Allgemeinen alle **gemeinsam** im Voraus **belehrt**. Eine Einzelbelehrung ist im Gegensatz zur Einzelvernehmung nicht vorgeschrieben. Bei dieser Gelegenheit können die Zeugen auch allgemein in ein gemeinsames Thema der Beweisaufnahme eingeführt werden.[4]

2. Vernehmung zu den persönlichen Verhältnissen

75 Die Zeugenbefragung beginnt mit der **Vernehmung zur Person**. Sie dient der Feststellung der **Identität**. Dies gilt in erster Linie für die Fragen nach Vor- und Zunamen so-

---

1 Stein/Jonas/*Berger*[22] § 394 Rz. 1.
2 BAG NJW 1968, 566.
3 OLG Düsseldorf MDR 1979, 409; OLG Köln FamRZ 1996, 310, 311; RG Warn. 1928, 154; BFH, Beschl. v. 15.10.2008 – X B 120/08, BFH/NV 2009, 41.
4 Baumbach/Lauterbach/*Hartmann*[71] § 394 Rz. 2.

wie privaten Wohnort, kann aber auch für die weiteren Angaben des Abs. 2 S. 1 zutreffen. Analog § 68 Abs. 1 S. 2 StPO darf der Zeuge bei Wahrnehmungen in amtlicher Eigenschaft statt des Wohnortes den Dienstort angeben. Von der Wohnortangabe kann zur Vermeidung einer **Zeugengefährdung** analog § 68 StPO abgesehen werden.[1] § 10 Abs. 1 ZeugenschutzG (ZSHG)[2] berechtigt Personen, die unter § 1 ZSHG fallen, zur Verweigerung von Angaben, die Rückschlüsse auf die gegenwärtigen Personalien sowie den Wohn- und Aufenthaltsort erlauben.

Die Frage nach dem **Alter in vollen Lebensjahren** ist wegen der Feststellung der Eidesmündigkeit (§ 393) erforderlich. Bedeutung hat die Antwort aber auch für die Würdigung der Lebenserfahrung des Zeugen und damit für die Beweiswürdigung. Ebenfalls der Beweiswürdigung dienen die Fragen nach „Stand oder Gewerbe". Unter Stand ist die berufliche Stellung zu verstehen, nicht der Familienstand.[3]   76

Die **Generalfragen** gem. § 395 Abs. 2 S. 2 sollen dem Gericht ein Bild von der **Glaubwürdigkeit** des Zeugen bzw. von Faktoren, die die Glaubwürdigkeit in Zweifel ziehen könnten, vermitteln. Generalfragen braucht der Zeuge nicht zu beantworten, wenn er von einem **Zeugnisverweigerungsrecht** Gebrauch macht. Allerdings sind die Voraussetzungen eines Zeugnisverweigerungsrechts anzugeben und glaubhaft zu machen. Auf die Angaben nach § 395 Abs. 2 erstreckt sich der **Eid** im Falle einer Vereidigung des Zeugen.   77

Zu den Generalfragen rechnet das Gesetz die Fragen nach der **Beziehung des Zeugen zu den Parteien**. In erster Linie, aber nicht nur geht es um die Feststellung der Voraussetzungen eines **Zeugnisverweigerungsrechts**. Erheblich ist auch, ob der Zeuge ein wirtschaftliches oder sonstiges **Interesse am Ausgang des Rechtsstreits** haben kann, etwa weil er Rechtsvorgänger einer Partei war oder weil persönliche Freundschaft oder Feindschaft die Aussage beeinflussen können. **Abhängigkeiten** des Zeugen von einer Partei, etwa die Stellung als Arbeitnehmer, können aus demselben Grund bedeutsam sein. Angaben zur Person betreffen zugleich die Vernehmung zur Sache, wenn es um die Quelle geht, aus der das Wissen des Zeugen stammt.   78

Fragen nach **Vorstrafen** können zulässig sein, soweit aus ihnen Schlüsse auf eine fehlende **persönliche Zuverlässigkeit** des Zeugen gezogen werden können; sie sollten zur Schonung des Zeugen allerdings erst gestellt werden, wenn sich aufgrund der Aussage konkret abzeichnet, dass es darauf für die Entscheidung des Rechtsstreits ankommt.   79

Fragen nach dem **religiösen Bekenntnis** sind wegen der **negativen Bekenntnisfreiheit** regelmäßig unzulässig. Mittelbar ist eine Angabe aber erforderlich, wenn der Zeuge vereidigt werden soll und eine religiöse Beteuerung (§§ 481 f.) erklären will.   80

3. Inhalt eidesstattlicher Versicherungen

Nach § 294 kann zur **Glaubhaftmachung** die Versicherung an Eides statt erfolgen. Bei ihr handelt es sich der Sache nach um eine **schriftliche Aussage**, die **an die Stelle einer Zeugenaussage** tritt, die allerdings auch von einer Partei – ohne Beschränkung auf die Voraussetzungen der Parteivernehmung – abgegeben werden kann. Sie ist insbesondere im Verfahren der **einstweiligen Verfügung** oder des Arrests zur **Feststellung des Tatsachenstoffes** zugelassen (§ 920). § 377 Abs. 3 a.F. sah die eidesstattliche Versicherung auch für die schriftliche Zeugenaussage vor.   81

---

1 MünchKommZPO/*Damrau*[4] § 395 Rz. 3; Musielak/*Huber*[10] § 395 Rz. 2.
2 Gesetz v. 11.12.2001, BGBl. I 2001, 3510; dazu BGHSt 50, 318 = NJW 2006, 785 Rz. 13 ff.
3 Stein/Jonas/*Berger*[22] § 395 Rz. 2.

82 Die Versicherung ist **nur** dann ein **geeigneter Ersatz einer mündlichen Aussage** im Strengbeweisverfahren, wenn sich ihr Inhalt auf **alle Angaben** erstreckt, die **bei** einer **Zeugenvernehmung** in der mündlichen Verhandlung von Bedeutung sind.[1] So muss sich aus ihr ergeben, dass sich der Versichernde über die Bedeutung und die **Strafbarkeit** einer falschen eidesstattlichen Versicherung im Klaren ist. Zu offenbaren sind ferner alle **Umstände**, die nach § 395 Abs. 2 S. 2 Gegenstand der **Generalbefragung** wären, und die **Herkunft seines Wissens** gem. § 396 Abs. 2.[2]

III. Vernehmung zur Sache, § 396

Schrifttum:

Arntzen, Vernehmungspsychologie, 3. Aufl. 2008; *Bender/Nack/Treuer*, Tatsachenfeststellung vor Gericht, 3. Aufl. 2007; *Bernhardt*, Die Aufklärung des Sachverhalts im Zivilprozeß, Festschrift Rosenberg (1949), S. 42; *Geerds*, Vernehmungstechnik, 5. Aufl.; *Hellwig*, Psychologie und Vernehmungstechnik, 4. Aufl., S. 204 ff., 299 ff.; *Krönig*, Die Kunst der Beweiserhebung, DRiZ 1960, 178; *Natter/Mohn/Hablitzel*, Die unmittelbare Aufzeichnung von Zeugenaussagen im zivil- und arbeitsgerichtlichen Verfahren, NJW 2013, 1770; *Prange*, Materiell-rechtliche Sanktionen bei Verletzung der prozessualen Wahrheitspflicht durch Zeugen und Parteien, 1995; *E. Schneider*, Beweis und Beweiswürdigung, 5. Aufl. 1994, Rz. 872 ff.; *J. Stoll*, Überlegenheit des deutschen Zivilprozesses bei der Zeugenvernehmung?, ZRP 2009, 46.

1. Vernehmungsgrundsatz, zusammenhängender Zeugenbericht

83 Die Vernehmung durch zusammenhängende Äußerung des Zeugen steht im Gegensatz zum gemeinen Recht, nach dessen Regelung dem Zeugen bestimmte Fragen zur Beantwortung vorzulegen waren. **Erst nach** der **eigenständigen Äußerung** des Zeugen zum Beweisthema sind ihm **Vorhaltungen** zu machen, die sich etwa aus früheren Aussagen anderer Zeugen ergeben können. Einen zusammenhängenden Vortrag kann man nur erwarten, wenn der Zeuge Gelegenheit zum Nachdenken gehabt hat.

84 Der Zeuge darf **nicht** auf ein von ihm **überreichtes Schriftstück** verweisen.[3] Dem Zeugen ist aber zuzubilligen, seine Notizen einzusehen, die er sich zur Stützung seines Gedächtnisses im Hinblick auf die Vernehmung gemacht hat (vgl. Kap. 32 Rz. 64). Die mündliche Erklärung darf auch nicht dadurch ersetzt werden, dass dem Zeugen sein Schriftstück vorgelesen und das Schriftstück zur Protokollanlage gemacht wird.

85 Die **Abgrenzung zur schriftlichen Zeugenaussage** nach § 377 ist flüssig, wenn es um Bekundungen geht, die sich auf Dokumente beziehen, an deren Errichtung der Zeuge beteiligt war. Auch dann ist der Zeuge zunächst anzuhalten, im Zusammenhang über das Zustandekommen des Dokuments zu berichten. **Unzulässig** ist die substituierende **Bezugnahme auf** ein von einer Partei verfasstes **Schriftstück**, das der Zeuge nur unterschrieben oder nach Diktat einer Partei niedergeschrieben hat. Die schriftliche Erklärung darf die mündliche Erklärung nicht voll ersetzen.[4] Eine nachträgliche schriftliche Erklärung des Zeugen darf nach § 377 Abs. 3 oder im Wege des Urkundsbeweises verwertet werden. Weicht sie von der Vernehmung ab, ist er Zeuge erneut zu vernehmen.

---

1 BPatG GRUR 1978, 358, 359 (zu § 377 a.F.) – Druckbehälter.
2 BPatG GRUR 1978, 358, 359.
3 RGZ 16, 116, 116; RG JW 1900, 71.
4 RGZ 49, 374, 375.

Befragung der Zeugen   Rz. 91 Kapitel **39**

Der Zeuge hat **lückenlos alles** anzugeben, was **mit den Beweistatsachen im Sachzu- 86
sammenhang** steht und für die Entscheidung erheblich ist. Stets Vernehmungsgegenstand sind Tatsachen, nach denen der Zeuge vom Richter oder mit richterlicher Genehmigung von den Parteien gefragt wird.[1] **Ungefragt** hat der Zeuge solche Tatsachen anzugeben, deren **Erheblichkeit** als Beweisgegenstand er aufgrund des ihm mitgeteilten Beweisbeschlusses oder der gestellten Fragen **erkennt**.[2]

Eine **fehlerhafte Vernehmung** wird mangels Rüge der Parteien nach § 295 geheilt. 87

2. Protokollierung

Über die Aussage des Zeugen ist eine **Niederschrift** aufzunehmen, die auf dem Diktat 88
des Richters beruht. Die mit dem Diktat verbundene Verfremdung ist so gering wie möglich zu halten. Das Diktat hat in den entscheidenden Formulierungen die **eigenen Worte des Zeugen** wiederzugeben.[3] Jedenfalls muss die richterlich fixierte Wiedergabe der Vernehmung dem Inhalt der Aussage entsprechen.

Die **unmittelbare Aufzeichnung** der Aussage **auf** einem **Tonaufzeichnungsgerät** ist 89
nicht ausgeschlossen. Sie ermöglicht eine wortlautgetreue Wiedergabe der Zeugenaussagen ohne verfälschende Filterung durch das richterliche Diktat auf der Basis eines abweichenden Bildungsstandes und erlaubt es dem Richter, sich stärker auf das gesamte Aussageverhalten des Zeugen zu konzentrieren.[4] Die **Übertragung in** eine **Printform**, die wegen Personalmangels in den Serviceeinheiten des Gerichts als Hindernis angesehen werden könnte, wird durch die zusätzliche Festhaltung des wesentlichen Ergebnisses der Aussagen (§ 160a Abs. 2 S. 4) vermieden. Eine **endgültige Speicherung** des Tonbandprotokolls **als elektronisches Dokument** erfolgt nach §§ 160a Abs. 4, 130b.

§ 139 Befragung der Zeugen, § 397 ZPO

Schrifttum:
J. Stoll, Überlegenheit des deutschen Zivilprozesses bei der Zeugenvernehmung?, ZRP 2009, 46.

I. Ziel der Befragung

Die Befragung im Anschluss an die Protokollierung der zusammenhängenden Aus- 90
sage dient der weiteren **Aufklärung des Tatsachenstoffes** sowie der Ermittlung der Glaubhaftigkeit der Aussage und der Glaubwürdigkeit des Zeugen. Bei der Aufklärungspflicht des § 396 Abs. 2 handelt es sich um eine **Sondervorschrift zu § 139**.[5] Ihre Verletzung stellt einen wesentlichen Verfahrensmangel i.S.d. § 538 Abs. 2 Nr. 1 dar.[6]

Beschreibt ein Zeuge den Gegenstand seiner Wahrnehmung plausibel, hat das Gericht 91
keinen Anlass, seine Angaben kritisch zu hinterfragen; sieht eine Partei ihrerseits Anlass zur Nachfrage, muss sie selbst von ihrem Fragerecht (§ 397) Gebrauch ma-

---
1 BGHSt 2, 90, 92.
2 BGHSt 2, 90, 92.
3 Vgl. dazu RGZ 149, 287, 288.
4 *Natter/Mohn/Hablitzel* NJW 2013, 1770, 1771.
5 OLG Koblenz NJW-RR 1991, 1471.
6 OLG Koblenz NJW-RR 1991, 1471.

chen.¹ **Unterbleiben** in dieser Situation **Nachfragen** des Gerichts, lassen sich darauf **keine Zweifel an** der Richtigkeit der **Feststellungen** i.S.d. **§ 529 Abs. 1 Nr. 1** stützen. Bei schriftlichen Erklärungen des Zeugen ist die Aufklärungspflicht besonders groß. Wenn schriftliche Unterlagen über das Beweisthema vorhanden sind, ist der Zeuge auch darüber zu befragen.²

II. Modalitäten der Befragung

1. Frageberechtigte Personen

92 Im **Kollegialgericht** stellt regelmäßig der Vorsitzende die Fragen, sofern die Vernehmung nicht dem Berichterstatter überlassen wird. Außer dem Vernehmenden darf aber auch jedes andere Mitglied des Spruchkörpers unmittelbar fragen (§ 396 Abs. 3). Das Fragerecht der **Parteien** ist in § 397 geregelt.

93 Ein **Sachverständiger** hat kein unmittelbares Fragerecht. Das Gericht kann ihm aber die Befragung überlassen, soweit dies der unmittelbaren Ermittlung des für sein Gutachten benötigten Sachverhalts dient. Auch dann ist der Inhalt der Aussage vom Gericht in das Protokoll zu diktieren.

94 Ein **anderer Zeuge** darf bei einer Gegenüberstellung nicht unmittelbar fragen. Allerdings sind spontane Reaktionen für die Beurteilung der Glaubwürdigkeit wertvoll und sollten nicht vorschnell unterbunden werden.

2. Beanstandung der Fragestellung

95 Die Zeugenbefragung hat sich thematisch an den Beweiserfordernissen auszurichten, wie sie sich gegebenenfalls aus einem Beweisbeschluss ergeben. Eine Fragestellung darf **von** jedem mitwirkenden **Richter** sowie jeder **Partei** und deren **Vertreter** beanstandet werden, nicht aber von Sachverständigen oder von Zeugen. Über die Beanstandung **entscheidet** das Gericht (§ 397 Abs. 3).

96 Beanstandungen sollten **in das Protokoll** aufgenommen werden. Der Beschluss, der die Beanstandung übergeht oder ihr stattgibt, ist selbständig nicht anfechtbar. Aus einer unrichtigen Verfahrensbehandlung kann sich aber ein mit dem **Rechtsmittel gegen** die **Endentscheidung** angreifbarer Verstoß gegen § 286 ergeben.

III. Fragerecht der Parteien, § 397

1. Anwendungsbereich

97 § 397 gilt für **Zeugenvernehmungen** in **allen Verfahren der ZPO**. Anzuwenden ist die Norm auch auf den **Sachverständigenbeweis** (§ 402), auf die schriftliche Zeugenvernehmung (§ 377 Abs. 3),³ die Parteivernehmung (§ 451) und das **selbständige Beweisverfahren** (§ 492).

---

1 OLG Brandenburg, Urt. v. 21.1.2008 – 12 U 247/06.
2 BGH NJW 1961, 363 = MDR 1961, 230.
3 LG Berlin NJW-RR 1997, 1289, 1290.

Im **arbeitsgerichtlichen Verfahren** sind die Verbandsvertreter (§ 11 ArbGG) wie „Anwälte" (§ 397 Abs. 2) zu behandeln.[1] Die Vorschrift gilt gem. § 30 FamFG auch in Verfahren der **Freiwilligen Gerichtsbarkeit**.[2]

98

2. Voraussetzungen der Zeugenbefragung

Wegen des Grundsatzes der Parteiöffentlichkeit von Beweisaufnahmen (§ 357) dürfen die Parteien an der Beweisaufnahme teilnehmen (zum Inhalt des Anwesenheitsrechts Kap. 5 Rz. 14 ff.). Sie dürfen dem Zeugen dann auch einzelne Fragen vorlegen. In § 397 konkretisiert sich der **Anspruch auf rechtliches Gehör**.[3] Voraussetzung ist eine Vernehmung durch das Prozessgericht oder einen kommissarischen Richter. Will eine Partei das Fragerecht ausüben, darf sie sich nicht mit der Verwertung eines Protokollbeweises aus einem fremden Verfahren begnügen (dazu Kap. 4 Rz. 14).

99

§ 397 begründet **kein primäres Fragerecht** der Parteien in Form der Überlassung der Vernehmung (**Kreuzverhör**).[4] Gem. § 397 Abs. 1 haben die Parteien lediglich das Recht, dem Zeugen **über das Gericht Fragen vorlegen** zu lassen. Das Fragerecht der Parteien ist gegenüber der richterlichen Vernehmung nach § 396 nachrangig.[5] Ob das Gericht dabei die Parteifrage für **sachdienlich** hält, ist grundsätzlich irrelevant. **Unzulässige Fragen** darf und muss das Gericht nach Abs. 3 zurückweisen.[6] Neben den Parteien sind auch deren Streithelfer frageberechtigt.

100

Nach Abs. 2 **kann** der Vorsitzende den Parteien das **Recht einräumen**, an den Zeugen **unmittelbar Fragen zu richten**. Direkt fragen dürfen bei anwaltlicher Vertretung aber nur die **Rechtsanwälte**. Im Anwaltsprozess (§ 78) kann die Partei ebenfalls ein direktes Fragerecht erbitten, hat aber keinen Anspruch darauf. Die Partei kann sachkundige Berater hinzuziehen (Kap. 5 Rz. 12) und ihnen ihr Fragerecht überlassen.[7]

101

3. Fragerecht bei schriftlicher Zeugenaussage

Wird nach einer schriftlichen Zeugenaussage die Befragung beantragt, soll die vorherige **schriftliche Formulierung** der **beabsichtigten** Fragen **nicht** verlangt werden können.[8] Das ist in dieser apodiktischen Form nicht überzeugend. Dem Antrag auf Ladung des Zeugen zwecks Ausübung des Fragerechts ist zwar grundsätzlich zu entsprechen, jedoch ist der **Antrag zurückzuweisen**, wenn er zur Verfahrensverschleppung oder sonst **rechtsmissbräuchlich** gestellt wird.[9] Ob ein Ausnahmefall vorliegt (dazu auch Kap. 38 Rz. 26 f.), kann sich nur aus dem Inhalt des Ladungs- und Befragungsantrags ergeben. Durch die Ausübung des Fragerechts darf die Entlastungswirkung der schriftlichen Aussage (dazu Kap. 38 Rz. 1) nicht entwertet werden. Der **Antrag** muss erkennen lassen, **worin** die Partei **Unklarheiten und Erläuterungsbedarf** sieht und in welche Richtung sie ihr Fragerecht ausüben will.[10]

102

---

1 *Germelmann*/*Matthes*/*Prütting*/*Müller-Glöge* ArbGG⁷ § 11 Rz. 89; *Hauck*/*Helml* ArbGG⁴ § 11 Rz. 19.
2 KG NJW 1962, 2114; OLG Hamm FamRZ 1991, 466; OLG Zweibrücken FamRZ 2001, 639.
3 BVerfG NJW 1998, 2273 (dort: Sachverständigenanhörung im FGG-Verfahren); BGH NJW-RR 2007, 1294; BGH VersR 2009, 69 Rz. 4 = NJW-RR 2009, 409.
4 *Stein*/*Jonas*/*Berger*²² § 397 Rz. 1.
5 *Stein*/*Jonas*/*Berger*²² § 397 Rz. 1.
6 KG MDR 1993, 797.
7 BGH VersR 2009, 69 Rz. 8 = NJW-RR 2009, 409.
8 LG Berlin NJW-RR 1997, 1289, 1290.
9 OLG Hamm NJW-RR 1992, 1469; LG Berlin NJW-RR 1997, 1289, 1290. In der Sache einen Rechtsmissbrauch annehmend LAG Köln MDR 2002, 465, 466.
10 Ebenso zur Sachverständigenbefragung OLG Oldenburg OLGRep. 2001, 173; s. auch BGH NJW 1997, 802, 803.

IV. Folgen der Nichtbefragung

103 Es besteht keine Fragepflicht der Parteien, sondern lediglich eine **Fragelast**. Soweit eine Frage nicht gestellt wird, liegt darin ein **Verzicht auf die Fragestellung** (§ 295) mit der Folge, dass das Nichtbefragen über eine bereits früher aufgeworfene Frage im Rechtsmittelverfahren nicht mehr gerügt werden darf.[1] Das gilt auch, wenn der Zeuge oder der Sachverständige nur schriftlich vernommen worden ist (§ 377 Abs. 3 bzw. § 411 Abs. 1) und die Partei den Antrag auf mündliche Vernehmung nicht stellt.[2]

104 Die Partei ist nicht gehalten zu fragen, wenn sie glaubt der Zeuge sage die Unwahrheit. Aus dem **zivilprozessualen Fragerecht** kann **kein Verstoß gegen** eine **strafbewehrte Pflicht** hergeleitet werden, etwa als mögliche Beihilfe zu Aussage- bzw. Eidesdelikten.

V. Beanstandung von Fragen

105 Anstelle des Vorsitzenden **entscheidet** das **Gericht** nach Abs. 3, wenn Zweifel an der Zulässigkeit einer Frage geäußert werden. § 397 Abs. 3 ist anzuwenden, wenn der Vorsitzende die Frage für unzulässig hält oder wenn die Formulierung der Frage des Vorsitzenden von dem abweicht, was die Parteien wissen wollen. Wird die Vernehmung durch den **Richterkommissar** durchgeführt, trifft er die Entscheidung. Die Entscheidung ergeht durch zu begründenden und zu verkündenden **Beschluss**.[3] Sie ist stets vorläufiger Natur, kann also bis zur Beendigung der Instanz korrigiert werden. Den Beschluss eines Richterkommissars kann das Prozessgericht korrigieren.

106 **Unzulässig** ist eine Frage, wenn ihrer Beantwortung ein ausgeübtes **Zeugnisverweigerungsrecht** (§§ 383 Abs. 3, 376) entgegensteht, wenn sie **bereits beantwortet** ist oder wenn sie **nicht** auf **tatsächliche Wahrnehmungen** gerichtet ist, da Schlussfolgerungen und Werturteile Aufgabe des Gerichts und nicht des Zeugen sind.[4] Dasselbe gilt, wenn die Frage **außerhalb des Beweisthemas**[5] liegt oder gar mit dem Streitgegenstand in keinerlei Verbindung steht, also nicht der Aufklärung der Sache oder der Verhältnisse der Zeugen dient. Unzulässig sind Suggestivfragen.

107 Der Beschluss ist **nicht isoliert anfechtbar**, weil er die Verfahrensleitung (Kap. 13 Rz. 130) betrifft. Etwaige Rechtsfehler des Beschlusses können nur im Rahmen eines Rechtsmittels gegen das Endurteil zur Überprüfung gestellt werden.[6] Zweckmäßig ist es daher, wenn das – dazu nicht verpflichtete Gericht – eine nicht zugelassene Frage wortwörtlich ins Protokoll aufnimmt.[7]

§ 140 Wiederholte und nachträgliche Vernehmung, § 398 ZPO

Schrifttum:

Nassall, Die Grenzen des Ermessens des Berufungsgerichts bei der Anordnung der Wiederholung einer erstinstanzlichen Zeugenvernehmung, ZZP 98 (1985), 313; *Pantle*, Die Pflicht

---

1 RAG ARS 29, 218.
2 Zur Sachverständigenbefragung RG Warneyers Rspr. 1932 Nr. 151 S. 313, 314; RG Seuff.Arch 91 Nr. 124 S. 283, 284; RG Warneyers Rspr. 1935 Nr. 118 S. 243; RG JW 1935, 2432.
3 KG KGRep. 1999, 153, 154.
4 Musielak/*Huber*[10] § 397 Rz. 2.
5 OLG Hamburg OLGRspr. (Mugdan-Falkmann) 23 S. 193; KG MDR 1993, 797; s. auch OLG Oldenburg NJW-RR 1999, 178 (Sachverständigenbefragung).
6 KG MDR 1993, 797; Baumbach/Lauterbach/*Hartmann*[71] § 397 Rz. 9.
7 Zöller/*Greger*[30] § 397 Rz. 5.

des Berufungsgerichts zur Wiederholung einer erstinstanzlich durchgeführten Beweisaufnahme, NJW 1987, 3160; *Pantle*, Erneute Zeugenvernehmung in der Berufungsinstanz, NJW 1988, 2027.

I. Klärung des Aussageinhalts

Zweck der wiederholten Vernehmung ist die **Ausräumung von Unklarheiten** der früheren Aussage oder der schriftlichen Erklärung (§ 377 Abs. 3) des Zeugen. Die Anordnung steht im pflichtgemäßen **Ermessen** des Richters; das gilt auch für die Berufungsinstanz (Kap. 4 Rz. 51). Denkbar ist die Wiederholung auch **zur Gegenüberstellung** mit anderen Zeugen (§ 394 Abs. 2). Sowohl die Anordnung als auch die Ablehnung eines darauf gerichteten Antrags ergehen durch Beschluss ohne mündliche Verhandlung.[1] Der Beschluss ist als prozessleitende Anordnung unanfechtbar (näher Kap. 13 Rz. 130).

108

Nicht anwendbar ist § 398 auf die **Nichtigkeits-** und die **Restitutionsklage**.[2]

109

II. Begriff der wiederholten Vernehmung

Eine erneute Vernehmung liegt vor, wenn derselbe Zeuge **zu demselben Beweisthema** bereits **ausgesagt** hat,[3] auch in anderer Instanz[4] oder im selbstständigen Beweisverfahren.[5] Daran fehlt es, wenn das Beweisthema ursprünglich zu eng gefasst war, nicht aber, wenn es nur nachträglich substantiiert wird. Ohne Bedeutung ist, ob zu dem Beweisthema eine formlose oder eine förmliche Beweisanordnung ergangen war. Keine Auswirkung hat eine frühere Vernehmung vor dem Prozessgericht oder einem kommissarischen Richter (§ 400), wenn der Zeuge in demselben Verfahren zu außerhalb des früheren Beweisthemas liegenden Tatsachen befragt werden soll.

110

Abzustellen ist auf die Vernehmung **im selben Verfahren**, so dass auch eine Beweisaufnahme unter anderem rechtlichen Blickwinkel nicht zu einer erneuten Vernehmung führt, etwa wenn der Zeuge zur Behauptung einer unerlaubten Handlung ausgesagt hat und es nachfolgend um die Verwertung der Aussage bei der Anfechtung wegen arglistiger Täuschung geht. Die Vernehmung im **selbständigen Beweisverfahren** ist wie eine Vernehmung im Hauptprozess zu behandeln (dazu Kap. 4 Rz. 55).

111

Keine technisch erneute Vernehmung findet statt, soweit der Zeuge, der zuvor von einem Zeugnisverweigerungsrecht Gebrauch gemacht hat, nunmehr aussagebereit ist. Dasselbe gilt, wenn unter Verletzung des § 286 zunächst eine Frage nicht zugelassen worden war. Dem Antrag auf Vernehmung des Zeugen, der die **Aussage zunächst verweigert** hatte, ist zur Vermeidung unzulässigen Drucks auf den Zeugen und einer Verzögerung des Rechtsstreits nur stattzugeben, wenn die antragende Partei belegen kann, dass der Zeuge nunmehr zur Aussage bereit ist, was in der Regel durch eine **schriftliche Erklärung des Zeugen** zu erfolgen hat.[6]

112

---

1 Stein/Jonas/*Berger*[22] § 398 Rz. 7.
2 Stein/Jonas/*Berger*[22] § 398 Rz. 15.
3 RGZ 48, 386, 390; RG JW 1902, 361; BAG AP § 398 ZPO Nr. 1; OLG Schleswig OLGZ 1980, 58 f.
4 BGHZ 35, 370, 372 = NJW 1961, 2308; BGH NJW 1968, 1138; BGH NJW 1972, 584, 585.
5 BGH NJW 1970, 1919, 1920: Zeugenvernehmung im selbständigen Beweisverfahren mit Verwertung nach § 493 Abs. 1 ist erste Vernehmung.
6 OLG Köln NJW 1975, 2074.

113 **Erstmalig** sagt auch ein Zeuge aus, der **in einem anderen Verfahren**, z.B. im Strafverfahren, **vernommen** worden war und jetzt als Zeuge im Zivilprozess benannt wird.[1] Eine Verwertung der Aussagen aus dem anderen Verfahren im Wege der **Protokollverwertung** („Urkundenbeweis") ist grundsätzlich möglich, scheidet aber aus, wenn die Vernehmung des Zeugen im Zivilprozess beantragt wird; die dann vorzunehmende Zeugenvernehmung ist nicht „wiederholt" i.S.d. § 398 (Kap. 4 Rz. 17 und Rz. 48). Dies gilt auch dann, wenn die Partei zunächst mit dem Urkundenbeweis einverstanden war.

114 Ebenfalls eine erste Vernehmung liegt vor, wenn der Zeuge gem. § 377 Abs. 3 **schriftlich ausgesagt** hat, die **Antwort** aus Sicht der Parteien aber **unzulänglich** war und er zur weiteren Klärung der Beweisfrage mündlich angehört werden muss;[2] die Ladung steht dann nicht im Ermessen des Gerichts. Die Parteien üben damit ihr Fragerecht nach § 397 aus.[3] Wendet man stattdessen § 398 an,[4] hat die Ermessensausübung i.S. einer vollständigen Tatsachenaufklärung zu erfolgen. Näher dazu Kap. 38 Rz. 21 und Kap. 39 Rz. 90.

115 Eine „**informatorische Anhörung**" ist **kein Ersatz für** die **Vernehmung**.[5] Eine informatorische Anhörung kann nur insoweit erfolgen, als sich das Gericht die Überzeugung vom Vorhandensein von Tatsachen auch im Wege des **Freibeweises** verschaffen darf, z.B. bei den Zulässigkeitsvoraussetzungen eines Rechtsmittels; dagegen **nicht** bei der Beweiserhebung über materiell-rechtlich maßgebliche Vorgänge, die dem **Strengbeweis** unterliegen. Darüber hinaus enthält das Sitzungsprotokoll keinerlei Vermerke über die Anhörung, so dass insoweit auch tatsächliche Feststellungen des Berufungsgerichts fehlen, die die Beweiswürdigung rechtfertigen.[6]

116 Von der erneuten Vernehmung desselben Zeugen über denselben Beweisgegenstand ist die **neue Vernehmung eines anderen Zeugen** zu unterscheiden. Dessen Vernehmung darf nicht nach § 398 zurückgewiesen werden, sondern allenfalls wegen verspäteter Antragstellung.

III. Anordnung der erneuten Vernehmung als Ermessensentscheidung

1. Grundsatz

117 Die Entscheidung über eine wiederholte Vernehmung steht im Ermessen des Gerichts. Das Ermessen ist **pflichtgebunden**. Auszuüben ist es unter Beachtung des Grundsatzes der **formellen Unmittelbarkeit** der Beweisaufnahme (näher dazu Kap. 4 Rz. 40). Von dem Ermessen ist im **Interesse des Zeugen** nur zurückhaltend Gebrauch zu machen, um einen Missbrauch des **Zeugenzwangs** zu vermeiden.[7] Um **Beweiserhaltungsinteressen** des Beweisführers geht es, wenn Ergebnisse eines selbständigen Beweisverfahrens vom Gegner im Hauptprozess in Zweifel gezogen werden (dazu Kap. 4 Rz. 58). Die Parteien können die erneute Vernehmung nicht erzwingen, jedoch kann deren Verweigerung bei fehlerhafter Ermessensausübung einen Verfahrensfehler darstellen, der in der Rechtsmittelinstanz überprüfbar ist.

---

1 LAG Nürnberg AR-Blattei ES 160.7.2 Nr. 10; Musielak/*Huber*[10] § 398 Rz. 2.
2 Stein/Jonas/*Berger*[22] § 398 Rz. 2.
3 MünchKommZPO/*Damrau*[4] § 398 Rz. 2.
4 So die Lösung von BGH MDR 1968, 132 (LS) = LM Nr. 4 zu § 377 ZPO (Wiedergutmachungssache, Verallgemeinerung abzulehnen).
5 BGH NJW-RR 1998, 1601.
6 BGH NJW-RR 1998, 1601, 1602.
7 LAG Köln MDR 2001, 712 = NZA-RR 2001, 550.

Das **Berufungsgericht** ist gem. § 529 Abs. 1 Nr. 1 an die Feststellungen der ersten Instanz **gebunden**, darf also eine erneute Vernehmung nur anordnen, wenn **konkrete Zweifel** an der Feststellungsrichtigkeit bestehen.

118

2. Einschränkungen

a) Wiederholung in derselben Instanz

Die Wiederholung ist anzuordnen, wenn die **erste Vernehmung** verfahrensrechtlich **fehlerhaft** war.[1] Der Verfahrensfehler darf durch Rügeverzicht (§ 295) nicht geheilt oder nicht heilbar[2] sein (Kap. 4 Rz. 101 ff.). Sie kann auch nach einem Richterwechsel geboten sein (näher dazu Kap. 4 Rz. 29 und 49).

119

Ein **berechtigtes Interesse** besteht, wenn einer **Partei neue Informationen** vorliegen, die zum Gegenstand der ergänzenden Befragung gemacht werden sollen, etwa Vorhaltungen aus Schriftwechsel, der zur ersten Vernehmung noch nicht zugänglich war. Dasselbe gilt, wenn der Zeuge aufgrund des Auffindens eigener Aufzeichnungen oder aus sonstigen Gründen ergänzende Angaben machen kann.

120

b) Wiederholung in der Berufungsinstanz

Eine wiederholte Vernehmung durch das **Berufungsgericht** ist **zwingend erforderlich**, soweit die Beweiswürdigung der ersten Instanz für eine Entscheidung nicht verwertbar ist, weil Zweifel i.S.d. § 529 Abs. 1 Nr. 1 bestehen und die **abweichende Würdigung** der protokollierten Aussagen gegen § 355 verstoßen würde[3] (eingehend dazu Kap. 4 Rz. 51 und Kap. 31 Rz. 58). Unter den Voraussetzungen des § 538 Abs. 2 Nr. 1 kommt stattdessen auch eine **Zurückverweisung an** die **erste Instanz** in Betracht. Einer erneuten Vernehmung bedarf es z.B., wenn das Gericht die **Glaubwürdigkeit** eines Zeugen **abweichend beurteilen** will;[4] Erklärungen anders auslegen will als die Vorinstanz,[5] etwa weil es die protokollierten Angaben des Zeugen für zu vage und präzisierungsbedürftig hält;[6] wenn es protokollierte Aussagen abweichend würdigen bzw. gewichten will;[7] wenn es die Zeugenaussage im Hinblick auf die Erinnerungsfähigkeit des Zeugen abweichend würdigen will;[8] wenn es den Bekundungen des Zeugen eine andere Tragweite oder anderes Gewicht beilegen will.[9]

121

---

1 BGH NJW 1994, 2960: fehlender Vorhalt an Zeugen; BGH NJW 2000, 2024: Beweisaufnahme durch „Berichterstatter als Einzelrichter"; s. auch Hess. Staatsgerichtshof, Beschl. v. 9.2.2000 – P.St. 1457.
2 BGH NJW 1994, 941, 942: Nichtvereidigung eines Dolmetschers.
3 BGH NJW-RR 2009, 1291 Rz. 5 m.w.N.; BGH NJW 2011, 1364 Rz. 6.
4 BVerfG NJW 2011, 49 Rz. 14; BGH NJW 1991, 3285 f. (Bevorzugung eines Zeugen durch Berufungsgericht ohne erneute Vernehmung bei zwei sich widersprechenden Aussagen, denen das Erstgericht beiden nicht geglaubt hatte); BGH NJW 1997, 466 (Verneinung der Glaubwürdigkeit wegen einiger objektiver Gegenindizien); BGH Rep. 2002, 391; BGH, Urt. v. 21.12.2004 – XI ZR 17/03; BGH NJW 2011, 989 Rz. 43.
5 BGH NJW 1996, 663, 664 (erstinstanzliche Feststellung eines Scheingeschäfts aufgrund bekundeter Äußerungsumstände verworfen).
6 BGH NJW 2000, 3718, 3720; BGH NJW-RR 2002, 1500, 1501; BGH NJW 2011, 1364 Rz. 9.
7 BGH NJW-RR 1989, 380 = WM 1988, 1654 f.; BGH NJW 1991, 1183; BGH NJW-RR 1991, 829 = WM 1991, 963 f.; BGH NJW 1992, 741 f.; BGH NJW 1993, 64, 66 = WM 1992, 2104, 2107; BGH NJW 1993, 668; NJW-RR 1993, 510; BGH NJW 1998, 385 f.; BGH NJW-RR 1998, 1601, 1602; BGH NJW 1999, 2972; BGH NJW-RR 2009, 1291 Rz. 5; BGH WM 2011, 1533 Rz. 7; BGH NJW-RR 2012, 704 Rz. 7.
8 BGH NJW 1984, 2629.
9 BGH NJW-RR 1986, 285 = VersR 1985, 342; BGH NJW 1986, 2885 = VersR 1986, 970 f.; BGH NJW 1992, 741 = VersR 1992, 237; BGH NJW 1997, 466 = VersR 1997, 256; BGH NJW 1998, 2222.

122 Eine **Wiederholung** der Vernehmung ist **nicht erforderlich**, wenn sich das Berufungsgericht für seine abweichende Würdigung nur auf solche Umstände stützt, die weder die Urteilsfähigkeit, das Erinnerungsvermögen oder die Wahrheitsliebe des Zeugen noch die Vollständigkeit oder Widerspruchsfreiheit seiner Aussage betreffen.[1] Eine von einem Zeugen bekundete **(Willens-)Erklärung** darf auch ohne erneute Vernehmung **anders ausgelegt** werden, wenn der objektive Erklärungswert vom Empfängerhorizont (§§ 133, 157 BGB) aus zu bewerten ist und das Berufungsgericht bei der Auslegung dieselben Tatsachen zugrunde legt wie das Ausgangsgericht.[2] Die protokollierte erstinstanzliche Aussage darf vom Berufungsgericht gewürdigt werden, wenn das angefochtene Urteil der Aussage keine Bedeutung beigemessen und sie deshalb überhaupt nicht gewürdigt hatte.[3]

123 Sieht das Berufungsgericht Anlass zur erneuten Vernehmung eines Zeugen und macht der **Zeuge in** der **Berufungsinstanz** von einem **Zeugnisverweigerungsrecht** Gebrauch, so verfügt das Berufungsgericht nicht über einen erweiterten Beurteilungsspielraum; es darf die Glaubwürdigkeit nicht abweichend vom erstinstanzlichen Urteil würdigen und darauf die Tatsachenfeststellung stützen.[4]

3. Verfahren

124 Die erneute Vernehmung darf **ohne mündliche Verhandlung** angeordnet werden. Die Vernehmung kann erneut dem Richterkommissar zugewiesen werden. Dafür ist allerdings ein neuer Beschluss erforderlich; eine frühere Zuweisung ist erschöpft. Wird ein Antrag auf erneute Vernehmung abgelehnt, darf dies in den Gründen des Endurteils erfolgen.

IV. Nachträgliche Vernehmung

125 Von der wiederholten Vernehmung unterscheidet Absatz 2 die nachträgliche Vernehmung im Anschluss an eine Vernehmung durch den beauftragten oder ersuchten Richter. Sie kann **nur durch** das **Prozessgericht angeordnet** werden. Ihre Durchführung darf aber wiederum dem kommissarischen Richter übertragen werden. Wie gegen andere prozessleitende Entscheidungen steht den Parteien kein Beschwerderecht zu.

V. Beeidigung der erneuten Aussage

126 Sofern eine Beeidigung der früheren Aussage stattgefunden hat, erfolgt die förmliche Bekräftigung der erneuten Aussage gem. Abs. 3 in modifizierter Form, nämlich durch **Versicherung der Richtigkeit** unter Berufung auf den früher geleisteten Eid. Diese Versicherung ist Eidesleistung. Sie hat auch dann die Wirkung einer Eidesleistung, wenn sich das Beweisthema verändert hat und der Zeuge dann neu beeidigt werden müsste. Versichert werden kann auch, wenn der Zeuge in der **Berufungsinstanz** erneut vernommen wird.

---

1 BGH NJW 1991, 3285 m.w.N.; BGH NJW-RR 1993, 510; BGH NJW 1998, 2222; BGH NJW-RR 2002, 1500, 1501; BGH Beschl. v. 14.7.2009 – VIII ZR 3/09; BGH NJW 2011, 3780 Rz. 16; BGH WM 2011, 1533 Rz. 7; BGH GRUR-RR 2012, 312; BGH NJW-RR 2012, 704 Rz. 7.
2 BGH NJW 1998, 384, 385: Abberufung einer Partei vom Vorstandsamt in AG zugleich als (konkludente) Kündigung.
3 BGH NJW 1972, 584, 585.
4 BGH NJW 2007, 372 Rz. 25 = VersR 2007, 102.

Die Versicherung ist **in mündlicher Verhandlung** zu erklären; eine schriftliche Versicherung des Zeugen ist nicht zulässig, auch nicht im Rahmen des § 377 Abs. 3. Sie ist gem. § 392 nach der erneuten Vernehmung abzugeben.

§ 141 Verzicht auf Zeugen, § 399 ZPO

Schrifttum:
Tiedemann, Erstinstanzlicher Verzicht auf Zeugen im reformierten Berufungsverfahren, MDR 2008, 237.

I. Bedeutung des Verzichts, Nutzen

Der Verzicht auf einen Zeugen ist **Prozesshandlung**. Ein Verzicht ist nur solange möglich, als der Zeuge noch nicht abschließend vernommen wurde; nach erfolgter Beweisaufnahme kann die **Beweisverwertung nicht mehr** einseitig **verhindert** werden. Belanglos ist der Verzicht, wenn das Gericht das Beweismittel von sich aus hören darf und hört. In gleicher Weise kann der Antrag auf Parteivernehmung nach § 445 zurückgenommen werden.[1]

Der **prozessuale Nutzen** des Verzichts liegt für den Beweisführer in der Prozessverkürzung. Eventuell kann er damit auch den **Weg** für die Vermeidung einer Vertagung (§ 368) und einen Übergang in die mündliche Verhandlung (§ 370 Abs. 1) frei machen, so dass die Voraussetzungen **für** den Erlass eines **Versäumnisurteils** oder einer Entscheidung nach Lage der Akten entstehen (näher dazu Kap. 14 Rz. 164, s. auch Kap. 14 Rz. 72 f.).

II. Verzichtserklärung

1. Prozesserklärung des Antragstellers

Der Verzicht auf die **Vernehmung**, der vom Verzicht auf die **Vereidigung** zu unterscheiden ist, ist als einseitige prozessuale Willenserklärung gegenüber dem Gericht abzugeben. Er ist vom Beweisantragsteller zu erklären, also von der Partei, die den Zeugen – eventuell gegenbeweislich – benannt hat (dazu auch Kap. 13 Rz. 84). Im Anwaltsprozess (§ 78) unterliegt er dem **Anwaltszwang**.

2. Form der Erklärung

Erklärt werden kann der Verzicht **schriftsätzlich oder zu Protokoll** des Prozessgerichts oder des Richterkommissars. Der Verzicht muss **unzweideutig**, also grundsätzlich ausdrücklich erklärt werden.

---

1 BAG NJW 1974, 1349.

III. Auslegung der Erklärung

1. Konkludenter Verzicht

132 Prozesshandlungen sind auslegbar. Ein **konkludenter Verzicht** durch schlüssige Handlung ist daher **möglich und zulässig**;[1] kommt jedoch **nur ausnahmsweise** in Betracht (dazu auch Kap. 31 Rz. 53 und Kap. 37 Rz. 49). Ein konkludenter Verzicht liegt **nicht** schon dann vor, wenn die schriftsätzlich beantragte Vernehmung in der mündlichen Verhandlung ungeachtet der Anwesenheit der gegnerischen Partei nicht wiederholt wird; weder die bloße Nichtverlesung eines schriftlichen Beweisantrages noch ein Stillschweigen bei noch ausstehender Beweisaufnahme können als Verzicht behandelt werden.[2] An einem **Verzicht fehlt** es auch, wenn der Beweisführer schriftsätzlich nur erklärt, auf eine Vernehmung zu verzichten, sofern das Gericht das Protokoll über die Aussage desselben Zeugen in einem vorangegangenen Verfügungsverfahren als Grundlage eines erbrachten Beweises ansehe.[3] Allerdings hat das im Verhandlungstermin erklärte **Einverständnis mit** einer **urkundenbeweislichen Verwertung** einer polizeilichen Aussage der Zeugnisperson zu dem Geschehen die Bedeutung eines Verzichts auf die persönliche Vernehmung.[4] Kein genereller Verzicht liegt vor, wenn es nur an der Abgabe einer Erklärung des Beweisführers zu den Voraussetzungen einer Vernehmung im Wege der Rechtshilfe fehlt.

133 Von einem **stillschweigenden Verzicht** kann erst dann ausgegangen werden, wenn das Gericht bei einer **sukzessiv durchgeführten Beweisaufnahme** vernünftigerweise nicht mehr damit rechnen muss, dass an dem Beweisantrag festgehalten wird,[5] weil die Partei aus dem Prozessverlauf erkennen kann, dass das Gericht seine Aufklärungstätigkeit als erschöpft ansieht.[6] Ein stillschweigender Verzicht kommt auch in Betracht, wenn der **Zeuge** sich auf ein **Weigerungsrecht** beruft und der Beweisführer sich dazu nicht äußert bzw. die Weigerungsberechtigung nicht in Zweifel zieht.[7] Im Zweifel hat das Gericht den **Willen des Beweisführers** nach § 139 **aufzuklären**.[8]

2. Fehlerhafte Auslegung als Verzicht

134 Nimmt das Gericht **fälschlich** einen **Verzicht** nach § 399 an und erlässt es statt eines Beweisbeschlusses oder statt Durchführung einer Beweisaufnahme ein Urteil, liegt ein **Verstoß gegen § 139** vor, der in derselben Instanz nicht durch rügeloses Einlassen gem. § 295 geheilt werden kann. Der Verstoß kann erst im **zweiten Rechtszug** gerügt werden. Das Wiederaufgreifen der Zeugenbenennung ist dann kein neues Beweismittel, das in der ersten Instanz nicht vorgebracht wurde und das nur unter den Voraussetzungen des § 531 Abs. 2 zuzulassen ist.[9]

---

1 BGH NJW 1969, 1112 = MDR 1969, 462; BGH MDR 1969, 746; BGH NJW-RR 1987, 1403, 1404 = FamRZ 1987, 1019, 1020; BGH MDR 1988, 49; BGH NJW 1994, 329 = MDR 1994, 200; BGH NJW-RR 1997, 342.
2 BGH NJW-RR 1996, 1459, 1460; BGH NJW-RR 1987, 1403, 1404.
3 OLG Köln NJW-RR 2000, 1073.
4 KG KGRep. 2008, 569 = NZV 2008, 252; a.A. OLG Hamm VersR 2003, 128. Anders auch bei schriftsätzlich beantragter gegenbeweislicher Vernehmung, OLG Celle OLGRep. 1994, 13.
5 BGH NJW-RR 1987, 1403; BGH NJW 1994, 329; BGH NJW-RR 1996, 1459.
6 BGH NJW 1969, 1112; BGH NJW-RR 1987, 1403, 1404; BGH NJW 1994, 329; BGH NJW-RR 1997, 342.
7 Vgl. OLG Köln JMBl. NRW 1989, 188; OLG Brandenburg, Urt. v. 16.1.2008 – 4 U 145/06.
8 BGH NJW 1994, 329; OLG Köln NJW-RR 2000, 1073.
9 BGH NJW 1994, 329, 330.

IV. Verzichtswirkung, erneuter Beweisantrag

Der Verzicht ist **widerruflich**.[1] Ein Fall des Verzichts auf eine Verfahrensrüge gem. § 295 Abs. 1 ist nicht gegeben. Wirksam ist der Verzicht nur in den Tatsacheninstanzen bis zum Schluss der mündlichen Verhandlung. Unwirksam ist ein Verzicht **nach Abschluss der Vernehmung**, gleichgültig ob die Aussage schon protokolliert worden ist.

135

Infolge eines wirksamen Verzichts **unterbleibt die Zeugenvernehmung**, sofern der Gegner nicht die Fortsetzung der Befragung verlangt; das gilt grundsätzlich auch im zweiten Rechtszug.[2] Der Verzicht wirkt jeweils **nur für die Instanz**.[3] Der Zeuge kann nach wirksamem Verzicht später erneut zum selben Beweisthema benannt werden.[4] Dieser Beweisantrag kann aber **gem. §§ 282, 296 Abs. 2, 531 Abs. 2 präkludiert** sein (dazu auch Kap. 14 Rz. 164). Wird der Zeuge trotz des Verzichts weiter befragt, obwohl der Gegner nicht die Fortsetzung der Befragung verlangt, liegt darin ein Verstoß gegen den Grundsatz der Parteiherrschaft; die Aussage ist bei Widerspruch des Beweisführers nicht verwertbar.[5] Hat eine Partei **erstinstanzlich** auf die Vernehmung eines Zeugen **verzichtet** und kann dessen Aussage für den Berufungsrechtszug Bedeutung beikommen, muss das **Berufungsgericht nachfragen**, ob der Verzicht auch für die zweite Instanz gelten soll.[6]

136

V. Verhältnis zum Beweisgegner

Der Verzicht greift nicht in Rechte des Beweisgegners ein. Der **Gegner** ist nicht gehindert, **seinerseits den Zeugen** als Beweismittel zu **benennen**. Der Gegner wird dann zum Beweisführer.[7] Allerdings kommt es auf das Führen eines Gegenbeweises nicht an, wenn durch den Verzicht der **Hauptbeweis überhaupt nicht** mehr **geführt** wird. Ist der geladene Zeuge nicht erschienen und erklärt der Beweisführer den Verzicht, so hat der Beweisgegner bei Entscheidungsreife des Verfahrens keinen Anspruch auf eine nochmalige Ladung des Zeugen, wenn er ihn nicht schon rechtzeitig vor dem Verhandlungstermin gegenbeweislich benannt hatte.[8]

137

Verzichtet der **Beweisführer erst in** der mündlichen **Verhandlung auf** einen **erschienenen Zeugen**, kann der Gegner die Vernehmung stets erzwingen. Stellt der Gegner den Antrag vor dem Richterkommissar, der den Antrag unberechtigt ablehnt, ist kein Fall des § 399 gegeben.

138

VI. Fehlender Vortrag des Inhalts kommissarischer Beweisaufnahme

Unterbleibt der Vortrag einer **Beweisaufnahme**, die **vor** dem **Richterkommissar** stattgefunden hat, vor dem Prozessgericht, ist dies in den Fällen des § 285 Abs. 2 bedeutsam. Die Beweisaufnahme ist dann nicht als ungeschehen beiseite zu lassen; ihr Inhalt darf verwertet werden.

139

---

1 BAG NJW 1974, 1349.
2 OLG Karlsruhe NJW-RR 1986, 864.
3 BGH NJW-RR 2002, 1500, 1501; Zöller/*Greger*[30] § 399 Rz. 3.
4 BAG NJW 1974, 1349.
5 Zöller/*Greger*[30] § 399 Rz. 1.
6 BGH NJW-RR 2002, 1500, 1501.
7 OLG Hamburg FamRZ 1965, 277.
8 OLG Jena OLGRep. 2004, 170, 171.

§ 142 Befugnisse des beauftragten oder ersuchten Richters, § 400 ZPO

I. Regelungsausschnitt der Befugnisse nach § 400

140 § 400 nennt nur einen Ausschnitt der Befugnisse des beauftragten oder des ersuchten Richters. **Weitere Befugnisse** ergeben sich aus den §§ 360–362 und § 366. Im Beweisaufnahmetermin übt er die Sitzungsgewalt aus (§§ 176 ff. GVG). Er vernimmt den Zeugen und vereidigt ihn (§ 391), er stellt ihm andere Zeugen gegenüber (§ 394 Abs. 2) und er wiederholt gegebenenfalls die Vernehmung (§ 398), solange die Akten noch bei ihm liegen, der Auftrag also noch nicht erledigt ist. Zu den Kompetenzen allgemein Kap. 14 Rz. 137 ff.

II. Befugnisse des Richterkommissars bei der Zeugenvernehmung

141 Bei **Ausbleiben des Zeugen** oder bei Zeugnisverweigerung ohne Angabe von Gründen ist der beauftragte oder ersuchte Richter zu **Maßnahmen nach §§ 380, 381, 390** ermächtigt. Verweigert also ein Zeuge ohne Angabe von Gründen eine Aussage oder die Untersuchung von Körpermaterial nach § 372a bzw. § 178 FamFG, kann der kommissarische Richter die Zwangsmaßnahmen nach § 390 treffen.[1] Von ihm angeordnete Maßnahmen darf er zurücknehmen, soweit darüber nicht rechtskräftig entschieden ist. Hat auch das Prozessgericht selbst eine Änderungsbefugnis und hat es davon Gebrauch gemacht, darf der Richterkommissar darin nicht eingreifen.

142 Die **Festsetzung der Entschädigung** der vom Richterkommissar gehörten Zeugen und Sachverständigen obliegt diesem Richter. Der Zeuge darf eine richterliche Festsetzung von ihm fordern.

143 Der kommissarische Richter darf **weder** über den **Zwischenstreit** (§§ 366, 386 ff.), **noch** über die Frage der **Beeidigung** entscheiden. Er darf auch **nicht** die **schriftliche Beantwortung** der Fragen anordnen.

III. Rechtsbehelfe

144 Gegen Anordnungen und Maßnahmen oder Entscheidungen über die Zulässigkeit von Fragen ist gem. § 573 Abs. 1 die **Erinnerung** an das Prozessgericht gegeben, dessen Entscheidung der **sofortigen Beschwerde** unterliegt. Gegen sitzungspolizeiliche Maßnahmen findet die Beschwerde statt (§ 181 GVG), ebenso gegen die Festsetzung der Zeugenentschädigung (§ 4 Abs. 3 JVEG).

---

1 BGH NJW 1990, 2936, 2937.

Teil 6:
Parteiaussage

Kapitel 40:
Parteianhörung und Parteivernehmung

	Rz.		Rz.
§ 143 Parteiaussage als Beweismittel		III. Rechtliches Gehör, prozessuale Waffengleichheit, faires Verfahren	
I. Beschränkte Zulässigkeit der Parteivernehmung			
1. Bedeutung der Prozessrolle	1	1. Vier-Augen-Gespräche und vergleichbare Sachverhalte der Beweisnot	28
2. Vernehmung des Gegners	3		
3. Vernehmung von Amts wegen	6	2. Rechtsprechung des EGMR zu Art. 6 Abs. 1 EMRK	33
4. Einverständliche Vernehmung	7		
II. Vollwertiges Beweismittel, Geständniswirkung	8	3. Verfassungsrechtliche Grundlagen	37
III. Abgrenzung zur informatorischen Parteianhörung	10	4. Gleichstellung von Zeugen und Partei im Verfahren nach EPGÜ	41
IV. Abgrenzung zur Zeugenvernehmung	15	IV. Beweisrelevante Parteianhörung, Abschwächung des § 448	
§ 144 Parteivortrag und Parteiaussage		1. Anhörung nach § 141	42
I. Beweisbedürftigkeit des Parteivortrags	16	2. Vernehmung der beweispflichtigen Partei als Mittel des Strengbeweises	49
II. Wahrheitsskepsis gegenüber der Parteiaussage	18	3. Austauschbarkeit von Anhörung und Vernehmung	50
III. Die Einstellung der ZPO zur Parteivernehmung	20	4. Weiterreichende Vorschläge des Schrifttums	
§ 145 Entwicklung des Beweisrechts der Parteiaussage		a) Rechtspolitik	54
I. Vom Parteieid zur Parteivernehmung	22	b) Neuinterpretation des geltenden Rechts	55
II. Rechtspolitische Kritik der geltenden Rechtslage	27	c) Stellungnahme	57
		V. Andere Beweisnotlagen	59

Schrifttum:

Buß/Honert, Die „prozesstaktische" Zession, JZ 1997, 694; *Coester-Waltjen*, Parteiaussage und Parteivernehmung am Ende des 20. Jahrhunderts, ZZP 113 (2000), 269; *Gehrlein*, ZZP 110 (1997), Warum kaum Parteibeweis im Zivilprozess?, 451; *Greger*, Die Partei als Erkenntnis- und Beweismittel im Zivilprozess, MDR 2014, 313; *Kluth/Böckmann*, Beweisrecht – Die Zivilprozessuale Partei im Zeugenmantel, MDR 2002, 616; *Kwaschik*, Die Parteivernehmung und der Grundsatz der Waffengleichheit im Zivilprozess, 2004 (Rezension *Eckardt*, ZZP 119 [2006], 376–383); *Lange*, Parteianhörung und Parteivernehmung, NJW 2002, 476; *Meyke*, Zur Anhörung der Parteien im Zivilprozess, MDR 1987, 358; *J. Müller*, Parteien als Zeugen, 1993; *Münks*, Vom Parteieid zur Parteivernehmung in der Geschichte des Zivilprozesses, Diss. jur. Köln 1991; *Nagel*, Kann die Subsidiarität der Parteivernehmung in der deutschen ZPO noch vertreten werden?, Festschrift Habscheid (1989), S. 195; *Noethen*, Parteivernehmung oder Parteianhörung bei einem allein zwischen Parteien geführten „Vier-Augen-Gespräch?", NJW 2008, 334 ff.; *Oberhammer*, Parteiaussage, Parteivernehmung und freie Beweiswürdigung am Ende des 20. Jahrhunderts, ZZP 113 (2000), 295; *Oepen*, Bericht über die Diskussion zum Thema „Parteiaussage und Parteivernehmung am Ende des 20. Jahrhunderts, ZZP 113 (2000), 347; *Polyzogopoulos*, Parteianhörung und Parteivernehmung in ihrem gegenseitigen Verhältnis, Diss. jur. Tübingen 1976 (Rezension *Kollhosser*,

ZZP 91 [1978] 102]; *Reinkenhof,* Parteivernehmung und „Vier-Augen-Gespräche" – BVerfG NJW 2001, 2531, JuS 2002, 645; *M. Roth,* Die Parteivernehmung als Voraussetzung eines fairen Zivilverfahrens nach Art. 6 I EMRK, ZEuP 1996, 484; *Rüßmann,* Praktische Probleme des Zeugenbeweises im Zivilprozess, KritV 1989, 364; *Schlosser,* EMRK und Waffengleichheit im Zivilprozess, NJW 1995, 1405; *Schöpflin,* Die Parteianhörung als Beweismittel, NJW 1996, 2134; *Stackmann,* Frei oder streng – Erhebung und Verwertung von Parteiangaben, NJW 2012, 1249; *Sutter-Somm,* Parteianhörung und Parteivernehmung am Endes 20. Jahrhunderts aus schweizerischer Sicht, ZZP 113 (2000), 327; *Terbille,* Parteianhörung und Parteivernehmung im Rechtsstreit um die Leistungspflicht des Versicherers aus Diebstahlversicherungsverträgen, VersR 1996, 480; *Wittschier,* Die Parteivernehmung in der zivilprozessualen Praxis, 1989; *Wittschier,* Die Parteivernehmung im Lichte der Entscheidung des EGMR vom 27.10.1993, DRiZ 1997, 247.

§ 143 Parteiaussage als Beweismittel

I. Beschränkte Zulässigkeit der Parteivernehmung

1. Bedeutung der Prozessrolle

1 Die Zulässigkeit der Parteiaussage als Beweismittel der Parteivernehmung nach §§ 445 ff. hängt davon ab, **von wem** sie **initiiert** wird und **welche Partei vernommen** werden soll. Die Aussage kann entweder auf Antrag der beweispflichtigen Partei erfolgen oder von Amts wegen durch das Gericht angeordnet werden.

2 Soll der **Gegner der beweispflichtigen Partei** aussagen, setzt dies einen Antrag der beweispflichtigen Partei voraus (§ 445);[1] soll die **beweispflichtige Partei** aussagen, bedarf dies entweder der Zustimmung des Gegners (§ 447) oder der Anordnung von Amts wegen (§ 448).

2. Vernehmung des Gegners

3 Im Falle des § 445 Abs. 1 steht das **Antragsrecht ausschließlich** der **beweispflichtigen Partei** zu. Die **Beweislastverteilung** entscheidet also über die Initiativmöglichkeit. Zu vernehmen ist dann nicht der Antragsteller, sondern dessen Gegner. Er wird in der Hoffnung befragt, dass er eine ihm ungünstige Tatsache bestätigt, die er vorher schriftsätzlich bestritten hat und die deshalb beweisbedürftig geworden ist. Daher wird dieses Beweismittel allenfalls in einer sonst wenig aussichtsreichen Prozesslage in Betracht kommen, in der der Antragsteller auf eine Umkehr unter dem **Druck der Beeidigung und** der damit verbundenen **Strafdrohung** der §§ 154, 161 StGB hofft.

4 Der Antrag nach § 445 Abs. 1 setzt ferner voraus, dass der Beweis nach **Ausschöpfung aller anderen Beweismittel** noch nicht vollständig geführt ist, er also auch nicht insofern gescheitert ist, als das **Gegenteil** der behaupteten Tatsache **erwiesen** ist (§ 445 Abs. 2). Zum Subsidiaritätsgrundsatz näher unten Kap. 41 Rz. 11.

5 Zur Führung eines **Gegenbeweises** ist der Antrag **nicht zulässig**. Für die Erhebung eines Gegenbeweises besteht kein Anlass, so lange der Hauptbeweis nicht erbracht worden ist; der Gegenbeweisantrag ist bis dahin nicht zu beachten.[2] Hat der beweispflichtige Gegner den Hauptbeweis aber geführt, darf der Gegenbeweis wegen § 445 Abs. 2 nicht mit dem Beweismittel der Parteivernehmung geführt werden (dazu auch Kap. 26 Rz. 5 und 22).[3]

---

[1] OLG Zweibrücken NJW-RR 2011, 496, 498; OLG Düsseldorf MDR 2013, 1370 (Antragswiederholung nach Zeugenvernehmung).
[2] OLG Düsseldorf MDR 1995, 959.
[3] OLG Düsseldorf MDR 1995, 959.

3. Vernehmung von Amts wegen

Die Vernehmung **von Amts wegen** gem. § 448 verlangt die vorherige **Ausschöpfung** 6
aller anderen zur Verfügung stehenden **Beweismittel**. Zum zusätzlichen Anfangsbeweiserfordernis Kap. 41 Rz. 21. Die Vernehmung kann nicht durch **Parteivereinbarung** ausgeschlossen werden.[1]

4. Einverständliche Vernehmung

Eine beliebige Vernehmung der jeweils anderen Partei ermöglicht § 447 unter **Zu-** 7
stimmung des Gegners. Vor dem Hintergrund der Bedeutung einer beweiseshalber erfolgenden Parteianhörung gem. § 141 in Fällen der Beweisnot bei Vier-Augen-Gesprächen (dazu Rz. 42 ff.) empfiehlt sich ein **vorsorglicher Antrag** auf **Vernehmung der eigenen Partei**, um zunächst die Reaktion des Gegners nach § 447 abzuwarten. Mangels vorterminlichen Widerspruchs des Gegners darf die Partei mit einer förmlichen Ladung nach § 450 Abs. 1 S. 2 rechnen, auch wenn sie im Termin selbst nicht erscheint.[2] Das erlaubt nachträgliche Reaktionen und enthält zudem den Antrag auf Anhörung (dazu Rz. 42).

II. Vollwertiges Beweismittel, Geständniswirkung

Die Parteivernehmung nach §§ 445 ff. ist ein **vollwertiges Beweismittel**. Ihre Durch- 8
führung stellt stets eine Beweisaufnahme dar, für die die allgemeinen Vorschriften der **§§ 355–370** gelten. Gem. § 453 Abs. 1 unterliegt das Vernehmungsergebnis der **freien Beweiswürdigung nach § 286**. Frei zu würdigen ist gem. §§ 446 und 453 Abs. 2 auch die Ablehnung der Vernehmung sowie die Verweigerung der Aussage oder des Eides.

Streitig ist, ob die Parteiaussage neben der Funktion als Beweismittel eine darüber hi- 9
nausgehende Prozesshandlung, insbesondere ein **Geständnis** i.S.d. § 288 darstellt. Der BGH hat die **Geständniswirkung** einer Parteivernehmung nach § 445 **verneint**;[3] die Aussage ist Gegenstand freier Beweiswürdigung, was mit den Bindungen der §§ 288 f. nicht zu vereinbaren ist. Auch der **Parteierklärung** im Rahmen einer Anhörung **gem.** § 141 ist keine weiterreichende Wirkung zuzuerkennen.[4] Sie scheitert im Anwaltsprozess überdies an der fehlenden Postulationsfähigkeit der Naturalpartei. Stattdessen ist die im Rahmen informatorischer Anhörung abgegebene Erklärung **frei** zu **würdigen**.[5]

III. Abgrenzung zur informatorischen Parteianhörung

Kein Beweismittel i.S.d. Strengbeweises ist die **informatorische Parteianhörung** auf- 10
grund einer Anordnung des persönlichen Erscheinens **nach § 141**. Sie dient der Klärung widersprüchlichen oder ergänzungsbedürftigen Tatsachenvortrags der betreffenden Partei. Dasselbe gilt für die **Äußerung** einer im Verhandlungstermin anwesenden

---

1 Stein/Jonas/*Leipold*[22] § 448 Rz. 14; a.A. *Wagner* Prozeßverträge (1998), S. 689 f.
2 *Stackmann* NJW 2012, 1249, 1250.
3 BGHZ 129, 108, 109 = NJW 1995, 1432; OLG Köln VersR 2000, 1302; ebenso MünchKommZPO/*Prütting*[4] § 288 Rz. 26; Rosenberg/Schwab/*Gottwald*[17] § 123 Rz. 5; Stein/Jonas/*Leipold*[22] vor § 445 Rz. 7. Anders noch BGHZ 8, 235, 237 und weiterhin Baumbach/Lauterbach/*Hartmann*[71] § 288 Rz. 4; *Hülsmann* NJW 1997, 617, 620 f.
4 BGH NJW-RR 2006, 672 Rz. 7; BGH GRUR-RR 2009, 398 Rz. 8; a.A. LG Arnsberg MDR 2003, 1198, 1199.
5 BGH NJW-RR 2006, 672 Rz. 7.

Partei **gem. § 137 Abs. 4**.[1] § 141 ergänzt § 139; der Richter kann unklares Parteivorbringen durch gezielte Fragen berichtigen lassen.

11 Erst die auf diese Weise geklärte Parteidarstellung **macht streitigen Tatsachvortrag identifizierbar** und ermöglicht damit die Entscheidung über eine Beweiserhebung. Äußerungen im Rahmen der Anhörung sind also ihrer Funktion nach Darlegungen des Streitstoffes, nicht Aussagen zum Beweisthema.[2] Werden die informatorischen Äußerungen als Beweismittel der Parteivernehmung behandelt, stellt dies einen Verfahrensfehler dar.[3] Allerdings dürfen Ergebnisse der Parteianhörung im Rahmen der Verhandlungswürdigung berücksichtigt werden; ihnen kann der Vorzug vor einer Zeugenaussage gegeben werden (näher dazu unten Rz. 46). Die **Abgrenzung zur Beweisaufnahme** ist vor allem im Hinblick auf **Rechtsmittelrügen** erforderlich.

12 Während das Ausbleiben einer **nach § 141** geladenen Partei mit **Ordnungsmitteln** belegt werden kann (§ 141 Abs. 3 S. 1), gibt es für das Ausbleiben zur Parteivernehmung nach § 445 Abs. 1 keine direkte Sanktion. Das Prozessrecht reagiert auf das Ausbleiben im Vernehmungstermin nur indirekt, indem nach Ermessen des Gerichts (§ 454 Abs. 1) darin die **Verweigerung der Vernehmung** mit den Rechtsfolgen des § 446 gesehen werden kann; das Gericht darf die Weigerung **frei würdigen** und **negative Schlüsse** ziehen. Allerdings kann auch nach § 141 nur das Erscheinen erzwungen werden, nicht hingegen eine Aussage.

13 Die nach § 141 **informatorisch anzuhörende Partei** kann sich durch eine zur Aufklärung fähige und zur Abgabe der gebotenen Erklärungen ermächtigte Person **vertreten** lassen (§ 141 Abs. 3 S. 2). Demgegenüber ist eine Vertretung bei der Parteivernehmung gem. § 455 nur möglich, wenn die zu vernehmende Partei prozessunfähig ist; an ihre Stelle tritt der gesetzliche Vertreter. Die Anordnung des persönlichen Erscheinens lässt mangels Angabe tatsächlicher Umstände, zu denen die Partei angehört werden soll, nicht erkennen, dass die Anordnung mehr als die Durchführung von Vergleichsverhandlungen bezweckt. Bleibt die Partei unentschuldigt fern, sind die Konsequenzen für sie im Hinblick auf die Beweissituation nicht vorhersehbar. Das kann zur Vertagung zwingen.[4]

14 Für **grenzüberschreitende** justizielle Informationsbeschaffungen nach der **EuBVO** sind Parteianhörung gem. § 141 und Parteivernehmung gem. §§ 441 ff. gleichgestellt.[5]

IV. Abgrenzung zur Zeugenvernehmung

15 Parteivernehmung und Zeugenvernehmung sind wegen der restriktiven Zulässigkeitsvoraussetzungen einer Parteivernehmung voneinander abzugrenzen. Die Abgrenzung erfolgt anhand des **formellen Parteibegriffs**. Partei ist, wer den Rechtsstreit im eigenen Namen als Kläger oder Beklagter führt. Zeuge kann nur sein, wer nicht als Partei zu vernehmen ist (dazu Kap. 20 § 72).

---

[1] Auf § 137 Abs. 4 hinweisend BVerfG NJW 2008, 2170 Rz. 16.
[2] BGH NJW 1960, 100; BAG NJW 1963, 2340 f.; Rosenberg/Schwab/Gottwald[17] § 123 Rz. 3; zweifelnd *Terbille* VersR 1996, 408 f. (bei Aufklärung von Diebstahlversicherungsfällen).
[3] BGH MDR 1967, 834; BAG NJW 1963, 2340; *Gehrlein* ZZP 110 (1997), 451, 454; Stein/Jonas/Leipold[22] vor § 445 Rz. 7.
[4] Dazu *Stackmann* NJW 2012, 1249, 1251.
[5] *B. Hess* Europäisches Zivilprozessrecht (2010), § 8 Rz. 35.

§ 144 Parteivortrag und Parteiaussage

I. Beweisbedürftigkeit des Parteivortrags

Streitiger Parteivortrag bedarf der Feststellung durch Beweisaufnahme auch dann, wenn kein anderes Beweismittel als die Aussage einer Partei zur Verfügung steht. Die von einer Partei schriftsätzlich aufgestellte Behauptung muss in dieser Situation durch deren eigene Aussage oder durch die Aussage der gegnerischen Partei im Verhandlungstermin bestätigt werden. Das kann auch ohne bewusste Verfälschung des vorbereitenden Sachvortrags zu **Korrekturen** der zumeist **anwaltlichen Formulierungen** führen, weil der Prozessvertreter Mandanteninformationen nicht ausreichend erfragt hat, weil er Informationen nach bloßer Plausibilität ergänzt hat, weil er die ihm erteilten Informationen aus Nachlässigkeit, Missverständnis oder um der Beschönigung willen nicht korrekt wiedergegeben hat, oder weil die Partei inzwischen genauer nachgeforscht hat.

16

Die Aussage in der **mündlichen Verhandlung** unter **Konfrontation mit** dem **Gericht** und der **gegnerischen Prozesspartei** erfolgt in einer anderen Atmosphäre als die vorherige Informationserteilung an den eigenen Prozessvertreter. Die Verhandlungssituation beeinflusst das Aussageverhalten auch dann, wenn es nicht zu einer förmlichen Beweiserhebung kommt. Die Wiedergabe des Tatsachenvortrags wird jedenfalls dann um die genannten verfälschenden Einflussfaktoren bereinigt, die in der Zwischenschaltung eines Prozessvertreters liegen können, es sei denn die Partei sagt bewusst falsch aus.

17

II. Wahrheitsskepsis gegenüber der Parteiaussage

Gegenüber der Wahrheitsliebe der Parteien wird berechtigte Skepsis gehegt. Deshalb hat der Gesetzgeber die Parteivernehmung **als Beweismittel** an **strengere Zulässigkeitsvoraussetzungen** gebunden als die Zeugenvernehmung. Gleichwohl ist bei einer generalisierenden Einschätzung des Wertes von Parteiaussagen einerseits und von Zeugenaussagen andererseits zu bedenken, dass die **Zuverlässigkeit** von **Zeugenaussagen nicht schlechthin höher** einzuschätzen ist.

18

Nicht selten haben **Zeugen** nur deshalb Kenntnis von streitigen Geschehnissen erlangt, weil sie mit einer der Parteien in **persönlichen Beziehungen** gleich welcher Art standen und diese Beziehungen andauern.[1] Ebenso können Zeugen ein **wirtschaftliches Interesse** am Ausgang des Rechtsstreits haben, das nicht hinter dem Interesse einer Partei zurücksteht. Zugelassen wird auch die Verschiebung von Partei- und Zeugenstellung, etwa durch Abtretung der streitigen Forderung an einen Dritten, was die Vernehmung des Zedenten als Zeuge ermöglicht,[2] oder durch die zeitweilige Abberufung des Geschäftsführers einer GmbH.[3] Ebenso können potentielle „gegnerische" Zeugen in die Parteirolle gezwungen werden, indem sie unter Inkaufnahme einer aus der Klagabweisung erwachsender Kostennachteile mitverklagt werden.[4]

19

---

1 *Lange* NJW 2002, 476, 477; *Oberhammer* ZZP 113 (2000), 295, 300.
2 Dazu *Buß/Honert* JZ 1997, 694 f.; *Gehrlein* ZZP 110 (1997), 451, 453; *Kluth/Böckmann* MDR 2002, 616.
3 *Kluth/Böckmann* MDR 2002, 616.
4 *Gehrlein* ZZP 110 (1997), 451, 453; *Kluth/Böckmann* MDR 2002, 616.

III. Die Einstellung der ZPO zur Parteivernehmung

20 Ob und wie Parteiaussagen bei der Feststellung streitiger Tatsachen zu berücksichtigen sind, wird in vielen Ländern unterschiedlich gehandhabt.[1] Die Skepsis gegenüber der Wahrheitsfreudigkeit der Parteien kann bereits bei der **Zulassung der Aussage** als Beweismittel **oder** später bei der **Beweiswürdigung** Geltung erlangen.

21 Die ZPO hat sich mit den §§ 445 ff. dafür entschieden, die Zulassung der Parteiaussage als Beweismittel im Wege einer **förmlichen Parteivernehmung** zu beschränken. Gleichwohl wird die Parteiaussage als **Parteianhörung** zugelassen; sie dient der Klärung des Sachvortrags und findet vor allem aufgrund einer Anhörung nach § 141 statt. Da der Richter bei der Tatsachenfeststellung gem. § 286 auf die **Gesamtheit des Verhandlungsinhalts** zurückgreifen darf, zu der die Parteianhörung ebenso wie das Prozessverhalten gehören, etwa die Beobachtung verdächtiger situativer Anpassungen des schriftsätzlichen Vortrags an die jeweilige Prozesslage, erlangt die Parteianhörung damit indirekte Wirkung für die Tatsachenfeststellung. Zu beobachten ist eine starke **Zunahme der Parteianhörung** als Mittel der Sachverhaltsaufklärung zu Lasten der förmlichen Parteivernehmung.

§ 145 Entwicklung des Beweisrechts der Parteiaussage

I. Vom Parteieid zur Parteivernehmung

22 Die heutige Regelung der Parteivernehmung geht auf die **Prozessrechtsnovelle von 1933** zurück.[2] Sie löste den seit Inkrafttreten der CPO im Jahre 1877 in §§ 410–439 und ab 1900 in §§ 445–477 ZPO a.F. geregelten Parteieid ab.[3]

23 Den **Parteieid** konnte grundsätzlich nur die beweisbelastete Partei beantragen (§ 445 a.F.). Abzulegen war er von der gegnerischen Partei. Der Eid wurde ihr von der beweispflichtigen Partei zugeschoben. Eine Ausnahme enthielt § 450 a.F., auf dessen Grundlage das Gericht von Beschränkungen der Eideszuschiebung absehen konnte, wenn sich beide Parteien darauf einigten. Grundsätzlich konnte die beweispflichtige und antragsberechtigte Partei nur darauf hoffen, dass die eidespflichtige Partei den Eid nicht leisten und unter den Voraussetzungen des § 448 a.F. an die beweispflichtige Partei zurückschieben würde. Daneben bestand die Möglichkeit der Eidesanordnung von Amts wegen gem. § 475 a.F.

24 Zentraler Unterschied des Parteieides zur heutigen Parteivernehmung und zugleich dessen am schärfsten kritisierte Wirkung[4] war die **formelle Beweiskraft**. Gem. § 463 a.F. wurde durch die Leistung des Eides voller Beweis der beschworenen Tatsache begründet. Die Verweigerung des Eides begründete demgegenüber gem. § 464 Abs. 2 a.F. den vollen Beweis des Gegenteils. Eine **Beweiswürdigung** war trotz des im Übrigen geltenden Prinzips freier richterlicher Beweiswürdigung **ausgeschlossen**,[5] sieht man von den gesetzlichen bestimmten Ausnahmefällen z.B. des § 472 a.F. ab.

---

1 Vgl. dazu *Roth* ZEuP 1996, 484, 495 f.; *Coester-Waltjen* ZZP 113 (2000), 269, 272 ff.; *Oberhammer* ZZP 113 (2000), 295, 296 (zu Österreich).
2 RGBl. 1933 I S. 780.
3 Zur Kritik am Parteieid *Münks* Vom Parteieid zur Parteivernehmung, S. 163 ff.
4 Näher dazu *Münks* Vom Parteieid zur Parteivernehmung, S. 170 ff. m.w.N.
5 *Gaupp/Stein/Jonas* Die Zivilprozeßordnung für das Deutsche Reich, 13. Aufl. 1926, Band I, § 463 Anm. 1; *J.P. Schmidt* Teilbarkeit und Unteilbarkeit des Geständnisses im Zivilprozeß, Diss. Köln 1971, S. 99.

Demgegenüber ist die Aussage im Rahmen der Parteivernehmung seit der Reform gem. § 286 frei zu würdigen.¹

Bereits 1873 war die Parteivernehmung in **Österreich** in Verfahren für geringfügige Rechtssachen vorgesehen und wird dort seit 1895 **generell** als **Beweismittel** akzeptiert. Die deutsche Reform von 1933 brachte keine Angleichung an die zum Vorbild erhobene österreichische Rechtslage,² die 1983 erneut verändert wurde, indem auf den Grundsatz der Subsidiarität verzichtet und die Parteivernehmung damit hinsichtlich ihrer Zulässigkeit der Zeugenvernehmung gleichgestellt wurde. 25

Beseitigt wurde 1933 zwar die formelle Beweiskraft des Parteieides, jedoch wurden die Zulässigkeitsvoraussetzungen nahezu wortgleich auf die Parteivernehmung übertragen und sind seither weitgehend unverändert geblieben.³ Die **Parteivernehmung** ist weitgehend **vom alten Parteieid geprägt**:⁴ Nach **§ 445** ist weiterhin ein Antrag des beweispflichtigen Gegners erforderlich und es gilt für die eigene Vernehmung gem. **§ 448** der Grundsatz der Subsidiarität sowie nach h.M. das Erfordernis eines Anfangsbeweises. Der Antrag auf Vernehmung des Gegners entspricht dem zugeschobenen Eid, der Vernehmungstatbestand des § 447 dem bei Parteieinverständnis von der Beweislastverteilung unabhängigen Eid und die eigene Vernehmung dem von Amts wegen auferlegten Eid. **Ausgeschlossen** ist allerdings die **Zurückschiebung der Vernehmung** an die beantragende Partei; verweigert die nach § 445 zu vernehmende Partei ihre Aussage, darf das Gericht daraus gem. § 446 Schlussfolgerungen auf die Wahrheit der zu beweisenden Tatsachen ziehen. 26

II. Rechtspolitische Kritik der geltenden Rechtslage

Die **einschränkenden Zulässigkeitsvoraussetzungen** der Parteivernehmung wurden 1933 beibehalten, obwohl ihre Existenz in erster Linie **wegen** der **aufgehobenen formellen Beweiskraft gerechtfertigt** war. Hätte die beweisbelastete Partei nach der bis 1933 geltenden Rechtslage ohne vorherige Ausschöpfung anderer Beweismittel die Eidesleistung des Gegners oder gar die eigene Aussage und Eidesleistung beantragen können, so hätte das Gericht den Beweis nach Leistung des Eides ohne Weiteres als erbracht ansehen müssen, ohne dass ein Gegenbeweis möglich gewesen wäre.⁵ Geboten war daher früher eine Einschränkung der Parteivernehmung, insbesondere die vorherige Ausschöpfung anderer Beweismöglichkeiten also die Anordnung der **Subsidiarität des Beweismittels**. Die Restriktionen sind seit Beseitigung der formellen Beweisregel nicht mehr gerechtfertigt;⁶ sie wirken wie eine gegen die Parteien gerichtete negative Beweisregel. 27

III. Rechtliches Gehör, prozessuale Waffengleichheit, faires Verfahren

1. Vier-Augen-Gespräche und vergleichbare Sachverhalte der Beweisnot

Besonders problematisch ist die Beschränkung der Parteivernehmung, wenn der Inhalt eines **Vier-Augen-Gesprächs** zu beweisen ist. Die Beweiserhebung kann sehr un- 28

---

1 Zum Fortbestand des Parteieides in einigen europäischen Rechtsordnungen *Coester-Waltjen* ZZP 113 (2000), 269, 274 f.
2 *Oberhammer* ZZP 113 (2000), 295, 296 f.
3 *Coester-Waltjen* ZZP 113 (2000), 269, 289; *Oberhammer* ZZP 113 (2000), 295, 303.
4 AK-ZPO/*Rüßmann*, vor § 445 Rz. 2; *Rüßmann* KritV 1989, 361, 364.
5 *Oberhammer* ZZP 113 (2000), 295, 304.
6 A.A. *Volkmar* JW 1933, 2433; unentschieden MünchKommZPO/*Schreiber*⁴ § 445 Rz. 6 mit Fn. 17. Für Streichung der Subsidiarität Stein/Jonas/*Leipold*²² vor § 445 Rz. 5.

terschiedliche Situationen betreffen, etwa den Inhalt eines einen Vertragsabschluss vorbereitenden Informationsgesprächs, das u.U. telefonisch geführt wurde, den Ablauf einer Patientenaufklärung durch einen Arzt, die warnende Beratung eines Mandanten durch einen Freiberufler,[1] erste Erklärungen am Unfallort oder das Fehlverhalten gegenüber einem Arbeitskollegen am Arbeitsplatz. Unter Umständen kann nur eine – häufig unternehmerisch tätige – Partei einen Zeugen benennen, während die andere Partei auf ihre eigene Aussage angewiesen ist. Denkbar ist aber auch, dass nur die Prozessparteien selbst Aussagen machen können. Besteht Streit über den Inhalt des Gesprächs, so kann **mangels schriftlicher Fixierung** bzw. mangels nachträglicher Bestätigung seines Inhalts der Beweis darüber nur durch Aussagen der an dem Gespräch beteiligten Personen erbracht werden.

29 Eine ähnliche Situation ergibt sich, wenn eine der Parteien eine natürliche **prozessunfähige Person** ist. Sie kann als **Zeuge** vernommen werden, da gem. § 455 Abs. 1 ihr **gesetzlicher Vertreter** als **Partei** zu vernehmen wäre. Darin ist keine Schlechterstellung des Gegners gesehen worden, weil die prozessual veranlasste Verschiebung im Rahmen der freien Beweiswürdigung berücksichtigt werden könne.[2] Das trifft jedoch nur zu, wenn eine Vernehmung der Gegenseite als Partei überhaupt stattfinden darf, also nicht an §§ 445 ff. scheitert.

30 Beweisnot tritt ferner auf, wenn eine Partei **innere Tatsachen zu beweisen** hat, etwa beim Beweis der Willensentschlüsse eines Kapitalanlegers bei Abwesenheit unseriöser Kapitalmarktinformationen, also beim Beweis hypothetischer Handlungen,[3] oder beim Beweis von Schmerzen und schließlich auch in Versicherungsfällen, etwa beim Beweis des Abstellens eines Fahrzeugs an dem Ort eines behaupteten Fahrzeugdiebstahls.[4]

31 Die einschränkenden Zulassungsvoraussetzungen der Parteivernehmung bewirken eine **Schlechterstellung** des Gesprächsteilnehmers, **der** später **Prozesspartei** ist, und zwar gleichgültig ob er beweispflichtig ist oder nur einen Gegenbeweis führen möchte. Sie bringen eine Partei in **Beweisnot**, die nicht auf Zeugen oder andere Beweismittel zurückgreifen und deshalb nur mit ihrer eigenen Aussage einen Beweis führen kann. § 445 Abs. 1 schließt dies wegen der **Beschränkung auf** Vernehmung des **Beweisgegners** aus und enthält die weitere Schranke der **Subsidiarität der Parteivernehmung**; § 445 Abs. 2 verstärkt den Effekt der Subsidiarität. § 447 setzt das regelmäßig nicht zu erwartende Einverständnis der Gegenseite voraus und § 448 verlangt über die Ausschöpfung anderer Beweismittel hinausgehend einen **Anfangsbeweis** für die Wahrheit der zu beweisenden Tatsachen.

32 Der benachteiligten Partei kann häufig nicht zum Vorwurf gemacht werden, die Beweisnot selbst herbeigeführt zu haben; für **beweissichernde Maßnahmen** besteht oftmals keine Gelegenheit oder kein Anlass oder sie wären – so etwa beim heimlichen Abhören oder Aufzeichnen eines Telefongesprächs[5] – rechtswidrig.

---

[1] BGH NJW 2011, 2889.
[2] BGH NJW 1965, 2253, 2254.
[3] Vgl. BGHZ 160, 134, 147 = NJW 2004, 2662, 2667 – Infomatec I; BGH NJW-RR 2007, 1532, 1535 COMROAD V; BGH ZIP 2008, 407 Rz. 24 – COMROAD VI.
[4] Vgl. BGH VersR 1991, 917, 918.
[5] BGH NJW 1991, 1180.

2. Rechtsprechung des EGMR zu Art. 6 Abs. 1 EMRK

Das Urteil des **EGMR** in der Rechtssache *Dombo Beheer* aus dem Jahre 1993 zur Anwendung des **Art. 6 Abs. 1 EMRK** auf ein niederländisches Ausgangsverfahren[1] hat in Deutschland eine Diskussion ausgelöst, ob die prozessuale Rolle als beweispflichtige Partei oder als Beweisgegner über den Zugang zum Beweismittel der Parteivernehmung entscheiden darf. Bis Mitte der 80er Jahre galt in den Niederlanden eine Regelung, die dem früheren deutschen Parteieid hinsichtlich Voraussetzungen und Rechtsfolgen sehr ähnelte und die daher auch eine große Ähnlichkeit mit den Voraussetzungen der heutigen Parteivernehmung aufwies.

33

In dem **vom EGMR entschiedenen Fall** oblag es der klagenden Gesellschaft zu beweisen, dass bei einem Treffen eine mündliche Vereinbarung zwischen ihr und der beklagten Bank bezüglich der Ausweitung bestimmter Kreditlinien zustande gekommen war. Anwesend waren bei dem Treffen jeweils ein Repräsentant der klagenden Gesellschaft und der Bank. Da der Repräsentant der klagenden Gesellschaft deren Alleingesellschafter war, durfte er nach niederländischem Prozessrecht nicht vernommen werden, während der an dem Gespräch beteiligte Angestellte der beklagten Bank als Zeuge aussagen konnte; aufgrund dessen Aussage war die Klage abgewiesen worden. Der EGMR sah darin einen Verstoß gegen das aus Art. 6 Abs. 1 EMRK abgeleitete Prinzip der **prozessualen Waffengleichheit**.[2] Dem Alleingesellschafter der Klägerin musste nach Auffassung des EGMR Gelegenheit gegeben werden, als Zeuge auszusagen, da beide am Gespräch beteiligten Personen auf gleicher Grundlage verhandelt hatten und der Repräsentant der gegnerischen Bank als Zeuge zugelassen worden war.[3]

34

Das **Prinzip der „Waffengleichheit"** im Zivilprozess i.S. einer „fairen Balance" zwischen den Parteien leitet der EGMR aus dem Begriff „faire Anhörung" in Art. 6 Abs. 1 EMRK ab. Danach muss jeder Partei eine vernünftige Möglichkeit eingeräumt werden, ihren Fall – einschließlich ihrer Aussage – vor Gericht unter Bedingungen zu präsentieren, die für diese Partei keinen substantiellen Nachteil im Verhältnis zu ihrem Prozessgegner bedeuten. Bei **Gesprächen unter vier Augen** seien die Aussagen beider Gesprächspartner in gleicher Weise als Beweismittel zuzulassen.

35

Eine Vernehmung als Zeuge, wie sie der EGMR verlangt hat, durchbräche allerdings das System der ZPO und dürfte auch im Interesse der „prozessualen Waffengleichheit" nicht notwendig sein. In Betracht kommt nach der ZPO streng genommen nur eine **informatorische Parteianhörung**. Zu weit geht es, § 448 im Lichte der Entscheidung des EGMR schlechthin neu zu interpretieren und den gesetzlichen Vertreter einer Partei voraussetzungslos zur Parteivernehmung zuzulassen.[4]

36

3. Verfassungsrechtliche Grundlagen

Die **Herleitung** des **Prinzips der Waffengleichheit** ist in Deutschland ebenso **umstritten** wie sein Verhältnis zu anderen verfassungsrechtlich verankerten Verfahrensprin-

37

---

1 EGMR, Rs. *Dombo Beheer B.V. v. The Netherlands*, Az. 37/1992/382/460, in deutscher Sprache auszugsweise abgedruckt in NJW 1995, 1413 ff., in englischer Sprache in ZEuP 1996, 484 ff. Zu deren Konsequenzen der an der Entscheidung beteiligte österreichische Richter *Matscher*, Diskussionsbericht Oepen ZZP 113 (2000), 347, 353.
2 Zur Waffengleichheit *Peukert* EuGRZ 1980, 247, 254 f. m.w.N.
3 EGMR NJW 1995, 1413 – *Dombo Beheer B.V./Niederlande*.
4 So aber *Schlosser* NJW 1995, 1404, 1405.

zipien.¹ Er wird häufig auf den Anspruch auf rechtliches Gehör gem. **Art. 103 Abs. 1 GG** sowie auf den Anspruch auf ein faires Verfahren als Ausprägung des **Rechtsstaatsprinzips** gestützt.² Der Grundsatz der **prozessualen Waffengleichheit** gebietet u.a., dass **jeder Partei gleichartige Möglichkeiten** eröffnet werden müssen, ihre Sicht des Tatsachenstoffes und seiner rechtlichen Bewertung darzulegen unter Heranziehung der dafür notwendigen Beweismittel zu beweisen.³ Unklar ist dabei, ob es nur auf eine formell gleichberechtigte Ausstattung der Parteien mit identischen Verfahrensrechten ankommt, oder ob eine **materiell gleiche Stellung** bestehen muss.⁴ Der EGMR hat sich mit seiner Mehrheit für eine materielle Gleichheit ausgesprochen.

38 Das **BVerfG** hat in Kammerentscheidungen, mit denen es die Beweiserhebung über Vier-Augen-Gespräche zu prüfen hatte und darin die Rechtsprechung des BGH (dazu unten Rz. 42) billigte, den Anspruch auf **rechtliches Gehör** und den aus dem Rechtsstaatsprinzip abgeleiteten Anspruch auf **effektiven**, die Richtigkeit bestrittener Tatsachen klärenden **Rechtsschutz** (verankert in Art. 2 Abs. 1 GG i.V.m. Art. 20 Abs. 3 GG) als Maßstab herangezogen und **beiläufig** auf den Grundsatz **fairer Prozessführung** rekurriert.⁵

39 Der **BGH** hat die Begründung des BVerfG, die für Verfassungsbeschwerden bedeutsam ist, in späteren Entscheidungen zu Fällen der Beweisnot aufgegriffen,⁶ hat aber auch stattdessen kurzerhand die **Waffengleichheit** oder weniger martialisch die **Chancengleichheit** als Grundlage genannt⁷ oder sich zusätzlich auf Art. 6 Abs. 1 EMRK bezogen⁸ oder diese Grundsätze bzw. Rechte kumulativ und in zusätzlicher Verbindung mit dem Recht auf einen fairen Prozess und dem Anspruch auch rechtliches Gehör herangezogen.⁹

40 Im Interesse korrekter Fallabgrenzung ist es **allein** richtig, die **materialisierte** prozessuale **Waffengleichheit** zu benennen. Die Begründung des BVerfG würde die Gleichbehandlung der Vier-Augen-Gespräche unter Beteiligung eines Zeugen aus dem Lager der Gegenpartei mit anderen Fällen der Beweisnot verlangen. Diese Erweiterung hat die Fachgerichtsbarkeit jedoch zu Recht nicht vorgenommen.

4. Gleichstellung von Zeugen und Partei im Verfahren nach EPGÜ

41 Im Verfahren wegen Verletzung eines **Patents** mit **einheitlicher Wirkung** in den Vertragsstaaten des **EPGÜ** sind die Aussagen von **Parteien** und **Zeugen gleichgestellt**. Aussagen von Prozessparteien werden als Zeugenaussagen behandelt. Das einheitliche Patentgericht hat die Stellung eines nationalen Gerichts. Für Verfahren vor deutschen Lokalkammern gilt also ein anderes Regime als nach der ZPO.

---

1 Dazu *Kwaschik* Die Parteivernehmung, S. 87 ff.; *Vollkommer* Festschrift Schwab, S. 503, 504 ff.; vgl. ferner *Roth* ZEuP 1996, 484, 491 f.; *Reinkenhof* JuS 2002, 645, 647; Rosenberg/Schwab/*Gottwald*¹⁷ § 1 Rz. 28 (Art. 3 GG).
2 S. dazu *Vollkommer* Festschrift Schwab, S. 503, 504; *Roth* ZEuP 1996, 484, 492.
3 BVerfGE 55, 72, 94; BVerfGE 69, 126, 140; dazu *Vollkommer* Festschrift Schwab, S. 503, 508.
4 *Roth* ZEuP 1996, 484, 493; *Reinkenhof* JuS 2002, 645, 647; *Kwaschik* Die Parteivernehmung S. 186 ff.
5 BVerfG NJW 2001, 2531 m. Bespr. *Noethen* NJW 2008, 334, 335; BVerfG NJW 2008, 2170 Rz. 9 f. und 15.
6 BGH NJW-RR 2006, 61, 63.
7 BGH VersR 2002, 120, 121 = NJW-RR 2001, 1431, 1432; BGH NJW 2003, 3636. Ebenso LAG Köln MDR 1999, 1085; OLG Koblenz NJW-RR 2008, 342, 343.
8 BGH NJW-RR 2006, 61, 63.
9 BGH (VI. ZS) NJW 2013, 2601 Rz. 10; ähnlich KG VersR 2012, 101, 103; OLG Frankfurt MDR 2013, 107, 108.

IV. Beweisrelevante Parteianhörung, Abschwächung des § 448

1. Anhörung nach § 141

Der **BGH mildert** die prozessualen **Nachteile** der zeugenlosen Partei infolge der Zulässigkeitsschranken der §§ 445 ff., indem er der **Parteianhörung** nach § 141 einen gewissen oder der Beweisaussage gar gleichgestellten Beweiswert zuerkennt.[1] Die durch ihre prozessuale Stellung bei der Aufklärung eines **Vier-Augen-Gesprächs** benachteiligte Partei muss persönlich angehört werden.[2] Dies setzt aber einen **Antrag** der **benachteiligten Partei** voraus, ist also nicht von Amts wegen zu veranlassen.[3] So wie die Zeugenvernehmung nach dem Beibringungsgrundsatz einen Antrag erfordert, gebietet die kompensatorische verfahrensrechtliche Gleichstellung die Pflicht zur Anhörung lediglich, wenn die Partei dazu die Initiative ergreift und damit ihrer Parteiverantwortung gerecht wird.   42

Ist die benachteiligte Partei im Verhandlungstermin anwesend, ohne dass sie gem. § 141 zur informatorischen Anhörung geladen wurde, hat sie gem. § 137 Abs. 4 ausreichend **Gelegenheit**, sich zum Beweisergebnis **zu äußern**; unterbleibt dies, muss das Gericht **keine Anhörung von Amts wegen anordnen**.[4] Auch die Nichtäußerung – aufgrund direkter Parteiintervention oder unter Anstoß durch ihren Prozessbevollmächtigten – ist ein aussagekräftiges Prozessverhalten.   43

Das **Übergehen** eines Antrags auf Parteianhörung stellt einen Verfahrensfehler dar, der in der **Berufungsinstanz** aber **nur** erfolgreich **gerügt** werden kann, wenn er **protokolliert** worden ist. Da es sich nicht um einen Pflichtinhalt des Protokolls (§ 160 Abs. 3) handelt, ist ein Protokollierungsantrag gem. § 160 Abs. 4 S. 1 zu empfehlen.[5] Anderenfalls hat das Rechtsmittelgericht von einer Nichterklärung der Partei auszugehen. Wird dem Antrag auf Parteianhörung nicht entsprochen, ist die Maßnahme nach § 140 zu beanstanden, damit es zu einer Protokollierung nach § 160 Abs. 3 Nr. 6 kommt.   44

Voraussetzung der Anhörung einer „zeugenlosen" Partei als Vorstufe einer Vernehmung nach § 448 (dazu Rz. 50) ist **nicht**, dass sie **zunächst** den im Lager der Gegenseite stehenden **Zeugen** für die Richtigkeit des eigenen Vorbringens **benennt**.[6]   45

Im Rahmen der Würdigung des gesamten Inhalts der Verhandlung **nach § 286** ist das Gericht nicht gehindert, einer außerhalb förmlicher Parteivernehmung erfolgten **Parteiäußerung** den **Vorzug vor** den **Bekundungen eines Zeugen** zu geben.[7] Die Anhörung darf allerdings nicht so gewürdigt werden, als habe eine Parteivernehmung stattgefunden.[8] Missverständlich ist die Formulierung, es sei gestattet, „den persönlichen Parteiangaben ebenso viel oder sogar mehr Glauben zu schenken als dem Ergebnis   46

---

1 BGH NJW 2003, 3636; BGH NJW-RR 2006, 672 Rz. 9; BGH NJW 2013, 2601 Rz. 11.
2 BGH NJW 1999, 363, 364; BGH NJW 2003, 3636.
3 BVerfG NJW 2008, 2170, 2171; a.A. OLG Zweibrücken NJW 1998, 167, 168; wohl auch BAG NJW 2009, 1019 Rz. 22 f.; OLG Saarbrücken NJW-RR 2011, 754, 755 (allerdings nach Anhörung eines von zwei Unfallbeteiligten); OLG München NJW 2011, 3729; *Greger* MDR 2014, 313, 314 u. 315 (im Rahmen einer Fallgruppendifferenzierung).
4 BVerfG NJW 2008, 2170 Rz. 16; BGH ZIP 2010, 1548; inzident ebenso OLG Karlsruhe FamRZ 2007, 225, 226.
5 *Stackmann* NJW 2012, 1249, 1251.
6 OLG Frankfurt MDR 2013, 107, 108.
7 BGHZ 122, 115, 121; BGH NJW 1998, 306, 307; BGH NJW 1999, 363, 364; BGH NJW-RR 2006, 672 Rz. 9. Ebenso KG NJW-RR 2011, 381, 382; LAG Köln MDR 1999, 1085, 1086; LAG Köln MDR 2001, 712.
8 OLG Zweibrücken NJW 1998, 167, 168.

einer förmlichen Parteivernehmung".[1] Grundsätzlich ist bei der Würdigung zu berücksichtigen, dass die Partei **bei** einer **förmlichen Vernehmung** die **Strafdrohung** der §§ 154, 161 StGB auf sich nimmt. Allerdings ist ihr allein deshalb kein genereller Vorrang vor einer Parteiaussage zuzuerkennen, die im Rahmen einer informatorischen Anhörung erfolgt ist.

47 Die Pflicht zur Kompensation der Beweisnot nach einem Vier-Augen-Gespräch in Gegenwart eines von der Gegenpartei benannten Zeugen durch **Anhörung** der Prozesspartei besteht **nicht**, wenn **sonstige Beweismittel** oder Zeugen zur Verfügung stehen.[2] Anforderungen des § 448 werden auf die beweiseshalber erfolgende Parteianhörung nicht übertragen. Die Anhörungspflicht setzt deshalb **keine** überwiegende **Wahrscheinlichkeit** voraus.[3] Hat eine Partei einen Antrag nach § 445 auf Vernehmung des Beweisgegners gestellt und wird der Gegner daraufhin zunächst nur informatorisch angehört, ist im anschließenden rügelosen Verhandeln des Antragstellers ein konkludenter **Verzicht auf** die **förmliche Vernehmung** wegen offensichtlicher Aussichtslosigkeit zu sehen.[4]

48 **Informatorische Parteierklärungen**, denen beweisrechtliche Bedeutung zukommen soll, sind zu **protokollieren**[5] und müssen bei der tatrichterlichen Beurteilung **gewürdigt** werden, gleich in welcher Instanz sie abgegeben wurden.[6] Die Verwertung des Ergebnisses einer Parteianhörung wird nicht auf die Erklärung der in Beweisnot befindlichen Partei beschränkt.[7]

2. Vernehmung der beweispflichtigen Partei als Mittel des Strengbeweises

49 Bei der Ermessensentscheidung über die **Parteivernehmung nach § 448** ist die Beweisnot einer zeugenlosen Partei zu berücksichtigen.[8] Zwar hält der BGH am Erfordernis einer **Anfangswahrscheinlichkeit** für die zu beweisende Tatsache fest,[9] jedoch darf die Anfangswahrscheinlichkeit aus der **Parteianhörung** gewonnen werden; die Parteianhörung kann also den **Boden für** eine **förmliche Vernehmung** bereiten.[10] Dieser Rechtsprechungsstand war bereits erreicht, ehe die Entscheidung des EGMR ergangen war. Insbesondere wurde dieses Vorgehen praktiziert in Streitigkeiten über das Vorliegen eines Versicherungsfalles aufgrund der schlüssigen Behauptungen des Versicherungsnehmers, der sich auf kein anderes Beweismittel stützen konnte.[11]

---

1 So OLG Hamm VersR 2007, 512, 513 (obiter dictum nach Anhörung beider Parteien gem. § 141).
2 BGH NJW-RR 2003, 1003; BGH NJW 2003, 3636; BGH NJW-RR 2006, 61, 63.
3 BVerfG NJW 2001, 2531, 2532; BGH NJW 2003, 3636.
4 OLG Koblenz NJW-RR 2008, 342, 343 = VersR 2008, 123, 124.
5 BGH NJW 2003, 3636.
6 BGH NJW-RR 2006, 672 Rz. 9; s. auch BGH NJW 2003, 3636 (konkludente Zurückweisung eines Parteiantrages). Zu Hinweispflichten des Gerichts *Stackmann* NJW 2012, 1249, 1252.
7 Vgl. die Instruktion des Tatrichters in BGH NJW-RR 2006, 672 Rz. 9; ebenso OLG Hamm VersR 2007, 512, 513.
8 BGH VersR 2002, 120, 121; BGH NJW 2003, 3636.
9 BGH NZM 1998, 449; BGH NJW 1999, 363, 364; BGH NJW-RR 2006, 672 Rz. 9. Zum Beweis einer inneren Tatsache der Partei BGHZ 160, 134, 147 = NJW 2004, 2664 – Infomatec I; BGH NJW 2005, 2450 – EM.TV; BGH NJW-RR 2007, 1532 Rz. 25 – COMROAD V.
10 BGH VersR 2002, 120, 121 = NJW-RR 2001, 1431, 1432; BGH NJW 1999, 363, 364; OLG München ZIP 2006, 1247, 1248 – EM.TV. Ebenso BAG NJW 2002, 2196, 2198; *Greger* MDR 2014, 313, 315.
11 BGH NJW-RR 1991, 983, 984 = VersR 1991, 917, 918; fortgesetzt in BGH NJW-RR 1993, 719; BGH NJW 1996, 1348, 1349.

3. Austauschbarkeit von Anhörung und Vernehmung

Ein weiteres Problem ist, **ob** Anhörung und Vernehmung **beliebig austauschbar** sind. Denkbar ist, die Verwertung einer bloßen **Parteianhörung** auf den Fall zu **beschränken**, dass die beweisrechtlich benachteiligte Partei selbst nicht beweispflichtig ist, also nur einen Gegenbeweis führen will.[1] Dann kann bei der Würdigung der von der beweispflichtigen Partei beigebrachten Beweise die Aussage der benachteiligten Partei gewürdigt und eine positive Feststellung der Tatsache aufgrund der Zeugenaussage neutralisiert werden. Ist die benachteiligte Partei hingegen selbst beweispflichtig, würde die **Anhörung** nur den **Anfangsbeweis** für eine nachfolgend durchzuführende Vernehmung nach § 448 erbringen.[2]

50

Nur diese Konzeption ist mit der **Gesetzeslage in Einklang** zu bringen.[3] Sie fügt sich in die Rechtsprechungslinie des BVerfG und des BGH insofern ein, als es dort bei Berücksichtigung eines Anhörungsergebnisses um die Würdigung der bereits erfolgten Aussage eines einzelnen Zeugen aus dem „Lager" der nicht beweisbelasteten Partei ging,[4] während die Aussage der beweisbelasteten Partei zu einer förmlichen Beweiserhebung nach § 448 geführt hatte.[5]

51

Diese Differenzierung lässt die **Trennung** zwischen **Parteianhörung** mit informatorischem Charakter und **Parteivernehmung** zu Beweiszwecken auch **materiell fortbestehen**. Allerdings muss die Parteiaussage dann gegebenenfalls für die Beweiserhebung nach § 448 wiederholt werden.[6] Unzutreffend ist die Kritik, damit sei kein Erkenntnisgewinn gegenüber der bloß informatorischen Anhörung verbunden;[7] sie vernachlässigt die **Übernahme des Strafbarkeitsrisikos**.

52

Das Vorhandensein einer **Beweisnotlage** hängt von einer qualitativen **Vorabbeurteilung des** verfügbaren **Zeugen** ab, indem geprüft wird, ob der Zeuge als Organwalter, Angestellter oder sonstiger Beauftragter „im Lager" der gegnerischen Prozesspartei steht oder ein „neutraler" Zeuge ist.[8]

53

4. Weiterreichende Vorschläge des Schrifttums

a) Rechtspolitik

Im Schrifttum ist **de lege ferenda** sowohl die vollständige Streichung der §§ 445 ff.[9] als auch – weniger einschneidend – die Beseitigung des Subsidiaritätsprinzips[10] oder der Verzicht auf das Einverständnis des Gegners in § 447 unter Streichung des § 448[11]

54

---

1 So die Konstellation in OLG Zweibrücken NJW 1998, 167, 168. Dann auf förmliche Vernehmung der Partei verzichtend *Greger* MDR 2014, 313, 314/315.
2 Ausdrücklich weitergehend OLG Brandenburg VersR 2003, 344/345.
3 Zu undifferenziert die Begründung in KG MDR 2010, 170.
4 BVerfG NJW 2001, 2531, 2532; BVerfG NJW 2008, 2170 Rz. 13; BGH NJW 1998, 306, 307; BGH NJW 1999, 363, 364; BGH NJW 2003, 3636; ebenso BAG NJW 2002, 2196, 2198. Aus dem Schrifttum dazu Musielak/*Stadler*[10] § 141 Rz. 2.
5 BGH NZM 1998, 449. Anders – wohl zu lax – die Rechtsprechung zu Diebstahlsversicherungsfällen, BGH VersR 1991, 917, 918; BGH NJW 1996, 1348, 1349, auch wenn zutreffend formuliert wird, dass der redliche Versicherungsnehmer den Regelfall darstellt.
6 So ist wohl BGH (IX. ZS) NJW 2011, 2889 Rz. 19 = VersR 2011, 1318 zu verstehen.
7 So AK-ZPO/*Rüßmann* vor § 445 Rz. 3; *Schöpflin* NJW 1996, 2134, 2137 f.; demgegenüber positive Aspekte hervorhebend *Oberhammer* ZZP 113 (2000), 295, 321; *Lange* NJW 2002, 476, 483.
8 Vgl. *Greger* MDR 2014, 313, 315: „Keine Besonderheiten ..., wenn es sich um neutrale Zeugen handelt".
9 *Rüßmann* KritV 1989, 361, 365 f.
10 *Coester-Waltjen* ZZP 113 (2000), 269, 291; *Kwaschik* Die Parteivernehmung, S. 294.
11 *Schöpflin* NJW 1996, 2134, 2137 f.

gefordert worden. Dafür spricht, dass der erreichte Stand der Rechtsprechung eine halbherzige Lösung darstellt.

b) Neuinterpretation des geltenden Rechts

55 **De lege lata** ist die konventionskonforme oder verfassungskonforme Auslegung der bestehenden Vorschriften befürwortet worden. **Ansatzpunkt** dafür soll einerseits § 448 sein, der die Vernehmung der beweisbelasteten Partei ohne Mitwirkung ihres Gegners ermöglicht. Dafür solle **auf das Erfordernis einer Anfangswahrscheinlichkeit verzichtet** werden;[1] das Ermessen schrumpfe bei verfassungskonformer Auslegung zur Vermeidung einer Schlechterstellung der beweispflichtigen Partei auf Null. Teilweise ist verlangt worden, dieses Erfordernis wegen Verstoßes gegen das Verbot antizipierter Beweiswürdigung gänzlich fallen zu lassen, also nicht nur in Fällen von Vier-Augen-Gesprächen oder vergleichbaren Situationen. Vereinzelt ist auch vorgeschlagen worden, in § 448 ein Antragserfordernis hineinzulesen, um eine Besserstellung der benachteiligten Partei gegenüber anderen prozessualen (Normal-)Situationen zu vermeiden.[2]

56 Ein **alternativer Ansatz** wird bei § 141 gesucht. Danach soll die **Parteianhörung** als doppelfunktionale Befragung zwecks Aufklärung des Sachvortrags und **zugleich** als **Beweisaufnahme** verstanden werden.[3]

c) Stellungnahme

57 Der **Neuinterpretation** der §§ 445 ff. ist **zu Recht entgegengehalten** worden, dass es sich um eine Interpretation **gegen** den **Wortlaut des Gesetzes** handelt, dass die Entscheidung des EGMR keine Bindung erzeuge, dass die Glaubwürdigkeit von Parteiaussagen grundsätzlich zweifelhaft sei und dass gegen den Beibringungsgrundsatz verstoßen werde; der Grundsatz des fairen Verfahrens zwinge das Gericht nicht dazu, einer Partei ein Beweismittel zu verschaffen, die die Beweisgewinnung versäumt habe.[4]

58 Für eine **Lösung über** die Parteivernehmung von Amts wegen gem. **§ 448** sprechen mehrere Gesichtspunkte: Nur sie ermöglicht angemessene Rechtsbehelfe.[5] Eine Falschaussage nach § 141 ist mit keinem **strafrechtlichen Risiko** verbunden, was ihren Beweiswert mindern kann; § 154 StGB läuft bei Anwendung des § 141 mangels Beeidigungsmöglichkeit leer und § 153 StGB ist nur auf Zeugen anwendbar.[6]

---

[1] *Schlosser* NJW 1995, 1404, 1405; *Gehrlein* ZZP 110 (1997), 451, 474; *Kluth/Böckmann* MDR 2002, 616, 621; *Roth* ZEuP 1997, 484, 497; *Zwanziger* DB 1997, 776, 777; *Coester-Waltjen* ZZP 113 (2000), 269, 291, 293.
[2] *Zwanziger* DB 1997, 776, 777.
[3] *Schöpflin* NJW 1996, 2134, 2135 f.; ablehnend *Meyke* NJW 1989, 2032, 2035; *Kluth/Böckmann* MDR 2002, 616, 621; *Lange* NJW 2002, 476, 480.
[4] OLG München NJW-RR 1996, 958, 959 f.; LAG Köln MDR 1999, 1085, 1086; LAG Köln MDR 2001, 712, 713; *Schmidt-Schondorf* JR 1996, 268, 269. Ablehnend auch *Wittschier* DRiZ 1997, 247, 249, der aber § 448 hinsichtlich des Kriteriums der Anfangswahrscheinlichkeit als „innere Wahrscheinlichkeit eines Parteivorbringens" versteht und dessen Standpunkt der Korrektur über § 141 nahe steht.
[5] *Gehrlein* ZZP 110 (1997), 451, 472; s. auch Stein/Jonas/*Leipold*[22] § 141 Rz. 5 und vor § 445 Rz. 7.
[6] *Gehrlein* ZZP 110 (1997), 451, 473.

V. Andere Beweisnotlagen

Die kompensatorische Parteianhörung ist auf die Situation der **Vier-Augen-Gespräche mit einseitigem Zeugenvorteil** der gegnerischen Partei[1] zu **beschränken**. Keinesfalls ist eine Ausdehnung auf Fälle der Beweisnot nach einem Gespräch unter alleiniger Beteiligung der Prozessparteien gerechtfertigt.[2] Eine pauschale Zitierung des Art. 103 Abs. 1 GG und des Rechtsstaatsprinzips trägt die Missachtung des geltenden Rechts nicht; sie ist durch die bisherige Rechtsprechung des BVerfG nicht gedeckt. **Anderenfalls** wären die Regeln zur **Beweislastverteilung**, insbesondere zum non liquet **neu** zu schreiben. Erst recht gilt dies, wenn die **Beweisnot** von einer Partei **selbst herbeigeführt** worden ist, weil sie zur Verfügung stehende Zeugen – gleich aus welchen Gründen – nicht benennt; die Partei bleibt dann beweisfällig und hat die daraus erwachsenden Prozessnachteile zu tragen.[3] Dasselbe gilt für sonstige **unterbliebene Beweissicherungsmaßnahmen**, etwa der Fotografie eines angeblichen verkehrssicherungswidrigen Schlaglochs.[4] Ein **Beweisnotfall** soll allerdings die **Verkehrsunfallsituation sein**, in der sich mangels Zeugen nur die beiden potentiellen Verursacher gegenüber stehen.[5]

59

Sachverhalte der **Feststellung innerer Tatsachen**, insbesondere von Willensentschlüssen, bedürfen **keiner Erleichterung** durch Parteianhörung anstelle oder zur Vorbereitung einer Parteivernehmung nach § 448. In diesen Fällen wird entweder für die konkrete Fallkonstellation bereits die Lebenserfahrung für die Behauptung sprechen oder es geht um hypothetische Parteientscheidungen **nach pflichtwidrigem Vertragsverhalten** der Gegenseite, z.B. die Verletzung von Hinweispflichten, die entweder über § 287 und dessen Erleichterung der Parteivernehmung zu erfassen sind, oder denen durch materiell-rechtlich wirkende Erleichterungen zu begegnen ist. Die Anlegung eines geminderten Wahrscheinlichkeitsmaßstabs allein wegen Beweisnot hat der BGH für diese Sachverhalte abgelehnt.[6]

60

In Fällen der Inanspruchnahme einer **(Diebstahls-)Versicherung** ist auf die **förmliche Vernehmung** nicht zu verzichten. Für sie können Indizien wie z.B. eine Strafanzeige die Anfangswahrscheinlichkeit begründen.[7] Allgemein zum Beweis des **äußeren Bildes** eines Versicherungsfalls Kap. 15 Rz. 61.

61

---

1 BGH NJW-RR 2003, 1003, 1004.
2 A.A. BAG NJW 2007, 2427 Rz. 15 ff.; OLG Koblenz MDR 2014, 743, 744 (obiter für den Wegfall eines dort entgegen einem Beweisverbot vernommenen Zeugen).
3 OLG Koblenz VersR 2001, 1552; s. auch BAG NJW 2014, 1326 Rz. 16 f. u. 21.
4 Vgl. LG Wiesbaden VersR 2013, 119.
5 OLG Schleswig NJW-RR 2008, 1525; OLG Saarbrücken NJW-RR 2011, 754; OLG München NJW 2011, 3729; *Greger* MDR 2014, 313, 316. Keinen Beweisnotfall betraf OLG Stuttgart VersR 2013, 623. Keine Beweisnotsituation im Falle ärztlicher Haftung für einen Suizid im psychiatrischen Krankenhaus bei fehlenden Zeugen erörternd KG NJW-RR 2014, 592, 594.
6 BGHZ 160, 134, 148 – Infomatec I (Anfangswahrscheinlichkeit dort verneint).
7 Zur Verneinung eines Anfangsbeweises bei einem behaupteten Wildschadensunfall OLG Jena NJW-RR 2001, 1319, 1320 (wohl zu streng).

Kapitel 41:
Beweiserhebung durch Parteivernehmung

	Rz.		Rz.
§ 146 Vernehmungsfähige Personen, Mehrparteienprozess		V. Ermessensausübung bei Vernehmung nach § 448	24
I. Bestimmung der Parteistellung	1	**§ 148 Ablauf der Parteivernehmung, Würdigung der Aussage, Rechtsmittelkontrolle**	
II. Vernehmung unter Verkennung der Prozessrolle	3	I. Beweisbeschluss	27
III. Mehrparteienprozess	5	II. Durchführung der Vernehmung	29
§ 147 Subsidiarität, Anfangswahrscheinlichkeit und weitere Begrenzungen		III. Beeidigung	31
I. Besondere Einsatzzwecke, besondere Verfahrensarten	8	IV. Würdigung des Parteiverhaltens und der Aussage	34
II. Subsidiarität	11	V. Erneute Vernehmung in der Berufungsinstanz	40
III. Ausschluss des Gegenbeweises nach § 445 Abs. 2	18	VI. Rechtsmittelkontrolle	41
IV. Anfangswahrscheinlichkeit	21		

§ 146 Vernehmungsfähige Personen, Mehrparteienprozess

I. Bestimmung der Parteistellung

1 Als Partei ist zu vernehmen, wer im eigenen Namen klagt oder Beklagter ist und nicht wegen § 455 Abs. 1 S. 1 als Zeuge zu behandeln ist. Eine **prozessunfähige Partei** ist danach Zeuge, während ihr gesetzlicher Vertreter als Partei zu vernehmen ist. Bei **juristischen Personen** sind deren Organwalter als Partei zu vernehmen.

2 Der Parteistellung kann durch **vorprozessuale Zession** eines Anspruchs oder durch Abberufung eines Organwalters ausgewichen werden. Umgekehrt kann ein möglicher Zeuge in einen Prozess als Partei einbezogen werden. Diesen Veränderungen (zu deren Zulässigkeit Kap. 20 Rz. 32 ff.) kann nur im Rahmen der Beweiswürdigung Rechnung getragen werden.

II. Vernehmung unter Verkennung der Prozessrolle

3 Stellt sich nach Durchführung der Vernehmung heraus, dass eine Person fälschlich als Zeuge vernommen worden ist oder umgekehrt ein Zeuge als Partei behandelt wurde, findet eine rechtliche Würdigung anhand der eigentlich anzuwendenden Verfahrensvorschriften statt. Wurde eine **Partei als Zeuge vernommen**, und wäre ihre Vernehmung als Partei zulässig gewesen, kann die Aussage wie eine Parteivernehmung gewürdigt werden.[1] Wäre eine Parteivernehmung unzulässig gewesen, hat eine Würdigung sowohl als Zeugenaussage als auch als Parteivernehmung zu unterbleiben; allenfalls kann die Aussage wie bei einer Parteianhörung berücksichtigt werden.

4 Wurde ein **Zeuge als Partei vernommen**, so wäre in der Regel auch die Vernehmung als Zeuge zulässig gewesen. Die Vernehmung ist jedoch wegen der strengeren Straf-

---

1 BGH WM 1968, 1099, 1100; BGH WM 1977, 1007, 1008.

androhung gegen Zeugen zu **wiederholen**.¹ Wurde die Aussage verweigert, ist ebenfalls eine Wiederholung geboten, weil sich die Weigerungsgründe und die Rechtsfolgen unterscheiden. Wird der Fehler erst nach Erlass des Urteils aufgedeckt, beruht das Urteil auf einer fehlerhaften Beweiswürdigung und damit einer Verletzung des § 286, wenn anzunehmen ist, dass die Aussage im Falle richtiger Beweiserhebung anders gewichtet worden wäre. Beruht das Urteil auf dieser Abweichung, so kann es mit einem Rechtsmittel angegriffen werden.

III. Mehrparteienprozess

Besteht eine Partei aus **mehreren Streitgenossen**, entscheidet das Gericht gem. § 449 nach eigenem **Ermessen, wen** es **vernehmen** will. Sind z.B. im Arzthaftungsprozess der Krankenhausträger und der oder die behandelnden Ärzte beklagt, können kumulativ erhobene Vorwürfe verschieden Behandlungsabschnitte unter Verantwortung unterschiedlicher Personen betreffen; daran hat sich dann die Auswahl zu orientieren. Gleiches gilt etwa für Bauprozesse oder für Schadensersatzprozesse nach Kfz-Unfällen gegen den Haftpflichtversicherer, den Halter des Fahrzeugs und den Fahrer. Der Beweisführer, der einen **Antrag nach § 445** stellt, braucht die zu vernehmenden Streitgenossen **nicht zu spezifizieren**. Mit einer **Beschränkung des Antrags bindet** er aber das Gericht, wie aus dem Beibringungsgrundsatz folgt. Allerdings bleibt dem Gericht die Möglichkeit, nach § 448 vorzugehen.

Ein personell beschränkter Beweisbeschluss kann **analog § 360 S. 2** ohne vorangegangene mündliche Verhandlung **geändert** werden, um einen anderen Streitgenossen zu vernehmen.² **Scheidet** eine **Partei aus** einem Verfahren vorzeitig aus, kann sie danach als Zeuge vernommen werden.³

Verbindet das Gericht zwei **Verfahren** nach § 147, so dass mehrere Kläger oder Beklagte Streitgenossen werden und nicht mehr als Zeugen vernommen werden können, ist zumindest eine Parteianhörung gem. § 141 geboten.⁴

§ 147 Subsidiarität, Anfangswahrscheinlichkeit und weitere Begrenzungen

I. Besondere Einsatzzwecke, besondere Verfahrensarten

Gem. § 287 Abs. 1 S. 3 kann eine Parteivernehmung zum Zwecke der **Schadensschätzung** erfolgen, ohne dass die Voraussetzungen des § 448 vorliegen müssen. § 426 erlaubt beim **Urkundenbeweis** die Vernehmung des Gegners der beweisführenden Partei über den Verbleib einer Urkunde. § 592 Abs. 2 gestattet im **Urkunden- und Wechselprozess** die Parteivernehmung zum Beweis der Echtheit einer Urkunde oder anderer in § 592 erwähnter Tatsachen.

Das **FamFG** gestattet die Parteivernehmung, dort Beteiligtenvernehmung genannt.⁵ Auf eine **Anfangswahrscheinlichkeit** kommt es wegen des Untersuchungsgrundsatzes **nicht** an.⁶

---
1 Stein/Jonas/Leipold²² vor § 445 Rz. 13.
2 Stein/Jonas/*Leipold*²² § 449 Rz. 7.
3 OLG Koblenz NJW 2003, 283.
4 OLG Koblenz NJW-RR 2014, 507, 508.
5 Keidel/*Sternal* FamFG¹⁸ § 30 Rz. 114.
6 So zu § 12 FGG: OLG Zweibrücken MDR 1998, 1244, 1245; BayObLGZ 1970, 173, 176 f. Ebenso zu 30 FamFG Keidel/*Sternal* FamFG¹⁸ § 30 Rz. 115.

10 Unzulässig ist die Parteivernehmung gem. § 581 Abs. 2 zum Beweis von Tatsachen, die eine **Restitutionsklage** begründen sollen und im Verfahren zur Bewilligung von **Prozesskostenhilfe** (Umkehrschluss aus § 118 Abs. 2 S. 3). Ausgeschlossen ist sie angesichts der Aufzählung in § 485 Abs. 1 im **selbständigen Beweisverfahren**[1] sowie gem. § 592 Abs. 1 grundsätzlich im Urkundenprozess.

II. Subsidiarität

11 Für die Parteivernehmung gilt der Grundsatz der Subsidiarität, der sowohl **§ 445 Abs. 1** als auch **§ 448**[2] zugrunde liegt. Es müssen zuvor **alle anderen** dem Gericht zur Verfügung stehenden **Beweismittel ausgeschöpft** worden sein und diese dürfen zur Überzeugungsbildung des Gerichts nicht ausgereicht haben (zur rechtspolitischen Kritik Kap. 40 Rz. 27). Dasselbe gilt, wenn keine anderen Beweismittel benannt werden konnten. Formale Konsequenz ist, dass die Parteivernehmung am Ende der Beweisaufnahme stattzufinden hat.

12 Gem. § 445 Abs. 2 ist die Parteivernehmung des Beweisgegners **ausgeschlossen**, wenn das **Gericht vom Gegenteil** der zu beweisenden Tatsache **überzeugt** ist, wenn mit der Parteivernehmung also ein Gegenbeweis geführt werden soll. Zwar wird aus Art. 103 Abs. 1 GG abgeleitet, dass es in der Regel eine unzulässige vorweggenommene Beweiswürdigung darstellt, wenn die Erhebung weiterer Beweise mit der Begründung abgelehnt wird, das Gegenteil der behaupteten Tatsache sei bereits erwiesen oder das angebotene Beweismittel sei ungeeignet.[3] Dieser Grundsatz wurde zur Zeit des Parteieides berechtigt durchbrochen. Seit dessen Ablösung durch die Parteivernehmung ist die Rechtfertigung wenig überzeugend. Teilweise wird die Auffassung vertreten, im Falle des § 445 solle der Partei ein Gewissenskonflikt erspart bleiben, der durch die prozessuale Wahrheitspflicht einerseits und den Wunsch nach Wahrung der eigenen Interessen erzeugt werde.[4] Indes können ähnliche Konflikte auch bei der Verwendung anderer Beweismittel entstehen, ohne dass sie dort berücksichtigt werden.

13 Ist zunächst Zeugenbeweis erhoben worden, muss das Festhalten an einem Parteivernehmungsantrag **nicht** durch **Antragswiederholung** dokumentiert werden.[5] Selbst wenn man dies annehmen wollte, müsste das Gericht den Willen der Partei durch Befragung nach § 139 ermitteln.[6]

14 Der Grundsatz der Subsidiarität bewirkt **keinen Ausschluss weiterer Beweiserhebung** nach Durchführung der Parteivernehmung. Beweise, die den Parteien vorher nicht zur Verfügung standen, dürfen ohne Weiteres erhoben werden. Zunächst zurückgehaltene Beweismittel können allerdings **als verspätet** benannt **zurückgewiesen** werden (§§ 282 Abs. 1, 296 Abs. 2, 531 Abs. 2), wenn sich die Erledigung des Rechtsstreits durch die weitere Beweiserhebung verzögern würde, weil dem Zeitmehrbedarf nicht durch vorbereitende Maßnahmen zu begegnen ist.[7]

15 Werden **weitere Beweismittel** benannt, **nachdem** die **Parteivernehmung** durch Beweisbeschluss gem. § 450 Abs. 1 S. 1 angeordnet wurde, kann das Gericht die Durch-

---

1 OLG Hamm MDR 1994, 307.
2 Zu § 448 so: BGH VersR 1984, 665, 666; BGH NJW 1994, 320, 321; BAG NJW 2014, 1326 Rz. 15; a.A. *Schilken* ZZP 126 (2013), 403, 418 f.
3 BVerfG NJW 1993, 254, 255.
4 *Gehrlein* ZZP 110 (1997), 451, 456, 458; MünchKommZPO/*Schreiber*[4] § 445 Rz. 6.
5 A.A. RGZ 154, 228, 229; Stein/Jonas/*Leipold*[22] § 445 Rz. 14; offen gelassen von BGH NJW-RR 1993, 2.
6 BGH NJW-RR 1993, 2.
7 Vgl. BGH NJW 1991, 1181, 1182.

führung der Parteivernehmung gem. § 450 Abs. 2 S. 2 **aufschieben** und sie nach Auswertung der übrigen weiteren Beweise auch **endgültig absetzen**. Die Vernehmung wird unzulässig, wenn aufgrund der weiteren Beweiserhebung der Beweis geführt ist.[1]

Keinen Revisionsgrund stellt es dar, wenn die **Parteivernehmung verfrüht** stattfindet, ehe alle anderen Beweise erhoben worden sind.[2] Die Subsidiarität bezieht sich bei der Gegnervernehmung gem. § 445 Abs. 1 nur auf Beweismittel der beweispflichtigen Partei; der zu vernehmende Gegner kann also die **vorherige Erhebung** von ihm angebotener **Gegenbeweise nicht** verlangen. Ist allerdings der Vollbeweis des Gegenteils bereits erbracht, ist § 445 Abs. 2 einschlägig. **Gegenbeweismittel neben** der beantragten **Parteivernehmung** können zur Erschütterung des Hauptbeweises führen, so dass § 445 Abs. 2 nicht einschlägig ist.

16

Die Subsidiarität war früher wegen der formellen Beweiskraft des Parteieides erforderlich. Sie hat die Reform von 1933 nur wegen der Zaghaftigkeit des damaligen Gesetzgebers überdauert. Ihre **heutige Streichung** ist häufiger **vorgeschlagen** worden.[3] Eine späte Vernehmung spielt einer unredlichen Partei in die Hände, weil sie dann das Ergebnis der bisherigen Beweisaufnahme kennt.[4] **§ 445 Abs. 2 erhebt** die **Unglaubwürdigkeit** einer Partei unzutreffend **zur Beweisregel**;[5] zumindest diese Ausprägung des Subsidiaritätsprinzips widerspricht dem Verbot antizipierter Beweiswürdigung.[6]

17

III. Ausschluss des Gegenbeweises nach § 445 Abs. 2

Sieht das Gericht den Hauptbeweis als geführt an, darf zu dessen Erschütterung nicht mehr der Beweisführer auf Antrag des Beweisgegners vernommen werden (§ 445 Abs. 2). Der Hauptbeweis kann auch aufgrund einer formellen Beweisregel geführt worden sein.

18

Gegen eine **gesetzlich vermutete Tatsache** ist nach § 292 S. 2 der Antrag auf Parteivernehmung zulässig. Beruht der Hauptbeweis auf einem **Anscheinsbeweis**, ist dessen Erschütterung mittels beantragter Parteivernehmung nicht ausgeschlossen, da der Anscheinsbeweis nur auf Erfahrungssätzen beruht, wie sie in gesetzlich vertypter Form den Vermutungen i.S.d. § 292 zugrunde liegen.[7]

19

Zur Erschütterung eines **Indizienhauptbeweises** ist die Parteivernehmung über eine Tatsache im Glied der Indizienbeweiskette zulässig. Bereits die Möglichkeit der Unrichtigkeit eines Kettengliedes lässt keinen sicheren Hauptbeweis zu. Im Übrigen ist der einzelfallbezogene Indizienbeweis noch unsicherer als der durch Parteivernehmung widerlegbare Anscheinsbeweis.

20

---

1 BGH NJW 1974, 56.
2 *Gehrlein* ZZP 110 (1997), 451, 457.
3 *Nagel* Festschrift Habscheid, S. 195, 202; *Schöpflin* NJW 1996, 2134, 2138; *Kwaschik* Die Parteivernehmung, S. 294; AK-ZPO/*Rüßmann* vor § 445 Rz. 4.
4 *Rüßmann* KritV 1989, 361, 366; *Kwaschik* Die Parteivernehmung, S. 294; *Oberhammer* ZZP 113 (2000), 295, 305.
5 *Kwaschik* Die Parteivernehmung, S. 42.
6 *Gehrlein* ZZP 110 (1997), 451, 458; *Coester-Waltjen* ZZP 113 (2000), 269, 291.
7 Stein/Jonas/*Leipold*[22] § 445 Rz. 24.

IV. Anfangswahrscheinlichkeit

21 Anders als bei der antragsgebundenen Vernehmung gem. § 445 Abs. 1[1] ist für die **Vernehmung gem. § 448** nach h.M. zusätzlich zur vorherigen Ausschöpfung aller anderen Beweismittel ein **Anfangsbeweis** („Anbeweis") erforderlich; es muss sich also aus der bisherigen Verhandlung eine gewisse **Wahrscheinlichkeit** für die Wahrheit der beweispflichtigen Tatsache ergeben.[2] Sind noch Beweise angeboten, die die Anfangswahrscheinlichkeit begründen können, müssen diese Beweise zuvor erhoben werden.[3]

22 Eine Anfangswahrscheinlichkeit kann sich aus der **Lebenserfahrung** ergeben.[4] Zur informatorischen Parteianhörung als Grundlage der Wahrscheinlichkeit s. Kap. 40 § 145 III 1. Beim Beweis eines ärztlichen Aufklärungsgesprächs ist Indiz für die Wahrscheinlichkeit einer Aufklärung z.B. die Unterzeichnung eines Merkblatts über die Aufklärung durch den Patienten oder eine Eintragung darüber im Patientenblatt.[5] Wird in einem öffentlichen Gebäude auf einen Steinfußboden generell Bohnerwachs aufgetragen, spricht dies dafür, dass ein Sturz des Klägers auch am Unfalltag durch Glätte verursacht wurde und eine Vernehmung nach § 448 stattfinden darf.[6]

23 Da die Vernehmung nach § 448 die **Überzeugungsbildung** des Gerichts **fördern** soll, darf es von der Vernehmung **absehen**, wenn die Vernehmung dazu nicht geeignet scheint.[7] Dafür darf allerdings die Glaubwürdigkeit der zu vernehmenden Partei nicht vorab verneint werden.[8] Zu Aufklärung von Versicherungsfällen ist die Vernehmung eines nach seinem Verhalten **unredlichen Versicherungsnehmers** nicht geboten.[9]

V. Ermessensausübung bei Vernehmung nach § 448

24 **Welche Partei** das Gericht nach § 448 vernimmt, entscheidet es **ermessensabhängig** ohne Rücksicht auf die Beweislast[10] nach der Fähigkeit zur Bekundung eigener Wahrnehmungen.[11] Berücksichtigen darf das Gericht, dass erkennbar ein **Zeuge nicht benannt** wird,[12] es sei denn, ein derartiger Zeuge steht „im Lager" der Gegenpartei.[13]

---

1 BGH NJW-RR 1991, 888. 890 a.E.; BGH NJW 2012, 2427 Rz. 39 = VersR 2013, 628.
2 BGH NJW 1989, 3222, 3223.; BGH NJW-RR 1990, 409, 410; BGH NJW 1991, 1181, 1182; BGH NJW-RR 1994, 636; BGH NJW 1994, 320, 321; BGH NJW 1999, 363, 364 = GRUR 1999, 367, 368 – Vieraugengespräch; BGH NJW 2013, 1299 Rz. 39; BAG NJW 2014, 1326 Rz. 25; OLG Koblenz MDR 1998, 712; OLG Zweibrücken NJW-RR 2011, 496, 498; OLG Jena MDR 2012, 542, 543 (Zeugen vom „Hörensagen" als ausreichendes Beweisindiz); KG VersR 2012, 101, 103; OLG Stuttgart VersR 2013, 623, 624; OLG Koblenz MDR 2014, 679; KG NJW-RR 2014, 592, 594. A.A. *Wittschier* Die Parteivernehmung Rz. 124 ff., 152; *Wittschier* DRiZ 1997, 247, 250; *Schöpflin* NJW 1996, 2134, 2136.
3 BGH VersR 1984, 665, 666; s. ferner BGH VersR 1958, 601, 602.
4 BGH NJW-RR 1991, 983, 984 = VersR 1991, 917, 918.
5 BGH VersR 2002, 120, 121.
6 BGH NJW-RR 1990, 409, 410.
7 Stein/Jonas/*Leipold*[22] § 448 Rz. 11.
8 BGH VersR 1984, 665, 666.
9 Vgl. OLG Schleswig MDR 2003, 455; OLG Hamburg OLGR 2003, 86, 87; OLG Düsseldorf VersR 2001, 579. Zurückhaltend gegenüber Bejahung der Unredlichkeit BGH NJW 1996, 1348, 1249.
10 BGH VersR 1958, 601; BGH NJW 1999, 363, 364.
11 BGH NJW 1999, 363, 364; BAG NJW 2002, 2196, 2198 = NZA 2002, 731.
12 BGH MDR 1997, 638; OLG Hamburg MDR 1970, 58.
13 So BAG DB 1975, 1660 (LS).

Das Ermessen ist im **Rechtsmittelzug** nur darauf zu überprüfen, ob es rechtsfehlerhaft ausgeübt worden ist, oder ob die rechtlichen Voraussetzungen für die Anordnung der Vernehmung verkannt worden sind.[1] 25

Vernommen werden können zum selben Beweisthema in der Regel **nicht beide Parteien**, weil für die dazu aufgestellten kontroversen Behauptungen nicht gleichzeitig eine gleich starke Anfangswahrscheinlichkeit sprechen wird.[2] 26

§ 148 Ablauf der Parteivernehmung, Würdigung der Aussage, Rechtsmittelkontrolle

I. Beweisbeschluss

Die Parteivernehmung ist stark formalisiert. Die Anordnung setzt **stets** einen **Beweisbeschluss** voraus (§ 450).[3] Es ist daher ein Beweisthema zu formulieren,[4] auf das die Vernehmung zu beschränken ist. 27

War die Partei bei Verkündung des Beweisbeschlusses nicht anwesend, ist sie gem. § 450 Abs. 1 S. 2 von Amts wegen zu **laden**. 28

II. Durchführung der Vernehmung

Die Vernehmung erfolgt unter **analoger** Anwendung einzelner Vorschriften des **Zeugenbeweisrechts**. Die Partei ist zur Wahrheit zu ermahnen und zur Person zu vernehmen (§§ 451, 395 Abs. 1, 2 S. 1).[5] Befragt werden darf sie nicht nur vom Richter, sondern auch von der gegnerischen Partei (§§ 451, 397). Die Aussage ist gem. § 160 Abs. 3 Nr. 4 zu **protokollieren**.[6] Um die Überzeugungskraft der Aussage zu erhöhen, kann das Gericht gem. § 452 Abs. 1 die **Beeidigung** anordnen, so dass die Strafvorschrift des § 154 StGB (Meineid) anwendbar ist. Ausgeschlossen ist die Beeidigung unter den Voraussetzungen des § 452 Abs. 3. Soll ein **Beamter als Partei** vernommen werden, ist der Geheimnisschutz nach § 376 zu beachten. 29

In Verfahren in **Ehesachen** nach § 128 Abs. 4 FamFG kann das **Erscheinen** der Partei **erzwungen** werden, nicht aber deren Aussage. 30

III. Beeidigung

§ 452 knüpft die ermessensgebundene Beeidigung an die richterliche Erwartung, dass die Parteiaussage unter dem Druck der Strafdrohung eine **größere Überzeugungskraft** vermittelt. Es handelt sich – bei Wortlautverschiedenheit der Tatbestände – um eine 31

---

1 BGH NJW 1989, 3222, 3223; BGH NJW 1999, 363, 364; BGH VersR 2002, 120, 121 = NJW-RR 2001, 1431, 1432; BGH NJW 2013, 1299 Rz. 39; BGH NJW 2013, 2601 Rz. 11; BAG NJW 2002, 2196, 2198.
2 LG Mönchengladbach NJW-RR 1998, 501, 502. A.A. LAG Köln MDR 2001, 712 (unzutreffende Erwägungen zur gleichzeitigen Vernehmung aus Gründen der Waffengleichheit und deren prospektiven Ergebnissen); Musielak/*Huber*[10] § 448 Rz. 8; Stein/Jonas/*Leipold*[22] § 448 Rz. 20; Zöller/Greger[30] § 448 Rz. 5.
3 BAG NJW 1963, 2340.
4 Zur Benennung des Themas im Beweisantrag für eine Vernehmung nach § 445 BGH NJW-RR 1991, 888, 890 a.E.
5 BAG NJW 1963, 2340.
6 BAG NJW 1963, 2340.

Parallelvorschrift zur Zeugenbeeidigung nach § 391. Die Aufdeckung einer durch Eid verstärkten unrichtigen Aussage ermöglicht nach § 580 Abs. 1 eine **Restitutionsklage**.

32 An den **Verzicht** des Gegners auf die Beeidigung ist das Gericht nach § 452 Abs. 3 gebunden. Bei (ausnahmsweiser) Vernehmung beider Parteien darf **nur eine Partei** vereidigt werden (§ 452 Abs. 1 S. 2). **Eidesunfähig** ist nach § 452 Abs. 4, wer wegen Meineids oder gleichgestellter Bekräftigung (§§ 154 f. StGB) rechtskräftig verurteilt worden ist.

33 Obwohl § 451 nicht auf § 393 verweist, der die **Eidesmündigkeit** von Zeugen betrifft, wäre die Vernehmung einer unreifen oder verstandesschwachen Partei ein Ermessensfehler, so dass sich die sachlichen Ergebnisse nicht unterscheiden. Eine Beeidigung **Minderjähriger** gestattet § 455 Abs. 2 S. 1, wenn diese das 16. Lebensjahr vollendet haben. Dasselbe gilt für Minderjährige, die wegen §§ 112, 113 BGB partiell prozessfähig sind.

IV. Würdigung des Parteiverhaltens und der Aussage

34 Ist eine Partei nach § 448 vernommen worden, muss deren Aussage gem. § 286 **in die richterliche Würdigung** des Beweis- und Verhandlungsergebnisses **einbezogen** werden, es sei denn, die gesetzlichen Voraussetzungen einer Vernehmung lagen nicht vor.[1] Für die Würdigung spielt die Beweislastverteilung keine Rolle.

35 Wird die Vernehmung nach § 445 beantragt, hat sich der Gegner gem. § 446 über seine **Bereitschaft zur Vernehmung** zu erklären. Der Inhalt der Erklärung ist zu protokollieren. Die Ablehnung ist nach § 446 frei zu würdigen; es gilt also § 286. Das Gericht hat die vorgebrachten **Weigerungsgründe** zu berücksichtigen und zu bewerten. Ihnen kommt nicht dasselbe Gewicht zu wie den Weigerungsgründen eines Zeugen, der als Außenstehender eines stärkeren Schutzes bedarf als eine Prozesspartei. Die Versagung der Aussagegenehmigung für einen Beamten (§ 376) ist kein Fall des § 453 Abs. 2.

36 Die **Eidesverweigerung** ist der Aussageverweigerung gem. § 453 Abs. 2 gleichgestellt.

37 Würdigen kann das Prozessgericht nur eine Aussage aufgrund **persönlichen Eindrucks** oder – nach einem Richterwechsel oder nach einer Vernehmung durch einen beauftragten oder ersuchten Richter – unter Verwertung eines darauf bezogenen Protokollvermerks. Es gelten dieselben Beschränkungen wie beim Zeugenbeweis[2] (Kap. 4 Rz. 28 ff.).

38 Das **Ausbleiben** einer Partei **im** zur Vernehmung oder zur Beeidigung bestimmten **Termin** ist nach § 454 Abs. 1 zu würdigen. Es kann unter Berücksichtigung bekannt gewordener Gründe als Aussageverweigerung angesehen werden, was Schlussfolgerungen gem. § 446 gestattet. Eine **schriftliche Erklärung** der Partei **ersetzt** die Parteiaussage **nicht**.[3]

39 Das **Erscheinen** ist anders als bei einem Zeugen **nicht zu erzwingen**. Die **Kosten** eines durch das Ausbleiben vergeblich gewordenen Termins können der Partei nach § 95 abweichend von der sonstigen Kostengrundentscheidung belastet werden.

---

1 BGH NJW 1999, 363, 364; BAG NJW 2002, 2196, 2198.
2 BGH NJW 1974, 56 (jedenfalls nach Beeidigung der Partei).
3 BGH NJW 2001, 1500, 1502.

V. Erneute Vernehmung in der Berufungsinstanz

Für die Wiederholung einer erstinstanzlichen Parteivernehmung durch das Berufungsgericht ist gem. § 451 die Bestimmung des § 398 Abs. 1 maßgeblich, die die erneute Vernehmung in das **Ermessen** des Berufungsgerichts stellt. Zur erneuten Vernehmung ist es verpflichtet, wenn es die **Aussage abweichend würdigen** will.[1]

40

VI. Rechtsmittelkontrolle

Ein Verstoß gegen die Voraussetzungen der Parteivernehmung ist durch **rügeloses Verhandeln** nach § 295 Abs. 1 **heilbar**.[2] Dies gilt etwa für die Fehlbeurteilung der Beweislast als einer Voraussetzung für die Bestimmung des Beweisgegners bei der Vernehmung nach § 445 oder für die Vernehmungsanordnung ohne Beweisbeschluss nach § 450 Abs. 1 S. 1.[3] Eine **Heilung scheidet aus**, wenn der Verfahrensfehler, etwa das Fehlen einer gewissen Wahrscheinlichkeit für § 448, erst aus den Urteilsgründen ersichtlich ist.[4] Zur Beschränkung der Ermessenskontrolle bei Vernehmungen nach § 448 s. Kap. 40 Rz. 49.

41

---

1 BGH NJW 1999, 363, 264; BAG NJW 2002, 2196, 2198.
2 BGH NJW 1999, 363, 364. A.A. Musielak/Huber[10] § 445 Rz. 7.
3 BGH FamRZ 1965, 212.
4 BGH VersR 1981, 1175, 1176; BGH NJW 1999, 363, 364; s. ferner BGH NJW 1992, 1966, 1967.

Teil 7:
Sachverständigenbeweis

Kapitel 42:
Rechtsgrundlagen des Sachverständigenbeweises

	Rz.
§ 149 Generelle Schrifttumsangaben	
I. Allgemeine Literatur zur Begutachtung	
1. Aufsätze	1
2. Handbücher, Verzeichnisse	2
3. Monographien	3
4. Rechtsvergleichung	4
II. Besondere Verfahren/Gutachten	5
§ 150 Die gesetzliche Verweisung auf den Zeugenbeweis	
I. Entwicklung des Sachverständigenbeweisrechts	28
II. Entsprechende Anwendung der Zeugenbeweisvorschriften	
1. Rechtstechnik der Verweisung	29
2. Anwendbare Vorschriften	
a) § 375 – Vernehmung durch kommissarischen Richter	30
b) § 376 – Vernehmung bei Amtsverschwiegenheit	31
c) § 377 Abs. 1 und Abs. 2 – Ladung	32
d) § 379 – Auslagenvorschuss	33
e) § 381 – Nachträgliche Entschuldigung des Ausbleibens im Termin	36
f) § 382 – Vernehmung am Amtssitz	37
g) §§ 383–385 – Gutachtenverweigerungsrecht	38
h) §§ 386–389 – Verfahren bei Gutachtenverweigerung	39
i) § 391 – Beeidigung des Sachverständigen	40
j) § 395 – Ermahnung, Belehrung, Vernehmung zur Person	41
k) § 396 – Ablauf der Vernehmung zur Sache	42
l) § 397 – Fragerecht der Parteien	43
m) § 398 – Wiederholte Vernehmung	44
n) § 400 – Befugnisse des beauftragten oder ersuchten Richters	45
3. Nicht anwendbare Vorschriften	
a) § 373 – Beweisantritt	46
b) § 377 Abs. 3 – Schriftliche Begutachtung	47
c) § 378 – Aussagevorbereitung	48
d) § 380 – Ausbleiben des Sachverständigen	49
e) § 385 – Ausnahmen vom Gutachtenverweigerungsrecht	50
f) § 390 – Zwangsmittel bei Gutachtenverweigerung	51
g) § 392 S. 2 – Eidesformel	52
h) § 393 – Fehlende Eidesmündigkeit	53
i) § 394 Abs. 1 – Einzelvernehmung	54
j) § 399 – Verzicht auf Sachverständigen	55
k) § 401 – Entschädigung des Sachverständigen	56

§ 149 Generelle Schrifttumsangaben

I. Allgemeine Literatur zur Begutachtung

1. Aufsätze

Bode, Schutzpflicht des Staates und Fehler in Sachverständigen-Gutachten, DRiZ 1995, 348; *Broß*, Richter und Sachverständiger, dargestellt anhand ausgewählter Probleme des Zivilprozesses, ZZP 102, 413; *Franzki*, Der Sachverständige – Diener oder Herr des Richters?, DRiZ 1991, 314; *Meyer*, Übermacht des Sachverständigen – aus der Sicht des Richters –, DRiZ 1992, 125; *Pieper*, Perspektiven des Gerichtsgutachtens, WiVerw 1988, 47; *Oehler*, Zur Problematik der Sachverständigenauswahl, ZRP 1999, 285; *Reynolds/Rinderknecht*, Die Rolle des Sachverständigen in England und in Deutschland, ZVglRWiss 92 (1993), 215; *Rudolph*, Die Zusammenarbeit des Richters und des Sachverständigen, WiVerw 1988, 33; *Schlehe*, Wert- und Kostenbegriffe im Sachverständigenwesen, DRiZ 2012, 110; *Schneider*, Der technische Experte als Mitarbeiter für Richter und Anwälte, SJZ 1991, 151; *Stamm*, Zur Rechtsstellung des Sachverständigen im Zivilprozess und den daraus resultierenden Möglichkeiten zur Verbesserung der Zusammenarbeit mit dem Gericht, ZZP 124 (2011), 433; *Vierhaus*, Sachverstand als Vierte Gewalt?, NVwZ 1993, 36; *Wietschorke/Stockmann/Pieper*, Der Übergang von der herkömmlichen zur digitalen Fotografie bei Schadengutachten, NZV 2000, 486.

2. Handbücher, Verzeichnisse

2 *Bayerlein*, Praxishandbuch Sachverständigenrecht, 4. Aufl., München 2008; *Bremer*, Der Sachverständige, 2. Aufl., Heidelberg 1973; *Bundesverband freier Sachverständiger*, Sachverständigen-Verzeichnis (Auflistung nach Sachgebieten), Internet: www.bvs-ev.de; *Ulrich*, Der gerichtliche Sachverständige, 12. Aufl., Köln 2007; *Müller*, Der Sachverständige im gerichtlichen Verfahren, 3. Aufl., Heidelberg 1988; *Wellmann*, Der Sachverständige in der Praxis, 6. Aufl., Düsseldorf 1997. Zeitschrift: Der Sachverständige, Beck-Verlag.

3. Monographien

3 *Bartsberger* (Hrsg.), Der Experte bei der Beurteilung von Gefahren und Risiken, Berlin 2001; *Kerameus*, Die Entwicklung des Sachverständigenbeweises im deutschen und griechischen Zivilprozeßrecht, Köln 1963; *Krammer*, Die „Allmacht" des Sachverständigen, Wien 1990; *Kruchen*, Der gerichtliche Sachverständige als Organ der Zivilrechtspflege, Diss. Frankfurt a.M. 1973; *Ludolph*, Der Unfallmann, Begutachtung der Folgen von Arbeitsunfällen, privaten Unfällen und Berufskrankheiten, 13. Aufl. 2012; *Marburger*, Wissenschaftlich-technischer Sachverstand und richterliche Entscheidung im Zivilprozeß, Heidelberg 1986; *Nicklisch* (Hrsg.), Der technische Sachverständige im Prozeß, Landesberichte und Generalbericht zum VII. Internationalen Kongreß für Prozeßrecht 1983, Heidelberg 1984; *Pieper/Breunung/Stahlmann*, Sachverständige im Zivilprozeß – Theorie, Dogmatik und Realität des Sachverständigenbeweises, München 1982; *Martin Schwab*, Rechtsfragen der Politikberatung im Spannungsfeld zwischen Wissenschaftsfreiheit und Unternehmensschutz, 1999; *Toepel*, Grundstrukturen des Sachverständigenbeweises im Strafprozeßrecht, 2010; *Volze*, Sachverständigenfragen: Ausgewählte Probleme aus der Praxis, 3. Aufl. 2010; *Zuschlag*, Das Gutachten des Sachverständigen: Rechtsgrundlagen, Fragestellungen, Gliederung, Rationalisierung, Göttingen u.a. 1992; *Zwiehoff*, Das Recht auf den Sachverständigen: Beiträge zum strafprozessualen Beweisrecht, 2000.

4. Rechtsvergleichung

4 *AIPPI* (Association internationale pour la protection de la proriété industrielle), Jahrbuch 1998/III, Die Rolle und Funktion von Experten in Patentstreitigkeiten (Frage Q 136), Zürich 1998; *Petra-Claudia Meyer*, Der Sachverständigenbeweis zwischen Partei und Richter – Rechtsvergleich zum US-amerikanischen Zivilprozess und Reformansätze im deutschen Recht, 2013; *Nagel/Bajons* (Hrsg.), Beweis-Preuve-Evidence, 2003; *Nagel/Gottwald*, Internationales Zivilprozeßrecht, 7. Aufl. 2013, § 10 Rz. 182 ff.; *Rüffler*, Der Sachverständige im Zivilprozeß, Wien 1995; *Stürner*, Der Sachverständigenbeweis im Zivilprozeß der Europäischen Union, Festschrift Sandrock, 2000, S. 959; *Tiwisina*, Sachverständigenbeweis im deutschen und englischen Zivilprozeß, Göttingen 2005.

II. Besondere Verfahren/Gutachten

Atomrecht: *Roßnagel*, Kritischer Verstand für die praktische Vernunft? – Die Rechtsprechung zu „kritischen" Sachverständigen in atomrechtlichen Verwaltungsverfahren, DVBl. 1995, 644.

Arzthaftung/Medizingutachten: *Arbeitsgemeinschaft Rechtsanwälte im Medizinrecht e.V.* (Hrsg.), Der medizinische Sachverständige: Richter in Weiß?, Köln u.a. 1995; *Dettmeyer/Madea*, Rechtsmedizinische Gutachten in arztstrafrechtlichen Ermittlungsverfahren, MedR 1999, 533; *Ehlers* (Hrsg.), Praxis des medizinischen Gutachtens im Prozeß, 2. Aufl. 2000; *Fritze*, Die ärztliche Begutachtung: Rechtsfragen, Funktionsprüfungen, Beurteilungen, Beispiele, 8. Aufl. 2012; *Hausis/Stegus*, Sachverständigenbeweis im Arzthaftungsrecht, 2. Aufl. 2008; *Marx*, Medizinische Begutachtung: Grundlagen und Praxis, 6. Aufl. 1992; *Gerda Müller*, Spielregeln für den Arzthaftungsprozeß, DRiZ 2000, 259; *Nedopil*, Verständnisschwierigkeiten zwischen den Juristen und dem psychiatrischen Sachverständigen, NStZ 1999, 433; *Oehler*, Nochmals: Der medizinische Sachverständige im Arzthaftungsprozeß, VersR 2001, 1354; *Plagemann*, Medizinische Begutachtung im Sozialrecht, 2. Aufl. 1993; *Rumler-Detzel*, Anforderungen an ein ärztliches Gutachten aus der Sicht der Zivilgerichte, VersR 1999, 1209; *Sandvoß/Sandvoß*, Gutachten in Arzthaftpflichtverfahren: Qualitätsnormen und Standards, MedSach 91 (1995), 20; *Scheppokat/Neu*, Zur ärztlichen Begutachtung in Arzthaftpflichtsachen, VersR 2001, 23; *Stegers*, Der medizinische Sachverständige im Arzthaftungsprozeß, VersR 2000, 419; *Stegers*, Der Sachverständigenbeweis im Arzthaftungsrecht – Neue Entwicklungen, in: Arzthaftungsrecht – Rechtspraxis und Perspektiven (Hrsg.: Arbeitsgemeinschaft Rechtsanwälte im Medizinrecht e.V.), 2006, S. 139; *Volland*, Zur Problematik der Sachverständigenauswahl, ZRP 1999, 491; Zeitschrift: Versicherungsmedizin, Verlag Versicherungswirtschaft.

Bauprozess: *Bayerlein*, Der Sachverständige im Bauprozeß, BauR 1989, 397; *Jessnitzer*, Ortsbesichtigungen und Untersuchungen durch Bausachverständige und ihre gerichtliche Verwertung, BauR 1975, 73; *Kamphausen*, Prozeßrechtliche Praxisprobleme bei der Untersuchung von Bau- und Wohnungsmängeln durch gerichtliche Sachverständige, BauR 1998, 500; *Kniffka/Koeble*, Kompendium des Baurechts, 2000; *Staudt/Seibel*, Handbuch für den Bausachverständigen, 2. Aufl. 2009; *Volze*, Rechtsfragen zur Stellung und Funktion des Bausachverständigen in versicherungsvertraglichen Streitigkeiten, VersR 1996, 1337; Zeitschrift: Der Bausachverständige, Bundesanzeiger Verlag/Fraunhofer IRB Verlag.

Demoskopische Gutachten: *Becker*, Das demoskopische Gutachten als zivilprozessuales Beweismittel, 2002; *Eichmann*, Gegenwart und Zukunft der Rechtsdemoskopie, GRUR 1999, 939; *Eichmann* in Hasselblatt (Hrsg.), Gewerblicher Rechtsschutz, 4. Aufl. 2012, § 9; *Niedermann/Schneider*, Der Beitrag der Demoskopie zur Entscheidungsfindung im schweizerischen Markenrecht: Durchgesetzte Marke – berühmte Marke, sic! 2002, 815; *Niedermann*, Empirische Erkenntnisse zur Verkehrsdurchsetzung, GRUR 2006, 367; *Spätgens* in: Ahrens, Der Wettbewerbsprozess, 7. Aufl. 2013, Kap. 28; *Pflüger* in: Gloy/Loschelder/Erdmann, Handbuch des Wettbewerbsrechts, 4. Aufl. 2010, § 20.

DNA-Analyse: S. Kap. 24 § 86 III zu § 372a.

EDV: *Bartsch*, Der EDV-Sachverständige, Stuttgart 1987; *Bergmann/Streitz*, Beweiserhebung in EDV-Sachen, NJW 1992, 1726; *Morgenstern*, Zuverlässigkeit von IP-Adressen-Ermittlungssoftware, CR 2011, 203; *Streitz*, Beweisführung bei Verwendung EDV-gestützter Verfahren, NJW-CoR 1996, 309.

11 **Familiensachen**: *Berk*, Der psychologische Sachverständige in Familienrechtssachen, Stuttgart 1985; *Klenner*, Vertrauensgrenzen des psychologischen Gutachtens im Familienrechtsverfahren, FamRZ 1989, 804; *Nickl*, Das steuerrechtliche Sachverständigengutachten im Unterhaltsprozeß, NJW 1989, 2091; Richtlinien für die Erstattung von Abstammungsgutachten, Robert-Koch-Institut Berlin, Bundesgesundheitsblatt 1996, 312; *Salzgeber*, Familienpsychologische Gutachten, 5. Aufl., München 2011.

12 **Grundstücksbewertung**: *Lorenz/Biederbeck*, Die Erstellung von Gutachten bei Zwangsversteigerungen, Rpfleger 2002, 337; *Gottschalk*, Immobilienwertermittlung, 3. Aufl. 2014. Zeitschrift: Der Immobilienbewerter, Bundesanzeiger Verlag.

13 **Haftpflichtprozess**: *Bruns/Heiermann*, Der Haftpflicht-Schaden, Karlsruhe 1990.

14 **Insolvenzverfahren**: *Wessel*, Der Sachverständige im Konkurseröffnungsverfahren, Köln 1993.

15 **Kartellrecht**: *Christiansen/Locher*, Die neuen Standards des BKartA für ökonomische Gutachten in der Kartellrechtsanwendung, WuW 2011, 444; *Doris Hildebrand*, The role of economic analysis in the EC competition rules, Europäische Schule, 2. Aufl. 2002, Kluwer; *Rauh/Zuchandke/Reddemann*, Die Ermittlung der Schadenshöhe im Kartelldeliktsrecht, WRP 2012, 173. Ökonomische Gutachten durch: European Economic & Marketing Consultants, Brüssel, http://www.ee-mc.com; *Dr. Nothhelfer*, PricewaterhouseCoopers, Bereich Competition Economics; *Prof. Dr. Lademann*, Lademann & Associates GmbH Hamburg.

16 **Kfz**: *Berger*, Unfallanalytik und Biomechanik – beweisrechtliche Bedeutung, SchweizJZ 102 (2006), 25; *Buck/Krumbholz*, Sachverständigenbeweis im Verkehrsrecht, 2. Aufl. 2013; *Freyberger*, Rekonstruktion eines Verkehrsunfalls – Typische Probleme mit Sachverständigengutachten, MDR 2000, 1281; *Haffner/Skopp/Graw*, Begutachtung im Verkehrsrecht, 2011; *Hörl*, Der Kfz-Sachverständige in der Unfallschadenregulierung, ZfS 2000, 422; *Numberger*, Der Sachverständige für Altautoverwertung, UPR 2000, 11; *Roß*, Rechtliche Probleme bei Kfz-Sachverständigengutachten, NZV 2001, 321; *Wietschorke/Stockmann/Pieper*, Der Übergang von der herkömmlichen zur digitalen Fotografie bei Schadengutachten, NZV 2000, 486. Zeitschrift: Der Kfz-Sachverständige, Bundesanzeiger Verlag.

17 **Lebensmittelrecht**: *Kurz-Beckhaus*, Wissenschaftliche Sachverständige im Lebensmittelrecht, Diss. München 1983.

18 **Mietsachen**: *Börstinghaus*, Die Beweisaufnahme über die ortsübliche Vergleichsmiete, NJW 2013, 1767; *Kamphausen*, Beurteilungsaufgaben des Sachverständigen bei Schönheitsreparaturen, ZMR 1988, 361; *Reinecke*, Der Sachverständige im gerichtlichen Mieterhöhungsverfahren – überflüssiger Halbgott?, WuM 1993, 101.

19 **Patentsachen**: *AIPPI* (Hrsg.), Yearbook 1998 Teil III, Groups Reports Q 136: The role and function of experts in patent disputes, Zürich 1998; *Maxeiner*, Der Sachverständige in Patentrechtsstreitigkeiten in den USA und Deutschland, GRUR Int 1991, 85.

20 **Psychologische, psychiatrische Gutachten**: *Baer*, Psychiatrie für Juristen, München-Stuttgart 1988; *Boerner*, Das psychologische Gutachten: ein praktischer Leitfaden, 7. Aufl. 2004; *Gehrmann/Undeutsch*, Das Gutachten der MPU und Kraftfahreregnung, 1995; *Göppinger*, Handbuch der forensischen Psychiatrie, Bd. 2, Teil D: Der Sachverständige, Gutachten und Verfahren, Berlin 1972; *Haefeli*, Asylverfahren und posttraumatische Belastungsstörung: Die Beweiskraft von psychiatrischen Parteigutachten, SchwJZ 96 (2000), 237; *Hirt*, Medizinisch-psychologische Gutachten über die Kraftfahreignung, VBlBW 1991, 332; *Iffland*, Facharzt oder Medizinisch-psychologi-

sche Untersuchung von erstmals alkoholauffälligen Kraftfahrern, NZV 1998, 270; *Maier/Möller*, Das gerichtspsychiatrische Gutachten gem. Art. 13 StGB, Zürich 1999; *Mitterauer*, Aktuelle Fragen der Begutachtung der Zurechnungsfähigkeit, ÖJZ 1991, 662; *Müller/Fahlbusch*, Für den Juristen nachvollziehbare Grundsätze der sachverständigen Beurteilung seelischer und psychosomatischer Störungen, FamRZ 1990, 1197; *Nedopil*, Forensische Psychiatrie, 1996; *Nedopil*, Verständnisschwierigkeiten zwischen den Juristen und dem psychiatrischen Sachverständigen, NStZ 1999, 433; *Rill/Vossel*, Psychophysiologische Täterschaftsbeurteilung („Lügendetektion", „Polygraphie"): Eine kritische Analyse aus psychophysiologischer und psychodiagnostischer Sicht, NStZ 1998, 481; *Rode/Legnaro*, Psyatrische Sachverständige im Strafverfahren, München 1994; *Salzgeber*, Familienpsychologische Gutachten, 5. Aufl. 2011; *Schneider/Frister/Olzen*, Begutachtung psychischer Störungen, 2. Aufl. 2010; *Schreiber*, Die Rolle des psychiatrisch-psychologischen Sachverständigen im Strafverfahren, Festschrift Wassermann, 1985, S. 1007; *Tzschadschel*, Die Information des Beschuldigten über das psychiatrisch-psychologische Gutachten NJW 1990, 749; *Venzlaff/Foerster*, Psychiatrische Begutachtung, 5. Auflage 2009; *Westhoff/Kluck*, Psychologische Gutachten, 5. Aufl. 2008; *Wolff*, Erreichen Gutachten ihre Adressaten?, NJW 1993, 1510.

Schriftgutachten: *Hecker*, Forensische Handschriftenuntersuchung: eine systematische Darstellung von Forschung, Begutachtung und Beweiswert, 1993; *Köller*, Probabilistische Schlußfolgerungen in Schriftgutachten: zur Begründung und Vereinheitlichung von Wahrscheinlichkeitsaussagen im Sachverständigengutachten, München 2004; *Seibt*, Forensische Schriftgutachten, München 1999. 21

Sozialrecht, Sozialgerichtliches Verfahren: *Bonnermann*, Der ärztliche Sachverständige und das Rechtspflege-Vereinfachungsgesetz aus der Sicht der gesetzlichen Unfallversicherung, SGb 1995, 53; *Friedrichs*, Der medizinische Sachverständigenbeweis im sozialgerichtlichen Verfahren, in: FS f. Hans Grüner, Percha a. Starnberger See 1982; *Grunwaldt*, Einzelne Probleme des medizinischen Sachverständigenbeweises im Sozialgerichtsverfahren, Kiel 1974; *Louven*, Die Abhängigkeit des Richters der Sozialgerichtsbarkeit von ärztlichen Sachverständigen, DRiZ 1988, 241; *Plagemann*, Sachverständigenanhörung im Sozialgerichtsverfahren, NJW 1992, 400; *Plagemann*, Medizinische Begutachtung im Sozialrecht, 2. Aufl., Essen 1993; *Udsching*, Besonderheiten des Sachverständigenbeweises im sozialgerichtlichen Verfahren, NZS 1992, 50. 22

Strafverfahren: *Barton*, Sachverständiger und Verteidiger, StrV 1983, 73; *Barton*, Der psychowissenschaftliche Sachverständige im Strafverfahren, Heidelberg 1983; *Detter*, Der Sachverständige im Strafverfahren – eine Bestandsaufnahme, NStZ 1998, 57; *Detter*, Der von der Verteidigung geladene psychiatrische Sachverständige – Konfliktverteidigung oder Ohnmacht der Tatgerichte?, Festschrift Meyer-Goßner, 2001, S. 431; *Dippel*, Die Stellung des Sachverständigen im Strafprozeß, Heidelberg 1986; *Dölp*, Der Sachverständige im Strafprozeß, ZRP 2004, 235; *Hartmann/Rubach*, Verteidiger und Sachverständiger – Eine Falldarstellung, StrV 1990, 425; *Krekeler*, Der Sachverständige im Strafverfahren, insbesondere im Wirtschaftsstrafverfahren, wistra 1989, 52; *Poppen*, Die Geschichte des Sachverständigenbeweises im Strafprozeß des deutschsprachigen Raumes, Göttingen 1984; *Rasch*, Forensische Psychiatrie, 3. Aufl. 2004; *Steinke*, Der Beweiswert forensischer Gutachten, NStZ 1994, 16; *Täschner*, Bemerkungen zur „Auswahl des richtigen Psycho-Sachverständigen im Strafverfahren", NStZ 1994, 221; *Witter*, Der psychatrische Sachverständige im Strafrecht, Berlin u.a 1987. 23

24 **Umweltrecht**: *Janauer/Kerschner/Oberleitner*, Der Sachverständige im Umweltverfahren, Wien 1999; *Schottelius*, Der zugelassene Umweltgutachter – ein neuer Beruf, BB 1996, 1235.

25 **Versicherungsrecht**: *Heinrich*, Das Sachverständigenverfahren im Privatversicherungsrecht, Frankfurt a.M., Berlin, Bern, New York, Paris, Wien 1996; *Mehrhoff/Meindl/Muhr*, Unfallbegutachtung, 12. Aufl. 2010; *Schmidbauer*, Der Wert der Dinge, 2012; *Volze*, Das Sachverständigenverfahren, VersR 1989, 233.

26 **Verwaltungsverfahren und -prozess**: *Skouris*, Grundfragen des Sachverständigenbeweises im Verwaltungsverfahren und im Verwaltungsprozeß, AöR 197 (1982), 215.

27 **Verzeichnisse von Gutachtern**: Verzeichnis des Deutschen Industrie- und Handelskammertages unter www.svv.ihk.de; Bundesverband öffentlich bestellter und vereidigter sowie qualifizierter Sachverständiger: www.bvs-ev.de; Bundesverband Freiberuflicher Forstsachverständiger, www.bvff-ev.de.

§ 150 Die gesetzliche Verweisung auf den Zeugenbeweis

I. Entwicklung des Sachverständigenbeweisrechts

28 Obwohl der Sachverständige in der forensischen Praxis eine herausragende Bedeutung erlangt hat, die ihm bei Schaffung der CPO noch nicht zukam, ist seine rechtliche Regelung als eines der fünf klassischen Beweismittel seither wenig geändert worden. Das Rechtspflege-Vereinfachungsgesetz[1] vom 17.12.1990 hat nur einen Teil der Vorschläge umgesetzt, die von der 1964 vom Bundesjustizminister einberufenen Kommission für das Zivilprozessrecht erarbeitet worden sind (Bericht 1977). Beibehalten worden ist die unglückliche Anlehnung an den Zeugenbeweis durch die in § 402 ausgesprochene Verweisung.

II. Entsprechende Anwendung der Zeugenbeweisvorschriften

1. Rechtstechnik der Verweisung

29 Unübersichtlich und inhaltlich **unpassend** ist der eigentliche Regelungsgehalt des § 402 wegen seiner Verweisung auf die Vorschriften über den Zeugenbeweis. Die Kommission für das Zivilprozessrecht hat vergeblich vorgeschlagen, § 402 zu streichen und die Regeln zum Sachverständigenbeweis neu und aus sich heraus verständlich zu fassen.[2]

2. Anwendbare Vorschriften

30 a) § 375 – Vernehmung durch kommissarischen Richter

b) § 376 – Vernehmung bei Amtsverschwiegenheit

31 Besonderheiten in § 408 Abs. 2.

---

[1] Materialien: RegE vom 1.12.1988, BT-Drucks. 11/3621.
[2] Kommissionsbericht S. 139.

c) § 377 Abs. 1 und Abs. 2 – Ladung 32

d) § 379 – Auslagenvorschuss

§ 379 findet entsprechende Anwendung. Das Gericht kann gem. §§ 402, 379 die Einholung eines **beantragten** (§ 403) Sachverständigengutachtens von der Zahlung eines **Auslagenvorschusses abhängig** machen.[1] Das Gericht darf sowohl die Beauftragung mit der Anfertigung eines schriftlichen Gutachtens als auch die (beantragte) mündliche Erläuterung des Gutachtens jeweils von der Zahlung eines Vorschusses abhängig machen.[2] **Kostenschuldner** ist die **beweisbelastete Partei**.[3] Irrelevant ist, ob beide Parteien den Sachverständigenbeweis angetreten haben, weil es nicht auf die formelle Beweisführung ankommt.[4] Die nicht vorschusspflichtige Partei kann den Auslagenvorschuss anstelle des säumigen Kostenschuldners leisten. Hat das Gericht auf Antrag einen Sachverständigen beauftragt und zum Zeitpunkt des Beweisbeschlusses auf die Erhebung eines Vorschusses verzichtet, etwa weil dem Antragsteller anfänglich Prozesskostenhilfe bewilligt worden war, kann das Gericht die Beweiserhebung gleichwohl auch noch nachträglich (bis zur Gutachtenerstattung) von der Zahlung eines Vorschusses abhängig machen, wenn nachträglich Änderungen die Erhebung eines Vorschusses nunmehr rechtfertigen.[5] Die Weiterleitung eines bereits erstatteten Gutachtens darf nicht von der vorherigen Zahlung eines Vorschusses abhängig gemacht werden.[6] 33

Demgegenüber scheidet eine Anwendung des § 379 bei einer Beweiserhebung **von Amts wegen** (§ 144) aus.[7] In diesen Fällen kann das Gericht einen Vorschuss auch nicht gem. § 17 Abs. 3 GKG (= § 68 Abs. 3 S. 1 GKG a.F.) verlangen.[8] 34

Aus der Nichtanwendung des § 379 auf die Beweiserhebung gem. § 144 folgt, dass das Gericht nicht ohne Weiteres auf die Erhebung des Sachverständigenbeweises verzichten darf, wenn der Antragsteller den geforderten Vorschuss nicht gezahlt hat. In Verfahren, in denen der **Untersuchungsgrundsatz** gilt, oder soweit eine – davon zu unterscheidende – **Prüfung von Amts** wegen vorzunehmen ist, muss das Gericht nunmehr von Amts wegen Beweis erheben.[9] Handelt es sich um eine Beweiserhebung im Geltungsbereich der **Verhandlungsmaxime** (des Beibringungsgrundsatzes), so hat der Tatrichter zu prüfen, ob er sein Ermessen dahin ausüben will, den Sachverständigen gem. § 144 zu laden; der Beweisführer darf nicht „automatisch" als beweisfällig angesehen werden.[10] Zahlt die beweisbelastete Partei den angeforderten Vorschuss nicht, 35

---

1 BGH MDR 1964, 501, 502 = NJW 1964, 658 (nur LS); BGH NJW 1999, 2823, 2824 = VersR 1999, 1515, 1516. Unterbleibt die Anordnung eines Auslagenvorschusses, kann der Kostenbeamte dem Antragsteller die Kosten gleichwohl in Rechnung stellen, OLG Koblenz JurBüro 1988, 1684, 1685. Zu § 68 Abs. 1 S. 1 GKG a.F. vgl. auch OLG Stuttgart MDR 1987, 1035 f.; OLG Koblenz JurBüro 1990, 618 f.
2 BGH MDR 1964, 501, 502; BGH NJW 2000, 870, 871 – Tierheilpraktiker. Dasselbe gilt für die Erhöhung der Vorschussanforderung, OLG München OLGZ 1978, 484.
3 BGH NJW 1999, 2823, 2824 = VersR 1999, 1515, 1517.
4 BGH NJW 1999, 2823, 2824/2825.
5 A.A. OLG Frankfurt/M. OLGZ 1968, 436, 437 f. aufgrund unzutreffender Gleichsetzung mit Vernehmung des bereits erschienenen Zeugen; bei anderer Fallkonstellation gegen OLG Frankfurt: OLG München OLGZ 1978, 484 f.
6 OLG Frankfurt MDR 2004, 1255, 1256.
7 BGH FamRZ 1969, 477, 478 (Begutachtung der Prozessfähigkeit einer Partei); BGH NJW 2000, 743, 744; BGH GRUR 2010, 365 Rz. 18 = WRP 2010, 531 = NJW-RR 2010, 1059; KG MDR 1962, 744 (LS).
8 BGH NJW 2000, 743, 744; BGH NJW-RR 2010, 1059 Rz. 19. Übergangen in BGH NJW 2012, 3512 Rz. 29 ff. – Delcantos-Hits. Unklar ob SV-Beweiserhebung in BGH GRUR 2013, 164 Rz. 20 – Führungsschiene gem. § 144 erfolgte.
9 BGH MDR 1976, 396 (Patentnichtigkeitsverfahren; zu § 87 PatG).
10 OLG Köln JMBl. NW 1984, 33, 34; vgl. auch RGZ 155, 38, 39.

handelt das Gericht regelmäßig **nicht ermessensfehlerhaft**, wenn es auf die amtswegige Erhebung des Beweises **verzichtet**.[1] Wird der Vorschuss verspätet gezahlt, kann der Beweisführer mit dem Beweismittel u.U. gem. § 296 Abs. 2 (nicht Abs. 1) ausgeschlossen sein.[2]

36 **e) § 381[3] – Nachträgliche Entschuldigung des Ausbleibens im Termin**

37 **f) § 382 – Vernehmung am Amtssitz**

g) §§ 383–385 – Gutachtenverweigerungsrecht

38 Auf diese Vorschriften wird durch § 408 verwiesen.

h) §§ 386–389[4] – Verfahren bei Gutachtenverweigerung

39 Vgl. die Erläuterungen in Kap. 43 Rz. 14 zu § 408 ZPO.

i) §§ 391[5] – Beeidigung des Sachverständigen

40 Eine Vereidigung ist zur Ermittlung der Wahrheit wegen der Ersetzbarkeit des Sachverständigen bei Zweifeln an der Richtigkeit des Gutachtens **in der Regel nicht** geboten. Etwas anderes gilt, wenn der Sachverständige einem Zeugen gleichsteht, weil er zur Vorbereitung des Gutachtens eigene Wahrnehmungen oder Beobachtungen gemacht hat.[6] Näher zur Beeidigung Kap. 48 Rz. 1 ff.

41 **j) § 395[7] – Ermahnung, Belehrung, Vernehmung zur Person**

42 **k) § 396 – Ablauf der Vernehmung zur Sache**

l) § 397[8] – Fragerecht der Parteien

43 Vgl. im Einzelnen die Erläuterungen in Kap. 48 Rz. 21 ff. zu § 411 ZPO.

44 **m) § 398[9] – Wiederholte Vernehmung**

45 **n) § 400 – Befugnisse des beauftragten oder ersuchten Richters**

3. Nicht anwendbare Vorschriften

a) § 373 – Beweisantritt

46 Ersetzt durch § 403.

---

1 BGH NJW 2000, 870, 871 – Tierheilpraktiker; OLG Düsseldorf MDR 1974, 321; LG Itzehoe SchlHA 1963, 246 f.; zustimmend *Peters* ZZP 107 (1994), 264, 267 f.; a.A. *Schöpflin* Die Beweiserhebung von Amts wegen im Zivilprozeß, Frankfurt 1992, S. 166 f.
2 OLG Hamm NJW-RR 1995, 1151 f.; s. ferner OLG Köln JMBl. NW 1984, 33, 34.
3 LG Bochum NJW 1986, 2890.
4 OLG Bamberg BayJMBl. 1952, 237, 238.
5 RG DR 1939, 185; BayObLG FamRZ 1991, 618, 619 f. (Erbscheinsverfahren).
6 RG DR 1939, 185 f.
7 BVerwG RdL 1971, 70, 71 (zu § 395 Abs. 1).
8 BGHZ 6, 398, 400 f. = NJW 1952, 1214; BGHZ 24, 9, 14; 35, 370, 371; BGH VersR 1962, 231, 232; BGH RIW 1994, 878, 879 (Anwendung auf Begutachtung ausländischen Rechts); BGHZ 164, 94, 96 f. = VersR 2006, 95; BFHE 98, 467, 469; BVerwG NJW 1986, 3221; OLG Hamm NJW-RR 1992, 1469, 1470 = MDR 1992, 1085, 1086 (FGG-Verfahren).
9 BGH NJW 1993, 2380, 2381 (von Vorinstanz abweichende Würdigung).

b) § 377 Abs. 3 – Schriftliche Begutachtung

Schriftliche Begutachtung ist in der Praxis die Regel, auch wenn deren Anordnung im Ermessen des Gerichts steht. Die Begrenzungen des § 377 Abs. 3 gelten nicht.[1] Vgl. die Erläuterungen in Kap. 38 Rz. 7 ff. zu § 377 ZPO und in Kap. 48 Rz. 169 ff. zu § 411 ZPO.

47

c) § 378 – Aussagevorbereitung

Obsolet wegen § 411.

48

d) § 380 – Ausbleiben des Sachverständigen

Ebenso wie § 390 praktisch ersetzt durch § 409 und § 411 Abs. 2. Vgl. Erläuterungen in Kap. 8 Rz. 62 ff., Kap. 47 Rz. 93 und Kap. 48 Rz. 11 ff. zu § 409 und § 411 ZPO.

49

e) § 385 – Ausnahmen vom Gutachtenverweigerungsrecht

50

f) § 390 – Zwangsmittel bei Gutachtenverweigerung

Vgl. Erläuterungen in Kap. 8 Rz. 68 f. zu § 409 ZPO.

51

g) § 392 S. 2 – Eidesformel

Es gilt § 410 Abs. 1 S. 2.

52

h) § 393 – Fehlende Eidesmündigkeit

Irrelevant, weil Begutachtung durch diesen Personenkreis nicht denkbar ist.

53

i) § 394 Abs. 1 – Einzelvernehmung

Ist eine gemeinschaftliche Begutachtung angeordnet worden, so können die Sachverständigen ihr schriftliches Gutachten gemeinschaftlich erstatten. Dasselbe gilt dann auch für ein mündliches Gutachten[2] oder die gemeinschaftliche Erläuterung.[3]

54

j) § 399 – Verzicht auf Sachverständigen

Gutachteneinholung von Amts wegen möglich, § 144, dazu Kap. 45 Rz. 1.

55

k) § 401 – Entschädigung des Sachverständigen

Ersetzt durch § 413.

56

---

1 Vgl. BGHZ 6, 398, 400.
2 RGZ 8, 343, 345.
3 BGH MDR 1959, 653: Wenn beide beauftragt sind, müssen auch *beide* mündlich erläutern; Vertretung wegen Verstoßes gegen § 355 nicht zulässig.

Kapitel 43:
Die Rechtsstellung des Sachverständigen

	Rz.
§ 151 Das Verhältnis von Richter und Sachverständigen	
I. Keine Substitution des Richters durch den Sachverständigen	1
II. Strukturveränderungen de lege ferenda	2
§ 152 Pflichten und Rechte des Sachverständigen	
I. Pflicht zur Erstattung des Gutachtens, § 407	
1. Zur Gutachtenerstattung Verpflichtete	
a) Öffentliche Bestellung oder Ermächtigung zur Gutachtenerstattung	3
b) Öffentliche Ausübung zum Erwerb	5
c) Öffentliche Bestellung/Ermächtigung	6
d) Verpflichtung durch Bereiterklärung	8
2. Verfahren	9
II. Gutachtenverweigerung	
1. Gutachtenverweigerungsrecht, § 408	
a) Ablehnung des Auftrages	10
b) Offenbarung von Tatsachenkenntnissen	12
2. Verweigerungsverfahren	14
3. Gerichtlicher Dispens	15
4. Unberechtigte Gutachtenverweigerung	17
5. Beamtenrechtliche Schranken	18
6. Frühere Mitwirkung als Richter	21
III. Zwangsbefugnisse des Sachverständigen	22
IV. Vergütung des Sachverständigen	23
§ 153 Der Status des Sachverständigen	

	Rz.
I. Der öffentlich bestellte und vereidigte Sachverständige	24
II. Berufsbezeichnung „Sachverständiger"	27
III. Tätigkeitsschutz	30
§ 154 Die Haftung des Sachverständigen	
I. Haftung des gerichtlich bestellten Sachverständigen	
1. Haftungsgründe	
a) Amtshaftung	33
b) Vertragshaftung	36
c) Deliktischer Rechtsgüterschutz nach § 823 Abs. 1 BGB	37
d) Schutz primärer Vermögensinteressen	39
aa) Gerichtliche Vereidigung	40
bb) Haftung des nichtvereidigten Sachverständigen für primäre Vermögensschäden	43
cc) Verzögerte Begutachtung	45
2. § 839a BGB, Immunität des Sachverständigen	
a) Das rechtspolitische Problem	46
b) Beschränkung auf Vorsatz und grobe Fahrlässigkeit	48
c) Kritik pro Haftungsverschärfung	50
d) Ausgestaltung des § 839a BGB	52
3. Verjährung, Streitverkündung	59
4. Unterlassung und Widerruf von Gutachtenäußerungen	61
5. Unrichtige Gutachten als Basis eines Vergleichs	64
II. Haftung des Privatgutachters	
1. Schaden des Auftraggebers	65
2. Haftung gegenüber Dritten	66
3. Schiedsgerichtsgutachter; Schiedsgutachter	69

§ 151 Das Verhältnis von Richter und Sachverständigen

Schrifttum:

Petra Claudia Meyer, Der Sachverständigenbeweis zwischen Partei und Richter, Rechtsvergleich zum US-amerikanischen Zivilprozess und Reformansätze im deutschen Recht, 2013.

I. Keine Substitution des Richters durch den Sachverständigen

Abzugrenzen ist die Tätigkeit des Sachverständigen von der des Richters. Auch wenn der Sachverständige häufig schlagwortartig als **„Gehilfe des Richters"** bezeichnet wird, ist er letztlich **nur Beweismittel**. Ihm kommt keine Kompetenz zur Aufklärung des Sachverhalts zu, soweit diese nicht besonderen Sachverstand voraussetzt.[1] **Welche Tatsachen** der Sachverständige seiner Begutachtung **zugrunde legen soll** und inwieweit er den Sachverhalt aufzuklären hat, ist in § 404a Abs. 3 und 4 geregelt (dazu Kap. 47 Rz. 16 ff. und 21 ff.). Die **Rechtsanwendung** ist dem Richter vorbehalten,[2] wobei die Abgrenzung im Einzelfall Schwierigkeiten bereiten kann.[3] Die Delegation auf den Sachverständigen ist unzulässig;[4] rechtliche Ausführungen des Sachverständigen binden das Gericht nicht.[5]

1

II. Strukturveränderungen de lege ferenda

Reformvorschläge zum Sachverständigenbeweis liefen gelegentlich darauf hinaus, die **Stellung** des Sachverständigen **gegenüber** dem **Gericht** grundlegend zu verändern. Die Kommission für das Zivilprozessrecht ist dem zutreffend und einstimmig nicht gefolgt.[6] Dies gilt für den Eingriff in die freie Beweiswürdigung durch Verbindlicherklärung bestimmter Arten von Gutachten ebenso wie für die Vorstellung, **Sachverständige** nach dem Vorbild der technischen Beisitzer des Bundespatentgerichts oder der fachkundigen ehrenamtlichen Beisitzer der Kammer für Handelssachen in die **Richterbank einzugliedern**. Mangelnde richterliche Sachkunde wäre dadurch nicht zu kompensieren. Stattdessen würde der Zwang zur Aufklärung von Verständnisschwierigkeiten vermindert, unter denen auch die Prozessparteien zu leiden haben, und der allein garantiert, dass ein rationaler Dialog zwischen den Prozessbeteiligten über den entscheidungserheblichen Tatsachenstoff stattfinden kann. Gefährdet wäre auch die gegebenenfalls notwendige kritische Auseinandersetzung mit dem Gutachten. An die Stelle richterlicher Überforderung würde zudem die Überforderung des Fachbesitzers bei der Entscheidung über alle übrigen Sach- und Rechtsfragen treten. Ein Teil dieser Bedenken spricht auch gegen die Idee, den Sachverständigen an der **Beratung** und **Urteilsabfassung** zu **beteiligen**;[7] Expertenwissen darf nicht in intransparenter Weise Eingang in die gerichtliche Entscheidung finden und das Beweismittel darf nicht der Kontrolle durch die Parteien, deren Anwälte und deren Privatgutachter entzogen werden.

2

---

1 BGHZ 23, 207 (213); BGHZ 37, 389, 393 f. = BGH NJW 1962, 1770, 1771; BGH NJW 1974, 1710.
2 Vgl. OLG Hamburg ZSW 1983, 43, 44 m. Anm. *Müller*.
3 Vgl. einerseits BGH NJW 1995, 776, 777: Festlegung ärztlicher Standards i.S. der erforderlichen Sorgfalt in § 276 BGB im Arzthaftungsprozess ist eine durch den Sachverständigen zu klärende Tatfrage; andererseits Beurteilung, ob Verletzung von Fachstandards groben Verstoß darstellt, soll Rechtsfrage sein, OLG Düsseldorf NJW-RR 1994, 477 (478); BGH VersR 1996, 1369 f. = NJW-RR 1996, 1044 zur Ermittlung des rein fachsprachlichen Sinns einer Bauherrnweisung im Rahmen einer Vertragsauslegung nach §§ 133, 157 BGB (Verständnisalternative: Rohbauöffnung oder lichte Höhe).
4 OLG Hamburg ZSW 1983, 43, 44.
5 Vgl. OLG Düsseldorf NJW-RR 1994, 477, 478; OLG Hamm VersR 1989, 584 zum versicherungsrechtlichen Sachverständigenverfahren.
6 Bericht der Kommission (1977) S. 138 f.
7 Zur Teilnahme eines geladenen technischen Sachverständigen an der gerichtsinternen Beratung über einen Vergleichsvorschlag OLG Stuttgart NJW-RR 1996, 1469 f. (kein Grund zur Befangenheitsablehnung; gleichwohl prozessrechtswidrig).

§ 152 Pflichten und Rechte des Sachverständigen

I. Pflicht zur Erstattung des Gutachtens, § 407

1. Zur Gutachtenerstattung Verpflichtete

a) Öffentliche Bestellung oder Ermächtigung zur Gutachtenerstattung

3 Zur Erstattung des Gutachtens sind nur die in § 407 benannten Personengruppen verpflichtet. Die Regelung trägt dem Umstand Rechnung, dass der Sachverständige allgemeines Erfahrungswissen vermitteln soll und daher grundsätzlich ersetzbar ist.

4 Diejenigen Sachverständigen, die öffentlich bestellt sind, haben dem Gutachtenauftrag des Gerichts nachzukommen, sofern nicht ausnahmsweise eine Gutachtenverweigerungsrecht gem. § 408 besteht. Von den öffentlich bestellten Sachverständigen (näher: Rz. 25) sind amtlich anerkannte und amtlich bestellte Sachverständige zu unterscheiden; sie fallen nicht unter § 407 Abs. 1.

b) Öffentliche Ausübung zum Erwerb

5 Der Begriff „öffentlich" setzt in der 2. Var. des § 407 keine öffentliche Gewalt voraus und ist daher nicht identisch mit dem gleichen Terminus der 3. Variante. Öffentliche Ausübung zum Erwerb bedeutet, dass die Tätigkeit, deren Kenntnis Voraussetzung der Begutachtung ist, dem Publikum gegenüber zum Lebenserwerb ausgeübt werden muss.[1] **Ausgeklammert** sind die Fälle, in denen eine Tätigkeit aus reiner **Liebhaberei** oder als **private Nebenbeschäftigung** ausgeübt wird.[2] Ob die Tätigkeit auf eigene oder fremde Rechnung (z.B. als Angestellter) ausgeübt wird, soll unerheblich sein, sofern nur der Erwerbstätige in dieser Eigenschaft in der Öffentlichkeit bekannt ist.[3] Eine *öffentliche* Tätigkeit ist bei Arbeitnehmern allerdings nur schwer vorstellbar. Erfasst wird jede Art von Tätigkeit; der Begriff des Gewerbes ist untechnisch gemeint und knüpft **nicht** an die GewO oder den **Gewerbebegriff des Handelsrechts** an, so dass auch Landwirte und Freiberufler dazu gehören.

c) Öffentliche Bestellung/Ermächtigung

6 Öffentlich bestellt sind in erster Linie beamtete **Hochschullehrer**[4] sowie alle sonstigen Beamten, deren Tätigkeit eine besondere, durch Gutachtenerstattung verwertbare Sachkunde erfordert (z.B. Amtsärzte[5]). Emeritierung oder Pensionierung befreien als solche diesen Personenkreis nicht. Die selbständige Gutachtertätigkeit (anders: Dienstgutachten) stellt keine Tätigkeit im Haupt- oder Nebenamt des Beamten dar.[6]

7 Mit öffentlicher Ermächtigung sind Tätigkeiten gemeint, deren Ausübung eine **staatliche Erlaubnis/Zulassung** (z.B. Approbation) voraussetzt, also z.B. Ärzte,[7] Tierärzte, Apotheker, Patentanwälte, Rechtsanwälte usw. Auf die öffentliche Ausübung zum Erwerb kommt es hierbei nicht an.

---

1 RGZ 50, 391, 392 f. (zu einem privat angestellten Oberingenieur).
2 RGZ 50, 391, 392 f.
3 RGZ 50, 391, 392 f.
4 Vgl. BayObLG JZ 1976, 482; VGH München NVwZ-RR 1996, 328, 329.
5 VGH München NVwZ-RR 1996, 328, 329.
6 BayObLG JZ 1976, 482; wohl anders VGH München NVwZ-RR 1996, 328, 329.
7 Vgl. z.B. LG Trier NJW 1987, 722, 723 (Ordnungsgeld wegen Verweigerung der Rektaluntersuchung verdächtiger Rauschgiftschmuggler).

d) Verpflichtung durch Bereiterklärung

Ob der Sachverständige nur dann zur Gutachtenerstattung verpflichtet ist, wenn er sich dazu dem Gericht gegenüber ausdrücklich bereit erklärt hat,[1] oder ob es ausreicht, dass der Sachverständige das gerichtliche Ersuchen entgegen nimmt, ohne unverzüglich abzulehnen,[2] ist umstritten. Angesichts des Wortlauts des § 407 Abs. 1 („vor Gericht") ist eine **ausdrückliche Erklärung** zu verlangen.

2. Verfahren

Zieht der Sachverständige die **Voraussetzungen** des § 407 **in Zweifel**, so macht er nicht von einem Gutachtenverweigerungsrecht i.S.d. § 408 Gebrauch, sondern verneint seine Verpflichtung bereits dem Grunde nach. Wegen der Vergleichbarkeit dieser Konstellationen sind jedoch die **§§ 386 ff. entsprechend** anzuwenden. Das Gericht entscheidet gem. §§ 402, 387 durch mit der sofortigen Beschwerde angreifbares Zwischenurteil. Danach kann gem. § 409 verfahren werden.

II. Gutachtenverweigerung

Schrifttum:

H. Kühne, Die begrenzte Aussagepflicht des ärztlichen Sachverständigen vor Gericht nach §§ 53 I Nr. 3 StPO, 203 I Nr. 1 StGB, JZ 1981, 647; *K. Müller*, Das Aussageverweigerungsrecht des medizinischen Sachverständigen, MedSach 71 (1975), 52.

1. Gutachtenverweigerungsrecht, § 408

a) Ablehnung des Auftrages

§ 408 Abs. 1 S. 1 erlaubt denjenigen **Sachverständigen, die nach § 407** grundsätzlich zur Übernahme des Gutachtenauftrages **verpflichtet** sind, die Erstattung des Gutachtens zu verweigern. Für alle anderen Sachverständigen ergibt sich das Recht zur Ablehnung des Gutachtenauftrages im Umkehrschluss aus § 407. § 408 gilt auch im selbständigen Beweisverfahren; § 487 Nr. 3 steht dem nicht entgegen.[3]

Die **Verweigerungsgründe** sind den **für Zeugen geltenden Vorschriften** §§ 383, 384 zu entnehmen; insoweit kann auf die dortige Kommentierung verwiesen werden. § 385 gewährt kein Verweigerungsrecht. Der Sachverständige kann die Gutachtenerstattung nicht davon abhängig machen, dass das Gericht eine Zusage über die von ihm erhobene Gebühren- und Auslagenforderung erteilt.[4]

b) Offenbarung von Tatsachenkenntnissen

Von besonderer Bedeutung ist die Frage, inwieweit der Sachverständige Kenntnisse offenbaren muss, die er in seiner Eigenschaft als Sachverständiger gewonnen hat (vgl. §§ 383 Abs. 1 Nr. 6 ZPO, 203 Abs. 2 Nr. 5 StGB). Soweit es um Tatsachen geht, die **innerhalb *desselben* Verfahrens** gewonnen worden sind, in dem das Gutachten zu erstatten ist, besteht keine Schweigepflicht, sofern die Parteien mit der Informationsgewinnung einverstanden oder zu ihrer Duldung gesetzlich verpflichtet sind (etwa nach § 372a Abs. 1; allgemein zur Duldungspflicht der Parteien Kap. 7 Rz. 21 ff.,

---
1 So MünchKommZPO/*Zimmermann*[4] § 407 Rz. 3.
2 So Zöller/*Greger*[30] § 407 Rz. 1; Stein/Jonas/*Leipold*[22] Rz. 5; ablehnend Musielak/*Huber*[10] § 407 Rz. 2.
3 So OLG Karlsruhe OLGE 9, 138 zum Beweissicherungsverfahren.
4 OLG Bamberg BayJMBl. 1952, 237, 238.

Kap. 47 Rz. 35).¹ Da der öffentlich bestellte Sachverständige gem. § 203 Abs. 2 Nr. 5 StGB zur Verschwiegenheit verpflichtet ist, besteht jedoch ein (ggfs. partielles) Gutachtenverweigerungsrecht gem. § 383 Abs. 1 Nr. 6, soweit es um *prozessexterne* **Tatsachen** geht, die der Sachverständige in seiner Eigenschaft als öffentlich bestellter Gutachter von Dritten erfahren hat.²

13 Zu **Missverständnissen** könnte BGH NJW 1994, 2899 Anlass geben. Der BGH hat zu einem nach dem Ertragswertverfahren erstatteten Verkehrswertgutachten, das Vergleichsmieten heranzog, ohne die Vergleichsobjekte und die Vergleichspreise zu benennen, formuliert, die Verschwiegenheitspflicht des Sachverständigen müsse hinter dem Anspruch der Parteien auf rechtliches Gehör zurücktreten; die Gewährung rechtlichen Gehörs erfordere in jedem Fall, dass der Sachverständige die tatsächlichen Grundlagen seines Gutachtens offenlege. Zwar ist ein „Geheimgutachten" nicht verwertbar³ (vgl. Kap. 47 Rz. 33). Jedoch führt **Art. 103 GG nicht** zu einer **Offenbarungspflicht** des Sachverständigen.

2. Verweigerungsverfahren

14 Das Verfahren richtet sich nach den §§ 386–389. Beruft sich der Sachverständige schriftlich auf ein Gutachtenverweigerungsrecht und macht er die zugrunde liegenden Tatsachen glaubhaft, so braucht er gem. § 386 Abs. 3 nicht zum Vernehmungstermin zu erscheinen.⁴ Zuständig ist das Prozessgericht, nicht der ersuchte oder beauftragte Richter (§ 387 Abs. 1; zur Entbindung nach § 408 I 2 s. nachfolgend Rz. 15). Es entscheidet durch **Zwischenurteil**, gegen das sofortige Beschwerde stattfindet (§ 387). Bei Verweigerung ohne Angabe von Gründen sind die Zwangsmittel des § 409 anzuwenden. Das Verfahren ist gerichtsgebührenfrei.

3. Gerichtlicher Dispens

15 Das Gericht kann den Gutachter gem. § 408 Abs. 1 S. 2 nach **freiem Ermessen** von der Gutachtenerstattung **entbinden**; dieselbe Befugnis haben der beauftragte und der ersuchte Richter (§ 360 Abs. 1 S. 3). Etwas anderes gilt nur für diejenigen Sachverständigen, die infolge einer – auch noch nachholbaren – Einigung der Parteien (§ 404 Abs. 4) bestellt worden sind; insoweit besteht eine Bindung des Gerichts. Gründe für die Entbindung nennt das Gesetz nicht. Die Abberufung kann aus **Zweckmäßigkeitserwägungen aller Art** erfolgen (zögerliche Gutachtenerstattung, nachträgliche Zweifel an der Eignung, Unzumutbarkeit für den Sachverständigen,⁵ verspätet vorgebrachte Ablehnungsgründe, Unmöglichkeit der Vernehmung oder Vereidigung des Sachverständigen etc.).

16 Die **Entbindung** erfolgt **von Amts wegen** mit oder ohne Anregung der Prozessbeteiligten durch unanfechtbaren Beschluss.⁶ §§ 386–389 sind auf das Verfahren nicht anwendbar: Eine mündliche Verhandlung muss daher nicht stattfinden; auch kann die Entscheidung durch den beauftragten oder ersuchten Richter erfolgen.

---

1 *Müller* Der Sachverständige im gerichtlichen Verfahren³ Rz. 344; vgl. auch BGHZ 40, 288, 296.
2 *Müller* Der Sachverständige im gerichtlichen Verfahren³ Rz. 344 a.E.; vgl. auch BGHZ 40, 288, 296.
3 Im Ergebnis ebenso LG Krefeld BB 1979, 190, 191 (unter Verneinung einer gesetzlichen Duldungspflicht Dritter zur Verlautbarung ihrer Wohnungsdaten).
4 OLG Bamberg BayJMBl. 1952, 237, 238.
5 Vgl. LG Bochum NJW 1986, 2890.
6 MünchKommZPO/*Zimmermann*⁴ § 408 Rz. 3.

4. Unberechtigte Gutachtenverweigerung

Erscheint der Gutachter unentschuldigt nicht zu einer Vernehmung oder erstattet das Gutachten pflichtwidrig nicht, treffen ihn die Sanktionen des § 409. Näher dazu Kap. 8 Rz. 68 f.

17

5. Beamtenrechtliche Schranken

Für beamtete Sachverständige sind gem. § 408 Abs. 2 die beamtenrechtlichen Regelungen (BeamtStG, BBG; Landesbeamtengesetze) zu beachten. Fällt die gutachterliche Tätigkeit unter die **Amtsverschwiegenheit** (z.B. § 37 BeamtStG,[1] § 67 BBG[2]), so hat das Prozessgericht (§§ 402, 376 Abs. 3) die erforderliche **Genehmigung** der obersten Dienstbehörde (vgl. z.B. § 70 Abs. 1 NBG, § 67 Abs. 3 BBG) einzuholen. Sie kann versagt werden, wenn die Gutachtenerstattung den dienstlichen Interessen Nachteil bereiten würde. Da der Sachverständige grundsätzlich austauschbar ist, sind die beamtenrechtlichen Voraussetzungen für die Verweigerung der Genehmigung zur Gutachtenerstattung enger gefasst als beim (grundsätzlich unersetzbaren) Zeugen. Die Ausübung der Gutachtentätigkeit vor Gericht macht sie nicht zu einer Tätigkeit im öffentlichen Dienst, die der Beamte stets übernehmen muss. Für die mit Lehr- und Forschungstätigkeit von Beamten an Hochschulen zusammenhängende Gutachtertätigkeit sind die **hochschulrechtlichen Vorschriften** zu beachten.

18

Die zitierten Vorschriften des BBG gelten gem. § 46 DRiG bzw. der Verweisungen der Landesrichtergesetze auf die Landesbeamtengesetze **für Richter entsprechend**. Für die **Mitglieder der Bundesregierung** und der Landesregierungen gelten die Ministergesetze.

19

Das Gericht muss sich nicht darum kümmern, ob der Beamte einer **Nebentätigkeitsgenehmigung** bedarf und eine solche gegebenenfalls eingeholt hat. Verstöße führen nur zu disziplinarischem Vorgehen gegen den Beamten.

20

6. Frühere Mitwirkung als Richter

Wer als hauptberuflicher oder ehrenamtlicher (Schöffe; Handelsrichter, §§ 105 ff. GVG; Richter in der Berufsgerichtsbarkeit) **Richter oder** als **Schiedsrichter** (§ 1035)[3] an einer Entscheidung mitgewirkt hat, bei der er mit derselben Fragestellung befasst war, soll nach § 408 Abs. 3 nicht zum Sachverständigen bestellt werden bzw. von der Bestellung gem. § 408 Abs. 1 S. 2 entbunden werden. Die Norm ist vor allem im Hinblick auf die Beisitzer der Seeämter eingefügt worden.[4] Sie bezweckt, dass nur **unvoreingenommene Sachverständige** mit der Sache befasst werden,[5] dient also nicht dem Schutz der zum Sachverständigen berufenen Person. Dem **Sachverständigen** steht daher **kein Gutachtenverweigerungsrecht** im eigentlichen Sinne zu.[6]

21

III. Zwangsbefugnisse des Sachverständigen

Der Sachverständige hat nach der ZPO **keine** eigenständigen **Eingriffsbefugnisse**. Er unterliegt in seiner Eigenschaft als (Augenscheins-)Gehilfe des Gerichts denselben verfassungsrechtlichen **Bindungen wie das Gericht**, z.B. beim Betreten und Besichti-

22

---

1 Beamtenstatusgesetz v. 17.6.2008, BGBl. I 2008, 1010 (Nachfolgeregelung zum BRRG).
2 BundesbeamtenG i.d.F. vom 5.2.2009, BGBl. I 2009, 160.
3 MünchKommZPO/*Zimmermann*[4] § 408 Rz. 5; Stein/Jonas/*Leipold*[22] § 408 Rz. 12.
4 Stein/Jonas/*Leipold*[22] § 408 Rz. 12.
5 Stein/Jonas/*Leipold*[22] § 408 bei Rz. 12 in Fn. 6.
6 Stein/Jonas/*Leipold*[22] § 408 Rz. 12.

gen einer Wohnung dem Art. 13 GG.¹ Demnach bedürfte der Sachverständige zur Vornahme von Grundrechtseingriffen einer formell-gesetzlichen Ermächtigungsgrundlage, welche die ZPO mit Ausnahme des § 372a nicht bereit hält. Außerhalb des Anwendungsbereichs des § 372a kann also die **Duldung** von Maßnahmen des Sachverständigen prozessrechtlich weder gegen Dritte noch gegenüber dem Prozessgegner erzwungen werden.² **Zu beweisrechtlichen Konsequenzen** sowie zum Bestehen etwaiger **materiell-rechtlicher Duldungsansprüche** Kap. 7 Rz. 33 und 37. Das Allgemeine Persönlichkeitsrecht steht der Anfertigung dokumentierender Fotos aus dem Intimbereich oder der Wiedergabe von Einzelheiten nicht entgegen³ (s. auch Kap. 47 Rz. 84).

IV. Vergütung des Sachverständigen

23 Näher dazu Kap. 17 § 61.

§ 153 Der Status des Sachverständigen

I. Der öffentlich bestellte und vereidigte Sachverständige

Schrifttum:

Bleutge, Die neuere Rechtsprechung zu § 36 GewO, GewArch 1990, 113; *Broß*, Ist das Verfahren der IHK für die öffentliche Bestellung von Sachverständigen verfassungswidrig, ZfBR 1992, 51; *Jahn*, Zur Höchstgrenze für öffentlich bestellte und vereidigte Sachverständige, GewArch 1991, 247; *Jahn*, Zur Bedürfnisprüfung im Sachverständigenwesen – BVerfG, NJW 1992, 2621; *Kamphausen*, Zur Sachkundeprüfung bei der öffentlichen Bestellung von Sachverständigen (§ 36 GewO), GewArch 1991, 124; *Konstantinou*, Die öffentliche Bestellung von Sachverständigen nach § 36 GewO, Köln 1993; *Stober*, Der öffentlich bestellte Sachverständige zwischen beruflicher Bindung und Deregulierung, Köln 1991; *Tettinger/Pielow*, Die aktuelle Rechtsentwicklung bei der öffentlichen Bestellung und Vereidigung von Sachverständigen, GewArch 1992, 1.

24 Die öffentliche Bestellung ist in mehreren **Bundes- und Landesgesetzen** geregelt.

25 Zentrale Vorschrift, nach der auf den Gebieten der Wirtschaft (einschließlich des Bergwesens), der Hochsee- und Küstenfischerei sowie der Land- und Forstwirtschaft einschließlich des Garten- und Weinbaus Sachverständige öffentlich bestellt werden, ist § 36 GewO. Die Bestellung erfolgt in den meisten Fällen durch die **Industrie- und Handelskammern**. Entsprechende Kompetenzen bestehen – im Rahmen ihres jeweiligen Aufgabenbereiches – für die **Landwirtschaftskammern**, die **Architektenkammern** und die **Ingenieurkammern**. In einigen Bundesländern ist die Zuständigkeit für besondere Fachgebiete Behörden der unmittelbaren Staatsverwaltung zugewiesen.⁴ Für das Handwerk und handwerksähnliche Arbeiten bestellen gem. § 91 HdwO die **Handwerkskammern** öffentliche und beeidigte Sachverständige. Gemäß §§ 1 Abs. 1, 2

---

1 BVerfG NJW 1987, 2500, 2501 (Sachverständiger dort Augenscheinsgehilfe; keine abschließende Aussage zu Art. 13 GG. Es ging um Schallmessungen für den fremden Zivilprozess des Erwerbers der angrenzenden Doppelhaushälfte gegen deren Verkäufer). Zum Insolvenzgutachter, der im Eröffnungsverfahren nicht zugleich vorläufiger Insolvenzverwalter ist, BGH NJW 2004, 2015, 2017 = MDR 2004, 1022, 1023; davon ausdrücklich abweichend AG Duisburg ZIP 2004, 1376.
2 Zur zwangsweisen Gewinnung von Testmaterial des Beschuldigten in strafrechtlichen Ermittlungsverfahren EGMR NJW 2006, 3117, 3120.
3 LG Bonn NJW-RR 2006, 1552 f. (dort: im ärztlichen Schlichtungsverfahren).
4 Vgl. dazu *Schulze-Werner* in Friauf, GewO (Stand: 2012) § 36 Rz. 61; Tettinger/Wank/*Ennuschat* GewO § 36 Rz. 62.

Abs. 3 Nr. 1 WPO sind **Wirtschaftsprüfer** auf dem Gebiet der *wirtschaftlichen Betriebsprüfung* als vereidigte Sachverständige öffentlich bestellt (vgl. § 129 Abs. 3 Nr. 1 WPO für vereidigte Buchprüfer).

Die öffentliche Bestellung erfolgt durch **Verwaltungsakt**. Er bewirkt keine Beleihung des Sachverständigen; der Sachverständige übt bei der Begutachtung daher keine hoheitliche Tätigkeit aus.[1] Die Bestellung darf nicht von einer Bedürfnisprüfung abhängig gemacht werden.[2] Das Bestellungssystem ist **nicht** identisch mit einem **Zertifizierungssystem** zur Qualitätssicherung. Der Bestellung durch die zuständige Behörde hat eine Prüfung der **Sachkunde** vorauszugehen, wofür es kein formalisiertes Verfahren gibt, sofern nicht auf der Grundlage des § 36 Abs. 3 GewO eine einschlägige landesrechtliche Rechtsverordnung erlassen worden ist.[3] Verweigert werden kann die Bestellung bei fehlender uneingeschränkter **Zuverlässigkeit** und **Vertrauenswürdigkeit**.[4] § 36 GewO ist eine Berufszulassungsregelung, die von einer noch ausstehenden Umsetzung der allgemeinen Dienstleistungsrichtlinie 2006/123/EG betroffen sein wird. Eine generelle Höchstaltersgrenze darf von der IHK nicht festgesetzt werden.[5]

26

II. Berufsbezeichnung „Sachverständiger"

Die Bezeichnung „öffentlich bestellter und vereidigter Sachverständige" ist über § 132a Abs. 1 Nr. 3 und Abs. 2 StGB **gesetzlich geschützt**. Die Bezeichnung sowie den verliehenen Rundstempel zu führen, sind sie verpflichtet.[6] Für reglementierte Berufe gilt zudem der lauterkeitsrechtliche Schutz der Bezeichnung über § 4 Nr. 11 UWG, der mit Art. 4 der Richtlinie 2005/36/EG vereinbar ist.[7]

27

Als „Sachverständiger" darf sich auch eine andere Person bezeichnen, die **sachkundig** ist und sich zur Gutachtenerstellung erbietet. Dafür ist keine Anerkennung durch eine private Organisation erforderlich; es handelt sich dann um Sachverständige kraft Selbstbezeichnung bzw. um sog. **selbsternannte Sachverständige**. Eine Grenze zieht das **Irreführungsverbot des § 5 UWG**. Der Verkehr erwartet – in Kenntnis der hohen Anforderungen, die an Sachkunde und Unabhängigkeit der öffentlich bestellten und vereidigten Sachverständigen gestellt werden –, dass auch ein schlichter Sachverständiger uneingeschränkt fundiertes Fach- und Erfahrungswissen besitzt.[8] Nicht unerhebliche Teile des Verkehrs erwarten darüber hinaus, dass derjenige, der als Sachverständiger auftritt, sich die **erforderliche Sachkunde auf nachprüfbare Weise angeeignet** hat.[9] Die Qualifikation wird im Regelfall in einem Ausbildungsgang mit förmlicher Abschlussprüfung erworben, kann ausnahmsweise aber auch auf andere Weise erlangt werden, etwa durch eine langjährige Mitarbeit bei einem anerkannten Sachverständigen. Allenfalls in seltenen Ausnahmefällen kommt eine Kenntniserlan-

28

---

1 *Schulze-Werner* in Friauf, GewO (Stand: 2012) § 36 Rz. 70; Tettinger/Wank/*Ennuschat* GewO § 36 Rz. 63.
2 BVerfG NJW 1992, 2621.
3 Vgl. VG Gießen NJW-RR 2002, 1719; VG Frankfurt/Oder NVwZ-RR 2001, 741.
4 VG Gießen NJW-RR 2002, 1719, 1720 (dort: unzulässiges Aufzeichnen und Mithörenlassen von Telefongesprächen, unsachliche und pauschale Angriffe auf andere Sachverständige, Verstoß gegen ein rechtskräftiges wettbewerbsrechtliches Urteil).
5 BVerwGE 141, 385 = NJW 2012, 1018 (zuvor: BVerfG NJW 2012, 518 [LS] = GewArch 2012, 23).
6 OLG Hamm GewArch 1995, 341. Zur Fortführung des Hinweises nach Ablauf der Bestellung und zur Vermeidung einer Irreführung OLG Köln WRP 2012, 1449, 1451.
7 BGH NJW-RR 2011, 43 Rz. 15 f.
8 BGH WRP 1997, 946, 947.
9 BGH WRP 1997, 946, 948; LG Saarbrücken WRP 2002, 1463, 1465; LG Kiel GRUR-RR 2009, 184, 185. Eine „überdurchschnittliche" Sachkunde verlangt OLG Hamm WRP 1997, 973, 974; eine „herausgehobene" Sachkunde verlangt OLG Köln NJWE-WettbR 1998, 2, 3.

gung auf autodidaktische Weise in Betracht.[1] Die Verwendung eines Rundstempels mit umlaufendem Textband erweckt den irreführenden Eindruck der öffentlichen Bestellung und Vereidigung.[2]

29 **Irreführend** kann der werbende Hinweis auf Sachverständigentätigkeit sein, wenn damit der Eindruck erweckt wird, auch sonstige gewerbliche und freiberufliche Tätigkeiten würden mit überdurchschnittlicher Sach- und Fachkunde erbracht.[3] Zulässig ist jedoch der **Hinweis auf** die Erstattung von **Gerichtsgutachten** als freier Sachverständiger; dadurch wird nicht der Eindruck einer Anerkennung durch eine staatliche Institution erweckt.[4] Ein Fehlverständnis soll der Hinweis eines nicht von einer Bestellungskörperschaft öffentlich bestellten Gutachters begründen, der mit der Aussage wirbt: „Fallweise öffentlich bestellt vom Amtsgericht X".[5] Von einem „anerkannten" Sachverständigen erwartet der Verkehr, dass der Werbende ein Fachwissen besitzt, das den Standard der Berufsangehörigen übersteigt und durch eine umfassende Prüfung nachgewiesen ist.[6] Der werbende Hinweis „Bausachverständiger" ist als irreführend angesehen worden, weil eine Einzelperson überdurchschnittliche Sachkunde in allen das Bauwesen betreffenden Sachgebieten besitzen könne.[7] Irreführend dürfen hoheitliche und privatwirtschaftliche Tätigkeiten nicht miteinander verknüpft werden.[8] Soweit die für öffentlich bestellte und vereidigte Sachverständige geltende Sachverständigenordnung vorsieht, dass diese Bezeichnung bei der gutachtlichen Tätigkeit und sonstigen Aufgabenerfüllung auf dem Fachgebiet zu führen, stellt ein Verstoß gegen diese Pflicht zugleich einen Verstoß gegen § 3 UWG dar.[9] Eine private Organisation, die als Sachverständige für **Prüfungen gem. § 29 StVZO** anerkannt ist, kann einem vertraglich für sie tätigen Ingenieur, der wegen manipulierter Gutachten straffällig geworden ist, die Tätigkeit wegen **Unzuverlässigkeit** untersagen.[10]

III. Tätigkeitsschutz

30 Der Inhalt eines schriftlichen Sachverständigengutachtens genießt in seiner konkreten Formulierung als Sprachwerk **Urheberrechtsschutz** (§ 2 Abs. 1 Nr. 1 UrhG).[11] Für darin enthaltene Lichtbilder besteht der **Lichtbildschutz** nach § 72 UrhG.[12] Die Einstellung geschützter Gutachtenteile verstößt gegen das dem Urheber vorbehaltene Verwertungsrecht der öffentlichen Zugänglichmachung (§ 19a UrhG),[13] soweit nicht der Auftraggeber oder ein Rechtsnachfolger daran in ausschließliches Nutzungsrecht erworben hat. Der Gutachtenvertrag (§ 631 BGB) verlangt nicht mehr als die Übertragung eines einfachen Nutzungsrechts, was nach der Zweckübertragungsregel des § 31

---

1 BGH WRP 1997, 946, 948. Zur erneuten Entscheidung des OLG München nach Zurückverweisung durch den BGH s. WRP 2000, 803 f.
2 LG Koblenz WRP 2014, 627.
3 OLG Dresden WRP 2001, 840, 842 (konkretes Ergebnis allerdings zweifelhaft).
4 Mit verfassungswidriger Auslegung a.A. OLG Dresden WRP 2001, 840, 842.
5 LG Düsseldorf WRP 2014, 117 (LS).
6 LG Duisburg WRP 2002, 853, 854.
7 OLG Stuttgart WRP 2008, 151, 153; LG Köln WRP 2005, 924 (LS); LG Regensburg WRP 2003, 122, 123.
8 OLG Nürnberg WRP 2001, 1455, 1456.
9 OLG Hamm WRP 1996, 443, 445 (zu § 1 UWG a.F.).
10 OLG Saarbrücken NZV 1999, 167.
11 KG WRP 2011, 932 (LS) = GRUR-RR 2011, 448 (LS); zweifelnd *Blankenburg* VersR 2009, 1444, 1445.
12 LG Hamburg ZUM-RD 2010, 80, 82.
13 BGH GRUR 2013, 1235 Rz. 16 – Restwertbörse II = NJW 2014, 775.

Abs. 5 S. 2 UrhG maßgeblich ist.[1] **Unlauter** ist die Weigerung eines Versicherers, Gutachten zur Regulierungsgrundlage zu machen, wenn die Bilderverwertung verweigert wird.[2]

Die **Bezeichnung eines Gutachters** als „namenlos" in einem Presseartikel ist eine wertende Äußerung. Sie soll keine Schmähkritik und damit keine Verletzung des allgemeinen Persönlichkeitsrechts darstellen.[3] Äußert ein Kfz-Haftpflichtversicherer über einen Kfz-Sachverständigen, dieser vereinbare in seinen AGB mit Auftraggebern ein faktisches Verbot der Überprüfung von Gutachten, kann darin eine kreditschädigende Äußerung i.S.d. § 824 BGB liegen, nicht aber eine wettbewerbsrechtliche Anschwärzung nach § 4 Nr. 8 UWG.[4]

31

Ein Kfz-Haftpflichtversicherer, der Geschädigten **Hinweise** zur kostengünstigen Beauftragung eines Sachverständigen und **zur Verteidigung gegen überhöhte Honorare** gibt, nimmt damit wirtschaftliche Eigeninteressen wahr und besorgt keine fremden Rechtsangelegenheiten.[5] Das Honorar eines nach einem Verkehrsunfall beauftragten Sachverständigen ist nämlich regelmäßig Herstellungsaufwand i.S.d. § 249 Abs. 2 BGB, den der Schädiger bzw. sein Versicherer zu ersetzen hat.[6]

32

§ 154 Die Haftung des Sachverständigen

Schrifttum:

Altenburger, Grundlagen der Dritthaftung von Sachverständigen für fahrlässig falsche Beleihungswertgutachten, WM 1994, 1597; *J. Blomeyer*, Schadensersatzansprüche des im Prozeß Unterlegenen wegen Fehlverhaltens Dritter, 1972; *Böckermann*, „Ablehnung" eines Sachverständigen oder Richters durch Streitverkündung oder Klageerhebung, MDR 2002, 1348; *Bockholdt*, Keine Streitverkündung gegenüber dem gerichtlich bestellten Sachverständigen?, NJW 2006, 122; *Büttner*, Umfang und Grenzen der Dritthaftung von Experten, 2006; *Canaris*, Die Haftung des Sachverständigen zwischen Schutzwirkungen für Dritte und Dritthaftung aus culpa in contrahendo, JZ 1998, 603; *Canaris*, Die Reichweite der Expertenhaftung gegenüber Dritten, ZHR 163 (1999), 206; *Döbereiner-v. Keyserlingk*, Sachverständigenhaftung, 1979; *Eickmeier*, Die Haftung des gerichtlichen Sachverständigen für Vermögensschäden, Köln 1993; *Etzel*, Außergerichtliche Schadensfeststellung durch Sachverständige bei Straßenverkehrsunfällen, VersR 1993, 405; *Finn*, Zur Haftung des Sachverständigen für fehlerhafte Wertgutachten gegenüber Dritten, NJW 2004, 3752; *B. Grunewald*, Die Haftung des SV für seine Expertise gegenüber Dritten, AcP 187 (1987), 285 ff.; *Hübner*, Haftungsprobleme der technischen Kontrolle, NJW 1988, 443 f.; *Hübner*, Die Berufshaftung – ein zumutbares Risiko?, NJW 1989, 9; *Jacobs*, Haftung des gerichtlichen Sachverständigen, ZRP 2001, 489; *Kääb/Jandel*, Zum Ersatz von Sachverständigenkosten bei objektiv unrichtigem Gutachten, NZV 1992, 16; *Kaiser*, Das Ende der Streitverkündung gegenüber dem gesetzlichen Sachverständigen, NJW 2007, 123; *Kannowski/Zumbansen*, Gemeinwohl und Privatinteresse – Expertenhaftung am Scheideweg?, NJW 2001, 3102; *Karner*, Haftung für Rat und Auskunft zwischen Vertrag und Delikt, Festschrift Koziol (2010), S. 695; *Keilholz*, Die Haftung des Sachverständigen in (schieds-)gerichtlichen Bausachen, insbesondere bei von ihm veranlaßten Sanierungsmaßnahmen gelegentlich einer (schieds-)gerichtlichen Begutachtung, BauR 1986, 377; *Kilian*, Die Haftung des gerichtlichen Sachverständigen nach § 839a BGB, VersR 2003, 683; *Klein*, Die Rechtsstellung und die Haftung des im Zivilprozeß

---

1 Vgl. BGH GRUR 2010, 623 Rz. 21, 25 – Restwertbörse = NJW 2010, 2354; OLG Köln NJW-RR 2012, 565, 566 (5 € pro Bild Schadensersatz).
2 OLG Celle GRUR-RR 2013, 108, 109.
3 BGH NJW-RR 2008, 913 Rz. 16.
4 OLG Frankfurt GRUR-RR 2013, 331, 332.
5 BGH NJW 2007, 3570 Rz. 22 f.
6 BGH VersR 2007, 560 Rz. 11.

bestellten Sachverständigen, Diss. Mainz 1994; *Littbarski*, Strenge Haftung des Sachverständigen – Sicherheit für den Auftraggeber?, ZIP 1996, 812; *v. Mutius*, Zur Staatshaftung bei Erfüllung staatlicher Aufgaben durch Private, VerwArch 64 (1973), 433; *Nieberding*, Sachverständigenhaftung nach deutschem und englischem Recht, 2002; *Niemöller*, Zur Haftung des gerichtlichen Sachverständigen in Bausachen, Festschrift Thode (2005), S. 309; *Pieper*, Rechtsstellung des Sachverständigen und Haftung für fehlerhafte Gutachten, Gedächtnisschrift für R. Bruns, 1980, S. 167; *Plötner*, Die Rechtsfigur des Vertrags mit Schutzwirkung für Dritte und die sog. Expertenhaftung, 2003; *Rickert/König*, Die Streitverkündung gegenüber dem gerichtlich bestellten Sachverständigen, NJW 2005, 1829; *Schaub*, Gutachterhaftung in Zwei- und Mehrpersonenverhältnissen, Jura 2001, 8; *Schinkels*, „Dritthaftung" von Gutachtern in Deutschland und England im Lichte der Verordnung ROM II, JZ 2008, 272; *Schreiber*, Die zivilrechtliche Haftung von Prozeßbeteiligten, ZZP 105 (1992), 129; *Martin Schwab*, Rechtsfragen der Politikberatung im Spannungsfeld zwischen Wissenschaftsfreiheit und Unternehmensschutz, 1999; *Speckmann*, Haftungsfreiheit für gerichtliche Sachverständige auf Kosten des Geschädigten?, MDR 1975, 461; *Spickhoff*, Die neue Sachverständigenhaftung und die Ermittlung ausländischen Rechts, Festschrift Heldrich (2005), S. 419; *Spitzer*, Streitverkündung gegenüber einem gerichtlich bestellten Sachverständigen, MDR 2006, 908; *Sprenger*, Internationale Expertenhaftung, 2008; *Stillig*, Haftung eines gerichtlich bestellten Sachverständigen, 2007; *Thole*, Die Haftung des gerichtlichen Sachverständigen nach § 839a BGB, 2004; *Thole*, Dritthaftung des gerichtlichen Sachverständigen – Haftungsfalle für den Prozeßanwalt?, AnwBl. 2006, 91; *Traugott*, Verkehrswert-Gutachterhaftung und Gegenläufigkeit der Interessen; *Volze*, Die Haftung des SV, ZfS 1993, 217; *Wagner/Thole*, Die Haftung des Wertgutachters gegenüber dem Ersteigerer, VersR 2004, 275; *Wasner*, Die Haftung des gerichtlichen Sachverständigen, NJW 1986, 119.

I. Haftung des gerichtlich bestellten Sachverständigen

1. Haftungsgründe

a) Amtshaftung

33 Der gerichtlich bestellte Sachverständige übernimmt mit der **Begutachtung** grundsätzlich **keine hoheitliche** Aufgabe. Der Zusammenhang zwischen der Tätigkeit des Sachverständigen und der Spruchtätigkeit des Gerichts ist nicht so eng, dass es gerechtfertigt wäre, die Begutachtung insoweit als hoheitliche Tätigkeit anzusehen. Daher kommt eine **Staatshaftung** gem. Art 34 GG, § 839 BGB für Fehler des gerichtlich bestellten Sachverständigen grundsätzlich **nicht** in Betracht,[1] auch wenn die Beziehungen zwischen Gericht und Gerichtsgutachter **öffentlich-rechtlicher** Natur sind[2] (Kap. 47 Rz. 6).

34 Etwas anderes wird dann angenommen, wenn ein **Hoheitsträger** ein Gutachten **im Rahmen seiner Amtstätigkeit** erstattet[3] (z.B. Gutachten eines Gewerbeaufsichtsamtes,[4] Landesgerichtsarztes,[5] amtsärztliches Zeugnis des Gesundheitsamtes,[6] Lei-

---

[1] BGHZ 59, 310, 315 f. = NJW 1973, 554 (Ärztl. MdE-Gutachten für ein LSG, Verletzung des Klägers bei einer Untersuchung zur Gutachtenvorbereitung); BGH NJW 2003, 2825, 2826 = VersR 2003, 1049; OLG Nürnberg NJW-RR 1988, 791; OLG Hamm VersR 1995, 225 = BauR 1994, 129; Stein/Jonas/*Leipold*^{22} vor § 402 Rz. 69; *Klein* Die Rechtsstellung S. 51; *Eickmeier* a.a.O. S. 134; a.A. *Pieper* Gedächtnisschrift Bruns S. 178 f.; kritisch auch *v. Mutius* VerwArch 64 (1973), 433, 437 f.; noch anders *Speckmann* MDR 1975, 461, 462, der einen Aufopferungsanspruch annimmt.
[2] BGHZ 59, 310, 311; BGH NJW 2003, 2825, 2826; OLG Rostock OLG-NL 2001, 111; offengelassen in BGH LM Nr. 1 zu § 831 (Fc) BGB.
[3] BGH NJW 2003, 2825, 2826.
[4] BGH VersR 1962, 1205, 1206.
[5] Vgl. Bay. Gesetz über den öffentlichen Gesundheitsdienst vom 12.7.1986, BayGVBl S. 120.
[6] BGH NJW 2001, 2799, 2801.

chenöffnung zur Ermittlung der Todesursache,[1] Sachwertberechnung des kommunalen Gutachterausschusses für Grundstückswerte,[2] sonstige Gutachten[3]). In diesen Fällen trifft die begutachtende Behörde die Amtspflicht, der Begutachtung die gleiche Sorgfalt wie allen dienstlichen Angelegenheiten zuzuwenden und das Gutachten richtig, sachkundig und vollständig sowie unter Hinweis auf in der Sache begründete Zweifel[4] zu erstatten. Der BGH hat insoweit auch eine **drittschützende Funktion** der Amtspflicht gegenüber dem Angeklagten in einem Strafverfahren angenommen.[5]

In der Übermittlung eines **Gutachtenauftrages** an ein **Krankenhaus in öffentlicher Trägerschaft** ist aber, auch wenn konkrete Ärzte nicht benannt werden, regelmäßig keine Beauftragung des Krankenhauses (mit der Folge möglicher Amtshaftung) zu sehen, sondern eine Beauftragung individueller (dort: der behandelnden) Ärzte als Privatpersonen (zur Subsidiarität von Behördengutachten Kap. 21 Rz. 14 ff.).[6] 35

b) Vertragshaftung

Mit der Beauftragung des Sachverständigen durch das Gericht werden keine Sonderrechtsbeziehungen zwischen den Parteien und dem Gutachter begründet, so dass der Sachverständige für eventuelle Fehler bei der Begutachtung den Parteien **nicht aus Vertrag** oder einer vertragsähnlichen Beziehung haftet.[7] Daran ändert sich auch nichts, wenn die Grundlage einer Expertenhaftung für Privatgutachten gegenüber Dritten, die außerhalb der vertraglichen Beziehung stehen, nicht mehr in einem Vertrag mit Schutzwirkung zugunsten Dritter, sondern in einer Vertrauenshaftung gesehen wird (dazu Rz. 66). 36

c) Deliktischer Rechtsgüterschutz nach § 823 Abs. 1 BGB

Es kommt grundsätzlich nur eine deliktische Haftung in Frage (§§ 823 Abs. 1 und 2, 824, 826 BGB). Die Haftung nach § 823 Abs. 1 BGB setzt die Verletzung eines der dort aufgezählten oder rechtsfortbildend anerkannten Rechte bzw. Rechtsgüter durch den Sachverständigen voraus, so dass danach **primäre Vermögensschäden**, etwa der Verlust einer aufgrund des Gutachtens aberkannten Forderung,[8] **nicht ersetzbar** sind. Am ehesten dürften insoweit **Gesundheitsverletzungen** durch Kunstfehler bei vor- 37

---

1 BGH NJW 2014, 1665 Rz. 32.
2 OLG Hamm NVwZ-RR 2001, 493.
3 Verifizierer der Verbrauchsangaben nach dem TEHG, BGH VersR 2012, 317 Rz. 15. Keine Haftung für fehlerhafte TÜV-Bescheinigung, BGH NJW 2004, 3484.
4 BGH VersR 1962, 1205, 1206.
5 BGH VersR 1962, 1205, 1206 (Gutachten des Gewerbeaufsichtsamtes für die Staatsanwaltschaft über die Ursache eines Brandes, Schadensersatzbegehren des freigesprochenen Beschuldigten wegen Kosten der Strafverteidigung).
6 Vgl. OLG Oldenburg VersR 1996, 59, 60 (fehlerhafte Unterbringung nach NdsPsychKG und Pflegschaft für Klägerin, Eigentumsverlust infolge irreversibler Übereignungen durch den Pfleger im vermeintlichen Interesse der Klägerin); zur Delegation der gerichtliche Auswahlbefugnis auf Außenstehende vgl. Kap. 45 Rz. 34.
7 BGH LM Nr. 1 § 831 (Fc) BGB (Verwechslung der Blutproben für Blutgruppengutachten durch Laborassistentin); OLG Hamm VersR 1995, 225; OLG Rostock OLG-NL 2001, 111; OLG Brandenburg WM 2001, 1920, 1921 = MDR 2000, 1076 (Verkehrswertgutachten für Vollstreckungsgericht). Gleichstellung der Haftung des gerichtlichen Sachverständigen mit der Haftung des Privatgutachters unter Einbeziehung der Interessen von Dritten in Österreich: OGH JBl. 2001, 227, 228 (Schriftgutachten im Strafprozess).
8 So in BGH LM Nr. 1 zu § 831 (Fc) BGB.

bereitenden ärztlichen Untersuchungen,[1] **Freiheitsentziehungen**[2] infolge fehlerhafter Gutachten und **Persönlichkeitsrechtsverletzungen**[3] in Betracht kommen.

38 Erstattet beispielsweise ein Sachverständiger im Rahmen eines **Unterbringungsverfahrens** ein falsches Gutachten, auf dessen Grundlage das Gericht zu Unrecht eine Unterbringung anordnet, so haftet der Sachverständige dem Geschädigten aus § 823 Abs. 1 BGB für den entstandenen materiellen und immateriellen Schaden.[4] Auch wenn es nicht zu einer Freiheitsentziehung kommt, kann das fehlerhafte Gutachten einen Schadensersatzanspruch wegen Verletzung des **allgemeinen Persönlichkeitsrechts** begründen. Nach Auffassung des BGH stellt ein leichtfertig erstelltes unrichtiges Gutachten, das die Unterbringung des Betroffenen befürwortet, eine rechtswidrige Verletzung des Persönlichkeitsrechts dar, die wegen der damit verbundenen unsicheren Situation für den Betroffenen auch dann nicht unwesentlich sei, wenn es anschließend zu keiner Unterbringung kommt.[5]

d) Schutz primärer Vermögensinteressen

39 Verletzt der Sachverständige durch das fehlerhafte Gutachten ausschließlich die Vermögensinteressen einer Partei, so kommt eine Inanspruchnahme nach **§ 823 Abs. 2** oder **§ 826 BGB** in Betracht.

aa) Gerichtliche Vereidigung

40 Ist der Sachverständige vereidigt worden (§ 410), so verstößt er durch die unrichtige Begutachtung gegen § 154 StGB (Meineid), gegen § 163 StGB (fahrlässiger Falscheid) oder gegen §§ 155 Nr. 2, 154 StGB (falsche Versicherung unter Berufung auf einen früheren Sachverständigeneid). Diese Normen sind nach h.M. **Schutzgesetze** i.S.v. **§ 823 Abs. 2 BGB** zugunsten der Prozessparteien.[6] Die schriftliche Begutachtung steht im Zivilprozess der mündlichen Gutachtenerstattung gem. § 411 gleich. Daher stellt – entgegen der h.M.[7] – auch die **schriftliche Begutachtung** eine „Aussage" i.S.d. §§ 153 ff. StGB dar.[8]

41 Der **vereidigte Sachverständige** haftet danach bereits für **leicht fahrlässig** verursachte Vermögensschäden. In der Versicherung, das Gutachten nach bestem Wissen und Gewissen erstattet zu haben (vgl. § 410 Abs. 1), i.V.m. dem beigefügten Stempelabdruck, der den Sachverständigen als „**öffentlich bestellten und vereidigten**" Sachverständi-

---

[1] BGHZ 59, 310, 316; BGHZ 62, 54, 62.
[2] Vgl. z.B. OLG Nürnberg NJW-RR 1988, 791 ff. (Grob fahrlässig falsches ärztliches Attest mit Anregung der sofortigen Unterbringung des Kl. durch Ordnungsamt der Gemeindeverwaltung, bei der der Kl. beschäftigt war, Schmerzensgeldforderung und Widerrufsbegehren); OLG Schleswig NJW 1995, 791 f. (Vorläufige Unterbringung nach PsychKG aufgrund ärztlicher Bescheinigung des Bekl. über akute Fremd- und Selbstgefährdung); OLG Frankfurt VersR 2008, 649, 650 (Freiheitsentziehung aufgrund anthropologischen Gutachtens).
[3] Vgl. z.B. BGH NJW 1989, 2941, 2943.
[4] OLG Nürnberg NJW-RR 1988, 791; vgl. auch OLG Schleswig NJW 1995, 791 f.
[5] BGH NJW 1989, 2941, 2943 (Keine Rechtfertigung durch Recht zur freien Meinungsäußerung, Geldentschädigung).
[6] Vgl. BGHZ 42, 313, 318 = NJW 1965, 298, 299; BGHZ 62, 54, 57 = NJW 1974, 312, 313; OLG Düsseldorf MDR 2006, 92 (LS); OLG Brandenburg WM 2001, 1920, 1922 = MDR 2000, 1076; OLG Hamm ZSW 1984, 106 m. Anm. *Müller*; OLG Hamm ZSW 1989, 158, 159 m. insoweit zust. Anm. *Müller*; vgl. auch BGH LM Nr. 8 zu § 823 Abs. 2 (Be) BGB (zu § 156 StGB).
[7] OLG Frankfurt ZSW 1984, 106, 107 (eingehend); OLG München VersR 1984, 590; *Fischer* StGB[61] § 153 Rz. 3; *Ruß* in Leipziger Kommentar[12] § 153 StGB Rz. 4; MünchKommStGB/*H.E.Müller*[2] § 153 Rz. 8.
[8] Schönke/Schröder/*Lenckner/Bosch*[28] Vorbem. §§ 153 ff. StGB Rz. 22; *Müller* ZSW 1984, 108, 110.

gen ausweist, ist jedoch noch keine Bezugnahme auf den geleisteten Eid (§ 410 Abs. 2) zu sehen, die gem. § 155 Nr. 2 StGB i.V.m. § 163 StGB, § 823 Abs. 2 BGB zu einer Haftung führen würde; der Stempel weist nur auf die allgemeine Beeidigung hin.[1] Verneint worden ist der Schutzgesetzcharakter für § 410[2] und für § 407a.[3] Zum Rückgriff auf die von § 410 vorausgesetzte Pflicht zur Abgabe eines unparteiisch und gewissenhaft erarbeiteten Gutachtens vgl. nachfolgend Rz. 44.

Die **Kommission für das Zivilprozessrecht** hat die Kritik an der Rechtsprechung zur Haftung für beeidete Falschgutachten aufgegriffen und in der darin liegenden Anknüpfung eine Übersteigerung der Bedeutung des Sachverständigeneides gesehen; der Eid sei kein geeignetes Mittel, Zweifel an der Überzeugungskraft eines Gutachtens auszuräumen und sei rechtspolitisch überhaupt verzichtbar.[4] In der Tat ist der **Eid kein geeignetes Kriterium** für eine Haftungsbegründung. Bei genauerem Zusehen fehlt es denn auch an der Erfüllung der Haftungsvoraussetzungen. Zu verneinen ist im Regelfall, dass der Schaden, den die durch ein unrichtiges Gutachten benachteiligte Partei erlitten hat, gerade wegen des besonderen Beweiswertes der Beeidigung entstanden ist.[5] Rechtstatsächlich bildet die Vereidigung die Ausnahme, so dass der Geltungsbereich einer an die Eidesleistung anknüpfenden Haftung denkbar gering ist. Bejaht man ein rechtspolitisches Bedürfnis nach einer Haftbarkeit von Gerichtssachverständigen für unvorsätzliche Falschbegutachtung, so ist die nach der Rechtsprechungslösung eintretende faktische **Haftungsdifferenzierung willkürlich** und konzeptionslos. 42

bb) Haftung des nichtvereidigten Sachverständigen für primäre Vermögensschäden

Unstreitig haftet der Sachverständige schon gem. **§ 826 BGB**, wenn er **grob leichtfertig** und **gewissenlos** handelt und den Schaden der Partei billigend in Kauf nimmt,[6] so etwa wenn er sich seines Gutachtenauftrages durch nachlässige Ermittlungen oder Angaben „ins Blaue hinein" entledigt.[7] „Leichtfertigkeit" darf allerdings den Vorsatztatbestand des § 826 BGB nicht zu einer bloßen Fahrlässigkeitshaftung umgestalten.[8] Ebenso haftet der Sachverständige bei einer **vorsätzlichen** uneidlichen Falschbegutachtung gem. § 153 StGB i.V.m. § 823 Abs. 2 BGB, sofern man den Schutzgesetzcharakter und die Zugehörigkeit des Schadens zum Schutzbereich bejaht. 43

---

1 OLG Oldenburg VersR 1989, 108, 109; OLG München VersR 1984, 590.
2 BGHZ 42, 313, 317 = NJW 1965, 298, 299 (SV im Schiedsgerichtsverfahren); BGH NJW 1968, 787, 788 (zu § 79 StPO); BGHZ 62, 54, 57; OLG Hamm VersR 1995, 225 (jedenfalls mangels Vereidigung); OLG Brandenburg WM 2001, 1920, 1922 = MDR 2000, 1076; OLG Oldenburg VersR 1989, 108, 109; OLG Hamm ZSW 1989, 158, 159 m. abl. Anm. *Müller*; OLG Düsseldorf NJW 1986, 2891; OLG Frankfurt/M. ZSW 1984, 106, 107; OLG München (20. ZS) VersR 1984, 590; OLG München (5. ZS) MDR 1983, 403; OLG Hamm MDR 1983, 933, 934 = BauR 1984, 664; so auch bereits LG Stuttgart NJW 1954, 1411, 1412; der Rspr. folgend: *Jessnitzer/Ulrich* Der gerichtliche Sachverständige[11] Rz. 459; Stein/Jonas/*Leipold*[21] vor 402 Rz. 46; *Wessel*, in: Praxishandbuch Sachverständigenrecht[3] § 36 Rz. 14; so auch *Eickmeier* a.a.O. S. 120. Insoweit a.A. *Spickhoff* Gesetzesverstoß und Haftung, 1998, S. 116.
3 OLG Rostock OLG-NL 2001, 111, 112.
4 Kommissionsbericht S. 143.
5 *Spickhoff* Gesetzesverstoß und Haftung S. 116.
6 BGH NJW 2003, 2825, 2826 = VersR 2003, 1049, 1050; OLG Brandenburg WM 2001, 1920, 1923; OLG München MDR 1983, 403, 404; OLG Hamm ZSW 1989, 158, 159 m. Anm. *Müller*; OLG Hamm VersR 1995, 225; OLG Koblenz VersR 2013, 367; vgl. auch BGH WM 1962, 933, 935; BGH NJW 1991, 3282 ff.
7 BGH NJW 2003, 2825, 2826 (Verkehrswertgutachten im Zwangsversteigerungsverfahren mit Hinweisen auf Schätzungen und Vermutungen im Fließtext); s. ferner OLG Köln VersR 1994, 611, 612 = BauR 1994, 390: Haftung aus § 826, wenn Verkehrswertsachverständiger im Zwangsversteigerungsverfahren den Eindruck erweckt, das Gebäude von innen besichtigt zu haben, obgleich ihm der Zutritt verwehrt war.
8 Vgl. BGHZ 62, 54, 56; OLG Rostock OLG-NL 2001, 111, 112.

44 Streitig ist, ob der Sachverständige gem. § 410 i.V.m. § 823 Abs. 2 BGB für **fahrlässige uneidliche Falschbegutachtung** in Anspruch genommen werden kann. § 410 regelt in seinem Wortlaut lediglich die Fassung der Eidesformel. Gleichwohl wird die Auffassung vertreten, § 410 setze die Pflicht des Sachverständigen voraus, sein Gutachten nach bestem Wissen und Gewissen zu erstatten, und sei in diesem Sinne als Schutzgesetz zugunsten der Parteien zu verstehen.[1] **Diese Auffassung übersieht**, dass § 410 einen entsprechenden gesetzlichen Normbefehl nicht enthält, demgemäß kein Verbotsgesetz darstellt und daher schon aus formellen Gründen keine geeignete Rechtsgrundlage i.S.v. § 823 Abs. 2 BGB sein kann.[2] Die **h.M.** verneint die **Schutzgesetzqualität**, wenn auch mit der unrichtigen Begründung, es fehle an einem Individualschutz (vorstehend Rz. 41). Andere Schutzgesetze sind nicht existent. Mangels Normcharakters stellen die Sachverständigenordnungen der Handwerks- oder Industrie- und Handelskammern keine Schutzgesetze dar.[3]

cc) Verzögerte Begutachtung

45 § 411 Abs. 1 S. 2 stellt ebenfalls kein Schutzgesetz zu Gunsten der Parteien dar, so dass der Sachverständige von den Parteien nicht wegen verzögerter Erstattung des Gutachtens in Anspruch genommen werden kann.[4]

2. § 839a BGB, Immunität des Sachverständigen

a) Das rechtspolitische Problem

46 Die willkürliche Differenzierung der Haftungsvoraussetzungen (vgl. vorstehend Rz. 41) gebot dringend eine gesetzliche Regelung der Sachverständigenhaftung. Klärungsbedürftig war auch, ob bzw. **inwieweit** Gerichtssachverständige für fehlerhafte Gutachten[5] von einer **Haftung freizustellen** sind, um durch Verminderung ihres Haftungsrisikos die Bereitschaft zur Gutachtenübernahme zu fördern sowie ihre innere Unabhängigkeit zu stärken, um das Wiederaufrollen des entschiedenen Rechtsstreits im Gewande eines Haftungsprozesses zu vermeiden und um dem Gesichtspunkt Rechnung zu tragen, dass der Sachverständige mit der Gutachtenerstattung eine staatsbürgerliche Pflicht erfüllt, deren unzureichende Ausführung nicht mit übermäßigen Sanktionen belegt werden darf.[6]

47 Das sind überwiegend Erwägungen, die das **Funktionieren der Rechtspflege** und damit Belange der Allgemeinheit betreffen. Ähnliche Überlegungen sind auch in **anderen Rechtsordnungen** anzutreffen.[7] Die Antworten auf die Immunitätsfrage sind de

---

1 OLG Düsseldorf MDR 2006, 92 (LS); OLG Hamm MDR 1950, 221, 222; *Blomeyer* a.a.O. S. 124 ff., 156, 196 ff.; *Müller* Der Sachverständige im gerichtlichen Verfahren³, S. 946 f. m.w.N.; *Müller* ZSW 1989, 159, 164; *Pieper/Breuning/Stahlmann* Sachverständige im Zivilprozeß, S. 41; *Schreiber* ZZP 105 (1992), 129, 135 f.; vgl. auch *Klein* Die Rechtsstellung und die Haftung des im Zivilprozeß bestellten Sachverständigen S. 137 f.
2 BGHZ 62, 54, 58; *Spickhoff* Gesetzesverstoß und Haftung S. 116/117.
3 Im Ergebnis ebenso BGH BB 1966, 918 f.: Individualschutz verneint; s. auch LG Köln MDR 1990, 821(dahingestellt gelassen).
4 *Klein* Die Rechtsstellung und die Haftung des im Zivilprozeß bestellten Sachverständigen S. 156 f.
5 Keine Privilegierung bei sonstigen Schädigungen durch den Sachverständigen, vgl. BGHZ 59, 310, 316.
6 Zu diesen Überlegungen BGHZ 62, 54, 59 f. = NJW 1974, 312, 314; s. ferner BGH NJW 1968, 767, 768.
7 Vgl. für England vor der Justizreform von 1999, als der Sachverständigenbeweis ein reiner Zeugenbeweis war, *Stanton v. Callaghan*, [1999] 2 WLR 745 C.A. und RSC Order 38 rule 38. Immunität aufgegeben vom Supreme Court durch *Jones v. Kaney* [2011] 2 WLR 823, vgl. insbesondere Rz. 55 ff. per Lord Phillips of Worth Matravers PSC. Hintergrund ist das gespaltene Pflichten-

lege lata unterschiedlich ausgefallen. Sie kreisen um eine Reduktion des Verschuldensmaßstabs. Der Gesetzgeber hat mit dem Schadensersatzänderungsgesetz von 2002 in § 839a BGB den Tatbestand der Haftung des gerichtlichen Sachverständigen geschaffen (nachfolgend Rz. 52 ff.). Dieser Tatbestand lässt wegen seiner begrenzten Reichweite die übrigen Anspruchsgrundlagen nicht obsolet werden.

b) Beschränkung auf Vorsatz und grobe Fahrlässigkeit

BGHZ 62, 54, 61 hat die Auffassung vertreten, der gerichtlich bestellte Sachverständige könne nur für vorsätzlich falsche Gutachten in Anspruch genommen werden;[1] im dortigen Fall war dem Geschädigten aufgrund eines psychiatrischen Gutachtens die Freiheit entzogen worden. Das **BVerfG** ist **dem BGH entgegengetreten**: § 823 Abs. 1 BGB stelle eine „Jedermann-Haftung" auf, die auch für Sachverständige gelte. Soweit das durch Art. 2 Abs. 2 GG verbürgte Recht des Geschädigten auf persönliche Freiheit betroffen sei, überschreite ein Haftungsausschluss für grob fahrlässiges Verhalten die **Grenzen richterlicher Rechtsfortbildung**.[2] Da die anderen in § 823 Abs. 1 BGB genannten Rechtsgüter ebenfalls mit Verfassungsrang ausgestattet sind, mussten die verfassungsgerichtlichen Erwägungen zum Rechtsgut der Freiheit (Art. 2 Abs. 1 GG) auf den Haftungstatbestand des § 823 Abs. 1 BGB insgesamt übertragen werden.[3] Sie gelten konsequenterweise ferner dort, wo es um Anspruchsgrundlagen mit primärem Vermögensschutz (z.B. § 823 Abs. 2 BGB) geht, weil und soweit das Vermögen in den Eigentumsschutz des weit ausgelegten Art. 14 GG einbezogen ist. 48

Zeitlich nachfolgende Rechtsprechung bejahte dementsprechend eine Haftung der Sachverständigen für jede vorsätzliche oder grob fahrlässige Verletzung der in § 823 Abs. 1 BGB genannten Rechte und Rechtsgüter.[4] Diese Haftungslage entsprach dem Regelungsvorschlag der Kommission für das Zivilprozessrecht, die **alternativ** zur unmittelbaren Sachverständigenhaftung eine **Staatshaftung mit Regressmöglichkeit** erwogen, dies aber zur Herausstellung der persönlichen Verantwortung des Sachverständigen und unter Berücksichtigung der Versicherbarkeit verworfen hatte.[5] Die Kommission hatte einen selbständigen Tatbestand der Sachverständigenhaftung für alle vorsätzlich oder grob fahrlässig herbeigeführten Vermögensschäden vorgesehen. 49

c) Kritik pro Haftungsverschärfung

Kritiker befürworten **darüber hinausgehend** eine Haftung auch für **leichte Fahrlässigkeit**.[6] Für die Bejahung einer Grundrechtsverletzung durch den vom BGH angenommenen Ausschluss der Haftung bei leichter Fahrlässigkeit hat sich indes keine Mehrheit der Bundesverfassungsrichter gefunden.[7] 50

---

regime gegenüber der Partei und dem Gericht; die Pflichtenstellung des Sachverständigen gegenüber dem Gericht behandelt CPR rule 35.3 (2).
1 BGHZ 62, 54, 61 = NJW 1974, 312, 315 = JZ 1974, 548 m. krit. Anm. *Hopt.*
2 BVerfGE 49, 304, 319 ff. (gegen BGHZ 62, 54).
3 *Jessnitzer/Ulrich* Der gerichtliche Sachverständige[11] Rz. 460.
4 OLG Nürnberg NJW-RR 1988, 791; OLG Schleswig NJW 1995, 791, 792.
5 Kommissionsbericht S. 143; Vorschlag für einen neuen § 839a BGB S. 358 f.
6 So *Arndt* DRiZ 1974, 185, 186; *Eickmeier* a.a.O. S. 106; *Müller* Der Sachverständige im gerichtlichen Verfahren[3] Rz. 961 ff.; *Müller* ZSW 1989, 159, 162; *Wasner* NJW 1986, 119, 120; wohl auch MünchKommZPO/*Damrau*[2] § 402 Rz. 13; differenzierend: *Klein* Die Rechtsstellung und die Haftung des im Zivilprozeß bestellten Sachverständigen S. 157 ff. A.A. OLG Schleswig NJW 1995, 791, 792.
7 BVerfGE 49, 304, 323 f. (Stimmenverhältnis 4:4); der tragenden Auffassung zustimmend *Jessnitzer/Ulrich* Der gerichtliche Sachverständige[11] Rz. 462 Fn. 41.

51 Zuzugeben ist der Kritik, dass die **Rechtssicherheit** nicht unbedingt zu einem **Haftungsprivileg** nötigt. Mit dem gleichen Argument könnte man eine Haftungsbeschränkung für Rechtsanwälte im Falle des Regresses befürworten.[1] Allerdings gilt einschränkend, dass die Regresssituationen psychisch nicht gleichwertig sind. Schwieriger ist der Topos der **inneren Unabhängigkeit** zu bewerten. Vordergründig erscheint der Einwand, der BGH habe Unbefangenheit gesagt, faktisch aber eine gewisse Sorglosigkeit zugelassen. Stattdessen geht es um die **Ausschaltung** präventiv wirkender **verzerrender Einflüsse auf** die Urteilsbildung des Sachverständigen, der sich nicht von der Furcht beeinflussen lassen soll, selbst bei gewissenhafter Begutachtung mit der jeweils unterlegenen Partei in Dauerstreitigkeiten mit Auswirkungen auf seine Reputation verwickelt zu werden, und der nicht die Sorge um seine künftige Verteidigung bereits mitbedenken soll. Eine Begutachtung führt im Zivilprozess **stets** dazu, dass **eine Partei** infolge des Gutachtens **unterliegt**, entweder weil der beweisbelasteten Partei der Beweis mittels des Sachverständigen gelingt, oder weil das Gutachten unergiebig ist und infolgedessen die beweisbelastete Partei den Prozess verliert. Ist das Gutachten aus der Sicht einer Partei vermeintlich fehlerhaft und die Klageschwelle niedrig, so ist der **Anreiz zur Erhebung von Regressklagen** hoch, nämlich entweder durch den Beweisgegner oder durch die beweisbelastete Partei. Den berechtigten Interessen des gerichtlichen Sachverständigen kann nicht ausreichend durch die angemessene Sorgfaltspflichtbestimmung im Einzelfall genügt werden, etwa durch Zubilligung einer gerichtlich nicht überprüfbaren Einschätzungsprärogative bei Gutachten mit prognostischem Charakter.[2] Maßgebend ist, wie sich die **Haftungsdrohung im Bewusstsein des Sachverständigen** spiegelt. Dafür müssen Grenzen gezogen werden, die von juristischen Laien als schützend klar erkannt und empfunden werden. Kein beachtliches Gegenargument gibt es zu dem Hinweis des BGH auf die Vermeidung von Übermaßsanktionen als Kompensation des Gutachtenzwangs nach § 407.

d) Ausgestaltung des § 839a BGB

52 § 839a BGB begrenzt die Haftung auf **Vorsatz** und **grobe Fahrlässigkeit**. Diese Entscheidung des Gesetzgebers ist auf andere Anspruchsgrundlagen zu übertragen, die die Haftung des gerichtlichen Sachverständigen für unrichtige Gutachten außerhalb der tatbestandlichen Grenzen des § 839a BGB erfassen. **Streitig** ist, ob es für die Beurteilung der Fahrlässigkeit auf eine schwere **subjektive** Vorwerfbarkeit ankommt[3] oder ob – wie generell im Zivilrecht – ein **objektivierter Maßstab** gilt.[4]

53 Der Schaden muss **durch** eine **gerichtliche Entscheidung** verursacht worden sein, was eine Haftung nach § 839a BGB ausschließt, wenn das Verfahren in anderer Weise endet, etwa durch Vergleich,[5] Erledigungserklärung oder Klagerücknahme; die Haftung kann dann den Prozessbevollmächtigten treffen, der nicht über diese Nebenfolge belehrt hat. Der Sachverständige muss die gerichtliche Entscheidung zudem durch sein Gutachten beeinflusst haben. Daran – oder jedenfalls am Zurechnungszusammen-

---
1 *Hopt* JZ 1984, 551, 553.
2 Ein Haftungsausschluss für leichte Fahrlässigkeit im Bereich der Forschung wird von *Hübner* vertreten, NJW 1989, 5, 9.
3 Vgl. BGH VersR 1967, 910; BGH VersR 1970, 570, BGH JZ 1972, 164; *Deutsch* VersR 1987, 113, 115. Subjektiv schlechthin unentschuldbare Pflichtverletzung verlangen BGH WM 2013, 2225 Rz. 26 f.; OLG Hamm VersR 2010, 222, 223; OLG Koblenz VersR 2007, 960.
4 Für Objektivierung OLG Köln VersR 2012, 1128/1129 (inzident); MünchKommBGB/*Wagner*[6] § 839a Rz. 18; *Chr. Huber* Das neue Schadenersatzrecht, 2003, § 5 Rz. 61; a.A. *Niemöller* Festschrift Thode (2005), S. 309, 320; *Spickhoff* Festschrift Heldrich (2005), S. 419, 428.
5 OLG Nürnberg MDR 2011, 750, 751 = NJW-RR 2011, 1216.

hang – fehlt es bei Anerkenntnis- und Verzichtsurteilen.[1] In analoger Anwendung gilt § 839a BGB auch für Gutachten, die ein Sachverständiger in einem **staatsanwaltschaftlichen Ermittlungsverfahren** erstattet, sofern nicht ausnahmsweise eine nur nach § 839 BGB i.V.m. Art. 34 GG zu beurteilende hoheitliche Aufgabe wahrgenommen wird.[2]

Unrichtig ist ein Gutachten nur, wenn der Sachverständige unrichtige Tatsachenfeststellungen getroffen oder fehlerhafte Schlussfolgerungen gezogen hat. Das trifft nicht auf den Fall der Unverwertbarkeit wegen Überschreitung des Gutachtenauftrags und daraus gefolgerter Befangenheit zu, weil die inhaltliche Korrektheit nicht betroffen ist.[3] Eine analoge Anwendung des § 839a BGB auf unverwertbare Gutachten kommt nicht in Betracht.[4] Dispositionen, die ein Verfahrensbeteiligter im Vertrauen auf die Verwendbarkeit eines derartigen, aus einem selbständigen Beweisverfahren stammenden Gutachtens trifft, gehören nicht zum Schutzbereich des § 839a BGB.[5] 54

Problematisch ist die Anwendung des § 839a BGB auf den **Verkehrswertgutachter** nach § 74a Abs. 5 S. 1 ZVG, soweit es sich nicht um die Entscheidung des Versteigerungsrichters zur Durchführung der Versteigerung geht, sondern um Schadensersatzansprüche des Meistbietenden wegen nicht ermittelter Baumängel des Objekts.[6] Der Umfang des Gutachtens richtet sich jedenfalls nach dem Verwendungszweck. Ist für ein Zwangsversteigerungsverfahren der Verkehrswert eines Grundstücks zu ermitteln, sind unerwähnt bleibende Baumängel irrelevant, die den Toleranzrahmen der Werteermittlung nicht beeinflussen.[7] 55

Nicht ausreichend ist der Einfluss der Aussage eines **sachverständigen Zeugen** auf das Urteil. Ein Schaden, der einem Zeugen durch die **Überprüfung** seiner **Glaubwürdigkeit** mittels eines für ihn nachteiligen psychologischen Gutachtens eingetreten sein soll, fällt ebenfalls nicht unter § 839a BGB, weil er nicht auf einem Urteil beruht.[8] Die Haftung trifft nur den Sachverständigen persönlich, nicht auch den hinzugezogenen Mitarbeiter.[9] Soweit Behörden als Gutachter beauftragt werden, haften sie nach § 839 BGB[10] (Rz. 34). 56

Gläubiger des Anspruchs können nur **Verfahrensbeteiligte** sein. Dazu zählt bei unrichtigen Verkehrswertgutachten im Zwangsvollstreckungsverfahren der Ersteigerer des Grundstücks;[11] maßgebliche Entscheidung ist der Zuschlagsbeschluss.[12] Der Begriff des Verfahrensbeteiligten ist auf das Verfahren zu begrenzen, für das das Gutachten erstattet worden ist. Das **selbständige Beweisverfahren** und das zugehörige Hauptsacheverfahren, in dem die Verwertung gem. § 493 stattfindet, sind insoweit 57

---

1 A.A. MünchKommBGB/*Wagner*[6] § 839a Rz. 23; *Spickhoff* Festschrift Heldrich (2005), S. 419, 433. Offengelassen von BGH NJW 2006, 1733, 1734.
2 BGH, Urt. v. 6.3.2014 – III ZR 320/12, Rz. 20 und 29.
3 OLG Hamm MDR 2014, 681, 682.
4 OLG Hamm MDR 2014, 681, 682.
5 OLG Hamm MDR 2014, 681, 682.
6 Für die Anwendung BGH NJW-RR 2014, 90 = WM 2013, 2225 Rz. 15, allerdings unter Differenzierung von Verkehrswertermittlung und Bauschadensbegutachtung.
7 OLG Rostock MDR 2009, 146.
8 OLG Köln VersR 2013, 1143, 1144.
9 *Spickhoff* Festschrift Heldrich, S. 419, 429.
10 A.A., nämlich § 839a BGB anwendend, *Kilian* VersR 2003, 683, 685.
11 BGH (3. ZS) NJW 2006, 1733, 1734 (dort auch zur Schadensberechnung); zuvor schon für eine weite Auslegung BGH NJW 2004, 3488, 3489. Gegen die Qualifikation als Verfahrensbeteiligter *Wagner/Thole* VersR 2004, 275, 278. Für Haftung des Sachverständigen in Österreich: OGH ÖJZ 2000, 892, 893 (Rechtsprechungsänderung).
12 BGH NJW 2006, 1733, 1734.

als Einheit anzusehen. Einbezogen sind der Streithelfer[1] und der Streitverkündungsempfänger wegen der unmittelbaren Bindungswirkung. Bei **Verwertung** des Gutachtens **nach § 411a** sind die Parteien des Folgeverfahrens nicht als Verfahrensbeteiligte anzusehen.[2]

58 Die Schadensersatzpflicht tritt nicht ein, wenn es der Geschädigte schuldhaft unterlässt, ein **Rechtsmittel** einzulegen, § 839a Abs. 2 i.V.m. § 839 Abs. 3 BGB. Notwendig ist es dafür, von § 411 Abs. 4 Gebrauch zu machen und **Einwendungen** gegen das Gutachten und **Ergänzungsfragen** vorzubringen oder formelle Beweisanträge auf Einholung eines weiteren Gutachtens zu stellen.[3]

3. Verjährung, Streitverkündung

59 Soweit ein gerichtlich bestellter Sachverständiger haftet, beginnt die **Verjährungsfrist** bereits **mit** der **ersten** dem Geschädigten nachteiligen **Entscheidung** zu laufen und nicht erst mit deren Bestätigung in den Rechtsmittelinstanzen.[4] Mit Erlass der Entscheidung ist der Vermögensschaden eingetreten und der Anspruch i.S.d. § 199 Abs. 1 Nr. 1 BGB entstanden. Kenntnis von der Person des Schädigers erlangt der Geschädigte mit der Bekanntgabe des Gutachtens, Kenntnis von den anspruchsbegründenden Umständen mit Zustellung der mit Gründen versehenen Entscheidung.

60 Eine **Streitverkündung an** den **Sachverständigen** im laufenden Prozess ist **unzulässig**.[5] Der Sachverständige ist als Richtergehilfe kein Dritter i.S.d. § 72.[6] Das 2. JustizmodernisierungsG hat dies in § 72 Abs. 2 klargestellt. Derartige Streitverkündungen haben das Ziel, den Sachverständigen nach Erstattung eines ungünstigen Gutachtens zu Reaktionen zu veranlassen, die seine Ablehnung begründen können. Damit stören sie die Funktionsfähigkeit des gerichtlichen Verfahrens. Die Streitverkündungsschrift ist dem Sachverständigen gar nicht erst zuzustellen.[7] Ist die Schrift zugestellt worden und tritt der Sachverständige einer Partei bei, ist der Sachverständige nicht kraft Gesetzes ausgeschlossen.[8]

4. Unterlassung und Widerruf von Gutachtenäußerungen

61 Den Parteien steht in der Regel **kein Anspruch auf Widerruf der gutachterlichen Äußerungen** zu, weder auf schadensersatzrechtlicher noch auf negatorischer Grundlage. Das Ergebnis eines Sachverständigengutachtens ist grundsätzlich als Werturteil anzusehen, das einem Widerruf deswegen nicht zugänglich ist, weil es mit Art 5 Abs. 1 GG nicht vereinbar wäre, dessen Verfasser im Wege staatlichen Zwangs zur Rücknahme seiner subjektiven Überzeugung zu veranlassen, die auf seinen speziel-

---

[1] *Niemöller* Festschrift Thode, S. 309, 319.
[2] *Cahn* Einführung in das neue Schadensersatzrecht, 2003, Rz. 151; *Spickhoff* Festschrift Heldrich, S. 419, 426 (allerdings von der Verwertung als Urkundenbeweis als Argumentationsbasis ausgehend); a.A. MünchKommBGB/*Wagner*[6] § 839a Rz. 30; *Saenger* ZZP 121 (2008), 139, 157.
[3] BGH NJW-RR 2006, 1454 Rz. 11; BGH WM 2007, 2159 Rz. 8; OLG München NJW 2014, 704, 705; *Spickhoff* Festschrift Heldrich, S. 419, 434.
[4] OLG Zweibrücken VersR 2004, 345, 346 = NJW-RR 2004, 27, 28.
[5] Vgl. dazu aus der Zeit vor der Gesetzesänderung BGH BauR 2006, 716 f. = NJW-RR 2006, 1221; BGH NJW 2006, 3214, BGH NJW 2007, 919; BGH NJW-RR 2007, 1293. Nur materielle Wirkungslosigkeit der Streitverkündung annehmend *Niemöller* Festschrift Thode, S. 309, 321.
[6] *Rickert/König* NJW 2005, 1829, 1831; *Böckermann* MDR 2002, 1348, 1350; a.A. *Bockholdt* NJW 2006, 122, 123.
[7] *Rickert/König* NJW 2005, 1829, 1831; *Böckermann* MDR 2002, 1348, 1352; a.A. *Bockholdt* NJW 2006, 122, 124.
[8] BGH BauR 2006, 716 f. = MDR 2006, 887 f.

len Kenntnissen, Erfahrungen und Untersuchungen beruht.[1] Soweit der Sachverständige demgegenüber innerhalb der Begutachtung unwahre Tatsachenbehauptungen aufstellt, ist ein Widerrufsanspruch grundsätzlich denkbar. Diese Fälle dürften jedoch selten sein. Nach Auffassung des BGH sind diejenigen Äußerungen des Gutachters, die Ergebnis der sachverständigen Entscheidungsfindung sind, **grundsätzlich** als **Werturteile** anzusehen, auch wenn sie äußerlich in die Form einer Tatsachenbehauptung gekleidet sind.[2] Dies bedeutet, dass **Befundtatsachen** regelmäßig **nicht** mit einer **Widerrufsklage** bekämpft werden können, hingegen die Behauptung unwahrer Anschlusstatsachen im Einzelfall (vgl. § 404a Abs. 3) als unwahre Tatsachenbehauptung einer Widerrufsklage zugänglich ist. Eine generelle Beschränkung auf grob fahrlässige Verstöße kommt insoweit schon deswegen nicht in Betracht, weil ein negatorischer Widerrufsanspruch kein Verschulden, sondern nur eine fortwirkende Störung voraussetzt.[3] Einem Unterlassungsbegehren stünde nach Verfahrensabschluss das Fehlen der Wiederholungsgefahr entgegen.

Noch ungeklärt ist, ob Abwehransprüche gegen Gutachteräußerungen nicht auch daran scheitern, dass sie **für** ein (gegenwärtiges oder zukünftiges) **gerichtliches Verfahren** aufgestellt worden sind,[4] so wie gesonderte Ehrenschutzklagen gegenüber Parteivorbringen in engem und unmittelbarem Zusammenhang mit einem Verfahren und gegenüber Zeugenaussagen nach ständiger Rechtsprechung ausgeschlossen sind.[5]

62

Der BGH hat weiterhin angenommen, das Ergebnis eines Sachverständigengutachtens könne unter Umständen als unwahre Tatsachenbehauptung angesehen werden, wenn die **methodische Untersuchung** oder die Anwendung spezieller Kenntnisse nur **vorgetäuscht** oder **grob leichtfertig** vorgenommen ist.[6] Die unzutreffende Tatsachenbehauptung soll in diesen Fällen darin liegen, dass das Gutachten konkludent die unwahre Tatsachenbehauptung enthalte, dass es auf der in Wirklichkeit nicht in Anspruch genommenen fachlichen Grundlage erstellt worden sei.[7] Das ist zweifelhaft, weil der Anspruch dann nicht auf Widerruf des Gutachtenergebnisses, sondern nur auf Beseitigung der konkludenten Behauptung gerichtet sein könnte. Es dürfte zutreffender sein, die Inanspruchnahme des Sachverständigen in diesen Fällen damit zu begründen, dass das Grundrecht des Sachverständigen aus Art 5 Abs. 1 GG hinter die Grundrechte des Verletzten zurücktritt.

63

---

1 BGH NJW 1978, 751, 752 = VersR 1978, 229 f.; für Widerruf ärztlicher, insbesondere psychiatrischer Diagnosen so auch: BGH NJW 1989, 774, 775 = VersR 1988, 827, 828 (Verdachtsdiagnose mitgeteilt an Privatverrechnungsstelle und im Arztbrief an Hausarzt); BGH NJW 1989, 2941, 2942; NJW 1999, 2736 („Zeichen chronischer Alkoholintoxikation", wertende Befundangabe in orthopädischem Gutachten für BG); KG MDR 1999, 1068; vgl. auch OLG Hamm MDR 1990, 821, 822 = MedR 1990, 197; LG Aachen NJW 1999, 2746 (Verdachtsdiagnose „Armvenenthrombose"). Zur rechtswidrigen Verhängung einer berufsrechtlichen Sanktion gegen einen Arzt wegen Behauptung leichtfertig ausgestellter Atteste eines anderen Arztes BVerfG NJW 2003, 961.
2 BGH NJW 1978, 751, 752; ebenso OLG Hamm MDR 1990, 821, 822.
3 Übersehen von LG Köln MDR 1990, 821.
4 Offengelassen in BGH NJW 1999, 2736; NJW 1989, 2941, 2942. Jedenfalls kann während des Vorprozesses kein selbständiges Beweisverfahren gegen den Gerichtssachverständigen betrieben werden, BGH NJW-RR 2006, 1454 Rz. 12.
5 BGH NJW 1999, 2736; NJW 1995, 397; NJW 1992, 1314, 1315; NJW 1988, 1016 = VersR 1988, 379, 380 (keine Übertragung auf Abwehr widerrechtlich erlangter Beweismittel wie Tonbandaufnahmen); NJW 1986, 2502, 2503; NJW 1977, 1681, 1682 = VersR 1977, 836, 837 f.; OLG Köln MDR 1999, 1351 (Beschwerde über Rechtsanwalt bei der Rechtsanwaltskammer); LG Hamburg NJW 1998, 85; *Helle* GRUR 1982, 207 ff. Für Österreich: ebenso OGH JBl. 1999, 313, 314.
6 BGH NJW 1978, 751, 752; NJW 1999, 2736, 2737.
7 BGH NJW 1989, 2941, 2942.

5. Unrichtige Gutachten als Basis eines Vergleichs

64 Die Richtigkeit der Feststellungen eines gerichtlichen Sachverständigen sind kein von den Parteien als feststehend zugrunde gelegter Sachverhalt, der Grundlage eines abgeschlossenen Vergleichs ist. Der beiderseitige Irrtum der Vergleichsparteien führt nicht zur Unwirksamkeit des Vergleichs nach § 779 BGB.[1]

II. Haftung des Privatgutachters

1. Schaden des Auftraggebers

65 Im Gegensatz zum gerichtlichen Sachverständigen haftet der Privatgutachter der beauftragenden Partei auch aus Vertrag. Nach ständiger Rechtsprechung des BGH stellt der Privatgutachtervertrag in der Regel einen **Werkvertrag** dar.[2] Der Gutachter haftet also gem. §§ 633 ff. BGB für Mängel des Gutachtens. Ein Mangel kann darin zu sehen sein, dass das Gutachten zu einem objektiv fehlerhaften Ergebnis kommt. Auch bei objektiv richtigem Ergebnis kann das Gutachten, wenn es zur Verwendung im Prozess gedacht war, mangelhaft sein, wenn es **prozessual nicht verwertbar** war, beispielsweise wegen fehlerhafter Untersuchungsmethoden oder unverständlicher Darstellungsweise. Betreibt der Auftraggeber im Vertrauen auf das objektiv unrichtige Gutachten einen Prozess, haftet der Gutachter für die entstandenen Kosten im Falle des gerichtlichen Unterliegens aus § 280 Abs. 1 BGB.[3] Der Sachverständige haftet auch im umgekehrten Fall aus § 280 Abs. 1 BGB, wenn wegen seines fehlerhaften Gutachtens außerprozessual unberechtigte Zahlungen geleistet werden.

2. Haftung gegenüber Dritten

66 Der Informationswert von Gutachten wird auch von **Dritten** genutzt, die nicht Auftraggeber des Sachverständigen waren. **Ihnen gegenüber** besteht **nur eingeschränkt** eine **Haftung**, in erster Linie wenn das Gutachten von einem öffentlich bestellten und vereidigtem Sachverständigen (vgl. § 36 GewO) verfasst worden ist, aber – abhängig vom Willen der Vertragsparteien – auch weitergehend.[4] Die herkömmlich genannte

---

1 OLG Hamm VersR 2006, 562.
2 BGHZ 127, 378, 384 = NJW 1995, 392, 393; BGH BB 1974, 578 m.w.N. (chem. Wasseranalyse für Trinkwassererschließung).
3 Vgl. zur positiven Forderungsverletzung nach altem Schuldrecht OLG Karlsruhe MDR 2006, 206 f. (Erhöhung der Verfahrenskosten durch streitwerterhöhende Widerklage); AG Königswinter MDR 1991, 1135, 1136 (Wiederbeschaffungswert eines Unfallfahrzeugs).
4 Aus der umfangreichen Rechtsprechung: BGH ZIP 2014, 972 Rz. 12–14 (Wirtschaftsprüfertestat in Wertpapierprospekt); BGH NJW-RR 2011, 462 Rz. 10 f. = VersR 2011, 890; BGH NJW 2010, 1808 Rz. 33 (verneint für Jahresabschlussprüfer) = VersR 2010, 1508; BGH NJW 2009, 512 Rz. 5 (Haftung nach §§ 316 ff. HGB); BGH NJW-RR 2007, 1329 = VersR 2007, 1665; BGH NJW 2006, 1975, 1976 m. Bespr. *Lettl* NJW 2006, 2817 (Bestätigungsvermerk des Abschlussprüfers einer AG für geplanten Börsengang); BGH NJW 2004, 3420, 3421 (Wirtschaftsprüfer als Garant aus Prospekthaftung); BGH NJW 2004, 3035, 3038 (Grundstückswertermittlung) m. Bespr. *Finn* NJW 2004, 3752 ff.; BGH NJW 2002, 3625, 3626 (Todesfallbericht für Unfallversicherer zu Lasten der Witwe); BGH VersR 2002, 72, 75 (Prüftestate eines Wirtschaftsprüfers als Mittelverwendungskontrolleur); BGH NJW 2001, 3115, 3117 = VersR 2001, 1390, 1392 m. Bespr. *Kannowski/Zumbansen* NJW 2001, 3102 f.; BGH NJW 2001, 514, 516 = VersR 2001, 1388, 1390 (Bodenprobengutachten zu Altlasten); BGH NJW 1998, 1059, 1060 (Verkehrswertgutachten für Krediterlangung); BGH ZIP 1998, 826, 827 (Ankündigung unrichtigen Testats eines Abschlussprüfers für Anteilserwerb); BGHZ 127, 378, 386 f. = NJW 1995, 392 = VersR 1995, 225, 226 (Verkehrswertgutachten für Verkaufszwecke); OLG Düsseldorf VersR 2003, 743 (Wirtschaftsprüfergutachten zum GmbH-Wert); OLG Köln VersR 2003, 122, 123 (Haftung des Hauptgutachter zuarbeitenden Spezialgutachters); OLG Dresden NJW-RR 1997, 1456 (Verkehrswertgutachten für Verkaufszwecke); OLG Schleswig VersR 1997, 1025, 1026 (tierärztliche Pferdeankaufsuntersuchung). Eingehende Analyse der Expertenhaftung gegenüber Dritten durch

Grundlage der Haftung ist ein Vertrag mit Schutzwirkung für Dritte; nach alternativer Deutung handelt es sich um eine Dritthaftung aus culpa in contrahendo (jetzt: § 311 Abs. 3 BGB).[1]

Im **Zusammenhang mit** Verfahren bzw. der Abwicklung von **Rechtsstreitigkeiten** kann ein Vertrag mit Schutzwirkung zugunsten Dritter z.B. gegeben sein, wenn ein unrichtiges Gutachten, das der Geschädigte in Auftrag gegeben hatte, dem regulierenden Haftpflichtversicherer vorgelegt wird, der daraufhin Zahlungen leistet.[2] In diesem Fall haftet der Privatgutachter dem Haftpflichtversicherer wegen Pflichtverletzung des mit dem Geschädigten geschlossenen Gutachtervertrages.[3] Auch im umgekehrten Fall, wenn der Versicherer dem Sachverständigen den Gutachtenauftrag erteilt, entfaltet dies Schutzwirkungen zu Gunsten des Geschädigten.[4] 67

Eine deliktische Haftung für **primäre Vermögensschäden** kommt nur nach **§ 826 BGB** in Betracht, setzt aber leichtfertiges oder gewissenloses Verhalten voraus.[5] 68

3. Schiedsgerichtsgutachter; Schiedsgutachter

Der Gutachter im **schiedsgerichtlichen** Verfahren haftet den Parteien prinzipiell auch **aus Vertrag**, weil das Schiedsgericht bei der Beauftragung im Namen und mit Vollmacht der Verfahrensbeteiligten tätig wird.[6] Da im Zweifel nicht anzunehmen ist, dass der Gutachter im schiedsgerichtlichen Verfahren schärfer haften will als der von einem Staatsgericht zugezogene Sachverständige, soll er im schiedsgerichtlichen Verfahren kraft stillschweigender Parteivereinbarung nur wie ein gerichtlich bestellter Sachverständiger haften.[7] Dies hat zur Konsequenz, dass der Sachverständige im schiedsgerichtlichen Verfahren de facto nicht aus Vertrag haftet.[8] 69

Der Schiedsgutachter (z.B. im **versicherungsrechtlichen Sachverständigenverfahren**, bei der Festlegung von Gesellschafterabfindungen oder bei der Zuweisung von Baumängelverantwortlichkeiten) übernimmt es, als Dritter die einer Vertragspartei obliegende Leistung zu bestimmen (§ 317 BGB). Die Leistungsbestimmung ist gem. § 319 BGB bei *offenbarer* Unrichtigkeit für die Vertragsparteien unverbindlich.[9] Unterhalb dieser Fehlerschwelle müssen die Vertragsparteien die Leistungsbestimmung untereinander akzeptieren. Dieses Ergebnis kann nicht durch einen Regress gegen den Schiedsgutachter wegen Verletzung seiner Vertragsverpflichtungen korrigiert werden. Eine derartige Haftung entspricht angesichts der Eigenart der Schiedsgutachtertätigkeit – schwierige Bewertung in einem nicht zu eng bemessenen Spielraum, u.U. unter Vornahme von Schätzungen – nicht dem Willen derjenigen, die einen Schiedsgut- 70

Canaris ZHR 163 (1999), 206 ff. Zur Beihilfe zum Betrug des Sachverständigen: BGH NJW 1996, 2517. Für Österreich: OGH JBl. 2009, 174, 175 f.
1 Dafür *Canaris* ZHR 163 (1999), 206, 220 ff.; *Canaris* JZ 1998, 603, 605. Der BGH trennt die Anspruchsgrundlagen: BGH NJW-RR 2011, 462 Rz. 10 u. 14. Ablehnend zu § 311 Abs. 3 BGB OLG Hamm NJW 2013, 1522.
2 OLG München NZV 1991, 26 (Wiederbeschaffungswert des Unfallfahrzeugs).
3 OLG München NZV 1991, 26; LG Gießen MDR 2001, 1237.
4 OLG Celle MDR 1994, 996 (LS; medizin. Gutachten zur Feststellung des Umfangs unfallbedingter Verletzungen). Abgelehnt für Unfallversicherung von OLG Schleswig NJW-RR 2011, 252, 253.
5 BGH VersR 2001, 1390, 1392 = NJW 2001, 3115, 3117; BGH NJW 2004, 3025, 3038; BGH VersR 2014, 210 Rz. 9 f. (Wirtschaftsprüfer, Vorträge über Kapitalanlagen). Strenger die Anforderungen nach Art. 41 Schweiz. OR: absichtliche, wissentliche und willentliche Schädigung, OG Zürich Bl.f.Zürch.Rspr. 1996, Nr. 8 S. 23, 26.
6 BGHZ 42, 313, 315 = BGH NJW 1965, 298 f.; NJW 1965, 1523, 1524.
7 BGH NJW 1965, 298, 299. S. auch BGH NJW 2013, 1296 Rz. 18.
8 Zustimmend: *Müller* Der Sachverständige im gerichtlichen Verfahren[3] Rz. 959.
9 Dazu BGH NJW 2013, 1296 Rz. 13.

achtervertrag schließen.[1] Der Gutachter haftet nur, wenn das Gutachten wegen offenbarer Unrichtigkeit wertlos ist; er verliert damit seinen Vergütungsanspruch.[2] Vertragsabwicklungen mit Drittbeteiligten auf der Basis des Gutachtens können unmittelbar vertragliche Schadensersatzansprüche auch für nicht an der Schiedsgutachtenabrede beteiligte Partner begründen, ohne dass die Vergünstigung des § 839 Abs. 2 BGB anzuwenden ist.[3]

---

[1] BGHZ 43, 374, 377 = BGH NJW 1965, 1523, 1524; OLG Schleswig NJW 1989, 175 = VersR 1989, 487, 488.
[2] BGH NJW 1965, 1523, 1524; OLG Schleswig NJW 1989, 175.
[3] BGH NJW 2013, 1296 Rz. 18.

Kapitel 44:
Notwendige Hinzuziehung von Sachverständigen

	Rz.		Rz.
§ 155 Beschaffung fremden Sachverstands		**§ 157 Verwertung anderer Gutachten**	
I. Kein Verzicht auf Sachkunde	1	I. Privatgutachten	
II. Abwägungsfaktor Kostenbelastung	3	1. Parteivortrag	36
III. Schadenschätzung	8	2. Verhältnis zum Sachverständigenbeweis	38
IV. Medizinische Sachverhalte		II. Gutachten aus anderen Verfahren	44
1. Allgemeines	10	**§ 158 Erfahrungssätze**	
2. Arzthaftung	11	I. Funktion von Erfahrungssätzen, Anwendungskontrolle	46
3. Personenbezogene Gutachten	17	II. Erfahrungssätze zur Verkehrsauffassung	50
V. Glaubhaftigkeitsbeurteilung, Lügendetektor	21	III. Verkehrssitten, Handelsbräuche	56
§ 156 Entbehrlichkeit eines Sachverständigen wegen eigener richterlicher Sachkunde		**§ 159 Ungeeignetheit, Unergiebigkeit und Unzulässigkeit des Beweises**	
I. Funktion des Richters als Sachkundiger	24	I. Ungeeignetheit	
II. Eigene Sachkunde des Gerichts		1. Generelle Ungeeignetheit	57
1. Grad der Sachkunde	25	2. Einzelfallbezogene Ungeeignetheit	59
2. Quellen der Sachkunde		II. Unzulässigkeit	60
a) Kollegialgericht	26	III. Vereitelung des Sachverständigenbeweises	
b) Studium der Fachliteratur	27	1. Notwendige Mitwirkungshandlungen	65
c) Gleichgelagerte Fälle	28	2. Mitwirkung der beweisbelasteten Partei	66
3. Dokumentation, Offenbarung in mündliche Verhandlung		3. Mitwirkung des Beweisgegners	67
a) Rechtliches Gehör	32	4. Materiell-rechtlich gebotene Mitwirkung	69
b) Offenlegung in den Entscheidungsgründen	33		
c) Hinweis auf beabsichtigte Verwertung	34		

§ 155 Beschaffung fremden Sachverstands

Schrifttum:

Gehrlein, Keine Ersetzung eines Gerichtsgutachtens durch Privatgutachten, VersR 2003, 574; *Rüdiger Graf v. Hardenberg*, Das Privatgutachten im Zivilprozeß – unter Berücksichtigung der Rechtslage im Strafprozeß, Diss. Nürnberg/Erlangen 1975; *Schöpflin*, Die Beweiserhebung von Amts wegen im Zivilprozeß, Frankfurt 1992; *Schumacher*, Das Fachwissen des Richters, ÖJZ 1999, 132; *Sommer*, Lebenserfahrung – Gedanken über ein Kriterium richterlicher Beweiswürdigung, Festschrift Rieß (2002), S. 585; *Spühler*, Wann sind Grundsätze der Lebenserfahrung allgemeine Rechtssätze?, SchwJZ 93 (1997), 392.

I. Kein Verzicht auf Sachkunde

1 Soweit die Zuziehung des Sachverständigen nicht gesetzlich vorgeschrieben ist, steht die Erhebung des Sachverständigenbeweises im pflichtgemäßen **Ermessen** des Gerichts.[1] Es kann den Beweis **von Amts wegen** erheben, § 144 (Kap. 45 Rz. 1).

2 Wenn eine erhebliche Tatsache nicht ohne besondere Sachkunde geklärt werden kann, muss das Gericht – sofern die erforderliche Sachkunde nicht auf anderem Wege vermittelt werden kann (dazu Rz. 25) – Sachverständigenbeweis erheben, so z.B. in der Regel bei der Aufklärung medizinischer[2] oder technischer Sachverhalte.[3] Allerdings ist das Gericht nicht verpflichtet, jeder nur erdenklichen Beweisanforderung von Amts wegen nachzugehen. Es kann, um die Beweiserhebung von der **Einzahlung** eines **Vorschusses** abhängig machen zu können (§§ 402, 379; s. Kap. 42 Rz. 33 und Kap. 45 Rz. 3), ohne gegen § 144 zu verstoßen, auf die Hinzuziehung des Sachverständigen verzichten, wenn die beweisbelastete Partei trotz gerichtlichen Hinweises einen entsprechenden Beweis nicht angetreten hat.[4]

II. Abwägungsfaktor Kostenbelastung

3 Nicht abschließend geklärt ist bislang, inwieweit der Gedanke der **Prozessökonomie** bzw. der **Kostenersparnis** einen zulässigen Abwägungsgesichtspunkt im Rahmen des tatrichterlichen Hinzuziehungsermessen darstellt.

4 Nach der Rechtsprechung des BGH können die Kosten, die durch die Beauftragung eines Sachverständigen entstünden, nur insoweit bei der Ermessensbetätigung berücksichtigt werden, als das Gericht von zwei **gleich geeigneten Beweismitteln** (z.B. Beauftragung eines Meinungsforschungsinstituts oder Anfrage bei IHK zur Ermittlung einer Verkehrsauffassung; Beauftragung eines SV oder Benutzung eines Mietspiegels zur Ermittlung ortsüblicher Vergleichsmieten) das kostengünstigere zu wählen hat.[5]

5 Es wäre demgegenüber **ermessensfehlerhaft** mit dem Hinweis auf die höheren Kosten ein **unsichereres Beweismittel** zu wählen oder gar auf die Erhebung des Sachverständigenbeweises ganz zu verzichten, etwa weil die zu erwartenden Kosten den Streitwert übersteigen.[6] De lege lata kann das Gericht in derartigen Fällen nur versuchen, etwaige Unverhältnismäßigkeiten in diesem Zusammenhang über § 279 zu vermeiden, oder aber die Erhebung des Sachverständigenbeweises von der **Zahlung** eines entsprechend zu bemessenden **Vorschusses abhängig** machen (dazu Kap. 42 Rz. 33 und Kap. 45 Rz. 3). Dies wird in Wettbewerbs- und Markensachen bei der Einholung eines häufig **extrem teuren** (und wegen methodischer Mängel oft erfolgreich angreifbaren) **demoskopischen Gutachtens** in Betracht kommen; derartige Kostenbelastungen dür-

---

1 BGH NJW 1951, 481, 482; BGH VersR 1959, 392.
2 BGH VersR 1954, 290; BGH NJW 1994, 794, 795; BGH NJW 1995, 1619; OLG Stuttgart VersR 1991, 229, 230; vgl. BVerwG NVwZ-RR 1989, 257 f.; BGH NStZ 1990, 8; OLG Frankfurt/M. NStZ-RR 1997, 366 (Schuldfähigkeit nach früherem Unfall mit Gehirnschädigung); vgl. auch BGH NJW 1995, 776, 777: Festlegung ärztlicher Standards i.S. der erforderlichen Sorgfalt (§ 276) in Arzthaftungsprozessen regelmäßig durch Sachverständige zu klären.
3 BGH NJW-RR 1997, 1108 = JR 1998, 70 (seltene Spezialkonstruktion im Brückenbau); BGH 1997, 2748, 2749 (Schadstoffemission trotz Einhaltung der Einzelgrenzwerte der TA-Luft); BGH NJW-RR 2008, 696 Rz. 3; OLG Oldenburg MDR 1991, 546 (Feststellung von Immissionsschäden); vgl. auch OLG Hamm NZV 1993, 361.
4 OLG Frankfurt MDR 1993, 81, 81 f.; zustimmend *Peters* ZZP 107 (1994), 264, 267 f.; a.A. *Schöpflin* Die Beweiserhebung von Amts wegen im Zivilprozeß, S. 166 f.
5 BGH NJW 1962, 2149, 2152; vgl. auch LG Frankfurt NJW-RR 1991, 14.
6 A.A. offensichtlich OLG Düsseldorf VersR 1994, 1322 (LS).

fen der unterliegenden Partei nicht von Amts wegen über die nachträgliche Erstattung der Gerichtsauslagen aufgedrängt werden.

Übernimmt ein **privater Anbieter** aufgrund wissenschaftlichen Interesses die **hohen Kosten** einer wissenschaftlichen Untersuchung zur Erweiterung des Wissens (z.B. whole genome sequenzing zur Vaterschaftsfeststellung bei monozygoten Zwillingen als potentiellen Vätern), soll die Beauftragung bei besonderem Interesse des Antragstellers (dort: des Kindes an der Abstammung) verpflichtend sein. Hingegen ist ohne diese Besonderheiten von einer **Unaufklärbarkeit** auszugehen, wenn angesichts geringer Aussicht auf weiteren Erkenntnisgewinn der finanzielle Aufwand deutlich unangemessen ist.[1]

Etwas anderes soll nach Auffassung *Städings*[2] im **vereinfachten Verfahren** gem. § 495a zu gelten haben; in diesem Geringfügigkeitsverfahren komme dem Richter die Kompetenz zu, auf die Erhebung des Sachverständigenbeweises generell zu verzichten; der Richter könne vergleichbar dem Fall des § 287 (dazu nachfolgend Rz. 8 f.) „schätzen". Dem ist zu widersprechen. § 495a berechtigt den Richter **nur** dazu, das **Verfahren** nach seinem **Ermessen** zu gestalten; dies bedeutet, dass er sich mit amtlichen Auskünften, telefonischen Auskünften etc. begnügen darf, ohne die Vorschriften des Strengbeweises beachten zu müssen. Dies kann jedoch nicht bedeuten, dass er inhaltlich auf die zur Streitentscheidung notwendige Sachkunde verzichten dürfte; die von *Städing* so apostrophierte „Schätzung" zum Anspruchsgrund stellt **richterliche Willkür** par excellence dar.

III. Schadenschätzung

Ein **erweiterter Ermessensspielraum** wird dem Tatrichter allerdings gem. **§ 287 Abs. 1 S. 2** im Bereich der Schadensschätzung eingeräumt. Dieser Norm kann entnommen werden, dass dem Tatrichter insoweit grundsätzlich ein über § 144 Abs. 1 hinausgehendes Hinzuziehungsermessen eingeräumt werden soll.[3] Indessen ist der BGH auch insoweit sehr zurückhaltend.

Soweit es um die Frage geht, ob das Gericht **überhaupt** auf **sachkundige Beratung** verzichten darf, führt § 287 zu keiner Erweiterung des Hinzuziehungsermessens; die auf Vereinfachung und Beschleunigung des Verfahrens zielende Vorschrift rechtfertigt es nicht, in für die Streitentscheidung zentralen Fragen auf fachliche Erkenntnisse zu verzichten.[4] Allerdings kann sich der Tatrichter im **Bereich des § 287** im Gegensatz zu den sonstigen Fällen (vgl. Rz. 10 ff.) z.B. mit der formlosen Auskunft eines behandelnden Arztes begnügen, wenn ihm in dieser Weise der notwendige Sachverstand vermittelt worden ist. Er verstößt nicht gegen §§ 144 Abs. 1, 286, wenn er in einem solchen Fall auf die Erhebung eines Sachverständigenbeweises gem. §§ 402 ff. verzichtet.[5] Ein **einfacher Mietspiegel** kann auf der Grundlage des § 287 die Einholung eines kostspieligen Sachverständigengutachtens entbehrlich machen, wenn die ortsübliche Vergleichsmiete zu ermitteln ist.[6]

---

1 BVerfG NJW 2011, 3772 Rz. 16 f.; nachfolgend OLG Celle v. 30.1.2013 – 15 UF 51/06.
2 *Städing* NJW 1996, 691, 695.
3 So z.B. MünchKommZPO/*Prütting*[4] § 287 Rz. 24.
4 BGH VersR 1976, 389, 390; NJW-RR 1988, 534, 535; BGH NJW 1995, 1619; NJW 1997, 1640, 1641 (Würdigung der Persönlichkeit bei Verdacht auf Begehrensneurose).
5 BGH VersR 1971, 442, 443; vgl. aber OLG Köln MDR 1972, 957 (LS).
6 LG Berlin NJW 2013, 1825, 1826. S. auch BGH WM 2013, 2081 Rz. 23.

IV. Medizinische Sachverhalte

1. Allgemeines

10 **In der Regel** hat der Richter zur Beurteilung medizinischer Sachverhalte ein **Gutachten** einzuholen.[1] Dies gilt für Arzthaftungsprozesse ebenso wie für andere Prozesse mit medizinischer Problematik. Unklarheiten und Zweifel bei den Bekundungen des Sachverständigen sind durch eine gezielte Befragung zu klären.[2]

2. Arzthaftung

11 Vor Einholung eines Gutachtens hat das Gericht in aller Regel die **Krankenunterlagen beizuziehen** und dem Sachverständigen zugänglich zu machen.[3] In Arzthaftungsangelegenheiten gehören die Krankenunterlagen der zu beurteilenden Behandlung zur Tatsachengrundlage des Gutachtens.[4] Auf Mängel der ärztlichen Dokumentation ist hinzuweisen.

12 Das ärztliche oder pflegerische Vorgehen ist **zunächst** aufgrund einer **ex post-Betrachtung** zu **bewerten**. Standards der Behandlung sind unter Berücksichtigung der zu begutachtenden Versorgungsstufe zu bilden. Publizierte Leitlinien der Fachgesellschaften geben dabei Anhaltspunkte. Ein ex post gesehen fehlerhaftes Verhalten muss auf ein **Verschulden** untersucht werden, für das die **Sicht ex ante** maßgebend ist, nämlich unter Zugrundelegung von Daten und Informationen, die dem Arzt zur Verfügung standen oder stehen konnten.

13 Ein vermeidbarer Arztfehler ist sodann auf seine **Wirkungen** für die behauptete körperliche Einbuße zu untersuchen, wobei zwischen der ersten Beeinträchtigung und Folgewirkungen wegen unterschiedlicher Anforderungen an die Kausalitätsfeststellung (§ 286 oder § 287 ZPO) zu differenzieren ist (s. auch Kap. 17 Rz. 30 und Kap. 10 Rz. 69 f.).

14 Der berufsfachliche **Sorgfaltsstandard** darf nur auf einer medizinischen Grundlage festgelegt werden, die durch Sachverständige ermittelt worden ist.[5] Die wertende Entscheidung, ob ein **grober Behandlungsfehler** vorliegt, an den sich Beweiserleichterungen anschließen (Kap. 10 Rz. 69), muss ebenfalls auf durch einen Sachverständigen ermittelten tatsächlichen Anhaltspunkten beruhen.[6] Allerdings obliegt die juristische Wertung selbst nicht dem Sachverständigen, der entsprechend den rechtlichen Kriterien anzuleiten ist.[7] Äußerungen medizinischer Sachverständiger in Arzthaftungsprozessen sind kritisch auf ihre **Vollständigkeit und Widerspruchsfreiheit** zu prüfen.[8]

---

[1] BGH VersR 1990, 297, 298 (Vorerkrankung als Ursache des Versicherungsfalls); BGH NJW 2002, 3112, 3113 (Bestimmung des Blutalkoholgehalts von Leichenblut); BGH NJW 2003, 3411, 3412 (medizinische Indikation für Schwangerschaftsabbruch); *Kullmann* Festschrift Salger (1995), S. 651, 652.
[2] BGH NJW 2010, 3230 Rz. 14.
[3] OLG Oldenburg NJW-RR 1997, 535; OLG Saarbrücken MDR 2003, 1250.
[4] Zum Aufbau medizinischer Gutachten vgl. die auf langjähriger Erfahrung beruhenden Empfehlungen von *Rumler-Detzel* VersR 1999, 1209 ff. und *Schneppokat/Neu* VersR 2001, 23 ff.
[5] BGH NJW 1995, 776, 777; OLG Saarbrücken NJW-RR 2001, 671, 672.
[6] BGH VersR 1997, 315, 316 = NJW 1997, 798; BGH VersR 1998, 585, 586 = NJW 1998, 1782, 1783; BGH VersR 2001, 1030 = NJW 2001, 2792, 2793; BGH NJW 2001, 2794; BGH NJW 2001, 2795, 2796; BGH VersR 2002, 1026, 1027.
[7] Vgl. BGH VersR 2012, 392 Rz. 9 (Verstoß gegen elementare medizinische Erkenntnisse oder Behandlungsstandards?); s. ferner OLG Koblenz NJW-RR 2012, 1302, 1303.
[8] BGH VersR 1997, 191, 192; BGH VersR 2001, 783, 784; BGH NJW 2004, 1871 = VersR 2004, 790, 791; OLG Karlsruhe NJW-RR 2006, 205, 206.

Eigene Literaturrecherchen des Gerichts sind, auch wenn sie unter Nutzung der breiten Informationsmöglichkeiten des Internet betrieben werden, nur zur Vorbereitung einer Beweisaufnahme durch einen Sachverständigen oder zur kritischen Überprüfung seines Gutachtens geeignet, können aber im Regelfall keine hinreichende medizinische Sachkunde vermitteln.[1] Ein notwendiges Gutachten kann nicht durch die Stellungnahme eines anderen behandelnden Arztes als sachverständiger Zeuge ersetzt werden.[2]

Bei der **Anwendung des § 531 Abs. 2** ist darauf zu achten, dass der Patient als Kläger nur einer herabgesetzten Informations- und Substantiierungspflicht unterliegt. Vorbringen erster Instanz, das danach bereits schlüssig ist, kann in der Berufungsbegründung durch weitere Tatsachenbehauptungen konkretisiert werden, ohne dass es als prozessual neu qualifiziert werden darf.[3]

3. Personenbezogene Gutachten

Ist der **Geisteszustand** einer Person zu untersuchen, setzt dies in der Regel eine hinreichende eigene Exploration durch den psychiatrischen Gutachter voraus.[4]

Die **Mitwirkung** zur Einholung eines **kinderpsychologischen Gutachtens** durch Teilnahme des Kindes an einer Untersuchung kann gegen einen Elternteil nicht durch Zwangsgeld nach § 33 Abs. 3 FamFG erzwungen werden; das Weigerungsverhalten soll nach den Grundsätzen der Beweisvereitelung zu würdigen sein.[5] Indes knüpft die Anwendung der **Beweisvereitelungsgrundsätze** (dazu Kap. 8 Rz. 138 ff.) an vorwerfbares, missbilligenswertes Verhalten an, das bei Verweigerung einer Exploration nicht zu bejahen ist, weil damit in das Allgemeine Persönlichkeitsrecht des sich weigernden Probanden eingegriffen würde.[6] In kindschaftsrechtlichen Familiensachen, u.a. solchen zur Entziehung der elterlichen Sorge nach § 1666 BGB, gebietet das **Kindeswohl** (Art. 6 Abs. 2 S. 2 GG) eine Verfahrensgestaltung, bei der vorhandene Ermittlungsmöglichkeiten ausgeschöpft werden.[7] Das persönliche Erscheinen der Beteiligten kann gem. § 33 FamFG erzwungen werden, damit eine gerichtliche Anhörung erfolgen kann,[8] an der ein Sachverständiger (ohne Befragungsrecht) teilnehmen kann.[9] Soweit bei der Entscheidung über die **elterliche Sorge** oder das **Umgangsrecht** das Wohl des Kindes mit Hilfe des **vom Kind geäußerten Willens** zuverlässig beurteilt werden kann, ist ein Sachverständigengutachten entbehrlich.[10]

Anthropologische Vergleichsgutachten, die eine bestimmte Zahl deskriptiver morphologischer Merkmale einer Person mit Lichtbildaufnahmen vergleichen, können sich nicht auf standardisierte Verfahren stützen.[11]

---

1 OLG Naumburg NJW-RR 2004, 964, 965; OLG Naumburg NJW 2001, 3420, 3421.
2 Vgl. OLG Koblenz NJW-RR 2010, 41 (dort: Notwendigkeit von Aufwendungen für stationäre Behandlung im Streit mit Krankheitskostenversicherer).
3 BGH VersR 2004, 1177, 1179.
4 OLG Köln NJWE-FER 1999, 90; BayObLG FamRZ 1999, 1595; s. auch BayObLG FamRZ 2003, 391. Zur Begutachtung der Testierfähigkeit eines Erblassers OLG Düsseldorf NJW-RR 2012, 1100 m.w.N. Zur Anfechtbarkeit der Beweisanordnung zur psychiatrischen Begutachtung KG FamRZ 2002, 970, 971 = NJW-RR 2002, 944, 945; OLG Düsseldorf NJW 2005, 3731; OLG Rostock FamRZ 2006, 554.
5 OLG Koblenz FamRZ 2000, 1233; OLG Karlsruhe FamRZ 1993, 1479, 1480. Zur Ersetzung der Zustimmung OLG Karlsruhe FamRZ 2002, 1210.
6 BGH NJW 2010, 1352 Rz. 25 f.
7 BVerfG FamRZ 2009, 399, 400; BGH NJW 2010, 1351 Rz. 29 f.
8 BGH NJW 2010, 1351 Rz. 33.
9 BGH NJW 2010, 1351 Rz. 34; OLG Frankfurt NJW-RR 2006, 1228.
10 OLG Saarbrücken NJW-RR 2013, 1026, 1027 m.w.N.; OLG Bremen MDR 2013, 1357.
11 BGH (3. StS) NJW 2000, 1350, 1351.

20 Soll eine **Betreuungsbedürftigkeit** gutachterlich geprüft werden, ist der Betroffene vor Erlass einer Beweisanordnung persönlich anzuhören.[1] Das Gutachten muss so gefasst sein, dass dem Gericht eine Überprüfung auf wissenschaftliche Begründung, innere Logik und Schlüssigkeit ermöglicht wird.[2] Regelmäßig ist ein **Arzt mit psychiatrischer Erfahrung** als Gutachter zu bestellen; Abweichungen bedürfen besonderer Begründung.[3] Bei fehlender hinreichender Qualifikation darf das Gutachten nicht verwertet werden.[4] Gleichartig sind die Anforderungen bei **Unterbringungsmaßnahmen** nach § 321 FamFG und bei zwangsweiser Heilbehandlung.[5]

V. Glaubhaftigkeitsbeurteilung, Lügendetektor

21 Die Beurteilung der Glaubhaftigkeit einer Zeugenaussage aufgrund **aussagepsychologischer Gutachten** hat insbesondere bei kindlichen Zeugen in erster Linie die Strafjustiz beschäftigt. Die einschlägige Rechtsprechung verdeutlicht beispielhaft, dass der Grundsatz freier Beweiswürdigung den Tatrichter nicht davon entbindet, **intersubjektiv akzeptable** und daher revisionsrechtlich **kontrollierbare Ergebnisse** zu erzielen.[6] Schon die obligatorische Beiziehung eines psychologischen Sachverständigen bedeutet ein Bekenntnis zur eingeschränkten Kompetenz des Strafrichters.[7] Selbst dem Sachverständigen wird eine Strukturierung der Begutachtung vorgegeben, die eine Überprüfung des Würdigungsvorgangs ermöglicht. Der BGH hat dafür **Mindeststandards** aufgestellt.[8]

22 Der BGH benennt als **methodische Mindestanforderungen** die kriterienorientierte Aussageanalyse, die Trennung von Befundtatsachen und Wertungen, die Angabe des Testverfahrens sowie des Zwecks der Anwendung, die Bildung zutreffender untersuchungsleitender Hypothesen (Nullhypothese als gedanklicher Ausgangspunkt, Alternativhypothesen) und die Darstellung nach den Grundsätzen der Transparenz und der Nachvollziehbarkeit (Mitschrift, Tonband- oder Videoaufzeichnungen als Gutachtenanhang). Prüfungselemente sind die Inhaltsanalyse, die auf die Aussagekompetenz zielende Persönlichkeitsanalyse, die Fehlerquellen- bzw. Motivationsanalyse, die Entstehung und Entwicklung der Aussage, mögliche Schädigungsmotive und Beeinflussungsmomente.

23 In Strafsachen hat der BGH den Einsatz **polygraphischer Untersuchungen** (des Lügendetektors) als **völlig ungeeignetes** Beweismittel i.S.d. § 244 Abs. 3 S. 2 Alt. 4 StPO bewertet, soweit es um den Kontrolltest oder den Tatwissenstest geht.[9] Im Zivilprozess gelten keine anderen Überlegungen[10] (s. auch Kap. 6 Rz. 71).

---

1 BVerfG NJW 2011, 1275. Zur Übertragung dieses Gesichtspunktes auf die Anordnung einer röntgenologischen Untersuchung zwecks Altersbestimmung einer möglicherweise minderjährigen Person OLG Köln MDR 2013, 286, 287 (Folge: Zulassung sofortiger Beschwerde gegen richterliche Genehmigung zur Einholung eines Altersgutachtens).
2 BGH NJW-RR 2011, 649 Rz. 12 = FamRZ 2011, 637; BGH NJW 2012, 317 Rz. 16 m. Bespr. *Fröschle* FamRZ 2012, 88 f. Zur Pflicht zur Bekanntgabe des Gutachtens an den Betroffenen BGH NJW 2014, 1596.
3 BGH NJW-RR 2012, 962 Rz. 12 f.; BGH NJW-RR 2012, 1473 Rz. 10.
4 BGH NJW 2011, 520 Rz. 16.
5 Dazu BGH NJW 2013, 3309 Rz. 7 ff.; BGH NJW 2013, 3748 Rz. 7–9.
6 *Sommer* Festschrift Rieß (2002), S. 585, 598 f.
7 *Sommer* Festschrift Rieß (2002), S. 585, 599.
8 BGH NJW 1999, 2746, 2747 ff.; BGH NStZ 2001, 45 f. Dazu *Offe* NJW 2000, 929 f.; *Jansen* StV 2000, 224 ff.; s. auch BGH NJW 2002, 1813. Zum Übergehen eines Beweisantrages mit Rüge methodischer Mängel des Gutachtens BGH JZ 2010, 461.
9 BGH NJW 1999, 657, 658; s. auch BVerfG NJW 1998, 1938.
10 LAG Rheinland-Pfalz NZA 1998, 670 (LS).

§ 156 Entbehrlichkeit eines Sachverständigen wegen eigener richterlicher Sachkunde

I. Funktion des Richters als Sachkundiger

Die Erhebung des Sachverständigenbeweises kann entbehrlich sein, wenn das Gericht über **ausreichende eigene Sachkunde** schon verfügt oder sich solche Sachkunde durch andere gutachterliche Äußerungen als ein Gerichtsgutachten verschaffen kann. Der berechtigte Verzicht auf ein Sachverständigengutachten führt nicht dazu, dass die Entscheidungsbegründung zu dem potentiellen Beweisthema als ein nunmehr vom Richter abgegebenes Gutachten zu qualifizieren ist. Ein bereits ohne Hilfe eines Sachverständigen sachkundiger Richter **bleibt Richter** und schlüpft **nicht** in die zusätzliche Rolle eines **Beweismittels**.[1] Über die Sachkunde des Gerichts kann kein Beweis erhoben werden. Die Entscheidungsbegründung muss bei Inanspruchnahme eigener Sachkunde in gleicher Weise schlüssig (einleuchtend und nachvollziehbar)[2] sein wie ein Gutachten, dem sich das Gericht anschließen will.

24

II. Eigene Sachkunde des Gerichts

1. Grad der Sachkunde

Grundsätzlich ist der Sachverständigenbeweis entbehrlich, wenn das Gericht selbst über **besondere Sachkunde** (Fachkunde) verfügt, die ihm die Entscheidung des Falles ermöglicht. Besondere Sachkunde ist **von** dem **Wissen kraft Allgemeinbildung** und **allgemeiner Lebenserfahrung zu unterscheiden**, das seinerseits variabel ist, weil es mangels stetiger schulischer oder gesellschaftlicher Konventionen keinen gefestigten Bildungskanon gibt und weil (geringfügiges) Mehrwissen der Richter von deren individuellen Neigungsgebieten sowie ihrem Lebensalter abhängt. Die Unterscheidung ist schwer durchführbar,[3] wegen zusätzlicher prozessualer Anforderungen (Dokumentation in den Entscheidungsgründen, Verhandlungshinweis, s. nachfolgend Rz. 33 ff.), die die Parteien vor einer richterlichen Selbstüberschätzung schützen sollen, bei Inanspruchnahme eigener richterlicher Fachkunde aber erforderlich. Für die Beurteilung der Reichweite eigener Sachkunde kann es darauf ankommen, ob das Gericht nur ein gerichtlich bestelltes Sachverständigengutachten ohne Einholung eines weiteren Gutachtens abweichend würdigen will, oder ob es völlig auf sachverständige Beratung verzichten will.[4]

25

2. Quellen der Sachkunde

a) Kollegialgericht

Ausreichend ist es, wenn die erforderliche Sachkunde anstelle des Sachverständigen durch **ein Mitglied** eines **Kollegialgerichts** an die Richterkollegen vermittelt wird.[5] Das ist in § 114 GVG für kaufmännische Begutachtungen und die Feststellung von

26

---

1 Vgl. zu dieser skurrilen Diskussion im österreichischen Recht *Schumacher* ÖJZ 1999, 132, 138.
2 Vgl. BGH NJW 1997, 1446 = VersR 1991, 510.
3 Darauf hat schon *Stein* Das private Wissen des Richters (1893), S. 83, hingewiesen.
4 Vgl. BGH NJW 1991, 2824, 2825. Zu computertechnischen Kenntnissen BGH NJW-RR 2007, 357 Rz. 14.
5 Die Kommission für das Zivilprozessrecht hat diese Meinung geteilt, auch wenn sie sich im Übrigen nicht über die Voraussetzungen der Erhebung des Sachverständigenbeweises einigen konnte, Kommissionsbericht S. 139.

b) Studium der Fachliteratur

27 Die Sachkunde kann sich aus der Zuhilfenahme von Fachliteratur ergeben. Da aber schon die **Auswertung** der Fachliteratur in der Regel ein Grundmaß an **Sachkunde voraussetzt**, dürfte das Studium der Fachliteratur in den seltensten Fällen die Erhebung eines Sachverständigenbeweises entbehrlich machen.[2] Wenn ein Gericht gleichwohl in dieser Weise entscheidet, hat es in den Urteilsgründen darzulegen, worauf seine **Sachkunde zur Auswertung** der Fachliteratur beruht.[3] Regelmäßig wird das Studium der Fachliteratur den Richter lediglich dazu befähigen, ein bereits vorliegendes Gutachten kritisch zu würdigen.[4] Etwas anderes hat nur dort zu gelten, wo die Auswertung erkennbar keinen besonderen Sachverstand voraussetzt, wie etwa die Benutzung von Tabellen zur Feststellung der ortsüblichen Vergleichsmiete.[5]

c) Gleichgelagerte Fälle

28 Eigene Sachkunde kann der Richter auch aus **häufiger Bearbeitung** anderer **gleichgelagerter Fälle** gewinnen.[6] Er erwirbt dadurch nicht nur die Fähigkeit zur kritischen Würdigung fachlicher Gutachten, sondern ein darüber hinausgehendes, bei der Urteilsfindung verwertbares eigenes Wissen.[7] Gründet er seine Sachkunde auf eine solchermaßen begründete langjährige Erfahrung, ist er **nicht** gehalten, im Einzelnen **darzulegen, welche Fälle** und Begutachtungen die **Grundlage seines Erfahrungswissens** bilden. Insoweit reicht der allgemeine Hinweis auf die richterliche Erfahrung aus.[8]

29 Anderes gilt, wenn der Richter seine Sachkunde zur Entscheidung des Falles auf **konkrete Gutachten aus** einem **anderen Rechtsstreit** stützt (dazu Rz. 44). In diesem Fall muss er den Parteien die Möglichkeit geben, die Gutachten einzusehen und zu ihnen Stellung zu nehmen.[9]

30 Die **ortsübliche Vergleichsmiete** ist in der Regel durch Sachverständigengutachten zu ermitteln, wenn kein qualifizierter Mietspiegel[10] nach § 558d BGB vorhanden ist,[11] doch kann das Gericht von der Einholung eines Gutachtens absehen, wenn es über die erforderliche Ortskenntnis verfügt.[12]

31 Ob die durch jahrelange Befassung mit gleichartigen Rechtsstreitigkeiten erworbene Sachkunde die Beweistatsache gerichtskundig und damit offenkundig i.S.d. § 291

---

1 BPatG GRUR 2013, 165, 170 – Traglaschenkette.
2 Vgl. BGH NJW 1993, 2378 f. = VersR 1993, 749; BGH NJW 1984, 1408, 1408; OLG Naumburg NJW 2001, 3420, 3421.
3 BGH NJW 1993, 2378 f.; BGH NJW 1994, 2419, 2421 = VersR 1994, 984.
4 BGH NJW 1984, 1408.
5 Zutreffend LG Frankfurt NJW-RR 1991, 14, 14 f.
6 BGHZ 44, 75, 82; BGH RzW 1967, 371, 372; BGH GRUR 1991, 436, 440 – Befestigungsvorrichtung II; BGH WRP 2002, 1184, 1185 – Zahnstruktur; BGH GRUR 2003, 789, 791 (Patentstreitsachen); BGH NJW-RR 2009, 715 Rz. 18 u. 20 (havariebedingter Nutzungsausfall) = VersR 2009, 419; vgl. auch LG Hamburg VersR 1989, 1065 f. Verneint trotz langjähriger Tätigkeit in einem Bausenat für Spezialkonstruktion im Brückenbau BGH NJW-RR 1997, 1108.
7 BGHZ 44, 75, 82; BGH NJW 1991, 2824, 2825.
8 BGH RzW 1967, 371, 372; BGH NJW 1991, 2824, 2825.
9 BGH NJW 1991, 2824, 2825 f.
10 Dazu BGH NJW 2013, 775 Rz. 15.
11 Dazu BGH NJW 2013, 775 Rz. 29; *Börstinghaus* NJW 2013, 1767, 1768.
12 BGH NJW 2011, 2284 Rz. 20.

macht und eine Beweiserhebung daher nach § 291 entfällt,[1] oder ob dieses Ergebnis nur – so die hier befürwortete Ansicht – aus einer **sachgerechten Ermessensausübung** bei der Entscheidung über die Einholung eines Sachverständigengutachtens folgt,[2] ist praktisch folgenlos. Auswirkungen auf die Art der Gewährung rechtlichen Gehörs sind damit nicht zu verbinden.[3] Beide Ansichten decken sich darin, dass eine Beweiserhebung nicht stattfindet.

3. Dokumentation, Offenbarung in mündliche Verhandlung

a) Rechtliches Gehör

Anders als nach § 364 der österr. ZPO (Fassung seit 1983) kommt es für die Entscheidung aufgrund besonderer Sachkunde **nicht** auf eine **Zustimmung der Parteien** an. Das österreichische Recht will mit seiner Regelung sicherstellen, dass den Parteien **rechtliches Gehör** zum Bestehen der Sachkunde gewährt wird. Dieser Gesichtspunkt bestimmt auch das deutsche Prozessrecht, für das man sich aber zur Kontrolle der **Nachvollziehbarkeit** und **Überprüfbarkeit** mit weniger begnügt. Die Parteien müssen Gelegenheit haben, sich zu den Grundlagen der Wissensfeststellung zu äußern.[4] Das darf allerdings nicht undifferenziert gefordert werden, weil die Herkunft von Erfahrungswissen nicht beliebig aufklärbar ist. Wollte man daraus eine uneingeschränkte Regel bilden, müsste in letzter Konsequenz auch der gerichtliche Sachverständige die Quellen seiner Sachkunde offenbaren und es müsste der Grad allgemeiner richterlicher Lebenserfahrung erforscht werden.

b) Offenlegung in den Entscheidungsgründen

Entscheidet das Gericht ohne Hinzuziehung eines Sachverständigen Fragen, die üblicherweise nur unter dessen Zuhilfenahme beantwortet werden können, weil sie außerhalb der allgemeinen Lebenserfahrung liegen, so ist es verpflichtet, im Urteil **näher darzulegen, worauf** seine **Sachkunde** beruht[5] (s. auch Kap. 49 Rz. 26). Zwar ist zwischen ungenügender Sachkunde und unzulänglicher Dokumentation des richterlichen Wissens in den Urteilsgründen zu unterscheiden; jedoch ist bei einem solchen Darstellungsmangel nicht auszuschließen, dass die Entscheidung von einem Mangel an Sachkunde beeinflusst ist.[6]

c) Hinweis auf beabsichtigte Verwertung

Kein klares Bild liefert die Judikatur, unter welchen Voraussetzungen der Richter bereits die beabsichtigte Inanspruchnahme besonderer eigener Sachkunde **in der mündlichen Verhandlung offenzulegen** hat.[7] BGH NJW 1991, 2825 bejaht dies abs-

---

[1] So BGH WRP 1998, 881, 882 – Vitaminmangel; anders und eingehend BGH NJW 2004, 1163, 1164 – Marktführerschaft (dazu unten Rz. 51).
[2] So Zöller/*Greger*[30] § 291 Rz. 1a i.V.m. § 402 Rz. 7.
[3] Vgl. BGH WRP 1998, 881, 883: Hinweis auf dienstliche Bekanntheit im Verhandlungstermin des Berufungsgerichts und Möglichkeit des „Gegenbeweisantritts".
[4] BGH NJW 1991, 2824, 2825.
[5] BGH ZIP 2011, 766 Rz. 25 f. (branchenübliche Techniken bei Unternehmensplanung); BGH VersR 2009, 698 Rz. 3; BGH VersR 2007, 1008 Rz. 3; BGH NJW 1999, 1860, 1861 = VersR 1999, 644, 645; BGH RzW 1967, 371, 372; BGH MDR 1970, 321; BVerwG NVwZ-RR 1990, 375, 376.
[6] So OLG Düsseldorf StrV 1991, 553, 554; vgl. auch BayObLG ZSW 1986, 98, 99 m. Anm. *Müller*; BGH NJW 1951, 481, 482.
[7] Vgl. BGH RzW 1962, 76, 77; BGH RzW 1967, 371, 372 (mit nicht plausibler Abgrenzung zur erstzitierten Entscheidung); BGH NJW-RR 2007, 357 Rz. 14.

trakt, wenn sich der Tatrichter „*entscheidend*" auf die eigene, ihm durch zahlreiche Gutachten vermittelte Sachkunde stützen will. Diese – einschränkend gemeinte – Aussage ist nichtssagend, weil es um Sachkunde geht, die einen Sachverständigenbeweis verdrängt, und Beweis ohnehin immer nur über entscheidungsrelevante Tatsachen zu erheben ist. Tatsächlich ging es in der zitierten Entscheidung um die Heranziehung von Gutachten aus konkreten anderen Verfahren, in die den Parteien auf Antrag hätte Einsicht gewährt werden müssen.[1]

35 Geboten ist eine differenzierte Antwort, die das **Bedürfnis der Parteien** nach Offenbarung des richterlichen Fachwissens in der mündlichen Verhandlung sowie die möglichen **Rechtsfolgen unterbliebener Offenlegung** ins Auge fasst:

(1) Sinn macht die Offenlegung nur, wenn zugleich die Quellen genannt werden müssen, aus denen der Richter sein Fachwissen schöpft, so dass die Parteien darin Einblick nehmen, durch eigenen Vortrag auf die Grenzen der Aussagefähigkeit aufmerksam machen sowie die weitere Sachaufklärung durch Beweisanträge steuern können. Die **Benennung konkreter Quellen** kann jedoch nur verlangt werden, soweit die Sachkunde aus Gutachten stammt, die in bestimmten einzelnen Verfahren eingeholt wurden,[2] nicht hingegen bei Herkunft des Wissens aus langjähriger Berufserfahrung (dazu vorstehend Rz. 28). Nichts anzufangen wäre in der mündlichen Verhandlung mit dem abstrakten Hinweis auf eine langjährige Berufserfahrung. **Keinesfalls** wären die Parteien befugt, den Richter in ein **Prüfungsgespräch** über die Qualität seines Fachwissens zu verwickeln. Beweisanträge auf Einholung von Sachverständigengutachten können losgelöst von der richterlichen Mitteilung gestellt werden; ihre Notwendigkeit ergibt sich bereits aus dem Gegenstand des Sachvortrags der Parteien.

(2) Ein Urteil, das wegen der **Anmaßung nicht bestehender Sachkunde** möglicherweise falsch ist, ist aus diesem Grunde zu revidieren, nicht aber, weil ein Verfahrensfehler darin zu sehen wäre, dass es unterblieb, die beabsichtigte Inanspruchnahme eigener Sachkunde in der mündlichen Verhandlung zu offenbaren. Die Erhärtung oder Ausräumung des einschlägigen Verdachts erfolgt allein über die Darlegungen zur Herkunft der Sachkunde in den Entscheidungsgründen des Urteils.

(3) Die weitergehende gegenteilige Auffassung zur Offenlegung der Fachkompetenz in der mündlichen Verhandlung beruht unausgesprochen auf einer **fehlerhaften Gleichsetzung** der richterlichen Bewertung **mit** einem **Gutachten**. Indes erstattet der Richter trotz der Inanspruchnahme eigener Sachkunde selbst kein Gutachten. Sonst müsste man das Gericht sogar als verpflichtet ansehen, das Ergebnis seiner zu verkündenden Beurteilung bereits in der mündlichen Verhandlung – zur Vermeidung einer Überraschung, nämlich wegen zeitraubender Eigeninformation der Parteien als Voraussetzung intervenierender Reaktion, je nach Schwierigkeitsgrad eventuell sogar noch früher – zu offenbaren.[3]

§ 157 Verwertung anderer Gutachten

I. Privatgutachten

1. Parteivortrag

36 Die Parteien können sich im Zivilprozess privater Gutachter bedienen. Vorgelegte **Privatgutachten** sind **keine Beweismittel** i.S.d. §§ 355 ff.[4] Die Einführung des Gutach-

---

1 BGH NJW 1991, 2826; irritierend allerdings die Formulierung a.a.O. 2825: „in *einer Reihe* einschlägiger Prozesse".
2 So im Fall OLG Naumburg NJW 2001, 3420, 3421: Recherche zu medizinischen Erkenntnissen im Internet.
3 Zur Diskussion dieser Konsequenzen im österreichischen Recht s. nur *Schumacher* ÖJZ 1999, 132, 137.
4 BGH VersR 1997, 1158, 1159. Zu Privatgutachten im Arzthaftungsprozess *Hattemer/Rensen* MDR 2012, 1384 ff.

tens in den Prozess geschieht im Wege des Parteivortrages.[1] Irreführend ist es, wenn in diesem Zusammenhang von „urkundlich belegtem Parteivortrag"[2] die Rede ist bzw. die Frage problematisiert wird, ob Privatgutachten im Wege des **Urkundenbeweises** verwertet werden können (näher dazu Kap. 18 Rz. 5). Diese Frage stellt sich gar nicht, weil das Privatgutachten **bloß qualifizierter Parteivortrag** ist.[3] Im Wege des Urkundenbeweises wäre nur zu klären, ob der Aussteller die beurkundete Erklärung abgegeben hat. Nur wenn diese Tatsache bestritten würde, wäre Beweis i.S. der §§ 415 ff. zu erheben. Ob das Gutachten inhaltlich richtig ist (Geltung und Anwendung allgemeiner Erfahrungssätze, Feststellung der Befundtatsachen) und der konkrete Fall damit in einem bestimmten Sinne zu entscheiden ist, ist nicht Gegenstand des Urkundenbeweises.

Eine davon zu trennende Frage ist, in welcher Weise das Gericht Privatgutachten würdigen darf und ob es angesichts eines Privatgutachtens auf die Erhebung des Sachverständigenbeweises verzichten darf. Das Gericht hat das **Privatgutachten als Parteivortrag zu würdigen**. Daraus folgt, dass eine Partei der richterlichen Berücksichtigung des in den Prozess eingeführten Privatgutachtens nicht widersprechen kann,[4] dass kein prozessuales Fragerecht besteht[5] und dass das Gericht nicht verpflichtet ist, den Privatgutachter einer Partei zur gerichtlichen Anhörung des gerichtlich bestellten Sachverständigen zu laden.[6]

2. Verhältnis zum Sachverständigenbeweis

Da das Privatgutachten nur Parteivortrag darstellt und das Gesetz das förmliche Verfahren der §§ 402 ff. vorsieht, das in §§ 406, 410, 411 Abs. 3, 402, 397 zahlreiche Richtigkeitsgarantien zu Gunsten der Parteien enthält,[7] ist das Privatgutachten in der Regel **nicht geeignet**, den **Sachverständigenbeweis zu ersetzen**.[8] In diesem Zusammenhang ist auch zu berücksichtigen, dass die vorprozessuale privatgutachterliche Tätigkeit für eine der Parteien anerkanntermaßen einen Ablehnungsgrund i.S.v. § 406 darstellt (näher Kap. 46 Rz. 25). Dies Ablehnungsrecht würde konterkariert, ließe man Privatgutachter als gleichwertige Erkenntnisquelle zu.[9]

Der von *Müller*[10] kategorisch formulierte Grundsatz, wonach ein Privatgutachten nie den Sachverständigenbeweis ersetzen könne, auch wenn es die volle Überzeugung des Tatrichters herbeigeführt hat, geht in dieser Allgemeinheit zu weit. Nach der vom BGH gebrauchten, allerdings ebenfalls etwas weit geratenen Formulierung darf der Tatrichter seine Überzeugung dann aus dem Privatgutachten gewinnen, wenn er durch das Privatgutachten in den Stand gesetzt wird, ohne Rechtsfehler zu einer **zuverlässigen Beantwortung der Beweisfrage** zu gelangen.[11] Dies kann ausnahmsweise

---
1 BGH VersR 1963, 1188 (LS); BayObLGZ 1987, 260, 265.
2 Z.B. in BGH NJW 1982, 2874, 2875; VersR 1997, 1158, 1159.
3 BGH VersR 2009, 698 Rz. 3; BGH NJW 2005, 1650, 1652; BGH NJW-RR 2003, 69, 71; BGH NJW 2001, 77; BGH NJW-RR 1998, 1527, 1528; OLG Oldenburg NJW-RR 2000, 949, 950; OLG Koblenz VersR 2013, 1518, 1520; Stein/Jonas/*Leipold*[22] vor § 402 Rz. 74.
4 Im Ergebnis so BGH VersR 1962, 450, 451.
5 BGH VersR 1962, 231; BGH VRS 26 (1964), 86.
6 OLG Koblenz VersR 1990, 53, 54; zur Mitwirkung des Privatgutachters bei Augenscheinsterminen vgl. unten § 404a Rz. 22 ff.
7 Darauf stellt *Leipold* zutreffend ab, Stein/Jonas/*Leipold*[21] vor § 402 Rz. 57.
8 BGH VersR 1981, 576, 577; *Gehrlein* VersR 2003, 574, 575.
9 *Müller* Der Sachverständige im gerichtlichen Verfahren[3] Rz. 56.
10 *Müller* Der Sachverständige im gerichtlichen Verfahren[3] Rz. 55b f.
11 So die Formulierung des BGH in BGH NJW 1993, 2382, 2383 = MDR 1993, 797; BGHR § 402 – Privatgutachten 1; BGH VersR 1987, 1007, 1008; BGH NJW 1989, 587, 587; OLG Köln VersR 2014, 492, 493; OLG Köln VersR 2005, 679; OLG Köln VersR 2001, 755/756; vgl. auch OLG Hamm NJW-RR 1993, 1441, 1442. Enger: BGH NJW-RR 1994, 255, 256: ausreichende Entschei-

dann der Fall sein, wenn gegen das Privatgutachten **keine substantiierten Einwände** erhoben werden und der Tatrichter sicher ausschließen kann, dass das Privatgutachten durch (zumindest unbewusste) Parteinahme beeinflusst worden ist. Letzteres kann im Einzelfall dann gegeben sein, wenn das Gutachten ohne besondere Sachkunde auch im Detail nachvollziehbar und überzeugend ist und das Ergebnis des Gutachters durch weitere Indizien bestätigt wird[1] oder der Gutachter dem Gericht auch als gerichtlicher Sachverständiger schon seit langem bekannt ist,[2] so dass der Tatrichter mit Sicherheit ausschließen kann, der Privatgutachter habe sein Gutachten beeinflusst durch Parteilichkeit erstellt.

40 Demgegenüber darf der Tatrichter **bei** zwei widerstreitenden Privatgutachten[3] oder **widerstreitenden Gutachten** eines gerichtlichen und eines privaten Gutachters[4] nicht das Privatgutachten als Erkenntnisquelle zugrunde legen;[5] in diesem Fall muss der Widerspruch durch erneute Befragung des gerichtlichen Sachverständigen bzw. durch Beauftragung eines (weiteren) gerichtlichen Sachverständigen geklärt werden[6] (zur Würdigung widerstreitender Gutachten vgl. auch Kap. 49 Rz. 16).

41 Unklar ist, unter welchen Voraussetzungen der Patentsenat des BGH aus qualifiziertem **technischen Sachvortrag** die Möglichkeit **erfahrener Patentrichter** zu einer eigenen Beurteilung ohne Hinzuziehung eines Sachverständigen als gegeben sieht, wenn ein Patentanspruch aus der Sicht eines Durchschnittsfachmanns auszulegen ist[7] (s. auch Kap. 47 Rz. 20).

42 In jedem Fall kann das Gericht sich auf die Verwertung des Privatgutachtens beschränken, wenn die **Parteien** übereinstimmend der Verwertung „wie eines gerichtlich angeforderten Sachverständigengutachtens" **zustimmen**,[8] weil sie in dieser Weise auf die aus den §§ 402 ff. folgenden Rechte verzichten.[9]

43 Die **Bedeutung des Privatgutachtens** ist allerdings regelmäßig weniger in der Ersetzung des Sachverständigenbeweises zu sehen, als vielmehr darin, dass die Parteien durch Privatgutachten das erkennende Gericht zur **kritischen Würdigung** des von einem **gerichtlichen** Sachverständigen erstatteten **Gutachtens** zwingen können. Ist Sachverständigenbeweis i.S.d. §§ 402 ff. erhoben und greift eine Partei das ihr ungünstige Gutachten mit einem Privatgutachten an, so hat sich das Gericht mit dem Privatgutachten genauso gründlich auseinanderzusetzen wie mit dem abweichenden Gutachten eines weiteren, gerichtlich bestellten Sachverständigen[10] (s. auch Kap. 47

---

dungsgrundlage *nur*, wenn Parteien der Verwertung zugestimmt haben; ebenso OLG Oldenburg NJW-RR 2000, 949, 950.
1 Vgl. BGH VersR 1989, 587, 587; dem folgend OLG Oldenburg VersR 1996, 843 (LS).
2 Vgl. LG Hamburg VersR 1992, 864, 864.
3 So der Fall BGH NJW 1993, 2382, 2383.
4 So z.B. in den Fällen BGH VersR 1981, 587, 587; BGH NJW-RR 2014, 760, Tz. 12 m.w.N.
5 Vgl. BGH VersR 1981, 576, 577.
6 BGH VersR 1981, 576, 577; BGH NJW 2002, 1651, 1654; OLG Koblenz VersR 2013, 1518, 1520.
7 Vgl. BGHZ 112, 140, 150 = NJW 1991, 178 – Befestigungsvorrichtung II; BGH GRUR 2004, 413, 416 – Geflügelkörperhalterung; s. ferner BGH GRUR 2004, 411, 413 – Diabehältnis (Wissen des Fachmanns über die erfindungsgemäße Lösung am Prioritätstag, Erkrankung des gerichtlichen Sachverständigen am Tag der mündlichen Verhandlung).
8 BGHZ 98, 32, 40 = NJW 1986, 3077, 3079; BGH VersR 1993, 899, 900; BGH VersR 1997, 1158, 1159; OLG Oldenburg NJW-RR 2000, 949, 950; OLG Koblenz VersR 2013, 1518, 1520.
9 Zum Erfordernis *ausdrücklicher* Zustimmung nach § 177 Abs. 2 S. 2 FamFG OLG Naumburg NJW-RR 2013, 1413, 1415.
10 BGH VersR 1981, 752; BGH NJW 1997, 794, 795; BGH NJW-RR 1998, 1117 – Ladewagen; BGH NJW 2001, 77, 78 = VersR 2001, 525, 526; BGH GRUR 2000, 138, 140 = WRP 1999, 1297, 1300 – Knopflochnähmaschinen; BGH NJW 2008, 2846 TZ. 25; BGH NJW-RR 2011, 552 Rz. 10 = NJW-RR 2011, 609; zurückhaltender noch BGH VersR 1963, 1188 (LS).

Rz. 17). Es wäre in dieser Situation verfehlt, dem Gutachten des gerichtlich bestellten Sachverständigen mit dem pauschalen Argument den Vorzug zu geben, es könne nicht ausgeschlossen werden, dass das Privatgutachten durch Parteilichkeit beeinflusst sei. Das Gericht hat in diesen Fällen wenigstens den gerichtlich bestellten Sachverständigen zu den privatgutachterlichen Einwänden zu befragen und nötigenfalls ein weiteres Gutachten einzuholen.[1]

II. Gutachten aus anderen Verfahren

Nach h.M. können Gutachten aus anderen Verfahren zu einer **Ersetzung** des Sachverständigenbeweises i.S.d. §§ 402 ff. führen, **soweit** mit ihnen alle **klärungsbedürftigen Fragen beantwortet** werden können. Diese richterrechtlich entwickelte Praxis (zu ihr Kap. 18 Rz. 3 ff.) ist vom Gesetzgeber im Jahre 2004 mit der Regelung des § 411a aufgegriffen worden. 44

Das im **selbständigen Beweisverfahren** erstattete Gutachten eines gerichtlich bestellten Sachverständigen ist kein Gutachten aus einem anderen Verfahren, sondern steht gem. § 493 Abs. 1 der Beweiserhebung vor dem Prozessgericht gleich. Näher zur Substitution einer erneuten schriftlichen Begutachtung § 411a (dazu Kap. 18 § 65). 45

§ 158 Erfahrungssätze

I. Funktion von Erfahrungssätzen, Anwendungskontrolle

Erfahrungssätze gehören **zusammen mit den Denk- und Naturgesetzen zu** den objektivierenden **Grenzen**, die dem Grundsatz **freier** richterlicher **Beweis- und Verhandlungswürdigung** gezogen werden und die damit eine willkürliche Überzeugungsbildung nach rein subjektiven Faktoren ausschließen. Erfahrungssätze sind damit Hilfsmittel bei der rationalen, intersubjektiv akzeptablen Feststellung von Tatsachen, die für den Subsumtionsschluss benötigt werden.[2] Sie können aus der (richterlichen) Lebenserfahrung erwachsen und sich zu überindividueller Gewissheit verdichten. Ihre Akzeptanz hängt von dem Grad an Ergebnisgewissheit ab, der unterschiedlich hoch sein kann. 46

Lebenserfahrung in rechtlichen Kategorien zu erfassen, hat für die **Revisionskontrolle strafrichterlicher Beweiswürdigungen** insbesondere dann Bedeutung, wenn Urteile auf der Grundlage erfahrungswidriger Würdigungen aufgehoben werden sollen. Lebenserfahrung spiegelt Einsichten der Richter, die verallgemeinernd aus der Beobachtung von Einzelfällen gewonnen wurden.[3] Sie kann sich so verdichten, dass ihre Beachtung schlechthin zwingend ist. Erfahrungssätze werden zum Teil in ein **gestuftes Verhältnis** zur allgemeinen Lebenserfahrung gesetzt. Sie beinhalten ihr gegenüber eine höhere Qualität, wie sich in dem Definitionsversuch des 2. Strafsenats des BGH[4] dokumentiert: „Erfahrungssätze sind die aufgrund allgemeiner Lebenserfahrung oder 47

---

1 BGH VersR 1981, 752.
2 Zur Verknüpfung von Erkenntnissen der Wissenschaftstheorie mit dem Beweisrecht *Mummenhoff* Erfahrungssätze im Beweis der Kausalität, 1997; dazu die eingehende Rezension von *Windel* ZZP 112 (1999), 385 ff.
3 *Sommer* Festschrift Rieß (2002), S. 585, 593.
4 BGH, Beschl. v. 8.9.1999, BGHR StPO 261, Erfahrungssatz 6; dazu *Sommer* Festschrift Rieß, S. 592.

wissenschaftlicher Erkenntnisse gewonnenen Regeln, die keine Ausnahme zulassen und eine an Sicherheit grenzende Wahrscheinlichkeit zum Inhalt haben". Klare und generell **akzeptierte Abgrenzungen zwischen Erfahrungssätzen und Lebenserfahrung** gibt es jedoch **nicht**.[1] Erfahrungssätze sind teilweise der empirischen wissenschaftlichen Feststellung durch Sachverständige zugänglich, können aber auch aus der Beobachtung des täglichen Lebens gewonnen werden.[2] Als Grundlage kommen sowohl die allgemeine Lebenserfahrung als auch eine besondere Fach- oder Sachkunde in Betracht.[3]

48 Grundsätzlich ist die Anwendung von **Lebenserfahrung** eine **Aufgabe tatrichterlicher Würdigung**, die nicht der Rechtskontrolle des Revisionsgerichts unterliegt. Sie bedarf aber auch im Zivilrecht einer die Rechtsanwendung vereinheitlichenden Kontrolle durch den BGH, wie insbesondere konträre instanzgerichtliche Entscheidungen zu völlig gleichartigen Lebenssachverhalten im Wettbewerbs- und Markenrecht anschaulich zeigen, die jeweils unter Berufung auf richterliche Lebenserfahrung ergangen sind (s. nachfolgend Rz. 50 ff.). Zu verteilen sind die Aufgaben zwischen Tatrichter und Revisionsrichter in der Weise, dass offenkundig bzw. **evident erfahrungswidrige Tatsachenfeststellungen** kraft Lebenserfahrung der **Überprüfung durch** den **Revisionsrichter** unterliegen; er darf insoweit seine Lebenserfahrung an die Stelle des Tatrichters setzen und den Fall ohne Zurückverweisung an die Tatsacheninstanz durchentscheiden. Die **offensichtliche Nichtbeachtung** oder **Fehlbewertung** der Lebenserfahrung ist wie die Missachtung anerkannter Erfahrungssätze **revisibel**. Sie wird wie die Verletzung materiellen Rechts behandelt,[4] bedarf also keiner an die Frist des § 551 Abs. 2 gebundenen Verfahrensrüge aus § 286.[5]

49 **Entbehrt werden kann** ein **Sachverständigengutachten**, wenn Erfahrungssätze i.S.d. vorgenannten Definition als Teil der richterlichen Lebenserfahrung den Schluss auf Tatsachen erlauben.[6] Dem Gericht unbekannte Erfahrungssätze bedürfen der Feststellung durch Sachverständige, Inhalte berechtigt in Anspruch genommener allgemeiner Lebenserfahrung oder besonderer richterlicher Sachkunde hingegen nicht.

II. Erfahrungssätze zur Verkehrsauffassung

50 Erfahrungssätze werden zur **Feststellung des Verkehrsverständnisses** angewandt, etwa im Markenrecht bei der Ermittlung tatsächlicher Grundlagen der Verwechslungsgefahr oder im Recht gegen unlauteren Wettbewerb bei der Feststellung einer Irreführungsgefahr.[7] Sie treten dann an die Stelle von Beweiserhebungen durch

---

1 *Sommer* Festschrift Rieß (2002), S. 593. Kritisch zur praktischen Brauchbarkeit der Einteilung von Erfahrungssätzen in unterschiedliche Zuverlässigkeitsstufen *Risthaus* Erfahrungssätze im Kennzeichenrecht, 2. Aufl. 2007, S. 335 ff., 339 Rz. 826 (bei abweichender Terminologie).
2 *Sommer* Festschrift Rieß (2002), S. 593.
3 Vgl. Rosenberg/Schwab/*Gottwald*[17] § 111 Rz. 11.
4 Ahrens/*Bornkamm* Wettbewerbsprozess[7] Kap. 30 Rz. 37. A.A. *Risthaus* Erfahrungssätze im Kennzeichenreicht[2] S. 278 Rz. 631 f., S. 339 Rz. 827, S. 341 Rz. 833 f. („eigene Kategorie mit Nähe zur Tatsache"). Im Strafprozess wird der tatrichterliche Umgang mit verbindlichen Erfahrungssätzen in der Beweiswürdigung ebenfalls der Rechtsfrage zugeordnet: BGHSt 31, 86, 89 (zu § 121 Abs. 2 GVG); *Sommer* Festschrift Rieß (2002), S. 593.
5 Wohl a.A. *Risthaus* Erfahrungssätze im Kennzeichenrecht[2], S. 389 Rz. 962 und 964, S. 394 Rz. 975; a.A. eventuell auch Rosenberg/Schwab/*Gottwald*[17] § 142 Rz. 12.
6 Vgl. etwa BGH NJW 1999, 2190, 2191 – Auslaufmodelle I.
7 Dazu *Risthaus* Erfahrungssätze im Kennzeichenrecht[2] S. 369 ff.; *Bornkamm* WRP 2000, 830 ff.; Köhler/*Bornkamm* Wettbewerbsrecht[32] § 5 UWG Rz. 3.10.

demoskopische Gutachten¹ oder IHK-Umfragen.² Die Feststellungen werden auf der Grundlage **allgemeiner Erfahrungssätze** oder spezifischer **richterlicher Sachkunde** getroffen. Der BGH spricht von „Sachkunde und Lebenserfahrung" des Tatrichters.³ Ermittelt wird damit das Verständnis der angesprochenen Verkehrskreise aus der **Sicht eines** durchschnittlich informierten, verständigen und situationsadäquat aufmerksamen **Durchschnittsverbrauchers.**⁴ Begrenzend wirkt nur, dass die Feststellungen nicht außerhalb des Erfahrungsbereichs des Tatrichters liegen dürfen.⁵ Damit werden Vorgaben des EuGH übernommen.⁶ Die Anleitung zur Ermittlung der „mutmaßlichen Erwartung eines solchen Verbrauchers" begreift der EuGH nicht als Gegensatz zur Suche nach dem tatsächlichen Verkehrsverständnis, denn den nationalen Gerichten wird die Befugnis eingeräumt, das Verkehrsverständnis „durch ein Sachverständigengutachten oder eine Verbraucherbefragung zu ermitteln".⁷ Bei der gleichartig angelegten Feststellung der **Verwechslungsgefahr,** in die wertende Vorgaben in stärkerem Maße einfließen, geht es im Ausgangspunkt ebenfalls um Sinneswahrnehmungen, nämlich um fehlgeleitete Wahrnehmungen aufgrund ungenauer Gedächtnisleistungen des angesprochenen Verkehrs.

Die **Dokumentation der Herkunft** des Erfahrungssatzes ist **nicht erforderlich.** Irritierend ist, dass Feststellungen von spezialisierten OLG-Richtern zur Verkehrsauffassung, die zu gleichartigen Sachverhalten in verschiedenen Gerichtsbezirken zeitgleich getroffen werden und in die Revisionsinstanz gelangen, zu konträren Ergebnissen führen.⁸ Dies gebietet, die angewandten Erfahrungssätze zum **Gegenstand einer Beweisaufnahme** machen zu können. Problematisch ist, **unter welchen Voraussetzungen** sie **erschüttert** werden können, damit eine Beweisaufnahme stattfinden. **§ 291** ist **nicht anwendbar;** eine Verkehrsauffassung sieht der BGH nicht als offenkundige Tatsache an.⁹ Deren Feststellung stütze sich auf Erfahrungswissen, das nicht durch Zeugenbeweis zu ermitteln sei, sondern im Falle einer Beweisaufnahme mit Hilfe eines Sachverständigen und aufgrund einer Meinungsumfrage. 51

Der BGH sieht die **Feststellung der Verkehrsauffassung ohne Beweisaufnahme** als die Anwendung eigenen richterlichen Erfahrungswissens an, für dessen Inanspruchnahme dieselben Regeln gelten, wie auch sonst bei Beantwortung der Frage, ob ein Gericht auf die Einholung eines Sachverständigengutachtens verzichten und kraft eige- 52

---

1 Zu den Anforderungen an demoskopische Gutachten Ahrens/*Spätgens* Wettbewerbsprozess⁷ Kap. 28; Gloy/Loschelder/Erdmann/*Pflüger* Handbuch des Wettbewerbsrechts⁴ § 42; *Eichmann* GRUR 1999, 939 ff.; *Niedermann* GRUR 2006, 367 ff.; *Berlit* GRUR 2006, 542, 543 f.
2 Zum Rückgriff auf Erkenntnisse der Linguistik bei der Beurteilung von Markenanmeldungen *F. Albrecht* GRUR 2000, 648 ff.
3 BGH NJW 2002, 1718, 1720 = GRUR 2002, 550, 552 = WRP 2002, 527, 529 – Elternbriefe; BGH GRUR 2003, 247, 248 – Thermalbad; s. auch BGH NJW 1999, 2190, 2191 – Auslaufmodell I.
4 BGH GRUR 2000, 619, 621 = NJW-RR 2000, 1490, 1491 – Orientteppichmuster; GRUR 2000, 1106, 1108 – Möbel-Umtauschrecht; BGH GRUR 2002, 182, 183 = NJW-RR 2002, 329, 330 – Das Beste jeden Morgen; BGH GRUR 2003, 247, 248 – Thermalbad.
5 BGH GRUR 2003, 247, 248 – Thermalbad; s. ferner BGH GRUR 2002, 550, 552 – Elternbriefe.
6 EuGH WRP 1998, 848, 850 Rz. 31 – Gut Springenheide; EuGH WRP 1999, 307, 311 Rz. 36 – Sektkellerei Kessler; EuGH WRP 2000, 289, 292 Rz. 27 – Lifting-Creme; EuGH WRP 2000, 489, 491 Rz. 20 – Darbo.
7 EuGH WRP 2000, 289, 292 Rz. 31 – Lifting-Creme; EuGH WRP 1998, 848, 851 Rz. 35 u. 37 – Gut Springenheide.
8 Vgl. Köhler/*Bornkamm*³² § 5 UWG Rz. 3.15, beispielhaft den Fall BGHZ 139, 368 = GRUR 1999, 264 – Handy für 0,00 DM nennend. Zur Divergenz von Lebenserfahrung in verschiedenen Gerichtsbezirken auch *Risthaus* Erfahrungssätze² S. 279 Rz. 634.
9 BGH GRUR 2004, 244, 245 = NJW 2004, 1163, 1164 = WRP 2004, 339, 341 – Marktführerschaft, unter Distanzierung von den Senatsentscheidungen BGH GRUR 1990, 607, 608 – Meister-Kaffee und GRUR 1992, 406, 407 – Beschädigte Verpackung I; anders auch BGH GRUR 1998, 1052, 1053 – Vitaminmangel: Anwendung des § 291 auf dienstliche Kenntnis aus einer Vielzahl früherer Rechtsstreitigkeiten über die Deckung des Vitaminbedarfs durch die normale Nahrung.

ner Sachkunde entscheiden kann.[1] Dies bedeutet: Hat das Gericht geurteilt, obwohl es nicht sachkundig ist, oder hat es eine mögliche, aber keineswegs selbstverständliche eigene Sachkunde nicht dargelegt, verstößt es gegen § 286, was in der Revisionsinstanz uneingeschränkt gerügt werden kann.[2]

53 **Sachkunde** ist im Allgemeinen **gegeben**, wenn der Richter selbst zu den angesprochenen Verkehrskreisen gehört, unabhängig davon, ob er bei Irreführungssachverhalten eine Irreführung bejahen oder verneinen will.[3] Eine Beweisaufnahme ist auch nicht zwingend geboten, wenn keiner der erkennenden Richter durch die fragliche Werbung angesprochen wird.[4] So kann es bei Konsumartikeln um eine Irreführung über den Preis gehen. Bei Leistungen für Fachkreise können deren besondere Kenntnisse und Erfahrungen entweder irrelevant sein[5] oder der spezialisierte Richter kann die erforderliche Sachkunde besitzen.

54 Einem Beweisantrag auf Einholung eines Sachverständigengutachtens (demoskopischen Gutachtens) ist stattzugeben, wenn **Anhaltspunkte** bestehen, dass Besonderheiten des Sachverhalts **Zweifel an** der Geltung des **Erfahrungssatzes** begründen.[6] Das kann schon mit dem Ergebnis einer privat in Auftrag gegebenen, kostengünstig einzuholenden Befragung geschehen, deren Stichprobe nicht repräsentativ für die Grundgesamtheit ist.[7]

55 Die Inanspruchnahme **eigener Sachkunde** kann danach **nicht** in einem Umfang durch Beweisaufnahme **erschüttert** werden, wie es der **österreichische OGH** gestattet. Nach dessen Judikatur steht es den Parteien „immer frei, selbst Erfahrungssätze zu behaupten und unter Beweis zu stellen oder den Beweis der Unrichtigkeit von Erfahrungssätzen anzutreten".[8]

III. Verkehrssitten, Handelsbräuche

56 Verkehrssitten und Handelsbräuche sind **Erfahrungssätzen gleichzustellen**.[9] Prozessual sind sie daher wie Rechtsnormen und nicht wie Tatsachen zu behandeln.[10] Ihre Feststellung hat von Amts wegen zu erfolgen. Auf § 293 kommt es dafür nicht an.[11]

---

1 BGH GRUR 2004, 244, 245 = NJW 2004, 1163, 1164 – Marktführerschaft.
2 BGH NJW 2004, 1163, 1164 – Marktführerschaft.
3 BGH NJW 2004, 1163, 1164; BGH GRUR 2010, 365 Rz. 15 = WRP 2010, 531 = NJW-RR 2010, 1059; OLG Köln WRP 2012, 478, 479 – Sparkling Tea (dort unabhängig von den Leitsätzen des Deutschen Lebensmittelbuchs nach § 15 LFBG) = GRUR-RR 2012, 222.
4 BGH NJW 2004, 1163, 1164.
5 So in OLG Hamburg GRUR-RR 2004, 267, 268 – Leistungsspitze.
6 Vgl. BGH NJW 2002, 1718, 1720: Umstände, die eine bestimmte Auffassung als bedenklich erscheinen lassen.
7 Zur Einholung eines kostspieligen Privatgutachtens für die Berufungsbegründung OLG München GRUR-RR 2005, 296 (Erstattungsfähigkeit bejaht).
8 OGH ÖBl. 2000, 126, 129 – Tipp des Tages III m.w.N.; OGH ÖBl. 1998, 41, 42 – Inserate-Kombischaltung m.w.N.
9 *Oestmann* JZ 2003, 285, 288.
10 *Oestmann* JZ 2003, 285, 288.
11 A.A. *Oestmann* JZ 2003, 285, 289.

§ 159 Ungeeignetheit, Unergiebigkeit und Unzulässigkeit des Beweises

I. Ungeeignetheit

1. Generelle Ungeeignetheit

Dem Antrag auf Erhebung des Sachverständigenbeweises ist nicht zu entsprechen, wenn der Sachverständigenbeweis zur Beantwortung der Beweisfrage ungeeignet ist (s. auch Kap. 12 Rz. 37). Es handelt sich um eine Vorhersage der **Ergebnislosigkeit der Beweisaufnahme**. Im Gegensatz zur StPO, die dem Richter bei „völliger" Ungeeignetheit des Beweismittels (§ 244 Abs. 3 StPO) ein **Ablehnungsrecht** einräumt, regelt die ZPO dies nicht ausdrücklich.[1] Es ergibt sich aber aus der richterlichen Pflicht zur Prozessbeschleunigung und Kostenminimierung, auch wenn der Zivilprozess gegen gezielt verschleppend gestellte Beweisanträge weniger anfällig ist. Da sich die Ungeeignetheit nur im Wege der Vorausschau klären lässt, handelt es sich insoweit um eine Ausnahme vom Verbot der **Beweisantizipation**.[2] Sie bedarf deshalb der näheren Begründung. Die Vorwegnahme der Beweiswürdigung ist unzulässig, wenn nur die – möglicherweise sogar naheliegende – Erwartung besteht, bei der beantragten Beweiserhebung „komme nichts heraus".[3]

57

Die Ungeeignetheit kann sich aus der Person des Sachverständigen und der damit verbundenen **mangelnden Kompetenz** zur Beantwortung der Beweisfrage ergeben. Da der „Parapsychologie" keine gesicherten wissenschaftlichen Erkenntnisse zugrunde liegen, ist die Benennung einer **Hellseherin** zum Beweis äußerer, nicht von ihr wahrgenommener Tatsachen ungeeignet.[4] Die Ungeeignetheit kann sich auch aus dem **Beweisthema** ergeben. So ist der Sachverständigenbeweis definitionsgemäß ungeeignet zum Beweis bestrittener Anschlusstatsachen.[5] Ein ärztliches Sachverständigengutachten kann nicht beweisen, wie eine jugoslawische Kommission den dort gestellten Antrag einer Frau auf einen Schwangerschaftsabbruch entschieden hätte.[6] Ein Sachverständigengutachten zur „marktgerechten" Preisgestaltung kommunaler Abfallentsorgungsgebühren ist taugliches Beweismittel, wenn ein Markt für die Leistungen vorhanden ist.[7]

58

2. Einzelfallbezogene Ungeeignetheit

Der Sachverständigenbeweis kann auch wegen einzelfallbezogener Unergiebigkeit entbehrlich sein, die allerdings nicht scharf von der (generellen) Ungeeignetheit zu unterscheiden ist. Einschlägige Fälle werden vielfach der Gruppe der Ungeeignetheit zugeordnet, dies insbesondere wegen des umfassend verstandenen Terminus der Ungeeignetheit in § 244 Abs. 3 StPO. Unergiebig ist die Gutachteneinholung, wenn die zur Beweiserhebung notwendigen Anschlusstatsachen (Definition Kap. 47 Rz. 8) unaufklärbar sind und dem Sachverständigen damit jede **tatsächliche Grundlage fehlt**.[8] Hierbei ist jedoch einschränkend zu beachten, dass der Sachverständigenbeweis, auch

59

---

1 Zur Anwendung des § 244 Abs. 3 StPO im Zivilprozess BGH NJW 1994, 1348, 1349.
2 *Müller* Der Sachverständige im gerichtlichen Verfahren³ Rz. 103 (zu § 244 StPO).
3 BVerwG NVwZ-RR 1999, 336: Das Sachverständigengutachten sollte die aus verschiedenen Indizien gewonnene Überzeugung zur Haupttatsache erschüttern.
4 BGH NJW 1978, 1207.
5 Vgl. OLG Düsseldorf VersR 1993, 1167, 1168.
6 OLG Hamburg VersR 1987, 1145, 1146 a.E.
7 BVerwG NVwZ-RR 1999, 336.
8 BGH StV 1990, 7 (Feststellbarkeit der Vernehmungsfähigkeit eines heroinabhängigen Zeugen anlässlich früherer polizeilicher Vernehmung); KG VersR 2008, 275; vgl. auch BGH VersR 1959, 392; OLG Düsseldorf VersR 1993, 1067, 1168 und OLG Frankfurt WRP 2014, 103, 105 Rz. 28.

wenn keine sicheren und zwingenden Schlüsse möglich sein sollten, u.U. zumindest den Beweis einer **gewissen Wahrscheinlichkeit** der Beweistatsache erbringen kann, der zusammen mit anderen Umständen die gerichtliche Überzeugung herbeiführen kann (zur Würdigung von Sachverständigengutachten vgl. Kap. 49 Rz. 48 ff.).[1] Auf die Hinzuziehung des Sachverständigen wegen Unergiebigkeit darf nur dann verzichtet werden, wenn der Tatrichter ohne besondere Sachkunde zu entscheiden in der Lage ist, dass die fehlenden Anschlusstatsachen zur Ermittlung der Befundtatsachen zwingend notwendig sind. Demgegenüber darf der Tatrichter nicht ohne Darlegung der eigenen Sachkunde im Wege der vorweggenommenen Beweiswürdigung prüfen, ob ein Sachverständiger in der Lage wäre, aus den vorhandenen Anschlusstatsachen Befundtatsachen zu ermitteln.[2] Auf die Vervollständigung des Vortrags der Anknüpfungstatsachen hat der Tatrichter nach § 139 Abs. 1 S. 2 hinzuwirken.[3]

II. Unzulässigkeit

60 Die Erhebung des Sachverständigenbeweises kann im Einzelfall unzulässig sein. Die Unzulässigkeit kann sich aus dem **Beweisthema**, aus der **Art der Beweiserhebung** oder aus einem **Beweiserhebungsverbot** nach allgemeinem Beweisrecht ergeben.

61 Unzulässig ist die Einholung von **Rechtsgutachten** („iura novit curia") mit Ausnahme der in § 293 eröffneten Möglichkeit, über die Geltung ausländischen Rechts (zu dem nicht das EU-Recht zu zählen ist[4]), Gewohnheitsrechts oder von Statuten Beweis erheben zu dürfen (s. Kap. 2 Rz. 13 f.). Dementsprechend ist bei der Formulierung des Beweisthemas zu beachten, dass dem Sachverständigen nicht die Subsumtion unter juristische Tatbestandsmerkmale überlassen werden darf.[5]

62 Eine weitere Einschränkung gilt für solche Bereiche, in denen sachverständige Gremien **Beurteilungsrichtlinien** als antizipierte Sachverständigengutachten erlassen haben, denen wegen des Gebots gleichmäßiger Handhabung seitens der Verwaltung (Art 3 Abs. 1 GG) **normähnliche Wirkungen** zukommen. In diesem Zusammenhang hat das BSG für die sogenannten „Anhaltspunkte für die ärztliche Gutachtertätigkeit (AHP)" entschieden, dass die AHP im Hinblick auf ihre generelle Richtigkeit nicht durch Einzelfallgutachten widerlegt werden können.[6]

63 Die Gerichte haben **vorrangige Beurteilungskompetenzen** der **Legislative und** der **Exekutive** zu beachten und dürfen deren Einschätzungen ungewisser komplexer Gefährdungslagen nicht nach sachverständiger Beratung durch eigene Einschätzungen ersetzen. Werden ungewisse Gefährdungen für die menschliche Gesundheit, denen Menschen wegen des Betriebs technischer Anlagen ausgesetzt sind, z.B. von **Mobilfunkanlagen** ausgehenden hochfrequenten elektromagnetischen Feldern, vom Gesetzgeber oder einem Verordnungsgeber auf der Grundlage des Wissens von Expertenkommissionen bei noch fehlenden verlässlichen wissenschaftlichen Erkenntnissen einer eigenständigen **Risikoeinschätzung** unterworfen und wird mit der Festsetzung von **Risikogrenzwerten** ein angemessener Entscheidungsspielraum genutzt, haben die **Gerichte** nur eine **eingeschränkte Prüfungsbefugnis** der komplexen Gefährdungs-

---

1 BGH NStZ 1995, 97, 98; OLG Düsseldorf NStZ 1990, 506 (Vergleichsschriftgutachten aufgrund von 3 Worten).
2 Vgl. BGH VRS 71 (1986), 133, 135 (Ursachen einer Schiffskollision).
3 BGH VersR 2009, 517 Rz. 8.
4 Vgl. nur *Nicolaysen* EuR 1988, 411.
5 OLG Hamburg ZSW 1983, 43, 44 m. Anm. *Müller* (Ermittlung des Minderwertes nach § 472 BGB).
6 BSG NZS 1993, 512, 513.

lage. Sie müssen die Verteilung der Verantwortungsbereiche respektieren.[1] Es ist Sache des Gesetz- oder Verordnungsgebers, den Erkenntnisfortschritt der Wissenschaft mit geeigneten Mitteln zu beobachten und zu bewerten sowie geänderte Schutzmaßnahmen zu treffen.[2] Eine gerichtliche Beweiserhebung anlässlich eines konkreten Streitfalls, z.B. einer Nachbarrechtsklage, ist nicht geeignet, die gebotene Gesamteinschätzung des komplexen wissenschaftlichen Erkenntnisstandes zu leisten.[3]

Nach Auffassung des OLG Düsseldorf soll die Erhebung des Sachverständigenbeweises dann unzulässig sein, wenn das Gutachten zur Aufklärung eines behaupteten ärztlichen Behandlungsfehlers (fehlerhafte Tubensterilisation durch Thermokoagulation des Eileiters) nur bei **Durchführung** einer operativen Inspektion der dafür zu eröffnenden Bauchhöhle erstattet werden kann, die **mit** allgemeinen **Operationsrisiken** für **Leben** und **Gesundheit** verbunden ist, und gleichzeitig der Erfolg einer derartigen prozessualen Sachaufklärung ungewiss ist. Dies soll selbst dann zu gelten haben, wenn sich die (beweisbelastete) Prozesspartei mit der Operation einverstanden erklärt hat und andernfalls als beweisfällig zu behandeln ist.[4]

III. Vereitelung des Sachverständigenbeweises

1. Notwendige Mitwirkungshandlungen

Der Sachverständige hat keine **öffentlich-rechtlichen Eingriffsbefugnisse**. Die **Erhebung** des Sachverständigenbeweises ist deshalb **unmöglich** und wird **vereitelt**, wenn eine der Parteien oder eine am Prozess nicht beteiligte dritte Person Mitwirkungshandlungen unterlässt, die zur Gutachtenerstattung notwendig sind. Zu denken ist etwa an die Teilnahme an einer ärztlichen Untersuchung, die Gestattung des Zugangs zu einem Grundstück,[5] die Inbetriebnahme einer Maschine oder Anlage oder die Nichtzustimmung zu einer Bauteilöffnung (Kap. 47 Rz. 13 und 23). In Betracht kommt aber auch die aktive Veränderung des Zustandes eines Inspektionsgegenstandes.

2. Mitwirkung der beweisbelasteten Partei

Soweit die **beweisbelastete Partei** die Mitwirkung vorenthält, kann sie gem. § 356 nach fruchtloser Fristsetzung[6] mit dem **Beweismittel ausgeschlossen** werden.[7] Sodann ergeht auf der Grundlage der Beweislast eine Entscheidung gegen sie, weil sie beweisfällig geblieben ist.

---

1 BVerfG NJW 2002, 1638, 1639 – Mobilfunkanlage; OLG Frankfurt NJW-RR 2005, 1544, 1545.
2 BVerfG NJW 2002, 1638, 1639. Zum Moment der Unwissenheit als Merkmal von Risikoeinschätzungen *Jaeckel* JZ 2011, 116 ff.
3 BVerfG NJW 2002, 1638, 1639. Unrichtig daher die Beschlussanfechtungsentscheidung OLG Hamm NJW 2002, 1730, 1731 mit der Gleichsetzung von Ungewissheit und tatsächlicher Beeinträchtigung i.S.d. § 14 Nr. 1 WEG durch Errichtung einer Mobilfunkantenne.
4 OLG Düsseldorf NJW 1984, 2635.
5 So in OLG Koblenz NJW 1968, 897.
6 Entbehrlich ist die Fristsetzung, wenn sie angesichts ernsthafter Weigerung eine bloße Förmelei wäre, BGH NJW 1993, 1391, 1393.
7 OLG Braunschweig NJW-RR 1992, 124 f. (Fernbleiben von ärztlicher Untersuchung); s. ferner OLG Hamm VersR 2001, 249 (fehlende Entbindung von der Schweigepflicht zur Beziehung der ärztlichen Dokumentation als Grundlage der Begutachtung).

3. Mitwirkung des Beweisgegners

67 Soweit der **Beweisgegner** die Befunderhebung blockiert und damit der beweisbelasteten Partei die Führung des Sachverständigenbeweises unmöglich macht, finden die Grundsätze zur Beweisvereitelung Anwendung (dazu Kap. 8 Rz. 146). Der Tatrichter kann im Wege der freien Beweiswürdigung das **Verhalten des Beweisgegners würdigen** und im Einzelfall ein dem Beweisführer günstiges Beweisergebnis unterstellen[1] (näher dazu Kap. 7 Rz. 21, Kap. 5 Rz. 19 f. und Kap. 47 Rz. 43).

68 Entzieht sich der mögliche Kindesvater einer **Abstammungsuntersuchung** durch Flucht ins Ausland, kann analog § 444 von seiner Vaterschaft ausgegangen werden.[2] Verweigert der auf Vaterschaftsfeststellung in Anspruch genommene Mann unberechtigt notwendige Untersuchungen und können diese nicht zwangsweise durchgesetzt werden, kann er nach vorherigem Hinweis so behandelt werden, als hätten die Untersuchungen keine schwerwiegenden Zweifel an seiner Vaterschaft erbracht.[3] Vereitelt der Beweisgegner in einem Prozess über Baumängel die Erhebung des Sachverständigenbeweises durch **arglistigen Weiterbau** oder voreilige Sanierung, darf der Tatrichter analog § 444 von der Richtigkeit des Tatsachenvortrages des Beweisführers ausgehen.[4] Verweigert der auf Zahlung vor Abnahme in Anspruch genommene Käufer von Individualsoftware die **Vorlage der Originaldisketten** und vereitelt er in dieser Weise den vom Kläger mittels Sachverständigengutachten zu führenden Beweis der Mangelfreiheit, darf das Gericht in freier Beweiswürdigung von der Mangelfreiheit ausgehen.[5] Eine prozessordnungsgemäße Durchführung der Beweisaufnahme wird auch vereitelt, wenn anlässlich der in einem Bauprozess notwendigen Augenscheinseinnahme durch einen gerichtlichen Sachverständigen, die parteiöffentlich ist, der vom Prozessgegner beauftragte Privatgutachter unter Berufung auf das Hausrecht vom Grundstück verwiesen wird; § 444 ist anzuwenden.[6]

4. Materiell-rechtlich gebotene Mitwirkung

69 Gegen den Beweisgegner oder gegen **dritte Personen**, auf die eine Prozesspartei nicht durch Weisungen (etwa als Arbeitgeber) einwirken kann, besteht allenfalls ein **materiell-rechtlicher Duldungs- oder Mitwirkungsanspruch**, der dann in einem gesonderten Verfahren tenoriert werden muss.[7] In Betracht kommt insbesondere § 809 BGB (dazu Kap. 7 Rz. 29). Dieser Anspruch ist nach der Titulierung durch unmittelbaren Zwang nach §§ 890, 892 durchzusetzen. S. dazu auch Kap. 47 Rz. 13. Zur Mitwirkung in Kindschaftssachen nach FamFG s. Kap. 44 Rz. 18.

---

1 OLG Koblenz NJW 1968, 897.
2 OLG Braunschweig DAVorm 1981, 52 f.
3 BGH NJW 1993, 1391, 1393 (auch zur streitigen Begründung der Rechtsfolge).
4 OLG Düsseldorf BauR 1980, 289 f.
5 LG Köln BB 1994, 13, 13 f.
6 Vgl. OLG München MDR 1989, 71.
7 Vgl. BVerfG NJW 1987, 2500, 2501: Betreten einer Wohnung für Schallmessungen; Anwendbarkeit des Art. 13 Abs. 3 GG als zweifelhaft angesehen, jedoch nicht abschließend entschieden. Zur Beschwer einer Duldungsklage im Zugewinnausgleichsverfahren BGH FamRZ 1999, 647, 648; zum Streitwert OLG Zweibrücken FamRZ 1998, 1308.

Kapitel 45:
Bestellung des Sachverständigen

	Rz.		Rz.
§ 160 Beweisantritt		3. „Auswahlgutachter"	33
I. Bedeutung des Beweisantrages	1	IV. Delegation, Substitution	
II. Inhalt des Antrags		1. Delegation des Bestimmungsrechts	34
1. Benennung des Sachverständigen	5	2. Heranziehung von Mitarbeitern	36
2. Konkretisierung des Beweisthemas	7	3. Folgen unzulässiger Vertretung/Substitution	37
III. Antragsrücknahme	12	V. Öffentlich bestellte Sachverständige	
IV. Auslagenvorschuss	13	1. Vorrangige Beauftragung	39
§ 161 Auswahl des Sachverständigen		2. Rechtsstellung	41
I. Gutachtendilemma	14	VI. Einigung der Parteien	43
II. Auswahl des Sachverständigen aufgrund Ermessensentscheidung	15	VII. Ausländische Sachverständige	45
III. Sachkunde		VIII. Beschränkte Kontrolle fehlerhafter Sachverständigenauswahl	46
1. Fachgebiet/generelle Eignung		IX. Übertragung des Auswahlrechtes auf beauftragte oder ersuchte Richter, § 405 ZPO	48
a) Fachgebietszuordnung	21		
b) Ungewisse wissenschaftliche Methodik	23	X. Befugnisse des beauftragten oder ersuchten Richters	49
2. Qualifikation/individuelle Eignung	28		

§ 160 Beweisantritt

Schrifttum:

Stockmann, Richterliche Anordnungen versus Parteiherrschaft im Zivilprozess, NJW 2007, 3521.

I. Bedeutung des Beweisantrages

Das Gericht kann Sachverständigenbeweis **von Amts wegen** erheben (§ 144),[1] ist also auf einen Beweisantrag gem. § 403 nicht angewiesen. Der Beweisantrag hat insoweit nur die Bedeutung einer **Anregung**.[2] Die beweisbelastete Partei verdeutlicht damit, dass ihres Erachtens der Prozess **nicht ohne** Inanspruchnahme **sachverständiger Hilfe** entschieden werden kann. Übergeht das Gericht den Antrag, so hat es in den Entscheidungsgründen darzutun, warum es auf die Hinzuziehung eines Sachverständigen verzichtet hat (eigene Sachkunde, Unerheblichkeit, Ungeeignetheit, Unzumutbarkeit; näher dazu Kap. 44 Rz. 25, 57 ff., 64). 1

Legt die beweisbelastete Partei ein **Privatgutachten** vor, das qualifizierten Sachvortrag darstellt, und vermag das Gericht die Feststellungen nicht kraft eigener Sachkunde 2

---

1 Zur Anwendung des § 144 s. BGH NJW 2004, 1163, 1164 – Marktführerschaft (zur Ermittlung der Verkehrsauffassung); BGH GRUR 2010, 314 Rz. 28 f. – Kettenradanordnung II; BGH NJW 2012, 3512 Rz. 29 ff. – Delcantos Hits; BGH GRUR 2013, 316 Rz. 23 ff. – Rohrmuffe (Verknüpfung mit Beweisermittlungsvoraussetzungen nach § 140c PatG); OLG Oldenburg NJW-RR 2000, 949, 950.
2 Unrichtig daher KG MDR 2010, 345 (Verletzung der Prozessförderungspflicht behauptend).

zu treffen, hat es einen gerichtlichen Sachverständigen **von Amts wegen hinzuzuziehen**.[1] Unzutreffend ist die Ansicht, in Verfahren, für die der Beibringungsgrundsatz gilt, komme die Einholung eines Sachverständigengutachtens von Amts wegen nur ausnahmsweise in Betracht.[2] Richtig ist nur, dass die Begutachtung mit der Zahlung eines **Auslagenvorschusses** zu verknüpfen ist (nachfolgend Rz. 3).

3   Das Gericht kann die Erhebung des Sachverständigenbeweises **von der Stellung eines Parteiantrages abhängig machen**, soweit für die gutachtlich zu beweisende Tatsache die Verhandlungsmaxime gilt. Betroffen ist davon die Zahlung eines **Auslagenvorschusses** gem. §§ 402, 379 (näher dazu Kap. 42 Rz. 33). Hat die beweisbelastete Partei keinen Beweis angetreten, hält das Gericht eine sachverständige Begutachtung aber für erforderlich, hat es auf die **Notwendigkeit** der Begutachtung und **eines Beweisantritts hinzuweisen**. Bleibt ein Beweisantrag der beweisbelasteten Partei trotz eines entsprechenden Hinweises aus, so handelt das Gericht in der Regel nicht ermessensfehlerhaft, wenn es auf die Einholung eines Gutachtens von Amts wegen verzichtet.[3] Dies hat vor allem Bedeutung, wenn mit **hohen Gutachtenkosten** zu rechnen ist, die für die unterliegende Partei entsprechende **Erstattungspflichten** auslösen würden. Unter diesen Umständen muss das Gericht prüfen, ob eine Beweisanordnung nach § 144 nicht unverhältnismäßig ist, und es muss überdies die Parteien auf die zu erwartende Kostenbelastung hinweisen.[4]

4   **Übergeht** das Gericht den **Beweisantrag**, ohne die Entbehrlichkeit der Begutachtung darzutun, handelt es sich um einen **wesentlichen Verfahrensfehler**, der zur Zurückverweisung gem. § 538 Abs. 2 Nr. 1 berechtigt.[5] Insoweit ist der Parteiantrag als echter Beweisantritt und nicht nur als Anregung zur Beweiserhebung von Amts wegen anzusehen. Zur Anwendung des § 538 auf unterbliebene Tatsachenfeststellungen s. näher dort. Können Behauptungen nur durch Sachverständigenbeweis geklärt werden, darf die beantragte **Prozesskostenhilfe** nur verweigert werden, wenn aus besonderen Gründen offensichtlich ist, dass die Behauptungen nicht erweislich sind.[6] Im **Urkundenprozess** ist der Sachverständigenbeweis kein statthaftes Beweismittel (§ 595 Abs. 2) Diese Beschränkung kann nicht durch die Vorlage eines schriftlichen Privatgutachtens umgangen werden.[7]

II. Inhalt des Antrags

1. Benennung des Sachverständigen

5   Der Sachverständige muss grundsätzlich **nicht namentlich benannt** werden.[8] Das ist auch im selbständigen Beweisverfahren nicht (mehr) erforderlich, vgl. § 487 Nr. 3. Benannt wird stattdessen das Beweisthema mit dem Zusatz, dass darüber eine Begut-

---

1 Vgl. BGH NJW 2005, 1650, 1653.
2 So aber OLG Oldenburg NJW-RR 2000, 949, 950.
3 OLG Frankfurt NJW-RR 1993, 169, 170 = MDR 1993, 81, 82; OLG Oldenburg NJW-RR 2000, 949, 950; s. ferner BGH NJW 2000, 870, 871 = GRUR 2000, 73, 75 – Tierheilpraktiker; BGH NJW 2012, 3512 Rz. 31 f. – Delcantos Hits.
4 OLG Naumburg FamRZ 2003, 385, 386 (Niederschlagung von Gutachtenvorbereitungskosten zur Ermittlung unterhaltsrechtlich relevanten Einkommens).
5 SchlOLG SchlHA 1986, 153 f. (Verfahrensfehler wegen Verstoßes gegen Art 103 GG durch Übergehen des entscheidungserheblichen Beweisantrages); OLG München VersR 1994, 621 (LS). OLG München NJW 2011, 3729, 3731; KG VersR 2012, 774, 775.
6 OLG Stuttgart VersR 2008, 1373.
7 OLG Koblenz NJW 2012, 941, 942.
8 BayObLGZ 1967, 104, 110.

achtung begehrt wird. Diese inhaltliche Beschränkung folgt aus dem Wortlaut des § 403 sowie dem Auswahlrecht des Prozessgerichts (§ 404 Abs. 1 S. 1).

Eine als **Anregung** für das Gericht zu verstehende spontane **persönliche Benennung** ist bei fehlender Aussicht auf eine Einigung der Parteien (§ 404 Abs. 4) **nicht zweckmäßig**, weil damit Einwände der Gegenseite gegen die benannte Person wegen geargwöhnter Parteilichkeit provoziert werden. Allerdings kann das Gericht den Beweisführer gem. § 404 Abs. 3 auffordern, geeignete Personen zu benennen. Zweckmäßig ist die Aufforderung zu – vorläufig – **verdeckter Benennung** (dazu Rz. 16). Gemäß § 404 Abs. 4 können die Parteien das Gericht durch **einverständliche Benennung** eines Sachverständigen binden.

2. Konkretisierung des Beweisthemas

Hinsichtlich der Bestimmtheit des Beweisantrages wird häufig formuliert, die **summarische Benennung** des **Beweisthemas** reiche aus; im Gegensatz zu den Beweisthemen eines Zeugenbeweises sei eine genaue Bezeichnung der zu beweisenden Tatsachen nicht erforderlich.[1] § 403 nimmt damit auf die Informationsnot der beweispflichtigen Partei Rücksicht und verlangt **keine wissenschaftliche** (sachverständige) **Substantiierung**.[2] Es muss das Ergebnis mitgeteilt werden, zu dem der Sachverständige kommen soll.[3] Der BGH hat eine dezidierte Benennung der notwendigen Anschlusstatsachen im Sachvortrag der Partei als entbehrlich angesehen, soweit der Sachverständige bei Beweiserhebung ohnehin eine Augenscheinseinnahme des Beweisobjektes durchzuführen hat und insoweit notwendige Anschlusstatsachen als Zusatztatsachen regelmäßig selbst ermittelt[4] (näher dazu Kap. 47 Rz. 27 ff.).

Das ist insoweit zutreffend, als ein zu unbestimmter Antrag das Gericht nicht von seiner Pflicht befreit, gegebenenfalls von Amts wegen (§ 144) Beweis zu erheben. Unrichtig ist aber, in der verminderten Substantiierungslast ein Spezifikum des Sachverständigenbeweises oder gar des § 403 zu sehen. Welcher **Grad an zumutbarer Substantiierung** für den Parteivortrag zu verlangen ist, richtet sich u.a. nach der **Sachkunde der Parteien**.[5] Die Anforderungen an die Substantiierung erhöhen sich nicht, weil die darlegungspflichtige Partei aus einem anderen Verfahren ein Gutachten vorlegt, das der Tatrichter als unzureichend ansieht.[6]

Daraus ergeben sich **Differenzierungen**, die für einzelne **materielle Rechtsgebiete** typisch sind. So gelten beispielsweise im **Arzthaftungsprozess** für den regelmäßig nicht sachkundigen Patienten stark **abgesenkte Anforderungen** an den **Parteivortrag** zum medizinischen Geschehen.[7] **Fehlende Krankenunterlagen** sind kein Beweiserhe-

---

1 RG JW 1899, 398 Nr. 14 (streitig war die vertragswidrige Übernahme eines Verfahrens zur Herstellung eines Produkts, Beweisantritt ohne detaillierte Darstellung der technischen Unterlagen); BGH NJW 1995, 130, 131; BVerwG NJW 1987, 970, 971; MünchKommZPO/*Zimmermann*[4] § 403 Rz. 3.
2 BGH NJW 1995, 130, 131; *R. Söllner* Der Beweisantrag im Zivilprozeß, Diss. Erlangen 1972, S. 67 f.
3 BGH NJW 1995, 130, 131.
4 BGH NJW-RR 1995, 715, 716 (dort: Beschaffenheit nicht mehr sinnvoll nutzbarer Gaststättenräume zur Stützung des zu beweisenden Umsatzausfalls).
5 Vgl. z.B. BGH NJW 1974, 1710; OLG München OLGZ 1979, 355, 356 f.; OLG Hamm VersR 2002, 448 (LS).
6 BGH NJW 2008, 1311 Rz. 2.
7 BGH VersR 2004, 1177, 1179 (mit Auswirkungen auf die Handhabung des seit 2002 geltenden Berufungsrechts); OLG München OLGZ 1979, 355, 356 f.; vgl. auch Rechtsprechung des BAG zur Substantiierungspflicht im Kündigungsschutzprozess bei Kündigung wegen Erkrankungen, BAG NJW 1990, 2341, 2343; BAG NJW 1990, 2340, 2341.

10 Eine **verminderte Substantiierungslast** kann sich aus der Natur des Sachverständigenbeweises ergeben, als der Sachverständige im Rahmen der Begutachtung kraft seiner Sachkunde selbständig Tatsachen ermitteln muss und die Gegenpartei deshalb nicht vor globalem Parteivortrag geschützt werden muss, der ihr anderenfalls die Prozessführung erschwert (vgl. dazu Kap. 47 Rz. 29). Legt die darlegungspflichtige Partei ein **Privatgutachten** vor, kann ihr allenfalls in Ausnahmefällen entgegengehalten werden, sie stelle rechtsmissbräuchlich Behauptungen „ins Blaue hinein" auf;[2] der Inhalt eines Parteigutachtens darf für die Beurteilung eines derartigen etwaigen Rechtsmissbrauchs nicht nach den Maßstäben überprüft werden, die für die richterliche Überzeugungsbildung nach § 286 an ein gerichtliches Gutachten anzulegen sind, darf also nicht wegen fehlender Vollständigkeit oder Widerspruchsfreiheit unbeachtet gelassen werden.[3]

vor Beginn, weil diese Unterlagen vom Sachverständigen aufgrund einer Ermächtigung nach § 404a Abs. 4 beigezogen werden können.[1]

11 Unabhängig vom Grad der *prozessual gebotenen* Substantiierung ist das Bemühen um sachkundige **Spezifizierung** des eigenen Vortrags allerdings **taktisch zweckmäßig**, weil vom Wechselspiel des streitigen Vortrags der Grad der Substantiierung durch die Gegenpartei abhängt und damit zugleich der Sachverständige zu detaillierteren Ausführungen gedrängt wird. Soweit eine Partei mangels Sachkunde nur vermutete Tatsachen als Prozessbehauptungen aufstellen kann, liegt **kein** unzulässiger **Ausforschungsbeweis** vor.[4]

III. Antragsrücknahme

12 Der Antrag kann als prozessuale Willenserklärung zurückgenommen[5] oder eingeschränkt[6] werden. Eine **konkludente Rücknahme** kann darin zu sehen sein, dass die beweisbelastete Partei sich endgültig weigert, dem Sachverständigen notwendige Untersuchungsobjekte zur Verfügung zu stellen bzw. zugänglich zu machen.[7] Im **selbständigen Beweisverfahren** hat die Möglichkeit der Rücknahme oder Beschränkung besondere Bedeutung wegen der damit verbundenen Minderung der Begutachtungskosten; der Antragsgegner kann also die ursprünglich beantragte Begutachtung nach einem Sinneswandel des Antragstellers nicht auf dessen Kosten erzwingen, sondern muss gegebenenfalls ein eigenes Verfahren einleiten.[8]

IV. Auslagenvorschuss

13 S. dazu Kap. 42 Rz. 33 (zu § 379).

---

[1] BGH VersR 2011, 1432 Rz. 12.
[2] BGH NJW-RR 2003, 69, 71.
[3] BGH NJW-RR 2003, 69, 70.
[4] BGH NJW 1974, 1710; NJW 1995, 1160, 1161 = VersR 1995, 433 = BauR 1995, 734, 736 (dort: Gesundheitsschäden durch Ausgasung toxischer Stoffe nach Innenraumanwendung des Holzschutzmittels Xyladecor).
[5] RGZ 46, 368, 370 f.
[6] OLG Köln VersR 1994, 1328 (Beschränkung auf ein Gewerk im selbst. Beweisverfahren).
[7] RG 46, 368, 370 f.
[8] OLG Köln VersR 1994, 1328.

§ 161 Auswahl des Sachverständigen

Schrifttum:
Kullmann, Zuziehung und Auswahl medizinischer Sachverständiger und deren Nachprüfung durch das Revisionsgericht, Festschrift Salger (1995), S. 651; *Neuhaus/Krause*, Die Auswahl des Sachverständigen im Zivilprozeß, MDR 2006, 605; *Rensen*, Arzthaftung – Fachgleiche Begutachtung bei Fachgebietsüberschneidungen und -überschreitungen, MDR 2012, 497.

I. Gutachtendilemma

Schwierigkeiten bereiten aus Richtersicht die **Auswahl geeigneter** und bereitwilliger Sachverständiger, **Eigenmächtigkeiten** und Kompetenzüberschreitungen der Sachverständigen, mangelnde Sorgfalt, eine schwer verständliche **Fachsprache** und lange Erledigungszeiten; Sachverständige nennen als Schwierigkeiten eine ungenügende **Anleitung**, verspätete Beauftragung ohne Einfluss auf die sachgerechte Fassung der Beweisfrage, mangelnde Erläuterung des Auftrages und unzureichende Angabe der tatsächlichen Begutachtungsgrundlage bzw. der Arbeitshypothesen bei streitigem Sachverhalt.[1] Darauf lässt sich mit Normen des Beweisrechts nur wenig Einfluss nehmen;[2] wesentlicher ist die beiderseitige Bereitschaft zur zufriedenstellenden Zusammenarbeit in Kenntnis der jeweiligen Schwierigkeiten.

14

II. Auswahl des Sachverständigen aufgrund Ermessensentscheidung

Bereits die Entscheidung, **ob überhaupt Sachverständigenbeweis** erhoben werden soll, steht im Ermessen des Gerichts (§ 144; näher dazu Kap. 44 Rz. 1 und 24). Ebenso trifft der Tatrichter die **Auswahl** des Sachverständigen nach seinem **Ermessen**,[3] das allerdings Bindungen unterliegt.[4] Insoweit kommt der einzelnen Partei kein Bestimmungsrecht zu. Das Gericht kann die Parteien aber auffordern, selbst Sachverständige zu benennen (§ 404 Abs. 3). Nur wenn die **Parteien** sich auf einen Sachverständigen **einigen** (§ 404 Abs. 4), ist das Gericht an deren Wahl **gebunden**. Die Benennung von Sachverständigen durch die Parteien nährt wechselseitig die Besorgnis, von der konkreten Person erwarte die vorschlagende Partei prozessuale Vorteile, weshalb vorsorglich widersprochen wird; im Regelfall sehen Gerichte dann von einer Ernennung ab.

15

Haben beide Parteien Einblick in das betroffene Fachgebiet, empfiehlt sich ein Vorgehen nach der Praxis des X. Zivilsenats des BGH in Patentnichtigkeitsberufungsverfahren, nämlich den Parteien aufzugeben, jeweils mindestens zwei Sachverständige **zunächst ausschließlich** dem **Gericht** mitzuteilen, um Schnittmengen festzustellen.[5] Ist dies nicht gangbar, so in Arzthaftungssachen, ist darauf zu achten, dass um einen Vorschlag gebetene Institutionen wie die Ärztekammer **kein Listenverfahren** praktizieren, das eine durch tatsächliche Tätigkeit erworbene Kompetenz für das betroffene Fachteilgebiet nicht gewährleistet.[6]

16

---

1 Analyse der Kommission für das Zivilprozessrecht, Bericht (1977) S. 138.
2 Das strebte aber das Rechtspflegevereinfachungsgesetz an, BT-Drucks. 11/3621, S. 22.
3 BGH MDR 1961, 397.
4 Anders („freies Ermessen"), aber nur aufgrund unglücklicher Wortwahl: BGHZ 28, 302, 306; BGH NJW 1959, 293, 294; BayObLGZ 1987, 10, 14. Wie hier: BayObLG FamRZ 1987, 966, 967.
5 So der Beschluss BGH GRUR 2013, 164 Rz. 18 – Führungsschiene.
6 Dazu *Schünemann* in: Arbeitsgemeinschaft Rechtsanwälte im Medizinrecht (Hrsg.), 25 Jahre Arbeitsgemeinschaft (2011), S. 269, 275; *Franzki* DRiZ 1991, 314, 317.

17 Das richterliche **Auswahlermessen** ist **begrenzt**. Das Gericht darf nur denjenigen zum Sachverständigen bestellen, der die erforderliche **Sachkunde** und **persönliche Eignung** besitzt.[1] Es macht also von seinem Ermessen fehlerhaften Gebrauch, wenn es einen Sachverständigen wählt, der die Beweisfrage mangels genügender Fachkunde für das zu beurteilende Sachgebiet nicht zuverlässig beantworten kann.[2] Dies gilt auch für **Überschreitungen des Sachgebietes**. Der Tatrichter darf die Aussagen des Sachverständigen nicht zur Beantwortung von Beweisfragen verwenden, für die er gar keine Sachkunde in Anspruch nimmt. Fehlerhaft ist es, den Verkehrswert eines mit Mängeln behafteten Gebäudes von einem bautechnischen Sachverständigen schätzen zu lassen, der lediglich Sachkunde für die Feststellung von Baumängeln besitzt,[3] oder von einem technischen Sachverständigen medizinische Sachverhalte aufzuklären zu lassen.[4]

18 Der **EGMR** verlangt, zur Verkürzung der Dauer von **Arzthaftungsprozessen** schon bei der Gutachterbestellung darauf zu achten, ob diese für eine frühzeitige mündliche Erläuterung zur Verfügung stehen,[5] eine wohl eher lebensfremde und die Bestellung noch mehr erschwerende Anforderung.

19 Das Gericht kann den Auftrag an **mehrere Gutachter** zur **gemeinschaftlichen** Begutachtung erteilen.[6] Der dementsprechend von der Kommission für das Zivilprozessrecht vorgeschlagene Gesetzestext ist zwar nicht wörtlich übernommen worden, doch ergibt sich das Ergebnis aus § 404 Abs. 1. Beim sukzessiven Einholen von Gutachten ist auf die sachgerechte zeitliche Abfolge zu achten.[7]

20 Bevor das Gericht den Sachverständigen beauftragt, hat es den Parteien **Gelegenheit** zu geben, **zu dessen Person Stellung** zu nehmen. Nur dann können frühzeitig Einwendungen wegen fehlender Sachkunde oder wegen etwaiger Ablehnungsgründe vorgebracht werden. Dies gilt **auch** im selbständigen **Beweisverfahren**.[8]

III. Sachkunde

1. Fachgebiet/generelle Eignung

a) Fachgebietszuordnung

21 Zuvörderst hat das Gericht zu prüfen, welche Sachkunde generell zur Beantwortung der Beweisfrage notwendig ist. Die **Zuordnung** zu einem bestimmten Fachgebiet kann im Einzelfall Schwierigkeiten bereiten.[9] U.U. nehmen **verschiedene Fachrichtungen** die Kompetenz zur Beantwortung der Beweisfrage in Anspruch, ohne dass eine Richtung über überlegene Forschungsmittel verfügt. Der Tatrichter ist in seiner

---

1 *Müller* Der Sachverständige im gerichtlichen Verfahren³ Rz. 156a; *Kullmann* Festschrift Salger, S. 651, 653 f.
2 BGH NJW 1953, 659 f. (in BGHZ 9, 98 nicht enthalten); BGH NJW-RR 2008, 1380 Rz. 16 = VersR 2008, 1133 (Biomechaniker zum HWS-Schleudertrauma ohne Kompetenz zur Beurteilung der physischen Konstitution des Geschädigten); BGH NJW 2009, 1209 Rz. 18 = VersR 2009, 257 (Neurologe statt betroffener Radiologie gebilligt); OLG Koblenz VersR 2013, 1518, 1520 (verneint für Radiologen bei Bewertung orthopädischer Schäden); BVerwG NJW 1984, 2645, 2647.
3 BGH NJW 1953, 659 f.
4 OLG Köln VRS 1960, 122.
5 EGMR NJW 2011, 1055 Rz. 28.
6 Bericht der Kommission für das Zivilprozessrecht S. 140; Text des dort vorgeschlagenen § 404-E Abs. 2 S. 346.
7 OLG München NJW 2011, 3729: unfallanalytische vor medizinischer Begutachtung einer HWS-Distorsionsverletzung.
8 Vgl. OLG Koblenz MDR 2013, 171.
9 Für Heranziehung fachärztlicher Weiterbildungsordnungen BGH NJW 2009, 1209 Rz. 18.

Wahl frei, wenn ein Lebenssachverhalt betroffen ist, in dem sich die jeweilige Kompetenz von Sachverständigen verschiedener Fachrichtungen überschneidet.[1] Diese Problemstellung ist gehäuft, aber nicht ausschließlich im Strafprozess anzutreffen.[2] Das Problem verlagert sich allerdings in der Regel auf die Frage, ob auf Antrag ein weiteres Gutachten einzuholen ist.

Vorgelagert ist die Frage, ob **gleichwertige Sachkunde** gegeben ist. Gegebenenfalls hat sich der Tatrichter durch freibeweisliche Befragung der Sachverständigen zunächst die notwendige Sachkunde zu verschaffen, um die jeweilige generelle Eignung des Vertreters eines bestimmten Fachgebietes beurteilen zu können.[3]   22

b) Ungewisse wissenschaftliche Methodik

Problematisch ist die Zuordnung bzw. die Auswahl, wenn es darum geht, ob **neuartige wissenschaftliche Methoden** schon geeignet sind, Beweis zu erbringen. Diese Fragestellung taucht vorwiegend bei kriminalistischen Untersuchungen auf, ist aber nicht auf den Strafprozess beschränkt. Das Aufkommen der **DNA – Analyse** hat nach 1990 Anlass zu derartigen Erörterungen gegeben; sie sind dort wegen des wissenschaftlichen Fortschritts inzwischen obsolet geworden[4] (s. dazu Kap. 24 Rz. 35).   23

Auf eine **unausgereifte Untersuchungsmethode**, die als solche nicht zuverlässig arbeitet und deshalb nicht zu verwertbaren Ergebnissen führt, braucht sich das Gericht nicht einzulassen.[5] Ob eine Methode unerprobt oder unerforscht ist, ist gegebenenfalls im Wege des **Freibeweises** zu ermitteln.[6] Zu vergewissern hat sich der Tatrichter auch, ob die Ergebnisse des einzuholenden Gutachtens angesichts der angewandten Untersuchungsmethode nur **begrenzte Aussagekraft** besitzen. So ist das Gutachten eines Linguisten ohne stützende zusätzliche graphologische oder maschinenschriftliche Befunde zur Ermittlung der Urheberschaft eines anonymen Schreibens ungeeignet.[7] Die Eignung bestimmter Untersuchungsmethoden hat der Richter nach der Lebenserfahrung und dem Stand der wissenschaftlichen Erkenntnis zu beurteilen.[8]   24

Auch die **Zugehörigkeit zu** einer bestimmten **wissenschaftlichen Schule** kann Auswahlschwierigkeiten schaffen. Insoweit kann nur nachträglich die eventuell beschränkte Aussagekraft des Gutachtenergebnisses durch Aufdeckung der wissenschaftlichen Prämissen und deren Einfluss auf das konkrete Ergebnis ermittelt werden; gegebenenfalls ist ein weiteres Gutachten einzuholen. Es gibt für das Gericht   25

---

1 BGH NJW 1993, 866 = JR 1993, 335 m. Anm. *Graul* (Gleichwertigkeit von Blutgruppen- und DNA-SV zum Ausschluss einer Person als Verursacher von Blutspuren).
2 Beispiele: Psychiater oder Psychologe bei Beurteilung der Schuldfähigkeit, BGHSt 34, 355, 357 f.; Psychiater oder Neurologe bei Beurteilung der Steuerungsfähigkeit wegen Schilddrüsenunterfunktion, BGH NStZ 1991, 80 f.; Psychiater oder Sexualwissenschaftler bei Sexualdelikt, BGH NJW 1990, 2944, 2945.
3 BGH NJW 1993, 866, 867.
4 Eingehend zur DNA-Analyse: BGH NJW 1993, 866; BGH NJW 1991, 749, 751 m.w.N. (Ergänzung von Blutgruppengutachten durch DNA-Analyse zur Abstammungsuntersuchung); NJW 1990, 2944, 2945 (Spurendiagnostik im Strafverfahren); Obergericht Zürich Bl. Zürch. Rspr. 94 (1995), 21 ff. (Täterschaftsnachweis durch DNA-Analyse); Obergericht Zürich SchwJZ 88 (1992), 430 (Vaterschaftsnachweis durch DNA-Analyse). Zur fehlenden Validität von Grenzwerten bei der Anti-Doping-Kontrolle DIS-Schiedsgericht SpuRt 2013, 26, 27 (Verfahren Sinkewitz, hGH-Guidelines).
5 BGH NJW 1993, 866 f.; NStZ 1993, 395, 396 (Ablehnung der beantragten Genomanalyse zur Identifizierung von Hundehaaren mit der Notwendigkeit, [im Jahre 1992] noch in halbjähriger Grundlagenforschung die Merkmalsvariabilität bei der Tierart zu ermitteln, beanstandet).
6 BGH NJW 1993, 866, 867.
7 LAG Köln VersR 1995, 1074, 1075.
8 BGH NStZ 1993, 395, 396.

weder eine schulmedizinische noch eine homöopathische, weder eine männliche noch eine weibliche, weder eine psychologische noch eine psychiatrische Wahrheit (s. auch Rz. 14).

26 Problematisch ist, wie **wissenschaftlich nicht (ausreichend) fundierte Expertenmeinungen** vom Beweisverfahren **ferngehalten** werden können, ohne dass dem Richter die Funktion eines Schiedsrichters über wissenschaftliche Streitigkeiten zufällt, die er nicht wahrnehmen kann. **Allgemeine Anerkennung** einer wissenschaftlichen oder fachlichen Auffassung ist **nicht Voraussetzung** der Akzeptanz eines Gutachtens. Eine derartige Beweisregel enthielt das Common Law seit der 1923 ergangenen Frye-Entscheidung des US Supreme Court.[1] Sie ist durch Rule 702 der Federal Rules of Evidence hinfällig geworden, wie der US Supreme Court erstmals 1993 in der Sache Daubert anerkannt hat.[2] **Meinungsvielfalt** gehört zum wissenschaftlichen Diskurs. **Neuere Erkenntnisse** sind von der Verwertung im Beweisrecht **nicht** solange **auszuschließen, bis** sie von den Angehörigen des Fachgebiets **allgemein anerkannt** sind. Der Richter hat sich bei der Überprüfung auf die flexible Anwendung von **Prüfungskriterien** zu beschränken, wie sie in der Daubert-Entscheidung beispielhaft genannt sind. Insbesondere kann es darauf ankommen, ob (1) die Theorie einer Überprüfung zugänglich ist oder überprüft wurde, ob (2) die Theorie einem peer review-Verfahren unterzogen oder veröffentlicht wurde, (3) wie die bekannte oder mögliche Fehlerquote ausfällt und (4) welche Kontrollstandards und Kontrollmechanismen existieren und angewandt wurden.

27 Wenn wissenschaftlich gesicherte Erkenntnisse nicht vorliegen, kann es berechtigt sein, auf **minder sichere fachliche Erfahrungen** zurückzugreifen. So hat es das OLG Karlsruhe im Arzthaftungsprozess genügen lassen, Beweiserleichterungen zur Feststellung der Kausalität, die wegen eines groben Diagnostikfehlers an sich zu gewähren waren, an starken Zweifeln scheitern zu lassen, die sich auf klinische Erfahrungen des Sachverständigen über das Wachstum eines Tumors (eines Retinoblastoms) stützten.[3] Gesammelt hatte er die Erfahrungen bei Erwachsenen und übertrug sie auf Kinder; gesicherte wissenschaftliche Erkenntnisse bei Kindern konnten nicht vorliegen, weil wegen der Gefährlichkeit des Tumors ein sofortiges therapeutisches Eingreifen notwendig ist und abwartende wissenschaftliche Untersuchungen dort nicht verantwortet werden können.

2. Qualifikation/individuelle Eignung

28 Da dem Gericht die notwendige Fachkunde zur Beantwortung der Beweisfrage fehlt, kann es in der Regel auch die Sachkunde des individuell ins Auge gefassten Sachverständigen nur eingeschränkt überprüfen bzw. beurteilen. Gibt es innerhalb eines Fachgebietes **interne Qualifikationsstandards**, so hat sich das Gericht im Zweifel daran zu orientieren. Betrifft die Beweisfrage beispielsweise ein medizinisches Fach-

---

1 *Frye v. United States*, 54 App. D.C. 46, 47, 293 F. 1013, 1014 (1923).
2 *Daubert v. Merrell Dow Pharmaceuticals Inc.*, 509 U.S. 579 (1993); nachfolgend bestätigt u.a. von *Kumho Tire Co. v. Carmichael*, 526 U.S. 137, 119 S.Ct. 1167 (1999). Rule 702 lautet in der Fassung vom 17.4.2000: If scientific, technical or other specialized knowledge will assist the trier of fact to understand the evidence of to determine a fact in issue, a witness qualified as an expert by knowledge, skill, experience, training, or education, may testify thereto in the form of an opinion or otherwise, if (1) the testimony is sufficiently based upon reliable facts or data, (2) the testimony is the product of reliable principles and methods, and (3) the witness has applied the principles and methods reliably to the facts of the case.
3 OLG Karlsruhe VersR 2005, 1246, 1247.

Auswahl des Sachverständigen | Rz. 32 Kapitel **45**

gebiet, für das die Ärztekammern eine **Facharztqualifikation** eingeführt haben, hat sich das Gericht regelmäßig eines solchen Facharztes zu bedienen.[1]

Die Hinzuziehung eines Arztes, der sich noch in der Weiterbildung zum Facharzt befindet, ist regelmäßig ermessensfehlerhaft.[2] Schwierigkeiten erwachsen daraus u.a., wenn Gutachten über stationär behandelte Patienten von einem Stationsarzt ohne Facharztanerkennung erstattet werden. Dessen gutachterliche Tätigkeit ist nicht schlechthin ausgeschlossen, doch muss die **Sachkunde einzelfallbezogen festgestellt** werden.[3] Dafür genügen formelhafte Wendungen nicht,[4] ebenso wenig die telefonische Bestätigung des Klinikleiters bei Einholung eines orthopädischen Gutachtens, der betreffende Assistenzarzt sei ein erfahrener Orthopäde.[5] 29

Wird ein Gutachter beauftragt, dessen **Sachkunde** sich **nicht** ohne Weiteres **aus seiner Berufsbezeichnung** oder aus der Art seiner Berufstätigkeit ergibt, ist seine Sachkunde in der gerichtlichen Entscheidung nachvollziehbar darzulegen.[6] Die Fachkunde fehlt nicht etwa deshalb, weil der Sachverständige sich über ein spezielles Gebiet erst durch das Studium einschlägiger Fachliteratur fachkundig machen muss.[7] Ist ein **schwieriges Operationsverfahren** mit zahlreichen Fehlermöglichkeiten zu beurteilen, ist ein Sachverständiger ungeeignet, der eine solche Operation noch nie durchgeführt, sondern dabei nur vor vielen Jahren assistiert hat.[8] 30

Ist ein Sachverständiger für ein bestimmtes Fachgebiet **öffentlich bestellt** und vereidigt, darf das Gericht ohne Weiteres davon ausgehen, dass entsprechende **Sachkunde vorhanden** ist. Öffentlich bestellte Sachverständige sind vorzugsweise mit der Gutachtenerstattung zu beauftragen (§ 404 Abs. 2). Dementsprechend ist es den Parteien regelmäßig verwehrt, im Rahmen der mündlichen Erläuterung des Gutachtens (§§ 402, 397) die generelle Sachkunde des öffentlich bestellten Sachverständigen durch inquisitorische Befragung zu überprüfen;[9] überprüft werden kann aber die Vertrautheit mit speziellen Methoden oder mit sonstiger spezieller Sachkunde. Auch die Amtsstellung, etwa als Amtsarzt an einem staatlichen Gesundheitsamt, kann in Verbindung mit einer entsprechenden materiellrechtlichen Regelung die Vermutung erforderlicher Sachkunde begründen.[10] 31

Bereits bei der Auswahl des Sachverständigen ist zu beachten, dass dieser keine persönlichen Beziehungen zu einer der Prozessparteien unterhält oder andere **Umstände** in seiner **Person** erfüllt sind, die seine **Ablehnung** rechtfertigen könnten (zur Ablehnung allgemein näher Kap. 46 Rz. 16 ff.). Das BSG hält vor diesem Hintergrund Ärzte, die in der Versorgungsverwaltung beschäftigt sind, nur in Ausnahmefällen für geeig- 32

---

1 OLG Hamm VersR 2001, 249: Zahnheilkunde; OLG Hamm VersR 2002, 613: Facharztstandard eines Orthopäden; BVerwG NJW 1984, 2645, 2647: Facharzt für Orthopädie.
2 BVerwG NJW 1984, 2645, 2647.
3 BayObLG NJW 1988, 2384: Fortdauer der Unterbringung in geschlossener Abteilung wegen schizophrener Psychose mit Selbst- und Fremdgefährdung; BayObLGZ 1986, 214, 218.
4 So jedoch BayOLG NJW 1988, 2384/2385: „LG konnte davon ausgehen", „Bedenken gegen die Sachkunde nicht hervorgetreten"; strenger wohl BayObLGZ 1986, 214, 218.
5 BVerwG NJW 1984, 2645, 2647.
6 BayObLG FamRZ 1997, 901, 902.
7 OLG Frankfurt VersR 2001, 848, 849 (Recherche nach kontrollierten klinischen Studien zur Anwendung der Schulmedizinklausel auf eine Behandlungsmethode).
8 KG MDR 2013, 1307 (LS; dort: spezielles handchirurgisches Operationsverfahren).
9 LG Frankfurt NJW-RR 1991, 14, 15 (Mietpreissachverständiger).
10 Vgl. BayObLGZ 1987, 236, 240: vorläufige Unterbringung wegen psych. Erkrankung nach Bayr. UnterbrG. Kritisch zur psychiatrischen Fachkunde von Ärzten der bayerischen Gesundheitsämter BayObLG NJW-RR 1997, 1501; sie bedarf danach der Darlegung im Einzelfall.

net, Gutachten im sozialgerichtlichen Verfahren zu erstatten, etwa wenn sie praktisch als einzige über erforderliche besondere Kenntnisse und Erfahrungen verfügen.[1]

3. „Auswahlgutachter"

33 Das Gericht darf zur Festlegung des **abstrakten Fachgebietes** einen „Auswahlgutachter" bestellen.[2] Die vom OLG Koblenz dagegen geäußerten Bedenken[3] überzeugen nicht. Zwar sind Auswahl und Ernennung des Sachverständigen originäre Aufgaben des Gerichts. Indessen ist mit dieser Feststellung nichts gewonnen, wenn dem Gericht bereits die Sachkunde zur **Typisierung des Fachgebiets** fehlt. Der Tatrichter ist nicht gehalten, im Wege des „trial and error" nacheinander Sachverständige aller denkbaren Fachgebiete zu beauftragen.[4]

IV. Delegation, Substitution

1. Delegation des Bestimmungsrechts

34 **Abzulehnen** ist die Auffassung, das Gericht dürfe die Auswahl des konkreten Sachverständigen auf eine Einrichtung **delegieren**, die kraft Sachkunde besser zur Auswahl geeignet ist.[5] Das BVerwG (5. Senat) hat demgegenüber in NJW 1969, 1591 die Ansicht vertreten, die **Beauftragung** einer **Universitätsnervenklinik** im Beweisbeschluss verstoße nicht gegen § 404 und sei zur Ausnutzung differenzierter interner Arbeitsverteilung zweckmäßig;[6] die Vorgehensweise sei als Ernennung der zur Beantwortung der Beweisfrage „berufenen Ärzte der Klinik" zu verstehen. Zwar sieht sich diese Auffassung formal in Einklang mit dem Gebot individueller Begutachtung durch eine Einzelperson; als Sachverständiger i.S.d. §§ 402 ff. sei die von der angerufenen Institution benannte physische Einzelperson anzusehen. Faktisch läuft diese Verfahrensweise jedoch auf die Erstattung eines **unzulässigen Behördengutachtens** (näher dazu Kap. 21 Rz. 17) hinaus. Auch werden die **Rechte** der Parteien **verkürzt**. Dem kann nicht entgegengehalten werden, durch die Einführung des Gutachtens in den Prozess stehe die Identität des Sachverständigen fest und die Rechte aus § 406 könnten nunmehr geltend gemacht werden, wie auch die Sachkunde anhand des Gutachtens überprüft werden könne.[7] Der dann drohende Zeitverlust begründet die Gefahr, die Verwertbarkeit des einmal erstatteten Gutachtens „auf Biegen und Brechen" halten zu wollen.

35 Zutreffend hat das BVerwG (8. Senat) in NJW 1984, 2645 die Verfahrensweise seines 5. Senates kritisiert und die Bestellung eines **Klinikarztes „den es angeht"** als Verletzung der Auswahlpflicht des Prozessgerichts bewertet.[8] Gleichwohl wird dagegen häufiger verstoßen. Der BGH hat eine solche Delegation (auf eine deutsche Auslands-

---

1 BSG NJW 1993, 3022.
2 Dazu *Kullmann* Festschrift Salger, S. 651, 654 m.w.N.
3 OLG Koblenz VRS 36 (1969), 17, 18.
4 So wohl OLG Koblenz VRS 36 (1969), 17, 18.
5 A.A. *Müller* Der Sachverständige im gerichtlichen Verfahren[3] Rz. 155; wohl auch OLG Karlsruhe MDR 1975, 670. Wie hier: OLG München NJW 1968, 202, 2034; BSG NJW 1973, 1438; NJW 1968, 223; *Friederichs* Festschrift Grüner (1982), S. 137, 141 (mit Hinweis auf unterschiedliche Umsetzungspraktiken der Leitungsebene, insbesondere starren Verteilungsmaßstäben zur Handhabung durch Nichtfachleute); *Friederichs* ZZP 83 (1970), 394, 404; *Friederichs* NJW 1972, 1114, 1115. Unklar die kostenrechtliche Entscheidung OLG München NJW 1974, 611, 612.
6 Dem folgend für die Beauftragung eines kommunalen Gesundheitsamtes VGH München NVwZ-RR 1996, 328.
7 BVerwG NJW 1969, 1591; *Müller* Der Sachverständige im gerichtlichen Verfahren[3] Rz. 155.
8 S. auch OLG Düsseldorf FamRZ 1989, 1101.

vertretung) für den Fall zugelassen, dass im BEG – Verfahren ein im Ausland lebender Kläger auf seinen Gesundheitszustand untersucht werden sollte.[1] Darin ist ein nicht verallgemeinerungsfähiges Vorgehen in einem durch Besonderheiten gekennzeichneten, inzwischen erledigten Rechtsgebiet zu sehen.

2. Heranziehung von Mitarbeitern

Von der Delegation auf anonyme Angehörige einer Klinik oder eines Instituts ist die **zulässige Heranziehung** von **Mitarbeitern** des vom Gericht ernannten Sachverständigen zu unterscheiden, die § 404 Abs. 2 gestattet.[2] Sie ist angesichts der Häufung von Gutachtenaufträgen und der vorrangigen anderweitigen wissenschaftlichen oder fachlichen Aufgaben von Leitungspersonal unvermeidlich. Keine Hilfskräfte sind **Spezialisten** einer **anderen Fachrichtung**, die kraft autonomen Wissens im Rahmen der Befunderhebung Einzeluntersuchungen vornehmen. 36

3. Folgen unzulässiger Vertretung/Substitution

Wenn der gem. § 404 ausgewählte Sachverständige nicht mit dem tatsächlichen Gutachtenverfasser übereinstimmt, ist das Gutachten nicht automatisch wertlos. Gemäß §§ 404 Abs. 1 S. 3, 360 S. 2 kann das Gericht den tatsächlichen **Verfasser nachträglich** zum **Sachverständigen** machen.[3] Das soll auch stillschweigend geschehen können.[4] Gemäß § 360 S. 4 sind die Parteien zuvor jedoch zu hören. Die Änderung muss ihnen rechtzeitig vor Schluss der mündlichen Verhandlung bekannt gemacht werden; eine „heimliche" Änderung des Beweisbeschlusses ist unzulässig,[5] da u.a. die Parteirechte aus §§ 402, 397, 406 vereitelt würden.[6] Ist eine entsprechende Mitteilung unterblieben, kann § 295 keine Anwendung finden.[7] Die erneute Beauftragung des ursprünglich ausgewählten Sachverständigen, der seiner Verpflichtung zur persönlichen Begutachtung nicht nachgekommen ist und den Auftrag eigenmächtig einem Assistenzarzt übertragen hat, begründet das Recht zur Ablehnung des Sachverständigen wegen Besorgnis der Befangenheit.[8] 37

Fehlt es an den o.g. Voraussetzungen, darf das Gericht das Gutachten nicht als Sachverständigenbeweis zur Entscheidungsgrundlage machen.[9] Grundsätzlich verbleibt dem Tatrichter die Möglichkeit, das Gutachten im Wege des **Urkundenbeweises** (vgl. dazu Kap. 18 Rz. 5) oder wie ein **Parteigutachten** zu verwerten; indessen muss er sich dann bei der Urteilsfindung bewusst sein, dass es sich nicht um ein Sachverständigengutachten i.S.d. ZPO handelt.[10] Im Übrigen darf das nicht sachkundige Gericht gegen den Verfasser gerichtete Rügen und weitergehende Beweisantritte einer Partei nicht unter Umgehung der §§ 402 ff. übergehen, indem es die schriftliche Äußerung 38

---

1 BGH MDR 1965, 733 = RzW 1965, 466 Nr. 17; MDR 1967, 290. Zur Auswahl bei Beweiserhebung durch die Entschädigungsbehörde BGHZ 44, 75, 79.
2 OLG Koblenz VersR 2000, 339 (LS).
3 Vgl. BGH LM Nr. 1 zu § 360 ZPO, Bl. 2 f. = MDR 1979, 126; OLG Zweibrücken VersR 2000, 605, 606; BayObLG NJW 2003, 216, 219; BSG NJW 1973, 1438.
4 BGH NJW 1985, 1399, 1400 = LM Nr. 60 zu § 286 (B) ZPO; LM Nr. 1 zu § 360 ZPO; OLG Zweibrücken NJW-RR 1999, 1368, 1369.
5 BGH NJW 1985, 1399, 1400; LM Nr. 1 zu § 360 ZPO.
6 BGH NJW 1985, 1399, 1400.
7 BGH LM Nr. 1 zu § 360 ZPO Bl. 3. Unklar die Bedeutung der Bezugnahme auf § 295 in OLG Zweibrücken NJW-RR 1999, 1368; zudem Widerspruch zur Entscheidung desselben Senats in OLG Zweibrücken VersR 2000, 605, 606.
8 LSG NRW NZS 1997, 200.
9 BGH NJW 1985, 1399, 1401; OLG Frankfurt MDR 1983, 849; BSG NJW 1965, 368; BSG NJW 1968, 223.
10 BSG NJW 1985, 1422, 1423; BSG NJW 1968, 223 f.

kurzerhand als Urkunde würdigt.[1] Die schriftliche Abfassung des Gutachtens durch einen Dritten ist im Ergebnis unbeachtlich, wenn sich der gerichtlich bestellte Sachverständige dessen Ausführungen in vollem Umfang **zu eigen macht** und das Gutachten gem. §§ 402, 397 im Termin erläutert und ergänzt.[2]

V. Öffentlich bestellte Sachverständige

1. Vorrangige Beauftragung

39 Das Gericht soll regelmäßig öffentlich bestellte Sachverständige mit der Gutachtenerstattung beauftragen. Allerdings stellt § 404 Abs. 2 eine bloße **Ordnungsvorschrift** dar; der Verstoß gegen sie ist mit Rechtsmitteln im Instanzenzug nicht angreifbar,[3] und zwar weder als Teil des Beweisbeschlusses, noch als Teil der Sachentscheidung. Wird ein anderer Sachverständiger bestellt, folgt daraus **kein Verwertungsverbot** hinsichtlich des erstatteten Gutachtens.[4] Maßgebend ist nur, ob der beauftragte Gutachter über die erforderliche Sachkunde verfügt.

40 Die bestellenden Einrichtungen (zur Bestellung Kap. 43 Rz. 24 ff.) teilen die Personalien entsprechender Sachverständiger auf Anfrage mit. Für einen sonstigen Sachverständigen hat das Gericht die fachliche Qualifikation in der Entscheidung darzulegen.[5]

2. Rechtsstellung

41 Die öffentlich bestellten Sachverständigen nehmen eine **herausgehobene Stellung** ein. Sie haben dem Gutachtenauftrag Folge zu leisten (§ 407 Abs. 1). Sie werden nach dem VerpflichtungsG[6] regelmäßig auf die Einhaltung der **Schweigepflicht** förmlich verpflichtet und damit der Strafdrohung des § 203 Abs. 2 Nr. 5 StGB (Verletzung von Privatgeheimnissen) unterworfen.

42 Abzugrenzen sind die öffentlich bestellten Sachverständigen von den **amtlich anerkannten** und den **amtlich bestellten** Sachverständigen.[7] Hierbei handelt es sich regelmäßig um staatlich Beliehene (amtlich anerkannte Sachverständige) oder Beamte (amtlich bestellte Sachverständige), die **hoheitliche Kontrollen** durchführen (z.B. nach § 29a BImSchG, nach der StVZO, nach dem LFGB); die Erstattung von Gutachten gehört regelmäßig nicht zum Tätigkeitsbereich dieser Sachverständigen. Es erscheint daher zweifelhaft, ob § 404 Abs. 2 auf diese Gruppe von Sachverständigen entsprechend angewandt werden sollte.

---

1 BGH NJW 1985, 1399, 1401; BSG NJW 1985, 1422, 1423.
2 BVerwG Buchholz 310 § 98 VwGO Nr. 15.
3 RG JW 1900, 590 Nr. 8; BayObLG FamRZ 1991, 618, 619; BayObLGZ 1987, 10, 15; OLG München MDR 1971, 494.
4 OLG Köln MDR 2014, 68, 69.
5 Vgl. als Beispiele OLG Köln MDR 2014, 68, 69 (dort: Fraunhofer Institut für Sichere Informationstechnologie zur Identifizierung eines Rechtsverletzers); AG Kelheim NZM 1999, 309 (Mietzinserhöhungsgutachten durch Architekten).
6 Gesetz vom 2.3.1974, BGBl. I 1974, 469, berichtigt S. 574.
7 Vgl. eingehend *Stober* Der öffentlich bestellte Sachverständige, 1991, S. 36 ff.; s. ferner *Schulze-Werner* in Friauf, GewO (Stand: 2012) § 36 Rz. 65; Tettinger/Wank/*Ennuschat* GewO[8] § 36 Rz. 110.

VI. Einigung der Parteien

Einigen sich die Parteien auf einen bestimmten Gutachter, muss das Gericht ihn beauftragen (§ 404 Abs. 4). Umstritten ist, ob das Gericht **daneben** von Amts wegen einen **weiteren Sachverständigen** bestellen darf.[1] Da es dem Tatrichter nicht verwehrt ist, gem. § 412 einen weiteren Sachverständigen zu beauftragen, falls das Gutachten des von den Parteien benannten Sachverständigen seine Überzeugung nicht herbeiführt, wird man ausnahmsweise auch die sofortige Ernennung eines weiteren Sachverständigen zulassen müssen, falls der Tatrichter begründete Zweifel an der Person des benannten Sachverständigen hegt.[2] Lässt man entgegen der hier vertretenen Auffassung die Delegation der Sachverständigenauswahl zu (s. Rz. 34), so muss man den Parteien das Recht zusprechen, analog § 404 Abs. 4 die auswählende Stelle festzulegen.[3]

43

Die Einigung ist **Prozesshandlung**. Sie bindet das Gericht nur, wenn alle Parteien und die selbständigen Streithelfer (§ 69) sich erklärt haben; die Erklärung des unselbständigen Streithelfers genügt, solange die Hauptpartei nicht widersprochen hat, wird aber unbeachtlich, sobald die Hauptpartei sich erklärt (§ 67). Hat das Gericht bereits einen Sachverständigen ernannt, bevor sich die Parteien gem. § 404 Abs. 4 erklärt haben, ist die **Einigung** bis zur Erstattung des Gutachtens durch den bereits ernannten Sachverständigen noch **nachholbar**.[4] Soweit ein Widerruf der Parteierklärung zeitlich noch zulässig ist, ist das Gericht nicht gezwungen, eine andere Person zu bestimmen; es erlangt durch den **Widerruf** die Wahlfreiheit zurück. Der Widerruf nach Gutachtenerstattung, etwa zur Erzwingung der Beauftragung eines anderen Sachverständigen, ist wirkungslos. Als Prozesshandlung unterliegt eine Einigungserklärung gem. § 78 ZPO dem Anwaltszwang.[5]

44

VII. Ausländische Sachverständige

Auch Ausländer bzw. Personen mit Wohnsitz im Ausland können zu Sachverständigen i.S.d. §§ 402 ff. bestellt werden.[6] Personen, die nicht der deutschen Gerichtsbarkeit unterliegen, sind jedoch nicht den §§ 407, 409 ff. unterworfen.[7] Sofern sie das Gutachten erstatten (eine Verpflichtung gem. §§ 407 f. besteht nicht), handelt es sich um ein Beweismittel i.S.v. § 402 und keinesfalls um Urkundenbeweis o.ä. Auch ausländische Sachverständige sind ungeachtet fehlender Erzwingungsmöglichkeit zur Erläuterung des schriftlichen Gutachtens zu laden.[8]

45

---

1 So Stein/Jonas/*Leipold*[22] § 404 Rz. 38; Zöller/*Greger*[30] § 404 Rz. 4. Ablehnend MünchKomm-ZPO/*Zimmermann*[4] § 404 Rz. 10; Musielak/*Huber*[10] § 404 Rz. 6; *Wagner* Prozeßverträge S. 690; vgl. auch *Schlosser* Einverständliches Parteihandeln im Zivilprozeß, 1968, S. 26 (differenzierend nach dem Exklusivitätswillen der Parteien).
2 Vgl. Stein/Jonas/*Leipold*[22] § 404 Rz. 37.
3 A.A. Stein/Jonas/*Leipold*[22] § 404 Rz. 35.
4 Ebenso MünchKommZPO/*Zimmermann*[4] § 404 Rz. 10. A.A.: Baumbach/Lauterbach/*Hartmann*[71] § 404 Rz. 8: bis zur Ernennung des Sachverständigen; Stein/Jonas/*Leipold*[22] § 404 Rz. 35: bis zum Erlass des Beweißbeschlusses; Zöller/*Greger*[30] § 404 Rz. 4: bis zur Verkündung des Beweisbeschlusses.
5 *Neuhaus/Krause* MDR 2006, 605, 606.
6 Vgl. BGH NJW 1965, 733; BGH MDR 1967, 290.
7 LSG Bad.-Württ. MedR 1985, 85, 87.
8 BGHZ 44, 75, 79.

VIII. Beschränkte Kontrolle fehlerhafter Sachverständigenauswahl

46 Die Ermessensentscheidung des Tatrichters ist in höherer Instanz **nur** darauf zu überprüfen, ob ein **Ermessensfehlgebrauch** stattgefunden hat.[1] Wird der Sachverständige ermessensfehlerhaft ausgewählt, kann dies dazu führen, dass die auf dessen Gutachten beruhende Entscheidung im Ganzen durch einen Mangel an Sachkunde beeinflusst und somit fehlerhaft ist. Indessen kann die fehlerhafte Sachverständigenauswahl als verfahrensleitende Zwischenentscheidung (Kap. 13 Rz. 5 und 130) nicht isoliert, sondern nur zusammen mit der Sachentscheidung angegriffen werden.[2] Im Übrigen ist auf die Sachverständigenauswahl **§ 295** anwendbar.[3] Zum Verstoß gegen § 404 Abs. 2 s. Rz. 39. Zur unzulässigen Substitution s. Rz. 37.

47 Nicht gerügt werden kann die vom Gericht getroffene Auswahl mit der Begründung, in der Person des Sachverständigen habe ein **Ablehnungsgrund** vorgelegen; das ist schon deswegen unbeachtlich, weil das Verfahren gem. § 406 Abs. 2–5 vorgreiflich ist.[4] Nichts anderes gilt, wenn das Berufungsgericht das Ablehnungsgesuch irrtümlich nicht mit separatem Beschluss, sondern nur in den Urteilsgründen zurückgewiesen hat.[5] Für das Revisionsgericht greift die Beschränkung des § 557 Abs. 2. Im Übrigen unterliegt die Auswahl des Sachverständigen nur eingeschränkter Kontrolle darauf, ob der Tatrichter seine aus **§ 286** folgende Pflicht zur **Sachaufklärung** dadurch verletzt hat, dass er einen Antrag auf Hinzuziehung *weiterer* Sachverständiger abgelehnt hat.[6] Ihr Erfolg setzt voraus, dass die Mängel der Begutachtung detailliert gerügt werden.[7] Näher dazu Kap. 49 § 172.

IX. Übertragung des Auswahlrechtes auf beauftragte oder ersuchte Richter, § 405 ZPO

48 Die Auswahl des Sachverständigen kann das Prozessgericht dem beauftragten oder ersuchten Richter (§§ 361, 362) übertragen. Dieser Richterkommissar ist mit den örtlichen Verhältnissen am besten vertraut. Die Ermächtigung kann in dem Beweisbeschluss (§ 358), der vom Prozessgericht zu erlassen ist, oder in einem Ergänzungsbeschluss (§ 360) ausgesprochen werden. **Ob** die Beweisaufnahme überhaupt auf den beauftragten oder ersuchten Richter **übertragen werden darf**, bestimmt sich nach §§ 402, 375. Sind diese Voraussetzungen erfüllt, steht es im Ermessen des Gerichts, auch die weitere Ermächtigung nach § 405 auszusprechen. **Analog anwendbar** ist die Regelung **auf die Beweisaufnahme im Ausland** im Wege der Rechtshilfe durch einen ersuchten ausländischen Richter oder einen deutschen Konsul.[8] Die Ermächtigung ist nicht anfechtbar.

X. Befugnisse des beauftragten oder ersuchten Richters

49 Der beauftragte oder ersuchte Richter hat die in § 404 und § 404a eingeräumten Rechte und Pflichten. Er kann einen oder mehrere **Sachverständige ernennen**; der ersuchte Richter sollte aber mit dem Prozessgericht kooperieren. Gemäß § 404 Abs. 4 ist der

---

1 BGH NJW 1959, 293, 294; BGH MDR 1961, 397.
2 RG JW 1900, 590 Nr. 8; BayObLG FamRZ 1987, 966, 967; OLG Hamm FamRZ 2008, 427.
3 OLG München NJW 1968, 202, 203; OLG Köln, Urt. v. 20.5.1985, 7 U 200/84.
4 BGHZ 28, 302, 305 f.; BGH VRS 29 (1965), 430, 431 f.
5 BGH NJW 1959, 293, 294.
6 BAG NJW 1971, 263 (LS).
7 BGHZ 44, 75, 80 f.
8 Musielak/*Huber*[10] § 405 Rz. 1.

Richterkommissar an eine eventuelle Einigung der Parteien gebunden. Er kann gem. § 360 S. 3 i.V.m. S. 2 den **Beweisbeschluss ändern**. Die Parteien sind in der Regel vorher zu hören, es sei denn, eine zügige und sachgerechte Beweisaufnahme wird dadurch behindert (vgl. § 360 S. 4). Ein Verstoß ist nach § 295 heilbar.

Der Richterkommissar entscheidet gem. § 406 Abs. 2 über **Ablehnungsanträge**. Gegen seine ablehnende Entscheidung ist die befristete Erinnerung des § 573 zulässig (näher: Kap. 46 Rz. 64). Über Ablehnungsanträge gegen den von einem ausländischen Rechtshilferichter bestellten Sachverständigen entscheidet jedoch von vornherein das deutsche Prozessgericht, weil es über die Wirkung der ausländischen Beweisaufnahme zu befinden hat (arg. § 369) und das lex fori-Prinzip einer Integration deutscher Rechtsbehelfe in ein Rechtshilfeverfahren vor einem ausländischen Richter entgegensteht. Ein mit der Sachverständigenbestellung beauftragter deutscher Konsul kann als Nichtgericht nicht über einen gerichtlichen Rechtsbehelf entscheiden.

Kapitel 46:
Ablehnung des Sachverständigen

	Rz.		Rz.
§ 162 Anwendungsbereich des § 406 ZPO		4. Prozessverhalten des Sachverständigen	27
I. Behördengutachten/amtliche Auskünfte	1	**§ 164 Verfahren der Ablehnung**	
II. Hilfspersonen des Sachverständigen, sachverständige Zeugen	3	I. Antragserfordernis	37
III. Selbständiges Beweisverfahren, vereinfachtes Verfahren, Schiedsgutachtenverfahren		II. Zuständiges Gericht	41
		III. Fristenbindung	43
		IV. Weiterer Gang des Verfahrens	
1. Selbständiges Beweisverfahren	5	1. Anhörung des Sachverständigen	52
2. Vereinfachtes Verfahren gem. § 495a	6	2. Rechtliches Gehör für die Parteien	53
3. Schiedsgutachter	7	3. Entscheidungsform	54
IV. Verzicht, Verwirkung infolge Provokation	8	V. Rechtsbehelfe, Rechtsmittel	
		1. Sofortige Beschwerde	
§ 163 Ablehnungsgründe		a) Statthaftigkeit	57
I. Gesetzliche Ausschließungsgründe	9	b) Verhältnis zur Entscheidung in der Sache	60
II. Besorgnis der Befangenheit		c) Neue Ablehnungsgründe	62
1. Prüfungsgrundsatz	16	d) Frist	63
2. Persönliche Beziehungen	17	2. Erinnerung gegen Entscheidung des beauftragten oder ersuchten Richters	64
3. Geschäftliche Beziehungen u.ä.	22	3. Revisionsrechtliche Überprüfung	65
		VI. Kosten, Gebühren	68

Schrifttum:

Christopoulos/Weimann, Frist zur Sachverständigenablehnung nach Erstattung des Gutachtens, MDR 2005, 1201; *Fezer,* Die Folgen der Sachverständigenablehnung für die Verwertung seiner Wahrnehmungen, JR 1990, 397; *Kahlke,* Der Sachverständige der Berufungsinstanz, ZZP 94 (1981), 50; *Lanz,* Zweiklassenrecht durch Gutachterkauf, ZRP 1998, 337 (Erwiderung *Marx,* ZRP 1999, 526); *Schimanski,* Die Ablehnung des medizinischen Gutachters, SGb 1986, 404; *Schneider,* Befangenheitsablehnung eines Sachverständigen nach Einreichung des Gutachtens, MDR 1975, 353; *Schneider,* Verspätete Entscheidung über die Ablehnung eines Sachverständigen, JurBüro 1974, 439; *Schulze,* Ablehnung von Sachverständigen im Beweissicherungsverfahren, NJW 1984, 1019; *Werthauer,* Ungerechtfertigter Verlust des Ablehnungsrechts, NJW 1962, 1235.

§ 162 Anwendungsbereich des § 406 ZPO

I. Behördengutachten/amtliche Auskünfte

1 Das Recht zur Ablehnung wegen Besorgnis der Befangenheit (vgl. § 42) oder wegen eines gesetzlichen Ausschlussgrundes (vgl. § 41) bezieht sich auf einzelne natürliche Personen. Eine **Behörde** als solche kann deshalb **nicht** wegen Befangenheit **abgelehnt** werden[1] (s. auch Kap. 21 Rz. 13); gleiches gilt für deren kollegial besetzte Organe.[2]

---

1 OLG München MDR 1959, 667 f.; *Müller* Der Sachverständige im gerichtlichen Verfahren[3], Rz. 148.
2 Vgl. OLG Nürnberg NJW 1967, 401 = MDR 1967, 221: Vorstand der Patentanwaltskammer.

Dabei ist unerheblich, ob die Behörde eine Begutachtung im Rahmen des ihr gesetzlich zugewiesenen Aufgabenkreises vornimmt,[1] oder ob sie (soweit zulässig, vgl. dazu Kap. 21 Rz. 15 und Kap. 45 Rz. 34) durch richterliche Entscheidung mit einer Gutachtenerstattung beauftragt worden ist.

Ob der jeweilige **Sachbearbeiter der Behörde** wegen Befangenheit abgelehnt werden kann, ist umstritten.[2] Dogmatische Bedenken bestehen, weil der jeweilige Sachbearbeiter nicht die prozessuale Stellung eines Sachverständigen i.S. einer eigenverantwortlichen Beweisperson hat, soweit sich das Gericht lediglich an die Behörde und nicht an die Einzelperson gewandt hat. Verfasser der gutachtlichen Stellungnahme ist vielmehr die Behörde und nicht deren Sachbearbeiter. Gleichwohl ist **§ 406 entsprechend** anzuwenden. Die §§ 20, 21 VwVfG zeigen, dass der Beteiligte im Verwaltungsverfahren ein subjektives Recht auf unvoreingenommene Beurteilung durch die Behörde und ein entsprechendes Ablehnungsrecht hat. Das gleiche Recht steht dem Prozessbeteiligten zu, soweit der Sachverständige eine natürliche Person ist. Es widerspricht der Prozessökonomie, den Zivilprozess anders zu behandeln, nämlich dem Betroffenen ein Recht zur Ablehnung des innerhalb der Behörde tätigen Gutachtenerstellers zu verweigern und ihn darauf zu verweisen, dass das Gericht eventuellen Zweifeln an der Unvoreingenommenheit des Sachbearbeiters in der Beweiswürdigung ausreichend Rechnung tragen könne.[3] Außerdem ist zu bedenken, dass manche Behörden wegen der bei ihnen gesammelten Kenntnisse faktisch eine Monopolstellung besitzen, dass also behördliche Gutachten zu Spezialmaterien (z.B. kriminaltechnische Untersuchungen durch das BKA oder ein LKA) nur schwer zu substituieren sind.

II. Hilfspersonen des Sachverständigen, sachverständige Zeugen

Die **Hilfspersonen** des Sachverständigen können **nicht abgelehnt** werden.[4] Etwas anderes folgt auch nicht aus § 407a Abs. 2 S. 2, wonach Name und Tätigkeitsumfang von Mitarbeitern mit nicht nur untergeordneter Hilfstätigkeit anzugeben sind (Kap. 47 Rz. 72). Zwar ist diese Vorschrift u.a. eingeführt worden, um den Parteien die Möglichkeit zu geben, gegen Person oder Sachkunde der Mitarbeiter des Sachverständigen Einwendungen geltend machen zu können.[5] Indessen hätte der Gesetzgeber die Entscheidung für ein bis dahin unbekanntes Ablehnungsrecht deutlich markieren müssen. Entsprechende Vorschläge hat auch die Kommission für das Zivilprozessrecht nicht gemacht.[6] Der knappe Wortlaut der Gesetzesbegründung kann nur so verstanden werden, dass auf der Grundlage der Information der Beweiswert des Gutachtens angreifbar gemacht werden soll; vorrangig soll S. 2 das Delegationsverbot

---

1 Zum Gutachterausschuss nach §§ 192 ff. BauGB (bzw. früher nach dem BBauG, mit Streit darüber, ob SV-Gutachten oder amtliche Auskunft): BGHZ 62, 93, 94 f.; OLG Frankfurt/M. NJW 1965, 306; KG NJW 1971, 1848; OLG Hamm NJW-RR 1990, 1471; LG Berlin NJW 1964, 672.
2 Dafür: BVerwG NJW 1988, 2491; MünchKommZPO/*Zimmermann*[4] § 406 Rz. 3; Stein/Jonas/ *Leipold*[22] § 406 Rz. 3; *Müller* Der Sachverständige im gerichtlichen Verfahren[3], Rz. 149b. Dagegen: BGHZ 62, 93, 94 f.; KG NJW 1971, 1848 f.; OLG Stuttgart NJW-RR 1987, 190 f.; OLG Hamm NJW-RR 1990, 1471; OLG Oldenburg FamRZ 1992, 451, 452.
3 So aber OLG Hamm NJW-RR 1990, 1471, 1472; OLG Oldenburg FamRZ 1992, 451, 452.
4 OLG Zweibrücken MDR 1986, 417 (für Vorbereitung eines medizinischen Gutachtens durch Oberarzt einer Universitätsklinik aufgrund Übertragung durch Klinikdirektor); OLG Düsseldorf MDR 2008, 104, 105 (konkret jedoch Ausnahme zulassend, da offenbar selbständiger Mitgutachter ohne Bestellung); Musielak/*Huber*[10] § 406 Rz. 2; Zöller/*Greger*[30] § 406 Rz. 2 i.V.m. § 404 Rz. 1a; widersprüchlich MünchKommZPO/*Zimmermann*[4]: wie hier in § 406 Rz. 3, jedoch a.A. [Ablehnungsrecht bejahend] in § 407a Rz. 6.
5 Begr. RegE BT-Drucks.11/3621, S. 40.
6 Vgl. Kommissionsbericht S. 141.

des § 407a Abs. 2 S. 1 ergänzen. Der Verstoß gegen die Offenbarungspflicht des § 407a Abs. 2 rechtfertigt keinen Ablehnungsantrag.[1]

4 **Sachverständige Zeugen** (§ 414) können nicht wegen Besorgnis der Befangenheit abgelehnt werden.[2] Ihre eventuelle Voreingenommenheit ist im Rahmen der Beweiswürdigung zu berücksichtigen.[3] Ein erfolgreich abgelehnter Sachverständiger ist nach wie vor geeignet, als sachverständiger Zeuge vernommen zu werden (Kap. 50 Rz. 13).

III. Selbständiges Beweisverfahren, vereinfachtes Verfahren, Schiedsgutachtenverfahren

1. Selbständiges Beweisverfahren

5 § 406 findet auch **im selbständigen Beweisverfahren** Anwendung.[4] Dies folgt aus dem Zweck der Neuregelung von 1991, die gewonnenen Erkenntnisse für den Hauptprozess verwertbar zu machen. Die Ablehnung wegen bekannter Gründe hat also bereits im Beweisverfahren und nicht erst im Hauptsacheverfahren zu erfolgen.[5] Jedoch ist die **Ablehnung** durch einen **Streithelfer** noch im Hauptsacheverfahren zulässig, wenn er im selbständigen Beweisverfahren prozessual gehindert war, den Ablehnungsgrund vorzubringen; anderenfalls würde ihm trotz der grundsätzlichen Bindung an das Ergebnis der Beweiserhebung (vgl. die Beschränkungen des § 412) rechtliches Gehör verweigert.[6] Eingehend dazu Kap. 55 Rz. 97.

2. Vereinfachtes Verfahren gem. § 495a

6 Ebenso wird angenommen, dass § 406 im vereinfachten **Verfahren gem. § 495a** anzuwenden sei.[7] Daran dürfte richtig sein, dass es **ermessensfehlerhaft** wäre, wenn das Gericht das Urteil auf das Gutachten eines Sachverständigen stützen würde, gegen den der objektiv begründete Verdacht der Voreingenommenheit besteht. Jedoch ist zu bedenken, dass es dem Gericht freisteht, auf die formelle Erhebung des Sachverständigenbeweises überhaupt zu verzichten und sich die notwendigen Auskünfte freibeweislich zu verschaffen,[8] ohne dass insoweit verfahrensrechtliche Sicherungen der Parteien bestehen. Man wird daher im Verfahren nach § 495a wie folgt zu **differenzieren** haben: Der Richter darf seine Entscheidung nicht auf das Gutachten eines Sachverständigen stützen, gegen den der begründete Verdacht der Voreingenommenheit besteht. Hält er den Verdacht für unbegründet, so steht es ihm frei, das Gutachten zu verwerten und die Einwendungen der Parteien im Urteil abzuhandeln, ohne dazu einen Beschluss i.S.v. § 406 Abs. 5 fertigen zu müssen. Nur soweit der Ablehnungsantrag für begründet erachtet wird, ist ein Beschluss erforderlich.

3. Schiedsgutachter

7 Ein Schiedsgutachter, der sein Gutachten einseitig im Interesse einer Partei erstattet, **verliert** die **Eignung zur verbindlichen Bestimmung** der Leistung (vgl. § 317 BGB). Fehlt es an der vertraglichen Festlegung eines Ersatzgutachters, wird die Leistungs-

---

[1] OLG Jena MDR 2006, 1011.
[2] RGZ 59, 169 f.; RG JW 1905, 116 Nr. 17.
[3] BGH MDR 1974, 382 – Provence.
[4] OLG Celle NJW-RR 1995, 1404 f.; OLG Köln NJW-RR 1993, 63; OLG Frankfurt OLGZ 1993, 330 f.; OLG Koblenz MDR 2008, 1298.
[5] A.A. OLG Hamm ZMR 1990, 216 ff. [alte Rechtslage].
[6] BGH NJW-RR 2006, 1312 Rz. 13 f. = VersR 2006, 1707.
[7] LG Baden-Baden NJW-RR 1994, 1088; Baumbach/Lauterbach/*Hartmann*[71] § 495a Rz. 34.
[8] Vgl. BT-Drucks.11/4155, S. 11.

bestimmung durch einen von beiden Parteien bestellten Dritten unmöglich; analog § 319 Abs. 1 S. 2 2. Hs. BGB **trifft** das **Gericht** die **Entscheidung** selbst.[1]

IV. Verzicht, Verwirkung infolge Provokation

Die Parteien können auf das Ablehnungsrecht verzichten, sie können es auch verwirken. **Einigen sich** die **Parteien** auf einen bestimmten **Sachverständigen** (§ 404 Abs. 4), so bedeutet dies einen Verzicht auf die Geltendmachung von Ablehnungsrechten in Ansehung jener Umstände, die den Parteien zum Zeitpunkt der Einigung bekannt waren.[2] Entsprechendes hat zu gelten, wenn eine Partei auf Anfrage des Gegners im selbständigen Beweisverfahren erklärt, sie habe keine Einwände gegen den beauftragten Sachverständigen[3] oder wenn rügelos zur Sache verhandelt wird.[4] Äußert sich der Sachverständige gegenüber einer Partei in einer Schärfe, die sonst u.U. eine Ablehnung rechtfertigte, scheidet § 406 gleichwohl aus, wenn die Partei den **Sachverständigen** zuvor **unsachlich angegriffen** und damit die Erwiderung rechtsmissbräuchlich provoziert hatte.[5] In diesem Falle darf ein schon erstattetes Gutachten verwertet werden[6] (zu den Kosten bei Unverwertbarkeit Kap. 19 Rz. 42). 8

§ 163 Ablehnungsgründe

I. Gesetzliche Ausschließungsgründe

Der Sachverständige kann aus den **gleichen Gründen** abgelehnt werden, die zur Ablehnung des **Richters** berechtigen. § 406 Abs. 1 S. 1 verweist insoweit nicht nur auf § 42 (Ablehnung wegen **Besorgnis der Befangenheit**), sondern auch auf die **Ausschließungsgründe** des § 41, denn diese können gem. § 42 ebenfalls als Befangenheitsgründe geltend gemacht werden. Dass § 41 miterfasst wird, ergibt sich im Übrigen aus § 406 Abs. 1 S. 2, der eine Ausnahmevorschrift zu § 41 Nr. 5 darstellt. Ungeachtet der Verweisungen auf die §§ 41 ff. ist die **Neutralitätspflicht** des Sachverständigen **nicht** mit derjenigen des Richters **deckungsgleich**, wie bereits die abweichende Ausgestaltung von Detailregelungen zeigt.[7] Unterschiedlich sind die Wirkungen der Ablehnung, was auf die Großzügigkeit der Prüfung ihrer Voraussetzungen (vernünftige Gründe bei subjektiver Ausgangslage, näher Rz. 16) zurückwirken kann. Die Ablehnung des Richters tangiert das Prinzip des gesetzlichen Richters. Unterschiedlich sind auch die wissenschaftlichen Denkansätze (empirisch statt normativ) mit Folgen für Arbeitsweise und Formulierungen, die juristische Erfahrung im Umgang mit prozessualen Ge- und Verboten, die durch Schulung gewonnene Selbstdisziplin im Umgang mit dem Neutralitätsgebot und (nicht selten) die sprachliche Fertigkeit zur emotionsfreien Darstellung von Arbeitsergebnissen. 9

Sofern der Sachverständige einen der Tatbestände des § 41 erfüllt, ist er **nicht** (wie der Richter) von Gesetzes wegen **automatisch ausgeschlossen**; vielmehr müssen die Par- 10

---

1 BGH WM 1994, 1778, 1780.
2 OLG München MDR 1971, 494 (LS).
3 OLG Köln VersR 1993, 1502.
4 OLG Düsseldorf MDR 1994, 620; einschränkend Musielak/*Huber*[10] § 406 Rz. 16: kein Unterlaufen der Frist des § 406 Abs. 2 S. 2.
5 OLG Düsseldorf BB 1976, 627 f. (Vorwurf gröblicher Pflichtverletzung, der Naivität und völliger Kenntnislosigkeit); OLG Celle MDR 1970, 243.
6 BGH NJW-RR 2007, 1293 Rz. 12; OLG Koblenz MDR 2010, 463.
7 Vgl. dazu *Daub* Die Tatsachenerhebung durch den Sachverständigen (1997), S. 110 ff.

teien, den Ausschließungsgrund geltend machen.¹ Machen die Parteien davon keinen Gebrauch oder verzichten sie nachträglich auf die Ablehnung, kann das Gericht den Sachverständigen weiterhin als Beweisperson verwenden.² Die Ausschließungsgründe stellen im Rahmen des § 406 (wie bei der Richterablehnung) **absolute Befangenheitsgründe** dar. Das Gericht darf nicht nachprüfen, ob sie in concreto Misstrauen gegen die Unparteilichkeit des Sachverständigen (vgl. § 42 Abs. 2) rechtfertigen. In entsprechender Weise scheidet ein Richter ohne Rücksicht auf konkrete Befangenheit aus, wenn er wegen eines Ausschließungsgrundes abgelehnt wird. Die „Kann"-Form des § 406 Abs. 1 bezieht sich nur auf das Recht der Partei zur Ablehnung (sie darf ablehnen, muss es aber nicht). Absolute Ausschlussgründe können von jeder Partei geltend gemacht werden, nicht nur von derjenigen, der gegenüber der Sachverständige befangen ist.

11 Wegen der **einzelnen Ausschließungsgründe** (der Sachverständige ist selbst Partei oder hat die Stellung als Mitberechtigter, Mitverpflichteter, Regresspflichtiger; sein Ehegatte oder früherer Ehegatte oder einer der näher bestimmten Familienangehörigen ist Partei; er ist gesetzlicher Vertreter einer Partei) ist auf die Kommentierungen zu § 41 zu verweisen. Zur Streitverkündung an den Sachverständigen und zur Folge eines Streitbeitritts s. Kap. 43 Rz. 60.

12 Gemäß § 406 Abs. 1 S. 2 ist § 41 Abs. 1 Nr. 5 insoweit ausgenommen, als eine **frühere Vernehmung als Zeuge nicht** zur Ablehnung des Sachverständigen berechtigt. Die **vorhergehende Tätigkeit als Sachverständiger** wird in der Ausnahmeregelung des § 406 Abs. 1 S. 2 nicht genannt. Daraus darf aber nicht geschlossen werden, § 41 Nr. 5 sei anwendbar, die frühere Tätigkeit als Sachverständiger stelle also einen Ausschließungsgrund dar. Das wiederholte Tätigwerden des Sachverständigen **innerhalb einer Instanz** stellt regelmäßig einen einheitlichen Vorgang dar;³ § 412 nennt im Übrigen die wiederholte Begutachtung der Beweisfrage durch den gleichen Sachverständigen als eine Möglichkeit der Beweiserhebung.⁴ Aber auch bei Begutachtung unterschiedlicher Beweisfragen innerhalb einer Instanz ist kein sachlicher Grund ersichtlich, den Sachverständigen, der bereits einmal mit der Sache befasst war, nunmehr als ausgeschlossen zu betrachten.⁵

13 **Umstritten** ist jedoch, ob der Sachverständige, der bereits in erster Instanz tätig war, **in der zweiten Instanz** gem. § 406 i.V.m. § 41 Nr. 5 (Vernehmung als Sachverständiger) oder § 41 Nr. 6 (Mitwirkung an der Entscheidung im früheren Rechtszug) **abgelehnt** werden kann,⁶ Dies ist zu verneinen. Das Berufungsgericht ist gem. § 529 grundsätzlich an die in erster Instanz erhobenen Beweise gebunden; liegen die Voraussetzungen des § 412 vor, wäre es widersinnig, dem Berufungsgericht eine erneute Beauftragung desselben Sachverständigen zu verbieten,⁷ sofern nicht aus Fachgründen ein völlig neuer Sachverständiger bestellt werden muss. § 41 Nr. 5 normiert nur die Unvereinbarkeit der Richterstellung mit der Stellung als Beweisperson. § 41 Nr. 6 scheidet bereits nach seinem Wortlaut aus, weil der Sachverständige nicht „bei dem Erlaß der ... Entscheidung mitgewirkt hat".⁸ Die Norm bezieht sich nur auf Gerichts-

---

1 RG JR Rspr 1927, S. 766 Nr. 1265.
2 RG JR Rspr 1927, S. 766 Nr. 1265.
3 *Müller* Der Sachverständige im gerichtlichen Verfahren³ Rz. 225a.
4 *Müller* Der Sachverständige im gerichtlichen Verfahren³ Rz. 225a.
5 *Müller* Der Sachverständige im gerichtlichen Verfahren³ Rz. 225a.
6 Dafür: *Kahlke* ZZP 94 (1981), 50, 60, 64 ff.; eingeschränkt zust. auch MünchKommZPO/*Zimmermann*⁴ § 406 Rz. 2; *Müller* Der Sachverständige im gerichtlichen Verfahren³ Rz. 226c. Dagegen: OLG Köln MDR 1990, 1121 f.; Musielak/*Huber*¹⁰ § 406 Rz. 3; vgl. auch BGH MDR 1961, 397; Stein/Jonas/*Leipold*²² § 406 Rz. 6.
7 So zutreffend OLG Köln MDR 1990, 1121, 1122.
8 OLG Köln MDR 1990, 1121, 1122.

personen; sie soll sicherstellen, dass nach Einlegung eines Rechtsmittels tatsächlich andere Richter mit der Sache befasst werden. Ebenso wenig schließen § 41 Nr. 5 und 6 aus, dass der Sachverständige gegen den Wunsch des Klägers im Zivilprozess dieselbe Gutachterfunktion wie im **vorangegangenen Strafverfahren** ausübt, etwa nach dortigem Freispruch des jetzigen Beklagten im Streit um Schadensersatz wegen eines Verkehrsunfalls,[1] oder dass er **in mehreren Zivilverfahren** gegen denselben Beklagten herangezogen wird.[2] Soll der Sachverständige im Hauptsacheverfahren gerichtlich beauftragt werden, nachdem er **zuvor** im Verfahren der **einstweiligen Verfügung für eine Partei** ein schriftliches Gutachten verfasst hat oder von ihr vorsorglich in der mündlichen Verhandlung gestellt worden ist,[3] kommt ebenfalls kein absoluter, wohl aber ein relativer Befangenheitsgrund in Betracht (vgl. Rz. 24 f.)

Etwas anderes hat nur dann zu gelten, wenn derjenige, der zum Sachverständigen berufen werden soll, **kraft einer Amtsstellung** an einem vorhergehenden Verfahren beteiligt war. So ist die IHK, die gem. § 380 Abs. 1 Nr. 1 FamFG (ex § 126 FGG) mit eigenen Rechten ausgestattet ist und im Handelsregisterverfahren von Gesetzes wegen zur Mitwirkung berufen ist, in einem Zivilprozess (auf Unterlassung des Führens einer Firma) analog § 41 Nr. 6 ausgeschlossen, wenn sie sich bereits im vorgelagerten Eintragungsverfahren zur Sache gem. § 380 FamFG geäußert hatte.[4]   14

Die Vorbefasstheit des Sachverständigen kann im Einzelfall den **Vorwurf (relativer) Befangenheit** (§§ 42, 406) rechtfertigen. Beispielsfälle: Der Sachverständige hatte zuvor als Polizist gegen die Partei ermittelt,[5] was aber nicht auf eine vorhergehende Tätigkeit als Sachverständiger für die Staatsanwaltschaft in parallel laufenden Strafverfahren erstreckt werden darf;[6] nach einer Tätigkeit als Gutachter der Schlichtungsstelle für Arzthaftungsfragen soll er im anschließenden Arzthaftungsprozess beauftragt werden;[7] er war als Sachverständiger im vorangegangenen PKH-Verfahren[8] oder in einem parallel laufenden Zivilverfahren[9] tätig.   15

II. Besorgnis der Befangenheit

1. Prüfungsgrundsatz

Der Sachverständige hat sein Gutachten unparteiisch zu erstatten (vgl. die Eidesformel des § 410). Er kann wegen Besorgnis der Befangenheit (§ 42 Abs. 1 2. Alt.) abgelehnt werden. Ein Ablehnungsgrund ist gegeben, wenn **objektive Anhaltspunkte** bestehen, die aus **Sicht einer vernünftigen Partei** geeignet sind, Zweifel an der Unvoreingenommenheit des Sachverständigen zu rechtfertigen.[10] Es kommt insoweit nicht darauf an, ob der Sachverständige tatsächlich befangen ist.[11] Entscheidend ist nur, ob die Anhaltspunkte geeignet sind, **subjektives Misstrauen** einer Partei zu rechtfertigen   16

---

1 OLG Köln MDR 1990, 1121, 1122.
2 OLG München VersR 1994, 704 (verschiedene Arzthaftungsprozesse gegen denselben beklagten Arzt).
3 Vgl. dazu OLG Stuttgart MDR 1964, 63 (mit zweifelhaftem Ergebnis der Befangenheitsbeurteilung).
4 OLG Düsseldorf NJW 1953, 792 m. abl. Anm. *Licht.*
5 OLG Hamburg MDR 1969, 489 f. (mit Vorwurf grobfahrlässiger Schiffsführung).
6 OLG Stuttgart MDR 1964, 63.
7 OLG Braunschweig MDR 1990, 730; OLG Frankfurt MDR 2011, 126, 127.
8 OLG Frankfurt/M. JW 1931, 2041 Nr. 10 (Armenrechtsverfahren).
9 OLG München VersR 1994, 704.
10 BGH NJW 1975, 1363 = MDR 1975, 754 – Schulterpolster; BGH NJW-RR 2013, 851 Rz. 10; OLG Köln NJW 1992, 762; OLG Rostock VersR 1996, 124 f.
11 BGH NJW 1975, 1363; OLG Köln NJW 1992, 762; OLG Rostock VersR 1996, 124 f.; OLG Koblenz VersR 2013, 1196.

(= Anschein der Parteilichkeit).[1] Rechtspolitisch zweckmäßig wäre die Einführung einer ausdrücklichen gesetzlichen Pflicht des Sachverständigen zur Offenbarung von Beziehungen, die einen Ablehnungsgrund bilden könnten.[2]

2. Persönliche Beziehungen

17 Persönliche Beziehungen des Sachverständigen zum Streitgegenstand[3] oder zu einer der Prozessparteien können die Ablehnung rechtfertigen, so z.B. die Mitgliedschaft des Sachverständigen in der Stadtverordnetenversammlung der beklagten Kommune[4] oder die Beschäftigung des Sohnes des Sachverständigen bei einer der Parteien.[5] Allein ein **freundschaftliches Verhältnis** zwischen dem Sachverständigen und dem *Prozessbevollmächtigten* einer der Parteien rechtfertigt die Ablehnung jedoch nicht, sofern nicht weitere Anhaltspunkte ersichtlich sind.[6] Derartige Anhaltspunkte liegen vor, wenn der Sachverständige den Prozessbevollmächtigten mit seiner anwaltlichen Vertretung in einer ähnlichen Sache betraut hat.[7]

18 Die **gleiche Berufszugehörigkeit** (Standeszugehörigkeit) von Sachverständigem und Prozesspartei rechtfertigt die Ablehnung nicht ohne Weiteres. Vielmehr müssen weitere Anhaltspunkte dafür ersichtlich sein, dass sich der Gutachter möglicherweise von (unbewusster) *Standessolidarität* leiten lassen wird. Dies kann anzunehmen sein, wenn der Sachverständige bei einem Institut beschäftigt ist, das die Standesinteressen aktiv wahrzunehmen hat,[8] oder wenn der in einem Arzthaftungsprozess zum Gutachter bestellte Arzt in einer anderen Sache selbst als Arzthaftung in Anspruch genommen wird.[9] Mangelnde Unabhängigkeit des Gutachters ist bei einer **akademischen Lehrer-Schüler-Beziehung** oder einer Vorgesetzten-Untergebenen-Beziehung anzunehmen.[10] Eine akademische Verbindung sollte nur bei engen persönlichen Kontakten, etwa infolge gleicher Fakultätszugehörigkeit, eine Gutachtenerstattung hindern.[11] Dies trifft auch zu bei gemeinsamer Verbindung in einem **Forschungsprojekt**.[12] Unschädlich ist ein beruflich bedingter **wissenschaftlicher** und fachlicher **Erfahrungsaustausch** auf Fachtagungen oder infolge Zusammenarbeit bei der Herausgabe einer **Fachzeitschrift**.[13] Dasselbe gilt für **wissenschaftliche Veröffentlichungen** zum Thema des Gutachtens,[14] sofern die Publikation nicht zur Unterstützung einer Partei erfolgt war.[15]

---

1 BGH NJW 1975, 1363; BGH NJW-RR 1987, 893; OLG München NJW 1963, 1682; OLG München NJWE-WettbR 2000, 268.
2 Vgl. *Lanz* ZRP 1998, 337, 339.
3 Vgl. RG JW 1903, 272 Nr. 8: Gutachten eines Kreisierarztes in eigener Sache; vgl. auch OLG Köln JW 1925, 1146.
4 RGZ 66, 53, 54.
5 Vgl. OLG Köln VersR 1989, 210 f. (Facharztweiterbildung des Sohnes bei beklagter Klinik).
6 Vgl. OLG Frankfurt BauR 1988, 633, 634 (Duzfreundschaft).
7 Vgl. BGH NJW-RR 1987, 893 (Patentrechtsstreitigkeiten).
8 Vgl. VG Darmstadt GewArch 1990, 251 f.: Begutachtung der Abgrenzung Industrie/Handwerk durch den Leiter eines Instituts für Handwerkstechnik, das vielfältig mit Institutionen des Handwerks verflochten war.
9 Vgl. OLG Köln NJW 1992, 762 = MedR 1992, 114 (allerdings in concreto darauf abstellend, dass der Prozessbevollmächtigte der jeweiligen Kläger identisch war).
10 OLG Jena, MDR 2010, 170; *Schneppokat/Neu* VersR 2001, 23, 24. Keine Beziehung bei 33 Jahre zurückliegender Ausbildung an Fachoberschule, OLG Celle MDR 2007, 105.
11 Vgl. OLG München NJW-RR 2007, 575; OLG Oldenburg VersR 2009, 238, 239; OLG Saarbrücken MDR 2008, 226, 227.
12 OLG Hamm MDR 2013, 169, 170.
13 OLG Hamm MDR 2012, 118, 119 (Mediziner); OLG Hamm MDR 2013, 169, 170 (Bauingenieure).
14 OLG München ZIP 2011, 1983.
15 OLG München ZIP 2011, 1983, 1984.

Ein **gespanntes persönliches Verhältnis** des Sachverständigen zu einer der Parteien 19
kann die Ablehnung rechtfertigen.[1] Der bloße Umstand, dass zwischen Sachverständigem und Partei einmal ein Rechtsstreit anhängig war, ist vom RG als noch nicht ausreichend angesehen worden.[2] Ist es in einem anderen Rechtsstreit zu persönlichen Angriffen zwischen Partei und Sachverständigem gekommen, rechtfertigt dies regelmäßig die Ablehnung; dies gilt auch, soweit derartige Spannungen zwischen dem Sachverständigen und den Prozessvertretern oder dem Haftpflichtversicherer der Partei entstanden sind.[3] In grober Weise verstößt es gegen die gebotene Objektivität, wenn ein medizinischer Sachverständiger einen zu begutachtenden Patienten mit grob beleidigenden Worten („Sie sind ein Säufer, Sie können mir nichts vormachen") empfängt und damit vor Untersuchungsbeginn nicht nur eine Missachtung, sondern auch eine vorgefasste negative Meinung zu erkennen gibt.[4] In der Diktion unangemessene Kritik einer Partei kann eine heftige Wortwahl des Sachverständigen rechtfertigen.[5]

Ein Sachverständiger, der in einer Geschmacksmustersache zur Schöpfungshöhe der 20
Gestaltung und zur Eigentümlichkeit des Musters Stellung nehmen soll, erweckt nicht den Eindruck der Voreingenommenheit, weil er leitend in einem Verein mitwirkt, der **medienwirksam** durch jährliche Vergabe einer Negativauszeichnung die Nachahmung von Gestaltungen **anprangert**, auch wenn diese keine Schutzrechtsverletzung bedeuten.[6]

Stellt ein zum Gutachter bestellter Schönheitschirurg in einem **Internetauftritt** seine 21
besondere fachliche Befähigung heraus, die eine formale Überlegenheit gegenüber dem beklagten Arzt bedeutet, begründet er damit keine Besorgnis der Befangenheit;[7] er qualifiziert den Beklagten dadurch nicht ab.

3. Geschäftliche Beziehungen u.ä.

Geschäftliche Beziehungen des Sachverständigen zu den Prozessparteien oder ihren 22
Anwälten[8] begründen u.U. den objektiven Anschein der Parteilichkeit, so z.B. wenn der Sachverständige **Konkurrent einer Partei** ist. Allerdings muss ein hinreichend konkretes Wettbewerbsverhältnis zwischen Sachverständigem und Partei bestehen.[9] Der bloße Umstand, dass Partei und Sachverständiger dasselbe Gewerbe innerhalb eines Bezirkes betreiben, wird per se regelmäßig nicht ausreichen.[10] Dasselbe gilt für geschäftliche Kontakte wissenschaftlicher Einrichtungen mit Wirtschaftsunternehmen, wenn der der Einrichtung angehörende Sachverständige in einem Prozess zwischen Unternehmen der Branche ein Gutachten erstatten soll.[11] Im Patentnichtig-

---
1 Vgl. OLG München VersR 1968, 207, 208. Zur Verweisung im Briefkopf auf eine der Branche feindlich gesonnene Internetplattform LG Bochum NJW-RR 2010, 498.
2 RG JW 1898, 283 Nr. 21.
3 OLG München VersR 1968, 207, 208; vgl. auch OLG Köln NJW 1992, 762.
4 BGH NJW 1981, 2009, 2010.
5 Vgl. OLG Köln VersR 1997, 596.
6 OLG München NJWE-WettbR 2000, 268 f. – Plagiarius.
7 OLG Köln VersR 2014, 480, 481.
8 BGH GRUR 2008, 191 Rz. 5, 8 (aktueller Auftrag). Anwalt als wichtiger Auftraggeber des Sachverständigen, OLG München MDR 2006, 1309.
9 Vgl. RG JW 1898, 672 Nr. 3; OLG München NJW-RR 1989, 1068 = MDR 1989, 828 = BauR 1990, 117; OLG Düsseldorf JurBüro 1980, 318 Nr. 109 (LS). Zur Prüfung der Schlussrechnung eines Insolvenzverwalters durch einen anderen Insolvenzverwalter LG München II ZIP 2013, 2475.
10 OLG München NJW-RR 1989, 1068; OLG Düsseldorf JurBüro 1980, 318 Nr. 109 (LS); weitergehend für Konkursverwalter OLG Köln NJW-RR 1990, 383 = EWiR § 86 KO 1/90, 391 (*Reimer*).
11 BGH NJW 2005, 2858 (LS).

keitsverfahren führt es nicht ohne Weiteres zur Besorgnis der Befangenheit, wenn der Sachverständige für Schutzrechte eines Konkurrenten des Patentinhabers auf dem einschlägigen Gebiet als Erfinder benannt ist.[1]

23 Ebenso kann die **geschäftliche Verbundenheit** mit einer Partei den Vorwurf der Parteilichkeit begründen. Allerdings muss der geschäftliche Kontakt in quantitativer oder qualitativer Hinsicht erheblich sein.[2] Dies ist ohne Zweifel gegeben, wenn der Sachverständige von einer der Parteien wirtschaftlich abhängig ist, etwa weil er deren abhängiger **Arbeitnehmer** oder **Dienstverpflichteter** ist;[3] man muss nicht noch zusätzlich darauf abstellen, ob der Sachverständige bereits mit Sachen der zu begutachtenden Art vorbefasst war.[4] Kritisch sein kann **Sponsoring** von Veranstaltungen des Gutachters.[5] Überzogen ist es jedoch, in einer Arzthaftungssache den Universitätsprofessor eines anderen Klinikums für befangen zu halten, nur weil das Bundesland, das für ihn Dienstherr ist, als Krankenhausträger verklagt ist;[6] es hängt von willkürlich ausgestalteten Organisationsgesetzen oder -erlassen der Länder ab, wer bei staatlichen Einrichtungen als Prozesspartei zu benennen ist oder wem die Dienstherrnfähigkeit zuerkannt wird. Die Tätigkeit des Sachverständigen in einem **akademischen Lehrkrankenhaus** steht der Begutachtung einer Arzthaftungssache der Universität entgegen;[7] umgekehrt gilt dies nicht.[8] Berechtigte Besorgnis kann die Häufung gemeinsamer Mitgliedschaften in Vorständen und Beiräten unterschiedlicher Institutionen begründen.[9] Der **EGMR** hat es als für die Unparteilichkeit unschädlich angesehen, wenn in einer Verwaltungsrechtsstreitigkeit ein Sachverständiger als Gutachter tätig wird, der die Stellung eines Beamten hat und der bereits im Verwaltungsverfahren hinzugezogen war.[10] Ein **Wirtschaftsprüfer** ist nicht deshalb abzulehnen, weil er **als Abschlussprüfer** für Tochtergesellschaften einer Prozesspartei tätig war; als Abschlussprüfer ist er nach § 319 Abs. 2 HGB ebenfalls unabhängiger Sachverständiger mit gesetzlich vorgegebenen Kontrollaufgaben.[11]

24 Auch die private Beauftragung des Sachverständigen ohne Begründung eines wirtschaftlichen Abhängigkeitsverhältnisses kann die Besorgnis der Befangenheit begründen, so z.B. die **vorprozessuale Mandatierung** des Sachverständigen.[12] Allerdings müssen insoweit regelmäßig weitere Umstände hinzukommen; der bloße Umstand, dass

---

1 BGH GRUR 2002, 369.
2 Vgl. z.B. BGH GRUR-RR 2008, 365 (Miterfinder); BGH NJW-RR 2012, 1463 Rz. 8 = GRUR 2013, 100 (punktuelle Beratung); OLG Karlsruhe OLGZ 1984, 104, 105 f. (Überweisung von Patientinnen an Klinikdirektor durch beklagten Arzt); OLG München MDR 1998, 858 (Belieferung des Sachverständigen mit Waren, die für ihn anderweitig nicht zu beschaffen sind); OLG Oldenburg MDR 2008, 44 (reguläre Patientenüberweisungen), OLG Karlsruhe VersR 2013, 77, 78. S. auch BVerfG NJW 2001, 1482 (erfolglose Ablehnung eines Bundesverfassungsrichters nach wissenschaftlichen Stellungnahmen für das federführende Ministerium).
3 RG JW 1899, 487 Nr. 16; RG JW 1898, 220 Nr. 10; OLG Hamburg MDR 1983, 412, 413.
4 Anders für Beamte als Sachverständige bei Klagen gegen den Dienstherrn: OVG Berlin NJW 1970, 1390; vgl. auch BSG NJW 1993, 3022: Angestellte der Versorgungsverwaltung sind als Sachverständige im sozialgerichtlichen Verfahren regelmäßig wegen der Gefahr der Voreingenommenheit ungeeignet.
5 Vgl. BGH NJW 2012, 1517 Rz. 11 f. = GRUR 2012, 855 (konkret verneint mit gewundener Begründung bei Not der Gutachterfindung).
6 Vgl. OLG München MDR 2002, 291, 292 (unklar mitgeteilter Sachverhalt); OLG Nürnberg MDR 2006, 469.
7 OLG Stuttgart OLGRep. 2008, 617; OLG Stuttgart VersR 2010, 499 (nicht im Verhältnis zu einem anderen Lehrkrankenhaus).
8 OLG Köln VersR 2012, 738 (obiter dictum); OLG Hamm MDR 2012, 118, 119.
9 OLG Düsseldorf GRUR 2007, 83, 85.
10 EGMR, Urt. v. 10.4.2003, Rs. 38.185/97 – Alge/Österreich, ÖJZ 2003, 816, 818.
11 Vgl. OLG Düsseldorf DB 2006, 1670 (zum Spruchstellenverfahren).
12 BGH NJW-RR 1987, 893: Befangenheit, wenn Sachverständiger von Partei privat mit der Anmeldung von Patenten betraut worden ist.

der Sachverständige zuvor bereits einmal von einer der Parteien mandatiert worden ist, trägt den Vorwurf der Parteilichkeit nicht ohne Weiteres.[1] Derartige Umstände können darin zu sehen sein, dass der Sachverständige **lange Zeit** für eine der Parteien **tätig** war und somit der Anschein besonderer Verbundenheit besteht,[2] dass sich die Begutachtung auf die **eigene vorprozessuale Tätigkeit** bezieht und der Sachverständige damit als Gutachter in eigener Sache tätig würde,[3] oder dass der Gegenstand der gerichtlichen Beauftragung mit einem vorprozessualen Auftrag identisch ist.[4] Unschädlich ist es, wenn der Dienstvorgesetzte der behandelnden Ärzte zum Gutachter bestellt wird.[5]

Hat der Sachverständige für eine der Parteien zu den Beweisfragen bereits **vorprozessual** ein **Privatgutachten** erstattet, ist er regelmäßig als befangen anzusehen, weil er das gerichtliche Gutachten unter dem Eindruck seiner früheren Festlegung erstatten wird.[6] Auch die Erstattung eines Privatgutachtens für einen nicht prozessbeteiligten Dritten berechtigt zur Ablehnung wegen **Voreingenommenheit**, wenn die Aufgabenstellung mit dem gerichtlichen Gutachtenauftrag übereinstimmt.[7] Die Neutralität ist nicht beeinträchtigt, wenn der Sachverständige zuvor ein Schiedsgutachten angefertigt hat, das auf eine Vereinbarung beider Parteien zurückgeht; unerheblich ist, ob die Wirksamkeit der Abrede streitig ist und deshalb die Auftragserteilung im Innenverhältnis lediglich durch eine Partei erfolgt ist.[8] Unschädlich ist die Bestellung eines Gutachters, der in derselben Sache zuvor schon für die **ärztliche Gutachter- und Schlichtungsstelle** als Gutachter tätig war.[9]

25

Soweit die Privatgutachtertätigkeit **nicht** den **Streitstoff des konkreten Rechtsstreits** betraf, kommt eine Ablehnung nur unter dem Gesichtspunkt der **(unbewussten) Parteinahme**, nicht aber der Voreingenommenheit in Betracht. Hier gilt, wie generell bei der Ablehnung wegen wirtschaftlicher oder persönlicher Verbundenheit (s. Rz. 17), dass die Gutachtertätigkeit quantitativ oder qualitativ erheblich sein muss (z.B. „Haussachverständiger" eines Versicherers[10]), ohne dass allerdings eine wirtschaftliche Abhängigkeit in jedem Fall zu verlangen wäre.[11] Der Umstand, dass der bestellte Sachverständige „Schüler" eines von der Partei betrauten Privatgutachters ist, trägt den Vorwurf der Befangenheit regelmäßig nicht.[12] Verschweigt der Sachverständige seine vorprozessuale Gutachtertätigkeit für eine der Parteien, kann dies aus Sicht ei-

26

---

1 Vgl. auch OLG Köln VersR 1992, 517 f. (privatärztliche Untersuchung im Rahmen eines Krankenhausaufenthaltes); *Schimanski* Sgb. 1986, 404, 410 ff.
2 Vgl. OLG Stuttgart MDR 1962, 910 f. m.w.N.; OLG Köln VersR 1992, 517 f. für besonderes Vertrauensverhältnis zum behandelnden Arzt. Verneint für Privatgutachtertätigkeit für die Versicherungswirtschaft von OLG Celle NJW-RR 2003, 135.
3 Vgl. OLG Köln JW 1925, 1146; LG Hildesheim MDR 1963, 852.
4 Vgl. OLG Celle Nds. Rpflege 1966, 197 f.
5 OLG Karlsruhe FamRZ 1991, 965 (Gebrechlichkeitspflegschaft mit stationärer Unterbringung).
6 RG JW 1902, 545 Nr. 8; OLG Köln VersR 1993, 1502; OLG Hamm MDR 2000, 49 = VersR 2000, 998; OLG Jena MDR 2008, 587; vgl. auch OLG Stuttgart NJW 1958, 2122 f.; OLG Köln VersR 1992, 517, 518; Ausnahmen anerkennend BGH VersR 1962, 450, 451.
7 BGH NJW 1972, 1133, 1134: Gutachten für Haftpflichtversicherer des Beklagten; OLG Frankfurt MDR 1969, 225 (LS): Gutachten für Versicherer; OLG Stuttgart NJW 1958, 2122 f. Verneint von OLG Hamm MDR 2000, 49 = VersR 2000, 998, 999 mangels Parteiidentität; s. auch LG Karlsruhe VersR 2007, 226.
8 LG Bonn BauR 1988, 632, 633.
9 OLG Frankfurt MDR 2011, 126, 127.
10 Vgl. OLG Koblenz NJW-RR 1992, 1470, 1471; OLG Celle VersR 2003, 1593, 1594 (kein Ablehnungsgrund).
11 A.A. offenbar OLG Köln OLGZ 1993, 341 f. = VersR 1992, 849 (Chefarzt einer Klinik).
12 SchlOLG SchlHA 1979, 23.

ner vernünftigen Partei den Eindruck erwecken, der Sachverständige habe Grund, den Umfang seiner Verbundenheit zu verbergen.[1]

4. Prozessverhalten des Sachverständigen

27 Gibt der Sachverständige durch sein Verhalten im Prozess Anlass zu der Annahme, er sei befangen, kann er ebenfalls abgelehnt werden. Aus Sicht einer verständigen Partei liegt diese Befürchtung nahe, wenn der Sachverständige **mit der anderen Partei einseitig Kontakt** aufgenommen hat: So ist die Ablehnung begründet, wenn der Sachverständige den Sachstand nur mit der einen Partei (oder deren Hilfspersonen[2]) ohne Hinzuziehung der anderen Partei erörtert hat.[3] Wenn der zu begutachtende Stoff sehr komplex ist und zahlreiche Einzelerläuterungen einer Partei zwingend erforderlich sind (z.B. bei umfangreichen Buchprüfungen), rechtfertigen einseitige Rückfragen des Sachverständigen bei Auskunftspersonen der einen Partei die Ablehnung ausnahmsweise nicht, vorausgesetzt die Informationsquellen werden im Gutachten aufgedeckt.[4] Unbegründet ist ein Befangenheitsantrag gegen einen Tierarzt, der sich ein zu untersuchendes Pferd ohne Benachrichtigung der Gegenpartei zur Einstellung übergeben lässt, um später in Abwesenheit beider Parteien die Befunderhebung durchzuführen.[5]

28 Der eine **Kindeswohlgefährdung** begutachtende Sachverständige darf die zuständigen **Behörden** bereits vor Einreichung des Gutachtens **informieren**, damit Schutzmaßnahmen ergriffen werden können, jedoch hat er zeitnah die Betroffenen in Kenntnis zu setzen, um ihnen angemessenen Rechtsschutz zu ermöglichen.[6] Als begründet ist der Ablehnungsantrag angesehen worden, nachdem der Sachverständige bei der Exploration für ein **familienpsychologisches Gutachten** einem Elternteil Trost gespendet und dessen Prozesserfolg konkludent in Aussicht gestellt hatte.[7] Einen Ablehnungsgrund stellt es auch dar, wenn der Sachverständige im Sorgerechtsstreit einem Elternteil die elterliche Dialogbereitschaft abspricht.[8]

29 Eine Ablehnung kommt in Betracht, wenn der Sachverständige **nur einer der Parteien Gelegenheit** gibt, der sachverständigen **Inaugenscheinnahme beizuwohnen**[9] (näher dazu Kap. 47 Rz. 44). Entscheidend ist insoweit, dass die abwesende Partei nicht weiß, welche Erläuterungen der Prozessgegner gegeben hat, und sie daher befürchten muss, der Gegenpartei seien Möglichkeiten zur Beeinflussung des Sachverständigen

---

1 Vgl. OLG Karlsruhe BauR 1987, 599 f.; zur Verwirkung des Entschädigungsanspruchs in diesem Fall, vgl. OLG Bamberg JurBüro 1989, 1169, 1170 f. Zum Verschweigen von Ablehnungsgründen, die sich dem Sachverständigen aufdrängen müssen – auch solchen aus § 41 Nr. 1–4 – als selbständiger Befangenheitsgrund ebenso Musielak/*Huber*[10] § 406 Rz. 5 a.E.
2 OLG Hamm MDR 1973, 144: Angestellte.
3 OLG Dresden VersR 2007, 86; LG Wuppertal VersR 2007, 1675; dies gilt selbstverständlich auch im Falle **vor**prozessualer Erläuterung der Beweisfragen durch eine Partei, vgl. LG Mainz BauR 1991, 510, 511 m. Anm. *Wirth*.
4 Vgl. OLG Düsseldorf NJW-RR 1986, 740 f. (Befragung von Auskunftspersonen in verschiedenen Betrieben nach Schichtarbeit und Materialengpässen durch Wirtschaftsprüfer); OLG Saarbrücken MDR 2005, 233 (Ermittlung der Anknüpfungstatsachen aus Unterlagen einer Partei ohne ausdrückliche gerichtliche Ermächtigung).
5 OLG Stuttgart MDR 2006, 889.
6 OLG Hamm FamRZ 2012, 894.
7 OLG Düsseldorf FamRZ 2013, 1241.
8 AG Tempelhof FamRZ 2014, 781, 782.
9 BGH NJW 1975, 1363 = MDR 1975, 754 – „Schulterpolster"; OLG Celle MDR 1959, 1017; OLG München NJW 1963, 1682; OLG Bremen MDR 1963, 768 (LS); OLG Hamm NJW-RR 1990, 1471, 1472; OLG Jena MDR 2000, 169; OLG Karlsruhe MDR 2010, 1148; LG Wuppertal MDR 1960, 1017; BVerwG NJW 2006, 2058; a.A.: LG Berlin MDR 1964, 423; LG Bremen MDR 1997, 502.

gewährt worden, die ihr versagt geblieben sind.[1] Es kommt nicht darauf an, ob die unterbliebene Hinzuziehung der anderen Partei auf einem Versehen beruhte.[2] Hat die **Partei** allerdings die **Abwesenheit** selbst **zu verantworten** (z.B. eigenmächtige Abwesenheit), scheidet eine Ablehnung aus (Verwirkung). In diesem Fall hat der Sachverständige dem Prozessgegner keine weitergehenden Rechte eingeräumt als der abwesenden Partei; die faktische Möglichkeit der einseitigen Beeinflussung des Sachverständigen hat die Partei sich selbst zuzuschreiben.[3] Anders ist die Sachlage zu beurteilen, wenn ein Ortstermin auf dem Gelände einer Prozesspartei in deren Gegenwart durchgeführt wird, nachdem diese Partei ihrem Gegner den Zutritt verwehrt hat.[4] Dabei soll die rechtliche Fehleinschätzung des Sachverständigen auf die Ablehnungsbeurteilung ohne Einfluss sein.[5]

Führt der Sachverständige Ermittlungstätigkeiten **im ausdrücklichen Auftrag des Gerichts ohne Hinzuziehung** irgendeiner **Partei** durch, scheidet eine Ablehnung grundsätzlich ebenfalls aus.[6] Dies gilt auch ohne ausdrückliche gerichtliche Beauftragung für Tatsachen, deren Relevanz das Gericht ohne sachverständige Beratung nicht beurteilen kann.[7] Ebenso wenig kommt eine Ablehnung in Betracht, wenn die abwesende Partei (ausnahmsweise) kein Anwesenheitsrecht hatte (z.B. bei körperlichen Untersuchungen des Gegners, näher dazu Kap. 47 Rz. 47).[8] Umgekehrt begründet die unübliche Anwesenheit einer dritten Person die Besorgnis der Befangenheit.[9] 30

Telefonate mit einer der Parteien rechtfertigen eine Ablehnung dann, wenn eine sachliche Erörterung des Gutachtens oder des Beweisthemas im weitesten Sinne stattgefunden hat,[10] hingegen nicht, wenn nur über die Kosten des Gutachtens gesprochen worden ist,[11] oder wenn lediglich Untersuchungsmaterial von einer Partei erbeten wurde.[12] Eine Ablehnung wegen einseitiger Kontaktaufnahme scheidet immer dann aus, wenn bei verständiger Betrachtung **ausgeschlossen** werden kann, **dass** eine **Sacherörterung** zwischen Partei und Sachverständigem stattgefunden hat. Der Sachverständige muss den Kontakt allerdings unaufgefordert offenbaren und erhaltene Unterlagen vorlegen.[13] Überbringt eine Partei dem Sachverständigen persönlich ein Beweisstück, das Gegenstand der Begutachtung werden soll, braucht der Sachverständige die Partei nicht wegzuschicken, um seine Unparteilichkeit zu erhalten.[14] Besorgnis der Befangenheit begründet aber die Entgegennahme und Verwertung von Unterlagen einer Prozesspartei, wenn davon Gericht und Gegenpartei überhaupt nicht oder erst aus dem Gutachten erfahren.[15] 31

---

1 Vgl. BGH NJW 1975, 1363; OLG Jena MDR 2000, 169.
2 OLG Hamburg MDR 1969, 489; OLG Karlsruhe MDR 2010, 1148, 1149.
3 Vgl. OLG Saarbrücken MDR 2011, 1315, 1316 (Eilbedürftigkeit der Besichtigung). Zur Ablehnung wegen unterbliebener Terminsverlegung durch den Sachverständigen vgl. LG Tübingen MDR 1995, 960.
4 OLG Saarbrücken MDR 2014, 180.
5 So OLG Saarbrücken MDR 2014, 180, 181 (zweifelhaft).
6 Vgl. OLG Stuttgart ZfS 1995, 367, 368 f. (Nachforschung nach polizeilichen Lichtbildern, die nicht zur Akte gelangt waren). OLG Saarbrücken MDR 1998, 492 (Bitte an das Gericht um Erlaubnis schalltechnischer Messungen ohne vorherige Information des Beklagten).
7 OLG Stuttgart MDR 2003, 172 (dort „Anknüpfungstatsachen" genannt, richtiger wohl: Befundtatsachen).
8 OLG Köln NJW 1992, 1568, 1569 = VersR 1993, 1111 = MedR 1993, 145.
9 OLG Frankfurt MDR 2010, 652 (Praxismitinhaber des Antragsgegners).
10 Vgl. OLG Frankfurt FamRZ 1989, 410; zu großzügig VGH München NJW 2004, 90, 91.
11 OLG Frankfurt FamRZ 1989, 410.
12 A.A. OLG Koblenz MDR 1978, 148.
13 OLG Stuttgart MDR 2011, 190; OLG Köln MDR 2011, 507, 508.
14 OLG Hamburg MDR 1986, 153.
15 OLG Koblenz MDR 2012, 994 = VersR 2013, 1196; OLG Stuttgart MDR 2014, 560.

32 **Inhaltliche Unzulänglichkeiten** oder **Fehler des Gutachtens** rechtfertigen grundsätzlich keine Ablehnung des Sachverständigen,[1] desgleichen nicht die eventuell **mangelnde Eignung** des Sachverständigen.[2] Etwas anderes gilt, wenn der Gutachter seine Kompetenz überschreitet, indem er den Parteivortrag auf Schlüssigkeit untersucht und insoweit zu Gunsten einer Partei Stellung nimmt[3] oder wenn er den Sachverhalt einseitig zu Gunsten einer Partei auswertet,[4] etwa unter Zugrundelegung nicht vorgegebener Anknüpfungstatsachen.[5] Ausnahmsweise ist die Besorgnis der Befangenheit zu bejahen, wenn das Gutachten den Eindruck erweckt, ein Baumangel sei nicht gegeben, ohne dass gleichzeitig deutlich gemacht wird, dass diese Schlussfolgerung nur auf behaupteten Materialverwendungen eines Handwerkers beruht, nicht aber auf einer Bauteiluntersuchung.[6] Dasselbe gilt, wenn der Sachverständige trotz mehrfacher Aufforderung durch das Gericht auf konkret erhobene Einwendungen einer Partei nicht eingeht und dafür auch keine fachliche Erklärung bietet.[7]

33 Das **Überschreiten des Beweisbeschlusses** und damit des Gutachtenauftrags rechtfertigt für sich genommen nicht die Ablehnung,[8] ebenso wenig das Ansprechen rechtlicher Fragen bei der Auslegung des Beweisthemas ohne Erörterung mit dem Gericht gem. § 404a Abs. 2.[9] Beweisbeschlüsse, von einem medizinischen Laien formuliert, können Probleme übersehen, die der Sachverständige sofort erkennt und dann auch ansprechen darf.[10] Dies darf nicht davon abhängig gemacht werden, ob der Tatrichter ergänzend die salvatorische Formulierung in den Prüfungsauftrag aufgenommen hat, „ob sonstige für den behaupteten Schaden ursächliche Behandlungsfehler zu erkennen sind".[11]

34 Die Erstattung des **medizinischen Gutachtens ohne** Berücksichtigung der ärztlichen **Behandlungsdokumentation** macht nicht befangen, wenn der Arzt der gerichtlichen Aufforderung zur Vorlage der Dokumentation nicht nachgekommen ist.[12] Verwertet der Sachverständige Aktenteile, die rechtswidrig (z.B. unter Verletzung einer beruflichen Schweigepflicht) zu den Akten gelangt sind, so dass eine erneute Begutachtung

---

1 BGH NJW 2005, 1869, 1870; BGH NJW-RR 2011, 1555 Rz. 4 = GRUR 2012, 92 = WRP 2011, 1627; OLG Celle VersR 2003, 1593, 1594; OLG München MDR 1971, 494 (LS). Zu einer Ausnahme bei einer Häufung von Verfahrensfehlern OLG Karlsruhe MDR 2010, 230 = VersR 2010, 498.
2 OLG München VersR 1977, 939 (LS); RG JW 1903, 385, 386 Nr. 12.
3 Vgl. OLG Köln NJW-RR 1987, 1198, 1199; OLG Celle VersR 2003, 1593, 1594; OLG Nürnberg VersR 2003, 391, 392 (Urteil über Glaubwürdigkeit streitigen Parteivortrags); vgl. allerdings auch OLG Karlsruhe MDR 1994, 725 f.: keine Ablehnung, weil Sachverständiger nachteiligen Rechtsstandpunkt einnimmt.
4 Vgl. OLG Köln VersR 1992, 255 f.; OLG München NJW 1992, 1569 (breite Darstellung der Behauptung des Klägers ohne Erwähnung der entgegenstehenden Behauptung des Beklagten); OLG Köln MedR 1993, 145, 146 f. (insoweit nicht abgedruckt in VersR 1993, 1111); OLG München VersR 2006, 1709; LG Dortmund MedR 1993, 110, 111.
5 OLG Nürnberg MDR 2007, 295; OLG Saarbrücken MDR 2008, 1121.
6 OLG Stuttgart NJW-RR 2012, 1109.
7 LG Kleve MDR 2010, 1419, 1420.
8 A.A. OLG Celle NJW-RR 2003, 135; OLG Jena MDR 2008, 164; OLG Saarbrücken NJW-RR 2008, 1087, 1089; OLG Oldenburg MDR 2008, 101; OLG München VersR 2008, 944; OLG Naumburg MDR 2012, 802; OLG Köln GesR 2012, 172; OLG Karlsruhe MDR 2014, 425 (jedoch nicht bei erkennbarem Auftragsmissverständnis). Auf die Umstände des Einzelfalls ausweichend BGH NJW-RR 2013, 851 Rz. 13.
9 OLG Nürnberg MDR 2002, 291.
10 So zu Recht *Spickhoff* NJW 2007, 1628, 1634.
11 Zur Zulässigkeit dieses Beweisbeschlusses OLG Oldenburg VersR 2008, 1711 (Entscheidung über richterliche Befangenheit).
12 OLG Köln VersR 1997, 596.

unter Außerachtlassung dieser Teile notwendig ist, ist er dafür nicht als befangen anzusehen.[1]

Die **Wortwahl des Gutachters** darf deutlich sein, damit die Sachaussagen verstanden werden,[2] sie darf aber nicht in eine beleidigende Herabsetzung einer Partei abgleiten[3] oder in die überzogene Herabsetzung eines Privatgutachters.[4] Einen Begleitbrief des Sachverständigen zur Gutachtenübersendung, aus dem sich offensichtlich Befangenheitsgründe ergeben, darf das Gericht den Parteien nicht vorenthalten.[5] Auf Angriffe auf den Beweiswert des Gutachtens darf der Sachverständige nicht mit übertriebener Schärfe reagieren.[6] Dasselbe gilt für Stellungnahmen zu einem gegen ihn gerichteten Ablehnungsantrag.[7]

35

Massiven **unsachlichen Angriffen** auf seine Person, die provozieren sollen, darf der Sachverständige allerdings entschieden entgegentreten; daraus resultierende überzogene Ausdrucksweisen sind hinzunehmen.[8] Wird er ohne Anhaltspunkte als „Lobbyist" eines Industriezweiges bezeichnet und damit seine Reputation herabgesetzt, darf er ankündigen, sich dagegen gerichtlich zur Wehr setzen zu wollen.[9]

36

§ 164 Verfahren der Ablehnung

I. Antragserfordernis

Der Ablehnungsantrag untersteht den Regeln für Prozesshandlungen. Er ist bedingungsfeindlich; ein bedingter Antrag ist auch dann unzulässig, wenn er von einem innerprozessualen Ereignis abhängig gemacht wird (z.B. der Beweiswürdigung des Gerichts).[10] Der Antrag muss eindeutig sein und zu erkennen geben, dass der Sachverständige **als Beweismittel generell abgelehnt** wird.[11] Die ablehnende Würdigung eines Gutachtens stellt keine (konkludente) Ablehnung des Sachverständigen dar, sondern ist nur als Äußerung über den Beweiswert des Gutachtens anzusehen.[12] Für die Antragstellung gilt **kein Anwaltszwang**, weil der Antrag auch zu Protokoll der Geschäftsstelle erklärt werden kann (§§ 78 Abs. 3, 406 Abs. 2 S. 3). Der Antrag kann also auch von der Naturalpartei selbst gestellt werden.

37

Der Antrag ist zu **begründen**, wofür Ablehnungstatsachen zu behaupten sind. Das folgt aus § 406 Abs. 3, wonach der Antragsgrund glaubhaft zu machen ist, und aus § 406 Abs. 2 S. 2, der von dessen rechtzeitiger Geltendmachung spricht. Für die **Glaubhaftmachung** der Ablehnungsgründe gilt § 294. Eine eigene Versicherung an Ei-

38

---

1 A.A. LSG Bremen NJW 1958, 278, 280 m. Anm. *Göppinger*.
2 OLG Saarbrücken MDR 2005, 548.
3 OLG Koblenz NJW-RR 2009, 1653, 1654 (Bezichtigung einer Täuschungshandlung); OLG Saarbrücken MDR 2005, 548; OLG Köln MDR 2002, 53 (Qualifizierung einer Parteiäußerung als „rüpelhaft" und „flegelhaft"); OLG Nürnberg MDR 2012, 365.
4 OLG Oldenburg NJW-RR 2000, 1166, 1167 (Äußerung über Radiologen bei orthopädischem Sachverhalt: „keine Ahnung"); OLG Zweibrücken NJW 1998, 912, 913 = VersR 1998, 1438, 1439 („Gefälligkeitsgutachten" zu noch nicht vorliegendem Gutachten).
5 BSG MDR 1999, 955.
6 OLG Saarbrücken NJW-RR 2008, 1087, 1089; KG VersR 2009, 566, 567; OLG Hamm MDR 2010, 653.
7 OLG Brandenburg MDR 2009, 288; KG FamRZ 2006, 1214.
8 OLG Karlsruhe VersR 2013, 77, 78; OLG Zweibrücken MDR 2013, 1425; OLG Stuttgart VersR 2014, 521, 523. Tendenziell ebenso OLG Brandenburg MDR 2009, 288, 289.
9 OLG Karlsruhe VersR 2014, 351, 353.
10 OLG Stuttgart NJW 1971, 1090 f.
11 RG JW 1910, 481 f.
12 Vgl. OLG Düsseldorf MDR 1994, 620.

des statt (§ 294 Abs. 1) der ablehnenden Partei oder ihres gesetzlichen Vertreters ist jedoch unzulässig (§ 406 Abs. 3). Ansonsten können **alle präsenten Beweismittel** (§ 294 Abs. 2) verwendet werden. Insbesondere kann die Vernehmung des anwesenden Gegners (§ 445) oder des *anwesenden* Sachverständigen beantragt werden. Zugelassen ist auch eine „anwaltliche Versicherung". Entbehrlich ist jede Form des Beweises, wenn die Ablehnungstatsachen unstreitig sind.[1]

39 Umstritten ist, ob § 44 Abs. 2 S. 2 entsprechende Anwendung findet,[2] ob die Partei also die Ablehnungsgründe durch **Bezugnahme auf ein Zeugnis des Sachverständigen** glaubhaft machen kann. Dabei geht es um den *nicht anwesenden* Sachverständigen, denn nur insoweit kommt § 44 Abs. 2 S. 2 als Ausnahmevorschrift zu § 294 Abs. 2 eigenständige Bedeutung zu. § 406 Abs. 3 wiederholt den Inhalt des § 44 Abs. 2 S. 2 nicht, wonach auf ein Zeugnis des abgelehnten Richters, nämlich dessen dienstliche Äußerung i.S.d. § 44 Abs. 3, Bezug genommen werden kann. § 406 Abs. 3 enthält keine Ausnahme zu § 294 Abs. 2, weil sich zwar der Richter gem. § 44 Abs. 3 zur Ablehnung dienstlich zu äußern hat, eine entsprechende Norm für den Sachverständigen aber fehlt. Da § 44 Abs. 3 auf ihn keine analoge Anwendung findet (näher Kap. 46 Rz. 52), scheidet eine entsprechende Anwendung von § 44 Abs. 2 S. 2 ebenfalls aus.

40 An der Beachtung von **Ausschließungsgründen** besteht ein öffentliches Interesse. Für sie gilt weder ein Begründungs- noch ein Glaubhaftmachungszwang. Sie sind **von Amts wegen** zu erforschen.

II. Zuständiges Gericht

41 Gemäß § 406 Abs. 4 entscheidet über das Ablehnungsgesuch der **Richter**, der den **Sachverständigen ernannt** hat. Bei ihm ist auch der Antrag zu stellen (§ 406 Abs. 2). Wenn die Ernennung durch den beauftragten oder ersuchten Richter erfolgte (§ 405), entscheidet dieser über die Ablehnung.[3]

42 Problematisch ist die Behandlung der Sonderfälle, in denen der Ablehnungsantrag erst **nach Abschluss einer Instanz** angebracht wird (dazu auch Rz. 61). Unstreitig ist das Berufungsgericht dann zuständig, wenn es den erstinstanzlich ernannten Sachverständigen in zweiter Instanz erneut befragt und mit einer Neubegutachtung beauftragt.[4] Die **Zuständigkeit des Berufungsgerichts** ist aber auch dann zu befürworten, wenn das Berufungsgericht den Sachverständigen nicht erneut vernimmt.[5] Es ist nicht ersichtlich, warum das erstinstanzliche Gericht, das aus einer berechtigten Ablehnung keine Folgerungen mehr ziehen kann, insoweit noch zur Entscheidung berufen sein sollte. Der Wortlaut des § 406 Abs. 2 steht nicht entgegen, weil nicht angenommen werden kann, dass insoweit eine Regelung für die ausgesprochen seltenen Fälle einer Ablehnung nach Abschluss der Instanz getroffen werden sollte. § 406 Abs. 2 trifft insoweit nur eine horizontale, keine vertikale Zuständigkeitsabgrenzung.

---

1 BGH NJW 1972, 1133, 1134.
2 Bejahend: OLG Bamberg FamRZ 1993, 1097 f.; Baumbach/Lauterbach/*Hartmann*[71] § 406 Rz. 27. Verneinend: RG JW 1886, 445 Nr. 6 (mit Bezug auf die Entstehungsgeschichte); KG OLG Rspr 17, 331; MünchKommZPO/*Zimmermann*[4] § 406 Rz. 10; Stein/Jonas/*Leipold*[22] § 406 Rz. 59 (nicht generell).
3 RG JW 1903, 48 Nr. 11.
4 OLG Düsseldorf WM 1970, 1305, 1306.
5 So zutreffend: OLG Köln MDR 1977, 57; OLG Koblenz OLGR 2000, 442, 443. A.A.: OLG Hamburg NJW 1960, 874; MünchKommZPO/*Zimmermann*[4] § 406 Rz. 8; Musielak/*Huber*[10] § 406 Rz. 15; Zöller/*Greger*[30] § 406 Rz. 10.

Soweit allerdings die Ablehnung nach Entscheidung durch das Oberlandesgericht beantragt wird, erscheint es angemessen, die Zuständigkeit des Oberlandesgerichts anzunehmen, um der Partei das Ablehnungsrecht zur erhalten, das in der Revision nicht geltend gemacht werden könnte.[1]

III. Fristenbindung

Die Antragstellung setzt voraus, dass der Sachverständige **bereits ernannt** worden ist; eine zuvor erklärte Ablehnung geht ins Leere.[2] Ist der Sachverständige ernannt, muss die Ablehnung vor der Vernehmung, spätestens jedoch **zwei Wochen nach Ernennung** erklärt werden (§ 406 Abs. 2 S. 1). Dies gilt auch im selbständigen Beweisverfahren; die Versäumung der Ablehnungsfrist führt zum endgültigen Verlust des Ablehnungsrechtes im Hauptsacheverfahren,[3] sofern nicht der im selbständigen Beweisverfahren rechtzeitig gestellte Antrag unbeschieden geblieben ist.[4] 43

Die **Zwei-Wochen-Frist** ist durch den Rechtsausschuss[5] entsprechend dem Vorschlag des Bundesrates[6] in der Formulierung der Gegenäußerung der Bundesregierung[7] in den Entwurf des Rechtspflegevereinfachungsgesetzes von 1990 eingefügt worden. Sinn dieser Fristenbindung ist es, den Aufwand an Arbeitskraft und Kosten der Begutachtung möglichst rationell einzusetzen.[8] Die Frist ist **keine Notfrist**. Die Fristversäumung durch die Hauptpartei gilt auch für deren unselbständigen Streithelfer.[9] Unabhängig von der Frist des § 406 Abs. 2 S. 1 ist die Partei mit ihrem Antrag analog § 43 immer dann ausgeschlossen, wenn sie in Kenntnis der Ablehnungsgründe **in der Sache verhandelt**;[10] unschädlich ist das Verhandeln nach Antragstellung vor der Entscheidung über die Ablehnung.[11] 44

Nach Ablauf der Frist des § 406 Abs. 2 S. 1 ist die Ablehnung nur zulässig, wenn glaubhaft gemacht wird, dass die Partei **schuldlos** daran **gehindert** war, die Ablehnung **früher** geltend zu machen (§ 406 Abs. 2 S. 2). Dies wird insbesondere dann der Fall sein, wenn ein späteres Prozessverhalten des Sachverständigen Anlass der Ablehnung ist (s. Rz. 27), oder wenn sich die Ablehnungsgründe erst aus dem Gutachten ergeben.[12] Der Gesetzgeber hat sich bei der Formulierung des Satzes 2 an den Vorschriften der § 276 BGB und § 233 sowie an dem gleichzeitig neu geschaffenen § 411 Abs. 4 („angemessener Zeitraum") orientiert. Die Bewertung soll sich nach dem **Grad der prozessualen Sorgfalt** richten, die nach den Umständen des Einzelfalles von der Partei zu erwarten ist, wobei die zeitlichen Anforderungen an die Einwände gegen die Behandlung der Sachfrage im Gutachten nach § 411 Abs. 4 berücksichtigt werden sollen.[13] Mit dieser Maßgabe kann man auch die in der Rechtsprechung gängige Formu- 45

---

1 So zutreffend OLG Düsseldorf MDR 1956, 305 f.
2 Vgl. OLG München NJW 1958, 1192.
3 Vgl. OLG Köln VersR 1993, 1502.
4 Vgl. OLG München ZIP 1983, 1515, 1516.
5 BT-Drucks. 11/8283 v. 25.10.1990, S. 10.
6 BT-Drucks. 11/3621, S. 69.
7 BT-Drucks. 11/3621, S. 74.
8 Vgl. OLG Celle NJW-RR 1995, 128 (im Zusammenhang mit der inzwischen überholten Frage nach der Auswirkung der Gerichtsferien auf den Fristenlauf).
9 OLG Koblenz MDR 1990, 161.
10 OLG Düsseldorf MDR 1994, 620; OLG Karlsruhe MDR 1991, 161; OLG Karlsruhe NJW 1958, 188; OLG Köln VersR 2009, 1287; a.A. MünchKommZPO/*Zimmermann*[4] § 406 Rz. 7.
11 *Werthauer* NJW 1962, 1235 f.
12 Vgl. etwa OLG Köln VersR 1989, 210, 211; OLG Koblenz MDR 1994, 1147.
13 BT-Drucks. 11/3621, S. 74.

lierung gebrauchen, der Antrag sei nur zulässig, wenn er **unverzüglich** (wie § 121 BGB[1]) **nach Kenntnis** des Ablehnungsgrundes gestellt werde.[2]

46 Unvereinbar mit der Entscheidung des Gesetzgebers ist die Annahme, an die Ausnahme des Satzes seien „im Interesse einer geordneten Prozessführung strenge Anforderungen" zu stellen.[3] Auf **grobe Nachlässigkeit** kommt es **nicht** an.[4] Nachforschungen zur Unparteilichkeit muss die Partei allenfalls bis zu dem in § 406 Abs. 2 S. 1 angegebenen Zeitpunkt anstellen[5] (dazu auch die nachfolgende Rz. 48). Soweit es um Umstände geht, die sich aus dem schriftlichen Gutachten ergeben, ist **Bezugspunkt der Fristwahrung** der Zeitpunkt, zu dem der Partei das Gutachten zugeht, nicht etwa der Termin einer eventuellen mündlichen Erläuterung des Gutachtens nach § 411 Abs. 3 oder §§ 402, 397.[6]

47 Die **Frist** ist aus Gründen der Rechtssicherheit **nicht** ausschließlich von der Beurteilung der **Umstände des Einzelfalls** durch das Prozessgericht abhängig zu machen.[7] Bedeutsam ist, ob sich die Partei zur Begründung ihres Antrags mit dem Inhalt des Gutachtens auseinandersetzen muss.[8] **Je evidenter** der **Ablehnungsgrund, desto kürzer** die Frist; eine angemessene Überlegungsfrist ist den Parteien einzuräumen.[9] Nutzt die Partei die Überlegungsfrist nicht aus, sondern nimmt sie zu dem schriftlichen Gutachten sofort Stellung, so muss sie auch die Ablehnung sofort geltend machen, soweit sie sich auf Umstände stützt, die sich ohne Weiteres aus dem Gutachten ergeben.[10] Die Überlegungsfrist dient nur dazu, der Partei Zeit zur Entscheidungsfindung zu gewähren, **nicht** dazu, den **weiteren Verlauf des Prozesses abzuwarten**, um die Ablehnung vom weiteren Ergebnis der Beweisaufnahme abhängig zu machen;[11] eine derartige Prozesstaktik soll § 406 Abs. 2 gerade verhindern. Dass das Gutachten bereits vorliegt und keine bei erfolgreicher Ablehnung überflüssigen Aktivitäten des Sachverständigen verhindert werden müssen, beeinflusst die Länge der Überlegungsfrist,[12] doch ist der Anspruch auf effektive, also rasche Justizgewährung auch in diesem Fall zu beachten.

48 Die Parteien haben grundsätzlich **keine Pflicht**, über die Person des Sachverständigen **Erkundigungen einzuholen** oder Nachforschungen zu betreiben, um die Ablehnung möglichst frühzeitig beantragen zu können,[13] sofern nicht konkrete Anhaltspunkte

---

1 BGH NJW 2005, 1869; OLG Koblenz MDR 1990, 161 (zu § 406 Abs. 2 a.F.); OLG Koblenz NJW-RR 1992, 1470, 1471; OLG Bamberg VersR 2009, 1427, 1428; OLG Saarbrücken NJW-RR 2008, 1087, 1088; OLG Hamm NJW-RR 2013, 1017, 1018; OLG Naumburg NJW-RR 2014, 93, 94.
2 OLG München NJW 1964, 1576; OLG Nürnberg MDR 1970, 150; OLG Oldenburg MDR 1975, 408, 409; OLG Oldenburg JurBüro 1996, 491; OLG Koblenz NJW-RR 1992, 1470, 1471; OLG Koblenz MDR 1994, 1147; OLG Düsseldorf NJW-RR 1998, 933, 934; OLG Nürnberg VersR 2001, 391, 392.
3 So AG Nürtingen MDR 1961, 605. Für „behutsame" Auslegung der Unverzüglichkeit im Sinne „alsbald nach angemessener Überlegungszeit" OLG Celle NJW-RR 1995, 128 = Nds. Rpflege 1994, 44; s. ferner OLG Köln VersR 1989, 210.
4 OLG Koblenz MDR 1990, 161.
5 OLG Düsseldorf GRUR 2007, 83, 84.
6 RG JW 1931, 2508 Nr. 3; OLG Düsseldorf NJW-RR 1998, 933, 934.
7 BGH NJW 2005, 1869, 1870 m. Bespr. *Christopoulos/Weimann* MDR 2005, 1201; a.A. BayObLG FamRZ 1995, 425, 426.
8 BGH NJW 2005, 1869, 1870.
9 OLG Frankfurt MDR 1989, 744 f.; ähnlich OLG Naumburg NJW-RR 2014, 93, 94.
10 OLG Frankfurt MDR 1989, 744 f.
11 Vgl. OLG München VersR 1994, 746; OLG Hamm NJW-RR 2013, 1017, 1018; a.A. *Christopoulos/Weimann* MDR 2005, 1201, 1203.
12 Vgl. OLG Köln VersR 1989, 210.
13 OLG Karlsruhe MDR 1975, 670; OLG Brandenburg NJW-RR 2001, 1433; MünchKommZPO/*Zimmermann*[4] § 406 Rz. 7; *Zöller/Greger*[30] § 406 Rz. 11. A.A. RGZ 64, 429, 432 f.; OLG Olden-

für einen Ablehnungsgrund vorhanden sind.[1] Auch § 44 Abs. 4 stellt nur auf Kenntnis der Partei ab. Davon hat der X. ZS des BGH eine Ausnahme gemacht für Fachgebiete, auf denen die **Gewinnung** von Sachverständigen wegen der Besonderheiten des Sachverhaltes **außergewöhnliche Schwierigkeiten** bereitet.[2] Die Parteien trifft dann die Obliegenheit, zur Qualifikation und zur Unabhängigkeit einfache Nachforschungen anzustellen, etwa eine Internetrecherche, insbesondere wenn die Erklärung abgegeben wird, es bestünden keine Einwände gegen die vorgeschlagene Person.[3]

Eine vom Gericht gem. § 411 Abs. 4 S. 2 gesetzte **Frist zur Äußerung in der Sache** ist für § 406 Abs. 2 S. 2 **grundsätzlich maßgebend**, wenn die Ablehnung auf die Auswertung des Gutachteninhalts gestützt wird.[4] Macht die Partei Ablehnungsgründe, die sich aus dem schriftlichen Gutachten ergeben, erst nach Ablauf der vom Gericht gesetzten Frist geltend, so ist dies regelmäßig nicht unverzüglich.[5] Die Anknüpfung an die Stellungnahmefrist lässt andere Fristbestimmungen obsolet werden.[6]   49

Erlangt die Partei erst **nach** Erlass des Urteils (**Beendigung der Instanz**) Kenntnis von Ablehnungsgründen, so ist die Ablehnung auch noch nach Erlass des Urteils zulässig,[7] soweit ein Rechtsschutzbedürfnis besteht. Das kann regelmäßig nur angenommen werden, wenn gegen das Urteil ein Rechtsmittel eingelegt worden ist (zur Zuständigkeit zuvor Rz. 42). Wird die Frist des § 406 Abs. 2 versäumt, so kann der Sachverständige grundsätzlich auch **nicht mehr** in der **Rechtsmittelinstanz** abgelehnt werden.[8] Das Regelungsziel des § 406 Abs. 2, die Parteien zu unverzüglicher Geltendmachung anzuhalten, um den Prozess zu beschleunigen und nutzlosen Aufwand zu vermeiden, wird jedoch nicht beeinträchtigt, wenn der Sachverständige das in erster Instanz erstattete Gutachten nicht lediglich erläutern oder ergänzen, sondern eine komplett neues Gutachten erstellen soll,[9] oder wenn wesentliche Erweiterungen des ursprünglichen Gutachtens verlangt werden, die ohne Zeitverlust und zusätzliche Kosten von einem anderen Sachverständigen vorgenommen werden können. Dann kann der Sachverständige trotz Fristversäumung in erster Instanz noch in der Berufungsinstanz für die dortige Beweiserhebung abgelehnt werden.   50

Da die **Ablehnungsgründe** den Beweiswert des Gutachtens beeinträchtigen können, hat sich das Gericht, auch wenn der Ablehnungsantrag verfristet ist, im Rahmen der **Beweiswürdigung** mit den Einwänden auseinanderzusetzen. Die fehlende Würdigung der Ablehnungsgründe, die noch nicht Gegenstand eines Ablehnungsverfahrens in den Vorinstanzen waren, kann trotz §§ 557 Abs. 2, 567, 406 Abs. 5 vom Berufungs-   51

---

burg MDR 1978, 1028; OLG Düsseldorf GRUR 2007, 83, 84; OLG Saarbrücken NJW-RR 2008, 1087, 1088.
1 BGH NJW 2009, 84.
2 BGH NJW 2009, 84 Rz. 3 = GRUR 2009, 92; BGH NJW 2012, 1517 Rz. 7 = GRUR 2012, 855.
3 BGH NJW 2012, 1517 Rz. 9.
4 BGH NJW 2005, 1869, 1870; OLG Brandenburg FamRZ 2007, 2094, 2095; OLG Bremen MDR 2010, 48; a.A. OLG Nürnberg MDR 1970, 150; OLG Koblenz NJW-RR 1999, 72, 73.
5 OLG Saarbrücken OLGZ 1982, 366 f.; VGH Kassel NVwZ 2000, 211, 212.
6 Rechtsprechung aus der Zeit vor der BGH-Entscheidung: OLG Düsseldorf NJW-RR 1998, 933, 934 (ein Monat im selbständigen Beweisverfahren); OLG Brandenburg NJW-RR 2001, 1433 (Regelfrist zwei Wochen); OLG München MDR 2004, 228 und OLG München VersR 2004, 1594, 1595 (Regelfrist zwei Wochen). OLG Nürnberg VersR 2001, 391, 392 ließ 20 Tage als rechtzeitig gelten.
7 OLG Düsseldorf MDR 1956, 305 f.; OLG Hamburg NJW 1960, 874; MünchKommZPO/*Zimmermann*[4] § 406 Rz. 7.
8 BayObLGZ 1986, 186, 187 f. m.w.N.; BayObLG NZM 2000, 1011, 1012 (dort: Rechtsbeschwerde in FGG-Sache); OLG Düsseldorf WM 1970, 1305, 1306; OLG Stuttgart NJW-RR 2011, 1242; MünchKommZPO/*Zimmermann*[4] § 406 Rz. 17; a.A. RGZ 66, 277, 278.
9 MünchKommZPO/*Zimmermann*[4] § 406 Rz. 17. A.A. OLG Düsseldorf WM 1970, 1305, 1306: nur soweit sich der Ablehnungsgrund erst aus der Beweisanordnung in der Berufungsinstanz erstmals ergibt.

gericht oder Revisionsgericht als Verfahrensfehler (§ 286) überprüft werden[1] (vgl. auch Kap. 49 Rz. 25).

IV. Weiterer Gang des Verfahrens

1. Anhörung des Sachverständigen

52 Die Entscheidung des Gerichts kann **ohne mündliche Verhandlung** ergehen (§ 406 Abs. 4 i.V.m. § 128 Abs. 4). Das Gericht kann jedoch über das Ablehnungsgesuch mündlich verhandeln; es kann insbesondere den Sachverständigen zum Zwecke der Sachverhaltsaufklärung anhören.[2] Umstritten ist, ob der **Sachverständige** analog § 44 Abs. 3 zwingend **anzuhören** ist bzw. ihm gem. Art 103 GG rechtliches Gehör gewährt werden muss.[3] Dazu besteht **kein** rechtlich zwingender **Anlass**. Ob der Sachverständige angehört wird, ist eine reine Zweckmäßigkeitsfrage; die Anhörung wird oftmals sachdienlich sein.[4] Soweit dem Sachverständigen infolge der Ablehnung der Verlust des Gebührenanspruchs droht (näher dazu Kap. 19 Rz. 41), kann er seine Rechte hinreichend im Verfahren gem. § 4 JVEG geltend machen; dem Ablehnungsverfahren kommt insoweit für das Vergütungsverfahren keine Bindungswirkung zu (näher dazu Kap. 19 Rz. 55). Es ist auch **nicht** geboten, dem Sachverständigen zum **Schutze seines Persönlichkeitsrechtes** einen Anspruch auf Gehör zu geben.[5] Das Verfahren nach § 406 dient dem Schutz der Partei und nicht dem Interesse des Sachverständigen, vor Gericht unbescholten dazustehen. Außerdem hat das Gericht gar nicht darüber zu entscheiden, ob der Sachverständige tatsächlich voreingenommen ist, sondern nur darüber, ob er aus Sicht der Partei den Anschein der Parteilichkeit erweckt hat.

2. Rechtliches Gehör für die Parteien

53 Wird der Sachverständige angehört, muss das Gericht der ablehnenden Partei zu der Äußerung des Sachverständigen rechtliches Gehör gewähren, soweit sie bei der Entscheidung über die Ablehnung verwendet werden soll.[6] Ansonsten ist die Anhörung der Parteien entbehrlich. Insbesondere muss der Gegenpartei, die nicht Beteiligte des Ablehnungsverfahrens ist,[7] grundsätzlich **kein rechtliches Gehör** gewährt werden, weil in der Regel ein rechtliches Interesse an der Person des Sachverständigen fehlt.[8] Insoweit ist die Situation nicht vergleichbar mit der Richterablehnung, bei der sich der Anspruch auf rechtliches Gehör der Gegenpartei aus deren Recht auf den gesetzlichen Richter ergibt. Dies gilt aber nur, solange das Gutachten noch nicht erstattet ist und daher durch eine erfolgreiche Ablehnung keine nennenswerte Verfahrensverzögerung eintritt oder die Rechtsverfolgung nicht überhaupt – so bei dem nachträglichen Fehlschlag eines selbständigen Beweisverfahrens[9] – erschwert wird.

---

1 BGH NJW 1981, 2009, 2010; OLG Celle NZM 1998, 158, 160; Stein/Jonas/*Leipold*[22] § 406 Rz. 55; MünchKommZPO/*Zimmermann*[4] § 407 Rz. 17; Zöller/*Greger*[30] § 406 Rz. 14a.
2 RG JW 1899, 303 Nr. 7.
3 Bejahend: OLG Koblenz NJW 1977, 395 (LS); OLG Karlsruhe OLGZ 1984, 104, 105; OLG Bamberg FamRZ 1993, 1097, 1098 (obiter dictum); Stein/Jonas/*Leipold*[22] § 406 Rz. 61. Verneinend: RG JW 1899, 303 Nr. 7; OLG München WRP 1976, 396; OLG München Rpfleger 1981, 73; OLG Schleswig SchlHA 1979, 23; OLG Düsseldorf MDR 1994, 1050; MünchKommZPO/*Zimmermann*[4] § 406 Rz. 11; Baumbach/Lauterbach/*Hartmann*[71] § 406 Rz. 28.
4 So auch Musielak/*Huber*[10] § 406 Rz. 17.
5 So aber Stein/Jonas/*Leipold*[22] § 406 Rz. 61; Zöller/*Greger*[30] § 406 Rz. 12a.
6 Vgl. BVerfG NJW 1968, 1621 (zur Richterablehnung); OLG Koblenz NJW 1977, 395 (LS); OLG Koblenz VersR 1977, 231 (LS); MünchKomm/*Zimmermann*[4] § 406 Rz. 11.
7 Vgl. OLG München Rpfleger 1997, 332.
8 MünchKommZPO/*Zimmermann*[4] § 406 Rz. 11; Baumbach/Lauterbach/*Hartmann*[71] § 406 Rz. 28; a.A. Stein/Jonas/*Leipold*[22] § 406 Rz. 61; Zöller/*Greger*[30] § 406 Rz. 12a.
9 Vgl. OLG Frankfurt/M. MDR 1984, 323.

3. Entscheidungsform

Die Entscheidung über den Ablehnungsantrag erfolgt durch **gesonderten, zu begründenden**[1] **Beschluss** (vgl. § 406 Abs. 5; zur Zuständigkeit Rz. 41). Nicht haltbar ist die Auffassung des Reichsgerichts,[2] die Anordnung der Vernehmung stelle eine konkludente Ablehnung des zuvor gestellten Befangenheitsantrages dar. Ergeht der Beschluss auf Grund mündlicher Verhandlung, ist er zu verkünden (§ 329 Abs. 1). Ansonsten ist er formlos mitzuteilen (§ 329 Abs. 2), es sei denn, die Ablehnung wird für unbegründet erklärt (§§ 329 Abs. 3, 406 Abs. 5 2. Hs., 569 Abs. 1 S. 2: Zustellung). Ist der Antrag während der Befragung des Sachverständigen gestellt und zurückgenommen worden, ist damit das Fragerecht der Partei nicht erloschen;[3] außerdem muss noch über das Beweisergebnis verhandelt werden.[4]

54

Die **Bescheidung** des Ablehnungsantrags **in den Urteilsgründen** statt durch von der Endentscheidung getrennten Beschluss unmittelbar nach Antragstellung ist **unzulässig** und stellt einen Verfahrensfehler dar.[5] Dies führt in der Berufung zur **Aufhebung und** – bei Antrag einer Partei – zur **Zurückverweisung** gem. § 538 Abs. 2 Nr. 1.[6] §§ 567, 574, 557 Abs. 2 verhindern zwar eine Sachprüfung durch das Revisionsgericht. Sie verbieten dem **Revisionsgericht** aber nicht, den Verfahrensverstoß zur Kenntnis zu nehmen und das Berufungsurteil deshalb aufzuheben und zurückzuverweisen.[7] Soweit die Kausalität dieses Verfahrensverstoßes für das Urteil grundsätzlich verneint wird,[8] ist dem mit *Zimmermann*[9] entgegenzutreten. Wird die Ablehnung erst im Urteil beschieden wird, ist nicht auszuschließen, dass sich das Gericht zuerst anhand des Gutachtens eine Überzeugung zur Entscheidung des Falles bildet und sich erst dann mit der Ablehnung auseinandersetzt. Bei dieser unzutreffenden Prüfungsreihenfolge[10] besteht die Gefahr, dass das Gericht den Ablehnungsantrag angesichts der bereits geleisteten Arbeit kritischer würdigt, als dies der Fall wäre, wenn es ohne Entscheidungsbildung in der Sache vorab entschieden hätte.

55

Wenn der Ablehnungsantrag durch begründeten Beschluss in der Sache zurückgewiesen wird, muss das Gericht in den Urteilsgründen auf die vorgebrachten Einwände nicht mehr eigens eingehen. Etwas anderes gilt dann, wenn über den Ablehnungsantrag **nicht in der Sache entschieden** worden ist.[11] Grundsätzlich ist es der Partei nicht verwehrt, den **Beweiswert** des Gutachtens **mit Argumenten zur Voreingenommenheit** des Sachverständigen **anzugreifen**, auch wenn zuvor das Ablehnungsgesuch

56

---

1 Musielak/*Huber*[10] § 406 Rz. 19; a.A. RG JW 1911, 52 Nr. 49.
2 RG JW 1911, 52 Nr. 49.
3 BGH ZIP 2002, 258, 260.
4 BGH ZIP 2002, 258, 260.
5 BGH MDR 1959, 112; BGH MDR 1979, 398 – Schaumstoffe; OLG Schleswig MDR 2001, 711; OLG Saarbrücken MDR 2013, 1230, 1231; BAG JZ 1960, 606; BSG MDR 1976, 83; s. ferner OLG Zweibrücken MDR 1966, 423.
6 OLG Köln MDR 1974, 761; OLG Hamm MDR 1974, 499; OLG Düsseldorf JZ 1977, 564, 565; Musielak/*Huber*[10] § 406 Rz. 20; *Schneider* JurBüro 1974, 437, 440. A.A. OLG Naumburg OLGRep. 2008, 67.
7 BAG JZ 1960, 606 f.; ähnlich BSG MDR 1976, 83 zur unzutreffenden Behandlung durch das Berufungsgericht, nachdem das erstinstanzliche Gericht das Ablehnungsgesuch unrichtig im Urteil beschieden hatte. Unklar ist, ob BGH NJW 1959, 293 f. = MDR 1959, 112 und NJW 1979, 720 = MDR 1979, 196 eine weitergehende Beschränkung enthalten. Musielak/*Huber*[10] § 406 Rz. 20 und Zöller/*Greger*[30] § 406 Rz. 14a halten das Problem wegen § 574 für erledigt.
8 *Schneider* JurBüro 1974, 437, 440.
9 MünchKommZPO/*Zimmermann*[4] § 406 Rz. 14.
10 Vgl. *Schneider* JurBüro 1974, 437, 440.
11 RG JW 1937, 3325 Nr. 37; BGHZ 28, 302, 305.

der Partei abgewiesen wurde (Rz. 51; zur revisionsrechtlichen Überprüfung s. unten Rz. 65).[1]

V. Rechtsbehelfe, Rechtsmittel

1. Sofortige Beschwerde

a) Statthaftigkeit

57 Gemäß § 406 Abs. 5 findet nur gegen den **ablehnenden Beschluss sofortige Beschwerde** (§ 567) statt. Der **stattgebende Beschluss** ist also **unanfechtbar**.[2] Auch der Sachverständige hat kein Beschwerderecht.

58 Dem **Prozessgegner** der ablehnenden Partei ist **nicht** die Möglichkeit der **Anhörungsrüge** gem. § 321a eröffnet, wenn er nicht zum Ablehnungsantrag gehört worden ist. Er ist nicht Partei des Ablehnungsverfahrens[3] und hat grundsätzlich keinen Anspruch darauf, in diesem Verfahren gehört zu werden (Rz. 52); insoweit kommt eine Verletzung seines Rechts auf Gehör nicht in Betracht.

59 Eine die sofortige Beschwerde verwerfende oder zurückweisende Entscheidung des Beschwerdegerichts ist unanfechtbar, soweit nicht gem. § 574 die **Rechtsbeschwerde** statthaft ist. Für das **FGG-Verfahren** galt diese Reformregelung von 2001 zunächst nicht. Dort bestand der Beschwerdetyp der **weiteren Beschwerde** nach § 27 FGG fort. Sie ist durch § 70 FamFG ersetzt worden.

b) Verhältnis zur Entscheidung in der Sache

60 Die sofortige Beschwerde hat **keine aufschiebende Wirkung** (vgl. § 570 Abs. 1).[4] Daher kann genau genommen nicht davon gesprochen werden, dass es dem Gericht bis zur Erledigung eines möglichen Beschwerdeverfahrens verwehrt ist, das Gutachten in einem Endurteil zu verwerten.[5] Gleichwohl ist es zumindest zweckmäßig, vor der Entscheidung in der Sache das Ablehnungsgesuch zu bescheiden.[6] Sofern gegen die Entscheidung in der Hauptsache kein Rechtsmittel möglich ist, ist es aus rechtsstaatlichen Gründen geboten, das Beschwerderecht der Parteien nicht durch eine Vorabentscheidung zu vereiteln.[7]

61 Soweit und solange gegen die Entscheidung in der Hauptsache ein Rechtsmittel möglich ist, kann auch **nach Erlass des Endurteils noch sofortige Beschwerde** eingelegt werden; sie wird durch Erlass des Endurteils nicht gegenstandslos.[8] Sieht man zur Entscheidung über den Ablehnungsantrag nach Beendigung der ersten Instanz das

---

[1] RGZ 43, 399, 402; 64, 429, 434; BGH NJW 1981, 2009, 2010; MünchKommZPO/*Zimmermann*[4] § 406 Rz. 17.
[2] Generell so im Arbeitsgerichtsprozess BAG NJW 2009, 935 (zur verfassungsrechtlichen Zulässigkeit Rz. 17).
[3] OLG München MDR 1994, 627 m.w.N.
[4] Zu § 572 a.F.: BGH NJW 1972, 1133, 1134.
[5] So aber RGZ 60, 110; OLG Düsseldorf JZ 1977, 564, 565; vgl. auch BayObLG FamRZ 1995, 425, 426.
[6] So BGH NJW 1972, 1133, 1134 (zur Rechtslage unter Geltung des § 572 ZPO a.F.).
[7] Ebenso MünchKommZPO/*Zimmermann*[4] § 407 Rz. 13.
[8] BGH NJW 1972, 1133, 1134; OLG Zweibrücken MDR 1966, 423; KG JW 1926, 1597, 1598; RGZ 64, 429, 431 f.: für Versäumnisurteil; ebenso im FGG-Verfahren: BayObLG FamRZ 1995, 425, 426; KG NJW 1965, 1086 f.

erstinstanzliche Gericht als weiterhin zuständig an (str., dazu Rz. 42) und gibt es dem Ablehnungsantrag statt, so muss das Berufungsgericht das angefochtene erstinstanzliche Urteil ohne Weiteres aufheben, weil das Urteil auf einer prozessual nicht ordnungsgemäß gewonnenen Grundlage beruht.[1] Eine inhaltliche Überprüfung des Beschlusses durch das Berufungsgericht scheidet wegen § 512 aus.[2]

c) Neue Ablehnungsgründe

Mit der sofortigen Beschwerde gegen die Zurückweisung eines Ablehnungsantrags können neue Ablehnungsgründe geltend gemacht werden.[3] 62

d) Frist

Die Beschwerdefrist, die eine **Notfrist** (§ 224 Abs. 1 S. 2) ist, beträgt gem. § 569 Abs. 1 S. 1 **zwei Wochen**. Ist der Beschluss entgegen § 329 Abs. 2 S. 2 nicht förmlich zugestellt worden, beginnt die Frist nicht zu laufen; eine Heilung des Zustellungsmangels kommt nicht in Betracht.[4] Bei **verkündeten Beschlüssen** beträgt die Frist **fünf Monate** ab Verkündung (§ 569 Abs. 1 S. 2). Nach z.T. vertretener Auffassung ist § 569 Abs. 1 S. 2 auf nicht verkündete und auch nicht zugestellte Beschlüsse analog anzuwenden; die Frist beginnt dann ab der formellen Bekanntgabe zu laufen. 63

2. Erinnerung gegen Entscheidung des beauftragten oder ersuchten Richters

Gegen den ablehnenden Beschluss des kommissarischen Richters (§ 405) über den Ablehnungsantrag ist zunächst die **Erinnerung des § 573 Abs. 1** innerhalb der **Notfrist von zwei Wochen** zu erheben, über die bei Nichtabhilfe das Prozessgericht entscheidet. Erst dessen gleichlautende Entscheidung ist beschwerdefähig; es gelten dann die normalen Regeln über die sofortige Beschwerde. 64

3. Revisionsrechtliche Überprüfung

Auf die Behauptung der Befangenheit des Sachverständigen bzw. des Umstandes, dass der Sachverständige wegen seiner Voreingenommenheit unter Verletzung des in § 404 Abs. 1 eingeräumten Ermessens bestellt worden sei, kann die **Revision** wegen §§ 557 Abs. 2 **nicht** gestützt werden, wenn diese **Gründe im Ablehnungsverfahren** durch abweisenden Beschluss **beschieden** worden sind.[5] 65

Unharmonisch ist die revisionsrechtliche Behandlung von Einwänden gegen die Auswahl des Sachverständigen gem. § 404 und gegen die Beweiswürdigung des Gerichts, wenn ein **Ablehnungsantrag nicht gestellt** oder als unzulässig verworfen worden war. Der IVa. ZS des BGH[6] hat in einem Urteil vom 12.3.1981 die revisionsrechtliche Überprüfung der Beweiswürdigung unter dem Gesichtspunkt des § 286 als zulässig angesehen, weil die Ablehnungsgründe noch nicht Gegenstand eines Ablehnungsverfahrens gewesen waren. Demgegenüber hat der III. ZS des BGH[7] in einer Entscheidung vom 12.7.1965 die Auffassung vertreten, dass die Partei mit der Rüge einer feh- 66

---

1 BayObLG FamRZ 1995, 425, 426; MünchKommZPO/*Zimmermann*[4] § 406 Rz. 12 a.E.
2 BGH NJW 1972, 1133, 1134.
3 OLG Saarbrücken MDR 2005, 233.
4 OLG Köln VersR 1994, 1086 (LS).
5 BGHZ 28, 302, 305 f.; BGH VRS 21, 430, 432.
6 BGH NJW 1981, 2009, 2010.
7 BGH VRS 21, 430, 431 f.

lerhaften Ausübung des Auswahlermessens bei der Sachverständigenbestellung, die nicht zum Gegenstand eines Ablehnungsverfahrens gemacht worden war, in der Revision generell ausgeschlossen sei. Keinesfalls darf eine Partei, die es in der Tatsacheninstanz versäumt hat, den gesetzlich vorgesehenen Weg (der Ablehnung) zu beschreiten, im Revisionsverfahren besser gestellt sein als diejenige, die ihren Antrag vorschriftsgemäß gestellt hatte.[1] Zuzustimmen ist aber der Möglichkeit einer **Verfahrensrüge** der **unzutreffenden Beweiswürdigung**[2] (Rz. 56).

67 Soweit das Ablehnungsgesuch vom Tatsachengericht **im Urteil** und nicht vorab in gesondertem Beschluss **beschieden** worden ist, handelt es sich um einen revisiblen Verfahrensfehler (Rz. 55).

VI. Kosten, Gebühren

68 Der **Sachverständige** erhält für die Stellungnahme im Ablehnungsverfahren grundsätzlich **keine gesonderte Vergütung**; Gegenstand der Entschädigungspflicht (§ 413) ist nur die schriftliche oder mündliche Gutachtenerstattung und der damit unmittelbar zusammenhängende Aufwand (Kap. 19 Rz. 32 und 45).[3] Etwas anderes gilt, wenn er sich mit den Einwänden fachlich auseinandersetzen muss, weil seine fachliche Qualifikation in Zweifel gezogen wird.[4] Hat der Sachverständige die Ablehnung **grob fahrlässig** verursacht, kommt eine Verwirkung des bereits erworbenen Entschädigungsanspruchs in Betracht (näher Kap. 19 Rz. 36 ff.).

69 **Gerichtsgebühren** fallen im Ablehnungsverfahren nicht an. Im Beschwerdeverfahren ist bei Verwerfung oder Zurückweisung der sofortigen Beschwerde gem. KV Nr. 1811 zum GKG eine Gerichtsgebühr von 50 Euro zu zahlen.

70 Das Verfahren der Ablehnung des Sachverständigen gehört für den **Rechtsanwalt** gem. § 19 Abs. 1 S. 2 Nr. 3 RVG zum Rechtszug, löst also keine zusätzliche Gebühr aus. Für die Vertretung im Beschwerdeverfahren erhält er eine Gebühr in Höhe von 0,5 gem. Nr. 3500 VergVerz zum RVG bzw. im Rechtsbeschwerdeverfahren in Höhe von 1,0 gem. Nr. 3502 VergVerz RVG. Daher ist eine Kostenentscheidung zu erlassen.[5] Der **Gegenstandswert** (§ 23 Abs. 2 RVG) beträgt regelmäßig ⅓ des Hauptsachestreitwertes.[6] Dass das Gutachten die gesamte Klageforderung betrifft und in ausschlaggebendem Umfang den Streit entscheidet, berechtigt nicht dazu, für das Ablehnungsverfahren den vollen Wert der Hauptsache anzusetzen.[7]

---

1 BGH VRS 21, 430, 432.
2 Zu weitgehend ablehnend daher BVerwG NJW 1956, 923, 924.
3 OLG Düsseldorf MDR 1994, 1050; OLG München MDR 1994, 1050 f.; OLG Köln FamRZ 1995, 101 f.; der Tendenz nach ebenso OLG München Rpfleger 1981, 73; a.A. (die Stellungnahme als eine die Gutachtenerstattung unterstützende Tätigkeit ansehen) OLG Frankfurt Rpfleger 1993, 421.
4 OLG Köln MDR 2009, 1015.
5 OLG Celle MDR 2008, 1180.
6 BGH, Beschl. v. 15.12.2003 – II ZB 32/03, ASG 2004, 159; OLG München MDR 2010, 1012; OLG Frankfurt MDR 1980, 145; OLG Hamburg NJW 1970, 1239 f.; a.A. OLG Köln MDR 1976, 322 (keine Koppelung an den Hauptsachestreitwert weil nichtvermögensrechtliche Streitigkeit).
7 A.A. OLG München JurBüro 1980, 1055.

Die gegnerische Prozesspartei ist nicht Partei des Ablehnungs- und Beschwerdeverfahrens.[1] Es handelt sich beim Beschwerdeverfahren **nicht** um ein **kontradiktorisches Verfahren** zwischen den Parteien; daher findet **keine Erstattung** der außergerichtlichen Kosten, also der Rechtsanwaltsgebühren, statt.[2]

---

[1] OLG München MDR 1994, 627 m.w.N.; OLG Düsseldorf Rpfleger 1975, 257.
[2] OLG Brandenburg MDR 2002, 1092 (mit Ausnahme bei Aufforderung zur Stellungnahme); OLG München MDR 1994, 627; OLG München Rpfleger 1987, 332; OLG Celle Rpfleger 1983, 173; OLG Düsseldorf Rpfleger 1975, 257; Zöller/*Herget*[30] § 91 Rz. 13 „Sachverständigenablehnung" (mit Einschränkungen). A.A. (Erstattung): [zur wegen Art 101 GG abweichenden Konstellation der Richterablehnung] OLG Frankfurt Rpfleger 1981, 408; OLG Nürnberg MDR 1980, 1026; OLG Stuttgart AnwBl. 1979, 22; [zur Sachverständigenablehnung] OLG Hamburg MDR 1994, 522.

Kapitel 47:
Vorbereitung der Begutachtung, Pflichten des Sachverständigen

	Rz.		Rz.
§ 165 Richterliche Anleitung des Sachverständigen, § 404a ZPO		**§ 167 Pflichten des Sachverständigen bei Übernahme und Durchführung der Begutachtung, §§ 407a und 409 ZPO**	
I. Entstehungsgeschichte und Normzweck des § 404a	1	I. Entstehung und Normzweck des Pflichtenkatalogs	54
II. Rechtsverhältnis Gericht/Sachverständiger	5	II. Überprüfung der eigenen Kompetenz	59
III. Kompetenzverteilung bei der Sachverhaltsaufklärung		III. Pflicht zur persönlichen Begutachtung	
1. Terminologie: Anschluss-, Befund- und Zusatztatsachen	7	1. Hinzuziehung von Hilfskräften	
2. Allgemeine Leitungspflicht, Einweisung des Sachverständigen		a) Delegationsverbot	61
a) Weisungen, Belehrungen, Hinweise	11	b) Abgrenzungskriterien	
b) Vorgaben des Parteivortrags	16	aa) Eigenständige Zuarbeit	62
c) Erörterungstermin	18	bb) Begriff der Hilfskraft	63
3. Trennung von Rechts- und Tatsachenfragen	19	cc) Kernbereich eigener Begutachtungstätigkeit	65
§ 166 Sachverhaltsaufklärung des Sachverständigen, § 404a Abs. 4 ZPO		dd) Floskelhafte „Verantwortungsübernahme"	68
I. Ermittlung von Befundtatsachen	21	c) Irrelevante Kriterien	
II. Ermittlung von Zusatztatsachen	27	aa) „Übliche" Gutachterpraxis	70
III. Verschaffung der generellen Sachkunde	32	bb) Kammerordnungen	71
IV. Überschreitung des Auftrags	34	2. Nomination von Mitarbeitern	72
V. Mitwirkungshandlungen der Parteien oder Dritter	35	IV. Rückfrage- und Hinweispflichten	
VI. Anwesenheitsrecht der Parteien		1. Klärung des Auftragsinhalts	74
1. Grundsatz		2. Kostenhinweise	76
a) Richterrechtliche Rechtslage	36	V. Herausgabe von Unterlagen etc.	
b) Gesetzliche Rechtsgrundlage	40	1. Normzweck	79
c) Terminsnachricht	44	2. Herausgabeobjekte	
2. Grenzen des Anwesenheitsrechts		a) Untersuchungsergebnisse	80
a) Allgemein verwendbare Tatsachen	45	b) Beigezogene Unterlagen	
b) Tatsächliche Unmöglichkeit der Teilnahme	46	aa) Beiziehung und Überlassung	81
c) Rechtliche Unmöglichkeit der Teilnahme	47	bb) Eigentum einer Partei als Widerspruchsgrund	82
d) Behinderung der Begutachtung	49	cc) Eigentum Dritter	83
e) Ergebnisverfälschung	50	dd) Entgegenstehende Persönlichkeitsrechte, Datenschutz	84
f) Geheimhaltungsinteressen	51	3. Gegenrechte	85
3. Folge unterbliebener Terminsnachricht	52	4. Herausgabeverlangen, Herausgabeanordnung	86
VII. Unterrichtung der Parteien	53	VI. Belehrung durch das Gericht	92
		VII. Erscheinen zur mündlichen Verhandlung	93

Schrifttum:

Daub, Die Tatsachenerhebung durch den Sachverständigen, 1997; *Druschke*, Das Anwesenheitsrecht der Verfahrensbeteiligten bei den tatsächlichen Ermittlungen des Sachverständigen im gerichtlichen Verfahren, Diss. Münster 1989; *Greger*, Substanzverletzende Eingriffe des gerichtlichen Sachverständigen, Festschrift Leipold (2009), S. 47; *Petra Höffmann*, Die Grenzen der Parteiöffentlichkeit, insbesondere beim Sachverständigenbeweis, Diss. Bonn 1989; *Jessnitzer*, Ortsbesichtigungen und Untersuchungen durch Bausachverständige und ihre gerichtliche Verwertung, BauR 1975, 73; *Kürschner*, Parteiöffentlichkeit vor Geheimnisschutz im Zivilprozeß, NJW 1992, 1804; *Schikora*, Einsichtnahme in die Handakten von Sachverständigen durch Gericht und Parteien, MDR 2002, 1033; *Friedrich E. Schnapp*, Parteiöffentlichkeit bei Tatsachenfeststellungen durch den Sachverständigen?, Festschrift C.-F. Menger, S. 557; *Seibel*, Der Sachverständige und die gerichtliche Leitung seiner Tätigkeit nach der ZPO, NJW 2014, 1628; *Tropf*, Die erweiterte Tatsachenfeststellung durch den Sachverständigen im Zivilprozeß, DRiZ 1985, 87; *Walterspiel*, Augenscheineinnahme ohne Verständigung der Parteien, Der Sachverständige 1974, 117.

§ 165 Richterliche Anleitung des Sachverständigen, § 404a ZPO

I. Entstehungsgeschichte und Normzweck des § 404a

§ 404a ist 1990 zusammen mit § 407a eingefügt worden. § 404a konkretisiert die Pflichten des Gerichts gegenüber dem Sachverständigen, § 407a diejenigen des Sachverständigen gegenüber dem Gericht. Vorbild für § 404a Abs. 1 war § 78 StPO.[1]   1

Die Aufgabe des Sachverständigen besteht nur darin, dem Gericht Erfahrungssätze mitzuteilen oder in Anwendung von Erfahrungssätzen bzw. Fachwissen Befundtatsachen zu ermitteln. Als Richtergehilfe untersteht er der **Leitung** durch das **Gericht**. § 404a bringt diesen selbstverständlichen Grundsatz zum Ausdruck, geht aber darüber hinaus, indem er das Gericht zu einer **aktiven Rolle** durch Ausübung einer Leitungsfunktion verpflichtet. Die Befugnis des Gerichts zur Erteilung verbindlicher Anordnungen findet ihre Grenzen an der fachlichen Unabhängigkeit und Verantwortlichkeit des Sachverständigen.[2]   2

Problematisch ist bei vielen Gutachtenerstattungen, **inwieweit** der Sachverständige befugt ist, im Rahmen des Gutachtenauftrages **Tatsachen** durch Befragung von Personen, Augenscheinseinnahme, Einholung amtlicher Auskünfte, Akteneinsicht etc. **zu ermitteln** und seinem Gutachten zu Grunde zu legen. Bereits vor der Schaffung des § 404a hat die Rechtsprechung eine unabhängige Aufklärungsbefugnis des Sachverständigen verneint.[3] Daran hat sich durch die Neuregelung nichts geändert. Die Kommission für das Zivilprozessrecht hatte zwar eine „**selbständige**" Aufklärungsbefugnis vorgeschlagen;[4] der Gesetzgeber hat diesen Vorschlag aber bewusst **nicht** übernommen.[5] Die Partei, der die Ermittlung vom Gegner nicht vorgebrachten Streitstoffes zum Nachteil gereicht, kann den die Ermittlungsbefugnisse überschreitenden Sachverständigen wegen Besorgnis der **Befangenheit** (§§ 42, 406) ablehnen.[6]   3

Nach § 404a Abs. 4 bestimmt das **Gericht, in welchem Umfang** der Sachverständige die **Aufklärung** der Beweisfrage betreiben darf. Es darf § 404a Abs. 4 grundsätzlich nicht dazu verwenden, seinerseits den Sachverständige zur selbständigen Sachverhaltserforschung (i.S.v. Tatsachenbeschaffung) zu ermächtigen[7] (zu Ausnahmen bei   4

---
1 RegE BT-Drucks. 11/3621, S. 39.
2 RegE BT-Drucks. 11/3621, S. 39.
3 RGZ 156, 334, 338; BGHZ 37, 389, 394; BGH VersR 1960, 998, 999; BFH BStBl. II 1990 515, 516.
4 Bericht der Kommission, S. 348 (§ 409 Abs. 4).
5 RegE BT-Drucks. 11/3621, S. 39.
6 RegE BT-Drucks. 11/3621, S. 39.
7 Zu pauschal die gegenteiligen Formulierungen bei Thomas/Putzo/*Reichold*[33] § 404a Rz. 5; ihnen folgend OLG München BauR 1993, 768, 769 (Ermächtigung des Bausachverständigen zur Einsichtnahme in Grundrisse und Schnitte, Baubeschreibung, Leistungsverzeichnisse, Boden-

1017

der Erhebung von Befundtatsachen und Zusatztatsachen unten Rz. 9 f.). Prozessual folgt dies daraus, dass ausschließlich die Parteien den Prozessstoff bestimmen (Beibringungsgrundsatz; Dispositionsmaxime) und insoweit nicht einmal das Gericht eine eigene Kompetenz besitzt. § 404a Abs. 4 konstituiert (lediglich) die richterliche Pflicht, dem Sachverständigen die **Grenzen und Modalitäten** seiner zulässigen **Ermittlungstätigkeit** im den konkreten Fall rechtzeitig aufzuzeigen.[1]

II. Rechtsverhältnis Gericht/Sachverständiger

5   Die gerichtliche Bestellung ist als hoheitliche **innerprozessuale Maßnahme** (Beweisanordnung, §§ 273 Abs. 1 Nr. 4, 358, 358a) mit Eingriffscharakter und nicht etwa als (Justiz)Verwaltungsakt gegenüber dem Sachverständigen zu qualifizieren.[2] Ein Antrag auf gerichtliche Entscheidung gem. **§ 23 EGGVG** gegen die Bestellung oder Nichtbestellung in einem konkreten Verfahren kommt nicht in Betracht. In Erwägung zu ziehen ist ein solcher Antrag nur – vergleichbar der noch wenig geklärten Rechtsstellung von Bewerbern um das Amt des Insolvenzverwalters[3] – hinsichtlich der (Vorauswahl-)Entscheidung über die „Listung" des Bewerbers bei einem Gericht, sofern die Verwaltungsgeschäftsstelle eigene Listen führt, die nicht nur als Gedächtnisstütze mit Angaben über in der Vergangenheit beauftragte Sachverständige dienen. Gegen die **Entziehung** eines **Begutachtungsauftrages** hat der Sachverständige kein Beschwerderecht, da nicht einmal die Parteien Beweisanordnungen anfechten können.[4]

6   Durch die Ernennung wird zwischen dem Sachverständigen und dem Gericht ein **öffentlich-rechtliches Dienstverhältnis sui generis** begründet[5] (Kap. 43 Rz. 33). § 404a Abs. 1 verdeutlicht, dass es sich insoweit nicht um ein Gleichordnungs- sondern um ein Subordinationsverhältnis handelt. Daraus ergibt sich allerdings nicht, dass das Gericht nach Belieben mit dem Sachverständigen verfahren kann; insbesondere hat es in der Beweiswürdigung des Gutachtens oder bei Entscheidungen über die Vergütung des Sachverständigen auf dessen Persönlichkeitsrechte Rücksicht zu nehmen.[6]

III. Kompetenzverteilung bei der Sachverhaltsaufklärung

1. Terminologie: Anschluss-, Befund- und Zusatztatsachen

7   Zweckmäßig ist die Unterscheidung von Anschluss- (oder Anknüpfungs-), Befund- und Zusatztatsachen, damit wegen **spezifischer rechtlicher Anforderungen** die tatsächliche Basis des Sachverständigengutachtens von dessen Ermittlungsergebnissen abgegrenzt werden kann. Die **Terminologie** ist allerdings **nicht gefestigt**.[7]

---

untersuchungen bei den zuständigen Behörden; die Antragsgegnerin verweigerte im selbständigen Beweisverfahren die Vorlage dieser bei ihr befindlichen Unterlagen).
1 Vgl. RegE BT-Drucks. 11/3621, S. 39.
2 Klein, Rechtsstellung und Haftung des gerichtlich bestellten Sachverständigen, Diss. Mainz 1994, S. 23.
3 Vgl. dazu OLG Koblenz ZIP 2000, 507 m. Bespr. W. Lüke ZIP 2000, 485 und Anm. Holzer, EWiR § 23 EGGVG 1/2000, S. 175; OLG Hamm ZIP 2005, 269 f.; OLG Koblenz ZIP 2005, 1283, 1284; OLG Celle ZIP 2005, 1288, 1289. Vgl. auch die Erlangung der Stellung eines Zollbürgen.
4 OLG Brandenburg ZfBR 1996, 98, 99.
5 BGH NJW 1973, 554 (zur Staatshaftung für die Sachverständigentätigkeit); OLG München NJW 1971, 257, 258.
6 Vgl. die Kritik des OLG Brandenburg ZfBR 1996, 98 an der Vorinstanz.
7 Unklare Verwendung z.B. in BGH NJW 2013, 570 Rz. 20.

Anschlusstatsachen sind jene für die Erstattung des Gutachtens relevanten Tatsachen, die bereits **von den Parteien** in den Prozess **eingeführt** worden sind und deren Feststellung keines gesonderten Sachverstandes bedarf. Eine gesonderte Ermittlung durch den Sachverständigen ist definitionsgemäß nicht notwendig. Ihre Vorgabe ist immer Sache des Gerichts[1] bzw. der Parteien (Beibringungsgrundsatz). Soweit die Feststellung der Anschlusstatsachen (aus den Akten) dem Sachverständigen Schwierigkeiten bereiten kann, hat der Richter sie ihm ausdrücklich vorzugeben (§ 404a Abs. 1 und 3; dazu Rz. 16 f.).

Befundtatsachen sind jene Tatsachen, die der Sachverständige **kraft** seines **Auftrages ermitteln** soll und die nur kraft besonderer Sachkunde festgestellt bzw. wahrgenommen werden können.

Unter **Zusatztatsachen** sind die (für das Gutachten relevanten) konkreten, streitgegenstandsbezogenen Tatsachen zu verstehen, die erstmals vom Sachverständigen in den Prozess eingeführt werden, die aber ohne besondere Sachkunde (von den Parteien) hätten festgestellt und in den Prozess eingeführt werden können.

2. Allgemeine Leitungspflicht, Einweisung des Sachverständigen

a) Weisungen, Belehrungen, Hinweise

§ 404a Abs. 1 stellt eine **allgemeine Leitungspflicht** für die Tätigkeit des Sachverständigen auf, die in den weiteren Absätzen des § 404a näher spezifiziert wird. Die Leitung besteht in der Erteilung von Hinweisen bzw. Belehrungen sowie Weisungen. Nach § 404a Abs. 2 hat das Gericht den Sachverständigen in seine Aufgabe einzuweisen, was schriftlich oder in einem speziellen Einweisungstermin (§ 404a Abs. 5) geschehen kann. Diese Maßnahmen sind – wie alle prozessleitenden Anordnungen – nicht selbständig anfechtbar.[2] § 404a Abs. 2 sieht außerdem vor, dass das Gericht den Sachverständigen vor Abfassung der Beweisfrage hören soll, wenn dies die Besonderheit des Falles erfordert. Der **Sachverständige** nimmt damit bereits auf die **Formulierung des Beweisbeschlusses** Einfluss.[3] Das empfiehlt sich insbesondere, wenn das Gericht mit der Formulierung konkreter Fragen überfordert ist, weil die beweisbelastete Partei dazu selbst nicht substantiiert vortragen kann und ihre Darlegungslast deshalb herabgesetzt ist. Das trifft insbesondere auf den **Arzthaftungsprozess** zu. Konkrete statt pauschaler Beweisfragen können das Verfahren verkürzen, weil spätere Ergänzungsgutachten vermieden werden und schon frühzeitig die Fachkompetenzen geklärt werden.[4]

In erster Linie ist das Gericht zu Weisungen befugt, die der **Beachtung juristischer Standards** dienen. So kann es beispielsweise den Umgang des Sachverständigen mit den Parteien regeln (vgl. § 404a Abs. 4), um der Entstehung von Ablehnungsgründen (§ 406) vorzubeugen,[5] oder es hat ihn auf den rechtlich entscheidenden Punkt der Gutachtenerstattung hinzuführen.[6]

Sofern die Erstattung des Gutachtens **Eingriffe** in die **Rechte Dritter oder** der **Parteien** erfordert, hat das Gericht, bevor es dem Sachverständigen eine entsprechende Wei-

---

1 BGHZ 37, 389, 393 f.
2 BGH NJW-RR 2009, 995 Rz. 9; OLG Köln NJW-RR 2010, 1368.
3 Positiv dazu *Stamm* ZZP 124 (2011), 433, 449.
4 Dazu *Schünemann* in: Arbeitsgemeinschaft Rechtsanwälte im Medizinrecht (Hrsg.), 25 Jahre Arbeitsgemeinschaft – 25 Jahre Arzthaftung (2011), S. 269, 272 f.
5 RegE BT-Drucks. 11/3621, S. 39.
6 BGH NJW 1989, 771, 773 (zur Verschuldensfeststellung wegen Nichtabbruchs einer fehlerhaften intraarteriellen Injektion).

sung erteilt, die Zustimmung der Betroffenen einzuholen.[1] Zu beachten ist der Schutz der Wohnung gem. Art. 13 GG.[2] Der Sachverständige hat auch nach einer rechtswidrigen Weisung des Gerichts keine Befugnis, gegen den Willen des Verfügungsberechtigten Untersuchungen vorzunehmen. Im Regelfall ist die Weigerung des Gegners als Beweisvereitelung zu würdigen, jedoch kann der Beweisführer einen titulierten Besichtigungsanspruch (z.B. aus § 809 BGB) haben, der zerstörende Bauuntersuchungen einschließt (s. auch Kap. 7 Rz. 62 und unten Rz. 23). Bei **zerstörenden Eingriffen** hat das Gericht eine **restituierende Folgenbeseitigung** anzuordnen,[3] deren Kosten in gleicher Weise zu verteilen sind wie die Kosten der Hinzuziehung von Hilfskräften für die Gutachtenvorbereitung. Im Insolvenzeröffnungsverfahren kann das Insolvenzgericht dem Sachverständigen nicht die Befugnis einräumen, gegen den Widerstand des Schuldners **Auskünfte von Dritten einzuholen**, Einsicht in Unterlagen zu nehmen oder Geschäftsräume zu betreten.[4]

14 Zweckmäßig ist eine Belehrung über die **Heranziehung** von **Hilfskräften** und über das Verbot der Substitution, weil die rechtlichen Grenzen von Laien leicht verkannt werden. Das Gericht kann nach § 144 Abs. 1 S. 2 anordnen, dass eine Partei dem Sachverständigen geheime Geschäftsunterlagen vorlegt.[5]

15 Das Gericht muss dem Sachverständigen **juristische Begriffe** oder Tatbestände, die Grundlage der Beweistatsache sind, erläutern,[6] insbesondere wenn sie in disparaten Rechtsgebieten unterschiedliche Inhalte haben. So bedeutet z.B. Berufsunfähigkeit in der gesetzlichen Rentenversicherung etwas anderes als in der privaten Berufsunfähigkeitszusatzversicherung.[7] Entsprechendes gilt für **Beweiserleichterungen**. Im Anwendungsbereich des § 287 ist der Sachverständige zu instruieren, dass an die Feststellung des Kausalzusammenhangs nicht strenge naturwissenschaftliche Anforderungen zu stellen sind, sondern eine hinreichende Wahrscheinlichkeit der Schadensverursachung ausreicht.[8] Die eigentliche Rechtsanwendung bleibt jedoch immer Sache des Gerichts und darf nicht dem Sachverständigen überantwortet werden.[9] Die Einweisung im genannten Sinne soll lediglich verhindern, dass der Sachverständige Befundtatsachen ermittelt, die wegen Orientierung an juristischen Fehlvorstellungen rechtlich unbrauchbar sind.

b) Vorgaben des Parteivortrags

16 Im Hinblick auf die **tatsächlichen Grundlagen** des Gutachtens ist es grundsätzlich Aufgabe des Gerichts, die Tatsachen zu bestimmen, die der Sachverständige seinem Gutachten zugrunde legen soll[10] (sog. **Anschlusstatsachen**). Die Anschlusstatsachen ergeben sich ausschließlich aus dem Parteivortrag (zur herabgesetzten Substantiierung s. Kap. 45 Rz. 10) bzw. aus der entsprechenden Vorgabe durch den Richter. § 404a Abs. 3 verpflichtet den Richter bei **streitigem Parteivortrag**, dem Sachverständigen die Anschlusstatsachen ausdrücklich vorzugeben. Es ist nicht Aufgabe des

---

1 OLG Brandenburg ZfBR 1996, 98, 100 (Zustimmung des Verfügungsberechtigten zur Öffnung einer Baukonstruktion); a.A. OLG Frankfurt NJW 1995, 2834.
2 Dazu BGH NJW 2013, 2687 Rz. 7.
3 OLG Düsseldorf MDR 1997, 886.
4 LG Göttingen NJW-RR 2003, 117, 118.
5 BGH NJW 2005, 3718, 3720.
6 BGH NJW 1993, 202.
7 BGH NJW 1993, 202; BGH VersR 1996, 959, 960.
8 OLG Hamm VersR 1994, 1322, 1323 = NJW-RR 1994, 481, 482.
9 Vgl. z.B. OLG Hamburg ZSW 1983, 43 ff.: unzulässige Berechnung der Minderung i.S.v. § 472 BGB a.F.
10 BGH NJW-RR 2008, 770 Rz. 4 (zum außermedizinischen Sachverhalt); BGH NJW-RR 2007, 767 Rz. 9 (außermedizinischer Sachverhalt).

Sachverständigen, die Anschlusstatsachen auszuwählen oder gar eine Beweiswürdigung vorzunehmen.[1] Tatsachen, deren Feststellung zwar kein Fachwissen des Sachverständigen voraussetzt,[2] die aber wegen herabgesetzter Substantiierungslast von den Parteien nicht vorgetragen werden müssen, sind davon ausgenommen; so ist die Beschreibung des Augenscheinsobjekts (Baustelle etc.) entbehrlich, wenn der Sachverständige für die Begutachtung ohnehin eine Augenscheinseinnahme durchführen muss (näher zur Ermittlung von Zusatztatsachen Rz. 10 und 27 ff.). Ausgenommen ist die richterliche Vorgabe erst recht, wenn der darlegungsbelasteten Partei zu geringer Sachvortrag abverlangt wird, weil sie zur detaillierten Substantiierung fachlich nicht imstande ist und/oder ohne Anleitung des Sachverständigen nicht vorhersehen kann, auf welche Tatsachen es ihm ankommt (z.B. im Arzthaftungsprozess); die Ermittlung gehört dann zu den Befundtatsachen (näher Rz. 21). Sofern notwendige gerichtliche Feststellungen noch nicht getroffen worden sind, besteht die Möglichkeit **alternativer Vorgaben**[3] oder die Formulierung einer Arbeitshypothese.[4] Äußert sich der Sachverständige in seinem schriftlichen Gutachten zu dem Beweisthema nur unvollständig, weil ihm Anschlusstatsachen gefehlt haben, muss das Gericht ihm die Tatsachen nachträglich zur Erstattung eines Ergänzungsgutachtens an die Hand geben, ehe es den Beweis als gescheitert ansieht.[5]

Die richterliche Pflicht zu Einweisung des Sachverständigen in den für seine Begutachtung maßgeblichen Streitstoff geht über den in **§ 404a Abs. 3** normierten **Teilausschnitt** hinaus. Aus der **übergeordneten Leitungspflicht** (§ 404a Abs. 1) folgt, dass der Richter alles Notwendige zu veranlassen hat, um zu vermeiden, dass dem Gutachten des Sachverständigen wegen fehlender juristischer Kenntnisse Mängel anhaften, die zur Unverwertbarkeit führen.[6] Demgemäß kann das Gericht verpflichtet sein, dem Sachverständigen zur Gutachtenerstattung auch die **unstreitigen Anschlusstatsachen** ausdrücklich vorzugeben, wenn diese nicht evident sind.[7] Es ist nicht Aufgabe des Sachverständigen, die Schriftsätze der Parteien auszulegen und relationstechnisch auszuwerten;[8] dabei handelt es sich bereits um Rechtsanwendung des § 138.

17

c) Erörterungstermin

Ein Einweisungstermin (§ 404a Abs. 5) ist zweckmäßig, wenn komplexe tatsächliche und/oder rechtliche Erörterungen der Vorgehensweise unter Einbeziehung der Parteien notwendig sind. Erörterungen dienen aber auch nur der einseitigen **Information des Sachverständigen**. Geboten sein kann die **Anhörung des Sachverständigen** auch, damit die Beweisfrage im Hinblick auf die Aufklärungsmöglichkeiten des Gutachters sinnvoll gefasst wird[9] (§ 404a Abs. 2). Insbesondere vor der Einholung demoskopischer Gutachten ist ein Erörterungstermin unentbehrlich.[10]

18

---

1 Vgl. BGHZ 37, 389, 393 f. = NJW 1962, 1770, 1771 = JZ 1963, 410, 411 m. Anm. *Schröder*; BGH LM Nr. 3 zu § 144 ZPO Bl. 2; BGH VersR 1996, 959, 960 (Vortrag zur bisherigen Berufstätigkeit bei privatem Rentenanspruch wegen Berufsunfähigkeit); BGH NJW 1997, 3096, 3097 (durch Zeugenbeweis zu ermittelnde Auffälligkeiten im Verhalten einer Person als Hinweis auf zu begutachtende dementielle Entwicklung); RGZ 156, 334, 338.
2 Vgl. BGHZ 37, 389, 394; LM Nr. 3 zu § 144 ZPO, Bl. 2.
3 BGHZ 119, 263, 266 = NJW 1993, 202, 203; BGH NJW-RR 1996, 345.
4 Bericht der ZPO-Kommission S. 141.
5 BGH VersR 2002, 1258, 1259 (Beurteilung des Zeitraums der Arbeitsunfähigkeit bei Streit um Krankentagegeld).
6 Vgl. BGH NJW 1993, 202.
7 OLG Hamburg MDR 1962, 414.
8 OLG Hamburg MDR 1962, 414.
9 BAG NZA 1999, 324, 326.
10 Näher dazu Ahrens/*Spätgens* Der Wettbewerbsprozess, 7. Aufl. 2013, Kap. 28 Rz. 20, 25.

3. Trennung von Rechts- und Tatsachenfragen

19 Zu unterscheiden ist zwischen Rechtsfragen, für die nur der Richter selbst zuständig ist, und Tatsachenfragen, für deren Beantwortung besondere fremde Sachkunde in Anspruch genommen werden muss. Beide Themenbereiche können ineinander verwoben sein, was eine **präzise Formulierung** des **Beweisbeschlusses** verlangt.

20 So ist z.B. die **Auslegung eines Patentanspruchs** eine **Rechtsfrage**,[1] die nicht dem Sachverständigen überlassen werden darf. Hilfe benötigt der Tatrichter aber u.U. bei der Aufklärung, welche objektiven technischen Gegebenheiten, welches Vorverständnis der auf dem betreffenden technischen Gebiet tätigen Sachverständigen, welche Kenntnisse, Fertigkeiten und Erfahrungen und welche methodische Herangehensweise dieser Fachleute das Verständnis des Patentanspruchs beeinflussen können.[2] Der gerichtliche Sachverständige hat insbesondere die Aufgabe, dem Gericht **Kenntnisse und Fähigkeiten des Fachmanns** sowie die Arbeitsweise zu vermitteln, mit der dieser technische Probleme seines Fachgebiets zu bewältigen trachtet.[3] Im Rahmen des Beibringungsgrundsatzes von den Parteien vorzutragende Anknüpfungstatsachen betreffen z.B. die technischen Zusammenhänge, die Merkmale des Durchschnittsfachmanns oder die Ausbildung als Grundlage der beruflichen Sicht.[4]

§ 166 Sachverhaltsaufklärung des Sachverständigen, § 404a Abs. 4 ZPO

I. Ermittlung von Befundtatsachen

21 Tatsachen, die nur **kraft besonderer Sachkunde wahrgenommen** werden können und die zur Beantwortung der Beweisfrage notwendig sind, kann sich der Sachverständige im Rahmen seines Gutachtenauftrages selbst beschaffen.[5] § 485 Abs. 2 Nr. 1 legt diese Vorstellung erkennbar zugrunde, wenn dort der Zustand einer Person oder der Zustand einer Sache festzustellen ist; wegen der Gleichstellung des selbständig erhobenen Beweises mit einer Beweisaufnahme vor dem Prozessgericht ist in dieser Regelung keine Besonderheit nur des selbständigen Beweisverfahrens zu sehen.[6] § 372a geht ebenfalls inzident davon aus, dass die für Abstammungsfeststellungen notwendigen medizinischen Untersuchungen dem Sachverständigen obliegen.

22 Demzufolge kann er beispielsweise in einem **Nachbarrechtsstreit Lärmmessungen** vornehmen und die ermittelten Werte bei der anschließenden Gutachtenerstattung verwenden. Gleiches gilt für die Untersuchung einer Person zum Zwecke der medizinischen Begutachtung.[7] Bei **medizinischen Untersuchungen** wird es sich häufig um Tatsachenfeststellung durch Erhebung der Anamnese oder durch Augenscheinein-

---

1 BGHZ 160, 204, 212 – Bodenseitige Vereinzelungsausrichtung; BGH GRUR 2008, 779 Rz. 30 – Mehrgangnabe; BGH GRUR 2010, 314 Tz. 25 – Kettenradanordnung II (stg. Rspr.). Zum gleichartigen Problem in Österreich *Gassauer-Fleissner* ÖBl. 2005, 244 ff., und in der Schweiz *Bühler* sic! 2005, 715 ff.
2 BGH GRUR 2006, 131, 133 – Seitenspiegel; BGH GRUR 2008, 779 Rz. 31; BGH GRUR 2010, 314 Rz. 26 – Kettenradanordnung II; BGH GRUR 2010, 410 Rz. 40 – Innenschutzsystemsteuereinheit.
3 BGH GRUR 2004, 411, 413 – Diabehältnis; BGH GRUR 2006, 131, 133 – Seitenspiegel.
4 BGH GRUR 2010, 314 Rz. 27. Zum Durchschnittsfachmann vgl. die Kriterien der AIPPI-Studie Q 213: Entschließung v. 6.10.2010 und deutscher Bericht von *Eherls/Haft/Königer* GRUR Int. 2010, 815 ff.
5 BGHZ 37, 389, 394; *Druschke* Anwesenheitsrecht der Verfahrensbeteiligten S. 10 ff.; *Höffmann* Grenzen der Parteiöffentlichkeit S. 38 ff.; *Müller* Der Sachverständige im gerichtlichen Verfahren[3] Rz. 548.
6 Vgl. *Daub* Tatsachenerhebung S. 35, 121, 126.
7 Vgl. BGH NJW 1970, 1919, 1921; VersR 1958, 512.

nahme handeln. In Betracht kommen neben der Befragung einer Partei auch die Befragung Dritter oder die Einholung behördlicher Auskünfte.[1]

Wahrnehmungen an Bauwerken können darauf gerichtet sein, Geräusche oder Gerüche aufzunehmen oder die Oberflächen bestimmter Bauteile zu befühlen. Die Leistung der Sinnesorgane muss u.U. durch technische Mittel (z.B. Fernglas, Lupe, Mikroskop) verstärkt werden.[2] Sind zur Feststellung von Befundtatsachen **Bauteilöffnungen** erforderlich, wird die Substanz verletzt. Dafür hat der Sachverständige die Weisung des Gerichts einzuholen; das Gericht kann bei fehlender Einwilligung des Eigentümers oder Nutzungsberechtigten in den Grenzen der Zumutbarkeit eine Duldungsanordnung nach § 144 Abs. 1 S. 3 erlassen, die die Art der Wiederherstellung zu umfassen hat[3] (s. auch oben Rz. 14 sowie Kap. 5 Rz. 18). Zieht der Sachverständige Fremdunternehmer als **Handwerker hinzu**, ist deren **Werklohn** für ihn eine **erstattungsfähige Auslage** (§§ 8 Abs. 1 Nr. 4, 12 Abs. 1 S. 2 Nr. 1 JVEG; dazu Kap. 19 Rz. 30). 23

Da die **Feststellung von Befundtatsachen Bestandteil des Gutachtenauftrages** ist, geht es insoweit nicht um die Feststellung von Anschlusstatsachen,[4] sondern bereits um einen Teil der Beweisaufnahme. Darin ist ein **Teil der** dem Sachverständigen obliegenden **Materialbeschaffung** zu sehen.[5] Ein Verstoß gegen § 355 liegt nicht vor, weil der Richter jene Tatsachen definitionsgemäß nicht selbst feststellen kann; die Anwesenheit des Richters bzw. die Tatsachenfeststellung durch ihn wäre sinnlos.[6] Sowenig der Richter bei der Ermittlung von Befundtatsachen im Labor des Sachverständigen anwesend sein muss, muss er das bei der konkreten Wahrnehmung von Befundtatsachen, die etwa durch Befragung von Informanten, durch Betrachtung der Arbeitsleistung einer Maschine oder durch Probenziehung auf einer Baustelle oder in einem Lagerhaus festzustellen sind. Eine bestimmte Methode zur Ermittlung der Befundtatsachen hat der Richter nicht vorzugeben.[7] 24

Der Sachverständige hat die wesentlichen Ergebnisse seiner **Beobachtungen**, zu denen auch die Angaben befragter Personen (z.B. Patientenauskünfte) gehören, in seinem Gutachten **mitzuteilen**, damit sie den Parteien und dem Gericht unterbreitet werden.[8] Erst damit werden sie Prozessstoff.[9] **Befundtatsachen**, die der Beweisführer wegen mangelnder Sachkunde zunächst als vermeintlich ungünstig bestritten hat, kann er sich nach Vorlage des Gutachtens auch ohne ausdrückliche Erklärung **zu eigen machen**, wenn sie ihm in Wirklichkeit günstig sind.[10] 25

Befundtatsachen, die der Sachverständige kraft seiner Sachkunde feststellt, können **streitig werden**, etwa Angaben einer medizinisch begutachteten Partei, die der Sachverständige im Rahmen der Anamnese erhebt. Zweifelt die Gegenpartei die Zuverlässigkeit der gegenüber dem Sachverständigen gemachten Parteiangaben an, etwa Behauptungen zur Vorgeschichte einer Krankheit, so ist darüber **nachträglich** in einer 26

---

1 Vgl. *Daub* Tatsachenerhebung S. 136 ff.
2 *Jessnitzer* BauR 1975, 73, 74.
3 Dazu *Greger* Festschrift Leipold (2009), S. 47, 50 (mit anderer Terminologie, nämlich „Anschlusstatsachen").
4 So aber die Terminologie in BGHZ 37, 389, 394 und in OLG Stuttgart FamRZ 2003, 316, 317.
5 BGH VersR 1958, 512; ferner BGH VersR 1960, 998, 999.
6 *Höffmann* Grenzen der Parteiöffentlichkeit S. 40.
7 BGH (X.ZS) GRUR 2006, 575, 577 – Melanie (Sortenschutzverletzung, Pflanzenmerkmale).
8 BGH VersR 1958, 512, 513; OLG München OLGZ 1983, 355, 357.
9 *Pohle* Anm. zu BAG § 402 ZPO Nr. 1 Bl. 100 (Bl. 102 ff., 103).
10 So für den Arzthaftungsprozess BGH NJW 1991, 1541, 1542; für die Tierarzthaftung OLG Stuttgart VersR 1992, 979, 980.

dem § 355 entsprechenden Weise **richterlicher Beweis** zu erheben.[1] Das kann – einzelfallbedingt – Zeugenbeweis sein, aber auch wiederum Sachverständigenbeweis.[2] Wird nur streitig, welche Angaben gegenüber dem Sachverständigen gemacht wurden, ist der **Sachverständige** darüber **als Zeuge** zu hören. Die gleichen Grundsätze gelten, wenn der Sachverständige ohne Rücksprache mit dem Gericht Zeugen fachkundig befragt hat, um – vorläufig – Tatsachenmaterial für das Gutachten zu sammeln, etwa zur Feststellung der Geschäftsfähigkeit einer Person wegen hirnateriosklerotischen Verwirrtheitszustandes.[3]

II. Ermittlung von Zusatztatsachen

27 Problematisch ist die Behandlung jener Fälle, in denen der Sachverständige weitere **streitgegenstandsbezogene Tatsachen ermittelt** und seinem Gutachten zugrunde legt, deren **Feststellung** eigentlich **keine Sachkunde** voraussetzt. Als Beispiel sind die in der Praxis übliche Ortsbegehung durch Bausachverständige oder die Besichtigung des Unfallortes durch Kfz-Sachverständige zu nennen, die in erster Linie der Verschaffung weiterer Informationen dienen, welche die Parteien zwar vortragen könnten, deren Relevanz für das zu erstellende Gutachten von den Parteien aber nur vage eingeschätzt werden kann[4] und deren schriftsätzlicher Vortrag ausgesprochen umständlich wäre.

28 Gegen eine solche eigenständige Ermittlungstätigkeit des Sachverständigen wird z.T. eingewandt, dass sie gegen den in § 355 normierten **Unmittelbarkeitsgrundsatz** verstieße.[5] Dabei wird übersehen, dass die Tatsachenermittlung durch den Sachverständigen anlässlich seiner Gutachtenerstattung, die sich definitionsgemäß ausschließlich auf die Feststellung von Befundtatsachen bezieht, keine Beweisaufnahme über die bei dieser Gelegenheit festgestellten Zusatztatsachen darstellt. Die Zusatztatsachen werden durch den Sachverständigen in den Prozess eingeführt, sind demgemäß **vorher noch kein Prozessstoff**, geschweige denn streitig. Der BGH bezeichnet ein solches Vorgehen als **vorläufiges Sammeln** des erforderlichen (Zusatz-)Tatsachenmaterials.[6] Ein Verstoß des Sachverständigen gegen § 355 liegt darin nicht.[7]

29 Die entsprechende Vorgehensweise des Sachverständigen könnte allenfalls als **Verstoß** gegen den **Beibringungsgrundsatz** angesehen werden.[8] Auch das ist aber **zu verneinen**. Der BGH hat in diesem Zusammenhang zutreffend entschieden, dass die Parteien jene (Anschluss-)Tatsachen nicht ausdrücklich vortragen müssen, die der Sachverständige bei einer der Art des Beweisthemas gebotenen informatorischen Besichtigung des Beweisobjektes üblicherweise selbst feststellt.[9] Dort ging es um entgangenen Gewinn wegen untersagter Benutzung gemieteter Gaststättenräu-

---

1 BGH LM Nr. 3 zu § 144 ZPO; s. ferner BGHZ 37, 398, 394 f.; BGH VersR 1960, 998, 999; OLG Köln NJW 1994, 394; OLG München OLGZ 1983, 355, 357.
2 BGH LM Nr. 3 zu § 144 ZPO.
3 Vgl. BGHZ 23, 207, 214 f.
4 Darauf macht OLG Stuttgart ZfS 1995, 367, 368, in diesem Zusammenhang zutreffend aufmerksam; ebenso BFH BStBl II 1980 515, 516, der von „Hilfswahrnehmungen" spricht.
5 So wohl *Höffmann* Grenzen der Parteiöffentlichkeit S. 63; *Müller* Der Sachverständige im gerichtlichen Verfahren[3] Rz. 548; wohl auch MünchKommZPO/*Zimmermann*[4] § 404a Rz. 9.
6 BGHZ 23, 207, 214: Der psychiatrische Sachverständige, der die Prozessfähigkeit der verstorbenen Klägerin begutachten sollte, hatte u.a. zwei behandelnde frühere Ärzte der Klägerin persönlich befragt, statt bloß deren ärztliche Aufzeichnungen zu verwerten; vgl. auch OLG Stuttgart ZfS 1995, 367, 368.
7 Vgl. BFH BStBl II 1990, 515, 516; vgl. i.ü. *Tropf* DRiZ 1985, 87, 88.
8 Verneint von OLG Stuttgart ZfS 1995, 367, 368.
9 BGH NJW-RR 1995, 715, 716.

me, zu dem das Berufungsgericht kein Gutachten eingeholt hatte, weil es Sachvortrag zur Beschaffenheit des Lokals und dessen Umgebung vermisst hatte; der BGH sah es als „selbstverständlich" an, dass der Sachverständige das Mietobjekt ohnehin in Augenschein zu nehmen hatte, um sich von dessen Eigenschaften ein Bild zu machen, so dass Sachvortrag dazu überflüssig gewesen sei. In Fällen, in denen eine Inaugenscheinnahme durch den Sachverständigen üblicherweise geboten ist, (z.B. Baumängel- oder Verkehrswertgutachten), gelten also im Hinblick auf die zur Begutachtung notwendigen (Anschluss-)Tatsachen verminderte Anforderungen an die Substantiierungspflicht der Parteien; die Feststellungen dürfen vom Sachverständigen getroffen werden.

Auch in anderen Fällen, in denen der Sachverständige Tatsachen ermittelt und seinem Gutachten zugrunde gelegt hat, über die der **Parteivortrag nicht** von Rechts wegen **gemindert werden darf**, ist damit noch nichts über die Verwertbarkeit des Gutachtens gesagt. Kennzeichnet der Sachverständige in seinem Gutachten den ermittelten neuen Tatsachenstoff als solchen, so wird man im Zweifel anzunehmen haben, dass sich jene Partei, für die das Gutachten günstig ist, diese Tatsachen – selbst ohne ausdrücklichen Hinweis – zu eigen macht.[1] **Bestreitet** der **Gegner** die entsprechenden **Tatsachen nicht**, so gelten sie gem. § 138 Abs. 3 als **unstreitig**.[2] Stellen die Parteien den neu eingeführten Tatsachenstoff unstreitig, so ist konsequenterweise die volle Verwendung des solchermaßen zustande gekommenen Gutachtens zulässig.[3] 30

Problematisch ist der Fall, dass eine Partei die durch den Sachverständigen eingeführten **Zusatztatsachen bestreitet**. In diesem Fall kann das Gutachten wegen der nunmehr streitigen Tatsachengrundlage nicht ohne Weiteres zur Entscheidungsgrundlage gemacht werden.[4] Insbesondere darf das Gericht wegen § 355 nicht auf eine möglicherweise vom Sachverständigen bereits in seinem Gutachten vorgenommene „Beweiswürdigung" zurückgreifen.[5] Es spricht jedoch nichts dagegen, in jenen Fällen, in denen der Sachverständige weiteren, nunmehr streitigen Vortrag ins Verfahren einbringt, **nachträglich** über diese Tatsachen in geeigneter Weise (Zeugenvernehmung, richterliche Augenscheinseinnahme etc.) **Beweis zu erheben**,[6] auch wenn das Gesetz (vor allem aus Gründen der Prozessökonomie) verlangt, dass der zur Gutachtenerstattung notwendige Tatsachenstoff bereits vor Einholung des Gutachtens vollständig zu ermitteln und dem Sachverständigen vom Gericht vorzugeben ist (§ 404a Abs. 3, Abs. 1). Bestätigt die Beweisaufnahme die vom Sachverständigen zugrunde gelegten Tatsachen, so darf das bereits auf dieser Basis erstattete Gutachten verwertet werden.[7] Anderenfalls ist ein neues Gutachten auf der nunmehr bewiesenen Tatsachengrundlage einzuholen. 31

---

[1] Vgl. OLG Stuttgart VersR 1992, 979, 980: stillschweigendes Zueigenmachen eines günstigen Beweisergebnisses im Arzthaftungsprozess.
[2] *Müller* Der Sachverständige im gerichtlichen Verfahren³ Rz. 550, der in diesem Zusammenhang aber missverständlich von „Anknüpfungstatsachen" spricht.
[3] BGH VersR 1960, 998, 999.
[4] BGH LM § 144 Nr. 3 Bl. 2; vgl. auch OLG Köln NJW 1994, 394; abweichend *Tropf* DRiZ 1985, 87, 89 f.
[5] OLG Köln NJW 1994, 394 (Bescheinigung der Glaubhaftigkeit von Angaben des Klägers zu seinem Gesundheitszustand vor einem Unfall vom Gericht trotz Bestreitens der Beklagten ohne Weiteres übernommen).
[6] BGHZ 23, 207, 214 f.; BGH VersR 1960, 998, 999; OLG München OLGZ 1983, 355, 357; *Müller* Der Sachverständige im gerichtlichen Verfahren³ Rz. 548.
[7] BGH VersR 1960, 998, 999; *Müller* Der Sachverständige im gerichtlichen Verfahren³ Rz. 548.

III. Verschaffung der generellen Sachkunde

32 Von der Ermittlung konkreter Prozesstatsachen ist die Tätigkeit des Sachverständigen abzugrenzen, die der Verschaffung oder Vertiefung seiner generellen Sachkunde dient.[1] Sie unterliegt keinen Beschränkungen, weil es irrelevant ist, ob einschlägige Fortbildung durch einen konkreten Gutachtenauftrag ausgelöst wird oder unabhängig davon stattfindet. Der Sachverständige kann sich die notwendige Sachkunde in beliebiger Weise außerhalb des Verfahrens und **ohne Zuziehung der Parteien** verschaffen.[2] Dazu gehört das Studium einschlägiger Fachliteratur.[3] Die **Quellen** seiner Sachkunde sind lediglich für die **Beurteilung der Qualität** seines Gutachtens bedeutsam. So kann der Sachverständige zur Ermittlung eines Handelsbrauchs Kaufleute befragen,[4] bei einem Bauamt zur Verkehrswertermittlung Unterlagen über Grundstückspreise im zu begutachtenden Zeitraum einsehen,[5] für die Bestimmung des Grundstücksertragswertes **Vergleichsmieten** ermitteln[6] oder für eine Mietzinserhöhung auf das Niveau der ortsüblichen Vergleichsmiete vergleichbare Mietobjekte besichtigen[7] und die entsprechenden Daten seinem Gutachten zugrunde legen. Die ermittelten Daten, zu denen auch die Lage der Vergleichsobjekte gehört, sind **Befundtatsachen**.

33 Von den zuvor (Rz. 21 und 27) erörterten Fällen der konkret streitgegenstandsbezogenen Sachverhaltsaufklärung unterscheiden sich diese Fälle dadurch, dass der Sachverständige Tatsachen feststellt, um zunächst den allgemeinen Erfahrungssatz zu formulieren, den er dem Gutachtenauftrag entsprechend auf den streitgegenständlichen Sachverhalt anwendet.[8] Die **Vergleichspreisermittlung** ist hier einzuordnen, obwohl sie mit der einzelfallbezogenen Ermittlung von Befundtatsachen eng verwandt ist, weil die Daten der Vergleichsobjekte für eine **potentielle Vielzahl von Verfahren** verwendbar sind. Aus diesem Grunde haben die Sachverständigen ein verständliches wirtschaftliches Eigeninteresse, die Daten geheim zu halten (dazu auch Kap. 43 Rz. 13). Ihre Gutachten sind wegen der Anforderungen des Rechtsstaatsprinzips (Verbot des Geheimprozesses,[9] zu Ausnahmen Kap. 7 Rz. 70) grundsätzlich nur dann verwertbar, wenn diese **Befundtatsachen** den Verfahrensbeteiligten **offengelegt** werden.[10] Eine Ausnahme gilt jedoch, wenn der Sachverständige aus anerkennenswerten Gründen schweigt und die Nichtverwertung seines Gutachtens für eine Partei zum materiellen Rechtsverlust führen würde.[11]

---

1 *Daub* Tatsachenerhebung S. 101 spricht insoweit von „Sachkundetatsachen".
2 RG ZZP 60 (1936/37), 141; BGH VersR 1960, 998, 999; *Höffmann* Grenzen der Parteiöffentlichkeit S. 36 f. m.w.N.
3 OLG Frankfurt VersR 2001, 848, 849.
4 RG ZZP 60 (1936/37), 141.
5 OLG Köln NJW 1962, 2161 f.
6 BGH NJW 1994, 2899; BGH WM 2013, 2081.
7 BVerfGE 91, 176, 181 = NJW 1995, 40.
8 RG JW 1903, 66.
9 Vgl. dazu *Ahrens* JZ 1996, 738 in Anm. zu BGH – Anonyme Mitgliederliste.
10 BVerfGE 91, 176, 181 f. = NJW 1995, 40, 41; BVerfG NJW 1997, 1909; auf den Grundsatz des rechtlichen Gehörs (Art. 103 Abs. 1 GG) stellt BGH NJW 1994, 2899; s. auch BGH NJW-RR 1997, 459 (zur Individualisierung der Vergleichsobjekte); BGH NJW 1992, 1817, 1819 – Amtsanzeiger (Verwertung vertraulicher Geschäftsunterlagen einer Prozesspartei zur Schadensermittlung) m. Bespr. *Kürschner* NJW 1992, 1804 f.
11 BVerfGE 91, 176, 183; BVerfG NJW 1997, 1909; offengelassen von BGH WM 2013, 2081 Rz. 22. S. dazu auch LG München II WuM 1996, 422.

IV. Überschreitung des Auftrags

Überschreitet der Gutachter seinen Auftrag, indem er sich über das Beweisthema hinausgehend äußert, führt dies **nicht** zur **Unverwertbarkeit** des entsprechenden Gutachtenteils.[1]

34

V. Mitwirkungshandlungen der Parteien oder Dritter

Das deutsche Prozessrecht regelt nicht ausdrücklich die **Kooperation** des Sachverständigen mit den Parteien und Dritten in Bezug auf die Bereitstellung von Unterlagen, den Zugang zu Besichtigungsobjekten oder die Teilnahme an Untersuchungen. Demgegenüber sieht § 359 Abs. 2 österr. ZPO seit 2002 vor, dass der Sachverständige dem Gericht bei Verweigerung der Mitwirkung die notwendigen Mitwirkungshandlungen und die Hindernisse mitzuteilen hat, so dass das Gericht einen fristsetzenden Beschluss erlassen kann.[2] In gleicher Weise ist im deutschen Zivilprozess vorzugehen. Von der Spezialregelung in § 372a Abs. 2 für Abstammungsuntersuchungen abgesehen kann gegen Parteien allerdings **kein unmittelbarer Zwang** ausgeübt werden (Kap. 5 Rz. 19, Kap. 24 Rz. 111 und Kap. 43 Rz. 22). Stattdessen ist die **beweisbelastete Partei** nach erfolgloser Fristsetzung gem. § 356 mit dem Beweismittel auszuschließen; auf den **Beweisgegner** sind die Grundsätze über die Beweisvereitelung anzuwenden (Kap. 8 Rz. 146).

35

VI. Anwesenheitsrecht der Parteien

1. Grundsatz

a) Richterrechtliche Rechtslage

Bereits vor der Schaffung des § 404a war von der Rechtsprechung mehrheitlich als Grundsatz anerkannt,[3] dass die Parteien das Recht haben, an **Ortsbesichtigungen** des Sachverständigen (auf Baustellen, an Unfallorten, an Arbeitsplätzen etc.) teilzunehmen. Diese Auffassung hat sich unter Aufgabe der gegenteiligen, zu Beginn des 20. Jahrhunderts formulierten Ansicht des Reichsgerichts herausgebildet, **ohne dass** die **Rechtsgrundlagen klar** erkennbar, geschweige denn konsentiert waren. Teilweise wird auf § 357 Abs. 1 (Parteiöffentlichkeit der Beweisaufnahme) Bezug genommen,[4] der jedoch nicht einschlägig ist, weil die von einem Sachverständigen allein vorgenommene Augenscheinseinnahme ebenso wie dessen sonstige Tatsachenermittlun-

36

---

1 Offengelassen von BGH NJW 1998, 1784, 1786.
2 Dazu *Höllwerth* ÖJZ 2004, 251, 256 ff.
3 BAG AP § 402 ZPO Nr. 2 Bl. 911 (Bl. 912 R) m. Anm. *Diederichsen* (Arbeitsplatzbesichtigung); BFH BStBl II 1990, 515, 517 (Grundstücksbesichtigung); OLG Düsseldorf BauR 1974, 72; OLG Köln MDR 1974, 589 (L); OLG Düsseldorf MDR 1979, 409; OLG München NJW 1984, 807; OVG Lüneburg JurBüro 1990, 614, 615; OLG München NJW-RR 1991, 896; auch im selbst. Beweisverfahren: OLG Köln MDR 1974, 589 (L); *Schnapp* Festschrift Menger, S. 557, 566. S. ferner BGH ZZP 67 (1954), 295, 297 (Geschäftsbücherprüfung); BAG AP § 402 ZPO Nr. 1 Bl.100 (Bl.102) m. Anm. *Pohle* (Geschäftsbücherprüfung). Gegen ein Teilnahmerecht: BVerwG, Beschl. v. 8.7.1954 – I B 127/53 bei *Koehler* MDR 1954, 652, 653; LG Berlin MDR 1964, 423 a.E.; *Druschke* Anwesenheitsrecht der Verfahrensbeteiligten S. 151 f.; s. auch OLG München OLGZ 1983, 355, 356 f.: Teilnahmerecht, wenn „sinnvoll".
4 So z.B. OLG Düsseldorf MDR 1979, 409; OLG Köln WuM 1977, 47, 49; OLG Köln NJW-RR 2013, 1022, 1023; OLG Saarbrücken MDR 2014, 180; BAG AP § 402 ZPO Nr. 1 Bl. 100 (Bl. 102); *Musielak/Huber*[10] § 404a Rz. 6; a.A. OLG München NJW 1984, 807; OLG München OLGZ 1983, 355; BVerwG Beschl. v. 8.7.1954 – I B 127/53 bei *Koehler* MDR 1954, 652, 653; *Druschke* Anwesenheitsrecht der Verfahrensbeteiligten S. 59 ff.; *Daub* Tatsachenerhebung S. 195. Ohne Normbenennung BGH NJW 1975, 1363 – Schulterpolster.

gen keine Beweisaufnahme ist (Kap. 5 Rz. 21). Auch der Grundsatz rechtlichen Gehörs (Art. 103 Abs. 1 GG) ergibt nicht,[1] dass die Parteien regelmäßig das Recht hätten, an einem bestimmten Stadium der **Gutachtenvorbereitung** teilzunehmen.

37 Allerdings ist die Teilnahme der Parteien aus Gründen der Prozessökonomie häufig **zweckmäßig**.[2] Sie kann bewirken, dass bei der Ortsbesichtigung ermittelte Tatsachen unstreitig werden und demgemäß das Gutachten ohne Weiteres verwertet werden kann, also **Verfahrensverzögerungen abgewendet** werden. Jedenfalls ist es der Partei, die von ihrem Recht Gebrauch gemacht hat, nunmehr verwehrt, die durch den Gutachter eingeführten Tatsachen mit Nichtwissen zu bestreiten. Ebenso kann die Partei, die von der Teilnahmemöglichkeit keinen Gebrauch gemacht hat, nicht mehr mit der Rüge gehört werden, die Feststellungen des Sachverständigen seien in ihrer Abwesenheit erfolgt und mithin nicht Gegenstand der mündlichen Verhandlung gewesen,[3] auch wenn das Recht der Parteien unberührt bleibt, die Tatsachenfeststellung durch den Sachverständigen substantiiert zu bestreiten,[4] so dass dann Beweis (Zeugen; Augenschein) durch das Gericht (§ 355) zu erheben ist.

38 Eine Teilnahme der Parteien **erleichtert** ihnen darüber hinaus, die tatsächlichen Grundlagen der **Begutachtung** nachzuvollziehen und **zu überprüfen**,[5] was um so bedeutsamer ist, je weniger das Gutachten auf Erfahrungswissen und je stärker es auf den zu erhebenden Befundtatsachen beruht.[6] Durch Hinweise auf Tatsachenhintergründe oder Detailtatsachen können die Parteien auch die **Einarbeitung** des Sachverständigen in das Verständnis der Konfliktsituation **fördern**.[7] Als **Bedenken** ist u.a. eingewandt worden, dass der forensisch nicht geschulte Sachverständige – insbesondere bei einer Teilnahme privat beauftragter Fachkundiger, zu deren Beiziehung die Parteien dann ebenfalls berechtigt sind[8] – in Streitgespräche verwickelt wird, mit denen Ablehnungsgründe produziert werden.

39 **Unrichtig** war von vornherein, das mit dem Rechtsprechungswandel geschaffene Recht zur Teilnahme an Ortsbesichtigungen auf einen Grundsatz zu **erweitern**, die Parteien seien regelmäßig zur Teilnahme an **(sämtlichen) Tatsachenermittlungen** des Sachverständigen berechtigt. Diese unzutreffende Auffassung steht der Sache nach hinter der Entscheidung BAG AP § 402 ZPO Nr. 1 Bl. 100, mit der den Parteien das Recht attestiert wurde, bei der Entnahme von Daten aus Geschäftsbüchern durch den gutachtenden Wirtschaftsprüfer oder Steuerberater anwesend zu sein.[9] Sie beruht auf der unzutreffenden Anwendung des § 357. Der Entscheidung steht im Übrigen entgegen, dass damit indirekt ein Einsichtsrecht in Geschäftsbücher für Fälle geschaffen wird, in denen es nicht schon spezialgesetzlich (etwa nach § 810 BGB) besteht.

---

1 So aber BGHZ 116, 47, 58 (Einsicht in Geschäftsunterlagen); OLG München NJW 1984, 807; OLGZ 1983, 355, 356 f.; OLG Düsseldorf BauR 1974, 72; tendenziell auch BVerwG NJW 2006, 2058; a.A. *Daub* Tatsachenerhebung S. 199 f., der selbst von einem „Recht auf effektiveren Rechtsschutz" spricht.
2 *Diederichsen* Anm. zu BAG AP § 402 ZPO Nr. 2.
3 BGH ZZP 67 (1954), 295, 297.
4 A.A. *Tropf* DRiZ 1985, 87, 89 f.: antezipierter Rügeverzicht (mit Unklarheit, wann von einem Einverständnis der Parteien mit erweiternder Tatsachenfeststellung durch den Sachverständigen ausgegangen werden soll).
5 *Schnapp* Festschrift Menger, S. 557, 565.
6 OVG Koblenz NVwZ-RR 1999, 808, 809 (sensorische Prüfung von Wein wegen Erteilung der amtlichen Prüfungsnummer).
7 *Schnapp* Festschrift Menger, S. 557, 565.
8 So OLG Düsseldorf BauR 1974, 72; OLG Düsseldorf MDR 1979, 409; OLG München NJW 1984, 807 f.
9 Ebenso OLG Köln NJW-RR 1996, 1277; bei abweichender prozessualer Fragestellung auch BGH ZZP 67 (1954), 295, 297; BVerwG NJW 2006, 2058.

b) Gesetzliche Rechtsgrundlage

Die Grundlage des Teilnahmerechts der Parteien ist in **§ 404a Abs. 4** zu sehen, dem sich zugleich dessen Begrenzungen entnehmen lassen. Danach hat das Gericht (nach pflichtgemäßem Ermessen[1]) zu entscheiden, in welchem Umfang der Sachverständige die Teilnahme an seinen Ermittlungen zu gestatten hat. Der Regierungsentwurf zu § 404a hat diese Regelung aus dem Grundsatz der Parteiöffentlichkeit der Beweisaufnahme abgeleitet. Derartige fachwissenschaftliche Begründungen sind für die Interpretation nicht bindend, wohl aber der damit verbundene und in den Materialien ausgedrückte Regelungswille, dass der Sachverständige die Teilnahme an **Ortsbesichtigungen regelmäßig zu gestatten** habe.[2] Darauf ist das Teilnahmerecht im Wesentlichen beschränkt, auch wenn der Normwortlaut weitergehend schlechthin von „Ermittlungen" spricht; ausdrücklich hervorgehoben wird in den Materialien, dass in anderen Fällen, etwa bei Laborarbeiten oder ärztlichen Untersuchungen eine Teilnahme „kaum in Betracht" komme. Ein weitergehendes Anwesenheitsrecht hatte noch der vorangegangene Regierungsentwurf von 1985[3] in dem Vorschlag eines § 407a Abs. 2 enthalten, der aber auf Kritik des Bundesrates gestoßen war.[4]

40

Das **Gericht** soll nur in **Zweifelsfällen** eingreifen,[5] die in erster Linie die **Grenzen des Teilnahmerechts** bei Ortsbesichtigungen und die Fixierung der sonstigen Fälle betreffen. Ordnet das Gericht an, inwieweit den Parteien gestattet ist, an den Ermittlungen des Sachverständigen im Rahmen einer Betriebsbesichtigung teilzunehmen, handelt es sich um eine **prozessleitende Anordnung**, die grundsätzlich nicht selbständig anfechtbar ist.[6]

41

Der **Schutz von Betriebsgeheimnissen** soll – unbefriedigend – in die Entscheidungsbefugnis der sich gefährdet sehenden Prozesspartei gelegt werden, die den Gegner von einer Teilnahme unter Berufung auf ihr Hausrecht ausschließen könne, was dann als etwaige Beweisvereitelung zu würdigen und mit der Endentscheidung überprüfbar sei.[7]

42

Das **Anwesenheitsrecht** *beider* Parteien folgt zudem aus dem vom Bundesverfassungsgericht akzentuierten Verfahrensgrundsatz der Waffengleichheit bzw. des **fairen Verfahrens**, wenn die Besichtigung im räumlichen Verfügungsbereich einer Partei stattfinden muss, die dann bereits kraft ihres Hausrechts eine Anwesenheitsbefugnis hat.[8] Damit wird zugleich dem Verdacht einseitiger Einflussnahme auf den Sachverständigen entgegengewirkt. Erzwungen werden kann die Anwesenheit nicht (Kap. 5 Rz. 18); die Beweisaufnahme hat zu unterbleiben.[9] Die **Verweigerung des Zutritts** für die Gegenpartei ist nach den Grundsätzen über die **Beweisvereitelung** zu behandeln.[10]

43

---

1 OVG Koblenz NVwZ-RR 1999, 808, 809.
2 RegE BT-Drucks. 11/3621, S. 40.
3 RegE BT-Drucks. 10/3054, S. 3 f.
4 Dazu *Daub* Tatsachenerhebung S. 197, jedoch mit zu weitgehenden eigenen Schlussfolgerungen aufgrund des reinen Wortlauts des § 404a Abs. 4.
5 RegE a.a.O.
6 BGH GRUR 2009, 519 Rz. 8 f. – Hohlfasermembranspinnanlage = NJW-RR 2009, 995.
7 BGH GRUR 2009, 519 Rz. 13 f.
8 Diesen Grundsatz generell heranziehend OVG Lüneburg JurBüro 1990, 614, 615; OVG Koblenz NVwZ-RR 1999, 808, 809; s. ferner OLG München OLGZ 1983, 355, 356.
9 OLG Karlsruhe NJW-RR 2013, 796, 797.
10 OLG München NJW 1984, 807, 808; OLG Koblenz NJW-RR 2013, 796, 797. *Höffmann* Grenzen der Parteiöffentlichkeit S. 140 ff.

c) Terminsnachricht

44 Konsequenz des unter den nachfolgend erörterten Vorbehalten stehenden Teilnahmerechts ist, dass der Sachverständige die Parteien von dem bevorstehenden **Ortstermin** rechtzeitig zu **benachrichtigen** hat.[1] Verstöße sind nach Maßgabe des § 295 Abs. 1 heilbar,[2] können aber bei erfolgreicher Befangenheitsablehnung auch zur Unverwertbarkeit des Gutachtens führen. Unter Umständen hat eine Beweisaufnahme über die Tatsachenerhebungen des Sachverständigen stattzufinden (s. oben Rz. 21 und 27). Grund für eine Befangenheitsablehnung wird nur gegeben sein, wenn eine Partei einseitig bevorzugt wird.[3]

2. Grenzen des Anwesenheitsrechts

a) Allgemein verwendbare Tatsachen

45 Soweit der Sachverständige zur Verschaffung seiner generellen Sachkunde allgemein verwendbare, **nicht** unmittelbar **streitgegenstandsbezogene Tatsachen** ermitteln muss, besteht **kein** Recht der Parteien auf Anwesenheit. Soweit ein Recht zur Teilnahme grundsätzlich in Betracht kommt, können die Kriterien der **tatsächlichen Unmöglichkeit**, der **Unzulässigkeit** oder der **Unzumutbarkeit** einer Teilnahme entgegenstehen.[4] Hinzu kommt der Ausnahmefall einer dadurch bedingten **Behinderung der** ordnungsgemäßen **Begutachtung**. Unbrauchbar ist die Kategorie des mangelnden Interesses.[5]

b) Tatsächliche Unmöglichkeit der Teilnahme

46 Unmöglichkeit wird an dem Schulfall der Ermittlungen an einem gesunkenen Schiff durch einen **Taucher** demonstriert. Zu dieser Fallgruppe gehören wohl auch Hindernisse aufgrund restringierender Sicherheitsvorschriften oder räumlicher Enge in einem Labor, die aber unter das Kriterium der Unzumutbarkeit gezogen werden können.

c) Rechtliche Unmöglichkeit der Teilnahme

47 **Unzulässig** bzw. rechtlich unmöglich ist die Teilnahme, wenn Rechte anderer Personen entgegenstehen. So gebietet es die grundrechtlich geschützte Intimsphäre des zu Untersuchenden (prozessrechtliche Konsequenz aus Art. 1 Abs. 1 GG – Verbürgung der Menschenwürde oder aus Art. 2 Abs. 1 GG mit Beachtung des hinter der Garantie des Art. 1 Abs. 1 stehenden Menschenbildes[6]), den Parteien bei sämtlichen **körperlichen Untersuchungen** oder bei Explorationen die Anwesenheit zu versagen.[7]

48 Der **Ausschluss** ist **nicht graduell** danach **abzustufen**, wie stark die Persönlichkeitssphäre berührt wird. Auch das Öffnen der Mundhöhle[8] für eine zahnärztliche Begut-

---

1 Vgl. OLG Köln MDR 1974, 589; OLG München NJW-RR 1991, 896; OVG Lüneburg JurBüro 1990, 614, 615; BFH BStBl. II 1990, 515, 517.
2 *Schnapp* Festschrift Menger, S. 569.
3 *Daub* Tatsachenerhebung S. 194.
4 *Diederichsen* Anm. zu BAG AP § 402 ZPO Nr. 2 Bl. 911 (Bl. 915).
5 A.A. *Daub* Tatsachenerhebung S. 204 f.
6 Zur Verankerung nur des Kerns des allgemeinen Persönlichkeitsrechts in Art. 1 Abs. 1 GG und zur weitergehenden Bezugnahme auf Art. 2 Abs. 1 GG v. Mangoldt/Klein/*Starck* GG, 6. Aufl. Band 1 2010, Art. 1 Rz. 117, Art. 2 Rz. 14, 56 f. und 170.
7 Vgl. z.B. OLG Saarbrücken OLGZ 1980, 37, 40; OLG München NJW-RR 1991, 896; OLG Köln OLGZ 1993, 221 (beklagter Arzt); OLG Köln NJW-RR 2013, 1022, 1023; *Höffmann* Grenzen der Parteiöffentlichkeit S. 107 ff., 115.
8 Vgl. dazu OLG München NJW-RR 1991, 896; OLG Saarbrücken OLGZ 1980, 37, 40.

achtung darf wegen möglicher Schmerzreaktionen sowie schon wegen der dem Betroffenen abverlangten Unterlegenheitshaltung nicht in Gegenwart des Prozessgegners, etwa des auf Schadensersatzleistung verklagten, früher tätigen Zahnarztes, oder sonstiger dritter Personen[1] erfolgen. Auch die ärztlich zu untersuchende Person kann **nicht** verlangen, dass ein Rechtsanwalt oder eine andere **Vertrauensperson** bei der Untersuchung **anwesend** ist;[2] weder die Parteiöffentlichkeit der Beweisaufnahme noch der Grundsatz des fairen Verfahrens rechtfertigen dieses Verlangen.

d) Behinderung der Begutachtung

Unzumutbar ist die Parteianwesenheit für den Sachverständigen, wenn seine **Arbeit** dadurch **wesentlich erschwert** wird oder wenn die Anwesenheit sonst unerträglich ist. Demgemäß scheidet ein Recht auf Teilnahme an **Laboruntersuchungen** des Sachverständigen oder ähnlichen Arbeiten (Fahrversuche, Erprobung einer Waffe auf einem Schießstand) regelmäßig aus.[3]   49

e) Ergebnisverfälschung

Als andere Art der Behinderung der Begutachtung erweist sich die Teilnahme, wenn eine **Blindbegutachtung** erfolgen muss, etwa bei der Lebensmittelprüfung neutralisierter Produkte, und die Parteianwesenheit die Anonymität aufhebt.[4] Die Teilnahme hat dann zu unterbleiben. Damit löst sich auch die in der Literatur umstrittene Frage, ob der Sachverständige von sich aus oder aufgrund einer Ermächtigung des Gerichts gleichsam wie ein Gerichtsdetektiv zu einer Augenscheinseinnahme ohne Benachrichtigung der Parteien befugt ist, wenn die Benachrichtigung den Zweck der Beweisaufnahme vereiteln könnte, weil die über das Beweisobjekt verfügende Partei die zu begutachtenden Funktionsabläufe (Abwassereinleitung, Lärmerzeugung etc.) gezielt für die Dauer der Testzeit in einem ihr günstigen Sinne manipulieren kann.[5] Das ist zulässig, sofern es nicht auf ein rechtsstaatswidriges Überlisten einer Partei hinausläuft. Im Einverständnis mit den Parteien kann das Gericht den Sachverständigen zu **unangekündigten Untersuchungen** ermächtigen, etwa zu Lärmmessungen unter realen Lebensbedingungen.[6] Die Zustimmungsverweigerung ist nach den Grundsätzen der Beweisvereitelung zu behandeln. Bei der Begutachtung in Sorgerechtssachen kann die Anwesenheit Dritter während der Befragung einer Bezugsperson des Kindes die Zuverlässigkeit der Feststellungen gefährden.[7]   50

f) Geheimhaltungsinteressen

Geheimhaltungsinteressen können der Teilnahme an der Prüfung durch einen Sachverständigen entgegenstehen.[8] Der Grundsatz der Gewährung **rechtlichen Gehörs** darf **nicht einseitig** gegen den aus dem Rechtsstaatsprinzip abgeleiteten Anspruch auf   51

---

1 OLG Frankfurt MDR 2010, 652. A.A. *Daub* Tatsachenerhebung S. 203 (für zur berufsrechtlichen Verschwiegenheit verpflichtete Personen).
2 A.A. LSG Rhl.-Pf. NJW 2006, 1547, 1548 (Beschluss über Richterablehnung mit obiter dictum zur berechtigten Ablehnung des Sachverständigen).
3 RegE BT-Drucks. 11/3621, S. 40; *Höffmann* Grenzen der Parteiöffentlichkeit S. 123 f.; *Diederichsen* a.a.O.
4 OVG Koblenz NVwZ-RR 1999, 808, 809 (sensorische Prüfung neutralisierten Weins, Bekanntheit der sachverständigen Prüfer mit der das Produkt erzeugenden Partei).
5 So: *Walterspiel* DS 1974, 117 f.; *Jessnitzer* BauR 1975, 73, 76; abl. *Höffmann* Grenzen der Parteiöffentlichkeit S. 137 ff.; *Daub* Tatsachenerhebung S. 207.
6 OLG Koblenz VersR 2012, 922, 923 = MDR 2011, 1320.
7 OLG Stuttgart MDR 2003, 172 = FamRZ 2003, 316, 317.
8 A.A. für die Teilnahme an der Einsicht in Geschäftsunterlagen der Gegenpartei durch einen Wirtschaftsprüfer OLG Köln NJW-RR 1996, 1277.

effektive Justizgewährung ausgespielt werden. Art. 7 der Richtlinie zur Durchsetzung der Rechte des geistigen Eigentums vom 29.4.2004[1] gebietet für diesen Bereich eine andere Lösung[2] (dazu Kap. 7 Rz. 74). Die nach §§ 174 Abs. 3 i.V.m. § 172 Nr. 2 und 3 GVG bestehende Möglichkeit, **richterliche Geheimschutzanordnungen** zu treffen, wird nur als Recht zum Ausschluss der Öffentlichkeit, nicht auch als Grundlage für eine Einschränkung der Parteiöffentlichkeit angesehen.[3]

3. Folge unterbliebener Terminsnachricht

52 Unterbleibt eine gebotene Terminsnachricht über eine Ortsbesichtigung, sei es wegen fehlender gerichtlicher Anordnung nach § 404a Abs. 4 oder wegen Missachtung der gerichtlichen Anordnung durch den Sachverständigen, ist das Verfahren der Begutachtung fehlerhaft.[4] Das **Gutachten** soll dann regelmäßig **unverwertbar** sein.[5] Die Beteiligten können allerdings auf die Einhaltung der Benachrichtigung nachträglich ausdrücklich oder konkludent durch rügelose Einlassung verzichten.[6] **Geheilt** werden kann der Verfahrensmangel durch Wiederholung der Ortsbesichtigung allein durch den Sachverständigen oder gemeinsam mit dem Gericht, jeweils in Anwesenheit der Parteien.[7]

VII. Unterrichtung der Parteien

53 Das Gericht hat den Parteien die **an den Sachverständigen ergangenen Weisungen** mitzuteilen. Sie erhalten dadurch Gelegenheit, ihrerseits mit Gegenvorschlägen oder Anregungen zur Ergänzung auf eine zügige und sachgerechte Beweiserhebung hinzuwirken.[8]

§ 167 Pflichten des Sachverständigen bei Übernahme und Durchführung der Begutachtung, §§ 407a und 409 ZPO

Schrifttum:

Bleutge, Die Hilfskräfte des Sachverständigen – Mitarbeiter ohne Verantwortung?, NJW 1985, 1185; *Friedrichs*, Persönliche Gutachterpflicht in Kliniken und Obergutachten, DRiZ 1971, 312; *Greger*, Substanzverletzende Eingriffe des gerichtlichen Sachverständigen, Festschrift Leipold (2009), S. 47; *Hofmann*, Einsatz von Mitarbeitern durch den gerichtlich bestellten Insolvenzsachverständigen, ZIP 2006, 1080; *Prütting*, Datenschutz und Zivilverfahrensrecht in Deutschland, ZZP 106 (1993), 427; *Schikora*, Einsichtnahme in die Handakten von Sachverständigen durch Gericht und Parteien, MDR 2002, 1033.

I. Entstehung und Normzweck des Pflichtenkatalogs

54 Die ZPO kannte bis zur Reform des Beweisrechts von 1990 nur wenige Sachverständigenpflichten. Sie werden seither hauptsächlich in § 407a aufgezählt. Der Gesetzge-

---

[1] Richtlinie 2004/48/EG, ABl. EU Nr. L 157 v. 30.4.2004, S. 45, berichtigt in ABl. EU Nr. L 195 v. 2.6.2004, S. 16 = GRUR Int. 2004, 615.
[2] Dazu *Ahrens* GRUR 2005, 837 ff.
[3] OLG München GRUR-RR 2005, 175, 176.
[4] BVerwG NJW 2006, 2058.
[5] BVerwG NJW 2006, 2058.
[6] BVerwG NJW 2006, 2058.
[7] BVerwG NJW 2006, 2058, 2059.
[8] Musielak/*Huber*[10] § 404a Rz. 7.

wordene Normtext bleibt inhaltlich hinter dem Vorschlag zurück, den die Kommission für das Zivilprozessrecht 1977 vorgelegt hat.[1] Das Gesamtanliegen besteht in der **Beschleunigung des Beweisverfahrens** durch rasche Erlangung verwertbarer Gutachten, also in der Steigerung der Effektivität der Justizgewährung. Art. 6 Abs. 1 EMRK gebietet den Vertragsstaaten, das Verfahren so zu gestalten, dass Verzögerungen u.a. bei der Einholung von Sachverständigenbeweisen durch Wahrnehmung der richterlichen Verfahrensverantwortung gegenüber dem Sachverständigen verhindert werden.[2]

Behandelt werden die Pflicht zur unverzüglichen Prüfung der **eigenen Sachkompetenz** (Abs. 1), die Sicherung **persönlicher Erfüllung** des Gutachtenauftrages (Abs. 2), die frühzeitige Klärung des Auftragsumfangs zur Vermeidung unnötiger Ermittlungen und Kosten (Abs. 3 S. 1), die Pflicht zum Hinweis auf voraussichtlich **unverhältnismäßig hohe Kosten** (Abs. 3 S. 2) und die Pflicht zur Herausgabe der Akten, der Untersuchungsergebnisse und von Begutachtungsunterlagen (Abs. 4). 55

Nicht in das Gesetz aufgenommen wurden die von der ZPO-Kommission vorgeschlagene (selbstverständliche) Pflicht zur **Verschwiegenheit** sowie die Pflicht, im Gutachten auf **abweichende Beurteilungsmöglichkeiten und verbleibende Zweifel** hinzuweisen. Von der zweiten Pflicht versprach sich die ZPO-Kommission die Vermeidung des möglichen Sachverständigenmissverständnisses, das Gericht erwarte von ihm stets ein alle Zweifel ausräumendes Gutachten und betrachte es als Schwäche oder Unentschlossenheit des Sachverständigen, wenn er auch auf andere Beurteilungsmöglichkeiten hinweise.[3] Die Pflicht zur **Unparteilichkeit** und **Gewissenhaftigkeit** hätte zwar auch zu § 407a gehört, ist aber in der Beeidigungsnorm des § 410 verblieben. 56

Eine Beschleunigung der Beweisaufnahme lässt sich nicht allein durch die Betonung von Sachverständigenpflichten erreichen. Die ZPO-Kommission hat zutreffend darauf hingewiesen, dass Verfahrensverzögerungen durch **frühzeitigen** unmittelbaren (fernmündlichen) **Kontakt des Richters** mit dem Sachverständigen vermieden werden können. Der Richter solle sich vor Auftragserteilung nach der gegenwärtigen Belastung des Sachverständigen erkundigen, eine entsprechende Fristabsprache mit ihm treffen und die Notwendigkeit der Unterrichtung über jede unvorhergesehene Verzögerung betonen.[4] 57

Neue **Sanktionen** für Pflichtverletzungen wollte die ZPO-Kommission nicht schaffen. Ihr Vorschlag für einen neuen § 412a sah nur die Zusammenfassung der Sanktionsmöglichkeiten der §§ 409 und 411 Abs. 2 vor, bei denen es geblieben ist. Danach können **Ordnungsgeld** bzw. die Erstattung der **Terminskosten** bei ungerechtfertigter Gutachtenverweigerung, bei Nichterscheinen zum Termin und bei Versäumung der Frist zur Ablieferung eines schriftlichen Gutachtens angeordnet werden. Im Übrigen riskiert der Sachverständige lediglich, dass eine **Entschädigung verweigert** wird. 58

II. Überprüfung der eigenen Kompetenz

Der Sachverständige hat unverzüglich (§ 121 BGB: ohne schuldhaftes Zögern), seine **persönliche Eignung** zur Beantwortung der Beweisfrage **zu überprüfen** und das Gericht unverzüglich zu verständigen, wenn der Auftrag sein Fachgebiet überhaupt 59

---

1 Kommissionsbericht S. 348 f. (dort: § 410) mit Begründung S. 141 f.
2 EGMR, Urt. v. 27.2.1991 – Rs. 4/1991/256/327, Rs. Ridi/Italien, Ser. A no. 229-B = ÖJZ 1992, 518.
3 Kommissionsbericht S. 141.
4 Kommissionsbericht S. 141.

nicht oder nur am Rande berührt, oder wenn ihm für Teile der Beweisfrage die Sachkunde fehlt. § 407a Abs. 1 bezweckt die Beschleunigung des Beweisverfahrens; das Gericht soll den Sachverständigen gegebenenfalls möglichst zügig gem. § 404 Abs. 1 S. 3 austauschen können.[1] Der (ausgetauschte) Sachverständige erhält für diese Prüfung regelmäßig **keine Entschädigung**, soweit ihr Ergebnis für ihn ohne nähere Untersuchung aus den überlassenen Unterlagen zu ersehen ist.[2] Etwas anderes gilt nur, wenn die Vorprüfung einen nicht unerheblichen Arbeitsaufwand erfordert.[3]

60 Der Verstoß gegen § 407a Abs. 1 löst keine unmittelbaren Sanktionen aus. § 407a Abs. 1 ist kein Schutzgesetz i.S.d. § 823 Abs. 2 BGB zu Gunsten der Parteien, so dass Schadensersatzforderungen wegen der Verzögerung des Prozesses ausscheiden.[4] Allenfalls kommt im Einzelfall eine **Verwirkung des Vergütungsanspruchs** des Sachverständigen in Betracht (dazu Kap. 19 Rz. 36). Dies setzte jedoch nach der bis 2013 ergangenen Rechtsprechung einen zumindest grob fahrlässigen Verstoß des Sachverständigen voraus, also eine eklatante Falscheinschätzung der eigenen Sachkunde, die zur inhaltlichen Unrichtigkeit und letztlich zur Unverwertbarkeit des Gutachtens führt (Kap. 19 Rz. 47). Der 2013 geschaffene **§ 8a Abs. 2 Nr. 1 JVEG** lässt den Vergütungsanspruch bereits dann entfallen, wenn der Sachverständige einen Verstoß gegen die Verpflichtungen nach § 407a Abs. 1–3 S. 1 überhaupt zu vertreten hat.

III. Pflicht zur persönlichen Begutachtung

1. Hinzuziehung von Hilfskräften

a) Delegationsverbot

61 Nur das Gericht ist zur Auswechselung des Sachverständigen befugt. Es ist dem Sachverständigen **verboten**, den Gutachtenauftrag **zu delegieren**. Allerdings ist er nicht verpflichtet, alle für die Begutachtung notwendigen Arbeiten persönlich vorzunehmen, sondern ist berechtigt, geeignete und zuverlässige Hilfskräfte hinzuziehen[5] und deren Fachwissen zu verwerten.[6] In der Praxis besteht allerdings ein hohes Maß an **Unsicherheit, welchen Umfang** diese Hinzuziehung von Hilfskräften annehmen darf. Die Praxis neigt teilweise zu Gesetzesungehorsam, der hinter verkleisternden Formulierungen versteckt bzw. hingenommen wird.

b) Abgrenzungskriterien

aa) Eigenständige Zuarbeit

62 Der Normtext selbst macht schon deutlich, dass zulässige Mitarbeit **mehr** bedeutet **als** die Erbringung von Hilfsdiensten mit **untergeordneter** Bedeutung, denn nur in Bezug auf die Beteiligung höherwertiger Mitarbeiter besteht die Nominierungspflicht des Abs. 2 S. 2. Als Beispiel für diese Pflicht hat die Bundesregierung im Gesetzgebungsverfahren die Beauftragung leitender Klinikärzte und deren Heranziehung ärzt-

---

[1] Vgl. RegE BT-Drucks. 11/3621, S. 40.
[2] BGH MDR 1979, 754; OLG Köln MDR 1993, 1024 = VersR 1994, 76; OLG Hamburg JurBüro 1993, 119.
[3] KG MDR 1988, 330: bejaht dies bei einem halben Arbeitstag zur Schätzung der entstehenden Kosten; OLG Stuttgart Rpfleger 1985, 213: bejaht bei Erforderlichkeit „differenzierter" Erwägungen.
[4] Musielak/*Huber*[10] § 407a Rz. 7; a.A. MünchKommZPO/*Zimmermann*[4] § 407a Rz. 3.
[5] RG JW 1916, 1578 Nr. 8; BGH VersR 1972, 927, 929; BVerwG NVwZ 1993, 771, 772; OLG Hamburg VersR 1981, 787, 788; OLG Düsseldorf VersR 1981, 1147, 1148; OLG Frankfurt VersR 1994, 610, 611.
[6] BGH VersR 1960, 998, 999.

licher Mitarbeiter genannt.[1] Soweit allerdings nach derselben Äußerung der Gesetzesmaterialien die Heranziehung „bei Vorbereitung und Abfassung der Gutachten" erfolgen dürfen soll, handelt es sich um eine gefährlich laxe Formulierung, die den Missbrauch begünstigt. Sie wird von der – grundsätzlich richtigen – Überlegung getragen, es müsse auf die sonstige **persönliche Arbeitsbelastung** des Klinks- oder Institutsdirektors Rücksicht genommen werden. Dieser Gesichtspunkt ist jedoch vom Gericht zu beachten und nicht im Wege der Selbsteinschätzung durch den Sachverständigen durchzusetzen. Gegenteilige Praxis beruht auf mangelnder Abstimmung zwischen dem Gericht und dem ins Auge gefassten Sachverständigen vor dessen Ernennung.

bb) Begriff der Hilfskraft

Hilfskräfte, die mehr als Hilfsdienste von untergeordneter Bedeutung erbringen, sind nur Personen, deren Tätigkeit der Sachverständige nach seinem Fachwissen selbst übernehmen könnte, so dass er die Ordnungsmäßigkeit von deren Arbeitsweise überblicken kann.[2] **Keine Hilfskräfte** sind **Spezialisten** einer **anderen Fachrichtung**, die kraft autonomen Wissens im Rahmen der Befunderhebung Einzeluntersuchungen vornehmen, etwa ein von einem Internisten oder Chirurgen hinzugezogener Röntgenologe.[3] Deren Tätigkeit ohne ergänzende Beauftragung durch das Gericht ist zulässig, soweit sie nicht in eine fremde Teilbegutachtung umschlägt. 63

Mit der Heranziehung von Hilfskräften hat sich die Rechtsprechung vor allem bei der **Erstattung medizinischer Gutachten** befasst. Hilfskräfte werden aber auch von anderen Sachverständigen benötigt, etwa bei der eiligen Erstellung des Vermögensstatus im **Insolvenzantragsverfahren**.[4] Mitarbeitern darf die Ausführung technischer Vorgänge, etwa eine Laboruntersuchung, nicht jedoch die eigentliche ärztliche Befunderhebung überlassen werden.[5] Der bestellte Sachverständige darf sich auf Fremdarbeit von Hilfskräften nicht ohne Nachprüfung verlassen, er darf deren Mitarbeit nicht ohne Weiteres mit seinem Namen decken. Der Insolvenzsachverständige darf Geschäftsunterlagen des Insolvenzschuldners durch qualifizierte Mitarbeiter nach von ihm vorgegebenen Leitgesichtspunkten durchsehen und Daten zusammenstellen lassen. 64

cc) Kernbereich eigener Begutachtungstätigkeit

Die **persönliche Verantwortung** des vom Gericht ausgewählten Sachverständigen darf durch die Mitarbeiterbeteiligung **nicht ausgeschlossen** werden.[6] Hilfsdienste dürfen das Gutachten nicht zu einem fremden Werk stempeln.[7] Als Richtschnur hat zu gelten, dass der Sachverständige den Teil des Gutachtens, in dem es um die Anwendung von Fach- oder Erfahrungswissen auf bestimmte Sachverhalte geht, persönlich zu erstatten hat. Er soll *sein* **Erfahrungswissen** auf den gegebenenfalls von Hilfskräften vorermittelten Sachverhalt **anwenden** und daraus die entsprechenden Schlussfolge- 65

---

[1] Gegenäußerung zur Stellungnahme des Bundesrates, BT-Drucks. 11/3621, S. 69.
[2] Zu letztgenanntem Erfordernis OLG Frankfurt/M. MDR 1983, 849.
[3] OLG Frankfurt/M. MDR 1983, 849.
[4] Dazu *Hofmann* ZIP 2006, 1080 ff.
[5] OLG Frankfurt/M. MDR 1983, 849.
[6] BGH VersR 1972, 927, 929; OLG Zweibrücken NJW-RR 2001, 667, 668; BVerwG NJW 1984, 2645, 2646.
[7] RegE BT-Drucks. 11/3621, S. 40.

rungen ziehen.¹ Der Sachverständige darf also in erster Linie nur Vorarbeiten des eigentlichen Gutachtens (Materialsammlung, Laboruntersuchungen, Anamnese) seinen Mitarbeitern überlassen.² Die maßgebenden Feststellungen zu den Grundlagen des Gutachtens, die bereits besondere Sachkunde erfordern (z.B. Exploration bei psychologischem Gutachten), muss er demgegenüber selbst treffen oder zumindest eingehend kontrollieren.³ Ein mündliches Gutachten bzw. die mündliche Erläuterung des schriftlichen Gutachtens (§§ 411 Abs. 3, 397 i.V.m. § 402) hat der gerichtlich ernannte Sachverständige immer persönlich durchzuführen.⁴ Bei einem schriftlichen Gutachten hat er dessen endgültigen Text selbst anzufertigen oder dafür zumindest eigene Vorgaben zu machen.

66 Die Hinzuziehung von Mitarbeitern darf **nicht** von vornherein der **unzulässigen Substitution verdächtigt** werden; auszugehen ist vielmehr von dem Arbeitsethos des Sachverständigen, durch Anleitung und Überprüfung der Mitarbeitertätigkeit gleichwohl eine eigene Begutachtung zu erstatten. Soweit der Mitarbeiter das schriftliche Gutachten abgefasst und unterschrieben hat, muss der bestellte Sachverständige durch den Zusatz zu seiner eigenen Unterschrift deutlich machen, dass er sich **für den Inhalt** des Gutachtens in allen Teilen der Befunderhebung und der Bewertung **persönlich verantwortlich** fühlt und es **nicht nur** i.S. einer reinen **Plausibilitätskontrolle** billigt. Die Judikatur hat die eigenverantwortliche Tätigkeit durch Formulierungen wie „Einverstanden aufgrund eigener Untersuchung und Urteilsbildung", eventuell auch „Mit Befund und Beurteilung einverstanden" als dokumentiert gesehen⁵ (dazu nachfolgend Rz. 68). Nur den namentlich bestellten Sachverständigen treffen die prozessualen Pflichten. Zur mündlichen Erläuterung (§ 411 Abs. 3) ist nur er zu laden.

67 Eine **akzeptable Arbeitsteilung** mit eigenverantwortlicher Tätigkeit des bestellten Sachverständigen beschreibt OLG Frankfurt/M VersR 1994, 610, 611. Dort beruhte die Mitarbeit eines Oberarztes an einem orthopädischen Gutachten auf folgendem Konzept des Chefarztes: Anamnese durch den Mitarbeiter nach vorheriger Besprechung mit dem Sachverständigen; Exploration, an der der Sachverständige sich so lange beteiligte, bis er zu einer Meinungsbildung in der Lage war; Besprechung des Ergebnisses; Erstellung eines schriftlichen Konzepts durch den Mitarbeiter, Überarbeitung des Konzeptes durch beide, abschließendes Diktat durch den Mitarbeiter.

dd) Floskelhafte „Verantwortungsübernahme"

68 Abzulehnen ist die in der Rechtsprechung zu beobachtende Neigung, es vor allem bei medizinischen Gutachten zu billigen, wenn der gesamte Arbeitsgang (Anamnese, Exploration, Diktat eines schriftlichen Gutachtens) von Mitarbeitern vorgenommen wurde, sofern der Sachverständige anschließend nur die „persönliche Verantwortung" für das Arbeitsergebnis übernommen hat, was regelmäßig durch einen der Unterschrift vorangestellten Zusatz, wie „Einverstanden auf Grund eigener Untersuchung

---

1 OLG Frankfurt MDR 1983, 849; OLG Zweibrücken NJW-RR 2001, 667, 668; *Bleutge* NJW 1985, 1185, 1186; Zöller/*Greger*³⁰ § 404 Rz. 1a; vgl. auch *Friedrichs* Festschrift für H. Grüner, S. 137, 142.
2 BGH NJW 1970, 1242, 1243: Hinzuziehung eines Dolmetschers für Exploration eines Ausländers; OLG Zweibrücken VersR 2000, 605, 606: Heranziehung geeigneter und zuverlässiger ärztlicher Mitarbeiter zu einzelnen Untersuchungen und Wertungen.
3 OLG Frankfurt FamRZ 1981, 485 f.; OLG Köln MDR 2014, 745; s. auch OLG Brandenburg FamRZ 2001, 40.
4 BVerwG NJW 1984, 2645, 2647.
5 Vgl. BVerwG NJW 1984, 2645, 2646 (mit Differenzierung zu reinen „Aktengutachten"); OLG Koblenz VersR 2000, 339 (LS); s. auch BSG NJW 1973, 1438.

und Urteilsfindung" o.ä. geschieht.¹ § 407a Abs. 2 deckt eine derartige **Praxis nicht**. Sie läuft darauf hinaus, dass sich der gerichtlich bestellte Sachverständige auf die Ausübung reiner Kontrollfunktionen, möglicherweise sogar auf eine reine Plausibilitätskontrolle beschränkt.

Zu beobachten sind sogar rechtswidrige **Delegationskaskaden** vom Direktor der Universitätsklinik zum habilitierten Oberarzt und von dort zum Assistenzarzt mit anschließender Unterschrift aller drei Personen. Wenn sie von der Vorstellung geleitet werden, dass der Oberarzt für das zu begutachtende Gebiet der geeignete Spezialist ist, mag er anstelle des Chefarztes nach vorheriger Information der Parteien vom Gericht bestellt werden. Nicht selten dürften abweichende Handhabungen durch die pflichtwidrige richterliche Bequemlichkeit begünstigt werden, ohne vorherige telefonische Recherche pauschal den Klinik- oder Institutsdirektor zu beauftragen.² Es ist also **nicht ausreichend**, wenn der gerichtlich ernannte Sachverständige ein **von Dritten angefertigtes Gutachten nur gegenzeichnet**, mag er auch durch einen wie immer gearteten Zusatz dokumentieren, dass er sich dieses Gutachten nachträglich zu eigen mache und die persönliche Verantwortung übernehme.³ Bekämpfen ließe sich dieses Unwesen, wenn die Mitunterzeichnung schriftlicher Gutachten durch Mitarbeiter vollständig unterbliebe und der alleinunterzeichnende Sachverständige den **Mitwirkungsanteil fremder Personen** ausschließlich durch verbale Kennzeichnung gesondert **dokumentieren** würde (dazu unten Rz. 72 f.).

69

c) Irrelevante Kriterien

aa) „Übliche" Gutachterpraxis

Nicht zu folgen ist *Müller*,⁴ der entscheidend darauf abstellt, **inwieweit Tätigkeiten** nach „den anerkannten Regeln des Fachgebiets" üblicherweise Hilfskräften überlassen werden dürfen, und der in diesem Zusammenhang meint, dass dies u.U. auch die gesamte Erarbeitung des Gutachtens umfassen könne. Die Festlegung beweisrechtlicher Standards ist nicht den Sachverständigen bzw. deren Fachverbänden zu überantworten. Andernfalls wären an den gerichtlich ernannten Sachverständigen u.U. geringere Anforderungen zu stellen als an das Gericht, das sich im Rahmen der Beweiswürdigung mit dem Gutachten auseinanderzusetzen, es gedanklich nachzuvollziehen und diesen Vorgang im Urteil zu dokumentieren hat (näher Kap. 49 Rz. 9 f.).

70

bb) Kammerordnungen

Keine unmittelbare Bedeutung für das Beweisrecht haben Regeln der Sachverständigenordnungen, die von Industrie- und Handelskammern oder anderen Körperschaften des öffentlichen Rechts auf der Grundlage des § 36 Abs. 4 GewO i.V.m. landesrecht-

71

---

1 OLG Koblenz VersR 2000, 339; BVerwG NVwZ 1993, 771, 772; BVerwG NJW 1984, 2645, 2646; BSG NZA 1989, 197; vgl. BGH VersR 1972, 927, 929: in diesem Fall komme der mündlichen Erläuterung durch den Sachverständigen besondere Bedeutung zu; OLG Hamburg VersR 1981, 787, 788 (obiter dictum). Kritisch zum bloßen Vermerk „Einverstanden" OLG Zweibrücken NJW-RR 2001, 667, 668; BVerwG NJW 1984, 2645, 2446 (dabei zwischen Gutachten nach Aktenlage und Gutachten nach eingehender klinischer Untersuchung differenzierend); BSG VersR 1990, 992, 993; BSG NJW 1985, 1422; Musielak/*Huber*¹⁰ § 407a Rz. 3.
2 Besonders eklatant ist die anonyme Beauftragung „des Chefarztes", so z.B. in OLG Düsseldorf VersR 1981, 1147, 1148; ebenso – dort aber als rechtswidrige Bestellung desjenigen Klinikarztes, den es „angeht", gegeißelt – BVerwG NJW 1984, 2545.
3 A.A.: BVerwG NVwZ 1993, 771, 772; BSG NJW 1985, 1422; vgl. auch BSG VersR 1990, 992, 993; BSG NJW 1973, 1438; BSG NZA 1989, 197.
4 *Müller* Der Sachverständige im gerichtlichen Verfahren³ Rz. 539.

lichen Gesetzen erlassen worden sind.¹ Soweit danach **öffentlich bestellte Sachverständige** Hilfskräfte nur für *vorbereitende* Tätigkeiten einzusetzen dürfen, dürfen diese keine Tatsachenfeststellungen treffen, die bereits Sachkunde voraussetzen und einen wesentlichen Teil der Begutachtung ausmachen (z.B. Inaugenscheinnahme von Kfz im Rahmen einer Schadensbegutachtung). Der Verstoß gegen diese Regelung begründet einen Wettbewerbsverstoß gem. § 4 Nr. 11 UWG.² Das Beweisrecht sollte derartige Regeln als Anstoß zur Ausbildung einer strengeren eigenen Praxis begreifen.

2. Nomination von Mitarbeitern

72 Gemäß § 407a Abs. 2 S. 2 soll der Sachverständige die zugezogenen **Mitarbeiter und deren Arbeitsanteil** benennen. Hierdurch soll es den Parteien ermöglicht werden, Einwendungen gegen Person oder Sachkunde des Mitarbeiters vorbringen zu können.³ Der Sachverständige hat daher auch den **Ausbildungsstand** der zugezogenen Mitarbeiter anzugeben.⁴ Allerdings kann § 407a Abs. 2 nicht entnommen werden, dass den Parteien ein förmliches Ablehnungsrecht gem. § 406 in Bezug auf Mitarbeiter des Sachverständigen eingeräumt wird (Kap. 46 Rz. 3). Lediglich bei Hilfsdiensten von untergeordneter Bedeutung sind Angaben entbehrlich. Angesichts der negativen Fassung des § 407a Abs. 2 S. 2 2. Hs hat der Sachverständige im Zweifel den jeweiligen Mitarbeiter anzugeben. Andernfalls würde den Parteien und dem Gericht eine Beurteilung von vornherein unmöglich gemacht. Die Angaben müssen **nicht schon** im Zeitpunkt der Beauftragung oder **bei Beginn** der Gutachtenarbeiten gemacht werden. Ein entsprechende Regelung des RegE ist im Gesetzgebungsverfahren gestrichen worden.⁵

73 Der **Verstoß** gegen die Pflicht aus **§ 407a Abs. 2** ist nicht eigenständig sanktionsbewehrt.⁶ Das Gutachten ist nicht per se unverwertbar.⁷ § 407a Abs. 2 ist kein Schutzgesetz i.S.v. § 823 Abs. 2 BGB.⁸ Jedoch wird **der Vergütungsanspruch** verwirkt, wenn das Gericht das Gutachten deshalb nicht verwertet, § 8a Abs. 2 S. 1 Nr. 1, S. 2 JVEG (näher: Kap. 19 Rz. 36 und 47).⁹ Eine **Einsichtnahme** in die „Handakten" des Sachverständigen zur Kontrolle der Beachtung des § 407a Abs. 2 S. 2 bzw. zur Aufdeckung gegenteiliger Indizien (z.B. handschriftlicher Vermerke von Mitarbeitern) kann auf der Grundlage des § 407a Abs. 4 angeordnet werden;¹⁰ Feststellungen zur persönlichen Zuverlässigkeit des Sachverständigen sind Teil der umfassenden Würdigung des Gutachtens, die § 407a Abs. 4 ebenfalls ermöglichen will (vgl. zur Herausgabe von Unterlagen Rz. 49).

---

1 Dazu Tettinger/Wank/*Ennuschat* GewO⁸ § 36 Rz. 106.
2 So zu § 1 UWG a.F. OLG Hamm WRP 1991, 250, 252.
3 RegE BT-Drucks. 11/3621, S. 40.
4 Vgl. OLG Frankfurt FamRZ 1981, 485, 486.
5 Gegenäußerung der BReg., BT-Drucks. 11/3621, S. 74; Beschluss des Rechtsausschusses, BT-Drucks. 11/8283, S. 10.
6 Kein Ablehnungsgrund, OLG Jena MDR 2006, 1011.
7 Heilbare Unverwertbarkeit annehmend *Schikora* MDR 2002, 1033, 1034. Zur Verwertung durch Bestellung des Substituts als Sachverständigen BGH NJW 1985, 1399, 1400.
8 MünchKommZPO/*Zimmermann*⁴ § 407a Rz. 9.
9 OLG Köln MDR 2014, 745.
10 *Schikora* MDR 2002, 1033, 1035.

IV. Rückfrage- und Hinweispflichten

1. Klärung des Auftragsinhalts

Der Sachverständige hat bei **Zweifeln** über den **Umfang des Auftrages** beim Gericht Rückfrage zu halten (§ 407a Abs. 3 S. 1). Dies hat unverzüglich zu geschehen, um unnötige Ermittlungen und Kosten zu vermeiden.[1] Welchen Umfang die Arbeiten im Einzelfall haben müssen, kann der Sachverständige zumeist am besten beurteilen. Weist er das Gericht darauf hin, dass er weitere Arbeiten für notwendig hält, darf er daher, wenn er nichts Abweichendes vom Gericht hört, davon ausgehen, dass die Ausführung des Auftrages insoweit seiner Sachkunde überlassen bleibt.[2]

74

Verstößt der Sachverständige gegen § 407a Abs. 3 S. 1, so erbringt er die Arbeiten auf eigenes Risiko. **Vergütung** erhält er nur **für objektiv erforderliche Arbeiten**, ohne dass es insoweit auf ein etwaiges Verschulden ankäme (näher Kap. 19 Rz. 53).

75

2. Kostenhinweise

Soweit die zu erwartenden **Kosten** erkennbar **außer Verhältnis zum Streitwert** stehen oder den Auslagenvorschuss erheblich übersteigen, hat der Sachverständige darauf rechtzeitig, also vor Entstehung der Kosten, **hinzuweisen** (§ 407a Abs. 3 S. 2). Das Gericht darf wegen Art 103 Abs. 1 GG zwar nicht auf die Erhebung des Sachverständigenbeweises verzichten, weil die Kosten der Beweisaufnahme angesichts der Relation zum Streitwert unökonomisch ist[3] (dazu Kap. 44 Rz. 4 f.), kann die Erhebung aber von einem **weiteren Kostenvorschuss** abhängig machen. Damit soll den Parteien das Kostenrisiko vor Augen geführt werden, so dass sie ihre Vergleichsbereitschaft überdenken können.[4]

76

Übersteigen die Kosten den eingezahlten Auslagenvorschuss um 20 %, so ist dies erheblich.[5] Hat das Gericht versäumt, überhaupt einen Kostenvorschuss anzufordern, so dass der Sachverständige die Kostenvorstellungen des Gerichts und der Parteien nicht erkennen kann, besteht eine Hinweispflicht des Sachverständigen erst dann, wenn die Kosten **außer Verhältnis zum Streitwert** stehen. Bei einem Anteil von 53 % soll dies noch nicht der Fall sein.[6]

77

Verstößt der Sachverständige gegen die Kostenhinweispflicht, kommt eine teilweise Verwirkung des Vergütungsanspruchs in Betracht, § 8a Abs. 3–5 JVEG (näher: Kap. 19 Rz. 51).[7] Die gerichtliche Verwertbarkeit des Gutachtens wird durch eine **Kürzung**

78

---

1 Vgl. RegE BT-Drucks. 11/3621, S. 40.
2 LG Bochum Rpfleger 1976, 32 (IPR- und Auslandsrechtsgutachten).
3 Vgl. BVerfG NJW 1979, 413, 414.
4 RegE BT-Drucks.11/3621, S. 40.
5 LG Osnabrück JurBüro 1996, 153, 154; LG Bückeburg NdsRpfl. 1996, 57, 58; Musielak/*Huber*[10] § 407a Rz. 4. Höhere Prozentsätze werden genannt von: OLG Celle NJW-RR 1997, 1295: 20–25 %; BayObLGZ 1997, 353, 355: 20–25 %; OLG Zweibrücken JurBüro 1997, 96, 97: 20–25 %; OLG Koblenz ZSW 1985, 106, 110: 25 %; OLG München Rpfleger 1979, 158: das 1 ½-Fache des Vorschusses; MünchKommZPO/*Zimmermann*[4] § 407a Rz. 11: 20–25 %.
6 OLG Schleswig JurBüro 1989, 1173, 1174 (bejaht, wenn Streitwert erreicht oder überschritten wird); a.A.: MünchKommZPO/*Zimmermann*[4] § 407a Rz. 11: 50 %; Musielak/*Huber*[10] § 407a Rz. 4: 50 %.
7 OLG Düsseldorf NJW 1970, 1980, 1981; OLG Hamburg MDR 1981, 327 = JurBüro 1981, 410; KG MDR 1983, 678, 679; OLG Nürnberg NJW-RR 2003, 791.

der **Entschädigung** nicht beeinflusst.[1] Ein **Recht zum Rückruf** des Gutachtens unter Verzicht auf Entschädigung besteht **nicht**.[2] (s. auch Kap. 18 Rz. 20).

V. Herausgabe von Unterlagen etc.

1. Normzweck

79 Die Regelung des § 407a Abs. 4 will dem Gericht eine möglichst **umfassende Würdigung** des Sachverständigengutachtens **ermöglichen**. Außerdem sollen Kosten und Zeitverlust erspart werden, falls ein anderer oder ein **weiterer Sachverständiger** mit der Begutachtung beauftragt wird.[3] Das Gesetz nennt als mögliche Herausgabeobjekte die Akten und für die Begutachtung beigezogene Unterlagen sowie Untersuchungsergebnisse.

2. Herausgabeobjekte

a) Untersuchungsergebnisse

80 Mit Untersuchungsergebnissen sind jene Ergebnisse gemeint, zu denen der Sachverständige **auf Grund *eigener* Untersuchung** gelangt ist. Es kann sich auch um Zwischenergebnisse, etwa Messergebnisse, handeln.[4] Sind sie in einer Weise dokumentiert, die nicht zur Weitergabe geeignet ist (z.B. wegen Verwendung einer eigenen Kurzschrift), muss der Sachverständige sie dem Gericht in anderer Weise mitteilen.[5] Eine Pflicht zur umfassenden Dokumentation des Ablaufs der Untersuchung lässt sich aus § 407a Abs. 4 jedoch nicht ableiten. Das **Eigentumsrecht** des Sachverständigen ist für die öffentlich-rechtliche Herausgabepflicht **irrelevant**. Die Herausgabe muss allerdings bei verständiger Würdigung für prozessuale Zwecke erforderlich sein, etwa um das Gutachten inhaltlich überprüfen zu können oder einem weiteren Sachverständigen eine Beurteilungsgrundlage zu verschaffen.

b) Beigezogene Unterlagen

aa) Beiziehung und Überlassung

81 Unter beigezogenen **Unterlagen** sind beispielsweise Krankengeschichten, Röntgenaufnahmen, Lichtbilder und Aufzeichnungen medizinischer Geräte **anderer Stellen** zu verstehen.[6] § 407a Abs. 4 ist über seinen unmittelbaren Wortlaut hinaus auch auf die Herausgabe von Gegenständen anzuwenden, die dem Sachverständigen zum Zwecke der Begutachtung von den **Parteien oder** von **Dritten überlassen** wurden (z.B. gezogene Bodenproben, Blutproben etc.). Auf wessen Initiative der Sachverständige die Unterlagen erhalten hat, ist rechtlich irrelevant. Auch hier gilt einschränkend das Gebot prozessualer Erforderlichkeit (vorstehend Rz. 80).

---

1 *Müller* Der Sachverständige im gerichtlichen Verfahren[3] Rz. 873 ff.; MünchKommZPO/*Zimmermann*[4] § 407a Rz. 13.
2 MünchKommZPO/*Zimmermann*[4] § 407a Rz. 13; a.A.: *Müller* Der Sachverständige im gerichtlichen Verfahren[3] Rz. 877 f.
3 RegE BT-Drucks. 11/3621, S. 40.
4 RegE BT-Drucks. 11/3621, S. 40.
5 RegE BT-Drucks. 11/3621, S. 40.
6 RegE BT-Drucks. 11/3621, S. 40.

bb) Eigentum einer Partei als Widerspruchsgrund

An den Unterlagen hat der Sachverständige kein besseres Recht als die Prozessparteien, in deren Eigentum sie stehen können. Auf deren etwaigen Widerspruch kann er sich nicht berufen. Eine **Partei kann** der Vorlage aber u.U. erfolgreich **widersprechen**, wenn sie nachträglich **Geheimhaltungsinteressen** durchsetzen will und der Gegner keinen materiellrechtlichen Vorlegungsanspruch hat. Der Widerspruch führt allerdings zur **Beweisfälligkeit** dieser Partei oder ist unter dem Gesichtspunkt der Beweisvereitelung zu würdigen, da das deutsche Zivilprozessrecht grundsätzlich keinen Geheimprozess kennt und daher zur Gewährung rechtlichen Gehörs **Inhalt und Grundlagen** des Gutachtens einschließlich der Untersuchungsobjekte offenbart werden müssen[1] (s. auch Kap. 47 Rz. 33 und 51 sowie Kap. 7 Rz. 69 f.). 82

cc) Eigentum Dritter

Der Wortlaut der Norm unterscheidet nicht danach, in wessen Eigentum die zur Untersuchung beigezogenen Unterlagen stehen.[2] Soweit es sich um Unterlagen Dritter handelt, welche die Unterlagen auf Veranlassung der Parteien dem Gutachter überlassen haben, ist ein Herausgabeverlangen durch § 407a Abs. 4 grundsätzlich gedeckt. Handelt es sich jedoch um Unterlagen, die sich der Sachverständige **selbständig von Dritten beschafft** hat, z.B. von diesem erarbeitete wissenschaftliche Vergleichsdaten, wird man ihm die Berufung auf die Unzumutbarkeit der Herausgabe an das Gericht gestatten müssen, wenn der Dritte damit wegen der mittelbar eröffneten Informationsmöglichkeit der Parteien nicht einverstanden ist und dem Sachverständigen für diesen Fall Nachteile von Seiten des Dritten drohen.[3] 83

dd) Entgegenstehende Persönlichkeitsrechte, Datenschutz

Einer weitergehenden Einschränkung der Herausgabepflicht unter dem Gesichtspunkt des Datenschutzes bzw. des Rechtes auf informationelle Selbstbestimmung der Parteien bedarf es nicht. § 407a Abs. 4 **verdrängt** als Spezialnorm das **Bundesdatenschutzgesetz**.[4] Soweit in den Unterlagen Umstände festgehalten sind, welche beispielsweise die **Intimsphäre einer Partei** berühren und deren Offenbarung eine Verletzung deren Persönlichkeitsrechts darstellen könnte, kann diesem Interesse dadurch Rechnung getragen werden, dass das Gericht die entsprechenden Teile der Gegenpartei nicht zugänglich macht. Der Sachverhalt ist mit jenen Fällen gleich zu behandeln, in denen das Anwesenheitsrecht der Partei bei ärztlichen Untersuchungen der Gegenpartei zum Schutz der Intimsphäre der Untersuchungsperson entfällt (vgl. Rz. 47). 84

3. Gegenrechte

Dem Sachverständigen, der etwa die Entschädigung für zu gering oder ein gegen ihn verhängtes Ordnungsmittel für unberechtigt hält, steht gegenüber dem Herausgabeverlangen **kein Zurückbehaltungsrecht** zu.[5] Allenfalls kann er sich im Einzelfall auf 85

---

1 Vgl. dazu *Ahrens* JZ 1996, 738 in Anm. zu BGH – Anonyme Mitgliederliste. Zur Vorenthaltung von Teilen einer Sachverständigenexpertise zum Schutze Dritter im Zürch. Zivilprozess vgl. Obergericht Zürich SchwJZ 1985, 269 f.
2 Vgl. RegE. BT-Drucks. 11/3621, S. 40: „Als beigezogene Unterlagen kommen (...) Aufzeichnungen *anderer Stellen* in Betracht".
3 Vgl. auch Zöller/*Greger*[30] § 407a Rz. 4.
4 *Prütting* ZZP 106 (1993), 427, 460.
5 RegE BT-Drucks. 11/3621, S. 40.

die Unzumutbarkeit der Herausgabe berufen, wenn er durch die Herausgabe an das Gericht die Rechte nicht prozessbeteiligter Personen verletzte (s. oben Rz. 82).

4. Herausgabeverlangen, Herausgabeanordnung

86 Das Herausgabeverlangen gem. § 407a Abs. 4 S. 1 kann durch den Vorsitzenden ausgesprochen werden; die Anordnung der Herausgabe erfolgt durch **Beschluss des Gerichts**. Die Herausgabeanordnung setzt trotz des Wortlautes von § 407a Abs. 4 kein vorheriges Herausgabeverlangen voraus, sondern kann sofort erfolgen. Nach § 407a Abs. 4 S. 2 kann auch die Mitteilung der Untersuchungsergebnisse angeordnet werden, wenn die Herausgabe mangels geeigneter Dokumentation scheitert.[1]

87 Gemäß § 409 kann die Herausgabe der Akten und der sonstigen Unterlagen mit **Ordnungsmitteln** erzwungen werden. Voraussetzung ist aber, dass überhaupt eine Übergabe der Akten an den Sachverständigen stattgefunden hat und durch einen Zustellungsnachweis belegt ist.[2] Die Herausgabe der Untersuchungsergebnisse kann erzwungen werden, obwohl diese in § 409 anders als in § 407a Abs. 4 nicht ausdrücklich erwähnt sind.[3] Der Gesetzgeber wollte auch die Untersuchungsergebnisse mit § 409 erfassen;[4] der Wortlautabweichung des § 409 darf also nicht die Bedeutung beigemessen werden, dass Untersuchungsergebnisse bewusst ausgespart werden sollten. Dokumentierte Untersuchungsergebnisse fallen unter den allgemeinen Oberbegriff „sonstige Unterlagen". Allerdings deckt der Wortlaut des § 409 nicht die Erzwingung der Mitteilung von Untersuchungsergebnissen, die nicht hinreichend dokumentiert worden sind.[5]

88 Gemäß §§ 1 Abs. 1 Nr. 2b, 6 Abs. 1 JBeitrO,[6] § 883 ZPO kann die Herausgabe der Akten und sonstigen Unterlagen alternativ im Wege der **Wegnahme durch den Gerichtsvollzieher** vollstreckt werden. Dies erfasst auch die dokumentierten Untersuchungsergebnisse.[7]

89 **Gegen** die **Herausgabeanordnung** selbst wollte der Gesetzgeber dem Sachverständigen keinen **Rechtsbehelf** zur Verfügung stellen.[8] Dies ist problematisch, weil die Möglichkeit von Gegenrechten offenbar unzutreffend a limine verneint worden ist. So kann bereits streitig sein, ob der Sachverständige überhaupt in den Besitz der Gerichtsakten gelangt ist.[9] Gegen ein Herausgabeverlangen muss sich der Sachverständige unabhängig von der Festsetzung eines Ordnungsgeldes zur Wehr setzen können.

90 Gegen die an eine Herausgabeverweigerung anschließende Festsetzung eines **Ordnungsgeldes** kann sich der Sachverständige gem. § 409 Abs. 2 mit der Beschwerde zur Wehr setzen. Soweit das Gericht jedoch den Weg der **Herausgabevollstreckung** gem. JBeitrO geht, ist der Sachverständige rechtlos gestellt, weil die JBeitrO einen geeig-

---

[1] MünchKommZPO/*Zimmermann*[4] § 407a Rz. 17.
[2] Vgl. dazu OLG Koblenz NJW-RR 2014, 762 (offenbar fehlerhafte Auslieferung durch privaten Zustelldienst an unbekannten Empfänger).
[3] Verneinend MünchKommZPO/*Zimmermann*[4] § 409 Rz. 5 (wegen Maßgeblichkeit des Gesetzeswortlauts bei Sanktion einer Ordnungswidrigkeit).
[4] RegE BT-Drucks. 11/3621, S. 41.
[5] Insoweit zutreffend MünchKommZPO/*Zimmermann*[4] § 407a Rz. 17 und § 409 Rz. 5.
[6] Justizbeitreibungsordnung i.d.F. von Art. V KostÄndG v. 26.7.1957, BGBl. I 1957, 861, zuletzt geändert durch Art. 48 FGG-ReformG v. 17.12.2008, BGBl. I 2008, 2586, abgedruckt bei *Hartmann* Kostengesetze[43] IX A.
[7] A.A. MünchKommZPO/*Zimmermann*[4] § 407a Rz. 20 (wegen Nichterwähnung in der JBeitrO).
[8] RegE BT-Drucks. 11/3621, S. 40.
[9] Vgl. den Fall OLG Koblenz NJW-RR 2014, 762.

neten Rechtsbehelf nicht vorsieht.[1] *Greger* weist auf die Erinnerung nach § 766 i.V.m. § 6 Abs. 1 Nr. 1 JBeitrO hin,[2] die jedoch nicht zur Überprüfung der Anordnung führt. *Zimmermann*[3] verwirft eine entsprechende Anwendung des § 767 Abs. 1. Dem innerprozessualen Streit am nächsten steht **§ 409 Abs. 2** (sofortige Beschwerde), der **analog anzuwenden** ist. Die Erforderlichkeit der Herausgabe für das Verfahren bestimmt allerdings trotz der Beschwerdemöglichkeit allein das Prozessgericht.

Dem der Herausgabe **widersprechenden Antragsgegner** steht das Rechtsmittel der **sofortigen Beschwerde** ebenfalls **nicht** zu,[4] Mangels ausdrücklicher Regelung ist § 567 Abs. 1 Nr. 1 nicht einschlägig. Verneint man auch § 567 Abs. 1 Nr. 2, weil der Widerspruch kein Antrag ist, müssen schutzwürdige Belange des Antragsgegners, etwa Geheimhaltungsinteressen, bei der Entscheidung über die Gewährung von Akteneinsicht berücksichtigt werden[5] (s. auch oben Rz. 82).

VI. Belehrung durch das Gericht

Zur Beschleunigung des Verfahrens hat das Gericht **den Sachverständigen auf** seine **Pflichten hinzuweisen** (§ 407a Abs. 5), wofür die Verwendung eines Vordrucks zweckmäßig ist. Handelt es sich um einen forensisch erfahrenen Sachverständigen, so ist die Belehrung entbehrlich.[6] Unterbleibt die Belehrung und verstößt ein unerfahrener Sachverständiger gegen § 407a, so ist dies bei der Entscheidung über eine etwaige Kürzung seiner Vergütung (näher: Kap. 19 Rz. 36) zu berücksichtigen.[7]

VII. Erscheinen zur mündlichen Verhandlung

Wird eine mündliche Verhandlung zur Befragung des Sachverständigen anberaumt, ist er gem. **§ 409** zum **Erscheinen verpflichtet**. Er kann sein Fernbleiben von einem Termin, zu dem er geladen wurde, damit **entschuldigen**, dass seine Auswahl für ihn unzumutbar ist, weil er dringende andere Aufgaben zu erfüllen hat und anderweitig für eine fachgerechte Begutachtung gesorgt ist.[8]

---

1 Ausführlich MünchKommZPO/*Zimmermann*[4] § 407a Rz. 21.
2 Zöller/*Greger*[29] § 407a Rz. 4.
3 MünchKommZPO/*Zimmermann*[4] § 407a Rz. 21.
4 OLG Karlsruhe NJW-RR 2006, 1655.
5 Zur Akteneinsicht nach § 475 StPO BVerfG NJW 2007, 1052 (begrenzender Grundrechtsschutz).
6 Vgl. RegE BT-Drucks. 11/3621, S. 40.
7 A.A. MünchKommZPO/*Zimmermann*[4] § 407a Rz. 23: Gesetzeskenntnis sei vom Sachverständigen zu erwarten.
8 LG Bochum NJW 1986, 2890 f.

Kapitel 48:
Erstattung des Sachverständigengutachtens

	Rz.		Rz.
§ 168 Beeidigung des Sachverständigen		I. Mündliche Erläuterung	
I. Begrenzter Normzweck des § 410	1	1. Anordnung von Amts wegen	21
II. Voraussetzungen der Beeidigung	2	2. Befragung auf Parteiantrag	28
III. Gegenstand der Beeidigung	5	3. Durchführung der mündlichen Erläuterung	42
IV. Verfahren der Eidesabnahme	8	II. Fristen der Parteien	
§ 169 Schriftliche Begutachtung, § 411 ZPO		1. Fristenbindung, Zurückweisung von Beweiseinreden	
I. Das Beweismittel „Gutachten"	11	a) Richterliche Fristen, allgemeine Prozessförderungspflicht	45
II. Schriftliche Gutachtenerstattung		b) Berufungsinstanz	49
1. Ermessen/Anordnung	13	c) Fortbestehendes Antragsrecht	51
2. Formelle Anforderungen	14	2. Vorbereitende schriftsätzliche Ankündigung	
III. Fristsetzung gegenüber dem Sachverständigen, verzögerte Erstattung des Gutachtens	15	a) Richterliche Fristsetzung	52
		b) Fehlende Fristsetzung	53
§ 170 Befragung des Sachverständigen		3. Fristbemessung	56

§ 168 Beeidigung des Sachverständigen

Schrifttum:

E. *Peters*, Sachverständigeneid ohne Gerichtsbeschluß, NJW 1990, 1832.

I. Begrenzter Normzweck des § 410

1   § 410 regelt die **Eidesformel**[1] und bestimmt den **Zeitpunkt** der Vereidigung.[2] Die Pflicht, das Gutachten unparteiisch und nach bestem Wissen und Gewissen zu erstatten, wird vorausgesetzt. Über sie ist der Sachverständige zu **belehren**, auch wenn eine Beeidigung entbehrlich ist. Unter welchen Voraussetzungen der Eid abzulegen ist, wird in §§ 402, 391 bestimmt; § 410 regelt also nur die **Art und Weise einer Beeidigung**[3] (s. auch Kap. 42 Rz. 40). § 410 ist **kein Schutzgesetz** i.S.v. § 823 Abs. 2 BGB zu Gunsten der Prozessparteien und kann daher bei unrichtiger Gutachtenerstattung keine Schadensersatzhaftung des Sachverständigen begründen (näher Kap. 43 Rz. 44).[4]

II. Voraussetzungen der Beeidigung

2   Gemäß § 402 findet § 391 auf den Sachverständigen Anwendung. Danach steht die Beeidigung im **tatrichterlichen Ermessen**, das nicht mit Beliebigkeit gleichgesetzt

---

1   BGHZ 42, 313, 317; OLG Celle MDR 1960, 225.
2   OLG Celle MDR 1960, 225.
3   BGH NJW 1998, 3355, 3356.
4   BGHZ 42, 313, 318; ebenso BGH MDR 1974, 300, 301; OLG Celle MDR 1960, 225; LG Stuttgart NJW 1954, 1411, 1412; a.A. OLG Hamm MDR 1950, 221, 222 f.; *J. Blomeyer* Schadensersatzansprüche des im Prozeß Unterlegenen wegen Fehlverhaltens Dritter, S. 124 ff., 156, 196 ff.; *Müller* Der gerichtliche Sachverständige³ Rz. 973a f. m.w.N.

werden darf. Formuliert man § 391 auf den Sachverständigen um, hat eine Beeidigung dann zu erfolgen, wenn das Gericht sie mit Rücksicht auf die **Bedeutung des Gutachtens** oder die **Wiedergabe von Wahrnehmungen** des Sachverständigen oder schließlich wegen eines nachdrücklichen Hinweises auf die **Sorgfaltspflicht** des Sachverständigen für geboten erachtet.[1] Damit ist nur wenig anzufangen. Bedeutsam ist das Gutachten immer schon dann, wenn das Gericht ihm folgen will.

Von der Beeidigung bzw. deren Ankündigung ist **keine Verbesserung der Gutachtenqualität** zu erwarten. Der Beweiswert eines Gutachtens, das im Wesentlichen nur Erfahrungswissen mitteilt oder auf den vorgegebenen Sachverhalt anwendet, beruht auf der Überzeugungskraft der Argumentation, für die der Eid regelmäßig ohne Einfluss ist.[2] Hat der Tatrichter **Zweifel an der Richtigkeit** des Gutachtens, tauscht er den Sachverständigen besser aus, indem er z.B. nach **§ 412** vorgeht.[3] Eine Vereidigung ist danach **nur ausnahmsweise** geboten.[4] Ein Ausnahmefall ist gegeben, wenn der Sachverständige im Rahmen der Begutachtung **umfangreiche eigene Wahrnehmungen** mitteilt, die er kraft seiner Sachkunde gemacht hat.[5]

3

Müller[6] hält dieser Auffassung entgegen, der Richter könne der Argumentation des Sachverständigen vielfach nicht im Detail folgen und übernehme dessen Sachaussage daher faktisch wegen der Glaubwürdigkeit des Sachverständigen; dies spreche dafür, den Sachverständigen wie einen Zeugen zu behandeln und ihn **regelmäßig zu beeiden**, sofern die Bedeutung der Aussagen dies gebiete. Diese Äußerung überschätzt die Appellfunktion des Eides gegenüber dem Sachverständigen. Der Gesichtspunkt der Schaffung eines potentiellen Wiederaufnahmegrundes nach § 580 Nr. 3 engt das Ermessen nicht ein.[7]

4

III. Gegenstand der Beeidigung

Der Eid deckt nicht nur die gewissenhafte Anwendung der **Erfahrungssätze** auf den unterbreiteten Sachverhalt, sondern auch die von dem Sachverständigen im Rahmen seines Auftrages kraft besonderer Sachkunde wahrgenommenen **Befundtatsachen**.[8] Weiterhin erstreckt sich der Eid auf die vom Sachverständigen im Gutachten angegebene **Verfahrensweise**, in welcher er das Beweisergebnis ermittelt haben will.[9] Der Eid bezieht sich ferner auf Fragen zu seiner **Person**,[10] da der Gutachtenteil im engeren Sinne davon regelmäßig nicht abgespalten wird.

5

Demgegenüber werden tatsächliche **Wahrnehmungen** des Sachverständigen (auch wenn sie besondere Sachkunde voraussetzten) nicht vom Sachverständigeneid erfasst, wenn der Sachverständige sie nicht als gerichtlich beauftragte Beweisperson, sondern **außerhalb des Verfahrens** machte; in diesem Fall ist der Sachverständige gegebenenfalls als sachverständiger Zeuge zu vernehmen.[11] Ebenso wenig deckt im umgekehr-

6

---

1 So ein (hier zusammengezogener) Umformulierungsversuch in RG DR 1939, 185.
2 Stein/Jonas/*Leipold*[22] § 410 Rz. 2.
3 RG DR 1939, 185, 186; Zöller/*Greger*[30] § 410 Rz. 1.
4 RG DR 1939, 185; OLG München VersR 1984, 590; Zöller/*Greger*[30] § 410 Rz. 1.
5 RG DR 1939, 185. Zum Umfang der Wahrnehmungen des Sachverständigen kraft eigener Sachkunde vgl. BGH NJW 1956, 1526.
6 *Müller* Der Sachverständige im gerichtlichen Verfahren[3] Rz. 474a.
7 Vgl. RG DR 1939, 186.
8 RGZ 9, 375, 378 f.; OLG Hamm NJW 1954, 1820.
9 RG Gruchot 46, 999, 1002: durch Eid wird bewiesen, dass der Sachverständige die zu begutachtenden Proben von Abwässern an den von ihm bezeichneten Stellen geschöpft hat.
10 RGSt 6, 257, 267 f.; a.A. RGSt 12, 128, 129; RGSt 20, 235.
11 OLG Hamm NJW 1954, 1820, 1821.

ten Fall der Zeugeneid des sachverständigen Zeugen gutachterliche Äußerungen, die über die Wiedergabe der unmittelbaren Wahrnehmung hinausgehen.[1]

7 Dass sich der Sachverständigeneid **nicht** auf **Zusatztatsachen** (zum Begriff: Kap. 47 Rz. 10) bezieht, folgt bereits daraus, dass sich die Beweisaufnahme im Zivilprozess auf derartige, den Parteien bis zur Gutachtenerstattung unbekannte Tatsachen nicht beziehen kann. Werden diese Tatsachen eingeführt, indem sich eine Partei die Ausführungen des Sachverständigen zu eigen macht, ist dieser über **seine Beobachtungen**, soweit sie keinen besonderen Sachverstand voraussetzten, als **Zeuge** zu vernehmen (vgl. Kap. 47 Rz. 26).

IV. Verfahren der Eidesabnahme

8 Das Verfahren zur Abnahme des Eides richtet sich nach den §§ 478 ff. (dazu Kap. 51 § 176). Die Anordnung erfolgt durch **Beschluss** des Prozessgerichts und hat auch **im Fall des § 410 Abs. 2 voranzugehen**.[2] Nach § 410 Abs. 1 S. 1 kann die Beeidigung durch **Vor- oder Nacheid** erfolgen. Nachträgliche Ergänzungen des Gutachtens können, wenn bereits zuvor eine Beeidigung stattgefunden hat, durch Berufung auf den zuvor geleisteten Eid beeidet werden (§§ 398 Abs. 3, 402).[3] Erstattet der Sachverständige das Gutachten unter Berufung auf seinen Eid mündlich und ordnet das Gericht anschließend die schriftliche Begutachtung an, erfasst der anfangs geleistete Eid das schriftlich abgefasste Gutachten ebenfalls.[4]

9 **Allgemein beeidigte** Sachverständige können den Eid durch Berufung auf den allgemein geleisteten Eid leisten (§ 410 Abs. 2); eine Pflicht, den Eid gerade in dieser Weise zu leisten, besteht aber nicht.[5] Der Gutachterstempel unter dem Gutachten mit dem Hinweis auf die öffentliche Bestellung und allgemeine Beeidigung stellt noch keine Bezugnahme i.S.v. § 410 Abs. 2 dar.[6]

10 **Verweigert** der Sachverständige die Eidesleistung, so kann das Gericht nach § 409 ein **Ordnungsgeld** festsetzen. Die Bezugnahme i.S.v. § 410 Abs. 2 kann nicht erzwungen werden; das Gericht kann nur **Termin zur persönlichen Eidesabgabe** ansetzen, in dem der Zwang nach § 409 ausgeübt werden kann.[7]

§ 169 Schriftliche Begutachtung, § 411 ZPO

Schrifttum:

Schneider/Schmaltz, Entscheidung von Arzthaftpflichtverfahren „innerhalb angemessener Frist", NJW 2011, 3270.

---

[1] RGZ 6, 1, 2 f.; RGSt 53, 269, 270; MünchKommZPO/*Zimmermann*[4] § 410 Rz. 2. A.A. (ohne dass die Zeugenaussage zum Sachverständigengutachten wird) BGH GoldtArch 1976, 78, 79; BGH JR 1954, 271, 272.
[2] *Peters* NJW 1990, 1832, 1833; Musielak/*Huber*[10] § 410 Rz. 1; Zöller/*Greger*[30] § 410 Rz. 2.
[3] RGZ 9, 375, 377: ausdrückliche Bezugnahme aber erforderlich, der bloße Hinweis des Gerichts auf zuvor erfolgte Beeidigung reicht insofern nicht aus.
[4] Vgl. OLG Jena SeuffArch 66 (1911), 418.
[5] LG Frankfurt NJW-RR 1989, 574; Stein/Jonas/*Leipold*[22] § 410 Rz. 12.
[6] OLG München VersR 1984, 590; OLG Oldenburg VersR 1989, 108, 109.
[7] LG Frankfurt NJW-RR 1989, 574.

I. Das Beweismittel „Gutachten"

Gutachten i.S.v. § 411 sind nur diejenigen schriftlichen Äußerungen, die dem gerichtlich bestellten Sachverständigen zurechenbar sind.[1] Hat der Sachverständige die Tätigkeit rechtswidrig auf eine **Hilfsperson delegiert**, ohne – in den zulässigen Grenzen – die persönliche Verantwortung für das Gutachten übernommen zu haben (dazu Kap. 47 Rz. 68), kann die schriftliche Äußerung nicht als Beweismittel i.S.d. § 411 Abs. 1 angesehen werden.[2] Es bleibt dem Gericht jedoch unbenommen, der Äußerung der Hilfsperson durch **nachträglichen Beweisbeschluss** gem. §§ 360 S. 2, 404 Abs. 1 S. 3 den Charakter eines Sachverständigengutachtens gem. § 411 Abs. 1 zu geben (dazu Kap. 45 Rz. 37).[3] Weitere Voraussetzung für die Verwendung als Sachverständigengutachten ist, dass sich der Verfasser des Gutachtens in Kenntnis der nach seiner Bestellung für ihn geltenden Wahrheitspflicht zu den zuvor abgegebenen Äußerungen bekennt. 11

Das **schriftliche Gutachten** ist Sachverständigenbeweis und **nicht Urkundenbeweis**.[4] Als Urkundenbeweis sind allerdings *vorhandene* schriftliche Gutachten angesehen worden, die aus anderen Verfahren (nicht: dem zugehörigen selbständigen Beweisverfahren) beigezogen werden, oder die von den Parteien vorgelegt werden (näher: Kap. 18 Rz. 7). Diese Auffassung war nicht zutreffend. Richtig war allerdings die Annahme, dass sich die Parteien mit dem aus einem anderen Verfahren entnommenen Gerichtsgutachten nicht zufrieden geben mussten, sondern den unmittelbaren Sachverständigenbeweis fordern durften. Der Gesetzgeber hat mit § 411a eine neue Regelung geschaffen. 12

II. Schriftliche Gutachtenerstattung

1. Ermessen/Anordnung

Die Anordnung der **schriftlichen Begutachtung** steht im pflichtgemäßen **Ermessen des Gerichts**.[5] Einen Vorrang der mündlichen Begutachtung gibt es nicht.[6] Die Parteien haben insoweit keinen Einfluss auf die Entscheidung des Gerichts; insbesondere bedarf es ihres Einverständnisses zur schriftlichen Begutachtung nicht.[7] Die **Parteirechte** werden ausreichend durch das **Fragerecht** gem. §§ 402, 397 (s. Rz. 28 ff.) gewahrt. Begnügt sich das Gericht mit einer mündlichen Gutachtenerstellung, muss dem Befragungsergebnis gleichwohl die Qualität eines nachprüfbaren Gutachtens zukommen; der Sachverständige hat seine Tatsachenbasis, seine Befunderhebungsmethodik und seine Ergebnisse so detailliert zu Protokoll darzulegen, dass das Gericht seiner Pflicht zur Überprüfung nachkommen und sich ein eigenes Bild machen kann.[8] 13

---

1 Vgl. BSG NJW 1965, 365.
2 BSG NJW 1965, 365.
3 A.A. BSG NJW 1965, 368.
4 Die Möglichkeit des Übergangs zum Urkundenbeweis offenlassend BSG NJW 1965, 365.
5 RGZ 69, 371, 376; RG JW 1937, 2785; BGHZ 6, 398, 399.
6 Vgl. auch BGH VersR 1992, 1015, 1016 = NJW 1992, 2291: keine Verpflichtung des Berufungsgerichtes, ein schriftliches Gutachten einzuholen, nur weil das erstinstanzliche Gutachten, von dem es abweichen will, schriftlich erstattet worden ist.
7 RG JW 1937, 2785; BGHZ 6, 398, 400.
8 OLG Braunschweig NJWE-FER 2000, 322.

2. Formelle Anforderungen

14 Gemäß § 411 Abs. 1 hat der Sachverständige das Gutachten unterschrieben auf der **Geschäftsstelle niederzulegen**. Er hat das Gutachten **eigenhändig** zu **unterschreiben**. Daran fehlt es, wenn eine dritte Person „für die Richtigkeit der Übertragung" unterschrieben hat.[1] **Mitarbeiter**, deren Mitwirkung nicht nur Hilfsdienste untergeordneter Art betreffen, hat er gem. § 407a Abs. 2 **namhaft** zu machen.[2] Weitere förmliche Voraussetzungen sind an das Gutachten nicht zu stellen: Weder ist die Beglaubigung der Unterschrift, noch eine protokollarische Erklärung gegenüber der Geschäftsstelle erforderlich, um die Identität des Urhebers nachzuweisen.[3] Ebenso wenig ist es notwendig, dass der allgemein beeidigte Sachverständige im Gutachten versichert, das Gutachten unter Bezugnahme auf den Eid erstattet zu haben. Eine **Begründung** ist nicht förmliche Voraussetzung eines schriftlichen Gutachtens.[4] Indessen wird ein Gutachten, das **nur thesenartige Feststellungen** trifft, regelmäßig unverwertbar sein, weil es **nicht überprüfbar** ist (näher Kap. 49 Rz. 9 ff.; zur Verwirkung des Entschädigungsanspruchs in derartigen Fällen Kap. 19 Rz. 46 ff.). Erstattet der Sachverständige ein schriftliches Gutachten, haben die Parteien einen Anspruch auf Übersendung einer **kostenfreien Ausfertigung**, die etwaige Fotos im Original enthält.[5]

III. Fristsetzung gegenüber dem Sachverständigen, verzögerte Erstattung des Gutachtens

15 Gemäß § 411 Abs. 1 **soll** dem Sachverständigen zur Erstattung des schriftlichen Gutachtens eine **Frist gesetzt werden**. § 411 Abs. 1 ist kein Schutzgesetz (§ 823 Abs. 2 BGB) zugunsten der Parteien.[6] Die frühere Kann-Regelung ist durch das 2. JustizmodernisierungsG v. 19.7.2006 im Interesse der Verfahrensbeschleunigung durch eine Soll-Regelung ersetzt worden. Von der Fristsetzung darf aufgrund besonderer Umstände des Einzelfalls abgesehen werden, etwa wenn trotz zu erwartender langer Bearbeitungsdauer wegen eines geringen Angebots an qualifizierten Sachverständigen keine Alternative zu dem bestellten Sachverständigen gegeben ist.

16 Eine **noch striktere Formulierung** ist 2009 für die Parallelvorschrift des **§ 163 Abs. 1 FamFG** gewählt worden. Versäumt hat der Gesetzgeber, § 407a zu ergänzen und den Sachverständigen zu verpflichten, das Gericht über eine mögliche Nichteinhaltung der gesetzten Frist unverzüglich zu unterrichten.[7]

17 Das Gericht hat durch eigene **organisatorische Vorkehrungen** dazu beigetragen, dass der **Rechtsschutz effektiv** gewährt wird, etwa bei Beauftragung mehrerer Sachverständiger durch die Anfertigung von Zweitakten.[8] Der EGMR hat dies insbesondere für den Arzthaftungsprozess angemahnt.[9] Unzumutbare Verzögerungen dürfen mit der

---

[1] OVG Rheinl.-Pfalz ZfS 1993, 143, 144.
[2] Musielak/*Huber*[10] § 411 Rz. 4.
[3] RGZ 9, 375, 376.
[4] RG JW 1912, 303 Nr. 22.
[5] LG Münster Rpfleger 1992, 225.
[6] *Klein* Die Rechtsstellung und Haftung des im Zivilprozeß bestellten Sachverständigen, Diss. Mainz 1994, S. 156 f.
[7] *Huber* JuS 2007, 236, 237.
[8] BVerfG NJW 2008, 503, 504; BVerfG AnwBl. 2009, 801.
[9] EGMR NJW 2011, 1055. Zu organisatorischen Maßnahmen in dieser Materie *Schneider/Schmaltz* NJW 2011. 3270.

Untätigkeitsbeschwerde angegriffen werden,[1] die aber keinen Vorrang vor der Verfassungsbeschwerde hat.[2]

Nach Setzung einer **Nachfrist und Androhung** eines Ordnungsgeldes kann die zügige Erstattung des Gutachtens durch **Verhängung eines Ordnungsgeldes** erzwungen werden (§ 411 Abs. 2).[3] Bei Säumigkeit im Falle mündlich zu erstatter Gutachten greift unmittelbar § 409 ein, ebenso bei ausdrücklicher Verweigerung der Gutachtenerstattung. Zuständig für die Nachfristsetzung und die Verhängung des Ordnungsgeldes ist bei einem Kollegialgericht das Kollegium, nicht der Vorsitzende.[4] Eine Ordnungsgeldfestsetzung und bereits deren Androhung[5] kann der Sachverständige mit der sofortigen Beschwerde (§§ 411 Abs. 2 S. 4, 409 Abs. 2, 567 Abs. 1 Nr. 1) angreifen. 18

Die **Verhängung des Ordnungsgeldes** setzt ein **Verschulden** des Sachverständigen voraus (vgl. § 381). Es liegt bereits vor, wenn der Sachverständige bei Übernahme des Auftrags nicht auf eine Überlastung hinweist, die ihm eine Erledigung in absehbarer Zeit unmöglich macht.[6] Den pauschalen Hinweis des Sachverständigen auf Arbeitsüberlastung braucht das Gericht nicht als Entschuldigungsgrund gelten zu lassen.[7] Zweckmäßig ist die Verbindung des Beschlusses über die Ordnungsgeldfestsetzung mit einer erneuten Androhung und Nachfristsetzung.[8] 19

Der **Gutachtenauftrag** kann dem Sachverständigen gem. § 404 Abs. 1 S. 3 **entzogen** werden. Dafür brauchen die maximalen Möglichkeiten der Ordnungsmittelverhängung nicht ausgeschöpft zu sein; die Beauftragung eines anderen anstelle des säumigen Sachverständigen ist also keine dem Verhältnismäßigkeitsprinzip unterstehende Sanktionssteigerung. Mit dem **Auftragsentzug verwirkt** der Sachverständige seinen **Vergütungsanspruch** (Kap. 19 Rz. 39 f.). Zweckmäßig ist es, den Sachverständigen im Androhungsbeschluss auf diese Folgen hinzuweisen. 20

§ 170 Befragung des Sachverständigen

Schrifttum:

Ankermann, Das Recht auf mündliche Befragung des Sachverständigen: Keine Wende, NJW 1985, 1204; *Gehle*, Die Anhörung des Gutachters im Zivilprozeß, DRiZ 1984, 101; *Pantle*, Die Anhörung des Sachverständigen, MDR 1989, 312; *Schrader*, Die Ladung des Sachverständigen zur mündlichen Erläuterung seines Gutachtens, NJW 1984, 2806.

I. Mündliche Erläuterung

1. Anordnung von Amts wegen

Gemäß § 411 Abs. 3 kann das Gericht die mündliche Erläuterung des schriftlich erstatteten Gutachtens von Amts wegen anordnen (auch im selbständigen Beweisver- 21

---

1 OLG Karlsruhe MDR 2007, 1393.
2 BVerfG NJW 2008, 503.
3 Zur korrekten Fristsetzung OLG Koblenz FamRZ 2014, 958.
4 OLG Neustadt MDR 1956, 175 = ZZP 69 (1956), 80, 81; OLG Köln OLGR 1996, 182; Musielak/*Huber*[10] § 411 Rz. 5a; MünchKommZPO/*Zimmermann*[4] § 411 Rz. 6.
5 Vgl. OLG München MDR 1980, 1029; OLG Köln VersR 2003, 1281, 1282; Musielak/*Huber*[10] § 411 Rz. 5.
6 OLG Celle NJW 1972, 1524.
7 OLG Celle NJW 1972, 1524.
8 Musielak/*Huber*[10] § 411 Rz. 6.

fahren).¹ Die Anordnung steht im **Ermessen** des Gerichts.² Die Ermessensausübung unterliegt der **revisionsgerichtlichen Überprüfung**. Eine fehlerhafte Ermessensausübung kann als unverzichtbarer Verfahrensverstoß nicht durch rügelose Einlassung geheilt werden.³ Es handelt sich um einen wesentlichen Verfahrensmangel i.S.d. § 538 Abs. 2 Nr. 1, der das Berufungsgericht zur Zurückverweisung in die erste Instanz berechtigt.⁴

22 Der **Verzicht auf die Befragung** des Sachverständigen ist **rechtsfehlerhaft**, wenn sie zur Klärung von Zweifeln und Unklarheiten des schriftlich erstatteten Gutachtens unumgänglich gewesen wäre,⁵ insbesondere wenn der Sachverständige von einem anderen Sachverhalt ausgegangen ist als das Gericht,⁶ wenn das Gericht das schriftliche Gutachten für lückenhaft hält, ohne eigene Sachkunde zur Ergänzung der vermeintlichen Lücken aufzeigen zu können⁷ (dazu auch Kap. 49 Rz. 9 und 12).

23 Allgemein gilt, dass der Tatrichter den Sachverständigen **regelmäßig** zuvor mündlich zu **befragen** hat, wenn er **von** dessen **schriftlichen Feststellungen abweichen** will, sofern er nicht eigene Sachkunde dartut.⁸ Dasselbe gilt, wenn das Berufungsgericht, das über eine Wiederholung der Beweisaufnahme grundsätzlich nach pflichtgemäßem Ermessen entscheidet, das erstinstanzlich erstattete Gutachten anders auslegen will, als es das erstinstanzliche Gericht nach mündlicher Befragung getan hat, in der der Gutachter eine geänderte Sicht geäußert haben kann.⁹

24 In gleicher Weise ist eine mündliche Befragung regelmäßig geboten, wenn eine Partei **das Gutachten mit** einem **Privatgutachten**, also mit substantiierten Parteivortrag, **angreift** und das Gericht mangels eigener Sachkunde, die sich nicht ohne Weiteres aus dem Selbststudium von Fachliteratur ergibt,¹⁰ nicht in der Lage ist, sich mit den Einwänden des Privatgutachters auseinanderzusetzen.¹¹ Dies gilt auch, wenn sich das Privatgutachten gegen ein schriftliches Ergänzungsgutachten richtet, dessen Einholung das Gericht an die Stelle einer beantragten mündlichen Befragung des Gerichtsgutachters hatte treten lassen.¹²

25 Demgegenüber kann das Gericht, wenn es das Gutachten für überzeugend hält und keine widerstreitenden gutachterlichen Äußerungen vorliegen, ohne Rechtsverstoß auf die Anhörung des Sachverständigen verzichten. Davon **unberührt** bleibt das **Recht der Parteien gem. §§ 402, 397** (dazu nachfolgend Rz. 28 ff.), den Sachverständigen mündlich **zu befragen**, das nur unter wesentlich engeren Voraussetzungen zurückgewiesen werden darf.¹³

---

1 OLG Düsseldorf MDR 1994, 939, 940.
2 RG JW 1899, 340 Nr. 14; BGH NJW 1981, 2009, 2010; BGH NJW 1982, 2874, 2875; BGH NJW-RR 1987, 339, 340.
3 OLG Zweibrücken NJW-RR 1999, 1156.
4 OLG Zweibrücken NJW-RR 1999, 1156; KG VersR 2008, 136, 137.
5 BGH NJW 1982, 2874, 2875; BGH NJW-RR 1998, 1527, 1528; BGH NJW 2001, 3269, 3270.
6 BGH NJW 1981, 2009, 2010.
7 GH NJW 1984, 1408.
8 BGH NJW 1988, 3016, 3017; BGH NJW 1989, 2948, 2949; BGH NJW 1997, 1446.
9 BGH VersR 1993, 1550, 1551; BGH NJW 1993, 2380, 2381 = VersR 1993, 1110.
10 BGH NJW 1984, 1408; BGH NJW 1993, 2378.
11 Vgl. BGH NJW 1992, 1459 = VersR 1992, 722; BGH NJW 1994, 162, 163 = NJW-RR 1994, 219, 220; BGH NJW 2001, 3269, 3270; BGH NJW-RR 2009, 1192 Rz. 7; BGH VersR 2013, 1045 Rz. 19 = NJW 2014, 71; vgl. auch OLG Köln NJW 1994, 394 und i.ü. die Kommentierung zu § 412.
12 BGH NJW-RR 2002, 1147, 1148.
13 BGHZ 6, 399, 401; BGH NJW-RR 1987, 339, 340; BGH VersR 2005, 1555; BGH VersR 2006, 950 Rz. 6; BGH VersR 2007, 1713 Rz. 3 = NJW-RR 2007, 1294.

Der **Antrag** gem. §§ 402, 397 ist **von der bloßen Anregung** an das Gericht **zu unterscheiden**, nach § 411 Abs. 3 vorzugehen.¹ Einer Anregung braucht – anders als einem Antrag – dann nicht entsprochen zu werden, wenn die Überzeugung des Gerichts bereits herbeigeführt ist und der Anregung nicht zu entnehmen ist, welche weitere Aufklärung geboten sein soll.² **Entgegen** der Auffassung des **BSG**³ ist es unerheblich, ob die Anregung derart zeitig erfolgt, dass die Ladung des Sachverständigen zum nächsten Termin noch erfolgen kann, denn wenn sich für das Gericht infolge der Anregung Zweifel an der Vollständigkeit oder Nachvollziehbarkeit des schriftlichen Gutachtens ergeben, muss es gem. § 411 Abs. 3 von Amts wegen den Sachverständigen befragen. Der **Verlust des Rechts** aus §§ 402, 397 z.B. **wegen Präklusion** (Rz. 45 ff.) führt nicht dazu, dass das Gericht von seiner Ermessensbetätigungspflicht nach § 411 Abs. 3 freigestellt ist.⁴

26

Ist der Sachverständige zu einem Termin geladen, in dem eine Partei säumig ist, darf die mündliche Anhörung nach § 411 Abs. 3 erfolgen und ihr Ergebnis anschließend als bisheriger Akteninhalt in eine **Entscheidung nach Lage der Akten** (§ 331a) einfließen, die nach erneutem Eintritt in die mündliche Verhandlung ergeht.⁵

27

2. Befragung auf Parteiantrag

Nach §§ 402, 397 haben die Parteien das Recht, den Sachverständigen mündlich zu befragen. Dem darauf bezogenen **Antrag gem. § 411 Abs. 4 S. 1** ist **grundsätzlich** zu **entsprechen**,⁶ gegebenenfalls nach Zurückverweisung durch den BGH an die Tatsacheninstanz auch ein zweites Mal.⁷

28

Das Antragsrecht der §§ 397, 402 besteht **unabhängig von § 411 Abs. 3** (zuvor Rz. 26).⁸ Ein Sachverständiger muss auf Parteiantrag zur Befragung selbst dann geladen werden, wenn die schriftliche Begutachtung aus Sicht des Gerichts ausreichend und überzeugend ist.⁹ Durch Äußerungen des Vorsitzenden eines Kollegialgerichts, nach seiner Überzeugung sei dem eingeholten Gutachten zu folgen, wird **kein schutzwürdiges Vertrauen** geweckt, dass der Spruchkörper mehrheitlich dieser Linie folgt und die scheinbar begünstigte Partei von der Stellung von Anträgen zur weiteren Aufklärung absehen kann.¹⁰

29

---

1 BGH NJW-RR 2003, 208, 209; BSG SozR 1750 § 411 Nr. 2 S. 2 f.
2 Vgl. BSG SozR 1750 § 411 Nr. 2 S. 2 a.E.
3 BSG a.a.O. S. 2/3.
4 BGH NJW 1992, 1459 = VersR 1992, 722; BGH NJW-RR 1997, 1487; OLG Zweibrücken NJW-RR 1999, 1156.
5 BGH NJW 2002, 301, 302.
6 BGHZ 35, 370, 371; BGH NJW 1983, 340, 341; BGH NJW 1994, 2959, 2960; BGH NJW 1996, 788, 789 = VersR 1996, 211, 212; BGH NZBau 2000, 249; BGH VersR 2002, 120, 121; BGH NJW-RR 2003, 208, 209; BGH VersR 2005, 1555; BGH NJW-RR 2006, 428; BVerwG MDR 1973, 339. Zum FGG-Verfahren BVerfG FamRZ 2001, 1285, 1286; OLG Zweibrücken FamRZ 2001, 639, 640.
7 BVerfG NJW 2012, 1346 Rz. 15; BGH NJW 1986, 2886, 2887; BGH VersR 2011, 1409 Rz. 36.
8 BGH NJW-RR 2003, 208, 209; BGH VersR 2006, 950 Rz. 6; BGH NJW-RR 2007, 1294; BGH VersR 2007, 1697 Rz. 3; BGH NJW-RR 2011, 704 Rz. 9; BGH NJW-RR 2014, 295 Rz. 9; OLG Oldenburg OLGRep. 2001, 173.
9 BVerfG NJW 1998, 2273; BVerfG (Kammer) NJW 2012, 1346 Rz. 14; BGH NJW 1992, 1684, 1686; BGH NJW 1997, 802 = VersR 1997, 509; BGH NZBau 2000, 249; BGH NJW-RR 2003, 208, 209; BGH NJW-RR 2007, 1294; BGH NJW-RR 2009, 409 Rz. 4; BGH VersR 2011, 1409 Rz. 36; BGH NJW-RR 2011, 704 Rz. 9; OLG Celle VersR 1993, 649, 630; OLG Köln VersR 1997, 511; OLG Zweibrücken VersR 1998, 1114, 1115; OLG Brandenburg VersR 2006, 1238; OLG München MDR 2008, 102; BSG NVwZ-RR 2001, 111, 112.
10 Vgl. BSG NJW 2000, 3590, 3591.

30 Das Antragsrecht gilt auch im **selbständigen Beweisverfahren** nach § 485 Abs. 2;[1] es kann jedoch noch im Hauptsacheprozess ausgeübt werden.[2] Hält das Gericht das Gutachten für nicht mehr entscheidungserheblich und verhandelt die Partei nach entsprechender Mitteilung, ohne den Antrag zu wiederholen, so liegt darin ein **schlüssiger Verzicht**.[3]

31 Ein **prozessrechtswidriges Übergehen** des Antrags stellt einen Verstoß gegen **Art. 103 Abs. 1 GG** dar.[4] Er berechtigt im Verfassungsbeschwerdeverfahren zur Aufhebung der fachgerichtlichen Entscheidung;[5] zuvor ist von **§ 321a** Gebrauch zu machen.

32 Das Übergehen des Antrags rechtfertigt die **Zurückverweisung** durch das Berufungsgericht nach § 539.[6] Einem erstmals in der Berufungsinstanz gestellten Antrag auf Anhörung hat das Gericht stattzugeben, wenn er entscheidungserhebliche Gesichtspunkte betrifft, die das Gericht erster Instanz aufgrund einer fehlerhaften Beurteilung der Rechtslage übersehen hat.[7]

33 Eine **Zurückweisung** des Antrages ist aber möglich, wenn er **rechtsmissbräuchlich** (z.B. in Prozessverschleppungsabsicht) gestellt wird,[8] wenn nur unerhebliche Fragen angekündigt werden,[9] wenn das Gutachten ohnehin nicht mehr entscheidungserheblich ist,[10] wenn der Antragsteller in Wirklichkeit eine Erweiterung des Beweisthemas und gar keine vertiefende Aufklärung der begutachteten Fragen erstrebt,[11] oder wenn die Ladung lediglich für den Fall beantragt wird, dass „das Gericht den Ausführungen des Sachverständigen nicht folgt", weil im letzteren Falle gar keine Befragung des Sachverständigen, sondern lediglich eine generelle Einflussnahme auf die Entscheidungsfindung durch das Gericht erstrebt wird.[12]

34 Grenzen setzt auch die **Verspätung der Antragstellung**. Die Frist beginnt bei Stellung eines Ablehnungsantrags gegen den Sachverständigen erst zu laufen, wenn über diesen Antrag rechtskräftig entschieden worden ist.[13]

35 Als **allgemeinen Zurückweisungsgrund** hatte die **ZPO-Kommission** vorgeschlagen: „Auch ein rechtzeitig gestellter Ladungsantrag ist abzulehnen, wenn es nach Lage der Sache ausgeschlossen erscheint, dass die Vernehmung des Sachverständigen zu einer weiteren Klärung führen oder die Würdigung des schriftlichen Gutachtens beeinflussen kann".[14] Diese Formulierung hat der **Gesetzgeber** zwar **nicht aufgegriffen**, doch steht dies einer entsprechend begründeten Zurückweisung nicht entgegen, wenn sie unter Beachtung des Art. 103 Abs. 1 GG **auf Ausnahmefälle beschränkt** bleibt. Nicht zu entsprechen ist dem Antrag auf Anhörung eines früheren Gutachters, wenn dessen

---

1 BGHZ 164, 94, 96 f. = VersR 2006, 95.
2 BGH NJW-RR 2007, 1294; BGH NJW-RR 2008, 303 Rz. 12.
3 KG VersR 2011, 1199.
4 BVerfG (Kammer) NJW 2012, 1346 Rz. 15; BVerfG (Kammer) NJW-RR 2013, 626 = NJW 2013, 3433 (LS).
5 BVerfG NJW-RR 1996, 183, 184; BVerfG NJW 1998, 2273.
6 OLG Oldenburg OLGRep. 2001, 173.
7 BGH VersR 2007, 376.
8 BVerfG NJW 1998, 2273; BGHZ 24, 9, 14; BGH NJW 1998, 162, 163 = VersR 1998, 342, 343; BGH NJW-RR 2007, 212 Rz. 2; BGH NJW-RR 2007, 1294 Rz. 3; BGH NJW-RR 2009, 409 = VersR 2009, 69 Rz. 4; BGH NJW-RR 2009, 1361 Rz. 10; BGH NJW-RR 2011, 704 Rz. 9; OLG Oldenburg OLGZ 1970, 480, 482; OLG Celle VersR 1993, 629, 630; KG NJW-RR 2008, 371, 372; BAG MDR 1968, 529.
9 OLG Hamm MDR 1985, 593.
10 BGH NJW-RR 1989, 953, 954.
11 BSG NJW 1992, 455.
12 OLG Oldenburg MDR 1975, 408.
13 OLG Schleswig OLGRep. 2002, 351.
14 Kommissionsbericht S. 349, Textvorschlag eines § 411 Abs. 3 S. 3.

Gutachten als ungenügend erachtet und deshalb gem. § 412 Abs. 1 ein anderer Sachverständiger beauftragt wurde,[1] es sei denn, die Ladung ist zur Sachaufklärung, insbesondere zur Behebung von Lücken und Zweifeln erforderlich.[2]

Der Antrag muss die **konkreten Fragen**, welche die Partei dem Sachverständigen stellen will, noch **nicht enthalten**; es ist vielmehr ausreichend, wenn die Richtung, in welche weitere Aufklärung erwünscht wird, erkennbar ist.[3] Die **erläuterungsbedürftigen Punkte** müssen zumindest derart **konkretisiert** sein, dass sich alle Beteiligten, insbesondere der Sachverständige, auf sie einstellen können;[4] die Stellung von Zusatzfragen, die sich erst aufgrund der mündlichen Erläuterungen ergeben, wird dadurch nicht ausgeschlossen.[5] Ergeben sich die Einwendungen gegen das Gerichtsgutachten aus vorgelegten Privatgutachten, ist dies ausreichend.[6] 36

Unzulässig ist der Antrag, wenn er nur „vorsorglich und hilfsweise" zur „Klärung offener Fragen" gestellt wird.[7] Ebenfalls nicht ausreichend ist die pauschale Mitteilung, dem Gutachter sollten „zahlreiche Fragen" gestellt werden,[8] oder die begründungslose Behauptung, der Gutachter habe Röntgenbilder nicht richtig ausgewertet.[9] 37

Sind konkrete Fragen gestellt, reicht es aus, den Schriftsatz an den Sachverständigen zu übersenden mit der Bitte, zu den erhobenen „Einwendungen/Vorhalten" ergänzend Stellung zu nehmen.[10] 38

Die **herabgesetzte Substantiierungslast** einer fachunkundigen Partei zu fachspezifischen Fragen, etwa des Patienten im Arzthaftungsprozess, setzt sich bei Einwendungen gegen das Gerichtsgutachten fort; die Partei muss keinen Privatgutachten konsultieren, um die Relevanz der Einwendungen zu untermauern, die den Antrag nach § 411 Abs. 4 stützen.[11] Die Ladung des Sachverständigen darf von der Zahlung eines **Vorschusses** (§§ 402, 379) abhängig gemacht werden[12] (Kap. 42 Rz. 33). 39

Das Recht zur Befragung des Sachverständigen besteht grundsätzlich auch bei **ausländischen Sachverständigen**.[13] Regelmäßig ist die Befragung jedoch nach den Vorschriften für die Beweisaufnahme im Ausland (§ 363) durchzuführen. Eine mündliche Erläuterung vor dem Prozessgericht kommt nur im Einverständnis mit dem ausländischen Sachverständigen in Betracht.[14] Sie kann als Videovernehmung erfolgen (Kap. 59 Rz. 57). **Privatgutachter** können **nicht geladen** werden. Wenn die auftrag- 40

---

1 BGH VersR 2011, 1409 Rz. 36; BGH NJW-RR 2011, 704 Rz. 12.
2 BGH NJW-RR 2011, 704 Rz. 12.
3 BGHZ 24, 9, 14 f.; BGH NJW 1994, 2959, 2960; BGH NZV 1997, 72, 73; BGH VersR 2003, 926, 927; BGH VersR 2005, 1555; BGH NJW-RR 2006, 1503 Rz. 3; BGH VersR 2006, 950 Rz. 6; BGH NJW-RR 2007, 212; BGH NJW-RR 2007, 1294 Rz. 3; BGH VersR 2007, 1697 Rz. 3; BGH NJW-RR 2011, 704 Rz. 10; BGH NJW-RR 2014, 295 Rz. 9; OLG Oldenburg OLGZ 1970, 480, 482 f.; KG VersR 2008, 136, 137; BVerwG MDR 1973, 339.
4 KG VersR 2008, 136, 137.
5 Begr. RegE zu § 411 Abs. 4, BT-Drucks.11/3621, S. 41.
6 BGH NZV 1997, 72, 73. Allgemein zur Substantiierung durch Vorlage eines Privatgutachtens BGH NJW 2005, 1651, 1652.
7 OLG Hamburg OLGRep. 2001, 257, 258.
8 BVerwG NJW 1996, 2318.
9 Vgl. OLG Köln NJW-RR 1999, 388, 389.
10 Missverständlich die abweichende Formulierung in OLG Bremen NJW-RR 2001, 213 = VersR 2001, 785.
11 Zur Prozessförderungspflicht der Partei in diesem Verfahrensstadium BGH VersR 2004, 83, 84 = NJW 2003, 1400 f.; BGHZ 159, 245, 253 = VersR 2004, 1177, 1179; BGH VersR 2006, 242, 243 = NJW 2006, 152, 154.
12 BGH MDR 1964, 501, 502.
13 BGH MDR 1960, 659.
14 BGH MDR 1980, 931.

gebende Partei eine Gegenüberstellung mit dem Gerichtsgutachter bewirken will, muss sie ihren Gutachter **im Termin** zur Anhörung des Gerichtsgutachters **stellen**.[1]

41 Aus Art. 103 Abs. 1 GG folgt **nicht**, dass die Befragung durch eine **mündliche Anhörung** zu erfolgen hat.[2] Das Gericht kann vor einer Terminsanberaumung eine **ergänzende schriftliche Stellungnahme** des Sachverständigen herbeiführen, die in vielen Fällen Zweifelspunkte ausreichend klärt.[3] Diese vorzugswürdige Verfahrensweise kann eine mündliche Erläuterung überflüssig machen, auch wenn das Befragungsrecht der Parteien dadurch nicht gegenstandslos wird. Leitet das Gericht die Parteistellungnahme dem Sachverständigen zu, können die Parteien nicht beanspruchen, dass dem Sachverständigen Rügen vorenthalten werden, die sich mit der Qualität der Begutachtung befassen.[4]

3. Durchführung der mündlichen Erläuterung

42 Die Parteien haben das Recht, dem Sachverständigen diejenigen Fragen vorlegen zu lassen, die sie zur Aufklärung des Sachverhalts für erforderlich halten (§ 397 Abs. 1). Dies können **Fragen zum** konkreten **Gutachten** sein. In gleicher Weise können die Parteien jedoch auch Fragen stellen, die auf eine **Überprüfung der Person** des Sachverständigen (vgl. §§ 397 Abs. 1 – „Verhältnisse" des Zeugen, 395 Abs. 2, 402) zielen.[5] In Betracht kommt die Aufklärung von Ausbildung, Qualifikation und forensischer Erfahrung.[6]

43 Gemäß § 397 Abs. 3 entscheidet der Richter über die Zulässigkeit der Fragen; er hat die Befragung zu leiten.[7] Die Anhörung ist in der Berufungsinstanz regelmäßig vom Kollegium und nicht vom Einzelrichter durchzuführen.[8] Das **Ergebnis** der mündlichen Befragung ist **zu protokollieren**;[9] nicht ausreichend ist der Vermerk, der Sachverständige habe sein Gutachten ausführlich erläutert.[10] Möglich ist eine Befragung im Wege einer **Videokonferenz** (§ 128a Abs. 2). Enthält die Erläuterung **neue** und **ausführlichere Beurteilungen** im Verhältnis zum schriftlichen Gutachten, gebietet der Anspruch auf richterliches Gehör, für die die Erörterung des Beweisergebnisses abweichend von §§ 279 Abs. 3, 285 Abs. 1, 370 eine **Schriftsatzfrist** einzuräumen, wenn eine sofortige Äußerung zum Beweisergebnis nicht erwartet werden kann.[11]

44 Ist der Sachverständige **verstorben**, dessen mündliche Befragung beantragt worden war, ist ein neuer Sachverständiger zu ernennen und mit der Erläuterung zu betrauen.[12]

---

1 OLG Koblenz VersR 2013, 1518, 1521 a.E.
2 BVerfG NJW 1998, 2273, 2274; BVerfG (Kammer) NJW 2012 1346 Rz. 15; BVerfG (Kammer) NJW-RR 2013, 626, 627.
3 BGH NJW 1986, 2886, 2887.
4 OLG Celle MDR 2009, 1130.
5 A.A. LG Frankfurt NJW-RR 1991, 14, 15: kein Recht, die generelle Eignung des Sachverständigen durch Befragung zu überprüfen.
6 Musielak/*Huber*[10] § 411 Rz. 3.
7 Vgl. LG Frankfurt NJW-RR 1991, 14.
8 BGH VersR 1987, 1089, 1091 a.E.
9 BGH VersR 1989, 189; BGH NJW 2001, 3269, 3270.
10 BGH NJW 2001, 3269, 3270.
11 BGH NJW 2009, 2604 Rz. 8; BGH NJW-RR 2011, 428 Rz. 5; BGH NJW 2011, 3040 Rz. 6. Sehr rigide demgegenüber *Schäfer* NJW 2013, 654, 655.
12 BGH NJW 1978, 1633 (LS).

II. Fristen der Parteien

1. Fristenbindung, Zurückweisung von Beweiseinreden

a) Richterliche Fristen, allgemeine Prozessförderungspflicht

Gemäß der 1990 geschaffenen Vorschrift des § 411 Abs. 4 S. 1 sind sämtliche Einwendungen, Anträge und Ergänzungsfragen betreffend das Gutachten **innerhalb** eines **angemessenen Zeitraumes** mitzuteilen. Das Gericht soll damit möglichst frühzeitig informiert werden, ob und wann ein neuer Termin zu bestimmen ist, ob der Sachverständige dazu zu laden ist und welche Vorbereitungen im Hinblick auf dessen Ladung oder schriftliche Gutachtenergänzung zu treffen sind.[1]

45

Das Gericht kann eine **Frist bestimmen** (§ 411 Abs. 4 S. 2 1. Hs.); bei Fristüberschreitung ist das Vorbringen gem. § 296 Abs. 1 **als verspätet zurückweisen**. Die Fristsetzungsverfügung des Gerichts – nicht des Vorsitzenden allein[2] – muss klar und eindeutig abgefasst sein, so dass keine Fehlvorstellungen über die Folgen der Fristversäumung aufkommen können.[3]

46

Ergeht keine richterliche **Fristsetzung**, bewirkt die Qualifizierung der Einwendungen, Anträge und Ergänzungsfragen als Beweiseinreden i.S.d. § 282 Abs. 1, dass das **Zurückweisungsrecht des § 296 Abs. 2** anwendbar ist. Ihm kommt allerdings keine große praktische Bedeutung zu, da die Prozessförderungspflicht des § 282 Abs. 1 auf die mündliche Verhandlung bezogen ist.[4] In ihr wird der Sachverständige nur anwesend sein, wenn ihn das Gericht wegen eigener Zweifel am schriftlichen Gutachten geladen hatte. Wirkung zeigt die Sanktion des § 296 Abs. 2, wenn die Beweiseinrede erst nach Entlassung des Sachverständigen erhoben wird.

47

Die Bestimmung des § 411 Abs. 4 hat ältere Judikatur aufgegriffen: Der Antrag gem. §§ 402, 397 musste grundsätzlich **spätestens** in dem Verhandlungstermin gestellt werden, in dem das schriftlich erstattete **Gutachten** durch mündliches Verhandeln der Parteien in den Prozess **als Prozessstoff eingeführt** worden war.[5] Nach diesem Zeitpunkt konnte er als verspätet zurückgewiesen werden. Zur Erzielung dieses Ergebnisses ist heute nicht mehr (über § 402) die Ermessensvorschrift des § 398 entsprechend anzuwenden;[6] vielmehr gelten mangels richterlicher Fristsetzung die §§ 282 Abs. 1, 296 Abs. 2. Für eine Anwendung des § 398 Abs. 1 mit von § 296 abweichender Bindung bzw. Freistellung der Ermessensausübung bleibt kein Raum.

48

b) Berufungsinstanz

Die **Bindung des Berufungsgerichts** an erstinstanzliche Tatsachenfeststellungen nach § 529 Abs. 1 Nr. 1 gilt auch für Tatsachen, die auf der Grundlage eines Sachverständigengutachten ohne Verstoß gegen die Pflicht zur Klärung von Zweifeln getroffen worden sind.[7] Sie **entfällt**, wenn konkrete Anhaltspunkte **Zweifel an der Richtigkeit** oder Vollständigkeit entscheidungserheblicher Feststellungen begründen; derartige Zweifel kann auch die Unvollständigkeit des Gutachtens wecken.[8]

49

---

1 BGH NJW 2011, 1072 Rz. 25.
2 KG NJW-RR 2008, 371, 372.
3 BGH NJW-RR 2001, 1431, 1432 = VersR 2002, 120, 121; KG NJW-RR 2008, 371, 372.
4 Unzutreffend daher OLG Frankfurt VersR 2003, 927 (LS).
5 BGHZ 35, 370, 373; BGH VersR 1966, 637 f.; BGH NJW 1975, 2142, 2143.
6 So noch BGHZ 35, 373.
7 BGH VersR 2004, 1575, 1576.
8 BGH VersR 2005, 1555, 1556; BGH NJW 2014, 74 Rz. 7; s. auch BGH NJW 2006, 152, 153 = VersR 2006, 242, 243.

50 Der **in erster Instanz versäumte Antrag** auf Anhörung des Sachverständigen ist im Berufungsverfahren nur noch unter den **Voraussetzungen des § 531** zu berücksichtigen. § 398 Abs. 1 ist daneben nicht anzuwenden.[1] Dem in zweiter Instanz gestellten Antrag, der sich auf ein in erster Instanz erstattetes Gutachten bezieht, muss gem. § 531 Abs. 2 S. 1 Nr. 1 bzw. 2 entsprochen werden, wenn die Voraussetzungen vorliegen, unter denen die erste Instanz von Amts wegen (§ 411 Abs. 3) die mündliche Erläuterung hätte anordnen müssen,[2] oder wenn der bereits in erster Instanz gestellte Antrag dort zu Unrecht übergangen worden ist.[3] Ein in der Berufungsinstanz vorgelegtes Privatgutachten, das vom erstinstanzlich eingeholten Gerichtsgutachten abweicht und von Amts wegen zur Sachaufklärung nötigt, kann nach § 531 Abs. 2 Nr. 3 zugelassen werden, wenn die Partei wegen herabgesetzter Substantiierungslast und darauf beruhender Fixierung der Prozessförderungspflicht nicht gezwungen war, sich erstinstanzlich um ein Gutachten zu bemühen.[4] Ein aus diesem Grunde schlüssiger Vortrag erster Instanz kann in der Berufungsbegründung konkretisiert werden, ohne dass dieses Vorbringen als neu zu qualifizieren ist.[5]

c) Fortbestehendes Antragsrecht

51 Man wird der Partei nach Erschöpfung der richterlich gesetzten oder der sich aus der allgemeinen Prozessförderungspflicht ergebenden Frist ein weiteres **(nachträgliches) Antragsrecht** zubilligen müssen, wenn neue Umstände offenbar werden, die aus Sicht der Parteien nunmehr zur Befragung des Sachverständigen Anlass geben;[6] in einem derartigen Fall kann u.U. auch eine wiederholte Befragung des Sachverständigen geboten sein.[7] Ebenso wenig wird durch § 411 Abs. 4 S. 1 das Recht der Parteien berührt, etwaige **Zusatzfragen** zu stellen, die sich erst aus der mündlichen Erläuterung des Sachverständigen ergeben.[8] Macht der Sachverständige im Termin neue Ausführungen, so ist den Parteien Gelegenheit zur erneuten Stellungnahme zu geben (Art. 103 Abs. 1 GG).[9] Dafür kann es notwendig sein, nach Vorlage des Protokolls über die Beweisaufnahme Zeit für die Einholung anderweitigen sachverständigen Rates zu gewähren, ehe die Parteien zum Beweisergebnis Stellung nehmen.[10] Dieser Grundsatz gilt im Arzthaftungsprozess nicht nur für den Patienten als die nicht sachkundige Partei, sondern auch für die Behandlungsseite.[11] Notfalls ist die **mündliche Verhandlung erneut zu eröffnen**.[12] Hatten die Parteien ursprünglich von ihrem Antragsrecht keinen Gebrauch gemacht, weil das Gericht selbst eine mündliche Befragung angeordnet hatte, so kann es noch ausgeübt werden, wenn das Gericht nachträglich von seiner ursprünglichen Absicht Abstand nimmt.[13]

---

1 Anders noch für eine überholte Gesetzeslage BGHZ 35, 370, 374; BGH NJW-RR 1989, 1275; OLG Celle DAR 1969, 72, 73. BGH NJW-RR 1989, 1275: Ermessensausübung nach § 398 identisch mit der nach § 411 Abs. 3.
2 BGH NJW 2004, 2828; BGH VersR 2007, 376; s. ferner OLG Hamm NJW 2013, 545.
3 BGH VersR 2005, 1555.
4 Vgl. BGH VersR 2004, 83, 84 (noch zum alten Berufungsrecht); BGH VersR 2004, 1177, 1179 (zum neuen Berufungsrecht); BGH NJW 2008, 2846 Rz. 27. Eine Pflicht zur privaten Sachverständigenberatung bereits in erster Instanz und daher eine Nachlässigkeit i.S.d. § 531 II Nr. 3 verneinend BGH NJW 2007, 1531 Rz. 10.
5 BGH VersR 2004, 1177, 1179.
6 A.A.: BGH MDR 1964, 908 (dort: Widerlegung eines schriftlichen Gutachtens durch die weitere Beweisaufnahme); wie hier: *Pantle* MDR 1989, 312, 314.
7 BGH NJW 1986, 2886, 2887.
8 RegE BT-Drucks. 11/3621, S. 41 (zu § 411 Abs. 4).
9 BGH NJW 1984, 1823; OLG Zweibrücken NJW-RR 1989, 221, 222.
10 BGH VersR 2009, 1137 Rz. 8.
11 BGH NJW 2001, 2796, 2797.
12 BGH NJW 2001, 2796, 2797; OLG Frankfurt NJW-RR 2007, 19, 20.
13 RG Gruchot 61, 147, 149.

2. Vorbereitende schriftsätzliche Ankündigung

a) Richterliche Fristsetzung

Hat das Gericht den Parteien für ihre Beweiseinreden eine Frist gesetzt, ergibt sich daraus zwanglos die Notwendigkeit, die Einreden in einem fristgerecht eingereichten Schriftsatz *vor* dem **Verhandlungstermin** zu erheben; die Sanktion im Falle der Fristüberschreitung folgt dann aus §§ 296 Abs. 1, 411 Abs. 4, S. 2 2. Hs. 52

b) Fehlende Fristsetzung

Unbefriedigend gelöst ist dasselbe Problem, wenn eine Fristsetzung unterblieben oder nicht mit einer Belehrung über die Präklusionswirkung versehen[1] ist: § 296 Abs. 2 nimmt zwar nicht nur auf § 282 Abs. 1 Bezug, sondern auch auf die Pflicht zur rechtzeitigen Mitteilung gem. § 282 Abs. 2. Jedoch geht es in **§ 282 Abs. 2** um vorbereitende Schriftsätze, die der Gegenpartei eine rechtzeitige Informationsbeschaffung ermöglichen soll, was bei Beweiseinreden gegen ein schriftliches Sachverständigengutachten in aller Regel **nicht einschlägig** ist. 53

Unter der Geltung des alten Zurückweisungsrechts hat man auf § 279 Abs. 1 a.F. zugegriffen und verlangt, die Befragungsabsicht müsse bei Meidung einer Zurückweisung des Antrags als verspätet regelmäßig durch einen vorbereitenden Schriftsatz angekündigt werden, damit das Gericht die Möglichkeit habe, den Sachverständigen zum nächsten Verhandlungstermin zu laden oder mit ihm einen anderen zeitnahen Termin zu vereinbaren.[2] Die Kommission für das Zivilprozessrecht, auf deren Vorschlag § 411 Abs. 4 S. 1 beruht, hat an dieser Sachlage offenbar nicht rütteln wollen. Vielmehr sollten die Parteien nach dem Kommissionsbericht „unverzüglich nach Eingang eines schriftlichen Gutachtens" auf dessen Inhalt reagieren müssen, und zwar unabhängig von der Wahrnehmung der gesondert genannten Möglichkeit zur Setzung einer richterlichen Frist.[3] Die Begründung des Gesetzentwurfs spricht von der Pflicht, Einreden „so zeitig vorzubringen, wie es nach der Prozesslage einer sorgfältigen und auf Förderung des Verfahrens bedachten Prozessführung entspricht".[4] Andererseits sagt die Begründung in ihren allgemeinen Ausführungen aber auch, „die geltenden Präklusionsvorschriften (§ 282 Abs. 1, 296 Abs. 2 ZPO)" reichten „für Einwendungen gegen ein schriftliches Gutachten nicht aus".[5] Indes wird nichts an deren Stelle gesetzt. Für Sanktionen fehlt es deshalb an einer Rechtsgrundlage, soweit **§ 296 Abs. 2** nicht einschlägig ist. Diese Norm darf **nicht analog** angewandt werden; ein Verstoß dagegen verletzt Art. 103 Abs. 1 GG.[6] 54

Zur Geltung des § 411 Abs. 4 im selbständigen Beweisverfahren s. Kap. 55 Rz. 104 f. 55

3. Fristbemessung

Bei der Fristbemessung ist zu berücksichtigen, dass die **Parteien zur Überprüfung** des Gutachtens u.U. **ihrerseits sachverständigen Rat** in Anspruch nehmen müssen, damit sie dem Sachverständigen etwaige abweichende Lehrmeinungen vorhalten und auf mögliche Lücken oder Widersprüche der Begutachtung hinweisen können.[7] Mit der 56

---

1 So im Fall BGH NJW-RR 2006, 428.
2 BGH VersR 1972, 927, 928; OLG Celle DAR 1969, 72, 73.
3 Bericht der ZPO-Kommission S. 142.
4 BT-Drucks. 11/3621, S. 41.
5 BT-Drucks. 11/3621, S. 22/23.
6 BGH NJW 1982, 1533, 1534; BVerfG NJW 1982, 1635.
7 BGH NJW 1984, 1823; BSG NJW 1991, 2310 f.; s. ferner BGH VersR 1990, 737, 739; BGH VersR 2009, 1137 Rz. 8.

Einholung derartiger Fachinformationen darf, was eigentlich selbstverständlich sein sollte, bis nach dem Eingang des gerichtlichen Sachverständigengutachtens abgewartet werden.[1] Für den Arzthaftungsprozess hat der 6. ZS des BGH den Grundsatz der **Waffengleichheit** für die These bemüht, dass es dem Patienten, also der nicht sachkundigen Partei, regelmäßig gestattet sein müsse, sich sachverständig beraten zu lassen, um das vom gerichtlichen Sachverständigen erstattete Gutachten würdigen zu können.[2] Dieser Begründungsansatz lenkt von dem Erfordernis der Gewährung rechtlichen Gehörs ab und darf nicht zur Grundlage von Einschränkungen in Prozessen mit anderen Parteikonstellationen gemacht werden. **Fristsetzungen** haben sich **generell nach** dem Zeitbedarf zu richten, der durch den **Schwierigkeitsgrad** des Beweisergebnisses und die Möglichkeit der Beschaffung darauf bezogener Fachinformationen bestimmt wird.

---

1 BGH NJW 1984, 1823.
2 BGH NJW 1984, 1823; BGH NJW 1988, 2302; BGH VersR 1992, 1015, 1016.

Kapitel 49:
Richterliche Bewertung des Gutachtens, Neubegutachtung

	Rz.		Rz.
§ 171 Würdigung des Gutachtens		a) Anschlusstatsachen.........	20
I. Freiheit und Grenzen der Würdigung		b) Juristische Fehlvorstellungen .	23
1. Überzeugungsgrad, Erkenntnissicherheit		3. Sachkunde, Unvoreingenommenheit des Sachverständigen	
a) Freiheit der Beweiswürdigung	1	a) Sachkunde	24
b) Grenzen der Überzeugungsbildung..................	2	b) Unvoreingenommenheit.....	25
2. Einzelfälle..................	6	4. Abweichung des Richters vom Sachverständigengutachten.....	26
II. Überprüfung des Gutachtens		**§ 172 Einholung eines weiteren Gutachtens, § 412 ZPO**	
1. Nachvollziehbarkeit, Vollständigkeit, Widerspruchsfreiheit			
a) Eigenverantwortliche Nachprüfung.................	9	I. Ermessensentscheidung........	27
b) Vollständigkeit des Gutachtens	12	II. Umstrittene Sachkunde und fehlerhafte Grundlagen	28
c) Widerspruchsfreiheit........	13	III. Ermessensschrumpfung........	31
2. Zutreffende Anschlusstatsachen; juristische Wertungen		IV. Verfahren der Neubegutachtung .	35

§ 171 Würdigung des Gutachtens

Schrifttum:

Broß, Richter und Sachverständiger, anhand ausgewählter Probleme des Zivilprozesses, ZZP 102 (1989), 413; *Schnorr*, Teilabdankung des Richters? Zur Nachvollziehbarkeit von medizinischen Sachverständigengutachten, DRiZ 1995, 54; *Steinke*, Der Beweiswert forensischer Gutachten, NStZ 1994, 16; *Walter/Küper*, Die Einholung medizinischer Gutachten und Obergutachten im Zivilprozeß, NJW 1968, 184 ff.

Zur Schweiz: *Bühler*, Gerichts- und Privatgutachten im Immaterialgüterrechtsprozess, sic! 2007, 607.

I. Freiheit und Grenzen der Würdigung

1. Überzeugungsgrad, Erkenntnissicherheit

a) Freiheit der Beweiswürdigung

Sachverständigengutachten unterliegen der freien Beweiswürdigung (§ 286 Abs. 1). **1**
Der Richter darf dem Gutachten folgen, wenn ihm das Gutachten einen **für das praktische Leben brauchbaren** Grad persönlicher Gewissheit vermittelt; **mathematische Sicherheit**, die jeden möglichen Zweifel ausschließt, ist regelmäßig **nicht** erforderlich.[1] Dabei hat sich das Gericht unter Berücksichtigung des Parteivorbringens eine eigene Meinung zum Gutachten zu bilden und diese im Urteil zu begründen; das Gutachten muss nachvollzogen werden.

---

1 BGH NJW 1978, 1919 f. (zum Kausalitätsgegenbeweis nach § 25 Abs. 3 VVG); BGH NJW 2008, 2846 Rz. 22; s. auch BGHZ 53, 245, 256 – Fall Anastasia.

b) Grenzen der Überzeugungsbildung

2 Neben der Bestimmung von Ober- und Untergrenzen des maßgeblichen Gewissheitsgrades kommt es auf die Frage an, ob und wann der Beliebigkeit der Überzeugungsbildung durch **richterrechtlich** ausgebildete **Beweisgrundsätze** Grenzen gezogen sind; dazu gehört auch das Aufspüren fehlerhafter Beweisgrundsätze.

3 Es gibt **keine abstrakten** (Beweis-)**Regeln**, wonach bestimmten Gutachten ein **höherer Erkenntniswert** als anderen zukäme. Weder ist eine generelle Einstufung bzw. Differenzierung nach der **Qualifikation** des tätig gewordenen Sachverständigen möglich, noch eine solche nach dem Sachgebiet der Begutachtung. So haben z.B. Gutachten öffentlich vereidigter Sachverständiger **keinen fachlichen Vorrang** gegenüber denen sonstiger Sachverständiger oder Gutachten gerichtlich bestellter Sachverständiger gegenüber den Ausführungen von Privatgutachtern.[1] Ein Gutachten hat daher, auch wenn es von einem fachlich erfahrenen Sachverständigen stammt, keine „**Vermutung der Richtigkeit**" für sich, die vom Beweisgegner zu entkräften wäre,[2] oder die es dem Gericht erlaubte, auf eine persönliche Nachvollziehung zu verzichten. Von einer Differenzierung nach dem Sachverstand ist allerdings die Unterscheidung nach der **Objektivität** der Gutachter abzugrenzen, die z.B. bei einem privat in Auftrag gegebenen Gutachten durch Parteilichkeit getrübt sein kann, freilich nicht zwingend gemindert sein muss.

4 **Wissenschaftliche Gutachten** genießen grundsätzlich keinen gesteigerten Überzeugungswert, und zwar unabhängig davon, ob mit den bei seiner Erarbeitung angewandten Untersuchungsmethoden die anerkannten Regeln der betreffenden Wissenschaft beachtet wurden. Wissenschaft verändert sich mit dem Erkenntnisfortschritt, so dass selbst gesichert erscheinende Erkenntnisse hinfällig werden können. Schon deshalb kann der **Gegenbeweis** gegen die von einem gerichtlichen Sachverständigen vermittelten Erkenntnisse **geführt werden**.

5 Allerdings darf der Tatrichter nicht unbeachtet lassen, dass **bestimmten** gutachterlichen **Methoden** von der Fachwelt eine **größere Beweiskraft** zugemessen wird als anderen Methoden. Das hat der BGH etwa für die – durch naturwissenschaftlichen Fortschritt überholte – Konkurrenz des Vaterschaftsausschlusses auf Grund von Blutgruppenmerkmalen gegenüber derjenigen auf Grund erbbiologischer Gutachten angenommen.[3] Der Richter muss einen von der Fachwissenschaft akzeptierten herausgehobenen Erkenntniswert, der sich bis zu einer konkreten Beweisregel verdichten kann, seinerseits anerkennen. Daher gibt es Sonderfälle, in denen dem Sachverständigengutachten ausnahmsweise eine **absolute**, jeden **Gegenbeweis ausschließende Beweiskraft** zukommt, wenn nämlich die absolute Erkenntnissicherheit der jeweiligen wissenschaftlichen Methode allgemein anerkannt ist. Das hat der BGH für den Vaterschaftsausschluss mittels serologischer Daten über den Vererbungsgang von Blutgruppeneigenschaften auf der Grundlage eines Gutachtens des Robert-Koch-Instituts[4] und für den Ausschluss mittels Haptoglobintypen auf der Grundlage eines Gutachtens des Bundesgesundheitsamtes bejaht.[5] Auch ohne Inanspruchnahme absoluter Beweiskraft eines Gutachtens kann bei **sehr hohen**, insbesondere statistisch errechneten **Wahrscheinlichkeitswerten** eine weitere Begutachtung wegen der im individuellen Prozess ermittelten Beweiskonstellation – angelehnt an § 244 Abs. 3 StPO – **ent-**

---

[1] Anders OVG Koblenz NJW 1990, 788, 789 unter Vermengung der Würdigungsgesichtspunkte Objektivität (Unparteilichkeit) und spezieller Sachverstand (zum gesteigerten Beweiswert amtsärztlicher Gutachten bei Beurteilung der Dienstfähigkeit von Beamten).
[2] BGH MDR 1982, 212; OLG München NJW 2011, 3729, 2730.
[3] BGH FamRZ 1966, 447.
[4] BGH NJW 1951, 558.
[5] BGH FamRZ 1966, 447; ebenso OLG Köln NJW 1966, 405, 406.

behrlich sein.¹ **DNA-Analysen** nach dem Verfahren des „genetischen Fingerabdrucks" können zu einer Identitätsbestimmung mit absolutem Beweiswert führen.

2. Einzelfälle

Medizinische Gutachten (etwa zum hypothetischen Verlauf oder zur Ursache der Verschlimmerung eines Leidens, in das das haftungsbegründende Ereignis interveniert hat) können zumeist keine absolute sichere Erkenntnis vermitteln; regelmäßig sind nur Aussagen mit naturwissenschaftlich begründeter Gewissheit möglich, insoweit aber auch ausreichend.² Werden nach einem Unfall **Schmerzsymptome** behauptet, kann der medizinische Gutachter nur deren Plausibilität aus somatischen Anknüpfungstatsachen ableiten, die aber ihrerseits nicht immer gegeben sind.³ Für **DNA-Analysen** stehen unterschiedliche Methoden zur Verfügung, deren Ergebnisse unterschiedlichen Beweiswert haben.⁴

6

Ist das einem **Bauvertrag** zugrunde liegende Leistungsverzeichnis gem. §§ 133, 157 BGB auszulegen, wofür der Gutachter vor allem die gebräuchliche Fachsprache und Verkehrsüblichkeiten erläutern kann, hat das Gericht die vom Sachverständigen vermittelten Erkenntnisse gegenüber denen, die sich aus der individuellen Situation ergeben, in eigener Verantwortung abzuwägen.⁵

7

Eine **Zeugenaussage**, die in **Widerspruch zu** den Feststellungen eines (technischen oder sonstigen) **Sachverständigen** steht, ist selbst dann nicht geeignet, das Gutachtenergebnis zu neutralisieren oder gar zu überwinden, wenn der Sachverständige den Inhalt der gegenteiligen Zeugenaussage nicht völlig auszuschließen vermag und der Zeuge einen subjektiv glaubhaften Eindruck macht. Der Richter darf sich nicht einfach auf seinen persönlichen Gesamteindruck berufen, sondern hat den Fehlerquellen der Zeugenwahrnehmung besondere Aufmerksamkeit zu widmen⁶ oder sich eingehend mit der inneren Wahrscheinlichkeit des Sachvortrags der beweisbelasteten Partei sowie anderen Anhaltspunkten (z.B. situativ angepasstem Prozessvortrag) auseinanderzusetzen.⁷ Hat ein Sachverständiger **Anstoßgeschwindigkeiten von Kfz** nach den Gesetzen der Physik errechnet, kann das Ergebnis nicht durch Geschwindigkeitsschätzungen von Zeugen widerlegt werden.⁸

8

---

1 So BGH NJW 1994, 1348, 1350 zur *positiven* Abstammungsfeststellung nach Einholung einer DNA-Analyse mit dem Wahrscheinlichkeitsergebnis 99,999999 % und Beweisantrag auf Erweiterung der DNA-Analyse.
2 OLG München NJW 1965, 424, 425 (zur Beurteilung eines Verfolgungsschicksals, Entschädigungsanspruch nach BEG).
3 Zu den geringeren Anforderungen an die medizinische Erkenntnissicherheit bei Fehlen somatischer Anknüpfungstatsachen (z.B. nach HWS-Schleudertrauma) OLG München NZV 1993, 434 f.: Ausreichend sei, dass die vom Geschädigten geäußerten Beschwerden dem fachkundigen Arzt nach einer von ihm persönlich durchgeführten Untersuchung glaubhaft erscheinen.
4 Vgl. dazu die Strafsache BGH JZ 1993, 102 f. m. Anm. *Keller*.
5 BGH NJW-RR 1995, 914, 915 = WM 1995, 1321, 1322.
6 Vgl. zum Versuch der Widerlegung eines SV-Gutachtens über die Unwahrscheinlichkeit „feindlichen Grüns" einer Ampelschaltung durch Zeugenaussagen OLG Hamm NZV 1993, 481, 482.
7 Vgl. BGH NJW 1995, 966 f. zur Würdigung eines Schriftsachverständigengutachtens über die Echtheit der Unterschrift auf einer Erlassvertragsurkunde bei nachträglicher Forderungsklage durch den zwischenzeitlich verstorbenen Gläubiger. S. auch OGHZ 3, 119, 125 zur Unvereinbarkeit von Blutgruppengutachten und Zeugenaussage.
8 OLG Koblenz VersR 2000, 199.

II. Überprüfung des Gutachtens

1. Nachvollziehbarkeit, Vollständigkeit, Widerspruchsfreiheit

a) Eigenverantwortliche Nachprüfung

9 Der Richter darf die Einholung eines Sachverständigengutachtens nicht deshalb ablehnen, weil es für ihn schwierig und bis zu einem gewissen Grad unmöglich ist, sich unmittelbar und auf Grund eigener Sachkunde davon zu überzeugen, dass das ihm vorgelegte Gutachten fachlich einwandfrei unter Ausschöpfung der wissenschaftlichen Möglichkeiten erarbeitet worden ist.[1] Anderenfalls wären viele medizinische, naturwissenschaftliche oder technische Beweisthemen von einer Beweiserhebung durch Begutachtung ausgeschlossen.[2] Die richterlichen **Erkenntnisschwierigkeiten** haben **nicht zur Konsequenz**, dass der Richter nach der Beweiserhebung von einer **Überprüfung** des Sachverständigengutachtens **freigestellt** ist. Vielmehr hat er sich ungeachtet seines fehlenden oder beschränkten Vorwissens um eine **selbständige und eigenverantwortliche Überprüfung** zu bemühen.[3] Er hat dasjenige zu tun, was vernünftigerweise von ihm erwartet werden kann.[4] Wie der BGH in der **Anastasia-Entscheidung** formuliert hat, ist jedes Gericht verpflichtet, die Gutachten selbst weltberühmter und führender Sachverständiger kritisch zu beurteilen, da es nicht Aufgabe des Sachverständigen ist, den Prozess zu entscheiden. Jedoch hat der BGH die Einschränkung gemacht: „Gutachten müssen dabei für den Richter nur im Gedankengang nachvollziehbar, dagegen für einen Fachmann in allen Schlussfolgerungen nachprüfbar sein".[5]

10 Damit wird zugleich die Gutachtenanforderung der **Nachvollziehbarkeit des Gedankengangs** aufgestellt.[6] Zur Benutzung von Fachtermini ist der Sachverständige gleichwohl berechtigt.[7] Nachvollziehbarkeit bedeutet u.a. logische Geschlossenheit,[8] Benennung der Anknüpfungs- und Befundtatsachen[9] und Einhaltung des – jedenfalls für die Überprüfung durch andere Sachverständige wichtigen – **wissenschaftlichen Transparenzgebotes**.[10] Der Sachverständige darf nicht nur das Ergebnis seiner Untersuchungen mitteilen, sondern muss es ermöglichen, den Gedankengängen nachzugehen, sie zu prüfen und sich ihnen anzuschließen oder sie abzulehnen.[11] Soweit dem Gericht für die Überprüfung Sachkenntnisse fehlen, hat der Sachverständige nicht, wie es das Kassationsgericht Zürich zutreffend ausgedrückt hat, durch den Umfang seiner Ausführungen volle Sicherheit zu verschaffen, wie sie bei demjenigen entstehen kann, der über profunde Kenntnisse verfügt; vielmehr darf „Raum für das Vertrauen des Gerichts in den vom Gericht bestellten Experten bleiben".[12] Bezug nehmen darf der Sachverständige auf **eigene Erfahrungen**, etwa als Arzt bei der Be-

---

1 BGH NJW 1951, 558 f.; OGHZ 3, 119, 123 f. = NJW 1950, 308.
2 Vgl. OGHZ 3, 119, 124.
3 BGH NJW 1975, 1463, 1464; OLG Stuttgart NJW 1981, 2581.
4 BGH NJW 1951, 558, 559.
5 BGH DB 1970, 1381, 1382 (in BGHZ 53, 245 und NJW 1970, 946 nicht mit abgedruckt); s. auch BGH (1. StS) NJW 1999, 2746, 2750; VGH Mannheim NVwZ-RR 1999, 165: Nicht jeder Laie muss einzelne Rechenschritte nachvollziehen können.
6 S. auch BGH (1. StS) NJW 1999, 2746, 2750.
7 OLG Oldenburg NJW 1991, 1241.
8 Vgl. OLG Stuttgart NJW 1981, 2581.
9 BGH NJW 1999, 2746, 2750.
10 BGH NJW 1999, 2750 (mit näheren Einzelheiten zu Glaubhaftigkeitsgutachten).
11 OLG Düsseldorf NJW-RR 1996, 189, 190.
12 KassG Zürich SchwJZ 1990, 70, 71. Ähnlich BGH NJW-RR 1996, 185, 186: „Je nach der konkreten Sachverhaltsgestaltung mag es unbedenklich sein, wenn sich das Gericht allein auf die Kompetenz des gerichtlich bestellten Sachverständigen stützt".

handlung vergleichbarer Fälle.[1] Seine Tätigkeit erschöpft sich nicht in der Wiedergabe der Erkenntnisse Dritter aus der Fachliteratur.[2]

Für die Überprüfung gibt es **verschiedene allgemeine**, nachfolgend erörterte **Gesichtspunkte**.[3] So muss das Gutachten vollständig und widerspruchsfrei sein.[4] 11

b) Vollständigkeit des Gutachtens

Vollständigkeit des Gutachtens bedeutet nicht nur, dass der Sachverständige die Beweisfrage beantworten muss; er muss dies vielmehr unter **Ausschöpfung aller** ihm zu Gebote stehenden **Erkenntnismöglichkeiten** tun; gegebenenfalls ist ein weiteres Gutachten in Auftrag zu geben.[5] Das Gericht darf sich mit einer etwaigen Selbstbeschränkung des Sachverständigen nicht zufrieden geben. Bei der Begutachtung psychischer Zustände einer Person ist deren persönliche Untersuchung durch den Sachverständigen erforderlich, sofern nicht ausreichende Erkenntnisse aus anderen Untersuchungen zur Verfügung stehen.[6] Welche Untersuchungsmethoden zur Erlangung einer fundierten Aussage anzuwenden sind, richtet sich nach den Erkenntnissen des jeweils betroffenen Fachgebietes.[7] 12

c) Widerspruchsfreiheit

Das Gutachten muss widerspruchsfrei sein; anderenfalls fehlt es an einer ausreichenden Grundlage für die Überzeugungsbildung des Tatrichters.[8] Dies betrifft sowohl Widersprüche zwischen einzelnen Erklärungen **desselben Sachverständigen**, als auch hinsichtlich von Widersprüchen zwischen Äußerungen **mehrerer Sachverständiger**, selbst wenn es dabei um Privatgutachten geht.[9] 13

Die **Aufklärung** von Widersprüchen oder unrichtigen Annahmen eines gerichtlich eingeholten Gutachtens ist **nicht** deshalb **entbehrlich**, weil die Partei substantiierte Angriffe dazu vorträgt und die Gegenpartei diesen neuen Vortrag nicht ihrerseits substantiiert bestreitet; die Gegenpartei kann sich vielmehr auf das bereits erstattete 14

---

1 OLG Naumburg NJW-RR 2014, 93, 94.
2 OLG Naumburg NJW-RR 2014, 93, 94.
3 Dazu auch OLG München NJW 2011, 3729, 3730 (formale Standards, vollständige Tatsachenverwertung, Gesetzmäßigkeit der Befunderhebung, Beachtung zugrundeliegender juristischer Vorstellungen, Widerspruchsfreiheit, Schlüssigkeit); OLG Koblenz NJW-RR 2010, 41; *Schnorr* DRiZ 1995, 54, 56 f.
4 Vgl. z.B. BGH VersR 1994, 480, 482 = NJW 1994, 1596; BGH VersR 1994, 984, 985; BGH NJW 1996, 1597, 1598; BGHZ 159, 245, 249 = VersR 2004, 1177, 1178; BGH VersR 2004, 1575, 1576; BGH VersR 2006, 242, 243 = NJW 2006, 152, 153.
5 Vgl. BGH NJW 1996, 730, 731 = VersR 1996, 1257: Der Sachverständige hatte angeregt, die Ursächlichkeit eines bei der Folienproduktion zugefügten Additivs für einen vorzeitigen Verfall der Folie durch langdauernde Praxisversuche zu klären, diese Versuche jedoch nicht selbst angestellt; BGH NJW 1997, 803, 804.
6 BayObLG NJW-RR 1996, 457, 459 für Begutachtung der Testierfähigkeit bei seniler Demenz einer noch lebenden Person.
7 Vgl. zu psychischen Erkrankungen OLG Hamm FamRZ 2009, 811, 812.
8 BGH VersR 1997, 698, 699; BGH NJW 2001, 1787, 1788; BGH NJW-RR 2008, 1380 Rz. 8; BGH NJW-RR 2011, 428 Rz. 9; BGH NJW 2014, 74 Rz. 7.
9 BGH VersR 1994, 480, 482 = NJW 1994, 1596; BGH VersR 1994, 984, 985; BGH NJW 1996, 1597, 1598 = VersR 1996, 647, 648; BGH NZV 1997, 72, 73; BGH NJW 1997, 794, 795; BGH NJW-RR 1998, 1527, 1528; BGH NJW 1998, 2735; BGH NJW 1998, 1784, 1786; BGH NJW-RR 1998, 1117 – Ladewagen; BGH VersR 1998, 853, 854; BGH GRUR 2000, 138, 139 f. = WRP 1999, 1297, 1299 – Knopflochnähmaschinen; BGH WM 2001, 1309, 1310; BGH VersR 2001, 783, 784; BGH VersR 2004, 1579; BGH NJW-RR 2004, 1679, 1680; BGH ZIP 2007, 1524 Rz. 9; BGH VersR 2009, 518 Rz. 8; BGH VersR 2009, 499 Rz. 7; BGH VersR 2011, 1409 Rz. 33; BGH VersR 2013, 1045 Rz. 19 = NJW 2014, 71; BVerwG NJW 2009, 2614 Rz. 7.

und ihr günstige Gutachten berufen.¹ **Eventuelle Widersprüche** lassen sich häufig durch **Befragung des Sachverständigen** klären. Diese Aufklärungsmöglichkeit muss der Tatrichter nutzen.² Versäumt das Gericht, die Widersprüche aufzuklären, verstößt es gegen **§ 286**; dieser Verfahrensfehler lässt eine Bindung des Berufungsgerichts an die erstinstanzlichen Feststellungen wegen konkreter Zweifel entfallen (§ 529 Abs. 1 Nr. 1).³ Wenn das Gericht den Sachverhalt von Amts wegen weiter aufzuklären hat (Kap. 48 Rz. 21), steht der Anordnung einer mündlichen Erläuterung nach § 411 Abs. 3 nicht entgegen, dass die Partei ihr Antragsrecht wegen **Verspätung** verloren hat.⁴

15 Soweit das Berufungsgericht annehmen will, der Sachverständige weiche im Rahmen der mündlichen Erläuterung von seiner schriftlichen Begutachtung ab, hat es diesen Punkt durch ausdrückliche Befragung zu klären und zur revisionsgerichtlichen Überprüfung hinreichend deutlich im **Protokoll** (vgl. §§ 160 Abs. 3 Nr. 4, 161 Abs. 1 Nr. 1) oder gegebenenfalls einem **Berichterstattervermerk** festzuhalten.⁵ Auch sonstige Unklarheiten und Zweifel zwischen verschiedenen Bekundungen des Sachverständigen hat das Gericht durch gezielte Befragung zu klären.⁶ Die Protokollierung soll die Nachprüfung ermöglichen, ob das Gericht den Sachverständigen richtig verstanden hat.⁷

16 Der Tatrichter ist bei widerstreitenden Gutachten mehrerer Gutachter **nicht stets** gezwungen, sich die Gutachten gem. § 411 Abs. 3 **mündlich erläutern** zu lassen oder gem. § 412 Abs. 1 ein weiteres **(Ober-)Gutachten** einzuholen (dazu auch Rz. 27).⁸ Er kann im Rahmen der freien Beweiswürdigung einem der Gutachten folgen, wenn es seinerseits vollständig, frei von Widersprüchen und überzeugend ist⁹ und er keine Zweifel an der überlegenen Sachkunde und Erfahrung des Gutachtenverfassers hegt.¹⁰ Allerdings muss der Richter im Urteil einleuchtend und logisch **nachvollziehbar begründen**, weshalb er einem Gutachten den Vorzug gibt, damit die Entscheidung willkürfrei getroffen wird.¹¹ Dies bedeutet, dass er sich mit *beiden* Gutachten in den Gründen der Entscheidung auseinanderzusetzen hat.¹² Er darf einem der widerstreitenden Gutachten nur mit einleuchtender und logisch nachvollziehbarer Begründung den Vorrang geben.¹³ Differenzen zwischen den Gutachterauffassungen können darauf beruhen, dass sie von verschiedenen tatsächlichen Annahmen ausgehen oder dass beide den Sachverhalt verschieden beurteilen; dann sind die maß-

---

1 BGH NJW-RR 2009, 1100 Rz. 14.
2 BGH VersR 2009, 499 Rz. 7; BGH VersR 2009, 518 Rz. 8; BGH VersR 2013, 1045 Rz. 19 = NJW 2014, 71.
3 BGH NJW 2014, 74 Rz. 7.
4 BGH NJW-RR 1998, 1527, 1528; BGH NJW-RR 1997, 1487; BGH NJW 1992, 1459; OLG Zweibrücken NJW-RR 1999, 1156.
5 BGH NJW 1995, 779, 780 = VersR 1995, 195, 196; BGH VersR 2006, 821, 823.
6 BGH VersR 2001, 859, 860.
7 BGH VersR 2006, 821, 823.
8 BGH VersR 1962, 231, 232; BGH VersR 1980, 533; vgl. auch BGH NJW 1987, 442; NJW 1992, 2291, 2292 = VersR 1992, 1015; NJW 1994, 1596, 1597 (Diskrepanz von Gerichtsgutachten und Gutachten einer ärztlichen Schlichtungsstelle).
9 BayObLG v. 15.10.1986, 3 Z 67/86 bei *Goerke* Rpfleger 1987, 150.
10 BGH VersR 1962, 231, 232.
11 BGH VersR 1980, 533 = MDR 1980, 662; NJW 1987, 442; NJW 1992, 2291, 2292; VersR 1994, 984, 986.
12 BGH VersR 1986, 467, 468.
13 BGH VersR 2008, 1676 Rz. 11; BGH VersR 2009, 817 Rz. 9; BGH VersR 2009, 975 Rz. 7.

gebenden Tatsachen weiter aufzuklären bzw. die abweichenden Wertungen kritisch zu würdigen.[1]

Ausnahmsweise besteht die Pflicht zur Aufklärung der Begutachtungsdiskrepanz durch ein **weiteres Gutachten**, wenn es sich um besonders schwierige Fragen handelt, wenn die vorhandenen Gutachten grobe Mängel aufweisen oder wenn ein neuer Gutachter über überlegene Forschungsmittel verfügt (näher: Rz. 28).[2] Von einem **non liquet** zu Ungunsten der beweisbelasteten Partei darf das Gericht erst ausgehen, wenn es die divergierenden Gutachten gegeneinander abgewogen hat, es gleichwohl nicht imstande ist, einem der beiden den Vorzug zu geben, und keine weiteren Aufklärungsmöglichkeiten bestehen.[3]

17

Greift eine Partei das Gutachten eines gerichtlichen Sachverständigen mit einem **Privatgutachten** an, hat sich das Gericht mit den Einwendungen des Privatgutachters genauso auseinanderzusetzen wie mit dem Gutachten eines gerichtlichen Sachverständigen; kann die Entscheidung mangels eigener Sachkunde nicht ohne sachverständige Beratung getroffen werden, so ist die Einholung eines weiteren Gutachtens geboten.[4] In Betracht kommt auch, den Privatgutachter mündlich zu hören, jedenfalls wenn dies von der Partei beantragt wird.[5] Die Partei kann durch einen Ladungsantrag aber nicht erzwingen, dass das Gericht gerade diesen Weg zur Aufklärung von Widersprüchen wählt, und damit die Ermessensentscheidung über die Bestellung gerichtlicher Gutachter einschränken.[6] Das Gericht kann sich auch damit begnügen, dem gerichtlichen Sachverständigen Gelegenheit zu geben, sich mit den Einwendungen des Privatgutachters auseinanderzusetzen.[7] Wird der Privatgutachter nicht geladen, jedoch **von der Partei sistiert**, ermöglicht die Ausübung des Parteifragerechts eine persönliche Gegenüberstellung der beiden Gutachter.[8]

18

Stehen sich **nur** widersprechende **Parteigutachten** gegenüber, die nichts anderes als qualifiziert substantiierter Parteivortrag sind, darf der auf die Vermittlung fremder Sachkunde angewiesene Tatrichter die Beweisaufnahme durch Einholung eines Gerichtsgutachtens nicht dadurch umgehen, dass er die Beweisfrage allein auf der Grundlage des einen Privatgutachtens zu Lasten des anderen Gutachtens beantwortet.[9] Als Sachverständigengutachten i.S. eines Beweismittels können Privatgutachten nur mit Zustimmung beider Parteien herangezogen werden.[10]

19

---

1 BGH NJW 1987, 442. Zur Abweichung wegen Anlegung eines überhöhten, an den Möglichkeiten einer Universitätsklinik orientierten medizinischen Standards BGH NJW 1994, 1596, 1597.
2 BGH VersR 1980, 533 m.w.N.; BGH NJW 1999, 1778, 1779.
3 BGH NJW 1987, 442.
4 BGH NJW 1986, 1928, 1930; BGH VersR 1981, 752, 753; BGH VersR 1997, 698, 699; BGH NJW 2001, 77, 78 = VersR 2001, 525, 526; BGH NJW 2014, 760 Rz. 12; OLG Frankfurt NJW-RR 1998, 870, 872; vgl. auch BGH VersR 1986, 467, 477; BGH NJW 1991, 98, 99. Für das Strafverfahren BGH NJW 1999, 2746, 2747 (zur aussagepsychologischen Begutachtung). A.A. für Österreich, wohl wegen Generalverdachts der Parteilichkeit gegen Privatgutachter: OLG Innsbruck bei *Delle-Karth* ÖJZ 1993, 21 Fn. 85; abweichend wegen der Möglichkeit fehlerhafter Befunderhebung des dortigen Gerichtssachverständigen OLG Wien ÖJZ 1995, 342, 343.
5 BGH VersR 1988, 82, 83: „am besten in Gegenüberstellung" mit dem gerichtlichen Sachverständigen.
6 So die richtige Tendenz von OLG Karlsruhe VersR 1990, 53, 54 in Auseinandersetzung mit BGH VersR 1988, 82, 83.
7 BGH NJW 2002, 1651, 1654; OLG Karlsruhe VersR 1990, 53, 54 f.
8 OLG Karlsruhe VersR 1990, 53, 54.
9 BGH MDR 1993, 797.
10 BGH NJW 1993, 2382, 2383 = VersR 1993, 899, 900 = MDR 1993, 797; BGH NJW 1986, 3077, 3079; OLG Oldenburg NJW-RR 2000, 949, 950.

2. Zutreffende Anschlusstatsachen; juristische Wertungen

a) Anschlusstatsachen

20 Die Überprüfungspflicht erstreckt sich auch darauf, ob der Sachverständige von zutreffenden **Anschlusstatsachen** ausgegangen ist (vgl. § 404a Abs. 3) und ob er alle erreichbaren Tatsachenfeststellungen beachtet und gewürdigt hat;[1] daher muss der Sachverständige die seiner Begutachtung zugrunde gelegten Tatsachen **angeben**.[2] Einwendungen der Parteien gegen die tatsächlichen Grundlagen des Gutachtens muss das Gericht nachgehen; dabei ist insbesondere zu prüfen, ob der Sachverständige den Sachverhalt richtig und vollständig gewürdigt hat.[3] Grundsätzlich hat das Gericht die Anschlusstatsachen vor der Begutachtung selbst zu ermitteln und dem Sachverständigen einen für ihn unverrückbaren Sachverhalt vorzugeben.[4] Konnte das Gericht vor Erstattung des Gutachtens nicht voraussehen, auf welche Anschlusstatsachen es ankommen würde, und greift der Sachverständige ohne Rücksprache mit dem Gericht selbst auf Tatsachen zu, sind dazu erforderliche Beweise wenigstens nachträglich vom Richter zu erheben; gegebenenfalls ist der Sachverständige zu einer weiteren Stellungnahme zu veranlassen.[5] Wird also die Tatsachengrundlage des Sachverständigengutachtens nachträglich streitig, macht das Sachverständigengutachten die Erhebung geeigneten Beweises nicht entbehrlich. Ebenso muss über nachträglich bekanntgewordene Indiztatsachen Beweis erhoben werden, soweit sie geeignet sind, den Beweiswert des Gutachtens zu beeinflussen.[6]

21 Sind benötigte **Anschlusstatsachen nicht mehr aufklärbar** und muss der Sachverständige daher – so oft bei Gutachten zur Rekonstruktion von Verkehrsunfällen – von erfahrungsmäßigen Annahmen und Mittelwerten ausgehen, so ist zu prüfen, welche Abweichungen von derartigen Erfahrungssätzen oder Mittelwerten im konkreten Fall in tatsächlicher Hinsicht vorgelegen haben können; bei spekulativer Annahme von Rekonstruktionswerten ist das Gutachten nicht verwertbar.[7]

22 Stützt der Sachverständige sein Gutachten auf **Anschlusstatsachen**, die einer oder beiden Parteien **nicht bekannt** sind (z.B. vertraulich behandelte Vergleichsobjekte und Vergleichspreise in einem Verkehrswertgutachten nach der Ertragswertmethode[8]) ist das Gutachten wegen Verstoßes gegen **Art. 103 Abs. 1 GG** regelmäßig nicht verwertbar, solange die Tatsachen nicht in den Prozess eingeführt werden[9] (zu Geheimhaltungsinteressen im Stadium der Ermittlung von Befundtatsachen Kap. 47 Rz. 51). Nicht dazu gehören allerdings individuelle **Empfängerdaten aus Verkehrsbefragungen** des Deutschen Industrie- und Handelstages oder einer einzelnen IHK bei angeschlossenen Mitgliedsunternehmen, wie sie etwa zur Feststellung von Handels-

---

1 OLG Stuttgart NJW 1981, 2581; s. ferner BGH VersR 2004, 1579.
2 BGH MDR 1963, 830; OLG Stuttgart NJW 1981, 2581; OLG Düsseldorf FamRZ 1989, 889; BFH NJW 1982, 1608.
3 BayObLG FamRZ 1994, 1059, 1060.
4 BGH NJW-RR 2004, 1679 = VersR 2005, 676, 677: bei Berufsunfähigkeitsprüfung die Angaben zum vorgetragenen Beruf in seiner konkreten Ausgestaltung.
5 BGHZ 37, 389, 394. OLG Stuttgart NJW 1981, 1581 sieht darin unzutreffend eine Überprüfung von Tatsachenfeststellungen, die nur der Sachverständige kraft seiner besonderen Sachkunde hat treffen können; dann würde es sich statt um Anschlusstatsachen um Befundtatsachen handeln, die bereits Teil der eigentlichen Begutachtung sind.
6 Vgl. BGH NJW-RR 1996, 185 f.: Behauptung des zeitweiligen ungestörten Laufs einer Wärmerückgewinnungsanlage, die der Gutachter unter Übernahme von Messergebnissen der beanstandenden Partei aufgrund eigener Erfahrungen für funktionsuntauglich erklärt hatte.
7 OLG Koblenz VersR 1978, 676 f.
8 Vgl. dazu Kap. 47 Rz. 33.
9 BGH NJW 1994, 2899; OLG Stuttgart NJW 1981, 2581: Fehlende (fremd erstellte) gynäkologische Unterlagen zum amtsärztlichen Gerichtsgutachten über Arbeitsunfähigkeit der Unterhaltsgläubigerin. Zu Mietspiegeldaten BVerfG NJW 1995, 40 f.

bräuchen durchgeführt werden. Nichtanonymisierte Angaben über die Empfänger der von der IHK ausgesandten Fragebögen können nicht verlangt werden,[1] weil es auf deren Individualität und damit deren Identifizierung ebenso wenig ankommt wie auf die Identität der für ein demoskopisches Gutachten befragten Personen. Ein medizinischer Gutachter muss Rohdaten zur Vorbereitung des Gutachtens nicht vorlegen.[2]

b) Juristische Fehlvorstellungen

Sicherzustellen hat das Gericht, dass der Sachverständige hinsichtlich des Gutachtenauftrages keinen juristischen Fehlvorstellungen erliegt; das Gutachten ist auch darauf zu kontrollieren.[3] So ist der medizinische Sachverständige darauf hinzuweisen, dass im Haftpflichtrecht andere Kausalitäts- und Beweisanforderungen gelten als im Sozialrecht,[4] oder dass Berufsunfähigkeit im privatversicherungsrechtlichen Sinne nicht mit Erwerbsunfähigkeit i.S.d. gesetzlichen Rentenversicherungsrechts gleichgesetzt werden kann.[5]

3. Sachkunde, Unvoreingenommenheit des Sachverständigen

a) Sachkunde

Das Gericht hat soweit möglich die **Sachkunde** des Gutachters zu **überprüfen**.[6] Will es darauf bezogene Erkenntnisse verwerten, die es aus Rechtsstreitigkeiten zwischen anderen Parteien gewonnen hat, müssen diese zuvor in den Prozess eingeführt werden, um den Parteien Gelegenheit zur Stellungnahme zu geben (Art. 103 Abs. 1 GG).[7] Stehen dem Sachverständigen mehrere methodische Wege für die Begutachtung zur Verfügung, die jeweils anerkannt sind, können aus seiner ermessensfehlerfrei getroffenen Auswahl keine Zweifel an der Sachkunde abgeleitet werden.[8]

b) Unvoreingenommenheit

Zu kontrollieren hat das Gericht, ob der Sachverständige sein Gutachten unvoreingenommen erstattet hat. Objektive Zweifel an der Unvoreingenommenheit mindern den Beweiswert. Dieser Gesichtspunkt ist im Hinblick auf § 286 **revisibel** und selbst bei vorangegangenen Ablehnungsverfahren nicht durch §§ 406 Abs. 5, 567 Abs. 4, 548 von der Revision ausgeschlossen.[9] Besondere Bedeutung hat der Gesichtspunkt **bewusster** oder **unbewusster Standessolidarität**, sofern Gutachter und eine der Parteien demselben Berufsstand angehören und der Gutachtenauftrag die beruflichen Leistungen der Partei betrifft (so die Judikatur der 70er und 80er Jahren häufiger in Bezug auf Arzthaftungsprozesse wegen inzwischen beseitigter rechtswidriger Äußerungsbeschränkungen des berufsrechtlichen Satzungsrechts, abgeleitet aus dem Grundsatz ärztlicher Solidarität[10]). Die Gutachten sind kritisch darauf zu untersuchen, ob sich

---

1 So OLG Oldenburg BB 1973, 19 zu den Namen der dort befragten Makler.
2 OLG Köln VersR 2013, 349, 352.
3 BGH BGH NJW-RR 1995, 914, 915 = WM 1995, 1321, 1322; vgl. auch BayObLG NJW 1992, 2200, 2101.
4 OLG Köln NJW-RR 1999, 720, 721 = VersR 1998, 1249.
5 BGH NJW-RR 2004, 1679, 1680 = VersR 2005, 676, 677.
6 BGH VersR 2004, 1575, 1576; OLG München NJW 2006, 1293, 1295.
7 BGH VersR 1993, 899, 900 = NJW 1993, 2382 (disqualifizierende Rückschlüsse aus auffälligem Gegensatz des behandelnden Arztes und Privatgutachters zu den Gerichtsgutachtern in zwei anderen Verfahren).
8 BGH NJW 1999, 2746, 2748 (zu Testverfahren der Glaubhaftigkeitsbeurteilung kindlicher und jugendlicher Zeugenaussagen bei Sexualdelikten).
9 BGH VersR 1981, 546, 547.
10 So z.B. BGH NJW 1975, 1463, 1464.

der Sachverständige von (häufig unbewusster) Solidarität mit seinem Berufsgenossen hat leiten lassen.¹ Anlass zur näheren Prüfung (z.B. durch eingehende Befragung des Sachverständigen in der mündlichen Verhandlung) geben ersichtlich zurückhaltende² oder gar wertlose Äußerungen, welche auf ein „Überspielen" der eigentlichen Beweisfrage hindeuten.³

4. Abweichung des Richters vom Sachverständigengutachten

26 Will das Gericht von einem Gutachten abweichen, muss es dafür eine ausreichende Begründung geben,⁴ insbesondere seine eigenen **Erkenntnisquellen offenlegen**.⁵ Die Begründung muss erkennen lassen, dass das Gericht die **notwendige Sachkunde** zur abweichenden Beantwortung der Beweisfrage hatte.⁶ Insoweit haben die gleichen Grundsätze zu gelten wie bei der Frage, ob überhaupt Sachverständigenbeweis zu erheben ist⁷ (dazu Kap. 44 Rz. 33). Das Gericht kann die abweichende Würdigung grundsätzlich mit originär eigener Sachkunde aus der wiederholten Entscheidung gleichgelagerter Fälle oder dem Studium der Fachliteratur oder mit der aus anderen Erkenntnisquellen, z.B. auch Privatgutachten,⁸ vermittelten Sachkunde begründen.⁹ Vorsicht ist vor richterlicher Wissensanmaßung geboten, die im Gewande eines Übergangs zur rechtlichen Beurteilung geschehen kann, etwa bei der Korrektur des berufsfachlichen Sorgfaltsmaßstabs mittels des Kriteriums der Verkehrserforderlichkeit des § 276 Abs. 2 BGB auf der Grundlage einer „rechtlichen Gesamtschau".¹⁰ Die Sachkunde des Gerichts kann nicht zum Gegenstand einer Beweiserhebung gemacht werden.¹¹ Das Bundesverfassungsgericht sieht die beweisrechtlichen Grundsätze zur Inanspruchnahme eigener Sachkunde bei Abweichung von einem Gerichtsgutachten als **Anwendung des Verfahrensrechts** an, die dem **materiellen Grundrechtsschutz** gerecht werden muss. In dieser Weise wird etwa die Entscheidung in Sorgerechtsverfahren durch Art. 6 Abs. 2 S. 2 GG beeinflusst.¹² In gleicher Weise nimmt Art. 8 EMRK (Schutz der Familie) auf die Verfahrensgestaltung Einfluss und kann zur Einholung eines Sachverständigengutachtens zwingen.¹³

---

1 Zum ärztlichen Behandlungsfehler („Kunstfehlerprozess") so BGH NJW 1975, 1463, 1464.
2 BGH NJW 1975, 1463, 1464 (dortiges Indiz der Gutachterhinweis auf die Schwierigkeit der Beantwortung einer präzisen Frage wegen der „großen Konsequenzen für den Prozeß"); BGH NJW 1978, 587, 588 = MDR 1978, 215 (Gutachterformulierung, die angewandte Methode sei „*theoretisch*" erlaubt gewesen); BGH ZSW 1981, 36, 37 m. Anm. *Müller*; vgl. auch BGH NJW 1993, 1524, 1525 = VersR 1993, 835.
3 Vgl. BGH ZSW 1981, 36, 37.
4 BGH NJW 1951, 566 (strengere Anforderung des ärztlichen Gutachters); BGH VersR 1956, 191, 192; BGH NJW 1961, 2061 (Abweichung zugelassen für Beurteilung der Geschäftsfähigkeit eines Arteriosklerosepatienten); BGH VersR 1997, 510 (Kausalität zwischen Verkehrsunfall und behaupteter Wesensveränderung); BGH VersR 2001, 859, 860; vgl. auch BGH NJW-RR 1988, 1235; BayObLG ZSW 1984, 13, 16 m. Anm. *Müller*.
5 BGH VersR 1954, 531 (im Ergebnis zweifelhaft, weil Abweichung wohl in den *rechtlichen* Anforderungen an die Erforderlichkeit der Sorgfalt lag).
6 Vgl. BVerfG NJW 1999, 3623, 3624; BGH MDR 1982, 45; BGH VersR 2000, 984, 985; BGH VersR 2006, 821, 823.
7 Dazu BGH VersR 1957, 247.
8 Vgl. BGH VersR 1960, 470, 471.
9 Verworfen in BGH VersR 1971, 129, 130 für die urkundenbeweisliche Verwertung eines Gutachtens aus dem strafrechtlichen Ermittlungsverfahren über das technische Individualgeschehen eines Unfallverlaufs.
10 So in BGH NJW 1995, 776, 777 = VersR 1995, 659, 660 (höhere richterliche Anforderungen an Verminderung des Infektionsrisikos unter Abweichung vom gutachtlich festgestellten Standard deutscher Kliniken).
11 Zum Strafprozeß ebenso BGH NStZ 2000, 156, 157.
12 BVerfG NJW 1999, 3623, 3624.
13 EGMR, Urt. v. 13.7.2000 – Rs. 25735/94, Elsholz/Deutschland, NJW 2001, 2315, 2317, Rz. 53.

§ 172 Einholung eines weiteren Gutachtens, § 412 ZPO

I. Ermessensentscheidung

Die Einholung eines weiteren Gutachtens steht im **Ermessen des Gerichts**.[1] Die Kommission für das Zivilprozessrecht hat davon abgesehen, eine an § 244 Abs. 4 StPO angelehnte Vorschrift in die ZPO zu übernehmen, weil die strafprozessuale Norm „in einigen Punkten Bedenken" begegne und „jedenfalls unvollständig" sei.[2] § 244 Abs. 4 StPO ist allerdings das Ergebnis einer jahrzehntelangen Rechtsprechung und daher bei der Ermessensausübung **heranzuziehen**.[3] Auch im Zivilprozess und im Verfahren nach dem FamFG ist ein weiteres Gutachten entbehrlich, wenn durch das erste Gutachten bereits die Überzeugung des Gerichts herbeigeführt worden ist und das erste Gutachten nicht ungenügend ist.[4]

II. Umstrittene Sachkunde und fehlerhafte Grundlagen

Entsprechend § 244 Abs. 4 StPO muss der Richter ein weiteres Gutachten einholen, wenn die **Sachkunde** des ersten Gutachters **zweifelhaft** ist, der Erstgutachter von **falschen**, u.U. zwischenzeitlich überholten[5] **Tatsachen** ausgegangen ist, das erste Gutachten **widersprüchlich** ist oder der neue Gutachter über **überlegene Forschungsmittel**[6] verfügt.[7] Fragwürdig ist die Formulierung, ein weiteres Gutachten sei nicht schon deshalb einzuholen, weil ein anderer Gutachter „einer anderen Auffassung zuneigt";[8] dann besteht Anlass, nach den Gründen für das abweichende Ergebnis zu forschen.

Die Praxis hat für das neue Gutachten den Begriff „**Obergutachten**" geprägt, der jedoch missverständlich ist, weil er unzutreffend suggeriert, dem weiteren Gutachten komme ein wie auch immer gearteter Vorrang gegenüber dem oder den zuvor erstatteten Gutachten zu (zur generellen Gleichrangigkeit von Gutachten Rz. 3). **Forschungsmittel, die** denen des bisherigen Gutachters **überlegen sind**, sind nach der strafprozessualen Rechtsprechung nur Hilfsmittel und Verfahren für wissenschaftli-

---

1 Kein Verstoß gegen Art. 6 Abs. 1 EMRK, wenn nach Einholung eines Sachverständigengutachtens auf die Erhebung weiteren Sachverständigenbeweises verzichtet wird, EKMR, E. v. 2.3.1994, Beschwerde Nr. 18.640/91 und 19.574/92 gegen Österreich (Fall Lucona), ÖJZ 1994, 853, 854.
2 Kommissionsbericht S. 142.
3 BGH NJW 1994, 1348, 1349; OLG Brandenburg NJW-FER 2001, 55, 56.
4 BGHZ 53, 245, 258 f. – Anastasia.
5 OLG Koblenz NJW-RR 2010, 41.
6 Vgl. BGH NJW 1964, 1184 (Neuentdeckung weiterer Blutgruppensysteme); BGH NJW 1994, 1348, 1349 (bisher nicht berücksichtigte wiss. Erkenntnisse); BGH VersR 2004, 1575, 1576 (neue wissenschaftliche Erkenntnismöglichkeiten). Für erleichterte Zulassung der Restitutionsklage nach § 580 Nr. 7b bei Erkenntnisfortschritt, der sich aus einem neuen SV-Gutachten ergibt, *Foerste*, NJW 1996, 345 ff.; abl. die h.M., vgl. nur OLG Koblenz VersR 1995, 1374 f. Anders für Österreich bei anderer Gesetzeslage: öOGH ÖJZ 1989, 243, 244. Welch praktische Bedeutung die Zulassung der Restitutionsklage hätte, zeigt der Apfelschorf-Produkthaftungsfall: Ca. 100 Haftpflichtprozesse im OLG-Bezirk Celle wurden auf der Grundlage der Begutachtung desselben Sachverständigen der Biologischen Bundesanstalt abgewiesen, während ein einzelnes an das OLG Frankfurt gelangtes Verfahren aufgrund der Sachkunde eines schweizerischen Sachverständigen gegenteilig entschieden wurde; näher dazu *Kullmann* Festschrift Salger, S. 651, 660 f.
7 BGHZ 53, 245, 259 – Anastasia; BGH NJW 1994, 1348, 1349; OLG Saarbrücken VersR 1990, 968, 969 f.; KG VersR 2004, 350, 351. Ebenso im FGG-Verfahren: BayObLGZ 1971, 147; BayObLG ZSW 1983, 82, 84 m. Anm. *Müller* BayObLGZ 1986, 145, 148. Für das Verwaltungsgerichtsverfahren ebenso VGH Kassel MDR 1996, 418.
8 So KG VersR 2002, 438, 440.

che Untersuchungen, nicht jedoch persönliche Kenntnisse und Erfahrungen oder das Ansehen in der wissenschaftlichen Welt.[1] Für den Zivilprozess wird eine weitergehende Interpretation gewählt, bei der es nur darauf ankommt, ob der neue Sachverständige mit seinen Kenntnissen dem Richter festere Überzeugungen vermitteln kann.[2]

30 Die Rüge **mangelnder Sachkunde** muss nicht auf Fehler des Sachverständigen im konkreten Verfahren gestützt werden; sie kann sich auch aus der Tätigkeit des Sachverständigen in anderen Verfahren ergeben.[3] Verwendet der Sachverständige **wissenschaftlich umstrittene Kriterien**, die von jenen abweichen, welche die Billigung des BGH gefunden haben, darf das Gericht den Antrag auf Zuziehung eines weiteren Sachverständigen nicht ablehnen, ohne zuvor weitere sachverständige Hilfe in Anspruch genommen zu haben.[4] Für technische Gutachten, mit denen durch einen Schadensvergleich an Unfallfahrzeugen der Verdacht eines Kfz-Versicherungsbetruges aufgeklärt werden soll, sind regelmäßig Spezialkenntnisse der Kollisionsmechanik und der Kompatibilitätsanalyse erforderlich.[5]

III. Ermessensschrumpfung

31 Ist das **Gutachten widersprüchlich**, sind die Widersprüche durch Befragung des Sachverständigen zu klären.[6] Erst wenn sich insoweit keine Klarheit erzielen lässt, ist ein weiteres Gutachten erforderlich.[7] Zu widerstreitenden Gutachten Rz. 13.

32 Die Rechtsprechung hat eine Pflicht zur Einholung eines weiteren Gutachtens auch dann bejaht,[8] wenn es um die **Beantwortung „schwieriger" Fragen** geht[9] oder das Gutachten **„grobe Mängel"** aufweist.[10] Diese Formeln sind isoliert gesehen belanglos, allerdings auch missverständlich.[11] Der Tatrichter darf seine Entscheidung nicht auf ein von ihm als mangelhaft erkanntes Gutachten stützen, weil er dann unberechtigterweise Sachkunde in Anspruch nimmt, die er mit Erteilung des Gutachtenauftrages verneint hatte. Auf das Vorliegen „grober Mängel" ist der Bedarf nach erneuter sachkundiger Beratung nicht beschränkt. Bei besonders „schwierigen" Fragen ist ein weiteres Gutachten nicht per se einzuholen, weil dies auf eine Gutachtenverdoppelung von Anfang an hinauslaufen würde. Stattdessen kommt es nur darauf an, ob sich der Richter zutrauen darf, detaillierte Parteiangriffe gegen ein Gutachten, die sich durch eine mündliche Anhörung des Sachverständigen nicht erledigen lassen, ungeachtet der Schwierigkeit des Beweisthemas kraft eigener Sachkunde zu beantworten. Insofern macht die Formel eine Selbstüberschätzung des Tatrichters revisibel.

---

1 BGHSt 23, 176, 186; *Kullmann* Festschrift Salger, S. 651, 655.
2 *Kullmann* Festschrift Salger, S. 651, 656.
3 BGH NJW 1989, 176 f. (zu § 244 StPO).
4 BGH StrV 1989, 335, 336 (zu § 244 StPO).
5 OLG Hamm NJW-RR 1992, 1055.
6 Vgl. BGH NJW 1995, 779, 780 = VersR 1995, 195.
7 BGH NJW 2001, 1787, 1788. – Anastasia; OLG Köln FamRZ 2008, 1362.
8 Obiter dicta z.B. in BGHZ 53, 245, 258 f. – Anastasia; VersR 1980, 533; BayObLGZ 1971, 147; BayObLGZ 1986, 145, 148; BayObLG ZSW 1983, 82, 84 m. Anm. *Müller*.
9 Vgl. BGH NJW 1978, 751, 752: bei Schriftgutachten sei regelmäßig die Einholung eines Kontrollgutachtens geboten. Verneint für Beurteilung des Geisteszustandes von BayObLGZ 1986, 145, 148.
10 Vgl. BGH NJW 1999, 1778, 1779; OLG München NJW-RR 1986, 1142 f.: Schallmessungen u.a. mit ungeeigneten Geräten, falscher Mikrofonaufstellung und zu kurzer Messzeit.
11 Daher hat *Leipold* noch in der 19. Aufl. des Stein/Jonas (§ 412 Fn. 19 zu Rz. 10) Bedenken dagegen erhoben.

Das Gutachten eines mit Erfolg **abgelehnten Sachverständigen** darf **nicht verwandt** 33
werden (§ 412 Abs. 2). Zwar besteht kein Zwang zur Einholung eines neuen Gutachtens („kann"), doch muss das Gericht seine zuvor verneinte Sachkunde dann auf eine Weise erlangen, die nicht aus dem Gutachten des Abgelehnten stammt.

Auf **Schiedsgutachten** finden die Grundsätze des § 412 entsprechende Anwendung.[1] 34

IV. Verfahren der Neubegutachtung

Die Anordnung der Neubegutachtung ergeht **ohne** notwendige **mündliche Verhandlung** durch unanfechtbaren Beschluss des Prozessgerichts. Die Ablehnung des Antrags auf Neubegutachtung ist **nicht selbständig anfechtbar**.[2] Ein darin liegender Verstoß gegen § 286 ist mit dem statthaften Rechtsmittel gegen das Endurteil geltend zu machen. Auch im **selbständigen Beweisverfahren** ist die Einholung eines weiteren Gutachtens nicht mittels sofortiger Beschwerde erzwingbar.[3] Eine Beweiswürdigung findet dort nicht statt; ausgenommen ist die Beachtung evidenter völliger Ungeeignetheit des Gutachtens.[4] 35

---

[1] BGH MDR 1984, 224 (zur offenbaren Unrichtigkeit i.S.v. § 319 BGB).
[2] OLG Köln NJW-RR 2000, 729; OLG Hamm NVersZ 2001, 384.
[3] A.A. OLG Frankfurt (4. ZS) MDR 2008, 585, 586.
[4] OLG Frankfurt (19. ZS) NJW-RR 2007, 18, 19.

Kapitel 50:
Der sachverständige Zeuge

	Rz.		Rz.
§ 173 Abgrenzung Sachverständiger/ sachverständiger Zeuge		§ 174 Prozessuale Behandlung des sachverständigen Zeugen	
I. Wahrnehmung von Tatsachen als Beweisthema	1	I. Anwendung des Zeugenbeweisrechts	9
II. Ursachen des Abgrenzungsbedarfs	3	1. Beweisantrag, Ablehnung, Vernehmung, Vereidigung	10
III. Kriterien der Abgrenzung	5	2. Entschädigung	15
		II. Gemischte Aussagen	16

§ 173 Abgrenzung Sachverständiger/sachverständiger Zeuge

Schrifttum:

Lent, Zur Abgrenzung von Sachverständigen und Zeugen im Zivilprozeß, ZZP 60 (1936/37), 9; *Jessnitzer*, Die Entschädigung des abgelehnten Sachverständigen, der als sachverständiger Zeuge vernommen wird, in: Der Sachverständige 1991, 268; *Schmidhäuser*, Zeuge, Sachverständiger und Augenscheinsgehilfe, ZZP 72 (1959), 365.

I. Wahrnehmung von Tatsachen als Beweisthema

1 Gegenstand des Zeugenbeweises ist die Bekundung wahrgenommener Tatsachen, Gegenstand des Sachverständigenbeweises die Vermittlung von Fachwissen bzw. Sachkunde.[1] Bedeutung hat die Abgrenzung für die Anwendung der **unterschiedlichen Beweisvorschriften** der beiden Beweismittel sowie – dazu ergeht die Mehrzahl der Entscheidungen – für die Einstufung bei der **Entschädigungs- bzw. Vergütungsleistung**. Zur Abgrenzung auch Kap. 20 Rz. 8 und 76 ff.

2 Gemäß § 414 sind diejenigen Beweispersonen, die **über Wahrnehmungen berichten**, die sie nur kraft besonderer Sachkunde machen konnten, als Zeugen anzusehen (dazu auch Kap. 20 Rz. 82). Weil ein sachverständiger Zeuge über in der Vergangenheit liegende konkrete Wahrnehmungen berichtet, ist er als Beweismittel unersetzlich. Demgegenüber soll ein Sachverständiger allgemeines Erfahrungswissen vermitteln oder anwenden, nämlich aufgrund seines Fachwissens aus Tatsachen Schlussfolgerungen ziehen,[2] und ist dabei gegen eine gleichermaßen sachverständige Person beliebig auswechselbar.[3] Dadurch dass der Sachverständige **Befundtatsachen** in den Prozess einführt, die er kraft seiner Sachkunde aufgrund seiner formellen Stellung als gerichtlich bestellter Sachverständiger zuvor ermittelt hat, wird er **nicht teilweise** zum sachverständigen **Zeugen**; er bleibt vielmehr **einheitlich Sachverständiger**.[4]

---

1 BGH NJW 1993, 1796, 1797 = WM 1993, 1603; BFH HFR 1965, 487, 488; BVerwG NJW 2011, 1983 Rz. 5; BPatG GRUR 1978, 358, 359 – Druckbehälter.
2 BGH NJW 2003, 570 Rz. 20.
3 Vgl. BGH MDR 1974, 382 – Provence; OLG München JurBüro 1981, 1699; OLG Hamm NJW 1969, 567; OLG Düsseldorf VersR 1983, 544; OLG Hamm NJW 1972, 2003, 2204; OLG Hamm MDR 1988, 418; OLG Hamburg JurBüro 1975, 82, 83; OLG Düsseldorf JurBüro 1986, 1686 = Rpfleger 1987, 40; BVerwG NJW 1986, 2268; OVG Koblenz NVwZ-RR 1992, 592.
4 OLG Hamm NJW 1969, 567.

II. Ursachen des Abgrenzungsbedarfs

Die Ladung einer fachkundigen Beweisperson als sachverständiger Zeuge kann darauf beruhen, dass sie **unabhängig von** einer **Begutachtungssituation Wahrnehmungen** getroffen hat, etwa als behandelnder Arzt einer Partei oder einer anderen Person. Häufig liegt der Grund darin, dass sie die Beweistatsachen **als Privatgutachter** oder als gerichtlich oder behördlich bestellter Sachverständiger in einem anderen Verfahren, u.U. auch in einem früheren Abschnitt desselben Verfahrens, wahrgenommen hat. Als früherer Privatgutachter könnte sie ohne Einverständnis beider Parteien nicht zum neutralen Gerichtsgutachter bestellt werden. Bei früherer Tätigkeit als Gerichts- oder Behördengutachter können Gericht und Parteien sich damit begnügen wollen, ein in dem anderen Verfahren schon erstattetes schriftliches Gutachten urkundenbeweislich zu verwerten. Zeuge kann schließlich auch der mit Erfolg **abgelehnte Sachverständige** sein.

3

Die **Vernehmung** einer derartigen Beweisperson als sachverständiger Zeuge kann unmerklich **in eine Sachverständigenbefragung übergehen**. Dies kann gezielt zur Ergänzung bereits vorliegender fachlicher Äußerungen geschehen, kann aber auch darauf beruhen,[1] dass ihr vom Gericht oder den Parteien über das Beweisthema hinausgehend mehr oder weniger beiläufig Fragen gestellt werden, die Gegenstand eines Sachverständigenbeweises sein könnten, die aber nur eine vorläufige Orientierung bezwecken. Ebenso kann der Zeuge mehr oder weniger ungefragt von sich aus **gutachtliche Äußerungen** abgeben, u.U. bewusst in der Absicht, sich als Sachverständiger in das Verfahren hineinzudrängen. Die niedrigen Entschädigungssätze für Zeugen wecken in allen derartigen Mischfällen die Versuchung, nachträglich in die höhere Sachverständigenvergütung auszuweichen.

4

III. Kriterien der Abgrenzung

Die fachkundige, nicht selten freiberuflich oder sonst selbständig tätige **Beweisperson** ist **vor Ausbeutung ihres Wissens** durch versteckte Beweisermittlungen ebenso zu **schützen**, wie die Parteien vor aufgedrängter Sachkunde. Zudem sind Vorkehrungen gegen prozessual missbräuchliche Beweismittelverschiebungen zu treffen.

5

Für die Einordnung im konkreten Fall kommt es grundsätzlich **nicht** darauf an, **unter welcher Bezeichnung** die Beweisperson **geladen** oder im Terminsprotokoll aufgeführt worden ist; entscheidend ist vielmehr, **was tatsächlich Gegenstand** ihrer (erfolgten oder beabsichtigten, jedoch unterbliebenen) **Vernehmung** war[2] bzw. in welchen Teilen die Aussage vom Gericht verwertet worden ist.[3] Soweit der sachverständige Zeuge in seiner Aussage auf sein Erfahrungswissen zurückgreift und dieses darlegt, um

6

---

[1] Vgl. die Situationsbeschreibungen in OLG Hamm NJW 1972, 2003, 2004 (gutachtliche Stellungnahme „in einem gewissen Umfang" über die Zeugenaussage hinaus); OLG Hamburg JurBüro 1975, 82, 83 und 1985, 1218, 1219; OLG Düsseldorf VersR 1983, 544, 545.

[2] OLG Brandenburg VersR 2006, 237, 238 (missverständlich allerdings der gleichzeitige Hinweis auf den vom Gericht erteilten Auftrag); OVG Koblenz NVwZ-RR 1992, 592; OVG Lüneburg NJW 2012, 1307; Musielak/*Huber*10 § 414 Rz. 2. Zur Entschädigung so ebenfalls: RG JW 1902, 531; OLG Düsseldorf JurBüro 1986, 1686 = RPfleger 1987, 40 (dort nach vorangegangenem schriftlichen Sachverständigengutachten und Ladung als sachverständiger Zeuge); OLG Hamm NJW 1972, 2003, 2004; JurBüro 1975, 1259; VersR 1980, 855; MDR 1988, 418; OLG Hamburg JurBüro 1975, 82, 83 (dort mit Protokollierung der Sachverständigenäußerung); OLG Hamburg BauR 1987, 600; OLG Frankfurt/M. MDR 1993, 391; s. auch OLG Düsseldorf MDR 1975, 326.

[3] OLG Hamm NJW 1972, 2003, 2004. Abweichend OLG Düsseldorf VersR 1983, 544, 545: Maßgeblich sei die formelle Beweisanordnung; gleichwohl erhalte der als sachverständiger Zeuge Geladene Entschädigung wie ein Sachverständiger, wenn das Gericht seine Aussage in dieser Weise verwertet habe; ebenso OLG München JurBüro 1981, 1699 f.

dem Gericht zu veranschaulichen, wie er seine Wahrnehmungen gemacht und die Erkenntnisse gewonnen hat, handelt es sich um einen notwendigen Bestandteil der Aussage als sachverständiger Zeuge, welcher nicht dazu führt, dass die Aussage insoweit bereits den Regeln des Sachverständigenbeweises unterworfen werden müsste.[1] Erst wenn von der Beweisperson darüber hinaus abstrakte Erfahrungssätze erfragt werden, sie um **Anwendung von Erfahrungswissen** auf andere Lebenssachverhalte gebeten wird[2] oder aber der sich nicht mehr erinnernde Zeuge zur Rekonstruktion des vergangenen Geschehens (unter vorrangiger Verwendung seines Erfahrungswissens) außerhalb des Verhandlungstermins aufgefordert wird,[3] handelt es sich der Sache nach insoweit um Sachverständigenbeweis.

7 Auch wenn für die Zuordnung eines Aussageteils in erster Linie dessen inhaltliche Würdigung maßgebend ist, kann zur Ausschaltung beiläufiger und daher irrelevanter Sachverständigenäußerungen auf **zusätzliche Abgrenzungskriterien** nicht verzichtet werden. Kommt es erkennbar zu einer gutachtlichen **Verwertung** in den Entscheidungsgründen, steht dies einer Beweisanordnung zur Einholung eines Gutachtens gleich,[4] wobei eine Beweiswürdigung der Zeugenaussage aber noch nicht als gutachtliche Verwertung anzusehen ist.[5] Fehlt es daran, etwa weil der Rechtsstreit durch Vergleich oder in sonstiger Weise ohne Urteil erledigt worden ist, kommt den **Protokollangaben** Bedeutung zu, die allerdings im Berufungsrechtszug unergiebig sind, wenn es an einer Aussagenprotokollierung fehlt. Hat der sachverständige Zeuge seine Wahrnehmung als **Privatgutachter** gemacht, der ohne Zustimmung der Gegenpartei nicht als Gerichtssachverständiger herangezogen werden kann, spricht eine Vermutung dagegen, dass seine Vernehmung als Sachverständiger beabsichtigt war und erfolgt ist. Ist die Beweisperson hingegen zuvor in einem anderen Verfahren Gerichtsgutachter gewesen, spricht das Überschreiten des Beweisthemas, das im aktuellen Verfahren zu ihrer Vernehmung als Zeuge geführt hat, für deren Behandlung als Sachverständiger.

8 Zur vergütungsrechtlichen und zivilprozessualen Behandlung **gemischter Äußerungen** Rz. 17 f.

§ 174 Prozessuale Behandlung des sachverständigen Zeugen

I. Anwendung des Zeugenbeweisrechts

9 Auf den sachverständigen Zeugen finden die zivilprozessualen **Vorschriften über Zeugen**, nicht die über den Sachverständigen Anwendung.

1. Beweisantrag, Ablehnung, Vernehmung, Vereidigung

10 Einem Zeugenbeweisantrag muss grundsätzlich entsprochen werden, wenn die Beweistatsache entscheidungsrelevant ist, während die Zuziehung eines Sachverständigen von der Sachkunde der Richter abhängt und dessen personelle Auswahl im Ermessen des Gerichts steht. **Worauf** ein **Beweisantrag gerichtet** ist, hat das **Gericht**

---

[1] OLG Hamm MDR 1988, 418 (Befragung eines Privatgutachters zu den von ihm angelegten Kriterien der Ermittlung der Höhe eines Brandschadens).
[2] Vgl. OLG Hamburg JurBüro 1975, 82, 83 (dort: Beantwortung von Fragen zur Häufigkeit unbemerkter Grundberührung von Schiffen und dadurch hervorgerufener Schäden an Ruder und Schraube); OLG Hamm VersR 1980, 855.
[3] So in RG JW 1902, 531 (dort: mit Hilfe von Nachmessungen an einem Schiffsrumpf).
[4] OLG Hamm NJW 1972, 2003, 2004.
[5] OLG Düsseldorf VersR 1983, 544, 545.

unabhängig von der rechtlichen Qualifizierung durch den Antragsteller **zu entscheiden**.

Wird die Vernehmung eines Fachmanns, etwa eines **behandelnden Arztes**, „als sachverständiger Zeuge" beantragt, obwohl das Beweisthema bei zutreffender Einordnung des Antrages die Anwendung von Erfahrungswissen zum Gegenstand hat, nämlich etwa die **Bewertung eines Krankheitszustandes** der behandelten Person, so muss das Gericht dem Vernehmungsantrag nicht folgen, weil der Beweisantrag auf die Erhebung eines Sachverständigenbeweises gerichtet ist.[1] Eine typische Verfahrenssituation tritt ein, wenn nach einem Verkehrsunfall und behauptetem HWS-Schleudertrauma der Arzt benannt wird, der die medizinische Erstuntersuchung vorgenommen hat; dessen Vernehmung als Zeuge zur Ursächlichkeit des Verkehrsunfalls für die vom Geschädigten geltend gemachten Beschwerden kann abgelehnt werden, weil die Beweisfrage ihrer Art nach nur durch einen Sachverständigen beantwortet werden kann.[2] 11

Wird die Vernehmung eines Sachverständigen beantragt, der in einem zwischen anderen Parteien geführten selbständigen Beweisverfahren ein Gutachten erstattet hat und nunmehr zu den **damals „vor Ort" getroffenen Feststellungen** gehört werden soll, darf der Antrag nicht übergangen werden, wenn damit die Vernehmung als sachverständiger Zeuge gemeint ist.[3] Die Feststellung des Wiederbeschaffungswertes eines Fahrzeugs kann nur aufgrund sachverständiger Bewertung getroffen werden.[4] 12

Die beantragte Vernehmung eines sachverständigen Zeugen kann nicht deshalb abgelehnt werden, weil das Gericht **Zweifel an der Sachkunde des Zeugen** (und damit an seiner Wahrnehmungsfähigkeit) hat.[5] Dies wäre eine verbotene vorweggenommene Beweiswürdigung; die Sachkunde des Zeugen ist gegebenenfalls durch Hinzuziehung eines Sachverständigen bei der Vernehmung des Zeugen zu ermitteln.[6] Der sachverständige Zeuge kann **nicht** wegen Besorgnis der **Befangenheit** abgelehnt werden.[7] Gründe, die eine Ablehnung rechtfertigen könnten, wenn der Zeuge Sachverständiger wäre, ist bei der Beweiswürdigung Rechnung zu tragen.[8] Umgekehrt kann der **abgelehnte Sachverständige** als (sachverständiger) Zeuge über die anlässlich der Begutachtung gemachten Wahrnehmungen (nicht über seine Schlussfolgerungen) vernommen werden.[9] Hat der Sachverständige durch eine Zeugenbefragung Tatsachen ermittelt, die später durch Vernehmung dieses Zeugen nicht prozessordnungsgemäß festgestellt werden können, weil er von seinem Zeugnisverweigerungsrecht Gebrauch macht, darf der Sachverständige über die ihm gegenüber gemachten Bekundungen nicht als Zeuge vernommen werden.[10] 13

Der sachverständige Zeuge ist **als Zeuge** zu belehren, zu vernehmen und zu **beeidigen**[11] (zur Reichweite des Sachverständigeneides im Hinblick auf tatsächliche Feststellungen des Sachverständigen näher Kap. 48 Rz. 5 f.). 14

---

1 KG MDR 2014, 717; BVerwG NJW 1986, 2268; s. ferner OLG Hamm VersR 2001, 249.
2 VfGH Berlin VersR 2009, 564, 566 unter Inbezugnahme von BGH NJW 2007, 2122, 2124; OLG Düsseldorf NJW 2011, 3043, 3044.
3 BGH NJW-RR 1991, 254, 255.
4 KG NJW-RR 2011, 608 = VersR 2011, 1154.
5 RG Gruchot 30 (1886), 1024, 1029.
6 RG Gruchot 30, 1029.
7 RGZ 59, 169, 170; Musielak/*Huber*[10] § 414 Rz. 1.
8 BGH MDR 1974, 382 – Provence.
9 BGH NJW 1965, 1492; vgl. eingehend *G. Fezer* JR 1990, 397 ff.
10 So für den Strafprozess bei Angaben zum Tatgeschehen anlässlich der Exploration für eine Glaubhaftigkeitsprüfung BGH NJW 2001, 528, 529.
11 OLG Hamm NJW 1969, 567.

2. Entschädigung

15 Ein sachverständiger Zeuge ist **als Zeuge** zu **entschädigen**.[1] Maßgebend ist § 19 JVEG. Wird eine Beweisperson versehentlich als Sachverständiger statt als Zeuge geladen und ist der Irrtum für sie nicht zu erkennen, erhält sie für die Zeit, die sie zur Vorbereitung einer Gutachtenerstattung im Termin verwendet hat, Entschädigung als Sachverständiger.[2]

II. Gemischte Aussagen

16 Macht die als sachverständiger Zeuge geladene Beweisperson nicht nur Bekundungen über die Wahrnehmung vergangener Tatsachen, sondern weiterhin abstrakte Aussagen, die als Sachverständigenbeweis zu qualifizieren sind, **vereinigt** er in demselben Prozess die **Eigenschaften** eines **Sachverständigen und** eines **Zeugen**.[3]

17 Der Beweisperson gebührt eine **einheitliche**[4] **Vergütung als Sachverständiger**, wenn dieser Teil der Aussage überwogen hat und die Bekundungen auf Veranlassung des Gerichts[5] oder der Parteien mit Duldung des Gerichts[6] geschahen. Unbeachtlich bleiben sachverständige Äußerungen infolge unprovozierten Mitteilungsdrangs des Zeugen.

18 **Zivilprozessual** kommt es auf ein wie auch immer geartetes Überwiegen des zeugenschaftlichen oder gutachtlichen Aussageteils nicht an. Die verschiedenen **Aussageteile** sind **differenziert zu behandeln**: die Beweisperson ist teilweise Zeuge und teilweise Sachverständiger.[7] Es bedarf daher einer entsprechend differenzierten Beweisanordnung, wenn beide Aussageteile verwertet werden sollen.[8] Den Parteien würde bei stillschweigender Verwertung abstrakter sachverständiger Äußerungen anlässlich der Vernehmung als sachverständiger Zeuge die Möglichkeit genommen, insoweit die Beweisperson abzulehnen bzw. bei Zweifeln an ihrer Sachkunde die Erhebung weiteren Sachverständigenbeweises (§ 412) zu beantragen. Die stillschweigende Verwertung abstrakter Ausführungen einer als sachverständiger Zeuge geladenen Beweisperson ist als Verfahrensfehler anzusehen. Die Beweisperson muss gegebenenfalls **beide Eide** leisten.[9]

---

1 OLG Hamm NJW 1972, 2003, 2004; OLG München JurBüro 1981, 1699.
2 KG JurBüro 1992, 633.
3 RG JW 1902, 531; OVG Lüneburg NJW 2012, 1307.
4 OLG Stuttgart JurBüro 1978, 1727, 1728; OLG Hamm JurBüro 1991, 1260; OLG Köln MDR 1993, 391, 392.
5 RG JW 1902, 531.
6 OLG Hamburg JurBüro 1985, 1218, 1219; OLG Köln MDR 1993, 391, 392 m.w.N.
7 So auch MünchKommZPO/*Zimmermann*[4] § 414 Rz. 3, der sich für diese Auffassung allerdings auf Entscheidungen stützt, die alle nur die Frage der Entschädigung betreffen und gerade nichts über die prozessrechtliche Behandlung besagen. OLG Frankfurt NJW 1952, 717 kann wohl, wie *Zimmermann* a.a.O. Fn. 4 meint, als Beleg der gegenteiligen Ansicht herangezogen werden.
8 Vgl. OLG Düsseldorf VersR 1983, 544, 545.
9 Vgl. BGH NStZ 1986, 323; näher dazu Kap. 48 Rz. 5 ff.

Teil 8:
Abnahme von Eiden

Kapitel 51:
Eidesleistung

	Rz.		Rz.
§ 175 Eid, Eidesgleiche Bekräftigung, Versicherung an Eides Statt		I. Anordnung, Belehrung, Protokoll	17
I. Funktion des Eides	1	II. Zeitpunkt der Beeidigung, Berufung auf allgemeine Beeidigung..	20
II. Religiöse Beteuerung, eidesgleiche Beteuerung.............	3	III. Eingangsformel, Eidesnorm, Eidesformel und Erheben der Hand	
III. Versicherung an Eides Statt.....	5	1. Teile der Beeidigung, Vorsprechen	24
IV. Eidespflichtige Personen		2. Fremdsprachiger Eid..........	27
1. Zeuge	8	3. Erheben der Schwurhand.......	28
2. Prozesspartei	10	4. Hör- und sprachbehinderte Personen....................	29
3. Sachverständige, Dolmetscher ..	12	IV. Eidesleistung mehrerer Personen.	30
4. Sonstige	15	V. Beeidigung außerhalb des Prozessgerichts...............	31
V. Höchstpersönlichkeit	16		
§ 176 Abnahme des Eides			

§ 175 Eid, Eidesgleiche Bekräftigung, Versicherung an Eides Statt

Schrifttum:

Dölling, Eid und eidesstattliche Versicherung, NZFam 2014, 112.

I. Funktion des Eides

Die Ableistung des Eides dient der Beteuerung der Richtigkeit einer Aussage oder Begutachtung. Es handelt sich um eine **formelhafte Bekräftigung** mit religiösem Ursprung. Dementsprechend ist die Eidesformel des § 481 Abs. 1 ausgestaltet. Die Beteuerung soll dem Eidespflichtigen die besondere Bedeutung seiner Aussage oder Begutachtung für den Ausgang des Verfahrens vor Augen führen und ihn gegebenenfalls zur Korrektur veranlassen. 1

Begründet wird durch die Eidesleistung die Strafbarkeit einer vorsätzlich oder fahrlässig falschen Aussage nach §§ 154, 161 StGB. Für Zeugen und Sachverständige bedeutet dies eine **Verschärfung der** schon gem. § 153 StGB bestehenden **Strafbarkeit**, nämlich eine Erstreckung auf fahrlässige Begehung und eine Erhöhung des Strafrahmens. 2

II. Religiöse Beteuerung, eidesgleiche Beteuerung

Die religiöse Beteuerung der Eidesformel ist die überkommene Grundform des Eides. Sie entspricht der Formel einer christlich geprägten Gesellschaft. § 481 Abs. 2 gestattet nach freier Wahl des Eidespflichtigen den **Verzicht auf** die **religiöse Beteuerung**. Nach § 481 Abs. 3 darf der Eidespflichtige die Eidesformel der Formel einer **anderen Religions- oder Bekenntnisgemeinschaft** anpassen, der er angehört. Diese Veränderungen tragen heute dem Grundrecht aus Art. 4 Abs. 1 GG Rechnung. 3

4 § 484 Abs. 1 beachtet die Überzeugungen Eidespflichtiger, die eine **Eidesleistung** aus Glaubens- oder Gewissensgründen **völlig ablehnen**. Diese Personen müssen eine Bekräftigung aussprechen, die in den Rechtsfolgen der Eidesleistung entspricht. Die Strafbarkeit dieser Bekräftigung ergibt sich aus der Verweisung des § 155 Nr. 1 StGB auf § 154 und § 161 StGB.

III. Versicherung an Eides Statt

5 § 294 Abs. 1 gestattet zur **Glaubhaftmachung** die Versicherung an Eides Statt, die insbesondere beim Arrest § 920 Abs. 2) und bei der einstweiligen Verfügung (§§ 936, 920 Abs. 2) zulässig ist und die in den Zwangsvollstreckungsfällen des § 899 über die **Richtigkeit des Vermögensverzeichnisses** abzugeben ist.

6 Gemäß **§ 259 Abs. 2** oder § 260 Abs. 2 **BGB**, also **nach materiellem Recht**, kann ein Schuldner zur Abgabe einer eidesstattlichen Versicherung verpflichtet sein, der über eine Vermögensverwaltung Rechenschaft zu legen oder der ein Bestandsverzeichnis aufzustellen hat, wenn der Verdacht der Unrichtigkeit bzw. Unvollständigkeit besteht. Der Inhalt der Versicherung kann nach § 261 BGB an die Umstände des Einzelfalles angepasst werden.

7 Die Abgabe einer eidesstattlichen Versicherung steht bei vorsätzlichem oder fahrlässigen Handeln unter **Strafandrohung** nach §§ 156, 161 Abs. 1 StGB, jedoch gilt bei Vorsatz ein gegenüber dem Meineid abgesenkter Strafrahmen.

IV. Eidespflichtige Personen

1. Zeuge

8 Die Eidespflicht, auch Schwurpflicht genannt, trifft Zeugen, wenn **gem. § 391** eine Beeidigung angeordnet wird, weil das Gericht dies mangels Verzichts der Parteien auf eine Beeidigung wegen der **Bedeutung der Aussage** oder zur Herbeiführung einer **wahrheitsgemäßen Aussage** für geboten erachtet (dazu Kap. 39 Rz. 45). **Minderjährige Zeugen** bis zur Vollendung des 16. Lebensjahres und Personen, die wegen fehlender Verstandesreife oder wegen Verstandesschwäche die Bedeutung des Eides nicht erfassen, dürfen **nach § 393** nicht vereidigt werden.

9 Die Eidesleistung kann nach § 390 **erzwungen** werden.

2. Prozesspartei

10 Die Vereidung einer Prozesspartei richtet sich **nach § 452**. Sie soll Zweifel an der Richtigkeit einer unbeeidigten Aussage überwinden helfen. **Minderjährige Parteien** vor Vollendung des 16. Lebensjahres und prozessunfähige Parteien, die durch einen Betreuer oder Pfleger im Rechtsstreit vertreten sind, sind **nach § 455 Abs. 2** nur zu beeidigen, wenn das Gericht dies nach den Umständen des Falles für angemessen erachtet.

11 Die **Verweigerung des Eides** ist durch Zwang nicht zu überwinden, erlaubt aber nach §§ 453 Abs. 2, 446 Schlussfolgerungen im Rahmen der Beweiswürdigung nach § 286.

3. Sachverständige, Dolmetscher

Ein Sachverständiger kann **nach § 410 Abs. 1** beeidigt werden. Sachverständige können allerdings für die Erstattung von Gutachten der betreffenden Art **allgemein vereidigt** sein. Dann wird das Nachsprechen der Eidesformel im konkreten Fall durch eine Berufung auf den allgemein geleisteten Eid ersetzt. 12

Erzwingbar ist der Sachverständigeneid nach § 409. 13

Für **Dolmetscher** gelten nach **§ 189 GVG** gleichartige Regeln wie für den Sachverständigen. Es gibt also den Einzeleid nach § 189 Abs. 1 GVG und die allgemeine Vereidigung nach § 189 Abs. 2 GVG, auf die sich der Dolmetscher im konkreten Fall[1] nur beruft. Seine Eidesleistung ist zwingend und unverzichtbar vorgeschrieben.[2] Die Eidesverweigerung ist nicht durch Zwang überwindbar; eine § 409 entsprechende Vorschrift ist im GVG nicht enthalten. 14

4. Sonstige

Gegen **Vollstreckungsschuldner**, die nach materiellem Recht zur Abgabe einer eidesstattlichen Versicherung verurteilt worden sind, kann Zwang nach §§ 889 Abs. 2, 888 ausgeübt werden. 15

V. Höchstpersönlichkeit

Die Leistung des Eides, der gleichgestellten Bekräftigung oder der eidesstattlichen Versicherung in der Zwangsvollstreckung ist eine **höchstpersönliche** Verpflichtung. Eine Vertretung ist nicht zulässig. In den Fällen des Parteieides bei **Vertretung prozessunfähiger Personen** ist der gesetzliche Vertreter selbst eidespflichtig. Das Gericht hat sich daher von der **Identität** des Eidespflichtigen zu überzeugen, was durch Einsatz eines Wachtmeisters als Augenscheinsgehilfe schon bei der eventuellen Eingangskontrolle am Gerichtseingang geschehen kann. 16

§ 176 Abnahme des Eides

I. Anordnung, Belehrung, Protokoll

Die Beeidigung bedarf **nicht** der Anordnung durch einen **förmlichen Beweisbeschluss**. 17

Die eidespflichtige Person ist **nach § 480** in angemessener Weise über die Bedeutung des Eides und über die Eidesformel zu belehren. Dazu gehört auch die Belehrung über die Bedeutung und Tragweite der Aussage. Die Belehrung über den Eid erfolgt erst dann detailliert, wenn seine Ableistung konkret beabsichtigt wird. Das Gericht ist jedoch nicht gehindert, schon vor der Aussage bei Ermahnung zur Beachtung der Wahrheitspflicht allgemein auf die Möglichkeit einer Vereidigung hinzuweisen. 18

Die Belehrung ist ebenso wie der Ablauf der Beeidigung nach § 160 Abs. 2 zu **protokollieren**, auch wenn es einer Erwähnung unter den in § 160 Abs. 3 ausdrücklich aufgezählten Protokollgegenständen fehlt. 19

---

[1] Dazu BGH MDR 1982, 685.
[2] BGH NJW 1994, 941; BAG AP Nr. 1 zu § 189 GVG; OLG Hamm ZfS 2004, 184.

II. Zeitpunkt der Beeidigung, Berufung auf allgemeine Beeidigung

20 Für **Zeugen** ist das Gesetz aufgrund einer Änderung des § 392 S. 1 zum **Nacheid** übergegangen; die Aussage ist also zunächst zu erbringen, ehe es eventuell zur Eidesleistung kommt. Nur nach der Aussage ist zu erkennen, ob eine Beeidigung erforderlich ist.

21 Für **Sachverständige** spricht § 410 von der Beeidigung vor oder nach Erstattung des Gutachtens. Üblich ist auch insoweit die nachträgliche Beeidigung, sofern sie überhaupt erforderlich ist. Sofern der Sachverständige **allgemein vereidigt** ist, wird der Einzeleid durch die Berufung auf die allgemeine Vereidigung ersetzt und wird von diesen Sachverständigen üblicherweise schon in das schriftliche Gutachten aufgenommen.

22 Für **Dolmetscher** enthält das GVG keine ausdrückliche Anordnung über den Zeitpunkt. Da sie aber zwingend zu beeidigen sind, ist die Eidesleistung oder die Berufung auf den allgemein geleisteten Eid an den Beginn der Übersetzungstätigkeit zu stellen.

23 Soweit eine **Aussage** in einem späteren Termin **erweitert oder ergänzt** wird und die frühere Aussage bereits Gegenstand einer Beeidigung war, beruft sich die Aussageperson auf den früher schon geleisteten Eid. Die neue Aussage wird durch **§ 155 Nr. 2 StGB** in den Straftatbestand des vorsätzlichen oder fahrlässigen Meineids einbezogen.

III. Eingangsformel, Eidesnorm, Eidesformel und Erheben der Hand

1. Teile der Beeidigung, Vorsprechen

24 Zu unterscheiden sind die Begriffe, Eingangsformel, Eidesnorm und Eidesformel. Die **Eingangsformel** hat der Richter vorzusprechen. Sie lautet gem. § 481 Abs. 1: „Sie schwören bei Gott dem Allmächtigen und Allwissenden".

25 Darauf folgt die vorzusprechende **Eidesnorm**, die sich nach der prozessualen Stellung der Aussageperson richtet. Für Zeugen ergibt sie sich aus § 392 S. 3. Für Sachverständige ist die Eidesnorm dem § 410 Abs. 1 S. 2 zu entnehmen und für Dolmetscher dem § 189 Abs. 1 S. 1 GVG.

26 Den Abschluss der Beeidigung bildet die **Eidesformel** des § 481 Abs. 1, die der Richter ebenfalls vorzusprechen und die der Eidespflichtige zu wiederholen hat. Sie lautet: „Ich schwöre es, so wahr mir Gott helfe".

2. Fremdsprachiger Eid

27 Ein Eid kann nach **§ 188 GVG** von Personen, die der deutschen Sprache nicht mächtig sind, auch in der ihnen geläufigen Sprache geleistet werden.

3. Erheben der Schwurhand

28 Zur Formelhaftigkeit der Eidesleistung gehört nach § 481 Abs. 4 das Erheben der **rechten Hand**. Der Richter sollte dabei darauf achten, dass Zeugen ihre linke Hand für ihn sichtbar ablegen oder halten. Nach abergläubischen Vorstellungen, die aber das Unrechtsbewusstsein eines eidespflichtigen Zeugen prägen können, ist eine „**Ableitung des Eides**" mit der anderen Hand möglich.

4. Hör- und sprachbehinderte Personen

§ 483 erlaubt eine Modifizierung der Eidesleistung, wenn die eidespflichtige Person hörbehindert oder sprachbehindert ist. Möglich ist ein **Abschreiben** oder **Unterschreiben** der Eidesformel, die Hinzuziehung eines **Gebärdendolmetschers** oder die Verwendung anderer technischer Hilfsmittel. Damit wird lediglich die allgemeine Vorschrift des § 186 **GVG** wiederholt.

29

IV. Eidesleistung mehrerer Personen

Sind mehrere Personen zu beeidigen, kann das Vorsprechen des Eides gem. § 392 S. 2 bzw. gem. §§ 402, 392 S. 2 **gleichzeitig** erfolgen. Anzupassen ist nur der jeweilige Inhalt der Eidesnorm. Nicht anzuwenden ist diese Erleichterung auf den Parteieid.

30

V. Beeidigung außerhalb des Prozessgerichts

Grundsätzlich hat die Vereidigung vor dem **Prozessgericht** zu erfolgen. **Ausnahmen** sieht § 479 vor. Zur Überwindung des verhinderten Erscheinens des Eidespflichtigen vor dem Prozessgericht oder zur Vermeidung einer unzumutbaren Reise kann die Eidesleistung vor dem beauftragten Richter oder dem Rechtshilferichter stattfinden.

31

Der **Bundespräsident** hat den Eid gem. § 479 in seiner Wohnung zu leisten, sofern er nicht von sich am Sitz des Prozessgerichts oder eines andere Gerichts erscheinen. Diese Regelung setzt fort, was § 375 Abs. 2 für die Vernehmung des Bundespräsidenten anordnet.

32

Teil 9:
Selbständiges Beweisverfahren

Kapitel 52:
Vorgezogene Beweisaufnahme, Abgrenzung zum einstweiligen Verfügungsverfahren

	Rz.		Rz.
§ 177 Funktionen des Verfahrens: Beweiskonservierung, Abschätzung der Prozessaussichten		VII. Abgrenzung zu § 410 Nr. 2 FamFG, Schiedsgutachtenverfahren	19
I. Sicherung des Beweises durch vorgezogene Beweiserhebung und Rechtsstreitvermeidung		VIII. Einfluss des Unionsrechts und völkerrechtlicher Verträge	24
1. Gesetzesgeschichte	1	**§ 178 Verfahrensverselbständigung**	
2. Prozessverhütung durch endgültige Streiterledigung	3	I. Streitverkündung und Nebenintervention	
3. Zulässige Beweismittel	5	1. Analoge Anwendung der §§ 66 ff. ZPO	27
II. Tatsachenfeststellung ohne Streitentscheidung	9	2. Verjährungshemmung, Alternativverfahren	31
III. Qualifizierung als streitiges Verfahren	10	3. Kostenerstattung	33
IV. Erleichterung der Prozessdarlegung durch vorprozessuale Parteiinformation	11	II. Kosten, Prozesskostenhilfe	34
V. Verfassungsrechtliche Rechtfertigung isolierter Beweiserhebung	13	III. Verjährung	
		1. Eintritt der Hemmungswirkung	38
		2. Wegfall der Hemmungswirkung	44
VI. Analoge Anwendung der §§ 485 ff., ähnliche Verfahren	15	IV. Sonstiges	50

Schrifttum:

H.-J. Ahrens, Internationale Beweishilfe bei Beweisermittlungen im Ausland nach Art. 7 der Enforcementrichtlinie, Festschrift M. Loschelder (2010), S. 1; *Altschwager*, Das Schiedsgutachtenverfahren nach § 18 Nr. 3 VOB/B – ein vergessenes Verfahren, BauR 1991, 157; *v. Bernuth*, Schiedsgutachterabreden und die Durchführung selbständiger Beweisverfahren, ZIP 1998, 2081; *Bischof*, Streitwert- und Kostenentscheidungsprobleme des neuen selbständigen Beweisverfahrens, JurBüro 1992, 779; *Bork*, Effiziente Beweissicherung für den Urheberrechtsverletzungsprozeß – dargestellt am Beispiel raubkopierter Computerprogramme, NJW 1997, 1665; *Cuypers*, Das selbständige Beweisverfahren in der juristischen Praxis, NJW 1994, 1985; *Cuypers*, Die Streitverkündung im Bauprozeß und selbständigen Beweisverfahren, ZfBR 1998, 163; *Cuypers*, Bauvertragsrecht, 1998; *Cuypers*, Die Beteiligung mehrerer in selbständigen Beweisverfahren in Bausachen – eine Bilanz nach 10 Jahren, MDR 2004, 314; *Cuypers*, Feststellungen im selbständigen Beweisverfahren – eine Bilanz nach 10 Jahren, MDR 2004, 244; *Eibner*, Das Ende des Streits um die Streitverkündung im selbständigen Beweisverfahren?, BauR 1998, 497; *Enaux*, Rechtliche Probleme bei der Streitverkündung im selbständigen Beweisverfahren in Bausachen, Festschrift Walter Jagenburg (2002), S. 147; *Fellner*, Selbständiges Beweisverfahren (§ 485 Abs. 2 ZPO) – Mittel der Streitschlichtung und Schaffung eines Hemmungstatbestandes, MDR 2014, 66; *Fink*, Das selbständige Beweisverfahren in Bausachen, 2005; *Garger*, Das Sachverständigenverfahren im Versicherungsvertragsrecht, 2002; *Gniadek*, Die Beweisermittlung im gewerblichen Rechtsschutz und Urheberrecht, 2011 (Rezension Götz GRUR Int. 2012, 595); *Stephan Greim*, Probleme des neuen selbständigen Beweisverfahrens am Beispiel von Bausachen, Diss. jur. Potsdam 1996; *Hansens*, Selbständiges Beweisverfahren – Anwaltsvergütung, Gegenstandswert, Kostenerstattung Rpfleger 1997, 363; *Hoek*, Zum Anspruch auf Beweissicherung auf fremdem Grund und Boden, BauR 1999, 221; *Hoeren*, Streitverkündung im selbständigen Beweisverfahren, ZZP 108 (1995), 343; *Kleine-Möller/Merl*, Handbuch des privaten Baurechts, 4. Aufl. 2009, § 17; *Kniffka/Koeble*, Kompendium des Baurechts, 3. Aufl. 2008; *Kroppen/Heyers/Schmitz*, Beweissicherung in Bausachen, 1982; *Motzke/Bauer/Seewald* (Hrsg.), Prozesse in Bausachen, 2009; *Mugler*, Das selbständige Beweisverfahren nach dem Rechtspflege-Vereinfachungsgesetz, BB 1992, 797; *Pauly*, Das selbständige Beweisverfahren in Bausachen, JR 1996, 269; *Pauly*, Das selbständige Beweisverfahren in der Baurechts-Praxis, MDR 1997, 1087; *Schilken*, Grundlagen des Beweissicherungsverfahrens, ZZP 92 (1979), 238; *Schreiber*, Das selbständige Beweisverfahren, NJW 1991, 2600; *Seibel*, Selbständiges Beweisverfahren, 2013; *Siegburg*, Gewährleistung beim Bauvertrag, 3. Aufl. 1994, Rz. 663 ff.; *Barbara Sommer*, Die Beweisbeschaffung im einstweiligen Rechtsschutz, Diss. Saarbrücken 2013; *Sturmberg*, Selbständiges Beweisverfahren und Beweisaufnahme im Zivilprozeß, 1998; *Sturmberg*, Die Beweissicherung, 2003; *Thieme*, Das „neue" selbständige Beweisverfahren, MDR 1991, 938; *Ulrich*, Grundzüge des selbständigen Beweisverfahrens im Zivilprozeß, AnwBl. 2003, 26 (1. Teil), 78 (2. Teil), 144 (3. Teil); *Ulrich*, Selbständiges Beweisverfahren mit Sachverständigen, 2. Aufl. 2008; *G. Weber*, Die Verdrängung des Hauptsacheverfahrens durch den einstweiligen Rechtsschutz in Deutschland und Frankreich, 1993, S. 73 ff.; *Weise*, Praxis des selbständigen Beweisverfahrens, 1. Aufl. 1994 und 2. Aufl. 2002; *Werner/Pastor*, Der Bauprozess, 14. Aufl. 2013, Rz. 1 ff.; *Weyer*, Erste praktische Erfahrungen mit dem neuen selbständigen Beweisverfahren BauR 1992, 313; *Wussow*, Das gerichtliche Beweissicherungsverfahren in Bausachen, 2. Aufl. 1981; *Wussow*, Probleme der gerichtlichen Beweissicherung in Baumängelsachen, NJW 1969, 1401; *Zwanziger*, Das selbständige Beweisverfahren in der Arbeitsgerichtsbarkeit, ZZP 109 (1996), 79.

§ 177 Funktionen des Verfahrens: Beweiskonservierung, Abschätzung der Prozessaussichten

I. Sicherung des Beweises durch vorgezogene Beweiserhebung und Rechtsstreitvermeidung

1. Gesetzesgeschichte

1 Das Beweissicherungsverfahren der am 1.10.1879 in Kraft getretenen CPO beruhte auf der gemeinrechtlichen Lehre des „Beweises zum ewigen Gedächtnis" (probatio ad perpetuam rei memoriam).[1] Es war ebenfalls schon ein verselbständigtes Verfahren, allerdings mit dem beschränkten Verfahrenszweck der vorsorglichen Beweisführung. Eine vom streitigen Verfahren abgelöste Beweisaufnahme sollte möglich sein, wenn der **Verlust** oder die erschwerte Benutzung des **Beweismittels** drohte. Sofern ein rechtliches Interesse vorlag, ließ § 485 a.F. ZPO auch die Feststellung des Zustandes einer Sache zu. Außerdem kam nach altem Recht eine Beweissicherung in Betracht, wenn der Gegner einer solchen zustimmte.

2 Mit dem am 1.4.1991 in Kraft getretenen **Rechtspflege-Vereinfachungsgesetz** vom 17.12.1990[2] sind die §§ 485 ff. des ehemaligen Beweissicherungsverfahrens **grundlegend reformiert** und zu einem selbständigen Beweisverfahren ausgestaltet worden. Die Beweissicherungsfunktion ist mit der Neuregelung nicht obsolet geworden, sondern wird von dem Verfahren auch weiterhin erfüllt.

---

1 *Hahn* Die gesamten Materialien zu den Reichs-Justizgesetzen, Bd. 2/I, S. 342 f.; *Marcus* Gruchots Beiträge 34 (1890), 365, 366; *Schilken* ZZP 92 (1979), 228, 241; vgl. zum „Beweis zum ewigen Gedächtnis" *Endemann* Das deutsche Zivilprozeßrecht, 1868, § 161 (S. 607 ff.).
2 BGBl. I 1990, 2847.

2. Prozessverhütung durch endgültige Streiterledigung

Mit der **Neuregelung** von 1990 sollten die **Aufgaben** des Verfahrens nach §§ 485 ff. **deutlich erweitert** werden.[1] Ausgangspunkt war die Überlegung, dass sich in einer Vielzahl von Fällen der Streit der Parteien auf tatsächliche Fragen beschränkt. Tatsachenfeststellung hilft die Prozessaussichten klären. Unter prinzipieller Aufrechterhaltung der aus dem Prinzip der Beweisunmittelbarkeit zu rechtfertigenden tatbestandlichen Anforderungen des § 485 a.F. (§ 485 Abs. 1 n.F.) sind die Voraussetzung für die schriftliche Begutachtung durch einen Sachverständigen in § 485 Abs. 2 gelockert worden. Hierdurch sollen die Parteien die Möglichkeit erhalten, ohne Klageerhebung ihren Streit auf eine gesicherte Tatsachengrundlage zu stellen und somit einen Prozess zu vermeiden. Mit diesem **Ziel der Prozessvermeidung** korrespondieren weitere 1991 in Kraft gesetzte Änderungen, insbesondere die in § 492 Abs. 3 vorgesehene Möglichkeit einer Erörterung nebst Protokollierung eines gerichtlichen Vergleichs. 3

Auch soweit es um Prozessvermeidung als Verfahrensziel geht, handelt es sich nicht um ein Streitentscheidungsverfahren. **Art. 6 Abs. 1 EMRK** ist daher **nicht** auf das selbständige Beweisverfahren **anwendbar**, so wie alle interlokutorischen Verfahren ausgenommen sind.[2] 4

3. Zulässige Beweismittel

Für ein verselbständigtes Beweisverfahren muss u.a. festgelegt werden, über welche tatsächlichen Sachverhalte es stattfinden soll, auf welche Beweismittel des Strengbeweises es erstreckt werden darf, ob in eine richterliche Beweiswürdigung des Wertes der Beweismittel einzutreten ist und ob bzw. inwieweit die Beweiserhebung nur für etwaige zukünftige Prozesse oder auch außerhalb eines bereits anhängigen Prozesses zulässig ist. 5

Nicht selbstverständlich ist die Ausklammerung der **Parteivernehmung**, die etwa nach Art. 222 der früheren bernischen ZPO bei Gefahr des Ablebens der Partei oder wegen deren bevorstehender längerer Abwesenheit zulässig ist. Die Nichtberücksichtigung in der ZPO ist nach Abschaffung des gestabten Parteieides und Einführung der Parteivernehmung ein Anachronismus. **Urkunden** sind in der ZPO an anderer Stelle berücksichtigt worden. Deren Echtheit oder Unechtheit kann mit der Klage nach § 256 Abs. 1 festgestellt werden. Dieses selten benutzte Verfahren ergänzt das selbständige Beweisverfahren der §§ 485 ff. 6

Ausgeklammert ist aus § 485 Abs. 2 auch die **Augenscheinseinnahme**. Daraus resultieren Abgrenzungsprobleme, wenn es um die Erhebung von Befundtatsachen geht, die nur ein Sachverständiger als Augenscheinsmittler feststellen kann, ohne dass zugleich ein Gutachten erstattet werden soll. Bei einer Kombination von Augenscheinseinnahme durch den Sachverständigen und Gutachtenerstattung ist ein einheitlicher Sachverständigenbeweis gegeben, der unter § 485 Abs. 2 fällt. Dies sollte aber auch bei bloßer Erhebung von Befundtatsachen gelten (dazu auch Kap. 22 Rz. 80 f.). Bedeutung hat dies für die Realisierung von **Besichtigungsansprüchen nach § 809 BGB** zur Aufklärung von Schutzrechtsverletzungen bei den Rechten des geistigen Eigentums. Sie ist im Vorfeld eines Verletzungsprozesses zu ermöglichen, wie Art. 7 der Richtlinie 2004/48/EG zur Durchsetzung der Rechte des geistigen Eigentums und Art. 43 TRIPS-Abkommen vorschreiben (dazu Kap. 7 Rz. 36). 7

---

1 Begründung zum RegE-RpflVG, BT-Drucks. 11/3621, S. 23.
2 EGMR, Urt. v. 25.3.2004 – Rs. 71888/01, Lamprecht/Österreich, ÖJZ 2004, 818, 819 (zum österr. Beweissicherungsverfahren).

8 **Rechtspolitische Alternative** dazu ist der Einsatz des einstweiligen Verfügungsverfahrens, in dem der **Anspruch aus § 809 BGB** – die Hauptsache des Besichtigungsanspruchs vorwegnehmend – **tenoriert** wird. Dieser Weg führt über § 892 sogar zur direkten Erzwingung der Besichtigung, während ein rein beweisrechtliches Vorgehen über einen erweiterten § 485 Abs. 2 bei Weigerung des zur Duldung der Besichtigung verpflichteten Antragsgegners nur mittelbare Sanktionen unter dem Gesichtspunkt der Beweisvereitelung auslösen würde. Die Ausnahme des unmittelbaren Zwangs kennt nur § 372a Abs. 2. Tatsächlich handelt es sich um einen Zwitter aus Beweiserhebung durch einen Sachverständigen und materiell-rechtlicher Zugangsverschaffung zum Beweisobjekt.[1]

II. Tatsachenfeststellung ohne Streitentscheidung

9 Von welchem Sachverhalt der Richter im Prozess auszugehen hat, wird weitgehend vom beiderseitigen Parteivortrag bestimmt. Behaupten, Bestreiten, Nichtbestreiten und Geständnis entscheiden über den Umfang der Beweisbedürftigkeit. Nur widerstreitende tatsächliche Behauptungen bedürfen der Feststellung durch Beweiserhebung. Vorprozessual ist darüber wenig oder nichts bekannt. Ein isoliertes Beweisverfahren kann daher nur auf **Vermutungen** des Antragstellers über mögliche **künftige Beweisbedürftigkeit** aufbauen und sich auf vorprozessual bereits konkret erkennbare Streitpunkte ausrichten oder sich an anwaltlicher Lebenserfahrung orientieren. Es fehlt außerdem die Steuerung durch Prüfung der rechtlichen Relevanz des Tatsachenvortrags im Rahmen einer richterlichen **Schlüssigkeitsprüfung**. Anlass für eine richterliche Überzeugungsbildung von der Wahrheit einer Tatsachenbehauptung besteht deshalb in dieser Situation nicht.

III. Qualifizierung als streitiges Verfahren

10 Unterschiedlich beantwortet wird die Frage, ob das selbständige Beweisverfahren, das von „Partei" und „Gegner", nicht aber von „Beteiligten" spricht, ein Teil der streitigen Gerichtsbarkeit ist.[2] Ein Beweisverfahren kann allerdings **ohne bezeichneten Gegner** stattfinden (§ 494); die verjährungsunterbrechende Wirkung des selbständigen Beweisverfahrens (§ 204 Abs. 1 Nr. 7 BGB) tritt in diesem Fall nicht ein (vgl. Kap. 55 Rz. 121). Gleichwohl hat auch das gegnerlose Verfahren **prozesspräparatorischen Charakter**. Es ist daher ebenfalls der streitigen Gerichtsbarkeit zuzuordnen.[3] Eine praktische Relevanz des Streits besteht nicht, es sei denn, daraus sollten Schlüsse auf die Anwendbarkeit allgemeiner Verfahrensregeln gezogen werden, was jedoch nicht erkennbar ist und abzulehnen wäre. Zweifelsfragen über die Anwendbarkeit von Normen der ZPO wie z.B. der Streitverkündung (§§ 72 ff.; Rz. 27 ff.) sind jeweils eigenständigen Wertungen folgend zu lösen.

---

[1] Näher dazu *Ahrens* Festschrift Loschelder (2010), S. 1, 2.
[2] Bejahend *Schilken* ZZP 92 (1979), 238, 239 ff.; *Rosenberg/Schwab/Gottwald*[17] § 117 Rz. 1; Stein/Jonas/*Leipold*[22] vor § 485 Rz. 2; differenzierend *Hoeren* ZZP 108 (1995), 343, 349 f., 352 f.; s. auch Zöller/*Herget*[30] vor § 485 Rz. 3.
[3] Generell in diesem Sinne *Schilken* ZZP 92 (1979), 238, 241 f.; vgl. ferner *Hahn*, Mat. 2/1, S. 343; *Marcus* Gruchot 34 (1890), 365, 368.

IV. Erleichterung der Prozessdarlegung durch vorprozessuale Parteiinformation

Die Beschaffung von Informationen über den Prozessstoff des Zivilprozesses kann auch Informationsbeschaffung durch Beweispersonen und Beweisobjekte in einer vorweggenommenen Beweisaufnahme bedeuten. Der englische und der US-amerikanische Zivilprozess kennen ein vorgelagertes Verfahrensstadium zur Vorbereitung der konzentrierten Hauptverhandlung (trial), in dem eine Sichtung der Beweismittel (**pretrial discovery** bzw. **disclosure**) üblich ist (Kap. 53 Rz. 12 ff.). Es dient der Beweisbeschaffung, wobei die Reichweite der Ausforschung und die Möglichkeit zum Missbrauch der Institution für verfahrensfremde Zwecke in den einzelnen Prozessordnungen unterschiedlich begrenzt werden; überwiegend findet danach eine Hauptverhandlung gar nicht mehr statt. Der andere Verfahrenshintergrund erlaubt keine Gleichsetzung mit dem selbständigen Beweisverfahren der ZPO. **Funktionale Äquivalente** zur vorprozessualen Information sind im deutschen Recht materiell-rechtliche Auskunftsansprüche sowie im Umfang variierende Substantiierungslasten und differenzierende Verteilungen von Darlegungs- und Beweislasten im Prozess (eingehend zu Mitwirkungspflichten der Parteien bei der Stoffsammlung; Kap. 7 Rz. 11 ff.).

11

Ausforschung soll mit dem selbständigen Beweisverfahren nicht betrieben werden dürfen[1] (dazu Kap. 55 Rz. 30 und 34). Die Grenzen sind aber vage, was mangels richterlicher Schlüssigkeitsprüfung auch nicht verwundert. So kann das Verfahren gegen mehrere Antragsgegner betrieben werden, um den **richtigen Anspruchsgegner herauszufinden**[2] (Kap. 55 Rz. 30), und der Schadenserforschung durch Sachverständige dienen (Kap. 54 Rz. 50 und 58).

12

V. Verfassungsrechtliche Rechtfertigung isolierter Beweiserhebung

In der Schweiz ist die Frage nach einem verfassungsrechtlich fundierten „**Recht auf Beweis**" aufgeworfen worden, vor dem sich Bereitstellung und Reichweite bzw. Beschränkung der vorsorglichen Beweisführung rechtfertigen sollen.[3] In Deutschland ließe es sich aus dem Anspruch auf **effektive Justizgewährung** (Art. 19 Abs. 4 GG, Rechtsstaatsprinzip)[4] ableiten (dazu Kap. 1 Rz. 35).[5]

13

Beschränkungen bestehen insbesondere durch den **numerus clausus** der zugelassenen **Beweismittel** und das Erfordernis eines in § 485 näher ausformulierten rechtlichen Verfahrensinteresses. Die Abklärung der Aussichten eines künftigen Rechtsstreits verbunden mit der Chance vereinfachter Streiterledigung („Vermeidung eines Rechtsstreits" – § 485 Abs. 2 S. 2) muss vom Gesetzgeber von Verfassungs wegen nicht ermöglicht werden. Auch die Vermeidung künftiger Beweisnot infolge Beweismittelverlustes steht unter Abwägungsvorbehalt des **Gesetzgebers**, der das Prinzip der Beweisunmittelbarkeit dagegen in **voller Gestaltungsfreiheit** austarieren darf.[6]

14

---

1 Vgl. nur RegE Rpfl.VereinfG, BT-Drucks. 11/3621, S. 41.
2 OLG Frankfurt/M. BauR 1995, 275.
3 *Kofmel* Das Recht auf Beweis im Zivilverfahren, Bern 1992.
4 Vgl. dazu Wieczorek/Schütze/*Prütting*[3] Einl. Rz. 94 f.
5 Zur Bereitstellung wirksamen Rechtsschutzes in angemessener Zeit BVerfGE 54, 39, 41; 55, 349, 369; 60, 253, 269; 93, 1, 13.
6 A.A. für das Schweizer. Recht *Kofmel* a.a.O. S. 278 f.

VI. Analoge Anwendung der §§ 485 ff., ähnliche Verfahren

15 Kraft der Verweisung des § 46 Abs. 2 S. 1 ArbGG sind die Vorschriften der §§ 485 ff. im arbeitsgerichtlichen Urteilsverfahren anwendbar. §§ 80 Abs. 2 und 87 Abs. 2 ArbGG dehnen dies mittelbar auf Beschlussverfahren aus. Bedeutung hat das selbständige Beweisverfahren im **Arbeitsrechtsstreit** kaum,[1] am ehesten in der Form der Beweissicherung. Die Notzuständigkeit des Amtsgerichts (§ 486 Abs. 3) gilt auch hier.[2]

16 Auf Verfahren der **Freiwilligen Gerichtsbarkeit**, die als streitige Verfahren zu qualifizieren sind, sind die §§ 485–494a gem. § 30 FamFG anzuwenden.[3] Das traf früher für Wohnungseigentumssachen zu,[4] die inzwischen aber ohnehin der ZPO unterstellt sind. (s. dazu auch Kap. 57 Rz. 57).

17 Die **Strafprozessordnung** kennt eigene Beweissicherungsmaßnahmen, die der **Beweisgewinnung** dienen (Beschlagnahme, Durchsuchung, Überwachung und Aufzeichnung des Fernmeldeverkehrs, §§ 94 ff. StPO; körperliche Untersuchung, Aufnahme von Lichtbildern und Fingerabdrücken, §§ 81a ff. StPO; Leichenschau und Obduktion, §§ 87 ff. StPO). Eigenständig geregelt sind auch die Beweissicherungsmöglichkeiten der Verfahrensgesetze anderer **Gerichtszweige mit Amtsermittlungsprinzip** (vgl. § 98 VwGO, § 76 SGG,[5] § 82 FGO); sie sind bewusst auf Beweissicherung beschränkt geblieben, weil die Sachverhaltsermittlung einschließlich der Beweiserhebung außerhalb eines anhängigen gerichtlichen Verfahrens grundsätzlich **Aufgabe der Behörden** ist.[6]

18 Verfahren mit Unterschieden, aber auch Parallelen zum selbständigen Beweisverfahren finden sich für Binnenschiff- und Floßunfälle in dem **Verklarungsverfahren** der §§ 11 ff. Binnenschiffahrtsgesetz.[7] Auch das Verklarungsverfahren ist ein Verfahren der freiwilligen Gerichtsbarkeit (§ 375 Nr. 2 FamFG).[8]

VII. Abgrenzung zu § 410 Nr. 2 FamFG, Schiedsgutachtenverfahren

19 § 410 Nr. 2 FamFG ex § 164 FGG sieht die Ernennung eines Sachverständigen durch ein Amtsgericht vor, wenn dem Antragsteller nach den Vorschriften des Bundesrechts (BGB oder anderer Bundesgesetze) ein materiell-rechtlicher Anspruch auf **Untersuchung einer Sache** zusteht, durch die deren Zustand oder Wert festgestellt werden soll. Beispiele hierfür finden sich in den §§ 1034, 1067 Abs. 1 Satz 2, 1075 Abs. 2 BGB (Feststellung des Zustandes bzw. Wertes einer mit einem Nießbrauch belasteten Sache), § 1377 Abs. 2 Satz 3 BGB (Bestimmung des Anfangsvermögens bei Zugewinngemeinschaft), § 2122 BGB (Zustand einer Sache bei Nacherbschaft) sowie im Transportrecht (veraltete Regelungen über die Feststellung von Transportschäden zur Ver-

---

[1] S. jedoch LAG Hamm NZA-RR 1997, 103 f. (Schimmelpilzbefall am Arbeitsplatz).
[2] Zum Beweisverfahren in der Arbeitsgerichtsbarkeit *Zwanziger* ZZP 109 (1996), 79 ff.
[3] Zum FGG: BayObLG NJW-RR 1996, 528.
[4] BayObLG NJW-RR 1996, 528 = MDR 1996, 144; OLG Hamburg OLGZ 1993, 320 f. = ZMR 1993, 183 f.
[5] Zum Zusammenhang zwischen schuldhafter Beweisvereitelung des Gegners und unterlassener eigener Einleitung eines Beweisverfahrens BSG NJW 1994, 1303.
[6] RegE Rpfl.VereinfG BT-Drucks. 11/3621, S. 24.
[7] Gesetz v. 15.6.1895 i.d.F. der Bekanntmachung vom 20.5.1898, RGBl. S. 369, 868, geändert durch Gesetz zur Änderung der Haftungsbeschränkung in der Binnenschiffahrt v. 25.8.1998, BGBl. I 1998, 2485. Zum dortigen Verfahren SchiffOG Karlsruhe NZV 1993, 441; Wussow/*Kürschner* Unfallhaftpflichtrecht, 15. Aufl. 2002, Kap. 67 Rz. 9 ff.; *v. Waldstein* Das Verklarungsverfahren im Binnenschiffahrtsrecht, 1992, S. 118 ff.
[8] SchiffOG *Karlsruhe* NZV 1993, 441 (gegen analoge Anwendung des § 494a).

meidung des Anspruchsverlustes gegen den Frachtführer, §§ 438 Abs. 2 und 3 HGB,[1] 611 Abs. 2 HGB).

§ 410 Nr. 2 FamFG dient der Verwirklichung eines **materiell-rechtlichen Anspruchs auf Begutachtung**, während die §§ 485 ff. ZPO zur Durchsetzung eines materiell-rechtlichen Anspruches eine Tatsachenfeststellung ermöglichen. Das Verfahren nach § 410 Nr. 2 FamFG löst im Gegensatz zum selbständigen Beweisverfahren (vgl. § 493 Abs. 1 ZPO) keinerlei Bindungswirkung aus.[2] Beide Verfahren stehen zur freien Auswahl des Antragstellers selbständig nebeneinander. 20

Mit der Einleitung des einen Verfahrens geht nicht schlechthin das **Rechtsschutzbedürfnis für** das **andere Verfahren** verloren.[3] Allerdings darf eine aus den Feststellungen des nach § 410 Nr. 2 FamFG bestellten Sachverständigen eventuell resultierende materiell-rechtliche Bindungswirkung nicht durch ein selbständiges Beweisverfahren umgangen werden (vgl. dazu die Ausführungen zum Schiedsgutachtervertrag Kap. 55 Rz. 19). Es ist sorgfältig zu prüfen, was Gegenstand der Sachverständigenbegutachtung (nur dann stellt sich überhaupt die Abgrenzungsfrage) sein soll. Feststellungen **materiell-rechtlicher Anspruchsvoraussetzungen**, die auf entsprechender gesetzlicher Grundlage dem Sachverständigen obliegen, erfolgen nach § 410 Nr. 2 FamFG, ansonsten kommt § 485 ZPO zur Anwendung. Ein selbständiges Beweisverfahren auf Einnahme richterlichen Augenscheins oder Vernehmung von Zeugen (§ 485 Abs. 1, 1. Variante, 2. Variante) ist neben einem Verfahren nach § 410 Nr. 2 FamFG unbeschränkt zulässig. 21

Entsprechendes gilt für das Verhältnis der Sachverständigenverfahren nach **§ 84 VVG** zum selbständigen Beweisverfahren der §§ 485 ff.[4] Es handelt sich bei ihnen um **Schiedsgutachtenverfahren**.[5] Ferner kann das Schiedsgutachtenverfahren nach **§ 18 Nr. 3 VOB/B** mit dem selbständigen Beweisverfahren kumulativ zusammentreffen.[6] 22

Durch eine Schiedsgutachtervereinbarung wird das Vorgehen nach **§§ 485 ff. nicht ausgeschlossen**.[7] **Wesentliche Unterschiede** bestehen darin, dass das Gericht auf eine sachgerechte und zügige Begutachtung mehr Einfluss nehmen kann als die Parteien auf einen von ihnen beauftragten Schiedsgutachter, was bei Eilbedürftigkeit der Beweiserhebung bedeutsam ist, und dass die justizförmige Beweiserhebung regelmäßig bindend ist, während ein Schiedsgutachten bei Streit über die Wirksamkeit der Abrede eventuell nachträglich für nichtbindend erklärt wird.[8] Kann allerdings nach Einholung des Gerichtsgutachtens noch eine Schiedsgutachterbeurteilung stattfinden und ist die zugrunde liegende Vereinbarung rechtswirksam, hat das **Schiedsgutachten Vorrang** bei der nachfolgenden Streitentscheidung; durch Einleitung eines selbständigen Beweisverfahrens darf sich der Antragsteller nicht seinen vertraglichen Bindungen, die u.a. die Auswahl eines personell bestimmten Sachverständigen betreffen können, entziehen.[9] 23

---

1 Vgl. dazu MünchKommHGB/*Herber/Eckardt*, Band 7, 2. Aufl. 2009, § 438 Rz. 13 ff., 22.
2 Vgl. BayObLG OLGRspr. 43 (1924), 207 f.
3 A.A. Stein/Jonas/*Leipold*[22] vor § 485 Rz. 5.
4 Noch weitergehend LG München NJW-RR 1994, 255 f., welches anscheinend immer ein selbständiges Beweisverfahren nach §§ 485 ff. neben einem Verfahren nach § 84 ex § 64 VVG für möglich hält (Grund: mögliche Einigung der Parteien und Verzicht auf Schiedsgutachten nach Vorlage des gerichtlichen Sachverständigengutachtens).
5 BGH VersR 1976, 821, 823.
6 Vgl. dazu *Altschwager* BauR 1991, 157, 161 ff.; *Ulrich* AnwBl. 2003, 26, 28.
7 OLG Brandenburg NJW-RR 2002, 1537, 1538; *v. Bernuth* ZIP 1998, 2081, 2084; a.A. OLG Hamm NJW 1998, 689 („unnütze Beweiserhebung" nach Einleitung des Sachverständigenverfahrens gem. § 14 AKB).
8 OLG Brandenburg NJW-RR 2002, 1537, 1538.
9 Vgl. dazu *v. Bernuth* ZIP 1998, 2081, 2084 f.

VIII. Einfluss des Unionsrechts und völkerrechtlicher Verträge

24 Die Anwendung **nationalen Prozessrechts** kann trotz fehlender Zuständigkeit der EU zur Rechtsetzung auf diesem Gebiet ausnahmsweise **durch** Normzwecke des **Unionsrechts modifiziert** werden. Erörtert worden ist dies u.a. für das Zeugnisverweigerungsrecht in einem vorgezogenen Beweisverfahren nach der niederländischen ZPO von 1988. Die Ergebnisse der Zeugenaussagen leitender Mitarbeiter der beklagten Postbank konnten mögliche kartellrechtliche Verstöße der Beklagten gegen Art. 101 und 102 AEUV offenbaren. Der EuGH, der es bereits als fundamentalen Grundsatz des Gemeinschaftsrechts bezeichnet hatte, **sich** gegenüber der Kommission **keines Rechtsverstoßes bezichtigen** zu müssen, verneinte ein daraus folgendes gemeinschaftsrechtliches **Aussageverweigerungsrecht** mit Wirkung für den privatrechtlichen Streit der Parteien und deren niederländisches Beweisverfahren. Informationen, die daraus erlangt seien und der Kommission zur Kenntnis gebracht würden, dürften von der Kommission in einem Verfahren mit Sanktionscharakter weder als Beweis für einen Wettbewerbsverstoß noch als Indiz zur Einleitung einer vorausgehenden Untersuchung verwertet werden.[1]

25 **Nationale Gerichte** dürfen aufgrund ihrer Prozessregeln über eine vorgezogene Beweiserhebung **nicht** im Wege einer **gegen die EU-Kommission** gerichteten einstweiligen Maßnahme eine Begutachtung durch einen Sachverständigen anordnen, die Sachverhaltsfeststellungen für eine **künftige Schadensersatzklage gegen die EU** auf der Grundlage der Art. 268 i.V.m. 340 AEUV (ex Art. 235 i.V.m. 288 EGV) treffen soll. Für die Beurteilung der Haftung der EG wegen Fehlern und Versäumnissen von Gemeinschaftsorganen sind ausschließlich die Gemeinschaftsgerichte zuständig.[2]

26 Aufgrund der **Richtlinie 2004/48/EG** zur Durchsetzung der Rechte des geistigen Eigentums und aufgrund des **TRIPS-Übereinkommens**,[3] eines WTO-Nebenabkommens, hat Deutschland für diesen Sachbereich **effektive Beweissicherungs- und Beweisermittlungsmaßnahmen** in das nationale Recht eingeführt.

§ 178 Verfahrensverselbständigung

Schrifttum:

Zimmermann, Verjährung bauwerkvertraglicher Gewährleistungsansprüche im selbständigen Beweisverfahren, NJW 2013, 1644.

I. Streitverkündung und Nebenintervention

1. Analoge Anwendung der §§ 66 ff. ZPO

27 Trotz des eindeutigen Votums des Gesetzgebers für eine analoge Anwendung der §§ 66 ff. auf das selbständige Beweisverfahren[4] ist nach der Novellierung von 1991 streitig geblieben, ob Streitverkündung und Nebenintervention im selbständigen Beweisverfahren möglich sind. Die herrschende Meinung bejaht dies.[5] Trotz der zustim-

---

1 EuGH, Urt. v. 10.11.1993, Slg I-5683, 5713 Rz. 20 Rs. C-60/92 – Otto BV/Postbank BV.
2 EuGH, Urt. v. 26.11.2002, Rs. C-275/00 – EG/First und Franex (auf Vorlage in einem belgischen selbständigen Beweisverfahren).
3 „Übereinkommen über handelsbezogene Aspekte der Rechte des geistigen Eigentums", BGBl. II 1994, 1730.
4 Rechtsausschuss, BT-Drucks. 11/8283, S. 48.
5 BGHZ 134, 190, 192 f. = NJW 1997, 859 = VersR 1997, 855 f. = JZ 1998, 260 m. Anm. *Gottwald/Malterer* BGH BauR 1998, 172, 173; BGH NJW 2009, 3240 Rz. 11; BGH NJW 2014, 1018 Rz. 15;

menden Entscheidungen des BGH vom 5.12.1996 und 2.10.1997 haben ablehnende Stimmen[1] nicht an Gewicht verloren. Der Beitritt des Streitverkündungsempfängers muss vor der Beendigung des selbständigen Beweisverfahrens erfolgen[2] (zur Bestimmung dieses Zeitpunkts Kap. 52 Rz. 44).

Die analoge Anwendung der §§ 66 ff. soll das rechtliche Gehör für den Dritten gewährleisten, dem der Streit verkündet werden soll; sie soll ferner dem Zweck der Neuregelung des selbständigen Beweisverfahrens dienen, widersprüchliche Prozessergebnisse zu vermeiden sowie die Zahl der Prozesse zu verringern, indem dem Streitverkündungsempfänger eine frühzeitige Einflussnahme auf das Verfahren ermöglicht wird. **Dritten** wird vom BGH ein **eigenständiges Interesse** an der und an der Streitverkündung im selbständigen Beweisverfahren attestiert.[3] In Betracht kommen Konstellationen im Bauprozess, bei denen Rückgriffsansprüche des Generalunternehmers (und Antragstellers oder Gegners im selbständigen Beweisverfahren) gegen einen Subunternehmer bestehen können. In diesem Fall kann der Subunternehmer ein rechtliches Interesse daran haben, dass im selbständigen Beweisverfahren unter Berücksichtigung eigenen Spezialwissens tatsächliche Feststellungen getroffen werden, die einem materiell-rechtlichen Anspruch gegen den Generalunternehmer die Grundlage entziehen und damit das Entstehen einer Regresslage verhindern. 28

Die **Entscheidung des BGH ist fragwürdig.** Das Zusammenziehen von Nebenintervention und Streitverkündung in der Argumentation verdeckt, dass es auf eine eigene Interessenverfolgung des Dritten nur bei der Nebenintervention ankommt, während die Streitverkündung ausschließlich den Interessen des Streitverkünders dient.[4] Im baurechtlichen Schrifttum wird der Nutzen der Analogie für den Bauprozess in Zweifel gezogen.[5] Unklar ist, worin die **Streitverkündungswirkungen** des Beweisverfahrens mangels eigenständiger richterlicher Entscheidung (vgl. §§ 72 Abs. 1, 68) und angesichts bloßer Gutachtenniederlegung bestehen sollen, sieht man von der Verjährungshemmung (§ 204 Abs. 1 Nr. 6 BGB) ab. In Betracht kommen dafür nur der Ausschluss neuer Begutachtung nach §§ 485 Abs. 3, 412 und das Abschneiden von Einwendungen gegen die Qualität des im selbständigen Beweisverfahren eingeholten Sachverständigengutachtens, weil nicht fristgerecht nach §§ 411 Abs. 4, 492 Abs. 1 Anträge zur Begutachtung gestellt oder Ergänzungsfragen mitgeteilt worden sind. Relevant wird dies, wenn der Streitverkünder gegen den Empfänger der Streitverkündung prozessiert und das Gutachten vom Streitverkünder analog § 493 Abs. 1 benutzt 29

BGH NJW 2014, 1021 Rz. 8; OLG Karlsruhe NJW 2010, 621 (zur Bedingungsfeindlichkeit des Beitritts); OLG Karlsruhe MDR 1998, 238, 239; KG VersR 2001, 602, 603; OLG Oldenburg NJW-RR 1995, 829, 830; OLG Frankfurt BauR 1995, 426 f.; OLG Koblenz MDR 1994, 619 f. = OLGZ 1994, 231, 232; OLG Köln OLGZ 1993, 485, 486; Stein/Jonas/*Leipold*[22] § 487 Rz. 7; *Kunze* NJW 1997, 1290 f. und NJW 1996, 102, 104; *Hoeren* ZZP 108 (1995), 343, 357; Kleine-Möller/Merl/Oelmaier[2] § 17 Rz. 10 (unter Aufgabe der gegenteiligen Ansicht der Vorauflage); *Quack* BauR 1994, 153; *Werner/Pastor* Der Bauprozess[14] Rz. 47 ff.; *Koeble* Gewährleistung und selbständiges Beweisverfahren in Bausachen[2] S. 112; *Weller* Selbständiges Beweisverfahren und Drittbeteiligung, Diss. iur. Bonn 1994, S. 148.

1 Nachweise bei Wieczorek/Schütze/*Mansel*[3] § 66 Rz. 14 (in Fn. 37); dieser Kommentierung zeitlich nachfolgend OLG Hamm OLG-Report 1993, 204; MünchKommZPO/*Schreiber*[4] § 485 Rz. 23; *Cuypers* NJW 1994, 1985, 1991; *Cuypers*, MDR 2004, 314, 316 f.; *Bohnen* BB 1995, 2333, 2337 (wegen fehlender Interventionswirkung).
2 OLG Karlsruhe MDR 1998, 238, 239.
3 BGHZ 134, 190, 193 = NJW 1997, 859. Zu Gegenanträgen des Streithelfers OLG München NJW-RR 1996, 1277 f.; *Enaux* Festschrift Jagenburg (2002), S. 147, 158; generell zu Gegenanträgen Kap. 54 Rz. 3 ff.
4 Vgl. *Cuypers* ZfBR 1998, 163, 170; *Eibner* BauR 1998, 497, 498.
5 *Cuypers* ZfBR 1998, 163, 170 ff.; anders aber wohl *Enaux* Festschrift Jagenburg, S. 147, 155 (zur „technischen Schützenhilfe" des Empfängers der Streitverkündung).

wird.[1] Der Empfänger der Streitverkündung ist freilich nicht gehindert, ein eigenes Beweisverfahren zu beantragen.[2] Folgeprobleme entstehen hinsichtlich der **Kosten des Streitverkündungsempfängers**, der selbst bei Beteiligung am Beweisverfahren nur beschränkt über § 494a Abs. 2 vorgehen kann (dazu unten Rz. 33 und Kap. 57 Rz. 27 ff.). Zweckmäßig ist es, die die **Zulässigkeit des Beitritts** mittels rechtzeitiger **Rüge** (§ 71) im Beweisverfahren prüfen zu lassen.

30 Streitverkündungen dürfen nicht zu dem **Beschleunigungszweck** des selbständigen Beweisverfahrens in Widerspruch treten. Das kann der Fall sein, wenn Streitverkündungsempfänger ihrerseits den Streit an weitere Nachunternehmer verkünden wollen. In der Praxis des Bauprozesses sind ganze „Bäume" an Streitverkündungen zu beobachten.[3] Derartige weitere Streitverkündungen sollten als unzulässig angesehen werden.[4] Jedenfalls kann der Streithelfer keine Gegenanträge stellen, die nur für sein Verhältnis zu einem weiteren Streithelfer bedeutsam sind.[5]

2. Verjährungshemmung, Alternativverfahren

31 Mit der Zulassung der Streitverkündung ist zugleich das Verjährungsrisiko des Streitverkünders und damit das Regressrisiko seines Anwalts gebannt. Da die Streitverkündungsschrift ohne Prüfung der Zulässigkeit der Streitverkündung zugestellt wird[6] und eine Prüfung im Folgeprozess als Voraussetzung der Interventionswirkung erfolgt,[7] bestand bis zu der positiven Entscheidung des BGH die Gefahr, dass sich erst dort und nach Ablauf der Verjährungsfrist die Wirkungslosigkeit der Streitverkündung[8] herausstellte. Der BGH hatte der **Streitverkündung** im selbständigen Beweisverfahren verjährungsunterbrechende Wirkung analog § 209 Abs. 2 Nr. 4 BGB a.F. zuerkannt.[9] Die Schuldrechtsreform von 2001 hat daraus in § 204 Abs. 1 Nr. 6 BGB eine **verjährungshemmende Wirkung** gemacht. Für die Erhebung einer Feststellungsklage, die als Alternative zur Streitverkündung genutzt wurde, fehlt es seit Klärung der Grundsatzfrage am Feststellungsinteresse.

32 Der Antragsteller kann **alternativ** Beweisverfahren **gegen alle** in Betracht kommenden **Anspruchsgegner** einleiten (vgl. dazu Kap. 55 Rz. 30). Auch der Antragsgegner kann seinerseits bei eventuellen Regressmöglichkeiten selbständige Beweisverfahren gegen Dritte einleiten. Ob solche weiteren selbständigen Beweisverfahren nach § 147 mit dem Ausgangsverfahren verbunden werden können, was grundsätzlich zu bejahen ist, wird mit unterschiedlichen Ergebnissen diskutiert.[10] Wenn eine Verbindung vorgenommen wird, besteht lediglich eine faktische, aus der Identität der Beweisaufnahme resultierende Bindung. Die **Streitverkündung** ist deshalb **vorzuziehen**, wenn sie eine weitergehende Wirkung hat (zu Zweifeln vorstehend Rz. 27).

---

1 Vgl. BGH BauR 1998, 172; Musielak/*Huber*[10] § 493 Rz. 2.
2 BGH NJW-RR 2012, 224 Rz. 24.
3 *Cuypers* MDR 2004, 314, 316; *Schwenker* Anm. zu BGH NJW 2010, 2813 („kaum mehr praktikabel").
4 LG *Berlin* BauR 1996, 435; a.A. *Enaux* Festschrift Jagenburg, S. 147, 157.
5 OLG Karlsruhe MDR 2008, 1354.
6 OLG München NJW 1993, 2756.
7 BGHZ 100, 257, 259; BGH NJW 1982, 281, 282; OLG München NJW 1993, 2756, 2757.
8 Nur eine zulässige Streitverkündung löst deren prozessuale und materiell-rechtliche Wirkungen aus, OLG München NJW 1993, 2756, 2757.
9 BGH NJW 1997, 859, 860.
10 Bejahend KG BauR 1989, 241, 243; LG Bonn BauR 1984, 306; *Cuypers* ZfBR 1998, 163, 171; *Werner/Pastor* Der Bauprozess[14] Rz. 94; ablehnend *Weise*[1] Rz. 332 f.

3. Kostenerstattung

Streitverkündungskosten sind, da die Streitverkündung nicht der Rechtsverfolgung gegenüber dem Gegner dient, nicht erstattungsfähig.[1] Bei **Nebenintervention** bestimmt sich die Kostenerstattung nach § 101. Hat der Nebenintervenient im Beweisverfahren auf Seiten des späteren Klägers gestanden, tritt er dann jedoch im Hauptprozess auf Seiten des Beklagten bei, so kann er im Kostenfestsetzungsverfahren des Prozesses nicht Erstattung der ihm im Beweisverfahren entstandenen Kosten vom Kläger verlangen.[2] Versagt werden soll die Anwendung des § 101 auch, wenn der Streitverkündungsempfänger dem Gegner des Streitverkünders beitritt.[3] Zur Anwendung des § 494a auf Streithelfer s. Kap. 57 Rz. 26.

33

II. Kosten, Prozesskostenhilfe

Zu den **Kosten** des selbständigen Beweisverfahrens Kap. 57 Rz. 1, 59 ff. und 82 ff.

34

Nach zutreffender[4] – wenn auch für §§ 485 ff. ZPO a.F. nicht unbestrittener – Ansicht[5] kann für das selbständige Beweisverfahren **Prozesskostenhilfe** gewährt werden. Die Gegenansicht verkennt die streitschlichtende Funktion des selbständigen Beweisverfahrens und treibt die Parteien eventuell aus Kostengründen in ein an sich überflüssiges streitiges Verfahren.

35

Auch für den **Antragsgegner** kommt die Bewilligung von Prozesskostenhilfe in Betracht.[6] Selbst nach Entscheidung über den Antrag kann dem Antragsgegner noch Prozesskostenhilfe bewilligt werden. Die entgegengesetzte Ansicht[7] verkennt, dass auch nach diesem Zeitpunkt das Verfahren von den Parteien beeinflusst werden kann (z.B. durch Antrag auf Ergänzung des Sachverständigengutachtens, Anhörung des Sachverständigen, § 411 Abs. 3, Abs. 4 ZPO) und dass eine mündliche Erörterung (§ 492 Abs. 3 ZPO) in Betracht kommt, in der anwaltliche Vertretung geboten sein kann.

36

Die **Prüfung** der **Erfolgsaussichten** bezieht sich auf Seiten des Antragstellers nur auf die Zulässigkeit der selbständigen Beweiserhebung, nicht auf die etwaige spätere Hauptsacheklage,[8] und auf Seiten des Antragsgegners auf eine berechtigte Interessenverteidigung.[9]

37

---

1 Vgl. Wieczorek/Schütze/*Steiner*[3] § 91 Rz. 102.
2 OLG Hamburg MDR 1989, 825 f.
3 Zulässigkeit verneinend OLG Dresden IBR 2004, 175; bejahend OLG Nürnberg BauR 2008, 570; OLG Köln NJW-RR 2010, 1679, 1681.
4 OLG Köln VersR 1995, 436 f. = Rpfleger 1995, 303; OLG Oldenburg MDR 2002, 910; OLG Saarbrücken MDR 2003, 1436; OLG Stuttgart MDR 2010, 169; LG Kiel SchlHA 1989, 44; LG Köln NJW-RR 1987, 319; Wieczorek/Schütze/*Steiner*[3] vor § 114 Rz. 3.
5 LG Bonn MDR 1985, 415; prinzipiell ablehnend auch LG Flensburg SchlHA 1987, 154.
6 Wieczorek/Schütze/*Steiner*[3] vor § 114 Rz. 3; a.A. LG Hannover JurBüro 1986, 765.
7 LG Karlsruhe MDR 1993, 914.
8 OLG Köln VersR 1995, 436, 437; OLG Oldenburg MDR 2002, 910, 911;OLG Stuttgart MDR 2010, 169; OLG Naumburg MDR 2010, 403, 404; LG Dortmund NJW-RR 2000, 516; LG Stade MDR 2004, 469, 470.
9 OLG Naumburg MDR 2010, 403, 404; OLG Saarbrücken MDR 2003, 1436.

III. Verjährung

1. Eintritt der Hemmungswirkung

38 **Bis** zur **Schuldrechtsreform von 2001** sahen die speziellen Vorschriften der §§ 477 Abs. 2, 639 BGB a.F. vor, dass die Einleitung eines selbständigen Beweisverfahrens die Verjährung kauf- und werkvertraglicher Gewährleistungsansprüche unterbrach. Diese Regelung erweiterte den durch § 209 Abs. 2 BGB a.F. aufgestellten Katalog der generell zur Unterbrechung geeigneten Handlungen, in dem das Beweisverfahren nicht genannt wurde. Eine entsprechende Anwendung der §§ 477 Abs. 2, 639 BGB im Mietrecht wurde von der Rechtsprechung abgelehnt, so dass dem selbständigen Beweisverfahren dort keine verjährungsunterbrechende Wirkung zukam.[1]

39 Diese **Problematik** ist durch die generelle Regelung des **§ 204 Abs. 1 Nr. 7 BGB obsolet** geworden. Nach dessen genereller Regelung wirkt die Zustellung des Antrags auf Durchführung eines selbständigen Beweisverfahrens auf den Lauf der Verjährungsfrist ein, allerdings mit der Wirkung bloßer **Verjährungshemmung** (§ 209 BGB) statt eines Neubeginns der Verjährungsfrist (vgl. § 212 BGB) durch Unterbrechung.[2] **Zustellung** i.S.d. § 204 Abs. 1 Nr. 7 BGB ist nur die förmliche Zustellung i.S.d. § 166.[3]

40 Der **BGH** sieht in dem Antrag auf Durchführung des selbständigen Beweisverfahren einen **Sachantrag i.S.d. § 270 S. 1**.[4] Eine Zustellung des Beweisbeschlusses soll die Zustellung des Antrags jedenfalls dann nicht ersetzen können, wenn der Beweisbeschluss auf den Antrag nur Bezug nimmt, ihn aber nicht wiedergibt.[5] Offen gelassen hat der BGH die Möglichkeit einer Anwendung des § 295.[6] In Anwendung der Heilungsvorschrift des § 189 soll die **formlose Übersendung** des Antrags die Verjährung hemmen, wenn der Bekanntgabe der Wille des Gerichts entnommen werden kann, das Verfahren einzuleiten.[7]

41 Die **Hemmungswirkung** tritt **nur** ein, wenn der **Antragsteller anspruchsberechtigt** ist.[8] Erlangt der Antragsteller die Anspruchsberechtigung erst während des selbständigen Beweisverfahrens, wird die Verjährung von diesem Zeitpunkt an gehemmt. Eine Offenlegung im Verfahren ist dafür nicht erforderlich.[9] Eine Rückabtretung von Gewährleistungsansprüchen nach Eintritt der Verjährung kann diese nicht rückwirkend hemmen.[10] Auch eine nachträgliche **Genehmigung** durch den Berechtigten kann die Hemmung mit Wirkung **ex nunc** herbeiführen.[11]

42 Die Hemmungswirkung betrifft **nur solche Ansprüche**, für deren Nachweis die vom Gläubiger zum Gegenstand des Beweisverfahrens gemachten Tatsachenbehauptungen von Bedeutung sind.[12] Leitet der Werklohngläubiger ein selbständiges Beweisverfahren ein mit dem Ziel, die Abwesenheit von Mängeln feststellen zu lassen, bewirkt

---

1 BGH NJW 1995, 252 f.; OLG Düsseldorf NJW-RR 1991, 208.
2 Zur Überleitung des Verjährungsrechts BGH NJW 2012, 2263 Rz. 9; OLG Frankfurt MDR 2013, 393; OLG Frankfurt NJW 2013, 1685 m. Bespr. *Zimmermann* NJW 2013, 1644.
3 BGH NJW 2011, 1965 Rz. 29 = VersR 2011, 1278; a.A. – formloser Zugang – OLG Karlsruhe NJW-RR 2008, 402, 403; OLG Naumburg BauR 2009, 1015 (LS).
4 BGH NJW 2011, 1965 Rz. 36 m. krit. Anm. *Grothe*.
5 BGH NJW 2011, 1965 Rz. 30.
6 BGH NJW 2011, 1965 Rz. 32.
7 BGH NJW 2011, 1965 Rz. 47 mit 43; BGH NJW-RR 2013, 1169 Rz. 19.
8 BGH NJW 1993, 1916 = VersR 1993, 1288; BGH NJW-RR 2013, 1169 Rz. 12; OLG Köln VersR 1995, 1455 = BauR 1995, 702 ff.
9 BGH NJW 1993, 1916 = VersR 1993, 1288.
10 OLG Köln VersR 1995, 1455.
11 BGH NJW-RR 2013, 1169 Rz. 12.
12 BGHZ 175, 161 Rz. 30 = NJW 2008, 1729; BGH NJW 2012, 1140 Rz. 6; BGH NJW 2012, 2263 Rz. 10.

der Antrag keine Verjährungshemmung für seinen nach Werkabnahme bereits fälligen Werklohnanspruch.[1] Anders ist die Sachlage, wenn der Besteller die Abnahme wegen behaupteter Mängel verweigert hatte und die Feststellung der Mangelfreiheit die Fälligkeit des Vergütungsanspruchs herbeiführen soll.[2] Von der Hemmungswirkung eines vom Besteller eingeleiteten Beweisverfahrens werden diejenigen Mängel erfasst, die der Antrag in der **äußeren Erscheinungsform des Mangels** beschreibt; eine Beschränkung auf die vom Antragsteller bezeichneten oder vermuteten Ursachen findet nicht statt.[3] Der Antrag darf nicht als unstatthaft zurückgewiesen worden sein.[4] Ob er als unzulässig hätte zurückgewiesen werden können, ist unerheblich.[5] Eine Beweissicherung gegen einen **unbekannten Gegner** (§ 494) hemmt die Verjährung nicht,[6] ebenso nicht ein selbständiges Beweisverfahren, das neben einem in Stillstand geratenen Hauptverfahren betrieben wird.[7] Zur Hemmung durch **Streitverkündung** oben Rz. 31.

Ungeklärt ist, ob die Einleitung eines **ausländischen Beweisverfahrens** die Verjährung hemmt.[8] In einem Sonderfall (selbständiges Beweisverfahren im Saargebiet nach §§ 485 ff. bei fehlender deutscher Justizhoheit) billigte das RG dem Beweisverfahren verjährungsunterbrechende Wirkung zu.[9] Einer ausländischen Klageerhebung ist jedenfalls dann eine verjährungshemmende Wirkung beizumessen, wenn auf die Klage hin eine nach der EuGVO, nach internationalen Abkommen oder nach § 328 **anerkennungsfähige Entscheidung** ergehen kann;[10] z.T. wird unabhängig davon generell eine Hemmungswirkung bejaht.[11] Macht man die Anerkennungsfähigkeit der das Verfahren abschließenden Entscheidung bei der Beurteilung einer *Klage* zur Voraussetzung, ist damit für den Antrag im selbständigen Beweisverfahren nichts gewonnen, da ausländische Beweisaufnahmen trotz grundsätzlicher Verwertbarkeit im deutschen Hauptsacheverfahren **nicht den Charakter anerkennungsfähiger Entscheidungen** haben (dazu Kap. 53 Rz. 30 und 36 und Kap. 56 Rz. 16). Richtig ist es jedoch, auch für die Klage von der Einschränkung abzusehen, da die Hemmungswirkung ausschließlich an die Zustellung des verfahrenseinleitenden Schriftstücks geknüpft wird. Maßgebend sollte dann auch für ein selbständiges Beweisverfahren sein, ob durch die Einleitung des ausländischen Verfahrens **für den Gegner erkennbar** wird, dass der **Anspruch weiterverfolgt** werden soll und ob das nichtdeutsche Verfahren dem inländischen Verfahren in seinen wesentlichen Zügen entspricht.

43

---

1 OLG Saarbrücken NJW-RR 2006, 163, 164. Offen gelassen von BGH NJW 2012, 1140 Rz. 6.
2 BGH NJW 2012, 1140 Rz. 7 = VersR 2012, 733.
3 BGH WM 1992, 1416, 1417 = MDR 1992, 780 (z.B.: Eindringen von Feuchtigkeit durch das Dach); VersR 1999, 67, 68; OLG Düsseldorf NJW-RR 1996, 1527, 1528.
4 BGH NJW 1998, 1305, 1306.
5 BGH NJW 1998, 1305, 1306.
6 BGH NJW 1980, 1458 f.
7 BGH NJW 2001, 218, 220 = VersR 2001, 1165, 1167.
8 Von LG Hamburg TranspR 1999, 35 = EWiR § 477 BGB 1/99, 345 m. Anm. *Mankowski* = IPRax 2001, 45, 47 m. Bspr. *Spickhoff* IPRax 2001, 37 ff., verneint (jedoch mangels internationaler Zuständigkeit des angerufenen französischen Gerichts, insoweit unzutreffend).
9 RG Seufferts Archiv 83 (1929), Nr. 104, S. 164, 166 f.
10 RGZ 129, 385, 389; *Taupitz* ZZP 102 (1989), 288, 307 ff.; *Taupitz* IPRax 1996, 140, 145.
11 So MünchKommBGB/*Grothe*, 6. Aufl. Band 1, 2012, § 204 Rz. 9 m.w.N.; *McGuire* Verfahrenskoordination und Verjährungsunterbrechung, 2004, S. 222 ff., 234, 309 ff. (mit eigener Lösung zum Schuldnerschutz); *Budzikiewicz* ZEuP 2010, 415, 431 f.; *Schack* Internat. Zivilverfahrensrecht, 5. Aufl. Rz. 872 f. Gegen die Verknüpfung der Verjährungshemmung mit dem Erfordernis der Gegenseitigkeitsverbürgung des § 328 Abs. 1 Nr. 5 *Geimer* Internationales Zivilprozessrecht, 6. Aufl. 2009, Rz. 2831 f., der jedoch bei unbeschränkter Verjährungsfristverlängerung durch jede ausländische Klageerhebung Missbräuche befürchtet.

2. Wegfall der Hemmungswirkung

44 Die Hemmung **endet nach § 204 Abs. 2 S. 1 BGB** sechs Monate nach Eintritt der formellen Rechtskraft der Entscheidung oder nach anderweitiger **Beendigung des eingeleiteten Verfahrens**. Für das selbständige Beweisverfahren kommt nur die 2. Alternative in Betracht.

45 Zur **Rechtslage vor 1990**, also zum alten Beweissicherungsverfahren, hat der BGH angenommen, dass das Verfahren (beim Sachverständigenbeweis) mit **Übergabe des schriftlichen Sachverständigengutachtens** an die Parteien beendet ist, sofern eine Anhörung des Sachverständigen nicht stattfindet, anderenfalls mit dem Verlesen des Sitzungsprotokolls (§ 162 Abs. 1) über die Vernehmung des Sachverständigen.[1] Diese Ansicht ist auf die Einholung von Sachverständigengutachten nach den neu gefassten §§ 485 ff. unter Betonung wortlautnaher Auslegung übertragen worden.[2] Sie gilt nicht nur für die Verjährungsunterbrechung nach dem BGB a.F., sondern auch für die Verjährungshemmung des § 204 BGB. Es kommt somit **nicht** auf den **unsicher** festzustellenden **Ablauf** einer **angemessenen Frist** nach §§ 411 Abs. 4 S. 1, 492 Abs. 1 an,[3] der von der Entscheidung abhinge, wieviel Zeit die Parteien zur Überprüfung der Feststellungen des Sachverständigen benötigen; eventueller Ergänzungsbedarf wird u.U. erst nach einem fehlgeschlagenen Mangelbeseitigungsversuch erkannt.[4]

46 Wenn der Zugang des Sachverständigengutachtens das Verfahren nicht beenden soll, muss der **Antrag auf Erläuterung** (§§ 492 Abs. 1, 411 Abs. 3) oder auf Einholung eines Ergänzungsgutachtens in **engem zeitlichen Zusammenhang** mit der Zustellung des Gutachtens gestellt werden[5] (dazu Kap. 55 Rz. 104 f.). Wird ein **Erörterungstermin** anberaumt (§ 492 Abs. 3), stellt dieser Termin (nicht: der Zugang des Protokolls[6]) das Verfahrensende dar. Setzt das Gericht eine **Frist zur Stellungnahme**[7] zu dem Sachverständigengutachen – was empfehlenswert ist –, endet das Beweisverfahren mit dem ungenutzten Ablauf der Frist.[8] Dafür muss die Fristsetzung ordnungsgemäß zugestellt worden sein.[9] Ein Beschluss über die Beendigung ergeht nicht.[10] Wird er gleichwohl erlassen, hat er beendende Wirkung.[11]

47 Beendet wird das Beweisverfahren auch, wenn das Gericht in **anderer Weise zum Ausdruck** bringt, dass es die Beweisaufnahme **nicht fortsetzen** will, etwa indem es Einwendungen zurückweist, und dagegen in **angemessener Frist** keine Einwände erhoben werden.[12] Welche Frist angemessen ist, hängt insbesondere vom Umfang und Schwierigkeitsgrad des schriftlichen Gutachtens und der Notwendigkeit interner

---

1 BGHZ 120, 329, 330 f. = NJW 1993, 851 = VersR 1993, 451, 452.
2 BGHZ 150, 55, 59 = NJW 2002, 1640, 1641; BGH NJW-RR 2009, 1243, 1244; BGH NJW 2011, 594 Rz. 11; BGH NJW 2011, 1965 Rz. 50; OLG Hamm NJW-RR 2007, 600; OLG Frankfurt NJW 2007, 852; OLG Celle OLGRep. 2009, 443; OLG Köln NJW-RR 2013, 1178, 1179.
3 BGH NJW 2002, 1640, 1641.
4 Vgl. OLG Düsseldorf NJW-RR 1996, 1527, 1528 (dort: zehn Wochen).
5 BGH NJW-RR 2001, 385; BGH NJW 2002, 1640, 1641; OLG Koblenz MDR 2005, 825, 826; OLG Düsseldorf NJW-RR 1996, 1527, 1528; OLG Düsseldorf MDR 2004, 1200; OLG Düsseldorf MDR 2009, 863; OLG Köln NJW-RR 1998, 210; OLG Nürnberg MDR 2002, 538; OLG München OLGR 1995, 140, 141; OLG Frankfurt BauR 1994, 139, 140; OLG Braunschweig BauR 1993, 251. Zum Rechtsmissbrauch eines wiederholten Anhörungsantrags OLG Saarbrücken NJW-RR 2013, 185, 186.
6 So aber OLG München OLGRep. 1995, 140.
7 Nicht ausreichen ist es, „Gelegenheit zu einer eventuellen Stellungnahme" zu geben, OLG Saarbrücken NJW-RR 2013, 185.
8 OLG München NJW-RR 2007, 675, 676; OLG Köln NJW-RR 2013, 1178, 1179.
9 OLG Celle NJW-RR 2009, 1364, 1365; OLG Köln NJW-RR 2013, 1178, 1179.
10 OLG Hamm NJW-RR 2007, 600; OLG Celle OLGRep. 2009, 443.
11 Daher Zulassung der Beschwerde dagegen durch OLG Düsseldorf NJW-RR 2013, 346, 347.
12 BGH NJW 2011, 594 Rz. 14; OLG Stuttgart MDR 2014, 744, 745.

sachverständiger Beratung ab.[1] Ein Zeitraum von 6 Wochen ist bei einem kurzen und leicht verständlichen Gutachten sowie eigener Sachkunde der betroffenen Partei schon unangemessen.[2]

Werden **mehrere**, voneinander **unabhängige Mängel** eines Bauvorhabens zum Gegenstand mehrerer Sachverständigengutachten gemacht, so endet die Verjährungshemmung mit Abschluss der einzelnen Beweiserhebung. Dies gilt selbst dann, wenn die Mängel und ihre Begutachtungen, also mehrere Beweisthemen, formal in einem Verfahren zusammengefasst werden.[3] Davon zu unterscheiden ist die Benennung einzelner Beweisthemen zu einem Gesamtmangel des Werkes, etwa der Fehlplanung einer Glasdachkonstruktion.[4] 48

Die Beendigung des selbständigen Beweisverfahrens hat nicht nur für die Beurteilung der Verjährung Bedeutung, sondern auch für die Anwendung des § 494a. Eine Beendigung tritt grundsätzlich nicht ein, wenn der für den Sachverständigen angeforderte Kostenvorschuss nicht gezahlt wird.[5] 49

IV. Sonstiges

Nach § 104 Abs. 2 VVG 2008 ist der Versicherungsnehmer verpflichtet, seiner **Haftpflichtversicherung** die Einleitung eines selbständigen Beweisverfahrens anzuzeigen.[6] Ob mit Einleitung des Beweisverfahrens zugleich die Frist des § 15 VVG (§ 12 VVG a.F.) über die Verjährung des Haftpflicht-Deckungsanspruchs des Versicherungsnehmers gegen den Versicherer zu laufen beginnt, hängt von den Umständen des Einzelfalles ab.[7] 50

Den Rechtsanwalt kann nach Mandatserteilung die Pflicht treffen, Beweise – ggf. durch ein selbständiges Beweisverfahren – sichern zu lassen. Aus der Verletzung dieser **anwaltlichen Beweissicherungspflicht** kann ein Schadensersatzanspruch gegen den Rechtsanwalt entstehen.[8] Kommt es für § 172 darauf an, ob eine Partei einen Bevollmächtigten bestellt hat, kann es naheliegen, dass der **Prozessbevollmächtigte** des selbständigen Beweisverfahrens auch für das Hauptverfahren bestellt ist.[9] Der mit der Durchführung des Beweisverfahrens beauftragte Rechtsanwalt muss nicht ungefragt auf das Entstehen von Mehrkosten hinweisen, wenn erwartungswidrig ein nachfolgender Hauptsacheprozess zu führen ist.[10] 51

---

1 BGH NJW 2011, 594 Rz. 17.
2 BGH NJW 2011, 594 Rz. 18.
3 BGH VersR 1993, 451, 452 = NJW 1993, 851; OLG München NJW-RR 2007, 675, 676; OLG Koblenz VersR 2013, 1542 (auch bei Begutachtung durch denselben Sachverständigen).
4 OLG München NJW-RR 2010, 824, 826 (a.E.).
5 OLG Köln NJW-RR 2014, 534.
6 Zu § 153 VVG a.F. BGH NJW-RR 2004, 1261, 1262; OLG Stuttgart VersR 2004, 511; OLG Stuttgart NJW 1999, 799; OLG Köln VersR 1991, 872 f.
7 BGH NJW-RR 2004, 1261, 1262 (strikter die Vorinstanz KG VersR 2003, 1246).
8 BGH NJW 1993, 2676, 2677.
9 OLG Düsseldorf MDR 1991, 1197, 1198.
10 OLG Nürnberg MDR 1999, 1530.

Kapitel 53:
Rechtsvergleichung, grenzüberschreitende Beweiserhebung

	Rz.		Rz.
§ 179 Ausländische vorgezogene Beweis(erhebungs)verfahren		1. Abgrenzungsbedarf	26
I. Abtretung, Abtrennung vom Hauptverfahren	1	2. Entscheidungen i.S.d. Art. 32 EuGVO 2001/Art. 2 lit. a EuGVO 2012	30
II. Romanische Rechtsordnungen	2	**§ 181 Internationale Zuständigkeit für selbständige Beweiserhebungen, Verwertbarkeit der Ergebnisse**	
III. Österreich, Schweiz	5		
IV. Polen	7	I. Anwendbares Recht	34
V. England, USA	11	II. Ausländische Beweisverfahren für den künftigen oder bereits anhängigen Inlandsprozess	36
§ 180 Grenzüberschreitende Beweiserhebung			
I. Beweisbeschaffung im Ausland	15	III. Inländische Beweisverfahren mit Auslandsbezug	
II. Rechtshilfecharakter		1. Nicht ausgeübte deutsche Hauptsachezuständigkeit	38
1. Achtung ausländischer Souveränität	16		
2. Insbesondere: Sachverständigenbeweis	19	2. Nur ausländische Hauptsachezuständigkeit	39
III. Vollzug der Beweiserhebung nach HBÜ, EuBVO und EuGVO			

§ 179 Ausländische vorgezogene Beweis(erhebungs)verfahren

I. Abtretung, Abtrennung vom Hauptverfahren

1 Ausländische Prozessrechte kennen ebenfalls **Beweisverfahren**, die formell **von einem Hauptverfahren getrennt** vor oder während dessen Anhängigkeit stattfinden und entweder beweissichernden Charakter tragen oder darüber hinausgehende Verfahrenszwecke verfolgen. Das ist entgegen AG Frankfurt/M. JZ 1960, 540 m. Anm. *Cohn* **nicht selbstverständlich**, weil die Grundsätze der Unmittelbarkeit der Beweisaufnahme und eventuell der Mündlichkeit dadurch durchbrochen und ihnen im jeweiligen nationalen Recht ein höherer Wert als der Vermeidung eines Beweismittelverlustes zuerkannt werden kann.

II. Romanische Rechtsordnungen

2 **Frankreich** bedient sich des **référé-Verfahrens** (Art. 484 ff., 808 ff. NCPC), um Beweise isoliert zu erheben (Art. 143 ff. NCPC).[1] Ein hinreichendes Beweisinteresse (motif légitime, Art. 145 NCPC) wird nicht nur durch drohenden Beweismittelverlust begründet; Verfahrenszweck kann auch sein, zur Beurteilung der Erfolgsaussichten zu gelangen und als deren Folge – wie nach § 485 Abs. 2 – einen künftigen Hauptprozess durch endgültige Beilegung des Rechtsstreits zu vermeiden.[2] Das référé-Verfahren ist ein **kontradiktorisches Eilverfahren**, das im Verhältnis zum Hauptverfahren in völ-

---

[1] *Gordon Weber* Die Verdrängung des Hauptsacheverfahrens durch den einstweiligen Rechtsschutz in Deutschland und Frankreich (1993), S. 73 ff.; *Dörschner* Beweissicherung im Ausland, 2000, S. 109 ff.; *Endrös* PHI 1998, 77 ff. (zur référé-expertise in Produkthaftungssachen).

[2] *G. Weber* in: Blankenburg/Leipold/Wollschläger, Neue Methoden im Zivilverfahren (1991), S. 143, 155, 157 f., 174.

liger Autonomie stattfindet. Zur Beweiserhebung eingesetzt dient es in quantitativ erheblichem Umfang dazu, Begutachtungen durch Sachverständige durchführen zu lassen (ordonnance de référé expertise). Angeordnet werden kann aber auch die Herausgabe beweisgeeigneter Dokumente und Urkunden an den Antragsteller oder die Vernehmung von Zeugen. Maßnahmen der Aufklärung können ferner bei gebotener Überraschung des Gegners auf einseitigen Antrag hin als ordonnances sur rêquete (Art. 493 ff. NCPC) angeordnet werden. Beweisermittlungen ermöglicht die **saisie contrefaçon**, die in Art. L 615-5 des Code de la Proriété Industrielle vorgesehen ist und durch Ordonnance des Präsidenten ausgewählter Tribunals de Grande Instance erlassen wird.[1]

Italien regelt **procedimenti di istruzione preventiva** in Art. 692 ff. cpc. Dieses Beweissicherungsverfahren betrifft die Zeugenvernehmung (Art. 692) und die Feststellung des Zustandes von Örtlichkeiten oder der Eigenschaften oder Beschaffenheit von Gegenständen durch einen Sachverständigen oder im Wege richterlichen Augenscheins (Art. 696). Für die Zeugenvernehmung ist in erster Linie das mögliche Hauptsachegericht zuständig (Art. 693 Abs. 1). Der Inhalt der Ansprüche oder der Einwendungen, auf die der Zeugenbeweis gerichtet ist, sind kurz zu umreißen (Art. 693 Abs. 3). Die vorsorgliche Beweisaufnahme kann auf ihre Zulässigkeit oder Erheblichkeit hin im Hauptsacheverfahren überprüft werden; eine **Wiederholung** der Beweisaufnahme wird durch sie **nicht ausgeschlossen** (Art. 698 Abs. 2). Erst wenn das Hauptsachegericht die Beweismittel für zulässig erklärt hat, dürfen die Protokolle der versorglichen Beweisaufnahme in das Hauptsacheverfahren direkt oder indirekt eingeführt werden (Art. 698 Abs. 3). Beweissicherung ist auch im Laufe des Rechtsstreits zulässig (Art. 699). Das Gesetz zum **Schutz des Geistigen Eigentums** (CPI) vom 10.2.2005 regelt in seinen Art. 128 ff. die Voraussetzungen der ex parte-Anordnung einstweiliger Verfügungen, die die Beschreibung von Verletzungsgegenständen durch den Gerichtsvollzieher im Beisein eines Gutachters ermöglichen.[2]   3

Spanien hat die Beweissicherung dem deutschen Verfahren ähnlich in Art. 293 ff. LEC (von 2000) geregelt. Für die **Niederlande** finden sich die Regeln über die Beweissicherung in Art. 186 f. (Zeugenbeweis) und Art. 202 ff. (Sachverständigenbeweis) Wetboek van Burgerlijke Rechtsvordering. **Belgien** ermöglicht die Anordnung einer Verfügung zur Beschreibung von Verletzungen der **Rechte geistigen Eigentums** („saisie déscription") auf der Grundlage von Art. 1481 Gerechtelijk Wetboek.[3]   4

III. Österreich, Schweiz

Österreich hat die **Beweissicherung** in §§ 384 ff. öZPO geregelt. Augenscheinseinnahme und Zeugen- und Sachverständigenvernehmung, nicht jedoch eine Parteivernehmung, können vor Beginn und in jeder Lage des Rechtsstreits **zu Sicherungszwecken** erfolgen, darüber hinaus bei rechtlichem Interesse des Antragstellers die – eng auszulegende – Feststellung des gegenwärtigen **Zustandes einer Sache** (§ 384 Abs. 1 und   5

---

1 Beschl. des Tribunal de Grande Instance de Paris, 14.5.1999, GRUR Int. 2000, 1031 m. Anm. *Treichel* m.w.N.; ausführlich dazu *Treichel* Die französische Saisie-contrefaçon im europäischen Patentverletzungsprozeß, GRUR Int. 2001, 690 ff.; *Pierre Véron* Saisie-contrefaçon, Paris, 2. Aufl. 2005.
2 In dieser Zusammenfassung der Gesetze über gewerbliche Schutzrechte – ohne das Urheberrecht – sind die seit 1996 bestehenden Beweisermittlungsmöglichkeiten gem. Art. 58bis MarkenG und Art. 77 PatentG aufgegangen.
3 Belg. Cour de Cass., Urt. v. 3.9.2000, GRUR Int. 2001, 73, 74 – Sanac/Variantensystemen: wegen des Bestehens einer allgemeiner Rechtsgrundlage im Prozessrecht auch – bei Fehlen eines belgischen Patents – zur Ermittlung der Verletzung ausländischer Patente.

2). Streitig ist die Erstreckung auf den Urkundenbeweis[1] und die Parteivernehmung.[2] Der Beweismittelverlust muss außerhalb der Einflusssphäre des Antragstellers drohen.[3] Die Sachverständigenauswahl obliegt wie im Hauptsacheverfahren dem Gericht (§ 351). Zur **Vermeidung von Ausforschungen** („Erkundungsbeweis") muss der Antrag konkrete Beweisthemen bezeichnen (vgl. § 385 Abs. 1).[4] Die Zulassungsvoraussetzungen sind auf Verlangen des Gerichts glaubhaft zu machen. Das Verfahren kann bei unbekanntem Gegner auch gegnerlos – eventuell unter Bestellung eines Kurators – geführt werden (§ 386 Abs. 1 und 3). Bei besonderer Dringlichkeit darf mit der Beweisaufnahme ohne vorherige Anhörung des bekannten Gegners begonnen werden (§§ 386 Abs. 1, 387 Abs. 2). Die **Beweisergebnisse** können von jeder Partei im Rechtsstreit benutzt werden (§ 389 Abs. 1). Eine Ergänzung oder Wiederholung der Beweisaufnahme kann dort angeordnet werden (§ 389 Abs. 3), insbesondere wenn das Beweismittel noch zur Verfügung steht und eine der Parteien eine neuerliche Beweisaufnahme beantragt.[5]

6 Die bis 2010 maßgeblichen Zivilprozessordnungen der **Schweizer Kantone** ließen die außerhalb eines Urteilsverfahrens stehende „**vorsorgliche Beweisführung**" zu.[6] Voraussetzung war die Glaubhaftmachung der Notwendigkeit der Beweissicherung.[7] Unterschiedlich geregelt war die Art der Gewährung rechtlichen Gehörs bei Anordnung der Beweisabnahme;[8] zu deren Durchführung war die Gegenpartei aber zuzulassen. Der Kanton **Zürich** traf die Regelung über die vorläufige Beweisaufnahme in §§ 231 ff. ZürchZPO.[9] Die Parteivernehmung war ausgeschlossen, weil erst der erkennende Richter aufgrund des gesamten Beweisergebnisses über deren Zulassung entscheiden sollte.[10] Der Kanton **Bern** traf seine Regelung in Art. 222 ff. BernZPO, mit der bernischen Besonderheit, dass nicht nur drohender Beweismittelverlust ein rechtliches Interesse begründete, sondern auch die Absicht des Gesuchstellers, vor Klagerhebung die Beweisaussichten klären zu wollen.[11] In Ansätzen kannten dies auch die Kantone **Basel-Stadt** und **Basel-Land**.[12] Bemerkenswert ist, dass in Basel-Land der vorsorglich erhobene Beweis seine Beweiskraft verlor, wenn der streitige Anspruch nicht binnen drei Monaten geltend gemacht wurde (§ 193 ZPO BL).[13] Die 2011 in Kraft getretene **gesamtschweizerische ZPO** regelt die vorsorgliche Beweisführung knapp in Art. 158. Wird sie zur Abklärung der Beweis- und Prozessaussichten eingesetzt (Art. 158 Abs. 1 lit. b ZPO), bedarf es eines schutzwürdigen Interesses.[14] Dafür bedarf es der Glaubhaftmachung eines konkreten materiell-rechtlichen An-

---

1 Am Wortlaut festhaltend *Konecny* Der Anwendungsbereich der einstweiligen Verfügung (1992) S. 240; *Rassi* in Fasching, ZPO-Komm III² § 384 Rz. 19; a.A. *Rechberger* in Rechberger, ZPO-Komm³ § 384 Rz. 5.
2 Für eine analoge Anwendung auf die Parteivernehmung: *Konecny* Der Anwendungsbereich der einstweiligen Verfügung (1992) S. 240; *Rassi* in Fasching, ZPO-Komm III² § 384 Rz. 18; *Rechberger* in Rechberger ZPO-Komm³ § 384 Rz. 5.
3 LGZ Graz MietSlg. 52.744 [2000]; LGZ Graz MietSlg. 46.658 [1994]; krit. *Rassi* in Fasching, ZPO-Komm III² § 384 Rz. 15.
4 *Rassi* in Fasching, ZPO-Komm III² § 385 Rz. 4.
5 *Rassi* in Fasching, ZPO-Komm III² § 385 Rz. 3; *Rechberger* in Rechberger, ZPO-Komm² § 389 Rz. 3.
6 Zusammenstellung der Rechtsfolgen bei *Vogel/Spühler* Grundriss des Zivilprozeßrechts und des internationalen Prozessrechts der Schweiz, 7. Aufl. Bern 2001, 10. Kapitel Rz. 91.
7 *Vogel/Spühler* 10. Kapitel Rz. 90.
8 Zum Kanton Zürich: *Walder-Richli* Zivilprozessrecht, Zürich, 5. Aufl. 2009, § 37 Rz. 30.
9 Dazu *Walder-Richli* § 37 Rz. 27 ff.
10 *Walder-Richli* § 37 Rz. 29.
11 *Kummer* Grundriß des Zivilprozeßrechts, 2. Aufl. Bern 1984, S. 184.
12 *Staehelin/Sutter* Zivilprozeßrecht, 1992, § 14 IX Rz. 111.
13 *Staehelin/Sutter* § 14 IX Rz. 115.
14 Zum Bestehen eines schutzwürdigen Interesses: BGE 138 III 76; SchwBG 5A 832/2012, Urt. v. 25.1.2013; *Meier* SJZ 110 (2014), 309 ff.

spruchs.¹ Über die Kosten ist im Hauptsacheprozess zu entscheiden, weil im Verfahren der vorsorglichen Beweisabnahme keine Entscheidung zum Unterliegen bzw. Obsiegen ergeht; der Antragsteller hat die Gerichtskosten vorläufig zu tragen.²

IV. Polen

In Polen befinden sich die entsprechenden Regelungen vor allem in Art. 310–315 poln. Zivilprozessgesetzbuches (ZPGB). Eine **Sicherung von Beweisen** (zabezpieczenie dowodów) kann sowohl vor Beginn als auch in jeder Lage des Hauptsacheverfahrens stattfinden. Das Gericht ordnet die Sicherung auf Antrag der Partei an; nach Beginn des Hauptsacheverfahrens kann die Beweissicherung auch von Amts wegen erfolgen. Die Beweissicherung ist begründet, wenn zu besorgen ist, dass die **Beweisführung** unmöglich oder **erschwert** wird – wie in Österreich – wenn der gegenwärtige **Zustand einer Sache** festgestellt werden soll (Art. 310 ZPGB). Nach der Rechtsprechung ist sie **unzulässig**, wenn sie *in casu* der **Beurteilung der Erfolgschancen** im künftigen Hauptsacheverfahren dienen soll.³ 7

Im Rahmen der Beweissicherung können alle Beweise erhoben werden, einschließlich des Urkundenbeweises und der Parteienvernehmung; das heutige ZPGB kennt **keine Beschränkungen** bezüglich des Kreises **der Beweismittel**, die gesichert werden dürfen.⁴ Im Antrag sollen die Beweismittel, die Beweisthemen und die Voraussetzungen der Sicherung bezeichnet werden (Art. 312 ZPGB). Das Verfahren ist grundsätzlich **kontradiktorisch**, nur in besonders dringenden Fällen oder wenn der Gegner unbekannt ist, ist sie ohne Einladung des Gegners (*ex parte*) möglich (vgl. Art. 314–315 ZPGB). 8

Die Beweisaufnahme erfolgt nach den **Vorschriften über** das **Beweisverfahren** (Art. 235 ff. ZPGB) entsprechend der Art des beantragten Beweismittels.⁵ Während des Hauptsacheverfahrens können die Parteien die Fehler des Beweissicherungsverfahrens rügen; die vorsorgliche Beweisaufnahme kann auch dort ergänzt oder wiederholt werden.⁶ Außerdem, ist nach dem Art. 1137 ZPGB das polnische Gericht berechtigt, auf Antrag das sich in Polen befindende Beweismittel zu sichern, wenn das zur Geltendmachung der Forderungen im Ausland nötig ist. Art. 310 und Art. 312 ZPGB gelten hier entsprechend. 9

Die besonderen Regelungen über die Beweissicherung auf dem Gebiet des Gewerblichen Rechtschutzes und Urheberrechts befinden sich in Art. 286 des Gesetzes über das Recht des **Gewerblichen Eigentums** vom 30.6.2000⁷ und in Art. 80 des Gesetzes über das Urheberrecht vom 4.2.1994.⁸ 10

---

1 SchwBG 4A 225/2013, Urt. v. 14.11.2013; SchwBG 4A 336/2013, Urt. v. 10.12.2013. Dazu *Klett/Hurni* 2014, 265, 270.
2 SchwBG 4D 54/2013, SJZ 110 (2014) Nr. 5, S. 137.
3 Beschluss des Obersten Gerichts (Sąd Najwyższy) v. 26.2.1969, OSNCP 1969/12/227; auch *T. Ereciński* in: T. Ereciński, Kodeks postępowania cywilnego. Komentarz. Postępowanie rozpoznawcze. Tom I, Warszawa 2012, S. 1234.
4 Solche Beschränkungen kannte das polnische ZPGB von 1930 – dort konnte nur die Zeugenvernehmung und Einnahme des Augenscheins in Rahmen der Beweissicherung erfolgen (Art. 318 ZPGB von 1930).
5 Vgl. *T. Ereciński* in: T. Ereciński, Kodeks ..., S. 1236; *R. Flejszar* in: Ł. Błaszczak, K. Markiewicz, E. Rudkowska-Ząbczyk, Dowody w postępowaniu cywilnym, Warszawa 2010, S. 584.
6 *T. Ereciński* in: T. Ereciński, Kodeks ..., S. 1237; *R. Flejszar in*: Ł. Błaszczak, K. Markiewicz, E. Rudkowska-Ząbczyk, Dowody ..., S. 586.
7 Dz. U. (Gesetzblatt) 2013, Pos. 1410.
8 Dz. U. 2006, Nr. 90, Pos. 631.

V. England, USA

11 Im **angloamerikanischen Rechtskreis** ist zur Vorbereitung der (später häufig gar nicht stattfindenden) mündlichen Verhandlung (trial = Hauptverfahren) nach Einreichung einer sehr summarischen Klageschrift und einer Klagerwiderung im pre-trial-Verfahren das Beweismaterial zusammenzutragen und zu sichten. Dabei bestehen zwischen den **USA** (Rules 26–37 der Federal Rules of Civil Procedure, FRCP) und **England** (Civil Procedure Rules, CPR Part 31) erhebliche **Unterschiede**. England hat mit der Zivilprozessrechtsreform von 1999 auch terminologische Unterschiede geschaffen.

12 Die in den **USA** weitgehend in der Hand der Parteien liegende **pre-trial discovery** bezieht sich u.a. auf die schriftliche Beantwortung von Fragenkatalogen (written interrogatories to parties, rule 33 FRCP), auf die Auflistung und Vorlage schriftlicher Unterlagen (production of documents einschließlich **elektronisch gespeicherter Informationen**, rule 34 FRCP),[1] die Erlaubnis zum Betreten von Grundstücken oder den Zugang zu Gegenständen (entry upon land for inspection and other purposes, rule 34 (a)(2) FRCP) oder auf die zu Protokoll gegebene Vernehmung der Parteien und Dritter (depositions, rule 30 FRCP). Sie erregt hinsichtlich der weitreichenden, auf **Prüfung der Relevanz** für die **Streitsache** weitgehend verzichtenden Ausforschungsmöglichkeiten nach US-amerikanischem Prozessrecht („fishing expeditions") in Europa (einschließlich Großbritanniens) Misstrauen.[2] In England wird die discovery, die seit der Prozessrechtsreform disclosure genannt wird, stärker auf Prozessrelevanz geprüft.[3]

13 In den **USA** sind nach den Federal Rules vorab (**before action**) Beweissicherungen möglich; die Regelungen sind enthalten in rule 27(a), dort insbesondere in 27(a)(3) i.V.m. rules 34 und 35 FRCP. Außerhalb des gerichtlichen Verfahrens wird das Institut der Early Neutral Evaluation praktiziert, das zu den Methoden alternativer Streitbeilegung (**ADR**) gehört und dessen Verwendung als Vorverfahrens verpflichtend sein kann.[4]

14 Losgelöst von einem anhängigen Verfahren kann in **England** zur Offenlegung von Dokumenten eine **pre-action disclosure** stattfinden, für die eine Order in Form einer in-

---

[1] Insoweit Begrenzungen der deutschen Rechtshilfegewährung durch Art. 23 HBÜ und § 14 HBÜ-AusfG; dazu *Geimer* Internationales ZPR[6] Rz. 2473; *Schlosser* EU-Zivilprozeßrecht[3] Art. 23 HBÜ Rz. 5 f.
[2] Vgl. dazu *Habscheid* (Hrsg.), Der Justizkonflikt mit den Vereinigten Staaten von Amerika, 1986, u.a. *Stürner* ebenda S. 11 ff., 25, 55 f. Zur discovery (erhebliche Änderungen 1993): *A. Junker* Discovery im deutsch-amerikanischen Rechtsverkehr, 1987, S. 39 ff.; *Hay* Informationsbeschaffung über schriftliche Unterlagen und Augenscheinsobjekte im Zivilprozess unter besonderer Berücksichtigung des anglo-amerikanischen Rechts, in: *Schlosser* (Hrsg.) Die Informationsbeschaffung für den Zivilprozeß – Die verfahrensmäßige Behandlung von Nachlässen, ausländisches Recht und Internationales Zivilprozeßrecht, 1997, S. 1 ff.; *A. Junker* Die Informationsbeschaffung für den Zivilprozeß: Informationsbeschaffung durch Beweispersonen, in: *Schlosser* (Hrsg.) – wie vorstehend – S. 63; *St. Lorenz* ZZP 111 (1998), 35, 44 ff.; *Schack* Einführung in das US-amerikanische Zivilprozessrecht, 4. Aufl. 2011; *Schack* Internat. Zivilverfahrensrecht[5] Rz. 820. Zu den am 1.12.1993 in Kraft getretenen Änderungen: *Reimann* IPrax 1994, 152 ff.; *Röhm/Koch* RIW 1995, 465 f. Zur Beachtung eines Rechtshilfeersuchens auf Herausgabe hinreichend spezifizierter Dokumente in Frankreich auf der Grundlage des HBÜ: Cour d'Appel de Paris IPRax 2005, 451 m. Bspr. *Reufels/Scherer* IPRax 2005, 456 ff.
[3] Zur disclosure in England: *Andrews* in: Birks English Private Law, vol. II 2000, Chapt. 19 H; *Andrews* ZZP Int. 4 (1999), 3, 19 f.; *M. Stürner* ZVglRw 99 (2000), 310, 323; *Weber* ZZP Int. 5 (2000), 59, 70 ff.; Rauscher/*v. Hein* Europ. Zivilprozessrecht, Bearb. 2010, Art. 1 EG-BewVO Rz. 46 ff. Zur früheren discovery: *Petra Schaaf* Discovery und andere Mittel der Sachverhaltsaufklärung, 1983.
[4] Dazu *Hilber* BB-Beilage Supplement Mediation & Recht 2001, S. 22 ff.

junction erlassen wird (CPR 31.16).¹ Eine sog. **Anton Piller Order**,² die seit der Prozessrechtsreform formell search order genannt wird (CPR 25.1.[1] [h] i.V.m. 25.5. und einer Practice Direction), ermöglicht es, das Fortschaffen oder Vernichten von Beweismitteln z.B. in Fällen der Produktpiraterie zu verhindern.³ Sie wird ohne mündliche Verhandlung auf einseitiges Vorbringen hin (ex parte) durch einstweilige Verfügung erlassen und wird unter der Überwachung eines neutralen Solicitor vollzogen. Dem Gegner wird aufgegeben, das Betreten der Wohn- oder Geschäftsräume durch den Antragsteller zuzulassen, damit nach Beweismaterial gesucht oder es sichergestellt werden kann. Der Eintritt kann nicht mit Gewalt erzwungen werden; die Verweigerung zieht aber Sanktionen nach sich.

§ 180 Grenzüberschreitende Beweiserhebung

I. Beweisbeschaffung im Ausland

Extraterritoriale Beweisbeschaffung hat erhebliche praktische Bedeutung (dazu auch Teil 10 Kap. 50 § 182). Sie betrifft den Zugriff auf **alle** aus der Sicht des Gerichtsstaates im **Ausland belegenen Informationsquellen**, schließt also alle Beweismittel ein, die in Deutschland dem Strengbeweis zugeordnet sind, erstreckt sich u.U. auf Mitwirkungshandlungen und **Mitwirkungspflichten von Parteien**, Mitarbeitern und sonstigen Personen im Weisungs- oder Einflussbereich der Parteien sowie von außenstehenden Dritten, die dem **deutschen Prozessrecht** insgesamt oder doch in der konkreten Situation **fremd** sind und sieht eventuell die Einschaltung von Privatpersonen vor, die zur Informationserhebung ermächtigt worden sind (Zeugen- und Parteivernehmung, u.U. durch einen privaten Kommissar (commissioner) und unter abweichender Qualifizierung der Beteiligtenstellung sowie andersartiger Regelung der Beurteilung von Weigerungsrechten, Sachverständigenermittlungen, Augenscheinseinnahmen, Urkundenvorlagen aus betrieblichen Aktenbeständen mit Nähe zur Durchsuchung, der Duldung einer Grundstücksbesichtigung, des Filmens von Produktionsabläufen, der Hingabe einer Blut-, Körperzellen- oder Urinprobe, medizinische Untersuchungen mit Mitwirkungszwang etc.).

II. Rechtshilfecharakter

1. Achtung ausländischer Souveränität

Beweiserhebungen im Ausland werden grundsätzlich als Eingriff in fremde staatliche Souveränität angesehen. In welchem Umfang dies der Fall ist, kann von den Staaten unterschiedlich bewertet werden. Wo die durch Völkergewohnheitsrecht gezogenen **Grenzen** verlaufen, ist **streitig**.⁴ Eine strenge ausländische Betrachtungsweise ist als Möglichkeit in Rechnung zu stellen. Nach verbreitetem europäischen Denken wird

---
1 *Zuckerman* Civil Procedure (2003) Rz. 14.71 ff.
2 Begriff nach dem erstmaligen Einsatz in Sachen *Anton Piller v. Manufacturing Processes Ltd.* [1976] Ch. 55, [1976] 1 All ER 799 (C.A.). Dazu *Norrenberg* Die Anton-Piller Order: ein Beweissicherungsmittel, 1998.
3 Dazu *Zuckerman* Civil Procedure Rz. 14.30 und 14.176 ff.
4 Vgl. dazu *Geimer* Internat. ZPR⁶ Rz. 432 ff. und 2426 ff.; *Daoudi* Extraterritoriale Beweisbeschaffung im deutschen Zivilprozeß (2000), S. 81 ff.; *Dörschner* Beweissicherung im Ausland, 2000, S. 172 ff.; *Junker* Discovery im deutsch-amerikanischen Rechtsverkehr, 1987, S. 368 ff., 392 ff.; *Leipold* Lex fori, Souveränität, discovery – Grundfragen des IZPR, 1989; *Mössle* Extraterritoriale Beweisbeschaffung im internationalen Wirtschaftsrecht (1990), S. 307 ff.; *Schabenberger* Der Zeuge im Ausland im deutschen Zivilprozeß, Diss. Freiburg 1996, S. 142 ff.; *A. Stadler* Der Schutz des Unternehmensgeheimnisses im deutschen und US-amerikanischen Zivilprozeß

der **Schutz der eigenen Staatsbürger** vor ausufernden grenzüberschreitenden Beweisaufnahmen zur **Aufgabe des Staates** gezählt und daher als von der staatlichen Souveränität umfasst gedacht. Dieser Gedanke steht z.B. hinter der Restriktion des Art. 16 HBÜ i.V.m. § 11 HBÜAusfG, der auf Deutschland angewandt die Vernehmung deutscher Staatsangehöriger durch einen diplomatischen oder konsularischen Vertreter des ausländischen Gerichtsstaates untersagt; Deutschland will dadurch die eigenen Staatsangehörigen schützen.[1] Ein weiteres Beispiel liefert Art. 3 HBÜ. Das darin enthaltene Gebot der Spezifizierung von Rechtshilfeersuchen ist eine Schutznorm zugunsten der Beweispersonen.[2]

17 Generell lässt sich sagen, dass der um eine Beweisaufnahme **ersuchte Staat kontrollieren** will, ob für die Beweisaufnahmeperson ausreichende rechtsstaatliche **Verfahrensgarantien** bereitstehen und ob der Beweisaufnahmeumfang eine größere Reichweite hat, als nach eigenem Prozessrecht zulässig ist. Mit dem Schutz privater Interessen können **öffentliche Interessen** verbunden sein, etwa der Schutz der heimischen Wirtschaft.

18 Beweisaufnahmen über die Grenze hinweg (eingehend dazu Kap. 58 Rz. 36 ff.) sind Maßnahmen der **internationalen Rechtshilfe**. Innerstaatlich werden sie in Deutschland durch die **ZRHO** geregelt, die keinen Rechtsnormcharakter hat. Im Verhältnis zu vielen Staaten einschließlich der USA gilt als multilateraler Staatsvertrag das Haager Beweisaufnahmeübereinkommen (**HBÜ**) vom 18.3.1970.[3] Art. 1 Abs. 2 HBÜ lässt in Zivil- und Handelssachen Beweisaufnahmeersuchen zu, die zur Verwendung in einem „künftigen gerichtlichen Verfahren bestimmt sind". Das HBÜ ist daher auf selbständige Beweisaufnahmen anwendbar.[4] Es hat keinen Ausschließlichkeitscharakter, lässt also die Anwendung anderer Beweisaufnahmeregeln zu (str.).[5] Im Verhältnis der EU-Staaten untereinander (Ausnahme: Dänemark) gilt die Europäische BeweisaufnahmeVO (**EuBVO**).[6] Auch sie hat keinen exklusiven Charakter.[7] Das selbständige Beweisverfahren der §§ 485 ff. wird davon erfasst.[8] Zur EuBVO auch Kap. 58 Rz. 13.

2. Insbesondere: Sachverständigenbeweis

19 Das Rechtshilfeverfahren kommt auch beim Sachverständigenbeweis in Betracht. Kritische Punkte sind die **grenzüberschreitende Ernennung** eines **ausländischen Sachverständigen, Befunderhebungen** des Sachverständigen im Ausland und die grenzüberschreitende Ladung des Sachverständigen zur ergänzenden Anhörung.

---

und im Rechtshilfeverfahren (1989), S. 270 ff.; *Stürner* in Habscheid, Der Justizkonflikt mit den Vereinigten Staaten von Amerika (1986), S. 23 ff., 33, 49.
1 BT-Drucks. 8/217, S. 51; dazu *Geimer* Internat. ZPR[6] Rz. 2432 und 2439.
2 *Geimer* Internat. ZPR[6] Rz. 2475; *Pfeil-Kammerer* Deutsch-amerikanischer Rechtsverkehr in Zivilsachen, 1987, S. 253.
3 BGBl. II 1977, 1442, sowie Bek. BGBl. II 1979, 780 und II 1980, 1290. Kommentierung: *Schlosser* EU-Zivilprozeßrecht[3], 2009; MünchKommZPO/*Pabst*[4], Band 3 HBewÜ.
4 So schon *Ahrens* Festschrift Schütze (1999), S. 1, 8; zustimmend Rauscher/*v. Hein* Europ. Zivilprozeßrecht[(2010)], Art. 1 EG-BewVO Rz. 51; MünchKommZPO/*Pabst*[4] Art. 1 HBewÜ Rz. 15; *Schlosser* EU-Zivilprozeßrecht[3] Art. 1 HBÜ Rz. 2; *Stadler* Festschrift Geimer (2002), S. 1281, 1303.
5 *Schlosser* EU-Zivilprozeßrecht[3] Art. 1 HBÜ Rz. 5 m.w.N.; *Schack* Internat. Zivilverfahrensrecht[5] Rz. 825.
6 ABl. EU Nr. L 174 v. 27.6.2001, S. 1. Kommentierung: *Schlosser* EU-Zivilprozeßrecht[3] 2009; *Rauscher* (Hrsg.), Europäisches Zivilprozeßrecht, Bearb. 2010.
7 EuGH, Urt. v. 6.9.2010, Rs. C-170/11 – Lippens/Kortekaas Rz. 27, IPRax 2013, 262 = EuZW 2012, 831 m. Anm. *Bach*; EuGH, Urt. v. 21.2.2013 Rs. C-332/11 – ProRail Rz. 45, EuZW 2013, 313; Rauscher/*v. Hein* Europ. Zivilprozeßrecht[(2010)], Art. 1 EG-BewVO Rz. 18 m.w.N.
8 Rauscher/*v. Hein* Europ. Zivilprozeßrecht[(2010)], Art. 1 EG-BewVO Rz. 51 f.

Keine größeren Probleme bereitet die **Bestellung** eines ausländischen Sachverständi- 20
gen für eine inländische Beweisaufnahme, wenn der Experte zu einer Mitwirkung bereit ist (dazu auch Kap. 59 Rz. 50). Die Gutachtenerstattungspflicht nach § 407 Abs. 1 gilt für den im Ausland ansässigen Experten nicht, so dass eine Rechtshilfedurchsetzung dafür nicht in Betracht kommt. Für die gerichtliche Anfrage und die **Ernennung** ein Rechtshilfeersuchen zu verlangen, ist abzulehnen.[1] Die **schriftliche Befragung** eines im Ausland lebenden **Zeugen** sollte wegen der graduell unterschiedlichen Eingriffsintensität **nicht als Parallele** angesehen und deren – kontroverse[2] – Bewertung nicht auf den Sachverständigenbeweis übertragen werden. Die Bestellung eines ausländischen Sachverständigen wird jedoch schon wegen Kommunikationsschwierigkeiten, aber auch wegen mangelnder Vertrautheit ausländischer Experten mit den Bedürfnissen des Inlandsverfahrens selten sinnvoll sein. Sie findet aber z.B. in Arzthaftungsprozessen gelegentlich statt. Alternativ kommt die Bestellung eines inländischen Experten in Betracht, der dann einzelne Auslandshandlungen vorzunehmen hat.

Auf die **Anhörung** eines Auslandssachverständigen (vgl. § 411 Abs. 3) wendet der 21
BGH die Regeln über die internationale Rechtshilfe an. Der Sachverständige kann im ersuchten Staat befragt werden, ist aber **nicht** förmlich vor das inländische Gericht zu **laden**.[3]

Der Beweisaufnahme sind durch Art. 1 Abs. 1 HBÜ „andere gerichtliche Handlun- 22
gen" als Inhalt von Rechtshilfeersuchen gleichgestellt, was **Befunderhebungen** eines **Sachverständigen** auf deutschem Boden umfasst, der von einem ausländischen Gericht ernannt worden ist.[4] Gleich zu bewerten ist der spiegelbildliche Fall. Untersuchungshandlungen eines inländischen Sachverständigen für ein inländisches Beweisverfahren, die im Ausland vorzunehmen sind, bedürfen daher der Rechtshilfezustimmung des ausländischen Staates.[5]

Die **Befunderhebung des Sachverständigen** ist eine richterliche Augenscheinsmitt- 23
lung i.S.d. § 372 Abs. 1 und damit eine hoheitliche Handlung, auch wenn sie in Abwesenheit des Richters erfolgt und wegen der anschließenden Begutachtung insgesamt dem Sachverständigenbeweis zugeordnet wird. **Art. 1 EuBVO** enthält anders als Art. 1 HBÜ nicht das Merkmal „andere gerichtliche Maßnahme", jedoch ist der Begriff „Beweisaufnahme" weit auszulegen,[6] so dass die Informationsbeschaffung des Sachverständigen unter Aufsicht der Justiz darunter zu fassen ist. Mittelbar ergibt

---

1 Ebenso *Schlosser* EU-Zivilprozeßrecht[3] Art. 1 HBÜ Rz. 9; s. ferner *Wussow* Festschrift Korbion (1986), S. 493, 494 (insgesamt zu undifferenziert); a.A. MünchKommZPO/*Heinrich*[4] § 363 Rz. 4 (mit Hinweis auf § 40 ZRHO).
2 Für grundsätzliche Zulässigkeit: *Mann* NJW 1990, 618; MünchKommZPO/*Heinrich*[4] § 363 Rz. 3; *Musielak* Festschrift Geimer, S. 761, 769; *Geimer* Internat. ZPR[6] Rz. 437 und 2384; Zöller/*Geimer*[30] § 363 Rz. 11. Dagegen: BGH NJW 1984, 2039; OLG *Hamm* NJW-RR 1988, 703; Musielak/*Stadler*[10] § 363 Rz. 10; *Stadler* Festschrift Geimer, S. 1281, 1291; *Stürner* JZ 1987, 44, 45. Ausführlich dazu *Schabenberger* Der Zeuge im Ausland im deutschen Zivilprozeß, Diss. Freiburg 1996, S. 196 ff. m.w.N.
3 BGH MDR 1980, 931, 932; BGH MDR 1981, 1014, 1015; BGH IPRax 1981, 57, 58; MünchKommZPO/*Heinrich*[4] § 363 Rz. 4; *Schlosser* EU-Zivilprozeßrecht[3] Art. 1 HBÜ Rz. 9 (dort einen nicht ersichtlichen Gegensatz zum BGH behauptend).
4 *Schlosser* EU-Zivilprozeßrecht[3] Art. 1 HBÜ Rz. 9; *Stadler* Festschrift Geimer, S. 1281, 1287.
5 Vgl. *Dörschner* Beweissicherung im Ausland S. 179 ff.; *Schlosser* EU-Zivilprozeßrecht[3] Art. 1 HBÜ Rz. 9; *Hau* RIW 2003, 822, 823 f. A.A., also gegen Rechtshilfequalifizierung *Geimer* Internat. ZPR[6] Rz. 445; Zöller/*Geimer*[30] § 363 Rz. 155 und 16; *Daoudi* Extraterritoriale Beweisbeschaffung S. 108; *Gronstedt* Grenzüberschreitender einstweiliger Rechtsschutz (1994), S. 186 (sofern kein Zwang notwendig ist); *Wussow* Festschrift Korbion, S. 493, 495; unentschlossen *Meilicke* NJW 1984, 2017 f.
6 *Schlosser* EU-Zivilprozeßrecht[3] Art. 1 EuBVO Rz. 6.

sich dies auch aus Art. 17 Abs. 3 EuBVO, der der unmittelbaren Beweisaufnahme auf freiwilliger Grundlage und ohne Zwangsmaßnahme durch einen Gerichtsangehörigen die Beweisaufnahme durch eine andere Person wie etwa einen Sachverständigen ausdrücklich gleichstellt.[1] Notwendig ist ein **Beweisaufnahmeersuchen nach Formblatt J** des Anhangs zur EuBVO.

24 **Befunderhebungen** sind demnach **grundsätzlich** auch dann als Handlungen anzusehen, die der **Rechtshilfegewährung bedürfen**, wenn der Sachverständige jenseits der Grenze ein Bauwerk,[2] eine in einem Betrieb montierte Maschine oder eine Unfallstelle in Augenschein nimmt, ohne dass es zur Anwendung von Zwangsmitteln kommt.[3] Es reicht nicht aus, dass der Sachverständige gewissermaßen wie ein Tourist einen Blick auf das Untersuchungsobjekt wirft. Ein Mindestmaß an **Mitwirkung einer Partei** wird schon deshalb erforderlich sein, weil sich der Befunderhebungsort in ihrem Herrschaftsbereich befindet. Auch können Probeläufe einer Maschine unter realen Arbeitsbedingungen notwendig sein. Befunderhebungen laufen im Übrigen nicht regellos ab. So hat der Sachverständige beiden Parteien die **Anwesenheit** zu ermöglichen, damit sachgerechte Hinweise gegeben werden können und kontrolliert werden kann, ob der Sachverständige seine Aufmerksamkeit in die richtige Richtung lenkt. Behinderungen, die eine Partei zu vertreten hat, haben typischerweise Beweisnachteile zur Folge, lösen also mittelbare Sanktionen bei Beweisverwertung und richterlicher Entscheidung aus.

25 Für **Befunderhebungen** ohne unmittelbare Ausübung hoheitlicher Gewalt und ohne Verstoß gegen Rechtsvorschriften des Mitgliedstaates, in dem die Befunderhebung stattfindet, hat der **EuGH** allerdings in der Rechtssache ProRail Begutachtungsvorbereitungen für unbedenklich angesehen, die außerhalb der EuBVO stattfinden (dazu Kap. 59 Rz. 54).

III. Vollzug der Beweiserhebung nach HBÜ, EuBVO und EuGVO

1. Abgrenzungsbedarf

26 Gerichtliche Entscheidungen über vorgezogene Beweisaufnahmen, die von einem Hauptsacheverfahren formell getrennt ergehen, bedürfen zum **Auslandsvollzug** außerhalb des Staatsgebietes der dortigen **Anerkennung**. Art. 1 Abs. 3 HBÜ klammert „Maßnahmen der Sicherung oder der Vollstreckung" ausdrücklich aus dem Merkmal „andere gerichtliche Handlung" (Art. 1 Abs. 1) aus. Maßnahmen der Beweismittelsicherung sind nicht als derartige nach Art. 1 Abs. 3 HBÜ ausgeschlossene Sicherungsmaßnahmen zu betrachten; sie gehören grundsätzlich zu den nach Art. 1 Abs. 1 HBÜ zulässigen Handlungen.[4] Andererseits fällt die *Anerkennung* von Entscheidungen oder Ergebnissen aus Verfahren mit vorgezogener sichernder oder sonstige Zwecke verfolgender Beweiserhebung nach dem Typ der §§ 485 ff. **nicht** in den **Anwendungsbereich der EuGVO**,[5] was allerdings nicht auf informationsbeschaffende Entschei-

---

1 Ebenso Rauscher/v. Hein Europ. Zivilprozeßrecht[2010], Art. 1 EG-BewVO Rz. 25 m.w.N.; *Hau* RIW 2003, 822, 824; *Heß/Müller* ZZP Int. 6 (2001), 149, 175; s. auch OLG Oldenburg MDR 2013, 547. Gleichwohl gegen einen Rückschluss daraus auf Völkergewohnheitsrecht *Geimer* Internat. ZPR⁶ Rz. 445; darum geht es freilich nicht, sondern um die mögliche Souveränitätsverletzung.
2 A.A. OLG Oldenburg MDR 2013, 547 (LS).
3 Anders in einem obiter dictum EuGH, Urt. v. 21.2.2013, Rs. C-332/11 – ProRail, Rz. 47, EuZW 2013, 313.
4 *Schlosser* EU-Zivilprozeßrecht³ Art. 1 HBÜ Rz. 4.
5 Vgl. EuGH, Urt. v. 28.4.2005 – Rs. C-104/03 – St. Pauli Dairy Industries; *Stadler* Festschrift Geimer, S. 1281, 1303; *Geimer* in Geimer/Schütze, Europ. Zivilverfahrensrecht³ Art. 32 A.1 Rz. 39

dungen in Verfahren des einstweiligen Rechtsschutzes nach dem Typ der §§ 935 ff. zu übertragen ist.

Maßnahmen des einstweiligen Rechtsschutzes können nicht nach dem HBÜ oder der EuBVO vollzogen werden, sondern bedürfen einer eigenständigen Anerkennungs- und Vollstreckbarerklärung, etwa in **Anwendung der EuGVO** und deren speziellen Verfahrensregeln. Die Rechtshilfegewährung nach HBÜ und EuBVO kennt kein dem EuGVO entsprechendes ausgeformtes Anerkennungs- und Vollstreckbarerklärungsverfahren, das im ersuchten Staat durchzuführen wäre, nennt aber Grenzen für die Rechtshilfegewährung, die z.T. – wie in Deutschland – auf der Ausübung staatsvertraglich vorgesehener Vorbehalte beruhen. 27

Aus der **Differenzierung der Rechtsgrundlagen** ergeben sich **Schwierigkeiten**, weil sich eine vorgezogene Beweisaufnahme (Beweissicherung) in ausländischen Rechtsordnungen der Verfahrensform des einstweiligen Rechtsschutzes bedienen kann. **Mehrere Funktionen** hat z.B. das **référé-Verfahren** des französischen Prozessrechts (dazu Kap. 53 Rz. 2). Die deutschen summarischen Verfahren der selbständigen Beweisaufnahme und der einstweiligen Verfügung sind zwar theoretisch gegeneinander abzugrenzen, doch kann das **Verfügungsverfahren funktional** zur **Beweismittelbeschaffung** eingesetzt werden, etwa wenn dort ein Besichtigungsanspruch nach § 809 BGB – den Zugang zum Beweisobjekt vorbereitend – tenoriert wird (dazu Kap. 52 Rz. 8). Das englische Prozessrecht trennt demgegenüber nicht in dieser Weise beim Erlass einer gerichtlichen Order außerhalb eines anhängigen Verfahrens (pre action), etwa einer **Anton Piller Order** zur Ermittlung einer Schutzrechtsverletzung durch Besichtigung eines Sachsubstrats, in dem sich die Verletzung eines Rechts des geistigen Eigentums nach Behauptung des Antragstellers niederschlägt. 28

Die **Abgrenzung** von **Beweisaufnahmeverfahren** und **einstweiliger Verfügung** innerhalb summarischer, nämlich institutionell auf Zeitüberbrückung gerichteter Verfahren sowie die Zuordnung von Maßnahmen zu einer der Verfahrensarten darf für das Unionsrecht (EuGVO, EuBVO) und das Völkerrecht (HBÜ) nicht nach der Systematik des nationalen (deutschen) Prozessrechts vorgenommen werden. Geboten ist eine autonome Auslegung.[1] Betroffen ist davon die **Abgrenzung** der Anwendungsbereiche von **EuGVO und EuBVO**; dazu fehlt es bisher weitgehend an eingehenderen Erörterungen[2] (dazu Kap. 58 Rz. 77 f.). 29

2. Entscheidungen i.S.d. Art. 32 EuGVO 2001/Art. 2 lit. a EuGVO 2012

Abzugrenzen sind demnach Rechtshilfemaßnahmen der **Beweiserhebung von** (meist summarischen) gerichtlichen **Entscheidungen, die selbständig anerkennungs- und vollstreckungsfähig** sind und insbesondere in den Anwendungsbereich der EuGVO fallen.[3] Soweit sie dem Entscheidungstyp nach in den Anwendungsbereich der EuGVO fallen können, fehlt ihnen die Anerkennungsfähigkeit gleichwohl, wenn sie auf einseitigen Antrag ohne Anhörung des Gegners erlassen worden sind. Der EuGH verlangt auch bei einstweiligen Maßnahmen ein vorangehendes kontradiktorisches Ver- 30

---

und 43, Art. 31 A.1 Rz. 32; a.A. *Heß* JZ 1998, 1021, 1030. Eingehend dazu *Ahrens* Festschrift Loschelder (2010), S. 1 ff.
1 *Mankowski* JZ 2005, 1144, 1145.
2 Dazu *Chr. Heinze* Einstweiliger Rechtsschutz im europ. Immaterialgüterrecht (2007), S. 107 ff.; *Ahrens* Festschrift Loschelder (2010), S. 1 ff.
3 Auf diesen Aspekt geht *Mankowski* JZ 2005, 1144, 1146 ff. nicht ein. Im Sinne dieser Unterscheidung EuGH, Urt. v. 28.4.2005, Rs. C-104/03 – St. Paul Dairy Industries/Unibel Exser, JZ 2005, 1166.

fahren;¹ ausreichen lässt es der EuGH allerdings wohl, wenn gegen einen Gerichtsbeschluss, der auf einseitiges Vorbringen hin ergangen ist, nach dessen Bekanntgabe Einwände oder Rechtsmittel hätten erhoben werden können,² so dass die Entscheidung letztlich nicht ausschließlich auf einseitigem Vorbringen beruhte und keinen Überraschungscharakter hatte. Jedenfalls an diesem Erfordernis würde die Vollstreckbarerklärung von Maßnahmen wie der englischen **Anton Piller order (search order)** oder der französischen **saisie contrefaçon** unter dem Regelwerk der EuGVO scheitern, da diese Maßnahmen zur Beweisermittlung bei Rechtsverletzungsverdacht unter Ausnutzung eines Überraschungseffekts eingesetzt werden sollen.³ Aufgegriffen wird die EuGH-Rechtsprechung in Erwägungsgrund 33 und Art. 2 lit. a EuGVO in der Fassung von 2012 (Geltung ab 2015), allerdings dort geringfügig modifiziert. Für die Anerkennungsfähigkeit nach der EuGVO ist jeweils zu prüfen, ob die Entscheidung unter den **Entscheidungsbegriff des Art. 2 lit a. EuGVO 2012/Art. 32 EuGVO 2001** zu subsumieren ist. Das ist für eine sasie contrefaçon oder eine Anton Piller order zu verneinen.

31   Werden **materiell-rechtliche Ansprüche auf Erteilung von Auskünften** oder auf Verschaffung sonstiger Informationen im Wege des einstweiligen Rechtsschutzes tituliert, so erfüllen die Entscheidungen die Anforderungen des **Art. 2 lit. a EuGVO 2012/Art. 32 EuGVO 2001**⁴ (Kap. 58 Rz. 77). Soweit das im Ausgangsstaat bestehende Prozessrechtsverhältnis, das u.U. durch eine sehr summarische Klagerwirkung begründet wird, die Grundlage der Informationspflicht bildet, kann deren Anordnung als eine Sachentscheidung zu behandeln sein, auf die Art. 32 EuGVO anwendbar ist.⁵ Zu beachten ist dafür die **funktionelle Äquivalenz prozessualer Anordnungen** mit der Titulierung materiell-rechtlicher Informationsansprüche. Die Vollstreckung einer Besichtigungs- und Duldungspflicht (vgl. § 809 BGB) im Wege unmittelbaren Zwangs nach § 932 ZPO unter Einschaltung eines Gerichtsvollziehers, etwa nach Art. 7 der Richtlinie 2004/48/EG, ist als Beweiserhebung nach der EuBVO anzusehen (Kap. 58 Rz. 70).⁶

32   Handelt es sich um gerichtliche **Anordnungen mit lediglich innerprozessualer Bedeutung** für die spätere Endentscheidung, ist der Rechtshilfeweg und damit das HBÜ oder die EuBVO heranzuziehen. Sie können zwar nach dem Sprachgebrauch gerichtliche Entscheidungen sein (Grundurteil nach § 304 ZPO, Beweisbeschluss, jugement d'avant dire droit – so der Abschnittstitel vor Art. 482 franz. CPC) doch sind es **Zwischenentscheidungen über den Verfahrensfortgang**, die **nicht** unter Art. 32 EuGVO zu subsumieren sind.⁷

---

1   EuGH, Urt. v. 21.5.1980, Slg. 1980, 1553, Rs. C-125/79 – Denilauler/Couchet Frères = IPrax 1981, 95; BGH GRUR 2007, 813, 814; *Kropholler/v. Hein* Europäisches Zivilprozeßrecht⁹ Art. 32 Rz. 22 f.; *Rauscher/Leible* Europ. Zivilprozeßrecht⁽²⁰¹¹⁾, Art. 31 Brüssel I-VO Rz. 36, Art. 32 Rz. 12a (am Fortbestand dieser Rspr. unter der EuGVO zugleich Zweifel äußernd); *Schlosser* EU-Zivilprozeßrecht³ Art. 32 EuGVVO Rz. 6. Für eine Änderung der EuGH-Rspr. wegen Unübertragbarkeit auf Art. 32 *Geimer* in Geimer/Schütze, Europ. Zivilverfahrensrecht³ Art. 31 A. 1 Rz. 97, Art. 34 Rz. 107.
2   Vgl. EuGH Urt. v. 14.10.2004, Rs. C-39/02 – Maersk/de Haen, Rz. 59 und 62, IPRax 2006, 262 ff. Dazu *Kropholler/v. Hein* Europäisches Zivilprozeßrecht⁹ Art. 32 Rz. 22; s. auch *Schlosser* IPRax 2006, 300, 305.
3   Ebenso *Schlosser* EU-Zivilprozeßrecht³ Art. 31 EuGVVO Rz. 34.
4   *Schlosser* EU-Zivilprozeßrecht³ Art. 32 EuGVVO Rz. 9 und Art. 31 Rz. 27; *Rauscher/Leible* Europ. Zivilprozeßrecht⁽²⁰¹¹⁾ Art. 32 Brüssel I-VO Rz. 8a.
5   *Schlosser* EU-Zivilprozeßrecht³ Art. 32 Rz. 9; so wohl auch *Rauscher/Leible* Europ. Zivilprozeßrecht⁽²⁰¹¹⁾ Art. 32 Brüssel I-VO Rz. 8a. Für die Vollstreckung von Anton-Piller-Orders ausdrücklich im Ergebnis ebenso *Stadler* Festschrift Geimer, S. 1281, 1303 Fn. 64.
6   Eingehend dazu *Ahrens* Festschrift Loschelder (2010), S. 1 ff.
7   *Kropholler/v. Hein* Europ. Zivilprozeßrecht⁹ Art. 32 Rz. 24; *Rauscher/Leible* Europ. Zivilprozeßrecht ⁽²⁰¹¹⁾ Art. 32 Brüssel I-VO Rz. 8; *Geimer* in Geimer/Schütze, Europ. Zivilverfahrensrecht³

Die **innerprozessuale Bedeutung** geht nicht dadurch verloren, dass die Beweisaufnahmehandlung einem Hauptverfahren zeitlich vorgeschaltet und die Vermeidung der Einleitung eines solchen Hauptverfahrens möglicher zusätzlicher Verfahrenszweck ist. Das trifft etwa zu für die **Bestellung eines Sachverständigen** durch französische **ordonnance de référé expertise**.[1] Sie war Gegenstand einer die Anerkennung nach dem EuGVÜ zutreffend ablehnenden Entscheidung des OLG Hamm;[2] für einen französischen Rechtsstreit über eine in Essen errichtete Anlage zur Anreicherung von Grundwasser mit Ozon war ein französischer Sachverständiger ermächtigt worden, die Anlage zu besichtigen, sich Beweisunterlagen vorlegen zu lassen und unter Anhörung von Personen Feststellungen über Änderungen an der Anlage zu treffen. Das OLG Hamm hat die ordonnance de référé expertise (Art. 145, 484 ff. Nouv. CPC) einer deutschen Beweissicherungsmaßnahme nach § 485 ZPO (a.F.) gleichgestellt.[3] Für deren grenzüberschreitenden Vollzug ist heute die EuBVO heranzuziehen.

33

§ 181 Internationale Zuständigkeit für selbständige Beweiserhebungen, Verwertbarkeit der Ergebnisse

I. Anwendbares Recht

Nicht geregelt ist die Verwertbarkeit der Ergebnisse isolierter Beweisverfahren in der HBÜ und der EuBVO.[4] Die Abgrenzung von EuBVO und EuGVO ist für die **Verwertbarkeit** im nachfolgenden Hauptsacheverfahren belanglos, weil der Hauptsacherichter darüber nach seiner lex fori entscheidet.

34

Unabhängig davon, ob Art. 32 EuGVO (ab 2015: Art. 2 lit. a) auf Ergebnisse von selbständigen Beweisverfahren angewandt wird, ist die **Zuständigkeit nach Art. 31 EuGVO** (ab 2015: Art. 35) zu beurteilen; dessen Anwendung ist streitig.[5] Bei alleiniger Anwendung der EuBVO auf die Beweisermittlung von Verletzungen der **Rechte des geistigen Eigentums**, etwa nach der „descrizione" des ital. Rechts (Art. 128 CPI), der

35

Art. 32 A.1 Rz. 43; *Schlosser* EU-Zivilprozeßrecht[3] Art. 32 EuGVVO Rz. 8. Gegen anerkennungsfähigen Inhalt der Ergebnisse selbständiger Beweisverfahren nach Art. 32 ff. EuGVO: *Stadler* Festschrift Geimer, S. 1281, 1303; für die Anerkennung: *Heß* JZ 1998, 1021, 1030; unentschieden MünchKommZPO/*Gottwald*[4] Art. 31 EuGVO Rz. 5. Einem französischen Beweisverfahren – bei vertraglich vereinbarter Zuständigkeit des LG Hamburg – die Wirkung der Verjährungsunterbrechung absprechend wegen Unanwendbarkeit des Art. 25 EuGVÜ (Art. 32 EuGVO): LG Hamburg EWiR § 477 BGB 1/99 S. 345 = TranspR 1999, 35 = IPRax 2001, 45, 47 m. abl. Bspr. *Spickhoff* IPRax 2001, 37 ff.

1 *Kropholler/v. Hein* Europ. Zivilprozeßrecht[9] Art. 32 Rz. 24; *Schlosser* EU-Zivilprozeßrecht[3] Art. 32 EuGVVO Rz. 7.
2 OLG Hamm RIW 1989, 566 f. m. abl. Anm. *Bloch*; beispielhaft und zustimmend zitiert von Rauscher/*Leible* Europ. Zivilprozeßrecht[(2011)] Art. 32 Brüssel I-VO Rz. 8; *Kropholler/v. Hein* Europ. Zivilprozeßrecht[9] Art. 32 Rz. 24; *Schlosser* EU-Zivilprozeßrecht[3] Art. 32 EuGVVO Rz. 7; zustimmend ferner *Geimer* Anerkennung ausländischer Entscheidungen in Deutschland (1995), S. 171 f. Insoweit ebenso und nur insoweit zutreffend OLG Hamburg MDR 2000, 53 = IPRax 2000, 530.
3 A.A. OLG Hamburg MDR 2000, 53.
4 *Stadler* Festschrift Geimer, S. 1281, 1303.
5 Dazu (überwiegend ohne Einordnung in den oben hergestellten Zusammenhang): *Mankowski*, Anm. zu LG Hamburg EWiR § 477 BGB 1/99 S. 345, 346; *Meilicke* NJW 1984, 2017, 2018; Musielak/*Stadler*[10] Art. 31 EuGVO Rz. 2; Nagel/Gottwald IZPR[7] § 17 Rz. 85; *Spickhoff* IPRax 2001, 37, 39; *Stadler* Festschrift Geimer, S. 1281, 1303; *Stürner* IPrax 1984, 299, 300; Thomas/Putzo/*Hüßtege*[33] Art. 31 EuGVO Rz. 2; Rauscher/*v. Hein* Europ. Zivilprozeßrecht[(2010)], Art. 1 EG-BewVO Rz. 52; *Geimer* in Geimer/Schütze, Europ. Zivilverfahrensrecht[3] Art. 31 A.1 Rz. 33 (einen Vorschlag der Kommission, Art. 31 ausdrücklich auf Beweissicherungsmaßnahmen auszuweiten, als „systematisch verfehlt" qualifizierend).

„saisie déscription" des belg. Rechts (Art. 1481 Ger.W.)[1] oder der „saisie contrefaçon" des französischen Rechts (Maßnahmen nach Art. 7 der Richtlinie zur Durchsetzung der Rechte des geistigen Eigentums v. 29.4.2004[2]), die hier befürwortet wird, ist die Zuständigkeit des beweiserhebenden Prozessgerichts für den Vollzug durch ein ausländisches Rechtshilfegericht ohne Belang.

II. Ausländische Beweisverfahren für den künftigen oder bereits anhängigen Inlandsprozess

36 Wenn eine deutsche internationale Hauptsachezuständigkeit besteht, die sich bindend aus der EuGVO, dem Lugano-Übereinkommen, aus einem anderen (bilateralen) Staatsvertrag oder aus dem autonomen Prozessrecht ergeben kann, kann gleichwohl nach einer ausländischen Rechtsordnung gleichzeitig eine dortige internationale Zuständigkeit für ein selbständiges Beweisverfahren gegeben sein. Ordnet der ausländische Richter **vorprozessual Beweiserhebungen** in seinem Staat an, sind deren Ergebnisse grundsätzlich **im deutschen Hauptsacheverfahren verwertbar.**[3] Näher dazu Kap. 56 Rz. 15. Dies gilt innerhalb der EU jedenfalls dann, wenn sich die Zuständigkeit aus Art. 31 EuGVO i.V.m. einer nationalen Regelung ergibt, sollte aber gar nicht von Zuständigkeitsfragen abhängig gemacht werden. Das ausländische Beweisverfahren darf nicht der **Umgehung inländischer Beweisbeschränkungen** Vorschub leisten.[4]

37 Eine Prozesspartei kann auch **während des anhängigen deutschen Hauptsacheverfahrens** eine Dringlichkeit der Beweisaufnahme im Ausland annehmen. Nach § 486 Abs. 1 ist für sie aus deutscher Sicht das (deutsche) Prozessgericht zuständig, dessen Beweisbeschluss dann jedoch zeitraubend im Rechtshilfeweg ausgeführt werden müsste. Erfolgt die Beweisaufnahme im ersuchten Staat in dieser Weise, handelt sich um ein **deutsches Verfahren mit ausländischer Rechtshilfe,** für das **§ 493 Abs. 1** gilt. Erlässt ein ausländischer Richter zeitverkürzend ohne vorheriges deutsches Rechtshilfeersuchen eine eigene Beweisanordnung, steht der Berücksichtigung ihrer Ergebnisse § 486 Abs. 1 nicht entgegen. Aus dieser Norm darf **keine ausschließliche** deutsche internationale **Zuständigkeit** abgeleitet werden. Zu akzeptieren ist grundsätzlich ein missbrauchsfrei auszuübendes Wahlrecht der Parteien zwischen beiden Arten des Vorgehens.[5] Zur Verjährungsunterbrechung s. Kap. 52 Rz. 43.

III. Inländische Beweisverfahren mit Auslandsbezug

1. Nicht ausgeübte deutsche Hauptsachezuständigkeit

38 Ist nach der EuGVO oder nach autonomem deutschen Recht eine internationale Zuständigkeit (allein oder wahlweise) für ein inländisches Hauptsacheverfahren gegeben, die **Hauptsache** aber **noch nicht anhängig,** so darf im Inland ein selbständiges Beweisverfahren eingeleitet werden, dessen örtliche Zuständigkeit sich aus § 486 Abs. 2

---
1 Belg. Cour de Cass. GRUR Int. 2001, 73, 74 für ein ausländisches Hauptsacheverfahren.
2 ABl. EU Nr. L 195 v. 2.6.2004, S. 16 (berichtigte Fassung).
3 *Ahrens* Festschrift Schütze, S. 1, 13; zustimmend *Stadler* Festschrift Geimer, S. 1281, 1304; *Spickhoff* IPRax 2001, 37, 41; a.A. OLG Köln NJW 1983, 2779 (da kein Beweissicherungsverfahren nach §§ 485 ff.); wohl auch OLG Hamburg MDR 2000, 53 = IPRax 2000, 530 (nicht nach § 493 Abs. 1) m. insoweit abl. Bespr. *Försterling* IPRax 2000, 499, 500.
4 Zur Missbrauchsabwehr ist vorgeschlagen worden, die Ablehnungsgründe der Art. 34 EuGVO/§ 328 ZPO entsprechend heranzuziehen: *Dörschner* Beweissicherung im Ausland (2000), S. 201 ff.; vorsichtig zustimmend *Stadler* Festschrift Geimer, S. 1281, 1304 Fn. 66.
5 *Stürner* IPrax 1984, 299, 301; wohl ebenso Rauscher/*v. Hein*, Europ. Zivilprozeßrecht[(2010)] Art. 1 EG-BewVO Rz. 54.

S. 1 ergibt.[1] Wird die Hauptsache später in Deutschland eingeleitet, ist § 493 Abs. 1 für die Verwertung einschlägig.

2. Nur ausländische Hauptsachezuständigkeit

Für einen **künftigen ausländischen Hauptsacheprozess** ohne internationale deutsche Hauptsachezuständigkeit kann ein **inländisches** selbständiges **Beweisverfahren** nach §§ 485 ff. nur eingeleitet werden, wenn dafür eine internationale Zuständigkeit besteht. Dasselbe Problem stellt sich, wenn eine mehrfache internationale Zuständigkeit gegeben ist, unter der sich auch eine inländische Zuständigkeit befindet, jedoch der Hauptprozess **im Ausland bereits anhängig** ist und für das Inland wegen Anerkennungsfähigkeit des künftigen ausländischen Urteils die Rechtshängigkeitssperre des Art. 25 EuGVO (Art. 27 EuGVO 2012) oder des § 261 ZPO greift. Ist der Hauptsacheprozess in einem anderen EU-Staat bereits anhängig, fehlt das rechtliche Interesse i.S.d. § 485 Abs. 2 für ein inländisches Beweisverfahren.[2]

39

Im Anwendungsbereich der **EuGVO** ergibt sich die Beweiserhebungszuständigkeit aus der internationalen Hauptsachezuständigkeit der Art. 2 ff. EuGVO (Art. 4 ff. EuGVO 2012). Ist eine solche Zuständigkeit nicht vorhanden, ist für die Beweisanordnung **Art. 31** (Art. 35 EuGVO 2012) heranzuziehen, wenn man Maßnahmen darunter fallen lässt, die die Wahrheitsfindung im Erkenntnisverfahren sichern. Die von Art. 31 EuGVO freigegebene Regelung betrifft nur sichernde und andere einstweilige Maßnahmen. Daher kann **nur** die **Beweismittelgefährdung** ein legitimes Verfahrensinteresse begründen, **nicht** aber die **Rechtsstreitvermeidung** (§ 485 Abs. 2 S. 2). Zu beurteilen ist die Gefährdung unter Berücksichtigung des Zeitverbrauchs für ein alternatives Vorgehen, also für eine Beweiserhebung durch das ausländische Hauptsachegericht im Rechtshilfeweg.

40

Da Art. 31 EuGVO nur den Weg für internationale Zuständigkeiten außerhalb der allgemeinen und besonderen Zuständigkeitsfestlegungen der EuGVO öffnet, ist daneben die Begründung einer internationalen Zuständigkeit nach nationalem deutschen Prozessrecht notwendig. Diese **deutsche internationale Zuständigkeit** ist aus der Regelung über die örtliche Zuständigkeit abzuleiten, also **aus § 486 Abs. 3** (Amtsgericht des Belegenheitsortes bei dringender Gefahr).[3] Außerhalb des Anwendungsbereiches des EuGVO und ohne dessen Begrenzungen ist § 486 Abs. 3 ebenfalls zur Gewinnung einer internationalen Zuständigkeit analog anzuwenden.

41

Für ein **Schiedsgerichtsverfahren** mit Schiedsort im **Ausland** können Beweissicherungsmaßnahmen nach § 485 Abs. 1 erforderlich werden. Dafür ist gem. § 1033 ein staatliches Gericht zuständig. § 1033 ist gem. § 1025 Abs. 2 auch dann anwendbar, wenn der formelle Schiedsgerichtsort im Ausland belegen ist. § 493 ist darauf wegen § 1042 Abs. 4 S. 1 nicht unmittelbar anwendbar, stellt jedoch auch kein Hindernis dar.[4] Die deutsche internationale Zuständigkeit ergibt sich wie für Beweiserhebungen zugunsten eines staatlichen Auslandsverfahrens aus § 486 Abs. 3.

42

---

1 Obsolet geworden sind die Zuständigkeitsüberlegungen von *Meilicke* NJW 1984, 2017 und *Stürner* IPrax 1984, 300 (sub II 2), jeweils im Anschluss an OLG Köln NJW 1983, 2779.
2 OLG Köln VersR 2012, 1058 (Beweisverfahren wegen zahnärztl. Behandlungsfehlers, Zahnarzthonorarklage in Belgien).
3 Rauscher/*v. Hein* Europ. Zivilprozeßrecht (2010) Art. 1 EG-BewVO Rz. 53; *Geimer* Internat. Zivilprozeßrecht[6] Rz. 2540; *Schack* Internat. Zivilverfahrensrecht[5] Rz. 491; *Dörschner* Beweissicherung im Ausland S. 154 ff.; s. auch *Stürner* IPrax 1984, 299, 300.
4 *Steinbrück* IPRax 2010, 424, 426; a.A. OLG Düsseldorf IPRax 2010, 442, 444.

43 Wird der Beweis im Inland erhoben, entscheidet die **ausländische lex fori** des in der Hauptsache zuständigen Gerichts über die anschließende **Verwertung**.[1] Unerheblich ist, ob die für den Hauptsacheprozess maßgebliche ausländische lex fori selbst ein vorgezogenes Beweisverfahren kennt.[2] Etwas anderes ist ausnahmsweise anzunehmen, wenn eine Verwendung des Beweisergebnisses ausschließlich in einem bestimmten ausländischen Staat in Betracht kommt und dessen Prozessrecht jegliche Verwertung zwingend ausschließt. Etwaige **Beweisbeschränkungen** der im ausländischen Hauptsacheprozess anwendbaren lex fori oder des maßgeblichen fremden Sachstatuts dürfen nicht durch Einleitung eines inländischen selbständigen Beweisverfahrens unterlaufen werden.

---

[1] Rauscher/v. *Hein* Europ. Zivilprozeßrecht⁽²⁰¹⁰⁾ Art. 1 EG-BewVO Rz. 53.
[2] AG Frankfurt/M. JZ 1960, 540, 541 m. Anm. *Cohn*.

Kapitel 54:
Zulässigkeit vorgezogener Beweiserhebungen

	Rz.		Rz.
§ 182 Antrag und Gegenantrag		I. Fehlende Anhängigkeit des Hauptverfahrens	37
I. Antragsgebundenheit der Verfahren	1	II. Gegenstand der Feststellung; zulässiges Beweismittel	
II. Gegenanträge	3	1. Beweismittelbeschränkung, schriftliche Sachverständigenbegutachtung	39
§ 183 Zulässigkeit der Sicherung gem. § 485 Abs. 1 ZPO		2. Zulässige Themen der Begutachtung	
I. „während oder außerhalb eines Streitverfahrens"		a) Feststellungsbeschränkung	43
1. Vorrang des Hauptprozesses	9	b) Zustands- und Wertbegutachtung	44
2. Parallelität von Beweisverfahren und Hauptprozess	10	c) Mangel- oder Schadensursache	50
3. Unzulässige Wiederholung der Beweiserhebung	12	d) Schadensbeseitigungsaufwand	58
4. Offensichtliche Nutzlosigkeit	17	III. Rechtliches Feststellungsinteresse	
II. Zustimmung des Gegners	19	1. Regelbeispiel: Rechtsstreitvermeidung	60
III. Besorgnis des Verlustes/der erschwerten Benutzung des Beweismittels		2. Streitentschlossenheit des Antragsgegners	67
1. Veränderung von Augenscheins- oder Begutachtungsobjekten	22	3. Sonstige rechtliche Interessen	70
2. Zeugenbeweis	28	4. Einzelfälle	
3. Rechtsschutzinteresse, Missbrauch	30	a) Zu bejahendes Interesse	71
4. Bevorstehender Ablauf der Verjährungsfrist	34	b) Zu verneinendes Interesse	73
IV. Umfang der Beweisaufnahme	35	IV. Erneute Begutachtung	78
§ 184 Die Zulässigkeit isolierter Sachverständigenbegutachtung		V. Entscheidung	80
		VI. Übergang der Zuständigkeit auf Prozessgericht	81

Schrifttum:

Bockey, Das selbständige Beweisverfahren im Arzthaftungsrecht, NJW 2003, 3453; *Dodegge*, Selbständiges Beweisverfahren zur Feststellung der Geschäftsfähigkeit eines Vollmachtgebers bei Errichtung oder Widerruf der Vollmacht, FamRZ 2010, 1788; *Enaux*, Rechtliches Interesse und allgemeines Rechtsschutzbedürfnis beim selbständigen Beweisverfahren, Festschrift Vygen (1999), S. 386; *Pauly*, Das selbständige Beweisverfahren in der Baurechts-Praxis, MDR 1997, 1087; *Pauly*, Das selbständige Beweisverfahren in Bausachen, JR 1996, 269; *Rehborn*, Selbständiges Beweisverfahren im Arzthaftungsrecht?, MDR 1998, 16; *Rinke/Balser*, Selbständiges Beweisverfahren bei Streit über die medizinische Notwendigkeit einer vorgesehenen Hilfsbehandlung – zulässig?, VersR 2009, 188; *Scholl*, Selbständiges Beweisverfahren zur Feststellung der Höhe einer Mietminderung?, NZM 1999, 108; *Vogel*, Beweisbeschlüsse in Bausachen – eine unendliche Geschichte?!, Festschrift Thode (2005), S. 325; *Willer*, Das selbständige Beweisverfahren und die Grenzen richterlicher Vorlageanordnungen, NJW 2014, 22.

§ 182 Antrag und Gegenantrag

I. Antragsgebundenheit der Verfahren

1 Das selbständige Beweisverfahren wird auf Antrag eingeleitet. Sein notwendiger Inhalt ist in § 487 geregelt. Einzureichen ist der Antrag bei dem in § 486 bezeichneten Gericht. **Antragsgegner** ist bei schon anhängigem Prozess jeder, der auf der Gegenseite steht, sonst derjenige, der vom Antragsteller als Gegner bezeichnet wird. Das gegnerlose Verfahren richtet sich nach § 494.

2 Der Antrag allein bewirkt **nicht** die **Rechtshängigkeit des Anspruchs**, um dessentwillen das selbständige Beweisverfahren eingeleitet wird. Mangels eigenen Streitgegenstandes des Beweisverfahrens gibt es für mehrfache identische selbständige Beweisverfahren keine Rechtshängigkeitssperre, wohl aber gilt das Verbot missbräuchlicher Doppelverfolgung. Die **Rücknahme** des Antrags ist einseitig bis zu dem in §§ 399, 402 genannten Zeitpunkt für die dort genannten Beweismittelverzichte möglich. Wird der Antrag zurückgenommen, gilt § 269 Abs. 3 entsprechend (näher: Kap. 57 Rz. 63 und 64).

II. Gegenanträge

3 Der Antragsgegner kann – wie häufig etwas unscharf formuliert wird – „**Gegenanträge**" stellen.[1] Insoweit sind zwei Fallgruppen zu unterscheiden: Der Gegner hat grundsätzlich die Möglichkeit, **zusätzliche Beweismittel** zu benennen oder eine **Erweiterung der Beweisthemen** im Verhältnis zum Antragsteller zu beantragen.[2] Er kann aber auch selbst ein **selbständiges Beweisverfahren** einleiten. In beiden Fällen müssen die allgemeinen Zulässigkeitsvoraussetzungen erfüllt sein.[3]

4 **Nicht zulässig** ist es, zu demselben Beweisthema ein **inhaltlich identisches zweites Beweisverfahren** mit umgekehrtem Rubrum einzuleiten.[4] Dieses Vorgehen wurde vor der Reform empfohlen, um der Sachverständigenbenennung des ersten Antragstellers einen „eigenen" Sachverständigen entgegenzusetzen. Dafür besteht kein Bedarf mehr, weil Auswahl und Ernennung des Sachverständigen ausschließlich dem Gericht vorbehalten sind und das Hauptsachegericht dessen Begutachtung grundsätzlich übernimmt (§ 493 Abs. 1). Das identische Zweitverfahren ist durch §§ 485

---

1 OLG Hamm NJW 2009, 1009; OLG Düsseldorf (21. ZS) BauR 1996, 896, 897; OLG Düsseldorf (23. ZS) BauR 1995, 430; OLG München OLGR 1996, 81; OLG Jena MDR 1997, 1160; KG OLGR 1996, 94, 95; OLG Hamm BauR 2003, 1763, 1764; OLG Nürnberg OLGR 2003, 92; NJW-RR 2001, 859; OLG Hamburg MDR 2001, 1012; LG Köln BauR 1994, 407 f.; *Jagenburg* NJW 1989, 2859, 2868; *Bergmann/Streitz* NJW 1992, 1726; Musielak/*Huber*[10] § 485 Rz. 6a.A.A. OLG München BauR 1993, 365, 366; OLG Hamm BauR 1988, 762, 763; OLG Köln VersR 1994, 1328 (zur Besonderheit, dass der ASt. seinen Antrag aus Kostengründen eingeschränkt hatte und der AGg. die Aufrechterhaltung der Begutachtung für notwendig hielt, Vermeidung von Kosten zu Lasten des ASt.).
2 OLG Düsseldorf BauR 1995, 430; OLG Hamburg MDR 2001, 1012; LG Bonn CR 2009, 86; *Wussow* NJW 1969, 1401, 1405. Darin kostenrechtlich ein einheitliches Verfahren sehend OLG München (11. ZS) NJW-RR 1997, 318, 319. Unklare Reichweite der Ablehnung in OLG Frankfurt/M. NJW-RR 1990, 1023, 1024.
3 So wohl auch *Wussow* NJW 1969, 1401, 1405. A.A. – bei Gegenanträgen im laufenden Beweisverfahren auf eine Glaubhaftmachung des Verfahrensinteresses verzichtend – OLG Düsseldorf BauR 1996, 896, 897.
4 OLG Köln OLGZ 1992, 495, 496 = VersR 1992, 1152; OLG Frankfurt/M. BauR 1997, 167 (reine Negation des ersten Antrags).

Abs. 3, 412 ebenso beschränkt wie ein Antrag auf (Zweit)Begutachtung durch einen Gegensachverständigen bei bereits angeordneter Begutachtung.[1]

Die **Zulassung von Gegenanträgen dient der Streiterledigung** und vermeidet eine Verfahrensverdoppelung. In die Dispositionsbefugnis des Antragstellers, der auch im selbständigen Beweisverfahren den Verfahrensgegenstand bestimmt, wird dadurch nicht eingegriffen. Die **Möglichkeit bloßer Verbindung** gegenläufig betriebener Verfahren stößt auf **Schwierigkeiten**, insbesondere wenn verschiedene Gerichte angerufen worden sind. Der teilweise vertretenen Gegenansicht ist zuzugeben, dass Erweiterungen des Beweisverfahrens auf Antrag des Gegners zu Verfahrensverzögerungen und sonstigen Erschwernissen (einschließlich der späteren Kostenverteilung[2]) führen können.[3] Sie sind allerdings nicht von vornherein in der Notwendigkeit zu sehen, weitere Sachverständige anderer Fachgebiete beauftragen zu müssen.[4] 5

Zu begrenzen sind Erweiterungen auf Fragestellungen, die mit dem Beweisantrag des ersten Antragstellers in unmittelbarem sachlichen Zusammenhang stehen[5] und die – von der Streitverkündung abgesehen – das Beweisverfahren nicht auf Dritte ausdehnen.[6] Die gegnerischen Beweisthemen müssen als solche im Beweisbeschluss ausgewiesen werden.[7] 6

Umstritten ist die **zeitliche Grenze**, bis zu deren Erreichen ein Gegenantrag gestellt und in einer Erweiterung des Beweisbeschlusses verarbeitet werden kann. Genannt werden die Absendung der Akten an den Sachverständigen und alternativ ein Zeitpunkt kurz vor Durchführung eines Ortstermins durch den Sachverständigen.[8] 7

Der thematische Zusammenhang von Antrag und Gegenantrag hat zu Folge, dass die **Hemmung der Verjährung** bis zum Ablauf der letzten Beweiserhebung andauert, auch wenn insoweit über ein Thema des Gegenantrages Beweis erhoben wird.[9] Mit dem eigenständigen Beweisantrag führt der Antragsgegner einen selbständigen Angriff und ist hinsichtlich der **Verfahrenskosten** als Antragsteller zu behandeln.[10] 8

---

1 Dazu: OLG München (27. ZS) NJW-RR 1996, 1277, 1278; OLG Düsseldorf BauR 1996, 896, 897.
2 Dies leugnend OLG München NJW-RR 1996, 1277, 1278.
3 OLG München MDR 1993, 380 f.; OLG Nürnberg NJW-RR 2001, 859, 860 = MDR 2001, 51, 52.
4 So möglicherweise OLG Düsseldorf BauR 1995, 430; ausdrücklich LG Konstanz NJW-RR 2003, 1379, 1380; LG Münster MDR 1998, 1500, 1501 (wenn Verfahrensverzögerung eintritt). Wie hier: OLG München NJW-RR 1996, 1277, 1278.
5 So OLG Düsseldorf BauR 1996, 896, 897; OLG Düsseldorf BauR 1995, 430; OLG Nürnberg NJW-RR 2001, 859, 860; LG Konstanz NJW-RR 2003, 1379, 1380; Musielak/*Huber*[10] § 485 Rz. 6a; *Ulrich* AnwBl. 2003, 78, 84; Zusammenhang verneint in OLG Jena OLG-NL 2000, 20, 21 (Antrag des Bauherrn gegen Architekt und Bauunternehmer, Gegenantrag des Architekten bei Bedeutung seines Feststellungsbegehrens allein für den Innenausgleich zum Bauunternehmer).
6 OLG Düsseldorf BauR 1996, 896, 897; OLG Düsseldorf BauR 1995, 430; OLG Hamm NJW 2009, 1009, 1010; LG Köln MDR 1994, 202.
7 Das war in OLG Frankfurt/M. NJW-RR 1990, 1023, 1024 möglicherweise nicht beachtet worden.
8 OLG Jena MDR 1997, 1160, 1161.
9 BGH NJW-RR 2001, 385 = WM 2001, 820, 821.
10 OLG Koblenz JurBüro 1998, 547.

§ 183 Zulässigkeit der Sicherung gem. § 485 Abs. 1 ZPO

I. „während oder außerhalb eines Streitverfahrens"

1. Vorrang des Hauptprozesses

9   Das selbständige Beweisverfahren ist sowohl während als auch außerhalb eines laufenden Streitverfahrens zulässig, sofern eine der drei in § 485 Abs. 1 genannten Voraussetzungen vorliegt. Während eines schon begonnenen kontradiktorischen Verfahrens hat das Bemühen um **Beweisaufnahme auf Veranlassung des Prozessgerichts** auch bei dringlicher Beweissicherung **Vorrang**. Eine Beweisaufnahme des Prozessgerichts gewährleistet, dass die Beweiserhebung durch eine **Relevanzprüfung** des Tatsachenstoffes gesteuert und beschränkt wird. Außerdem sind die allgemeinen Vorschriften für das Beweisverfahren anwendbar (§ 492 Abs. 1); die Richtigkeitsgewähr der Tatsachenfeststellung steigt mit Wahrung des Prinzips formeller Beweisunmittelbarkeit.

2. Parallelität von Beweisverfahren und Hauptprozess

10   Ausnahmsweise kommt die Einleitung eines selbständigen **Beweisverfahrens bei laufendem Hauptprozess** in Betracht, wenn der Erlass eines Beweisbeschlusses und die Durchführung einer Beweisaufnahme wegen der konkreten Verfahrenssituation nicht möglich sind. Das ist der Fall bei **Unterbrechung** und **Aussetzung** des Verfahrens (Wirkung: § 249)[1] sowie während der Dauer eines **Revisionsverfahrens**. Das **Ruhen** des Verfahrens kann hingegen bei notwendig werdender Beweissicherung stets behoben werden. Zur **Aussetzung** eines **Hauptsacheverfahrens** bei Anhängigkeit eines selbständigen Beweisverfahrens s. Kap. 55 Rz. 53.

11   Mit dem in einer Tatsacheninstanz anhängigen streitigen Verfahren konkurriert das selbständige Beweisverfahren ferner dann, wenn der Verlust eines Beweismittels droht und sich das **Beweismittel weit entfernt vom Ort des Hauptprozesses** befindet. Es kann dann erforderlich sein, bei dem in Fällen dringender Gefahr zuständigen **Amtsgericht des Aufenthaltsortes** bzw. des Ortes, an dem sich die in Augenschein zu nehmende oder zu begutachtende Sache befindet (§ 486 Abs. 3), eine Beweissicherung zu beantragen. Da das selbständige Beweisverfahren durch Behauptung einer solchen Situation dazu missbraucht werden kann, eine Beweisaufnahme zu erzwingen, die vom Hauptsachegericht für irrelevant gehalten wird, sind die Zulässigkeitsvoraussetzungen streng zu prüfen, auch wenn es ansonsten im selbständigen Beweisverfahren vor Durchführung des Hauptprozesses grundsätzlich nicht auf die Erfolgsaussichten und die Erheblichkeit der Beweisfrage für den späteren Prozess ankommt. **Vorzug** verdient die **Beweisaufnahme durch** ein **Rechtshilfegericht** (§§ 355 Abs. 1 S. 2, 157 GVG) auf Ersuchen des Prozessgerichts oder die Beweisaufnahme durch dessen **beauftragten Richter** (§ 355 Abs. 1 S. 2).

3. Unzulässige Wiederholung der Beweiserhebung

12   Der Antrag ist nicht zulässig, wenn die **Beweise** in dem oder für den Hauptprozess **schon erhoben** worden sind oder ihre **Erhebung** in ihm bei laufendem Verfahren bereits **angeordnet** worden ist. Ob **dasselbe Beweisthema** betroffen ist, ergibt sich in erster Linie aus dem formellen Beweisbeschluss (§ 359). Der Erlass eines Beweisbeschlusses, auf den die Praxis zunehmend verzichtet, ist gegebenenfalls nachzuholen. Beweisanordnungen zu anderen Beweisthemen als denen, die der Antragsteller

---

[1] In dieser Verfahrenssituation sind Prozeßhandlungen des Gerichts – wie der Erlass eines Beweisbeschlusses – unzulässig und auch unwirksam: BGHZ 43, 135, 136.

im selbständigen Beweisverfahren geklärt haben will, schließen die selbständige Beweiserhebung nicht aus.

Ob die **Beweise zu dem Beweisthema schon erhoben** sind, ist in erster Linie dem **Beweisaufnahmeprotokoll** (§ 160 Abs. 3 Nr. 4 und 5) zu entnehmen, also dem dort niedergelegten Ergebnis der Zeugen- oder Sachverständigenvernehmung oder der Augenscheinseinnahme, oder einem eingeholten schriftlichen Sachverständigengutachten. Ist das Ergebnis nicht schriftlich fixiert, so ist ein **Berichterstattervermerk** anzufertigen. Lag der Beweiserhebung ein abweichender Beweisbeschluss zugrunde, sind die Bekundungen aber darüber hinausgegangen, sind die tatsächlichen Beweisthemen maßgebend. Hat das Prozessgericht die **Erhebung** der Beweise bereits **angeordnet**, ist die Beweiserhebung beschleunigt vom Prozessgericht statt im Wege des selbständigen Beweisverfahrens vorzunehmen.[1] 13

Sieht eine Partei Grund zur **nochmaligen Vernehmung von Zeugen** (§ 398) und billigt das Prozessgericht erster oder zweiter Instanz diesen Grund, führt es selbst die erneute Beweisaufnahme durch. Ist das Verfahren in der Revisionsinstanz anhängig, kann ein selbständiges Beweisverfahren angeordnet werden, wenn die in der Tatsacheninstanz beantragte Wiederholungsvernehmung ermessensfehlerhaft unterblieben ist und dagegen eine Verfahrensrüge erhoben worden ist oder noch erhoben werden soll. 14

Ist über die Behauptung bereits in einem **anderen Verfahren Beweis erhoben** worden, kann der Antragsteller **nicht** auf die Möglichkeit verwiesen werden, die dortige, in einem Protokoll oder Urteil erfolgte Beurkundung **urkundenbeweislich** in das Verfahren einzuführen. Ein Antrag auf erneute Zeugenvernehmung hätte auch sonst Vorrang vor einer Verwertung der früheren Aussage im Wege des Urkundenbeweises. 15

Hat bereits ein **früheres selbständiges Beweisverfahren** stattgefunden, so ist sein Ergebnis **in allen Verfahren** zwischen denselben Parteien zu **verwenden**. Die erneute Augenscheinseinnahme oder die erneute Zeugenvernehmung sind nur unter den erschwerten Umständen des § 398 zulässig.[2] Die Wiederholung einer Sachverständigenbegutachtung auf Antrag einer anderen Partei unterliegt der Beschränkung der §§ 485 Abs. 3, 412; da die Auswahl der Sachverständigen seither von Amts wegen erfolgt, besteht anders als nach früherem Recht kein Bedürfnis, eine einseitige Parteiauswahl des Sachverständigen auszugleichen. Eine Wiederholung des Beweisverfahrens ist auch nicht zu dem Zweck zulässig, den Lauf der Verjährungsfrist erneut zu hemmen.[3] 16

4. Offensichtliche Nutzlosigkeit

Unzulässig ist der Antrag, wenn er **nicht durchführbar** ist, weil die erforderliche **Zustimmung** eines **Dritten verweigert** wird, etwa zum Betreten eines Grundstücks, zur Vorlage des Augenscheinsobjektes oder zur Exhumierung und Sektion einer Leiche. Besteht ein **Anspruch** auf Zustimmung oder **auf Duldung** (vgl. etwa § 809 BGB), der durch einstweilige Verfügung durchsetzbar ist, kann dadurch die Voraussetzung für die Verfahrensdurchführung geschaffen werden. Außerdem kann das Gericht des Beweisverfahrens eine **Vorlegungsanordnung** nach **§ 144 Abs. 1 S. 2** oder eine **Duldungsanordnung** nach **§ 144 Abs. 1 S. 3** treffen. 17

Nach Eintritt der **Rechtskraft** des Hauptprozesses kommt eine Beweismittelverwendung und damit ein Beweismittelverlust nicht mehr in Betracht. Allerdings kann bei 18

---

[1] OLG Düsseldorf JurBüro 1981, 616; OLG Braunschweig JurBüro 1990, 1045, 1046.
[2] BGH MDR 1965, 116.
[3] BGH NJW 1998, 1305, 1306.

Einlegung einer Verfassungsbeschwerde oder im Hinblick auf ein Wiederaufnahmeverfahren[1] etwas anderes gelten. Zur selbständigen Beweiserhebung bei schwebendem **ausländischen Hauptsacheverfahren** s. Kap. 53 Rz. 39 f.

II. Zustimmung des Gegners

19 § 485 Abs. 1 ermöglicht das selbständige Beweisverfahren in zwei qualitativ verschiedenartigen Fällen: bei Zustimmung des Gegners (Abs. 1 1. Alt.) und bei Besorgnis des Verlustes bzw. der Erschwerung der Benutzung des Beweismittels (Abs. 1 2. und 3. Alt.). Die **Zustimmung ist** eine **Prozesshandlung**. Für deren Wirksamkeit und Widerruf gelten die allgemeinen Regeln. Die Einverständniserklärung ist also grundsätzlich **unwiderruflich** und **nicht anfechtbar**.[2] Auch ein Widerruf entsprechend § 290 scheidet aus; die Erklärung ist – im Gegensatz zum Geständnis – keine Wissenserklärung, so dass eine Analogiebasis fehlt.[3] Die Zustimmung kann gegenüber dem Gericht oder gegenüber dem Antragsteller erklärt werden.

20 Bloße **Glaubhaftmachung** der erteilten Zustimmung durch den Antragsteller ist **nicht ausreichend**.[4] Darin liegt kein Widerspruch zu § 487 Abs. 4, wonach die zulässigkeitsbegründenden Tatsachen – nur – glaubhaft gemacht werden müssen. Gegenstand von Glaubhaftmachungen sind tatsächliche Behauptungen (vgl. § 294). Glaubhaftmachung der Zulässigkeitsvoraussetzungen eines Beweisverfahrens zu verlangen hat den Sinn, ein Wahrscheinlichkeitsurteil über die Zulässigkeit eines nicht ins Belieben des Antragstellers gestellten Nebenverfahrens zu ermöglichen, ohne der Verfahrenseinleitung unzumutbare Hürden entgegenzustellen. Dieselbe Erleichterung für eine dem Gericht gegenüber abzugebende prozessuale Willenserklärung des Gegners zu gewähren, steht mit dem Normzweck des § 487 Nr. 4 nicht in Einklang. Ein Bedürfnis dafür ist auch nicht erkennbar.

21 Wird dem Antrag auf Durchführung des einvernehmlichen selbständigen Beweisverfahrens die **Zustimmungserklärung des Gegners nicht beifügt**, kann das Gericht dem **Gegner** den Antrag unter **Fristsetzung** zuleiten, damit dieser seine Zustimmung erklären kann.[5] Eine entsprechende Pflicht des Gerichts besteht wegen des Beibringungsgrundsatzes aber nicht.[6] Hat der Antragsgegner der Durchführung des selbständigen Beweisverfahrens zugestimmt, aber gleichzeitig einen Gegenantrag gestellt, so kann im Einzelfall zweifelhaft sein, ob eine den Anforderungen des § 485 Abs. 1 1. Alt. genügende Zustimmungserklärung vorliegt. Die Zustimmung des Antragsgegners hat **als Prozesshandlung unbedingt** zu erfolgen. In einem gegnerlosen Verfahren kann die Zustimmung nicht von dem gem. § 494 Abs. 2 gerichtlich zu bestellenden Vertreter erteilt werden.[7]

---

1 Zweifelnd OLG Köln FamRZ 1995, 369.
2 *Wussow* NJW 1969, 1401 f.; *Schilken* ZZP 92 (1979), 238, 260 f.; Musielak/*Huber*[10] § 485 Rz. 9.
3 *Schilken* ZZP 92 (1979), 238, 260 f.
4 *Schilken* ZZP 92 (1979), 238, 266; a.A. MünchKommZPO/*Schreiber*[4] § 485 Rz. 5; Musielak/*Huber*[10] § 485 Rz. 9; Zöller/*Herget*[30] § 485 Rz. 2.
5 MünchKommZPO/*Schreiber*[4] § 485 Rz. 5.
6 A.A. *Werner/Pastor* Der Bauprozeß[14] Rz. 11 („hat zuzuleiten").
7 Musielak/*Huber*[10] § 485 Rz. 9.

III. Besorgnis des Verlustes/der erschwerten Benutzung des Beweismittels

1. Veränderung von Augenscheins- oder Begutachtungsobjekten

Ohne Zustimmung des Antragsgegners ist das selbständige Beweisverfahren nach § 485 Abs. 1 zulässig, wenn die **Besorgnis des Verlustes** oder der erschwerten Benutzung des Beweismittels besteht. Die Möglichkeit späterer Erhebung von Augenscheins- oder Sachverständigenbeweisen ist bedroht, wenn Veränderungen am Objekt der Augenscheinseinnahme bzw. der Begutachtung oder dessen Untergang bevorstehen. Beispielhaft zu nennen ist der drohende **Verderb einer Ware**. Die Durchführung eines Verfahrens nach § 485 Abs. 1 an einem Unfallfahrzeug, die die verlängerte Zahlung einer Nutzungsausfallentschädigung zur Folge hat, darf nicht als Verstoß gegen die Schadensminderungspflicht (§ 254 Abs. 2 BGB) gewertet werden.[1]

Unerheblich ist, ob die **Veränderung von** einer **Einwirkung des Antragstellers abhängig** ist. Die von ihm geplante Beseitigung von Mängeln genügt für § 485 Abs. 1 2. Alt., selbst wenn er das Objekt ohne Kostenbelastung oder Hinnahme erheblicher sonstiger Behinderungen in seinem Zustand erhalten könnte.[2] Der Wunsch nach Herstellung ungestörter Nutzungsmöglichkeit ist zu respektieren. Eine weit hinausgeschobene Grenze bildet lediglich der eindeutige **Rechtsmissbrauch** (unten Rz. 31).[3]

Umgekehrt kann der andere Teil in dieser Situation die **Erhaltung des Beweismittels** mangels Unterlassungsanspruchs **nicht durch einstweilige Verfügung sichern** wollen; ihm steht nur seinerseits das selbständige Beweisverfahren zur Verfügung.[4] Das Verfügungsverfahren ist also kein Hilfsverfahren für das selbständige Beweisverfahren, um interimistisch das Beweisobjekt gegen Veränderungen seitens des Antragsgegners abzuschirmen.

Werden **während** eines selbständigen **Beweisverfahrens** (also nach Kenntnis von der Antragstellung) tatsächliche Gegebenheiten **verändert**, die die Durchführung des selbständigen Beweisverfahrens unmöglich machen oder das Ergebnis der Beweisaufnahme verfälschen können, droht der Vorwurf der **Beweisvereitelung**.[5]

Unter § 485 Abs. 1 2. Alt. fallen die durch **Baufortschritte** bedingte Beseitigung von Baumängeln sowie die spätere Unzugänglichkeit der Bauteile. Die zulässigen **Beweiserhebungen** dürfen, wenn das Verfahrensinteresse mit der Notwendigkeit einer Beweiskonservierung begründet wird, **nicht zu eng** gefasst werden. Das Beweisverfahren ist nicht auf die Feststellung des Zustandes der Sache und auf die Erforschung der unmittelbaren Mängelursache beschränkt; zulässig ist auch die Beweiserhebung über tatsächliche Voraussetzungen der Verantwortlichkeit für die festgestellten Mängel.[6] In entsprechender Weise darf das Gutachten eines Baumpflegesachverständigen zur Aufklärung der Ursachen des durch einen umstürzenden Baum ausgelösten Unfalls auf die Feststellung erstreckt werden, ob äußere Anzeichen der Baumbeschaffenheit vorhanden waren, die für einen Laien vor dem Unfallzeitpunkt die drohende Gefahr des Umstürzens erkennbar machten. Das meint ein Beweisbeschluss, der in etwas **la-**

---
1 OLG Düsseldorf NJW-RR 2008, 1711, 1712.
2 OLG Köln MDR 1994, 94 = OLGZ 1994, 349, 350 = VersR 1994, 1327; OLG Hamm NJW-RR 2010, 1035 = MDR 2010, 714; s. ferner OLG Bamberg JurBüro 1992, 629.
3 Vgl. OLG Köln MDR 1994, 94.
4 OLG Köln VersR 1996, 733, 734.
5 OLG Köln VersR 1992, 355, 356 (Gemeinde baut in Kenntnis des Beweisverfahrensantrages und des Vorwurfs einer Verkehrssicherungspflichtverletzung eine Straße im Bereich einer Unfallstelle um).
6 OLG Bamberg JurBüro 1992, 629; s. ferner OLG Düsseldorf BauR 1996, 896, 897 (Bauplanungsfehler als Mangelursache).

xer Formulierung nach der **Erkennbarkeit der Verantwortlichkeit** fragt.[1] Der Beweisantrag wird damit nicht auf die rechtliche Beurteilung der Verantwortlichkeit gerichtet, die dem Sachverständigen selbstverständlich nicht obliegt. Die Gefahr des Beweismittelverlustes infolge Veränderung eines Bauwerkszustandes gestattet ferner die sachverständige Feststellung von Baumängelbeseitigungsmaßnahmen.[2]

27 Ein sicherndes selbständiges Beweisverfahren gegen einen **Zahnarzt** ist zulässig, wenn vor einer Anschlussbehandlung der **Status des Gebisses gesichert** werden soll;[3] eine prothetische Versorgung muss regelmäßig in situ begutachtet werden.[4] Das Beweisverfahren schafft allerdings selbst keinen Anspruch auf Herausgabe des Gebissabdrucks an den Sachverständigen. Das Gericht des Beweisverfahrens kann aber **eine Vorlageanordnung nach § 144 Abs. 1 S. 2** treffen (dazu auch Rz. 42). Hingegen folgt ein gegebenenfalls durch einstweilige Verfügung tenorierbarer materiell-rechtlicher Vorlageanspruch aus § 809 BGB sowie über § 242 BGB – wie bei sonstigen Krankenunterlagen – aus dem Behandlungsvertrag. Ferner drohen im Hauptprozess Beweisnachteile.[5] Derselbe Beweissicherungsbedarf gilt in **Arzthaftungssachen** bei **notwendigen Folgebehandlungen** oder bei zeitbedingter Veränderung medizinisch-biologischer Abläufe.[6] In der Regel wird sich das Verfahrensinteresse freilich auch mit § 485 Abs. 2 begründen lassen.[7]

2. Zeugenbeweis

28 Die Besorgnis des Zeugenbeweisverlustes besteht, wenn der Zeuge an einer **lebensgefährlichen Erkrankung** leidet oder wenn er eine längere Auslandsreise plant. **Hohes Alter** des potentiellen Zeugen genügt als alleinige Zulässigkeitsvoraussetzung.[8] Die Gegenansicht, der Gesundheitszustand müsse die **Besorgnis alsbaldigen Todes** begründen,[9] zwingt das Gericht zu einer unzumutbaren und spekulativen Prüfung des Gesundheitszustandes des Zeugen und Prognose über dessen Lebenserwartung. Als „hohes Alter" ist die deutliche Überschreitung der durchschnittlichen Lebenserwartung anzusehen. Im Übrigen bleibt es unbenommen, eine Mischbetrachtung aus Alter und Gesundheitszustand vorzunehmen.

29 Der Verlust des Zeugenbeweises droht auch dann, wenn der Zeuge an einer Krankheit leidet, die zu einer **raschen** kontinuierlichen **Abnahme** seiner **intellektuellen Leistungsfähigkeit** führt und daher befürchten lässt, dass der Zeuge in einem späteren Hautsacheprozess keine Bekundungen mehr machen kann (z. Bsp. **Alzheimer-Erkrankung**, Creuzfeldt-Jakob-Erkrankung). Der Verlust eines Beweismittels droht ferner, wenn ein Zeuge aufgrund einer bevorstehenden Entwicklung aus Rechtsgründen nicht mehr als Zeuge vernommen werden kann (Bsp.: Der als Zeuge in Betracht kommende Mitarbeiter einer GmbH oder AG soll zum Geschäftsführer bzw. Vorstand er-

---

[1] A.A. OLG München OLGZ 1992, 470 f.
[2] OLG Karlsruhe NJW-RR 1989, 1465.
[3] *Rinke/Balser* VersR 2009, 188, 189. Zum schweizerischen Recht abweichend, aber primär unter tatsächlichen Gesichtspunkten, OG Zürich Bl. f. Zürch.Rechtspr. 1994, 91 f.
[4] OLG Köln VersR 2003, 375 (bei damals im Übrigen restriktiver Anwendung des § 485 Abs. 2 auf Arzthaftungssachen, dazu Kap. 54 Rz. 50 ff.).
[5] Zur Verweigerung einer nicht selbständig erzwingbaren Augenscheinseinnahme auf dem Grundstück einer Partei OLG Koblenz NJW 1968, 897.
[6] Musielak/*Huber*[10] § 485 Rz. 10.
[7] Vgl. OLG Düsseldorf MedR 1996, 132, 133.
[8] OLG Nürnberg NJW-RR 1998, 575 = MDR 1997, 594 (84 Jahre); KG JurBüro 1977, 1627 (92 Jahre).
[9] OLG Nürnberg BayJMBl. 1953, 36; Zöller/*Herget*[30] § 485 Rz. 5.

nannt werden).¹ Dann ist aber dem Missbrauchsaspekt (nachfolgend Rz. 31) Beachtung zu schenken.

3. Rechtsschutzinteresse, Missbrauch

Für den Antrag nach § 485 Abs. 1 muss ein **Rechtsschutzinteresse** gegeben sein. Daran sind deutlich **geringere Anforderungen** zu stellen **als an** das nach § 485 Abs. 2 erforderliche **rechtliche Interesse**.² Wegen der Eilbedürftigkeit des Verfahrens genügt es, wenn eine Änderung des Sach- und Streitstandes möglich und nicht offensichtlich fernliegend ist. 30

Die Einleitung eines selbständigen Beweisverfahrens kann **missbräuchlich** sein. Der Antrag ist nach einheitlicher Ansicht unzulässig, wenn es dem Antragsteller **zumutbar** ist, das vom Verlust bedrohte **Beweismittel zu erhalten**.³ Differenziert betrachtet wird aber, was zumutbar ist. Nicht erforderlich ist, bei der Verfahrenseinleitung eine intensive Überprüfung vorzunehmen. Nachvollziehbare Gründe des Antragstellers reichen aus.⁴ **Abzulehnen** ist daher die Forderung nach einer **umfassenden Interessenabwägung**, bei der das Interesse des Antragstellers an der Veränderung des gegebenen Zustandes gegen das Bedürfnis nach Veränderung abgewogen werden soll und die das Antragstellerinteresse nur überwiegen sieht, wenn ihm die Belassung des Zustandes bis zur Durchführung einer Beweisaufnahme in einem ordentlichen Verfahren erhebliche Nachteile (Kosten, Schäden, wesentliche Behinderungen etc.) aufbürdet.⁵ 31

Nicht erforderlich ist, dass die sichernd festzustellende **Tatsache** streitig ist. Gerade der Verlust eines Beweismittels kann später die Neigung des Beweisgegners fördern, entsprechende Tatsachenbehauptungen aus taktischen Gründen streitig zu stellen. Aus dem unstreitigen Zustand eines (Bau-)Werks können Auseinandersetzungen über die Art und Weise der Mängelbeseitigung erwachsen, so dass eine sachverständige Prüfung der Behebungsmaßnahmen vor weiteren Bauarbeiten notwendig sein kann.⁶ 32

Von Beweissicherung kann nicht gesprochen werden, wenn **offenkundig** von vornherein **kein Anspruch existiert**, unter den die zum Verfahrensgegenstand zu machenden Beweistatsachen subsumierbar wären (zum vergleichbaren Problem bei § 485 Abs. 2 unten Rz. 75). Es könnte dann auch nicht ernsthaft an die nachfolgende Erhebung einer Klage gedacht werden, von der die Kostenregelung des § 494a ausgeht. Mangels eines materiell-rechtlichen Anspruchs ist es daher nicht möglich, einen **potentiellen Erblasser** zu Lebzeiten daraufhin untersuchen zu lassen, ob er zum Zeitpunkt der Testamentserrichtung testierfähig (§ 2229 Abs. 4 BGB) war.⁷ 33

---

1 A.A. KG JW 1921, 1251.
2 OLG Hamm NJW-RR 1998, 933.
3 OLG Köln VersR 1994, 1327 = MDR 1994, 94; MünchKommZPO/*Schreiber*⁴ § 485 Rz. 10; Stein/Jonas/*Leipold*²² § 485 Rz. 13; *Schilken* ZZP 92 (1979), 238, 261 f.; s. ferner OLG Bamberg JurBüro 1992, 629.
4 MünchKommZPO/*Schreiber*⁴ § 485 Rz. 10.
5 *Schilken* ZZP 92 (1979), 238, 262 f.
6 OLG Karlsruhe NJW-RR 1989, 1465.
7 Vgl. zu dieser Situation LG Frankfurt/M. Rpfleger 1997, 165 f. (künftiges Erbscheinsverfahren als Hauptsacheverfahren von übergangenen gesetzlichen Erben benannt). Ablehnend auch bei entsprechender Fallgestaltung im schweizerischen Recht OG *Zürich* Bl. f. Zürch.Rechtspr. 1993, 283 f. (Alzheimer-Patientin).

4. Bevorstehender Ablauf der Verjährungsfrist

34 **Drohende Verjährung** begründet **nicht** die **Besorgnis des Verlustes** oder der erschwerten Benutzung eines Beweismittels.[1] Die Verjährung hat keine Auswirkung auf den Bestand oder die Benutzung eines Beweismittels. Sie ermöglicht es dem Verpflichteten lediglich, die Leistung zu verweigern (§ 214 Abs. 1 BGB). Diese rechtliche Veränderung der Anspruchsdurchsetzung hat keinerlei Auswirkungen auf die Verfügbarkeit von Beweismitteln. Bevorstehende Verjährung **begründet aber** ein rechtliches Interesse an der Durchführung eines selbständigen Beweisverfahrens nach **§ 485 Abs. 2** (vgl. Rz. 72).

IV. Umfang der Beweisaufnahme

35 § 485 Abs. 1 ermöglicht die Anordnung des **Augenscheinsbeweises**, die **Zeugenvernehmung** und die Begutachtung durch einen **Sachverständigen**. Streitig ist der zulässige Umfang einer Beweisaufnahme gem. § 485 Abs. 1 2. Alt. Teilweise wird die Ansicht vertreten, § 485 Abs. 1 gestatte seit der Novellierung von 1990 nur noch eine „reine Tatsachenfeststellung"; Feststellungen i.S.d. Abs. 2 mittels **verlustbedrohter Beweismittel** seien allein unter den Voraussetzungen des § 485 Abs. 2 zulässig.[2] Diese Ansicht ist abzulehnen.[3] Der Begriff der „reinen Tatsachenfeststellung" ist unscharf. Auch stützt der Wortlaut des § 485 Abs. 1 die einschränkende Interpretation nicht.

36 Das selbständige Beweisverfahren nach **§ 485 Abs. 1 eröffnet** also auch die Möglichkeit, die in **Abs. 2 Nr. 1–3** genannten **Feststellungen** (z.B. Mangelursachen und Beseitigungsaufwand) zu treffen. Die Beweisfragen müssen im Beweisbeschluss nach § 485 Abs. 1 **nicht eng** gefasst werden. Beweis kann somit nicht nur über das Vorhandensein von Mängeln, sondern wie nach § 485 Abs. 2 Nr. 2 auch über deren **Ursachen** erhoben werden.[4] Ebenso kann sich die stattgebende Entscheidung auf die Feststellung von **Mängelbeseitigungskosten** (vgl. Abs. 2 Nr. 3) erstrecken. Durch einen Sachverständigen geklärt werden kann die **Verantwortlichkeit** für bestehende **Mängel** (s. oben Rz. 26).[5] Soll die Verantwortlichkeit für einen Baumangel durch einen Sachverständigen festgestellt werden, kann es bei beabsichtigter Fortsetzung der Erstellung eines Bauwerkes geboten sein, die Tatsachenfeststellung auf Umstände zu erstrecken, die – noch – unstreitig sind. Das Gericht darf die Beweiserhebung nicht wegen fehlenden Streites der Parteien über den Umstand ablehnen.[6]

§ 184 Die Zulässigkeit isolierter Sachverständigenbegutachtung

I. Fehlende Anhängigkeit des Hauptverfahrens

37 Ebenso wie das Beweisverfahren nach § 485 Abs. 1 wird das **Verfahren nach § 485 Abs. 2** durch einen **Antrag** eingeleitet. Zulässig ist der Antrag – im Unterschied zur

---

[1] LG Amberg BauR 1984, 93, 94; Musielak/*Huber*[10] § 485 Rz. 10; MünchKommZPO/*Schreiber*[4] § 485 Rz. 11; Zöller/*Herget*[30] § 485 Rz. 5; a.A. Baumbach/Lauterbach/*Hartmann*[71] § 485 Rz. 7.
[2] MünchKommZPO/*Schreiber*[4] § 485 Rz. 12.
[3] So auch OLG Bamberg JurBüro 1992, 629; Zöller/*Herget*[30] § 485 Rz. 5. Wegen gleichzeitiger Anwendbarkeit des § 485 Abs. 2 den Streit als bedeutungslos ansehend Musielak/*Huber*[10] § 485 Rz. 10a.
[4] OLG Bamberg JurBüro 1992, 629; Zöller/*Herget*[30] § 485 Rz. 5.
[5] OLG Bamberg JurBüro 1992, 629; OLG Karlsruhe NJW-RR 1989, 1465.
[6] OLG Karlsruhe NJW-RR 1989, 1465.

Regelung des Abs. 1 – ausschließlich, wenn ein **Rechtsstreit** noch **nicht anhängig** (nicht: rechtshängig) ist.[1] Damit wird keine Aussage über einen Streitgegenstand des Beweisverfahrens und über Rechtshängigkeitsfolgen bei Gegenstandsidentität von Nebenverfahren und Hauptverfahren getroffen. Vermieden werden soll nur eine **Konkurrenzsituation**, wenn der Bedarf nach einer Beweiserhebung durch den Streitstoff des Hauptprozesses erkennbar wird und in Anwendung des Beibringungsgrundsatzes prozessökonomisch steuerbar ist. Das selbständige Beweisverfahren ist dann nicht geeignet, den Hauptprozess zu vereinfachen und entlasten, sondern begründet stattdessen zusätzliche Kosten.[2]

Die Klage muss nicht gerade von der Partei eingereicht worden sein, die den Antrag im selbständigen Beweisverfahren stellt. Auch durch eine **Klage des Antragsgegners** wird die **Zulässigkeitssperre** des § 485 Abs. 2 S. 1 ausgelöst.[3] In Betracht kommen dafür vor allem Konstellationen im Werkvertragsrecht, etwa wenn sich die Beweisvorbereitung von Mängelbeseitigungs- oder Gewährleistungsklagen des Bestellers mit einer negativen Feststellungsklage oder einer Werklohnklage des Werkunternehmers kreuzt. 38

II. Gegenstand der Feststellung; zulässiges Beweismittel

1. Beweismittelbeschränkung, schriftliche Sachverständigenbegutachtung

Anders als § 485 Abs. 1 sieht § 485 Abs. 2 eine **Beschränkung** der Beweismittel **auf die schriftliche Begutachtung** durch einen Sachverständigen vor. Gerechtfertigt wird dies damit, dass durch Erstellung eines schriftlichen Sachverständigengutachtens der Grundsatz der **Unmittelbarkeit der Beweisaufnahme** (§ 355) **am wenigsten betroffen** wird.[4] Eine Gleichstellung des Beweisaufnahmeumfangs mit § 485 Abs. 1 liefe auf die Durchführung eines bruchstückhaften Hauptprozesses ohne richterliche Bewertungen hinaus. **Nicht zulässig** ist damit die reine Feststellung von Befundtatsachen durch einen Sachverständigen, bei der er wie ein **Augenscheinsmittler** tätig wird. Der Sachverständige darf seine Untersuchung **nicht** auf **streitige Anschlusstatsachen** erstrecken, die zuvor im Wege einer Augenscheinseinnahme oder Zeugenvernehmung festzustellen wären; zu einer derartigen Feststellung ist das Gericht wegen der Beweismittelbeschränkung des § 485 Abs. 2 nicht befugt.[5] 39

Trotz der Beschränkung auf schriftliche Begutachtung ist es zulässig, dass der Sachverständige das von ihm erstellte **Gutachten mündlich erläutert**.[6] Dies folgt aus der Verweisung des § 492 Abs. 1 auf §§ 402, 397, 411 Abs. 3. Die Regelung des § 485 Abs. 2 geht ihr nicht vor. Durch eine mündlichen Anhörung werden typische Verständnisschwierigkeiten überwunden, die mit einem Sachverständigengutachten verbunden sein können, eine spätere **erneute Begutachtung vermieden** und insgesamt die Bereitschaft zur einvernehmlichen Einigung (§ 492 Abs. 3, § 485 Abs. 2 S. 2) be- 40

---

1 OLG Hamm FamRZ 2004, 956 (Grundstückswertermittlung zur Vorbereitung des Zugewinnausgleichs bei bereits anhängiger Stufenklage um Zugewinnausgleich auf Stufe der Auskunftserteilung). Zur Anhängigkeitsbeurteilung *Weise*[1] Rz. 200 i.V.m. 43 ff.
2 Vgl. OLG Düsseldorf NJW-RR 1996, 510.
3 Vgl. OLG Dresden NJW-RR 1998, 1101 (Bauprozeß).
4 Hinweis auf § 355 in OLG München OLGR 2000, 346, 347; LG Köln WuM 1998, 110 m. krit. Anm. *Scholl* WuM 1998, 77; Zöller/*Herget*[30] § 485 Rz. 8.
5 OLG München OLGR 2000, 346, 347 (dort: Auswertung eines Videofilms bei Klärung der Wasserdichtigkeit eines Kellers).
6 RegE zum RpflgVG BT-Drucks. 11/3621, S. 42; BGH NJW 2003, 1741, 1742 a.E. (zur Arzthaftung); BGHZ 164, 94, 96 f. = VersR 2006, 95 (Zahnarzthaftung); OLG Düsseldorf BauR 1993, 637, 638; Zöller/*Herget*[30] § 485 Rz. 8.

günstigt. Gem. § 485 Abs. 3 ist nach gerichtlicher Anordnung einer Begutachtung eine erneute Begutachtung nur unter den Voraussetzungen des § 412 Abs. 1 (ungenügendes Gutachten) bzw. Abs. 2 (Ablehnung des Sachverständigen) zulässig.[1]

41 Die **Vorlage von Urkunden** kann **nicht** Gegenstand einer Beweiserhebung nach § 485 Abs. 2 sein. In Betracht kommt aber die Einholung eines Sachverständigengutachtens über eine Urkunde, etwa über das Alter des Papiers oder die Person des Ausstellers (Fälschung). Ein **materiell-rechtlicher Vorlageanspruch** kann nicht über § 485 Abs. 2 durchgesetzt werden.[2] Dafür kommt allenfalls eine **einstweilige Verfügung** in Betracht, die aber regelmäßig am Verbot der Vorwegnahme des Hauptsacheverfahrens scheitern wird.

42 **§ 142** und **§ 144** können auch im selbständigen Beweisverfahren eingesetzt werden,[3] doch darf die **Urkundenvorlegung nicht** das **Hauptziel** des Verfahrens sein. Vielmehr muss der vorzulegende Gegenstand **für** die **Begutachtung** durch den Sachverständigen **erforderlich** sein.[4] Es kommt nicht auf eine analoge Anwendung der Bestimmungen an, wie das KG gemeint hat.[5] Wie §§ 426 S. 3, 428 zeigen, dienen die §§ 142, 144 nicht nur der Vorbereitung einer mündlichen Verhandlung,[6] sondern auch der Überwindung von Beweiserhebungshindernissen. Die besonderen Vorlagevoraussetzungen können auch in selbständigen Beweisverfahren problemlos geprüft werden, wie der Fall BGH NJW 2013, 2687 zeigt.[7]

2. Zulässige Themen der Begutachtung

a) Feststellungsbeschränkung

43 Welche Feststellungen zulässig sind, bestimmt die **enumerative Aufzählung** in § 485 Abs. 2 S. 1 Nr. 1–3.[8] Überwunden werden können die Beschränkungen mit Zustimmung des Gegners gem. § 485 Abs. 1. Auf eine besondere **Dringlichkeit** kommt es für § 485 Abs. 2 **nicht** an.[9] Wie jede Beweisaufnahme muss das Verfahren auf die Feststellung von Tatsachen gerichtet sein; es dient nicht der Beantwortung von Rechtsfragen.[10]

b) Zustands- und Wertbegutachtung

44 Feststellungen über den **Zustand** einer **Person** oder den Zustand oder Wert einer **Sache** (Nr. 1) müssen sich auf die Person bzw. die Sache selbst beziehen. Sie können sich auch auf die Feststellung eines **vergangenen Zustandes** richten.[11] Zustand einer

---

[1] Vgl. dazu BGHZ 164, 94, 96 f.; OLG Düsseldorf JurBüro 1992, 435, 426; ferner OLG Köln OLGZ 1992, 495, 496.
[2] OLG Köln OLGR 2002, 129, 130 (vor der Neuregelung des § 142 ergangen); *Ulrich* AnwBl. 2003, 26, 29.
[3] Offengelassen von BGH NJW 2013, 2687 Rz. 9. Ablehnend *Willer* NJW 2014, 22 ff.
[4] KG NJW 2014, 85, 87.
[5] KG NJW 2014, 85, 86.
[6] So aber KG NJW 2014, 85, 86.
[7] So im Übrigen auch die eigene Vorgehensweise des KG (NJW 2014, 85, 87).
[8] BGH NJW-RR 2014, 180 Rz. 11.
[9] OLG Frankfurt/M. VersR 1992, 1151, 1152. Anders die Rechtslage nach § 231 Zürch. ZPO: OG Zürich Bl. f. Zürch.Rspr. 1994, 89, 90 (Begutachtung eines zahnärztlichen Behandlungsfehlers).
[10] BGH NJW-RR 2010, 233 Rz. 10 = VersR 2010, 1055.
[11] OLG Oldenburg MDR 1995, 746 f. (Erkennbarkeit von Baumängeln in vergangenen Jahren); KG KGR 1994, 130; a.A. wohl OLG Frankfurt VersR 1992, 1151, 1152 (Wert des Kaufgegenstandes im Zeitpunkt der Übergabe); LG Cottbus BauR 1995, 284 (bei vergangener Bauausführung angefallene Grundwassermenge).

Sache kann der **Arbeitsplatz** sein.[1] Sache i.S.d. Vorschrift ist auch eine Beteiligung an einer Gemeinschaftspraxis von Freiberuflern.[2] Die Wertermittlung kann den **Wert eines Unternehmens** für Zwecke des Zugewinnausgleichs betreffen,[3] ebenso den Wert von Grundbesitz der in Scheidung lebenden Eheleute.[4] **Kein Wert** einer Sache ist der **entgangene Gewinn**.[5]

Nur als **Formulierungsnachlässigkeit** ist es anzusehen, wenn dem Sachverständigen aufgegeben wird, „Mängel" festzustellen.[6] Allerdings ist es **nicht** Aufgabe des Sachverständigen, im selbständigen Beweisverfahren nach Nr. 1 die **vertragliche Sollbeschaffenheit** einer Sache zu bestimmen; der Richter hat den Beweisbeschluss so klar zu formulieren, dass der Sachverständige die vorgegebenen Anknüpfungstatsachen mitgeteilt erhält bzw. weiß, nach welchen Befundtatsachen er zu forschen hat.[7] 45

Verneint worden ist, den Prozentsatz einer **Mietminderung** zum Gegenstand eines Sachverständigengutachtens zu machen.[8] Das ist ebenfalls nur eine laxe Formulierung; es geht in der Sache um die Feststellung des Umfangs der Gebrauchsbeeinträchtigung.[9] 46

Geht es um die Feststellung von Arglist des Verkäufers zur Überwindung eines Ausschlusses der Haftung für Mängel eines Grundstücks, kommt es auf die tatsächliche **Erkennbarkeit von Bauschäden** unter Berücksichtigung der Wahrnehmungsfähigkeiten eines Laien an; das kann ein Bausachverständiger als Tatsachengrundlage der rechtlichen Würdigung ermitteln.[10] 47

Unzulässig soll ein Antrag sein, der bezweckt, die auf dem Nachbargrundstück ankommenden **Geräuschimmissionen einer Anlage** o.ä. festzustellen; ein solcher Antrag sei nicht auf Feststellung des beständigen Zustandes der geräuschverursachenden Maschine selbst, sondern auf Feststellung der Immissionen gerichtet, die unabhängig von der Maschineneigenart durch Produktionsentscheidungen des Betriebes bestimmt werden und das Gutachten zur variablen Momentaufnahme machen.[11] Diese **Eingrenzung** ist **gekünstelt**, da Verfahrensgegenstand auch der **Betriebszustand einer Sache** sein kann.[12] Erst recht soll die Emission von **Geräuschen einer Gaststätte** nicht als Zustand einer Sache angesehen werden können, weil die Geräusche je nach Anzahl der anwesenden Gäste und deren jeweiliger Befindlichkeit variieren können und deshalb keine gleichbleibenden Geräusche bei gleichbleibenden Bedingungen messbar seien.[13] Dabei wird übersehen, dass auch im Hauptprozess Lärmpegelmessungen notfalls über einen längeren Zeitraum durch einen Sachverständigen vorgenommen werden müssen, damit die Lärmbelästigung erforscht werden kann. Schwankungen im Lärmpegel, die Messungen über einen längeren Zeitraum erforderlich machen, stellen kein spezifisches Problem des selbständigen Beweisverfahrens dar. Gerade die **Flüchtigkeit der Geräuschemissionen** lässt ein selbständiges Beweisverfahren sinnvoll erscheinen, um für einen bestimmten Zeitraum, für den eine Mietminderung erfolgen soll, den Lärmpegel sachverständig zu dokumentieren. Verfehlt ist deshalb 48

---

1 LAG Hamm NZA-RR 1997, 103 f. (Feststellung von Schimmelpilzbefall).
2 Offengelassen von BGH NJW-RR 2014, 180 Rz. 13.
3 OLG Koblenz FamRZ 2009, 804.
4 OLG Köln FamRZ 2010, 1585; OLG Naumburg FamRZ 2011, 1531, 1532.
5 BGH NJW-RR 2014, 180 Rz. 13.
6 A.A. *Cuypers* NJW 1994, 1985, 1987.
7 Vgl. *Ulrich* AnwBl. 2003, 26, 29.
8 LG Berlin MDR 1991, 444.
9 OLG Hamm NJW-RR 2002, 1674; KG NJW-RR 2000, 513; *Scholl* NZM 1999, 108, 109 f.
10 BGH NJW-RR 2010, 233 Rz. 11 f. = VersR 2010, 1055.
11 OLG Düsseldorf MDR 1992, 807 = OLGZ 1992, 335, 336; Musielak/*Huber*[10] § 485 Rz. 12.
12 Insoweit übereinstimmend auch OLG Düsseldorf MDR 1992, 807.
13 LG Hamburg MDR 1999, 1344; Musielak/*Huber*[10] § 485 Rz. 12.

auch die Annahme, die Voraussetzungen des § 485 Abs. 1 lägen nicht vor, weil die Besorgnis eines Beweismittelverlustes nicht ersichtlich seien.[1] Die zeitliche **Koppelung von Mietminderung** und **Emission** begründet zwangsläufig die Gefahr des Beweismittelverlustes; Zeugenaussagen sind kaum geeignet, die Lärmbelästigung zu quantifizieren.

49 Der Ertragswert einer Wohnung ist nicht als Wert einer Sache zu verstehen, so dass der **ortsübliche Mietzins nicht** im selbständigen Beweisverfahren festzustellen ist.[2] Wert bedeutet **Verkehrswert**;[3] in Betracht kommt auch der Minderwert einer Sache nach einem Unfall.[4] Feststellbar durch einen Sachverständigen ist das Maß der Beeinträchtigung einer Mietsache zur Ermittlung der angemessenen **Mietminderung**.[5] Feststellbar sind der fehlerhafte Einbau oder die fehlerhafte Konstruktion eines Kaminofens, auch wenn der Antragsteller für den behaupteten Mangel keine Ursache benennt.[6]

c) Mangel- oder Schadensursache

50 Auf die Feststellung der Ursache eines Personenschadens, Sachschadens oder Sachmangels kommt es in Nr. 2 an. Dazu gehört die Aufklärung eines **ärztlichen** oder **zahnärztlichen Behandlungsfehlers** durch einen medizinischen Sachverständigen.[7] Der Gesetzgeber ist davon ebenfalls ausgegangen.[8] Unschädlich ist, dass nicht sämtliche für die Beurteilung eines Arzthaftungsprozesses notwendigen tatsächlichen Feststellungen, etwa zum Verschulden oder zur Kausalität der Verletzung für den Schaden, geklärt werden können.[9]

51 Die vom BGH zunächst formulierte Einschränkung bzgl. des Verschuldens war missverständlich. Zwar kann man nicht feststellen lassen, ob ein **bestimmter Verschuldensgrad** (z.B. grober Behandlungsfehler) vorliegt, da es sich insoweit um eine Rechtsfrage handelt, jedoch ist zwanglos mit dem Gesetzeswortlaut zu vereinbaren, festzustellen, ob ein bestimmter Personenzustand, der von einem Gesundheitszustand negativ abweicht, seine Ursache in der **Nichteinhaltung** eines medizinisch oder zahnmedizinisch zu befolgenden **Behandlungsstandards** hat,[10] und ob der Ver-

---

1 LG Hamburg MDR 1999, 1344 (nicht näher begründet).
2 LG Berlin NJW-RR 1997, 585, 586; LG Köln NJWE-MietR 1996, 268; LG Köln WuM 1996, 484; LG Braunschweig WuM 1996, 291. A.A. LG Köln WuM 1995, 490; *Scholl* WuM 1997, 307, 308; Zöller/*Herget*[30] § 485 Rz. 9.
3 LG Berlin NJW-RR 1997, 585, 586; LG Köln NJWE-MietR 1996, 268.
4 LG Köln NJWE-MietR 1996, 268.
5 KG VersR 2001, 602.
6 OLG Celle MDR 2011, 385.
7 BGHZ 153, 302, 307 f. = NJW 2003, 1741, 1742 = VersR 2003, 794, 795 f.; BGH NJW 2013, 3654 Rz. 18 = VersR 2014, 264; OLG Düsseldorf MedR 1996, 132, 133; OLG Koblenz MDR 2002, 352, 353; OLG Düsseldorf MDR 1998, 1241; NJW 2000, 3438; OLG Karlsruhe (7. ZS) MDR 1999, 496 = VersR 1999, 887, 888 (Zahnarzthaftung); OLG Karlsruhe (13. ZS) VersR 2003, 374, 375 (Zahnarzthaftung mit Behauptung von Einschränkungen bei streitigen Anknüpfungstatsachen); OLG Stuttgart NJW 1999, 874, 875; OLG Saarbrücken VersR 2000, 891, 892; OLG Düsseldorf VersR 2010, 1056, 1057; zurückhaltend Zöller/*Herget*[30] § 485 Rz. 9. A.A. OLG Nürnberg MDR 1997, 501; OLG Köln MDR 1998, 224, 225 m. zust. Anm. *Rehborn* = NJW 1999, 875 = VersR 1998, 1420, 1421; aufgegeben von OLG Köln VersR 2009, 1515, 1516 (jedoch weiterhin mit verkapptem Widerstand). Widerstand auch weiterhin erkennbar in OLG Köln VersR 2011, 1419 und OLG Köln VersR 2012, 123 m. krit. Anm. *Rinke*.
8 RegE BT Drucks. 11/3621, S. 23.
9 BGH NJW 2003, 1741, 1742.
10 Vgl. OLG Koblenz VersR 2012, 336 (Befunderhebungsfehler); OLG Oldenburg VersR 2009, 805 = MDR 2008, 1059; OLG Oldenburg MDR 2010, 715; unklar die Einschränkung in OLG Saarbrücken MDR 2011, 880.

stoß gegen diesen Behandlungsstandard einem Arzt schlechterdings nicht unterlaufen darf.[1] Der spätere BGH-Beschluss vom 24.9.2013 hat diese Sicht gutgeheißen.[2]

Kein Gegengrund ist, dass die tatsächliche Grundlage des einzuholenden Gutachtens 52 unsicher sein kann; dieses Problem ist keine Besonderheit des Arzthaftungsrechts, sondern gehört generell zum Risiko des Antragstellers.[3] Der Patient als Antragsteller hat die Möglichkeit, seinem Antrag die **medizinische Dokumentation beizufügen**,[4] die er sich mittels seines vertraglichen Informationsanspruchs beschaffen kann. So wie der Gutachter im Hauptsacheverfahren die tatsächlichen Grundlagen seiner medizinischen Bewertung eigenständig der ärztlichen Dokumentation entnimmt, geht er auch im selbständigen Beweisverfahren vor.[5]

Wie auch im Hauptverfahren hat der Antragsgegner kein Recht, an der Untersuchung 53 des Patienten durch den Sachverständigen teilzunehmen, selbst wenn er als Arzt der Schweigepflicht unterliegt.[6] Feststellbar ist die Erfolgsaussicht einer künstlichen Befruchtung als Begutachtung des körperlichen Zustandes,[7] **nicht** aber die **ausreichende Aufklärung** eines Patienten.[8]

Teilursachen und **mittelbare Ursachen** reichen aus. Nicht erforderlich ist, dass der 54 Stoff eines späteren Prozesses im selbständigen Beweisverfahren umfassend gelöst werden kann.[9] Zulässig ist die Prüfung der Vorhersehbarkeit oder **Erkennbarkeit bestimmter Geschehensabläufe**. Sie läuft nicht auf eine Verschuldensfeststellung durch den Sachverständigen hinaus (str.; s. oben Rz. 26).[10] Zur Ursachenforschung gehört die Aufklärung der tatsächlichen Voraussetzungen für die rechtliche Beurteilung der Verantwortlichkeit von Beteiligten der Bauwerkerrichtung.[11] Die Feststellung eines **Sachmangels** kann auch die Festlegung der Quote der Verursachung aus technischer Sicht durch den Sachverständigen umfassen.[12] Ob ein Sachmangel vorliegt, also die Ist-Beschaffenheit von der Soll-Beschaffenheit negativ abweicht, ist eine **Rechtsfrage**, zu der sich ein Sachverständiger nicht äußeren darf und kann. Feststellbar ist aber die Basis einer solchen Bewertung, ob nämlich ein Bauwerk oder eine Anlage mit dem zu einem bestimmten Zeitpunkt **geltenden Stand der Technik** übereinstimmt.[13]

§ 485 Abs. 2 Nr. 2 **begünstigt Beweisermittlungen**.[14] Soweit sie als **Ausforschungs-** 55 **bemühungen** qualifiziert werden,[15] ist die darin mitschwingende **Negativbewertung**

---

1 So das von OLG Karlsruhe als Vorinstanz zu BGH NJW 2011, 3371 formulierte Beweisthema. Zur notwendigen Aufklärung dieser Frage mittels Sachverständigengutachtens im Hauptsacheprozess BGH VersR 2014, 261 Rz. 13.
2 BGH NJW 2013, 3654 Rz. 21 f. = VersR 2014, 264.
3 OLG Düsseldorf NJW 2000, 3438, 3439; OLG Stuttgart NJW 1999, 874, 875 = MDR 1999, 482.
4 So der Sachverhalt in OLG Düsseldorf NJW 2000, 3438; dies unzutreffend als unzureichend ansehend Musielak/*Huber*[10] § 485 Rz. 14.
5 Dies vernachlässigen Musielak/*Huber*[10] § 485 Rz. 14 und Stein/Jonas/*Leipold*[22] § 485 Rz. 23.
6 OLG München OLGR 2000, 213.
7 OLG Köln MDR 2011, 318 (Erstattungsfähigkeit in privater Krankenversicherung).
8 OLG Oldenburg MDR 2010, 715.
9 BGH NJW 2003, 1741, 1742; OLG Karlsruhe VersR 1999, 887, 888.
10 OLG Düsseldorf BauR 1996, 896, 897 (Planungsfehler als Mangelursache); a.A. München OLGZ 1992, 470, 471.
11 OLG Düsseldorf NJW-RR 1997, 1312.
12 OLG München MDR 1998, 495; Musielak/*Huber*[10] § 485 Rz. 12.
13 OLG Hamm NJW 2013, 2980.
14 OLG Frankfurt/M. MDR 2003, 772.
15 So etwa OLG Düsseldorf JurBüro 1992, 426; Musielak/*Huber*[10] § 485 Rz. 14a; *Vogel* Festschrift Thode, S. 325, 334.

durch Assoziation des Begriffs Ausforschungsbeweis **verfehlt**,[1] weil es sich um vom Zivilprozessrecht und vom materiellen Recht zugelassene Ermittlungen handelt (zum Fehlverständnis der Mitwirkungspflichten der Parteien bei der Beweisaufklärung Kap. 7 Rz. 11 ff.).

56 Der Sachverständige darf umfassend Schadensursachen abklären, ohne dass der Antragsteller zuvor konkrete Ursachen benannt hat,[2] die letztlich nur mit fester Stimme vorgetragen werden könnten, obwohl sie spekulativ ermittelt worden sind. Der Antragsteller muss nur die **Erscheinungsform der Mängel benennen** (s. auch Kap. 55 Rz. 36). Die **Filterfunktion** der richterlichen **Substantiierungsprüfung fehlt** im selbständigen Beweisverfahren. Auch wenn der Antragsgegner als Inhaber der Sachherrschaft über den zu begutachtenden Gegenstand rechtlich nicht zur Mitwirkung an Untersuchungshandlungen des Sachverständigen gezwungen ist, ist er faktisch doch prozessualen Konsequenzen (Vorwurf der Beweisvereitelung) ausgesetzt, die ohne anhängigen Hauptprozess schwer kalkulierbar sind. Dem Antragsteller wird damit im Ergebnis ein „Untersuchungsanspruch" eingeräumt.

57 Ursachenforschung kann auch bedeuten, dass die **Person des Verursachers ermittelt** werden muss, also ein Schaden einem bestimmten Verursacher zugeordnet wird.[3] Sofern **mehrere Schadensverursacher** in Betracht kommen, darf der Antragsteller das selbständige Beweisverfahren **gegen alle** in Betracht kommenden Schadensverursacher einleiten,[4] allerdings ggf. mit der Kostenfolge des § 494a (vgl. Kap. 57 Rz. 25). In den typischen Fällen wird es sich um Fälle der Beweissicherung nach § 485 Abs. 1 handeln. Verwehrt ist ihm die Einleitung eines Verfahrens gegen einen unbekannten Gegner (§ 494 Abs. 1; s. Kap. 55 Rz. 13).

d) Schadensbeseitigungsaufwand

58 § 485 Abs. 2 Nr. 3 ermöglicht es, den Aufwand für die Beseitigung eines Personen- bzw. Sachschadens oder eines Sachmangels[5] zu begutachten. **Aufwand** ist jede Leistung, auch von Dritten, in Zeit oder Geld.[6] Der Begriff umfasst auch die Möglichkeit der Schadensbeseitigung; der Beseitigungsaufwand hängt von der **Art der Beseitigungsmaßnahmen** ab.[7] Im selbständigen Beweisverfahren kann dem Sachverständigen daher aufgegeben werden, die **technischen Möglichkeiten** zur Schadensbeseitigung auszuloten.[8]

59 Demgegenüber eröffnet § 485 Abs. 2 Nr. 3 **nicht** die Möglichkeit, dem Sachverständigen – in dieser Fragestellung – aufzugeben, die „**Unverhältnismäßigkeit**" einer bestimmten Mangelbeseitigung (§ 633 Abs. 2 S. 3 BGB) zu prüfen.[9] Die Abwägung betrifft eine vom Gericht zu prüfende Rechtsfrage. Sachverständige Beratung kann freilich hinsichtlich der **Kostenalternativen** notwendig sein. Als Aufwand zur Beseitigung eines Personenschadens hat der BGH die Feststellung des erlittenen **Erwerbsschadens** einschließlich **entgangenen Gewinns** angesehen,[10] was allerdings wegen der

---

1 Eine diffuse Ausforschungsbehauptung enthält OLG Jena OLG-NL 1998, 118 f.
2 *Cuypers* NJW 1994, 1985, 1987.
3 *Ulrich* AnwBl. 2003, 26, 29.
4 Dies unzutreffend als unzulässige Ausforschung qualifizierend OLG Frankfurt/M. NJW-RR 1995, 831, 832 = BauR 1995, 275.
5 Dazu OLG Düsseldorf BauR 1995, 740 (LS).
6 MünchKommZPO/*Schreiber*[4] § 485 Rz. 16.
7 Stein/Jonas/*Leipold*[22] § 485 Rz. 27.
8 *Cuypers* NJW 1994, 1985, 1988; a.A. Musielak/*Huber*[10] § 485 Rz. 12.
9 *Cuypers* NJW 1994, 1985, 1988.
10 BGH VersR 2010, 133 Rz. 7 = NJW-RR 2010, 946.

häufig notwendigen Anwendung des § 287 wenig zweckmäßig ist; ein Hauptsacheverfahren dürfte dann kaum zu vermeiden sein.

III. Rechtliches Feststellungsinteresse

1. Regelbeispiel: Rechtsstreitvermeidung

Das selbständige Beweisverfahren ist nach § 485 Abs. 2 nur zulässig, wenn der Antragsteller ein **rechtliches Interesse** an den zuvor genannten Feststellungen hat. Ein solches Interesse ist nach S. 2 „anzunehmen", wenn die Feststellung der Vermeidung eines Rechtsstreits „dienen kann". 60

Das in S. 1 enthaltene Merkmal „rechtliches Interesse" bildet den **Oberbegriff**; die „Vermeidung eines Rechtsstreits" ist **lediglich** ein in Satz 2 genanntes **Regelbeispiel**.[1] Die Formulierung „ist anzunehmen" schließt andere Möglichkeiten der Begründung eines rechtlichen Interesses nicht aus. Vermieden wird ein Rechtsstreit auch, wenn das Gutachtenergebnis den Antragsteller zur Abstandnahme von einer ursprünglich beabsichtigten Klage veranlassen kann.[2] 61

Das Merkmal „rechtliches Interesse" ist im Rahmen der Zulässigkeitskriterien des Gesetzes **weit auszulegen**.[3] Die Zulässigkeitsschranke des § 485 Abs. 2 erschöpft sich in der enumerativen Aufzählung der Feststellungsgegenstände. Die Begründung eines Verfahrensinteresses nach § 485 Abs. 1 wird nicht durch eine weite Auslegung des Absatzes 2 obsolet, wie sich aus der Beweismittelbeschränkung des Absatzes 2 auf schriftliche Sachverständigengutachten, aus dem beschränkten Katalog der Begutachtungsgegenstände und aus den unterschiedlichen Zuständigkeiten (§ 486 Abs. 2 u. 3) ergibt.[4] 62

Notwendig ist, dass über einen **Tatsachenbefund** gestritten wird; es reicht nicht, dass in verkappter Form um eine Rechtsfrage gestritten wird.[5] Der Beweisantrag muss sich also auf bestimmte Tatsachen beziehen.[6] An die Darlegung des rechtlichen Interesses sind keine besonderen Anforderungen zu stellen, sofern nur ein Rechtsverhältnis und ein möglicher Prozessgegner ersichtlich sind.[7] 63

Der **Hauptsacherechtsstreit** darf noch **nicht anhängig** sein.[8] Wird die Hauptsacheklage **während** des selbständigen **Beweisverfahrens** erhoben, werden dadurch die Einholung eines Ergänzungsgutachtens oder eine mündliche Anhörung des Sachverstän- 64

---

1 OLG Zweibrücken MDR 1992, 1178 = OLGZ 1993, 218, 219; OLG Köln JurBüro 1996, 371; OLG Frankfurt/M. MDR 1991, 989; OLG Celle BauR 1992, 405, 406; Thieme MDR 1991, 938, 939; Mugler BB 1992, 797.
2 OLG Celle NJW-RR 2011, 536, 537 (weit. Nachw. unten Fn. 138).
3 BGH NJW-RR 2010, 946 Rz. 6; OLG Karlsruhe VersR 2014, 217, 218 = MDR 2013, 1120; OLG Stuttgart BauR 2000, 923, 924; OLG Bamberg NJW-RR 1995, 893, 894; OLG Köln VersR 1995, 436, 437; OLG Celle BauR 1992, 405, 406; KG MDR 1992, 179, 180; OLG Frankfurt/M. MDR 1991, 989; OLG Zweibrücken MDR 1992, 1178, 1179; LG München NJW-RR 1994, 355; Pauly JR 1996, 269, 273; Zwanziger ZZP 109 (1996), 79, 81. A.A. MünchKommZPO/Schreiber[4] § 485 Rz. 13.
4 Vgl. OLG Zweibrücken MDR 1992, 1178, 1179; LAG Hamm NZA-RR 1997, 103, 104.
5 OLG München OLGZ 1993, 252, 253 (Zahl der Stellplätze als Ansatz für die Klärung ihrer Errichtungsverpflichtung). Zum fehlenden Streit gerade zwischen Antragsteller und Antragsgegner KG VersR 2001, 602 f.
6 OLG Düsseldorf JurBüro 1992, 426; Pauly MDR 1997, 1087, 1088.
7 OLG Düsseldorf NJW-RR 2001, 1725, 1726 = VersR 2003, 130, 131; OLG Bamberg NJW-RR 1995, 893, 894; KG MDR 1992, 179, 180; LAG Hamm NZA-RR 1997, 103, 104.
8 LG Hanau NJW-RR 2000, 688.

digen nicht hinfällig.[1] Die damit angestrebte abschließende Klärung der Beweisfrage ist weiterhin prozessökonomisch sinnvoll und kann den Hauptsacheprozess abkürzen. Vermieden werden damit zugleich Obstruktionen, die der Kläger eventuell mit seiner Terminierung der Klageerhebung beabsichtigt. Das Verfahrensziel des selbständigen Beweisverfahrens, ein Hauptsacheverfahren zu vermeiden, scheitert nicht daran, dass der **Hauptprozess** über die Beweisthemen des selbständigen Beweisverfahrens hinausgehend **zusätzliche Tatsachenfeststellungen** erfordern kann, über die dort weiterer Beweis zu erheben wäre.[2]

65 Das Erfordernis eines rechtlichen Interesses darf **nicht** zum Einfallstor einer generellen **Prüfung der Beweiserheblichkeit** für den Hauptprozess[3] **oder** gar der **Erfolgsaussichten** des Hauptprozesses[4] gemacht werden. Lediglich ausnahmsweise ist das rechtliche Interesse zu verneinen, wenn das Beweismittel zur Beweiserbringung **offensichtlich ungeeignet** ist,[5] oder wenn die Rechtsverfolgung **offensichtlich aussichtslos** ist.[6] Das ist der Fall, wenn der Streit über einen im selbständigen Beweisverfahren festzustellenden Mangel durch gerichtlichen Vergleich einvernehmlich beigelegt war.[7]

66 Kein prozessualer Nutzen ist darin zu sehen, neben dem rechtlichen Interesse i.S.d. § 485 Abs. 2 das **allgemeine Rechtsschutzinteresse** zu prüfen.[8]

2. Streitentschlossenheit des Antragsgegners

67 Ein selbständiges Beweisverfahren **muss nicht** – nach spekulativer Prognose des Richters im Beweisverfahren – **mit Sicherheit** oder mit einer hohen Wahrscheinlichkeit zur **Vermeidung** eins ansonsten beabsichtigten Rechtsstreits führen.[9] Es ist auch dann zulässig, wenn der **Antragsgegner „jede gütliche Einigung" ablehnt**.[10] Anderenfalls hätte der Antragsgegner ein nicht vorgesehenes absolutes Widerspruchsrecht gegen die Verfahrensdurchführung.[11] Anfängliche Ablehnungen können taktisch moti-

---

1 A.A. OLG Schleswig OLGR 2005, 39; LG Hanau NJW-RR 2000, 688; Musielak/*Huber*[10] § 485 Rz. 11; Zöller/*Herget*[30] § 485 Rz. 7.
2 So die Konstellation in OLG Düsseldorf NJW-RR 1996, 510 (Hauptprozess über Grundstückskaufvertrag mit Wertminderung infolge unrichtiger Altersangaben des Verkäufers, Wertfeststellung des Grundstücks im Beweisverfahren begehrt).
3 BGH NJW-RR 2010, 946 Rz. 6 = VersR 2010, 133; OLG Hamm NJW-RR 1998, 68; OLG Düsseldorf NJW-RR 2001, 1725, 1726; *Ulrich* AnwBl. 2003, 26, 30.
4 BGH NJW 2004, 3488, 3489 (ungeklärte Grundsatzfragen der Haftung nach § 839a BGB); BGH NJW-RR 2010, 946 Rz. 6; OLG Hamm NJW-RR 1998, 68; OLG Köln NJW-RR 1996, 573, 574 = JurBüro 1996, 371; OLG Düsseldorf (21. ZS) MDR 2001, 50; OLG Düsseldorf (22. ZS) NJW-RR 2001, 1725, 1726; OLG Celle NJW-RR 2011, 536; OLG Celle NJW-RR 2011, 1180, 1181 = VersR 2011, 1418.
5 OLG Hamm NJW-RR 1998, 68.
6 BGH NJW 2004, 3488; BGH NJW-RR 2006, 1454; BGH NJW-RR 2010, 946 Rz. 6; BGH NJW-RR 2012, 224 Rz. 25; OLG Hamm NJW-RR 1998, 68; OLG Stuttgart MDR 2005, 98, 99 (keine Aussichtslosigkeit bei Streit um Strahlungswirkung einer Mobilfunkantenne); OLG Nürnberg NJW-RR 2011, 1216 = MDR 2011, 750.
7 LG Deggendorf NJW-RR 2000, 514, 515; Musielak/*Huber*[10] § 485 Rz. 14a. S. auch OLG Nürnberg NJW-RR 2011, 1216.
8 A.A. *Enaux* Festschrift Vygen, S. 386, 391 ff.
9 Vgl. OLG Saarbrücken VersR 2000, 891, 892.
10 BGH NJW 2013, 3654 Rz. 19; OLG Celle NJW-RR 2011, 1180, 1181; OLG Koblenz MDR 2005, 888 (Arzthaftungssache); OLG Stuttgart MMR 2005, 98, 99; OLG Hamm MDR 1999, 184 f.; OLG Oldenburg MDR 1995, 746, 747; OLG Bamberg NJW-RR 1995, 893, 894; KG MDR 1992, 179, 180; OLG Zweibrücken MDR 1992, 1178 = OLGZ 1993, 218, 219; OLG Celle NJW-RR 2011, 536, 537; LAG Hamm NZA-RR 1997, 103, 104; *Mugler* BB 1992, 797; *Enaux* Festschrift Vygen (1999), S. 386, 388.
11 KG MDR 1992, 179, 180.

viert sein. Ein erweiterter Kenntnisstand in Bezug auf die Tatsachenlage ist geeignet, eine Neubeurteilung auszulösen und Vergleichsbereitschaft zu begründen.

Falsch ist ferner der einseitige Blick auf den Antragsgegner. Gefördert wird die Vermeidung eines Rechtsstreits auch, wenn der **Antragsteller** aufgrund des Beweisergebnisses von einer gerichtlichen Rechtsverfolgung Abstand nimmt.[1] Aus den gleichen Gründen ist es unerheblich, ob noch **weitere Streitpunkte** bestehen.[2] 68

Das selbständige Beweisverfahren ist auch dann zulässig, wenn bei Streit um die Höhe eines Kfz-Schadens die **Versicherung** bereits ein **Schiedsgutachterverfahren** nach § 14 AKB eingeleitet hat, bevor der Versicherungsnehmer ein selbständiges Beweisverfahren beantragt hat,[3] oder bei Streit um Leistungspflichten aus einer Unfallversicherung der Versicherer das vertragliche Recht hat, seinerseits eine ärztliche Untersuchung des Versicherungsnehmers zu verlangen.[4] 69

3. Sonstige rechtliche Interessen

Da nach hier vertretener Ansicht das Interesse an der **Vermeidung eines Rechtsstreits** lediglich ein Regelbeispiel ist, kommen **daneben weitere Gründe** für die Begründung eines rechtlichen Interesses in Betracht. Sie gewinnen aber wohl nur dann an Bedeutung, wenn – abweichend von der hier vertretenen Auslegung – an das Erfordernis der Vermeidung eines Rechtsstreits strenge Anforderungen gestellt werden. Das Interesse muss aber immer **rechtlicher Natur** sein; nicht ausreichend sind ein ausschließlich wirtschaftliches Interesse oder schlichte Neugier.[5] 70

4. Einzelfälle

a) Zu bejahendes Interesse

Ein rechtliches Interesse an der Durchführung eines selbständigen Beweisverfahrens besteht nach zutreffender Ansicht des OLG Frankfurt bereits dann, wenn der Zustand einer Sache die Grundlage **für** einen **beliebigen materiell-rechtlichen Anspruch** bilden kann.[6] Bei dieser Fallgruppe ist es auch möglich, ein selbständiges Beweisverfahren gegen einen **Bürgen** des Gewährleistungsschuldners einzuleiten.[7] Das rechtliche Interesse entfällt nicht schon, wenn bereits ein Sachverständigengutachten erstellt ist. Es kann dann noch ein **weiterer Antragsgegner** in das Verfahren einbezogen werden. Er hat die Möglichkeit, einen Antrag auf Anhörung des Sachverständigen zu stellen.[8] Die **Existenz** eines **Privatgutachtens** schließt die Durchführung eines selbständigen Beweisverfahrens zu denselben Fragen nicht aus.[9] 71

---

1 BGH NJW 2013, 3654 Rz. 20; KG MDR 1992, 179, 180; OLG Zweibrücken MDR 1992, 1178; OLG *Bamberg* NJW-RR 1995, 893, 894; OLG Saarbrücken NJW 2000, 3439 m.w.N.; OLG Nürnberg MDR 2008, 997; OLG Celle NJW-RR 2011, 536, 537; LAG *Hamm* NZA-RR 1997, 103, 104; LG Passau NJW-RR 1992, 767; Zöller/*Herget*[30] § 485 Rz. 7a.
2 BGH NJW 2013, 3654 Rz. 18.
3 LG München I NJW-RR 1994, 355, 356.
4 OLG Celle NJW-RR 2011, 1180, 1181 = VersR 2011, 1418.
5 Vgl. OLG Köln NJW-RR 1996, 573, 574 = JurBüro 1996, 371; KG MDR 1992, 179, 180; *Enaux* Festschrift Vygen, S. 386, 390.
6 OLG Frankfurt/M. MDR 1991, 989.
7 OLG Frankfurt/M. MDR 1991, 989. Zur Haftung des Bürgen für die Kosten des Beweisverfahrens § 494a Rz. 85.
8 OLG Düsseldorf NJW-RR 1995, 1216 = BauR 1995, 878.
9 *Ulrich* AnwBl. 2003, 26, 30.

72 Ein rechtliches Interesse ist auch gegeben, wenn durch die Einleitung des Beweisverfahrens die **drohende Verjährung** gehemmt werden soll (dazu Kap. 52 Rz. 39).[1] Die Verjährungshemmung hält die Möglichkeit einer gütlichen Streitbeilegung offen und verhindert eine Klageerhebung, die zu demselben Zweck vorgenommen wird. Sind allerdings alle in Betracht kommenden Ansprüche eindeutig verjährt, fehlt ein rechtliches Interesse.[2]

b) Zu verneinendes Interesse

73 Das rechtliche Interesse fehlt, wenn das Verfahren **nicht auf Tatsachenfeststellungen gerichtet** ist, die der Begutachtung durch einen Sachverständigen bedürfen, etwa wenn lediglich „banale Zählvorgänge"[3] vorgenommen werden sollen. Sofern im streitigen Verfahren statt eines Sachverständigengutachtens ein richterlicher **Augenschein ohne** Zuziehung eines **Sachverständigen** in Betracht käme, ist ein zeitlich vorgelagertes selbständiges Beweisverfahren unzulässig. Die Möglichkeit der Vermeidung eines Rechtsstreits begründet für sich allein, also ohne Hinzutreten statthafter Tatsachenklärungen, nicht die Zulässigkeit des selbständigen Beweisverfahrens.[4]

74 Die Beweismittelbeschränkungen des § 485 Abs. 2 sollen der Einholung eines Gutachtens entgegenstehen, für das zuvor die **streitigen Anknüpfungstatsachen** durch richterliche Beweisaufnahme geklärt werden müssten[5] (s. oben Rz. 39). Davon sind jedenfalls Sachverhalte auszunehmen, in denen der Sachverständige ohne erheblichen zusätzlichen Aufwand sein Gutachten auf alternativer Sachverhaltsgrundlage erstatten kann.[6] Auch im Übrigen ist die Verneinung des rechtlichen Interesses zweifelhaft, weil das Risiko eines späteren Fehlschlags der Streitbeilegungsbemühungen oder der Unerheblichkeit des Gutachtens in einem Prozess den Antragsteller trifft und die Verfehlung des Zwecks vorgezogener Beweiserhebung vom Gesetzgeber in Kauf genommen wurde.[7]

75 Ein rechtliches Interesse fehlt auch, wenn ein **Anspruch** des Antragstellers **offensichtlich** auch bei Bestätigung der Beweisfrage **nicht gegeben** sein kann,[8] z.B. weil über den behaupteten Anspruch bereits rechtskräftig entschieden wurde und auch kein Wiederaufnahmeverfahren in Betracht kommt,[9] oder weil die beantragte Beweiserhebung unter keinem denkbaren Gesichtspunkt einem Rechtsstreit zugeordnet werden kann, etwa wenn kein Rechtsverhältnis und kein möglicher Prozessgegner ersichtlich sind.[10] Nicht gleichzustellen ist der Fall, dass – angeblich – kein Streit besteht.[11]

---

1 LG Amberg BauR 1984, 93, 94; s. auch OLG Zweibrücken MDR 1992, 1178, 1179; *Enaux* Festschrift Vygen, S. 386, 389; Stein/Jonas/*Leipold*[22] § 485 Rz. 33.
2 OLG Karlsruhe VersR 1999, 887, 888; s. auch OLG Karlsruhe NJW-RR 2002, 951; a.A. OLG Düsseldorf BauR 2001, 128; *Ulrich* AnwBl. 2003, 26, 31.
3 OLG München OLGZ 1993, 252 f. (Zahl der Stellplätze) = OLG München BauR 1993, 117, 119.
4 Vgl. LG Cottbus BauR 1995, 284.
5 Zu Unzulässigkeit vorangehender Feststellung der Anknüpfungstatsachen durch Zeugenvernehmung OLG Köln VersR 2008, 1340; LG Marburg VersR 2009, 201.
6 S. dazu OLG Hamm NJW-RR 2011, 238, 239.
7 OLG Celle NJW-RR 2011, 536, 537.
8 OLG Köln (22. ZS) NJW-RR 1996, 573, 574; OLG Köln (15. ZS) NJW-RR 2009, 159, 160; OLG Köln (20. ZS) VersR 2008, 1340; OLG Celle NJW-RR 2011, 536; OLG Karlsruhe MDR 2013, 1120; VGH Bad.Württ. NVwZ-RR 1996, 125, 126; s. auch OLG Köln (13. ZS) VersR 1995, 436, 437 = Rpfleger 1995, 303, 304.
9 LG Berlin MDR 1993, 1015; *Enaux* Festschrift Vygen S. 386, 391.
10 KG MDR 1992, 179, 180; OLG Bamberg NJW-RR 1995, 893, 894; OLG Düsseldorf NJW-RR 2001, 1725, 1726; LAG Hamm NZA-RR 1997, 103, 104.
11 A.A. VGH Bad.-Württ. BWVBl. 1994, 67, 68.

Die vorgenannten **Einschränkungen** gelten **nur** für **evidente Fälle**. Nicht zulässig ist es, damit indirekt eine Prüfung einzuführen, ob die mögliche Prozessführung Erfolgsaussichten hat und die Beweisfrage für den späteren Prozess erheblich ist. **Fragwürdig** ist die Evidenzbehauptung i.V.m. der Formulierung, der zugrunde gelegte Anspruch werde ins Blaue hinein behauptet[1] bzw. diene allein der **Ausforschung**.[2] Ausnahmsweise kann das rechtliche Interesse an sachverständiger Begutachtung zu verneinen sein, wenn außerdem streitige Tatsachen durch umfangreiche Zeugenbeweisaufnahme festzustellen sind.[3] 76

Gegenüber einem **unbekannten Gegner** (§ 494) kann ein rechtliches Interesse i.S.d. Abs. 2 niemals bestehen.[4] In diesen Fällen kommt ein selbständiges Beweisverfahren nur nach § 485 Abs. 1 in Betracht. 77

IV. Erneute Begutachtung

§ 485 Abs. 3 ist zu entnehmen, dass **Beweisverfahren nicht doppelt anhängig** gemacht werden dürfen;[5] verschiedene Sachverständigengutachten mit divergierenden Ergebnissen sollen vermieden werden.[6] Dies gilt analog §§ 265, 325 auch für den Zessionar einer Forderung, zu deren anspruchsbegründenden Tatsachen der Zedent bereits vor der Abtretung ein Beweisverfahren eingeleitet hatte.[7] 78

Die **Einschränkung** der erneuten Begutachtung **durch § 485 Abs. 3** gilt auch für Verfahren, die auf der Grundlage des § 485 Abs. 2 betrieben werden. Unerheblich ist, dass das erneute Verfahren vom Antragsgegner eingeleitet wird.[8] Um eine erneute Begutachtung handelt es sich nicht, wenn die **Beweisthemen** bei Identität des zu untersuchenden Gegenstandes **ausgeweitet** werden, weil nachträglich weitere Ursachen eines Schadens diskutiert werden.[9] 79

V. Entscheidung

Über den Antrag nach § 485 Abs. 2 entscheidet das Gericht durch **Beschluss**, § 490 Abs. 1. § 485 Abs. 1 scheint dem Gericht ein Ermessen bei der Entscheidung einzuräumen („kann ... angeordnet werden"). Der jüngere Absatz 2, der nicht in bewusstem Gegensatz zu Absatz 1 geschaffen wurde, enthält eine solche Formulierung nicht. Für die Verfahren nach beiden Absätzen ist ein **Ermessen des Gerichts abzulehnen**. Bei Vorliegen der Zulässigkeitsvoraussetzungen besteht eine Pflicht des Gerichts zum Erlass der begehrten Entscheidung. Nur diese Interpretation wird dem verfassungsrechtlichen Anspruch auf effektiven Rechtsschutz gerecht. Zu **Beschlussinhalt und -anfechtung** vgl. § 490. 80

---

1 So OLG Nürnberg MDR 2008, 997.
2 So OLG Oldenburg MDR 2008, 1059, 1060 (dort wegen – nur ungeschickter (?) – Antragsbegründung, ob Operation lege artis ausgeführt).
3 OLG Köln VersR 2008, 1340.
4 BT-Drucks. 11/3621, S. 42.
5 BGH NJW-RR 2012, 224 Rz. 14.
6 BGH NJW-RR 2012, 224 Rz. 14.
7 BGH NJW-RR 2012, 224 Rz. 13 u. 20.
8 OLG Düsseldorf OLGRep. 1998, 160; LG Köln MDR 2009, 347; *Ulrich* AnwBl. 2003, 26, 31.
9 OLG Naumburg NJW-RR 2012, 1418.

VI. Übergang der Zuständigkeit auf Prozessgericht

81 Wird das **Hauptsachegericht nachträglich angerufen**, geht die Zuständigkeit erst dann auf das Prozessgericht über, wenn es eine Beweisaufnahme für erforderlich hält und deshalb die Akten des Beweisverfahrens anfordert,[1] und dies auch nur im Umfang der für erforderlich gehaltenen Beweisaufnahme, also der Identität der Beweisfragen.[2]

---

[1] BGH MDR 2005, 45 = BauR 2004, 1656; OLG Schleswig BauR 2010, 124; OLG Köln VersR 2011, 1419; s. ferner OLG Hamm NJW-RR 2010, 1035, 1036 = MDR 2010, 714.
[2] OLG Hamm NJW-RR 2010, 1035, 1036.

Kapitel 55:
Durchführung der Beweiserhebung

	Rz.
§ 185 Zuständigkeit	
I. Regelungsgegenstand des § 486..	1
II. Zuständigkeit bei Anhängigkeit der Hauptsache, § 486 Abs. 1	
1. Zuständigkeit des Prozessgerichts	
a) Sicherung der Beweisunmittelbarkeit............	2
b) Zuständigkeitsfestlegungen..	3
c) Nachträgliche Zuständigkeitsänderung	6
d) Verweisung	9
2. Unmaßgeblichkeit des Streitgegenstandsbegriffs	10
III. Zuständigkeit mangels Anhängigkeit der Hauptsache, § 486 Abs. 2	12
IV. Konkurrierende nichtstaatliche Verfahren	
1. Schiedsgerichtsvereinbarung....	17
2. Schiedsgutachtenvereinbarung..	19
V. Notzuständigkeit des Amtsgerichts, § 486 Abs. 3	20
VI. Mehrfachzuständigkeiten	23
§ 186 Beweisantrag, § 487 ZPO	
I. Regelungsgegenstand des § 487..	26
II. Form des Antrags, anwaltliche Vertretung..................	27
III. Bezeichnung des Antragsgegners	29
IV. Bezeichnung der Beweistatsachen	33
V. Bezeichnung der Beweismittel ..	37
VI. Pflicht zur Glaubhaftmachung ..	40
§ 187 Beweisaufnahmeverfahren	
I. Allgemeine Verfahrensregeln	
1. Fakultative mündliche Verhandlung, Antragsrücknahme.......	42
2. Rechtliches Gehör	44
3. Einwendungen des Antragsgegners	47
4. Ruhen, Unterbrechung, Aussetzung................	48
5. Weitere Verfahrensfragen.......	54
II. Ladung des Antragsgegners, § 491	
1. Allgemeines	55
2. § 491 Abs. 1	59
3. § 491 Abs. 2	61
III. Entscheidung über den Beweisantrag	

	Rz.
1. Entscheidungsmöglichkeiten ...	63
2. Beschlussinhalt...............	65
3. Entscheidungsbekanntgabe	69
IV. Die Anfechtung des Beschlusses	
1. Stattgebender Beschluss........	73
2. Ablehnender Beschluss	77
V. Aufnahme der Beweise, § 492	
1. Allgemeines	83
2. Wirkung der rechtstechnischen Verweisung des § 492	
a) Verweisungsumfang.........	86
b) Beweisverfahren im Allgemeinen	
aa) Anwendbare Vorschriften	87
bb) Mangelnde Anwendbarkeit	89
cc) Rechtsbehelfe...........	90
c) Augenscheinsbeweis	91
d) Zeugenbeweis	
aa) Anwendbare Vorschriften .	92
bb) Vernehmung durch Richterkommissar...........	93
cc) Schriftliche Zeugenaussagen	94
dd) Mangelnde Anwendbarkeit	95
e) Sachverständigenbeweis	
aa) Ablehnung des Sachverständigen	96
bb) Anwendbare Vorschriften .	100
cc) Anhörung des Sachverständigen	102
VI. Aufbewahrung des Protokolls ...	106
VII. Vergleichsabschluss	108
VIII. Verfahrensende	110
§ 188 Beweiserhebung gegen Unbekannt, § 494 ZPO	
I. Ausnahme vom kontradiktorischen Verfahren	111
II. Zulassungsvoraussetzungen	
1. Glaubhaftmachung fehlender Kenntnis	112
2. Veränderungen im laufenden Verfahren..................	115
3. Analoge Anwendung	116
III. Vertreterbestellung.............	117
IV. Wirkungen	120

§ 185 Zuständigkeit

I. Regelungsgegenstand des § 486

1 § 486 regelt primär die **Zuständigkeit** für das selbständige Beweisverfahren. **§ 486 Abs. 4** enthält – falsch zugeordnet – eine Regelung zur **Form des Antrages** auf Durchführung des selbständigen Beweisverfahrens (vgl. hierzu Rz. 26).

II. Zuständigkeit bei Anhängigkeit der Hauptsache, § 486 Abs. 1

1. Zuständigkeit des Prozessgerichts

a) Sicherung der Beweisunmittelbarkeit

2 Bei **anhängiger** – nicht: rechtshängiger[1] (§ 261) – Hauptsache muss der Antrag beim **Gericht der Hauptsache** gestellt werden. Der Grundsatz der Unmittelbarkeit der Beweisaufnahme soll damit soweit als möglich gewährleistet werden.[2] Deshalb ist das Revisionsgericht nicht für die Beweissicherung von Tatsachen zuständig, deren tatsächliche Erörterung und Feststellung dort nicht erfolgen kann.[3] Auf ein schwebendes einstweiliges Verfügungs- oder Arrestverfahren ist § 486 Abs. 1 nicht entsprechend anwendbar.[4]

b) Zuständigkeitsfestlegungen

3 Einzuhalten sind die **örtliche, sachliche** und **funktionelle** Zuständigkeit und die Zuweisungen der **Geschäftsverteilung**. Bei Zuständigkeitsstreitigkeiten ist § 36 Abs. 1 Nr. 6 anwendbar,[5] allerdings nicht mehr nach Beginn der Beweisaufnahme.[6] Solange der **Einzelrichter** (§§ 348, 348a, 526, 527 Abs. 4) tätig ist, ist dieser zur Entscheidung über den Antrag zuständig. Entsprechendes gilt für den Vorsitzenden der Kammer für Handelssachen (§ 349). Der beauftragte Richter hat demgegenüber keine Entscheidungsmacht. Für selbständige Beweisverfahren in **WEG-Sachen** ist die WEG-Abteilung des Amtsgerichts zuständig.[7]

4 Das **Mahngericht** ist für Beweiserhebungen **nicht zuständig**. Die Anhängigkeit nach § 486 Abs. 1 bezieht sich auf ein streitentscheidendes Prozessgericht; das ist nur das Gericht, an das die Mahnsache nach § 696 Abs. 1 abgegeben worden ist. Maßgeblicher Zeitpunkt ist der Eingang der Akten beim Empfangsgericht (§ 696 Abs. 1 S. 4).

5 § 486 Abs. 1 kann auch eine Zuständigkeit des **Berufungsgerichts** für die Durchführung des selbständigen Beweisverfahrens begründen. Ist das Verfahren bereits in die Revisionsinstanz gelangt, bleibt das Berufungsgericht nach dem Normzweck des § 486 Abs. 1 für Tatsachen zuständig, deren Feststellung nicht vor dem Revisionsgericht möglich ist.[8] Verzögerungen durch notwendigen Aktenversand können eine gesteigerte Dringlichkeit i.S.d. § 486 Abs. 3 begründen.

---

[1] OLG Frankfurt/M. NJW 1965, 306.
[2] BGHZ 17, 117 = NJW 1955, 908.
[3] BGHZ 17, 117, 118.
[4] OLG Frankfurt/M. NJW 1985, 811.
[5] OLG Brandenburg MDR 2005, 1184.
[6] Vgl. OLG Hamm MDR 2013, 116.
[7] Musielak/*Huber*[10] § 486 Rz. 2; Zöller/*Herget*[30] § 486 Rz. 3; a.A. *Mollenkopf* ZMR 2000, 582.
[8] BGHZ 17, 117 f.

c) Nachträgliche Zuständigkeitsänderung

Zuständigkeitsänderungen, die das Hauptsachegericht betreffen – auch solche der sachlichen Zuständigkeit, die auf Gesetzesänderung (z.B. zur Streitwertgrenze) zurückzuführen sind –, sind **unerheblich** (s. auch unten Rz. 15). Es verbleibt vielmehr bei der Zuständigkeit des Gerichts oder Spruchkörpers, bei dem der Beweisantrag ursprünglich gestellt wurde.[1] Die einmal begründete Zuständigkeit wird auch durch Verweisung des Hauptsachestreites nicht beseitigt. 6

Nachträgliche **Streitwertänderungen** durch Feststellung der Mangelbeseitigungskosten sind **irrelevant**.[2] Damit setzt sich die Eilbedürftigkeit der Anträge nach § 485 Abs. 1 gegen den Grundsatz der Beweisunmittelbarkeit durch, der im Zivilprozess ohnehin brüchig ist. Bei Anträgen nach § 485 Abs. 2 ist § 486 Abs. 1 nicht einschlägig. Beim **Wechsel der Instanz** ist das Berufungsgericht erst nach Einreichung der Berufungsschrift (§ 519 Abs. 1) zuständig. 7

Die **Rücknahme der Klage** lässt die nach § 486 Abs. 1 begründete Zuständigkeit nicht entfallen.[3] Wird das Verfahren durch dieses Ereignis unzulässig, hat die Zuständigkeit für den Verfahrensabschluss Bedeutung. 8

d) Verweisung

Der **Antragsteller** des selbständigen Beweisverfahrens kann dessen **Verweisung beantragen**,[4] nicht hingegen der Antragsgegner.[5] **Verweisungsbeschlüsse** sind analog § 281 Abs. 2 S. 4 bindend, wenn der Antrag auf Verfahrensdurchführung dem Antragsgegner bereits übersandt worden ist.[6] Eine Ausnahme ist zu machen, wenn der Verweisungsbeschluss ohne Antrag ausgesprochen wurde und das verweisende Gericht durch Erlass eines Beweisbeschlusses bereits eine Sachentscheidung getroffen hatte;[7] dann würde eine Verzögerung bewirkt, die auf Willkür beruht. 9

2. Unmaßgeblichkeit des Streitgegenstandsbegriffs

Für die **Beurteilung der Anhängigkeit** des Rechtsstreits i.S.d. § 486 Abs. 1 kommt es auf den **tatsächlichen Streitstoff** an und nicht auf die Angabe eines Streitgegenstandes, der mit dem Streitgegenstand der anhängigen Hauptsache übereinstimmend ist. § 493 stellt für die Verwertung der Ergebnisse des selbständigen Beweisverfahrens auf Tatsachen und nicht auf Streitgegenstände ab. 10

Beruht das selbständige Beweisverfahren auf der Geltendmachung von **Gewährleistungsansprüchen**, ist der Hauptprozess nicht nur dann anhängig, wenn dort ebenfalls aktiv (durch Klage oder Widerklage) Gewährleistungsansprüche geltend gemacht werden.[8] Die Zuständigkeit des § 486 Abs. 1 ist auch gegeben, wenn gegenüber einer Klage des Antragsgegners auf Kaufpreis- oder Werklohnzahlung Gewährleistungsrechte 11

---

1 OLG München BauR 1993, 502, 503; OLG Frankfurt NJW-RR 1998, 1610; OLG Schleswig NJW-RR 2010, 533; *Fischer* MDR 2001, 608, 610; s. auch Musielak/*Huber*[10] § 486 Rz. 3. Zum „Verbrauch" eines Zuständigkeitswahlrechts Zöller/*Herget*[30] § 486 Rz. 4.
2 OLG Frankfurt NJW-RR 1998, 1610; OLG Schleswig NJW-RR 2010, 533; *Fischer* MDR 2001, 608, 610.
3 MünchKommZPO/*Schreiber*[4] § 486 Rz. 2; Zöller/*Herget*[30] § 486 Rz. 3.
4 OLG Frankfurt NJW-RR 1998, 1610.
5 OLG Frankfurt NJW-RR 1998, 1610, 1611; OLG Brandenburg MDR 2005, 1184; *Fischer* MDR 2001, 608, 611.
6 BGH NJW-RR 2010, 891 Rz. 11.
7 OLG Frankfurt NJW-RR 1998, 610; generelle Bindung annehmend Stein/Jonas/*Leipold*[22] § 486 Rz. 34; *Fischer* MDR 2001, 608, 611.
8 So aber die Prämisse von OLG Düsseldorf NJW-RR 1995, 1216.

einredeweise (§§ 438 Abs. 4 S. 2, 634a Abs. 4 S. 2 BGB) geltend gemacht werden. Bei gegenteiliger Lösung bestünde die Gefahr eines Wettlaufs der Beweisaufnahmen.

III. Zuständigkeit mangels Anhängigkeit der Hauptsache, § 486 Abs. 2

12 Ist die Hauptsache nicht anhängig, so ist nach § 486 Abs. 2 dasjenige Gericht für die Durchführung des selbständigen Beweisverfahrens zuständig, das zur **Entscheidung der Hauptsache** berufen wäre.

13 Heranzuziehen sind die allgemeinen Vorschriften über die örtliche und sachliche Zuständigkeit. Für die Zuständigkeitsbestimmung ist der **Vortrag des Antragstellers maßgebend**.[1] Damit wird Streit über die Zuständigkeit vermieden. Dies gilt **auch für** die **streitwertabhängige Abgrenzung** der Eingangszuständigkeit,[2] sofern nicht offensichtlich ein krasses Missverhältnis zwischen den Angaben des Antragstellers zum Streitwert und dem tatsächlichen Wert besteht.

14 Der Antragsteller muss Angaben zu **Art und Umfang** des **Streitgegenstandes** der – von ihm oder dem Gegner – beabsichtigten oder **möglichen Hauptsacheklage** machen, weil anderenfalls keine Streitwertbeurteilung möglich ist.[3] Nicht zu verwechseln ist die zuständigkeitsrelevante Streitwertangabe für das Hauptsacheverfahren mit der Angabe des Streitwertes für das selbständige Beweisverfahren. Maßgeblich ist bei behaupteten **Baumängeln** der Kostenaufwand für deren Beseitigung. §§ 348 und 348a (**Einzelrichterzuständigkeit**) gelten auch für das selbständige Beweisverfahren.[4]

15 Für die Zuständigkeitsbestimmung ist stets der **Zeitpunkt** der **Einreichung des Antrages** maßgebend, nicht derjenige der Beweisanordnung. Nachträgliche Änderungen der Hauptsachezuständigkeit des § 486 Abs. 2, etwa infolge einer Zuständigkeitsvereinbarung, sind ohne Einfluss auf das selbständige Beweisverfahren[5] (s. auch oben Rz. 6). Bei nachträglicher Anhängigkeit eines Rechtsstreits bleibt die nach § 486 Abs. 2 begründete Zuständigkeit bis zum Ende des Beweisverfahrens bestehen.[6] Nach gegenteiliger Ansicht tritt mit Anhängigkeit des Rechtsstreits[7] oder jedenfalls mit dem Beginn der Beweisverwertung durch Anordnung der Aktenbeiziehung[8] ein Zuständigkeitswechsel auf das Prozessgericht ein. Zwar würde ein Zuständigkeitswechsel dem Grundsatz der Beweisunmittelbarkeit Rechnung tragen, doch vermindert die **perpetuatio fori** die Prozessbelastung aller Verfahrensbeteiligten und beschleunigt das Verfahren (vgl. auch § 261 Abs. 3 Nr. 2, § 17 Abs. 1 S. 1 GVG). Wird allerdings im Hauptprozess die Beweisaufnahme schnell angeordnet, darf im (verzögerten) selbständigen Beweisverfahren regelmäßig keine Beweisanordnung mehr ergehen, wenn sich das Verfahrensinteresse nur aus § 485 Abs. 2 ergibt. Auf Antrag des Antragstellers ist eine **Verweisung** möglich[9] (s. auch oben Rz. 9). Zu mehrfachen Zuständigkeiten unten Rz. 23 ff.

---

1 *Fischer* MDR 2001, 608, 609.
2 Dazu *Bischof* JurBüro 1992, 779, 780. Zum Streitwert auch unten Kap. 57 Rz. 82 ff.
3 *Fischer* MDR 2001, 608, 609; Musielak/*Huber*[10] § 486 Rz. 4.
4 Musielak/*Huber*[10] § 486 Rz. 2a; Stein/Jonas/*Leipold*[22] § 486 Rz. 5; *Geffert* NJW 1995, 506 f.
5 BGH NJW-RR 2010, 891 Rz. 9; OLG München BauR 1993, 502, 503 = OLGZ 1994, 229, 230.
6 OLG Nürnberg NJW 1989, 235, 236 (zur dortigen Bestimmung des Verfahrensendes s. Kap. 52 Rz. 44 ff.).
7 OLG Braunschweig Nds.Rpfl. 1983, 141.
8 OLG München OLGZ 1982, 200, 201; *Fischer* MDR 2001, 608, 612; vgl. auch OLG Bamberg BauR 1991, 656.
9 OLG Frankfurt NJW-RR 1998, 1610; Musielak/*Huber*[10] § 486 Rz. 3.

§ 486 Abs. 2 S. 2 **präkludiert Zuständigkeitsrügen** des Antragstellers als Beklagter im nachfolgenden Streitverfahren. Durch die **Wahl eines** von mehreren örtlich zuständigen **Hauptsachegerichten** für das selbständige Beweisverfahren oder durch die Angabe zur sachlichen Zuständigkeit des Eingangsgerichts wird der Antragsteller für das nachfolgend von ihm eingeleitete Hauptsacheverfahren **nicht gebunden**.[1] Der Antragsgegner kann sich auf die Unzuständigkeit im nachfolgenden Hauptsacheverfahren berufen; **§ 39 gilt nicht**.[2]

16

IV. Konkurrierende nichtstaatliche Verfahren

1. Schiedsgerichtsvereinbarung

Die Einrede der Schiedsgerichtsvereinbarung steht dem selbständigen Beweisverfahren nach **§ 486 Abs. 1** vor dem staatlichen Gericht selbst dann nicht entgegen, wenn das Schiedsgericht schon konstituiert ist bzw. schnell konstituiert werden kann.[3] § 1033 lässt vorläufige oder **sichernde Maßnahmen** vor dem staatlichen Gericht sowohl vor als auch nach Beginn des schiedsrichterlichen Verfahrens zu (zur Sicherung für ein Verfahren mit ausländischem Schiedsgerichtsort Kap. 53 Rz. 42). Darunter fallen auch Beweisverfahren nach **§ 485 Abs. 2** mit sicherndem Charakter, etwa solche zur Verjährungsunterbrechung, nicht aber Verfahren mit dem Ziel der Streitvermeidung.[4]

17

Die Gewährung effektiven Rechtsschutzes durch das staatliche Gericht konkurrierend zum Schiedsgericht hat über **§ 486 Abs. 3** zu erfolgen. Auf den Zuständigkeitsgleichlauf von Beweisverfahren und Hauptprozess, den § 486 Abs. 2 gewährleisten will, kommt es nicht an.[5]

18

2. Schiedsgutachtenvereinbarung

Eine Schiedsgutachtenvereinbarung soll der Durchführung eines selbständigen Beweisverfahrens ebenfalls nicht entgegenstehen.[6] Zwar hat das selbständige Beweisverfahren eine andere Zielrichtung als die bloße Tatsachenfeststellung durch einen Schiedsgutachter, doch kann der **Zweck** der Schiedsgutachtenvereinbarung mit der **Verfahrensverdoppelung durchkreuzt** werden. Das Gericht darf im Hauptprozess die vom **Schiedsgutachter** zu ermittelnden Tatsachen nicht selbst feststellen, sondern ist an dessen **Feststellungen** im Rahmen der §§ 317–319 BGB **gebunden**.[7] Gleichlaufende

19

---

[1] OLG Celle NJW-RR 2000, 1737, 1738; OLG München BauR 1993, 502, 503 = OLGZ 1994, 229, 231; Stein/Jonas/*Leipold*22 § 486 Rz. 12; Zöller/*Herget*29 § 486 Rz. 4 (Bindung aber im Passivprozess des Antragstellers); *Fischer* MDR 2001, 608, 612. A.A. OLG Frankfurt NJW-RR 1998, 1610, 1611; OLG Zweibrücken BauR 1997, 885; OLG Schleswig NJW-RR 2010, 533, 534.
[2] OLG Celle NJW-RR 2000, 1737, 1738; OLG Frankfurt NJW-RR 1998, 1610, 1611; OLG Schleswig NJW-RR 2010, 533, 534; Musielak/*Huber*10 § 486 Rz. 4; Zöller/*Herget*30 § 486 Rz. 4.
[3] OLG Koblenz MDR 1999, 502 („jedenfalls" für die Zeit vor Konstituierung); Stein/Jonas/*Leipold*22 § 486 Rz. 36; Stein/Jonas/*Schlosser*22 § 1033 Rz. 1; Zöller/*Herget*230 § 486 Rz. 3. Ablehnend für die Zeit *nach* Konstituierung des Schiedsgerichts aufgrund teleologischer Reduktion (wegen § 1050) MünchKommZPO/*Münch*4 § 1033 Rz. 8.
[4] Generell gegen § 485 Abs. 2 Musielak/*Huber*10 § 486 Rz. 3. Ohne ausdrückliche Einschränkung in Bezug auf § 485 Abs. 2 MünchKommZPO/*Münch*4 § 1033 Rz. 7.
[5] OLG Frankfurt/M. BauR 1993, 504, 505.
[6] OLG Köln NJW-RR 2009, 159, 160; LG Hanau MDR 1991, 989; Stein/Jonas/*Leipold*22 § 486 Rz. 37 (jedoch zurückhaltend hinsichtlich des Verfahrensinteresses); *Köble* BauR 2007, 1116, 1118; *Thieme* MDR 1991, 938, 939; s. ferner *Altvater* BauR 1991, 157, 161; a.A. OLG Bremen NJW-RR 2009, 1294; Musielak/*Huber*10 § 485 Rz. 7.
[7] BGH NJW-RR 1988, 506; OLG Frankfurt VersR 1982, 759; OLG Bremen NJW-RR 2009, 1294; Wieczorek/*Schütze*4 § 1025 Rz. 58. S. ferner BGH NJW 2013, 1296 Rz. 13.

Feststellungen dürfen folglich auch nicht im selbständigen Beweisverfahren getroffen werden. Vgl. auch Kap. 52 Rz. 21.

V. Notzuständigkeit des Amtsgerichts, § 486 Abs. 3

20 § 486 Abs. 3 begründet eine **streitwertunabhängige** besondere Zuständigkeit des **Amtsgerichts** in den Fällen gesteigerter **Gefahr des Verlustes** des Beweismittels. Zuständig ist das Amtsgericht, in dessen Bezirk sich das Beweismittel befindet. Es handelt sich um eine Zuständigkeit, die neben diejenige nach § 486 Abs. 1 u. 2 tritt. Sie endet mit der Anordnung des Hauptsachegerichts zur Beiziehung der Akten gem. § 493.[1]

21 Die zu vernehmende oder zu begutachtende **Person** bzw. die zu begutachtende oder in Augenschein zu nehmende **Sache** muss sich **im Bezirk des Amtsgerichts** befinden, bei dem der Antrag gestellt wird. Vor der Novelle von 1990 wurde ganz überwiegend die Ansicht vertreten, dass auch der Aufenthaltsort des vom Antragsteller zu benennenden Sachverständigen eine örtliche Zuständigkeit des Amtsgerichts begründe.[2] Das ist mit der Novellierung hinfällig geworden, weil die Auswahl des Sachverständigen nunmehr dem Gericht obliegt (§ 490 Abs. 2) und dessen Aufenthaltsort vor der Entscheidung des Gerichts gar nicht feststeht.[3]

22 „**Dringende Gefahr**" bedeutet eine Steigerung des schon von § 485 Abs. 1 2. Alt. geforderten **Verlustrisikos**. Die Notzuständigkeit ist wegen der Durchbrechung des Grundsatzes der Unmittelbarkeit der Beweisaufnahme eng zu fassen.[4] Das **Amtsgericht muss** nach der unter Zeitdruck und unter Berücksichtigung der möglichen Verzögerungsfolgen zu treffenden Prognose das selbständige Beweisverfahren **zügiger** durchführen können **als** das nach § 486 Abs. 1 oder 2 **primär zuständige Gericht**. Abstrakte Erwägungen zur Auslastung der Gerichte und zur Entscheidungsgeschwindigkeit bei Kollegialorganen sind verfehlt.[5]

VI. Mehrfachzuständigkeiten

23 Mehrfachzuständigkeiten kommen **sowohl** nach **§ 486 Abs. 2 als auch** nach **§ 486 Abs. 3** in Betracht. Der Antragsteller ist nicht verpflichtet, von der Möglichkeit des § 486 Abs. 3 Gebrauch zu machen, sondern kann selbst bei gesteigerter Eilbedürftigkeit das nach § 486 Abs. 1 bzw. Abs. 2 zuständige Gericht anrufen.

24 Befinden sich vom Verlust bedrohte **Beweismittel in mehreren Amtsgerichtsbezirken**, kann das zuständige Gericht **analog § 36** bestimmt werden.[6] Die „dringende Gefahr" des § 486 Abs. 3 dürfte allerdings häufig zu verneinen sein, wenn Zeit für eine vorherige Gerichtsstandsbestimmung gegeben ist. Unvermeidbar ist die Zuständigkeitsbestimmung, wenn mehrere Zeugen einander in demselben Verfahren gegenüberzustellen sind.

---

1 BGH MDR 2005, 45 = BauR 2004, 1656.
2 OLG Schleswig MDR 1974, 761, 762; OLG München Rpfleger 1986, 263, 264; BayObLG BauR 1988, 252 = MDR 1988, 60 f.; LG Frankfurt MDR 1989, 828 f. = NJW-RR 1989, 1464.
3 *Cuypers* NJW 1994, 1985, 1988; *Schreiber* NJW 1991, 2600, 2602.
4 *Cuypers* NJW 1994, 1985, 1988; Musielak/*Huber*[10] § 486 Rz. 5.
5 Vgl. zu diesbezüglichen Ansätzen Zöller/*Herget*[30] § 486 Rz. 6.
6 OLG Frankfurt NJW-RR 1998, 1610; BayOLG MDR 1988, 60 f.; OLG München Rpfleger 1986, 263, 264.

§ 36 Nr. 3 ist ebenfalls analog anzuwenden, wenn das selbständige Beweisverfahren 25
gegen **mehrere Gegner** gerichtet werden soll.[1] In **Bausachen** ist allerdings der gemeinsame besondere Gerichtsstand des Erfüllungsortes (§ 29 Abs. 1) am **Belegenheitsort des Bauwerkes** zu beachten.[2]

§ 186 Beweisantrag, § 487 ZPO

I. Regelungsgegenstand des § 487

§ 487 legt die **inhaltlichen Anforderungen** fest, die an einen Antrag auf Einleitung des 26
selbständigen Beweisverfahrens zu stellen sind. Mit § 487 im Zusammenhang steht
§ 486 Abs. 4.

II. Form des Antrags, anwaltliche Vertretung

Der Antrag kann als Prozesshandlung **schriftlich** oder – während eines anhängigen 27
Rechtsstreits – **mündlich** in der Verhandlung gestellt werden. Nach § 486 Abs. 4 kann
er ferner zu Protokoll der Geschäftsstelle (§ 129a Abs. 1) erklärt werden. Für die **Antragstellung** besteht daher **kein Anwaltszwang**, § 78 Abs. 5 (zum Anwaltszwang für
den Antrag nach § 494a Abs. 1 s. Kap. 57 Rz. 34). Diese Freistellung beschränkt sich
nach Auffassung des BGH[3] entgegen einer verbreiteten Praxis der Instanzgerichte,[4]
die nur die mündliche Verhandlung ausnahm, auf die bloße Antragstellung. **Alle weiteren Verfahrenshandlungen** sind danach **nicht** vom Anwaltszwang gem. § 78 Abs. 1
und 2 **befreit**. Hingegen unterwirft der BGH die bloße **Beitrittserklärung** eines **Nebenintervenienten** nicht dem Anwaltszwang.[5]

Für die **Ergänzung** oder **Berichtigung** eines bereits gestellten Beweisantrages, mit de- 28
nen sich der BGH nicht befasst hat, gilt wegen § 486 Abs. 4 **kein Anwaltszwang**.[6]
Wird der Antrag zu Protokoll der Geschäftsstelle erklärt, tritt eine verjährungshemmende Wirkung wegen § 129a Abs. 2 S. 2 erst ein, wenn das Protokoll bei dem für das
selbständige Beweisverfahren zuständige Gericht eingegangen ist. Vor dem Amtsgericht ist die Vollmacht eines nichtanwaltlichen Prozessbevollmächtigten von Amts
wegen zu prüfen (§ 88 Abs. 2).

III. Bezeichnung des Antragsgegners

Nach § 487 Nr. 1 muss die Antragsschrift die Bezeichnung des Antragsgegners enthal- 29
ten. Dies dient der genauen Bestimmung der Verfahrensbeteiligten und macht das
Beweisverfahren zu einem **kontradiktorischen Verfahren** (näher dazu Kap. 52 Rz. 10)
mit Konsequenzen z.B. für die Zulässigkeit der Streitverkündung (dazu Kap. 52
Rz. 27). Eine Ausnahme von § 487 Nr. 1 enthält § 494 (selbständiges Beweisverfahren
gegen **unbekannten Gegner**).

---

1 OLG Zweibrücken NJW-RR 2000, 1084; OLG Frankfurt/M. MDR 1993, 683 f.; BayOLG NJW-RR 1999, 1010; NJW-RR 1998, 209; MDR 1992, 183.
2 BayObLG NJW-RR 1998, 209; OLG Zweibrücken NJW-RR 2000, 1084.
3 BGH NJW 2012, 2810 Rz. 19.
4 Eingehend zuvor OLG Nürnberg NJW 2011, 1613 m.w.N.; dem folgend OLG Köln MDR 2012, 934; OLG Stuttgart NJW-RR 2012, 511.
5 BGH NJW 2012, 2810 Rz. 21.
6 OLG Naumburg JurBüro 1998, 267, 268.

30 Das selbständige Beweisverfahren kann **gleichzeitig** gegen **mehrere Antragsgegner** gerichtet werden.[1] Es darf mit dem Ziel betrieben werden, den Schadensverursacher festzustellen,[2] da für die Prüfung der Zulässigkeit des selbständigen Beweisverfahrens nicht zu untersuchen ist, ob dem Antragsteller ein materiell-rechtlicher Anspruch gegen den Antragsgegner zusteht, und da die zulässige Suche nach der unklaren Schadensursache (vgl. § 485 Abs. 2 Nr. 2) die Aufklärung über den Verursacher einschließt. Hinzunehmen ist, dass die **Antragsgegner** zur Abwendung des späteren Vorwurfs der Beweisvereitelung **faktisch Mitwirkungspflichten** haben, die dem Antragsteller eine **Ausforschung des Schadensverursachers** ermöglichen. Allerdings heißt es im Entwurf des Rechtspflegevereinfachungsgesetzes ausdrücklich, der Gegner eines etwaigen Anspruches müsse feststehen, da ansonsten die vorprozessuale Beweiserhebung „leicht auf eine Ausforschung mit gerichtlichen Mitteln hinauslaufen" könne.[3] Damit sind aber mehrere isolierte Verfahren nicht zu verhindern; die Zusammenfassung dient der Prozessökonomie.

31 Ein selbständiges Beweisverfahren kann auch dann noch auf weitere Antragsgegner erstreckt werden, wenn das Sachverständigengutachten bereits vorliegt. Für **später dazukommende Antragsgegner** muss allerdings noch die Möglichkeit bestehen, einen Antrag auf Anhörung des Sachverständigen zu stellen, so dass sie eigenen Einfluss auf die Beantwortung der Beweisfragen nehmen können.[4]

32 Zur Bestimmung der **örtlichen Zuständigkeit** bei mehreren Antragsgegnern Rz. 25. Zu **Kostenproblemen** bei mehreren Antragsgegnern Kap. 57 Rz. 25.

IV. Bezeichnung der Beweistatsachen

33 Angelehnt an die tatbestandlichen Voraussetzungen des Beweisantritts beim Strengbeweis (vgl. §§ 359 Nr. 1, 371, 373, 403) ist es im selbständigen Beweisverfahren erforderlich, die Beweistatsachen im Antrag zu bezeichnen. An die konkrete Bezeichnung sind geringere Anforderungen als im streitigen Verfahren zu stellen. Die **Substantiierungslast** ist im selbständigen Beweisverfahren **abgemildert**.[5] Der Antragsteller muss sich also nicht vorab anderweitig genaue Kenntnisse über zu begutachtende Einzelheiten verschaffen.[6] Die Bezeichnung der Tatsachen im selbständigen Beweisverfahren entspricht von der Funktion her nicht den Vorbereitungs- und Mitwirkungsobliegenheiten im streitigen Prozess. Es genügt eine **zweifelsfreie Abgrenzung des Beweisgegenstandes** und die Einschätzbarkeit für den Sachverständigen, welche Tätigkeit ihm nach Art und Umfang übertragen wird.[7] Die **Gegenansicht** verlangt eine Konkretisierung der Tatsachen, über die Beweis erhoben werden soll, in dem Maße, wie sie im streitigen Verfahren erforderlich ist.[8] Ob damit unterschiedliche praktische Ergebnisse erzielt werden, erscheint zweifelhaft.

---

1 OLG Frankfurt/M. MDR 1994, 1244 = BauR 1995, 275 = NJW-RR 1995, 831 f.; *Werner/Pastor* Der Bauprozeß[14] Rz. 43.
2 OLG Frankfurt/M. NJW-RR 1995, 831 f.
3 BT-Drucks. 11/3621, S. 41 (zu § 485 RegE). In diesem Sinne schon OLG Düsseldorf MDR 1981, 324: „Das Verfahren dient der Sicherung des Beweises, nicht der Ausforschung".
4 OLG Düsseldorf NJW-RR 1995, 1216.
5 OLG Stuttgart MMR 2005, 98, 99 – Mobilfunkantenne; OLG Karlsruhe VersR 2003, 374, 375 (Zahnarzthaftung); OLG Düsseldorf MDR 1981, 324 (mit Beispiel eines unzulässigen Antrags); OLG Hamburg MDR 1978, 845; *Th. Schmitz* BauR 1981, 40, 41.
6 KG NJW-RR 1992, 575 = WuM 1992, 76, 77 = MDR 1992, 410.
7 BGH NJW-RR 2010, 946 Rz. 9; KG NJW-RR 1992, 575; KG MDR 1999, 564, 565.
8 LG Berlin MDR 1961, 152, 153; *P. Schmitz* BauR 1980, 95, 96; anders Zöller/*Herget*[30] § 487 Rz. 4.

Auch nach der hier vertretenen Ansicht dürfen **keine Behauptungen „ins Blaue hinein"** aufgestellt werden,[1] eine Qualifizierung, mit der der BGH im Prozess allerdings zurückhaltend ist;[2] auf eine Prüfung der Beweisbedürftigkeit kann es mangels Kenntnis der für den Streitgegenstand relevanten Tatbestandsmerkmale sowie des streitigen Verhandlungsstoffes nicht ankommen. Der Antragsteller bestimmt in eigener Verantwortung den Gegenstand der Beweisaufnahme, weshalb das Gericht an Tatsachenbehauptungen des Antragstellers gebunden ist.[3] Ob daraus folgt, dass das Gericht an die **Formulierung der Beweisfragen** gebunden ist,[4] ist zweifelhaft. 34

Strengere **Konkretisierungsanforderungen** ergeben sich **nicht aus § 493 Abs. 1**, wonach das selbständige Beweisverfahren einer Beweisaufnahme vor dem Prozessgericht gleichsteht. Die daraus resultierende Verwertungsmöglichkeit kann der Antragsteller immer nur anstreben, ohne deshalb der Gefahr zu entgehen, die Beweisaufnahme durch geringe oder in die falsche Richtung weisende Konkretisierungen wertlos zu machen. In diesen Grenzen ist es unvermeidbar, die Gerichte mit unnützen (weil unverwertbaren) selbständigen Beweisverfahren zu belasten. 35

Für Werkmängel vertritt der BGH in ständiger Rechtsprechung die Ansicht, dass der Besteller den Werkmangel mit einer hinreichend genauen Beschreibung von **zutage getretenen Mangelerscheinungen** zum Gegenstand des Beweisverfahrens machen kann (s. auch Kap. 54 Rz. 56); eine Beschränkung auf die angegebenen Stellen oder die vermuteten Ursachen ist damit nicht verbunden.[5] Über diese sog. „**Symptomtheorie**" hinausgehende Anforderungen werden auch im Hauptprozess nicht an die Substantiierungslast gestellt. Keinesfalls darf der Antragsteller gezwungen werden, zuvor selbst die Ursachen eines Mangels sachverständig begutachten zu lassen.[6] Unzulässig ist die Fragestellung, ob ein Mangel vorliegt (s. auch Kap. 54 Rz. 45).[7] Werden Mängel von EDV-Hardware oder -Software gerügt, muss auch ein Laie das Fehlerbild mitteilen; nicht ausreichend ist die Formulierung, die gelieferte Hard- und Software sei „fehlerhaft" und erfülle nicht „die betrieblichen Anforderungen der Antragstellerin".[8] 36

V. Bezeichnung der Beweismittel

§ 487 Nr. 3 verlangt die Benennung der Zeugen bzw. die Bezeichnung der übrigen nach § 485 zulässigen Beweismittel. Bei der Benennung von **Zeugen** ist wie im Falle des § 373 deren **Name** mit **ladungsfähiger Anschrift** anzugeben.[9] Die Mitteilung der ladungsfähigen Anschrift ist zugleich für die Bestimmung der Notzuständigkeit nach § 486 Abs. 3 wesentlich. 37

---

1 OLG Frankfurt NJW-RR 1995, 832.
2 Unzulässig sind *willkürliche* Tatsachenbehauptungen unter Beweisantritt, vgl. nur BGH NJW 1984, 2888, 2889; BGH NJW 1991, 2707, 2709; BGH NJW 1995, 2111, 2112; Zöller/*Greger*[30] vor § 284 Rz. 5.
3 BGH NJW 2000, 960, 961; s. auch BGHZ 153, 302, 308 = NJW 2003, 1741, 1742.
4 So OLG Köln VersR 2009, 1515, 1516; OLG Köln VersR 2012, 123, 124 (bei durchscheinender Abneigung gegen die Verfahrensanwendung in Arzthaftungssachen); OLG Hamm NJW 2010, 622; OLG Saarbrücken MDR 2011, 880.
5 BGH WM 1992, 1416, 1417 m.w.N. = MDR 1992, 780 (nur teilw. Abdruck) = NJW-RR 1992, 913, 914.
6 OLG Celle MDR 2011, 385.
7 OLG Köln VersR 2012, 123, 124; AG Halle (Saale) NJW-RR 2010, 25, 26 (aber möglicherweise nur ungeschickte Formulierung).
8 OLG Köln MDR 2000, 226, 227.
9 *Cuypers* NJW 1994, 1985, 1989.

38 Zur Bezeichnung der Beweismittel gehört es abweichend von der alten Fassung des § 487 Nr. 3 **nicht** mehr, beim Sachverständigenbeweis den **Sachverständigen namentlich** zu benennen. Davon ist der Gesetzgeber abgerückt.[1] Dem Bericht der Kommission für das Zivilprozessrecht[2] folgend sollen Auswahl und Ernennung des Sachverständigen dem Gericht vorbehalten sein.[3] Dafür sprechen Praktikabilitätsgesichtspunkte. Die Gefahr der Ablehnung eines Sachverständigen ohne sachlichen Grund, etwa aus reinen Verdachts- oder Prestigegründen, wird vermindert und damit eine Quelle von Verfahrensverzögerungen beseitigt. Dementsprechend wird der **Sachverständige** nach § 492 Abs. 1 i.V.m. § 404 Abs. 1 **vom Gericht bestimmt**.[4] Die **Parteien** können zwar einen **Vorschlag** machen, doch ist das Gericht bei der von ihm zu treffenden Auswahl frei.[5] Zweckmäßig ist es, von einem schriftlichen Ernennungsvorschlag überhaupt Abstand zu nehmen, um die Nachteile der früheren Verfahrenshandhabung zu vermeiden. Die Benennung allein erzeugt allerdings keinen Ablehnungsgrund nach § 406 Abs. 1.

39 Zur **Ablehnung** des Sachverständigen Rz. 96 ff.

VI. Pflicht zur Glaubhaftmachung

40 Nach § 487 Nr. 4 muss der Antragsteller die **Tatsachen**, die die Zulässigkeit des selbständigen Beweisverfahrens und die **Zuständigkeit** des angerufenen Gerichts begründen, **glaubhaft** (§ 294) machen. Die Glaubhaftmachungspflicht erstreckt sich also auf die Tatsachen, die die Voraussetzungen der §§ 485, 486 ausfüllen, z.B. den **Gefährdungsgrund**. Findet das Verfahren nach § 485 Abs. 1 mit **Zustimmung** des Gegners statt, darf deren Glaubhaftmachung nicht verlangt werden; die Zustimmung ist dem Gericht gegenüber in der gleichen Form wie der Antrag zu erklären (Kap. 54 Rz. 19). Unterlässt der Antragsteller die notwendige Glaubhaftmachung, hat der Zurückweisung des Antrages ein **gerichtlicher Hinweis** voranzugehen.[6] Dies folgt aus § 139 Abs. 1.

41 Das „**rechtliche Interesse**" i.S.d. § 485 Abs. 2 ist grundsätzlich ebenfalls glaubhaft zu machen. Eine Pflicht zur Glaubhaftmachung besteht auch, wenn es darum geht, ob die Feststellung des selbständigen Beweisverfahrens der „Vermeidung eines Rechtsstreits dienen kann" (so das Regelbeispiel des § 485 Abs. 2 S. 2).[7] Bei diesem Merkmal steht allerdings die rechtliche Bewertung im Vordergrund. Vorzutragen – und insoweit ist der Vortrag der Glaubhaftmachung zugänglich –, welches **streitige materiellrechtliche Rechtsverhältnis** mit welchem möglichen Prozessgegner besteht, dem das Beweisverfahren zugeordnet werden kann.[8] An die Beurteilung der Streitsituation

---

1 RegE RpflgVG BT-Drucks. 11/3621, S. 42 (zu § 487 ZPO).
2 Kommissionsbericht (1977) S. 159.
3 BT-Drucks. 11/3621, S. 23.
4 OLG Celle NJW-RR 1995, 1404; OLG Frankfurt/M. NJW-RR 1993, 1341, 1342; OLG München MDR 1992, 520; OLG Düsseldorf OLGZ 1994, 85; *Cuypers* NJW 1994, 1985, 1989; *Schreiber* NJW 1991, 2600, 2602; *Siegburg*, Gewährleistung bei Bauvertrag, Rz. 683; so auch schon zum alten Recht LG Köln NJW 1978, 1866. Nichtgeltung des § 404 Abs. 1 behauptend Baumbach/Lauterbach/*Hartmann*[71] § 487 Rz. 6 (daraus Pflicht zur Ernennung des vom Antragsteller benannten Sachverständigen ableitend).
5 OLG München MDR 1992, 520; OLG Frankfurt/M. NJW-RR 1993, 1341, 1342; OLG Düsseldorf OLGZ 1994, 85 (mit der Einschränkung: Abweichung vom Antrag regelmäßig nur bei Zweifeln an der Eignung). A.A. Baumbach/Lauterbach/*Hartmann*[71] § 487 Rz. 6.
6 Zöller/*Herget*[30] § 487 Rz. 6.
7 Möglicherweise ebenso OLG Celle BauR 1992, 405, 406. A.A. *Weise*[1] Rz. 159. Keine oder geringe Anforderungen verlangend KG NJW-RR 1992, 574, 575.
8 KG NJW-RR 1992, 574. VGH Bad.-Württ. VBlBW 1994, 57, 58, spricht zu eng von der Darlegung des zu verfolgenden materiell-rechtlichen „Anspruchs".

sind nur geringe Anforderungen zu stellen, weil über die zukünftige Entwicklung der Parteibeziehungen nur Spekulationen angestellt werden können.[1] **Auszugrenzen** sind lediglich Missbrauchsfälle[2] und Fälle **offensichtlicher Ungeeignetheit** der Beweisaufklärung für das behauptete Rechtsverhältnis.[3] Die bloße Erklärung des Gegners, den behaupteten Anspruch erfüllen zu wollen, ohne dass ein Anerkenntnis abgegeben wurde, begründet wegen des möglichen Sinneswandels regelmäßig noch keinen Missbrauchsfall. Das rechtliche Interesse ist nicht zu verneinen, wenn die Gegenseite ernsthaft und endgültig erklärt, es auf einen Prozess ankommen lassen zu wollen (Kap. 54 Rz. 67).[4]

§ 187 Beweisaufnahmeverfahren

I. Allgemeine Verfahrensregeln

Schrifttum:
Voit, Die Auswirkungen der Eröffnung des Insolvenzverfahrens auf das selbständige Beweisverfahren, Festschrift Thode (2005), S. 337. Siehe ferner Kap. 52 vor Rz. 1.

1. Fakultative mündliche Verhandlung, Antragsrücknahme

Über den Antrag auf Durchführung des selbständigen Beweisverfahrens entscheidet das Gericht durch **Beschluss** nach **fakultativer mündlicher Verhandlung** (§§ 490 Abs. 1, 128 Abs. 4). Inhaltlich ergeht ein Beweisbeschluss (vgl. § 359). Sofern eine mündliche Verhandlung stattfindet, richtet sich deren Ablauf nach den §§ 129–165. Zu beachten sind die §§ 491 f. Unter den Voraussetzungen des § 78 Abs. 1 besteht bei Durchführung der mündlichen Verhandlung **Anwaltszwang** (Rz. 27). 42

Der Antrag kann wieder **zurückgenommen** oder auch eingeschränkt werden.[5] Ausgeschlossen ist dies, wenn die Beweisaufnahme durchgeführt ist. 43

2. Rechtliches Gehör

Auch bei Entscheidung ohne mündliche Verhandlung ist dem Antragsgegner **rechtliches Gehör** zu gewähren.[6] Eine konkrete Ausprägung dieses Grundsatzes findet sich in § 491 Abs. 1. Dabei meint rechtliches Gehör im Grundsatz – wie stets – die der Entscheidung **vorangehende** Gehörsgewährung.[7] 44

Der **Eilzweck** des selbständigen Beweisverfahrens (dazu auch nachfolgend Rz. 48) kann allerdings eine sofortige Entscheidung **ohne vorherige** schriftliche **Anhörung** des Gegners erfordern. Dies wird insbesondere in Fällen der §§ 485 Abs. 1 2. Variante, 486 Abs. 3 (drohender Beweismittelverlust) in Betracht kommen. Bei Entscheidung auf einseitiges Vorbringen hin ist das rechtliche Gehör **nachträglich** zu gewähren. § 490 Abs. 2 S. 2 steht der Aufhebung aufgrund nachträglichen Vorbringens des Antragsgegners nicht entgegen. 45

---

1 KG NJW-RR 1992, 574.
2 Dies meint wohl OLG Celle BauR 1992, 405, 406.
3 Darunter wohl einzuordnen VGH Bad.-Württ. VBlBW 1994, 57, 58.
4 KG NJW-RR 1992, 574, 575.
5 OLG Köln VersR 1994, 1328.
6 OLG Karlsruhe MDR 1992, 1026 f.; OLG München NJW-RR 1986, 1189.
7 Insoweit ist der in OLG Karlsruhe MDR 1992, 1026, 1027 hinsichtlich des Zeitpunktes der Gehörsgewährung benutzte Terminus „Ermessen" verfehlt.

46 Wird die Beweisaufnahme **ohne rechtzeitige Ladung** des **Gegners** durchgeführt, ist deren **Verwertbarkeit** wegen § 493 Abs. 2 **eingeschränkt**. Allerdings bildet § 493 Abs. 2 kein Hindernis, wenn der mit der Beweiserhebung überraschte Gegner daran trotz fehlender Ladung teilnimmt, etwa weil die Beweisaufnahme in seinen Geschäftsräumen stattfindet;[1] für durch Sachverständige zur Gutachtenvorbereitung abgehaltene Ortstermine gilt § 493 Abs. 2 nicht (näher dazu Kap. 56 Rz. 25).

3. Einwendungen des Antragsgegners

47 Der Antragsgegner kann **gegen** die **Anordnung der Beweiserhebung** Einwendungen erheben, die deren Zulässigkeit verneinen. Hebt ein Änderungsbeschluss (vgl. dazu Rz. 67) die Anordnung auf, steht dem Antragsteller dagegen die sofortige Beschwerde (§ 567) zu. Bei beachtlicher Zuständigkeitsrüge ist das Verfahren auf Antrag des Antragstellers an das zuständige Gericht zu **verweisen** (§ 281 Abs. 1). Werden die Einwendungen des Antragsgegners zurückgewiesen, was auch stillschweigend durch Eintritt in die Beweisaufnahme geschehen darf, ist dagegen nach § 490 Abs. 2 kein Rechtsmittel gegeben.

4. Ruhen, Unterbrechung, Aussetzung

48 Das **Ruhen des Verfahrens** (§ 251) kann angeordnet werden, wenn die **Eilbedürftigkeit nicht** entgegensteht,[2] was jedoch nur im Rahmen der Zweckmäßigkeitsprüfung nach § 251 S. 1 zu berücksichtigen ist. Nicht jedes Beweisverfahren ist eilbedürftig, wie bereits die alternative Zulässigkeitsvoraussetzung der Gegnerzustimmung des § 485 Abs. 1 erkennen lässt. Vor Abschaffung der Gerichtsferien (§ 199 GVG a.F.) wirkten sich unterschiedliche Vorstellungen über die Eilbedürftigkeit auch in dem Streit aus, ob bzw. in welchem Umfang die Gerichtsferien den Verfahrensfortgang hinderten, ob nämlich selbständige Beweisverfahren kraft Gesetzes oder nur kraft Antrags Feriensachen waren.

49 Die **Eilbedürftigkeit** hängt nicht nur vom Verfahrensziel, sondern auch vom **Verfahrensstadium** ab. Ein Ruhen des Verfahrens kann insbesondere in Betracht kommen, wenn **nach Feststellung der Beweistatsachen** Zeit verbrauchende **Vergleichsverhandlungen** schweben (vgl. § 492 Abs. 3, ferner § 485 Abs. 2 S. 2); deren Erfolg kann z.B. von der Beobachtung abhängen, ob Mangelbeseitigungsmaßnahmen Wirkung zeigen.

50 Durch Eröffnung des **Insolvenzverfahrens** wird das selbständige Beweisverfahren **nicht** gem. § 240 **unterbrochen**, solange die Beweisaufnahme noch nicht abgeschlossen ist.[3] Dem steht die **Eilbedürftigkeit** des Nebenverfahrens **entgegen**. Sie gilt zwar nicht schlechthin, doch lassen sich keine generellen Abgrenzungen danach treffen, welche Angaben der Antragsteller zur Begründung seines Verfahrensinteresses gemacht hat, ob er also § 485 Abs. 1 oder § 485 Abs. 2 benannt hat. Wenn die Voraussetzungen des § 485 Abs. 2 gegeben sind, wie das bei behaupteten Baumängeln in der Regel zutrifft, wird auf § 485 Abs. 2 vereinfachend auch dann abgestellt, wenn die Voraussetzungen der Beweissicherung gegeben sind. Verfahren, die auf der Grundlage des § 485 Abs. 2 eingeleitet wurden, können also durchaus eilbedürftig sein. Die un-

---

1 *Bork* NJW 1997, 1665, 1667 Fn. 22.
2 KG NJW-RR 1996, 1086; OLG Düsseldorf NJW-RR 2009, 496.
3 BGH NJW 2004, 1388, 1389; BGH NZBau 2005, 42, 43 = BauR 2005, 133, 134; BGH NJW 2011, 1679 Rz. 7; OLG Frankfurt NJW-RR 2008, 1552, 1553; OLG Hamm ZIP 1997, 552; a.A. OLG München NJW-RR 2002, 1053; OLG Frankfurt/M. ZIP 2003, 2043; OLG Hamm ZIP 2004, 431; *Voit* Festschrift Thode (2005), S. 337, 348 ff. (kritisch zum BGH insbesondere wegen Bedenken in Bezug auf die Bestimmung der Partei und die daraus folgende Behandlung von Mitwirkungsrechten mit Konsequenzen für § 493).

terschiedliche Behandlung gegenüber Verfahren des Arrestes und der einstweiligen Verfügung ist gerechtfertigt, weil sie zu Vollstreckungstiteln führen.[1]

Im **Rubrum** des fortgeführten Verfahrens ist der **Insolvenzverwalter** aufzuführen, sofern er nicht die Aufnahme des Verfahrens ablehnt;[2] nur dann ist eine Verwertungsmöglichkeit nach § 493 gesichert. Der Insolvenzverwalter kann das Verfahren faktisch unterbrechen, wenn er einen angeforderten **Vorschuss** auf die Sachverständigenvergütung nicht einzahlt. Wenn der Insolvenzverwalter auf den Fortgang des Verfahrens keinen Einfluss nehmen kann, hat der **Kostenerstattungsanspruch** des Antragsgegners nach § 494a Abs. 2 den Rang einer **einfachen Insolvenzforderung**.[3]

51

Der **Ausschluss** der Anwendung **des § 240** ist **nicht** mehr **gerechtfertigt**, wenn die Beweisaufnahme abgeschlossen ist und nur noch nach § 494a um die Kosten gestritten wird.[4] Das Klageverfahren, das auf Fristsetzungsantrag eines in die Rolle des Antragsgegners einrückenden Insolvenzverwalters nach § 494a Abs. 1 durchzuführen ist, ist eine **Feststellungsklage**; zuvor muss der Anspruch, dessen Tatsachengrundlage – z.B. behauptete Baumängel – streitig ist, als Insolvenzforderung **zur Tabelle angemeldet** werden.[5]

52

Beim **Tod eines Beteiligten** ist das selbständige Beweisverfahren **nicht** gem. § 246 **auszusetzen**,[6] es sei denn, die generell anzunehmende Eilbedürftigkeit fehlt im Einzelfall erkennbar[7] oder die Beweisaufnahme ist bereits abgeschlossen. Ein **Hauptsacheverfahren** ist wegen einer selbständigen Beweisaufnahme analog § 148 auszusetzen, wenn das selbständige Beweisergebnis gem. § 493 Abs. 1 verwertbar ist.[8] Zulässig ist ein Abwarten auf das Beweisergebnis ohne Aussetzung nach § 148, wenn sich die Parteien mit der Verwertung einverstanden erklärt haben, um eine erneute Beweisaufnahme zu vermeiden; diese Erklärungen sind unwiderruflich.[9]

53

5. Weitere Verfahrensfragen

Zur **Streitverkündung** s. Kap. 52 Rz. 27 ff., zur Prozesskostenhilfe Kap. 52 Rz. 35. Bei Untätigkeit des Gerichts ist eine Untätigkeitsbeschwerde als zulässig angesehen worden.[10] An die Stelle dieses ungeregelten und umstrittenen Rechtsbehelfs ist die **Verzögerungsrüge** gem. § 198 Abs. 3 GVG getreten.

54

II. Ladung des Antragsgegners, § 491

1. Allgemeines

Ähnlich wie §§ 357, 364 Abs. 4 konkretisiert § 491 den Grundsatz des **rechtlichen Gehörs**. Der Gegner soll die Möglichkeit erhalten, seine Rechte im selbständigen Be-

55

---

1 BGH NJW 2004, 1388, 1389.
2 Grundlegend anders *Voit* Festschrift Thode, S. 337, 346, 348.
3 *Bierbach/Schmitz* EWiR § 240 ZPO 1/05 S. 93, 94; s. ferner *Voit* Festschrift Thode, S. 337, 346, 351.
4 BGH NJW 2011, 1679 Rz. 7.
5 *Bierbach/Schmitz* EWiR § 240 ZPO 1/05 S. 93, 94.
6 A.A. OLG München MDR 2004, 170 = OLGR 2004, 39.
7 So im Fall OLG München MDR 2004, 170 (vierjähriges Verfahren).
8 BGH NJW-RR 2007, 456 Rz. 7; BGH NJW-RR 2007, 307 Rz. 7; OLG Köln MDR 2009, 526. In obiter dicta befürwortend BGH NJW 2004, 2597 und BGH NJW 2003, 3057. Generell ablehnend OLG Dresden MDR 1998, 493 = NJW-RR 1998, 1101; OLG Düsseldorf MDR 2004, 292 f. = NJW-RR 2004, 527; *Ulrich* AnwBl. 2003, 78, 85.
9 BGH NJW 2004, 2597, 2598.
10 OLG Frankfurt NJW 2007, 852; a.A. OLG Koblenz NJW-RR 2008, 974.

56 Der Gegner erfährt von dem Antrag, dem Beschluss und dem Termin zur Beweisaufnahme durch **Zustellung**, es sei denn, er hat die Abschrift im (fakultativen) Verhandlungstermin (vgl. § 490 Abs. 1) erhalten (oder sie geht ihm sonst zu, § 189) und Beschluss und Beweistermin sind **verkündet** worden (s. auch Rz. 69). Ausreichend ist die Verkündung des Beweistermins im Verhandlungstermin (§ 218) auch dann, wenn der Gegner nicht erschienen, jedoch ordnungsgemäß geladen war.

weisverfahren wahrzunehmen. Diese Rechte ergeben sich aus der **Verweisung des § 492 Abs. 1** auf die allgemeinen Vorschriften des Beweisrechts (§§ 357 Abs. 1; 397 Abs. 1 und 2; 399; 402 i.V.m. 397).

57 Die **Ladung** eröffnet dem Gegner die tatsächliche Möglichkeit, seine Rechte wahrzunehmen. Erscheint der Gegner mangels rechtzeitiger Ladung nicht, darf die Beweisaufnahme nach § 493 Abs. 2 nicht verwertet werden. Der **Ladungsmangel** begründet also die Gefahr der Durchführung eines **wertlosen Beweisverfahrens**.

58 Findet ein **Beweisaufnahmetermin nicht** statt, genügt eine formlose Mitteilung des Beweisbeschlusses.[1] Wegen der verjährungshemmenden Wirkung des selbständigen Beweisverfahrens ist jedoch eine förmliche Zustellung aus Beweisgründen auch dann ratsam. Die Pflicht zur Zustellung stellt sich als Konkretisierung der richterlichen Fürsorgepflicht gegenüber dem Antragsteller dar.[2]

2. § 491 Abs. 1

59 Die **Ladung** zur Beweisaufnahme erfolgt **von Amts wegen** (§ 214). Zu laden ist „**so zeitig**", dass der Gegner seine Rechte im Termin wahrnehmen kann. Die Ladungsfrist richtet sich nicht nach § 217 und der in § 224 Abs. 2 vorgesehenen Abkürzungsmöglichkeit.

60 **Beschränkt** wird das Ladungserfordernis **durch** das die **Eilbedürftigkeit** und die Erreichbarkeit des Gegners berücksichtigende Merkmal „sofern es nach den Umständen des Falles geschehen kann". Diese Ausnahme ist wegen der Vorschrift des § 493 Abs. 2 sehr eng auszulegen. Die **Bestellung** eines **Vertreters** nach § 494 Abs. 2 ist für den bekannten Gegner **nicht** zulässig. Erwägenswert ist eine **restriktive** Auslegung des **§ 493 Abs. 2** in dieser Situation. Sprechen zwingende Gründe gegen eine Ladung bzw. eine zeitigere Ladung, muss die Beweisaufnahme verwertbar sein, jedenfalls wenn man bei einem Verfahren gegen einen unbekannten Gegner – unter den engen Voraussetzungen des § 494 – die prozessualen Wirkungen des § 493 eintreten lässt.[3]

3. § 491 Abs. 2

61 Nach § 491 Abs. 2 können die **Beweise** auch dann **erhoben** werden, wenn der nichterschienene Gegner nicht bzw. **nicht rechtzeitig geladen** worden ist. In Anbetracht der Verwertungssperre des § 493 Abs. 2 ist ein solches Vorgehen aber **nicht ratsam**. Vorzuziehen ist eine zur Behebung des Mangels zu nutzende Vertagung, sofern die Beweisaufnahme nicht völlig unaufschiebbar ist. Gegebenenfalls tritt sonst die Amtshaftung nach § 839 BGB i.V.m. Art. 34 GG ein.

62 Das **Ausbleiben** des **Antragstellers** ist nach § 367 Abs. 1 **unerheblich**, soweit die Beweisaufnahme ohne sein Zutun bewirkt werden kann (anders evtl. bei notwendigen

---

[1] BGH NJW 1970, 1919, 1921.
[2] Zur richterlichen Fürsorgepflicht im Zusammenhang mit den Prozessbeschleunigungsvorschriften BVerfGE 75, 183, 188 f.; 81, 264, 273; Rosenberg/Schwab/*Gottwald*[17] § 81 Rz. 6.
[3] So zu § 494 – ohne Erörterung – *Weise*[1] Rz. 108.

Angaben zur Erhebung von Befundtatsachen durch einen Sachverständigen, bei der Duldung von Untersuchungen nach § 372a oder bei der Zeugenvernehmung des gesetzlichen Vertreters eines Prozessunfähigen nach § 455 Abs. 2).

III. Entscheidung über den Beweisantrag

1. Entscheidungsmöglichkeiten

Der Beweisantrag ist **zurückzuweisen**, wenn es an einer besonderen Voraussetzung für das selbständige Beweisverfahren fehlt oder wenn er aus anderen Gründen unzulässig ist; anderenfalls ist dem Antrag **stattzugeben**.[1] Das Gericht darf über den Antrag nicht hinausgehen (§ 308).[2] 63

Grundsätzlich kann das Gericht den Beweisbeschluss nicht wegen **fehlender Beweisbedürftigkeit** oder fehlender Entscheidungserheblichkeit der behaupteten Tatsachen ablehnen,[3] etwa mit der Begründung, der erforderliche Beweis sei schon durch ein Gutachten zu einem anderen Beweisthema erhoben worden.[4] Zu beachten ist aber – entgegen der uneingeschränkten und daher missverständlichen Formulierung des BGH –, dass die **Wiederholung** einer Beweiserhebung zu demselben Beweisthema **unzulässig** ist (Kap. 54 Rz. 12) oder dass dem Antrag ausnahmsweise das allgemeine Rechtsschutzinteresse (Kap. 54 Rz. 30) oder das besondere rechtliche Feststellungsinteresse (Kap. 54 Rz. 60 ff.) fehlen kann. Der Antragsteller disponiert mit dem Antrag auch über die materiell-rechtlichen Rechtsfolgen, die das Gesetz an die Eröffnung des selbständigen Beweisverfahrens knüpft, etwa den Eintritt der Verjährungshemmung. Diese Wirkung muss er verlässlich beurteilen können, was die gerichtlichen Entscheidungsmöglichkeiten zwingend begrenzt.[5] 64

2. Beschlussinhalt

Der **stattgebende Beschluss** muss die Tatsachen, über die Beweis erhoben werden soll, sowie die Beweismittel unter Benennung von Zeugen und Sachverständigen bezeichnen, § 490 Abs. 2 S. 1. Sein Inhalt entspricht damit demjenigen eines Beweisbeschlusses gem. § 359 Nr. 1 und 2. Die Bezeichnung des Beweisführers (vgl. § 359 Nr. 3) ist nicht vorgeschrieben und auch überflüssig, weil er sich mit dem Antragsteller deckt, wobei gleichgültig ist, ob er in Bezug auf einen später zu erhebenden Anspruch einen Haupt- oder einen Gegenbeweis führen will. 65

Eine **Begründung** ist grundsätzlich nicht erforderlich. Der Beschluss ist hingegen zu begründen, wenn vom Antrag abgewichen oder wenn ein bereits ergangener Beschluss geändert oder aufgehoben wird.[6] Die **Beschränkung der Begründungspflicht** steht in inhaltlichem Zusammenhang mit der Regelung des § 490 Abs. 2 S. 2 über die grundsätzliche Unanfechtbarkeit des Beschlusses. Sie folgt auch aus einem Umkehrschluss aus § 490 Abs. 2 S. 1. Nicht überzeugend ist hingegen das Argument, es handle sich beim stattgebenden Beschluss um einen Beweisbeschluss, durch den nicht un- 66

---

1 BGH NJW 2000, 960, 961 = MDR 2000, 224.
2 Der RegE des RpflgVG hat zu § 404a ausdrücklich den Vorschlag der Kommission für das Zivilprozeßrecht (Bericht S. 348 zu § 409 Abs. 4) verworfen, das Gericht dürfe bei der Anleitung des Sachverständigen zur Auftragsausführung (im Hauptprozess) über das Parteivorbringen hinausgehen.
3 BGH NJW 2000, 960, 961.
4 BGH NJW 2000, 960, 961.
5 Vgl. BGH NJW 2000, 960, 961.
6 Zöller/*Herget*[30] § 490 Rz. 2; wohl auch LG Frankfurt JR 1966, 182. A.A. – durchgehende Begründungspflicht – *Baumbach/Lauterbach/Hartmann*[71] § 490 Rz. 7.

mittelbar in die Rechte einer Partei eingegriffen werde.[1] Wird vom Antrag abgewichen, muss der Antragsteller wegen der Anfechtungsmöglichkeit die Gründe der Ablehnung erfahren. Aus einem stattgebenden Beschluss sollte aber hervorgehen, auf welcher Grundlage der Beschluss gefasst wurde, wenn die Rechtslage streitig war.

67 **Änderungen** des Beschlusses sind nicht an die Voraussetzungen des § 360 gebunden, der mit Einführung des § 358a zumindest faktisch sinnlos geworden ist (str.). Aufgehoben werden darf er z.B., wenn die Beweisanordnung unzulässig war bzw. bis zur Beweiserhebung unzulässig geworden ist, hingegen nicht mehr, wenn die Beweise erhoben worden sind.

68 Der Beschluss hat den **Streitwert** festzusetzen. Eine **Kostengrundentscheidung** ergeht bei Zurückweisung des Antrags vor Beendigung der Beweiserhebung (dazu Kap. 57 Rz. 72).

3. Entscheidungsbekanntgabe

69 **Verkündung und Zustellung** des Beschlusses bestimmen sich nach § 329. Sofern eine mündliche Verhandlung nicht stattgefunden hat, genügt eine formlose Mitteilung der Entscheidung, § 329 Abs. 2 S. 1. Die Entscheidung bedarf der Zustellung (von Amts wegen) gem. § 329 Abs. 2 S. 2, wenn zugleich eine **Terminsbestimmung**, z.B. zur Beweisaufnahme, getroffen wird.

70 **Nach mündlicher Verhandlung** muss der Beschluss gem. § 329 Abs. 1 S. 1 **verkündet** werden. Diese Norm gilt auch für Beschlüsse aufgrund freigestellter mündlicher Verhandlung.[2] Für die Ausfertigung gelten § 317 Abs. 2 S. 1 und Abs. 3.

71 Eine **Zustellung** der Ausfertigung ist **nicht** erforderlich: § 329 Abs. 1 verweist nicht auf § 317 Abs. 1. Erfolgt eine Terminbestimmung, ist die Entscheidung auch in den Fällen des § 329 Abs. 1 zuzustellen, sofern dies nicht wegen § 218 entbehrlich ist.

72 **Zuzustellen** sind Beschlüsse, die der **sofortigen Beschwerde** unterliegen (§§ 329 Abs. 3, 567); sie findet nach § 567 Abs. 1 Nr. 2 statt gegen die **Antragsabweisung** (unten Rz. 77) oder nach § 567 Abs. 1 Nr. 1, soweit dies im Gesetz ausnahmsweise bestimmt ist (z.B. nach § 406 Abs. 5 gegen die Zurückweisung einer **Sachverständigenablehnung**, Rz. 96).

IV. Die Anfechtung des Beschlusses

1. Stattgebender Beschluss

73 Nach § 490 Abs. 2 S. 2 ist ein stattgebender Beschluss **nicht anfechtbar**, was bei hinnehmbarer Belastung des Antragsgegners der Verfahrensbeschleunigung dient und damit den Anspruch auf effektiven Rechtsschutz gewährleistet. Der **generelle Vorbehalt** für **Fälle greifbarer Gesetzeswidrigkeit**, die gegen das verfassungsrechtliche Willkürverbot (Art. 3 Abs. 1 GG) verstoßen, bleibt davon unberührt,[3] auch wenn es seit der Neuregelung des Beschwerderechts durch die ZPO-Reform von 2001 keinen außeror-

---

[1] So LG Frankfurt/M. JR 1966, 182.
[2] Zöller/*Vollkommer*[30] § 329 Rz. 12; Rosenberg/Schwab/*Gottwald*[17] § 79 Rz. 58. S. ferner BGH NJW-RR 2011, 5 Rz. 11: Verkündung zulässig.
[3] Vgl. dazu OLG Frankfurt/M. MDR 1991, 1193; NJW-RR 1990, 1023, 1024; LG Berlin NJW-RR 1997, 585 f. Wohl noch weiter gehend, jedoch heute überholt OLG Karlsruhe Justiz 1975, 271 (bei Gesetzwidrigkeit der Anordnung).

dentlichen Rechtsbehelf mehr gibt;[1] analog anzuwenden ist § 321a. Gibt das Beschwerdegericht einem Antrag auf Durchführung des Beweisverfahrens abweichend von der Eingangsinstanz statt, ist eine **Rechtsbeschwerde nicht statthaft** und kann nicht zugelassen werden.[2]

Nicht angreifbar ist die **Ernennung** eines anderen als des vom Antragsteller gewünschten **Sachverständigen**.[3] In ihr ist keine ablehnende Entscheidung zu sehen, weil das Gericht in der Auswahl frei ist.[4] Auch die **Ablehnung** eines **Antrages auf Aufhebung** des stattgebenden Beschlusses unterliegt **nicht** der Beschwerde, da sonst der Normzweck des § 490 Abs. 2 S. 2 umgangen werden könnte.[5] Dasselbe gilt für einen Beschluss, der die **Beweistatsachen unzulänglich konkretisiert** und den der Gegner deshalb mit der Behauptung unzulässiger Ausforschung angreift,[6] sowie für einen anordnenden Beschluss, der unter Verletzung der Dispositionsbefugnis des Antragstellers **über** dessen **Antrag hinausgreift** und zum gleichen Beweisthema Beweistatsachen aus einem vom Antragsgegner beantragten Beweis(sicherungs)verfahren aufnimmt, wodurch die Gegnerstellung (vgl. §§ 491, 493 Abs. 2) verändert wird (zur Zulässigkeit von Gegenanträgen Kap. 54 Rz. 3).[7] Nicht anfechtbar ist die Anforderung eines Kostenvorschusses.[8] 74

Anfechtbar ist hingegen – trotz Verweisung des § 492 auf das normale Beweisverfahren – die **Abweisung eines Antrages auf Erweiterung** und Ergänzung eines Beschlusses im selbständigen Beweisverfahren;[9] sie steht dem vollständig ablehnenden Beschluss gleich. 75

Zur Beschwerde gegen die **Zurückweisung** der **Ablehnung** eines **Sachverständigen** wegen Befangenheit vgl. Rz. 72 und 96. 76

2. Ablehnender Beschluss

Ein abweisender Beschluss kann mit der fristgebundenen **sofortigen Beschwerde** nach § **567 Abs. 1 Nr. 2** angegriffen werden, da ein das Verfahren betreffendes Gesuch zurückgewiesen wird.[10] Die Verweisung des § 492 Abs. 1 auf die für die Aufnahme des betreffenden Beweismittels geltenden allgemeinen Vorschriften umfasst nicht auch das dortige Verbot der Anfechtung von Beweisanordnungen oder der Ablehnung von Beweisanträgen.[11] Im normalen Prozess soll sich das Rechtsmittel aus Konzentrationsgründen erst gegen das später ergehende Endurteil richten. Diese Erwägung gilt für das selbständige Beweisverfahren nicht, weil dort keine Entscheidung getroffen wird. 77

Nicht anfechtbar ist die Ablehnung des Antrags auf **Einholung eines weiteren Gutachtens** (§ 412), weil die Beweismöglichkeiten nicht weiter gehen als im Hauptsache- 78

---

1 BGHZ 150, 133, 135 = NJW 2002, 1577.
2 BGH NJW 2011, 3371 Rz. 5 = VersR 2011, 1588.
3 OLG München MDR 1992, 520; OLG Frankfurt NJW-RR 1993, 1341 f.
4 OLG Frankfurt/M. NJW-RR 1993, 1341, 1342.
5 LG Mannheim MDR 1978, 323; a.A. Zöller/*Herget*[30] § 490 Rz. 4.
6 Zweifelnd OLG Frankfurt/M. MDR 1991, 1193 (unter dem Aspekt greifbarer Gesetzeswidrigkeit).
7 Ebenso wohl Thomas/Putzo/*Reichold*[33] § 490 Rz. 2; a.A. OLG Frankfurt NJW-RR 1990, 1023, 1024 (mit der Behauptung greifbarer Gesetzeswidrigkeit).
8 BGH NJW-RR 2009, 1433 Rz. 7.
9 LG Mannheim MDR 1969, 931.
10 OLG Frankfurt NJW 1992, 2837; NJW-RR 1993, 1341; OLG Hamburg ZMR 1993, 183 = OLGZ 1993, 220; OLG Köln VersR 2012, 123.
11 BGHZ 164, 94, 95 = VersR 2006, 95; OLG Hamburg OLGZ 1993, 320 f.; LG Mannheim MDR 1969, 931; OVG Münster NJW 1969, 1318 f.

verfahren.¹ Diese Ansicht verweigert im Ergebnis zutreffend die Austragung von Gutachtenstreitigkeiten in einem Nebenverfahren und wird der Verweisung des § 492 Abs. 1 auf § 355 Abs. 2 und den darin zum Ausdruck kommenden allgemeinen Rechtsgedanken gerecht. Die Klärung komplexer Begutachtungsthemen gehört in das Hauptverfahren, das der Antragsteller ohne Weiteres einleiten kann. **Anfechtbar** ist aber die Ablehnung des Antrags auf schriftliche oder mündliche Erläuterung des erstatteten Gutachtens.²

79 Die sofortige Beschwerde muss nach sonstigem Recht zulässig sein, also den **Instanzenzug** und das Erfordernis der **Beschwer** beachten. Gegen Entscheidungen der **Oberlandesgerichte** ist sie **unzulässig**. Dies gilt auch, wenn das Oberlandesgericht über einen Antrag auf Durchführung des selbständigen Beweisverfahrens während einer Anhängigkeit der Hauptsache in der Revisionsinstanz entschieden hat.

80 Die Vorschriften gelten, gleichviel ob das **Prozessgericht oder** das **Amtsgericht** angegangen worden ist. Hat es das Amtsgericht nach § 486 Abs. 3 abgelehnt, einen Fall der Dringlichkeit anzunehmen, geht die Beschwerde nicht an das Prozessgericht, sondern an das übergeordnete Landgericht (§ 72 GVG).

81 Eine **Rechtsbeschwerde** (§ 574) ist statthaft, wenn sie vom Beschwerdegericht, vom Berufungsgericht oder vom erstinstanzlich entscheidenden Oberlandesgericht zugelassen worden ist.³

82 Wird die zurückweisende Entscheidung nicht mit der Beschwerde angegriffen, ist ein **neuer Antrag**, der die **Mängel** des ersten Verfahrens **behebt**, jederzeit **zulässig**. Der Antragsteller hat also u.U. die Wahl zwischen einem neuen Antrag und der Beschwerde. Der neue Antrag ist nur insoweit unzulässig, wie er die Mängel nicht behebt. Dies folgt aus der Rechtskraft, sofern man Entscheidungen im – summarischen – selbständigen Beweisverfahren für rechtskraftfähig hält,⁴ sonst aus einem **Wiederholungsverbot**, das sich aus dem Verbot des Rechtsmissbrauchs ergibt.

V. Aufnahme der Beweise, § 492

1. Allgemeines

83 § 492 Abs. 1 und 2 regeln die **Durchführung** der **Beweisaufnahme**. Absatz 3 ist durch das Rechtspflegevereinfachungsgesetz vom 17.12.1990 eingefügt worden. Dem Gericht wird dadurch die Möglichkeit eingeräumt, bei zu erwartender Einigung der Parteien einen Termin zur mündlichen Verhandlung anzuberaumen. In diesem Termin kann ein **Vergleich** gerichtlich **protokolliert** werden.

84 Die erhobenen Beweise sollen möglichst Bestand haben.⁵ Sie sollen **vollständig und endgültig erhoben** werden, damit die Beweisaufnahme abgeschlossen ist und ihre Ergebnisse in einem nicht vermeidbaren Hauptsacheprozess verwendet werden kön-

---

1 BGH (VI. ZS) VersR 2010, 1241 Rz. 7 = BauR 2010, 932; BGH (VIII. ZS) WuM 2012, 47; BGH (VII. ZS) MDR 2011, 746 = BauR 2011, 1366. Ebenso OLG Koblenz MDR 2007, 736; OLG Rostock MDR 2008, 999; OLG Schleswig MDR 2009, 1304, 1305; OLG Hamm MDR 2010, 169 f.; OLG Stuttgart MDR 2011, 319; OLG Celle MDR 2011, 318; OLG Stuttgart MDR 2014, 744. A.A. OLG Frankfurt MDR 2008, 585, 586; OLG Stuttgart NJW-RR 2009, 497, 498.
2 OLG Stuttgart MDR 2014, 744.
3 BGHZ 164, 94, 95.
4 So *Schilken* ZZP 92 (1979), 238, 257 ff.
5 Vgl. RegE BT-Drucks. 11/3621, S. 42 (zu § 492).

nen.[1] Mit Einführung des Beweisergebnisses in einen Hauptprozess steht die selbständige Beweiserhebung gem. § 493 Abs. 1 derjenigen im Hauptprozess gleich.[2]

Der Antragsgegner muss Einwendungen und **Einreden gegen** die **Art der Beweiserhebung** nicht im selbständigen Beweisverfahren vorbringen, sondern kann dies auch noch vor dem Prozessgericht tun, soweit nicht § 295 anwendbar ist (vgl. Kap. 56 Rz. 22), der Zweck der Sicherstellung einer verwertbaren Beweisaufnahme entgegensteht (zur Anwendung des § 406 unten Rz. 96, zur rechtzeitigen Anwendung des § 411 Abs. 3 unten Rz. 103) oder der Vorwurf der Beweisvereitelung eingreift (vgl. Kap. 56 Rz. 22). Das Prozessgericht ist auch zuständig, wenn der Gegner mit seinen Einwendungen im selbständigen Beweisverfahren nicht durchgedrungen ist. 85

2. Wirkung der rechtstechnischen Verweisung des § 492

a) Verweisungsumfang

Für die Durchführung des selbständigen Beweisverfahrens verweist § 492 Abs. 1 auf die „für die Aufnahme des betreffenden Beweismittels" geltenden Vorschriften. Diese Verweisung betrifft sowohl die **allgemeinen Vorschriften des Beweisrechts** (§§ 355–370)[3] als auch die für das **jeweilige Beweismittel** geltenden Vorschriften, also die §§ 371 ff. für die Augenscheinseinnahme, die §§ 373 ff. für den Zeugenbeweis und die §§ 402 ff. für den Sachverständigenbeweis. Hinzu treten Regeln, die aus höherrangigen Rechtsnormen abgeleitet werden, etwa aus dem verfassungsrechtlichen Grundsatz eines fairen Verfahrens. 86

b) Beweisverfahren im Allgemeinen

aa) Anwendbare Vorschriften

Anzuwenden sind: **§ 355** insoweit, als das Prozessgericht unanfechtbar über die formelle Beweisunmittelbarkeit entscheidet;[4] **§ 357**, wegen § 491 jedoch nicht dessen Abs. 2; **§ 361**; **§ 362**, wobei der außerhalb eines anhängigen Rechtsstreits (vgl. § 486 Abs. 2 und 3) zuständige Richter des selbständigen Beweisverfahrens nicht unter § 362 Abs. 2 fällt (vgl. auch § 492 Abs. 2); **§ 363 – § 369**, wobei § 367 Abs. 2 als Beschleunigungsvorschrift gegenstandslos ist und bei § 367 Abs. 1 hinsichtlich des Gegners § 491 zu beachten ist (zur selbständigen grenzüberschreitenden Beweisaufnahme: Kap. 53 Rz. 15 ff.). Das **Anwesenheitsrecht der Parteien** bei der **Ortsbesichtigung** durch den Sachverständigen – § 493 Abs. 2 gilt nur für Gerichtstermine (str., Kap. 56 Rz. 25) – ist zu beachten, gleichgültig ob es auf eine Analogie zu § 357[5] gestützt wird oder auf das Recht auf ein faires Verfahren;[6] dieses Recht besteht jedenfalls dann, wenn der Sachverständige im Ortstermin Informationen von der Gegenpartei entgegennimmt.[7] 87

---

[1] Vgl. auch OLG Düsseldorf BauR 1993, 637, 638; OLG Celle NJW-RR 1995, 1404.
[2] OLG Frankfurt/M. NJW-RR 1990, 768 (mit der dunklen weiteren Formulierung, „insoweit" seien beide Verfahren „als eine verfahrensrechtliche Einheit anzusehen").
[3] Ohne Begründung a.A. OLG Düsseldorf NZBau 2000, 385, 386; ihm folgend OLG Frankfurt MDR 2008, 585, 586; OLG Stuttgart NJW-RR 2009, 497, 498.
[4] Gegen die Anwendbarkeit des § 355 (unter dem Gesichtspunkt einer daraus abzuleitenden unerwünschten Rechtsmittelbeschränkung) OLG Düsseldorf NZBau 2000, 385, 386 (mit unhaltbarer Begründung).
[5] So Musielak/*Stadler*[10] § 357 Rz. 2.
[6] OLG Celle NZM 1998, 159, 160.
[7] OLG Celle NZM 1998, 159, 160 (dort: Rekonstruktion eines Gaststättenzustandes anhand von Fotos und Gesprächen).

88 Zu den **Duldungs- und Mitwirkungspflichten** der Parteien und Dritter bei der Beweisaufnahme s. Kap. 7 Rz. 11 ff. Die materiell-rechtliche Pflicht zur Duldung einer Augenscheinseinnahme ist im Wege der einstweiligen Verfügung durchsetzbar.

bb) Mangelnde Anwendbarkeit

89 Nicht anzuwenden sind: § 356, da im selbständigen Beweisverfahren eine Beweismittelpräklusion zur Verfahrensbeschleunigung nicht denkbar ist; § 358, der wegen § 490 Abs. 2 gegenstandslos ist; § 358a wegen § 490 Abs. 2 und zugleich wegen der Beschränkung in § 485 Abs. 1 S. 1; § 359, der hinsichtlich der Nr. 1 und 2 von § 490 Abs. 2 S. 1 aufgegriffen wird; § 360, vgl. dazu Rz. 67; § 370 als Vorschrift zur Beschleunigung des Prozessverfahrens, vgl. jedoch § 492 Abs. 3 (Erörterungstermin).

cc) Rechtsbehelfe

90 Gegen das Abschneiden von Rechten des Gegners in der Beweisaufnahme – z.B. bei Ausübung des Fragerechts (§ 397) – gibt es **keinen Rechtsbehelf**. Geltend zu machen ist dies bei der Verwertung des Beweisergebnisses **vor dem Prozessgericht**. § 295 zwingt nicht, Rügen schon im Beweisaufnahmetermin vorzubringen. Eine Richterablehnung soll rechtzeitig noch im Hauptsacheverfahren erfolgen können.[1]

c) Augenscheinsbeweis

91 Anzuwenden sind die §§ 371–372a. S. auch oben Rz. 86. Das Gericht kann nicht die Einnahme des Augenscheins durch den Antragsteller anordnen.[2]

d) Zeugenbeweis

aa) Anwendbare Vorschriften

92 Anwendbar sind: § 373, der jedoch durch § 487 Nr. 2 und 3 aufgenommen wird; §§ 376, 377 Abs. 1 und 2, 379–390, 392–397, 399–401; § 391 mit der Maßgabe, dass der Zeuge außerhalb eines anhängigen Rechtsstreits seine Aussage mangels Verzichts der Parteien stets zu beeiden hat, wenn er etwas für den Antragsteller Günstiges bekundet, weil die „Bedeutung der Aussage" im selbständigen Beweisverfahren nicht übersehbar ist und ihre Erheblichkeit nicht geprüft werden darf;[3] § 398 Abs. 2 und 3 (vgl. jedoch zum Richterkommissar die Einschränkung gem. § 375, nachfolgend Rz. 93).

bb) Vernehmung durch Richterkommissar

93 § 375 schränkt die Möglichkeit der Beweisaufnahme durch den **beauftragten oder ersuchten Richter** ein, weil sie den Grundsatz der Beweisunmittelbarkeit durchbricht. Für das selbständige Beweisverfahren gilt die Vorschrift nur modifiziert.[4] Zu beachten ist sie, wenn das Prozessgericht das selbständige Beweisverfahren bei anhängigem

---

1 OLG Zweibrücken NJW-RR 2013, 383.
2 So der verfehlte Antrag in BayObLGZ 1987, 289; dazu Stein/Jonas/*Leipold*[22] § 492 Rz. 12.
3 Generell für eine Entscheidung im späteren Hauptsacheverfahren Zöller/*Herget*[30] § 492 Rz. 3. Für eine Entscheidung durch das Prozessgericht in Fällen des § 486 Abs. 3 Musielak/*Huber*[10] § 492 Rz. 2.
4 Ähnlich MünchKommZPO/*Schreiber*[4] § 492 Rz. 1. Für unbeschränkte Übertragung der Vernehmung auf einen Richterkommissar: Thomas/Putzo/*Reichold*[33] § 492 Rz. 1; für Anwendung des § 375: Baumbach/Lauterbach/*Hartmann*[71] § 492 Rz. 4.

Hauptprozess durchführt.¹ Außerhalb eines anhängigen Rechtsstreits, insbesondere in den Fällen der Eilzuständigkeit des § 486 Abs. 3, aber auch in den Fällen des § 486 Abs. 2 ist die Beschränkung des § 375 funktionslos, weil die Beweiserhebung von vornherein nicht durch das Prozessgericht vorgenommen wird.

cc) Schriftliche Zeugenaussagen

Die schriftliche Beantwortung der Beweisfragen durch Zeugen (**§ 377 Abs. 3**) ist auch im selbständigen Beweisverfahren **grundsätzlich zulässig**.² Trotz schriftlicher Beantwortung kann der Zeuge gem. § 377 Abs. 3 S. 3 geladen werden. Möglich ist die Ladung des Zeugen auch im Hauptsacheprozess, wenn sie *unverzüglich* beantragt wird.³ 94

dd) Mangelnde Anwendbarkeit

Nicht anwendbar ist die Vorschrift des § 398 Abs. 1 über die **wiederholte Vernehmung**, es sei denn, dass eine Gegenüberstellung erforderlich wird. Nach Abschluss des selbständigen Beweisverfahrens kann nur ein neues Verfahren eingeleitet werden. 95

e) Sachverständigenbeweis

aa) Ablehnung des Sachverständigen

Vor der Neufassung der §§ 485 ff. im Jahre 1990 war streitig, in welchem Umfang eine Ablehnung des Sachverständigen gem. § 406 in Betracht kam. Ausgangspunkt verneinender Stellungnahmen war die Regelung des § 487 Abs. 1 Nr. 3 (a.F.), nach der der Sachverständige vom Antragsteller zu benennen war.⁴ Seit der Neufassung des § 487 wird der Sachverständige vom Gericht bestimmt (Kap. 55 Rz. 38). **§ 406** ist dem ausdrücklichen Willen des Gesetzgebers entsprechend⁵ seither **uneingeschränkt anzuwenden**.⁶ Im Einzelfall kann die Eilbedürftigkeit einer Beweissicherung allerdings so groß sein, dass die Beweiserhebung den Vorrang hat.⁷ 96

Der **Ablehnungsantrag** muss grundsätzlich **schon im selbständigen Beweisverfahren** gestellt werden, damit über die Verwertbarkeit des Gutachtens und die etwaige Notwendigkeit anderweitiger Begutachtung (§ 412 Abs. 2) rasche Klarheit geschaffen wird.⁸ Eine Ablehnung erst im Hauptprozess ist nur dann zulässig, wenn der Ablehnungsgrund vorher nicht bekannt war;⁹ die Parteien sollen nicht einen Pfeil im Kö- 97

---

1 Musielak/*Huber*¹⁰ § 492 Rz. 1; a.A. Thomas/Putzo/*Reichold*³³ § 392 Rz. 1.
2 Musielak/*Huber*¹⁰ § 492 Rz. 1.
3 Zöller/*Herget*³⁰ § 492 Rz. 1.
4 Vgl. *Schilken* ZZP 92 (1979), 238, 252 ff.
5 BT-Drucks. 11/3621, S. 42.
6 OLG Hamm VersR 1996, 911; OLG Celle (2. ZS) ZMR 1996, 211; OLG Celle (8. ZS) NJW-RR 1995, 1404 f. = BauR 1996, 144 f.; OLG Düsseldorf BauR 1995, 876; OLG Düsseldorf NJW-RR 1997, 1428; OLG Köln VersR 1993, 72, 73 = OLGZ 1993, 127; OLG Frankfurt OLGZ 1993, 330 f.; OLG München BauR 1993, 636. Noch zum alten Recht: ablehnend OLG Hamm ZMR 1990, 216, 217; zustimmend OLG Karlsruhe NJW-RR 1989, 1465. Baumbach/Lauterbach/*Hartmann*⁷¹ § 487 Rz. 6 hält daran fest, dass das Gericht den vom Antragsteller bezeichneten Sachverständigen bestellen muss.
7 Vgl. OLG Hamm VersR 1996, 911, 912; OLG Celle ZMR 1996, 211, 212; OLG Düsseldorf BauR 1995, 876.
8 OLG Düsseldorf BauR 1995, 876; OLG Köln VersR 1993, 1502; OLG Köln OLGZ 1993, 127, 128; OLG München NJW 1984, 1048 f.; *Schulze* NJW 1984, 1019, 1020; *Ulrich* AnwBl. 2003, 78, 81. Offengelassen von OLG Frankfurt/M. NJW-RR 1990, 768.
9 OLG Köln VersR 1993, 1502; OLG Müchen NJW 1984, 1048 f.; OLG Bamberg BauR 1991, 656; *Schulze* NJW 1984, 1019, 1020; s. auch OLG Hamm VersR 1996, 911.

cher aufsparen dürfen. Nur dies entspricht dem 1990 neu eingeführten § 406 Abs. 2,[1] der eine Parallelvorschrift zu dem gleichzeitig eingefügten § 411 Abs. 4 darstellt.

98 Ist der **Ablehnungsantrag** im selbständigen Beweisverfahren **zurückgewiesen** worden, kann die Ablehnung **im** nachfolgenden **Hauptverfahren nicht** mit demselben Ablehnungsgrund **wiederholt** werden.[2] Die Zurückweisung ist mit der sofortigen Beschwerde angreifbar (§§ 492, 406 Abs. 5).[3]

99 Ist der Sachverständige **erfolgreich abgelehnt** worden, kann im Kostenfestsetzungsverfahren eingewandt werden, die **Kosten des Sachverständigen** seien keine notwendigen Kosten (§ 91) des Hauptsacheverfahrens.[4] Die erfolgreiche Ablehnung, für die eine subjektive Besorgnis genügt, eine objektive Befangenheit also nicht erforderlich ist, führt jedoch **nicht automatisch** zum **Verlust des Gebührenanspruchs**.[5] Von den unterschiedlichen Anforderungen der §§ 406, 42 einerseits und des § 8 JVEG andererseits abgesehen soll eine Beeinträchtigung der inneren Unabhängigkeit des (eine staatsbürgerliche Pflicht nach § 407 erfüllenden) Sachverständigen durch Drohung eines allzu raschen Verlustes der Entschädigung vermieden werden. Der Sachverständige **verliert** seinen **Vergütungsanspruch**, wenn er nach Auftragsannahme grob fahrlässig einen Ablehnungsgrund entstehen lässt und dadurch seine Ablehnung herbeiführt (§ 8a Abs. 2 S. 1 JVEG).[6] Lag schon bei Entgegennahme des Gutachtenauftrages ein Ablehnungsgrund vor, genügt bereits leichte Fahrlässigkeit (§ 8a Abs. 1 JVEG).[7]

bb) Anwendbare Vorschriften

100 Die Durchführung des Sachverständigenbeweises bestimmt sich nach den allgemeinen Vorschriften. Anwendbar sind aufgrund der Neuregelung von 1990 über die Ernennung des Sachverständigen durch das Gericht auch die **§§ 404–406, 412**,[8] **§ 404a** jedoch nur mit der Maßgabe, dass ausschließlich der Antragsteller über die Beweistatsachen bestimmt. **§ 412** begrenzt gem. § 485 Abs. 3[9] bereits die Zulässigkeit des selbständigen Beweisverfahrens. Da im selbständigen Beweisverfahren keine Beweiswürdigung stattfindet,[10] ist § 412 nur dann anzuwenden, wenn das Gutachten grobe Mängel aufweist und evident ungeeignet erscheint.[11] Anwendbar ist ferner **§ 411**.[12] Soweit die Vorschriften über den Zeugenbeweis nicht zur Geltung kommen, können sie auch nicht für den Sachverständigenbeweis gelten (§ 402).

101 Ein **Vorschuss** kann nach §§ 379, 402 für die *Beauftragung* des Sachverständigen angefordert werden; die Weiterleitung des erstatteten Gutachtens darf davon aber nicht

---

1 Eingefügt durch den Rechtsausschuss, BT-Drucks. 11/8283, S. 10, 47, nach dem Vorschlag der BReg. in deren Gegenäußerung zum BRat, BT-Drucks. 11/3621, S. 74, ohne spezielle Bezugnahme auf das selbständige Beweisverfahren.
2 OLG Frankfurt/M. NJW-RR 1990, 768.
3 OLG Celle NJW-RR 1995, 1404; OLG Celle ZMR 1996, 211.
4 OLG Koblenz JurBüro 1990, 733.
5 OLG Koblenz Rpfleger 1981, 37; OLG Düsseldorf NJW-RR 1997, 1353.
6 OLG Hamburg MDR 1987, 333 f.; OLG Hamburg JurBüro 1999, 426; OLG Koblenz FamRZ 2001, 114; OLG Koblenz Rpfleger 1981, 37; OLG Koblenz JurBüro 1990, 733. Vgl. auch BGH NJW 1976, 1154, 1155 (Fahrlässigkeit genügt jedenfalls nicht).
7 Zöller/*Greger*[30] § 413 Rz. 4.
8 Zu § 412: OLG Saarbrücken NJW-RR 1994, 787, 788; OLG Frankfurt NJW-RR 2007, 18, 19; OLG Frankfurt MDR 2008, 585, 586.
9 Eingefügt durch den Rechtsausschuss, BT-Drucks. 11/8283, S. 12, 47, nach dem Vorschlag der BReg., BT-Drucks. 11/3621, S. 69 f.
10 OLG Hamm NJW 2010, 622.
11 OLG Frankfurt (19. ZS) NJW-RR 2007, 18, 19. A.A. OLG Frankfurt (4. ZS) MDR 2008, 585, 586.
12 BGH NJW 1970, 1919.

abhängig gemacht werden.¹ Die Ergänzung des Gutachtens auf **Antrag des Gegners** setzt eine **Vorschussleistung** des Gegners voraus.²

cc) Anhörung des Sachverständigen

Eine Anhörung des Sachverständigen ist nach **§ 411 Abs. 3** grundsätzlich möglich³ und einem entsprechenden Antrag der Parteien wegen der Beschränkungen des § 412 in der Regel stattzugeben.⁴ Dies folgt bereits aus dem Grundsatz rechtlichen Gehörs⁵ und aus § 397.⁶ Bei Zweifeln und Unklarheiten ist eine Anhörung des Sachverständigen sogar **von Amts wegen** geboten.⁷ Die beschriebene Anwendung des § 411 Abs. 3 entspricht dem ausdrücklichen Willen des Gesetzgebers; die erhobenen Beweise sollen im streitigen Verfahren möglichst Bestand haben.⁸ Sie ist nicht auf Fälle eilbedürftiger Beweiserhebung begrenzt. 102

Der **Anhörungsantrag** ist zur Vermeidung erfolgreicher Verspätungsrügen bereits **im selbständigen Beweisverfahren** zu stellen.⁹ Dies gilt auch, wenn der Hauptprozess inzwischen anhängig gemacht worden ist.¹⁰ Im Hauptprozess kann ein neues Gutachten nur unter den engen Voraussetzungen des § 412 eingeholt werden.¹¹ Dort ist zudem § 531 Abs. 2 zu beachten. Die **Zurückweisung** des Anhörungsantrags ist mit der **sofortigen Beschwerde** (§ 567 Abs. 1) angreifbar.¹² Die Anhörung kann nicht mit der Begründung abgelehnt werden, es sei von ihr keine weitere Klärung des Sachverhalts zu erwarten.¹³ 103

Eine Begrenzung folgt aus § 411 Abs. 4 S. 1 durch dessen **Fristgrenze** („innerhalb eines angemessenen Zeitraums") und das Erfordernis, Einwendungen und Ergänzungsfragen mitteilen zu müssen.¹⁴ Die **Angemessenheit der Frist** wird durch den Prüfungsbedarf unter Heranziehung eines Privatgutachters bestimmt.¹⁵ Das können – abhängig vom Umfang und Schwierigkeitsgrad der Prüfung – durchaus drei Monate sein.¹⁶ 104

---

1 OLG Frankfurt MDR 2004, 1255, 1256.
2 OLG Köln NJW-RR 2009, 1365; LG Berlin NJW-RR 2007, 674, 675.
3 BGHZ 164, 94, 96 = VersR 2006, 95; OLG Saarbrücken NJW-RR 1994, 787, 788; OLG Düsseldorf BauR 1993, 637; LG Frankfurt BauR 1985, 683. S. auch BGH NJW 2002, 1640, 1641.
4 BGHZ 164, 94, 97; OLG Saarbrücken NJW-RR 1994, 787, 788; OLG Düsseldorf BauR 1993, 637; OLG Düsseldorf BauR 1995, 885 f.; OLG Düsseldorf NZBau 2000, 385, 386; OLG Celle MDR 2001, 108.
5 BGHZ 164, 94, 97; *Cuypers* NJW 1994, 1985, 1989.
6 Generell zu § 411 Abs. 3: BGH NJW 1994, 1286, 1287.
7 OLG Düsseldorf BauR 1993, 637; OLG Saarbrücken NJW-RR 1994, 787, 788.
8 BT-Drucks. 11/3621, S. 42.
9 Vgl. BGH NJW 2010, 2873 Rz. 27; OLG Düsseldorf BauR 1993, 637, 638; OLG Frankfurt NJW 2012, 1153. BGH (VI. ZS) NJW-RR 2007, 1294 = VersR 2007, 1713 ist nicht als Eröffnung beliebiger Wahl des Zeitpunktes eines Ladungsantrages zwischen Beweisverfahren und Hauptverfahren zu verstehen.
10 *Ulrich* AnwBl. 2003, 78, 83; a.A. OLG Braunschweig BauR 2001, 990, 991.
11 OLG Saarbrücken NJW-RR 1994, 787, 788; RegE BT-Drucks. 11/3621, S. 24.
12 OLG Saarbrücken NJW-RR 1994, 787; OLG Köln BauR 1995, 885; OLG Düsseldorf NZBau 2000, 385, 386; LG Frankfurt/M. MDR 1985, 149 f.; a.A. OLG Köln NJW-RR 2000, 729; OLG Hamm NVersZ 2001, 384; OLG Düsseldorf NJW-RR 1998, 933 = BauR 1998, 366; Zöller/*Herget*³⁰ § 490 Rz. 4.
13 LG Frankfurt/M. BauR 1985, 603, 606. Generell zum Sachverständigenbeweis ebenso (ohne Erwähnung des seit 1991 geltenden § 411 Abs. 4 ZPO) BGH NJW 1994, 1286, 1287.
14 Zum Umfang der Substantiierung BGH NJW 1994, 1286, 1287. Zur Verspätung im Beweisverfahren OLG Köln BauR 1995, 885, 886; OLG Düsseldorf NZBau 2000, 385, 386; OLG Frankfurt NJW-RR 2007, 17, 18; OLG Koblenz VersR 2007, 132, 133.
15 OLG Düsseldorf NZBau 2000, 385, 386.
16 OLG Celle MDR 2001, 108, 109; s. auch OLG Düsseldorf MDR 2004, 1200. Anders nach Ablauf von 6 oder 8 Monaten, OLG Köln NJW-RR 1997, 1220. Wegen der Kürze des Gutachtens Verspätung nach 4 Monaten bejaht von OLG Köln NJW-RR 1998, 210. OLG München MDR

105 Zur Schaffung von Fristenklarheit – auch im Hinblick auf die Verjährungshemmung – ist es zweckmäßig, nach Eingang eines Sachverständigengutachtens eine **richterliche Frist für Anträge** auf Gutachtenergänzung oder mündliche Erläuterung des Gutachtens zu **setzen**;[1] die Frist kann bei Bedarf verlängert werden. **Bei Fristsetzung** ist das Gutachten **förmlich zuzustellen**.

VI. Aufbewahrung des Protokolls

106 Nach § 492 Abs. 2 ist die Beweisaufnahme **beim anordnenden Gericht** aufzubewahren. Die Vorschrift sichert die spätere Verwertbarkeit der Beweisaufnahme (§ 493 Abs. 1). Sie gilt auch für Beweisaufnahmen durch den ersuchten Richter (§ 362 Abs. 2).

107 Die **Protokollierung** hat **stets nach § 160** zu erfolgen. Das Gericht des selbständigen Beweisverfahrens ist nicht Prozessgericht i.S.d. § 161 Abs. 1 Nr. 1, auch nicht in den Fällen des § 486 Abs. 1.

VII. Vergleichsabschluss

108 Der 1990 eingefügte § 492 Abs. 3 ist § 118 Abs. 1 S. 3 nachgebildet. Er unterstreicht die **Streitschlichtungsfunktion** des selbständigen Beweisverfahrens und bezweckt eine zügige und kostengünstige Erledigung des Streits. Bei zu erwartender Einigung kann das Gericht die Parteien zur Erörterung laden und einen – vollstreckbaren (§ 797 Abs. 1 Nr. 1 a.E.) – Vergleich protokollieren. Hat der Gegner dem selbständigen Beweisverfahren zugestimmt, ist es immer ratsam, nach Durchführung der Beweisaufnahme einen Erörterungstermin zu bestimmen. In den übrigen Fällen sollte das Gericht eine **Erörterung anregen** und notfalls die Parteien über die Möglichkeit eines Vergleichsabschlusses informieren.

109 Zur **Vermeidung** der Kostenregelung des § 98 ist eine **umfassende Kostenvereinbarung** zu treffen. Der Vergleich ist **Vollstreckungstitel** (§§ 794 Abs. 1 Nr. 1, 724, 795). Für die mündliche Verhandlung besteht **Anwaltszwang** nach Maßgabe des § 78.[2]

VIII. Verfahrensende

110 Von der Beendigung des Verfahrens hängt das Ende der **Verjährungshemmung** ab (§ 204 Abs. 2 S. 1 BGB); zur Bestimmung des Beendigungszeitpunktes s. Kap. 52 Rz. 44 ff. Derselbe Zeitpunkt entscheidet über die Anwendbarkeit des § 494a Abs. 1 (Fristsetzung zur Erhebung einer Hauptsacheklage)[3] und über die Dauer der sechsmonatigen Frist zur **Streitwertfestsetzungsbeschwerde** gem. §§ 68 Abs. 1 S. 3, 63

2001, 531 nennt vier Monate als Obergrenze auch bei schwierigen und umfangreichen Gutachten; OLG Frankfurt NJW-RR 2007, 17, 18: mehr als drei Monate ungewöhnlich; OLG Frankfurt NJW 2007, 852: je nach Komplexität bis zu sechs Monate.
1 Musielak/*Huber*[10] § 492 Rz. 3; Zöller/*Herget*[30] § 492 Rz. 4. Nur das Interesse der Verfahrensbeschleunigung anführend OLG Düsseldorf MDR 2004, 1200, 1201; OLG München OLGR 1998, 330.
2 A.A. *Ulrich* AnwBl. 2003, 78, 79 (da Erörterungstermin keine Verhandlung i.S.d. § 78 sei).
3 OLG Düsseldorf NJW-RR 2002, 1654, 1655; OLG Jena OLG-NL 1997, 283, 284.

Abs. 3 S. 2 GKG.[1] Nach der Beendigung des Verfahrens sind Beweisergänzungsanträge verspätet.[2]

§ 188 Beweiserhebung gegen Unbekannt, § 494 ZPO

I. Ausnahme vom kontradiktorischen Verfahren

§ 487 Nr. 1 verlangt, den Gegner des selbständigen Beweisverfahrens zu bezeichnen. **Nur ausnahmsweise** ist der Antrag gem. § 494 Abs. 1 zulässig, wenn der Antragsteller glaubhaft macht, dass er **ohne Verschulden außerstande** ist, den **Gegner zu bezeichnen**. Selbst dann ist er nicht generell zuzulassen. In Betracht kommen dafür nur Verfahren **nach § 485 Abs. 1**; ein rechtliches Interesse nach § 485 Abs. 2 kann gegenüber einem unbekannten Gegner nicht bestehen.[3] § 494 Abs. 1 beruht auf einer Abwägung zwischen dem Beweissicherungsinteresse des Antragstellers und dem Interesse des Antragsgegners, nach Möglichkeit am Verfahren beteiligt zu werden und rechtliches Gehör zu erhalten. 111

II. Zulassungsvoraussetzungen

1. Glaubhaftmachung fehlender Kenntnis

Dem Antragsteller muss es **schuldlos unmöglich** sein, den Antragsgegner zu benennen. In Betracht kommt dies etwa gegen den flüchtigen Verursacher eines Unfalls, gegen den sonst unbekannten Schädiger aus einer unerlaubten Handlung oder gegen den z.B. nach Straßen- oder Haustürgeschäften unauffindbaren Vertragsschuldner.[4] § 494 ist restriktiv auszulegen. An die **Nachforschungen** des Antragstellers sind **strenge Anforderungen** zu stellen. 112

§ 494 Abs. 1 ist **nicht anwendbar**, wenn als Verursacher eines Schadens **mehrere Schädiger** in Betracht kommen, oder wenn im werkvertraglichen Bereich ungewiss ist, wer von mehreren Schuldnern für einen Mangel verantwortlich ist; ein Beweisverfahren ist also unzulässig.[5] Dem Antragsteller ist es dann möglich, alle potentiellen Anspruchsgegner als Gegner im selbständigen Beweisverfahren zu benennen.[6] Zur **Hemmung** der **Verjährung** von Gewährleistungsansprüchen ist ein solches Vorgehen geboten (unten Rz. 121). 113

Die Unmöglichkeit, den Gegner zu benennen, ist nach § 294 Abs. 1 glaubhaft zu machen. Die **Glaubhaftmachungspflicht** bezieht sich auch auf die Bemühungen des Antragstellers, den Antragsgegner ausfindig zu machen. 114

---

1 A.A. für den Fall eines nachfolgenden Hauptsacheverfahrens KG NJW-RR 2003, 133 = MDR 2002, 1453 (Abschluss des Hauptsacheverfahrens); OLG Celle MDR 1993, 1019; OLG Naumburg MDR 1999, 1093; OLG Düsseldorf MDR 1997, 692 = JurBüro 1997, 532; Zöller/*Herget*[30] § 492 Rz. 4; *Schneider* MDR 2000, 1230, 1232. Ohne Einschränkung wie hier: OLG Koblenz MDR 2005, 825, 826; OLG Köln NJW-RR 2013, 1178, 1179 = MDR 2013, 809; *Cuypers* MDR 2004, 244, 247. Offen gelassen von OLG Nürnberg MDR 2002, 538, 539.
2 OLG München OLGRep. 1998, 330.
3 BT-Drucks. 11/3621, S. 42.
4 So die von BGH NJW 1980, 1458 genannten Beispiele.
5 Zutreffend *Weise*[1] Rz. 109, allerdings mit unzutreffender Berufung auf BGH NJW 1971, 134, 136; *Ulrich* AnwBl. 2003, 26, 31.
6 Für eine Benennung aller ernsthaft in Betracht kommenden Schadensverursacher auch bei Begründung des Verfahrensinteresses nach § 485 Abs. 2 (Rechtsstreitvermeidung) OLG Frankfurt MDR 1994, 1244 = BauR 1995, 275; vgl. i.e. Kap. 55 Rz. 30.

1159

2. Veränderungen im laufenden Verfahren

115 Der Gegner kann **während** der Durchführung des selbständigen **Beweisverfahrens bekannt werden**. Dann entfällt die Zulässigkeitsvoraussetzung des § 494 Abs. 1 für die Zukunft.[1] Dem Antragsteller ist allerdings die Möglichkeit einzuräumen, das Verfahren gegen den dann zu bezeichnenden Antragsgegner entsprechend den Regeln über den **Parteiwechsel** fortzuführen. Das u.U. schon gefundene Beweisergebnis bleibt verwertbar, soweit es dies sonst gewesen wäre, auch wenn der nunmehr bekannte (und nicht nach § 494 Abs. 2 vertretene) Antragsgegner den bisherigen Verfahrensverlauf nicht, wie es möglich ist, genehmigt. War ein Vertreter nach § 494 Abs. 2 bestellt, bleiben die Prozesshandlungen des Vertreters wie in den Fällen des § 57 wirksam.

3. Analoge Anwendung

116 Entsprechend anzuwenden ist § 494, wenn während eines selbständigen Beweisverfahrens die **Partei verstirbt** oder ihr gesetzlicher Vertreter wegfällt.[2] Gleiches gilt, wenn eine Partei **insolvent** wird und ein Verwalter noch nicht ernannt ist (s. auch Rz. 50).

III. Vertreterbestellung

117 Das Gericht kann für den unbekannten Gegner einen Vertreter bestellen. Der Gesetzeswortlaut legt eine Ermessensentscheidung nahe. Die Entscheidung steht indes nicht im Belieben des Gerichts. Wegen der Bedeutung des rechtlichen Gehörs muss die **Vertreterbestellung** der **Regelfall** sein. Dafür spricht auch die Sicherung der Verwertbarkeit der Beweisaufnahme. Eine **Pflicht zur Übernahme** der Vertretung besteht für die ausgewählte Person **nicht**.

118 Die Rechtsstellung des nach § 494 Abs. 2 bestellten Vertreters soll der eines **gesetzlichen Vertreters** nach § 51 Abs. 1 entsprechen.[3] Näherliegend ist der Vergleich mit § 57 Abs. 1, da die Bestellung gezielt für das Verfahren erfolgt. Materiell-rechtlich hat die Qualifikation keine Auswirkungen, da der Vertreter des § 57 Abs. 1 für den Prozess einem gesetzlichen Vertreter gleichgestellt ist.[4] Der Vertreter hat **nicht** die Befugnis, eine Kostenentscheidung durch **Anträge nach § 494a** herbeizuführen.[5] Gegen einen unbekannten Gegner – nicht zu verwechseln mit einem Gegner unbekannten Aufenthaltsortes i.S.d. § 185 Nr. 1 – kann kein Hauptsacheprozess geführt werden. Es besteht dafür im Hinblick auf § 494a Abs. 2 S. 1 auch kein Bedürfnis, weil der Antragsteller ohnehin die Kosten des Vertreters zu tragen hat (nachfolgend Rz. 119).

119 Ein **Kostenerstattungsanspruch** gegen die **Gerichtskasse** steht dem Vertreter **nicht** zu.[6] Daher besteht auch keine Vorschusspflicht (nach § 17 GKG). Die Ansprüche des Vertreters **gegen die Parteien** sind in Parallele zu § 57 zu beurteilen. Im Falle des § 57 hat der Vertreter gegen den *Beklagten* einen Anspruch **analog §§ 683, 670, 1835 Abs. 2 BGB**.[7] Damit lässt sich bei einem unbekannt bleibenden Gegner nichts anfangen.

---

1 Zum Erfordernis der Zulässigkeitsvoraussetzungen beim Abschluss des streitigen Verfahrens BGH NJW 1980, 520; BGHZ 18, 98, 106.
2 OLG Stuttgart OLGRspr. 40 (1920), S. 379.
3 Musielak/*Huber*[10] § 494 Rz. 1; Zöller/*Herget*[30] § 494 Rz. 2.
4 OLG München MDR 1972, 155.
5 Stein/Jonas/*Leipold*[22] § 494 Rz. 3; Cuypers MDR 2004, 244, 251.
6 *Weise*[1] Rz. 107.
7 KG JW 1939, 566 f. Für Entschädigung entsprechend § 1835 BGB Baumbach/Lauterbach/*Hartmann*[71] Einf. vor § 57 Rz. 4. Einen Anspruch ohne abschließende dogmatische Einordnung bejahend MünchKommZPO/*Lindacher*[4] § 57 Rz. 24 Fn. 31.

Stattdessen ist dem Vertreter ein **Anspruch gegen** den **Antragsteller** zu gewähren.[1] Ihm erwächst aus der Bestellung des Vertreters ein Verfahrensvorteil, der es rechtfertigt, den Antragsteller als Geschäftsherrn anzusehen. Im **nachfolgenden Prozess** sind die Kosten des Vertreters nach § 91 Abs. 1 zu verteilende außergerichtliche Kosten.[2]

IV. Wirkungen

Das **Ergebnis** einer zulässigen Beweisaufnahme ist **nach § 493 zu verwerten**[3] (s. auch Kap. 56 Rz. 3). In dieser Hinsicht unterliegt das Beweisverfahren des § 494 keinen Einschränkungen. Denkbar ist, dass ein vernommener Zeuge oder ein bestellter Sachverständiger selbst nachträglich zur Prozesspartei wird, oder dass im Verhältnis zur ursprünglich unbekannten Partei ein Zeugnis- oder Gutachtenverweigerungsrecht (§§ 383 f., 408) gegeben ist. Die Verwertung wird dadurch grundsätzlich nicht gehindert, doch hat die Beweisperson in beiden Fällen ein nachträgliches Weigerungsrecht, dessen Ausübung die Verwertung wie bei unterbliebener Belehrung ausschließt.

120

Die **Gleichstellung** des gegnerlosen Beweisverfahrens mit dem gegen einen bestimmten Gegner geführten Verfahren gilt **nicht** in Bezug auf die **Hemmung der Verjährung** von Gewährleistungsansprüchen.[4] Selbst bei Bestellung eines Vertreters wirkt das Beweisverfahren gegen Unbekannt nicht hemmend.[5]

121

---

1 Kleine-Möller/Merl/*Praun*[4] § 19 Rz. 110.
2 *Weise*[1] Rz. 107.
3 BGH NJW 1980, 1458.
4 So zur Verjährungsunterbrechung nach § 477 Abs. 2 BGB a.F.: BGH NJW 1980, 1458; OLG Köln VersR 1971, 378, 380; Stein/Jonas/*Leipold*[22] § 486 Rz. 45.
5 BGH NJW 1980, 1458, 1459.

Kapitel 56:
Verhältnis der selbständigen Beweisaufnahme zum Hauptprozess

	Rz.		Rz.
§ 189 Benutzung der Beweisergebnisse im Prozess, § 493 ZPO		1. Fiktive Beweisunmittelbarkeit	18
I. Beweisbenutzungspflicht, § 493	1	2. Gesetzeskonforme Beweisaufnahme	19
II. Unmittelbare Beweisverwertung	3	3. Überwindung von Beweisaufnahmefehlern	21
III. Mittelbare Verwertung	4	III. Verwertungssperre bei Nichtladung des Gegners	
§ 190 Beweiserhebungswirkung		1. Unterbliebene Ladung zur richterlichen Beweisaufnahme	23
I. Tatbestandliche Voraussetzungen		2. Erneute Beweisaufnahme, fortbestehende Verwertungsmöglichkeiten	28
1. Parteiidentität			
a) Grundsatz	7		
b) Sonderlagen	8		
2. „auf Tatsachen berufen"	12	3. Verhältnis zu § 494	30
3. Relevante Beweiserhebungen, ausländische Beweisverfahren	13	IV. Kosten bei Verwertung im nachfolgenden Prozess	31
II. Einzelprobleme der Gleichstellungswirkung			

§ 189 Benutzung der Beweisergebnisse im Prozess, § 493 ZPO

I. Beweisbenutzungspflicht, § 493

1 § 493 Abs. 1 stellt die Beweisaufnahme des selbständigen Beweisverfahrens mit einer Beweisaufnahme im streitigen Verfahren gleich. Die Norm begründet **nicht bloß** ein **Recht zur Benutzung** des Beweisergebnisses[1] nach Wahl der beweisführenden Partei. Vielmehr ist die Beweisaufnahme in einem nachfolgenden Verfahren **von Amts wegen zu berücksichtigen**, sofern sich eine der Parteien auf Tatsachen beruft, über die Beweis erhoben worden war.[2] Das Gericht des Hauptprozesses **zieht** die **Akten** des Beweisverfahrens **bei**. Beschrieben werden durch § 493 die Voraussetzungen einer Verwertung der erhobenen Beweise. § 493 ist auch im Verfahren der einstweiligen Verfügung anwendbar.[3]

2 Damit ist **1990** eine **Rechtsänderung** eingetreten. Zuvor lautete der Normtext des Absatzes 1: „Jede Partei hat das Recht, die Beweisverhandlungen in dem Prozess zu benutzen". Er sollte – so die Vorauflage – keine Partei verpflichten, die Beweiserhebung zu benutzen, und das Gericht sollte die Benutzung nur erzwingen können, soweit es die Beweise – wie den Augenscheins- und Sachverständigenbeweis, nicht aber den Zeugenbeweis – auch von sich aus erheben durfte. Der Gesetzgeber hat sich von der Neuregelung eine **Förderung** der gütlichen **außergerichtlichen Einigung** versprochen, „weil die beweisführende Partei sich künftig nicht mehr ohne Weiteres auf andere Beweise stützen können soll".[4] Die vorangehende Formulierung der Regierungsbegründung, die Norm „gestattet den Parteien ... zu benutzen" ist nicht als Festhalten an der früher vertretenen Auffassung zu verstehen.

---

1 So aber Baumbach/Lauterbach/*Hartmann*[71] § 493 Rz. 2.
2 Musielak/*Huber*[10] § 493 Rz. 1; Rosenberg/Schwab/*Gottwald*[17] § 116 Rz. 19.
3 OLG Koblenz JurBüro 1995, 481, 482; *Ulrich* AnwBl. 2003, 144.
4 BT-Drucks. 11/3621, S. 43.

II. Unmittelbare Beweisverwertung

Die vorgezogene Beweisaufnahme wirkt **wie** eine unmittelbar **im Hauptsacheverfahren selbst** durchgeführte Beweisaufnahme.[1] Es handelt sich also **nicht** um eine Verwertung des Protokolls im Wege des **Urkundenbeweises**, ein Weg, der sonst zur Verwertung der Beweisergebnisse anderer Verfahren beschritten werden kann.[2] Die Unterschiede zeigen sich insbesondere, wenn der Beweisführer eine Beweisaufnahme unter Benennung desselben Beweismittels vor dem Prozessgericht begehrt: Die Vernehmung desselben Zeugen wäre eine der Beschränkung des § 398 Abs. 1 unterliegende wiederholte Vernehmung;[3] die Anordnung des Sachverständigengutachtens zielte auf ein neues Gutachten i.S.d. § 412.

3

III. Mittelbare Verwertung

Scheitert die unmittelbare Benutzbarkeit an den tatbestandlichen Voraussetzungen des § 493, z.B. an fehlender Parteiidentität (dazu nachfolgend Rz. 7), kommen **andere Verwertungen** in Betracht. Auf Antrag des Beweisführers kann ein Sachverständigengutachten **im Wege des Urkundenbeweises** verwertet werden.[4] Dasselbe gilt für eine Zeugenaussage. Ebenso besteht die Möglichkeit, den Sachverständigen als **sachverständigen Zeugen** (§ 414) über Beobachtungen anlässlich eines Ortstermins anzuhören.[5]

4

Sofern eine Partei im Prozess beantragt, ein **Sachverständigengutachten** erläutern zu lassen (§ 411 Abs. 3), das in einem gegen einen Dritten geführten selbständigen Beweisverfahren erstellt wurde, kann dieser Antrag dahin zu interpretieren sein, dass der Sachverständige als sachverständiger Zeuge vernommen werden soll.[6] Beantragt der Beweisgegner zur **Entkräftung des Urkundenbeweises**, (scheinbar „nochmals") Sachverständigenbeweis oder Zeugenbeweis zu erheben, ist diesem Antrag stattzugeben; er ist auf unmittelbare und im Hauptprozess erstmalige Beweiserhebung gerichtet,[7] so dass die Beschränkungen des § 412 Abs. 1 bzw. des § 398 nicht gelten.[8]

5

Für ein nach dem 1.9.2004 anhängig gemachtes Verfahren hat die **Verwertung nach § 411a** den Vorrang. Der Ausschluss des Sachverständigenbeweises im Urkundenprozess (§ 592) kann nicht durch Einführung des Gutachtens als Urkunde umgangen werden.[9]

6

---

1 Vgl. BGH NJW-RR 1991, 254, 255; BGH NJW 1970, 1919, 1920; OLG Frankfurt/M. MDR 1985, 853.
2 BGHZ 7, 116, 121 f.
3 BGH NJW 1970, 1919, 1920. Anders bei einem Zeugenbeweisantritt zur Überwindung der Urkundenverwertung, BGHZ 7, 122.
4 OLG Frankfurt/M. MDR 1985, 853.
5 BGH NJW-RR 1991, 254, 255.
6 BGH NJW-RR 1991, 254, 255.
7 OLG Frankfurt/M. MDR 1985, 853.
8 *Weller* Selbständiges Beweisverfahren und Drittbeteiligung, Diss. jur. Bonn 1994, S. 38.
9 BGH ZIP 2008, 40 Rz. 19 f.

§ 190 Beweiserhebungswirkung

I. Tatbestandliche Voraussetzungen

1. Parteiidentität

a) Grundsatz

7   Die **unmittelbare Wirkung** der Beweiserhebung setzt **Identität der Parteien** von Hauptprozess und selbständigem Beweisverfahren voraus.[1] Das selbständige Beweisverfahren ist daher z.B. nicht in dieser Weise zu verwenden, wenn bei anfänglich unklarer Verursachung von Baumängeln der Hauptprozess aufgrund des im selbständigen Beweisverfahren erzielten Beweisergebnisses gegen einen anderen Unternehmer geführt wird. Es ist daher ratsam, den **Dritten** bereits **am** selbständigen **Beweisverfahren zu beteiligen** (als Gegner oder im Wege der Streitverkündung, vgl. Kap. 52 Rz. 27).

b) Sonderlagen

8   Im Falle einer **Streitgenossenschaft** (§ 61) kann das **Tatsachenvorbringen** der Streitgenossen voneinander **abweichen**; der eine Streitgenosse kann eine Behauptung bestreiten, die ein anderer zugesteht. Da nur über streitiges Vorbringen Beweis zu erheben ist, hat die vorgezogene Beweisaufnahme außerhalb eines anhängigen Rechtsstreits von vornherein **nur für** den **Prozess desjenigen Streitgenossen Beweisbedeutung**, in dem die Beweisbehauptungen des selbständigen Beweisverfahrens streitig sind. Die Verwertungspflicht und die unmittelbare Beweiswirkung des § 493 Abs. 1 bestehen zur Wahrung rechtlichen Gehörs im Grundsatz nur zwischen den Parteien, die auch am selbständigen Beweisverfahren beteiligt waren.[2]

9   Der nach § 493 Abs. 1 „gebundene" Prozessgegner eines „ungebundenen" Streitgenossen darf jedoch **keine Beweisvorteile** daraus ziehen, dass ihm im **Hauptprozess mehrere Parteien** gegenüberstehen. Er könnte sonst eine Wiederholung der Beweisaufnahme erzwingen und die **Benutzungspflicht** des § 493 Abs. 1 faktisch **abschütteln**, da die Beweiswürdigung einheitlich vorzunehmen ist. Bedarf es für die verbundenen Prozesse der mehreren Streitgenossen insgesamt einer Beweisaufnahme, kommt gegenüber Streitgenossen, die nicht beteiligt waren, auf Antrag die urkundenbeweisliche Verwertung in Betracht.

10 Im Falle einer **Streitverkündung** wirkt das Ergebnis der selbständigen Beweisaufnahme im Prozess des Streitverkünders gegen den Empfänger der Streitverkündung (zu den unklaren Folgen Kap. 52 Rz. 29).

11 **Tritt** der Forderungsinhaber (und Beteiligte am selbständigen Beweisverfahren) den **Anspruch**, über dessen Tatbestandsvoraussetzungen Beweis erhoben wird, bei laufendem selbständigen Beweisverfahren **ab**, so wird das Verfahren zwischen seinen bisherigen Parteien fortgeführt. Außerhalb eines anhängigen Rechtsstreits über die Forderung folgt das zwar nicht unmittelbar aus § 265 Abs. 2, da die isolierte Beweisaufnahme nicht eindeutig der Forderung als späterem Streitgegenstand zuzuordnen ist. **§ 265 Abs. 2** ist aber **analog** anzuwenden,[3] weil die Norm das Ziel verfolgt, unnötige Doppelprozesse zu vermeiden, und von diesem Regelungszweck auch die Neuregelung des § 493 Abs. 1 bestimmt wird. Unerheblich ist dabei, ob die Zession in der Person des Antragstellers oder des Antragsgegners stattfindet; die Reihenfolge des Ru-

---

[1] BGH NJW-RR 1991, 254, 255; OLG Düsseldorf NVwZ-RR 1993, 339; OLG Frankfurt/M. MDR 1985, 853.
[2] Weise[1] Rz. 565.
[3] So wohl auch KG MDR 1981, 940 (zur Begründung einer Kostenentscheidung).

brums kann bei Streit um Beweistatsachen von zeitlichen Zufällen bestimmt sein. Da auf § 265 die Regelung des § 325 basiert, ist damit die Lösung für die Behandlung der Beweisergebnisse vorgezeichnet: Das Ergebnis des selbständigen Beweisverfahrens bleibt kraft **analoger Anwendung des § 325 Abs. 1** verwertbar.[1]

2. „auf Tatsachen berufen"

§ 493 Abs. 1 setzt voraus, dass sich eine Partei auf „Tatsachen beruft", über die ein selbständiger Beweis erhoben worden ist. Erforderlich ist also ein **streitiger Sachvortrag**, der bereits Gegenstand des selbständigen Beweisverfahrens war. Nicht erforderlich ist, dass sich die Partei zusätzlich auf die Beweiserhebung beruft. 12

3. Relevante Beweiserhebungen, ausländische Beweisverfahren

Ob die Regelung außer für das selbständige Beweisverfahren der §§ 485 ff. auch für andere Beweiserhebungen gilt, ist streitig und wenig geklärt. 13

Das **Verklarungsverfahren** in Binnenschifffahrtssachen (§§ 11 ff. BinnenschifffahrtsG) steht einem selbständigen Beweisverfahren nach §§ 485 ff. nicht gleich;[2] es handelt sich um ein Schiedsgutachtenverfahren (Kap. 52 Rz. 18). 14

Ergebnisse ausländischer Beweisverfahren – sie sind von deutschen Verfahren mit ausländischer Rechtshilfegewährung zu unterscheiden – sind im Hauptsacheprozess **grundsätzlich zu verwerten**[3] (Kap. 52 Rz. 36). Das OLG Köln hat dies allerdings im Rahmen einer an einen deutschen Hauptsacheprozess anschließenden Kostenfestsetzungsentscheidung für ein französisches Beweissicherungsverfahren verneint, da es sich nicht um ein Beweissicherungsverfahren i.S.d. §§ 485 ff. (a.F.) gehandelt habe.[4] Diese Entscheidung ist – bei Zugrundelegung der veröffentlichten Entscheidungsgründe – nicht nur hinsichtlich der letztgenannten Qualifizierung falsch. 15

Ausgeschlossen ist **lediglich** eine **unmittelbare Übernahme** gem. § 493 Abs. 1. Die Verwertung im deutschen Verfahren erfolgt, indem die Ergebnisse der ausländischen Beweisaufnahme im Wege des Urkundenbeweises eingeführt und frei gewürdigt werden (§ 286).[5] Für die Verwertung bedarf es **keiner Anerkennungs- oder Vollstreckbarerklärungsentscheidung** nach Art. 33 bzw. Art. 38 EuGVO 2001 oder nach § 328 bzw. § 722;[6] in der Beweisaufnahme ergeht keine Sachentscheidung i.S.d. Art. 32 EuGVO (2001) bzw. Art. 2 lit. a EuGVO (2012) (näher Kap. 53 Rz. 30 ff.). Aus demselben Grund kann keine Versagung der Anerkennung oder der Vollstreckung nach Art. 45 bzw. 46 EuGVO 2012 erfolgen. 16

Die grundsätzliche Verwertbarkeit im Inlandsprozess zwingt dazu, die **ausländischen Kosten** als **erstattungsfähig** anzusehen, wenn die Beweissicherung im Zeitpunkt ihrer 17

---

1 Dem folgend BGH NJW-RR 2012, 224 Rz. 21; KG MDR 1981, 940; OLG Frankfurt MDR 1984, 238.
2 Die Gleichstellungsbehauptung in BGH MDR 1965, 116 bezieht sich nur auf die Verwertung von Zeugenaussagen, die im Verklarungsverfahren gemacht wurden.
3 Stein/Jonas/*Leipold*[22] § 493 Rz. 8; a.A. Musielak/*Huber*[10] § 493 Rz. 2.
4 OLG Köln NJW 1983, 2779 m. abl. Bespr. *Stürner* IPrax 1984, 299 ff. Das OLG Köln bezeichnet nicht genau, um welche Verfahrensart es sich gehandelt hat. Wahrscheinlich war in Frankreich ein référé-Verfahren durchgeführt worden; dazu vor § 485 Rz. 36. Zur Beweissicherung durch eine ordonnance de référé s. auch OLG Hamm RIW 1989, 566.
5 *Stürner* IPrax 1984, 299, 301; *Ulrich* AnwBl. 2003, 78, 87; Zöller/*Geimer*[30] § 363 Rz. 155; a.A. Stein/Jonas/*Leipold*[22] § 493 Rz. 8 wegen des dann möglichen Antrags auf erneute Zeugenvernehmung oder Begutachtung.
6 Vgl. *Stürner* IPrax 1984, 299, 301.

Beantragung notwendig schien;[1] die Kostenfestsetzung setzt nicht voraus, dass das Beweisverfahren nach deutschem Prozessrecht durchgeführt wurde und nach § 493 Abs. 1 zu verwerten ist.[2] Zur **Verjährungshemmung** durch ein ausländisches Beweissicherungsverfahren vgl. Kap. 52 Rz. 43.

II. Einzelprobleme der Gleichstellungswirkung

1. Fiktive Beweisunmittelbarkeit

18   Im Hauptprozess wird die Beweiserhebung des selbständigen Beweisverfahrens **verwertet, als sei sie vom Prozessgericht** vorgenommen worden. Das Gericht der Hauptsache nimmt die Beweiswürdigung selbst vor.[3] Die Parteien haben das Beweisergebnis gem. § 285 vor dem Prozessgericht vorzutragen, wofür eine Bezugnahme auf das Protokoll der Beweisaufnahme i.S.d. § 137 Abs. 3 ausreicht, und darüber zu verhandeln. Das Prozessgericht entscheidet, ob und in welchem Umfang das Ergebnis der selbständigen Beweisaufnahme verwertbar ist.[4]

2. Gesetzeskonforme Beweisaufnahme

19   Verwertet werden kann und muss die Beweisaufnahme des selbständigen Beweisverfahrens, wenn sie gesetzesgemäß erfolgt ist. Das Kriterium der **Gesetzeskonformität** bezieht sich auf die durch § 492 Abs. 1 bestimmte inhaltliche **Ausgestaltung der Beweisaufnahme**, nicht auf die Zulässigkeit der Verfahrensanordnung. Eine örtliche oder sachliche Unzuständigkeit des Beweisgerichts steht der Verwertung nicht entgegen, § 486 Abs. 2 Satz 2. Gleiches gilt, wie die Regelung über die Unanfechtbarkeit (§ 490 Abs. 2 S. 2) zeigt, wenn einem unzulässigen Beweisantrag stattgegeben worden ist.[5]

20   Zu einem **Verwertungsverbot** führt – auf Beweiseinrede der Partei hin – eine **Nichtberücksichtigung** des Fragerechts (§ 397) oder anderer **Parteimitwirkungsrechte**. Ebenso wirken sich die für Beweisaufnahmen allgemein anerkannten Verwertungssperren aus, wenn der jeweilige Rechtsverstoß im selbständigen Beweisverfahren stattgefunden hat. Hierzu zählen die **Verletzung der Parteiöffentlichkeit** (§ 357),[6] die unvollständige und unpräzise Protokollierung einer Zeugenaussage mit der Folge, dass die (objektive) Ergiebigkeit des Aussageinhalts nicht beurteilt werden kann,[7] sowie die Nichtvereidigung eines Dolmetschers entgegen § 189 GVG.[8] Gleiches gilt für die **Nichtbelehrung eines Zeugen** über ein eventuelles Zeugnisverweigerungsrecht[9] oder für (nicht schon von §§ 357, 397 erfasste) Verstöße gegen den Grundsatz rechtlichen Gehörs.[10] Wird der Gegner zu einem gerichtlichen Termin im selbständigen Beweisverfahren nicht geladen und erscheint deshalb nicht, greift das besondere Verwertungsverbot des **§ 493 Abs. 2** ein (dazu unten Rz. 23).

---

1   *Stürner* IPRax 1984, 299, 301; a.A. OLG Hamburg MDR 2000, 53 = IPRax 2000, 530 (französisches Verfahren); Stein/Jonas/*Leipold*[22] § 493 Rz. 9.
2   A.A. OLG Hamburg MDR 2000, 53.
3   *Weise*[1] Rz. 585.
4   OLG Düsseldorf NJW-RR 1995, 1216.
5   *Weise*[1] Rz. 573.
6   RGZ 136, 299, 300 (ausländ. Rechtshilfevernehmung; zugleich Verstoß gegen § 397).
7   Vgl. BGH VersR 1985, 341, 342.
8   BGH NJW 1994, 941, 942 (nicht heilbar durch Rügeverzicht).
9   BGH NJW 1985, 1158, 1159 (Rügeerfordernis, § 295).
10 *Weise*[1] Rz. 580.

3. Überwindung von Beweisaufnahmefehlern

Zu beachten ist § 295. Bei **verzichtbaren Rügen** sind Einwendungen in der auf den Verfahrensfehler folgenden mündlichen Verhandlung zu erheben. Gegebenenfalls ist die Beweisaufnahme zu wiederholen bzw. fortzusetzen (vgl. § 398). Nicht unmittelbar nach § 493 Abs. 1 verwertbare Beweisaufnahmen können auf der Grundlage des **§ 286 Abs. 1 S. 1** gleichwohl bedeutsam sein. 21

Bisher **wenig diskutiert** worden ist, ob das (Unterlassungs-)**Verhalten im selbständigen Beweisverfahren** prozessuale **Konsequenzen** für den **Hauptprozess** nach sich ziehen kann. Das OLG Düsseldorf[1] hat offengelassen, ob – wie in der Literatur vertreten[2] – das Unterlassen einer möglichen und zumutbaren Einwendung im Beweisverfahren deren Unbeachtlichkeit im Hauptprozess begründet; jedenfalls treffe denjenigen, der eine Einwendung unterlasse, die volle Beweislast dafür, dass das im Beweisverfahren erzielte „Beweisergebnis" unrichtig sei. Auch wenn das selbständige Beweisverfahren nicht auf eine Entscheidung über den Anspruch ausgerichtet ist (§ 485 Abs. 1), kann das Verhalten eines Verfahrensbeteiligten dennoch nach den Regeln über die **schuldhafte Beweisvereitelung** gewürdigt werden.[3] Den Beteiligten ist regelmäßig bekannt, dass nach Durchführung des selbständigen Beweisverfahrens eine tatsächliche Veränderung in Bezug auf das Beweisobjekt droht und deshalb anschließend die tatsächliche Grundlage der Einwendungen nicht mehr festgestellt werden kann. 22

III. Verwertungssperre bei Nichtladung des Gegners

1. Unterbliebene Ladung zur richterlichen Beweisaufnahme

Ergänzend stellt **§ 493 Abs. 2** ein **besonderes Verwertungsverbot** auf. Das Ergebnis des Beweisverfahrens ist entgegen § 493 Abs. 1 nicht zu benutzen, wenn der Gegner mangels ordnungsgemäßer Ladung nicht zu einem Termin erschienen ist (s. auch Kap. 55 Rz. 46). Es handelt sich um die Sanktionierung einer Verletzung des **rechtlichen Gehörs** (vgl. § 491 Abs. 1). 23

Erforderlich ist die Anberaumung eines **gerichtlichen Termins**.[4] Ein solcher ist der Termin zur Vernehmung eines Zeugen (§ 485 Abs. 1 S. 1) oder zur Einnahme eines Augenscheins. Es gilt der Grundsatz der **Parteiöffentlichkeit** (§ 357 Abs. 1). 24

Die **Tatsachenermittlung durch** den **Sachverständigen** ist nicht „Beweisaufnahme" i.S.d. § 357.[5] Der vom Sachverständigen selbständig anberaumte Ortstermin ist nicht als Termin i.S.d. § 493 Abs. 2 anzusehen.[6] Dennoch muss der Sachverständige die Parteien grundsätzlich zu einer **Orts- oder Gegenstandsbesichtigung** hinzuziehen[7] 25

---

1 ZMR 1988, 174, 175 (Unterlassen von Einwendungen gegen Feststellungen eines Sachverständigen im Ortstermin über den Zustand des Mietobjekts).
2 *Wussow* NJW 1969, 1401, 1405 f.; *Werner/Pastor* Der Bauprozess[14] Rz. 118.
3 Ähnlich Stein/Jonas/*Leipold*[22] § 492 Rz. 16 Fn. 24: Ausschluss von Einwendungen des Gegners im Hauptsachestreit bei Arglist, sonst Berücksichtigung bei Beweiswürdigung.
4 Stein/Jonas/*Leipold*[22] § 493 Rz. 12.
5 OLG München NJW 1984, 807.
6 OLG Celle NZM 1998, 159, 160; *Cuypers* NJW 1994, 1985, 1991; a.A. OLG Köln MDR 1974, 589; *Weise*[1] Rz. 576.
7 OLG Düsseldorf BauR 1974, 72; OLG Köln MDR 1974, 589; OLG München NJW 1984, 807 f. (Zutrittsverweigerung = Beweisvereitelung); OLG Celle NZM 1998, 159, 160; *Müller*, Der Sachverständige im gerichtlichen Verfahren, 3. Aufl. 1988, Rz. 554 ff.; s. auch OLG Köln NJW 1992, 1568 (Ablehnungsgrund).

(dazu Kap. 55 Rz. 87). Die Teilnahmemöglichkeit ergibt sich aus einer Analogie zu § 357[1] oder aus dem Grundsatz der Waffengleichheit und dem Recht der Parteien auf ein faires Verfahren.[2] Die Parteien müssen daher zum Besichtigungstermin geladen werden. Belanglos ist, ob die Unverwertbarkeit als Folge des § 493 Abs. 2 oder der Anwendung allgemeiner Grundsätze angesehen wird, weil in beiden Fällen § 295 einschlägig ist.

26 Ein Verstoß gegen **§ 493 Abs. 2** liegt **nicht** vor, wenn der Sachverständige für sein Gutachten **unstreitige Tatsachen** verwertet, die er bei der Durchführung eines Ortstermins in einem *anderen* selbständigen Beweisverfahren ermittelt hat, an dem der „Gegner" i.S. des § 493 Abs. 2 nicht beteiligt war.[3] Keine Ladung ist geboten, wenn eine **Untersuchung** durch einen **ärztlichen Sachverständigen** erfolgen soll.[4] Hier lassen das allgemeine Persönlichkeitsrecht und das Grundrecht des Menschenwürdeschutzes das Prinzip der Parteiöffentlichkeit zurücktreten.

27 **Unerheblich** ist ein eventuelles **Verschulden des Antragstellers** am Ausbleiben der Ladung. Seit der Neufassung zum 1.4.1991 sieht § 493 Abs. 2 nicht mehr die Möglichkeit vor, das Beweisergebnis zu verwerten, sofern das Unterbleiben der rechtzeitigen Ladung nicht vom Antragsteller zu vertreten war. Grund der Verschärfung ist die nunmehrige Pflicht des § 493 Abs. 1 zur Verwertung der Beweisaufnahme.[5]

2. Erneute Beweisaufnahme, fortbestehende Verwertungsmöglichkeiten

28 Die Verwertungssperre des § 493 Abs. 2 begründet **kein absolutes Beweisverwertungsverbot**, wie §§ 491, 494 zeigen.[6] Der Antragsgegner erhält lediglich die Möglichkeit, im Prozess ohne Beschränkungen Beweis anzutreten; es gilt also nicht § 493 Abs. 1. Weitere Konsequenz ist, dass der Antragsgegner verpflichtet ist, die **fehlende Ladung** gem. § 295 Abs. 1 zu **rügen**, ggf. unverzüglich im Hauptprozess, wenn das Gericht von der Möglichkeit des § 492 Abs. 3 („Gütetermin") keinen Gebrauch gemacht hat. Ungeachtet der Verwertungssperre des § 493 Abs. 2 verbleibt dem Antragsteller die Möglichkeit, das Ergebnis der Beweisaufnahme im Wege des **Urkundenbeweises** in den Hauptprozess einzuführen.[7] Auch gilt **§ 286 Abs. 1**.

29 Zulässig ist die Verwertung, wenn im **Gefahrenfall** (§ 485 Abs. 1 2. Var.) eine Ladung des Gegners unterblieben ist (Kap. 55 Rz. 60).

3. Verhältnis zu § 494

30 Bei Durchführung eines **Beweisverfahrens gegen einen unbekannten Gegner** (§ 494) ist § 493 Abs. 2 grundsätzlich nicht anzuwenden.[8] Ein unbekannter Gegner kann nicht geladen werden. Wäre das Verwertungsverbot des § 493 Abs. 2 einschlägig, so wären Verfahren nach § 494 von vornherein zwecklos. Das durch § 493 Abs. 2 geschützte rechtliche Gehör wird durch § 494 Abs. 2 gewährleistet. **Zu laden** ist dann

---

1 Musielak/*Stadler*[10] § 357 Rz. 2; MünchKommZPO/*Heinrich*[4] § 357 Rz. 8 spricht vom allgemeinen Rechtsgedanken des § 357.
2 Vgl. zu diesen verfassungsrechtlichen Grundlagen des Zivilprozessrechts Wieczorek/Schütze/*Prütting*[3] Einl. Rz. 96 f.
3 OLG Düsseldorf NJW-RR 1994, 283.
4 OLG Saarbrücken OLGZ 1980, 37, 40 f.; OLG München NJW-RR 1991, 896; OLG Köln NJW 1992, 1568, 1569 (kein Anwesenheitsrecht des beklagten Arztes).
5 Vgl. RegE RpflVG, BT-Drucks. 11/3621, S. 43.
6 Zöller/*Herget*[30] § 493 Rz. 5.
7 Vgl. OLG Frankfurt/M. MDR 1985, 853. Ablehnend zur Verwendung des Protokolls der Zeugenaussage im Urkundenprozess KG JW 1922, 498.
8 BGH NJW 1980, 1458.

allerdings der **bestellte Vertreter**. Auch müssen die Voraussetzungen des § 494 Abs. 1 vorliegen, was im Hauptverfahren nachprüfbar ist.

IV. Kosten bei Verwertung im nachfolgenden Prozess

Die Verwertung des selbständigen Beweisverfahrens im Hauptsacheprozess hat auf die **Gerichtskosten** keine Auswirkungen. Die Gerichtsgebühr in Höhe von 1,0 nach **Nr. 1610 KV GKG** fällt isoliert für das selbständige Beweisverfahren an. Für Verklarungsverfahren nach dem BinnenschiffahrtsG gilt § 50 Abs. 2 KostO bzw. ab Inkrafttreten des GNotKG KV Nr. 13500 i.V.m. Vorbem. 1.3.5 Nr. 1 (Gebühr: 2,0). 31

Die im selbständigen Beweisverfahren anfallende **Verfahrensgebühr des Rechtsanwalts** wird nach Vorbemerkung V vor Teil 3 des VergVerz RVG (= vor Nr. 3100) auf die Verfahrensgebühr für das Hauptsacheverfahren **angerechnet**.[1] 32

Demgegenüber wurden **unter Geltung der BRAGO** die nach § 48 BRAGO i.V.m. § 31 Abs. 1 BRAGO entstehenden Anwaltsgebühren gem. § 37 Ziff. 3 BRAGO auf das streitige Verfahren angerechnet. Das selbständige Beweisverfahren gehörte schon vor Anhängigkeit der Hauptsache zum Rechtszug, so dass ein Anwalt insgesamt nur 3 und nicht 5 Gebühren nach § 31 Abs. 1 BRAGO erhielt, wenn er eine Partei zunächst im selbständigen Beweisverfahren und dann in der Hauptsache vertrat.[2] Für den Anwalt bestand also kein „gebührenrechtlicher Reiz", einen Gütetermin nach § 492 Abs. 3 scheitern zu lassen, um ein zusätzliches Hauptsacheverfahren zu provozieren. 33

Das Gebührenrecht des **RVG fördert** die **Streiterledigung durch Vergleichsabschluss** nach § 492 Abs. 2 zusätzlich. Unter Geltung des RVG fällt die **Terminsgebühr** der Nr. 3104 VergVerz RVG doppelt an. Allerdings ist die Einigungsgebühr der Nr. 1000 VergVerz RVG mit dem Satz von 1,5 höher als eine zusätzliche Terminsgebühr im Hauptsacheverfahren nach einem Satz von 1,2. Bei gleichzeitiger Anhängigkeit des Hauptsacheverfahrens beträgt der Satz der Einigungsgebühr im selbständigen Beweisverfahren nach Nr. 1003 VergVerz RVG 1,0. 34

Soweit die **BRAGO** noch anwendbar ist, gilt folgendes für die Anwaltsgebühren: Die Beweisverwertung nach § 493 Abs. 1 ist keine Beweisaufnahme im Hauptprozess.[3] War eine Partei im selbständigen Beweisverfahren noch nicht anwaltlich vertreten, so fällt keine Beweisgebühr nach § 31 Abs. 1 Nr. 3 (§ 48) BRAGO an.[4] Dies gilt auch dann, wenn sich der Gegenstandswert der Beweisaufnahme dadurch erhöht, dass der Antragsteller vom ursprünglichen Mängelbeseitigungsinteresse im Hauptsacheprozess zur Wandlung übergeht.[5] Findet eine Verwertung im Wege des Urkundsbeweises statt, gilt nach der Wertung des § 34 Abs. 1 BRAGO nichts anderes.[6] Die Beweisgebühr des Hauptsacheverfahrens setzt nicht voraus, dass die selbständige Beweisaufnahme verwertet worden ist; ausreichend ist, dass sich eine Partei auf Tatsachen beruft, über die Beweis erhoben worden ist.[7] 35

---

[1] Dazu BGH NJW 2007, 3578 Rz. 17 (dort: Beweisverfahrensgegenstand nur teilweise Gegenstand des Hauptsacheverfahrens).
[2] OLG Koblenz MDR 1994, 522 f.; OLG Zweibrücken Rpfleger 1994, 39 f.; OLG München Rpfleger 1994, 317.
[3] OLG Koblenz NJW-RR 1994, 825, 826 = MDR 1994, 103; OLG Hamm JurBüro 1993, 396, 397.
[4] OLG Koblenz NJW-RR 1994, 825, 826; OLG Hamm JurBüro 1992, 396, 397.
[5] OLG Koblenz NJW-RR 1994, 825, 826 (dort Streitwerterhöhung von 5000 DM auf 322 000 DM).
[6] Vgl. OLG Koblenz NJW-RR 1994, 825, 826; OLG Hamm JurBüro 1992, 396, 397.
[7] OLG Schleswig JurBüro 1997, 586.

Kapitel 57:
Kosten der isolierten Beweisaufnahme

	Rz.
§ 191 Kostenerstattungsbedürfnis, Grundsätze der Verfahrenszuordnung	
I. Dilemma der Akzessorietät der Kostengrundentscheidung	1
II. Rechtstechnik des § 494a	
1. Prozessuale Kostenerstattung als Regelungsziel	2
2. Zweistufiges Verfahren	4
3. Regelungslücken	7
4. Zielsetzungen des Lückenschlusses	8
III. Unsichere Zuordnung des Beweisverfahrens zu einem Hauptsacheverfahren	9
§ 192 Erzwingung des Hauptverfahrens	
I. Anordnung der Klageerhebung	
1. Erfordernis fehlender Anhängigkeit	
a) Bereits bestehende Anhängigkeit	14
b) „Streitgegenstand"	15
2. Beendigung des Beweisverfahrens	17
3. Nicht statthafte Anordnung	
a) Klage des Antragsgegners, Aufrechnung	18
b) Erfüllung	20
c) Nachträglicher Anspruchsverzicht	22
d) Feststellungsklage	23
e) Vermeidung von Teilkostenentscheidungen	24
II. Verfahren der Fristsetzungsanordnung	
1. Antragsberechtigte	
a) Antragsgegner	25
b) Streithelfer	26
2. Anwaltszwang	34
3. Vorheriger Abschluss der Beweisaufnahme	35
4. Entscheidung	
a) Fristbestimmung	36
b) Streitgegenstandsfixierung	37
c) Entscheidungsform, Rechtsbehelfe	38
d) Belehrung	40
III. Der Kostenbeschluss nach Fristversäumung	
1. Notwendiger zweiter Antrag, Nachholung der Klage	41

	Rz.
2. Versäumung der Klagefrist	
a) Streitgegenstandsentsprechung, Identität der Parteien	45
b) Anspruchserfüllung, Anspruchsverzicht, erfolglose Beweisaufnahme	47
c) Teilklage	48
d) Widerklage, Aufrechnung des Antragstellers, Zurückbehaltungsrecht	51
e) Klage auf Kostenersatz	55
3. Beschlussentscheidung	56
§ 193 Isolierte Kostenentscheidung im Beweisverfahren	
I. Sonderfälle außerhalb des § 494a	59
II. Antragsrücknahme vor Ende der Beweisaufnahme	
1. Kein nachfolgendes Hauptsacheverfahren	
a) Beweisergebnis zu Ungunsten des Antragstellers	64
b) Erfüllung und gleichgestellte Ereignisse	68
2. Anhängiges Hauptsacheverfahren	69
III. Zurückweisung des Antrags als unzulässig	72
IV. Erledigung des Beweisinteresses nach Beendigung der Beweisaufnahme	74
V. Rücknahme der Hauptsacheklage	75
VI. Sonstige Verfahrenserledigungen	76
§ 194 Kostenermittlung und Kostenfestsetzung	
I. Streitwert	82
II. Kosten (Gebühren, Auslagen)	
1. Gerichtskosten	90
2. Anwaltsgebühren	92
3. Parteiauslagen (Privatgutachterkosten)	93
III. Festsetzung im Hauptverfahren, Kostenquotierung, Notwendigkeit der Kosten	94
IV. Kosten des Verfahrens nach § 494a	104
§ 195 Materiell-rechtliche Kostenerstattung	106

Schrifttum:
Enaux, Rechtliche Probleme bei der Streitverkündung im selbständigen Beweisverfahren in Bausachen, Festschrift Walter Jagenburg (2002), S. 147; *Kießling,* Die Kosten der Nebenintervention im selbständigen Beweisverfahren der §§ 485 ff. ZPO außerhalb des Hauptsacheverfahrens, NJW 2001, 3668; *Loof,* Kostenentscheidung nach Erledigung des selbständigen Beweisverfahrens, NJW 2008, 24; *Schneider,* Die Streitwertänderungsfrist im selbständigen Beweisverfahren, MDR 2000, 1230; *Seeber,* Kostenrechtliche Fragen im selbständigen Beweisverfahren, 2007.

§ 191 Kostenerstattungsbedürfnis, Grundsätze der Verfahrenszuordnung

I. Dilemma der Akzessorietät der Kostengrundentscheidung

Im selbständigen Beweisverfahren ergeht **grundsätzlich keine Kostenentscheidung**.[1] Dem liegt der Gedanke zugrunde, dass seine Verfahrenskosten **Kosten des späteren Hauptprozesses** darstellen[2] und dort darüber zu entscheiden ist.[3] Für akzessorische prozessuale Kostengrundentscheidungen, die ohne selbständige Verteilungsbewertung vereinfachend an den Prozesserfolg anknüpfen soll, ist grundsätzlich Voraussetzung, dass eine verfahrensabschließende Entscheidung ergangen ist. Im selbständigen Beweisverfahren fehlt es daran, insbesondere wird das Beweisergebnis nicht vorweggenommen bewertet.[4] Vielmehr wird eine solche Entscheidung durch das verselbständigte Nebenverfahren nur vorbereitet.

1

II. Rechtstechnik des § 494a

1. Prozessuale Kostenerstattung als Regelungsziel

Die Zurückhaltung beim Erlass einer Kostenentscheidung im Beweisverfahren kann zu **unbilligen Ergebnissen zu Lasten des Antragsgegners** führen, wenn weder ein Vergleich (§ 492 Abs. 3) geschlossen, noch ein streitiges Verfahren über den Anspruch durchgeführt wird, etwa weil der Antragsteller aufgrund des Beweisergebnisses keine hinreichenden Erfolgschancen sieht. Der in der Vorwurfsabwehr erfolgreiche Antragsgegner erlangt dann keinen prozessualen Kostenerstattungsanspruch, der zur Festsetzung der Kosten des Beweisverfahrens berechtigt. **Materiell-rechtliche Erstattungsansprüche wegen** der **Abwehr** der mit dem selbständigen Beweisverfahren behaupteten Ansprüche bestehen in der Regel nicht. Dem soll **§ 494a zugunsten des Antragsgegners** entgegenwirken.[5]

2

Der seit 1991 geltende § 494a bereitet den **Weg zu** einer **prozessualen Kostenerstattung**.[6] Ein Kostenbeschluss nach § 494a über die prozessuale Kostenerstattung schließt eine Klage über einen gegenläufigen materiell-rechtlichen Kostenerstat-

3

---

1 BGH NJW-RR 2004, 1005; BGH (7. ZS) NJW-RR 2005, 1688; BGH (7. ZS) NJW 2009, 3240 Rz. 12; BGH (8. ZS) NJW 2013, 3586 Rz. 10; BGH (8. ZS) VersR 2014, 353 Rz. 9.
2 BGH (8. ZS) NJW 2003, 1322, 1323; BGH (5. ZS) NJW 2005, 294; OLG Hamm NJW 2013, 2130; Wieczorek/Schütze/*Steiner*³ § 91 Rz. 39 m.w.N.
3 BGHZ 132, 96, 104 = NJW 1996, 1749, 1751; BGH NJW-RR 2003, 1240, 1241; BGH NJW-RR 2005, 1688; BGH NJW-RR 2010, Rz. 14 = VersR 2010, 1186; BGH NJW 2011, 1292 Rz. 7; BGH (7. ZS) NJW 2014, 1018 Rz. 14; BGH (5. ZS) NJW 2014, 1021 Rz. 8; OLG Celle NJW 2013, 475, 476 m. Anm. *Busche.*
4 Zu diesem Aspekt der Zurückhaltung des Gesetzes OLG Köln (22. ZS) OLGZ 1994, 237, 238; OLG Hamm (7. ZS) NJW-RR 1997, 959.
5 BGH NJW-RR 2004, 1005; BGH NJW-RR 2004, 1580, 1581; BGH NJW-RR 2005, 1688, 1689.
6 § 494a wurde auf nachträgliche Anregung des BMJ in die Beschlussempfehlung des Bundestagsrechtsausschusses aufgenommen (BT-Drucks. 11/8283, S. 48). Der Rechtsausschuss befürchtete

tungsanspruch nicht aus, der nicht Gegenstand einer Hauptsacheklage hätte sein können.[1]

2. Zweistufiges Verfahren

4 § 494a ist wie § 926 **zweistufig** aufgebaut: Nach Absatz 1 ist dem Antragsteller auf Antrag aufzugeben, innerhalb einer vom Gericht zu bestimmenden Frist Klage zu erheben. Bleibt die Fristsetzung unbeachtet, tritt eine Kostenfolge nicht automatisch ein. Vielmehr kann dann nach Absatz 2 beantragt werden, dem Antragsteller die seinem Gegner entstandenen Kosten durch Beschluss aufzuerlegen. Der **Antragsgegner** soll bei trotz Fristsetzung unterbliebener Klagerhebung so gestellt werden, **als habe er obsiegt**.[2]

5 Das Vorgehen nach § 494a **ähnelt** der **Erzwingung des Hauptsacheverfahrens nach § 926**, bereitet aber, da die Vorschrift im Gesetzgebungsverfahren undurchdacht geblieben und **mangelhaft ausgearbeitet** worden ist, noch mehr Anwendungsprobleme als § 926. Erfasst werden sollen nach dem Willen des Rechtsausschusses auch diejenigen Fälle, in denen die (erzwungene) Klage zurückgenommen oder als unzulässig abgewiesen worden ist.[3] Die Parallele zu § 926 ist falsch gezogen worden; § 926 steht in innerem Zusammenhang mit der Summariertät der Eilentscheidung und deren fehlender materieller Rechtskraft. Nicht zu Unrecht ist § 494a wegen vielfältiger Folgeprobleme als Fehlkonstruktion bezeichnet worden.[4]

6 Der BGH hat § 494a als „Ausnahmevorschrift" bezeichnet und in ein Komplementärverhältnis zum **Grundsatz** der **Einheitlichkeit der Kostenentscheidung** des Hauptsacheverfahrens gesetzt.[5] Aus dieser dogmatischen Sicht, für die es keinen Anhalt in den Gesetzesmaterialien gibt, werden problematische Schlüsse bei lediglich teilweiser Entsprechung der Gegenstände von Beweisverfahren und Hauptsacheverfahren hergeleitet.

3. Regelungslücken

7 § 494a Abs. 2 setzt voraus, dass ein Fristsetzungsantrag nach § 494a Abs. 1 gestellt worden ist. Dessen Zulässigkeit ist an die **Beendigung der Beweiserhebung** geknüpft,[6] so dass Ereignisse, die zum **vorherigen Stillstand** oder Abbruch des Beweisverfahrens führen, eine Kostenentscheidung nach § 494a Abs. 2 vereiteln. § 494a Abs. 2 ist im Übrigen **nur zugunsten des Antragsgegners** geschaffen worden und daher keine Basis für weitergehende Kostengrundentscheidungen im Interesse des Antragstellers.[7] Erledigen sich die Ansprüche, für die der Antragsteller die Beweise festgestellt sehen wollte, was in der Regel durch Erfüllung geschieht, hat der **Antragsteller** ein **Interesse an** einem **prozessualen** Anspruch auf **Kostenerstattung**. Dafür fehlt eine klare gesetzliche Regelung, wenn die Erledigung vor Erhebung einer Leistungsklage eintritt.

---

das Fehlen eines Kostenerstattungsanspruchs schlechthin, ohne an die Möglichkeit eines – allerdings selten bereitstehenden – materiell-rechtlichen Anspruchs zu denken.
1 OLG Düsseldorf NJW-RR 2006, 571. Zum Verhältnis zwischen materiell-rechtlicher und prozessualer Erstattungspflicht allgemein Stein/Jonas/*Bork*[22] vor § 91 Rz. 19.
2 BGH NJW 2013, 1820 Rz. 23.
3 BT-Drucks. 11/8283, S. 48. Für analoge Anwendung des § 269 Abs. 3 bei Rücknahme der nicht nach § 494a Abs. 1 erzwungenen Klage OLG Düsseldorf (12. ZS) BauR 1997, 349, 351.
4 *Cuypers* MDR 2004, 314, 316.
5 BGH (7. ZS) NJW 2004, 3121.
6 OLG Düsseldorf NJW-RR 2002, 1654, 1655 (dort zum Zeitpunkt der Beendigung); OLG München NJW-RR 2001, 1580, 1581.
7 BGH NJW-RR 2004, 1005; OLG Nürnberg MDR 2010, 889, 890 (mit Konsequenzen bei wechselseitigen Verfahren).

4. Zielsetzungen des Lückenschlusses

Soweit die unvollständige gesetzliche Regelung methodengerecht aufzufüllen ist, sind folgende **Grundsätze** leitend: (1) Es besteht ein Bedürfnis nach **prozessualer Kostenerstattung**. (2) Soweit als möglich ist ein Hauptsacheverfahren, das eine **Bewertung des Beweisaufnahmebedürfnisses** ermöglicht, zur Grundlage der relevanten Kostengrundentscheidung zu machen; die Kostengrundentscheidung hat dann im Hauptsacheverfahren zu ergehen. (3) **Zwiespältig** ist das Bemühen, ein **Hauptsacheverfahren unter allen Umständen** zu erzwingen, so dass nur wegen der Kosten des Beweisverfahrens ein Folgerechtsstreit zu führen ist. Soweit **einfacher** eine Kostenentscheidung **im Beweisverfahren** selbst ergehen kann, ist dieser Weg vorzuziehen. (4) **Zwiespältig** ist es aber auch, dem Grundsatz der **Einheitlichkeit** der Kostenentscheidung im Hauptsacheverfahren zu starke Bedeutung beizumessen, wie es offenbar der BGH tut.[1]

8

III. Unsichere Zuordnung des Beweisverfahrens zu einem Hauptsacheverfahren

Die Übertragung der Regelungstechnik des § 926 auf das selbständige Beweisverfahren stößt auch deshalb auf erhebliche Schwierigkeiten, weil es im Beweisverfahren entgegen teilweise unsorgfältiger gegenteiliger Terminologie **keinen Streitgegenstand sondern nur Beweisthemen** gibt. Während bei § 926 der durch die Eilentscheidung gesicherte Anspruch ohne größere Schwierigkeiten mit dem im Hauptsacheverfahren geltend gemachten Streitgegenstand verglichen werden kann, liegt dem selbständigen Beweisverfahren kein bestimmter Anspruch zugrunde und der Streitgegenstand der zu erhebenden Klage kann nach Qualität und Umfang **ungewiss** sein.

9

Die **Beweistatsachen können** innerhalb desselben Rechtsverhältnisses **mehrfach relevant** sein. Ist etwa beim Werkvertrag das Vorhandensein von Werkmängeln streitig, sind die Beweistatsachen aus der Sicht des Bestellers für die Ansprüche auf Neuherstellung, Mangelbeseitigung, Aufwendungsersatz, Vorschuss für die Selbstbeseitigung oder Schadensersatz bedeutsam, aus der Sicht des Werkunternehmers hingegen für die Ansprüche auf Werklohn oder Abnahme, und dies jeweils auch mit dem Ziel der Abwehr gegnerischer Einwendungen. Daraus resultieren nicht nur Schwierigkeiten unmittelbar bei der Anwendung des § 494a Abs. 2, sondern auch bei ausnahmsweise zulässigen (dazu Rz. 59) isolierten Kostenentscheidungen.

10

Mit der Streitgegenstandsunsicherheit geht einher, dass die **Relevanz der Beweisthemen für einen Streitgegenstand unsicher** ist. Dies gilt etwa für Baurechtsstreitigkeiten, bei denen der Bauherr das Beweisverfahren zur Überwindung seines fachlichen Wissensmangels anstrengt und vorsorglich mehrere ihm plausibel erscheinende Schadensursachen angibt, aus denen er ihm plausibel erscheinende Beweisthemen formuliert. Erst aus dem Ergebnis eines Sachverständigengutachtens ergibt sich dann, auf welche Beweisthemen es im Verhältnis zu welchem Anspruchsgegner ankommt. **Nicht jeder „Überschuss" an Beweiserhebung** ist als **Unterliegen** des Antragstellers zu werten. Es kann nur um eine grobe Zuordnung zu einem Hauptsachestreitgegenstand gehen. Daraus resultieren Probleme, wenn im Laufe des Beweisverfahrens oder des nachfolgenden Hauptsacheverfahrens der **Anlass des Beweisbegehrens** (z.B. Baumängel) durch volle Anspruchserfüllung **beseitigt** worden ist und dieser Fall von einer **teilweisen Erfüllung abzugrenzen** ist, bei der die Kosten zu quoteln sind.

11

---

1 Vgl. BGH (5. ZS) NJW 2005, 294; BGH (7. ZS) NJW 2004, 3121; BGH (7. ZS) NJW-RR 2005, 1668; BGH (8. ZS) NJW 2013, 3586 Rz. 10; s. ferner BGHZ 132, 96, 104; BGH (7. ZS) NJW-RR 2003, 1240, 1241; BGH (5. ZS) NJW 2014, 1021 Rz. 8.

12 Bei der Bestimmung des relevanten Rechtsstreits bzw. der den Beweisthemen des Beweisverfahrens zugehörigen Klage ist von dem Zweck des § 494a auszugehen, eine **prozessuale Kostenentscheidung** herbeizuführen, die (nach dem Unterliegensprinzip, § 91) **akzessorisch** zu einer Hauptsacheentscheidung ergeht, für die ihrerseits die **Beweisthemen entscheidungserheblich** sind, weil die Beweistatsachen (§ 493 Abs. 1) unter Tatbestandsmerkmale eines streitgegenständlichen Anspruchs zu subsumieren sind.

13 Bei mehreren möglichen Streitgegenständen hat der Antragsteller des Beweisverfahrens im vorgenannten Rahmen die **Wahl, welchen Streitgegenstand** er der Klage zugrunde legen will. Er muss nicht denjenigen Anspruch wählen, den er zur Begründung des Verfahrensinteresses nach § 495 Abs. 2 benannt hat. Damit kann er bei unterschiedlichen Streitwerten das Verlustrisiko steuern. Dasselbe gilt für den quantitativen Umfang des Streitgegenstandes, etwa bei einem Schadensersatzbegehren nach behaupteter ärztlicher Fehlbehandlung. Der Kläger und frühere Antragsteller kann der **Hauptsache Minimalpositionen** zugrunde legen, sich etwa unter Ausklammerung materieller Schadenspositionen auf ein Niedrigstschmerzensgeld beschränken. Auch bei einer Klageerhebung, die nicht über § 494a Abs. 1 erzwungen wird, ist der Antragsgegner nicht dagegen geschützt, dass er wegen befürchteter Streitfolgen für das Beweisverfahren nach einem höheren Gegenstandswert **erstattungslose Anwaltskosten** zu zahlen hat.

§ 192 Erzwingung des Hauptverfahrens

I. Anordnung der Klageerhebung

1. Erfordernis fehlender Anhängigkeit

a) Bereits bestehende Anhängigkeit

14 § 494a ist nur auf das selbständige Beweisverfahren außerhalb eines streitigen Hauptsacheverfahrens (§ 486 Abs. 2 und 3) anwendbar. Ist ein streitiges Verfahren bereits **anhängig**, so ist eine **Anordnung** nach § 494a Abs. 1 **unzulässig** und kann **folgenlos ignoriert** werden, wenn sie gleichwohl ergeht. Die im anhängigen Hauptsacherechtsstreit ergehende Kostenentscheidung umfasst die Kosten des selbständigen Beweisverfahrens (näher unten Rz. 94).

b) „Streitgegenstand"

15 Der einfach klingende Grundsatz der Erzwingbarkeit des Hauptsacheverfahrens ist schwierig durchzuführen, weil dem selbständigen Beweisverfahren kein bestimmter Anspruch zugrunde liegt. Näher dazu Rz. 9. Nur durch einen **Vergleich der Gegenstände beider Verfahren** lässt sich jedoch klären, ob der Antragsteller einer Fristsetzungsanordnung nachgekommen ist. Eine *wesentliche* Übereinstimmung ist ausreichend.[1]

16 Bei Baumängeln können verschiedene Mängel Teile eines einheitlichen Mängelbeseitigungsanspruchs sein. Gegenstand des Beweisverfahrens können aber auch Beweisthemen sein, die mehreren voneinander unabhängigen Ansprüchen zuzuordnen sind und **ähnlich** einer **objektiven Klagehäufung** miteinander verbunden werden; so verhält es sich, wenn Eigentumsstörungen in der behaupteten Umsturzgefahr von grenz-

---

1 BGH NJW 2005, 294, 295.

nahen Bäumen des Nachbargrundstücks sowie im Überhang der Äste eines der Bäume gesehen werden.[1]

2. Beendigung des Beweisverfahrens

Eine **Fristsetzung** gem. § 494a Abs. 1 ist erst **nach Beendigung** der Beweisaufnahme zulässig[2] (Rz. 7). Aus welchem Grund das Beweisverfahren nicht beendet wurde, ist unerheblich. **Mangels Beendigung** und mangels Hauptsacheverfahrens ergeht eine Kostenentscheidung nach den Regeln, die zur Füllung der Gesetzeslücke (Rz. 8) entwickelt wurden (unten Rz. 59 ff.). Eine Beendigung erfolgt durch sachliche Erledigung des Antrags,[3] nicht aber durch Nichtzahlung des für den Sachverständigen angeforderten Kostenvorschusses.[4]   17

3. Nicht statthafte Anordnung

a) Klage des Antragsgegners, Aufrechnung

In Betracht kommen kann, dass der Antragsteller das **Beweisverfahren zur Verteidigung** gegen eine Forderung des Antragsgegners betreibt. Erhebt der Antragsgegner Hauptsacheklage, in die der Antragsteller und Beklagte das Beweisergebnis einwendungsweise einführt, reicht dieses ordentliche Verfahren zur Entscheidung über die Kosten des Beweisverfahrens aus.[5] Die Stellung eines Fristsetzungsantrages nach § 494a Abs. 1 ist rechtsmissbräuchlich. Für eine negative Feststellungsklage des Antragstellers könnte ein Feststellungsinteresse nur aus einer reinen Wortlautinterpretation des § 494a Abs. 1 abgeleitet werden.   18

Die **Aufrechnung** im Prozess begründet trotz § 322 Abs. 2 und der grundsätzlichen Deckung von Rechtskraftumfang und Rechtshängigkeit **keine Rechtshängigkeit** der zur Aufrechnung gestellten Forderung.[6] Demnach könnte der Antragsgegner des selbständigen Beweisverfahrens einen Antrag nach **§ 494a Abs. 1** – mit der Konsequenz der Kostenerstattung nach § 494a Abs. 2 – auch dann stellen, wenn der Antragsteller mit der Forderung, die er im Beweisverfahren zur Begründung des Verfahrensinteresses benannt hat, in einem anderen Prozess zwischen ihm und dem Antragsgegner die Aufrechnung erklärt hat. Diese Auffassung ist abzulehnen. Solange über die Aufrechnungsforderung noch entschieden werden kann, ist die Aufrechnung für § 494a Abs. 2 ausreichend[7] (näher dazu Rz. 52). Dann fehlt dem Antragsgegner schon für den Antrag nach § 494a Abs. 1 ein Rechtsschutzbedürfnis.   19

b) Erfüllung

Wenn der Antragsgegner den **Anspruch des Antragstellers vollständig erfüllt** (Beispiel: Mangelbeseitigungsanspruch des Antragstellers als Besteller vom Antragsgegner als Unternehmer erfüllt) oder wenn er auf seinen vom Antragsteller **bekämpften Anspruch verzichtet** hat (Beispiel: Werklohnforderung des Antragsgegners standen vom   20

---

1 So im Fall BGH NJW 2005, 294 (Standfestigkeit erwiesen, Beseitigungsklage wegen des Überhangs).
2 OLG Stuttgart NJW-RR 2010, 1462.
3 OLG Stuttgart NJW-RR 2010, 1464.
4 OLG Köln NJW-RR 2014, 534.
5 OLG Nürnberg BauR 2000, 442, 443; *Ulrich* AnwBl. 2003, 144, 146.
6 BGHZ 57, 242, 243 m. abl. Anm. *Bettermann*, ZZP 85 (1972), 486, 488; BGH NJW 1986, 2767; NJW-RR 1994, 379, 380; Rosenberg/Schwab/*Gottwald*[17] § 102 Rz. 25.
7 BGH NJW-RR 2005, 1688; OLG Hamm OLGR 1997, 299, 300, OLG Karlsruhe NJW-RR 2008, 1196 Rz. 11. A.A. OLG Düsseldorf MDR 1994, 201; OLG Köln BauR 1997, 517 = NJW-RR 1997, 1293; OLG Dresden NJW-RR 2003, 305, 306.

Antragsteller als Besteller gerügte Werkmängel entgegen), ist es **rechtsmissbräuchlich**, einen Antrag nach § 494a Abs. 1 zu stellen.[1] Gleichzustellen ist der Fall, dass der Antragsteller von der Erhebung der Hauptsacheklage auf Mängelbeseitigung nur deshalb absieht, weil der **Antragsgegner vermögenslos** geworden ist.[2] Einem Antrag nach § 494a Abs. 2 ist nicht mehr zu entsprechen.[3] Dasselbe gilt bei vorbehaltloser Erfüllungsbereitschaft des Antragsgegners[4] bei Abwarten mit der Antragstellung bis zum Eintritt der **Anspruchsverjährung**.[5] Erfüllt ist der den Beweisthemen zugrunde liegende Anspruch auch, wenn bei festzustellenden Baumängeln nicht der Antragsgegner selbst, sondern ein mithaftender Unternehmer die Mängel beseitigt hat.[6] Zum Schutz des Antragstellers s. unten Rz. 23. Bei **teilweiser Erfüllung** darf im Beweisverfahren keine Kostenentscheidung – etwa unter Heranziehung des § 91a – ergehen;[7] dies würde dem Verlangen des BGH nach einheitlicher Kostenentscheidung im Hauptsacheverfahren widersprechen (dazu unten Rz. 24).

21 Der 5. Zivilsenat des BGH hat angenommen, bei **Fristsetzung** zur Klageerhebung **unter Missachtung** von deren **Unzulässigkeit** sei der Antragsteller des Beweisverfahrens verpflichtet, eine Hauptsacheklage zu erheben, um die Kostenfolge des § 494a Abs. 2 zu vermeiden.[8] Diese Auffassung steht nicht in Einklang mit der gefestigten Rechtsprechung zur Vorbildnorm des § 926 Abs. 1 und 2 bei Erledigung des Anspruchs.[9] Vielmehr **darf** der Antragsteller die gesetzte **Frist sanktionslos unbeachtet lassen**. Allerdings muss er sich auf die damit verbundene Bewertungsunsicherheit nicht einlassen, sondern kann eine Klage auf Feststellung erheben, dass der Antragsgegner den für die Beweiserhebung relevanten Anspruch zu erfüllen verpflichtet war[10] (nachfolgend Rz. 23).

c) Nachträglicher Anspruchsverzicht

22 Verzichtet der Antragsteller nach der Beweiserhebung auf den zur Verfahrensbegründung benannten Anspruch, ohne dass vollständige Erfüllung des dem Beweisantrag zugrunde gelegten Anspruchs eingetreten ist, wird der **Fristsetzungsantrag** nach § 494a Abs. 1 dadurch **nicht unzulässig**, solange der Antragsteller nicht auch die Kosten des Beweisverfahrens erstattet hat.[11] Auch **ohne Fristsetzung** und Fristablauf können dem Antragsteller die dem Gegner entstandenen Kosten in diesem Falle **ana-**

---

1 BGH NJW-RR 2003, 454; BGH NJW-RR 2004, 1580, 1581; BGH NJW 2010, 1460 Rz. 9; OLG Düsseldorf MDR 2006, 1253; OLG Hamm MDR 2007, 621; OLG Düsseldorf (22. ZS) BauR 1995, 877 f.; OLG Dresden NJW-RR 1999, 1516; OLG Hamm MDR 1999, 1406; OLG München NJW-RR 2001, 1580, 1581; LG Mönchengladbach MDR 2006, 229.
2 OLG Schleswig, Beschl. v. 4.12.2013 – 16 W 114/13 (Rechtsmissbrauchsvorwurf dort zu Recht ausgedehnt auf streitverkündete Streithelfer des Antragsgegners).
3 BGH NJW-RR 2003, 454; OLG Düsseldorf (22. ZS) BauR 1995, 877, 878; OLG Düsseldorf (10. ZS) MDR 1994, 201 = OLGZ 1994, 464, 465 f.; OLG Jena NJW-RR 2011, 1219, 1220; s. ferner OLG München BauR 1997, 167, 168; zust. *Ende* MDR 1997, 123, 124; a.A. OLG Düsseldorf (21. ZS) BauR 1995, 279 f.; OLG Hamm OLGZ 1994, 585 (LS).
4 OLG Düsseldorf MDR 1994, 201 = OLGZ 1994, 464, 466.
5 BGH NJW 2010, 1460 Rz. 10; OLG Köln NJW-RR 2013, 1488, 1489.
6 Vgl. OLG München MDR 1999, 639.
7 A.A. OLG Düsseldorf (5. ZS) MDR 2003, 534, 535; *Ende* MDR 1997, 123, 124 f.
8 BGH NJW-RR 2004, 1580, 1581; dem folgend Zöller/*Herget*[30] § 494a Rz. 3.
9 Vgl. nur BGH NJW 1974, 503; *Ahrens* Der Wettbewerbsprozess[7] Kap. 61 Rz. 46 m.w.N. in Fn. 81.
10 BGH NJW-RR 2004, 1005; BGH NJW-RR 2004, 1580, 1581; BGH (8. ZS) NJW 2013, 3586 Rz. 10.
11 A.A. OLG Jena NJW-RR 2011, 1219 (Rechtsschutzbedürfnis verneinend). Anders auch die Handhabung des LG in OLG Karlsruhe MDR 1996, 1303.

log § 494a Abs. 2 auferlegt werden,[1] es sei denn, der Antragsgegner begehrt die Erstattung arglistig, weil die Klageerhebung wegen zwischenzeitlichen Vermögensverfalls des Antragsgegners unterblieben ist.[2]

d) Feststellungsklage

Ob eine **Fristsetzung unzulässig** ist, kann schwierig zu beurteilen sein. Dem Antragsteller das **Beurteilungsrisiko** zuzuweisen, ob er die Fristsetzung unbeachtet lassen darf oder ob er vorsorglich eine eventuell unbegründete Leistungsklage erheben sollte, bedeutet eine unzumutbare Schmälerung seiner Rechtsschutzmöglichkeiten. Als Ausweg bleibt die Erhebung einer **Feststellungsklage** (s. zuvor Rz. 21). Für sie ein Feststellungsinteresse zu verneinen,[3] wie es in gleicher Weise bei der Parallelproblematik des § 926 geschehen ist,[4] ist rechtsstaatswidrig. Zur Erhebung einer Feststellungsklage sollte der Antragsteller nicht gezwungen sein, wenn die Erfüllung des Anspruchs eingetreten ist, nachdem die Frist gem. § 494a Abs. 1 gesetzt war.[5] 23

e) Vermeidung von Teilkostenentscheidungen

Der BGH ist bemüht, über die Kosten des Beweisverfahrens **möglichst einheitlich im Hauptsacheverfahren** entscheiden zu lassen, um damit widersprüchliche gerichtliche Entscheidungen zu vermeiden.[6] **Teilkostenentscheidungen nach § 494a Abs. 2 S. 1**, die wegen lediglich teilweiser Rechtshängigkeit des Gegenstandes des Beweisverfahrens im Hauptsacheverfahren in Betracht kommen könnten, sieht er deshalb als unzulässig an[7] (dazu unten Rz. 100). 24

II. Verfahren der Fristsetzungsanordnung

1. Antragsberechtigte

a) Antragsgegner

Antragsberechtigt nach § 494a Abs. 1 ist **jeder Gegner** des selbständigen Beweisverfahrens, **nicht** hingegen der **Vertreter** eines **unbekannten Gegners** (§ 494 Abs. 2). Alle Antragsberechtigten des § 494a Abs. 1 sind berechtigt, nachfolgend gegebenenfalls den Antrag nach § 494a Abs. 2 zu stellen. 25

b) Streithelfer

Antragsberechtigt ist der Streitverkündete, der dem Beweisverfahren aufseiten des Antragsgegners **als Streithelfer beigetreten** ist, jedoch nicht in Widerspruch zum unterstützten Antragsgegner.[8] Dabei kann es nur um die Fristsetzung zur Klageer- 26

---

[1] OLG Karlsruhe MDR 1996, 1303 = JurBüro 1996, 375; OLG Köln VersR 1996, 1522 = MDR 1997, 105; OLG Jena NJW-RR 2011, 1219; Zöller/Herget[30] § 494a Rz. 4. A.A. LG Mainz MDR 1995, 1271.
[2] Vgl. dazu OLG Rostock BauR 1997, 169. Anders OLG Dresden ZIP 1999, 1814, 1815 bei Vermögensverfall schon im Zeitpunkt der Einleitung des Beweisverfahrens; OLG Hamm BauR 2007, 2118; OLG Frankfurt NJW-RR 2008, 1552, 1553.
[3] So OLG Düsseldorf (22. ZS) BauR 1995, 877; OLG Hamm MDR 1999, 1406.
[4] Vgl. dazu Ahrens Der Wettbewerbsprozess[7] Kap. 61 Rz. 23 und 40.
[5] A.A. OLG Hamm MDR 2007, 621.
[6] BGH (7. ZS) NJW 2004, 3121; BGH (5. ZS) NJW 2005, 294.
[7] BGH (7. ZS) NJW 2004, 3121; BGH (5. ZS) NJW 2005, 294; BGH (7. ZS) NJW-RR 2006, 810, 811.
[8] BGH NJW-RR 2008, 261; BGH NJW 2009, 3240 Rz. 8. S. ferner OLG Karlsruhe BauR 1999, 1210; OLG Celle NJW-RR 2003, 1509, 1510 (jedenfalls dann, wenn der Antragsgegner nicht ausdrück-

hebung gegen den Antragsgegner, **nicht** aber um eine **Klage** des Antragstellers **gegen den Streithelfer** gehen.[1] Den Streitverkündungsempfänger des Antragsgegners hat sich der Antragsteller nicht ausgesucht; in einen Prozess mit ihm, für den überhaupt jede Anspruchsgrundlage fehlen kann, darf er nicht gezwungen werden.[2]

27 Die Erwägung, **§ 494a analog** anzuwenden, ist **Folge** der zweifelhaften Grundentscheidung (Kap. 52 Rz. 29), die **Streitverkündung** im selbständigen Beweisverfahren **zuzulassen**, obwohl die Folgewirkungen unzureichend durchdacht bzw. gesetzlich geregelt worden sind, statt den Antragsgegner auf ein eigenes Beweisverfahren gegen den Streitverkündungsempfänger mit gemeinsamer Beweisaufnahme zu verweisen. Für die analoge Anwendung **fehlen** weitere **Verfahrensvoraussetzungen**. Soweit ein Fristsetzungsantrag des Streithelfers für eine Klageerhebung des Antragstellers gegen den Antragsgegner wegen § 67 davon abhängig gemacht wird, dass der Antragsgegner einverstanden sein müsse oder jedenfalls nicht widersprechen dürfe, zwingt dies zur **Einführung** eines **Anhörungsrechts des Antragsgegners**. Statt wegen der Streitverkündungszulassung zu immer weiteren skurrilen Folgemaßnahmen zu greifen, sollte der Streithelfer **mangels Hauptsacheverfahrens** auf einen **materiell-rechtlichen Kostenerstattungsanspruch** verwiesen werden.[3]

28 Findet ohnehin ein Hauptsacheverfahren statt, ist wegen der **Kosten des Streithelfers des Beweisverfahrens**, der **nicht** auch dem Hauptverfahren **beigetreten** ist, unter dem Gesichtspunkt kostenmäßiger Verfahrenszusammengehörigkeit eine **Kostengrundentscheidung im Hauptverfahren** zu erlassen.[4] Da ein Hauptsacheverfahren durchgeführt wird, kommt ein Antrag des Streithelfers nach § 494a Abs. 2 S. 1 nicht in Betracht.[5] Auf den Streithelfer ist § 101 Abs. 1 (analog) anzuwenden.[6] Wird der Erlass der Kostengrundentscheidung verweigert, ist dagegen analog § 99 Abs. 2 die **sofortige Beschwerde** gegeben.[7]

29 **Unerheblich** soll sein, ob der Antragsteller die **Klage** wegen eines Gegenstandes des Beweisverfahrens erhoben hat, der den **Streithelfer** gar **nicht betrifft**;[8] insoweit soll § 494a gleichwohl versperrt sein.[9] Eine Kostenerstattung nach § 101 Abs. 1 findet freilich nur statt, wenn der Antragsteller des Beweisverfahrens als Gegner der unterstützten Hauptpartei die Kosten des Rechtsstreits zu tragen hat; anderenfalls hat der Streithelfer des Antragsgegners im Beweisverfahren seine Kosten selbst zu tragen.[10] Die **Kosten der Streithilfe** sind nach demselben Maßstab zu **verteilen wie** die Kosten des selbständigen Beweisverfahrens **zwischen** den **Hauptparteien**.[11]

30 **Unangemessen** kann es sein, dem Streithelfer die Gebühren seines Rechtsanwalts nach dem Wert des Beweisverfahrens zu erstatten, wenn seine **Streithilfe** darauf be-

---

lich erklärt, keinen Antrag stellen zu wollen); OLG Oldenburg NJW-RR 1995, 829, 830; LG Göttingen BauR 1998, 590; *Enaux* Festschrift Jagenburg, S. 147, 159; *Kießling* NJW 2001, 3668, 3672 f.; Ablehnend OLG Koblenz NJW-RR 2001, 1726; OLG Koblenz NJW-RR 2003, 880.
1 BGH NJW 2009, 3240 Rz. 8.
2 *Cuypers* MDR 2004, 314, 317.
3 Vgl. *Cuypers* MDR 2004, 314, 318. Anders OLG Frankfurt NJW-RR 2008, 1552, 1553.
4 BGH (7. ZS) NJW 2014, 1018 Rz. 18; BGH (5. ZS) NJW 2014, 1021 Rz. 8; OLG Celle NJW-RR 2003, 1509, 1510; OLG Frankfurt NJW-RR 2008, 1552, 1553; OLG Düsseldorf MDR 2009, 894; OLG Köln NJW-RR 2010, 1679, 1680; OLG Hamm NJW 2013, 2130.
5 BGH NJW 2014, 1018 Rz. 20.
6 BGH NJW 2009, 3240 Rz. 13 (offenlassend ob Beitritt im Hauptsacheverfahren erforderlich); BGH NJW 2014, 1021 Rz. 8 u. 10; OLG Hamm NJW 2013, 2130, 2131.
7 OLG Celle NJW-RR 2003, 1509, 1510; OLG Köln NJW-RR 2010, 1679, 1680.
8 OLG Düsseldorf MDR 2009, 894.
9 OLG Düsseldorf MDR 2009, 894; OLG Hamm NJW 2013, 2130, 2131.
10 OLG Düsseldorf MDR 2009, 894.
11 BGH (7. ZS) NJW 2009, 3240 Rz. 15; OLG Hamm NJW 2013, 2130, 2131.

schränkt war, lediglich beobachtend das Ergebnis eines Sachverständigengutachtens zur Kenntnis zu nehmen.[1]

Auch diese **dubiose Folge** der **Streitverkündung** gilt es zu überdenken. Ergibt die selbständige Beweisaufnahme **kein vertragswidriges** oder deliktsrechtlich zurechenbares **Verhalten des Streithelfers**, auf den ein Anspruch des Antragsgegners gegen ihn gestützt werden könnte, bliebe schon der Versuch erfolglos, ihn in einem Hauptsacheverfahren des Antragstellers gegen den Antragsgegner mittels erneuter Streitverkündung zur Streithilfe zugunsten des beklagten Antragsgegners zu veranlassen; die Voraussetzungen des § 72 für eine zulässige Streitverkündung lägen nicht vor, was bei einem gleichwohl erfolgten Beitritt auf Antrag des klagenden Antragstellers nach § 71 durch Zwischenurteil festzustellen wäre. 31

Ist der Streithelfer nur einem von **mehreren Antragsgegnern** beigetreten, gegen den die Hauptsacheklage später nicht erhoben wird, soll er die Anträge nach § 494a erfolgreich stellen können.[2] 32

Schließen Antragsteller und Antragsgegner einen **Vergleich oder erfüllt** der **Antragsgegner**, steht dem **Streithelfer** der Weg nach § 494a auf keinen Fall offen.[3] Die für die Hauptparteien geltende Kostenverteilung des Vergleichs ist auf ihn zu übertragen (§§ 101 Abs. 1, 98).[4] 33

2. Anwaltszwang

§ 78 Abs. 1 soll nach z.T. vertretener Ansicht **nicht** anzuwenden sein, weil § 486 Abs. 4 die Verfahrenseinleitung ohne Beiziehung eines Anwaltes ermöglicht.[5] Die Gegenansicht argumentiert mit dem Fehlen einer § 486 Abs. 4 vergleichbaren Regelung.[6] Da der BGH das Beweisverfahren als **streitiges Verfahren** ansieht, für das **nur** der **einleitende Antrag** vom Anwaltszwang **befreit** sei,[7] spricht diese Bewertung für die zweitgenannte Auffassung. Für den auf Abschluss des Verfahrens zielenden Antrag nach § 494a Abs. 1 gilt damit eine strengere Regelung als für die Verfahrenseinleitung. 34

3. Vorheriger Abschluss der Beweisaufnahme

Dem Antrag kann erst **nach Beendigung** der Beweiserhebung stattgegeben werden. Der Abschluss ist – bei Einholung eines Sachverständigengutachtens – eingetreten, wenn das Gutachten des Sachverständigen vorliegt und eine evtl. Erläuterung erfolgt bzw. nicht mehr zu erwarten ist.[8] Die Behinderung der Begutachtung durch Nichtzahlung eines Kostenvorschusses stellt keine Beendigung dar, doch kann darin im Einzelfall eine stillschweigende Antragsrücknahme zu sehen sein.[9] 35

---

1 *Cuypers* MDR 2004, 314, 317/318.
2 BGH NJW 2009, 3240 Rz. 18.
3 BGH NJW-RR 2008, 261 Rz. 8 (wegen verbotenen Widerspruchs zur unterstützten Hauptpartei); *Ulrich* AnwBl. 2003, 144, 149.
4 BGH (7. ZS) NJW 2013, 3452 Rz. 15; OLG Hamm NJW 2013, 2130, 2131.
5 OLG Jena MDR 2000, 783; OLG Düsseldorf NJW-RR 1999, 509; OLG Schleswig BauR 1996, 590; OLG Karlsruhe BauR 1995, 135; Musielak/*Huber*[10] § 494a Rz. 2b.
6 OLG Zweibrücken NJW-RR 1996, 573 = BauR 1995, 587 f. = MDR 1995, 744 f.; MünchKomm-ZPO/*Schreiber*[4] § 494a Rz. 2; Thomas/Putzo/*Reichold*[33] § 494a Rz. 1; Zöller/*Herget*[30] § 494a Rz. 6.
7 BGH NJW 2012, 2810 Rz. 22 (mit beiläufiger Erwähnung des § 494a).
8 Zur Beendigung des selbständigen Beweisverfahrens s. Kap. 52 Rz. 45 ff. und Kap. 55 Rz. 104.
9 OLG Köln NJW-RR 2014, 534.

4. Entscheidung

a) Fristbestimmung

36 Die Bestimmung der Fristenlänge hat die Schwierigkeit der Sach- und Rechtslage angemessen zu berücksichtigen. Eine **Verlängerung** der nach § 222 zu berechnenden Frist ist nach § 224 Abs. 2 möglich. Gegen die Gewährung einer Fristverlängerung kann keine Beschwerde erhoben werden.[1]

b) Streitgegenstandsfixierung

37 Das Gericht soll – so das OLG Düsseldorf – wegen möglicher Unklarheiten über die zugehörige Hauptsache und der Notwendigkeit schematisierenden Vorgehens bei der Anwendung des § 494a Abs. 2 bereits mit Anordnung der Klageerhebung den **Streitgegenstand** genau **bezeichnen** müssen.[2] Maßgebend seien die Umstände des Einzelfalles, insbesondere die Klageabsichten, die der Antragsteller in der Antragsschrift des Beweisverfahrens geäußert habe. Diese Auffassung ist zugunsten **begrenzter Wahlfreiheit** des Antragstellers abzulehnen (s. oben Rz. 13). Der Normzweck wird mit dem hier vorgeschlagenen Vorgehen ebenfalls verwirklicht. Zudem wird vermieden, dass u.U. eine Streitgegenstandsvermehrung eintritt. Außerdem würde die Entlastung der Entscheidung nach § 494a Abs. 2 durch eine **Erschwerung der Fristsetzungsentscheidung** nach § 494a Abs. 1 erkauft. Es trifft im Übrigen nicht zu, dass der Antragsteller durch §§ 486 Abs. 2, 487 Nr. 4 gezwungen wird, bei Einleitung des Beweisverfahrens den in der späteren Hauptsache zu stellenden Klageantrag vorzutragen und glaubhaft zu machen,[3] was anderenfalls die Vorgehensweise bei Anwendung des § 494a Abs. 1 vereinfachen würde.

c) Entscheidungsform, Rechtsbehelfe

38 Über den Antrag ist durch **Beschluss** zu entscheiden. Zuständig ist der Richter, der die Beweisanordnung getroffen hatte, nicht der Rechtspfleger. Vor der Entscheidung ist dem Antragsteller **rechtliches Gehör** zu gewähren. Der fristsetzende Beschluss ist nach § 329 Abs. 2 S. 2 **zuzustellen**, sofern eine sofortige Beschwerde zulässig ist.

39 Lehnt es das Gericht ab, eine Frist zur Klageerhebung zu bestimmen, kann der **Antragsgegner** des selbständigen Beweisverfahrens nach § 567 Abs. 1 **sofortige Beschwerde** erheben. Demgegenüber kann der **Antragsteller** des selbständigen Beweisverfahrens eine Klagefristsetzung **nicht** nach § 567 Abs. 1 angreifen, da das Gericht kein das Verfahren betreffendes Gesuch abgewiesen hat und eine dem § 494a Abs. 2 S. 3 entsprechende Regelung fehlt.[4] Diese Regelung ist unzweckmäßig in den Fällen, in denen die Fristsetzung nicht statthaft und daher gegenstandslos ist, die Beurteilung dieser Frage jedoch rechtlich schwierig ist.

d) Belehrung

40 **Über die Folgen** einer **Fristversäumung** hat das Gericht den Antragsteller des selbständigen Beweisverfahrens im stattgebenden Beschluss zu **belehren**, sofern man § 231 Abs. 1 für dahin interpretierbar hält, dass im Falle eines Antragserfordernisses (wie hier nach § 494a Abs. 2) die in Hs. 1 vorgesehene regelmäßige Entbehrlichkeit

---

1 OLG Düsseldorf JurBüro 1993, 622.
2 OLG Düsseldorf BauR 1995, 279 f. A.A. Musielak/*Huber*[10] § 494a Rz. 3.
3 So aber beiläufig OLG Celle Nds.Rpfl. 1994, 367; a.A. beiläufig OLG Köln VersR 1995, 436, 437 (kein Vortrag der für den Hauptprozess vorgesehenen Ansprüche).
4 BGH NJW-RR 2010, 1318 Rz. 9; OLG Düsseldorf BauR 1995, 279, 280.

der Androhung von Säumnisfolgen entfällt und mangels klaren gesetzlichen Ausschlusses von einer Belehrungspflicht[1] ausgegangen wird.

III. Der Kostenbeschluss nach Fristversäumung

1. Notwendiger zweiter Antrag, Nachholung der Klage

Ohne Fristsetzungsantrag nach § 494a Abs. 1 und ohne erfolgte **Fristsetzung** darf **keine Kostenentscheidung** nach § 494a Abs. 2 ergehen.[2] Hat von mehreren Antragsgegnern, etwa unterschiedlichen Baubeteiligten, nur einer die Klagefrist beantragt, kann allein er den Antrag nach § 494a Abs. 2 stellen.[3] 41

Erfüllt wird der **Fristsetzungsbeschluss** auch dann, wenn von mehreren vertraglich verbundenen Antragstellern **nur einer** die Hauptsacheklage erhebt, weil der Antragsgegner dann hinsichtlich seines Kostenerstattungsinteresses ausreichend geschützt ist;[4] eine **Ausnahme** gilt nur für den Fall des **Rechtsmissbrauchs** wegen Mittellosigkeit dieses Klägers. Ein anhängig gemachtes ausländisches Hauptsacheverfahren reicht aus, wenn es im Inland die Rechtshängigkeitssperre auslöst.[5] 42

Der Kostenbeschluss darf **trotz Fristüberschreitung nicht** mehr ergehen, wenn der Antragsteller des Beweisverfahrens die **Hauptsacheklage verspätet erhebt**.[6] Dies gilt auch, wenn die Hauptsacheklage trotz verspäteter Einzahlung des Prozesskostenvorschusses noch vor Erlass des Kostenbeschlusses hätte zugestellt werden können.[7] Unbegründet ist der Kostentragungsantrag bereits dann, wenn die Erhebung der Klage oder eine gleichgestellte Maßnahme (Mahnantrag) zu einem Zeitpunkt erfolgt ist, zu dem der Kostenbeschluss gemäß Abgangsvermerk der Geschäftsstelle das Gericht noch nicht verlassen hat.[8] Ein vom Antragsgegner des Beweisverfahrens eingeleitetes, aber **nicht betriebenes Mahnverfahren** reicht nicht aus.[9] Für eine Erledigungserklärung durch den Antragsgegner besteht – anders als in der Parallelsituation des § 926 Abs. 2[10] – kein Bedarf, weil das Kostenbeschlussverfahren kein selbständiges weiteres Verfahren mit eigenen Kosten darstellt (vgl. dazu unten Rz. 104). 43

Der Antrag nach Absatz 2 kann mit dem Antrag nach Absatz 1 **verbunden** werden. Eine unzulässige Bedingung („Wird Klage nicht erhoben …") liegt darin nicht, da der Fortgang des Verfahrens von keinem Ereignis außerhalb des Verfahrens abhängig gemacht worden ist.[11] 44

---

1 Vgl. dazu BVerfG NJW 1995, 3173, 3175; ablehnend zur Fürsorgepflicht bei noch fristgerecht behebbaren Formmängeln des Rechtsmittels OLG Hamm FamRZ 1997, 1141 f.
2 OLG Düsseldorf NJW-R 2002, 1654, 1655.
3 OLG Stuttgart MDR 2000, 1094.
4 BGH NJW-RR 2008, 330 Rz. 9.
5 BGH NJW-RR 2008, 330 Rz. 10.
6 BGH NJW 2007, 3357 Rz. 11; BGH NJW-RR 2008, 330 Rz. 7; OLG München MDR 2001, 833; OLG Düsseldorf NJW-RR 1998, 359; Musielak/*Huber*[10] § 494a Rz. 4a; *Ulrich* AnwBl. 2003, 144, 147. A.A. OLG Frankfurt NJW-RR 2001, 862, 863.
7 OLG Düsseldorf NJW-RR 1998, 359. Auf den Eingang beim Gericht abstellend OLG Karlsruhe NJW-RR 2008, 1196 Rz. 15 (bei Beachtung der Zustellungsrückwirkung des § 167).
8 OLG Karlsruhe NJW-RR 2008, 1196 Rz. 14.
9 OLG Hamm MDR 2009, 1187 (so schon zur Fristsetzung nach § 494a Abs. 1).
10 Dazu *Ahrens* Der Wettbewerbsprozess[7] Kap. 61 Rz. 56.
11 Zur Zulässigkeit innerprozessualer Bedingungen Rosenberg/Schwab/*Gottwald*[17] § 65 Rz. 25.

2. Versäumung der Klagefrist

a) Streitgegenstandsentsprechung, Identität der Parteien

45 Wird eine Hauptsacheklage erhoben, müssen die **Beweisthemen** des Beweisverfahrens dafür **potentiell erheblich** sein. Die Schwierigkeiten der Bestimmung des dem Beweisverfahren zuzuordnenden Streitgegenstandes (näher dazu Rz. 9 ff.) schlagen damit auf die Beurteilung durch, ob die Klagefrist eingehalten wurde.

46 Die **Parteien** des Beweisverfahrens und des anschließenden Klageverfahrens müssen identisch sein.[1] Daran fehlt es, wenn der Hauptsachestreit nur mir einem **Streithelfer** des Beweisverfahrens geführt wird.[2] Unerheblich ist, ob die Erkenntnisse des Beweisverfahrens für die Personenverschiebung maßgeblich waren.[3] Die erforderliche Identität ist gegeben, wenn die Klage in gewillkürter **Prozessstandschaft** für den Antragsteller des Beweisverfahrens erhoben wird.[4]

b) Anspruchserfüllung, Anspruchsverzicht, erfolglose Beweisaufnahme

47 Zur Rechtslage bei vorheriger **vollständiger Anspruchserfüllung** des Antragsgegners und bei **Anspruchsverzicht** des Antragstellers s. Rz. 20 und 22.

c) Teilklage

48 Probleme bereitet die Erhebung einer bloßen Teilklage. Zur Erhebung einer Teilklage über einen – u.U. sehr geringen Teilbetrag – wird es insbesondere kommen, wenn der Antragsgegner nach der Beweiserhebung einen **Teil des Anspruchs erfüllt**, also vor allem bei einem Mangelbeseitigungsbegehren einen Teil der Werkmängel durch Nachbesserung beseitigt. Die **Teilklage reicht dann** aus, um die Kostenfolge des § 494a Abs. 2 abzuwenden[5] (zur Erfüllung s. Rz. 20, zur Quotierung bei Teilklagen unten Rz. 99).

49 Eine Klage mit niedrigem Streitwert kann der Antragsteller erheben, wenn entweder die Beweiserhebung teilweise ungünstig war oder wenn das Prozessrisiko unabhängig vom Ergebnis der Beweisaufnahme, also aus anderen tatsächlichen oder rechtlichen Gründen, als hoch erscheint.[6] **Deckt** der **Streitgegenstand** die **Beweisthemen voll** ab, ist es unerheblich, dass der Streitwert des Hauptsacheverfahrens niedriger ist als der Wert des Beweisverfahrens. Für die Anwendung des § 494a Abs. 2 ist aber auch dann kein Raum, wenn es sich um eine Klage mit **bloßer Teilidentität des Streitstoffes** handelt. Vielmehr hat im Hauptsacheverfahren eine Entscheidung über die **gesamten Kosten des Beweisverfahrens** zu ergehen, gegebenenfalls unter Anwendung des § 96 auf die Kostengrundentscheidung (näher dazu unten Rz. 95). Für eine Kostenentscheidung im Verfahren nach **§ 494a** ist **kein Raum**, da das selbständige Beweisverfahren nach seiner Struktur keine Anspruchsbeurteilung vorsieht. Daran darf sich auch nichts durch Erlass bzw. Bedarf nach einer gequotelten Kostenentscheidung ändern.

---

1 BGH (12. ZS) NJW 2007, 1282 Rz. 9; BGH (7. ZS) NJW 2013, 3452 Rz. 11.
2 BGH NJW 2013, 3452 Rz. 12 = MDR 2013, 1433.
3 BGH NJW 2013, 3452 Rz. 14.
4 BGH (8. ZS) NJW 2013, 3586 Rz. 16 (dort: Klage des Rechtsschutzversicherers).
5 BGH (7. ZS) NJW 2004, 3121; BGH (5. ZS) NJW 2005, 294 = NZBau 2005, 43, 44; OLG Zweibrücken MDR 2002, 476; OLG Schleswig MDR 2001, 836, 837; OLG Düsseldorf OLGZ 1993, 342 f. = BauR 1993, 370 f. A.A. *Ulrich* AnwBl. 2003, 144, 147.
6 Vgl. dazu OLG Düsseldorf BauR 1993, 370 f. = OLGZ 1993, 342 f. (Klage auf Zahlung in Höhe von 850,- DM erhoben, nachdem Gegenstand des selbständigen Beweisverfahrens Mängel waren, für deren Beseitigung nach Angabe des Antragstellers mehr als 10 000,- DM aufzuwenden waren); dem OLG Düsseldorf zustimmend *Cuypers* NJW 1994, 1985, 1990.

§ 92 oder § 91a sind im selbständigen Beweisverfahren nicht anwendbar,[1] sieht man von übereinstimmenden Erledigungserklärungen ab (dazu unten Rz. 79).

Eine Entscheidung über die „**erledigten**" **Kosten** kann nur das mit der Teilklage befasste Hauptsachegericht treffen. Es muss das Beweisergebnis ohnehin würdigen und hat zur Abgrenzung und kostenmäßigen Gewichtung erledigter und nicht erledigter Mängel eine größere Sachnähe. 50

d) Widerklage, Aufrechnung des Antragstellers, Zurückbehaltungsrecht

Die Erhebung einer **Widerklage** ist ausreichend.[2] 51

Zweifelhaft ist die Bewertung einer Versäumung der Klagefrist, wenn der Antragsteller des selbständigen Beweisverfahrens statt Klage zu erheben in einem anderen Prozess mit dem Antragsgegner die **Aufrechnung** mit der Forderung erklärt, deren tatsächliche Grundlage Gegenstand des Beweisverfahrens war. Die Aufrechnung **soll** einer **Klageerhebung** wegen ungesicherter Rechtskraftfähigkeit (§ 322 Abs. 2) **nicht gleichstehen**,[3] was zur Erhebung mindestens einer Widerklage zwingen würde. Diese Ansicht ist **für** die **Hauptaufrechnung abzulehnen**.[4] 52

Der Antragsgegner läuft im Falle der Aufrechnung nicht Gefahr, trotz für ihn günstigen Ausgangs des selbständigen Beweisverfahrens seine Kosten selber tragen zu müssen. Wird über die **zur Aufrechnung gestellte Forderung entschieden**, wirkt sich dies auf die akzessorische Kostengrundentscheidung aus. Kommt es nicht zu einer rechtskräftigen Entscheidung (vgl. § 322 Abs. 2) über die Aufrechnungsforderung, steht der Weg des § 494a wieder offen.[5] 53

Bei bloßer **Hilfsaufrechnung** sind allerdings die Unsicherheiten zu groß, ob es zu einer Entscheidung über die Aufrechnung kommt, so dass dem Antragsgegner ein Abwarten mit den Anträgen des § 494a Abs. 1 oder Abs. 2 nicht zuzumuten ist.[6] Dasselbe gilt für eine Einführung der Beweistatsachen durch bloße Geltendmachung eines auf die Mängel gestützten **Zurückbehaltungsrechts**.[7] 54

e) Klage auf Kostenersatz

Da die Kosten des Beweisverfahrens Teil der im Hauptverfahren festzusetzenden Kosten werden sollen, muss die Hauptsacheklage zum Erlass einer dafür geeigneten Kostengrundentscheidung führen können. Das ist **nicht** der Fall, wenn der Antragsteller des selbständigen Beweisverfahrens gegen den Antragsgegner eine Klage (allein) auf Erstattung der Kosten des Beweisverfahrens erhebt, also **lediglich** einen **materiell-rechtlichen Kostenerstattungsanspruch** geltend macht.[8] Dieser Anspruch ist nicht Gegenstand der Fristsetzung nach § 494a Abs. 1.[9] 55

---

1 A.A. OLG München NJW-RR 2001, 1580, 1582; *Herget* MDR 1991, 314; *Ende* MDR 1997, 123, 125. Wie hier: OLG Düsseldorf (10. ZS) OLGZ 1994, 464, 466, insoweit nicht abgedruckt in MDR 1994, 201. Zu den Kosten bei Teilverwertung s. auch unten Rz. 100.
2 BGH NJW-RR 2003, 1240, 1241.
3 OLG Düsseldorf MDR 1994, 201 = OLGZ 1994, 583 f.; OLG Köln (11. ZS) BauR 1997, 517, 518 = NJW-RR 1997, 1295; OLG Dresden NJW-RR 2003, 305, 306.
4 Ebenso BGH NJW-RR 2005, 1688. Weitergehend – auch für Hilfsaufrechnung – OLG Hamm OLGRep. 1997, 299, 300; *Herget* MDR 1991, 314, 315.
5 BGH NJW-RR 2005, 1688, 1689.
6 Ohne diese Einschränkung BGH NJW-RR 2005, 1688, 1689.
7 Vgl. zu dieser Situation OLG Hamm JurBüro 1996, 376 (bei Abweisung der unschlüssigen Klage); OLG Dresden NJW-RR 2003, 305, 306. A.A. AG Stuttgart-Bad Cannstatt NJW-RR 1999, 1370.
8 BGH (5. ZS) NJW-RR 2004, 1580, 1581 m.w.N.; OLG Nürnberg OLGZ 1994, 240, 241.
9 BGH NJW-RR 2004, 1580, 1581.

3. Beschlussentscheidung

56 Bei **Versäumung der Klagefrist** hat das Gericht anzuordnen, dass der Antragsteller des selbständigen Beweisverfahrens die dem Gegner entstandenen Kosten zu tragen hat. Über den Antrag nach § 494a Abs. 2 ist durch Beschluss zu entscheiden. Die Durchführung einer **mündlichen Verhandlung** ist **fakultativ** (§ 494a Abs. 2 S. 2), empfiehlt sich aber bei möglichen Schwierigkeiten der Beurteilung der Verfahrensgegenstände.

57 Gegen den Beschluss ist **sofortige Beschwerde** zulässig (§§ 494a Abs. 2 S. 2, 567 Abs. 1 Nr. 1). Sofortige Beschwerde kommt für beide Seiten in Betracht.[1] Die Beschwerderegelung ist auf selbständige Beweisverfahren in **WEG-Sachen** analog angewandt worden;[2] mit der Umstellung der WEG-Verfahren auf die ZPO (vgl. § 43 WEG) ist § 567 direkt anwendbar. Soweit in privatrechtlichen Streitsachen der freiwilligen Gerichtsbarkeit über § 30 FamFG eine vorsorgliche Beweisaufnahme stattfindet, ist bei Entscheidungen nach § 494a das geänderte Beschwerderecht zu beachten. Die vor der FGG-Reform analog § 574 Abs. 1 Nr. 2 und Abs. 3 zugelassene **sofortige weitere Beschwerde**[3] (§ 29 Abs. 2 FGG) ist entfallen zugunsten der Rechtsbeschwerde nach § 70 FamFG.

58 Entscheidungen nach § 494a Abs. 2 S. 1 sind der **formellen Rechtskraft** fähig.[4] Sie können durch das Gericht der Hauptsache nicht abgeändert werden.[5]

§ 193 Isolierte Kostenentscheidung im Beweisverfahren

I. Sonderfälle außerhalb des § 494a

59 **Losgelöst von** der Regelung des § 494a ist in Sonderfällen eine **isolierte Kostenerstattung** im selbständigen Beweisverfahren erforderlich, um dem **Antragsgegner** einen **prozessualen Erstattungsanspruch** zu verschaffen, u.a. bei Rücknahme des Beweisverfahrensantrages oder bei dessen Abweisung als unzulässig. Der Gesetzgeber hat derartige Fälle nicht ausdrücklich erfasst, was aber nicht auf einem gegenteiligen Regelungswillen beruht. Die von ihm gewollte Einbeziehung der Rücknahme einer nach § 494a erzwungenen Klage und der Abweisung der Klage durch Prozessurteil macht deutlich, dass es **nur** auf den **Eintritt einer Prozesslage** ankommt, in der das **Unterliegensprinzip** die Kostenverteilungsrichtung vorgeben kann und sich der regelmäßig nur vorbereitende Charakter des Nebenverfahrens erledigt hat.[6] Schwierigkeiten erwachsen allerdings bei der **Bestimmung des Streitgegenstandes**, der die Berechnung der zu erstattenden Gebühren betrifft (näher dazu oben Rz. 9 ff.).

60 Nicht eindeutig ist die Rechtslage ferner, wenn der **Antragsteller** an einer prozessualen Kostenerstattung interessiert ist, weil der **Anlass** für die Beweiserhebung **weggefallen** ist, insbesondere weil der zu beweisende **Anspruch ohne Hauptsacheurteil erfüllt** worden ist. Ist das Beweisverfahren von einem Zwangsverwalter betrieben worden, dessen Amtsstellung danach geendet hat, darf ein Antrag nach § 494a Abs. 1 nicht mehr zugelassen werden, weil dessen Prozessführungsbefugnis für ein Hauptsacheverfahren entfallen ist.[7]

---

[1] BGH NJW-RR 2010, 1318 Rz. 9; OLG München NJW-RR 2001, 1580, 1581.
[2] BayObLG MDR 1996, 144 = NJW-RR 1996, 528.
[3] Vgl. dazu BGH NJW 2004, 3412, 3413 m.w.N.
[4] BGH NJW 2004, 3121.
[5] BGH NJW 2004, 3121.
[6] Vgl. dazu OLG Köln OLGZ 1994, 237, 238 ff.; s. ferner OLG Nürnberg MDR 1994, 623 f.
[7] A.A. OLG Düsseldorf MDR 2008, 1060.

Sowohl zugunsten des Antragsgegners als auch zugunsten des Antragstellers muss berücksichtigt werden, **aus welchem Grunde** sich das Beweisverfahren **vorzeitig erledigt** hat oder nach dessen Beendigung ein Hauptsacheverfahren nicht mehr begonnen worden ist oder nicht mehr beendet wird. Häufige Gründe sind entweder der **ungünstige Ausgang der Beweisaufnahme oder** die **Erfüllung** des beweisbedürftigen Anspruchs. 61

Der **BGH** verlagert die Entscheidung über die Kostenerstattung **soweit als möglich** in ein nachfolgendes **Hauptsacheverfahren**. Insbesondere lässt er **keine einseitige Erledigungserklärung**[1] oder eine analoge Anwendung des § 494a Abs. 2 im Beweisverfahren zu.[2] Stattdessen muss der Antragsteller bei Anspruchserfüllung **Hauptsacheklage auf Feststellung** der zuvor bestehenden materiell-rechtlichen Leistungspflicht des Antragsgegners erheben Rz. 23).[3] 62

Die **Feststellungsklage** hat gegenüber einer Feststellungsentscheidung im Beweisverfahren auf einseitige Erledigungserklärung hin den **Vorteil**, dass immer das Hauptsachegericht entscheidet. **Nachteilig** ist, dass sich u.U. ein zweites Gericht in die Sache einarbeiten muss, nur um eine Entscheidung über die Kostenverteilung zu erzielen, in deren Erlass allein das Feststellinteresse zu sehen ist. Fällt das Beweiserhebungsinteresse nachträglich weg und gibt der Antragsteller eine einseitige Erledigungserklärung ab, ist diese regelmäßig in eine **Antragsrücknahme** mit der Kostenfolge des **§ 269 Abs. 3 S. 2 umzudeuten**.[4] 63

II. Antragsrücknahme vor Ende der Beweisaufnahme

1. Kein nachfolgendes Hauptsacheverfahren

a) Beweisergebnis zu Ungunsten des Antragstellers

Bei Antragsrücknahme **vor** Durchführung der **Beweisaufnahme** ist **§ 269 Abs. 3** zu Lasten des Antragstellers **analog anzuwenden**,[5] wobei die Rücknahme auch konkludent durch eine einseitige Erledigungserklärung zum Ausdruck gebracht werden kann, wenn das gerichtliche Beweisverfahren damit nach dem Willen des Antragstellers endgültig beendet sein soll.[6] Der **Antragsgegner** kann in diesen Fällen mangels 64

---

1 BGH (5. ZS) NJW-RR 2004, 1005; BGH (7. ZS) NZBau 2005, 42, 43 = BauR 2005, 133, 134; BGH (4. ZS) NJW 2007, 3721 Rz. 7; BGH (8. ZS) NJW 2011, 1292 Rz. 9; ebenso OLG Celle MDR 2010, 519; OLG Stuttgart NJW-RR 2010, 1462.
2 BGH (5. ZS) NJW-RR 2004, 1005; a.A. OLG München NJW-RR 2001, 1580, 1582.
3 BGH NJW-RR 2004, 1005 a.E.; BGH (8. ZS) VersR 2014, 353 Rz. 10.
4 BGH (8. ZS) NJW 2011, 1292 Rz. 8 u. 10; BGH (7. ZS) NJW-RR 2011, 932 Rz. 8; OLG Stuttgart NJW-RR 2010, 1462, 1463. A.A. OLG Düsseldorf OLGRep. 2005, 453, 454; OLG Schleswig NJW-RR 2009, 656. Keine Umdeutung bei entsprechender gegenteiliger Erklärung: OLG Stuttgart NJW-RR 2010, 1464.
5 BGH (7. ZS) NZBau 2005, 42, 43 = BauR 2005, 133, 134 = MDR 2005, 227; OLG Stuttgart NJW-RR 2010, 1462. Aus der Instanzrechtsprechung: OLG Brandenburg JurBüro 1996, 372; OLG Köln (22. ZS) OLGZ 1994, 237, 239; OLG Köln (3. ZS), MDR 1993, 1131 = OLGZ 1994, 236 f. = VersR 1994, 1088; OLG Köln (12. ZS) VersR 1994, 1088 f.; KG (26. ZS) MDR 1996, 968 f.; KG (4. ZS) NJW-RR 1992, 1023 f.; OLG Düsseldorf (5. ZS) BauR 1995, 286 (LS); OLG Hamm (21. ZS) MDR 2000, 790; OLG Hamm (12. ZS) OLGZ 1994, 233, 234 f.; OLG München MDR 1994, 624; OLG München MDR 2001, 1011, 1012; OLG Frankfurt/M. OLGZ 1994, 441, 442; OLG Frankfurt/M. MDR 1999, 1223; OLG Karlsruhe NJW-RR 1992, 1406, 1407 = WRP 1992, 582 f.; OLG Karlsruhe MDR 1991, 993 f.; OLG Koblenz (8. ZS) MDR 2000, 478 f.; OLG Zweibrücken NJW-RR 2004, 821; OLG Saarbrücken NJW-RR 2011, 500; LG Hamburg MDR 1993, 288. A.A. OLG Koblenz (9. ZS) NJW 1996, 384 = MDR 1996, 101(u.a. unrichtig ein Prozessrechtsverhältnis verneinend); OLG Köln (27. ZS) OLGZ 1992, 492, 493 = VersR 1992, 638, 639 = JurBüro 1992, 632.
6 BGH (7. ZS) NZBau 2005, 42, 43 = BauR 2005, 133, 134 = MDR 2005, 227; BGH (4. ZS) NJW 2007, 3721 Rz. 7 = ZZP 121 (2008), 95 m. Anm. *Fischer*. Gegen eine Auslegung der einseitigen

Beendigung der Beweisaufnahme **kein Hauptsacheverfahren** nach § 494a Abs. 1 **erzwingen** und es ist regelmäßig offen, ob ein solches Verfahren stattfindet.[1] Vor Durchführung der Beweisaufnahme kann das Beweisverfahren auch keinen Einfluss auf einen späteren Hauptsacheprozess haben und sich die isolierte Kostenentscheidung nicht in Widerspruch zu einer Wertung des Beweisergebnisses im Hauptsacheverfahren setzen.

65 **Keine Antragsrücknahme** liegt in einer Änderung der Beweisfragen.[2] Die **Nichteinzahlung** eines gem. §§ 379, 402, 492 Abs. 1 angeforderten **Kostenvorschusses** ist zwar nicht in eine Antragsrücknahme umzudeuten, jedoch soll § 269 Abs. 3 S. 2 darauf analog angewandt werden, damit keine Kostenerstattungslücke zu Lasten des Antragsgegners entsteht.[3]

66 § 269 Abs. 3 ist **nicht** anzuwenden, wenn die **Antragsrücknahme** mit Blick auf das ungünstige Beweisergebnis erst **nach der Beweiserhebung** erfolgt, weil dann eine Ergebnisverwertung in einem nachfolgenden Hauptsacheverfahren stattfinden kann.[4] Die Beweisaufnahme ist **noch nicht beendet**, wenn der Antragsteller den Antrag zurücknimmt, nachdem ein Sachverständigengutachten erstattet worden ist, der Antragsteller jedoch dessen Ergänzung für notwendig erachtet;[5] da § 494a Abs. 1, der von „Beendigung" der Beweiserhebung spricht, dann nicht anwendbar ist, bleibt nur der Weg über § 269 Abs. 3.

67 Der **Kostenbeschluss** nach § 269 Abs. 3 zu Lasten des Antragstellers **umfasst** i.V.m. § 101 auch die einem **Streithelfer des Antragsgegners** erwachsenen Kosten.[6]

b) Erfüllung und gleichgestellte Ereignisse

68 **Offengelassen** hatte der **BGH** zunächst, ob über die Anwendung des § 269 Abs. 3 S. 2 anders zu entscheiden ist, wenn der Antragsteller sein Interesse an der Durchführung des Beweisverfahrens im Zeitpunkt der Antragsrücknahme noch nicht verloren hat.[7] Bejaht hatte er das fortbestehende Beweisinteresse, sofern das Beweisthema weiterhin rechtlich klärungsbedürftig war, selbst wenn der Antragsgegner insolvent geworden ist,[8] oder wenn ein schneller erstattetes Privatgutachten den behaupteten Baumangel bestätigt hat.[9] Seit 2010 ist durch Entscheidungen des 7. und des 8. Zivilsenats für die Praxis geklärt, dass § 269 Abs. 3 S. 2 generell auf den Fall der Antragsrücknahme anzuwenden ist.[10] Die **Anspruchserfüllung** ist ein Ereignis, das „das Interesse des Antragstellers an der Beweiserhebung entfallen"[11] lässt. Der Antragsteller muss dann zur Vermeidung einer Kostenbelastung eine **Feststellungsklage erheben** (s. Rz. 23).

Erledigungserklärung als Rücknahme des Antrags OLG Schleswig NJW-RR 2009, 437, 438; a.A. OLG Celle MDR 2010, 519.
1 BGH NZBau 2005, 42, 43 = BauR 2005, 133, 134.
2 OLG Stuttgart NJW-RR 2010, 1679.
3 OLG Saarbrücken NJW-RR 2011, 500, 501. Zur Möglichkeit der Umdeutung in eine Rücknahme OLG Köln MDR 2014, 494 = NJW-RR 2014, 534.
4 Wohl wie hier OLG München MDR 2001, 1011, 1012; a.A. OLG Köln VersR 1994, 957, 958 = MDR 1994, 315.
5 Vgl. OLG Jena OLG-NL 1997, 283, 284.
6 BGH NZBau 2005, 42, 43 = BauR 2005, 133, 134; OLG München BauR 1998, 592.
7 BGH NZBau 2005, 42, 43 = BauR 2005, 133, 135; BGH NJW-RR 2005, 1015.
8 BGH NZBau 2005, 42, 43.
9 BGH NZBau 2005, 42, 43.
10 BGH (8. ZS) NJW 2011, 1292 Rz. 12; BGH (7. ZS) NJW-RR 2011, 932 Rz. 8.
11 So die allgemeine Formulierung in BGH NZBau 2005, 42, 43; BGH NJW-RR 2005, 1015; s. ferner BGH NJW-RR 2004, 1005.

2. Anhängiges Hauptsacheverfahren

Findet ein **Hauptsacheverfahren statt**, soll **dort** über die Kosten des selbständigen Beweisverfahrens auch **bei Rücknahme des Beweisantrages** entschieden werden.[1] Dabei wird nicht ausdrücklich darauf abgestellt, ob das durch Rücknahme abgebrochene Beweisverfahren für das Hauptsacheverfahren hätte erheblich sein können; das ist jedoch erforderlich, wenn die Verschiebung in das Hauptsacheverfahren sinnvoll sein soll, auch wenn es nicht auf eine tatsächliche Verwertung ankommt (dazu unten Rz. 97). Zur Klärung der potentiellen Beweiserheblichkeit ist der Ausgang des Hauptsacheverfahrens abzuwarten. 69

Ein Hauptsacheverfahren, dem das Beweisverfahren zugeordnet werden kann, liegt auch vor, wenn der Gegenstand des Beweisverfahrens durch eine **Aufrechnungsforderung** des beklagten Antragsgegners oder durch ein von ihm geltend gemachtes **Zurückbehaltungsrecht** in das Hauptverfahren eingeführt wurde[2] (abweichend bei der Entscheidung nach § 494a Abs. 2, s. oben Rz. 54). Hauptsacheklage über Werkmängel, die im selbständigen Beweisverfahren begutachtet wurden, ist auch eine Klage auf Zahlung eines Kostenvorschusses zur Beseitigung der Mängel.[3] 70

Ein Verfahren der **einstweiligen Verfügung** ist **kein** Verfahren, dessen Kostengrundentscheidung zur Festsetzung der Kosten des Beweisverfahrens berechtigt.[4] 71

III. Zurückweisung des Antrags als unzulässig

Im Beweisverfahren ist das **Unterliegensprinzip anzuwenden**, wenn der Antrag auf Einleitung des Beweisverfahrens als unzulässig zurückgewiesen wird.[5] Die **im Beweisverfahren** zu erlassende Kostenentscheidung beruht dann auf **§ 91**. Ein Hauptsacheverfahren kann zwar u.U. stattfinden, jedoch ist dem Antragsteller ein Abwarten auf dessen Ausgang nicht zuzumuten. Fehlt eine Kostengrundentscheidung, kann der Beschluss analog § 321 Abs. 1 innerhalb der zweiwöchigen Frist des § 321 Abs. 2 ergänzt werden.[6] 72

Wird der Antrag nur **teilweise zurückgewiesen**, darf keine Teilkostenentscheidung ergehen. Hinsichtlich der dann durchzuführenden Beweisaufnahme ist mit einem nachfolgenden Hauptsacheverfahren zu rechnen. In dessen Kostenentscheidung ist der Wert des überschießenden zurückgewiesenen Antrags quotenmäßig einzubeziehen.[7] 73

---

1 BGH (7. ZS) NJW-RR 2005, 1015, 1016 = MDR 2005, 944; OLG Hamm MDR 2000, 790; OLG Jena OLG-NL 1997, 283, 284; anders das Vorgehen in OLG München MDR 1999, 636 (dort: Kostenfestsetzungsverfahren). A.A. OLG Frankfurt MDR 1998, 128 (Hauptsacheverfahren war dort zum Ruhen gebracht worden); OLG Nürnberg MDR 1994, 623, 624.
2 OLG Köln Rpfleger 1999, 508.
3 BGH NJW-RR 2007, 307; OLG Saarbrücken NJW-RR 2013, 316.
4 OLG München NJW-RR 1999, 655, 656 = AnwBl. 1999, 234.
5 OLG Brandenburg BauR 1996, 584, 585 = JurBüro 1996, 372; OLG Stuttgart BauR 1995, 278 f.; OLG Hamm (7. ZS) NJW-RR 1997, 959; OLG Hamm (12. ZS) OLGZ 1994, 233, 235; OLG Frankfurt MDR 1998, 128 (sogar bei laufendem Hauptsacheverfahren); OLG Karlsruhe MDR 2000, 975, 976; OLG Celle NJW-RR 2010, 1676; LG Berlin NJW-RR 1997, 585, 586; LG Hannover VersR 2001, 1099, 1100; *Ulrich* AnwBl. 2003, 144, 145.
6 OLG Celle NJW-RR 2010, 1676.
7 OLG Saarbrücken, Beschl. v. 14.2.2014 – 1 W 1/14.

IV. Erledigung des Beweisinteresses nach Beendigung der Beweisaufnahme

74 Erfüllt der Antragsgegner *nach* dem Abschluss der Beweisaufnahme den zu beweisenden Anspruch des Antragstellers, lässt der BGH **keine einseitige Erledigungserklärung** im Beweisverfahren zu, sondern zwingt den Antragsteller zu einer **Feststellungsklage** als Hauptsacheklage; die dortige Kostengrundentscheidung umfasst dann auch die Kosten des Beweisverfahrens.[1]

V. Rücknahme der Hauptsacheklage

75 Die Instanzrechtsprechung stand z.T. auf dem Standpunkt, bei Rücknahme der (freiwillig erhobenen oder nach § 494a erzwungenen) Hauptsacheklage seien die Kosten des Beweisverfahrens **auf** der **Grundlage** der dort ergehenden Kostenentscheidung nach **§ 269 Abs. 3 nicht festzusetzen**,[2] weil keine abschließende Entscheidung über die Hauptsache getroffen werde oder diese sich nicht sonst endgültig erledige.[3] **Stattdessen** solle das **Erzwingungsverfahren nach § 494a Abs. 1** mit der Kostenentscheidungsmöglichkeit nach § 494a Abs. 2 – gegebenenfalls erneut – angewandt werden.[4] Dies ist nur zutreffend, wenn das selbständige Beweisergebnis noch einem anderen Hauptsacheverfahren zugeordnet werden kann,[5] was auch der Fall ist, wenn der zunächst klageweise geltend gemachte Anspruch in einem anderen Verfahren umgekehrten Rubrums vom Antragsteller zum Gegenstand einer Aufrechnung gemacht wird.[6] Anderenfalls ist maßgebend, dass es für die Kostenfestsetzung selbst in einem zu Ende geführten Hauptsacheverfahren nicht auf eine Verwertung des Beweisergebnisses ankommt[7] (dazu unten Rz. 97). Der **BGH** hat den Streit der Instanzgerichte zugunsten einer Einbeziehung der Beweisverfahrenskosten in die Entscheidung nach § 269 Abs. 3 S. 2 entschieden.[8]

VI. Sonstige Verfahrenserledigungen

76 Die **Nichtzahlung** des angeforderten **Auslagenvorschusses**, die die Beweiserhebung unterbindet, ist grundsätzlich einer Antragsrücknahme gleichzustellen, also § 269 Abs. 3 statt § 494a Abs. 1 im Beweisverfahren anzuwenden,[9] **es sei denn**, die Rücknahme beruht auf einer **zwischenzeitlichen Erfüllung** durch den Antragsgegner oder durch einen Mithaftenden und das Beweisinteresse fällt dadurch weg (s. oben Rz. 68).

---

1 BGH NJW-RR 2004, 1005.
2 OLG Köln BauR 1994, 411; OLG München MDR 1999, 893; OLG München MDR 1998, 307, 308 = JurBüro 1998, 200; OLG Schleswig SchlHA 1995, 51, 52 = JurBüro 1995, 36; OLG Koblenz VersR 2004, 1151 = MDR 2003, 1080. A.A. OLG Düsseldorf (12. ZS) BauR 1997, 349, 351; OLG Frankfurt NJW-RR 2004, 70, 71; OLG Jena MDR 2007, 172, 173. Offengelassen in BGH (7. ZS) NJW-RR 2003, 1240, 1241. Zur Rücknahme der vom Antragsgegner zunächst erhobenen Hauptsacheklage OLG Oldenburg OLGRep. 1994, 327 (keine analoge Anwendung des § 494a Abs. 2 S. 1).
3 OLG Köln NJW-RR 1998, 1078; OLG Düsseldorf (23. ZS) NJW-RR 2006, 1028.
4 OLG Köln MDR 2002, 1391, 1392; OLG Düsseldorf NJW-RR 2006, 1028.
5 So die Konstellation in OLG Koblenz MDR 2003, 1080; dazu ferner OLG Hamburg MDR 1998, 1124.
6 Vgl. die Konstellation in OLG Frankfurt NJW-RR 2004, 70, 71 (dort aber nur Hilfsaufrechnung); OLG Hamburg MDR 1998, 1124 (obiter dictum; ebenso für Geltendmachung qua Zurückbehaltungsrecht).
7 BGH (7. ZS) NZBau 2005, 44, 45.
8 BGH (12. ZS) NJW 2007, 1279 Rz. 18 f. und 1282 Rz. 9.
9 OLG Frankfurt NJW-RR 1995, 1150 = MDR 1995, 751; *Notthoff/Buchholz* JurBüro 1996, 5, 8 f. A.A. OLG Düsseldorf MDR 2002, 603; *Ulrich* AnwBl. 2003, 144, 145. Offengelassen in OLG Hamburg MDR 1998, 242, 243.

Der Antragsteller darf klarstellend eine Feststellungsklage als Hauptsacheklage erheben.

Aus denselben Gründen darf eine Kostenentscheidung analog § 269 Abs. 3 ergehen, 77
wenn die **Fortsetzung** des Verfahrens **aus anderen Gründen scheitert**,[1] etwa weil der Antragsteller den Sachverständigen auffordert, sein Gutachten nicht fertigzustellen und die Gebühren abzurechnen.[2] Wiederum ist anders zu entscheiden, wenn das Beweisinteresse wegen Erfüllung fortgefallen ist.

Wird **im Beweisverfahren** ein **Vergleich** ohne Kostenregelung geschlossen, ist § 98 anzuwenden.[3] Einigen sich die Parteien im selbständigen Beweisverfahren vergleichsweise nur über dessen Hauptsache und überlassen die Verteilung der Kosten dem Gericht, ist darüber nach **§ 91a** zu entscheiden[4] (s. auch nachfolgend Rz. 79); § 98 ist dann bei der Ermessensentscheidung nicht anzuwenden.[5] Wird ein **Vergleich im Hauptsacheverfahren** geschlossen, ist dessen Kostenverteilung im Zweifel auf das selbständige Beweisverfahren zu übertragen.[6] Werden im Vergleich getrennte Kostenregelungen getroffen und damit der Wille zu einer Separatbehandlung zum Ausdruck gebracht, kann bei der Kostenfestsetzung nicht eingewandt werden, ein Anwaltswechsel sei nicht notwendig gewesen.[7] Der Abschluss eines **außergerichtlichen Vergleichs** hindert eine Kostenentscheidung nach § 91a oder § 269 Abs. 3.[8] 78

Eine **Entscheidung nach § 91a** aufgrund **beiderseitiger Erledigungserklärung** sollte 79
entgegen der Ansicht des BGH[9] ergehen dürfen, obwohl dafür eine materiell-rechtliche Prüfung stattfinden muss, die dem selbständigen Beweisverfahren an sich fremd ist.[10] Maßgebend für die Ermessensentscheidung ist die festgestellte Sachlage. Damit wäre eine angemessene Kostenverteilung bei nachträglicher Mängelbeseitigung im Werkvertragsrecht zu ermöglichen.

Verzichtet der Antragsteller nachträglich auf die bisher geltend gemachten Ansprüche 80
(z.B. auf Gewährleistung), ist § 494a Abs. 2 anzuwenden (s. oben Rz. 22).[11] Von einem derartigen Kostenbeschluss ist ausnahmsweise abzusehen, wenn die Klageer-

---

1 OLG München MDR 2001, 768, 769; OLG Hamm MDR 2000, 790; OLG Celle NJW-RR 1998, 1079; OLG Koblenz MDR 2005, 291.
2 So die Sachlage in OLG München MDR 2001, 768.
3 Bei Einigung der Parteien für Kostenentscheidung im Beweisverfahren: OLG Celle (7. ZS) MDR 1993, 914 f. (ohne Erwähnung des § 98); OLG Dresden JurBüro 1999, 594, 595. Keine Kostenentscheidung: LG Stade MDR 1995, 1270; offengelassen in BGH (8. ZS) NJW 2003, 1322, 1323 a.E.
4 LG Stuttgart NJW-RR 2001, 720.
5 LG Stuttgart NJW-RR 2001, 720.
6 OLG Nürnberg MDR 1998, 861 f.; OLG Nürnberg AnwBl. 2002, 666; OLG Jena OLG-NL 2000, 115, 116; OLG Saarbrücken NJW-RR 2013, 316 = NJW 2013, 1250 (LS); OLG Hamm NJW 2013, 2130, 2131 (für Streithelfer).
7 OLG Koblenz NJW-RR 1998, 718 = JurBüro 1999, 33.
8 OLG Dresden JurBüro 1999, 594, 595. Anders bei Vergleich mit nur einem von mehreren Antragsgegnern OLG Celle MDR 2010, 519.
9 BGH (4. ZS) NJW 2007, 3721 Rz. 8 = ZZP 121 (2008), 95 m. zust. Anm. *Fischer*; BGH (7. ZS) NJW-RR 2011, 931 Rz. 8.
10 OLG München BauR 2000, 139; OLG München MDR 2001, 1011, 1012; OLG Dresden BauR 2003, 1608; OLG Hamm MDR 2000, 790; OLG Frankfurt/M. OLGZ 1994, 441, 443; OLG Celle MDR 1993, 914, 915; *Notthoff/Buchholz* JurBüro 1996, 5, 8. S. dazu auch OLG München BauR 1997, 167, 168. A.A. OLG Hamburg MDR 1998, 242, 243 (möglicherweise einseitige Erledigungserklärung); OLG Dresden JurBüro 1999, 594, 595; OLG Stuttgart BauR 2000, 445; KG MDR 2002, 422 (unter Aufgabe von NJW-RR 1992, 1023 f.); LG Tübingen MDR 1995, 638. Offengelassen in BGH (5. ZS) NJW-RR 2004, 1005 (jedoch mit verbaler Bevorzugung der Anwendung) und BGH (7. ZS) NZBau 2005, 42, 43.
11 OLG Karlsruhe MDR 1996, 1303 = JurBüro 1996, 375 = BauR 1997, 355 f. (LS); Zöller/*Herget*[30] § 494a Rz. 4.

hebung trotz günstiger Beweisaufnahme nur wegen Vermögensverfalls des Antragsgegners unterbleibt.[1]

81 Die Entscheidung über die Kostenverteilung ist mit der **sofortigen Beschwerde** angreifbar.[2]

§ 194 Kostenermittlung und Kostenfestsetzung

I. Streitwert

82 Maßgebend für den Streitwert (§ 3) ist das Interesse des Antragstellers an der Durchführung des selbständigen Beweisverfahrens. Für den **Streithelfer** gilt derselbe Wert wie für die unterstützte Partei; ein abweichendes Interesse bezogen auf seine eventuelle Regresshaftung lässt sich im Beweisverfahren nicht näher bestimmen.[3] Ausgehend von der weitgehenden Wirkung, die der Beweisaufnahme gem. § 493 Abs. 1 beigemessen wird, nimmt die h.M. an, dass der Streitwert des selbständigen Beweisverfahrens **der Hauptsache entspricht**.[4] Sie kann für sich in Anspruch nehmen, dem Streiterledigungsziel des selbständigen Beweisverfahrens (§ 485 Abs. 2) Rechnung zu tragen. Dem steht die Ansicht gegenüber, der Streitwert betrage regelmäßig nur einen Bruchteil des Hauptsacheverfahrens,[5] was für Verfahren mit dem Ziel bloßer Beweiserhaltung angemessen ist. Voller Wert der Hauptsache bedeutet dabei Wert

---

1 OLG Rostock BauR 1997, 169.
2 OLG Frankfurt/M. NJW-RR 1995, 1150; OLG Köln OLGZ 1994, 237, 238; OLG Karlsruhe NJW-RR 1992, 1406.
3 OLG Karlsruhe NJW-RR 2013, 533, 534.
4 BGH (3. ZS) NJW 2004, 3488, 3489; OLG Hamm MDR 2014, 179; OLG Karlsruhe MDR 2010, 1418; OLG Celle FamRZ 2008, 1197; OLG Düsseldorf (21. ZS) NJW-RR 2003, 1530; OLG Düsseldorf (24. ZS) MDR 2001, 354; OLG Düsseldorf (7. ZS) NJW-RR 1996, 383 f.; OLG Düsseldorf (21. ZS) NJW-RR 1996, 319, 320 = BauR 1995, 879; OLG Brandenburg NZBau 2001, 30; OLG Hamm (21. ZS) AnwBl. 1996, 411; OLG Celle (13. ZS) Nds.Rpfl. 1994, 367; OLG Celle (4. ZS) Nds.Rpfl. 1994, 367, unter Aufgabe von OLG Celle MDR 1994, 415 = Rpfleger 1994, 227; OLG Köln (2. ZS) JurBüro 1996, 30; OLG Köln (1. ZS) MDR 1994, 734; OLG Köln (2. ZS) NJW-RR 1994, 761 f. = Rpfleger 1994, 414 f. = Rpfleger 1994, 306; OLG Köln (9. ZS) VersR 1993, 858, 859; OLG Köln (19. ZS) JurBüro 1992, 700 = VersR 1992, 1111 (dabei jedoch den Mittelwert aus zwei denkbaren Streitgegenständen des Hauptsacheverfahrens bildend); OLG München (28. ZS) MDR 2002, 357; OLG München BauR 1994, 408, 409; OLG München (28. ZS) MDR 1993, 287; OLG München (28. ZS) NJW-RR 1992, 1471, 1472 = Rpfleger 1992, 409; OLG Frankfurt (1. ZS) NJW-RR 2003, 647; OLG Frankfurt (1. ZS) JurBüro 1994, 495 (zumindest bei Eignung zur abschließenden Erledigung der streitigen Angelegenheit); OLG Frankfurt (17. ZS) BauR 1993, 639; OLG Frankfurt (22. ZS) JurBüro 1993, 554; OLG Rostock NJW-RR 1993, 1086, 1087 = BauR 1993, 367 ff. m. Anm. *Wirth*; OLG Koblenz (1. ZS) JurBüro 1998, 267; OLG Koblenz (14. ZS) MDR 1993, 287 = Rpfleger 1993, 83 f. = ZfS 1993, 27; OLG Koblenz (5. ZS) MDR 1993, 188; LG Itzehoe SchlHA 1995, 110; LG Hamburg MDR 1993, 288; *Bischof* JurBüro 1992, 779, 780; Wieczorek/Schütze/*Gamp*[3] § 3 Rz. 117, 183 „selbständiges Beweisverfahren". Im Ansatz ebenso, jedoch mit dem Abschlag einer Feststellungsklage OLG Karlsruhe (17. ZS) MDR 1992, 615, 616; OLG Karlsruhe JurBüro 1992, 559. S. ferner OLG Stuttgart BauR 1996, 145, 147 = JurBüro 1996, 373 (vor schematischer Gleichsetzung warnend). Zum Abzug der Vorsteuer bei der Streitwertfestsetzung OLG Düsseldorf NJW-RR 1996, 1469.
5 OLG Köln (5. ZS) VersR 1995, 360, 361 („Hauptsachewert nur ausnahmsweise"); OLG Köln (22. ZS) MDR 1992, 1190 = OLGZ 1993, 248, 249 = VersR 1993, 247; OLG Schleswig MDR 2004, 229 (i.d.R. ½ des Hauptsachewertes); OLG Schleswig VersR 1995, 1254; OLG Schleswig SchlHA 1993, 154; OLG Düsseldorf (9. ZS) NZM 2001, 55, 56 (1/2 des Hauptsachewertes); OLG Bamberg JurBüro 2000, 1339; OLG Hamm (5. ZS) BauR 1995, 430, 431 (1/2 des Hauptsachewertes); OLG Bamberg JurBüro 1992, 629 (1/3 des Hauptsachewertes) und OLG Bamberg JurBüro 1998, 95, anders OLG Bamberg MDR 2003, 835, 836. Für das alte Recht differenzierend nach dem Grund der Anordnung des selbständigen Beweisverfahrens *Knacke* NJW 1986, 36.

der Beweisaufnahme im Hauptsacheverfahren, der vom übrigen Gebührenstreitwert des Hautsacheverfahrens abweichen kann.

Bei der Feststellung von **Mängelbeseitigungskosten** ist **deren vom Gutachter angegebener Wert**, gegebenenfalls der Mittelwert eines Kostenrahmens anzusetzen;[1] damit wird eine objektive Bewertung der vom Antragsteller genannten Tatsachen vorgenommen statt die zu Verfahrensbeginn geäußerte subjektive Einschätzung des Antragstellers zugrunde gelegt. Eine konsequente Fortsetzung dieser Begründung verlangt die Zugrundelegung der zwischenzeitlich feststehenden tatsächlichen statt der vom Sachverständigen vorausgesagten Mangelbeseitigungskosten.[2] 83

Bestätigt der Sachverständige keine oder nur einen Teil der behaupteten Mängel, sind die Beseitigungskosten der „**überschießenden**" **Mängel** zusätzlich zu dem vom Sachverständigen angegebenen Beseitigungsaufwand nach objektiven Kriterien zu schätzen.[3] 84

Ein höherer Mängelbeseitigungswert kann auch anzusetzen sein, wenn der Antragsteller eine andere Sanierungsvariante geklärt wissen will, als der Sachverständige für erforderlich hält.[4] Will der Antragsteller noch **weitere Ansprüche** vorbereiten als nur Mängelbeseitigungsverlangen, ist deren zusätzlicher Wert zu berücksichtigen.[5] 85

Geht es für Zwecke des **Zugewinnausgleichs** um die Feststellung des Wertes einer Immobilie, darf deren Wert nicht schematisch zugrunde gelegt werden, wenn sich der Streit um die Berücksichtigung von Verbindlichkeiten dreht.[6] 86

In **zeitlicher Hinsicht** ist auf die Tatsachenbehauptungen zu **Beginn des Beweisverfahrens** abzustellen;[7] ein nachträglicher höherer Streitwert der tatsächlich erhobenen Hauptsacheklage hat außer Betracht zu bleiben.[8] Bei höherer Wertfestsetzung im späteren Hauptsacheverfahren und Verwertung des Beweisergebnisses kann der in 87

---

1 BGH (3. ZS) NJW 2004, 3488, 3489; BGH (12. ZS) NJW-RR 2005, 1011; OLG Karlsruhe MDR 2010, 1418; OLG Frankfurt NJW 2010, 1822; OLG Karlsruhe NJW-RR 2011, 22, 23; OLG Stuttgart MDR 2009, 234; OLG Celle NJW-RR 2004, 234; OLG Düsseldorf NJW-RR 2003, 1530; OLG Düsseldorf MDR 2001, 649; OLG Köln (7. ZS) NJW 2000, 802; OLG Köln (16. ZS) NJW-RR 1997, 1292; OLG Naumburg MDR 1999, 1093; OLG Jena OLG-NL 2001, 95; OLG Frankfurt NZBau 2000, 81; OLG Frankfurt NJW-RR 2003, 647; OLG Hamburg NJW-RR 2000, 827, 828 = NZBau 2000, 342; OLG Koblenz (10. ZS) VersR 2003, 131; OLG Koblenz JurBüro 1998, 267; OLG Stuttgart JurBüro 1996, 373; *Schneider* MDR 1998, 252, 255. A.A. OLG Karlsruhe (3. ZS) JurBüro 1997, 531, 532; OLG Celle Rpfleger 1997, 452 (mit nachfolgender indirekter Korrektur durch Quotierung bei der Kostenfestsetzung); OLG Köln (8. ZS) OLGR 1998, 6; OLG Bamberg MDR 2003, 835, 836 (zur Vermeidung einer Reduzierung auf Null bei Verneinung der Existenz von Mängeln); OLG Bamberg JurBüro 1998, 95; OLG Koblenz (15. ZS) MDR 2001, 356; OLG München MDR 2002, 357 (wenn im Hauptsacheverfahren nicht Mangelbeseitigung, sondern Rückabwicklung verlangt wird).
2 *Ulrich* AnwBl. 2003, 144, 150. So auch OLG Stuttgart, Beschl. v. 19.4.2010 – 3 W 21/10 (insoweit nicht in BauR 2010, 1113, LS), jedoch nur bei Feststellung innerhalb der 6-Monats-Frist des § 63 Abs. 3 S. 2 GKG.
3 BGH NJW 2004, 3488, 3490; OLG Frankfurt NJW 2010, 1822; OLG Stuttgart NJW-RR 2012, 91 = MDR 2011, 1198, 1199; OLG Saarbrücken MDR 2012, 733, 734.
4 Vgl. OLG Karlsruhe NJW-RR 2011, 22, 24.
5 OLG Stuttgart (12. ZS) MDR 2011, 1198; OLG Saarbrücken MDR 2012, 733, 734; a.A. OLG Stuttgart (3. ZS) BauR 2010, 1113 (LS).
6 OLG Hamm MDR 2014, 179.
7 BGH NJW 2004, 3488, 3490; OLG Celle NJW-RR 2004, 234; OLG Köln (13. ZS) JurBüro 1996, 31.
8 Vgl. OLG Köln (13. ZS) JurBüro 1996, 31; *Hansens* Rpfleger 1997, 363, 366; *Bischof* JurBüro 1992, 779, 780.

beiden Verfahren tätige Anwalt die Gebührendifferenz im Hauptsacheverfahren liquidieren.[1]

88 Wegen der Selbständigkeit des Beweisverfahrens kann im Hauptsacheverfahren keine **Streitwertbeschwerde** für das Nebenverfahren eingelegt werden.[2] Zur Berechnung der Beschwerdefrist Kap. 55 Rz. 103 f. Gebunden ist das Gericht an die Wertfestsetzung, die es für die Zuständigkeitsbestimmung vorgenommen hat.[3]

89 Für **mehrere** selbständige **Beweisverfahren**, also auch für Antrag und Gegenantrag, ist jeweils ein eigener Streitwert ohne wechselseitige Anrechnung festzusetzen.[4]

II. Kosten (Gebühren, Auslagen)

1. Gerichtskosten

90 Das selbständige Beweisverfahren ist gerichtskostenrechtlich als eigenständige Verfahrensart ausgestaltet und löst eine Gebühr in Höhe von 1,0 (KV GKG Nr. 1610) aus. Diese ist nicht auf ein eventuelles streitiges Verfahren anrechenbar. Die **Gerichtskosten des Beweisverfahrens** (Gebühren und Auslagen, insbesondere Kosten eines Sachverständigen) zählen zu den Gerichtskosten des Hauptprozesses und **nicht** zu dessen **außergerichtlichen Prozessvorbereitungskosten**.[5] Dafür spricht die enge Zusammengehörigkeit der beiden Verfahren. Eine angemessene Überprüfung der Notwendigkeit der Kosten des Beweisverfahrens ist ausreichend gewährleistet, weil im Kostenfestsetzungsverfahren die Identität von Parteien und Streitgegenstand sowie Verwertung der Beweisergebnisse im Hauptprozess stattzufinden hat und § 96 es ermöglicht, die Kosten eines erfolglosen Beweisverfahrens dessen Antragsteller abweichend vom Ausgang des Hauptprozesses aufzuerlegen.[6] Ein **Beschwerdeverfahren** (gegen einen ablehnenden Beschluss nach § 490 Abs. 1 oder eine Entscheidung nach § 494a) ist unter den Voraussetzungen der Nr. 1811 KV GKG gebührenpflichtig.

91 **Gegenüber** der **Staatskasse** ist gem. § 22 Abs. 1 S. 1 GKG der Antragsteller eines Verfahrens alleiniger Kostenschuldner, solange kein Entscheidungsschuldner i.S.d. § 29 Nr. 1 GKG (mit dem Haftungsvorrang des § 31 Abs. 2 S. 1 GKG) bestimmt worden ist. Wird in einem Verfahren ein Gegenantrag gestellt, ist hinsichtlich dieser Beweisthemen der **Gegenantragsteller Erstschuldner** i.S.d. § 22 GKG.[7]

2. Anwaltsgebühren

92 Nach VergVerz RVG Nr. 3100 erhält der Anwalt für das selbständige Beweisverfahren eine **Verfahrensgebühr** und, wenn mündlich verhandelt wird, nach Nr. 3104 zusätzlich eine **Terminsgebühr** in Höhe von 1,2. Wird ein Vergleich geschlossen, fällt eine

---

1 OLG Schleswig VersR 1995, 1254, 1255 (allerdings zur Beweisgebühr nach der BRAGO und insoweit unrichtig, weil die Verwertung im Hauptsacheverfahren keine Beweisgebühr auslöste).
2 OLG Köln VersR 1997, 601.
3 Vgl. *Cuypers* MDR 2004, 244, 246.
4 OLG Karlsruhe JurBüro 1997, 531, 532.
5 BGH (8. ZS) NJW 2003, 1322, 1323; OLG Zweibrücken MDR 1996, 1078 = JurBüro 1997, 534; OLG Karlsruhe Rpfleger 1996, 375 = JurBüro 1997, 533, 534; OLG Nürnberg (4. ZS) OLGZ 1994, 351, 352 = JurBüro 1994, 103, 104; OLG Düsseldorf BauR 1993, 406 f. = Rpfleger 1994, 181 = OLGR 1994, 5 (unter Aufgabe der früheren Rspr.); OLG Koblenz MDR 2003, 718; *Stollmann* JurBüro 1989, 1069 ff. m.w.N. A.A. OLG Nürnberg (9. ZS) BauR 1995, 275, 276 = JurBüro 1996, 33 f.; *Brossette/Mertes* AnwBl. 1992, 418, 420 f.
6 BGH NJW 2003, 1322, 1323; BGH (7. ZS) NJW-RR 2003, 1240, 1241 a.E.
7 OLG Koblenz NJW-RR 1997, 1024 = JurBüro 1998, 547. Zur gleichzeitigen Kostenbefreiung des Ast. KG MDR 2007, 986.

Einigungsgebühr von 1,5 an (VergVerz RVG Nr. 1000). Auf ein eventuelles Hauptsacheverfahren ist die im selbständigen Beweisverfahren anfallende **Verfahrensgebühr anzurechnen**; Beweisverfahren und Hauptprozess bilden insoweit gebührenrechtlich eine Einheit.[1] Bei Gegenstandsgleichheit der Verfahren ist die Beteiligung unterschiedlicher Rechtsanwälte ohne Bedeutung.[2]

3. Parteiauslagen (Privatgutachterkosten)

Festzusetzen sind die Kosten nach den zu § 91 entwickelten Grundsätzen. Zu erstatten sind also sämtliche Kosten, die zur **zweckentsprechenden Rechtsverteidigung notwendig** waren.[3] Dazu können auch die Auslagen für einen vom Antragsgegner hinzugezogenen Privatgutachter gehören, wenn er ohne sachverständige Beratung sein Fragerecht nicht sachgerecht ausüben kann.[4]

93

III. Festsetzung im Hauptverfahren, Kostenquotierung, Notwendigkeit der Kosten

Über die Kosten des Beweisverfahrens ergeht grundsätzlich **keine gesonderte Tenorierung** im Hauptsacheverfahren, da sie zu den Kosten des Rechtsstreits gehören[5] (s. Rz. 1); die Kosten des Beweisverfahrens werden von der im Hauptsacheverfahren getroffenen Kostenentscheidung mit umfasst.[6] Die **Geltendmachung** erfolgt **im Festsetzungsverfahren**.[7] Wegen der u.U. schwierigen Kostenzuordnung (nachfolgend Rz. 96 ff.) ist der Verzicht auf eine Behandlung in der Kostengrundentscheidung allerdings unzweckmäßig;[8] zumindest sollte die Begründung der Kostenentscheidung die Kosten des Beweisverfahrens ansprechen.

94

Eine **Tenorierung** muss vorgenommen werden, wenn **gem. § 96** für die Kosten des Beweisverfahrens eine abweichende Kostenverteilung erfolgen soll.[9] Eine Korrektur der Kostengrundentscheidung im Wege der Kostenfestsetzung ist nicht zulässig;[10] die § 96 missachtende Kostengrundentscheidung ist für die gesamten Kosten des Beweisverfahrens zugrunde zu legen, auch wenn der Gegenstand des Beweisverfahrens über den Streitgegenstand des Hauptsacheverfahrens hinausging.[11]

95

Die Kosten des Beweisverfahrens sind Kosten des Hauptsacheverfahrens, wenn die **Parteien und** der „Streitgegenstand" (terminologisch richtig:[12] **Gegenstand**) beider

96

---

1 BGH NJW 2007, 3578 Rz. 17 und 20 (zur Teilidentität). Ebenso für die Prozessgebühr nach der BRAGO BGH NJW-RR 2006, 810, 811.
2 OLG Hamburg MDR 2007, 559.
3 BGH NJW 2013, 1820 Rz. 22 f.
4 BGH NJW 2013, 1820 Rz. 25 f.
5 BGHZ 20, 4, 15; BGH NJW 1996, 1749, 1750 f.; OLG Nürnberg OLGZ 1994, 351 = JurBüro 1994, 103 f.
6 BGH NJW-RR 2004, 1651.
7 OLG Düsseldorf NJW-RR 1995, 1108, 1109 = BauR 1995, 854, 856, lehnt daher einen materiellrechtlichen Erstattungsanspruch ab.
8 Vgl. das Kostenfestsetzungsproblem in OLG Koblenz JurBüro 1996, 375 f.
9 BGH (7. ZS) NJW-RR 2006, 810, 811; vgl. ferner BGH NJW-RR 2003, 1240, 1241.
10 BGH (8. ZS) NJW 2013, 3586 Rz. 19; BGH (7. ZS) NJW-RR 2006, 810, 811; BGH (7. ZS) NZBau 2005, 44, 45; BGH (8. ZS) NJW 2003, 1322, 1323; OLG Saarbrücken NJW-RR 2013, 316.
11 BGH NJW-RR 2006, 810, 811.
12 Vgl. die korrekte Terminologie des Kostenrechtsgesetzgebers in Vorbem. V vor Nr. 3100 VergVerz RVG.

Verfahren **identisch** sind.[1] Teilweise Parteiidentität ist ausreichend,[2] ebenso teilweise Gegenstandsidentität[3] (zur Quotierung in diesen Fällen nachfolgend Rz. 99). Eine Klage in zulässiger **Prozessstandschaft** steht für die Zwecke der Kostenfestsetzung der Klage des materiellen Rechtsinhabers gleich.[4] Für den **Streithelfer** im Beweisverfahren folgt aus dem Grundsatz der Kostenparallelität (vgl. § 101 Abs. 1), dass sein Kostenerstattungsanspruch **inhaltlich** dem **Erstattungsanspruch** der von ihm unterstützten **Hauptpartei** entspricht, auch wenn er sich am Hauptverfahren nicht mehr beteiligt hat.[5] Ein **Streithelfer** auf Seiten des Antragsgegners ist an einen **Kostenvergleich** zwischen Antragsteller und Antragsgegner **gebunden**,[6] so dass er bei Kostenaufhebung seine außergerichtlichen Kosten selbst zu tragen hat.[7]

97 Die Erstattungsfähigkeit der Kosten des Beweisverfahrens **im zugehörigen**[8] **Hauptverfahren** setzt **nicht** voraus, dass dort **tatsächlich** eine **Verwertung** stattgefunden hat;[9] die Festsetzung darf also nicht mit der Begründung verneint werden, die Kosten des Beweisverfahrens seien mangels Verwertung nicht notwendig gewesen.[10] Diese Situation kann z.B. eintreten, wenn die Beweistatsachen nach der Beweisaufnahme unstreitig geworden sind, jedoch der Rechtsstreit gleichwohl nicht vermeidbar war, oder wenn der Anspruch, für den die Beweisaufnahme vorgesehen war, als unschlüssig, also aus Rechtsgründen, abgewiesen wird.[11] Notwendig ist nur, dass das Beweisverfahren **aus** der **Sicht des Antragstellers** eine zur zweckentsprechenden Rechtsverfolgung **notwendige Maßnahme** war.[12] Das Ergebnis des Beweisverfahrens besagt nicht zwangsläufig, wie das Hauptsacheverfahren ausgeht; der Antragsteller kann trotz für ihn erfolgreicher Beweisaufnahme das ordentliche Verfahren verlieren.

98 Die **mögliche Inkongruenz** der Ergebnisse beider Verfahren belegt, dass die Verwertung der Beweisergebnisse keine zwingende Voraussetzung der Kostenverteilung im Hauptsacheverfahren sein kann. Wegen der Irrelevanz der Verwertung kann auch bei **Rücknahme** der **Hauptsacheklage** auf der Grundlage des Beschlusses nach § 269 Abs. 4 (dazu oben Rz. 75) oder bei **Abweisung** der Hauptsacheklage **als unzulässig** ei-

---

1 BGH (8. ZS) NJW 2003, 1322, 1323; BGH (7. ZS) NJW-RR 2004, 1651; BGH (5. ZS) NJW 2005, 294 = NZBau 2005, 43, 44; BGH (7. ZS) NZBau 2005, 44, 45. BGH (12. ZS) NJW 2007, 1282 Rz. 9; BGH (8. ZS) NJW 2013, 3586 Rz. 16; Fehlende Parteiidentität in OLG Koblenz MDR 2004, 840 = WM 2004, 2253, 2254; OLG Köln MDR 2007, 1347.
2 BGH NJW-RR 2004, 1651; OLG München MDR 2000, 603; OLG Bamberg NZBau 2000, 82; KG NJW 2009, 3587 = NJW-RR 2009, 1439.
3 BGH (7. ZS) NJW 2004, 3121; BGH NJW (5. ZS) NJW 2005, 294 = NZBau 2005, 43, 44 = MDR 2005, 295, 296; BGH (7. ZS) NJW-RR 2006, 810, 811; BGH (7. ZS) NJW 2014, 1018 Rz. 14; OLG München MDR 2000, 726, 7272 = Rpfleger 2000, 353 (verneint nach Klageänderung im Hauptsacheverfahren).
4 BGH VersR 2014, 353 Rz. 16 (dort: Klage des Rechtsschutzversicherers).
5 BGH, Beschl. v. 5.12.2013 – VII ZB 15/12; BGH, Beschl. v. 19.12.2013 – VII ZB 11/12 – Rz. 12.
6 Vgl. BGH (7. ZS) NJW 2013, 3452 Rz. 15; BGH (7. ZS), Beschl. v. 19.12.2013 – VII ZB 11/12 Rz. 11.
7 BGH NJW-RR 2008, 261 Rz. 11.
8 Vgl. dazu OLG München JurBüro 1996, 36; OLG Koblenz NJW-RR 1994, 1277; OLG Koblenz NJW-RR 1994, 574; OLG Hamburg MDR 1990, 1127.
9 BGH (7. ZS) NZBau 2005, 44, 45; BGH (7. ZS) NJW-RR 2003, 1240, 1241; OLG Hamburg MDR 1998, 1124; KG NJW-RR 1997, 960 = JurBüro 1997, 319, 320; OLG Koblenz JurBüro 1996, 34, 35; OLG Hamm NJW-RR 1993, 1044, 1046; s. auch BGH NJW 1996, 1749, 1751. A.A. BGH (8. ZS) NJW 2003, 1322, 1323; wohl auch anders *Cuypers* MDR 2004, 244, 250.
10 BGH NZBau 2005, 44, 45.
11 So in den Fällen BGH NZBau 2005, 44; BGH NJW-RR 2003, 1240, 1241; KG NJW-RR 1997, 960 (Verneinung der Prozessführungsbefugnis).
12 OLG Jena OLGR 2001, 252; OLG Koblenz JurBüro 1996, 34, 35; OLG Nürnberg JurBüro 1996, 35; OLG Düsseldorf BauR 1995, 889 (LS); OLG Köln NJW-RR 1997, 960; *Ulrich* AnwBl. 2003, 144, 148.

ne Festsetzung der Beweisverfahrenskosten erfolgen (gegebenenfalls nach Kostengrundentscheidung gem. § 96).

War der **Streitwert des Beweisverfahrens höher als** der des **Hauptverfahrens**, kann es geboten sein, nur eine **Quote** der Kosten des Beweisverfahrens zu erstatten.[1] Eine volle Erstattung ist zutreffend, wenn derselbe Anspruch in beiden Verfahren lediglich unterschiedlich bewertet worden ist,[2] oder wenn ein Teil des Anspruchs statt durch Klage im Wege einer Aufrechnung unangreifbar getilgt worden ist.[3] 99

Bei bloßer **Teilidentität des Streitstoffs** sollen die Kosten des Beweisverfahrens nach Auffassung des BGH im Interesse einer einheitlichen Kostenentscheidung insgesamt in die Kosten des Hauptsacheverfahrens einbezogen werden.[4] Unabhängig vom Ergebnis des Hauptsacheverfahrens sind die Kosten des irrelevanten Beweisergebnisteils durch **Quotierung** zu berücksichtigen.[5] Über die **Kosten des überschießenden Teils** des Beweiserhebungsgegenstandes ist deshalb im Hauptsacheverfahren eine **Kostengrundentscheidung analog § 96** zu erlassen, nicht aber ein Verfahren nach § 494a Abs. 2 zu betreiben.[6] Diese Lösung ist **nicht unproblematisch**. Der Antragsteller kann u.U. anstreben, den überschießenden Teil in einem gesonderten Hauptsacheverfahren zu verwerten. Das ist durch die Fristsetzung nach § 494a Abs. 1 zu klären. Wird dann die Hauptsacheklage nach Teilerfüllung des Antragsgegners wegen unbestätigt gebliebener sonstiger Beweisbehauptungen des Antragstellers auf Fristsetzung hin nicht erhoben, könnte die Quotelung im Beschluss nach § 494a Abs. 2 erfolgen.[7] Für die Quotelung – gleich auf welcher Grundlage – ist erforderlich, dass der Gegenstand der Klage *wesentlich* hinter dem Gegenstand des Beweisverfahrens zurückbleibt.[8] 100

Wird das Beweisverfahren **in mehreren Hauptsacheverfahren verwertet**, sind die Kosten anteilmäßig zu verteilen.[9] Keine Quotierung hat zu erfolgen, wenn – bei Identität des Verfahrensgegenstandes – nur eine **Teilidentität der Parteien** besteht.[10] Betreffen einzelne von mehreren Beweisthemen (z.B. Baumängel) nur Antragsgegner, die am Hauptsacheverfahren nicht beteiligt sind, sind die darauf entfallenden anteiligen Kosten bei der Festsetzung auszuscheiden,[11] also anders zu behandeln als beim wesentlichen Zurückbleiben des Verfahrensgegenstandes im Hauptsacheverfahren der Beteiligten eines parteiidentischen Beweisverfahrens (dazu zuvor Rz. 100). 101

---

1 OLG Karlsruhe JurBüro 1996, 36, 37.
2 OLG München MDR 1999, 1347 = OLGR 2000, 133, 134.
3 OLG München MDR 1999, 1347.
4 BGH (7. ZS) NJW 2004, 3121; BGH (5. ZS) NJW 2005, 294; BGH (7. ZS) NJW-RR 2006, 810, 811.
5 BGH (7. ZS) NJW-RR 2004, 1651; BGH (5. ZS) NJW 2005, 294; OLG Hamm NJW-RR 2008, 950, 952; OLG Koblenz NJW-RR 2004, 1006, 1007. OLG Koblenz NJW-RR 2000, 1239 = MDR 2000, 669; OLG Düsseldorf (7. ZS) NJW-RR 1998, 210, 211; OLG Düsseldorf (22. ZS) 1998, 358; OLG Hamburg MDR 1993, 1130, 1131 = JurBüro 1994, 105; OLG München MDR 1993, 1131 = JurBüro 1993, 543, 544 = Rpfleger 1993, 462.
6 BGH NJW 2004, 3121; BGH NJW 2005, 294; BGH NJW-RR 2006, 810, 811; OLG Düsseldorf (22. ZS) NJW-RR 1998, 358, 359; OLG Düsseldorf (22. ZS) MDR 2006, 1253; OLG Düsseldorf NJW-RR 2010, 1244, 1245.
7 OLG Düsseldorf (5. ZS) MDR 2003, 534, 535; OLG Düsseldorf (23. ZS) MDR 2003, 1132; OLG Düsseldorf (7. ZS) NJW-RR 1998, 210, 211 = MDR 1997, 979; OLG Koblenz NJW-RR 2000, 1239; OLG Koblenz JurBüro 1997, 319; OLG München (13. ZS) BauR 1997, 167, 168; s. ferner OLG Schleswig MDR 2001, 836, 837.
8 BGH NJW 2005, 294, 295.
9 OLG München MDR 1989, 548 f.
10 BGH (7. ZS) NJW-RR 2004, 1651. Für Quotierung OLG Bamberg NZBau 2000, 82. Zur Klage eines Wohnungseigentümers nach Betreiben der Beweissicherung durch die Gemeinschaft OLG Koblenz MDR 2008, 294 = Rpfleger 2007, 685 f.
11 Vgl. BGH (7. ZS) NJW-RR 2004, 1651.

102 **Soweit** eine **Quotelung** erfolgen muss, werden **Teilgegenstandswerte** gebildet und zueinander in Beziehung gesetzt. Rechtspolitisch sinnvoller wäre es, den Zeitaufwand der Gutachtenerstellung in Bezug auf einzelne Beweisthemen zur Verteilungsgrundlage zu machen.[1] Dafür wäre nur erforderlich, dass der Sachverständige in seine Rechnung regelmäßig eine aufgeschlüsselte Zeitangabe aufnimmt.

103 **Hauptsacheverfahren** kann nur ein **ordentliches Verfahren** sein, **nicht** aber ein einstweiliges **Verfügungsverfahren**, in dem die Glaubhaftmachung mittels der Ergebnisse des Beweisverfahrens erfolgt.[2] Auch wenn das Eilverfahren durch Abgabe einer Abschlusserklärung faktisch nicht selten zur endgültigen Streiterledigung führt, steht der Anwendung des § 493 die institutionelle Verfahrensakzessorietät des summarischen Eilverfahrens zum ordentlichen Verfahren entgegen.

IV. Kosten des Verfahrens nach § 494a

104 Für den Antrag nach § 494a Abs. 1 und nach § 494a Abs. 2 entstehen **keine** (weiteren) **Gerichtskosten**. Die Tätigkeit des **Anwalts** ist bereit durch die Verfahrensgebühr von 1,3 nach VergVerz RVG Nr. 3100 abgegolten (§ 19 Abs. 1 S. 1 RVG). Sofern über den Antrag nach Abs. 2 verhandelt wird, fällt eine Terminsgebühr nach VergVerz Nr. 3104 in Höhe von 1,2 aus dem Kostenstreitwert an, sofern nicht vorher schon eine Terminsgebühr nach dem vollen Wert angefallen war.[3]

105 Für ein eventuelles **Beschwerdeverfahren** bestimmen sich die **Anwaltsgebühren** nach VergVerz RVG Nr. 3500; für die **Gerichtsgebühren** gilt KV GKG Nr. 1811 (50 EUR bei Verwerfung oder Zurückweisung der Beschwerde).

§ 195 Materiell-rechtliche Kostenerstattung

106 Sofern eine prozessuale Kostenentscheidung nicht in Betracht kommt, ist zu prüfen, ob dem Antragsteller nach allgemeinen Vorschriften ein **materiell-rechtlicher Kostenerstattungsanspruch** (z.B. aus vertraglicher Pflichtverletzung, Delikt) zusteht.[4] Das Betreiben des Beweisverfahrens selbst ist allerdings rechtmäßig und löst keinen derartigen Anspruch aus. Wird nach Abschluss einer Mangelbeseitigung ein Privatgutachter mit der Kontrolle des Erfolgs beauftragt, handelt es sich bei den Gutachtenaufwendungen nicht um ersatzpflichtige Mängelbeseitigungskosten.[5]

107 Der **prozessuale** Kostenerstattungsanspruch **verdrängt nicht** schlechthin den **materiell-rechtlichen Kostenerstattungsanspruch**.[6] Die eventuelle Möglichkeit künftiger Festsetzung der Kosten in einem Hauptsacheverfahren ist kein einfacherer Weg im Verhältnis zu einer Aufrechnung des Antragstellers mit dem materiell-rechtlichen Er-

---

1 Dafür *Cuypers* MDR 2004, 244, 250 f.
2 OLG München NJW-RR 1999, 655, 656 = AnwBl. 1999, 234; A.A. OLG Koblenz JurBüro 1995, 481 f.
3 Musielak/*Huber*[10] § 494a Rz. 8.
4 OLG Nürnberg MDR 2010, 889, 890; OLG Hamm NJW-RR 1993, 1044 f.; OLG Düsseldorf MDR 1991, 259; OLG Köln, VersR 1983, 1269, 1270 (kein Ersatz bei befürchteter Schädigung und vorbeugender Statussicherung); LG Aachen NJW-RR 1992, 472. Zur materiell-rechtlichen Kostenerstattung in WEG-Sachen BayObLG NJWE-MietR 1996, 36, 37.
5 OLG Köln NJW-RR 2013, 530, 531 Rz. 7.
6 Zum umstrittenen Verhältnis von prozessualem und materiell-rechtlichen Kostenerstattungsanspruch BGH NJW-RR 2010, 674 Rz. 13 m.w.N.; BGH NJW 2012, 1291 Rz. 8 = VersR 2013, 248; BGH NJW 2013, 2201 Rz. 8; OLG München NJW 2011, 3375, 3379; Wieczorek/Schütze/*Steiner*[3] vor § 91 Rz. 9.

stattungsanspruch gegenüber einer rechtshängigen (Werklohn-)Forderung des Antragsgegners.[1] Solange kein Hauptsacheprozess eingeleitet worden ist, kann ein prozessualer Erstattungsanspruch nicht entstehen, weshalb ein materiell-rechtlicher Anspruch auf Erstattung der Beweisverfahrenskosten ohne Beschränkung geltend gemacht werden kann.[2]

Ein **Bürge** haftet nach § 767 Abs. 2 BGB auch für die Kosten eines selbständigen Beweisverfahrens des Gläubigers gegen den Hauptschuldner.[3] 108

---

[1] OLG Dresden NJW-RR 2003, 305, 306. Rechtsschutzbedürfnis bei möglicher Festsetzung mit Kosten des Hauptsacheverfahrens verneinend OLG Karlsruhe NJW-RR 2007, 818, 819; OLG Hamm NJW-RR 2008, 950, 951.
[2] BGH NJW-RR 2010, 674 Rz. 15 = VersR 2010, 1186; OLG Celle NJW 2013, 475, 476.
[3] A.A. (zum alten Recht) OLG Hamburg MDR 1990, 1020.

Teil 10:
Auslandsbeweisaufnahme

Kapitel 58:
Grenzüberschreitende Beweiserhebungen: Rechtsgrundlagen, Rechtsvergleichung, Behörden, Methoden

	Rz.
§ 196 Territoriale Grenzen inländischer Beweisaufnahme, Rechts- und Verwaltungsgrundlagen, Behörden	
I. Beachtung des Völkerrechts, Eingriff in ausländische Souveränität	
1. Räumliche Zulässigkeit von Gerichtshandlungen	1
2. Staatliche Souveränität und Staatsbürgerschutz	3
3. Richterliche Unabhängigkeit und auswärtige Beziehungen	4
4. Justizielle Kooperation statt Rechtshilfegewährung	7
II. HBÜ und andere völkerrechtliche Verträge	8
III. VO (EG) Nr. 1206/2001 (EuBVO)	11
IV. § 363 ZPO	17
V. ZRHO	19
VI. Lex fori, ausländisches Beweisrecht	20
VII. Recht auf Auslandsbeweisaufnahme	24
VIII. Bundesamt für Justiz, Auslandsvertretungen	29
§ 197 Beweisaufnahme bei Auslandsbelegenheit des Beweismittels	
I. Ort und Gegenstand der Beweisaufnahme	31
II. Beweismittelbeschaffung für das Inland	35
III. Methoden der Beweisaufnahme im Ausland	

	Rz.
1. Konsularvernehmung	36
2. Ausländische Rechtshilfe	37
3. Unmittelbare Beweisaufnahme des inländischen Prozessgerichts	39
4. Delegation auf Privatpersonen	40
§ 198 Gewährung und Inanspruchnahme von Rechtshilfe	
I. Begriff der Rechtshilfe	41
II. Rechtshilfebeweisaufnahme und Unmittelbarkeitsgrundsatz	47
III. Das Rechtshilfeersuchen	51
§ 199 Mitwirkung der Parteien	
I. Vorrang der Beweisaufnahme von Amts wegen	59
II. Aussagebeibringung auf Parteiveranlassung	62
III. Entbehrliche Wertungshilfen	65
§ 200 Folgen fehlerhafter Beweisaufnahme des ausländischen Richters	
I. Fehlerhafte Beweisaufnahme	66
II. Fehlerwirkung	68
§ 201 Grenzüberschreitende Beweisermittlungen und Informationsbeschaffung bei Verletzung von Rechten des Geistigen Eigentums	
I. Stand der EuGH-Rechtsprechung	69
II. Bewertung der Rechtsprechung	71
III. Internationale Beweishilfe und materielles Recht	77

Schrifttum:

(1) Deutschland:

Adloff, Vorlagepflichten und Beweisvereitelung im deutschen und französischen Zivilprozess, 2007; *Adolphsen*, Europäisches und internationales Zivilprozessrecht in Patentsachen, 2005, Rz. 348 ff.; *H.-J. Ahrens*, Internationale Beweishilfe bei Beweisermittlungen im Ausland nach Art. 7 Enforcementrichtlinie, Festschrift Loschelder (2010), S. 1; *Alio*, Änderungen im deutschen Rechtshilferecht: Beweisaufnahme nach der Europäischen Beweisaufnahmeverordnung, NJW 2004, 2706; *Bareiß*, Pflichtenkollision im transnationalen Beweisverkehr, 2013; *Bauer*, Das sichere Geleit unter besonderer Berücksichtigung des Zivilprozessrechts,

2006; *Bertele*, Souveränität und Verfahrensrecht, 1998; *Blanchard*, Die prozessualen Schranken der Formfreiheit: Beweismittel und Beweiskraft im EG-Schuldvertragsübereinkommen in deutsch-französischer Vertragsfällen, Diss. Heidelberg 2002; *Berger*, Die EG-Verordnung über die Zusammenarbeit der Gerichte auf dem Gebiet der Beweisaufnahme in Zivil- und Handelssachen, IPRax 2001, 522; *Berger*, Grenzüberschreitende Beweisaufnahme zwischen Österreich und Deutschland, Festschrift Rechberger (2005), S. 39; *Blaschczok*, Das Haager Übereinkommen über die Beweisaufnahme im Ausland in Zivil- und Handelssachen, 1986; *Böckstiegel/Schlafen*, Die Haager Reformabkommen über die Zustellung und die Beweisaufnahme im Ausland, NJW 1978, 1073 ff.; *Brandt*, Vorschläge zum Erlaß einer Urkundenvorlage-Verordnung nach dem Haager Beweisaufnahmeübereinkommen, 1987; *Brinkmann*, Das Beweismaß im Zivilprozeß aus rechtsvergleichender Sicht, 2006; *Coester-Waltjen*, Internationales Beweisrecht: Das auf den Beweis anwendbare Recht in Rechtsstreitigkeiten mit Auslandsbezug, 1983; *Coester-Waltjen*, Einige Überlegungen zur Beschaffung von Beweisurkunden aus dem Ausland, Festschrift Schlosser (2005), S. 147; *Coester-Waltjen*, US-amerikanische Discovery – Probleme in neuem Gewand, Festschrift Kerameus (2009), S. 257; *Daoud*, Extraterritoriale Beweisbeschaffung im deutschen Zivilprozeß – Möglichkeiten und Grenzen der Beweisbeschaffung außerhalb des internationalen Rechtshilfeweges, 2000; *Decker*, Grenzüberschreitende Exhumierungsanordnungen und Beweisvereitelung – Zur Vaterschaftsfeststellung bei deutschem Vaterschaftsstatut und verstorbenem italienischen Putativvater, IPRax 2004, 229; *Dörschner*, Beweissicherung im Ausland: Zur gerichtlichen vorprozessualen Beweisaufnahme in Deutschland, Frankreich und der Schweiz am Beispiel des privaten Baurechts sowie zur Beweissicherung bei Auslandssachverhalten und zur Verwertung ausländischer vorsorglicher Beweisaufnahmen im deutschen Hauptsacheprozeß, 2000; *Dötsch*, Auslandszeugen im Zivilrozess, MDR 2011, 269; *Eschenfelder*, Beweiserhebung im Ausland und ihre Verwendung im inländischen Zivilprozeß – Zur Bedeutung des US-amerikanischen Discovery-Verfahrens für das deutsche Erkenntnisverfahren, 2001; *Eschenfelder*, Verwertbarkeit von Discovery-Ergebnissen in deutschen Zivilverfahren, RIW 2006, 443; *Fazzone*, E-Discovery: Unternehmensinterne Analyse unstrukturierter Daten zur Aufklärung von Kartellverstößen – ein Praxisbericht, BB 2014, 1032; *Gebhardt*, Pre-Trail Discovery von elektronisch gespeicherten Dokumenten, IDR 2005, 30; *Reinhold Geimer*, Internationales Zivilprozeßrecht, 6. Aufl. 2009, 8. Teil, S. 792; *Reinhold Geimer*, Konsularische Beweisaufnahme, Festschrift Matscher (1993), S. 133; *Ewald Geimer*, Internationale Beweisaufnahme, 1998; *Gottwald*, Grenzen zivilgerichtlicher Maßnahmen mit Auslandswirkung, Festschrift Habscheid (1989), S. 119; *Geiss*, Electronic Discovery, DAJV-Newsletter 2008, 74; *Habscheid* (Hrsg.), Der Justizkonflikt mit den Vereinigten Staaten von Amerika, 1986; *Hau*, Gerichtssachverständige in Fällen mit Auslandsbezug, RIW 2003, 822; *Heck*, Die Haager Konvention über die Beweisaufnahme im Ausland aus der Sicht der amerikanischen Prozessgerichte sowie der amerikanischen Regierung, ZVglRWiss 94 (1985), 208; *Heidenberger*, Ein Beispiel amerikanischer Rechtsprechung zum Haager Beweisaufnahmeübereinkommen, RIW 1985, 270; *Heidenberger*, Neue Interpretation des Haager Beweisübereinkommens durch die US-Regierung, RIW 1984, 841; *Heidenberger*, Haager Beweisaufnahmeübereinkommen und Urkundenvorlage deutscher Parteien in den USA, Konsequenzen der Entscheidung Anschütz für Prozeßparteien vor amerikanischen Gerichten, RIW 1985, 437; *Heidenberger*, US Supreme Court zum Haager Beweisaufnahmeübereinkommen, RIW 1987, 50; *v. Hein* EG-Beweisaufnahmeverordnung, in: Rauscher, Europäisches Zivilprozeßrecht, 2. Aufl. 2006, S. 1275; *Chr. Heinze*, Einstweiliger Rechtsschutz im europäischen Immaterialgüterrecht, 2007; *Hess*, Neue Formen der Rechtshilfe in Zivilsachen im Europäischen Justizraum, Gedächtnisschrift Blomeyer (2004), S. 6187; *Hess*, Europäische Zivilprozessrecht (2010), § 8 II; *Hess*, Kommunikation im europäischen Zivilprozess, AnwBl 2011, 321; *Hess/Müller*, Die Verordnung 1206/2001/EG zur Beweisaufnahme im Ausland, ZZPInt 6 (2001), 149; *Hess/Zhou*, Beweissicherung und Beweismittelbeschaffung im europäischen Justizraum, IPRax 2007, 183; *Hopt/Kulms/v. Hein*, Rechtshilfe und Rechtsstaat, 2006; *Stefan Huber*, Europäische BeweisaufnahmeVO in: Gebauer/Wiedmann, Zivilrecht unter europäischem Einfluß (2005), Kapitel 29, S. 1337; *Stefan Huber*, Die Europäische Beweisaufnahmeverordnung (EuBVO) – Überwindung der traditionellen Souveränitätsvorbehalte?, GPR 2003, 115; *Stefan Huber*, Entwicklung transnationaler Modellregeln für Zivilverfahren am Beispiel der Dokumentenvorlage, 2008; *Jastrow*, Europäische Zustellung und Beweisaufnahme 2004 – Neuregelungen im deutschen Recht und konsularische Beweisaufnahme, IPRax 2004, 11; *Jayme*, Extraterritoriale Beweisverschaffung für inländische Verfahren und Vollstreckungshilfe durch ausländische Gerichte, Festschrift Geimer (2002), S. 375; *Junker*, Discovery im deutsch-amerikanischen Rechtsverkehr, 1987; *Junker*, Electronic Discovery gegen deutsche Unternehmen, 2008; *Kersting*, Der Schutz des Wirtschaftsgeheimnisses im Zivilprozeß – eine rechtsvergleichende Untersuchung anhand der FRCP und der ZPO, 1995; *Kessler*, Zeugenvernehmung für einen Zivilprozess in den USA, GRUR Int. 2006, 713; *Klinger*, „Vernichtet und Verloren?" Zum Einfluss der US-amerikanischen pre-trial discovery-Regeln auf die Obliegenheiten deutscher Unternehmen zur Aufbewahrung von Dokumenten und zur Sicherung elektronischer Daten, RIW 2007, 108; *Knöfel*, Internationale Beweishilfe für Schiedsverfahren, RIW 2007, 832; *Knöfel*, Vier Jahre Europäisches Beweisaufnahmeverordnung, EuZW 2008, 267; *Knöfel*, Beweishilfe im deutsch-türkischen Rechtsverkehr, IPRax 2009, 46; *Knöfel*, Nordische Zeugnispflicht, IPRax 2010, 572; *Koch*, Zur Praxis der Rechtshilfe im deutsch-amerikanischen Rechtsverkehr – Ergebnisse einer Umfrage zu den Haager Zustellungs- und Beweisaufnahmeübereinkommen, IPRax 1985, 285; *Koziol/Wilcox* (Hrsg.), Punitive damages: common law und civil law perspectives, Wien 2009; *Kraayvanger/Richter*, Die US-amerikanische Beweishilfe nach der Intel-Entscheidung des Supreme Court, RIW 2007, 177; *Kraayvanger*, Discovery im deutschen Zivilprozess – über den Umweg der US-amerikanischen Beweishilfe, RIW 2007, 496; *Kurtz*, US Discovery: An Introduction, DAJV-Newsletter 2012, 6; *Lange*, Zur ausschließlichen Geltung des Haager Beweisaufnahmeübereinkommens bei Rechtshilfeersuchen aus den USA, RIW 1984, 504; *Leipold*, Lex fori, Souveränität, Discovery, 1989; *Leipold*, Neue Wege im Recht der internationalen Beweiserhebung – einige Bemerkungen zur Europäischen Beweisaufnahmeverordnung, Festschrift Schlechtriem (2003), S. 91; *Linke/Hau*, Internationales Zivilprozessrecht, 5. Aufl. 2011; *Mann*, Neues Beweisrecht in den USA zum Vertraulichkeitsschutz zwischen Anwalt und beratenem Unternehmen, RIW 2010, 134; *Marauhn* (Hrsg.), Bausteine eines europäischen Beweisrechts, 2007; *Andreas L. Meier*, Die Anwendung des Haager Beweisübereinkommens in der Schweiz, Diss. Basel 1999; *Migg*, Das Beweisrecht bei internationalen Privatrechtsstreitigkeiten, 1999; *Mössle*, Extraterritoriale Beweisbeschaffung im internationalen Wirtschaftsrecht, 1990; *Achim Müller*, Grenzüberschreitende Beweisaufnahme im europäischen Justizraum, 2004; *Murray*, Taking evidence abroad – Understanding American exceptionalism, ZZP Int. 10 (2005), 343; *Musielak*, Beweiserhebung bei auslandsbelegenen Beweismitteln, Festschrift Geimer, S. 761; *Myers/Valen/Weinreich*, Die US-amerikanische Discovery als Rechtshilfe für ausländische und internationale Tribunale, RIW 2009, 196; *Nagel/Bajons*, Beweis-Preuve-Evidence – Grundzüge des zivilprozessualen Beweisrechts in Europa, 2003; *Nagel/Gottwald*, Internationales Zivilprozessrecht, 6. Aufl. 2006; *Niehr*, Die zivilprozessuale Dokumentenvorlegung im deutsch-englischen Rechtshilfeverkehr nach der deutschen und der englischen Prozessrechtsreform, 2004; *Nordmann*, Die Beschaffung von Beweismitteln aus dem Ausland durch staatliche Stellen, 1979; *Pfeil-Kammerer*, Deutsch-amerikanischer Rechtshilfeverkehr, 1987; *Rauscher* (Hrsg.), Europäisches Zivilprozess- und Kollisionsrecht, EG-BewVO u.a., Bearbeitung 2010; *Richter*, Bessere Aussichten für das Haager Beweisübereinkommen – Jüngste Gerichtsentscheidungen wecken Hoffnung, RIW 2005, 815; *Rollin*, Ausländische Beweisverfahren im deutschen Zivilprozess unter besonderer Berücksichtigung von 28 USC § 1782 (a), 2007; *Schabenberger*, Der Zeuge im Ausland im deutschen Zivilprozeß, 1996; *Schädel*, Die Bewilligung internationaler Rechtshilfe in Strafsachen in der EU: Das Spannungsfeld von Nationalstaatlichkeit und europäischer Integration, 2005; *Schaner*, Obtraining Discovery in the USA for Use in German Legal Proceeding, AnwBl 2012, 320; *Schlosser*, Der Justizkonflikt zwischen den USA und Europa, 1985; *Schlosser*, Internationale Rechtshilfe und richterliche Unabhängigkeit, Gedächtnisschrift Constantinesco (1983), S. 653; *Schlosser*, Extraterritoriale Rechtsdurchsetzung im Zivilprozess, Festschrift W. Lorenz (1991), S. 497; *Schlosser*, EU-Zivilprozessrecht, 3. Aufl. 2009; *Uwe Schmidt*, Europäisches Zivilprozessrecht – Ein 11. Buch der ZPO, 2004; *Schoibl*, Europäische Rechtshilfe der Beweisaufnahme in Zivil- und Handelssachen durch ordentliche Gerichte für Schiedsgerichte, Festschrift Rechberger (2005), S. 513; *Schütze*, Rechtsverfolgung im Ausland, 4. Aufl. 2009; *Schulze*, Dialogische Beweisaufnahmen im internationalen Rechtshilfeverkehr, IPRax 2001, 527; *Sommer*, Die Beweisbeschaffung im einstweiligen Rechtsschutz. Die Vorbereitung von Verletzungsverfahren urheber- und patentrechtlich geschützter Software nach Umsetzung der Enforcement-Richtlinie, Diss. jur. Saarbrücken 2013; *Spies/Schröder*, Auswirkungen der elektronischen Beweiserhebung (eDiscovery) in den USA auf deutsche Unternehmen, MMR 2008, 275; *Stadler*, Der Schutz des Unternehmensgeheimnisses im deutschen und US-amerikanischen Zivilprozess und im Rechtshilfeverfahren, 1989; *Stadler*, Grenzüberschreitende Beweisaufnahmen in der europäischen Union – Die Zukunft der Rechtshilfe in Beweissachen, Festschrift Geimer (2002), S. 1281; *R.*

Stürner, Rechtshilfe nach dem Haager Beweisübereinkommen für Common Law Länder, JZ 1981, 521; *R. Stürner*, Die Gerichte und Behörden der USA und die Beweisaufnahme in Deutschland, ZVglRWiss 81 (1982), 159; *R. Stürner*, Der Justizkonflikt zwischen USA und Europa, in: Habscheid, Der Justizkonflikt mit den Vereinigten Staaten von Amerika (1986), S. 3; *Stürner/Müller*, Aktuelle Entwicklungstendenzen im deutsch-amerikanischen Rechtshilfeverkehr, IPRax 2008, 339; *Teske*, Der Urkundenbeweis im französischen und deutschen Zivil- und Zivilprozeßrecht, 1990; *Thole/Gnauck*, Electronic-Discovery – neue Herausforderungen für grenzüberschreitende Rechtsstreitigkeiten, RIW 2012, 417; *Thomale*, Internationale Menschenrechtsklagen gegen europäische Gesellschaften vor US-amerikanischen Gerichten, ZIP 2014, 1158; *Tiwisina*, Sachverständigenbeweis im deutschen und englischen Zivilprozess, Diss. Osnabrück 2005; *Trittmann*, Anwendungsprobleme des Haager Beweisübereinkommens im Rechtshilfeverkehr zwischen der Bundesrepublik Deutschland und den Vereinigten Staaten von Amerika, 1989; *Trittmann/Leitzen*, Haager Beweisübereinkommen und pre-trial discovery: Die zivilprozessuale Sachverhaltsermittlung unter Berücksichtigung der jeweiligen Zivilprozessreformen im Verhältnis zwischen den USA und Deutschland, IPRax 2003, 7; *Volken*, Die internationale Rechtshilfe in Zivilsachen, 1996; *Vorwerk*, Beweisaufnahme im Ausland: Neue Wege für den deutschen Prozess, AnwBl 2011, 369; *Weiß*, Disclosure und Inspection im englischen Zivilprozess – Hintergrund, Ausgestaltung und Durchführung, RIW 2014, 340; *Zekoll/Schulz*, Neue Grenzen für die internationale Zuständigkeit amerikanischer Gerichte?, RIW 2014, 321.

(2) Schweiz:

Dörig, Anerkennung und Vollstreckung US-amerikanischer Entscheidungen in der Schweiz (1998), S. 410; *Fridolin Walthe*, Erläuterungen zum HBÜ, in: Walter u.a., Internationales Privat- und Verfahrensrecht, Bern 1999.

(3) Österreich:

Neumayr/Kodek in: Burgstaller/Neumayr, Internationales Zivilverfahrensrecht (2004), Kap. 83; *Schulze*, IPRax 2001, 527; *P. Mayr* in: Burgstaller/Neumayr, Internationales Zivilverfahrensrecht (2004), Kap. 82; *Rechberger/McGuire*, Die Umsetzung der EuBVO im österreichischen Zivilprozessrecht, ZZPInt 10 (2005), 81; *Rechberger/McGuire*, Die europäische Beweisaufnahmeverordnung in Österreich, ÖJZ 2006, 829.

(4) Internetadressen:

Abruf der ZRHO über www.datenbanken.justiz.nrw.de

Das Europäische Justizportal der EU-Kommission zur EuBVO ist erreichbar unter http://e-justice.europa.eu

Informationen zu den Rechtsordnungen der EU-Staaten werden auf dieser Website bereitgestellt. Unterseiten führen zum Europäischen Justiziellen Netz für Zivil- und Handelssachen und weiter zur Seite über Beweisaufnahme und Beweismittel.

Eine kostenpflichtige Seite des IPR-Verlages mit nationalen Entscheidungshinweisen ist erreichbar unter www.unalex.eu.

Zur Textfassung des HBÜ und zu dessen Geltungsbereich sowie zu darauf bezogenen weiteren Informationen s. die Internetseite des Ständigen Büros der Haager Konferenz: http://www.hcch.net.

§ 196 Territoriale Grenzen inländischer Beweisaufnahme, Rechts- und Verwaltungsgrundlagen, Behörden

I. Beachtung des Völkerrechts, Eingriff in ausländische Souveränität

1. Räumliche Zulässigkeit von Gerichtshandlungen

1 Beweiserhebungen sind **staatliche Hoheitshandlungen**. Werden sie im Ausland, also **auf fremdem Hoheitsgebiet**, vorgenommen, bedarf es zur Vermeidung eines Eingriffs in fremde staatliche Souveränität der **Zustimmung** des **ausländischen Staates** im Einzelfall, soweit nicht durch völkerrechtliche Verträge generell erleichternde Verein-

barungen mit Fixierung der tatbestandlichen Voraussetzungen getroffen worden sind.[1] Innerhalb der EU finden Beweisaufnahmen nach der Europäischen BeweisaufnahmeVO (EuBVO) statt.

Die **Begrenzung** gerichtlichen Handelns auf das eigene Territorium gilt **nicht nur für Zwangsakte** oder für Hoheitsakte, die Zwangsakte nach sich ziehen, sondern für sämtliche staatliche Ausübung von Hoheitsrechten.[2] Auch zwangsfreie gerichtliche Ermittlungen, z.B. eine Augenscheinseinnahme in Form der Besichtigung einer Straßenkreuzung, sind danach genehmigungsbedürftig[3] (str.; dazu Kap. 59 Rz. 54). Aus der **internationalen Zuständigkeit** folgt also **nicht automatisch** eine potentielle Universalität der Gerichtsbarkeit.[4] Das ist evident in Fällen autonomer Festlegung der internationalen Zuständigkeit durch den Gerichtsstaat, die auf deren Völkerrechtskonformität u.U. keine Rücksicht nimmt, gilt aber auch bei staatsvertraglicher Vereinbarung internationaler Zuständigkeit oder bei deren unionsrechtlicher Festlegung.[5]

2

2. Staatliche Souveränität und Staatsbürgerschutz

Als Eingriff in die staatliche Souveränität, nämlich die Gebietshoheit, wird weithin bereits die Vorbereitung einer Beweisaufnahme durch **Ladung eines Zeugen** oder **Sachverständigen** angesehen, auch wenn darin keine Zwangsmaßnahmen für den Fall des Nichterscheinens im Gerichtsstaat angedroht werden (Kap. 59 Rz. 23). Der **Schutz von natürlichen Personen**, die sich auf dem eigenen Staatsgebiet aufhalten, und von im eigenen Staatsgebiet ansässigen Unternehmensträgern vor der Ausübung fremder staatlicher Macht wird als Teil der Schutzgewährung angesehen, deren Kehrseite die Souveränitätsverletzung darstellt; die Souveränität der Bundesrepublik Deutschland ist danach faktisch ein Schutzschild für den Bürger[6] (vgl. Kap. 60 Rz. 12). Indem internationale Rechtshilfe gewährt wird, wird nicht nur ein ausländisches Prozessgericht unterstützt, gegebenenfalls durch Ausübung von Zwang, sondern durch das Bereitstellen entsprechender Regeln wird zugleich die **Rechtshilfegewährung** vom **ersuchten Staat kontrolliert** und gesteuert.[7]

3

3. Richterliche Unabhängigkeit und auswärtige Beziehungen

Souveränitätsverletzungen sind geeignet, die **auswärtigen Beziehungen** zu beeinträchtigen. Für die Pflege dieser Beziehungen ist nach **Art. 32 Abs. 1 GG** der **Bund** zuständig. Zur Vermeidung diplomatischer Konflikte nimmt die Justizverwaltung das Recht in Anspruch, ausgehende Rechtshilfeersuchen zu prüfen und die Art der Zustellung von Schriftstücken sowie der Durchführung von Beweisaufnahmen im Ausland zu reglementieren. **Nicht** davon **betroffen** ist der Erlass der Beweisanordnung durch **Beweisbeschluss**; das Prozessgericht entscheidet also in völliger Unabhängigkeit über

4

---

1 Allgemein zum Stand der völkerrechtlichen Diskussion über die Reichweite der Gerichtsbarkeit *R. Geimer* IZPR[6] Rz. 156a ff. und 373 ff.
2 *Leipold* Lex fori-Souveränität-Discovery S. 40 unter Berufung auf *Rudolf* Territoriale Grenzen der staatlichen Rechtsetzung, Berichte der Deutschen Gesellschaft für Völkerrecht, Heft 11 (1973), 33.
3 *Leipold* Lex fori-Souveränität-Discovery S. 41.
4 *Gottwald* Festschrift Habscheid (1989), S. 119 f., 128. Zur Auslandswirkung der Rechtsdurchsetzung auch *Schlosser* Festschrift W. Lorenz (1991), S. 497, 504.
5 In der Sache anders *Schlosser* Festschrift W. Lorenz, S. 497, 510, der nur auf eine Begründung der internationalen Zuständigkeit in „völkerrechtlich akzeptabler Weise" abstellt.
6 *Stürner* Festschrift Nagel (1987), S. 455; *Stürner* JZ 1992, 331 bei Anm. 65; ablehnend *R. Geimer* IZPR[6] Rz. 2184.
7 *Leipold* Lex fori-Souveränität-Discovery S. 31.

die Notwendigkeit und Zweckmäßigkeit der Beweiserhebung im Ausland.[1] Die Abwicklung der Beweisanordnung ist in der **ZRHO** geregelt, einer vom Bund und den Ländern erlassenen Verwaltungsvorschrift, durch die der Bund die Bundesländer und die ihnen zuzurechnenden Prüfstellen mit der Pflege der auswärtigen justiziellen Beziehungen in Straf- und Zivilsachen betraut hat[2] (Rz. 19).

5 Es **entscheidet** also die **Exekutive** und nicht die Judikative über Zulässigkeit und Durchführung der internationalen Rechtshilfe bei ausgehenden wie bei eingehenden Ersuchen. Dadurch kann die Inanspruchnahme **richterlicher Unabhängigkeit** (Art. 97 GG) bei der Erledigung der Rechtsstreitigkeiten in Konflikt mit Art. 32 GG geraten. Der BGH (RichterdienstGH) interpretiert Art. 97 GG auf dem Gebiet der internationalen Rechtshilfe sehr restriktiv.[3] Er sieht die **richterliche Tätigkeit** als grundsätzlich **auf** den **eigenen Hoheitsbereich** beschränkt an. Daher könne die Bundesregierung einer richterlichen Tätigkeit im Ausland außenpolitische Bedenken entgegensetzen.[4] Das gelte auch für die Weiterleitung von Rechtshilfeersuchen an ausländische Staaten, in denen eine Zeugenvernehmung in Anwesenheit deutscher Richter begehrt werde.[5] Eine Ausnahme ist jedoch für den Fall gemacht worden, dass dem Richter durch Gesetz die Befugnis zur unmittelbaren Übermittlung von Rechtshilfeersuchen an die zuständige ausländische Behörde übertragen worden ist.[6]

6 Weitergehend ist indes auch die **Interpretation von Staatsverträgen** über internationale Rechtshilfe und der dazu ergangenen Ratifizierungs- und Ausführungsgesetze eine alleinige Angelegenheit der Judikative.[7] Für die Auslegung der EuBVO besteht sogar eine **Vorlagepflicht an den EuGH** (Art. 267 Abs. 3 AEUV, zuvor Art. 68 i.V.m. Art. 234 Abs. 3 EGV). Zum Anspruch auf Auslandsbeweisaufnahme Rz. 24.

4. Justizielle Kooperation statt Rechtshilfegewährung

7 **Traditionell** wird die internationale Zusammenarbeit auf dem Gebiet der Rechtspflege als Angelegenheit der **Rechtshilfegewährung** verstanden. Für das Gebiet der Europäischen Union beginnt sich diese Auffassung zu wandeln, indem von einer grenzüberschreitenden **Kooperation** ausgegangen wird. Darin liegt vor allem ein Wandel der inneren richterlichen Einstellung hin zur Bereitschaft, die **Justizgewährung** in einem anderen EU-Staat **positiv** zu **unterstützen** und sie ungeachtet unterschiedlicher prozessualer Arbeitsabläufe, bestehender Sprachschwierigkeiten und sonstiger technischer Hindernisse zu ermöglichen.

---

1 *R. Geimer* IZPR[6] Rz. 2396; Stein/Jonas/*Berger*[22] § 363 Anh. Rz. 52.
2 *Schlosser* Gedächtnisschrift Constantinesco (1983) S. 653, 660.
3 BGHZ 71, 9, 12 = NJW 1978, 1425; BGHZ 87, 385, 389 = NJW 1983, 2769, 2770; BGH NJW 1986, 664. Dem folgend die h.M.: Näher dazu *Pfennig*, Die internationale Zustellung in Zivil- und Handelssachen, 1988, S. 47 ff.; *Schlosser* Gedächtnisschrift Constantinesco (1983) S. 653, 660 (für vertragslosen Bereich); *R. Geimer* IZPR[6] Rz. 262a ff., 2395; Kommentierungen zu § 26 DRiG.
4 BGH NJW 1983, 2769, 2770; BGHZ 71, 9, 12 = NJW 1978, 1425. S. auch LSG NRW IPRax 2012, 243 Rz. 11.
5 BGH NJW 1983, 2769, 2770; BGH NJW 1986, 664 (Strafsachen als Ausgangsverfahren).
6 BGH NJW 1983, 2769, 2770.
7 *Schlosser* Gedächtnisschrift Constantinesco (1983) S. 653, 661.

II. HBÜ und andere völkerrechtliche Verträge

Das **Haager Beweisaufnahmeübereinkommen** vom 18.3.1970[1] (HBÜ) ist ein multilateraler völkerrechtlicher Vertrag. Er bindet Deutschland gegenüber zahlreichen Staaten der Welt, darunter den USA. Im Verhältnis zu den **EU-Staaten** hat die **EuBVO** Vorrang. Das Verzeichnis der **Vertragsstaaten** lässt sich im Internet auf der Seite mit Angaben zur ZRHO abrufen. **Umstritten** ist, ob das HBÜ im Rechtsverkehr mit Vertragsstaaten **Ausschließlichkeitscharakter** hat (näher: Kap. 60 Rz. 32). Geltung hat es für Zivil- und Handelssachen, wobei umstritten ist, inwieweit es im Verhältnis zu den USA auf Verfahren angewandt werden darf, in denen **Punitive damages** (Strafschadensersatz) geltend gemacht werden (dazu Kap. 60 Rz. 35). Ein Parallelabkommen der Rechtshilfegewährung ist das **Haager Zustellungsübereinkommen** von 1965 (HZÜ).

Die Haager Reformabkommen HBÜ und HZÜ sind im Verhältnis zu den Vertragsstaaten an die Stelle des **Haager Übereinkommens über den Zivilprozess** vom 1.3.1954[2] und des alten Haager Abkommens über den Zivilprozess vom 17.7.1905 getreten.[3] Zu den älteren Haager Abkommen existieren jeweils diverse bilaterale Zusatzvereinbarungen, die den Rechtsverkehr weiter erleichtern (entbürokratisieren) sollen; sie sind durch das HBÜ nicht obsolet geworden (Art. 31 HBÜ).

Bilaterale Rechtshilfeübereinkommen bestehen im Verhältnis zu Großbritannien (unter Einschluss von Staaten des Commonwealth), Griechenland, Marokko, Tunesien und der Türkei. Nähere Informationen enthält der Länderteil der ZRHO. Rechtshilfe wird außerdem im **vertragslosen Zustand** gewährt, wofür in der Regel der Grundsatz der Gegenseitigkeit maßgebend ist. Die bilateralen Abkommen bleiben nach Art. 32 HBÜ unberührt.[4]

III. VO (EG) Nr. 1206/2001 (EuBVO)

Die grenzüberschreitende Beweiserhebung im **Rechtsverkehr zwischen den EU-Staaten** regelt die EuBVO.[5] Diese Verordnung hat gem. der – deklaratorischen – Vorschrift des § 363 Abs. 3 Vorrang vor den Regelungen, die im autonomen nationalen Recht getroffen sind. Sie ist auf der Rechtsgrundlage des Art. 65 EGV (jetzt: **Art. 81 AEUV**) erlassen worden. Für die Auslegung der EuBVO-Normen ist das **Vorlageverfahren** des Art. 267 Abs. 3 AEUV zu beachten; die früher im Bereich der justiziellen Zusammenarbeit geltende Modifizierung (Art. 68 EGV) ist mit dem Vertrag von Lissabon entfallen.

Für **Dänemark gilt** die **EuBVO nicht**, weil Dänemark nach dem Protokoll Nr. 5 (1997) nicht an den Maßnahmen gem. Art. 81 AEUV (ex Art. 65 EGV) beteiligt ist. Die justizielle Zusammenarbeit mit Dänemark erfolgt seit 1.7.2007 auf der Grundlage zweier Abkommen zwischen der Europäischen Gemeinschaft und Dänemark vom

---

1 BGBl. II 1977, 1472. Ausführungsgesetz dazu vom 22.12.1977, BGBl. I 1977, 3105; Entwurf des Ratifikationsgesetzes v. 17.3.1976: BT-Drucks. 7/4892.
2 Zu dessen Anwendung Nagel/*Gottwald*[7] § 8 Rz. 97 ff.
3 Zu dieser Teilrevision Böckstiegel/*Schlafen* NJW 1978, 1073, 1076.
4 Zum deutsch-türkischen Abkommen OLG Frankfurt IPRax 2009, 71, 72.
5 ABl. EG Nr. L 174 v. 27.6.2001, S. 1. Der Vorschlag für die VO geht auf eine Initiative der deutschen Regierung zurück, ABl. EG Nr. C 314 v. 3.11.2000, S. 1.

19.10.2005,[1] bezieht sich insoweit aber nur auf die EuGVO und die EuZVO, nicht auf die EuBVO.

13 Die **EuBVO** hat **keinen Exklusivitätscharakter**. Das Gericht kann deshalb eine in einem anderen Mitgliedstaat wohnhafte Partei als Beweisperson laden und nach der lex fori vernehmen (dazu auch Kap. 59 Rz. 78),[2] oder es kann einen Sachverständigen im Ausland Untersuchungen vornehmen lassen, ohne das Verfahren gem. Art. 1 Abs. 1 lit. b, 17 EuBVO anzuwenden,[3] sofern damit keine Ausübung hoheitlicher Gewalt verbunden ist oder gegen rechtliche Beschränkungen des Mitgliedstaates verstoßen wird.[4]

14 Anzuwenden ist die EuBVO in **Zivil- und Handelssachen**. Zu qualifizieren ist nach der materiell-rechtlichen Natur der Rechtssache,[5] nicht nach der innerdeutschen Zuweisung zu einer bestimmten Gerichtsbarkeit. Bei einer Kombination von Straf- und Zivilsache in Form eines **Adhäsionsverfahrens** kann nicht danach differenziert werden, für welchen Verfahrensteil der Beweis benötigt wird. Vielmehr ist die Rechtshilferegelung für Strafsachen vorrangig.[6]

15 Die **EuBVO** geht wie das **HBÜ** vom **Grundgedanken** staatlicher **Souveränität** aus;[7] das Beweisrecht selbst wird nicht harmonisiert. Sie bedeutet dennoch einen Fortschritt gegenüber dem HBÜ, weil sie **direkte Beweisaufnahmen durch das Prozessgericht** im Ausland ohne Hinzuziehung des Rechtshilfegerichts ermöglicht, allerdings ohne Anwendung von Zwangsmaßnahmen und auch nur nach Genehmigung durch die Zentralstelle des Beweisaufnahmestaates. Die von jedem Mitgliedstaat gem. Art. 3 EuBVO einzurichtende **Zentralstelle** ist in ihrer Funktion nicht mit der Zentralen Behörde nach Art. 2 HBÜ vergleichbar. Sie hat vor allem Beratungsfunktion und erteilt die Genehmigung für unmittelbare Beweisaufnahmen des ausländischen Prozessgerichts gem. Art. 17 EuBVO,[8] hingegen hat sie keine inhaltliche Prüfungskompetenz.[9] Erleichtert wird die technische Abwicklung zudem durch **Formblätter** und ein regelmäßig aktualisiertes **Handbuch** der EU-Kommission (Art. 19 Abs. 1 EuBVO), die im Internet im Justizatlas in allen EU-Sprachen zur Verfügung stehen.

16 Die **nationalen Durchführungsvorschriften** finden sich im 11. Buch der ZPO in §§ 1072 ff. Der Verzicht auf Souveränitätsrechte, der in der Zulassung unmittelbarer Beweisaufnahmen enthalten ist, ist durch tatbestandliche Voraussetzungen geordnet. Er kann **nicht durch** richterliche **Rechtsfortbildung erweitert** werden.

IV. § 363 ZPO

17 § 363 ist als Vorschrift des **autonomen deutschen Zivilprozessrechts** anzuwenden, soweit nicht im Verhältnis zu anderen EU-Staaten das Unionsrecht oder im Verhältnis zu Drittstaaten ein Staatsvertrag vorgeht. § 363 gilt mit seinen Abs. 1 und 2 also nur

---

1 Abdruck des Abkommens zur Anwendung der EuGVO in ABl. EU v. 16.11.2005 Nr. L 299, S. 62; berücksichtigt im deutschen ÄndG zum AVAG v. 17.4.2007, BGBl. I 2007, S. 529.
2 EuGH, Urt. v. 6.9.2012, Rs. C-170/11 – Lippens/Kortekaas, NJW 2012, 3771 Rz. 30 = EuZW 2012, 831 m. Anm. *Bach* = JZ 2013, 97 m. Anm. *Teixeira de Sousa*.
3 EuGH, Urt. v. 21.2.2013, Rs. C-332/11 Rz. 49 – ProRail/Xpedys.
4 EuGH, Rs. C-332/11 Rz. 47.
5 Rauscher/*v. Hein*[(2010)] Art. 1 EG-BewVO Rz. 2.
6 Anders Rauscher/*v. Hein*[(2010)] Art. 1 EG-BewVO Rz. 5 m.w.N.
7 *Chr. Berger* IPRax 2001, 522, 527.
8 *Schlosser* EuZPR[3] Art. 3 EuBVO.
9 Rauscher/*v. Hein*[(2010)] Art. 3 EG-BewVO Rz. 1.

für den vertragslosen Verkehr mit Drittstaaten und für den vertraglichen Verkehr mit Drittstaaten nach Maßgabe des Vertragsinhalts. Die Verweisung des § 363 Abs. 3 auf die EuBVO hat lediglich informatorischen Charakter. Der Vorrang der EuBVO ergibt sich ohnehin aus der Normenhierarchie zwischen Unionsrecht und nationalem Recht.

§ 363 regelt nur ausgehende Rechtshilfeersuchen. Für **eingehende Ersuchen** im **vertragslosen Verkehr** mit Nicht-EU-Staaten existieren keine gesetzlichen Vorschriften. Nimmt man an, dass der aus Art. 20 Abs. 3 GG abgeleitete **Vorbehalt des Gesetzes** es der Justizverwaltung verwehrt, **Beweispersonen** Belastungen ohne **gesetzliche Grundlage** aufzuerlegen,[1] wäre eine Rechtshilfegewährung unter Einsatz von Zwangsmitteln im vertragslosen Verkehr nicht statthaft.[2] Es dürfte indes **gewohnheitsrechtlich** anerkannt sein, dass Rechtshilfe nach Ermessen des Staates auch im vertragslosen Zustand gewährt werden kann, um damit zugleich die Basis für die Erledigung ausgehender Rechtshilfeersuchen zu schaffen. **Gewohnheitsrecht** ist Recht i.S.d. § 12 EGZPO. Ausreichend ist es **nicht** als **Grundlage** von **Grundrechtseinschränkungen** nach Art. 2 Abs. 2 GG.[3] Das betrifft indes nur die **Freiheitsbeschränkung** und den **Zwang** zur Entnahme von Blut oder Schleimhautzellen (vgl. § 372a, § 178 FamFG) als Eingriff in die körperliche Unversehrtheit, nicht hingegen die Verhängung **finanziell wirkender Ordnungsmittel**. 18

V. ZRHO

Wegen der möglichen Auswirkung grenzüberschreitender gerichtlicher Aktivitäten auf die auswärtigen Rechtsbeziehungen haben der Bund und die Länder eine **Rechtshilfeordnung für Zivilsachen** erlassen (ZRHO). Der Rechtsnatur nach handelt es sich um eine **Verwaltungsvorschrift**. Ihr Erlass setzt die Mitzuständigkeit der Justizverwaltung für diesen Bereich der Rechtspflege voraus, was aus Art. 32 GG abgeleitet wird (Rz. 4). Die **ZRHO** ist vom BGH als für die Abwicklung des Rechtshilfeverkehrs **bindend** angesehen worden.[4] Ihr **Geltungsbereich** erstreckt sich auf die streitige und die freiwillige Gerichtsbarkeit (§ 1 ZRHO) sowie die Arbeitsgerichtsbarkeit. In die Übermittlung ausgehender Rechtshilfeersuchen sind **Prüfstellen** der Justizverwaltung eingeschaltet (dazu Rz. 52). 19

VI. Lex fori, ausländisches Beweisrecht

Als selbstverständlicher Grundsatz des internationalen Verfahrensrechts gilt, dass das **Gericht** eines jeden Staates **sein eigenes Verfahrensrecht** anwendet (lex fori), ohne Rücksicht darauf, ob der zu entscheidende Fall Anknüpfungspunkte an andere Rechtsordnungen aufweist.[5] Er ist vorrangig eine **Zweckmäßigkeitsregel**, die dem Bezug des Prozessrechts auf die bereitgestellte Gerichtsorganisation und damit der Effektivität des Rechtsschutzes Rechnung trägt.[6] Sie ermöglicht zugleich wegen der 20

---

1 So *Junker* JZ 1989, 121, 127, allerdings mit Blick auf das HBÜ und mit der zusätzlich auf Art. 3 Abs. 1 GG gestützten – allerdings abzulehnenden – Einschränkung, dass auf dessen Grundlage eine Beweisaufnahme für einen ausländischen Zivilprozess nicht weiter gehen dürfe als eine Beweiserhebung in einem inländischen Zivilverfahren.
2 So *Leipold* Lex fori-Souveränität-Discovery S. 32; Stein/Jonas/*Schumann*, ZPO, 20. Aufl., Einl. (1979) Rz. 897; *Schack* IZPR[5] Rz. 210; *R. Geimer* IZPR[6] Rz. 2445 und 2513.
3 v. Mangoldt/Klein/*Starck*, GG, Band 1, 6. Aufl. 2010, Art. 2 Rz. 198 (nicht unstr.).
4 BGH NJW 1983, 2769.
5 BGHZ 48, 327, 331.
6 *Leipold* Lex fori-Souveränität-Discovery S. 28.

Abstraktheit des Prozessrechts gegenüber dem jeweils anzuwendenden materiellen Recht die Wahrung der Gleichheit der Prozessparteien auch bei einem Auslandsbezug des Prozesses.¹ *Leipold* sieht darüber hinaus in der lex fori-Regel die Inanspruchnahme der Souveränität des eigenen Staates auf dem Gebiet der Rechtspflege und den **Respekt vor fremder Justizsouveränität**,² die sich bei der Anerkennung ausländischer Urteile ohne Überprüfung der Einzelheiten des ihnen zugrundeliegenden Verfahrens (bis zur Grenze des Ordre public-Verstoßes) in dem indirekten Bekenntnis zur grundsätzlichen Gleichwertigkeit der Prozessrechte niederschlage.³

21 Wegen Geltung der lex fori-Regel richtet sich auch die Durchführung der Beweisaufnahme nach dem Recht des Staates, in dem die Beweisaufnahme stattfindet.⁴ Die **EuBVO** bringt dies in den Erwägungsgründen 13–15 und in den Regelungen der Art. 10 Abs. 2, 13 und 14 zum Ausdruck. Dieselbe Rechtsauffassung liegt aber auch dem staatsvertraglichen (vgl. **Art. 9 HBÜ**) und dem vertragslosen Rechtsverkehr mit Drittstaaten zugrunde. Dadurch können **ausländische Beweiserhebungsverbote**⁵ oder **Zwangsmittelregelungen** für eine Beweiserhebung innerhalb eines inländischen Erkenntnisverfahrens Wirkung erlangen. Umgekehrt setzen sich auch inländische Beweisrechtsnormen bei der Erledigung von Rechtshilfeersuchen eines ausländischen Gerichts durch. Zu beachten ist allerdings die Kumulation von Rechtspositionen der Aussagepersonen durch das **Meistbegünstigungsprinzip** (Kap. 59 Rz. 30), durch das sich Aussageprivilegien vergrößern können. Auch kann eine Beweisaufnahme nach dem Recht des ersuchenden Staates beantragt werden (Art. 10 Abs. 3 EuBVO, Art. 9 Abs. 2 HBÜ). Die **Zulässigkeit einzelner Beweismittel** richtet sich nach der inländischen lex fori.⁶

22 Der **lex fori** untersteht die **Beweis- und Verhandlungswürdigung** (§ 286), selbst wenn sich die sachlich-rechtlichen Beziehungen der Parteien nach einem fremden Recht als lex causae richten.⁷ Dies schließt es ein, Schlussfolgerungen aus einer Behinderung der Tatsachenfeststellung durch **Beweisvereitelung** zu ziehen,⁸ jedenfalls dann, wenn **ein prozessuales Fehlverhalten** dafür maßgebend ist und nicht an die Verletzung einer materiell-rechtlichen Pflicht, etwa zur Befundsicherung (näher: Kap. 8 Rz. 146 ff.), angeknüpft wird.

23 Die **ausreichende Substantiierung** des Tatsachenvortrags soll eine Frage des anwendbaren materiellen Rechts sein.⁹ Das ist in dieser Pauschalität zweifelhaft (zu den Normzwecken der Substantiierung Kap. 11 Rz. 10 ff.). Davon abzugrenzen ist die prozessual korrekte Ausschöpfung des Tatsachenvortrags der Parteien.¹⁰ Ebenfalls dem materiellen Recht untersteht die **Beweislastverteilung**.¹¹ Beschränkungen der Be-

---

1 *Leipold* Lex fori-Souveränität-Discovery S. 29.
2 Gegen diesen Begriff *Schlosser*, Festschrift W. Lorenz (1991), S. 497, 504.
3 *Leipold* Lex fori-Souveränität-Discovery S. 30.
4 BGHZ 33, 63, 64; *Chr. Berger* Festschrift Rechberger (2005), S. 39, 42; s. auch *Linke/Hau*⁵ Rz. 338.
5 Beispiel: „Without prejudice privilege" des englischen Rechts, also Nichtverwendbarkeit von Kommunikation aus Vergleichsverhandlungen, dazu *Oceanbulk Shipping & Trading S.A. v. TMT Asia Ltd.*, [2010] UKSC 44 = [2010] 3 WLR 1424.
6 *Linke/Hau*⁵ Rz. 350 f.
7 BGH WM 1977, 793, 794; *Linke/Hau*⁵ Rz. 348.
8 *Linke/Hau*⁵ Rz. 299. Demgegenüber nimmt EuGH, Urt. v. 8.2.2001, Rs. C-350/99 – Lange/Schünemann, Rz. 33, an, dass die Regeln des nationalen Rechts über die Beweisvereitelung den Anwendungsbereich der materiell-rechtlich zu verstehenden Beweislastregeln betreffen.
9 BGH WM 1977, 793, 794; OLG Celle RIW 1988, 137.
10 BGH WM 1977, 793, 794.
11 BGHZ 3, 342, 346; OLG Celle RIW 1988, 137; *Coester-Waltjen*, Internationales Beweisrecht S. 284 ff.; *Linke/Hau*⁵ Rz. 344. S. auch EuGH, Urt. v. 8.2.2001, Rs. C-350/99 – Lange/Schünemann, Rz. 31 ff.: Anwendung der nationalen Beweislastregelungen nur, soweit das materielle

weisführung durch Anforderungen an die **zugelassenen Beweismittel** sind darauf zu untersuchen, ob darin eine versteckte materiell-rechtliche Anforderung zu sehen ist, die nach der lex causae statt der lex fori zu beurteilen ist.

VII. Recht auf Auslandsbeweisaufnahme

Für den Inlandsprozess ohne Auslandsberührung wird aus § 286 und Art. 103 Abs. 1 GG ein „**Recht auf Beweis**" abgeleitet[1] (Kap. 1 Rz. 84). Das Nichterheben eines rechtlich erforderlichen Beweises stellt daher einen Verfahrensverstoß dar, der zum Angriff auf die darauf beruhende Endentscheidung mit den entsprechenden Rechtsbehelfen berechtigt. Für die Erhebung eines Auslandsbeweises gilt dies nicht in gleicher Weise. 24

Die **Gewährung von Rechtshilfe** im Rahmen völkerrechtlicher Verträge kann **nur der Staat** als Völkerrechtssubjekt und Vertragspartner verlangen, **nicht** aber eine einzelne **Prozesspartei**.[2] Davon zu unterscheiden ist das Recht der Prozessparteien, dass sich der deutsche Gerichtsstaat, also die Justizverwaltung, um die Gewährung ausländischer Rechtshilfe bemüht. Die Parteien haben einen Anspruch auf **fehlerfreie Ermessensausübung** der Justizverwaltung (dazu auch Kap. 60 Rz. 15), den sie nach Art. 23 EGGVG gerichtlich überprüfen lassen können[3] (nicht zu verwechseln mit einer Verletzung des § 286 durch das Prozessgericht). 25

Vor diesem Hintergrund ist die Auffassung des BGH zu würdigen, es stehe im **Ermessen des Prozessgerichts**, ob und inwieweit es eine im Ausland erfolgte – in concreto: fehlerhafte – Beweisaufnahme seiner Entscheidung zugrunde legen wolle.[4] An dieser unter der Geltung des HZPÜ von 1954 vertretenen Ansicht hat der BGH 1991 in einem Nichtannahmebeschluss für eine Rechtshilfevernehmung auf der Grundlage des HBÜ festgehalten;[5] dort ging es um die Verwertung einer Zeugenbeweisaufnahme aus Portugal. Da Portugal Rechtshilfe gewährt hatte, kam grundsätzlich ein **Anspruch auf Verwertung der Beweisaufnahme und** wegen deren Fehlerhaftigkeit auch auf eine **Wiederholung** in Betracht. Die obiter dictum getroffene Aussage ging also von falschen Prämissen aus. Ein Gegengrund kann nur darin gesehen werden, dass entweder der Justizgewährleistungsanspruch der Wiederholung einer zeitraubenden Auslandsbeweisaufnahme im Wege stehen kann, oder dass – so die Lage im konkreten portugiesischen Fall – der Verfahrensfehler nicht rechtlich erheblich ist. 26

Unzutreffend wäre es, eine mögliche **unmittelbare Beweisaufnahme im Ausland** durch einen **beauftragten Richter** des Prozessgerichts oder eine **Rechtshilfevernehmung** unter Teilnahme eines beauftragten Richters mit der Begründung **abzulehnen**, deutsche Gerichte seien zu einer Beweisaufnahme im Ausland nicht verpflichtet.[6] Diese These war schon vor Inkrafttreten des § 128a Abs. 2 und der EuBVO nicht haltbar; seither ist sie mit den Wertungen des Gesetzes unvereinbar. 27

Unter der Geltung der **EuBVO** ist die These, das Prozessgericht entscheide nach Ermessen über die Verwertung – und konsequenterweise: auch über die Einholung – ei- 28

Gemeinschaftsrecht keine Beweisregelung enthält, und Gebot der gemeinschaftsrechtskonformen Anwendung der nationalen Regelung.
1 Rosenberg/Schwab/*Gottwald* ZPR[17] § 116 Rz. 1.
2 *R. Geimer* IZPR[6] Rz. 3637 f.; *Schack* IZPR[5] Rz. 200.
3 *Schack* IZPR[5] Rz. 200.
4 BGHZ 33, 63, 64 f. = LM ZPO § 363 Nr. 1 m. Anm. *Johannsen* = ZZP 74 (1961), 86 m. Anm. *H. Schneider*.
5 BGHR ZPO § 357 Auslandsbeweisaufnahme 1.
6 A.A. OLG Saarbrücken NJW-RR 1998, 1685 (Vernehmung in der Schweiz).

ner Auslandsbeweisaufnahme, nicht aufrecht zu erhalten.[1] Zwischen EU-Staaten ist die Beweisaufnahme rechtlich erheblich vereinfacht und die Staaten haben die **gemeinschaftsrechtliche Pflicht**, den **Gerichten anderer EU-Staaten Rechtshilfe** zu gewähren.[2] Angesichts dieser Rahmenbedingungen haben die Prozessparteien wegen ihres Rechts auf Beweis einen Anspruch auf Durchführung einer Auslandsbeweisaufnahme. Eine Variante dieser Beweisaufnahmeverweigerung ist die Ablehnung des Antrags auf Vernehmung eines Auslandszeugen analog § 244 Abs. 3 S. 2 StPO mit der Begründung, eine kommissarische Rechtshilfevernehmung erlaube nicht die erforderliche Beurteilung der persönlichen Glaubwürdigkeit.[3] Eine **audiovisuelle Übertragung** der Vernehmung ist zumindest in Erwägung zu ziehen (s. auch Kap. 59 Rz. 35). Innerhalb der EU ist die Nutzung der Möglichkeit des Art. 17 EuBVO verfassungsrechtlich verpflichtend (dazu nachfolgend Rz. 50).

VIII. Bundesamt für Justiz, Auslandsvertretungen

29 Die Aufgabe einer **zentralen Anlaufstelle** für den europäischen und internationalen Rechtsverkehr wird für den Bund vom **Bundesamt für Justiz** wahrgenommen.[4] Es ist eine Bundesoberbehörde im Zuständigkeitsbereich des Bundesministeriums der Justiz, auf die ausgegliederte Zuständigkeiten des Justizministeriums übertragen worden sind. Ihr kommt die **Funktion der Zentralen Behörde** i.S.d. HBÜ zu. Es unterstützt das Bundesjustizministerium u.a. bei der europäischen und internationalen rechtlichen Zusammenarbeit auf dem Gebiet der Rechtshilfe in Zivilsachen, der Vereinfachung des internationalen Rechtsverkehrs und der europäischen justiziellen Zusammenarbeit (**Europäisches Justizielles Netz**). Die **Übermittlungswege** können auf der Grundlage bilateraler Abkommen abweichen.[5]

30 Die **Zuständigkeit** der **deutschen Auslandsvertretungen** für Konsularsachen ergibt sich im Allgemeinen aus dem **KonsularG**.[6] Die konsularischen Amtsbezirke sind auf der Internetseite des Auswärtigen Amtes verzeichnet. Zu beachten ist, dass nicht jede Auslandsvertretung ständig mit einem Beamten besetzt ist, der gem. § 19 Abs. 2 KonsularG ermächtigt ist, Vernehmungsersuchen zu erledigen.

§ 197 Beweisaufnahme bei Auslandsbelegenheit des Beweismittels

I. Ort und Gegenstand der Beweisaufnahme

31 § 363 handelt von der Beweisaufnahme **für** ein **inländisches Erkenntnisverfahren**, die im Ausland durchzuführen ist. Davon zu unterscheiden ist die Beweisaufnahme, die im Inland für ein Erkenntnisverfahren vor einem ausländischen Gericht erfolgen soll. Sie wird von § 363 nicht behandelt. Ergänzt wird § 363 durch § 364 und § 369.

32 In Betracht kommen **alle Beweiserhebungen des Strengbeweises**, also Augenscheinseinnahme, Zeugenvernehmung, Sachverständigengutachten, Urkundenedition und

---

1 Für eine Relativierung auch Rauscher/*v. Hein*[(2010)] Art. 1 EG-BewVO Rz. 39.
2 *Schlosser* EuZPR[3] Art. 2 EuBVO Rz. 3.
3 Vgl. etwa OLG Koblenz OLGRep. 2008, 362, 363.
4 § 2 Abs. 2 Nr. 3a des Gesetzes über die Errichtung des Bundesamtes für Justiz (BfJG) v. 17.12.2006, BGBl. I 2006, 3171, in Kraft seit 1.1.2007; RegE BT-Drucks. 16/1827; dazu *Weinbörner* IPRax 2008, 486, 487.
5 Vgl. OLG Frankfurt IPRax 2009, 71, 72 m. Bespr. *Knöfel* IPRax 2009, 46.
6 Gesetz v. 11.9.1974 (BGBl. I 1974, 2317), geändert durch Art. 12 des Gesetzes v. 4.5.1998 (BGBl. I 1998, 833).

Parteivernehmung. Diese Beweise können für ein ordentliches Verfahren erhoben werden, können aber auch – soweit nach § 485 zulässig – Gegenstand eines selbständigen Beweisverfahrens sein. Die **Parteianhörung nach § 141** (Kap. 59 Rz. 81) soll nicht unter die Vorschriften über die Auslandsbeweisaufnahme fallen, weil es sich nicht um ein echtes Beweismittel handelt. Zu bedenken ist allerdings, dass die Nichtteilnahme an einem Verhandlungstermin mit Ordnungsmitteln bedroht ist, soweit die Anhörung zur Sachaufklärung erforderlich ist, und dass die Parteiaussage auch außerhalb der formellen Vernehmung gem. §§ 445 ff. im Rahmen des § 286 gewürdigt werden darf, weshalb sie in der Gerichtspraxis in nicht unerheblichem Umfang faktisch an die Stelle der beweisrechtlichen Parteivernehmung getreten ist. **Für die EuBVO** ist die **informatorische Anhörung** nach hier vertretener Ansicht als **Beweisaufnahme** anzusehen (Kap. 59 Rz. 44 und 81).

Zur Auslandsbeweisaufnahme im **deutschen selbständigen Beweisverfahren** s. Kap. 53 Rz. 15 ff. Davon zu unterscheiden ist das **Betreiben eines ausländischen Verfahrens**, das der Beschaffung des Tatsachenstoffs für ein deutsches ordentliches Verfahren dient. Der US Supreme Court hat im Jahre 2004 die Anwendung der amerikanischen Pre Trial Discovery gem. Section 1782 Title 28 United States Code als Methode der Informationsgewinnung für – aus amerikanischer Sicht – ausländische, also auch deutsche Verfahren grundsätzlich zugelassen.[1]

33

Die **Ermittlung** des Inhalts **ausländischen Rechts** erfolgt von Amts wegen unter Beachtung des **§ 293**. Das ausländische Recht wird dabei als Rechtssatz und nicht als Tatsache behandelt, auch wenn bei Einschaltung eines Sachverständigen im Rahmen einer förmlichen Beweisaufnahme die §§ 355 ff. und §§ 401 ff. anzuwenden sind.

34

II. Beweismittelbeschaffung für das Inland

Alternativ zu exterritorialen Beweisaufnahme kommt der **Transfer des Beweismittels ins Inland** in Betracht. Dann erfolgt die Beweisaufnahme unmittelbar (§ 355) vor dem Prozessgericht nach den deutschen Vorschriften über den Strengbeweis. Die Beschaffung von Beweismitteln aus dem Ausland wird durch § 363 nicht geregelt. Das Gericht kann einer **Prozesspartei aufgeben, Beweismittel** über die sie Verfügungsmacht hat, für die Inlandsbeweisaufnahme **bereitzustellen** bzw. zu sistieren. **Grundlage** dafür sind die **§§ 142, 144** und die indirekte Sanktion der Würdigung passiven Verhaltens als Beweisvereitelung (vgl. dazu Kap. 8 Rz. 138 ff.). Zur Vorlegung von Urkunden und beweglichen Augenscheinsobjekten Kap. 59 Rz. 80, zur Pflicht einer beweisbelasteten Prozesspartei, einem bei ihr angestellten, im Ausland ansässigen Zeugen die arbeitsrechtliche Weisung zu erteilen, vor dem Prozessgericht zu erscheinen, Kap. 59 Rz. 82.

35

III. Methoden der Beweisaufnahme im Ausland

1. Konsularvernehmung

§ 363 Abs. 2 geht von der **vorrangigen** Beweiserhebung durch einen **deutschen Konsul** aus. Diese Rangfolge ist grundsätzlich richtig, weil es sich bei der Vernehmung einer

36

---

[1] *Intel Corp. v. Advanced Devices, Inc.*, 542 U.S. 241 (2004). Zu den Auswirkungen der Entscheidung *Kraayvanger/Richter* RIW 2007, 177 ff.; *Kraayvanger* RIW 2007, 496 ff.; *Myers/Valen/Weinreich* RIW 2009, 196 ff.; *Jungermann* WuW 2014, 4, 8 ff. Anwendung in der Sache *Heraeus Kulzer v. Esschem* durch den US Court of Appeal (3rd Circuit), GRUR Int. 2011, 358 – Knochenzement I und in der Sache *Heraeus v. Kulzer v. Biomet* durch den US Court of Appeals (7th Circuit), GRUR Int. 2011, 361 – Knochenzement II; dazu *Thole/Gnauck* RIW 2012, 417, 418.

Person in der Botschaft oder dem Konsulat des Gerichtsstaates um eine **inländische Beweiserhebung** des Gerichtsstaates handelt.[1]

2. Ausländische Rechtshilfe

37 § 363 Abs. 1 sieht ferner den **Rechtshilfeweg**, also die Einschaltung einer ausländischen Behörde vor. Unter Behörde ist schlechthin eine ausländische Stelle zu verstehen, worunter auch und sogar in erster Linie ausländische Gerichte fallen. Die **Leitung der Beweiserhebung** obliegt dann einem **ausländischen Rechtshilferichter**, der unter Beachtung seines Prozessrechts den anwesenden Richtern des Prozessgerichts und den Parteien die Möglichkeit geben kann, Fragen zu stellen.

38 § 13 ZRHO (zur ZRHO Rz. 19) sieht entgegen der gesetzlichen Aufgabenverteilung vor, dass **deutsche Auslandsvertretungen** zur Erledigung in eigener Zuständigkeit **nur in Ausnahmefällen** in Anspruch genommen werden, wenn die zuständigen Stellen des ausländischen Staates zur Rechtshilfe nicht bereit sind, vorrangige Regelungen über die gemeinschaftsrechtliche oder zwischenstaatliche Rechtshilfe nicht bestehen oder im Einzelfall besondere Gründe vorliegen, etwa eine Eilbedürftigkeit gegeben ist.

3. Unmittelbare Beweisaufnahme des inländischen Prozessgerichts

39 Die Fortentwicklung des Rechts der grenzüberschreitenden Beweisaufnahme durch das Haager Beweisaufnahmeübereinkommen (HBÜ) und die Europäische BeweisaufnahmeVO (EuBVO) hat **Verfeinerungen gegenüber § 363** geschaffen. So gibt es die **unmittelbare Beweisaufnahme** durch das Prozessgericht oder dessen beauftragten Richter, die entweder in **Präsenz** der **Richter vor Ort** im Ausland oder als distanzüberbrückende **Videokonferenz** (§ 128a Abs. 2) stattfinden kann. Dabei handelt es sich um eine **dialogische Beweiserhebung** durch Mitglieder des Prozessgerichts. Wesentlich ist dafür u.a., ob staatliche Zwangsmaßnahmen gegen eine Person (einen Zeugen oder einen Sachverständigen) ergriffen bzw. angedroht werden sollen, oder ob die Beweiserhebung unter freiwilliger Mitwirkung der Beweisperson stattfindet. Die EuBVO sieht den unmittelbaren Geschäftsverkehr zwischen dem ersuchenden Gericht und dem ersuchten Gericht vor.

4. Delegation auf Privatpersonen

40 In Betracht kommen auch Beweisaufnahmen durch **beauftragte Privatpersonen** (Commissioner, Art. 17 HBÜ; dazu Kap. 59 Rz. 71 und Kap. 60 Rz. 29). Deutschland hat diese Art der Beweisaufnahme nach ausländischem Prozessrecht für sein Territorium unter einen Genehmigungsvorbehalt gestellt. Für deutsche Verfahren ist diese Beweiserhebungsmethode nicht zulässig.

§ 198 Gewährung und Inanspruchnahme von Rechtshilfe

I. Begriff der Rechtshilfe

41 Rechtshilfe ist nach der EuBVO für ein **Gericht** zu gewähren. Art. 1 Abs. 1 HBÜ spricht von einer „**gerichtlichen Behörde**", was darüber hinausgeht. Nicht darunter

---

[1] So für Österreich OGH ÖJZ 1999, 385.

fallen **Schiedsgerichte**.¹ Sie müssen sich nach § 1050 an ein staatliches Gericht wenden. Beschränkt ist die Rechtshilfeleistung auf **Zivil- und Handelssachen** (Art. 1 Abs. 1 HBÜ, Art. 1 Abs. 1 EuBVO). Für den Rechtsverkehr innerhalb der Europäischen Union ist das traditionelle Verständnis der justiziellen Zusammenarbeit zu überwinden und durch den **Konzept** einer **richterlichen Kooperation** zu ersetzen (dazu Rz. 7). Ein legislativer Ansatzpunkt dafür ist bereits in Art. 20 des Vorschlags einer VO zur grenzüberschreitenden vorläufigen Kontenpfändung vom 25.7.2011 enthalten.² Gleichartige Anstrengungen zur Formulierung allgemeiner Prinzipien für die direkte richterliche Zusammenarbeit unternimmt das Ständige Büro der Haager Konferenz.³

Rechtshilfe besteht in der Unterstützung bei einer **Beweisaufnahme** oder durch eine **andere** gerichtliche **Handlung** (Art. 1 Abs. 1 HBÜ). Andere gerichtliche Handlung kann die informatorische Anhörung der Parteien sein.⁴ Zu denken ist ferner an Ersuchen um **Übernahme** eines inländischen oder ausländischen **Verfahrens** (§§ 44 f. ZRHO), Ersuchen um **behördliche Auskünfte** (§ 47 ZRHO) und Ersuchen um **Aktenübersendung** (§ 49 ZRHO).⁵   42

Die EuBVO erwähnt die Rechtshilfe durch Vornahme anderer gerichtlicher Handlungen nicht. Insoweit ist das HBÜ heranzuziehen.⁶ Der Begriff „Beweisaufnahme" in Art. 1 EuBVO ist aber weit auszulegen. Soweit *Schlosser* davon „alle justiziellen Informationsbeschaffungsmaßnahmen" umfasst sieht,⁷ greift er begrifflich zu weit.⁸ **Titulierte Auskunftsansprüche** sind unter Heranziehung der **EuGVO** zu vollstrecken (Rz. 78). Die informatorische Befragung einer Person, die nicht zeugnisfähig ist, lässt sich als Beweisaufnahme i.S.d. EuBVO verstehen.⁹ Darunter fällt auch die **Parteianhörung nach § 141**¹⁰ (dazu Kap. 59 Rz. 44 und 81).   43

Ein Ersuchen um **Vollstreckungshilfe** für ein inländisches Verfahren als anderer gerichtlicher Maßnahme gibt es nicht¹¹ (s. auch § 41 ZRHO). Soweit **Körpermaterial einer Untersuchungsperson** unter Anwendung unmittelbaren Zwangs zwecks Begutachtung durch einen Sachverständigen in Deutschland beschafft werden soll, handelt es sich um eine besondere Form der Augenscheinseinnahme;¹² diese Beschaffung von Beweisgegenständen kraft richterlicher Anordnung des Prozessgerichts muss vom Recht des ersuchten Staates akzeptiert sein (dazu Kap. 59 Rz. 16).   44

Ausgeklammert ist nach Art. 1 Abs. 3 HBÜ die **Zustellung**; sie richtet sich auch dann nach dem Haager Zustellungsübereinkommen von 1965 (**HZÜ**), wenn eine im Aus-   45

---

1 *Hess* EuZPR § 8 Rz. 37; Rauscher/*v. Hein*⁽²⁰¹⁰⁾ Art. 1 EG-BewVO Rz. 9; a.A. *Knöfel* RIW 2007, 832, 835 f.; *Knöfel* EuZW 2008, 267, 268.
2 Kommissionsdokument KOM (2011) 445 endg.; 2011/0204 (COD).
3 Prel. Doc. No. 3 A Revised July 2012, Emerging Guidance regarding the development of the International Hague Network of Judges.
4 So BT-Drucks. 7/4892, S. 52.
5 S. dazu auch Nagel/*Gottwald*⁷ § 8 Rz. 92 ff.
6 *Schlosser* EuZPR³ Art. 1 EuBVO Rz. 5.
7 *Schlosser* EuZPR³ Art. 1 EuBVO Rz. 6.
8 Kritisch auch Rauscher/*v. Hein*² Art. 1 EG-BewVO Rz. 13.
9 Rauscher/*v. Hein*⁽²⁰¹⁰⁾ Art. 1 EG-BewVO Rz. 14; s. auch *Schlosser* EuZPR³ Art. 1 EuBVO Rz. 1.
10 *Hess* EuZPR § 8 Rz. 42; Rauscher/*v. Hein*⁽²⁰¹⁰⁾ Art. 1 EG-BewVO Rz. 15; a.A. (zum HBÜ) Stein/Jonas/*Berger*²² § 363 Anh. Rz. 61.
11 A.A. *Jayme* Festschrift Geimer (2002), S. 375, 377, 378 (für Blutentnahme in Italien zur Begutachtung durch deutschen Sachverständigen im Abstammungsprozess); *Decker* IPRax 2004, 229, 235; *Schulze* IPRax 2001, 527, 529.
12 Überflüssig daher die Überlegungen von Rauscher/*v. Hein*⁽²⁰¹⁰⁾ Art. 1 EG-BewVO Rz. 29 f. (Hinweise zum HBÜ und zu Art. 8 EMRK).

46 **Ausgeklammert** sind nach Art. 1 Abs. 3 HBÜ ferner „**Maßnahmen der Sicherung** oder der Vollstreckung". Davon werden künftige Sicherungen der Vollstreckung erfasst. Hingegen gilt das HBÜ für **Beweissicherungen**, wie Art. 1 Abs. 2 HBÜ mit der Erwähnung der Beweisverwendung in einem künftigen Verfahren klarstellt.[2] Damit sind ungeklärte Abgrenzungsprobleme verbunden,[3] deren Lösung dadurch erschwert wird, dass die **nationalen Prozessrechte** sehr **unterschiedliche Wege** der vorprozessualen und prozessualen Informationsbeschaffung beschreiten, nämlich **materiell-rechtliche Ansprüche** gewähren oder **rein prozessuale Institute** mit unterschiedlichem gerichtlichen Aktivitätsniveau bereitstellen oder – so das deutsche Recht – eine Gemengelage dieser Wege kennen, wobei der Befolgungszwang unmittelbar oder indirekt entfaltet werden kann (näher dazu Rz. 77 f.).

II. Rechtshilfebeweisaufnahme und Unmittelbarkeitsgrundsatz

47 Die **Vorteile unmittelbarer Beweiserhebung** durch das Prozessgericht (bessere Kenntnis des durch Beweisaufnahme ermittelten Prozessstoffes, Beschleunigung des Verfahrens) gebieten grundsätzlich die Beachtung des Unmittelbarkeitsgrundsatzes, wie sich aus § 355 Abs. 1 S. 2 entnehmen lässt. Allerdings sind bei der Beweiswürdigung die erhobenen Beweise nicht schematisch danach zu unterteilen, ob es sich um ein unmittelbares (§ 355) oder – so bei der Auslandsvernehmung im Wege der Rechtshilfe – um ein mittelbares Beweismittel handelt.[4]

48 Eine **Durchbrechung** des Unmittelbarkeitsgrundsatzes bedarf der **Rechtfertigung**. Sie kann sich im Inlandsprozess bei der Zeugenvernehmung aus § 375 ergeben. Ungeklärt ist, ob § 363 für Auslandsbeweisaufnahmen generell von einer Beachtung des Unmittelbarkeitsprinzips entbindet, oder ob das Prozessgericht – so die vorzugswürdige Ansicht – eine Ermessensentscheidung zu treffen hat, die dem Unmittelbarkeitsprinzip Rechnung zu tragen hat und die zu einer **Begründung** der gewählten Beweisaufnahmeart **im Endurteil** zwingt.[5] Es gibt keine Anhaltspunkte dafür, dass die Staatsverträge oder § 363 von der Rechtshilfevernehmung als dem Regelfall ausgehen;[6] benannt werden dort nur die Modalitäten der Auslandsbeweisaufnahme.

49 Das **Tempo** der jeweiligen Art der **Beweiserhebung** im Hinblick auf den Justizgewährungsanspruch, das **Risiko** eines **Fehlschlags** infolge zu befürchtender fehlender Mitwirkungsbereitschaft in Relation zum Vorbereitungsaufwand, die **Entbehrlichkeit** ei-

---

1 Zu deren abschließenden Charakter EuGH, Urt. v. 19.12.2012, Rs. C-325/11 – Alder/Orlowska, Rz. 24 f.; EuZW 2013, 187 m. Bespr. *Okonska* RIW 2013, 280 ff.
2 *Schlosser* EuZPR[3] Art. 1 HBÜ Rz. 2 und 4.
3 *Hess* EuZPR § 8 Rz. 82 ff.
4 BVerfG NJW 1997, 999, 1000.
5 *Musielak* Festschrift Geimer (2002), S. 761, 763 f. in Auseinandersetzung mit BGH IPRax 1981, 57, 58, BGH NJW 1990, 3088, 3090 und BGH NJW 1992, 1768, 1769. S. dazu auch *R. Geimer* IZPR[6] Rz. 2380; *Linke/Hau*[5] Rz. 357; Stein/Jonas/*Berger*[22] § 363 Rz. 5 (gegen eine Pflicht zur Beweismittelbeschaffung durch Ladung von Aussagepersonen). Von einer generellen Vorzugswürdigkeit der Vernehmung durch einen inländischen Richter, sei es auch eines Rechtshilferichters im grenznahen Gebiet, geht OLG Schleswig, RIW 1989, 910, 911, aus. Betonung des Unmittelbarkeitsgrundsatzes als Auswahlkriterium in Österreich: *Rechberger/McGuire* ZZP Int. 10 (2005), 81, 90.
6 So aber *Leipold*, Anm. zu BGH ZZP 105 (1992), 500, 510; s. auch BGH IPRax 1981, 57, 58 = MDR 1980, 931, 932. Von einer Durchbrechung des Unmittelbarkeitsgrundsatzes „sui generis" sprechen Rauscher/*v. Hein*[(2010)] Art. 1 EG-BewVO Rz. 35.

nes **persönlichen Eindrucks** des Prozessgerichts und die Gründe des § 375 Abs. 1 sind wesentliche **Gesichtspunkte der Ermessensausübung**.[1]

Der **Unmittelbarkeitsgrundsatz** kann sowohl durch ein Vorgehen nach **Art. 17 EuB-** 50 **VO**[2] (Kap. 59 Rz. 68 und 72 ff.) als auch durch eine **Beweismittelbeschaffung** vor das Prozessgericht (Kap. 59 Rz. 78 f.) gewahrt werden. Bedeutsam ist die Entscheidung über den Weg vor allem für die Personalbeweismittel.[3]

III. Das Rechtshilfeersuchen

Der Inanspruchnahme ausländischer Rechtshilfe hat ein **Beweisbeschluss** voranzuge- 51 hen. Nur auf dessen Grundlage kann die Einhaltung der Erfordernisse des Art. 3 HBÜ, insbesondere des Bestimmtheitserfordernisses, überprüft werden. Die **Übersendung von Akten** an ein ausländisches Rechtshilfegericht ist nicht zulässig (§ 19 Abs. 1 S. 4 ZRHO). Deshalb ist eine detaillierte Ausformulierung des Fragenkatalogs bedeutsam.[4]

Nach § 9 ZRHO sind ausgehende Rechtshilfeersuchen von einer **Prüfstelle ver-** 52 **waltungsmäßig** darauf **zu überprüfen**, ob sie für eine Weiterleitung geeignet sind. **Zuständig** sind für Ersuchen der Spruchkörper des Amts- und Landgerichts die Landgerichtspräsidenten bzw. Amtsgerichtspräsidenten, für Ersuchen der Senate des Oberlandesgerichts der Präsident des Oberlandesgerichts. Die Prüfstelle hat gem. § 28 Abs. 1 ZRHO festzustellen, **ob die Bestimmungen des Unionsrechts**, der einschlägigen **Staatsverträge** und der **ZRHO beachtet** worden sind, und ob das Ersuchen nach seiner inhaltlichen Fassung von einer mit dem deutschen Recht unvertrauten Stelle leicht erledigt werden kann. Die Prüfstelle leitet das korrekte Ersuchen auf dem **zugelassenen Beförderungsweg** an die zuständige Stelle weiter (§ 29 ZRHO). Für den Anwendungsbereich der EuBVO ist in Zweifel gezogen worden, ob die Beteiligung der Prüfstellen mit dem Unionsrecht in Einklang steht.[5]

Welche **Beförderungswege für Rechtshilfeersuchen** an ausländische Stellen mangels 53 gesetzlicher Regelung zu wählen sind, ergibt sich aus § 6 ZRHO und deren Länderteil. Ersuchen an Auslandsvertretungen sind auf dem **Kurierweg des Auswärtigen Amtes** zu übermitteln (§ 29 Abs. 2 ZRHO). Für den Rechtsverkehr zwischen EU-Staaten ist Art. 6 EuBVO maßgeblich, der auch Fax und E-Mail nicht ausschließt.[6]

Ausgehende Ersuchen sind nach Art. 2 Abs. 1 HBÜ **an die Zentrale Behörde** des Be- 54 weisaufnahmestaates zu richten, die ein Beweisaufnahmeersuchen an die dafür zuständige gerichtliche Behörde nach Prüfung weiterleitet. **Zusatzvereinbarungen**, die **bilateral** ergänzend zum HBÜ 1954 getroffen worden sind, bleiben nach Art. 31 HBÜ unberührt.

Die EuBVO ermöglicht Beweisaufnahmen im Rechtshilfewege (Art. 10 EuBVO) im 55 **unmittelbaren Geschäftsverkehr** zwischen den Gerichten, Art. 2 EuBVO. **Form und Inhalt** des Ersuchens sind durch das Formblatt A festgelegt, dessen Inhalt Art. 4 EuBVO bestimmt. Die Beweisaufnahmen setzen spezifische Fragen mit spezifischen Be-

---

1 Zu weiteren Kriterien Rauscher/*v. Hein*[(2010)] Art. 1 EG-BewVO Rz. 39.
2 Seinen Einsatz befürwortend *Stadler* Festschrift Geimer (2002), S. 1281, 1305.
3 Gegen einen Vorrang der Inlandsbeweisaufnahme vor der Auslandsbeweisaufnahme bei der Dokumentenvorlegung *Niehr* Die zivilprozessuale Dokumentenvorlegung S. 148.
4 *R. Geimer* IZPR[6] Rz. 2413.
5 Verneinend Rauscher/*v. Hein*[(2010)] Art. 2 EG-BewVO Rz. 4; a.A. Zöller/*Geimer*[30] § 1072 Rz. 8 i.V.m. § 1069 Rz. 1.
6 *Schlosser* EuZPR[3] Art. 6 EuBVO Rz. 1.

weismitteln voraus;¹ auch Urkunden und Augenscheinsobjekte müssen spezifiziert werden.² Art. 4 Abs. 1 lit. e EuBVO erlaubt die **Spezifizierung in zweierlei Gestalt**: entweder durch Formulierung von Fragen oder durch Benennung des Sachverhalts, über den eine Vernehmung stattfinden soll.³ Anzugeben sind **Verweigerungsrechte**, die nach der **lex fori** des **ersuchenden Gerichts** bestehen, und der eventuelle Wunsch nach einer **Vereidigung** unter Benennung der Eidesformel.

56 Die Erledigung eines Rechtshilfeersuchens auf der Grundlage des HBÜ erfolgt in der **Sprache** der **ersuchten Behörde**. Davon zu unterscheiden ist die sprachliche Version des Rechtshilfeersuchens selbst. Neben der Landessprache der ersuchten Behörde kommen dafür nach Art. 4 Abs. 2 HBÜ die **französische** oder die **englische Sprache** in Betracht, sofern der ersuchte Staat nicht einen Vorbehalt gem. Art. 33 Abs. 1 HBÜ erklärt hat. Gem. Art. 4 Abs. 4 HBÜ können daneben weitere Sprachen benannt werden. Beigefügte **Übersetzungen** bedürfen einer qualifizierten **Beglaubigung** (Art. 4 Abs. 5 HBÜ). Für die EU bestimmt Art. 5 EuBVO die zugelassenen Sprachen.

57 Die Erledigung eines Ersuchens wird innerhalb der EU durch die **Zeitvorgaben** in Art. 7 und 10 EuBVO besonders beschleunigt. Innerhalb von **sieben Tagen** ist eine Empfangsbestätigung des ersuchten Gerichts zu erteilen; die Erledigung hat innerhalb von **90 Tagen** durch das Rechtshilfegericht zu erfolgen. Fristüberschreitungen können Amtshaftungsansprüche begründen.⁴

58 Nach Art. 10 Abs. 2 EuBVO erledigt das ersuchte **Rechtshilfegericht** das Ersuchen in Anwendung seiner **lex fori**. Eine **Kostenregelung** enthält Art. 18 EuBVO (Kap. 60 Rz. 9).

§ 199 Mitwirkung der Parteien

I. Vorrang der Beweisaufnahme von Amts wegen

59 § 364 sieht eine Beschaffung der Beweise durch die Parteien vor. Die gesetzliche Vorschrift ist heute, von fehlerhafter oder überflüssiger Anwendung abgesehen, **totes Recht** und sollte aufgehoben werden.

60 Wie zu § 363 erläutert regeln das Haager Beweisaufnahmeübereinkommen (HBÜ) und die Europäische Beweisaufnahmeverordnung (EuBVO) die grenzüberschreitende Beweisaufnahme. Sie kann entweder unter Inanspruchnahme **ausländischer Rechtshilfe** oder im Wege **unmittelbarer Beweisaufnahme** des Prozessgerichts (eventuell unter Inanspruchnahme von Kommunikationseinrichtungen) erfolgen, sofern es nicht gelingt, die Beweisaufnahme nach Transferierung der Beweismittel in das Inland am Sitz des Prozessgerichts oder vor einem grenznah tätigen deutschen Rechtshilferichter (in Kenntnis der Aktenlage) durchzuführen. § 363 geht davon aus, dass eine Beweisaufnahme im Ausland regelmäßig von Amts wegen durchzuführen ist.⁵ Sie hat **Vorrang vor** der Anordnung nach § 364 Abs. 1; ein davon abweichendes Vorgehen ist ermessensfehlerhaft.⁶

---

1 *Schlosser* EuZPR³ Art. 4 EuBVO Rz. 1.
2 Rauscher/*v. Hein*⁽²⁰¹⁰⁾ Art. 4 EG-BewVO Rz. 21.
3 Betonung des Alternativverhältnisses bei Rauscher/*v. Hein*⁽²⁰¹⁰⁾ Art. 4 EG-BewVO Rz. 12, jedoch mit Warnung vor der Verwendung der zweiten Alternative.
4 *Schlosser* EuZPR³ Art. 10 EuBVO Rz. 1. Für sanktionslos hält *Stadler* Festschrift Geimer (2002), S. 1281, 1292, die Fristüberschreitung.
5 BGH NJW-RR 1989, 160, 161 = RIW 1989, 818.
6 BGH NJW-RR 1989, 160, 161.

Für § 364 bleibt angesichts der vorrangigen Beweisaufnahmemöglichkeiten nur der 61
vertragslose Rechtsverkehr mit ausländischen Staaten übrig. Auch dann ist **vorrangig**
der **diplomatische Verkehr** zu wählen, der den amtlichen Charakter des Rechtshilfeersuchens unterstreicht. Führt dieser Weg nicht zum Erfolg, erleidet ein Ersuchungsschreiben des Beweisführers nach § 364 Abs. 1 dasselbe Schicksal,[1] es sei denn, der
Beweisführer verfügt über politische Einflussmöglichkeiten in dem Beweisaufnahmestaat, die einem rechtsstaatlichen Verfahren fremd sind.

II. Aussagebeibringung auf Parteiveranlassung

Die in § 364 Abs. 2 vorgesehene **Beibringung** einer **öffentlichen Urkunde** mit Pro- 62
tokollierung einer **Aussage**, die auch vor einem deutschen Konsul errichtet werden
kann, hat gegenüber einer privatschriftlichen Aussage nach § 377 Abs. 3 den Vorteil,
dass die **Identität der Aussageperson** festgestellt worden ist. Der Beweisführer wird
von dieser Möglichkeit der Beweisführung im eigenen Interesse spätestens dann Gebrauch machen, wenn eine staatlich veranlasste Beweiserhebung zu scheitern droht.[2]
Eine gerichtliche Beweisanordnung ist dafür unerheblich.

Für eine sinnvolle **Ermessensentscheidung** des Gerichts, eine Anordnung nach § 364 63
Abs. 2 zu treffen, ist **kein Raum**. Lässt sich eine Beweiserhebung unter Einschaltung
einer Rechtshilfeinstanz im Ausland nicht durchsetzen, ist das Beweismittel als unerreichbar anzusehen. Es bedarf dann nicht noch einer Anordnung nach § 364 Abs. 2;[3]
§ 356 reicht zur Beendigung der Verfahrensungewissheit aus.

§ 364 Abs. 2 steht in einem **Wertungswiderspruch** zu der Haltung des Gesetzgebers in 64
Bezug auf Art. 17 HBÜ und der darauf beruhenden Beschränkung in § 12 AusfG zum
HBÜ. Die Existenz des § 364 Abs. 2 ist geeignet, einen **Ermessensmissbrauch** des Prozessgerichts zu **provozieren**.[4] Daher sollte auch diese Norm beseitigt werden.

III. Entbehrliche Wertungshilfen

§ 364 Abs. 4 wird über seinen unmittelbaren Anwendungsbereich hinausgehend als 65
Wertungsgrundlage dafür angesehen, dass eine Auslandsbeweisaufnahme **auch dann
verwertet** werden darf, wenn die **Parteiöffentlichkeit** wegen fehlender Benachrichtigung vom Termin **vereitelt** worden ist.[5] Dafür bedarf es keiner eigenständigen Norm.

§ 200 Folgen fehlerhafter Beweisaufnahme des ausländischen Richters

I. Fehlerhafte Beweisaufnahme

§ 369 befasst sich mit den Folgen einer fehlerhaften Rechtshilfebeweisaufnahme im 66
Ausland, dies allerdings nur ausschnittweise. Wie eine ausländische Beweisaufnahme
durchzuführen ist, richtet sich nach der **lex fori des Beweisaufnahmestaates**.[6] Die

---
1 Vgl. die Prozesslage in BGH NJW 1984, 2039.
2 S. auch OLG Hamm NJW-RR 1988, 703.
3 A.A. *R. Geimer* IZPR[6] Rz. 2404.
4 Vgl. die grotesk falsche Entscheidung LG Neubrandenburg MDR 1996, 1186; ihr jedoch anscheinend zustimmend *R. Geimer* IZPR[6] Rz. 2393 mit Fn. 263; s. ferner OLG Köln NJW 1975, 2349.
5 So BGHZ 33, 63, 65.
6 BGHZ 33, 63, 64.

Wirkung dieser Beweiserhebung ist demgegenüber nach **deutschem Prozessrecht** zu beurteilen.

67 Fehler bei Durchführung der Beweisaufnahme betreffen in erster Linie die **Anwesenheitsrechte** der Parteien[1] und die Förmlichkeiten der **Protokollierung**. Bedeutung kann die lex fori des Beweisaufnahmestaates ferner hinsichtlich der **Aussageverweigerungsrechte** und Aussageverbote erlangen, die sowohl im HBÜ als auch in der EuBVO nach dem Meistbegünstigungsprinzip geregelt sind (Kap. 59 Rz. 30).

II. Fehlerwirkung

68 **Verstöße gegen** die **ausländische lex fori** sind dann **unbeachtlich**, wenn das im Wege einer Parallelwertung angewandte deutsche Prozessrecht in dem Vorgehen des Rechtshilferichters keinen Verfahrensverstoß sieht. Dadurch erlangt zugleich **§ 295 Abs. 1** einen über das deutsche Hoheitsgebiet hinausreichenden Geltungsbereich. Dessen **Heilungsmöglichkeit** für einen inländischen Verfahrensrechtsverstoß macht unter den tatbestandlichen Voraussetzungen des Verzichts oder der **nicht rechtzeitigen Rüge** auch den ausländischen Verfahrensrechtsverstoß unangreifbar.

§ 201 Grenzüberschreitende Beweisermittlungen und Informationsbeschaffung bei Verletzung von Rechten des Geistigen Eigentums

I. Stand der EuGH-Rechtsprechung

69 Für ein künftiges Verfahren wegen behaupteter Verletzung von Rechten des Geistigen Eigentums dürfen nach **Art. 7** der **Richtlinie 2004/48/EG** v. 29.4.2004,[2] in Deutschland umgesetzt durch Gesetz vom 7.2.2008,[3] Beweisermittlungen durch Besichtigung verdächtiger Gegenstände zur **Verifizierung** des **Anfangsverdachts** der **Rechtsverletzung** stattfinden. Umstritten ist, ob grenzüberschreitend dafür die EuBVO einzusetzen ist. Eine Entscheidung des EuGH zu diesem Problem ist noch nicht ergangen, doch **deutet** die – wenig differenzierende – Entscheidung in der Rechtssache St. Paul Dairy Industries[4] **auf eine Anwendung der EuBVO** hin. Sie betraf eine vorgezogene Zeugenvernehmung nach niederländischem Recht zur Abschätzung künftiger Prozessaussichten für einen gegebenenfalls in Belgien zu führenden Prozess; der EuGH hat diese Beweiserhebung aus dem Kreis einstweiliger Maßnahmen i.S.d. Zuständigkeitsregel des Art. 31 EuGVO ausgegrenzt, um die Zahl internationaler Zuständigkeiten nicht zu vermehren und den Anwendungsbereich der EuBVO nicht auszuhöhlen.[5]

70 Diese Einordnung wird durch ein **abgebrochenes weiteres Vorlageverfahren** unterstützt. Aufgrund der Art. 7 RL 2004/48/EG in Italien verwirklichenden Artt. 128, 130 Codice della Proprietà Industriale, die eine Beschreibung (descrizione) des Verletzungsgegenstandes durch einen Gerichtsvollzieher, unterstützt durch einen Sachverständigen, ermöglichen, sollte im Jahre 2005 für ein italienisches Gericht in England gestützt auf die EuBVO eine Beweisermittlung stattfinden. Wegen Ablehnung der Rechtshilfegewährung durch den Senior Master erfolgte eine Vorlage an den EuGH,

---

[1] So in BGHZ 33, 63 für Frankreich (unterbliebene Terminsnachricht).
[2] Berichtigte Fassung ABl. EU Nr. L 195 v. 2.6.2004, S. 16.
[3] BGBl. I 2008, 1191: § 140c PatG, § 24c GebrMG, § 46a GeschmMG, § 101a UrhG, 19a MarkenG.
[4] EuGH, 28.4.2005 – Rs. C-104/03, IPRax 2007, 208 m. Bespr. *Hess/Zhou* IPRax 2007, 183 ff.
[5] EuGH a.a.O. Rz. 20 und 23.

die jedoch wegen anderweitiger Erledigung des Ausgangsrechtsstreits nicht entschieden wurde.[1] Der **Schlussantrag** der **Generalanwältin Kokott** v. 18.7.2007 war zuvor noch gestellt worden. Er kam zu dem Ergebnis, dass es sich um eine **unter die EuBVO fallende Beweisaufnahme** handelte.[2]

II. Bewertung der Rechtsprechung

Die Entscheidung „St Paul Dairy Industries" ist kritisch aufgenommen worden.[3] Sie hat die Frage unbeantwortet gelassen, **ob jegliche Informationsbeschaffungsmaßnahme**, die im Vorfeld eines eventuellen Prozesses stattfindet, als **Beweiserhebung** zu qualifizieren ist, auch wenn sie nach nationalem Systemverständnis Gegenstand eines präparatorischen materiell-rechtlichen Hilfsanspruchs ist (dazu auch Kap. 53 Rz. 31). Gegen die Anwendung der **EuBVO** ist zudem eingewandt worden, sie sei für Beweisbeschaffungen nach Art. 7 RL 2004/48/EG **zu schwerfällig** und es könne an einem „zu eröffnenden" Verfahren i.S.d. Art. 1 Abs. 2 EuBVO fehlen.[4]

Diese **Einwände überzeugen nicht**. Präparatorische Beweisermittlungen gegen den vermeintlichen Verletzer werden typischerweise im Hinblick auf ein geplantes Hauptverfahren eingeleitet, wenn ein **Anfangsverdacht** besteht und zur Brechung des Widerstandes mit staatlichem Zwang eine gerichtliche Anordnung ergehen soll; die Verdachtswahrscheinlichkeit ist dem anordnenden Gericht nachzuweisen. Mit der Maßnahme soll der **Verdacht erhärtet** werden, um mittels der gewonnenen Informationen die Substantiierung in einem künftigen Hauptsacheverfahren des Verletzten, gerichtet auf Unterlassung und/oder Schadensersatz, zu ermöglichen. Dass ein für den Antragsteller negativer Ausgang der Ermittlungen vernünftigerweise zum Abbruch der Verfolgung führen wird, steht dem **Bezug** der zuvor eingeleiteten Maßnahmen **auf** ein **künftiges Hauptverfahren** nicht entgegen.

Die **Schwerfälligkeit** grenzüberschreitender Rechtshilfe dürfte sich vom Zeitverbrauch der Auslandsvollstreckung einer inländischen Eilentscheidung nur wenig unterscheiden, sofern die Anerkennungsfähigkeit überhaupt gegeben ist (dazu Kap. 53 Rz. 30 ff.).

Grenzüberschreitende Beweisermittlung in Anwendung der EuBVO bedeutet im Übrigen nicht, dass der **primäre Zugriff im Staat des Belegenheitsortes** unter Inanspruchnahme eines gerichtlichen Verfahrens dieses Staates ausgeschlossen ist.[5] Entgegen der Ansicht der Generalanwältin in der Rechtssache „Tomasoni Fittings"[6] wird dies durch die Entscheidung „St. Paul Dairy Industries" nicht ausgeschlossen, weil **Art. 31 EuGVO gar nicht bemüht** werden muss.

---

1 EuGH, Rs. C-175/06, Tedesco/Tomasoni Fittings und RWO, Streichung aus dem Gerichtsregister ABl. EU Nr. C v. 22.12.2007, S. 31.
2 Zustimmend *Schlosser* EuZPR[3] Art. 1 EuBVO Rz. 6; eingehend *Ahrens* Festschrift Loschelder (2010), S. 1 ff.
3 Dazu *Hess* EuZPR § 8 Rz. 86 f.
4 *Hess/Zhou* IPRax 2007, 183, 188 f. Kritisch auch *Knöfel* EuZW 2008, 267, 268; mit Hinweis auf die Schwerfälligkeit *McGuire* in Burgstaller/Neumayr IZVR Art. 31 Rz. 19; *Heinze* IPRax 2008, 480, 483; *Mankowski* JZ 2005, 1144, 1146.
5 So auch der Standpunkt der irischen und der britischen Regierung in der Rs. Tomasoni Fittings, allerdings abweichend vom obigen Standpunkt gestützt auf Art. 31 EuGVO, vgl. Schlussantrag der Generalanwältin Rz. 88. Möglicherweise inzident a.A. *Hess/Zhou* IPRax 2007, 183, 189 bei der Bewertung eines Vorgehens unter Anwendung des Art. 31 EuGVO als schneller, einfacher und effizienter. Zutreffend eine Exklusivität der EuBVO verneinend *Hess* EuZPR § 8 Rz. 89.
6 Schlussantrag Rz. 93.

75 Dem Verletzten stehen sowohl das **primäre Vorgehen im Belegenheitsstaat, als auch** der Weg über eine **Rechtshilfebeweisaufnahme**, ausgehend vom Staat des künftigen Prozessgerichts, zur Verfügung, wenn dafür **jeweils** eine **internationale deliktische Verletzungsortzuständigkeit** gegeben ist. Die Möglichkeit der Verfahrenseinleitung im Staat des künftigen Prozessgerichts hat Vorteile, wenn nach materiellem Recht nur dort eine Verletzung bejaht werden kann, jedoch das Beweismaterial in einem anderen EU-Staat belegen ist, oder wenn – wie im Fall Tedesco/Tomasoni Fittings – Beweisermittlungen in mehreren Staaten stattzufinden haben, die vom Staat des künftigen Prozessgerichts aus gesteuert werden sollen.

76 Für den Verletzten kann es eine **Erleichterung** bedeuten, die **Rechtshilfe unter Einschaltung** der Gerichte **seines Wohnsitzstaates** in Anspruch nehmen zu dürfen, wenn der primäre Zugriff auf das Verdachtsmaterial in einem anderen EU-Staat auf Schwierigkeiten der Selbstinformation über ein unvertrautes fremdes Beweisrecht und der Beauftragung geeigneter Rechtsberater stößt. Sehr unterschiedlich können zudem die Geheimhaltungsvorschriften ausgestaltet sein, die bis zur Verdachtsklärung gelten. Dem **Antragsteller** ist also ein **Wahlrecht** einzuräumen.

III. Internationale Beweishilfe und materielles Recht

77 Zu fordern ist eine **differenzierende Beurteilung**, die der nationalen Regelungsdiversität der Beweisermittlungsmaßnahmen Rechnung trägt,[1] **auch wenn** grundsätzlich die **rechtstechnische Form** einer gerichtlichen Informationsanordnung **belanglos** sein sollte[2] (zur Abgrenzung von EuBVO und EuGVO auch Kap. 53 Rz. 30 ff.). Liegt das **Schwergewicht** der Maßnahme auf der **Anordnung**, eine **Beweiserhebung** notfalls unter Entfaltung staatlichen Zwangs dulden zu müssen, etwa die Besichtigung einer Maschine in den Geschäftsräumen aufgrund einer englischen search order, einer französischen saisie contrefaçon oder einer italienischen descrizione, ist dafür die **EuBVO heranzuziehen**. Dies gilt auch dann, wenn – wie nach deutschem Recht – die rechtstechnische Konstruktion eines materiell-rechtlichen Besichtigungsanspruchs nach § 809 BGB mit Vollstreckung nach § 892 ZPO zugrunde liegt. Kennt das in der Sache anwendbare materielle Recht (die lex causae) keine materiell-rechtlichen Informationsansprüche, weil – wie nach §§ 142, 144 – mit prozessualen Vorlegungsverpflichtungen operiert wird, ist Rechtshilfe so zu gewähren, dass der Anspruch auf effektiven Rechtsschutz verwirklicht wird.[3]

78 **Keine vom HBÜ** oder der **EuBVO erfasste Maßnahme** ist die Durchsetzung eines titulierten **materiell-rechtlichen Auskunftsanspruchs**, selbst wenn mit Hilfe der Auskünfte ein Hauptprozess vorbereitet werden soll. Eine dazu ergangene Entscheidung verlangt eine ausländische **Vollstreckbarerklärung** bzw. ein Vollstreckungsurteil nach den dafür vorgesehenen Regelungen. Für die Durchsetzung ist zwischen den EU-Staaten die **EuGVO** heranzuziehen. Dies gilt auch dann, wenn das Auskunftsbegehren ausnahmsweise unter Vorwegnahme des Hauptsacheergebnisses im Verfahren des einstweiligen Rechtsschutzes tituliert worden ist.

---

1 In Übereinstimmung mit *Hess* EuZPR § 8 Rz. 91; *Hess/Zhou* IPRax 2007, 183, 189.
2 So *Schlosser* Festschrift W. Lorenz (1991), S. 497, 505, 509.
3 Zur rechtshilfefreundlichen Auslegung der EuBVO Schlussantrag der Generalanwältin in der Rs. Tomasoni Fittings Rz. 111; s. ferner *Niehr* Die zivilprozessuale Dokumentenvorlegung S. 181 f.

Kapitel 59:
Abwicklung der Beweiserhebung

	Rz.		Rz.
§ 202 Besonderheiten der Beweismittel		**§ 203 Konsularische Beweisaufnahme**	
I. Allgemeine Beweisregelungen		I. Beweisaufnahme durch Beamte	58
1. Anwesenheitsrecht der Parteien, Fragerecht	1	II. Befugnisse der Konsuln	
2. Anwesenheit des Prozessrichters	9	1. Rechtsgrundlagen	59
3. Formen der Beweisaufnahme	13	2. Beschränkung der Zeugenvernehmung	60
4. Zwangsmaßnahmen	15	3. Ausländische Konsuln in Deutschland	64
II. Zeugenvernehmung		III. Umfang der Beweisaufnahme	67
1. Zeugnispflicht, Zeugnisfähigkeit	19	IV. Rangordnung der Beweisaufnahmearten, Zweckmäßigkeit	68
2. Vernehmung vor dem Prozessgericht, Zwangsmittel	22		
3. Aussageverweigerung	30	**§ 204 Unmittelbare grenzüberschreitende Beweiserhebung des Prozessgerichts**	
4. Erreichbarkeit des Zeugen	33	I. Beweisrechtlicher Vorzug	70
5. Videovernehmung	35	II. HBÜ	71
6. Urkundliche Substitute	37	III. Unionsrecht	72
7. Schriftliche Zeugenbefragung	39		
8. Verfahrensfehler des Rechtshilferichters	41	**§ 205 Beweismittelbeschaffung der Prozessparteien zur Beweiserhebung vor dem Prozessgericht**	
9. Beweisanordnung und Rechtsmittel	43	I. Zulässigkeit und Grenzen des Beweismitteltransfers	78
III. Parteivernehmung und Parteianhörung	44	II. Dokumententransfer	80
IV. Behördliche Auskunft	45	III. Parteianhörung, Parteiaussage	81
V. Augenscheinsbeweis, Vorlage von Augenscheinsobjekten und Urkunden	46	IV. Zeugenbeweis	82
VI. Sachverständigenbeweis		V. Folgen verweigerter Mitwirkung	84
1. Sachverständige mit Auslandsaufenthalt	50	VI. Beweismittelverwertung bei Völkerrechtsverstoß	86
2. Gutachtenerstattungspflicht	51		
3. Genehmigungsbedürftigkeit von Befunderhebungen	54		
4. Vernehmung des Sachverständigen	57		

§ 202 Besonderheiten der Beweismittel

I. Allgemeine Beweisregelungen

1. Anwesenheitsrecht der Parteien, Fragerecht

Ob die **Parteien** ein **Anwesenheitsrecht** bei der Vernehmung haben (§ 357), richtet sich grundsätzlich nach dem Recht des ersuchenden Staates. **Art. 11 Abs. 1 EuBVO** schreibt das Recht der Parteien und ihrer Vertreter zur Teilnahme an der Beweisaufnahme ausdrücklich vor, verlangt allerdings dafür in Art. 11 Abs. 2 EuBVO einen im Rechtshilfeersuchen zu übermittelnden Antrag, damit das ersuchte Gericht die Teilnahmebedingungen festlegen kann (Art. 11 Abs. 3 und 4 EuBVO). 1

Mit dieser Regelung ist ein **Geheimnisschutz** durch **Ausschluss einer Partei** zu vereinbaren, wenn er innerstaatlich, etwa bei Umsetzung von Art. 7 der Richtlinie zur 2

Durchsetzung der Rechte des Geistigen Eigentums vom 29.4.2004 oder aus verfassungsrechtlichen Gründen (zur Gewährleistung des Anspruchs auf effektiven Rechtsschutz), realisiert wird.[1]

3   Nicht unter die Teilnahmebedingungen fallen **sitzungspolizeiliche Maßnahmen** (§ 177 GVG).[2] Das ersuchte Gericht kann über das Recht des ersuchenden Staates hinausgehend ein Teilnahmerecht der Parteien eröffnen (Art. 11 Abs. 5 EuBVO, unter Korrektur eines Redaktionsfehlers des deutschen Textes[3]).

4   **Weniger detailliert** als die EuBVO bestimmt **Art. 7 HBÜ**, dass die ersuchte Behörde auf Verlangen der ersuchenden Behörde eine Benachrichtigung über Zeitpunkt und Ort der Beweisaufnahmehandlung zu erteilen hat, damit die Parteien und deren Vertreter anwesend sein können.

5   Das **Fragerecht der Parteien** darf ohne Zustimmung der jeweiligen Gegenpartei nicht in einer Weise ausgeübt werden, die das im Rechtshilfeersuchen angegebene **Beweisthema** deutlich **überschreitet**.[4] Die Teilnahme der Parteien an der Beweisaufnahme kann unter zusätzlicher **Heranziehung** eines **ausländischen Rechtsanwalts** erfolgen. Dessen **Kosten** sind im Inland bis zur Höhe der Gebühren eines deutschen Rechtsanwalts erstattungsfähig (§ 91).[5]

6   Nach Art. 11 Abs. 4 EuBVO hat das ersuchte Gericht Zeit und Ort des **Beweisaufnahmetermins** den Parteien und ihren Vertretern **mitzuteilen**. Es genügt dafür die Benachrichtigung der Prozessvertreter.[6] Dafür ist das Formblatt F zu verwenden. Zweckmäßig ist die in der EuBVO nicht vorgesehene Information auch des Prozessgerichts.

7   Wird die Anwesenheit der Parteien durch **Unterbleiben der Terminsnachricht** vereitelt, ist die Beweisaufnahme mangelhaft, wenn nach der anzuwendenden lex fori bzw. der EuBVO oder einem Staatsvertrag ein Anwesenheitsrecht bestand.[7] Der ersuchende Richter hat die **Pflicht darauf hinzuwirken**, dass die **Verfahrensbeteiligten** von dem ausländischen Beweisaufnahmetermin rechtzeitig **benachrichtigt** werden.[8] Die **Beweisaufnahme** ist bei rechtzeitiger Rüge (§§ 369, 295) zu **wiederholen**, auch wenn eine Verwertung der mangelhaften Beweisaufnahme im Ermessen des Gerichts steht (dazu auch Kap. 5 Rz. 34), wie sich mittelbar aus § 364 ergibt;[9] eine Verwertung ist unter diesen Voraussetzungen ermessensfehlerhaft.[10] Die Ausübung des Anwesenheitsrechts ist geeignet, leichtfertige Aussagen zu verhindern und auf Nuancierungen der Befragung und der Aussageprotokollierung Einfluss zu nehmen. Es kommt nicht auf einzelfallbezogene Feststellungen an, dass die Aussageperson auf Fragen oder Vorhaltungen der Partei hin anders ausgesagt hätte.[11]

8   Sofern das **Anwesenheitsrecht** zum **Schutz der Aussageperson** – entsprechendes gilt für den Schutz von Untersuchungspersonen und den Schutz von Unternehmensgeheimnissen – nach einer der beteiligten Rechtsordnungen **eingeschränkt** ist, ist das

---

1 Zu restriktiv Rauscher/v. Hein[(2010)] Art. 11 EG-BewVO Rz. 9.
2 *Chr. Berger* Festschrift Rechberger, S. 39, 51.
3 Dazu *Schlosser* EuZPR³ Art. 11 EuBVO Rz. 7; Rauscher/v. Hein[(2010)] Art. 11 EG-BewVO Rz. 2.
4 *Schlosser* EuZPR³ Art. 11 EuBVO Rz. 4.
5 BGH NJW-RR 2005, 1732, 1733.
6 *Schlosser* EuZPR³ Art. 11 EuBVO Rz. 6.
7 So zur Missachtung der lex fori des französischen Rechtshilfegerichts BGHZ 33, 63, 64.
8 Vgl. BGHZ 33, 63, 65. Ebenso im Strafverfahren: BGH NJW 1988, 2187, 2188.
9 BGHZ 33, 63, 64 f.
10 BGHZ 33, 63, 65 = ZZP 74 (1961), 86 m. Anm. *Schneider* a.a.O. 88.
11 BGHZ 33, 63, 65. Strenger wohl BGHR ZPO § 357 – Auslandsbeweisaufnahme 1 (ausdrückliche Feststellung der Irrelevanz); dem folgend *Schlosser* EuZPR³ Art. 7 HBÜ Rz. 2.

Meistbegünstigungsprinzip (Kap. 58 Rz. 21, Kap. 59 Rz. 30) anzuwenden.[1] Die Beteiligten haben die Möglichkeit, auf eine Terminsnachricht zu verzichten, um die Durchführung der Beweisaufnahme zu beschleunigen; das Prozessgericht hat den Parteiwillen bei der Vorbereitung des Ersuchens zu erforschen (§ 38 Abs. 2 ZRHO).

2. Anwesenheit des Prozessrichters

Mitglieder des ersuchenden Gerichts haben als beauftragte Richter ein **Anwesenheitsrecht** nach **Art. 12 Abs. 1 EuBVO**. Art. 12 Abs. 2 EuBVO erstreckt dies auf andere Beauftragte, zu denen ausdrücklich gerichtlich bestellte **Sachverständige** gehören. 9

Art. 8 HBÜ beschränkt das Anwesenheitsrecht auf „Mitglieder" der ersuchenden Behörde, also auf beauftragte Richter, und macht es von einer vorherigen Genehmigung des ersuchten Staates abhängig. 10

Eine **aktive (dialogische) Mitwirkung** der Richter des ersuchenden Staates sieht die HBÜ nicht vor.[2] Art. 8 HBÜ spricht nur von der Möglichkeit der Anwesenheit. Allerdings kann die Mitwirkung des ersuchenden Richters als besondere Verfahrensform nach Art. 9 Abs. 2 HBÜ beantragt und genehmigt werden.[3] Demgegenüber geht Art. 12 Abs. 4 EuBVO von einer aktiven Beteiligungsmöglichkeit aus; sie muss aber beantragt werden. Sie reicht von Hinweisen an den Rechtshilferichter bis zu direkten Fragen an die Auskunftsperson und kann damit einer unmittelbaren Beweisaufnahme nahekommen.[4] Darin liegt ein Fortschritt gegenüber einer traditionellen Rechtshilfevernehmung.[5] 11

Die Bestimmungen über das Anwesenheitsrecht dispensieren nicht von **dienstrechtlichen Genehmigungserfordernissen** für Auslandsreisen;[6] davon stellt auch § 38a Abs. 1 ZRHO nicht frei. 12

3. Formen der Beweisaufnahme

Besondere Formen der Beweisaufnahme i.S.d. Art. 9 Abs. 2 HBÜ oder des Art. 10 Abs. 3 EuBVO können insbesondere bei Zeugenvernehmungen in Betracht kommen, etwa das Ersuchen, ein **Wortprotokoll** über die Aussage zu errichten[7] statt lediglich eine zusammenfassende richterliche Formulierung der Aussage in das Protokoll aufzunehmen, oder die Vernehmung als **Kreuzverhör** durchzuführen[8] (Kap. 60 Rz. 7 und 17). Art. 10 Abs. 4 EuBVO sieht vor, dass auf Antrag des Prozessgerichts **Kommunikationstechnologien** wie **Videokonferenz** oder Telekonferenz (dazu unten Rz. 35) zu verwenden sind, sofern das ersuchte Gericht über die technischen Voraussetzungen verfügt und seine lex fori nicht entgegensteht.[9] Das am Ort des ersuchten Gerichts geltende Recht kann bei grundsätzlicher Zulässigkeit des Einsatzes der Technik dafür Beschränkungen vorsehen, etwa – wie § 128a Abs. 3 S. 1[10] – ein Verbot der Aufzeichnung enthalten. 13

---

1 *Chr. Berger* IPRax 2001, 522, 525.
2 *Schlosser* EuZPR³ Art. 8 HBÜ und Art. 12 EuBVO Rz. 2.
3 *Schlosser* EuZPR³ Art. 8 HBÜ.
4 *Schulze* IPRax 2001, 527, 530, 532.
5 *Rechberger/McGuire* ZZP Int. 10 (2005), 81, 98.
6 *Rauscher/v. Hein*⁽²⁰¹⁰⁾ Art. 12 EG-BewVO Rz. 5.
7 *Schlosser* EuZPR³ Art. 10 HBÜ Rz. 3; *Nagel/Gottwald*⁷ § 9 Rz. 21 (zur EuBVO).
8 *Hess* EuZPR § 8 Rz. 42.
9 Dazu *Knöfel* RIW 2006, 302, 304 in Anm. zu House of Lords, Urt. v. 10.2.2005, *Polanski v. Condé Nast Publ.*, ebenda und [2005] 1 WLR 637.
10 Kritisch dazu *Prütting* AnwBl 2013, 330, 332.

14 Eine **besondere Form** ist auch die **Geheimhaltung des Beweisergebnisses** vor den Parteien und ihren Vertretern.[1]

4. Zwangsmaßnahmen

15 Vom Rechtshilfegericht zu ergreifende **Zwangsmaßnahmen** richten sich nach Art und Tatbestandsvoraussetzungen allein nach dem **Recht des ersuchten Staates** (Art. 13 EuBVO, Art. 10 HBÜ). Das **ersuchende Gericht** kann aber weitergehend im Rahmen der Verhandlungswürdigung (§ 286) **prozessuale Nachteile** an die Verweigerung der Mitwirkung knüpfen.[2]

16 **Zwangsmaßnahmen** können nach Art, Umfang (Höhe des Ordnungsgeldes), gradueller Abstufung der Steigerungsmöglichkeiten und Dauer (etwa der maximal zulässigen Beugehaft), unterschiedlich gestaltet sein. Die Zwangsmittel des ersuchten Gerichts sind **nicht** durch das **Recht des ersuchenden Gerichts beschränkt**.[3] Verweigert eine im Ausland ansässige Untersuchungsperson eine **Blutentnahme**, hängt der Einsatz von Zwangsmitteln durch den Rechtshilferichter davon ab, dass die Rechtsordnung des ersuchten Staates eine Regelung enthält, die derjenigen des § 372a Abs. 2 entspricht[4] (dazu bereits Kap. 58 Rz. 44).

17 **Scheitert** die Anwendung **unmittelbaren Zwangs**, kommen stattdessen **innerprozessuale Sanktionen** wegen **Beweisvereitelung** in Betracht.[5] Der deutsche Richter muss eine ausländische Prozesspartei als Untersuchungsperson jedoch deutlich darauf **hinweisen**, dass die Mitwirkungsverweigerung **Rechtsnachteile** bei der Beweiswürdigung nach sich ziehen kann.[6] Diese isolierte Androhung muss nicht im Wege der internationalen Rechtshilfe (als anderer gerichtlicher Maßnahme; zum Begriff Kap. 58 Rz. 42) erfolgen.[7] Das Prozessgericht darf nicht zusätzlich zu den dem ausländischen Rechtshilferichter zu Gebote stehenden Zwangsmaßnahmen ergänzenden Zwang im Inland ausüben, damit die Aussageperson vor dem Rechtshilferichter aussagt.[8]

18 Deutsche Gerichte dürfen nicht auf dem Umweg über die internationale Rechtshilfe von den Prozessparteien **weitergehend beweisrechtliche Mitwirkungshandlungen** erzwingen, als das deutsche Verfahrensrecht für einen reinen Inlandsprozess zulässt.[9] Allerdings dürfen sich Parteien der vom US Supreme Court zugelassenen Möglichkeit bedienen, für ein – aus US-Sicht: ausländisches – Verfahren die Aufklärungsmöglichkeiten der Pre-trial discovery einzusetzen (dazu Kap. 58 Rz. 33). In Betracht kommen kann aber im Einzelfall, die Sachaufklärung über **titulierte** materiell-rechtliche **Informationspflichten** und deren Zwangsvollstreckung zu erzwingen.

---

1 Stein/Jonas/*Berger*[22] § 363 Anh. Rz. 55.
2 *Chr. Berger* IPRax 2001, 522, 525.
3 Nagel/*Gottwald*[7] § 9 Rz. 26; a.A. *Chr. Berger* Festschrift Rechberger (2005), S. 39, 44.
4 Das trifft z.B. auf Italien nicht zu; dazu *Decker* IPRax 2004, 229, 231 f., 234 (auch zur Exhumierung).
5 BGHZ 121, 266, 276 ff.; *Musielak* Festschrift Geimer (2002), S. 761, 776; Rauscher/*v. Hein*[(2010)] Art. 1 EG-BewVO Rz. 28; *Stadler* Festschrift Geimer (2002), S. 1281, 1299.
6 BGH NJW 1986, 2371, 2372; *Linke/Hau*[5] Rz. 365.
7 A.A. *Leipold* Lex fori-Souveränität-Discovery S. 67 f.
8 Stein/Jonas/*Berger*[22] § 363 Anh. Rz. 60.
9 So *E. Geimer* Internationale Beweisaufnahme S. 166; offengelassen von *Schlosser* EuZPR[3] Art. 1 HBÜ Rz. 6.

II. Zeugenvernehmung

1. Zeugnispflicht, Zeugnisfähigkeit

Die öffentlich-rechtliche **Zeugnispflicht** zum Erscheinen vor Gericht und zur Aussage gilt für Personen, die sich auf dem **Hoheitsgebiet des Prozessgerichts** aufhalten, unabhängig von deren Staatsangehörigkeit.[1] Grundsätzlich ist dies nicht an einen längeren Aufenthalt der Aussageperson in diesem Staat gebunden.[2] Steht allerdings die lediglich **vorübergehende Aufenthaltsdauer** fest, darf die Aussageperson nicht zwecks Vernehmung an der Ausreise gehindert und dadurch in ihrer **Bewegungsfreiheit** beschränkt werden.[3]

19

Die **Zeugnispflicht** der Staatsangehörigen des Gerichtsstaates wird völkerrechtlich unabhängig von deren Aufenthaltsort mit der **Personalhoheit** des Staates gerechtfertigt,[4] weshalb ein deutscher Staatsangehöriger auch dann der deutschen Gerichtsbarkeit unterworfen ist, wenn er sich im Ausland aufhält.[5] Zwang kann gegen ihn auf fremdem Staatsgebiet allerdings nicht ausgeübt werden.

20

Ungeregelt geblieben ist die **Zeugnisfähigkeit. Organpersonen** juristischer Personen, die nach deutscher Auffassung eine Parteiaussage statt einer Zeugenaussage machen, sind im Hinblick auf das auf Aussageverweigerungsberechtigungen anwendbare Recht (lex fori des ersuchenden oder des ersuchten Staates) einem Zeugen gleichzustellen. Eine Auslandspartei hat zur **Anhörung nach § 141** zu erscheinen[6] (dazu auch Rz. 44 und Rz. 81). Möglich ist eine Anhörung im Rechtshilfeweg oder im Wege der Videokonferenz (dazu Kap. 58 Rz. 28 und 39, Kap. 59 Rz. 35 f.).

21

2. Vernehmung vor dem Prozessgericht, Zwangsmittel

Die unmittelbare **Ladung** eines **Auslandszeugen vor das Prozessgericht**, die nicht schlechthin durch die Rechtshilfevernehmung im Ausland verdrängt wird,[7] ist im Rechtshilfewege zuzustellen. Dabei ermöglicht Art. 14 EuZVO die Zustellung per Einschreiben gegen internationalen Rückschein.[8]

22

Unterschiedlich sind die Ansichten dazu, ob bei förmlicher Ladung eine **Androhung von Zwangsmitteln** statthaft ist.[9] Vereinzelt wird die Auffassung vertreten, eine Bitte um Erscheinen des Auslandszeugen dürfe ohne Sanktionsdrohung auch per ein-

23

---

1 Vgl. *R. Geimer* IZPR[6] Rz. 2367; *Linke/Hau*[5] Rz. 354.
2 Stein/Jonas/*Berger*[22] § 363 Rz. 13. A.A. *Schlosser* Festschrift W. Lorenz (1991), S. 497, 511; wohl auch *Stürner* in Habscheid, Justizkonflikt S. 3, 20.
3 Ebenso *E. Geimer* Internationales Beweisrecht S. 254/255.
4 Dazu *E. Geimer* Internationale Beweisaufnahme S. 38 ff., 114 m.w.N.; Nagel/*Gottwald*[7] § 9 Rz. 5 und 138. S. auch LSG NRW IPRax 2012, 243 Rz. 12 (dort: Anordnung nach § 141 ZPO zur Teilnahme an Auslandsbeweisaufnahme vor deutschem Konsul).
5 *Schack* IZPR[5] Rz. 795; *R. Geimer* IZPR[6] Rz. 427 i.V.m. 169, 2320, 2381 (jedoch mit der Einschränkung, dass es innerstaatlich an einer gesetzlichen Rechtsgrundlage fehle); mit gleicher Einschränkung *E. Geimer* Internationale Beweisaufnahme S. 114. A.A. Stein/Jonas/*Berger*[22] § 363 Rz. 11.
6 Rauscher/*v. Hein*[(2010)] Art. 1 EG-BewVO Rz. 32; *Schack* IZPR[5] Rz. 794; Nagel/*Gottwald*[7] § 9 Rz. 145; *Linke/Hau*[5] Rz. 367.
7 *Leipold* Lex fori-Souveränität-Discovery S. 64 mit Fn. 123.
8 Nagel/*Gottwald*[7] § 8 Rz. 7.
9 Vgl. dazu Rauscher/*v. Hein*[(2010)] Art. 1 EG-BewVO Rz. 20 m.w.N.; *Schack* IZPR[5] Rz. 795 (für Auslandszeugen mit deutscher Staatsangehörigkeit); Nagel/*Gottwald*[7] § 9 Rz. 138. Ablehnend für die Ladung von Parteien OLG München NJW-RR 1996, 59, 60; ablehnend für die Zeugenladung Stein/Jonas/*Berger*[22] § 363 Rz. 11.

fachem Brief unmittelbar übersandt werden; die Wirkung des vorangehenden Beweisbeschlusses sei auf das Inland beschränkt.[1]

24 Erlaubt man die Androhung von Ordnungsgeld nach § 390, kann folgerichtig auch eine **Inlandsvollstreckung** eines **Ordnungsgeldbeschlusses** und der wegen des Ausbleibens festgesetzten Terminskosten (§§ 390, 103) erfolgen (zur Parteianhörung Rz. 44). Dies soll sogar auf die sanktionslose Anordnung der **Vorlage von Urkunden** erstreckt werden.[2] Die Ladung vor das Prozessgericht soll nach Ansicht einzelner Gerichte im Allgemeinen unterbleiben, weil sie meist keinen Erfolg verspreche;[3] dieser Auffassung ist nicht zu folgen.

25 **Völkerrechtswidrig** ist es, eine hoheitliche **Beweisanordnung** an Ausländer im **Nicht-EU-Ausland** zuzustellen, **ohne** dafür **Rechtshilfe** in Anspruch zu nehmen.[4] Diese Beschränkung darf nicht dadurch umgangen werden, dass die Ladung unter formloser Auslandsbenachrichtigung fiktiv im Inland zugestellt wird oder die Zustellung an einen inländischen Zwangsrepräsentanten der Aussageperson erfolgt.[5]

26 **Mittelbare Sanktionen** gegen Inlandsvermögen eines ausländischen Zeugen oder die Androhung von Nachteilen bei einer späteren Einreise sind ebenfalls unzulässig.[6] **Ausländischen Konzerngesellschaften** dürfen nicht unter Missachtung ihrer rechtlichen Selbständigkeit im Wege eines prozessualen Durchgriffs Parteimitwirkungspflichten auferlegt werden, weil eine inländische Gesellschaft desselben Konzerns Prozesspartei ist.[7] Da die Zeugnispflicht der Komplementärbegriff zum Aussageverweigerungsrecht ist, sind Normen über die Aussageverweigerungsrechte (Art. 14 EuBVO, Art. 11 HBÜ) darauf analog anzuwenden.[8]

27 **Freies Geleit** für die Vernehmung eines Auslandszeugen im Inland ist für Zivilsachen nicht ausdrücklich gesetzlich geregelt und ergibt sich auch nicht aus einer allgemeinen Regel des Völkerrechts, selbst wenn sie in einzelnen Staatsverträgen über Rechtshilfe in Strafsachen vorgesehen ist.[9] Das erkennende Gericht kann **keine** darauf gerichtete **Zusage** erteilen, die andere inländische Behörden binden würde.[10] Anwendbar ist aber § 295 StPO auch auf eine Zivilsache.[11]

28 Zu beachten ist die **Immunität der** natürlichen **Personen**, die unter **§§ 18–20 GVG** fallen. Nach Art. 31 Abs. 2 des in § 18 GVG in Bezug genommenen Wiener Übereinkommens über diplomatische Beziehungen vom 18.4.1961[12] sind **Diplomaten** nicht verpflichtet, als Zeugen auszusagen. Anders sieht die Regelung für **Mitglieder einer konsularischen Vertretung** aus. Sie dürfen nach Art. 44 Abs. 1 des in § 19 GVG in Be-

---

1 *Musielak* Festschrift Geimer, S. 761, 770; *R. Geimer* IZPR[6] Rz. 2389; *E. Geimer* Internationale Beweisaufnahme S. 45 ff. (für eigene Staatsangehörige kraft deutscher Personalhoheit); a.A. *Leipold* Lex fori-Souveränität-Discovery S. 64 mit Fn. 123.
2 *Musielak* Festschrift Geimer, S. 761, 774.
3 OLG Hamm NJW-RR 1988, 703.
4 *Gottwald* Festschrift Habscheid (1989), S. 119, 128.
5 *Gottwald* Festschrift Habscheid (1989), S. 119, 128.
6 *Gottwald* Festschrift Habscheid (1989), S. 119, 128.
7 *Gottwald* Festschrift Habscheid (1989), S. 119, 128 f. (keine Pflicht zur Vorlage von Unterlagen im Inland).
8 Im Ergebnis ebenso *Chr. Berger* IPRax 2001, 522, 524. Teilweise a.A. *Rauscher/v. Hein*[(2010)] Art. 4 EG-BewVO Rz. 18, Art. 10 Rz. 3 und Art. 14 Rz. 5: Anwendung der lex fori (nur) des ersuchten Gerichts.
9 BGH (3. StrS) NJW 1988, 3105, 3106; *R. Geimer* IZPR[6] Rz. 2390 und 2530 m.w.N.
10 BGH NJW 1988, 3105; *Bauer* Das sichere Geleit S. 194 f. (Zuständigkeit des Strafrichters, Antragstellung dort durch Prozessgericht oder Partei, S. 207 f.).
11 BGH NJW 1991, 2500, 2501 – Markus Wolf; dem folgend *E. Geimer* Internationale Beweisaufnahme S. 226; *Bauer* Das sichere Geleit S. 193.
12 BGBl. II 1964, 959.

zug genommenen Wiener Übereinkommens über konsularische Beziehungen vom 24.4.1963[1] in einem Gerichts- oder Verwaltungsverfahren als Zeugen geladen werden. Zwangs- oder Strafmaßnahmen dürfen wegen einer Aussageverweigerung nicht getroffen werden. Das Aussageverweigerungsrecht bezieht sich nach Art. 44 Abs. 3 auf dienstliche Angelegenheiten und auf Sachverständigenauskünfte über das Recht des Entsendestaates. Unabhängig von §§ 18–20 GVG kann sich ein Verbot der Ladung als Zeuge oder Sachverständiger aus der **Staatenimmunität** ergeben.[2]

Für ein **räumliches Entgegenkommen** an den Zeugen, dessen Inlandsvernehmung durch ein **grenznah gelegenes Amtsgericht** nach §§ 157, 158 GVG durchgeführt werden soll, fehlt es an den formellen inländischen Rechtshilfevoraussetzungen,[3] es sei denn, eine Rechtshilfevernehmung im Ausland stößt ausnahmsweise auf unüberwindbare Schwierigkeiten.[4] Ein **Ausnahmefall** wird seit Inkrafttreten der EuBVO **regelmäßig** nicht in Betracht kommen. Er lässt sich aber bejahen, wenn eine Zeugengegenüberstellung notwendig ist und der inländische Zeuge nicht ins Ausland reisen kann, etwa aus gesundheitlichen Gründen oder wegen Inhaftierung, oder wenn der ausländische Zeuge nur bereit ist, zu einem für ihn grenznahen inländischen Amtsgericht zu reisen.[5]   29

3. Aussageverweigerung

Für **Aussageverweigerungsrechte** und Aussageverbote gilt nach Art. 14 Abs. 1 EuBVO wie nach Art. 11 Abs. 1 HBÜ das **Meistbegünstigungsprinzip**. Die Auskunftsperson kann sich auf entsprechende Rechtspositionen sowohl im Recht des ersuchten als auch im Recht des ersuchenden Staates berufen[6] (s. auch Kap. 58 Rz. 21). Über ein im ersuchenden Staat bestehendes Aussageverweigerungsrecht entscheidet dessen Gericht mit bindender Wirkung. Nach Art. 14 Abs. 1 lit. b EuBVO wie nach Art. 11 HBÜ hat der ersuchende Richter das Verweigerungsrecht bereits in dem Ersuchen aufzuführen. Das ersuchte Gericht muss gegebenenfalls beim ersuchenden Gericht Rückfrage halten.   30

Art. 14 EuBVO ist auf **sonstige Verweigerungsrechte** gegenüber der Informationsbeschaffung **analog** anzuwenden.[7] Ein Zeugnisverweigerungsrecht darf nicht durch ein Begehren auf Urkundenvorlage unterlaufen werden.[8]   31

Eine in einer der beteiligten Rechtsordnungen bestehende **Verwendungsbeschränkung**, die eine Durchbrechung des Selbstbezichtigungsverbots ermöglichen soll (dazu Kap. 6 Rz. 73), ist den Aussageverweigerungsrechten grundsätzlich gleichzustellen. Sie gilt aber nur für den Staat, der die Verwendungsbeschränkung angeordnet hat, um damit ein Aussageverweigerungsrecht aufzulockern. Eine **generelle Verwendungsbeschränkung** der Beweiserhebung auf das Verfahren, für das Rechtshilfe gewährt worden ist, kennen **weder die EuBVO noch** das **HBÜ**.[9]   32

---

1 BGBl. II 1969, 1587.
2 BVerwG NJW 1989, 678, 679 (Antrag auf Ladung des indischen Verteidigungsministers in Asylsache).
3 OLG München NJW 1962, 56, 57.
4 OLG München NJW 1962, 56, 57.
5 OLG Schleswig RIW 1989, 910 (Strafsache).
6 *Hess* EuZPR § 8 Rz. 47.
7 *Schlosser* EuZPR³ Art. 14 EuBVO Rz. 7. Ablehnend *Stadler* Festschrift Geimer (2002), S. 1281, 1295 f.; Rauscher/*v. Hein*[(2010)] Art. 14 EG-BewVO Rz. 7 f.; sie gehen von einer Schutzlücke aus.
8 Nagel/*Gottwald*⁷ § 9 Rz. 27.
9 Für die EuBVO ebenso *Niehr* Die zivilprozessuale Dokumentenvorlegung S. 166 f. A.A. Justice Laddie in *Dendron GmbH v. Regents of the University of California* [2004] EWHC 589 (Pat);

4. Erreichbarkeit des Zeugen

33 Auf eine Vernehmung im Wege der internationalen Rechtshilfe darf der Richter nicht wegen vermeintlicher **Unerreichbarkeit eines Zeugen** verzichten, weil der Auslandszeuge zuvor zweimal inländischen Vernehmungsterminen mit langen Ladungsfristen nicht Folge geleistet hat.[1] Ob die Rechtshilfevernehmung eines Zeugen ausreichend ist, hat der Tatrichter unter Beachtung der durch § 286 begründeten Pflicht zur möglichst vollständigen Aufklärung des Sachverhalts zu entscheiden.[2] Stehen sich Zeugenaussagen unvereinbar gegenüber und kommt es auf die **Glaubwürdigkeit der Zeugen** an, darf die Glaubwürdigkeit des im Rechtshilfewege vernommenen Zeugen nur nach den sich aus dem Vernehmungsprotokoll ergebenden Umständen beurteilt werden.[3] Ergeben sich daraus keine Zweifel, muss versucht werden, einen persönlichen Eindruck von dem auswärtigen Zeugen zu gewinnen und dafür trotz verfahrensfehlerfreier erster Vernehmung im Wege der Rechtshilfe eine **erneute Vernehmung vor dem Prozessgericht** durchzuführen, in der beide Zeugen einander gegenübergestellt werden.[4] Derartige Fallkonstellationen sollten von vornherein dadurch vermieden werden, dass eine dialogische Beweisaufnahme – gegebenenfalls im Wege der Videokonferenz – durchgeführt wird.

34 Steht fest, dass ein **Auslandszeuge nicht** am Gerichtsort **erscheinen wird** und dass eine Vernehmung durch einen ausländischen Rechtshilferichter zur Erkenntnis- und Überzeugungsbildung des Prozessgerichts nicht ausreicht, darf die Beweisaufnahme unterbleiben; der Zeuge ist **analog § 244 Abs. 3 S. 2 StPO als unerreichbar** anzusehen.[5] Ist der Zeuge jedoch zur Aussage im Ausland bereit und kommt es auf den persönlichen Eindruck des inländischen Prozessgerichts an, muss das Prozessgericht sich bemühen, an der Vernehmung durch den ausländischen Rechtshilferichter teilzunehmen oder eine unmittelbare eigene Beweisaufnahme im Wohnsitzstaat des Zeugen durchführen.[6]

5. Videovernehmung

35 Unzureichend geklärt ist allerdings, in welchem **Verhältnis** die Annahme der Unerreichbarkeit eines Zeugen **zur** Möglichkeit der **Videovernehmung** steht. Sie kann z.B. in Betracht kommen, wenn der Zeuge zwar aussagewillig ist, als **Justizflüchtling** aber die Anwesenheit im Staat des Prozessgerichts wegen drohender Verhaftung oder Auslieferung fürchtet,[7] oder wenn eine Prozesspartei bei gleichartiger Interessenlage nicht in den Staat der Rechtshilfevernehmung reisen will.[8] Das House of Lords hat für diese Situation die Videovernehmung als allein ermessensfehlerfreie Verfahrensgestaltung angesehen.

[2005] 1 WLR 200, 207 Rz. 24: Beweis durch deutschen Rechtshilferichter für ein englisches Gericht erhoben, Antrag auf Zulassung der Verwendung des Ergebnisses in deutschen und niederländischen Patentverletzungsverfahren und vor dem Europ. Patentamt abgelehnt. Für das HBÜ ebenso Stein/Jonas/*Berger*[22] § 363 Anh. Rz. 27.

1 BGH NJW 1992, 1769, 1770 = ZZP 105 (1992), 500, 504 f.; zustimmend die Anm. von *Leipold* dazu, ZZP 105 (1992), 507; *Nagel* IPRax 1992, 301, 302.
2 BGH NJW 1990, 3088, 3089; s. ferner BGH NJW 1992, 1769, 1770.
3 BGH NJW 1990, 3088, 3089.
4 BGH NJW 1990, 3088, 3090.
5 OLG Saarbrücken NJW-RR 1998, 1685; OLG Koblenz OLGRep. 2008, 362, 363; s. auch BGH NJW 1992, 1769, 1770.
6 A.A. OLG Saarbrücken NJW-RR 1998, 1685.
7 So in OLG Koblenz OLGRep. 2008, 362, 363.
8 So der Regisseur Polanski als Kläger im Fall des House of Lords, *Polanski v. Condé Nast Publications Ltd.* [2005] 1 WLR 637 = RIW 2006, 301 m. Anm. *Knöfel* und Bespr. *Hess* in Mahraun (Hrsg.), Bausteine eines europ. Beweisrechts, S. 17.

In Deutschland scheint diese Vernehmung an die **Zustimmung beider Parteien** gebunden zu sein (§ 128a Abs. 2 S. 1). Nur § 1101 Abs. 2 bindet in Übereinstimmung mit Art. 8 EuBagatellVO die Videovernehmung nicht an den Parteiwillen. Dieses Ergebnis lässt sich für die grenzüberschreitende Beweisaufnahme durch eine **teleologische Reduktion des § 128a Abs. 2** erzielen, die im Interesse effektiven Rechtsschutzes (Art. 2 Abs. 1 GG i.V.m. dem Rechtsstaatsprinzip) geboten ist. Alternativ kommen bei verweigerter Zustimmung Beweisnachteile wegen Beweisvereitelung in Betracht. 36

6. Urkundliche Substitute

Das Gericht kann dem **Beweisführer** aufgeben, die **Zeugenaussage** nach § 364 Abs. 2 zu **beschaffen** (kritisch dazu Kap. 58 Rz. 59). Dabei handelt es sich **nicht** um eine **private Beweisaufnahme**, weil eine öffentliche Urkunde – z.B. vor einem Konsul – errichtet wird. 37

In Betracht kommt auch die **Beschaffung** einer **schriftlichen Zeugenaussage** unmittelbar auf **Veranlassung** einer **Partei**, die kein Fall des § 377 Abs. 3 ist.[1] Der geminderte Beweiswert dieses den Personalbeweis substituierenden Urkundenbeweises ist bei der Beweiswürdigung zu berücksichtigen. 38

7. Schriftliche Zeugenbefragung

Die Einholung einer unmittelbaren **schriftlichen Auskunft** von einem Auslandszeugen **gem. § 377 Abs. 3 S. 1** ist als unzulässiger Eingriff in fremde Souveränitätsrechte angesehen worden[2] (dazu § 39 ZRHO), auch wenn mit der Aufforderung zur schriftlichen Aussage keine Sanktionsdrohung verbunden ist.[3] Dem ist zu widersprechen; die Bitte um eine **freiwillige Mitwirkung** in einem deutschen Verfahren, sei es durch schriftliche Aussage, sei es durch Erscheinen in einem Verhandlungstermin, ist dem Gericht **nicht verwehrt**.[4] Damit verbunden ist die Wertung, dass eine staatliche **Kontrolle** des Aufenthaltsstaates der Aussageperson hinsichtlich der **Belehrung** über etwaige Aussageverweigerungsrechte und Aussageverbote **nicht** zu den Schutzanforderungen des **Souveränitätsvorbehalts** gezählt wird. 39

Zur **telefonischen Zeugenbefragung** als Mittel unmittelbarer Beweiserhebung unten Rz. 76. 40

8. Verfahrensfehler des Rechtshilferichters

Die **Mangelfreiheit** von Rechtshilfevernehmungen ist nach der **ausländischen lex fori** zu beurteilen. Nach ihr richtet sich z.B., ob das Vernehmungsprotokoll formgerecht abgefasst worden ist, etwa die notwendige richterliche Unterschrift auf das Protokoll gesetzt worden ist. 41

---

1 *Schack* IZPR[5] Rz. 805.
2 BGH NJW 1984, 2039; OLG Hamm NJW-RR 1988, 703; *Leipold* Lex fori-Souveränität-Discovery S. 48 f. und 63. A.A. *Schlosser*, Justizkonflikt S. 28; Stein/Jonas/*Berger*[22] § 363 Anh. Rz. 12 (Zustellung aber im Rechtshilfeweg).
3 *Leipold* Lex fori-Souveränität-Discovery S. 63.
4 Rosenberg/Schwab/*Gottwald* ZPR[17] § 116 Rz. 51; *Gottwald* Festschrift Habscheid (1989), S. 119, 128; Linke/Hau[5] Rz. 313; *Musielak* Festschrift Geimer (2002), S. 761, 768 f.; Rauscher/ v. Hein[(2010)] Art. 1 EG-BewVO Rz. 21; *Stadler* Festschrift Geimer (2002), S. 1281, 1291 (innerhalb der EU); *Schack* IZPR[5] Rz. 796; R. *Geimer* IZPR[6] Rz. 437; *Schulze* IPRax 2001, 527, 528.

42 Die **Rechtsfolgen** richten sich wegen § 369 nicht nach der ausländischen Prozessordnung.[1] Vielmehr erfolgt eine Gewichtung der Fehlerbedeutung **nach deutschem Prozessrecht**, das auch über die Heilung nach § 295 entscheidet.

9. Beweisanordnung und Rechtsmittel

43 Die **Anordnung der Vernehmung** eines Zeugen im Wege der internationalen Rechtshilfe ist wegen § 355 Abs. 2 grundsätzlich **nicht anfechtbar**. Anders verhält es sich bei faktischem Eintritt eines **Verfahrensstillstandes**, der sich aus Verzögerungen bei der Erledigung von Rechtshilfeersuchen ergeben kann.[2] Ein **Scheitern** des Ersuchens soll noch nicht anzunehmen sein, wenn eine Zeugenvernehmung **nach zwei Jahren** noch **nicht** stattgefunden hat und die in die Übermittlung des Ersuchens eingeschaltete Deutsche Botschaft die Erledigung noch nicht für aussichtslos erklärt hat.[3]

III. Parteivernehmung und Parteianhörung

44 Regelungen der EuBVO und des HBÜ für die grenzüberschreitende Zeugenvernehmung gelten auch für die **Parteivernehmung** nach §§ 441 ff. und die **Parteianhörung** nach § 141 (dazu auch Kap. 58 Rz. 21).[4]

IV. Behördliche Auskunft

45 **Behördliche Auskünfte** werden durch § 47 ZRHO geregelt. An **ausländische Konsularbehörden im Inland** dürfen sie nur ausnahmsweise nach völkerrechtlicher Übung oder auf Grund von Staatsverträgen gerichtet werden.

V. Augenscheinsbeweis, Vorlage von Augenscheinsobjekten und Urkunden

46 Eine Augenscheinseinnahme des Prozessgerichts **im Ausland** ist **nur mit Genehmigung** des ausländischen Staates zulässig[5] (oben Kap. 58 Rz. 2). Diese Beschränkung kann nicht durch Entsendung eines Augenscheinsgehilfen umgangen werden.[6]

47 Zur Blutentnahme für einen Abstammungsbeweis Rz. 16.

48 Auf die **Verweigerung der Vorlage** von Augenscheinsobjekten – entsprechendes gilt für Urkunden – ist Art. 14 EuBVO analog anzuwenden.[7] Ein sachlicher Unterschied zwischen Personal- und Sachbeweis, etwa beim Schutz von Unternehmensgeheimnissen, ist nicht erkennbar.[8] Das Prozessgericht kann die Vorlage von Urkunden und transportablen Augenscheinsobjekten anordnen (Rz. 80).

49 Die **Anordnung gegenüber** einem **Dritten**[9] kann unter denselben Voraussetzungen ergehen, die für die (umstrittene) Ladung eines Zeugen vor das Prozessgericht festgelegt

---

1 A.A. LG Frankfurt/M. IPRax 1981, 218 f.
2 LG Aachen NJW-RR 1993, 1407.
3 LG Aachen NJW-RR 1993, 1407.
4 *Hess* EuZPR § 8 Rz. 35.
5 Kritisch dazu *Hess* EuZPR § 8 Rz. 54.
6 *Musielak* Festschrift Geimer, S. 761, 775; Rauscher/*v. Hein*[2010] Art. 1 EG-BewVO Rz. 26; *Linke/Hau*[5] Rz. 364.
7 Nagel/*Gottwald*[7] § 9 Rz. 27.
8 Ebenso *Chr. Berger*, Festschrift Rechberger (2005), S. 39, 53.
9 Dazu Rauscher/*v. Hein*[2010] Art. 1 EG-BewVO Rz. 31; *Linke/Hau*[5] Rz. 362.

werden (dazu Rz. 22 ff.). In Betracht kommt die Durchführung einer **Video-Augenscheinseinnahme** durch unmittelbare Übertragung zum Prozessgericht[1] oder – als Augenscheinssurrogat – durch Videoaufzeichnung. Da die Vorlage bzw. das Zugänglichmachen von Urkunden und Augenscheinsobjekten durch Dritte **nur freiwillig** zu erfüllen ist, sind diese Personen darüber analog Art. 17 Abs. 2 S. 2 EuBVO zu belehren.[2]

VI. Sachverständigenbeweis

1. Sachverständige mit Auslandsaufenthalt

Zum Sachverständigen kann eine im Ausland ansässige Person ernannt werden. Völkerrechtliche Bedenken bestehen nicht.[3] § 8 Abs. 4 JVEG sieht dafür die Möglichkeit erhöhter Vergütung vor. Die **Kontaktaufnahme** mit der sachkundigen Person und deren Bestellung zum Sachverständigen bedürfen als Inanspruchnahme einer frei zu vereinbarenden Dienstleistung **keiner Genehmigung** durch eine ausländische Rechtshilfestelle des Wohnsitzstaates; die missverständliche Regelung des § 40 Abs. 1 ZRHO steht, sollte sie gegenteilig zu verstehen sein, in Widerspruch zur ZPO (dazu auch Kap. 53 Rz. 23 ff.). 50

2. Gutachtenerstattungspflicht

Die zu bestellende Person kann **nicht nach § 407 Abs. 1 verpflichtet** werden, die Gutachtenerstattung zu übernehmen. Die dort genannten **öffentlich-rechtlichen Pflichten** sind territorial auf das Inland beschränkt. Sie gelten im Inland aber auch für Ausländer.[4] 51

Ist die sachkundige Person aufgrund ihres Einverständnisses ernannt worden, trifft sie die **Gutachtenerstattungspflicht nach § 407 Abs. 2**, deren Missachtung nach § 409 Abs. 1 mit Ordnungsgeld wegen Ungehorsams geahndet werden kann.[5] Der Sanktion hat eine Androhung vorauszugehen, die nicht ohne Inanspruchnahme von Rechtshilfe im Ausland erfolgen darf. Rechtshilfe in Form der **Verwaltungshilfe** bedarf auch die **Wegnahme von Akten** und anderen Gutachtenunterlagen im Ausland. 52

Eine **Sachverständigenbestellung** kann analog § 405 auch im Ausland – etwa für eine dortige Ortsbesichtigung – **durch** ein ausländisches **Rechtshilfegericht** aufgrund dessen Auswahl erfolgen.[6] 53

3. Genehmigungsbedürftigkeit von Befunderhebungen

Umstritten ist, ob ein Sachverständiger durch eine das Gutachten **vorbereitende Ortsbesichtigung im Ausland** potentiell in **fremde Hoheitsrechte** eingreift.[7] Auch wenn der Sachverständige aufgrund eines öffentlich-rechtlichen Vertrages für das Gericht 54

---

1 Rauscher/*v. Hein*^(2010) Art. 10 EG-BewVO Rz. 35.
2 Im Ergebnis ebenso Rauscher/*v. Hein*^(2010) Art. 17 EG-BewVO Rz. 17.
3 *Hau* RIW 2003, 822, 825.
4 *Hau* RIW 2003, 822, 824.
5 Zu undifferenziert ablehnend bei ausländischen Sachverständigen *Hau* RIW 2003, 822, 825; Stein/Jonas/*Berger*[22] § 363 Rz. 17.
6 *Hau* RIW 2003, 822, 825; *Stadler* Festschrift Geimer (2002), S. 1281, 1291; Rauscher/*v. Hein*^(2010) Art. 17 EuBewVO Rz. 15.
7 Verneinend *Daoudi*, Extraterritoriale Beweisbeschaffung S. 108, 129; *R. Geimer* IZPR[6] Rz. 445; *Schack* IZPR[5] Rz. 790; *Musielak* Festschrift Geimer (2002), S. 761, 772; Nagel/*Gottwald*[7] § 9 Rz. 34; Stein/Jonas/*Berger*[22] § 363 Rz. 17.

tätig wird, stellt seine Tätigkeit in der Regel keine Ausübung eines öffentlichen Amtes i.S.d. Amtshaftungsrechts (§ 839 BGB, Art. 34 GG) dar,[1] wie der Gesetzgeber durch Schaffung des § 839a BGB unterstrichen hat. Daraus sind indes keine Schlüsse auf die Beurteilung der Souveränitätsfrage zu ziehen. Maßgeblich sollte insoweit sein, dass die Gesamtheit der Tätigkeiten des Sachverständigen als Richtergehilfe der Gerichtstätigkeit zuzurechnen ist. Deshalb ist der **ausländische Staat** grundsätzlich um eine **Genehmigung** als Form der Verfahrenshilfe zu ersuchen[2] (dazu auch Kap. 53 Rz. 24). Zweifelhaft ist der Vorschlag, in einem ergänzenden Einverständnis beider Parteien einen konkludenten Privatauftrag zu sehen, der von dem Genehmigungserfordernis dispensiert;[3] dem steht die Wertung des § 404 Abs. 4 entgegen. Der **EuGH** hat allerdings in der **Rechtssache ProRail** in einem obiter dictum angenommen, dass ein Sachverständiger Befundtatsachen in einem anderen Mitgliedstaat auch ohne Einschaltung von dessen Gerichten erheben dürfe, sofern er keine hoheitlichen Maßnahmen ergreife und das Recht des Beweiserhebungsstaates nicht entgegenstehe.[4]

55 Die **Feststellung** von Befundtatsachen durch einen Sachverständigen **im Wege unmittelbarer Beweisaufnahme** ist nach **Art. 17 Abs. 3 EuBVO unbeschränkt** möglich; Tatsachenfeststellungen des Sachverständigen kommen also ungeachtet des missverständlichen textlichen Anschlusses des Art. 17 Abs. 3 an Art. 17 Abs. 2 EuBVO nicht nur im Wege der Befragung einer Person in Betracht.[5]

56 Im spiegelbildlichen Fall der **Tätigkeit** eines Sachverständigen **für ein ausländisches Gericht** in Deutschland ist dies als andere gerichtliche Maßnahme i.S.d. Art. 1 Abs. 3 HBÜ zu genehmigen.[6] Aus einem Verstoß gegen Art. 17 EuBVO folgt kein Beweisverwertungsverbot.[7]

4. Vernehmung des Sachverständigen

57 Aus dem **Recht zur Befragung** eines im Ausland wohnenden Sachverständigen zwecks Erläuterung seines schriftlichen Gutachten folgt **nicht**, dass der Tatrichter ihn **vor** das **Prozessgericht** zu laden oder um eine Verhandlungsteilnahme zu bitten hat; es sollen die Regeln über die Beweisaufnahme im Ausland angewandt werden.[8] Insoweit will der BGH die Befragung von Sachverständigen der Zeugenvernehmung gleichstellen. **Unbedenklich** ist es indes, den Sachverständigen zur Teilnahme an einem Verhandlungstermin vor dem Prozessgericht zu bitten.[9] Die Vernehmung kann auch durch **Videokonferenz** (dazu auch Rz. 35) unter Inanspruchnahme von Rechtshilfe stattfinden.[10] Die Konsequenzen der Geltung des § 407 Abs. 2 sind noch nicht geklärt.

---

1 BGH NJW 1973, 554.
2 Im Ergebnis ebenso *Jessnitzer* Rpfleger 1975, 344, 345; *Schlosser* EuZPR³ Art. 1 HBÜ Rz. 6 und 9; *Leipold* Lex fori-Souveränität-Discovery S. 47; *Hess/Müller* ZZP Int. 6 (2001), 149, 175; *Hau* RIW 2003, 822, 824; *Rauscher/v. Hein*[2010] Art. 1 EG-BewVO Rz. 25; *Stadler* Festschrift Geimer (2002), S. 1281, 1305 f.; *Linke/Hau*⁵ Rz. 360. A.A. OLG Oldenburg MDR 2013, 547 (LS).
3 So aber *Schlosser* EuZPR³ Art. 1 HBÜ Rz. 6. Wie hier *Hau* RIW 2003, 822, 824.
4 EuGH, Urt. v. 21.2.2013, Rs. C-332/11 Rz. 47, EuZW 2013, 313.
5 *Chr. Berger*, Festschrift Rechberger (2005), S. 39, 41; *Hau* RIW 2003, 822, 824; a.A. *Rauscher/v. Hein*[2010] Art. 1 EG-BewVO Rz. 25.
6 *Schlosser* EuZPR³ Art. 1 HBÜ Rz. 9.
7 OLG Oldenburg MDR 2013, 547.
8 BGH IPRax 1981, 57, 58 = MDR 1980, 931; BGH MDR 1981, 1014, 1015.
9 *Hau* RIW 2003, 822, 825.
10 *Hau* RIW 2003, 822, 825.

§ 203 Konsularische Beweisaufnahme

I. Beweisaufnahme durch Beamte

In der Staatenpraxis erfolgen konsularische Beweisaufnahmen **sowohl** durch **diplomatische als auch** durch **konsularische Beamte** des Gerichtsstaates (s. auch Art. 15, 16, 18 und 21 HBÜ). Gleichwohl handelt es sich gem. Art. 3, 5 lit. j des Wiener Übereinkommens vom 24.4.1963 über konsularische Beziehungen immer um eine konsularische Aufgabe.[1] Die Beweisaufnahme erfolgt durch dazu ermächtigte **nichtrichterliche Personen.** Gleichwohl haben die konsularischen Amtshandlungen die gleiche rechtliche Qualität wie richterliche Vernehmungen und Beeidigungen und die aufgenommenen Niederschriften stehen gerichtlichen Vernehmungsprotokollen gleich (§ 15 Abs. 4 KonsularG). 58

II. Befugnisse der Konsuln

1. Rechtsgrundlagen

Detailliertere völkerrechtliche Regeln über die Beweisaufnahme durch Konsuln sind in Art. 15 und 16 HBÜ enthalten. Neben dem HBÜ sind die generellen Rechtshilfevorschriften des **HZPÜ von 1954** und der **bilateralen** Rechtshilfeabkommen zu beachten. Im **vertragslosen Zustand** besteht keine völkerrechtliche Verpflichtung zur Rechtshilfegewährung. Sie wird als im beiderseitigen Interesse liegend jedoch vielfach faktisch gewährt, ist dann aber von einer Einzelgenehmigung abhängig. Einzelheiten sind den **Länderberichten der ZRHO** zu entnehmen. **Umstritten** ist, ob die **EuBVO** eine **konsularische** Beweisaufnahme **ausschließt**.[2] Das ist zu verneinen, weil die EuBVO keine Exklusivität beansprucht (Kap. 58 Rz. 13). 59

2. Beschränkung der Zeugenvernehmung

Nach **Art. 15 HBÜ** sind konsularische Vertreter befugt, in ihrem Amtsbezirk ohne Anwendung von Zwang gegenüber **Staatsangehörigen ihres Entsendestaates** tätig zu werden. Abweichend von Art. 1 Abs. 2 HBÜ gilt dies nicht für künftige, sondern nur für anhängige Verfahren. Die Termindurchführung erfolgt im Übrigen aber nach der lex fori, also der ZPO, wenn ein deutscher Konsul für ein deutsches Gericht tätig wird. Gegen eine **deutsche Prozesspartei** kann das Gericht daher gem. **§ 141 ZPO** eine Pflicht zur Teilnahme an dem Auslandstermin anordnen und bei deren Nichtbeachtung ein **Ordnungsgeld** auferlegen.[3] 60

Für eine Tätigkeit gegenüber **Staatsangehörigen des Empfangsstaates** oder dritter Staaten bedarf es nach Art. 16 Abs. 1 HBÜ einer **Genehmigung des Empfangsstaates**.[4] § 13 AusfG zum HBÜ[5] bestimmt für Beweisaufnahmen in Deutschland, dass für die Genehmigung die Zentrale Behörde des Landes zuständig ist, auf dessen Gebiet die Beweisaufnahme durchgeführt werden soll. 61

---

1 *R. Geimer* Festschrift Matscher (1993), S. 133 Fn. 3; dort insgesamt eingehend zur konsularischen Beweisaufnahme.
2 Eingehend dazu Rauscher/*v. Hein*(2010) Art. 21 EG-BewVO Rz. 1 m.w.N. (im Ergebnis für Ausschluss). Gegen einen Ausschluss *Niehr* Die zivilprozessuale Dokumentenvorlegung S. 150 f.
3 LSG NRW IPRax 2012, 243 Rz. 12 (§ 141 Abs. 3 i.V.m. § 111 Abs. 1 SGG).
4 Vgl. dazu Nagel/*Gottwald*[7] § 9 Rz. 67 ff.
5 BGBl. I 1977, 3105.

62 Der Grundsatz der **Freiwilligkeit der Zeugenmitwirkung**[1] wird im deutsch-britischen Abkommen vom 20.3.1928[2] **durchbrochen**. Nach dessen Art. 12 lit. a kann ein Gericht des ersuchten Staates darum ersucht werden, die Vernehmung von Zeugen oder Sachverständigen vor einem Konsularbeamten des ersuchenden Staates vornehmen zu lassen, selbst aber richterlichen Aussagezwang zu entfalten. Für entsprechende kombinierte Beweisaufnahmen in Deutschland ist nach Art. 2 der AusfVO das Amtsgericht am Sitz des zuständigen Konsularbeamten zuständig. Es wendet die §§ 380, 390, 407 ZPO an.

63 **Staatenlose** Personen sollen nach der deutschen Denkschrift zum HBÜ den Angehörigen dritter Staaten gleichgestellt werden.[3] Über **Mehrstaater** als Beweispersonen treffen einzelne **bilaterale Staatsverträge**[4] ausdrückliche Konfliktlösungsregelungen: Danach soll das Recht des Staates, in dem die Beweisaufnahme stattfinden soll, darüber entscheiden, welche der mehreren Staatsangehörigkeiten den Ausschlag geben soll. Ohne ausdrückliche Regelung ist das **HBÜ** geblieben. Auszugehen ist davon, dass für Deutschland die deutsche Staatsangehörigkeit den Ausschlag gibt, wenn sie sich unter den mehreren Staatsangehörigkeiten befindet. Dies dürfte eine **häufig geübte Rechtspraxis** sein, die darauf verzichtet, eine faktische effektive Staatsangehörigkeit zu ermitteln. Für das Verhältnis zu Drittstaaten bestimmt § 11 S. 3 AusfG zum HBÜ ausdrücklich, dass bei Beweisaufnahmen in Deutschland die vom ersuchenden Staat erteilte Staatsangehörigkeit Vorrang vor einer gleichzeitigen dritten Staatsangehörigkeit hat und daher eine Genehmigung nach Art. 16 Abs. 1 HBÜ nicht erforderlich ist.

3. Ausländische Konsuln in Deutschland

64 Ist **Deutschland** Beweisaufnahmestaat, also **Empfangsstaat** eines ausländischen Ersuchens, darf ein ausländischer konsularischer Vertreter des Entsendestaates **gegenüber deutschen Staatsangehörigen generell nicht tätig** werden.[5] Deutschland hat gem. Art. 33 Abs. 1 HBÜ zu Art. 16 HBÜ einen entsprechenden völkerrechtlichen Vorbehalt gemacht. Abgestützt ist dies innerstaatlich durch § 11 S. 1 AusfG zum HBÜ.

65 Davon ist **Deutschland bilateral abgewichen** durch Art. 11 des deutsch-britischen Abkommens vom 20.3.1928,[6] das auch im Verhältnis zu **Commonwealth-Staaten** Geltung haben kann. Im Verhältnis zu den USA ist die Vernehmung deutscher Staatsangehöriger in Deutschland durch US-Konsuln in einem Notenwechsel von 1955/1956 festgehalten, der durch Verbalnote des Auswärtigen Amtes vom 17.10.1979 bekräftigt worden ist.[7] Ob dieser Beweiszugriff mit § 11 S. 1 AusfG zum HBÜ, also dem Verbot der konsularischen Beweisaufnahme, vereinbar ist, ist zweifelhaft, jedoch wegen der freiwilligen Teilnahme an der Beweisaufnahme nicht Gegenstand von Entscheidungen geworden.[8]

---

1 Dazu R. Geimer IZPR[6] Rz. 448.
2 RGBl. II S. 623 (Abdruck: Band VI S. 695 ff.).
3 BT-Drucks. VIII/217 zu Art. 16 (Abdruck: Band VI S. 636).
4 Art. 6 S. 2 österreichisch-deutsche Zusatzvereinbarung zum HZPÜ vom 6.6.1959 (BGBl. II 1959, 1523); Art. 12 Abs. 2 deutsch-marokkanischer Vertrag vom 29.10.1985 (BGBl. II 1988, 1985, Abdruck: Band VI S. 718); Art. 26 S. 2 deutsch-tunesischer Rechtshilfevertrag (BGBl. II 1969, 889, Abdruck: Band VI S. 756).
5 R. Geimer IZPR[6] Rz. 452 und 2432 (mit Kritik daran).
6 RGBl. II S. 623 (Abdruck: Band VI S. 695 ff.).
7 Abgedruckt bei Pfeil-Kammerer Deutsch-amerikanischer Rechtshilfeverkehr Anh. 13 = S. 575 ff., und bei E. Geimer Internat. Beweisaufnahme S. 106 f. Dazu v. Hülsen RIW 1982, 537, 538 f. (Prozeßbericht über einen Produkthaftungsprozess gegen VW); Koch IPrax 1985, 245, 247; R. Geimer Festschrift Matscher (1993), S. 133, 143.
8 Dazu Geimer Festschrift Matscher (1993), S. 133, 144.

Soweit die konsularische Beweisaufnahme einer **Genehmigung** bedarf, können darin **Auflagen** gemacht werden, die u.a. ein Teilnahmerecht eines Vertreters der Behörde des Empfangsstaates begründen können. Die Freiwilligkeit der Teilnahme an der Beweisaufnahme schließt nicht aus, dass sich die Aussageperson auf ein **Aussageverweigerungsrecht** oder ein Aussageverbot beruft (Art. 21 lit. e HBÜ). Die Aussageperson darf einen **Rechtsberater** hinzuziehen (Art. 20 HBÜ). 66

III. Umfang der Beweisaufnahme

Art. 15 und 16 HBÜ sprechen schlechthin von der Beweisaufnahme für ein Verfahren, machen also **keine Einschränkung für einzelne Beweismittel**. Davon geht auch Art. 21 lit. a HBÜ aus. Der konsularische Vertreter darf danach auch **Eide** abnehmen oder eine Bekräftigung entgegennehmen, soweit dies nicht mit dem Recht des Empfangsstaates unvereinbar ist oder in Auflagen der Genehmigungsbehörde ausgeschlossen ist. In Betracht kommt auch eine **Blutentnahme** durch einen Vertrauensarzt des Konsulats zwecks Erstellung eines Abstammungsgutachtens.[1] Tätig werden darf der Vertreter **nur für** Gerichte seines **Entsendestaates**. 67

IV. Rangordnung der Beweisaufnahmearten, Zweckmäßigkeit

§ 363 geht davon aus, dass Beweisaufnahmen durch Konsularbeamte der **primäre Beweisaufnahmeweg** sind.[2] Unter den Rechtshilfebeweisaufnahmen haben sie den Vorteil, dass deutsches Verfahrensrecht angewandt (§ 15 Abs. 3 S. 1 KonsularG) und zudem eine Beschleunigung erreicht wird. **Vorrang** hat immer die **unmittelbare Beweisaufnahme** durch das Prozessgericht, sei es im Gerichtsstaat, sei es nach Art. 17 EuBVO (dazu Kap. 58 Rz. 50). § 13 ZRHO steht einer regelmäßigen Inspruchnahme des deutschen Konsulardienstes entgegen (Kap. 58 Rz. 38). 68

Von einer konsularischen Beweisaufnahme wird bei ausgehenden Ersuchen an deutsche Konsuln wohl eher **zurückhaltend Gebrauch** gemacht, weil die **Freiwilligkeit** der Mitwirkung einer Aussageperson **ungewiss** ist. Der deutsche Behördenverkehr nimmt wegen des Übermittlungsweges durchaus mehrere Wochen in Anspruch, so dass jedenfalls gegenüber einer Beweisaufnahme nach der EuBVO **nicht zwingend ein Zeitvorteil** gegeben ist. Ein zur Aussage bereiter Auslandszeuge kann zur Beschleunigung des Verfahrens seine Aussage zum Thema des Beweisbeschlusses zum Gegenstand einer **notariellen Niederschrift** (§§ 36 ff. BeurkG) machen, die gem. § 10 KonsularG auch ein befugter Konsularbeamter aufnehmen darf. 69

§ 204 Unmittelbare grenzüberschreitende Beweiserhebung des Prozessgerichts

I. Beweisrechtlicher Vorzug

Die HBÜ und – abgeschwächt – die EuBVO beruhen auf dem **Konzept** der Auslandsbeweisaufnahme durch einen **ausländischen Rechtshilferichter**. Dadurch wird der **Unmittelbarkeitsgrundsatz** durchbrochen. Vorzugswürdige direkte Beweisaufnahmen ermöglichen das HBÜ und die EuBVO in abgestufter Weise. Vertreten wird, dass der 70

---
1 Stein/Jonas/*Berger*[22] § 363 Rz. 35.
2 *R. Geimer* IZPR[6] Rz. 2348 und 2405; Stein/Jonas/*Berger*[22] § 363 Rz. 22 (Pflicht des Gerichts zum Vorgehen auf diesem Weg; veraltet).

Grundsatz der Beweisunmittelbarkeit (§ 355 ZPO) zur Anwendung des Art. 17 EuBVO zwinge (dazu auch unten Rz. 73).[1]

II. HBÜ

71 Das **HBÜ** hat in **Art. 17** die Grundlage für eine direkte Beweisaufnahme durch **Beauftragte des Prozessgerichts** geschaffen (Kap. 60 Rz. 29 ff.). Das können Privatpersonen ebenso sein wie Mitglieder des Prozessgerichts.[2] Deutschland hat der Anwendung dieser Bestimmung bei der Ratifizierung widersprochen. Ein deutsches Prozessgericht kann aber eines seiner Mitglieder zum **beauftragten Richter** gem. § 375 Abs. 1 oder 1a bestellen.[3]

III. Unionsrecht

72 Die **EuBVO** sieht in **Art. 17** direkte **Beweisaufnahmen des Prozessgerichts** in anderen Mitgliedstaaten der EU vor, die nicht auf die Mitwirkung eines Rechtshilferichters angewiesen sind. Notwendig ist allerdings eine **Genehmigung** durch die Zentralstelle (Art. 3 Abs. 3 EuBVO) des Beweisaufnahmestaates und ein darauf gerichtetes Ersuchen, das innerhalb von 30 Tagen zu erledigen ist, Art. 17 Abs. 4 EuBVO.

73 Unmittelbare Beweisaufnahme i.S.d. Art. 17 EuBVO ist auch die Vernehmung des Auslandszeugen im Wege einer **Video- oder Telekonferenz**.[4] Das Genehmigungserfordernis darf **nicht** dadurch **umgangen** werden, dass eine freiwillige Konferenzschaltung in eine ausländische Anwaltskanzlei zur vermeintlich „privaten" Vernehmung erfolgt.[5] Die Genehmigung ist nicht nur für Zeugenvernehmungen erforderlich, sondern auch für schlichte Augenscheinseinnahmen etwa am Ort eines Verkehrsunfalls.[6] **Bedingungen** darf die Zentralstelle gem. Art. 17 Abs. 4 EuBVO festlegen. **Verweigert** werden darf die Genehmigung nur zur Wahrung wesentlicher Rechtsgrundsätze des ersuchten Mitgliedstaates, Art. 17 Abs. 5 EuBVO. Zuvor ist zu prüfen, ob die Zentralstelle die Rechtsverletzung nicht durch Beifügung von Bedingungen ausräumen kann.[7] Einen allgemeinen Ordre public-Vorbehalt nach dem Vorbild des Art. 12 HBÜ sieht die EuBVO nicht vor. Allenfalls kann **Art. 47 GrCh** oder über Art. 6 Abs. 2 EUV der **Art. 6 EMRK** angewandt werden.[8] Ein Anspruch auf **Bereitstellung von Räumen** oder Hilfsmitteln besteht nicht,[9] sofern nationale Durchführungsvorschriften nicht etwas anderes vorsehen.[10] Anzuwenden ist die Sprache gem. der lex fori des ersuchenden Gerichts.[11] Das **HBÜ** ist nach Ansicht des Ständigen Büros der Haager Konferenz eine geeignete Grundlage, um ebenfalls **Videobeweisaufnahmen** durchzuführen.[12]

---

1 *Vorwerk* AnwBl. 2011, 369, 371 f.; s. auch *Dötsch* MDR 2011, 269, 271 mit Hinweis auf eine unveröffentl. Entscheidung des OLG Stuttgart).
2 *Schack* IZPR[5] Rz. 815.
3 *Nagel/Gottwald*[7] § 9 Rz. 72.
4 *Hess* EuZPR § 8 Rz. 55; *Rauscher/v. Hein*[(2010)] Art. 1 EG-BewVO Rz. 22.
5 A.A. *Nagel/Gottwald*[7] § 9 Rz. 35.
6 *Chr. Berger* IPRax 2001, 522, 526.
7 *Rauscher/v. Hein*[(2010)] Art. 17 EG-BewVO Rz. 9 f.
8 *Schlosser* EuZPR[3] Art. 14 EuBVO Rz. 2.
9 *Schlosser* EuZPR[3] Art. 17 EuBVO Rz. 5; a.A. *Rauscher/v. Hein*[(2010)] Art. 17 EG-BewVO Rz. 13.
10 So in Österreich, *Rechberger/McGuire* ZZP Int. 10 (2005), 81, 105.
11 *Rauscher/v. Hein*[(2010)] Art. 17 EG-BewVO Rz. 19.
12 Prel. Doc. No. 6 (Dezember 2008).

Die Beweisaufnahme erfolgt **durch** das **Prozessgericht** nach dem **Prozessrecht des ersuchenden Staates**, soweit nicht der ersuchte Staat gem. Art. 17 Abs. 4 EuBVO Bedingungen festgelegt hat. **Zwangsmaßnahmen** sind nach Art. 17 Abs. 2 S. 1 EuBVO **verboten**. Sind sie unerlässlich, muss der Rechtshilfeweg nach Art. 12 und 13 EuBVO beschritten werden. 74

Das Prozessgericht hat Zeugen darauf **hinzuweisen**, dass die **Einlassung freiwillig** erfolgt, Art. 17 Abs. 2 S. 2 EuBVO. Für die Sprache, in der der Hinweis erteilt wird, können von der Zentralstelle Vorgaben gemacht werden. Vor der Entscheidung über die Art der Beweisaufnahme hat das Prozessgericht die **Mitwirkungsbereitschaft der Beweisperson** zu klären, um bei positiver Erklärung nach Art. 17 EuBVO vorgehen zu können.[1] Nur als rechtspolitische Forderung ist die von *Stadler* vorgeschlagene Kombination von unmittelbarer Auslandsbeweisaufnahme und Unterstützung durch das Rechtshilfegericht bei der Ergreifung von Zwangsmaßnahmen zu verstehen.[2] 75

Soweit eine **telefonische Zeugenbefragung** im Rahmen einer **Freibeweiserhebung** erfolgen darf, handelt es sich um eine **unmittelbare** Beweisaufnahme des Prozessgerichts. Sie soll völkerrechtlich ebenfalls unbedenklich sein,[3] obwohl sie von einer Vernehmung nach Strengbeweisrecht im Wege der Telekonferenz (vgl. Art. 10 Abs. 1, 17 Abs. 4 EuBVO) nicht zu unterscheiden ist. 76

Ein von einem deutschen Gericht im Ausland vernommener Zeuge steht ungeachtet der freiwilligen Mitwirkung unter der **Strafdrohung** des **§ 153 StGB**, der auch auf eine Auslandstat anzuwenden ist.[4] Bedingungen können für die Regelung des **Auslagenersatzes** eines Zeugen gemacht werden, der in der EuBVO nicht geregelt ist. Eine mitwirkungsunwillige Prozesspartei kann ein Beweisnachteil treffen[5] (Kap. 59 Rz. 84). 77

§ 205 Beweismittelbeschaffung der Prozessparteien zur Beweiserhebung vor dem Prozessgericht

I. Zulässigkeit und Grenzen des Beweismitteltransfers

Ein Beweismitteltransfer ohne Inanspruchnahme von Rechtshilfe (dazu auch Kap. 53 Rz. 15) aufgrund einer **Beweisanordnung gegenüber den Parteien** ist in der EuBVO nicht vorgesehen. Er ist durch die **EuBVO** aber auch **nicht ausgeschlossen**.[6] Dasselbe gilt für das HBÜ.[7] Der EuGH sieht den sachlichen Anwendungsbereich der EuBVO als auf Rechtshilfeersuchen an Gerichte in anderen Mitgliedstaaten und auf die unmittelbare Beweisaufnahme des Prozessgerichts in einem anderen Mitgliedstaat beschränkt an.[8] Dadurch wird nicht ausgeschlossen, dass das Prozessgericht eine in einem anderen Mitgliedstaat wohnhafte Partei nach seiner lex fori zur freiwilligen 78

---

1 *Stadler* Festschrift Geimer (2002), S. 1281, 1305.
2 *Stadler* Festschrift Geimer (2002), S. 1281, 1301.
3 *R. Geimer* IZPR[6] Rz. 436b und 2385; ihm folgend Nagel/*Gottwald*[7] § 9 Rz. 140.
4 *Chr. Berger* IPRax 2001, 522, 526.
5 *Schlosser* EuZPR[3] Art. 17 EuBVO Rz. 2; *Stadler* Festschrift Geimer (2002), S. 1281, 1299, 1305.
6 *Chr. Berger* Festschrift Rechberger (2005), S. 39, 41; *Chr. Berger* IPRax 2001, 522, 526; *Hess* EuZPR § 8 Rz. 36; *Hess/Müller* ZZP Int. 6 (2001), 149, 175; Rauscher/*v. Hein*[(2010)] Art. 1 EG-BewVO Rz. 18; *Stadler* Festschrift Geimer, S. 1281, 1289, 1305; *Niehr* Die zivilprozessuale Dokumentenvorlegung S. 143; *Rechberger/McGuire* ZZP Int. 10 (2005), 81, 115.
7 *R. Geimer* IZPR[6] Rz. 2364; *Schlosser* EuZPR[3] Art. 1 HBÜ Rz. 6; s. auch Nagel/*Gottwald*[7] § 9 Rz. 137.
8 EuGH, Urt. v. 6.9.2012, Rs. C-170/11 – Lippens/Kortekaas Rz. 26, IPRax 2013, 262 m. Bespr. *Knöfel* IPRax 2013, 231 ff.

Aussage im Gerichtsstaat lädt[1] oder dass es einen Sachverständigen mit Befunderhebungen im Ausland beauftragt, sofern dafür keine hoheitlichen Maßnahmen erforderlich sind und keine Rechtsvorschriften des Beweisaufnahmestaates entgegenstehen (dazu auch Kap. 58 Rz. 13).[2]

79 In dem Bemühen, **US-amerikanische Beweismittelbeschaffungen** nach nationalem Prozessrecht in Konkurrenz zur HBÜ **zurückzudrängen**, hat *Mössle* die Figur einer „**internationalen Beweiszuständigkeit**" für extraterritoriale Auskunftsverlangen im Rahmen der pre trial discovery schaffen wollen;[3] der begrenzende Faktor würde vor allem von dem Erfordernis eines Inlandsbezuges der Tatsachen ausgehen, auf die sich die angeforderten Beweisstücke beziehen. Eine derartige abgesonderte Zuständigkeit, die dann auch für den Erlass deutscher Beweisanordnungen gelten müsste, **gibt es** jedoch **nicht**.[4] Jedes Gericht entscheidet nach Bejahung seiner allgemeinen internationalen Zuständigkeit gemäß seiner lex fori über die Reichweite seiner Beweisanordnungen mit Auslandsbezug. Eine völkerrechtliche Kontrolle ist für die Festlegung internationaler Zuständigkeiten außerhalb bestehender Staatsverträge nicht anerkannt. Es gibt **nur völkerrechtliche Grenzen**, deren Verlauf noch nicht geklärt ist.

II. Dokumententransfer

80 Beweisanordnungen zur **Vorlage von Unterlagen**, die **im Ausland belegen** sind, kommen für bewegliche **Augenscheinsobjekte** (einschließlich elektronischer Dateien) und **Urkunden** ohne Weiteres in Betracht;[5] es gibt keine Differenzierung der prozessualen Pflichten zwischen im Ausland wohnenden und inlandsansässigen Prozessparteien.[6] Allerdings darf eine gerichtspflichtige ausländische Partei nicht gezwungen werden, rechtliche Pflichten zu missachten, die ihr Heimatstaat ohne ihr Zutun aufgestellt hat.[7] Die pre trial-discovery in den USA (dazu Kap. 60 Rz. 24) erstreckt sich auch auf elektronische Dokumente (**eDiscovery**), deren technische Durchführbarkeit durch Löschungsverbote gesichert wird.[8]

III. Parteianhörung, Parteiaussage

81 **Aussageperson** kann eine **Partei selbst** sein (dazu auch Kap. 58 Rz. 32 und Kap. 59 Rz. 44), entweder bei förmlicher Parteivernehmung oder bei bloßer Parteianhörung (§ 141). Sie kann sich nicht auf ein Recht zur Rechtshilfevernehmung in ihrem

---

1 EuGH, Rs. Lippens/Kortekaas Rz. 30 f.
2 EuGH, Urt. v. 21.2.2013, Rs. C-332/11 – ProRail Rz. 47, EuZW 2013, 313.
3 *Mössle* Extraterritoriale Beweisbeschaffung, S. 200 (angelehnt an den vereinzelt verwendeten Begriff der „jurisdiction over evidence") mit Entwicklung einer Systematik dafür S. 307 ff., 431 f.
4 So auch *Kindler* ZZP 105 (1992), 375, 378, bei Anerkennung der Gedanken von Mössle als rechtspolitischer Zielsetzung für die Aushandlung von Staatsverträgen. Ablehnend auch *Schlosser*, Festschrift W. Lorenz (1991), S. 497, 510; Stein/Jonas/*Berger*[22] § 363 Rz. 8; verhaltener *R. Geimer* IZPR[6] Rz. 2383.
5 *Leipold*, Lex fori-Souveränität-Discovery S. 65 und 67; Rosenberg/Schwab/*Gottwald* ZPO[17] § 116 Rz. 51; *Musielak* Festschrift Geimer (2002), S. 761, 773; *Stadler* Festschrift Geimer (2002), S. 1281, 1290, 1305; Rauscher/v. *Hein*[(2010)] Art. 1 EG-BewVO Rz. 31; *Schack* IZPR[5] Rz. 791; *R. Geimer* IZPR[6] Rz. 440, 2366, 2380.
6 *Schlosser* Justizkonflikt S. 20; *Schlosser* ZZP 101 (1988), 331; *Schlosser* ZZP 94 (1981), 369, 394; *R. Stürner* ZVglRWiss 81 (1982), 159, 213; *Gottwald* Festschrift Habscheid (1989), S. 119, 125; Nagel/*Gottwald*[7] § 9 Rz. 10. Zu Österreich: Rechberger/McGuire ZZP Int. 10 (2005), 81, 120.
7 *Gottwald* Festschrift Habscheid (1989), S. 119, 121 f., 126.
8 Dazu näher *Spies/Schröder* MMR 2008, 275 ff.; *Geissl* DAJV-Newsletter 2008, 74 ff.; *Junker* Electronic Discovery, 2008, passim; *Klinger* RIW 2007, 108 ff.

Wohnsitzstaat berufen.[1] Von juristischen Personen als Partei kann das **Erscheinen** eines vertretungsberechtigten **Organwalters** vor dem Prozessgericht verlangt werden.[2] Dasselbe gilt für die Anordnung zur Teilnahme an einer Auslandsbeweisaufnahme.[3]

IV. Zeugenbeweis

Der BGH nimmt an, dass den Parteien nicht aufgegeben werden darf, einen im Ausland lebenden **Zeugen für die Inlandsbeweisaufnahme zu stellen**, die Parteien dies vielmehr nur freiwillig tun können.[4] Dem ist in dieser Pauschalität zu widersprechen. Eine Partei kann gegenüber dem Zeugen ein **Weisungsrecht** besitzen, das sich aus einem Arbeitsverhältnis oder einer sonstigen Vertragsbeziehung ergeben kann, und das einzusetzen die Pflicht zur Mitwirkung an der Beweisaufnahme gebietet.[5] 82

Aus einem **Fehlschlag** der Parteibemühungen können negative Beweisfolgen nur bei **schuldhafter Beweisvereitelung** gezogen werden, wobei das Verschuldensurteil von der Existenz ausländischer Verhaltenspflichten beeinflusst wird. Danach kann eine beweisbelastete Prozesspartei verpflichtet sein, einem bei ihr angestellten, im Ausland ansässigen Zeugen die arbeitsrechtliche Weisung zu erteilen, vor dem Prozessgericht zu erscheinen. 83

V. Folgen verweigerter Mitwirkung

Die Androhung und Anwendung rein **innerprozessualer Sanktionen** ist unbedenklich.[6] Für einen deutschen Prozess kommen weiterreichende Sanktionen gegen eine Auslandspartei nur begrenzt in Betracht (s. auch Kap. 60 Rz. 20 und 38). Die Verhängung eines **Ordnungsgeldes** gegen die zur Sachverhaltsaufklärung geladene, jedoch **nicht erschienene Partei** nach §§ 141 Abs. 3, 380 Abs. 1 S. 2 ist nicht zulässig;[7] das Ordnungsgeld darf auch nicht zur Vollstreckung gegen Inlandsvermögen der Partei festgesetzt werden.[8] 84

Wenn ein **ausländisches Prozessgericht** nach seiner lex fori **Strafen oder Beugemittel** anwenden darf, soll deren Androhung gegen eine inländische Prozesspartei nach Ansicht von *Leipold* gegen die deutsche Gebietshoheit verstoßen.[9] Dem ist zuzustimmen. Soweit **ausländische** gerichtliche **Direktsanktionen** in Deutschland vollzogen werden sollen, kommt eine **Vollstreckbarerklärung** mangels Qualifizierung als Zivilsache nicht in Betracht. Umgekehrt darf durch **Inlandszwang des Prozessgerichts** keine außergerichtliche Beweiserhebung im Ausland erzwungen werden.[10] 85

---

1 *Gottwald* Festschrift Habscheid (1989), S. 119, 125.
2 *Gottwald* Festschrift Habscheid (1989), S. 119, 126.
3 Vgl. LSG NRW IPRax 2012, 243 Rz. 12 (Konsularische Anhörung der Gegenpartei in Israel.
4 BGH MDR 1980, 931, 932 = IPRax 1981, 57, 58; ebenso *Leipold*, Lex fori-Souveränität-Discovery S. 66; *Linke/Hau*[5] Rz. 355; *Schlosser* EuZPR[3] Art. 1 HBÜ Rz. 7; anders *Schlosser* Justizkonflikt S. 30. Bedenken äußert *Gottwald* Festschrift Habscheid (1989), S. 119, 126.
5 Zum spiegelbildlichen Fall in einem US-Prozess *Kessler* GRUR Int. 2006, 713 ff.
6 *R. Geimer* IZPR[6] Rz. 2381.
7 OLG Hamm NJW 2009, 1090 (dort: niederländischer Beklagter mit Wohnsitz in den Niederlanden); a.A. *Hess* EuZPR § 8 Rz. 46.
8 OLG München NJW-RR 1996, 59, 60. Offengelassen von *R. Geimer* IZPR[6] Rz. 2381.
9 *Leipold* Lex fori-Souveränität-Discovery S. 66 f.
10 *Gottwald* Festschrift Habscheid (1989), S. 119, 127.

VI. Beweismittelverwertung bei Völkerrechtsverstoß

86　Ob Beweismittel, die **völkerrechtswidrig beschafft** wurden, einem prozessualen **Verwertungsverbot** unterliegen (generell zu Beweisverwertungsverboten Kap. 6 § 17), bedarf noch der Klärung.[1]

---

[1] Zu pauschal bejaht von *R. Geimer* IZPR⁶ Rz. 2392. S. dazu auch OLG Oldenburg MDR 2013, 547.

Kapitel 60:
Rechtshilfe für das Ausland, rechtliche Kooperation

	Rz.		Rz.
§ 206 Rechtshilfe für Gerichte aus EU-Staaten		I. Grundsätzliche Pflicht zur Rechtshilfegewährung	10
I. Rechtsgrundlagen, Zuständigkeit, Sprache	1	II. Verfahren	14
II. Aussageverweigerung, Beweisermittlungen	4	III. Pre-Trial Discovery	24
III. Besondere Formen der Beweisaufnahme	7	IV. Beweiserhebung durch Beauftragte	29
IV. Kosten	9	V. Konkurrenz von HBÜ und lex fori des Prozessgerichts	32
§ 207 Rechtshilfe für Drittstaaten nach dem HBÜ		VI. Mitwirkung der Parteien	38

§ 206 Rechtshilfe für Gerichte aus EU-Staaten

I. Rechtsgrundlagen, Zuständigkeit, Sprache

Wegen der Anwendung der EuBVO wird zunächst auf die obige Darstellung zu **ausgehenden Rechtshilfeersuchen** verwiesen (Kap. 58 Rz. 55). Für eingehende Ersuchen enthalten die §§ 1074 und 1075 Durchführungsbestimmungen. Zu beachten sind auch die Bestimmungen der ZRHO (dazu oben Kap. 58 Rz. 19). 1

Zuständig für die Durchführung der Verfahrenshandlung sind die **Amtsgerichte** (§ 1074 Abs. 1 und 2); teilweise haben die Landesregierungen von der Konzentrationsermächtigung Gebrauch gemacht. 2

Die Verwendung der deutschen Sprache ist für eingehende Ersuchen durch § 1075 vorgeschrieben. Auch die Beweisaufnahme erfolgt in **deutscher Sprache**; § 184 GVG ist nach Art. 5 S. 1 EuBVO anwendbar. 3

II. Aussageverweigerung, Beweisermittlungen

Die **ablehnende Entscheidung** des deutschen Rechtshilferichters über ein **Aussageverweigerungsrecht** auf der Grundlage des deutschen Rechts oder der lex fori des Prozessgerichts (Art. 14 Abs. 1 EuBVO) kann von der Aussageperson mit der sofortigen Beschwerde (§ 387 Abs. 3) angegriffen werden. Die **positive Entscheidung** belastet den Beweisführer, der dann gegen die Nichterledigung des Rechtshilfeersuchens nach § 387 Abs. 3 vorgehen kann. 4

Die Gewährung der Rechtshilfe unter **Übergehung** eines behaupteten **Informationsverweigerungsrechts einer Prozesspartei** ist nicht Gegenstand einer gerichtlichen Zwischenentscheidung. *Schlosser* befürwortet, die Erklärung des Rechtshilferichters, die Rechtshilfemaßnahme durchzuführen, als Justizverwaltungsakt i.S.d. § 23 EGGVG zu qualifizieren.[1] 5

---

[1] *Schlosser* EuZPR³ Art. 14 EuBVO Rz. 9.

6 Eine **Standard disclosure** nach englischem Recht fällt unter die EuBVO.[1] Eine **Specific disclosure**, die die Vorlage von nur mittelbar beweisrelevanten Dokumenten erzwingen will, soll eine unzulässige Beweisermittlung darstellen.[2] Diese auf der Basis einer veralteten Diskreditierung von Beweisermittlungen (Rz. 26) beruhende Wertung ist abzulehnen.

III. Besondere Formen der Beweisaufnahme

7 Zu den in Art. 10 Abs. 3 EuBVO genannten besonderen Erledigungsformen kann die Aufnahme eines **fremdsprachigen Wortprotokolls**[3] – etwa auf Tonträger – oder die Vernehmung im Wege des **Kreuzverhörs**[4] gehören (dazu auch Kap. 59 Rz. 13). Ein Kreuzverhör hat allerdings rechtsstaatliche Vorgaben, die dem Schutz des Zeugen dienen, zu beachten, wofür der Rechtshilferichter die Verantwortung trägt.[5]

8 Wer als **Beauftragter** des ausländischen Prozessgerichts zuzulassen ist, hat der deutsche Rechtshilferichter nach deutschem Recht zu entscheiden.[6] Aus der ZPO ergeben sich keine Ausschlussgründe für die Teilnahme ausländischer Richter oder anderer Beauftragter (etwa eines Rechtsanwalts). Durch § 88a ZRHO darf der Personenkreis nicht eingeschränkt werden.[7]

IV. Kosten

9 Art. 18 Abs. 1 EuBVO geht vom Grundsatz der **Kostenfreiheit** bei der Erledigung von **Rechtshilfeersuchen** aus. Durchbrochen wird dies gem. Art. 18 Abs. 2 EuBVO in Bezug auf Aufwendungen für **Sachverständige** und **Dolmetscher** sowie für Auslagen, die durch den Wunsch nach einer besonderen Beweisaufnahmeform oder der Verwendung von Kommunikationseinrichtungen entstanden sind. **Kostenschuldner** ist der Mitgliedstaat des ersuchenden Gerichts,[8] der seinerseits für eine Weiterbelastung auf die Parteien sorgen kann und wird. Art. 18 Abs. 2 EuBVO ist auf Auslagen des ersuchten Staates für die **Entschädigung** vernommener **Zeugen** nicht analog anzuwenden.[9] Zweifelhaft ist, ob etwas anderes für gleichartige Kosten gilt, die anlässlich einer **unmittelbaren Beweisaufnahme** entstehen.[10]

§ 207 Rechtshilfe für Drittstaaten nach dem HBÜ

I. Grundsätzliche Pflicht zur Rechtshilfegewährung

10 Rechtshilfe wird in aktiver Form gewährt; Deutschland duldet als ersuchter Staat die ausländische Beweiserhebung also nicht nur passiv, sondern schaltet sich zumindest durch **Prüfung von Genehmigungsvoraussetzungen** aktiv in die Beweisaufnahme ein.

---

1 Rauscher/*v. Hein*(2010) Art. 1 EG-BewVO Rz. 47.
2 Rauscher/*v. Hein*(2010) Art. 1 EG-BewVO Rz. 48 f.
3 Rauscher/*v. Hein*(2010) Art. 10 EG-BewVO Rz. 5 und 19, Art. 13 EG-BewVO Rz. 9.
4 Rauscher/*v. Hein*(2010) Art. 10 EG-BewVO Rz. 20; *Hess* EuZPR § 8 Rz. 42; *Hess/Müller* ZZP Int. 6 (2001), 149, 154 f.; Nagel/*Gottwald*[7] § 8 Rz. 21.
5 Rauscher/*v. Hein*(2010) Art. 10 EG-BewVO Rz. 23.
6 Rauscher/*v. Hein*(2010) Art. 12 EG-BewVO Rz. 8.
7 Rauscher/*v. Hein*(2010) Art. 17 EG-BewVO Rz. 15.
8 Rauscher/*v. Hein*(2010) Art. 18 EG-BewVO Rz. 2.
9 EuGH, Urt. v. 17.2.2011, Rs. C-283/09 – Weryinski/Mediatel, NJW 2011, 2493.
10 So Rauscher/*v. Hein*(2010) Art. 18 EG-BewVO Rz. 4.

Für **eingehende Rechtshilfeersuchen** gelten spiegelbildlich die Regelungen der Staatsverträge wie für ausgehende Ersuchen. Sie werden von einer **Zentralen Behörde** daraufhin überprüft, ob die Rechtshilfevoraussetzungen erfüllt sind. Ist dies der Fall, besteht eine völkervertragsrechtliche Pflicht zur Rechtshilfegewährung. Damit eine Rechtsprüfung stattfinden kann, gestattet Deutschland eine Parteibeweiserhebung durch einen Beauftragten (Commissioner) gem. Art. 17 HBÜ (dazu Rz. 30) nur nach vorheriger Genehmigung durch die Zentrale Behörde.

Eine **äußerste Grenze** der Rechtshilfegewährung zieht **Art. 12 HBÜ**. Dessen **Ordre public-Vorbehalt** ist noch enger als das Verständnis des Ordre public im IPR (vgl. Art. 6 EGBGB) und im internationalen Prozessrecht bei der Anerkennung ausländischer Entscheidungen. Es kommt nach Art. 12 HBÜ darauf an, dass der ersuchte Staat die Erledigung des Rechtshilfeersuchens für geeignet hält, „seine Hoheitsrechte oder seine Sicherheit zu gefährden".[1] Diese Norm ist wörtlich aus Art. 11 Abs. 3 HZPÜ 1954 übernommen. Da die **Schutzgewährung** für deutsche Inlandsbewohner entweder vom Begriff der staatlichen **Souveränität** (Justizhoheit[2]) oder von dem der Sicherheit[3] **umfasst** wird, kann Art. 12 HBÜ auch dann herangezogen werden, wenn **elementare Verfahrensrechte** einer natürlichen oder juristischen Person durch ein ausländisches Verfahren **verletzt** werden und die Verletzung durch Erledigung des Rechtshilfeersuchens verstetigt oder gar verstärkt wird (s. dazu auch Kap. 53 Rz. 15).

Nach einem älteren Vorschlag von *Schlosser* ist **Art. 12 HBÜ anzuwenden**, wenn eine Vielzahl nur der Gattung nach bestimmter Dokumente vorgelegt werden soll, wenn für die Glaubwürdigkeitsbeurteilung einer Auskunftsperson deren Privatleben intensiv erfragt wird, und wenn die Beweisermittlung auf die Gewinnung vertraulicher Informationen gerichtet ist, deren Geheimhaltung dem nationalen Wirtschaftsinteresse entspricht.[4] Nunmehr hält *Schlosser* Art. 12 HBÜ für nicht anwendbar, wenn eine Person in nicht sachverhaltsbezogenen und daher **exorbitanten internationalen Gerichtsstand** verklagt wird und unter einen (evident unverhältnismäßigen?) Sanktionsdruck gesetzt wird.[5] Das Ansinnen zur Beantwortung von Fragen durch einen Zeugen, der sich damit der Strafverfolgung (z.B. nach § 203 StGB) aussetzen würde, ist durch **Anwendung** der **Zeugnisverweigerungsrechte** zurückzuweisen, nicht aber durch Anwendung des Art. 12 HBÜ.[6] Beweisermittlungsbegehren sind als solche nicht als Ordre public-Verstoß zu werten (vgl. unten Rz. 28).[7]

II. Verfahren

Rechtshilfe ist nach Art. 1 Abs. 1 HBÜ **für** eine „**gerichtliche Behörde**" zu gewähren. Darunter können ausländische Einrichtungen der Streitentscheidung fallen, deren Handeln dem Staat zugerechnet werden kann. Die ausländische Zuständigkeit ist nicht nachzuprüfen.[8] **Übermittelt** werden darf das Rechtshilfeersuchen auch durch

---

1 Dazu *Stiefel* RIW 1979, 509, 514 ff.; *v. Hülsen* RIW 1982, 537, 550; *R. Geimer* IZPR[6] Rz. 2476 ff.
2 Zu dieser Begriffsbildung allgemein *Leipold*, Lex fori-Souveränität-Discovery S. 15; ablehnend *Schlosser* Festschrift W. Lorenz (1991), S. 497, 504.
3 So *Schlosser* EuZPR[3] Art. 12 HBÜ Rz. 1 (Sicherung des Freiheitsrahmens der deutschen Rechtsordnung).
4 *Schlosser* ZZP 94 (1981), 369, 382 f.
5 *Schlosser* EuZPR[3] Art. 12 HBÜ Rz. 1; zustimmend *Stadler* Festschrift Geimer (2002), S. 1281, 1297 Fn. 47.
6 *Schlosser* EuZPR[3] Art. 12 HBÜ Rz. 1.
7 Vgl. *Schlosser* EuZPR[3] Art. 12 HBÜ Rz. 2 und Art. 23 HBÜ Rz. 4.
8 Vgl. *R. Geimer* IZPR[6] Rz. 2454 (innerstaatliche Zuständigkeit).

eine Prozesspartei;[1] diesen Weg sieht das autonome deutsche Prozessrecht in § 364 Abs. 1 für ausgehende Ersuchen ebenfalls vor. Abzufassen ist der Ersuchen in **deutscher Sprache**, § 9 AusfG zum HBÜ. Die Prüfung erfolgt durch die **Zentrale Behörde**, als die die jeweilige **Landesjustizverwaltung** bestimmt ist. Sie erledigt auch die Rückleitung nach Erledigung der Beweisaufnahme.

15 Die **Genehmigung** einer Beweiserhebung durch die Zentrale Behörde kann im **Verfahren nach § 23 EGGVG gerichtlich überprüft** werden,[2] allerdings nur auf Ermessensfehler.[3] **Antragsberechtigt** ist gem. § 24 EGGVG, wer geltend macht, in seinen Rechten verletzt zu sein. Dazu gehören neben den Prozessparteien auch zu vernehmende Zeugen oder Sachverständige. Dritte, z.B. Arbeitgeber von Zeugen, können betroffen sein, wenn es um den Schutz ihrer Geschäftsgeheimnisse geht. Die **einmonatige Antragsfrist** beginnt mit der Zustellung oder schriftlichen Bekanntgabe der Genehmigungsentscheidung (§ 26 EGGVG). Die **Ablehnung** des Rechtshilfeersuchens unterliegt ebenfalls der Kontrolle nach §§ 23 ff. EGGVG. Gem. § 29 Abs. 3 EGGVG kann Prozesskostenhilfe gewährt werden.[4]

16 Art und **Gegenstand der Rechtssache** müssen nach Art. 3 Abs. 1 lit. c HBÜ genügend gekennzeichnet sein.[5] Art. 3 Abs. 1 lit. e und f HBÜ verlangen eine **gedrängte Darstellung** des Sachverhalts und die Formulierung von Fragen, die an die Aussageperson zu richten sind, oder die Formulierung von Beweistatsachen, damit das **Beweisthema eingegrenzt** wird. Dazu ergangene Rechtsprechung des OLG München hat sich mit einer geringen Substantiierung begnügt.[6] Die Einhaltung der Anforderungen des Art. 3 HBÜ hat die **Zentrale Behörde** zu prüfen,[7] allerdings nur sie, wie sich aus Art. 5 HBÜ entnehmen lässt, nicht das anschließend gem. § 8 AusfG zum HBÜ tätige Rechtshilfegericht.[8] Eine nachträgliche **Ausweitung des Beweisthemas** darf nicht das Prüfungsrecht der Zentralen Behörde unterlaufen. Allerdings können sich die Prozessparteien mit der Ausweitung einverstanden erklären.

17 **Besondere Formen der Beweisaufnahme** i.S.d. Art. 9 Abs. 2 HBÜ bedürfen der **Genehmigung** durch die Zentrale Behörde. Sie sind auch dann genehmigungsfähig, wenn sie im deutschen Verfahrensrecht nicht vorgesehen sind.[9] Dies gilt auch für ein **Kreuz-**

---

[1] OLG München ZZP 94 (1981), 462, 464.
[2] Vgl. nur OLG München ZZP 94 (1981), 462, 463 = RIW 1981, 555 und OLG München ZZP 94 (1981), 468, 469 = RIW 1981, 554; OLG Celle IPRax 2008, 350.
[3] OLG Celle IPRax 2008, 350; OLG Frankfurt IPRax 2009, 71, 72 m. Bespr. *Knöfel* IPRax 2009, 46, 48.
[4] OLG Frankfurt IPRax 2009, 71, 73.
[5] Zum Bestimmtheitserfordernis sowohl als Grundlage für eine sachgerechte Verteidigung der Gegenpartei als auch zum Schutz der Aussageperson und der Gegenpartei vor unzumutbarer Belastung *Schlosser* ZZP 94 (1981), 369, 379; *R. Stürner* Die Aufklärungspflicht der Parteien des Zivilprozesses, S. 113 ff.
[6] OLG München ZZP 94 (1981), 462, 463 (Patentverletzungsvorwurf). Dazu und zum dieselbe Rechtssache betreffenden Beschluss OLG München ZZP 94 (1981), 468 Besprechungen von *Martens* RIW 1981, 725 ff., *Nagel* IPRax 1982, 138 ff., *Schlosser* ZZP 84 (1981), 369, 372 f., 383 f., *R. Stürner* JZ 1981, 521 ff. und *F. A. Mann* JZ 1981, 840. Generell zur Bestimmtheit des Rechtshilfeersuchens *v. Hülsen* RIW 1982, 537, 551; er orientiert sich an dem Kriterium, ob eine Vernehmungsleitung durch den deutschen Rechtshilferichter möglich ist.
[7] *v. Hülsen* RIW 1982, 537, 553.
[8] *Martens* RIW 1981, 725, 731; *R. Geimer* IZPR[6] Rz. 2462. A.A. *Schlosser* EuZPR[3] Art. 5 HBÜ Rz. 1.
[9] *Schlosser* EuZPR[3] Art. 10 HBÜ Rz. 3. S. auch Zöller/*Geimer*[30] § 363 Rz. 128 („sofern nicht zwingend deutsche Vorschriften entgegenstehen").

verhör amerikanischen Stils;[1] dessen Genehmigung darf nur ausnahmsweise versagt werden[2] (s. auch Kap. 59 Rz. 13).

Sowohl die Parteien als auch Aussagepersonen und Sachverständige dürfen nach Art. 20 HBÜ **Rechtsberater beiziehen**. Das **Fragerecht** steht den deutschen anwaltlichen Parteivertretern zu. Sie können die Ausführung der Parteirechte jedoch gem. **§ 52 Abs. 2 BRAO** anderen Rechtsanwälten, die nicht selbst zum Prozessbevollmächtigten bestellt werden können, im Beistand des deutschen Anwalts überlassen.[3] Die Befragung ist in **deutscher Sprache** durchzuführen.[4]

Macht eine Aussageperson geltend, sie habe ein **Zeugnis- oder Auskunftsverweigerungsrecht**, was sich gem. Art. 11 HBÜ nach dem Recht des ersuchten Staates richtet, entscheidet darüber das Amtsgericht gem. § 383 f.[5] Mit der Gewährung von Schutz für **Geschäftsgeheimnisse** ist Deutschland im internationalen Vergleich besonders großzügig.[6]

Die Beurteilung der **Mitwirkungspflichten der Prozessparteien** und der Folgen einer Missachtung ist allein Sache des Prozessgerichts;[7] das deutsche Recht kennt insoweit keine Sanktionen (s. Kap. 59 Rz. 84 und nachfolgend Rz. 22). Die Subsidiarität der Parteivernehmung gem. §§ 445, 448 stellt keine Beschränkung dar, weil der deutsche Rechtshilferichter dafür in eine Prüfung des Prozessstoffes eintreten müsste, die ihm verschlossen ist.[8]

Über **Zwangsmittel** entscheidet das **Amtsgericht**. Für ein ausländische Verfahren zur Abstammungsfeststellung richtet sich die Duldung der zwangsweisen **Blutentnahme** nach § 372a oder § 178 FamFG.[9] Über die Einbeziehung einer Untersuchungsperson in die Blutuntersuchung entscheidet allerdings allein das ausländische Prozessgericht.[10]

Die **Zwangsanwendung** für ein ausländisches Verfahren reicht nach **Art und Umfang nicht weiter**, als es nach deutschem Prozessrecht **für einen deutschen Zivilprozess** zulässig ist.[11] Insbesondere kennt Deutschland anders als diverse ausländische Rechtsordnungen grundsätzlich keine Erzwingungsstrafen gegen Prozessparteien. Da-

---

1 Bejahend *Schlosser* EuZPR[3] Art. 10 HBÜ Rz. 3; *Junker* Discovery S. 338. A.A. MünchKomm-ZPO/*Pabst*[4] IZPR HBÜ Art. 9 Rz. 6 (jedoch für großzügige Handhabung des Rechts zur unmittelbaren Befragung).
2 *Schlosser* ZZP 94 (1981), 369, 387; Nagel/*Gottwald*[7] § 8 Rz. 21 und 53.
3 Wohl a.A. Nagel/*Gottwald*[7] § 9 Rz. 75 (im Beweisaufnahmestaat zugelassener Rechtsberater).
4 *Martens* RIW 1981, 725, 732; *Schlosser* ZZP 94 (1981), 369, 389.
5 Dazu AG München I und LG München I RIW 1981, 850 = ZZP 95 (1981), 362 m. Anm. *Schlosser* (u.a. zur Kostenerstattung), ergangen in der Rechtshilfesache, die Gegenstand der Entscheidung des OLG München war. Zu gesetzlichen Verboten der Mitwirkung an der Beweiserhebung (blocking statutes) v. *Bodungen/Jestaedt* Festschrift Stiefel (1987), S. 65, 67 f. Für Verweigerungsrechte aus objektiven Gründen und für Beweisverbote a.A. (Zentrale Behörde) MünchKomm-ZPO/*Pabst*[4] IZPR Art. 11 HBÜ Rz. 6.
6 *Schlosser* ZZP 94 (1981), 369, 398 ff.; *Schlosser* EuZPR[3] Art. 14 EuBVO Rz. 6; *Stadler* Der Schutz des Unternehmensgeheimnisses im deutschen und US-amerikanischen Zivilprozeß, 1989, S. 367 f.; *M.O. Kersting* Der Schutz des Wirtschaftsgeheimnisses im Zivilprozeß, 1995, S. 174, 298; s. auch – rein national – *Ploch-Kumpf* Der Schutz von Unternehmensgeheimnissen im Zivilprozeß unter besonderer Berücksichtigung ihrer Bedeutung in der Gesamtrechtsordnung, 1996.
7 *Schlosser* EuZPR[3] Art. 11 HBÜ Rz. 1.
8 A.A. Nagel/*Gottwald*[7] § 9 Rz. 54.
9 OLG Düsseldorf FamRZ 1986, 191, 192. Zu einem türkisch-schweizerischen Fall OG Zürich Bl. Zürch.Rspr. 107 (2008) Nr. 49 S. 178.
10 OLG Düsseldorf FamRZ 1986, 191, 192. Möglicherweise a.A. OLG Frankfurt/M. NJW-RR 1988, 714.
11 *R. Geimer* IZPR[6] Rz. 2359 und 2514; *Schlosser* EuZPR[3] Art. 10 HBÜ Rz. 2.

her kommt Zwang gegen eine Prozesspartei, die ihre Mitwirkung verweigert, vom **Sonderfall** des **§ 372a** bzw. § 178 FamFG abgesehen nicht in Betracht.[1] Die Entfaltung von **Zwang nach § 892** setzt einen Duldungstitel voraus. Eine andere Art prozessualer Erzwingung einer Besichtigung zur Durchführung einer Augenscheinseinnahme kommt nicht in Betracht.[2]

23 Obwohl **Gebühren und Auslagen** nach Art. 14 Abs. 1 HBÜ **nicht erstattet** werden, ist die **kostenverursachende** Zuziehung eines **Dolmetschers** durch das Rechtshilfegericht notwendig, wenn die Aussageperson die deutsche Sprache nicht beherrscht. Streitig ist, ob dies auch gilt, wenn ein der deutschen Sprache nicht mächtiger Richter des ersuchenden Gerichts mit Genehmigung der Zentralen Behörde an der Beweisaufnahme teilnimmt (§ 10 AusfG zum HBÜ).[3] **Kosten für Sachverständige** und Dolmetscher hat der ersuchende Staat nach Art. 14 HBÜ zu **erstatten**, wenn eine **besondere Form der Beweisaufnahme** nach Art. 9 Abs. 2 HBÜ beantragt und genehmigt worden ist. Kosten der Aufnahme eines **Wortprotokolls** fallen nicht unter die Erstattungsvorschrift.[4]

III. Pre-Trial Discovery

24 Im Prozessrecht der US-Staaten und der US-Bundesgerichtsbarkeit gehören **Beweisermittlungen**, die nach Einreichung einer allgemein gehaltenen Klageschrift der Hauptverhandlung (Trial) vorangehen,[5] zum Grundschema des Zivilprozesses (dazu auch Kap. 53 Rz. 11). Sie sind **nicht** mit deutschen gerichtlichen Beweiserhebungen in einem dem ordentlichen Verfahren vorgelagerten **selbständigen Beweisverfahren gleichzusetzen**. Der Austausch potentieller Beweismittel zwischen den Parteien soll u.a. eine konzentrierte einheitliche mündliche Verhandlung ermöglichen, die u.a. wegen der Mitwirkung von Geschworenen in Zivilsachen (Jury) unerlässlich ist. Auch das englische Prozessrecht sieht dieses Institut (dort Disclosure genannt) vor, setzt es aber wesentlich zurückhaltender ein. Pre-trial discovery nach Rechtshängigkeit fällt in den **Anwendungsbereich des HBÜ**.[6]

25 Beweisermittlungen, die auf ihre **Erforderlichkeit** für ein konkretes Verfahren **nicht richterlich geprüft** worden sind, können wegen des damit verbundenen Personaleinsatzes und sonstiger mittelbar ausgelöster Kosten zum Nachteil der von einer Anordnung belasteten Prozesspartei sowie wegen der Gefahr einer Ausforschung irrelevanter und vertraulicher Interna **missbräuchlich eingesetzt** werden.[7] Zur Abwehr möglicher Rechtsmissbräuche durch die Handhabung des US-amerikanischen Prozessrechts hat Deutschland gem. Art. 23 HBÜ einen völkerrechtlichen **Vorbehalt** gemacht, der die Beweisermittlung **in Bezug auf Dokumente** (Pre-trial discovery of documents) ausschließt.[8] Das ist eine wenig sinnvolle Aufspaltung der Discovery. Insbesondere kann damit nicht verhindert werden, dass Zeugen zum Inhalt von Do-

---

1 *Schlosser* EuZPR³ Art. 10 HBÜ Rz. 2, Art. 11 HBÜ Rz. 1.
2 *R. Geimer* IZPR⁶ Rz. 2514 und 2522.
3 So *Martens* RIW 1981, 725, 732; a.A. *Junker*, Discovery S. 341.
4 A.A. *v. Hülsen* RIW 1982, 537, 554.
5 Zur Reform der pre-trial discovery von 1993 *St. Lorenz* 111 (1998), 35, 51 ff. Zu den Reformen von 1993 und 2000 *Trittmann/Leitzen* IPRax 2003, 7, 10 f.
6 *Schlosser* ZZP 94 (1981), 369, 392.
7 Zu den Reaktionen anderer Industriestaaten *v. Hülsen* RIW 1982, 537, 540 ff.
8 Dazu OLG München ZZP 84 (1981), 468, 470 = IPRax 1982, 150. Den Art. 23 HBÜ als Indiz für ein Fehlverständnis des amerikanischen Prozessrechts durch die Teilnehmer der diplomatischen Konferenz haltend *Junker* Discovery S. 284 ff.; *Junker* JZ 1989, 121, 128; ihm folgend *Paulus* ZZP 104 (1991), 397, 411. Zur Praxis anderer Staaten Nagel/Gottwald⁷ § 9 Rz. 80 f.

kumenten befragt werden. Würden darauf gerichtete Fragen ausgeschlossen, wäre die Rechtshilfevernehmung weitgehend ausgeschlossen.[1]

Seit der **Neuregelung der §§ 142 und 144** sowie des darauf Bezug nehmenden § 371 Abs. 2 steht der **pauschale deutsche Vorbehalt** in einem **Widerspruch** zu den darin zum Ausdruck kommenden Wertungen. Im Schrifttum wird teilweise befürwortet, Art. 23 HBÜ auf alle Discovery-Beweisersuchen zu erstrecken, es sei denn, sie sind hinreichend spezifiziert.[2] *Schlosser* hat § 14 AusfG zum HBÜ, der Art. 23 HBÜ nach innen umsetzt, wegen seiner Willkürlichkeit als verfassungswidrig bezeichnet[3] und eine **verfassungskonforme Auslegung** verlangt, dass spezifizierte Urkundenvorlageersuchen zu erfüllen sind.[4] Von der **Ermächtigung** des § 14 Abs. 2 AusfG zum HBÜ, eine **Verordnung** über die Durchführung von Urkundenvorlagen zu erlassen, hat das Bundesjustizministerium keinen Gebrauch gemacht.[5]

26

Zum **Schutz von Rechten** des **Geistigen Eigentums** gestattet Art. 7 der Richtlinie 2004/48/EG Beweisermittlungen. Sie können grenzüberschreitend stattfinden (dazu Kap. 58 Rz. 69 ff.). Auch diese für Deutschland geltende Regelung sollte Anlass für eine generelle Neubetrachtung und Neubewertung der Beweisermittlungsgefahren sein.

27

Ausländischen Urteilen, die aufgrund einer ausforschenden Beweisermittlung zustande gekommen sind, ist **nicht** wegen **Verstoßes** gegen den **verfahrensrechtlichen ordre public** (§ 328 Abs. 1 Nr. 4; Art. 34 Nr. 1 EuGVO) die Anerkennung und Vollstreckbarerklärung in Deutschland zu verweigern.[6]

28

IV. Beweiserhebung durch Beauftragte

Grundsätzlich ist staatsvertraglich die Möglichkeit anerkannt, die **Erhebung** von Auslandsbeweisen einem vom Prozessgericht bestellten Beauftragten (**Commissioner**) zu **überlassen**. Diese Methode ist im common law gebräuchlich.[7] Art. 17 HBÜ sieht diese private Beweisaufnahme vor, macht sie aber von einer Genehmigung durch den Beweisaufnahmestaat abhängig.[8] Das deutsche Recht erlaubt diesen Weg für deutsche Erkenntnisverfahren nicht.[9]

29

---

1 *Junker* Discovery S. 285 f.; *Schlosser* ZZP 94 (1981), 369, 396.
2 *Junker* Discovery S. 286, 296 f.; *Junker* JZ 1989, 121, 128; ihm folgend *Schlosser* ZZP 101 (1988), 327, 330 f. (in der Rezension des Werkes); *Beckmann* IPRax 1990, 203 f.; *Paulus* ZZP 104 (1991), 397, 411 f.; Stein/Jonas/*Berger*[22] § 363 Anh. Rz. 104. Ablehnend OLG Celle IPRax 2008, 350, 351 m. Bespr. *Stürner/Müller* IPRax 2008, 339, 342; *Niehr* Die zivilprozessuale Dokumentenvorlegung S. 131; Nagel/Gottwald[7] § 9 Rz. 85 (mit zutreffendem Hinweis auf die Auslegungsmaximen für internationale Abkommen).
3 *Schlosser* EuZPR[3] Art. 23 HBÜ Rz. 3.
4 *Schlosser* EuZPR[3] Art. 23 HBÜ Rz. 5.
5 Zu den Gründen des Scheiterns andeutungsweise *Böhmer* NJW 1990, 3049, 3053. Zum abgeschwächten Verbot der Dokumentenrechtshilfegewährung in Frankreich Cour d'Appel de Paris IPRax 2005, 451 m. Bespr. *Reufels/Scherer* IPRax 2005, 456 ff.
6 A.A. *Hök*, Discovery proceedings als Anerkennungshindernis, Diss. jur. Göttingen 1993, S. 311, 324; zurückhaltend *Leipold* Lex fori-Souveränität-Discovery S. 70 (in extremen Fällen); differenzierend *Schütze* Festschrift Stiefel (1987), S. 697, 703 ff. (bei unzulässiger, gegen den Parteiwillen erzwungener Ausforschung und Kausalität für die Entscheidung); *Schütze* WM 1986, 633, 635.
7 Vgl. dazu *R. Geimer* IZPR[6] Rz. 457 ff. und 2426 ff.; Nagel/Gottwald[7] § 9 Rz. 43 und 77.
8 Generell zur Notwendigkeit einer Genehmigung *Leipold* Lex fori-Souveränität-Discovery S. 44.
9 Stein/Jonas/*Berger*[22] § 363 Rz. 21.

30 Deutschland kann aber **Parteibeweiserhebungen für ausländische Verfahren** auf deutschem Hoheitsgebiet **genehmigen** und gerichtlich überwachen lassen (§ 12 AusfG zum HBÜ). Ohne Genehmigung erfüllt die Beweisaufnahme den objektiven Tatbestand der **Amtsanmaßung** (§ 132 StGB).[1] Das autonome deutsche Prozessrecht gestattet in § 364, ein Rechtshilfeersuchen im Parteibetrieb zu übermitteln und/oder im Parteibetrieb eine ausländische Beweisurkunde beizubringen. Art. 17 HBÜ kann auch für unmittelbare Beweisaufnahmen durch ein Mitglied des Prozessgerichts eingesetzt werden (Kap. 59 Rz. 71).

31 Völkerrechtlich und strafrechtlich **unbedenklich** ist es, Zeugen-, Partei- und Sachverständigenaussagen auf Veranlassung einer Partei oder ihres Rechtsvertreters im Ausland **freiwillig schriftlich zu fixieren**,[2] wenn der **private Charakter dieser Beweismittelsammlung** nicht verschleiert wird. Über die Aussage kann auch eine öffentliche (notarielle oder konsularische) **Urkunde** errichtet werden. Unter denselben Voraussetzungen sind sonstige **investigative Sachverhaltsermittlungen** durch Rechtsanwälte unbedenklich.[3]

V. Konkurrenz von HBÜ und lex fori des Prozessgerichts

32 **Umstritten** ist, ob die **HBÜ** im Verhältnis der Vertragsstaaten **exklusiven Charakter** hat.[4] Der US Supreme Court hat diese Auffassung zu Recht abgelehnt.[5] Prozessparteien müssen sich deshalb von vornherein darauf einstellen, dass inländische Beweisrestriktionen zum Schutz von Geheimnissen, die nach dem HBÜ durchgesetzt werden, obsolet werden, wenn sie vom Gericht des Erkenntnisverfahrens nicht akzeptiert werden. **Faktisch** kann sich eine **Partei** der Beweisanordnung des ausländischen Prozessgerichts **nicht entziehen** und es in der Regel nicht darauf ankommen lassen, dass eventuell später die Anerkennung und Vollstreckbarerklärung einer negativen ausländischen Entscheidung in Deutschland scheitern könnte. In Betracht kommen kann aber, dass der durch ein Geheimnis Geschützte **gegen** die **Offenbarung** durch **dritte Geheimnisträger**, denen die Auskunfterteilung unter Strafandrohung (subpoena) aufgegeben worden ist, mit einer deutschen **Unterlassungsverfügung** vorgeht.[6]

---

1 *Böhmer* NJW 1990, 3049, 3054.
2 *R. Geimer* IZPR[6] Rz. 464a; Stein/Jonas/*Berger*[22] § 363 Rz. 11.
3 *R. Geimer* IZPR[6] Rz. 464; *E. Geimer* Internationale Beweisaufnahme S. 14.
4 Bejahend *R. Stürner* in Habscheid, Der Justizkonflikt mit den vereinigten Staaten von Amerika (1984), S. 3, 49 (teilweise Exklusivität); *R. Stürner* Anm. zu BGH JZ 1987, 42, 45 m. Erwiderung *Schröder* und Schlusswort *R. Stürner* JZ 1987, 605 und 607; *Schütze* Festschrift Stiefel (1989), S. 697, 706; *Beckmann* IPRax 1990, 201, 205. Verneinend *R. Geimer* IZPR[6] Rz. 2361; *Schlosser* EuZPR[3] Art. 1 HBÜ Rz. 5 f.; *Musielak*, Festschrift Geimer (2002), S. 761, 766 f.; *Schack* IZPR[5] Rz. 808; Stein/Jonas/*Berger*[22] § 363 Rz. 8. Zu den unterschiedlichen Antworten von 28 Staaten, die im Jahr 2008 auf ein Questionnaire der Haager Konferenz geantwortet haben, s. *Knöfel* IPRax 2013, 231, 232 und Doc.prél. n° 10 de decembre 2008.
5 *Société Nationale Industrielle Aérospatiale et al. v. United States District Court for the Southern District of Iowa*, 482 U.S. 522 (1987) = JZ 1987, 984 m. Anm. *Stürner*; Bespr. *Heidenberger* RIW 1987, 50 f., 540 f. und 666 ff.; *Heck* NJW 1987, 2128 f.; *Leipold*, Lex fori-Souveränität-Discovery S. 18 ff. Dazu auch *Lange* RIW 1984, 504 ff.; *Heidenberger* RIW 1984, 841 ff.; *Heidenberger* zum Fall Anschütz RIW 1985, 437, 438 ff. und RIW 1988, 310 f.; *v. Bodungen/Jestaedt* Festschrift Stiefel (1989), S. 65, 71 ff. Zu späterer US-Rechtsprechung US District Court Utah, Urt. v. 21.1.2010, *Accessdata Corp. v. Alste Technologies GmbH*, RIW 2010, 402 m. Anm. *Knöfel* = MMR 2010, 275 m. Anm. *Spies/Schröder*; US District Court Eastern District of Pennsylvania, Entsch. v. 6.3.2012, *TruePosition Inc. v. LM Ericsson*, GRUR Int. 2012, 474; *Trittmann/Leitzen* IPRax 2003, 7, 8 f.; *Schütze* RIW 2004, 162, 163 f.; *Richter* RIW 2005, 815 ff.
6 So LG Kiel RIW 1983, 206 (dort: zum Schutz des Bankgeheimnisses); dazu *Schlosser* Der Justizkonflikt S. 10 f., 40 f., allgemeiner S. 33 ff.; *Stiefel/Petzinger* RIW 1983, 242 ff.

Selbst wenn eine Beweisaufnahme im Rechtshilfewege in Deutschland stattgefunden hat, kann eine Beweisanordnung des ausländischen Gerichts zur **Wiederholung der Beweiserhebung** vor dem erkennenden Gericht ergehen, wenn dies zur Sachverhaltsfeststellung erforderlich erscheint.[1]   33

Hintergrund der **Konkurrenzdiskussion** ist die **unterschiedliche** Reichweite der Gewährung von Zeugnisverweigerungsrechten und **Auskunftsverweigerungsrechten** zum Schutz von Geschäftsgeheimnissen einer Prozesspartei.[2] Da bei Rechtshilfebeweisaufnahmen das **Meistbegünstigungsprinzip** gilt (Kap. 59 Rz. 30), setzt sich das eventuell strengere Recht des ersuchten Rechtshilfestaates im Rechtshilfeverfahren (vorläufig) durch. Auswirkungen hat auch der Streit, ob US-Verfahren, in denen **Punitive damages** (Strafschadensersatz) geltend gemacht werden, als **Zivil- bzw. Handelssache** gem. Art. 1 Abs. 1 HBÜ anzusehen sind.[3]   34

Keine Schlussfolgerungen auf die Rechtshilfegewährung sind daraus zu ziehen, dass der BGH US-Urteilen, die **Punitive damages** in nicht unerheblicher Höhe neben dem Ersatz materieller und immaterieller Schäden pauschal zusprechen, in diesem Teilumfang gem. § 328 Abs. 1 Nr. 4 die **Vollstreckbarerklärung verweigert**.[4] Desungeachtet hat der BGH Punitive damages, die dem Geschädigten zufließen, als Gegenstand einer Zivilsache angesehen.[5] Es ist also für ein Verfahren Rechtshilfe zu gewähren, in dem auf Punitive damages geklagt wird.[6]   35

Das **BVerfG** hat im Jahre 2003 die Zustellung einer derartigen Klage in einem Fall behaupteter Urheberrechtsverletzung mit Bezifferung einer exorbitanten Schadensersatzforderung durch einstweilige Anordnung gestoppt, konnte dann aber nicht endgültig über die mögliche ordre public-Widrigkeit entscheiden.[7] In einer Kammerentscheidung vom 24.1.2007[8] wurde jedoch die Verfassungsbeschwerde gegen die Zustellungsanordnung in einem anderen Verfahren nicht zur Entscheidung angenommen. Das Gericht hat eine Anwendung der **Vorbehaltsklausel des Art. 13 HZÜ** wegen der bloßen Möglichkeit einer Verhängung von Punitive damages **abgelehnt** und deren Anwendungsbereich auf Fälle **evidenten Rechtsmissbrauchs durch** die **Klageerhebung** beschränkt; ein derartiger Missbrauch mit einem daraus folgenden Verstoß gegen das Rechtsstaatsprinzip könne in Betracht kommen, wenn die Strafschadensersatzforderung eine **existenzgefährdende** Höhe erreiche oder wenn eine Sammelklage (class action) mit einer unübersehbaren Anzahl von Klägern und einer entsprechenden Klageforderung erhoben und von einer **Medienkampagne** begleitet werde. Bekräftigt wurde dieser Standpunkt in einer weiteren Entscheidung derselben Kammer vom 14.6.2007 zur Zustellung einer class action nach dem HZÜ wegen eines behaupteten Preiskar-   36

---

1 Zu einem konkreten Patentrechtsfall *Kessler* GRUR Int. 2006, 713 ff.
2 Dazu *v. Hülsen* RIW 1982, 537, 551 f.
3 Dazu *Stiefel* RIW 1979, 509, 511 f. Zur weitgehenden Übereinstimmung von Strafschadensersatz und Kriminalstrafe s. die (dissentierende) Begründung des Richters Stevens in der Rs. *Philip Morris v. Williams* 549 U.S. 346 (2007): „There is little difference between the justification for a criminal sanction, such as a fine or a term of imprisonment, and an award of punitive damages."
4 BGHZ 118, 312, 334 ff. = NJW 1992, 3096, 3104 ff.
5 BGHZ 118, 312, 337. = NJW 1992, 3096, 3102.
6 OLG Celle IPRax 2008, 350 a.E.; *Schlosser* EuZPR³ Art. 12 HBÜ Rz. 1.
7 BVerfGE 108, 238, 246 ff. = NJW 2003, 2598 (Klage gegen Bertelsmann nach Übernahme der Musiktauschbörse Napster). Dazu *Zekoll* NJW 2003, 2885 ff.; *Braun* ZIP 2003, 2225 ff.; *Oberhammer* IPRax 2004, 40 ff.; *R. Stürner* JZ 2006, 60 ff.; *Koch/Thiel* RIW 2006, 356 ff. Zur Verweigerung der Zustellung einer Sammelklage auf Zahlung von treble damages an Arzneimittelkonsumenten OLG Koblenz IPRax 2006, 25 = WuW/E DE-R 1557 m. Bspr. *Piekenbrock* IPRax 2006, 4 ff. und *Hopt/Kuhns/v. Hein* ZIP 2006, 973 ff.; anders OLG Naumburg WuW/E DE-R 1775 (Zustellung bejaht); OLG Düsseldorf NJW-RR 2007, 640, 641 f.
8 BVerfG 2 BvR 1133/04, VersR 2007, 964 = JZ 2007, 1046 m. Anm. *Stadler*; dazu *v. Hein* RIW 2007, 249 ff.; *Stürner/Müller* IPRax 2008, 339, 341.

tells mit Geltendmachung von treble damages[1] und einen Kammerbeschluss vom 9.1.2013.[2]

37 Ein **völkerrechtlicher Gewohnheitsrechtssatz, Beweisaufnahmen nach** der **lex fori** mit exterritorialen Auswirkungen wegen überwiegender ausländischer Interessen **zu unterlassen**, lässt sich **nicht** feststellen.[3] Darin ist also keine Begrenzung der Beweisaufnahme durch US-Gerichte mit Wirkung gegen eine in Deutschland ansässige Prozesspartei zu sehen. Eine bloße Variante der gegenteiligen Ansicht ist die These, die Anordnung der Vorlage einer im Ausland belegenen Urkunde gem. der lex fori des Prozessgerichts sei eine die Souveränität des Belegenheitsstaates tangierende Auslandsbeweisaufnahme, weil es nicht auf die Verwertung, sondern auf das Sammeln des Beweismaterials ankomme.[4]

VI. Mitwirkung der Parteien

38 Soweit die Parteien nach der ausländischen lex fori zur Mitwirkung verpflichtet sind, kann deren **direkte Erzwingung** durch Sanktionen zu **Vollstreckungsproblemen** führen. S. dazu Kap. 59 Rz. 84.

---

1 BVerfG NJW 2007, 3709, 3710.
2 BVerfG NJW 2013, 990 Rz. 13 (ebenfalls treble damages betreffend).
3 Vgl. dazu *v. Bodungen/Jestaedt*, Festschrift Stiefel (1987), S. 65, 75.
4 Vgl. dazu *R. Geimer* IZPR[6] Rz. 2366, der dies selbst als fragwürdig ansieht.

Stichwortverzeichnis

Zahlenangaben in Fettdruck bezeichnen das Kapitel, magere Zahlenangaben die Randziffern innerhalb eines Kapitels

Abgrenzung der Beweismittel **20** 1 ff.
Ablehnung des Sachverständigen
– s. Sachverständigenbeweis
Abschätzung der Prozessaussichten
– s. Selbständiges Beweisverfahren
Absolute Beweiskraft
– s. Beweiskraft
Abstammungsbeweis/-untersuchung
– Anfechtungsurteil **24** 52 f.
– Anspruch auf Kenntnis der Abstammung **7** 61; **24** 9
– Anthropologische Gutachten **14** 21; **44** 19
– Auslagenvorschuss **24** 45
– Ausländische Testperson **24** 118 f., 122 ff.; **59** 17
– Belehrung **24** 83, 86
– betroffene Interessen **24** 7 ff., 114
– betroffene Verfahren **24** 16 ff.
– Beweisbeschluss **13** 16
– Beweisvereitelung **8** 146; **44** 68
– Beweiswürdigung **24** 114 ff.
– biostatische Berechnung **24** 33, 37 ff.
– Blutentnahme **4** 3; **8** 72; **24** 71; **22** 24; **37** 55; **59** 47, 67; **60** 21
– im Ausland **24** 34
– Blutgruppenuntersuchung **24** 25 ff.
– DNA-Analyse **13** 135; **24** 22 ff., 31 ff.
– heimliche Analyse **6** 4, 30
– Zuverlässigkeit **24** 34 f.
– Duldungspflicht **24** 40 ff., 59, 73 ff., 118
– Erzwingung medizinischer Untersuchung **8** 124 f.; **24** 82 f., 86, 93, 103 ff.
– gesetzliche Entwicklung der Rechtsgrundlagen **24** 1 ff.
– Gesundheitsnachteil **24** 70 ff.
– internationale Zuständigkeit **24** 120
– körperliche Untersuchung **7** 90; **24** 11 f.
– Ladung zur Untersuchung **24** 109
– minderjährige Testperson **8** 15, 104, 125; **24** 75 f., 112
– Mutterschaftsfeststellung **24** 20
– Nichterscheinen zum Untersuchungstermin **8** 103; **24** 103 ff.
– Probeentnahme bei Toten **24** 74
– Rechtshilfe **24** 81, 121, 124
– selbständiges Beweisverfahren **24** 19, 80, 101
– serostatistische Zusatzberechnung **24** 22, 39
– Streitgegenstand **24** 18
– Subsidiarität (Rangordnung der Beweisaufnahme) **24** 49 ff.

– Untersuchungsmaterial **24** 24, 35, 71 f., 124
– Untersuchungsverweigerung **24** 57 ff., 78, 81 ff., 99 f.
– Weigerung ohne Begründung **24** 85
– wissenschaftliche Methoden **24** 20 ff., 46, 55 f.
– Wohngemeinschaft **24** 48
– zwangsweise Blutentnahme **8** 5 f., 96, 103; **24** 110 ff., 122
– Zwischenstreit **8** 97, 105, 107 f.; **24** 87, 91 f.
– s. auch Augenscheinsbeweis
AGG
– s. Beweislast
akkreditierte Signatur
– s. Elektronische Dokumente
Akteneinsichtsrechte **5** 4; **6** 76 ff.; **7** 109; **14** 117
Aktenherausgabe
– s. Sachverständigenbeweis
aktenkundiger Eindruck der Beweisaufnahme
– s. Unmittelbarkeit der Beweisaufnahme
Allgemeines Persönlichkeitsrecht **6** 2 ff., 39, 55; **7** 58 f., 99; **18** 19
– s. insbesondere Abstammungsuntersuchung, Beweisverwertungsverbote und Grundrechte
Amtliche Auskunft **3** 19, 29; **13** 37, 56 f.; **21** 1 ff.; **38** 3
– Befangenheitsablehnung des Sachbearbeiters **21** 13
– Entschädigung **21** 21
– s. auch Sachverständigenbeweis
Amtsbetrieb der Beweisaufnahme **14** 59, 91 ff.
– s. auch Beweisverfahren
Amtshaftung **15** 55
– s. insbesondere Sachverständigenbeweis
Amtsverschwiegenheit **36** 67 ff.; **43** 18
– Abgeordnete **36** 105
– Angestellte **36** 85 ff.
– Aussagegenehmigung **36** 108 ff.
– Beamte **36** 78 ff.
– Bedienstete der EU **36** 101
– Kirchenbedienstete **36** 95
– Regierungsmitglieder **36** 103 f.
– Rechtsquellen **36** 116 ff.
– Richter **36** 81 ff.
– Sonstige Personen **36** 96 ff.
– s. auch Zeugnisverweigerungsrecht

Änderung der Zeugen- oder Parteiqualität **20** 49 ff.
Anfangsbeweis
– s. Parteivernehmung
Anhörungsantrag
– s. Sachverständigenbeweis
Anknüpfungstatsache
– s. Sachverständigenbeweis
Anscheinsbeweis **16** 1 ff.
– Beweiswürdigung **16** 6
– Erfahrungssätze **15** 15; **16** 2, 26 ff.; **32** 12
– Erschüttern des Anscheins **16** 36 ff.; **23** 66 f.; **41** 19
– Kasuistik **16** 40 ff.
  – EC-Karte **16** 49
  – Einschreiben **16** 71
  – E-Mail **16** 74; **26** 55
  – Faxeingangsvermerk **16** 43
  – Faxsendeprotokoll **16** 72
  – Faxserververmerk **10** 140
  – Online-Banking **16** 49
  – Straßenverkehr **16** 55 ff.
  – Verkehrssicherungspflichten **16** 64 ff.
– mittels Personalausweises **23** 85 f.
– private elektronische Dokumente **23** 44, 46, 55 f., 76
– prozessrechtlicher Rechtscharakter **16** 15 ff.
– revisionsrechtliche Kontrolle **16** 19 ff.
– Sonderform des Indizienbeweises **3** 14; **16** 4
– Typizität **16** 22 ff.
– Verhältnis zum Indizienbeweis **16** 4
Anwaltsgebühren **8** 95; **19** 9 f.; **46** 70; **56** 32 f.; **57** 92
Anwaltsgeheimnis
– s. Zeugnisverweigerungsrecht
Anwaltshaftung **10** 64; **16** 43
Anwaltszwang **14** 98; **24** 91; **36** 53; **46** 37; **55** 34; **57** 34
Anwendungsbereich der ZPO **1** 1 f.
Anwesenheit des Prozessrichters bei Rechtshilfevernehmung
– s. Auslandsbeweisaufnahme, Teilnahme
Anwesenheitsrecht der Parteien
– s. Sachverständigenbeweis und Öffentlichkeitsgrundsatz, Parteiöffentlichkeit
Anwesenheitsvereitelung
– s. Beweisvereitelung und Sachverständigenbeweis
Apostille
– s. Urkundenbeweis
Arbeitsplatzüberwachung
– s. Beweisverwertungsverbote
Architektenhaftung **10** 27; **16** 41
– s. auch Beweislast
Arzneimittelhaftung
– s. Beweislast

Arzthaftung **8** 148; **10** 5, 29, 67 ff.; **13** 79; **15** 63 ff.; **16** 42; **32** 19, 26; **44** 11 ff., 64; **45** 9, 18; **48** 51
– s. auch Beweislast
Aufbewahrung des Beweisaufnahmeprotokolls
– s. Selbständiges Beweisverfahren
Aufklärungs- und Beratungsfehler
– s. Beweislast
Aufklärungspflicht **4** 11
– s. auch Beweislast
Aufnahme der Beweise
– s. Beweiserhebung
Augenscheinsbeweis
– Abgrenzung zum Personalbeweis **20** 8 ff.
– Abgrenzung zum Sachverständigenbeweis **20** 94
– Abgrenzung zum Urkundenbeweis **20** 15; **22** 10, 12, 31 ff., 42, 44; **30** 78
– Augenscheinseinnahme im Ausland **22** 71; **59** 46 ff.
– Augenscheinsgehilfe **22** 22 ff., 71, 79; **20** 9 f.
– Augenscheinsmittler **22** 22 ff., 25, 73, 78 ff.
  – Ablehnung der Person **22** 91
  – Vereidigung **22** 92
  – Vergütung **22** 96
– Augenscheinsobjekt **22** 4 ff.; **25** 107
– Augenscheinssurrogat **22** 19 ff., 33
– Augenscheinstatsache **22** 14
  – s. auch Beweissubstitution
– beauftragter/ersuchter Richter **22** 75 f.
– Beweis durch Sinneswahrnehmungen **22** 1 ff.; **20** 3 ff.
– Beweisantrag **22** 60 ff.
  – Substantiierung **22** 63
– Beweiswert **20** 6
– Gedankenerklärung **22** 10, 43
– informatorische Besichtigung **22** 2, 4, 17 f., 21
– körperliche Untersuchung **22** 87
– optische Speichermedien **22** 40, 46
– Ort der Beweisaufnahme **22** 9, 65
  – Öffentlichkeit **5** 16; **13** 60; **14** 170; **22** 18, 65
– Protokollierung **22** 70, 77
– Richterwechsel **22** 66 ff.
– technische Hilfsmittel der Wahrnehmung **22** 15
– Ton(band)aufnahmen **22** 13, 16, 26, 34 ff., 46
– Vernehmungssurrogate **22** 26
– Videoaufnahmen/Videoaugenschein **4** 35; **22** 13, 27 ff., 39, 45
  – s. auch Beweisverwertungsverbote
– Vorlage von Objekten **22** 52 ff.
  – elektronische Dokumente **22** 63

- vorterminliche Augenscheinseinnahme **13** 60
- zerstörungsfreie Untersuchung **7** 63

Ausforschung **1** 89; **24** 42; **29** 5, 58 f., 101; **32** 22 ff., 32; **52** 12; **54** 55, 76; **55** 30, 34
- s. auch Beweisermittlung

Auskunftsanspruch
- s. Informationsansprüche

Auslagenvorschuss
- Überziehungen des Auslagenvorschusses
  - s. Sachverständigenbeweis
- s. Kosten der Beweisaufnahme, Sachverständigenbeweis und Zeugenbeweis

Ausländische Souveränität
- s. Auslandsbeweisaufnahme

Ausländische Urkunde
- Auslandsbeweisaufnahme und Urkundenbeweis

Ausländische Zeugen
- s. Auslandsbeweisaufnahme und Zeugenbeweis

Ausländischer Konsul
- s. Auslandsbeweisaufnahme und Zeugenbeweis

Ausländischer Notar
- s. Urkundenbeweis

Ausländisches Recht
- s. Auslandsbeweisaufnahme

Ausländisches vorgezogenes Beweisverfahren
- s. selbständiges Beweisverfahren

Auslandsbeweisaufnahme
- Allgemeines Beweisrecht **59** 1 ff., 43, 83
- Arbeitnehmer **59** 82
- Apostille
  - s. Urkundenbeweis
- Augenscheinseinnahme im Ausland **22** 71; **59** 46 ff.
- Auskunft von Behörden **59** 45
- ausländische elektronische Signatur **23** 71 f., 97
- ausländische Souveränität **38** 4; **53** 16; **58** 1 ff., 20, **59** 54; **60** 12
- ausländische Testperson **59** 47
- ausländische Urkunde **25** 28 ff., 64; **26** 33, 49, 50 ff.; **30** 82 f.; **59** 80
- ausländische Zeugen **7** 83; **8** 24; **12** 41; **33** 41; **39** 24; **59** 39 f., 82 f.
- ausländisches Beweisrecht **53** 2 ff., 32 f.
- ausländischer Konsul **33** 42; **59** 28, 64 ff.
- ausländischer Sachverständiger **53** 20 f.; **59** 53, 57
- ausländisches Recht, Ermittlung **2** 13; **3** 30
- Auslandsbelegenheit des Beweismittels **29** 115; **30** 23; **58** 31 ff.; **59** 80
- Auslandsladung von Zeugen und Sachverständigen **12** 41; **33** 44, 46 ff.; **59** 22, 57
- Aussageverweigerung **59** 66; **60** 4
- Beweisbeschaffung im Ausland **53** 15; **59** 78 ff.
- Beweisbeschluss **13** 16
- Beweiserhebung durch Beauftragte **58** 40; **59** 71; **60** 8, 29 ff.
- Beweismittelbeschaffung für das Inland **58** 35; **59** 78 ff.
- Beweiszuständigkeit **53** 35; **59** 79
- Bundesamt für Justiz **58** 29
- Commissioner **58** 40; **59** 71; **60** 8, 29
- Discovery-Verfahren **1** 22; **7** 39; **52** 11; **53** 12; **60** 13, 24 ff.
  - eDiscovery **53** 12; **59** 80
  - englische disclosure **52** 11; **53** 14; **60** 6
- Dokumententransfer zum Prozessgericht **59** 80
- EuGVO **25** 44; **27** 112, 121; **30** 83; **52** 43; **53** 26 ff., 39 ff.; **56** 16; **58** 74, 77
- Europäische BeweisaufnahmeVO (EuBVO) **22** 28; **39** 24; **40** 14; **53** 23, 29; **58** 11 ff., 28, 55, 60, 70 f., 77 f.; **59** 1 ff., 31, 55, 59, 72 ff., 78
- Europäisches Justizielles Netz **58** 29
- exterritoriale Personen **59** 28
- fehlerhafte Beweisaufnahme des ausländischen Richters **5** 34; **58** 65 ff.; **59** 7, 41 f.
- freies Geleit **59** 27
- fremdsprachiges Wortprotokoll **60** 7
- Genehmigung ausländischer Beweisaufnahmeersuchen **60** 14 ff., 30
- Geschäftsgeheimnisse **60** 19, 32
- grenzüberschreitende Beweisermittlung **58** 69 ff.; **60** 24 ff.
- Haager Beweisaufnahmeübereinkommen (HBÜ) **39** 24; **53** 16, 22, 26; **58** 8, 56, 78; **59** 4, 56, 60 ff.; **60** 10 ff., 32 ff.
- Immunität **59** 28
- inländisches Beweisverfahren mit Auslandsbezug **37** 55; **60** 1 ff., 10 ff.
- internationale Rechtshilfe **33** 45; **37** 55; **53** 18; **58** 7, 25, 37, 41 ff., 51 ff.; **60** 1 ff., 10 ff.
- KonsularG **22** 72; **58** 30; **59** 68
- Konsularische Beweisaufnahme **22** 72; **33** 43; **58** 36; **59** 58 ff., 69
- Konsularische Vertretungen **7** 86
- Kosten **60** 9, 23
- Kreuzverhör **60** 7, 17
- Legalisation von Urkunden **25** 64; **27** 117 ff.
- Londoner Rechtsauskunftsübereinkommen **2** 13
- Meistbegünstigungsprinzip **58** 21; **59** 8, 30
- Methoden der Beweisaufnahme im Ausland **58** 59 ff.; **59** 13 f., 68 f.; **60** 7 f.
- Mitwirkung der Parteien **53** 24; **58** 59, 62 ff.; **59** 18, 37 f., 48, 84 f.; **60** 38
- ordre public **60** 12, 28, 36

- Parteianhörung **58** 32; **59** 44, 81
- Parteiöffentlichkeit **5** 34
  - s. auch Öffentlichkeit
- Pre-trial-discovery
  - s. Discoveryverfahren
- punitive damages **60** 34 f.
- Recht auf Auslandsbeweisaufnahme **58** 24
  - s. auch Recht auf Beweis
- rechtliche Kooperation mit ausländischem Gericht
- Rechtsgutachten **20** 96 f.
- richterliche Unabhängigkeit **58** 4 f.
- Sachverständigenbeweis **53** 19 ff.; **59** 50 ff.
  - Sachverständige im Ausland **59** 50, 57
- Selbständiges Beweisverfahren **58** 33, 46
- Teilnahme des Prozessrichters **59** 9 ff.
- Territoriale Grenzen inländischer Beweisaufnahme **58** 27
- Unerreichbarkeit von Zeugen **12** 41
- Unmittelbare grenzüberschreitende Beweiserhebung **58** 39, 47 ff., 60; **59** 68, 70, 73
- Videoaugenschein, Videoaussage, Videokonferenzvernehmung **22** 28; **58** 28; **59** 13, 35 f., 49, 57, 73
- Völkerrecht **53** 16; **58** 1; **59** 25, 79, 86; **60** 3
- Vollstreckungshilfe **24** 124; **58** 44
- Wiener Konsularrechtsübereinkommen **7** 86
- Zeugenbeweis **58** 62; **59** 1 ff., 19 ff., 82 f.
  - Ordnungsmittel **8** 14
- ZRHO **58** 19, 38 52 f.; **59** 59
- Zustellung **58** 45; **59** 25
- Zwangsmaßnahmen **59** 15 ff., 23 f., 26, 74, 84; **60** 21 f.
- s. auch lex fori

Auslandsladung
- s. Auslandsbeweisaufnahme und Zeugenbeweis

Auslandsurkunde
- s. Auslandbeweis und Urkundenbeweis

aussageerleichternde Unterlagen
- s. Zeugenbeweis

Aussagepflichten Weisungsberechtigter
- s. Zeugnisverweigerungsrecht

Aussageverweigerung
- s. Zeugnisverweigerungsrecht

Ausschluss eines Beteiligten
- s. Öffentlichkeitsgrundsatz und Geheimverfahren

Ausschluss von Beweismitteln **7** 20; **14** 1 ff., 67 f.
- Rechtsmittelkontrolle **14** 55 ff.
- mitwirkender richterlicher Fehler **14** 53

Auswahl des Sachverständigen
- s. Sachverständigenbeweis

Auswahlgutachter
- s. Sachverständigenbeweis

Bagatellverfahren **1** 82; **3** 35; **5** 7; **44** 7; **46** 6
Bankgeheimnis
- s. Zeugnisverweigerungsrecht
Baumangel **16** 50 ff.
- s. insbesondere Sachverständigenbeweis
BDSG
- s. Beweisverwertungsverbote
Beanstandung von Fragen
- s. Sachverständigenbeweis und Zeugenbeweis
beauftragter Richter **4** 40 f., 44, 47, 60 ff.; **8** 42; **13** 12, 16, 55, 74, 123; **14** 92, 97 ff.; **22** 75; **37** 47 ff.; **39** 20, 140 ff.; **45** 48 f.
Beeidigung des Sachverständigen
- s. Sachverständigenbeweis
Beeidigung von Zeugen
- s. Zeugenbeweis
Befragung des Sachverständigen
- s. Sachverständigenbeweis
Befragung des Zeugen
- s. Zeugenbeweis
Befreiung von der Schweigepflicht
- s. Beweisvereitelung und Zeugnisverweigerungsrecht
Befundsicherungspflichten **7** 31 f.; **15** 63
- auch Beweislast und Beweisvereitelung
Befundtatsache
- s. Sachverständigenbeweis
begründungslose Aussageverweigerung
- s. Zeugnisverweigerungsrecht
Behörde
- s. Urkundenbeweis
Behördengutachten
- s. Sachverständigenbeweis
behördliche Erklärung
- s. Urkundenbeweis
Beibringungsgrundsatz **47** 29
- auch Verhandlungsmaxime
Beifahrerrechtsprechung
- s. Beweiswürdigung
Beiziehung von Akten **3** 20; **13** 3
- auch Urkundenbeweis
Beratungsgeheimnis des Gerichts **36** 82 ff.
berufliche Schweigepflicht
- s. Zeugnisverweigerungsrecht
berufliche Vertrauensbeziehung
- s. Beweiserhebungsverbote und Zeugnisverweigerungsrecht
Berufsbezeichnung „Sachverständiger"
- s. Sachverständigenbeweis
Berufsgeheimnisträger
- s. Zeugnisverweigerungsrecht
Berufshelfer
- s. Zeugnisverweigerungsrecht
Berufspflichtverletzung
Berufung
- s. Rechtsmittelkontrolle

Beschwerdeberechtigung
– s. Rechtsmittelkontrolle
Besichtigung einer Sache
– s. Besichtigungsanspruch und Sachverständigenbeweis
Besichtigungsanspruch (u.a. §§ 809 f. BGB) **7** 29, 38, 63; **21** 24; **22** 84; **29** 48 ff., 61 ff.; **30** 53; **42** 22; **44** 69; **47** 13; **52** 8; **54** 17
– Ort und Zeit **29** 60
Besorgnis der Befangenheit
– s. Sachverständigenbeweis
Besorgnis des Beweismittelverlustes
– s. Selbständiges Beweisverfahren
Bestimmung der Parteistellung
– s. Zeugenbeweis
Beteiligtenöffentlichkeit
– s. Öffentlichkeitsgrundsatz
Beugefunktion der Ordnungsmittel
– s. Zwang in der Beweisaufnahme
Beurkundungsverfahren
– s. Urkundenbeweis
Beweis des Gegenteils
– s Gegenteilsbeweis
Beweisanordnung
– s. Beweisbeschluss
Beweisantizipation **1** 69, 89; **3** 12; **12** 37; **44** 57
Beweisantrag/Beweisantritt **1** 88; **12** 7 ff., 17 ff., 22 ff.; **45** 1 ff., 5 ff.
– § 244 StPO **12** 28, 42
– Ablehnungsgründe **12** 9 f.
– Berufungsinstanz **12** 21
– Rücknahme **12** 25 ff.
– Übergehen von Anträgen **1** 88 f.
– ungeeignetes Beweismittel **12** 37 ff.
– unzulässiges Beweismittel **12** 44
– Wahrunterstellung **12** 42
– Zurückweisung **12** 28 ff.; **14** 2
– s. auch Indizienbeweis und einzelne Beweismittel
Beweisaufnahme im Ausland
– s. Auslandsbeweisaufnahme
Beweisaufnahme nach Aktenlage **14** 73
Beweisaufnahme von Amts wegen **4** 20; **12** 7 17 f.
– s. auch Beweisantrag
Beweisaufnahmehindernisse **12** 40 f.; **14** 1 ff., 163
– Fristsetzungsverfahren **14** 47 ff.
Beweisaufnahmetermine, fortgesetzte **14** 91 ff., 165
Beweisbedürftigkeit **2** 21 ff.; **12** 31; **22** 49 f.; **32** 34; **37** 28 f.
Beweisbeschaffung im Ausland
– s. Auslandsbeweisaufnahme
Beweisbeschluss **13** 1 ff.
– Änderung **4** 87; **13** 13, 44, 88 ff.; **20** 66
– Beweisanordnung **12** 10; **13** 86; **24** 99 f.; **32** 38; **38** 14 f.; **41** 27
– Anfechtbarkeit **13** 6, 64, 127 f., 129 ff.; **24** 99 f.
– bedingter Beschluss **13** 13
– Bezeichnung der beweisführenden Partei **13** 83 f.
– förmlicher Beweisbeschluss **4** 88; **13** 9 ff., 15 ff.; **20** 64 ff.; **29** 119; **30** 57
  – Rechtsschutz bei Nichterlass **13** 22 f.
  – Verkündung **13** 26 ff.
– Funktionen **13** 66
– Inhalt des Beschlusses **4** 89; **13** 39 f., 65 ff.
– prozessleitende Anordnung **13** 4 ff., 130
– Selbstbindung des Gerichts **13** 12
– vorgezogene Beweisanordnung (§ 358a ZPO) **13** 18, 30 ff., 39 ff.; **24** 79
  – Bekanntgabe **13** 51
  – Verhältnis zu § 273 II ZPO **13** 35 ff.
  – vorterminliche Ausführung **13** 52 ff.
– Zuständigkeit **13** 36, 46 ff.
Beweisbindung des Zivilrichters an Strafurteile **18** 22 ff.
Beweiserheblichkeit **1** 87; **2** 21; **12** 1; **13** 1, 69
Beweiserhebung gegen Unbekannt
– s. Selbständiges Beweisverfahren
Beweiserhebung ohne Parteimitwirkung **5** 14 ff.; **14** 59 ff., 174
– Ergänzung/Wiederholung der Beweisaufnahme **14** 74 ff.
– Rechtsbehelfe **14** 89 f.
– Beweiserhebungsinitiative
  – s. Beweisantrag
Beweiserhebungsverbot
– s. Beweisverwertungsverbote
Beweisermittlung **23** 21
– Beweisermittlungsrecht **7** 36; **32** 22
– im Strafprozess **52** 17
– zum Schutz Geistigen Eigentums **7** 36; **53** 3, 4, 10, 35
– s. auch Ausforschung
Beweisführungslast
– s. Beweislast
Beweiskraft
– absolute Beweiskraft **24** 28; **49** 5
– ausländische Urkunden **25** 29
– Beschränkungen der Beweiskraft **26** 45 ff.
– Beweiskraft des gerichtlichen Protokolls **15** 32; **25** 92 ff.; **26** 11, 30; **27** 22
– Beweiskraft des Urteilstatbestandes **15** 32; **25** 100 ff.; **26** 12
– elektronische Dokumente **23** 35 ff.
  – Widerlegung der Beweiskraft **23** 66
– Folgen von Urkundenmängeln **27** 7 ff.
– formelle (äußere) Beweiskraft **15** 32; **20** 12; **25** 17; **26** 6 ff. 24 ff.; **27** 1; **28** 41; **40** 24
  – Widerlegung **26** 16 ff. (§ 415), 27 ff. (§ 417), 34 ff. (§ 418), 57, 78 (§ 416)

- gesetzliche Vermutungen **15** 33; **26** 22
  - s. auch Beweislast, Vermutung
- materielle Beweiskraft **23** 43; **25** 17, 130; **26** 6, 14 f., 53 ff., 67 ff.
- negative Beweiskraft **25** 94
- öffentliche Urkunden **26** 1 ff.
  - ausländische öff. Urkunden **27** 116
- subjektive Bewertungen **25** 90
- Verhältnis zu materiell-rechtlichen Zurechnungsnormen **26** 59, 64

Beweislast
- AGG **10** 95 ff.
- Angreiferprinzip **9** 32 ff., 80 f.
- Anscheinsbeweis **16** 39
- Anwaltshaftung **10** 64 f.
- Architektenhaftung **10** 27
- Arzneimittelhaftung **10** 81
- Arzthaftung **10** 5, 29, 67 ff.
- Aufklärungs- und Beratungsfehler **10** 24 ff., 29, 122 ff.
- Aufklärungspflicht **10** 64, 73, 88, 127
- Auslegung der Tatbestände **9** 36, 45 ff.
  - Negativformulierungen **9** 57 f.
  - wertende Ermittlung **9** 62 ff.
- Befunderhebungsfehler **10** 71
- Befundsicherungspflicht **8** 144, 149; **10** 20 ff.
- Beifahrerrechtsprechung
  - s. Beweiswürdigung
- Beweisführungslast **9** 22 ff., 108; **16** 11
- Beweislastumkehr **9** 107 ff.; **10** 1 ff.; **11** 39; **16** 9 f.
  - verkehrswidriger Zustand **10** 6
- Beweislastverteilung **1** 109; **9** 45 ff.; **10** 7 ff.; **27** 32; **33** 12 f.; **40** 3
  - und Verfassung **1** 98
- Beweislastvertrag **9** 111 ff.; **15** 57
- Beweislosigkeit (non liquet) **1** 100; **9** 1 ff., 13; **12** 16; **49** 17
- Beweismittelvertrag **15** 57
- Beweisnähe **9** 84
- Beweisnot **9** 86
- Billigkeit **9** 103
- Dokumentationspflichten **10** 20 ff., 74; **11** 40 ff.
- Fahrzeugkaskoversicherung **15** 61
- Gefahrenbereichslehre **9** 88 ff., 105
- Gefahrerhöhung **9** 102
- Gegenteilsbeweis **3** 5
- generell-abstrakte Festlegung **1** 101; **9** 15
- Gesellschaftsrecht **10** 109 ff.
  - Einzahlung der GmbH-Stammeinlage **10** 110
- gesetzliche Beweislastregeln **9** 38; **15** 31 f.
- gesetzliche Vermutungen **9** 44; **15** 33; **41** 19
- grobe Pflichtverletzung **9** 104
- Insolvenzrecht **10** 113 ff.
- Internet **10** 138
- Kapitalanlagenrecht **10** 32 ff., 120 ff.
- Kapitalmarktrecht **10** 32 ff., 120 ff.
- Kartellrecht **10** 105 f.
- Kasuistik **10** 35 ff.
  - BGB AT **10** 35 ff.
  - Schuldverträge **10** 49 ff.
  - Haftungsrecht **10** 64 ff.
- Negativbeweis **9** 94 f.
- Normtheorie **9** 8
- ökonomische Kriterien **9** 106
- Parteistellung **9** 98 f.
- Parteiverhaltenssteuerung **9** 30
- Produzentenhaftung **10** 28, 80 f.
- Prozeduralisierte Qualitätskontrolle **10** 20 ff.
- räumlich-gegenständlicher Bereich (Verkehrssicherungspflichten) **9** 105
- Rechtsfortbildung **9** 76, 109
- Rechtsnatur der Beweislastnormen **9** 5 ff.
- Sachgründe der Beweislastverteilung **9** 77 ff.
- Schweigepflichtentbindung **36** 55; **37** 32
- Sphärengedanke **9** 85
- Status-quo-Schutz **9** 80 f.
- Streupflicht **16** 65
- Umwelthaftung **10** 82
- unterbliebene Dokumentation **11** 41
- UWG **10** 101 ff.
- verhaltensbezogene vertragliche Pflichtverletzung (§ 280 I 2 BGB) **10** 7 ff.
- Verkehrspflichtverletzung **10** 2, 84
- Verkehrsschutz **9** 101
- verkehrswidriger Zustand **10** 6
- Vermutungen **9** 40 ff.; **23** 44; **26** 22; **27** 54, 108
- Wahrscheinlichkeitserwägungen **9** 82 ff.

Beweislastumkehr
- s. Beweislast

Beweislastverteilung
- s. Beweislast

Beweislastvertrag
- s. Beweislast

Beweislosigkeit
- s. Beweislast

Beweismaß **9** 20; **15** 42 ff.
- Beweismaßherabsetzung **16** 12 ff.; **17** 1 ff., 27 ff.
  - s. auch Erleichterung der Tatsachenfeststellung

Beweismittelvernichtung
- s. Beweisvereitelung

Beweisnot
- s. Beweislast, Beweisvereitelung, Beweisverwertungsverbote und Parteivernehmung

Beweisprotokoll **39** 88 f.; **41** 29
- s. auch selbständiges Beweisverfahren und Protokoll

Beweissicherung/Beweiskonservierung
- Anwaltspflichten **52** 51

- s. selbständiges Beweisverfahren
Beweisstation **12** 5 ff.
Beweissubstitution **18** 3 f.; **21** 5
- s. auch Augenscheinsbeweis und Unmittelbarkeit der Beweisaufnahme
Beweisthema **12** 22; **13** 69 ff.
- s. auch Zeugenbeweis
Beweisvereitelung **8** 130 ff.
- Abstammungsuntersuchung **24** 114 ff., 123
- Anwesenheitsvereitelung **5** 17 ff., 40 ff.; **14** 70
- Befreiung von der Schweigepflicht **8** 147
- Beweislastumkehr **8** 152; **9** 84
- Beweismittelvernichtung **8** 143, 148
- Beweisnot **8** 140
- Beweiswürdigung **8** 139
- dogmatische Grundlagen **7** 18, 33 f., 141
- Herbeiführung von Beweisaufnahmehindernissen **14** 31
- lückenhafte gesetzliche Regelung **8** 130, 138
- Mikroverfilmung **8** 142
- Nichtvorlage von Augenscheinsobjekten **22** 56
- Nichtvorlage von Urkunden **8** 134; **29** 74, 127, 130 ff., 142
- im selbständigen Beweisverfahren **56** 22
- Rechtsfolgen **8** 150 ff.
- unterbliebene Dokumentation **8** 144, 149; **11** 41
- Vereitelung der Schriftvergleichung (Urkundenechtheit) **27** 74, 79
- Vereitelung des Augenscheinsbeweises **7** 19
- Vereitelung des Sachverständigenbeweises **7** 19; **8** 146; **54** 25, 65 ff.
- Vereitelung des Zeugenbeweises **8** 146 f.; **32** 19
- Verschulden **8** 135 ff., 145, 154
- Vorenthaltung von Beweismitteln **15** 10
Beweisverfahren **2** 1; **12** 1 ff.; **15** 16; **17** 76 ff.
- s. auch Amtsbetrieb, Beweisaufnahme von Amts wegen und Beweisaufnahmetermine, fortgesetzte
Beweisverhandlung **1** 96; **14** 148 ff.
Beweisverträge **8** 143; **9** 111 ff., **15** 57; **16** 18
Beweisverwertungsverbote **6** 1 ff.; **12** 44; **15** 56
- akustische Wohnraumüberwachung **6** 3
- Allgemeines Persönlichkeitsrecht **6** 2 ff., 39, 55, 65
- Arbeitsplatzüberwachung **6** 59 ff.
- BDSG **6** 59 ff.
- Beweisnot **6** 35, 39
- beweissicherndes Fotografieren **6** 52
- Beweisverwertung bei notwehrähnlicher Lage **6** 35 ff., 39
- effektiver Rechtsschutz **6** 16
- Fernmeldegeheimnis **6** 66, 69

- Fernwirkungsverbot **6** 30
- Film- und Videoaufnahmen **6** 56 ff.
  - Autokamera **6** 58
- Fotos von Sachen **6** 54 f.
- fragwürdiger Beweiswert **6** 27
- Güterabwägung **6** 31 ff.
- heimliche Tonaufnahmen **6** 32, 38 ff.
- Hörfalle **6** 2
- im Strafprozess **6** 10 ff.
- Internet, Verkehrsdaten **6** 67
- Lauschzeuge **6** 42 ff., 65
- Lügendetektor **6** 71; **12** 39
- Mithörenlassen **6** 42 ff., 65
- Nachbarschaftsstreitigkeiten, Grundstücksüberwachung **6** 59, 64
- Personenfoto **6** 45 ff.
- Polygraphische Gutachten **6** 71; **12** 39
- Prozessbetrug, Anfangsbeweis **6** 37
- prozessuale Sanktionsverstärkung **6** 26
- Recht am eigenen Bild **6** 47 f., 55
- Recht am gesprochenen oder geschriebenen Wort **6** 6, 65
- rechtswidrige Beweisbeschaffung **6** 7 f., 17 ff., 24; **28** 49
- Sachvortragsbeschränkungs- und -verwertungsverbot **6** 29 ff.
- Schriftvergleichung (Urkundenechtheit) **27** 86
- Selbstbelastung **6** 73
- Spyware **6** 69
- Stasiunterlagen **6** 70
- Tagebuchaufzeichnungen **6** 68
- Telefonüberwachung **6** 74
- Unverletzlichkeit der Wohnung **6** 3
- verdeckte Observierung **6** 5
- Vernehmungsverbotsverstoß **31** 63; **34** 98 ff.
- Vertraulichkeit informationstechnischer Systeme **6** 3, 67
- Verwendungsbeschränkungen/-verbote **6** 12, 72 ff.; **7** 59
- Videoüberwachung **6** 59 ff.
- vorprozessuale Verwertungshandlungen **6** 21 f., 24
- Zeugenbelehrung, fehlende **31** 64 ff.
Beweiswert **31** 57, 62
- Beweiswert ärztlicher Bescheinigungen **15** 36
- s. auch Urkundenbeweis
Beweiswürdigung **1** 41, 92; **4** 1 f.; **12** 6, 32, 34
- abweichende Würdigung des Berufungsgerichts **4** 50 ff.; **22** 66
- Begründungspflicht **15** 29 f.
- Beifahrerrechtsprechung **15** 38; **31** 75
- Beweismaß **15** 42
- Beweisregeln **15** 31 ff.; **31** 73 f.; **40** 24
- freie Beweiswürdigung (§ 286 ZPO) **15** 1 ff.; **18** 29; **23** 70, 72; **24** 29; **27** 6 ff., 88, 93, 99

1257

- und Anscheinsbeweis **16** 6
- Kasuistik zu wiederkehrenden Beweislagen **15** 38 ff.
  - Anscheinsbeweis s. dort
  - ärztliche Aufklärung **15** 64
  - ärztliche Dokumentation **15** 63
  - testamentarische Verfügungen **15** 66
  - Versicherungsfälle **15** 59 ff.
- Kontrolle durch Rechtsmittelgericht **15** 51 ff.
- richterliche Überzeugungsbildung **2** 1; **15** 11 f., 37 ff.; **36** 36; **49** 1 ff.
  - Grenzen **15** 46 ff.
  - Vollbeweis **36** 36
- Verhandlungswürdigung **15** 4 ff.
- vorweggenommene Beweiswürdigung **1** 89; **15** 8
- widersprüchliches Vorbringen **12** 36

Bezeugende Urkunde
- s. Urkundenbeweis

Bindungen des Berufungsgerichts **1** 90; **4** 50, 54; **48** 49

Blankettmissbrauch
- s. Urkundenbeweis

Blankounterschrift
- s. Urkundenbeweis

Blutentnahme
- s. Abstammungsuntersuchung

Bundesnetzagentur

Chancengleichheit, prozessuale
- s. Waffengleichheit

Darlegungslast
- bei Beweisvereitelung **8** 134
- Bestreiten **11** 19, 24, 26
  - Bestreiten mit Nichtwissen **11** 19
  - substantiiertes Bestreiten **9** 22 ff.; **11** 20, 22 ff.
- eigenständige Funktion gegenüber Beweislast **11** 31 ff.
- konkrete Darlegungslast **11** 9 ff.
- Quelle des Zeugenwissens **32** 29 ff.
- sekundäre Darlegungslast **7** 68; **9** 94 f.; **10** 30, 102; **11** 22 ff., 37 ff.; **32** 19
  - eigene Informationsbeschaffung **11** 25
- Substantiierungsanforderungen **11** 9 ff., 15 ff., 21; **32** 22 f.
- Substantiierungslast **11** 9 ff.
- Verteilung der Darlegungslast **10** 7; **11** 29

Datenschutz **6** 12, 59 ff.; **47** 84

Delegation der Beweisaufnahme
- s. Unmittelbarkeit der Beweisaufnahme

DE-Mail-Dienst
- s. Elektronische Dokumente

Demoskopisches Gutachten
- s. Sachverständigenbeweis

Denk-, Natur- und Erfahrungsgesetze **15** 49; **16** 21

- s. auch Beweismaß und Rechtsmittelkontrolle

Discovery-Verfahren
- s. Auslandsbeweisaufnahme und selbständiges Beweisverfahren

DNA-Analyse
- s. Abstammungsuntersuchung

Dokumentationspflichten **10** 21, 23; **11** 40 ff.; **15** 63 f.

Dokumententransfer zum Prozessgericht
- s. Auslandsbeweisaufnahme

Dolmetscher **21** 22; **32** 20; **33** 6; **51** 14

Duldung von Besichtigungen **7** 37; **43** 22

Durchsuchung von Geschäftsräumen oder Wohnungen
- s. Art. 13 GG und Beweisverwertungsverbote

Echtheit der Unterschrift
- s. Urkundenbeweis

Echtheitsbeweis
- Beweisergebnis **27** 49 ff.
- Echtheit der Unterschrift **27** 34 ff., 40, 43, 49
- Echtheit elektronischer Dokumente **23** 26 ff., 44 ff., 73 f.; **27** 42
  - Erschütterung des Anscheins **23** 66 f.
- Echtheit von Urkunden **26** 63; **27** 2, 8
- Echtheitsfeststellung **27** 109
- Echtheitsprüfung **26** 63, 80
  - Parteivortrag **27** 27 ff., 33, 40 f., 44, 52
- Echtheitsvermutung **23** 66, 74; **27** 27 ff., 52 ff., 72, 103 ff.
- Echtheitszweifel **27** 106 f.
- Gegenteilsbeweis **26** 80, 81
- öffentliche Urkunden **27** 100
  - ausländische öff. Urkunden **27** 110 ff., 113 ff.
- Schriftvergleichung **27** 51, 60 ff.
  - Echtheit der Vergleichsschrift **27** 70 ff.
  - Vergleichstextbeschaffung **27** 73
- Verhältnis zur materiell-rechtlichen Zurechnung **26** 64, 82; **27** 47
- s. auch Urkundenbeweis

EC-Karte
- s. Anscheinsbeweis

Editionspflicht
- Edition elektronischer Dokumente **23** 21
- Edition von Urkunden
  - Editionsverfahren **25** 25; **27** 5 f.; **28** 5 f.; **29** 24 ff., 91 ff.
  - Verfahren gegen Dritte **30** 1 ff., 16 ff., 73 ff.

effektiver Rechtsschutz **1** 35, 48, 58 ff., 74, 85, 99; **2** 21; **4** 32; **7** 70, 77; **13** 1 f.; **52** 13

Effektivität des Unionsrechts **1** 105 ff.

E-Government-Gesetz
- s. elektronische Dokumente

Stichwortverzeichnis

Eid
- Abnahme des Eides **39** 59 ff.; **48** 8 ff.; **51** 17 ff.
- Eidesfähigkeit **39** 64
- Eidesformel **39** 61; **48** 1; **51** 24 ff.
- Eidesgleiche Bekräftigung **51** 3
- Eidesmündigkeit **39** 65
- Eidesstattliche Versicherung **3** 8, 21; **13** 19; **17** 92 ff.; **26** 40; **39** 25, 81 f.; **51** 5 ff.
  - s. auch Glaubhaftmachung
- Eidesverweigerung **8** 66; **39** 56; **41** 36; **51** 11
- Eideszwang **39** 56; **51** 8 ff.
- Funktion des Eides **51** 1 f.
- s. auch Parteivernehmung, Sachverständigenbeweis und Zeugenbeweis

Eidesstattliche Versicherung
- s. Glaubhaftmachung

eigene richterliche Sachkunde
- s. Sachverständigenbeweis

Eilrechtsschutz
- s. Einstweiliges Verfügungsverfahren

Eingangsstempel
- s. Urkundenbeweis

Einheitliches Patentgericht
- s. EPGÜ

Einholung der Aussagegenehmigung
- s. Amtsverschwiegenheit

Einstweiliges Verfügungsverfahren **1** 58 ff.
- s. auch Glaubhaftmachung

Einzahlung der GmbH-Stammeinlage
- s. Beweislast

Einzelrichter **4** 33, 60, 62

Einzelvernehmung
- s. Zeugenbeweis

elektronische Aufzeichnung **25** 107

elektronische Dokumente **22** 32, 41; **23** 1 ff.; **25** 5, 12; **27** 42
- Abschriftsbeglaubigung **23** 41
- akkreditierte Signatur **23** 9, 15, 58
- Aktenführung **22** 47; **23** 32
- Archivierung **22** 38; **23** 62
- ausländische elektronische Signatur **23** 97; **25** 65
- Beweisantritt **23** 21
- Beweiswert **23** 5, 20 ff.
- DE-Mail-Dienst **23** 88 ff.; **25** 6
- Echtheitsbeweis s. dort
- E-Government-Gesetz **23** 88
- elektronische Signatur **23** 12, 49; **25** 6 f.
  - ausländische Signatur **23** 71 f.
- elektronische Zustellung **25** 122
- elektronischer Geschäftsverkehr **23** 6; **25** 13
- elektronisches Anwaltspostfach **23** 96
- elektronisches Empfangsbekenntnis **25** 13
- E-Postbrief **23** 92
- fortgeschrittene elektronische Signatur **23** 13 ff.
- gerichtliche elektronische Dokumente **23** 37, 78, 82
- gesetzliche Entwicklung der Rechtsgrundlagen **23** 1 ff., 75, 95
- gescannte öffentliche Urkunde **23** 30, 79
- gescanntes Papierdokument **23** 30 ff., 79
- Hashwert **23** 52, 61
- maschinenlesbarer Personalausweis **23** 84 ff., 93
- notarielle Vermerkurkunden **23** 40
- öffentliche elektronische Dokumente **23** 34 ff., 73 f., 77 f., 80, 22
  - formelle Beweisregeln **23** 35
- Papierausdruck **22** 40
- private elektronische Dokumente **23** 23
- Public Key Kryptoverfahren **23** 51
- qualifizierte elektronische Signatur **23** 14, 57
- Sicherheitsinfrastruktur **23** 7 ff.
- Signaturerstellungseinheit **23** 27, 60, 63
- Signaturerzeugung **23** 60
- Signaturgesetz **22** 41; **23** 8 ff., 12 ff., 55, 65
- Signaturprüfschlüssel **23** 14, 54
- Signiermedium **23** 29
- Smartcard **23** 52, 68
- Speichermedien **23** 51 ff.
- technische Sicherheitsvermutung **23** 7 ff.
- Transformation elektronischer Dokumente in Papierdokumente **23** 75 ff.
- Trust-Center **23** 14
- Übersignierung **23** 62
- Verweisung auf Urkundenbeweisrecht **23** 20 ff.
- Vorlage elektronischer Dokumente **22** 63
  - Vorlageanspruch **23** 21
- Zertifizierungsdienstanbieter **23** 16 ff., 54, 64
- s. auch Augenscheinsbeweis

elektronisches Anwaltspostfach
- s. elektronische Dokumente

elektronische Zustellung
- s. elektronische Dokumente

elektronischer Geschäftsverkehr
- s. elektronische Dokumente

E-Mail **26** 55

Empfangsbekenntnis
- s. Urkundenbeweis

EMRK **1** 39 ff., 45; **9** 78; **34** 19; **40** 33, **51** 4

Entbindung von der Schweigepflicht **36** 40 ff.
- Befreiungsbefugnis **36** 46
- Entbindung nach dem Tode **34** 74; **36** 57 ff.
- Nichtentbindung eines Zeugen
  - s. Beweisvereitelung
- Rechtsnatur der Entbindungserklärung **36** 45, 52 f.

1259

entgangener Gewinn
- s. Erleichterung der Tatsachenfeststellung
Entscheidung nach Lage der Akten **14** 164, 167, 175, 178; **39** 129
Entschuldigung des Zeugen
- s. Zeugenbeweis
EPGÜ **1** 4 ff.; **40** 41
EPGÜVerfO **1** 9 ff., 49; **6** 84; **20** 19
E-Postbrief
- s. elektronische Dokumente
Erfahrungssätze **2** 10, 15 ff.; **3** 31; **15** 15, 37; **16** 26 ff.; **24** 28; **26** 66; **27** 58, 111; **44** 46 ff.
- s. auch Anscheinsbeweis und Denk-, Natur- und Erfahrungsgesetze
Erfahrungswissen **15** 18, 23 ff.; **23** 45
Erinnerung **8** 78; **14** 105, 118, 146; **39** 144; **45** 50; **46** 64
Erkenntnisse aus anderen Verfahren **15** 26 ff.; **18** 1 ff.
- s. auch Sachverständigenbeweis
Erkenntnisstand von Wissenschaft und Technik
- s. Sachverständigenbeweis
Erleichterung der Tatsachenfeststellung (§ 287 ZPO) **17** 1 ff.
- Abgrenzung Haftungsgrund-Haftungsfolge **17** 39 ff.
- Berufungskontrolle **17** 16
- Beweisverfahren **17** 76 ff.
- entgangener Gewinn **17** 9, 60 ff.
- Erwerbsschaden **17** 65 f.
- Gegenstand der Schätzung **17** 53 ff.
- Hilfsmethoden der Schadensermittlung **17** 25, 62
- Nutzungsausfall **17** 55 ff.
- primärer Vermögensschaden **17** 35
- Parteivernehmung **17** 83
- Proportionalhaftung **17** 39
- Revisionskontrolle **17** 17 f.
- Sachverständigengutachten **17** 81
- Schadenshöhe **17** 49 ff.
- Schadensschätzung **17** 5, 24 ff.; **41** 8; **44** 8 f.; **47** 15
- Teilurteil zum Haftungsgrund **17** 20 ff.
- Versäumnisurteil **17** 19
Ermessensentscheidung
Ermittlung ausländischen Rechts
- s. Auslandsbeweisaufnahme
Ermittlung von Amts wegen
Ersatzordnungshaft
- s. Zwang in der Beweisaufnahme
Ersatzzustellung
Erscheinens- und Aussagepflicht des Zeugen
- s. Zeugenbeweis
ersuchter Richter **4** 41, 43, 47, 63, 81 ff.; **8** 42; **13** 12, 16, 55, 73 f., 81, 123; **14** 92, 108 ff.; **22** 75; **37** 47 ff.; **39** 17, 28 ff., 140 ff.; **45** 48 f.

- Weiterübertragung **14** 121 ff.
Erzwingung der Urkundenvorlage
- s. Zwang in der Beweisaufnahme und Urkundenbeweis
Erzwingung medizinischer Untersuchungen
- s. Abstammungsuntersuchung und Zwang in der Beweisaufnahme
EuBVO
- s. Auslandsbeweisaufnahme
EuErbVO **25** 32
EuGVO
- s. Auslandsbeweisaufnahme
EuZVO **33** 47 ff.
Exterritoriale Personen **31** 5; **33** 42
- s. auch Auslandsbeweisaufnahme und Zeugenbeweis

Fahrzeugkaskoversicherung
- s. Beweislast
faires Verfahren **1** 35, 39, 49, 66, 100; **6** 11; **7** 97; **47** 43
Faksimilestempel
- s. Urkundenbeweis
Falschaussage
- s. Zeugenbeweis
FamFG **4** 7; **13** 29; **52** 19 f.
familiäre Vermögensangelegenheiten
- s. Zeugnisverweigerungsrecht
Faxeingangsvermerk
- s. Anscheinsbeweis und Urkundenbeweis
Faxsendeprotokoll
- s. Anscheinsbeweis
Faxserververmerk
- s. Anscheinsbeweis
fehlerhafte Beweisaufnahme des ausländischen Richters
- s. Auslandsbeweisaufnahme
fehlerhafte Vernehmung als Partei oder Zeuge
- s. Parteivernehmung und Zeugenvernehmung
Fernmeldegeheimnis
- s. Beweisverwertungsverbote
Feststellungsziel des Beweisverfahrens
Film- und Videoaufnahmen
- s. Augenscheinsbeweis und Beweisverwertungsverbote
fingierter Verkehrsunfall
- s. Beweislast
formelle (äußere) Beweiskraft
- s. Beweiskraft
fortgeschrittene elektronische Signatur
- s. Elektronische Dokumente
Fragerecht der Parteien **1** 94 f.; **4** 48; **5** 5; **14** 69
- bei der Sachverständigenvernehmung **48** 22 ff.; **56** 20
- beim Zeugenbeweis s. dort
Fraktionsangestellter
- s. Zeugnisverweigerungsrecht

Freibeweis **2** 11; **3** 23 ff.; **4** 6; **5** 14; **9** 24; **13** 17, 20, 29; **15** 18; **26** 41; **39** 27, 115; **59** 76
freie Beweiswürdigung
– s. Beweiswürdigung
fremdsprachiges Wortprotokoll
– s. Auslandsbeweisaufnahme
Funktion der Ordnungsmittel
– s. Zwang in der Beweisaufnahme
funktionstüchtige Rechtspflege
– s. effektiver Rechtsschutz

Gegenbeweis **3** 3 f.; **12** 33; **13** 70, 83; **25** 18; **26** 16 ff., 83; **27** 10; **29** 141; **33** 12
– s. auch Gegenteilsbeweis
Gegenständlich beschränkte Aussageverweigerung
– s. Zeugnisverweigerungsrecht
Gegenteilsbeweis **3** 5; **26** 19 f., 28 ff., 34 f., 79, 80; **27** 10, 59, 108
Geheimhaltung
– Anwaltskorrespondenz **6** 82 ff.
– durch Behörden **30** 64
– Geheimhaltungsinteresse **29** 52, 82, 85; **31** 45; **35** 61 f.; **36** 70; **47** 82
– Geheimhaltungspflicht der Parteien **5** 23 f.
  – Geltung für Prozessvertreter **5** 24; **7** 75 f.
– Geheimhaltung kraft Verkehrssitte **34** 58 ff.
– Geheimnisse Dritter **35** 64
– s. auch Entbindung von der Schweigepflicht
Geheimnisschutz **7** 65 ff.; **13** 136; **35** 53 ff.; **47** 42 51
Geheimverfahren **5** 26 ff.; **7** 65 ff.
– Ausschluss eines Beteiligten **5** 23, 25
– In-Camera-Verfahren **7** 71 ff., 77
Geistiges Eigentum **5** 25; **7** 36, 74; **10** 99, 139; **17** 9, 25, 62; **21** 23; **29** 55
Geldwäschebekämpfungsgesetz **34** 87
Gerichtsvollzieher **8** 118 f.
gescannte öffentliche Urkunde
– s. Urkundenbeweis und Elektronische Dokumente
gescanntes Papierdokument
– s. elektronische Dokumente
Geschäftsgeheimnis
– s. Geheimnisschutz, Geheimhaltung und Zeugnisverweigerungsrecht
Geschäftsverteilungsplan **4** 25
gesetzliche Beweisregel
– s. Beweiswürdigung
gesetzliche Vermutung
– s. Beweislast
gesetzlicher Richter **1** 53 ff.
Geständnis **3** 22; **27** 39, 40 f.; **40** 9

Gesundheitsnachteil
– s. Abstammungsuntersuchung
Glaubhaftigkeit der Aussage
– s. Zeugenbeweis
Glaubhaftmachung **3** 6 f.; **13** 19; **17** 89 ff.; **24** 89; **26** 40 f.; **29** 104; **30** 6; **31** 34 f., 41; **35** 8, 18; **38** 19; **46** 38; **51** 5
Glaubwürdigkeit eines Zeugen
– s. Zeugenbeweis
grenzüberschreitende Beweisermittlung
– s. Auslandsbeweisaufnahme und Beweisermittlung
Grundrechte **1** 34 ff.; **6** 2 ff., 67 f.; **7** 58; **13** 7, 134 ff.; **15** 48; **24** 12 ff., 100; **29** 53; **30** 65; **49** 26
Grundrechtscharta der EU **1** 43 ff.; **9** 78
Gutachtenverweigerungsrecht
– s. Sachverständigenbeweis
Güterabwägung
– s. Beweisverwertungsverbote
Güteverhandlung **4** 85; **13** 32, 49; **14** 98, 110

Haager Beweisaufnahmeübereinkommen
– s. Auslandsbeweisaufnahme
Haager Zustellungsübereinkommen (HZÜ) **33** 49
Haft
– s. Zwang in der Beweisaufnahme
Haftung des gerichtlichen Sachverständigen
– s. Sachverständigenbeweis
Haftung des Privatgutachters
– s. Sachverständigenbeweis
Handelsbrauch **2** 20; **44** 56
Hauptbeweis **3** 2, 4, 5
HBÜ
– s. Auslandsbeweisaufnahme
Heilung von Verfahrensmängeln gem. § 295 Abs. 1 ZPO **3** 26; **4** 101 ff.; **5** 43; **13** 25, 62; **14** 162, 168; **31** 66; **34** 109; **38** 29; **39** 26 f.; **38** 29; **41** 41; **47** 44, 52; **56** 21
heimliche Tonaufnahme
– s. Beweisverwertungsverbote
Herkunft des Sachwissens
– s. Sachverständigenbeweis
– s. Darlegungslast
Hilfsmethoden der Schadensermittlung
– s. Erleichterung der Tatsachenfeststellung
Hilfstatsachen
– s. Indizienbeweis
Hinweispflichten des Richters **1** 80 ff.; **32** 32 f.; **33** 26; **38** 18
hypothetische Reaktion
– s. Aufklärungs- und Beratungsfehler

Immaterielle Schäden **17** 69
In-Camera-Verfahren
– s. Geheimverfahren

Indizienbeweis
- Beweis der Indizien **3** 9; **32** 9, 30
- Beweisschlüssigkeit **3** 10 ff.; **12** 35
- Beweiswert **15** 15, 35
- Hilfstatsachen **2** 8 f.; **27** 68
- unmittelbarer Beweis **3** 9
- s. auch Anscheinsbeweis

Informationsansprüche
- Akteneinsichtsrechte **6** 76 ff.
- Informationsfreiheitsgesetze **7** 106 ff.
- Jedermann-Informationsrechte **7** 104 ff.
- materiell-rechtlicher Auskunftsanspruch **7** 14 f.; **29** 39 ff.
  - s. auch Besichtigungsanspruch
- presserechtlicher Auskunftsanspruch **7** 111
- Verbraucherinformationsgesetz **7** 110
- Zugang zu Dokumenten
  - s. Augenscheinsobjekte, Vorlage und Urkundenbeweis, Vorlegung

informatorische Besichtigung
- s. Augenscheinsbeweis

inländisches Beweisverfahren mit Auslandsbezug
- s. Auslandsbeweisaufnahme

Insolvenzverfahren **10** 113 ff.; **16** 46
internationale Beweisaufnahme
- s. Auslandsbeweisaufnahme
internationale Rechtshilfe
- s. Auslandsbeweisaufnahme
internationale Zuständigkeit für selbständige Beweiserhebung
- s. Selbständiges Beweisverfahren

Internet **16** 47
Inverkehrgabe der Urkunde
- s. Urkundenbeweis
isolierte Kostenentscheidung im selbständigen Beweisverfahren
- s. Selbständiges Beweisverfahren

Justizgewährungsanspruch
JustizkommunikationsG (2005) **23** 2
JVEG
- s. Kosten der Beweisaufnahme

Kapitalanlagenrecht
- s. Beweislast
Kapitalmarktrecht
- s. Beweislast
Kartellrecht **6** 80 f.; **7** 105; **52** 24
Kirchenbediensteter
- s. Zeugnisverweigerungsrecht
kommissarischer Richter
- s. beauftragter Richter oder ersuchter Richter
Kommission für Zivilprozessrecht **4** 108; **7** 4 f.; **13** 11; **22** 35
konkrete Darlegungslast
- s. Darlegungslast

KonsularG
- s. Auslandsbeweisaufnahme
konsularische Beweisaufnahme
- s. Auslandsbeweisaufnahme
körperliche Untersuchung **7** 55 ff., 90; **22** 87
- s. insbesondere Abstammungsuntersuchung
körperliche Unversehrtheit
- s. Zeugnisverweigerungsrecht
Kosten der Beweisaufnahme
- Abrechnungsverfahren **19** 22 ff.
- Anwaltsbeistand des Zeugen **7** 98
- Anwaltsgebühren **19** 9 f.
- Augenscheinsmittler **22** 96
- Auslagen **7** 53, 64; **19** 18 ff.; **31** 50; **33** 70; **39** 17
  - Auslagenvorschuss **4** 74; **13** 84 f.; **14** 36 f., 113; **19** 24; **33** 1 f.
- Gerichtskosten **19** 1 ff.
- JVEG **7** 53; **8** 92, 94; **19** 11 f., 25 ff., 36, 52; **22** 56; **33** 17, 70
- Kostenerstattung für Privatgutachten **19** 58 ff.
- Nichterscheinen des Sachverständigen **8** 68
- Nichterscheinen des Zeugen **8** 35 ff., 53 ff.
- Parteikosten **19** 6 f.
- Prozesskostenhilfe **1** 48, 68, 70; **3** 32; **33** 14
- Schuldner des Kostenvorschusses **9** 26; **13** 11, 84
- Vergütung des Sachverständigen **19** 25 ff.
  - Vergütungsfestsetzung **19** 33 ff.
  - Verlust des Anspruchs **19** 36 ff.
- Vorlage von Beweisgegenständen **22** 56
- Zeugenentschädigung **19** 11 ff.
  - Verdienstausfall **19** 21
  - Zeugengebührenverzichtserklärung **13** 85; **33** 15, 27
- Zeugnisverweigerung, Zwischenstreitkosten **37** 37 ff.
- Zwangsmittelstreit **8** 90 ff.
- s. auch selbständiges Beweisverfahren
Kreuzverhör
- s. Auslandsbeweisaufnahme
Kunstgeheimnis
- s. Zeugnisverweigerungsrecht

Ladung von Regierungsmitgliedern und Parlamentariern
- s. Zeugenbeweis
Ladung von Zeugen
- s. Zeugenbeweis
Ladungsmängel
- s. Ladung von Zeugen
Lauschzeuge
- s. Beweisverwertungsverbote

Legalisation von Urkunden
- s. Urkundenbeweis
lex fori **9** 12; **16** 17; **17** 23; **24** 118; **53** 43; **58** 20, 22 f., 66, 68; **59** 41, 60; **60** 4, 37
Londoner Rechtsauskunftsübereinkommen **2** 13

maschinenlesbarer Personalausweis
- s. Elektronische Dokumente
materielle Beweisteilhabe
- s. Unmittelbarkeit der Beweisaufnahme, materielle Unmittelbarkeit
materielle (innere) Beweiskraft
- s. Beweiskraft
materiell-rechtliche Kostenerstattung
materiell-rechtlicher Auskunftsanspruch
- s. Informationsansprüche
materiell-rechtlicher Vorlegungsgrund
- s. Urkundenbeweis
Mediation
- s. Zeugnisverweigerungsrecht
medizinische Gutachten
- s. Sachverständigenbeweis
Meistbegünstigungsprinzip
- s. Auslandsbeweisaufnahme
Meldebescheinigung
- s. Urkundenbeweis
Menschenwürdegarantie **1** 36; **6** 3
Methoden der Beweisaufnahme im Ausland
- s. Auslandsbeweisaufnahme
Mikroverfilmung
- s. Beweisvereitelung und Urkundenbeweis
minderjährige Testperson
- s. Abstammungsuntersuchung
minderjähriger Zeuge
- s. Zeugenbeweis
Mitwirkung an der Beweisaufnahme **7** 1 ff.
- materiell-rechtlicher Auskunftsanspruch **7** 13 f., 27 f.; **29** 39 ff.
  - s. auch Informationsansprüche
- materiell-rechtlicher Vorlegungsanspruch **7** 29; **22** 55; **28** 18; **29** 4, 35 ff.
- Mitwirkung Dritter **7** 3, 41 ff., 78; **14** 39 f.; **24** 11, 40 ff., 102; **28** 21; **30** 12 ff.
- Mitwirkungspflichten der Parteien **7** 19 ff.; **11** 25; **14** 28 f.; **24** 40 ff., 102; **28** 10 ff.
  - Pflichtcharakter **7** 24 f.; **28** 17
  - prozessuale Aufklärungspflichten **7** 12 15, 30; **11** 28; **29** 4, 79 ff.
- prozessualer Vorlegungsgrund bei Augenscheinsobjekten **22** 52 ff.
- prozessualer Vorlegungsgrund bei Urkunden **29** 102 f.
- Schutz des Gegners und Dritter/Grenzen der Mitwirkung **7** 17, 40, 46 ff.; **22** 57; **24** 102; **28** 16, 22
  - konkrete Beweismittelbezeichnung **28** 23

- s. auch Ausforschung
- Wandel der ZPO-Konzeption **7** 1 ff., 11 ff.
- Ziel der Wahrheitserforschung **7** 11; **28** 15

Nachbarschaftsstreitigkeit
- s. Beweisverwertungsverbote
Namensunterschrift
- s. Urkundenbeweis
Nebenintervenient **5** 13; **20** 46; **29** 8 f., 21
negative Beweiskraft
- s. Beweiskraft
nemo tenetur-Grundsatz **1** 40, 47; **6** 13, 73, 76
Neubegutachtung
- s. Sachverständigenbeweis
Nichtentbindung eines Zeugen
- s. Entbindung von der Schweigepflicht
Nichterscheinen zum Vernehmungstermin
- s. Zeugenbeweis, Erscheinenspflicht
Normtheorie
- s. Beweislast
Notare
- s. Urkundenbeweis
notariell beglaubigtes Handzeichen
- s. Urkundenbeweis

Offenbarung unehrenhafter Tatsachen
- s. Zeugnisverweigerungsrecht
offenkundige Tatsache (§ 291 ZPO) **2** 22 ff.; **15** 17 ff.; **44** 31, 51
öffentlich bestellter und vereidigter Sachverständiger
- s. Sachverständigenbeweis
öffentliche Urkunde
- s. Urkundenbeweis
öffentliches Geheimhaltungsinteresse
- s. Geheimhaltung
Öffentlichkeitsgrundsatz **1** 40, 57; **5** 1 ff.; **14** 170; **22** 18, 65
- Ausschluss eines Beteiligten **5** 17 ff., 23 ff., 30 f.; **7** 69; **47** 47
- Beteiligtenöffentlichkeit **5** 8, 32
- Parteiöffentlichkeit **5** 1 ff.; **12** 11; **13** 55, 60; **14** 90 f., 100, 109; **22** 18; **39** 15; **46** 29; **47** 36 ff.; **56** 20
  - Benachrichtigung der Parteien **5** 35 ff.
  - berechtigte Personen **5** 10 ff.
  - s. auch rechtliche Gehör
- Rechtsfolgen des Verstoßes **5** 40 ff.
- s. auch Geheimverfahren
Online-Banking
- s. Anscheinsbeweis
Ordnungsgeld
- s. Zwang in der Beweisaufnahme
Ordnungsgemäße Ladung
- s. Zeugenbeweis, Ladung
Ordnungshaft
- s. Zwang in der Beweisaufnahme

Ordnungsmittel
- s. Zwang in der Beweisaufnahme

Parteianhörung **8** 8; **40** 10 ff., 21, 36, 42 ff., 56
Parteiaussage
- s. Parteivernehmung
Parteieid
- s. Parteivernehmung
Parteikosten
- s. Kosten der Beweisaufnahme
Parteiöffentlichkeit
- s. Öffentlichkeitsgrundsatz
- s. auch Sachverständigenbeweis und Zeugenbeweis
Parteistellung
- s. Zeugenbeweis
Parteivernehmung
- Abgrenzung zum Zeugenbeweis **20** 23 ff.
- Ablauf der Parteivernehmung
- Anfangswahrscheinlichkeit (Anfangsbeweis) **40** 49, 55; **41** 9, 21 ff.
- Bestimmung der Parteistellung **40** 1 f.; **41** 1 f.
- Beweis unrichtiger Beurkundung **26** 5
- Beweisbeschluss **13** 11, 18, 82
- Beweisnot **40** 53, 59 ff.
- fehlerhafte Vernehmung als Zeuge **20** 69 ff.; **41** 3 f.
- Gegenbeweisführung **40** 5; **41** 12, 16
- Geständniswirkung **40** 9
- Mehrparteienprozess **41** 5 ff.
- Parteieid **29** 122; **40** 3, 23, 33; **41** 31 ff.
- Parteivortrag und Parteiaussage **40** 16 ff.
- Subsidiarität **41** 11
- Streitgenossen **13** 82
- Urkundenbesitz **26** 5; **29** 118 ff., 125, 141
- Urkundenechtheit **27** 51
- Vernehmung der beweispflichtigen Partei **40** 2, 7, 26
- Vernehmung von Amts wegen **1** 97; **40** 6, 49; **41** 11, 24 ff.
- Vier-Augen-Gespräch **1** 41, 97; **15** 39; **40** 7, 28 ff., 42
Personalausweis
- s. Elektronische Dokumente
Personalbeweis **20** 17 ff.
Personalbeweissubstitut
- Unmittelbarkeit der Beweisaufnahme
Personenfoto
- s. Beweisverwertungsverbote
Personensorgeberechtigte von Minderjährigen
- s. Abstammungsuntersuchung, Zeugenbeweis und Zwang in der Beweisaufnahme
Personenstandsregister
- s. Urkundenbeweis

Persönlichkeitsrechte des Zeugen
- s. Zeugenbeweis
Pflichten des Sachverständigen
- s. Sachverständigenbeweis
Präklusionsvorschriften
- s Ausschluss von Beweismitteln
präsentes Beweismittel **13** 20
- s. auch Sistieren von Zeugen
Presseangehöriger
- s. Zeugnisverweigerungsrecht
presserechtlicher Auskunftsanspruch
- s. Informationsansprüche
pre-trial-discovery
- s. Auslandsbeweisaufnahme
primärer Vermögensschaden
- s. Erleichterung der Tatsachenfeststellung
Principles of Transnational Civil Procedure **1** 21 ff.; **7** 16
Privaturkunde
- s. Urkundenbeweis
Produzentenhaftung/Produkthaftung
- s. Beweislast
Proportionalhaftung
- s. Erleichterung der Tatsachenfeststellung
Protokoll **14** 102; **22** 70; **25** 92 ff.; **30** 79
- s. auch Beweisprotokoll
Protokollbeweis
- s. Unmittelbarkeit der Beweisaufnahme und Zeugenbeweis
Protokollverwertung
- s. Selbständiges Beweisverfahren
prozeduralisierte Qualitätskontrolle
- s. Beweislast
Prozessbetrug **16** 37
Prozessbevollmächtigte als Zeugen
Prozessfähigkeit, Begutachtung **7** 56; **13** 137; **24** 11
Prozessförderungspflicht **14** 22 f.
Prozessgericht **4** 23, 25 ff., 40, 42, 44 f., 61, 75 ff.; **13** 36, 46 ff., 86
Prozesskostenhilfe
- s. Kosten der Beweisaufnahme
prozessleitende Anordnung
- s. Beweisbeschluss und Rechtsmittelkontrolle
Prozessleitungsbefugnis
Prozessrechtsverhältnis **7** 31
Prozessstandschaft **20** 40
prozessuale Aufklärungspflichten
- s. Mitwirkung an der Beweisaufnahme
prozessuale Waffengleichheit
- s. Waffengleichheit
prozessunfähiger (minderjähriger) Zeuge
- s. Zeugenbeweis
psychiatrische Untersuchung
- s. Sachverständigenbeweis
punitive damages
- s. Auslandsbeweisaufnahme

qualifizierte elektronische Signatur
– s. elektronische Dokumente
Quelle des Zeugenwissens
– s. Zeugenbeweis
Quellen der Sachkunde
– s. Sachverständigenbeweis
Quittungen
– s. Urkundenbeweis

Rangordnung der Beweisaufnahmearten/ Reihenfolge der Beweiserhebung **13** 67 f.; **59** 30, 68 f.
Recht am eigenen Bild
– s. Beweisverwertungsverbote
Recht am gesprochenen oder geschriebenen Wort
– s. Beweisverwertungsverbote
Recht auf Beweis **1** 84 ff.
– Recht auf Auslandsbeweisaufnahme s. dort
rechtliche Kooperation mit ausländischem Gericht
– s. Auslandsbeweisaufnahme
rechtliches Feststellungsinteresse
– s. Selbständiges Beweisverfahren
rechtliches Gehör **1** 34 ff., 65, 76 f., 83, 85, 96; **5** 3, 20; **7** 69, 77; **8** 43, 90; **13** 137; **14** 3; **15** 7; **18** 17; **24** 108; **33** 24; **36** 70, 77; **40** 37 f.; **41** 12; **44** 32; **46** 53; **47** 36, 51; **48** 31, 41, 51, 54; **49** 22
Rechtsfortbildung **1** 102; **9** 87, 109 f.
Rechtsfortbildungstatsachen **2** 10 f.
Rechtsgutachten
– s. Sachverständigenbeweis
Rechtshilfe
– Rechtshilfe für das Ausland
  – s. Auslandsbeweisaufnahme
– Rechtshilfeersuchen **14** 132; **39** 28 ff.
  – Abgabe an ausländisches Gericht **14** 131
– Rechtshilferichter
  – s. ersuchter Richter
Rechtsmittelkontrolle
– Berufung **1** 90; **4** 105 ff.; **15** 53 f.; **17** 16
– Beschaffung des Tatsachenstoffs **7** 64
– Beschwerdeberechtigung **8** 79 ff.
– Denk-, Natur- und Erfahrungsgesetze **15** 51; **16** 19 ff.
– prozessleitende Anordnung **13** 127, 130, 138 ff.; **14** 55 ff.; **39** 107
  – s. auch Beweisbeschluss
– Revision **3** 13; **4** 105 ff.; **15** 51; **16** 19 f.; **17** 17 f.; **39** 54; **46** 65
– sofortige Beschwerde **5** 44; **7** 64; **8** 70, 78, 85 ff., 129; **13** 87, 129 ff.; **14** 147; **24** 88, 95 ff.; **29** 128; **30** 11, 33 ff.; **33** 21; **37** 40 ff.; **39** 144; **46** 57
  – Kosten **8** 91 ff.
  – s. auch Erinnerung
Rechtsmittelzulassung **1** 74 f.

Rechtsstaatsprinzip **1** 35; **6** 15; **40** 37; **52** 13
Rechtsstellung des Sachverständigen
– s. Sachverständigenbeweis
Rechtsverhältnis Gericht/Sachverständiger
– s. Sachverständigenbeweis
Rechtsvermutung
– s. Vermutungen
rechtswidrige Beweisbeschaffung
– s. Beweisverwertungsverbote
Redaktionsgeheimnis
– s. Zeugnisverweigerungsrecht
Regierungsmitglied
– s. Zeugenbeweis und Zeugnisverweigerungsrecht
Restitutionsverfahren **20** 7
Revision
– s. Rechtsmittelkontrolle
Richterkommissar
– s. kommissarischer Richter
richterliche Anleitung des Sachverständigen
– s. Sachverständigenbeweis
richterliche Überzeugungsbildung
– s. Beweiswürdigung
Richterwechsel
– s. Unmittelbarkeit der Beweisaufnahme

Sachbeweis **20** 2
Sachgründe der Beweislastverteilung
– s. Beweislast
Sachkunde des Richters
– s. Sachverständigenbeweis
Sachkunde des Sachverständigen
– s. Sachverständigenbeweis
sachnächste Beweismittel
– s. Unmittelbarkeit der Beweisaufnahme
Sachverhaltsaufklärung des Sachverständigen
– s. Sachverständigenbeweis
Sachverständige mit Auslandsaufenthalt
– s. Sachverständigenbeweis
Sachverständigenbeweis
– Abgrenzung zum Augenscheinsbeweis **20** 94
– Abgrenzung zum Urkundenbeweis **20** 95
– Abgrenzung zum Zeugenbeweis **20** 76 ff.
– Ablehnung des Sachverständigen **18** 16; **19** 32, 41 ff.; **45** 50; **46** 1 ff.; **49** 33; **50** 13; **55** 96 ff.
  – Ablehnungsgründe **44** 38; **46** 9 ff.; **47** 56
  – Besorgnis der Befangenheit **21** 13; **46** 16 ff.
  – gesetzliche Ausschließungsgründe **46** 9
  – Verfahren der Ablehnung **46** 37 ff.
– Amtliche Auskunft s. dort
– Amtshaftung **43** 34
– Anhörung des Gutachters **8** 64; **47** 18; **48** 21 ff.; **55** 102 ff.; **56** 20

- Anknüpfungstatsache **3** 34; **22** 23; **47** 7, 16
- Anschlusstatsache **4** 37; **13** 77; **22** 81 f.; **47** 8; **49** 20 ff.
- Anwesenheitsrecht der Parteien **5** 21 f.; **47** 36 ff.
  - Anwesenheitsvereitelung **47** 35, 43
  - s. auch Beweisvereitelung
- Augenscheinsmittlung **22** 74, 79, 84, 88 f.
- Auslagenvorschuss **24** 45; **33** 4; **42** 33 ff.
- ausländischer Sachverständiger **45** 45; **48** 40; **53** 20 f.; **59** 50, 53
- Auslandsbelegenheit des Beweismittels
  - s. Auslandsbeweisaufnahme
- Auswahl des Sachverständigen **45** 14 ff., 31, 43, 46
  - Auswahlgutachter **45** 33
- Baumangel **47** 23; **54** 36
- Beanstandung von Fragen **48** 43
- Befragung des Sachverständigen **47** 93; **48** 22 ff., 51
- Befundtatsache **4** 38; **22** 23, 80, 84; **47** 9, 25 f., 32
- Behördengutachten **21** 1 ff., 14 ff.; **45** 34; **46** 1 f., 14
- Benennung von Gutachtern **45** 5 f.
- Berufsbezeichnung „Sachverständiger" **43** 27 ff.
- Besichtigung einer Sache **44** 69; **47** 13, 23; **53** 22 ff.
  - Duldung von Besichtigungen **7** 37; **43** 22
- Beweisantritt/Beweisantrag **45** 1 ff.
  - Substantiierung des Beweisthemas **45** 7, 10 f.
- Beweisbeschluss **13** 16, 72
  - Delegation des Bestimmungsrechts **45** 34 ff., **48** 4 f.; **47** 69
- Demoskopische Gutachten **13** 78; **20** 98; **38** 3; **44** 50 ff.; **49** 22
- Erkenntnisse/Gutachten aus anderen Verfahren **18** 1 ff.; **44** 44 f.
- Erkenntnisstand von Wissenschaft und Technik **49** 28 f.
- Fachgebietszuordnung **45** 21; **47** 63
- Fragerecht der Parteien **18** 16; **48** 25, 28 ff.; **56** 20
- fristgerechte Begutachtung **14** 5; **48** 15 ff.
- Gutachtenverweigerung/-verweigerungsrecht **8** 65; **34** 1; **43** 10 ff.
- Haftung des gerichtlichen Sachverständigen **43** 33 ff.
- Haftung des Privatgutachters **43** 65 ff.
- Heranziehung von Mitarbeitern **45** 36 ff.; **46** 3; **47** 14, 61 ff.; **48** 14
- Herausgabe von Unterlagen **8** 67; **47** 73, 79 f.
- Herkunft des Sachwissens des Gutachters **47** 32 f.

- Immunität des Sachverständigen **43** 46 ff.
- körperliche Untersuchung **47** 47
- Kosten des Gutachtens **19** 4; **43** 3 ff.; **45** 3; **46** 68; **47** 76 f.; **49** 6
- medizinische Gutachten **44** 10 ff., 64; **46** 34; **47** 64; **49** 6; **54** 33
- Mitwirkung der Parteien **43** 22; **44** 65 ff.; **47** 35
- Neubegutachtung **49** 28 ff.
  - Antrag **18** 17
- notwendige Hinzuziehung von Sachverständigen **44** 1 ff.
- öffentlich bestellter und vereidigter Sachverständiger **43** 6 f., 24 ff.; **45** 31, 39 ff.; **47** 6
- Parteiöffentlichkeit **5** 21 f.; **56** 20, 25 f.
  - s. auch Öffentlichkeit
- Pflicht zur Erstattung von Gutachten **7** 102 f.; **8** 65; **43** 3 ff.
- Pflichten des Sachverständigen **8** 64; **47** 54 ff.
  - Überprüfung der eigenen Kompetenz **47** 59
- Polygraphische Gutachten **6** 71; **44** 23
- Privatgutachten **44** 36 ff.; **45** 2, 10; **46** 25; **49** 18 f.; **48** 24, 40; **50** 3
- psychiatrische/psychologische Untersuchung **7** 56 f., 58; **13** 137; **24** 11; **44** 18, 20, 21
- Rechtsgutachten **2** 13; **20** 96 f.; **44** 61
- Rechtsstellung des Sachverständigen **19** 26; **47** 6
- Rechtsverhältnis Gericht/Sachverständiger **43** 1 f.; **46** 5 f.
- richterliche Anleitung des Sachverständigen **4** 37; **47** 1 ff., 11 ff., 92
- Risikobewertungen **44** 63
- Sachkunde des Richters **12** 43; **15** 23 ff.; **27** 89 ff.; **44** 24 ff.; **49** 26
- Sachkunde des Sachverständigen **27** 92; **44** 58; **45** 23 ff.; **47** 32 f., 55; **49** 24
  - Quellen der Sachkunde **44** 26 ff., 41; **47** 33; **49** 26
- Sachverhaltsaufklärung des Sachverständigen **3** 34; **4** 36 f.; **22** 80; **27** 93; **47** 21 ff.
- Sachverständige mit Auslandsaufenthalt
  - s. Auslandsbeweisaufnahme
- Sachverständigenentschädigung **47** 58, 59 f., 73, 75, 78; **50** 17; **55** 99 ff.
  - Vergütungsfestsetzung
- Sachverständiger Zeuge **19** 17; **20** 86 ff.; **22** 95; **50** 1 ff.
- Schiedsgutachten **14** 42; **46** 34; **49** 34
- schiedsrichterliches Verfahren **5** 9
- Schriftgutachten (Urkundenfälschung) **27** 62 ff., 69, 87, 90
- schriftliche Begutachtung **42** 47; **48** 13 f.
- Streitverkündung an Gutachter **43** 60
- Substanzeingriff in Sachen **7** 62 f.; **47** 13, 23

1266

- Tätigkeitsschutz **43** 30 ff.
- Überprüfung des Gutachtens **27** 88; **49** 1 ff., 9 ff.
  - Vollständigkeit des Gutachtens **44** 14; **49** 12
  - Widerspruchsfreiheit **44** 14, 40; **49** 13 f.
- Überschreiten des Gutachtenauftrages **19** 53; **46** 33; **47** 34
- Überziehung des Auslagenvorschusses **19** 51 f.
- Ungeeignetheit des Beweises **44** 57 ff.
- ungewisse Methodik **24** 55; **45** 23 ff.; **49** 5, 30
- Unverletzlichkeit der Wohnung
  - s. Art. 13 GG
- Unvoreingenommenheit **43** 21; **47** 56
  - s. auch Ablehnungsgründe
- Vereidigung des Sachverständigen **8** 66; **42** 40; **48** 1 ff.; **51** 13
- Vereitelung des Sachverständigenbeweises
  - s. Beweisvereitelung
- Vergütung des Gutachters **19** 25 ff.; **47** 58, 59 f., 73, 75, 78; **50** 17
- Verweisungen auf Recht des Zeugenbeweises **42** 28 ff.
- vorterminliche Begutachtung **13** 59
- Widerruf von Gutachtenäußerungen **43** 61
- zerstörungsfreie Untersuchung **7** 63; **47** 13, 23
- Zusatztatsache **47** 10, 27, 31
- Zwang gegen den Sachverständigen **8** 62 ff.
- Zwangsbefugnisse des Sachverständigen **43** 22; **44** 65

Sachverständigenentschädigung
- s. Kosten der Beweisaufnahme und Sachverständigenbeweis

Sachverständigengutachten
- s. Sachverständigenbeweis

Sachverständiger Zeuge
- s. Sachverständigenbeweis und Zeugenbeweis

Sachvortragsbeschränkung **1** 76
- s. auch Beweisverwertungsverbote

Sachvortragsverwertungsverbot
- s. auch Beweisverwertungsverbote

Schadensschätzung **17** 24 ff.

Schiedsgutachten **14** 42; **46** 7; **49** 34
- s. ferner Selbständiges Beweisverfahren und Sachverständigenbeweis

Schiedsrichterliches Verfahren **5** 9
- s. auch Sachverständigenbeweis

schriftliche Begutachtung
- s. Sachverständigenbeweis

schriftliche Zeugenaussage
- s. Zeugenbeweis

Schriftvergleichung
- s. Urkundenbeweis

Schutz des Persönlichkeitsrechts
- s. Allgemeines Persönlichkeitsrecht, Beweisverwertungsverbote und Zeugenbeweis

Schutz des Vermögens
- s. Zeugnisverweigerungsrecht

Schwägerschaft
- s. Zeugnisverweigerungsrecht

Schweigepflichtentbindung
- s. Entbindung von der Schweigepflicht

sekundäre Darlegungslast
- s. Darlegungslast

selbständiges Beweisverfahren
- Abgrenzung zum Verfügungsverfahren **53** 31
- Abschätzung der Prozessaussichten **52** 15 ff.
- analoge Anwendung **52** 15 ff.
- Antrag **45** 12; **54** 1 ff., 37; **55** 15, 26 ff., 82; **57** 64 ff.
- Antragsgegner **52** 10, 32; **55** 29 f., 31, 115; **57** 25
- Anwaltszwang **55** 34; **57** 34
- Anzeige gegenüber Versicherung **52** 50
- ärztlicher/zahnärztlicher Behandlungsfehler **54** 50 ff.
- Aufbewahrung des Protokolls **55** 106
- ausländische Beweisrechte **53** 2 ff., 35
- ausländisches vorgezogenes Beweisverfahren **52** 43; **53** 36 f.; **56** 15
- Baumangel **52** 42, 48; **54** 36, 47, 56; **55** 11, 36; **57** 83
  - s. auch Sachverständigenbeweis
- Benutzung des Beweisergebnisses im Prozess **53** 37; **56** 1 ff., 23, 28
- Beschluss **54** 80; **55** 63 ff.
- Besorgnis des Beweismittelverlustes **52** 1; **54** 22 ff.; **55** 20 ff.
- Beweisantrag
  - Substantiierung der Beweistatsachen **55** 33 ff.
- Beweiserheblichkeit **52** 9; **54** 65
- Beweiserhebung **55** 83 ff.
- Beweiserhebung gegen Unbekannt **55** 111 ff.; **56** 30
- Beweisermittlung **7** 36; **21** 23
- Beweismittel **41** 10, **52** 6 f.; **54** 35, 39 ff.
- Beweissicherung/Beweiskonservierung **52** 1 ff.; **54** 9 ff.
  - Zulässigkeit der Beweissicherung **54** 9 ff.
- Discovery-Verfahren
  - s. Auslandsbeweisaufnahme
- Duldungsanordnung/-anspruch **54** 17
- Ende des Verfahrens **52** 44 ff.; **55** 104 f.; **57** 17
- Feststellungsinteresse **54** 60 ff., 70 ff.; **55** 41
- Glaubhaftmachung **55** 40 f., 112 ff.
- Hauptsacheverfahren, Erzwingung **57** 2 ff., 14 ff., 25 ff.

1267

- isolierte Kostenentscheidung im S. Beweisverfahren **57** 59 ff.
- Kosten der selbständigen Beweisaufnahme **52** 33 ff.; **55** 68, 109, 119; **56** 17, 31 ff.; **57** 1 ff.
  - Kostenermittlung und Kostenfestsetzung **57** 82 ff., 90 ff.
  - materiell-rechtlicher Kostenerstattungsanspruch **57** 106 ff.
  - Prozesskostenhilfe **52** 35 ff.
- Öffentlichkeitsgrundsatz **5** 7
- Parallele Verfahren **54** 4, 10 f.
- Protokollverwertung **4** 55 ff.; **55** 46, 106 f., 120; **56** 1 ff.
- Prozessverhütungsaufgabe **52** 3 f.; **54** 67 ff.; **55** 108
- rechtliches Gehör **55** 44, 55
- Rechtsmittel **55** 73 ff.
- Rechtsschutzinteresse **54** 30 ff., 66, 75; **55** 41
- Sachverständigenverfahren des VVG **52** 22; **54** 69
- Schiedsgerichtsverfahren **53** 42; **55** 17 f.
- Schiedsgutachten **46** 7; **52** 22 f.; **55** 19
- Streitgegenstand **55** 10; **56** 9 ff.; **57** 15, 37
- Streitgenossen **56** 8; **57** 26 ff.
- Streitverkündung **52** 27 ff.; **55** 54; **56** 10; **57** 31
- Streitwert **55** 110; **57** 82, 88
- Verfahrensablauf **55** 42 ff.
- Vergleich **55** 108; **57** 33
- Verhältnis zum Hauptprozess **4** 56 ff.; **43** 57; **53** 37; **54** 18, 64, 81; **55** 2, 16, 85; **56** 1 ff.
- Verjährungshemmung **52** 31, 38 ff.; **54** 8, 34, 72; **55** 110, 121
- Verklarungsverfahren **52** 18; **56** 14
- Wiederholung des Verfahrens **54** 12 ff., 78 f.; **55** 82
- Zulässigkeit isolierter Sachverständigenbegutachtung **54** 35, 43 ff., 70 ff.
- Zuständigkeit **55** 1 ff., 12 ff., 20 ff.
  - internationale Zuständigkeit **53** 34 ff., 38 ff.
- s. auch Beweisbeschluss

Signaturerzeugung
- s. elektronische Dokumente

Sistieren von Zeugen
- s. Zeugenbeweis

Sitzungsordnung **4** 75; **5** 28; **8** 26, 102

Sitzungspolizei **8** 26, 102; **14** 103

Smartcard
- s. elektronische Dokumente

sofortige Beschwerde
- s. Rechtsmittelkontrolle

Soldaten als Zeugen
- s. Zeugenbeweis

Sozialarbeiter
- s. Zeugnisverweigerungsrecht

Sparbuch
- s. Urkundenbeweis

Spekulation über Zeugenwissen
- s. Quellen des Zeugenwissens

Sphärengedanke
- s. Beweislast

Spyware
- s. Beweisverwertungsverbote

Stoffsammlung im Zivilprozess
- s. Darlegungslast
- s. Mitwirkung an der Beweisaufnahme

Strafprozessrecht **1** 3, 50; **4** 11; **5** 30 f.; **6** 10 ff., 65, 82; **7** 60, 93; **8** 29; **12** 28, 30, 42; **18** 27, 29; **24** 36, 69; **31** 3, 65, 76; **33** 45; **34** 57, 108; **44** 57; **49** 27 f.; **52** 17

Streitgenossen/Streithelfer **20** 42 ff.; **29** 8 f., 21, 123
- s. auch selbständiges Beweisverfahren

Strengbeweis **3** 15 ff., 23 f., 36; **4** 7; **13** 29; **20** 1; **21** 8; **39** 27; **58** 32

Streupflicht
- s. Beweislast

substantiiertes Bestreiten
- s. Darlegungslast

Substantiierungsanforderungen **1** 79 ff.; **12** 23 f.; **13** 79; **17** 9 ff.; **22** 63; **24** 42; **32** 23; **47** 30; **48** 39
- s. insbesondere Darlegungslast

Substantiierungslast
- s. Darlegungslast

Substanzeingriff in Sachen
- s. Sachverständigenbeweis

Tagebuchaufzeichnungen
- s. Beweisverwertungsverbote

Tatbestandsvermutung
- s. Urkundenbeweis

Tatsachen **2** 2 ff.; **20** 10; **32** 10 f.
- äußere Tatsachen **32** 10
- Indizien s. dort
- innere Tatsachen **16** 70; **32** 10 ff.
- juristische Tatsachen **2** 5
- Rechtsfortbildungstatsachen **2** 10 f.
- s. auch offenkundige Tatsache

Tatsachenwahrnehmung
- s. Augenscheinsbeweis und Zeugenbeweis

technische Sicherheitsvermutung
- s. elektronische Dokumente

Teilurteil **17** 20 ff.

Telefonüberwachung
- s. Beweisverwertungsverbote

testamentarische Verfügung **15** 66
- s. auch Urkundenbeweis und Zeugnisverweigerungsrecht

Ton(band)aufnahme
- s. Augenscheinsbeweis und Beweiserhebungsverbote

TRIPS-Übereinkommen **7** 36, 74; **29** 55; **52** 26

Typizität
- s. Anscheinsbeweis

Übersignierung
- s. elektronische Dokumente

Überziehen des Auslagenvorschusses
- s. Sachverständigenbeweis

Umwelthaftung
- s. Beweislast

Ungeeignetheit des Beweismittels **12** 37 ff.; **44** 57 ff.

Unidroit
- s. Principles of Transnational Procedure

Unionsrecht **1** 44, 105 ff.; **2** 12; **7** 104 f.; **23** 4; **52** 24 f.; **59** 72 f.

unionsrechtliches Diskriminierungsverbot **25** 32; **26** 51

unmittelbare grenzüberschreitende Beweiserhebung
- s. Auslandbeweisaufnahme

unmittelbarer Beweis
- s. Unmittelbarkeit der Beweisaufnahme und Indizienbeweis

Unmittelbarkeit der Beweisaufnahme **1** 103; **4** 1 ff.; **22** 11
- Aktenkundiger Eindruck der Beweisaufnahme **4** 29; **22** 68
- Augenscheinsmittler **22** 73
- Auslandsbeweisaufnahme **4** 59
- Berufungsgericht **4** 50 ff.
- Beweiswürdigung **4** 1 f.
- Delegation der Beweisaufnahme **4** 40 ff.; **14** 121 ff.; **22** 73 f.; **39** 1 ff., **23** ff.
- Durchbrechung des Unmittelbarkeitsgrundsatzes **4** 31 f.; **22** 73 f.; **39** 19
- formelle Unmittelbarkeit **4** 9, 21 ff.; **12** 11 f.
- Freibeweis **3** 23; **4** 6
- Indizienbeweis **3** 9 ff.; **32** 9
- Lauschzeuge **6** 42 ff.
- materielle Unmittelbarkeit **1** 103; **4** 10 ff., 31; **12** 12
- Personalbeweissubstitut **22** 11
- Protokollbeweis **4** 14 ff.; **12** 13; **18** 3 ff., 28 f.; **31** 51 ff.
- Rechtshilfe **4** 3, 8, 46, 91 ff.
- Rechtsmittelkontrolle **4** 105 ff.
- Richterwechsel **4** 28 ff., 47, 100; **22** 67
- sachnächste Beweismittel **4** 12 f.
- Sachverständigenbeweiserhebung **47** 28
- selbständiges Beweisverfahren **4** 55 ff.; **53** 1
- Vernehmungssubstitution/Vernehmungssurrogate **4** 14 ff., 48; **22** 11, 26
- Videobeweis s. dort
- Zeugenbeweis **22** 11; **39** 3 ff., 117

unterbliebene Dokumentation
- s. Beweislast und Beweisvereitelung

Untersuchungsgrundsatz **4** 102; **9** 23; **11** 4

Untersuchungsverweigerung
- s. Abstammungsuntersuchung und Zeugnisverweigerung

Unverletzlichkeit der Wohnung
- s. Art. 13 GG, Beweisverwertungsverbote und Sachverständigenbeweis

Urkunden- und Wechselprozess
- s. Urkundenbeweis

Urkundenbeweis
- Absichtsurkunde **25** 1
- Abschrift **25** 11; **30** 51, 53, 84 ff.
  - s. auch unten Fotokopie
- absolute Beweiskraft
  - s. Beweiskraft
- Amtsbefugnisse der Behörde/des Notars **25** 58 ff.
- Anerkennung der Echtheit
  - s. Echtheitsbeweis, Parteivortrag
- Apostille **27** 120
- Ausfertigung **25** 11
- Auskunftsanspruch
  - s. Informationsansprüche
- ausländische Urkunde **25** 28 ff., 64; **26** 33, 49, 50 ff.; **27** 5, 110 ff.
  - öffentliche Urkunden **27** 110 ff.
  - Urkunden von EU-Behörden **27** 111
- ausländischer Notar **25** 68
- Auslandsbelegenheit der Urkunde **29** 115; **30** 82 f.
- Beglaubigung **25** 63, 124
- Behörde **20** 18 f.; **21** 18; **25** 45 ff.
  - als Aussteller elektronischer Dokumente **23** 34
  - EU-Behörden **27** 111
  - behördliche Erklärungen/Zeugnisse **3** 19; **25** 80 ff.
- Beurkundungsverfahren **25** 19 ff.; **27** 17 f.
- Beweiserhebung **28** 1 ff.
  - Aktenbeiziehung **28** 45 ff.
  - Beweisantritt **29** 18 ff., 93 f.; **30** 49
  - Einsichtnahme in Urkunden **28** 51
- Beweiskraft des Protokolls
  - s. Beweiskraft
- Beweiskraft des Urteilstatbestandes
  - s. Beweiskraft
- Beweisthema **28** 30
- Beweiswert von Urkunden **20** 11 ff.; **25** 14; **26** 1, 4, 68 f.; **27** 112
- Beweiswürdigung **26** 62, 65; **27** 6 ff., 50; **29** 126, 136 ff.; **30** 95
  - s. auch Beweiskraft
- bewirkende Urkunde **25** 3, 10, 37, 78; **26** 67
- bezeugende Urkunde **25** 8 f., 35, 86 ff., 123; **26** 67
- Blankettmissbrauch **25** 142; **26** 81; **27** 55
- Blankounterschrift **25** 142; **27** 55 f.
- Definition der Urkunde **25** 1 ff., 34, 38, 78, 87, 127

Stichwortverzeichnis

- Deutsche Post AG **25** 54 ff., 119 ff.
- Deutsche Telekom AG **25** 57
- Echtheit der Unterschrift
  - s. Echtheitsbeweis
- Echtheit der Urkunde
  - s. Echtheitsbeweis
- Editionspflicht s. dort
- Eigenurkunde **27** 102
- Eingangsstempel **25** 105, **26** 39 ff.
- Einschaltung **25** 147; **27** 16 ff.
- Empfangsbekenntnis **1** 73; **25** 106, 108 ff.; **26** 36 ff., 73
- Erzwingung der Urkundenvorlage
- Europäisches Nachlasszeugnis **25** 32
- Faksimilestempel **25** 138
- Faxeingangsvermerk **25** 107, **26** 43
- Faxsendeprotokoll **26** 61, 75
- formelle (äußere) Beweiskraft
  - s. Beweiskraft
- Formvorschriften **25** 62 f., 73 ff.; **27** 12, 20
- Fotokopie **23** 31; **27** 3; **28** 37 ff.
- Gedankenerklärung **25** 107, 131
- gerichtliche Entscheidung **25** 83; **29** 109 ff.
- Gerichtsvollzieher **25** 67
- gescannte öffentliche Urkunde **23** 30, 79
- Inverkehrgabe der Urkunde **22** 38; **26** 56 ff., 78; **27** 47
  - elektronische Dokumente **23** 23
- Legalisation
  - s. Auslandsbeweisaufnahme
- mangelhafte Urkunde **25** 110, 146 f.; **27** 1 ff., 11 ff., 57, 99, 105
- materielle (innere) Beweiskraft
  - s. Beweiskraft
- materiell-rechtlicher Vorlegungsgrund **27** 78; **28** 18; **29** 28 ff.
- Meldebescheinigung **25** 117
- Mikroverfilmung **8** 142
- Nachforschungspflicht bei streitigem Urkundenbesitz **29** 121, 131
- Namensunterschrift **25** 132 ff.; **26** 63; **27** 33 ff., 43 ff., 53
- negative Beweiskraft
  - s. Beweiskraft
- Notar **25** 66 ff., 70 f., 124; **26** 47; **27** 19, 84, 102; **30** 90
- notariell beglaubigtes Handzeichen **25** 143; **27** 36
- öffentliche Urkunde **25** 2 ff., 38 ff.; **26** 1 ff.; **27** 99 ff.
- Parteivernehmung **26** 5
- Personenstandsregister/-urkunden **25** 124; **26** 32, 46; **27** 23
- Postzusteller **25** 119 ff.
- Postzustellungsurkunde **25** 119 ff.; **26** 32, 44
- Privaturkunde **22** 38; **25** 2, 30, 127 ff.; **26** 53 ff.; **27** 21, 42 ff.; **28** 39
- Protokollbeweis **25** 31
- s. Unmittelbarkeit der Beweisaufnahme
- prozessuale Vorlegungspflicht **29** 79 ff.
- Quittungen **26** 68
- Restitutionsklage **20** 13
- Schriftvergleichung
  - s. Echtheitsbeweis
- Selbstbeschaffung der Urkunde **30** 51 ff.
- Sparbuch **25** 41
- subjektive Bewertungen der Urkundsperson **25** 90; **26** 32
- testamentarische Verfügung **15** 66
- Urkundenbesitz **26** 5, 79; **27** 25 ff., 80 ff.; **28** 1 ff., 28, 48; **29** 1 ff., 10 ff., 98, 102 f., 112; **30** 10
- Urkundenindividualisierung **28** 45 ff.; **29** 95 ff.; **30** 50
  - s. auch Beweisbeschluss
- Urkundenprozess **9** 27; **25** 2, 16; **27** 38 50, 69; **29** 6
- Urkundenqualität **27** 1 ff.; **30** 46
- Urkundspersonen **25** 66 ff.
- Urschrift der Urkunde **26** 53; **27** 33; **28** 43; **30** 52, 88
- Urteilstatbestand **15** 32; **25** 100 ff.
- Verdächtige Urkunde **27** 94 ff.
- Vergleichstextbeschaffung
  - s. Echtheitsbeweis
- Verkehrsschutz **22** 38
- Vertragsurkunden **26** 71
- Verzicht **12** 27
- Vorlegung der Urkunde **8** 126; **12** 8, 27; **14** 139; **25** 26; **28** 31 ff.; **29** 4; **30** 96 ff.
- Vorlegung durch Behörden **30** 42 ff.
  - Amtshilfe **30** 42, 58
  - Beweisantrag **30** 49
  - Vorlegungspflicht **30** 59 ff.
  - Beweisbeschluss **13** 18
- Vorlegung nach §§ 809, 810 BGB **29** 48 ff., 61 ff.
- Vorlegungsvernehmung **29** 116 ff.
- Zufallsurkunde **25** 1
- zugewiesener Geschäftskreis der Behörde/des Notars **25** 70 ff., 79
- Zustellungsbenachrichtigung **25** 113 ff.
- Zustellungsurkunde **25** 112 ff., 119 ff.
- Zustellvermerk **25** 112; **26** 44
urkundenbeweislich verwertete Zeugenaussage **4** 14 ff.
- s. auch Unmittelbarkeit der Beweisaufnahme und Protokollbeweis

Verbraucherinformationsgesetz
- s. Informationsansprüche
verdeckte Observierung
- s. Beweisverwertungsverbote
Verdienstausfall des Zeugen
- s. Kosten der Beweisaufnahme
Vereidigung des Sachverständigen
- s. Sachverständigenbeweis

1270

Vereidigung des Zeugen
- s. Zeugenbeweis
Vereitelung des Sachverständigenbeweises
- s. Sachverständigenbeweis
Verfahren nach § 495a ZPO
- s. Bagatellverfahren
Verfahrensbeschleunigung **1** 61; **13** 30
Verfahrensdauer, überlange **1** 40, 60 ff.
Verfahrensfehler, wesentlicher **4** 107; **12** 29; **13** 24; **14** 58
Verfahrenskonzentration **13** 30
Verfahrenskosten
- s. Kosten der Beweisaufnahme
Verfahrensmangel
- s. Heilung
Verfahrensstillstand **13** 7, 127
- s. auch Auslagenvorschuss und Beweisaufnahmehindernis
Verfassungsbeschwerde **1** 34, 51 f.; **4** 32
Vergleichsverhandlung **14** 99
Vergütungsfestsetzung
- s. Kosten der Beweisaufnahme und Sachverständigenbeweis
Verhältnis der selbständigen Beweisaufnahme zum Hauptprozess
- s. Selbständiges Beweisverfahren
Verhandlung über das Beweisergebnis **4** 24; **12** 6, 14; **14** 148 ff.
Verhandlungsmaxime **4** 39; **9** 23; **11** 1 ff.; **12** 7; **13** 70; **15** 14; **23** 56
- Zueigenmachen gegnerischen Sachvortrags **1** 91; **11** 2
Verhandlungsprotokoll **14** 102, 116; **25** 92 ff.
- s. auch Protokoll
Verhandlungswürdigung
- s. Beweiswürdigung
Verkehrsdaten
Verkehrspflichtverletzung
- s. Beweislast
Verkehrsschutz
- s. Beweislast und Urkundenbeweis
Verkehrssicherungspflichten **16** 64 ff.
- s. auch Beweislast
Verkehrssitten **2** 20; **44** 56
Verklarungsverfahren
- s. selbständiges Beweisverfahren
Verlöbnis
- s. Zeugnisverweigerungsrecht
Vermutungen
- s. Beweislast und Erfahrungssätze
Vernehmung, fehlerhafte
- s. Auslandsbeweisaufnahme, Parteivernehmung und Zeugenbeweis
Vernehmung zur Person
- s. Zeugenbeweis
Vernehmung zur Sache
- s. Zeugenbeweis
Vernehmungsgegenstand
- s. Zeugenbeweis

Vernehmungssubstitution
- s. Unmittelbarkeit der Beweisaufnahme und Zeugenbeweis
Vernehmungstechnik
- s. Zeugenbeweis
Versäumnisurteil **14** 72, 164, 174 f.; **17** 19; **39** 129
Verschwiegenheitspflicht
- s. Zeugnisverweigerungsrecht
Versicherung an Eides statt
- s. Glaubhaftmachung und Eid verstandsreifer Minderjähriger
- s. Zeugenbeweis, minderjähriger Zeuge
vertragliche Pflichtverletzung (§ 280 I 2 BGB)
- s. Beweislast
Vertrauensbeziehungen, berufliche
- s. Zeugnisverweigerungsrecht
Vertraulichkeit informationstechnischer Systeme
- s. Beweisverwertungsverbote
Verwandtschaft
- s. Zeugnisverweigerungsrecht
Verwertung von Gutachten aus anderen Verfahren
- s. Sachverständigenbeweis
Verzicht auf Zeugen
- s. Zeugenbeweis
Videoaufzeichnung
- s. Videoaussage
Videoaugenschein/Videoaussage/Videokonferenzvernehmung **4** 34 f.; **22** 27 ff.; **48** 43
- s. auch Auslandsbeweisaufnahme und Zeugenbeweis
Videoüberwachung
- s. Beweisverwertungsverbote
Vier-Augen-Gespräch
- s. Parteivernehmung
Völkerrecht **33** 48; **52** 24
- s. auch Auslandsbeweisaufnahme
Vollbeweis **3** 6 f.; **27** 51
Vorbereitung des Haupttermins **13** 30 ff.
Vorbereitungspflicht des Zeugen
- s. Zeugenbeweis
vorgezogene Beweisanordnung
- s. Beweisbeschluss
vorgezogene Beweisaufnahme
- s. Beweisbeschluss und selbständiges Beweisverfahren
Vorlegung
- nach §§ 809, 810 BGB
  - s. Urkundenbeweis
- von Augenscheinsobjekten
  - s. Augenscheinsbeweis
- von Dokumenten
  - s. elektronische Dokumente
- von Urkunden
  - s. Urkundenbeweis
Vorlegungsvernehmung
- s. Urkundenbeweis

vorweggenommene Beweiswürdigung
– s. Beweiswürdigung

Waffengleichheit **1** 35, 39, 86, 100 f.; **40** 35, 37 ff.; **48** 56; **47** 43
Wahrheitserfordernis **24** 15
Wahrheitserforschung
– als Ziel der Beweisaufnahme **2** 1; **12** 15
– als Ziel des Zivilprozesses **5** 11; **24** 15
Wahrnehmungsfehler
– s. Zeugenbeweis
Wahrscheinlichkeitserwägung
– s. Beweislast
Wahrunterstellung **12** 42
Warenverkehrsfreiheit, unionsrechtliche **1** 107
Widerruf von Gutachtenäußerungen
– s. Sachverständigengutachten
Wiener Konsularrechtsübereinkommen **7** 86
Willkürverbot **1** 38

zerstörungsfreie Augenscheinseinnahme
– s. Augenscheinseinnahme und Sachverständigenbeweis
Zertifizierungsdienstanbieter
– s. Elektronische Dokumente
Zeuge im Ausland
– s. Zeugenbeweis
Zeuge vom Hörensagen
– s. Zeugenbeweis
Zeugenbeeidigung
– s. Zeugenbeweis
Zeugenbeistand
– s. Zeugenbeweis
Zeugenbeweis
– Abgeordnete als Zeugen **34** 90 f.; **36** 105; **39** 35
– Änderung der Zeugen- oder Parteiqualität **20** 49 f.; **32** 37
– Anonymisierung von Zeugen **4** 13
– Anordnung des Erscheinens **8** 30 f., 38 ff.; **33** 57
– Anwaltlicher Beistand **7** 96 f.; **31** 50; **35** 16
– Arbeitnehmer **36** 86; **59** 45
– Auslagenvorschuss **14** 36 ff.; **19** 24; **33** 1 ff., 7 ff., 33
– ausländische Zeugen **7** 84; **8** 14; **33** 41 ff.; **38** 4
– ausländischer Konsul **7** 86; **14** 36 ff.; **33** 42
– Auslandsladung **12** 41; **33** 46 ff.
– aussageerleichternde Unterlagen **33** 58 ff.
– Aussagefähigkeit **31** 1 ff.; **38** 9 f.
– Aussageverweigerung **8** 99; **39** 15; **59** 30, 68 f.
– Beanstandung von Fragen **39** 95 f., 105 f.
– Beeidigung von Zeugen **39** 39 ff., 44 ff., 126 f.
– Befragung des Zeugen **35** 11 f.; **39** 90 ff.
– Behördenmitarbeiter **21** 5 f.
– Belehrung des Zeugen **39** 73 f.
– Benennung und Identifikation der Zeugnisperson **12** 24; **14** 32 ff.; **32** 14 ff.
– Bestimmung der Parteistellung **20** 23 ff.
– Beweisantrag **4** 17; **13** 70; **32** 1 ff., 35; **39** 136; **50** 10
– Beweisbeschluss **13** 76
  – Suggestivwirkung der Themenangabe **13** 76; **33** 54
– Beweiserhebungsverbot **31** 63 ff.
– Beweisthema **32** 3, 6 ff., 13; **33** 53 ff., 62; **38** 9, 16 f.
– Bindung des Berufungsgerichts **39** 118
– Bundespräsident **36** 115; **39** 7, 21 f.
– Dolmetschererfordernis **32** 20; **33** 6
– Ehrenschutzklage wegen Aussageinhalts **7** 94
– Einholung der Aussagegenehmigung **36** 108 ff.
– Einzelvernehmung **39** 68 ff.
– Entschädigung des Zeugen **7** 78; **8** 28 ff.; **19** 1 ff.; **39** 142; **50** 15
– Entschuldigung des Zeugen für Nichterscheinen **8** 28 ff.; **31** 6 ff.
  – Entschuldigungsgründe **31** 17 ff.
  – Entschuldigungslast des Zeugen **31** 6, 36 ff.
  – Entschuldigungsverfahren **31** 32 ff.
  – Wirkung auf Ordnungsmittelbeschluss **8** 83 f.
– Erscheinens- und Aussagepflicht **7** 87 f.; **8** 1 f., 25, 89, 96 f., 100; **31** 5, 30 f.; **34** 103 ff.; **35** 29; **36** 71, 77; **37** 11 ff.
– exterritoriale Personen **7** 86; **31** 5
– Falschaussage **7** 100 f.; **39** 39
– fehlerhafte Vernehmung als Zeuge **20** 67, 69 ff.
– Fragerecht der Parteien **38** 26; **39** 97 ff.
– gesetzliche Vertreter
  – juristischer Personen **20** 32 ff., 60
  – natürlicher Personen **8** 15 ff.; **20** 27 ff.
  – Personengesellschafter **20** 35 ff., 60
– Glaubhaftigkeit der Aussage **31** 70 f.; **39** 48; **44** 21; **49** 8
– Glaubwürdigkeit eines Zeugen **4** 4, 29; **31** 58, 72; **38** 6; **39** 121
– Glaubwürdigkeitsbeurteilung **4** 53; **7** 99; **31** 77; **38** 12 f.; **39** 10 f.
– Glaubwürdigkeitsgutachten **31** 76
– Haftung des Zeugen **7** 100 f.; **8** 128
– informatorische Anhörung **39** 115
– körperliche Untersuchung **7** 90
– Kreuzverhör
  – s. Auslandsbeweisaufnahme
– Ladung von Zeugen **8** 22 ff.; **14** 123; **31** 22; **32** 14 ff.; **33** 4, 23, 29 ff.
– minderjähriger Zeuge **8** 15 ff., 41, 82; **20** 25, 27 ff.; **33** 38 ff.

- Nachforschungspflichten des Zeugen **7** 89; **33** 61
- Nichterscheinen zum Vernehmungstermin **8** 25 ff.; **31** 30 f.
- Partei kraft Amtes **20** 41
- Persönlichkeitsrechte des Zeugen **7** 99; **31** 45 ff., 76; **35** 31
- Protokollbeweis **4** 14 ff.; **12** 13; **18** 28 f.; **22** 11; **31** 51 ff., 57 ff.; **32** 4; **38** 20
- Protokollierung der Aussage **4** 29, 31; **39** 88
- Prozessstandschaft **20** 40
- prozessunfähiger Zeuge **20** 24 f.; **33** 38 ff.; **35** 14
- Quelle des Zeugenwissens **12** 23; **32** 27 ff.
- Rechtshilfevernehmung **39** 28 ff.
- Regierungsmitglieder als Zeugen **33** 30; **39** 32 ff.
- Sachverständiger Zeuge **19** 17; **20** 86 ff.; **46** 4; **49** 1 ff.
- schriftliche Zeugenaussage **5** 33; **7** 80; **13** 58; **14** 140; **21** 20; **38** 1 ff.; **39** 25; **59** 39
  - Missbräuchliche Zeugenladung **38** 26; **39** 102
- Sistieren von Zeugen **3** 8; **33** 37
- Soldaten als Zeugen **33** 41; **36** 97
- Streitgenossen **20** 42 ff., 52 f.
- Tatsachenwahrnehmung **20** 17 ff., 76 ff.; **32** 9 ff.
- Unerreichbarkeit des Zeugen **12** 41
- urkundenbeweislich verwertete Zeugenaussage **31** 57 ff.; **38** 20
  - s. auch zuvor Protokollbeweis
- Verdienstausfall
  - s. Entschädigung des Zeugen und Kostender Beweisaufnahme
- Vereidigung des Zeugen **14** 141; **39** 39 ff.
- Vernehmung außerhalb des Gerichts **39** 12
- Vernehmung zur Person **39** 73 ff.
- Vernehmung zur Sache **39** 83 ff.
- Vernehmungsgegenstand **32** 6 ff.; **33** 53 ff.
- Vernehmungssubstitution
  - s. Protokollbeweis
- Vernehmungstechnik **39** 68 ff.
- vertragliche Vereinbarung zur Zeugenaussage
  - Aussageverbot **7** 93
  - bestimmter Aussageinhalt **7** 95
- Verzicht auf Zeugen **12** 26; **14** 164; **39** 128 f.
- Videoaussage **4** 34; **39** 16
  - s. auch dort
- Vorbereitungspflicht des Zeugen **7** 89; **8** 110; **24** 11; **30** 24; **33** 36, 59 ff.
- Wahrnehmungsfehler des Zeugen **20** 84; **31** 69
- wiederholte Vernehmung **4** 17, 28 f., 58; **39** 108 ff.
- Wiener Konsularrechtsübereinkommen **7** 86
- Würdigung der Zeugenaussage **20** 84; **31** 68 ff.; **32** 12; **39** 42, 46, 121
- Zeuge vom Hörensagen **1** 86, 103; **4** 12; **15** 40; **31** 74; **32** 9
- Zeugenfähigkeit **31** 1 ff., 67
- Zeugengebührenverzichtserklärung
  - s. Kosten der Beweisaufnahme
- Zeugenschutz **34** 103 ff.
- Zeugnispflicht **7** 78, 83 ff.; **8** 14, 96; **31** 5
- s. auch Beweisaufnahmehindernis
- zwangsweise Vorführung
  - s. Zwang in der Beweisaufnahme

Zeugnisverweigerung
- s. Zeugnisverweigerungsrecht

Zeugnisverweigerungsrecht **7** 91 ff.
- Abgeordnete **34** 90 f.; **36** 105
- Abstammungsuntersuchung **24** 68
- Amtsverschwiegenheit **36** 67 ff.
- Angehörige **1** 104; **34** 6, 26 ff.; **35** 22; **36** 8 ff.
  - Adoption **34** 31
- Anordnungen nach §§ 142, 144 ZPO **7** 81
- Anwaltsgeheimnis, Rechtspflegeberufe **34** 71 ff.; **36** 99
- Aussagepflichten Weigerungsberechtigter **36** 1 ff., **32** 9
- Ausübung des Zeugnisverweigerungsrechts **32** 36; **35** 11; **37** 1 ff.
  - in Berufungsinstanz **39** 123
  - nachteilige Schlussfolgerungen **34** 106; **35** 9, 20 f.
- Bankgeheimnis **34** 82 ff.; **35** 67
- Befreiung von der Schweigepflicht
  - Befreiung durch den Schweigebegünstigten **36** 46 ff.
  - Befreiung nach dem Tode des Schweigebegünstigten **36** 57 ff.
  - testamentarische Verfügung **36** 60 f.
  - s. ferner Entbindung von der Schweigepflicht
- begründungslose Aussageverweigerung **8** 99, 101; **37** 13
- Belehrung über Weigerungsrechte **7** 91; **31** 56, 64 ff.; **34** 92 ff.; **35** 13 ff.; **38** 18; **39** 74; **56** 20
- Beratungsgeheimnis der Richter **36** 82 ff.
- berufliche Schweigepflicht **6** 82 f.; **34** 68 ff.; **36** 53
- berufliche Vertrauensbeziehung **6** 82 f.; **34** 68, 71, 75
- Berufsgeheimnisträger **34** 32, 50 ff.
- Berufshelfer **34** 34, 55
- Dokumentenvorlage **7** 81
- Durchbrechung der Schweigepflicht **34** 73, 87 ff.

1273

- Ehe **34** 21 ff.
- Entbindung von der Schweigepflicht s. dort
- familiäre Vermögensangelegenheiten **35** 25; **36** 16 ff.
- Fraktionsangestellte **36** 105 ff.
- Gefahr strafrechtlicher Verfolgung **35** 32 ff.
- Gegenständlich beschränkte Aussageverweigerung **35** 1 ff.
- Geheimhaltung kraft Verkehrssitte **34** 58 ff.
- Geheimnisherr **36** 46, 57 ff., 65 f.
- Geistliche **34** 33 ff.; **36** 44
- Geschäftsfähigkeit **31** 3; **34** 11; **36** 45, 48
- Geschäftsgeheimnis **34** 78 ff.; **35** 53 ff.
- gesetzliche Entwicklung **34** 5
- Glaubhaftmachung des Weigerungsrechts **35** 8, 18; **37** 6 ff.
- Heilberufe **34** 68 ff.
- Kirchenbedienstete **34** 34 ff.; **36** 95
- Kunst- und Gewerbegeheimnis **35** 53 ff.
- Lebenspartnerschaft **34** 5, 24 f.
- Lebenspartnerschaftseingehungsversprechen **34** 9 ff.
- Mediator **34** 60 f.
- Minderjährige **31** 2; **34** 11, 94; **35** 14; **36** 48 ff.; **37** 3
- nichteheliches Kind **34** 28 ff.
- nichteheliche Lebensgemeinschaft **34** 13 ff., 29
- Nichtentbindung eines Zeugen von Schweigepflicht
  - s. Entbindung von der Schweigerpflicht
- Offenbarung unehrenhafter Tatsachen **35** 41 ff.; **36** 31
- Presseangehöriger **34** 48
- Pressefreiheit **34** 3, 41 ff.
  - Redaktionsgeheimnis **34** 41
- Rechtsvorgänger **36** 32 ff.
- Regierungsmitglieder und Parlamentarier **36** 103 ff.
- Schwägerschaft **34** 26 f.
- Schweigepflichtentbindung
  - s. oben Befreiung und Entbindung von der Schweigepflicht
- Sozialarbeiter **34** 62 f., 40
- Untersuchungsverweigerung **8** 103, 124
  - s. auch Abstammungsbeweis
- Verlöbnis **34** 9 ff.
- Vermögenschutz **35** 25 ff.; **36** 16 ff.
- Vernehmungsverbote **34** 98 ff.
- Verschwiegenheitspflicht **34** 64 ff., 96 ff.
- Vertrauensbeziehung **6** 82 f.; **34** 32; **35** 55; **36** 46
- Verwandtschaft
  - s. oben Angehörige
- Weigerung vor Richterkommissar **37** 47 ff.
- Zivildienstleistender **36** 97
- Zwischenstreit über Zeugnisverweigerung **8** 107 f.; **14** 136 ff.; **36** 63; **37** 14 ff.

ZPO-Reform 2001 **7** 2 ff., **8** ff., 22; **22** 31 f., 51 f., 53; **24** 11; **27** 73; **28** 11, 49; **29** 52, 119; **38** 1

ZRHO
- s. Auslandsbeweisaufnahme

Zugang eines Faxschreibens **16** 72
Zugang von Briefpost **16** 71
Zugang von E-Mails **16** 73
Zugang zu Dokumenten
- s. Informationsansprüche

Zugang zur Justiz **1** 67 ff.
zugewiesener Geschäftskreis
- s. Urkundenbeweis

Zulässigkeit der Beweissicherung
- s. Selbständiges Beweisverfahren

Zulässigkeit isolierter Sachverständigenbegutachtung
- s. Selbständiges Beweisverfahren

Zulässigkeit vorgezogener Beweiserhebung
- s. Selbständiges Beweisverfahren

Zumutbarkeit
- s. Beweisverwertungsverbote

Zusatztatsache
- s. Sachverständigenbeweis

Zustellervermerk
- s. Urkundenbeweis

Zustellung
- s. Auslandsbeweisaufnahme und Urkundenbeweis

Zustellungsurkunde
- s. Urkundenbeweis

Zwang gegen Prozessparteien **8** 8, 12, 71, 73 ff.
- Funktion des Ordnungsmittels **8** 75 f.

Zwang in der Beweisaufnahme **5** 23; **7** 55, 57; **8** 1 ff.; **31** 5, 6, 16
- Abgrenzung § 380/§ 390 ZPO **8** 97 f.
- Ersatzordnungshaft **8** 34, 58
- Erzwingung medizinischer Untersuchung **8** 124 f.; **24** 82 ff., 103 ff.
  - s. auch Abstammungsuntersuchung
- Funktion der Ordnungsmittel **8** 7 ff., 96
- Kostentragung **8** 35 ff., 127
- Minderjährige **8** 15 ff.
- Ordnungsgeld **8** 2, 32, 106, 109 ff.; **37** 4; **48** 10, 18 f.
- Ordnungshaft **8** 112 ff.; **24** 111
  - Haftvollzug **8** 118 ff.
- Ordnungsmittel **5** 20; **14** 139; **22** 56; **24** 93, 106; **30** 23; **33** 30, 51, 56 f., 59, 76 ff.; **37** 13; **38** 5
  - wiederholte Festsetzung **8** 47 ff.
- Ordnungsmittelandrohung **33** 57
- unmittelbarer Zwang **7** 2, 25, 35 ff.; **22** 59; **24** 82 f., 86, 110 ff.; **29** 78; **30** 22 f.; **47** 35

- Vollstreckung der Ordnungsmittel **8** 54 ff.
- Vorlegung von Dokumenten **8** 126
- Wegfall des Beweisbedarfs **8** 13; **16** 30
- zwangsweise Blutentnahme **4** 3; **8** 15, 72
- zwangsweise Vorführung **8** 46, 50 ff., 59 ff., 101
- Zwangsbefugnisse des Sachverständigen
  - s. Sachverständigenbeweis
- Zwang gegen Sachverständige **8** 62 ff.
- s. auch Auslandsbeweisaufnahme

Zwischenentscheidung **37** 33
Zwischenstreit **7** 64; **14** 136 ff.
- Zwischenstreit über Zeugnisverweigerung
  - s. Zeugnisverweigerungsrecht

Art. 103 Abs. 1 GG
- s. rechtliches Gehör

Art. 13 GG **6** 3; **5** 20; **7** 43; **22** 58; **39** 15; **47** 13
- s. auch Beweisverwertungsverbote

Art. 47 GrCh **1** 44, 46 f.; **59** 73
- s. auch faires Verfahren

Art. 6 Abs. 1 EMRK **1** 39, 84; **40** 33; **51** 4; **52** 4; **59** 73

Art. 8 EMRK **6** 70; **24** 9; **34** 19

§ 280 Abs. 1 S. 2 BGB
- Beweislast, verhaltensbezogene vertragliche Pflichtverletzung

§ 1 Abs. 4 VwVfG
- s. Urkundenbeweis, Behörde

§ 244 Abs. 3 StPO
- s. Beweisantrag

§ 286 ZPO
- Abgrenzung zu § 287 ZPO **17** 1 ff.
- Sachverhaltsaufklärung **4** 106; **15** 7 f.; **22** 26
- s. insbesondere Beweiswürdigung

§ 287 ZPO
- s. Erleichterung der Tatsachenfeststellung

§ 296 ZPO **14** 22 f.
§ 529 ZPO
- s. Bindung des Berufungsgerichts

§ 99 Abs. 2 VwGO
- s. In-Camera-Verfahren

§§ 142 und 144 ZPO **5** 18; **7** 9, 43, 48, 81; **8** 97; **9** 87; **11** 34; **19** 4; **22** 17, 51 ff.; **25** 26 f.; **27** 98; **28** 7 ff., 12 f., 19 ff., 26, 50; **29** 20, 52, 77, 81 f., 84, 87, 92, 115, 135; **30** 8 f., 24, 25 ff.; **33** 4; **43** 1; **45** 1; **54** 17, 27, 42; **60** 26
- s. auch Beweisaufnahme von Amts wegen

1275

Notizen

Notizen

Notizen

Notizen

Notizen

Notizen

Notizen

Notizen

Notizen

Notizen